Buchen/Rolff (Hrsg.) · Professionswissen Schulleitung

Professionswissen Schulleitung

Herausgegeben von
Herbert Buchen und Hans-Günter Rolff

2. Auflage

Beltz Verlag · Weinheim und Basel

Dr. *Herbert Buchen,* ehemaliger Leiter des Referats für Schulleitungs- und Schulaufsichtsfortbildung am Landesinstitut für Schule des Landes Nordrhein-Westfalen.

Prof. Dr. *Hans-Günter Rolff,* emeritierter Professor am Institut für Schulentwicklungsforschung der Universität Dortmund, Vorsitzender des Akademierats der Dortmunder Akademie für Pädagogische Führungskräfte und wissenschaftlicher Leiter des Fernstudiengangs Schulmanagement der Universität Kaiserslautern.

Das Werk und seine Teile sind urheberrechtlich geschützt.
Jede Nutzung in anderen als den gesetzlich zugelassenen Fällen
bedarf der vorherigen schriftlichen Einwilligung des Verlages.
Hinweis zu § 52a UrhG: Weder das Werk noch seine Teile dürfen
ohne eine solche Einwilligung eingescannt und in ein Netzwerk
eingestellt werden. Dies gilt auch für Intranets von Schulen
und sonstigen Bildungseinrichtungen.

2., erweiterte Auflage 2009
Lektorat: Jürgen Hahnemann

© 2006 Beltz Verlag · Weinheim und Basel
www.beltz.de
Herstellung: Klaus Kaltenberg
Satz: Druckhaus »Thomas Müntzer«, Bad Langensalza
Druck: Beltz Druckpartner, Hemsbach
Buchbinderische Verarbeitung: Druckhaus »Thomas Müntzer«, Bad Langensalza
Umschlaggestaltung: Federico Luci, Odenthal
Printed in Germany

ISBN 978-3-407-83165-1

Inhaltsverzeichnis

Vorwort 9

I. Führung und Management

Herbert Buchen
Schule managen – statt nur verwalten 12

Rolf Dubs
Führung 102

Leonhard Horster
Schulleitung – ein Leitbild entwickeln 177

Martin Bonsen
Wirksame Schulleitung 193

Leonhard Horster
Changemanagement und Organisationsentwicklung 229

II. Organisationsgestaltung

Hans-Günter Rolff
Schulentwicklung, Schulprogramm und Steuergruppe 296

Adolf Bartz
Grundlagen organisatorischer Gestaltung 365

Eckard König / Katja Luchte
Projektmanagement 418

III. Personalmanagement

Claus G. Buhren / Hans-Günter Rolff
Personalmanagement 450

Guy Kempfert
Personalentwicklung in selbstständigen Schulen 545

Fred G. Becker / Herbert Buchen
Personal- und Leistungsbeurteilung 586

Hajo Sassenscheidt
Personalauswahl schulgenau 646

Wolfgang Böttcher
Outputsteuerung durch Bildungsstandards 673

Klaus Klemm
Neue Arbeitszeitmodelle 711

Elmar Philipp
Teamentwicklung 728

IV. Unterrichtsentwicklung

Christoph Höfer
Unterrichtsentwicklung als Schulentwicklung 752

Leonhard Horster / Hans-Günter Rolff
Reflektorische Unterrichtsentwicklung 789

Leonhard Horster
Unterricht analysieren, beurteilen, planen 810

V. Kommunikation und Beratung

Wolfgang Boettcher / Georgia Mosing
Leitungskommunikation 870

Georgia Mosing
Kollegiale Fallberatung 992

Eckard König / Florian Söll
Coaching 1030

Dorothea Herrmann
Konflikte managen 1048

Karl-Klaus Pullig
Konferenzen 1088

Holger Mittelstädt
Interne und externe Öffentlichkeitsarbeit 1117

VI. Qualitätsmanagement

Rolf Dubs
Qualitätsmanagement 1206

Adolf Bartz
Controlling 1271

Christoph Burkard / Gerhard Eikenbusch
Evaluation 1292

Rainer Peek
Dateninduzierte Schulentwicklung 1343

Norbert Maritzen
Schulinspektion und Schulaufsicht 1368

Anhang

Verzeichnis der Autorinnen und Autoren 1393

Sachregister 1395

Vorwort

Es ist so weit: Schulleitung ist zum Beruf geworden, das Professionswissen ist abgeklärt und ausformuliert. Sämtliche Texte des vorliegenden Bandes beziehen sich ausdrücklich auf das Professions- und Handlungswissen für den Beruf Schulleiter/in, das hiermit erstmalig ausformuliert vorliegt. Während die managementwissenschaftlichen Publikationen seit geraumer Zeit die Grundlage professioneller Führung von Unternehmen und öffentlicher Verwaltung sind, steht das gesamte Spektrum relevanten berufsbezogenen Wissens nun auch für den Schulbereich zur Verfügung.

Die Beiträge haben eine gründliche Bearbeitung erfahren: Zunächst wurde das Handlungswissen aus Theorie und Forschung zusammengetragen, dann in der Schulleiterfortbildung erprobt und evaluiert und schließlich für diese Publikation neu formuliert. Sämtliche Beiträge sind von Autorinnen und Autoren verfasst worden, die zu den renommiertesten im deutschsprachigen Raum zählen.

Das Handbuch richtet sich an Leitungs- und Führungskräfte, die diese Funktion seit längerem wahrnehmen, wie an solche, die erst neu in dieser Funktion sind, und nicht zuletzt an Lehrer/innen, die sich für die Übernahme einer Leitungsfunktion interessieren und ggf. gezielt auf eine Bewerbung vorbereiten möchten.

Fragt man, warum eine umfassende und kompakte Veröffentlichung zum Professionswissen und -handeln von Schulleitung erst jetzt entstehen konnte, kann die Antwort an folgenden Punkten festgemacht werden:

- Erst nach langjähriger mühevoller Diskussion und Überzeugungsarbeit bei Bildungspolitikern, in den Schulministerien und nicht zuletzt mit Leitungspersonen in den Schulen selbst hat das verdienstvolle Wirken und Werben der »Arbeitsgemeinschaft der Schulleiterverbände Deutschlands« (ASD)[1] erreichen können, dass die Leitung einer Schule als ein eigenständiger Beruf anerkannt wird. Die Schulleiterin oder der Schulleiter ist nicht länger (nur) Lehrer/in mit zusätzlichen Verwaltungsaufgaben.
- Die Anregungen aus Gutachten und Kommissionen verschiedener Bundesländer zur Reform des Schulwesens haben nachdrücklich auf den Zusammenhang von erfolgreicher pädagogischer Reform und professioneller Schulleitung hingewiesen.
- Die nicht zuletzt durch die Reform der öffentlichen Verwaltung initiierten Veränderungsprozesse auf der Grundlage des »Neuen Steuerungsmodells« haben den Prozess zu erweiterter Selbstständigkeit und der damit einhergehenden Eigenverantwortung von Schule erkennbar verstärkt und beschleunigt.

---

1 Seit 2000 »Allgemeiner Schulleitungsverband Deutschlands«.

Die den Schulleitungen damit übertragenen bzw. nun auch abgeforderten Aufgaben stellen nicht nur eine enorme Herausforderung dar – oft ohne die dringend erforderliche Unterstützung durch Aus- oder Fortbildung seitens der Dienstherren –, sie kommen vielfach auch einem Kulturbruch im Verhältnis Schulleiter/Lehrkräfte nahe, mit nicht geringen Friktionen oder Konflikten.

Die von einzelnen Ländern angebotenen und teilweise neu konzipierten Leitungsfortbildungen sind aufgrund der knapper werdenden finanziellen Ressourcen oder auch wegen mangelnden fachlichen Potenzials relativ rasch geschrumpft oder gar eingestellt worden. Das vorliegende Werk bietet dagegen ein komplettes Leitungscurriculum an, das auf einer systematischen Erprobung und Auswertung konkreter Lehrerfortbildungsmaßnahmen und Schulleiterausbildungen beruht.

An dieser Stelle möchten wir auch auf die Möglichkeiten und Grenzen aufmerksam machen, die zwangsläufig mit dem Lesen und Studium noch so qualifizierter Texte verbunden sind, auch wenn ihre Effektivität in Fortbildungen nachgewiesen ist: Jegliches Wissen im Zusammenhang mit der Leitung einer Schule und der Führung von Menschen ist auf Anwendung angewiesen – im Verhältnis zu konkreten Personen und zu realen Organisationen, zu deren Umgebung und spezifischer Kultur. Selbststudium kann wichtiges Vorwissen bereitstellen, Aufmerksamkeit auf bestimmte Situationen und Konstellationen richten, in begrenztem Maße auch Lösungen erleichtern. Es kann und muss die Realsituation vorbereiten, kann sie aber nicht ersetzen.

In jedem Fall vermag das Studium dieses Handbuchs dazu beizutragen, dass einzelne Fortbildungsmaßnahmen oder eine umfassende Ausbildung fachlich und konzeptuell kompetent vorbereitet, begleitet und nachbereitet werden und dass jederzeit eine aktuelle Nachschlagemöglichkeit zur Verfügung steht. An Leitungs- und Führungsfunktionen interessierte Lehrkräfte finden Anregungen und Unterstützung auf dem Weg zur Entwicklung eines eigenen Leitungskonzeptes, was ihnen nicht zuletzt in konkreten Bewerbungssituationen weiterhelfen kann. Für länger in ihren Funktionen befindliche Leitungspersonen kann dieser Band neben der Aktualisierung handlungsrelevanter Fachkenntnisse wichtige Anstöße zu nicht selten vernachlässigter berufsrollenkritischer Reflexion geben.

Endlich ist alles, was Schulleiter/innen wissen müssen, nicht mehr auf Dutzende von Einzeltexten verteilt, sondern in einem Buch zusammengefasst. Es hat das Potenzial zum zentralen Referenztext für das Professionswissen, das Schulleitungspersonen heute und in Zukunft nutzen können.

Hinweis zur 2. Auflage
Das vorliegende Werk war so erfolgreich, dass nach kurzer Zeit eine Neuauflage erscheint. Sie konnte fast unverändert nachgedruckt werden, nur das Kapitel zur dateninduzierten Schulentwicklung wurde von Rainer Peek aktualisiert. Norbert Maritzen hat ein neues Kapitel zur rasant entstehenden Schulinspektion verfasst.

Bad Sassendorf und Dortmund, im Oktober 2008   *Herbert Buchen*
Hans-Günter Rolff

I. Führung und Management

Herbert Buchen

Schule managen – statt nur verwalten

1.	Verwaltungsreform als Basis und Anlass von Schulreform	12
1.1	Das Neue Steuerungsmodell	13
1.2	Der Staat als Dienstleistungsunternehmen	14
1.3	Ausgangslagen in der Schulverwaltung und in der allgemeinen Verwaltung	16
1.4	Neues Steuerungsmodell und Management – die Basis für Schulreform	20
2.	Führung und Management – Leitkategorien professioneller Schulleitung	26
2.1	Welches Bild von Management kann Schule nützen?	26
2.2	Ein eigener Managementbegriff für Schule?	31
2.3	Schulmanagement im Verhältnis zu Schulentwicklung	37
2.4	Organisationsentwicklung und das Verhältnis zu Management bzw. Changemanagement	40
2.5	Schlüsselaufgaben wirksamen Managements	54
2.6	Management kann man lernen	57
2.7	Managementaufgaben	60
2.8	Die Management-Werkzeuge bzw. -Instrumente	64
2.9	Grundsätze wirksamer Führung	84
2.10	Verantwortung	94
3.	Qualifizierte Aus- und Weiterbildung als Voraussetzung für professionelles Management	95
	Literaturverzeichnis	99
	Bildnachweis	101

1. Verwaltungsreform als Basis und Anlass von Schulreform

Das Management von Schule erlebt seit einigen Jahren eine Renaissance. Fast drei Jahrzehnte lang wurde es als »unpassend« für Bildungseinrichtungen angesehen, da diesen typische und wichtige Merkmale für betriebliches Management zu fehlen schienen, wie z.B. Wettbewerb, Markt, Outputorientierung bei Geld und Personal, Controlling, Qualitätssicherung und -management, Effektivität und Effizienz der Leistungserstellung usw. Schulen als Organisationen mit pädagogischem Auftrag wurden verwaltet. Folgerichtig bedurfte es dann auch keiner Fachleute für Leitung, Führung und Management. Benötigt wurden das Schulbüro leitende und für die Schulverwaltung zuständige Lehrkräfte.

Ursächlich für den Auffassungswandel waren zunächst nicht Reformkräfte aus dem Schulsektor, sondern die Einflüsse des so genannten *New Public Management* (NPM) in der öffentlichen Verwaltung. Sie gaben – angesichts ausufernder Kosten, ständig wachsender Mitarbeiterzahlen und zunehmender Kritik an den Leistungen der öffentlichen Verwaltungen – den Anstoß für eine grundsätzliche Abkehr von den zentralistischen hin zu dezentralen Steuerungsansätzen mit mehr Selbstständigkeit und Übernahme der Verantwortung durch die Handlungseinheiten vor Ort. Einen wichtigen Hebel für die geplanten Veränderungen bildeten eigens auszubildende Leitungs- und Führungskräfte, die die Transformation der unbeweglichen und nicht selten ineffizienten Verwaltungseinheiten hin zu bürgerfreundlich und professionell agierenden Servicebetrieben bewältigen sollten.

In eine ähnliche Richtung zielten – auf einer umfassenden bildungs- und schulpolitischen Analyse gründend – zeitlich etwas später und durch die Veröffentlichungen der »Kommunalen Gemeinschaftsstelle« (KGSt) zum NPM angeregt die zu diesem Zeitpunkt Aufmerksamkeit erregenden Vorschläge der so genannten Bildungskommission in Nordrhein-Westfalen.

Grundlage für die Verwaltungsmodernisierung war das von der KGSt initiierte Neue Steuerungsmodell (NSM; vgl. KGSt 1993). Sein Ziel ist, die als »organisierte Unverantwortlichkeit« apostrophierte Verwaltungspraxis abzulösen.

1.1 Das Neue Steuerungsmodell

Das Neue Steuerungsmodell (NSM) strebte verbesserte interne Steuerungsmechanismen und die Modernisierung der Binnenstruktur von Verwaltungen an und versuchte damit auf die folgenden Steuerungslücken zu reagieren:

- *Effizienzlücke:* fehlende Anreize zur effizienten Mittelverwendung;
- *Strategielücke:* fehlende Orientierung an klaren, mittelfristigen Entwicklungszielen und Prioritäten;
- *Managementlücke:* fehlender Zwang und fehlende Instrumente zur Leistungsverbesserung, Strukturanpassung, Ressourcenumschichtung und Anpassung an Nachfrageänderungen;
- *Attraktivitätslücke:* sinkende Attraktivität des öffentlichen Sektors für engagierte Mitarbeiter/innen, unzureichende Nutzung der vorhandenen Bereitschaft zu Engagement und Kreativität;
- *Legitimitätslücke:* Unfähigkeit nachzuweisen, dass Verwaltungsleistungen ihr Geld wert sind, fehlende kontinuierliche Rechenschaftslegung über Effizienz, Zielgenauigkeit und Qualität öffentlicher Leistungen und daher schwindende Akzeptanz in der Öffentlichkeit (Jann 1998, S. 71).

Mit drei Kernelementen und den zugehörigen Einzelmaßnahmen sollte ein professionelles und modernes Verwaltungsmanagement zu einer grundlegend veränderten effizienteren und effektiveren Aufgabenerfüllung führen:

1. *Aufbau einer unternehmensähnlichen, dezentralen Führungs- und Organisationsstruktur.* Ein Kontraktmanagement als Steuerungs-, Planungs- und Controllinginstrument auf allen Ebenen soll durch verbindliche Absprachen über die zu erbringenden Leistungen, die dafür zur Verfügung stehenden Mittel, die Art der Berichterstattung über das Ergebnis und über eventuelle Abweichungen Klarheit und Verlässlichkeit schaffen. Es besteht dezentrale Gesamtverantwortung mit Konzentration auf das als Produkt genau zu definierende Leistungsergebnis. Voraussetzung: Die Übernahme der Verantwortung für das Ergebnis erfordert ausreichenden Handlungsspielraum für die benötigten Gelder, Stellen, das Personal und die Sachmittel. Es gibt einen zentralen Steuerungs- und Controllingbereich: Um Verselbstständigungen der relativ selbstständigen Teileinheiten hinsichtlich des vorgegebenen Gesamtziels zu vermeiden, wird eine zentrale Koordination, Steuerung, ein Controlling mit Analyse und Überprüfung der Leistung installiert.
2. *Outputsteuerung,* d.h. Instrumente zur Steuerung der Verwaltung von der Leistungsseite her.
3. *Aktivierung dieser neuen Struktur durch Wettbewerb und Kundenorientierung* (Jann 1998, S. 71).

Die »Aktivierung der neuen Organisationsstrukturen und der Steuerungsinstrumente« geschieht durch Wettbewerb, und zwar durch Leistungsvergleiche: Wegen fehlender Märkte treten zwischenbehördliche Betriebs- und Leistungsvergleiche an die Stelle des Wettbewerbs.

1.2 Der Staat als Dienstleistungsunternehmen

An den wenigen hier aufgezeigten Eckpunkten des Neuen Steuerungsmodells wird der grundlegende Wandel des Staats- und Verwaltungsverständnisses von der Hoheitsverwaltung zum Dienstleistungsunternehmen sichtbar, wohl wissend, dass dem Staat einige substanzielle Elemente eines Unternehmens fehlen. Der Begriff »Dienstleistungsunternehmen Staat« verbindet sich mit

- *mehr dienen* – der Staat ist für den Bürger da und nicht umgekehrt;
- *mehr Leistung,* d.h. mehr Effektivität und Effizienz;
- *mehr Unternehmen,* d.h. es gibt die Möglichkeit, verstärkt unternehmerisch handeln zu dürfen, verkrustete Strukturen abzubauen, Kreativität freizusetzen und, ähnlich wie in privatwirtschaftlichen Unternehmen, betriebswirtschaftliche Instrumentarien einsetzen zu können (Adamaschek 1998, S. 34).

»Mehr und qualitätsvoll leisten« bedeutet in der öffentlichen Verwaltung, zielgenau, rechtmäßig, zeitgerecht und unter sparsamer Verwendung der Ressourcen, d.h. letztlich effizient und effektiv zu arbeiten. Unternehmen haben ihre Leistung erbracht, wenn die Ziele erfüllt sind, die Produkte oder Dienstleistungen qualitativ und quantitativ in Ordnung und die Kunden zufrieden sind. Außerdem soll die Leistung zu den geringstmöglichen Kosten erstellt werden. Dem öffentlichen Sektor wird vorgeworfen, dass man sich häufig nur auf eine der Anforderungen konzentriert.

»Mehr Unternehmen für staatliches Handeln« meint die Entfaltung von Initiative und Kreativität, die Nutzung von Handlungsspielräumen, Mut zum Risiko, zu raschen Entscheidungen usw. Das bedeutet, die weit überwiegende Input- durch verstärkte Outputorientierung (z.B. bei Geld und Personal) abzulösen, Reglementierungen des Leistungserstellungsprozesses abzubauen, ein Controlling statt der bislang vergangenheitsbezogenen Kontrolle einzuführen und stärker auf die Zweckmäßigkeit des Handelns abzustellen. Wichtige Voraussetzung für die Beurteilung des Erfolgs von Leistungsprozessen in der Verwaltung ist nach dem Neuen Steuerungsmodell die konkrete Beschreibung der »Produkte« bzw. Dienstleistungen.

»Die Steuerung von Einzelvorgaben wird abgelöst [durch] Steuerung auf Abstand« (Adamaschek 1998, S. 38). Die Grundlage für die Bewertung der Ergebnisse ist ein Kontraktmanagement durch Zielvereinbarungen in Verbindung mit der Entscheidungskompetenz über die Ressourcen. Folgerichtig konzentriert sich Führung in der Regel wesentlich stärker auf die Ergebnisse und Interventionen in den laufenden Leistungsprozess werden weitgehend überflüssig. Erweiterte Gestaltungsspielräume bedingen andererseits die Bereitschaft und Fähigkeit, für die Ergebnisse Verantwortung zu übernehmen und Rechenschaft über sie abzulegen. Dies geschieht durch die Einführung eines Berichtswesens und die Ablösung der rückwärts gerichteten klassischen Haushaltskontrolle durch ein Controlling im Sinne von Leistungsrechnung, die in der Folge die Basis für neue Planung ist.

Mitarbeiter/innen eines »Dienstleistungsunternehmens Staat«, die solche Ansprüche erfüllen können, stellen in der Tat den kritischen Erfolgsfaktor dar, der über den »Unternehmenserfolg« entscheidet. Das dazu benötigte Personal dürfte nicht ohne weiteres zur Verfügung stehen. Es müsste weitergebildet werden bzw. bei etwaigen Neueinstellungen möglichst schon in diesem Sinne ausgebildet sein. Außerdem müsste man bemüht sein, die Motivation der Mitarbeiter/innen mithilfe von Leistungsanreizen durch herausfordernde Aufgaben, aber auch durch materielle und immaterielle Honorierungen anzuregen.

Ein entscheidender Unterschied zur Wirtschaft müsste unter allen Umständen gewahrt bleiben, indem die Aufgabenerfüllung staatlicher Einrichtungen durch ein Verwaltungsmanagement im Sinne des beschriebenen Dienstleistungsunternehmens nicht »zur Selbstaufgabe des Staates weder in seiner demokratischen noch in seiner rechtsstaatlichen noch in seiner sozialstaatlichen Komponente [führt]. Er [der Staat] ist aber nicht mehr autoritär. Dienstleistungsunternehmen Staat bedeutet also einerseits mehr Effektivität und Effizienz, andererseits aber auch eine bürgerzentrierte und partnerschaftliche Lösung öffentlicher Aufgaben« (Jann 1998, S. 40).

Was bedeutet neue staatliche Steuerung für die Schule? Angesichts der nach wie vor engen strukturellen Verbindung zwischen den verschiedenen Organisationsebenen der so genannten nachgeordneten Behörden (Innen- und Schulministerium, Fachabteilungen der Regierungspräsidien mit den Schulabteilungen, der Landkreise und ggf. kommunaler Verwaltungen) und des Fortbestehens der Trennung von inneren und äußeren Schulangelegenheiten wird es vermutlich gar nicht möglich sein, von den Auswirkungen nicht betroffen zu werden. Da für den Schulbereich fast zeitgleich mit der Diskussion über die Verwaltungsreform in der allgemeinen Verwaltung über grundlegend neue Steuerungsformen nachgedacht wurde, drängte es sich auf, die Eignung der Verwaltungsreformansätze für den schulischen Raum zu prüfen, weil die Mehrfachunterstellung von Schule (Innenverwaltung *und* Schulverwaltung) dies nahe legt und die Reformansätze alles in allem den meisten Forderungen aus bildungs- und schulpolitischer Sicht weitgehend entsprechen (vgl. das im Literaturverzeichnis genannte Gutachten der Bildungskommission NRW 1995).

1.3 Ausgangslagen in der Schulverwaltung und in der allgemeinen Verwaltung

Grundsätzlich, aber nicht im Detail, treffen die für die strukturellen, rechtlichen und zum Teil organisatorischen Voraussetzungen und Merkmale geltenden Rahmenbedingungen für die öffentliche Verwaltung auch auf den Schulbereich zu. Hinsichtlich der jeweiligen Kernaufträge beider Organisationen und einiger organisationstheoretischer, soziologischer und psychologischer Fragen sind jedoch einige Relativierungen bzw. Differenzierungen vorzunehmen, die hier summarisch skizziert werden sollen.

1.3.1 Unterschiede

Der eigentliche pädagogisch-fachliche Auftrag kann – anders als in der allgemeinen Verwaltung – in großer Freiheit stattfinden.

- Bei der Erfüllung ihres Erziehungs- und Bildungsauftrags ist Schule grundsätzlichen und zentralen bildungspolitischen und zum Teil gesetzlich normierten, wenn auch abstrakt formulierten Zielen verpflichtet:
  - dem Abbau der Ungleichheit von Bildungschancen,
  - der Demokratisierung und verstärkten Mitwirkung der am Bildungswesen Beteiligten,
  - einer Unterrichtsreform unter dem Aspekt der Wissenschaftsorientierung, Individualisierung und Differenzierung des Lernens,
  - einer stärkeren Humanisierung des pädagogischen Umgangs (Bildungskommission NRW 1995, S. 13).
- Der Erziehungs- und Bildungsauftrag der Schule ist – anders als z.B. die Ummeldung eines Wohnsitzes oder die einzelfallorientierte Bearbeitung eines Sozialhilfe-

antrags – nicht irgendeine ggf. auch hoheitliche Maßnahme, sondern ein diffiziler, hochpersönlicher, langwieriger pädagogischer Prozess, dessen Erfolg nur schwer nachweisbar ist.

- Entscheidungen wie in der öffentlichen Verwaltung über Ziele, Aufbau einer unternehmensähnlichen und dezentralen Führungs- und Organisationsstruktur, Outputsteuerung, Aktivierung dieser Struktur durch Wettbewerb, Kundenorientierung usw. sind bislang allenfalls sehr eingeschränkt möglich.
- »Die Einzelschule erscheint als letztes Glied einer Verwaltungshierarchie, deren Grundstrukturen nicht [wie bei den Kommunen] am Prinzip der Selbstverwaltung, sondern an einem Modell der Ausführung von Weisungen orientiert sind, das dem tradierten Aufsichtsverständnis zugrunde liegt« (ebd.).
- Die Gestaltungsrechte der einzelnen Schule als Organisation sind – außer bei den weiten Spielräumen für Unterricht und Erziehung als Kernbereich von Schule – gering. Personal- und Sachmittel bei Schulen werden von der Schulaufsicht bzw. vom Schulträger zugeteilt, was nach den Feststellungen der Bildungskommission »unter anderem zu kostentreibenden Verwerfungen führt« (ebd., S. 152).
- Schule als ein Gesamtsystem besteht aus einer großen Anzahl von Einzelorganisationen. Die Ziele, Aufgaben, Organisation, Strukturen, Personal- und Sachmittel sind zentral festgelegt. Gehandelt werden kann prinzipiell nur in einem Rahmen, der durch die verschiedenen Schulaufsichtsebenen und die beteiligten Schulträger organisiert wird.
- Schule ist aufgrund der extensiven Auslegung des in Art. 7 GG normierten Aufsichtsbegriffs einerseits und der Einbindung des Schulwesens in die tradierten Strukturen der allgemeinen öffentlichen Verwaltung andererseits Bestandteil eines Steuerungssystems, in dem die einzelnen öffentlichen Schulen rechtlich und tatsächlich weitgehend unselbstständig sind.
- Die Einrichtungen des öffentlichen Dienstes bestehen zwar ebenfalls aus einer Vielzahl von im Wesentlichen nachgeordneten Einrichtungen des jeweiligen Länderinnenministers. Aufgrund einer grundsätzlich anderen rechtlichen Verfasstheit besitzen sie bezüglich der Organisation, Strukturen, Personal- und Sachmittel jedoch erheblich größere Gestaltungsräume, weil unmittelbar vor Ort im Rahmen der jeweiligen Einrichtung entschieden werden kann (Reichard 1997, S. 77).
- Die im Schulsystem praktizierte zentrale Steuerung hat es nie geschafft, eine wirklich effiziente und effektive zentrale demokratisch-politische Rahmen- und erst recht Feinsteuerung und Kontrolle zu installieren, z.B. wegen der räumlichen und in der Folge pädagogischen und fachlichen Entfernung. Auf der anderen Seite erspart die Abwesenheit bzw. räumliche Distanz von Staat und insbesondere von Politik zur einzelnen Schule unfruchtbare und belastende Feinsteuerung und möglicherweise die (Partei-)Politisierung von Schule – und damit wahrscheinlich eine Menge zusätzlicher Arbeits-, Abstimmungs- und Beeinflussungsprozesse.
- Leitungspersonen verstehen sich selbst nicht wirklich als Vorgesetzte und sie werden von den Kollegien nicht als mit Sanktionsmacht und einer ernst zu nehmenden Drohfähigkeit ausgestattet angesehen.

- Es besteht eine große Kontrollspanne für Schulleiter/innen.
- Schulen besitzen eine sehr flache Hierarchie (oft nur eine Vorgesetzte oder ein Vorgesetzter, nicht immer eine Stellvertretung, ein Kollegium, gleichrangige Lehrkräfte).
- Wirksame Kontrolle durch Vorgesetzte ist wegen der Natur des unterrichtlichen und erzieherischen Handelns schwierig.
- Kooperation, ob freiwillig oder verordnet (z.B. durch die Mitzeichnung von Vorgängen in der Verwaltung), findet selten statt.
- Der Kernauftrag einer Lehrkraft wird als gesetzlich geschützter und pädagogisch nur so durchführbarer individueller Auftrag (miss-)verstanden.

1.3.2 Gemeinsamkeiten

- Politik beschränkt sich nicht auf die Erteilung von Aufträgen und die Überprüfung der Ergebnisse.
- Für Verwaltung wie für Schulen trifft die Feststellung der Bildungskommission zu: »Die Reformanstrengungen setzen deshalb auf die Neugestaltung des Steuerungssystems. In ihm stellen die Selbstorganisation als Grundorientierung, die Delegation von Entscheidungsrechten aus der Schulaufsicht auf die Einzelschulen, die Zusammenführung von Personal-, Finanz- und Organisationsentscheidungen, der Einfluss des gesellschaftlichen Umfeldes, Profilbildungen und Wettbewerb und die Qualitätssicherung (Rechenschaftslegung, Evaluation) bei entsprechenden staatlichen Rahmenbedingungen (Standards) die wesentlichen Faktoren dar« (Bildungskommission NRW 1995, S. 155).
- »Feststellbar ist eine Überregulierung im Detail- und Verfahrensbereich, hinter der die vom Gesetzgeber formulierten Zielvorgaben kaum noch wahrgenommen werden können. [...] Mit der primär zentralen Steuerung geht eine Dominanz von Verwaltungs- und Organisationsbelangen gegenüber pädagogischen Zielen einher, weshalb derzeit solche pädagogischen Innovationen am ehesten Realisierungschancen haben, die mit den tradierten Organisationsstrukturen vereinbar sind« (ebd.).
- Schulmanagement und Verwaltungsmanagement sollen zugleich – und in dieser Reihenfolge – einem fachlich-inhaltlichen wie einem betriebswirtschaftlichen Qualitätsmanagement verpflichtet sein, in dem Output und Outcome eine ungleich größere Rolle spielen müssen als bisher.
- Hingegen fand (und findet teilweise bis heute) eine Überprüfung der Ziele bzw. Ergebnisse des pädagogischen und auch des betriebswirtschaftlichen Verwaltungshandelns in einer solchen Organisationsstruktur von Schule (und Verwaltung) kaum statt und ist wohl auch nicht möglich, weil oft eine konkrete Beschreibung der Dienstleistung und der Ergebnisse fehlt.
- Weder in der Verwaltung noch in der Schule gab es bis vor kurzem systematisch und verpflichtend ein Controlling, eine Evaluation oder eine Berichterstattung über Stand und Ergebnisse von Leistungsprozessen. »Öffentliche Verwaltung und

öffentliches Schulwesen leiden darunter, dass sie mit weitgehend standardisierten Modellen betrieben werden und einer Herausforderung durch alternierende pädagogische und organisatorische Modelle kaum ausgesetzt sind. Qualitätsverbessernde Impulse, die sich aus einem Wettbewerb unterschiedlicher Konzepte ergeben können, spielen bisher kaum eine Rolle im Steuerungssystem« (Bildungskommission NRW 1995, S. 153). Solche Systeme sind nicht angelegt auf »Experimentieren und das Entdecken neuer Problemlösungen« oder auf »Entwicklung und kontinuierliche Qualitätsverbesserung [...], sondern auf Fehlervermeidung« (ebd.) bzw. häufig auf buchstabengetreuen Abgleich von rechtlichen Festlegungen und deren Kommentierung meist auch noch durch höherrangige Personen der Schulaufsicht.

- Für Verwaltung und Schule gilt, dass erhebliche »Reibungsverluste aufgrund der z.T. langen Entscheidungs- und Anweisungswege sowie durch eine relativ ineffektive Ressourcennutzung« entstehen (ebd.). Zentral organisierte Innovationsprozesse laufen in der Praxis oftmals ins Leere, da sie von der Basis vor Ort nicht getragen werden. Wenn auch die Gründe unterschiedlich sind, im Schulsystem insgesamt kann »Verantwortung nicht wirksam übernommen werden« (ebd.) – vor Ort nicht, weil zurzeit noch die organisatorischen, strukturellen, personellen und finanziellen Gestaltungsrechte fehlen, auf der zentralen Ebene nicht, weil einerseits die Kenntnisse über die Verhältnisse am einzelnen Ort fehlen und andererseits die Umsetzungs- und Durchsetzungsmöglichkeiten nicht vorhanden sind. In der allgemeinen Verwaltung verhindern oder erschweren die differenzierte Hierarchiestruktur und die atomisierten Arbeitsprozesse eine wirklich begründete Verantwortungsübernahme. In beiden Bereichen kann man, wenn auch aus unterschiedlichen Gründen, zu Recht von »organisierter Verantwortungslosigkeit« sprechen.
- Insgesamt kann man bilanzieren, dass die als Merkmale einer Bürokratie markierten und im Neuen Steuerungsmodell der KGSt beschriebenen Schwächen prinzipiell auch für das Gesamtsystem Schule und für die einzelne Organisation Schule zutreffen. Schulen werden von vielen Eltern, Schüler/innen und von der öffentlichen Meinung überwiegend als sich hoheitlich und bürokratisch verstehende Einrichtungen gesehen, in der Schüler/innen und Eltern Dienstleistungen erbringen, die der Schule ermöglichen, ihren Auftrag zu erfüllen. Die Ansicht, dass die Schule ihnen dient, sie unterstützt und fördert, ist überwiegend nicht vorhanden.
- Lehrer/innen und Verwaltungsbeamte haben nach jüngsten Erhebungen ein Besorgnis erregendes negatives Image.
- Schulen wie die Verwaltung scheinen als Systeme in ihrer Gesamtstruktur – trotz optimistisch stimmender grundsätzlicher Veränderungssignale – noch immer beeinflusst und geprägt von Trägheit, Ineffizienz, Diskontinuität, Widersprüchlichkeit und ungenügender Zukunfts- und Managementorientierung.
- Dauerhafte Exzellenz ist mit den bisherigen Steuerungs- und Strukturvorstellungen, den Ressourcen und den eher verordneten »Gestaltungskonzepten« von klassischer Schulverwaltung und allgemeiner Verwaltung nicht zu bewerkstelligen.
- Sie ist ebenso wenig zu erreichen, wenn gutes Management in der Weise idealisiert wird, dass nur außergewöhnliche Persönlichkeiten oder Begabungen, seltene

Glücksfälle also, in der Lage seien, die Ansprüche zu erfüllen. »Mehr Unternehmen« als Forderung an staatliches Handeln ist nach dem Neuen Steuerungsmodell die konsequente Folgerung dafür, wie sich das Bewusstsein, Selbstverständnis und Handeln von Führungskräften in Verwaltung und Schule ändern muss. Dabei geht es in beiden Bereichen nicht nur um die Leitungspersonen, sondern auch um die Lehrkräfte bzw. Mitarbeiter/innen, die als Experten für Unterricht und Erziehung oder für bestimmte Verwaltungsaufgaben ebenfalls Führung wahrnehmen (vgl. Kapitel 2.1 und 2.2 in diesem Beitrag, S. 26ff.).

Wenn angesichts dieser prinzipiell vergleichbaren Ausgangslagen und ähnlicher Lösungsansätze von allen Seiten Management als die einzige und einfache Lösung gefordert wird, ist daran zu erinnern, dass es sich bei den jeweiligen Problemen um gewachsene Schwierigkeiten und Kulturen handelt. Neues Vokabular und ein Crashkurs in *basic management* werden zu keiner Verbesserung führen. Vielmehr besteht die Gefahr, dass seriöses und professionelles Management in Misskredit gerät und die Chance eines grundlegenden Neuansatzes verspielt wird.

1.4 Neues Steuerungsmodell und Management – die Basis für Schulreform

Angesichts dieser Ausgangslage und der Veränderungserfordernisse besteht die Herausforderung und die Erwartung an Lehrkräfte und Leitungspersonal darin, die überkommene Verwaltungsbürokratie und ihre Mentalität durch ein schulkonformes Management zu ersetzen, um durch Nutzung der neuen Gestaltungsspielräume und Übernahme der Verantwortung für die zentralen Aufgaben von Schule, Unterricht und Erziehung neue Chancen dafür zu eröffnen, dass effiziente und effektive Arbeit geleistet werden kann.

Diese Forderung kommt für viele Beteiligte einer Kulturreform oder gar einer Kulturrevolution nahe. Es reicht nicht aus, Organisationsstrukturen oder Zuständigkeiten zu verändern, vielmehr muss »zunächst ein Managementklima geschaffen werden, […] in dem die Mitarbeiter […] mit dem Managementbegriff und der dahinter stehenden Idee vertraut gemacht werden, d.h. Management darf nicht zur unseligen Worthülse verkommen, sondern muss erlernt und vorgelebt werden« (Horvarth & Partner 1996, S. 2). Dies gelingt nicht durch die Adoption irgendwelcher Managementmodelle. Wichtiger ist zu prüfen, was die Veränderungsziele der Organisation sein sollen. Dann erst kann entschieden werden, mit welchen Lösungsansätzen man arbeiten will. Konkret bedeutet das, dass neben der naheliegenden Nutzung des Neuen Steuerungsmodells je nach Spezifik des Falles, der konkreten Situation der Organisation, der hemmenden und der fördernden Kräfte, der Ressourcen und der Veränderungsreife der Mitarbeiter/innen ggf. ein ganz anderer Ansatz gewählt oder beigemischt werden sollte wie z.B. ein Total Quality Management (TQM) oder eine Geschäftsprozessmodellierung. Es gibt nicht *den* richtigen Ansatz für jeden denkbaren Fall.

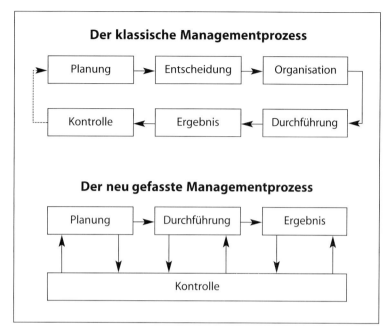

Abb. 1: Managementprozess im Wandel

Schulkonformes Management ist »das Ergebnis einer Synthese aus den Grundsätzen moderner Unternehmensführung und den Erfordernissen« eines Managements, das die Erfahrungen und die Praxis von Management in der öffentlichen Verwaltung und der Schule berücksichtigt. Damit rücken nicht »einzelne Dimensionen (z.B. Qualität), Bereiche (z.B. Controlling) oder Aufgaben (z.B. Planung) in den Vordergrund der Modernisierung«, vielmehr wird versucht, »mit einem integrativen Ansatz sowohl den vielfältigen Anforderungen an ein modernes Management als auch den Schwierigkeiten Rechnung zu tragen, die eine radikale Umgestaltung der bestehenden Verwaltungsstrukturen und -abläufe mit sich bringt« (Horvarth & Partner 1996, S. 8).

Diesem Verständnis entsprechend wird die hier folgende Beschreibung eines Managementansatzes für Schule nicht als ein geschlossenes Konzept verstanden. Vielmehr geht es im Wesentlichen darum, Ideen zur Gestaltung statt zur Verwaltung von Aufgaben anzubieten. Eine Fixierung auf bestimmte Managementansätze oder Führungskonzepte erscheint auch deshalb überflüssig, weil der klassische Managementprozess mit Planung, Entscheidung, Organisation, Durchführung, Ergebnis und Kontrolle in seinem statischen Ablauf längst überlebt ist, »wohingegen die kontinuierliche strategische und operative Kontrolle im neu gefassten Managementprozess den Managern flexiblere und schnellere Reaktionen auf Umwelt- und Umfeldveränderungen ermöglicht« (ebd., S. 7; vgl. Abb. 1).

Wesentliche Grundlage für eine Veränderung ist die Bereitschaft und Fähigkeit zu mehr unternehmerischem Denken und Handeln und die Bereitschaft und Fähigkeit, sich das dazu erforderliche Wissen und die entsprechende Kompetenz anzueignen. Vorhandener Handlungsspielraum, Mut zum Risiko und zu raschen, zeitgerechten Entscheidungen bewirken allerdings nur in Verbindung mit der Verfügungsberechtigung über Personal- und Sachmittel, die in eigener Verantwortung und durchaus unter Berücksichtigung betriebswirtschaftlicher und pädagogischer Kriterien verwendet und verantwortet werden, eine Veränderung. Nur dann machen auch Beschreibungen der (Dienst-)Leistungen Sinn (Produkte, Berichterstattung und Controlling bzw. Evaluation) und ist Dezentralisierung durch die Verlagerung von Aufgaben, Zuständigkeiten und Verantwortung an die Schule aussichtsreich und wahrscheinlich effizient und effektiv.

Statt direkten Wettbewerb über den Markt zuzulassen (wie z.B. in den Niederlanden) finden Schul- bzw. Leistungsvergleiche statt, die auf der freiwilligen Entscheidung einzelner Schulen beruhen können und z.B. zu bilateralen Leistungsvergleichen auf gleichsam kollegialer Ebene führen, und zwar auf der Grundlage jeweils vorausgehender schulinterner Evaluation und anschließender externer Evaluation (Vertragsmodell). Zusätzlich wird und muss es Vergleiche geben, die aus der Initiative bzw. der Verpflichtung des Staates erwachsen. So veranlasst Schulaufsicht z.B. ihre Schulen zur Durchführung schulinterner Evaluationen, erstellt auf der Basis der so gewonnenen Daten eine Metaevaluation und meldet diese zurück an die Schulen. Aus der Analyse der Metaevaluation kann die einzelne Schule Anregungen aufnehmen, neue Handlungsziele setzen und das eigene System interner Evaluation verbessern.

In einigen Bundesländern findet in bestimmten Jahrgangsstufen ein zentral angeordneter unterrichtsfachbezogener Leistungsvergleich dadurch statt, dass die Aufgabenstellung sowie die Leistungsbewertung einer Klassenarbeit – orientiert an vorgegebenen Aufgabenbeispielen – von den Fachlehrer/innen der Jahrgangsstufe gemeinsam geplant und das Ergebnis der Arbeit gemeinsam ausgewertet wird. Ein weiterer zentral gesteuerter Typ besteht in der Teilnahme an international durchgeführten Leistungsvergleichen in bestimmten Fächern (TIMSS, PISA u.ä.) oder in verschiedenen Ausprägungen von Zentralabitur und zentralen Schulabschlussprüfungen.

Je nach Art und Weise der Rückmeldung von Leistungsergebnissen in die einzelne Schule (anonym, an die Schulleitung, an die einzelne Lehrkraft ...) kommt es zu Standortbestimmungen in der gesamten Schule, einer Jahrgangsstufe oder bestimmten Fächern. Diese werden Rückwirkungen haben und auch Druck auslösen können, z.B. wenn die Daten der Schulkonferenz bekannt gegeben werden oder wenn daraus Rechenschaftslegung von Lehrkräften gegenüber der Schulleitung erwächst, die sonst wahrscheinlich allenfalls über informelles Wissen verfügt. Und nicht zuletzt sind solche Vergleiche wichtige Daten für die Verantwortlichen des Gesamtsystems in den verschiedenen Ländern. In der einzelnen Schule führen systeminterne Vergleiche zu mehr Transparenz der Leistungsergebnisse und zu einem ein Stück weit sogar quantifizierbaren Output.

Die Schuladministration hat durch eine Reihe von – auf den ersten Blick in den Schulen als Einzelmaßnahmen wahrgenommenen – Aktivitäten einerseits (Entwicklung von Schulprogrammen und Leitbildern, Verpflichtung zu interner Evaluation, Vergleichsarbeiten, zentrale Leistungstests und Anschlussprüfungen usw.) und von strukturellen und rechtlichen Veränderungen andererseits (wie Budgetierung, Personalverantwortung, Leistungsanreize u.Ä.) erreicht, dass allmählich die Ernsthaftigkeit und Entschlossenheit hinsichtlich der Veränderungsabsichten von den Betroffenen und Beteiligten zur Kenntnis genommen wird. Der Wandel von der Verwaltungsbürokratie zu einem Management von Schule ist allerdings weiter, aufwändiger und stärker mit Schwierigkeiten gepflastert, als Ministerien und Schulen dies vermutlich einschätzen. So ist es unabdingbar, dass nicht nur Schulleitungen, sondern auch Lehrkräfte ein Führungs- und Managementverständnis entwickeln und bereit sind, Führung und Management selbst zu praktizieren, was, wie Horvarth feststellt, ein »Managementklima« voraussetzt (Horvarth & Partner, 1996).

Die Modernisierung und Weiterentwicklung der seit Jahrzehnten unveränderten Berufsauffassung hin zu *entrepreneurship* und unternehmerischem Denken und Handeln lässt sich nicht mal eben kurz einführen geschweige denn anordnen. Eine neue Berufsauffassung von Lehrkräften müsste gekennzeichnet sein durch die Bereitschaft,

- die Chancen der eingeleiteten Dezentralisierung und Deregulierung sowie der erweiterten Gestaltungsfreiheit zu nutzen;
- selbst die Verantwortung für die Ergebnisse dieses Prozesses zu übernehmen;
- sich auch der Kosten für die Leistungserstellung bewusst zu sein und die Leistungen möglichst kostengünstig zu erstellen;
- sich an den Bedürfnissen, Interessen und Erwartungen von Schüler/innen, Eltern und Gesellschaft (Wirtschaft, Staat, kommunalem Umfeld usw.) zu orientieren.

Die zeitgleich in Gang befindliche Reform der öffentlichen Verwaltung kann dabei unterstützend wirken. Die zugleich heftiger werdenden Klagen über die mangelhaften pädagogischen und fachlichen Leistungen des Schulsystems und über die daraus entstehenden gesellschaftlichen und wirtschaftlichen Folgen tun ein Übriges.

Die Ansätze und Anregungen des Neuen Steuerungsmodells allein wären keine hinreichende Basis für den derzeit fundamentalen Wandel von Bildungssystem und Schule. Die zentrale bildungs- und schulpolitische Grundlage bildet – nicht nur für Nordrhein-Westfalen, sondern für die meisten Länder, gleich ob sie eigene Gutachten vorgelegt oder sich mehr oder weniger an das Gutachten der nordrhein-westfälischen Bildungskommission angelehnt haben – das auf einer umfassenden gesellschaftspolitischen Analyse beruhende pädagogische Gutachten mit Leitvorstellungen und Empfehlungen für ein entwicklungsoffenes Gestalten des Bildungswesens.

Das Gutachten der Bildungskommission war durchaus beeinflusst durch die umfangreiche Literatur zur Schulentwicklung (z.B. Dalin/Rolff/Buchen 1995), die wesentlichen Thesen zur Qualitätsverbesserung von Schule im deutschsprachigen Raum waren dort bereits formuliert. Die einzelne Schule wird als Ausgangspunkt von Weiterentwicklung und »als Basis der Veränderung« gesehen. »Sämtliche politischen, ökonomischen, sozialen und kulturellen Kräfte der Gesellschaft ebenso wie eine neue Politik und administrative Maßgaben, die durch die Schulautoritäten beschlossen wurden, sowie die Sehnsüchte der lehrenden wie der lernenden Menschen treffen sich alle in dem einen Ort: in der Schule. Bildungspolitische Vorstellungen können sich nur in der individuellen Schule materialisieren« (ebd., S. 19). Es geht nicht darum, »ob Dezentralisierung stattfindet oder ob Entscheidungen oder Entwicklungen von oben oder von der

Basis her erfolgen, vielmehr findet ein Wechsel auf allen Ebenen des Systems statt mit dem Ziel, völlig neue Verhältnisse zwischen den Beteiligten und den Ebenen zu etablieren und ein neues Gleichgewicht zu schaffen. Ein ganz wichtiger Aspekt dieses neuen Gleichgewichts besteht darin, die strategische Funktion auf der zentralen Ebene zu stärken und gleichzeitig deren Operationalisierung so weit unten wie möglich zu dezentralisieren, d.h. an den Ort der eigentlichen Umsetzung zu verlagern« (ebd., S. 23).

Neues Steuerungsmodell (NSM), New Public Management (NPM) wie auch die neue Steuerungsphilosophie für die Schulen zielen darauf, dass die einzelne operative Einheit aufgrund dieser neuen Balance zu größerer Produktivität führt. Dies soll durch Dezentralisierung und Deregulierung in Verbindung mit systematischer und flexibler Personalpolitik erreicht werden, mit der Verfügung über den Haushalt und durch Managemententwicklung. Über die Qualität schulischer Arbeit »sollen weitgehend die Fachleute [in der einzelnen Schule] entscheiden [...]. Pädagogische Entscheidungen zentral zu verordnen« macht zumindest so lange keinen Sinn, wie man nicht in der Lage ist, »die Qualität von Unterricht für jede denkbare pädagogische Situation überzeugend [zu] definieren. So lange ist es sinnvoller, Bedeutsamkeit und bessere Qualität von Unterricht dadurch zu erreichen, dass man die Lehrer so viele professionelle Entscheidungen treffen lässt wie möglich. [...] Zentrale curriculare Vorgaben werden immer mehr als Zielbeschreibungen formuliert« (Dalin/Rolff/Buchen 1995, S. 23).

Die Frage, ob und ggf. welche Rolle der so genannte »Markt« für Schulen spielen soll, hat in Europa zu ganz unterschiedlichen Antworten geführt. Als Leistungsanreiz für Schulen, von nicht wenigen gewünscht, haben für den deutschen Sprachraum die befürchteten negativen gesellschaftspolitischen Folgen den Ausschlag gegeben. Dalin stellt fest: »Es ist ein nachvollziehbarer Schluss, dass ein Markt-Modell wenige negative und eine ganze Reihe positiver Effekte hat, soweit es für Schule darum geht, Dienstleistungen für ihren Betrieb auf dem freien Markt zu erwerben. Hingegen kann ein Markt-Modell, das für die Schüler echten Wettbewerb zwischen den Schulen erlaubt, zu einer Vergrößerung des Abstandes zwischen den Besitzenden und den Nichtbesitzenden führen« (ebd., S. 25f.).

Um auf die Anreizfunktionen nicht völlig verzichten zu müssen, versuchen die Länder, die von Dalin befürchteten Entwicklungen zu vermeiden. Sie führen gezielt einzelne Marktelemente wie erweiterte Selbstständigkeit, mehr Selbstverantwortung und insbesondere die Verpflichtung zur Rechenschaftslegung ein. Die Verantwortung der einzelnen Schule für die Qualität der pädagogischen Arbeit soll gestärkt werden. Eine Reihe von bislang der Schulaufsicht vorbehaltenen Zuständigkeiten wird nunmehr auf die Ebene der Schulleitung verlagert, so die Zuständigkeit und Verantwortung für die Arbeitsergebnisse. Durch eine Änderung im Bundesbesoldungsgesetz gibt es erste Ansätze für Leistungsanreize bzw. Sanktionen für Minderleistungen, z.B. durch die Entscheidung über den Aufstieg bzw. die Aufstiegshemmung in die nächsthöhere Besoldungsstufe oder durch die Möglichkeit, für besondere Leistungen oder die Übernahme von Aufgaben eine Honorierung oder Entlastung zu gewähren.

Wettbewerb produzieren die Elternentscheidungen, indem Eltern die Schulwahl immer stärker unter dem Gesichtspunkt treffen, welche Schule die besten Bildungs-

und Berufschancen für ihre Kinder bietet. Immer öfter kommt es zur Konkurrenz zwischen Schulen derselben Schulform oder auch verschiedener Schulformen um Schülerinnen und Schüler. Zusätzlichen Druck übt der Anstieg der Schülerzahlen bei den Schulen in freier Trägerschaft aus. Wie immer man diesen Wettbewerb beurteilen mag, es ist interessant zu beobachten, dass sich auffallend oft so genannte innovative und erfolgreiche Schulen zuvor in Existenzschwierigkeiten befanden bzw. große Probleme zu bewältigen hatten.

Einzelne Länder tragen der veränderten Auffassung von den Zielen, Aufgaben, Strukturen, Instrumenten und Methoden von Schule und den Konsequenzen, die sich daraus für Leitungs- und Führungskräfte ergeben, Rechnung, ablesbar z.B. an den »Anforderungsprofilen – Schulleitung, Seminarleitung, Schulaufsicht«. Erstmalig werden dort Führung und Management als »zentrale Leitkategorien einer modernen und professionell arbeitenden Schulleitung« bezeichnet (MSWWF 1999, S. 10).

So begrüßenswert das sein mag, damit ist nicht geklärt oder vorgegeben, mit welchem für Schule geeigneten Managementansatz gearbeitet werden soll. In jedem Fall muss sorgfältig geprüft werden, ob das in Betracht gezogene Management samt der ihm zugrunde liegenden Managementphilosophie für die Anwendung in der Schule überhaupt geeignet ist. Es macht eben doch einen Unterschied, dass Schule nicht auf einem »Markt« im üblichen Sinne agiert, dass es keinen freien Austausch von »Ware« (Produkt oder Dienstleistung) und Gegenwert (Geld) gibt, kein freier Wettbewerb zwischen den Anbietern herrscht und dass die Nachfrage nach den Dienstleistungen von Schule sich im Wesentlichen an einen Monopolisten, den Staat richtet. Auch der Arbeitsmarkt wird vom Staat als alleinigem Anbieter von Arbeit und Ausbildung beherrscht, wenn auch immer mehr Schulen ihre Lehrkräfte selbst auswählen können.

Differenzierung bei der Entlohnung ist zwar ansatzweise möglich, die Auflösung eines Arbeitsverhältnisses bildet aber noch die absolute Ausnahme. Es fehlen also Honorierungs- und Sanktionsmöglichkeiten aufseiten des Arbeitgebers Schule. Auch die Beschäftigten haben nur in Ausnahmefällen die Chance, als Lehrer/in einen anderen Arbeitgeber zu finden, es sei denn, sie wechseln in ein anderes Bundesland oder sie verlassen den Bereich des öffentlichen Schulwesens. Schüler/innen sind hinsichtlich der Erfüllung der Schulpflicht bzw. des Erreichens von Abschlüssen – von zahlenmäßig geringen Ausnahmen abgesehen – dem Anbietermonopol des öffentlichen Schulwesens unterworfen. Und schließlich ist als zentrales Kriterium der pädagogische Leistungsprozess, d.h. das Unterrichten, Erziehen und Bilden, ein höchst diffiziler zwischenmenschlicher Prozess, der nicht ohne weiteres mit einer Dienstleistung in der öffentlichen Verwaltung oder im gewerblichen Dienstleistungsbereich vergleichbar ist.

In den folgenden Kapiteln wird versucht, unter Berücksichtigung der veränderten Rahmenbedingungen, zugleich aber auch der in Schule noch nicht geänderten System- und Organisationskonditionen, einen pragmatischen Ansatz für ein Schulmanagement zu entwickeln, der ohne überhöhte Anforderungen an die Leistungsfähigkeit von Management und entsprechende Idealisierung grundsätzlich geeignet ist, erfolgreich zur Aufgabenerfüllung beizutragen.

2. Führung und Management – Leitkategorien professioneller Schulleitung

2.1 Welches Bild von Management kann Schule nützen?

Zurzeit bestehen im deutschsprachigen Raum recht unterschiedliche Vorstellungen darüber, ob und ggf. welche Rolle das Management von Schule in den Schulen spielen kann bzw. soll. Dies zeigen die Aufgabenbeschreibungen und auch die Anforderungsprofile der Leitungs- und Führungskräfte mit den dazu für notwendig erachteten Kompetenzen. Die folgenden Ausführungen beziehen sich – als ein Beispiel für mehrere Länder – auf die Regelungen in Nordrhein-Westfalen, wo versucht wurde, diese Fragen auf der Basis des Neuen Steuerungsmodells (der KGSt) und des Gutachtens der Bildungskommission in einem stimmigen konzeptuellen Gesamtzusammenhang zu beantworten. Die Entwicklungen in den anderen Ländern verlaufen vergleichbar. Das 1999 veröffentlichte Anforderungsprofil für Schulleiter/innen unterscheidet vier Elemente (MSWWF 1999, S. 6):

1. *Handlungsfelder:* übergreifende Aufgaben und Tätigkeitsbereiche;
2. *Handlungstypen:* Formen der Interaktion innerhalb der Schule und mit dem Umfeld Schule;
3. *Kompetenzen:* Befähigungen und Dispositionen;
4. *Führung und Management* als Handlungsfelder, Handlungstypen und Kompetenzen verbindende, umfassende Rollenbeschreibungen.

Führung und Management werden »als zentrale Leitkategorien einer modernen und professionell arbeitenden Schulleitung« (ebd., S. 10) beschrieben. Damit wird das Leiten einer Schule erstmalig nicht mehr als eine Lehreraufgabe mit zusätzlichen Verwaltungsaufgaben betrachtet. Die Leitkategorien grenzen die im Anforderungsprofil an schulische Leitungspersonen genannten Anforderungen und die erwarteten Kompetenzen von den Lehreraufgaben ab. Schulleitung wird als eigenständige Profession gesehen, die *Sozialkompetenz* als allgemeine Kompetenz im Umgang mit Menschen, *Fachkompetenz* als pädagogische, schulrechtliche und als Organisations- und Verwaltungskompetenz sowie *Leitungskompetenz* als spezifische Befähigungen und Dispositionen für eine Leitungsrolle erfordert. Dieses Bild von Leitung entspricht in weiten Teilen den in der Managementliteratur für Führungskräfte geforderten Kompetenzen, mit Ausnahme der nicht überzeugenden Definition und Zuordnung der Aufgaben- und Tätigkeitsbereiche (vgl. oben unter 1.) und einzelner »Handlungstypen« bei der Interaktion (vgl. 2.). Die Beschreibung der Kompetenzen als drittes Element orientiert sich wieder weitgehend an der Fachwissenschaft, wie z.B. an Steinmann/Schreyögg in Anlehnung an Katz (1974, S. 90ff.). Auch sie beschreiben – wie beim »Anforderungsprofil« – drei Schlüsselkompetenzen, die als Grundlage für die erfolgreiche Bewältigung von Managementfunktionen an Schulen gelten können (Steinmann/Schreyögg 2000, S. 20ff.):

1. technische Kompetenz,
2. soziale Kompetenz und
3. konzeptionelle Kompetenz.

Die »Fähigkeit, mit anderen Menschen effektiv zusammenzuarbeiten« und »durch anderer Menschen zu wirken«, das Handeln anderer zu verstehen und sich in sie hineinzuversetzen, wird im Anforderungsprofil als »Sozialkompetenz« d.h. »allgemeine Kompetenz im Umgang mit Menschen« verstanden (MSWWF 1999, S. 10). Diese Kompetenz wird, wie später ausführlich erläutert, nicht nur auf die unterstellten Mitarbeiter/innen bezogen, sondern ebenso auf die gleichgestellten Kolleginnen und Kollegen, die Vorgesetzten und auf die Bezugsgruppen der Umwelt. Ein solches Managementverständnis unterscheidet sich entscheidend von eher engen und statischen Ansätzen, weil es Führung als substanziellen und dialogischen Bestandteil von Management im Sinne der von Haller/Wolf geforderten dialogischen Führung versteht (Haller/Wolf 2004). Die Leitungskompetenz als »auf die spezifische Position und Rolle eines Schulleiters bezogenes Kompetenzbündel« (MSWWF 1999, S. 5) unterscheidet *pädagogische Kompetenz, Kommunikationskompetenz, Organisations- und Verwaltungskompetenz, schulrechtliche Kompetenz* und *Führungs- und Managementkompetenz*. Schulleiter/innen sollen über die Fähigkeit verfügen, unübersichtliche, komplexe Zusammenhänge zu erfassen, ein handhabbares Handlungskonzept zu erstellen und Handlungskonsequenzen abzuleiten. Darüber hinaus sollen sie wichtige soziale und kommunikative Fähigkeiten besitzen.

Steinmann/Schreyögg sehen dies ähnlich, erwarten aber zusätzlich *konzeptionelle Kompetenz*, »eine grundsätzliche Lernfähigkeit, um dem sich immer wieder verändernden Charakter der Problemstellungen gerecht werden zu können. Es besteht weitgehend Konsens darüber, dass aufgrund der wachsenden Komplexität [...] die relative Bedeutung der konzeptionellen Kompetenz gegenüber den anderen beiden Kompetenzen zukünftig zunehmen wird« (Steinmann/Schreyögg 2000, S. 21). *Fachkompetenz* schließlich meint nicht in erster Linie unterrichtsfachliche Kompetenz, sondern die Organisations- und Verwaltungskompetenz sowie Managementwissen und die Fähigkeit, theoretisches Wissen, Techniken und Methoden auf den konkreten Einzelfall anzuwenden. Natürlich wird auch die Fachkompetenz im pädagogischen Bereich gefordert.

Viele Schulleiter/innen und Lehrkräfte wehren sich vehement gegen diese Sicht von Schulleitung. Sie argumentieren mit den organisationstheoretischen, -soziologischen oder -psychologischen Unterschieden zu betrieblich-unternehmerischen Einrichtungen im Profitbereich und vor allem damit, dass die »Betriebszwecke« grundsätzlich anderer Art sind. Hinzu kommt, dass Management in den Wirtschaftswissenschaften lange Zeit eng und einseitig technokratisch definiert war. Dies änderte sich erst mit dem Entstehen der eigenständigen Disziplin »Managementwissenschaften«. Managementwissenschaft befasst sich anders als Betriebswirtschaft vorrangig mit Unternehmensführung. Management beinhaltet seither eine deutlich erweiterte Ziel- und Aufgabenstellung, z.T. als Folge der oft unbefriedigenden Ergebnisse des Managerwirkens, insbesondere aber aufgrund der rasanten Beschleunigung der Produktionsprozesse und Produktzyklen, der Internationalisierung und Globalisierung der Wirtschaft sowie des Einzugs der Informations- und Kommunikationstechnologie bis in die kleinsten Betriebe. Eine wesentliche Rolle spielte in diesem Zusammenhang die Entwicklung des auf der Systemtheorie und Kybernetik beruhenden so genannten systemischen Managements.

Dass Managementkompetenz nicht als angemessenes Mittel für die Aufgabenerfüllung von Schule betrachtet wird, hat auch mit einer Reihe von teilweise bis heute fortwirkenden Missverständnissen und Irrtümern zu tun:

- *Erstes Missverständnis und erster Irrtum ist die Annahme, nur Topmanager seien Manager* und Topmanager seien ein relativ kleiner Kreis von Menschen. Man geht davon aus, dass diese an der Spitze von Großunternehmen stehen und dass nur dort wirklich Management betrieben wird. Auf Schule bezogen bedeutete dies, dass es überhaupt kein Topmanagement gibt oder allenfalls in großen Berufskollegs oder in mindestens fünfzügigen S I/S II-Schulen.

  Topmanagement gehört zwar zum Management von Organisationen, von Unternehmen ebenso wie von Schule, ist aber nicht identisch mit Management. Es ist ein Teil unter anderen und nach Auffassung renommierter Fachwissenschaftler, Managementschulen (z.B. Managementzentrum St. Gallen) und Autoren (Malik 2000, S. 34; Klimecki/Probst/Eberl 1991, S. 106; Steinmann/Schreyögg 2000, S. 6ff.) nicht einmal der wichtigste. Management wird neu definiert in der Weise, »dass jeder, der managt, und zwar unabhängig von der Bezeichnung, die er bzw. seine Stellung hat, unabhängig von Statussymbolen, dem Rang innerhalb der Organisation usw., wer de facto Führungsaufgaben erfüllt, eine Führungskraft ist« (Malik 2000, S. 35).

- *Ein weiterer Irrtum geht davon aus, dass nur, wer Mitarbeiter/innen hat, Manager ist.* Management und Menschenführung wird fälschlicherweise gleichgesetzt. Wer Menschen führt, ist zwar Manager. Wer keine Mitarbeiter/innen zu führen hat, kann aber dennoch Managementaufgaben wahrnehmen wie z.B. die Spezialisten in vielen Organisationen und die zunehmende Zahl der so genannten Kopfarbeiter. Sie alle leisten für den Erfolg ihrer Organisation wichtige Beiträge. »Management ist für Personen dieser Art nicht wichtig aufgrund der Führung anderer, sondern weil sie sich selbst führen müssen« (ebd.). Demnach gehören Schulleitungsmitglieder im engeren Sinne zum Topmanagement und viele Lehrkräfte nehmen als pädagogische und unterrichtsfachliche Experten in der Schule Managementaufgaben wahr und betreiben Management.

  Klimecki, Probst und Eberl folgern in der Beschreibung ihres auf systemtheoretischen Annahmen beruhenden Ansatzes zum »entwicklungsorientierten Management«, dass die Entwicklung einer Organisation nicht sozialtechnologisch gestaltet werden kann und dass sich deshalb die Selbstentwicklungskräfte des sozialen Systems entfalten müssen, um selbstorganisierend aus dem System heraus zu entstehen. Nach ihrer Auffassung führt jede »Verordnung« zu kontraproduktiven Effekten und bedeutet allenfalls »Pseudoentwicklung«. Wenn man aber die Selbstorganisation als grundlegendes Steuerungsprinzip sozialer Systeme akzeptiert, führt dies zu einem Managementverständnis, das »jedes Systemmitglied als (potenziellen) Gestalter betrachtet. Management ist dann eine Eigenschaft des Systems« (Klimecki/Probst/Eberl 1991, S. 106). Damit erfahren diejenigen Unterstützung, die die Gestaltungsspielräume und Selbstverantwortung der einzelnen Schule erweitern und ihre pädagogische Arbeit, die Organisation und das selbstverantwortliche Handeln weiterentwickeln wollen. Professionelles Handeln bedeutet, sich Wandlungsprozessen zu stellen und sie mitzugestalten (MSWWF 1997, S. 7ff.).

Folgt man dieser Auffassung, Lehrer/innen als pädagogische oder unterrichtsfachliche Experten und folglich als Management betreibende Personen zu betrachten, hat dies Konsequenzen sowohl für die Leitungspersonen als auch für das Handeln der Experten und die Übernahme der Verantwortung für die Leistungsergebnisse. Als Experten müssen sie denken und handeln wie Manager. Sie sind Führungskräfte (wenn auch in der Regel ohne eigene Mitarbeiter/innen), die für den Erfolg der Schule außerordentlich wichtig sind. Und sie müssen lernen, sich selbst zu führen.

- *Der dritte mit dem Verständnis von Management zusammenhängende Irrtum besteht in einer überholten Vorstellung von Arbeit, Organisation und Leitung, nach der Management »Management von Untergebenen« bedeutet.* Natürlich gibt es das auch weiterhin. Wichtiger und problematischer aber ist Führung im Verhältnis zum eigenen Chef, dem Chef des Chefs und zu den Kolleginnen und Kollegen derselben Hierarchieebene. Dass solche Auffassungen vielfach auf Widerstand aller Beteiligten stoßen, dürfte nicht überraschen. »Chefs« meinen, Mitarbeiter/innen (schlechtestenfalls) mit einer Weisung begegnen zu können, die allerdings meist wenig bringt, etwa weil Mitarbeiter/innen einer Weisung oft zuvorkommen oder weil man sich vorher arrangiert. Im Verhältnis zu Gleich- oder Höherrangigen oder für die Arbeit in Netzwerken steht dieses Mittel aber nicht zur Verfügung. Deshalb benötigt man in solchen Fällen das gesamte Managementarsenal an Kommunikation, Überzeugungsfähigkeit und Durchsetzungsvermögen (MSWWF 1997, S. 37).

In der Schule spielt die Weisung als Ultima Ratio aus anderen Gründen eine zu vernachlässigende Rolle. Da es kein ausgebildetes Vorgesetzten-Mitarbeiter- geschweige denn Untergebenen-Verhältnis zwischen Leiter/innen und Lehrkräften gibt, sind Schulleiter/innen und Lehrkräfte weitgehend orientiert an der Gleichrangigkeit durch Ausbildung, durch ein Fachstudium und daran, dass alle in erster Linie Lehrer/innen sind und sich als solche fühlen. Kern einer weisungsfreien und unabhängigen Berufsausübung ist die oft missverstandene so genannte Methodenfreiheit, die auch Leitung bislang nur schwer durch Weisung außer Kraft zu setzen vermag. Erste Versuche einzelner Länder, diese generelle »Exculpations-Strategie« zu Fall zu bringen, deuten auch hier auf eine Veränderung hin (vgl. das neue Schulgesetz NRW 2005).

Aus der Sicht von Mitarbeiter/innen bzw. Lehrkräften bedeutet »laterale Führung«, also Führung von Gleichrangigen, Öffnung in Richtung auf »Kolleginnen und Kollegen«, die damit u.U. ein neues, nicht gewünschtes Bild von ihnen gewinnen, was vielleicht mehr Aufwand bei der Aufgabenbewältigung, mehr Belastung und das Verstellen von Aufstiegschancen bedeutet, weil dann eventuell neue Daten über die Leistungen vorliegen. Für die Führung »von unten nach oben«, also von Chefs, treffen ähnliche Überlegungen zu. Hinzu kommt die Befürchtung, dass insbesondere bei kritischen Rückmeldungen die Karriere erschwert oder verbaut werden kann, zumindest aber zusätzliche Belastungen eintreten können.

Die Vorstellung, Schulleiter/innen und Schulaufsicht bzw. auch die Kolleginnen und Kollegen sollten von »unten« oder von »der Seite« geführt werden, ist zurzeit noch weitgehend undenkbar. Qualifizierte und professionelle Aufgabenerfüllung von Schule bzw. von Lehrkräften wird unterstellt, wenn man wenig oder gar nichts voneinander hört. Dass effiziente und effektive Aufgabenerfüllung eine Abstimmung und Unterstützung von Konzepten, Personalentwicklungsfragen, unterschiedliche Auffassungen in Sach- oder Personalfragen, selbstverständliche Nachweise der Aufgabenerfüllung, Argumentations-, Überzeugungs- und Durchsetzungsfähigkeit, also Führungsaktivitäten erfordert, ggf. auch Widerspruch oder Widerstand gegenüber dem Vorgesetzten oder gleichrangigen Kollegen, gestaltet diesen Anspruch schwierig. In der kommunikativen Auseinandersetzung mit Höher- und Gleichrangigen beweist sich Führung als dialogisch nicht darin, dass man miteinander redet und dann doch tut, was man ohnehin hat tun wollen. »Führung symbolisiert sich nicht mehr nur als Verfügungs- und Definitionsmacht, sondern als die Fähigkeit, Realitätswahrnehmung, Deutung und Bearbeitung der anstehenden Aufgaben und Probleme in einem ergebnisoffenen Verständigungsprozess zu organisieren. Damit werden die von Führung Betroffenen zu an Führung Beteiligten« (Haller/Wolf 1994, S. 175f.).

Beide, Schule wie Wirtschaft, sind Organisationen, deren Leistungsprozesse der Steuerung und Gestaltung, d.h. des Managements, bedürfen. Auch wenn die Organisationen sich grundsätzlich unterscheiden – Schule kann Nutzen aus qualifiziertem Management ziehen und sie wird dies tun müssen, um den neuen Anforderungen gerecht werden zu können. (Im Übrigen sei daran erinnert, dass Management nicht etwa in der Wirtschaft entstanden, sondern viel früher in Kirche und Militär praktiziert worden ist.) Entscheidend für die Gewinnung von Pädagoginnen und Pädagogen – in welcher Funktion auch immer – ist es, das für sie passende und annehmbare Bild von Management zur Verfügung zu stellen. Dies müsste nicht zuletzt deshalb möglich sein, weil Schule bisher »über beträchtliche Freiheitsspielräume [verfügt], die – als Selbstständigkeit, Selbstverwaltung oder Eigenverantwortung der Schule gesetzlich gesichert – es ihr ermöglichen, sich innerhalb der vorgegebenen Regelungen relativ frei zu bewegen« (Heckel/Avenarius 1986, S. 66ff.).

Die Fortsetzung der schulischen Arbeit auf der Grundlage des bürokratischen Verwaltungsmodells hingegen wird u.a. durch die unzureichende Flexibilität in der Verwendung von Fähigkeiten sowie vor allem durch die Verschiebung der Aufmerksamkeit von den Zielen der Organisation auf die Mittel, die häufig zum Selbstzweck werden, den kritischen Leistungsstand perpetuieren. »Das blinde Befolgen formeller

Regeln und Vorschriften sowie die Überbetonung von Disziplin führen [...] zur Starrheit und mangelnden Anpassungsfähigkeit der Organisation« (Staehle 1989, S. 29).

Es muss daran erinnert werden, dass Verwaltung wie Management nicht Selbstzweck sind, sondern Mittel zur Erfüllung der aufgetragenen Aufgaben. Während bürokratische Verwaltung dies mittels

- spezialisierter Aufgabenerfüllung (Arbeitsteilung),
- streng hierarchischen Aufbaus (Amtshierarchie),
- Amtsführung durch Beamte nach technischen Regeln und Normen und
- Aktenmäßigkeit der Verwaltung

versucht (ebd., S. 28), gilt Management »als ein Komplex von Steuerungsaufgaben, die bei der Leistungserstellung und -sicherung in arbeitsteiligen Systemen an jeder Stelle durch jede Führungskraft erbracht werden müssen. Diese Aufgaben sind immer wiederkehrende Probleme, die in jeder Leitungs- und Führungssituation zu lösen sind, unabhängig vom Ressort, auf welcher Hierarchieebene. Obwohl die Situationen erheblich unterschiedlich, die Probleme gänzlich different, die zu erstellenden Leistungen usw. völlig anderer Art sein können, gibt es trotzdem einen generellen Katalog von Systemsteuerungsaufgaben. [...] Im Grundsatz geht es dabei um Steuerungsaufgaben jedweder Organisation« (Steinmann/Schreyögg 2000, S. 7).

Schulleitungspersonen sind Führungskräfte mit Managementaufgaben im oben beschriebenen Sinn (vgl. auch S. 60ff.), denen es obliegt, die aufgetragenen Aufgaben durch Planen, Entscheiden, Organisieren, Kontrollieren, Messen, Beurteilen, durch Gestaltung und Steuerung zu erfüllen, gleich ob als »Topmanager« oder Manager.

Heckel/Avenarius (1986, S. 66ff.) machen mit Hinweis auf die außerordentlichen Gestaltungsspielräume bei Unterricht und Erziehung darauf aufmerksam, dass Schule sich hinsichtlich der Erfüllung ihres Kernauftrags als Stätte von Unterricht und Erziehung grundsätzlich von Verwaltung unterscheidet, obwohl sie in ihrer rechtlichen Doppelnatur Bestandteil der allgemeinen Verwaltung ist. Das Zentrum ihrer Arbeit ist nur in relativ geringem Maß von Rechtsnormen oder Anweisungen der Verwaltung tangiert. Richtlinien und Lehrpläne geben, falls sie überhaupt eine nennenswerte Rolle spielen, reichlich Raum für eigene Entscheidungen. Nicht ohne weiteres im Bewusstsein von Lehrerinnen und Lehrern und oft auch nicht als Aufgaben von Schulleitungen präsent sind hingegen Kooperation, Koordination der pädagogischen und unterrichtlichen Prozesse, Evaluation der Ergebnisse, Rechenschaftslegung nach innen und außen, Verbesserung der Schularbeit insgesamt u.Ä. Gestalten, Steuern, Richtunggeben usw. spielen in diesem Berufsszenario oft noch eine untergeordnete oder gar keine Rolle.

2.2 Ein eigener Managementbegriff für Schule?

Alle Organisationen, Wirtschaftsunternehmen, öffentliche Institutionen, Verwaltungen oder Non-Profit-Organisationen wie auch Schulen sehen sich rasanten Veränderungen gegenüber. Unternehmerisches Wirtschaften wie bürokratische Administration oder Verwaltungsmanagement sind mit »drei neue[n] Rahmenbedingungen konfrontiert, die weitgehend über Erfolg und Misserfolg entscheiden und somit Herausforderungen an Führungskräfte darstellen: Verknappung der *Ressource Zeit,* Verknappung der *Ressource Geld,* dramatische *Steigerung der Komplexität*« (Doppler/Lauterburg 1998, S. 21). Je nach Organisationsbereich und -typus stellen sich diese Faktoren zwar als graduell unterschiedlich, in jedem Fall aber als hoch einflussreich dar.

1. Auf den ersten Blick scheint der *Faktor Zeit* Schule nicht unmittelbar zu betreffen. Bei genauerem Hinsehen aber wird der Blick auf die verkürzten »Produktionszyklen« (Abitur nach 12 Jahren, kürzere betriebliche Ausbildungsgänge, Überspringen von Klassen usw.) gelenkt oder auf mehr oder umfangreichere, aber im gleichen Zeitraum zu erstellende »Produkte« bzw. Dienstleistungen. Die Veränderungen in der Informations- und Kommunikationstechnologie und die Veränderungen der Produktion in den Betrieben einschließlich der Wirkungen auf die Beschäftigten und deren Familien, auf Beruf und Freizeit und auf Eltern und Kinder haben auch die Schule längst schon erreicht. Die Erwartungen aller Anspruchsgruppen an Schule sind auf das Erreichen hoher Qualität in möglichst kurzer Zeit gerichtet.
2. Von der *Verknappung von Geld* ist Schule in mehrfacher Weise betroffen: durch Engpässe beim Staat, in der Wirtschaft und schließlich bei den einzelnen Arbeitnehmern und in der Familie, weil geringere Ressourcen (Sach- und Personalmittel) vorhanden sind und weil Schule mit den Auswirkungen der Verknappung aus dem gesellschaftlichen und familiären Bereich auf Unterricht und Erziehung konfrontiert ist (Doppler/Lauterburg 1998, S. 28).
3. Der dritte Einflussfaktor, die *Komplexität*, ist für alle Lebensbereiche – Beruf, Alltag, Freizeit – tagtäglich erfahrbar. Der Eindruck, dass man »die Welt nicht mehr versteht«, ist buchstäblich Wirklichkeit geworden. Es wird befürchtet, dass die technischen, ökonomischen, gesellschaftlichen und politischen Prozesse in ihrer gegenseitigen Beeinflussung nicht mehr verstehbar sind, ja sogar, dass die von ihnen ausgehende Eigendynamik nicht begriffen und nicht entsprechend reagiert wird. Die einzelne Schule betreffende strategische und programmatische Entscheidungen, die die Zukunft sichern sollen, werden nicht mehr auf der höchsten Ebene, sondern innerhalb der Schule immer öfter an ganz neuen Schnittstellen unterhalb der obersten Leitungsebene getroffen. Das kann bedeuten, dass z.B. das (Sub-)Programm einer Orientierungsstufe – unter Berücksichtigung der entsprechenden schulischen Leitideen, eines Leitbildes oder des Rahmenprogramms – auf dieser Jahrgangsstufenebene verabschiedet wird. Die Folge für die anschließenden Stufen wäre, dass – in Umkehrung bisher üblicher Prozesse, Entscheidungen auf der Ebene des Gesamtsystems zu treffen und diese dann auf die einzelnen Ebenen herunterzubrechen – die Stufen oberhalb der Orientierungsstufe sich nunmehr an diesen Vorentscheidungen zu orientieren hätten. Daraus folgt ferner, dass die Hierarchie faktisch verflacht wird und dass der Versuch, »kunden- und marktnäher« zu arbeiten, innerschulisch zu viel weiter reichenden Dezentralisierungen führt, als man bisher geglaubt hat.

Da sich Schule diesen Rahmenbedingungen nicht entziehen kann, muss sie sich den daraus resultierenden Herausforderungen stellen, muss lernen, mit knapperem Geld, weniger Zeit und mit der »dramatischen Steigerung der Komplexität« umzugehen, und sie muss darüber hinaus versuchen, im durch Gesellschaft und Politik vorgegebenen Rahmen die gesetzten Ziele und Aufgaben mit größtmöglicher Effizienz und Wirksamkeit zu erreichen. Dazu bedarf es u.a. professionellen Managements. Dabei ist die Art und Weise des Managementeinsatzes und vor allem die ihm zugrunde liegende Philosophie von nicht unerheblicher Bedeutung.

Die kaum zu überblickende Anzahl von Managementansätzen wird im Folgenden unter Berücksichtigung ihrer Eignung und Passung auf die Schule auf einige wenige fokussiert. Eine erste Orientierung bieten die Definitionen des Managementbegriff.

- Management wird als Gesamtheit aller gestaltenden, steuernden, Richtung gebenden und entwickelnden Funktionen einer Gesellschaft oder – abstrakter und unter Berücksichtigung der allenthalben sich grundsätzlich verändernden Produktionsprozesse – als Transformation von Wissen in Leistung und Nutzen beschrieben (Malik 1999, S. 87).
- Steinmann/Schreyögg formulieren ihren Funktionsansatz von Management wie folgt: »Der Funktionsansatz knüpft – [...] prinzipiell unabhängig von vorheriger Fixierung auf bestimmte Positionen und Führungsebenen – an diejenigen Handlungen an, die der Steuerung des Leistungsprozesses, d.h. aller leistungsrelevanten Arbeitsvollzüge dienen. Solche Steuerungshandlungen können ganz verschiedener Art sein, z.B. planender, organisierender oder kontrollierender Art« (Steinmann/Schreyögg 2000, S. 6). Management wird – wie mehrfach betont – nicht auf bestimmte Positionen, bestimmte Führungsebenen oder einen bestimmten Personenkreis bezogen. Es wird von einem »Kranz von Aufgaben« gesprochen, die erfüllt werden müssen, wenn das System seine Ziele erreichen soll. Die Managementfunktion wird zu den »originären betrieblichen Funktionen wie Einkauf, Produktion, Verkauf (Sachaufgaben) in einem komplementären Verhältnis« gesehen, als eine komplexe Verknüpfungsaktivität, »die den Leistungserstellungsprozess [...] netzartig überlagert und in alle Sachfunktionsbereiche steuernd eindringt« (ebd.). Diese Querschnittsfunktionen finden in jedem Bereich und zwischen allen statt.
- Für Ulrich und Fluri ist Management »die Leitung soziotechnischer Systeme in personen- und sachbezogener Hinsicht mithilfe von professionellen Methoden [...]. In der sachbezogenen Dimension geht es um die Bewältigung der Aufgaben, die sich aus den obersten Zielen des Systems ableiten, in der personenbezogenen Dimension um den richtigen Umgang mit Menschen.« Management und Unternehmensleitung werden synonym verwendet, der Begriff Führung im speziellen Sinne von Menschenführung (aber im Rahmen von Management). »Als Funktion umfasst das Management alle zur Bestimmung der Ziele, der Struktur und der Handlungsweisen [...] sowie zu deren Verwirklichung notwendigen Aufgaben, die nicht ausführender Art sind.« Auch Ulrich und Fluri weisen darauf hin, dass Management- und Ausführungsfunktion sich mit der institutionellen Abgrenzung von Leitungsin-

stanzen und übrigen Stellen nicht völlig decken, vielmehr ein großer Teil aller Stellen »sowohl leitende als auch ausführende Funktionen« umfasst (Ulrich/Fluri 1995, S. 14).
- Doppler/Lauterburg, Repräsentanten eines in erster Linie auf Changemanagement gerichteten Ansatzes, nehmen insofern eine Sonderstellung ein, als sie Organisationen fast ausschließlich in Veränderungssituationen sehen und deshalb vor allem Veränderungsmanagement fordern (vgl. dazu die Kapitel 2.3 und 2.4 in diesem Beitrag, S. 37ff., und den Beitrag »Changemanagement und Organisationsentwicklung« von Horster in diesem Band, S. 229ff.). Dennoch weisen sie pointiert darauf hin, dass auch Veränderungsprojekte und Changemanagement zielorientiert gemanagt werden müssen. »Es gehört zu den verhängnisvollen Missverständnissen unserer Zeit zu glauben, menschenorientierte und partizipative Führung vertrüge sich nicht mit systematischer Planung, Steuerung und Kontrolle. [...] In Wirklichkeit ist es gerade umgekehrt. Ohne Führung wird Partizipation zur Fahrt ins Blaue« (Doppler/Lauterburg 1998, S. 153).

Die nun folgenden Ausführungen folgen der eher offen und allgemein formulierten Definition, nach der »Management als die Gesamtheit aller gestaltenden, steuernden, Richtung gebenden und entwickelnden Funktionen« aufgefasst wird und Führung als Bestandteil dieses Managementprozesses verstanden wird. Die Grundsätze wirksamer Führung (Management) müssen die Erfüllung der Aufgaben und den Einsatz der Werkzeuge und Medien (Kommunikation) sowie das operative wie das innovative Geschäft bestimmen, ansonsten machen sie keinen Sinn (Malik 2000, S. 382).

Ein weiterer ebenso wichtiger wie pragmatischer Grund für die Anlehnung an diesen Managementbegriff, der die konzeptuelle Grundlage des Ansatzes des Managementzentrums Sankt Gallen (MZSG) ist, besteht darin, dass Schule angesichts der notwendigen Einbeziehung einer großen Anzahl weiterer Führungskräfte, die sich selbst und auch Kolleginnen und Kollegen lateral führen, Managementkompetenzen für eine sehr viel größere Anzahl von Personen schaffen muss (vgl. das vorangehende Kapitel, S. 26ff.). Das können z.B. fachliche Expertinnen und Experten sein, die dann die Basis für ein neues Mittelmanagement bilden. Ohne die Schaffung neuer Binnenstrukturenwege ist die dringend erforderliche Verringerung der Kontrollspanne zwischen Schulleiter/in und Lehrkräften nicht vorstellbar. Die Qualifizierung neuer Führungskräfte in der dann benötigten Anzahl ist nur machbar, wenn man davon ausgehen kann, dass im Prinzip jeder und jede durchschnittlich begabte Mitarbeiter/in oder jede Lehrkraft Management lernen kann.

Wenngleich dies heute nicht mehr grundsätzlich infrage gestellt wird, sehen einige Vertreter der Neueren Systemtheorie (NST) wie Nagel/Wimmer (2002) u.a. bestimmte zusätzliche für eine Führungskraft notwendige Eigenschaften, die nicht lernbar und lehrbar sind. Eine konkrete Nennung dieser Potenziale erfolgt allerdings nicht.

Mayer (2003) interpretiert aus der Kenntnis des Arbeitskontextes von Nagel/Wimmer deren diesbezügliche Vorstellungen und nennt Eigenschaften im Bereich von Kommunikation wie z.B.

- die Fähigkeit, positiv emotional besetzte Beziehungen zu Einzelnen wie auch zu Gruppen aufbauen zu können;
- die Fähigkeit, neue Wege zu gehen und dafür ggf. auch Grenzen zu überschreiten;
- die Fähigkeit, Konflikte auszuhalten, ohne sich vom selbst gesetzten Ziel abbringen zu lassen (Stichwort Durchsetzungsfähigkeit);
- die Fähigkeit zur Reflexion, insbesondere auch die Fähigkeit, seine eigenen Verhaltensweisen und Muster zu hinterfragen und die Kraft zu haben, hierdurch neu gewonnene Erkenntnisse umzusetzen und nicht in alte Muster zurückzufallen.

Diese Frage ist gerade auch für Management im Schulbereich insofern von Bedeutung, als Vorgesetzte oft implizit, nicht selten aber auch explizit bestimmte Eigenschaften als Persönlichkeitsattribute auf allen Ebenen von Führung in der Schule voraussetzen. Unmittelbar ablesbar wird dies in den für die so genannten »dienstlichen Beurteilungen« verwendeten Formularen (vgl. dazu den Beitrag »Personal- und Leistungsbeurteilung« von Becker/Buchen in diesem Band, S. 586ff.). Möglicherweise besteht hier ein Zusammenhang mit der abnehmenden Bereitschaft, sich für Leitungs- und Führungsfunktionen zu interessieren, weil an den eigenen eigenschaftstheoretischen Voraussetzungen gezweifelt wird.

Emotional positive Grundeinstellungen zu Einzelnen und zu Gruppen werden vermutlich auf üblichem Wege kaum erlernbar sein. Die übrigen vermuteten Eignungen scheinen jedoch durchaus vermittelbar und lernbar zu sein, da sie – so die Erfahrungen in Führungskräfte-Fortbildungen – wohl eher eine Frage der Art und Weise des Lernens sind (didaktischer Ansatz etwaiger Seminare, Lernmodell, Rolle und Funktion von Lerngruppen, Lernarrangements, zusätzliches Angebot von Coaching, Einbeziehung der beruflichen Praxis und Supervision usw.) als eine grundsätzliche Frage.

Auf der anderen Seite muss man sich angesichts der von Doppler/Lauterburg (1998) genannten grundsätzlich veränderten Rahmenbedingungen vor Ort bewusst sein, dass »Massen von Führungskräften aller Stufen zweierlei gleichzeitig [zu] bewältigen [haben]: die Aufrechterhaltung des Normalbetriebs [und dies ist nicht nur betriebswirtschaftlich zu verstehen, d. Verf.] und die Umstrukturierung ihrer Organisationseinheit [insgesamt]. Die Führung des normalen Geschäftes, das hat man im günstigsten Falle noch gelernt, obwohl auch hier nicht jeder aus dem Vollen schöpft. Vor einer Reorganisation im eigenen Verantwortungsbereich aber stehen heute viele zum ersten Male in ihrem Leben. Ein solches Projekt erfordert besondere Mechanismen der Planung, Steuerung, Kommunikation und Führung – und in personellen Fragen ist äußerste Umsicht und Sorgfalt gefragt, wenn das Tagesgeschäft einigermaßen normal über die Bühne und im klimatischen Bereich nicht allzu viel Porzellan in die Brüche gehen soll. Alles das geschieht wie immer unter einem enormen Zeit- und Leistungsdruck. Da ist manch einer – als Mensch und als Manager – schlicht überfordert« (Malik 2000, S. 30).

Diese Diskussion macht gleichsam nebenbei deutlich, dass es entgegen verbreiteter Auffassung und Praxis zwischen allen möglichen Typen von Management – wie Innovations-, Personal-, Konflikt-, Zeit-, Ressourcenmanagement und natürlich Changemanagement – und allgemeinem Management keinen grundsätzlichen Unterschied gibt und diese Unterscheidung überflüssig und irreführend ist. Richtig ist aber, dass Changemanagement besonders hohe Anforderungen an die Grundausstattung von Managerinnen und Managern stellt. Daraus folgt für Schulentwicklung, dass sie als »systematischer Arbeits- und Lernprozess« (MSWWF 1999, S. 6) zunächst und überwiegend durch operatives Management bearbeitet wird und nicht als außergewöhnliches schulisches Veränderungsprojekt, z.B. als ein besonderes Organisationsentwicklungsprojekt. Es gibt keinen Grund, Management und Innovationsmanagement zu trennen. Beide bedürfen derselben Managementaufgaben und -kompetenzen. Allerdings sind die zu treffenden Entscheidungen besonders schwierig und riskant und deshalb werden besondere Professionalität und Erfahrungen benötigt.

Das folgende Bild versucht diese Auffassung zu illustrieren: »Das Management von Innovationen ist vergleichbar mit alpinistischen Erstbesteigungen. Eine Erstbesteigung erfordert weder andere Aufgaben noch andere Werkzeuge als die Begehung einer bekannten Route. Es ist dasselbe erforderlich, aber auf einem völlig anderen Leistungsniveau. Man muss im Fels klettern und sich im Eis bewegen können; man verwendet keine andere Sicherungstechnik, keine anderen Seile und auch keine anderen Eisäxte. Aber alles muss, kombiniert mit bester Kondition, virtuos beherrscht werden – und dann geht es möglicherweise trotzdem schief. Genauso wie beim bestehenden operativen Geschäft vieles bekannt und vertraut ist, ist bei alpinistischen Wiederholungsbegehungen die Route bekannt, [...] man weiß, wo die besonderen Schwierigkeiten liegen [...]. Bei der Erstbegehung weiß man das alles nicht; man ist auf Vermutungen angewiesen. Auch bei Innovationen kennt man das meiste, worauf es für den Erfolg wirklich ankommt, noch nicht. Das macht sie schwierig und riskant; und aus diesem Grunde scheitern so viele, trotz besten Managements« (Malik 2000, S. 274).

Schule scheint einen besonderen, auf ihren Organisationstypus zugeschnittenen Managementbegriff nicht zu benötigen, wenn die Spezifik ihres Auftrags und ihrer Rahmenbedingungen berücksichtigt werden. In diesem Fall kann Management als eine Querschnittsaufgabe und als die Gesamtheit aller gestaltenden, steuernden, Richtung gebenden und entwickelnden Funktionen einer Gesellschaft oder als Transformation von Wissen in Leistung und Nutzen verstanden werden (ebd., S. 87):

- Die Offenheit des Ansatzes ermöglicht, den veränderten gesellschaftlichen, kulturellen, ökonomischen und technologischen Bedingungen Rechnung zu tragen, ohne kurzlebigen modischen Managementtrends zu folgen.
- Der weite Rahmen schulischer Veränderungstheorien und der Vorstellungen von Schulentwicklung kann abgedeckt werden und
- nicht zuletzt stellt dieser Ansatz auf die Erlernbarkeit von Management ab, ohne dass es besonderer herausragender personaler Eigenschaften als Basiskompetenzen bedarf.

Die weitergehenden Ansprüche von Nagel/Wimmer an Führungskräfte mögen gerechtfertigt sein, wenn sie sich an besondere, exzellente Personen richten. Der betriebliche wie der schulische Alltag benötigt jedoch vor allem »ganz normale«, durchschnittlich begabte Führungskräfte, die ihr Handwerk, nämlich Management, verstehen. Wenn im Ausnahmefall außergewöhnliche Begabung dazukommt, ist dies eine besonders gute und willkommene, aber nicht unbedingt notwendige Konstellation.

2.3 Schulmanagement im Verhältnis zu Schulentwicklung

Schulmanagement ist kein Selbstzweck. Seine einzige Funktion besteht darin, den »Betriebszweck«, die Unterrichts- und Schulentwicklung, in bestmöglicher Weise bei ökonomischem Mitteleinsatz zu gewährleisten.

In vielen Schulen hält sich hartnäckig die Auffassung, bei Schulmanagement handele es sich im Prinzip um eine optimierte Schulverwaltung, mit reibungsloser Organisation des Schulalltags, guter Unterrichtsverteilung, springstundenarmem Stundenplan und gerechter Vertretungsplanung, die ungestörte und vorrangige Unterrichtsarbeit der einzelnen Lehrkraft sichernd. Sobald im Zusammenhang mit Unterricht und Schule »Entwicklung« ins Spiel kommt, werden Vorstellungen von Einzigartigkeit der Aufgabe, besonderen Anlässen, hoch gesteckten Zielen, organisationsweiten, alle Mitglieder betreffenden Reorganisationsprozessen, von großer Professionalität der Beteiligten bzw. der externen Beratung usw. geweckt. Fast automatisch tauchen Organisationsentwicklung (OE) und Changemanagement als die einzig geeigneten Instrumente auf. Es scheint, als könnten Unterrichts- und Schulentwicklung nicht durch ganz normales Management betrieben werden, sondern als bedürften sie nach dieser Auffassung regelmäßig des Einsatzes von OE oder Changemanagement.

Changemanagement und OE sowie OE und Schulentwicklung werden also gleichgesetzt. Dabei wird Schulentwicklung überwiegend im Sinne von innovativer, tief greifender Weiterentwicklung missverstanden und nicht als täglich stattfindende Aufgabenerfüllung in Unterricht und Schulleben begriffen. An diesem Missverständnis hat der diffuse und von nahezu jedem anders verstandenen Begriff »Schulentwicklung« großen Anteil. Schulentwicklung im Konsens zu definieren ist unmöglich, wenn man sich nicht vorher auf eine Organisationsperspektive geeinigt hat (vgl. dazu auch den Beitrag »Schulentwicklung, Schulprogramm und Steuergruppe« von Rolff in diesem Band, S. 296ff.). Diese hängt ab von dem der Schulentwicklung zugrunde liegenden Menschen- und Gesellschaftsbild und davon, welche Grundvoraussetzungen von Lernen vorliegen. »Letztlich geht es bei Schulentwicklung um Werte. Schulentwicklung kann deshalb viele Formen haben, auf verschiedenen Ebenen des Systems stattfinden und mit verschiedenen Methoden realisiert werden« (Dalin 1999, S. 214). Als die üblichsten und sinnvollerweise zu unterscheidenden Schulentwicklungsmaßnahmen nennt Dalin

1. *Reformen* als staatlich verfügte Veränderungen des Schulwesens mithilfe von Gesetzen, Struktur-, Organisations- und Lehrplanvorgaben;
2. *Lehrplanentwicklung,* eher selten im Zusammenhang mit Schulentwicklung gebraucht, weil sie in der Regel von besonderen Ausschüssen getätigt wird;

3. *pädagogische Entwicklungsarbeit* von Lehrerinnen und Lehrern an einer Schule, die die Inhalte und Methoden innerhalb der durch die Richtlinien und Lehrpläne gesetzten Ziele zu verbessern sucht;
4. *Organisationsentwicklung,* mit deren Hilfe versucht wird, der einzelnen Schule eine größere Problemlösekapazität zur Weiterentwicklung der eigenen Praxis zu geben; und schließlich
5. *Schulentwicklung* »als übergeordneter Begriff, der Reformen, Lehrplanentwicklung, pädagogische Entwicklungsarbeit und Organisationsentwicklung einschließt« (Dalin 1999, S. 215ff.).

Schulentwicklungsmaßnahmen sind demnach nicht gleichzusetzen mit OE. Vielmehr wird festgestellt, dass Schulentwicklung OE beinhalten kann, aber auch ohne OE oder OE-Elemente denkbar ist (ebd.).

Das Anforderungsprofil für Schulleitung in Nordrhein-Westfalen versteht z.B. »die Initiierung, Planung, Organisation, Koordination und Moderation von Schulentwicklung als systematische[n] Arbeits- und Lernprozess, der sich an der Leitvorstellung von Schule als einer lernenden Organisation orientiert. Schulentwicklung bezieht sich zentral auf die Entwicklung und Sicherung der Qualität schulischer Arbeit« (MSWWF 1999, S. 6). Schulentwicklung wird als die *alltägliche Wahrnehmung und Erfüllung des Unterrichts- und Erziehungsauftrags* und zugleich als *zukunfts- und strategieorientierte Aufgabe* verstanden. Für Dalin hat Schulentwicklung nur dann eine Rechtfertigung, wenn sie in der Praxis »zu einer für Schüler und Lehrer besseren Schule führt. Auf welche Weise das geschieht, ist dann eine zweitrangige Frage« (Dalin 1999, S. 215ff.).

Das Verwalten wie das Managen von Schule dient ausschließlich dem Zweck, den Unterrichts- und Erziehungsauftrag von Schule auf *bestmögliche und kostengünstigste* Weise zu erfüllen. Dies beinhaltet ständige Verbesserung und Veränderung, bedingt Analyse, Kontrolle, Gestalten und Steuern und somit Weiterentwicklung von Unterrichten und Erziehen als täglichen Auftrag von Schule, im Verbund mit dem Erreichen der Schulziele mit Abschluss der Schulzeit. Generelles Management von und in Schule bezieht sich auf die Sachaufgaben wie z.B. Unterricht, Ganztagsbetrieb, Personalmanagement, Öffentlichkeitsarbeit, Controlling, möglicherweise Einkauf und/oder Verkauf von Nebenleistungen wie die Vermietung von Räumen oder bestimmter fachlicher Kompetenzen für die Fortbildung in anderen Schulen usw. Generelles Management ermöglicht als eine Querschnittsfunktion die Bewältigung der Sachaufgaben.

In diesem Sinne versteht auch das Anforderungsprofil für Schulleitungen Management als »Gestaltung und Verwaltung einer Institution und der in ihr fachlich zu leistenden Arbeit« (MSWWF 1999, S. 10). Management steuert als Querschnittsfunktion den Einsatz der Ressourcen und das Zusammenwirken der Sachfunktionen (Unterrichten, Personal, Finanzen usw.). Gestaltung und Verwaltung beinhalten die einzelnen Funktionen des Managementprozesses (für Ziele sorgen, organisieren, entscheiden, kontrollieren usw.).

Dalin (1999) ist in seiner Analyse weltweit durchgeführter schulischer Entwicklungsprojekte zu der Auffassung gelangt, dass es *die* richtige Veränderungsstrategie nicht gibt, sondern dass je nach Situation, Zeitpunkt, Kulturspezifik, Schwierigkeitsgrad der Aufgabe, Reifegrad der Beteiligten, Typus der Veränderungsziele, politischen und wirtschaftlichen Einflüssen usw. die eine oder die andere Strategie die passende sein kann. Er tendiert zu einem Ansatz von Schulentwicklung, der – orientiert an den Erfahrungen von OE-Projekten – die folgenden Elemente beinhaltet:

- Innovation ist keine von außen kommende Lösung, sondern Ergebnis eines Dialogs zwischen internen Bedürfnissen und von außen kommenden Forderungen.
- Wesentliche Schulentwicklung ist mehr als das Ersetzen einer alten durch eine andere Praxis. Sie ist tief reichende Veränderung der Schule als Organisation entsprechend dem systemischen Modell des »Institutional Development Process« (ISP, vgl. Dalin/Rolff/Buchen 1995).
- Bei Schulentwicklung handelt es sich um einen Arbeits- und Lernprozess. Er muss immer ausgehen von den *real needs* der Schule. Erst wenn diese identifiziert sind, ist wirkliche Erneuerung durch Mitwirkung der Beteiligten und Betroffenen möglich.
- Zehn Voraussetzungen, überwiegend aus nordamerikanischen Erfahrungen gewonnen, sind für einen erfolgreichen Schulentwicklungsprozess nach dem ISP-Modell erforderlich:
    1. Die einzelne Schule ist der Ort der Veränderung;
    2. die Schule als Motor;
    3. subjektive und objektive Wirklichkeit;
    4. Veränderung als Kooperation;
    5. Konflikte als Chance;
    6. Prozess- und Programmziele;
    7. Effektivität ist situationsbedingt;
    8. Freiheit zu handeln;
    9. Planung und Ausführung gehören zusammen;
    10. Schulen können lernen.
- Die Qualität und der Erfolg hängen ab von schulbasierter Kompetenzentwicklung, vom Schaffen eines »Eigentümerverhältnisses«, den Bedingungen guter Führung und der Entwicklung von Problemlösekapazität. Ziel ist, eine neue Schulkultur zu generieren.
- Schulen unterscheiden sich in ihrer Reife, ihrer Bereitschaft zur Veränderung. Dies drückt sich im jeweiligen Entwicklungsstand der Schule als »fragmentierter Schule«, als »Projektschule« oder als »Kooperations-« oder »Problemlöseschule« aus.
- Das Modell von Schule ist das einer lernenden Organisation (= Problemlöseschule). Sie arbeitet mit konkreten Entwicklungsdaten der einzelnen Schule, mit ihrer Umgebung, mit dem Schulträger, der Schulaufsicht, dialogisch mit einer *Bottom-up-* wie mit einer *Top-down*-Strategie (Dalin/Rolff/Buchen 1995, S. 40ff.).

Dalins Auffassung deckt sich im Wesentlichen mit der Definition des oben genannten Anforderungsprofils, das Schulentwicklung als operatives und strategisches Management versteht. Die genannten Elemente zielen eher auf den Typ »grundsätzliche Veränderung«, der »an die Wurzeln geht, radikal ist«. Dabei darf nicht vergessen werden, dass es oftmals, vielleicht sogar meistens Mischtypen von Aufgaben gibt, die weder eindeutig zu radikaler Schulentwicklung zu zählen sind noch alltägliche Aufgabenbewältigung darstellen. Bei keinem Typus ist der Einsatz von Management verzichtbar.

Das Anforderungsprofil favorisiert unter »Management der Entwicklung bzw. des Wandels« nicht einen bestimmten kompletten Ansatz, sondern es beschränkt sich stattdessen darauf, einzelne Phasen in Wandelprozessen und Ziele der Prozesse aufzuzählen. Auf Optionen für bestimmte Ansätze wird verzichtet.

Als Ergebnis der Betrachtung des Zusammenhangs von Management, Schulentwicklung und OE ist festzuhalten:

- Die Bewältigung der der Schule aufgetragenen Aufgaben geschieht durch Management. Natürlich können in diesem Zusammenhang auch OE-Elemente verwandt werden. Die Vielfalt von Schulentwicklungsaufgaben kann ganz unterschiedliche Lösungsmöglichkeiten erfordern. Erst bei den eher selten auftretenden Fällen einer grundsätzlichen und wesentlichen Veränderung bzw. Innovation (vgl. unten Kapitel 2.4) wird man von »Revolution, Umsturz oder Transformation« (Greiner 1972) sprechen können, z.B. bei erstmaliger Erarbeitung eines Schulprogramms, die die bisherige Arbeit infrage stellt, oder bei dessen grundsätzlicher und über eine normale Weiterentwicklung und Fortschreibung hinausgehende Überarbeitung.
- Schulentwicklung geschieht zunächst als tägliche Aufgabenerfüllung durch die Verwirklichung des Schulprogramms und durch seine stetige und systematische Weiterentwicklung mithilfe qualifizierten Managements. Management umfasst immer auch Changemanagement. Wenn es um wirklich grundlegende Veränderungen geht, bedient sich Schulentwicklung der verschiedensten Ansätze von Changemanagement. Dazu kann u.a. Organisationsentwicklung gehören, Schulentwicklung ist aber nicht mit OE identisch. (Diese Auffassung liegt nicht zuletzt auch im Interesse von Schulleitungen und Lehrkräften, die sonst einem dauernden und nicht verkraftbaren Veränderungsstress ausgesetzt wären, der schließlich auch die Erteilung von Unterricht auf Dauer weitgehend blockieren würde.)

2.4 Organisationsentwicklung und das Verhältnis zu Management bzw. Changemanagement

Wegen der nicht ganz einfachen Grenzziehung zwischen Management, Management der Veränderung (Changemanagement) und Organisationsentwicklung (OE) einerseits und der nach wie vor großen Bedeutung, die insbesondere der Arbeit mit OE-Ansätzen und -Instrumenten in der Schule zukommt, andererseits, wird im Folgenden versucht, die Möglichkeiten wie die Grenzen von OE und Changemanagement zu analysieren und die Verwendung im schulischen Kontext unter Berücksichtigung der Theoriekritik und der ihnen zugrunde liegenden empirischen Daten zu eruieren. Ein reflektierter aufgabenorientierter und situationsbezogener Umgang mit den verschiedenen Ansätzen setzt die kritische Auseinandersetzung mit einigen relevanten theoretischen Zugängen und der Prüfung ihrer Plausibilität voraus.

Zunächst bedarf es einer genaueren Betrachtung des Typus »Organisation Schule«. Denn nicht zuletzt mit dem Hinweis auf die »ganz und gar andere Organisation Schule« (im Vergleich zu allen anderen) werden eine Reihe von Sonderbedingungen begründet, derentwegen z.B. Management kein geeigneter Ansatz für die Leitung einer Schule sein soll, flache Leitungsstrukturen sinnvoll seien, im Prinzip gleiche Bezahlung für alle Lehrkräfte erforderlich sei, Leistungs- und Arbeitsergebnisse keine schulinterne geschweige denn schulexterne »Veröffentlichung« erfahren dürften, Wettbewerb, Qualitätssicherung, Controlling, Mitarbeitergespräche und Zielvereinbarungen ebenso unpassend für pädagogische Arbeit seien wie die Begriffe »Kundenorientierung« usw.

Schule ist – ungeachtet ihrer besonderen organisationstheoretischen, -soziologischen und -psychologischen Bedingungen – formal eine soziale Organisation wie andere auch. Sie ist eine Bürokratie und eine Unterrichtsanstalt, besitzt einen in der Regel flachen, hierarchisch gegliederten Stellenkegel, weist Arbeitsteilung und eine gewisse, wenn auch recht schwache Leistungsorientierung auf. Ihr Verwaltungshandeln ist zweckrational ausgerichtet. Sie organisiert die Verteilung der Schüler/innen auf Lehrkräfte und produziert Zensuren und Zertifikate. Zugleich ist sie Erziehungs- und Bildungseinrichtung und muss, um ihrem besonderen gesetzlichen Auftrag zu entsprechen, anders handeln als eine übliche Bürokratie, denn:

- »Die Schule unterliegt zum einen nicht unmittelbar den Gesetzen der Warenproduktion, auch wenn die Bildungsaufgaben durch die dominierenden Verwertungsinteressen strukturell begrenzt sind und eine Marktorientierung bei der Wahl der Schulform allmählich in Erscheinung tritt. Selbst wenn man die Analogie zum Produktionsbegriff akzeptiert, indem man sagt, die Schule produziere Abschlüsse oder Bildung, so unterscheidet sich diese ›Produktion‹ [...] von der Warenproduktion wie auch von der Produktion von Dienstleistungen.
- Schulen ›veranstalten‹ Erziehungs- und Bildungsprozesse, die unter dem Vorbehalt der Mündigkeit stehen. Und Mündigkeit lässt sich nicht [...] positiv definieren, [...] auch nicht operationalisieren [...]. Erziehungs- und Bildungsprozesse lassen sich deshalb auch nicht technologisieren.« Damit hängt zusammen, dass Schulen nicht über klare Produktionsmethoden verfügen.
- »Schulen besitzen aufgrund ihrer Eigenfunktion als einzige Institution das Recht, die, denen sie die Aufgabe ihrer eigenen Perpetuierung überträgt, während des gesamten Bildungsganges allein auszulesen und zu schulen; sie befindet sich damit in der besten Ausgangsposition, um die Normen ihrer Selbstperpetuierung durchzusetzen, sei es auch nur in der Form, dass sie von ihrer Fähigkeit, äußere Normen umzudeuten, Gebrauch macht.«
- Lehrkräfte verfügen über ein größeres Maß an Selbstständigkeit an ihrem Arbeitsplatz durch die so genannte pädagogische bzw. Methodenfreiheit als die meisten anderen Berufstätigen. Als Beamte (bzw. Angestellte im öffentlichen Dienst) sind sie darüber hinaus überwiegend unkündbar (Dalin/Rolff/Buchen 1995, S. 205ff.).

Eine solche Organisation zu leiten und Mitarbeiter/innen zu führen, die bislang durch ihre Behörde und ihre Schulleitung im Grunde genommen nur informiert, beraten, angeregt und begeistert, aber nicht – gegen ihren Willen – zu wesentlich verändertem Denken und Handeln veranlasst werden können (ebd., S. 207), erfordert erst recht professionelles Management statt Verwaltung. Die zur Erfüllung dieses Auftrags, der Leitung und Führung von Schule, notwendigen rechtlichen, organisatorischen und ökonomischen Rahmenbedingungen waren und sind dafür allerdings z.T. relativ ungünstig. Insofern ist es verständlich, dass angesichts der oft schwierigen Gelingensbedingungen für erfolgreiches Leitungshandeln in Schule, die nur eingeschränkt den Einsatz von »Druck und Zug« gestatten, die Führungskräfte versuchen, mithilfe von OE-Ansätzen ihre Lehrkräfte für die Aufgabenbewältigung von Schule und auch innovative Weiterentwicklungen zu gewinnen. Und man kann aufgrund dieses Vorgehens und der oft intensiven und freiwilligen Beteiligung der Lehrkräfte durchaus bemerkenswerte Ergebnisse erzielen, wie ein Blick auf die Arbeit guter Schulen zeigt. Für nicht wenige Schulen sind OE-Projekte die »Kür-Veranstaltungen«, während die »Pflichtübungen« des Alltags mit der Erfüllung der unspektakulären schulischen Aufgaben im gewohnten Rahmen und mit den überkommenen Mitteln eher verwaltet als gestaltet oder professionell gemanagt werden. Als Kehrseite des Versuchs, trotz unzureichender Rahmenbedingungen gute Schularbeit zu leisten, ist es zuweilen zu einem gewissen »OE-Fieber« gekommen und in der Folge nicht selten zu Enttäuschungen über Verlauf und Ergebnisse von »Schulentwicklungsprojekten«. Neben immer vorkommenden »Kunstfehlern«, theoretischen und methodischen Defiziten bei den Anwendern, dürften auch die den OE-Ansätzen inhärenten theoretischen und empirischen Mängel eine Rolle gespielt haben. Die Frage, was Organisationsentwicklung ist und was sie leisten kann, führt zur Auseinandersetzung mit einer Vielzahl von Definitionen mit durchaus unterschiedlichen Ansätzen. Staehle (1989, S. 831) nennt folgende Merkmale:

- geplanter Wandel (kein zufälliger Wandel);
- umfassender Wandel (keine Detailänderung);
- Schwerpunkt auf Wandel von Gruppen (weniger von Individuen);
- langfristiger Wandel (kein kurzfristiges Krisenmanagement);
- Einbeziehung eines Change Agent;
- Intervention durch erfahrungsgeleitetes Lernen und Aktionsforschung.

OE ist ein anwendungsbezogener Ansatz innerhalb der verhaltensorientierten Organisationsforschung.

Beckard definiert Organisationsentwicklung, bezogen auf Unternehmen, als ein Verfahren, das »planmäßig, betriebsumfassend, von der Führung gesteuert, zum Zwecke der Verbesserung von Wirksamkeit und Gesundheit der Organisation, durch geplantes Eingreifen in den Organisationsablauf mittels Erkenntnissen aus den Verhaltenswissenschaften angewandt wird« (zit. nach Staehle 1989, S. 831).

Rolff versteht unter Organisationsentwicklung in Schule »ein offenes, planmäßiges, zielorientiertes und langfristiges Vorgehen im Umgang mit Veränderungsanforderungen und Veränderungsabsichten in sozialen Systemen. OE ist also keine Technik, kein System. In einem OE-Prozess werden viele Techniken angewendet, wobei aber die dabei sichtbar werdende Einstellung zum Menschen den Ausschlag gibt und die Glaubwürdigkeit der Motive und Absichten beeinflusst. OE will die pädagogischen, technischen und menschlichen Aspekte einer Schule integrieren [...]. Sie betrachtet die Bedürfnisse der Schule und ihrer Mitglieder als gleichberechtigt. Ziel eines OE-Prozesses ist die Selbstentwicklung der Mitglieder und die Selbsterneuerung der Organisation« (Rolff 1986, S. 23).

Erfolgreiche organisatorische Veränderungsprozesse beruhen in aller Regel auf einem Bündel von Maßnahmen und sind zumeist Bestandteil einer ganzen Reihe von Maßnahmen. Auch wenn sie die Veränderung des Gesamtsystems anstreben, setzen die Interventionsmaßnahmen auf verschiedenen Ebenen an: auf der Ebene der Gruppe, der Beziehung zwischen den Gruppen, des Gesamtsystems und der Beziehung zwischen den Organisationen. Alle OE-Ansätze betonen, dass die Auswahl einzelner Werkzeuge nicht beliebig ist, sondern dass die Anwendung nur im Kontext des Gesamtansatzes, innerhalb dessen sie entwickelt wurden, zu verstehen und sinnvoll ist. Dazu zählt *Dalin* schon sehr früh auch die Evaluation als Veränderungsstrategie mit interner und externer Schulbeurteilung (Dalin 1999, S. 432).

Die system- und kommunikationstheoretisch orientierte OE hat ihre Wurzeln in der modernen System- und Kommunikationstheorie (Bateson 1972; v. Bertalanffy 1972; Watzlawick 1985; Rolff im Beitrag »Schulentwicklung, Schulprogramm und Steuergruppe« in diesem Band, S. 296ff.). Der jüngste Ansatz für eine systemische OE basiert auf der Theorie autopoietischer Systeme. Schreyögg hält diesen Ansatz zurzeit für nicht weiter verfolgenswert, weil es »vorläufig als theoretisch völlig ungeklärt gelten muss, ob und wie aus einer biologischen Theorie autonom-reproduktiver Systeme eine Theorie geplanten organisatorischen Wandels entstehen kann« (Schreyögg 1999, S. 516).

Haller/Wolf (2004, S. 48ff.) entwickeln dennoch auf der Grundlage systemtheoretischer Modelle mögliche Handlungsvorstellungen, indem sie folgende Aspekte hervorheben:

- *Deutung und Bearbeitung von Widerständen.* Die Orientierung an der Neueren Systemtheorie führt zu einer Neubewertung der Widerstände gegen Veränderungsstrategien, die von außen ansetzen. Sie sind weniger Ausdruck einer Reformresistenz, hinter der sich individuelle Motive (Angst, Unfähigkeit, realistische Einschätzung der Arbeitsbedingungen etc.) verbergen. Widerstände sind Reaktionen des Systems (z.B. einer Schule), das bestrebt ist, durch zirkuläre Interaktionsmuster sein vorhandenes Beziehungsgefüge zur Umwelt zu stabilisieren.
- *Bedingungen für organisationelle Veränderungen.* Die Systemtheorie hat auf einer breiten Basis empirischer Forschungsergebnisse die These begründet, dass Veränderungen in komplexen Systemen unter Einschluss von »Zufallsfaktoren« aus wechselseitigen Kausalitätsbeziehungen mit oft nicht antizipierbaren Wirkungen resultieren. Daraus folgt jedoch nicht ein Plädoyer, auf die Planung von Entwick-

lungsprozessen zu verzichten. Für ein »Management des Wandels« gewinnen Steuerungsleistungen eine andere Funktion und Bedeutung. Hierzu wird die Beschreibung der wechselseitigen Kausalitätsbeziehungen als Rückkoppelungsprozess in positive und negative Feedbackvorgänge differenziert. Die Steuerungsleistung als Managementaufgabe besteht darin, Innovationen so zu organisieren, dass möglichst viele Einflussfaktoren im Blickfeld bleiben. Auf diese Weise werden die Chancen verbessert, positive »Nebenwirkungen« als Verstärkungen zu nutzen und Widerstandspotenziale, die bei einer isolierten Betrachtung oft als irrationale Abwehr gedeutet werden, besser einschätzen zu können.
- *Charakterisierung von Organisationen als lernende Systeme.* Nach den von der Systemtheorie entwickelten Parametern für Veränderung erfolgt die Steuerung nicht im Sinne einer inhaltlichen Vorgabe von Veränderungszielen und den Mitteln bzw. Verfahren zu ihrer Erreichung. Es geht vielmehr darum, möglichst umfassende Kommunikation zu sichern und Lernprozesse zu organisieren.

Organisationsentwicklung genießt zwar in der täglichen Praxis aller Organisationen nach wie vor ein relativ hohes Ansehen. Die anfänglich eher vereinzelte Kritik in der wissenschaftlichen Diskussion an der (interaktionistischen) OE hat jedoch – nicht zuletzt wegen der vorliegenden empirischen Daten – deutlich zugenommen. Sie bezieht sich sowohl auf die Ziele und Methodik als auch auf den konzeptionellen Ansatz. Diese Kritik kann wie folgt zusammengefasst werden:

Der häufigste Einwand ist, dass die Mitarbeiterziele und die Effizienzziele der Organisation für grundsätzlich miteinander vereinbar und für gemeinsam erreichbar gehalten werden (Harmonieprämisse). Der Konfliktfall wird ignoriert bzw. ist, falls er gesehen wird, mit dem Instrumentarium von OE nicht bearbeitbar. Werden die Interventionstechniken in ihrer Logik nicht durchschaut, können sie als Manipulationsmittel zugunsten der Auftraggeber angesehen werden. Schließlich wird aus konzeptioneller Sicht die unzureichende theoretische Fundierung und die einseitige Methodenorientierung kritisiert (nach Schreyögg 1999, S. 525ff.).

2.4.1 Grundsätzliche Theoriekritik

Der Vorwurf, OE-Projekte seien lediglich Zusatzaktivitäten, führt auf den Kern des Problems von Organisationsentwicklung. Dieser besteht darin, dass das Verständnis vom Wandel bei der OE die Entwicklungsprozesse moderner Organisationen nicht trifft. Dafür werden in der Auswertung der umfangreichen, sich häufig auf Fallstudien stützenden Kritik im Wesentlichen vier Gründe genannt:

2.4.1.1 *Organisatorischer Wandel wird zur Spezialistensache*

Die psychologische bis psychotherapeutische Orientierung der OE-Schule hat zwar erreicht, dass man mit dem neuen Handlungsrepertoire bis zu den Grundlagen von Verhaltens- bzw. Widerstandsroutinen vordringen kann. Allerdings benötigt man dazu entsprechend ausgebildete Spezialistinnen und Spezialisten. »Dieses Erfordernis impliziert mehrere Schwierigkeiten: Angestrebter Wandel wird zu einer Spezialistensache, obwohl er eigentlich selbstverständlicher Bestandteil der Managementaufgabe ist. Die Organisation wird in die Rolle des Klienten oder Patienten gerückt. Außerdem steht die für eine solche Arbeit benötigte Anzahl von Spezialisten nicht zur Verfügung. Darüber hinaus muss Veränderung und Neuausrichtung Linienaufgabe bleiben, damit die Ergebnisse nicht zur Distanzierung der Spitze führen, sondern auch deren ›Eigentum‹ ist. Das Management gerät in eine paradoxe Situation, eine seiner klassischen Basisfunktionen, [...] die Bewirkung verbesserter Systemlösungen, wird zu einer von ihm letztlich nicht bewältigbaren Aufgabe erklärt« (Schreyögg 1999, S. 527).

2.4.1.2 Organisatorischer Wandel ist ein stetiger und planbarer Prozess

Organisatorische Veränderungen gehen nicht immer – wie in der Theorie – von einem bestimmten kontinuierlichen, überschaubaren und zeitlich streckbaren Rhythmus (drei und mehr Jahre) aus, der verstetigt werden soll und deshalb beherrschbar wird. Interne oder externe Einflüsse erfordern oft einen sehr viel kürzeren und schnelleren Umstellungsprozess, z.B. um das Überleben des Betriebes zu sichern (so genannte revolutionäre Wandelphasen). Die Anzahl der Wandelerfordernisse nimmt ständig zu, der Rhythmus wird immer kürzer und ist kaum noch vorhersehbar. Die Stetigkeitsannahme geht davon aus, dass der Prozess, wenn man ihn phasengerecht absolviert, schrittweise und problemlos die angestrebte Lösung erreicht, nämlich die Wiederherstellung des Gleichgewichts der Organisation (Auftauen, Verändern, Stabilisieren). Überraschungen, Diskontinuitäten, unlösbare Konflikte kommen nicht vor.

Aus Studien und aus vielen Erfahrungen in Organisationen verschiedenster Art weiß man aber sehr genau, dass Prozesse spontane Anpassungen, ein nicht geplantes Zurückgehen auf eine vorhergehende Stufe u.Ä. erfordern können. Damit wird die vielleicht entscheidende Schwäche des OE-Ansatzes angesprochen, das Problem verschiedener Wandelformen und das Problem organisationaler Transformation.

Verschiedene Studien – L.E. Greiner (1972, S. 37ff.), Tushman/Newman/Romanelli (1986, S. 29ff.), Miller/Friesen (1984) und Tushman/O'Reilly (1997) – haben sich intensiv mit der Dynamik evolutionärer Entwicklung und mit der Krisenproblematik von Wandelprozessen auseinander gesetzt. Greiner stellt fest, dass sich die Entwicklung von Unternehmen grundsätzlich krisenhaft vollzieht (vgl. Abb. 2 auf der nächsten Seite). Für ihn ist Unternehmensentwicklung ein offener Wachstumsprozess, der auf jeder Stufe spezielle ihm inhärente Probleme produziert (z.B. Zentralismus, Informationsüberladung, überschießende Formalisierung usw.) und der nur mit einer »organisatorischen Revolution«, d.h. mit der Einführung eines völlig neuen Managementsystems gelöst werden kann. Dieser Vorgang wiederholt sich auf jeder Stufe. Die dialektische Natur der Entwicklung bedingt, dass die Problemlösung der vorhergehenden Krise die Ursache der neuen ist (so verursacht z.B. Dezentralisierung nachfolgend eine Kontrollkrise). Genau dies wird zurzeit eindrucksvoll von den bildungspolitisch in den Län-

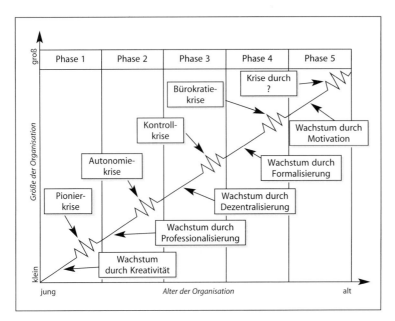

Abb. 2: Konvergente (evolutionäre) und diskontinuierliche (revolutionäre) Phasen im Entwicklungsprozess einer Organisation (nach Greiner 1972, S. 41)

dern Verantwortlichen demonstriert, indem sie als Korrektiv für die »Neue Steuerung« Instrumente installieren, die dafür sorgen sollen, dass durch relativ »dichte« Rückmeldungen über die vor Ort erzielten Ergebnisse und Prozesse wieder eine hinreichend zentrale Kontrolle erfolgt.

Soll die Organisation überleben, muss sie fit gemacht werden, um Krisen und Revolutionen überstehen zu können. Die sich an die Bewältigung von Fundamentalkrisen richtenden Anforderungen bezeichnet man als *Transformationsmanagement*. Aus Fallstudien ist bekannt, dass die Entwicklung von Unternehmen als fortlaufender Veränderungsprozess dargestellt werden kann, der alternierend durch *Konvergenz* (stetig ablaufende, begrenzte Wandelprozesse) und *Umsturz* (*frame-breaking-change*) gekennzeichnet ist. Tushman/Newman/Romanelli (1986) und auch Miller/Friesen (1984) betrachten anders als bei Greiners Konsekutivmodell diese Phasenfolge als ein sich ständig wiederholendes Verlaufsmuster. Organisationen haben unabhängig von Alter, Größe und Organisationstyp mit dem einen oder dem anderen Wandeltyp zu tun und müssen beide Phasen erfolgreich bewältigen, wenn sie überleben wollen. Organisatorische *Interventionen* oder Korrekturmaßnahmen, werden als »Fine-Tuning« im Bereich der Effizienzerhöhung bezeichnet. *Revolutionen* hingegen stellen den organisatorischen Bezugsrahmen infrage und führen zu systemweiten Umstrukturierungen, zur Neudefinition des Leitbilds oder zur Neubesetzung von Schlüsselpositionen. Konvergenzphasen, die nie Stabilität erreichen, dauern in der Regel länger an. Die eruptiven Phasen werden ebenso schnell eingeleitet wie durchgezogen. Obwohl Miller/Friesen (1984) für eine ausschließlich revolutionäre Transformation plädieren, die sie »quantum change« nennen und die sie gegenüber einem stetigen Wandel als überlegen ansehen, geht der Trend aufgrund der vorliegenden empirischen Studien eher in die Richtung der »ambidextrous organization«. Diese geht davon aus, dass eine Organisation und ihr Management in der Lage sein müssen, beide Typen des Wandels zu bewältigen.

2.4.1.3 Organisatorischer Wandel als Ausnahme und Sonderfall

Ein weiterer Vorwurf gegen die Organisationsentwicklung lautet, dass sie Wandel als etwas Außerordentliches, als Ausnahme vom Regelgeschehen betrachtet, die mangels eigener Kompetenzen innerhalb der Organisation der Bearbeitung durch meist externe Spezialistinnen und Spezialisten bedarf. Der Primat der Stabilität bildet auch die Grundlage der Ansätze, die mit dem biologischen Konzept des »unterbrochenen Gleichgewichts« (*punctuated equilibrium*) arbeiten. Man geht von längeren, durch kurze Umsturzphasen unterbrochenen Perioden von Stabilität aus, die dann wieder in den Gleichgewichtszustand zurückkehren. Die Kritik merkt an, dass heute im Gegenteil eher ständiger Veränderungsdruck, der zu einer kontinuierlichen Wandelbereitschaft zwingt, die Regel ist.

»Immer deutlicher treten Organisationskonzepte in den Vordergrund, die den fluiden Charakter der Organisation betonen, beginnend bei dem Modell der ›chronically unfrozen organization‹ [...] bis zur Idee der ›virtuellen Organisation‹. Benötigt wird also eine Theorie des organisatorischen Wandels, die die Idee des unterbrochenen Gleichgewichts (der störenden Episode) überwindet und stattdessen den Wandel als Normalzustand einer modernen Organisation thematisieren kann« (Steinmann/Schreyögg 2000, S. 460ff.). Schreyögg weist auf die Erfahrungen in Innovationsbranchen hin, die durch permanente Produktinnovation leben und überleben und führt das Theorem der *Autopoiesis* an, der die Eigenschaft zugesprochen wird, dass »für ihre Elemente ein ständiger Prozess des Entstehens und Vergehens konstitutiv ist. Autopoietische Systeme werden als immanent unruhig konzeptionalisiert, sie operieren auf der Basis fortlaufender Ereignisketten« (Schreyögg 1999, S. 532).

2.4.1.4 Organisatorischer Wandel wird zum Einzelprojekt

In Schule wie in anderen Organisationen steht Wandel bzw. Veränderung fast immer in Zusammenhang mit einem Projekt. Der Begriff »Projekt« legt die Annahme einer Sonderrolle für den Wandel nahe, die Ausnahme von der Regel ist und die deshalb der Bearbeitung durch – meist externe – Spezialistinnen und Spezialisten bedarf. Deshalb haben Projekte nach dieser Annahme mit der normalen Leistungserstellung nichts zu tun. Sind sie fertig gestellt, gibt es oft das bekannte Implementationsproblem, das nicht selten zu einem weiteren OE-Prozess führen kann.

Über die übliche Kritik zwischen Wissenschaftlern und Unternehmensberatungen an der Organisationsentwicklung hinaus scheinen die – aus teilweise gut dokumentierten Fallstudien resultierenden und wichtige Grundlagen für Kritik im Detail und im Grundsatz liefernden – praktischen Erfahrungen mit Veränderungsprojekten in den verschiedensten Organisationsbereichen doch eine kritische Sicht auf die den OE-Ansätzen zugrunde liegenden Theorievorstellungen zu rechtfertigen. Neben der normativen Kritik geht es in erster Linie um die unzureichende theoretische Fundierung, speziell um die unzureichende oder fehlende Theorie des Wandels. Hier liegt, so der Vorwurf, der Hauptgrund für die bestenfalls kurzfristigen Erfolge von OE. Die permanenten und immer schnelleren Veränderungen innerhalb der Organisationen und in ihren Umwelten sind von den der OE zugrunde liegenden Wandelvorstellungen nicht gedeckt. Neue Erfolg versprechende Ansätze drängen sich zurzeit nicht gerade auf. Die Unternehmensleitungen sehen sich vor die schwierig zu beantwortende Frage gestellt, auf wen man Aufgaben verlagern soll, falls OE-Ansätze nicht greifen und die Aufgaben mit anderen Ansätzen und mit eigenen Kräften nicht lösbar erscheinen.

2.4.2 Folgerungen aus der OE-Kritik für schulische Arbeits- und Veränderungsprozesse

Die Ausgangslage für den schulischen Bereich erscheint zunächst einmal vergleichbar. Organisationsentwicklung war und ist – abgesehen von der klassischen Lösung über den Verwaltungsweg – der in der Schule wahrscheinlich am weitesten verbreitete Problemlöseansatz bei Entwicklungsvorhaben, unter denen allerdings so ziemlich alles verstanden wird, was in irgendeiner Weise mit Schulentwicklung im weitesten Sinne zu tun zu haben scheint. In nicht wenigen Fällen und oft unbewusst beeinflussen Instrumentarium, Methoden und Techniken von OE den schulischen Alltag und nicht selten löst die wiederholte Erfahrung mit unreflektierten und unprofessionellen Anwendungen in einer Schule allergische Reaktionen schon dort aus, wo professionelle Ansätze durchaus Sinn machen.

Die Ursachen für erfolglose Schulentwicklungsprojekte und Veränderungsprozesse sind zwar vielfältig, zweifellos spielt aber für eine ganze Reihe von Misserfolgen die falsche oder überholte Vorstellung der Wandelprozesse und ihr Verständnis als singuläres Einzelprojekt oder eine Art »Breitbandantibiotikum« für nahezu jede vorstellbare schulische Alltagssituation eine wichtige Rolle. Schule verfügt in der Regel ebenso wenig wie ein Unternehmen über die erforderliche konzeptionelle Basis, um die Vielzahl der gleichzeitig oder in kurzen Abständen stattfindenden bewussten oder unbewussten Veränderungen in den stets in Unruhe befindlichen Konvergenzphasen und die revolutionären organisatorischen Veränderungen der Umsturzphasen zu handhaben.

Das organisatorische Änderungsgesetz »Auftauen, Verändern, Stabilisieren«, nach dem Veränderungen als episodenhafte Störungen des Gleichgewichtszustandes zu begreifen sind, die dazu dienen, einen neuen planbaren Stabilitäts- und Gleichgewichtszustand zu erzeugen, greift nicht mehr. Auch in Schulen verlaufen Entwicklungen krisenhaft. Ob dies, wie von Greiner (1972) behauptet, stufenweise geschieht – auf jeder Stufe mit ureigensten Problemen, die durch eine »organisatorische Revolution«, gleichbedeutend mit der Einführung eines völlig neuen Managementsystems auf der nächsthöheren Stufe, gelöst werden – oder im Wechsel zwischen Konvergenz- und Umsturzphasen (Tushman/Newman/Romanelli u.a.), mag dahingestellt bleiben. Greiners Lösung besteht darin, für die Bewältigung der Krisen entsprechendes Know-how und die notwendige Kompetenz zu schaffen. Die jeweilgen diskontinuierlichen (revolutionären) Phasen, abhängig vom Alter (Entwicklungsstand) und der Größe der Organisation, lassen sich – wenigstens teilweise, möglicherweise aber weniger intensiv – auch in schulischen Entwicklungen identifizieren.

Auch die schulische OE-Variante, der Institutionelle Schulentwicklungs-Prozess (ISP; vgl. S. 51ff.), der Schulentwicklung als einen Spiralprozess von der fragmentierten Schule über die Projektschule zur Problemlöseschule dargestellt (Dalin/Rolff/Buchen 1995, S. 52ff.), könnte als der von Greiner implizierte Fortschrittspfad in der Entwicklung missverstanden werden. Die Autoren stellen jedoch klar, dass »die Abbildung der Phasen des ISP [...] eine eher didaktische Funktion« hat und »dass es kein schlichtes Nacheinander im ISP gibt, sondern eher Wiederholungen und Gleichzeitigkeiten. So gibt es einen Einstieg nicht nur am Anfang, sondern hört der Einstieg im gewissen, aber typischen Sinne nie auf« (ebd., S. 266).

Von Schule wie von anderen Organisationen wird erwartet, dass sie ggf. beide Phasen, alternierende Konvergenzphasen und Umsturzphasen, bewältigen. In den Konvergenzphasen geht es um die Erfüllung des eigentlichen »Produktionsauftrags«, um die Umsetzung des Schulprogramms, die Durchführung und ständige Verbesserung von Unterricht, um Effizienzsteigerung, um die so genannten »Zehn-Prozent-Veränderungen« – den ganz normalen Alltagsbetrieb also. Dennoch, auch in dieser Phase herrscht stets eine immanente Unruhe, gibt es Fluidität. Sie erfordert eine dauernde Steuerung durch überschaubare und planbare Reorientierung der Organisation als Reaktion auf begrenzte Veränderungen bestimmter Umweltfaktoren. Dies genau leistet Management als »Gesamtheit aller gestaltenden, steuernden, Richtung gebenden und entwickelnden Funktionen« (Malik 1999, S. 87) indem man für Ziele sorgt, organisiert, entscheidet, kontrolliert, Menschen fördert und dabei unterstützt, sich selbst zu entwickeln.

In im Non-Profit-Bereich einschließlich Schule vielleicht seltener auftretenden Umsturzphasen steht anders als in Konvergenzphasen der gesamte organisatorische Bezugsrahmen zur Disposition. Man spricht von grundlegender Transformation der gesamten Organisation. Das kann z.B. der Fall sein, wenn es um eine neue »Mission« geht, um die Neubesetzung von Schlüsselpositionen oder um Entwicklungsbrüche. Konvergenzphasen dauern relativ lange an, Umsturzphasen sind kurz und eruptiv. Die jeweiligen Probleme sind in der Regel nicht säuberlich in einen erkennbaren Aufgabenanfang und ein erkennbares Aufgabenende zu separieren; die Phasen überlagern sich und sind mehr oder weniger miteinander verquickt. Systemsteuerung von Schule geschieht als eine ununterbrochene Folge von Problemlösungen, da Organisationen sich stets in komplexen und unsicheren Situationen befinden, auch wenn das die Beteiligten nicht immer so wahrnehmen. Infolgedessen ist es nur schwer möglich, einzelne Probleme herauszulösen, um sie ggf. als Sonderproblem – z.B. in Form eines OE-Projektes, ob mit externen Spezialisten oder ohne – anzugehen. Die Folge daraus ist: Das Topmanagement von Schule – in der Regel die Schulleiterin oder der Schulleiter – muss die Kernaufgabe der Systemsteuerung zunächst prinzipiell selbst übernehmen, denn: Changemanagement ist Element von Management. Schulleiter/innen müssen dafür sorgen, dass sie und darüber hinaus möglichst viele weitere Personen durch ihre Ausbildung bzw. durch begleitende Qualifizierung gerüstet sind, Management- und Changemanagementaufgaben zu übernehmen.

In Konvergenzphasen, in denen stets immanente Unruhe herrscht und die fluide sind, geht es regelmäßig um Managementarbeit. Die zuvor beschriebenen Charakteristika für revolutionären Wandel, bei denen

- als *frame-breaking-change* der organisatorische Bezugsrahmen zur Disposition steht,
- grundlegende Transformationen der gesamten Organisation anstehen,
- die »Mission« geändert werden soll oder z.B. die Schlüsselpositionen neu besetzt werden sollen,

treffen, wie gesagt, auf die Schule nur in eher wenigen Fällen zu (wie z.B. bei der Umwandlung eines klassischen Gymnasiums in ein Montessori-Gymnasium, bei der Umwandlung einer Grundschule in eine bilinguale, z.B. türkisch-deutsche Schule, bei der integrativen Förderung von Kindern mit Lernstörungen bzw. Lernrückständen im Anfangsunterricht einer Grundschule, bei der Erstentwicklung oder der grundlegenden Überarbeitung des Schulprogramms). Aktivitäten dieser Art stellen keine Detail- oder Zehn-Prozent-Veränderung dar und dienen auch nicht einfacher Effizienzsteigerung. Sie passen eher in den Rahmen von Umsturzphasen. Ähnlich wird man – wenngleich eindeutige Charakterisierungen und Zuordnungen nicht einfach sind – vermutlich die diversen Projekte der Länder beurteilen müssen wie z.B. das der »Selbstständigen Schule« in Nordrhein-Westfalen, »Stärkung der Eigenständigkeit beruflicher Schulen« (STEBS) oder »Operativ eigenständige Schulen« (OES) in Baden-Württemberg oder »Qualitätsmanagement nach EFQM« in Bayern, bei denen es um so grundlegende Änderungen von Zuständigkeiten, Kompetenzen und Gestaltungsspielräumen geht, dass die Schulen, die sich an diesem Projekt beteiligen, vermutlich einen *frame-breaking-change* erleben (vgl. dazu Buchen/Horster/Rolff 2005). Hier steht der organisatorische Bezugsrahmen zur Disposition.

Ein Teil der für den Veränderungsdruck in Unternehmen oder auch im Verwaltungsbereich relevanten Einflussfaktoren scheint – zurzeit noch – keine unmittelbare Bedeutung für Schule zu haben. Allerdings zeichnet sich immer deutlicher ab, dass, was für Unternehmen immer schnellere Produktinnovation bedeutet, verstärkt auch auf Schule zuzukommen scheint. Marktdruck und Wettbewerb beginnen sich allmählich auch auf die Schule auszuwirken, wenn auch anders als teilweise im Ausland. Existenzielle Folgen schlechten Wirtschaftens treffen Schule als öffentlich-rechtliche Organisation zwar (noch) nicht. Aber erste Ansätze von Wettbewerb wie z.B. durch Ranking bei Klassenarbeiten, Abschlüssen, Parallelarbeiten usw. sorgen für internen Konkurrenzdruck. Und Initiativen für Weiterentwicklung aufgeschlossener Schulen, z.B. für freiwilliges Benchmarking zwischen Schulen, erzeugen Unruhe.

Im Wesentlichen erfolgt die Aufgabenbewältigung von Schule in vielen Fällen nach wie vor mit dem Instrumentarium der Verwaltung, dadurch, dass Unterricht im vorgeschriebenen rechtlichen und administrativen Rahmen unter Berücksichtigung der zugeteilten Ressourcen (Personal, Finanzen, Gebäude ...) »recht- und ordnungsgemäß« durchgeführt wird. Die Rolle, die OE in diesem Zusammenhang gespielt hat, bestand darin, dass sie anfänglich überwiegend für »besondere Projekte« mit ganz unterschiedlicher Reichweite und Bedeutung eingesetzt wurde. Dies änderte sich allmählich bis ins Gegenteil und führte nicht selten zu der abstrusen Praxis, jedwede alltägliche Aufgabe mit dem OE-Instrumentarium zu bearbeiten, grundsätzlich Arbeits-, Projekt- oder auch Steuergruppen einzurichten, als deren Konsequenz aufwändige Abstimmungs- und Entscheidungsprozesse zu etablieren waren, die nicht selten die ohnehin knappen zeitlichen Ressourcen noch weiter einschränkten.

Natürlich kann es weiterhin zweckmäßig sein, Instrumente, Methoden und Techniken aus dem OE-Kontext im Rahmen der täglichen Aufgabenbewältigung einzusetzen. Gerade die enorme Vervielfachung und Beschleunigung von Entwicklungsprozessen in der Schule erfordert Steuerungs- und Bearbeitungsansätze und geeignete Instrumente und Methoden, die die professionelle und qualitativ anspruchsvolle Durchführung des Unterrichtsauftrags unterstützen und sicherstellen. Die referierte Kritik sollte jedoch davor bewahren zu meinen, sämtliche schulische Aufgabenbewältigung müsste mithilfe von OE geschehen. Wichtig ist, dass der jeweilige Aufgabentyp und seine Reichweite die Auswahl der einzusetzenden Mittel steuert. Konkret bedeutet dies, dass Elemente von Schulentwicklung wie

- die Entwicklung eines Schulprogramms (im Sinne von üblicher Weiterentwicklung/Fortschreibung),
- die Planung und Durchführung von Evaluationsmaßnahmen und
- die Entwicklung von schulischen Arbeitsstrukturen und Arbeitsverfahren

»zum systematischen Arbeits- und Lernprozess« (MSWWF 1999, S. 6) und damit zum täglichen Management von Schule gehören und ggf. auch unter Verwendung von OE-Instrumenten bearbeitet werden können, ohne dass dies im Rahmen aufwändiger OE-Projekte geschehen muss.

2.4.3 Schulische OE bzw. ISP im Verhältnis zur Grundsatzkritik an OE

Die grundsätzliche Kritik von Wissenschaft und Praxis an OE-Ansätzen lenkt zu Recht den Blick auf die Grenzen von Organisationsentwicklung. Dadurch kann sie dazu beitragen, den Einsatz im schulischen Bereich kritischer, reflektierter zu gestalten. Die normative Kritik und der Vorwurf der unzureichenden theoretischen Fundierung für OE in Schule scheint nicht dieselbe Bedeutung zu besitzen wie für den Unternehmensbereich. Für OE in Schule wurde schon relativ früh und umfangreich und z.T. vor den ersten Veröffentlichungen der amerikanischen Kritiker theoretische, empirische und konzeptionelle Vorarbeit von Schmuck/Runkel (1985), Dalin/Rust (1983) und Dalin/Rolff/Buchen (1995) geleistet. Sie schufen hinsichtlich der besonderen organisationstheoretischen, -soziologischen und -psychologischen Bedingungen eine zwar nicht hinreichende, insgesamt jedoch erkennbar tragfähigere Grundlage. Insofern machte und macht der Einsatz von OE-Wissen, -Kompetenz und -Instrumentarium in der Schule nach wie vor Sinn, weil dadurch die Problemlösekapazität erhöht werden kann und zumindest der »Werkzeugkoffer« für die tägliche Aufgabenerfüllung zur Verfügung steht.

Schulische OE profitiert davon, dass man sich im Zuge der mindestens anfänglich sehr systematischen und kritischen Befassung mit OE-Ansätzen intensiv mit Organisations-, Führungs- und Veränderungstheorien und auch mit den entsprechenden Strategien (personenbezogenen, Organisations- und Systemstrategien) auseinander gesetzt und einen organisationsspezifischen OE-Ansatz entwickelt hat, der auch schon die Anregungen organisationalen Lernens und lernender Organisation beinhaltet (vgl. die Definition organisationalen Lernens von Dubs auf S. 165f. in diesem Band). Damit haben einzelne dieser Ansätze wie der OE/ISP-Ansatz von Dalin u.a. einige der von Steinmann/Schreyögg (2000) genannten Kritikpunkte antizipieren und relativieren können.

Ein anderer kritisierter Aspekt, die ursprüngliche Bindung bestimmter OE-Konzepte an externe Spezialistinnen und Spezialisten, speziell solche mit psychologischer bzw. psychotherapeutischer Orientierung, mag für die Ausbildung amerikanischer Berater/innen im nordamerikanisch-kanadischen Raum zutreffend gewesen sein. Für die renommierten amerikanischen Autoren schulischer OE (Schmuck/Runkel 1985), die Promotoren europäischer Schul-OE (Dalin/Rust 1983) und insbesondere für die der deutschen Schul-OE (Dalin/Rolff/Buchen 1995) wird ausdrücklich betont, dass jedwede Veränderungs- und Entwicklungsarbeit zunächst Aufgabe von Schulleitung – und Kollegium – ist. Falls externe Unterstützung für erforderlich gehalten wird, können Prozessberater/innen und nicht etwa fachlich-inhaltliche Experten hinzugezogen werden, wirkt in jedem Fall die Schulleiterin oder der Schulleiter oder ein von ihm beauftragtes Leitungsmitglied aktiv an der Arbeit mit (Dalin/Rolff/Buchen 1995). Damit wird zugleich die Wahrscheinlichkeit erhöht, dass erarbeitete Lösungen das »Eigentum« aller schulischer Beteiligten werden.

Nicht zu bestreiten ist leider, dass es nach und nach fast zur Regel wurde, mit externen Moderatorinnen und Moderatoren (Prozessberatern) zu arbeiten. Heute versteht man, dass externe Unterstützer zum Problem werden können, z.B. weil in der Schule vorhandene Kompetenzen nicht in Anspruch genommen werden oder weil Rat und Unterstützung suchende Schulen mit der Rolle von Prozessberaterinnen und -beratern allein ihre Probleme oftmals nicht zu lösen in der Lage sind.

Was die Kritik am Modell von Stetigkeit und gleichmäßigem Rhythmuswechsel der Konvergenz- und Umsturzphasen betrifft, haben die auf den Veröffentlichungen und Erfahrungen von Schmuck/Runkel (1985), Dalin/Rust (1983) und Rolff (1986) gründenden OE-Ansätze organisatorischen Wandel nie als einen stetigen und planbaren Prozess verstanden, der gesetzmäßig abläuft und dadurch beherrschbar würde. Sie gehen von Spiralprozessen aus, die nicht automatisch zu einer höheren Wachstumsstufe führen müssen, sondern ggf. einzelne Phasen mehrfach durchlaufen können, und die u.U. auf jeder Stufe den gesamten Prozess von neuem angehen. Eine Differenzierung in Konvergenz- und Umsturzphasen findet allerdings nicht oder nur selten statt. Durch Interventionen zu bearbeitende Probleme bzw. »Krisen« beziehen sich eher auf organisatorisches Fine-Tuning. Existenzielle Bedrohungen stehen nicht im Vordergrund.

Falls radikale Änderungen im Sinne von *frame-breaking-change* anstehen, reagiert schulische OE am ehesten durch Ausweitung des Prozesses auf alle Ebenen und auf das System insgesamt und durch längere Laufzeiten des »Projekts«, manchmal bis zu 3–5 Jahren. Diese Zeitdauer schafft verständlicherweise eine Reihe weiterer Probleme wie z.B. die Parallelität der alten und der neuen Strukturen, das Nebeneinander von alter und neuer Kultur, den Prozess vorantreibende und bremsende Mitarbeiter/innen und Chefs, die Ermüdung der Mitarbeiter/innen usw.

Daraus folgt für das Verhältnis der diskutierten Theorie von Wandelprozessen zu Schulentwicklung, Management und Management des Wandels in Schule: Aktivitäten der Konvergenzphasen benötigen prinzipiell professionelles Management (*general management*), Changemanagement ist immer Bestandteil von Management. Management wie Changemanagement verwenden Management- und OE-Instrumentarien, der Einsatz in Veränderungs- und Wandlungsprozessen verlangt jedoch höchste Professionalität und Sorgfalt. Vor Beginn eines geplanten Changemanagements sollte kritisch geprüft werden, ob ein Einsatz angesichts des anstehenden Aufgaben- oder Problemtyps, der zur Verfügung stehenden Zeit und der übrigen Ressourcen unter Berücksichtigung möglicher Folgekosten überhaupt notwendig ist. Umsturzphasen müssen in möglichst kurzer Zeit durchgeführt werden, um die zuvor beschriebenen Folgen und mittelfristig und langfristig sich reaktivierenden Widerstand zu vermeiden. Ebenso sorgfältig sollte die Schulleitung prüfen, ob man ggf. einen Unterstützungsauftrag an Externe vergeben könnte. Falls man zu einem solchen Schluss kommt, wird exakte Kenntnis darüber benötigt, welchen OE-Ansatz die Externen vertreten, was der Auftrag beinhalten soll und wie er formuliert werden kann.

Als Ergebnis kann festgehalten werden, dass OE-Elemente in der Schule durchaus ihren Platz haben können – als Konzept, wenn die referierten Erkenntnisse im Sinne eines Changemanagements wie bei Doppler/Lauterburg (1998) berücksichtigt werden und in Form von Verfahren, Instrumenten und Methoden, wenn sie in geeigneten Arbeitszusammenhängen zur Optimierung von Prozessen und zur bestmöglichen Erreichung von Ergebnissen genutzt werden, ohne ihre Leistungsfähigkeit überzustrapazieren. Die verschiedenen Modelle und Theorien des »organisationalen Lernens«, z.B. die Entwicklungslinien und Theorieansätze

- vom individuellen zum organisationalen Lernen,
- die Systemtheorie,
- Lernebenen-Theorie (Argyris/Schön 1974),
- Wissensmanagement,

haben zwar bislang nach der kritischen Einschätzung von Steinmann/Schreyögg (2000) noch zu keinem überzeugenden, gänzlich neuen Handlungskonzept geführt, wohl aber haben sie interessante wichtige Erkenntnisse bezüglich Veränderungsursachen, -anlässen und -möglichkeiten von Organisationen erbracht. Diese beeinflussen insbesondere die Analyse und Diagnose organisatorischer Prozesse.

Der Beitrag »Changemanagement und Organisationsentwicklung« von Horster in diesem Band (S. 229ff.), der auf pragmatische Anwendbarkeit in der Schule zielt, berücksichtigt die hier dargestellten Theorieansätze und die vorliegenden empirischen Daten, indem er die bezüglich der Leistungsperspektiven von OE teilweise überzogenen Hoffnungen nüchtern auf ein für diese Ansätze machbares Maß zurückführt, zugleich aber unter Einbeziehung der neuen Erkenntnisse und Theorievorstellungen handhabbare und nutzbringende Möglichkeiten für die tägliche wie die außerordentliche schulische Aufgabenbewältigung aufzeigt.

2.5 Schlüsselaufgaben wirksamen Managements

In den Schulentwicklungstheorien wie in den programmatischen Veröffentlichungen mehrerer Bundesländer und Anforderungsprofilen für Leitungspersonen spielen die Gestaltungsfunktionen wie die steuernden, Richtung gebenden und entwickelnden Funktionen eine prominente Rolle. In Anlehnung an den Ansatz des Managementzentrums Sankt Gallen (MZSG) handelt es sich bei den Schlüsselaufgaben wirksamen Managements darum (Malik 2000, S. 71),

1. für Ziele zu sorgen,
2. zu organisieren,
3. zu entscheiden,
4. zu kontrollieren, zu messen, zu beurteilen und
5. die Selbstentwicklung von Menschen zu fördern und zu unterstützen.

Bei einem Vergleich mit den sonst gebräuchlichen Definitionen fällt die abweichende Begrifflichkeit auf. So ist weder von Zielvorgabe als einer hierarchisch anordnenden Tätigkeit noch von einer Zielvereinbarung auf der Grundlage ranggleichen Aushandelns als Normausgangslage die Rede. Bewusst mit Blick auf die je besondere Situation einer Organisation ist offen gehalten, in welcher Weise die Ziele entstehen bzw. kontraktiert werden. Des Weiteren taucht *Führung* in der zeit- und entwicklungslogischen Darstellung der Managementfunktionen nicht auf – zum einen, weil sie als Komplementär- und Querschnittsfunktion und integraler Kern aller Schlüsselfunktionen gesehen wird. Zum anderen sei daran erinnert, dass *Management* und *Führung* synonym verwendet werden und dass Führung *Menschenführung* und *Unternehmensführung* beinhaltet und sich auf die Gesamtinstitution bezieht. Malik begründet die nach seiner Auffassung verengte Sicht von Führung als Menschenführung, indem er abstellt auf die »Führung von Menschen in Organisationen. [...] Man übersieht, dass die beiden Aspekte sich gegenseitig bedingen: Es geht um die Führung von Menschen in Organisationen und es geht um die Gestaltung von Organisationen mit Menschen« (Malik 2005, S. 46).

Die Schlüsselaufgabe *Entscheiden* wird als Element des Managementprozesses in der Literatur sonst nicht explizit erwähnt. Zum Teil wird es als Bestandteil des Organisierens oder auch des *directing* oder *commanding* gesehen, wenn es darum geht, die Ergebnisse gedanklichen Planens in Handeln umzusetzen, das die Organisationsmitglieder steuern soll. Dem ist entgegenzuhalten, dass die Subsumption von Entscheidungen unter *directing* (Führung) als Einzelperson- und Einzelfallentscheidung eine verengte Sicht darstellt, und es wird betont, dass es zu den wesentlichen Aufgaben von Führungskräften gehört, Entscheidungen in jeder sach- oder personenbezogenen Hinsicht zu treffen. Führungskräfte entscheiden und wer entscheidet, ist Führungskraft, unabhängig von Stellung, Rang und Titel. Mit dieser Auffassung wird die in den vorhergehenden Kapiteln beschriebene spezifische Vorstellung davon begründet, wer Führungskraft ist. Wenn dies für Manager/innen in der Wirtschaft schon keine selbstverständliche Vorstellung ist, für den Schulbereich ist sie es noch weniger. Auf die Konsequenzen für das Leitungs- und Führungsgefüge von Schule wird noch einzugehen sein.

Leitungspersonen in Schulen fordern zurzeit (mehr) Entscheidungsmacht, andere wünschen keinesfalls mehr davon. Weitgehend einig sind sich beide Gruppen in ihrer Neigung, insbesondere unangenehme personenbezogene Entscheidungen an die nächsthöhere Instanz, die Schulaufsicht, weiterzureichen. Dieses Verhalten weist u.a. auf fehlendes oder wenig ausgeprägtes Leitungs- und Führungsbewusstsein und letztlich auf mangelnde Professionalität hin und es bestärkt Lehrer/innen darin, die Leitungspersonen der Schule in erster Linie als Kolleginnen und Kollegen mit zusätzlichen Verwaltungsaufgaben und nicht als wirkliche Führungskräfte zu betrachten. Wenn die neue Steuerungsphilosophie wirksam werden soll, ist *Entscheiden* eine außerordentlich wichtige Schlüsselfunktion, der besondere Aufmerksamkeit hinsichtlich der Frage zukommt, wie reflektiert, mit Fingerspitzengefühl und wie professionell sie angewendet wird. Die Anforderungsprofile jedenfalls lassen keinen Zweifel daran, dass Leitungskompetenz ganz ausdrücklich von den Leitungspersonen erwartet wird.

Die Fachliteratur scheint die letzte der fünf Aufgaben, *Menschen entwickeln und fördern*, auf den ersten Blick ziemlich ähnlich zu sehen. Üblicherweise spricht man von Personaleinsatz oder *Mitarbeiter*führung, wobei das im Begriff »Mitarbeiter« zum Ausdruck kommende positionale Wertgefälle teilweise weder für zeitgemäß noch für zutreffend gehalten wird. »In letzter Konsequenz können sich Menschen wohl nur selbst entwickeln, genauso, wie sie sich nur selbst ändern können. Das ist nicht nur die schnellste, sondern auch die wirksamste Art und Weise. [...] Praktisch alle wirklichen Performer der Geschichte waren Selbstentwickler. [...] Sie orientierten sich an Vorbildern, denen sie nacheiferten. In weit größerem Umfang [als Lehrer/innen] hatten sie Mentoren, Menschen, die sie dazu anhielten, dort tätig zu werden, wo sie ihre Stärken hatten. [...] Organisationen haben mehr als nur Mitarbeiter – ob sie wollen oder nicht. [...] Vielleicht werden Mitarbeiter gesucht, kommen aber werden Menschen, wie Max Frisch einmal sinngemäß gesagt hat« (Malik 2000, S. 248).

Es gibt keine Möglichkeit, aktiv Menschen zu entwickeln – allenfalls kann man beeinflussen, was sie lernen, aber nicht, ob sie es tun.

Diese Sicht von Führung, Personaleinsatz und -entwicklung entspricht ziemlich genau den Vorstellungen von dialogischer Führung bei Haller/Wolf (1994). Und im Vergleich zu einer Formulierung des Anforderungsprofils in Nordrhein-Westfalen, das von »zielgerichtete[m] Einwirken auf Lehrkräfte [...] im Hinblick auf die Aufgaben und Ziele der Schule« (MSWWF 1999, S. 7) spricht, dürfte hier wohl eher die Bereitschaft und die Fähigkeit gemeint sein, die (Selbst-)Entwicklung jeder einzelnen Lehrerin und jedes einzelnen Lehrers im Hinblick auf die Zielerreichung der Schule zu fördern, um auf diese Weise die Aufgabenerfüllung der Schule zu gewährleisten. Dazu sind vier wesentliche Elemente erforderlich (in Anlehnung an Malik 2000, S. 247ff.):

1. Als Erstes bedarf es einer *Aufgabe,* die ob ihrer Schwierigkeit, ihres Umfangs und ihres Anspruchs eine Herausforderung bedeutet. Dies setzt voraus, dass die bestehende Organisationskultur in einer solchen Herausforderung eine Auszeichnung sieht. Mit der Erfüllung dieser Aufgabe muss die Möglichkeit gegeben sein, eine besondere Leistung zu erbringen.
2. Die Übertragung von herausfordernden Aufgaben erfordert die *Berücksichtigung vorhandener Stärken.* Durch die Auseinandersetzung mit dem Auftrag sollen diese weiterentwickelt werden.
3. Es wird danach gefragt, welche *Art von Chef* die beauftragte Person für ihre nächste Entwicklungsphase braucht. Der Chef muss Vorbild sein im Hinblick auf die fachliche Kompetenz und auf die Erfüllung seiner eigenen Aufgaben als Chef, und er muss erkennbar die Verantwortung dafür übernehmen. Das bezieht sich auf die konkrete übertragene Aufgabe, ist aber auch generell gemeint. Und nicht zuletzt ist charakterliche Integrität gefragt.
4. Beim vierten Element geht es um die Frage: *An welcher Stelle wird die Person (am besten) eingesetzt?* Dabei spielen die individuellen Stärken – und Schwächen – eine wichtige Rolle, aber auch Persönlichkeit und Temperament eines Menschen. So wäre etwa zu fragen, ob die Lehrkraft eher in ihrem Fachunterricht ihre Sicherheit und Zufriedenheit findet und gute Arbeit leistet oder ob sie auch an der Erprobung fachübergreifender Ansätze in Kooperation mit Kolleginnen und Kollegen anderer Fachbereiche oder sogar unter Einbeziehung Externer z.B. aus der örtlichen Wirtschaft interessiert ist. Ist jemand eher Einzelgänger, der von sich aus keine Kooperation sucht, oder eher ein Teamspieler, der es vorzieht, mit den Ideen von Kolleginnen und Kollegen umzugehen und mit ihnen zusammenzuarbeiten? Verfügt jemand über besondere Fähigkeiten, erfolgreich in und mit Gruppen und Gremien zu arbeiten, Menschen zur Mitwirkung zu überzeugen, Konzeptionen zu entwickeln oder Konflikte lösen zu helfen? Schält sich ein Organisationstalent heraus oder zeigt jemand hervorragende fachliche Expertise, die ihm allerdings Schwierigkeiten bereitet, wenn er sie Schülerinnen oder Schülern der Erprobungsstufe vermitteln soll?

Nach Maliks Meinung ist aller Aufwand zur Förderung der (Selbst-)Entwicklung von Menschen vergeblich, wenn diese vier Elemente nicht in wesentlichen Teilen berücksichtigt werden.

Zusammenfassend ist festzuhalten: Management in diesem Sinne ist die für alle Organisationen – auch für Schule – erforderliche Kompetenz, alle zur Leistungserstellung notwendigen Funktionen gestaltend, steuernd, Richtung gebend und entwickelnd wirksam einzusetzen.

2.6 Management kann man lernen

Management spielt – als Begriff und als Forderung – in allen wirtschaftlichen, gesellschaftlichen und kulturellen Zusammenhängen eine maßgebliche Rolle. Dies resultiert aus der Tatsache, dass die heutige Gesellschaft eine *organisierte Gesellschaft* oder eine *Gesellschaft von Organisationen* ist. Jedermann hat mit Organisationen zu tun, als Kunde, Auftraggeber oder als Mitarbeiter. Management wird als eine Folge der Entstehung von Organisationen angesehen. Stets geht es darum, diese möglichst gut zu führen und ihre Effizienz und Effektivität zu steigern, um bestmögliche Ergebnisse zu erreichen. Angesichts der Menge von Organisationen in allen Lebensbereichen wird, um diese zu betreiben, eine große Anzahl von Führungskräften gebraucht. An dieser Stelle sei an die in diesem Beitrag verwendete Definition von Führungskräften erinnert, die nicht nur diejenigen meint, die ihre Organisation in der Öffentlichkeit als (Top-)Manager vertreten, vielmehr jede und jeden, der führt. Führungskraft und Manager ist, wer Führungsaufgaben erfüllt. Nach diesem Verständnis ist Management heute ein Massenberuf.

In Kapitel 2.1 in diesem Beitrag werden die mit dem Managementbegriff verbundenen verbreiteten Missverständnisse und Irrtümer beschrieben (S. 28f.). Schule verfügt über eine außerordentlich flache hierarchische Struktur, in der es in der Regel einen, in wenigen Fällen zwei »Topmanager« gibt, Leiter und ggf. Stellvertreter, wobei Letzterem in vielen Fällen nicht einmal irgendeine eigenständig zu erfüllende Aufgabe übertragen wird. Zweite Konrektoren gehören oft zur Leitung.

Schulen in Deutschland und im deutschsprachigen Ausland erfahren aktuell fundamentale und radikale Neuorientierungen, die sie in einer Reihe von Belangen relativ nahe an die Bedingungen und Anforderungen in Wirtschaft und Verwaltung heranrücken lassen, so bei der Leistungserstellung, dem Qualitäts- und dem Personalmanagement. Diese Veränderungen erfordern andere Lösungsansätze und -mittel, zu denen differenziertere Organisationsstrukturen ebenso gehören wie differenziertere Leitungs- und Führungsstrukturen. Entscheidend ist jedoch ein grundlegend verändertes berufliches Selbstverständnis bei allen Beteiligten und, wie Horvarth & Partner (1996) feststellen, in den Schulen die Entwicklung eines Klimas für Management.

Schulen, die in diesem Sinne über echte »Topmanager« verfügen, werden, wenn ggf. eine entsprechende Organisationsanalyse dies nahe legt, weitere Lehrer/innen unterhalb der (Top-)Management-Ebene mit Management- und Führungsaufgaben beauftragen, sei es auf der Ebene der verschiedenen Jahrgangsstufen und Abteilungen, in Fach- und Lernbereichen oder nach ganz anderen Kriterien (z.B. für interne Evaluation, bestimmte didaktische Aufgaben o.Ä.).

Kaum eine andere Organisation erfüllt die Bedingungen einer *Experten*organisation in so ausgeprägter Weise wie Schule. Konsequenterweise benötigt eine solche Organisation eine sehr große Anzahl von Managern und Führungskräften als, wie beschrieben, sich selbst führende Führungskräfte und Manager. Dabei wird davon auszugehen sein, dass diese Führungskräfte für ihre neuen Aufgaben und Rollen ausgebildet werden müssen, eine vehemente Forderung von Standesorganisationen und Interessenvertretungen der Schulleitungspersonen mit Hinweis auf die angeblich solide und systematische Berufsausbildung von Führungskräften in anderen gesellschaftlichen Bereichen. Eine solche Forderung erscheint aber angesichts der fehlenden oder ungenügenden Kapazitäten für die Qualifizierung von neuen Leiterinnen und Leitern, geschweige denn für die Fortbildung von länger im Amt befindlichen Leitungspersonen illusorisch.

So sehr die Behauptung systematischer Ausbildung z.B. im Wirtschaftsbereich einzuleuchten scheint, tatsächlich gibt es eine solche Berufsausbildung nirgendwo. Der Annahme liegt das Missverständnis zugrunde, ein Studium in Betriebswirtschafts- oder Volkswirtschaftslehre leiste diese Ausbildung, was bis auf zu vernachlässigende Ausnahmen nicht der Fall ist. *Unternehmensführung*, auf die es eigentlich ankommt, ist nicht Gegenstand des BWL-Studiums. Ein wesentlicher Unterschied besteht allerdings darin, dass potenzielle Führungskräfte in der Wirtschaft es für selbstverständlich halten, eine zusätzliche Aus- oder Weiterbildung zu ihrer fachlichen Ausbildung zu erhalten (insbesondere wenn sie noch nicht die absoluten Topleute sind), die jeweiligen Vorgesetzten dies erwarten und in der Regel die erforderlichen Finanzierungsmöglichkeiten zur Verfügung stehen.

Diese Diskussion macht aber deutlich, dass die Beteiligten – selbstverständlich – davon ausgehen, dass Management erlernbar ist wie im Prinzip jeder andere Beruf auch. An den Managementberuf können dieselben Anforderungen gestellt werden wie an alle anderen, nämlich vor allem methodisch-systematisches Handwerkszeug – die handwerkliche Seite von Professionalität – in Verbindung mit der Fähigkeit zu vermitteln und bestimmte Werkzeuge kompetent einzusetzen.

Wenn die Ausbildung von Führungskräften für den Beruf als Manager notwendig und auch möglich ist, entzieht dies der oft zu beobachtenden Heroisierung und Mystifizierung des Managementwirkens den Boden. Ordentliche Managementleistungen zu erbringen, setzt kein »Berufensein« voraus. Sich mit dem handwerklich Erlernbaren zu bescheiden, ist im Vergleich zu der dadurch erreichbaren Leistungssteigerung nicht nur wenig, sondern ungemein viel. Was eine Managerin oder ein Manager können muss, fällt einem nicht von allein zu, es ist aber auch kaum jemandem angeboren. Andererseits ist es in der Regel tödlich für eine Organisation, wenn die Leitungs- und Führungsaufgaben wie Amateur- oder Hobbytätigkeiten wahrgenommen werden bzw. werden müssen.

Im Schulbereich – vor Ort wie bei der politischen und administrativen Leitung – ist diese Annahme dennoch keine ganz seltene Ausnahme. Managementaufgaben werden immer noch mit »ein wenig Verwaltungsarbeit«, die man sich relativ unaufwändig durch learning by doing aneignen kann, verwechselt. Die Debatte zur Qualität und

Wirksamkeit von Schule hat deutlich gemacht, dass nicht zuletzt fehlende Leitungs- und Führungskompetenz, konkret fehlende Managementkompetenz mitursächlich für Leistungsschwierigkeiten sind. Wenn es richtig ist, dass die meisten Menschen außerhalb einer Organisation keine Schwierigkeiten mit ihrer Effektivität zu haben scheinen, demnach die Organisationen wohl das Problem geschaffen haben, »wie man von Arbeit zur Leistung kommt, von Anstrengung zu Resultaten und von Effizienz zu Effektivität« (Malik 2000, S. 49), dann scheint es dringend geboten, die Arbeitsergebnisse der Organisationen zu verbessern.

In Theorie und Praxis ist man sich weitgehend einig darüber, dass man intensiv nach den besten Führungskräften suchen muss. Vor Augen hat man oft die Vorstellung der idealen Führungskraft mit den Eigenschaften und Kompetenzen eines Universalgenies. Allein schon wegen des enormen gegenwärtigen und noch weiter wachsenden Bedarfs an Führungskräften muss man jedoch feststellen: »Verfügbar – zumindest in genügend großer Zahl – sind nur gewöhnliche Menschen; verlangt wird aber [...] die außergewöhnliche Leistung« (ebd., S. 19). Die Folgerung daraus ist, nicht länger nach der *idealen* Führungskraft zu suchen, sondern nach der *wirksamen*. Ausgangspunkt der weiteren Fragen ist dann, wie gewöhnliche Menschen zu befähigen sind, außergewöhnliche Leistungen zu erbringen und Wirksamkeit zu erzeugen.

Bevor man beginnt, nach Merkmalen »wirksamer Menschen« zu suchen, sollte verstanden sein, dass solche Menschen keine Gemeinsamkeiten aufweisen, weder hinsichtlich ihrer Intelligenz oder Ausbildung noch hinsichtlich ihrer Kontaktfähigkeit, Eloquenz oder Ausstrahlung, ihres Führungsstils oder Charakters, ihrer Herkunft oder ihres Charmes. Was existiert, ist die Individualität von Menschen; die einzige Gemeinsamkeit ist ihre Wirksamkeit. Entscheidend für ihre Leistungen ist die Art ihres Handelns. Was man feststellen kann, sind einige charakteristische Elemente der Arbeitsweise »wirksamer Menschen«:

- Erstens handelt es sich um bestimmte Regeln (Grundsätze), von denen sie sich stets bewusst oder unbewusst leiten lassen und durch die sie ihr Verhalten disziplinieren.
- Zweitens erfüllen sie bestimmte Aufgaben mit besonderer Sorgfalt.
- Drittens zeigt sich in ihrer Arbeitsweise »beinahe durchgängig ein ausgeprägt methodisch-systematisches Element: das Element handwerklicher Professionalität und damit verbunden bestimmte Werkzeuge, die sie kompetent, manchmal virtuos, einzusetzen verstehen« (Malik 2000, S. 22).

Bei diesen Werkzeugen handelt es sich um solche, die es in jedem anderen Beruf auch gibt und die sich nicht unbedingt in den üblichen Anforderungsprofilen wiederfinden.

Für die Effektivität und Professionalität von Menschen ist entscheidend, *wie* sie handeln, und das ist bis zu einem gewissen Grad erlernbar, wenn man auf die *Grundsätze* und Regeln, auf die wesentlichen *Aufgaben*, die zu erfüllen sind, und auf die dabei einzusetzenden *Werkzeuge* abstellt. Damit sind drei von vier Voraussetzungen geschaffen, Management als Beruf – mit dem Anspruch von Professionalität – zu verstehen, der denselben Standards wie jeder andere zu entsprechen hat (Malik 2000, S. 22); zum vierten Element *Verantwortung* vgl. das folgende Kapitel.

2.7 Managementaufgaben

Management als Beruf und mit den Anforderungen an die entsprechende Professionalität, ist durch die folgenden vier Elemente gekennzeichnet:

1. *Aufgaben*, die zu erfüllen sind;
2. *Werkzeuge*, die bei der Erfüllung von Aufgaben eingesetzt werden;
3. *Grundsätze*, die man bei der Erfüllung von Aufgaben und bei der Anwendung von Werkzeugen einhält und die die Qualität der Aufgabenerfüllung und des Einsatzes von Werkzeugen regeln; und
4. *Verantwortung*, die mit der Berufstätigkeit verbunden ist und die umso größer ist, je höher die mit der Ausübung des Berufs verbundenen Risiken sind.

Diese Elemente sind für Organisationen aller Art einschließlich Schule weitgehend deckungsgleich. Tabelle 1 stellt die Aufgaben, Werkzeuge und Grundsätze als Bestandteil des MZSG-Konzepts vollständig dar. Die anschließende Beschreibung hingegen konzentriert sich – insbesondere bei den Werkzeugen – auf ausgewählte Elemente, da die übrigen im Wesentlichen an anderer Stelle beschrieben werden (vgl. S. 64ff.).

Tab. 1: **Wesentliche Elemente des Managementkonzeptes des Managementzentrums Sankt Gallen (MZSG)**

Aufgaben	Werkzeuge	Grundsätze
• Für Ziele sorgen • Organisieren • Entscheiden • Kontrollieren, Beurteilen • Fördern von Menschen	• Sitzungen • Schriftlichkeit • Persönliche Arbeitsmethodik • Budget und Budgetierung • Leistungsbeurteilung • Beziehungsgestaltung und Öffentlichkeitsarbeit • Stellengestaltung und Einsatzsteuerung • Systematische Müllabfuhr	• Orientierung an Ergebnissen • Beitrag zum Ganzen • Konzentration auf Weniges • Stärken nutzen • Vertrauen • Lösungsorientiert denken und Chancen nutzen

Berufe sind durch jeweils spezifische Kenntnisse charakterisiert. Das gilt auch für den Beruf des Managers bzw. der Managerin. Wie zuvor ausgeführt, bedarf dieser Beruf keiner herausragenden besonderen Begabung, die dafür notwendigen Aufgaben müssen erlernt werden, was durch den Erwerb von Kenntnissen geschieht. Dazu zählt nicht, was Führungskräfte im Tagesbetrieb tatsächlich tun (und was in der Regel mit der Erfüllung von Sachaufgaben zusammenhängt, wie z.B. Schriftverkehr, Telefonate, Besprechungen, Repräsentation, Lektüre von Zeitungen, Zeitschriften, Informationsschriften und Statistiken, Verfassen von Anträgen usw.). Hier geht es um die Tätigkeiten, die Führungskräfte ausüben sollen oder müssen, um als Manager/in wirksam zu werden.

Die Managementaufgaben (das *Was*) sind in allen Organisationen gleich, hingegen wird und muss das *Wie* gelegentlich unterschiedlich sein. Auch in der Schule muss zwischen Managementaufgaben und Sachaufgaben (wie Unterricht, außerunterrichtliche Betreuung, Personal, Öffentlichkeitsarbeit, Finanzen, Verwaltung usw.) unterschieden werden. Motivieren, Informieren und Kommunizieren gehören ebenso wenig zu den Managementaufgaben wie zu den Sachaufgaben. Vor allem sind, wie gerade für Schule oft propagiert, Kommunikation, Moderation und Information nicht identisch mit Management. Es handelt sich zwar um wichtige Tätigkeiten, aber sie sind keine eigenständigen Aufgaben, sondern Medium zur Erfüllung der eigentlichen Managementaufgaben. Das Wesentliche im Management sind die Inhalte, ist die Botschaft und eben nicht das Medium selbst. Während also das Kommunizieren einer anderen Kategorie zugeordnet wird, sind Funktion und Stellenwert des Motivierens höchst unklar und in Theorie und Praxis umstritten (Sprenger 1992). Es spricht viel für die Annahme, dass man sehr wohl demotivieren, nicht jedoch aktiv motivieren kann. Insofern erscheint es sinnvoll, sich bis zum Vorliegen gesicherter Erkenntnisse damit zu bescheiden, Motivation »als Ergebnis der kompetenten Erfüllung der genannten [Management-]Aufgaben« anzusehen (ebd., S. 272).

Die Erfüllung von Managementaufgaben erfordert neben Managementkenntnissen Sach- und Fachkenntnisse, abhängig u.a. vom Zweck und Typus der Organisation oder von der Organisationsstufe, auf der eine Führungskraft tätig ist. Die für alle Organisationen geltenden generellen Aufgaben, auch als Schlüsselaufgaben bezeichnet, bestimmen die Wirksamkeit von Management maßgeblich:

2.7.1 Für Ziele sorgen

Ziele sind auf der Ebene von Organisationszielen und bei der Planung und Strategiebildung, aber auch als Aufgabe jeder Führungskraft so auszuarbeiten, dass sie praktisch brauchbar sind. Dabei sollen u.a. folgende Grundregeln beachtet werden:

- Wenige, dafür aber große Ziele anstreben – solche, die etwas bedeuten, wenn sie erreicht werden.
- Bei der Zielbestimmung nicht mit der Frage beginnen: »Was soll ich, muss ich, will ich (*zusätzlich*) tun?«, sondern mit der Frage: »Was sollte ich tun und *was will ich nicht mehr tun?*«
- Wirksame Ziele sind personenbezogene Ziele: Die Organisationsziele sollten so weit heruntergebrochen werden, dass sie in Ziele der einzelnen Mitarbeiterin und des einzelnen Mitarbeiters umgesetzt werden, die für ihr Erreichen verantwortlich gemacht werden. Die Ziele jeder Person müssen so präzise wie möglich schriftlich fixiert sein.

2.7.2 Organisieren

Drei Grundfragen, in Anlehnung an betriebliche Erfordernisse für Schule formuliert:

- Wie müssen wir uns in der Schule organisieren, damit *der zentrale Auftrag als wesentliche Aufgabe* wahrgenommen und nicht von anderen Interessen und Erwartungen überlagert wird? Wie viel Organisationszeit kommt effektiv den Schülerinnen und Schülern und ihrem Lernen zugute?
- Wie müssen wir uns organisieren, damit der zentrale Auftrag, für den unsere Mitarbeiter/innen (Lehrkräfte und das nicht pädagogische Personal) bezahlt werden, von diesen auch tatsächlich erfüllt werden kann und erfüllt wird? Wie können wir gewährleisten, dass *jede einzelne Person ihren Beitrag zum Ganzen* leisten kann und leistet?
- Wie müssen wir uns organisieren, damit der zentrale Auftrag, für dessen Erfüllung die Top-Führungskräfte (Schulleitung und Schulaufsicht) bezahlt werden, von diesen *tatsächlich umgesetzt werden kann und umgesetzt wird*? Wie kann gewährleistet werden, dass sie nicht im Tagesgeschäft und im laufenden Betrieb versinken, sondern jene Aufgaben und Probleme lösen können und lösen, die man nur aus Sicht und Kenntnis des Ganzen vernünftig bearbeiten kann?

2.7.3 Entscheiden

- Die erste und wichtigste Aufgabe ist, die anstehenden Fragen bzw. das Problem zu klären und nicht vorschnell zu meinen, es sei klar, worüber zu entscheiden sei.
- Die wirksame Führungskraft trifft nicht viele und schnelle, sondern wenige Entscheidungen und das wohl überlegt und unter Berücksichtigung der Entscheidungsrisiken und nicht nur der erwünschten, sondern auch der unerwünschten Folgen.
- Wirksame Führungskräfte geben sich nicht mit den offenkundigen Alternativen zufrieden, sie fragen nach weiteren Alternativen und berücksichtigen sie bei ihrer Entscheidung.
- *Wichtiger als die Entscheidung ist ihre Umsetzung.* Die Realisierung einer Entscheidung und die Vergewisserung, dass die für die Umsetzung entscheidenden Dinge auch wirklich getan werden, muss deshalb zum festen Bestandteil des Entscheidungsprozesses gemacht werden.
- Die Lehrkräfte und das nicht pädagogische Personal, die an der Umsetzung mitwirken müssen oder von den Konsequenzen der Entscheidung betroffen sind, sollen *im Hinblick auf ihre Sichtweise beteiligt werden*. Die Frage an sie lautet: »Wie sehen Sie die Lage, aus *Ihrer* Perspektive, Funktion, Ausbildung und/oder Erfahrung?« und nicht: »Wie würden Sie an meiner Stelle entscheiden?« Auf diese Weise gelingt es, das in einer Organisation vorhandene vieldimensionale Wissen in eine Entscheidung mit einfließen zu lassen.

2.7.4 Kontrollieren

Grundlage von Kontrolle muss Vertrauen sein, vor allem und zuerst in die Leistungsfähigkeit eines Menschen und in seine Leistungsbereitschaft. Leitfragen und Leitaspekte sind:

- Was müssen wir – unbedingt und unverzichtbar – kontrollieren, um ausreichend gerechtfertigtes Vertrauen haben zu können, dass nichts Wesentliches aus dem Ruder laufen kann?
- Kontrolle soll sich auf das beziehen, was die Mitarbeiter/innen in ihrer beruflichen Tätigkeit tun (aktions- statt informationsorientierte Kontrolle), so z.B. auf
  – die Umsetzung des Bildungs- und Erziehungsauftrags im Rahmen der Rechtsvorschriften und Konferenzbeschlüsse;
  – die sonstigen Dienstpflichten;
  – die Beachtung geltender Regeln und Abläufe.
- Unerledigte Angelegenheiten müssen »wasserdicht« kontrolliert werden. Man muss seine Umgebung daran gewöhnen, dass man nichts von dem, was vereinbart ist, vergisst oder übersieht.

2.7.5 Fördern und Unterstützen der Selbstentwicklung von Menschen

Man fördert und unterstützt, damit Individuen sich selbst weiterentwickeln können; dies schließt Standardisierungen aus und erfordert die Berücksichtigung individuell unterschiedlicher Lernweisen und Lernwege. Vier Elemente sind dabei wesentlich (in Anlehnung an Buchen 2004):

- Die *Aufgabe:* Menschen entwickeln sich mit und in ihren Aufgaben und erfahren es als Auszeichnung, durch eine größere und anspruchsvollere Aufgabe gefordert zu werden.
- Die *(Weiter-)Entwicklung* bereits vorhandener, klar erkennbarer oder vermuteter Stärken: Entwicklung muss stärkeorientiert sein. Schwächen, die eine Person hat, sind in der Regel Limitationen, aber eher nicht Ansatzpunkte für Entwicklung.
- *Typus des Vorgesetzten:* Welche Art von Chef braucht diese Person für ihre nächste Entwicklungsphase? Dabei müssen Vorgesetzte fachlich kompetent, charakterlich integer und Vorbild hinsichtlich des Verhaltensaspektes sein, die eigenen Aufgaben zu erfüllen und dafür die Verantwortung zu übernehmen.
- Die *Platzierung:* Wohin gehört diese Person? Welche Art von Stelle muss für sie vorgesehen werden, damit sie ihre Persönlichkeit und ihre Verhaltensorientierungen möglichst produktiv einbringen kann und damit sie genau das hat, was sie braucht, um produktiv zu sein?

2.8 Die Management-Werkzeuge bzw. -Instrumente

Das zweite Management als Beruf kennzeichnende Element sind die zur Aufgabenerfüllung erforderlichen Werkzeuge. Der Erwerb der entsprechenden Kenntnisse und deren praktische Handhabung geschieht in erster Linie durch intensives Training, auch wenn eine gewisse Grundbegabung für den Umgang mit den notwendigen Werkzeugen schon vorhanden sein sollte. Werkzeuge bzw. Instrumente für das generelle Management sind z.T. ganz profane und unspektakuläre Dinge wie

- Sitzungen effektiv und produktiv gestalten,
- Berichte erstellen,
- Stellengestaltung (Job-Design) und Personaleinsatz (Assignment-Control),
- persönliche Arbeitsmethodik,
- das Budget,
- die Leistungsbeurteilung und
- die »systematische Müllabfuhr«.

Diese Werkzeuge sind überwiegend auch in der Schule einsetzbar. Die Möglichkeiten Job-Design und Assignment-Control werden in diesem Beitrag einer gesonderten kritischen Prüfung unterzogen (vgl. S. 68ff.).

2.8.1 Sitzungen und Konferenzen

Unternehmen in der Wirtschaft beklagen häufig die Flut von Sitzungen. Für nicht wenige Schulen hingegen besteht objektiv das Problem darin, dass Sitzungen nicht oder in einer für die Lösung von Aufgaben nicht hinreichenden Zahl stattfinden. Für bestimmte Lehrkräfte sind zuweilen auch diese wenigen Sitzungen noch zu viele. Dabei geht es nicht um die aufgrund rechtlicher Vorgaben durchzuführenden Konferenzen z.B. für die Konstituierung bestimmter Gremien (Schulkonferenz, Fachkonferenz usw.) oder um Zeugniskonferenzen. Gemeint sind Lehrer-, Fach- oder Klassenkonferenzen oder Konferenzen auf Jahrgangsebene, bei denen es um die Verbesserung der Unterrichts- und Schularbeit gehen sollte, um Unterrichts- und Schulentwicklung also. Mit der erweiterten Selbstständigkeit und Selbstverantwortung sind durch die Verlagerung von Aufgaben und Kompetenzen auf die jeweils unterste mögliche Ebene zusätzliche Aufgaben und Verantwortlichkeiten an die Basis gelangt. Dabei geht es vor allem um das intensive Zusammenwirken von Schulleitung und einzelner Lehrkraft innerhalb der Schule, um die Zusammenarbeit mit den Lehrerinnen und Lehrern, die dieselbe Lerngruppe oder Klassenstufe unterrichten, oder um die einzelne Fachlehrkraft in der Zusammenarbeit mit den übrigen Fachlehrerinnen und -lehrern.

Spätestens aufgrund der neuen Rahmenbedingungen von Schule müssten Lehrpersonen überhaupt und vermehrt in Gruppen oder Teams zusammenarbeiten. In der Praxis aber findet oftmals wenig oder keine Abstimmung über Ziele, Inhalte, Methoden, Leistungsanforderungen, Kriterien und Schwierigkeiten bei einzelnen Schülerinnen und Schülern statt. Ebenso wenig setzt man sich mit den die Schüler/innen abgebenden Lehrkräften des Vorjahres oder mit externen »Abnehmern« am Ende des laufenden Schuljahres oder der Schulzeit auseinander. Dadurch sind Ineffizienz und Ineffektivität der Arbeit trotz durchaus vorhandenen individuellen Engagements und bestmöglicher persönlicher Leistung vorprogrammiert.

Gerade weil eigentlich mehr Sitzungen aus Gründen der Effizienz notwendig sind, ist es wichtig,

- *die Zahl der Sitzungen auf das absolut erforderliche Maß zu beschränken* und sie auf der richtigen Ebene und nur mit den wirklich notwendig beteiligten Personen vorzusehen. So wichtig Kommunikation gerade in der Schule ist, die erste und sehr kritische Prüfung muss der Frage gelten, ob es nicht andere weniger aufwändige Formen der Information oder Beratung gibt. Wenn eine Sitzung als das notwendige und richtige Mittel einer Aufgabenlösung erkannt ist, muss dafür gesorgt sein, dass, falls bei einer bestimmten Aufgabensituation Teamarbeit als die effizienteste Organisationsform erscheint, die Arbeitsaufträge für das Team und für dessen einzelne Mitglieder präzise formuliert sind. Nur gute Teamarbeit minimiert den Abstimmungsbedarf und die Anzahl der Sitzungen;
- *für eine gute Vor- und Nachbereitung zu sorgen*, weil sie über den Erfolg entscheidet (vgl. die Beiträge »Konferenzen« und »Leitungskommunikation« in diesem Band, S. 1088ff. und 870ff.). Die viel beklagte Konferenzmüdigkeit hat nicht zuletzt in mangelnder Vor- und Nachbereitung eine Ursache. Eine Schlüsselrolle spielt die Erstellung der Tagesordnung, die sich auf wenige, dafür aber für alle Teilnehmenden wichtige Themen beschränken sollte. Falls dies nicht in jedem Fall möglich ist, sollte überlegt werden, ob die Sitzung wirklich die Anwesenheit aller Beteiligten erfordert oder ob Einzelne ganz oder teilweise fehlen können;
- *für die Sitzungsleitung Arbeit und Disziplin aufzuwenden.* Mit der Sitzungsleitung verkörpert die Leitungsperson sichtbar ihre Führungsaufgabe und entsprechend aufmerksam wird die Wahrnehmung dieser Funktion und Rolle beurteilt. Position oder Stellung mögen dabei hilfreich sein, entscheidend ist der Eindruck personaler und fachlicher Kompetenz. Während es Mitglieder der Schulleitung als »geborene Leitungspersonen« aufgrund ihrer Position eher leicht haben, ist die Führungsaufgabe für aus dem Kollegium gewählte Personen – z.B. Fachkonferenzvorsitzende oder von der Schulleitung mit Leitungsaufgaben beauftragte Lehrkräfte, etwa die Leiter/innen von Arbeitsgruppen oder Projektteams oder eine Stufenleitung, die nicht offizielle Funktionsstelle ist – ungleich schwieriger. Hier zählen Vor- und Nachbereitung, aber auch die fachliche und die Moderations- bzw. kommunikative Kompetenz doppelt und es erweist sich, dass erfolgreiche Arbeit auf diesem Feld einer Menge an Training, möglichst mit entsprechendem Feedback, bedarf (vgl. auch den Beitrag »Konflikte managen« von Herrmann in diesem Band, S. 1048ff.);
- *die passenden Sitzungsarten auszuwählen.* Für Schulen kann man unterscheiden zwischen

– großen formellen Sitzungen, wobei nicht die Anzahl der Teilnehmenden das entscheidende Kriterium bildet, sondern eher die Reichweite der Entscheidungen (z.B. Schulkonferenz, Lehrerkonferenz, Schulpflegschaft, Schülerrat),
– kleinen formellen Konferenzen (Klassen-, Fachkonferenz, Klassenpflegschaft),
– Routinesitzungen (Schulleitungssitzung, Jahrgangsstufensitzung),
– Sitzungen von Arbeitsgruppen, Projektteams, Steuergruppen,
– Ad-hoc-Sitzungen (Schulleiter/in mit Lehrkraft, Sekretariat oder Hauspersonal, Lehrkräfte mit anderen Lehrkräften u.Ä.);

- *alle aus Sitzungen resultierenden Maßnahmen als Sitzungsleitung nachzuhalten,* um die Umsetzung zu gewährleisten. Hier entscheidet sich nicht nur die Wirksamkeit der getroffenen Maßnahmen, sondern auch die Wirksamkeit von Leitungshandeln. Nachlässigkeit in diesem Bereich höhlt die Bereitschaft der Mitglieder, Konferenzmitarbeit ernst zu nehmen, aus und gefährdet die Wirksamkeit der Arbeit der gesamten Organisation.

2.8.2 Schriftlichkeit

Im »Geschäftsverkehr« von Schule sollte die Schulleitung prüfen, ob je nach Sachlage nicht das geschriebene Wort mehr Beachtung als bisher erhalten sollte, allerdings ohne der Gefahr unnötiger und schädlicher Bürokratisierung zu erliegen. Die qualifizierte verbale Kommunikation als ein wichtiges Mittel der Aufgabenbewältigung ist unbestritten. Dies wird insbesondere offenkundig, wenn sie nicht gelingt. Wenn aber bei jedweder Aufgabenstellung und in jeglicher Situation mündliche Kommunikation das alleinige Verständigungs- und Transportmittel ist, gerät sie in die Gefahr, die mit ihr verbundenen Absichten nicht realisieren zu können, weil ihr schnell Klarheit, Prägnanz und Präzision fehlen, z.B. weil es nicht immer einfach ist, ad hoc schwierige Sachverhalte so zu vermitteln, dass deren Umsetzung in wirksames Handeln gelingt. In solchen sicher nicht seltenen Fällen ist mündliche Kommunikation das falsche Mittel. Sie erschwert oder verhindert die Auftragswahrnehmung, die Durchführung und Ergebniskontrolle und auf Dauer sind mit einer solchen Praxis leicht Schlendrian, Ineffizienz, Ineffektivität und nicht zuletzt ein schlechtes Klima die Folge.

Führungskräfte haben zuweilen ein distanziertes Verhältnis zum Schriftverkehr, weil sie ihn für zeitaufwändig, umständlich, zu förmlich und eben doch für zu bürokratisch halten. Wenn die Verwendung schriftlicher oder mündlicher Kommunikation hinsichtlich des Gegenstands, des Zwecks, der Empfänger und der Situation zuvor nüchtern geprüft wird, wird man manchmal überrascht feststellen, dass ggf. Schriftlichkeit nicht mehr, sondern weniger Zeit erfordert, keine persönliche Anwesenheit benötigt und vor allem Gelegenheit gibt, vor dem Schreiben nachzudenken.

Entschließt man sich zu schreiben, sollte man dafür sorgen, dass es empfängerbezogen geschieht. Ein absenderbezogener Texttypus bleibt in der Regel wirkungslos. Eine Verfasserin oder ein Verfasser, der sich die Frage stellt, was dieses Schreiben beim Empfänger bewirken soll, schreibt als Manager, weil er so formuliert, dass der Empfänger zur Aktion veranlasst wird. Wirksamkeit zu erreichen bedeutet herauszufinden, worauf die Empfänger im Sinne der Absichten des Schreibers am ehesten reagieren.

Berichte sind für Schule meist negativ besetzt, weil sich mit ihnen oft ungeliebte Rechenschafts- oder Erfahrungsrückmeldungen an die Schulaufsicht verbinden. Es gibt so manche Erfahrung, dass Schulaufsicht die Berichte auswertet und zu Rückmeldungen an das Fachministerium zusammenfasst, häufig genug, ohne dass die zuliefernden Schulen erfahren, ob und ggf. was ihre Berichte bewirkt haben. Schulen haben guten Grund zu der Annahme, dass Berichte eher selten zu einer realistischen Einschätzung der Sachverhalte bei der vorgesetzten Stelle führen. Die Gründe für im Gang durch die verschiedenen Ebenen geschönte Rückmeldungen reichen von bewusster Verschleierung der tatsächlichen Verhältnisse – z.B. weil man Sanktionen oder Nachteile aus der übergeordneten Ebene befürchtet – über die Unfähigkeit, Daten zu sammeln, zu analysieren und zu bewerten, bis hin zu mangelnder Kompetenz bei der Vertextung von Ergebnissen. Im Übrigen soll auch nicht verschwiegen werden, dass ärgerliche und unprofessionelle Fertigung von Berichten oft schon auf der Ebene der einzelnen Schule beginnt. Von solchen problematischen Erfahrungen abgesehen, sollten Schreiben bzw. Berichte berücksichtigen, wer die Empfängerin oder der Empfänger eines Schreibens ist:

- *der Schulträger* – und dort, ob der Empfänger der Leiter des Schulverwaltungsamtes ist, der an einer kurzen Begründung der Zahlen für die Haushaltsanforderungen des nächsten Jahres interessiert ist und mit dem es eine vertrauensvolle Zusammenarbeit gibt, oder der Bürgermeister, der pädagogische und fachliche Argumente z.B. für die Einrichtung einer Ganztagsbetreuung für die Diskussion im Rat oder in einem Ausschuss benötigt;
- *die zuständige Schulaufsicht,* z.B. bei einem Antrag auf Zuweisung einer Lehrkraft wegen plötzlichen langfristigen Ausfalls der einzigen Fachlehrkraft für Französisch in einer Abschlussklasse;
- *Eltern,* denen die Entscheidung in einem schwierigen Disziplinarfall ihres Kindes mitgeteilt werden soll;
- *die Schulaufsicht oder ein Verwaltungsgericht,* z.B. bei einer dienstlichen Stellungnahme in einem Widerspruchsverfahren;
- *Sponsoren,* die man für die Schule gewinnen möchte;
- *eine Bewerberin* für eine Lehrerstelle, die sich zuvor vorgestellt hat, z.B. um die wechselseitigen Erwartungen, Verabredungen und Zusagen mitzuteilen, auf deren Grundlage ein Arbeitsvertrag geschlossen werden soll;
- *Handwerker,* z.B. wenn Aufträge erteilt werden; oder
- die Einladung von Eltern zu einem Schulkonzert.

Erweiterte Selbstständigkeit, Verantwortung für die Arbeitsprozesse und -ergebnisse und die angesichts dieser Konstellation veränderte Rolle der Schulaufsicht bedingen – gleichsam als Kehrseite – eine essenzielle neue Pflicht von Schulleitung, nämlich qualifizierte Berichterstattung zu leisten. Nur so wird Schulaufsicht in die Lage versetzt, ihre Aufgabe der Metaevaluation wahrzunehmen. Umgekehrt müssen Schulleitungen von der Schulaufsicht erwarten können, dass sie Reaktionen auf die von ihnen berichteten Sachverhalte bekommen, die belegen, dass ihre Mitwirkung Sinn gemacht hat.

2.8.3 Job-Design und Assignment-Control

2.8.3.1 *Job-Design (Aufgaben- und Stellengestaltung)*

Die Aufgaben- und Stellengestaltung für Mitarbeiter/innen gilt in der Wirtschaft als wichtige Voraussetzung für die Zielerreichung. Läuft dieser Prozess fehlerhaft, ist er nicht selten die Ursache für Demotivation und geringe Produktivität. Während für Betriebe, in denen überwiegend manuelle Arbeit geleistet wurde, die Devise galt, der Job organisiere den Menschen, verändert sich diese mit der Zunahme der Kopfarbeit zu dem Grundsatz »Der Mensch organisiert und gestaltet den Job«.

Zu dieser Erfahrung steht die schulische Praxis in einem merkwürdig widersprüchlichen Verhältnis. Obwohl fast ausschließlich »Kopfarbeiter« tätig sind, die mit der Vermittlung von Wissen umgehen, hat bislang eher der »Job« den Lehrer bzw. die Lehrerin organisiert, über die Fächer, Lehrpläne und Stoffverteilungspläne. Die Steuerung des Einsatzes von Lehrkräften geschieht traditionell entsprechend den studierten Fächern und Lehrämtern. Auf den ersten Blick scheint diese Praxis plausibel. Ein genauerer Blick auf die sich immer rascher verändernde Situation in der Welt um Schule herum vermag vielleicht Anregungen für eine grundsätzlich andere Sicht darauf zu geben, wie die Aufgabenerfüllung der Lehrkräfte organisiert werden kann. Die Umkehrung der überkommenen Praxis in der Weise, dass die Lehrkraft den Job organisiert, ist möglicherweise geeignet, im Sinne von größerer Wirksamkeit der Leistungserstellung auch zu größerer Arbeitszufriedenheit und Motivation zu führen. Dabei sollten einige relativ häufig auftretende Fehler vermieden werden:

Jobs (Aufgaben) sind oft zu klein geschnitten. Die Aufgabe, Fachlehrer/in zu sein, beschreibt einen wichtigen, aber nicht hinreichenden Teil des Auftrags an Schule und an die einzelne Lehrkraft. Sie umfasst neben der Verpflichtung, das konkrete Fach und eine bestimmte Lerngruppe zu unterrichten, die Aufgabe, mit den anderen Lehrkräften dieser Lerngruppe und darüber hinaus mit allen Mitgliedern der Schule und mit deren Umfeld zur Optimierung der Unterrichts- und Erziehungsarbeit für jede einzelne Schülerin, jeden einzelnen Schüler, die gesamte Lerngruppe und schließlich für die ganze Schule systematisch und kontinuierlich zusammenzuwirken. Aus der systemischen Schulentwicklung ist bekannt, dass jegliche Veränderung oder auch Nichtveränderung im System Auswirkungen auf das Gesamtsystem hat. Erfolgreiches Handeln im Sinne von Zielerreichung setzt *abgestimmtes* transparentes Arbeiten aller Teileinheiten voraus. Zur Pflichtaufgabe einer jeden Lehrkraft gehört über die Arbeit in den eigenen Fächern und/oder als Klassenlehrer/in hinaus, in der Jahrgangsfachgruppe und in der Lehrergruppe, die im Jahrgang unterrichtet, mitzuarbeiten. Zusätzlich sollte neben der

Basisverpflichtung für den eigenen Unterricht mindestens eine weitere Aufgabe übernommen werden, die auf den verschiedensten schulischen Ebenen, in ihren Teilorganisationen (Gremien, Konferenzen, Arbeitsgruppen, im Leitungsbereich usw.) angesiedelt sein kann. Dies kann z.B.

- unterrichtsfachliche, didaktisch-methodische oder pädagogische Aufgaben,
- Richtlinien- und Lehrplanarbeit,
- Mentoren- oder Leitungsarbeit,
- den Aufbau von neuen Unterrichtsschwerpunkten,
- außerunterrichtliche, eher sozialpädagogische Bereiche,
- Schulentwicklungsprojekte oder
- interne Fortbildung

betreffen. Mit diesen Erwartungen an Lehrkräfte sind zugleich Aspekte von Personalentwicklung im Sinne von *job enlargement* (Erweiterung des Aufgabenbereiches) und *job enrichment* (Anreicherung mit schwierigeren Aufgaben) angesprochen, die als wichtige Stationen einer individuellen professionellen Weiterentwicklung dienen können (Stichwort Personal- und Karriereentwicklung).

Berufliche Aufgaben sollten den Menschen hinlänglich fordern, ohne zu überfordern, und alle versteckten oder offenkundigen Talente evozieren, aber zugleich auch Hinweise auf die persönlichen Grenzen geben. Die Wirksamkeit der Aufgabenerfüllung sollte in erster Linie durch den Job selbst gewährleistet werden und nicht durch die Einwirkung des Vorgesetzten – im Übrigen auch eine Form des Hierarchieabbaus –, was im Gegenzug Selbstevaluation, Selbstverantwortung und Rechenschaftslegung nach innen und außen voraussetzt. Es ist nicht ganz unwahrscheinlich, dass die viel beklagte Burnout-Rate von Pädagoginnen und Pädagogen durch die Fokussierung oder gar Fixierung aller beruflichen Anstrengungen auf das Unterrichten der zugeteilten Lerngruppen mit beeinflusst ist. Für diese Annahme sprechen nicht zuletzt die Erfahrungen, die Schulleitungen, Lehrkräfte, Eltern und Schüler/innen vielfach machen, wenn sie bei Projekttagen oder -wochen, bei Erkundungen außerhalb des Klassenzimmers oder bei Klassenfahrten an ihren Lehrerinnen und Lehrern gänzlich unvermutete Talente, Interessen, Hobbys und nicht selten ein ganz anderes (Sozial-)Verhalten entdecken.

Seltener kommt es im Schulbereich vor, dass *Jobs (Aufgaben) zu groß geschnitten sind.* Während man zu klein geschnittene Aufgaben, z.B. die Beschränkung der Lehrertätigkeit ausschließlich auf das Unterrichten einer Lerngruppe, fatalerweise nur schwer bemerkt, weil Lehrkräfte und viele Schulleitungen dies von jeher als alleinige Lehreraufgabe verstehen, erkennt man die Überforderungen daran, dass die Lehrkräfte Stressreaktionen zeigen, Fehler machen, Termine vergessen, nicht sorgfältig arbeiten u.Ä.

Überforderung – insbesondere bei neuen Lehrerinnen und Lehrern – kann vermieden oder verringert werden, wenn die ersten Anforderungen feiner dosiert und erst bei positivem Verlauf gesteigert werden. So sollte eine Lehrperson nicht in einer 12. und 13. Klasse eingesetzt werden, wenn sie noch keine Erfahrungen im Oberstufenunterricht hat; eine Lehrkraft, die bisher ausschließlich erwachsene Schüler/innen unterrichtet hat, sollte beim Einsatz in der Sekundarstufe I zunächst nicht in der Jahrgangsstufe 5, sondern in höheren Jahrgangsstufen eingesetzt werden. Dies gilt für den Kernbereich der Lehrerarbeit, das Unterrichten, genauso wie z.B. für den Vorsitz in einer Fachkonferenz, wenn es noch keine Vorerfahrung mit der Leitung von Kollegengruppen oder Mitwirkungsgremien oder mit der Facharbeit in Jahrgangsstufen gibt.

2.8.3.2 Multi-Personen-Jobs

Missverständnisse bezüglich der Sinn- und Zweckmäßigkeit von OE- oder ISP-Projekten (vgl. Kapitel 2.4 in diesem Beitrag, S. 40ff.) haben in manchen Schulen den Trend verstärkt, jedwede Aufgabe und jedwedes neue Problem durch Gruppen oder Teams, zumindest aber durch mehrere Personen lösen zu wollen, was natürlich zu einer größeren Anzahl von Sitzungen führt (vgl. Kapitel 2.8.1 in diesem Beitrag, S. 64ff.). Oft sind Überlastung, Abbruch der »Projekte«, Frust und Rückkehr zur gewohnten Einzelkämpferrolle die Folge, verbunden mit dem Vorsatz, sich künftig nicht noch einmal in Unternehmungen dieser Art einspannen zu lassen.

Um begründet entscheiden zu können, wie eine bestimmte Aufgabe am besten anzugehen ist, muss sorgfältig geprüft werden, ob die Aufgabe von einer einzigen Person, von einer Teileinheit der Organisation (z.B. alle Lehrkräfte einer Klasse, eines Jahrgangs, einer Jahrgangsstufe) oder von einer bestimmten Gruppe gelöst werden soll. Vorrang hat in der Regel die Arbeit durch die Einzelperson, wenn sie zweckmäßig und möglich ist und keine anderen Gründe für eine Kooperation vorliegen (z.B. Mentoring oder Einarbeiten einer neuen Lehrkraft). Wenn aber mehrere Personen beauftragt werden, sollte es sich um erfahrene und disziplinierte Menschen handeln, die den je eigenen Part verlässlich und qualifiziert erledigen.

2.8.3.3 Assignment-Control (Einsatzsteuerung von Lehrkräften und Mitarbeiter/innen)

Gegenstand des Assignment-Control ist auf der Grundlage einer sorgfältigen Analyse der Fähigkeiten einer Lehrkraft die Überlegung, an welcher Stelle, mit welchen Fächern und in welcher Umgebung mit anderen Lehrer/innen eine Lehrkraft mit ihren besonderen Stärken am günstigsten eingesetzt werden kann, um die Aufgaben der Schule zu erfüllen und den Erwartungen der Eltern und Kinder sowie ihren eigenen Erwartungen und Ansprüchen zu entsprechen.

Job-Design stellt als Gestaltung von Aufgaben und Stellen die statische Seite dar, Assignment-Control bedeutet die Steuerung des Einsatzes und wird als die dynamische Seite desselben Werkzeugs verstanden. Voraussetzung für sinnvolles Assignment-Control ist, dass die Stelle bzw. Aufgabe gut konzipiert ist. Der eigentliche Unterschied in der Dynamik zwischen Stelle bzw. Stellengestaltung und Assignment-Control (Einsatz der Lehrkräfte) besteht darin, die Aufgaben- und Stellenbeschreibung als konkreten Auftrag umzusetzen und aus dem Paket von Aufgaben vor allem die Schlüsselaufgaben im Auge zu behalten. Dies meint eben nicht nur, Mathematik in zwei 5. und

8. Klassen zu unterrichten. Es geht auch darum, mit einem anderen Mathematikverständnis das Desinteresse am Fach bzw. die Abneigung der Schüler/innen gegen das Fach in Interesse umzuwandeln und Leistungsbereitschaft zu wecken, z.B.

- durch Freude am Experimentieren,
- durch lebensnahe Aufgabenstellung,
- durch die Möglichkeit, Mathematik in anderen Fächern und im Alltag praktisch anzuwenden, oder
- durch Anregungen, eigene Lösungswege zu finden.

Nicht zuletzt sollten sich Lehrkräfte über ihre Erfahrungen mit den Fachkolleginnen und -kollegen (z.B. in der Jahrgangsfachgruppe) austauschen, in der Fachkonferenz berichten und versuchen, Mitstreiter zu gewinnen. Ziel ist die Umsetzung vorrangiger Aufträge und die Bewältigung von Schlüsselaufgaben. Diese stellen sich von Zeit zu Zeit neu und orientieren sich somit an dem stetigen Wandel von Schule und Gesellschaft. An der traditionellen Aufgaben- und Stellengestaltung in Schulen mit der Angabe von zwei oder drei Fächern hat sich bislang wenig geändert, immerhin wird die Einsatzsteuerung im Sinne dieser Darstellung schon einmal von der einen oder anderen Schule wahrgenommen.

Die dringend notwendige Vitalisierung der in vielen Fällen lediglich auf dem Papier stehenden Schulprogramme wird nur gelingen, wenn die aus den Verschriftlichungen erwachsenden Absichten und Erfordernisse mit Personalmanagement und Personalentwicklung und mit Job-Design und Assignment-Control in Zusammenhang gebracht werden können. Anlass für einen in diesem Sinne veränderten Personaleinsatz können auch die Ergebnisse eines Qualitätssicherungsprozesses der Schule sein. Erfolgt der Einsatz des Personals ohne Bezug auf das Schulprogramm, kann die Schule vielleicht effizient, nicht jedoch effektiv, also wirksam arbeiten. Auch wenn alle Mitglieder 100 Prozent ihrer individuellen Leistung erbringen, ist der Wirkungsgrad der Schule insgesamt geringer, als es die Summe der koordinierten und programmatisch abgestimmten Arbeit der einzelnen Personen wäre. Effizientes Arbeiten allein führt nicht zu größtmöglicher Wirksamkeit.

Der Werkzeugcharakter von Assignment-Control und der Umsetzungsbezug werden deutlich, wenn die Anwendung im Zusammenhang der Zielbestimmung für die nächste Arbeitsperiode erfolgt. Dies geschieht in den folgenden Schritten:

1. Die Schulleitung überlegt auf der Grundlage von Leitideen, Schulprogramm und der strategischen Generallinie die Prioritäten für die schulische Arbeit. Sie muss konkret herauskristallisieren, was die Schwerpunkte der langfristigen Entwicklung im nächsten Schuljahr sein sollen. Zumeist liegt dazu eine Rahmenentscheidung aus der Beteiligung des Kollegiums vor, die die Schulleitung aus ihrer Gesamtverantwortung und unter Berücksichtigung der Sach- und Personalressourcen und der aktuellen Situation konkretisieren wird und über die sie nach dem unter 2. genannten Schritt auch in der Lehrerkonferenz informiert.

2. Je nach Größe der Schule und ihrer Leitungs- und Organisationsstruktur werden die Pläne der Leiterin oder des Leiters den übrigen Leitungspersonen vorgestellt und beraten. Die Leitungspersonen wie z.B. die Abteilungsleiter/innen sind im Weiteren für die präzise Information der Lehrkräfte ihres Zuständigkeitsbereichs über die geplanten Maßnahmen verantwortlich.
3. Jedes Leitungsmitglied prüft auf der Basis seiner eigenen Stellenbeschreibung, ob seine Tätigkeitsschwerpunkte zu den gesetzten Prioritäten passen. Dieser Abgleich ist die Grundlage für die Vorbereitung der Einzelgespräche mit jedem der Organisationsmitglieder, für die es zuständig ist. In diesen Gesprächen werden die neuen Schlüsselaufgaben so exakt wie möglich bestimmt.
4. Ob die Gesprächsergebnisse schriftlich festgehalten werden, ist im Einzelfall zu entscheiden. Bei wichtigen Neuerungen empfiehlt es sich.

2.8.4 Persönliche Arbeitsmethodik

Zu nahezu jeder Führungskräfteaus- oder -fortbildung gehört das Element »Zeitmanagement« – beliebt und vielfach überschätzt, wenn es nicht so eingesetzt wird, dass es zum sonstigen Leitungs- und Führungsstil passt. Andererseits wird das Thema fehleingeschätzt oder unterschätzt, wenn man es eher für eine Fähigkeit hält, die in ein Sekretariat oder Vorzimmer gehört. Zeitmanagement allein wird vermutlich nur dann Professionalitätszuwachs erbringen, wenn es ein Bestandteil unter anderen in der persönlichen Arbeitsmethodik der Leitungsperson ist und zur Individualität der Führungskraft passt. Die professionelle Anwendung von Arbeitsmethodik belegt gleichsam nebenbei, dass Management ein erlernbares Handwerk ist und zu einer wichtigen und notwendigen Grundlage werden kann, um genügend Zeit und Kapazität für die Erfüllung der eigentlichen Aufgaben von Schule zu gewinnen.

Erfolgreiches und wirksames Arbeiten im Zentrum schulischer Berufstätigkeit setzt in hohem Maße System und Disziplin voraus und nicht, wie vielfach angenommen, Kreativität und hervorragende fachliche Ausbildung. Beide sind wichtig, jedoch erzielen sie keine Wirkung ohne die entsprechende Arbeitsmethodik. Wie oft trifft man in Schulen auf Menschen mit wunderbaren Ideen, die nie die Chance einer Realisierung erhalten. Besonders kritisch ist das, wenn dann auch die Führungskräfte nicht in der Lage sind, eigene Ideen und besonders die der Lehrkräfte aufzugreifen und in die Praxis umzusetzen. Das überschätzte, mehr noch aber das relativ geringe Ansehen von persönlicher Arbeitsmethodik und systematischem und diszipliniertem Arbeiten führt dazu, dass diese wesentlichen Grundlagen für das Erzielen von Wirksamkeit in schulischen Leitungsfunktionen auch bei der Auswahl von Führungskräften nur eine untergeordnete Rolle spielen.

Die erfolgreiche Anwendung von Arbeitsmethodik ist nicht unabhängig von der konkreten Tätigkeit, die jemand ausübt – als Chef/in der gesamten Organisation, als Stellvertreter/in, als Leiter/in einer Abteilung, mit weiteren Mitarbeiter/innen oder ohne. Das eigene Alter, die berufliche Vorerfahrung, die dort ausgeübte Funktion (z.B.

Stellvertretung mit eigenständigen und eigenverantwortlichen Aufgaben oder Abwesenheitsvertretung), die Arbeitsweise des ehemaligen Chefs, seine Arbeitsbeziehung zu seinem Schulaufsichtsbeamten, die Infrastruktur der Schule (gibt es eine persönliche Sekretärin, ein gemeinsam genutztes Sekretariat, gibt es gar keine Sekretärin?), die Organisationsstruktur der Schule, die Schulform (z.B. Primarbereich oder Berufskolleg), die bisher – aus welchen Gründen auch immer – praktizierte Arbeitsmethodik, das alles spielt eine Rolle. Bloße Literaturkenntnis zur Arbeitsmethodik reicht nicht aus, weil sie keine Übertragung auf die jeweilige Person, die Aufgabe, die Arbeitsstrukturen, die konkrete Arbeitsumgebung, die Situation und die gesamten Rahmenbedingungen erlaubt.

Versucht jemand, Veränderungen auf diesem Gebiet anzustoßen, wird ihm oder ihr oft entgegengehalten, die gegenwärtige Praxis gebe es seit 20 Jahren und habe sich bewährt. Ob zutreffend oder nicht, die jeweils persönliche Methodik erfordert beim Wechsel in eine andere Organisation, in eine andere Funktion bzw. Position oder bei einer veränderten Situation in der Organisation stets eine Überprüfung und ggf. eine Anpassung. Will man nicht der Verführung von Routine erliegen, sollte man die persönliche Methodik alle drei bis vier Jahre überprüfen und dies für die mittelfristige Terminplanung vormerken. Bei der Übernahme einer neuen Aufgabe oder bei einer Beförderung sollte dieser Rhythmus ebenso durchbrochen werden wie wenn es eine neue Chefin oder einen neuen Chef gibt, z.B. weil diese/r die eigene Arbeitsweise wahrscheinlich nicht verändern wird und man sich dieser anpassen muss. So individuell die Methodik und Systematik stets zugeschnitten sein muss, es bleibt festzuhalten, dass die Probleme vieler Organisationen gleich oder ähnlich und von jeder Managementperson zu lösen sind.

Im Folgenden sollen die Themen, Schriftverkehr, Routinisierung, Sekretariat und Beziehungspflege genauer erläutert werden.

2.8.4.1 Schriftverkehr

Ergänzend zu den obigen Ausführungen zum Thema Schriftlichkeit (S. 66ff.) soll die Aufmerksamkeit hier darauf gerichtet werden, wer im Leitungsbereich in der Regel den Schriftverkehr durchführt. Zwar hat sich die Bandbreite der schriftlichen Äußerungen durch neue Techniken erweitert, die Anforderungen an die verschiedenen Typen von Schreiben sind jedoch prinzipiell gleich geblieben. Der Einsatz von PCs in jedem Schulleiterbüro scheint sich neben der unstreitig positiven Nutzungsmöglichkeit mehr und mehr problematisch zu entwickeln. Immer öfter tippen Führungskräfte ihren Schriftverkehr selbst. Als Begründung hört man, dass es schneller gehe, den Text in den PC einzugeben, als ihn handschriftlich zur Abschrift durch das Sekretariat zu verfassen. Hier sollte man erst einmal prüfen, ob die Nutzung eines guten Diktiergeräts nicht effizienter ist als die eigenhändige Texteingabe in den PC.

Anders stellt sich diese Frage dar, wenn Sekretariatskapazität allzu oft nicht oder nicht ausreichend vorhanden ist. Teilweise dieselben Schulträger, die über ihre korporative Interessenvertretung (KGSt) fordern, Schulleitung müsse als professionelle Berufsausübung betrachtet werden und benötige dementsprechend für Management und Führung qualifizierte Personen, konterkarieren diese Forderung, wenn sie die Leitungspersonen angesichts des ohnehin problematischen Verhältnisses von Leitungszeitstunden zur weit überwiegenden Anzahl von eigener Unterrichtsverpflichtung dazu zwingen, Schreiben zu tippen, Telefondienst zu leisten oder Hausmeistertätigkeiten auszuführen. Management professionell wahrzunehmen bzw. wahrnehmen zu können beinhaltet, die eigenen Ressourcen auf die zuvor beschriebenen Kernbereiche des Managementberufs, für die unbestritten viel zu wenig Kapazität und Zeit zur Verfügung steht, zu konzentrieren. Die Wirksamkeit schulischer Arbeit zu erhöhen bedeutet den Einsatz der vorhandenen Kräfte und der Kernkompetenzen am richtigen Ort. Eine – ohne Not erfolgende – Übernahme von Sekretariatsarbeiten, und dies in der Regel mit unvertretbar großem unprofessionellen Aufwand, dient diesem Ziel nicht und ist eine nicht hinzunehmende Verschleuderung von knappen Ressourcen. Darüber hinaus ist ein solches Verhalten geeignet, den Schulträgern zu bestätigen, dass Schulen mit den unzulänglichen Sekretariatsdeputaten gut bedient sind.

2.8.4.2 Routinisierung

Nicht zuletzt infolge der aus der populären Managementliteratur herüberschwappenden Idealisierung und Mystifizierung von Managern, Managementaufgaben und -fähigkeiten besteht die Gefahr, dass bewährte und für die Aufgabenbewältigung notwendige »gute« Gewohnheiten zuweilen auf der Strecke bleiben. So stehen inzwischen Routine und Routinisierung für Konventionalität, Konservatismus, Antiquiertes und Rückständiges oder für auf »untere Ränge« zu verschiebende Tätigkeiten.

Wache Routine ist außerordentlich wichtig für Produktivität und Absicherung des laufenden Betriebs. Sie entlastet wirksam, schafft Sicherheit und vermag den Blick für wichtigere Aspekte der Aufgabenerfüllung freizuhalten. Dabei geht es nicht in erster Linie um die in kurzen Abständen sich wiederholenden Tätigkeiten, sondern eher um diejenigen, die in größeren Zeitabständen anstehen und erheblichen Aufwand kosten, z.B. weil die Abläufe und Erfahrungen der letzten Anwendung nicht festgehalten worden und in Vergessenheit geraten sind. Man mag z.B. an Verfahren zur Vorbereitung der Zeugniserstellung einschließlich der Abstimmungsverfahren zwischen den beteiligten Lehrerinnen und Lehrern einer Klasse denken, an die termingebundenen Warnungen vor Nichtversetzung, an das Erstellen der Notenübersichten für die Erörterung in der Zeugniskonferenz, an die Abläufe zur Wahl des Wahlpflichtunterrichts, der Wahlpflichtfächer oder der Leistungskurse in der gymnasialen Oberstufe, an das Verfahren zur Wahl eines Betriebs im Schülerbetriebspraktikum oder an die Ablaufplanung zur Vorbereitung des Tags der offenen Tür. Ein wichtiges und entlastendes Instrument für solche Prozesse ist auch die zu Unrecht in Verruf geratene Checkliste, falls diese nicht Ausdruck eines sturen technokratischen Organisationsverständnisses ist und, was wichtiger ist, wenn sie in regelmäßigen Abständen auf den Prüfstand gestellt wird.

2.8.4.3 Sekretär/in als Schreibkraft oder Assistent/in?

Die kompetente Erledigung einzelner Aufgaben durch eine gute Sekretariatskraft kann ausgesprochen wertvoll sein. Mancher Schulträger hat zwar »nur« eine Schreibkraft zur Verfügung stellen wollen, eine kluge Schulleiterin oder ein kluger Schulleiter nutzt diese aber entsprechend ihren oft viel weiter gehenden Fähigkeiten in sehr viel produktiverer Weise:

- Sie erledigt die gesamte Schreibarbeit (PC, E-Mail);
- sie organisiert den Schrift- und Telefonverkehr, den Terminplan und die Wiedervorlage;
- sie pflegt die Ablage;
- sie organisiert und regelt den Verkehr mit den Schüler/innen, Eltern, Lehrer/innen;
- sie bewirtet ggf. Gäste.

Im besten Falle managt sie – entsprechend dem hier vertretenen Managementverständnis – die Schulleiterin oder den Schulleiter, indem sie, eingeweiht und eingebunden in die laufenden Geschäfte, aus dieser Kenntnis heraus manche Entscheidung und Auskunft treffen kann, ohne die Schulleitung stören zu müssen, in der Regel aber gut einschätzen kann, wann sie Fragen an diese weiterzugeben hat. Eine Kommune gibt eine bereits ausgewiesene qualifizierte Kraft normalerweise nicht freiwillig an eine Schule ab. Wenn man sich als Schulleiter/in eine solche Assistenz schaffen will, bedarf dies der entsprechenden Investition vonseiten der Schulleitung *und* der Sekretärin (bzw. des Sekretärs). Aber auch das gehört zu den Aufgaben einer Führungskraft, die eigene Effizienz und Effektivität und die der Schule durch Steigerung der Effektivität einer Mitarbeiterin oder eines Mitarbeiters zu erhöhen (vgl. auch Jacobs 2002).

2.8.4.4 Beziehungspflege und Öffentlichkeitsarbeit

Zuweilen finden sich einzelne Aspekte von Beziehungspflege unter »Öffentlichkeitsarbeit« oder »Corporate Identity« subsumiert, ohne dass die systematische Anwendung als Werkzeug erläutert wird. Beziehungspflege als Begriff taucht in der Managementliteratur bzw. in Managementkonzepten so nicht auf.

Auf den ersten Blick handelt es sich möglicherweise um eine irritierende Forderung. Schaut man aber genauer hin, so wird deutlich, dass die Pflege von Beziehungen zu Personen oder Einrichtungen, systematisch oder zufällig, wie auch immer entstanden, überall stattfindet. Es geht nicht um verdecktes oder offenes Schmeicheln oder gar um kleine Bestechungsversuche immaterieller oder materieller Art, sondern darum, durch seriöses und verlässliches Agieren aus der Funktion und Position heraus tragfähige und beiderseits respektierte Beziehungen zu schaffen (vgl. Tab. 2 auf der nächsten Seite).

So kann es wichtig sein, sich in regelmäßigen Abständen und ohne konkreten Anlass z.B. mit dem Leiter des Schulverwaltungsamtes, des Bau- oder Gartenamtes oder den Fraktionsvertreter/innen der Parteien im Schulausschuss auszutauschen oder den

Tab. 2: Kontakte zur Beziehungspflege	
Unmittelbarer dienstlicher Bereich	**Mittelbarer dienstlicher Bereich**
• Schulaufsicht • Leiter/in des Schulverwaltungsamtes • Bauamt • Jugend-/Sportamt • zuständiger Dezernent/zuständige Dezernentin für Schule • Vertreter/innen von Kirchen/Religionen • Berufsberatung • Leitung der anderen Schulen • Vertreter/innen der Kommune in der Schulkonferenz • Studienseminare • einzelne Ratsvertreter/innen • Betriebe der heimischen Wirtschaft	• Bürgermeister/in • Fraktionsvertreter/innen des Schulausschusses • Partei- und/oder Fraktionsvorsitzende im Rat • VHS • Kulturamt • Sportvereine • Freizeiteinrichtungen • Vertreter/innen der örtlichen Wirtschaft • Geldinstitute • Vertreter/innen der Lehrerverbände und Gewerkschaften • Presse und Lokalradio

Bürgermeister zu Gesprächen mit dem Kollegium, der Schulkonferenz oder der Elternvertretung in die Schule einzuladen. Die heimische Wirtschaft und einzelne Repräsentantinnen und Repräsentanten sind für Schule interessierbar und interessant, ebenso wahrscheinlich die Sportvereine und kommunale Einrichtungen. Nicht zuletzt sollte die Arbeitsbeziehung zur zuständigen Schulaufsicht systematisch und aktiv von der Schulseite her gestaltet werden, sowohl bezüglich des eigenen beruflichen Handelns als auch bezüglich der Arbeit und Entwicklung der Schule.

Beziehungspflege muss immer auch Presse- und Öffentlichkeitsarbeit einschließen, für die allerdings ein solides Konzept zu erstellen ist. Beispiele finden sich bei Riegel 2001, Kowalczyk 2001, Mittelstädt 2001 und in diesem Band (vgl. S. 1117ff.), Vollmer/Merschhenke 2001.

2.8.5 Budget und Budgetierung

Budget und Budgetierung sind im Beitrag »Grundlagen organisatorischer Gestaltung« von Bartz in diesem Band dargestellt (vgl. S. 365ff.). Es ist Praxis vieler Schulträger, den Schulen einen Gesamthaushalt zur Verfügung zu stellen, der weitgehend gegenseitige Deckungsfähigkeit ermöglicht, das problematische Jährlichkeitsprinzip aufhebt und möglichst viel an Eigenbewirtschaftung der Haushaltsmittel vorsieht. Dies wird – pragmatisch – als Budgetierung bezeichnet. Budget und Budgetierung im betriebswirtschaftlichen Sinne beinhalten weitere Erfordernisse und zugleich zusätzliche Möglichkeiten. Deshalb wird das Werkzeug an dieser Stelle hinsichtlich eher grundsätzlicher Aspekte dargestellt. Entscheidender für den konkreten Einzelfall ist, welcher der außerordentlich vielfältigen Typen von Budgetierung von der einzelnen Kommune praktiziert und den Schulen vorgegeben wird.

Im Bereich von Wirtschaft und Dienstleistung gelten Budget und Budgetierung als anspruchsvolle Werkzeuge, deren Anwendung betriebswirtschaftliche Kenntnisse und die Kenntnis zumindest der wichtigsten Begriffe erfordert. Nicht zuletzt aus diesen Gründen überlassen Führungskräfte in Unternehmen das Feld gern den Spezialisten, den Controllern, womit sie sich eines wichtigen Instruments des *general management* berauben. Insofern liegt die Vermutung nahe, dass Führungskräfte im Schulbereich erst recht keine Notwendigkeit sehen, sich dieses Werkzeugs anzunehmen. Andererseits spielt der Begriff seit einigen Jahren eine bedeutende Rolle in der politischen Diskussion um Dezentralisierung und Stärkung der Selbstständigkeit von Schule.

Viele Kommunen sind aufgrund der Empfehlung der KGSt dazu übergegangen, ihre Schulen mit einem Budget auszustatten. Budgetierung steht auf der Tagesordnung vieler Schulen, wie man den Diskussionen über gegenseitige Deckungsfähigkeit, Übertragbarkeit von Haushaltsmitteln, Budgetkontrolle, Controlling, eigenständige Einnahmen von Schulen usw. entnehmen kann. Es ist allerdings zu vermuten, dass es sich im Großen und Ganzen um eine einfache Finanzplanung handelt, deren Einschränkungen durch das Jährlichkeitsprinzip, durch die Möglichkeit, die gegenseitige Deckungsfähigkeit von Titeln zu praktizieren und Einnahmen zu tätigen, weitgehend aufgehoben worden sind. Immer mehr Schulen werden relativ große Verfügungsspielräume über ihre Finanzmittel eingeräumt. Sie reichen von eigener Auftragserteilung bis hin zu bi- oder multilateralen Transaktionen der eigenen Mittel an andere Schulen, wenn z.B. zurzeit (noch) nicht benötigte oder für bestimmte Anschaffungen nicht ausreichende Mittel zunächst anderen Schulen zur Verfügung gestellt werden. Ein Budget oder eine Budgetierung im betriebswirtschaftlichen Sinne liegt damit aber noch nicht vor. Da die fortschreitende Selbstständigkeit von Schulen künftig auch auf diesem Gebiet stattfinden wird und darüber hinaus die Möglichkeiten, die Effizienz und Wirksamkeit von Prozessen zu verbessern, durchaus interessant sind, ist es lohnend, sich mit den wichtigsten Absichten und Anforderungen aus außerschulischen Bereichen auseinander zu setzen und die eine oder andere in die schulische Arbeit zu übertragen.

Was kann ein Budget – grundsätzlich und in der Schule – leisten und welche Vorteile vermag es zu bieten?

- Erfahrene Manager/innen können um das Budget herum ihre gesamte Planung und Arbeit organisieren.
- Für unerfahrene Manager/innen ist die Budgetierung ihres neuen Geschäftsbereichs das beste Mittel, sich in die »Natur des Geschäftes, in seine Zusammenhänge und seine Gesetzmäßigkeiten einzuarbeiten und sie wirklich profund kennen zu lernen« (Malik 2000, S. 346ff.).
- Das Budget ist das beste Instrument für den produktiven Einsatz der Schlüsselressourcen. Nur mit seinem Einsatz wird Produktivität erreicht.
- Es ermöglicht die vorherige Koordination aller Einzelaktivitäten in den verschiedenen Fachbereichen oder Fächern, in Projekten und in der Schule insgesamt.
- Das Budget gibt Hinweise auf die Notwendigkeit, Pläne zu revidieren, z.B. weil sich anfängliche Annahmen, die die Basis des Budgets waren, verändert haben.

- Schließlich – und insbesondere auf Schule bezogen: Es schafft relevante, weil die Lehrer/innen unmittelbar betreffende Anlässe für die aufgabenbezogene Kommunikation und ggf. die Verbesserung von Beziehungsstrukturen. Horvarth & Partner (1997) beschreiben als Nutzen die Möglichkeit, Leistungen und Ressourcen zu koordinieren, eine Ergebnis- und Kostenorientierung zu schaffen, wirtschaftliches Handeln zu fördern und Mitarbeiter/innen zu motivieren. Außerdem lassen sich Budget und Budgetierung als Controlling-Instrument einsetzen.

Budget ist »ein in finanziellen Größen formulierter Plan, der einer Entscheidungseinheit [z.B. Schule] für eine bestimmte Zeitperiode (i.d.R. ein Jahr) mit einem bestimmten Verbindlichkeitsgrad vorgegeben wird« (Horvarth & Partner 1997, S. 4). Budgets beziehen sich demnach ausschließlich auf monetäre Größen, wodurch sich bestimmte Merkmale ableiten lassen. Sie sind

- zukunftsbezogen,
- wertmäßig,
- periodenbezogen,
- verbindlich,
- auf Verantwortungsträger/innen bezogen und
- ermöglichen die Zuordnung von budgetbezogenen Entscheidungskompetenzen.

Unter Budgetierung wird verstanden, »den produktbezogenen Ressourcenrahmen für einen bestimmten Zeitraum einer Entscheidungseinheit [hier: Schule] nach Absprache verbindlich vorzugeben und damit Verantwortung für das Budget eindeutig zu definieren« (ebd., S. 10). Über das hinaus, was die einfache Finanzplanung leistet, bezieht sich Budgetierung auf Kosten und Leistungen, auf Aus- und Einzahlung bzw. Ausgaben und Einnahmen, auf Informationen über Vermögen, Schulden, Erträge, Aufwendungen, Ressourcenverbrauch und -fluss (in Form einer Ergebnisrechnung), also auf Elemente, mit denen in Zukunft zweifellos auch Schulen mehr zu tun haben werden.

Man unterscheidet die *outputorientierte* und die *inputorientierte* Budgetierung. Erstere wird gemessen an ihren Produkt-, Prozess- und Dienstleistungsergebnissen. Das können für Schulen die Zahlen der erreichten Abitur- oder FOS-Abschlüsse, das kann die Zahl der Wiederholer oder der Schulpflichtverletzungen, die Anzahl der krankheitsbedingten Fehlzeiten von Lehrpersonen oder Schüler/innen oder die Verbesserung der Noten in Sport sein. Bestimmte Leistungen in der Schule sind nicht ohne weiteres messbar wie z.B. die des Sekretariats (es sei denn, man definiert sie an der Zahl der Schreibfälle), der Hausmeister, der Beratungslehrer/innen (wenn man die Arbeit nicht auf die Anzahl der Beratungsfälle reduzieren will) und nicht zuletzt die Unterrichts- und mehr noch die Erziehungsaufgaben, die kaum über angemessene Quantifizierungen erfassbar sind. Bei diesen Leistungen handelt es sich um interne Produkte und Prozesse.

Die outputorientierte Budgetierung setzt an den erbrachten Leistungen einer Kostenstelle an (z.B. Erhöhung der Anzahl von Schüler/innen, die sich für die Leistungskurse Mathematik anmelden). Die Leistungen gehen mengenmäßig in den Budgetansatz ein. Unter Berücksichtigung der Kosten der Leistungserstellung werden outputorientierte Budgets erstellt. Diese Kosten sind z.B. die höhere Anzahl von Lehrerstunden, die in den Jahrgängen 9 und 10 für Fördermaßnahmen in Mathematik aufgewendet werden, wenn man das angestrebte Ergebnis erreichen will. Möglicherweise lässt sich der Output erhöhen oder mit geringerem Input erzielen, wenn die in den 5. Klassen verwendete Unterrichtsmethodik verändert wird oder wenn ein größerer Input in der Orientierungsstufe statt erst in Stufe 9/10 eingesetzt wird.

Beim Input handelt es sich um die zur Verfügung gestellten Ressourcen (u.a. Material, Personal, Einrichtung, Gebäude). Planungsgrundlage für die inputorientierte Budgetierung ist die geschätzte Ressourcenentwicklung und ihre monetäre Bewertung. Intern orientierte Stellen werden inputbezogen auf der Basis von Ressourcen budgetiert, Stellen mit Marktkontakt (Berufschancen, abnehmerbezogene Leistungen, z.B. Wirtschaft, aufnehmende Schulen) outputorientiert.

Wenn die Ressourcen nicht mehr nach Personen- und Sachmittelhaushalt getrennt ausgewiesen werden, sondern – wie im Modellvorhaben »Selbstständige Schule« – nur noch ein Gesamthaushalt zur Verfügung steht, spielen diese Überlegungen eine Rolle.

Einige grundsätzliche und auch praktische Überlegungen sollen den Nutzen und Zusammenhang von Planung, Budget, Kontrolle der Ergebnisse bzw. Leistungen und Wirksamkeit einer Organisation beleuchten. Es geht nicht um eine Vergrößerung der ohnehin schon umfassenden Datenmenge, vielmehr soll erreicht werden, dass Daten zu Informationen werden. Informationen haben den Sinn, Unterschiede auszumachen, indem sie im Budget bei wichtigen Positionen Vergleiche und Differenzen zu Ergebnissen in anderen Sparten, zu anderen Budgetpositionen oder zu den Benchmarks anderer Organisationen ausweisen. Die Ursachen für solche Differenzen, seien sie positiv oder negativ begründet, sind zu analysieren, »kommunikativ« zu validieren und schriftlich zu dokumentieren. Schriftlichkeit ist wichtig, weil die Daten und Informationen Bezugsgrundlage für Vergleiche in den Folgejahren sind. Bei positiven Abweichungen spricht einiges dafür, dass es sich z.B. um eine eventuell bisher nicht gesehene Stärke der Schule handelt, die eine Chance für eine wichtige Weiterentwicklung beinhalten kann. In diesem Fall ist das Budget ein geeignetes Werkzeug, um ggf. die Allokation der Mittel auf diese Maßnahme hin zu steuern. Vergleiche nur mit dem vorhergehenden Jahr sind, im Gegensatz zu den durchschnittlichen Ergebnissen eines längeren Zeitraums, nicht immer hinreichend aussagestark.

Das Budget kann für die Beantwortung der Frage genutzt werden: Welche Resultate wollen wir auf unseren wesentlichen Aktivitätsfeldern erzielen? Das Budget darf nicht Daten der Vergangenheit extrapolieren, es muss als eine zukunftsbezogene Willensbekundung genutzt werden, als »Kristallisationsvehikel«, in dem »die langfristigen Vorhaben und Absichten, die Strategie, Kreativität und Innovation, das Ausmisten des Unternehmens, die Umsteuerung der Ressourcen usw.« zusammenfließen. »Und alles muss der Frage folgen: Was ist jetzt – d.h. in der unmittelbar nächsten Periode – zu tun, um die Absichten zu verwirklichen?« (Malik 2000, S. 353). Dies gilt in gleicher Weise für Schule und auch dann, wenn diese sich zunächst auf Finanzplanung beschränken will oder muss. Trotz aller Aufklärungsarbeit der KGSt für ihre Mitglieder wird es für

Schulen außerordentlich schwierig sein, ihre Schulträger für eine solche sehr viel weiter reichende Sicht schulischen Handelns zu gewinnen.

Ein nach wie vor weit verbreitetes Missverständnis sieht das Budget in erster Linie als ein Instrument der Kostenkontrolle, das sie u.a. auch ist. Weitaus wichtiger jedoch ist die frühzeitige sorgfältige Prüfung der erwünschten Leistungsergebnisse in Beziehung zu den dazu erforderlichen Mitteln, der Kostenentstehung, -verursachung und -gestaltung.

Ein z.T. noch bestehendes Problem ist die Beschränkung der Budgets auf das kalendarische Haushaltsjahr, auch wenn Maßnahmen erkennbar länger und zuweilen mehr als zwei oder drei Jahre dauern. Oftmals werden lediglich die Erstinvestitionen kalkuliert, übrigens auch von den Schulausschüssen der Schulträger. Nicht berücksichtigt werden häufig die Folgekosten eines Vorhabens, die nicht nur den laufenden Unterhalt betreffen, sondern auch Reparaturen, Service, Fortbildungsaufwand, zusätzlichen personellen Aufwand für die Bedienung und sogar die Entsorgung, höhere Kosten der Gebäudeunterhaltung usw. Auch ziemlich bald auftauchende Ersatzkosten werden selten mitgedacht. Und schließlich ist auch das Budgetieren über die gesamte Lebensdauer – das so genannte Life-Cycle-Budgeting – eher selten. In der Wirtschaft weiß man, dass die höheren Kosten von Maßnahmen verursacht werden, die erfolgreich sind, und nicht von denen, die es nicht sind.

Als Beispiel mag die Gründung eines Schulorchesters dienen, dessen Kosten anfänglich im Wesentlichen aus dem Ankauf von Instrumenten bestehen. Nicht bedacht und in der Kostenkalkulation berücksichtigt wird,

- dass im Sachmittelbereich weitere Instrumente anfallen, weil z.B. eine zweite oder dritte Besetzung im Laufe der Entwicklung des Orchesters notwendig ist;
- dass der Bestand an Noten ständig erweitert werden muss;
- dass Reparaturen anfallen;
- dass die anfänglich eingeplanten zwei Lehrerwochenstunden bald nicht mehr ausreichen, weil sowohl Einzel- und Teilgruppen- als auch Gesamtorchesterproben nötig werden, insbesondere vor Aufführungen;
- dass Notenständer oder ein besseres Klavier gekauft werden müssen;
- dass Fahrtkosten durch Aufführungen an anderen Orten entstehen;
- dass Energiekosten durch die zusätzliche Beheizung des Probenraums verursacht werden;
- dass nach wenigen Jahren »Besetzungen« die Schule verlassen und dass dies nur aufzufangen ist, wenn man parallel eine Nachwuchsgruppe heranbildet (nach Buchen 2004, S. 119).

Und, wie oben angesprochen, je besser das Vorhaben Schulorchester gelingt, desto höher werden die Ansprüche und zugleich die Kosten.

Eine auf die Schule übertragbare Erfahrung und Anregung besteht darin, dass man grundsätzlich zwei Budgets erstellt, ein Operating-Budget für das laufende Geschäft und ein Innovations-Budget (Opportunity-Budget) für die neuen Vorhaben, die Innovationen und die Entwicklungsprojekte, die über die üblichen und alltäglichen Optimierungsanstrengungen hinausgehen. Dabei muss das Innovations-Budget angesichts der Erfahrung, dass gerade neue Projekte nur schwer verlässlich zu kalkulieren sind, hinreichend abgesichert sein. Aber unerwartet höhere Kosten dürfen nicht zulasten des Operating-Budgets gehen. Bei der Budgetierung des Opportunity-Budgets sollte man sich zwei Fragen stellen, zum einen, ob die Ressourcen für das richtige Vorhaben eingesetzt werden, und zum anderen, welche und wie viele Ressourcen das Vorhaben erhalten soll, damit ein größtmöglicher Erfolg bzw. die größte Wirksamkeit erzielt werden. Erfolgreich wird man kaum sein, wenn die Mittel zu gering sind, zu spät eingesetzt und/oder auf zu viele Vorhaben verteilt werden. Die Konzentration auf einige wenige oder nur ein Projekt hat erste Priorität.

Aufwändig und schwierig ist es, alle bei der Budgetierung infrage kommenden Positionen möglichst realitätsnah zu erfassen. Ein bewährtes Mittel zur Identifizierung der erfolgsentscheidenden Positionen, die in der Regel nur 10–20 Prozent ausmachen, ist deshalb die Frage, welche Positionen man unbedingt beherrschen muss, um das Gesamtprojekt steuern zu können. Die Kosten sind nur im jeweiligen Einzelfall zu bestimmen. Im Orchesterbeispiel mögen es die Personalkosten und laufenden Betriebskosten (Wartung, Ersatz von Instrumenten, Reparaturen, Notenmaterial o.Ä.) statt der vielleicht zunächst vermuteten Erstanschaffungskosten sein. Im Fall einer Arbeitsgemeinschaft Rudern oder Segeln kann es sich über die Anschaffung des Sportgeräts hinaus um die Bau- und Unterhaltungskosten eines Bootshauses und eines Anlegers mit Pacht-, Energiekosten usw. handeln.

Wichtigste Maßnahme bei jedweder Form der Budgeterstellung – und ebenso der Erstellung einer Finanzplanung – ist, für jede Position den Namen des verantwortlichen Menschen mit dem Leistungsergebnis zu nennen, das von ihm erwartet wird, d.h. das Budget mit dem Assignment-Control (vgl. oben S. 70ff.) zu kombinieren.

Gewissenhafte Planungen sind wichtig. Trotz bestmöglicher Vorkehrungen wird es in Wirtschaft wie in Schule immer wieder zu unangenehmen und bösen Überraschungen kommen, die die eingeleiteten Projekte ganz oder teilweise infrage stellen. Wenn man auf solche Fälle – ob sie das Operating- oder das Opportunity-Budget betreffen – nicht mit einer »Worst-Case-Strategie« vorbereitet ist, läuft man Gefahr, die Existenz der Einrichtung oder wenigstens ihre positive Weiterentwicklung zu riskieren. Unternehmensberatungen stellen deshalb in ihrer Arbeit den Auftraggebern regelmäßig die Frage, welche Aktivitäten sie streichen würden, wenn kurzfristig 30 oder 40 Prozent weniger Mittel zur Verfügung stünden. Diese Frage betrifft – inzwischen immer öfter und umfänglicher – auch die personale Ausstattung. Im Ernstfall ist sorgfältiges Nachdenken darüber erforderlich, was den Kern der Arbeit ausmachen soll und was im Zweifelsfall als »nice to have« einzustufen ist. Möglicherweise wäre es für die Schule unter dem Gesichtspunkt von Schulprogramm und Schulprofil eine vorschnelle Antwort, z.B. die Leistungs- und Neigungsdifferenzierung und die freien Arbeitsgemeinschaften zu stornieren. Festzuhalten bleibt, dass ein Worst-Case-Budget bzw. eine Worst-Case-Finanzplanung sehr sinnvoll und zweckmäßig sein können, zuweilen auch als Simulation vor Eintritt eines Ernstfalls.

Das Zahlenwerk eines Budgets für Schulen wird – vielleicht mit Ausnahme großer Einheiten bei Berufskollegs – hinsichtlich der üblicherweise zur Verfügung stehenden Größenordnungen sehr überschaubar sein. Dennoch sollten die hinter dem Zahlenwerk befindlichen Annahmen, Absichten, Begriffe und ggf. Begründungen in jedem Fall gewissenhaft dokumentiert sein, weil sie eine wichtige Voraussetzung für die Budgetkontrolle darstellen. Die Wirksamkeit der hinter den Zahlen liegenden Aktivitäten sollte nicht durch die Interpretierbarkeit der ursprünglichen Absichten infrage gestellt werden.

2.8.6 Leistungsbeurteilung

Kernelemente dieses Themas werden an anderer Stelle in diesem Band behandelt (Becker/Buchen, S. 586ff.; Buhren/Rolff, S. 450ff.; Horster, S. 810ff.). An dieser Stelle geht es um einige Essentials, die über die historisch-politische, fachtheoretische und rechtliche Diskussion hinausgehen.

In der Schule wie in der Wirtschaft sind Leistungsbeurteilungen im Verhältnis Führungskraft/Mitarbeiter außerordentlich unbeliebt, wenn auch aus unterschiedlichen Gründen. Zum Teil wird dies auf eine Orientierung am Arzt-Patienten-Modell zurückgeführt, bei dem die Diagnose der Schwächen und Defizite im Hinblick auf ihre Heilung im Mittelpunkt steht. Während die Arzt-Patienten-Beziehung auf Abbruch und Beendigung angelegt ist, setzt die (Top-)Manager- bzw. Leiter-Mitarbeiter-Beziehung Kontinuität voraus; sie orientiert sich nicht an den Schwächen, sondern setzt auf die Stärken der Mitarbeiter/innen.

Im klinischen Bereich legen Standardbeurteilungskriterien fest, wann jemand krank ist und wann nicht. Vielleicht macht das dort auch Sinn. Im Management sind diese Standardbeurteilungskriterien unbrauchbar und zerstörerisch, weil »es gerade nicht auf die standardisierbaren Aspekte ankommt, sondern auf die individuellen Besonderheiten, und zwar bezogen auf die konkrete Aufgabe und auf die jeweilige Person« (Malik 2000, S. 363). Mit Malik ist zu befürchten, dass die typischen Standardanforderungskataloge mit ihren Eigenschaften und Fähigkeiten letztlich zur Beschreibung eines Idealtyps führen, statt zu fragen, was man – auf dieser speziellen Position, in dieser ganz konkreten Organisation und in der aktuellen Situation – von dem konkreten Menschen benötigt. So plädiert Malik (ebd.) bei Beurteilungen für die freie Formulierung auf leerem Blatt (nicht Formblatt) mit dem Ziel, die besonderen Stärken der Menschen in der Organisation herauszufinden. Damit seien die bisher erbrachten Leistungen im Blick. Über vermutete verborgene Stärken und Schwächen könne die Bewältigung einer neuen Aufgabenstellung Daten verschaffen, die bei einer späteren Beurteilung berücksichtigt werden könnten. Standardisierungen sind nach seiner Auffassung generell nur zu rechtfertigen, wenn sie Aufschluss über eine große Zahl gleichartiger Fälle geben, bei denen im Wesentlichen die gleiche Aufgabe erfüllt wird.

Auf den Schulbereich übertragen wirft das die berechtigte Frage auf, ob eine Beurteilung mit standardisierten Formularen für alle Lehrer/innen nicht schon aus diesem

Grunde zu irrelevanten Ergebnissen führen muss. Ist das Unterrichten eines Lehrers in Informatik in der Sekundarstufe II zu vergleichen mit dem einer Lehrerin in Klasse 2 in Sprache oder in Mathematik in einer Sonderschule für Lernbehinderte? Ist die konkrete Aufgabenstellung in der jeweiligen konkreten Situation vergleichbar mit einer anderen Situation? Bezogen auf Führungskräfte in Funktionsstellen ist die in Unternehmen geübte Praxis nachvollziehbar, dass ihre Beurteilung der kontinuierlichen sorgfältigen Beobachtung in allen möglichen Situationen bedarf, ggf. auch in sozialen Sondersituationen wie Kollegiumsausflug, Kommunikation bei Stress mit Kolleginnen und Kollegen, Schüler/innen, Eltern usw. (Näheres zu dieser Frage in den eingangs erwähnten Beiträgen in diesem Band).

2.8.7 Gelerntes entlernen oder »systematische Müllabfuhr«

Unter dieser Überschrift stellt man sich häufig Ratschläge dazu vor, wie man sich z.B. von anfallendem Material aller Art, insbesondere von eingehenden Postsendungen, Infos, Werbung usw. entlasten kann. Im Zusammenhang der »Werkzeuge« des Managements ist aber mehr und anderes gemeint.

Für individuelles Lernen ist es inzwischen fast Allgemeingut geworden, zu fragen, was entlernt werden kann, um Kapazität für die Aufnahme von Neuem zu schaffen. Die Organisationen hat diese Frage noch nicht so recht erreicht. Alle Organisationen einschließlich Schule schleppen unbemerkt zum Ballast gewordenen Bestand jahre- und manchmal sogar jahrzehntelang institutionalisierter Prozesse, Formalien, Praktiken, Projekte, Formulare, Kommunikationsgewohnheiten, Sitzungen, Konferenzen usw. mit, ohne dass diese irgendwann einmal auf den Prüfstand kämen. Sie genießen so etwas wie – nie infrage gestellten – Bestandsschutz. So wächst auch der Bestand an Regelungen, Aktivitäten, Formalien usw. in der Schule von Jahr zu Jahr. Neues führt somit unweigerlich zu noch mehr Arbeit und Belastung, da keine andere Aktivität dafür entfällt.

Aus diesem Grunde sollte eine Schulleiterin oder ein Schulleiter sich selbst, allen Lehrpersonen und den anderen Mitarbeiterinnen und Mitarbeitern etwa alle drei Jahre die Frage stellen: Was von dem, was wir heute tun, würden wir nicht mehr neu beginnen, wenn wir es nicht schon täten? Zusätzlich würde auch alles andere, was in der Schule getan wird, hinterfragt, die Verwaltungsabläufe, die Computerprogramme, die Formulare, die Listenführung, Berichtspflichten, Sitzungen und Gremienveranstaltungen, Aufsichts- und Vertretungsregelungen usw. Keinesfalls darf man den Fehler machen, das Ergebnis der Sammlung, was an Aufgaben und Abläufen entfallen kann, noch einmal ausführlich zu diskutieren. Vielmehr sollte man fragen, wie schnell die Trennung vollzogen werden kann. Mit dieser »Müllentsorgung« werden drei Ziele erreicht:

- Es findet ein wirklich wirksames Lean-Management statt.
- Die Müllentsorgung schafft die Voraussetzung für effektives Changemanagement und für Innovationen.

- Die Schule klärt regelmäßig und systematisch, was ihre Kernaufgaben sind und wie sie sie verwirklichen kann.

Es muss kritisch geprüft werden, welche richtigen Dinge man tun will, und zugleich, welche falschen Dinge man nicht mehr tun will. Veränderungs- und Innovationsmanagement setzen voraus, dass gefragt wird, warum man etwas überhaupt tut oder was man mit einem bestimmten administrativen Ablauf bezweckt, mit diesem Formular, mit dieser Sitzung usw. Die befriedigende Antwort auf diese Fragen ist die Voraussetzung für die Umsetzung neuer Ideen und Pläne. Nur so kann man sicher sein, dass die vielen anscheinend oder scheinbar den Hauptzweck von Schule unterstützenden Funktionen nicht Selbstzweck werden, weil diese »einen inhärent imperialistischen Charakter« haben (Malik 2000, S. 378).

Das beschriebene Müllentsorgungsverfahren zielt zwar auf die Organisation. Vermutlich könnte es sich als sehr nützlich erweisen, wenn jede Führungskraft und jede Lehrperson sich einmal jährlich selbst die Frage stellen würde: Was sollte ich künftig nicht mehr tun, weil die Dinge sich überlebt haben, ich mich anders entwickelt habe oder es Wichtigeres gibt? Entscheidend für die Schule wie für die einzelne Person ist, das, was aufgegeben werden soll, möglichst sofort aufzugeben, und das, was man anders tun will, entschlossen anzupacken.

2.9 Grundsätze wirksamer Führung

Der Managementberuf Schulleiter/in bzw. Schulleitungsmitglied konstituiert sich generell durch vier Elemente:

1. durch *Aufgaben*, die zu erfüllen sind;
2. durch die bei der Aufgabenerfüllung einzusetzenden *Instrumente*;
3. durch bei der Erfüllung der Aufgaben und bei der Anwendung von Instrumenten einzuhaltende *Grundsätze*, die die Qualität der Aufgabenerfüllung und des Einsatzes von Instrumenten regeln; und schließlich
4. durch die *Verantwortung*, die mit der Berufstätigkeit verbunden ist und die umso größer ist, je höher die mit der Ausübung des Berufs einhergehenden Risiken sind.

Die Grundsätze kann man als den Kern dessen betrachten, was gemeinhin als Schulkultur bezeichnet wird oder einfacher, was gutes und wirksames Management ist, d.h. was die Professionalität von Management ausmacht. Diese auf den ersten Blick relativ einfachen Aussagen bereiten aus drei Gründen oftmals Schwierigkeiten, wenn sie in die Praxis umgesetzt werden sollen,

- weil jede Anwendung von Prinzipien eine gewisse Disziplin verlangt;
- weil befürchtet wird, die Forderung nach stetiger Berücksichtigung gehe zulasten der Flexibilität;

- weil die Anwendung auf den einzelnen Fall, das jeweilige Problem mit seiner oft außerordentlich hohen Komplexität, nahezu jedes Mal neue Anforderungen stellt, die zu erfüllen viel Erfahrung benötigt.

Das Verständnis der Entstehung und Funktionsweise komplexer Ordnungen, Systeme und Organisationen wie Schule wird im Wesentlichen durch Regeln, d.h. Grundsätze geleitet. Diese Grundsätze sollen Führungskräften helfen, komplexe Aufgabenstellungen zu bewältigen. Sie sollen wirksame Führung ermöglichen. Die kompetente Anwendung dieser Regeln muss, wenn man nicht der Illusion von geborenen Universalgenies anhängt, gelernt werden. Dies geschieht üblicherweise

- durch oft mühsames, langwieriges und fehlerintensives »Trial-and-Error«-Verfahren,
- durch das Beobachten und Nachahmen einer oder eines kompetenten Vorgesetzten oder allgemein einer Führungskraft oder
- dadurch, dass man eigenes, teilweise bereits in der eigenen Kindheit begonnenes Erfahrungslernen fortsetzt. Dies bedeutet letztlich auch *trial and error*, allerdings mit einem genügenden Zeitvorlauf, der bei Beginn der Berufstätigkeit als Führungskraft zu einem ausreichenden Lern- und Erfahrungsstand geführt hat.

Zielführender und ökonomischer wäre zweifellos eine qualifizierte Ausbildung zu einer kompetenten Führungskraft. Darunter wird nicht die Managerin oder der Manager (bzw. Schulleiter) verstanden, der kurzfristige Erfolge erzielt, sondern jemand, der über längere Zeit trotz selbstverständlich eintretender Rückschläge erfolgreich ist. Wirkliche Kompetenz weist sich fast immer dadurch aus, dass eine Führungskraft lange genug tätig ist, um auch mit den von ihr gemachten Fehlern konfrontiert zu werden, zu ihnen zu stehen und sie zu korrigieren. Die Grundsätze im Einzelnen:

2.9.1 Orientierung an Resultaten

In der Schule wie in allen Organisationen kommt es wesentlich auf die Resultate an. Sie sind der Grund ihrer Existenz. Der Prüfstein ist das Erreichen von Zielen und die Erfüllung der gestellten Aufgaben. Für Schulen ist dieser Grundsatz besonders wichtig, weil Ergebnisse dort nicht oder nicht ohne weiteres quantifizierbar sind und weil es um nicht wirtschaftliche, nicht materielle und vor allem um Ergebnisse geht, die nicht in unmittelbar ablesbaren finanziellen Größen zu messen sind. Für Unternehmen ist diese Aussage eine banale Feststellung, für Schulen aber eine erhebliche Herausforderung und Irritation. Schon heute wird immer wieder gefragt, ob es wirklich keinerlei Möglichkeit gibt, Output von Schule zahlenmäßig zu erfassen, ob nicht u.U. sekundäre Kriterien wenigstens annähernd ermöglichen, die Wirksamkeit der Aufgabenerfüllung zu überprüfen oder ob man sich damit abzufinden hat, dass Schule sich im Großen und Ganzen an ihrem Input misst. Um einem bei diesen Diskussionen immer wieder auftauchenden möglichen Missverständnis vorzubeugen: Resultatorientierung steht nach allem, was man bis heute weiß, in keinem Zusammenhang mit einem direktiven Führungsstil. Die Art und Weise der Zielerreichung ist nicht abhängig von einem bestimmten Stil. Außerdem geht es hier um die Arbeitsbeziehung zwischen Schule/Schulleitung und Lehrkraft und nicht um die beruflich-pädagogische Beziehung zwischen Lehrer/in und Schüler/innen.

Wie in jeder Organisation wird es auch in Schulen Führungskräfte geben, die mit diesem Grundsatz nicht leben können oder wollen. Sie sind möglicherweise mit der Überzeugung angetreten, sie hätten zu gewährleisten, dass Unterrichten, Erziehen und Arbeit an sich stattfinden kann, dass der Prozess als solcher das eigentliche Ziel und das Erzielen von Ergebnissen eine gleichsam natürliche Folge ist. Dies wäre eine ausgesprochen problematische Einstellung, da sie fehlende Verantwortung für die einer Führungskraft anvertrauten jungen Menschen und ebenso gegenüber der Organisation Schule zum Ausdruck bringt und weil sie keine Ergebnisverantwortung zu übernehmen bereit ist. Zudem wären etwaige Einflussnahmen einer Schulleiterin oder eines Schulleiters oder gar Durchsetzungsmittel für ein Änderungsverlangen auf den Prozess nach gegenwärtigem Rechtsstand nicht oder nur schwer durchsetzbar.

Gegen die Forderung nach Ergebnisorientierung wird gerade auch in Pädagogenkreisen nicht selten eingewandt, damit gehe die Freude an der Arbeit verloren und mit der Freude auch die Motivation, die eine wichtige Voraussetzung für erfolgreiche Arbeit sei. Niemand wird bestreiten, dass Freude an der Arbeit eine gute Sache ist, andererseits wird man diesen Wunsch nicht zu einem Recht auf Freude an der Arbeit umwidmen können. Keine Arbeit kann immer nur Freude bereiten. Und gerade die Phasen, in denen das nicht der Fall ist, sind wichtige Lernerfahrungen für die Entwicklung der eigenen Person und für die Frage, ob solche Belastungen durchgestanden werden können – mit Disziplin und Willen. Nicht selten erwachsen gerade aus solchen Erfahrungen Freude und Genugtuung über das Erreichte. Pflichterfüllung und Pflichtbewusstsein gehören zur Grundausstattung von Führungskräften, die viele Dinge tun müssen, an denen sie nicht unbedingt Freude haben. Die These, dass Freude, Erfolg und Resultaterreichung zusammenhängen, hält aber auch keiner kritischen, wissenschaftlich-empirischen Prüfung stand. Sich auf den Spaß bei der Arbeit zu konzentrieren, stellt zudem auf den falschen Aspekt des Prozesses ab, nämlich auf die Arbeit statt auf ihre Ergebnisse. Arbeit an sich ist kein Wert, sie ist Beschäftigung. Wichtiger sind die Ergebnisse der Arbeit und die Effektivität, mit der sie getan wird.

2.9.2 Beitrag zum Ganzen

Alles, was man beruflich tut, sollte möglichst ein Beitrag zum Ganzen sein. Managerin oder Manager ist jemand, der das Ganze der Organisation und ihres Auftrags sieht und der seine Aufgabe nicht von seiner Position her versteht, sondern von dem, was er mit seinen Kenntnissen, Fähigkeiten und Erfahrungen aus seiner Position für das Ganze beitragen kann – ein Grundsatz, der wahrscheinlich besonders Lehrkräften nicht leicht zu vermitteln ist. Letztlich führt er aber zu einer grundlegenden Änderung der Einstellung von Führungskräften in Schulen und schafft die Grundlage für die Lösung schwieriger Probleme im Management:

- Er ist der Kern dessen, was man unter »ganzheitlichem Denken« versteht.
- Er bildet die Voraussetzung für ein unternehmerisch-gestaltendes Handeln mit dem Ziel, in der Schule Ergebnisse zu erreichen.
- Spezialistinnen und Spezialisten – für bestimmte Unterrichtsfächer oder übergreifende Aufgaben, für pädagogische oder soziale Ziele – leisten ihre Arbeit im Bewusstsein und mit Blick auf das Ganze und wirken so als »Generalisten«.
- Hierarchie spielt im praktischen Vollzug der Arbeit eine untergeordnete Rolle oder wirkt sich zumindest nicht störend aus.
- Durch Mitwirken am Ganzen der Schule entsteht dauerhafte und nicht künstlich und von außen erzeugte Motivation.

In diesem Sinne Schulmanagement zu betreiben bedeutet, das Ganze zu sehen und dazu einen Beitrag zu leisten, unabhängig von der Position, vom Generalisten- oder Spezialistenjob. Dies gilt für Führungskräfte jedweder Art, nicht ausschließlich für die Schulleiterin oder den Schulleiter, aber insbesondere für das Topmanagement, das seine Fähigkeiten, Kenntnisse und Erfahrungen in seiner Position und aus dieser heraus einbringen soll, und nicht des Rangs und des Status wegen. Diese sind für sich allein genommen unwichtig und hinderlich. Das macht den Unterschied zwischen »Verwaltern«, Managern und guten Managern von Schule und zwischen Positions(macht)-inhabern und an Effektivität interessierten Führungskräften aus. An diesem Punkt scheinen Führungskräfte in Schulen aus der Erfahrung ihrer eher hierarchiearmen Organisationen und der oft als »Primus inter Pares« missverstandenen Leiterauffassung heraus insofern Vorteile ziehen zu können, als sie immer schon daran gewöhnt waren, ohne Anspruch auf Positionsmacht und Rang Entwicklungen in Gang zu setzen.

Orientierung am Ganzen gilt zudem für die Spezialistinnen und Spezialisten, die sich in erster Linie an ihren Fächern orientieren und sich über sie legitimieren. Wenn sie ihre Leistungserbringung nicht als Beitrag zum Ganzen verstehen, sondern nur am eigenen Fachgebiet interessiert sind, stellt dies für jede Organisation eine Belastung und Gefahr dar, weil eine Spezialistin oder ein Spezialist zwangsläufig Kommunikationsprobleme schafft, die Organisationskultur negativ beeinflusst und behindert und letztlich die Auftragserfüllung der Einrichtung verhindert. Er ist weder an Leitbildern noch an Schulprogrammen interessiert, geschweige denn an Erziehung und Bildung in einem umfassenderen Sinne. Ihm ist bestenfalls an einem fachdisziplinfixierten Unterricht gelegen.

Was können Führungskräfte in einer solchen Situation tun? Einerseits braucht die Schule wegen der qualifizierten fachlichen Unterrichtung und Ausbildung der Schüler/innen diese Spezialistinnen und Spezialisten; andererseits ignorieren diese bewusst oder unbewusst die Organisationsziele und die Basis des Handelns, mit der man diese erreichen will. Sie stellen damit die Leistungserstellung insgesamt infrage. Natürlich wird man versuchen müssen, die Einstellung dieser Lehrkräfte zu verändern, möglicherweise gelingt das auch in dem einen oder anderen Fall. Die Wahrscheinlichkeit einer erfolgreichen Einflussnahme allerdings ist nach allem, was die Entwicklungs- und Lernpsychologie bislang dazu festgestellt hat, ziemlich gering. Hier hilft oft nur Schadensbegrenzung, die von Fall zu Fall unterschiedlich aussehen wird – von der Einbindung in eine Gruppe von Lehrpersonen, die quasi ein Alternativmodell darstellen und mit ihren Schülerinnen und Schülern z.B. über die unterschiedlichen Ansätze von Unterricht sprechen, bis zum schwerpunktmäßigen Einsatz in Arbeitsgemeinschaften, im Wahlpflichtbereich oder in Fachleistungskursen der Oberstufe, in denen die Lehrkraft ihre Fachkompetenzen als Stärken einbringen kann, u.Ä. Dies klingt vielleicht zynisch, mit Blick auf die durch solche Lehrkräfte benachteiligten Schüler/innen dürfte eine entsprechende Güterabwägung aber zu einer anderen Beurteilung kommen. Am günstigsten wäre es sicherlich, schon bei der Personalauswahl aufgrund der Erkenntnisse aus den Vorstellungsgesprächen und durch Kenntnis und Einschätzung der Bewerbungsunterlagen ggf. eine Einstellung solcher Lehrer/innen zu vermeiden, wenn entsprechende Werthaltungen und ein entsprechendes professionelles Selbstbild deutlich werden.

Eine gute Gelegenheit bietet sich, wenn man die Lehramtsanwärter/innen während ihrer Ausbildungszeit an der Schule oder bei der Erteilung selbstständigen Unterrichts aufmerksam begleiten und beobachten kann und sie über den Unterricht hinaus in Konferenzen, Pausengesprächen, aber auch in Mitarbeitergesprächen bezüglich ihrer Einstellungen und Vorstellungen kennen lernt.

Geistig enge Spezialistinnen und Spezialisten, so genannte »Fachidioten«, können im Allgemeinen nur schwer Motivation für das Ganze entwickeln, weil sie jeglichen Antrieb exakt aus der Art und Weise der Beschäftigung beziehen, wie sie sie betreiben. Wer, an welchem Platz auch immer, seinen Part als kleineren oder größeren Beitrag an der Gesamtleistung der Organisation verstehen kann, seinen Anteil kennt und weiß, dass ohne ihn das Gesamtprodukt oder die Dienstleistung nicht entstanden wäre, der bezieht auch seine Motivation aus dieser Teilhabe. Er bedarf keiner besonderen Anreize von außen, keiner die Leistung anregenden Beeinflussung durch Vorgesetzte. Eine solche Einstellung ist nicht angeboren, man muss sie – insbesondere als Führungskraft – erwerben. Die Frage, wofür man in der Schule sein Gehalt bezieht, ist nicht beantwortet, wenn man seine Funktion oder Position angibt, sondern damit, was man zum Ganzen beiträgt, z.B. mit der Aussage »Ich sorge dafür, dass die Schülerinnen und Schüler meiner (und der anderen) Klassen eine erstklassige Basis für den Übergang ins Berufsleben haben durch ...«

2.9.3 Konzentrieren auf Weniges

Sich auf Weniges, dafür Wesentliches zu konzentrieren, ist im Management von besonderer Bedeutung, weil kein anderer Beruf, keine andere Tätigkeit so stark und systematisch der Gefahr der Verzettelung ausgesetzt ist. Wenn man an Wirkung und Erfolg interessiert ist, muss man dafür sorgen, sich auf eine kleine Zahl von sorgfältig ausgesuchten Schwerpunkten zu beschränken.

In der Schule besteht eine zusätzliche Gefahr darin, die zu große Anzahl von Schwerpunkten umzuinterpretieren in eine Art institutionalisierter Dynamik und besonderer Leistungsfähigkeit. Stattdessen wird, wenn Wirksamkeit erreicht werden soll, die Disziplin benötigt, sich zu konzentrieren. Wo auch immer besondere Leistungen geschaffen worden sind, waren sie auf den Grundsatz der Konzentration auf Weniges zurückzuführen. Trifft man irgendwo auf eine beeindruckend große Anzahl und Vielfalt von Projekten, wird man oft feststellen können, dass es sich allenfalls um mittelmäßige Ergebnisse handelt. Der Kräfteverbrauch in zu vielen Projekten produziert zwangsläufig Mittelmaß. So kann ein Schulprogramm durchaus eine Reihe von Aktivitäten für den Zeitraum von drei bis fünf Jahren vorsehen; umsetzen wird man sie mit Augenmaß und in einer vorher festzulegenden Reihenfolge, die die Konzentration der Kräfte auf wenige Vorhaben lenkt. Geschäftigkeit und Betriebsamkeit machen kein gutes Management aus.

Ein zusätzliches Erschwernis stellt die Arbeitszeit schulischer Führungskräfte, insbesondere der Leiter/innen dar. Arbeitszeit ist nicht gleichbedeutend mit der Leitungs- und Managementzeit, weil je nach Schulgröße ein mehr oder weniger großer Anteil der Arbeitszeit für eigenen Unterricht zur Verfügung stehen muss. Die Vermehrung der Zeit durch zusätzliche Arbeitsstunden ist nur sehr begrenzt, wenn überhaupt machbar. Die intensivere Nutzung der Zeit führt rasch und zwangsläufig zu Fehlern, Oberflächlichkeit, geringerer Sorgfalt und letztendlich zu unbefriedigenden oder gar schlechten Ergebnissen.

Aus Untersuchungen weiß man, dass 60 bis 70 Prozent der zur Verfügung stehenden Leitungszeit fremdbestimmt ist und fast ausschließlich für Kommunikation aufgewendet wird, die überwiegend nicht von der Führungskraft geplant und vorbereitet, zu kleineren Teilen zwar geplant, aber ebenfalls nicht vorbereitet ist. Wenn die verbleibenden Zeitanteile produktiv und wirksam eingesetzt werden sollen, bedarf dies höchster Disziplin und der Konzentration auf wenige wichtige Dinge. Ansonsten ist zwar eine hervorragende *Arbeits*bilanz das Ergebnis, aber zugleich eine sehr schlechte *Leistungs*bilanz. Die hohe Quote von Leitungspersonen, die vorzeitig in den Ruhestand eintreten, ist ein ernst zu nehmendes Indiz für ursächliche Zusammenhänge mit dem hier dargestellten Sachverhalt.

2.9.4 Stärken nutzen

Aufgabe von Management ist, Menschen so zu nehmen, wie sie sind, ihre Stärken herauszufinden und ihnen durch eine entsprechende Gestaltung ihrer Aufgaben die Möglichkeit zu geben, dort tätig zu werden, wo sie mit ihren Stärken die beste Leistung erbringen und sehr gute Ergebnisse erzielen können. Schwächen muss man nicht in erster Linie deshalb kennen, um sie zu beseitigen, sondern um nicht den Fehler zu begehen, Menschen dort einzusetzen, wo sie ihre Schwächen haben.

Dieser Grundsatz ist – den Erfahrungen eines der größten Anbieter des Weiterbildungssektors auf diesem Feld (MZSG) zufolge – derjenige, der die weitreichendsten Konsequenzen für alle Bereiche besitzt, die mit Menschen zu tun haben: für die Auswahl von Menschen und deren Ausbildung, für die Stellenbildung und -besetzung, für die Leistungsbeurteilung und die Potenzialanalyse. Die Konsequenzen sind höchst positiv, wenn man diesen Grundsatz beachtet, und höchst bedenklich, wenn man ihn nicht beherzigt oder gar aktiv dagegen arbeitet.

Es gibt in der Schule, aber auch in anderen Bereichen, kaum eine Führungskraft, deren Handeln nicht in erster Linie auf die Behebung von Schwächen abstellt. Und einiges spricht dafür, dass der Wunsch, Schwächen zu identifizieren und zu versuchen, sie möglichst zu beheben, etwas mit dem Berufs- und Auftragsverständnis von Lehrerinnen und Lehrern zu tun hat. Des Weiteren ist nicht völlig unwahrscheinlich, dass dieses Verständnis sich im Laufe der Zeit unmerklich verselbstständigt und – als das, was »deformation professionelle« genannt in die Sozialisation der Lehrkräfte Eingang gefunden hat – relativ unbemerkt weiterwirkt. Insofern wird es nicht verwundern, dass Schüler/innen, die diese Erfahrungen in ihrer Schulzeit internalisiert haben, sich im Laufe ihres eigenen Arbeits- und Berufslebens ähnlich verhalten.

Die Schulleitung sollte also, wenn es um den Einsatz von Lehrkräften geht, darauf achten, sie mit ihren Stärken zu nutzen. Für die Organisation und die Beschäftigten macht es sicher Sinn herauszufinden, was ihnen leicht fällt, was sie gerne tun und wo sie problemlos gute Ergebnisse erzielen. Mit den Stärken der Mitarbeiter/innen zu »wuchern«, lohnt und ist ein unaufwändiges Mittel, mit einiger Wahrscheinlichkeit Spitzenleistungen zu erzielen. Ein negatives Musterbeispiel dafür, wie Lehrkräfte nicht nach ihren Stärken eingesetzt werden, beschreibt Horster bezüglich des Einsatzes von Referendarinnen und Referendaren in der Zweiten Ausbildungsphase im Unterricht ihrer Ausbildungsschulen. Sie werden oftmals in Lerngruppen eingesetzt, in denen besonders gravierende Schwierigkeiten bestehen (Horster 2001).

Der Grundsatz »Stärken nutzen« müsste zu einer in vielen Fällen ganz anderen Auswahl von Führungskräften, zu einer anderen Stellenbildung und -besetzung und insbesondere zu einer von anderen Kriterien geprägten Fortbildungsplanung und -praxis führen. Voraussetzung ist, dass die Verantwortlichen überhaupt Kenntnisse von den Stärken ihrer Lehrkräfte haben, um sie entsprechend fördern und einsetzen zu können. Möglicherweise sind spürbar bessere Arbeitsergebnisse zu erzielen, die Motivation und damit die Berufszufriedenheit von Lehrerinnen und Lehrern – und letztlich die Zufriedenheit mit dem Leben insgesamt – würde durch die erfahrene Wertschätzung ihrer Arbeit und Leistung wachsen. Die Schwächen der Lehrkräfte zu kennen, dient dann vorrangig dem Zweck, jemanden möglichst dort nicht einzusetzen, um die daraus entstehenden Belastungen für Schüler/innen und Lehrer/in zu vermeiden.

Bei allem Interesse, auf die Stärkeorientierung aufmerksam zu machen, darf nicht das Missverständnis entstehen, alles, was als Schwäche in Erscheinung tritt, sei freundlich zur Kenntnis zu nehmen, ohne etwas daran ändern zu wollen und ändern zu sollen. Eine ganze Anzahl von Kenntnis- und Wissenslücken lässt sich zweifellos durch Ausbildung und Lernen beseitigen, auch wenn die Ergebnisse nicht immer hervorragend sein mögen (zum Änderungsverlangen vgl. den Beitrag »Leitungskommunikation« von Boettcher/Mosing in diesem Band, S. 870ff.).

Die Frage, ob die für die Arbeitsbeziehung Schulleiterin bzw. Schulleiter/Lehrkraft angestellten Überlegungen auch für die Leitungspersonen selbst Anwendung finden, wird man mit einer gewissen Zurückhaltung betrachten müssen. Da die Schulleiterin oder der Schulleiter zuständig und verantwortlich für das *general management* ist, benötigt er z.B. in Organisation, Strategie und Haushaltsrecht zumindest gute Grundkenntnisse, während er unbedingt über eine hohe Kommunikationskompetenz verfügen sollte. Bestimmte Fertigkeiten lassen sich lernen, so etwa das Bedienen eines Computers, die Verwaltungsabläufe in einer Organisation, das Erstellen von Tagesordnungen für Sitzungen, die Durchführung von Konferenzen nach den jeweiligen rechtlichen Vorgaben, das Schreiben von Protokollen und Berichten sowie die Begrüßung von Gästen und neuen Schülergruppen. Weiter wird man ein anspruchsvolles Grundverständnis für die Arbeit und die Ansprüche auch der Unterrichtsfächer, die man selbst nicht studiert hat, verlangen müssen. Ob eine Schulleiterin oder ein Schulleiter in allen übrigen Dimensionen von Management und Führung überdurchschnittliche Fähigkeiten und Fertigkeiten aufweisen muss, sollte nicht abstrakt nach irgendeiner Modellvorstellung von Schulleitung beurteilt werden, vielmehr hängt diese Frage davon ab, welche konkreten Kompetenzen andere Leitungspersonen und Führungskräfte einbringen können. Eine ideale Besetzung der Leitung läge vor, wenn die Ausschreibung und die Besetzung die in der Schule bereits vorzufindenden Fähigkeiten berücksichtigen würde.

Diese Lösung ist relativ problemlos zu realisieren, wenn Ausschreibungen – wie in anderen Organisationen auch – in der Regel gezielt ergänzend zu der bereits bestehenden Besetzung und deren Kompetenzen erfolgen. Gelingt eine Besetzung auf dieser Basis, könnten nicht nur die sonst oft üblichen Reibungsverluste zwischen Leitungspersonen vermieden oder verringert werden, sondern vielleicht auch die Überforderung nachrückender Führungskräfte durch ihnen abverlangte Kompetenzen, über die sie u.U. nicht wie erwartet verfügen, die aber bei anderen bereits in der Leitung befindlichen Kräften – sonst ungenutzt – vorhanden sind.

Aber selbst wenn solch günstige Voraussetzungen vorliegen, sind ausgeprägte Kompetenzen für die strategische Ausrichtung, das Personalmanagement und das Qualitätsmanagement von Schule und Unterricht zusammen mit dem Anspruch auf qualifizierte dialogische Führung unverzichtbare Grundausstattung für jede Leitungsperson. Für die anderen Managementfelder und Sachbereiche hingegen kann es durchaus kompetentere Personen, seien es Lehrkräfte oder Führungskräfte, geben.

Geht es um die konkrete Arbeit und das Verhalten von Lehrkräften oder auch anderen Leitungspersonen bzw. Führungskräften, etwa im mittleren Management, sind *sekundäre Tugenden* wie Pünktlichkeit, Sorgfalt bei der Arbeit, Termintreue u.Ä. selbstverständlich und dürfen Nachlässigkeiten in dieser Hinsicht ernsthaft keine Rolle spielen.

Die Grenze zu eher nicht mehr zu behebenden Schwächen ist fließend, was die Beurteilung solcher Verhaltensweisen zuweilen erschwert. So ist Unhöflichkeit gegenüber

Kolleginnen und Kollegen oder Eltern zweifellos bearbeitbar, wenn sie darauf zurückzuführen sind, dass man einfach ständig zu spät aufsteht und deshalb in Druck gerät. Anders ist barsches Verhalten zu bewerten, wenn jemand grundsätzlich nicht mit anderen erwachsenen Menschen umgehen kann und will, insbesondere nicht mit Kolleginnen und Kollegen in Teamarbeit, weil er einfach ein klassischer Alleinarbeiter ist, dessen Leistungen auch ausschließlich auf diese Weise erbracht werden können. Bei Zusammenarbeit mit anderen stellt eine solche Lehrkraft eher eine Störung dar, die für die Arbeit der anderen hinderlich ist. In der Regel werden verschiedene Typen von Beschäftigten gebraucht und sie können gerade durch ihre Verschiedenartigkeit entscheidend dazu beitragen, hervorragende Ergebnisse für die Organisation zu erzielen – wenn sie entsprechend ihren Stärken eingesetzt und zugleich vorhandene Schwächen nicht wirksam werden.

Als ein wichtiges Ergebnis bleibt festzuhalten: Zwei Einflussfaktoren bilden den Schlüssel für hervorragende Leistungen jedweder Organisation. Da ist zum einen die Identifizierung der Stärken der Mitarbeiter/innen und zum anderen deren Nutzung ohne Wenn und Aber. Allerdings muss man bereit sein, Schwächen in Kauf zu nehmen und ihre negativen Wirkungen zu minimieren und zu kompensieren. Wenn dies noch mit der Konzentration aller Kräfte auf einige wesentliche Ziele verbunden wird, ist erfolgreiche Arbeit mit guten Ergebnissen zwar nicht sicher, wohl aber sehr viel wahrscheinlicher.

2.9.5 Vertrauen

Erfolgreiche und wirksame Arbeit hängt wesentlich vom gegenseitigen Vertrauen zwischen Leitungspersonen und Lehrkräften ab. Eine auf Vertrauen basierende Führungssituation hält auch Führungsfehler aus. Vertrauen entsteht nicht durch große Reden, sondern eher durch vergleichsweise kleine Signale und Taten, z.B. indem man eigene Fehler zugibt, die der Lehrkräfte (nach außen hin) als die eigenen darstellt, Erfolge von Lehrer/innen ausschließlich ihnen zurechnet, seinen Mitarbeiterinnen und Mitarbeitern aufmerksam zuhört, authentisch ist und zu seiner Persönlichkeit steht. Leitungshandeln gründet auf einem konsistenten Leitungs- und Führungskonzept und das Verhalten der Schulleiterin oder des Schulleiters ist in der Regel vorhersehbar und verlässlich.

Plädiert wird hier für gerechtfertigtes und nicht für naives blindes Vertrauen. Das bedeutet, dass eine Schulleiterin, ein Schulleiter oder eine Führungsperson auch deutlich machen muss, dass jeder Vertrauensmissbrauch gravierende Folgen hat. Was das konkret heißt, ist von Schule zu Schule unterschiedlich zu beurteilen. Es darf keinesfalls der Eindruck entstehen, die Basis für Vertrauen entstünde über das systematische Sammeln von Informationen in jeder nur denkbaren Situation. Aber natürlich fallen Gespräche mit Eltern, aufnehmenden Schulen, Ausbilder/innen und Schüler/innen an, bei denen es in erster Linie um die Zufriedenheit mit der Arbeit und den Ergebnissen der Schule geht, natürlich gibt es Informationen, die darüber Aufschluss geben, ob die

Lehrer/innen ihre Arbeit in der von den »Kunden« oder auch von der Schulleitung erwarteten Weise machen.

Gespräche, Berichte über die Arbeitsprozesse, Protokolle aus der Konferenzarbeit, aber auch Probleme und Konflikte, die zur Einschaltung der Schulleiterin oder des Schulleiters führen, geben Hinweise darauf, ob im Sinne des Vertrauensvorschusses gehandelt wird. Führungskräfte müssen neben eher zufällig anfallenden Daten solche Vergewisserungen planen, die Auskunft über die Qualität der Arbeit der Lehrkräfte geben. Wichtig ist, dass eine Schulleiterin oder ein Schulleiter die anderen Leitungspersonen und Führungskräfte in diese Vorstellungen einbindet und sie ihrerseits Verantwortung übernehmen lässt.

Kommt es zu einem schwerwiegenden Vertrauensbruch, ist die Schulleitung rechtlich in einer schwierigen Lage. Wo ein Wirtschaftsunternehmen mit Versetzung, eventuell mit Folgen für Status und/oder Einkommen oder gar mit Kündigung agieren kann, sind die möglichen Folgen für Lehrpersonen zurzeit nicht sehr bedrohlich, obwohl man nicht unterschätzen darf, dass drohende soziale Rückmeldungen durchaus Wirkungen haben können, z.B. Verlust des Vertrauens bei der Schulleiterin oder dem Schulleiter, Ansehensverlust bei Kolleginnen, Kollegen, Eltern und Schüler/innen, Entzug einer Sonderaufgabe oder einer Funktion auf Zeit, Verlust von Ermäßigungsstunden, ausschließlich fachlicher Einsatz in bestimmten Klassen oder Einsatz nur im AG-Bereich. Eventuelle Maßnahmen hängen entscheidend von der Organisationskultur der Schule ab. Wichtig ist, dass Leitungen sich rechtzeitig darüber Gedanken machen.

2.9.6 Positiv denken

Wirksamkeit wird erreicht, wenn man den Schwierigkeiten ins Auge sieht und nach Möglichkeiten und Chancen sucht, sie zu bewältigen. Die Frage in solchen Situationen lautet: Was kann ich jetzt tun, damit es zu einer Veränderung im angestrebten Sinne kommt?

»Positiv denken« ist die aus vielen Ratgebern und Seminaren verlautende Antwort, leider ein inzwischen reichlich abgegriffener Rat, der wegen seiner unreflektierten und unkritischen Aufnahme falsch angewandt wird und dann unecht und unwahrhaftig wirkt. Menschen, die diesen Grundsatz ernst meinen, reden nicht darüber, sie wenden ihn an. Dies beweist sich überzeugend, wenn im Zusammenhang mit schwierigen Situationen oder Aufgaben die damit einhergehenden Probleme und Risiken als Herausforderungen und Chancen gesehen werden. Der Glaube an die Lösbarkeit löst genau das Problem nicht. Aber die Wahrscheinlichkeit, eine Lösung zu finden, wächst, wenn man an sie glaubt, und dürfte bei einer positiven Einstellung größer sein, als wenn man diese kaum für möglich hält.

Positives Denken wird man in den meisten Fällen lernen müssen. Geborene Positivdenker sind oft daueroptimistisch. Sie neigen dazu, die realen Gegebenheiten zu ignorieren und handeln deshalb ohne sorgfältige Planung und oft dilettantisch. Dies ändern auch etwaige Misserfolge nicht. Wer die Schwierigkeiten und Risiken sieht, prüft und mit Gegenmaßnahmen zu überwinden versucht, wird zwar nicht mit Sicherheit, wohl aber mit größerer Wahrscheinlichkeit Erfolg haben, wenn er an die erfolgreiche Lösung glaubt. Der Unterschied zu einer naiv oberflächlichen Anwendung ist, dass die Möglichkeit, keinen Erfolg zu haben, mit kalkuliert wird. Dies führt dazu, dass bei einem erneuten Versuch aus dieser Erfahrung so gelernt wird, dass daraus Gewinn entsteht.

Im Sport wird diese Methode – »mentales Training« genannt – schon ziemlich lange erfolgreich angewandt, um die eigene Leistung zu verbessern. Dies wird erreicht, indem man die Grenzen jedes Menschen, die vor allem im Kopf bestehen, so verschiebt, dass die Abhängigkeit von etwaigen Stimmungslagen aufgehoben oder wenigstens minimiert wird.

Wenn es gelingt, dass eine Schulleiterin oder ein Schulleiter positives Denken unaufdringlich und nicht naiv im Alltagsgeschäft (vor-)lebt, dürfte sich dies auf die Mentalität der Lehrer/innen auswirken, gerade auch bei besonders schwierigen Aufgaben, und die Mühsal künstlicher Motivierungsversuche, die vermutlich ohnehin erfolglos wären, wahrscheinlich überflüssig machen.

> *»Die sechs hier beschriebenen Grundsätze sind im Zusammenhang zu sehen und anzuwenden. Man kann sie nicht gegeneinander austauschen. Sie bilden einen Satz von verhaltenssteuernden Regeln mit dem Zweck, wirksames, professionelles Management zu etablieren«* (Buchen 2004, S. 135).

2.10 Verantwortung

Management ist ein lernbarer und lehrbarer Beruf, soweit es die Merkmale *Aufgaben*, *Werkzeuge* und *Grundsätze* betrifft. *Verantwortung* hingegen ist weder erlernbar noch lehrbar. Ob man bereit und in der Lage ist, Verantwortung zu übernehmen, ist juristisch oder vertraglich nicht befriedigend zu regeln. Diese Entscheidung kann man nur höchstpersönlich treffen. Man kann appellieren und die Erwartung äußern, dass eine Führungskraft Verantwortung übernimmt, zu erzwingen ist es nicht.

Eine Führungskraft, die nicht zur Verantwortung für ihr Handeln steht, ist eine Karrieristin oder ein Karrierist, aber keinesfalls eine Managerin oder ein Manager. Ob Schulleitungen und weitere Führungskräfte bereit und in der Lage sind, Verantwortung für das Handeln der Lehrkräfte und für ihr eigenes Handeln zu übernehmen, wird man zum gegenwärtigen Zeitpunkt der Professionalisierungsentwicklung noch mit einer gewissen Zurückhaltung beurteilen müssen (in Anlehnung an das Managementmodell des MZSG; vgl. Malik 2000). Erst in den letzten Jahren hat sich hier ein ganz allmählich sichtbar werdender Wandel vollzogen,

- indem die Schulleitung sich nicht länger im Sinne von Verwaltungshandeln vorrangig an der Befolgung von Vorschriften statt an den Ergebnissen schulischen Handelns orientiert und/oder

- indem sie nicht länger bereit ist, die schulischen Kernaufgaben Unterrichten und Erziehen der so genannten »pädagogischen Freiheit« der Lehrpersonen wegen als Tabubereiche von Schulleitung zu tolerieren, auf die sie keinen Einfluss nehmen darf.

Die neuen Steuerungsvorstellungen und die Anforderungsprofile für Leitungspersonen in den Ländern stellen die gewohnten Rückzugsräume von Schule und insbesondere von Schulleitung grundsätzlich infrage. Die Übernahme von Selbstverantwortung für das eigene Handeln und die individuelle Leistung jeder Lehrkraft, des gesamten Kollegiums und der Schule insgesamt sind zwingende Voraussetzungen für das Gelingen der neuen Steuerung. Dieser Neuansatz des beruflichen Auftrags und des professionellen Selbstverständnisses bleibt folgenlos, wenn er nicht wirklich Grundüberzeugung der Führungskräfte wird.

3. Qualifizierte Aus- und Weiterbildung als Voraussetzung für professionelles Management

Voraussetzung für professionelles Denken und Handeln von Schulleitungspersonen, die die effiziente und effektive Mitwirkung aller an Schule Beteiligten (Lehrkräfte, Schüler/innen, Eltern usw.) erreichen wollen, ist zunächst ein überzeugendes und wirksames Management- und Führungskonzept auf der Grundlage einer überzeugenden und abgestimmten Gesamtsteuerung des Schulsystems.

Das zentrale Problem von Schulen ist das Steuerungsproblem. »In praktischer Sicht ist das Steuerungsproblem [für alle Organisationen] brisant, weil die Kunst der Systemsteuerung sich in einem erbärmlichen Zustand befindet und weil zugleich die Dringlichkeit praktischer Steuerungsprobleme wächst« (Willke 1998, S. 4; zit. nach Mayer 2001, S. 9). Mayer bezeichnet das Verständnis des Problems der Steuerung komplexer Sozialsysteme als insgesamt mangelhaft. Er kritisiert, dass die meisten der zahlreichen Steuerungsmodelle »die Machbarkeit aller Dinge« versprechen (Mayer 2001, S. 1), was er als einen gefährlichen Trugschluss bezeichnet. Die als mögliche Alternative in die Diskussion gebrachten systemischen Führungstheorien scheinen die folgenden Vorteile zu bieten:

- »Systemisches Denken ist ein Denken in Zusammenhängen. Dies verhindert den Trugschluss, dass die Steigerung eines bestimmten Systemteils die Steigerung der Effektivität des Gesamtsystems zur Folge haben muss.
- Aus der Erkenntnis, dass alles miteinander in Beziehung steht, ergibt sich, dass sich Ursache-Wirkungs-Beziehungen nur selten eindeutig isolieren lassen.
- Systemisches Denken bietet geeignete Definitionen, um die neuartigen Phänomene in heutigen Organisationen erstmals begrifflich zu fassen« (ebd., S. 2).

Management- und Führungskonzeptionen auf der Basis systemischen Denkens zu entwickeln, macht zweifellos Sinn. Allerdings bedarf ihre Anwendung der Unterstützung und Begleitung durch eine konkrete Aus- oder Weiterbildung, von deren Erfolgschancen man überzeugt ist. Dies setzt zunächst einmal eine Vorstellung von Management und Führung voraus, die die Umsetzbarkeit des Erlernten in praktisches Führungshandeln in Aussicht zu stellen in der Lage ist. Die Entwicklung und erst recht die Realisierung eines Konzepts für eine entsprechende Aus- und Weiterbildung wiederum ist eine sehr ambitionierte Aufgabe. Denn wenn vorhandene Managementkompetenzen als »erbärmlich« bezeichnet werden »und eine Verdoppelung oder Verdreifachung der heute für Managementausbildung aufgewendeten Summe [...] immer noch wenig [wäre], um dieses Defizit auszugleichen« (ebd., S. 6), dann muss dieses Urteil bezogen auf den Schulbereich noch sehr viel kritischer ausfallen.

Den üblicherweise durchgeführten Trainings bzw. den Fortbildungen von Führungskräften werden außerordentlich schlechte Qualität und völlig unbefriedigende Ergebnisse bescheinigt (Stiefel 1992; Stähli 1992; Liebl 1998). Die wichtigsten Kritikpunkte der Trainings im Unternehmensfeld sind:

- Die Inhalte sind nicht mehr zeitgemäß. Sie orientieren sich im Wesentlichen an Wissen und Methoden für stabile Situationen in den Unternehmen. Das Ergebnis ist, dass die Führungskräfte ihre Aufgaben erfüllen, solange sich das Unternehmen in ruhigen Gewässern befindet. »Der Umgang mit Unsicherheit und Turbulenzen wird aber nicht gelernt« (Mayer 2001, S. 5).
- Die Art und Weise der Vermittlung ist überholt. Weder das Modell »Referat, Diskussion, Anwendung« noch die Arbeit mit Fallstudien bewirken eine Handlungs- und Veränderungsfähigkeit im Umgang mit der Realität, sondern nur die Fähigkeit zur Analyse der Realität. Eine alternative Lernform, die teilweise in verhaltensorientierten Trainings stattfindet, sind prozessorientierte Designs (ebd., S. 4).
- Die Effizienz und Effektivität von Managementtrainings zu evaluieren ist schwer, wenn es um mehr und anderes geht als um Inhalte und das Erlernen von Fertigkeiten. Während alltäglicher Nutzen relativ leicht feststellbar ist, kann die Vermittlung von Kommunikationsfähigkeit, Konfliktfähigkeit, Prozesskompetenz oder sozialer Kompetenz nach einer Recherche von Mayer (ebd.) zurzeit noch nicht mit einer zuverlässigen Methode auf ihre Transferwirkung hin überprüft werden (Nork 1989; Wottawa/Thierau 1990; Götz 1993; Kirkpatrick 1996; Rank/Wakenhut 1998).

Es ist nicht anzunehmen, dass die Erfahrungen der schulischen Führungskräfte-Fortbildung sich grundsätzlich von denen in der Wirtschaft unterscheiden (eine kritische Analyse verschiedener Fortbildungsansätze findet sich bei Bartz u.a. 2002). Einen alternativen Fortbildungsansatz vertritt das Hernstein Institut Wien (ausgeführt in Mayer 2003, S. 135ff.). Er orientiert sich an den Kriterien, nach Abschluss des Trainings

- nachdenklich zu sein,
- mit erweiterter Aufmerksamkeit zu agieren,
- Sensibilität für zentrale Herausforderungen zu entwickeln,
- den Wert von Reflexion zu entdecken und
- eine realitätsgerechte Selbsteinschätzung zu gewinnen (vgl. dazu Mayer 2001, S. 4).

Für Leitungsfortbildungen im Schulbereich ist zu berücksichtigen, dass sie sich in der Regel an Personen ohne vorherige systematische Ausbildung und ohne Erfahrung in der neuen Funktion richten, an Führungskräfte, die die jeweilige Funktion auf Probe ausüben und deren endgültige Bestallung erst nach mehrjähriger Bewährung erfolgt. Deshalb benötigen sie die letztgenannten Kompetenzen mittel- und langfristig und auf Dauer.

Genauso wichtig ist es aber für sie und die Schulen, die sie leiten sollen, die unmittelbar vor ihnen liegenden Aufgaben und Herausforderungen mit Elan und Freude angehen zu können, z.B. (nach Mayer 2003, S. 268ff.)

- weil sie gelernt haben, die aktuellen Probleme durch die Anwendung der gelernten Methoden und Werkzeuge zu lösen;
- weil sie dadurch Vertrauen in die eigenen Fähigkeiten gewinnen;
- weil sie die Lehrer/innen dafür gewinnen können, ihre Aufgaben kompetent zu bewältigen; und
- weil sie möglichst rasch auch messbare Ergebnisse der Leistungserstellung erreichen.

Entscheidend ist sich bewusst zu sein, dass die zwar kurzfristigen – mit kurzer Verfallszeit ausgestatteten, für Leitungspersonen aber dennoch sehr wichtigen – Erfolge der Ergänzung durch mittel- und langfristig wirksam werdende Kompetenzen, wie sie im Hernstein-Ansatz (nach Mayer 2003) zum Ausdruck kommen, bedürfen. Dafür sind die vorgenannten Kriterien maßgeblich.

Beide Varianten sind darauf angewiesen, dass Führung und Management grundsätzlich lernbar sind. Hinsichtlich des Lernverhaltens von Pädagoginnen und Pädagogen ist zusätzlich zu berücksichtigen, dass dieses von der vorrangig individuellen Auseinandersetzung mit Skriptmaterial aus Schule und Studium geprägt ist. Dies erleichtert ihnen oft den Zugang auch zu anderen Lernformen (interaktives personales Lernen, Arbeit in Gruppen, gruppendynamisches Lernen, e-learning usw.). Fachliteratur, die zu jedem gewünschten Zeitpunkt und in gewünschtem Umfang zur Verfügung steht, kann somit gerade für in dieser Weise sozialisierte Pädagoginnen und Pädagogen einen wichtigen Beitrag zum Lernen von Professionskompetenz leisten.

Die zu Beginn dieses Kapitels geforderte Voraussetzung für professionelles Denken und Handeln von Schulleitungspersonen – ein überzeugendes und wirksames Management- und Führungskonzept auf der Grundlage einer abgestimmten Gesamtsteuerung des Schulsystems, das in der Lage ist, die komplexen Prozesse in der Schule und ihrem Umfeld wenigstens annähernd zutreffend identifizieren und sie in der Folge bestmöglich bewältigen zu können – ist am ehesten mit dem aus dem Führungsmodell des Managementzentrums Sankt Gallen (MZSG) bekannten »Führungsrad« darstellbar (vgl. Abb. 3 auf der nächsten Seite). Es visualisiert die Pragmatik und Praktikabilität des MZSG-Ansatzes mit den Vorstellungen dialogischer Führung (nach Haller/Wolf 1994) und die neue Steuerungsphilosophie der Bildungspolitik.

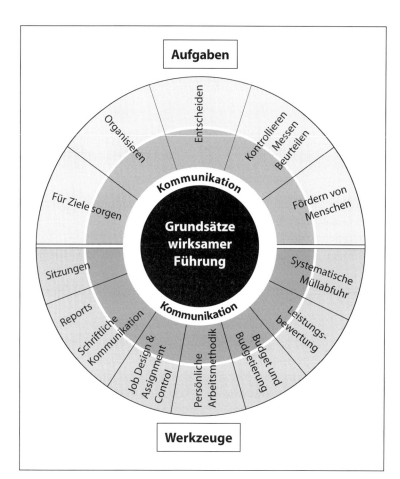

Abb. 3:
Das MZSG-Führungsrad
(Malik 2000, S. 391)

Den Kern bzw. die Nabe des Führungsrads bilden die Grundsätze wirksamer Führung. Sie sind die Grundlage jeglicher Aufgabenerfüllung und der Anwendung der Werkzeuge. Kommunikation im weiteren Sinne vermittelt als Medium zwischen den Aufgaben und den Grundsätzen. Der sich anschließende Kreisring stellt das alltägliche operationale Management im Sinne auch der Zehn-Prozent-Veränderungen dar. Der äußere Ring steht für die innovatorische Arbeit, für das Management von Veränderung im Sinne von radikalen Veränderungen, und unterscheidet sich nicht grundsätzlich von der Anwendung der Werkzeuge für die laufenden Managementaufgaben. Lediglich die Anwendungsbereiche sind andere und die Anwendung ist vergleichsweise schwieriger.

Ob eine Umsetzung in Fortbildung nicht nur kurz-, sondern auch mittel- und langfristig im Sinne des Hernstein-Ansatzes – nachdenklich zu sein, mit erweiterter Aufmerksamkeit zu agieren, Sensibilität für zentrale Herausforderungen zu entwickeln, den Wert von Reflexion zu entdecken und eine realitätsgerechte Selbsteinschätzung zu gewinnen – Erfolg hat, scheint vor allem davon abzuhängen, welches Fortbildungs- und Lernverständnis einer Fortbildung zugrunde liegt (vgl. Bartz/Mosing/Herrmann 2004). Dazu liegen überzeugende Evaluationsergebnisse vor (vgl. Bartz u.a. 2002).

Literaturverzeichnis

Adamaschek, B. (1998): Hoheitsverwaltung und/oder Dienstleistungsunternehmen. In: van Bandemer, S. u.a. (Hrsg.): Handbuch zur Verwaltungsreform. Opladen.
Argyris, C./Schön, D.A. (1974): Theory in Practice. Increasing Professional Effectiveness. San Francisco.
Bartz, A./Burkard, C./Haenisch, H./Mennen, G./Olschewski, K. (2002): Fortbildung für Schulleitungen. Was kann sie bewirken? Ergebnisse der Transferevaluation der Schulleitungsfortbildung in Nordrhein-Westfalen. Hrsg. vom Landesinstitut für Schule. Bönen/Westf.
Bartz, A./Mosing, G./Herrmann, D. (2004): Fortbildungsdidaktik und Fortbildungsmethodik. In: Landesinstitut für Schule (Hrsg.): Schulleitungsfortbildung in NRW. Bönen/Westf.
Bateson, G. (1972): Steps to an Ecology of Mind. New York.
Bea, F.X./Dichtl, E./Schweitzer, M. (Hrsg.) (1997): Allgemeine Betriebswirtschaftslehre. Band 2. Stuttgart.
von Bertalanffy, L. (1972): Systemtheorie. Berlin.
Bildungskommission Nordrhein-Westfalen (1995): Zukunft der Bildung – Schule der Zukunft. Neuwied.
Buchen, H. (2004): Management statt Schulverwaltung. Bönen/Westf.
Buchen, H./Horster, L./Rolff, H.G. (Hrsg.) (2005): Schulleitung und Schulentwicklung. Erfahrungen – Konzepte – Strategien. Berlin.
Dalin, P. (1999): Theorie und Praxis der Schulentwicklung. Neuwied.
Dalin, P./Rolff, H.G./Buchen, H. (^{2}1995): Institutioneller Schulentwicklungs-Prozeß. Ein Handbuch. Hrsg. vom Landesinstitut für Schule. Bönen/Westf.
Dalin, P./Rust, V.D. (1983): Can Schools Learn? Windsor.
Doppler, K./Lauterburg, C. (^{8}1998): Change Management. Frankfurt/New York.
Dubs, R. (1994): Die Führung einer Schule. Stuttgart.
Götz, K. (1993): Zur Evaluierung beruflicher Weiterbildung. Band 1. Weinheim.
Greiner, L.E. (1972): Evolution and Revolution as Organizations Grow. In: Harvard Business Review 50, H. 4, S. 37–46, Boston.
Haller, I./Wolf, H. (1994): Management zwischen Tradition und Emanzipation. Dialogisch führen. Kann Schule von Wirtschaft lernen? Bönen/Westf.
Haller, I./Wolf, H. (2004): Dialogische Führung. Bönen/Westf.
Heckel, H./Avenarius, H. (1986): Schulrechtskunde. Neuwied.
Hediger, B./Kempfert, G./Lötscher, R. (1997): Jahresberichte. Eine Form der inneren und äußeren Öffentlichkeitsarbeit. In: Buchen, H./Horster, L./Rolff, H.G. (Hrsg.): Schulleitung und Schulentwicklung. Erfahrungen – Konzepte – Strategien. Berlin, Beitrag K 5.2.
Horster, L. (2001): Die Einarbeitung neuer Lehrkräfte als Beginn der Personalentwicklung. Potenzen nutzen statt dequalifizieren! In: Buchen, H./Horster, L./Rolff, H.G. (Hrsg.): Schulleitung und Schulentwicklung. Erfahrungen – Konzepte – Strategien. Berlin, Beitrag C 2.10.
Horvarth & Partner (1996): Neues Verwaltungsmanagement. Berlin, Beitrag A 1.
Horvarth & Partner (1997): Neues Verwaltungsmanagement. Berlin, Beitrag C 4.7.
Horvarth & Partner (1998): Neues Verwaltungsmanagement. Berlin, S. 7ff.
Jacobs, M. (2002): Das Schulsekretariat effizient organisieren. Vom Vorzimmer zum Dienstleistungszentrum. In: Buchen, H./Horster, L./Rolff, H.G. (Hrsg.): Schulleitung und Schulentwicklung. Erfahrungen – Konzepte – Strategien. Berlin, Beitrag F 4.1.
Jann, W. (1998): Neues Steuerungsmodell. In: van Bandemer, S. u.a. (Hrsg.): Handbuch zur Verwaltungsreform. Opladen.
Katz, R.L. (1974): Skills of an Effective Administrator. In: Harvard Business Review 52, H. 5, S. 90ff.
KGSt *siehe* Kommunale Gemeinschaftsstelle
Kommunale Gemeinschaftsstelle (1993): Das neue Steuerungsmodell. Begründung, Konturen, Umsetzung. Bericht 5. Köln.

Kirkpatrick, D. (1996): Evaluating Training Programs. The Four Levels. San Francisco.
Klimecki, R./Probst, G./Eberl, P. (1991a): Systementwicklung als Managementproblem. In: Staehle, W./Sydow, J. (Hrsg.): Managementforschung 1. Berlin/New York.
Kowalczyk, W. (1998): Schulinterne Öffentlichkeitsarbeit. Wie eine Schule sich ihren Eltern präsentiert. In: Buchen, H./Horster, L./Rolff, H.G. (Hrsg.): Schulleitung und Schulentwicklung. Erfahrungen – Konzepte – Strategien. Berlin, Beitrag K 5.3.
Kowalczyk, W. (2003): Konflikte zwischen Eltern und der Schule. Rechtsstreit versus Mediation. In: Buchen, H./Horster, L./Rolff, H.G. (Hrsg.): Schulleitung und Schulentwicklung. Erfahrungen – Konzepte – Strategien. Berlin, Beitrag K 2.8.
Liebl, F. (1998): Vergesst BWL? In: Wirtschaftsmagazin »Econy« 1/98, S. 210f.
Malik, F. (1997a): Wirksame Unternehmensaufsicht. Corporate Governance in Umbruchzeiten. Fankfurt/M.
Malik, F. (^{4}2000): Führen Leisten Leben. München.
Malik, F. (2005): Was ist gutes und richtiges Management? In: m.o.m.-letter 3/05, S. 40–54.
Mayer, B.M. (2001): Systematische Managementtrainings. Theorieansätze und Lernarchitekturen im Vergleich. Dissertation. Klagenfurt.
Mayer, B.M. (2003): Systematische Managementtrainings. Theorieansätze und Lernarchitekturen im Vergleich. Heidelberg.
Miller, D./Friesen, P. (1984): Organizations. A Quantum View. Englewood Cliffs, NJ.
Ministerium für Schule und Weiterbildung des Landes Nordrhein-Westfalen (Hrsg.) (1997): »... und sie bewegt sich doch!«. Entwicklungskonzept »Stärkung der Schule«. Frechen.
Ministerium für Schule und Weiterbildung, Wissenschaft und Forschung des Landes Nordrhein-Westfalen (Hrsg.) (1998): Qualität als gemeinsame Aufgabe. Rahmenkonzept »Qualitätsentwicklung und Qualitätssicherung schulischer Arbeit«. Frechen.
Ministerium für Schule und Weiterbildung, Wissenschaft und Forschung des Landes Nordrhein-Westfalen (Hrsg.) (1999): Anforderungsprofile. Schulleitung, Seminarleitung, Schulaufsicht. Frechen.
Mittelstädt, H. (2001): Öffentlichkeitsarbeit in Schulen. Die interne und externe Kommunikation der Schule planen und steuern. In: Buchen, H./Horster, L./Rolff, H.G. (Hrsg.): Schulleitung und Schulentwicklung. Erfahrungen – Konzepte – Strategien. Berlin, Beitrag K 5.1.
MSWWF *siehe* Ministerium für Schule und Weiterbildung, Wissenschaft und Forschung des Landes Nordrhein Westfalen
Nagel, R./Wimmer, R. (2002): Systemische Strategieentwicklung. Modelle und Instrumente für Berater und Entscheider. Stuttgart.
Nork, M. (1989): Management Training. Evaluation – Probleme – Lösungsansätze. München.
Rank, B./Wakenhut, R. (Hrsg.) (1998): Sicherung des Praxistransfers im Führungskräftetraining. München.
Reichard, C. (1997): Deutsche Trends der kommunalen Verwaltungsmodernisierung. In: Naschold, F. u.a. (Hrsg.): Neue Städte braucht das Land. Stuttgart.
Riegel, E. (1996): Öffentlichkeitsarbeit nach innen und außen. Pädagogische und organisatorische Voraussetzungen. In: Buchen, H./Horster, L./Rolff, H.G. (Hrsg.): Schulleitung und Schulentwicklung. Erfahrungen – Konzepte – Strategien. Berlin, Beitrag K 5.1.
Rolff, H.G. (1986): Schulleitungsseminar: Grundkurs »Organisationsentwicklung«. Soest.
Schmuck, R.A./Runkel, P.J. (^{3}1985): The Handbook of Organization Development in Schools. Palo Alto.
Schreyögg, G. (^{3}1998): Organisation. Grundlagen moderner Organisationsgestaltung. Wiesbaden.
Schwarz, P. (^{2}1996): Management in Nonprofit Organisationen. Bern.
Sprenger, R. (^{7}1992): Mythos Motivation. Frankfurt/New York.
Staehle, W. (^{4}1989): Management. München.
Stähli, A. (1992): Harvard Anti Case. London/Hamburg.
Steinmann, H./Schreyögg, G. (2000): Management. Wiesbaden.

Stiefel, R. (1992): Zeitschrift für Managementandragogik MAO, 3/92.

Tushman, M.L./Newman, W.H./Romanelli, E. (1986): Convergence and Upheavel. Managing the Unsteady Pace of Organizational Evolution. In: California Management Review 24, H. 1, S. 29–44. Berkeley, CA.

Tushman, M.L./O'Reilly, C.A. (1997): Winning through Innovation. Boston, MA.

Ulrich, P./Fluri, E. (1995): Management. Bern.

Vollmer, G./Merschhenke, C. (2001): Kooperation mit Unternehmen. Professionalität, Systematik und Nachhaltigkeit durch Lernpartnerschaften und Kooperationsnetze. In: Buchen, H./Horster, L./Rolff, H.G. (Hrsg.): Schulleitung und Schulentwicklung. Erfahrungen – Konzepte – Strategien. Berlin, Beitrag K 4.4.

Watzlawick, P. (1985): Die erfundene Wirklichkeit. München.

Wottawa, H./Thierau, H. (1990): Lehrbuch Evaluation. Bern.

Bildnachweis

S. 21: nach: Hans-Christian Pfohl/Wolfgang Stölzle (1996): Planung und Kontrolle. München: Verlag Franz Vahlen, S. 235.

S. 46: aus: Georg Schreyögg (^{4}2003): Organisation, Wiesbaden: Gabler Verlag, S. 539.

S. 98: aus: Fredmund Malik (^{4}2000): Führen Leisten Leben, München: DVA, S. 391. © 2000 Deutsche Verlags-Anstalt GmbH, München.

Rolf Dubs

Führung

1.	**Grundfragen zur Führung einer Schule**	102
1.1	Grundbegriffe	102
1.2	Ausblick für die Führung einer Schule	105
2.	**Politische und normative Grundlagen**	106
2.1	Übersicht	106
2.2	Merkmale einer teilautonomen geleiteten Schule	112
2.3	Führungskonzepte	114
2.4	Die Aufgaben des Schulleiters bzw. der Schulleiterin	116
3.	**Führungstheorien**	116
3.1	Begriffliche Grundlagen	116
3.2	Klassifikation der Führungstheorien	118
3.3	Beurteilung der Führungstheorien und Folgerungen	120
4.	**Ein Leadership-Konzept für Schulen**	125
4.1	Begriffliche Grundlagen	125
4.2	Transaktionale Leadership	127
4.3	Die Führung der Schulentwicklung	143
4.4	Nachwort	162
5.	**Lehrkräfte als Führungspersonen in der Schule**	162
5.1	Ein sich veränderndes Lehrerbild	162
5.2	Lehrkräfte als Führungskräfte in einer Projektorganisation	163
6.	**Probleme und Grenzen der Leadership in teilautonomen Schulen**	166
6.1	Die Bereitschaft der Lehrkräfte zur Mitarbeit	166
6.2	Wege zur Förderung der Mitwirkungsbereitschaft von Lehrkräften	169
7.	**Nachwort**	173
	Literaturverzeichnis	173

1. Grundfragen zur Führung einer Schule

1.1 Grundbegriffe

In allen sozialen Systemen (also auch in Schulen), in denen Menschen Aufgaben gemeinsam (arbeitsteilig) erfüllen, gibt es Führung (Wunderer 2003).

Führung wird verstanden als ziel- und ergebnisorientierte, aktivierende und wechselseitige soziale Beeinflussung zur Erfüllung gemeinsamer Aufgaben in und mit einer strukturierten Arbeitssituation.

Im Einzelnen geht es um die folgenden Eigenarten:

- Führung ist eine absichtsgeleitete soziale Beeinflussung von Mitarbeitenden in einem sozialen System, um bestimmte Ziele *effizient* (erfolgreicher Umgang mit Menschen und Ressourcen, um Probleme zu lösen; »die Dinge richtig tun«) und *effektiv* (erfolgreicher Umgang mit Menschen und Ressourcen, um komplexe Phänomene innovativ zu bewältigen; »die richtigen Dinge tun«) zu erreichen.
- Die Ziele sind *materielle* Erfolgsgrößen (Output, Produktivität, Erfolg) und *immaterielle* Erfolgsgrößen (Arbeitszufriedenheit der Mitarbeitenden, Organisationsklima im sozialen System), wobei in beiden Fällen die langfristige und nicht die kurzfristige Perspektive maßgeblich ist.
- Zu unterscheiden ist schließlich zwischen einer *indirekten*, strukturell-systematischen Führung (»mit einer strukturierten Arbeitssituation«) und einer *direkten*, personal-interaktiven Führung (»in einer strukturierten Arbeitssituation«).
  Bei der *indirekten Führung* erfolgt die Einflussnahme durch die bewusste Gestaltung der Ordnungsmomente im sozialen System. Dies geschieht durch:
    - Die Entwicklung der *Kultur* im sozialen System. Sie umfasst alle symbolischen Bezugspunkte und Gewissheiten, an denen sich die Mitarbeitenden des sozialen Systems in ihrem alltäglichen Reden und Handeln in einer selbstverständlichen Weise orientieren wie Normen und Werte, Einstellungen und Grundhaltungen, Hintergrundüberzeugungen usw.
    - Die Festlegung der *Strategie*, d.h. die Bestimmung des langfristigen Weges, auf dem das soziale System seine Erfolgsgrößen (Ziele) erreichen will.
    - Die Gestaltung der *Struktur*, indem die arbeitsteilig erbrachten Leistungen des sozialen Systems aufeinander abgestimmt werden müssen, um die gesetzten Ziele effizient und effektiv zu erreichen. Zu unterscheiden ist dabei zwischen der *Aufbaustruktur* (sie gibt Aufschluss darüber, nach welchen Kriterien die Aufgaben und Aktivitäten des sozialen Systems gebündelt und geführt werden) sowie der *Ablaufstruktur*, welche festlegt, welche Aufgaben des sozialen Systems in welcher zeitlichen Abfolge zu erfüllen sind (Rüegg-Stürm 2003).
  Mit der *direkten Führung* wird über direkte, situative und häufig auch individualisierte Kommunikation Einfluss auf das Geschehen im sozialen System und auf das Verhalten der Mitarbeitenden ausgeübt. Die zentralen Aufgaben der direkten Führung sind:
    - Wahrnehmen, Analysieren und Reflektieren als Voraussetzung, um Probleme und Konflikte bewusst zu erkennen;
    - Informieren, Kommunizieren und Konsultieren, also Maßnahmen des Wissensmanagements zur Förderung des Verständnisses für Veränderungen und Innovationen;

- Motivieren und Identifizieren, um den Aktivitäten des sozialen Systems und den geforderten Tätigkeiten Sinn zu geben und die Arbeitsfreude zu steigern;
- Entscheiden, Koordinieren, Kooperieren und Delegieren, um die Arbeitsabläufe und die Arbeitsbeziehungen effizient und effektiv zu gestalten;
- Entwickeln, Evaluieren und Gratifizieren, damit sich das soziale System und seine Mitarbeitenden angeleitet und selbst gesteuert veränderten Situationen individuell und im Team anzupassen in der Lage sind (vgl. dazu auch Wunderer 2003).

> *Die direkte, personal-interaktive Führung wird häufig als Personal- oder Mitarbeiterführung bezeichnet.*

- Im Alltag konzentrieren sich vor allem praktisch Tätige auf die Mitarbeiterführung und begnügen sich in ihrem Bemühen um die Verbesserung des Führungsstils in einem sozialen System oder in einer Arbeitsgruppe, sowie auf die Perfektionierung ihres Führungsverhältnisses mit den Führungstechniken wie Zielsetzung oder Zielvereinbarung, Delegation, Entscheidungstechniken, Konfliktlösemodelle usw.

> *Das Führungsverhalten umfasst alle Verhaltensweisen und Techniken, die auf eine zielorientierte Einflussnahme zur Erfüllung gemeinsamer Aufgaben in oder mit einer strukturierten Arbeitssituation ausgerichtet sind.*

> *Der Führungsstil ist ein innerhalb bestimmter Führungskontexte konsistentes, typisiertes und wiederkehrendes Führungsverhalten.*

Die oft übliche Konzentration der Führung auf Führungsverhalten und Führungsstil verkürzt den Führungsbegriff ganz wesentlich, denn es zeigt sich immer deutlicher, dass die indirekten Aspekte der Führung (Strategie, Struktur, Kultur) und die direkte Führung als ein Ganzes zu sehen sind und die Führung nur unter der Bedingung konsistent ist, dass ein alle Bereiche der Gestaltung und Entwicklung des sozialen Systems betreffender Sinngehalt gegeben ist. Dies sei an einem Beispiel verdeutlicht: Ein soziales System will sich strategisch neu positionieren und deshalb der Kreativität der Mitarbeitenden besondere Aufmerksamkeit schenken. Diese Absicht wird sich aber nur verwirklichen lassen, wenn aus einer starren eine flexible Aufbaustruktur (z.B. Projektorganisation) vorgesehen wird und im Führungsverhalten die streng hierarchische Ordnung durch eine Führung durch Zielsetzung mit Delegation ersetzt wird. Umgekehrt bringen alle Formen der Schulung zur Veränderung des Führungsverhaltens so lange keine Veränderung im sozialen System, als nicht wenigstens die Strukturen und allenfalls die Strategie an die neuen Führungsvorstellungen angepasst werden.

- Schließlich ist die *Machtfrage* bei der Führung zu klären. Bedeutet Führung als ziel- und ergebnisorientierte Beeinflussung von Mitarbeitenden durch Vorgesetzte, dass diese mit einem zu bestimmenden Maß an Macht auszustatten sind? Diese Frage wird in einer aufgeklärten, demokratischen Gesellschaft immer kontroverser diskutiert (vgl. Zelger 1972; Neuberger 1995; Wunderer 2003).

> *X (Machthaber) hat Macht über Y (der Beherrschte) in Bezug auf Handlungen, Entscheidungen oder Meinungen (Machtbereich), die Y mit einer gewissen Wahrscheinlichkeit ausführt (Machtfülle), wenn X bestimmte Machtmittel (z.B. Überzeugung, Zwang, Belohnung) konsequent anwendet. Die Macht von X kann auf verschiedenen Machtgrundlagen (z.B. Expertentum, Amtsautorität, Belohnungs- und Bestrafungsmacht) basieren; ihre Ausübung ist mit einem gewissen Aufwand (Machtkosten) verbunden.*

Macht ist und bleibt ein wesentlicher Aspekt der Führung, weil sie je nach dem Umfeld die Akzeptanz der Führung wesentlich beeinflusst. Entscheidend ist jedoch, welche *Machtbasis* eine Führungskraft schafft. Ist es ihr Expertentum (Sachkompetenz), die Identifikation mit der Aufgabe (Identifikations- und Vorbildcharakter), die Amtsautorität (Befugnisse), die Belohnung und Bestrafung (Sanktionsgewalt) oder die Information (Kontrolle der Informationskanäle und -medien; French/Raven 1992). Dazu kommt, welche *Machttaktiken* Führungskräfte verwenden. Neben vielen negativen Folgen können Macht und Machttaktiken durchaus auch positive Auswirkungen für ein soziales System haben, wenn sich beispielsweise Angehörige eines sozialen Systems in einer Koalition (Netzwerk, Allianz) verbinden, um eine Innovation zu verwirklichen. Kritisch zu hinterfragen ist nicht, dass Macht in der Führung generell eine wesentliche Rolle spielt. Viel wichtiger ist ein Führungsverständnis, das Macht in den Dienst des jeweiligen sozialen Systems (unter Beachtung der Bedingungen in dessen Umwelt) und seiner Ziele stellt und das Machtmissbräuche aufzudecken vermag.

1.2 Ausblick für die Führung einer Schule

Anhand dieser begrifflichen Grundlegung wird ein Ausblick auf diesen Beitrag möglich, der sich mit der Führung einer Schule beschäftigt und dessen Ziel es ist, aufzuzeigen, dass eine Schule eine geleitete (geführte) Schule sein muss und nicht basisdemokratisch gestaltet sein darf, wenn sie sowohl pädagogisch als auch wirtschaftlich effizient und effektiv sein soll.

- Pädagogisch und wirtschaftlich effiziente und effektive Schulen, die durch eine Schulleiterin oder einen Schulleiter geleitet werden, müssen nicht unpädagogisch, hierarchisiert oder unmenschlich sein, wenn sie innerhalb einer klaren Rahmenordnung mit Freiräumen für die Lehrpersonen geführt sind.
- Eine erste Voraussetzung dazu ist, dass die Schule nicht nur an äußerlich leicht erfassbaren pädagogischen (z.B. ausschließliche Orientierung an kognitiven Lernleistungen) und wirtschaftlichen (z.B. Höhe der durchgesetzten Sparmaßnahmen) Er-

folgsgrößen beurteilt wird, sondern auch immaterielle Faktoren in die Beurteilung mit einbezogen werden.
- Die Führung einer Schule darf sich nicht auf eine Perfektion betriebswirtschaftlicher Aspekte beschränken, sondern sie muss die indirekte und die direkte Führung zu einem sinnhaften Ganzen verbinden. Dies bedeutet, dass Schulführung nicht nur die Aspekte der Mitarbeiterführung und des Führungsverhaltens umfasst, sondern auch die indirekten Gesichtspunkte der Führung in die Umschreibung der Leitung einer Schule einbezogen werden. Deshalb wird in diesem Text später bewusst der Begriff *Leadership* anstelle von Führung eingeführt.
- Angesichts der Ängste vieler Lehrkräfte mit der geleiteten Schule ist darzulegen, dass der Einsatz von verantwortlichen Schulleiterinnen und Schulleitern nicht gleichzusetzen ist mit dem Aufbau von Machtstrukturen in den Schulhäusern. Das Konzept der Leadership schafft Voraussetzungen für die persönliche Entfaltung jeder einzelnen Lehrkraft.

Allerdings darf nicht verschwiegen werden, dass die Umschreibung der Aufgaben einer Schulleitung und deren Leadership nicht in allgemein gültiger Form erfolgen kann. Die politischen Vorstellungen über die Gestaltung der Schulen sowie die normativen Vorstellungen über Leadership führen zu ganz unterschiedlichen Modellen der Führung einer Schule: Ein zentralistischer Staat mit einer zentral geführten Bildungspolitik schafft andere Voraussetzungen für die Leitung als ein föderalistischer Staat mit einer dezentralen Bildungspolitik.

2. Politische und normative Grundlagen

2.1 Übersicht

Abbildung 1 zeigt sechs mögliche Formen für die Gestaltung der institutionalen Struktur (Organisation) der Leitungsfunktion einer Schule. Das Leitungsverständnis für eine Schule hängt einerseits vom Grad der Zentralisierung/Dezentralisierung in einem Schulsystem ab. Je stärker es dezentralisiert ist, desto mehr Gestaltungsmöglichkeiten haben die einzelnen Schulen. Auf der anderen Seite ist festzulegen, ob die Schulleitung nur eine Moderationsfunktion haben (die Schulleiterin bzw. der Schulleiter ist nur Primus inter Pares) oder ob ihr eine Leitungsfunktion zukommen soll (sie hat in festgelegten Bereichen Entscheidungskompetenzen und trägt die Verantwortung für ihre Entscheidungen). Unter diesen Voraussetzungen lassen sich die folgenden fünf Formen der Gestaltung der institutionellen Struktur einer Schule bestimmen:

1. In der *verwalteten Schule* (staatlich) beschränkt sich die Aufgabe der Schulleitung auf den Vollzug der Vorgaben der staatlichen Bildungsbehörden. Sie ist letztlich nur der »vollziehende verlängerte Arm« der Behörden ohne die Möglichkeit, der Schule ein eigenes Profil zu geben.

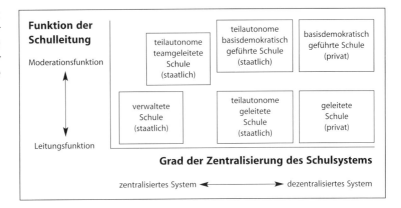

Abb. 1: Gestaltung der institutionellen Struktur einer Schule

2. Bei der *teilautonomen geleiteten Schule* (staatlich) überträgt die staatliche Bildungsbehörde zu definierende Aufgabenbereiche an die einzelnen Schulen und gibt einer Schulleiterin bzw. einem Schulleiter Entscheidungskompetenzen und die Verantwortung für die getroffenen Entscheidungen. Damit kann sich jede Schule in einem definierten Rahmen ein eigenes Profil geben.
3. Bei der *teilautonomen teamgeleiteten Schule* (staatlich) schafft der Staat die gleiche Rahmenordnung wie bei der teilautonomen geleiteten Schule. Das entscheidende Organ ist jedoch ein Schulleitungsteam mit einer kollektiven Entscheidungsfindung und Verantwortung. Dabei gibt es viele Organisationsvarianten: Die Schulleitung ist das Team oder es wird der Schulleitung eine Steuer- oder Lenkungsgruppe mit definierten Kompetenzen beigegeben.
4. In der *teilautonomen basisdemokratisch geführten Schule* werden alle grundsätzlichen Entscheidungen – bei den vom Staat an die einzelne Schule übertragenen Aufgaben – von allen Lehrkräften gemeinsam getroffen. Die Schulleitung erfüllt nur eine Moderationsfunktion und die Schulleiterin bzw. der Schulleiter ist Primus inter Pares.
5. Nicht nur als Folge des neoliberalen Denkens in den Vereinigten Staaten, sondern auch infolge der vielen Probleme mit der Definition der Teilautonomie von Schulen (welche Aufgaben werden von den Schulbehörden an die einzelnen Schulen delegiert?) und den daraus entstehenden Widersprüchen (man gibt beispielsweise den Schulen die volle Finanzautonomie mit der Finanzverantwortung, lässt aber die freie Schulwahl für Eltern nicht zu) wurde und wird vor allem in den Vereinigten Staaten die Privatisierung der Schulen propagiert. *Private Schulen* können *geleitete Schulen* mit einer voll verantwortlichen Schulleiterin bzw. einem voll verantwortlichen Schulleiter sein, der mit großen Kompetenzen ausgestattet ist, oder als *basisdemokratisch geführte Schule* verstanden werden, was häufig bei alternativen Schulen der Fall ist.

Diese Aufzählung macht deutlich, dass bei diesen sechs möglichen Formen für die Gestaltung der institutionalen Struktur einer Schule die Rolle der Schulleiterin oder des

Schulleiters und dessen Leitungsfunktion sehr unterschiedlich ausfällt. Deshalb ist im Folgenden zunächst darzulegen, von welcher Gestaltungsform in diesem Beitrag ausgegangen wird.

Ob eine Privatisierung des Schulwesens zur qualitativ besseren Schule führt, ist aufgrund der wenigen sorgfältigen empirischen Studien wissenschaftlich immer noch sehr umstritten (vgl. die zusammenfassende Studie von Mangold/Oelkers/Rhyn 1998). Betrachtet werden sollten vor allem die kritischen Aspekte marktwirtschaftlicher Bildungsmodelle mit Privatschulen:

- Für Eltern mit weniger Einsicht in und Verständnis für die Schule ist es fast nicht möglich, die für ihre Kinder geeignete Schule auszuwählen. Als Folge davon werden sie ihre Kinder in die Quartierschule geben, während Eltern aus höheren Bildungsschichten ihre Schule bewusst wählen. Dadurch entstehen Schulen, welche soziale Unterschiede verfestigen, was unerwünscht ist.
- Um Schüler/innen zu gewinnen, werden sich Schulen pädagogischen Modeerscheinungen anpassen, die jedoch nicht immer zu höherer Qualität beitragen.
- Bedroht werden könnte ein dringend nötiger minimaler Wertekonsens. Es ist nicht auszuschließen, dass die Lehrplanautonomie den Eingang fundamentalistischer Ideen in einzelne Schulen verstärken könnte, was in der heutigen Zeit der Verunsicherung nicht erwünscht ist.

Insgesamt ist zu erwarten, dass ein Schulsystem mit umfassender Autonomie zu weiteren sozialen Ungleichheiten in unserer Gesellschaft, zu einer Störung der Kontinuität der Bildung für alle gesellschaftlichen Schichten und zu einer weiteren gesellschaftspolitischen Polarisierung führen könnte. Angesichts dieser Problematik wird in diesem Beitrag nicht auf die Führung von privatisierten Schulsystemen eingegangen.

Pädagogisch sinnvoll ist es aber, ein staatliches Schulsystem zu dezentralisieren und den einzelnen Schulen eine genau definierte Autonomie zu geben. Diese Forderung lässt sich aufgrund der Erkenntnisse der Forschungen zur guten Schule rechtfertigen (vgl. dazu Darling-Hammond 1995 sowie die Forschung zur guten Schule, zusammenfassend bei Dubs 2004). Eine Schule ist dann »gut« (bezogen auf gute Lernleistungen der Schüler/innen sowie eine möglichst hohe Zufriedenheit der Lehrenden und Lernenden), wenn

1. ihre Lehrkräfte ein hohes Schulethos haben, d.h. sie nicht nur gut unterrichten, sondern sich darüber hinaus auch mit der Entwicklung der ganzen Schule befassen und für die Schüler/innen über den Unterricht hinaus zur Verfügung stehen;
2. die Schule sich durch ein eigenes Schulprofil und eine gute Schulkultur auszeichnet, sich also in einer bedeutenden Weise von anderen Schulen unterscheidet;
3. die Lehrkräfte untereinander gut kommunizieren und zusammenarbeiten;
4. sie sich gemeinsam um die Weiterentwicklung der Schule bemühen und die Entwicklung der Schule laufend und zielgerichtet evaluieren;
5. die Schule leistungsorientiert ist (vielgestaltige, sinnvoll begründbare Lernleistungen);

6. sie Ordnung und Disziplin hat, d.h. Regeln für das Zusammenleben und das Wohlbefinden aller Schulangehörigen festlegt und diese durchsetzt;
7. sie über eine Schulleitung verfügt, die sich durch eine gute Leadership auszeichnet.

Vor allem die ersten vier Kriterien lassen sich nicht durch Vorgaben zentraler Schulbehörden verwirklichen, sondern müssen von unten her in jeder einzelnen Schule gestaltet werden. Deshalb brauchen die einzelnen Schulen mehr Autonomie. Solange jedoch die Schulen staatlich bleiben, kann es sich nicht um eine umfassende, sondern nur um eine *Teilautonomie* handeln, die genau zu definieren und gesetzlich zu verankern ist. Unterschiedliche Ausgestaltungsformen der Teilautonomie führen zu einem verschiedenartigen Rollenverständnis und zu andersartigen Führungsaufgaben der Schulleiterin oder des Schulleiters.

Neben dem Grad der Zentralisierung einer Schule (Umfang der Autonomie) ist für die Gestaltung der institutionellen Struktur einer Schule die Funktion der Schulleitung zu bestimmen. Dieser Entscheid beinhaltet eine politische Komponente. Vertreter einer basisdemokratischen Orientierung treten für eine Schule ein, die von unten nach oben gemeinsam entwickelt wird und wollen der Schulleitung nur eine Moderatorfunktion zuweisen. Für Vertreter einer stärkeren Effizienz- und Führungsorientierung steht die Leitungsfunktion im Vordergrund, d.h. die Schulleitung verfügt auch über Entscheidungsbefugnisse. Die Frage, welche Führungsfunktion die Schulleitung haben soll, ist in der populären Diskussion bis auf den heutigen Tag umstritten. Vor allem Lehrkräfte glauben immer noch stark an ein basisdemokratisches System. Sie befürchten, dass eine von einer Schulleitung geleitete Schule zu einer unnötigen Hierarchisierung und damit verbunden zu einer Bürokratisierung und Entpersönlichung der Schule führe. Diese Gefahr besteht tatsächlich, wenn Schulleiter/innen einem dominanten Führungsverhalten verfallen, was leider immer wieder zu beobachten ist. Mit einem modernen Führungsverständnis im Sinne der in diesem Beitrag vertretenen Auffassung von Leadership lassen sich diese Nachteile vermeiden. Die empirische Forschung ist dieser Frage vertieft nachgegangen und zu einem eindeutigen Schluss gekommen, der allerdings von einer normativen Voraussetzung ausgeht, die meistens nicht genügend transparent gemacht wird: Soll eine Schule langfristig sowohl aus pädagogischer Sicht (Erreichen der erwünschten pädagogischen Ziele) als auch aus wirtschaftlicher Sicht (ökonomisch zielstrebiger Einsatz und zielgerichtete Verwendung der finanziellen Mittel) effizient und effektiv sein und soll die Zufriedenheit aller Schulangehörigen langfristig möglichst hoch sein, bedarf es einer Schulleitung, welche eine *Führungsfunktion* wahrnehmen kann, also definierte Kompetenzen und Entscheidungsbefugnisse hat.

Dass geleitete Schulen bessere Schulen sind, belegen viele Untersuchungen. Sie zeigen vor allem, dass eine basisdemokratische Führung mit ausschließlich gemeinsamen Entscheidungen nicht zu besseren Entscheidungen und nicht zu nachhaltig positiven Veränderungen in der Schule führen (Smylie/Lazarus/Brownlee-Conyers 1996; Miller 1995; Weiss/Cambone 1994; Taylor/Bogotch 1994; Summers/Johnson 1991). Marks und Louis (1995) verweisen zwar auf die Wichtigkeit der Mitwirkungsmöglichkeiten für Lehrkräfte, betrachten sie jedoch nur als notwendige, aber nicht als genügende Voraussetzung für die gute Schule. Murphy (1994) begründet den geringen Erfolg basisdemokratischer Schulorganisationsformen damit, dass einerseits die Mitbestimmung ein zu schwacher Einflussfaktor für die Güte einer Schule ist und andererseits die zusätzlichen Belastungen der Lehrkräfte, durch zu viel Mitwirkung, erfolgshemmend wirken. Nach Miller (1995) hängen Veränderungen in der Schule offensichtlich stärker von den Visionen und den Führungsfähigkeiten des Schulleiters oder der Schulleiterin ab als von umfassenden Mitwirkungsmöglichkeiten der Lehrkräfte. Aber schon hier sei deutlich gemacht, dass von einem sehr differenzierten Führungsverhalten der Schulleitungspersonen auszugehen ist. Darauf ist bei der Darstellung des Begriffes Leadership zurückzukommen.

Die empirische Forschung bestätigt also, dass eine von einer Schulleiterin oder einem Schulleiter geleitete Schule wirksamer ist. Viele Lehrkräfte meinen aber, eine geleitete Schule brauche keine verantwortliche Schulleiterin und keinen verantwortlichen Schulleiter, sondern anzustreben seien Schulleitungsteams (z.B. eine Schulleiterin und stellvertretende Schulleiter), welche die Schule gemeinsam führen und auch gemeinsam die Verantwortung für die Schule gegenüber den Schulbehörden, Eltern und Lehrmeistern in den Betrieben tragen. Diese Vorstellung beruht auf dem Gedanken der Teamarbeit, die vor allem mit den folgenden Argumenten gerechtfertigt wird:

- Teamarbeit garantiert, dass unterschiedliche Fähigkeiten von Teammitgliedern zusammengeführt werden, wodurch sich komplexe Aufgaben besser bewältigen lassen.
- Teamarbeit schafft eine anregende und herausfordernde Sozialdynamik.
- Teamarbeit bringt eine anregende und herausfordernde soziale Umwelt, welche zur fortwährenden kritischen Selbstreflexion anregt.

Dadurch entsteht eine höhere gegenseitige Abhängigkeit, welche die Identifikation der einzelnen Leitungspersonen erhöht und die Kultur stärker prägt (Gomez/Rüegg-Stürm 1997). Diese Vorteile der Teamarbeit treffen in vielen – aber nicht allen – Fällen zu. Entscheidungsunfreudigkeit, Eitelkeiten, Profilierungsbemühen oder destruktives Verhalten können ebenso wie gewisse Persönlichkeitsmerkmale die Wirkung der Teamarbeit schmälern. Der wesentliche Nachteil einer ausschließlich teamorientierten Führung ergibt sich aus der Verantwortung. Unter Verantwortung wird die Pflicht verstanden, für die zielentsprechende Erfüllung einer Aufgabe persönlich Rechenschaft abzulegen (Hauschild 1995). Eine kollektive Verantwortung eines Teams kann es nicht geben, denn niemand kann für Handlungen und Entscheidungen anderer verantwortlich gemacht werden. In jedem zielgerichteten sozialen System – so auch in einer Schule – muss letztlich jemand einer Instanz oder der Öffentlichkeit gegenüber verantwortlich sein. Dies ist insbesondere in kritischen Situationen bedeutsam, denn bei einer kollektiven Verantwortung würde häufig jedes Teammitglied ein anderes für Missgeschicke und Fehlleistungen verantwortlich machen, was – ähnlich wie in der Politik – zu einer generellen Verantwortungslosigkeit führen könnte. Deshalb übertragen die meisten Schulgesetze die Verantwortung für die Führung und die Entwicklung einer Schule an die Schulleiterin oder den Schulleiter, welche daher klarer Kompetenzen und Entscheidungsrechte bedürfen.

Diese Zuteilung von Kompetenzen und Entscheidungsrechten an verantwortliche Schulleiter/innen bedeutet aber keinen Rückfall in alte autoritäre – was immer dies auch bedeuten mag – Führungsvorstellungen. Heute vermag eine Schulleiterin oder ein Schulleiter sowohl aus Zeitgründen als auch angesichts der steigenden Komplexität der Probleme nicht mehr alle Führungsaufgaben allein zu lösen. Sie sind auf die Aussprache mit den Schulleitungsmitgliedern und weiteren Angehörigen des Lehrkörpers sowie auf die Delegation von Aufgaben und Kompetenzen angewiesen. Die Zeit der allwissenden und Recht habenden Patriarchen ist vorbei; Teamwork ist ein wesentliches Merkmal moderner Schulführung. Deshalb sind das Schulleitungsteam und Projektgruppen in einer Schule bedeutsam. Im Idealfall sind denn auch Teams häufig gleicher Meinung, sodass sich eine alleinige Entscheidung der Schulleiterin oder des Schulleiters formell erübrigt. Es gibt aber viele Situationen, in denen die Schulleiterin oder der Schulleiter über ein letztes Entscheidungsrecht verfügen muss: in Krisensituationen, bei großem Zeitdruck, wenn die Entscheidungsfindung in Teams oder im Lehrkörper verzögert wird, die Bereitschaft zur Entscheidung fehlt oder unlösbare Uneinigkeit vorliegt.

Damit wird hier das Konzept einer *geleiteten Schule* vertreten, das sowohl für teilautonome staatliche wie auch für private Schulen gelten soll. Wesentlich ist aber, dass die Kompetenzen und das Entscheidungsrecht für die Schulleiterin bzw. den Schulleiter in einer Schule klar geregelt werden. Dabei ist auf die gewachsene Kultur und die Größe einer Schule Rücksicht zu nehmen. In kleinen Schulen werden die Mitbestimmungsrechte der Lehrkräfte größer sein als in großen Schulen, wobei die basisdemokratische Schule in jedem Fall eine Illusion bleiben wird. Theoretisch wäre sie zwar durchaus denkbar, wenn drei Bedingungen erfüllt wären: Erstens müssten sich alle Lehrpersonen mit ihrer Schule und den Zielen voll identifizieren. Zweitens müssten sie für die basisdemokratische Entscheidungsfindung viel Zeit zur Verfügung stellen. Und drittens müssten sie eine hohe, positive Streitkultur beherrschen. Dass diese drei Kriterien an vielen Schulen nicht gegeben sind, braucht nicht näher begründet zu werden. Vor allem der Zeitfaktor wird eine immer größere Restriktion für eine basisdemokratisch geführte Schule, denn teilzeitbeschäftigten Lehrkräften fehlen die Zeit und z.T. auch die Bereitschaft zur abwägenden, kompetenten Mitbestimmung immer mehr.

Zusammenfassend wird damit die Führung einer Schule im Sinne einer teilautonomen geleiteten Schule[1] dargestellt. Deshalb gelten die Erkenntnisse, die im Folgenden vorgetragen werden, nur für diese institutionelle Struktur einer Schule. Entschiede man sich für eine verwaltete oder eine basisdemokratisch geführte Schule, so wären andere Erkenntnisse darzulegen.

---

[1] Synonyme Begriffe sind »selbstständige Schule«, »Schule mit Gestaltungsfreiräumen«, »eigenständige Schule«.

Viele alltägliche Unsicherheiten in der Führung einer Schule sind auf unklare Rahmenbedingungen im Zusammenhang mit der institutionellen Struktur der Schule zurückzuführen. Deshalb sind sie zu präzisieren.

2.2 Merkmale einer teilautonomen geleiteten Schule

In allen deutschsprachigen Ländern bekunden die Schulbehörden immer noch Mühe mit dem Setzen einer klaren Rahmenordnung für die Teilautonomie (vgl. Dubs 2002a). Für deren Erfolg ist entscheidend, dass zwischen strategischer und operativer Führung unterschieden wird. Den bildungspolitischen Behörden und der Schuladministration obliegt die *strategische Führung* einer Schule, d.h. sie geben den einzelnen Schulen die langfristigen Ziele vor und überwachen deren Erreichung. Dies tun sie mit einem *Leistungsauftrag* (die Behörde gibt die Ziele vor) oder einer *Leistungsvereinbarung* (die Behörde und die einzelnen Schulen handeln die Zielsetzungen aus). Der Schulleitung obliegt die *operative Führung*, d.h. sie ordnet das alltägliche Geschehen in der Schule im Rahmen der rechtlichen Vorschriften und der Zielvorgaben im Leistungsauftrag oder in der Leistungsvereinbarung. Selbstständig wahrnehmen kann die Schulleitung ihre Führungsaufgabe (Leitungsaufgabe, Schulleitungshandeln) aber nur, wenn ihr Autonomiebereich (die Selbstständigkeit) klar geregelt ist. Der Umfang der Selbstständigkeit lässt sich nicht allgemein gültig umschreiben, sondern er kann je nach politischen Zielvorstellungen und kulturellen Gegebenheiten sehr unterschiedlich ausgestaltet werden. Tendenziell beginnt sich folgende Lösung abzuzeichnen: Die Schule verfügt

- auf der Grundlage eines Globalbudgets über eine *Finanzautonomie*, indem sie über den Mitteleinsatz für Investitionen (allenfalls beschränkt auf einen Maximalbetrag) und für die Betriebskosten selbst entscheidet;
- über eine *Personalautonomie*, d.h. aufgrund eines Personalplans, der von der zuständigen Schulbehörde genehmigt ist, sowie einer verbindlichen Besoldungsordnung entscheidet sie über die Wahl und Entlassung von Lehrkräften, wobei diese Entscheidungen von den zuständigen Schulbehörden genehmigt oder zurückgewiesen werden können (wobei die Schulbehörde nicht von sich aus anders wählen darf);
- über eine *Organisationsautonomie*, d.h. die einzelne Schule hat die Freiheit, ihre Schule nach ihren Vorstellungen zu organisieren (Aufbau- und Ablauforganisation, Unterrichtszeiten, Stundenplan usw.); und
- über eine *Lehrplanautonomie*, d.h. die Schulbehörden geben verbindliche Minimallehrpläne oder Bildungsstandards vor, die nur einen Teil der Unterrichtszeit beanspruchen, damit die Schulen die Möglichkeit haben, die übrige Unterrichtszeit selbst zu gestalten, indem sie einen Schullehrplan entwickeln, mit dem sie ihrer Schule ihr eigenes Profil geben.

Ein wirksamer Umgang mit diesen Autonomieräumen setzt eine geleitete Schule voraus, die sich folgendermaßen umschreiben lässt:

> *Geleitete Schule heißt:*
> - *Eine Schulleiterin oder ein Schulleiter trägt allein die gesamte <u>Verantwortung</u> für die Funktionstüchtigkeit und die stete Fortentwicklung und Qualitätsverbesserung der Schule.*
> - *Die Verantwortung ist die Pflicht der Schulleiterin oder des Schulleiters, für die zielerreichende Erfüllung aller Aufgaben der Schule <u>Rechenschaft</u> abzulegen und die Konsequenzen für Mängel und Fehlentwicklungen zu tragen.*
> - *Wer die Verantwortung hat, muss über <u>Entscheidungskompetenzen</u> verfügen, weil man nur für das verantwortlich sein kann, was man selbst entschieden hat.*
> - *Für den Führungserfolg entscheidend ist aber, dass Verantwortliche erstens ein <u>transparentes Verhalten</u> zeigen, zweitens Aufgaben an die Lehrerschaft <u>delegieren</u> und drittens die Lehrerschaft bei der Entscheidungsfindung <u>mit einbeziehen</u>, also nicht in einem überholten (autokratischen) Sinn führen, sondern sich durch <u>Leadership</u> auszeichnen.*

Ein entscheidendes Wesensmerkmal der teilautonomen Schule ist das Bemühen von Schulleitung und Lehrerschaft, die Schule stets weiterzuentwickeln und die damit erreichten Qualitätsverbesserungen gezielt festzustellen. Diesem Ziel dient die Schulentwicklung.

> *Ziel der <u>Schulentwicklung</u> ist es, mittels einer regelmäßigen Analyse einer Schule und gezielten Innovationen einen angestrebten neuen Zustand der Schule zu erreichen. Schulentwicklung ist also ein langer, kontinuierlicher, dynamischer und planmäßiger Analyse-, Problemlöse-, Innovations- und Lernprozess, der von der Lehrerschaft einer Schule getragen wird. Deshalb wird auch von Potenzialentwicklung einer Schule gesprochen, d.h. die Lehrpersonen schaffen langfristig günstige Voraussetzungen, damit die Schule die von der Bildungspolitik vorgegebenen (Leistungsauftrag oder Leistungsvereinbarung) und die im Rahmen der Autonomie selbst entwickelten Ziele effizient erreicht.*

Schulentwicklungsmaßnahmen sind ein wichtiges Wesensmerkmal der teilautonomen geleiteten Schule, denn wenn sich die einzelnen Schulen nicht selbst um die Profilgebung und fortwährend selbst um Innovationen und Qualitätsverbesserungen bemühen, könnte ebenso gut an einem zentral geführten Schulsystem festgehalten werden. Sinnvoll und wirksam sind jedoch Schulentwicklungsmaßnahmen nur, wenn sie von der ganzen Lehrerschaft getragen werden. Deshalb sollten Schulleitungen Innovationsanstößen der Lehrerschaft (»Initiativen von unten«) alle Aufmerksamkeit schenken und – sofern sie sinnvoll sind (in die Strategie und das Profil der Schule passen) – unterstützen und zur weiteren Bearbeitung in den ganzen Lehrkörper hineintragen. Die praktische Erfahrung lehrt aber, dass eine ausschließlich basisdemokratisch ausgerich-

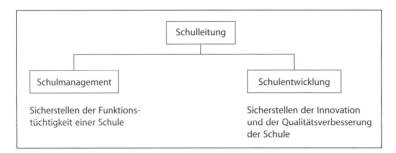

Abb. 2: Zweiteilung der Aufgaben bei der Leitung einer Schule

tete Schulentwicklung nicht zuletzt angesichts der Belastungssituation und der Ermüdungserscheinungen bei Lehrkräften nicht nachhaltig bleibt, sondern sie bedarf einer mitwirkungsorientierten Leitung durch die Schulleiterin oder den Schulleiter.

Deshalb umfasst die Leitung einer teilautonomen geleiteten Schule zwei grundsätzlich verschiedene Aufgaben (vgl. Abb. 2): Einerseits erfüllt sie eine *Managementaufgabe* zur Sicherstellung der Funktionstüchtigkeit der Schule. Dazu bedarf es eines kompetenten und rationalen Ausübens der Führungsaufgaben aufgrund einer effizienten und effektiven, ziel- und abwicklungsorientierten Organisation mit gut strukturierten Abläufen, also einer an betriebswirtschaftlichen Erkenntnissen ausgerichteten Führung, die aber für die Verwirklichung der Schulentwicklung allein nicht ausreicht. Deshalb wird die *Schulentwicklung* zur zweiten Aufgabe der Leitung einer Schule. In diesem Bereich stehen die Förderung der Identifikation mit den Zielen der Schule, die Stärkung ihres Leistungspotenzials sowie die gemeinsame Problemlösung und Potenzialentwicklung aufgrund von Visionen und strategischen Absichten im Vordergrund. Wichtig ist es nun, diese beiden Bereiche in einem auf die jeweiligen Verhältnisse der einzelnen Schule ausgerichteten *Führungskonzept* zusammenzufassen.

2.3 Führungskonzepte

> *Das Führungskonzept beschreibt, wie in einem sozialen System Führung verstanden wird. Aufbauend auf einer Führungsphilosophie werden die Rahmenbedingungen festgelegt, auf welche die indirekte Führung (Gestaltung der Ordnungsmomente) und die direkte Führung (Mitarbeiterführung) ausgerichtet wird. Wesentlich ist dabei, dass eine konsistente Vernetzung aller Aspekte erfolgt, welche die wechselseitige soziale Beeinflussung zur Erfüllung der gemeinsamen Aufgaben sicherstellt. Letztes Ziel des Führungskonzeptes ist es, das Verhältnis Vorgesetzte(r)/Mitarbeitende in pragmatischer Form zu umschreiben.*

Idealtypisch werden drei Formen von Führungskonzepten unterschieden, welche von einer jeweils anderen Führungsphilosophie ausgehen (Wunderer 2003): das autokratisch-zentralistische Konzept, das kooperative Teamkonzept und das kooperativ-delegative Konzept. Tabelle 1 zeigt deren Merkmale.

Tab. 1: **Idealtypische Führungskonzepte**

	Autoritär-zentralistisches Konzept	**Kooperatives Teamkonzept**	**Kooperativ-delegatives Konzept**
Führungs-philosophie	einseitige Anordnung durch Vorgesetzte/n	Vorgesetzte/r als »Primus inter Pares«	Vorgesetzte/r als Verantwortliche/r, Mitarbeitende als Mitentwickler und Umsetzer von innovativen Leistungen
Rolle der/des Vorgesetzten	Befehlsgeber	Primus inter Pares	Leader
Rolle der Mitarbeitenden	Untergebene	Mitarbeit	»Mitwirkende«
Führungsstil	autoritär	konsultativ-kooperativ	kooperativ-delegativ bis autonom
Führungs-funktionen	kommandieren, kontrollieren, korrigieren	kommunizieren, kooperieren, koordinieren	Leistungen fordern, fördern, Feedback geben

Im Alltag begegnet man auch heute noch allen drei Führungskonzepten. Anzustreben ist jedoch das kooperativ-delegative Konzept, nicht nur weil es den heutigen Wertvorstellungen am ehesten entspricht, sondern weil es – richtig angewandt – langfristig am wirksamsten ist und der institutionellen Struktur einer teilautonomen geleiteten Schule am besten entspricht (Delegation der Aufgaben nach unten, Mitwirkung der Lehrkräfte und des Schulpersonals, Verantwortung bei der Schulleiterin bzw. dem Schulleiter).

Für den Aufbau eines Führungskonzeptes bedeutsam ist die ganzheitliche Konsistenz, d.h. die indirekte (strukturell-systematische) und die direkte (personal-interaktive) Führung müssen widerspruchsfrei sein. So muss beispielsweise die Organisation so ausgestaltet sein, dass Delegation und eigenes Reflektieren im sozialen System auf allen Stufen möglich sind. Abbildung 3 verweist auf die beiden Dimensionen eines Führungskonzeptes (vgl. dazu auch Wunderer 2003).

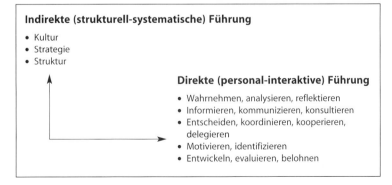

Abb. 3: Die beiden Dimensionen von Führung

2.4 Die Aufgaben des Schulleiters bzw. der Schulleiterin

Führungskonzepte und Führungsverhalten orientieren sich nicht nur an Theorien und Vorstellungen über Führung, sondern sie werden auch geprägt durch die Aufgaben, die Führungskräften übertragen werden. Für die Führung von Schulen bedeutsam ist das Ausmaß der Teilautonomie. Je weniger Autonomie verliehen wird, desto stärker wird sich das Führungskonzept in Richtung einer autoritär-zentralen Führung orientieren müssen, denn die Schulleiterin oder der Schulleiter wird nur zum Vollzieher von Aufträgen der Schulbehörden, die zu verwirklichen sind. Je mehr Autonomie dagegen den einzelnen Schulen gegeben wird, desto mehr eigene Gestaltungsmöglichkeiten erhalten sie und umso bedeutsamer werden Formen einer mitwirkungsorientierten, kooperativ-delegativen Führung. Diesem Beitrag werden die im Kasten auf der nächsten Seite dargestellten Aufgaben der Schulleiterin oder des Schulleiters zugrunde gelegt.

Für den Erfolg von teilautonomen geleiteten Schulen entscheidend ist nun, wie Schulleiter/innen diese Aufgaben wahrnehmen und erfüllen. Dazu versuchen Führungstheorien Antworten zu geben.

3. Führungstheorien

3.1 Begriffliche Grundlagen

Bis heute besteht weder in der Wissenschaft noch in der Praxis Einigkeit darüber, welche Führungstheorie die besten Grundlagen für die Führung eines sozialen Systems gibt. Der Grund dafür mag darin liegen, dass der Begriff »Führung« ein Konstrukt ist, d.h. je nach normativen Annahmen und Erkenntniszielen wird Führung ganz anders definiert. Bereits 1974 hat Stogdill elf Betrachtungsweisen unterschieden:

1. Führung als Mittelpunkt des Gruppenprozesses;
2. Führung als Persönlichkeit des Führens;
3. Führung als Fähigkeit, bei anderen Einverständnis zu erreichen;
4. Führung als Ausübung von Einfluss;
5. Führung als Handlung oder Verhalten;
6. Führung als eine Form der Überredung;
7. Führung als Machtbeziehung;
8. Führung als Ergebnis der Interaktion;
9. Führung als Instrument der Zielerreichung;
10. Führung als Rollendifferenzierung;
11. Führung als Initiierung von Rollenstrukturen.

In Wirklichkeit greifen bei der Erfüllung von Führungsaufgaben viele dieser Betrachtungsweisen ineinander. Es bestehen also viele Wechselwirkungen, die insgesamt forschungsmäßig kaum je umfassend dargestellt werden können. Deshalb wurden im

Aufgaben des Schulleiters bzw. der Schulleiterin

1. *Verantwortung für die Zielrichtung der Schule*
   - Die eigene Vision über die Schule stets reflektieren und sie kommunizieren, um Maßnahmen und Innovationen anzuregen;
   - allen geplanten Maßnahmen Sinn geben, um die Schulkultur zu stärken;
   - für Schulentwicklungsmaßnahmen und für die alltägliche Gestaltung der Schule hohe Ansprüche stellen;
   - Initiativen von Lehrkräften auffangen, beurteilen und unterstützen.

2. *Pädagogische Leitung der Schule*
   - Selbst ein kleines Pensum unterrichten, um den Bezug zum Unterrichtsalltag aufrechtzuerhalten;
   - pädagogische Innovationen anregen und Innovationsprozesse einleiten;
   - ein Weiterbildungskonzept für die Schule entwerfen und umsetzen;
   - Lehrkräfte bei Problemen unterstützen.

3. *Personalwesen der Schule*
   - Ein Personalführungskonzept entwerfen und umsetzen: Personalgewinnung, Personalbeurteilung, Personalhonorierung, Personalförderung;
   - den Umgang mit dem Personal durch klare Vorgaben, Transparenz, Verständnis sowie problem- und konfliktlösend mit dem Ziel eines guten Schulklimas gestalten;
   - eine gute und offene Feedbackkultur aufbauen.

4. *Management der Schule*
   - Gute Organisationsstrukturen sicherstellen und wirksame Arbeitsabläufe aufbauen;
   - Unterhalt des Schulhauses sicherstellen und für geordnete schulhausinterne Verhältnisse sorgen;
   - Konzept für das Globalbudget aufstellen und für eine geordnete Abwicklung des Globalbudgets innerhalb der Schule sorgen;
   - den Lehrkräften gezielt für Innovationen und Eigeninitiativen Ressourcen zur Verfügung stellen;
   - für die Lehrerschaft und die Schülerschaft gute Arbeitsbedingungen schaffen;
   - ein Qualitätsmanagement mit Konsequenz umsetzen.

5. *Kommunikation*
   - Das Profil der Schule in der breiten Öffentlichkeit, bei den Behörden, den Eltern und den Lehrmeistern in den Betrieben bekannt machen;
   - für die Schule Lobbying betreiben;
   - ein externes Kommunikationskonzept entwerfen und nach Prioritäten in nicht übertriebener Form kommunizieren;
   - ein internes Kommunikationskonzept entwerfen und täglich transparent und ehrlich kommunizieren;
   - die Schule mit Symbolen gestalten (symbolische Führung).

6. *Persönliche Anforderungen*
   - Fähigkeit, Probleme zur Diskussion zu stellen, eine positive Streitkultur aufzubauen, Lehrpersonen mitwirken zu lassen und zum richtigen Zeitpunkt Entscheidungen zu treffen;
   - Fähigkeit, ein Klima der Identifikation und des Vertrauens zu schaffen;
   - Fähigkeit, Prioritäten zu setzen.

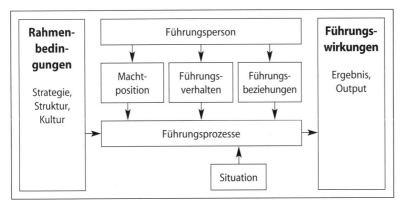

Abb. 4: Variablen von Führungstheorien

Verlaufe der letzten Jahrzehnte immer wieder neue Führungstheorien vorgelegt, die neben anderem jeweils auch durch Vorstellungen über das Menschenbild und über gesellschaftliche Entwicklungstendenzen beeinflusst sind.

> *Führungstheorien* wollen beschreiben und erklären, wie auf der Grundlage bestimmter Rahmenbedingungen (Ordnungsmomente des sozialen Systems) und in bestimmten Situationen Führungsprozesse, die durch die Machtposition der Führungsperson, ihr Führungsverhalten und ihre Führungsbeziehungen mit den Mitarbeitenden geprägt sind, erwünschte Führungswirkungen (Ergebnisse oder Outputs) hervorbringen.

Abbildung 4 zeigt diese Zusammenhänge.

3.2 Klassifikation der Führungstheorien

Die im Verlaufe der Jahrzehnte vorgelegten Führungstheorien unterscheiden sich nach den Betrachtungsweisen (vgl. die obige Aufzählung von Stogdill), welche die Forschenden dem Führungsverständnis zugrunde legen, nach dem Umfang der Variablen, die in Untersuchungen einbezogen werden, sowie nach der angewandten Forschungsmethodik. Versucht man, die vielen Theorien (vgl. dazu die ausführliche Darstellung bei Wunderer 2003) zu klassifizieren, so lassen sich idealtypisch vier unterschiedliche Ansätze erkennen, denen nahezu alle Führungstheorien zugeordnet werden können. Sie unterscheiden sich in der Betrachtungsweise und im Umfang der in den Ansatz einbezogenen Variablen.

1. Der *Macht-Einfluss-Ansatz* (vgl. Abb. 5). Bei diesen Theorien steht die Macht des Führens über die Geführten im Vordergrund. Diese Macht kann auf überlegener Sachkompetenz, Vorbild- und Identifikationswirkung, Amtsautorität, Sanktionsgewalt sowie Kontrolle der Information beruhen (French/Raven 1992). Bedeutsam sind dabei Machttaktiken, d.h. Wege, um sich die Macht zu sichern. Sie werden meistens als negativ wahrgenommen (im Sinne von Machiavelli als »Winkelzüge«,

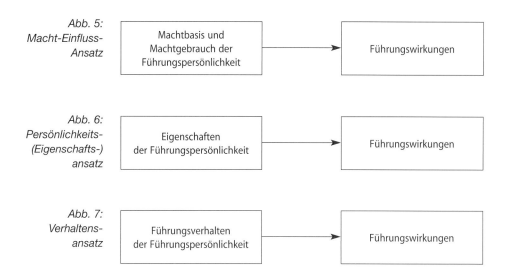

Abb. 5: Macht-Einfluss-Ansatz

Abb. 6: Persönlichkeits-(Eigenschafts-)ansatz

Abb. 7: Verhaltensansatz

um die persönliche Macht auszuweiten). Sie können aber durchaus auch positiv sein, wenn versucht wird, das eigene Verhalten so zu gestalten, dass der eigene Einfluss im Interesse der Zielerreichung des sozialen Systems verstärkt wird. Beispiele dafür sind gezielte Informationsvermittlung und Kontaktpflege, Einflussnahme auf die Rahmenbedingungen, Beziehungspflege, Bilden von Koalitionen, gezielte Formen der Selbstdarstellung, Chancen gezielt nutzen, in bestimmten Situationen Handlungsdruck erzeugen, günstige Situationen gezielt ausnutzen usw. (vgl. dazu Neuberger 1994).

2. Der *Persönlichkeitsansatz (Eigenschaftsansatz*; vgl. Abb. 6). Dieser Ansatz wird auch heute immer wieder vertreten, indem angenommen wird, die gute Führungskraft lasse sich durch Charaktermerkmale und/oder Persönlichkeitseigenschaften in allgemein gültiger Form beschreiben. Beispiele von Eigenschaften, von denen aufgrund empirischer Untersuchungen angenommen werden darf, dass sie positive Führungswirkungen haben, sind: Durchsetzungsfähigkeit, Selbstvertrauen, Kooperationsbereitschaft, Urteilsvermögen, Entscheidungsfähigkeit usw. (vgl. dazu Delhees 1995). Immer wieder wird auch das Charisma von Führungspersönlichkeiten als bedeutsam angesehen (z.B. Neuberger 2002). Charismatische Führungskräfte besitzen aus der Sicht der Geführten eine stark beeinflussende Ausstrahlung und sie nehmen bewusst Einfluss auf die Werthaltungen und die Emotionen der Geführten. Es gelingt ihnen auch, die Mitarbeitenden mit ihren Visionen zu überzeugen.

3. Der *Verhaltensansatz* (vgl. Abb. 7). Diese Führungstheorien gehen davon aus, dass sich gute und weniger gute Führungskräfte durch ein unterschiedliches Führungsverhalten unterscheiden. Beispiele dafür sind insbesondere Führungstechniken wie die Fähigkeit, den Mitarbeitenden Ziele zu setzen und sie bei ihrer Arbeit zu unterstützen, rasch und sicher zu entscheiden, gutes Feedback zu geben, Konflikte wirksam zu lösen, gut mit Mitarbeitenden umgehen zu können usw.

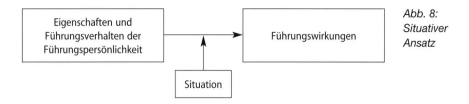

Abb. 8: Situativer Ansatz

4. Der *situative Ansatz* (vgl. Abb. 8). Bei diesem Ansatz werden die Führungswirkungen als abhängig (kontingent) von einer Vielzahl von situationalen und strukturellen Einflussfaktoren der Außen- und Innenwelt eines sozialen Systems verstanden. Weil Situationen etwas Einzigartiges sind, kann es nach diesen Führungstheorien kein allgemein richtiges Führungsverhalten geben, sondern man muss dieses je nach der Motivation und dem Können der Mitarbeitenden und je nach der Aufgabenstellung immer wieder situativ anpassen. Am weitesten entwickelt ist in diesem Zusammenhang das *Kontingenzmodell* von Fiedler (1967). Es besagt, dass die Führungswirkungen hauptsächlich von der motivationalen Orientierung einer Führungskraft und von organisationsinternen situativen Konstellationen abhängen. Fiedler interessiert sich besonders für das Führungsverhalten (Führungsstil), indem er zwei Ausrichtungen des Führungsverhaltens – der Führer orientiert sich in seinem Verhalten stärker an den zu erreichenden Zielen (Aufgabenorientierung) oder an den Bedürfnissen der Mitarbeitenden – drei Situationen gegenüberstellt: der Struktur der zu erfüllenden Aufgabe, der Qualität der Vorgesetzten-Mitarbeiter-Beziehung und der Positionsmacht der bzw. des Vorgesetzten. Anhand bestimmter unternehmerischer Aufgabenstellungen untersuchte er, welche drei Situationen bei diesen Aufgabenstellungen zu den besten Führungswirkungen beitragen. Unter anderem gelangte er aufgrund seiner empirischen Untersuchungen zur Erkenntnis, dass aufgabenorientierte Führungskräfte in Situationen mit sehr starker oder sehr geringer Positionsmacht, sehr komplexer oder sehr einfacher Aufgabenstruktur sowie sehr guten oder sehr schlechten Mitarbeiterbeziehungen höhere Führungswirkungen haben. Hingegen wiesen mitarbeiterorientierte Führungskräfte höhere Führungswirkungen in Situationen mit strukturierten Aufgaben und einer schlechteren Vorgesetzten-Mitarbeiter-Beziehung aus oder in Situationen mit unstrukturierten Aufgaben und einem guten Vorgesetzten-Mitarbeiter-Verhältnis, vor allem wenn die Vorgesetzten bei komplizierten Aufgaben eng mit ihrer Mitarbeitergruppe zusammenarbeiten müssen.

3.3 Beurteilung der Führungstheorien und Folgerungen

Alle Führungstheorien bieten Erklärungen zur Führung und zum Führungsprozess an und sie regen zum Reflektieren des eigenen Führungsverhaltens an. Keine – selbst solche, welche sich auf empirische Erkenntnisse stützen – vermag jedoch den Führungsprozess umfassend zu beschreiben, weil jede einerseits auf eigenen implizierten Annahmen beruht, die keine Allgemeingültigkeit beanspruchen können, und andererseits die Zahl der betrachteten Variablen im komplexen Führungsprozess beschränkt bleibt. Trotzdem lassen sich aber einige Erkenntnisse ableiten, die wenigstens viele gängige, aber oberflächliche Empfehlungen zum »richtigen« Führungsverhalten widerlegen (Yukl 1998; Wunderer 2003).

Trotz aller Vorbehalte bleibt der *Macht-Einfluss-Ansatz* bedeutsam, denn er zeigt, dass Führung immer mit einer bestimmten Macht verbunden ist und mit Strategien der Macht und des Machtaufbaues im Hinblick auf die Ziele eines sozialen Systems positiv umgegangen werden kann oder sie zur rücksichtslosen Stärkung der eigenen Position auch negativ eingesetzt werden können. Deshalb muss das Thema Macht in der Führung angesprochen werden. Führung ohne Macht ist nicht möglich und solange sie nicht negativ eingesetzt wird, sondern dazu beiträgt, die Leistung und die Kreativität der Mitarbeitenden in offener Weise zu stärken, solange sie nicht zur Übersteigerung von Statussymbolen führt, nicht bedrohend wirkt, keine Ängste hervorruft und vor allem das Selbstwertgefühl der Mitarbeitenden nicht bedroht, ist sie nicht schädlich. Der Frage der Macht kommt in der Schule eine besondere Bedeutung zu, weil Schulleiter/innen, welche ihre Macht zu missbrauchen versuchen, die Führungswirkungen sofort verlieren, denn es fehlen ihnen im Gegensatz zu Führungskräften beim Staat oder in der Wirtschaft letzte Sanktionsmaßnahmen, die sie durchsetzen können. Deshalb ist bei der späteren Definition der Leadership von Schulleiterinnen und Schulleitern der Machtproblematik besondere Beachtung zu schenken.

Das zentrale Problem des *Persönlichkeitsansatzes* liegt darin, dass den Charaktermerkmalen und den Persönlichkeitseigenschaften von Führungskräften im Vergleich zu anderen Variablen des Führungsprozesses zu viel Bedeutung beigemessen wird. Sicher spielen Merkmale wie Selbstvertrauen, Risikobereitschaft, Initiative, Entscheidungsfreudigkeit, Offenheit, Berechenbarkeit, Verlässlichkeit usw. für die Führungswirkungen eine entscheidende Rolle. Sie allein vermögen aber den Führungserfolg nicht zu begründen, weil alle diese Charaktermerkmale und Persönlichkeitseigenschaften mit den anderen Variablen des Führungsprozesses ausbalanciert werden müssen. So nützen beste Persönlichkeitsmerkmale nichts, wenn Führungskräfte beispielsweise nicht in der Lage sind, ein Gleichgewicht zwischen rascher Entscheidungsfähigkeit bei der Aufgabenerfüllung und den Bedürfnissen der Mitarbeitenden zu finden. Oder Selbstvertrauen, Risikobereitschaft und Entscheidungsfreude führen zu keinen positiven Führungswirkungen, wenn die Sachkompetenz fehlt oder die Führungsinstrumente nicht situationsgerecht eingesetzt werden. Deshalb sollte man sich von der populären Vorstellung lösen, mit dem Persönlichkeitsansatz ließen sich die Führungswirkungen erklären. Das heißt zugleich, dass man bei der Beurteilung von Führungskräften nur anhand von Charaktermerkmalen und Persönlichkeitseigenschaften und in Assessmentverfahren nur aufgrund von Ergebnissen aus Persönlichkeitstests sehr vorsichtig sein sollte.

Auch der *Verhaltensansatz* vermag für sich allein die Führungswirkungen nicht zu erklären. Zwar zeichnet sich immer deutlicher ab, dass bestimmte Verhaltensweisen bei der Entscheidungsfindung (Planung, Delegation, Problemlöseprozesse), Verhaltensweisen der Information (beobachten, informieren, klären), Verhaltensweisen der Verhaltensbeeinflussung (motivieren, anerkennen, fördern) sowie Verhaltensweisen des bewussten Aufbaus der Mitarbeitenden (Förderung von Gruppenprozessen, Teambuilding), Konfliktmanagement, Stärkung bei der Bildung von Netzwerken (Networking) die Führungswirkungen verstärken. Diese elf Verhaltensweisen von Stogdill gelten zwar in genereller Weise. Aber ihre relative Bedeutung hängt sehr stark von der konkreten Führungssituation und den Rahmenbedingungen sowie von den konkreten Aufgabenstellungen ab. So weiß man heute, dass es keine allgemein gültige Problemlöse- und Entscheidungstechnik gibt, sondern sie ist je nach fachlichem Bereich und Führungssituation unterschiedlich zu handhaben.

Ähnliches gilt für den situativen Ansatz. Zwar ist die Führungssituation bedeutsam. Aber Versuche, idealtypische Führungssituationen zu ermitteln, um daraus Erkenntnisse für den Führungsprozess zu gewinnen, sind gescheitert. Dies ist auch erklärbar: Führungspersönlichkeiten nehmen Führungssituationen unterschiedlich wahr, reagieren je nach ihrer Machtposition unterschiedlich und zeigen je nach Situation ein unterschiedliches Führungsverhalten. Deshalb weist das *Kontingenzmodell* in die richtige Richtung, allerdings mit dem Nachteil, dass die empirische Basis schwach und die Forschungsergebnisse noch widersprüchlich sind, was einerseits auf die Auswahl der Variablen und andererseits auf den ungenügenden Einbezug von Rahmenbedingungen zurückzuführen ist. Ganz generell scheint der Einbezug der Ordnungsmomente immer noch Mühe zu bereiten, obschon sie auf den Führungsprozess einen wesentlichen Einfluss haben, wie an folgendem Beispiel gezeigt werden kann. Angenommen, ein soziales System verfüge über eine tiefe Linienorganisation und eine hierarchisch geprägte Unternehmenskultur. Unter solchen Umständen lassen sich offenere Führungsprozesse mit Mitwirkungsmöglichkeiten der Mitarbeitenden nur schwer umsetzen und ihre Wirkung bleibt bescheiden.

Trotz dieser Schwächen der einzelnen Ansätze lassen sich aber aus der Fülle der empirischen Untersuchungen einige generelle Erkenntnisse ableiten, die auch für die Führungspraxis bedeutsam sind:

- Wirksame Führungskräfte schenken der *Beziehung Vorgesetzte(r)/Mitarbeitende* viel Beachtung, indem sie auf gegenseitiges Vertrauen und auf gegenseitige Loyalität viel Wert legen. Der Macht-Einfluss-Ansatz zeigt, dass sich Macht umso eher aufbauen lässt, je besser die sozialen Kontakte sind. Wesentlich dabei ist das Empfinden der Mitarbeitenden, sie seien von ihren Vorgesetzten unterstützt, wozu vor allem eine faire Behandlung, Respekt, Interesse für Bedürfnisse und Probleme und persönliche Förderung sowie Anerkennung, Mitwirkung in Entscheidungsprozessen, gutes Feedback und Netzwerkunterstützung zählen (Verhaltensansatz). Interessanterweise scheint es für charismatische Führungskräfte leichter zu sein, eine positive Machtbasis aufzubauen. Zeigen sie ein unterstützendes Führungsverhalten, so ergeben sich stärkere positive Führungswirkungen, vor allem dann, wenn die Aufgaben der Mitarbeitenden zu Belastungssituationen führen, schwierig sind und es an Selbstvertrauen fehlt. Bedeutsam sind im Weiteren interpersonale Verhaltensweisen wie Takt und Empathie, die Fähigkeit, zuzuhören sowie soziale Sensitivität. Negativ wirken gemäß dem Persönlichkeitsansatz hingegen narzisstische Führungskräfte, die sich auf ihre eigene Macht konzentrieren, wobei sie allerdings auch erfolgreich sein können, wenn sie mit einzelnen Mitarbeitenden eine enge Zusammenarbeit aufbauen, sie lohn- und statusmäßig fördern und damit in eine gewisse Abhängigkeit bringen.

Obschon einzelne Untersuchungen auf die positiven Wirkungen der charismatischen Führung hinweisen, sollte sie nicht überschätzt werden (Weibler 1997). Charisma lässt sich kaum erkennen und Führungskräfte, die von ihren Mitarbeitenden als charismatisch wahrgenommen werden, sind eher selten. Zudem birgt charismatische Führung Gefahren und Risiken in sich: Charismatische Vorgesetzte können Mitarbeitende ausnützen und missbrauchen. Oft spalten sie die Mitarbeitenden, indem sie sie in Anhänger und Gegner gegeneinander ausspielen. Auch die Gefahr der Verführung besteht und charismatische Führung wirkt oft nur während einer kurzen Führungsphase, weil sie schnell verblassen kann.

- Führungswirksam sind die *Beziehungen mit Gleichgestellten und mit Vorgesetzten*. Der Macht-Einfluss-Aspekt zeigt, wie Führungskräfte in mittleren Kaderpositionen mit mehr Unterstützung und Ressourcen »von oben« (Macht von »unten nach oben«) bessere Arbeitsbeziehungen mit ihren Mitarbeitenden aufbauen (vertikale Macht). Ähnliches gilt für die horizontale Macht: Kann eine Führungskraft ihren Mitarbeiterinnen und Mitarbeitern über Einflussnahme auf Vorgesetzte anderer Arbeitsgruppen oder Abteilungen bei der Arbeit helfen, so verstärkt sich das Vertrauen und die Führungswirkungen werden größer. Dieser horizontale und laterale Machtaufbau setzt aber ein Führungsverhalten voraus, das durch Offenheit und Kontaktfreude (Persönlichkeitsansatz) sowie systematische Informationsbeschaffung und -weitergabe gekennzeichnet ist (Verhaltensansatz). Zudem müssen die strukturellen Bedingungen gut sein, indem beispielsweise nicht stur und für alle interpersonellen Beziehungen am Dienstweg festgehalten wird (Situationsansatz). Bedeutsam sind diese vertikalen und lateralen interpersonellen Beziehungen auch in Konfliktfällen zwischen Arbeitsgruppen, die häufig auf Missverständnisse, Mangel an Informationen usw. zurückzuführen sind.

- Damit ist auf die *Wichtigkeit der Informationsprozesse* bei der Führung verwiesen. Wie bereits beschrieben, stellt die Macht über die Information eine wichtige Variable für die Führungswirkungen dar. Wirksame Führungskräfte verstehen es, Informationen zu sammeln, zu analysieren und zielgerichtet zu verbreiten. Bedeutsam ist die Weitergabe von Informationen, welche die Arbeit erleichtern, wobei die Führungswirkungen umso größer werden, je klarer über Erwartungen und Ziele informiert wird und die Arbeitsergebnisse ehrlich bewertet werden. In unserer Informationsgesellschaft ist für den Führungserfolg aber ein Führungsverhalten nötig, dass nicht überinformiert, sondern Informationen zielgerichtet nach Bedürfnissen und der Verarbeitungsfähigkeit der Mitarbeitenden weitergibt.

- Wichtig sind die *Problemlöse- und Entscheidungsprozesse*. Zunächst sind Fähigkeiten beim Problemlösen und Entscheiden eine Quelle und ein Objekt der Macht.

Wer Probleme innovativ löst, gewinnt an Macht und Einfluss. Interessant ist, dass in Krisensituationen charismatische Führungskräfte, die risikobereit sind und ungewohnte Aktivitäten auslösen, als erfolgreicher und überzeugender wahrgenommen werden. Wichtig sind im Entscheidungsprozess auch Verhaltensweisen von Führungskräften. Ihre Führungswirkungen sind umso größer, je stärker sie sich durch Sachkompetenz ausweisen, je klarer sie Probleme erkennen und darüber kommunizieren, je systematischer und nachvollziehbarer sie ihre Abläufe darlegen können und je zielstrebiger sie ihre Überlegungen auf konkrete Aktionen und Maßnahmen ausrichten. Schließlich spielt das Ausmaß des Einbezugs von Mitarbeitenden in Problemlöse- und Entscheidungsprozessen eine wesentliche Rolle. Führungskräfte, welche optimistisch sind und ihren Mitarbeitenden vertrauen, beziehen sie stärker mit ein als solche, welche ihre Position und Macht erhalten wollen und eher über ein negatives Mitarbeiterbild verfügen. Die Frage, ob Einzelentscheidungen der Vorgesetzten oder Gruppenentscheide besser sind, ist wissenschaftlich immer noch umstritten.

- Schließlich spielen die *Motivation* und die *Einflussnahme* in Führungsprozessen eine wesentliche Rolle. Auch hier sind zunächst Hinweise zur Macht bedeutsam. Der geschickte Einsatz von Feedback und Belohnung durch die oder den Vorgesetzten kann die Motivation stärken, er führt aber eher selten zu einem größeren Einsatz und zu einer stärkeren Verpflichtung im sozialen System. Die innere Verpflichtung wird eher gefördert, wenn sich Vorgesetzte bemühen, ihre Mitarbeitenden zu konsultieren und ihnen mit ihrem Wissen und Können zur Verfügung stehen. Bedeutsam ist ein motivierendes Führungsverhalten, das verschiedene Beeinflussungstechniken beinhaltet, bei denen das Bemühen im Vordergrund stehen sollte, die Mitarbeitenden zugunsten des sozialen Systems oder ihrer Aufgabe innerlich zu verpflichten. In diesem Zusammenhang haben charismatische Führungspersönlichkeiten – solange sie glaubwürdig bleiben – eine höhere Führungswirkung, wenn sie sich bei der Einführung von Neuem selbst modellhaft verhalten und ihre Mitarbeitenden von der Wichtigkeit des Tuns überzeugen. Bedeutsam ist ein motivierendes Verhalten in kritischen Situationen, wenn beispielsweise Mitarbeitende eine Aufgabe zu erfüllen haben, für die sie nicht motiviert sind oder die sie als riskant empfinden. In solchen Fällen können je nach Machtposition strikte Anordnungen kurzfristig wirksam sein. Längerfristig genügen sie aber nicht, weil sie nicht geeignet sind, die innere Verpflichtung der Mitarbeitenden zu stärken. Es scheint so zu sein, dass Führungskräfte mit einem hohen Selbstvertrauen, Bedürfnis nach Macht und hoher Sachkompetenz in jeder Situation mehr direkten Einfluss nehmen und dann erfolgreicher sind, wenn sie von der Sache her überzeugen können und zwischenmenschliche (politische) Zusammenhänge bei Problemen rasch erkennen. Narzisstische Persönlichkeiten mit einem auf sich selbst ausgerichteten Machtbewusstsein versuchen stärker, in einer dominierenden und nicht selten manipulativen Form Einfluss zu nehmen, und sind weniger erfolgreich als Führungskräfte, welche ihre Mitarbeitenden mit einbeziehen, indem sie versuchen, durch Zusammenarbeit und Förderung eine Identifikation mit den zu erfüllenden Aufgaben herbeizuführen.

Diese knappe Zusammenfassung empirischer Erkenntnisse macht deutlich, dass einzelne in der Praxis immer wieder als richtig vertretene Führungstheorien, die nicht selten zu eigentlichen »Schulen« entwickelt werden, das Konstrukt der Führung nicht umfassend zu erklären vermögen. Die einzelnen Theorien mögen gute Hinweise zur Verbesserung des Führungsprozesses geben, die aber immer wieder mit anderen Betrachtungsweisen und Ansprüchen in Verbindung zu bringen sind. Deshalb werden die folgenden Überlegungen zur Führung einer Schule nicht auf einer Führungstheorie aufgebaut, sondern es wird versucht, anhand eines normativen Rahmens und empirischer Erkenntnisse aus der Forschung zur Führung einer Schule ein *Leadership-Konzept* aufzubauen, das wissenschaftlichen Ansprüchen nicht widerspricht und geeignet ist, für die Praxis der Schulführung Hilfestellungen zu geben. Grundsätzlich bauen alle Überlegungen auf allen Variablen von Führungstheorien auf, wie sie in Abbildung 4 (vgl. S. 118) dargestellt sind.

4. Ein Leadership-Konzept für Schulen

4.1 Begriffliche Grundlagen

Aufgrund der bisherigen Aussagen zur teilautonomen geleiteten Schule, zum Schulmanagement und zur Schulentwicklung, zu den Führungstheorien und zu den Führungskonzepten lässt sich der Begriff *Leadership für Schulen* definieren. Dass es sich dabei nicht um ein theoretisches Konzept, sondern um ein pragmatisches, aber wissenschaftlich gut abgesichertes Modell handelt, wird sich im weiteren Verlauf dieses Beitrags immer deutlicher zeigen.

> *Leadership der Schulleiterin oder des Schulleiters umfasst die Aufgaben des Managements und der Schulentwicklung mit dem Ziel, die Schule so zu führen, dass sie ihre von den Behörden vorgegebenen und selbst entwickelten Ziele sowohl aus pädagogischer als auch aus wirtschaftlicher Sicht effizient und effektiv erreicht. Dazu zählen die folgenden Führungsaufgaben:*
>
> *Indirekte (strukturell-systematische) Führung:*
> - *Schaffen der Voraussetzungen für die Umsetzung einer pädagogischen Vision und zur Gestaltung des Profils (strategische Ausrichtung der Schule), das in reflektierter Weise immer wieder neuen Voraussetzungen und Gegebenheiten angepasst wird (Schulentwicklung, Innovation);*
> - *Sicherstellen einer funktionstüchtigen Struktur (Organisation) der Schule;*
> - *stetes Entwickeln der Kultur der Schule, mit dem Ziel, den Schulangehörigen Sicherheit innerhalb der Schule zu geben sowie ihre Motivation, Zufriedenheit und Identifikation mit der eigenen Schule zu stärken.*

Direkte (personal-interaktive) Führung:
- *Sicherstellen, dass die Schulangehörigen zielgerichtet informiert werden und die Gelegenheit zur reflektiven Auseinandersetzung mit der Information erhalten;*
- *Gewährleisten einer wirksamen Zusammenarbeit zwischen der Schulleiterin bzw. dem Schulleiter, der Schulleitung, der Lehrerschaft und der weiteren Schulangehörigen, die zielstrebig zu Entscheidungen und Verbesserungen der Schule führt, welche weder erzwungen noch in zögerlichen Prozessen erdauert werden;*
- *stetes Bemühen, die alltägliche Motivation, Zufriedenheit und Identifikation mit der Schule im Interesse der Qualitätsverbesserung zu stärken;*
- *Sicherstellen, dass allen Schulangehörigen ein ehrliches Feedback gegeben wird.*

Wesentlich an dieser Umschreibung der Leadership ist, dass sie sich nicht nur auf die direkte Führung und damit – wie in der Praxis oft zu beobachten – auf die Aspekte des Führungsverhaltens und des Führungsstils beschränkt, sondern mit dem Einbezug der Rahmenbedingungen (indirekte Führung) auf die Ganzheitlichkeit der Führung ausgerichtet ist, denn wirksam und glaubwürdig wird die Leadership erst, wenn alle ihre Merkmale in sich stimmig sind.

Aus praktischen Gründen erweist es sich als zweckmäßig, zwischen *transaktionaler* Leadership (oder *managerial leadership*) und *transformationaler* Leadership zu unterscheiden. Diese Zweiteilung der Führung ist in Abbildung 9 wiedergegeben (vgl. dazu auch Leithwood/Jantzi/Steinbach 1999). In letzter Zeit wird der transformationalen Leadership mehr Bedeutung beigemessen, bei welcher die Führungskräfte nicht nur aufgabenorientiert führen und im Wesentlichen anordnen, sondern Werte und Motive ihrer Mitarbeitenden auf eine höhere Ebene »transformieren«, um sie im Hinblick auf ihre Wünsche und Bedürfnisse und auf die Ziele des sozialen Systems zu inspirieren und herauszufordern. Durch eine individuelle Behandlung (Beachtung und Förderung), durch geistige Anregung (neue Einsichten vermitteln und bestehende Denkmuster aufbrechen), durch Inspiration (über Visionen motivieren und herausfordernde Ziele setzen) und durch persönliche Ausstrahlung (Enthusiasmus vermitteln, integer handeln und als Identifikationsperson wahrgenommen werden) soll darauf hinge-

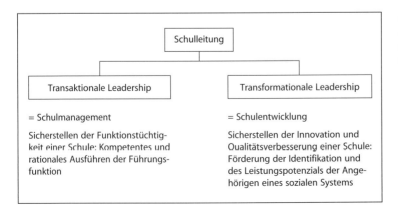

Abb. 9: Zweiteilung der Führung einer Schule

wirkt werden, auch emotionale Energien einzusetzen, um die gemeinsamen Ziele zu erreichen (Bass 1990; Bass/Avolio 1990). Diese Entwicklung zur transformationalen Leadership ist für Schulen sehr bedeutsam. Es darf aber nicht übersehen werden, dass auch die transaktionale Leadership ihre Wichtigkeit behält, denn wenn Schulleiter/innen die Funktionstüchtigkeit der Schule nicht auch unter betriebswirtschaftlichen Gesichtspunkten sicherstellen, ergeben sich häufig administrative und organisatorische Unzulänglichkeiten, welche die Zusammenarbeit in der Schule und deren Klima stark beeinträchtigen (vgl. Bolman/Deal 1997). Deshalb wird hier im Gegensatz zur amerikanischen Literatur die Führung einer Schule sowohl aus der Sicht der transaktionalen als auch der transformationalen Leadership gesehen, selbst wenn es gewisse Überschneidungen gibt.

4.2 Transaktionale Leadership

4.2.1 Überblick

Die transaktionale Leadership betrifft die Mitarbeiterführung (Lehrkräfte und Schuladministration) im administrativen Bereich der Schule (alltägliche operative Führung). Sie lässt sich in einem modernen Verständnis durch vier Dimensionen charakterisieren (vgl. auch Wunderer 2003):

1. zielorientierte soziale Einflussnahme zur Erfüllung einer gemeinsamen administrativen Aufgabe (Ziel-Leistungs-Aspekt)
2. in/mit einer strukturierten Arbeitssituation (Organisationsaspekt: Situationsgestaltung)
3. unter wechselseitiger, tendenziell symmetrischer Einflussausübung (partizipativer Aspekt: Machtgestaltung)
4. und konsensfähiger Gestaltung der Arbeits- und Sozialbeziehungen (prosozialer Aspekt: Beziehungsgestaltung).

Daraus lassen sich die Merkmale einer *transaktionalen Leadership* für die administrative Führung ableiten (vgl. Abb. 10). Diese Merkmale werden häufig als *Führungsgrundsätze* bezeichnet.

Abb. 10:
Transaktionale Leadership

> *Führungsgrundsätze* beschreiben und/oder normieren die Führungsbeziehungen zwischen Vorgesetzten und Mitarbeitenden im Hinblick auf eine effiziente und effektive Erreichung vorgegebener und selbst entwickelter administrativer Ziele unter Beachtung eines allen Mitarbeitenden gerecht werdenden Sozialverhaltens.

4.2.2 Partizipativ-situativer Führungsstil

Die Literatur über den Führungsstil ist kaum mehr zu übersehen (vgl. dazu die ausführliche Darstellung bei Wunderer 2001). Nicht zuletzt aufgrund der eigenen Erfahrung mit der transaktionalen Leadership wird hier auf die Kontingenztheorie zurückgegriffen, wobei die Variablen »Struktur der Aufgabe«, »Beziehungen zwischen den Be-

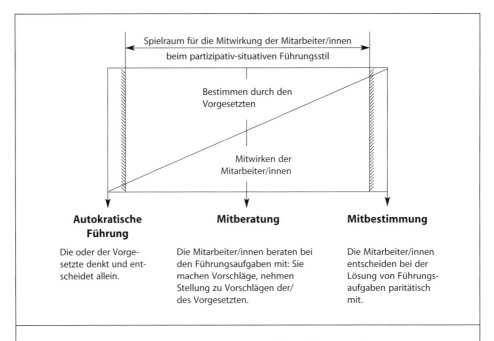

Abb. 11: Partizipativ-situativer Führungsstil

teiligten am Führungsprozess« sowie »Macht des Vorgesetzten« betrachtet werden. In ihren Untersuchungen kommen Fiedler/Chemers (1984) zu folgenden Erkenntnissen: Je stärker eine Aufgabe strukturiert ist (klare Ziele, die zu erreichen sind; Strukturiertheit des Arbeitsablaufes, bis das Ziel erreicht ist; Einfachheit der Überprüfung der Zielerreichung), je besser die Beziehungen zwischen den Vorgesetzten und ihren Mitarbeitenden sind und je stärker die Macht der oder des Vorgesetzten ist (insbesondere professionelle und moralische Autorität), desto mehr darf dieser selbst entscheiden und anordnen (straffere Form der Führung), ohne dass die Motivation der Mitarbeitenden und das Klima in der Arbeitsgruppe beeinträchtigt werden. Je unstrukturierter hingegen die Aufgabe ist und je weniger die oder der Vorgesetzte die Problemstellung übersieht, desto wichtiger wird es, die Mitarbeiter/innen bei der Entscheidungsfindung mit einzubeziehen. Damit wird die Situationsabhängigkeit des Führungsstils deutlich.

Im Sinne einer praktischen Hilfestellung darf man diese Erkenntnisse etwas generalisieren und für den Führungsstil die in Abbildung 11 dargestellten Prinzipien verwenden. Bei der Anwendung dieser Regeln sollten in Schulen die folgenden Aspekte beachtet werden: Oft interessieren sich Lehrkräfte für administrative Aufgaben wenig. Deshalb sollte man sie bei der Entscheidungsfindung auch bei unstrukturierten Aufgaben nur dann mit einbeziehen, wenn sie sich dafür wirklich interessieren und/oder persönlich betroffen sind sowie über die nötige Sachkompetenz verfügen.

Andernfalls kommt es zu »Mitwirkungs-Leerläufen«, wie man sie an vielen Schulen beobachtet, was letztlich zur Folge hat, dass sich die Mitwirkungsbereitschaft dann auch bei Schulentwicklungsaufgaben mindert, wo sie dringend nötig ist. Zudem sollten die Schulleiter/innen auch bei der Mitwirkung der Lehrkräfte und des administrativen Personals dann den Mut und die Kraft zur Entscheidung haben, wenn während langer Zeit keine Einigkeit gefunden wird oder die Entscheidungsfindung bewusst verzögert wird. Zu beachten ist schließlich, dass sich die Schulleiter/innen ehrlich darum bemühen, ihre Mitarbeitenden einzubeziehen. Zu häufig wird behauptet, es fehlte ihnen an Wissen und Können zur Mitwirkung. Nicht selten liegen in solchen Fällen Führungsfehler bei den Schulleitenden vor, weil sie der Weiterbildung und der Information nicht genügend Aufmerksamkeit schenken.

4.2.3 Die Delegation

Delegieren heißt Abgeben von Aufgaben mit den damit verbundenen Kompetenzen und der entsprechenden Verantwortung.

Zu unterscheiden sind die in Abbildung 12 auf der nächsten Seite angeführten Formen der Delegation. Hier geht es um die *Delegation der Führung*. Grundsätzlich müssen alle Vorgesetzten möglichst viele Aufgaben delegieren, um sich von der Routine zu entlasten und um Zeit für innovative Aufgaben zu gewinnen. Es zeigt sich immer wieder, dass viele Schulleiter/innen bis zu 80 Prozent ihrer Arbeitszeit für administrative Aufgaben verwenden und kaum mehr Zeit für die transformationale Leadership bei

Abb. 12: Formen der Delegation

Schulentwicklungsaufgaben haben. Je größer die Ansprüche an die Schule werden und je mehr Kritik an ihr geführt wird, desto wichtiger wird das stete Bestreben der Schulleitungen, die Qualität der Schule zu verbessern und sinnvolle Innovationen durchzusetzen. Bei der Delegation sind die folgenden Regeln zu beachten:

- Delegation entsprechend den Fähigkeiten der einzelnen Lehrkräfte und Verwaltungsmitarbeiter/innen.
- Möglichst dauerhafte Delegation gleichartiger Aufgaben an bestimmte Schulangehörige. (Wird ständig nur ad hoc delegiert, so führt dies zu Unsicherheiten bezüglich Ansprechpartner und zu Konflikten bei Zuständigkeiten.)
- Delegation möglichst vollständiger Aufgaben und nicht nur von isolierten Teilaufgaben. (Die Delegation von Teilaufgaben bringt zusätzliche Umtriebe und Missverständnisse.)
- Möglichst umfassende Instruktion und Information der Delegationsempfänger. (Ohne Informationen kann die Aufgabe nicht im Sinne einer umfassenden Zielsetzung erfüllt werden.)
- In der Regel werden Normal- und Routineaufgaben delegiert, während Spezialaufgaben in der Hand der verantwortlichen Stellen bleiben (= *management by exception*). Ausnahmsweise können aber auch wichtige Spezialaufgaben delegiert werden, insbesondere wenn sie keine zeitliche Eile haben oder wenn es sich um Aufgaben von geringer Priorität handelt.
- Klare Zuteilung und Abgrenzung nicht nur von Aufgaben, sondern auch der entsprechenden Kompetenzen. (Wer nur Aufgaben, aber keine Kompetenzen hat, ist für seine Aufgabe weniger motiviert.)

Im Rahmen der Führungsgrundsätze ist zu entscheiden, ob neben den Aufgaben und Kompetenzen auch die Verantwortung delegiert werden kann. In der Theorie werden zwei Auffassungen vertreten; die eine empfiehlt das Prinzip der *Unteilbarkeit der Verantwortung*, die andere gliedert in Führungs- und Handlungsverantwortung und lässt

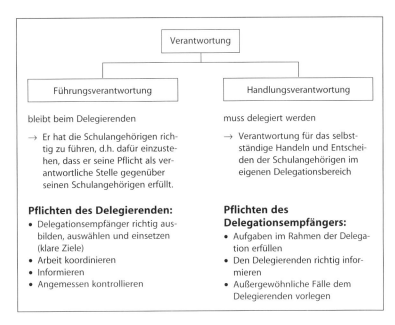

Abb. 13: Die Zweiteilung der Verantwortung bei der Delegation

die *Delegation der Handlungsverantwortung* zu. Entscheidet man sich für die Unteilbarkeit der Verantwortung, d.h. die Verantwortung bleibt trotz Delegation von Aufgaben und Kompetenzen bei der oder dem Vorgesetzten, so hat man zwar eine einfache Lösung. Aber dann wird auch nicht delegiert, denn wer ist schon bereit zu delegieren, wenn er allein verantwortlich bleibt? Aus diesem Grund ist die Gliederung in Führungs- und Handlungsverantwortung vorzuziehen (vgl. Abb. 13). Die oder der Vorgesetzte delegiert und bleibt für die richtige Führung der Delegation verantwortlich, indem er die Delegationsempfänger richtig auszubilden, auszuwählen und einzusetzen hat, die Arbeiten koordinieren und informieren muss.

Zudem hat er den Fortgang der Arbeiten angemessen zu kontrollieren. Diese Führungsverantwortung kann also nicht delegiert werden. Hingegen geht die Handlungsverantwortung an die Mitarbeiter/innen über. Sie sind für die richtige Ausführung der Arbeiten im Rahmen der Delegation verantwortlich und haben Außergewöhnliches der bzw. dem Vorgesetzten vorzulegen, den sie auch regelmäßig über den Fortgang der Arbeit angemessen zu informieren haben.

Diese ganze Abhandlung über die Verantwortung bei der Delegation ist nur solange bedeutsam, als bei Fehlern und Mängeln die Verantwortlichen mit *Sanktionen* zu rechnen haben, die über eine ganze Reihe von einfachen Maßnahmen wie Richtigstellung oder Tadel bis hin zu schweren Konsequenzen wie schlechte Beurteilung, Lohnreduktion, Nichtbeförderung oder gar Entlassung reichen können. Wird bei Fehlern und Mängeln nicht interveniert, so gibt es kein Problem mit der Verantwortung. Nur ist dies dann auch keine zielstrebige Führung mehr.

Ganz wesentlich ist bei jeder Delegation die Kontrolle. Eine *Führung ohne Kontrolle* kann es nicht geben. Entscheidend ist indessen, dass Kontrollen in differenzierter und sinnvoller Weise durchgeführt werden. Zu beachten sind die folgenden Regeln:

- Bei schwierigeren und Zeit raubenden Aufgaben ist eine *institutionalisierte* Kontrolle vorzusehen, d.h. bei der Delegation oder Auftragserteilung sind Zwischenberichte oder Zwischenbesprechungen vorzusehen. Obschon sie der Kontrolle dienen, werden sie nicht als solche empfunden.
- Die Häufigkeit und der Umfang der Kontrolle sind je nach Können und Zuverlässigkeit der einzelnen Mitarbeiter/innen unterschiedlich intensiv zu gestalten.
- Die Kontrollen sind auf Wesentliches auszurichten und zeitlich so anzusetzen, dass der Vorgesetzte noch unterstützend eingreifen kann.
- Bei guter Beobachtung der Arbeit werden viele Kontrollen hinfällig.
- In Schulen mit guten Strukturen und klaren Zielvorgaben sollte versucht werden, der Selbstkontrolle mehr Beachtung zu schenken, damit Kontrollen reduziert werden können. Die praktische Erfahrung lehrt aber, dass Selbstkontrollen allein nicht genügen, weil es immer wieder Mitarbeitende gibt, die ihre Aufgaben nicht wunschgemäß erfüllen. Deshalb zeichnet sich gutes Führungsverhalten durch ein breites Spektrum von Formen der Kontrolle aus, die auf das individuelle Leistungsverhalten der Mitarbeitenden ausgerichtet sind.

4.2.4 Zielorientierte Führung

4.2.4.1 Führung durch Zielsetzung (Führung durch Zielvereinbarung)

Der partizipativ-situative Führungsstil und eine ernsthafte Delegation werden nur wirksam, wenn die Aufgaben nicht in Form von kleinlichen Aufträgen an die Mitarbeiter/innen übertragen werden, sondern wenn Vorgesetzte mit Mitarbeiterinnen und Mitarbeitern gemeinsam für ihre Arbeitsbereiche Ziele entwickeln und vereinbaren. Diese Ziele werden zu Leitlinien für die gesamte Tätigkeit der Mitarbeiter/innen und sie richten das Handeln aller Schulangehörigen auf die Gesamtziele der Schule aus. Zudem dienen sie als Leistungsansporn, indem man seine erbrachten Leistungen mit den Zielen überprüft und allenfalls Korrekturmaßnahmen ergreift. Schließlich können Zielsetzungen auch als Grundlage für die Leistungsbeurteilung dienen.

Erarbeiten und vereinbaren Vorgesetzte mit ihren Mitarbeiterinnen und Mitarbeitern Ziele, so liegt eine *Führung durch Zielvereinbarung*[2] (= *management by objectives*, MbO) vor. In der Wirtschaftspraxis hat sich dieses Konzept als zweckmäßig erwiesen und breit durchgesetzt, weil es deutliche Vorzüge hat. Erstens führt die gemeinsame Zielerarbeitung bei den Mitarbeiterinnen und Mitarbeitern zu einem vertieften Verständnis für die Gesamtzusammenhänge. Zweitens wird die Gesamtkoordination erleichtert. Und drittens geben die Ziele eine objektive Grundlage für die Selbst- und für die Fremdbeurteilung (Qualifikation, Leistungsbeurteilung) der Arbeit.

---

2 Früher wurde von Führung durch Zielsetzung gesprochen, weil die Vorgesetzten ihren Mitarbeitenden die Ziele vorgaben. Heute spricht man häufiger von Führung durch Zielvereinbarung, weil die Ziele von Vorgesetzten und Mitarbeitenden gemeinsam vereinbart werden.

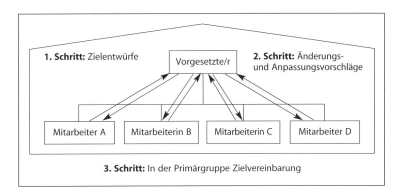

Abb. 14: Führung durch Zielsetzung

Abbildung 14 zeigt den Ablauf des Zielvereinbarungsprozesses. In einem ersten Schritt entwickeln die Vorgesetzten jeder Primärgruppe (das ist jede vorgesetzte Stelle mit den ihr unmittelbar unterstellten Mitarbeiterinnen und Mitarbeitern) die einzelnen Ziele. Im zweiten Schritt gehen diese Ziele zu den einzelnen Mitarbeiterinnen und Mitarbeitern mit der Aufforderung, Änderungs- und Anpassungsvorschläge zu unterbreiten. Im dritten Schritt erfolgt die gemeinsame Diskussion aller Vorschläge, die mit der gemeinsamen Zielvereinbarung abschließt. Im vierten Schritt entscheidet die vorgesetzte Stelle über alle Ziele, bei denen in der Vereinbarung keine Einigkeit gefunden wurde. Üblicherweise werden drei Grundformen von Zielen unterschieden:

1. *Standardziele:* Das sind die Ziele, die an einer Stelle immer erfüllt werden müssen. Sie finden zugleich Eingang in der Stellenbeschreibung. Beispiel für einen Abteilungsvorstand: »Absenzenkontrolle der Abteilung tagfertig nachführen«.
2. *Innovationsziele:* Das sind Ziele, welche die Beteiligten veranlassen, nach Innovationen aller Art zu suchen und diese zu verwirklichen. Beispiel für einen Schulverwalter: »Bis Ende Schuljahr ein neues Verfahren zur Gestaltung des Schulbudgets entwerfen«.
3. *Persönliche Entwicklungsziele:* Sie werden von der vorgesetzten Stelle mit den Mitarbeiterinnen und Mitarbeitern zur Überwindung persönlicher Schwächen und Mängel bei der Arbeit entwickelt. Beispiel für den Bibliothekar: »Büchereingänge spätestens in 8 Tagen katalogisiert und beim Verwalter zur Zahlung angewiesen«.

Alle drei Formen der Ziele können *quantitativ* (die Ziele sind quantitativ kontrollierbar, z.B. Menge, Datum) und *qualitativ* sein (die Zielerreichung ist überprüfbar, aber nicht zahlenmäßig erfassbar).

In den Vereinigten Staaten wurde vor allem in den 70er-Jahren die Führung durch Zielsetzung an vielen Schulen verwirklicht und Ziele für die gesamte Lehrerschaft und die Schulverwaltung formuliert (Lewis 1974; Johnson 1976). Obschon sehr gute Beispiele mit konsistenten und innovativen Zielen vorgelegt wurden, die die Schulen wesentlich weiter gebracht hätten, hat sich die Führung durch Zielsetzung an Schulen nicht durchgesetzt: Die Lehrerschaft empfand das Verfahren als zu bürokratisch und so lange als überflüssig, als die Schulbehörden den Schulen keine Ziele vorgaben und de-

Tab. 2: **Zielliste für die Schulentwicklung** (2006/2007; Stand: 1. März 2006)		
Ziel	**Termin**	**Verantwortung**
Konzept für die Neugestaltung der Diplomfeier entwerfen	30.08.06	Prorektor I
Einführung eines E-Mail-Systems für alle Lehrkräfte verwirklichen	01.12.06	Verwalter
Einrichtung eines Computerlabors für CAI-Herstellung planen	31.12.06	Beauftragter des Rektors für Informatik
Stundentafel auf der Basis des Rahmenlehrplans vorbereiten	30.09.06	Projektgruppe Lehrplan
Prioritätenliste für Budgetkürzungen entwerfen	01.11.06	Rektor/Verwalter
...		

ren Erfüllung nicht überwachten. Die Schuladministration hielt sich nicht an die Ziele, weil sie durch behördliche Weisungen immer wieder zu anderen als den in den Zielen vorgesehenen Aufgaben veranlasst wurde. In neuerer Zeit treten Kempfert/Rolff (1999) für die Führung durch Zielsetzung ein. Über die Vereinbarung von Zielen, verbunden mit einer konsequenten Überprüfung der Resultate, sehen sie die Möglichkeit, die Verbindlichkeit der getroffenen, gemeinsamen Zielvorstellungen im Leitbild und im Schulprogramm zu erhöhen und die Motivation und Selbsttätigkeit der Mitarbeitenden zu stärken. Zwar weisen Bonsen/Gathen/Iglhaut/Pfeiffer (2002) in ihrer Untersuchung über die Wirksamkeit von deutschen Schulleitungen nach, dass Schulleiter/innen Zielvereinbarungen insbesondere für die Unterrichtsbeurteilung und dort für das Feedback als wichtig beurteilen. Zugleich wird aber auf die anderen Feedbackmöglichkeiten in weiteren Führungsbereichen der Schule verwiesen, die als ebenso wichtig beurteilt werden.

Der Verfasser selbst scheiterte an seiner Universität mit einem Einführungsversuch ebenfalls, weil die Dozierenden nur widerwillig mitwirkten und das Ganze als »Kontrollschikane« empfunden wurde.

Nützlich kann eine Führung durch Zielsetzung für die Mitglieder der Schulleitung und weitere vorgesetzte Stellen an der Schule sein. Sinnvoll sind vor allem zwei Möglichkeiten:

- Die Schulleitung und weitere Führungskräfte der Schule sollten eine Jahresliste mit Zielen führen, die längerfristige Aufgaben beinhaltet und halbjährlich im Hinblick auf die Zielerreichung überprüft und rollend überarbeitet wird. Diese *Zielliste* ist der Lehrerschaft und der Schuladministration bekannt zu geben, damit allgemein ersichtlich ist, an welchen Aufgaben die Schulleitung arbeitet (vgl. das Beispiel in Tabelle 2). Die Erfahrung lehrt, dass eine solche Liste die Dynamik der Schulentwicklung positiv beeinflusst.
- Für Einzelaufträge an Projektgruppen und einzelne Schulangehörige sowie bei der Delegation von Aufgaben sollten immer Ziele gesetzt werden, weil sie eine bessere Auftragserfüllung gewährleisten.

4.2.4.2 Balanced Scorecard

Kaplan/Norton (1997) haben das Konzept der Balanced Scorecard (BSC) entwickelt, das sich in der Wirtschaft sehr schnell verbreitet hat und neuerdings auch an – vor allem höheren – Schulen zur Anwendung gelangt. Aufgrund der Zielvorgaben des Schulleitbildes und des Schulprogramms entwickeln alle vorgesetzten Stellen (Rektor, Prorektor, Fachvorstand, Schulverwalter usw.) mit ihren Mitarbeitenden (Lehrkräfte und administratives Personal) anhand des Grundschemas der Balanced Scorecard Ziele (wie bei der Führung durch Zielvereinbarung). Diese Ziele werden aufgrund der strategischen Vorgaben in vier Gruppen aufgegliedert (Abb. 15 gibt eine mögliche Gliederung wieder), wobei entscheidend ist, dass die Ziele nicht nur in additiver Weise aneinandergereiht, sondern in konsistenter Weise auch aufeinander abgestimmt werden.

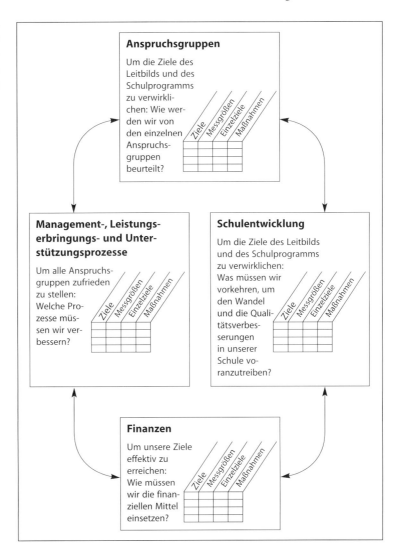

Abb. 15: Balanced Scorecard für eine Schule (Modell)

Tab. 3:	**Balanced Scorecard für eine Schule** (Beispiele für die Umsetzung)
Perspektive der Anspruchsgruppen	
Bei dieser Perspektive geht es um die Zielsetzungen, deren Wahrnehmung und Beurteilung durch die einzelnen Anspruchsgruppen. Für deren Bestimmung und Erfassung können beispielsweise folgende Messgrößen vorgesehen werden:	
Zielsetzung • Schülerleistungen • Zufriedenheit der Lehrkräfte • Caring	**Messgrößen** • Testergebnisse des Klassencockpits • Werte eines Instrumentes zur Erfassung des Organisationsklimas • Werte aus einer Schülerbefragung
Perspektive der Schulentwicklung	
Bei dieser Perspektive geht es darum, Ziele für Schulentwicklungsmaßnahmen vorzugeben und deren Umsetzung zu überwachen.	
Zielsetzung • Selektionssystem • Integrativer Unterricht • Ordnung im Schulhaus	**Messgrößen** • Qualitativ bessere Prüfungen • Erfolgreiche Unterrichtsbeispiele • Verbesserung des Zustands
Perspektive der Management-, Leistungserbringungs- und Unterstützungsprozesse	
Bei dieser Perspektive geht es um die Zielvorgaben zur Verbesserung aller Prozesse der Führung und um die Erfassung der Fortschritte.	
Zielsetzung • Verbesserung der Abläufe bei der Notenabgabe und Erstellung der Zeugnisse • Verbesserung des Projektmanagements	**Messgrößen** • Friktionslosigkeit und Vereinfachung der Arbeiten • Kontrolle des Projektablaufs
Perspektive der Finanzen	
Bei dieser Perspektive geht es um Zielvorgaben für einen optimalen Einsatz der finanziellen Mittel und um die Ermittlung der Wirksamkeit des Mitteleinsatzes.	
Zielsetzung • Mitteleinsatz für Informatik • Musikunterricht • Lehrerweiterbildung	**Messgrößen** • Kosten pro Schüler/in • Kosten je Lektion pro Schüler/in • Kosten je Weiterbildungstag pro Lehrer/in

Damit die Zielvorgaben aussagekräftig und deren Erreichbarkeitsgrad überprüfbar wird, werden jedem Ziel eine Messgröße beigegeben (vgl. Tabelle 3) und Maßnahmen vorgeschlagen, die zu einer besseren Zielerreichung beitragen.

Die Balanced Scorecard stellt ein *strategisches Steuerungsinstrument* dar. Sie hat gegenüber der Führung durch Zielsetzung oder Zielvereinbarung den Vorteil, dass Zielvorgabe und Zielerreichung im größeren strategischen Zusammenhang entworfen werden und bei richtiger Handhabung die Konsistenz der Ziele aufgrund der vier Gruppen besser festgestellt werden kann. Weil Ziele und Messgrößen vorgegeben werden, lässt sich die Balanced Scorecard auch als Instrument des Qualitätsmanagements einsetzen, wobei die Zielvorgabe die erwünschte Qualität ausdrückt.

4.2.5 Die Information

Auf die Wichtigkeit der Information im Führungsprozess wurde schon verschiedentlich hingewiesen. In allen sozialen Systemen sind die Informationsabläufe infolge von Führungsmängeln und Filtern bei den Systemangehörigen störungsanfällig. Abbildung 16 zeigt diese Störungsanfälligkeiten auf.

Der Informationsablauf beginnt mit der Vorstellung, etwas aus einem bestimmten Grund oder mit einer gewissen Absicht an einen Empfänger weiterzugeben. Zu diesem Zweck ist der Inhalt der Idee in eine Botschaft umzuwandeln (zu verschlüsseln) und die Botschaft an den Empfänger zu übermitteln. Die Schwierigkeiten beginnen bereits mit *Führungsmängeln beim Sender* beim Entwickeln der Idee: Informationen werden aus Angst (z.B. vor möglicher Kritik), aus Rivalität (man informiert nicht, um einen Wissensvorsprung zu haben) oder aus Zeitgründen (man ist überlastet und macht sich keine Gedanken über die Informationsbedürfnisse anderer Schulangehöriger) nicht weitergegeben. Oft wird auch das Geheimhaltungsargument vorgeschoben, auch wenn

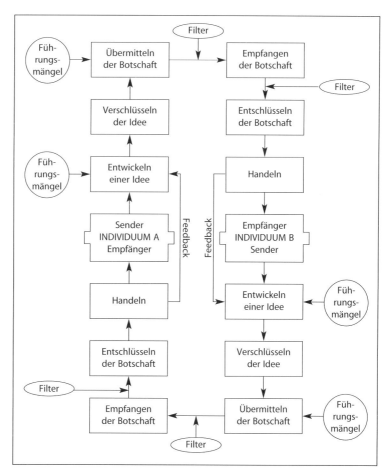

Abb. 16: Informationsablauf

es dafür keine überzeugenden Gründe gibt. Dann bereitet das Verschlüsseln Probleme: Der Sender kann sich nicht empfängergerecht ausdrücken oder er weiß nicht, mit welchem Ziel und in welchem Zusammenhang er die Botschaft weitergeben will. Und schließlich werden häufig das falsche Informationsmedium und/oder ein falscher Zeitpunkt sowie ein wenig günstiger Informationskanal gewählt (z.B. eine schlechte Nachricht vor Feiertagen am Anschlag im Lehrerzimmer).

Zwischen dem Übermitteln und dem Empfang der Botschaft gibt es einen *ersten Filter*. Die Empfänger wollen die Botschaft gar nicht wahrnehmen oder sie nehmen nur ganz selektiv auf. Auch zu viel übermittelte Information, gar wenn sie nicht verstanden wird, kann den Empfang der Information behindern. Mängel in der Weitergabe können schließlich durch die falsche Mittelwahl entstehen (z.B. wird eine wichtige, komplizierte Information mündlich statt schriftlich weitergegeben).

Der *zweite Filter* folgt bei der Entschlüsselung: Der Empfänger interpretiert die Botschaft zu seinen eigenen Gunsten oder er entnimmt ihr nur das, was der eigenen Anschauung entspricht (Wunsch- und Angstdenken). Oft fehlt auch die Bereitschaft, Informationen systematisch zu verarbeiten. Die Entschlüsselung der Botschaft leitet ein bestimmtes Handeln ein, das zum Feedback werden kann, indem es zum Entwickeln einer Idee beim Empfänger führt, die verschlüsselt und als Botschaft übermittelt wird. Auf diese Weise beginnt eine Zwei-Weg-Kommunikation (auch der Empfänger wird aktiv).

Führungsmängel und Filter sind auch in Schulen verbreitet und behindern die Zwei-Weg-Kommunikation ganz wesentlich. Aus der Erfahrung sind die folgenden zu erwähnen:

- Die Informationswege innerhalb der Schule sind den Schulangehörigen nicht richtig bekannt oder bewusst;
- die Schulleitung hat keine Systematik in ihrer Informationspolitik;
- weil die Gesamtziele der Schulleitung nicht bekannt sind, werden die Informationen unterschiedlich interpretiert; die Lehrerschaft verarbeitet die Information nur oberflächlich;
- Informationen stellen ein bloßes Ritual dar und führen deshalb selten zu einem entsprechenden Handeln.

Eine ungenügende Informationspolitik in einer Schule verhindert oder erschwert den Aufbau einer Schulkultur und behindert die Entwicklung des Selbstwertgefühls ihrer Lehrerschaft und ihres administrativen Personals, denn eine ungenügende Information vermindert die sachliche Überlegenheit einer Person (Wissen ist Macht), erschwert den Kontakt und die Verständigung, sodass man sich zunehmend stärker isoliert fühlt und das Empfinden, nichts wert zu sein, aufkommt, was häufig als persönliche Degradierung empfunden wird.

Angesichts der Komplexität der Information lässt sich das Problem nur lösen, wenn zunächst ein *formales Informationssystem* aufgebaut wird, das nur erfolgreich ist, wenn

- alle Schulangehörigen die Informationskanäle kennen,
- über diese Kanäle jedermann in der Schule angesprochen wird,
- die Kommunikationswege möglichst kurz und direkt sind (also nicht grundsätzlich über einen Dienstweg gehen),
- immer die üblichen Kommunikationskanäle benutzt werden und
- jede Information von der dafür kompetenten Person ausgeht.

Dadurch wird verhindert, dass die weniger gut kontrollierbare *informelle Information*, welche Vorteile auf der menschlichen Ebene hat, aber auch zu vielen Missverständnissen, Gerüchten und Fehlinformationen führt, vorzuherrschen beginnt.

4.2.6 Der Dienstweg

Gegenüber früher und besonders in flexiblen Organisationsformen hat der Dienstweg keine große Bedeutung mehr. Deshalb darf er an Schulen nicht mehr von zentraler Bedeutung sein, zumal mehrfach nachgewiesen werden konnte, dass das Nichteinhalten des Dienstweges in flexiblen Organisationen kaum nachteilige Wirkungen hatte. Einzig – wie früher angedeutet – Weisungen, die ganze Arbeitsgruppen betreffen, sind über die hierarchische Organisation weiterzugeben.

Immer wieder Anlass zu Diskussionen gibt die Frage, ob sich Lehrer/innen direkt (also unter Umgehung der Schulleitung) an die Schulbehörden wenden dürfen. Eindeutig beantwortet ist diese Frage dort, wo einzelnen Stellen im Funktionendiagramm oder in Projektaufträgen diese Kompetenz übertragen wird. Im Übrigen sollte aber sichergestellt sein, dass der *gesamte* Verkehr aller Schulangehörigen mit den Behörden *ausschließlich* über die Schulleitung läuft. Andernfalls wird nicht nur die Schulleitung dauernd unterlaufen und in der Entwicklung ihrer Ziele gestört (gar wenn politisch gleichgesinnte Lehrkräfte und Behördenmitglieder zusammenspannen und ihre eigenen Ziele verfolgen), sondern die Schule wird als Gemeinschaft geschwächt, weil die Behörden von Schulangehörigen unterschiedliche Signale erhalten, die zudem meistens recht unzuverlässig sind. Das Ziel der Einhaltung des Dienstwegs zu den Behörden lässt sich aber nur erreichen, wenn sich auch deren Mitglieder daran halten. Ihnen ist zu bedenken zu geben, dass zu intensive Kontakte zur Lehrerschaft im Sinne der Einflussnahme die Stellung der Schulleitung schwächen und die Schulkultur nachhaltig beeinträchtigen können.

4.2.7 Die Stellvertretung

Eine gute Organisation sieht für jede Stelle eine Stellvertretung vor, die nach den in Abbildung 17 auf der nächsten Seite dargestellten Formen erfolgen kann. An Schulen bestehen sehr häufig keine Stellvertretungen, was zu Verzögerungen in der Arbeitsentwicklung und bei Rückkehr des Stelleninhabers zu einer starken Arbeitsüberlastung führt.

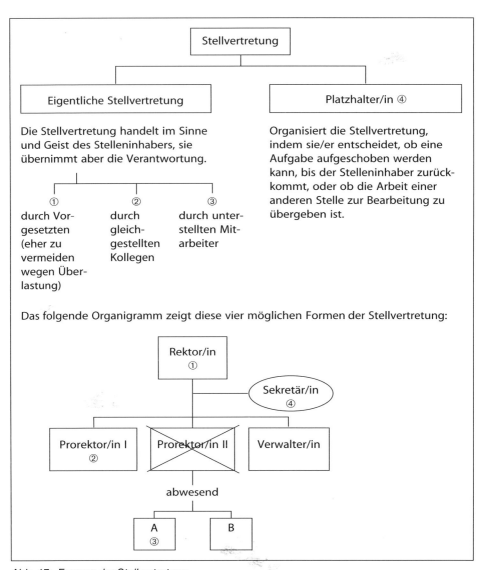

Abb. 17: Formen der Stellvertretung

Für eine erfolgreiche Stellvertretung müssen die folgenden Voraussetzungen erfüllt sein:

- Die oder der Vertretene muss die Stellvertreterin bzw. den Stellvertreter vollständig und regelmäßig informieren.
- Die Stellvertreterin bzw. der Stellvertreter muss im Sinne der oder des Vertretenen handeln.
- Dies bedingt gegenseitige Loyalität.
- Die Stellvertreterin bzw. der Stellvertreter muss absolut diskret sein.

4.2.8 Ein Beispiel für Führungsgrundsätze einer Schule

Im Folgenden ein praktisches Beispiel von Führungsgrundsätzen einer Schule.

1. Präambel

In unserer Schule wird von der Schulleitung eine gute Leadership erwartet, d.h. sie wacht darüber und führt die Schule so, dass sie effektiv und innovativ bleibt. Der Rektor trägt die Gesamtverantwortung und hat dafür die entsprechenden, im Funktionendiagramm vorgesehenen Entscheidungskompetenzen.

Unsere Lehrerschaft trägt unsere Schule. Deshalb ist ihre Stellung so, dass sie bei allen Fragen des Unterrichtes und der fortwährenden Weiterentwicklung der Schule aktiv gestaltend mitwirkt und wesentliche Mitentscheidungskompetenzen hat.

2. Grundsätze

Schulentwicklung mit Zielen

Unsere Schulentwicklung orientiert sich an Zielen, wie sie im Leitbild und im Schulprogramm festgelegt sind.

Kooperative Führung

Unsere Schule wird kooperativ geführt. Dies erfordert eine häufige Arbeit im Team sowie eine kooperative Führung.

Große Aufgaben werden in Projektgruppen, in denen alle vom zu bearbeitenden Problemkreis betroffenen Schulangehörigen vertreten sind, bearbeitet und der jeweils zuständigen Stelle (gemäß Funktionendiagramm) zum Entscheid vorgelegt.

Im Alltag gilt der partizipativ-situative Führungsstil: Jede entscheidungsberechtigte Instanz bezieht die Schulangehörigen bei der Erfüllung ihrer Führungsaufgaben in angemessener Form mit ein (je unstrukturierter die Aufgaben sind, je besser die Schulangehörigen informiert sind, je fähiger sie sind und je mehr Zeit zur Verfügung steht, desto größer soll die Mitwirkung sein).

Die Schulleitung beachtet besonders, dass Probleme, welche die Lehrerschaft stark betreffen (in der Zone der Sensibilität liegen), auf kooperativem Weg bearbeitet werden.

Kooperative Führung heißt nicht kollektive Führung. Die Entscheidungen liegen immer bei der gemäß Funktionendiagramm zuständigen Stelle.

Delegation

Jede verantwortliche Stelle delegiert dauerhaft und ganze Aufgaben aus ihrem Arbeitsbereich an diejenige Stelle, welche die gesamte Aufgabe noch überblickt.

Sie behält die Führungsverantwortung, die angemessene Kontrollen mit einschließt. Jeder Delegationsempfänger trägt die Handlungsverantwortung für die sach- und zeitgerechte Aufgabenerfüllung selbst; er steht damit für die Ergebnisse seiner Arbeit persönlich ein.

Information

Unsere Schule strebt eine integrative Informationspolitik an:

- Sinnlose Formalitäten werden vermieden, damit ein offener und unmittelbarer Umgang mit Information stattfindet;
- Problemen, Zielkonflikten und Spannungen wird durch eine offene Informationspolitik auf den Grund gegangen;
- das Eingestehen von Fehlern wird nicht als Schwäche ausgelegt.

Die Schulleitung stellt eine integrative Informationspolitik sicher.

Die Schulleitung trägt die Verantwortung für die gesamte Information. Sie verwendet dazu

- einen regelmäßigen Elternbrief,
- einen regelmäßigen Brief des Rektors an die Lehrerschaft (Rektoratsbrief),
- regelmäßige Information an Sitzungen,
- Anschläge,
- individuelle Gespräche,
- E-Mail als verbindlichen Informationsweg für allgemeine Mitteilungen der Schulleitung.

Informationen sind Bring- und Holschulden. Deshalb müssen Lehrkräfte in der Suche nach Informationen aktiv bleiben und alle Stellen mit Informationen sind auskunftspflichtig.

3. Organisation

Für den organisatorischen Bereich gelten an unserer Schule folgende Grundsätze:

- Unsere Schule hat eine Projektorganisation.
- Die einzelnen Schulabteilungen sind im Rahmen der gesamtschulischen Zielvorgaben autonom.
- Es bestehen Informations- und Anweisungswege. Einen traditionellen Dienstweg gibt es nicht.
- Für jede Stelle mit Ausnahme des Klassenlehrers bzw. der Klassenlehrerin ist eine Stellvertretung zu regeln.

4. Controlling und Qualitätsmanagement

Im Interesse der dauernden Qualitätsentwicklung verfügt unsere Schule über ein Controlling. Es umfasst

- ein intern konzipiertes Qualitätsmanagement, das durch die Projektgruppe »Qualitätsmanagement« umgesetzt wird,
- eine Effizienzkontrolle der Schuladministration, die ad hoc durchgeführt wird.

4.3 Die Führung der Schulentwicklung

4.3.1 Grundlagen

Nach neueren Erkenntnissen aus den Führungstheorien und vor allem aus Ergebnissen der amerikanischen Forschung zur Führung von Schulen (vgl. insbesondere Cotton 2003) genügt ein traditionelles Management mit einer transaktionalen Führung nicht, um in den einzelnen teilautonomen geleiteten Schulen Neuerungen und Qualitätsverbesserungen zu verwirklichen. Notwendig ist ergänzend eine *transformationale Leadership*, welche als die durch die Schulleitung initiierte sowie von den Lehrkräften unterstützte und getragene Schulentwicklung charakterisiert werden kann, die so weit führen sollte, dass die Lehrkräfte auch selbst Initiativen zur Weiterentwicklung der Schule ergreifen. Solche Schulentwicklungsprozesse können nur gelingen, wenn die Leitenden einer Schule zu Neuem inspirieren (über Visionen verfügen und sie transparent machen), Anregungen zu konkreten Maßnahmen geben und günstige Voraussetzungen für deren Umsetzung schaffen (festgefahrene Strukturen aufbrechen und für Neuerungen motivieren), den Eigenarten und Bedürfnissen der Lehrpersonen in angemessener Weise Rechnung tragen (sie als individuelle Persönlichkeiten wahrnehmen und fördern, ohne jedoch die Visionen aus den Augen zu verlieren, und deshalb auch fordern) sowie eine natürliche Ausstrahlung haben, was umso eher gegeben ist, wenn sich die Schulleiter/innen mit ihrer Schule identifizieren sowie als integer, berechenbar, verlässlich, ehrlich und offen wahrgenommen werden. Transformationale Führung ist deshalb nicht durch Wertneutralität und ausschließlich rationales Verhalten gekennzeichnet. Konsistente Reflexion der Werte, zielorientierte Veränderungsbereitschaft sowie überlegener Umgang mit Emotionen sind wichtige Merkmale der transformationalen Leadership. Pragmatisch ausgedrückt stehen bei der transformationalen Leadership die folgenden Verhaltensweisen im Vordergrund (vgl. dazu auch Wunderer 2003):

- Die Führungskräfte bringen ihre Werte und Visionen zum Ausdruck.
- Sie versuchen, differenziertere Werte in den Führungsprozess einzubringen und ihre Visionen stets zu reflektieren und bei sich verändernden Umweltbedingungen weiterzuentwickeln.
- Sie nehmen die Motive und die Bedürfnisse ihrer Mitarbeitenden wahr und versuchen, sie zu beeinflussen, indem sie vorhandene Motive transformieren, um mit anderen Motivationen neue Ziele zu erreichen.
- Sie versuchen die Attraktivität von Arbeitszielen und Aufgaben zu erhöhen.
- Sie fördern die Identifikation der Mitarbeitenden mit ihrem sozialen System und den zu lösenden Aufgaben.
- Sie inspirieren für neue Herausforderungen.
- Sie interessieren sich für die Bedürfnisse und Ansprüche ihrer Mitarbeitenden in möglichst individueller Weise.

Diese Formen von Führungsverhalten bei der transformationalen Leadership lassen sich aber nur verwirklichen, wenn sie mit den Elementen der indirekten Führung verbunden werden und nicht auf die alltäglichen Fragen der direkten Führung beschränkt bleiben.

4.3.2 Die Bedeutung der Ordnungsmomente für die transformationale Leadership

Es wurde schon verschiedentlich auf die *Stimmigkeit* aller Elemente der Führung verwiesen. Deshalb darf die transformationale Führung nicht auf eine Betrachtung des Führungsverhaltens, die Eigenschaften der Persönlichkeit sowie die Interaktion mit den Mitarbeitenden reduziert werden, sondern die Strategie und die Struktur sind daraufhin auszurichten, dass eine Kultur der Transformation (Bereitschaft zur zielorientierten Schulentwicklung) entstehen kann (vgl. ausführlich Dubs 2005).

Als erstes braucht die einzelne Schule eine *Strategie*, deren Ziel es sein muss, ihr ein eigenes Profil zu geben, denn wirksam sind nicht gleichgerichtete Einheitsschulen, sondern eigenständig profilierte Schulen. Diese Idealvorstellung wird aber nur erreicht, wenn die Politik und die Schulbehörden den einzelnen Schulen eine klar definierte Lehrplanautonomie gewähren. Sie kann als Teilautonomie beispielsweise so ausgestaltet werden, dass der vorgegebene Lehrplan einen bestimmten Teil der Unterrichtszeit beansprucht und die restliche Zeit den Schulen für die Gestaltung ihres eigenen Schullehrplans zur Profilbildung frei zur Verfügung steht. Die Frage, wie viel Lehrplanautonomie die Schulen erhalten sollen, wird im Zusammenhang mit den *Bildungsstandards* bedeutsam (vgl. zu den Bildungsstandards Klieme 2003). Idealerweise sollten Bildungsstandards als Minimalstandards verstanden werden, d.h. sie geben vor, welche Ziele im Unterricht erreicht werden sollten. Falsch wäre es aber, die gesamte Unterrichtszeit umfassende Bildungsstandards vorzugeben, weil sich dadurch die Schule zur verwalteten Schule zurückentwickeln und damit die Idee der Schulentwicklung weitgehend hinfällig würde.

Für den Erfolg der transformationalen Führung entscheidend ist im Weiteren die Struktur einer Schule. Straffe Linienorganisationen mit Dienst- und Anordnungswegen schaffen keine günstigen Voraussetzungen für eine transformationale Leadership und für Schulentwicklungsarbeiten, weil allein schon von der Struktur her die Entfaltungsmöglichkeiten für Lehrkräfte beschränkt bleiben. Anzustreben sind flexible Organisationsformen, wobei sich für die Schulentwicklung insbesondere die Projektorganisation eignet. Sie ist dadurch charakterisiert, dass einzelne Lehrkräfte die Führung von Projekten übernehmen, wodurch auch Lehrpersonen zu Führungskräften in definierten Bereichen werden. Neuerdings wird in den Vereinigten Staaten in diesem Zusammenhang immer häufiger auch von »Shared Decision Making« und »Teacher Leadership« gesprochen.

Langfristig bedeutsam ist schließlich die *Kultur* einer Schule. Darunter ist die Gesamtheit aller in einem sozialen System bewusst und unbewusst anerkannten und gelebten Regeln, Normen, Verhaltensweisen und Einstellungen zu verstehen. Diese kulturprägenden Faktoren kommen in der Strategie und Struktur des sozialen Systems durch konkretes Handeln (z.B. Umgang mit den Schulangehörigen, Innovationsfreude, Vorbildwirkung der Führungskräfte), durch die Sprache (z.B. Form der Kommunikation, Leitsätze, Publikationen) sowie durch Symbole (z.B. Gestaltung des Schulhauses, Schulveranstaltungen) und Mythen (z.B. Geschichten über die Schule, die Schulleitung und die Lehrkräfte, aufrechterhaltene Traditionen) zum Ausdruck. Sie prägen als zentrale Werte das Erscheinungsbild, den inneren Zusammenhalt und die Beziehungen des sozialen Systems im Inneren und nach außen. So dient die Kultur den Angehörigen als Richtschnur für ihr Handeln, Verhalten und Entscheiden in ungewissen Situationen. Immer noch umstritten ist die Frage, ob sich eine Kultur gezielt aufbauen lässt oder ob sie als Ergebnis der direkten und indirekten Führung, also durch eine bewusste Kultivierung, allmählich wächst (Dubs 2003). Heute darf davon ausgegangen werden, dass ein technokratisches Kulturmanagement auf der Grundlage einer Macherphilosophie kaum erfolgreich ist. Auch der Glaube an die Vorbildwirkung von Führungskräften zur Beeinflussung der Kultur ist bei weitem nicht so groß wie allgemein angenommen wird. Viel wichtiger ist einmal mehr die *Stimmigkeit* aller kulturprägenden Faktoren, hier die Übereinstimmung der transformationalen Führung mit der Strategie und der Struktur der Schule sowie den Visionen der Schulleiterin oder des Schulleiters. Besonders gefährlich für die Kulturentwicklung ist das Konzept der Selektion und Deselektion, d.h. für Schulen, dass sie, sofern sie über die Personalautonomie verfügen, ihre Lehrkräfte ausschließlich in Übereinstimmung mit ihren Visionen und strategischen Vorstellungen auswählen. Es wird immer wieder angenommen, eine Schule fände ihre pädagogische Grundhaltung und ihr Profil leichter, wenn sich zu wählende Lehrpersonen damit und mit der Kultur der Schule im Einklang befänden. Tatsächlich führt eine solche Selektion oder Deselektion jedoch zu einer Verfestigung bestehender Kulturen und als Folge davon zu einer ungenügenden Innovationsbereitschaft. Aber auch die Meinung, es müssten Lehrkräfte mit anderen Wertvorstellungen gewählt werden, um Anregungen für andere kulturelle Vorstellungen zu erhalten, hat sich als untauglich erwiesen. Solche Lehrkräfte werden oft und schnell als Außenseiter wahrgenommen und nicht in den Lehrkörper integriert.

Ausgehend vom Gedanken der Stimmigkeit haben Bolman und Deal (1997) sowie Deal und Peterson (1999) einen auch für die Schulpraxis nützlichen Rahmen der fünf Kräfte der Leadership vorgelegt, dessen Stärke es ist, Leadership als etwas Ganzes zu verstehen.

4.3.3 Die fünf Kräfte der Leadership

Versucht man den Ansatz von Bolman und Deal (1997) etwas auszuweiten und mit der Vielzahl der Erkenntnisse aus der amerikanischen Leadership-Forschung[3] in Beziehung zu setzen, gelangt man zu dem in Abbildung 18 auf der nächsten Seite wiedergegebenen Modell.

---

3 Angesichts der Fülle der Literatur bleibt die hier vorgelegte Auswahl bis zu einem gewissen Grad willkürlich: Podsakoff/MacKenzie/Moormann/Vetter 1990; Yates 1991; Charles/Karr-Kidwell 1995; Leithwood/Tomlinson/Genge 1996; Bista/Glasman 1997; Yukl 1998; Leithwood/Jantzi/Steinbach 1999; Teddlie/Reynolds 2000; Sergiovanni 2001; Cotton 2003.

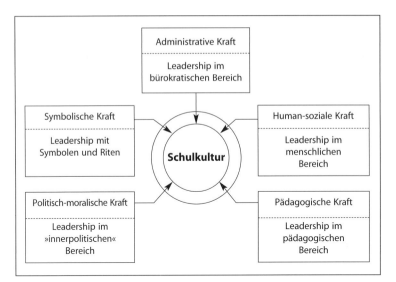

Abb. 18:
Die fünf Kräfte erfolgreicher Leadership

4.3.3.1 Die administrative Kraft

Auf die Wirklichkeit des administrativen Managements und die Bedeutung der Transaktionalen Führung wurde bereits mehrfach hingewiesen. Zeigt eine Schulleiterin oder ein Schulleiter Schwächen in der administrativen Führung und erfolgt diese nicht professionell, so ergeben sich innerhalb einer Schule viele Reibungsverluste und Pannen, die das Vertrauen in die Führung und das Schulklima maßgeblich beeinträchtigen. Die Kunst liegt darin, in einer Schule so viel zu strukturieren, dass sie ohne Freiheitsbeschränkungen und Bürokratie »geschmeidig« läuft. Konkret sind die folgenden Aspekte zu beachten:

- Die Schule verfügt über eine gut strukturierte Organisation, die allen Schulangehörigen bekannt ist und in der alle administrativen Abläufe einfach und klar festgelegt sind.
- In allen Abläufen ist ersichtlich, welche Zuständigkeiten bestehen und wie einzelne Personen oder Gruppen Einfluss nehmen können.
- Es wird systematisch delegiert und Entscheidungen werden rasch getroffen und zweckmäßig bekannt gegeben.
- Die Entscheidungskompetenzen sind klar geregelt, wobei die Schulleiterin oder der Schulleiter die hierarchisch höchste Instanz mit vielen Entscheidungskompetenzen ist.
- Die Schuladministration hat innerhalb der Schule eine ausgesprochene Dienstleistungsfunktion, wobei vor allem die Schulleiterin oder der Schulleiter stets überwacht, dass diese Dienstleistungsfunktion vorherrscht und sich nicht bürokratischer Selbstzweck entwickelt.
- Die Lehrerschaft spürt, dass sich die Schulleiterin oder der Schulleiter um den Bekanntheitsgrad und um den Ruf der Schule bemüht.

- Die Schulleiterin oder der Schulleiter stellt sicher, dass im Schulhaus Ordnung herrscht und das Schulhaus mit seinen Einrichtungen gut unterhalten wird (die Kosten für Reparaturen sind deutlich geringer, wenn sofort repariert und ausgebessert wird, weil in ordentlich unterhaltenen Schulhäusern weniger beschädigt wird). Zudem sichern funktionierende Einrichtungen die dauerhafte Zufriedenheit.

4.3.3.2 *Die human-soziale Kraft*

Die human-soziale Kraft, die sich durch menschliche Überlegenheit auszeichnet, betrifft die Gestaltung der interpersonalen Beziehungen in der Schule, indem die Schulleitung den menschlichen Zusammenhalt aufbauen und innerhalb der Schule Arbeitsgruppen einsetzen muss, damit möglichst viele Interaktionen stattfinden und Neuerungen entwickelt und verwirklicht werden. Dies bedingt eine hohe Verfügbarkeit und große Gesprächsbereitschaft der Schulleitung, die nicht nur anordnet, sondern berät und die schwierige Situationen nicht nur rational »beseitigt«, sondern mit Gefühl löst. Ohne menschliche Überlegenheit kommt es zu keiner Gefolgschaft. Konkret sind die folgenden Aspekte zu beachten:

- Die Schulleiterin oder der Schulleiter bemüht sich aktiv um eine gute und intensive Interaktion mit den Lehrkräften und der Verwaltung (erste Priorität) und mit der Schülerschaft (zweite Priorität).
- Die Schulangehörigen spüren die stete Präsenz der Schulleiterin oder des Schulleiters. Er ist rasch verfügbar, für alles ansprechbar und sorgt dafür, dass keine große soziale Distanz entsteht.
- Die Lehrerschaft spürt das Vertrauen, das ihr die Schulleiterin oder der Schulleiter entgegenbringt, und sie fühlt sich nicht kontrolliert. Sie weiß aber auch, dass Entscheidungen und getroffene Maßnahmen durchgesetzt werden.

4.3.3.3 *Die pädagogische Kraft*

Die pädagogische Kraft betrifft das pädagogische Wissen und Können der Schulleitung. Ohne großes pädagogisches Wissen und Können sowie ohne praktische Unterrichtserfahrung lässt sich eine Schule nicht leiten, weil das *erfahrene* Problemverständnis fehlen würde. Dieses Verständnis ist für die Entwicklung schulischer Visionen und insbesondere für die Führung, Beratung und Hilfestellung von Lehrkräften eine unabdingbare Voraussetzung. Deshalb spricht man heute bewusst von *pädagogischer Leadership*, die für die Effektivität einer Schule von großer Bedeutung ist. Wirksam ist sie aber nur bei hoher Professionalität (theoretischer Sachverstand mit praktischer Meisterschaft). Konkret sind die folgenden Aspekte zu beachten:

- Die Lehrerschaft spürt, dass die Schulleiterin oder der Schulleiter von Lehrkräften initiierte Innovationen unterstützt und fördert. Sie weiß aber auch, dass die Schulleitung sehr genau weiß, in welche Richtung sich die Schule strategisch und kulturell entwickeln soll.

- Die Schulleiterin oder der Schulleiter legt großen Wert auf eine ganzheitliche Leistungsorientierung des Unterrichtes und anerkennt gute Leistungen.
- Pädagogischen Einfluss hat die Schulleiterin oder der Schulleiter aber nur, wenn er selbst pädagogisch kompetent ist (über gute Kenntnisse zum Forschungsstand verfügt und anerkanntermaßen gut unterrichtet).
- Die Schulleiterin oder der Schulleiter ist bestrebt, neues pädagogisches Gedankengut in die Schule hineinzutragen.
- Die Schulleiterin bzw. der Schulleiter überwacht den Unterricht und gibt offene Rückmeldungen. Er hat die Kraft, bei Pflichtverletzungen nachhaltig zu intervenieren.
- Die Schulleiterin bzw. der Schulleiter schafft ein pädagogisch optimistisches und unterstützendes Klima, sodass die Schülerschaft Vertrauen spürt. Er hegt hohe Erwartungen in den Schulerfolg der Schüler/innen.

4.3.3.4 *Die politisch-moralische Kraft*

Die Entscheidungsfindung in allen Bereichen einer Schule ist durch viele politische Einflüsse (im Sinne des Versuchs einzelner Lehrer/innen oder Lehrergruppen, den eigenen Standpunkt und die eigenen Interessen durchzusetzen) gekennzeichnet. Da viele Entscheidungen durch den Lehrerkonvent getroffen werden, kommt es immer wieder zu Allianzen und Koalitionen in Einzelfragen, die sehr unstet und wechselhaft sind. Sehr häufig widersprechen die Ziele solcher Allianzen und Koalitionen den langfristigen Gesamtzielen der Schule und tragen deshalb viele Inkonsistenzen in die Führung der Schule hinein. Weil der Schulleitung aber die letzten Entscheidungskompetenzen in vielen Bereichen fehlen, bedarf sie politisch-moralischer Kraft; politischer, damit sie den Umgang mit diesen Allianzen und Koalitionen meistert, und moralischer, damit sie langfristig glaubwürdig bleibt und günstige Voraussetzungen für Einflussnahmen auf die Schulentwicklung schafft. Das Bestreben, die Lehrerschaft im Interesse der Schulentwicklung vermehrt mitwirken zu lassen, macht die politisch-moralische Kraft der Leadership immer bedeutsamer, indem bei der Führung der Schule die folgenden Eigenarten zusätzlich zu beachten sind (Bolman/Deal 1997):

- Allianzen und Koalitionen innerhalb einer Schule werden angesichts des Pluralismus der Meinungen über die Ziele und Aufgaben einer Schule immer selbstverständlicher.
- Dadurch entstehen andauernd Meinungsverschiedenheiten.
- Diese Meinungsverschiedenheiten verstärken sich, wenn die Ressourcen knapp werden.
- Deshalb wird es immer wieder zu Konfliktsituationen kommen, welche die Machtproblematik in die Schule hineintragen. Formelle wird durch informelle Macht ergänzt.
- Dies wiederum trägt dazu bei, dass das Verhandeln mit verschiedenen Allianzen und Koalitionen zu einer immer wichtigeren Führungsaufgabe wird.

Zu diesem Bereich liegen immer noch wenige Untersuchungen vor, sodass die folgenden Hinweise z.T. etwas spekulativ sind:

- Die Schulleiterin oder der Schulleiter versteht es, durch Autonomie, Delegation und Arbeit in Gruppen (Projektmanagement) eine »Mitwirkungsstruktur« für ihre Lehrkräfte und die Administration aufzubauen, um zu gemeinsamen Visionen und Zielen zu gelangen.
- Dieser erstrebenswerte Prozess wird aber die Aspekte der »innenpolitischen« Willensbildung (Allianzen, Koalitionen) zunehmend stärker in die Schule hineintragen, sodass sich der Umgang mit der Macht für die Schulleiterin oder den Schulleiter wesentlich verändert. An die Stelle rechtlicher Überlegenheit (Macht der Position) treten andere Formen der Macht. Für die Schule sind dies die Macht des Könnens, die Macht des Verhinderns (die Schulleitung behandelt etwas nicht, indem sie es nie auf die Tagesordnung setzt), die Macht über Allianzen und Netzwerke (die Schulleiterin oder der Schulleiter verbündet sich mit gleich denkenden Kolleginnen und Kollegen als eine wirksame Form von Machtausübung; Kotter 1985), die Macht der Symbole (die Schulleitung führt beispielsweise eine Zeremonie durch, mit der vieles präjudiziert wird, sodass Andersdenkende geringere Chancen zur Durchsetzung ihrer Ideen haben) und die Macht der Persönlichkeit (Charisma, Überzeugungskraft). Erfolgreiche Leader verstehen es, mit diesen Formen der Macht umzugehen (sie haben großes Verhandlungsgeschick). Dass sich damit viele Manipulationsmöglichkeiten eröffnen, ist selbstverständlich. Deshalb wird die Frage bedeutsam, wie Schulleiter/innen mit dieser Macht umgehen sollen, damit sie langfristig ihre moralische Autorität nicht verlieren.
- Erfolgreiche Leadership strebt in erster Linie die gemeinsamen Ziele der Strategie der Schule an, auf die sich die Beteiligten bei allen Entscheidungsprozessen ausrichten. Ergibt sich trotzdem bei einer Sachfrage Opposition, so sorgen gute Leader dafür, dass diese Opposition (gar wenn es sich um eine Lehrergruppe mit einem so genannten weniger bedeutsamen Fach oder um eine Minderheitsgruppe handelt) ihre Anliegen einbringen kann. Im Entscheidungsprozess versuchen sie vor allem mit ihrer professionellen Autorität Einfluss zu nehmen. Langfristig versuchen sie sich eine Gefolgschaft zu verschaffen, was umso leichter gelingt, je mehr sich die Schulleiterin oder der Schulleiter von folgenden Verhaltensweisen leiten lässt:
    - immer wieder spürbarer, voller Einsatz für die Schule und ihre Ziele;
    - Offenheit der eigenen Zielvorstellungen;
    - Beharrlichkeit und mutige Entscheidungen;
    - persönliche Unterstützung aller Lehrkräfte in ihren Anliegen und Problemen.

  Diese Verhaltensweisen schaffen politisch-moralische Kraft.
- Effektive Leader haben gutes Verhandlungsgeschick, bei dem die Zielerreichung zugunsten der eigenen Schule im Vordergrund steht.
- Trotz aller »innenpolitischen« Einflüsse bleiben gute Schulleiter/innen in ihrem Denken und Handeln unabhängig und streben keine Popularität an. Eine an Popularität und fortwährendem Kompromiss orientierte Führung wird ineffizient.

4.3.3.5 Die symbolische Kraft

In der Theorie erkennt man schon seit längerer Zeit die Bedeutung der emotionalen Welt in einer Schule. In der Schulpraxis gibt man ihr aber immer noch zu wenig Gewicht. Ihr Stellenwert lässt sich durch die folgenden Merkmale erklären (Bolman/Deal 1997):

- Sehr oft ist in einer Organisation nicht das bedeutsam, was geschieht, sondern wie es interpretiert wird.
- Ereignisse und deren Bedeutung für die Angehörigen einer Organisation sind locker gekoppelt. Deshalb kann das gleiche Ereignis für die verschiedenen Angehörigen der Organisation ganz unterschiedliche Bedeutungen haben.
- Viele wichtige Ereignisse und Prozesse in einer Organisation sind vieldeutig und ungewiss. Oft ist es schwierig oder unmöglich, genau zu wissen, was geschah, warum es geschah und was als Nächstes geschehen wird. Emotionale Interpretationen sind immer häufiger zu beobachten.
- Je größer die Vieldeutigkeiten und Ungewissheiten sind, desto schwieriger wird es, der Führung ausschließlich rationale Analysen, Problemlöseprozesse und Entscheidungsprozesse zugrunde zu legen.
- Wenn Menschen mit Ungewissheiten und Vieldeutigkeiten konfrontiert sind, schaffen sie Symbole, welche dazu beitragen, die Verwirrungen zu lösen, Dinge vorhersehbarer zu machen und dem Geschehen Richtung zu geben (selbst wenn das Ereignis als solches weiterhin ungewiss und vieldeutig bleibt).
- Viele Ereignisse und Prozesse innerhalb einer Organisation haben größere Bedeutung für das, was sie ausdrücken, als was sie herbeiführen. Als Rituale, Mythen, Symbole, Zeremonien helfen sie den Angehörigen, der Organisation Sinn zu geben und Ordnung in ihre Erfahrung zu bringen.

Die Fähigkeit im Umgang mit diesen emotionalen oder irrationalen Dingen, die in Schulen sehr bedeutsam sind, ist die *symbolische Kraft* der Leadership. Sie bedeutet Sinngebung, d.h. es gelingt Schulleiterinnen und Schulleitern nicht nur, die Schulangehörigen rational mit größeren Zusammenhängen vertraut zu machen, sondern dank ihrer Persönlichkeit und ihres Verhaltens sind sie fähig, unter Beachtung der situationalen Bedingungen das Emotionale in die Führung einzubringen und ihre Gefolgsleute von ihren Visionen, Werten und Zielvorstellungen zu überzeugen. Als Ergebnis dieser *charismatischen Leadership* verinnerlichen die Gefolgsleute die Ideen und identifizieren sich vornehmlich auf emotionaler Basis mit ihren charismatischen Vorgesetzten, fühlen sich ihnen gegenüber innerlich verpflichtet und zeichnen sich über eine große Loyalität aus. Konkret sind die folgenden Aspekte zu beachten:

- Die Schulleiterin oder der Schulleiter schenkt der Gestaltung von Symbolen (z.B. Logo der Schule), Zeremonien (z.B. formal eindrückliche Abschlussfeiern) und Ritualen (z.B. Begrüßung aller Lehrkräfte am Anfang eines Schuljahres mit einer Vor-

stellung der neuen Lehrpersonen und einem Aperitif) genügend Aufmerksamkeit, wobei die Beachtung örtlicher kultureller Eigenarten und Traditionen in der Schulkultur und Erwartungen der Anspruchsgruppen eine wichtige Voraussetzung für den Erfolg ist (ein Fahnenaufzug mit großer symbolischer Wirkung wie an den Schulen in den Vereinigten Staaten würde in Deutschland und der Schweiz heute an den meisten Orten auf Widerstand stoßen).
- Geschichten und Mythen über die Schule, die Schulleiterin oder den Schulleiter und die Schulleitung sind oft ein gutes Zeichen für die Kultur einer Schule.
- Ohne manipulativ zu wirken, bemühen sich Schulleitungspersonen um Charisma, damit sie Gefolgschaft finden. Conger/Kanungo (1988) geben Hinweise, wie sie eher als charismatisch empfunden werden und Gefolgschaft erhalten:
  – Sie haben eine Vision, die den Status Quo an der Schule herausfordert. Die Vorstellungen sind aber noch so realistisch, dass sie von den Lehrpersonen positiv wahrgenommen und akzeptiert werden.
  – Sie zeigen durch persönlichen Einsatz und Risikobereitschaft überzeugend, dass sie gewillt sind, die Vision zu verwirklichen.
  – Sie arbeiten und führen unkonventionell, um ihre Vision zu verwirklichen.
  – Sie handeln so, dass sie den Bedürfnissen ihrer Lehrpersonen immer wieder Rechnung tragen, und sie nutzen günstige Gelegenheiten zur Verwirklichung ihrer Ideen aus.
  – Sie reagieren auf Probleme und Unzufriedenheiten von Mitarbeiterinnen und Mitarbeitern rasch, schaffen aber auch »Unzufriedenheit«, wenn es im Status Quo zur Immobilität kommt.
  – Sie vermitteln Vertrauen in sich selbst und ihre Absichten und zeigen sich enthusiastisch über die kommende erfolgreiche Umsetzung ihrer Ideen.
  – Sie verlassen sich auf ihr Können und zeigen durch ihr Verhalten, dass sie das, was sie wollen, selbst beherrschen. Sie sind bereit, den anderen bei der Verwirklichung der Ideen zu helfen.
  – Sie zeigen Freude an ihrer Arbeit und sind überzeugt von ihrer Tätigkeit.

Conger (1989) zeigt, dass eine so verstandene Verwirklichung einer charismatischen Führung über vier Stufen erfolgt:

1. Gelegenheit wahrnehmen, neue Ideen (Visionen) vorzutragen, und dabei die Bedürfnisse der Mitarbeiter/innen mit berücksichtigen.
2. Davon überzeugen, dass der Status Quo ungenügend ist, und zeigen, wie die neue Idee eine echte Alternative darstellt.
3. Bei den Mitarbeiterinnen und Mitarbeitern durch großen eigenen Einsatz, Risikobereitschaft und Sachkompetenz Vertrauen schaffen.
4. Bei der Verwirklichung der Idee Modell sein und andere bei der Entwicklung oder Anwendung bestärken.

4.3.4 Ein pragmatisch-empirischer Ansatz

4.3.4.1 Übersicht

Es zeigt sich immer wieder, dass die Betrachtung der Leadership mit den fünf Kräften fasziniert. Vor allem angehende Schulleiter/innen wünschen sich aber eine Darstellung der transformationalen Leadership, welche stärker auf das unmittelbare Führungsverhalten ausgerichtet ist. Abbildung 19 gibt ein Modell wieder, dessen Kriterien ausschließlich aus der empirischen Forschung abgeleitet (vgl. die in der Fußnote auf S. 145 angeführte Literatur) und in der Praxis überprüft worden sind. Bei der Bestimmung der Kriterien wurde vor allem von der Frage ausgegangen, ob ein Zusammenhang zwischen den einzelnen Kriterien des Führungsverhaltens und dem Lernerfolg der Schüler/innen besteht. Ganz generell kann festgehalten werden, dass die Leadership der Schulleiterin oder des Schulleiters den Lernerfolg der Lernenden beeinflusst (vgl. dazu in umfassender Weise Cotton 2003).

4.3.4.2 Die einzelnen Kriterien der transformationalen Leadership

1. Langfristige Orientierung
1.1 Erfolgreiche Schulleiter/innen verfügen über persönliche *Visionen*, die sie in die Schule einbringen. Visionen sind sinnvolle und nachhaltige Zukunftsbilder, welche kreative Kräfte für die Gestaltung der Schule freisetzen. Glaubwürdig sind sie, wenn sie einen wünschbaren und zugleich erreichbaren Endzustand aufzeigen, der von den Lehrkräften und den administrativ Mitarbeitenden als erstrebenswert betrachtet wird. Die Akzeptanz von Visionen kann nicht erzwungen werden. Übernommen werden sie am ehesten, wenn Schulleiter/innen ihre Ideen schrittweise einbringen und die Diskussion darüber anregen. In einem ersten Schritt werfen sie ihre visionären Absichten in eher unverbindlicher Weise ein (z.B. in einer Ansprache, während der Pause beim Pausenkaffee) und beobachten die Reaktionen. Im negativen Fall insistieren sie nicht, warten ab und bringen den Gedanken später wieder auf. Vielleicht beobachten sie einige Lehrkräfte, die nicht abgeneigt sind, die Idee aufzunehmen. Unter diesen Voraussetzungen kann im nächsten Schritt versucht werden, mit diesen Lehrkräften eine Allianz oder Koalition zu bilden (Bolman/Deal 1997), welche versucht, weitere Lehrkräfte für eine Gefolgschaft zu finden. Ist eine genügende Bereitschaft vorhanden, die visionäre Idee weiter zu verfolgen, so können Schulentwicklungsarbeiten in Angriff genommen werden. Wesentlich ist also, dass die Schulleitungspersonen Anregungen geben, Ziele setzen und günstige Rahmenbedingungen für die Arbeit schaffen, um letztlich der Schule ein Profil zu geben und die Kultur weiterzuentwickeln. Bei allen Aktivitäten soll aber nicht eine fortwährende, unmittelbare Verhaltenssteuerung im Vordergrund stehen. Viel wichtiger sind das Bemühen um Sinngebung und die Vorbildwirkung der Schulleitung sowie eine gute Feedbackkultur. Zu wiederholen ist, dass ein solches

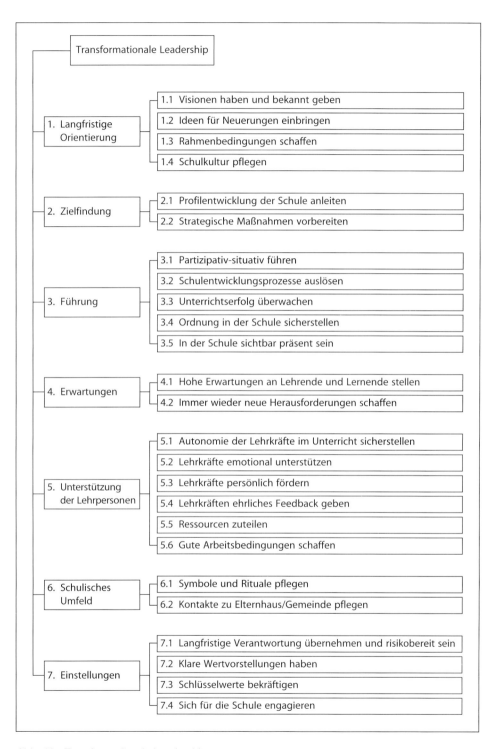

Abb. 19: *Transformationale Leadership*

Vorgehen nur erfolgreich ist, wenn der transaktionalen Leadership in ihrer Ganzheit genügend Beachtung geschenkt wird.

1.2 Schulleiter/innen sollten sich bemühen, ihre Visionen als *Ideen für Neuerungen* in möglichst konkreter Form einzubringen, damit die Lehrpersonen konkrete Aktionsmöglichkeiten und nicht nur abstrakte Gedankenspiele erkennen.

1.3 Wenn die Lehrkräfte feststellen, dass sich die Schulleitenden ernsthaft darum bemühen, gute *Rahmenbedingungen* zu schaffen (also z.B. bei den Schulbehörden bei strategischen oder strukturellen Unstimmigkeiten intervenieren), werden Visionen glaubwürdiger. Gute Rahmenbedingungen sind eine wichtige Voraussetzung für den Erfolg von Schulentwicklungsmaßnahmen.

1.4 Die obigen Ausführungen über die *Schulkultur* zeigten, dass sie sich in stimmiger Weise entwickeln muss und sowohl die Aspekte der direkten als auch der indirekten Führung zu beachten sind. Deshalb müssen sich Schulleiter/innen bemühen, ganzheitliche Schulentwicklungsmaßnahmen im Rahmen der strategischen Entwicklung der Schule umzusetzen und jeweils die Rahmenbedingungen an die neuen Ideen anzupassen. Viele Probleme mit Schulkulturen sowie die zunehmende Demotivierung vieler Lehrkräfte und die verbreitete Skepsis gegenüber Neuerungen sind auf unkoordinierte, überstürzte Reformmaßnahmen, die bei der Umsetzung laufend neue Probleme schaffen, zurückzuführen. Je bewusster die Lehrpersonen erfahren, dass die Schulleitung alle Maßnahmen in den größeren Zusammenhang der eigenen Schule stellt, desto positiver wirkt sich dies auf die Schulkultur aus.

2. **Zielfindung**

2.1 Auf die Bedeutung der *Profilbildung* einer Schule wurde bereits hingewiesen. Deshalb dürfen die Vision einer Schule, die vorgesehenen Neuerungen und kulturellen Maßnahmen nicht der Zufälligkeit und der heute so verbreiteten Beliebigkeit überlassen bleiben, sondern sie sollten vor allem pädagogisch gut reflektiert sein. Fragen wie »Warum wollen wir dies? Bringt die Idee pädagogische und wirtschaftliche Verbesserungen? Stärken wir mit der vorgesehenen Maßnahme das erwünschte Profil der Schule?« werden immer wichtiger.

2.2 Deshalb sollten Visionen, konkrete Ideen für Neuerungen und Schulentwicklungsmaßnahmen in einem *strategischen Konzept* verdichtet werden. Ein strategisches Konzept einer Schule umfasst ein Leitbild und/oder ein Schulprogramm sowie eine Finanz-, Investitions- und Personalplanung, deren Form von der den einzelnen Schulen zugestandenen Teilautonomie abhängt (vgl. Dubs 2005).

3. **Führung**

3.1 Auf die Bedeutung der *partizipativ-situativen Führung* wurde bereits bei der Behandlung der transaktionalen Führung hingewiesen. Für die Schulentwicklung legten Hoy und Miskel (2001) ein schulbezogenes Modell für die Führung und Entscheidungsfindung vor, das den Eigenarten der Schule noch besser Rechnung trägt, weil es die Interessen und die Betroffenheit der Lehrkräfte als Situationsvariable bewusst mit einbezieht (vgl. Abb. 20).

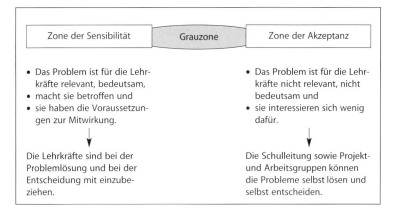

Abb. 20: Ein Modell zur Entscheidungsfindung (nach Hoy/Miskel 2001)

Dieses sehr praktikable Modell geht davon aus, dass jedes Problem, das in einer Schule zu lösen ist, für die Lehrkräfte in die *Zone der Sensibilität* (hohe Relevanz, große Bedeutung, starke Betroffenheit und Voraussetzungen für einen Beitrag der Lösung gegeben) oder in die *Zone der Akzeptanz* (für die Lehrkräfte wenig relevant, nicht bedeutsam und kein Interesse an der Problemlösung) fällt. Dazwischen liegt eine *Grauzone*, d.h. je nach Situation an der Schule kann das Problem einmal in die Zone der Akzeptanz, ein anderes Mal oder an einer anderen Schule in die Zone der Sensibilität fallen. Probleme in diesen drei Zonen führen in Entscheidungssituationen, die zu einem anderen Bedürfnis nach Mitwirkung bei der Lösungsfindung und Entscheidung führen: Probleme in der Zone der Sensibilität erfordern intensive Mitwirkungsmöglichkeiten und Entscheidungsrecht der Lehrkräfte. Andernfalls werden sie unzufrieden, was ihre Einsatzbereitschaft und Wirkung schmälert. Umgekehrt sind sie dankbar, wenn sie sich mit Problemen in der Zone der Akzeptanz nicht beschäftigen müssen und diese von der Schulleiterin/dem Schulleiter, der Schulleitung oder von Projekt- und Arbeitsgruppen abschließend behandelt werden und darüber entschieden wird. Bei Problemen in der Grauzone obliegt es der Schulleitung zu entscheiden, in welche Zone sie in der konkreten Situation fallen und wie demzufolge zu verfahren ist. Interessant ist, dass in Schulen mit einem guten Organisationsklima und einer allgemein anerkannten Schulleitung im Verlaufe der Zeit immer mehr Probleme in die Zone der Akzeptanz fallen, das Bedürfnis auf Mitwirkung also abnimmt. Eine solche Entwicklung mag für Schulleitungen angenehm sein. Sie kann aber gefährlich werden, wenn die Schulleitung selbstherrlich wird.

Dieses situationale Verständnis der Führung bei der transformationalen Leadership löst das immer wieder umstrittene Thema der Kompetenzen bei Problemlöse- und Entscheidungsfindung in wissenschaftlich klarer Weise und hat sich in der Schulpraxis sehr bewährt. Allerdings ist vorauszusetzen, dass die Schulleiter/innen die Relevanz eines Problems für die Lehrerschaft und deren persönliche Betroffenheit richtig einschätzen und sich entsprechend verhalten können. An dieser Stelle wird die Führung zur Kunst, die nur von Persönlichkeiten beherrscht wird, die über genügend Einfühlungsvermögen und Sensibilität verfügen. Zudem muss die Struktur der Schule auf diese Führungsauffassung ausgerichtet sein (offene Organisationsformen, vor allem Projektmanagement statt starrer Linienorganisation) und die Bereitschaft der Lehrkräfte zur Teamarbeit muss entwickelt sein (Aspekt der Schulkultur).

3.2 Im Mittelpunkt der transformationalen Leadership steht die *Schulentwicklung*. Idealerweise müssten viele Anstöße zu einzelnen Maßnahmen der Initiative der Lehrkräfte entspringen. Leider zeigt sich immer wieder, dass das Überlastungsempfinden sowie die Skepsis gegenüber Veränderungen bei vielen Lehrpersonen zu wenig Anstößen führen. Deshalb bleibt es eine wichtige Aufgabe der Schulleiterin oder des Schulleiters, immer wieder Anstöße zur Schulentwicklung zu geben und konkrete Maßnahmen einzuleiten (Bearbeitung eines Problems in einer Lehrerkonferenz oder Einsetzen einer Projektgruppe). Deshalb betonen Peterson/Gok/Warren (1995) in ihren Arbeiten, dass Schulleitungspersonen in ihrem Aufgabenbereich der Schulentwicklung nur erfolgreich sein können, wenn es ihnen gelingt, ihre Lehrer/innen zu einer gemeinsamen Vision zu führen, und wenn sie in der Organisation und Führung von Entwicklungsarbeiten gewandt und fähig sind, in ihrer Schule Arbeitsgruppen zu bilden und für Problemlösungen zu motivieren.

3.3 Von entscheidender Bedeutung ist die *pädagogische Führung* der Schule. Deshalb müssen Schulleiter/innen ihre Lehrkräfte und den Unterricht ständig *überwachen*. Dazu gehören regelmäßige Unterrichtsbesuche, welche nicht nur sozialen Kontakten dienen, sondern Lehrkräfte unterstützen, ohne die Methodenfreiheit im Unterricht zu beschränken. Deshalb ist ein ehrliches Feedback, das nicht nur im Rahmen von formalen Evaluationsverfahren erfolgen soll, besonders wichtig. Wertvoll ist es, wenn Schulleiter/innen fähig und bereit sind, unterrichtliche Neuerungen selbst mit Klassen zu demonstrieren. Daher ist es unabdingbar, dass Schulleitungspersonen auch ein Pensum selbst unterrichten. Schulleiter/innen, die nicht mehr unterrichten, verändern sich bald in Richtung von Administratoren. Heck (1992) kam zu dem Ergebnis, dass der Anteil ihrer Arbeit, den sie für direkte Unterrichtsbeobachtung und Feedback an die Lehrkräfte aufwenden, zu den drei wichtigsten Faktoren für die Voraussage von Lernleistungen der Schüler/innen zählen.

3.4 Erfolgreiche Schulleiter/innen bemühen sich um die Aufrechterhaltung einer vernünftigen und begründbaren *Ordnung* in ihrer Schule. Zu diesem Zweck bemühen sie sich um eine Hausordnung, die von den Lehrkräften gemeinsam entwickelt und getragen wird, und sie sorgen für deren Durchsetzung. Sie verbinden aber diese Bemühungen mit der Förderung einer guten Schulumwelt und eines angenehmen Schulklimas und versuchen mit verschiedenen Maßnahmen, die Eigenverantwortung ihrer Schüler/innen für die Ordnung in der Schule zu stärken. Es ist immer wieder zu betonen: Schulen, in denen sich die Schulleitung und die Lehrkräfte um Ordnung und Disziplin bemühen, haben weniger Störungen und Disziplinlosigkeiten mit ihren Schülerinnen und Schülern.

3.5 Gute Schulleiter/innen zeigen eine hohe *Präsenz* in der Schule. Sie ziehen sich nicht fortwährend zur Erledigung von administrativen Aufgaben in ihr Büro zurück, sondern sind häufig im Schulhaus, bei Schulbesuchen und bei Schulveranstaltungen anzutreffen. In ihrem Büro sind sie für die Lehrerschaft und die Schülerschaft in geregelter Weise leicht zugänglich und sie bemühen sich um eine stete Interaktion.

4. Hohe Erwartungen

4.1 Schulleitende von erfolgreichen Schulen legen in ihren Schulen großen Wert auf einen *anspruchsvollen, herausfordernden Unterricht*, setzen dafür zielgerichtet Ressourcen ein und fordern Lehrkräfte, welche sich nicht um einen anspruchsvollen Unterricht bemühen, unmissverständlich auf, sich herausfordernder zu verhalten (Butler 1997). Damit verbunden ist die Impulsgebung für Schulentwicklung und Weiterbildung für Lehrkräfte, womit erkennbare Unzulänglichkeiten mit Vorstellungen über Lernleistungen korrigiert werden. Ebenso wichtig ist die stete *Herausforderung der Lehrkräfte*, die aufzufordern sind, die Lernergebnisse der Schüler/innen regelmäßig auszuwerten, um den Unterricht differenziert zu verbessern. Zu beachten ist auch, dass die Unterrichtszeit nicht durch viele Ausfälle von Lektionen, außercurriculare Aktivitäten oder Unpünktlichkeit und Gleichgültigkeit beeinträchtigt wird.

4.2 Eine wichtige Aufgabe der Schulleitungen ist es, gezielt immer *neue Herausforderungen* zu schaffen. Voraussetzungen für den Erfolg sind aber eine gute Kommunikation mit der Lehrerschaft, ein sichtbarer Ausdruck des Vertrauens in sie, Rücksichtnahme auf individuelle Eigenarten und Probleme, Bereitstellung von Ressourcen sowie ein Rhythmus, der für die Lehrerschaft verkraftbar ist.

5. Unterstützung der Lehrkräfte

5.1 Ein ganz entscheidender Faktor für den Erfolg der transformationalen Leadership ist die *Autonomie im Unterricht*. Leider lässt sich heute in vielen Schulen beobachten, wie Visionen und Schulentwicklungsmaßnahmen dazu verwendet werden, den Unterricht und dabei vor allem die Lehr- und Lernformen zu vereinheitlichen: Gewisse Formen von Unterricht werden verpönt, andere »hochgejubelt«. Dies ist aus zwei Gründen falsch: Einerseits gibt es nicht »richtige« und »falsche« Formen von Unterricht, sondern die Gestaltung eines erfolgreichen Unterrichts bleibt etwas Individuelles, das von den Lernzielen, der konkreten Unterrichtssituation, den Gegebenheiten bei den Lernenden und der Persönlichkeit der Lehrperson abhängt. Guter Unterricht ist vielgestaltig und erfolgreiche Lehrer/innen verfügen über ein breites Repertoire für die Gestaltung des Unterrichts. Deshalb müssen Schulleiter/innen sicherstellen, dass die Autonomie der Lehrkräfte jederzeit gewährleistet bleibt. Dies kann zu gewissen Widersprüchen führen, indem Schulleitende einerseits für hohe Anforderungen und Qualität im Unterricht sorgen müssen, andererseits aber bei schlechten Ergebnissen nicht die Autonomie der betroffenen Lehrpersonen beschränken (Reitzug 1997). Deshalb sollten sie ohne direkte Maßnahmen über Mängel und Schwachstellen in offener Art sprechen, Fragen aufwerfen und Anregungen geben, ohne aber zu stark in die Unterrichtsautonomie einzugreifen.

Die Autonomie soll aber nicht nur den Unterricht betreffen. Mit der zunehmenden Verrechtlichung der Schule und der trotz der Teilautonomie stärker werdenden Verbürokratisierung der Schule sowie übertriebenen Vorstellungen über Elternmitwirkung wird der Schutz der Autonomie der Lehrpersonen eine immer wichtigere Aufgabe einer erfolgreichen transformationalen Leadership. Lehrkräfte müssen vor unzweckmäßigen Einflussnahmen von außen geschützt werden.

5.2 Die Kommunikation zwischen Schulleitungspersonen und Lehrkräften darf nicht rein rational gestaltet werden (bloße Aufgabenorientierung), sondern die Lehrkräfte sollten auch emotionale und praktische Unterstützung erhalten (Evans/Teddlie 1995). Nachgewiesen ist, dass Schulleiter/innen, welche ihre Kommunikation auch auf gute *interpersonelle Beziehungen* ausrichten, bessere Schulen haben. Dazu gehören Persönlichkeitsmerkmale wie Empathie und Sensibilität für Mitarbeitende und Verhaltensweisen wie Ermunterung, Unterstützung, Vertrauen und persönliche Kommunikation.

5.3 Erfolgreiche Schulleiter/innen bemühen sich von zwei Seiten her um die *Förderung ihrer Lehrkräfte*. Auf der einen Seite sichern sie ein zielgerichtetes Angebot an interner und externer Lehrerfortbildung, wobei sie sich auf ein längerfristiges schuleigenes Konzept ausrichten, in welchem einerseits die interne Weiterbildung auf die Schulentwicklungsmaßnahmen ausgerichtet wird und andererseits die externe Weiterbildung mit Lehrkräften beschickt wird, welche auf die Führung von Projekten in der Schulentwicklung vorzubereiten sind oder ganz spezielle individuelle Weiterbildungsbedürfnisse haben. Auf der anderen Seite stellen sie sicher, dass für Neuerungen die richtigen Ressourcen zur Verfügung stehen, denn oft lässt sich beobachten, wie sich Einsichten aus der externen Weiterbildung nicht umsetzen lassen, weil das Unterrichtsmaterial und die Zeit zur Einführung des Neuen fehlen (z.B. für das E-Learning).

5.4 Die Bedeutung einer guten *Feedbackkultur*, die von den Schulleitungsmitgliedern persönlich getragen ist, wird im Schulalltag häufig unterschätzt. Insbesondere genügen Lehrerbeurteilungen, die im Rahmen des Qualitätsmanagements durchgeführt werden (Dubs 2004), für sich allein nicht. Ebenso bedeutsam sind die persönlichen Rückmeldungen der Schulleitung über gute Leistungen und Schwachstellen an die einzelnen Lehrpersonen. Wesentlich ist dabei die offene und ehrliche Kommunikation. Lob ohne kritische Anmerkungen und Kritik ohne Hilfeleistungen tragen wenig zu einer positiven Schulkultur bei. Welche Form des Feedbacks gewählt wird, ist situativ zu entscheiden. Sicher ist, dass jede Routinisierung des Feedbacks (z.B. jährliche formelle Beurteilungsgespräche) weniger wirksam ist als ein breites Repertoire von Feedback: spontane Anerkennung für geleistete Arbeit (allenfalls mit einem kleinen Geschenk wie einem Büchergutschein usw., unmittelbare Richtigstellung bei erkannten Mängeln, Feedback in einem Neujahrsbrief, Gewähren von Weiterbildungsmöglichkeiten, persönliches Gespräch usw.).

5.5 Ein Erfolgsfaktor guter Schulleitungen ist die *Ressourcenzuteilung*: Schulleitungen, welche ihre Lehrkräfte bei ihrer Tätigkeit gezielt mit Ressourcen unterstützen, wurden als wirksamere Schulleitungen erkannt. Dabei kann es um kleine Gefälligkeiten (z.B. gibt die Schulleitung einem Projektleiter einen Schreibkredit im Schulsekretariat) oder um eine namhafte Unterstützung gehen (z.B. wird einer Lehrergruppe für eine Initiative ein Arbeitskredit zugewiesen). In diesem Zusammenhang können ein gut definiertes Globalbudget und ein vorsichtig gestaltetes Sponsoring Leadership wesentlich erleichtern. Nicht zuletzt sollte sich die Schulleitung um die Schaffung guter Arbeitsbedingungen für alle Schulangehörigen bemühen.

5.6 Eine wichtige Aufgabe für die Schulleitung ist das Schaffen *guter Arbeitsbedingungen für die Lehrkräfte*, denn sie haben einen direkten Einfluss auf die Arbeitszufriedenheit und auf das Klima einer Schule. Dazu gehören gute Lehrerarbeitsplätze, Bürohilfsmittel, Lehrmittelbibliothek usw. sowie Freiräume bei der Gestaltung der Arbeit und bei der Planung der Arbeitszeiten.

6. Schulisches Umfeld

6.1 Auf den Stellenwert der *symbolischen Führung* wurde bereits verwiesen. Inzwischen ist nachgewiesen, dass Schulleiter/innen, welche Traditionen, Rituale, Zeremonien und Symbole pflegen, starken Einfluss auf die Schulkultur und die Qualität der Schule haben (Black 1997; Stolp 1991). Es sollten jedoch nicht nur Traditionen fortgeführt, sondern auch neue Symbole, Rituale und Zeremonien entwickelt werden, damit die Schule dynamisch bleibt. Wichtig für Schulleitende ist das stete In-Erinnerung-Rufen dieser symbolischen Zeichen, weil es dazu beiträgt, den Zusammenhalt in der Schule zu stärken und die Kultur der Schule weiter zu prägen. Bedeutsam dabei ist die Übereinstimmung der Vision der Schule mit der symbolischen Führung. Andernfalls wirken Symbole, Rituale und Zeremonien unecht.

6.2 Ob die Zusammenarbeit zwischen der Schule und dem *Elternhaus* sowie den *Gemeindegliedern* zu besseren Schulleistungen führt, ist wissenschaftlich noch nicht abschließend geklärt (Finn 1998). Deutlich zeichnet sich aber ab, dass die Eltern und die Öffentlichkeit mehr über die Vorgänge in der Schule und über die Leistungen ihrer Kinder wissen wollen. Deshalb wird auch der Wunsch nach vermehrter Mitwirkung der Eltern dringlicher. Das Informationsbedürfnis der Eltern und damit die Pflicht der Schule, mit den Eltern Kontakt zu haben, lässt sich mit der Bedeutung des elterlichen Verhaltens in Schulfragen rechtfertigen. Eltern, die ihre Kinder zu Hause bei Schulbelangen unterstützen und Schulprobleme mit ihnen diskutieren wollen, benötigen Informationen und Kontakte. Dieser Aspekt ist wichtig, nachdem bekannt ist, dass die Unterstützung der Eltern (Hilfestellungen, Problemdiskussionen) die Leistungsfähigkeit der Kinder positiv beeinflusst. Deshalb müssen sich Schulleiter/innen mit der Kontaktpflege zu den Eltern und bei umfassenderen Fragestellungen zu den Gemeindegliedern beschäftigen und ein Konzept der Zusammenarbeit verwirklichen. Diese Kontakte sollen sich aber auf eine gute Zusammenarbeit beschränken und nicht zu Mitbestimmungsrechten in die Schule hinein führen. Wenn Eltern mitbestimmen, so nehmen sie in erster Linie die kurzfristigen Interessen ihrer Kinder wahr, haben meistens nur eine einseitige Sicht der Schule, die stark durch die Erzählungen der Kinder beeinflusst ist, und sie interessieren sich nur so lange für die Schule, als sie von ihren Kindern besucht wird. Als Folge davon bringt Elternmitbestimmung oft keine Kontinuität, zudem trägt sie zur weiteren sozialen Demontage des Lehrerberufs bei. Daher muss sich jede Schule vornehmlich um eine gute Zusammenarbeit und eine angemessene Mitwirkung der Eltern bei einzelnen Aufgaben der Schule bemühen. Mitbestimmung der Eltern darf aber nicht das Ziel sein.

7. Einstellungen
7.1 Für alle an der Schule Interessierten muss sichtbar werden, dass die Schulleiterin oder der Schulleiter gewillt sind, langfristig die *Verantwortung* für die Schule und für ihre Angehörigen zu übernehmen. Dazu gehört die Überzeugung, die Vision lasse sich umsetzen und das Profil sei erreichbar. Und die Lehrerschaft muss erkennen, dass auch bei Widerständen oder Misserfolgen in flexibler Weise an den gesetzten Zielen festgehalten wird. Dazu gehört auch die Bereitschaft, in vielfältiger Weise *Risiken* auf sich zu nehmen, sei es bei der Unterstützung von Schulentwicklungsmaßnahmen, sei es beim Schutz des Autonomiebereichs der Lehrkräfte oder sei es bei unvernünftigen Anordnungen der Schulbehörden.
7.2 Erfolgreiche Schulleiter/innen verstehen es, ihre eigenen *Werthaltungen* transparent zu machen und sie vorzuleben. In jeder Hinsicht wertneutrale Schulleitungspersonen sind weniger erfolgreich, weil sie für die Lehrkräfte nicht immer berechenbar sind.
7.3 Die Bekräftigung der *Schlüsselwerte*, die die eigenen Werthaltungen und Visionen widerspiegeln, verstärkt die Führungsposition, weil damit zur Konstanz und Transparenz der Entwicklung der Schule beigetragen wird. Die Transparenz schafft gute Voraussetzungen für die Reflexion und den Diskurs in der Schule, was insbesondere für die Schulentwicklung bedeutsam ist.
7.4 Schließlich sollten alle Schulangehörigen immer wieder erfahren, dass sich die Schulleiterin oder der Schulleiter voll für ihre Schule *engagieren*: Sie zeigen in der Öffentlichkeit eine hohe Präsenz, sie nehmen sich Zeit für die Schulangehörigen, sie setzen sich für die Lehrkräfte und die Schülerschaft ein und sie fühlen sich bei Ansprüchen der Schulangehörigen möglichst nie überfordert.

4.3.5 Schulleiter/innen und ihre Beziehung zu den Lehrkräften und der Schülerschaft

Kommunikation, Unterstützung und Präsenz sind wichtigste Merkmale einer guten Leadership. Da die Ansprüche an die Leitung einer Schule steigen, müssen auch Schulleitungsmitglieder Prioritäten setzen. Eine Frage dabei ist, ob sie den Lehrkräften oder den Schülerinnen und Schülern mehr Aufmerksamkeit und Zeit verfügbar halten sollen. Im Gegensatz zu populären Auffassungen verwenden wirksame Schulleiter/innen mehr Zeit für ihre Lehrkräfte und achten darauf, dass sich in erster Linie die einzelnen Lehrer/innen in unmittelbarem Kontakt den Schülerinnen und Schülern annehmen (Cotton 2003; Krapp 1985).

4.3.6 Leadership unter verschiedenen Voraussetzungen

Es stellt sich natürlich die Frage, ob die dargelegten Kriterien der transformationalen Leadership immer gelten. Wenn es heute auch als unbestritten gilt, dass die Leadership von Schulleiterinnen und Schulleitern Auswirkungen auf die Leistungen der Schülerschaft hat, ist vor zu einfachen linearen Betrachtungsweisen zu warnen. Sicher darf man die den einzelnen Variablen beigegebenen Hinweise als für die Führung einer Schule wertvolle Richtlinien nehmen. In der Wirklichkeit sind sie aber mit den Wirkungen vieler Variablen vernetzt, wodurch einzelne Variablen in ihrer Aussagekraft immer relativiert werden. Deshalb können unter ungünstigen Bedingungen in einer Schule (z.B. Schulen mit einer Lehrerschaft, die einen neu gewählten Schulleiter geschlossen ablehnt, oder Schulen, in denen eine dominierende Lehrergruppe systematisch gegen jede Neuerung wirkt) die besten Anwendungsversuche der hier vorgetragenen Variablen wirkungslos bleiben. Zu beachten gilt auch, dass neben ungünstigen Rahmenbedingungen Persönlichkeitsmerkmale der Schulleiterin oder des Schulleiters – wenn auch nicht ausschließlich – zum Führungserfolg beitragen und damit auch immer etwas *Führungskunst* gegeben sein muss, welche wahrscheinlich den letzten Ausschlag für die Erklärung von unterschiedlichem Führungserfolg gibt. Aber all jene Führungskräfte, welche sich mit den eher rationalen Gegebenheiten der Führungstheorien auseinander setzen, werden mit der Intuition besser umgehen können.

Fast ausschließlich in den Vereinigten Staaten wurde nach Unterschieden in der Leadership von männlichen Schulleitern und ihren weiblichen Kolleginnen gesucht (Eagly/Karau/Johnson 1992). Zusammenfassend ergaben sich folgende Erkenntnisse: Schulleiterinnen scheinen in ihrer Leadership mehr personenorientiert zu sein (weniger hierarchisch und mehr partizipativ), sich stärker für pädagogische Aufgaben zu interessieren als Schulleiter und sich mehr um die Team- und Gemeinschaftsbildung zu kümmern. Diese geschlechtsspezifischen Unterschiede mögen motivational bedingt sein (Frauen wählen den Lehrerberuf bewusster), in Unterschieden in den Kommunikationsmustern liegen und mit der längeren Unterrichtszeit bis zur Übernahme einer Leitungsposition begründet sein (Shakeshaft 1989). Offensichtlich scheint aber die Dauer der eigenen Lehrtätigkeit das Interesse für die pädagogische Führung einer Schule ganz generell maßgeblich zu beeinflussen.

Unterschiede in der Leadership wurden auch zwischen den verschiedenen Schulstufen gefunden. Schulleitende auf höheren Schulstufen nehmen sich weniger Zeit für die pädagogische Führung der Schule als diejenigen auf unteren Schulstufen. Dies mag auf die größere Spezialisierung des Unterrichts auf höheren Stufen zurückzuführen sein (Heck 1992).

Schließlich scheinen gewisse Schulleiter/innen in Schulen mit Kindern aus unteren sozialen Schichten erfolgreicher zu sein, wenn sie eine optimistische Vision haben, sich sehr um die pädagogische Führung bemühen, wobei sie vor allem darauf achten, dass die Lehrkräfte immer wieder hohe Ansprüche stellen und sie veranlassen, die Lernleistungen der schwachen Schüler/innen zu interpretieren und neue Unterrichtsansätze anzuwenden (Mendez-Morse 1991).

4.4 Nachwort

Alle diese Einsichten und Erkenntnisse führen zurück zu den Führungstheorien und Abbildung 4 (vgl. S. 118). Es dürfte deutlich geworden sein, dass erfolgreiche transaktionale und transformationale Leadership durch viele Wechselwirkungen gekennzeichnet sind:

- Leadership kann nicht allgemein gültig als erfolgreich oder weniger erfolgreich umschrieben werden. Sie ist in ihren Grundelementen auf die Umwelt und die Rahmenbedingungen auszurichten. Andernfalls häufen sich die Führungsprobleme, was sich gegenwärtig überall dort deutlich abzeichnet, wo die Rahmenbedingungen für die teilautonome geleitete Schule nicht genau genug definiert sind.
- Die Führungspersönlichkeit und ihre Macht sind bedeutsam. Erwünscht sind offene, berechenbare, ehrliche und verlässliche Schulleiter/innen, welche dank ihrer Kompetenz, menschlichen Überlegenheit und ihres Interesses an ihrer Schule das Geschehen in der Schule prägen und im richtigen Moment die Kraft haben, Entscheidungen zu treffen.
- Ihre Stärke liegt darin, dass sie über ein kompetentes Führungsverhalten verfügen und sich mit einer transaktionalen Leadership im Schulmanagement und einer transformationalen Leadership bei der Schulentwicklung zurechtfinden.
- Sie sind stets in der Lage, konkrete Führungssituationen rechtzeitig zu erkennen und zu analysieren, um zielgerichtet und situativ richtig zu reagieren.

Angesichts der Komplexität des Führungsprozesses ist es zwingend, dass Schulleiter/innen die theoretischen Grundlagen der Führungslehre beherrschen und diese zusammen mit ihrer Intuition anwenden, um *Führungstheorie* und *Führungskunst* miteinander zu verbinden.

5. Lehrkräfte als Führungspersonen in der Schule

5.1 Ein sich veränderndes Lehrerbild

Die Wichtigkeit, die heute der Idee der Schulentwicklung zur Umsetzung von Neuerungen und für die Qualitätsverbesserung an Schulen beigemessen wird, führt zu einem erweiterten Rollenverständnis der Lehrkräfte. Sie sind nicht mehr nur Unterrichtende, sondern sie nehmen auch vornehmlich pädagogische Führungsaufgaben wahr. Deshalb wird seit wenigen Jahren in den Vereinigten Staaten ein neuer Schwerpunkt der Leadership-Forschung immer wichtiger, der von den Begriffen »leadership for instructional improvement from a distributed perspective«, »education leadership and instructional improvement«, »distributed leadership« oder »teacher leadership« ausgeht (Spillane 2003). Ziel dieser Form von Leadership ist es, die Lehrkräfte, die Führungsfähigkeiten besitzen und über Kompetenz im Lehren und Anleiten zum Lernen verfügen, formell und informell als Leader von Gruppen einzusetzen, um die Qualität des Unterrichtes und letztlich den Lernerfolg der Schüler/innen zu verbessern (York-Barr/Duke 2004). Anfänglich richtete sich das Augenmerk stärker auf eine formale Eingliederung solcher Lehrkräfte in die Schulorganisation, wobei vor allem an die Leitung von Projektgruppen gedacht war. Dahinter stand die Idee, in schulischen und unterrichtlichen Fragen auf diese Weise bessere Voraussetzungen für die Partizipation der Lehrkräfte bei der Lehrplan- und Unterrichtsentwicklung zu schaffen. Später kam eine Verbindung mit Karrieremöglichkeiten für Lehrkräfte dazu (»career ladder programs«), indem versucht wurde, für Lehrkräfte mit Führungsaufgaben Aufstiegsmöglichkeiten zu schaffen, um unter anderem ihre Motivation und die soziale Stellung zu verbessern. In neuerer Zeit glaubt man, eine informelle Gestaltung der Führung pädagogischer Vorhaben ohne jeden Bezug zu Hierarchien sei wirksamer (Darling-Hammond/Bullmaster/Cobb 1995). Es macht etwas den Eindruck, dass sich hier eine neue Pendelbewegung abzeichnet, die von der idealistischen, vielleicht sogar etwas utopischen Annahme ausgeht, die teilautonome Schule der Zukunft lasse sich im pädagogischen Bereich letztlich doch ohne Hierarchien partizipativ führen. Zwar gibt es wenige Studien, welche eine verbesserte Motivation für Lehrkräfte, die eine pädagogische Führungsaufgabe übernehmen, nachweisen. Als besonders wirksam wurde die Lösung erkannt, bei welcher solche Lehrkräfte zur Hälfte in der Forschung oder in der Beratung beschäftigt wurden und zur anderen Hälfte in einer Schule unterrichteten und eine solche schulinterne pädagogische Führungsaufgabe übernahmen. Umgekehrt wurde aber festgestellt, dass viele Lehrkräfte in dieser Doppelrolle nicht zueinander fanden, unter Stress kamen und sich die Beziehungen zur Kollegenschaft eher kritisch entwickelten. Die Frage, ob sich die Leistungen der Schüler/innen tatsächlich verbessern, ist noch offen (vgl. York-Barr/Duke 2004).

Trotzdem wird hier die Auffassung vertreten, dass diese Idee der Führung durch Lehrkräfte im Rahmen der Schulentwicklung mit der Projektorganisation und dem Projektmanagement weiter verfolgt werden sollte.

5.2 Lehrkräfte als Führungskräfte in einer Projektorganisation

5.2.1 Das Modell

Abbildung 21 auf der nächsten Seite zeigt die Rolle von Lehrkräften als Führungskräfte im Projektmanagement. Ausgangspunkt ist die transformationale Leadership der Schulleiter/innen: Sie bringen aufgrund ihrer Vision Ideen ein, nehmen Überlegungen aus dem Lehrkörper auf und sorgen dafür, dass in Projektgruppen Lösungen erarbeitet und der Schulleitung und/oder dem Lehrerkonvent vorgelegt werden. Für den Erfolg solcher von Lehrkräften geführten Projektgruppen entscheidend ist, dass

- die Projektgruppe über einen klaren Auftrag verfügt, wobei die Aufgabenstellung so problematisch und so umfassend sein muss, dass sich ein Projekt rechtfertigen lässt;

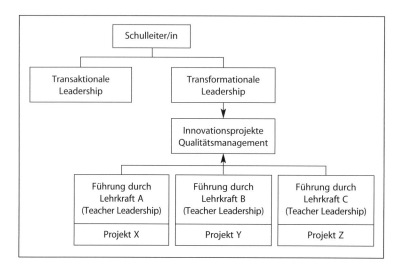

Abb. 21: Lehrpersonen als Führungskräfte

- die Lehrkräfte mit den Arbeitstechniken des Projektmanagements vertraut sind;
- die Lehrkraft mit der Leitung der Projektarbeit die Leadership-Rolle kompetent übernimmt.

Viele Projektarbeiten in Lehrkörpern misslingen, weil die leitende Person ihre Leadership-Aufgabe nicht zielstrebig wahrnimmt (vgl. ausführlich Dubs 2005).

5.2.2 Die Leadership-Rolle von projektleitenden Lehrkräften

Die Führung von Projektgruppen durch Lehrkräfte setzt Folgendes voraus:

- Sie gelingt nur, wenn die leitende Lehrkraft über eine hohe Sachkompetenz verfügt und nicht annimmt, dank der Projektleitung hätte sie hierarchische Macht mit Weisungsrecht. Viele Projektarbeiten scheitern an diesem falschen Führungsverständnis.
- Die Arbeit verläuft umso besser, je stärker die führende Lehrkraft eine gemeinsame Arbeit und gemeinsam vereinbarte Ziele zu erreichen sucht. Echte Projektarbeit ist mehr als die Summe von individuellen Überlegungen.
- Die Projektleiterin oder der Projektleiter muss immer wieder für ein Überschreiten der traditionellen Grenzen und Traditionen sorgen. Andernfalls fehlt der innovative Anstoß für die Arbeit.

Deutlich hervorzuheben ist jedoch, dass die Schulleiterin oder der Schulleiter seine Führungsaufgabe behält. Er muss den Projektfortschritt überwachen, denn er bleibt auch bei dieser Aufteilung der Leadership-Aufgabe für die Entwicklung der Schule verantwortlich. Überwachen heißt aber nicht nur anordnen, sondern auch Anregungen geben, Fragen stellen, auf die Vision hinweisen usw. (Copland 2003).

5.2.3 Organisationales Lernen

Schulentwicklung sollte aber nicht nur mittels Projektmanagement betrieben werden. Denkbar ist auch, Schulentwicklungsarbeiten in der Lehrerkonferenz in den Formen des *organisationalen Lernens* durchzuführen, wobei diese Arbeitsform auch in Projektgruppen angewandt werden kann. Ein mögliches Modell des organisationalen Lernens ist in Abbildung 22 dargestellt (vgl. dazu Senge 2000; Müller-Stevens/Pautzke 1996): Eine Projektgruppe, Teilnehmende einer beliebigen Sitzung oder der gesamte Lehrerkonvent sehen sich einem schulischen Problem gegenübergestellt. Nun werden die betroffenen Personen aber nicht aufgefordert, Lösungsvorschläge vorzubereiten, sondern sie erhalten den Auftrag, individuelles Wissen und allenfalls Können, das für die Problemlösung notwendig ist, vor dem Zusammentreffen individuell zu erarbeiten. In der Schulpraxis kann diese Vorbereitungsarbeit erleichtert werden, wenn die vorsitzende Person im Lehrerzimmer oder in der Lehrerbibliothek eine kleine Dokumentation auflegt, damit die Mitglieder vom Suchprozess nach Literatur befreit sind. Gelesen wird diese Dokumentation allerdings meistens nur, wenn sie aus kurzen, leicht verständlichen Texten zusammengesetzt ist. An der Sitzung werden dann anfänglich nicht Lösungen diskutiert, sondern die Teilnehmenden werden zu einer Lerngruppe, die zuerst nach Möglichkeit neues Wissen konstruiert, mit welchem das Problem gelöst wird. Die Problemlösung und die darauf aufbauende Planung von konkreten Maßnahmen wird erleichtert, weil alle Mitwirkenden über ein größeres, kollektives Wissen verfügen. Zudem erhöhen sich durch die ganze Arbeit die individuellen Wissensstände, was spätere Problemlösungen erleichtert, denn die ganze Organisation verfügt über mehr kollektives Wissen (daher wird von organisationalem Lernen gesprochen).

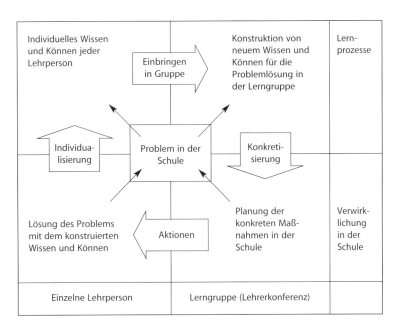

Abb. 22: Organisationales Lernen

Das organisationale Lernen ist jedoch anspruchsvoll, weil mit fünf den gemeinsamen Lern- und Entscheidungsprozess hemmenden Faktoren, zu rechnen ist:

1. Lehrkräfte sind am Lernprozess nicht interessiert. Sie wollen nur ihren Standpunkt durchsetzen oder eine Position halten.
2. Sie halten am Bestehenden fest, weil sie das Problem nicht sehen oder sehen wollen und keine Bereitschaft zeigen, das Bestehende zu hinterfragen.
3. In Schulen mit einem schlechten Klima und/oder einer dominanten Schulleitung lässt sich oft ein opportunistisches Verhalten beobachten, indem einzelne Mitglieder keine Meinung vertreten oder sich erst äußern, wenn sich eine Meinung abzeichnet.
4. Wer keine Einsicht in sein eigenes Lernen hat, tut sich bei der Mitwirkung in der Lerngruppe schwer.
5. Schließlich scheuen sich Mitglieder oft, etwas zu sagen, weil sie befürchten, sie könnten als zu belehrend wahrgenommen werden.

6. Probleme und Grenzen der Leadership in teilautonomen Schulen

6.1 Die Bereitschaft der Lehrkräfte zur Mitarbeit

Die hier vertretene Auffassung von Leadership an einer Schule setzt eine hohe Mitwirkungsbereitschaft aller Lehrkräfte voraus. Schulleiter/innen beklagen sich jedoch immer häufiger über die abnehmende Bereitschaft vieler Lehrpersonen, neben dem Unterricht weitere Aufgaben zu übernehmen. Bislang ist den Ursachen dieser Entwicklung, welche die teilautonome geleitete Schule mit der Schulentwicklung infrage stellen könnte, noch nicht systematisch nachgegangen worden. Deshalb wird in Tabelle 4 versucht, die einzelnen Ursachen aufgrund von Beobachtungen und Gesprächen aufzulisten, um Ansatzpunkte für Gegenmaßnahmen zu finden.

Zunächst behindern *organisatorische Gesichtspunkte* die Mitwirkungsbereitschaft: In kleinen Schulen und in Schulen mit vielen Teilzeitbeschäftigten beschränken diese beiden Gegebenheiten die Delegationsmöglichkeiten.

Stärker hemmende Wirkungen haben *persönliche Merkmale* bei den Lehrkräften: Die zeitliche Beanspruchung im Unterricht steigt vor allem bei jenen guten Lehrkräften, die sich um eine individuelle Behandlung ihrer Schüler/innen bemühen, sich dem Caring (Dubs 2002c) annehmen und ihren Unterricht vielseitiger gestalten (breites Repertoire der Unterrichtsführung). Auch die psychische Belastung steigt: mehr Erziehungsaufgaben infolge von Störungen im Unterricht und Disziplinlosigkeiten in der Schule, interkulturelle Klassensituationen, steigende Erwartungen der Eltern und Behörden und geringer werdende soziale Anerkennung des Lehrerberufs. Anlass zu Besorgnis gibt auch die abnehmende Motivation vieler Lehrkräfte für außerunterrichtliche schulische Tätigkeiten, die mit vielen anderen hier aufgezählten Faktoren vernetzt ist (z.B. schlechte Rahmenbedingungen, Führungsfehler, unbedachte Maßnahmen).

Tab. 4: **Ursachen für die geringe Bereitschaft vieler Lehrkräfte, zusätzliche Aufgaben zu übernehmen**

Ursachengruppen	Erscheinungsformen
Organisatorische Gesichtspunkte	• Kleine Schulen haben zu wenig Lehrkräfte, um systematisch zu delegieren. • An Schulen mit vielen Teilzeitlehrkräften ist die Delegation von Aufgaben schwieriger (gar wenn diese Lehrkräfte noch in anderen Bereichen beschäftigt sind, z.B. Frauen, die noch einen Haushalt führen).
Persönliche Merkmale bei Lehrkräften	• zeitliche Überforderung • psychische Überforderung • mangelnde Motivation • persönliche Enttäuschungen • Resignation
Führungsmängel bei der Schulleitung	• keine Delegationskultur • mangelnde Bereitschaft zur Delegation • kein Belohnungskonzept • keine gute Leadership
Mängel bei den Schulbehörden und bei der Schuladministration	• schlechte Rahmenbedingungen für die Schule • zu häufige Reformen • zu wenig bedachte Maßnahmen (Aktionen)

Dazu kommen persönliche Enttäuschungen (infolge eines schlechten Schulklimas oder mangelnder Möglichkeiten, eigene Ideen zu verwirklichen; Nichterreichen gesteckter Erziehungs- und Bildungsziele; Unfähigkeit, den eigenen Unterricht zu verbessern usw.). Eine Anhäufung persönlicher Enttäuschungen kann schließlich zur Resignation führen, welche die Mitwirkungsbereitschaft stark beschränkt.

Im Weiteren sind *Führungsmängel der Schulleitung* in Rechnung zu stellen: Es wird nicht versucht, systematisch eine gute Delegationskultur aufzubauen, indem Delegationsregeln verletzt werden, die Vision der Schule der Mitwirkung der Lehrkräfte keine vernünftige Konstanz gibt oder die Schulleitung überhaupt nicht delegiert. Dafür können viele Ursachen verantwortlich sein: Perfektionismus (die Schulleitung meint, alles besser zu machen), Angst (sie befürchtet, der Einfluss von Projektgruppen oder von einzelnen Lehrkräften könnte zu groß werden) oder eine unklare Organisationsstruktur. Besonders negativ wirkt sich aus, dass viele Schulleitungen nicht über Belohnungs- und Sanktionskompetenzen verfügen: Sie können weder einsatzbereiten Lehrkräften Vergünstigungen zukommen lassen, noch Drückeberger zur Rechenschaft ziehen. Im Weiteren bekunden viele Schulleitungen mit dem Konzept der Leadership Mühe.

Schließlich dürfen *Mängel bei den Schulbehörden und der Schuladministration* nicht übersehen werden. Wohl am stärksten demotivieren Neuerungen, für die weder klare rechtliche noch organisatorische Rahmenbedingungen geschaffen werden, die außerunterrichtliche Mitarbeit. Bei teilautonomen geleiteten Schulen ist dies besonders häufig der Fall. So wird dieses Konzept oft eingeführt, ohne dass klar definiert ist, wie weit die Autonomie geht. Auch führt man es ein, ohne dass die Behördenorganisation darauf ausgerichtet wird. Oder es soll ein Globalbudget verwirklicht werden; das Haushaltsrecht wird aber nicht daraufhin angepasst. Solche unklaren Rahmenbedingungen bringen immer wieder Konflikte um Kompetenzen und Freiheitsgrade, welche nicht nur die Schulleitungen belasten, sondern das ganze Konzept behindern, sodass das Interesse der Lehrkräfte an der Mitarbeit schwindet. Ebenso hemmend wirken Reformen in zu rascher Folge, auf welche die Lehrkräfte nur ungenügend vorbereitet sind und denen eine gewisse Konstanz fehlt. Besonders negativ wirken sich wenig bedachte Maßnahmen aus, welche wohlerworbene Rechte der Lehrkräfte in starker Weise beeinträchtigen (z.B. Streichen der Weiterbildung im Budget, unvermittelte und übermäßige Erhöhung der Pflichtstundenzahl, Einführung einer strikten Arbeitszeitkontrolle).

Nun bliebe die Analyse aber oberflächlich, beschränkte man sich nur auf die Aufzählung und Begründung dieser hemmenden Faktoren der Lehrermitarbeit im außerunterrichtlichen Bereich. Lehrpersonen sollten sich wenigstens bewusst werden, dass sie selbst oft eine einseitige Sicht haben und sich die Kritik am Wunsch nach vermehrter Mitarbeit gelegentlich etwas zu leicht machen. Bezüglich der zeitlichen und psychischen Belastung sollten sie hin und wieder den Vergleich mit Berufstätigen in Wirtschaft und Verwaltung wagen: Berufsgruppen in gleichen Besoldungsklassen sind von den zunehmenden Herausforderungen in Gesellschaft und Wirtschaft gleichermaßen betroffen wie Lehrkräfte – wenn nicht sogar noch stärker, nicht nur, weil Mitarbeitende in Wirtschaft und Verwaltung laufend mehr gefordert werden, sondern auch, weil gegen Mitarbeitende mit geringerer Einsatzbereitschaft viel schneller Sanktionen ergriffen werden. Auch wollen Lehrpersonen häufig die vielen Zielkonflikte nicht erkennen, denen die Schulbehörden ausgesetzt sind. Besonders deutlich kommt dies bei Sparmaßnahmen im Schulbereich zum Ausdruck. Noch immer glauben viele Lehrkräfte an eine lineare Beziehung zwischen Mitteleinsatz und Erfolg einer Schule. Tatsächlich ist es aber so, dass ab einer gewissen Höhe der Budgetmittel nicht mehr die zur Verfügung stehenden Finanzmittel allein, sondern vor allem deren Verwendung die Wirksamkeit einer Schule prägen (Burtless 1996). Deshalb wäre schon viel erreicht, wenn die Lehrerschaft einer Schule im Rahmen der Schulentwicklungsarbeiten ein zielgerichtetes Globalbudget, das auf das Leitbild der Schule abgestimmt wird, entwickeln würde, um auch im Fall ungünstiger Finanzbedingungen in einem Staat das für die Schule Beste zu tun. Dies setzt allerdings eine klare Rahmenordnung für die Budgetierung voraus (Dubs 2002d). Andernfalls kommt es laufend zu Frustrationen im Lehrkörper. Vor allem bei Reformbestrebungen fehlt bei vielen Lehrkräften oft auch die Bereitschaft, sich richtig zu informieren. Viele Zweifel und Oppositionen, welche die Einsatzbereitschaft vermindern und damit die Delegationsversuche von Schulleitungen erschweren, würden hinfällig, wenn sich die Lehrkräfte besser orientieren würden. Interessant ist dabei, dass viele Lehrkräfte auch gute Informationen nicht wahrnehmen, wofür häufig die zeitliche Belastung geltend gemacht wird, obschon Informationen geeignet sind, Missverständnisse zu beseitigen und Veränderungen mit weniger Zeitaufwand zu erleichtern. Zudem verlieren viele Lehrkräfte das Interesse an einer Mitwirkung, wenn sie dafür nicht in irgendeiner Weise belohnt werden. Zwar wollen sie diese Feststellung meistens offen nicht bestätigen. Doch innerlich werden immer wieder Vergleiche mit Entschädigungssystemen der Privatwirtschaft angestellt, bei denen Zusatzarbeiten und gute Leistungen zusätzlich in irgendeiner Form belohnt werden. Nicht unerwähnt bleiben darf schließlich der immer größer werdende Widerspruch in vielen Lehrerkollegien: Viele Lehrkräfte wollen überall mitentscheiden. Sie haben aber keine Zeit oder nehmen sie sich nicht, um sich über die zu lösenden Probleme sachlich durch Literaturstudium und Gedankenaustausch ins Bild zu setzen, damit sie sachkompetent mitentscheiden können, sondern sie glauben, mit einer intensiveren Diskussion im Lehrerkonvent wären die Probleme gelöst. Dass solche spontanen Entscheidungsprozesse dann häufig auf vorgefassten Meinungen und ohne jeden innovativen Ansatz ablaufen, lässt sich immer häufiger beobachten. Schulentwicklung nur auf dem spontan verfügbaren Kenntnisstand und mit Intuition allein führt zu keiner besseren Schulqualität. Deshalb lässt sich die Schulentwicklung nur mit vertiefter Arbeit umsetzen.

6.2 Wege zur Förderung der Mitwirkungsbereitschaft von Lehrkräften

Auch diese Frage ist – abgesehen von allgemeinen Untersuchungen zur Verbesserung der Arbeitsmotivation (Wunderer 2003) – noch kaum erforscht. Tabelle 5 gibt einen Überblick über mögliche Maßnahmen für Schulleiter/innen.

Zunächst müssen Schulleiter/innen versuchen, die Lehrpersonen durch ihr persönliches Verhalten und ihren Umgang mit diesen für die Mitwirkung im außerunterrichtlichen Bereich zu gewinnen. Die im Folgenden vorgeschlagenen Maßnahmen sind

Tab. 5: Mögliche Maßnahmen, um Lehrkräfte für die Mitarbeit in außerbetrieblichen Bereichen und bei der Schulentwicklung zu motivieren	
Mögliche Maßnahmen	**Einzelmaßnahme**
Persönliches Verhalten (Umgang mit Lehrpersonen)	• Lehrpersonen persönlich ins Vertrauen ziehen und/oder um Rat bitten • Interessen erfassen und darauf aufbauend versuchen, Aufgaben zuzuordnen • Berücksichtigung individueller Wünsche bei guten Leistungen für die Schule • Allianzen (Koalitionen) bilden
Organisatorische Aspekte	• Delegationsregeln einhalten • klare Rahmenbedingungen schaffen • eine Projektorganisation aufbauen
Belohnungs- bzw. Sanktionssystem	• ehrliches Feedback • Stundenpool für Entlastungsstunden • Schulentwicklung als Teil des Pflichtpensums • Beurteilungssystem und Leistungslohn
Führungsverhalten	• Leadership-Konzept verwirklichen

jedoch mit Bedacht aufzunehmen, da deren Wirksamkeit entscheidend durch die Persönlichkeit der Schulleitungspersonen geprägt wird, stark situationsabhängig ist und sie vielleicht sogar etwas »machiavellistischen« Charakter haben können. Auf alle Fälle müssen die einzelnen Maßnahmen sorgfältig auf die eigenen Möglichkeiten und Grenzen abgestimmt werden. Die Erfahrung lehrt indessen, dass viele Schulleiter/innen in ihrem Verhalten in anständiger Weise etwas mutiger und konsequenter werden sollten.

Zuerst kann man versuchen, Lehrer/innen in schwierigen Schulfragen um einen persönlichen Rat zu bitten oder sie persönlich ins Vertrauen ziehen. Dadurch entsteht in vielen Fällen eine engere persönliche Beziehung, die es für Lehrkräfte menschlich schwieriger macht, Bitten um Mitwirkung in außerunterrichtlichen Angelegenheiten abzuschlagen. Nützlich kann auch sein, wenn man Interessen, Bedürfnisse und Liebhabereien der eigenen Lehrkräfte kennt, um sie in solchen Bereichen um Mitwirkung zu bitten. Unterstützt werden kann diese Maßnahme durch die Schaffung von Schulämtern (z.B. Beauftragte/r des Schulleiters für ...), weil das Sichtbarmachen von Einsätzen für die ganze Schule motivierende Wirkung haben kann, wenn auch nicht bei allen Lehrkräften. Etwas mehr Kraft brauchen die Entscheidungen über persönliche Wünsche von Lehrerinnen und Lehrern, die stärker durch die erbrachten Leistungen geprägt werden sollten, indem man mitwirkungsbereiten Lehrpersonen in transparenter Form Wünsche eher erfüllt als solchen, die keine Aufgabendelegationen annehmen. Eine wirksame Maßnahme stellt der Umgang mit Allianzen (Koalitionen) dar (Bolman/Deal 1997): Wenn eine Schulleitungsperson eine Idee verwirklichen möchte, sollte sie beobachten, ob einzelne Lehrkräfte daran interessiert sind, und sie zu deren Verwirklichung begeistern. Allmählich kann es gelingen, eine Allianz zu bilden, aus welcher einzelne Lehrkräfte bereit sind, zusätzliche Aufgaben zu übernehmen. Es scheint, dass Schulleitungen, die es verstehen, mit verschiedenen Allianzen zu arbeiten, innovativere Schulen mit größerer Mitwirkung von Lehrkräften haben. Der Einwand, Allianzen seien ein gefährliches Machtinstrument und einer Schulleitung unwürdig, lässt sich widerlegen. Wenn die Schulleitung mit mehreren Allianzen (und nicht nur immer mit den gleichen Lehrkräften) zusammenarbeitet, haben alle Lehrpersonen die Möglichkeit, mitzuwirken. Und Lehrkräfte schließen sich auch immer wieder zu Gruppen zusammen, die gegen die Schulleitung wirken. Warum soll dann die Schulleitung nicht das Recht haben, zur Verstärkung von Schulentwicklungsmaßnahmen auch Allianzen zu bilden?

Um die Mitarbeit und Mitwirkung der Lehrerschaft zu verbessern, muss die Schulleitung klare und gute Rahmenbedingungen schaffen. Die Organisation der Schule muss so gestaltet sein, dass für die Mitarbeit und Schulentwicklungsarbeiten klare Arbeitsabläufe festgelegt sind (vorzugsweise eine Projektorganisation mit Projektmanagement), die allen Lehrkräften bekannt sind. Beherrscht werden muss die Sitzungstechnik, damit es nicht zu den vielen in Schulen üblichen Sitzungsleerläufen kommt, welche die Mitwirkungsbereitschaft maßgeblich negativ beeinflussen. Bedeutsam ist im Weiteren, dass den Lehrkräften für alle Arbeiten im Rahmen des Möglichen Ressourcen zur Verfügung gestellt werden (z.B. dem Projektleiter einer Projektgruppe im Rahmen der Schulentwicklung ein Schreibkredit, d.h. eine bestimmte Stundenzahl für

Schreibarbeiten im Schulsekretariat) oder ein Literaturkredit bereitgestellt wird. Schließlich sollten die betriebswirtschaftlichen Delegationsregeln eingehalten werden, weil die Motivation zur Mitarbeit oft auch durch Fehler in der Delegation zunichte gemacht wird (vollständige Aufgaben von gleicher Art möglichst dauerhaft und mit umfassender Information delegieren, dabei Fähigkeiten und Interessen der Delegationsempfänger berücksichtigen und ihnen die zur Erfüllung der Aufgabe nötigen Kompetenzen und die Verantwortung übertragen).

Das größte Hindernis für den Einbezug von Lehrkräften in außerunterrichtliche Arbeiten und Schulentwicklungsaufgaben liegt im fehlenden Belohnungs- und Sanktionssystem für Schulleitungen. Solange die Schulbehörden nicht bereit sind, diese Frage zu lösen, bleiben die Schulleitungen auf das Wohlwollen einer abnehmenden Zahl von aktiven Lehrkräften angewiesen. Selbstverständlich mag ein zielgerichtetes Feedback der Schulleitung gewisse positive Wirkungen haben (z.B. Hervorheben besonderer Leistungen an einer Lehrerkonferenz oder in einer Schulzeitschrift, persönliche Rückmeldungen). Langfristig genügt dies aber nicht, denn angesichts der zunehmenden Belastung der Lehrkräfte im Unterricht ist es nicht zumutbar, auch noch immer mehr außerunterrichtliche Pflichten ohne materielle Belohnung zu übertragen. Allerdings ist nach Verfahren zu suchen, welche nicht zu einem weiteren kostspieligen Gießkannenprinzip (wie genereller Abbau der Lektionsverpflichtung) führen. Anzuwenden sind leistungsorientierte Systeme. Eine erste Möglichkeit bietet der Stundenpool, d.h. die Schulleitung verfügt über eine bestimmte Jahreswochen-Stundenzahl, welche sie an Lehrkräfte vergeben kann, die gute Leistungen in der Schulentwicklung erbracht oder Zusatzaufgaben übernommen haben. Von Vorteil ist es, die Stundenentlastung erst nach geleisteter Arbeit zu gewähren, weil auf diese Weise die Effizienz der Arbeit gesteigert wird. Eine zweite Möglichkeit stellt der Einbau einer Verpflichtung zur Mitwirkung bei Schulentwicklung in das Pensum aller Lehrkräfte (z.B. zum Unterrichtspensum zwei obligatorische Stunden Schulentwicklung pro Woche) dar. Weil solche Zusatzverpflichtungen bei vielen Lehrkräften zu Widerstand mit demotivierender Wirkung führen, wäre etwa folgende Lösung denkbar: Lehrkräfte erhalten eine Zusatzverpflichtung von zwei Stunden für Schulentwicklung sowie eine Reduktion des Unterrichtspensums von einer Lektion pro Woche. Für Lehrkräfte ergäbe sich trotz allem eine Entlastung, weil Schulentwicklungsarbeiten psychisch weniger belastend sind als eine Lektion. Auch politisch wäre diese Lösung vertretbar, denn sie könnte in der Öffentlichkeit nicht als weitere Bequemlichkeit für Lehrkräfte kritisiert werden, ein Argument, das angesichts der Finanzlage des Staates und der vielerorts kritischen Einstellung gegenüber der Lehrerschaft nicht unbedeutend ist. Ob eine Lösung zur Einführung eines Leistungslohns für Lehrkräfte zu suchen ist, sollte geprüft werden. Zwar sind die Forschungsergebnisse über die Wirksamkeit von Leistungslöhnen noch sehr widersprüchlich (vgl. ausführlich Dubs 2002b), wofür sehr viele Faktoren verantwortlich sind: unterschiedliche Beurteilungskriterien; Akzeptanz des gewählten Verfahrens durch die Lehrkräfte, die wiederum abhängig ist von den Mitgestaltungsmöglichkeiten, der Art der Einführung und der Handhabung; Konstanz in der Handhabung usw. Persönlich befürworte ich Leistungslohnsysteme für Lehrkräfte, um vor allem denjeni-

Tab. 6: Vergleich von traditioneller Führung sowie transaktionaler und transformationaler Führung

Traditionelle Führung	Transaktionale und transformationale Führung
Die Schule erfüllt gesetzliche Vorschriften und staatliche Vorgaben.	Die Schule verfügt über eine *Vision*, die in erster Linie auf das Lehren und Lernen ausgerichtet ist, den Vorstellungen der Anspruchsgruppen entspricht sowie vorgegebene Bildungsstandards erreicht.
Die Schule erfüllt Aufträge, über welche die Schulbehörden entscheiden.	Die Schule hat *Autonomie* und Entscheidungsrecht in definierten Bereichen, um der Schule ein Profil zu geben.
Die Schule ist hierarchisch organisiert mit umfassenden Entscheidungskompetenzen bei der Schulleiterin/dem Schulleiter.	In der Schule werden die *Entscheidungskompetenzen* im Prinzip *verteilt*, wobei aber der Schulleiterin oder dem Schulleiter auch endgültige, definierte Entscheidungskompetenzen zustehen.
Die Schule vollzieht, was vorgegeben wird.	Die Schule betreibt *Schulentwicklung*, welche sie mit ständigen Lernprozessen vorantreibt (organisationales Lernen), und versteht sich dadurch als Lerngemeinschaft.
Die Information wird von der Schulleitung her kontrolliert.	Die Schule legt großen Wert auf *Information* und *Kommunikation* und orientiert sich dabei an Daten.
Die Verbesserungen konzentrieren sich auf das Bestehende und werden als selbstverständlich betrachtet.	Die Schule erfasst die *Verbesserungen* und die *Fortschritte*, die aus der Schulentwicklung resultieren, und *würdigt* sie in angemessener Weise.
Die Schule vollzieht das Budget.	Die Schule hat im *finanziellen Bereich* eine definierte Autonomie, damit sie ihre Ressourcen profilbildend einsetzen kann.
Die Lehrkräfte und das administrative Personal sind Vollziehende.	Die Lehrkräfte und das administrative Personal sind *Mitdenkende*, *Mitgestaltende* und in definierten Bereichen *Mitentscheidende*.

gen Lehrpersonen, die für die Entwicklung der Schule wesentliche Beiträge leisten, einen Vorzug zu gewähren, weil sie es sind, die maßgeblich zur Qualitätsverbesserung beitragen. Allerdings bedarf es noch wesentlicher Forschungsanstrengungen, um ein aussagekräftiges und gerechtes Leistungslohnsystem zu konzipieren. Erfreulich wäre es, wenn die Schulbehörden Schulversuche mit freiwillig zur Verfügung stehenden Schulen einleiten würden, zumal aus den Vereinigten Staaten bekannt ist, dass ein Beginn mit freiwilligen Schulen zu weniger Widerständen führt und eine flächendeckende Einführung beschleunigt, weil aufgrund von Erfahrungen und nicht nur von Behauptungen argumentiert werden kann.

Schließlich darf heute davon ausgegangen werden, dass eine Schulleitung, welche ihre gesamte Führungstätigkeit auf das Leadership-Konzept ausrichtet, Lehrpersonen besser für außerunterrichtliche Aufgaben und Schulentwicklungsarbeiten motiviert.

7. Nachwort

Das Konzept der Leadership von Schulleiterinnen und Schulleitern ist anspruchsvoll. Es versteht sich als ein umfassendes Konzept der Führung von Schulen, das die vielen Erkenntnisse aus den Führungstheorien nicht infrage stellt, sondern integriert und in einen größeren Zusammenhang stellt. Will man die vielen Einzelheiten des Leadership-Konzeptes auf die wichtigsten Wesensmerkmale reduzieren, um eine einfache, aber überzeugende Abgrenzung zu herkömmlichen Vorstellungen über die Führung einer Schule zu erhalten, so kann man sich an Briggs/Wohlstetter (2003) orientieren, welche für die erfolgreiche Leitung von teilautonomen Schulen (»School-Based-Management«) acht aussagekräftige Wesensmerkmale ermittelt haben, welche sich mit den in diesem Beitrag vorgestellten Überlegungen vollumfänglich decken. Tabelle 6 stellt den Vergleich dar.

Ob dieses anspruchsvolle Konzept der transaktionalen und der transformationalen Leadership, die wissenschaftlich recht gut fundiert ist, zu besseren Schulen führt, wird sich noch erweisen müssen. Sicher ist es nach Meinung des Verfassers keineswegs. Wenn die Schulbehörden keine klaren Rahmenbedingungen setzen, wenn nicht kompetente, starke Persönlichkeiten, die für die Schulleiteraufgabe vertieft ausgebildet sind, eingesetzt werden und wenn nicht alle Lehrkräfte bereits in ihrer Grundbildung auf das erweiterte Rollenverständnis (Unterricht und Schulentwicklung) vorbereitet werden und sich damit identifizieren, ist die Chance des Scheiterns groß.

Literaturverzeichnis

Bass, B.M. (1990): From Transactional Leadership to Transformational Leadership. Learning to Share the Vision. Organizational Dynamics. Winter, S. 19–31.
Bass, B.M./Avolio, B.J. (1990): Transformational Leadership Development. Manual for Multifactor Leadership Questionnaire. Palo Alto.
Bista, M.B./Glasman, N.S. (1997): Principals' Approaches to Leadership, their Antecedent and Student Outcomes. In: Journal of School Leadership 8, S. 109–136.
Black, S. (1997): Creating Community. In: American School Board Journal 184 (6), S. 32–35.
Bolman, L.G./Deal, T.E. (^{2}1997): Reframing Organizations. Artistry, Choice and Leadership. San Francisco.
Bonsen, M./v.d. Gathen, J./Iglhaut, C./Pfeiffer, H. (2002): Die Wirksamkeit von Schulleitung. Annäherungen an ein Gesamtmodell schulischen Leitungshandelns. Weinheim.
Briggs, K.L./Wohlstetter, P. (2003): Key Elements of a Successful School-Based Management Strategy. In: School Effectiveness and School Improvement 14 (3), S. 351–372.
Burtless, G. (1996): Does Money Matter? The Effect of School Resources on Student Achievement and Adult Success. Washington.
Butler, L.A. (1997): Building on a Dream of Success. In: Principal 76 (5), S. 28–31.
Charles, G.S./Karr-Kidwell, P.J. (1995): Effective Principals Effective Schools. Arriving at Site-Based Decision-Making with Successful Principals and Teacher Participations. Denton.
Conger, J.A. (1989): The Charismatic Leader. San Francisco.
Conger, J.A./Kanungo, R.N. (1988): Behavioral Dimensions of Charismatic Leadership. In: Conger, J.A./Kanungo, R.N. (Hrsg.): Charismatic Leadership. San Francisco.

Copland, M.A. (2003): Leadership of Inquiry. Building and Sustaining Capacity for School Improvement. In: Educational Evaluation and Policy Analysis 25 (4), S. 375–395.
Cotton, K. (2003): Principals and Student Achievement. What the Research Says. Alexandria, VA.
Darling-Hammond, L. (1995): Beyond Bureaucracy. Schools for »Higher Performance«. In: Fuhrman, S./O'Day, J. (Hrsg.): Incentives and Systematic Reform. San Francisco.
Darling-Hammond, L./Bullmaster, M.L./Cobb, V.L. (1995): Rethinking Teacher Leadership Through Professional Development Schools. In: Elementary School Journal 96, S. 87–106.
Deal, T.E./Peterson, K.D. (1999): Shaping School Culture. The Heart of Leadership. San Francisco.
Delhees, K.H. (^{2}1995): Führungstheorien – Eigenschaftstheorie. In: Kieser, A./Reber, G./Wunderer, R. (Hrsg.): Handwörterbuch der Führung. Stuttgart, Sp. 897–906.
Dubs, R. (2002a): New Public Management im Schulwesen. Eine kritische Erfahrungsanalyse. In: Thom, N./Zaugg, R.J. (Hrsg.): Excellence durch Personal- und Organisationskompetenz. Bern, S. 419–440.
Dubs, R. (2002b): Personalmanagement. Studienbrief SEMO 700. Universität Kaiserslautern.
Dubs, R. (2002c): Caring. Schüler gezielt unterstützen – Chancengerechtigkeit fördern. In: Das Lehrerhandbuch. Berlin, BI. D1 7.8, S. 1–17.
Dubs, R. (2002d): Finanzautonomie, Globalhaushalt und Globalbudget an Schulen. In: Thom, N./Ritz, A./Steiner, R. (Hrsg.): Effektive Schulführung. Bern, S. 37–63.
Dubs, R. (2003): Unternehmenskultur – mehr als ein Schlagwort? In: Sozialwissenschaften und Berufspraxis 26 (3), S. 307–326.
Dubs, R. (2004): Qualitätsmanagement in Schule. Bönen/Westf.
Dubs, R. (^{2}2005): Die Führung einer Schule. Leadership und Management. Zürich.
Eagly, A.H./Karau, S.J./Johnson, B.T. (1992): Gender and Leadership Style among School Principals. A Meta-Analysis. In: Educational Administration Quarterly 28 (1), S. 76–102.
Evans, L./Teddlie, C. (1995): Facilitating Change in Schools. Is there one Best Style? In: Effectiveness and School Improvement 60 (1), S. 1–22.
Fiedler, F.E. (1967): A Theory of Leaderhip Effectiveness. New York.
Fiedler, F.E./Chemers, M.M. (^{2}1984): Improving Leadership Effectiveness. The Leadership Match Concept. New York.
Finn, J.D. (1998): Parental Engagement that Makes a Difference. In: Educational Leadership 55 (8), S. 20–24.
French, J.R.P./Raven, B. (1992): The Basis of Social Power. In: Cartwright, D./Zander, A. (Hrsg.): Group Dynamics. New York, S. 150–167.
Gomez, P./Rüegg-Stürm, J. (1997): Teamfähigkeit aus systemischer Sicht. Zur Bedeutung und den organisatorischen Herausforderungen von Teamarbeit. In: Klimecki, R./Remer, A. (Hrsg.): Personal als Strategie. Neuwied, S. 92–115.
Hauschild, J. (^{2}1995): Verantwortung. In: Kieser, A./Reber, G./Wunderer, R. (Hrsg.): Handwörterbuch der Führung. Stuttgart, Sp. 2096–2106.
Heck, R.H. (1992): Principals' Instructional Leadership and School Performance. Implications for Policy Development. In: Educational Evaluation and Policy Analysis 14 (1), S. 21–34.
Hoy, W.K./Miskel, C.G. (^{6}2001): Educational Administration. Theory, Research and Practice. Boston.
Johnson, D.L. (1976): A Review of the Implementation of Management by Objectives in a Large Suburban School District. Doctoral Dissertation Michigan State University (unpublished).
Kaplan, R.S./Norton, D.P. (1997): Balanced Scorecard. Strategien erfolgreich umsetzen. Stuttgart.
Kempfert, G./Rolff, H.G. (1999): Pädagogische Qualitätsentwicklung. Ein Arbeitsbuch für Schule und Unterricht. Weinheim.
Klieme, E. (2003): Zur Entwicklung nationaler Bildungsstandards. Eine Expertise. Frankfurt a.M.: Deutsches Institut für internationale pädagogische Forschung.
Kotter, J.P. (1985): Power and Influence. Beyond Formal. New York.

Krapp, A. (1985): Über die Auswirkungen des Organisationsklimas von Lehrerkollegen an großen und kleinen Schulen auf die Wahrnehmung des Lehrerverhaltens im Unterricht durch Schüler. In: Psychologie, Unterricht, Erziehung 32, S. 201–214.
Leithwood, K./Jantzi, D./Steinbach, R. (1999): Changing Leadership for Changing Times. Buckingham.
Leithwood, K./Tomlinson, D./Genge, M. (1996): Transformational Leadership. In: Leithwood, K. u.a. (Hrsg.): International Handbook of Educational Leadership and Administration. Dordrecht.
Lewis, J. (1974): School Management by Objectives. West Nyack, NY.
Mangold, M./Oelkers, J./Rhyn, H. (1998): Die Finanzierung des Bildungswesens durch Bildungsgutscheine. Modelle und Erfahrungen. Bern.
Marks, H.M./Louis, K.S. (1995): Does Teacher Empowerment Affect the Classroom? Madison.
Mendez-Morse, S. (1991): The Principal's Role in the Instructional Process. Implications for At-Risk Students. In: Issues about Change 1 (3).
Miller, E. (1995): Shared Decision-Making by Itself Doesn't Make for Better Decisions. In: The Harvard Educational Letter XI (6), S. 1–4.
Müller-Stevens, G./Pautzke, K. (^{3}1996): Führungskräfteentwicklung und organisationales Lernen. In: Sattelberger, T. (Hrsg.): Die lernende Organisation. Wiesbaden, S. 183–205.
Murphy, J. (1994): Principles of School-Based Management. Chapel Hill.
Neuberger, O. (^{4}1994): Führen und geführt werden. Stuttgart.
Neuberger, O. (^{2}1995): Führungstheorien – Rollentheorie. In: Kieser, A./Reber, G./Wunderer, R. (Hrsg.): Handwörterbuch der Führung. Stuttgart, Sp. 953–968.
Neuberger, O. (2002): Führen und Führen lassen. Stuttgart.
Peterson, K.D./Gok, K./Warren, V.D. (1995): Principals' Skills and Knowledge for Shared Decision Making. Madison.
Podsakoff, P.M./McKenzie, S.B./Moormann, R.H./Vetter, R. (1990): Transformational Leaders' Behaviors and their Effects on Followers' Trust in Leader, Satisfaction and Organizational Citizenship Behavior. In: Leadership Quarterly 1 (2), S. 107–142.
Reitzug, U.C. (1997): Images of Principal Instructional Leadership. From Supervision to Collaborative Inquiry. In: Journal of Curriculum and Supervision 12 (4), S. 356–366.
Rüegg-Stürm, J. (^{2}2003): Das neue St. Galler Management-Modell. Bern.
Senge, P. u.a. (2000): Schools that Learn. A Fifth Disciplin Fieldbook for Educators, Parents and Everyone. New York.
Sergiovanni, T.J. (^{4}2001): The Principalship. A Reflective Practice Perspective. Boston.
Shakeshaft, C. (1989): Women in Educational Administration. Newbury Park.
Smylie, M.A./Lazarus, V./Brownlee-Conyers, J. (1996): Instructional Outcomes of School-Based Participative Decision Making. In: Educational Evaluation and Policy Analysis 18 (3), S. 181–195.
Spillane, J.P. (Hrsg.) (2003): Educational Leadership. In: Educational Evaluation and Policy Analysis 25 (4).
Stogdill, R.M. (1974): Handbook of Leadership. New York.
Stolp, S. (1991): Leadership for School Culture. Eugene, OR.
Summers, A./Johnson, A. (1991): A Review of the Evidence on the Effects of School-Based Management Plans. Philadelphia.
Taylor, D.L./Bogotch, I.E. (1994): School-Level Effects of Teacher's Participation in Decision-Making. In: Educational Evaluation and Policy Analysis 16 (3), S. 302–319.
Teddlie, C./Reynolds, D. (2000): The International Handbook of School Effectiveness Research. London.
Weibler, J. (1997): Unternehmenssteuerung durch charismatische Führungspersönlichkeiten? Anmerkungen zur gegenwärtigen Transformationsdebatte. In: Zeitschrift für Führung und Organisation 66 (1), S. 27–32.
Weiss, C./Cambone, J. (1994): Principals, Shared Decision Making and School Reform. In: Educational Evaluation and Policy Analysis 16 (3), S. 287–301.

Wunderer, R. (2001): Employees as Co-Intrapreneurs. A Transformational Concept. In: Leadership and Organizational Development Journal 22 (5/6), S. 193–211.

Wunderer, R. (^{5}2003): Führung und Zusammenarbeit. Eine unternehmerische Führungslehre. Neuwied.

Yates, B.J. (1991): A Comparison of Effectiveness. Rating of Selected Principals and NASSP Assessment Center Rating. Paper presented at the Annual Meeting of the AERA.

York-Barr, J./Duke, K. (2004): What Do We Know About Teacher Leadership? Findings From Two Decades of Scholarship. In: Review of Educational Research 74 (3), S. 255–316.

Yukl, G.A. (^{4}1998): Leadership in Organization. Upper Saddle River.

Zelger, I. (1972): Vorschriften zur Vermeidung der ärgsten Verwirrungen beim Gebrauch des Wortes Macht. Conceptus, S. 51–68.

Leonhard Horster

Schulleitung – ein Leitbild entwickeln

1.	Einleitung	177
2.	Vorstellungen des Kollegiums von Schulleitung thematisieren	178
2.1	Vier Ecken	179
2.2	Hitliste Top Five	180
3.	Führungsstilkonzepte	181
3.1	Die impliziten Führungsstilkonzepte von Schulleitung und Kollegium identifizieren	181
3.2	Der Geltungsanspruch des dialogischen Führungsstils im Bereich des Schulleitungshandelns	184
4.	Die Schulleitungsrolle: Erwartungen unterschiedlicher Gruppen und Instanzen	187
5.	Entwicklungsorientierung in Führung und Management als Forderung ministerieller Vorgaben	188
5.1	Entwicklungsorientierung von Führung und Management im Dienste von Qualitätssicherung und -verbesserung	190
5.2	Kräftefeldanalyse	190
5.3	Anwendung auf konkrete Alltagssituationen	191
6.	Vorläufiger Abschluss: eigene Reflexion zur Schulleitungsrolle	192
	Literaturverzeichnis	192

> Die Vorstellung von der eigenen Berufsrolle »Schulleitung« kann von den Rolleninhabern nicht ausschließlich im Selbststudium entwickelt werden, sondern muss sich auch im Austausch mit den verschiedenen Bezugsgruppen ausbilden und bewähren. Hierfür stellt dieser Beitrag entsprechende Arbeitsformen bereit, die allerdings auch für die Einzelarbeit der Rolleninhaber von Nutzen sind.

1. Einleitung

Jede Lehrperson hat wahrscheinlich für sich ein individuelles Bild entworfen, wie eine Schulleiterin oder ein Schulleiter sein sollte. Dieses Bild speist sich auch aus den Erfahrungen mit den Schulleiterinnen und Schulleitern, mit denen sie persönlich in ihrer bisherigen Laufbahn zu tun hatte. Dabei sind zwei polare Einstellungen möglich:

- »Ich will in meiner Berufsausübung so werden wie die Schulleiterin bzw. der Schulleiter, der mich besonders beeindruckt hat« oder
- »Ich will auf keinen Fall so werden, wie die Schulleiterinnen und Schulleiter, mit denen ich bisher zu tun gehabt habe«.

Inhaltlich werden die Bilder im Einzelnen höchst unterschiedlich aussehen. Weil sich oft unbewusst das Handeln der Personen an ihnen orientiert, ist es sinnvoll, derartige Bilder offenkundig zu machen und zwar aus zwei Gründen:

- Da jeder das eigene Bild für die gleichsam »naturwüchsig« richtige Vorstellung hält, kann es leicht zu Konflikten kommen, wenn die gegenseitigen Erwartungen unaufgeklärt aufeinander prallen, beispielsweise wenn das Kollegium unausgesprochen ein anderes Bild von Schulleitung hat als der Funktionsinhaber.
- Da das eigene Bild in seiner Perspektivität einen berufsbiografisch bedingt zufälligen Ausschnitt an Möglichkeiten und Erwartungen darstellt, ist es sinnvoll, diesen mit anderen Möglichkeiten zu konfrontieren und entsprechend zu erweitern.

Solche anderen Möglichkeiten von Schulleitung lassen sich aus den Erwartungen unterschiedlicher Gruppen und Instanzen (Eltern, Lehrer/innen, Schulträger, Schulaufsicht, Bildungspolitik) an Schule und Schulleitung gewinnen sowie – etwa in Nordrhein-Westfalen – aus rechtlichen Vorgaben der Allgemeinen Dienstordnung und aus Zukunftsentwürfen wie dem Konzept »Stärkung der Schule« (MSW 1997) und nicht zuletzt aus der Managementwissenschaft.

Organisationstheoretisch soll die Schule im Sinne erweiterter Gestaltungsfreiheit und Selbstverantwortung als System verstanden werden, das über eigene Gestaltungsrechte innerhalb staatlicher Rahmenvorgaben verfügt. Der Einzelschule ist es aufgetragen, das individuelle Profil zum Schulprogramm zu entwickeln. Dies schließt die Verpflichtung ein, die eigenen Entwicklungsvorhaben zu evaluieren und Rechenschaft gegenüber Dritten (Eltern, Schüler/innen, Schulträger und Schulaufsicht) zu geben.

Hieraus ergibt sich ein Bild von der Schulleitungsrolle, das sich am Konzept des entwicklungsbezogenen Managements orientiert. Das Kernstück dieses Konzeptes bildet die Vorstellung von Schule als einer sich selbst entwickelnden pädagogischen Einrichtung. Deren Entwicklung zu realisieren ist die gemeinsame Verantwortung von Schulleitung und Kollegium, wobei Schulleitung und Kollegium je spezifische Aufgaben zu erfüllen haben.

2. Vorstellungen des Kollegiums von Schulleitung thematisieren

Wer neu die Leitung einer Schule übernimmt, hat möglicherweise Vorstellungen von seiner Rolle als Leitungsperson, die nicht unbedingt mit denen des Kollegiums übereinstimmen. Möglich ist auch, dass innerhalb des Kollegiums unterschiedliche, vielleicht sogar widersprüchliche Vorstellungen existieren. Wahrscheinlich sind die Vorstellungen von der Rolle der Schulleitung nie explizit thematisiert worden. All dies kann sich zur Ursache von Konflikten auswachsen. Es empfiehlt sich daher, diese Frage im Kollegium zu erörtern, möglichst in einer Situation, die noch nicht durch einen Konflikt belastet ist und daher die Möglichkeit bietet, die jeweiligen Vorstellungen vergleichsweise entspannt zur Kenntnis zu nehmen und zu bearbeiten. Dies setzt die Annahme voraus, dass die Vorstellungen von der Leitungsrolle vor allem beim Inhaber der Rolle zwar personenabhängig, aber nicht gänzlich unveränderbar und somit einer Bearbeitung zugänglich sind. Das Ziel eines solchen Bearbeitungsprozesses soll ein weithin gemeinsam geteiltes Leitbild von der Rolle der Schulleiterin bzw. des Schulleiters sein, das für die Schulleitungsperson und das Kollegium gleichermaßen Erwartungen und Handlungen kalkulierbarer macht und im Konfliktfall auch Lösungskriterien anbietet.

Als Einstieg auf dem Weg zu einem Schulleitungsleitbild sollen die Methoden »Vier Ecken« und »Hitliste Top Five« vorgestellt werden. Beide Verfahren sind für den Einsatz im Kollegium geeignet, es ist aber auch denkbar, dass die Schulleitungsperson sie zunächst für ihren individuellen Klärungsprozess nutzt.

2.1 Vier Ecken

In den vier Ecken eines Raumes werden Plakate mit Statements zu dem jeweils vordringlichen Merkmal einer guten Schulleiterin oder eines guten Schulleiters ausgehängt:

Eine gute Schulleiterin/ ein guter Schulleiter	**Eine gute Schulleiterin/ ein guter Schulleiter**
erkennt die Probleme der Schule und findet die angemessenen Mittel zu ihrer Lösung.	delegiert die anstehenden Führungsaufgaben an besonders kompetente Mitglieder des Kollegiums.
Eine gute Schulleiterin/ ein guter Schulleiter	**Eine gute Schulleiterin/ ein guter Schulleiter**
passt sich an die unterschiedlichen Anforderungen wechselnder Situationen an und zeigt Entschlossenheit und Durchsetzungsfähigkeit.	sorgt für einen stabilen Rahmen, innerhalb dessen unterschiedliche Auffassungen diskutiert und in verbindliche, aber revidierbare Vereinbarungen für das gemeinsame Handeln umgesetzt werden.

Abb. 1: Vier Ecken

1. Schritt
Arbeitsauftrag an die Kollegiumsmitglieder:
- *Suchen Sie bitte die Ecke auf, in der Sie das für Sie wichtigste Merkmal einer guten Schulleiterin oder eines guten Schulleiters finden.*
- *Tauschen Sie sich in Ihrer Gruppe darüber aus, warum Sie dieses Merkmal für besonders wichtig halten.*
- *Notieren Sie bitte Ihre Argumente auf einem Plakat.*

Die vier Plakate mit den Argumenten der Gruppen werden nebeneinander aufgehängt.

2. Schritt
Arbeitsauftrag an die Kollegiumsmitglieder:
- *Bitte nehmen Sie zu den Argumenten der einzelnen Gruppen Stellung.*

Plenum.

3. Schritt
Arbeitsauftrag an die Kollegiumsmitglieder:
- *Bitte analysieren Sie die vier Statements zum Thema »Eine gute Schulleiterin/ein guter Schulleiter« im Hinblick auf*
  - *das Verständnis von der Schule als Organisation,*
  - *die Rolle der anderen Organisationsmitglieder,*
  - *den Ursprung von Zielen und Normen,*
  - *die Bedeutung von Konsens und Dissens,*
  - *die Art der Kommunikation und*
  - *den Umgang mit Konflikten.*

4. Schritt
Die Schulleitungsperson trägt ihre Präferenz vor und erläutert sie.

2.2 Hitliste Top Five

Als Alternative zu den »Vier Ecken« kann die »Hitliste Top Five« genutzt werden. Ausgangspunkt ist eine Liste mit Aussagen zum Thema »Eine gute Schulleiterin/ein guter Schulleiter« (vgl. Abb. 2).

1. Schritt
Arbeitsauftrag an die Kollegiumsmitglieder:
- *Nummerieren Sie bitte die Aussagen über eine gute Schulleiterin/einen guten Schulleiter im Sinne einer Hitliste.*

Einzelarbeit.
- *Suchen Sie im Teilnehmerkreis nach Personen, die die Plätze 1–5 ähnlich wie Sie vergeben haben. Versuchen Sie, eine Gruppe von vier bis fünf Personen zu bilden.*
- *Notieren Sie bitte Ihre »Top Fives« auf einem Plakat.*

Die Plakate werden nebeneinander ausgehängt.

Eine gute Schulleiterin/ein guter Schulleiter

- ☐ bringt die Probleme der Schule auf den Punkt, zeigt Lösungswege auf und sorgt für deren Realisierung.
- ☐ ist in der Lage, die Interessen der Schule gegenüber der vorgesetzten Behörde durchzusetzen.
- ☐ stellt sich bei Konflikten mit Eltern, Schüler/innen oder externen Instanzen hinter seine bzw. ihre Lehrkräfte.
- ☐ kontrolliert die Einhaltung von Beschlüssen und Vereinbarungen.
- ☐ gibt dem Kollegium Impulse für die pädagogische Arbeit.
- ☐ delegiert Leitungsaufgaben an die Mitglieder des Kollegiums.
- ☐ sorgt für die Diskussion aktueller pädagogischer Fragen im Kollegium.
- ☐ hält Dissens innerhalb des Kollegiums für die normale Ausgangslage, von der her man zu akzeptierten Vereinbarungen kommen muss.
- ☐ kümmert sich beständig um die Qualität schulischer Arbeit.
- ☐ nimmt regelmäßig persönlichen Einblick in die schulischen Abläufe.
- ☐ arbeitet eng mit den Mitwirkungsorganen zusammen.
- ☐ sorgt dafür, dass sich das Kollegium Rechenschaft über die Umsetzung seiner Beschlüsse und Vereinbarungen gibt.
- ☐ kontrolliert die Einhaltung von Erlassen und Verfügungen.

Abb. 2: Hitliste

2. Schritt
Arbeitsauftrag an die Kollegiumsmitglieder:
Bitte analysieren Sie die verschiedenen »Top Fives« im Hinblick auf
- *das Bild von der Schulleiterin/vom Schulleiter,*
- *die Rolle der anderen Organisationsmitglieder,*
- *das Verständnis von der Schule als Organisation,*
- *den Ursprung von Zielen und Normen,*
- *die Bedeutung von Konsens und Dissens,*
- *die Art der Kommunikation und*
- *den Umgang mit Konflikten.*

3. Schritt
Die Schulleitungsperson hängt ihre »Top Fives« aus.

3. Führungsstilkonzepte

3.1 Die impliziten Führungsstilkonzepte von Schulleitung und Kollegium identifizieren

In der Art, wie die beiden Übungen »Vier Ecken« bzw. »Hitliste Top Five« inhaltlich bearbeitet worden sind, kommen die impliziten Führungsstilkonzepte der beteiligten

Tab. 1:	**Führungsstilkonzepte**			
	Paternalistischer Führungsstil	**Partizipativer Führungsstil**	**Situativer Führungsstil**	**Dialogischer Führungsstil**
Merkmale	Führungseliten definieren stellvertretend für ihre Klientel deren Bedürfnisse und legen die Formen ihrer Befriedigung fest.	Die Zielsetzung der Organisation wird in operative Einheiten zerlegt und in abgestufter Kompetenzverteilung den Mitarbeiterinnen und Mitarbeitern zugewiesen.	Kennzeichnend sind Entschlossenheit, Durchsetzungsfähigkeit, Sachlichkeit bei gleichzeitig hoher Flexibilität in der Anpassung an wechselnde situative Erfordernisse.	Organisation eines offenen, interaktiven, individuellen und kollektiven Lernprozesses, wobei auch die Führenden zu den Lernenden gehören.
Hintergrund	Führungslegitimation durch Geburt oder Berufung	Entwicklung repräsentativer Partizipationsstrukturen	Steuerungsbedarf komplexer Systeme	Führung in einer Kultur des Dissenses
Führungserfolg	... bemisst sich an der Fürsorge für die Geführten und an deren Gefühl von Sicherheit und Orientierung.	... bemisst sich am Gefühl der Geführten, akzeptiert zu sein und gute Arbeit zu leisten.	... bemisst sich an der Fähigkeit, in unterschiedlichen Situationen ein situationsadäquates Verhalten zu realisieren.	... zeigt sich als Organisation von Interaktion in einem stabilen Rahmen. Organisationsentwicklung bildet den Rahmen für innovative Praxis.
Nachteile	Abhängigkeit und Unmündigkeit der Organisationsmitglieder.	Abhängigkeit der Organisationsmitglieder von Vorgaben der Hierarchie.	Der Anspruch des situativen Führungsstils gerät in Widerspruch zur Vorstellung von personaler Identität.	

Personen zum Ausdruck. Diese explizit zu machen, stellt einen weiteren Schritt auf dem Weg zu einem Schulleitungsleitbild dar. Die Grundlage hierfür bildet Tabelle 1, die sich inhaltlich auf Haller/Wolf 1995 stützt. Sie ist insofern von einer gewissen Einseitigkeit, als sie die Untersuchungen von Haller und Wolf auf einige zentrale Begriffe verkürzt.

Der Vorzug der hier referierten Position besteht darin, dass sie aktuelle schulpolitische Leitvorstellungen von Schule als einer lernenden Organisation, die Erfordernisse einer professionellen Wahrnehmung der Schulleitungsaufgabe im Sinne moderner Managementtheorien und fundamentale Aussagen unserer Verfassung über die Grundrechte des Individuums und Einwirkungsmöglichkeiten des Staates im *Konzept des dialogischen Führungsstils* auf plausible Weise miteinander in Einklang bringt.

Die verschiedenen Führungsstilkonzepte sind zwar historisch nacheinander entstanden, jedoch treten sie heute noch parallel zueinander auf; insofern herrscht eine Gleichzeitigkeit des Ungleichzeitigen. Entsprechend können die Ergebnisse zu den

Übungen »Vier Ecken« oder »Hitliste Top Five« unterschiedlichen Führungsstilkonzepten zuzuordnen sein. So ist etwa die Auswahl »Eine gute Schulleiterin/ein guter Schulleiter bringt die Probleme der Schule auf den Punkt, ist in der Lage, die Interessen der Schule gegenüber der vorgesetzten Behörde durchzusetzen, stellt sich bei Konflikten mit Eltern, Schülern oder externen Instanzen hinter seine/ihre Lehrkräfte« eher dem paternalistischen Führungsstil zuzurechnen, wogegen die Präferenz für »delegiert Leitungsaufgaben an die Mitglieder des Kollegiums, arbeitet eng mit den Mitwirkungsorganen zusammen« dem partizipativen Führungsstil zuzuordnen ist. Im Sinne dieses Beispiels können die Ergebnisse analysiert und hinsichtlich ihrer Wünschbarkeit diskutiert werden.

Am Beispiel des *paternalistischen Führungsstilkonzeptes* wird deutlich, dass das jeweilige Konzept nicht einfach nur von den Führungspersonen definiert wird, sondern dass es eine komplementäre Haltung bei den Geführten gibt, die das jeweilige Konzept erst ermöglichen und stabilisieren. Im Fall des paternalistischen Konzeptes ist es das kollektive Sicherheits- und Orientierungsbedürfnis der Geführten, das mit dem paternalistischen Führungsstil korrespondiert.

Dieser Sachverhalt erklärt zugleich, warum die Emanzipation aus paternalistischen Rollen und Strukturen so schwierig ist: Im dialogischen Führungsstilkonzept ist es die Aufgabe der Führungsperson, einen stabilen Interaktionsrahmen zu organisieren, innerhalb dessen die Organisationsmitglieder ihre unterschiedlichen Positionen im Sinne eines offenen Lernprozesses verhandeln. Das bedeutet, dass alle Organisationsmitglieder die volle Verantwortung für die Etablierung von Normen, die Vereinbarung von Zielen, die Realisierung von Vorhaben und die Lösung von Konflikten tragen. Demgegenüber verspricht das paternalistische Konzept eine doppelte Entlastung:

- Um gemeinsame Ziele muss nicht erst gerungen werden, sondern sie werden hierarchisch vorgegeben;
- Dissens zu den Organisationszielen oder das Misslingen von Vorhaben kann der Führungsperson als deren Versagen zugeschrieben werden und verlangt nicht nach einer Revision eigener Positionen und Verhaltensweisen.

Der Preis für diese doppelte Entlastung, die das paternalistische Konzept bietet, ist allerdings die Unmündigkeit der Geführten.

Unter dem Stichwort »Hintergrund« gibt Tabelle 1 einen Hinweis auf die gesellschaftlichen und politischen Hintergründe, auf die sich die verschiedenen Führungsstilkonzepte historisch beziehen. Das paternalistische Konzept gründet im Absolutismus, der partizipative Führungsstil ist letztlich Ausdruck einer Emanzipationsbewegung von traditionellen Herrschaftsformen, ohne sich gänzlich von diesen lösen zu können. Das situative Führungsstilkonzept reagiert auf die zunehmende Komplexität sozialer Systeme, die nicht mehr einfach nur aus einem Punkt gesteuert werden können.

Einen deutlichen Perspektivwechsel beinhaltet der *dialogische Führungsstil*. Ein wesentliches Merkmal, das das dialogische Führungsstilkonzept von anderen Konzepten unterscheidet, ist sein dezentraler Ansatz: Führung wird hier von den Organisationsmitgliedern her gedacht, während in den anderen Konzepten die Organisationsmitglieder und ihre Zuständigkeiten von der Führungsaufgabe her gedacht werden.

Während die traditionellen Führungsstilkonzepte (wie paternalistisches und partizipatives Führungsstilkonzept) die Zuständigkeit für die leitenden Zielvorstellungen entweder der obersten Hierarchieebene überlassen haben oder sie (wie das situative Führungsstilkonzept) als Privatangelegenheit ausgeklammert haben, kommt es – im Sinne des dialogischen Führungsstilkonzeptes – darauf an, einen individuellen und kollektiven Lernprozess in stabilen Bahnen zu organisieren, in dem sich die Individuen über ihre kollektiv akzeptablen Wertvorstellungen verständigen können.

Die Leitidee des dialogischen Führungsstilkonzeptes besteht also darin, angesichts eines Wertepluralismus – mit einander z.T. diametral entgegengesetzten Positionen – nicht auf die Wertediskussion in der Öffentlichkeit zu verzichten und diese dem Privatbereich zu überlassen oder stattdessen die Unübersichtlichkeit einander widersprechender Auffassungen gleichsam durch ein Machtwort der (politischen) Führung aufzuheben und dadurch Orientierung zu schaffen, sondern Führung realisiert sich darin, die kontinuierliche Überprüfung unterschiedlicher Positionen auf ihre Gemeinsamkeit hin in einem stabilen Interaktionsrahmen zu gewährleisten und daraus verbindliche Konsequenzen für das individuelle und gemeinsame Handeln abzuleiten. In diesen Prozess kontinuierlicher Überprüfung und Vereinbarung sind auch die Vorstellungen des Führungspersonals mit einzubeziehen. Was im paternalistischen Verständnis durch ein »Machtwort« der Führungseliten entschieden worden ist, muss im dialogischen Führungsstilkonzept durch einen Klärungs- und Verständigungsprozess der Organisationsmitglieder gemeinsam vereinbart werden. Dies entspricht dem demokratischen Grundverständnis unserer Staats- und Gesellschaftsordnung. Die in vormodernen Zeiten durch Führungseliten autoritär vorgegebene Orientierung auf leitende Wertvorstellungen wird nun einem Prozess der gleichberechtigten Klärung durch mündige Individuen überantwortet.

Indem so die Existenz unterschiedlicher Auffassungen unter den Organisationsmitgliedern akzeptiert und zur Basis gemeinsamer Lernprozesse und Vereinbarungen gemacht wird, schafft dies die Voraussetzung für ein hohes Maß an Identifikation der in der Schule tätigen Personen mit ihrem pädagogischen Auftrag und liefert zugleich eine wichtige Bezugsgröße für die gemeinsame Kontrolle und Sicherung der Qualität pädagogischer Arbeit.

3.2 Der Geltungsanspruch des dialogischen Führungsstils im Bereich des Schulleitungshandelns

Die Plausibilität und vielleicht auch Suggestivität des in Abbildung 3 präsentierten Modells sollte nicht zu seiner Verabsolutierung verleiten. Auch wenn das dialogische Führungsstilkonzept als das am weitesten entwickelte Modell erscheint, kann es nicht uneingeschränkte Geltung für alle Bereiche des Schulleitungshandelns beanspruchen.

Dies hat mit dem unterschiedlichen Charakter der Aufgaben zu tun, die von Schulleitungspersonen wahrzunehmen sind.

Wenn eine Schulleiterin oder ein Schulleiter beispielsweise den *pünktlichen Beginn* des Unterrichts wie dessen *Qualität* zu sichern hat, sind damit grundverschiedene Anforderungen gestellt und Kompetenzen verlangt, die sich auch in unterschiedlichen Verhaltensregistern des Führungsstilrepertoires realisieren: Beginnt eine Lehrperson ihren Unterricht unpünktlich, kann dieser Missstand prinzipiell durch eine Weisung der Schulleiterin bzw. des Schulleiters behoben werden: »Bitte beginnen Sie künftig Ihren Unterricht pünktlich«. Niemand würde vernünftigerweise die Bearbeitung von Unpünktlichkeit nach den Prinzipien des dialogischen Führungsstils erwarten. Anders verhält es sich mit der Weisung: »Bitte verbessern Sie künftig die Qualität Ihres Unterrichts«. Die so angesprochene Lehrperson wird auch bei unterstellter Gutwilligkeit nicht sagen können, was man konkret von ihr verlangt.

Man mag einwenden, dies sei auf den realitätsfern formulierten Beispielsatz zurückzuführen. Aber wie verhält es sich mit Forderungen wie »Sie sollten mehr schülerorientiert arbeiten«, »Sie sollten größeren Wert auf Handlungsorientierung legen«, »Sorgen Sie doch dafür, dass die Schülerinnen und Schüler mehr zu Wort kommen« oder »Achten Sie bitte künftig mehr auf die Rechtschreibung«? Man kann diese Aussagen (und beliebig viele andere) einem Praxistest unterwerfen und wird dabei feststellen, dass die so angesprochene Person erklären wird,

- sie habe sich gerade um das Geforderte in dieser Stunde besonders bemüht, man möge nur diese oder jene Phase beachten,
- sie lege auf den geforderten Aspekt auch immer besonderen Wert, in dieser Stunde habe allerdings anderes im Vordergrund gestanden,
- sie sei mit der Forderung grundsätzlich einverstanden, unter Berücksichtigung der konkreten Situation oder der besonderen Lerngruppe müsse man in dieser Hinsicht Abstriche machen,
- sie sei gegen eine Verabsolutierung dieses Prinzips

und vieles andere mehr. Vielleicht wird die angesprochene Lehrperson aber auch Rückfragen zur Konkretisierung der Formulierung stellen oder darum bitten, ihr zu raten, wie denn diese Forderung umzusetzen sei. Die Antwort »Ich sehe die Berechtigung Ihrer Forderung ein und werde mich künftig entsprechend verhalten« wird relativ selten vorkommen. Dies hat wenig mit einer besonderen Renitenz des pädagogischen Personals zu tun, sondern liegt in der eigentümlichen Struktur pädagogischen Handelns begründet:

> *Handeln vollzieht sich als Einsatz einer spezifischen Technologie in einer gegebenen Situation, um ein vorgestelltes Ziel zu erreichen.*

Vergleicht man pädagogisches Handeln im Hinblick auf diese drei Strukturelemente z.B. mit dem Handeln eines Handwerkers, dann ist dreierlei festzustellen:

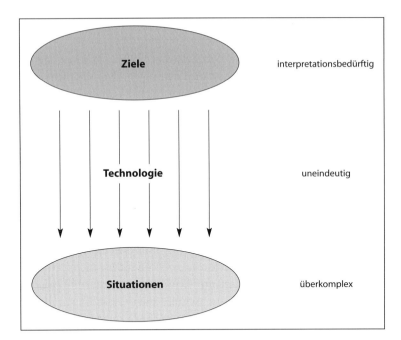

Abb. 3:
Zur Struktur pädagogischen Handelns

1. *Die Situationen, auf die sich pädagogisches Handeln im Klassenzimmer bezieht, sind überkomplex.* Das in einer bestimmten unterrichtlichen Situation wirksame Bedingungsgefüge ist
   — umfangreicher und verzweigter als das, was im jeweiligen Wahrnehmungsfokus einer Lehrperson abgebildet wird (diese Einsicht wird jeder bestätigen, der seine Beobachtungen in einer Unterrichtsstunde mit denen einer anderen beobachtenden Person vergleicht);
   — einem dauernden Wandel unterworfen und daher wenig stabil.

2. *Die Ziele, auf die sich pädagogisches Handeln richtet, sind interpretationsbedürftig.* Diese Aussage gilt nicht nur für Richtziele auf höchster Abstraktionsstufe. Auch wenn sich eine Lehrperson vorgenommen hat, Schülerinnen und Schülern den korrekten Gebrauch der Konsonantenverdopplung in der deutschen Rechtschreibung zu vermitteln, wird man Rückfragen stellen können, z.B.: Ist das Lehrziel erreicht, wenn *alle* Schüler/innen der Lerngruppe zum korrekten Gebrauch in der Lage sind? Ist der Indikator für den korrekten Gebrauch die Beherrschung *aller* Anwendungsfälle? Sollen für beide Fragen bestimmte Näherungswerte gelten? Welche sind das? Fragen dieser Art werden von der einzelnen Lehrkraft in der Regel intuitiv entschieden. Verschiedene Lehrkräfte werden aber unabhängig voneinander nicht zwingend zu den gleichen Antworten kommen. Was für den vergleichsweise schlichten Gegenstandsbereich der Konsonantenverdopplung gilt, trifft auf Ziele wie »Kommunikationsfähigkeit«, »Reflexionsfähigkeit«, »Kooperationsfähigkeit«, »Berufswahlfähigkeit« oder »Studierfähigkeit« in besonderem Maße zu.

3. *Die Technologie, die in pädagogischen Zusammenhängen verwendet wird, ist uneindeutig.* Ein gegebenes Lehr- oder Erziehungsziel kann auf unterschiedlichen Wegen angestrebt und realisiert werden. Dieser Sachverhalt hat u.a. seinen rechtlichen Niederschlag im Grundsatz von der Methodenfreiheit der Lehrperson gefunden.

Die Vergewisserung über die drei Strukturelemente pädagogischen Handelns verdeutlicht, dass dieses in hohem Maße auf Diskussion, Klärung, Verständigung und Vereinbarung angewiesen ist. Das gilt erst recht, wenn in einem Kollegium eine Vielzahl von Personen im Dienste eines vorgegebenen staatlichen Bildungs- und Erziehungsauftrags sinnvoll zusammenwirken soll.

In diesem komplexen Feld kann beispielsweise Qualitätsentwicklung und -sicherung kaum als ausschließliche Abfolge bilateraler Einwirkungen der Schulleitungsperson auf die einzelnen Mitglieder des Kollegiums erfolgreich sein, sondern eher als ein Prozess wechselseitiger Einwirkungen innerhalb des gesamten Kollegiums. Diesen Prozess kontinuierlicher Verständigung, Vereinbarung und Überprüfung in Gang zu setzen und zu sichern, verlangt von den Leitungspersonen ein spezifisches Repertoire des Führungsverhaltens, das am ehesten im Konzept des dialogischen Führungsstils zum Ausdruck kommt.

Damit wird deutlich, dass dialogische Führung kein unverbindliches »Reden wir mal drüber« meint, sondern einen kontinuierlichen Prozess gegenseitiger Rechenschaftslegung auf der Grundlage gemeinsamer Klärungen und Vereinbarungen, die im Rahmen staatlicher Vorgaben zu treffen sind.

4. Die Schulleitungsrolle: Erwartungen unterschiedlicher Gruppen und Instanzen

Das Bild von der Schulleitungsrolle und dem zugehörigen Führungsstilkonzept wird nicht allein vom Rolleninhaber und dem schulinternen Personal definiert, sondern wesentlich auch durch externe Bezugsgruppen wie Eltern, Schulaufsicht und Vertreter/innen des Schulträgers oder der Schulpolitik. Es dürfte evident sein, dass die Erwartungen dieser Personengruppen nicht notwendig untereinander übereinstimmen müssen, ebensowenig wie mit den Vorstellungen des schulinternen Personals. Als Schulleiter/in sollte man sich die differenten Erwartungen der verschiedenen Gruppen bewusst machen, indem man sich die Frage stellt:

> *Mit welchen Erwartungen an die Schulleiterin bzw. den Schulleiter rechne ich aus der Gruppe der Eltern, der Lehrer/innen, der Schulaufsicht, des Schulträgers und/oder der Schulpolitik?*

Man kann für jede der Gruppen eine Karte anlegen, auf der man die entsprechenden Erwartungen notiert. Anschließend werden die Eintragungen miteinander verglichen:

Eltern:	Lehrer/innen:	Schulaufsicht:
_____	_____	_____
_____	_____	_____
_____	_____	_____
_____	_____	_____

Schulträger:	Schulpolitik:
_____	_____
_____	_____
_____	_____
_____	_____

Abb. 4: Verschiedene Bezugsgruppen und ihre Erwartungen

- *Sind die Erwartungen der verschiedenen Gruppen miteinander kompatibel?*
- *Kann es zu Konflikten/Friktionen zwischen den Erwartungen unterschiedlicher Gruppen kommen?*
- *Wie kann ich die Konflikte/Friktionen für mich auflösen?*

Auf der Grundlage der vorangegangenen Überlegungen kann man nun versuchen, ein Leitbild für das eigene Schulleitungshandeln zu entwerfen. Dabei sollten die folgenden vier Dimensionen (vgl. Abb. 5) berücksichtigt werden:

- *Welche Vorstellungen sind mir persönlich wichtig?*
- *Welche Erwartungen unterschiedlicher Bezugsgruppen muss ich berücksichtigen?*
- *Welchem Führungsstilkonzept fühle ich mich verpflichtet?*
- *Welche behördlichen Vorgaben sind zu berücksichtigen?*

5. Entwicklungsorientierung in Führung und Management als Forderung ministerieller Vorgaben

Während in den vorangegangenen Arbeitsschritten die Vorstellungen der Rolleninhaber von der Schulleitungsrolle sowie die entsprechenden Vorgaben und Erwartungen politischer Instanzen und gesellschaftlicher Bezugsgruppen den Gegenstand der Untersuchung bildeten, soll nun ein Aspekt im Bereich von Führung und Management thematisiert werden, der z.B. im nordrhein-westfälischen Entwicklungskonzept »Stärkung der Schule«, das von seinen Verfassern unter das Motto »... und sie bewegt sich doch!« gestellt worden ist, eine besondere Rolle spielt. Gemeint ist der Aspekt der *Entwicklungsorientierung*, die unabhängig vom jeweiligen Führungsstilkonzept, dem sich eine Schulleitungsperson verpflichtet sieht, eine wichtige Bezugsgröße für das Schulleitungshandeln bedeutet.

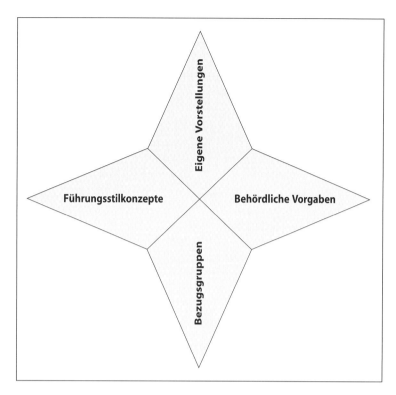

Abb. 5: Leitbild Schulleitung, vier Dimensionen

Das Konzept »Entwicklungsorientierung in Führung und Management« steht für den Anspruch, *dass Schulleitung sich nicht auf die Verwaltung des Status quo beschränken darf.*

»Führung und Management als zentrale Leitkategorien einer modernen Schulleitung« sind im Sinne der ministeriellen Vorgabe der Qualitätssicherung und Qualitätsverbesserung verpflichtet – und zwar im Hinblick auf die pädagogische Arbeit, den Einsatz und die Kompetenzen des Personals, die Nutzung der Ressourcen und die Gestaltung der organisationalen Rahmenbedingungen (vgl. Abb. 6 auf der nächsten Seite). In diesem Zusammenhang bedeutet Entwicklungsorientierung, dass Schulleitungspersonen über die erforderlichen Einstellungen, Kenntnisse und Fertigkeiten verfügen müssen, um im Zusammenwirken vor allem mit den Lehrerinnen und Lehrern (aber auch mit anderen Mitgliedern der Organisation Schule sowie mit außerschulischen Partnern und Instanzen) die schulische Arbeit einem kontinuierlichen Prozess der Bestandsaufnahme, Überprüfung und Revision zu unterziehen. Dieser Prozess orientiert sich an folgenden Leitfragen:

- *Bestandsaufnahme: Was ist an unserer Schule der Fall?*
- *Überprüfung: Entspricht das, was der Fall ist, den Zielvorgaben (sowohl den allgemeinen wie auch unseren spezifischen)?*
- *Revision: Welche Veränderungen müssen vorgenommen werden und wie sind diese umzusetzen?*

5.1 Entwicklungsorientierung von Führung und Management im Dienste von Qualitätssicherung und -verbesserung

Die Leitung einer Schule kann nicht gleichsam durch Knopfdruck auf »Entwicklungsorientierung« umgestellt werden.

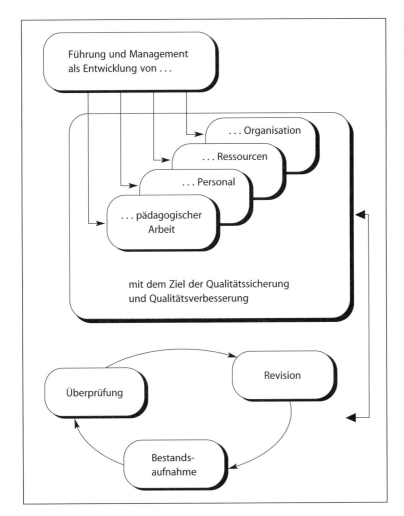

Abb. 6: Entwicklungsorientierung

5.2 Kräftefeldanalyse

Um einzuschätzen, wie das Konzept »Entwicklungsorientierung in Führung und Management« in der eigenen Schule zu realisieren ist, empfiehlt es sich, die Situation in der eigenen Schule auf hemmende und förderliche Faktoren im Sinne einer Kräftefeldanalyse zu untersuchen. Hierfür kann das Formular aus Abbildung 7 als Grundlage dienen.

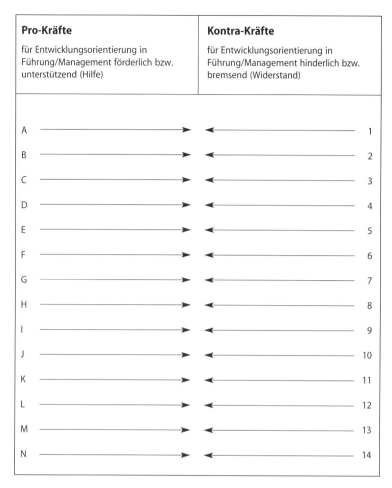

Abb. 7: Kräftefeldanalyse

5.3 Anwendung auf konkrete Alltagssituationen

Als vertiefende Auseinandersetzung mit dem Konzept der Entwicklungsorientierung, aber auch als mögliche Alternative zur dargestellten Kräftefeldanalyse kann man schulische Alltagssituationen im Hinblick auf die Möglichkeit pädagogischer Weiterentwicklung untersuchen. Die folgenden Fragen leiten dazu an, beispielhaft das Thema »Notenkonferenzen« zu bearbeiten.

- *Welchen Charakter haben die mir aus meiner Praxis (auch an anderen Schulen) bekannten Notenkonferenzen?*
- *Sind Notenkonferenzen eher bürokratischer oder eher pädagogischer Natur?*
- *Wie und durch wen werden diese Konferenzen vorbereitet?*
- *Welche Rolle spielt in ihnen die Schulleiterin bzw. der Schulleiter oder eine andere Person, die die Leitung der Konferenz wahrnimmt?*

6. Vorläufiger Abschluss: eigene Reflexion zur Schulleitungsrolle

In den vorangegangenen Ausführungen sind zahlreiche unterschiedliche Aspekte der Schulleitungsrolle angesprochen worden. Manches wird einleuchtend und akzeptabel sein, aber manche Forderung wird vielleicht auch als Zumutung empfunden werden. Versuchen Sie zum Abschluss, ein für Sie plausibles Bild von der Schulleitungsrolle zu entwerfen und dabei zu überlegen, welchen Aspekt Sie vordringlich realisieren wollen. Es empfiehlt sich, diese Reflexion schriftlich vorzunehmen, um sie möglichst differenziert anlegen zu können. Für die Form einer solchen Reflexion gibt es unterschiedliche Möglichkeiten, die man nach persönlicher Präferenz auswählen sollte: Man kann einen Tagebucheintrag oder einen inneren Monolog verfassen, vielleicht schreibt man einen Brief an eine Person, die einem in der bisherigen Laufbahn sehr wichtig war. Denkbar ist auch ein fiktives Gespräch mit der Schulleiterin bzw. dem Schulleiter, an dessen Schule man zuvor als Lehrer/in tätig gewesen ist; man könnte erklären, was man von dessen Führungsverhalten übernehmen und was man verändern möchte. Als vorläufig soll dieser Abschluss deswegen gelten, weil sich mit der Zeit und wachsender eigener Praxis die Vorstellungen von der Schulleitungsrolle sicher verändern, zumindest aber anders akzentuieren werden. Aus diesem Grund ist es zu empfehlen, diese Reflexionen aufzubewahren und später noch einmal nachzulesen.

Literaturverzeichnis

Haller, I./Wolf, H. (²1995): Führung in Gesellschaft und Schule zwischen Tradition und Emanzipation. Auf dem Weg zur dialogischen Kompetenz. Bönen/Westf.

Ministerium für Schule und Weiterbildung des Landes Nordrhein-Westfalen (1997): »... und sie bewegt sich doch!«. Entwicklungskonzept »Stärkung der Schule«, Schule in NRW. Schriftenreihe des MSW Nr. 9014. Frechen.

Ministerium für Schule und Weiterbildung, Wissenschaft und Forschung des Landes Nordrhein-Westfalen (Hrsg.) (1999): Anforderungsprofile. Schulleitung, Seminarleitung, Schulaufsicht. Düsseldorf.

MSW *siehe* Ministerium für Schule und Weiterbildung des Landes Nordrhein-Westfalen

Martin Bonsen

Wirksame Schulleitung

Forschungsergebnisse

1.	Einleitung	193
2.	Macht die Schulleitung einen Unterschied? Schulleitung als Faktor für Schulqualität und -effektivität	194
2.1	Schulleitung und Schulqualität als Gegenstand der Forschung	195
2.2	»The big picture« – Forschung zum Zusammenhang von Schulleitung und Schülerleistungen im internationalen Kontext	198
3.	Was ist gute Schulleitung? Zentrale Merkmale einer wirksamen Führung in der Schule	203
3.1	Eigene Forschung zu zentralen Dimensionen erfolgreichen Führungshandelns in der Schule	204
3.2	Ausgewählte Befunde angloamerikanischer Forschung zu erfolgreicher Schulleitung	209
3.3	Untersuchungen zu Sichtweisen von Schulleiterinnen und Schulleitern: Schule als soziale Organisation	215
4.	Kontingenz und Situationsbezug erfolgreicher Schulleitung: Warum ist es so schwer, zu wissenschaftlich gesicherten Aussagen über effektive Schulleitung zu gelangen?	223
	Literaturverzeichnis	226

1. Einleitung

Die Auseinandersetzung mit Fragen der Schulleitung ist in der deutschen Schulforschung traditionell Fragen des Unterrichts und der Erziehung nachgeordnet. Die Geschichte der Institution Schule ist eine Geschichte des Lehrerberufs, in der der Funktion der Schulleitung lange Zeit kaum Bedeutung beigemessen wurde (vgl. Wissinger/ Huber 2002, S. 9). Noch heute gelten Schulleiter/innen, besonders in kleineren Systemen, als »Lehrkräfte mit zusätzlichen Verwaltungsaufgaben«. Die berufliche Sozialisation als Lehrkraft, die Auswahl aufgrund exzellenter Unterrichtsarbeit sowie ein in der Regel hohes Unterrichtsdeputat können als Hinweise auf ein pädagogisch-kindzentriertes Bild von Schulleitung interpretiert werden, das in der Tat lange das (Selbst-)Verständnis einer guten Schulleitung zu dominieren schien (vgl. Wissinger 1996, S. 101).

Ein Wandel in der Wahrnehmung von Schulleitung vollzog sich in Deutschland mit der Entdeckung der »Schule als Gestaltungseinheit« (Fend 1986) oder der »Einzelschule als Motor der Entwicklung« (Dalin/Rolff 1990). Seitdem Schul- und Qualitätsentwicklung als systematische Prozesse zur Steigerung der Qualität und Effizienz von Schulen betrachtet werden, ist das Interesse an der Funktion der Schulleitung auch im deutschsprachigen Raum deutlich gestiegen. National wie international wird Schulleitung heute als zentraler Faktor von Schulqualität betrachtet, zuweilen sogar als »eigenständiger Beruf« mit einem spezifischen Profil und einem darauf bezogenen Qualifikationsbedarf proklamiert (vgl. ASD 1999).

Die Publikationsdichte rund um das Thema Schulleitung hat somit in den letzten Jahren deutlich zugenommen. Unzählige Veröffentlichungen, zum Teil in eigenen themenbezogenen Fachjournalen, befassen sich mit Anregungen und Konzepten für ein effektives Management und geeignete Führungsstrategien im Schulbereich. Art und Zielsetzung dieser Beiträge folgen dabei nicht immer einem vornehmlich wissenschaftlichen Anspruch. Ein Großteil des nur mehr schwer zu überblickenden Fundus an schulleitungsbezogenen Publikationen besteht aus eindeutig programmatischen Schriften oder individuellen Praxisreflexionen tätiger oder ehemaliger Schulleiter/innen. Diesen z.T. wertvollen Beiträgen zur fachlichen Diskussion um schulische Führungsaufgaben steht ein vergleichsweise schmaler Wissensbestand gegenüber, der auf empirischem, d.h. erfahrungsgemäßem Wege generiert wurde und auf einen systematischen Einsatz sozialwissenschaftlicher Forschungsmethoden verweisen kann.

In diesem Beitrag werden zentrale Ergebnisse der empirischen Forschung zum Thema Schulleitung zusammengefasst. Aufgrund der zum Teil komplexen Fragen und besonderer methodischer Schwierigkeiten in der Erforschung von Zusammenhängen zwischen Merkmalen von Schulleitungen einerseits und Schulqualitätsmerkmalen andererseits wird hier eine doppelte Zielsetzung verfolgt: Einerseits werden grundlegende methodische Herangehensweisen der empirischen Forschung zur Schulleitung dargestellt, andererseits werden zentrale Erkenntnisse zusammengefasst. Insgesamt sollen die Leser/innen somit einen Überblick über Ergebnisse, aber auch Schwierigkeiten und Grenzen der wissenschaftlichen Auseinandersetzung mit dem Thema der Wirksamkeit von Schulleitung gewinnen, nicht zuletzt um die Aussagekraft und den Anspruch nach Generalisierbarkeit wissenschaftlicher Erkenntnisse zum Thema Schulleitung richtig einschätzen zu können.

2. Macht die Schulleitung einen Unterschied?
Schulleitung als Faktor für Schulqualität und -effektivität

Aus wissenschaftlicher Perspektive betrachtet setzt die Ermittlung erfolgreicher Strategien einer effektiven Schulleitung zunächst den Nachweis von Wirkungszusammenhängen voraus. Bevor erforscht werden kann, *wie* Schulleiter/innen die Effektivität oder Qualität der von ihnen geleiteten Schule sinnvoll beeinflussen können, ist zunächst die grundlegende Annahme zu überprüfen, *ob* der Faktor Schulleitung überhaupt nachweisbare Auswirkungen auf die feststellbare Qualität einer Schule hat. Die wissenschaftliche Überprüfung einer solchen Hypothese setzt den Einsatz von Indikatoren voraus, die es ermöglichen, Zusammenhänge zwischen leitungsbezogenen Dimensionen und dem Qualitätsstatus einer Schule aufzuzeigen.

Diesbezüglich können zwei unterschiedliche Forschungsstränge unterschieden werden: Schulqualitätsforschung und Schuleffektivitätsforschung. Beide Linien der Schulleiter-Wirksamkeitsforschung werden in den folgenden Abschnitten näher beleuchtet.

2.1 Schulleitung und Schulqualität als Gegenstand der Forschung

Ein empirisches Beispiel für die Exploration des Zusammenhangs zwischen Schulleitungsmerkmalen und Schulqualitätsmerkmalen bietet die Forschungsarbeit von Bonsen/Gathen/Pfeiffer (2002). Ausgehend von einer umfassenden Qualitätserhebung in 30 Schulen werden in dieser Studie »gute« und »verbesserungsbedürftige« Schulen identifiziert, um durch eine auf die Schulleitung fokussierte Datenerhebung der Frage nachzugehen, ob sich tatsächlich Unterschiede zwischen Schulleitungen an guten Schulen einerseits und an weniger guten Schulen andererseits nachweisen lassen. Diese im deutschsprachigen Raum vermutlich erste systematische Studie zur Wirksamkeit von Schulleitung steht mit ihrem Forschungsansatz in der Tradition der Schulqualitätsstudien und zieht Merkmale guter und effektiver Schulen als Kriterium für die differenzielle Betrachtung von Schulleitungshandeln heran. Hierzu wurde eine quantitative Befragung von Kollegien aus 30 Schulen ausgewertet. Die befragten Lehrkräfte bewerteten sowohl Merkmale der Schulleitung als auch Aspekte der Schulqualität »vor Ort«. Die Angaben der Lehrer/innen zur Schulqualität wurden ergänzt durch diesbezügliche Einschätzungen von Schülerinnen und Schülern sowie Eltern.

Die Grundlage für die auf die Schulleitungen bezogenen Analysen bildet in dieser Studie die Klassifikation der untersuchten Schulen nach Schulqualitätsmerkmalen. Hierbei werden »gute« und »verbesserungsbedürftige« Schulen unterschieden, die sich in mehreren Qualitätsdimensionen möglichst stark voneinander unterscheiden (vgl. Fend 1998, S. 103). Anknüpfungspunkt dieses Vorgehens bilden Forschungsergebnisse über »gute Schulen«, in denen schulische Qualität nicht in erster Linie am Output (Schülerleistungen, Einstellungen oder Haltungen) gemessen wird, sondern verschiedene Struktur- und Prozessmerkmale bewertet werden (vgl. Mortimore 1997; Steffens/Bargel 1993; Haenisch 1986; Fend 1986, 1998; Klafki 1991). Die Zuordnung der Schulen zu so genannten Extremgruppen erfolgte über die Zuteilung von Rangplätzen mittels der eingesetzten Qualitätsskalen (vgl. hierzu Bonsen/Gathen/Pfeiffer 2002, S. 47ff.).

Ausgangspunkt der empirischen Analysen ist die in der Fachliteratur zur Schulleitung unwidersprochene These, dass hinter einer erfolgreichen Schule immer auch eine fähige Schulleitung steht und umgekehrt Entwicklungsdefizite häufig mit Leitungsdefiziten zusammenhängen (vgl. Rosenbusch/Schlemmer 1997, S. 16). Zur Überprüfung dieses Zusammenhangs wurden auf die Schulleitung bezogene Einschätzungen von Lehrkräften an den auf empirischem Wege identifizierten »guten« Schulen mit denen an »verbesserungsbedürftigen« Schulen verglichen.

Schon im ersten Vergleich der Einschätzungen der Kollegien an »guten« und »verbesserungsbedürftigen« Schulen zu ihren jeweiligen Schulleitungen werden Unterschiede sichtbar: Die Schulleiter/innen der »guten« Schulen werden in allen Bereichen bedeutsam positiver eingeschätzt als die Schulleiter an »verbesserungsbedürftigen« Schulen.

Anhand der auf Kollegiumsebene zusammengefassten Mittelwerte der Einschätzungen lässt sich zeigen, welche Bereiche innerhalb der beiden Extremgruppen von den Lehrerinnen und Lehrern am höchsten bewertet wurden. Beispielsweise lässt sich für den Bereich der Mitbestimmungsbereitschaft der Schulleitungen feststellen, dass diese Dimension vergleichsweise gering zwischen »guten« und »verbesserungsbedürftigen« Schulen differiert, aber in beiden Gruppen hoch eingeschätzt wird. In der Gruppe der »verbesserungsbedürftigen« Schulen erhält die Förderung der Mitbestimmung durch die Schulleiterin oder den Schulleiter die insgesamt höchste Bewertung. An »guten« Schulen erhält diese Dimension lediglich die fünfthöchste Bewertung. Hier liegt die Interpretation nahe, dass Förderung der Partizipation in der Entscheidungsfindung keineswegs eine unwichtige oder zu vernachlässigende Variable hinsichtlich der erfolgreichen Leitung einer Schule darstellt. Sowohl in der Gruppe der »guten« als auch in der Gruppe der »verbesserungsbedürftigen« Schulen ist ein hohes Niveau der Einschätzungen zu diesem Bereich zu beobachten. Die Analysen zeigen aber auch, dass Schulleiter/innen an besonders guten Schulen *zusätzlich* und über das Niveau der Mitbestimmungsförderung hinausgehend sehr hohe Einschätzungen in den Bereichen der zielgerichteten Führung, der Innovationsbereitschaft, der Organisationskompetenz sowie in der persönlichen Beziehungsorientierung zur einzelnen Lehrkraft erhalten. Diese Ergebnisse stehen im Einklang mit den Befunden anderer Studien, nach denen sowohl eine Über- als auch eine Unterbetonung des demokratischen Führungsideals wenig effektiv sind (vgl. Mortimore 1993, S. 300). Es ist offenbar eine zentrale Herausforderung für Schulleitungen, einen Entscheidungsfindungsstil auszubilden, der die jeweils situativ angemessene Balance zwischen demokratischer Beteiligung und eher direktiver Entscheidung ermöglicht.

Ein auffälliger Unterschied zeigt sich im Bereich der Förderung von Lehrerfort- und -weiterbildung durch die Schulleitung. Die Einschätzungen der Schulleiter/innen an »verbesserungsbedürftigen« Schulen liegen hier knapp unterhalb der Skalenmitte, was eine unentschlossene beziehungsweise in der Tendenz negative Einschätzung bedeutet. Schulleiter/innen an »guten« Schulen werden in dieser Dimension zwar, relativ zu den anderen Dimensionen betrachtet, ebenfalls zurückhaltender eingeschätzt, jedoch liegen sie deutlich über der Skalenmitte, erhalten also in der Tendenz positive Bewertungen. Es lässt sich feststellen, dass die systematische Förderung der Lehrerfort- und -weiterbildung insgesamt betrachtet keinen deutlichen Schwerpunkt der Führungspraxis der Schulleitungsmitglieder unserer Stichprobe darstellt, jedoch an »guten« Schulen höher eingeschätzt wird als an den »verbesserungsbedürftigen« Schulen.

Die systematische und planmäßige Förderung der Lehrerfortbildung durch Schulleitungen erscheint somit als Forderung (vgl. Meraner 1999, S. 166f.), deren Umsetzung offenbar erst in Ansätzen im Arbeitsalltag etabliert ist.

Das Belohnen und explizite Loben einzelner Lehrer/innen für besondere Arbeitsleistungen und Beiträge zum Schulleben als eine Möglichkeit zur Schaffung eines Anreizsystems gehört ebenfalls nicht zu den vornehmlich genutzten Führungsdimensionen der Schulleiter/innen der untersuchten Stichprobe. In dieser Dimension zeigen sich für beide Schulgruppen die niedrigsten Werte, wobei selbst in der Gruppe der »guten« Schulen der Mittelwert nur knapp über dem Skalenmittelpunkt liegt.

Insgesamt zeigen die Analysen, dass sich Schulleitungen an »guten« Schulen deutlich von ihren Kolleginnen und Kollegen an »verbesserungsbedürftigen« Schulen unterscheiden – zumindest legen die Urteile der in der Untersuchung befragten Lehrkräfte diesen Schluss nahe.

Der hier beschriebene Forschungsansatz lässt sich dem Bereich der Schulqualitätsforschung zuordnen und hat unverkennbare Vorteile: Differenziert erhobene Merkmale von Schulleitungen stehen differenziert erhobenen Merkmalen schulischer Qualität gegenüber. Korrelative Beziehungen zwischen Konstrukten auf beiden Seiten liefern Hinweise auf mögliche Bedingungsfaktoren und werden als Anhaltspunkte für Praxisempfehlungen interpretiert. Die Zusammenhänge isolierter Schulleitungsmerkmale, operationalisiert in Form jeweils spezifischer Schätzskalen für Lehrer/innen, und isolierter Schulqualitätsmerkmale, ebenfalls operationalisiert in Form von Schätzskalen, jedoch mehrperspektivisch aus Sicht von Lehrkräften, Eltern und Schüler/innen erhoben, bieten sozusagen einen Blick in die »Mikrotechnik« schulischer Prozessvariablen.

Allerdings sind derartige Korrelationsstudien nicht gänzlich unproblematisch. Zum einen werden Führungs- und Qualitätsmerkmale nicht anhand »objektiver« und fehlerfrei messbarer Erfolgsgrößen gemessen, sondern mit Methoden der sozialwissenschaftlichen Umfrageforschung als messfehlerbehaftete Konstrukte erhoben. Die auf diese Konstrukte bezogenen Einschätzungen sind individuell geprägt und lassen immer eine gewisse Variabilität der Antwortmuster auch innerhalb einer Schule erkennen. Statistische Zusammenhangsanalysen mit schulweise zusammengefassten (»aggregierten«) Angaben unterstellen dann eine gleichmäßige und meist lineare Beziehung zwischen untersuchten Merkmalsausprägungen, die nur in den seltensten Fällen ein adäquates Bild der Realität darstellt. Zum anderen wird diese Art der Qualitätsforschung häufig mit dem Vorwurf konfrontiert, sie gehe am eigentlichen Kriterium schulischer Arbeit vorbei. Das »ultimative Kriterium«, an dem sich alle Bemühungen und Prozesse innerhalb von Schulen auszurichten hätten, bestehe letztendlich im »Output« schulischer Lehr-Lern-Prozesse auf Ebene der Schüler/innen, nämlich in deren Fachleistungen, Einstellungen und Haltungen. Die Forschungsrichtung, welche derartige Zusammenhänge erforschen kann, ist die so genannte Schuleffektivitätsforschung.

Während in Deutschland die Schuleffektivitätsforschung, d.h. die quantitativ angelegte Forschung mit großen Stichproben und standardisierten Tests zur Erhebung von Schülerleistungen, erst seit Mitte der 90er-Jahre intensiviert wurde, können andere

Länder auf eine längere Tradition der Leistungsstudien verweisen. Gerade in amerikanischen Studien wurde immer wieder versucht, den Beitrag der Schulleitung an der Optimierung und Verbesserung von Schülerleistungen zu identifizieren und zu quantifizieren. Die Wirksamkeit von Schulleitungen wird hier – im Verständnis des Effektivitätsparadigmas – am Lernstand der Schüler/innen als zentralem Kriterium schulischer Entwicklungsbemühungen bewertet.

2.2 »The big picture« – Forschung zum Zusammenhang von Schulleitung und Schülerleistungen im internationalen Kontext

Folgerungen bezüglich der Wirksamkeit von Schulleitung werden in den USA und anderen englischsprachigen Ländern seit den 80er-Jahren vor allem aus vergleichenden Leistungsstudien gezogen. Zunächst wurde die Schulleitung in der Regel als »unabhängige Variable«, als wesentliche Ursache für effektive Schulen betrachtet, ohne jedoch näher mögliche Einflussgrößen des schulischen Kontextes und der schulischen Rahmenbedingungen zu berücksichtigen. Die frühen empirischen Untersuchungen auf der Basis eindimensionaler Wirkungsmodelle kamen daher zu wenig aussagekräftigen, teilweise widersprüchlichen Ergebnissen (vgl. etwa Leithwood/Begley/Cousins 1990). Schon früh wurde erkannt, dass eindimensionale Erklärungsmodelle den komplexen und vielschichtigen Phänomenen der Führung in pädagogischen Organisationen kaum angemessen sind (vgl. Bossert u.a. 1982, S. 38).

Den wohl umfassendsten und mittlerweile einschlägigen Versuch einer systematischen Sichtung unterschiedlicher Forschungsvorhaben zur Wirkung von Schulleitungshandeln haben Hallinger/Heck (1998) vorgelegt. Die Autoren vergleichen solche Studien, die explizit Zusammenhänge zwischen Einstellungen und Verhalten von Schulleiterinnen und Schulleitern einerseits und den Fachleistungen von Schülerinnen und Schülern andererseits untersucht haben. Solche Studien sind in der Regel quantitativ und – dies liegt in den Besonderheiten des komplexen Forschungsfeldes Schule begründet – nicht experimentell angelegt.

Den von Hallinger/Heck zusammengetragenen Studien werden schon bei der Untersuchungsanlage und -planung ganz unterschiedliche Wirkungsmodelle zugrunde gelegt (vgl. Abb. 1). Dabei unterscheiden Hallinger/Heck (ebd., S. 732):

1. Modelle direkter Wirkung ohne Effekte oder mit vorgängigen Effekten;
2. Modelle moderierter Wirkung;
3. Modelle vermittelter Wirkung; sowie
4. Modelle reziproker Wirkung.

Der von den Autoren vorgenommene Vergleich von 40 Studien zum Zusammenhang zwischen Schulleitungshandeln und Schülerleistungen offenbart inkonsistente Ergebnisse: 20 Studien zeigen positive Effekte des Handelns der Schulleitung, in 11 Studien kann kein Zusammenhang gefunden werden und die anderen Untersuchungen kom-

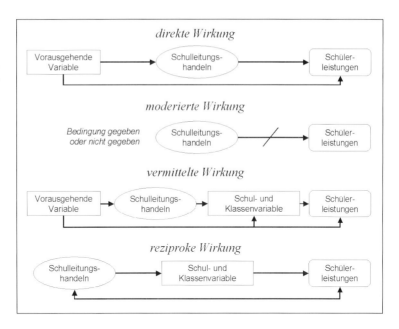

Abb. 1: Unterschiedliche Modelle zur Erforschung der Wirksamkeit von Schulleitungsmerkmalen

men zu nicht eindeutigen, teilweise widersprüchlichen Ergebnissen. Diese inkonsistenten Befunde der Schulleitungsforschung führen die Autoren auf die je spezifische Theorieentwicklung, unterschiedliche Operationalisierungen der untersuchten Konstrukte sowie vor allem auf unterschiedliche Wege der Modellierung von Effekten zurück. Ältere Studien, die von einer direkten Wirksamkeit des Handelns von Schulleitungen ausgehen, zeigen demnach keinerlei Effekte auf Schülerleistungen (vgl. Broughton/Riley 1991; Glasman/Binianimov 1981; O'Day 1983; van de Grift 1990). Forschungsarbeiten, die jedoch von komplexeren Modellen ausgehen und moderierte und indirekte Effekte des Schulleitungshandelns untersuchen, kommen häufiger zu dem Ergebnis, dass Schulleitung einen Einfluss auf die Effektivität von Schule ausübt (vgl. Hallinger/Bickman/Davis 1996; Goldring/Pasternak 1994; Bamburg/Andrews 1990; Elberts/Stone 1988; Andrews/Soder 1987; Ogawa/Hart 1985).

Wie stark Modellbildung und Auswertungsmethode die Ergebnisse beeinflussen, verdeutlicht das Beispiel der Reanalyse einer Studie von Broughton/Riley (1991). Während in der Originalarbeit keinerlei direkte Effekte von Schulleitungshandeln auf Schülerleistungen nachgewiesen werden konnten, zeigen Reanalysen mithilfe komplexerer Modelle (Strukturgleichungsmodelle nach dem LISREL-Ansatz) deutliche Effekte der Schulleitung auf die Fachleistung von Schülerinnen und Schülern (vgl. Hallinger/Heck 1996, S. 762ff.). Dass die Wirksamkeit der Schulleitung erst bei einer Reanalyse der Daten nachgewiesen werden konnte, ist auf die Besonderheit des LISREL-Ansatzes zurückzuführen, der nicht nur die Modellierung direkter Effekte und Wirkungen ermöglicht, sondern auch indirekte Effekte aufzeigen kann. So zeigt sich im Unterschied zur Erstauswertung der Daten durch Broughton/Riley ein statistisch bedeutsamer, allerdings fast ausschließlich indirekt zustande kommender Effekt von

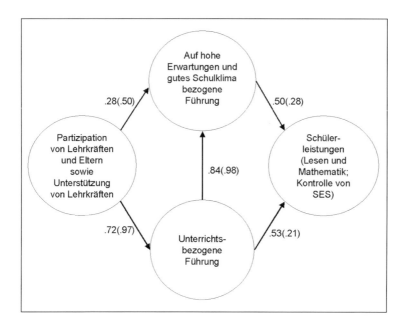

Abb. 2: Wirkung von Schulleitung auf Schülerleistungen (Pfadkoeffizienten auf Individualebene, Angaben in Klammern auf Schulebene berechnet; vgl. Heck/Larsen/Marcoulides 1990, S. 114)

Schulleitung auf Schülerleistungen (standardisierte Pfadkoeffizienten: .38 für den totalen Effekt, .34 für den indirekten Effekt, .04 für den direkten Effekt). Die damit einhergehende Erkenntnis, dass sich die Wirksamkeit von Schulleitung auf Schülerleistungen fast ausschließlich in Form indirekter Effekte nachweisen lässt, wird auch durch andere Studien untermauert. Beispielsweise gelingt es Heck/Larsen/Marcoulides (1990), die auch von anderen Autoren immer wieder unterstellte, aber empirisch keinesfalls eindeutig und hinreichend belegte Korrelation zwischen einer starken unterrichtsbezogenen Leitung und der Effektivität von Schule näher zu untersuchen. Das von den Autoren zugrunde gelegte Modell stützt sich auf vier Quellen: das Modell der unterrichtsbezogenen Leitung von Bossert u.a. (1982), die Konzeptualisierung dieser Leitung im sozialen Kontext der Schule durch Hallinger/Murphy (1987), die Analyse der multidimensionalen Natur des Schulleitungshandelns durch Pitner/Hocevar (1987) sowie die eigene Auswertung einschlägiger Fachliteratur.

Die den Auswertungen zugrunde gelegten Daten wurden an öffentlichen Grund- und Sekundarschulen in Kalifornien erhoben. Die untersuchten Schulen hatten dabei über drei Jahre hinweg entweder über- oder unterdurchschnittlich bei einem regelmäßig durchgeführten Schülerleistungstest (»California Assessment Program«) abgeschnitten. Ausgewertet werden die Daten sowohl auf Individual- als auch auf Schulebene, wodurch gezeigt werden kann, dass das theoriegeleitete, aber zunächst hypothetische Modell auf beiden Ebenen in einer übereinstimmenden Sicht der Organisationsprozesse, welche die Schülerleistungen beeinflussen, konvergiert.

Abbildung 2 zeigt die statistischen Zusammenhänge zwischen verschiedenen Dimensionen schulischen Führungshandelns und Schülerleistungen in Mathematik und Lesen nach Kontrolle des Einflusses der Muttersprache sowie des sozioökonomischen

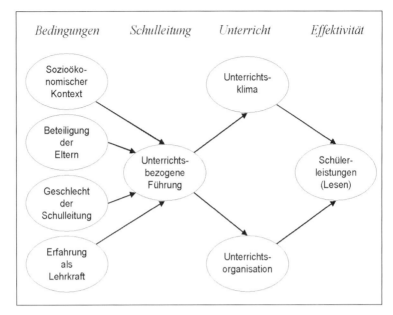

Abb. 3: Theoretisches Modell zur Wirkung der Schulleitung auf Schülerleistungen in der Untersuchung von Hallinger/Bickman/Davis (1996, S. 532)

Status der Eltern. Direkte Zusammenhänge mit der Schülerleistung zeigt dieses Modell für die Bemühungen der Schulleitung um ein gutes und leistungsförderliches Schulklima mit hohen Erwartungshaltungen an die Schüler/innen einerseits sowie für Merkmale unterrichtsbezogener Führung durch die Schulleitung andererseits.

Die Ergebnisse dieser Analysen zeigen, dass die Schulleitung als »instructional leader« zur Verbesserung der Leistungsergebnisse der Schüler/innen beitragen kann (Heck/Larson/Marcoulides 1990, S. 118). Das Besondere an dieser Studie ist, dass *direkte* Zusammenhänge zwischen Schulleitung und Schülerleistungen untersucht und offenbar gefunden wurden – ein Ergebnis, dass in vielen anderen Studien nicht in dieser linearen Form beobachtet werden kann.

Die unterrichtsbezogene Führung durch Schulleitung steht auch im Zentrum einer Studie von Hallinger/Bickman/Davis (1996). Ebenso wie die Autoren der oben angesprochenen Untersuchung konstatieren die Forscher dieser Studie zwar, dass die Schulleitung zur Schuleffektivität beiträgt, jedoch nach ihren Ergebnissen ausschließlich indirekt. Den mittelbaren Einfluss der Schulleitung auf die Leistung von Schülerinnen und Schülern veranschaulichen sie in Form eines so genannten Pfadmodells (vgl. Abb. 3). Es fällt auf, dass die Autoren Merkmale der Schulleitung lediglich als *einen* Faktor neben anderen relevanten Schulmerkmalen, welche die Schülerleistung beeinflussen, betrachten.

Die Ergebnisse dieser Studie lassen sich folgendermaßen zusammenfassen (vgl. Abb. 4 auf der nächsten Seite): Zunächst fanden die Autoren der Studie keine unmittelbaren Effekte des Schulleitungshandelns auf die Leseleistungen der Schüler/innen. Allerdings konnten sie einen positiven Zusammenhang zwischen dem Führungsverhalten der Schulleitung und dem Schulklima nachweisen: Je unterrichtsbezogener die

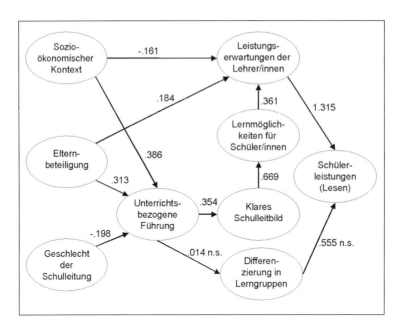

Abb. 4: Ergebnis der empirischen Modellüberprüfung des Modells von Hallinger/Bickman/Davis (1996, S. 540; unstandardisierte Pfadkoeffizienten)

Schulleitung führt, desto besser ist das Unterrichtsklima. Ein statistisch bedeutsamer Zusammenhang ließ sich auch zwischen dem unterrichtsbezogenen Führungshandeln der Schulleitung und den Bemühungen der Schule um ein klares Schulleitbild feststellen. Ein klares Schulleitbild wiederum hat Einfluss auf die Inszenierung adäquater Lernmöglichkeiten für die Schüler/innen sowie die Leistungserwartungen des Kollegiums. Diese wiederum zeigen einen direkten Effekt auf die Leseleistungen der Schüler/innen. Der höchste direkte Zusammenhang besteht zwischen der Leistungserwartung der Lehrkräfte und der Leseleistung der Schüler/innen. Wenn die Variable »Leistungserwartung« rekursiv betrachtet wird, speist sie sich aus der Variablen »geeignete Lernanlässe« und der Variablen »klares Schulleitbild«. Darauf wiederum hat die Schulleiterin oder der Schulleiter einen positiven Einfluss. Außerdem zeigt das getestete Modell anhand exemplarischer Variablen, dass das Handeln der Schulleitung ebenfalls durch »vorgelagerte« Größen beeinflusst wird. Die unterrichtsbezogene Führung durch die Schulleitung wirkt demnach nicht unabhängig vom sozioökonomischen Kontext und dem Engagement der Eltern, also von Kontextfaktoren, und variiert in Abhängigkeit von Personenmerkmalen der Schulleitung. Exemplarisch wurde hierzu das Geschlecht der Schulleitung einbezogen, mit dem Ergebnis, dass die Schulleiterinnen der Stichprobe offensichtlich eine aktivere Rolle in der unterrichtsbezogenen Führung einnehmen als ihre männlichen Kollegen (Hallinger/Bickman/Davis 1996, S. 542).

Die hier exemplarisch skizzierten Studien zeigen, wie schwierig der wissenschaftliche Nachweis einer Wirksamkeit von Führung und Management in der Schule auf Schülerleistungen ist. Sowohl theoretisch als auch methodisch bereitet die Schulleitungsforschung noch immer Schwierigkeiten. Ungeachtet der Grenzen und der teilweise eingeschränkten Aussagekraft vieler Forschungsarbeiten ist jedoch die Tendenz der Erkenntnisse zur Wirksamkeit von Schulleitungshandeln deutlich. Dass Schulleitung einen Unterschied macht, zeigt die bereits mehrfach zitierte Übersichtsarbeit von Hallinger und Heck (1998). Der Tenor ihrer Ergebnisse wurde in jüngster Zeit durch eine andere Metaanalyse zur Wirksamkeit von Schulleitung auf Schülerleistungen belegt. Waters/Marzano/McNulty (2004) haben insgesamt 70 seit dem Jahr 1978 im amerikanischen Sprachraum publizierte Studien ausgewertet. Ihre Metaanalyse basiert somit auf der Erforschung von insgesamt 2.894 Schulen, 14.000 Lehrer/innen und mehr als 1,1 Millionen Schüler/innen. Die Ergebnisse dieser Studie belegen einen statistisch signifikanten Zusammenhang zwischen effektiver Schulleitung und Schülerleistungen, den die Autoren mit einer Korrelation von .25 quantifizieren (zur Verdeutlichung der Effektstärke dieses Zusammenhangs vgl. Waters/Marzano/McNulty 2004, S. 49ff.). Die Autoren interpretieren den von ihnen auf der Basis aller Studien nachgewiesenen Zusammenhang ausdrücklich als »substanziell und bedeutsam« (ebd., S. 49).

Der Erkenntnisstand der Schuleffektivitätsforschung, welche im Unterschied zur Schulqualitätsforschung immer mit dem Kriterium der Schülerleistung arbeitet, zeigt also insgesamt, dass Schulleiter/innen einen Einfluss auf die Entwicklung von Schülerleistungen haben. Allerdings – dies zeigen differenzierte Studien – werden die Lernprozesse der Schüler/innen in erster Linie, vermittelt durch Interaktionen mit Lehrkräften, über eine gezielte Steuerung der Schulorganisation beeinflusst. Der Einfluss der Schulleitung ist in den Modellen der Effektivitätsforschung immer indirekt auf die Leistungsverbesserung bei Schülerinnen und Schülern bezogen. Ergebnisse, welche eine *direkte* Beeinflussung der Schülerleistung durch Merkmale der Schulleitung belegen, sind bislang nicht oder nur sehr begrenzt methodisch haltbar erbracht worden und aufgrund mangelnder Plausibilität auch kaum vorstellbar. Direkte Effekte auf Schülerleistungen sind von so genannten proximalen Variablen, d.h. Merkmalen des Unterrichts, welche das Lehr-Lern-Geschehen unmittelbar beeinflussen, zu erwarten. Merkmale der Schulleitung sind hingegen als distale Faktoren zu verstehen, welche zwar ihrerseits die proximalen Merkmale des Unterrichts beeinflussen können, jedoch über diese eben nur vermittelt auf Schülerleistungen wirken. Die diesem Kapitel übergeordnete Fragestellung, ob Schulleitung überhaupt einen Unterschied in Bezug auf die Effektivität von Schulen ausmacht, ist nach dem derzeitigen Stand der Forschung also eindeutig zu bejahen, nicht jedoch ohne die dargelegte Einschränkung zu berücksichtigen. Dies ist in Modellen, die sowohl zur weiteren Forschung genutzt werden sollen, als auch Praxis anregen können, in gleichem Maße zu berücksichtigen.

3. Was ist gute Schulleitung? Zentrale Merkmale einer wirksamen Führung in der Schule

Mit der wissenschaftlichen Erkenntnis, dass Schulleiter/innen für die Qualität und Effektivität der von ihnen geleiteten Schule nicht nur qua Amt Verantwortung tragen, sondern diese nachweisbar beeinflussen können, wurde zwar ein wichtiger Schritt getan, jedoch dürfte der Praxiswert dieser Erkenntnis vergleichsweise zurückhaltend aufgenommen werden. Möglicherweise wird hier ein Zusammenhang wissenschaftlich untermauert, der vor allem Praktiker vor dem Hintergrund ihrer subjektiven Alltagserfahrungen nur wenig überraschen dürfte. Während bislang Forschungsbefunde zu der Frage »Macht Schulleitung überhaupt einen Unterschied?« vorgestellt wurden, geht es im folgenden Abschnitt um die empirische Generierung des »Wie«. Im Mittelpunkt steht die empirische Suche nach solchen Handlungsdimensionen von Schulleitung, die offenbar die »feinen Unterschiede« ausmachen. Was unterscheidet das Handeln von Mitgliedern der Schulleitung an erfolgreichen Schulen vom Handeln ihrer Kolleginnen und Kollegen in weniger erfolgreichen Schulen?

Zur Beantwortung dieser Frage werden zunächst wiederum eigene Forschungsergebnisse dargestellt. Die Ergebnisse zu der Frage, was Schulleitungen an guten und weniger guten Schulen unterscheidet, lassen sich insgesamt als deutlich führungsbetontes Bild von Schulleitung interpretieren, in dem die Innovationsoffenheit und zielbezogene Führung als zentrale Merkmale erfolgreicher Schulleitungen hervortreten. Anschließend soll der Blick wiederum auf die Ergebnisse der internationalen Forschung ausgeweitet werden.

3.1 Eigene Forschung zu zentralen Dimensionen erfolgreichen Führungshandelns in der Schule

Der im Rahmen der oben zitierten Studie zum Zusammenhang zwischen Schulleitungs- und Schulqualitätsmerkmalen an einer Stichprobe von deutschen Schulen vorgenommene Vergleich der Einschätzungen zur Schulleitung an »guten« und »verbesserungsbedürftigen« Schulen (Bonsen/Gathen/Pfeiffer 2002) lässt sich auch nutzen, um zu untersuchen, welche Handlungsdimensionen von Schulleitung eine besondere Bedeutung bei der Unterscheidung erfolgreich und weniger erfolgreich arbeitender Schulen haben. Die Analysemethode der logistischen Regression dient dabei der Untersuchung, ob die Gruppenzugehörigkeit der Schulen (»gute« oder »verbesserungsbedürftige« Gruppe) anhand von Merkmalen der Schulleitung statistisch vorhergesagt werden kann. Merkmale, die im Rahmen einer solchen Analyse helfen, die Wahrscheinlichkeit zu spezifizieren, dass es sich bei der untersuchten Schule um eine »gute« Schule handelt, werden als besonders bedeutsame Schulleitungsmerkmale betrachtet. Auf der Basis der Lehrereinschätzungen zur Schulleitung wird hierbei ein statistisches Vorhersagemodell spezifiziert, aus dem sich die Wahrscheinlichkeit ermitteln lässt, mit der eine Schule zur Gruppe der »guten« Schulen gehört (vgl. Tab. 1). In der ersten Spalte sind die so genannten Vorhersagevariablen aufgelistet. Es handelt sich hierbei um die im Lehrerfragebogen enthaltenen Skalen zur Einschätzung von Schulleitungshandeln. In den folgenden Spalten sind jeweils so genannte »odds-ratios« sowie Angaben zur statistischen Bedeutsamkeit (p) des jeweiligen Effekts abzulesen.

Odds-ratios (auch »Wettquotienten« genannt) geben Aufschluss über die Wirkungsrichtung und -stärke einer Variablen. Ein Wert von 0,41 für Förderung der Mit-

Tab. 1: **Logistische Regression zur Vorhersage der Gruppenzugehörigkeit**
(verbesserungsbedürftige/gute Schule; n = 455 Lehrer/innen)

Prädiktor	odds-ratio	p
Zielbezogene Führung	2,46	< 0,001
Innovationsbereitschaft	2,45	< 0,001
Partizipation in der Entscheidungsfindung	0,41	< 0,001
Organisationskompetenz	2,09	< 0,02
Visibilität	1,76	n.s.*
Management sozialer Beziehungen	0,07	n.s.*
Individuelle Lehrerbegleitung	1,19	n.s.*
Förderung der Fortbildung	0,02	n.s.*
Belohnen von Lehrkräften	0,07	n.s.*

40,4% der Varianz bezüglich der Gruppenzugehörigkeit lässt sich auf die in das Modell aufgenommenen Variablen zurückführen.

* nicht signifikant

bestimmung durch die Schulleiterin bzw. den Schulleiter besagt, dass sich bei einer Erhöhung der diesbezüglichen Lehrereinschätzung um eine Einheit auf der fünfstufigen Antwortskala die Wahrscheinlichkeit, dass es sich bei dieser Schule um eine »gute« Schule handelt, um eben diesen Faktor verändert. War das Verhältnis vorher 1:1, so ist es dann nur noch 0,41:1. Umgekehrt ist es in Fällen, in denen der Wettquotient einen Wert größer als 1 annimmt: Der Wert 2,09 für die Variable Organisationskompetenz signalisiert, dass sich die Wahrscheinlichkeit bei einem Anstieg des Skalenwertes um eine Einheit um etwa das zweifache zugunsten der Gruppe der »guten« Schulen ändert. Die Wettquotienten können generell keine negativen Werte annehmen, jedoch lässt sich ein negativer Zusammenhang immer dann erkennen, wenn ein *odds-ratio* weniger als 1 beträgt. Wie Tabelle 1 für manche Leser/innen vielleicht überraschend zeigt, kommt solchen Handlungsdimensionen keine statistische Bedeutung zu, die sich auf die direkte Einflussnahme der Schulleitung auf die sozialen Beziehungen im Kollegium und die individuelle Begleitung einzelner Lehrkräfte beziehen. Der Einfluss von Dimensionen wie dem Sichtbarsein als Schulleiter/in und dem Management sozialer Beziehungen innerhalb des Gesamtkollegiums lässt sich hier ebenso wenig statistisch nachweisen wie ein Effekt der Förderung der Fortbildung, der individuellen Lehrerbegleitung oder von Versuchen, einzelne Lehrer/innen für besondere Arbeitsbeiträge explizit zu belohnen.

Als erklärungsmächtigste Faktoren für hohe Schulqualität lassen sich als Handlungsdimensionen von Schulleitung erstens deren »zielbezogene Führung«, zweitens die »Innovationsbereitschaft«, drittens die »Partizipation in der Entscheidungsfindung« und viertens die »Organisationskompetenz« identifizieren. Um die praktische Relevanz dieses Befundes angemessen einordnen zu können, lohnt sich an dieser Stelle die Diskussion von aus der Forschung abgeleiteten Hinweisen für das auf Entwicklung ausgerichtete Schulleitungshandeln.

3.1.1 Zielbezogene Führung in der Schule

Gemeinsam formulierte pädagogische Ziele können als Konkretisierung des Leitbildes einer Schule betrachtet werden. Ziele haben in der Regel einen deutlichen Handlungsbezug, sind gut zu beschreiben und können überprüft werden. Auf schulischer Ebene gibt die Formulierung von Zielen eine Richtung der individuellen *und* gemeinsamen Arbeit vor und kann die Grundlage einer späteren Reflexion und Evaluation sein. Auf individueller Ebene kann die Formulierung konkreter Arbeitsziele der Motivationssteigerung dienen, wenn sie mit einem späteren Feedback über die Zielerreichung sowie direkten (z.B. Stundenentlastung) und indirekten Belohnungen (z.B. verbales Lob) verbunden wird (vgl. Locke/Latham 1990). Stoll (1995) macht darauf aufmerksam, dass das Fehlen einer Vision und eine nicht zielgerichtete Leitung die Effektivität einer Schule stark einschränken können.

Die Studie von Bonsen/Gathen/Iglhaut/Pfeiffer (2002) zeigt zwar, dass den Schulleiterinnen und Schulleitern der von ihnen untersuchten Stichprobe ein hohes Maß an zielbezogener Führung zuerkannt wird, dabei allerdings die Thematisierung einer Vision oder eines Leitbildes gegenüber externen Partnern (z.B. Eltern, anderen Schulen usw.) höher ausgeprägt zu sein scheint als die Thematisierung der konkreten Umsetzung der Ziele im Kollegium. Außerdem lässt sich ein Zusammenhang zwischen der Schulgröße und den Lehrereinschätzungen zur zielbezogenen Führung feststellen: Je größer die Schule, umso zurückhaltender wird die zielbezogene Führung durch die befragten Kollegien eingeschätzt ($r_s = -.483$).

Ein anderer Zusammenhang besteht zwischen der zielbezogenen Führung der Schulleitung und dem Innovationspotenzial der Schule. Ein klarer Zusammenhang lässt sich zwischen den Lehrereinschätzungen auf der Skala »pädagogische Innovation auf Schulebene« einerseits und der Einschätzung der Zielbezogenheit der Führung andererseits feststellen ($r_s = .815$). Diese Korrelation ist als ein deutlicher – auch theoretisch plausibler – empirischer Hinweis auf das Zusammenwirken von Zielorientiertheit der Führung und dem Innovationspotenzial der Schule zu interpretieren: Je zielbezogener die Führung ist, desto innovationsfreudiger ist auch die Schule.

3.1.2 Innovationsförderung

Fullan (1996, S. 701) beschreibt die wichtigste Rolle der Schulleitung als die des »change agent«. Schulleiter/innen werden von ihm als zentrale Akteure für Wandel und Innovation in der Schule gesehen: »Wenn Lehrer und andere Erzieher irgendetwas bewirken wollen (und das ist das Motiv, das die Besten von ihnen antreibt), reicht die ethisch begründete Antriebskraft nicht aus. Sie brauchen eine Antriebskraft, und das sind einzelne, erfahrene *change agents*, die auf Veränderungen in ihrem Umfeld drängen und sich mit anderen gleich gesinnten Einzelpersonen und Gruppen zusammentun. Sie müssen die ›kritische Masse‹ bilden, die notwendig ist, um stetige Verbesserungen zu bewirken« (Fullan 1999, S. 76).

Die Studie von Bonsen/Gathen/Iglhaut/Pfeiffer (2002) zeigt deutliche Unterschiede in der Bewertung der Veränderungsbereitschaft von Schulleitungen an »guten« und »verbesserungsbedürftigen« Schulen. Die Einschätzungen für die Leiter/innen der »guten« Schulen liegen deutlich höher. Außerdem zeigt sich ein Zusammenhang zwischen der Innovationsbereitschaft und dem Dienstalter der Leitungsperson: Je weniger Dienstjahre sich eine Schulleiterin oder ein Schulleiter im Beruf befindet, umso höher wird sein generelles Bemühen um schulische Veränderungen vom Kollegium eingeschätzt.

3.1.3 Partizipation

Ein zentraler Aspekt von Führung allgemein und der Leitung einer Schule im Besonderen ist die Praxis der Entscheidungsfindung bzw. Regelung der Partizipation von Lehrerinnen und Lehrern. Dies ist ein kritischer Aspekt sowohl für die Schulleitung als auch für das Kollegium. Vielfach haben sich Schulleiter/innen nur ungenügend mit ihrer eigenen Leitungsrolle auseinander gesetzt: Sieht sich der Schulleiter selbst als »Primus inter Pares« oder eher als Dienstvorgesetzten, der einen gewissen Führungsanspruch vertritt?

Tabelle 1 ist ein negativer Effekt der Mitbestimmungsförderung durch die Schulleiterin oder den Schulleiter zu entnehmen. Diese Einflussrichtung – unter Kontrolle der in der Tabelle aufgeführten Variablen – auf die Unterscheidung zwischen »guten« und »verbesserungsbedürftigen« Schulen ist überraschend. Nicht nur in der Literatur zur Führung in Schulen, auch allgemein wird der Partizipation von Mitarbeiterinnen und Mitarbeitern in wichtigen Entscheidungsprozessen ein hoher Stellenwert zugemessen. Generell anerkannt ist die Einsicht, dass Organisationsmitglieder Entscheidungen vor allem dann akzeptieren und aktiv umsetzen, wenn sie im Entscheidungsprozess involviert waren. Werden Entscheidungen »am grünen Tisch« ohne Mitarbeiterpartizipation getroffen, so ist die Umsetzung auf der »operativen Ebene« gefährdet. Im Schulalltag kann mit einiger Plausibilität angenommen werden, dass Maßnahmen, die den Unterricht der einzelnen Lehrkräfte betreffen, dann umgesetzt werden, wenn diese am Entscheidungsprozess partizipieren und die Entscheidung persönlich mittragen. Einsame Entscheidungen der Schulleitung dürften hingegen das Unterrichtsgeschehen der Lehrkräfte kaum oder nur wenig beeinflussen. Der in Tabelle 1 präsentierte Befund widerspricht diesen Annahmen auf den ersten Blick: Erhöht sich nach dem vorliegenden Modell die Bewertung bezüglich dieser Dimension um eine Einheit auf der fünfstufigen Antwortskala, so ist die Wahrscheinlichkeit, dass die Schule zur Gruppe der »guten« Schulen zählt, nur noch 0,41:1.

Ansätze zur Erklärung dieses Phänomens lassen sich möglicherweise aus Beiträgen zur mikropolitischen Analyse schulischer Innovationsprozesse (vgl. Altrichter/Posch 1996) ableiten. Offenbar ist es wichtig, dass Lehrer/innen an Entscheidungen beteiligt werden, darauf deutet das oben festgestellte generell hohe Niveau der Mitbestimmungsförderung durch die Schulleiter/innen hin. Aber ein über den anderen Dimensionen liegendes Niveau in diesem Bereich erweist sich offenbar als kontraproduktiv.

Eine erste vorsichtige Erklärungshypothese hierfür könnte lauten, dass umso mehr Aushandlungsprozesse auf Kollegiumsebene gefordert sind, je mehr Gewicht auf diesen Bereich gelegt wird. Denn ein Kollegium ist in der Regel durch heterogene Ansichten und Vorstellungen bezüglich der Ziele schulischer Arbeit und deren Erreichung gekennzeichnet. Eine zu starke Betonung der Mitbestimmung schafft möglicherweise innerhalb des Kollegiums Raum für den Einsatz von Strategien und Taktiken schulischer Mikropolitik, wie sie Altrichter/Salzgeber (1996) beschreiben. Eine Zurücknahme der eigenen Führungsrolle durch die Schulleiterin oder den Schulleiter, wie es etwa ein Rollenverständnis im Sinne des »Primus inter Pares« ausdrückt, und die grundsätzliche Delegation wichtiger Führungs- und Entscheidungsfunktionen könnte demnach zu einer Verschärfung mikropolitischer Aktivitäten innerhalb des Kollegiums führen (Altrichter/Salzgeber sprechen S. 121 von einem »Kampfgetümmel«). Negiert die Schulleiterin oder der Schulleiter seine eigene Führungsfunktion und -rolle, so besteht die Gefahr, dass andere Akteure innerhalb der »mikropolitischen Arena« der Schule informelle Führungsfunktionen übernehmen. Aus diesem Blickwinkel heraus betrachtet scheint es in der Praxis weniger sinnvoll zu sein, zu fragen, ob Schulen überhaupt Führung brauchen, sondern eher, wer Führung ausübt und wie diese legitimiert ist.

Die Beteiligung des Kollegiums sollte vornehmlich auf solche Entscheidungsprozesse bezogen sein, welche die Lehrer/innen auch unbedingt angehen und die für die Entwicklung der Schule als elementar eingestuft werden können. Eine Rückkopplung bei alltäglichen Entscheidungen würde entschieden zu weit führen und die Lehrkräfte völlig unnötig in der Wahrnehmung ihrer Kernaufgabe, der Inszenierung von Lehr-Lern-Prozessen im Unterricht, beeinträchtigen.

3.1.4 Organisieren

Es wurde bereits angesprochen, dass in der Literatur zur effektiven Leitung einer Schule immer wieder der Stellenwert einer entwicklungsbezogenen Führung durch die Schulleitung herausgestellt wird (beispielsweise im Konzept des »transformational leadership«). Die in den letzten Jahren wahrzunehmende Betonung der Entwicklung und Professionalisierung von Schulleitungspersonal in die Richtung einer pädagogischen Führungskraft, welche die Schule als Entwicklungseinheit in Richtung Selbstorganisation zu steuern hat, bedeutet jedoch nicht, dass die »klassischen« Aufgabenfelder einer eher administrativ-bürokratisch ausgerichteten Wahrnehmung von Schulleitung an Bedeutung eingebüßt hätten. An verschiedenen Stellen wird darauf verwiesen, dass gerade die »Sicherung des arbeitsorganisatorischen Funktionierens der Schule« (Steffens/Bargel 1993, S. 91) zum unabdingbaren Merkmal erfolgreicher Schulleitung gehört. Das »routinemäßige Management des Tagesgeschäfts« (Dubs 1994, S. 39) verlangt demnach eine gute Führung, zweckmäßig organisierte Arbeitsabläufe und Entscheidungsprozesse sowie den Einsatz effektiver Managementtechniken.

In der Studie von Bonsen/Gathen/Iglhaut/Pfeiffer (2002) zeigt sich, dass die Einschätzungen der Kompetenz der Schulleitung, die organisatorischen Abläufe und Herausforderungen des Schulalltags positiv bewältigen zu können, ein hervorstechendes Merkmal von Schulleitungen an »guten« Schulen ist. Die Schulleiter/innen an »guten« Schulen werden vom Kollegium als erfolgreicher im organisatorischen Bereich wahrgenommen als die Schulleitungspersonen an »verbesserungsbedürftigen« Schulen. Dieser Befund unterstreicht, dass es für die erfolgreiche Leitung einer Schule offenbar zentral ist, zunächst die organisatorische Grundlage für einen geregelten Ablauf des Schulalltags zu schaffen. Gerade in größeren Schuleinheiten ist daher ein sinnvolles System der Delegation zu entwickeln und zu implementieren. Hierdurch kann die Schulleiterin oder der Schulleiter in Person mehr zeitlichen Freiraum für entwicklungsbezogene Tätigkeiten gewinnen.

Bonsen/Gathen/Iglhaut/Pfeiffer (ebd., S. 168ff.) umschreiben das von ihnen empirisch gewonnene Bild erfolgreicher Schulleitung vor allem mit den zentralen Dimensionen zielbezogener Führung, aktiver Veränderungsbereitschaft, angemessener und reflektierter Partizipation des Kollegiums sowie mit hervorragender Organisationskompetenz. Die Schulleiter/innen an den auf empirischem Wege identifizierten »guten« Schulen weisen auffallend hohe Werte in diesen Bereichen auf, mit denen sie sich deutlich von den Schulleitungspersonen »verbesserungsbedürftiger» Schulen unterscheiden. Das in den Analysen entwickelte Modell deutet somit insgesamt auf ein stark führungsbetontes Bild von Schulleitung an »guten« Schulen hin.

3.2 Ausgewählte Befunde angloamerikanischer Forschung zu erfolgreicher Schulleitung

Der internationale Forschungsstand zur Frage, was wirklich effektive Führung in Schulen ausmacht, lässt sich aufgrund seiner Vielfalt nur schwer zusammenfassen. Viele Forschungsarbeiten sind auf einzelne Themen fokussiert und arbeiten mit spezifischen Konzepten, die im Rahmen anderer Studien nicht unbedingt aufgenommen werden. Die einzelnen Studien zur Wirksamkeit von Schulleitung decken zwar insgesamt viele Themen ab, erscheinen aber oft nur wenig aufeinander bezogen. So werden relevante Erkenntnisse vorgängiger Arbeiten nicht immer aufgegriffen und weitergeführt.

Den Erkenntnismöglichkeiten der standardisierten und quantitativ ausgerichteten Forschung zur Schulleitung sind konzeptionelle Grenzen gesetzt. Was in der quantitativen Forschung in Form von Fragebögen erhoben wird, ist in der Untersuchungsplanung von den verantwortlichen Wissenschaftlerinnen und Wissenschaftlern im Voraus festgelegt. Der Inhalt eines Fragebogens ist in der Regel bereits das Ergebnis einer vorgeschalteten Forschungsphase, die entweder im Studium vorliegender Forschungsergebnisse oder im Studium theoretischer Beiträge oder aber in einer offenen Exploration des Forschungsfeldes mit dem Ziel der Theoriegenerierung besteht. In die Operationalisierungen von Schulleitungsmerkmalen zur Durchführung quantitativer Studien fließen somit immer die Vorannahmen und Entscheidungen der beteiligten Forscher/innen mit ein. Gute Forschung expliziert zugrunde gelegte Annahmen und Theoriestränge selbstverständlich.

Quantitative Forschung ist somit immer fokussiert, d.h. sie untersucht nur Teilbereiche dessen, was die Realität ausmacht. Bei der Auswahl der jeweiligen Forschungsfragen und -instrumente wird somit gegenüber der sozialen Realität einer Organisation bewusst eine Komplexitätsreduktion vorgenommen. Ohne diese notwendige Beschränkung einer Untersuchung auf ausgewählte Fragestellungen und forschungsökonomische Operationalisierungen wäre sozialwissenschaftliche Forschung – auch auf dem Gebiet der Schulleitung – nicht realisierbar.

Mit der Auswahl der theoretischen Vorannahmen einer Studie wird somit die zunächst unbegrenzte Möglichkeit von Erkenntnissen unter pragmatischen Gesichtspunkten eingeschränkt. Dies hat allerdings für die Zusammenschau vorliegender Erkenntnisse Konsequenzen. So lassen sich bei jeder Studie neue theoretische Grundlegungen erkennen und werden bei jeder Studie neue spezifische Fragen formuliert, zu deren Beantwortung sie konzipiert wurde. Daraus ergibt sich eine thematische Vielfalt der Studien zur Wirksamkeit von Schulleitung, die – zumal im internationalen Kontext – eigentlich nicht mehr zu überblicken ist, geschweige denn, dass man sie adäquat zusammenfassen könnte.

Der internationale Stand der Schulleiter-Wirksamkeitsforschung erscheint äußerst elaboriert, differenziert und somit leider kaum mehr zu überblicken. Aus der Fülle von wissenschaftlichen Publikationen ragen besonders solche Versuche heraus, die auf die Ergebnisse verschiedener Untersuchungen eingehen und empirische Forschung einer vergleichenden Analyse unterziehen. Solche Metaanalysen bilden den Vorteil, dass generelle Tendenzen und Aussagen sichtbar werden und sich zu einer Essenz empirischer Schulleitungsforschung verdichten. In diesem Abschnitt geht es weniger um die Anlage und das methodische Vorgehen solcher Studien, sondern es stehen Forschungsergebnisse im Vordergrund.

Waters/Marzano/McNulty (2004) versuchen in der bereits angesprochenen Metaanalyse von 70 untersuchten Schulleitungsstudien, zentrale Verantwortlichkeiten zu benennen, die effektive Schulleitungen erfolgreich übernehmen. Die Autoren listen als übergreifendes Ergebnis der ihnen vorliegenden Studien 21 solcher Verantwortlichkeiten auf, von denen jeweils ein positiver Zusammenhang mit der effektiven Förderung und der Entwicklung hoher Schülerleistungen in der Schule hergestellt werden kann. Obwohl die 21 Bereiche untereinander zusammenhängen und in der Praxis nicht isoliert betrachtet werden können, lassen sie sich dennoch als jeweils spezifische Charakteristika erfolgreicher Schulleitung beschreiben. Eine effektive Schulleitung (ebd., S. 49f.)

- fördert gemeinsame Werthaltungen und Normen, das Gemeinschaftsgefühl sowie die Kooperation in der Schule *(Schulkultur)*;
- entwickelt und implementiert gemeinsame und verbindliche »standardisierte« Abläufe und Routinen in der Schule *(Regeln)*;
- entlastet Lehrkräfte von (Disziplin-)Problemen und Störungen, welche den konkreten Unterricht und die inhaltliche pädagogische Arbeit beeinträchtigen *(Disziplin)*;

- sorgt dafür, dass Lehrkräften adäquates Arbeitsmaterial sowie ausreichende Gelegenheiten zur professionellen Entwicklung zur Verfügung stehen *(Ressourcen)*;
- ist direkt in die Planung und Implementation des Curriculums, die Unterrichtsentwicklung sowie Maßnahmen zur Überprüfung des Erfolgs der pädagogischen Arbeit involviert *(Curriculum, Instruktion, Evaluation/Feedback)*;
- verfügt über ein aktuelles Fach- und Unterrichtswissen sowie Wissen über zentrale Fragen der Schulentwicklung *(Fach- und Schulentwicklungswissen)*;
- erarbeitet klare Ziele für die gemeinsame schulische Arbeit und stellt diese auch im Alltag immer wieder heraus *(Fokussierung)*;
- sucht persönlichen Kontakt zu Lehrkräften und zu Schülerinnen und Schülern *(Visibilität)*;
- pflegt intensive und gute Kommunikation sowohl mit Lehrkräften als auch mit Schülerinnen und Schülern *(Kommunikation)*;
- erkennt und würdigt individuelle Leistungen *(persönliche Anerkennung)*;
- vertritt die Schule gekonnt gegenüber externen Partnern und Beteiligten *(Außenvertretung)*;
- beteiligt die Lehrkräfte an der Planung und Umsetzung wichtiger Entscheidungen *(Beteiligung)*;
- erkennt und würdigt Erreichtes, sieht aber auch auftauchende Schwächen *(Bestätigung)*;
- zeigt Empathie gegenüber Lehrkräften und nicht lehrendem Personal *(soziale Beziehungen)*;
- ist willens und in der Lage, bestehende Praktiken an der Schule zu überdenken und herauszufordern *(Wandel)*;
- regt Neuerungen an und unterstützt deren Umsetzung *(Optimierung)*;
- kommuniziert und demonstriert ihre Idee und Vision einer guten Schule *(Ideale und Visionen)*;
- befasst sich systematisch mit der Effektivität bestehender pädagogischer Praktiken und deren Auswirkungen auf das Lernen der Schüler/innen *(Monitoring und Evaluation)*;
- stellt sich in ihrem Führungshandeln auf aktuelle Situationen ein und kann mit Neuerungen und Störungen souverän umgehen *(Flexibilität)*;
- kennt Details und Probleme des Schulalltags und kann daher aktuelle oder potenzielle Probleme ansprechen *(situative Aufmerksamkeit)*;
- stellt sicher, dass die Lehrkräfte der Schule die gängigen und aktuellen Theorien und Praxismodelle der allgemeinen und fachlichen Didaktik kennen, und versucht, die Diskussion hierüber in die Arbeitskultur des Kollegiums zu integrieren *(professionsbezogene Aktivierung)*.

Eine wirksame Schulleitung wird in der Forschungsliteratur mit unterschiedlich akzentuierten Begriffen umschrieben: »strong leadership« (Purkey/Smith 1983), »outstanding leadership« (Levine/Lezotte 1990), »educational leadership« (Scheerens 1992) oder »professional leadership« (Sammons/Hillman/Mortimore 1995). In der

Diskussion hat sich die Rolle der Schulleitung vom Manager über den Agenten des Wandels (»change agent«) zum Hauptakteur transformationaler Führung entwickelt. Ein für den schulischen Kontext spezifisches Konzept effektiver Leitung ist das Modell der unterrichtsbezogenen Führung (»instructional leadership«), das von der deutschsprachigen Schulentwicklung mit einiger Verzögerung aufgegriffen wurde. Scheerens/Glas/Thomas (2003, S. 264ff.) teilen die Forschung zur Schulleitung generell entlang des Unterrichtsbezugs der konkreten Führungsdimensionen ein. Sie unterscheiden die Untersuchung genereller Führungsmerkmale und -fähigkeiten in pädagogischen Organisationen (Führung pädagogischer Organisationen) von der Erforschung unterrichtsbezogener Führung in einem engeren Verständnis. Diese im Englischen als »instructional leadership« bzw. »educational leadership« bezeichnete Konzeptionalisierung von Führung in der Schule erfährt mit dem deutschen Begriff der »pädagogischen Führung« eine unzutreffende und missverständliche Übersetzung, da es sich keinesfalls um eine im Wortsinn rein pädagogische Tätigkeit, sondern um ein Gruppenphänomen zwischen professionellen Mitgliedern einer Organisation handelt, das mithin eine erwachsenenbildnerische oder andragogische Tätigkeit ist. Zentrales Merkmal dieser fokussierten Umschreibung von Schulleitungshandeln ist jedoch ein enger Bezug zu den primären Unterrichtsprozessen in der Schule, die von den distaleren Prozessen auf Organisationsebene abgegrenzt werden.

Unterrichtsbezogene Führung durch die Schulleitung lässt sich in Anlehnung an Scheerens/Glas/Thomas (2003) über die folgenden zentralen Merkmale erfassen:

- Die Schulleitung gewichtet administrative Tätigkeiten keinesfalls stärker als direkt auf die Verbesserung des Fachunterrichts der Lehrkräfte bezogene Tätigkeiten (*Aufmerksamkeit für Unterricht*).
- Die Schulleitung berät Lehrkräfte in Unterrichtsfragen und wird als Qualitätsaufsicht für den Unterricht anerkannt (*Beratung und Aufsicht*).
- Die Schulleitung übernimmt die Aufsicht über die Unterrichtsarbeit in der Schule (*Metaaufsicht*).
- Die Schulleitung ermöglicht und unterstützt unterrichtsbezogene Teamarbeit im Kollegium (*Förderung unterrichtsbezogener Kooperation*).
- Die Schulleitung stimuliert und unterstützt die Professionalisierung der Lehrkräfte (*Förderung von Professionalisierung*).

Ein anderer Versuch, unterrichtsbezogene Führung anhand von Kerncharakteristika zu umschreiben, findet sich bei Murphy (1990). Demnach muss unterrichtsbezogene Führung

- eine begrenzte Anzahl klar definierter Ziele entwickeln und diese ständig kommunizieren,
- die schulischen Bildungsprozesse »managen« (durch Beobachtung des Unterrichts, die Sicherstellung einer maximalen Zeitnutzung im Unterricht, die Koordination von schulinternen Curricula sowie Leistungsmessung und Evaluation),

- ein lernfreundliches und akademisches Klima pflegen (durch die Formulierung hoher Ansprüche an die Schüler/innen, persönliche Präsenz, die Schaffung von Anreizen für Lehrkräfte und Schüler/innen sowie die systematische Förderung der Professionalisierung des Kollegiums) und
- ein unterstützendes Lernklima schaffen (durch die Schaffung eines sicheren und geordneten Lernumfelds, die Beteiligung von Schülerinnen und Schülern am Schulleben, die Förderung von Lehrerkooperation, die Nutzung externer Ressourcen zur Unterstützung des Schullebens und eine aktive Elternarbeit).

Die Aufstellung von Murphy enthält neben direkten Maßnahmen zur Unterrichtsverbesserung auch übergeordnete Führungsziele, die das eng gefasste Konzept der unterrichtsbezogenen Führung deutlich erweitern. Nach Leithwood (1992, S. 2) besteht das Ziel der unterrichtsbezogenen Führung vor allem in einem genauen »Monitoring« der Unterrichtsarbeit von Schüler/innen und Lehrer/innen insbesondere unter methodischen und didaktischen Aspekten mit dem Ziel der Unterrichtsentwicklung. Im Englischen hat sich hier der Begriff der »first-order changes« etabliert (ebd.). Diese werden systematisch ergänzt durch indirekte Aktivitäten, so genannte »second-order changes« (ebd.). Hierzu gehören insbesondere die Entwicklung einer gemeinsamen schulweiten Vision, die Verbesserung der Kommunikation im Kollegium und die Entwicklung gemeinschaftlicher Entscheidungsfindungsprozesse, also Themen und Ziele, die dem Bereich der Organisationsentwicklung zuzuordnen sind (vgl. Rolff 1995). Waters u.a. (2004) unterscheiden *first-* und *second-order changes* vor allem aufgrund der den Veränderungen von unterschiedlichen Akteuren in der Schule zugemessenen Tragweite. Während *first-order changes* konsistent zu bestehenden Normen und Werten sind und ohne externe Unterstützung umgesetzt werden können, bedeuten *second-order changes* in der Regel dramatischer empfundene Veränderungen. Hier werden die existierenden Modelle, Normen und Werte der Betroffenen infrage gestellt (ebd., S. 51).

Die hier zusammengefassten Erkenntnisse der quantitativ ausgerichteten Schulleitungsforschung sind Ergebnis systematischer und nachvollziehbarer wissenschaftlicher Bemühungen und können aufgrund sorgfältig ausgewählter Stichproben eine vergleichsweise hohe Generalisierbarkeit beanspruchen. Allerdings lassen sich die Ergebnisse solcher Studien kaum direkt in die Praxis umsetzen. Dass erfolgreiche Schulleitungen beispielsweise die Aufgabe der »Metaaufsicht« über die Unterrichtsarbeit in der Schule übernehmen (s.o.), ist zwar für sich genommen eine wichtige Einsicht, jedoch können in der Schulleitung tätige Praktiker solche Ergebnisse natürlich nicht ohne weiteres in ihrem Handeln umsetzen. Gerade die standardisierte Forschung liefert in der Regel zwar empirisch belastbare Ergebnisse, die Transformation der Ergebnisse in »technologische Theorien« (vgl. Bortz/Döring 2002, S. 105), die Handelnden praktische Anleitung liefern, muss allerdings erst in der Aufbereitung der Ergebnisse geschehen.

Anschaulicher – wenngleich weitaus weniger tauglich für Verallgemeinerungen jeglicher Art – sind häufig die Ergebnisse qualitativer Forschungsarbeiten. Diese werden als Einzelfallstudien oder vergleichende Fallstudien konzipiert. Daten werden in solchen Studien nicht mithilfe von Tests oder Fragebögen, sondern über qualitative Methoden wie Interviews oder Beobachtungen erhoben. Eine solche Forschung hat unter anderem den Vorteil, dass Ergebnisse in Form von Zitaten in der Sprache der Praxis veranschaulicht werden können. Zudem wird die Komplexität sozialer Realität weit weniger reduziert und vereinfacht als in der quantitativen Forschung – mit der Folge, dass der Spezifität des konkreten Einzelfalls besser entsprochen werden kann als mit standardisierten Methoden.

Ein wertvolles Beispiel für derartige Forschung zur Schulleitung sind die Arbeiten von Blase/Blase (1997) zur unterrichtsbezogenen Führung in der Schule. Bei der Betrachtung der Studie wird allerdings schnell deutlich, dass die von den Autoren beanspruchte eingehende Betrachtung der Interaktion zwischen Schulleitung und Lehrkräften eine durchaus breite Darstellung erfordert und jeder Versuch, die Ergebnisse knapp zusammenzufassen, letztlich wieder auf einem allgemeinen Niveau endet. Anhand vieler Zitate aus ihren Interviews zeigen die Autoren, dass die von ihnen betrachteten Fälle erfolgreicher unterrichtsbezogener Führung allesamt der Entwicklung professioneller Lerngemeinschaften im Kollegium dienten. Wie dies tatsächlich in der Praxis aussieht und was darunter zu verstehen ist, wird erst in der intensiven Darstellung der qualitativen Daten deutlich.

Aufgrund der dichten Beschreibungsweise und der authentischen Darstellung der betrachteten Einzelfälle verschwimmt jedoch in einigen qualitativen Studien letztlich die Darstellung empirischer Ergebnisse mit der Darstellung einer gelingenden Praxis, wie sie die beteiligten Wissenschaftler aufgrund ihrer eigenen Auseinandersetzung mit Theorie und Forschung »im Kopf« tragen. Ein gutes Beispiel hierfür findet sich in den Arbeiten von MacKay/Ralston (1999), die für die Darstellung ihrer über Jahre hinweg generierten Erkenntnisse und – durchaus auch empirisch gewonnenen – Einsichten den der Praxis nachgestellten »Fall« eines jungen Schulleitungsanwärters erfinden. Durch diesen Kunstgriff explizieren die Autorinnen ihr Vorgehen und grenzen ihre Darstellung von rein empirischen Forschungsarbeiten ab. Dies geschieht leider nicht in allen Fällen qualitativer Forschung in hinreichender Weise.

Bezogen auf die Frage der Wirksamkeit von Schulleitungsmerkmalen und -handlungen auf die Effektivität oder Qualität von Schulen können die meisten qualitativen Studien keinen eigenständigen Beitrag leisten. Mit der dichten und in die Tiefe gehenden Darstellung qualitativer Ergebnisse können in der Regel keinerlei Zusammenhänge zu potenziellen Effektvariablen wie Schülerleistungen oder Schulqualitätskonstrukten überprüft werden. Andererseits gelingt rein standardisierter Forschung häufig die Beleuchtung komplexer Zusammenhänge im Bereich der Schulleitung nur unzureichend. Wünschenswert ist hier die Verknüpfung qualitativer und quantitativer Methoden, wie sie in der wissenschaftlichen Diskussion unter dem Stichwort »Triangulation« seit geraumer Zeit gefordert wird. Ein Beispiel für den Versuch, qualitative und quantitative Forschung zur Schulleitung zu verbinden, wird im folgenden Abschnitt dargestellt.

3.3 Untersuchungen zu Sichtweisen von Schulleiterinnen und Schulleitern: Schule als soziale Organisation

Die Art und Weise, wie wir die Schule als Arbeitsplatz und soziale Organisation betrachten und verstehen, beeinflusst unser Handeln. Gleich ob als Lehrkraft, Schulleitung oder Außenstehende/r, wenn wir versuchen, die Probleme und Herausforderungen des alltäglichen Organisationsgeschehens zu verstehen, wird unsere Wahrnehmung immer von persönlichen Annahmen und subjektiven Theorien beeinflusst. Eine Rektorin, die ihr Augenmerk vornehmlich auf die Bedürfnisse und Gefühle der Lehrer/innen ihrer Schule richtet, wird anders handeln, anders führen und organisieren, als eine Schulleiterin, die aufgabenbezogen und aus einem bürokratischen Organisationsverständnis heraus agiert. Dalin (1999) beschreibt die Wirkungsweise solcher Perspektiven folgendermaßen: »Die einzelne Perspektive ist nichts anderes als eine Art und Weise, die Wirklichkeit zu sehen. Sie ist mit einem Fenster zu vergleichen. Durch ein Fenster blicken wir nach draußen, aber nur in eine Richtung. Jedes neue Fenster erweitert unsere Perspektive. Aber jedes hat seinen Rahmen, eine Begrenzung, die tote Winkel schafft« (ebd., S.103).

Die Amerikaner Lee Bolman und Terence Deal haben in ihrem Buch »Reframing Organizations« (1997) ein Modell für Manager und Führungskräfte beschrieben, das verschiedene organisationstheoretische Perspektiven unter dem Anspruch einer ganzheitlichen Betrachtungsweise der Vorgänge in sozialen Organisationen vereint. Sie nennen die Betrachtungsperspektiven »Frames« (Rahmen). Nach ihrem »Frame-Ansatz« kann unser selektiver Blick auf die Schule als soziale Organisation von vier verschiedenen Theorieströmen »gerahmt« werden (s.u.). Eine solche Rahmung führt letztendlich dazu, dass wir jeweils spezifische Aspekte besonders intensiv wahrnehmen.

Im Kontext der hier mehrfach zitierten Schulleitungsstudie des Dortmunder Instituts für Schulentwicklungsforschung wurde in einer Teiluntersuchung der Frage nachgegangen, welche Schwerpunkte Schulleiter/innen in der Betrachtung der von ihnen geleiteten Schulen entwickeln und welche organisationstheoretischen Grundannahmen und Aufmerksamkeitsschwerpunkte ihrem Leitungs- und Führungshandeln zugrunde liegen. Das Ziel der Untersuchung lag in der Identifikation subjektiver Aufmerksamkeitsschwerpunkte auf der Grundlage des Rahmen-Ansatzes nach Bolman und Deal. Hierzu wurden 30 leitfadengestützte Interviews mit Schulleiterinnen und Schulleitern systematisch ausgewertet. Die Rekonstruktion der subjektiven »Rahmungsprozesse« wurde durch eine qualitative Auswertung der Interviews vorgenommen (vgl. Bonsen 2003). Im Rahmen der Analysen wurde anschließend exploriert, ob sich typische »Rahmungsmuster« von Schulleitungen an »guten« und an »verbesserungsbedürftigen« Schulen identifizieren lassen. Hierzu wurden die qualitativen Interviewdaten zusammen mit den quantitativen Fragebogendaten der Gesamtuntersuchung ausgewertet.

Um die dadurch genutzten Möglichkeiten der Verknüpfung qualitativer und quantitativer Methoden zu verdeutlichen, wird die Studie in den nächsten Abschnitten ausführlicher beschrieben. Zum Verständnis der Untersuchung wird zunächst das Konzept der unterschiedlichen »Rahmen« auf Führungs- und Managementfragen in der Schule bezogen dargestellt. Hierbei werden ein struktureller, ein personaler, ein (mikro-)politischer und ein symbolischer Rahmen unterschieden.

3.3.1 Die vier »Rahmen«

3.3.1.1 Struktureller Rahmen

Ein strukturell geprägter Blick auf die Schule als Organisation sieht vor allem die Notwendigkeit formaler Rollen und Beziehungen. Strukturen sollen der Organisation helfen, sich den Anforderungen der Umwelt anzupassen. Auch in der Schule sind Verantwortungen und Aufgaben zu verteilen, müssen Regeln aufgestellt, eine gemeinsame »Organisationspolitik« gefunden und ein hierarchisches Management aufgebaut werden. Die für Schulleitung im strukturellen Rahmen relevanten Handlungsdimensionen lassen sich in Anlehnung an Bolman/Deal (1991) wie folgt zusammenfassen:

- Prozessplanung und Evaluation;
- haushaltsbezogene Planung und Kontrolle;
- Entwicklung struktureller Untereinheiten in der Schule, Aktivierung von vorhandenen Strukturen;
- Diskussion und Klärung von Zielen, Rollen, Erwartungen innerhalb der Schule;
- Implementation oder Reorganisation sowie Verdeutlichung gemeinsamer Verfahrensweisen und einer gemeinsamen Organisations- bzw. »Schulpolitik«;
- Entwicklung und Verbesserung von Informationssystemen und Kommunikationsstrukturen.

3.3.1.2 Personaler Rahmen

Diese Perspektive betont die Bedürfnisse, Gefühle und Fähigkeiten der Lehrer/innen. Diese haben wie andere Arbeitnehmer auch jeweils individuelle Fähigkeiten und Stärken, aber selbstverständlich auch ihre persönlichen Grenzen. Der Blickwinkel des personalen Rahmens fokussiert bei der Organisationsgestaltung auf die Persönlichkeit der Mitglieder. Natürlich geht es in erster Linie darum, dass die Organisationsmitglieder ihre Arbeit möglichst optimal erledigen, sie sollen sich dabei jedoch gleichzeitig »gut fühlen«. Die für Schulleitung im personalen Rahmen relevanten Handlungsdimensionen sind vornehmlich die folgenden:

- Eingehen auf individuelle Gefühle, Bedürfnisse, Fähigkeiten und Präferenzen der Lehrer/innen;
- Förderung von Partizipation und Mitbestimmung;
- Förderung offener Kommunikation und der Bereitschaft zuzuhören;
- Personalentwicklung, Rekrutierung und Training neuer Kollegiumsmitglieder, Durchführen von Workshops (pädagogische Konferenzen und Tage);

- Organisationsentwicklung unter dem Anspruch der Humanisierung der Arbeit und der Steigerung der Arbeitszufriedenheit der Lehrer/innen, Förderung von Gemeinschafts- und Zusammengehörigkeitsgefühl im Kollegium;
- Arbeit an der Verbesserung zwischenmenschlicher Beziehungen.

3.3.1.3 Politischer Rahmen

Durch den politischen Rahmen betrachtet erscheint die Schule als eine Organisation mit sehr begrenzten Ressourcen, deren Verteilung auf der Basis von Macht und Einfluss zwischen Individuen und Gruppen geregelt wird. Auch in der Schule werden fast ständig neue themen- und problembezogene Koalitionen gebildet, die sich häufig ebenso schnell, wie sie entstehen, auch wieder auflösen. Die Kenntnis über derartige mikropolitische Vorgänge und Bedingungen in der Schule sowie der Umgang damit erfordert von der Schulleitung vor allem folgende Handlungsdimensionen:

- Allianzen und Netzwerke mit zentralen Akteuren bilden;
- Konflikte und Spannungen zwischen verschiedenen Teilen des Kollegiums, Interessengruppen oder Organisationen wahrnehmen;
- sich einmischen und aktiv für spezifische Interessen einstehen;
- in Konfliktfällen zwischen verschiedenen Parteien vermitteln und Lösungen aushandeln;
- konkurrierende Interessen und Vorstellungen darüber, was zu tun ist, wahrnehmen und mit den verschiedenen Parteien verhandeln und Lösungen aushandeln;
- im Streit um die Verteilung knapper Ressourcen ebenfalls durch Verhandlungsgeschick und Entschlossenheit zwischen verschiedenen Interessen verhandeln.

3.3.1.4 Symbolischer Rahmen

Eine vierte und letzte Perspektive im Modell von Bolman/Deal hebt in erster Linie symbolische Aspekte der Organisation hervor. Aus diesem Verständnis heraus werden Organisationen eher durch eine gemeinsame Werthaltung und Organisationskultur zusammengehalten als durch verbindliche Ziele und Regeln. Mitarbeiter/innen werden demnach stärker durch Zeremonien, Rituale, Geschichten und Traditionen beeinflusst als durch formale Regeln oder die (vermeintlich rationale) Autorität des Managements. Die gesamte Organisation wird als »Inszenierung« betrachtet (vgl. Bonsen 2002, S. 26). Die für Schulleitung im symbolischen Rahmen relevanten Handlungsdimensionen lassen sich folgendermaßen zusammenfassen:

- Diskussion der Identität, Kultur und Symbole einer Schule;
- Thematisieren des nach außen vermittelten Bildes der Schule und Reflexion der unterschiedlichen Interpretations- und Sichtweisen schulischer Aktivitäten und Beschlüsse durch die Gemeinde und Außenstehende;
- (Wieder-)Belebung schulspezifischer Zeremonien und Rituale, Instrumentalisierung des symbolischen Stellenwertes bestehender Praktiken, Rituale oder auch Ein-

richtungen, Gebäude, Gegenstände und Orte (beispielsweise die symbolische Bindung an ein altes oder traditionsreiches Schulgebäude);
- Arbeit an der Entwicklung und Klärung der gemeinsamen Vision (etwa in Form eines übergeordneten Leitbildes);
- zielgerichtete Einflussnahme auf die Schulkultur;
- die eigene Vorbildfunktion annehmen und den symbolischen Stellenwert der eigenen Person und Funktion erkennen und nutzen: »Man steht als Schulleiter/in für die Schule«.

Eine systematische qualitative Auswertung der im Rahmen der Dortmunder Schulleitungsstudie geführten Interviews mit Schulleiterinnen und Schulleitern zeigt, dass diese in der Mehrzahl strukturelle und personale Aspekte der Führung und Organisation ihrer Schulen beachten. Analog zu anderen Untersuchungen wird deutlich, dass diese beiden Führungsdimensionen auffallend häufiger genutzt werden als der politische und der symbolische Rahmen.

Dieser Befund entspricht den Ergebnissen anderer Untersuchungen im internationalen Kontext (z.B. Bolman/Granell 1999). Nicht nur in der Praxis, auch in der Fachliteratur standen kulturelle und politische Aspekte von Führung lange Zeit im Hintergrund. Die »klassische« Management- und Führungsforschung der 50er-Jahre unterschied zunächst zwei Hauptdimensionen, die mit den hier untersuchten Rahmenkonstrukten des strukturellen und personalen Rahmens weitgehend übereinstimmen (vgl. Hoy/Miskel 1991, S. 262). Ein Großteil der späteren Führungsforschung hat diese beiden Betrachtungsschwerpunkte übernommen (z.B. Bales 1970; Fleishman/Harris 1962). In Anlehnung an die historische Entwicklung der Führungstheorien kann die hier identifizierte Konstellation der Aufmerksamkeitsschwerpunkte als »klassische« oder in Abgrenzung zu neueren Entwicklungen auch als »konventionell klassische« Führung bezeichnet werden.

Ein Grund für die vergleichsweise geringe Beachtung des politischen Rahmens durch die Schulleitung besteht möglicherweise in den Besonderheiten des institutionellen Settings der untersuchten Schulen. So lassen sich die Bedingungen, aus denen mikropolitisches Handeln innerhalb der Schule erwächst, in vielen Schulen nur in geringer Ausprägung erkennen: Der Streit um die Verteilung knapper Ressourcen – ein wichtiger Bereich des politischen Rahmens – dürfte in vielen Kollegien nur von nachgeordneter Bedeutung sein, da in der Regel nur wenig verteilbare Ressourcen, um die gestritten werden kann, zur schulinternen Verfügung stehen. Eine ausgesprochen flache Hierarchie sowie die in den meisten Schulen kaum vorhandenen strukturellen Untereinheiten verhindern möglicherweise die Entstehung strukturell präformierter Interessengruppen und Koalitionen innerhalb des Kollegiums. Ebenfalls bedingt durch die flache Hierarchie kann schulintern nur um wenige Beförderungswege konkurriert werden, wodurch auch dieses mikropolitisch brisante Feld begrenzt wird. In Fällen, in denen neben den anderen »Rahmen« auch eine politisch ausgerichtete Aufmerksamkeit der Schulleitung festgestellt werden kann, ist diese häufig extern gerichtet. Die Einwerbung von Unterstützung durch die Schulaufsicht, die Einwerbung zusätzlicher finanzieller, materieller und personeller Ressourcen und der Umgang mit der Interessensvertretung aus Gewerkschaft und Personalrat werden häufig als im Zusammenhang mit schulexternen Ansprüchen stehend wahrgenommen. Auch die unterschiedlichen Vorstellungen von einer sinnvollen »Politik« der Schule werden häufig schulextern formuliert (durch Eltern, Bildungspolitik, Schulaufsicht etc.).

3.3.2 Ausprägung der Führungsrahmen bei Schulleiterinnen und Schulleitern an »guten« und »verbesserungsbedürftigen« Schulen

Die Betrachtung der Rahmenaufmerksamkeiten von Schulleitungspersonen an »guten« beziehungsweise »verbesserungsbedürftigen« Schulen führt zu dem Ergebnis, dass sich die Schulleiter/innen besonders in ihrer Aufmerksamkeit für symbolische und strukturelle Aspekte von Führung und Organisation unterscheiden.

Die Annahme einer positiven Wirksamkeit erhöhter symbolischer Führungsaufmerksamkeit wird durch eine statistische Korrelation zwischen dieser Rahmenausprägung und der Kooperation im Kollegium gestützt (r_s = .410). Ebenfalls wurden den Schulleitungspersonen, die im Interview eine hohe Aufmerksamkeit für symbolische Aspekte der Führung erkennen ließen, von ihren Kollegien jeweils höhere Bemühungen im Bereich der zielbezogenen Führung zuerkannt als solchen Schulleiterinnen und Schulleitern, die keine besondere Aufmerksamkeit in diesem Bereich erkennen ließen (r_s = .419). Zusammengenommen lassen sich beide Zusammenhänge dahingehend interpretieren, dass die Bemühungen der Schulleitung, eine gemeinsame Ausrichtung und Identitätsfindung innerhalb des Kollegiums über Aspekte der symbolischen Führung zu erzielen, in zwei zentralen Wirkungsbereichen bestätigt werden. Die im Rahmen der Studie von Bonsen (2003, S. 254ff.) vorgelegten »Fallbeschreibungen« verdeutlichen diese Annahme.

Der Vergleich der Aufmerksamkeit für strukturelle Aspekte von Führung und Organisation zeigt, dass sich in der Gruppe der »guten« Schulen mehr Leitungspersonen mit einer überdurchschnittlichen Aufmerksamkeit für strukturelle Aspekte der Organisation finden als in der Gruppe der »verbesserungsbedürftigen« Schulen.

Bezogen auf die Einnahme der politischen Führungsperspektive zeigen sich hingegen keine bedeutsamen Unterschiede zwischen den Schulleitungen der auf die schulische Qualität bezogenen Extremgruppen. Allerdings lässt eine Überprüfung möglicher Zusammenhänge zwischen Rahmenausprägungen und einzelnen Struktur- und Prozessmerkmalen der Schule die Vermutung zu, dass eine Betonung des politischen Rahmens eher in solchen Situationen festgestellt werden kann, in denen Unstimmigkeiten und eine kritische Einschätzung der Lehrkräfte bezüglich der Qualität der eigenen Schule beobachtet werden. Die Integration und Betonung politischer Aspekte in der Führung durch die Schulleitung lässt sich demnach eher in defizitär erscheinenden Settings finden, in denen die Kollegien sich selbst als weniger kooperativ, als weniger innovativ, als bezüglich der Unterrichtsmethoden eher traditionell ausgerichtet und als weniger von der gemeinsamen pädagogischen Wirksamkeit des Kollegiums überzeugt beurteilen. Diese Ergebnisse deuten darauf hin, dass eine hohe Ausprägung des politischen Rahmens eben *kein* Merkmal der Führung an besonders guten Schulen ist. In den untersuchten Schulen ließ sich kein positiver Zusammenhang zwischen der Ausprägung des politischen Rahmens und einzelnen Struktur- und Prozessmerkmalen erkennen. Auch die Einschätzung verschiedener Handlungsdimensionen der Schulleitung durch die Lehrkräfte lässt erkennen, dass eine in der Tendenz höhere Aufmerksamkeit der Schulleiter/innen für die politischen Aspekte im Organisationsalltag ihrer Schule mit tendenziell negativen Einschätzungen ihres konkreten Führungshandelns einhergeht. Je höher die Aufmerksamkeit der Schulleitung für den (mikro-)politischen Bereich ausgeprägt ist, desto kritischer wird das tatsächliche Führungshandeln von den Kollegien in zentralen Führungsbereichen wie Organisationskompetenz, zielbezogene Führung sowie Förderung der Fortbildung eingeschätzt. Auch das Management der Sozialbeziehungen innerhalb des Kollegiums sowie einzelne direkt auf Mitarbeiter bezogene Führungsbereiche, wie die individuelle Lehrerbegleitung und das Belohnen besonderer Arbeitsbeiträge von Lehrerinnen und Lehrern, werden tendenziell kritischer beurteilt.

3.3.3 Unterschiedliche Schulleitungstypen

Auf der Grundlage der Daten zu den individuellen Rahmenausprägungen der Schulleitungspersonen lassen sich vier Rahmungstypen oder -muster unterscheiden: die »konventionell-klassische Führungsaufmerksamkeit«, die »konventionell-klassische Führungsaufmerksamkeit mit erhöhter politischer Aufmerksamkeit«, der Rahmungstyp des »multi framing« sowie der »klassisch-symbolische« Aufmerksamkeitstyp.

Da die weiter oben bereits als Merkmale klassischer Führungskonzeptionen bezeichneten Indikatoren des personalen und des strukturellen Rahmens eine mehr oder weniger konstante Aufmerksamkeit bei allen befragten Schulleiterinnen und Schulleitern erhalten, erweisen sich die Ausprägungen des politischen sowie des symbolischen Führungsrahmens als für die Typenbildung im eigentlichen Sinne diskriminant. Während beim konventionell-klassischen Rahmungstyp keine Aufmerksamkeit für politische und symbolische Aspekte der Organisation zu erkennen ist, lassen die anderen Typen die Betonung mindestens eines zusätzlichen Führungsrahmens erkennen. Hierbei geht es um die Erweiterung der Führungsrahmen um symbolische Aspekte (»klassisch-symbolischer Rahmungstyp«) beziehungsweise symbolische *und* politische Aspekte (»multi-framing«).

Die Analyse der Interviewdaten deutet unter Einbeziehung der quantitativen Befragungsergebnisse zu Schulqualitätsmerkmalen in der untersuchten Stichprobe darauf hin, dass die Beachtung symbolischer Aspekte in der Führung von Schulen besonders wichtig ist. Gleichzeitig zeigt sich, dass eine hohe Beachtung des politischen Rahmens eher mit einer als defizitär beschriebenen Schulqualität einhergeht. Diese Beobachtung könnte so interpretiert werden, dass die intentionale Einflussnahme auf mikropolitische Geschehnisse in der Schule weitaus weniger Erfolg versprechend ist als ein über symbolische Führungsaspekte auf Sinnvermittlung und Integration abzielendes Führungshandeln.

Generell scheint sich auch in der Studie von Bonsen (2003) die These der Autoren Bolman/Deal zu bestätigen, dass erfolgreiche Führungspersonen situationsbezogen zwischen verschiedenen Führungsrahmen wechseln (»multi-framing«). Allerdings zeigt sich bei den in der Stichprobe untersuchten Schulleiterinnen und Schulleitern, dass diese bereits mit dem personalen und strukturellen Rahmen über grundlegendes »Handwerkszeug« verfügen, das in Verbindung mit der symbolischen Aufbereitung einer tragenden Vision bereits ein hinreichendes Führungsinstrumentarium für den Prozess erfolgreicher Schulentwicklung bereitstellt. Eine besondere Betonung mikropolitischer Aspekte von Führung und Organisation scheint bei den Schulleitungen an »guten« Schulen offenbar nicht notwendig zu sein.

Eine hohe oder zumindest mittlere (mikro-)politische Aufmerksamkeit bei gleichzeitiger Ausblendung symbolischer Aspekte ist bei keiner Schulleitungsperson innerhalb der Extremgruppe der »guten« Schulen zu finden. Allerdings scheint der politische Rahmen besonders von Schulleitungen an größeren Organisationseinheiten berücksichtigt zu werden: Je größer die Schule ist, umso höher scheint auch die Aufmerksamkeit der Schulleitung für die mikropolitischen Geschehnisse innerhalb der Organisation ausgeprägt zu sein.

Um die Ergebnisse zur mikropolitischen Aufmerksamkeit von Schulleitungen besser einordnen zu können, kann die Unterscheidung zweier Dimensionen des politischen Rahmens hilfreich sein. Eine – nach außen hin passiv erscheinende – Form der Aufmerksamkeit ist das Beobachten, Verstehen und Antizipieren politischer Prozesse im Kollegium. Eine andere Form der Aufmerksamkeit lässt sich als aktive Einflussnahme verstehen. Hiernach versucht die Schulleitung, selbst in das mikropolitische Geschehen einzugreifen. Das Handlungsrepertoire hierzu umfasst das Koalieren, Verhandeln, Taktieren sowie die verdeckte Ausübung von Macht und Einfluss im Sinne austauschtheoretischer Überlegungen (vgl. Burns 1978) wie z.B. der Frage: »Wo kann ich wen wie beeinflussen, weil er mir noch etwas schuldig ist?« Die Konsequenzen eines solchen Handelns laufen auf eine Differenzierung und Desintegration des Gesamtkollegiums hinaus und bringen die Gefahr der Vergrößerung von Fraktionierung und Fragmentierung mit sich. Ein so akzentuiertes mikropolitisches Handeln durch die Leitung selbst dürfte somit zu einer mikropolitisch begründeten (nicht strukturellen!) Differenzierung beitragen und damit das Führungsziel der Integration erschweren.

An diesem Problem setzten die Überlegungen zum symbolischen Führungsrahmen an. Die Daten der Studie von Bonsen (2003) führen zu der Hypothese, dass unter den kulturellen und institutionellen Besonderheiten von Schulen der symbolische Rahmen eine herausgehobene und besondere Bedeutung für erfolgreiche Führung hat. Ein Beispiel aus der Praxis ist das Führungsverhalten eines Schulleiters, der die Tradition und Geschichte der eigenen Schule dazu nutzt, einen gemeinsamen Auftrag der Schule zu formulieren und die »Schulgemeinde« mithilfe symbolisch ausgerichteter Führungsinstrumente zu stärken. Die Betonung der gemeinsamen Ausrichtung der pädagogischen Arbeit, die Kommunikation einer Vision sowie das – wie es eine andere Rektorin im

Interview beschrieb – »Entzünden der Kolleginnen für die gemeinsame Aufgabe« fördern die Integration und haben die Motivation der Lehrkräfte zum Ziel. In unserer Studie stellen wir fest, dass diejenigen Schulleiter/innen, die von der symbolischen Führung tatsächlich Gebrauch machen, fast ausnahmslos an erfolgreichen und »guten« Schulen tätig sind. Aber auch in Schulen ohne erkennbare langjährige Tradition scheint die Beachtung symbolischer Aspekte in der gemeinsamen Arbeit sinnvoll, vielleicht sogar unerlässlich für die möglichst weitgehende Integration aller Lehrer/innen zu sein. So verdeutlichen auch die Aussagen der Rektorin einer neu gegründeten Grundschule, die sich weniger auf die Geschichte und Tradition der Schule als auf eine Vision für die Zukunft beziehen, eine hohe Aufmerksamkeit für symbolische Aspekte des Schullebens. Viele Schulen formulieren in einer solchen Situation eine gemeinsame Ausrichtung oder ein übergeordnetes Ziel der Arbeit als Leitbild oder Präambel eines gemeinsamen Schulprogramms.

Die Essenz der hier zusammengefassten Studie von Bonsen (2003) lässt sich in zwei wichtigen Erkenntnissen über die Führung in Schulen zuspitzen: Erstens ist es wünschenswert, dass Schulleitungspersonen die soziale Organisation Schule aus unterschiedlichen Blickwinkeln betrachten und analysieren können. Das Wissen um verschiedene theoretische Ansätze kann ein hilfreiches Korrektiv zur eigenen Intuition sein und so zur immer wieder geforderten Professionalisierung von Schulleiterinnen und Schulleitern beitragen. Das theoretisch begründete Wissen geht dabei über die klassische Überzeugung von der gleichzeitigen Notwendigkeit sowohl einer Mitarbeiterorientierung als auch einer Aufgabenorientierung hinaus. Hier knüpft die zweite wichtige Erkenntnis an, nämlich dass gerade der kulturelle und institutionelle Kontext der Schule als einer Non-Profit-Organisation, die unter besonderen Bedingungen arbeitet, von der Ausübung symbolisch akzentuierter Führung profitieren kann.

Bei der Einordnung dieser Ergebnisse in den Forschungsstand zur Wirksamkeit von Schulleitung sind selbstverständlich die Grenzen qualitativer Forschung zu berücksichtigen. Die dargestellten empirischen Befunde basieren auf der intensiven Analyse qualitativer Daten, die an einer nach theoretischen Gesichtspunkten zusammengestellten Stichprobe erhoben wurden. Daher haben die Ergebnisse zunächst den Charakter von Hypothesen. Eine Überprüfung dieser Ergebnisse setzt weitere Forschung voraus, die sich auf die Erhebung quantitativer Daten anhand einer größeren und repräsentativen Stichprobe konzentrieren sollte. Der Nachweis der tatsächlichen Wirksamkeit der Nutzung unterschiedlicher Führungsrahmen in der Leitung einer Schule setzt schließlich die Verbindung von Daten über die Führungsaufmerksamkeit von Schulleiterinnen und Schulleitern mit Daten über die Effektivität der jeweiligen Institution voraus. In den vorausgegangenen Abschnitten wurde deutlich, dass die Schuleffektivitätsforschung hierzu die Erhebung von Testdaten fordert, um Schülerleistungen und -kompetenzen als »Output-Kriterium« von schulischer Prozessqualität abzubilden. Die in diesem Abschnitt dargestellte Studie kann in diesem Zusammenhang als notwendige und zielführende Vorarbeit für eine solche Weiterführung der Forschungsbemühungen betrachtet werden.

4. Kontingenz und Situationsbezug erfolgreicher Schulleitung: Warum ist es so schwer, zu wissenschaftlich gesicherten Aussagen über effektive Schulleitung zu gelangen?

Die Beantwortung der Frage, welche Merkmale von Schulleitung besonders erfolgreich und effektiv sind, erfolgt je nach Studie spezifisch. Es ist nicht von der Hand zu weisen, dass empirische Forschung zur Wirksamkeit von Schulleitung nicht immer zu konsistenten und deckungsgleichen Ergebnissen geführt hat. Dass die verschiedenartigen Ergebnisse zum Teil spezifischen Fragestellungen, Untersuchungsanlagen und Forschungsinstrumenten geschuldet sind, wurde in den vorausgegangenen Abschnitten bereits angedeutet. Allerdings bereitet die Schulleitung und ihr jeweiliges Führungshandeln auch als Forschungsgegenstand selbst Probleme, wenn das Ziel der Forschung verallgemeinerungsfähiges Wissen ist. Abschließend wird daher an dieser Stelle das Problem der Situationsabhängigkeit effektiver Führung behandelt. Die Frage nach einem guten und erfolgreichen Management bzw. effektiver Führung in der Schule scheint demnach nur begrenzt allgemein gültig und keinesfalls unabhängig von unterschiedlichen Kontexten zu beantworten. Als Beispiel soll noch einmal ein Ergebnis der im vorausgegangenen Abschnitt dargestellten Studie zu den Aufmerksamkeitsschwerpunkten von Schulleitungen an »guten« und »verbesserungsbedürftigen« Schulen herangezogen werden.

In der Studie zeigt sich, dass der politische Führungsrahmen bei Schulleitungspersonen an Grundschulen weniger Aufmerksamkeit findet als bei Schulleitungspersonen an Sekundarschulen. In der Studie wird dies u.a. als ein möglicher Zusammenhang zwischen Schul- beziehungsweise Kollegiumsgröße und Führungsaufmerksamkeit interpretiert. Die Beobachtung, dass die vergleichsweise kleinere Schulform sich diesbezüglich von den Sekundarschulen unterscheidet, deutet auf eine zumindest teilweise Bedingtheit der Ausprägung des politischen Rahmens durch Situationsvariablen der Schule hin, wie sie typischerweise innerhalb der so genannten Kontingenz-Ansätze oder situativen Relativierungen in der Führungsstilforschung angenommen werden (vgl. Neuberger 2002, S. 432f.). Dabei erscheint die mögliche Konsequenz aus den Aufmerksamkeitsschwerpunkten von Schulleitungen im Hinblick auf die Entwicklung organisationsweiter Arbeitsqualität nicht über alle Schulformen und situativen Gegebenheiten hinweg gleichförmig zu verlaufen. Bei der Erklärung von Unterschieden in Ausprägung und Wirksamkeit des politischen Rahmens erscheint es plausibel, weniger von linearen bivariaten Zusammenhängen auszugehen als von multifaktoriellen Erklärungsansätzen, in denen die spezifische Situation der Schule berücksichtigt wird. Als situative Moderatorvariablen kommen die Schulgröße, das mikropolitische Aktivitätsniveau des Kollegiums bzw. strukturelle Gegebenheiten der Schule als Organisation in Betracht. Diese Erkenntnis steht im Einklang mit Forschungsbefunden, wie sie beispielsweise Bolman/Granell (1999) darstellen und auf eine einfache Formel bringen: »What works depends on where you work« (ebd., S. 29).

Die nicht auf den Schulkontext begrenzte Führungsstilforschung zeigt, dass es nicht *den* optimalen Führungsstil oder *die* optimalen Führungseigenschaften gibt.

Vielmehr besteht heutzutage Einigkeit darüber, dass die Anforderungen an effektives Führungsverhalten je nach Situation variieren. Insgesamt wurde durch die so genannten Situationsansätze das Verständnis des Führungsprozesses erheblich erweitert und allzu einfache Führungsempfehlungen wurden zunehmend zurückgedrängt (vgl. Schreyögg 1995, S. 1003). Allerdings bereitet auch die Einbeziehung von Situationsmerkmalen Probleme. Neben den weiter oben angedeuteten methodischen Schwierigkeiten, wie etwa der problematischen Operationalisierung relevanter Schulleitungsmerkmale und der schwirigen Erfassung von Effektvariablen, bleiben weitere Fragen unbeantwortet.

Da soziale Situationen in der Regel kaum objektiv, eindeutig und widerspruchsfrei interpretiert werden können, leisten Forschungsansätze, welche situative Variablen berücksichtigen, allenfalls »Nachbesserung« durch notwendige Reduktion. Situationen werden künstlich durchschaubar, einfach und quantifizierbar gemacht, wodurch der Eindruck erweckt wird, Führung und Management in der Schule sei relativ einfach durchschaubar und leicht zu beherrschen, wenn man nur das »Handwerkszeug« beherrsche.

Ein offenes Problem ist für die Forschung auch die Passung von Führungshandeln und Situation. Schreyögg bezeichnet den Schluss, eine bestimmte Konstellation von Situation und Führungsstil sei kongruent, weil diese offensichtlich mit Erfolg einhergehen, als zirkulär: »Fragt man, warum eine Konstellation erfolgreich ist, wird man auf die Kongruenz ihrer Teile verweisen, fragt man, weshalb die Teile zueinander passen, wird man auf den Erfolg verweisen. Werden Erklärungen angeboten, so bleiben diese bislang unverbindlich« (Schreyögg 1995, S. 1003).

Das grundlegende Problem der empirischen Wirksamkeitsforschung bleibt offenbar bestehen, nämlich jenes, dass der jeweilige Betrachtungswinkel durch die Auswahl spezifischer Faktoren und Variablen eingeengt wird und so andere Variablen vernachlässigt oder übersehen werden. Forschungsmodelle und Theorien pressen komplexe Sachverhalte notwendigerweise immer in überschaubare Grundtypen, was einerseits der Orientierung dient, andererseits aber kaum die Führungswirklichkeit abzubilden vermag. Erklärungsmodelle sollen helfen, komplexes Verhalten besser zu verstehen, können aber auch den Blick auf das Spezifische der Situation verstellen (vgl. Steyrer 1996, S. 222).

Das zugrunde liegende Problem wird allerdings von vielen Autoren erkannt. So fordert Grunwald (1998, S. 86) beispielsweise, dass die Analyse von – nicht nur auf den Schulkontext bezogener – Führung, soll sie sachkundig gestaltet werden, mindestens die folgenden Merkmale berücksichtigen muss:

- den soziokulturellen, ökonomischen, politischen, technologischen und ökologischen Kontext der Situation;
- die Ziel-, Ergebnis- und Aufgabenorientierung;
- Gruppenprozesse und -strukturen;
- Machtstrukturen und Einflussprozesse;
- soziale Interaktion, Information und Kommunikation;

- Werte und Normen;
- Persönlichkeitseigenschaften und Verhaltensweisen;
- Entscheidungsprozesse und -strukturen;
- Konfliktregelungsmechanismen.

Bezogen auf die Erforschung erfolgreicher Schulleitung ist noch weitgehend ungeklärt, wie sich mögliche Interaktionseffekte zwischen Schulleitungshandeln und anderen Variablen auf Schulebene auf die Entwicklung von Schülerleistungen auswirken. Bislang ebenfalls unzureichend untersucht wurde der mögliche Einfluss des Kontextes der Einzelschule auf das Handeln von Schulleiterinnen und Schulleitern. Obwohl theoretische und empirische Hinweise nahe legen, dass die Wirksamkeit von Schulleitungshandeln durch Variablen des Schulkontextes beeinflusst wird, gibt es bisher keine empirische Klärung dieser Frage (vgl. Hallinger/Bickman/Davis 1996, S. 554).

Die in Kapitel 2 dieses Beitrags dargestellte Übersichtsarbeit von Hallinger/Heck (1998; vgl. S. 198f.) diagnostiziert aber, gerade was diese theoretischen und methodologischen Ziele der Schulleitungswirksamkeitsforschung anbelangt, im zeitlichen Verlauf eine Entwicklung von einfachen zu komplexeren Modellen.

Zu *vorgängigen Bedingungen und schulischem Kontext* findet sich eine große Breite der Operationalisierung entsprechender Variablen: Zum Standard der Forschung gehört mittlerweile die Erfassung sozioökonomischer Charakteristika des Einzugsgebiets der Schule sowie die Schulstufe, seltener werden die Struktur des Einzugsbereichs, kommunale politische Rahmenbedingungen, Stadt-Land-Unterschiede, kulturelle Unterschiede sowie demografische Kennzeichen der erfassten Personen (z.B. Geschlecht oder die professionelle Sozialisation) kontrolliert.

Vermittelnde Variablen werden ebenfalls in einer zunehmend großen Bandbreite erfasst. Hier sind im letzten Jahrzehnt insbesondere methodische Ansätze zur Einbeziehung und Kontrolle entwickelt worden (z.B. LISREL-Ansatz, hierarchisch-lineare Modellbildung). Als hervorstechendes Ergebnis dieser weitergehenden Analysemöglichkeiten kann festgehalten werden, dass *ein* signifikanter Einflussfaktor immer wieder beschrieben wird, nämlich die zielbezogene Arbeit der Schule. Diese wird zwar in unterschiedlichen Studien verschiedenartig erhoben – als Konsens über Zielvorstellungen, als das simple Vorhandensein von Schulzielen, als Vision, als Fokus oder als Aufgabe der Schulleiterin oder des Schulleiters, eine übergreifende Zielvorstellung weiterzugeben, die Bedeutung dieser im Kern sehr ähnlichen Konstrukte ist jedoch in fast allen Studien zentral.

Im Bereich der *Erfassung von Wirkungen und Ergebnissen von Schule* und Schulleitung hat sich die (im Unterschied zum deutschsprachigen Kontext entwickelte) international vorherrschende Praxis, schwerpunktmäßig standardisiert getestete Schülerleistungen zu betrachten, für die Schulleitungsforschung als wenig ertragreich erwiesen. Es erscheint daher notwendig, auch andere Wirkungsbereiche jenseits des Outputs von Schule zu betrachten und sich der Prozessebene zu widmen. Beispiele hierfür wären die pädagogische Leitvorstellung des Kollegiums, die Aktivitäten im Bereich der Unterrichtsentwicklung, institutionalisierte Prozesse der Professionalisierung der

Lehrkräfte oder auch die öffentliche Wahrnehmung der Schule bzw. die Zufriedenheit der Eltern. Wichtig ist, dass entsprechende Effektvariablen valide und reliabel gemessen werden und in ihrer Gesamtheit mögliche Wirkungen differenziert abbilden können.

Abschließend bleibt anzumerken, dass der Forschungsstand zur Wirksamkeit von Schulleitung, von wenigen Ausnahmen abgesehen, vorrangig die Erfahrungen von Forschern aus dem englischsprachigen Raum widerspiegelt. Mit einer Systematisierung der diesbezüglichen Forschungsbemühungen im deutschsprachigen Raum besteht die Chance, dass Schulleiter/innen sich in Zukunft nicht allein an Programmen und schlimmstenfalls »Führungsideologien« orientieren müssen, sondern, einem professionellen Berufsfeld ebenbürtig, auf empirisch belastbare Ergebnisse zurückgreifen können. Dies entspräche im Übrigen der in den letzten Jahren in Deutschland vollzogenen »empirischen Wende« in Schulforschung und Bildungspolitik.

Literaturverzeichnis

Altrichter, H./Posch, P. (Hrsg.) (1996): Mikropolitik der Schulentwicklung. Förderliche und hemmende Bedingungen für Innovation in der Schule. Innsbruck.

Altrichter, H./Salzgeber, S. (1996): Zur Mikropolitik schulischer Innovation. In: Altrichter, H./Posch, P. (Hrsg.): Mikropolitik der Schulentwicklung. Förderliche und hemmende Bedingungen für Innovation in der Schule. Innsbruck.

Andrews, R./Soder, R. (1987): Principal Instructional Leadership and School Achievement. In: Educational Leadership 44, H. 6, S. 9–11.

ASD – Verband deutscher Schulleitungen (Hrsg.) (1999): Schulleitung in Deutschland. Ein Berufsbild in Entwicklung. Stuttgart.

Bales, F. (1970): Personality and Interpersonal Behavior. New York.

Bamburg, J./Andrews, R. (1990): School Goals, Principals and Achievement. In: School Effectiveness and School Improvement 2, H. 3, S. 175–191.

Blase, J./Blase, J. (1994): Empowering Teachers. What Successful Principals Do. Thousand Oaks, CA.

Bolman, L.G./Deal, T.E. (1991): Leadership and Management Effectiveness. A Multi-Frame, Multi Sector Analysis. In: Human Resource Management 30, H. 4, S. 509–534.

Bolman, L.G./Deal, T.E. (^{2}1997): Reframing Organizations. Artistry, Choice, and Leadership. San Francisco.

Bolman, L.G./Granell, E. (1999): Versatile Leadership. A Comparative Analysis of Reframing in Venezuelan Managers. Paper presented at the Ibero-American Academy of Management, World Wide Bilingual Conference, Universidad Carlos III, Madrid, Dec. 9–11, 1999.

Bonsen, M. (2002): Die symbolische Kraft von Schulleiterinnen und Schulleitern. In: Grundschule 34, H. 2, S. 25–28.

Bonsen, M. (2003): Schule, Führung, Organisation. Münster.

Bonsen, M./v.d. Gathen, J./Iglhaut, C./Pfeiffer, H. (2002): Die Wirksamkeit von Schulleitung. Empirische Annäherungen an ein Gesamtmodell schulischen Leitungshandelns. Weinheim/München.

Bonsen, M./v.d. Gathen, J./Pfeiffer, H. (2002): Wie wirkt Schulleitung? Schulleitungshandeln als Faktor für Schulqualität. In: Rolff, H.G./Holtappels, H.G./Klemm, K./Pfeiffer, H./Schulz-Zander, R. (Hrsg.): Jahrbuch der Schulentwicklung, Band 12. Weinheim/München, S. 287–322.

Bortz, J./Döring, N. (^{3}2002): Forschungsmethoden und Evaluation für Sozialwissenschaftler. Berlin/Heidelberg/New York.

Bossert u.a. (1982): The Instructional Management Role of the Principal. In: Educational Administration Quarterly 18, H. 3, S. 34–64.
Broughton, R./Riley, J. (1991): The Relationship between Principal's Knowledge of Reading Processes and Elementary School Reading Achievement. ERIC Document Reproduction Service No. ED 341952.
Burns, J.M. (1978): Leadership. New York.
Dalin, P. (1999): Theorie und Praxis der Schulentwicklung. Neuwied.
Dalin, P./Rolff, H.G. (1990): Institutionelles Schulentwicklungs-Programm. Hrsg. vom Landesinstitut für Schule und Weiterbildung. Bönen/Westf.
Dubs, R. (1994): Die Führung einer Schule. Leadership und Management. Stuttgart.
Elberts, R.W./Stone, J.A. (1988): Student Achievement in Public Schools. Do Principals Make a Difference? In: Economical Education Review 7, S. 291–299.
Fend, H. (1986): Gute Schulen – schlechte Schulen. Die einzelne Schule als pädagogische Handlungseinheit. In: Deutsche Schule 78, H. 3, S. 275–293.
Fend, H. (1998): Qualität im Bildungswesen. Schulforschung zu Systembedingungen, Schulprofilen und Lehrerleistung. Weinheim/München.
Fleishman, E.A./Harris, E.F. (1962): Patterns of Leadership Behavior Related to Employee Grievances and Turnover. In: Personal Psychology 15, S. 43–56.
Fullan, M. (1996): Leadership for Challenge. In: Leithwood, K. u.a. (Hrsg.): International Handbook of Educational Leadership and Administration, Part 2. Dordrecht/Boston/London, S. 701–722.
Fullan, M. (1999): Change Forces. The Sequel. London.
Glasman, N.S./Biniaminov, J. (1981): Input-Output Analysis of Schools. In: Review of Educational Research 51, S. 509–539.
Goldring, E./Pasternak, R. (1994): Principal's Coordinating Strategies and School Effectiveness. In: School Effectiveness and School Improvement 5, H. 3, S. 239–253.
Grunwald, W. (1998): Führung. In: Heinrich, P./Schulz zur Wiesch, J. (Hrsg.): Wörterbuch der Mikropolitik. Opladen, S. 85–88.
Haenisch, H. ([3]1986): Was ist eine gute Schule? Empirische Forschungsergebnisse und Anregungen für die Schulpraxis. Hrsg. vom Landesinstitut für Schule und Weiterbildung. Bönen/Westf.
Hallinger, P./Bickman, L./Davis, K. (1996): School Context, Principal Leadership, and Student Reading Achievement. In: The Elementary School Journal 96, H. 5, S. 527–549.
Hallinger, P./Heck, R.H. (1996): The Principal's Role in School Effectiveness. An Assessment of Methodological Progress. In: International Handbook of Educational Leadership and Administration. Berlin/Heidelberg/New York, S. 723–783.
Hallinger, P./Heck R.H. (1998): Exploring the Principal's Contribution to School Effectiveness. 1980–1995. In: School Effectiveness and School Improvement 9, H. 2, S. 157–191.
Hallinger, P./Murphy, J. (1987): Instructional Leadership in School Contexts. In: Greenfield, W. (Hrsg.): Instructional Leadership. Concepts, Issues and Controversies. Lexington, MA.
Heck, R.H./Larsen, T.J./Marcoulides, G.A. (1990): Instructional Leadership and School Achievement. Validation of a Causal Model. In: Educational Administration Quarterly 26, H. 2, S. 94–125.
Hoy, W.K./Miskel, C.G. ([4]1991): Educational Administration. Theory, Research, and Practice. New York u.a.
Klafki, W. (1991): Perspektiven einer humanen und demokratischen Schule. In: Hessisches Institut für Bildungsplanung und Schulentwicklung (Hrsg.): Beiträge aus dem Arbeitskreis »Qualität von Schule«, H. 5. Wiesbaden.
Leithwood, K. (1992): The Move Towards Transformational Leadership. In: Leithwood, K. u.a. (Hrsg.): Educational Leadership 49, H. 5, S. 8–12.
Leithwood, K./Begley, P./Cousins, B. (1990): The Nature, Causes and Consequences of Principal's Practices. An Agenda for Future Research. In: Journal of Educational Administration 28, S. 5–31.
Levine, D.U./Lezotte, L.W. (1990): Unusually Effective Schools. A Review and Analysis of Research and Practice. Madison, WI: National Center for Effective Schools Research and Development.

Locke, E.A./Latham, G.P. (1990): Work Motivation. The High Performance Cycle. In: Kleinbeck, U. (Hrsg.): Work Motivation. Brighton.

MacKay, L.L./Ralston, E.W. (1999): Creating Better Schools. What Authentic Principals Do. Thousand Oaks, CA.

Meraner, R. (1999): Schulentwicklung braucht Fortbildung. In: Pädagogische Führung 10, H. 4, S. 163–167.

Mortimore, P. (1993): School Effectiveness and the Management of Effective Learning and Teaching. In: School Effectiveness and School Improvement 4, H. 4, S. 290–310.

Mortimore, P. (1997): Auf der Suche nach neuen Ressourcen. In: Böttcher, W./Weishaupt, H./Weiß, M. (Hrsg.): Wege zu einer neuen Bildungsökonomie. Weinheim/München, S. 171–192.

Murphy, J. (1990): Principal Instructional Leadership. In: Thurston, P./Lotto, L. (Hrsg.): Advances in Educational Leadership. Greenwich, S. 163–200.

Neuberger, O. (^{6}2002): Führen und führen lassen. Stuttgart.

O'Day, K. (1983): The Relationship between Principal and Teacher Perceptions of Principal Instructional Management Behavior and Student Achievement. Unpublished doctoral dissertation, Northern Illinois University.

Ogawa, R./Hart, A. (1985): The Effect of Principals on the Instructional Performance of Schools. In: Journal of Educational Administration 22, S. 59–72.

Pitner, N. (1988): The Study of Administrator Effects and Effectiveness. In: Boyan, N. (Hrsg.): Handbook of Research in Educational Administration. New York, S. 99–122.

Pitner, N./Hocevar, D. (1987): An Empirical Comparison of Two-Factor versus Multifactor Theories of Principal Leadership. Implications for the Evaluation of School Principals. In: Journal of Personnel Evaluation in Education 1, H. 1, S. 93–109.

Purkey, S.C./Smith, M.S. (1983): Effective Schools. A Review. In: The Elementary School Journal 83, H. 4, S. 427–452.

Rolff, H.G. (^{2}1995): Wandel durch Selbstorganisation. Weinheim/München.

Rosenbusch, H.S./Schlemmer, E. (1997). Die Rolle der Schulaufsicht bei der pädagogischen Entwicklung von Einzelschulen. In: Schul-Management 28, H. 6, S. 9–17.

Sammons, P./Hillman, J./Mortimore, P. (1995): Key Characteristics of Effective Schools. A Review of School Effectiveness Research. London: OFSTED (Institute of Education).

Scheerens, J. (1992): Effective Schooling. Research, Theory and Practice. London.

Scheerens, J./Glas, C./Thomas, S.M. (2003): Educational Evaluation, Assessment, and Monitoring. Lisse.

Schreyögg, G. (^{2}1995): Führungstheorien – Situationstheorie. In: Kieser, A./Reber, G./Wunderer, R. (Hrsg.): Handwörterbuch der Führung. Neu gestaltete und ergänzte Aufl. Stuttgart, S. 993–1005.

Silins, H. (1994): The Relationship between School Leadership and School Improvement Outcomes. In: School Effectiveness and School Improvement 5, H. 2, S. 272–298.

Steffens, U./Bargel, T. (1993): Erkundungen zur Qualität von Schule. Neuwied/Kriftel/Berlin.

Steyrer, J. (1996): Theorien der Führung. In: Kasper, H./Mayrhofer, W. (Hrsg.): Personalmanagement, Führung, Organisation. Wien, S. 153–224.

Stoll, L. (1995): The Complexity and Challenge of Ineffective Schools. Paper presented to the European Conference on Educational Research. Bath.

van de Grift, W. (1990): Educational Leadership and Academic Achievement in Elementary Education. In: School Effectiveness and School Improvement 1, H. 3, S. 26–40.

Waters, J.T./Marzano, R.J./McNulty, B. (2004): Leadership that Sparks Learning. In: Educational Leadership 61, H. 7, S. 48–51.

Wissinger, J. (1996): Perspektiven schulischen Führungshandelns. Eine Untersuchung über das Selbstverständnis von SchulleiterInnen. Weinheim/München.

Wissinger, J./Huber, S.G. (2002): Schulleitung. Forschung und Qualifizierung. Opladen.

Leonhard Horster

Changemanagement und Organisationsentwicklung

1.	Können Schulen lernen?	230
2.	Kritik am Konzept der Schulentwicklung auf der Grundlage von Organisationsentwicklung	231
3.	Einige Grundannahmen	233
3.1	Organisationales und individuelles Lernen	233
3.2	Der Begriff des Lernens bei Piaget	233
3.3	Exkurs: Zum Systembegriff	236
3.4	Unterschiedliche Arenen des Lernens	238
3.5	Lernendes System und Umgebung	239
3.6	Der Deutungsmusteransatz als Erklärungsmodell	243
3.7	Strategien des Wandels	246
3.8	Systemstabilität durch Interaktion	250
3.9	Orientierungsrichtungen zur Deutung der Beziehung System/Umgebung	251
3.10	Widerstand gegen Entwicklung nicht linear deuten	254
4.	Organisationsentwicklung als Instrumentarium	258
4.1	Fünf Basisprozesse in Entwicklungsvorhaben	260
4.2	Beispiel: Der Basisprozess »Planen des Entwicklungsprozesses«	260
5.	Die Organisation als Interaktionssystem	277
5.1	Schule als Interaktionssystem	277
5.2	Der Entwicklungsprozess als Störung	280
6.	In Entwicklungslandschaften navigieren: Aufgaben der Schulleitung	281
6.1	In Entwicklungslandschaften navigieren statt abzuwickeln	281
6.2	Aufgaben der Schulleitung in Schulentwicklungsprozessen	286
	Literaturverzeichnis	292
	Bildnachweis	293

1. Können Schulen lernen?

»Can schools learn?« lautete der Titel einer Veröffentlichung, die 1983 von Per Dalin und Val D. Rust herausgegeben wurde. Der Titel sorgte seinerzeit für Irritation, da man glaubte, das Lernen sei ausschließlich Individuen vorbehalten. Menschen können lernen, Kinder und Erwachsene, sicherlich in einem bestimmten Umfang auch Tiere. Was aber hat man sich unter dem Lernen einer Schule vorzustellen? Schulen sind Orte des Lernens und Lehrens. In Schulen wird gelernt, aber können sie auch selbst lernen? Der Begriff, der auf diese Frage antwortet, lautet »organisationales Lernen«.

1990 stellten Per Dalin und Hans-Günter Rolff in ihrer Schrift »Institutionelles Schulentwicklungs-Programm« (ISP) ein Konzept vor, wie das Lernen von Schulen im Sinne von »organisationalem Lernen« als ein gleichermaßen »offenes, planmäßiges, zielorientiertes und langfristiges Vorgehen im Umgang mit Veränderungsforderungen und Veränderungsabsichten« (Dalin/Rolff/Buchen 1995, S. 7) organisiert werden könne. Eines der Basiskonzepte für das ISP bildete die Organisationsentwicklung mit ihrem Ziel, »die Selbstentwicklung der Mitglieder und die Selbsterneuerung der Organisation zur Erhaltung und Verbesserung ihrer Aufgabenerfüllung« (a.a.O.) zu ermöglichen und zu fördern.

In diesem Sinne wurde das ISP (seit 1995 in »Institutioneller Schulentwicklungs-Prozess« umbenannt, um dem Missverständnis vorzubeugen, es handele sich um ein vorgegebenes inhaltliches Programm) zum Kern der Schulleitungsfortbildung in NRW. In diesem Zusammenhang wurden auch ISP-Moderatorinnen und Moderatoren ausgebildet, die zur Unterstützung schulinterner Entwicklungsprozesse angefordert werden konnten. ISP-Moderatoren verstanden sich als Berater für Schulentwicklungsprozesse im Sinne von Edgar Schein: »Der Berater kann dem Klienten helfen, mit den Problemen zurechtzukommen, aber der Berater nimmt die Probleme nie auf seine eigenen Schultern« (Schein 1987, S. 29; Dalin/Rolff/Buchen 1995, S. 72).

Inzwischen hat das Thema nach anfänglich heftigen Widerständen Einzug in den schulischen Alltag gefunden und gehört in Form der Schulprogrammarbeit zum Pflichtauftrag der Schule. Dabei wird Organisationsentwicklung als eines der Basiskonzepte von Schulentwicklung verstanden.

Dass das Thema langfristig Konjunktur hat, belegen zahlreiche und unterschiedliche Veröffentlichungen. Erfahrungen mit Aufgaben und Problemen der Schulentwicklung sind in Form von Fallbeschreibungen veröffentlicht worden (exemplarisch sei hier der Juventa-Verlag genannt). Inzwischen stehen Praxisleitfäden verschiedener Autoren für die Begleitung von Schulentwicklungsprozessen zur Verfügung (u.a. Horster/Rolff 2001). Schulentwicklung auf der Basis von Organisationsentwicklung wurde in mehr oder weniger systematisch angelegten Handbüchern bearbeitet, z.B. Fatzer 1993 und Altrichter/Schley/Schratz 1998. Mit dem »Journal für Schulentwicklung« erscheint seit 1997 eine eigene Zeitschrift für diesen Themenbereich. Geradezu den Charakter eines Standardwerks für Schulleitungen hat inzwischen die von Buchen, Horster und Rolff herausgegebene Loseblatt-Sammlung »Schulleitung und Schulentwicklung« erlangt.

2. Kritik am Konzept der Schulentwicklung auf der Grundlage von Organisationsentwicklung

Die erfolgreiche Verbreitung des Themas Schulentwicklung ist jedoch nicht ohne Kritik geblieben. Dabei lassen sich grob zwei Richtungen unterscheiden:

- Eine eher pragmatisch ausgerichtete Kritik, die sich an dem angeblich großen Zeitaufwand von Schulentwicklungsprozessen festmacht; diese Kritik wird vor allem von Klippert vertreten.
- Eine eher grundsätzlich und theoretisch argumentierende Kritik, die sich mit Schulentwicklung auf der Basis von *Organisationsentwicklung* auseinander setzt; diese Position wird u.a. von Schreyögg/Noss vorgetragen.

Beide Positionen sollen hier vorgestellt und diskutiert werden. Klippert (1997, S. 13) fordert angesichts der vorgeblich abstrakten, langwierigen und die »normale« Lehrerschaft überfordernden Organisationsentwicklung die »Reduzierung des Innovationsfeldes auf einen überschaubaren Kernbereich der Lehrertätigkeit, den Unterricht«. Hiervon verspricht er sich den Effekt, dass auch »die ›Durchschnittslehrer‹ das Gefühl bekommen: Das packen wir!« In gleichem Sinne beteuert Korte (1998, S. 15),»dass ich den einzelnen Lehrer im Blick habe, der in und mit seiner Klasse die Weichen neu stellen will«. Die Botschaft soll heißen: langwierige Verhandlungs- und Klärungsprozesse, die das gesamte Kollegium einbeziehen, verschleißen nur die Kräfte der Lehrpersonen. Jede und jeder Einzelne kann sich auf den Weg machen – sofort, hier und jetzt, hierzu bieten ihm unterschiedlichste »Methodenmanuals« kopierfähige Vorlagen an.

Dass jedoch die Aufgabe von Schul- und Unterrichtsentwicklung und damit der Qualitätssicherung und -entwicklung nicht einfach der Initiative einzelner Lehrpersonen überlassen bleiben kann, auch wenn ohne deren Initiative keine Entwicklung in Gang kommen wird, belegen Ergebnisse empirischer Schulforschung. Gute Schulen im Sinne professioneller Lerngemeinschaften sind vor allem gekennzeichnet durch

- gemeinsam geteilte Normen und Werte,
- Fokus auf Schülerlernen,
- Deprivatisierung der Lehrerrolle (Lehrer/innen sehen ihre Klasse und ihren Unterricht nicht als ihr Eigentum an, sondern als Angelegenheit des ganzen Jahrganges oder der ganzen Fachgruppe),
- Zusammenarbeit/Kooperation und
- reflektierenden Dialog (Louis/Leithwood 1998, S. 39).

Hinter diese empirisch abgesicherten Einsichten fallen alle Ansätze zurück, die im Sinne eines überholten Verständnisses von Lehrerrolle und Schule den Blick wieder verengen wollen auf die Perspektive »Ich und meine Klasse«, statt ihn zu ergänzen um »Wir und unsere Schule«.

Grundsätzlicheren Charakter besitzt die von Schreyögg/Noss vorgetragene Kritik an Konzepten der Organisationsentwicklung. Demnach folgen die herrschenden Ausprägungen von Organisationsentwicklung der Vorstellung vom »Wandel als Übergangsperiode von Gleichgewicht zu Gleichgewicht« (Schreyögg/Noss 2000, S. 40). Sie orientieren sich letztlich an dem von Kurt Lewin entwickelten »triadischen Modell« erfolgreicher Wandlungsprozesse, das durch die Phasen »unfreezing – moving – freezing« gekennzeichnet ist. Prozesse organisationaler Veränderung werden in diesem Sinne als Unterbrechung von stabilen Perioden organisatorischen Gleichgewichts gedeutet. Demzufolge realisiert sich organisatorischer Wandel in einer klar umrissenen kurzen Zeitspanne und bildet eine Ausnahme im regelhaften Leben einer Organisation.

Diesen beiden Grundannahmen stellen Schreyögg/Noss die durch empirische Befunde gestützte Auffassung entgegen, wonach »die Welt der organisatorischen Wandelprozesse weit weniger geordnet und sequenzialisiert ist, als es in den Gleichgewichtsmodellen des Wandels dargestellt wird. Ferner sind Wandelprozesse und ›normale‹ Routineoperationen so eng miteinander verknüpft bzw. ineinander verschachtelt, dass klare Schnittpunkte, wo der Wandel beginnt und wo er endet, nur schwerlich in real existierenden Organisationen zu finden sind« (Schreyögg/Noss 2000, S. 42).

Schreyögg/Noss fordern eine neue Konzeption des organisatorischen Wandels in dem Sinne, dass Wandel ein permanentes und konstitutives Merkmal von Organisationen darstellt; gleichzeitig muss diese Konzeption »auch in der Lage sein, stabilisierende Mechanismen in sozialen Systemen konzeptionell zu integrieren« (ebd., S. 45). Diese neue Konzeption organisatorischen Wandels sehen Schreyögg/Noss in der Grundidee des organisationalen Lernens. Sie betrachten Lernen und Wandel als eng verbundene Zwillingsbegriffe; organisatorisches Lernen und organisatorischer Wandel sind für sie strukturell miteinander verbunden. Organisationen müssen, um überleben zu können, inhärent ruhelos sein, um sich ständig neuen Umweltanforderungen anpassen zu können. Diese Auffassung stellen Schreyögg/Noss in einen scharfen Gegensatz zu der bislang vorherrschenden gleichgewichtsorientierten Auffassung von organisationalem Wandel: »weder ist Stabilität der dominierende Modus noch existieren ›Wandelphasen‹ als Unterbrecher« (ebd., S. 48). Damit stellt sich jedoch das Problem, dass Organisationen ohne Stabilität, und das heißt ohne Form und Grenzen, einen Widerspruch in sich bedeuten; daher werden immer auch grenzerhaltende, stabilisierende Aktivitäten für die Sicherung des Systembestands benötigt. Die notwendige Klammer zwischen ruheloser Lernperspektive und organisationalen Anforderungen nach Stabilisierung sehen Schreyögg/Noss in der *modernen Theorie sozialer Systeme*:

»Der grundsätzliche Modus sozialer Systeme ist nunmehr ein dynamischer, der auf Bedingungen für Wandel und Entwicklung reflektiert und eben gerade kein Gleichgewichtszustand mehr. Dies ist im Wesentlichen das Resultat der revidierten Grundperspektive der modernen Theorie sozialer Systeme, die mit der Konstruktion einer Organisation in einer komplexen Umwelt startet. Das Resultat dieser Herstellungsbemühung wird als Differenz begriffen; d.h. die Differenz zwischen System und Umwelt eines Systems. Durch diese Differenz bildet das System eine Grenze gegenüber der komplexen Umwelt. Eine Grenze aufzubauen (d.h. eine Identität auszubilden) bedeutet im Grundsatz, Umweltkomplexität auf ein für das

System bearbeitbares Maß zu reduzieren. Diese Reduktion ist jedoch [...] eine immer nur provisorische Lösung, weil die Umwelt immer komplexer als ein einzelnes System ist« (Schreyögg/Noss 2000, S. 49f.).

Damit wird Stabilität nicht als Ruhezustand begriffen, zu dem eine Organisation gleichsam automatisch nach einer Wandelphase zurückkehren kann, wie dies das Gleichgewichtsmodell unterstellt, sondern Stabilität wird zu einem Problem in dem Sinne, dass sie auf einer Komplexitätsreduktion und damit einer Verengung des Blicks auf die Umwelt beruht. Stabilität geht einher mit Selektivität und damit partieller Ignoranz gegenüber der Umwelt. Hieraus leiten Schreyögg/Noss für das Systemmanagement die Notwendigkeit ab, die Umwelt permanent zu beobachten und Frühwarnsysteme einzurichten, um die Existenz des Systems in einer komplexen Umwelt zu sichern.

3. Einige Grundannahmen

3.1 Organisationales und individuelles Lernen

Unter Berufung auf Luhmann (1984) stellen Klimecki, Laßleben und Thomae fest, »dass soziale Systeme genauso wie psychische Systeme eine eigene Vorstellung von der Wirklichkeit entwickeln und diese nützen, um sich in ihrer Umwelt zu orientieren. [...] Informationen, die unter dem Aspekt systemspezifischer Nützlichkeit eingelagert werden, bilden [...] die Wissensbestände des Systems. [...] Lernen beschreibt nun den Vorgang der Weiterentwicklung dieser Wissensbestände. Er tritt gleichermaßen auf individueller wie kollektiver Ebene, also bei psychischen wie sozialen Systemen auf. Im erfolgreichen Fall führt Lernen dazu, dass die Wirklichkeitskonstruktionen und damit die Wissensbestände des Systems regelmäßig ein passendes Bild der Umwelt liefern und so die Systementwicklung mit der Umweltveränderung Schritt hält« (Klimecki/ Laßleben/Thomae 2000, S. 66). Im Sinne dieses Ansatzes gehorchen organisationales und individuelles Lernen den gleichen Prinzipien; es ist daher sinnvoll, an dieser Stelle einen eingehenderen Blick auf das Lernen zu werfen.

3.2 Der Begriff des Lernens bei Piaget

Probst definiert organisationales Lernen als »die Fähigkeit einer Institution als Ganzes, Fehler zu entdecken, diese zu korrigieren sowie die organisationale Wert- und Wissensbasis zu verändern, sodass neue Handlungskriterien und -strategien erzeugt werden« (Probst 1992, S. 473). Dieses Verständnis von organisationalem Lernen ist wesentlich orientiert am Begriff des Fehlers; organisationales Lernen wird durch eine Fehlerhaftigkeit in der Organisation ausgelöst und führt zu deren Behebung. Anders als bei Klimecki, Laßleben und Thomae spielt in diesem Begriff des organisationalen Lernens der Blick auf die Umwelt keine explizite Rolle; auch fragt man sich, ob damit nicht ein Verständnis von Lernen etabliert wird, das sich deutlich vom individuellen Lernen unterscheidet, insofern dieses keineswegs an die Entdeckung und Korrektur von Fehlern gebunden ist. Das eingangs zitierte Verständnis vom Lernen im Sinne Luhmanns eröffnet uns dagegen eine Sicht, die gleichermaßen individuelles und organisationales Lernen erklärt. Zu ihrer weiteren Entfaltung greifen wir Überlegungen Piagets[1] zum Lernen auf, für den das Lernen in einer fortwährenden Anpassung (Adaption) des Organismus an eine komplexe Umwelt besteht. Dieser permanente Prozess der Anpassung geschieht mithilfe zweier einander ergänzender Prozesse, der Assimilation und der Akkomodation:

»Wenn wir die Intelligenz als eine Form der Anpassung auffassen, [...] muss man die Anpassung als ein Gleichgewicht zwischen den Wirkungen des Organismus auf die Umwelt und den Wirkungen der Umwelt auf den Organismus definieren. Man kann die Tätigkeit und die Wirkung des Subjekts auf die Umwelt als ›Assimilation‹ im weitesten Sinne bezeichnen, insofern diese Tätigkeit von früheren Handlungen, die dasselbe oder ein ähnliches Objekt zum Gegenstand hatten, abhängig ist. In der Tat hat jede Beziehung zwischen einem lebendigen Wesen und seiner Umwelt die Eigentümlichkeit, dass das Subjekt die Einwirkung der Umwelt nicht passiv erleidet, sondern seinerseits die Umwelt verändert, indem es ihr eine ihm eigentümliche Struktur gibt. So verändert auf physiologischem Gebiet der Organismus die von ihm assimilierten Substanzen, indem er sie der eigenen anpasst. Auf psychologischem Gebiet sind die Prozesse ganz ähnlich, nur dass die Veränderungen hier nicht substantiell, sondern funktionell sind und von der Motorik, der Wahrnehmung, und den wirklichen oder virtuellen Tätigkeiten (Denkoperationen etc.) bestimmt werden. Die gedankliche Assimilation besteht aus der Einverleibung der Objekte in die Verhaltensschemata, Schemata, die nichts anderes sind als verfügbare Handlungen, die der Mensch in der Wirklichkeit effektiv wiederholen kann.
Umgekehrt wirkt auch die Umwelt auf den Organismus ein, und man kann, dem allgemeinen Brauch der Biologen folgend, diese umgekehrte Wirkung als Akkomodation bezeichnen, wobei es selbstverständlich ist, dass kein lebendes Wesen die Einwirkung der es umgebenden Objekte als solche passiv erleidet, sondern dass die Akkomodation nur den Assimilationszyklus ändert, indem sie sich den Eigentümlichkeiten der Situation anpasst. Auf der psychischen Ebene finden wir denselben Prozess wieder. Der Druck der Umwelt führt niemals zu einer passiven Unterwerfung, sondern zu einer einfachen Veränderung der sich auf sie beziehenden Handlung. Man kann also nun die Anpassung als ein Gleichgewicht zwischen der Assimilation und der Akkomodation definieren, was nichts anderes bedeutet als ein Gleichgewicht der Austauschprozesse zwischen Subjekt und Umwelt« (Piaget 2000, S. 10f.).

---

1 Zitate aus: Jean Piaget ([10]1996): Psychologie der Intelligenz. Mit einer Einführung von Hans Aebli. © Librairic Armand Colin, Paris 1947. Stuttgart:Klett-Cotta. (Die 1.–7. Auflage ist im Walter Verlag Olten erschienen.)

Lernen wird dann ausgelöst, wenn es zu einer Störung des Gleichgewichts zwischen Organismus und Umwelt kommt:

> »Jedes Verhalten – gleichgültig, ob es sich um eine äußere oder eine zum Gedanken verinnerlichte Handlung handelt – stellt sich uns als eine Anpassung, oder genauer, als eine Wiederanpassung dar. Das Individuum handelt nur, wenn es das Bedürfnis zum Handeln empfindet, d.h. wenn das Gleichgewicht zwischen dem Organismus und der Umwelt für den Augenblick gestört ist; und die Handlung bezweckt eben die Wiederherstellung dieses Gleichgewichts, d.h. die Wiederanpassung des Organismus« (Piaget 2000, S. 6).

An dieser Stelle ist eine begriffliche Klärung erforderlich. Der von Piaget im Zusammenhang mit dem Lernen verwendete Begriff des Gleichgewichts meint etwas anderes als der Begriff des Gleichgewichts im Sinne von Stabilität einer Organisation, mit dem sich Schreyögg/Noss kritisch auseinander setzen. Schreyögg/Noss wenden sich gegen eine Vorstellung von Stabilität und innerem Gleichgewicht einer Organisation als deren Normalzustand, in den diese nach relativ kurzfristig unterbrechenden Wandelphasen zurückkehrt. Der Begriff des Gleichgewichts im Verständnis von Piaget bezieht sich nicht auf einen inneren Stabilitätszustand eines Systems, sondern auf dessen Beziehung zu seiner Umgebung. Da fortwährend unterschiedliche Einflüsse der Umgebung auf das System einwirken, ist dieses fortwährend zu (Lern-)Handlungen veranlasst, um sich erneut in einen Zustand des Gleichgewichts zu seiner Umgebung zu bringen. So verstanden ist Gleichgewicht keineswegs der jeweils nur kurz unterbrochene Normalzustand und auch kein Ausdruck von Ruhe und Stabilität, sondern Resultat fortwährender Aktivität.

Zusammenfassend können wir nun feststellen:

- Lernen wird ausgelöst, wenn das Gleichgewicht zwischen dem Organismus und seiner Umwelt gestört ist.
- Lernen ist ein *Anpassungsprozess*, der die Wiederherstellung dieses Gleichgewichts zum Ziel hat.
- Anpassung als Wiederherstellung des Gleichgewichts vollzieht sich in den einander ergänzenden Prozessen von *Assimilation* und *Akkomodation*.
- Assimilation ist die *Wirkung des Subjekts auf die Umwelt;* sie besteht in gedanklicher Hinsicht in der Einverleibung der Objekte in die Schemata des Verhaltens.
- Akkomodation ist die *Einwirkung der Umwelt auf den Organismus*; diese führt nicht zu einer passiven Unterwerfung unter die Umwelt, sondern zu einer einfachen Veränderung der sich auf sie beziehenden Handlung.

Diese Merkmale des Lernens, die nach Piaget für den Organismus (oder wie Systemtheoretiker formulieren würden, für psychische Systeme) charakteristisch sind, gelten gemäß der eingangs zitierten These von Luhmann ebenfalls für soziale Systeme und eröffnen spezifische Muster zur Gestaltung der Beziehung zwischen System und Umwelt.

Nicht ein *Fehler* im Sinne Probsts bildet den Auslöser für organisationales Lernen, sondern die *Beziehung von System und Umwelt*; die Passung des Systems an seine Umwelt ist das vordringliche Ziel organisationalen Lernens.

Bevor wir diesen Aspekt weiter verfolgen, scheint es geboten, sich in einem kleinen Exkurs die unterschiedlichen Akzentuierungen des Systembegriffs maßgeblicher Autoren vor Augen zu führen. Dabei folgen wir der einschlägigen Untersuchung von Gisela Bolbrügge (1997).

3.3 Exkurs: Zum Systembegriff

Es soll thematisiert werden, wie der Begriff »System« beim jeweiligen Autor gefasst wird und welche Konsequenzen sich daraus für die Steuerbarkeit des Systems ergeben. In diesem Zusammenhang stellen sich vor allem drei Fragen:

- Was macht ein System zum System?
- Wie wird das System im Verhältnis zu seiner Umgebung gesehen?
- Wie ist es um die Steuerbarkeit von Systemen bestellt?

Maturana definiert das, was ein System ausmacht, mit den Begriffen »Einheit« und »Organisation«. Eine Einheit ist jede Entität, die durch eine Operation der Unterscheidung von einer Umgebung abgegrenzt wird. Systeme sind durch Organisation gekennzeichnet (Maturana 1985, S. 139). Organisation bezeichnet die Relationen zwischen den Bestandteilen des Systems, die dieses als Einheit definieren. Im Sinne dieses Verständnisses kann man bei einem Sandhaufen nicht von Organisation und System sprechen, da jedes Element (Sandkorn) die Position eines jeden anderen Elementes einnehmen kann. Lebende Systeme (wie z.B. Zellen) verfügen über eine autopoietische Organisation (im Gegensatz zur allopoietischen Organisation z.B. von Maschinen), sie sind zur biochemischen Selbstproduktion ihrer eigenen Bestandteile fähig (Maturana 1985, S. 159).

Luhmann überträgt den Autopoiesis-Begriff Maturanas von Organismen auf soziale Systeme und verändert ihn dabei zugleich. Auch bei ihm sind Systeme durch ihre Grenzen (Membranen, Häute, Mauern, Tore) definiert, diese »grenzen immer eine Umwelt aus« (Luhmann 1991, S. 54). Durch die Grenzen wird festgelegt, was zum System gehört. Als Elemente autopoietischer Systeme versteht Luhmann »irreversible Ereignisse, die aufeinander aufbauen, aneinander anschließen«(ebd., S. 74), »die nur kurze Zeit dauern«(ebd., S. 778). Elemente sozialer Systeme sind Handlungen. Soziale Systeme bestehen aus einer Aneinanderkettung von Handlungen. Kommunikation ist der autopoietische Prozess sozialer Systeme. Das autopoietische soziale System muss aber nicht nur seine Elemente, sondern auch seine Grenzen produzieren. Für Luhmann lassen sich diese an »akzeptablen Themen« (ebd., S. 268) ablesen. Von Maturana wurde Autopoiesis als konstitutiv für ein lebendes System bezeichnet, da das Leben beendet ist, sobald die Stoffwechselprozesse aufhören. Entsprechend ist für Luhmann Autopoiesis beendet, wenn die Kommunikation nicht fortgesetzt wird. Maturana kritisiert an Luhmann, »dass er die Menschen auslässt« (Maturana 1985, S. 39). »Denn ich denke, dass ein soziales System aus miteinander interagierenden lebenden Systemen besteht [...]. Sobald man aber die Menschen als lebende Personen ausklammert, beschäftigt man sich nicht mehr mit sozialen Phänomenen« (ebd., S. 40).

Probst geht zwar auch von einer System-Umwelt-Differenz aus, betont aber zugleich die Vernetzung des Systems mit der Umwelt. Für ihn sind soziale Systeme (Unternehmen) »mit ökologischen Systemen vergleichbar« (Probst 1987, S. 61). Ökologische Systeme sind anpassungsfähig an die Umwelt. Ihre Anpassung beruht auf Rückkopplung. In der Anpassung an die Umwelt macht das ökologische System eine Entwicklung durch; es verändert sich nicht einfach nur in quantitativer Hinsicht, vielmehr entstehen in der Entwicklung neue Eigenschaften und Beziehungen. Ziel natürlicher Systeme ist das Überleben durch Anpassungs- und Entwicklungsfähigkeit. Selbstorganisationsprozesse bewirken, dass Ordnung in einem System entsteht. Selbstorganisationsprozesse sind für Probst (ebd., S. 76) nur in Systemen möglich, die sich durch die folgenden vier Merkmale charakterisieren lassen:

1. Komplexität (Vielfalt und Dynamik);
2. Selbstreferenz (das System enthält Rückkopplungsschleifen);
3. Redundanz (mehrere Teile können dasselbe tun);
4. Autonomie (nicht von außen gesteuert).

Die mangelnde Lenkbarkeit sozialer Systeme beruht auf der Komplexität dieser Systeme, deren Elemente selbst komplexe Systeme sind, die ihr Verhalten variieren können. »Das heißt, dass Menschen im Unterschied zu Maschinen nicht auf jeden Impuls in gleichbleibender Weise reagieren, bzw. der gleiche Mensch auf den gleichen Input verschieden reagieren kann« (Bolbrügge 1997, S. 68). Nagel und Wimmer argumentieren hinsichtlich der Steuerbarkeit sozialer Systeme ähnlich:

> »Das Unternehmen als komplexes soziales Gefüge ist keine triviale Maschine. Organisationen lassen sich nicht einfach so umbauen und verändern, wie manche Strategiepläne nach dem Willen ihrer Architekten es sich so vorstellen. Es handelt sich um eigensinnige lebendige Einheiten, die ihren historisch gewachsenen Erfolgsmustern folgen. Diese Muster sind letztlich dafür ausschlaggebend, wie Veränderungsimpulse – woher sie auch immer kommen mögen – unternehmensintern verarbeitet werden. Die eingehende Beobachtung von Organisationen lehrt uns heute, ihnen einen wesentlich höheren Grad an Eigenständigkeit zu attestieren und sie nicht als durch einen externen Willen direkt steuerbar anzusehen« (Nagel/Wimmer 2002, S. 18).

Bateson legt sozialen Systemen den biologischen Systembegriff zugrunde, geht dabei aber auf die Unterschiede von Menschen zu anderen biologischen Organismen ein. Der Mensch konstruiert Bilder, die die Grundlage seines Denkens bilden. »Wenn ich meine Augen auf das richte, was ich für einen Baum halte, empfange ich ein Bild von etwas Grünem. Aber das Bild ist nicht ›da draußen‹. Das zu glauben ist selbst eine

Form von Aberglauben, denn das Bild ist eine eigene Schöpfung« (Bateson 1993, S. 80). »Der Organismus konstruiert perspektivische Bilder aus der Fülle der Impulse, die vom optischen Nerv in das Gehirn gebracht werden« (Bateson 1977, S. 238).

Voraussetzung für die Organisation sozialer Systeme sind »Regelmäßigkeit und Muster«. Die Organisation von sozialen Systemen ist durch Regeln bestimmt, deren Quelle das soziale System selbst ist. Während also die Organisation zwischen den Elementen biochemischer oder physikalischer Systeme durch Naturgesetze determiniert ist, entsteht die Organisation von sozialen Systemen im Kommunikationsprozess durch gemeinsame subjektive Deutungen darüber, welche Regeln in welchem Kontext gelten. Soziale Systeme sind wegen der Tatsache, dass Menschen aufgrund ihrer subjektiven Deutungen handeln und diese nicht kontrollierbar sind, immer selbstorganisiert. Die Steuerbarkeit sozialer Systeme ist abhängig von der Übereinstimmung der subjektiven Deutungen der Beteiligten.

Für unsere weiteren Überlegungen gewinnen wir aus dieser Übersicht folgende Hinweise auf die Beschaffenheit sozialer Systeme:

- Soziale Systeme sind durch Einheit und Organisation bestimmt, durch die sie sich von ihrer Umgebung abgrenzen.
- Soziale Systeme produzieren ihre Organisation durch Kommunikation auf der Grundlage subjektiver Deutungsmuster.
- Soziale Systeme sind mit ihrer Umwelt vernetzt. Wie bei natürlichen Systemen ist ihr Ziel das Überleben durch Anpassung.
- Die Anpassung sozialer Systeme beruht auf Rückkopplung.
- Die mangelnde Lenkbarkeit sozialer Systeme beruht auf der Komplexität dieser Systeme, deren Elemente selbst komplexe Systeme sind.
- Die Steuerbarkeit sozialer Systeme ist abhängig vom Grad der Übereinstimmung der subjektiven Deutungen der Beteiligten.

Darauf wird im Verlauf der folgenden Überlegungen näher einzugehen sein.

3.4 Unterschiedliche Arenen des Lernens

Neben den oben (S. 235f.) genannten Gemeinsamkeiten des Lernens bei psychischen und sozialen Systemen existieren gleichwohl auch Unterschiede. Einer davon betrifft die Reichweite des Lernprozesses, den wir im Sinne von Piaget als einen Austausch- und Anpassungsprozess zwischen System und Umwelt deuten. Diese Reichweite des Lernprozesses belegen wir mit dem Begriff der »Lernarena«; wir unterscheiden – grob gesprochen – fünf verschiedene Lernarenen: die personale, die organisationale, die regionale, die nationale und die globale Lernarena (vgl. Abb. 1). Abgesehen von der personalen Lernarena sind die übrigen vier Begriffe lediglich von einer relativen Trennschärfe.

Ein zweiter Unterschied neben der Reichweite des Lernprozesses betrifft das lernende Subjekt. Lediglich beim personalen Lernen kann man im strengen Sinne von einem

Abb. 1: Unterschiedliche Lernarenen

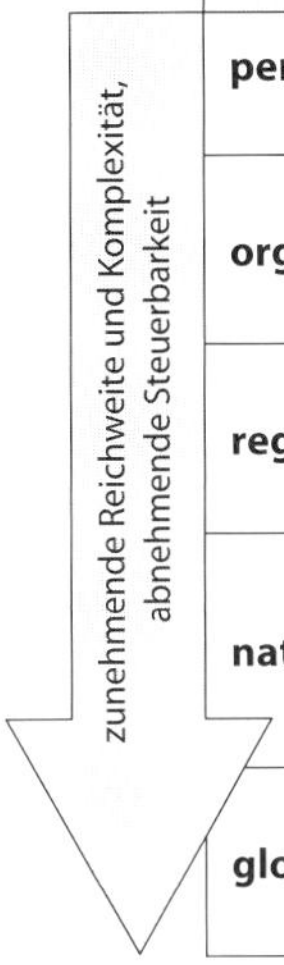

Lernarena	»Lernendes System«	Lerninhalt
personal	z.B. eine Lehrerin oder ein Lehrer	z.B. neue Unterrichtsmethoden
organisational	z.B. ein Lehrerkollegium	z.B. eine neue Kultur des Lernens und Lehrens an einer Schule
regional	z.B. mehrere Schulen eines Aufsichtsbezirks	z.B. gemeinsame Qualitätsstandards in einer Region
national	z.B. die Bevölkerung eines Staates	z.B. eine Haltung der Wertschätzung gegenüber schulischer Arbeit
global	z.B. Staatengemeinschaft	z.B. schonender Umgang mit natürlichen Ressourcen

zunehmende Reichweite und Komplexität, abnehmende Steuerbarkeit

lernenden Subjekt sprechen. Zwar betrifft auch das Lernen in den anderen Lernarenen letztlich immer einzelne Personen, jedoch besteht beispielsweise organisationales Lernen nicht einfach aus der Addition des personalen Lernens der Organisationsmitglieder; auch existiert kein materielles Organ wie das Gehirn beim personalen Lernen, in dem sich die organisationalen Lernprozesse vollziehen und speichern.

Organisationen (und das gilt erst recht für alle weiter gefassten Lernarenen) können nicht als solche lernen, sondern organisationales Lernen vollzieht sich als Kommunikations- und Verständigungsprozess unter den Organisationsmitgliedern, deren personale Lernprozesse untereinander abgeglichen und institutionell auf Dauer gestellt werden müssen. Beim Übergang vom personalen zum organisationalen Lernen stellt sich somit ein grundlegendes Problem.

3.5 Lernendes System und Umgebung

In Anlehnung an Piaget hatten wir festgestellt:

- Lernen wird ausgelöst, wenn das Gleichgewicht zwischen dem Organismus und seiner Umwelt gestört ist.
- Lernen ist ein *Anpassungsprozess*, der die Wiederherstellung dieses Gleichgewichts zum Ziel hat.

Handelt es sich bei dem lernenden System um eine *Person*, so wird die Frage nach dem gestörten Gleichgewicht aus ihrer Perspektive entschieden; sie definiert, worin die Störung des Gleichgewichts besteht und auf welche Weise es wieder hergestellt werden kann.

Beispiel 1

Stellen wir uns eine Lehrperson vor, die den Eindruck hat, dass es ihr zunehmend Schwierigkeiten bereitet, die Schülerinnen und Schüler einer bestimmten Lerngruppe zu konzentrierter Arbeit zu veranlassen. Im Sinne des in Abbildung 2 vorgestellten Modells handelt es sich bei der Lehrperson um das System, dessen Gleichgewichtszustand zu seiner Umgebung gestört ist. Die Lehrperson kommt zu der Einschätzung, dass die ausschließliche Verwendung traditioneller Lehrmethoden angesichts veränderter Sozialisationsbedingungen nicht mehr angemessen ist; sie entschließt sich, künftig *schüleraktivierende Methoden* zu verwenden. Um das eigene Methodenrepertoire zu erweitern, entschließt sie sich zur Teilnahme an einer Fortbildungsmaßnahme.

Beispiel 2

In einem Lehrerkollegium wird darüber geklagt, dass es zunehmend Schwierigkeiten bereitet, die Schüler/innen zu konzentrierter Arbeit zu veranlassen. Im Sinne des in Abbildung 2 vorgestellten Modells handelt es sich bei den Mitgliedern des Lehrerkollegiums um das System, dessen Gleichgewicht zu seiner Umwelt gestört ist. In der Diskussion dieses Problems gibt es unterschiedliche Annahmen über mögliche Ursachen und Konsequenzen:

- Eine Position besagt, die Sozialisationsbedingungen der Schüler/innen in der heutigen Zeit, die durch einen zunehmenden Verlust an Primärerfahrungen gekenn-

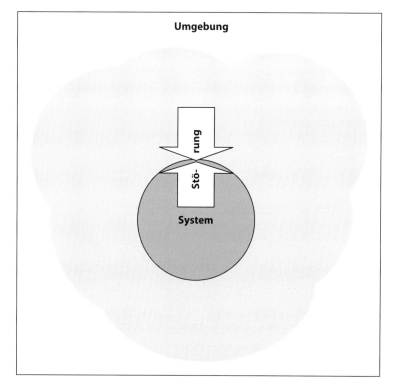

Abb. 2:
System und
Umgebung I

zeichnet seien, verlangten nach Orientierung an neuen didaktisch-methodischen Konzepten im Sinne einer *Öffnung von Schule und Unterricht*. Es wird vorgeschlagen, gemeinsam an einer entsprechenden Weiterentwicklung des Unterrichtskonzeptes zu arbeiten.
- Eine zweite Position verweist auf die veränderte Schülerschaft: Anders als früher würden durch die hohe Übertrittsquote von der Grundschule zunehmend Schüler/innen in die eigene Schulform gelangen, die dort eigentlich fehl am Platze seien. Es komme daher darauf an, während der Erprobungsstufe die Schüler/innen genauestens zu beobachten, um den Eltern gegebenenfalls zu einem *rechtzeitigen Schulwechsel* zu raten.
- Eine dritte Position macht den wachsenden Stellenwert der Medien im Freizeitverhalten der Schüler/innen verantwortlich: Angesichts dieser Situation sei die zunehmende Konzentrationsschwäche der Schüler/innen nicht verwunderlich. Es wird ein Elternabend vorgeschlagen, auf dem ein *Bündnis für Erziehung gegen ausufernden Medienkonsum* geschlossen werden soll.

Die beiden Beispiele verdeutlichen einen wichtigen Unterschied zwischen personalem und organisationalem Lernen. Im Falle des personalen Lernens besteht das lernende System aus einer Person; deren Wahrnehmungen und Zuschreibungen strukturieren die Umgebung. »Strukturieren der Umgebung« bedeutet eine Komplexitätsreduktion und Modellierung der Umwelt zum Zwecke des Handelns. Hierbei wird die Umgebung im Sinne der je eigenen Annahmen des jeweiligen Systems gedeutet und entsprechend beeinflussbar gemacht.

In Beispiel 1 wird die Umgebung einheitlich im Sinne veränderter Sozialisationsbedingungen gedeutet; hierin besteht insofern eine Komplexitätsreduktion, als andere Deutungsmöglichkeiten nicht in Betracht gezogen werden. Auf diese Modellierung beruft sich das Handlungskonzept, künftig häufiger schüleraktivierende Methoden zu verwenden. »Umgebung« ist aber keine per se einheitlich strukturierte Gegebenheit im Sinne eines komplementären Pols zum »System«, sondern sie besteht ihrerseits aus einer Vielzahl von Systemen mit den unterschiedlichsten Wirkungen auf die benachbarten Systeme (vgl. Abb. 3 auf der nächsten Seite), die im Prozess der Modellierung durch das lernende System unter mehr oder weniger einheitlichen Prinzipien zusammengefasst werden.

Bei organisationalem Lernen besteht – anders als bei personalem Lernen – das Problem, dass innerhalb des lernenden Systems mehrere Subjekte existieren, die konkurrierende und vielleicht auch konfligierende Modellierungen und Komplexitätsreduktionen gegenüber der Umwelt vornehmen. Hieraus erwachsen möglicherweise widersprüchliche Handlungskonzepte für die angestrebte Wiederherstellung des Gleichgewichts zwischen System und Umwelt. Diese Tatsache ist aber für die Anpassung des Systems an die Umgebung zunächst einmal kontraproduktiv, weil dem Handeln der Organisationsmitglieder keine einheitliche Richtung gegeben werden kann.

Dieser Sachverhalt lässt sich durch Beispiel 2 illustrieren; hinsichtlich der Modellierung der Umgebung konkurrieren drei verschiedene Deutungen:

- veränderte Sozialisationsbedingungen,
- fehlgesteuerte Schulwahl und
- ausufernder Medienkonsum.

Entsprechend den unterschiedlichen Modellierungen unterscheiden sich auch die darauf bezogenen Handlungskonzepte:

- Öffnung von Schule,
- verstärkte Selektion der Schülerschaft oder
- Erziehungskontrakt mit den Eltern.

Hiermit zeigt sich ein weiterer belangvoller Unterschied zwischen personalem und organisationalem Lernen. Mit der zunehmenden Zahl der involvierten Individuen steigt nicht nur die Reichweite des Lernprozesses und dessen Komplexität, sondern es verringert sich zugleich dessen rationale und zielgerichtete Steuerbarkeit im Sinne eines linearen Prozesses. Eine Antwort auf die Frage nach den möglichen Ursachen dieses Sachverhalts liefert der Deutungsmusteransatz.

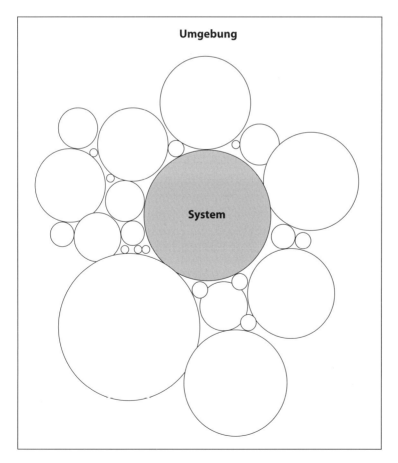

Abb. 3: System und Umgebung II

3.6 Der Deutungsmusteransatz als Erklärungsmodell

Dem Deutungsmuteransatz liegt die Erkenntnis zugrunde, dass unsere Realität eine interpretierte Wirklichkeit ist, dass unsere Lebenswelten und unsere Alltagstheorien aus unseren Deutungen bestehen, dass wir »im Modus der Auslegung leben« (Tietgens 1981), dass Lernen von erwachsenen Individuen immer auch ein »Deutungslernen« ist. Vor allem Rolf Arnold hat den Begriff »Deutungsmuster« als didaktischen Schlüsselbegriff weiterentwickelt. Er unterscheidet zehn Elemente dieses Begriffs, nämlich (Arnold 1985/1991, S. 54ff.):

1. *Perspektivität:* Individuen deuten ihre Wirklichkeit aus ihrer spezifischen Sicht mit ihrem erkenntnisleitenden Interesse;
2. *Plausibilität:* Deutungen müssen einsichtig sein und »routiniertes Handeln« ermöglichen;
3. *Latenz:* Deutungen sind nicht ständig bewusst, die »Muster« bilden eine »Tiefenstruktur« des Bewusstseins;
4. *Reduktion von Komplexität:* um Handlungen im Alltag zu ermöglichen, muss die Unübersichtlichkeit und Kompliziertheit der Wirklichkeit reduziert werden;
5. *Kontinuität:* Deutungen sind lebensgeschichtlich entstanden und weisen eine »gewisse Stabilität und Beharrungstendenz« auf;
6. *Persistenz früherer Erfahrungen:* die in der Kindheit erworbenen normativen Orientierungen haben eine starke »Prägewirkung«;
7. *Konsistenz:* Deutungsmuster stehen in einem inneren Zusammenhang, zumindest sind wir um ein stimmiges Weltbild bemüht;
8. *gesellschaftliche Vermitteltheit:* Deutungsmuster haben eine soziale, kollektive Grundlage, sie sind in ein »gesellschaftliches Bewusstsein« eingebettet;
9. *relative Flexibilität:* Persistenz und Flexibilität stehen in einem Spannungsverhältnis; flexibel sind Deutungsmuster meist nur innerhalb einer bestimmten »Driftzone«;
10. *systematisch-hierarchische Ordnung:* Deutungsmuster lassen sich nach ihrer tiefenpsychologischen Verankerung hierarchisieren. Hans Thomae spricht von »Grundüberzeugungen«, die die Basis z.B. für politische Einstellungen bilden (Arnold 1985/1991, S.54ff.).

Betrachtet man unter der Perspektive des Deutungsmusteransatzes den Charakter von Organisationen, wie er sich aus der Sicht neuerer Organisationsforschung darstellt, ergibt sich ein plausibler Zusammenhang. Im Sinne der traditionellen Organisationstheorie sind Organisationen zielorientierte, rational geplante Systeme mit einer auf Dauer gestellten objektiv-versachlichten Struktur. Dem stellt Türk (1989, S. 23) folgendes Verständnis entgegen:

»1. Organisationen sind nicht oder nur sehr rudimentär real-abstrahierende Systeme vielmehr sind sie *lebensweltlich konstituierte Handlungszusammenhänge* mit eigenen spezifischen Kulturen und Subkulturen. Organisationale Kulturen wirken weltbildprägend und integrativ, aber auch über Subkulturbildung innerhalb der Großorganisationen durchaus dissoziativ. [...] Gerade Innovationsprozesse dürften im Spannungsfeld solcher Subkulturen lokalisiert sein und je nach dominanter Kultur unterschiedlich ausfallen. [...]

2. Organisationen verfügen nicht oder nur rudimentär über eine objektiv-versachlichte Struktur, sondern vielmehr über subjektiv bzw. begrenzt kollektiv differierende ›*cognitive maps*‹ der eigenen Organisation: So viele verschiedene Menschen man über die Organisationsstruktur befragt – so viele verschiedene Strukturbilder erhält man, etwas übertrieben formuliert. Die Frage des Organisationsforschers nach der ›wirklichen‹ Organisationsstruktur erweist sich danach als schlicht falsch gestellt. Anstelle von allgemein geteilten und objektiven Strukturen bilden sich Regeln der Interaktion heraus; diese Regeln können dabei durchaus auf oberflächlichen Konsensfiktionen beruhen. [...]

3. Organisationen sind nicht oder nur rudimentär auf Dauer stabil, vielmehr sind sie *permanent in Bewegung*: Sie erreichen ihre Oberflächenstabilität nicht durch Gleichgewicht und Statik, sondern durch Bewegung. Organisationen verändern sich nicht nur tagtäglich, indem Anforderungen wechseln, Aufgaben differieren, Kooperationen sich neu formieren, Autoritäten sich etablieren oder infrage gestellt werden; sie verändern sich nicht nur dadurch, dass laufend formale Zusatzregeln in wohl allen Großorganisationen neu hinzukommen – es findet eine weitgehend unbeachtete Vorschriftenhypertrophie statt (diese kann man gleichsam als ›Alterungsprozess‹ von Organisationen bezeichnen); sondern Veränderungen finden auch statt durch permanente Lernprozesse des Organisationspersonals: Jeder ist jeden Tag durch Erfahrungen des vorangegangenen Tages ›klüger‹. Aus diesem Grunde ist der Faktor Zeit von Bedeutung: das Alter der Organisation insgesamt, das Dienst- und Lebensalter der Akteure, ihre Interaktions- und Arbeitsgeschichte, die Kooperations- und Kulturgeschichte von Abteilungen usw. Alles ist immer in Bewegung – dies erzeugt im laufenden Reproduktionsprozess der sozialen Verhältnisse Variationen, Mutationen, Innovationen, aber auch Brüche und Absenkungen in die Vergessenheit. [...]

4. Organisationen sind nicht zielorientierte, geplant-monolithische Blöcke, sondern ›*natural systems*‹ [...], in denen organisationale Regeln, Ressourcen und Restriktionen für Machtspiele zur Verfügung stehen. Organisationen stellen sich danach eher als widerspruchsvolle konfliktäre politische Ökonomien dar, in denen um die Kontrolle über Ressourcen zum Aufbau materieller, kultureller und sozialer Kapitalien gerungen wird. Zielformulierungen dienen allein der rituellen Selbstdarstellung der Organisation nach außen oder gegenüber dem weniger mächtigen Organisationspersonal. Sie haben eher Mythencharakter. Ziele werden durchweg erst ex post formuliert. Ziele, Werte, Motive werden nicht als Handlungsursachen begriffen – und deshalb ist das Handeln auch nicht durch sie erklärbar. Ziele, Wertmotive sind vielmehr selbst Handlungsprodukte. Sie werden im Handeln hervorgebracht und sind somit selbst nicht erklärende Variable, sondern erklärungsbedürftig.«

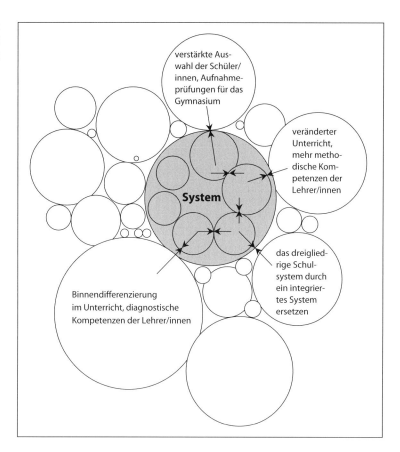

Abb. 4:
System und
Umgebung III

Im Sinne dieses Verständnisses von Organisation differenziert sich unser Bild vom Verhältnis von System und Umgebung weiter aus. Nicht nur die scheinbar einheitlich strukturierte Umgebung erweist sich als ein Kosmos vielfältiger und unabhängiger Systeme, der keineswegs nach einem ihm innewohnenden einheitlichen Prinzip strukturiert wäre, sondern das System selbst stellt sich als eine »widerspruchsvolle konfliktäre politische Ökonomie dar, in der um die Kontrolle über Ressourcen zum Aufbau materieller, kultureller und sozialer Kapitalien gerungen wird« (Türk 1989, S. 23) und in dem unterschiedliche Vorstellungen miteinander konkurrieren, auf welche Weise die Beziehung zur Umgebung sinnvoll zu regulieren und auf welches Segment der Beziehung System-Umgebung das organisationale Handeln vordringlich zu richten sei.

Beispiel
In der Diskussion um die Bedeutung der PISA-Studie für die Schule werden innerhalb eines Kollegiums unterschiedliche Auffassungen vertreten:

- »Kein Wunder, dass wir so schlecht abgeschnitten haben; auf dem Gymnasium tummeln sich zunehmend die falschen Schüler. Viele unserer Schülerinnen und

Schüler haben bestenfalls Realschulniveau. Wir sollten wieder Aufnahmeprüfungen einführen, dann würde sich dieser Zustand bald ändern.«
- »Dem möchte ich entschieden widersprechen: Die PISA-Studie ist keine Gymnasialstudie, daher kann es nicht darum gehen, ob unsere Schule die falschen Schüler aufnimmt. PISA zeigt, dass unsere Schülerinnen und Schüler nicht in der Lage sind, ihr Wissen in Alltagssituationen anzuwenden. Die Art des Unterrichtens muss sich ändern; wir brauchen als Lehrer größere methodische Kompetenzen.«
- »Das mag wohl grundsätzlich zutreffen. Was helfen uns aber die besten methodischen Kompetenzen, wenn das dreigliedrige Schulsystem mit seiner auf Selektion angelegten Versetzungsordnung systematisch einen hohen Anteil an Verlierern produziert? Diejenigen Länder haben in der PISA-Studie besonders gut abgeschnitten, die bis zur Klasse 9 einschließlich über ein integriertes Schulsystem verfügen. Aber darauf haben wir als Lehrer ja keinen Einfluss.«
- »Das alleine kann es doch wohl auch nicht sein, das zeigen unsere eigenen Erfahrungen mit der Gesamtschule. Es reicht doch nicht, dass man alle Schülerinnen und Schüler in die gleiche Schule schickt. Man muss auch in der Lage sein, sie individuell zu fördern. Wir brauchen mehr Binnendifferenzierung im Unterricht. Auch müssen die Lehrerinnen und Lehrer erst einmal über nennenswerte diagnostische Kompetenzen verfügen, um die nötigen Grundlagen für individuelle Förderprogramme zu schaffen. Hier ist besonders die erste Phase der Lehrerausbildung gefragt.«

Jede dieser vier Positionen definiert die Beziehung des Systems Schule zur Umgebung auf eine andere Weise und reklamiert damit zugleich einen je anders gearteten Bedarf nach Anpassung des Systems an seine Umgebung (vgl. Abb. 4 auf der vorangehenden Seite). Innerhalb des Systems kann damit eine scharfe Auseinandersetzung einhergehen um die Frage, wie und zu welchem Ziel die vorhandenen Ressourcen einzusetzen seien. Dies ist der Sinn von Türks These, Organisationen seien widerspruchsvolle konfliktäre politische Ökonomien. Die Frage ist, wie angesichts dieses Sachverhaltes ein erfolgreicher organisationaler Wandel ermöglicht werden kann.

3.7 Strategien des Wandels

Die von Türk genannten Merkmale von Organisation aus der Perspektive moderner Organisationsforschung sind für diese Frage insofern von Belang, als sich aus ihnen Konsequenzen für die Art und Weise ableiten lassen, wie und durch wen auf Organisationen eingewirkt wird, wenn es z.B. darum geht, Wandel in Gang zu setzen.

Im herkömmlichen Verständnis des Bürokratiemodells sind Organisationen zielorientierte, rational geplante Systeme mit einer auf Dauer gestellten objektiv-versachlichten Struktur. Diese Auffassung hat ihren Niederschlag beispielsweise im nordrhein-westfälischen Schulverwaltungsgesetz (SchVG) vom 21. Juni 1982 gefunden. Dessen Paragraph 1 definiert den Schulbegriff in folgender Weise: »Schulen im Sinne dieses

Gesetzes sind Bildungsstätten, in denen Unterricht unabhängig vom Wechsel der Lehrer und Schüler nach einem von der Schulaufsichtsbehörde unter Anführung dieser Vorschrift festgesetzten oder genehmigten Lehrplan erteilt wird.«

Die vordringlichen Merkmale dieses Verständnisses von Schule als Organisation sind die *Personenunabhängigkeit und Weisungsgebundenheit* schulischer Abläufe. Innovationen kommen im Sinne dieses Verständnisses durch dienstliche Weisung der übergeordneten Hierarchieebene zustande: Die Weisung selbst bewirkt die Innovation. Schulischer Wandel vollzieht sich durch die Ausübung von Macht, wobei Macht hier als gesetzlich legitimierte Macht zu verstehen ist, also nicht als Willkür diffamiert werden soll. Die *Machtstrategie* ist sicherlich die historisch am frühesten auftretende Strategie des Wandels, die gleichwohl bis heute ihre Berechtigung behalten hat, wenn es beispielsweise darum geht, in einem Staatswesen relativ einheitliche Bedingungen im Bildungsbereich zu gewährleisten.

Die Effizienz der auf Weisung zustande gekommenen Innovationen erhöht sich zweifellos, wenn sich die Weisung nicht nur auf ein Machtgefälle stützen kann, sondern wenn die Gründe, die zu der Weisung geführt haben, für jedermann einsichtig und nachvollziehbar sind und wenn sie sich auf empirische Daten stützen. In diesem Fall spricht man von *rational-empirischen Strategien*.

Ein Beispiel für die Kombination von Machtstrategie und rational-empirischer Strategie des Wandels ist z.B. die durch Erlass herbeigeführte landesweite Etablierung eines neuen Ausbildungsganges nach einer vorangegangenen Phase des Schulversuchs. Machtstrategien und rational-empirische Strategien sind also wichtige Instrumente einer zentral verfassten Institution zur Umsetzung ihres gesetzlichen Auftrags, landesweit für vergleichbare Rahmen- und damit letztlich auch Lebensbedingungen zu sorgen.

Aber: Machtstrategien und rational-empirische Strategien haben ihre Grenzen, wo sie in einen Widerstreit zu den Personen geraten, die die entsprechende Weisung umsetzen sollen: zu ihren Normen und Werten, ihren Motiven, ihren Kenntnissen, Fertigkeiten und Erfahrungen, ihren Vorlieben, Gewohnheiten und Routinen, ihren Beziehungen und personalen Orientierungen. Dieser Sachverhalt wirkt sich auf vergleichsweise banale Fragen wie auch auf schulpolitische Grundsatzentscheidungen aus. So kann beispielsweise die Einführung eines wissenschaftlich und fachdidaktisch hoch gerühmten neuen Fremdsprachenlehrbuchs in einem Kollegium an der schlichten Tatsache scheitern, dass die Fachlehrer/innen im Laufe der Zeit ihre alten Lehrbücher mit Marginalien versehen haben, die die Unterrichtsvorbereitung erleichtern und für das neue Lehrbuch erst mühselig wieder erarbeitet werden müssten. Ebenso kann eine neue Schulform durch die aussagekräftigsten empirischen Daten in ihrer Effizienz ausgewiesen sein: Ihre Akzeptanz bei Lehrer/innen und Eltern wird möglicherweise nicht daran gemessen, sondern eher an der Frage, ob sie den Wertvorstellungen der Lehrkräfte oder den Schulwahlmotiven der Eltern entspricht. Vielleicht ist ja die Frage, wie sich eine Schule auf die soziale Konkurrenzfähigkeit ihrer Absolventinnen und Absolventen auswirkt, aus einer bestimmten Interessenperspektive viel wichtiger als die Frage, ob diese Schulform in der Lage ist, ein bestimmtes Bildungsziel zu vermitteln.

Mit diesen Beispielen ist eine Dimension in den Blick genommen, die durch Machtstrategien oder rational-empirische Strategien nicht ohne weiteres beeinflusst werden kann und die sich bei vielfältigen Gelegenheiten im Schulalltag auf die Durchsetzbarkeit von Innovationen auswirkt. Diese Dimension ist vornehmlich durch die in den Organisationen handelnden Personen bestimmt, von denen eben nicht einfach abstrahiert werden kann. Hierauf macht die neuere Organisationsforschung aufmerksam, wie Türk (1989, S. 23) im Hinblick auf vier Aspekte erläutert, die durch eine Reihe von Fragen aufgeschlüsselt werden können:

1. »*Organisationen sind lebensweltlich konstituierte Handlungszusammenhänge mit eigenen spezifischen Kulturen und Subkulturen.*«
   – Welchen Berufsverbänden gehören die Kollegiumsmitglieder an?
   – Welche politischen Richtungen bevorzugen sie?
   – Wie ist die Altersstruktur des Kollegiums?
   – Welche kulturellen Stile sind im Kollegium vertreten?
   – Gibt es Freundschaftsgruppen?
2. »*Organisationen verfügen über subjektiv bzw. begrenzt kollektiv differierende Strukturbilder der eigenen Organisation.*«
   Wer beeinflusst in der Schule den Prozess der Meinungsbildung und Entscheidungsfindung in wichtigen Fragen aus der Sicht
   – des Schulleiters/der Schulleiterin?
   – der älteren Kolleginnen und Kollegen?
   – der jüngeren Kolleginnen und Kollegen?
   – bestimmter Gruppierungen?
3. »*Organisationen sind permanent in Bewegung: Sie erreichen ihre Oberflächenstabilität nicht durch Gleichgewicht und Statik, sondern durch Bewegung.*«
   – Hat es in den letzten Jahren (freiwillige?) Zu- und Abgänge im Kollegium gegeben?
   – Wie haben sich die Schülerzahlen entwickelt?
   – Gibt es neue Richtlinien?
   – Sind besondere Probleme z.B. im Hinblick auf die Lernvoraussetzungen der Schüler/innen, den sozialen Einzugsbereich der Schule oder die Zusammenarbeit mit dem Schulträger aufgetreten?
   – Wie hat die Schule darauf reagiert?
4. »*Zielformulierungen dienen [...] der rituellen Selbstdarstellung der Organisation nach außen oder gegenüber dem weniger mächtigen Organisationspersonal. Ziele, Werte, Motive werden nicht als Handlungsursachen begriffen – und deshalb ist das Handeln auch nicht durch sie erklärbar.*«
   – Ist das Handeln der in der Schule tätigen Personen allein aus den pädagogischen Leitideen der Schule zu erklären?
   – Welche Rolle spielen Streben nach Selbstverwirklichung, Rivalität, beruflicher Ehrgeiz, Freude an der Selbstdarstellung, Resignation, Begeisterung für ein bestimmtes Fach, Streben nach Einfluss und Ansehen, der Wunsch nach Ruhe ...?

Während also im herkömmlichen Verständnis von Organisation Aussagen über *die* Schule schlechthin gemacht worden sind, zeigen die oben aufgeführten Fragestellungen, dass die Wirklichkeit der einzelnen Schule viel komplexer ist, als es durch ein bürokratisches Strukturbild dargestellt werden kann. Diese Komplexität, die letztlich auf die in der Schule handelnden Personen zurückzuführen ist und jeder Schule zu einem ihr eigentümlichen Profil verhilft, gilt es in Rechnung zu stellen, wenn Innovationen zur Sache der Organisationsmitglieder selbst werden und ihre konkrete Praxis verändern sollen. Gefordert sind *personenorientierte interaktionistische Strategien des Wandels*, die die Mitglieder der Organisation Schule nicht darauf reduzieren, die Empfänger von dienstlichen Weisungen zu sein. Die Mitglieder der Organisation Schule müssen vielmehr in die Lage versetzt werden, ihre individuellen Wahrnehmungen und Modellierungen untereinander zu kommunizieren und zu verhandeln und somit zu Subjekten innerschulischer Entwicklungsprozesse zu werden: Dies verlangt nach Verfahren, die auf Prinzipien wie Selbstuntersuchung, Selbstklärung und Selbstentwicklung gegründet sind.

An dieser Stelle gilt es jedoch, einem möglichen Missverständnis entgegenzuwirken. Mit der Forderung nach personenorientierten Strategien des Wandels soll die Existenzberechtigung von Machtstrategien oder empirisch-rationalen Strategien nicht geleugnet werden. Bei aller Notwendigkeit, sich auf die Situation der individuellen Schule und die Bedürfnisse der in ihr wirkenden Menschen einzustellen und diese zum Motor schulischer Entwicklungsarbeit zu machen, kann nicht der staatliche Auftrag vernachlässigt werden, für die Vergleichbarkeit schulischer Laufbahnen und Beschlüsse zu sorgen. Die drei genannten Strategien des Wandels ergänzen sich insofern gegenseitig, als sie unterschiedliche Dimensionen schulischer Entwicklung thematisieren:

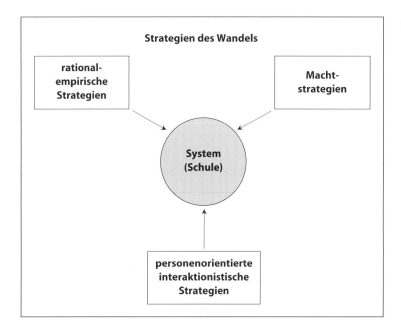

Abb. 5: Strategien des Wandels

3.8 Systemstabilität durch Interaktion

Das Beispiel des Kollegiums, das über die Bedeutung der PISA-Studie für die eigene Schule diskutiert (vgl. oben S. 245f.), zeigt uns das Bild einer Organisation, in der gänzlich unterschiedliche Vorstellungen davon existieren, wie sich im Sinne eines Prozesses organisationalen Wandels die Beziehung des Systems Schule zu seiner Umgebung in ein Verhältnis des Gleichgewichts bringen ließe. Die vier nebeneinander existierenden Deutungen des Veränderungsbedarfs zielen in unterschiedliche Richtungen und thematisieren unterschiedliche Aspekte der Beziehung System/Umgebung. Werden im Extremfall die differenten Auffassungen über die notwendige Entwicklungsrichtung zu stark, kann dies dazu führen, dass die Einheit des Systems gesprengt wird. Die Frage ist, wie unter solchen Bedingungen die Einheit des Systems gesichert und eine erfolgreiche Anpassung an veränderte Bedingungen der Umgebung geleistet werden kann.

Hilfreich zur Klärung dieser Frage ist ein vergleichender Blick auf biologische Phänomene, etwa das Schwarmverhalten von Vögeln und Fischen. Schwärme bilden eine übergeordnete Ganzheit, die sich von außen gesehen wie ein denkendes, wahrnehmendes, reagierendes und entscheidendes Wesen verhält. In diesem Sinne handelt es sich wie bei menschlichen Organisationen um Systeme, die aus einer Vielzahl von Individuen bestehen und sich durch eine deutliche Systemgrenze von ihrer Umgebung absetzen. Schwärme zeigen ein intelligentes Verhalten, das die Fähigkeiten der einzelnen Tiere weit übersteigt. Wie ist dieser Sachverhalt zu erklären?

»Gänse fliegen zwar in V-Formation, aber ohne dass der Anführer eine spezielle autoritäre Funktion hätte. Er gibt seine führende Position ab, wenn er müde wird oder wenn der Schwarm die Flugrichtung ändert. Es gibt auch keine Hierarchie, welche die Flugrichtung und die Anordnung von Enten- oder Taubenschwärmen festlegt. [...] Die Tiere reagieren auf einen bestimmten Reiz – einen Windstoß, einen Schuss, die plötzliche Bewegung eines Tauchers, einen vorbeischwimmenden Stachelrochen. Dann dreht der Vogel- oder Fischschwarm möglicherweise in die entgegengesetzte Richtung ab und folgt scheinbar einem neuen Anführer, der mit dem Anlass der Richtungsänderung aber gar nichts zu tun hatte. Anhand von Filmaufnahmen haben Wissenschaftler herausgefunden, dass Vögel in einem Schwarm innerhalb einer siebzigstel Sekunde die Richtung ändern, das ist schneller als die individuelle Reaktionszeit eines einzelnen Vogels. [...] Es entsteht immer der Eindruck, als gebe es einen zentral gesteuerten Antriebsmechanismus. Doch alle Untersuchungsergebnisse weisen darauf hin, dass die Bewegung des Schwarms nur das Gesamtresultat des Verhaltens der einzelnen Vögel ist. Jedes einzelne Tier reagiert so, wie es seine Wahrnehmung der Umgebung erfordert. [... Es gibt] keinen Anführer, keine Befehle, keine zentrale Autorität. Stattdessen existiert eine Art gemeinsamer Verstand, ein lose zusammengehaltenes Netzwerk von Impulsen und gegenseitigen Beziehungen« (www.archiv.hoechst.de).

Somit wird deutlich: Die Stabilität des Systems und seine Reaktionsfähigkeit gegenüber seiner Umgebung wird nicht durch Machtausübung einer zentralen hierarchisch abgesicherten Instanz gewährleistet, sondern durch Interaktion unter den Individuen, die das System bilden. Craig Reynolds, ein Programmierer, der bei Silicon Studio Software für Multimediaanwendungen entwickelt, zeigt anhand von Simulationen in digitalen Schwärmen, dass die Interaktion in Schwärmen, um erfolgreich zu sein, drei einfachen Verhaltensanweisungen genügen muss, die sich beziehen auf:

- Abstand (»Komm deinem Nachbarn nicht in die Quere«),
- Flugrichtung (»Folge der Flugrichtung der Mehrheit des Schwarms«) und
- engen Zusammenhalt (»Halte dich an die vorgegebene Flugrichtung der anderen Vögel«).

An dieser Stelle aber wird ein entscheidender Unterschied zwischen den Interaktionsprozessen innerhalb einer menschlichen Organisation und analogen Prozessen in einem Schwarm deutlich. Innerhalb eines Schwarms reagiert jedes Tier auf die veränderte Umgebung so, wie es seine Wahrnehmung erfordert. Dabei lässt der jeweilige Reiz, etwa ein plötzlicher Windstoß, keine große Bandbreite unterschiedlicher Reaktionen zu; die Tiere reagieren mit einer Richtungsänderung, die unter den von Reynolds genannten drei Prinzipien in sehr kurzer Zeit zu einer einheitlichen Richtungsänderung und damit erfolgreichen Anpassung an die veränderte Umgebung führen.

Anders in Systemen, deren Träger menschliche Individuen sind: Hier führt der jeweilige Reiz aus der Umgebung nicht zu einer einheitlichen Verhaltensänderung des Systems, weil die Individuen auf der Grundlage ihrer spezifischen Deutungsmuster zu unterschiedlichen Einschätzungen des Veränderungsbedarfs der Beziehung System/Umgebung gelangen; dies zeigt uns das eingangs genannte Beispiel des Kollegiums, das über die Bedeutung der PISA-Studie für die eigene Schule diskutiert.

3.9 Orientierungsrichtungen zur Deutung der Beziehung System/Umgebung

Prinzipiell lassen sich vier Orientierungsrichtungen unterscheiden, denen die verschiedenen Deutungen der Beziehung System/Umgebung zugeordnet werden können (vgl. Abb. 6 auf der nächsten Seite):

- Orientierung 1 richtet sich in die Zukunft und nach außen;
- Orientierung 2 richtet sich in die Zukunft und nach innen;
- Orientierung 3 richtet sich in die Vergangenheit und nach innen;
- Orientierung 4 richtet sich in die Vergangenheit und nach außen.

In dieses Koordinatenkreuz können nun auch die vier zitierten Auffassungen eines Kollegiums über die Bedeutung von PISA eingeordnet werden (vgl. Abb. 7).

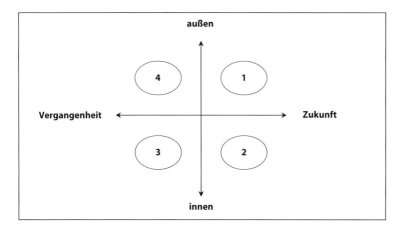

Abb. 6: Orientierungsrichtungen (allgemein)

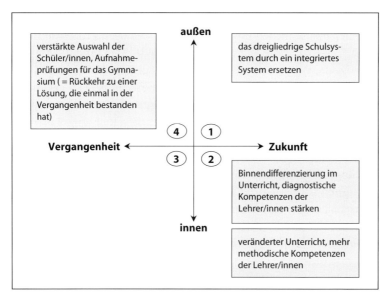

Abb. 7: Orientierungsrichtungen (Beispiel PISA)

Drei Positionen sind auf die Zukunft gerichtet, eine auf die Vergangenheit; zwei Positionen beziehen sich auf das Außenverhältnis der Schule, zwei thematisieren das Binnenverhältnis der Schule. Einem direkten Zugriff der Organisationsmitglieder im Hinblick auf organisationalen Wandel stehen nur die Positionen im zweiten Quadranten (Binnenverhältnis) offen; die Positionen im ersten und vierten Quadranten (Außenverhältnis) können allenfalls auf einer politischen Ebene entschieden werden, die die direkte Einflusssphäre und den unmittelbaren Kompetenzbereich der Organisationsmitglieder übersteigt.

Man könnte nun geneigt sein, die unterschiedlichen Positionen auf einer rein pragmatischen Ebene zu entscheiden: Da die Positionen des ersten und vierten Quadranten nicht in die Zuständigkeit der Organisationsmitglieder fallen, haben sich Anstrengungen in Richtung eines organisationalen Wandels eben auf die Positionen des zweiten Quadranten zu konzentrieren. Eine derartige Argumentation übersieht jedoch, dass jemand, der der Position des vierten Quadranten anhängt, wonach eine verstärkte Auswahl der Schüler/innen durch Aufnahmeprüfungen für das Gymnasium erforderlich sei, kaum bereit sein wird, sich für mehr Binnendifferenzierung und darauf abgestimmte erweiterte methodische Kompetenzen des Lehrpersonals einzusetzen.

Um dennoch unter den Organisationsmitgliedern zu einer tendenziell einheitlichen Auffassung hinsichtlich der Ausrichtung des erforderlichen Wandels zu gelangen, ist es erforderlich, sich rational und argumentativ möglichst auf der Basis empirischer Daten auseinander zu setzen. Im konkreten Fall könnte in der Richtung argumentiert werden, dass die PISA-Studie sich nicht spezifisch auf eine gymnasiale Schülerpopulation bezieht, weshalb auch die Frage möglicher Zugangsprüfungen zum Gymnasium in diesem Kontext unerheblich ist.

Versuchen wir an dieser Stelle eine Zusammenfassung dessen, was aus dem PISA-Beispiel über den erforderlichen Wandel des Systems Schule angesichts einer veränderten Umgebung abgeleitet werden kann.

- Die PISA-Studie hat verdeutlicht, dass die bislang mehr oder weniger fraglos angenommene Passung des deutschen Schulsystems im Hinblick auf die gesellschaftlichen Erfordernisse (Umgebung) nur noch in einem recht unzulänglichen Maße gegeben ist.
- Die innerhalb einer Schule tätigen Personen äußern unterschiedliche und z.T. kontroverse Auffassungen über den erforderlichen Bedarf an organisationalem Wandel. Dabei bleiben einzelne Positionen, weil sie nicht den unmittelbaren Zuständigkeits- und Einflussbereich der Organisationsmitglieder betreffen, für das konkrete Handeln praktisch folgenlos.
- Anders als bei Tierschwärmen, in denen veränderte Bedingungen der Umgebung unmittelbar in ein verändertes Verhalten des sozialen Systems durch geregelte Interaktion und Feedback unter den das System bildenden Individuen umgesetzt werden, bleibt es im Fall des sozialen Systems Schule wegen der unterschiedlichen Interpretationen der Beziehung von System und Umgebung möglicherweise lange Zeit bei einem Zustand der Inaktivität und damit der Unangepasstheit des Systems zu seiner Umgebung.
- Damit hier Interaktion unter den das System bildenden Individuen nicht folgenlos bleibt, müssen unterschiedliche Faktoren zusammenspielen:
  – Es muss eine Instanz geben, die die Organisationsmitglieder mit der Notwendigkeit konfrontiert, sich mit den Ergebnissen der PISA-Studie auseinander zu setzen (Machtstrategie);
  – die in diesem Zusammenhang erforderlichen Informationen müssen bereitgestellt werden (rational-empirische Strategie);
  – die Organisationsmitglieder müssen sich auf dieser Grundlage und unter Berücksichtigung ihrer individuellen Deutungsmuster auf den für ihre Schule erforderlichen Wandel verständigen, um das System den Erfordernissen der Umgebung erneut anzupassen und damit seine Überlebensfähigkeit zu sichern (personenorientierte interaktionistische Strategie).

Erfolgreiche Wiederanpassung sozialer Systeme erscheint somit als Resultat eines abgestimmten Zusammenspiels von Machtstrategien, rational-empirischen Strategien und personenorientierten interaktionistischen Strategien. Dieser Sachverhalt verdient deswegen besondere Beachtung, weil häufig eine Haltung zu beobachten ist, eine der drei Strategien zu verabsolutieren und gegen andere auszuspielen, so etwa rational-empirische Strategien gegen die als undemokratisch empfundenen Machtstrategien oder personenorientierte interaktionistische Strategien in Gestalt der Organisationsentwicklung gegen Macht- und rational-empirische Strategien, weil diese nicht hinreichend die Bedürfnisse und Sichtweisen der Organisationsmitglieder berücksichtigen.

Ein nüchterner und kritischer Rückblick vor allem auf die zuletzt genannte Position macht aber deutlich, dass zwar wirksamer organisationaler Wandel nicht vollzogen werden kann, wenn man nicht die Betroffenen zu Beteiligten im Sinne von Subjekten des Wandlungsprozesses macht. Zugleich kann man aber nicht darauf vertrauen, dass der Wandlungsprozess in Gang kommt, wenn nicht eine Instanz sicherstellt, dass die Organisationsmitglieder die Veränderungen zwischen System und Umgebung als relevanten Handlungsimpuls aufgreifen und wenn nicht eine hinreichende Wissensbasis geschaffen wird, an der sich die individuellen Deutungsmuster in Richtung auf eine gemeinsam geteilte Deutung abarbeiten können. Auf diesen Zusammenhang macht Fredmund Malik aufmerksam, wenn er darauf hinweist, es gehöre zu den unverzichtbaren Aufgaben des Managements, für Ziele zu sorgen (Malik 2000, S. 174).

3.10 Widerstand gegen Entwicklung nicht linear deuten

Widerstand gegen Entwicklung und Wandel ist ein in der Literatur vielfältig untersuchtes und mit mancherlei Methoden und Verfahren belegtes Phänomen. Aus der Perspektive des Managements einer Organisation, aber auch anderer Agenten des Wandels wie z.B. Steuer- oder Initiativgruppen, existiert ein verbreitetes Interesse daran, Widerstand gegen Wandlungsprozesse durch entsprechende Methoden möglichst wirkungsvoll ausschalten zu können.

Das Management einer Organisation, das eine aktuelle Unangepasstheit des Systems zu dessen Umgebung durch ein hierauf abgestimmtes Entwicklungsvorhaben beheben möchte, erlebt ein widerständiges Verhalten von Organisationsmitgliedern als Hindernis auf dem Weg zu einem als richtig erkannten Ziel (vgl. Abb. 8). Aus dieser

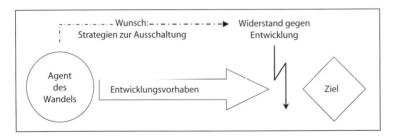

Abb. 8: Widerstand gegen Entwicklung (lineare Sicht)

Perspektive ist der Wunsch verständlich, über Methoden und Strategien zu verfügen, den Widerstand auszuschalten, weil nur so die Passung des Systems zu seiner Umgebung optimiert werden kann.

Jedoch: Diese lineare Betrachtungsweise, die einen auf den Agenten des Wandels bezogenen egozentrischen (besser: monozentrischen) Standpunkt einnimmt, verkennt den Charakter der eigenen Intentionen und Aktionen aus der Perspektive anderer Organisationsmitglieder, der sich dann erschließt, wenn man eine systemische Betrachtungsweise einnimmt.

Wir gehen von der Annahme aus, die Leiterin oder der Leiter einer Schule möchte ein bestimmtes Entwicklungsvorhaben realisieren, dem sich einzelne Mitglieder des Kollegiums widersetzen. Wenn wir diese Situation in eine systemische Betrachtungsweise übersetzen, erhalten wir folgendes Bild: Innerhalb des sozialen Systems Schule existieren verschiedene psychische Systeme (Schulleiter/Mitglieder des Kollegiums) die über unterschiedliche Deutungen ihrer unmittelbaren (innerschulischen) Umgebung sowie der Beziehung zwischen dem System Schule und dessen außerschulischer Umgebung verfügen. Vielleicht hat die Schulleiterin oder der Schulleiter die Absicht, das Profil der Schule in einer bestimmten Richtung zu schärfen, um angesichts rückläufiger Schülerzahlen in der Konkurrenz mit benachbarten Schulen des gleichen Typs künftig besser bestehen zu können. Ein Weg dazu könnte darin bestehen, innerschulische Veränderungen vorzunehmen, die die Arbeitsweise des Lehrpersonals und die inhaltliche Ausrichtung des Unterrichts betreffen. Eine solche Änderung könnte z.B. darauf zielen, künftig dem situierten und fächerverbindenden Lernen einen größeren Stellenwert neben dem fachlich-systematischen Arbeiten einzuräumen.

Was für die Schulleiterin oder den Schulleiter mit Blick auf die Außenbeziehungen der Schule als eine Verbesserung der Überlebenschancen der Schule erscheint, wirkt möglicherweise aus der Perspektive betroffener Lehrpersonen als Aufgabe von Qualitätsstandards, gemessen an einem weithin etablierten Verständnis des Faches und seiner Ansprüche, das möglicherweise zusätzlich durch die geltenden Richtlinien abgesichert wird. Nimmt man diese (polyzentrische) Perspektive ein (vgl. Abb. 9 auf der nächsten Seite), so wird deutlich, dass eine lineare Betrachtungsweise (wie in Abbildung 8) den Blick auf die Komplexität der Lage verstellt; mit Strategien zur Bekämpfung von Widerstand gegen Entwicklung ist hier nicht sinnvoll zu arbeiten, da in diesem Falle lediglich auf der Symptomebene gearbeitet würde. Stattdessen wäre es notwendig, die Interessen der verschiedenen Standpunkte und Blickrichtungen zunächst einmal zuzulassen, sie untereinander zu verhandeln und nach Wegen zu ihrer Vereinbarkeit unter der Maßgabe des größtmöglichen Nutzens für das System Schule und die darin tätigen Personen zu suchen. In jedem Fall müsste jedoch der Tatsache Rechnung getragen werden, dass die jeweils andere Position nicht einfach als Hindernis auf dem Weg zu dem eigenen, als richtig erachteten Ziel betrachtet werden kann. Dies ist am ehesten dann möglich, wenn das Ziel eines möglichen Entwicklungsvorhabens nicht in einer linearen Perspektive betrachtet, sondern in der notwendigen Komplexität reflexiv entfaltet wird, d.h. seine möglicherweise nicht wünschenswerten oder auch erst langfristig auftretenden »Nebenwirkungen« zu berücksichtigen und über

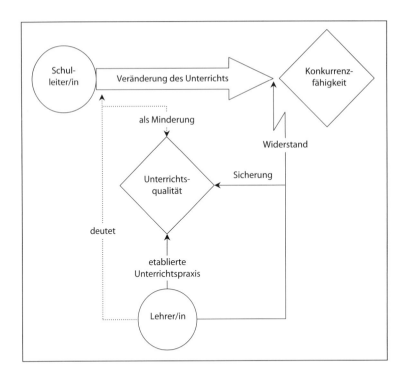

Abb. 9: Widerstand gegen Entwicklung (Sicht auf Wechselwirkungen)

Möglichkeiten zu ihrer Vermeidung nachzudenken. Reflexiver Umgang mit Entwicklungsvorhaben verlangt statt eines linearen Denkens ein Denken in Kreisprozessen, das das Verhältnis von Zielen und Mitteln als Beziehung gegenseitiger Regulierung deutet; an die Stelle des linearen Denkens muss Systemdenken treten. Peter M. Senge benennt fünf Forderungen zu seiner Realisierung (Fatzer 1993, S. 162f.):

1. *Wechselbeziehungen zu sehen, nicht Dinge; Prozesse zu sehen, nicht Schnappschuss-Aufnahmen:* In einem Rüstungswettlauf z.B. ist jede Partei davon überzeugt, der Gegner sei die Ursache des Problems. Auf jede neue Eskalation reagieren beide Seiten wie auf ein isoliertes Ereignis, nicht wie auf die Sequenz eines Prozesses.
2. *Jenseits von Schuldzuweisungen zu operieren:* Wir neigen dazu, anderen oder äußeren Umständen die Schuld an unseren Problemen zu geben. Meistens ist es jedoch das schlecht entworfene System, das die Organisationsprobleme heraufbeschwört, und nicht inkompetente bzw. unmotivierte Einzelne.
3. *Detailkomplexität von dynamischer Komplexität zu unterscheiden:* Einige Arten von Komplexität sind strategisch wichtiger als andere. Detailkomplexität entsteht durch viele Variablen. Dynamische Komplexität entsteht, wenn Ursache und Wirkung räumlich und zeitlich entfernt erscheinen und wenn die mit der Zeit entstehenden Konsequenzen von Interventionen subtil und darum den meisten Teilnehmern im System nicht einsehbar sind.
4. *Sich auf Gebiete großer Auswirkungen zu konzentrieren:* Ein schwieriges Problem anzugehen, verlangt primär zu erkennen, wo die beste Hebelwirkung liegt, wo eine

Veränderung mit geringstem Aufwand zu dauernder und entscheidender Verbesserung führen kann.
5. *Symptombezogene Lösungen zu vermeiden:* Bei einem in den meisten Organisationen dominierenden linearen Denken konzentrieren sich leider die Interventionen auf äußerlich symptomatische Dilemmata, nicht auf die zugrunde liegenden Ursachen. Das führt nur zu temporärer Erleichterung und bringt für die Zukunft in der Regel wachsenden Druck zu weiteren eingeschränkten Interventionen mit sich.

Besondere Mühe bereitet es, der erstgenannten Forderung zu entsprechen, nämlich Prozesse und Wechselwirkungen zu sehen statt lineare Ursache-Wirkungs-Ketten, weil damit eine weitreichende Abkehr von tief verwurzelten Vorstellungen und eine grundsätzliche Neuorientierung unseres Sehens gefordert wird. Peter Senge[2] erläutert diesen Sachverhalt an einem Beispiel:

»Die Realität besteht aus Kreisen, aber wir sehen gerade Linien. [...] Von einem linearen Standpunkt sagen wir: ›Ich fülle ein Glas mit Wasser.‹ [...] Aber wenn wir ein Glas mit Wasser füllen, beobachten wir in Wahrheit, wie der Wasserspiegel steigt. Wir überwachen die ›Lücke‹ zwischen diesem Pegel und unserem Ziel, dem ›gewünschten Wasserpegel‹. Wenn das Wasser den gewünschten Stand fast erreicht hat, drehen wir am Wasserhahn, damit sich der Wasserfluss verlangsamt, bis wir den Hahn schließlich zudrehen, wenn das Glas voll ist. Wenn wir ein Glas mit Wasser füllen, bewegen wir uns faktisch in einem ›Wasserregulierungs‹-System, das fünf Variablen umfasst: unseren gewünschten Wasserpegel, den aktuellen Wasserpegel im Glas, die Lücke zwischen beiden, die Stellung des Wasserhahns und den Wasserfluss. Diese Variablen sind in einem Kreis oder einer Schleife von Ursache-Wirkung-Beziehungen angeordnet; das ist der so genannte ›Feedbackprozess‹. Der Prozess läuft kontinuierlich weiter, um den Wasserpegel auf den gewünschten Stand zu bringen« (Senge 1996, S. 95f.).

Senge erläutert diesen Zusammenhang (vgl. Abb. 10 auf der nächsten Seite):

- »So einfach das Konzept der Feedbackschleife ist, stellt es doch tief verwurzelte Vorstellungen auf den Kopf – wie die Vorstellung von Kausalität. In der Alltagssprache sagen wir: ›Ich fülle ein Glas mit Wasser‹, ohne lange über die wirkliche Bedeutung dieser Aussage nachzudenken. Sie impliziert eine Einweg-Kausalität – ›Ich bin die Ursache dafür, dass der Wasserpegel steigt.‹ Genauer gesagt: ›Meine Hand am Wasserhahn steuert den Wasserfluss, der das Glas füllt.‹ Es ist klar, dass diese Aussage nur die Hälfte des Rückkopplungsprozesses beschreibt, nämlich die Verbindungen zwischen ›Stellung des Wasserhahns‹, ›Wasserfluss‹ und ›Wasserpegel‹. Genauso gut

---
2   Alle Zitate aus: Peter M. Senge (1996): Die fünfte Disziplin. Kunst und Praxis der lernenden Organisation. Aus dem Amerik. von Maren Klostermann. © 1990 by Peter M. Senge. Stuttgart: Klett-Cotta.

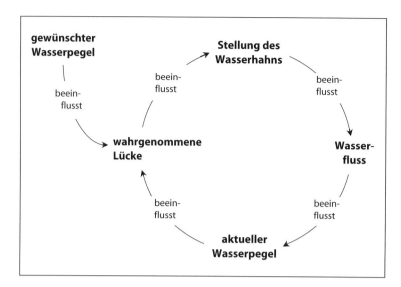

Abb. 10: Kreis von Ursache-Wirkung-Beziehungen

könnte man auch nur die andere ›Hälfte‹ des Prozesses beschreiben: ›Der Wasserpegel im Glas steuert meine Hand.‹ Beide Erklärungen sind gleichermaßen unvollständig. Die vollständige Kausalitätsaussage lautet: Meine Absicht, das Glas zu füllen, setzt ein System in Gang, das Wasser ins Glas fließen lässt, solange der Pegel niedrig ist, und dann den Fluss unterbricht, wenn das Glas voll ist. Mit anderen Worten, die Struktur verursacht das Verhalten« (Senge 1996, S. 98f.).

- »Das Füllen des Wasserglases ist ein Ausgleichsprozess, dessen Ziel ein volles Glas Wasser ist. [...] Trotz ihres denkbar einfachen Konzepts können ausgleichende Prozesse ein überraschendes und problematisches Verhalten erzeugen, wenn sie unbemerkt bleiben. [...] Führungskräfte, die sich um Veränderungen in ihrem Unternehmen bemühen, verfangen sich häufig, ohne es zu merken, in ausgleichenden Prozessen. Für die Führungskräfte sieht es so aus, als würden ihre Anregungen auf Widerstände stoßen, die unversehens aus dem Nichts auftauchen. Aber in Wirklichkeit ist dieser Widerstand eine Reaktion des Systems, das ein implizites Systemziel zu bewahren sucht« (Senge 1996, S. 107/112).

Die praktischen Konsequenzen dieser Sichtweise werden wir im Zusammenhang mit der Darstellung des OE-Instrumentariums in Kapitel 4 näher untersuchen.

4. Organisationsentwicklung als Instrumentarium

»Organisationsentwicklung« ist ein Begriff, der vielerlei Deutungen und z.T. auch Polemiken erfahren hat. Je nach Autor/in wird er synonym mit »Innovation« verwendet, sieht sich dem Vorwurf der Inhaltsleere ausgesetzt, wird durch »pädagogische Schulentwicklung« ersetzt oder in seiner Relevanz für die Schule durch die Behauptung relativiert, er betreffe Unterricht und dessen Qualität nur indirekt. Es kann vorkommen, dass die Begriffe »Organisationsentwicklung«, »Schulentwicklung« und »Unterrichtsentwicklung« wenig trennscharf verwendet werden, ebenso ist es aber auch möglich, dass sie gegeneinander in Stellung gebracht werden. Hier soll daher zunächst versucht werden, die verschiedenen Begriffe zueinander ins Verhältnis zu setzen und sie dadurch zu klären.

Es geht um *Schulentwicklung*. In deren Zentrum steht die *Entwicklung des Unterrichts*. Diese konkretisiert sich in der Entwicklung des Curriculums, des Personals und der organisationalen Strukturen (vgl. Abb. 11). *Organisationsentwicklung (OE)* beschreibt die hierfür erforderlichen Prozesse und liefert die Instrumente und Verfahren, die auf das jeweilige Inhaltsfeld abgestimmt werden müssen. Es handelt sich also hier nicht um ein inhaltsleeres Konzept, sondern um Operationen, die auf verschiedene Inhaltsfelder regelgerecht angewendet werden müssen.

Zum Vergleich: Man könnte auch der Mathematik den Vorwurf machen, inhaltsleer zu sein, weil sie nur abstrakte Verfahrensregeln und Definitionen enthält. Tatsächlich ist sie jedoch eines der wirkmächtigsten Instrumente zur Modellierung von Realität. Ähnlich können wir uns die Wirkungsweise der von der Organisationsentwicklung bereitgestellten Instrumente und Verfahren vorstellen: Sie dienen dazu, soziale Realität unter der Perspektive organisationalen Wandels zu modellieren und operativ zugänglich zu machen.

Die Anleitung, das OE-Instrumentarium direkt für die Unterrichtsentwicklung einzusetzen, findet sich bei Horster/Rolff (2001).

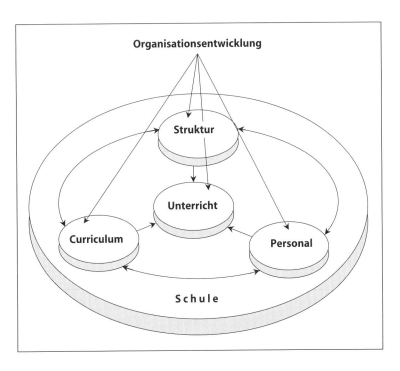

Abb. 11: OE als Instrumentarium zur Modellierung von Entwicklungsprozessen

4.1 Fünf Basisprozesse in Entwicklungsvorhaben

Die Bearbeitung von Entwicklungsvorhaben als Interaktionsprozess unter den Mitgliedern einer Organisation (eines sozialen Systems) vollzieht sich grundsätzlich in den folgenden fünf Basisprozessen, die u.U. in weitere Arbeitsschritte unterteilt sein können (Abb. 12; vgl. Horster 1996, S. 27):

1. Daten sammeln;
2. Ziele vereinbaren;
3. Entwicklungsvorhaben planen;
4. Entwicklung durchführen;
5. Ergebnis evaluieren.

Durch die Bearbeitung dieser Basisprozesse soll gewährleistet werden, dass die Mitglieder eines sozialen Systems angesichts aktueller Veränderungen seiner Umgebung und deren Einwirkungen eine gemeinsame Vorstellung davon entwickeln, in welcher Richtung das System Anstrengungen zur Wiederanpassung an seine Umgebung unternehmen muss, um seine Überlebensfähigkeit weiter zu sichern. (Eine vergleichbare Frage kann sich auch innerhalb eines Systems im Verhältnis seiner Subsysteme zueinander stellen.) Kurz gesagt strukturiert die Bearbeitung der Basisprozesse den Ablauf organisationalen Lernens.

4.2 Beispiel: Der Basisprozess »Planen des Entwicklungsprozesses«

Haben sich die Mitglieder eines Kollegiums in einem Zielklärungsprozess auf ein bestimmtes Entwicklungsvorhaben geeinigt, stellt sich die Aufgabe, eine Prozessplanung vorzunehmen, die den Ablauf des Projektes erfasst, und zwar im Hinblick auf die beteiligten Personen in ihren unterschiedlichen Kompetenzen, die Informations-, Abstimmungs- und Entscheidungsnotwendigkeiten, die erforderlichen Ressourcen sowie den zeitlichen Ablauf. Um dies hinreichend präzise leisten zu können, ist zunächst eine Aufgabenanalyse durchzuführen, auf deren Grundlage ein Ablaufdiagramm erstellt werden kann.

4.2.1 Prozessplanung durch Aufgabenanalyse und Ablaufdiagramm

4.2.1.1 Die Aufgabenanalyse

Die Aufgabenanalyse besteht in einer möglichst vollständigen Sammlung aller zur Planung und Durchführung des Projektes notwendigen Teilaufgaben; hierzu wird das Projekt in die denkbar kleinsten Teilaufgaben zerlegt. Methodisch kann sie im Brainstorming-Verfahren mit Aktionskarten durchgeführt werden.

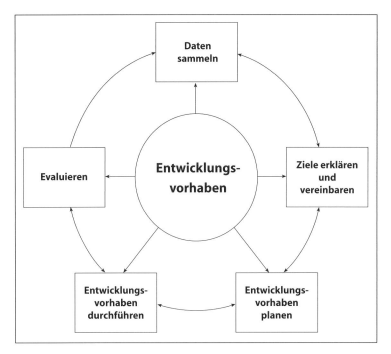

Abb. 12: Fünf Basisprozesse in Entwicklungsvorhaben

Beispiel

Ein Kollegium hat beschlossen, für die 5. bis 7. Klasse Freiarbeit einzuführen (Projektziel). Die Aufgabenanalyse geht von der Frage aus: Was muss alles geleistet bzw. getan werden, um dieses Projektziel zu realisieren?

Im Brainstorming-Verfahren können dann Antworten der folgenden Art auf Aktionskarten gesammelt werden: Fortbildungsmaßnahmen durchführen, Materialien erstellen, Richtlinien revidieren, Stundenplan abstimmen ... Für die weitere Arbeit ist es wichtig, dass jeweils nur eine Teilaufgabe auf einer Karte notiert wird. Wenn die Karten aller beteiligten Personen nach thematischen Schwerpunkten geordnet sind, kann eine Diskussion unter den Teilnehmerinnen und Teilnehmern mit dem Ziel geführt werden, die Übersicht über die Teilaufgaben weiter zu vervollständigen (neue Karten aushängen). Ist die Aufgabenanalyse abgeschlossen, wird auf dieser Grundlage ein Ablaufdiagramm erstellt, das den geplanten Projektverlauf detailliert beschreibt.

4.2.1.2 Das Ablaufdiagramm

Das Ablaufdiagramm kann durch Abnehmen und Umhängen der Aktionskarten im Sinne der zeitlichen Abfolge der einzelnen Projektschritte (von links nach rechts) erstellt werden. In diesem Zusammenhang ist auch zu klären, welche Vorgänge deswegen zeitlich parallel laufen können, weil unterschiedliche Personengruppen bzw. Instanzen mit ihrer Realisierung befasst sind. Zur Veranschaulichung können die in Abbildung 13 auf der nächsten Seite dargestellten Symbole genutzt werden.

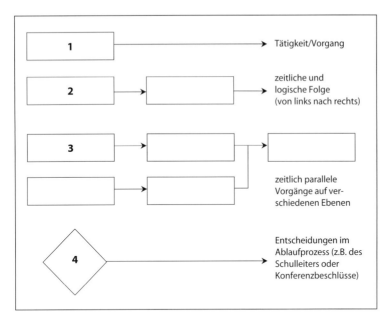

Abb. 13: Vier Grundmuster im Ablaufdiagramm

Das Ablaufdiagramm (zur Beschreibung eines jeden beliebigen Projektes) kann aus diesen vier Grundmustern zusammengesetzt werden. Dazu ist es allerdings erforderlich, zunächst die Ebenen (Handlungsträger) festzulegen, auf denen sich das Projekt realisiert. Solche Ebenen sind im Falle des Themas »Einführung von Freiarbeit in den Klassen 5 bis 7« die Schulleitung, das Kollegium und die Elternschaft.

Abbildung 14 zeigt, wie eine Planungsgruppe die Aufgabenanalyse zum Thema »Freiarbeit in den Klassen 5 bis 7« in ein Ablaufdiagramm umgesetzt hat. Während der Arbeit am Ablaufdiagramm hat sich gezeigt, dass die in der Aufgabenanalyse erfassten Arbeitsschritte um weitere zu ergänzen waren; die Planungsgruppe füllte daher weitere Karten aus (»Mitarbeit der Eltern beim Erstellen von FA-Materialien«, »Start der Freiarbeit am Tag der offenen Tür« ...) und fügte sie in das Ablaufdiagramm ein.

4.2.1.3 Funktionen des Ablaufdiagramms

Durch ein Ablaufdiagramm wird die Abfolge einzelner Arbeitsschritte und ihre Verknüpfung dargestellt. Damit ist das Ablaufdiagramm eine Hilfe zur Planung des Entwicklungsprozesses.

- Das Ablaufdiagramm dient im Planungsprozess der *Optimierung des Arbeitsablaufs*. Die Zuständigkeiten zu verschiedenen Zeitpunkten und die erforderlichen Voraussetzungen können abgeschätzt werden. Weiterhin wird erkennbar, an welcher Stelle und zu welchem Zeitpunkt Engpässe auftauchen können.
- Das Ablaufdiagramm wird zum *Geschäftsverteilungsplan*, wenn bei jeder Tätigkeit ein verantwortlicher Bearbeiter eingetragen wird.

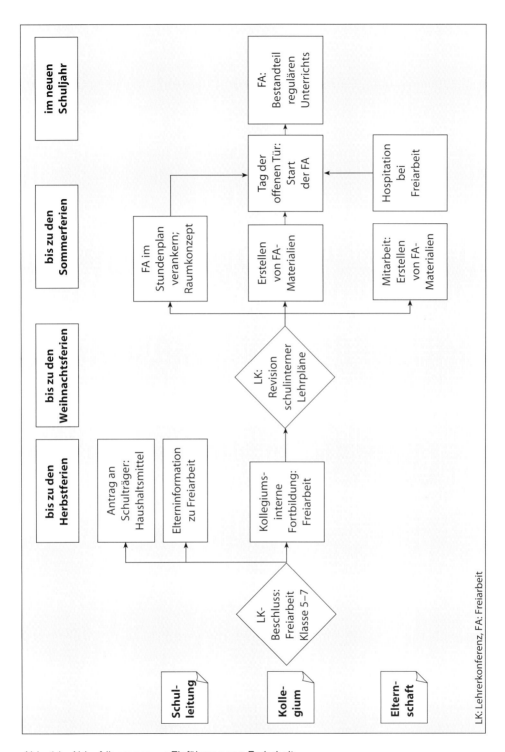

Abb. 14: Ablaufdiagramm zur Einführung von Freiarbeit

- Das Ablaufdiagramm dient als *Überwachungsinstrument* zur Einhaltung von Endterminen einzelner Tätigkeiten. Dazu wird aus dem Ablaufdiagramm eine Terminüberwachungsliste erstellt. In diese Terminüberwachungsliste werden der oder die Bearbeiter, der Anfangstermin und der Endtermin einer Tätigkeit eingetragen. Der Koordinator des jeweiligen Entwicklungsvorhabens kann zu verschiedenen Zeitpunkten überblicken, ob der Endtermin einzuhalten ist.
- Das z.B. im Lehrerzimmer ausgehängte Ablaufdiagramm sorgt für *Transparenz des Entwicklungsprogramms* im Kollegium. Jedes Kollegiumsmitglied kann zu jeder Zeit feststellen, an welchem Punkt die Entwicklung gerade angekommen ist, wie die nächsten Schritte aussehen werden und welche Personen(gruppen) im Einzelnen beteiligt sind. Diese Transparenz ist eine wichtige Voraussetzung dafür, dass sich das Kollegium mit dem Entwicklungsprogramm identifizieren kann.

Das Ablaufdiagramm ist für den schulischen Bereich von Hans-Günter Rolff adaptiert worden, indem er es mit Kartenabfrage und Gruppenarbeit kombinierte.

4.2.2 Das Minimodell als Verfahren zur interaktiven Erstellung eines Prozessmodells (Arbeitsmaterial)

- **Material:** Packpapier als Untergrund, Aktionskarten, Klebestreifen, Stifte
- **Ziel:** In einer Arbeitsgruppe unter Beteiligung aller Mitglieder ein nicht lineares Prozessmodell für ein Entwicklungsvorhaben entwerfen
- **Thema:** »Wie kann in unserem Studienseminar handlungsorientiertes Arbeiten in Haupt- und Fachseminar etabliert werden?«

Die Planungsgruppe sitzt im Halbkreis vor einer Pinnwand, auf die das Packpapier geheftet ist. Die Moderatorin bzw. der Moderator der Planungsgruppe beginnt, indem er erläutert: »Bei jedem Entwicklungsvorhaben lassen sich vier Dimensionen unterscheiden: *Input, Prozess, Ergebnis* und *Rahmenbedingungen.*« Er notiert die Begriffe auf Karten und heftet diese auf das Packpapier (vgl. Abb. 15 auf S. 267). Die Moderatorin bzw. der Moderator fährt fort: »Handlungsorientiertes Arbeiten kann in unserem Seminar auf sehr einfache Weise in drei Schritten realisiert werden:

1. Wir veranstalten als *Input eine seminarinterne Fortbildung zum Thema Handlungsorientierung.*
2. Der *Prozess* der Umsetzung besteht darin, dass die Fachleiter/innen für eine fachspezifische Realisierung von Handlungsorientierung sorgen.
3. Dadurch erhalten wir als *Ergebnis* handlungsorientierte Arbeit in Haupt- und Fachseminaren.«

Die Moderatorin bzw. der Moderator notiert diese drei Schritte je auf einer Karte und heftet sie auf das Packpapier (vgl. Abb. 16 auf S. 268).

Nachdem so eine Ausgangslage für die weitere Planung hergestellt ist, fragt die Moderatorin bzw. der Moderator die Planungsgruppe: »Wir haben jetzt ein sehr klares Modell für den weiteren Ablauf der Arbeit. Sind Sie überzeugt, dass sich auf diese Weise handlungsorientiertes Arbeiten an unserem Seminar etablieren lässt?« Selbstverständlich ist diese Frage suggestiv. Kein Mensch wird ernsthaft überzeugt sein, dass sich auf so simple Weise die angestrebten Effekte erzielen lassen. Die Frage hat lediglich die Funktion, die Planungsgruppe zum Widerspruch zu provozieren. Eine Person wird vielleicht äußern: »Die vorgeschlagenen Schritte reichen nicht aus. Man muss zuerst klären, ob Handlungsorientierung als durchgängiges Prinzip gelten soll.« Darauf notiert die Moderatorin bzw. der Moderator auf einer Karte »*Handlungsorientierung als durchgängiges Prinzip?*« und heftet die Karte in den Input-Bereich. Eine andere Person wird zu bedenken geben: »Man muss mit Widerständen gegen Handlungsorientierung rechnen.« Rückfrage: »Wo soll die Karte hingehängt werden?« Die Mitglieder der Planungsgruppe entscheiden: »Unter Rahmenbedingungen« (vgl. Abb. 17 auf S. 269).

Die Moderatorin bzw. der Moderator hält sich mit eigenen inhaltlichen Vorschlägen zurück, allenfalls wird er nachfragen, ob zu einem bestimmten Thema noch weitere Ideen existieren. Er bewertet auch nicht die Vorschläge der Teilnehmer. Nach Möglichkeit wird jeder Beitrag auf einer Karte notiert und angeheftet. Gibt es über einen Beitrag unterschiedliche Auffassungen in der Gruppe, wird so lange diskutiert, bis über das Thema Einigkeit besteht. Kommt es zu keiner Lösung, kann die Gruppe zunächst zu einer anderen Stelle im Planungsprozess übergehen. Auf diese Weise wird eine Vielzahl von Vorschlägen kommen, die allmählich die Bereiche »Input«, »Prozess«, »Ergebnis« und »Rahmenbedingungen« füllen (vgl. Abb. 18 auf S. 270).

Dieser Prozess läuft so lange, bis die Mitglieder der Planungsgruppe keine weiteren Ideen mehr äußern. Ist dieser Punkt erreicht, fordert die Moderatorin bzw. der Moderator die Mitglieder der Planungsgruppe auf, darüber nachzudenken, welche Beziehungen und Zusammenhänge zwischen den bislang notierten Vorschlägen und Bedingungen bestehen. Er zeichnet die genannten Beziehungen und Zusammenhänge durch Pfeile und Verbindungslinien ein (vgl. Abb. 19 auf S. 271). Nun verbalisiert die Moderatorin bzw. der Moderator die Zusammenhänge, etwa so:

> »Es haben sich in unserer Planungsarbeit drei große Zusammenhänge herausgebildet. Es beginnt mit dem Input. Unsere anfängliche Vorstellung, die Arbeit mit einer Tagung zum Thema ›Handlungsorientierung‹ zu beginnen, hat sich inzwischen konkretisiert. Die Tagung wird unter der Leitfrage stehen, ob *Handlungsorientierung als durchgängiges Prinzip* der Ausbildung im Studienseminar gelten soll. Diese Leitfrage verlangt, dass wir den *didaktischen Ort von Handlungsorientierung* klären. Wir sind davon ausgegangen, dass *Handlungsorientierung nicht nur im Seminar* stattfinden sollte, sondern gleichermaßen im Unterricht. Über diese Fragen und Annahmen muss es zu einer *Verständigung unter den Fachleiterinnen und Fachleitern* kommen.
> Wenn es dann um den Prozess der Realisierung geht, sind wir uns darüber einig, dass *Handlungsorientierung keine Insel* sein kann, sondern mit verschiedenen As-

pekten der Ausbildung im Zusammenhang gesehen werden muss, wie z.B. den *unterschiedlichen organisatorischen und inhaltlichen Vorgaben* von Fach- und Hauptseminaren. So ergeben sich z.B. aus den unterschiedlichen Gruppengrößen *unterschiedliche Realisierungsmöglichkeiten*. Überdies wird Handlungsorientierung auf *fachspezifisch unterschiedliche Umsetzungsmöglichkeiten* treffen, die in *bestimmten Inhalten und Vermittlungsformen* ihren Ausdruck finden. Hierüber muss es einen *Austausch zwischen den Ausbildern* geben.

Im Hinblick auf die Umsetzung dieses Konzeptes rechnen wir mit *Widerständen* von Fachleitern und Referendaren. Fachleiter/innen werden wahrscheinlich argumentieren, ihre *Pensumsverpflichtungen* ließen sich unter den Bedingungen der Handlungsorientierung nicht realisieren. Außerdem kann man davon ausgehen, dass sie die bislang geübten *traditionellen Vermittlungsformen* bevorzugen. Von den Referendarinnen und Referendaren könnte ein Interesse an *positiver Benotung* durch die Fachleiter als Argument gegen Handlungsorientierung vorgebracht werden, da bei dieser Arbeitsform die Einzelleistung nicht mehr so im Zentrum steht. Ein wichtigerer Grund könnte aber das Interesse an der *Vermittlung von Rezepten* sein, das bei einer handlungsorientierten Arbeitsweise kaum befriedigt werden könnte. So weit der Stand unserer bisherigen Planungen.«

Die Moderatorin bzw. der Moderator fährt fort: »Schauen wir uns jetzt unser Prozessmodell für die Einführung von Handlungsorientierung aus kritischer Distanz an. Was bereitet uns die größten Sorgen?« Aus der Planungsgruppe kommt die Antwort: »Wenn Handlungsorientierung als durchgängiges Prinzip der Ausbildung gelten soll, wird dies die Widerstände verstärken.« Die Moderatorin bzw. der Moderator zeichnet diesen Zusammenhang in das Prozessmodell ein (vgl. Abb. 20 auf S. 272).

Die Moderatorin bzw. der Moderator fragt: »Was können wir tun, um die vermuteten Widerstände zu verringern?« Die Antwort aus der Planungsgruppe lautet: »Wir müssen unseren Anspruch an handlungsorientiertes Arbeiten konkretisieren; wir müssen nachsehen, wo bereits Ansätze in dieser Richtung vorhanden sind und wir müssen den Anspruch auf solche Themen reduzieren, bei denen diese Arbeitsform nahe liegt. Außerdem sollten wir die Dominanz der Fachleiter in diesem Bereich abbauen, indem wir die Bedürfnisse der Referendare stärker berücksichtigen.« Ein Mitglied der Planungsgruppe ergänzt: »Wir sollten möglichst konkrete Erfahrungen mit Handlungsorientierung sammeln und diese gemeinsam reflektieren.« Die Moderatorin bzw. der Moderator trägt die Bemerkungen in das Prozessmodell ein (vgl. Abb. 21 auf S. 273).

Nachdem das Prozessmodell so weit entwickelt worden ist, fragt die Moderatorin bzw. der Moderator, worin die ersten zwei bis drei Schritte des Entwicklungsprozesses bestehen sollten. Die Planungsgruppe meint, eine erste Erprobung handlungsorientierten Arbeitens solle im Einsatz von Simulationsformen bestehen. Die dabei gewonnenen Erfahrungen sollten die Ausbilder/innen untereinander austauschen, und zwar zunächst in einer Fachleiterkonferenz und anschließend mit den Referendarinnen und Referendaren. Die Moderatorin bzw. der Moderator nimmt die entsprechenden Eintragungen im Prozessmodell vor (vgl. Abb. 22 auf S. 274).

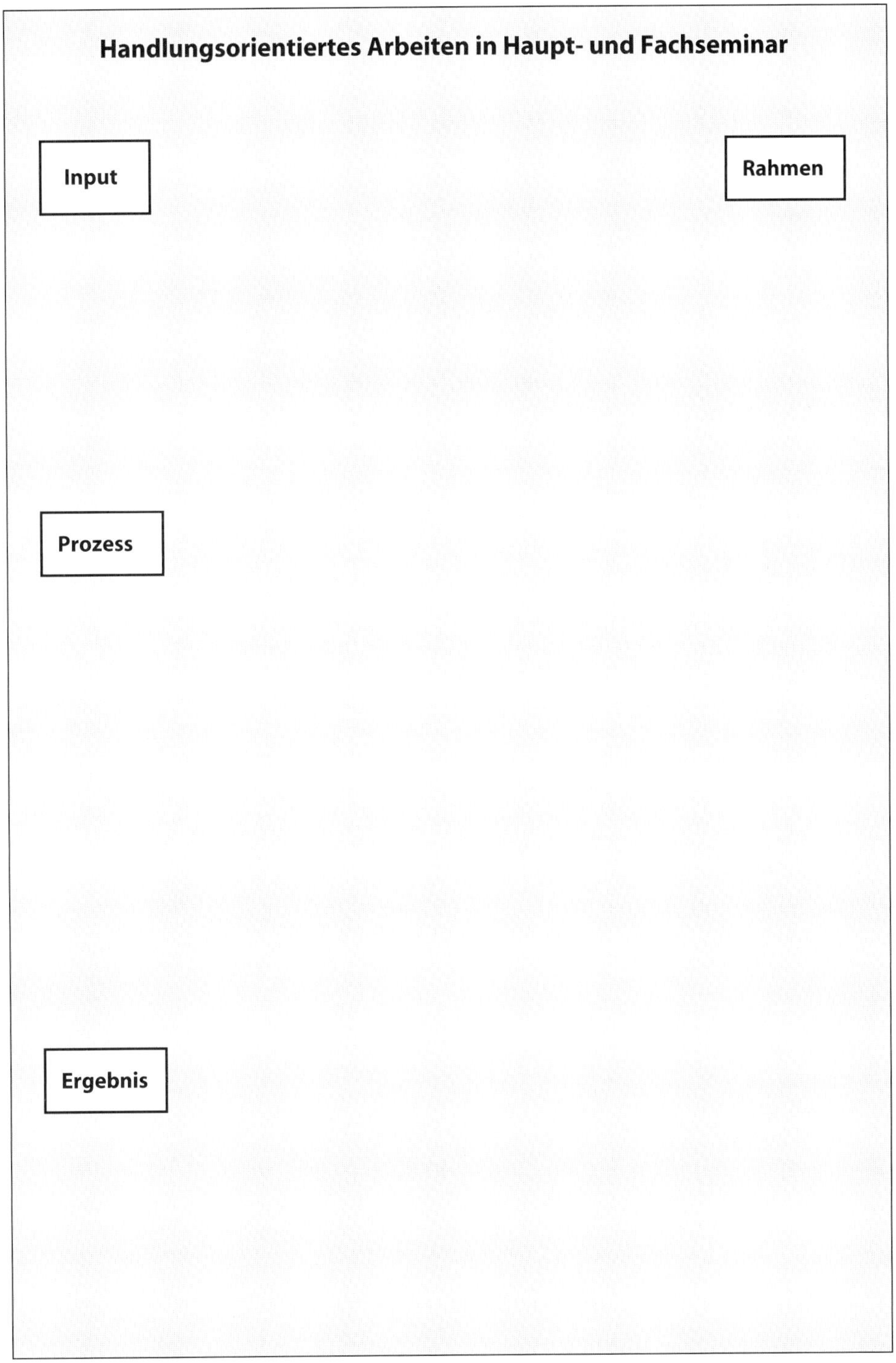

Handlungsorientiertes Arbeiten in Haupt- und Fachseminar

Input

Rahmen

Prozess

Ergebnis

Abb. 15: Das Minimodell

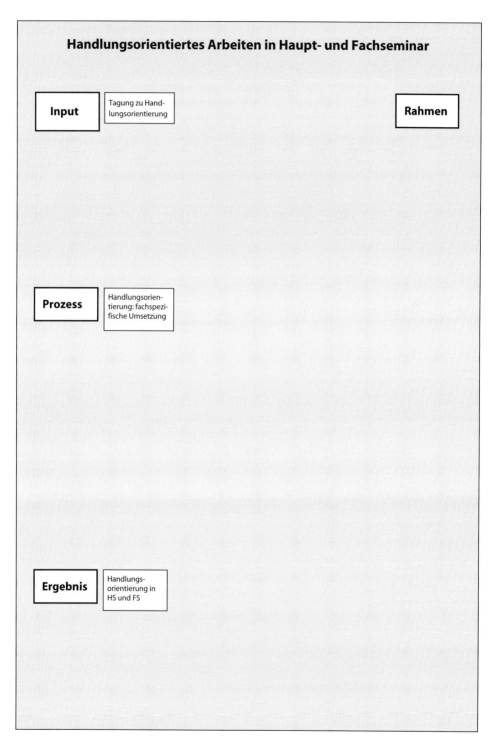

Abb. 16: *Vom Minimodell zum Prozessmodell I*

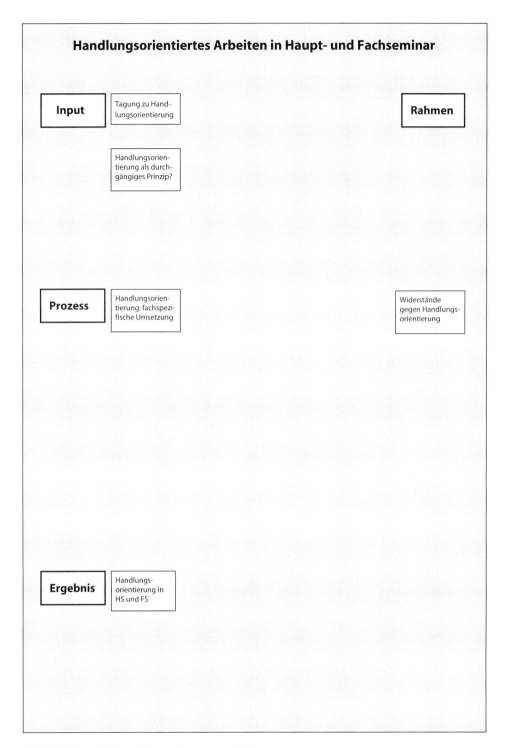

Abb. 17: Vom Minimodell zum Prozessmodell II

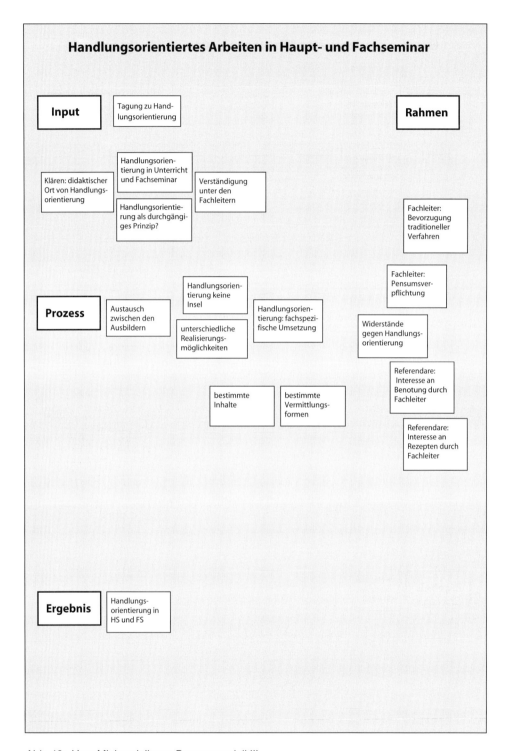

Abb. 18: *Vom Minimodell zum Prozessmodell III*

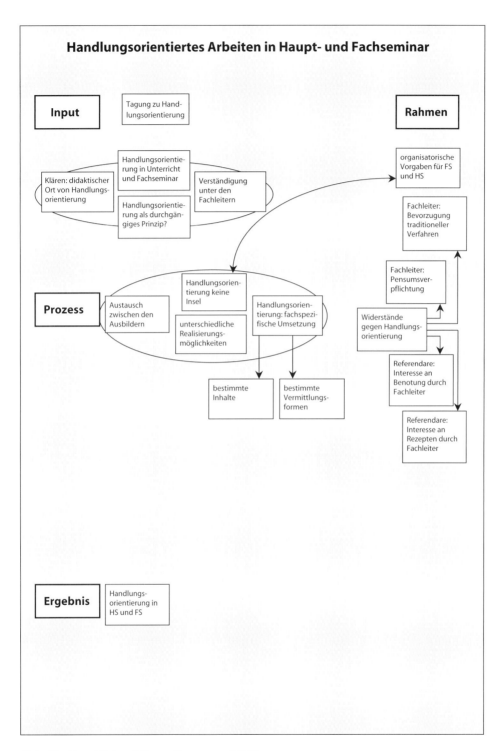

Abb. 19: Vom Minimodell zum Prozessmodell IV

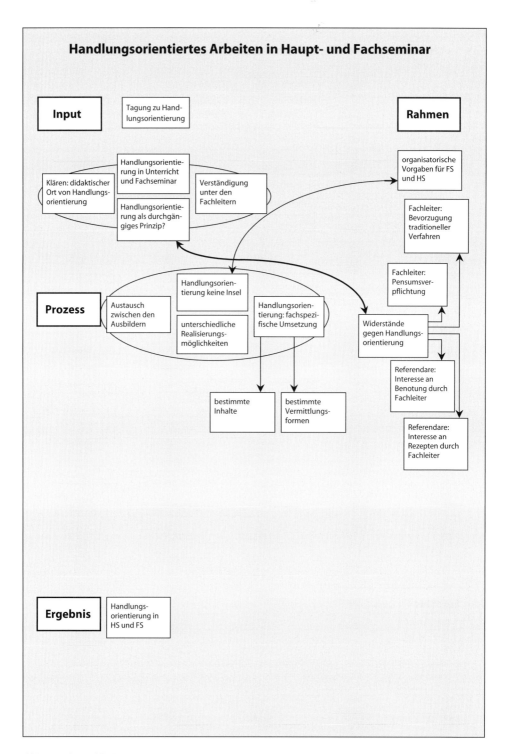

Abb. 20: Vom Minimodell zum Prozessmodell V

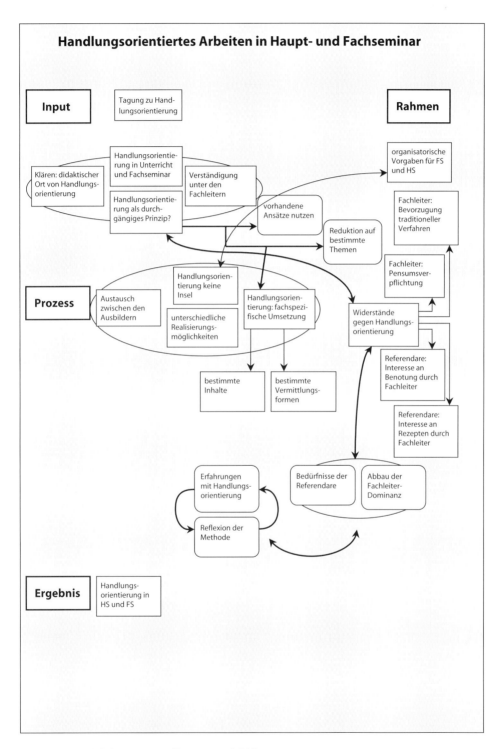

Abb. 21: Vom Minimodell zum Prozessmodell VI

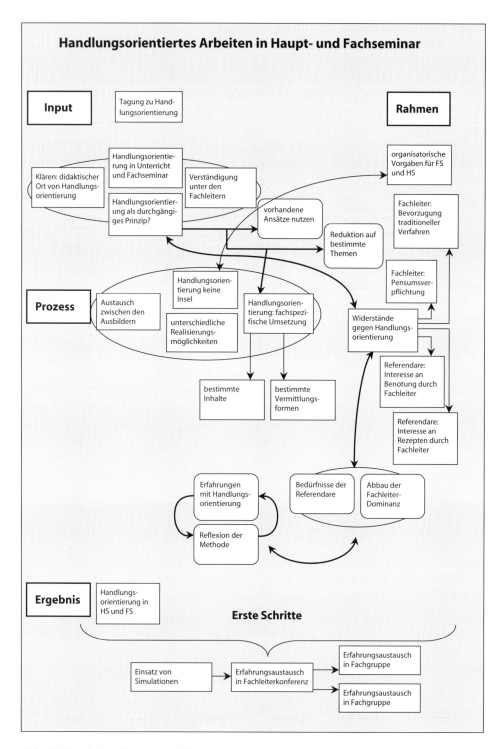

Abb. 22 Das fertige Prozessmodell

4.2.3 Vergleich Ablaufdiagramm/Minimodell

Vergleicht man die Prozessplanung auf der Grundlage von Ablaufdiagramm einerseits und Minimodell andererseits, sind die Unterschiede sehr augenfällig. Das Ablaufdiagramm arbeitet sehr zielgerichtet, Zuständigkeiten und Zeitabschnitte sind klar definiert. Das aus dem Minimodell entwickelte Prozessmodell ist sehr komplex, es reflektiert die Bedingungen und thematisiert denkbare Widerstände und deren Bearbeitung. Insgesamt wirkt es weniger zielorientiert, es ist erheblich zurückhaltender im Hinblick auf den Umfang der überplanten Zeiträume. Damit ist es offener gegenüber unvorhergesehenen Entwicklungen als das Ablaufdiagramm und verlangt stärker eine prozessbegleitende Reflexion, die auch denkbare Widerstände erfasst, als dies beim Ablaufdiagramm der Fall ist. Insofern entspricht das Minimodell mehr dem anfänglich entwickelten Verständnis von organisationalem Lernen und der Entwicklung von Systemen sowie einem systemischen Verständnis von Störungen im Entwicklungsprozess.

Dennoch lässt sich das Ablaufdiagramm ein Stück in dieser Richtung weiterentwickeln, wenn man nach seiner Fertigstellung die vorletzte Frage der Moderatorin bzw. des Moderators aus der Arbeit mit dem Minimodell aufnimmt. Nachdem das Ablaufdiagramm zunächst einmal abgeschlossen ist, treten die beteiligten Personen hierzu in Distanz und stellen sich die Frage: »Was bereitet uns die größten Sorgen, wenn wir uns den von uns geplanten Ablauf ansehen?« Alle Stellen im Ablaufdiagramm, auf die sich eine Sorge der planenden Personen bezieht, werden farbig markiert; die jeweiligen Sorgen werden auf Karten notiert und an der entsprechenden Stelle angeheftet. Sind alle Sorgen erfasst, kann darüber nachgedacht werden, auf welche Weise Abhilfe geschaffen werden kann. Hierdurch wird ein reflexiver Umgang mit dem Ablaufdiagramm ermöglicht, der einem lediglich technizistischen Verständnis von Prozessplanung entgegenwirkt.

4.2.4 Die Ziele über die Mittel klären

In der Konkretisierung des Entwicklungsziels durch Aufgabenanalyse und Ablaufdiagramm einerseits oder durch das Prozessmodell mittels Minimodell andererseits geschieht eine *Klärung der Ziele über die Mittel*. Hierdurch wird einer Schwäche vorgebeugt, die vielfach bei Entwicklungsprojekten auftreten kann, auch wenn diese vom Kollegium mit großem Elan angegangen werden.

Innerschulische Entwicklungen können leicht von zwei Polen her gefährdet werden. Ein häufig zu beobachtendes Phänomen besteht darin, dass das Nachdenken ins Uferlose wuchert; die beteiligten Personen verstricken sich in Grundsatzdiskussionen, die Argumentation bleibt in hohem Maße abstrakt, praktische Erfordernisse und Grenzen werden nicht bedacht, radikal zugespitzte Positionen stehen unversöhnlich nebeneinander. Die zur Verfügung stehende Zeit wird mit einem »Schlagabtausch« der Argumente zugebracht, bei der Abstimmung über die diskutierte Streitfrage freut sich die Mehrheitsfraktion ihres »Sieges«, in der Sache wird jedoch nichts bewegt.

Die entgegengesetzte Tendenz ist durch einen Hang zum Aktionismus gekennzeichnet. Der ewigen Grundsatzdiskussionen müde, hat sich ein Kollegium zusammengesetzt und an einem pädagogischen Tag gemeinsam Materialien für Freiarbeit hergestellt. Es herrscht große Genugtuung darüber, endlich etwas Greifbares vollbracht zu haben. In den folgenden Unterrichtsstunden werden die Materialien auch eingesetzt, nach kurzer Zeit kehrt aber die gewohnte Unterrichtsroutine zurück. Der schnell greifbare Erfolg, das Vorhandensein von Materialien, hat darüber hinweggetäuscht, dass die Voraussetzungen für den Einsatz dieser Materialien nicht hinreichend bedacht worden sind: Wer soll mit diesen Materialien arbeiten? Jede Lehrerin und jeder Lehrer im normalen Unterricht? Werden bestimmte Stunden hierfür reserviert? Welchen Fächern werden diese Unterrichtsstunden abgezogen? Wird das Material fachbezogen oder fachübergreifend eingesetzt? Wie und durch wen erfolgt jeweils eine Korrektur der Ergebnisse? Ist das Material für alle Schülerjahrgänge gedacht? Gibt es für ältere Schüler/innen Alternativen? Wie ist sichergestellt, dass das Material für die Schüler/innen nicht veraltet? Gibt es eine kontinuierliche Weiterentwicklung? Welches Ziel soll durch dieses Material erreicht werden? Kann dieses Ziel bei allen Schülerinnen und Schülern auf die gleiche Weise erreicht werden? Welche Alternativen bieten sich an?

Damit das Tun langfristig erfolgreich sein kann, muss es in einen Prozess des Nachdenkens über seine Voraussetzungen und Konsequenzen sowie die angestrebten Ziele eingebettet werden. Vielleicht war das Tun (Herstellen von Materialien) ja auch eine willkommene Gelegenheit, die Unterschiedlichkeit von nicht ausgetragenen Positionen im Kollegium kurzfristig zu überbrücken. Diese Unterschiede brechen aber erneut auf, wenn die Kurzatmigkeit des gemeinsamen Tuns wieder nicht zu dauerhaften Veränderungen führt. Der hier skizzierten Gefährdung innerschulischer Entwicklungen von zwei verschiedenen Polen her soll durch Prozessplanung in Form eines Ablaufdiagramms oder auf der Grundlage des Minimodells im Sinne von »*die Ziele über die Mittel klären*« entgegengewirkt werden. Die Intention dieses Vorgehens besteht darin, die Ziele über die verfügbaren Mittel zu konkretisieren und von diesen Mitteln her wiederum die Ziele zu überdenken und gegebenenfalls zu revidieren (vgl. Abb. 23). Es ist ja vielleicht von intellektuellem Reiz, über Ziele nachzudenken, bei denen man sich keine Rechenschaft darüber gegeben hat, ob sie denn überhaupt realisierbar sind; folgenreicher im Hinblick auf angestrebte Veränderungen ist jedoch die Rückbindung der Ziele an das Machbare. Mit anderen Worten: Das Verfahren stellt den Versuch dar, Diskussionen im Kollegium durch das Nachdenken über das mögliche Tun zu disziplinieren. Pädagogisches Denken wird auf

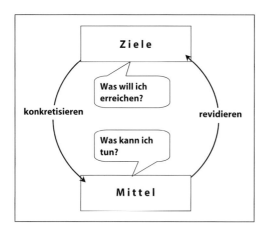

Abb. 23: Zielklärung

diese Weise vielleicht pragmatischer. Zugleich soll das Tun, das der Konkretisierung von vorweg diskutierten Zielen verpflichtet ist, reflektierter werden. Vielleicht wird auf diese Weise das Handeln durch das Nachdenken über Voraussetzungen, Konsequenzen und Ziele insgesamt aufgeklärter:

- Das Denken durch das Tun disziplinieren.
- Das Tun durch das Denken aufklären.
- Das Denken wird pragmatisch.
- Das Handeln wird reflektiert.

5. Die Organisation als Interaktionssystem

5.1 Schule als Interaktionssystem

Betrachtet man Organisationen im Licht neuerer Organisationsforschung, so ist Kommunikation einer ihrer vordringlichen Aspekte. Hierauf verweist u.a. Türk, wenn er feststellt: »Organisationen verfügen nicht oder nur sehr rudimentär über eine objektiv-versachlichte Struktur [...]: So viele Menschen man über die Organisationsstruktur befragt – so viele verschiedene Strukturbilder erhält man, etwas übertrieben formuliert. Die Frage des Organisationsforschers nach der ›wirklichen‹ Organisationsstruktur erweist sich danach als schlicht falsch gestellt. Anstelle von allgemein geteilten und objektiven Strukturen bilden sich Regeln der Interaktion heraus« (Türk 1989, S. 23ff.).

Für Klimecki, Probst und Eberl (1991, S. 107) sind Interaktionsspielräume in den Organisationsstrukturen notwendige Voraussetzungen dafür, dass die Mitglieder die Systemidentität ihrer Organisation als gemeinsam konstruierten Sinnbezug des Handelns entwickeln können. Entwicklung in diesem Sinne hat ein konstruktivistisches Verständnis von Organisation zur Voraussetzung: Wirklichkeit ist keine Gegebenheit an sich, sondern Resultat sozialer Konstruktion.

Beziehen wir diesen reichlich abstrakt formulierten Gedankengang auf die Schule als Organisation, so bedeutet das, eine Schule wird nicht schon dadurch zu einer solchen, dass sie von ihrem Träger eröffnet wird, dass ein Gebäude samt den entsprechenden Einrichtungen bereitgestellt wird, sondern dass die in ihr tätigen Personen diese Einrichtung entsprechend nutzen. Ob diese Schule funktioniert und auf Dauer Bestand hat, hängt davon ab, ob die in ihr arbeitenden Menschen sich darüber verständigen können, welche gemeinsame Vorstellung sie von ihrer Schule haben und welche praktischen Konsequenzen daraus für ihre tägliche Arbeit erwachsen sollen.

Es reicht also nicht, die Schule als Gebäude und materielle Gegebenheit zu konstruieren, sondern sie muss auch über einen geistigen Bauplan verfügen. Dieser ist nicht schon dadurch existent, dass der Staat Gesetze und Richtlinien erlässt, die die Aktivitäten von Schulleitung, Lehrpersonal und Schülerschaft reglementieren. Solche Vorgaben sind allenfalls ein Rahmen, der von den Mitgliedern der Einzelschule mit einem eigenen Entwurf ausgefüllt werden muss. Hierauf spielt der Begriff »soziale Konstruktion« an. Er macht überdies deutlich, dass dieser Entwurf nicht einfach von der Schulleitung oder von einer starken Person oder Gruppe aus dem Kollegium entwickelt werden kann, sondern dass hieran immer auch alle übrigen Organisationsmitglieder beteiligt sind, sei es auch nur in Form von Duldung oder gar von Widerstand.

Der Begriff »soziale Konstruktion« soll also nicht den Eindruck von Rationalität und Widerspruchsfreiheit erwecken, wie man vielleicht aus einem Alltagsverständnis von »Konstruktion« heraus erwarten würde. Für Türk stellen sich Organisationen »eher als widerspruchsvolle konfliktäre politische Ökonomien dar, in denen um die Kontrolle über Ressourcen zum Aufbau materieller, kultureller und sozialer Kapitalien gerungen wird« (Türk 1989, S. 23). Folgt man diesen Überlegungen, dann stellt sich bei der Betrachtung von Organisationen ein enger Zusammenhang von sozialer Konstruktion, Interaktion, *Kommunikation* und Konflikt heraus, dessen konkrete Ausformung für das Erscheinungsbild einer Organisation von großer Bedeutung ist. Dieser Zusammenhang soll in der Folge näher untersucht werden. Wir beginnen mit dem Aspekt der Kommunikation.

Kommunikation in ihrer allgemeinsten Form bedeutet: Jemand kommuniziert mit jemandem (einer anderen Person oder einer Personengruppe) über etwas. Kommunikation in Organisationen ist – selbst wenn sie nur zwischen zwei unmittelbar beteiligten Personen geschieht – immer auch auf die Gruppe der übrigen Organisationsmitglieder bezogen, und sei es nur, dass diese Gruppe aus dem aktuellen Kommunikationsvollzug ausgegrenzt werden soll. Kommunikation in Organisationen geschieht somit zwischen den Polen »Individuum«, »Gruppe« und »Sache«. Zwischen diesen Polen der Kommunikation bestehen Relationen unterschiedlicher Art (z.B. informelle und formelle, kognitive und affektive).

Ruth Cohn beschreibt diesen Sachverhalt folgendermaßen: »Jede Gruppeninteraktion enthält drei Faktoren, die man sich bildlich als Eckpunkte eines Dreiecks vorstellen könnte: 1. das Ich, die Persönlichkeit; 2. das Wir, die Gruppe; 3. das Es, das Thema. Dieses Dreieck ist eingebettet in eine Kugel, die die Umgebung darstellt, in welcher sich die interaktionelle Gruppe trifft. Diese Umgebung besteht aus Zeit, Ort und deren historischen, sozialen und teleologischen Gegebenheiten. Die thematische interaktionelle Methode befasst sich mit den Beziehungen der ›Dreieckspunkte‹ zueinander und ihrer Einbettung in die ›Kugel‹ [...]. Die Balance dieser drei Gegebenheiten ist nie vollkommen, sondern braucht eine relative, dynamische Ausgeglichenheit. [...] so ist es in der interaktionellen Arbeitsgruppe wesentlich, die dynamische Balance der drei Beziehungspunkte durch ein Nicht-Zuviel und Nicht-Zuwenig zu erhalten. Es ist die dynamische Balance, die die interaktionelle Arbeitsgruppe von anderen Kommunikationsmethoden unterscheidet.« Es geht also darum, »die dynamische Balance von Ich, Wir und Es anzustreben. Lehrer tendieren im Allgemeinen dahin, das Thema, Gruppentherapeuten dagegen dahin, die Person zu bevorzugen. Die spezifische Kunst ist es, die gleichwertige Betonung von allen drei Punkten des Dreiecks zu erreichen« (Cohn 1975, S. 113ff.).

Wenn man nun die Schule in organisationaler Hinsicht als ein spezifisches *Interaktionssystem* deutet, macht es Sinn, das von Ruth Cohn entwickelte Modell einer Interaktionsbeziehung zwischen Ich, Wir und Es hierauf zu beziehen; terminologisch soll der Unterschied zwischen der hier vorgenommenen organisationsbezogenen Verwendung des Modells gegenüber einer mehr personenbezogenen bei Ruth Cohn durch die Begriffe »Individuum«, »Gruppe« und »Sache« ausgedrückt werden (vgl. Abb. 24). Auch sollen besonders die Relationen zwischen diesen drei Polen einer differenzierten Betrachtung unterzogen werden.

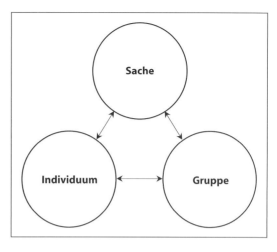

Abb. 24: Das Dreieck der Gruppeninteraktion

In den meisten Schulen werden die vorherrschenden Relationen zwischen »Individuum«, »Gruppe« und »Sache« akzeptiert, was nicht unbedingt ein Anzeichen für eine gut funktionierende Schule sein muss: Hierin kann sich auch Resignation gegenüber dem Anspruch nach Änderung der Zustände ausdrücken. Es kann sein, dass die Mitglieder eines Kollegiums gelernt haben, so weit zueinander auf Distanz zu gehen, dass ein konfliktfreies Aneinander-Vorbeileben möglich ist. Besonders in Schulen, in denen es längere Zeit keine personellen Veränderungen mehr gegeben hat, ist es wahrscheinlich, dass alle unterschiedlichen Positionen seit langem bekannt sind; man weiß um die gegenseitigen Unverträglichkeiten und kann ihnen somit aus dem Weg gehen. Auf diese Weise entsteht ein Zustand des komfortablen Elends, in dem sich jeder nach seiner Fasson einzurichten vermag und der nach außen den Anschein konfliktfreier Zusammenarbeit erweckt, der aber nach innen um den Preis fehlender pädagogischer Auseinandersetzung erkauft wird. Schulen dieser Art entsprechen dem Typus der fragmentierten Schule.

Ein Wunsch nach Veränderung dieser Situation entsteht vielleicht erst dann, wenn diese Relationen insgesamt oder in Teilen als revisionsbedürftig erscheinen, weil z.B. eine Diskrepanz zwischen dem inneren Zustand der Organisation und den von außen an sie herangetragenen Ansprüchen entsteht und man sich diesen Ansprüchen nicht mehr einfach verweigern kann, weil andernfalls z.B. der Fortbestand der Schule nicht mehr gesichert ist. In Kapitel 3.5 (S. 239ff.) haben wir diesen Fall als Störung zwischen dem System und seiner Umgebung bezeichnet, der zum Auslöser für organisationales Lernen wird. So kann eine Schule, die im Einzugsbereich ihrer Schüler/innen in Konkurrenz zu anderen Schulen der gleichen Schulform steht, durch ein sinkendes Ansehen in der Öffentlichkeit schließlich doch noch dazu veranlasst werden, über sich und ihre Arbeit nachzudenken.

Ein anderer Anlass für eine Schule, sich auf ein Entwicklungsvorhaben einzulassen, kann aber auch darin bestehen, dass ursprünglich als entlastend empfundene Routinebildungen inzwischen selbst als Fessel und lästige Pflichtveranstaltung betrachtet werden, die von der »eigentlichen« Arbeit abhalten. Wahrscheinlich kennen die meisten Lehrer/innen Konferenzen, auf denen schon lange nicht mehr pädagogisch diskutiert wird und die zu reinen Verkündigungszeremonien der Schulleitung degeneriert sind. Es kann sein, dass sich das Kollegium vornimmt, die Konferenzen inhaltlich zu beleben, sie wieder stärker zu pädagogisieren, auf jeden Fall aber die Dominanz der Schulleitung zurückzudrängen. Vielleicht artikuliert sich dieser Wunsch nicht nur als punktuell bekundete Absicht, sondern es entsteht ein Entwicklungsprozess, der längerfristig das gesamte Kollegium oder doch zumindest erhebliche Teile desselben erfasst.

5.2 Der Entwicklungsprozess als Störung

Lässt sich eine Schule auf einen Entwicklungsprozess ein, führt dieser wegen seiner Komplexität und der Interdependenz der verschiedenen Dimensionen einer Organisation in der Regel zu einer Einwirkung auch auf die Elemente der Organisation, die ursprünglich von ihren Mitgliedern keineswegs als revisionsbedürftig betrachtet worden sind. Diese Einwirkungen können von den Organisationsmitgliedern subjektiv als Störung erlebt werden, da ja aus ihrer Perspektive bewährte Routinen möglicherweise in einem größeren Umfang beeinflusst werden, als sie dies zu Beginn des Entwicklungsprozesses erwartet haben.

Stand vielleicht am Anfang der Wunsch, lediglich die Inhalte und den Verlauf der Lehrerkonferenz zu verändern, wird nun im Prozessverlauf deutlich, dass daraus viel weiter reichende Konsequenzen entstehen können. So wird z.B. zu klären sein, wie künftig die Rollenverteilung zwischen Schulleitung und Kollegium in der Konferenz aussehen soll: Ob sich beispielsweise die Schulleitung stärker auf die formelle Leitung der Konferenz zurückziehen will, um dem Kollegium mehr Raum für die inhaltliche Ausgestaltung zu geben. Aber auch innerhalb des Kollegiums werden neue Absprachen erfolgen müssen. Wie beispielsweise sollen stärker pädagogisch orientierte Konferenzen künftig vorbereitet werden? Wer ist für die Themenwahl zuständig? Wer übernimmt die Aufgabe, inhaltliche Vorarbeit zu leisten, die eine pädagogische Auseinandersetzung in der Konferenz erst ermöglichen? Wie kann dafür gesorgt werden, dass die Ergebnisse der Konferenz Rückwirkungen auf die konkrete Alltagsarbeit in der Schule haben?

All diese Fragen werden zwangsläufig zu einer Aufgabendifferenzierung innerhalb des Kollegiums führen, ebenso müssen Klärungen in inhaltlich strittigen Fragen herbeigeführt werden, die vielleicht in der Vergangenheit nicht erforderlich waren, weil das Gesetz des Handelns bei der Schulleitung lag und sich Differenzen innerhalb des Kollegiums durch den gemeinsamen Widerstand gegenüber der Schulleitung überdecken ließen. Offensichtlich kann also ein Kollegium durch den Wunsch nach Veränderung der Lehrerkonferenz in einen Prozess geraten, der es sich selbst zum Thema werden lässt, in seinen bisherigen Strukturen, Rollen, Einstellungen, Beziehungen und Formen der Zusammenarbeit. All diese Bereiche werden über kurz oder lang einer kritischen Überprüfung und möglicherweise auch Revision unterzogen werden müssen.

Veränderungen in diesen Bereichen werden aber dann nicht unbedingt als wünschenswert eingeschätzt, wenn die bisherige Situation im Kollegium weithin als positiv erlebt worden ist. Diese Überlegung zeigt, dass Entwicklungsprozesse, die ein bestimmtes Problem bearbeiten sollen, auch dann, wenn sie in dieser Hinsicht erfolgreich sind, für die Beteiligten zugleich auch neue Störungen schaffen können, die ihrerseits bearbeitungsbedürftig sind (vgl. Abb. 25). »Als wir uns auf die innerschulische Entwicklungsarbeit eingelassen haben, sind bald all die Konflikte zutage getreten, mit denen wir in der Vergangenheit gelebt haben und die wir sonst gut unter der Decke halten konnten«, charakterisierte ein Schulleiter die Situation an seinem Gymnasium.

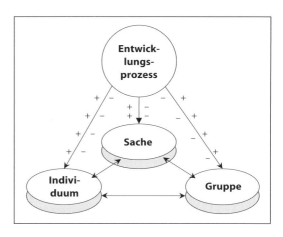

Abb. 25: Der Entwicklungsprozess als Störung

Dieser Sachverhalt wird plausibel vor dem Hintergrund der von Kurt Lewin formulierten Feldtheorie: »Soziale Ereignisse hängen vom ganzen sozialen Feld und nicht von einigen ausgewählten Punkten ab. Dies ist die fundamentale Einsicht hinter der feldtheoretischen Methode, die in der Physik erfolgreich war. Sie ist in der Psychologie stetig gewachsen und meiner Ansicht nach für die Untersuchung sozialer Felder einfach deshalb ebenso fundamental, weil sie gewisse grundlegende, allgemeine Eigenschaften der Interdependenz ausdrückt« (Lewin 1982, S. 244).

6. In Entwicklungslandschaften navigieren: Aufgaben der Schulleitung

Gegenwärtig ist in vielen Lehrerkollegien wenig Bereitschaft festzustellen, sich auf schulische Entwicklungsvorhaben einzulassen. Lehrer/innen haben den Eindruck von ihrer Schulbehörde mit Aufträgen überhäuft zu werden. Vor allem wird die schnelle Abfolge scheinbar immer neuer Projekte beklagt, die es verhindert, zunächst eine Aufgabe seriös zu Ende zu bringen.

6.1 In Entwicklungslandschaften navigieren statt abzuwickeln

6.1.1 Die Vielzahl der Aufgaben und die schwindende Bereitschaft, sich darauf einzulassen

Spätestens seit PISA ist klar, dass sich im deutschen Schulwesen manches ändern muss, wenn es den Anschluss an internationale Leistungsstandards erlangen will. Klar ist auch, dass die notwendigen Reformen nicht nur einen einzigen Aspekt betreffen, durch dessen Erneuerung die Probleme der deutschen Schule gelöst werden könnten, etwa die Umwandlung von Halbtagsschulen in Ganztagsschulen, ebenso wenig wie durch die Aktivität einer einzelnen Instanz, sei es nun die Schulverwaltung oder die Universität. Die Komplexität der Aufgabenstellung verlangt nach vielfältigen, unterschiedlichen Anstrengungen und nach dem Zusammenwirken aller mit der Schule befassten Instanzen.

Mit diesem objektiven Bedarf an Wandel kontrastiert die subjektive Befindlichkeit zahlreicher Lehrer/innen ebenso wie die von Schulleiterinnen und Schulleitern. Auf die Frage nach der Bereitschaft, sich auf schulischen Wandel einzulassen, erhält man gegenwärtig fast nur noch ein Achselzucken: »Wir wollen endlich einmal in Ruhe unsere Arbeit tun, nach Wandel steht uns zurzeit nicht der Sinn.« Derartige Einschätzungen findet man allenthalben: in unterschiedlichen Schulformen, bei Kollegien unterschiedlicher Altersgruppen und kultureller Stile, bei Angehörigen politisch heterogener Orientierungen. Versucht man, den Ursachen für diese Stimmung nachzuspüren, erhält man bedenkenswerte Auskünfte. Die Leiterin einer Grundschule zählt auf, welche Aufgaben auf sie und ihr Kollegium in den letzten beiden Jahren zugekommen sind: Ein Schulprogramm vereinbaren und evaluieren, neue Richtlinien und Lehrpläne einführen, eine neue Schuleingangsphase gestalten, die Diagnose des Entwicklungsstandes von Schulanfängern vornehmen, eine verlässliche Halbtagsschule anbieten, Englisch in der Grundschule etablieren, schulinterne Fortbildung planen, durchführen und evaluieren, Ganztagsbetreuung/Über-Mittag-Betreuung anbieten, Arbeit am Begleitprogramm für die Schule leisten.

Jede dieser Aufgaben fordert die Anstrengung des gesamten Kollegiums, wenn sie wirklich nachhaltig die Arbeit in der Schule positiv beeinflussen soll, und sie benötigt Zeit. Wie viel Zeit, das ist eine Frage, die sich je nach Schule und ihrem individuellen Profil unterschiedlich beantwortet.

6.1.2 Schulentwicklung im Gleichschritt?

Hier aber beginnt das Problem: Die Schulen haben die von der Grundschulleiterin aufgezählten Aufgaben als eine Kette aufeinander folgender Aufträge der Schulaufsicht erfahren, die innerhalb einer bestimmten Frist zu erledigen waren (vgl. Abb. 26).

»Wir haben das Schulprogramm fertig, jetzt müssen wir uns darum kümmern, die Schuleingangsphase neu zu gestalten« – dieser Ausspruch einer Lehrerin spiegelt die Bewusstseinslage wider, die sich inzwischen eingestellt hat.

Die verschiedenen Aufgaben werden als isolierte und unverbundene Gegebenheiten betrachtet, die gleichsam nacheinander abgehakt werden können; wenn das Schulprogramm »fertig« ist, nimmt man sich eben notgedrungen den nächsten Auftrag vor. Und da es für die verschiedenen Aufträge, die zudem noch von den verschiedenen Schulen gleichsam im »Gleichschritt« zu erledigen sind, mehr oder weniger fest vorgegebene Abschlusszeiten gibt, rangiert die Einhaltung des von der Behörde gesetzten Endtermins vor der Frage, ob die jeweilige Aufgabe mehr als nur in einem formalen

Sinn erledigt worden ist. In den Kollegien und Schulleitungen etabliert sich eine Abhakmentalität, die nicht mehr nach dem Sinn der jeweiligen Aufgabe und ihrem inneren Zusammenhang mit anderen Aufgaben fragt.

Angesichts dieser Situation versuchen manche Schulen, die zeitlichen Vorgaben für die Erfüllung einzelner Aufgaben in Verhandlungen mit der Schulaufsicht zu dehnen, müssen dabei aber feststellen, dass die Schulaufsicht, sei es auf Schulamtsebene oder auf der Ebene der Mittelbehörde, sich in dieser Frage als inkompetent erklärt, da sie durch ministerielle Vorgaben gebunden sei. Vertreter der Schulaufsicht reden gerne von ihrer »Sandwich-Position« zwischen ministerieller Ebene und Schulebene. Das Resultat ist vielfach, dass sich niemand für die verschiedenen Aufgaben in einem inhaltlichen Sinn verantwortlich fühlt, sondern sich mit der Einhaltung der Termine zufrieden gibt. Dies hat dazu geführt, dass beispielsweise die Arbeit am Schulprogramm, die die Gelegenheit geboten hätte, Lehrer/innen für die Arbeit an ihrer Schule über das Unterrichten hinaus zu motivieren, weil sich zusätzliche Gestaltungsmöglichkeiten bieten, in Wirklichkeit mit großer Lustlosigkeit betrieben wird und der Begriff »Schulprogramm« zu einem Unwort geworden ist. An nicht wenigen Schulen wird die Arbeit am Schulprogramm einer kleinen Arbeitsgruppe oder sogar einer einzelnen Person mit Karriereabsichten überantwortet, die einen Text verfasst, den man vorzeigen kann, ohne dass er tatsächliche Auswirkungen auf die pädagogische und unterrichtliche Arbeit der Schule hätte. Immer häufiger sind Schulleitungen mit latenten oder offenen Widerständen und einer Haltung der Resignation und der Verweigerung konfrontiert.

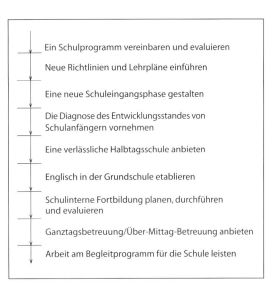

Abb. 26: Lineare Abwicklung von Schulentwicklungsaufgaben

6.1.3 In Entwicklungslandschaften denken

Angesichts dieser Situation empfiehlt es sich, den Blick auf notwendige schulische Wandlungsprozesse zu ändern. Bislang ist eine Sichtweise vorherrschend, die den Bedarf an schulischem Wandel behördlich von außen definiert und dazu die zeitlichen Spielräume und die Reihenfolge der Wandlungsprozesse vorgibt. Dies ist umso erstaunlicher, als verbal ein Verständnis von organisationalem Wandel verkündet wird, das die Betroffenen zu Beteiligten erklärt und das davon ausgeht, dass Wandlungsprozesse am ehesten erfolgreich sind, wenn sie möglichst nah an den tatsächlichen Bedürfnissen der Organisationsmitglieder ansetzen. Hier scheint sich ein unüberbrückbarer Widerspruch aufzutun zwischen traditionellem schulaufsichtlichem Selbstverständnis und Handeln einerseits und den Gelingensbedingungen von Wandlungsprozessen andererseits. Wenn man drei grundsätzlich unterschiedliche Strategien des Wandels unterscheidet (Machtstrategien, rational-emprirische Strategien und personenorientiert-interaktionistische Strategien; vgl. S. 246ff.), so hat man den Eindruck, dass personenorientiert-interaktionistische Strategien mit dem Instrumentarium von Machtstrategien durchgesetzt werden sollen.

Verändern wir den Blick auf Schulentwicklungsprozesse. Nehmen wir Abschied von der Vorstellung einer Schulentwicklung im Gleichschritt. Denken wir nicht mehr in linear abzuwickelnden Prozessen, sondern in Entwicklungslandschaften. Entwicklungslandschaften sind Konkretisierungen des Schulprogramms. Alle die Punkte, die wir bislang in einem linearen Nacheinander betrachtet haben, sind potenziell Bestandteile des Schulprogramms; das bedeutet, dass das Nachdenken z.B. über die verlässliche Halbtagsschule oder die Neugestaltung der Schuleingangsphase keine Entwicklungsschritte *nach* dem Schulprogramm, sondern *innerhalb* des Schulprogramms darstellen. Wer sich um die verlässliche Halbtagsschule oder die Neugestaltung der Schuleingangsphase kümmert, hat damit nicht die Arbeit am Schulprogramm abgehakt und hinter sich gelassen, sondern konkretisiert das Schulprogramm in diesen Aspekten.

Die Art und Weise, wie sich eine Schule innerhalb dieser Schulentwicklungslandschaft bewegt, sollte der Schule selbst überlassen bleiben; sie sollte den Kurs bestimmen können, auf dem sie navigiert. Dies ist deswegen wichtig, weil sich nicht alle Schulen auf dem gleichen Stand befinden. Bildlich gesprochen nehmen sie unterschiedliche Positionen auf der Entwicklungslandkarte ein. Das bedeutet, dass von der jeweilig aktuellen Position der unterschiedlichen Schulen jeweils andere Punkte als die nächstliegenden zu erreichen sind (vgl. Abb. 27).

Die eine Schule wird sich im Rahmen ihres Schulprogramms vielleicht zunächst um die Neugestaltung der Schuleingangsphase kümmern; sie wird in diesem Zusammenhang den Entwicklungsstand ihrer Schulanfänger diagnostizieren und schließlich den Erfolg ihrer Bemühungen evaluieren. Eine andere Schule hat wegen ihres besonderen Umfeldes die Idee, den Bedürfnissen ihrer Schüler- und Elternschaft mit der Einrichtung der verlässlichen Halbtagsschule und dem Angebot der Ganztagsbetreuung dienlich zu sein; auch diese Schule wird das Resultat evaluieren wollen, um eventuell vorhandenen Optimierungsbedarf festzustellen. Eine dritte Schule wählt den Weg, sich zunächst um die neuen Richtlinien zu kümmern und dabei dem Thema »Englisch in der Grundschule« besondere Aufmerksamkeit zu widmen. Vielleicht betrachtet sie es in diesem Zusammenhang als notwendig, das Begleitprogramm für die Ausbildung der Lehramtsanwärter/innen entsprechend auszubauen, um die innerschulische Curriculumentwicklung durch Maßnahmen der Personalentwicklung abzusichern.

Unabhängig davon, wo eine Schule ihren individuellen Entwicklungsgang startet, wird man jedoch darauf bestehen müssen, dass sie innerhalb eines gegebenen Zeitraums alle Stationen der Entwicklungslandkarte bearbeitet. Das hat zur Folge, dass sich

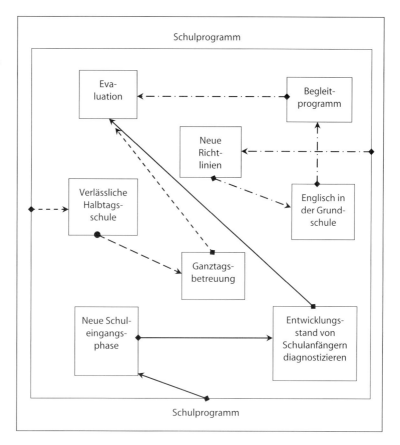

Abb. 27: In einer Schulentwicklungslandschaft navigieren

verschiedene Schulen auf unterschiedlichen Wegen durch die Entwicklungslandschaft bewegen, dass aber nach einer bestimmten Zeit alle die gleichen Stationen durchlaufen haben. Der Vorteil dieser Vorgehensweise ist evident: Jede Schule startet an dem Punkt, der für sie den günstigsten Einstieg bedeutet, und wählt den Weg, der ihren Bedürfnissen und Möglichkeiten am ehesten entspricht. Dabei entscheidet sie, wie viel Zeit sie jeweils für die unterschiedlichen Stationen in Abhängigkeit von ihren individuellen Möglichkeiten investieren will. Das bedeutet, dass sich die Schulen nicht nur auf unterschiedlichen Wegen, sondern auch mit unterschiedlichen Geschwindigkeiten durch die Entwicklungslandschaften bewegen.

Man wird dagegen einwenden, dass solche Unterschiede in einem staatlich verantworteten und kontrollierten Schulsystem nicht zulässig seien, und darin ein Argument für den zentral verordneten Entwicklungsgleichschritt im Sinne des »linearen Abwickelns« sehen. Die Wirklichkeit ist jedoch, dass »Schulentwicklung im Gleichschritt« oft nur ein Oberflächenphänomen darstellt in dem Sinne, dass der Behörde die gleichen Entwicklungsschritte innerhalb der gleichen Zeiten als abgeschlossen *gemeldet* werden, unabhängig davon, ob und in welchem Maße sie tatsächlich *realisiert* worden sind und die schulische Arbeit prägen.

6.1.4 Ein verändertes Steuerungsverhalten von Schulleitung und Schulaufsicht

Voraussetzung für das Gelingen dieses Konzeptes ist die Art der Außensteuerung der einzelnen Schule durch die Schulaufsicht im Zusammenwirken mit der Schulleitung:

1. Statt kurzphasig der Schule einzelne Entwicklungsaufträge zu erteilen, ist zu klären, welche Entwicklungsvorhaben insgesamt innerhalb welchen Zeitrahmens zu bearbeiten sind.
2. Der Schule wird die Möglichkeit eingeräumt, darüber zu entscheiden, in welcher Reihenfolge sie die einzelnen Entwicklungsvorhaben angeht und wie viel Zeit sie darauf verwenden will.
3. Die Schulleitung hält Kontakt mit der Schulaufsicht im Hinblick auf die Frage, ob der vereinbarte Zeitplan eingehalten werden kann bzw. welche Unterstützungsmaßnahmen durch die Schulaufsicht erforderlich sind.

Eine wichtige Orientierung für das Navigieren einer Schule in ihrer Entwicklungslandschaft und das Verfolgen eines individuellen Kurses bieten die Schulen in der näheren Umgebung. Es ist zu bedenken, dass ein Wechsel von Schülerinnen und Schülern zwischen Schulen verschiedener Schulstufen nicht zur Benachteiligung einzelner Schülergruppen führen und die Kooperation zwischen Schulen gleicher Schulstufe nicht behindert werden darf. Insofern stellt sich Schulentwicklung immer auch als eine Aufgabe mit einer regionalen Dimension dar, die auch nach einer Kooperation der entsprechenden Schulaufsichten verlangt.

6.2 Aufgaben der Schulleitung in Schulentwicklungsprozessen

Navigieren verlangt nach einem Navigator; innerhalb der Schule hat diese Aufgabe selbstverständlich die Schulleiterin bzw. der Schulleiter. Im Folgenden sollen einige wesentliche Aufgaben der Schulleitung im Hinblick auf das Navigieren in Entwicklungslandschaften dargestellt werden.

6.2.1 Für die Schule relevante Umweltveränderungen in die Schule kommunizieren

Für die Orientierung schulischer Arbeit ist von entscheidender Bedeutung, dass relevante Veränderungen in der Umwelt zur Kenntnis genommen werden. Führen diese Veränderungen dazu, dass bislang eingespielte Abläufe und Routinen nicht einfach fortgesetzt werden können, kann dies zu einem Ausgangspunkt von Schulentwicklung werden. In diesem Sinne erklärt Wimmer: »Entscheidend für einen Transformationsprozess ist [...] weniger die gute Absicht der Führungskräfte, sondern ihre Fähigkeit, die bislang eingespielten Erfolgsmuster und Routinen einer Organisation zu irritieren« (Nagel/Wimmer 2002, S. 299).

Dieser Sachverhalt lässt sich an der Rezeption von wichtigen Studien der Bildungsforschung wie TIMSS, PISA, LAU und IGLU illustrieren. Soweit die Ergebnisse dieser Studien durch Lehrer/innen in ihren beruflichen Zusammenhängen überhaupt zur Kenntnis genommen worden sind, ist die Diskussion darüber, abgesehen von wenigen Ausnahmen, bemerkenswert unprofessionell verlaufen. So sind etwa die Ergebnisse der TIMS-Studie durch eine Methodendiskussion über deren Aussagekraft und Haltbarkeit in ihrer Bedeutung für die schulpraktische Arbeit bagatellisiert worden. Die Rezeption dieser und anderer Studien hat in vielen Fällen nicht dazu geführt, dass auf der Ebene des Unterrichts die bislang eingespielten Erfolgsmuster und Routinen irritiert worden wären. Ein Grund dafür dürfte darin zu sehen sein, dass viele Schulleitungen es nicht als ihre Aufgabe angesehen haben, die Diskussion mit der nötigen professionellen Kompetenz in ihre Schulen zu tragen.

6.2.2 Einen stabilen Interaktionsprozess über Veränderungsnotwendigkeiten etablieren

Da Lehrer/innen eine individuell unterschiedliche Sicht auf die Umgebung des Systems Schule haben und zu unterschiedlichen Wahrnehmungen gelangen, besteht die Voraussetzung für einen erfolgreichen Schulentwicklungsprozess darin, dass es eine gemeinsam akzeptierte Verständigung darüber gibt, wie die Irritationen eingespielter Erfolgsmuster und Routinen aufzulösen sind. »Will man eine gute Ausgangsbasis für den nachhaltigen Erfolg des Umbaus legen, dann ist es ratsam, in der Organisation eine intensive Auseinandersetzung über die Beweggründe und die Dringlichkeit der Veränderung zu führen. Nur ein gemeinsames, von allen akzeptiertes Verständnis über die aktuellen oder künftig zu erwartenden Probleme, die ein radikales Abgehen vom Status quo erforderlich machen, lässt genug Bereitschaft entstehen, um das Risiko des Neuen auf sich zu nehmen. Die Befürchtungen, die mit der Veränderung verknüpft werden, müssen durch ein deutlich höheres Risiko, das durch das Festhalten am Alten entsteht, überwunden werden« (Nagel/Wimmer 2002, S. 300). Um die für einen Veränderungsprozess notwendige Schubkraft zu mobilisieren, kommt es darauf an, einen Spannungsbogen zu erzeugen, der das Bedrohungspotenzial, das in der Fortführung bisheriger Routinen besteht, und die verlockende Aussicht einer real erreichbaren Zukunftsperspektive gleichermaßen verdeutlicht (vgl. Abb. 28 auf der nächsten Seite).

6.2.3 Für klare, erreichbare und relevante Ziele sorgen

Dies bedeutet nicht, dass die Schulleitung die Ziele *selbst* setzen muss, sie muss aber dafür sorgen, *dass* Ziele existieren. Dies kann über Verfahren der Zielklärung und Zielvereinbarung geschehen, die das Kollegium zu Akteuren macht. »Das Führen mit Zielen ist vom Grundsatz her wirklich nicht schwierig zu verstehen. Normalerweise ist es auch im intellektuellen Sinne nicht besonders schwierig, sich vernünftige Ziele auszuden-

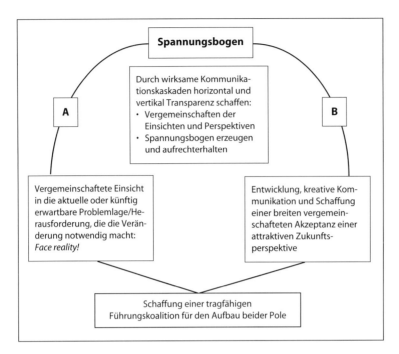

Abb. 28: Spannungsbogen zur Erzeugung von Veränderungsenergie

ken. Es ist vor allem *arbeitsintensiv*, sie so weit auszuarbeiten, zu diskutieren und zu präzisieren, dass sie tatsächlich praktisch brauchbar sind und ihre Funktion erfüllen können« (Malik 2000, S. 175). Ziele alleine also reichen nicht; drei Fragen sind zu stellen:

1. Sind die Ziele klar?
2. Sind die Ziele erreichbar?
3. Sind die Ziele relevant?

Die erste Frage richtet sich auf die *Indikatoren:* Woran wollen wir messen, ob die Ziele erreicht worden sind? Woran wollen wir beispielsweise festmachen, ob unsere Schule das Ziel erreicht hat, eine »Schule ohne Rassismus« zu sein?

Die zweite Frage richtet sich auf die *Mittel:* Verfügen wir über die notwendigen Mittel, um unsere Ziele zu erreichen? Gegebenenfalls wird es notwendig sein, die im ersten Zugriff zu hoch gesteckten Ziele angesichts der verfügbaren Mittel zu revidieren.

Die dritte Frage prüft, ob sich die *Ziele* auf eine Verbesserung der zentralen Aufgabenbereiche der Schule, das Unterrichten und Erziehen, richten. Dies leitet über zur nächsten Aufgabe von Schulleitungen in Entwicklungsprozessen.

6.2.4 Für Überschaubarkeit und Zusammenhang im Entwicklungsprozess sorgen

Viele Kollegien fühlen sich zunehmend überfordert durch die Fülle neuer Aufgaben, mit denen sie sich in immer kürzeren Abständen konfrontiert sehen. Im Sinne des Navigierens in Entwicklungslandschaften kommt es darauf an, den inneren Zusammenhang zwischen verschiedenen Aufgaben zu sehen und zu verdeutlichen. Überdies muss die Schulleitung die Möglichkeit wahrnehmen, die Reihenfolge zu bestimmen, mit der verschiedene Aufgaben mittelfristig abgearbeitet werden, um den für die eigene Schule günstigsten Zugang und die plausibelste Abfolge (vgl. Abb. 27 auf S. 285) zu wählen. Es kommt darauf an, im Kollegium das Bewusstsein einer langfristigen Perspektive zu fördern. Dem Kollegium muss klar sein, dass die Arbeit am Schulprogramm prinzipiell nicht abschließbar ist, dass das Bemühen z.B. um Qualitätssicherung und Qualitätsentwicklung eine Fortführung der Schulprogrammarbeit in einem wichtigen Segment bedeutet; ebenso dient die Beschäftigung mit neuen Methodenkonzepten oder die Umsetzung von neuen Richtlinien der Qualitätssicherung und Qualitätsentwicklung. Schul- und Unterrichtsentwicklung ist also ein kontinuierlicher Prozess, der die schulische Arbeit fortwährend begleitet und nicht nur ein isoliertes Thema für den jährlichen pädagogischen Tag des Kollegiums. Hiermit stehen die nächsten beiden Aufgaben der Schulleitung in einem engen Zusammenhang.

6.2.5 Entwicklungsvorhaben auf das Lernen der Schüler/innen orientieren

Entwicklungsvorhaben können auf unterschiedlichen Ebenen angesiedelt sein:

- Ein Kollegium kann in einen Verständigungsprozess darüber eintreten, welche pädagogischen Leitideen an der Schule Geltung haben sollen;
- eine Lehrerkonferenz kann den Beschluss gefasst haben, jahrgangsstufenbegleitende Lehrerteams einzurichten;
- eine Initiativgruppe kann den Entschluss gefasst haben, ein Selbstlernzentrum unter Mitwirkung von Eltern als Betreuungspersonen einzurichten.

Jedes dieser Entwicklungsvorhaben stellt sicherlich für die Schule eine wichtige und arbeitsaufwändige Innovation dar. Sie bleiben jedoch letztlich belanglos,

- wenn die pädagogischen Leitideen lediglich als Werbetext auf der Homepage der Schule erscheinen;
- wenn sich die Einrichtung jahrgangsstufenbegleitender Lehrerteams darauf beschränkt, eine feste Gruppe von Lehrer/innen mehrere Jahre im Unterricht einer bestimmten Klasse einzusetzen;
- wenn das Selbstlernzentrum lediglich aus einem von Eltern beaufsichtigten Raum mit Schülerarbeitsplätzen, Fachbüchern und Computern mit Internetzugang besteht.

All diese Dinge sind prinzipiell sinnvoll, sie reichen jedoch alleine nicht aus, um das Lernen der Schüler/innen zu verbessern; damit dieses Ziel erreicht wird, müssen Entwicklungsprozesse über die genannten Stadien hinaus verfolgt werden.

Pädagogische Leitideen sind nur dann sinnvoll und wirksam, wenn sich das Kollegium darüber verständigt, welche konkreten Folgen sie für den Unterricht haben sollen. Eine häufig genannte Leitidee lautet z.B.: »Die Schüler/innen fördern und fordern«. Die meisten Lehrpersonen gehen wahrscheinlich davon aus, dass der Unterricht per se fördert und fordert. Spätestens seit PISA wissen wir jedoch, dass dies keineswegs so ist. Viele Lehrpersonen verfügen nicht über hinreichende Informationen zum je individuellen Lernstand ihrer Schüler/innen, sie besitzen oft kein geeignetes Instrumentarium, um sich derartige Informationen verlässlich zu verschaffen, und sind schließlich aus unterschiedlichen Gründen nicht in der Lage, Lernprozesse individuell zu fördern. Hier tut sich also ein großer Entwicklungsbedarf für die Schule auf, die mit berechtigtem Stolz ihre pädagogischen Leitideen formuliert hat.

Ähnlich verhält es sich bei der Einrichtung von Lehrerteams; die stabile personelle Konstellation alleine sagt noch wenig aus über die erzieherische Wirkung. Wie weit haben sich die Mitglieder des Teams verständigt über Prinzipen der Klassenführung, der Unterrichtsgestaltung, der Leistungsbeurteilung etc.? Und auch das Selbstlernzentrum bleibt eine Randerscheinung in der Schule, wenn sich nicht Fachkonferenzen und Jahrgangsteams darüber verständigt haben, wie der Unterricht gestaltet werden soll, damit das Selbstlernzentrum auch in die tägliche Arbeit mit einbezogen werden kann, und wenn es keine kontinuierliche Arbeit möglichst vieler Lehrpersonen an der fach- und themenbezogenen Aktualisierung der Bestände des Selbstlernzentrums gibt.

6.2.6 Entwicklungsförderliche Rahmenbedingungen schaffen und sichern

Wenn schulische Entwicklungsarbeit ein kontinuierliches Thema ist, muss sie entsprechend planvoll in die Arbeitsabläufe und in das Gesamtvolumen der Tätigkeiten einbezogen sein; sie darf nicht als eine freiwillig im »Zugabenteil« zu erbringende Leistung erscheinen, der man sich auch entziehen kann. Die Akzeptanz steigt sicherlich, wenn der zusätzliche Aufwand nicht allzu groß erscheint, der persönliche Nutzen der Arbeit aber evident ist.

Schulleitungen setzen auch Rahmenbedingungen oder gestalten sie mit, die für Schul- und Unterrichtsentwicklung entscheidend sein können, z.B. die Installation und aktive Förderung von Fachkonferenzen, die Organisation gemeinsamer Freistunden bei der Stundenplangestaltung etc. (Helmke 2003, S. 202).

Da besonders die Zeit eine kostbare Ressource darstellt, kommt es darauf an, den zeitlichen Aufwand für Entwicklungsvorhaben sorgfältig zu kalkulieren. Die Schulleitung sollte genau überprüfen, inwieweit ohnehin stattfindende Konferenzen und Dienstbesprechungen für Entwicklungsvorhaben genutzt und von auf andere Weise zu erfüllenden Routineaufgaben entlastet werden können.

Ein wichtiger Partner ist in diesem Zusammenhang die Schulaufsicht. Die Schulleitung sollte in engem Kontakt Zeiträume und Schwerpunktsetzungen aushandeln, die für die Arbeit des Kollegiums zumutbare Bedingungen schaffen. Bei besonders anspruchsvollen Vorhaben oder in arbeitsintensiven Phasen ist darüber nachzudenken, wie die Schulaufsicht im Rahmen ihrer Gestaltungsmöglichkeiten wenigstens für einen definierten Zeitraum durch Zuweisung einer zusätzlichen Lehrerstelle (oder von Anteilen einer Stelle) für eine Entlastung des Kollegiums sorgen kann.

6.2.7 Den Entwicklungsprozess auf Dauer stellen

Der jährliche »pädagogische Tag« gehört inzwischen zum Standard der meisten Schulen. Mehr oder weniger intensiv vorbereitet, dient er in der Regel zur Auseinandersetzung mit einem Schwerpunktthema; zuweilen werden externe Experten als Referenten eingeladen. Das Kollegium bearbeitet in Gruppen verschiedene Aspekte des Themas, zum Schluss werden die Ergebnisse auf Plakaten im Plenum präsentiert. Der »pädagogische Tag« im nächsten Jahr zu einem anderen Thema verläuft ähnlich.

In vielen Kollegien herrscht Missmut gegenüber dieser Praxis; der »pädagogische Tag« erscheint nicht wenigen Lehrerinnen und Lehrern wegen seiner Folgenlosigkeit als verlorene Zeit. Damit er wirklich zu einem Element der Schulentwicklung werden kann, muss die Schulleitung dafür sorgen, ihn in den schulischen Alltag hinein wirksam werden zu lassen. Es müssen Vereinbarungen getroffen werden, wie die Arbeitsergebnisse konkret in die Unterrichts- und Erziehungsarbeit Eingang finden sollen, zu welchem Zeitpunkt und auf welche Weise die dadurch erzielten Ergebnisse evaluiert werden und in welchem Rahmen hieraus Konsequenzen für die weitere Arbeit gezogen werden können. Um die Identifikation mit diesen Aufgaben im Kollegium zu fördern, müssen Strukturen geschaffen werden – vielleicht in Form einer Steuergruppe, vielleicht durch die Beauftragung einzelner Kollegiumsmitglieder –, denen das Management dieser Aufgaben übertragen wird. Die Verantwortung der Schulleitung ist es, die Verlässlichkeit dieser Strukturen und Abläufe zu gewährleisten: Die Schulleitung sorgt dafür, dass sich das Kollegium Rechenschaft über die Umsetzung seiner Beschlüsse und Vereinbarungen gibt.

6.2.8 Sich selbst als lernende Person begreifen

Wenn es bei Schul- und Unterrichtsentwicklung darum geht, die Schule als lernende Organisation in einem offenen, interaktiven, individuellen und kollektiven Lernprozess in Auseinandersetzung mit ständigen Veränderungen der Umgebung und daraus resultierenden Ansprüchen an die Schule zu führen, dann müssen sich auch die Mitglieder der Schulleitung als Lernende begreifen. Auch die Sichtweise der Schulleitung auf Veränderungsnotwendigkeiten ist nur *eine* unter anderen denkbaren Sichtweisen. Die Deutungsmuster der Leitungspersonen haben keinen prinzipiellen Vorrang vor denen anderer Organisationsmitglieder. Insofern ist Dissens die normale Ausgangslage von Entwicklungsvorhaben; dieser kann nicht durch inhaltliche Vorgaben der Leitung aufgelöst werden, sondern durch Interaktion unter den Mitgliedern der Organisation Schule.

Dies verlangt von Schulleitungspersonen den Verzicht darauf, die eigene Perspektive zu verabsolutieren; es muss Raum geben für unterschiedliche Sichtweisen. Klärungsprozesse innerhalb des Kollegiums zu grundlegenden Fragen dürfen nicht dazu missbraucht werden, den eigenen Standpunkt durchzusetzen. Damit ist ein hoher Anspruch an Leitungspersonen im Hinblick auf ihre Fähigkeit zur Selbstdistanz gestellt. Die Schulleitung sollte prüfen, ob sie diesem Anspruch in jeder Phase eines Schulentwicklungsprozesses gerecht werden kann. Bei der Formulierung grundlegender normativer Orientierungen (z.B. des Leitbildes der Schule oder eines gemeinsamen Bildes von gutem Unterricht) ist die Versuchung besonders groß, die eigenen Vorstellungen durchzusetzen. In solchen Fällen sollte die Schulleitung überlegen, ob sie die Moderation derartiger Prozesse anderen Personen überträgt; das können Mitglieder des Kollegiums sein, die im Schulentwicklungsprozess eine in diesem Sinne definierte Rolle übernehmen, es ist aber auch denkbar, auf externe Personen zurückzugreifen, die die Moderation übernehmen.

Zusammenfassung:
Aufgaben der Schulleitung in Entwicklungsprozessen

- Für die Schule relevante Umweltveränderungen in die Schule kommunizieren;
- einen stabilen Interaktionsprozess über Veränderungsnotwendigkeiten etablieren;
- für klare, erreichbare und relevante Ziel sorgen;
- Entwicklungsvorhaben auf das Lernen der Schüler/innen orientieren;
- für Überschaubarkeit und Zusammenhang im Entwicklungsprozess sorgen;
- entwicklungsförderliche Rahmenbedingungen schaffen und sichern;
- den Entwicklungsprozess auf Dauer stellen;
- sich selbst als lernende Person begreifen.

Literaturverzeichnis

Altrichter, H./Daschner, P./Hameyer, U./Kleekamp, B./Rolff, H.G./Schley, W./Schratz, M./Strittmatter, A. (Hrsg.) (1997): Journal für Schulentwicklung. Innsbruck/Wien.

Altrichter, H./Schley, W./Schratz, M. (Hrsg.) (1998): Handbuch zur Schulentwicklung. Innsbruck/Wien.

Arnold, R. (1985/1991): Deutungsmuster und pädagogisches Handeln in der Erwachsenenbildung. Bad Heilbrunn.

Bateson, G. (1977): Afterword. In: Brockmann, J.: About Bateson. New York.

Bateson, G. (1993): Geist und Natur. Eine notwendige Einheit. Frankfurt a.M.

Bolbrügge, G. (1997): Selbstorganisation und Steuerbarkeit sozialer Systeme. Weinheim.

Buchen, H./Horster, L./Rolff, H.G. (1994ff.): Schulleitung und Schulentwicklung. Erfahrungen, Konzepte, Strategien. Berlin.

Cohn, R.C. (1975): Von der Psychoanalyse zur themenzentrierten Interaktion. Von der Behandlung einzelner zu einer Pädagogik für alle. Stuttgart.

Dalin, P./Rolff, H.G./Buchen, H. (1995): Institutioneller Schulentwicklungs-Prozess. Ein Handbuch. Bönen/Westf.

Fatzer, G. (Hrsg.) (1993): Organisationsentwicklung für die Zukunft. Ein Handbuch. Edition humanistische Psychologie. Köln.

Helmke, A. (2003): Unterrichtsqualität – erfassen, bewerten, verbessern. Seelze.
Horster, L. (1995): Störungen bearbeiten. Der schulinterne Entwicklungsprozess als Störpotential. Bönen/Westf.
Horster, L. (1996): Wie Schulen sich entwickeln können. Der Beitrag der Organisationsentwicklung für schulinterne Projekte. Bönen/Westf.
Horster, L./Rolff, H.G. (2001): Unterrichtsentwicklung. Grundlagen, Praxis, Steuerungsprozesse. Weinheim/Basel.
Klimecki, R./Laßleben, H./Thomae, M. (2000): Organisationales Lernen. Zur Integration von Theorie, Empirie und Gestaltung. In: Schreyögg, G./Conrad, P. (Hrsg.): Organisationaler Wandel und Transformation. Managementforschung, Bd. 10. Wiesbaden, S. 63–98.
Klimecki, R./Probst, G./Eberl, P. (1991): Systementwicklung als Managementproblem. In: Staehle, W.H./Sydow, J. (Hrsg.): Managementforschung, Bd. 1. Berlin/New York, S. 107.
Klippert, H. (1997): Schule entwickeln – Unterricht neu gestalten. In: Pädagogik 49, H. 2, S. 12–17.
Korte, H. (1998): Schulreform im Klassenzimmer. Weinheim/Basel.
Lewin, K. (1982): Feldtheorie. In: Kurt-Lewin-Werkausgabe, Band 4. Stuttgart, S. 244.
Louis, K.S./Leithwood, K. (1998): From Organizational Learning to Professional Learning Communities. In: Louis, K.S./Leithwood, K. (Hrsg.): Organizational Learning in Schools. Lisse/NL.
Luhmann, N. (1984): Soziale Systeme. Frankfurt a.M.
Luhmann, N. (^{2}1991): Soziale Systeme. Grundriss einer allgemeinen Theorie. Frankfurt a.M.
Malik, F. (2000): Führen Leisten Leben. Wirksames Management für eine neue Zeit. Stuttgart/München.
Maturana, H.R. (1985): Erkennen. Die Organisation und Verkörperung von Wirklichkeit. Braunschweig.
Nagel, R./Wimmer, R. (2002): Systemische Strategieentwicklung. Modelle und Instrumente für Berater und Entscheider. Stuttgart.
Piaget, J. (^{10}2000): Psychologie der Intelligenz. Mit einer Einführung von Hans Aebli. Stuttgart.
Probst, G.J.B. (1987): Selbstorganisation. Ordnungsprozesse in sozialen Systemen aus ganzheitlicher Sicht. Berlin/Hamburg.
Probst, G.J.B. (1992): Organisation. Strukturen, Lenkungsinstrumente, Entwicklungsperspektiven. Landsberg.
Schein, E. (1987): Process Consultation, Vol. II. Reading, MA.
Schreyögg, G./Noss, C. (2000): Von der Episode zum fortwährenden Prozess. Wege jenseits der Gleichgewichtslogik im organisatorischen Wandel. In: Schreyögg, G./Conrad, P. (Hrsg.): Organisatorischer Wandel und Transformation. Managementforschung, Band 10. Wiesbaden, S. 33–62.
Senge, P. (1996): Die fünfte Disziplin. Kunst und Praxis der lernenden Organisation. Stuttgart.
Staehle, W.H. (1989): Management. Eine verhaltenswissenschaftliche Perspektive. München.
Tietgens, H. (1981): Die Erwachsenenbildung. München.
Türk, K. (1989): Neuere Entwicklungen in der Organisationsforschung. Stuttgart.
www.archiv.hoechst.de ... sciences/wissen_forum/artikel5 (21.6.2002)

Bildnachweis

S. 258: Nach: Peter M. Senge (1996): Die fünfte Disziplin. Kunst und Praxis der lernenden Organisation. Aus dem Amerik. von Maren Klostermann. © 1990 by Peter M. Senge. Stuttgart: Klett-Cotta, S. 98.
S. 288: Nach: Reinhart Nagel/Rudolf Wimmer (2002): Systemische Strategieentwicklung. Modelle und Instrumente für Berater und Entscheider. Stuttgart: Klett-Cotta, S. 302.

II. Organisationsgestaltung

Hans-Günter Rolff

Schulentwicklung, Schulprogramm und Steuergruppe

1.	Vorbemerkung	297
2.	Zwei Quellen: Implementationsorientierung und Einzelschulbasierung	298
3.	Organisationsentwicklung als Grundlage	302
4.	Prozess- bzw. Phasenorientierung	307
5.	Selbstorganisation, Gesamtsystemsteuerung und Koppelungsprobleme	310
6.	Begriffsbestimmung	313
7.	Lernende Schule als Metaziel	316
8.	Schulprogramme als Leitorientierung	320
8.1	Verpflichtung ohne Vorgaben und Genehmigung	322
8.2	Verpflichtung mit Vorgaben und Genehmigung	327
8.3	Zur Wirksamkeit von Leitbildern und Schulprogrammen	331
8.4	Ein Fallbeispiel	334
9.	Steuergruppen als Kern	339
9.1	Verbreitung und Arbeitsweise	339
9.2	Wirksamkeit	343
9.3	Verhältnis zum Kollegium und zur Schulleitung	344
9.4	Zuständigkeiten und Innenarchitektur	348
10.	Probleme	350
10.1	Implementationslücke	351
10.2	Unterbestimmte Interventionsstrategien	351
10.3	Unspezifisches Organisationsverständnis	352
10.4	Illusionen über Konflikte, Energien und Emotionen	353
10.5	Diffuse Bedürfnisse und die Frage nach den Akteuren	354
10.6	Chronische Zeitknappheit	355
10.7	Mikropolitik statt Bildungspoitik?	355
10.8	Theorie- und Gesellschaftsdefizit	356
11.	Perspektiven: Auf dem Weg zur datenbasierten Schulentwicklung?	358
	Literaturverzeichnis	361

»Die einzigen Dinge, die sich in einer Organisation von selbst entwickeln, sind Unordnung, Konflikte und Fehlleistungen.« (Peter Drucker)

1. Vorbemerkung

Schulentwicklung steht in diesen Jahren im Zentrum von Bildungspolitik, Fortbildungseinrichtungen und Schulleitungshandeln. In dem Maße, wie Ansätze von Schulentwicklung Konjunktur haben, entsteht Vielfalt, Unübersichtlichkeit, Konkurrenz und Mitläufertum: Fast jede Maßnahme von Politik und Verwaltung, sogar Sparmaßnahmen, werden Schulentwicklung genannt, fast alle, die mit Schulen arbeiten, Lehrkräfte fortbilden oder beraten, nennen sich Schulentwickler und fast alles, was Schulleiter/innen betreiben, versehen diese mit dem Etikett Schulentwicklung. Der Begriff erscheint ebenso populär wie inflationär. Es stellt sich zunehmend die Frage: Was ist eigentlich Schulentwicklung?

Der Begriff Schulentwicklung gehört im deutschsprachigen Raum nicht zum tradierten Inventar der Erziehungswissenschaft. Er ist neueren Datums. Soweit das zu übersehen ist, wird er zum ersten Mal im Zusammenhang zweier Institutsgründungen genannt, die völlig unabhängig voneinander geschahen. Das österreichische »Bundesministerium für Bildung und Unterricht« gründete 1971 das »Zentrum für Schulversuche und Schulentwicklung« mit Sitz in Klagenfurt und der Landtag Nordrhein-Westfalens beschloss 1972 die Errichtung einer »Arbeitsstelle für Schulentwicklungsforschung« an der Pädagogischen Hochschule Ruhr, die später in »Institut für Schulentwicklungsforschung« (IFS) an der Universität Dortmund umbenannt wurde.

Beim Klagenfurter »Zentrum für Schulversuche« spielte der Zusatz »und Schulentwicklung« bis in die 80er-Jahre keine Rolle, was u.a. daran zu erkennen ist, dass er auf Briefköpfen weggelassen wurde. Die Dortmunder »Arbeitsstelle« vertrat zunächst ein enges Begriffsverständnis. Sie verstand in den 70er-Jahren unter Schulentwicklung überwiegend Schulentwicklungsplanung, also die Planung der so genannten äußeren Schulangelegenheiten wie Standort, Raumkapazität und Gebäude, sowie Maßnahmen der Schulreform, vor allem der so genannten äußeren Schulreform. Diese Auffassung von Schulentwicklung erfuhr Ende der 70er-Jahre eine erhebliche Erweiterung: 1980 hieß es im ersten »Jahrbuch der Schulentwicklung«: »Schulentwicklungsforschung analysiert und beschreibt die jüngere Entwicklung des bundesdeutschen Schulwesens, um auf diese Weise

- zu empirisch abgesicherten Erklärungen über diesen Entwicklungsabschnitt zu gelangen, die auch realistischere Prognosen künftiger Entwicklungen erlauben;
- einen Beitrag zur Ausfüllung einer Theorie der Schule zu leisten, die auf Erklärung des Implikationsverhältnisses von Schule und Gesellschaft ausgerichtet ist.

Wir begreifen das Schulsystem in seiner Genese und Gestalt zugleich als gesellschaftlich-historisch strukturiert wie auch als handelnd-veränderbar« (Rolff/Tillmann 1980, S. 242f.). Der Gegenstand von Schulentwicklung war eindeutig das Schulsystem, nicht die Einzelschule. Dabei war intendiert, das Schulsystem als Ganzes zu begreifen und umfassend zu untersuchen. Das erste »Jahrbuch der Schulentwicklung« nannte drei Bezugstheorien, die Curriculumtheorie, die Sozialisationstheorie und die Institutionsanalyse, wobei Letztere die organisatorischen und administrativen Aspekte der Schule thematisierten und Erstere die Wissens- und Wertbasis sowie die Interaktionszusammenhänge (Rolff/Tillmann 1980, S. 243ff.).

2. Zwei Quellen: Implementationsorientierung und Einzelschulbasierung

Erst Ende der 80er-Jahre bildete sich das heutige Verständnis von Schulentwicklung heraus. Es hat zwei Quellen: Zum einen wurde die Wichtigkeit von Implementationsprozessen bei der Realisierung von Reformen »entdeckt«. Zum anderen wurde deutlich, dass weniger das Gesamtsystem, sondern vielmehr die Einzelschule die »Gestaltungseinheit«, der »Motor« von Reformmaßnahmen ist.

Die Implementationsforschung entstand in den 70er-Jahren, als große Reformprogramme der Bundesregierung evaluiert wurden. Der Begriff der Implementation ist nur sehr ungenau mit *Aus-* oder *Durchführung* zu übersetzen, weil er gerade nicht nur Ausführungs-, sondern auch Entscheidungs- und Kontrollprozesse meint. Das legitimiert die Übernahme dieses Begriffs ins Deutsche. Besonders wichtig ist die analytische Trennung von Planung und Implementation. Diese Unterscheidung ist keine Spitzfindigkeit. Sie verweist vielmehr auf ein kritisches Moment fast aller Reformvorgaben, das ohne diese Unterscheidung allzu leicht übersehen werden könnte und tatsächlich auch übersehen wird. Was gemeint ist, lässt sich an einem amerikanischen Sprichwort verdeutlichen, das besagt: »Es ist eine Sache, ein Pferd zum Fluss zu führen. Aber es ist eine andere, es dann auch zum Trinken zu bewegen.«

Festzuhalten ist, dass bei jedem Reformvorhaben zwischen Planung und Implementation zu unterscheiden ist, dass sich beide Aspekte komplementär zueinander verhalten und systematisch miteinander koordiniert sein müssen.

Die Miss- bzw. Gelingensbedingungen von Reformprogrammen der US-Bundesregierung sind durch eine einflussreiche Studie der Rand-Corporation (Berman u.a. 1974/75) erstmals intensiver untersucht worden. Die Rand-Studie ist dreistufig angelegt: Die erste Stufe ist eine Übersichtsstudie über die Realisierung von 293 Neuerungsprojekten, die zweite Stufe untersucht 29 aufgrund der Ergebnisse der Übersichtsstudie ausgewählte Fälle genauer und die dritte Stufe befasst sich mit Nachfolgeuntersuchungen, die klären sollen, ob und in welcher Weise implementierte Neuerungen *dauerhaft* eingeführt werden. Die Ergebnisse der Rand-Studie lassen sich wie folgt zusammenfassen, wobei etliche Vergröberungen und Vereinfachungen unvermeidlich sind:

- Die Projekte wurden vor allem aus zwei Gründen beantragt: Aus »finanziellem Opportunismus« (es wurde eine gute Gelegenheit wahrgenommen, an zusätzliche Gelder zu kommen) oder weil ein lokales Problem offenkundig geworden war und nach einer Lösung verlangte, die durch ein Bundesprojekte erhofft wurde. Das Ausmaß der »Implementationstreue« war bei dem zweiten Motiv erheblich größer; Projekte, die aufgrund spezifischer lokaler Probleme beantragt worden waren, erwiesen sich nicht nur als die ausführungsgetreuesten, sondern auch als diejenigen, die am stärksten zum Wandel der Praxis von Schulverwaltung und Unterricht führten.

- Projekte, die eine Einbeziehung der Betroffenen, vor allem der Lehrer/innen, in den Entscheidungsprozess vorgesehen hatten, ließen sich leichter und konsequenter ausführen. Projekte, die von »außen« bis ins Detail vorgeplant waren, fanden nur selten dauerhafte Unterstützung »vor Ort« und konnten deshalb ihre Ziele kaum und z.T. gar nicht erreichen.
- Entscheidend war, ob die Projekte einen unterstützenden organisatorischen Rahmen (»supportive institutional setting«) vorfanden. Partizipation der Betroffenen, Unterstützung und Hilfestellung durch die Verwaltung, gut funktionierende Kommunikation, regelmäßige Sitzungen aller Projektmitarbeiter und die unbürokratische Handhabung von unvorhergesehenen Engpässen und Nebenfolgen sind zentrale Bestandteile des organisatorischen Rahmens.
- Training der Projektmitarbeiter erwies sich als besonders wichtig, und zwar sowohl vorbereitendes als auch begleitendes (»in-service«) Training. Je konkreter sich das Training an alltäglichen Arbeitsproblemen orientierte, desto erfolgreicher war es.
- Der Erfolg von Reformprojekten war umso wahrscheinlicher, je mehr Mitglieder der betroffenen Schule aktiv im Projektteam mitarbeiteten.
- Die gemeinsame Entwicklung von Unterrichtsmaterialien »vor Ort« ist förderlicher als die bloße Übernahme zentral entwickelter Materialien. Das ist deshalb der Fall, weil der Prozess der Materialerstellung selbst vielfältige Möglichkeiten des konkreten »Lernens durch Tun« bereitstellt und zudem zur Verinnerlichung der Projektziele beiträgt.
- Grundschulprojekte waren generell erfolgreicher als Sekundarschulprojekte. Betont akademisch orientierten Sekundarschullehrerinnen und -lehrern fiel die Projektausführung eher schwer. An den Grundschulen übernahmen die Schulleitungen häufig die Funktion eines »gate keepers«: Sie entschieden, ob Neuerungen Einlass in die Schule finden oder nicht.

Aufschlussreich sind auch die Ergebnisse der Rand-Studie hinsichtlich der Fortführung und Nachhaltigkeit der Reformprojekte:

- Es scheint so, dass die Evaluation des Projekterfolgs im Allgemeinen keine wichtige Rolle bei Entscheidungen auf lokaler Ebene spielt, ob ein Reformvorhaben fortgeführt werden soll oder nicht.
- Es scheint ferner so zu sein, dass die Fortführungschancen von Reformen um so größer sind,
    - je mehr Personaltraining durchgeführt wird und
    - je mehr dieses Training an der konkreten Arbeit im Unterricht orientiert ist.
- Umgekehrt ist ein frühzeitiges Scheitern einer Reformmaßnahme umso eher zu erwarten,

- je mehr ein Projekt aus Motiven des finanziellen Opportunismus beantragt wird,
- je weniger es Unterstützung der Verwaltung findet und
- je mehr es von Außenstehenden entworfen und kontrolliert und je weniger es »vor Ort« entwickelt wird.

Insgesamt verweist das Problem der Implementationstreue, der »Werkgerechtigkeit«, auf ein Dilemma: Die Implementation scheint um so eher zu gelingen,

- je stärker spezifisch lokale Interessen getroffen werden,
- je stärker die Mitbestimmung lokaler Projektteams ist und
- je mehr der Projektzuschnitt an lokale organisatorische Bedingungen angepasst wird.

Das heißt aber gleichzeitig, dass die Möglichkeiten einer detaillierten zentralen Planung sehr begrenzt sind. Die Ergebnisse der Rand-Studie können in einem Satz zusammengefasst werden:

> *Die Implementation dominiert das Ergebnis – und zwar mehr als die Ziele oder die Planung.*

Die zweite Quelle der Schulentwicklung entstand ebenfalls aus Forschungsprojekten. Denn mit der Stagnation der Bildungsreform wuchs das Interesse an der Erforschung der Gelingens- und Misslingensbedingungen von schulischen Innovationen. Vor allem im angelsächsischen Raum wurden Studien durchgeführt, die ausnahmslos zu dem Ergebnis kamen, dass sich die Umsetzung und damit auch der Erfolg von Plänen nicht auf der staatlichen Ebene, sondern auf der Ebene von Einzelschulen entscheidet (Dalin 1973; Huberman/Miles 1984; Odden/Marsch 1989; Lieberman/Miller 1990; Fullan 1991). Vor dem Hintergrund dieser Studien bahnte sich im Bereich der Schulentwicklung offenbar ein Paradigmenwechsel an, von dem in anderen Bereichen so inflationär die Rede ist, und zwar von der »Makropolitik« zur »Mikropolitik« (Ball 1987).

Diese Wendung lässt sich ebenso im deutschen Sprachraum feststellen. Standen noch in den 70er-Jahren übergreifende Fragen der Schulstruktur und Schulverwaltung im Mittelpunkt von Reformbemühungen und Bildungsforschung, so ist es jetzt die Einzelschule. Fend war einer der ersten, der anhand empirischer Untersuchungen feststellte, dass sich einzelne Schulen derselben Schulform untereinander stärker unterschieden als von anderen Schulformen und der daraus den Schluss zog, dass die »einzelne Schule als pädagogische Handlungseinheit« (Fend 1986) anzusehen sei und nicht das gesamte staatliche Schulsystem.

Die Schulsysteme der OECD-Länder haben über Jahre hinweg versucht, den Herausforderungen auf zentraler staatlicher Ebene zu begegnen. Allerdings waren diese Maßnahmen wenig erfolgreich, wie wir den genannten Implementationsstudien entnehmen können. Das hat vor allem vier Gründe:

Zum einen gehen Gesamtsystemstrategien davon aus, dass eine Innovation in vergleichbarer Weise auf alle Schulen angewendet werden kann. Dies setzt an zentraler Stelle ein Wissen darüber voraus, wie unter Berücksichtigung aller Bedingungen, die an den einzelnen Schulen und regionalen Subsystemen anzutreffen sind, eine Verbesserung erzielt werden kann, die für alle, zumindest für fast alle Schulen Gültigkeit besitzt. Demgegenüber zeigen die Implementationsstudien, dass sich bildungspolitische Vorstellungen nur in der individuellen Schule materialisieren können. Sie werden unterschiedlich interpretiert, weil sie auf verschiedene Zusammensetzungen von Personen, Umständen und Bedingungen treffen. Deshalb sind standardisierte Lösungen zum Scheitern verurteilt. Zudem schaffen sie Ungleichheit von Chancen, denn man kann nicht mit vorgefertigten Lösungen arbeiten, wenn es darum geht, unter Bedingungen von Ungleichheit mehr Gerechtigkeit zu schaffen.

Zum Zweiten sehen Gesamtsystemstrategien die Lehrer/innen als »Konsumenten« neuer Ideen und Produkte an. Im Grunde wird die Schule als Zulieferinstitution betrachtet. Dabei geht man davon aus, dass die Schulen die Lösungen, die auf der Systemebene vorbereitet wurden, einfach übernehmen und umsetzen. Forschungen widerlegen diese Annahme. Sie zeigen, dass Schulen selten eine »Innovation« adoptieren, sondern mehr adaptieren. Sie versuchen, die Innovationen den Realitäten anzupassen, wobei der »Druck von oben« nur ein Veränderungsfaktor unter anderen ist (McLaughlin 1990).

Zum Dritten nehmen Gesamtsystemstrategien an, dass Innovationen zielgetreu zu implementieren sind. Das hat zur Voraussetzung, dass man Ziele etablieren, Mittel rational zuordnen und einen Konsens erreichen kann, der vom gesamten System getragen wird. Ebenso wichtig ist qualifizierte Unterstützung und ein schulweites Gefühl von Verpflichtung bezüglich der erwünschten Änderungen. Demgegenüber geht aus den Implementationsstudien hervor, dass sich Innovationen nicht umstandslos dem Modell der Forschungs- und Entwicklungszentren einfügen lassen, welches Innovationen in zentralen Einrichtungen auf wissenschaftlicher Basis zu entwerfen und anschließend an die Adressaten zu verbreiten versucht. Dieses Konzept stammt aus dem Technikbereich und stößt in Schulen an Grenzen. Änderungen in der Schule sind komplexe politische, ideologische, soziale und organisatorische Prozesse, die einer eigenen Dynamik folgen. Änderungen von Schulen sind in erster Linie Änderungen der Schulkultur (vgl. dazu schon Sarason 1971).

Viertens hat die Systemtheorie auf den Punkt gebracht, was die meisten Schulpraktiker ahnten oder wussten: Wenn von außen interveniert wird, also z.B. von zentralen Behörden, dann entscheiden die Einzelsysteme, also die Schulen selbst, ob und wie sie diese Intervention verarbeiten.

Schulreform erhielt mit dem Blick auf die Einzelschule einen neuen Fokus. Diesen Perspektivenwechsel vollzogen Bildungspolitiker wie Bildungsforscher, Lehrerfortbildner wie Verleger und Herausgeber. Spätestens seit 1990 gilt die Einzelschule als »Motor der Entwicklung« (Dalin/Rolff 1990), für dessen Wirkungsweise in erster Linie die Lehrpersonen und die Leitung selbst verantwortlich sind und andere Instanzen eher unterstützende und ressourcensichernde Funktionen ausüben.

3. Organisationsentwicklung als Grundlage

Kein Ansatz hat die Wendung zur Entwicklung von Einzelschulen so früh und so grundlegend beeinflusst wie der der Organisationsentwicklung (OE) und kein Ansatz hat so große innere Affinität dazu wie dieser. OE wurde in den USA bereits Ende der 60er-Jahre von Schulreformern aufgegriffen und in deutschen Bundesländern Ende der 70er-Jahre der Schulleiterfortbildung zugrunde gelegt. Ein »Durchbruch« geschah allerdings erst zu Beginn der 90er-Jahre, als die Schulpolitik fast aller Länder die Entwicklung von Einzelschulen propagierte und nach einem orientierenden und handlungsanleitenden Konzept gesucht wurde, das nicht zuletzt die Implementationsprobleme zu lösen vermochte.

Organisationsentwicklung bedeutet, eine Organisation von innen heraus weiterzuentwickeln, und zwar im Wesentlichen durch deren Mitglieder selbst. Damit kommt der Leitung eine zentrale Bedeutung zu und nicht selten werden Prozessberater von außen hinzugezogen (vgl. dazu French/Bell 1990). OE wird als Lernprozess von Menschen und Organisationen verstanden. Die Bezugstheorien von OE waren zu Beginn die Sozialpsychologie Lewin'scher Prägung und die humanistische Psychologie. Heute dominiert die evolutionäre Systemtheorie, die sich sowohl auf die systemische Familientherapie als auch auf die soziologische Systemtheorie stützt (vgl. Baumgartner u.a. 1988). Bereits 1980 haben Rolff und Tillmann formuliert: »Dieser Zugang darf jedoch nicht auf eine schlichte Organisationsanalyse der Schule reduziert werden, wie das gelegentlich der Fall ist. Gewiss ist die Schule eine soziale Organisation, aber sie ist eine von ganz besonderer, pädagogischer Zielsetzung. Sie unterliegt zum einen nicht unmittelbar den Gesetzen der Warenproduktion, auch wenn die Bildungskosten durch die dominierenden Verwertungsinteressen begrenzt sind. Zum anderen ist die Zielsetzung der Institution Schule eine spezifische, die sich von der aller anderen sozialen Organisationen unterscheidet« (Rolff/Tillmann 1980, S. 249f.) – nämlich eine pädagogische.

Das Konzept der Schulentwicklung als pädagogische Organisationsentwicklung, das in Deutschland in den 70er-Jahren noch als Spezialthema behandelt wurde (z.B. Rolff 1977), ist zwischenzeitlich außerordentlich ausdifferenziert und vielfach praktisch erprobt worden. Charakteristisch für OE-Konzepte ist, dass sie sich auf das Ganze der Schule beziehen und nicht nur auf Teilaspekte. Gleichzeitig wird aber betont, dass nur eine schrittweise Entwicklung möglich ist, die an Subeinheiten der Schule anknüpfen kann, aber auch am Kooperationsklima, an der Schulleitung, am Schulprogramm, an einer Abteilung oder an einer Fachkonferenz. Es wird in aller Regel nach der Devise »Keine Maßnahme ohne vorherige Diagnose« verfahren und es wird eine institutionelle Struktur zur Binnensteuerung der Entwicklung aufgebaut.

Über OE im Schulbereich haben als erste Mitarbeiter des Center of Educational Policy and Management an der Universität von Oregon ein Handbuch (Schmuck u.a. 1972) und das Stanford Center for Research and Development in Teaching (Baldridge/Deal 1975) eine Aufsatzsammlung publiziert. Die wohl wichtigste und einflussreichste Quelle stellen jedoch aus heutiger Sicht die Arbeiten von Matthew B. Miles, dem »Spiritus Rector« der Organisationsentwicklung in Schulen, dar (vgl. Schmuck/ Miles 1971; Miles 1998).

Der Ansatz der OE geht von der sozialpsychologisch fundierten Erkenntnis aus, dass Organisationen nicht wirklich verändert werden können, wenn sich das Verhalten der Organisationsmitglieder nicht wandelt, und dass umgekehrt individueller Wandel folgenlos bleibt, wenn er nicht durch Änderungen des organisatorischen Rahmens des Handelns abgestützt wird (so schon Lewin 1951). OE basiert auf der Einsicht, dass bloßes Wissen allein nicht ausreicht, um soziales Verhalten zu verändern.

OE beschränkt sich nicht auf die Analyse sozialen Wandels, sondern umfasst ein aktives Vorgehen: Die systematische Planung von Entwicklungen von Organisationen unter Aufwendung der zur Verfügung stehenden Erkenntnisse der Sozialwissenschaften. Was das im Einzelnen heißt, wird vermutlich deutlicher, wenn die wichtigsten Komponenten der OE zumindest skizziert werden:

1. Alle Ansätze der OE gehen von einer wissenschaftlich aufgeklärten *Diagnose des Ist-Zustands und der Probleme* der jeweils betroffenen Organisation aus. Diese Diagnose bedient sich des ganzen Werkzeugkastens sozialwissenschaftlicher Empirie: von schriftlichen Befragungen über Interviews und teilnehmende (oder nicht teilnehmende) Beobachtung bis zur Inhaltsanalyse von Dokumenten. Charakteristisch für OE ist, dass die Diagnose eine gemeinsame ist (»joint diagnosis«), d.h. dass sie mit den Organisationsmitgliedern sowohl in der Vorbereitung als auch in der Auswertung der Ergebnisse abgestimmt wird. Eng mit der Diagnose ist das zweite Charakteristikum verbunden: Die Informations-Rückkoppelung (»data feedback«), d.h. die Interpretation der erhobenen Daten (zumeist Umfragen = »surveys«) im Kreise der betroffenen Organisationsmitglieder, für die die Daten und Interpretationen handlungsrelevant sind (vgl. dazu Mann 1971 und Bowers/Franklin 1972). OE kann mithin auch als Aktionsforschung bezeichnet werden, wenngleich die meisten OE-Vertreter es vorziehen, OE angewandte Sozialwissenschaft zu nennen.
2. Fast alle OE-Ansätze zielen auf *Interventionen* in der sozialen Organisation ab. Intervention meint die gemeinsame Erstellung und Realisierung von Aktionsplänen, die Veränderungen in der Organisation bewirken sollen, d.h. strukturelle und institutionelle Umsetzung neuer Ideen und Erkenntnisse durch Planung und Handeln. »Intervention« ist in diesem Zusammenhang allerdings eine etwas irreführende Vokabel. Das höchste Ziel aller OE ist die Schaffung von sich selbst verändernden sozialen Systemen, was Interventionen, die von außen kommen (und das suggeriert das Wort ja), gerade überflüssig macht und ausschließt. Insofern ist es vermutlich richtiger, von Selbstintervention oder »sokratischen« Interventionen zu sprechen. Dabei können die Ebenen der Persönlichkeit, der Gruppe und des Systems (einer Fabrik etwa) unterschieden werden. OE strebt (Selbst-)Interventionen auf allen Ebenen an.
3. Ein wesentliches Mittel, um die Organisation in die Lage zu versetzen, ein sich selbst veränderndes System zu werden, ist ein pädagogisches: *Training der Organisationsmitglieder* in einer Vielfalt von Fertigkeiten und Fähigkeiten (vgl. dazu

Mill/Porter 1972), die vor allem dazu dienen soll, Kommunikation und Kooperation zu verbessern, Planungstechniken zu benutzen und mit organisationsspezifischen Konflikten fertig zu werden.

Besonders bekannt geworden sind die in den USA seit fast 60 Jahren existierenden so genannten nationalen Trainings-Laboratorien. Diese haben allerdings auch zu dem Missverständnis Anlass gegeben, dass OE und Sensitivity-Training bzw. Gruppendynamik das Gleiche seien. Gruppendynamische Techniken werden im Zusammenhang von OE nicht zu therapeutischen Zwecken eingesetzt. Sie dienen vielmehr dazu, an konkreten Organisationsproblemen orientierte arbeitsfähige Teams zu schaffen, um so die Problemlösungskapazität von Organisationen zu erhöhen. Für diese Zwecke sind gruppendynamische Techniken allerdings ebenso unverzichtbar wie Techniken der Aktionsforschung.

Das Credo von OE-Training ist, die Organisationsmitglieder selbst so weit zu schulen, dass die Trainer bzw. Berater überflüssig werden, sich zurückziehen können.

Die systematische Erforschung des »Wertes« oder des »Erfolgs« von Reformmaßnahmen, also ihre Evaluation, steckt insgesamt noch in den Kinderschuhen. Dennoch sind erste Aussagen über die Bedingungen »erfolgreicher« OE-Maßnahmen möglich. Einerseits sind sie einer Fülle von Verlaufsberichten über offenbar gelungene Projekte geplanten Wandels zu entnehmen, andererseits sind die Bedingungen gescheiterter Neuerungsmaßnahmen relativ gut untersucht und daraus Misserfolgsvermeidungsstrategien formuliert worden.

Ein zentraler Punkt in fast allen Berichten über gelungene Intervention ist die Frage, wie Widerstände gegen Wandel überwunden werden können. Bereits 1948 untersuchten Coch und French die Gründe, die zur Ablehnung von Neuerungen in der sozialen Organisation eines Industriebetriebs führten. Sie identifizierten den Mangel an Mitentscheidungsmöglichkeiten der Arbeiter als Hauptgrund.

Foltz/McLaughlin (1974) leiten aus ihren Erfahrungen die folgenden Verallgemeinerungen ab:

- Eine Intervention sollte dort angefangen werden, wo die Missstände am sichtbarsten sind, wo der Klient die größten Probleme sieht und wo sichere und kurzfristige Erfolge zu erwarten sind.
- Eine OE-Intervention sollte zunächst nicht mehr als zwei Ebenen in der Organisationsstruktur umfassen und sich nur langsam ausbreiten, schließlich jedoch die ganze Organisation erfassen, weil isolierte Neuerungen in der Regel nicht dauerhaft sind.
- Interventionsabsichten und -verfahren müssen von allen Organisationsmitgliedern verstanden und von allen getragen werden können.

Die hier aufgeführten Verallgemeinerungen klingen zunächst wie Alltagsweisheiten. Der springende Punkt des OE-Ansatzes ist allerdings der, dass er institutionelle Vorkehrungen trifft, *Alltagsweisheiten wirklich ernst zu nehmen*. Es reicht eben nicht, gute

Vorsätze zu fassen und daran zu glauben, dass sie sich von selbst in Handeln umsetzen. Im Gegenteil, zahlreiche Untersuchungen zeigen, dass Lehrer/innen z.B. an den Erfolg eines nicht direktiven Unterrichtsstils glauben und sich auch bemühen, einen solchen Unterrichtsstil zu praktizieren, jedoch in Wirklichkeit direktiven, dominierenden Unterricht praktizieren, der Schüler/innen kaum zum Sprechen kommen lässt. Strategien der OE gehen davon aus, dass zur Verhaltensänderung eben nicht die gute Absicht ausreicht, sondern dass einerseits bewusstes, häufig auch langwieriges Training veranlasst werden muss, um individuelles Verhalten zu ändern, und dass andererseits die soziale Organisation des Handelns selbst geändert werden muss.

Schulen haben sich als *besonders komplizierte soziale Organisationen* erwiesen. March nennt sie »organisierte Anarchien«, die sich vor allem durch drei Eigenschaften auszeichnen:

- *Problematisches Zielsystem:* Die Ziele sind häufig unklar formuliert, sie lassen sich kaum in Handlungshinweise übersetzen, sie ändern sich verhältnismäßig rasch und sie unterscheiden sich von Einzelschule zu Einzelschule.
- *Unklare Technologie:* Schulen haben eine bemerkenswert geringe Kapazität für geplanten Wandel, neuartige Maßnahmen verlangen jedes Mal wieder eine Kette von Versuchs- und Irrtums-Prozeduren und es ist sehr schwer vorauszusehen, was passiert, wenn Wandel stattfindet.
- *»Flüssige« Klientel:* Die Organisationsmitglieder, vor allem die Schüler und Eltern, vereinzelt auch Lehrkräfte einer bestimmten Schule, wechseln relativ rasch (March 1974, S. 422).

Die Besonderheiten von Schulen mögen wesentliche Gründe dafür sein, dass zahlreiche schulische Innovationsvorhaben scheitern, wenn nicht äußerst frühzeitig, umsichtig und intensiv für eine Durchführungsplanung gesorgt wurde. Dies scheint besonders augenfällig für so genannte *Alternativschulen* zu sein, die häufig aus antiautoritären Motiven gespeist und von Laien gegründet wurden. Deal erklärt ihr häufiges und schnelles Scheitern damit, dass sie versucht hätten, »äußerst anspruchsvolle pädagogische Ziele mit einer unterentwickelten, nahezu anarchischen Entscheidungs- und Problemlösungsstruktur zu erreichen« (Deal 1975, S. 483).

Eindrucksvoll weisen zwei weitere, sehr detaillierte Studien von Gross u.a. und Keith/Smith nach, dass »ungeplante«, »spontane« Innovationen von vornherein zum Scheitern verurteilt sind. Das eine der beiden Innovationsprojekte (beide fanden im Grundschulbereich statt) scheiterte vor allem daran, dass

- alles zugleich geändert werden sollte;
- das Lehrerkollegium versuchte, sich von der Außenwelt abzuschotten; und
- das Personal zwar engagiert, aber völlig unerfahren war (Keith/Smith 1971).

Das zweite Neuerungsprojekt sollte im Kern darauf hinauslaufen, ein *neues Rollenmodell für Lehrer/innen* zu realisieren, ein so genanntes »Katalysator-Modell«, d.h. das Modell einer Lehrerin bzw. eines Lehrers, der nicht direktiv Frontalunterricht hält, sondern als Helfer und Berater fungiert. Die Durchführung dieser Innovation scheiterte im Wesentlichen, weil

- eine umfassende und überzeugende Beschreibung des Rollenmodells fehlte;
- kein Training veranstaltet wurde, durch das die Lehrer/innen das neue Rollenmodell hätten einüben können;
- das Unterrichtsmaterial nicht die Funktion erfüllte, aus sich heraus die Schüler/innen zu motivieren;
- die soziale Organisation der Schule (vor allem der soziale Klassenverband und das konventionelle System der Leistungsbewertung) nicht mit dem neuen Rollenmodell vereinbar war; und
- keinerlei Anreizsystem vorhanden war, welches hätte verhindern können, dass die Lehrer/innen nach und nach die Lust an dieser Neuerung verloren (Gross u.a. 1971).

Andererseits zeigen zwei Projekte, die vom Center for Educational Policy and Management an der Universität von Oregon betreut wurden, dass die Implementation auch weitreichender Neuerungsprojekte sehr wohl erfolgreich verlaufen kann, wenn die Prinzipien und Methoden der OE beachtet bzw. angewandt werden. Sowohl bei der Neugründung einer Reform-Sekundarschule (Fosmire/Keutzer/Diller 1971) als auch bei der Einführung eines Grundschul-Neuerungsprogramms (Schmuck u.a. 1975) in acht Schulen erwies sich OE als Alternative sowohl zur ungeplanten anarchischen Innovation als auch zur rigiden bürokratischen Verordnung.

Die Planungen der Implementation geht offenbar davon aus, dass *Veränderungen der sozialen Organisation der Lehr- und Lernprozesse* viel effektiver und handlungsbezogener sind als Veränderungen des Lehrplans, die nur im Zusammenhang mit einer entsprechenden Neuerung der sozialen Organisation wirksam werden können. Mehrere Gründe sprechen für die Triftigkeit dieser Annahme:

- Strategien, die sich hauptsächlich auf Lehrplanänderungen stützen, haben sich im Großen und Ganzen als verfehlt erwiesen. So erbrachte die o.g. Studie von Gross u.a., dass Lehrplanmaterialien die Schüler/innen eben nicht »aus sich selbst heraus« motivieren und darüber die Lehrerrolle ändern können. Die ebenfalls bereits zitierte Rand-Studie zeigte u.a., dass »Änderungen in einem Teil des Lehrplans [...] nur sehr selten auch andere Teile berührten, selbst wenn sie vom gleichen Lehrer unterrichtet wurden« (Berman u.a., Vol. III, S. 66).
- Veränderungen der Unterrichtsinhalte können durch eine veränderte soziale Organisation nahezu in ihr Gegenteil verkehrt werden, z.B. wenn »progressive« Inhalte von autoritären Lehrern vorgetragen werden – oder umgekehrt.
- Mehr und mehr wird offenbar, dass sich der so genannte »heimliche Lehrplan« häufig als einflussreicher erweist als der niedergeschriebene.

Schulentwicklung als Organisationsentwicklung hat anfangs unterschätzt, wie wichtig Unterrichtsentwicklung für Schulentwicklung ist, wiewohl es auch 1993 schon Veröffentlichungen mit dem Titel »Qualität des Unterrichts als Gestaltungszentrum« (Rolff 1993, S. 112ff.) gab. Vermutlich ist die frühere Orientierung der OE an der Schulkultur und nicht am Unterricht dadurch zu erklären, dass aus zentralen Forschungsbefunden zur Qualität von Schule, wie sie Rutter u.a. (1980) oder Mortimore u.a. (1988) durchgeführt haben, eindeutig hervorging: Ein passender institutioneller Rahmen ist offenbar die Voraussetzung qualitätsvollen Unterrichts.

4. Prozess- bzw. Phasenorientierung

OE ist dezidiert prozessorientiert. Die Prozesse werden ebenso wichtig genommen wie das Ergebnis. Übertreibend wurde gelegentlich sogar dem Motto »Der Weg ist das Ziel« gehuldigt. Die Prozessorientierung der OE bezieht sich nicht nur auf den – vermutlich – wichtigsten Prozess der Implementation, sondern auf jede Phase der OE, also auch auf den Anfang, der in aller Regel angebahnt und gestaltet werden muss, oder den Schluss, der aus einer Evaluation bestehen kann, die geplant, durchgeführt, ausgewertet und zurückgespiegelt werden sollte.

Die US-amerikanische Literatur über OE unterscheidet üblicherweise drei aufeinander folgende Phasen des Organisationswandels in Schulen, nämlich

1. *Initiation* (hier hat die Schulleitung nur eine Hebammenrolle),
2. *Implementation* (z.B. Einführung von Computersoftware oder Umsetzung eines Erlasses) und
3. *Inkorporation* (z.B. Projektwoche und was davon bleibt).

Dem Institutionellen Schulentwicklungs-Programm (Dalin/Rolff/Buchen 1990), dem ersten Schulentwicklungskonzept in Deutschland, unterliegt ein differenziertes Phasenschema, wie es Abbildung 1 auf der nächsten Seite zeigt. Diese Abbildung suggeriert allerdings eine Linearität, die in der Praxis nicht vorkommt. Die Phasen stellen sich in jeder Schule ganz unterschiedlich dar, einfach weil die einzelne Schule der Ort der Veränderung ist und weil die kontextuellen Faktoren für Selbstorganisation so wesentlich sind. Wir benutzen das Phasenschema aus zwei Gründen dennoch: Einerseits vermittelt es vorab eine gewisse Orientierung, andererseits veranschaulicht es die Differenziertheit des Prozesses.

- Die erste Phase lautet *Initiation und Einstieg:* Schulen setzen sich aus vielerlei Gründen mit Entwicklungsaufgaben auseinander. Das kann damit beginnen, dass ein »Problem« bemerkt wird. Doch das muss nicht so sein. Einige sehr erfolgreiche Schulen möchten ihre Organisation weiterentwickeln und ihre Stärken herausarbeiten. Ein – wenn auch manchmal nur vages – Bedürfnis nach Veränderung existiert häufig. Wir meinen, dass dieses vage Bedürfnis als »Frühwarnsystem« wichtig ist. Doch wissen wir, dass die Schule ihre Bedürfnisse erweitern und verändern wird, sobald sich die Lehrer/innen stärker ins Prozessgeschehen einbringen. Dann wird eine Steuergruppe gebildet, worauf ich noch zurückkomme.

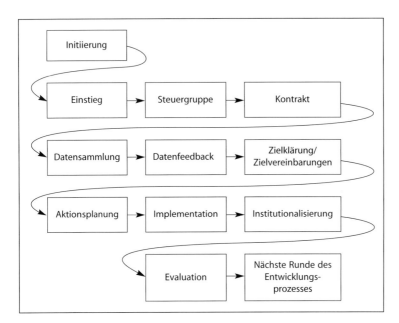

Abb. 1: Phasenschema des ISP (Dalin/Rolff/Buchen 1990, S. 40)

- Es folgt die Phase *Gemeinsame Analyse und Diagnose:* Wenn die Schule mit ihrer Arbeit mit oder ohne Berater/in beginnt, wird üblicherweise eine Anzahl von Problemen auf den Tisch gebracht. Die externen Berater/innen können dabei helfen, die Bedürfnisse besser zu verstehen und allmählich ein Verhältnis dazu aufzubauen. Es mag vielleicht auch schon klar werden, dass der Kontrakt modifiziert werden muss. Auf der Basis des Kontraktes folgen dann die Schritte
- *Datensammlung:* Sammeln neuer und Analysieren vorhandener Daten. Das Sammeln neuer Daten geschieht durch ein standardisiertes oder durch ein maßgeschneidertes Instrumentarium. Die Schule entscheidet, was gesammelt wird. Dieser Prozess führt zur *Datenanalyse:* Sie wird immer von oder mit einer Steuergruppe gemeinsam durchgeführt. Gewöhnlich führt dieser Prozess zur *Datenrückmeldung (Feedback),* d.h. zu einem Dialog mit allen Teilnehmerinnen und Teilnehmern, damit alle die Daten analysieren und verstehen können, was sie für sie bedeuten. Die eigentlichen Rohdaten allein haben keine Aussagekraft.

Vor allem in diesen Anfangsphasen, aber auch in den folgenden Phasen, sind Prozesse zentral, die zur Entstehung funktionsfähiger Arbeitsgruppen führen. Wir nennen dies Prozesse der *Teambildung.*

- An die Datenrückmeldung schließt sich die Phase der *Zielklärung* und der *Prioritätensetzung* an. Es geht hier um die Fähigkeit der Schule, ihre Intentionen zu formulieren und Alternativen zu erstellen. Dies ist der zentrale Teil des ganzen ISP. In dieser Phase ist es wichtig, den kreativen Prozess zu erleichtern, der der Schule hilft, ihre Vorstellungen und Ziele zu formulieren. Hierauf ist noch zurückzukommen. Es folgt die

- *Aktionsplanung:* Hierbei müssen Ziele und Prioritäten in konkrete Planungen umgesetzt werden. Eine Anzahl von Projektmanagement-Techniken gehört zum Repertoire dieser Phase, die zur *Implementation* führt. Um Pläne zu verwirklichen, wird die Schule häufig einige Projektideen als Pilotvorhaben ausprobieren und damit einigen Lehrerinnen und Lehrern wie auch Schülerinnen und Schülern Gelegenheit geben, die neue Praxis kennen zu lernen, bevor Organisationsveränderungen versucht werden. Organisationsentwicklung ist so umfassend, dass sie im Prinzip die ganze Schule betrifft und bei den Mitgliedern Verhaltensänderungen bewirkt. Um dies möglich werden zu lassen, ist häufig Training vonnöten, vor allem in Bereichen wie Projektmanagement, Evaluation und Teambildung. Es ist ebenso notwendig, besondere Trainings für spezifische Inhaltsbereiche zu veranstalten (z.B. die Anwendung von Computersimulation in der Mathematik).
- Einen vorläufigen Abschluss findet das ISP in der Generalisierung und *Institutionalisierung:* Das Pilotprojekt durchläuft für gewöhnlich mehrere Zyklen, an denen eine ständig wachsende Anzahl von Lehrerinnen und Lehrern beteiligt ist. Das bedeutet in jedem Fall mehr Training des Kollegiums und auch oft Materialentwicklung. Ab einer gewissen Stufe muss die Schule ihre Veränderungsarbeit zur Routine und zu einem normalen Teil ihrer selbst werden lassen, damit der Schulentwicklungsprozess institutionalisiert wird. Die folgenden Aktivitäten sind dabei besonders wichtig:
  — *Evaluation:* Es ist wichtig, dass alle Evaluation sorgfältig durchgeführt wird (besonders wenn am Anfang kein Einvernehmen stand). Die Diskussion über Evaluationsdaten kann zu einem tieferen Verständnis der Notwendigkeiten führen und die Voraussetzungen für eine Generalisierung von Neuerungen schaffen.
  — Für die Institutionalisierung ist es sehr wichtig, Lehrerinnen und Lehrern, die bis jetzt noch nicht eingebunden sind, Gelegenheit zu geben, Fähigkeiten für die neue Praxis zu erwerben, die ja möglicherweise verpflichtend wird. Dies kann ein Kollegium umso besser bewältigen, je mehr Erfahrungen mit der Neuerung in der Projektperiode gesammelt werden konnten. Hinzu kommen müssen spezielle Veranstaltungen zur Kollegiumsentwicklung.

Es ist wichtig zu verstehen, dass diese Aktivitäten in keiner Weise linear ablaufen. Sie treten zu unterschiedlichen Zeiten im Prozess auf. Man muss sie weitestgehend als zyklische oder spiralförmige Prozesse verstehen. Entscheidend für jede Prozessplanung ist zweierlei:

1. *Prozessplanung ist kooperative Planun*g. Es handelt sich immer um einen sozialen Prozess, d.h. alle Betroffenen sollten daran mitwirken. Die Mitwirkung ist wichtiger als technische Perfektion, die kooperative Planung eines Ablaufdiagramms ist effektiver als ein Computernetzplan, den ein Experte allein erstellt.
Hier stellt sich das Problem der großen Zahl: Hat das Kollegium sieben bis zehn Mitglieder, können alle direkt kooperieren. Wir wissen aus der Gruppenforschung, dass ca. sieben die ideale Gruppengröße ist. Hat die Schule 20 Kolleginnen und Kollegen, müsste man drei Gruppen bilden, die parallel oder in Alternativen arbeiten

können, intern kooperieren und extern koordiniert werden. Bei 40 Personen würde man mindestens vier Gruppen bilden. Bei mehr als 50 Personen geht diese Strategie nicht mehr auf. Bei größeren Schulen wird die Einsetzung einer *Steuergruppe* unerlässlich, bei der auch die Schulleiterin bzw. der Schulleiter Mitglied ist (nicht Vorsitzende/r) und die den OE-Prozess nach der Initiierung »steuert«.

Programmplanung als Prozessplanung läuft darauf hinaus, Projekte zu initiieren und in kooperativen Gruppen daran zu arbeiten. Die Arbeit mit Gruppen, die von einer Steuergruppe koordiniert werden, erhöht im Kollegium in aller Regel das Organisationsbewusstsein, also das Bewusstsein, dass man als Lehrer/in nicht Einzelkämpfer ist, sondern Mitglied einer Organisation.

2. *Planung und Ausführung gehören zusammen.* Das ist fast eine anthropologische Basisbedingung. Durch gemeinsame Planung kann sich ein Kollegium selbst mobilisieren oder motivieren. Nur wer etwas selber macht, kann von einer Woge der Begeisterung getragen werden. Und nur kooperative Planung kann diejenigen einbeziehen, denen die Ausführung obliegt. Gemeinsame Prozessplanung ist die Basis einer sich selbst entwickelnden Schule.

Bei der Prozessplanung geht es letztlich um Organisationslernen, um die Etablierung teamförmiger Arbeitsgruppen, um die Institutionalisierung von Selbststeuerung, vielleicht auch um die Schaffung eines Supervisionssystems und die Durchführung regelmäßiger Schulbeurteilungen.

Aus der Implementationsforschung wissen wir allerdings: Nichts wird so realisiert, wie es einmal geplant war. Aber nur dann, wenn wir uns mit Beliebigkeit abfinden, brauchen wir keine Planung. Deshalb muss sich Schulentwicklung um *Implementationstreue* bemühen. Implementationstreue ist ein Ideal, eine Richtschnur – ein Ideal ist wie ein Stern, den man auch nie erreicht, aber zur Orientierung dringend braucht. Es gibt einige methodische Ansätze zur Verbesserung der Implementationstreue. Der wichtigste ist: Ziele klären und vereinbaren. Der zweite bezieht sich auf eine strikte Prozessorientierung. Und der dritte sorgt für Institutionalisierung bzw. Inkorporation. Daraus ergibt sich die Formel: *Strategie vor Prozess vor Struktur.*

5. Selbstorganisation, Gesamtsystemsteuerung und Koppelungsprobleme

Aus der Entstehungsgeschichte schält sich heraus, dass Schulentwicklung in erster Linie Entwicklung der Einzelschulen meint, also Stärkung der Selbststeuerungskapazität von Schulen. Es bleibt dennoch festzuhalten, dass die Ebene des Gesamtsystems eine wichtige Rolle bei Veränderungsprozessen spielt. Nach Hubermans und Miles' Arbeit ist eine Kombination von Druck und Unterstützung wichtig, die beide aus dem Gesamtsystem kommen (Huberman/Miles 1984).

Die Gesamtsystemsteuerung gehört auch deshalb unabdingbar zur Schulentwicklung dazu, insofern es höchst unwahrscheinlich ist, dass aus der Selbststeuerung der

Einzelschulen ein kohärentes Ganzes entsteht, ohne dass allgemein akzeptierte und gesellschaftlich notwendige Standards wie gleiche Zugangschancen für alle Schichten, Ethnien und beide Geschlechter, regionale Gleichversorgung und vergleichbare Qualität (vor allem der Abschlüsse) verletzt werden. Für die Steuerung der Entwicklung des Gesamtsystems aller Schulen eines Landes oder Landesteils existiert eine ganze Reihe traditioneller und neuer Steuerungsmittel bzw. -agenturen:

- Gesetzgeber, Schulgesetze;
- Zentralbehörde, Erlasse;
- Schulaufsicht;
- Schulträger, staatlich, kommunal oder privat;
- zentrale Tests und landesweite Vorgaben.

Hinzu kommen eine Reihe intermediärer Steuerungseinheiten, die zwischen der zentralen Ebene und der Ebene der Einzelschulen stehen und zumeist nicht über förmliche Sanktionsmacht verfügen, wie

- Regionalkonferenzen,
- institutionalisierte Lehrerfortbildung (einschließlich Schulentwicklungsmoderatoren) oder
- Netzwerke.

Das Hauptproblem des Gesamtsystems besteht in der Koppelung der Entwicklung von Einzelschulen (»Selbststeuerung«) mit der Entwicklung des Gesamtsystems (»Systemsteuerung«). Das Koppelungsproblem ist vor allem deshalb so kompliziert, weil – wie erwähnt – die zentralen Instanzen entscheiden können, in welchem Bereich, in welcher Form und zu welchem Zeitpunkt sie intervenieren, aber die Schulen demgegenüber ziemlich unabhängig davon befinden, wie sie mit diesen Interventionen umgehen. Und hier ist der Spielraum weit: von der vorgabegerechten Umsetzung über die innere Kündigung bis zur mehr oder weniger subversiven Gegenwehr.

In Abbildung 2 auf der nächsten Seite sind fünf Lösungsmöglichkeiten angedeutet, die allesamt in diesen Jahren praktiziert bzw. ausprobiert werden. Ihre Wirkungsweise bemisst sich daran, ob sie den Einzelschulen Entwicklungsspielraum gewähren (und sie bei der Entwicklung unterstützen) und ob sie gleichzeitig die Systemziele zu erfüllen vermögen, die vor allem in der Vergleichbarkeit (von Ausstattung und Bildungschancen) sowie in der Qualitätssicherung liegen.

Modell 1 (Steuerung durch Gesetze und Erlasse) ist das konventionellste Steuerungsmodell. Es ist hierarchisch aufgebaut und steuert durch Gesetze und Erlasse – neuerdings jedoch eher durch weniger detaillierte Rahmen- oder Entwicklungsgesetze. Auch werden die Hierarchien abgeflacht und Steuerung erfolgt auf größeren Abstand, was sich vor allem im weitgehenden Verzicht auf Einzeleingriffe äußert. Für die Einzelschulen entsteht auf diese Weise eine Art Entwicklungskorridor, innerhalb dessen sie sich rela-

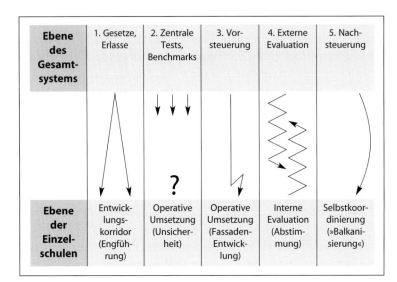

Abb. 2: Koppelungsmodelle

tiv selbstständig bewegen können. Probleme treten auf, wenn der Korridor zu schmal ausfällt (»Engführung«) und nicht genügend Spielraum für einzelschulbezogene Entwicklung lässt.

Modell 2 (Steuerung durch Tests und Benchmarks) ist in angelsächsischen Ländern, aber auch in Holland weit verbreitet und für die Bundesrepublik in Erprobung. Dabei geht es darum, über zentral entwickelte und administrierte Fachleistungstests oder Einstellungsmessungen (auch zu Erziehung und Sozialverhalten) nationale Durchschnittswerte zu ermitteln und diese (wenn möglich) mit den international Besten zu vergleichen. Auf diese Weise werden so genannte Benchmarks ermittelt, die als zu erreichende Standards gedeutet werden. Wie die Einzelschulen mit diesen Benchmarks umgehen, bleibt jedoch weitgehend unklar. In jedem Fall ist diese Art der Koppelung kontingent: Schulen können aufatmen und gar nicht reagieren, weil ihre Werte besser sind; sie können auch nicht reagieren, wenn die Werte schlechter sind, weil es dafür genügend Erklärungen (z.B. im Schulumfeld) gibt, die heranzuziehen sind; oder die Schulen können Maßnahmen planen, die mit den Benchmarks nichts zu tun haben.

Modell 3 (Vorsteuerung) beruht eher auf einem Missverständnis neuer Steuerungsansätze. Es ist aber erstaunlich weit verbreitet. Es gibt den Schulen mehr Raum für Selbstorganisation, z.T. erheblich mehr Raum, engt die Entwicklungsspielräume durch zusätzliche Vorgaben jedoch wieder ein, um auseinander laufenden Entwicklungen vorzubeugen. Ein Beispiel ist eine Kommune, die den Schulen mehr Budgetautonomie gibt, diese aber durch seitenlange, hochdetaillierte Ausführungsbestimmungen wieder zurücknimmt. Ein anderes Beispiel ist ein hoher Beamter der Schulaufsicht, der nicht abwarten kann, bis die ihm unterstellten höheren Schulen ein eigenes Schulprogramm entwickeln, und der diesen ein »Rahmenschulprogramm« vorgibt. Schulen reagieren auf Vorsteuern häufig nicht nur irritiert, sondern mit offenem oder verdecktem Widerstand.

Modell 4 (Evaluation) versucht die Koppelung durch eine Verbindung der internen Evaluation der Einzelschule (»Selbstevaluation«) mit einer externen unter Beteiligung oder Federführung der Schulaufsicht oder einer zentralen Behörde herzustellen. Hier liegt ein Problem darin, dass bei einer Priorität der externen Evaluation die Einzelschule sich von außen kontrolliert vorkommen und innerlich kündigen kann. Bei der Priorität der internen Evaluation könnte diese an den Indikatoren, Standards und Interessen der zentralen Ebene vorbeizielen, sodass keine Koppelung möglich wird. Absprachen, zweiseitige Verträge oder eine Vorgabe wichtiger Indikatoren und Standards könnten Abhilfe schaffen.

Modell 5 (Nachsteuerung) legt den Akzent ganz eindeutig auf die Entwicklung der Einzelschulen, die ermuntert werden, eigene Wege zu gehen. Ein Problem könnte in einer ungebremsten Auseinanderentwicklung bestehen, auch »Balkanisierung« genannt. Abhilfe würden Selbstkoordinierungsgremien schaffen, etwa Regionalkonferenzen oder Netzwerke. Wenn deren Koordinationskraft nicht ausreicht, müssten Behörden z.B. in Form der Schulaufsicht eingreifen und Entwicklungen nachträglich koordinieren. Am Beispiel der Schulprogrammentwicklung hieße das, den Schulen erst einige Jahre Zeit zu lassen für Eigenentwicklungen und sie dann (z.B. durch die Schulaufsicht) zusammenzurufen, um Koordinationsbedarf festzustellen (oder auch nicht). Eingriffe und Anweisungen würden erst jetzt erfolgen und häufig gar nicht nötig sein.

Nachsteuerung ist kein Betriebsunfall, sondern die für Schulentwicklung angemessene Form der Steuerung: Schulen auf dem Weg zur Eigenverantwortung müssen erst »losgelassen« werden, Entwicklungschancen und Unterstützung erhalten, damit sie überhaupt Gelegenheit bekommen, Selbststeuerung zu lernen und eine Kapazität zum Wandel (»capacity of change«) aufbauen können.

6. Begriffsbestimmung

Nach der Klärung des Koppelungsproblems kann der Versuch unternommen werden, eine umfassende Begriffsbestimmung vorzunehmen. Sie geht aus von der Diskussion um die Priorität von Unterrichtsentwicklung bei innerschulischen Reformprozessen, die Ende der 90er-Jahre einsetzte.

H. Klippert und auch H. Meyer betonen zu Recht, dass Unterricht zur Kernaktivität von Lehrpersonen gehört. Sie proklamieren darüber hinaus, dass Schulentwicklung deshalb immer bei Unterrichtsentwicklung ansetzen müsse (Meyer 1997, S. 159). Dagegen ist zum einen einzuwenden, dass es etliche Schulen gibt, die erfolgreiche Schulentwicklungsprozesse auf ganz andere Weise in Gang setzen, wie z.B. anlässlich der Entwicklung eines Schulprogramms, der Einführung von Budgetautonomie oder der Erweiterung der Schulleitung zum Leitungsteam, also von Maßnahmen, die man der Organisationsentwicklung (OE) zurechnen kann. Einem zeitlich-strategischen Primat der Unterrichtsentwicklung (UE) ist zum anderen entgegenzuhalten, dass es dem neuen Paradigma widerspräche, nach dem die Einzelschule der Motor der Entwicklung ist. Nach dem neuen Paradigma muss die Einzelschule – und nicht die Lehrerfortbildner –

entscheiden können, ob sie bei der Organisationsentwicklung ansetzt oder bei der Unterrichtsentwicklung oder bei der Personalentwicklung.

Das Proklamieren von Vorzugswegen und Prioritäten steht auch im Gegensatz zu einem Denken in Systemzusammenhängen, wie es in Abbildung 3 skizziert ist. Denkt man in Systemzusammenhängen oder handelt man konsequent, dann führt jeder Weg der Schulentwicklung notwendig zu den anderen. Eine Schule kann z.B. mit Unterrichtsentwicklung beginnen, wobei es sich normalerweise nicht um einen Neubeginn, sondern um eine Fortsetzung bzw. Akzentuierung längst vorhandener oder doch angebahnter Entwicklungen handelt. Ob es dabei um überfachliches Lernen, um erweiterte Unterrichtsformen oder um Methodentraining geht, jeder dieser Ansätze überschreitet die konventionelle Orientierung an einem Fach oder einem Lehrer und führt mit Kon-

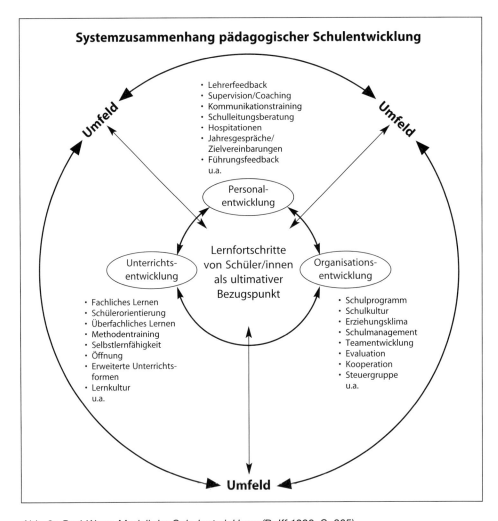

Abb. 3: Drei-Wege-Modell der Schulentwicklung (Rolff 1998, S. 305)

sequenz zu organisatorischen Veränderungen, die institutionell abgestützt werden müssen – also zu OE. Wer den Unterricht verändern will, muss mehr als den Unterricht verändern. Das kann auf mehr Kooperation hinauslaufen oder auf mehr Teamarbeit. Unterrichtsveränderung mag auch Kern des Schulprogramms werden. Auswirkungen auf das Lehrerhandeln sind unvermeidlich, weshalb vermutlich immer ein Bedarf an Personalentwicklung (PE) entsteht – sei es in Form von Lehrerberatung, Kommunikationstraining oder Hospitation.

Alternativ könnte sich eine Schule entscheiden, mit systematischer und konsequenter OE zu starten, z.B. Teamentwicklung zu betreiben oder ein Schulprogramm zu erstellen. Wenn es sich um Teamarbeit in der Schulleitung handelt, ist PE vonnöten. Wenn sich die Teamarbeit auf Fach- oder Jahrgangsgruppen bezieht, folgt daraus UE. Ein Schulprogramm wiederum würde seinen Zweck verfehlen, wenn es nicht auch UE bewirkte.

Schließlich könnte eine Schule auch bei der PE ansetzen, z.B. Supervisionsgruppen einrichten oder Erfahrungen mit Lehrerbeurteilung durch Schüler/innen auf freiwilliger Basis sammeln. Letzteres wäre nur dann sinnvoll, wenn die Ergebnisse ausgewertet und Hinweise für einen veränderten Unterricht gewonnen würden und/oder die beteiligten Lehrkräfte sich zu Qualitätszirkeln bzw. Selbstlernteams zusammenschlössen. Supervision im Sinne von Schulentwicklung müsste arbeitsbezogen sein, was wiederum auf Unterricht und sonstige Schularbeit (im Bereich von Schulkultur, Schulmanagement oder Erziehungsklima) im Sinne von OE verweist.

Man könnte diesen Systemzusammenhang auch bündiger formulieren: Keine UE ohne OE und PE, keine OE ohne PE und UE, keine PE ohne OE und UE. Das Neue und Besondere in diesem Systemzusammenhang stellt allerdings OE dar: Ohne OE würde UE ebenso wenig wie PE auf das Ganze der Schule zielen und es bliebe bei modernisierter Lehrerfortbildung und renovierter Schulpsychologie. Wenn man diesen dichten Systemzusammenhang ernst nimmt, macht die Rede von der »Schul- und Unterrichtsentwicklung«, die man gelegentlich hört, keinen Sinn; denn es gibt keine konsequente Unterrichtsentwicklung ohne Schulentwicklung. Das Gemeinte drückt man besser aus, wenn man von »Schulentwicklung mit dem Schwerpunkt Unterrichtsentwicklung« spricht.

Der bisher behandelte Systemzusammenhang ist allerdings ein innerschulischer, er muss durch einen außerschulischen ergänzt werden. Zum Umfeld (bzw. zur Umwelt) der Schule gehören Eltern, »Abnehmer« (Betriebe, Universitäten), die Presse, der Stadtteil, der Schulträger und die Schulaufsicht. Das System Schule ist dabei geschlossen (im operativen Bereich des Unterrichts und der Erziehung) und offen zugleich, wie besonders an der Schulaufsicht deutlich wird, die sich in den operativen Bereich einmischt und in diesem Sinne auch als Bestandteil der Schule angesehen werden kann. Vor allem gehören außerschulische Unterstützungssysteme zur Schulentwicklung wie z.B. Schulleiter- und Lehrerfortbildungen und Entlastungsstunden für Pilotvorhaben. Auf der Ebene konzeptioneller Überlegungen zeigt sich also, dass Entwicklung von Einzelschulen keine Domäne eines einzigen Ansatzes, sondern eine Synthese von Organisations-, Unterrichts- und Personalentwicklung ist. Schulentwicklung ist ein Lernprozess. Es geht dabei letztlich um die Einführung einer neuen Praxis durch Erfinden, Erproben oder Erneuern. Was immer der Fall sein mag, die Lernprozesse müssen vom Arbeitsplatz ausgehen und die Akteure dabei neue Einsichten gewinnen, ein anderes Verhalten zeigen, neue Wahrnehmungen machen, alte Routinen aufgeben oder neue schaffen.

Für die Steuerung des Gesamtsystems muss schulübergreifendes Steuerungswissen erzeugt und verarbeitet werden. Die Koppelung zwischen Einzelschulen und Gesamtsystem ist zu klären. Denn Schulentwicklung muss gleichzeitig von den Handelnden und von der Struktur des Gesamtsystems her gedacht und konzipiert werden. Daraus lassen sich drei Ordnungsstufen von Schulentwicklung ableiten, wobei eine Art alltäglicher Schulentwicklung vorausgesetzt wird; denn Schulen sind allesamt schon irgendwie entwickelt und sie entwickeln sich in dem Maße weiter, wie sie Umweltveränderungen (z.B. zurückgehende Schülerzahlen, veränderte Kindheit usw.) dazu drängen. Die drei Stufen lauten im Einzelnen:

1. Schulentwicklung ist die bewusste und systematische Weiterentwicklung von Einzelschulen. Man könnte diese häufig vorkommende Form von Schulentwicklung *intentionale* Schulentwicklung nennen oder Schulentwicklung erster Ordnung.
2. Schulentwicklung zielt darauf ab, lernende Schulen zu schaffen, die sich selbst organisieren, reflektieren und steuern. Dies wird von den jüngsten Schulgesetzen intendiert und von etlichen Schulen angestrebt, teilweise auch praktiziert. Dies könnte man als Schulentwicklung zweiter Ordnung oder *institutionelle* Schulentwicklung bezeichnen.
3. Die Entwicklung von Einzelschulen setzt eine Steuerung des Gesamtzusammenhangs voraus, die Rahmenbedingungen festlegt, die einzelnen Schulen bei ihrer Entwicklung nachdrücklich ermuntert und unterstützt, die Selbstkoordinierung anregt, ein Evaluationssystem aufbaut und auf Distanz korrigiert. Dies könnte man als Schulentwicklung dritter Ordnung oder *komplexe* Schulentwicklung begreifen.

Lehrpersonen mögen sich eher auf der ersten Ebene, Leitungen auf der zweiten und Politiker sowie Behörden auf der dritten Ebene engagieren. Schulentwicklungsforschung muss alle drei gleich wichtig nehmen.

7. Lernende Schule als Metaziel

Bleibt die Frage zu klären, welches die Ziele einer Schulentwicklung im Systemzusammenhang sind. Bei pädagogischer Schulentwicklung sind die Ziele dem pädagogischen Prozess verpflichtet und damit reflexiv. Die Reflexivität von Zielen lässt sich am »hohen« Ziel »Erziehung zur Mündigkeit« plausibel machen. Unmündigkeit wird häufig in Anlehnung an Kant als das Unvermögen bezeichnet, »sich seines Verstandes ohne Anleitung eines anderen zu bedienen«. Nimmt man diese Bestimmung ernst, so folgt daraus, dass ein Lehrer einen Schüler nicht direkt zur Mündigkeit erziehen kann und schon gar nicht ein Schulentwicklungsberater eine Schule. Denn würde man jemandem vorschreiben, wie er als Mündiger zu denken oder zu handeln habe, würde man ihn im gleichen Augenblick entmündigen. Was Mündigkeit heißt, kann man lediglich »reflektieren«, d.h. bedenken, diskutieren oder ausprobieren. Was Mündigkeit jeweils konkret bedeutet, muss jeder selbst entscheiden und verantworten. Es geht bei pädagogischem Handeln also letztlich um Erziehung zur Selbsterziehung und bei der Schulentwicklung um Selbsthilfe und Selbstverantwortung.

Heißt das, dass Schulentwicklung ohne verbindliche und ohne legitimierbare Ziele bleibt? Gewiss nicht. Zwar sind Einzelschulen wenig gewohnt, sich selbst Ziele zu setzen. Sie müssen offenbar aufgefordert werden (durch Erlasse und Gesetze in zunehmend mehr Ländern), sich in Form von Schulprogrammen oder Leitbildern damit zu beschäftigen. Auch die Aufforderung zur Evaluation macht auf eine gewisse Zielabstinenz aufmerksam: Kaum eine Schule verfügt über Kriterien und Indikatoren der Evaluation, die ja von Zielen abzuleiten wären. Man frage einmal eine Fachkonferenz nach den Fachzielen oder eine Lehrkraft nach ihren Unterrichtszielen und man wird vielfach erleben, dass es keine Antwort gibt oder gesagt wird, das stehe doch in den Lehrplänen.

Dennoch ist pädagogische Schulentwicklung nicht ziellos. Gerade eine Orientierung an Leitsätzen und Schulprogrammen fordert Schulen auf, ihre Ziele zu klären sowie diese im Kollegium und mit Schüler/innen und Eltern zu vereinbaren. Zielklärung heißt im Kern, die Schulziele an pädagogischen Grundwerten bzw. an Bildungstheorien zu reflektieren und miteinander in einer Weise zu vereinbaren, bei der über aktive Beteiligung auch klargestellt werden kann, dass jede Schule und alle an der Schule Beteiligten für die Schulentwicklung (mit) verantwortlich sind.

Diese Überlegungen gelten für die Einzelschule, die im Rahmen der Schulentwicklung aufgefordert ist, jeweils spezifische, d.h. eigene Entwicklungsziele aufzustellen. Schulentwicklung insgesamt orientiert sich jedoch nicht an spezifischen Zielen, sondern an einem Ziel für die Zielfindungen, also an einem Metaziel. Dieses Metaziel wird mit einem Begriff gekennzeichnet, der in den letzten Jahren viel Furore gemacht hat: lernende Schule. Lernende Schulen sind nicht nur Einrichtungen, in denen die Schüler/innen lernen, sondern solche, die selber zum Lernen fähig sind. Dazu müssen sie – genau wie Individuen – Lernstrukturen und Lernkapazitäten pflegen und z.T. erst aufbauen. Das gilt einmal für das Lehrpersonal selbst, für das Fullan (1990) den griffigen Ausdruck vom »Lehrer als Lerner« geprägt hat. Das gilt zum anderen für die Schule als Organisation, was eine ziemlich neuartige Vorstellung ist, die aber plausibler wird, wenn die Lernfelder genannt werden: Schulen, die sich bewusst entwickeln, lernen ihr Schulcurriculum zu klären, eine gemeinsame Diagnose der Stärken und Schwächen durchzuführen, Prioritäten für Entwicklungsvorhaben zu setzen, Teams zu bilden, Projekte zu managen und die Wirkung dieser neuartigen Prozesse zu beurteilen, wofür sich der Begriff der Selbstevaluation einzubürgern beginnt.

Peter Senge verdanken wir die in Abbildung 4 auf der nächsten Seite wiedergegebene Darstellung der »Architektur« der lernenden Organisation als Dreieck mit den Ecken »Leitgedanken«, »Innovationen der Infrastruktur« sowie »Methoden und Werk-

Abb. 4: Architektur der lernenden Organisation (Senge-Dreieck)

zeuge« (Senge u.a. 1996, S. 24). Dies lässt sich analog auf Schulen übertragen: Die Leitgedanken werden in Schulentwicklungsprozessen Schulprogramm genannt; zu den Innovationen der Infrastruktur gehören neue Kooperationsstrukturen und Prozesssteuerung durch eine Steuergruppe und der Werkzeugkasten der Methoden und Techniken der Schulentwicklung ist reichhaltig gefüllt (vgl. Rolff u.a. 1998).

Die *Leitgedanken* der lernenden Schule sind Ausdruck der Visionen bzw. der Zielklärung eines Kollegiums. Wenn sie Bestandteil eines Schulprogramms werden, stellen sie eine Art Zielvereinbarung dar, bei der auch Eltern und Schüler/innen eine Rolle spielen. Die Leitgedanken dienen auch als Folie für die Prioritätensetzung hinsichtlich der Entwicklungsschwerpunkte der nächsten Jahre.

Die *Innovationen der Infrastruktur* einer lernenden Schule beziehen sich zum einen auf die Arbeitsorganisation und zum anderen auf die Prozesssteuerung. Mit Arbeitsorganisation ist in erster Linie die Organisation des Unterrichts gemeint, also ob Lehrkräfte kooperieren (auf Fach-, Klassen- oder Jahrgangsebene) und ob diese kooperierenden Gruppen bzw. Teams lernende Gruppen sind, die manchmal auch Qualitätszirkel heißen. Die Arbeitsstruktur betrifft zudem die Schulleitung, bei der es ebenfalls um Kooperation und Lernfähigkeit geht. Hinsichtlich der Prozesssteuerung haben sich in lernenden Schulen so genannte Steuergruppen verbreitet, die aus Vertreter/innen des Kollegiums sowie dem Schulleiter bzw. der Schulleiterin bestehen. Steuergruppen stellen so etwas wie eine Infrastruktur für die aktive Beteiligung des Kollegiums an der Entwicklung der ganzen Schule dar. Sie sind eine relativ neue Einrichtung, die weiter unten genauer beschrieben und analysiert wird.

Die *Methoden und Werkzeuge* einer lernenden Schule beziehen sich zum einen auf Selbstreflexion und zum anderen auf Selbstorganisation (vgl. Rolff u.a. 1998). Zur Selbstreflexion gehören alle Methoden und Techniken der Evaluation, die sich auf Fächer, Projekte oder die ganze Schule sowie auf Personalberatung und -beurteilung beziehen können. Diese Methoden sind in Schulen heute noch wenig verbreitet und selten genutzt. Die Methoden der Selbstorganisation sind den Schulen vertrauter in Form von Bestandsanalysen und Diagnosen, Prioritätensetzung, Projektmanagement oder Budgetverwaltung.

In Abbildung 4 wurde das Senge-Dreieck in der Mitte ergänzt durch den zentralen Bereich der Lernkultur. Die Lernkultur einer lernenden Organisation ist im Idealfall gekennzeichnet durch eine unterstützende Atmosphäre, die Fehler verzeiht und auch verrückte Ideen gutheißt, wenn sie nur anregend sind, ferner durch ein akzeptiertes Netz von Normen und Spielregeln, an denen sich Verhalten orientiert, sowie durch ein Ambiente wechselseitigen Austauschs, gegenseitiger Beratung und selbstverständlichen Feedbacks.

Zur Lernkultur einer lernenden Schule gehört auch ein Stock gemeinsamen Wissens, der Umgang mit komplexen Situationen erlaubt, in gemeinsamer Schulentwicklungsarbeit entsteht und heute häufig vergessen wird. Schulen haben insofern etwas mit dem Bermudadreieck gemein. Geißler bezeichnet die Entstehung eines »Organisationsgedächtnisses« als eine »Frage [...] von zentraler Bedeutung« für Organisationslernen (Geißler 1995, S. 13). Er meint damit »ein von weiten Kreisen der Organisation gemeinsam geteiltes Wissen über die Organisation, das der Wirklichkeit zwar nicht unbedingt entsprechen muss, aber dennoch gültig ist, weil es von der Mehrheit der Organisationsmitglieder als richtig empfunden und ihrem Verhalten praktisch folgenreich zugrunde gelegt wird« (ebd., S. 12).

Es gehört demnach zu den Schlüsselproblemen einer lernenden Organisation, ein Organisationsgedächtnis zu entwickeln (was eine gemeinsame Sprache voraussetzt) und dauerhaft zu erhalten, damit weder Erfahrungen noch Orientierungen noch Kompetenzen, Werkzeuge oder Methoden verloren gehen. Zur Entwicklung einer Lernkultur gehört ebenso die Pflege einer Beziehungskultur, die Dissens thematisierbar und Konflikte bearbeitbar macht, Gefühle »zulässt« und darauf gründet, dass Schulen besondere, nämlich pädagogische Organisationen sind.

Es bleibt noch zu klären, ob die Rede von der lernenden Organisation eine bloße Metapher ist und ob Schulen überhaupt lernen können. Vermutlich ist es für die Theorie wie die Praxis der Schulentwicklung belanglos, ob es sich um eine Metapher handelt oder nicht; denn das bisher Ausgeführte bleibt davon unberührt. Des ungeachtet sollte nicht unerwähnt bleiben, dass der Ansatz des Organisationslernens nicht leugnet, dass Organisationslernen ohne Bezug auf das individuelle Lernen der einzelnen Organisationsmitglieder nicht konzipiert werden kann: Ohne lernende Person vermag eine Organisation nicht zu lernen. Andererseits kann mit Geißler davon ausgegangen werden, dass Organisationslernen etwas qualitativ Eigenständiges ist. Ein Organisationsgedächtnis ist etwas anderes als ein Einzelgedächtnis, und mit am Individuum orientierten Lerntheorien kann nicht geklärt werden, wie es kommt, dass ein Großteil der Lehrkräfte durch Fortbildung lernen mag, ihre Schule als Organisation davon jedoch weitgehend unberührt bleibt. Wenn schließlich ein ganzes Kollegium lernt, sich Regeln zu geben und bisher vorhandene zu verändern oder ein Schulprogramm zu verabschieden, überschreitet das ebenfalls den Bereich individuellen Lernens.

Eine ganz andere Frage ist, ob Schulen als Organisationen überhaupt zum Lernen fähig sind. Vermutlich sind Schulen behäbiger als andere Organisationen. Das liegt unter anderem im ursprünglichen Anstaltscharakter von Schule begründet (nachgeordnete Dienststelle, keine Ermächtigung zur eigenständigen Außenvertretung, bürokratische Arbeitsorganisation), und ist zum anderen in der Berufskultur von Lehrpersonen verankert, die als Einzelarbeiter sozialisiert wurden und ihre professionellen Referenzgruppen vielfach eher außerhalb als innerhalb der Schule haben, was zumindest für Sekundarschullehrer/innen zutrifft. Zudem scheint es im Klassenzimmer eher auf die einzelne Person anzukommen und weniger auf die Organisation.

Andererseits zeigen immer mehr Schulen, dass sie bereits lernende Schulen sind – oder doch einen großen Schritt weit auf dem Wege dahin. Im Übrigen darf nicht übersehen werden, dass fast alle Schulen längst Problemlösestrategien, Selbstorganisationsfähigkeit und Techniken des Umgangs mit Störungen herausgebildet haben. Im gewissen Sinne sind diese Alltagsroutinen bereits die Grundmauern, auf die lernende Schulen weitergebaut werden können.

8. Schulprogramme als Leitorientierung

In vielen Schulen werden von vielen Lehrpersonen viele Vorhaben und Projekte durchgeführt, von denen wenige etwas wissen, häufig nicht einmal die Kolleginnen und Kollegen aus der Parallelklasse. Man könnte meinen, die Idee der Schulprogramme sei erfunden worden, um hier Transparenz und Kohärenz zu schaffen, damit man voneinander weiß, die Aktivitäten abstimmen kann und dem Ganzen etwas mehr Richtung und Schubkraft verleiht.

Immer mehr Schulen überlegen sich deshalb, ein Schulprogramm, Schulprofil oder Schulleitbild zu entwickeln. Etliche entschließen sich aus eigenem Antrieb, andere versuchen, einen Auftrag des Gesetzgebers oder der Regierung zu erfüllen. Auch wenn die Erstellung eines Leitbilds, Programms oder Profils verpflichtend ist, muss sich jede Schule individuell entscheiden, wann und wie sie es bewerkstelligen will.

Schulprogramme sind vielerorts verpflichtend geworden: für alle Schulen in Nordrhein-Westfalen, Hamburg, Bremen (ohne Frist), Schleswig-Holstein und Hessen sowie für die Schulen etlicher Schweizer Kantone (wie Zürich und Luzern). In Hamburg und Nordrhein-Westfalen mussten die Schulprogramme aller Schulen bis zum 31.12.2001 abgegeben werden. Die Schulprogrammarbeit in Hamburg und NRW ist inzwischen vom Institut für Schulentwicklungsforschung (IFS) evaluiert worden. Die Hamburger Evaluation analysiert die Inhalte der Schulprogramme und widerlegt, was viele befürchtet haben, dass nämlich die Schulen voneinander oder aus Vorlagen abschreiben und ein Einheitsbrei dabei herauskommt.

Ich werde im Folgenden Evaluationsstudien, die allesamt im IFS entstanden sind, anhand der vorangestellten Fragestellung zusammenfassen. Doch zuvor ist es nötig, auf die Terminologie und die Konzeption des Schulentwicklungsinstruments Schulprogramm einzugehen. Schulprogramme werden von Land zu Land unterschiedlich benannt, manchmal heißen sie auch Qualitätsprogramm oder Schulprofil oder auch Schulkonzept; es kursieren also verschiedene Bezeichnungen, die häufig synonym verwendet werden. Die sich dahinter verbergenden kleinen Unterschiede scheinen zwar auf den ersten Blick nicht relevant, bei genauem Hinschauen aber handelt es sich um Kernprobleme:

Während ein *Schulprofil* lediglich die realen Konturen pädagogischer Arbeitsformen zeichnet, also die tragenden Elemente der Schulkultur und das »Gesicht« der Schule darstellt, beinhaltet ein *Schulkonzept* demgegenüber die pädagogisch-konzeptionelle Darlegung und Begründung der einzelnen Gestaltungsansätze, Arbeitsformen und Organisationslösungen und deren Integration in ein Gesamtkonzept. Jede Schule hat ein mehr oder weniger deutliches Schulprofil, das sich auch dann herausbildet, wenn sich das Kollegium dessen nicht bewusst ist, und das möglicherweise ohne intendierte Ziele und planvoll entfaltete Konzepte zustande kommt. Schulkonzepte – wie wir sie z.B. aus der Reformpädagogik bei Petersen, Lietz oder aktuell von Hentig kennen – sind Ausdruck planvoller Schulgestaltung, basieren auf pädagogischen Reflexionen von Unterrichten und Erziehen, verbinden die Ausgangssituation der Schule mit Zielen und setzen diese wiederum in Beziehung zu den Gestaltungs- und Organisationsformen.

Ein *Schulprogramm* benötigt eben diese programmatisch-konzeptionellen Bestandteile, umfasst aber auch ein Arbeitsprogramm im Sinne einer pädagogisch intendierten und perspektivischen Entwicklungsplanung mit Zielen, Maßnahmen und möglichst auch Vorstellungen zu Evaluation und Fortbildung. Mit dem Schulprogramm nimmt sich eine Schule etwas vor – nicht die gesamte Schulgestaltung, sondern Entwicklungsschwerpunkte für einen überschaubaren Zeitraum, ein Programm zur Umsetzung von Zielen und Maßnahmen. So wird das Konzept nicht schon als Endpunkt betrachtet, sondern die dynamische Weiterentwicklung von Konzeptbausteinen und deren Umsetzung in den Blick genommen.

Ein Schulprogramm erlangt in aller Regel erst durch die Schriftform die notwendige Konkretisierung, Transparenz und Verbindlichkeit für die Schulgemeinde und bringt die konsenshaften Ziele und Ansätze erkennbar zum Ausdruck, nach innen wie nach außen. Die Verschriftlichung allein belegt freilich noch nicht vollzogene Entwicklungen, kann mancherorts auch Entwicklungsstände vortäuschen und den Mythos einer bereits entwickelten Schulkultur nähren. Ein Schulprogramm, das nicht nur auf dem Papier existiert, sondern durch engagierte und kontinuierliche Arbeit im Kollegium umgesetzt wird, kann ein Indikator für die Existenz einer *lernenden und selbstreflexiven Organisation* sein, die durch hohe Problemlösefähigkeit und differenzierte Gestaltungskompetenz gekennzeichnet ist, überdies aber Ziele, Strukturen und Ansätze immer wieder auf Entwicklungserfordernisse hin überprüft. In aller Regel ist Schulprogrammarbeit in Schulen auf Dauer angelegt. Die Programmteile bleiben Zwischenresultate und entwickeln sich schrittweise, indem verschiedene Elemente des Programms nach und nach aufeinander aufbauen.

Das Schulprogramm hat vor allem folgende Aufgaben: pädagogische Grundorientierungen auszudrücken, eine konzeptionelle Arbeitsgrundlage für pädagogisches

Handeln zu schaffen, Selbstvergewisserung über den Entwicklungsstand der Schule, zielbezogenen Gestaltungswillen mit Transparenz und Verbindlichkeit nach innen herzustellen, das pädagogische Profil der Schule nach außen, für Eltern und Öffentlichkeit darzulegen. Von zentraler Bedeutung ist, dass das Schulprogramm in erster Linie als Arbeits- und Entwicklungsinstrument für die einzelne Schule selbst eingesetzt wird. Dazu benötigt es unverzichtbare Bestandteile wie Bestandsaufnahme über die Schulsituation, konzeptionelle Grundzüge von Gestaltungsansätzen oder Schulorganisation, ein pädagogisches Leitbild sowie die Entwicklungsplanung mit Entwicklungsschwerpunkten, Maßnahmen, Evaluation und Fortbildungsplanung.

Ein Unterschied besteht auch zum *Leitbild*. Ein Leitbild drückt das gemeinsame pädagogische Grundverständnis der Schule in Kurzform aus. Es heißt deshalb im Englischen auch passend »mission statement«. Es soll bündig und einprägsam sein, damit es behalten wird und handlungsorientierend wirkt. Es wirkt allerdings nur dann handlungsorientierend, wenn die ganze Schulgemeinde an der Formulierung und Konsensbildung beteiligt wird. Es kann außerdem das Qualitätsmanagement anleiten, wenn es aus nicht mehr als zehn Sätzen besteht (und aus nicht weniger als dreien), die auch Erläuterungen enthalten können. Ein Leitbild entfacht allerdings nur dann hinreichende Wirkung, wenn die darin enthaltenen Zielsetzungen auch in Feinziele für Gestaltungsansätze und Maßnahmen übersetzt, konkretisiert und verbindlich weiterverfolgt werden. Beispiel: Eine Schule, die in ihrem Leitbild u.a. »demokratische Handlungsfähigkeit« als Lernziel verfolgt, kann nicht nur auf den Politikunterricht verweisen, sondern müsste im Schulleben z.B. Formen von Partizipation und Verantwortung für Schüler/innen vorsehen. Wir verweisen auch deshalb auf die Besonderheiten des Leitbildes, weil sie – wie die ersten Untersuchungsergebnisse zeigen – in Schulprogrammen allzu häufig untergehen oder gar nicht erst vorgesehen sind. Aber ein Schulprogramm ohne Leitbild ist wie eine Reise ohne Ziel (vgl. Philipp/Rolff 2004).

Im Folgenden sollen die Evaluationsstudien zu Schulprogrammen bzw. Leitbildern danach analysiert werden, ob diese verpflichtend sind oder nicht, ob bestimmte Inhalte vorgeschrieben sind, eine Genehmigungspflicht besteht und welche differenzierten Wirkungen sich daraus ergeben. Dabei sollten der kollegiumsinterne Diskurs und die Bedeutung von Teams besondere Berücksichtigung finden. Ich konzentriere mich dabei auf empirische Untersuchungen des IFS.

8.1 Verpflichtung ohne Vorgaben und Genehmigung

In Nordrhein-Westfalen gibt es bislang keine Vorgaben des Ministeriums über verbindliche Inhalte oder Elemente eines Schulprogramms. Allerdings wurden in der Handreichung »Schulprogramm« des Ministeriums (MSWWF 1999) orientierende Empfehlungen für die Struktur und den Aufbau von Schulprogrammen formuliert.

Bedeutsam und neu ist in diesem Fall, dass *alle* Schulen in Nordrhein-Westfalen erstens verpflichtet wurden, Schulprogramme zu erstellen, und zweitens ebenfalls verpflichtet wurden und werden, sich an einem Dialog mit der Schulaufsicht über ihr

Schulprogramm und seine Umsetzung zu beteiligen. Auch die Schulaufsicht wird in die Pflicht genommen, diesen Dialog zu führen. Die Rollenverteilung zwischen Schulaufsicht und Schule ist dabei jedoch an einem Modell von Symmetrie und Gleichrangigkeit orientiert, d.h. die Schulaufsicht ist durch das Ministerium angewiesen, mit den Schulen ein in bestimmter Weise inszeniertes und vorbereitetes Gespräch zu führen, dessen Ergebnisse von beiden Seiten zu verantworten sind. Die Weisungsbefugnis der Schulaufsicht ist für die Dauer dieser Gespräche sozusagen außer Kraft gesetzt. Diese Kommunikationsform wird mit dem Begriff Dialog belegt, ein Begriff, der durchaus passend erscheint, um hervorzuheben, dass einseitige Formen der Beeinflussung und Machtausübung möglichst vermieden werden sollen, während stattdessen die gemeinsame Klärung der Sache (Schulprogramm und dessen Umsetzung) angestrebt wird. Dieses Prinzip des Dialogs steht in einem gewissen Widerspruch zur tatsächlichen Macht und Kontrollbefugnis der Schulaufsicht. Ein weiterer Widerspruch kann auch darin gesehen werden, dass die Schulen sich nicht frei entscheiden können, ob sie die Rückmeldung und Beratung durch die Schulaufsicht überhaupt wünschen. Sie *müssen* den Dialog führen, ob sie wollen oder nicht; allerdings ist es ihnen überlassen, wie sie ihn führen und welche Themen sie in den Vordergrund stellen wollen (vgl. Bauer 2002, S. 270ff.).

Die Evaluation dieser Schulprogrammarbeit wurde auf der Basis einer schriftlichen Befragung von Schulleitungen, Lehrerinnen und Lehrern aus 210 nordrhein-westfälischen Schulen durchgeführt (vgl. Kanders 2004, S. 120ff.).

8.1.1 Schulprogrammgruppe

An drei Viertel der Schulen ist für die Schulprogrammarbeit eine besondere Arbeitsgruppe gebildet worden (im Folgenden zunächst als Schulprogrammgruppe bezeichnet). Einigen handschriftlichen Ergänzungen innerhalb der Schulfragebögen ist zu entnehmen, dass in einigen Schulen (Sonder- und vor allem Grundschulen) aufgrund der geringen Kollegiumsgröße auf die Einrichtung einer Schulprogrammgruppe verzichtet wurde: Mitglieder der Schulprogrammgruppe sind vor allem Lehrer/innen (in fast allen Schulen mit Schulprogrammgruppe) sowie Vertreter/innen der Schulleitung (89 Prozent). Schüler/innen sind in 17 Prozent der Schulen beteiligt, Elternvertreter/innen in 25 Prozent (beides vor allem in Gesamtschulen und Gymnasien). Die durchschnittliche Gruppengröße der Schulprogrammgruppen beträgt acht Personen, die von Beginn der Schulprogrammarbeit bis zur Beschlussfassung durchschnittlich 14 Sitzungen absolvieren.

8.1.2 Inhalte der Schulprogramme

Mehr als die Hälfte der Lehrer/innen geben an, dass Unterricht in ihrem Schulprogramm relativ ausführlich behandelt wird und eine wichtige Rolle spielt, wobei dies stärker für die überfachlichen als für die fachlichen Konzepte gilt. Letzteres wird er-

Tab. 1:	In welchem Umfang werden in dem Schulprogramm Ihrer Schule Aussagen zu schulischen Arbeitsfeldern bzw. typischen Elementen gemacht? (Ergebnisse in Prozent)							
Unterricht	Gesamt	G	So	HS	RS	GS	GY	BS
Fachlich								
nicht/wenig behandelt	42	42	31	36	49	43	43	45
stärker/umfassend behandelt	58	58	69	64	51	57	57	55
Überfachlich								
nicht/wenig behandelt	34	40	34	31	34	32	32	37
stärker/umfassend behandelt	66	60	66	69	66	68	68	63
Quelle: Kanders 2002, S. 71f.								

staunlicherweise vor allem von Befragten aus der Sonderschule betont (und unterdurchschnittlich häufig von Realschullehrerinnen und -lehrern genannt), während die Quoten bei den überfachlichen Konzepten nach Schulformen betrachtet recht ähnlich sind (vgl. Tab. 1). Deutlich umfassender als der Unterricht wurden nach Angaben der Lehrer/innen die Erziehungsarbeit sowie das Schulleben in dem Schulprogramm ihrer Schule behandelt.

8.1.3 Bewertung und Nutzen der Schulprogramme

Die Befragung zeigt, dass vor allem drei Elemente für das Gelingen von Schulprogrammarbeit wichtig sind:

- vorhandene pädagogische Konzepte oder Ansätze,
- die Schulprogrammgruppe sowie
- Kooperation und Teamarbeit.

Über 70 Prozent der Lehrer/innen aller Schulformen (mit Ausnahme der Berufskollegs) halten bereits vorhandene pädagogische Konzepte oder Erfolge, also das Aufbauen auf bereits Bestehendem, für eine sehr wichtige Grundlage erfolgreicher Schulprogrammarbeit. Als ähnlich bedeutsam wird eine (funktionierende) Schulprogrammgruppe eingeschätzt; die niedrigen Zustimmungsquoten der Grundschullehrkräfte sind hierbei mit hoher Wahrscheinlichkeit durch die o.a. Tatsache begründet, dass in Grundschulen aufgrund der geringen Kollegiumsgrößen deutlich seltener mit explizit eingerichteten Schulprogrammgruppen gearbeitet wird. Für besonders wichtig halten Lehrer/innen der Gymnasien die Schulprogrammgruppe. Der dritte bedeutsame Faktor für gelungene Schulprogrammarbeit ist aus der Sicht der Befragten *Kooperation und Teamarbeit:* Zwei Drittel halten dies für sehr wichtig, allerdings nur 50 Prozent der Gymnasiallehrkräfte – gegenüber 79 Prozent bei den Sonderschullehrerinnen und -lehrern.

Welchen Nutzen schreiben nun die Lehrer/innen dem Schulprogramm bzw. der Schulprogrammarbeit für ihre Schule zu? Zusammengefasst lässt sich dies wie folgt beantworten: Der Nutzen liegt vor allem darin, dass in den Schulen ein Diskussionsprozess über die gemeinsamen Ziele in Gang gesetzt wurde und daraus resultierend eine Verbindlichkeit über diese gemeinsamen Ziele hergestellt werden konnte, also durchaus wichtige Impulse für die Schulentwicklung und eine konkrete Planungsgrundlage für die Schularbeit der nächsten Jahre gegeben wurden. Eher gering wird der individuelle Nutzen von Schulprogramm bzw. Schulprogrammarbeit eingeschätzt, Auswirkungen auf den Unterricht werden eher skeptisch beurteilt (vgl. Tab. 2 und 3). Immerhin

Tab. 2: »Durch die Schulprogrammarbeit sind wir in einen Diskussionsprozess über die gemeinsamen Ziele der Schule gekommen.«
(Ergebnisse in Prozent)

	Zustimmung	Unentschieden	Ablehnung	N abs.
Gesamt	50	28	22	3.014
nach Gruppenzugehörigkeit:				
– Schulleitung	66	20	14	0
– SP-Gruppe	57	27	16	865
– übrige Lehrkräfte	44	30	26	1.807
nach Schulform:				
– Grundschule	62	26	12	234
– Sonderschule	67	21	12	333
– Hauptschule	56	29	16	376
– Realschule	57	25	17	437
– Gesamtschule	48	30	22	433
– Gymnasium	36	33	31	471
– Berufskolleg	41	21	29	730

Quelle: Kanders 2004, S. 132

Tab. 3: »Die Arbeit am Schulprogramm hat uns geholfen, Verbindlichkeit über gemeinsame Ziele herzustellen.«
(Ergebnisse in Prozent)

	Zustimmung	Unentschieden	Ablehnung	N abs.
Gesamt	42	30	28	3.002
nach Gruppenzugehörigkeit:				
– Schulleitung	57	25	18	239
– SP-Gruppe	48	28	24	861
– übrige Lehrkräfte	37	31	31	1.803

Quelle: Kanders 2004, S. 132

die Hälfte der Befragten stimmt der Aussage zu, dass durch die Schulprogrammarbeit ein Diskussionsprozess über die gemeinsamen Ziele der Schule in Gang gesetzt worden ist; vor allem in Sonderschulen und Grundschulen wird dies positiv beurteilt.

Es ist auffällig, dass sowohl bei diesem wie auch den beiden folgenden Statements zum Nutzen der Schulprogrammarbeit deutliche Differenzen in der Bewertung in Abhängigkeit von der Gruppenzugehörigkeit der Befragten festzustellen sind: Generell wird die Nützlichkeit von Schulprogramm und Schulprogrammarbeit von Schulleitungsmitgliedern am höchsten beurteilt, es folgen die Mitglieder der Schulprogrammgruppe und dann die übrigen Lehrkräfte. Die Involviertheit in die Schulprogrammarbeit beeinflusst die Beurteilung des Nutzens offenbar stark.

Über zwei Fünftel der Befragten geben an, dass nach ihrer Ansicht die Arbeit am Schulprogramm geholfen hat, Verbindlichkeit über die gemeinsamen Ziele der Schule herzustellen, ein knappes Drittel äußert sich gegenteilig. Befürwortet wird diese Aussage vor allem von Lehrerinnen und Lehrern aus Sonder- und Grundschulen, am skeptischsten zeigen sich Lehrkräfte aus Gymnasien und Berufskollegs.

Um zu einer übergreifenden Aussage zum Nutzen von Schulprogramm und Schulprogrammarbeit für die Schulen zu gelangen, sind die o.a. Statements mit fünf weiteren zu einer Skala zusammengefasst worden:

- Die Arbeit am Schulprogramm hat unser Kollegium mehr zusammengeschweißt.
- Durch die Schulprogrammarbeit hat sich die Kommunikation im Kollegium verbessert.
- Die Identifikation mit unserer Schule wurde durch die Schulprogrammarbeit bei allen Beteiligten erhöht.
- Das Schulprogramm hat der Schule genutzt.
- Unsere Schule hat durch das Schulprogramm an Profil gewonnen.

Von knapp einem Drittel der Befragten wird der Nutzen für die eigene Schule als eher niedrig eingeschätzt, über die Hälfte der Befragten konstatiert einen mittleren Nutzen, knapp ein Fünftel gibt an, dass der Nutzen von Schulprogramm und Schulprogrammarbeit für ihre eigene Schule hoch sei. In der Gruppe der Skeptiker sind Lehrkräfte aus Berufskollegs und Gymnasien überdurchschnittlich vertreten, eine hohe Nützlichkeit sehen vor allem Schulleitungsmitglieder sowie Befragte aus Sonderschulen.

Die Schulaufsicht schätzt den Nutzen deutlich kritischer ein als die Mitglieder der Schulgemeinde selbst: Die in der Handreichung des Ministeriums (MSWWF 1999) genannten wichtigen schulischen Arbeitsfelder, zu denen im Schulprogramm Aussagen gemacht werden können, dienten bei der Erhebung als Grundlage einer Bestandsaufnahme zu den Inhaltsfeldern der Schulprogramme aus Sicht der Schulaufsicht. Abbildung 5 zeigt die Ergebnisse im Überblick. Diesen Ergebnissen zufolge liegen die inhaltlichen Schwerpunkte der Schulprogramme in den Arbeitsfeldern »Schulleben« und »Erziehungsarbeit«. Während diese Bereiche in rund 53 bzw. 43 Prozent aller Schulprogramme umfassend behandelt werden, trifft dies für den besonders wichtigen Bereich der unterrichtlichen Arbeit bislang lediglich für rund ein Viertel der Schulpro-

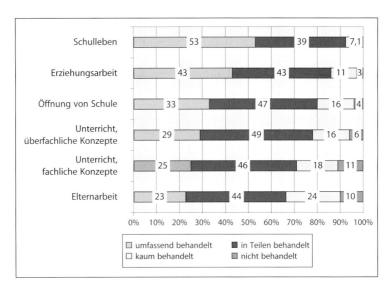

Abb. 5: Aussagen der Schulaufsicht zu wichtigen schulischen Arbeitsfeldern in Schulprogrammen (Burkard 2004, S. 141)

gramme zu. Eine quantitativ ebenfalls geringere Bedeutung hat in den vorliegenden Schulprogrammen außerdem die Elternarbeit.

Bauers (2002) Fallstudien zeigen, dass die Dialoge zwischen Schulaufsicht und Schulen professionell durchgeführt wurden und als stimulierend gelten können. Sie dienten dem Austausch über das Schulprogramm, nicht der Genehmigung desselben. Die Schulaufsichtsbeamten hatten sich z.T. vorher in Gesprächsführung trainieren lassen. Die Dialoge stellten überwiegend Formen pädagogischen Handelns dar, bei denen es um Beratung und Unterstützung ging. Gleichzeitig waren sie eine besonders professionelle und pädagogische Form der Systemsteuerung.

8.2 Verpflichtung mit Vorgaben und Genehmigung

Auch in Hamburg waren alle Schulen verpflichtet, ein Schulprogramm zu erstellen und zu einem bestimmten Termin (Ende des Schuljahres 1999/2000) vorzulegen. Im Unterschied zu Nordrhein-Westfalen mussten die Hamburger Schulprogramme allerdings von der Schulaufsicht genehmigt werden. Das Schulgesetz schrieb vor: »Die Schule legt die besonderen Ziele, Schwerpunkte und Organisationsformen ihrer pädagogischen Arbeit sowie Kriterien für die Zielerreichung in einem Schulprogramm fest. Sie konkretisiert darin den allgemeinen Bildungs- und Erziehungsauftrag im Hinblick auf die spezifischen Voraussetzungen und Merkmale ihrer Schülerschaft und die spezifischen Gegebenheiten der Schule und ihres regionalen Umfeldes unter Nutzung der ihr nach diesem Gesetz gegebenen inhaltlichen und unterrichtsorganisatorischen Gestaltungsmöglichkeiten.«

Inhalte und Gegenstand der Schulprogramme waren keineswegs freigestellt. Vielmehr wurden Vorgaben zu vier Bestandteilen festgelegt:

1. Bestandsaufnahme;
2. spezifische Unterrichts- und Erziehungsaufgaben;
3. konkrete Maßnahmen und Arbeitsvorhaben;
4. Kriterien für die Zielerreichung.

Holtappels/Müller vom IFS haben die Inhalte der Hamburger Schulprogramme analysiert und kamen dabei zu bemerkenswerten Ergebnissen (Holtappels/Müller 2004, S. 83ff.; vgl. Tab. 4): Die geforderte Maßnahmeplanung wurde in 93,4 Prozent der Schulen vorgenommen. Zielklärung (80,9 Prozent) und Bestandsaufnahme (82,0 Prozent) werden meistens beschrieben. Eine kritische Bilanz oder Diagnose der Schulsituation, als wichtiges Instrument systematischer Entwicklungsarbeit, wird immerhin in zwei Dritteln der Schulen praktiziert, aber damit deutlich seltener als die anderen Schritte. Besonders bei Berufsschulen und Gymnasien ist eine solche Analysephase offenbar deutlich seltener anzutreffen. Interne Fortbildungen im Zusammenhang mit der Schulprogrammentwicklung wurden explizit von neun Prozent der Schulen benannt. Die Hinweise auf eine Informationsbeschaffung aus der Literatur sind noch spärlicher, wenngleich aufgrund der in den überwiegenden Fällen doch sehr systematischen Vorgehensweise anzunehmen ist, dass zumindest die einschlägigen Leitfäden zur Kenntnis genommen wurden.

8.2.1 Arbeitsorganisation und Partizipation

Nach Praxiserfahrungen und Forschungsbefunden zur Schulentwicklung haben sich eigens dafür geschaffene Arbeitsstrukturen in Form von Koordinierungsteams zur Steuerung und Entwicklung von Programmbausteinen als förderlich erwiesen. Die Schulprogramme geben zur Einrichtung solcher Instanzen häufig keine klaren Antworten. In 68,8 Prozent der Schulen haben sich offensichtlich Programmgruppen gebildet, in 65,2 Prozent eine Steuergruppe (vgl. Tab. 5). Am höchsten liegen die Quoten in Sonderschulen und Berufsschulen. Währenddessen können Grundschulen mit relativ kleinen Kollegien auf eine Steuergruppe eher verzichten. Die Steuergruppen wurden entweder im Prozess der Schulprogrammentwicklung eingesetzt oder waren schon vorher im Rahmen bereits begonnener Entwicklungsprozesse eingeführt.

Die *Einrichtung von Arbeitsgruppen* ist nicht nur ein Indikator für die Intensität der Programmarbeit, sondern auch für die breite Einbindung und schulweite Partizipation des Kollegiums. Dies scheint in Sonderschulen, Gesamtschulen und Grundschulen recht gut zu gelingen. Gymnasien dagegen haben nur zu 41,7 Prozent das Schulprogramm in Arbeitsgruppen erarbeitet; hier kann die Beteiligung des gesamten Kollegiums keineswegs überall angenommen werden.

Die *Steuergruppe* (vielfach Konzept-, Koordinierungs- oder Schulprogrammgruppe genannt) hatte zumeist Aufgaben der Koordination und der Vorbereitung, in manchen Fällen auch der Verschriftung des Schulprogramms; in zahlreichen Schulen leistete sie auch die wesentliche konzeptionelle Arbeit. Über die Zusammensetzung der Steuer-

Tab. 4: **Arbeitsschritte nach Schulformen**
(Prozentanteile der Schulen, Mehrfachangaben)

	Gesamt n = 423	G n = 148	GHR* n = 74	GS n = 37	GY n = 72	BS n = 49	So n = 43
Zielklärung	80,9	84,5	82,4	78,4	66,7	79,6	93,0
Bestandsaufnahme	82,0	83,1	81,1	86,5	73,6	81,6	90,7
Bilanzierung/ Diagnose	69,7	77,0	71,6	73,0	52,8	49,0	90,7
Maßnahmeplanung	93,4	95,9	94,6	89,2	90,3	91,8	93,0
Interne Fortbildung	9,0	12,2	0,8	2,7	12,5	10,2	0
Information aus der Literatur	5,4	6,8	5,4	0	12,5	0	0

* GHR einschl. 1 GR, 5 GH, 11 HR Quelle: Holtappels/Müller 2004, S. 84

Tab. 5: **Beteiligung verschiedener Personengruppen am Entwicklungsprozess des Schulprogramms nach Schulformen**
(Prozentangaben der Schulen, Mehrfachangaben)

	Gesamt n = 423	G n = 148	GHR* n = 74	GS n = 37	GY n = 72	BS n = 49	So n = 43
Steuergruppe	65,2	61,5	62,2	73,0	61,1	85,7	60,5
Arbeitsgruppen für das Schulprogramm	68,8	79,7	64,9	75,7	41,7	71,4	74,4
Beteiligung aller Lehrer/innen	86,5	91,9	81,1	89,2	69,4	93,9	95,3
Beteiligung von Schüler/innen	34,3	14,2	35,1	48,6	58,3	61,2	18,6
Beteiligung von Eltern	62,2	81,8	64,9	64,9	59,7	20,4	39,5
Beteiligung weiterer Gruppen (z.B. NUP**, Betriebe)	4,7	6,1	5,4	2,7	4,2	6,1	0

* GHR einschl. 1 GR, 5 GH, 11 HR
** NUP = nicht unterrichtendes Personal Quelle: Holtappels/Müller 2004, S. 84

gruppe ist wenig bekannt, vielfach wechselte auch das Personal oder die gesamte Steuergruppe. Nach Angaben in den Schulprogrammen leisteten die Arbeitsgruppen Zielklärung und Bestandsaufnahme und erstellten Programmbausteine und Maßnahmeplanungen. Zumeist wurden sie für längere Zeit eingerichtet, nachdem sie auf Konferenzen gebildet worden waren; andernorts agierten Arbeitsgruppen im Rahmen eines »Konferenzmodells«, bei dem die Arbeitsphasen der Gruppe immer in eine Konferenz eingebunden waren. Insgesamt gesehen scheint es, dass in zahlreichen Schulen durchaus zielgerichtete und systematische Schulentwicklungsarbeit gefördert wurde.

Nicht in allen, aber immerhin in 86,5 Prozent der Schulen, war das gesamte *Lehrerkollegium* an der Schulprogrammentwicklung beteiligt. In zwei Dritteln der Fälle partizipierten auch *Eltern* (z.T. nur Elternvertreter/innen), in jeder dritten Schule auch die *Schülerschaft*. Andere Gruppen fallen kaum ins Gewicht, dennoch ist die in wenigen Fällen praktizierte Partizipation des *nicht unterrichtenden Personals* erwähnenswert. In Gymnasien wurde offenbar die kollegiumsweite Partizipation der Lehrkräfte weniger praktiziert (in 69,4 Prozent der Schulen).

8.2.2 Leitbilder

Leitbilder sind die von den Schulmitgliedern gemeinsam erarbeiteten und getragenen Grundsätze und Orientierungen einer Schule. In insgesamt 39 Prozent aller Schulprogramme haben wir Hinweise auf das Vorhandensein solcher Leitideen und Leitbilder gefunden. Dies war explizit nur in 30 Prozent der Grundschulen der Fall, in 14 Prozent der GHR-Schulen, in 78 Prozent der Gesamtschulen, in 78 Prozent der Gymnasien, in 29 Prozent der Berufsschulen und in 23 Prozent der Sonderschulen. Teilweise waren diese Leitbilder bereits vor den Entwicklungsprozessen zur Schulprogrammarbeit vorhanden, teilweise war ihre Entstehung aber auch Bestandteil auf dem Weg der Erstellung des Schulprogramms.

8.2.3 Pädagogische Gestaltungsansätze im Unterricht

Die Dimension der pädagogischen Gestaltungsansätze umfasst Entwicklungsschwerpunkte zu spezifischen Formen der pädagogischen Umsetzung von didaktisch-methodischen oder sozialerzieherischen Konzepten im Unterricht. Wie Tabelle 6 verdeutlicht, beinhalten fast alle Schulprogramme Entwicklungsschwerpunkte, die pädagogischen Gestaltungsansätzen zuzuordnen sind. Die Bereiche Unterricht und Schulleben zusammengefasst sind es sogar 98 Prozent. Besonders verbreitet zeigen sich besondere Lehr-Lern-Formen im Unterricht.

In einer hohen Zahl der Schwerpunkte geht es vorrangig um die Vermittlung von Arbeitstechniken und Lernstrategien im Sinne methodischer Schlüsselqualifikationen; hinzu kommen zahlreiche Programme, die besondere Materialentwicklungen vorsehen. Ebenfalls stark vertreten, insbesondere in der Sekundarstufe I und II, ist ein damit korrespondierender Bereich, der besondere didaktische bzw. methodische Ansätze im Unterricht eines Fachs oder die unterrichtliche Umsetzung fächerübergreifender Konzepte betrifft. Lerngelegenheiten und Lernarrangements im außerunterrichtlichen Schulleben, oft verbunden mit sozialen Erfahrungsfeldern, bilden den dritten stark vertretenen Bereich der Lernansätze, besonders in Gesamtschulen; dazu gehören vor allem Arbeitsgemeinschaften, Projektwochen, Werkstattlernen oder gemeinschaftsfördernde Veranstaltungen.

Daneben gewinnen in den Schulprogrammen auch Vorhaben zur intensiveren Nutzung von Informations- und Kommunikationstechnologien sowie Ansätze der Me-

Tab. 6:	Pädagogische Gestaltungsansätze im Unterricht nach Schulformen

(Prozentanteile der Schulen, Mehrfachangaben)

	Gesamt n = 423	G n = 148	GHR* n = 74	GS n = 37	GY n = 72	BS n = 49	So n = 43
Didaktisch-methodische Schwerpunkte im Unterricht	78,0	73,0	75,7	91,9	86,1	75,5	76,7
Besondere Akzente im Fachunterricht	56,3	55,4	59,5	73,0	66,7	67,3	9,3
Besondere Lerngelegenheiten	53,9	55,4	55,4	75,7	59,7	61,2	9,3
Klassen- und jahrgangsübergreifende Ansätze	31,0	40,5	32,4	37,8	27,8	10,2	18,6
Berufsorientierung	23,2	0	31,1	48,6	37,5	51,0	11,6
Fördermaßnahmen für spezielle Schülergruppen	47,5	54,7	51,4	59,5	40,3	24,5	44,2
Differenzierung	40,9	49,3	36,5	67,6	45,8	12,2	20,9
Besondere Formen der Leistungsmessung	9,2	8,1	8,1	13,5	5,6	16,3	9,3
Besondere Maßnahmen der Stufenübergänge	10,4	3,4	8,1	29,7	15,3	20,4	2,3
Informations- und Kommunikationstechnologie/ neue Medien	31,2	16,9	33,8	54,1	50,0	34,7	20,9

* GHR einschl. 1 GR, 5 GH, 11 HR Quelle: Holtappels/Müller 2002, S. 93

dienpädagogik hohe Bedeutung; allerdings scheinen Anwendungs- und Nutzungsaspekte hier noch den Vorrang zu erhalten, medienpädagogisch fundierte Konzeptionen werden nur in einem Teil dieser Vorhaben sichtbar.

Die Angaben zum Unterrichtsbezug stammen aus den Schulprogrammen selbst, sie sind nach allem, was wir aus den NRW-Daten wissen, möglicherweise zu optimistisch. Zumindest bleibt offen, ob und wieweit sie tatsächlich umgesetzt werden.

8.3 Zur Wirksamkeit von Leitbildern und Schulprogrammen

In Niedersachsen ist die Erstellung von Schulprogrammen freiwillig. Die Wirksamkeit von Schulprogrammen in Niedersachsen wurde in einer Studie mit zwei Messzeitpunkten, die zweieinviertel Jahre auseinander lagen, untersucht (Holtappels 2004, S. 175ff.).

8.3.1 Partizipation in der Schulprogrammentwicklung

Zu den ganz wesentlichen Gelingensfaktoren für Schulentwicklungsverläufe gehört die schulweite Partizipation. Schulleitungen der Schulen mit bereits erarbeitetem Schulprogramm wurden über die Intensität der Partizipation der verschiedenen Gruppen von Schulmitgliedern an der Schulprogrammarbeit befragt. Nach Schulleitungsbefragungen wird sichtbar, dass in fast allen Fällen Schulleitung und Steuerungsgruppe sehr intensiv beteiligt waren. Eine breite Beteiligung des Kollegiums war jedoch nicht die Regel. In 85 Prozent der Schulen gab es offenbar zumindest Arbeitsgruppen für die Arbeit an Programmteilen. In immerhin gut einem Drittel der Schulen erstreckte sich die Partizipation intensiv bis teilweise auf gewählte Elternvertreter/innen, in einem Fünftel der Fälle auch auf die gewählte Schülervertretung. Andere Eltern- und Schülergruppen waren zumeist eher randseitig bis gar nicht beteiligt. Sonstige Personen wirkten zu 13 Prozent intensiv und zu 38 Prozent teilweise am Schulprogramm mit; es handelt sich dabei um Sozialpädagogen oder nicht pädagogisches Personal.

Besondere Bedeutung hat die Partizipation des Lehrerkollegiums (vgl. dazu Burkard/Kanders 2002; Holtappels u.a. 2005) an der Entwicklungsarbeit. Die Lehrkräfte konnten anhand einer Liste sämtliche Aktivitäten angeben, an denen sie im Rahmen von Schulentwicklungsarbeit beteiligt waren (einbezogen sind hier Lehrkräfte aller Schulen mit systematischer Entwicklungsarbeit). Es waren keineswegs alle, sondern nur etwa drei Viertel an intensiven Diskussionen im Kollegium beteiligt. Immerhin zwei Drittel partizipierten allerdings an der Erarbeitung eines Schulkonzepts oder -programms in Arbeitsgruppen. Bei der Abfassung des Textes indes schrumpft die Beteiligungsquote auf 29 Prozent. Die zentrale Konzept- oder Programmarbeit scheint typischerweise eine Minderheit (von einem Viertel) über die Mitwirkung in der Steuergruppe zu leisten. An spezifischer Fortbildung oder an besonderen Organisationsaufgaben war jeweils nur eine Minderheit beteiligt; verschwindend klein ist der Anteil derer, die sich über Besuche an anderen Schulen informieren.

Abbildung 6 zeigt zunächst im Längsschnitt die Einschätzung aus Lehrersicht zu ausgewählten Merkmalen mit Qualitätsveränderungen: Durchgängig zeigen sich für die Pilotschulen mit systematischer Schulprogrammarbeit zumindest leichte Qualitätsverbesserungen für den Zeitraum von etwa zweieinviertel Jahren. So steigerten sich in Pilotschulen die Kompetenzen für effektives Schulleitungshandeln und die Intensität der Lehrerkooperation, vor allem aber verbesserte sich die unterrichtsbezogene Kooperation (gemeinsame Unterrichtsplanung, Entwicklung von Unterrichtseinheiten, Leistungsmessung, Lerndiagnosen etc.), während die Kontrollgruppe keinen diesbezüglichen Fortschritt verzeichnet. In der Lernkultur registrieren beide Gruppen Verbesserungen, in Pilotschulen sind sie jedoch etwas stärker, sodass sie nunmehr leichte Vorsprünge gegenüber der Kontrollgruppe haben, und zwar in der Variabilität der Unterrichtsformen und in der Praktizierung offener Lernarrangements. In allen anderen untersuchten Merkmalen (nicht in der Abbildung berücksichtigt) sind sowohl die Zuwächse als auch die Unterschiede zwischen den Gruppen recht klein und fast durchgängig nicht signifikant.

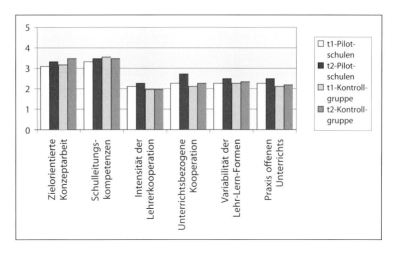

Abb. 6: Längsschnittanalyse (Lehrerbefragung 2002/2003; Holtappels 2004, S. 186)

8.3.2 Schlussfolgerungen

Vor dem Hintergrund der umfangreichen Daten von Holtappels ergeben sich folgende Überlegungen: Wie die Quer- und Längsschnittanalyse zur Schulqualität zeigt, kann das bloße Vorhandensein eines schriftlichen Schulprogramms allein offenbar nicht als valider Indikator für Entwicklung angesehen werden. Validere Indikatoren sind:

- Die Lehrerpartizipation in der Schulprogrammarbeit;
- die Lehrerakzeptanz des Schulkonzepts oder -programms;
- die von Lehrpersonen eingeschätzten Entwicklungswirkungen der Schulprogrammarbeit bereits während des Prozesses der Erarbeitung des Schulprogramms.

Insgesamt lassen sich mit Holtappels vier Schlussfolgerungen ziehen:

1. Die Lehrerpartizipation und frühe Schulprogrammwirkungen hängen einerseits mit der Intensität der Lehrerkooperation, andererseits – und das weitaus deutlicher – mit effektivem Schulleitungshandeln zusammen: Entwicklungswirkungen des Schulprogramms werden aus Lehrersicht vor allem dort festgestellt, wo auch von den Lehrerinnen und Lehrern die Schulleitungskompetenzen positiv beurteilt werden, und zwar durchgängig bei allen getesteten Merkmalen effektiver Leitung, also Innovationsorientierung, unterrichtsbezogene Führung und Lehrerbegleitung ebenso wie Führungskompetenz, Managementkompetenz, Moderationskompetenz und Ziel- und Konsensorientierung der Schulleitung. Die letzten vier Merkmale scheinen zudem die Akzeptanz des Schulprogramms im Kollegium zu stärken.
2. Als relevante Einflussgrößen für Qualitätsunterschiede in der Schulorganisation und der Lernkultur erweisen sich jedoch Modalitäten der Programmarbeit im Sinne von Prozessfaktoren, wozu Lehrerpartizipation in der Programmarbeit, Akzeptanz des Schulprogramms im Kollegium und erste Entwicklungswirkungen gehören.

3. Unterschiedliche Organisationsmilieus in den Schulen korrespondieren mit diesen Prozessfaktoren, sodass eine förderliche Organisationskultur Einfluss auf Entwicklungswirkungen zu nehmen scheint. Günstige Organisationsmilieus sind offenbar Umfelder mit ausgeprägtem Klima der Innovation, effektivem Schulleitungshandeln, hoher Intensität in der Lehrerkooperation und einer differenzierten Lernkultur in den Lernarrangements.
4. Im Zeitverlauf scheint Schulprogrammarbeit kurzfristig keine nennenswerten Wirkungen in Form von Qualitätsverbesserungen in der Lernkultur und in der Unterrichtsgestaltung zu entfachen, erst recht nicht automatisch auf Fachlernleistungen oder auf Sozialverhalten der Schüler/innen. Eine Haupterklärung liegt darin, dass die Programmumsetzung offenbar mehr Zeit beansprucht und die inhaltlichen Entwicklungsschwerpunkte in den Schulprogrammen der verschiedenen Schulen zu speziell und zudem unterschiedlich sind, um sichtbare Breitenwirkungen in der Schul- und Unterrichtsqualität umfassend zu erzielen (Holtappels 2004, S. 194).

Das Schulprogramm erweist sich offenbar einerseits nicht für alle Schulen und alle Fälle als allein wirksames Entwicklungsinstrument, andererseits muss das Instrument der Programmentwicklung mit gezielter Unterrichts- und Teamentwicklung gekoppelt werden, um über Effekte im Bereich der Schulorganisation hinaus auch in der Unterrichts- und Erziehungsarbeit und in den Lernleistungen und Verhaltensformen von Schüler/innen Qualitätsverbesserungen erreichen zu können.

8.4 Ein Fallbeispiel

Ein Großteil der Schweizer Kantone ist einen anderen Weg gegangen als die deutschen Bundesländer. Dort wurde den Schulen nicht zur Auflage gemacht, detaillierte Schulprogramme vor dem Hintergrund von Diagnosen und mit der Perspektive von Entwicklungsschwerpunkten vorzulegen und von den Behörden genehmigen zu lassen, sondern ein »liberalerer« Kurs gewählt: Schulen müssen zwar Leitbilder entwickeln und eine konkrete Infrastruktur für Schulentwicklung und Qualitätsmanagement aufbauen, aber kein ausführliches Schulprogramm und damit auch nicht so viel Papier produzieren wie in Deutschland. Dieser Prozess wurde an einer großen Berufsschule in Basel wissenschaftlich begleitet und evaluiert. Zwei Basisprozesse sollen hier dargestellt werden: die Erstellung eines Leitbilds und die Etablierung einer Steuergruppe.

8.4.1 Erstellung eines Leitbilds

- Zunächst wurde ein Konzept für die Leitbildarbeit ausgearbeitet, dann
- eine Leitbildumfrage bei Schülerinnen und Schülern sowie den Mitarbeitenden (Lehrer/innen und Verwaltung) geplant und durchgeführt, ferner
- eine »Zukunftskonferenz« mit externen Experten veranstaltet und schließlich
- eine erste Rohfassung des Leitbildes erstellt.

Dann wurde ein so genannter Schulentwicklungstag einberufen, auf dem die Rohfassung des Leitbilds vom ganzen (großen) Kollegium bearbeitet wurde. Die Methode war die des »Schreib-Schneeballs«. Dieser verlief in folgenden Phasen:

- Jede Lehrkraft erhielt einen Rohtext und sollte ihn überarbeiten. Sie hatte dafür etwa eine halbe Stunde Zeit.
- Jede Lehrkraft suchte sich dann eine zweite und dritte Kollegin bzw. Kollegen und überarbeitete den Text im Trio.
- Aus den Trios wurden dann Sextette. Damit die Heterogenität des Kollegiums frühzeitig beachtet wird, bekam das Trio ein weiteres zugelost.
- Schließlich wurden die Sextette verdoppelt und es entstanden Zwölfergruppen.
- Am Schluss gab es zehn Versionen, die aus den Zwölfergruppen stammen.

Diese überarbeiteten Versionen gingen in eine Redaktionsgruppe, die sie zusammenfügte und der Lehrerkonferenz zur Abstimmung vorlegte. Die Abstimmung verlief in der Basler Berufsschule unproblematisch, weil an der Erstellung des Leitbildtextes jede Lehrperson konkret und intensiv mitgewirkt hatte. Bei der Abstimmung stimmten der Endversion 113 Lehrpersonen zu, fünf lehnten ab und vier enthielten sich der Stimme.

In dieser Konferenz hatte erstmalig die Gesamtheit der Beschäftigten die Möglichkeit, aktiv am OE-Prozess mitzuwirken. Nach Verabschiedung des Leitbilds durch die Schulleitung konnte dieses im Sommer 2001 verteilt werden und gilt seither als verbindlicher Handlungsrahmen für alle Mitarbeitenden der Schule. Dieser Handlungsrahmen enthält fünf Schwerpunkte:

1. Die pädagogische Zielausrichtung sowie der Umgang mit den Schülerinnen und Schülern;
2. der Umgang der Mitarbeitenden untereinander;
3. die Ausrichtung der Führung;
4. die Weiterbildung der Beschäftigten;
5. die Weiterentwicklung von Qualität.

Im Rahmen der Projektevaluation wurden Daten aus standardisierten Befragungen zu zwei Erhebungszeitpunkten (2001 und 2003) sowie Interviews mit Schlüsselpersonen ausgewertet.

Den fünf Kernbereichen sind im Leitbild jeweils erläuternde Aussagen zugeordnet. Einige Formulierungen haben ein hohes Abstraktionsniveau. So sagte ein Lehrer während eines Interviews zur Evaluation des Leitbildprozesses: »Das Abstraktionsniveau ist zu hoch. Aber wir haben immerhin einen Identifikationsbaustein.« Andere Interviewpartner bestätigten diese Einschätzung und regten an, dass die Umsetzung des Leitbilds durch konkretere Formulierungen erleichtert werden könnte.

Nahezu alle Interviewpartner konnten sich an die Entwicklung des Leitbilds gut erinnern. Der dazu veranstaltete Schulentwicklungstag war den meisten Befragten noch präsent. Sie beurteilten ihn zumeist sehr positiv. Hierzu ein beispielhaftes Interviewzitat:

»Die Leitbildsätze sind ein gutes Fundament. [...] Man hatte das Gefühl, das ist ein Teil von mir und das war sehr gut. Man hat es auch gespürt, dass ein großer Teil der Lehrkräfte dahintersteht, also stand und immer noch steht.«

Die Auswertung des Fragebogens für die Lehrpersonen hat ergeben, dass das Leitbild bei 63 Prozent der Befragten die Identifikation mit der Schule erhöht (vgl. Tab. 7). Dass die Aussage »Meine Identifikation mit der Schule ist durch den OE-Prozess gestiegen« zu 45 Prozent bejaht wurde, weist darauf hin, dass das Leitbild als Teil des OE-Prozesses deutlich zur Identifikation mit der Schule beigetragen hat.

Angesichts der Tatsache, dass die Erstellung eines Leitbilds auch der Profilbildung von Schulen dient, kann ebenfalls ein eher positiver Zusammenhang zwischen der Leitbildentwicklung und dem Profil der Schule angenommen werden. Bei der Befragung 2003 sind 76 Prozent eher bzw. genau der Meinung, dass diese Baseler Berufsschule ein eigenes Profil hat. Im Vergleich zur Befragung 2001 ist die Zustimmung um beachtliche 27 Prozentpunkte gestiegen. Wir erachten den Zusammenhang mit dem OE-Prozess für höchst plausibel. Eine Aussage aus den Interviews, die in ähnlicher Form häufiger getroffen wurde, untermauert unsere Annahme:

»Ich denke auch, ein Leitbild muss schon da sein, auch um die Schule gegen außen darzustellen. [...] Wir als Lehrpersonen müssen uns schon darin bewegen.«

Aus der Befragung aus dem Jahr 2003 lassen sich auch Aussagen zur Wirkung des Leitbilds auf den Unterricht ableiten. Die Frage, ob das Leitbild im Unterricht eine Rolle spielt, beantworten 43 Prozent als eher zutreffend, 9 Prozent meinen, dass dies genau zutrifft (vgl. Tab. 7). Zusammengenommen sind somit mehr als die Hälfte der Lehrpersonen der Auffassung, dass das Leitbild eine Rolle im Unterricht spielt. Der Aussage, dass das Leitbild im Unterricht eine Rolle spielen *sollte*, wird noch entschiedener zugestimmt. Hier meinen 82 Prozent der Befragten, dass dies der Fall sein sollte (vgl. Tab. 7). Hieraus lässt sich ableiten, dass die große Mehrheit der Mitarbeitenden der Auffassung ist, dass das Leitbild konkret in die alltägliche Praxis umgesetzt werden sollte. Dies kann als deutliche Zustimmung zum Leitbild gedeutet werden. Zusammenfassend lässt sich feststellen, dass das Leitbild aus Sicht der Lehrpersonen die eigene Identifikation mit der Schule erhöht, seine Wirkung auf den Unterricht jedoch noch bedeutsamer eingeschätzt wird.

Wenngleich sich diese Aussage anhand der quantitativen Daten belegen lässt, konnte diese Auffassung durch die Interviews nicht direkt bestätigt werden. Auf die Frage nach der konkreten Bedeutung des Leitbilds für den Unterricht erhielten wir kaum eindeutige Antworten. Die nachstehende Aussage ist für das Antwortverhalten der Interviewpartner typisch:

»Ich sehe im Leitbild eine gute Möglichkeit, aber ich denke, die Umsetzung der Realisierung in den Alltag der ganzen Schule, die ist sicher noch weit weg.«

Aus diesem Statement lässt sich die Differenz zwischen Einschätzung der Bedeutsamkeit und Umsetzung in die Praxis ablesen.

Einige Interviewpartner weisen dem Leitbild eine Orientierungs- und Reflexionsfunktion zu. Das Leitbild wird von ihnen als konkrete Reflexionsfolie der alltäglichen Arbeit gesehen. Es sei ein Rahmen der professionellen Arbeit, der durch die tägliche Arbeit gefüllt und gelebt werden müsse.

Die Angabe von fast drei Vierteln der Schüler/innen, das Leitbild nicht zu kennen, kann als Indiz dafür gesehen werden, dass das Leitbild noch nicht bei allen eine konkrete Rolle im Unterricht spielt (vgl. Tab. 8 auf der nächsten Seite). Demgegenüber sind aber 88 Prozent der befragten Mitarbeiter/innen der Meinung, dass die Schüler/innen das Leitbild eher bzw. genau kennen *sollten* (vgl. Tab. 7). Hier bleibt unklar,

Tab. 7: Evaluation des Leitbildprozesses in Basel durch Lehrpersonen		trifft gar nicht zu	trifft eher nicht zu	trifft eher zu	trifft genau zu	Mittelwert	gültige Nennungen	fehlend von Gesamt
		1	2	3	4			
		in %						in %
Die Zusammenarbeit zwischen den Lehrkräften ist gut.		– (2)	7,7 (18)	56,4 (24)	35,9 (24)	3,28 (24)	181 (191)	5,7 (3,5)
Lehrkräfte und Mitarbeiter/innen der Schule arbeiten in Teams.		3,4 (4)	17,2 (38)	63,2 (43)	16,1 (15)	2,92 (2,69)	174 (181)	9,4 (8,6)
Das Leitbild erhöht die Identifikation der Schüler/innen mit der Schule.		17,1	41,1	37,0	4,8	2,29	146	24,0
Das Leitbild erhöht meine Identifikation mit der Schule.		8,6	28,6	48,6	14,3	2,69	175	8,9
Ich finde es sinnvoll, den Schüler/innen ein Leitbild an die Hand zu geben.		5,2	23,6	52,3	19,0	2,85	174	9,4
Ich fühlte mich über die Arbeit der Steuergruppe im OE-Prozess informiert.	so ist es	3,0	16,3	54,2	26,5	3,04	166	13,5
	so sollte es sein	–	2,6	48,7	48,7	3,46	156	18,8
Die Schüler/innen kennen das Leitbild.	so ist es	22,0	62,0	14,0	2,0	1,96	150	21,9
	so sollte es sein	4,7	7,4	61,1	26,8	3,10	149	22,4
Das Leitbild spielt in meinem Unterricht eine Rolle.	so ist es	10,3	37,8	42,9	9,0	2,51	156	18,8
	so sollte es sein	6,1	11,6	55,1	27,2	3,03	147	23,4
Quelle: Rolff u.a. 2003, S. 55 (Zahlen in Klammern: Erstbefragung 2001)								

Tab. 8: Evaluation des Leitbildprozesses in Basel durch Schüler/innen

	Ja	Nein	Mittelwert	gültige Nennungen	fehlend von Gesamt
	1	2			
	in %				in %
Ich kenne das Leitbild der Schule.	26,3	73,7	1,74	198	5,7
Ich besitze eine Ausgabe des Leitbildes.	18,4	81,6	1,82	196	6,7
Ich weiß, dass an unserer Schule ein Organisationsentwicklungsprozess stattfindet.	27,6	72,4	1,72	196	6,7

	trifft gar nicht zu	trifft eher nicht zu	trifft eher zu	trifft genau zu	Mittelwert	gültige Nennungen	fehlend von Gesamt
	1	2	3	4			
	in %						in %
Ich habe keine besondere Bindung zur Schule.	8,1	29,8	41,4	20,7	2,75	198	5,7
Ich identifiziere mich mit der Schule.	19,6	48,2	25,6	6,5	2,19	199	5,2

Quelle: Rolff u.a. 2003, S. 56

was die Lehrpersonen daran hindert, das Leitbild mit den Schüler/innen zu diskutieren bzw. es ihnen in die Hand zu geben oder – falls geschehen –, warum sich die Schüler/innen nicht daran erinnern können. Die Daten geben uns hierauf keine Hinweise.

Mitunter wird in den Interviews gefordert, die OE-Arbeit stärker auf das Leitbild zu beziehen. So gebe es bereits viele Aktivitäten, die der Intention des Leitbilds entsprechen, ohne dass dieses aber bewusst betont würde. Dadurch entstehe manchmal der Eindruck, die Arbeiten im OE-Prozess stünden unverbunden nebeneinander.

Aus unserer Sicht lassen sich aus den vorliegenden Ergebnissen folgende Aussagen treffen:

- Der Schule ist es gelungen, ein überzeugendes Leitbild innerhalb eines partizipativen Prozesses zu entwickeln.
- Die Lehrpersonen haben eine kritisch konstruktive Einstellung zum Leitbild gefunden, die es ihnen ermöglicht, eine noch zu verbessernde Umsetzungspraxis anzumahnen und eine Weiterentwicklung des Leitbilds ins Auge zu fassen.

8.4.2 Etablierung einer Steuergruppe

Dieser Prozess wurde professionell vorbereitet und gesteuert, nämlich durch eine Steuergruppe, die in diesem Fall die Lehrer- und Schülerumfragen durchgeführt, den Schulentwicklungstag gestaltet und den Rohtext des Leitbilds entworfen und anschließend überarbeitet hat. Die Steuergruppe in Basel hat in der Folge der Leitbildarbeit kein Schulprogramm erstellt, aber eine Fülle höchst wirksamer Maßnahmen der Schulentwicklung konzipiert und etabliert wie ein schulweites Schüler-Lehrer-Feedback, kollegiale Hospitation, Personalentwicklung, Zielvereinbarungen und den Einstieg in Qualitätsmanagement.

Steuergruppen sind höchstwahrscheinlich ein Schlüssel zum Gelingen eines kollektiven Diskurses im Kollegium. Sie sind die eigentliche organisationspädagogische Innovation (vgl. dazu Rolff 2001). Das soll im folgenden Abschnitt näher erläutert werden.

9. Steuergruppen als Kern

Mit dem Aufkommen der Schulentwicklung entstanden in etlichen Schulen Steuergruppen. Sie sind Kernelement eines grundlegend neuen Leitungs- und Organisationsverständnisses von Schule. Die ersten schulischen Steuergruppen im deutschsprachigen Raum regten 1987 Dalin und Rolff in Nordrhein-Westfalen an (Dalin/Rolff 1990, S. 63ff.). Inzwischen gibt es Bundesländer und Kantone, in denen bereits mehr als jede zweite Schule über eine Steuergruppe verfügt.

Steuergruppen können als eine der größten Innovationen der jüngeren Schulgeschichte angesehen werden. Sie koordinieren und steuern für die ganze Schule umfassende, z.T. weitgehende und nachhaltige Schulentwicklungsprozesse. Steuergruppen sind verhältnismäßig neu; aber inzwischen liegen erste Forschungsberichte zur Verbreitung und Arbeitsweise, zum Verhältnis zum Kollegium und zur Schulleitung sowie zur vermuteten Wirkung vor und sind notwendige Rollenklärungen erfolgt.

9.1 Verbreitung und Arbeitsweise

Eine Inhaltsanalyse von Hamburger Schulprogrammen (Holtappels/Müller 2002) belegt, dass in zwei Dritteln (65 Prozent) aller Schulen für die Programmarbeit Steuergruppen gebildet wurden, in großen Schulen deutlich häufiger (z.B. in beruflichen

Schulen zu 86 Prozent). Im Hinblick auf die Qualität des Schulprogramms als Entwicklungsinstrument erwies sich – neben anderen Faktoren – vor allem die Existenz einer Steuergruppe als bedeutsam.

Eine hohe Bedeutung von Steuergruppen wird auch in der landesweiten Evaluation der Schulprogrammarbeit in Nordrhein-Westfalen (Kanders 2002) empirisch belegt: In NRW ist Schulprogrammarbeit obligatorisch. Drei von vier Schulen (75 Prozent) haben für die Programmarbeit Steuergruppen eingerichtet; in Grundschulen sind es nur 41 Prozent der Schulen, in Gymnasien und Berufskollegs deutlich mehr (90 bzw. 96 Prozent). Neben Lehrkräften der Schulen gehörten fast durchgängig Vertreter/innen der Schulleitung (zu 89 Prozent) zur Steuergruppe; Schüler/innen waren in 17 Prozent, Elternvertreter/innen in 25 Prozent der Schulen beteiligt.

Holtappels u.a. (2005) haben die Steuergruppenarbeit der niedersächsischen Qualitätsnetzwerke untersucht. Dabei wurden 59 Schulen einbezogen. Es wurden alle Steuergruppenmitglieder und alle Lehrer/innen der beteiligten Schulen befragt. Die Ergebnisse zeigen, dass alle untersuchten Schulen eine Steuergruppe eingerichtet hatten und dass in allen Steuergruppen die Schulleitung vertreten war. Das erstgenannte Ergebnis überrascht insofern nicht, als es bei fast allen größeren Schulentwicklungsprojekten (vor allem zum Thema Selbstständigkeit oder Eigenverantwortung) Usus geworden ist, die Einrichtung von Steuergruppen vorzuschreiben.

Für die Auswahl von Lehrer/innen für die schulische Steuergruppe sind vor allem drei Kriterien ausschlaggebend: Interesse (95 Prozent), Vorerfahrungen in Schulentwicklungsprozessen (40 Prozent) sowie die Einstellung zum Projekt (40 Prozent). In den größeren Systemen werden weitere Entscheidungskriterien wie Gremienzugehörigkeit, Fachkonferenz (je 26 Prozent) oder Jahr- bzw. Bildungsgänge (22 Prozent) bedeutsamer. Betrachtet man die Zusammensetzung schulischer Steuergruppen in der Stichprobe nach Geschlecht, ergibt sich für die jeweilige Schulform eine repräsentative Verteilung. Das Geschlecht war für ca. 20 Prozent der Schulen ein wichtiges Kriterium für die Auswahl ihrer Steuergruppenmitglieder, das Alter nur für knapp 11 Prozent. Die Befragten sind in vielfältiger und unterschiedlicher Weise neben der Steuergruppenarbeit in schulischen Funktionsstellen engagiert. Fast 70 Prozent von ihnen üben neben der Steuergruppentätigkeit mindestens zwei weitere Funktionen aus. Die Lehrpersonen wurden auch befragt, welche Personengruppen ihrer Meinung nach in der Steuergruppe mitwirken sollen: 96 Prozent nannten die Schulleitung, 52 Prozent die Eltern und 34 Prozent die Schüler/innen.

Kanders hat in einer für NRW repräsentativen Stichprobe die Schulleiter auch nach den Aufgaben der Steuergruppe gefragt. Die Schulleitungen gaben fast durchgängig eine Vielzahl von Tätigkeiten an, die die Steuergruppe wahrgenommen hat. Aufgaben der *Vermittlung und Information* im Kollegium und der *Koordination und Prozesskontrolle. Moderation, Datensammlung, Evaluation* und *schriftliche Abfassung des Programms* wurden nahezu durchgängig genannt. Die Vermittlung zwischen Schulleitung, Kollegium und Gremien bzw. Beratung und Betreuung von Arbeitsgruppen oder Gremien sahen die Steuergruppen in den meisten Schulen nicht als ihre Aufgabe an, obwohl hier häufig Konflikte und Probleme lagen (vgl. Kanders 2002).

Studien aus Niedersachsen und Hamburg über Innovationsprozesse in Grundschulen erbrachten weiteren Aufschluss über die Arbeit von Steuergruppen. Sie entwickeln maßgeblich die Schulkonzeption (vgl.Holtappels 1997, S. 181ff.): Rund ein Fünftel der Lehrkräfte partizipierte im Entwicklungsprozess der niedersächsischen Grundschulen durch Mitwirkung an einer Steuergruppe. Die Mitglieder einer Steuergruppe waren fast durchgängig auch die Personen, die das erforderliche schriftliche Schulkonzept entwickelten: 88 Prozent der Steuergruppenmitglieder erarbeiteten Teile des Konzepts (andere nur zu 53 Prozent), 85 Prozent waren auch die Konzept-Verfasser (andere zu 27 Prozent). Dieser Befund wird durch die ähnlich angelegte Studie für die flächenhafte Grundschulreform in Hamburg bestätigt (Holtappels 2002, S. 96ff.). In Hamburg hatten gut drei Viertel der Grundschulen (77 Prozent) für die Umwandlung zur so genannten »verlässlichen Halbtagsgrundschule« eine Steuergruppe gebildet, 41 Prozent der befragten Lehrkräfte wirkten zumindest zeitweise in der Steuergruppe mit. Die Steuergruppenmitglieder waren zu 61 Prozent sehr intensiv an der Konzeptentwicklung beteiligt, 14 Prozent teilweise. Die Steuergruppenmitglieder erweisen sich im Prozess der Konzeptentwicklung als deutlich aktiver als der Rest des Kollegiums, vor allem im Hinblick auf Fortbildungsteilnahme, Materialsichtung, Organisationsaufgaben, AG-Arbeit und Konzeptabfassung.

Bastian/Rolff (2001) betonen bei ihrer Evaluation eines großformatigen Schulentwicklungsprojektes in NRW mit 52 Schulen (»Schule & Co.«) den Stellenwert von Steuergruppen; sie identifizieren für das Aufgabenprofil der Steuergruppen vier Tätigkeitsbereiche:

1. Verwendung von Moderations- und Präsentationstechniken;
2. Förderung von Teamentwicklung;
3. Planung, Koordination, Organisation und Strukturierung des Prozesses;
4. Information.

Zugleich werden neben den Funktionen des »Entwicklungsmotors« und der Kollegiumsbegleitung Balanceleistungen bei Widerständen und Zielkonflikten im Kollegium sichtbar, wobei die Steuergruppen oftmals in das Spannungsfeld zwischen Kollegium und Schulleitung geraten.

Auch bei den niedersächsischen Qualitätsnetzwerken wurden die Steuergruppenmitglieder zu ihrer Aufgabenwahrnehmung und Arbeitsweise befragt: 91 Prozent gaben an, in Sachfragen zügig einen Konsens zu erzielen; ebenfalls 91 Prozent erklärten, zielorientiert zu arbeiten; 86 Prozent meinten, dass sie klare Ziele setzen und 80 Prozent, dass sie die gesetzten Ziele auch überprüfen. 93 Prozent bekannten sich dazu, die Verantwortung für alle Schulentwicklungsprozesse in Netzwerkprojekten zu übernehmen und 63 Prozent gaben an, Einfluss auf die Unterrichtsentwicklung zu nehmen.

Besonders aussagekräftig sind die Angaben der Steuergruppenmitglieder im Vergleich zu den Lehrpersonen, die aus Abbildung 7 (nächste Seite) zu ersehen sind. Es fällt auf, dass das Kollegium die Aufgabenwahrnehmung der Steuergruppe deutlich kritischer sieht als die Steuergruppe selbst. Das kann u.a. daran liegen, dass ein Teil des Kollegiums überhaupt nicht »mitkriegt«, was die Steuergruppe tut.

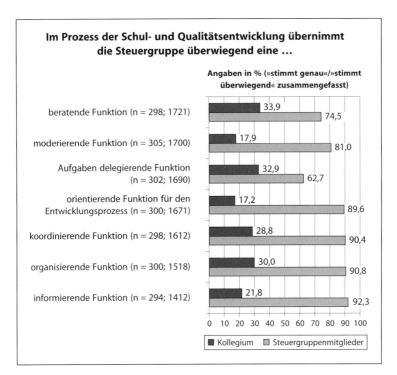

Abb. 7: Einschätzung der Steuergruppenmitglieder im Vergleich zum Kollegium (Holtappels u.a. 2005)

Fast zwei Drittel der befragten Steuergruppenmitglieder der Qualitätsnetzwerke tagte mehr als ein Mal im Monat. Die Sitzungen fanden zum größten Teil (88 Prozent) im Anschluss an den regulären Unterricht statt. Es gelang nur selten, Steuergruppensitzungen im Rahmen der Stundentafel zu blocken. Das für die Steuergruppenarbeit aufgewendete Zeitbudget schwankt mit wenigen Ausnahmen zwischen zwei und zwölf Stunden im Monat. Dem gegenüber standen zwischen null und zwei Entlastungsstunden pro Woche. Immerhin gaben 15 Prozent an, dass sie keinerlei Entlastung für ihre Arbeit erhalten. Insgesamt zeichnet sich für die Bereiche »Arbeitsaufwand« und »Entlastung« ein sehr heterogenes Bild ab.

Dennoch waren die meisten Steuergruppenmitglieder zufrieden: 88 Prozent stimmten zu, dass sie sehr gern in der Steuergruppe arbeiten und 81 Prozent würden jederzeit wieder mitmachen. Den Mehraufwand durch die Steuergruppenarbeit fanden 95 Prozent akzeptabel – dabei darf allerdings nicht übersehen werden, dass die Steuergruppen in Schulen arbeiten, die sich freiwillig für die Qualitätsnetzwerke beworben hatten.

Ausgehend von der Annahme, dass schulische Steuergruppen eher als Team zu beschreiben sind, wurde eine Skala »Qualität der Teamarbeit« berechnet. Die Qualität der Teamarbeit wird im Durchschnitt positiv bewertet (vgl. Tab. 9), was darauf hindeutet, dass sich die befragten Steuergruppen tatsächlich auf dem Weg zur Teamentwicklung befanden.

Tab. 9: **Haben Steuergruppen Teamqualität?** (Angaben in Prozent)				
	stimmt gar nicht	stimmt überwiegend nicht	stimmt überwiegend	stimmt genau
Bei uns arbeitet jeder für sich.	41,3	54,2	4,2	0,3
Teamarbeit ist uns besonders wichtig.	0,3	6,8	56,5	36,4
In unserer Steuergruppe sind die Rollen klar verteilt.	1,6	26,2	54,6	17,7
Die Arbeit der anderen Steuergruppenmitglieder ist für meine Arbeit in der Steuergruppe wichtig.	1,9	8,8	57,5	31,9
In unserer Steuergruppe sind alle Mitglieder gleichberechtigt.	2,5	10,8	42,9	43,8
In unserer Steuergruppe arbeiten manche Mitglieder mehr als andere.	3,8	23,1	47,8	25,3
Wir geben uns regelmäßig Feedback.	3,1	35,5	48,7	12,6
Wir analysieren und bewerten unsere Steuergruppenarbeit regelmäßig.	3,4	46,6	40,9	9,1
Quelle: Holtappels u.a. 2005				

9.2 Wirksamkeit

Welche Wirkungen die Einrichtung schulischer Steuergruppen in Qualitätsentwicklungsprozessen erzielt, ist noch weitgehend ungeklärt. In der Studie zu den niedersächsischen Qualitätsnetzwerken konnten die diesbezüglichen Selbsteinschätzungen der Steuergruppenmitglieder ausgewertet werden.

Das IFS befragte die Steuergruppenmitglieder nach tatsächlich an ihrer Schule bearbeiteten Aufgabenfeldern und den Grad der Wirkung, den die Steuergruppenarbeit hierfür hatte. Beachtlich ist das Ergebnis zur Schulprogrammarbeit: Nahezu alle Befragten sind der Auffassung, dass die Steuergruppe im Prozess der Erarbeitung und bei der Umsetzung der Schulprogramme besonders wirksam gewesen ist.

Ein zweiter zentraler Arbeitsbereich im Projekt war die Verbesserung des Unterrichts. Immerhin vertreten etwas über 60 Prozent der Befragten die Einschätzung, dass sich der Unterricht in vielen Klassen verbessert hat und dafür entscheidende Wirkungen von der Steuergruppenarbeit ausgegangen sind. Weitere Wirkungsvermutungen sind aus Tabelle 10 auf der nächsten Seite zu ersehen, wobei die Herausbildung von Kooperation bzw. Teamstrukturen besonders hervorzuheben ist.

Tab. 10: **Wirksamkeit der Steuergruppe** (Angaben in Prozent)

	trifft zu		Steuergruppe war hierfür wirksam/sehr wirksam	
	Steuergruppe	Kollegium	Steuergruppe	Kollegium
Umsetzung Schulprogramm	92,5	87,1	90,8	64,9
Verbesserte Kooperation	61,7	39,2	72,5	39,2
Klare Teamstrukturen	66,1	67,3	56,4	44,2
Systematische Personalentwicklung	38,6	35,4	45,6	36,7
Klarere Organisationsabläufe	38,6	35,8	66,8	46,6
Bessere Zielerreichung	51,8	41,7	77,1	53,6
Verbesserte Unterrichtsqualität	63,4	37,4	72,1	46,0
Mehr Unterrichtsmethoden	58,5	65,8	82,2	58,9
Gezielterer Informationsfluss	78,5	42,2	67,4	43,6
Gestiegene Arbeitszufriedenheit	56,9	23,3	44,8	26,5
Qualitativere Erziehungsarbeit	34,6	37,9	63,0	32,0
Verbindlichere Vereinbarungen	57,9	48,4	81,9	42,4

Quelle: Holtappels u.a. 2005

Multivariate Analysen zeigen, dass die Wirksamkeit von Steuergruppenarbeit entscheidend von der Akzeptanz der Steuergruppe im Kollegium abhängt. Im Einzelnen kann festgehalten werden: Von den 20 Schulen, die die Akzeptanz der Steuergruppen im Kollegium am höchsten einschätzen, erzielen 16 auch Spitzenplätze in der Bewertung der Zielbereiche »Kooperation bei der Programmentwicklung«, »Unterrichtskooperation« und »Kohäsion im Kollegium«.

9.3 Verhältnis zum Kollegium und zur Schulleitung

9.3.1 Verhältnis zum Kollegium

Die Steuergruppe ist die zentrale Basis für Schulentwicklung. Hier laufen alle Informationen zusammen, werden gebündelt, verarbeitet und zu Entscheidungs- und Bewertungsvorschlägen aufbereitet. Steuergruppen geben Impulse an Arbeitsgruppen oder die Schulleitung. Ihre Wirkung gründet sich auf Kommunikation. Sie haben keine hierarchische Aufgabe und bilden keine basisdemokratische Repräsentanz. Sie arbeiten eng mit der Leitung einer Schule zusammen und sind dann am wirkungsvollsten tätig, wenn sie die Perspektiven und auch die Konfliktlinien des Kollegiums abbilden und konstruktiv bearbeiten.

In vielen Situationen ist die Steuerungstätigkeit gleichzusetzen mit Moderation. Das ist die Grundlage jeglicher Steuerung. Allerdings kommt es häufig vor, dass sich in Verbindung mit der ausgeprägten Tendenz in vielen Lehrerkollegien, Themen auszudiskutieren, die tatsächliche Tätigkeit auf eine möglichst geordnete Gesprächsführung reduziert. Das ist dann nichts anderes als Konferenzmoderation und für professionelle Steuerung deutlich zu wenig.

Die Meinungs- und Entscheidungsbildung im Kollegium ist von starker Emotionalität geprägt, die sich häufig unter rationalen Argumentationen versteckt. Die Aufgabe der Steuerung bei der Moderation geht deshalb weiter und bezieht sich auf ein breites Spektrum von Aufgaben:

- festgefahrene Standpunkte lösen;
- Verhärtung in der Debatte auflösen;
- Kontrakte schließen und Rollen aushandeln;
- Ziele vereinbaren, Zwischenziele definieren;
- Prozesse »sichtbar« machen (visualisieren, aufstellen, studieren);
- Abweichungen erkennen und gegensteuern;
- Konfliktspannungen frühzeitig erkennen.

Für viele Kolleginnen und Kollegen geht von der Steuergruppe das Signal aus: »Irgendwann musst auch du dich engagieren«. Das erzeugt Spannungen. Zudem kennzeichnet die Steuerungsaufgabe einen eigenen Typus von Tätigkeit und wird als schwierig erlebt, je mehr sie sich mit der Synergieentwicklung, der konstruktiven Konfliktklärung und einer mutigen und beherzten Entwicklungsarbeit befasst. Die Rolle der Steuergruppe im Kollegium kann also leicht prekär werden.

Es wurde bereits darauf hingewiesen, dass die Wirksamkeit von Steuergruppen wesentlich von ihrer Akzeptanz im Kollegium abhängt. Die IFS-Studie über die niedersächsischen Qualitätsnetzwerke hat die Akzeptanz anhand einer Selbsteinschätzung der Steuergruppenmitglieder untersucht und einer Kollegiumsbefragung gegenübergestellt. Interessanterweise gehen hier Selbst- und Fremdeinschätzung kaum auseinander. In Bezug auf die häufig gehörte Befürchtung, die Steuergruppe werde im Kollegium als »Elitegruppe« oder abgekapselter »Kader« angesehen, ist die Steuergruppe selbstkritischer als die Kollegiumseinschätzung. Insgesamt ist die Akzeptanz recht groß, lässt aber bei einem Drittel zu wünschen übrig: 62 Prozent der Lehrpersonen schätzen offenbar die Arbeit ihrer Steuergruppen, ein Drittel beobachtet sie misstrauisch.

Um die Akzeptanz im Kollegium zu erhöhen, sollte die Steuergruppe auf ein klares Mandat bestehen, das ausformuliert ist und über das förmlich im Kollegium abge-

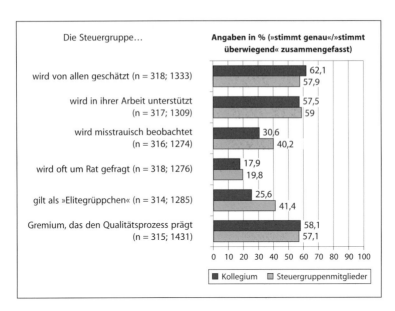

Abb. 8: Akzeptanz schulischer Steuergruppen im Kollegium (Holtappels u.a. 2005)

stimmt wird. Ein Mandat legt klar, was die Steuergruppe für das Kollegium tun soll und was das Kollegium von der Steuergruppe zu erwarten hat.

Förderlich für die Akzeptanz, geradezu unverzichtbar dafür, ist ein wirksames Informationskonzept. Mayrshofer und Kröger (2001, S. 102ff.) haben wichtige Hinweise zu den Anforderungen an ein Informationskonzept und zu seiner Erarbeitung zusammengestellt. Ziele des Informationsmanagements sind demnach:

- die fachlich und persönlich notwendige Information
- in der sinnvollen Tiefe und Qualität
- zum richtigen Zeitpunkt
- in einer hilfreichen Struktur und verständlichen Sprache
- mit einem adäquaten Medium
- an der richtigen Stelle zur Verfügung zu haben.

Um ein wirkungsvolles Informationskonzept zu erarbeiten, sollten die folgenden Fragen in Form einer »Checkliste« abgearbeitet werden:

- Wer genau braucht welche Information wozu
  - im Projekt?
  - außerhalb des Projektes?
- Was gelingt in der Projektarbeit besser, wenn die Information gegeben wird?
- Was würde nicht gelingen, wenn die Information fehlen würde?
- Wie oft, wie regelmäßig ist die Information nötig?
- Wie lange ist die Information gültig und damit überhaupt hilfreich?
- Welche Informationsmedien werden in unserer Organisation/im Seminar/in der Schule sinnvollerweise genutzt?

- Wie muss die gegebene Information strukturiert und aufbereitet werden, um für den Empfänger möglichst hilfreich zu sein?
- In welcher Form und mit welchem Medium muss die Information gegeben werden?
- Wer ist für die verschiedenen Informationen verantwortlich?
- Welche Nahtstellen gibt es zwischen unserem Projekt und anderen Projekten oder Arbeitsgebieten?
- Welche strategische Bedeutung hat unser Projekt und welchen Informationsbedarf gibt es dadurch?
- Wer außerhalb des Projektes könnte unsere Arbeit fördern oder behindern?
- Welche formellen und informellen Regeln fördern oder behindern sinnvolle Informationspolitik?
- Welches Feedback zu einzelnen Informationen wird benötigt?

9.3.2 Rolle der Schulleitung

Die Rolle der Schulleitung in der Steuergruppenarbeit ist noch ungeklärt. Die Rollenzuschreibungen bewegen sich in einem weiten Spektrum: Es reicht vom Standpunkt, Schulleiter/innen sollten überhaupt nicht Mitglied der Steuergruppe werden, bis zur Forderung, die Schulleiterin bzw. der Schulleiter solle der Vorsitzende sein. Die schon mehrfach zitierte Untersuchung der niedersächsischen Qualitätsnetzwerke kommt rein quantitativ zu einem eindeutigen Ergebnis: Nach Ansicht fast aller Steuergruppenmitglieder sollte die Schulleiterin bzw. der Schulleiter Mitglied der schulischen Steuergruppe sein (96 Prozent).

Für diese Mehrheitsmeinung spricht auch qualitativ, dass auf diese Weise der Informationsfluss zwischen Steuergruppe und Schulleitung ohne allzu großen Aufwand sicherzustellen ist. Vor allem aber kann durch die Mitgliedschaft der Schulleitung verhindert werden, dass sich die Steuergruppe selbst als Leitungsgremium versteht, das der Schulleitung Konkurrenz macht. Solche Strukturen heißen in der Organisationssoziologie Parallelstrukturen; sie führen häufig zu Konflikten und Blockierungen. Vorsitzende/r der Steuergruppe sollte die Schulleiterin bzw. der Schulleiter jedoch nicht sein, weil dann die Steuergruppe den Status eines Ausschusses der Schulleitung erhielte und nicht den einer Einrichtung des ganzen Kollegiums.

Das Verhältnis zwischen Steuergruppe und Schulleitung ist in vielen Schulen ein wichtiges und konflikthaftes Thema. In jedem Fall muss es schulintern thematisiert und prozessbezogen geklärt werden. Die Schulleiterin bzw. der Schulleiter sollte in jedem Fall die eigene Rolle klarstellen. Die Rolle der Schulleitung innerhalb der Steuergruppe ist sozialpsychologisch gesehen sehr schwierig, da sie mehrere Rollen innerhalb der Einzelschule zu vertreten hat. Einerseits ist die Schulleitung innerhalb der Steuergruppe ein ganz gewöhnliches Mitglied ohne besondere Rechte. Andererseits sind Schulleiter/innen als Vorgesetzte in vielen Ländern sogar als Dienstvorgesetzte zu betrachten.

Die Vorgesetzteneigenschaft könnte zu zahlreichen Konflikten führen, wenn sie von den Schulleitungen während der Steuergruppenarbeit aktiv praktiziert würde. Denn die Steuergruppe ist kein hierarchisches, sondern ein heterarchisches und egalitäres Gremium, das den Konsens, den »gemeinsamen« Grund sucht. Deshalb ist es auch funktional, wenn in der Steuergruppe keine Mehrheitsentscheidungen fallen, sondern Beschlüsse einstimmig gefasst werden müssen. Dann passiert auch nicht, was nicht passieren darf: dass die Schulleitung überstimmt wird. Bei Einstimmigkeit ist ein Konflikt mit der Schulleitung ausgeschlossen; ist sie nicht zu erzielen, muss die Entscheidung ausgeklammert oder außerhalb der Steuergruppe, d.h. in der formellen Entscheidungslinie, getroffen werden.

Kompliziert wird die Rolle der Schulleitung zusätzlich, insofern sie befugt und häufig auch geneigt ist, der Steuergruppe Aufträge zu erteilen. Aus der Studie zu den niedersächsischen Steuergruppen geht hervor, dass fast die Hälfte der Steuergruppenmitglieder angibt, dass Aufträge von der Schulleitung ausgingen. Viel häufiger wird jedoch das Gesamtkollegium als Auftraggeber genannt und am häufigsten die Steuergruppe selbst. Das deutet eine hohe Autonomie der Steuergruppen an.

9.4 Zuständigkeiten und Innenarchitektur

Die Rolle der Schulleitung lässt sich am ehesten im Rahmen der Zuständigkeitsregeln, also der »Innenarchitektur« einer Schule klären. Zunächst gilt es, die Steuergruppen von Projektgruppen zu unterscheiden.

9.4.1 Zur Steuergruppe

Die Steuergruppe dient der Schulentwicklung und damit dem Ganzen der Schule. Beispiele für die Aufgaben einer Steuergruppe sind:

- gemeinsame Diagnose/Bestandsanalyse;
- Entwicklung eines Schulprogramms;
- Aufstellung eines Umsetzungsplans;
- Etablierung von Teamstrukturen;
- Verbesserung der Kollegiumskultur;
- Aufbau eines Qualitätsmanagements.

Die Steuergruppe arbeitet mit Auftrag des Kollegiums und sollte möglichst alle aktivieren. Die Schulleiterin bzw. der Schulleiter sollte möglichst selbst Mitglied sein, aber – wie erwähnt – nicht leiten, obwohl er Anspruch darauf hätte. Die Steuergruppe ist ein Lernort – auch für die Schulleitung.

Die Steuergruppe erledigt nicht alle Aufgaben selbst, sondern koordiniert die Arbeit von anderen Gruppen, z.B. Fachgruppen, und sie setzt eigene Gruppen ein, die sie am besten *Arbeitsgruppen* nennt, um sie von Projektgruppen zu unterscheiden. Sie sollte sich auch selbst nicht Projektgruppe nennen, weil das die Innenarchitektur verunklaren würde. Wenn schon eine andere Bezeichnung gewählt wird, dann könnte sie Impuls- oder Schulentwicklungsgruppe lauten. Selbst der beliebte Begriff Koordinierungsgruppe ist unscharf, weil eine Steuergruppe mehr zu erledigen hat als bloß zu koordinieren, nämlich zu steuern, teilweise auch aus eigener Initiative.

9.4.2 Zur Projektgruppe

Projekte sind komplex, innovativ, temporär und partikulär. Steuergruppen sind auch temporär, wechseln aber nur alle Jahre oder alle paar Jahre, also in deutlich längeren Zyklen als Projektgruppen. Steuergruppen sind Organe der ganzen Schule, Projektmanagement indes ist Leitungsangelegenheit. Die Schulleitung setzt Projektgruppen ein und bestimmt

- den Auftrag,
- die Zusammensetzung und
- die Leitung (sie kann sogar selbst leiten).

Die Schulleitung mag auch entscheiden, dass Projektgruppen vom Kollegium bestätigt werden und ihre Leitung selbst wählen. Das wird in einigen Fällen, in denen Spezialisten gesucht werden sinnvoll sein, in den meisten jedoch nicht. Projekte sind zudem zu unterscheiden von *Kommissionen* bzw. *Ausschüssen* der Schulleitung, z.B. Budgetkommissionen.

Der Gesamtzusammenhang ist aus Abbildung 9 (nächste Seite) zu ersehen, die eine Art Innenarchitektur einer Schule mit Steuergruppe darstellt. Die durchgezogenen Linien zeigen die übliche formelle Struktur einer Schule, die zumeist in den Schulgesetzen bzw. Rechtsverordnungen geregelt ist. Die unterbrochenen Linien stehen für die Prozessstruktur, welche auf der Arbeit der Steuergruppe beruht. Dazu gehören die Arbeitsgruppen (AGs), die die Steuergruppe eingesetzt hat, ebenso wie Schulentwicklungstage, d.h. Veranstaltungen des ganzen Kollegiums (z.B. mit Eltern- und Schülervertretern), die die Steuergruppe initiiert, moderiert und auswertet.

Die Steuergruppe trifft nur in diesen Prozessfragen Entscheidungen, für alle anderen Entscheidungen ist die Schulleitung zuständig – die Steuergruppe erarbeitet lediglich Empfehlungen, die sie an die Schulleitung weiterleitet, die dann darüber entscheidet. Auch wenn sie meist die Empfehlungen der Steuergruppe übernehmen wird – sie hat ja schließlich selbst daran mitgearbeitet –, ist sie doch frei, auch anders zu entscheiden. Das wird in der Regel vom Kollegium und erst recht von der Steuergruppe nicht goutiert, führt häufig sogar zu Ärger, kann aber vorkommen – allein schon, weil die Schulleitung meist aus mehr Personen besteht als in der Steuergruppe vertreten sind, aber auch, weil neue Erkenntnisse, z.B. über Ressourcen gemacht werden. Abbildung 10 (nächste Seite) zeigt die Verantwortung der wichtigsten Akteure im Überblick.

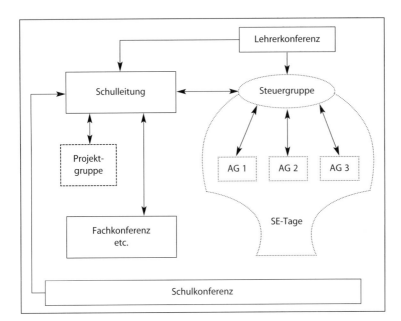

Abb. 9: Innenarchitektur einer Schule (IFS/Rolff 2005)

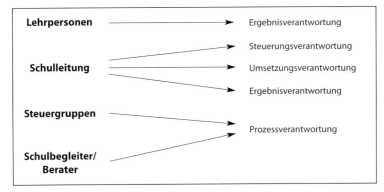

Abb. 10: Verantwortlichkeiten im Überblick

Steuergruppen sollten keine Zielvereinbarungen mit Fachkonferenzen oder einzelnen Lehrpersonen schließen, wie das gelegentlich vorkommt. Für solche Zielvereinbarungen ist eindeutig die Schulleiterin bzw. der Schulleiter zuständig. Steuergruppen können eher Kontrakte, d.h. Arbeitsvereinbarungen oder auch Arbeitspakete zustande bringen, z.B. und vor allem mit von ihr ins Leben gerufenen Arbeitsgruppen.

10. Probleme

Auch wenn Schulentwicklung inzwischen zur Selbstverständlichkeit geworden ist und ganze Landesinstitute für Lehrerfort- und -weiterbildung zu »Schulentwicklungsinstituten« unbenannt wurden, bleiben noch viele Probleme offen und sind gewichtige Forschungsdefizite festzustellen. Das erste betrifft Implementationsprobleme.

10.1 Implementationslücke

Implementationsprobleme entstehen z.B., wenn sich Schulen hehre Ziele setzen, wohl wissend, dass diese gar nicht erreicht werden können, statt Ziele zu wählen, die im eigenen Aktionsbereich liegen. Bei Schulentwicklungsprozessen ist nicht zuletzt deshalb immer wieder zu beobachten, dass Entwicklungsvorhaben beschlossen, aber nicht realisiert, dass Projekte geplant, aber nicht ausgeführt und Schulprogramme erarbeitet, aber nicht mit Leben erfüllt werden. Nicht selten folgt auf eine Phase intensiver Arbeit eine Phase lähmenden Nichtstuns. Häufig tritt in einem Schulentwicklungsprozess gerade dann eine lang anhaltende Pause ein, wenn die Realisierung eines neuen Schwerpunktes oder Projektes gerade ansteht. Der Umstand, dass Organisationsentwicklung häufig den Unterricht nicht erreicht, ist ein ähnliches Phänomen des Stehenbleibens. Vergleichbares gilt auch für den Umstand, dass Unterrichtsentwicklung häufig stecken bleibt, bevor sie zur Sache der ganzen Fachschaft wird oder fächerübergreifend wirkt. Auch ist häufig zu beobachten, dass Modellversuche abgebrochen oder nach Fristablauf nicht weitergeführt werden.

Bei allen Beispielen handelt es sich um eine Implementationslücke, die in fast allen Schulen beobachtet werden kann, aber bisher unerklärt ist. Unklar ist z.B., ob sie konstitutiver Bestandteil jedes Schulentwicklungsprozesses ist und wenn ja, warum. Wenn dies nicht zutrifft, stellt sich die Frage, ob es Abhilfe gibt, d.h. ob interne Prozesse so gesteuert werden können, dass sich die Implementation von Neuerungen unmittelbar anschließt. Unter den Beratern der Schulentwicklung herrscht Ratlosigkeit und einschlägige empirische Forschungsergebnisse liegen nicht vor.

10.2 Unterbestimmte Interventionsstrategien

Die Frage nach den passendsten Interventionsstrategien hängt eng mit Implementationsproblemen zusammen, bedeutet Intervention doch »Eingriff« bzw. Selbsteingriff in eine Organisation, um etwas in Bewegung zu setzen, einen Prozess umzusteuern oder einen Plan zu realisieren. Und als ebenso unterbestimmt wie die Implementation erweisen sich auch die Interventionsstrategien.

Unklar ist zunächst, was man unter Intervention überhaupt zu verstehen hat, welche Formen es gibt und wie sie wirken. Auf der formalen Ebene kann man Binnen- und Außeninterventionen unterscheiden sowie direkte und indirekte Interventionen. Schulentwicklung als Entwicklung von Einzelschulen ist primär Binnen- oder Selbstintervention, aber sie ist auch von Außeninterventionen abhängig. Die Alternative direkte oder indirekte Intervention bleibt offen: Für indirekte Gestaltung plädiert die Systemtheorie, vor allem die konstruktivistische. Danach müssen Interventionen vor allem die systemstabilisierenden Muster unterbrechen, auch oder gerade weil das eine Störung bedeutet. Deshalb werden Probleme und Störungen auch positiv konnotiert. Die Rolle des Intervenierenden bleibt allerdings unklar: Soll es ein Berater sein, der dem System einen Spiegel vorhält, zirkuläre Fragen stellt und Paradoxe zuspitzt? Oder soll die Intervention aus dem System selbst kommen und vor allem: Wie sollen die Interventionen in Schulentwicklung umgesetzt werden?

Warnken (1996, S. 19) vermutet hier ein »Interventionsparadox«, das er auf die Formel zuspitzt: »Verändere, indem du nicht veränderst.« Er beruft sich auf Willke, der konstatiert: »Wenn *du* veränderst, verändert sich nichts. Denn jede Veränderung muss Selbständerung sein« (Willke 1987, S. 350). Es wäre jedoch falsch anzunehmen, dass Systemtheorie mit Nichtintervention gleichzusetzen wäre. Interventionen im Theorieverständnis der systemischen Familientherapie sind zwar häufig sehr indirekt – am prominentesten ist so genanntes »zirkuläres Fragen«, das auf wiederholtes Nachfragen und Einbringen neuer Sichtweisen setzt –, aber sie vermögen dennoch stark auf das System einzuwirken.

Andere Ansätze wie z.B. der Institutionelle Schulentwicklungs-Prozess (Dalin/Rolff 1990) setzen mehr auf direkte Interventionen, z.B. durch Kontrakte, Einsetzung einer Steuergruppe, Evaluation u.a.m. Aufgabe einer Steuergruppe wäre es dabei, den Wandel zu »orchestrieren«, was eine bildhafte und mithin auch sehr unbestimmte Kennzeichnung für Interventionen ist. Ein weiteres Problem besteht in der Frage, ob es angesagt ist, die Komplexität von Schulentwicklung zu reduzieren, wie es z.B. Klippert (1997, S. 13f.) fordert, oder ob es angemessener ist, die Komplexität bearbeitbar zu machen, wie es die meisten Organisationsentwickler zu praktizieren versuchen und wie es die evolutionäre Systemtheorie fordert (vgl. König/Vollmer 1993).

Es bleibt also eine große Unbestimmtheit, fast eine Beliebigkeit: Wann und wo, auf welche Weise und ob überhaupt interveniert werden soll (oder darf), bleibt den in der Schule Handelnden überlassen oder wird von Beratern entschieden. Für alle Formen von Interventionen gilt, dass es sich immer um für die jeweilige Einzelschule passenden Lösungen handeln muss. Deshalb ist eine genaue Kenntnis der Schule Grundvoraussetzung jeglicher Intervention. Es stellt sich also als Nächstes die Frage nach dem Organisationsverständnis.

10.3 Unspezifisches Organisationsverständnis

Konzepte der Schulentwicklung betrachten die Schule einsichtigerweise als soziale Organisation. Jedoch stellt sich die Frage, was das Spezifische der Schule ist, welches sie als Organisation von anderen Organisationen unterscheidet, von Organisationen wie Betrieben, Kirchen, Wohlfahrtseinrichtungen oder dem Militär. Schultheoretiker schwanken zwischen Charakterisierungen der Schule als bürokratischer, professioneller oder Expertenorganisation. Was das spezifisch Pädagogische der Schule ausmacht, wird selten zu bestimmen versucht (vgl. Rolff 1993, S. 121ff.). Schulberater kennzeichnen das Besondere der Schule gelegentlich als Einrichtung, bei der es in erster Linie um Anerkennung/Liebe, um Bewertung und um Einfluss/Macht geht. Abgesehen davon, dass es für diese durchaus plausible Charakterisierung der Schule keine empirischen Belege gibt, mangelt es ihr an organisationstheoretischer Präzision. Es handelt sich dabei eher um Metaphern als um Begriffe, so zutreffend die Metaphern auch sein mögen.

Dabei ist es für Schulentwicklung keineswegs belanglos, welches Organisationsverständnis zugrunde gelegt wird. Denn das Organisationsverständnis beeinflusst sowohl die Datenauswahl bei der Bestandsaufnahme und Diagnose als auch bei der Festlegung von Ausgangspunkten wie Perspektiven der Schulentwicklung. Und das Organisationsverständnis der einzelnen Schule entscheidet wesentlich darüber, ob Managementkonzepte, die aus der Wirtschaft und der Verwaltung stammen, von einer Schule direkt übernommen, adaptiert oder abgelehnt werden. Ungeklärt sind auch die Grenzen der Organisation Schule. Ist das Schulhaus die Organisation oder nur die Klasse, gehören die Eltern, die Schulaufsicht und die Trägerbehörde dazu? Oder hat die Organisation Schule als gesellschaftliche Organisation gar keine Grenzen?

10.4 Illusionen über Konflikte, Energien und Emotionen

»Konflikte sind unsere Freunde« ist ein beliebter Leitsatz bei Schulentwicklungsberatern. Dies erweist sich häufig als Illusion. Denn über die ernsten Konflikte reden Kollegien ungern und Schulentwicklungsberater auch weniger in den Schulen selbst als auf der Heimfahrt im Auto. Das Verhältnis von Konfliktmanagement und Schulentwicklung ist weitgehend ungeklärt. Einige Theoretiker wie Praktiker überbetonen Konflikte und sehen in der Konfliktberatung eine zentrale Strategie; andere wiederum verdrängen Konflikte, nehmen sie nicht ernst oder behandeln sie als technisches Problem.

Konflikte werden als Freunde bezeichnet, weil sie als Indikatoren für Energien gelten. Wo es heftige Konflikte gibt, wird auch Energie vorhanden sein. Die Frage ist indes, ob eine Konfliktbearbeitung auch zur Lösung in dem Sinne führt, dass Energie gelöst, also frei wird, und ob diese Energie in Motivation für Schulentwicklung umgesetzt werden kann. Diese Annahmen erweisen sich vielfach als Illusion, und empirische Untersuchungen zu diesem Themenfeld liegen nicht vor. Empirisch evident ist vielmehr der Umstand, dass Konflikte mögliche Entwicklungen blockieren und kaum jemand weiß, wie damit umzugehen ist. Zudem sind zahlreiche Kollegien ausgesprochen konfliktscheu und es ist ein offenes Problem, wie das zu ändern ist.

Ebenso unerforscht ist die Bedeutung von Beziehungen und Emotionen im und für den Schulentwicklungsprozess. H. Meyer z.B. schreibt dezidiert: »Schulentwicklungsarbeit ist primär Beziehungsarbeit« (Meyer 1997, S. 31), ohne dies allerdings empirisch belegen zu können. Nicht wenige Organisationsentwickler arbeiten mit dem eindrücklichen Bild des so genannten organisatorischen Eisbergs, bei dem die Sachebene über der Oberfläche und die Beziehungsebene darunter liegt. Auch wenn allgemein bekannt ist, dass ein Eisberg ein um ein Mehrfaches größeres Volumen unterhalb des Wasserspiegels hat, sagt das noch nichts über das spezielle und präzise Verhältnis beider Ebenen zueinander aus. Zu glauben, man müsse nur die Gefühlsebene (also den unsichtbaren Teil des Eisbergs) mobilisieren, um damit die Schulentwicklung in Gang zu halten oder zu bringen, ist illusionär. Denn viele Lehrerkollegien werden darauf mit Rückzug, Distanz, Angst oder sonstiger Abwehr reagieren. In etlichen Fällen erweist es sich indes als produktiver, die Gefühls- bzw. Beziehungsebene zunächst gar nicht oder nur indirekt anzusprechen, und zwar über veränderte Kooperations- und Kommunikationsformen auf der Sachebene. Die Wichtigkeit der Beziehungsebene steht außer Frage, klärungsbedürftig ist indes das komplizierte Zusammenspiel mit der Sachebene und die differenzierten Auswirkungen auf Schulentwicklungsprozesse.

10.5 Diffuse Bedürfnisse und die Frage nach den Akteuren

Auf die Frage nach den Motiven und Anknüpfungspunkten für Schulentwicklung geben alle Ansätze, die hier zu drei Wegen gebündelt wurden, dieselbe Antwort: Sie sehen sie in den Bedürfnissen der Akteure. Doch welches sind die Bedürfnisse und wer sind die Akteure?

Die Bedürfnisse können zunächst auf die Lehrkräfte bezogen werden. Erfahrungsgemäß beziehen sich deren Bedürfnisse primär auf ihren unmittelbaren Arbeitsplatz, d.h. die Klasse und das Fach, und dann erst auf das Ganze der Schule. Neuere Forschungen zeigen indes, dass Lehrpersonen, die sich für Schulentwicklung interessieren bzw. engagieren, signifikant seltener mit Belastungs- und Burnout-Syndromen zu tun haben. Wie weit sich dieser Umstand für die Aktivierung von Lehrerkollegien nutzen lässt, ist allerdings bisher nicht untersucht worden. Die Bedürfnisse der Lehrerkollegien sind schwer auszumachen, solange sie nicht ausdrücklich artikuliert oder in Form eines Schulprogramms expliziert sind. Mit großer Wahrscheinlichkeit sind sie heterogen, man wird Engagierte und Aktivisten ebenso erwarten können wie Skeptiker und Gegner sowie eine mehr oder weniger große Mittelgruppe von Unentschiedenen.

Wir wissen aus Untersuchungen und Erfahrungen: Fast alle Lehrkräfte wünschen sich Fortbildung in Unterrichtsmethoden und Kommunikation, aber nur wenige in Schulentwicklung. Die Lehrkräfte sind dennoch nicht als Hindernis, sondern als einzige Chance für Schulentwicklung anzusehen, weil sie die operativen Akteure sind: Ohne Engagement der Lehrpersonen wird es keine Schulentwicklung geben.

Lehrpersonen sind aber nicht die einzigen Akteure, vermutlich auch nicht die einzig belangvollen. Denn unter handlungstheoretischen Gesichtspunkten ist die Rolle der Schulleitungen von besonderer Bedeutung, weil sie die Schlüsselpersonen der Schulentwicklung sind, wie die Forschung zeigt (Fullan 1993). Ob und wie sie führen, managen und moderieren, ob sie allein oder Chef einer erweiterten Schulleitung sind, ob Teambildung und eine Feedbackkultur im Kollegium vorhanden sind, welche Akzente sie für die Entwicklung setzen, wie sie das tun und wovon das abhängt, bleibt allerdings weitgehend im Dunkeln.

Zu den Akteuren gehören fraglos auch die Schüler/innen, die »Koproduzenten des Lernens«, für die Schule überhaupt stattfindet. Die Lernförderung der Schüler/innen ist das zentrale Ziel von Schule und Schulentwicklung. Dem steht der bemerkenswerte Umstand gegenüber, dass Schüler/innen in den meisten Konzepten der Schulentwicklung keine Rolle spielen. Auf die Frage, ob man die Lernförderung durch Schulentwicklung erhöhen kann, ohne die Schüler/innen an der Schulentwicklung zu beteiligen, gibt es bisher kaum Erkenntnisse.

Die Eltern können als Kunden der Schule angesehen werden, mit jeweils individuellen Interessen am Fortkommen ihrer Kinder und im Wesentlichen darüber vermittelten Bedürfnissen nach Schulentwicklung, oder als Mitglieder der Organisation mit Gestaltungsrechten und -pflichten.

10.6 Chronische Zeitknappheit

Schulentwicklung steht unter chronischem Zeitdruck. Das findet nicht zuletzt Ausdruck darin, dass viele Lehrkräfte pädagogische Probleme primär als Probleme des Zeitaufwands diskutieren. Der Zeitdruck hat mehrere Ursachen und mehrere Ebenen:

- Die Belastung der Lehrpersonen durch Unterricht nimmt zu und nimmt immer mehr Zeit in Anspruch.
- Die Organisation des »Halbtagsschulalltags« sieht nur kurze Pausen vor, aber keine Zeiträume für Reflexion, professionelle Kommunikation oder fachliche Lektüre.
- Zeitdruck entsteht auch durch Erfolgszwang: Ein Entwicklungsprojekt darf nicht zu lange dauern, weil es sonst als zu umständlich und aufwändig gilt; die Zeitspanne eines Schuljahres scheint das Äußerste zu sein, was eingeräumt wird.
- Zeitdruck produzieren zunehmend die Politik und die Verwaltung. Dieser Zeitdruck rührt nicht vom Wesen einzelner Entwicklungsvorhaben her (die Etablierung einer Arbeitskultur von Evaluation verlangt vermutlich ca. fünf Jahre), sondern entsteht von außen, weil z.B. das Ende der Legislaturperiode naht oder ein in der Zeitung geäußerter öffentlicher Ärger nach Reaktion verlangt.

Durch Zeitdruck passiert es, dass Schulen mit externer Evaluation konfrontiert werden, bevor sie mit interner vertraut sind. Schulentwicklung benötigt viel Zeit, aber der äußere Zeitdruck wird immer größer. So entstehen Kompressionstendenzen, bei denen kaum Platz für Experimentieren und Lernen bleibt. Jedes Schulentwicklungsprojekt ist durch derartige Kompressionen gefährdet. Denn Schulentwicklung ist ohne »Zeitgefäße« für Austausch, Kooperation und gemeinsame Planung nicht möglich. Senge bringt das Problem auf den Punkt, wenn er formuliert: »Schneller ist langsamer« (Senge 1996, S. 81).

10.7 Mikropolitik statt Bildungspolitik?

Die bildungspolitischen Instanzen geben häufig unpolitische Antworten auf schulpolitische Struktur- und Wertfragen, nachdem der Pulverdampf der Kämpfe der 70er-Jahre verraucht ist. Sie beschwören die Qualität von Einzelschulen, deren Entwicklungschancen und die Effektivität der Mitteleinsätze, tabuisieren jedoch Themen wie Ungleichheit der Bildungschancen, Schulstrukturreform und Umverteilung der Macht (von den Zentralen zu den Einzelschulen). Die Gesamtsystemsteuerung gerät aus dem Blick.

Forscher und Berater orientieren sich auf das »Klientensystem« und dessen Ziele, also wiederum auf die Einzelschulen. Strikte »Klientenorientierung« hat Neutralität zur Folge: Hauptorientierung sind die Erfahrungen und Bedürfnisse der so genannten »Klienten«. In der Konsequenz führt das zur Entpolitisierung. Auch innerhalb von Schulen wird der pädagogische Auftrag häufig in einer Weise verstanden, die zu politischer Neutralität verpflichtet. Der eingangs dargelegte Paradigmenwechsel bedeutet mit einer gewissen Notwendigkeit einen Abschied von der Bildungspolitik.

Demgegenüber deckten Schulforscher auf, dass Schulentwicklung einen neuen Bereich der Politik aufschließt, die so genannte Mikropolitik (vgl. Ball 1987). Altrichter/Salzgeber haben überzeugend herausgearbeitet und prägnant formuliert, dass Schulentwicklung »auch ein kulturell-politisches Phänomen« ist. Schulentwicklung als Mikropolitik »spielt sich als konflikthafte Auseinandersetzung zwischen Personen und Gruppen um die Definition von Schule und um eigene Einflussbereiche und Ressourcen ab. Innovation findet in einem Spannungsfeld von Subkulturen mit unterschiedlichen Interessen statt; sie versucht eine partielle Veränderung der aktuellen Definition der Organisation und ist daher ein Anschlag auf die herrschenden Machtverhältnisse und die etablierten Strukturen organisationaler Interaktionen. Innovationen eröffnen neue Handlungs- und Profilierungsmöglichkeiten [...] Innovation ist eine Umordnung der Organisation, die von manchen Organisationsmitgliedern vor allem als Unordnung erlebt wird« (Altrichter/Salzgeber 1997, S. 158).

Altrichter/Salzgeber argumentieren, dass Lehrkräfte am Arbeitsplatz verletzlicher sind als Menschen in anderen Berufen, weil sie ihre ganze Person einschließlich der Gefühle einbringen. Schulische Neuerungen werfen deshalb auch immer die Frage nach einer Neudefinition der eigenen Person auf und bewirken nicht selten eine Auseinandersetzung mit der eigenen Biografie. Deshalb entpuppt sich die Schule als Tummelplatz von Mikropolitik, weil es darum geht, sich gegen Eingriffe in die Unterrichtsarbeit zu wehren, zumal Autonomie in diesem Bereich eine historische Domäne der einzelnen Lehrperson ist. Dies führt in der Tendenz dazu, Widerstand zu leisten und sich gegen Neuerungen zu immunisieren. Altrichter/Salzgeber betonen ausdrücklich, dass Widerstand im Prinzip immer berechtigt ist, weil er die Frage nach der Legitimation von Interventionen stellt. Denn diese können zu Überlastung führen, Wertüberzeugungen verletzen und unbeabsichtigte Folgen haben.

In dem Maße, in dem Schulentwicklung die konflikthafter werdenden Prozesse in der mikropolitischen Arena jeder Einzelschule weiter anfacht, könnte eine weitere Entpolitisierung der Schulpolitik die (unbeabsichtigte) Folge sein.

10.8 Theorie- und Gesellschaftsdefizit

Die aktuellen Schulentwicklungskonzepte haben ihren Fokus in der Einzelschule und dabei eine zumeist beschränkte und eingegrenzte Sichtweise, indem sie das Umfeld bzw. die Systembedingungen nicht thematisieren. Sie sind aus OE- oder Managementkonzepten hervorgegangen oder aus systemischer Familientherapie weiterentwickelt worden. Nicht nur ein enges Begriffsverständnis, sondern ein generelles Theoriedefizit ist dabei unübersehbar. Es mangelt vor allem an soziologischer Theorie, denn Schulentwicklung muss gesellschaftlich reflektiert werden, weil sie immer auch in eine gesellschaftliche Wirklichkeit eingebunden ist, die sie nicht selbst gestaltet und z.T. auch nicht gewollt hat.

Ein theoretisches Grundproblem besteht darin, dass einerseits nur Menschen in der Lage sind, Organisationen zu verändern, es andererseits bei Schulentwicklung gerade darauf ankommt, die einzelnen Akteure mit dem Ganzen der Organisation zu verbinden bzw. die »Gemeinschaftsnatur« jeder Lehrkraft zu aktivieren. Giddens' Theorie der Strukturierung könnte hier einen theoretischen Bezugsrahmen bieten. Giddens vertritt ein Konzept der so genannten Dualität der Struktur, nach dem Strukturen sowohl Medium als auch Ergebnis von Handlungen sind, die sich rekursiv ergeben, d.h. aus den Ressourcen, die sie konstituieren, fortwährend neu geschaffen werden. Es geht also nicht nur um Einzelhandlungen, sondern ebenso um Verkettungen. Bedeutsame Handlungsketten sind Spiele, die Strukturen erzeugen.

> »Ohne menschliches Handeln gäbe es menschliche Gesellschaften oder soziale Systeme überhaupt nicht. Das heißt aber nicht, dass Handelnde soziale Systeme erschaffen: sie reproduzieren oder verändern sie, indem sie immer wieder neu schaffen, was in der Kontinuität der Praxis [...] bereits existiert« (Giddens 1995, S. 224).

Handlung und Struktur sind also komplementäre Begriffe; es gibt keine Handlung, die nicht strukturiert ist und keine Struktur, die nicht aus Handlung entstanden wäre. Es gibt nur »gehandelte« Strukturen und strukturierte Handlungen. Dies ist vor allem jenen Schulpsychologen entgegenzuhalten, die lediglich handelnde Subjekte im Auge haben, aber nicht strukturierte Handlungen.

Bei der Theorie der selbstreferentiellen Systeme kommt ein über die Strukturbildung in Organisationen hinausgehender Aspekt ins Spiel. Eine angemessene Selbstorganisation kann eine Organisation nur herstellen, wenn sie alle informations- und handlungserzeugenden Elemente ihres Systems mit einbezieht. Strukturoptimierung wird vielleicht schnellere und bessere Prozesse innerhalb der Organisation erzeugen, jedoch erst ein auf allen Ebenen selbstorganisierter und dabei selbstreferenzieller Lernprozess wird genügend Systeminformation und Handlungsvielfalt erzeugen, um eine zukunftsweisende Entwicklungskapazität entstehen zu lassen. In diesem Sinne kommt bei der Organisationsentwicklung – vor jeder Strukturmodifizierung – der Entwicklung von individueller, gruppenspezifischer und gesamtsystemischer Lernfähigkeit eine wichtige Rolle zu. Durch sukzessive Verbesserung dieser Fähigkeiten kann eine Schule in eine sich selbst organisierende Einrichtung verwandelt werden, die sich inner- oder außerschulischen Umweltveränderungen bzw. -turbulenzen flexibel anpassen kann. Entwicklung bedeutet letztlich Lernen.

Dem systemischen Denken unterliegt zuweilen auch eine naive Adaption des radikalen Konstruktivismus, die umstandslos davon ausgeht, dass alles möglich ist, ungeachtet aller gesellschaftlichen Verhältnisse (z.B. Voß 1997). Dies verweist auf ein gravierendes Gesellschaftsdefizit der Schulentwicklungsansätze. Soziologische Theorie müsste klären, welches die Entwicklungsbedingungen in dieser Gesellschaft sind, welche Interessen Schulentwicklung lenken, was Status und Professionalität von Lehrpersonen ausmacht u.v.a.m., bevor Behauptungen über Handlungsmöglichkeiten aufgestellt werden. Letztlich gilt es zu fragen, welcher Spielraum angesichts einer stets dominanter werdenden globalen Ökonomie für eine auch nur halbwegs eigenständige Schulentwicklung bleibt.

11. Perspektiven: Auf dem Weg zur datenbasierten Schulentwicklung?

In Deutschland steht seit einigen Jahren nicht das beschriebene Modell der Schulentwicklung im Mittelpunkt, sondern die Leistungsmessung von Schülerinnen und Schülern in zwei bis drei Fächern durch Tests. Diese Entwicklung begann 1995 mit der Veröffentlichung der TIMSS-Ergebnisse und sie setzte sich mit PISA und IGLU fort. Inzwischen gibt es fast kein Bundesland mehr, dass seine Schüler/innen nicht in den 3. oder 4. Grundschulklassen und danach in den 9. Klassen der weiterführenden Schulen regelmäßig testet. Im Unterschied zu TIMSS, PISA und IGLU, die allesamt Stichprobenuntersuchungen sind, werden die Ländertests »flächendeckend«, d.h. in allen Klassen der genannten Jahrgänge mit allen Schülerinnen und Schülern durchgeführt. Die Tests orientieren sich zunehmend an so genannten »Nationalen Bildungsstandards«, die die KMK erarbeitet und verabschiedet hat. Insgesamt ist damit die Hoffnung verbunden, dass Schulen, die diese Daten zurückgemeldet bekommen, sie zum Anlass für eine Verbesserung des Unterrichts nehmen. In den USA heißt dieser Ansatz »data driven development«, vorsichtig mit »datenbasierter Schulentwicklung« übersetzt.

Mit dem Ansatz datenbasierter Schulentwicklung entsteht eine Tendenz zur Rezentralisierung und Verwaltungssteuerung, bevor eine Dezentralisierung und Selbststeuerung überhaupt begonnen hat. Ernst genommene Schulentwicklung verlangt demgegenüber nach Stärkung der Einzelschule, Aufbau von Agenturen zur externen Evaluation, Erarbeitung und Verabschiedung eines Orientierungs- bzw. Referenzrahmens für Qualitätsevaluation und ein intensiv ausgebautes Unterstützungssystem – wie das in etlichen Schweizer Kantonen oder in den Niederlanden der Fall ist.

Guskey betont die Wirksamkeit dezentraler Schulentwicklung und stellt für die USA fest: »Die Lernerfolgsfeststellungen, die am besten geeignet sind, Verbesserungen des Lernens der Schüler zustande zu bringen, sind Tests, Quizfragen, Schreibaufgaben und andere Instrumente, die Lehrer auf reguläre Weise in ihrer Klasse anwenden« (Guskey 2003, S. 7).

Bildungsstandards sind gewiss sinnvoll und nötig als Ausdruck fachlicher Bildungsziele und als Maßstab für Evaluation. Sie werden jedoch problematisch, wenn sie mit High-Stakes-Tests, also Tests, die auf Übergänge und Abschlüsse Einfluss haben, verschmelzen und/oder zum dominanten, zentralen Steuerungsmittel mutieren und/oder nur mit Druck durchgesetzt werden können. Erst in einem Gesamtkonzept von Qualitätsmanagement werden Standards sinnvoll.

Einige Länder, auch Bundesländer, sind auf dem Weg zu einem Gesamtkonzept. Im Ausland sind z.B. Kanada, Schottland oder die Niederlande weit vorangeschritten, in Deutschland z.B. Niedersachsen, Baden-Württemberg, Rheinland-Pfalz und Nordrhein-Westfalen. Sie erproben zahlreiche der erwähnten Komponenten der Steuerung, kombinieren auch etliche, haben sie jedoch nicht (oder noch nicht) zu einem umfassenden und konklusiven System integriert. Es handelt sich eher um Cocktails als um Synthesen. Beispielsweise ist die externe Evaluation – wie in den Niederlanden – stark ausgebaut, aber die interne unterentwickelt. Oder es wird ein adäquat aufeinander eingespieltes Konzept von interner und externer Evaluation geplant und beschlossen, aber es mangelt an einer Abstimmung mit den Bildungsstandards und erst recht mit Schulleistungstests.

Wenn aus einem Cocktail eine Synthese werden soll, muss nach *Medien der systematischen Verknüpfung* gesucht werden. Mindestens drei solcher Medien sind zurzeit zu erkennen:

1. Bildungsstandards und Schulcurricula;
2. interne und externe Evaluation;
3. Tests zum Zwecke der Schulevaluation und Schulentwicklung.

1. *Bildungsstandards* müssen nicht zentral administriert und allein durch Druck implementiert werden. Sie sind »luftig« formuliert, sie geben einen Rahmen vor; sie lassen Raum für schulspezifische Auslegungen. Umgekehrt finden Schulen mit eigenem Profil in den Standards ein Orientierungssystem und auch Maßstäbe für die eigenen Leistungsansprüche. Wenn beides systematisch aufeinander bezogen wird, entsteht ein Schulcurriculum, das sich allerdings auf ein viel breiteres Feld beziehen sollte als die Standards bisher abstecken, z.B. auf andere Fächer und auf Lehr- und Lernformen, die von den bisher vorliegenden Standards gar nicht thematisiert werden.

Adressaten der Standards sind ausdrücklich die Fachkonferenzen. Damit verbunden ist ein Verständnis von Unterrichtsentwicklung als Entwicklung von Fachunterricht. Unterrichtsentwicklung im Rahmen von Schulentwicklung bezieht sich indes eher auf Methoden- und Kommunikationstraining sowie auf kooperatives Arbeiten, also auf Lernen von Schülerinnen und Schülern (und z.T. auch von Lehrerinnen und Lehrern, vgl. Bastian/Rolff 2001, S. 16ff.). Fachunterricht bewegt sich gleichsam auf einer vertikalen Achse, im Gymnasium z.B. von der 5. bis zur 13. Klasse. Die Lehrer/innen, die ein Fach unterrichten, arbeiten meist in mehreren Klassen. Der Ort professionellen Austauschs ist die Fachkonferenz. In Ermangelung eines Bezugs auf dieselben Schüler/innen (aus derselben Klasse) stehen Fachfragen im Mittelpunkt des Interesses.

2. *Interne und externe Evaluation* müssen eng aufeinander bezogen sein, um Wirksamkeit für Qualitätsentwicklung erzeugen zu können. Eine der anspruchsvollsten Formen stellen so genannte Qualitäts-Tableaus dar. Es sind jedoch auch weniger aufwändige Referenzsysteme in Form von Fragebogensystemen vorhanden, die gut erprobt und von Schulen gut handhabbar sind. Sie dienen der internen Evaluation von Einzelschu-

len, dem Vergleich von Schulen untereinander und zudem als Datenbasis für Systemmonitoring. Sie eignen sich zur internen wie zur externen Evaluation zugleich.

Der erste in Deutschland gebräuchliche Fragebogen dieser Art war der »Guide to Institutional Learning« (GIL), den Dalin 1987 entworfen hatte (Dalin/Rolff 1990). Der GIL impliziert ein breites Qualitätsverständnis, das sich über zehn Dimensionen erstreckt: 1. Ziele und Werte; 2. Unterrichtspraxis; 3. Arbeitsklima; 4. Normen und Erwartungen; 5. Leitung; 6. Entscheidungsprozesse; 7. Einfluss und Kontrolle; 8. Veränderungen; 9. Zeit für Arbeitsaufgaben und 10. Belohnung. Als unzureichend erwies sich der Umstand, dass der GIL über kein explizites Qualitätsverständnis verfügt und sich lediglich auf die Lehrpersonen bezieht und Schüler/innen und Eltern ausblendet.

Das zuletzt genannte Manko überwand das IFS-Barometer (1996), welches auch Schüler- und Elternfragebögen umfasst und zudem bundesweite Vergleichswerte liefert. Ähnlich aufgebaut ist die so genannte Pädagogische Entwicklungs-Bilanz (PEB) des Deutschen Instituts für Internationale Pädagogische Forschung (Döbrich 2003), welche zunächst auch nur aus einem Lehrerfragebogen bestand, der 2002 um ein Schüler- und Elterninstrument ergänzt wurde und zu dem Daten aus hessischen und niedersächsischen Schulen vorliegen. Ein weiteres Instrument dieser Art hat die Bertelsmann-Stiftung erarbeitet (Stern u.a. 2003). Es ist ebenfalls mit Lehrer-, Schüler- und Elternfragebögen ausgestattet. Darüber hinaus orientiert es sich an einem expliziten Qualitätskonzept und ist auch für internationale Vergleiche geeignet.

Ein Nachteil aller vier Instrumente ist allerdings, dass es sich allein um standardisierte Fragebögen handelt, die Kapazität zur Datenerhebung sehr begrenzt ist, Fachleistungen z.B. überhaupt nicht erfasst werden und Schuleigenarten auch nicht.

Bei der externen Evaluation können im Prinzip zwei Varianten unterschieden werden: direkte und Metaevaluation. Die bisherigen Erfahrungen in den Niederlanden, in England und in einigen Schweizer Kantonen lassen vermuten, dass Metaevaluation eher geeignet ist, die interne Evaluation zu stimulieren, was allerdings noch einer genaueren Untersuchung bedarf. Würde sich diese Vermutung bestätigen, wäre davon abzuleiten, dass indirektere Kopplungen offenbar zu intensiveren Synthesen führen. Metaevaluationen können von einer Evaluationsagentur, aber auch von Peers durchgeführt werden. Beide Ansätze sind in Deutschland noch unterentwickelt. Die Ministerien haben die Einführung von Tests als Form externer Evaluation vorgezogen.

3. Das dritte und hier zuletzt behandelte Medium der Integration ist das neuartigste, aufwändigste und möglicherweise wirksamste: die Weiterentwicklung und Kalibrierung von Vergleichsarbeiten zu *Fachleistungstests* mit mehrfacher Funktion. Die bisherigen Rückmeldungen von Daten aus *large-scale assessments*, die auf Stichproben beruhen, könnten bei den teilnehmenden Schulen nicht viel bewirken, u.a. weil – wie bei PISA 2000 – keine Daten aus vollständigen Klassen erhoben wurden, oder – wie bei IGLU – wohl intakte Klassen-Datensätze vorhanden sind, diese aber nur an die beteiligten Klassenlehrer/innen, aber nicht an die Schule gegeben wurden.

Anders stellt sich die Situation dar, wenn eine Vollerhebung erfolgt, also Schülerdaten aus allen Klassen des Bezugsjahrgangs aller Schulen des Landes ermittelt und allen Schulen zurückgegeben werden. Dann ist eine intensivere Auseinandersetzung der Schulen mit diesen Daten zu erwarten und eine wirkungsvollere innerschulische Verarbeitung. Derartige Vollerhebungen fanden zum ersten Mal in Hamburg in Form der Lau-Studie und dann in Rheinland-Pfalz (Markus) statt. Über die innerschulische Verarbeitung ist auch hier bisher wenig bekannt. Schrader und Helmke haben eine erste Evaluationsstudie aus Rheinland-Pfalz vorgelegt, dabei betrug die Rücklaufquote der Schulen allerdings weniger als 5 Prozent (Schrader/Helmke 2003).

Noch intensiver wird vermutlich die Kopplung mehrerer Funktionen bei VERA erfolgen, einem Vorhaben, an dem sieben Bundesländer teilnehmen. VERA steht für »Vergleichsarbeiten«, die in diesem Fall allerdings zu Tests weiterentwickelt wurden, ohne ihre Schulnähe aufzugeben. VERA wird von allen 4. Klassen aller Schulen eines Bundeslandes bearbeitet. Es existiert eine normierte Zentralstichprobe, die repräsentativ für das Bundesland ist. Jeder Schule werden die Hälfte der Aufgaben für die Vergleichsarbeiten aus dieser Zentralstichprobe vorgegeben, sodass Daten für ein zentrales Systemmonitoring zur Verfügung stehen. Die ausgewerteten Daten werden jeder Schule per Internet zugespielt, sodass sie sich am Landesdurchschnitt und – wegen der Fairness – mit Schulen in vergleichbarer soziokultureller und sozio-ökonomischer Lage messen kann. Auf der anderen Seite (nämlich der der Schule) kann jede Schule eigene Aufgaben zur Evaluation des eigenen spezifischen Profils aussuchen, allerdings nicht frei, sondern aus einem auf Zuwachs angelegten Datenpool. Das dürfte Anlass für eine stärkere Identifikation (»ownership«) der Schule mit diesen testartigen Vergleichsarbeiten sein (vgl. Helmke/Hosenfeld 2003, S. 14). Ein ähnliches Verfahren wurde in Nordrhein-Westfalen gerade für die 9. Jahrgänge entwickelt und Ende 2004 eingesetzt.

Diese Art von Vergleichsarbeiten stellt die wohl engste Verbindung zentral administrierter und schulbasierter Schulentwicklung dar. *Top-down-* und *Bottom-up-*Ansätze werden amalgamiert. Die Daten werden schulweit veröffentlicht und gehen auch – was nicht ganz unproblematisch ist – an die Eltern. Datenbasierte und ergebnisorientierte Schulentwicklung wird so möglich.

Außerschulischer Druck und innerschulischer Zug können zusammenkommen – Letzterer allerdings nur, wenn die beteiligten Länder entsprechende Unterstützungssysteme für die Einzelschulen aufbauen. Qualitätsmanagement kann nur durch Schulentwicklung realisiert werden. Die Schulen müssen lernen, ihr Qualitätsmanagement in die eigenen Hände zu nehmen. Deshalb verlangt Schulentwicklung nach Lehrerfortbildung und Personalentwicklung. Die Schweiz und die Niederlande geben dafür im Vergleich zu Deutschland ein Mehrfaches aus und stehen im internationalen Vergleich des Ertrags besser da.

Literaturverzeichnis

Adams, J.D. (Hrsg) (1974): Theory and Method in Organization Development. An Evolutionary Process. Arlington, VA: NTL Institute for Applied Behavioral Science.
Altrichter, H./Salzgeber, S. (1997): Zur Mikropolitik schulischer Innovation. In: Altrichter, H./Posch, P. (Hrsg.): Mikropolitik der Schulentwicklung. Innsbruck/Wien.

Baldridge, J.V./Deal, T.E. (Hrsg.) (1975): Managing Change in Educational Organizations. Berkeley.
Ball, S.J. (1987): The Micro Politics of the School. Towards a Theory of School Organization. London.
Bastian, J./Rolff, H.G. (2001): Vorabevaluation des Projektes »Schule & Co.«. Gütersloh.
Bastian, J./Rolff, H.G. (2002): Vorab- oder Abschlussevaluation des Projektes »Schule und Co.«. Gütersloh.
Bauer, K.O. (2002): Schulaufsicht im Dialog mit Schulen. In: Rolff/Holtappels/Klemm/Pfeiffer 2002.
Baumgartner, I. u.a. (1988): OE-Prozesse. Die Prinzipien systemischer Organisationsentwicklung. Bern u.a.
Berman, P./Greenwood, P.W./Mann, D./McLaughlin, M.W./Pauly, E.W./Pincus, J. (1974/75): Federal Programs Supporting Educational Change, Vol. I–IV. Santa Monica, CA (Rand R – 1589).
Bleicher, K. (1992): Leitbilder. Orientierungsrahmen für eine integrative Management-Philosophie. Stuttgart/Zürich.
Bowers, D.G./Franklin, J.L. (1972): Survey-Guided Development. Using Human Resources Measurement in Organizational Change. In: Journal of Contemporary Business, B. 1, S. 43–55.
Buhren, C./Rolff, H.G. (2002): Personalentwicklung in Schulen. Weinheim/Basel.
Burkard, C. (2001): Inhalte, Schwerpunkte und Funktionen der Schulprogramme. In: MSWWF/LSW (Hrsg.): Schulprogrammarbeit in Nordrhein-Westfalen. Eine Zwischenbilanz. Bönen/Westf.
Burkard, C. (2004): Schulprogramme aus der Sicht der Schulaufsicht. In: Holtappels 2004a.
Burkard, C./Kanders, M. (2002): Schulprogrammarbeit aus der Sicht der Beteiligten. In: Rolff/Holtappels/Klemm/Pfeiffer 2002.
Coch, L./French, J.R. (1948): Overcoming Resistance to Change. In: Human Relations, Bd. 1, S. 512–533.
Dalin, P. (1973): Case Studies of Educational Innovation, Vol. IV. Paris: OECD.
Dalin, P. (1986): Organisationsentwicklung als Beitrag zur Schulentwicklung. Paderborn.
Dalin, P./Rolff, H.G./Buchen, H. (1990): Institutionelles Schulentwicklungs-Programm. Bönen/Westf.
Deal, T.E. (1975a): Alternative Schools. An Alternative Postmortem. In: Baldridge/Deal 1975.
Deal, T.E. (1975b): Survey Feedback. A Tool for Developing New Organizational Responses to Complex Educational Environments. Research and Development Memorandum No. 135. Stanford University: Stanford Center for Research and Development in Teaching.
Döbrich, P. (2003): Pädagogische Entwicklungs-Bilanzen (PEB). In: Pädagogische Führung, H. 1, S. 14ff.
Fischer, D. (1998): Braucht Schulentwicklung eine Steuergruppe? Aufgaben und Funktionen von Steuergruppen. In: Journal für Schulentwicklung, H. 4, S. 26–30.
Foltz, J.B.H./McLaughlin, J. (1974): Organization Development. A Line Management Function. In: Adams, J.D. (Hrsg.): Theory and Method in Organization Development. An Evolutionary Process. Arlington, VA: NTL Institute for Applied Behavioral Science.
Fosmire, F./Keutzer, C./Diller, R. (1971): Starting Up an New Senior High School. In: Schmuck/Miles 1971.
French, W.L./Bell, C.H. ([3]1990): Organisationsentwicklung. Bern/Stuttgart.
Fullan, M. (1991): The New Meaning of Educational Change. New York.
Fullan, M. (1993): Change Forces. London.
Fullan, M./Bennett, B./Rolheiser-Bennett, C. (1990): Linking Classroom and School Improvement. In: Educational Leadership, H. 5, S. 13–19.
Geißler, H. ([2]1995): Grundlagen des Organisationslernens. Weinheim.
Giddens, A. (1995): Die Konstitution der Gesellschaft. Frankfurt a.M.
Gross N.C./Giaquinta, J.B./Bernsheim, M. (1971): Implementing an Organizational Innovation. New York.
Guskey, T.R. (2003): How Classroom Assessments Improve Learning. In: Educational Leadership, H. 5, S. 60.
Hameyer, U. u.a. (2000): Schulprogramme. Portraits ihrer Entwicklung. Kronshagen.

Helmke, A./Hosenfeld, J. (2003): Vergleichsarbeiten (VERA). In: Schulverwaltung NRW, H. 4/5.
Hermann, J. (2000): »Und ich denke schon, dass ohne Steuergruppen da nichts laufen würde ...«. Qualifizierung schulischer Steuergruppen im Projekt »Schule & Co.«. In: Schul-Management, H. 6, S. 16–20.
Holtappels, H.G. (1997): Grundschule bis mittags. Weinheim/München.
Holtappels, H.G. (2002): Die Halbtagsgrundschule. Lernkultur und Innovation in Hamburger Grundschulen. Weinheim/München.
Holtappels, H.G. (Hrsg.) (2004a): Schulprogramme. Instrumente der Schulentwicklung. Weinheim/München.
Holtappels, H.G. (2004b): Schulprogramm und Organisationskultur. Ergebnisse aus niedersächsischen Schulen über Bedingungen und Wirkungen. In: Holtappels 2004a.
Holtappels, H.G./Berkemeyer, N./Lork, C. (2005): Erste Forschungsergebnisse zur Steuergruppenarbeit im Projekt QNW-Niedersachsen. Dortmund: IFS.
Holtappels, H.G./Müller, S. (2002): Inhaltsanalyse der Schulprogrammtexte Hamburger Schulen. In: Rolff/Holtappels/Klemm/Pfeiffer 2002, S. 209–231.
Holtappels, H.G./Rolff, H.G. (2004): Zum Stand der Schulentwicklungstheorie und -forschung. In: Popp, U./Reh, S. (Hrsg.): Schule forschend entwickeln. Weinheim/München.
Hornstein, H.A./Bunker, B.B./Burke, W.W./Gindes, M./Lewicki, R.J. (Eds.) (1971): Social Intervention. A Behavioral Science Approach. New York.
Huberman, U.A./Miles, M.B. (1984): Innovation Up Close. How School Improvement Works. New York.
Jürgens, E. (2004): Schulprogrammarbeit auf dem Prüfstand. In: Holtappels 2004a.
Kanders, M. (2002): Was nützt Schulprogrammarbeit den Schulen? Ergebnisse einer schriftlichen Befragung von Lehrerinnen und Lehrern. In: MSWWF/LSW 2002, S. 55–122.
Kanders, M. (2004): Schulprogrammarbeit in NRW. In: Holtappels 2004a.
Keith, P.M./Smith, L.M. (1971): The Anatomy of Educational Innovation. An Organizational Analysis of an Elementary School. New York.
Klippert, H. (1997): Schule entwickeln – Unterricht gestalten. In: Pädagogik 49, H. 2, S. 12–17.
König, E./Volmer, G. (1993): Systemische Organisationsberatung. Weinheim.
Lewin, K. (1951): Field Theory in Social Science. New York.
Lieberman, A./Miller, L. (1990): Restructuring Schools. What Matters and What Works. In: Phi Delta Kappan 71, H. 10, S. 759–764.
Mann, F.C. (1971): Studying and Creating Change. A Means to Understanding Social Organization. In: Hornstein u.a. 1971.
March, J.G. (1974): Analytical Skills and the University Training of Educational Administrators. In: Education and Urban Society, H. 6, S. 382–427.
Mayrshofer, L./Kröger, H.A. (2001): Prozesskompetenz in der Projektarbeit. Hamburg.
McLaughlin, M.B. (1990): The Rand Change Agent Study Revisited. In: Educational Researcher 19, H. 9, S. 11–16.
Meyer, H. (1997): Schulpädagogik, Band II. Berlin.
Miles, M.B. (1998): Finding Keys to School Change. A 40-Year Odyssey. In: Hargreaves, A. u.a. (Hrsg.): International Handbook of Educational Change. Dordrecht.
Mill, C.R./Porter, L.C. (Hrsg.) (1972): Reading Book for Laboratories in Human Relations Training. Arlington, VA: NTL Institute for Applied Behavior Science.
Ministerium für Schule und Weiterbildung, Wissenschaft und Forschung des Landes Nordrhein-Westfalen (Hrsg.) (1999): Schulprogramm. Bönen/Westf.
Ministerium für Schule und Weiterbildung, Wissenschaft und Forschung des Landes Nordrhein-Westfalen/Landesinstitut für Schule und Weiterbildung (Hrsg.) (2002): Schulprogrammarbeit in Nordrhein-Westfalen. Bönen/Westf.
Mortimore, P./Sammons, P./Stoll, L./Lewis, D./Ecob, R. (1988): School Matters. The Junior Years. Wells.

MSWWF *siehe* Ministerium für Schule und Weiterbildung, Wissenschaft und Forschung des Landes Nordrhein-Westfalen

Odden, A./Marsch, D. (1989): State Education Reform Implementation. In: Hannaway, J./Crowson, R. (Hrsg.): The Politics of Reforming School Administration. New York.

Philipp, E./Rolff, H.G. (⁴2004): Schulprogramme und Leitbilder entwickeln. Weinheim/Basel.

Risse, E. (Hrsg.) (1998): Schulprogramm. Entwicklung und Evaluation. Neuwied.

Rolff, H.G. (1977): Schulreform als geplanter organisatorischer Wandel. In: Deutsche Schule 69, H. 6, S. 357–373.

Rolff, H.G. (1992): Die Schule als besondere soziale Organisation. In: Zeitschrift für Sozialisationsforschung und Erziehungssoziologie 4, H. 12, S. 306–324.

Rolff, H.G. (1993): Wandel durch Selbstorganisation. Weinheim/München.

Rolff, H.G. (1998): Entwicklung von Einzelschulen. In: Rolff, H.G./Bauer, K.O./Klemm, K./Pfeiffer, H. (Hrsg.): Jahrbuch der Schulentwicklung, Bd. 10. Weinheim/München.

Rolff, H.G. (2001): Schulentwicklung konkret. Velber.

Rolff, H.G./Berkemeyer, N./Gläser, M./Rienhoff, A./Specken, K. (2003): Projektevaluation des OE-Prozesses der AGS-GIB (unveröffentlichter Projektbericht).

Rolff, H.G./Buhren, C./Lindau-Bank, D./Müller, S. (1998): Manual Schulentwicklung. Weinheim/Basel.

Rolff, H.G./Holtappels, H.G./Klemm, K./Pfeiffer, H. (Hrsg.) (2002): Jahrbuch der Schulentwicklung, Bd. 12. Weinheim/München (darin ein Schwerpunkt »Schulprogramm«).

Rolff, H.G./Schley, W. (2004): Qualifizierung für Steuergruppen. In: Journal Schulentwicklung, H. 2, S. 41–48.

Rolff, H.G./Tillmann, K.J. (1980): Schulentwicklungsforschung. In: Rolff, H.G./Hansen, G./Klemm, K./Tillmann, K.J. (Hrsg.): Jahrbuch der Schulentwicklung, Bd. 1. Weinheim/Basel.

Rutter, M./Maughan, B./Mortimer, P./Ouston, J. (1980): Fünfzehntausend Stunden. Schulen und ihre Wirkung auf die Kinder. Weinheim/Basel.

Sarason, S.S. (1971): The Culture of the School and the Problem of Change. Boston.

Schmuck, R.A./Miles, M.B. (1971): Organisation Development in Schools. Palo Alto, CA.

Schmuck, R.A./Murray, D./Smith, M.A./Schwartz, M./Runkel, M. (1975): Consultation for Innovative Schools. OD for Multiunit Structure. Eugene/Oregon: Center for Educational Policy and Management, University of Oregon.

Schmuck, R.A./Runkel, P.J./Saturen, S.L./Martell, R.T./Derr, C.B. (1972): Handbook of Organization Development in Schools. Palo Alto, CA.

Schrader, F.W./Helmke, A. (2003): Evaluation – und was dann? In: Schweizer Zeitschrift für Bildungswissenschaften 1, Bd. 25, S. 79–110.

Schratz, M. (2003): Qualität sichern – Programme entwickeln. Seelze.

Senge, P. u.a. (1996): Das Fieldbook zur fünften Diszplin. Stuttgart.

Stern, C. u.a. (2003): Vergleich als Chance. Gütersloh.

Strittmatter, A. (1997): An gemeinsamen Leitideen arbeiten. In: Journal für Schulentwicklung, H. 2, S. 90–103.

Voß, R. (Hrsg.) (⁴2002): Die Schule neu erfinden. Systemisch-konstruktivistische Annäherungen an Schule und Pädagogik. Neuwied.

Warnken, G. (1996): Wie der Schule zu helfen ist. In: Schulmanagement 27, H. 2, S. 15–23.

Willke, H. (1987): Strategien der Intervention in autonome Systeme. In: Baecker, B. u.a. (Hrsg.): Theorie als Passion. Frankfurt a.M.

Adolf Bartz

Grundlagen organisatorischer Gestaltung

1.	**Blicke auf die Organisation von Schule**	366
1.1	Als Lehrer/in neu an einer Schule	366
1.2	Als Schulleiter/in neu an einer Schule	368
1.3	Die Schulinspektion	374
1.4	Die Organisationsanalyse	378
2.	**Die Organisation und die Zieltätigkeit von Schule**	382
2.1	Der Auftrag und die Aufgaben von Schule	382
2.2	Leitbild und Schulprogramm	383
3.	**Aufgaben, Stellen und Ressourcen**	388
3.1	Unterrichtliche und außerunterrichtliche Aufgaben	388
3.2	Stellenbeschreibung und Geschäftsverteilungsplan	389
3.3	Die Unterrichtsverteilung	391
3.4	Aufgaben und Ressourcen	393
3.5	Kommunale und regionale Netzwerke	394
4.	**Entscheidungsverfahren und Problembearbeitung**	396
4.1	Entscheidungsbedarf und Entscheidungsverfahren	396
4.2	Problemlösungsschritte und -verfahren	398
4.3	Entscheidung, Partizipation und Verantwortung	399
5.	**Organisatorische Regeln**	404
5.1	Die Generierung von Regeln	404
5.2	Formelle und informelle Regeln	406
5.3	Die Steuerung der Organisation durch Regeln	407
6.	**Information und Kommunikation**	408
6.1	Das Betriebswissen und seine Dokumentation	409
6.2	Wissensmanagement in der Schule	409
7.	**Organisationsgestaltung und mentale Organisationsbilder**	412
7.1	Das Einzelkämpfermodell	412
7.2	Das Familienmodell	413
7.3	Das Bürokratiemodell	414
	Literaturverzeichnis	415

1. Blicke auf die Organisation von Schule

Wie eine Schule organisiert ist und inwieweit die organisatorische Gestaltung der Schule im Sinne ihres Bildungs- und Erziehungsauftrags zielführend ist, hängt nicht allein von den schulrechtlichen Vorgaben, von der Schulleitung und den Organisationsentscheidungen der Schulmitwirkungsgremien ab. Denn die Organisation der Schule wird immer auch durch die Lehrer/innen geprägt, die an der Schule arbeiten. Neben der formalen Organisation und den formalen Organisationsregeln und -abläufen gibt es immer auch informelle Regeln, die ggf. weitaus wirksamer das Organisationsgeschehen bestimmen. Neben den formalen Zuständigkeiten und Kompetenzen gibt es immer auch eine informelle Aufgaben- und Machtstruktur. Neben den offiziellen Erwartungen und Ansprüchen an die Organisationsmitglieder gibt es das individuelle Organisationsbewusstsein, von dem auch abhängt, inwieweit sich eine Lehrkraft überhaupt als Mitglied der Organisation Schule oder eher als Einzelkämpfer versteht, für den die Organisation nur die Räume zur Verfügung stellt, damit er seine Dienstleistung erbringen kann, und die Zeiten für das Erbringen der Dienstleistung festlegt.

Das Organisationsbild, das sich aus dem Gemisch formeller und informeller Organisationsstrukturen ergibt und die Schulkultur wesentlich prägt, ist in der Regel für jemanden, der neu an eine Schule kommt, deutlicher sichtbar, als es sich denen darstellt, die langjährig an dieser Schule arbeiten. Denn für diese Lehrkräfte ist das Bild, das sie von ihrer Schule als Organisation entwickelt haben, zu einer eingewöhnten Sicht geworden, die – soweit der Betrieb einigermaßen krisen- und konfliktfrei läuft – nicht mehr bewusst reflektiert und kritisch hinterfragt wird.

Wie sich eine Organisation darstellt, lässt sich deshalb am Blick schulfremder Personen klären, so z.B. aus der Sicht

- von Lehrkräften, die neu an eine Schule kommen, oder
- einer neuen Schulleiterin oder eines neuen Schulleiters oder
- von Schulinspektorinnen und -inspektoren, die u.a. die Qualität und Wirksamkeit der organisatorischen Gestaltung der Schule analysieren und überprüfen.

1.1 Als Lehrer/in neu an einer Schule

Eine Lehrkraft, die an einer Schule neu eingestellt oder auf dem Wege der Versetzung einer Schule zugewiesen wird, braucht für ihre Arbeit das erforderliche schulspezifische Betriebswissen, z.B. zu den folgenden Fragen:

- Wie ist die geltende Beschlusslage auf der Grundlage der Beschlüsse der Lehrer- und Schulkonferenz?
- Welche Regeln gelten an der Schule? Wie sind Routineabläufe geregelt? In welcher Weise liegt das Schulprogramm vor und zu welchen Aspekten der pädagogischen Arbeit macht es Aussagen?

- Wie sind Aufgaben und Zuständigkeiten verteilt? An wen wendet man sich, wenn es um Entscheidungen, Genehmigungen oder um fachliche oder erzieherische Fragen geht?
- Wie wird bei aktuellen Anlässen informiert? Wo findet man Unterrichtsmaterialien und Medien?

Der erste Eindruck von der Schule als Organisation wird im Hinblick auf diese Fragen wesentlich dadurch geprägt, inwieweit dieses Betriebswissen dokumentiert zugänglich ist oder ob es eher nur als implizites Wissen der Organisationsmitglieder – und dann ggf. in ganz unterschiedlichen Varianten und Deutungen – existiert. Für die neue Lehrkraft hängt davon nicht nur ab, wie sie sich das erforderliche Betriebswissen aneignen kann, sondern auch, welches Bild sie von der formellen organisatorischen Gestaltung der Schule entwickelt:

- Handelt es sich um eine Schule, die sich selbst als Organisation versteht und durch Transparenz und Klarheit bei den Erwartungen, Ansprüchen und Regelungen für den organisatorischen Rahmen des professionellen Handelns sorgt?
- Ist in der Schule die formelle Gestaltung klar oder lassen sich formelle und informelle Aspekte der Organisation, Information und Kommunikation kaum voneinander trennen?

Wie sich die neue Schule darstellt, wird dann auch das Bewusstsein der neuen Lehrkraft prägen: Inwieweit sieht sie sich als Mitglied einer Organisation, das an deren Ziele, Strukturen, Abläufe und Regeln gebunden ist? Oder hat sie eher den Eindruck, in einer diffusen Organisationsstruktur durch informelle Erkundungen und Eigenaufträge Orientierung finden zu müssen, und versteht sie sich entsprechend eher als Einzelkämpfer/in, weil verbindliche Organisationsvorgaben fehlen?

Aber auch dann, wenn eine Schule das erforderliche Betriebswissen klar und zugänglich bereitstellt, wird das Organisationsbild der neuen Lehrkraft immer auch durch die Eindrücke bestimmt sein, die sich im Erleben der informellen Strukturen und Regeln ergeben:

- So kann z.B. ein Rundgang durch die Schule deutlich machen, ob die Schule auf Ordnung und Sauberkeit Wert legt, wie die Schüler/innen miteinander und wie Lehrkräfte und Schüler/innen miteinander umgehen.
- Weitere Eindrücke ergeben sich z.B. aus der Sitzordnung im Lehrerzimmer: Gibt es Gruppentische und stellen diese Gruppen Arbeitszusammenhänge, z.B. als Jahrgangsstufenteam, oder eher Fraktionen oder Sympathiegruppen dar? Oder sitzen die Lehrkräfte eher vereinzelt im Lehrerzimmer und haben sie dabei eher feste oder wechselnde Plätze? Gibt es einen Zusammenhang mit der Anrede: Ist das Du oder Sie eher Ausdruck für Fraktionsbildungen und Sympathie oder hängt es von Arbeitszusammenhängen ab?
- Die Lage der Schulleitungsbüros, ihre Zugänglichkeit, die Präsenz der Schulleitungsmitglieder im Lehrerzimmer oder der Schule und die Anrede (wen duzt und

wen siezt die Schulleitung?) können Indizien dafür sein, ob das Verhältnis zwischen Schulleitung und Kollegium eher durch Distanz oder Nähe bestimmt ist.
- Weitere Folgerungen ergeben sich aus Kommunikationserfahrungen: Wie reagieren Kolleginnen und Kollegen und wie reagiert die Schulleitung auf Erkundungs- und Orientierungsfragen der neuen Lehrkraft? Erfährt sie dabei eher Unterstützung mit dem Gefühl, dass sich kollegial umeinander zu kümmern die Arbeits- und Interaktionsstruktur und -kultur prägt, oder wird das Nachfragen eher als lästig und störend empfunden, weil erwartet wird, dass jede Lehrkraft alleine klar kommt?
- Ob Unterricht oder Konferenzen pünktlich begonnen werden und ob auf eine Verspätung reagiert wird, macht ebenso wie z.B. die Art und Weise, wie die Pausenaufsicht wahrgenommen wird, deutlich, welche Werte an der Schule gelten und welche Bedeutung sie für die einzelnen Lehrkräfte haben.

Im Abgleich der informellen Strukturen und Regeln mit den Strukturen und Regeln, die die Schule formal, insbesondere in ihrem Schulprogramm, festgelegt hat, stellt sich für die neue Lehrkraft zugleich die Frage der Glaubwürdigkeit: Wird das, was formal gilt, auch gelebt und umgesetzt und hat es Konsequenzen, wenn formale Strukturen und Regelungen, aber auch Ziele und Werte von einzelnen Lehrkräften nicht beachtet werden?

Welche Eindrücke eine neue Lehrkraft von den formellen und informellen Regelungen und Strukturen, Zielen und Werten und der Arbeits- und Schulkultur gewinnt, ist immer auch für die Schule von diagnostischem Wert: Wie wird die Schule von jemandem wahrgenommen, der ihre Abläufe und Strukturen nicht kennt, und was kann die Schule aus dieser Rückmeldung für ihre Weiterentwicklung lernen?

Die Aufgabe der Schulleitung ist deshalb, den fremden Blick durch neue Lehrkräfte zu nutzen, um mehr darüber zu erfahren, wie klar die organisatorische Gestaltung der Schule ist und welche Wirkungen sie hat. Indem auf diese Weise die Selbstwahrnehmung der Schule als soziales Systems irritiert und ggf. eingewöhnte Regeln und Routinen infrage gestellt werden, bietet sich die Chance, die Schule weiter zu entwickeln und ihre organisatorische Gestaltung zu verbessern.

1.2 Als Schulleiter/in neu an einer Schule[1]

Wer als Schulleiter/in neu an eine Schule kommt, wird die neue Schule nicht wesentlich anders wahrnehmen als eine neue Lehrkraft, aber mit einer anderen Perspektive, nämlich für die organisatorische Gestaltung die Leitungsverantwortung zu übernehmen. Die Eindrücke, die sich von der formellen und der informellen Organisation der Schule und von der Passung dieser beiden Organisationsebenen ergeben, sind deshalb immer auch unter dem Gesichtspunkt zu bewerten, ob diese Eindrücke den eigenen Zielen, Werten und Gestaltungsabsichten entsprechen und inwieweit und wo sich aus

---

1 Die folgenden Ausführungen stützen sich im Wesentlichen auf Bartz 2005a, S. 7ff.

der Sicht der neuen Schulleiterin oder des neuen Schulleiters ein Bedarf an Weiterentwicklung und ggf. auch an Leitungsintervention ergibt. Das Erleben der organisatorischen Gestaltung an der neuen Schule sollte deshalb im Sinne einer kritischen Organisationsanalyse erweitert werden. Eine solche Organisationsanalyse vollzieht sich in der alltäglichen Arbeit und sollte durch gezielte Erkundungen ergänzt werden. Dabei geht es z.B. um

1. Ablaufregelungen, insbesondere im Hinblick auf die Organisation der Verwaltungsarbeit;
2. die Arbeits- und Beziehungsstrukturen;
3. die Verwendung der Ressourcen;
4. das Umfeld der Schule;
5. das Schulprogramm.

1.2.1 Ablaufregelungen

Zeitlich vorrangig erscheint die Klärung der Ablaufregelungen, insbesondere in der Schulleitungskooperation und der Zusammenarbeit mit dem Sekretariat. In diesem Zusammenhang ist zu prüfen, wie die Kommunikation zwischen den Schulleitungsmitgliedern abläuft und ob sie so geregelt ist, dass unterschiedliche Kompetenzen der Planung, Beratung, Entscheidung, Genehmigung und der Information angemessen wahrgenommen und berücksichtigt werden können:

- Wer ist für die Eingangsbestätigung und die Verteilung der Post zuständig?
- Wie läuft die Information über Entscheidungen eines Schulleitungsmitglieds, die für die anderen von Belang sind (z.B. bei der Genehmigung von Klassenarbeiten, Sonderurlaub, Fortbildung u.Ä.)?
- Welche Formblätter und Dateien liegen zur Bearbeitung von Routinevorgängen, zu Einladungen, Mitteilungen u.a., aber auch zum Stellen-Ist, Lehrerdeputaten, Fächerbedarf u.a. vor?
- Wie ist der Aktenplan gestaltet? Ist er in angemessener Weise differenziert und umfassend? Gibt er Standort und Zuständige für die Verwaltung der Akten an?
- Liegen zu einzelnen Vorhaben Ablaufplanungen vor? Oder weist der Terminplan Vorhaben auf, für die eine Ablaufplanung erstellt werden sollte?
- Ist der Terminplan als Arbeitsplan für die Schulleitung geeignet? Oder sollten auf die Funktionsträger oder auf einzelne Vorhaben bezogene Nebenterminpläne erstellt werden?

1.2.2 Arbeits- und Beziehungsstrukturen

Die Analyse der Arbeits- und Beziehungsstrukturen kann sich zunächst an der aktuellen Unterrichtsverteilung orientieren, die durch einen Einblick in die Unterrichtsverteilung der Vorjahre ergänzt werden sollte:

- Bietet die Unterrichtsverteilung Möglichkeiten eines kontinuierlichen Arbeitszusammenhangs, etwa durch einen schwerpunktmäßigen Unterrichtseinsatz von Lehrerinnen und Lehrern in einem Jahrgang? Oder fördert sie eher eine individualistische Arbeitsgestaltung und Arbeitsorientierung?
- Ermöglicht die Unterrichtsverteilung Arbeitszusammenhänge? Wenn ja: Sind diese Arbeitszusammenhänge eher pädagogisch auf Schülergruppen oder auf fachliche Kooperation bezogen?
- Wird Lehrerwechsel eher vermieden oder weist die Unterrichtsverteilung über mehrere Jahre eine hohe Fluktuation auf?
- Liegt der Schwerpunkt in der Unterrichtsverteilung eher auf Kontinuität, sodass die Lehrpersonen, insbesondere als Klassenlehrerinnen und -lehrer, ihre Klassen vom ersten bis zum letzten Jahrgang ihrer Schulstufe begleiten? Oder wechselt der Lehrereinsatz nach zwei oder drei Jahrgängen?

Diese Analyse der Unterrichtsverteilung ist durch eine Erkundung, wie die Mitwirkungsgremien und ggf. Arbeits- oder Projektgruppen arbeiten, zu ergänzen:

- Finden bei schwerpunktmäßigem Unterrichtseinsatz in einer Jahrgangsstufe Sitzungen der Lehrer/innen eines Jahrgangs statt? Wenn ja: Wie häufig? Durch wen einberufen? Wer bestimmt die Themen? Welche Form von Absprache findet mit welcher Verbindlichkeit statt?
- Wie häufig tagen Fachgruppen bzw. Fachkonferenzen? Inwieweit werden Unterrichtsvorhaben verbindlich abgesprochen sowie Unterrichtsmaterialien ausgetauscht oder die entsprechenden Vorbereitungsaufgaben aufgeteilt?
- Werden die Ergebnisse kooperativer Arbeit im Jahrgang dokumentiert? Steht diese Dokumentation auch anderen Jahrgängen zur Verfügung?
- Gibt es einen Austausch zwischen den Jahrgangsstufen oder zwischen den Fachgruppen?
- Verständigen sich die Lehrer/innen der einzelnen Jahrgänge und der Fachgruppen bzw. Fachkonferenzen über fachliche Standards und Leistungsbeurteilung?

1.2.3 Verwendung der Ressourcen

Die Analyse der Ressourcen kann sich an folgender Checkliste orientieren:

Schulhof/Schulgelände
- Wie ist der Schulhof festgelegt und nach außen hin abgegrenzt?
- Welche Sitz- und Spielmöglichkeiten sind eingerichtet? Welche Ausstattung ist gewünscht oder erforderlich, um die Freizeit- und Pausenattraktivität des Schulhofes zu verbessern?
- Sind Schulhofbereiche so aufgeteilt, dass sie schwerpunktmäßig für Jahrgangs- oder Altersstufen vorgesehen und entsprechend ausgestattet sind? Bietet der Schulhof Möglichkeiten für eine solche Aufteilung und die Zuordnung von Bereichen zu einzelnen Stufen?

Gebäude
- Welche Klassen- und Fachräume sowie Verwaltungs- und Nebenräume stehen zur Verfügung? Wie sind sie im Gebäude verteilt? Welche pädagogischen Implikationen ergeben sich aus der Zuweisung der Klassen zu den Klassenräumen?
- Welche Konsequenzen ergeben sich aus dem (Fach-)Raumbestand für Unterricht mit äußerer Differenzierung und für den Stundenplan?
- Wie werden die Nebenräume genutzt? Wo gibt es räumlich Arbeits- oder Gesprächsmöglichkeiten für die Lehrer/innen sowie für Beratungsgespräche mit Eltern und Schüler/innen?
- Wie ist das Gebäude gestaltet (z.B. Wandmalerei, Farben, Sitzecken für Schülergruppen o.Ä.)? Welche Stimmung und Atmosphäre strahlt das Gebäude aus?
- Welche Beschädigungen liegen vor? Welche Reparaturen erscheinen mit welcher Dringlichkeit erforderlich? Welche Mittel stehen dafür kurz- und langfristig zur Verfügung? Sind ggf. Erweiterungsbauten oder Umbauten geplant oder erforderlich?

Ausstattung
- Wie sind die Fachräume und die Sporthallen ausgestattet?
- In welchen Bereichen besteht aktuell oder mittelfristig ein dringender Ausstattungsbedarf, um einen ordnungs- und lehrplangemäßen Unterricht zu gewährleisten?
- Wie wird die Ausstattung genutzt und wie wird ihre Nutzung (Verluste, Beschädigungen o.Ä.) kontrolliert?
- Werden die Arbeitsschutzrichtlinien und die Gefahrstoffverordnung beachtet?

Haushalt und Finanzierung
- Welche Vorgaben des Schulträgers zur Haushaltsführung sind zu beachten?
- In welcher Höhe stehen Haushaltsmittel im Verwaltungs- und Vermögenshaushalt zur Verfügung?
- Wie verteilen sich die Haushaltsmittel auf Gebäude, Schülerbeförderung, Ausstattung, Lernmittel und wie verteilen sie sich auf die einzelnen Fächer und Fachbereiche oder sonstige Arbeitszusammenhänge?
- Welche pädagogischen Implikationen und welche Schwerpunktsetzungen ergeben sich aus dem Haushalt?
- Wie stellen sich mittelfristig die Haushaltsperspektiven dar?
- Wie ist das Verfahren der Haushaltsplanung, -erstellung, -verwendung und -kontrolle gestaltet?
- Welche Einflussmöglichkeiten hat die Schule auf die Höhe und die Verteilung des Haushalts?
- Gibt es die Möglichkeit für die Schule, bei absehbaren größeren Ausstattungsvorhaben über mehrere Jahre anzusparen?
- Gibt es Anreizsysteme in der Weise, dass Einsparungen durch die Schule dieser an anderer Stelle zugute kommen?

Die Bestandsaufnahme von Schulgelände, Gebäude, Ausstattung und Haushalt sollte so dokumentiert werden, dass sie als Planungsgrundlage für eine Prioritätensetzung, langfristige Zeitplanung und für eine Klärung dienen kann, welche Maßnahmen zur Sicherung und Steigerung von Schulqualität durch die Schule selbst geleistet werden können und für welche Maßnahmen eine finanzielle, sachliche und personelle Unterstützung erforderlich ist. An dieser Planung sollten neben der Schulleitung, dem Hausmeister und dem Schulträger auch die Lehrer/innen und die Schulmitwirkungsgremien beteiligt sein, damit sich aus der Planung gemeinsam getragene und verantwortete Schulziele und -perspektiven ergeben.

Pädagogisches Personal
- Entspricht die Lehrerversorgung dem Stellen-Soll? Deckt sie quantitativ und qualitativ (fachlich) den Bedarf ab? Gibt es Unterrichtskürzungen? Wenn ja: In welchen Jahrgangsstufen, Fächern und aus welchen Gründen?
- Ist mittelfristig mit personellen Veränderungen (z.B. aufgrund der Altersstruktur des Kollegiums) zu rechnen? Kann die Schulaufsicht mittelfristige Perspektiven der Lehrerversorgung als Planungsgrundlagen für die Schule hinreichend zuverlässig angeben?
- Gibt es an der Schule ein Anforderungsprofil für die Lehrerstellen und eine Stellenbeschreibung für Beförderungsstellen und für außerunterrichtliche Aufgaben? Sind für künftige Beförderungsstellen bereits Ausschreibungen vorbereitet? Welche Aufgaben sind zurzeit nicht oder nicht angemessen abgedeckt?
- Welche zusätzlichen Unterrichtsangebote über die Stundentafel hinaus gibt es (z.B. Förderunterricht, Arbeitsgemeinschaften o.Ä.)?
- Werden bei der Verteilung der Lehrerwochenstunden pädagogische Schwerpunkte der Schule deutlich? Sind sie der Schule bewusst oder haben sie sich eher zufällig ergeben?
- Über welche zusätzlichen Qualifikationen verfügen die Lehrer/innen?

1.2.4 Das Umfeld der Schule

Das Umfeld der Schule wirkt sich darauf aus, von welchen Schülerinnen und Schülern die Schule besucht wird und welche Voraussetzungen sie mitbringen. Deshalb ist eine Klärung der Schülervoraussetzungen bedeutsam:

- Aus welchem Einzugsgebiet kommen die Schüler/innen und wie ist dieses Einzugsgebiet soziokulturell geprägt?
- Von welchen vorangehenden Schulen kommen die Schüler/innen und welches Bild der aufnehmenden Schule hat die Beratung an den abgebenden Schulen bei der Wahl der weiterführenden Schulen beeinflusst?
- Welche Angebote an Kinder- und Jugendkultur werden von den Schülerinnen und Schülern wahrgenommen?

Zum Umfeld gehören auch die Nachbarschulen als abgebende, aufnehmende oder konkurrierende Schulen. Wie sich die Schüler/innen des Einzugsgebiets auf die verschiedenen Schulen der gleichen Stufe verteilen, dies bestimmt auch wesentlich die Voraussetzungen für die pädagogische Arbeit an der eigenen Schule. Dabei ist als Grundlage für eine mittel- und langfristige Planung zu erkunden, wie sich die Schülerzahlen in den Folgejahren entwickeln und welche Maßnahmen der oder die Schulträger des Einzugsgebiets in ihrer Schulentwicklungsplanung vorgesehen haben. Auf die schulinternen Strukturen bezogen ist zu klären, in welcher Weise und von wem Kontakte zu den Nachbarschulen, insbesondere zu den abgebenden und aufnehmenden Schulen der vorangehenden oder folgenden Schulstufen, wahrgenommen werden.

Das Umfeld der Schule kann auch dafür genutzt werden, ein Netzwerk für den Unterstützungsbedarf der Schule aufzubauen, z.B.

- für Beratungs- und Förderangebote in Zusammenarbeit mit Beratungsstellen, Kinderärzten und -psychologen, sonstigen Einzelpersonen mit Beratungs- und Förderangeboten, Jugendhilfe, Polizei;
- für Freizeitangebote in Zusammenarbeit mit Vereinen, offener Jugendarbeit, Kirchen, Musikschulen u.Ä.;
- für außerschulische Kultur- und Lernangebote in Zusammenarbeit mit Museen, Theatern, Kinos, Volkshochschulen, Betrieben und Ämtern;
- für Berufswahlvorbereitung und Betriebspraktika in Zusammenarbeit mit der Arbeitsagentur, den Betrieben der Region, den berufsbildenden Schulen und dem Schulamt.

Dafür müssen die Angebote und Ansprechpartner im regionalen Umfeld erkundet und es muss geklärt werden, welche Kontakte und Arbeitszusammenhänge die Schule bereits verwirklicht und von wem sie wahrgenommen werden.

1.2.5 Schulprogramm

Die bisherigen Schritte der Organisationsanalyse bieten zugleich Informationen über die Voraussetzungen für die Umsetzung des Schulprogramms. Um den Stand und den Weiterentwicklungsbedarf bei der Schulprogrammarbeit zu klären, können folgende Fragen hilfreich sein:

- Wie ist das Schulprogramm erarbeitet worden? Wer wurde an der Erarbeitung beteiligt? Wer hat das Schulprogramm beschlossen?
- Zu welchen der folgenden Bereiche erzieherischer und unterrichtlicher Arbeit finden sich Aussagen?
  – Konzept und Verfahren der Schulentwicklung;
  – Leitbild der Schule, pädagogische Grundorientierung, pädagogischer Wertekonsens;

- Lernkonzept und Unterrichtskonzept;
- schulinterne Konzepte und Vereinbarungen für die schulischen Arbeitsfelder (schuleigene Lehrpläne mit der Ausweisung fachlicher Standards, Leistungsbewertung, Unterrichtsentwicklung, fächerübergreifendes Lernen und Unterrichtsprojekte, Berufswahlvorbereitung, Methodenlernen, selbstständiges Lernen, freie Arbeit, stufen-, abteilungs- oder bildungsgangspezifische Akzente, Schwerpunkte der erzieherischen Arbeit, Schulleben, Fahrten und Austauschprogramme u.Ä.);
- schulinterne Arbeitsstrukturen und -verfahren (Geschäftsverteilung und Zuständigkeitsregelung für die Schulleitung, die Funktionsstellen und die Wahrnehmung von Sonderaufgaben, Konferenzjahresplanung);
- mittelfristige Entwicklungsziele und Arbeitspläne für das laufende Schuljahr;
- Fortbildungsplanung (in Passung zu den Schwerpunkten und Entwicklungszielen des Schulprogramms);
- Evaluationsplanung und Vergewisserung über die Wirkungen des Schulprogramms und über die Lernwirksamkeit des Unterrichts.

1.3 Die Schulinspektion

Die Schulinspektion, die in den Niederlanden, England, Schottland und einzelnen Kantonen der Schweiz bereits Tradition hat und deren Einführung in der Mehrzahl der Bundesländer in der Planung und z.T. auch schon in der Erprobung ist, dient dazu, in ca. vierjährigem Abstand der Schule eine Rückmeldung zur Qualität ihrer Arbeit zu geben. Sie bezieht sich dabei neben dem Unterricht und dem Schulleben auch auf die Organisationsgestaltung und ihre Eignung für eine qualitativ angemessene Realisierung ihres Bildungs- und Erziehungsauftrags. Der fremde Blick auf die eigene Organisation wird hier von professionell qualifizierten Schulinspektorinnen und -inspektoren wahrgenommen, die mit den Methoden der Dokumentenanalyse, der Beobachtung, der Befragung und des Interviews die Organisationsgestaltung und die pädagogische Arbeit der Schule analysieren und bewerten.

Die Bewertung erfolgt auf der Grundlage von Qualitätskriterien, denen Indikatoren zugeordnet werden, und wird der Schule so kommuniziert, dass es zu einer Verständigung über den Stand und den Weiterentwicklungsbedarf kommt. Diese Verständigung setzt voraus, dass in der Vorbereitung der Inspektion die Qualitätskriterien kommuniziert sind und dass die Schule sich an diesen Kriterien orientieren kann. Im Folgenden sind zwei Beispiele für Qualitätskriterien zu Aspekten der Organisationsgestaltung dargestellt.

1.3.1 Beispiel Schleswig-Holstein

Schleswig-Holstein (Ministerium für Bildung, Wissenschaft, Forschung und Kultur in Schleswig-Holstein 2003, S. 20f.) orientiert sich einerseits an Beobachtungen, die als Indikatoren beschrieben werden, und andererseits an den Eindrücken und der Zufriedenheit der Betroffenen:

Tab. 1: **Die Leitung der Schule**	
I.1 Die schulinternen Aufgaben von Schulleiter/in und anderen Führungskräften sind klar geregelt und transparent, um einen reibungslosen Schulbetrieb zu gewährleisten.	
Die schulinterne Aufgabenverteilung ist für alle Führungskräfte konkret und schriftlich dokumentiert, sie ist dem Kollegium bekannt. Auf Nachfragen gibt es klare Auskünfte von den Führungskräften zu ihren Aufgaben.	*nahezu voll erreicht*
Die schulinterne Aufgabenverteilung für Führungskräfte ist weniger differenziert dokumentiert. Auf Nachfragen gibt es von den Führungskräften jedoch nicht durchgängig konkrete und eindeutige Auskünfte zu ihren Aufgaben.	*teilweise erreicht*
Die schulinterne Aufgabenverteilung für alle Führungskräfte ist nur grob umrissen. Auf Nachfragen gibt es ungenaue Auskünfte von Führungskräften zu ihren Aufgaben.	*im Ansatz erreicht*
Die schulinterne Aufgabenverteilung für alle Führungskräfte ist weder mündlich noch schriftlich festgelegt. Auf Nachfragen gibt es widersprüchliche Auskünfte von Führungskräften zu ihren Aufgaben.	*nicht erreicht*
I.4 Die Führungskräfte sorgen für guten Informationsfluss und beziehen die Lehrkräfte in Entscheidungsprozesse ein, um ein einheitliches Zusammenwirken zu gewährleisten.	
Fast alle Lehrkräfte (90% und mehr) sind der Meinung, dass Schulleiter/in und andere Führungskräfte für guten Informationsfluss sorgen und die Lehrkräfte in Entscheidungsprozesse einbeziehen. Diese Einschätzung wird durch Befunde aus der Schulpraxis bestätigt.	*nahezu voll erreicht*
Die meisten Lehrkräfte (75% und mehr) sind der Meinung, dass Schulleiter/in und andere Führungskräfte für guten Informationsfluss sorgen und die Lehrkräfte in Entscheidungsprozesse einbeziehen. Diese Einschätzung wird durch Befunde aus der Schulpraxis bestätigt.	*teilweise erreicht*
Die Mehrheit der Lehrkräfte (50% und mehr) ist der Meinung, dass Schulleiter/in und andere Führungskräfte für guten Informationsfluss sorgen und die Lehrkräfte in Entscheidungsprozesse einbeziehen. Diese Einschätzung wird durch Befunde aus der Schulpraxis bestätigt.	*im Ansatz erreicht*
Weniger als die Hälfte der Lehrkräfte ist der Meinung, dass Schulleiter/in und andere Führungskräfte für guten Informationsfluss sorgen und die Lehrkräfte in Entscheidungsprozesse einbeziehen. Diese Einschätzung wird durch Befunde aus der Schulpraxis bestätigt.	*nicht erreicht*

1.3.2 Beispiel Schottland

Schottland (Stern/Döbrich 1999, S. 86f., S. 91) ordnet einzelnen Themen Indikatoren so zu, dass ihre Beschreibung zugleich eine Bewertungsstufe darstellt:

Qualitätsindikator: Bereitstellung von Ressourcen

In diesem Qualitätsindikator geht es um die Themen:

- Verfügbare Finanzen sind ausreichend;
- Ressourcen sind angemessen und ausreichend.

Hier geht es um die Bereitstellung von Ressourcen durch die Schulbehörde oder die Bereitstellung von Ressourcen für Fachbereiche, Stufen oder Abteilungen (z. B. die Verwaltung) durch die Schulleitung.

Bewertungsstufe 4 (Erläuterung)

- Die verfügbaren Finanzen stellen eine sehr gute Grundlage für die Arbeit der Schule, des Fachbereichs, der Stufe oder der Abteilung dar.
- Ressourcen wie Bücher, Arbeitsmaterialien, audiovisuelle Materialien, Computer und Kopierer sind in ausreichendem Maße vorhanden – sie entsprechen den Bedürfnissen, sind in einem guten Zustand und unterstützen die Arbeit der Schule, des Fachbereichs, der Stufe oder der Abteilung in sinnvoller Weise.

Eine Leistung, die dem eben Erläuterten weitestgehend entspricht, würde mit der Bewertungsstufe 4 (sehr gut) bewertet.

Bewertungsstufe 2 (Erläuterung)

- Es sind zwar genügend Ressourcen vorhanden, um den Grundbedarf für die Arbeit der Schule, des Fachbereichs, der Stufe oder der Abteilung zu decken, zahlreiche Aspekte des Lernens und Lehrens können jedoch aufgrund der finanziellen Situation nicht abgedeckt werden; darüber hinaus können Entscheidungen nicht getroffen und einige Projekte müssen verschoben werden.
- Es sind Ressourcen vorhanden, einige davon sind jedoch veraltet oder nicht hochwertig oder umfangreich genug oder entsprechen nicht den Anforderungen.

Eine Leistung, die dem eben Erläuterten weitestgehend entspricht, würde mit der Bewertungsstufe 2 (mäßig) bewertet.

Qualitätsindikator: Organisation und Einsatz von Räumlichkeiten und Ressourcen

In diesem Qualitätsindikator geht es um die Themen:

- Organisation und Verfügbarkeit;
- Einsatz der Ressourcen;
- Präsentation interessanter und relevanter Themen und Gegenstände.

Bewertungsstufe 4 (Erläuterung)

- Räumlichkeiten und interne wie externe Ressourcen werden effektiv für die Nutzung durch Schüler und Lehrer verwaltet. Sie wissen, was verfügbar ist und haben problemlosen Zugang.
- Räumlichkeiten und Ressourcen werden optimal zur Förderung des Lehrens und Lernens und zur Schaffung zusätzlicher Erfahrungen genutzt. Die Schüler werden regelmäßig zur eigenständigen Verwendung der Ressourcen und Hilfsmittel aufgefordert.
- Gut präsentierte und regelmäßig erneuerte Ausstellungen von Schülerarbeiten sowie von anderen interessanten Gegenständen unterstützen das Lehren und das Lernen. Diese Ausstellungen sind attraktiv und helfen bei der Schaffung einer ansprechenden Atmosphäre.

Eine Leistung, die dem eben Erläuterten weitestgehend entspricht, würde mit der Bewertungsstufe 4 (sehr gut) bewertet.

Bewertungsstufe 2 (Erläuterung)

- Lehrer und Schüler wissen nicht genau, was zur Verfügung steht; der Zugang ist teilweise schwierig oder eingeschränkt.
- Der Einsatz der Ressourcen unterstützt zwar in grundlegenden Bereichen den Unterricht, er ist jedoch nicht immer zielgerichtet und gewährt keine hochwertige Unterstützung beim Lernen und Lehren oder bei zusätzlichen Erfahrungen. Die Schüler werden zu wenig zum eigenständigen Arbeiten mit den Ressourcen angehalten.
- Gelegentlich werden Schülerarbeiten ausgestellt, die Exponate werden jedoch selten gewechselt und zu wenig für den Unterricht genutzt. Der Gesamteffekt ist wenig beeindruckend.

Eine Leistung, die dem eben Erläuterten weitestgehend entspricht, würde mit der Bewertungsstufe 2 (mäßig) bewertet.

Qualitätsindikator: Management des der Schule übertragenen Budgets

In diesem Qualitätsindikator geht es um die Themen:

- Verständnis für übertragenes Budgetmanagement;
- Umgang mit dem der Schule übertragenen Budget;
- Mittelverwendung zur Schulentwicklungsplanung und für Lehren und Lernen.

Bewertungsstufe 4 (Erläuterung)

- Es besteht ein gutes Verständnis von Budgetierung; der Schulhaushalt wird gemäß nationaler und örtlicher Richtlinien verwaltet. Die Verwaltung der Gelder zur Deckung der fortlaufenden Kosten ist so angelegt, dass der Schulleiter nicht zuviel Zeit auf Budgetverwaltung verwenden muss und seine übrigen Aufgaben nicht zu vernachlässigen braucht.

> - Die Vorgehensweisen bei der Budgetierung sind fair und werden offen gelegt, sie erweisen sich in der Praxis als sinnvoll und erfolgreich. Alle Mitarbeiter werden in angemessener Weise zu Kommentaren zur Finanzpolitik der Schule aufgefordert.
> - Die Ausgabenpolitik und der Einsatz der Schulfinanzen stehen im Einklang mit den Prioritäten des Schulentwicklungsplanes und spiegeln die Erziehungsziele der Schule wider. Das Preis-Leistungs-Verhältnis ist das wichtigste Kriterium bei Entscheidungen im Finanzbereich.
>
> Eine Leistung, die dem eben Erläuterten weitestgehend entspricht, würde mit der Bewertungsstufe 4 (sehr gut) bewertet.
>
> *Bewertungsstufe 2 (Erläuterung)*
> - Es besteht nur ein begrenztes Verständnis von Budgetierung. Die Verwaltung der Gelder zur Deckung der fortlaufenden Kosten ist so angelegt, dass der Schulleiter unverhältnismäßig viel Zeit auf die Budgetverwaltung verwenden muss.
> - Die Vorgehensweisen bei der Budgetierung erweisen sich in der Praxis als nicht wirklich sinnvoll und erfolgreich oder sind nicht offen und fair genug. Zahlreiche Mitarbeiter haben keine Gelegenheit, zur Finanzpolitik der Schule Stellung zu beziehen.
> - Die Ausgabenpolitik und der Einsatz der Schulfinanzen stehen nicht deutlich genug im Einklang mit den Prioritäten des Schulentwicklungsplanes und spiegeln die Erziehungsziele der Schule nicht immer klar wider. Das Preis-Leistungs-Verhältnis ist nicht immer das wichtigste Kriterium bei Entscheidungen im Finanzbereich.
>
> Eine Leistung, die dem eben Erläuterten weitestgehend entspricht, würde mit der Bewertungsstufe 2 (mäßig) bewertet.

1.4 Die Organisationsanalyse

Sowohl für die neue Schulleitung wie für die Schulinspektion, soweit sie sich auf die Organisationsgestaltung bezieht, ist die Organisationsanalyse (Acker/Weiskam 1977; Bartz 2004a, S. 138ff.) ein hilfreiches Instrument. Sie stellt die Grundlage dar, um den Entwurf angestrebter Zielzustände der Schule als Soll-Zustand mit dem Ist-Zustand abzugleichen und auf dieser Grundlage den spezifischen Entwicklungsbedarf der Schule zu klären (vgl. Abb. 1).

1.4.1 Die Bestimmung des Soll-Zustands

Grundlage für die Bestimmung des Soll-Zustands einer Einzelschule ist das Schulprogramm, das sich wiederum zum einen an den Zielen sowie den normativen und strategischen Vorgaben des Landes orientieren und zum anderen die Ergebnisse empirischer Studien zur Unterrichts- und Schuleffektivität und -qualität berücksichtigen muss und

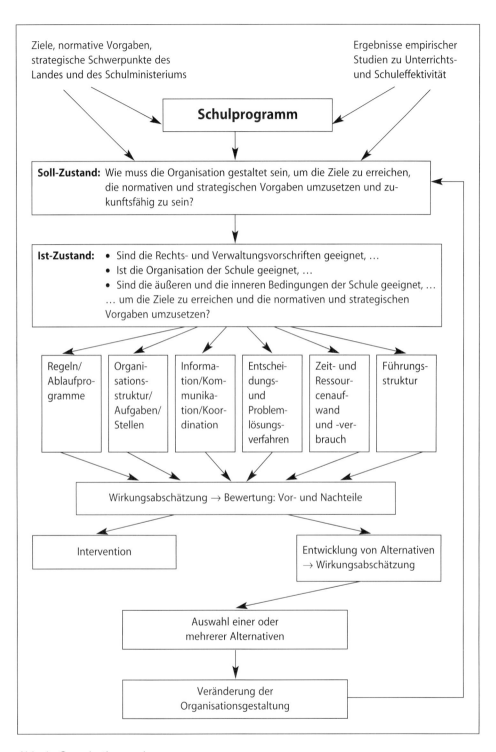

Abb. 1: Organisationsanalyse

an ihnen zu überprüfen und ggf. zu revidieren ist. Die Bestimmung des Soll-Zustands stellt die Kriterien bereit, an denen sich die Organisationsanalyse orientiert. Erst die Klarheit darüber, was die Schule braucht, um den aktuellen und den absehbaren zukünftigen Anforderungen entsprechen zu können, ermöglicht eine sinnvolle Analyse und Bewertung, inwieweit die aktuelle Organisationsgestaltung für die künftigen Herausforderungen geeignet ist und welche Bereiche und Aspekte der Organisationsgestaltung verbesserungsbedürftig sind.

1.4.2 Die Ermittlung des Ist-Zustands

Der Ist-Zustand einer Schule ist nicht nur durch die Art ihrer Organisationsgestaltung, sondern auch durch ihre inneren und äußeren Bedingungen wie z.B. die Gebäude, die Ausstattung, die finanziellen und personellen Ressourcen und durch die Rechts- und Verwaltungsvorschriften als verbindliche Vorgaben für die Einzelschulen bestimmt. Mit dem Soll-Zustand sind deshalb nicht nur die interne Gestaltung der Schule und ihre Bedingungen, sondern auch die Rechts- und Verwaltungsvorschriften abzugleichen. Folgende Methoden können für die Erkundung des Ist-Zustands genutzt werden:

- die Datenanalyse (z.B. Schulstatistik, Zahl der Versetzungen bzw. der Wiederholer, Lehrerfehlzeiten, Lehrerarbeitszeitkonten, Unterrichtsverteilung, Unterrichtsausfall, Stundenplan);
- die Dokumentenanalyse (z.B. Schulprogramm, Regelungen zu Abläufen und Zuständigkeiten, Organigramme und Funktionsdiagramme, Übersichten zu den Konferenzbeschlüssen).

Diese Analyse hat ihre Grenze darin, dass sie keine Aussage darüber zulässt, inwieweit die Programme, Beschlüsse und Regelungen wirksam sind. Um zu erkunden, inwieweit sie überhaupt bekannt sind und inwieweit sie handlungsleitend und -orientierend wirken, sind die folgenden Methoden sinnvoller:

- Fragebogen (Acker/Weiskam 1977, S. 18ff.; Beispiele S. 143ff.);
- Interviews (ebd., S. 21ff.);
- Prüflisten (ebd., S. 39ff.; Beispiele S. 74ff., S. 100ff.);
- Beobachtungen im Schulalltag.

Diese Verfahren können z.B. auf die Organisationsgestaltung durch formelle Regeln wie folgt angewandt werden:

Dokumentenanalyse
- In welcher Weise liegen die Beschlüsse der Konferenzen (Lehrer-, Schul-, Fach- und Klassenkonferenz) vor?

- Wie wird über die an der Schule geltenden Regelungen informiert? Liegen sie schriftlich vor?
- Wie sind die Konferenzbeschlüsse und die Regelungen für die einzelnen Mitglieder der Schulgemeinde (Schulleitung, Lehrpersonen, Eltern, Schüler/innen) zugänglich?
- Inwieweit und ggf. in welcher Weise wird für die Aktualisierung und die regelmäßige Überprüfung der Übersichten zu den Konferenzbeschlüssen, der Regelungen und der Ablaufprogramme gesorgt?

Fragebogen/Leitfaden für Interviews (Lehrpersonen)
- Sind Ihnen die geltenden Konferenzbeschlüsse bekannt? Wenn ja:
  – Auf welche Weise sind Sie über sie informiert worden und in welcher Weise liegen Sie Ihnen vor?
  – Inwieweit und in welchen Situationen oder Bereichen sind die Beschlüsse für Ihre unterrichtliche und erzieherische Arbeit von Bedeutung? Können Sie dafür Beispiele geben?
  – Haben nach Ihrem Eindruck die Konferenzbeschlüsse für Ihre Kolleginnen und Kollegen Bedeutung und Verbindlichkeit?
  – Greifen Sie im pädagogischen Austausch, bei Beratung und Absprachen auf die Konferenzbeschlüsse zurück?
- Gibt es eine Übersicht zu den an der Schule geltenden Regelungen? Wenn ja:
  – In welcher Weise liegen sie vor?
  – Sind Ihnen diese Regelungen bekannt?
  – Zu welchen Bereichen und Fragen gibt es Regelungen?
  – Sind die Regelungen für Ihre pädagogische Alltagsarbeit hilfreich? Orientieren Sie Ihr pädagogisches Handeln an den Regelungen?
  – Haben Sie den Eindruck, dass die Regelungen Ihren Kolleginnen und Kollegen bekannt sind und dass sie von ihnen beachtet und umgesetzt werden?

1.4.3 Die Wirkungsabschätzung und ihre Umsetzung

Auf der Grundlage der Daten- und Dokumentenanalyse, der Umfragen und der Interviews kann nun abgeschätzt werden, zu welchen Wirkungen die Organisationsgestaltung führt und ob diese Wirkungen dem angestrebten Soll-Zustand entsprechen. Das Ergebnis wird dann daraufhin überprüft, an welchen Stellen ein Verbesserungsbedarf im Abgleich mit dem angestrebten Soll-Zustand deutlich wird. Für diese Bereiche ist zu klären, ob grundlegende Alternativen entwickelt werden müssen oder ob eine unmittelbare Intervention für eine Annäherung an den Soll-Zustand ausreicht.

Eine solche Organisationsanalyse durch die Schulleitung, eine Steuergruppe oder als Ergebnis einer Schulinspektion ermöglicht der Schulleitung, die Interventions- oder Entwicklungsbedarfe an ihrer Schule zu klären und die Stellhebel zu nutzen, die zu einer wirksamen Veränderung der Organisationsgestaltung führen.

2. Die Organisation und die Zieltätigkeit von Schule

2.1 Der Auftrag und die Aufgaben von Schule

Organisationen haben einen Auftrag und Ziele, die sich aus diesem Auftrag ergeben. Der Auftrag kann – so z.b. bei kleinen oder mittleren Unternehmen – ein Eigenauftrag, er kann aber auch durch eine übergeordnete Instanz – z.B. in Filialen von Großunternehmen und entsprechend bei den Einzelschulen – vorgegeben sein. Dann ist es Aufgabe der kleineren selbstständigen Organisationseinheiten, den vorgegebenen Auftrag und die vorgegebenen Ziele in eigene Organisationsziele umzusetzen. Organisationsgestaltung bedeutet auf der Grundlage dieser Ziele die Strukturierung einer Organisation in einer Weise, dass sie ihre Aufgaben in einer zielgerechten und zweckmäßigen Weise erfüllen kann. Damit das Überleben einer Organisation gewährleistet ist, muss ihre Zieltätigkeit einen Bedarf im Umfeld abdecken und – z.B. im Unternehmensbereich – eine kaufkräftige Nachfrage finden.

Der wesentliche Auftrag der Schule, ihr Bildungs- und Erziehungsauftrag, besteht darin, das Lernen und die Entwicklung von Kindern und Jugendlichen zu fördern und zu unterstützen. Aus den Bildungszielen bzw. Erziehungszielen des jeweiligen Bundeslands lassen sich Ziele schulischer Erziehung und schulischen Unterrichts ableiten. Daraus ergeben sich dann die Ziele für die Gestaltung und Entwicklung einer Schule.

Schule als Organisation bezieht sich deshalb immer auf zwei Ebenen – die des Schulsystems eines Landes insgesamt, das durch eine einheitliche Zielsetzung, Struktur und Rahmenvorgabe gekennzeichnet ist und dessen Steuerung dem Verfassungsgebot verpflichtet ist, für gleichartige Lebensverhältnisse im gesamten Land zu sorgen, und die der einzelnen Schulen, die die zentralen Vorgaben als innerschulische Aufgaben bearbeiten und in der Auseinandersetzung mit ihrer spezifischen Umwelt eigene Ziele und Aufgaben entwickeln (vgl. Rosenbusch 2005, S. 14ff.).

Dabei stellt sich die Frage, ob die Zielerfüllung zugleich das Überleben als Organisation sichert, für die Schule nur bedingt. Denn während Ergänzungsschulen und private Nachhilfeinstitute wie Unternehmen darauf angewiesen sind, eine kaufkräftige Nachfrage zu finden, und während Ersatzschulen zumindest darauf angewiesen sind, dass ihre Ziele, ihre Leistungen und deren Qualität zu hinreichenden Anmeldezahlen führen, wird an staatlichen Schulen das Überleben durchweg durch das Land und den Schulträger gewährleistet. Dennoch gilt auch hier, dass die Schule hinreichende Anmeldezahlen aufweisen muss, um nicht ggf. wegen Unterschreitung der Mindestzügigkeit geschlossen zu werden. Dies kann dann auch Auswirkungen darauf haben, wie die Schule ihre spezifischen Ziele definiert, um in ihrem Umfeld und bezogen auf ihre spezifische Zielgruppe hinreichend nachgefragt zu werden und die Anmeldezahlen zu erreichen, die für das eigene Überleben erforderlich sind.

Bei der Umsetzung des Auftrags in Aufgaben geht es um zwei Aspekte:

- *Differenzierung:* Die zu erfüllenden Aufgaben müssen in Teilaufgaben zerlegt und diese Teilaufgaben verschiedenen Aufgabenträgern zugeordnet werden.

- *Koordination:* Die Teilaufgaben bzw. deren Träger müssen aufeinander abgestimmt und die durch die einzelnen Aufgabenträger vollzogenen Teilleistungen zur Gesamtleistung zusammengesetzt werden.

Auch hier ist wieder zwischen dem Schulsystem eines Bundeslands und der Einzelschule zu unterscheiden. So wird die Differenzierung im Wesentlichen durch Vorgaben des Schulministeriums zur Lehrerarbeitszeit und ihrer Verwendung (Stundentafel, Ganztagsstunden u.Ä.) geregelt. Schulen setzen diese Vorgaben in ihrer Unterrichtsverteilung um und haben dabei geringfügige Differenzierungsmöglichkeiten, wenn z.B. die Stundentafel Bandbreiten vorsieht oder die Gestaltung der Ganztagsbetreuung Spielräume aufweist. An Schulen, die – wie z.B. im Modellvorhaben »Selbstständige Schule« in Nordrhein-Westfalen – nicht besetzte Stellen kapitalisieren und z.B. anstelle einer Lehrkraft andere Personen und Professionen für spezifische Förderangebote und Aufgaben einstellen können, wird die Differenzierung in stärkerem Maß zu einer innerschulischen Aufgabe: Inwieweit wird der Bildungs- und Erziehungsauftrag durch Lehrpersonen und inwieweit durch andere Berufsgruppen wie Sozialarbeiter/innen, Schulpsycholog/innen, Assistenz- und Förderlehrer/innen oder Verwaltungskräfte zur Unterstützung der Lehrpersonen und der Schulleitung wahrgenommen? Für welche Aufgaben sind welche Personengruppen und welche Professionen besonders geeignet?

In diesen Schulen stellt sich dann auch stärker die Frage, wie die einzelnen Teilleistungen koordiniert werden können. Wie verständigen sich Lehrkräfte und Sozialarbeiter/innen, Schulpsycholog/innen, Assistenzlehrer/innen oder Honorarkräfte für spezifische Förderangebote über den Entwicklungsstand und -bedarf der Schüler/innen und wie sorgen sie dafür, dass ihre Teilleistungen möglichst effektiv zur Gesamtleistung »Förderung des Lernens und der Entwicklung von Kindern und Jugendlichen« zusammengeführt werden? Diese Koordinationsleistung wird von der Schule aber auch gefordert, wenn Schüler/innen außerschulische Förder- und Unterstützungsangebote wahrnehmen und diese Angebote damit zur Erfüllung des Bildungs- und Erziehungsauftrags der Schule beitragen. Die Koordination erfordert dann, mit anderen Institutionen, z.B. Beratungsstellen oder Nachhilfeinstituten, die individuellen Förderbedarfe abzusprechen und die jeweiligen Teilleistungen, die schulintern und schulextern erbracht werden, aufeinander abzustimmen.

2.2 Leitbild und Schulprogramm

Die Koordination der Teilleistungen zu einer auftragsgerechten Gesamtleistung setzt die kollegiale Verständigung über leitende schulische Ziele und Werte voraus. Deshalb reicht es nicht aus, wenn die Lehrer/innen einer Schule im Rahmen der Vorgaben zur Differenzierung der Gesamtaufgabe in einzelne Aufgaben unabhängig und isoliert voneinander ihren Unterricht halten, ohne sich kontinuierlich über die Wirksamkeit ihres Unterrichts für die Förderung des Lernens und der Entwicklung der Schüler/innen und über ihren Entwicklungsstand und -bedarf zu verständigen. Dies schließt auch ein, den Schülerinnen und Schülern durch die Absprache von Verhaltenserwartungen und -regeln eine klare Orientierung zu ermöglichen und auf Regelabweichungen in gleichsinniger Weise zu reagieren.

In diesem Sinne ist das Leitbild einer Schule als zentraler Bestandteil des Schulprogramms für die Koordination als Aufgabe organisatorischer Gestaltung von zentraler Bedeutung. Das Leitbild hat darüber hinaus folgende Funktionen (Seitz/Capaul 2005, S. 127f.):

1. »*Zielfunktion:* Ein Leitbild gibt der Arbeit in der Schule ein Ziel und eine langfristig ausgerichtete Orientierung. [...]
2. *Identifikations-, Anregungs- und Motivationsfunktion:* Das Leitbild soll die Mitglieder anspornen, gemeinsam die abgemachten Leitvorstellungen anzustreben und umzusetzen. [...]
3. *Koordinationsfunktion:* Das Leitbild hilft, das Zusammenleben und die Auftragserfüllung zwischen den Mitgliedern zu koordinieren. [...]
4. *Schutzfunktion:* Da sich alle Mitglieder auf das Leitbild beziehen können, erlaubt es eine Rechtfertigung des eigenen Verhaltens. Innerhalb der im Leitbild verankerten Leitvorstellungen garantiert es damit den Mitgliedern die erforderliche Autonomie.
5. *Evaluationsfunktion:* Das Leitbild ermöglicht zu überprüfen, ob die Schule (z.B. bei Beschlüssen) noch auf das ursprünglich gemeinsame Ziel ausgerichtet bzw. noch auf ihrem ›Pfad‹ ist. [...]
6. *Legitimationsfunktion:* Das Leitbild hilft, den Zweck und Auftrag der Schule nach außen zu tragen und innerhalb der Bildungslandschaft zu legitimieren.
7. *Orientierungsfunktion:* Das Leitbild orientiert aktuelle und zukünftige Mitglieder über den Leistungsauftrag und das Zusammenleben in der Schule. [...] Damit ist das Leitbild ein Instrument, um Transparenz in den pädagogischen und administrativen Belangen zu schaffen.«

Leitbilder sind immer in der Gefahr, eine programmatische Ebene zu beschreiben, die mit dem schulischen Alltag wenig zu tun hat und in ihm nicht wirksam ist. Die Wirksamkeit des Leitbilds im Schulalltag und im professionellen Handeln der einzelnen Lehrkräfte kann zum einen durch die Art und Weise, wie das Leitbild generiert wird, und zum anderen durch die Überprüfung seiner Wirksamkeit gefördert werden.

Entsteht das Leitbild als Ergebnis einer eher akademischen Beratung an pädagogischen Tagen und in einzelnen Mitwirkungsgremien oder Arbeitsgruppen, wird es dann auch als eher abgehoben erfahren. Sinnvoller ist deshalb, dass das Leitbild Ergebnis eines innerschulischen Reflexionsprozesses ist: Die für den Schulalltag erforderlichen Entscheidungen der Lehrer- oder Schulkonferenz über die Gestaltung der pädagogischen und fachlichen Arbeit und über den Einsatz von Ressourcen sind mit Prioritätensetzungen verbunden, weil Alternativen durch sie ausgeschlossen werden. In solche Entscheidungsprozesse gehen deshalb immer auch grundlegende Wertvorstellungen und Orientierungen der Beteiligten, der Schulleitung, der Lehrer/innen, der Schüler/innen sowie der Eltern ein. Werden die Entscheidungen auf die ihnen zugrunde lie-

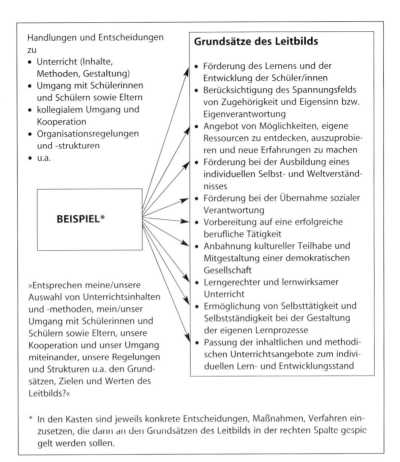

Abb. 2: Das Leitbild als Orientierung für die Überprüfung und Gestaltung der pädagogischen Arbeit und des Organisationshandelns

genden Werte reflektiert, so kann sich daraus eine Vergewisserung darüber ergeben, ob und in welcher Weise die Werte miteinander vereinbar sind und welches Leitbild sich aus ihnen ergibt. Leitende und wirksame Wertvorstellungen werden in konkreten Entscheidungsprozessen geklärt; das Leitbild reflektiert und fixiert diese Klärung und ermöglicht dann zugleich eine Überprüfung, ob und inwieweit Entscheidungen, die die Gestaltung der Organisation und der pädagogischen und fachlichen Arbeit vorgeben, mit den leitenden Wertvorstellungen übereinstimmen.

Ein Instrument für diese Überprüfung ist die Spiegelung von Unterricht und Erziehung am Leitbild (LSW 1998a; Bartz 2004a, S. 19f.). Dabei geht es darum, Entscheidungen und Verhalten individuell oder kollektiv – z.B. als Jahrgangsstufenteam bzw. Klassenkonferenz oder als Jahrgangsfachgruppe oder Fachkonferenz – an den Grundsätzen des Leitbilds reflektiert zu überprüfen (vgl. Abb. 2).

Das Schulprogramm konkretisiert das Leitbild im Hinblick auf die Arbeitsfelder der Schule. Es macht deutlich, was in der Schule als Konsens gilt und was die Schule als gelungene Alltagswirklichkeit einschätzt, markiert aber auch, wo es Probleme und einen Bedarf an Weiterentwicklung gibt. Als bewusste und reflektierte Festlegung unter-

Tab. 2: **Schulprofil und Schulprogramm** (nach Kleingeist/Schuldt 1996, S. 13)	
Jede Schule hat ihr eigenes *Profil*, das sie von allen anderen Schulen unterscheidet. Es existiert unabhängig davon, ob die einzelne Schule sich dessen bewusst ist, also auch dann, wenn es weder pädagogisch kritisch reflektiert noch planvoll gestaltet ist.	Das *Schulprogramm* trägt der Individualität der einzelnen Schule bewusst Rechnung; es ist Ausdruck kritischer und planvoller pädagogischer Schulgestaltung.
Das *Profil* der einzelnen Schule entsteht durch die Summe aller Aktivitäten, Verhaltensweisen und Gegebenheiten, die in der Schule wirksam sind oder von ihr ausgehen, personenbezogen ebenso wie sachbezogen, rational ebenso wie atmosphärisch. Es entsteht unabhängig davon, in welchem Maße dies alles in einen pädagogischen Zusammenhang gebracht wird, also auch dann, wenn die Schule nicht als ein Ganzes verstanden und gestaltet wird und die einzelnen Aktivitäten nicht als Teil dieses Ganzen gesehen und daraufhin geplant und durchgeführt werden.	Das *Schulprogramm* der einzelnen Schule entsteht in dem Maße, wie die einzelnen Aktivitäten, Verhaltensweisen und Gegebenheiten, die in der Schule wirksam sind oder von ihr ausgehen, in einen pädagogischen Zusammenhang gebracht werden und die Schule als ein Ganzes gestaltet wird.
Das *Profil* einer Schule wird durch jede einzelne Lehrerin und jeden einzelnen Lehrer mit geprägt. Dies geschieht unabhängig davon, ob die Lehrer/innen sich gemeinsamer pädagogischer Zielsetzungen bewusst sind, also auch dann, wenn ihre Handlungen widersprüchlich sind und weder untereinander noch mit Eltern und Schüler/innen abgestimmt sind.	Das *Schulprogramm* beruht darauf, dass sich alle an der pädagogischen Gestaltung der Schule Beteiligten, insbesondere das Kollegium, der gemeinsamen Verantwortung für ihre Schule bewusst sind, sich beständig um Übereinstimmung in grundsätzlichen Zielsetzungen bemühen und ihre Handlungen miteinander abstimmen.

scheidet es sich vom Schulprofil. »Jede Schule entwickelt mit der Zeit ein eigenes Profil, das sie von anderen Schulen unterscheidet. Das hat in erster Linie damit zu tun, dass in jeder Schule andere Kinder und andere Erwachsene leben, aber auch damit, dass jede Schule andere Bedingungen vorfindet und ein anderes Umfeld hat. Zum Profil der Schule tragen alle Aktivitäten bei, die geplanten und die zufälligen, einzelne oder wiederkehrende Aktionen, aber auch das Schulhaus, die Räume, ihre Ausstattung und Gestaltung. Das Schulprofil wird auch davon geprägt, wie man sich in der Schule verhält und wie man miteinander umgeht. Es bildet sich auch dann heraus, wenn man sich dessen nicht bewusst ist. Das Schulprogramm dagegen ist Ausdruck gemeinsamer planvoller Schulgestaltung« (Kleingeist/Schuldt 1996, S. 8; vgl. Tab. 2).

Verbindlichkeit und Wirksamkeit erreicht das Schulprogramm nur dann, wenn es in eine konkrete Arbeitsplanung der Schule umgesetzt wird. »Jahresarbeitspläne [...] beschreiben, wie im nächsten Jahr die tägliche Unterrichtsarbeit, die Arbeit in Teams und auf Schulebene sich an den Zielvereinbarungen, Planungen und Absprachen des Schulprogramms in der Schule (in der Klasse, in Jahrgangsstufen, in Projektgruppen, Schulleitung) orientieren soll. Jahresarbeitspläne sind also keine Deklination des Schulprogramms auf die Alltagsarbeit, sondern sie orientieren die Alltagsarbeit am Schulprogramm.

Insofern sind Jahresarbeitspläne immer Entscheidungen über Prioritäten: Was aus dem Schulprogramm können wir wie mit welchen Mitteln im nächsten Schuljahr in unserer konkreten Arbeit umsetzen? Wie werden wir entscheiden, ob die Umsetzung erfolgte und ob sie erfolgreich war? Jahresarbeitspläne konkretisieren das Schulprogramm unter den Gesichtspunkten von

- pädagogischen Schwerpunktsetzungen und Prioritäten der Schule,
- Vorgaben von außen (z.B. neue Regelungen, Schulaufsicht),
- Handlungsmöglichkeiten und -kompetenzen der Beteiligten,
- Ressourcen.

Die Schule muss entscheiden, welche Organisationsebenen Jahresarbeitspläne erstellen sollen […]. Die Pläne müssen miteinander abgestimmt werden« (LSW 1998b, S. 13f.).

Um die Wirksamkeit des Schulprogramms zu überprüfen, sind folgende Fragen hilfreich:

- Was ist gelungen und kann als Teil des Schulprogramms weitergeführt werden?
- Was ist gelungen, bedarf aber als Teil des Schulprogramms der Unterstützung und Absicherung?
- Was ist nicht gelungen und sollte deshalb geändert werden?

»Darüber, was ein Schulprogramm für die jeweils einzelnen Beteiligten und für die Schule insgesamt bedeuten kann und leisten soll, darüber muss man sich immer – auch mit anderen – vergewissern. Schulprogramme als ein einmaliges, einzigartiges Produkt wirken, wenn überhaupt, nur ein Mal. Ob das Schulprogramm in der Schule noch ›aktiv‹ ist, kann man mit einer Prüffrage zu beantworten versuchen: Inwiefern trifft folgende Aussage auf unsere Schule zu?

- Durch unser Schulprogramm
  - erarbeiten, vereinbaren, dokumentieren und veröffentlichen
  - alle Beteiligten unserer Schule (d.h. Schülerinnen, Schüler, Lehrerinnen, Lehrer, Schulleitung, Eltern)
  - in Fachkonferenzen, Jahrgangsstufen, Teams und in der Schulkonferenz
  - auf der Grundlage der Richtlinien und Lehrpläne sowie
  - unter Berücksichtigung unserer Lern- und Arbeitsbedingungen
  - kontinuierlich (d.h. in einem längerfristig angelegten Arbeitsprozess)
  - Bestandsaufnahmen,
  - mittelfristige Ziele und

- Handlungsplanungen
- zur erzieherischen und pädagogischen Arbeit
- zur inhaltlichen, methodischen und organisatorischen Gestaltung von Schule,
- und zwar so, dass alle Beteiligten erfahren, welche Forderungen an sie von der Schule gestellt werden und welche sie ihrerseits an die Schule stellen können.
- Unsere Jahresarbeitspläne konkretisieren verbindlich Entwicklungsziele, Arbeitsschwerpunkte und deren Evaluation für Jahrgänge, Stufen, Fachgruppen oder Projekte.
- Im Fortbildungsplan haben wir Grundsätze für die Gestaltung und Organisation der Lehrerfortbildung an der Schule vereinbart. Unser Fortbildungsplan bezieht sich auf die Schulprogrammarbeit und auf die Jahresarbeitspläne« (Eikenbusch 1998, S. 24).

3. Aufgaben, Stellen und Ressourcen

Die wesentliche Funktion der organisatorischen Gestaltung ist es, dafür zu sorgen, dass alle für den Auftrag der Organisation relevanten Aufgaben in möglichst effektiver und effizienter Weise wahrgenommen werden. Dies setzt eine Klärung der Aufgaben, die sich aus dem Auftrag und aus den Zielen der Organisation ergeben, und klare Regelungen voraus, wer zu welcher Zeit an welchem Ort mit welchen Ressourcen die den Aufgaben entsprechenden Leistungen erbringen soll.

3.1 Unterrichtliche und außerunterrichtliche Aufgaben

Während in der Schule die unterrichtlichen Aufgaben durch die Stundentafel und ggf. die Regelungen zur Ganztagsgestaltung im Wesentlichen durch Vorgaben bestimmt sind, muss die Einzelschule klären, welche Aufgaben für den laufenden Betrieb und die Wahrnehmung des Bildungs- und Erziehungsauftrags erforderlich sind, und dann prüfen, inwieweit diese Aufgaben an der Schule abgedeckt sind. Diese Aufgaben zu bestimmen ergibt sich aus dem Schulprogramm und dem aus ihm abgeleiteten Arbeitsplan (Bartz 2004b, S. 28ff.). Zum Verfahren:

1. Klären Sie, welche Aufgaben sich aus dem Schulprogramm ergeben.
2. Prüfen Sie dann im Abgleich mit den Aufgaben, die durch eine Funktions- bzw. Beförderungsstelle oder als Sonderaufgabe mit Anrechnungsstunde(n) wahrgenommen werden, welche Aufgaben aktuell nicht abgedeckt sind.
3. Klären Sie, welche Ressourcen (Geld, Sachmittel, Beratung, Qualifikation) für die Wahrnehmung der Aufgaben erforderlich sind und inwieweit Sie diese Ressourcen zur Verfügung stellen können.
4. Entwickeln Sie die nächsten Schritte, die erforderlich sind, um Lehrer/innen für die Aufgaben zu gewinnen und für die nötigen Ressourcen zu sorgen.

3.2 Stellenbeschreibung und Geschäftsverteilungsplan

Die kontinuierlich anfallenden Aufgaben in einer Organisation werden so gebündelt, dass sie zu Stellen zusammengefasst und einer Person zur Bearbeitung zugewiesen werden können. In der Schule müssen bei einer Stellenbeschreibung u.a. folgende Elemente berücksichtigt werden (Bartz 2004a, S. 38ff.):

1. Qualifikation für Fächer oder Lernbereiche;
2. Unterricht in einer oder mehreren Schulstufen und -abteilungen in den Fächern ...;
3. Klassenlehrerfunktion und damit verbundene Aufgaben, Rechte und Pflichten;
4. Beratungs- und Erziehungsaufgaben;
5. Mitarbeit in Lehrer-, Klassen- und Fachkonferenzen sowie ggf. in schulinternen Ausschüssen;
6. Sonderaufgaben;
7. Funktionen und Leitungs- oder Koordinationsaufgaben mit oder ohne Weisungsbefugnis;
8. Zeichnungs- und Entscheidungsbefugnisse;
9. Informationsrechte und -pflichten (ausgehende und eingehende Informationen);
10. Lehr- und Unterrichtsmittel, ggf. Verwaltung von Haushaltsmitteln (z.B. als Sammlungsleiterin oder -leiter);
11. Zuordnung (im Hinblick auf Unterricht, Sonderaufgaben, Funktionen) zu einer oder mehreren Leitungspersonen;
12. generelle und aufgaben- bzw. stellenspezifische Voraussetzungen und Anforderungen.

Stellenbeschreibungen sind im Interesse von Klarheit der Aufgaben, ihrer Wahrnehmung und Verteilung wichtig. Zugleich weisen die Stellenbeschreibungen Gefahren auf:

- Sie schreiben die Aufgaben und die Aufgabenverteilung fest und behindern damit interne Organisationsveränderungen. Damit Flexibilität gewährleistet bleibt, müssen sie regelmäßig überprüft werden.
- Sie fassen Aufgaben zu Aufgabenpaketen zusammen, ohne Prioritäten deutlich zu machen (Malik 2001, S. 313ff.): Was genau ist für die nächste überschaubare Zeitperiode die Aufgabe, die die höchste Priorität haben muss? »Den meisten Menschen [...] muss man die Prioritäten bewusst machen und sie speziell daraufhin ausrichten und fokussieren« (ebd., S. 316).
- Sie orientieren die Mitarbeiter/innen darauf, welche Position sie in der Organisation haben, statt darauf, worin ihr Beitrag für das Ganze, seinen Zweck und seinen Auftrag besteht (ebd., S. 97).

Wenn für die Aufgaben, die durch die Schulleitung, durch die Lehrkräfte mit Funktionsstellen und als Sonderaufgaben wahrgenommen werden, die Anforderungen und

Inhalte beschrieben werden, dann lässt sich aus den Stellenbeschreibungen ein Geschäftsverteilungsplan entwickeln, der für alle Lehrkräfte klarmacht, wer für sie bei Themen und Problemen der zuständige Ansprechpartner ist. Der Geschäftsverteilungsplan legt die laufenden oder regelmäßig wiederkehrenden Aufgaben fest und vermeidet damit permanente Absprachen der Aufgabenverteilung und -erledigung und die damit verbundenen Konflikte. Die Aufgabenbeschreibung ist zugleich die Grundlage für die Zuordnung zeitlicher Ressourcen zur Aufgabenerledigung und für die Überprüfung der Aufgabenerledigung. Um zu verhindern, dass die Aufgabenbeschreibung und die Zuständigkeitsregelung erstarrt und nicht dem Wandel von Anforderungen an die Schule entspricht, müssen sie regelmäßig – z.B. jährlich vor Schuljahresbeginn – überprüft und ggf. revidiert werden. Sie müssen zudem in alltägliche Ablaufregelungen, Zeichnungs- und Mitzeichnungsprozeduren, Regelung und Zuordnung des Posteingangs und in Informations- und Kommunikationswege bei der Information über Entscheidungen, Genehmigungen, Rechtsvorschriften, Konferenzprotokolle u.Ä. umgesetzt werden. Beispiele für Aufgabenbeschreibungen (Sonderaufgaben):

Koordination »Selbstständiges Lernen«
(ca. 2 Std. je Woche = 1 Entlastungsstunde)

- Mitarbeit bei der Erarbeitung bzw. Überarbeitung eines schulinternen Lehrplans zu selbstständigem Lernen;
- Beschaffung von Materialien für das selbstständige Lernen;
- Beschaffung von Dokumentationen zu Unterrichtsvorhaben;
- Dokumentation der in den Jahrgängen erarbeiteten Unterrichtsvorhaben;
- Lagerung, Verwaltung und Bestandskontrolle der Materialien;
- Leitung oder Mitarbeit bei der Planung von selbstständigem Lernen in einzelnen Jahrgangsstufen;
- Mitarbeit und Koordination von Fortbildung zu selbstständigem Lernen;
- Sichtung und Vermittlung von Literatur zu selbstständigem Lernen;
- Koordination der Evaluation des selbstständigen Lernens.

Betreuung der Chemiesammlung – Beauftragter Gefahrstoffverordnung
(ca. 1,5 Std. je Woche = 0,75 Entlastungsstunden)

- Bestandskontrolle, Lagerung, Verwaltung der Fachbibliothek (Folien, Zeitschriften, Fachbücher);
- Bestandskontrolle, Lagerung, Verwaltung der Chemikaliensammlung;
- Bestandskontrolle, Lagerung, Verwaltung der Laborgerätesammlung;
- Beschaffung und Ersatzbeschaffung, Sorge für Instandsetzung von Geräten und Chemikalien;
- Entsorgung von Chemikalien;
- Kontrolle der Reinigung und Einsortierung der Geräte, ggf. Einsortierung oder Umsortierung;
- Koordination der Beachtung der Gefahrstoffverordnung (Listenführung und -prüfung sowie Bestandskontrolle zu Gefahrstoffen in der Schule insgesamt).

Tab. 3: Beispiel für ein Funktionendiagramm						
	SL	SV	AL	KOOR	FK	KL
Klassenbildung	E		A			M
Unterrichtsverteilung	A	M	M		M	
Stundenplan	E	A	M	A(MT)		M
Schulbuchverteilung und -verwaltung		E, K		A	M	A(MT)
Beschaffung im Rahmen des genehmigten Haushalts		A			M	M
Tag der offenen Tür	P	O, A	M		M	
Projekttage in einer Jahrgangsstufe	E	M	A			A(MT)
Klassenfahrten	E	M	M	A(MT)		
Einrichtung von Förderkursen	E	M	A	A(MT)	M	A(MT)

SL = Schulleiter/in, SV = Ständige Vertretung, AL = Abteilungsleitung, KOOR = Koordinator/in oder Lehrer/in mit Sonderaufgabe, FK = Fachkonferenzvorsitzende, KL = Klassenlehrer/in

A = Ausführung, A(MT) = Mitarbeit bei der Ausführung, E = Entscheidung, K = Kontrolle, M = Mitsprache/Mitwirkung, O = Organisation, P = Planung

Werden die Aufgaben den Sachbereichen, auf die sie sich beziehen, zugeordnet, dann ergibt sich ein Funktionendiagramm (vgl. Tab. 3). Es »zeigt in tabellarischer Form, welche Stellen bei der Lösung einzelner Aufgaben mit welcher Tätigkeit (Funktion) mitwirken. Im Vordergrund steht die horizontale Sichtweise, d.h. die Zusammenarbeit von Stellen zur Erledigung von mehr oder weniger komplexen Aufgaben. [...]

- Die Querverbindungen sind nur grob aufzuzeigen, ohne zu viele Einzelheiten regeln zu wollen.
- Beschränkung auf jene Aufgaben, die häufig vorkommen und für die Leistungserstellung von Bedeutung sind.
- Sie sind aufzustellen bei häufigen Missverständnissen in der Frage der Zuständigkeiten« (Capaul/Seitz 1999, S. 20f.; vgl. Seitz/Capaul 2005, S. 213f.).

3.3 Die Unterrichtsverteilung

Die Unterrichtsverteilung ist nicht nur das wesentliche Instrument der Aufgabenzuweisung und des Personaleinsatzes an der einzelnen Schule, sondern hat zugleich tief greifende Auswirkungen auf die Organisationsgestaltung. Sie ist deshalb von entscheidender Bedeutung dafür, ob und wie sich Arbeitszusammenhänge zwischen den Lehrerinnen und Lehrern bilden können und ob und wie die grundlegenden Voraussetzungen für die Arbeit und Weiterentwicklung von Schule gewährleistet sind (Bartz 2004a, S. 50ff.). Die Unterrichtsverteilung hat Auswirkungen darauf,

- welche fachlichen und pädagogischen Schwerpunkte die Schule vorsieht;
- inwieweit Kooperationsstrukturen und Arbeitszusammenhänge unterstützt oder eingeschränkt werden;
- welche Organisationsstruktur (z.B. eher zellular oder eher teamorientiert) die Schule entwickelt;
- inwieweit die Lehrer/innen einer Lerngruppe gemeinsame Regeln und Grundsätze vereinbaren können, sodass diese auch für die Schüler/innen deutlich werden;
- welches professionelle Selbstbild – eher als Fachexperten oder eher als Begleiter von Kindern und Jugendlichen in ihrem Entwicklungsprozess – die Lehrer/innen entwickeln;
- inwieweit der Unterricht eher fragmentiert und isoliert durch die einzelnen Lehrkräfte oder eher ganzheitlich in Koordination und Kooperation durch eine Gruppe von Lehrerinnen und Lehrern erteilt wird;
- wie verlässlich Schüler/innen die Lehrer-Schüler-Beziehung erfahren.

Auf diese Weise steht die Unterrichtsverteilung in einer engen Wechselwirkung mit dem Schulprogramm. Denn mit der Unterrichtsverteilung und ihrer Umsetzung in den Stundenplan wird nicht nur das Problem gelöst, wie der Bedarf an Unterricht nach der Stundentafel mit den vorhandenen Ressourcen (Personal bzw. Lehrerwochenstunden, [Fach-]Räume) abgedeckt werden kann, sondern zugleich über Werte und Konzepte der pädagogischen Arbeit entschieden. Deshalb sollten die Lehrer/innen an dem komplexen Entscheidungsprozess der Erstellung von Unterrichtsverteilung und Stundenplan beteiligt werden, auch wenn die Letztentscheidung, insbesondere bei der Unterrichtsverteilung, eine Führungsaufgabe ist, die nicht delegiert werden kann.

Eine solche Beteiligung setzt aber voraus, dass die Lehrer/innen nicht nur Wünsche zu Unterrichtsverteilung und Stundenplan äußern, sondern auf der Grundlage ihrer Kenntnis der Klassen und der einzelnen Schüler/innen zur Problemlösung und zur Entscheidung über Alternativen beitragen. Dies ist z.B. möglich, wenn die Schulleitung klare Rahmenvorgaben deutlich macht und Lehrergruppen wie z.B. die Fachkonferenzen oder die Gruppe der (Klassen-)Lehrer/innen eines Jahrgangs mit der Aufgabe beauftragt, Entscheidungen über alternative Möglichkeiten der Unterrichtsverteilung für ihren Bereich zu treffen, bei alternativen Einsatzmöglichkeiten selbst zu klären, wer in welcher Klasse welchen (Fach-)Unterricht übernimmt, oder einen Gesamtentwurf der Unterrichtsverteilung für ihr Fach oder ihren Jahrgang unter Berücksichtigung der dafür zur Verfügung stehenden Lehrerwochenstunden zu erarbeiten. Auf diese Weise wird die Unterrichtsverteilung zugleich zu einer Chance,

- dass Lehrkräfte die Lösung schulischer Organisationsprobleme eher akzeptieren,
- dass sie ein komplexeres Bild der Schule als Organisation entwickeln und
- dass sie sich über die individuellen Interessen hinaus an der Lösung der schulischen Organisationsprobleme beteiligen.

3.4 Aufgaben und Ressourcen

Mit der Aufgabenbeschreibung muss immer auch festgelegt werden, welche zeitlichen, sachlichen und finanziellen Ressourcen für die Aufgabenerledigung zur Verfügung stehen. Die Zuordnung von Aufgaben und Ressourcen kann in zweifacher Weise erfolgen:

1. Die Aufgaben der Schule werden identifiziert und die für die Aufgabenerfüllung erforderlichen Ressourcen festgelegt.
2. Das Budget, das der Schule insgesamt zur Verfügung steht, wird den Aufgaben zugeordnet.

Stellt sich im Abgleich von Aufgaben und Ressourcen heraus, dass die Ressourcen für eine hinreichende Abdeckung der angestrebten Aufgabenerfüllung nicht zur Verfügung stehen, muss die Schule zusätzliche Mittel – z.B. über Anforderungen an den Schulträger oder durch Spenden und Sponsoring (Vogel 2001; Schorlemmer 2001; Bellenberg/Böttcher/Klemm 2001, S. 59ff.) – beschaffen oder auf einen Teil ihrer Aufgaben und Leistungen verzichten. Für beide Möglichkeiten gilt, dass die Entscheidungen über die Verwendung der Haushaltsmittel immer auch Entscheidungen über Prioritäten und Werte der Schule beinhalten. Beschaffungen sind entsprechend immer zugleich pädagogisch wie ökonomisch zu betrachten; Haushalt und Schulprogramm sind als interdependent zu verstehen und je klarer eine Schule ihre pädagogischen und fachlichen Ziele bestimmt, desto gezielter und effizienter kann auch der Einsatz der Ressourcen erfolgen.

Ob die Haushaltsmittel so eingesetzt sind, dass die Aufgaben mit angemessener Qualität bearbeitet werden können, und ob sie effektiv und effizient genutzt werden, ist Sache der Haushaltsführung und -kontrolle. Soll die schulinterne Haushaltsüberwachung Transparenz ermöglichen, so muss sie so gestaltet werden, dass sie den schulischen Organisationsstrukturen entspricht. Sind z.B. den einzelnen Fächern oder Fachbereichen, der Schulleitung und einzelnen Lehrkräften für Sonderaufgaben Mittel zur eigenständigen Bewirtschaftung zugewiesen worden, so muss die Haushaltsführung entsprechende Konten vorsehen, damit die Lehrpersonen, die für die Fachbereiche oder andere Aufgabenbereiche zuständig sind, den Überblick über ihre Haushaltsmittel haben und eine Überschreitung ihres Etats vermeiden können. Sie müssen entsprechend über ihre Ausgaben so Buch führen, dass sie vor jeder Bestellung wissen, wie viele Mittel ihnen noch zur Verfügung stehen. Anderseits muss die Schulleitung bei der Haushaltsüberwachung jederzeit einen Überblick darüber haben,

- welche Haushaltsmittel in den einzelnen Haushaltsbereichen und im Haushalt insgesamt verausgabt sind,
- welche Haushaltsmittel durch laufende Aufträge verfügt sind und
- welche Haushaltsmittel noch zur Verfügung stehen.

Denn nur auf dieser Grundlage ist es möglich, Zielabweichungen so frühzeitig zu erkennen, dass noch nachgesteuert und korrigiert werden kann. Zudem sollte sich die

Haushaltskontrolle auch auf qualitative Aspekte beziehen, indem Kosten und Nutzen abgeglichen werden und die Eignung von Beschaffungen und Ausgaben für die Zielerreichung überprüft wird. Unter den Bedingungen knapper finanzieller Spielräume wird auch die Schule verstärkt dazu gezwungen, zu klären,

- welche Zielprioritäten sie setzen will (was eine Aufgabenkritik einschließt),
- wie sie diese Ziele bei einem möglichst effizienten Mitteleinsatz erreichen will und
- welche Mittel für die Zielerreichung besonders geeignet erscheinen.

3.5 Kommunale und regionale Netzwerke

Hat eine Schule geklärt, wie sie ihren Bildungs- und Erziehungsauftrag in Aufgaben umsetzt und welche Prioritäten und Schwerpunkte sie in der Aufgabenwahrnehmung aufgrund der Restriktionen durch knappe Ressourcen setzt, sollte sie im Abgleich von Aufgaben und dafür erforderlichen Kompetenzen klären, welche Bedarfe sie selbst abdecken kann, inwieweit sie die schulinternen Kompetenzen z.B. durch Fortbildung oder durch den Einsatz von Honorarkräften erweitern kann und wo sie auf andere Einrichtungen und Organisationen im Umfeld der Schule angewiesen ist, um den individuellen Förderbedarf der Schüler/innen durch außerschulische Angebote abzudecken.

Auf diese Weise kann die Schule dazu beitragen, in kommunalen oder regionalen Bildungslandschaften Netzwerke zu initiieren, oder sich an vorhandenen Netzwerken im Zusammenwirken mit anderen Schulen, dem Schulträger, öffentlichen, kirchlichen und privaten Beratungsstellen, schulpsychologischem Dienst, Kinderärzten und -psychologen, Jugendhilfe, Polizei, Arbeitsagentur, Betrieben, Vereinen u.a. beteiligen. Solche Netzwerke gewinnen dadurch an Bedeutung, dass aufgrund der wachsenden Heterogenität bei den Lern- und Verhaltensvoraussetzungen der Schüler/innen die Bedarfe immer weniger allein durch das traditionelle schulische Angebot des jahrgangsstufenbezogenen Unterrichts in Klassenverbänden abgedeckt werden können. »Kollegium und Schulleitung [sind] gefordert, gemeinsam Programme und Lösungen zu suchen, die pädagogischen Angebote der Schule zu koordinieren, zu vernetzen, pädagogische Konsense zu finden und Strukturen und Programme zu entwickeln, die es den einzelnen Lehrerinnen und Lehrern ermöglichen,

- guten Unterricht zu realisieren und die besonderen Lernbedarfe der Kinder zu berücksichtigen und
- unterrichtsunterstützende und -ergänzende Angebote zu realisieren, wenn unterrichtliche Maßnahmen alleine nicht genügen, um Problemen zu begegnen« (Kretschmann 2002, S. 28; vgl. S. 2, 15f. und 26ff.).

Wenn die Schule ein Netzwerk initiieren und aufbauen will, dann sollte sie in folgender Schrittfolge vorgehen (Bartz 2004a, S. 103):

1. Diagnose des individuellen Förderbedarfs ihrer Schüler/innen;
2. Klärung, was sie im Hinblick auf die Lehrplanziele und -ansprüche brauchen;
3. Klärung, in welchem Maß die Schule sowohl zu einer hinreichend differenzierten Diagnose wie zur Abdeckung der Bedarfe in der Lage ist;
4. Klärung, welche Einrichtungen im regionalen Umfeld über die Angebote und Kompetenzen verfügen, die der Schule fehlen;
5. Absprache zur Koordination zwischen den schulischen und den außerschulischen Angeboten, zu wechselseitigen Informationspflichten und -rechten, zu Orten und Terminen für die außerschulischen Angebote und zur Finanzierung von Personal- und Sachmitteln;
6. Festlegung, welche Lehrer/innen bzw. Leitungspersonen in der Schule für die außerschulischen Organisationen Ansprechpartner sind und wer ggf. aufseiten der Schule im Netzwerk Steuerungs- und Koordinationsfunktionen übernimmt;
7. Ressourcenplanung und -beschaffung, soweit die außerschulischen Angebote der Schule in Rechnung gestellt werden.

Damit die Kooperation mit außerschulischen Einrichtungen langfristig tragfähig ist, müssen die eigenen Interessen wie die wechselseitigen Interessen und Erwartungen, die die Beteiligten aus der Sicht ihrer Organisationen in die Kooperation einbringen und mit ihr verbinden, geklärt werden. Erfolgt eine solche Kooperation im kommunalen Rahmen zwischen Schulen und Ämtern, Fachbereichen oder Einrichtungen des Schulträgers, führt dies zu einer Funktions- und Rollenveränderung, in der sich die tradierte und schulrechtlich immer noch geltende Unterscheidung von äußeren und inneren Schulangelegenheiten, bei der der Schulträger nur für die äußeren Schulangelegenheiten zuständig ist, auflöst.

»Die unumkehrbare qualitative Schulentwicklung zu Konzepten, die regionale Antworten auf die soziostrukturellen und sozialräumlichen Fragen des Lebensumfeldes der Schülerschaft darstellen, verändern das Verhältnis von äußerer und innerer Zuständigkeit für das Schulwesen einer Kommune. [...] Viele Schulträger haben bereits heute [...] Abschied genommen vom (Selbst-)Bild einer reinen Administration. Sie haben sich gewandelt zu einer auch pädagogisch motivierten Dienstleistungsinstitution« (Stryck 1994, S. 24).

»Die Schulträgerschaft versteht sich als kommunale Daseinsvorsorge für die jüngeren Bürger der Stadt; sie geht weit über die bloße Sachaufwandträgerschaft hinaus. [...] Vor diesem Hintergrund könnten wichtige Beiträge der Schulträger sein:

- Die Pflege und Aufrechterhaltung der Gestaltungsqualität von Schule [...].
- Die verstärkte Förderung der Schulöffnung inkl. kommunalspezifischer Angebote für diesen Prozess.
- Die Vernetzung städtischer Dienststellen [...]. Eine Zusammenarbeit unter dem Funktionsaspekt Schule wäre die Voraussetzung für eine verbesserte Schulsozialarbeit sowie für die reichere Ausgestaltung der Schulkultur. [...]
- Die Bildung runder Tische: Mit der Bildung so genannter ›runder Tische‹ könnte bei entsprechender Zusammensetzung der gesamte Veränderungsprozess der Schu-

le sowohl dezentral bzw. stadtteilbezogen als auch überörtlich bzw. regional moderiert werden. [...]
- Die verstärkte Mitgestaltung der Schule: Die Schulträger wirken massiv in den Bereich der inneren Angelegenheiten hinein. Dass die Trennung von inneren und äußeren Schulangelegenheiten sich in der bisherigen Form nicht aufrechter halten lässt, ist inzwischen allgemeine Meinung« (Lange 1996, S. 18).

4. Entscheidungsverfahren und Problembearbeitung

Ob es um die Aufgaben der Schule, das Schulprogramm oder den Haushalt geht: Immer sind Entscheidungen über Prioritäten und Schwerpunktsetzungen erforderlich, durch die die Schule ihre Wirklichkeit als Organisation konstituiert und durch die sie sich – weil jede Entscheidung bedeutet, Alternativen auszuschließen – von anderen Realitäts- und Zukunftsentwürfen abgrenzt. Entscheidungen müssen zudem immer wieder im laufenden Betrieb getroffen werden.

4.1 Entscheidungsbedarf und Entscheidungsverfahren

Damit diese Entscheidungen miteinander vereinbar sind, muss die Schule ihren Auftrag und ihre Ziele so klären, dass sich daraus eine klare Rahmenvorgabe und ein Entscheidungskorridor ergibt, der die Entscheidungen im operativen Geschäft eingrenzt und an dem diese Entscheidungen – etwa mit dem Instrument der Spiegelung von Entscheidungen am Leitbild (vgl. oben S. 385) – überprüft werden können.

In der Regel geht es bei diesen Entscheidungen um wiederkehrende Routinen, für die klare Zuständigkeiten, Entscheidungskompetenzen und Ablaufprogramme festgelegt werden sollten, um für Transparenz zu sorgen und damit das Alltagsleben der Schule als Organisation zu entlasten.

»Programme sind verbindlich festgelegte Verfahrensrichtlinien [...], die das reibungslose Verknüpfen verschiedener spezialisierter Tätigkeiten sicherstellen sollen. [Die Mitarbeiter/innen verknüpfen Arbeitsvorgänge] auf der Basis von generell geregelten Integrationsprogrammen – die Anweisung eines Vorgesetzten ist dazu nicht notwendig [...]. Die *Programmierung von Routineentscheidungen* (Konditionalprogramm) baut auf dem wiederholten Auftreten gleicher oder ähnlicher Ausgangssituationen auf, denen festgelegte Reaktionen folgen sollen [...]. Der Einsatzbereich der Konditionalprogrammierung ist allerdings eng begrenzt. Sie setzt nicht nur die Vorhersehbarkeit der Ereignisse voraus, sondern auch eine spezifische Problemstruktur. Das Problem muss voll durchdringbar und seine Lösung bekannt sein« (Schreyögg 1999, S. 167f.). In der Schule lassen sich z.B. folgende Vorgänge programmieren: Verfahren der Schüleranmeldung, Erstellen des Haushaltsplans, Planung des Tags der offenen Tür, Ablaufplanung für die Durchführung des Abiturs, Verfahren bei der Planung von Wandertagen und Klassenfahrten, Verfahren bei der Beantragung von Sonderurlaub, Verfahren bei der Krankmeldung (Schüler/innen und Lehrer/innen), Verfahren bei der Beantragung von Urlaub oder Unterrichtsbefreiung für Schüler/innen, Verfahren bei Verstößen gegen die Schulpflicht oder bei Ordnungsmaßnahmen, Verfahren bei Beschwerden und Widersprüchen.

Die Entscheidungsverfahren in Routineangelegenheiten und ihre Programmierung müssen kontinuierlich überprüft werden. Denn generelle Programme bringen die Gefahr mit sich, dass die Routinisierung von Handlungsvollzügen in einer Organisation auch dann wirksam bleibt, wenn sich die Rechtsvorschriften, Organisations- oder Umweltbedingungen geändert haben und die ausgebildeten Routinen nicht mehr angemessen und effizient erscheinen. Deshalb muss mit der Routinisierung das Verlernen von nicht mehr wirksamen oder sinnvollen Routinen systematisch verbunden werden. Allerdings: Dieses Verlernen entwertet nicht den Sinn und die Notwendigkeit von Routinebildung, sondern setzt sie vielmehr voraus.

Für die Programmierung von Vorgängen und Entscheidungsverfahren in Routineangelegenheiten stehen als Instrumente Ablaufdiagramme und Flussdiagramme zur Verfügung.

Ein *Ablaufdiagramm* wird erstellt, indem zunächst die einzelnen Schritte eines Vorgangs erfasst und dann in eine zeitliche Reihenfolge gebracht werden. Dabei wird geklärt, welche Vorgänge zeitlich parallel bearbeitet werden können oder sollen. Zudem wird gekennzeichnet, bei welchen Schritten es sich um Tätigkeiten oder Entscheidungen handelt (vgl. Abb. 3).

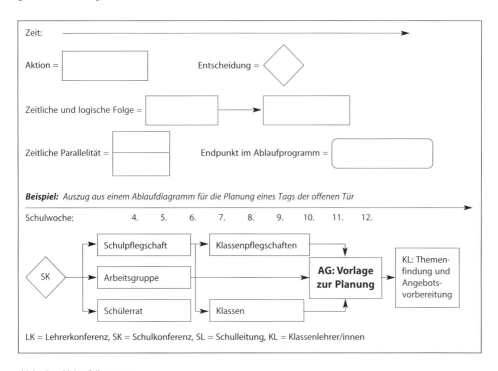

Abb. 3: Ablaufdiagramm

Vorab sind folgende Fragen zu stellen:

- Welcher Vorgang muss logisch welchem anderen folgen?
- Können Vorgänge auch zeitlich parallel bearbeitet werden?
- Sind die personellen Voraussetzungen gegeben, um die Vorgänge logisch und zeitlich zu parallelisieren?

Bei einem *Flussdiagramm* werden die Teilvorgänge in einen linearen Ablauf gebracht, der sich an den Stellen verzweigt, wo alternative Entscheidungen möglich sind, die dann zu unterschiedlichen weiteren Ablaufgestaltungen führen (vgl. Abb. 4, S. 400f.).

Während sich die Entscheidungen im laufenden Betrieb routinisieren lassen und die Probleme, um die es bei ihnen geht, bekannt und überschaubar sind, sind Entscheidungen für die Lösung bisher unbekannter oder nicht beachteter Probleme weitaus schwieriger: Sie erfordern Handeln unter Bedingungen der Unsicherheit, für sie gibt es keine vereinbarten Verfahren der Entscheidungsfindung und die Entscheidungsfolgen sind nur schwer einschätzbar. Deshalb gibt es bei solchen Problemen die Tendenz, das Problem zu leugnen, um die gewohnten Routinen und mentalen Bilder der eigenen Organisation beibehalten zu können. Ob und wann solche Probleme in der Schule wahrgenommen werden, hängt entscheidend von der Schulleitung ab.

4.2 Problemlösungsschritte und -verfahren

Wann und wie Entscheidungsbedarf gesehen wird und was als Problem – d.h. als Diskrepanz von Wunsch und Wirklichkeit bzw. von Situation und Zielzustand – wahrgenommen wird, legt die Schule selbst fest. Diese Wahrnehmung wird von allen an der Schule beteiligten Personen geprägt. Die Schule entscheidet darüber, welche internen oder umweltbedingten Ereignisse als relevant eingeschätzt werden und zu Handlungsbedarf führen. Die Schulleitung nimmt einerseits selbst wahr und wird andererseits darüber informiert, wie die Lehrkräfte wahrnehmen. Sie filtert diese Wahrnehmungen und Informationen und entscheidet, welche Wahrnehmungen für sie handlungsrelevant werden. Dabei wird sie wiederum von den Lehrerinnen und Lehrern, aber z.B. auch von den Eltern und ggf. auch von Schülerinnen und Schülern beobachtet. Auf diese Weise sorgt sie in der Schule dafür, welchen Beobachtungen Prominenz zugewiesen wird. Eine zentrale Aufgabe von Führung in der Schule ist es entsprechend, im Sinne eines Frühwarnsystems die schulinternen Abläufe und die Umwelt daraufhin zu beobachten, ob und wo sich Probleme für die Schule abzeichnen und welchen Beobachtungen Prominenz zugewiesen wird. Voraussetzung dafür ist es, sich selbst und der Schule vielfältige Beobachtungsmöglichkeiten zu verschaffen, bevor über die Prominenzzuweisung entschieden wird.

Ob sich die Schule absehbaren Problemen frühzeitig stellt, hängt auch von einem – ggf. unbewussten – Abgleich von Problem und Problemlösungskompetenz ab. Denn die Bereitschaft, Probleme zu bearbeiten, hängt von der Einschätzung der Erfolgsaussichten ab und wenn sich die Schulleitung und die Lehrkräfte nicht als selbstwirksam erfahren, werden sie dazu neigen, Probleme zu leugnen oder nur Symptome zu bearbeiten.

Bei einer angemessenen Problemerfassung geht es darum (Gomez/Probst 1997, S. 65ff.),

- die für das Problem relevanten Schlüsselfaktoren zu identifizieren;
- die Beziehungen zwischen den Schlüsselfaktoren zu klären: Stehen sie in einem Kausalitätsverhältnis? Stärken oder schwächen sie sich in ihrer Wirkung?
- den Zeithorizont zu prüfen: Wirken die Einflussfaktoren kurz-, mittel- oder langfristig?;
- die Intensität zu prüfen: Ist der Einfluss schwach, mittel oder stark?
- die Einflussfaktoren im Hinblick auf die Lenkbarkeit zu überprüfen: Sind die Einflussfaktoren durch Sie bzw. Ihre Schule zu beeinflussen?
- zu beurteilen, welche Einflussfaktoren als Problemlösungsmaßnahmen besonders wirksam sind;
- zu beurteilen, welche Wirkungen diese Problemlösungsmaßnahmen auf die anderen Einflussfaktoren haben;
- zu klären, an welchen Indikatoren die Schulleitung und die Lehrkräfte bei der Realisierung der Lösung überprüfen können, ob die Maßnahmen für die Problemlösung geeignet sind.

Voraussetzung für die Problembearbeitung ist, sich auf die eigenen Einflussmöglichkeiten zu konzentrieren, statt das Problem externen Bedingungen zuzuschreiben und diese dann folgenlos zu bejammern. Dies hat zwar den Vorteil, von eigener Verantwortung entlastet zu werden. »Der Preis, mit dem diese Entlastung erkauft wird, ist allerdings hoch [...]. Prinzipiell beeinflussbare Situationen und Ereignisse werden als schicksalhaft interpretiert und mit mehr oder weniger großem Klagen ertragen. [...] Der Blick auf andere Einfluss- und Handlungsmöglichkeiten wird verstellt. [...] Wer Verantwortung abgibt, verabschiedet sich von Einflussmöglichkeiten!« (Lohmann 2003, S. 15). Sich auf die eigenen Einflussmöglichkeiten zu konzentrieren, heißt aber nicht, das eigene Verhalten als die alleinige Ursache eines Problems zu begreifen: »Wer Verantwortung übernimmt und Veränderungen herbeiführt, unterschreibt damit kein Schuldeingeständnis für die Probleme, die er angeht!« (ebd., S. 16).

Die Problembearbeitung kann sich an der in Tabelle 4 auf S. 402 dargestellten Abfolge und den dort aufgeführten Fragen orientieren.

4.3 Entscheidung, Partizipation und Verantwortung

Eine wesentliche Aufgabe von Führungskräften ist es, für Entscheidungen zu sorgen, damit weiter gearbeitet werden kann. Damit die Entscheidungen der Schulleitung in der Bearbeitung und Lösung von Problemen durch die Lehrkräfte akzeptiert werden,

Fehlverhalten einer Schülerin oder eines Schülers

Klärung des Sachverhalts

Dabei sind die betroffenen Schüler/innen und ggf. Zeugen zum Sachverhalt zu hören und ihre Aussagen in einer Aktennotiz (mit Angabe von Zeit, Ort, Personen und Aussagen) festzuhalten.

Entscheidung: erzieherische Einwirkung oder Ordnungsmaßnahme

Erzieherische Einwirkung

Gespräch mit dem Schüler (sowie ggf. dessen Eltern) oder Klassenkonferenz. Hierzu kann mündlich oder formlos eingeladen werden.

Ordnungsmaßnahme

Prüfen, wie schwerwiegend das Fehlverhalten ist bzw. welche Ordnungsmaßnahmen gegenüber dem Schüler bereits ausgesprochen worden sind, und klären, welche Ordnungsmaßnahme beantragt wird.

Teilkonferenz
(gem. § 53 Abs. 6 SchulG)

Einladung

Einzuladen sind neben den ständigen Mitgliedern der Teilkonferenz:
- der betroffene Schüler und seine Eltern,
- der Vertreter der Schulpflegschaft und des Schülerrats.

Sie nehmen an der Teilkonferenz teil, soweit die Eltern des betroffenen Schülers nicht widersprechen. Der Schüler und seine Eltern sind zudem darauf hinzuweisen, dass sie eine Lehrkraft und/oder einen Schüler ihres Vertrauens hinzuziehen können. Eine anwaltliche Vertretung ist nicht zugelassen.

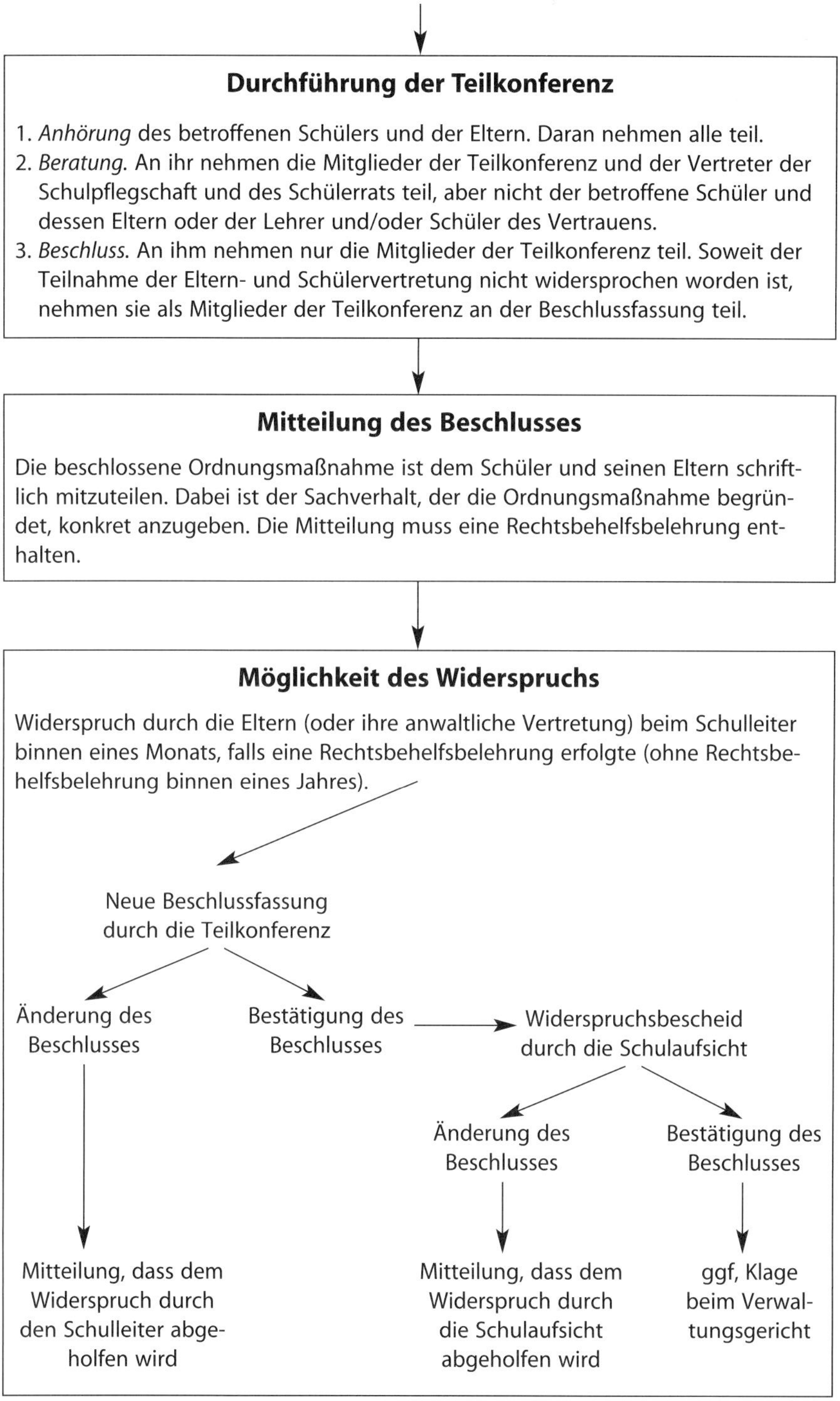

Durchführung der Teilkonferenz

1. *Anhörung* des betroffenen Schülers und der Eltern. Daran nehmen alle teil.
2. *Beratung.* An ihr nehmen die Mitglieder der Teilkonferenz und der Vertreter der Schulpflegschaft und des Schülerrats teil, aber nicht der betroffene Schüler und dessen Eltern oder der Lehrer und/oder Schüler des Vertrauens.
3. *Beschluss.* An ihm nehmen nur die Mitglieder der Teilkonferenz teil. Soweit der Teilnahme der Eltern- und Schülervertretung nicht widersprochen worden ist, nehmen sie als Mitglieder der Teilkonferenz an der Beschlussfassung teil.

Mitteilung des Beschlusses

Die beschlossene Ordnungsmaßnahme ist dem Schüler und seinen Eltern schriftlich mitzuteilen. Dabei ist der Sachverhalt, der die Ordnungsmaßnahme begründet, konkret anzugeben. Die Mitteilung muss eine Rechtsbehelfsbelehrung enthalten.

Möglichkeit des Widerspruchs

Widerspruch durch die Eltern (oder ihre anwaltliche Vertretung) beim Schulleiter binnen eines Monats, falls eine Rechtsbehelfsbelehrung erfolgte (ohne Rechtsbehelfsbelehrung binnen eines Jahres).

Neue Beschlussfassung durch die Teilkonferenz

Änderung des Beschlusses — Bestätigung des Beschlusses → Widerspruchsbescheid durch die Schulaufsicht

Änderung des Beschlusses — Bestätigung des Beschlusses

Mitteilung, dass dem Widerspruch durch den Schulleiter abgeholfen wird

Mitteilung, dass dem Widerspruch durch die Schulaufsicht abgeholfen wird

ggf. Klage beim Verwaltungsgericht

Abb. 4: Flussdiagramm bei Ordnungsmaßnahmen (Beispiel Nordrhein-Westfalen)

Tab. 4: Schrittfolge und Fragen bei der Problembearbeitung

Allgemeine Problemlösung	Einzelne Schritte	
Situation erfassen	Erfassen	**Situationsanalyse** • Was liegt vor? • Was weiß ich, was nicht? • Wie gliedere/ordne ich? • Was wird von mir erwartet? **Ursachenanalyse** • Welche Ursachen erkenne ich? • Welche Zusammenhänge und Vernetzungen erkenne ich? • Welche Einflussfaktoren sind erkennbar und wie weit sind sie beeinflussbar? • Welche Prioritäten gibt es?
	Definieren	• Wie lautet das Problem? • Wie untergliedere ich das Problem?
Lösungen suchen	Suchen	**Entscheidungsanalyse** • Nach welchen Kriterien beurteile ich die Lösungen? • In welcher Richtung suche ich nach Lösungen? • Welche Lösungen gibt es? • Wie sind die einzelnen Lösungen anhand der Kriterien zu beurteilen?
	Entscheiden	• Für welche Lösung entscheide ich mich?
Lösung realisieren	Realisieren	**Ablaufanalyse** • Wie sieht der Vorgehensplan für die Realisierung aus? • Welches sind die kritischen Stellen im Vorgehensplan? • Welche Sicherungs- und Kontrollmaßnahmen sind zu ergreifen?
	Sicherstellen	• Wie werden Abweichungen erfasst? • Wie ist darauf zu reagieren?

nach Dubs 1994, S. 152

bedarf es einer angemessenen Beteiligung. Welches Maß an Partizipation angemessen ist, hängt ab von der Relevanz des Problems für die Lehrkräfte (Ausmaß ihrer persönlichen Betroffenheit) und von ihrer Kompetenz, etwas zur Lösung des Problems beizutragen.

»Jedes Problem einer Schule fällt für Lehrkräfte in eine von drei Zonen [...]. In der Zone der Sensibilität liegen die Probleme, die die Lehrerschaft betroffen machen und zu deren Lösung sie etwas beitragen kann. In der Zone der Akzeptanz finden sich die Probleme, die die Lehrkräfte nicht interessieren und zu deren Lösung sie nichts beitragen können. Dazwischen liegt eine Grauzone, die für die Lehrerschaft begrenzt bedeutsam ist. Diese drei Zonen führen zu vier Entscheidungssituationen mit ganz unter-

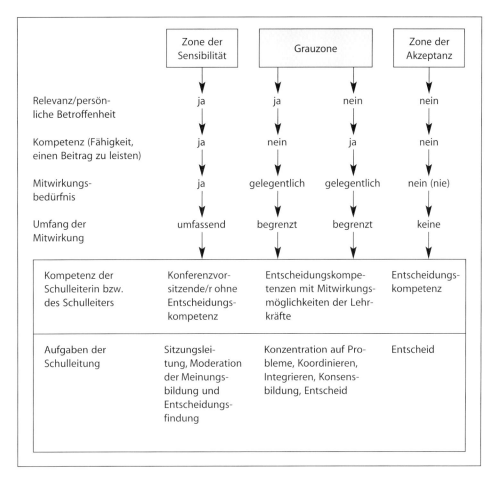

Abb. 5: Mitwirkung bei der Entscheidungsfindung in der Schule (nach Dubs 1994, S. 95)

schiedlichen Mitbestimmungs- und Mitwirkungsbedürfnissen, die eine unterschiedliche Ordnung der Entscheidungskompetenzen rechtfertigen. Alle Probleme, die in die Zone der Sensibilität fallen, erfordern eine intensive Mitwirkung der Lehrkräfte. Andernfalls werden sie unzufrieden, wodurch die Schule an Effektivität und Qualität verliert. Umgekehrt sind sie dankbar, wenn sie sich mit Problemen, die in der Zone der Akzeptanz liegen, nicht beschäftigen müssen und diese von der Schulleitung allein zweckmäßig bearbeitet und mittels sinnvoller Entscheidungen gelöst werden« (Dubs 1997, S. 162f.; vgl. Abb. 5).

Bonsen u.a. (2002, S. 143) resümieren die Befunde ihrer empirischen Untersuchung zum Schulleitungshandeln entsprechend:

- »Lehrerinnen und Lehrer erwarten nicht, an jeder Entscheidung mitzuwirken – tatsächlich ist sowohl zu viel als auch zu wenig Beteiligung ineffektiv. [...]

- Die jeweilige Rolle und Funktion im Entscheidungsprozess sowohl der Lehrkräfte als auch der Schulleitungspersonen sind je nach Art des zugrunde liegenden Problems unterschiedlich zu gestalten. [...]
- Häufig sind Entscheidungen der Schulleitung ineffektiv, weil sie entweder von den Lehrkräften nicht anerkannt werden, nicht rational erscheinen oder zu viel Zeit in Anspruch genommen haben.
- Um die Vorteile gemeinsamer Entscheidungsfindungen zu maximieren und negative Konsequenzen zu minimieren, sollte ein Schulleiter oder eine Schulleiterin sich zunächst mit folgenden Fragen auseinander setzen: (1) Unter welchen Bedingungen sollten die Lehrkräfte beteiligt werden? (2) In welchem Ausmaß und vor allem wie sollen Lehrkräfte beteiligt werden? (3) Wie sollte die entscheidungstreffende Gruppe von Personen zusammengesetzt sein? (4) Welche Rolle ist für die Schulleitung am effektivsten?«

5. Organisatorische Regeln

Regeln sind ein grundlegendes Element der organisatorischen Gestaltung. Dabei geht es zunächst darum,»Regelungen zu schaffen: Regeln zur Festlegung der Aufgabenverteilung, Regeln der Koordination, Verfahrensrichtlinien bei der Bearbeitung von Vorgängen, Beschwerdewege, Kompetenzabgrenzungen, Weisungsrechte, Unterschriftsbefugnisse usw. Das organisatorische Leben ist von Regeln durchsetzt, von fallweisen und generellen Regeln. Gewöhnlich nennt man die durch generelle Regeln geschaffene Ordnung eines sozialen Systems *Organisationsstruktur*. Organisatorische Regeln sollen nicht nur einen effizienten Aufgabenvollzug sicherstellen, sondern auch Konflikte in geordnete Bahnen lenken, Pfade für neue Ideen schaffen oder das Auftreten nach ›außen‹ in ein einheitliches Muster bringen. Schon aus diesen wenigen Beispielen wird deutlich, dass sich organisatorische Regelungen immer auf die Organisationsmitglieder richten, genauer auf deren Verhalten und Aktivitäten. Organisatorische Regeln stellen darauf ab, die Handlungsweisen der Organisationsmitglieder zu bestimmen und damit vorhersagbar zu machen. Organisatorische Regeln schränken deshalb zwangsläufig den Handlungsspielraum des einzelnen Organisationsmitgliedes ein« (Schreyögg 1999, S. 11f.).

5.1 Die Generierung von Regeln

Die Generierung der organisatorischen Regeln ist nicht allein eine Sache der Leitung und deren Setzung, sondern eine Folge der Entscheidungs- und Problemlösungsprozesse, an denen grundsätzlich alle Organisationsmitglieder beteiligt sind. In der Folge dieser Prozesse und aufgrund ihrer Erfahrungen in diesen Prozessen lernt die Organisation: Indem Vorgänge zur Routine werden, wird das Gelernte auf Dauer gestellt. Was als Problem erstmalig und neu auftritt, wird im Wiederholungsfall zur Routine und diese Routinisierung drückt sich darin aus, dass aus fallweisen Regeln generelle Regeln als Verhaltenserwartungen und -orientierungen für die Organisationsmitglieder abgeleitet werden. Überall da, wo Vorgänge ein verhältnismäßig hohes Maß an Gleichartigkeit und Periodizität aufweisen, wird diese Tendenz wirksam, fallweise Regelungen durch generelle Regelungen zu ersetzen. Solche generellen Regelungen entlasten die Leitung und die Lehrer/innen, weil sie nicht mehr in jedem Einzelfall fallweise Regelungen vorsehen und entsprechende Entscheidungen treffen müssen. An jeder Schule gibt es eine Vielzahl solcher Regeln, unabhängig davon, ob sie schriftlich fixiert sind oder eher als implizites Erfahrungswissen in einem Kollegium mehr oder weniger klar tradiert sind. Strittmatter (2003, S. 48f.) führt in diesem Sinne folgende Funktionen von Regeln an:

- *Das Leben vereinfachen:* Nicht zu viel selbst denken, entscheiden und verantworten müssen.
- *Beziehungssicherheit schaffen:* Verlässlichkeit (horizontal und vertikal) empfinden können; nicht mit »bösen« Überraschungen, Rückenschüssen, Fettnäpfchen, unvorhergesehenen Verletzungen oder Angriffen rechnen müssen.
- *Gerechtigkeit schaffen:* Betroffene vor Willkür schützen; als Betroffene/r mit einem gerechten, aus höherer Warte gerechtfertigten Verhalten rechnen können.
- *Synergien schaffen:* In der Arbeit mit Dritten (z.B. Schüler/innen, Behörden, Eltern, Öffentlichkeit) wirksamer sein, mehr Eindruck machen, weil alle gleiche Anliegen vertreten und gleichsinnig handeln.
- *Qualität sicherstellen/Schaden vermeiden:* In bedeutsamen Aufgabensituationen für hohe und gleiche Qualität sorgen, indem erprobte Standards beachtet werden. Für Gefährdungssituationen sicherstellen, dass nach erprobten, verantwortbaren Standards und Regeln gehandelt wird.

Wie für alle anderen Mittel der organisatorischen Gestaltung gilt auch für die Regeln die Paradoxie von Stabilität und Flexibilität: Die Regeln sind einerseits auf Dauer angelegt; sie müssen andererseits aber regelmäßig daraufhin überprüft werden, ob sie den Veränderungen in der Organisation und ihrer Umwelt noch entsprechen und ob die Art und Weise, wie die Organisationsmitglieder mit den Regeln umgehen, ihrem Sinngehalt und ihrer Funktion noch entsprechen oder zu Modifizierungen veranlassen. Deshalb schlägt Strittmatter (2003, S. 49f.) Regeln für den Umgang mit Regeln vor:

1. *»Eine funktionierende Gemeinschaft ist auf einige Abmachungen und Anordnungen angewiesen.* Diese sind sorgfältig gewählt, begründet, machen Sinn. Wir sind uns allerdings bewusst, dass Abmachungen und Anordnungen nicht für alle Beteiligten gleich sinnvoll und akzeptabel sein können. Solange sie jedoch in legitimer Weise zustande gekommen sind, gelten sie als verbindlich für alle. Wir rechnen aber gleichzeitig auch mit dem Nichteinhalten von Regeln und mit deren Vorläufigkeit.
2. *Wer von Abmachungen/Anordnungen mal abweicht, ist erklärungspflichtig.* Die Kolleg/innen bzw. die Leitung haben ein Recht darauf, über die Ursachen einer mo-

mentanen (nicht chronischen) individuellen Abweichung aktiv informiert zu werden [...] Dies ist dann auch ein Zeichen von Einwilligung in die grundsätzliche Verpflichtung und Gemeinschaftstreue. [...]

3. *Rückfragen und Ermahnungen sind erlaubt.* Es wird nicht als unfreundlicher Akt betrachtet und man muss nicht mit aggressiver Vergeltung rechnen, wenn Kolleg/innen oder Leitungsbeauftragte bei Verstößen nachfragen, ergründen, anmahnen, solange die Rückfrage/Mahnung die Regeln des Anstandes beachtet. Wir wissen und akzeptieren auch, dass grobe oder chronische Verstöße gegen Regeln die dafür vorgesehenen Sanktionen auslösen können (Verweis etc.).
4. *Voraussehbare Toleranzansprüche sind ausgehandelt.* Wenn eine Person aus strukturellen Gründen (z.B. zeitliche Verfügbarkeiten) oder aus Gewissensnot Abmachungen bzw. Anordnungen ›chronisch‹ nicht genau so einhalten kann, werden individuell beanspruchte Toleranzansprüche offen ausgehandelt.
5. *Unterlaufen ist bei uns keine Antwort.* Als untauglich angesehene Abmachungen/Anordnungen werden nicht einfach unterlaufen. Es ist dann Pflicht, sich für eine Änderung der Abmachungen/Anordnungen im Rahmen der üblichen Verfahrensregeln einzusetzen. [...]
6. *Wer Mühe hat, holt sich Unterstützung.* Es kann sein, dass das Erfüllen von Abmachungen/Anordnungen an Fähigkeitsgrenzen stößt, als überfordernd empfunden wird, evtl. Angst macht. Es ist dann die Pflicht des/der Betroffenen, dies anzumelden und um Unterstützung nachzusuchen (Hol-Prinzip). Still leiden, Trotzen oder So-tun-als-ob sind bei uns keine akzeptablen ›Lösungen‹.
7. *Wir überprüfen periodisch unser Regelwerk.* Wir überprüfen regelmäßig die Tauglichkeit von Abmachungen/Anordnungen, bekräftigen die beizubehaltenden, ändern bzw. streichen Untaugliches oder fügen neu notwendige Regeln hinzu.«

5.2 Formelle und informelle Regeln

Mit einer solchen Vereinbarung von Metaregeln kann es dann auch gelingen, sinnvoll damit umzugehen, dass es neben den formell festgelegten Regeln immer auch informelle Regeln gibt. »Obwohl bei Nicht-Einhaltung Sanktionen drohen, werden beileibe nicht alle Regeln, die in einer Organisation Geltung beanspruchen, auch tatsächlich eingehalten. Organisationsmitglieder wissen meist sehr schnell, welche Regeln sie einhalten müssen und welche nicht. Nicht selten werden formelle Regeln auch von ›unsichtbaren‹ Regeln konterkariert, die auf einem anderen, nicht diesem offiziellen geplanten Weg entstanden sind. Dabei ist zu beachten, dass auch inoffizielle Regeln genereller Natur sein können. Häufig entstehen Regeln *spontan* aus dem Handeln heraus und bewähren sich im täglichen Arbeitsvollzug; bisweilen sind es gerade diese Regeln, die das Verhalten besonders stark beeinflussen« (Schreyögg 1999, S. 12).

Diese informellen Regeln können das Erreichen der Ziele einer Organisation und die Effektivität der Arbeit behindern; sie können aber auch für die Funktionsfähigkeit der formalen Organisation sorgen. »Mitglieder weichen aus verschiedenen Gründen von dem vorgegebenen Reglement ab: Zum Teil gibt es so viele Regelungen, dass sie gar nicht alle erfüllbar sind, zum Teil sind die Regeln widersprüchlich und bisweilen versuchen sich die Mitglieder den Regeln zu entziehen. Der häufigste und theoretisch bedeutsamste Punkt ist aber, dass Mitglieder im Sinne einer effizienten Aufgabenerfüllung regelbestimmte Erwartungen verletzen, d.h. Regeln nach eigenem Ermessen (illegalerweise) außer Kraft setzen. Dies ist meist dann der Fall, wenn die Situation, die der Regel als Annahme unterliegt und für deren Bewältigung sie geschaffen wurde, nicht mit der vorgefundenen Lage übereinstimmt, ja mehr noch, dass eine Anwendung der Regel Schaden anrichten würde [...]. In all diesen Situationen kompensieren Organisationsmitglieder nicht nur von sich aus Mängel im Regelsystem, sondern wirken regelfrei bzw. aktiv gestaltend in den Leistungsprozess ein« (ebd., S. 18).

5.3 Die Steuerung der Organisation durch Regeln

Damit stellt sich aber die Frage, wie die Leitung die Organisation, ihre Abläufe und Normen überhaupt steuern kann. Was aus den fallweisen Entscheidungen gelernt wird, wird durch Beschluss der Schulleitung oder eines Schulmitwirkungsgremiums zu einer formellen und generellen Regelung, während die informellen Regeln sich durch die Leitung einer Organisation nicht gezielt beeinflussen lassen. Um aber einer Gefährdung der Organisationszwecke durch informelle Regeln entgegenzuwirken, hat die Leitung mehrere Möglichkeiten (Bartz 2004a, S. 65):

- Die Grenzen genereller Regelbarkeit müssen anerkannt werden. Formelle Regeln sollen als Verhaltenserwartungen nicht das gesamte organisatorische Handeln vorbestimmen, sondern nur einen verbindlichen Rahmen abstecken, in dem auch für andere Erwartungen Platz ist. Denn je mehr formelle Regelungen es gibt, desto größer ist die Gefahr, dass sie als unüberschaubare Regelungsflut keine Verhaltensorientierung mehr bieten und damit auch keine Steuerungsleistung mehr erbringen.
- Die Verbindlichkeit dieser Rahmenerwartungen muss durch ein entsprechendes Führungsverhalten deutlich vertreten werden; Regelverstöße müssen angesprochen und ggf. sanktioniert werden. Denn die Verbindlichkeit von Regeln lässt sich nur dann gewährleisten, wenn der Verstoß gegen sie zu Konsequenzen führt. Und diese Konsequenzen sind nicht nur für den einzelnen Betroffenen relevant, sondern haben aufgrund der permanenten Beobachtung des Führungshandelns durch die Lehrer/innen für das gesamte Kollegium eine normbildende Wirkung.
- Die formellen Regeln müssen regelmäßig auf ihre Sinnhaftigkeit und Wirksamkeit überprüft werden. Werden sie nicht eingehalten, muss die Schulleitung entscheiden, ob sie die Nichteinhaltung einer Regel sanktioniert, auf die Regel verzichtet oder sie aufgrund der Erfahrungen aus dem informellen Umgang mit ihr modifiziert. Dieser Prozess der Regelschöpfung und -veränderung schließt die Entscheidung ein, welche verbindlichen Rahmenregelungen die Schulleitung vorgibt und welche Regeln partizipativ unter Mitwirkung des Kollegiums vereinbart werden.

- Werden Regelungen neu eingeführt oder verändert, so sollte klar sein, welchen Zweck sie erfüllen sollen. Es macht dann Sinn, zunächst eine Erprobungsphase vorzusehen, damit die Regeln, bevor sie auf Dauer gestellt werden, zunächst daraufhin überprüft werden können, ob sie für ihren Zweck angemessen und geeignet sind.
- Weil die informellen Regeln immer auch auf Mängel bei den formellen Regelungen hinweisen und so eine Optimierung der Regelungen und Abläufe in einer Organisation bewirken können, sollte die Schulleitung dafür sorgen, dass es ein Forum für den Austausch und das Aushandeln von Regeln und Abläufen gibt. Dialogische Führung als Organisation von ergebnisoffenen Verständigungsprozessen zur Realitätswahrnehmung, Deutung und Bearbeitung von Problemen und Aufgaben ist deshalb am besten geeignet, um die informellen Regeln in den offiziellen Diskurs in der Schule einzubringen und besprechbar zu machen, wobei gleichzeitig immer auch die formellen Regeln als Kompromiss auf Zeit grundsätzlich zur Disposition stehen.

6. Information und Kommunikation

Um diese kollegialen Verständigungsprozesse zu ermöglichen und zu unterstützen, muss die Schulleitung einen organisatorischen Rahmen für professionsbezogene Kommunikation schaffen (Bartz 2005b, S. 2), indem sie

- durch die Gestaltung der Unterrichtsverteilung für fach- und lerngruppenbezogene Arbeitszusammenhänge sorgt;
- diesen Arbeitszusammenhängen Aufgaben stellt, die nur auf dem Weg einer Verständigung, Absprache und Koordination durch das Lehrerteam und nicht individuell und isoliert bearbeitet werden können, z.B. den Auftrag, ein Konzept für die Leseförderung als Aufgabe aller Fächer in einem Jahrgang zu entwickeln und umzusetzen;
- den Arbeitszusammenhängen für die teaminterne Beratung Informationen und Unterlagen zu allen mittel- und langfristigen Entscheidungs- und Entwicklungsbedarfen der Schule zur Verfügung stellt, damit ihre Ideen, Vorschläge oder Bedenken bei der abschließenden Beschlussfassung berücksichtigt werden können;
- Sprecher/innen der Arbeitszusammenhänge benennen lässt, die regelmäßig über anstehende Probleme und Vorhaben der Schule informiert werden und die Rückmeldungen aus ihren Teams in die gemeinsame Meinungsbildung einbringen;
- sowohl für eine horizontale, z.B. auf einen Jahrgang bezogene, wie für eine vertikale, z.B. auf unterrichtsfachliche Themen bezogene, Kommunikation und Koordination sorgt;
- durch klare Strukturen und Gestaltungsspielräume die kommunikative Selbstkoordination durch die Lehrkräfte fördert;
- für die kollegiale Kommunikation und Koordination die erforderlichen Zeitinseln zur Verfügung stellt.

6.1 Das Betriebswissen und seine Dokumentation

Die professionsbezogene Kommunikation setzt voraus, dass die Schule ein Informationssystem mit der Wirkung eingerichtet hat, dass die Lehrpersonen und das sonstige Personal in der Schule alle Informationen erhalten, die sie für ihre Arbeit brauchen. Dabei geht es vor allem um die Dokumentation des Betriebswissens, das sich sowohl auf die Aufbauorganisation (z.B. durch die Dokumentation des Geschäftsverteilungsplans, der Raumpläne u.a.) und die Ablauforganisation (z.B. durch die Dokumentation der geltenden formellen Regeln, der Terminplanung u.a.) wie auf laufende aktuelle Mitteilungen bezieht. Und dieses Betriebswissen muss in einer Weise zur Verfügung stehen, dass die einzelne Lehrperson darauf bei Bedarf zurückgreifen kann. Deshalb ist es sinnvoll, die Übersicht zu den Konferenzbeschlüssen oder zu den geltenden Regelungen allen Lehrpersonen ausgedruckt oder über Intranet zur Verfügung zu stellen und über aktuelle Angelegenheiten in einem regelmäßigen Schulinfo zu berichten, während Mitteilungsbücher oder Aushänge an schwarzen Brettern für ein wirksames Informationssystem eher ungeeignet sind. Die Kosten und der Arbeitsaufwand für ein solches System mögen abschrecken; aber was hilft dazu im Vergleich, wenn die Informationen die Zielgruppen nicht zuverlässig erreichen und diese deshalb nicht zuverlässig über die für ihre Arbeit erforderlichen Informationen verfügen? Standards für ein wirksames Informationssystem sind z.B.:

- Es gibt eine Regelung, wer die in der Schule eintreffenden Informationen wie auswertet und an wen er oder sie welche Informationen weiterleitet.
- Der Aktenplan der Schule ist soweit möglich überschneidungsfrei kategorisiert; die Standorte (Sekretariat, Büros von Schulleitungsmitgliedern) sind angegeben.
- Für alle Lehrer/innen steht eine Übersicht zu den Standorten von Informationsblättern und (Fach-)Zeitschriften sowie zu fachlich und pädagogisch relevanten Internetangeboten zur Verfügung.
- Unterrichtsmaterialien und Unterrichtsvorhaben sind als fachspezifische Sammlungen dokumentiert und archiviert; für alle Fachlehrer/innen gibt es eine Übersicht zu den vorhandenen Materialien.
- Die Übersichten und Materialien werden fortlaufend ergänzt und aktualisiert; über die entsprechenden Änderungen werden die Lehrer/innen informiert.

6.2 Wissensmanagement in der Schule

Das Konzept für das innerschulische Informationssystem kann zu einem Konzept für das Wissensmanagement an der Schule ausgebaut werden. Die Erfahrung nicht nur in der Schule, sondern auch im Unternehmensbereich (Meinsen 2003, S. 116ff.) macht aber deutlich, dass sich Systeme des Wissensmanagements nicht von oben einrichten lassen, sondern von unten, durch die Mitarbeiter/innen selbst, entwickelt werden. Diese Entwicklung von unten wahrzunehmen, zu unterstützen und in der formalen Aufbaustruktur der Organisation zu verankern, ist die Aufgabe der Leitung. »Wissensmanagement [...] ist mehr auf Effektivität als Effizienz ausgerichtet. Es vollzieht sich von unten nach oben und basiert auf der Annahme, dass Manager Wissen und Wissensvermehrung am besten fördern, indem sie auf die einfallsreichen, oft improvisierten Wege reagieren, wie Mitarbeiter ihre alltägliche Arbeit in praxi erledigen. [...] Doch selbst wenn in einem Unternehmen erkannt wird, wie sehr die Praktiker in ihrer Arbeit auf implizites Wissen zurückgreifen, stellt sich die Frage: Wie lässt sich dieses wertvolle Wissen im ganzen Unternehmen verbreiten und nutzbar machen? An dieser Stelle zeigt sich, dass der förmlich geregelte Arbeitsprozess sehr vorteilhaft sein kann. Dieser kann – in Form einer organisatorischen Koordination – die breitere Zirkulation von örtlich angefallenem, personenbezogenem Wissen sicherstellen« (Brown/Duduid 2000, S. 65f., S. 71).

Wenn in der Regel in der Schule als einer Organisation, für die die Vermittlung und Aneignung von Wissen eine der zentralen Aufgaben ist und in der Expertinnen und Experten für (unterrichtsbezogenes) Wissen arbeiten, kein Konzept und erst recht kein funktionierendes System des Wissensmanagements existiert, dann lässt sich vermuten, dass hier mentale und nicht nur technische oder organisatorische Barrieren im Spiel sind. Abbildung 6 macht diese Barrieren beispielhaft deutlich und bietet Anregungen dafür, wie Initiativen zum Wissensmanagement an der Schule durch die Schulleitung ermöglicht und unterstützt werden können. Grundlage dafür ist die Klärung, worauf sich das professionelle Wissen von Lehrer/innen bezieht und woraus es sich zusammensetzt, um diese Aspekte im schulischen Wissensmanagement berücksichtigen zu können. Zugleich soll die Skizze deutlich machen, dass das Wissensmanagement kein Selbstzweck ist, sondern sich auf den Unterricht und die Aneignung von viablem, d.h. für die Lösung von Problemen tauglichem Wissen im Sinne einer aktiven Wissenskonstruktion durch die Schüler/innen bezieht und nur dann sinnvoll ist, wenn sie diese Wissenskonstruktion unterstützt und fördert.

Die Schulleitung ist dabei – neben der Beteiligung am Aufbau des Wissensmanagements als Lehrkraft und damit als eine unter Gleichen – in ihrer Führungsrolle des Unterstützers gefordert, indem sie für die technischen und organisatorischen Voraussetzungen sorgt und ihr aktives Interesse am Prozess des Aufbaus und der Entwicklung zeigt. Würde sie aber in der Rolle des Entscheiders den Aufbau eines Wissensmanagements von den Lehrkräften fordern oder den Aufbau etwa durch die Einrichtung einer zentralen Datenbank selbst übernehmen, so wäre dies – wie die empirische Untersuchung von Meinsen (2003, S. 178ff.) zeigt – von genau gegenteiliger Wirkung: Auch wenn auf diese Weise ein Managementsystem eingerichtet wäre, es würde als bloß technisches System kaum genutzt, weil die (Vertrauens-)Erfahrung, dass sich die Beteiligung am Wissensmanagement lohnt und Geben und Nehmen in einem fairen und vorteilhaften Verhältnis zueinander stehen, fehlt – und dieses Vertrauen kann sich offenbar nur bei einem konstruktiven Aufbau von unten her entwickeln.

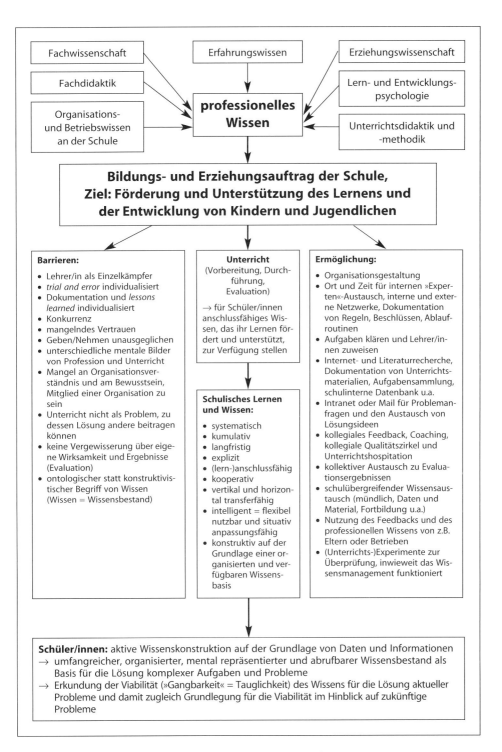

Abb. 6: Wissensmanagement in der Schule (Bartz 2005b, S. 7)

7. Organisationsgestaltung und mentale Organisationsbilder

Wie die Organisationsgestaltung auf die Organisationsmitglieder und durch sie wirkt, hängt von ihren mentalen Organisationsbildern ab und diese sind durch die Erfahrungen in vorangegangenen sozialen Systemen, insbesondere im Primärsystem der Familie, und durch die berufliche Sozialisation begründet und entsprechend tief in der Persönlichkeit verankert. Mentale Organisationsbilder, die in der Schule besonders wirksam sind, sind

1. das Einzelkämpfermodell;
2. das Familienmodell;
3. das Bürokratiemodell.

7.1 Das Einzelkämpfermodell

Unterstützt durch das Rechtsinstitut der pädagogischen Freiheit erfahren sich viele Lehrer/innen eher als Einzelkämpfer denn als Organisationsmitglieder. Die vorrangige Arbeitsplatzerfahrung, allein in einem Klassenraum zu unterrichten und zu Hause Unterricht vor- und nachzubereiten, veranlasst dazu, nur die eigene Teilleistung, aber nicht ihre koordinative Zusammensetzung zu einer Gesamtleistung wahrzunehmen. Dass der Bildungs- und Erziehungsauftrag der Schule als Förderung und Unterstützung des Lernens und der Entwicklung von Kindern und Jugendlichen nur im Zusammenwirken mit den anderen Lehrkräften sowie ggf. weiterem Personal wie z.B. Sozialarbeiter/innen an der Schule und im Zusammenwirken mit außerschulischen Erziehungs- und Beratungsstellen wirksam erfüllt werden kann, kommt bei einem solchen professionellen Selbstbild nicht in den Blick. Die Kooperation mit anderen Lehrkräften ist weniger durch professionelle Arbeitszusammenhänge, sondern eher durch private Sympathiebeziehungen bestimmt.

Einem solchen mentalen Organisationsbild entspricht die Schule als zellulare Organisation. »Eine Schule gleicht einer Aneinanderreihung von selbstgenügsamen Zellen, in denen die Berufstätigen über lange Perioden des Arbeitstags isoliert von anderen Erwachsenen arbeiten. Dabei herrscht eine strenge Arbeitsteilung, die Einfluss- und Verantwortungsbereiche klar abgrenzt. Außer dem Fachunterricht gibt es keine Spezialisierungen, die die Berufstätigen in Zuarbeits-, Über- oder Unterordnungsverhältnisse bringen würden. Vielmehr haben alle gleichartige und gleich komplexe Aufgaben. [...] Weiters gibt es in der zellularen Organisation nur wenige formelle Prozeduren der Abstimmung zwischen den Berufstätigen. Offizielle Foren dafür (wie z.B. Lehrerkonferenzen oder Fachkonferenzen) werden selten als effektive Einrichtungen beschrieben. Selbst initiierte Kooperationen größeren Stils sind kaum zu finden. Wo es Zusammenarbeit gibt, findet sie in freiwilligen, nicht institutionalisierten Mini-Netzen von sehr wenigen Personen statt« (Altrichter 2000, S. 101f.).

7.2 Das Familienmodell

Insbesondere in kleinen Schulen, aber auch in kontinuierlichen Arbeitszusammenhängen wie z.B. Jahrgangsstufenteams, kann das Bild der Organisation als Familie unbewusst die Verhaltenserwartungen und das Verhalten prägen. Was aber in der Familie sinnvoll ist oder sinnvoll sein mag, kann sich in der Schule als Organisation destruktiv auswirken (Braun/Molicki 2001):

- Familien sind Zwangsgemeinschaften. Familienmitglied zu sein, ist keine Folge freier Wahl, sondern durch Geburt gegeben. Auch wenn ein Mitglied aus dem Familienheim auszieht, bleibt es Familienmitglied. Deshalb ist Harmonie von hohem Wert; Konflikte sollen möglichst vermieden werden, weil sie für die Familie als Zwangsgemeinschaft zu einer existenziellen Bedrohung werden können. Die Schule ist dagegen eine Arbeits- und Zweckgemeinschaft, der man als Lehrer/in durch eigene Entscheidung beitritt. Scheidet man aus der Schule aus, so ist man in ihr nicht mehr Mitglied. Konflikte sind keine existenzielle Bedrohung, weil man schlimmstenfalls aus der Schule ausscheiden und an eine andere Schule wechseln kann.
- Beziehungen in der Familie sind persönliche Beziehungen, Beziehungen in der Schule als Organisation sind Arbeitsbeziehungen. Die Rollen und Funktionen in Familien erscheinen eher naturgegeben (Eltern-Kind-Rollen) und werden nicht wie in einer Organisation formell, sondern eher implizit geregelt.
- Charakteristisch für die Familie sind eher Nähe und Informalität, für die Organisation eher Distanz und Formalität. Regeln und Strukturen sind deshalb in Familien – anders als in Organisationen – in der Regel nicht formell vorgegeben oder vereinbart. Dabei kann es in der Familie einerseits zu einer Verhärtung der Wirklichkeit kommen, wenn es mit Konsenszwang für alle Mitglieder nur eine eindeutige Wahrheit gibt und soziale Regeln wie Naturgesetze behandelt werden, andererseits kann die Konsenswirklichkeit sehr weich sein, sodass Regeln und Vereinbarungen unverbindlich bleiben und jederzeit wieder geändert werden können (Simon 2000, S. 221ff.).

Werden solche familialen Strukturen und Mentalitäten in der Schule wirksam, so zeigt sich dies z.B. daran, dass

- formelle Regelungen und Strukturen vermieden werden und die Interaktionen auf der Ebene persönlicher Beziehungen ablaufen;
- Harmonie angestrebt wird und Konflikte vermieden werden – auch da, wo sie zur Problem- und Zielklärung erforderlich wären;
- Ablaufplanungen, Konferenzen und Besprechungen nur mangelhaft strukturiert sind;
- Regelungen und Beschlüsse unverbindlich bleiben, sodass vereinbarte Regeln und Entwicklungsschritte nicht auf Dauer gestellt und stabilisiert werden können.

In der Beziehung zwischen Kollegium und Leitung dominieren Eltern-Kind-Muster, z.B. als elterliche Strenge oder Fürsorge auf der einen, als Fügsamkeit und vorauseilender Gehorsam oder als Rebellion aus dem Kind-Ich auf der anderen Seite.

7.3 Das Bürokratiemodell

Die Schule ist von zwei unterschiedlichen Handlungslogiken bestimmt, der eines Interaktionssystems und der einer Verwaltungsbehörde. Dies bedeutet, dass die Schulleitung und die Lehrkräfte zwei unterschiedliche Handlungsrationalitäten beachten müssen, nämlich die zielorientiert-rationale des administrativen Agierens nach festgelegten Prinzipien einerseits und die auf Einzelpersonen eingehende, kommunikativ-interaktionale Rationalität des pädagogischen Handelns andererseits (Rosenbusch 2005, S. 17ff., 58ff.). Orientiert sich eine Lehrkraft ihrem Auftrag und ihren Aufgaben entsprechend vorwiegend an pädagogischen Zielen, dann wird sie da, wo sie selbst administrativ handeln muss oder von Verwaltungsabläufen oder -entscheidungen betroffen ist, die Schule als Bestandteil der Verwaltungsstruktur erfahren, die durch einen hohen Grad an Formalität und Regelungsdichte, das Weisungsrecht und die Hierarchie bestimmt ist und die dem eigentlichen pädagogischen Zweck von Schule entgegenwirkt. Auch wenn die Werte, die das mentale Bild von Familie und von Bürokratie prägen, gegensätzlich sind, so sind sie sich in ihrer Auswirkung auf die Beziehung zur Autorität ähnlich: Statt selbstbewusst die eigenen Fähigkeiten und die eigene Professionalität für Sinn und Gestaltung der eigenen Arbeit zu nutzen und zu präsentieren, wird von der Autorität Fürsorge und Problemlösung erwartet und auf sie entweder mit Fügsamkeit und Gehorsam oder mit Aufsässigkeit und Trotz reagiert.

Will die Schulleitung dafür sorgen, dass sich möglichst viele Lehrkräfte an der Weiterentwicklung der Schule auf der Grundlage gemeinschaftlicher Visionen und Ziele beteiligen, dann muss sie diese mentalen Organisationsbilder irritieren und bei den Lehrkräften das Bewusstsein fördern, Mitglied einer Organisation zu sein, die durch einen gemeinsamen Auftrag, gemeinsame Ziele und Werte und verbindliche Regeln und Strukturen geprägt ist und deren Ziele, Werte, Regeln und Strukturen für die einzelnen Organisationsmitglieder verbindlich sind. Dazu hat die Schulleitung die folgenden Möglichkeiten:

- Die Aufgaben in der Schule klären und als komplexe Aufgaben so stellen, dass sie nur im Zusammenwirken von Lehrerinnen und Lehrern erfüllbar sind;
- den sich aus diesen Aufgaben ergebenden Koordinations-, Kommunikations- und Kooperationsbedarf deutlich machen und die entsprechenden Leistungen einfordern;
- den Austausch von Sichtweisen, Information und Wissen zwischen den Lehrerinnen und Lehrern fordern und fördern und Foren für ergebnisoffene Verständigungsprozesse zur Realitätswahrnehmung, Deutung und Bearbeitung von Problemen und Aufgaben bereitstellen.

Nur dann, wenn die Organisationsgestaltung für die Voraussetzungen sorgt, den Status einer fragmentierten Schule zu überwinden und sich zur Problemlöseschule (Dalin/Rolff/Buchen 1995, S. 238ff.) weiterzuentwickeln, wird sich die Schule im Hinblick auf die Chancen und Risiken zukünftiger Herausforderungen und unter Bedingungen der Unsicherheit strategisch verhalten können – und wenn es gelingt, das Kollegium in diese strategische Orientierung mit einzubeziehen, absehbare wie unerwartete Probleme der Schule zu eigenen Problemen der Organisationsmitglieder zu machen und eine Vergemeinschaftung von Zukunftsentwürfen der Schule als kollektive Orientierung zu erreichen, werden sich die mentalen Organisationsbilder so ändern, dass sie zu einer professionellen, kompetenten Wahrnehmung der Aufgaben als Lehrer/in in einer konkreten Schule passen und dazu motivieren, für die Weiterentwicklung der Schule (Mit-)Verantwortung zu übernehmen. Wie Strittmatter (2001) deutlich gemacht hat, müssen dafür das Müssen, Wollen und Können zusammenkommen:

- Fehlt der Druck, dass die Schule sich weiterentwickeln muss, sind Innovationen als bloßer Eigenauftrag nicht auf Dauer tragfähig.
- Fehlt das Können, so wirkt der Innovationsdruck nur demotivierend, weil das Gefühl der Selbstwirksamkeit und die Zuversicht fehlen, die anstehenden Herausforderungen als Schule wie als einzelne Lehrkraft kompetent bewältigen zu können.
- Fehlt das Wollen, dann gibt es keine Grundlage, einen vergemeinschafteten Zukunftsentwurf als Zielzustand zu entwickeln, für den es sich lohnt, sich einzusetzen. Dann werden die einzelnen Lehrer/innen sich eher damit abfinden, dass ihrer Schule nicht zu helfen ist, und sich damit trösten, dass bei einer Auflösung ihrer Schule ihnen keine Entlassung, sondern nur eine Versetzung droht.

»Es mag zunächst trivial klingen, aber auf Dauer erfolgreiche Innovation lebt von diesen drei Faktoren. Vielleicht weniger trivial ist, dass diese drei Bedingungen in einem wirklich faktoriellen Verhältnis zueinander stehen: ist *ein* Faktor Null, dann wird das Ganze Null« (Strittmatter 2001, S. 59f.).

Literaturverzeichnis

Acker, H.B./Weiskam, J. (^{9}1977): Organisationsanalyse. Verfahren und Techniken praktischer Organisationsarbeit. Baden-Baden/Bad Homburg.
Altrichter, H. (2000): Konfliktzonen beim Aufbau schulischer Qualitätssicherung und Qualitätsentwicklung. In: Helmke, A./Hornstein, W./Terhart, W. (Hrsg.): Qualität und Qualitätssicherung im Bildungsbereich. Schule, Sozialpädagogik, Hochschule. In: Zeitschrift für Pädagogik, 41. Beiheft.
Bartz, A. (2004a): Organisationsgestaltung von Schule. Schulleitungsfortbildung NRW, Band 3. Hrsg. vom Landesinstitut für Schule. Bönen/Westf.
Bartz, A. (2004b): Personalmanagement in Schule. Schulleitungsfortbildung NRW, Band 6. Hrsg. vom Landesinstitut für Schule. Bönen/Westf.
Bartz, A. (2005a): Als Schulleiter neu im Kollegium. Wahrnehmung schärfen – maßvoll und gezielt gestalten. In: Buchen, H./Horster, L./Rolff, H.G. (Hrsg.): Schulleitung und Schulentwicklung. Erfahrungen – Konzepte – Strategien. Berlin, Beitrag C 1.2.

Bartz, A. (2005b): Das Informations- und Kommunikationssystem unterstützt die pädagogische Arbeit. In: Bartz, A. u.a. (Hrsg.): PraxisWissen SchulLeitung. München.

Bellenberg, G./Böttcher, W./Klemm, K. (2001): Stärkung der Einzelschule. Neue Ansätze der Ressourcen Geld, Zeit und Personal. Neuwied/Kriftel.

Bonsen, M./v.d. Gathen, J./Iglhaut, C./Pfeiffer, H. (2002): Die Wirksamkeit von Schulleitung. Empirische Annäherungen an ein Gesamtmodell schulischen Leitungshandelns. Weinheim/München.

Braun, S./Molicki, M. (2001): Schulen sind keine Familien! Durch Professionalisierung Schule zur lernenden Organisation entwickeln. In: Buchen, H./Horster, L./Rolff, H.G. (Hrsg.): Schulleitung und Schulentwicklung. Erfahrungen – Konzepte – Strategien. Berlin, Beitrag B 2.6.

Brown, J.S./Duduid, P. (2000): Rigide Dienstanweisung contra flexible Praxis – ein Balanceakt. In: Harvard Business Manager, H. 6, S. 65–72.

Capaul, R. (2001): Die Planspielmethode in der Schulleitungsausbildung. Bad Heilbrunn.

Capaul, R./Seitz, H. (1999): Organisationsprobleme sehen und lösen. Konzepte, Vorgehen und Instrumente für die Organisation von Schule. In: Buchen, H./Horster, L./Rolff, H.G. (Hrsg.): Schulleitung und Schulentwicklung. Erfahrungen – Konzepte – Strategien. Berlin, Beitrag F 1.4.

Dalin, P./Rolff, H.G./Buchen, H. (^{2}1995): Institutioneller Schulentwicklungs-Prozeß. Ein Handbuch. Bönen/Westf.

Dubs, R. (1994): Die Führung einer Schule. Leadership und Management. Stuttgart.

Dubs, R. (1997): Die Führung einer Schule. In: Ministerium für Schule und Weiterbildung, Wissenschaft und Forschung des Landes Nordrhein-Westfalen (Hrsg.): Schulleitung als Management- und Führungsaufgabe. Schule in NRW, Nr. 9017. Frechen, S. 156–172.

Eikenbusch, G. (1998): Praxishandbuch Schulentwicklung. Berlin.

Gomez, P./Probst, G. (^{2}1997): Die Praxis des ganzheitlichen Problemlösens. Vernetzt denken, unternehmerisch handeln, persönlich überzeugen. Bern/Stuttgart/Wien.

Kleingeist, H./Schuldt, W. (^{6}1996): Gemeinsam Schule machen. Arbeitshilfen zur Entwicklung des Schulprogramms. Bönen/Westf.

Kretschmann, R. (2002): Pädagogische Infrastrukturen. Systemische und systematische Planung von Präventions- und Förderangeboten für Lernende mit besonderen pädagogischen Bedarfen. In: Buchen, H./Horster, L./Rolff, H.G. (Hrsg.): Schulleitung und Schulentwicklung. Erfahrungen – Konzepte – Strategien. Berlin, Beitrag E 2.27.

Landesinstitut für Schule und Weiterbildung (Hrsg.) (1998a): Unterricht spiegeln. Ein Fragebogen für Lehrerteams zur Analyse, Bewertung und Planung der pädagogischen und erzieherischen Arbeit im Fachunterricht. Werkstattheft zur schulinternen Kooperation. Bönen/Westf.

Landesinstitut für Schule und Weiterbildung (Hrsg.) (1998b): Schulentwicklung und Schulprogramm in Gesamtschulen. Werkstattheft zur schulinternen Kooperation. Bönen/Westf.

Lange, H. (1996): Schulträger und ihre Schulen. In: Pädagogische Führung, H. 7, S. 16ff.

Lohmann, G. (2003): Mit Schülern klarkommen. Professioneller Umgang mit Unterrichtsstörungen und Disziplinkonflikten. Berlin.

LSW *siehe* Landesinstitut für Schule und Weiterbildung

Malik, F. (^{9}2001): Führen Leisten Leben. Wirksames Management für eine neue Zeit. Stuttgart/München.

Meinsen, S. (2003): Konstruktivistisches Wissensmanagement. Wie Wissensarbeiter ihre Arbeit organisieren. Weinheim/Basel/Berlin.

Ministerium für Bildung, Wissenschaft, Forschung und Kultur in Schleswig-Holstein (2003): Externe Evaluation im Team EVIT. Handbuch für die Pilotphase. Kiel.

Rosenbusch, H.S. (2005): Organisationspädagogik der Schule. Grundlagen pädagogischen Führungshandelns. München/Neuwied.

Schorlemmer, H. (2001): Schulsponsoring. Möglichkeiten und Grenzen im Kontext der Schulentwicklung. Richtlinien, juristische und steuerliche Hinweise. In: Buchen, H./Horster, L./Rolff, H.G. (Hrsg.): Schulleitung und Schulentwicklung. Erfahrungen – Konzepte – Strategien. Berlin, Beitrag F 2.4.

Schreyögg, G. (^{3}1999): Organisation. Grundlagen moderner Organisationsgestaltung. Mit Fallstudien. Wiesbaden.
Seitz, H./Capaul, R. (2005): Schulführung und Schulentwicklung. Theoretische Grundlagen und Empfehlungen für die Praxis. Bern u.a.
Simon, F.B. (^{8}2000): Meine Psychose, mein Fahrrad und ich. Zur Selbstorganisation der Verrücktheit. Heidelberg.
Stern, C./Döbrich, P. (Hrsg.) (1999): Wie gut ist unsere Schule? Selbstevaluation mit Hilfe von Qualitätsindikatoren. International Network of Innovative School Systems. Gütersloh.
Strittmatter, A. (2001): Bedingungen für die nachhaltige Aufnahme von Neuerungen an Schulen. In: s.e journal für schulentwicklung 5, H. 4, S. 58–66.
Strittmatter, A. (2003): Regeln für den Umgang mit Regeln. In: s.e. journal für schulentwicklung 7, H. 2, S. 47–50.
Stryck, T. (1994): Schulträger im Wandel zu einer pädagogisch motivierten Dienstleistungsinstitution. Lust und Last der kommunalen Selbstverwaltung. In: Buchen, H./Horster, L./Rolff, H.G. (Hrsg.): Schulleitung und Schulentwicklung. Erfahrungen – Konzepte – Strategien. Berlin, Beitrag G 1.1.
Vogel, M. (2001): Das Spendenrecht hat sich geändert. Für die Schulen wird es umständlicher. In: Buchen, H./Horster, L./Rolff, H.G. (Hrsg.): Schulleitung und Schulentwicklung. Erfahrungen – Konzepte – Strategien. Berlin, Beitrag F 2.3.

Eckard König / Katja Luchte

Projektmanagement

1. Grundlagen 419
1.1 Was ist Projektmanagement? 419
1.2 Prozess- und Systemebene im Projektmanagement 420

2. Startphase des Projektes 423
2.1 Formulierung des Projektauftrags 424
2.2 Etablierung des Projektteams als soziales System 427
2.3 Die Steuergruppe als soziales System 428
2.4 Das Stakeholder-System 429

3. Projektplanung 430
3.1 Projektplanung auf der Prozessebene 430
3.2 Projektplanung auf der Systemebene 433

4. Projektdurchführung 435
4.1 Projektdurchführung auf der Prozessebene 435
4.2 Das Projektteam als soziales System 438
4.3 Das Stakeholder-System in der Durchführungsphase des Projektes 441

5. Die Abschlussphase des Projektes 441
5.1 Projektabschluss auf der Prozessebene 442
5.2 Projektabschluss auf der Systemebene 442

6. Projektcoaching als Begleitung von Schulprojekten 443
6.1 Orientierungsphase 444
6.2 Klärungsphase 444
6.3 Veränderungsphase 445
6.4 Abschlussphase 445

Literaturverzeichnis 447

1. Grundlagen

1.1 Was ist Projektmanagement?

Schulentwicklungsprozesse sind hochkomplexe Prozesse. Es lässt sich nicht im Voraus abschätzen,

- welche Schritte im Einzelnen sinnvoll und notwendig sind;
- wie einzelne Aktivitäten sinnvoll koordiniert werden können;
- welche Nebenwirkungen bestimmte Maßnahmen haben werden: Wie wirkt sich z.B. der Schulentwicklungsprozess auf die Motivation der Lehrenden, auf den Unterricht, auf die Zusammenarbeit mit Eltern aus? Wie wirken diese verschiedenen Faktoren ihrerseits auf den Schulentwicklungsprozess zurück?

Wieweit solche hochkomplexen Prozesse in der Schulpraxis tatsächlich steuerbar sind, hängt von der Organisation dieser Prozesse ab. Eben das ist der Ansatzpunkt für Projektmanagement.

Projektmanagement wurde in den USA Ende der 40er-/Anfang der 50er-Jahre des 20. Jahrhunderts als Methode zur Steuerung komplexer Prozesse entwickelt und ist seit den 70er-Jahren auch in Deutschland gebräuchlich. Bekannte Projekte sind die Weltraumprojekte in den USA, die Entwicklung neuer Modelle im Automobilbau, die Umstrukturierung von Unternehmen, die Entwicklung neuer Fortbildungskonzepte im Rahmen der betrieblichen Fortbildung usw.

Nach DIN 69901 stellt ein Projekt ein Vorhaben dar, »das im Wesentlichen durch die Einmaligkeit der Bedingungen in ihrer Gesamtheit gekennzeichnet ist«. Merkmale im Einzelnen sind (vgl. Kessler/Winkelhofer 2002, S. 9ff.):

- *Zielvorgabe:* Bei einem Projekt soll ein bestimmtes Ergebnis erreicht werden, z.B. die Neugestaltung des Schulhofs, die Einrichtung einer Datenbank für Unterrichtsmaterialien.
- *Einmaligkeit:* Ein Projekt ist ein »einmaliges« Vorhaben. So ist z.B. die tägliche Unterrichtsvorbereitung kein Projekt, wohl aber die Entwicklung eines neuen Konzeptes für den Musikunterricht.
- Zeitliche, personelle, finanzielle oder andere *Begrenzungen:* Ein Projekt hat eine bestimmte Zeitdauer mit definiertem Anfangs- und Endpunkt, es gibt eine begrenzte Anzahl von beteiligten Personen, es gibt einen festen Kostenrahmen usw.
- *Organisationsform:* Projekte sind durch eine projektspezifische Organisationsform gekennzeichnet: Projektteam, Auftraggeber, Projektleiter/in, bestimmte Abläufe bei Projektbesprechungen usw. (vgl. u.a. Bartz 2004; Kessler/Winkelhofer 2002; König/Volmer 2004; Probst/Haunerdinger 2001).

1.2 Prozess- und Systemebene im Projektmanagement

Projekte sind, so wurde eingangs gesagt, eine Methode zur Lösung komplexer Probleme, wobei »Problem« im Sinne der Problemlösungspsychologie verstanden wird als ein komplexes Ziel, das bei einer (möglicherweise auch komplexen und ggf. unklaren) Ausgangssituation auf zunächst nicht eindeutigen Wegen erreicht werden soll. Damit ergibt sich folgende Grundstruktur des Projektes:

- Der *Projektstart*, bei dem es darum geht, das Ziel, den Projektauftrag genauer zu klären.
- Die *Projektplanung*, bei der die einzelnen Teilschritte zur Erreichung des Projektziels geplant werden.
- Die *Projektdurchführung*, mit dem Schwerpunkt eines Soll-Ist-Vergleichs: Was haben wir erreicht, was nicht? Wo sind Probleme aufgetreten? Welcher Schritt muss als Nächstes getan werden?
- Der *Projektabschluss*, in der Regel mit der Abschlusspräsentation und einer Projektevaluation.

Der Erfolg eines Projektes in der Schule hängt jedoch in vielen Fällen weniger von den Methoden, sondern von sozialen Faktoren ab: Wird das Projekt von den Kolleginnen und Kollegen der Schule unterstützt oder sabotiert? Arbeitet das Projektteam erfolgreich oder ist die Arbeit durch Konflikte zwischen den Mitgliedern belastet? Wie ist das Verhalten der Schulleitung in Bezug auf das Projekt?

Damit lassen sich im Projektmanagement grundsätzlich zwei Ebenen unterscheiden: die Prozessebene und die Systemebene (vgl. König/Volmer 2004, S. 7ff.):

- Auf der *Prozessebene* wird der »Inhalt« des Projektes abgearbeitet: Was genau ist das Ziel? In welchen Schritten wird zur Erreichung des Ziels vorgegangen? Was sind die einzelnen Arbeitspakete (die anstehenden Aufgaben)? Ist das Projekt im Zeitplan?
- Auf der *Systemebene* geht es um die Position des Projektes im sozialen Umfeld: Wie ist das Projektteam als soziales System etabliert? Ist es arbeitsfähig? Wer sind die weiteren »Stakeholder« des Projektes, d.h. diejenigen Personen, von denen der Erfolg des Projektes maßgeblich abhängt? Wird das Projekt z.B. von der Schulleitung oder dem Kollegium (beides sind in der Regel wichtige Stakeholder) unterstützt oder behindert? Was muss getan werden, damit das Projekt bei den Stakeholdern Akzeptanz erreicht?

Die angedeuteten Beispiele weisen übrigens darauf hin, dass die Systemebene sich hier nicht auf das Kommunikationssystem in der Tradition von Luhmann beschränken kann, sondern dass im Sinne der Personalen Systemtheorie das Personensystem und das Kommunikationssystem (sowie natürlich auch die materielle Systemumwelt) zu betrachten sind (vgl. König/Volmer 2005, S. 44ff.; Luchte 2005, S. 88ff.). Auf der Ebene des Personensystems sind folgende Faktoren zu betrachten:

1.2.1 Personen eines sozialen Systems

Welche Personen spielen für den Erfolg oder Misserfolg des Projektes die entscheidende Rolle? Welche Personen gehören zum Projektteam? Wer sind die relevanten Stakeholder für das Projekt?

1.2.2 Subjektive Deutungen dieser Personen

Jede Person in sozialen Systemen macht sich ein subjektives Bild der Situation und handelt dementsprechend. Wenn beispielsweise eine Kollegin oder ein Kollege das Schulentwicklungsprojekt für eine Chance hält, wird er sich engagieren. Hält er es für eine Belastung und unnötige Zeitverschwendung, wird er versuchen, sich soweit wie möglich der Arbeit zu entziehen. Fühlt er sich durch das Projekt in seinem Freiraum eingeschränkt, wird er versuchen, es zum Scheitern zu bringen. D.h. der Erfolg des Projektes hängt von den »subjektiven Deutungen« der beteiligten Personen ab:

- Wie wird das Projekt seitens der beteiligten Personen beurteilt?
- Welche subjektiven Ziele verfolgen die beteiligten Personen?
- Welche Hoffnungen oder Befürchtungen verbinden sie mit dem Projekt?
- Was gewinnen oder verlieren sie durch das Projekt?

Auf der Ebene des Kommunikationssystems sind drei weitere Faktoren zu beachten: die sozialen Regeln, die Regelkreise und die Systemgrenze zu anderen sozialen Systemen.

1.2.3 Soziale Regeln

Das Verhalten eines sozialen Systems ist von sozialen Regeln gekennzeichnet, d.h. von Handlungsanweisungen, was die einzelnen Personen tun sollen, dürfen oder nicht tun dürfen und deren Geltung auf (positive oder negative) Sanktionen gestützt ist. Soziale Regeln können z.B. in Erlassen explizit festgelegt sein wie z.B. Regeln über die Aufgabe der Schulleitung. Daneben gibt es eine Fülle von »geheimen« Regeln wie möglicherweise eine Regel im Kollegium »Wir mischen uns nicht in den Unterricht einer anderen Kollegin oder eines anderen Kollegen ein«. Wenn diese Regel gilt, wird es schwer sein, in einem Schulentwicklungsprojekt gemeinsamen Unterricht verschiedener Lehrkräfte zu etablieren. Zu fragen ist somit:

- Welche sozialen Regeln sind für die Kommunikation im Projekt bzw. die Kommunikation mit anderen Stakeholdern relevant?
- Inwieweit sind diese Regeln für den Projekterfolg förderlich oder hinderlich?
- Wie lassen sich sinnvolle Regeln einführen?

Soziale Regeln bestimmen auch die Systemgrenze zu anderen sozialen Systemen: Was darf in das soziale System hineingetragen werden, was darf nach außen getragen werden? Wie weit ist die Systemgrenze durchlässig? Ist sie klar oder diffus? Gerade in Schulprojekten spielt die Systemgrenze zu anderen sozialen Systemen eine entscheidende Rolle:

- Wie ist die Systemgrenze zwischen dem Projekt und der Schulleitung? Welchen Einfluss nimmt die Schulleitung auf die Arbeit des Projektes?
- Wie ist die Systemgrenze zu dem Kollegium? Ist das Projekt genügend eingebunden? Ist es isoliert, ist die Systemgrenze zu durchlässig in dem Sinne, dass alle Themen des Projektes dann nochmals im Detail im Kollegium diskutiert werden?
- Wie ist die Systemgrenze zu anderen sozialen Systemen wie den Schülerinnen und Schülern, den Eltern, der Schulaufsicht, zur Kommune, zu möglichen Arbeitgebern für die Abgänger der Schule usw.?

1.2.4 Regelkreise eines sozialen Systems

Regelkreise sind ein typisches Merkmal von Systemen überhaupt: Bestimmte Verhaltensweisen verstärken sich wechselseitig und führen zu sich immer wiederholenden Mustern. Projekte, die auf der Stelle treten, sind durch solche Regelkreise gekennzeichnet wie z.B.:

- Zwei Projektmitglieder kritisieren sich immer wieder.
- Das Projektteam verfängt sich in unendlichen Diskussionen, ohne zum Ergebnis zu kommen.
- Es werden bestimmte Aufgaben vereinbart, nichts geschieht.
- Themen des Projektteams werden immer wieder in der Schulkonferenz von neuem diskutiert.
- Im Rahmen von Projektmanagement ist zu klären: Gibt es typische (hinderliche oder förderliche) Regelkreise im Projekt? Wenn ja, wie sehen die Regelkreise aus? Wie lassen sie sich abändern?

Schließlich sind zwei weitere Faktoren zu betrachten: die Systemumwelt und die Entwicklung des sozialen Systems.

1.2.5 Die Systemumwelt

Das Verhalten eines sozialen Systems ist schließlich auch durch die Systemumwelt beeinflusst:

- die materielle Systemumwelt wie die zur Verfügung stehenden finanziellen Ressourcen, aber auch die räumliche Situation, die vorhandene Technik usw.;
- die soziale Systemumwelt wie geltende Werte, Normen und Regeln, die das soziale System von außen beeinflussen.

Die Systemumwelt beeinflusst ihrerseits das Personen- und das Kommunikationssystem: Einzelne Personen deuten die materiellen Randbedingungen, aber auch geltende Erlasse, empfinden z.B. die finanzielle Ausstattung des Projektes als völlig unzureichend oder die Technik als veraltet. Gleichzeitig beeinflusst die Umwelt das Kommunikationssystem: Ein schlechter oder fehlender Besprechungsraum beeinflusst die Kommunikation im Projektteam usw. Daraus ergeben sich weitere Fragen:

- Welche Faktoren der materiellen und sozialen Umwelt sind für das Projekt relevant?
- Inwieweit beeinflusst die Umwelt das Personensystem?
- Inwieweit beeinflusst die Umwelt die Kommunikation in Bezug auf das Projekt?

1.2.6 Entwicklung sozialer Systeme

Jedes soziale System ist durch Entwicklung gekennzeichnet, d.h. es besitzt Vergangenheit, Gegenwart und Zukunft. Vergangene Erfahrungen bestimmen die jeweiligen subjektiven Deutungen der handelnden Personen, im Verlauf der Geschichte bildet sich aber auch das Kommunikationssystem. Für den Erfolg eines Projektes ist somit auch die Vorgeschichte relevant:

- Gab es vor Projektbeginn andere Versuche, das Thema zu bearbeiten?
- Wie hat sich das Personensystem im Verlauf des Projektes verändert? Sind Unterstützer ausgeschieden oder dazugekommen? Haben sich subjektive Deutungen verändert? Ist die Haltung im Kollegium positiver oder kritischer geworden?
- Wie hat sich das Kommunikationssystem im Verlauf des Projektes entwickelt? Welche Regeln wurden etabliert? Haben sich bestimmte Regelkreise herangebildet? Sind Probleme eskaliert oder eher unter den Tisch gekehrt worden?

Prozess- und Systemebene bestimmen somit gleichermaßen den Erfolg eines Projektes. Dabei stehen in verschiedenen Phasen jeweils verschiedene Aufgaben an (vgl. Tab. 1 auf der nächsten Seite). Diese werden in den folgenden Abschnitten ausführlicher dargestellt.

2. Startphase des Projektes

Die Startphase ist für den Erfolg des Projektes entscheidend: Wenn der Projektauftrag nicht eindeutig definiert ist, wenn das Projektteam nicht arbeitsfähig ist, wenn das Projekt bei den Stakeholdern keine Akzeptanz findet, dann besteht kaum Aussicht, das Projekt erfolgreich abzuschließen. Damit sind die drei wichtigen Aufgaben in der Startphase gekennzeichnet:

- Formulierung des Projektauftrags;
- Etablierung des Projektteams;
- Implementierung des Projektes im Stakeholder-System.

Tab. 1:	**Projektphasen und ihre Aufgaben**	
Projektphase	**Prozessebene**	**Systemebene**
1. Startphase	• Festlegung des Projektauftrags	• Bildung des Projektteams • Diagnose des Stakeholder-Systems • Etablierung des Projektes im sozialen Umfeld
2. Planung	• Projekt-Strukturplan • Zeitplanung • Ressourcenplanung	• Planung von Teamentwicklungs-Maßnahmen im Projektteam • Planung von Diagnose und Intervention im Stakeholder-System
3. Durchführung	• Projektverfolgung: Soll-Ist-Vergleich • Projektsteuerung: Planung der nächsten Schritte • Abarbeitung von Aufgaben in Problemlösegruppen	• Diagnose und Intervention im Stakeholder-System • Statusgespräche mit Auftraggeber oder Steuergruppe • Teamentwicklungs-Maßnahmen des Projektteams
4. Abschluss	• Abschlusspräsentation • Evaluation	• Auflösung des Projektteams
König/Volmer 2004, S. 12		

2.1 Formulierung des Projektauftrags

Zahlreiche Projekte leiden daran, dass der Projektauftrag nicht eindeutig formuliert ist: »Wir müssen mal etwas zur Zusammenarbeit mit der örtlichen Industrie zum Thema Berufsvorbereitung machen«. Was genau da gemacht werden soll und was das Ergebnis sein soll, bleibt hier offen. Das hat Unklarheit bei Projektleiter/in und Projektteam zur Folge – und möglicherweise zum Schluss die Erfahrung, dass die Schulleitung »eigentlich« etwas ganz anderes im Sinn hatte. Bewährt hat sich dafür das in Abbildung 1 dargestellte Formblatt (König/Volmer 2004, S. 18).

1. **Projektbezeichnung**

Die Projektbezeichnung ist in der Regel unproblematisch: »Etablierung einer fachübergreifenden Zusammenarbeit im Kollegium« oder ein Kunstbegriff wie »KoLeGe« für den Modellversuch »Kooperative Lehrerinnen-/Lehrerfortbildung Gesundheitsfördernde berufsbildende Schulen«.

2. **Auftraggeber und Projektleiter/in**

In Schulprojekten ist dieser Punkt nicht selten unklar: Ist der Auftraggeber die Schulleitung, die Schulleiterin bzw. der Schulleiter oder die Schulkonferenz? Braucht das Projekt überhaupt eine Projektleiterin oder einen Projektleiter? Oder kann das Pro-

1. Projektbezeichnung:
2. Auftraggeber: Projektleiter/in:
3. Projektziele:
4. Zu erarbeitende Ergebnisse:
5. Rahmenbedingungen (Budget, Personalressourcen, sonstige Rahmenbedingungen):
6. Termine Projektbeginn: Meilensteine: Projektabschluss:
7. Unterschriften   (Auftraggeber)   (Projektleiter/in)

Abb.1: Formblatt zur Formulierung des Projektauftrags

jektteam nicht alles gemeinsam machen? Gemäß den Regeln des Projektmanagements gilt jedoch: Es ist sinnvoll, klare Verantwortlichkeiten festzulegen.

- Eine Projektleiterin oder ein Projektleiter ist notwendig, nicht um die Arbeit allein zu tun, sondern um das Projekt zu steuern. Die Projektleitung hat somit in erster Linie eine Moderatorenfunktion, zum anderen vertritt sie das Projekt nach außen, etwa gegenüber der Schulleitung.
- Was die Position des Auftraggebers betrifft, so ist er als fester Ansprechpartner für das Projekt notwendig. Für die Projektleitung muss klar sein, an wen sie sich bei Entscheidungen zu wenden hat. Ob der Auftraggeber die Schulleiterin bzw. der Schulleiter, die Schulleitung oder die Schulkonferenz ist oder ob dies im Rahmen von Modellversuchen jemand anderes ist, mag von Fall zu Fall unterschiedlich sein. Wichtig ist nur, dass der Auftraggeber geklärt ist.

3. Projektziele

Dass jedes Projekt Ziele benötigt, ist unbestritten. Diese Ziele zu formulieren, ist in der Praxis jedoch nicht so einfach. Ein Problem besteht häufig darin, dass Ziele mit Mitteln, d.h. mit konkreten Vorgehensweisen verwechselt werden. Grundsätzlich gilt: Ziele legen einen zu erreichenden Endzustand fest, sie sind »lösungsneutral« zu formulieren, d.h. sie müssen (für das Projektteam) offen lassen, auf welchen Wegen die Ziele erreicht werden sollen. Ein Ziel »Es soll ein Fortbildungskonzept zum Thema Gesundheit entwickelt werden, wobei die Themen Stress und Bewegung behandelt werden sollen und zur Erarbeitung in den und den Schritten vorzugehen ist«, ist nicht lösungsneutral und damit als Projektziel nicht geeignet.

4. Zu erarbeitende Ergebnisse

Das Projektziel »Es soll ein Fortbildungskonzept zum Thema Gesundheit erarbeitet werden« ist sicherlich lösungsneutral, aber noch nicht eindeutig. Denn was genau soll das Ergebnis des Projektes sein? Sollen Materialien für das Projekt entwickelt werden, soll die Fortbildung einmal durchgeführt werden oder in den nächsten zwei Jahren regelmäßiger Bestandteil sein? Das Ziel muss also operationalisiert werden, d.h. so eindeutig formuliert, dass sich entscheiden lässt, ob das Ziel erreicht worden ist oder nicht. Dazu dient die Zeile »Zu erarbeitende Ergebnisse«. Für das Projekt »Kooperative Gesundheitserziehung« könnte das zu erarbeitende Ergebnis z.B. sein:

- Es soll ein schriftliches Fortbildungskonzept vorliegen.
- Das Fortbildungskonzept soll in einem Pilotlauf erprobt und evaluiert sein.

Eine solche Operationalisierung des Projektziels bietet für Projektteam und Auftraggeber die Möglichkeit zu überprüfen, ob das Projekt auf dem richtigen Weg ist bzw. ob die Ziele erreicht sind.

5. Rahmenbedingungen

Rahmenbedingungen sind ein Punkt, dessen Wichtigkeit oftmals unterschätzt wird. Aber jedes Projekt ist in Rahmenbedingungen eingebunden. Das können personelle und finanzielle Restriktionen sein (wie viel Geld zur Verfügung steht), aber auch geltende Erlasse oder Festlegungen durch die Schulaufsicht.

Rahmenbedingungen kennzeichnen das, was im Projekt von außen festgelegt ist und damit nicht mehr diskutiert werden kann und braucht. Es geschieht nicht selten in Projekten, dass irgendwelche nicht änderbaren Rahmenbedingungen fortwährend beklagt werden. Doch dieses Beklagen nicht veränderbarer Rahmenbedingungen ist wenig zielführend – was sicherlich nicht ausschließt, dass man sich z.B. auf der Ebene der Schulleitung oder der Schulaufsicht möglicherweise um Veränderung von Rahmenbedingungen bemüht. Aber diese Diskussion gehört nicht ins Projekt.

6. Termine (Projektbeginn, Meilensteine, Projektabschluss)

Jedes Projekt benötigt einen genau definierten Anfangs- und Endpunkt. Auch das sorgt für Klarheit und verhindert, dass man in einer ungeklärten Grauzone schon alles Mögliche macht oder dass unklar ist, wann das Projekt überhaupt abgeschlossen ist. Meilensteine sind wichtige Zwischentermine, bei denen der Stand des Projektes dem Auftraggeber oder der Schulkonferenz präsentiert wird.

7. Unterschriften
In den von uns begleiteten Projekten haben wir zur Regel gemacht, dass der Projektauftrag von Auftraggeber und Projektleiter/in unterschrieben wird. Ein solcher Vertrag hat sicherlich keine rechtlichen Konsequenzen – obwohl wir auch schon die Frage gehört haben, ob denn die Projektleiterin oder der Projektleiter bei Nichteinhaltung der Termine persönlich haftbar ist. Das ist damit nicht gemeint. Gemeint ist vielmehr, dass damit auch wieder Verbindlichkeit erzeugt wird – Verbindlichkeit insofern, dass jeder der Beteiligten, Auftraggeber und Projektleiter, zusichern, dass ihm Ziele und Rahmenbedingungen klar sind.

2.2 Etablierung des Projektteams als soziales System

Das Projektteam kennzeichnet die Grundidee eines Projektes: Verschiedene Perspektiven werden zusammengefasst, um gemeinsam eine optimale Lösung zu erarbeiten. Letztlich steht dahinter eine fundamentale systemtheoretische Annahme: Verschiedene Personen in einem sozialen System haben jeweils eine unterschiedliche Perspektive. So wird ein Mitglied der Schulleitung die Aufmerksamkeit auf (teilweise) andere Aspekte richten als eine Kollegin oder vielleicht ein Vertreter eines örtlichen Industriebetriebs, eine Schülerin der Oberstufe oder ein Elternteil.

Auf der anderen Seite sollte ein Projektteam möglichst klein gehalten werden, um arbeitsfähig zu sein. Ein Projektteam mit 20 Mitgliedern wird leicht zu einem Debattierclub, der nicht mehr effizient arbeitet. Ein Projektteam muss auch nicht die Mehrheitsverhältnisse zwischen verschiedenen Gruppen repräsentieren, sondern muss absichern, dass verschiedene Perspektiven tatsächlich vertreten sind.

Als Faustregel hat sich bewährt, das Projektteam auf maximal fünf bis sieben Projektmitglieder zu beschränken. Zur Festlegung des Projektteams können folgende Fragen dienen:

- Welche unterschiedlichen Perspektiven sind für eine ganzheitliche Lösung des Problems erforderlich?
- Wer könnte jeweils diese Perspektive einbringen: Welche Kollegin spricht man an, welchen Schüler, welches Mitglied der Eltern?

Die richtige Auswahl der Projektmitglieder sichert noch nicht, dass das Projektteam tatsächlich arbeitsfähig ist. Es muss als ein funktionsfähiges soziales System etabliert werden. Arbeitsfähig ist ein soziales System, wenn

- die Erwartungen und möglichen Befürchtungen der Teammitglieder geklärt und berücksichtigt sind;

- eine vertrauensvolle Arbeitsbeziehung zwischen den Teammitgliedern besteht;
- das Team nicht durch persönliche Konflikte zwischen Einzelnen belastet ist;
- geeignete Regeln für effektives Arbeiten vereinbart sind, sodass man sich z.B. nicht in uferlosen unfruchtbaren Diskussionen verfängt;
- die materielle Umwelt (der Projektraum, die Unterlagen, die technische Unterstützung) passend ist.

Wie man das im Einzelnen erreicht, mag von Fall zu Fall unterschiedlich sein. Möglichkeiten sind:

- Einzelgespräche mit einzelnen Mitgliedern im Vorfeld, um Erwartungen und Befürchtungen abzuklären.
- Ein Kick-off-Meeting zu Beginn des Projektes, bei dem Projektauftrag, die Zusammensetzung des Projektteams und die grundlegenden Regeln des Projektmanagements verdeutlicht werden.
- Zeit für informelle Kontakte, um sich untereinander kennen zu lernen – das kann das informelle Treffen im Anschluss an das Kick-off-Meeting, ein gemeinsames Abendessen, ein gemeinsamer Projektausflug oder möglicherweise ein gemeinsamer Workshop zu Beginn sein, bei dem man inhaltliche Themen abarbeitet, aber auch Zeit für informelle Kontakte hat.

2.3 Die Steuergruppe als soziales System

Bei zahlreichen Schulentwicklungsprojekten erfolgt die Steuerung des Projektes durch eine Steuergruppe (vgl. z.B. Rolff u.a. 1999, S. 72ff.). Dabei ist im Vergleich zum Projektmanagement der Status einer solchen Steuergruppe oftmals nicht eindeutig: Manchmal ist die Steuergruppe nichts anderes als die Projektgruppe (das Projektteam), manchmal vermischt sie Projektsteuerung mit den Aufgaben des Auftraggebers. Sinnvoll ist, Steuergruppen ausschließlich zur Koordination mehrerer Projekte einzusetzen (so Bartz 2004, S. 39f.). Damit hätte eine Steuergruppe folgende Aufgaben:

- Abstimmung zwischen verschiedenen Projekten oder Teilprojekten;
- Sicherung des Informationsaustauschs zwischen den verschiedenen Projekten;
- Empfehlungen zur Ressourcenplanung und Prioritätensetzung zwischen verschiedenen Projekten.

Als Koordinationsgremium für verschiedene Projekte sollten in der Steuergruppe die Projektleiter/innen der einzelnen Projekte und der Auftraggeber vertreten sein, als Beratungsgremium für die Schulleitung ist zusätzlich zu überlegen, Eltern und Schüler/innen mit einzubeziehen.

Es ist nicht Aufgabe der Steuergruppe, die Inhalte des Projektes nochmals im Detail zu diskutieren. Die Steuergruppe darf aber auch nicht unter der Hand Aufgaben des Auftraggebers übernehmen und eine eigene Leitungsebene werden. Das führt grundsätzlich zu Konflikten und unklaren Verantwortlichkeiten.

2.4 Das Stakeholder-System

Die Stakeholder für ein Projekt sind diejenigen Personen, von denen der Erfolg des Projektes maßgeblich abhängt. Für ein Schulentwicklungsprojekt sind das in der Regel die Schulleitung, bestimmte Kolleginnen und Kollegen, möglicherweise auch die oder der Vorsitzende der Elternpflegschaft, irgendwelche anderen Eltern, der zuständige Ansprechpartner aus der Schulaufsicht usw.

Erste Aufgabe ist es, das Stakeholder-System zu identifizieren. Nur so lassen sich mögliche Chancen und Risiken aus dem sozialen Projektumfeld rechtzeitig einschätzen. Leitfragen dazu sind:

- Wer sind die Stakeholder für dieses Projekt? D.h. welche Personen können den Erfolg des Projektes maßgeblich beeinflussen? Wer gewinnt oder verliert bei Erfolg des Projektes? Gibt es jemanden, der im Hintergrund die Fäden zieht?
- Was sind die Ziele der einzelnen Stakeholder? Dabei sind nicht nur »sachliche« Ziele zu berücksichtigen, in vielen Fällen ist das Handeln durch persönliche Ziele bestimmt: Jemand möchte durch das Projekt seinen Einfluss im Kollegium vergrößern, möchte es nutzen, um weiter Karriere zu machen; jemand möchte vor allem zusätzliche Arbeit vermeiden. Was gewinnt oder verliert der Stakeholder bei Erfolg des Projektes? Was denkt er über das Projekt bzw. über die einzelnen Personen des Projektteams?
- Wie groß ist der Einfluss des jeweiligen Stakeholders auf das Projekt: groß, mittel, oder gering? Ist der Einfluss eher positiv oder negativ?
- Welche offenen und geheimen Regeln gibt es im Umgang mit diesem Stakeholder? Gibt es typische Regelkreise im Umgang mit dem Stakeholder? Wie hat sich die Beziehung zu diesem Stakeholder in der letzten Zeit verändert? Gibt es Hinweise auf mögliche Probleme?

Bewährt hat sich auch hier wieder eine Tabelle, die in einzelnen Spalten die wichtigen Ergebnisse zusammenträgt:

Tab. 2: Tabelle zur Ermittlung des Stakeholder-Systems				
Stakeholder	Subjektive Ziele, Einschätzung des Projektes	Regeln, Regelkreise im Umgang mit dem Stakeholder	Einfluss +++ / ++ / + – / –– / –––	Konsequenzen
...	...	...	...	...
...	...	...	...	...

Nicht sinnvoll ist es, ganze Gruppen als Stakeholder zu betrachten: Die Gruppe der Eltern ist eben kein homogener Block, sondern da gibt es Personen, die dem Projekt positiv gegenüber stehen, solche, die dagegen sind, und solche, die neutral sind. Hilfreich ist hier, sich »typische« Personen auszuwählen: eine kritische Kollegin oder einen kritischen Kollegen stellvertretend für andere, ein aufgeschlossenes Mitglied der Schulpflegschaft.

Aus dieser Diagnosephase des Stakeholder-Systems ergeben sich bestimmte Interventionen auf der Systemebene: Sind mit einzelnen Stakeholdern Gespräche zu führen, um sie mehr einzubinden? Ist es notwendig, nach weiteren Verbündeten zu suchen, die das Projekt unterstützen? Wie lässt sich Widerstand bei einzelnen Stakeholdern abbauen? Übrigens ist diese Stakeholder-Analyse nicht nur in der Startphase des Projektes hilfreich, sondern auch in weiteren Phasen: Wie ist die Akzeptanz des Projektes nach einem halben Jahr? Ist es gelungen, die Akzeptanz zu steigern? Oder zeigen sich Ermüdungserscheinungen?

3. Projektplanung

Projektmanagement bedeutet systematisches Vorgehen, d.h. es ist zunächst zu überlegen, was zu tun ist und wie es getan werden kann. Eine sorgfältige Projektplanung gibt Orientierung für die einzelnen Schritte und verhindert operative Hektik. Dabei sind bei der Projektplanung wieder die verschiedenen Ebenen des Projektes, die Prozess- und die Systemebene, im Auge zu behalten:

3.1 Projektplanung auf der Prozessebene

Auf der Prozessebene stehen in der Projektplanung folgende Aufgaben an:

3.1.1 Festlegung der Arbeitspakete

Arbeitspakete sind die kleinsten Planungseinheiten eines Projektes, d.h. letztlich die einzelnen Teilaufgaben, die jeweils in kurzer Zeit zu erledigen sind. Eine Übersicht über die einzelnen Arbeitspakete ist somit erforderlich, um überhaupt den gesamten Aufwand im Projekt abschätzen zu können. So könnten für ein Projekt »Entwicklung eines Konzeptes Kooperative Gesundheitserziehung« einzelne Arbeitspakete z.B. sein:

- Festlegung der einzelnen »Module«, d.h. der Themenbereiche für die Fortbildung;
- Erarbeitung eines Grobentwurfs für die einzelnen Module;
- Ausarbeitung des Leitfadens für die Durchführung der einzelnen Module.

Für die Festlegung der Arbeitspakete ergeben sich damit folgende Fragen:

- Welche Arbeitspakete sind erforderlich?
- Was genau ist in den einzelnen Arbeitspaketen zu tun?
- Was genau soll das jeweilige Ergebnis sein?
- Wer ist dafür verantwortlich?

- Welcher Zeitaufwand ist für das Arbeitspaket erforderlich?
- Welche weiteren Ressourcen (Sachkosten, Personal) sind erforderlich?
- Welche Schnittstellen zu anderen Arbeitspaketen sind zu beachten?

3.1.2 Struktur- und Zeitplanung

Die einzelnen Arbeitspakete sind in einem zweiten Schritt in die Gesamtplanung einzuordnen:

- Welche Arbeitspakete müssen nacheinander bearbeitet werden?
- Welche Arbeitspakete können parallel laufen?
- Wo ergeben sich Meilensteine, d.h. Zäsuren, bei denen der Projektstand mit dem Auftraggeber abgesprochen werden kann?

Daraus ergibt sich die Gesamtplanung des Projektes:

- Was ist der Zeitaufwand einzelner Projektphasen?
- Was ist der zeitliche Aufwand des Projektes insgesamt?

Ergebnis ist dann ein Struktur- und Zeitplan, der als Netzplan, als Balkendiagramm o.ä. dargestellt werden kann.

3.1.3 Ressourcen- und Kostenplanung

Projekte benötigen Ressourcen, und zwar nicht nur Personal und Zeit, sondern auch Geld für die Erstellung von Materialien, für Fortbildungen, Reisekosten usw. Nicht selten werden die Kosten zu einem kritischen Punkt im Verlauf des Projektes: Es wäre sinnvoll, im Rahmen des Projektes eine Fortbildung durchzuführen, aber woher soll das Geld kommen? Daraus ergeben sich zwei Konsequenzen:

- Bereits zu Beginn eine Übersicht über erforderliche Kosten, aber auch über die erforderliche sachliche Ausstattung (z.B. Telefon, PC, Projektbüro) zu erstellen.
- Nach Möglichkeit im Rahmen des Projektauftrags die Frage der Kosten und weiterer Ressourcen zu klären. Sinnvoll ist grundsätzlich, für das Projekt ein eigenes Budget zur Verfügung zu haben – das spart dann im Verlauf zeitaufwändige und zermürbende Diskussionen um möglicherweise 300 Euro, die für eine Fortbildung benötigt werden.

3.1.4 Risikoplanung

Risikoplanung ist ein Thema, das insbesondere bei umfangreichen Industrieprojekten zunehmend immer wichtiger wird. Das ist sicherlich im sozialwissenschaftlichen Bereich weniger der Fall. Trotzdem macht es Sinn, sich im Rahmen der Projektplanung über mögliche Risiken des Projektes Gedanken zu machen: Risiko kann sein, dass geplante Fortbildungen aus finanziellen Gründen nicht durchgeführt werden können; Risiko kann aber auch sein, dass die bisherige Projektleitung im Verlauf des Projektes an eine andere Schule wechselt. D.h. Risiken können sowohl auf der Prozess- als auch auf der Systemebene liegen. Risikoanalyse ist sinnvollerweise eine Aufgabe, die in der Planungsphase innerhalb des Projektteams zu erledigen ist:

- An welchen Stellen können inhaltliche Probleme auftreten, die zu einer Verzögerung oder Gefährdung des Projektes führen können?
- Was sind mögliche Risiken auf der Systemebene?
- Was sind mögliche Maßnahmen gegen diese Risiken?

3.1.5 Planung der Projektdokumentation

Aus vielen Projekten kennt man das: Das Projekt steckt in der Abschlussphase und der Projektbericht ist zu erstellen. Dann beginnt das Suchen nach einzelnen Daten: Es gab da doch ein Zwischenergebnis, das unbedingt aufgeführt werden sollte – aber wo ist es? Wo sind die Protokolle der einzelnen Projektsitzungen? Wie war doch das Design für die Elternbefragung, die im Rahmen des Projektes durchgeführt wurde? Konsequenz daraus ist:

- Die einzelnen Aktivitäten im Rahmen des Projektes dokumentieren. Das gilt gleichermaßen für das Protokoll einer Arbeitsgruppensitzung wie für den Leitfaden von Interviews, die im Rahmen des Projektes durchgeführt wurden. Dabei müssen solche Protokolle nicht aufwändig sein. Sich nach einer Sitzung hinzusetzen und detailliert den Ablauf wiederzugeben, ist ebenso mühevoll wie unnötig: Ein während der Besprechung erstelltes Ergebnisprotokoll (Warum nicht gleich in den PC eingeben?) spart Zeit und ist in der Regel völlig ausreichend.
- Die einzelnen Zwischenergebnisse aufbewahren.
- Eine/n Verantwortliche/n für die Projektdokumentation festlegen.
- Einzelne Abschnitte für die Abschlussdokumentation »just in time« vorbereiten: Auftrag und Zielsetzung, aber auch das Vorgehen bei der Abarbeitung des Projektes lassen sich oft schneller dann ausformulieren, wenn man ohnehin damit befasst ist.

Sinnvoll ist in diesem Zusammenhang, sich rechtzeitig die Gliederung der Abschlussdokumentation (des Abschlussberichts) zu überlegen. Üblicherweise empfiehlt sich eine Gliederung nach den Phasen des Projektes:

1. Projektauftrag;
2. Projektorganisation (Projektteam, Projektleitung usw.);
3. Projektverlauf (Projektsitzungen, durchgeführte Aktivitäten);
4. Inhaltliche Ergebnisse;
5. »Lessons learned«.

3.1.6 Die Liste offener Punkte (»LOP«)

Die »Liste offener Punkte« (oft auch unter Begriffen wie »To-do-Liste« oder »Aktivitätenspeicher« geläufig) ist ein ebenso einfaches wie wichtiges Planungsinstrument. Grundgedanke ist, Vereinbarungen über anstehende Aufgaben nicht nur mündlich zu treffen (im Betrieb des Alltagsgeschäfts geht so etwas nämlich leicht verloren), sondern jeweils die anstehenden Tätigkeiten, die Verantwortlichen und weitere Beteiligte sowie den Zeitrahmen in einer Tabelle festzuhalten. Man kann sich die LOP leicht als Formular erstellen. Für die Planung bei der Erstellung eines Fragebogens könnte das z.B. folgendermaßen aussehen:

Tab. 3:	Die Liste offener Punkte				
Nr.	Datum	Was ist zu tun?	Wer mit wem (Verantwortliche unterstreichen)	Bis wann?	Bemerkungen
1	17.2.	Erstellung des Entwurfs des Fragebogens	<u>Müller</u>, Berger, Schulze	24.2.	
2	17.2.	Endfassung und Verteilung der Fragebogen	<u>Müller</u>	6.3.	Verteilung über Klassenlehrer/innen
3	17.2.	Auswertung der Fragebogen	<u>Müller</u>, Berger	25.3.	Unterstützung durch Studierende (Erziehungswissenschaftliches Institut)

3.2 Projektplanung auf der Systemebene

Auf der Systemebene umfasst die Projektplanung Maßnahmen in Bezug auf das Projektteam und das Stakeholder-System. Dabei macht es wenig Sinn, die Projektplanung gleich zu Beginn endgültig festzulegen. Erst im Verlauf des Projektes wird sich herausstellen, dass z.B. der zeitliche Abstand zwischen den einzelnen Projektsitzungen vergrößert werden kann, dass sich Eltern, die Schulleitung oder andere den Erfolg des Projektes maßgeblich Beeinflussende zu wenig eingebunden fühlen und dass hier engere Kontakte notwendig gewesen wären. Was die Planung in Bezug auf das Projektteam betrifft, so sind hier im Einzelnen folgende Punkte zu überlegen:

- *Planung der Projektsitzungen:* In der Anfangsphase eines Projektes mag es günstig sein, wenn sich das Projektteam jede Woche trifft, in späteren Phasen genügt alle 14 Tage. Dabei sollte der Zeitrahmen pro Treffen nicht mehr als zwei Stunden betragen.
- *Planung von Review-Terminen:* Zwischendurch gilt es immer wieder abzuchecken, ob das Projektteam noch ein arbeitsfähiges soziales System ist: Können wir noch

gut zusammenarbeiten? Gibt es irgendwelche Probleme in unserem Team? Einfache Möglichkeiten dafür sind Punktabfragen (z.B. Einschätzung von Klima und Effizienz durch Punkte), Rundgespräche über Stärken und Schwachstellen, Kartenabfragen usw.
- *Ggf. Planung von Projektcoaching:* Es macht viel Sinn, wenn jemand von außen auf das Projekt schaut und ggf. auch an einzelnen Projektsitzungen teilnimmt. Das ist eine sinnvolle Aufgabe für Projektcoaching: Der Coach nimmt an der Sitzung teil, kann dann z.B. auch das Review steuern, seine Eindrücke einbringen und anschließend z.B. mit der Projektleitung die nächsten Schritte besprechen.

Bei der Projektplanung in Bezug auf das Stakeholder-System macht es wenig Sinn, einen festen Zeitplan zu erstellen. Wohl aber ist es hilfreich, bereits in der Planungsphase eine Übersicht über anstehende Aufgaben zu erstellen:

- Wie könnte das Kollegium insgesamt eingebunden werden?
- Wie erfolgt die Einbindung von Eltern, Schülerinnen und Schülern?
- Wer hält Kontakt zur Schulleitung (in der Regel dürfte das die Projektleitung sein)?
- Wer hält Kontakt zu anderen wichtigen Stakeholdern?

Günstig ist, die hier anstehenden Aufgaben im Projektteam zu verteilen und in der Liste offener Punkte aufzuführen oder als Anhang beizufügen:

Tab. 4: Projektplanung in Bezug auf das Stakeholder-System

Was ist zu tun?	Wer?	Wie oft?	Bemerkungen
Kontakt zur Schulleitung: Regelmäßige Information über den Stand des Projektes	Projektleiter/in	Alle 4 Wochen	
Kontakt zur/zum Vorsitzenden der Elternpflegschaft	Schulze		
Bericht über das Projekt in der Lehrerkonferenz	Projektleiter/in		Kurz in jeder Konferenz

Man kann dann bei der Abarbeitung der Liste der offenen Punkte jeweils auch verfolgen, was die »Stakeholder-Pflege« in den einzelnen Bereichen macht.

Bei längeren Projekten (etwa im Rahmen von Modellversuchen) können diese Aufgaben von einer wissenschaftlichen Begleitung übernommen werden. Die wissenschaftliche Begleitung kann von außen auf das Projekt schauen, kann z.B. an der einen oder anderen Projektsitzung teilnehmen und in regelmäßigen Abständen (alle vier bis sechs Monate) Projektleiter/in, Projektmitglieder und wichtige Stakeholder durch externe Interviewer über den Fortgang des Projektes befragen und anschließend dann auch Coachingaufgaben übernehmen (vgl. König/Luchte 2005). Die Arbeit der wissenschaftlichen Begleitung und insbesondere Zeitpunkt und Umfang der Befragungen sind hier zu planen.

4. Projektdurchführung

Auch hier sind wieder die Prozess- und die Systemebene im Auge zu behalten. Auf der *Prozessebene* geht es um die Abarbeitung der einzelnen Arbeitspakete, die Projektverfolgung und die Projektsteuerung. Auf der *Systemebene* geht es darum, dass das Projektteam ein arbeitsfähiges System bleibt, dass aber auch der Kontakt zu den Stakeholdern gehalten wird.

4.1 Projektdurchführung auf der Prozessebene

4.1.1 Die Abarbeitung der einzelnen Arbeitspakete

Hier wird die eigentliche Arbeit im Projekt geleistet: Es ist ein Fragebogen zu entwickeln und auszuwerten; es ist eine Fortbildungseinheit zum Thema »Stress« zu entwickeln und durchzuführen; es ist eine Datenbank zu erstellen, in der Unterrichtseinheiten abgelegt werden können. Doch wer soll diese Aufgaben abarbeiten und wie? Zunächst ist wichtig: Die Abarbeitung der einzelnen Aufgaben gehört nicht in das Projektteam. Es macht wenig Sinn, in einer Gruppe von sieben Teilnehmern ausführlich den Ablauf der Fortbildungseinheit zum Thema Stress zu diskutieren – zumindest Vorarbeiten müssen geleistet werden. Grundsätzlich bieten sich hier zwei Möglichkeiten:

- Ein einzelnes Projektmitglied wird mit der Abarbeitung des Arbeitspakets betraut und kann sich dann ggf. andere Personen zur Unterstützung heranholen. Das sollte nicht unbedingt die Projektleiterin oder der Projektleiter sein, sondern die Aufgaben sind im Projektteam zu verteilen: Wer kann sich um vorliegende Entwürfe und Konzepte zum Thema Stress kümmern? Wer erstellt einen ersten Entwurf – der dann freilich im Projektteam diskutiert werden kann.
- Die in vielen Fällen effizientere Möglichkeit besteht darin, eine kleine Arbeitsgruppe (oft unter der Bezeichnung »Problemlösungsgruppe«) zu bilden, die dann das jeweilige Arbeitspaket abarbeitet. So macht es z.B. Sinn, bei einer kooperativen Fortbildung von Schule, Seminar und Universität für die Entwicklung der Fortbildungseinheit Stress jeweils eine Kollegin oder einen Kollegen aus den drei Organisationen zu nehmen, die sich für das Thema interessieren: z.B. einen wissenschaftlichen Mitarbeiter aus dem entsprechenden Fachgebiet der Universität, einen Kollegen an der Schule, der das Thema Stress des Öfteren im Unterricht behandelt hat, und einen Kollegen aus dem Seminar, der sich dafür interessiert. Die drei können dann das Konzept zusammen entwickeln. Das ist in der Regel erfolgreicher, als wenn einer allein die Arbeit hat (was individuelle Vorarbeiten nicht ausschließt); zum anderen ist die Arbeit in einer Kleingruppe wesentlich effizienter als im gesamten Projektteam mit sieben oder acht Mitgliedern. Dabei sollte wenigstens ein Mitglied der Problemlösegruppe aus dem Projektteam stammen. Er oder sie kann den Auftrag verdeutlichen und auch den Zusammenhang zur Fragestellung des Projektes sichern.

Die Bearbeitung eines Arbeitspakets verläuft dann in der Regel in folgenden Schritten:

1. *Klärung des Ziels:* Was genau soll als Ergebnis dieses Arbeitspakets vorliegen?
2. *Klärung der Ist-Situation:* Was ist bereits an Vorarbeiten geleistet? Welche Materialien stehen bereits zur Verfügung? Wo sind aber auch Probleme aufgetreten?
3. *Sammlung von Lösungsmöglichkeiten:* Hier macht es Sinn, im Rahmen einer Brainstorming-Phase (ggf. mithilfe von Kartenabfrage, Mind-Mapping usw.) zunächst einmal Ideen (für mögliche Themen der Fortbildung, für mögliche Vorgehensweisen usw.) zu sammeln.
4. *Bewertung der Ideen und Entwicklung eines Konzepts:* Jeder kennt diesen Schritt z.B. aus der Vorbereitung von Unterrichts- und Fortbildungseinheiten. Die verschiedenen Ideen sind zu beurteilen und daraus ist ein Konzept zu entwickeln.
5. *Festhalten der Ergebnisse:* Der endgültige Vorschlag ist dann (schriftlich) festzuhalten – was übrigens nicht ausschließt, dass auch mögliche Alternativen oder offene Fragen Teil des Ergebnisses sein können.

4.1.2 Projektverfolgung und Projektsteuerung

Projektverfolgung und Projektsteuerung sind Aufgaben des Projektteams. D.h. das Projektteam hat gerade nicht die Aufgabe, die einzelnen Arbeitspakete abzuarbeiten, sondern die Ergebnisse der Arbeitsgruppe zu diskutieren: Möglicherweise resultieren aus den anderen Perspektiven des Projektteams noch wichtige Anregungen oder Einwände. Daraus ergibt sich eine klare Struktur der einzelnen Projektsitzung:

1. *Begrüßung* durch die Projektleiterin bzw. den Projektleiter, Übersicht über die Themen der heutigen Projektsitzung.
2. *Kurzer Bericht* über die Arbeit seit der letzten Projektsitzung: Was hat sich in der letzten Zeit ergeben? Welche Themen wurden bearbeitet? Welche Arbeitspakete sind abgeschlossen, wo sind Probleme oder Verzögerungen aufgetreten? Welche Abweichungen gibt es zwischen Auftrag und Ergebnis dieses Projektabschnitts? Wie sind sie zu erklären? Wie effizient wurden Zeit und Ressourcen genutzt? Sind wir noch im Zeitplan?
Bewährt hat sich, diese Phase als Rundgespräch durchzuführen: Zunächst berichtet die Projektleiterin bzw. der Projektleiter, dann die einzelnen Projektmitglieder kurz über die Aktivitäten der letzten Zeit. Dabei empfiehlt es sich, die Redezeit zu beschränken (ca. fünf Minuten für die Projektleitung und zwei Minuten für die einzelnen Mitglieder; offene Themen können hier notiert und ggf. in die Liste offener Punkte aufgenommen werden.
3. *Abarbeiten der Liste offener Punkte:* Um sich hier nicht in uferlose Diskussionen zu verlieren, empfiehlt sich eine klare Strukturierung.
   - Aufrufen des Punktes durch die Projektleiterin/den Projektleiter.
   - Kurzer Bericht aus der jeweiligen Arbeitsgruppe, Vorstellen des Ergebnisses (maximal fünf Minuten).

- Sammlung von Bedenken, Ideen, Anregungen zu diesem Thema. Hier liegt der Gewinn darin, dass andere Perspektiven, die nicht in der Arbeitsgruppe vertreten waren, zum Tragen kommen. Andererseits besteht die Gefahr, dass man sich in endlosen Diskussionen verliert. Sinnvoller ist, die Kommentare zu notieren (das ist Aufgabe der Arbeitsgruppe), um sie dann einzuarbeiten. Kleinere Anregungen können sofort eingearbeitet werden, bei umfangreicheren Punkten wird das Thema an die Arbeitsgruppe zurückverwiesen mit der Aufgabe, das vorliegende Konzept nochmals zu überarbeiten. Möglicherweise kann man auch die Arbeitsgruppe erweitern, indem jemand, der deutliche Kritik übt, in die Arbeitsgruppe eingebunden wird.
- Soll-Ist-Vergleich: Hier wird die Entscheidung getroffen: Ist das Ergebnis so akzeptiert (dann kann es aus der Liste offener Punkte gestrichen werden) oder muss es nochmals überarbeitet werden?

4. *Planung der nächsten Schritte:* Hier geht es um die Projektsteuerung. Was ist als Nächstes zu tun? Welche konkreten Aufgaben gibt es für die nächste Phase? Kann das nächste Arbeitspaket abgearbeitet werden? Welche Hilfen und welche Schwierigkeiten sind aus dem sozialen Umfeld zu erwarten? Welche weiteren Schritte und Maßnahmen müssen vom Projekt oder durch Entscheider eingeleitet werden?
5. *Weitere offene Punkte:* Bewährt hat sich zum Abschluss ein weiteres Rundgespräch: »Gibt es noch irgendwelche weiteren Punkte, die zu beachten sind?« Bei dieser Abschlussrunde können bislang übersehene Themen angesprochen werden (»Wir sollten uns rechtzeitig um einen Referenten für die Fortbildung kümmern«), aber es können auch diffuse Hinweise auf mögliche Probleme auf der Systemebene frühzeitig bewusst und damit bearbeitbar werden: Eine Lehrerin hat kritische Stimmen von den Eltern gehört. Wenn sie das anspricht, kann das aufgegriffen werden (»Wer nimmt Kontakt mit Eltern auf?«) und ist damit bearbeitbar.
6. *Abschluss:* Günstig ist hier, das Protokoll sofort zu verlesen und abzustimmen. Das setzt voraus, dass zu Beginn ein Protokollant bestimmt wurde, der das Ergebnisprotokoll sofort auf PC (oder Overheadfolie) mitschreibt. Das spart Zeit und gibt die Möglichkeit, die Vereinbarungen sofort nochmals zu überprüfen. Den Abschluss bildet dann die Festlegung (oder Bestätigung) des nächsten Termins, die Einladung von Expertinnen und Experten.

Generell gilt nach unseren Erfahrungen, dass Projektsitzungen in vielen Fällen zu lang sind. Eine vierstündige Sitzung kostet extrem viel Zeit; außerdem sinkt nach einiger Zeit die Aufmerksamkeit. Zwei Stunden sind in der Regel ein guter Zeitrahmen für eine Projektsitzung; ggf. können im Anschluss daran einzelne Arbeitsgruppen noch weiterarbeiten.

4.1.3 Das Meilensteingespräch

Meilensteingespräche dienen dazu, den Status des Projektes mit dem Auftraggeber (oder ggf. mit der Steuergruppe) abzustimmen. Aus Sicht des Auftraggebers ist es ein

Ist-Soll-Vergleich, aus Sicht des Projektes eine hilfreiche Abstimmung mit Blick auf den Projektauftrag: Ist das Projekt noch im Plan? Entsprechen die Ergebnisse den im Projektauftrag vereinbarten Zielsetzungen? Schritte des Meilensteingesprächs sind in der Regel folgende:

1. *Bericht* der Projektleiterin/des Projektleiters:
   - Was war das Hauptziel bzw. das letzte Teilziel?
   - Was wurde erreicht, was wurde nicht erreicht?
   - Was sind Ursachen für die Abweichung?
   - Was sind die nächsten Schritte?
2. *Diskussion* des Soll-Ist-Vergleichs:
   - Sind aus Sicht des Auftraggebers die Teilziele erreicht?
   - Ist noch etwas abzuändern?

   Wichtig ist hier, dass die Diskussion des Projektteams nicht wiederholt wird, sondern lediglich Anregungen für die Projektgruppe gesammelt werden, die dann in den nächsten Projektsitzungen weiter zu bearbeiten sind.
3. *Vereinbarungen:*
   - Vereinbarungen darüber, ob bestimmte Arbeitspakete abgearbeitet sind;
   - Vereinbarungen, ob noch bestimmte Nacharbeiten erforderlich sind;
   - Vereinbarungen über mögliche Abänderungen des Projektauftrags, weil er in der ursprünglichen Form nicht abgearbeitet werden kann – z.B. weil bestimmte Zeiten nicht eingehalten werden können usw.

4.2 Das Projektteam als soziales System

Im Projekt kommen Menschen mit unterschiedlichem fachlichen Hintergrund zusammen, um eine gemeinsame Aufgabe zu lösen. In Schulprojekten kennen sie sich oft nur als Kolleginnen und Kollegen und sprechen nicht immer eine gemeinsame Sprache. Das Projekt wird aber nur dann erfolgreich sein, wenn es gelingt, aus den einzelnen Personen ein erfolgreich zusammenarbeitendes soziales System, ein Team zu machen. Dabei verläuft Teamentwicklung häufig in ähnlichen Phasen (vgl. z.B. Stahl 2002, S. 49ff.), die durchaus auch für ein Projektteam zutreffen können. In den einzelnen Phasen stehen dann jeweils unterschiedliche Aufgaben an:

4.2.1 Die Orientierungsphase (»norming«)

Zu Beginn des Projektes gibt es noch kein gemeinsames Ziel und häufig auch keine übereinstimmenden Arbeitsmethoden für die Durchführung von Projekten. Aufgabe ist hier, aus unterschiedlichen, individuellen Personen ein gemeinsames und arbeitsfähiges soziales System zu schaffen. Das bedeutet Klärung der unterschiedlichen subjektiven Deutungen, Schaffung eines gemeinsamen Zielverständnisses, Vereinbarung von Regeln. Fragen in dieser Phase können sein:

- Was sind Erwartungen und Befürchtungen der einzelnen Teammitglieder?
- Welche inhaltlichen und persönlichen Ziele verfolgen die Teammitglieder mit dem Projekt?
- Welche Regeln zur Steuerung der Projektarbeit gibt es bzw. müssen abgeändert oder neu vereinbart werden?
- Was können gemeinsame Ziele sein?
- Welche Regeln zur Klärung der Beziehungen gibt es? Wie wollen wir z.B. mit Kritik und Konflikten umgehen?
- Wie soll die Abgrenzung nach außen erfolgen? Was darf vom Team nach außen gegeben werden, was von außen ins Team? Was sollte im Team bleiben?
- Wie soll die Vertreterfrage geregelt werden? Jedes Teammitglied benötigt eine Vertreterin oder einen Vertreter, der dann die jeweiligen Argumente einbringen kann. Was keinen Sinn macht, ist, Themen nochmals aufzugreifen, weil ein Teammitglied in der letzten Sitzung fehlte. Die Vertretung kann untereinander erfolgen oder es können andere Personen die Vertretung übernehmen.

Sinnvoll kann sein, diese Orientierungsphase in einem eigenen Kick-off-Workshop zu gestalten. Das bietet die Möglichkeit, auf der Prozessebene den Auftrag und ggf. die Grundsätze des Projektmanagements zu verdeutlichen; auf der Systemebene ist ein solcher Workshop ein entscheidender Schritt der Teambildung. Zugleich können erste Schritte wie z.B. die Festlegung der Arbeitspakete abgearbeitet werden. Zumindest für die Verdeutlichung des Projektauftrags ist dafür die Teilnahme des Auftraggebers erforderlich.

4.2.2 Konfliktphase (»storming«)

In der Konfliktphase werden Unterschiede in Auffassung, Standpunkt und Sichtweisen deutlich, die Macht- und Entscheidungsstrukturen sind unklar. Konfliktphasen sind damit von starren Regelkreisen gekennzeichnet:

- Es wird endlos diskutiert, ohne dass man zu einem Ergebnis gelangt.
- Ein Projektmitglied stellt sich immer wieder gegen die allgemeine Auffassung.
- Entscheidungen werden umgeworfen und wieder von neuem diskutiert.
- Ein Projektmitglied versucht, die Leitung an sich zu ziehen.
- Die Stimmung wird negativ.

Aufgabe in der Konfliktphase ist es damit, diese Konfliktstrukturen zu unterbrechen und ein (geändertes) Regelsystem zu etablieren. Dabei bieten sich Ansatzpunkte auf den unterschiedlichen Ebenen eines sozialen Systems:

- Auf der *Ebene der Personen* kann es sich als notwendig erweisen, Personen auszuwechseln: Jemand verlässt das Projekt, es kommt jemand anderes dazu.
- Auf der *Ebene der subjektiven Deutungen* geht es darum, Klarheit zu schaffen: Was genau sind die Kritikpunkte der einzelnen Personen? Was kann getan werden, um

die Zusammenarbeit zu verbessern? Was ist der Einzelne bereit, für das Projekt zu investieren? Dabei macht es häufig Sinn, diese Themen nicht in den Projektsitzungen zu bearbeiten (wo man sich ohnehin leicht in fruchtlosen Regelkreisen verfängt), sondern neue Arbeitsformen zu wählen: Einzelgespräche der Projektleiterin bzw. des Projektleiters mit einzelnen Kollegen, Gespräche zwischen Projektmitgliedern, ein gemeinsamer Ausflug oder gezielte Teamentwicklungs-Maßnahmen oder Projektcoaching werden in vielen Fällen erfolgreicher sein.

- Auf der *Ebene der sozialen Regeln* geht es meist darum, bisherige Regeln abzuändern: Was sind sinnvolle Vereinbarungen, um Klima und Effizienz zu verbessern?
  – Abänderung von Regelkreisen bedeutet grundsätzlich, »etwas anderes zu tun« (vgl. König/Volmer 2005, S. 61ff.): Wenn man bislang strittige Punkte endlos im Projektteam diskutiert hat, kann es wirkungsvoller sein, zunächst die Punkte zu bearbeiten, bei denen man sich einigen kann. Wenn die Diskussionen im Projektteam zu keinem Ergebnis führen, sollte vielleicht die Arbeit mehr in kleine Arbeitsgruppen verlagert werden.
  – Vielleicht lässt sich die Systemgrenze zu anderen Systemen durchlässiger machen, indem z.B. jemand von der Schulleitung einige Male ins Projektteam eingeladen wird.
  – Lässt sich die Projektsitzung an einen anderen Ort verlagern? Oder könnte die Technik mehr genutzt werden – kann also die materielle Umwelt verändert werden? Oder sollte es bei den Teamsitzungen Kaffee und Kuchen geben?
  – Manchmal kann man auch die Geschwindigkeit verändern: sich entweder einfach etwas Zeit lassen, bis sich die Gemüter beruhigen – oder eine Phase sehr schnell abschließen, auch wenn die Ergebnisse noch nicht den eigenen Ansprüchen genügen.

4.2.3 Arbeitsphase (»forming« und »performing«)

In der Arbeitsphase kommt das Team zu klaren Strukturen und Verabredungen. Die Zusammenarbeit wird als wohltuend erlebt und erlaubt dem Team, mit neuen Anforderungen kreativ und flexibel umzugehen. Von daher scheint die Systemebene hier unproblematisch. Schwierigkeiten können sich aber »unter der Oberfläche« andeuten: Es treten Ermüdungserscheinungen auf, der Reiz des Neuen ist verflogen, Engagement und Begeisterung lassen nach. Hier gilt:

- Sorgsam auf schwache Signale für sich andeutende Probleme achten. Möglichkeiten dafür sind Einzelgespräche mit Teammitgliedern, Reviews im Team, aber auch gelegentliche Begleitung des Teams z.B. durch einen Coach.
- Klare Strukturen beibehalten, also darauf achten, dass nicht allmählich Teilnahme und Pünktlichkeit nachlassen, und deutlich Meilensteine setzen.
- Erfolge deutlich machen.
- Zwischendurch auch wieder etwas anderes tun: ein Zwischenergebnis feiern, einen Projektausflug durchführen usw.

4.2.4 Die Abschlussphase

Die Abschlussphase in der Teamentwicklung wird häufig unterschätzt. Was hier ansteht, ist, ein soziales System, das sich etabliert hat, wieder aufzulösen. Das aber ist häufig keineswegs leicht. Wir werden darauf im Abschnitt über den Projektabschluss nochmals zurückkommen.

4.3 Das Stakeholder-System in der Durchführungsphase des Projektes

Wenn Projekte scheitern, resultiert das in den meisten Fällen nicht aus inhaltlichen Problemen, sondern aus Problemen auf der Ebene des Stakeholder-Systems. Gerade bei erfolgreicher inhaltlicher Arbeit besteht die Gefahr, das Stakeholder-System aus dem Auge zu verlieren: Wird das Projekt noch vom Kollegium getragen? Fühlen sich die einzelnen Stakeholder genügend informiert und genügend eingebunden?

Interventionen auf der Ebene des Stakeholder-Systems lassen sich in der Durchführungsphase am wenigsten planen und inhaltlich vorbestimmen. Was aber ansteht, ist eine kontinuierliche Diagnose, sei es durch Abfragen im Projektteam, durch informelle Gespräche mit einzelnen Stakeholdern, durch Interviews im Rahmen einer externen Begleitung. Fragen für diese Diagnose können sein:

- Wie wird das Projekt aus unterschiedlichen Perspektiven eingeschätzt?
- Was hat sich aus Sicht des Gesprächspartners in der letzten Zeit bezüglich des Projektes verändert?
- Wo sind mögliche Risiken für das Projekt?
- Was sind (bislang ungenutzte) Chancen?
- Was könnte oder sollte getan werden, um das Projekt (noch) erfolgreicher zu machen?

Erst auf der Basis solcher Informationen lassen sich konkrete Maßnahmen auf der Ebene des Stakeholder-Systems planen und durchführen. Das können Einzelgespräche mit einzelnen Stakeholdern sein, man kann sie zu bestimmten Themen um Rat fragen (übrigens oft eine sehr wirkungsvolle Intervention), es kann eine Ausstellung über die Zwischenergebnisse des Projektes in der Schule sein usw.

5. Die Abschlussphase des Projektes

Ein Projekt benötigt einen eindeutig markierten Abschluss – ansonsten besteht die Gefahr, dass es sich allmählich totläuft, weil immer noch nicht klar ist, was alles noch erledigt werden muss. Der Abschluss muss rechtzeitig geplant werden. Auch hier ist wieder die Prozess- und die Systemebene zu berücksichtigen:

5.1 Projektabschluss auf der Prozessebene

Auf der Prozessebene stehen beim Projektabschluss folgende Aufgaben an:

- *Planung des Abschlusses:* Was muss bis wann noch erledigt werden?
- *Darstellung der erreichten Ergebnisse:* Dazu gehören der Abschlussbericht, die Zusammenstellung der erreichten Materialien usw. Basis dafür ist die Projektdokumentation, d.h. die Sammlung der einzelnen Protokolle, Teilergebnisse usw.
- *»Lessons learned«:* die Erarbeitung von Lernerfahrungen. Dieser Punkt wird häufig vernachlässigt. Was kann man aus den Erfahrungen des Projektes lernen? Was würden wir heute anders machen? Hilfreich ist, sich in einer der letzten Projektsitzungen dafür Zeit zu nehmen und die wichtigsten Lernerfahrungen des Projektes zu sammeln und zu dokumentieren. Nur so kann vermieden werden, dass jedes Projekt immer dieselben Fehler macht.
- *Die Abschlusspräsentation:* Projektverlauf, die wichtigsten Ergebnisse und »Lessons learned« werden dem Auftraggeber, dem Kollegium oder einer weiteren Öffentlichkeit dargestellt.

5.2 Projektabschluss auf der Systemebene

Auf der Systemebene bedeutet der Projektabschluss die Auflösung eines sozialen Systems. Gerade bei erfolgreichen Projekten ist das nicht leicht – man hat sich aneinander gewöhnt, die Arbeit hat Spaß gemacht und man möchte sie am liebsten weiterführen. Nur: Ein soziales System hat einen Beginn und einen Abschluss. Es macht keinen Sinn, das System Projektteam weiterleben zu lassen, wenn es eigentlich keine Aufgaben hat. Damit ergeben sich für die Abschlussphase auf der Systemebene folgende Aufgaben:

- Den Abschluss des Projektes rechtzeitig bewusst machen.
- Den Abschluss eindeutig markieren. Er muss nicht nur kognitiv vollzogen, sondern auch emotional erfahrbar sein: die Abschlusspräsentation bewusst auch als Auflösung des sozialen Systems gestalten, den einzelnen Mitgliedern danken, eine Feier anschließen, den Projektmitgliedern als Erinnerung ein Symbol überreichen.
- Einzelne Mitglieder beim Übergang in ihre ursprünglichen Systeme unterstützen. Das gilt insbesondere dann, wenn einzelne Personen (z.B. die Projektleiterin oder der Projektleiter) in das Projekt abgeordnet wurden. Was brauchen sie als Unterstützung, wenn sie jetzt wieder als »normale Kollegen« in ihre Schule zurückkommen? Übrigens ist es eine wichtige Aufgabe für die Projektleiterin bzw. den Projektleiter oder im Rahmen eines Projektcoaching, mit den einzelnen Mitgliedern des Projektteams ein Abschlussgespräch zu führen.
- Hier gilt es zu fragen, welche Unterstützung die einzelnen Teammitglieder bei der Einbindung in ihre ursprünglichen Systeme benötigen. Weiterhin bieten Rituale eine Möglichkeit, das Ende eines sozialen Systems zu verarbeiten: Den Projektabschluss bewusst gestalten, die gemeinsame Abschiedsfeier.

6. Projektcoaching als Begleitung von Schulprojekten

Projekte sind eine sehr erfolgreiche Methode, komplexe Themenstellungen zu bearbeiten. Aber Projekte sind keine irgendwie geartete Arbeitsgruppe, sondern erfordern Kompetenz: Kompetenz hinsichtlich des Themas, das bearbeitet wird, Kompetenz insbesondere hinsichtlich Projektmanagement und Kompetenz, das Projekt in einem komplexen sozialen Umfeld zu steuern.

Bewährt hat sich in diesem Zusammenhang Projektcoaching: Ein Coach schaut von außen auf das Projekt, unterstützt z.B. bei der Identifizierung von Stakeholdern, gibt aber z.B. auch Anregungen bei der Formulierung des Projektauftrags. Insbesondere bei innovativen Projekten (wenn es z.B. um die Einführung eines neuen Fortbildungskonzeptes geht) hat sich Projektcoaching als entscheidender Erfolgsfaktor herausgestellt: das Projekt zu unterstützen, die einzelnen Aufgaben professionell abzuarbeiten und insbesondere Risikofaktoren (auf der Prozess- und der Systemebene) rechtzeitig zu erkennen und zu bearbeiten (Luchte 2005, S. 185ff.).

Coaching ist eine Form der Beratung. Ein Coach unterstützt einen oder mehrere Klienten bei der Lösung ihrer Probleme. Coaching ist »Beratung von Führungskräften, Experten, Mitarbeitern bei der Erreichung von Zielen im beruflichen Bereich« (König/Volmer 2003, S. 11). Dabei lassen sich verschiedene Personen als mögliche Klienten von Projektcoaching unterscheiden:

- Coaching als Beratung der Projektleiterin oder des Projektleiters;
- Coaching als Beratung des Projektteams;
- Coaching als Beratung des Steuerkreises.

Coaching kann grundsätzlich Prozess- und Expertenberatung sein (König/Volmer 2003, S. 12ff.):

- *Prozessberatung* bedeutet, dass der Coach z.B. durch geeignete Fragen den Coachee dabei unterstützt, seine Situation klarer zu sehen, Risiken rechtzeitig zu erkennen und selbst neue Lösungsmöglichkeiten zu entwickeln. Ein Coach kann z.B. die Projektleiterin oder den Projektleiter dabei unterstützen, seine Position im Kollegium klarer zu sehen. Ein Coach kann auch das Review im Anschluss an eine Projektsitzung durchführen: Wie werden Effizienz und Klima während der Projektsitzung eingeschätzt und welche Vorschläge werden zur Verbesserung gemacht.
- *Expertenberatung* bedeutet, dass der Coach aufgrund seiner Kompetenz oder Erfahrung Hinweise und Anregungen gibt – ohne jedoch damit der Projektleitung oder dem Projektteam die Entscheidung abzunehmen. Hier ist der Coach zunächst als Experte für Projektmanagement gefordert, der z.B. Anregungen zur Operationalisierung der Projektziele (»Was genau soll das Ergebnis sein?«) gibt. Er ist aber ebenso gefordert, um Hinweise auf mögliche Risiken im sozialen System zu geben und selbst Lösungsmöglichkeiten vorzuschlagen.

Der Coachingprozess lässt sich in vier Phasen gliedern (ausführlicher König/Volmer 2003, S. 31ff.; vgl. auch den Beitrag »Coaching« von König/Söll in diesem Band, S. 1030ff.):

1. Die *Orientierungsphase*, in der es darum geht, die Beziehung zwischen Coach und Klient aufzubauen sowie Thema und Ziel des Coaching festzulegen.
2. Die *Klärungsphase*, in der es um die Klärung der Ist-Situation geht.
3. Die *Veränderungsphase*, in der das nächste Teilziel festgelegt sowie verschiedene Lösungsmöglichkeiten gesammelt und bewertet werden.
4. Die *Abschlussphase*, in der das Ergebnis festgemacht und die nächsten Schritte geplant werden.

6.1 Orientierungsphase

Thema und Ziel des Coaching sind beim Projektcoaching in der Regel unproblematisch: Es geht um den bisherigen Verlauf des Projektes und Ziel ist, Chancen und Risiken des Projektes genauer zu klären und die nächsten Schritte festzulegen. Ggf. können sich daraus konkrete Themen ergeben wie z.B. die Formulierung des Projektauftrags, das Durchsprechen des Projekt-Strukturplans oder die Analyse einzelner Stakeholder.

6.2 Klärungsphase

Ziel der Klärungsphase ist, die Ist-Situation genauer zu bestimmen: Was ist erreicht? Wo sind Probleme aufgetreten? Was hat dazu geführt? Dabei kann die Datenbasis für die Klärungsphase unterschiedlich sein:

- Bei Einzelcoaching der Projektleiterin bzw. des Projektleiters wird in vielen Fällen seine Einschätzung den Ausgangspunkt für die Klärungsphase bilden. Mögliche Fragen dazu sind: »Wie beurteilen Sie aus Ihrer Perspektive den Projektverlauf: Was ist erreicht, was ist nicht erreicht?«, »Schätzen Sie den Erfolg des Projektes zum jetzigen Zeitpunkt auf einer Skala von 0 (völlig erfolglos) bis 100 (optimal) ein. Was macht bei einer Einschätzung von 80 Prozent den Erfolg aus, was sind die fehlenden 20 Prozent?«, »Was meinen Sie, wie wird sich das Projekt weiter entwickeln?« Aufgabe des Coachs ist hier Prozessberatung: gezielt nachzufragen, wo die Projektleitung unsicher ist, wo sie selbst Probleme sieht.
- Datenbasis kann ein Review im Projektteam sein: Wie schätzen die Mitglieder des Projektteams den bisherigen Verlauf ein? Was läuft aus ihrer Sicht gut, wo sind Probleme?
- Datenbasis kann auch die Einschätzung des Coachs sein: Wenn er an der Projektsitzung teilnimmt, kann er auf der Basis seiner Beobachtungen Rückmeldung geben. Günstig ist dabei jedoch, die eigene Einschätzung nicht als einzige Perspektive zu nehmen, sondern sie an die Einschätzung der Projektleiterin bzw. des Projektleiters

oder des Projektteams anzubinden und sie an konkreten Situationen zu verdeutlichen.
- Eine sehr sichere Datenbasis erhält man, wenn man Interviews mit verschiedenen Beteiligten durchführt: Wie schätzen die Teammitglieder das Projekt ein, wie der Auftraggeber oder andere nicht am Projekt direkt beteiligte Kolleginnen und Kollegen? Gerade auf der Systemebene kann man hier entscheidende Informationen über die Akzeptanz des Projektes im sozialen System gewinnen.

6.3 Veränderungsphase

Ziel der Veränderungsphase ist die Gewinnung von Ideen für das weitere Vorgehen. Auch hierfür bieten sich verschiedene Vorgehensweisen an:

- Der Projektcoach kann aus seiner Sicht Anregungen einbringen.
- Er kann im Rahmen von Prozessberatung die Projektleitung unterstützen, selbst neue Handlungsmöglichkeiten zu entwickeln: Was sieht sie für Möglichkeiten? Was hat ihr in anderen Situationen geholfen?
- Man kann im Rahmen von Reviews die Teilnehmer nach Anregungen fragen.
- Man kann schließlich im Rahmen von Interviews gezielt Verbesserungsmöglichkeiten erheben.

6.4 Abschlussphase

Zentrale Aufgabe der Abschlussphase ist die Festlegung eines Handlungsplans. Mögliche Fragen sind:

- Was nehmen Sie (als Projektleiter/in) als Ergebnis aus diesem Gespräch mit?
- Was sind Ihre nächsten Schritte?
- Was brauchen Sie an zusätzlicher Unterstützung?

Entscheidend ist, dass hier die Verantwortung beim »Coachee« (d.h. der Projektleiterin bzw. dem Projektleiter, dem Projektteam oder dem Steuerkreis) bleibt: Nur er kann aus seiner Sicht entscheiden, was in dieser Situation erfolgreich sein kann und was nicht, er behält die Verantwortung für sein weiteres Vorgehen.

Exemplarisch sei das Vorgehen an einem Beispiel aus der von uns durchgeführten wissenschaftlichen Begleitung des Fortbildungskonzeptes »Kooperative Lehrerfortbildung – Gesundheitsfördernde berufsbildende Schulen (KoLeGe)« verdeutlicht. Zielsetzung des Projektes ist, Kooperationsstrukturen zwischen Universität, berufsbildenden Schulen und zweiter Phase der Lehrerausbildung zur Konzeption und Durchführung von Fortbildungsmodulen zum Themenkomplex Gesundheitsförderung zu entwickeln.

Die wissenschaftliche Begleitung des Projektes wird in Form einer Prozessevaluation durchgeführt. Datenbasis der Evaluation sind in dreimonatlichem Abstand durchgeführte qualitative Interviews (sog. Konstruktinterviews, vgl. König/Volmer 2005, S. 83ff.) mit unterschiedlichen Beteiligten (Projektleiter/in, Mitgliedern des Projektteams, anderen Stakeholdern). Leitfragen der Interviews sind u.a.:

- Was hat sich seit dem letzten Messzeitpunkt im Projekt ergeben?
- Was lief gut, wo traten Probleme auf?
- Was sollte getan werden, um den Erfolg des Projektes weiter zu sichern?

Die Ergebnisse werden inhaltsanalytisch ausgewertet. Dabei ergab sich in unserem Beispiel für den zweiten Messzeitpunkt, dass einer Reihe von Projektmitgliedern das Ziel des Fortbildungsprojektes »Entwicklung von Kooperationsstrukturen« noch nicht klar war und dass eine straffere Steuerung des Projektes durch die Projektleiterin gefordert wurde. Diese Ergebnisse wurden dann im Rahmen eines Coachingprozesses der Projektleiterin zurückgespiegelt. D.h. die Daten der letzten Befragung bilden die Basis der Klärungsphase. Daran schloss sich Prozessberatung mit der Projektleiterin an: »Wie beurteilen Sie als Projektleitung die Ergebnisse?«, »Fühlen Sie sich bestätigt, oder sind Sie überrascht?«. Diese Fragen gaben dann Anstoß, dass die Projektleiterin die Situation für sich klärt: »Insgesamt bin ich mit den Ergebnissen recht zufrieden. Dass der Auftrag noch nicht allen klar ist, habe ich mir auch schon gedacht. Überrascht hat mich, dass eine Reihe von Teilnehmerinnen eine straffere Steuerung des Projektes durch mich fordern.«

In der Veränderungsphase wurden dann Handlungsmöglichkeiten zur Lösung dieser Probleme erarbeitet. Dabei ergab sich im Rahmen dieses Beispiels als besondere Situation, dass bereits in der prozessbegleitenden Evaluation Handlungsmöglichkeiten erhoben wurden. Wenn eine Interviewpartnerin darauf hinweist, dass das Ziel des Projektes noch nicht klar ist, dann wurde nachgefragt: »Was würden Sie brauchen, um das Ziel genauer zu klären?« Die hier genannten Lösungsmöglichkeiten können dann (neben zusätzlichen Ideen des Coachs oder neuen eigenen Ideen der Projektleiterin/des Projektleiters) als Anregungen in die Veränderungsphase eingehen. Genannt wurden z.B:

- deutlichere Orientierung über die Ziele des Modellversuchs durch die Projektleiterin;
- gemeinsame Diskussion der Ziele im Rahmen des Projektes;
- externer Referent zum Thema Kooperation, auf dieser Basis Diskussion der Ziele.

Ziel der Abschlussphase ist, einen Handlungsplan für die nächsten Schritte zu entwickeln. Die Bewertung der Lösungsmöglichkeiten durch die Projektleitung zum Messzeitpunkt 2 führt abschließend zu dem in Tabelle 5 dargestellten Handlungsplan.

Auf der Basis dieses Coachingprozesses und des dabei entwickelten Handlungsplans führt die Projektleitung anschließend bestimmte Maßnahmen durch: In unse-

Tab. 5: Beispiel für einen Handlungsplan			
Was ist zu tun?	**Wer mit wem?**	**Bis wann?**	**Bemerkungen**
Mit den Teilnehmer/innen das Ziel des Modellversuchs ansprechen	Projektleiterin mit Teilnehmer/innen	Nächstes Treffen	Ziele sichtbar machen, evtl. visualisieren

rem Beispiel hat sie mit den Teilnehmerinnen und Teilnehmern das Ziel des Modellversuchs nochmals diskutiert, sie hat auch einen Experten zum Thema Kooperation eingeladen. Die Prozessevaluation zum nächsten Messzeitpunkt (drei Monate später) gibt dann Auskunft darüber, was die Projektleitung auf der Basis des Coachinggesprächs umgesetzt hat. Exemplarisch seien einige Zitate aus den Interviews angeführt: »Was auch klar wurde, ist, dass Kooperation ein wichtiger Teil des Projektes ist«; »Ich kann nicht sagen, was erreicht ist, weil ich das Ziel nicht exakt kenne«. Hier wird also deutlich, dass die zwischenzeitlich umgesetzten Maßnahmen nur zum Teil gegriffen haben: Das Ziel ist noch nicht allen Beteiligten »exakt« klar. Diese Situation wird dann wieder Thema des nächsten Coachingprozesses im Anschluss an den dritten Messzeitpunkt.

Sicher wird man in vielen Situationen nicht die Möglichkeit einer derart umfassenden wissenschaftlichen Begleitung von Projekten haben. Projektcoaching ist aber immer eine hilfreiche Unterstützung des Projektes, die es ermöglicht, von außen auf das Projekt zu schauen, Probleme und Risiken rechtzeitig zu erkennen, Anregungen zu erhalten und als Projektleiter/in Sicherheit zu gewinnen.

Literaturverzeichnis

Bartz, A. (2004): Projektmanagement in Schule. Herausgegeben vom Landesinstitut für Schule. Bönen/Westf.
Kessler, K./Winkelhofer, G. (^{3}2002): Projektmanagement. Berlin/Heidelberg/New York.
König, E./Luchte, K. (2005): Reine Erkenntnis oder pragmatisches Wissen. Wissenschaftstheoretische Reflexionen zum Status der Modellversuchsforschung. In: Berichte der Kommission Wirtschaftspädagogik der DGfE.
König, E./Volmer, G. (^{2}2003): Systemisches Coaching. Weinheim/Basel.
König, E./Volmer, G. (2004): Projektmanagement. Kronach.
König, E./Volmer, G. (2005): Systemisch denken und handeln. Personale Systemtheorie in Erwachsenenbildung und Organisationsberatung. Weinheim/Basel.
Luchte, K. (2005): Implementierung pädagogischer Konzepte in sozialen Systemen. Ein systemtheoretischer Beratungsansatz. Weinheim/Basel.
Probst, H.J./Haunerdinger, M. (2001): Projektmanagement leicht gemacht. Frankfurt/Wien.
Rolff, H.G./Buhren, C.G./Lindau-Bank, D./Müller, S. (^{2}1999): Manual Schulentwicklung. Weinheim/Basel.
Stahl, E. (2002): Dynamik in Gruppen. Weinheim/Basel.

III. Personalmanagement

Claus G. Buhren / Hans-Günter Rolff

Personalmanagement[1]

Ein Gesamtkonzept

1.	Einführung: Begriffe, Begründungen und Definitionen	451
1.1	Personalmanagement – Versuch einer begrifflichen Annäherung	451
1.2	Ansatzpunkte für Personalmanagement in und durch Schule	453
1.3	Gründe für Personalmanagement	454
1.4	Wer fordert Personalmanagement?	456
2.	Konzepte und Ansätze des Personalmanagements	458
2.1	Bisherige Ansätze und Konzepte	458
2.2	Die »andere Schule« als Leitbild	463
3.	Personalmanagement und Schulentwicklung	470
3.1	Personalrekrutierung	470
3.2	Personalbeurteilung	472
3.3	Personalbesoldung	477
4.	Personalmanagement als Personalentwicklung	480
4.1	Individuelle Personalentwicklung als Stärkung professionellen Handelns	483
4.2	Personalentwicklung als Kollegiumsentwicklung	505
5.	Zur Rolle von Schulleitung und Lehrerrat im Personalmanagement	519
5.1	Führungsverständnis	520
5.2	Führungskonzepte für die Schule	522
5.3	Exkurs: Wirkungen von Schulleitungshandeln	525
5.4	Neue Führungsaufgaben für die Schulleitung	526
5.5	Lehrerrat und Personalmanagement	530
6.	Strategisches Personalmanagement	533
7.	Controlling des Personalmanagements	537
7.1	Kosten- und Erfolgscontrolling	537
7.2	Evaluation statt Controlling	539
	Literaturverzeichnis	541

---

1 Einzelne Kapitel dieses Beitrags basieren auf Vorarbeiten, die bereits unter dem Titel »Personalentwicklung in Schulen« (Buhren/Rolff 2002) veröffentlicht wurden.

1. Einführung: Begriffe, Begründungen und Definitionen

So verbreitet ein wie auch immer gestaltetes Personalmanagement in Wirtschaft, Industrie oder Handel seit etlichen Jahren auch sein mag, der öffentliche Dienst und damit auch die Schule scheinen sich dieser Aufgabe nur langsam anzunähern. Hierfür liegt, wenn man die staatlich verantwortete Schule betrachtet – bei kirchlichen oder freien Trägern ist es bereits etwas anders – zunächst einmal eine Ursache darin, dass wesentliche Elemente oder Teilfunktionen des Personalmanagements wie z.B. die Personalauswahl, -einstellung und -beförderung, die Personalbesoldung und -verantwortung etc. traditionell – trotz erster Veränderungsansätze – noch immer in den Händen der Schulaufsicht liegen. Allein die Fortbildung und der konkrete Personaleinsatz im Unterricht fielen in den Zuständigkeitsbereich der einzelnen Schule bzw. der dort tätigen Lehrkräfte, wenn man einmal von den dienstlichen Beurteilungen durch die Schulleitung bei Verbeamtung und Beförderung als ergänzende Dienstleistung für die Schulaufsicht absieht.

Diese Beschränkung der Schule respektive der Schulleitungen auf einige wenige Aufgaben im Rahmen des Personalmanagements scheint derzeit in fast allen Bundesländern aufgehoben zu werden und stattdessen einer weitreichenden Verantwortungsübertragung auf die einzelne Schule in Bereichen des Personalmanagements wie auch in anderen Aufgabenfeldern Platz zu machen. Denn in dem Maße, wie Schulen zunehmend mehr Gestaltungsautonomie erhalten und ihnen Selbstständigkeit und Eigenverantwortlichkeit zugestanden wird, zieht sich die staatliche Schulaufsicht ebenso wie die kommunale Schulverwaltung aus traditionellen Aufgabenfeldern zurück. Die Schulen erhalten mehr Spielräume in der Zuständigkeit und Verantwortung für ihren Finanzhaushalt, ihr Personal und natürlich ihr pädagogisches Profil oder Programm.

Wenn dies auch derzeit überwiegend noch im Rahmen von Modellversuchen erprobt wird, wie z.B. in der »Selbstständigen Schule« in Nordrhein-Westfalen oder im »MODUS 21« (Modell Unternehmen Schule im 21. Jahrhundert) in Bayern, ist es doch nur eine Frage der Zeit und der politischen Entscheidungsfreudigkeit der einzelnen Länder, wann Personalmanagement, Personalentwicklung oder Controlling auch im schulischen Bereich keine Fremdwörter mehr sind. Da dies derzeit aber noch weitestgehend der Fall ist, stellt sich zunächst einmal die Frage, was denn eigentlich unter Personalmanagement zu verstehen ist.

1.1 Personalmanagement – Versuch einer begrifflichen Annäherung

Eine einheitliche Definition des Begriffs »Personalmanagement« existiert nicht, dies sei vorausgeschickt. Allein das Begriffspaar »Personal« und »Management« lässt schon eine Vielzahl von Konnotationen zu, je nachdem, ob ich den Faktor Personal oder Management besonders in den Vordergrund stelle. Wenn »Management« das handlungsleitende Interesse darstellt, dann steht die Handhabbarkeit oder Machbarkeit im Vordergrund, was auch der etymologischen Wortbedeutung am nächsten kommt. Beim

Personal*management* geht es hier eher um Verfahren, Methoden, Instrumente und Techniken. Dem Personalmanagement könnte in diesem Verständnis leicht der Vorwurf eines technokratischen Konzeptes gemacht werden, wenn man ein allzu sehr an Organisationsabläufen, Planungsvorgaben und Zielerreichung orientiertes Management unterstellt. Doch auch die Vorstellungen und Auffassungen von Management haben sich in den letzten Jahrzehnten differenziert und verändert.

Wird hingegen das »Personal« im *Personal*management stärker betont, könnte man vorschnell davon ausgehen, dass möglicherweise der menschliche Faktor, das Interesse an den Personen ins Zentrum rückt. Personal ist jedoch zunächst eine Sammelbezeichnung, ein »Kollektivsingular« oder »Menschen ohne Ansehen der Person«, wie Neuberger (1991, S. 8) es ausdrückt. Das Personal bezeichnet somit in erster Linie die Gesamtheit der Arbeitskräfte einer Organisation, wobei die individuelle Person oder gar die Persönlichkeit des Einzelnen mit seinen Fähigkeiten und Fertigkeiten ebenso wie mit seinen Schwächen oder seinen Wünschen und Interessen in den Hintergrund tritt. »Personal« kann folglich auch in dieser Verknüpfung mit »Management« auf seine Funktion oder seinen produktiven Faktor reduziert werden.

Betrachten wir eine Auswahl der wenigen Definitionen, die es zum Personalmanagement für den schulischen Bereich gibt, scheint auch hier auf den ersten Blick keine klare gemeinsame Linie vorzuliegen:

- Nach *Dubs* umfasst das Personalmanagement in der Schule »die Gesamtheit aller Strategien (langfristige Ziele und deren Verwirklichung) sowie alle Maßnahmen und die dazu nötigen Personalinstrumente, die das Verhalten der Schulleitung, der Lehrkräfte sowie des Schulpersonals prägen« (Dubs 2001, S. 2).
- Für *Bartz* hat Personalmanagement »dafür zu sorgen, dass in einer Organisation die Mitarbeiterinnen und Mitarbeiter in der erforderlichen Anzahl (Quantität), mit der erforderlichen Qualifikation (Qualität) zum richtigen Zeitpunkt und am richtigen Ort zur Verfügung stehen. Dazu gehören alle Maßnahmen, die dazu dienen, den erforderlichen Personalbestand zu planen, zu überwachen und zu steuern« (Bartz 2004, S. 2).
- *Simon* hingegen begreift Personalmanagement »als Personalentwicklung im systemischen Zusammenhang der Rahmenbedingungen, unter denen sie stattfinden soll: die Arbeitsbedingungen für Lehrerinnen und Lehrer sowie für Schülerinnen und Schüler am Arbeitsplatz Schule, die aktive Teilhabe und Mitbestimmung aller Beteiligten, die Organisationsstruktur, das Arbeitsklima, aber auch das Angebot an Qualifizierungsmöglichkeiten und die Abhängigkeit der Personalentwicklung vom Finanzierungsrahmen rücken gleichfalls ins Blickfeld« (Simon 2001, S. 51).

Personalmanagement, so lautet die Quintessenz dieser kurzen Annäherung an den Begriff, kann nur durch das ihm zugrunde liegende Konzept definiert werden. Dies soll in den folgenden Kapiteln dieses Beitrags versucht werden. Doch zuvor sollen mögliche Ansatzpunkte und Begründungen für Personalmanagement in der Schule kurz skizziert werden.

1.2 Ansatzpunkte für Personalmanagement in und durch Schule

Es wäre sicherlich zu kurz gegriffen, wenn man mit dem Verweis auf die Ergebnisse der beiden PISA-Studien 2000 und 2003 (vgl. Baumert u.a. 2002; PISA-Konsortium Deutschland 2004) die Ursachen für das wiederholt eher schlechte Abschneiden der deutschen Schüler/innen hauptsächlich in den unzureichenden Lehrmethoden und Vermittlungstechniken der Lehrkräfte suchen würde. Doch wenn die Kritik einer fehlenden Methodenkompetenz und veralteter, auf reine Reproduktion von Wissen ausgerichteter Unterrichtspraxis auch nur in Ansätzen zutrifft, verweist sie auf einen bedenkenswerten Umstand: Eine systematische Personalentwicklung, die sowohl die individuelle Entwicklung und Fortbildung der Lehrer/innen umfasst als auch die gemeinsame Entwicklung des Kollegiums einer Schule, ist in den meisten Schulen nicht existent. Das heißt, Lehrkräfte könnten theoretisch nach ihrer Lehrerausbildung eine mehr als 30-jährige Berufspraxis auch ohne großen Fortbildungsaufwand bestreiten. Fachliche wie auch persönliche Weiterentwicklung scheint eine individuelle Angelegenheit zu sein, die mal mehr, mal weniger genutzt wird. Dies allein könnte schon Anlass genug sein, der Schule die Verantwortung, Überprüfung und Kontrolle der fachlichen und berufsspezifischen Weiterentwicklung ihres Personals – auf der Basis staatlicher Vorgaben und Rahmenvereinbarungen – zu übertragen, als ein Teilaspekt des Personalmanagements.

Eine weitere Erkenntnis gerade der jüngsten PISA-Studie 2003 (PISA-Konsortium Deutschland 2004) sollte ebenfalls zum Nachdenken anregen: Weniger oder vergleichbar wenig Gestaltungsautonomie vor allem in Personalfragen gewähren neben Deutschland ebenfalls die OECD-Länder Griechenland, Luxemburg, Portugal und Türkei ihren Schulen. Und eben diese Länder schneiden bei den Leistungsdaten ihrer Schüler/innen noch schlechter ab als Deutschland. Könnte es einen Zusammenhang geben zwischen dem Maß an Gestaltungsautonomie der Einzelschule und der Leistungsfähigkeit des Schulsystems, lautet hier die naheliegende Frage. Denn von den meisten so genannten »PISA-Siegerländern« wissen wir, dass die Teilautonomie der Einzelschule dort sehr weit ausgebildet ist.

Warum hat die Diskussion über Personalmanagement in der Schule erst jetzt begonnen, während im Wirtschafts- wie auch im Non-Profit-Bereich Konzepte und Verfahren des Personalmanagements seit Jahren etabliert sind und auch vonseiten der Betroffenen eine hohe Akzeptanz erfahren?

Dubs (2001, S. 15) nennt vier mögliche Gründe: Erstens die »Vermeidung von Bürokratisierung«. Dahinter steckt die Befürchtung bei vielen Schulleitungen und Lehrkräften, dass Personalmanagement zu einer systematischen Bürokratisierung von Verwaltungsaufgaben führt, die ohnehin vor allem bei Schulleiterinnen und Schulleitern auf eine gewisse Ablehnung stoße. Zweitens wird vor dem Hintergrund eines eher »improvisationsorientierten Umgangs mit Personalfragen« angenommen, dass sich Maßnahmen im Personalbereich am besten von Fall zu Fall lösen lassen, und geargwöhnt, ein »geordnetes Personalmanagement« könne zu Einschränkungen der beruflichen Freiheit führen. Drittens steht hier die Bevorzugung der Bearbeitung von personalorientierten Fragestellungen in Form von informellen Gesprächen einer eher systematischen Vorgehensweise gegenüber, die auch personalübergreifenden Prinzipien entspricht. Und viertens wird das Argument der rechtlichen Rahmenbedingungen und Grenzen angeführt, die beispielsweise Schulleitungen nur wenig Kompetenzen im Hinblick auf verwaltungs- und personalrechtliche Vorschriften einräumen, weshalb sich auch die Beschäftigung mit solchen Maßnahmen erübrige.

Nun hat zumindest der letztgenannte Grund eine entscheidende Wende dadurch erfahren, dass mit dem Gesetz zur Reform des öffentlichen Dienstrechts von 1997 den Schulleitungen eine erhebliche Kompetenzerweiterung hinsichtlich der Personalbeurteilung und des Personalmanagements zugestanden wird. Leistungslohn für Beamte ist ein Thema der öffentlichen Diskussion geworden. So sieht die Dienstrechtsreform materielle Leistungsanreize für Beamte vor, die sowohl als individuelle Leistungsanreize als auch der Personalentwicklung dienen sollen. Auch wenn die einzelnen Bundesländer die Reform unterschiedlich schnell umsetzen, werden hier in naher Zukunft neue Aufgaben und Anforderungen auf Schulleiter/innen und Kollegien zukommen, die Personalentwicklung in direkten Zusammenhang zur Personalbeurteilung setzen. Für die Länder Baden-Württemberg und Bayern ist es bereits Praxis, dass die Schulleiter/innen dienstliche Beurteilungen vornehmen, die über eine Vergabe von Leistungsstufen beziehungsweise auch über eine »Aufstiegshemmung« entscheiden.

Darüber hinaus praktizieren seit einigen Jahren Schulen in mehreren Bundesländern das Prinzip der so genannten »schulscharfen oder -genauen Ausschreibung«. Das heißt, Schulleitungen werden in die Lage versetzt, ihre Personalbewirtschaftung – zumindest was Neueinstellungen betrifft – selbst in die Hand zu nehmen. Damit können gezielt Lehrkräfte angesprochen und angeworben werden, die auch aufgrund ihrer persönlichen Kompetenzen und Fähigkeiten in das Profil der Schule passen und nicht nur durch ihre Fächerkombination eine Bereicherung für das Kollegium und die Schule darstellen.

Personalmanagement greift jedoch zu kurz, wenn es sich quasi als Reaktion auf die Veränderung rechtlicher Rahmenbedingungen auf Personalbeurteilung und Personaleinstellung beschränken würde. Personalmanagement sollte erheblich mehr umfassen, was allein schon deutlich wird, wenn man sich die positiven Argumente dafür vergegenwärtigt.

1.3 Gründe für Personalmanagement

»Können Schulen lernen?« war eine der Fragen, die die Organisationsentwicklung Anfang der 80er-Jahre aufwarf und zu ergründen suchte. Die Antwort lautet mit Einschränkung: Ja. Aber Institutionen und Organisationen können nur lernen, wenn sich auch ihre Mitglieder weiterentwickeln (vgl. Dalin 1997). Wenn die Mitglieder einer Institution neue Kompetenzen erwerben oder neue Fähigkeiten entwickeln, verändern sich die Prozesse und Inhalte. Dies hat Auswirkungen auf die Organisation, auf Formen der Zusammenarbeit und auf gemeinsame Perspektiven und Interessenschwerpunkte. Auch wenn eine Organisation neue Aufgaben erhält, hat dies konkrete Auswirkungen auf ihre Mitglieder, deren Tätigkeitsprofile und Arbeitsinhalte. Deshalb wird Schulentwicklung stets als eine Verknüpfung von Organisationsentwicklung, Unterrichtsentwicklung und Personalentwicklung verstanden, wobei die Personalentwicklung in einem umfassenden Konzept als Bestandteil von Personalmanagement zu sehen ist.

Personalmanagement wird bedeutsam, wenn man bedenkt, dass motivierte und qualifizierte Lehrpersonen der Schlüssel zur Qualitätsentwicklung von Schule und Unterricht sind. Personalmanagement ist die dazugehörige Strategie; denn das Anheben des methodisch-didaktischen Niveaus ist ebenso wie der Ausbau der fachlichen und sozialen Kompetenzen nur realisierbar durch Personen, die an der Schule arbeiten. Qualitätsentwicklung ist also unmittelbar abhängig von der Vitalität und Kompetenz der Lehrerschaft.

Hinzu kommt, dass qualitätsfördernde Prozesse von einzelnen Lehrerinnen und Lehrern nur begrenzt gestaltet werden können und zunehmend Gruppen- und Teamarbeit voraussetzen. Man kann sich nur schwer allein entwickeln. Dies verlangt Qualifikationen für Zusammenarbeit sowie ein vertieftes Verständnis von Gruppenarbeit und Konfliktmanagement, die ohne ein umfassendes Personalmanagement nicht zu vermitteln sind.

Personal- und Organisationsentwicklung werden in der einschlägigen Literatur als Einheit begriffen (vgl. z.B. French/Bell 1982). Denn zum einen bleiben strukturelle Veränderungen in einer Organisation wirkungslos, wenn sich nicht zugleich die Menschen verändern. Beispielsweise bleibt die Einführung von Teamarbeit im Rahmen eines Organisationsentwicklungsprozesses wirkungslos, wenn nicht die Menschen darin unterstützt werden, kooperativ miteinander zu arbeiten. Das heißt, Veränderungen der Organisation müssen von Personalentwicklungsmaßnahmen begleitet werden.

Zum anderen können Qualifizierungsmaßnahmen ebenso wirkungslos bleiben, wenn sie nicht durch Veränderungen in der Organisation gestützt werden. Dass eine Projektleiterqualifizierung wirkungslos bleibt, wenn anschließend nicht Projektmanagement eingeführt wird, ist trivial. Ebenso kann neues Wissen einer Schulleiterqualifizierung nicht (oder nur unvollkommen) genutzt werden, wenn es nicht gelingt, es durch Abänderung von organisatorischen Abläufen (z.B. in Besprechungen und Konferenzen) zu stabilisieren.

Die Adressaten eines umfassenden Personalmanagements sind prinzipiell alle Organisationsmitglieder. Ein deutlicher Schwerpunkt dürfte hier künftig bei der Schulleitung liegen. Ihr obliegt im Wesentlichen die Gestaltung des Personalmanagements, was sicherlich auch ein neues Leitungs- und Führungsverständnis von Schulleitungen voraussetzt (vgl. S. 520ff.). In gleicher Weise dürfte der Lehrerrat quasi als Personalvertretung aller an der Schule tätigen Personen neue Verantwortungen und Aufgaben übertragen bekommen. Aber auch ohne Erweiterung der bisherigen Aufgaben und Kompetenzen gilt: Ein Personalmanagement ohne Einbeziehung aller Beteiligten ist schlechterdings kaum denkbar und wünschenswert.

1.4 Wer fordert Personalmanagement?

Lehrkräfte haben sich in den letzten Jahrzehnten mehr oder weniger damit abgefunden, dass sie zu einer der wenigen Berufsgruppen zählen, die sich ihren konkreten Arbeitsplatz, wenn überhaupt, nur bedingt auswählen können. Auch die Tatsache, dass Aufstiegsmöglichkeiten – trotz Erweiterung der Leitungsstrukturen z.B. durch zweite Konrektoren oder der Möglichkeit, schulintern wirksame weitere »inoffizielle« Leitungsfunktionen zu schaffen – je nach Schulform äußerst begrenzt sind und Gratifikationen für besondere Leistungen außer in Form von Stundenentlastungen quasi ausgeschlossen sind, gehört zu einer häufig bedauerten, aber notgedrungen akzeptierten Begleiterscheinung dieses Berufsfelds. Ebenso wenig führt der hin und wieder in Kollegien geäußerte Unmut darüber, dass fachliche Fortbildung faktisch als Privatsache angesehen wird und damit gemeinsame Anstrengungen z.B. in der Ausgestaltung von Schulprogrammen gebremst werden, zu massiven Forderungen nach einem gemeinsam vereinbarten schulinternen Fortbildungskonzept. Dies legt den Schluss nahe, dass aufseiten der Lehrerschaft eher Bedenken gegen jedwede Konzepte von Personalmanagement zu erwarten sind als begeisterte Zustimmung.

Als erstes Argument gegen Personalmanagement wird angeführt, dass Personalmanagement-Konzepte aus den Bereichen Wirtschaft, Handel und Industrie entlehnt sind. Hier soll Personalmanagement der Produktverbesserung, der Kundenorientierung oder gar der Gewinnmaximierung dienen. Allein die Übertragung dieser Begrifflichkeiten oder Zielperspektiven auf die Schule sei unmöglich oder zumindest problematisch. Es sei weder ein eindeutiges Produkt noch ein wirklicher Kunde zu definieren. Die Schule im Verhältnis 1:1 als »Dienstleistungsunternehmen« zu betrachten, ist in der Tat mit dem Bildungs- und Erziehungsauftrag von Schule nicht ohne weiteres vereinbar (vgl. GEW 1999).

Weiterhin sind Lehrkräfte seit jeher selbst dafür verantwortlich, ihre eigene professionelle Entwicklung zu planen und zu steuern. Eine Übertragung dieser Aufgabe an Schulleitungen im Rahmen eines Personalmanagement-Konzeptes dürfte als »Insuffizienz-Botschaft« oder »Entmündigungsversuch« verstanden werden (vgl. Ender/Strittmatter 2001). Lehrer/innen sehen ihre Individualität bedroht, sie fürchten, für eine durch äußere Rahmenbedingungen und über Jahre hinweg vernachlässigte Bildungspolitik verursachte Schulmisere individuell verantwortlich gemacht zu werden. Der Ruf nach Personalmanagement verschleiere die eigentlichen Probleme der Schule und lenke von notwendigen Reformen ab. Die Übertragung der Aufgaben des Personalmanagements an die Schulleitungen sei überdies problematisch, da diese weder für die Tätigkeit als »Personalentwickler« qualifiziert seien, noch als »Primus inter Pares« in einer Position stünden, in der sie als »Förderer« und »Begutachter« der professionellen Leistungen von Lehrerinnen und Lehrern akzeptiert werden. Zudem erhöhe beispielsweise allein die Forderung nach Personalentwicklung den Druck auf die Lehrkräfte in einer Zeit, in der Belastungssituationen vielfältiger Art die tägliche Arbeit des Lehrers bzw. der Lehrerin prägen.

Diese Argumente, die auch vonseiten der Lehrerverbände, Standesorganisationen und der Lehrergewerkschaft immer wieder gegen ein Personalmanagement in der Schule eingebracht werden, sind sicherlich ernst zu nehmen, auch wenn an dieser Stelle nicht über die Richtigkeit diskutiert werden soll. Sie machen aber deutlich, dass vor allem die von Personalmanagement direkt Betroffenen, die an der Schule tätigen Lehrer/innen – neben der Schulaufsicht, die einen Teil ihres bisherigen Kernaufgabenbereichs aufzugeben hätte –, die größte Skepsis und den stärksten Widerstand gegen Konzepte des Personalmanagements entgegenbringen.

Es ist nicht überraschend, dass im Gegensatz zu den Lehrkräften die Bildungsverwaltung, d.h. die für Schule zuständigen Ministerien, dem Personalmanagement durchweg positiv gegenüberstehen. In der aktuellen Diskussion um Personalmanagement haben beinahe alle Schul- und Kultusministerien der einzelnen Bundesländer – zumeist im Zusammenhang oder in der Folge von Überlegungen zur Reform der öffentlichen Verwaltungen auf der Basis der so genannten New-Public-Management-Konzepte – ein erstes Konzeptpapier oder eine erste Handreichung mit Überlegungen, Zielsetzungen und möglichen Ansatzpunkten zum Personalmanagement für die Schule veröffentlicht. Die Argumente sind dabei sehr ähnlich. So formuliert beispielsweise die Hamburger Schulbehörde, dass sie »der schulischen Selbstverwaltung eine Schlüsselfunktion bei der Konkretisierung und Umsetzung des Bildungs- und Erziehungsauftrags zugemessen [hat]. Der einzelnen Schule kommt die Aufgabe zu, die ihr gegebenen Möglichkeiten zur eigenständigen Gestaltung von Unterricht und Schulleben aktiv zu nutzen. Grundlegend hierfür sind die spezifischen Voraussetzungen und Merkmale ihrer Schülerschaft und die spezifischen Gegebenheiten der Schule und ihres regionalen Umfelds. Um die daraus abgeleiteten besonderen Ziele, Schwerpunkte und Organisationsformen der pädagogischen Arbeit verwirklichen zu können, bedarf es flankierender Maßnahmen der Personalentwicklung« (BSJB 2001, S. 2).

Ähnliche Argumentationen lassen sich auch in den Rahmenkonzepten anderer Bundesländer wiederfinden (z.B. Baden-Württemberg, Niedersachsen oder Schleswig-Holstein). Das heißt, sie sind allesamt ausgerichtet auf eine höhere Selbstständigkeit von Schule und die damit verbundene Eigenverantwortlichkeit für Entwicklung und Steuerung schulischer Arbeit von der pädagogischen Profilbildung bis hin zur selbstständigen Personal- und Budgetverwaltung. Personalmanagement wird folglich als eine notwendige, begleitende und unterstützende Maßnahme für die Weiterentwicklung der Schule zu einer teilautonomen Institution gefordert.

Personalmanagement wäre damit eingebunden in einen Prozess der Schulentwicklung und wird, wie Dubs (2001, S. 18) es ausdrückt, »nicht nur aus der Sicht von einzelnen Abläufen (z.B. Auswahl des Schulpersonals), Techniken (z.B. Führung eines Beurteilungsgesprächs) und Instrumenten (z.B. für die Unterrichtsbeurteilung) gesehen, sondern es wird in einem ganzheitlichen Sinn verstanden«. Personalmanagement steht somit im Dienste der Vision oder des Leitbilds einer Schule, es ist integrativer Bestandteil des Schulprogramms und lässt sich nicht auf bürokratisch-technische Verfahrensweisen reduzieren.

2. Konzepte und Ansätze des Personalmanagements

2.1 Bisherige Ansätze und Konzepte

Alle bisherigen Ansätze und Konzepte des Personalmanagements sind im Bereich der Wirtschaft entstanden. Dies mag schon allein dadurch nachvollziehbar sein, dass Personalmanagement ein Mindestmaß an autonomer Personalbewirtschaftung in der jeweiligen Organisation und durch das entsprechende Management erfordert. In Einrichtungen und Institutionen des öffentlichen Dienstes ist diese Voraussetzung derzeit nur bedingt erfüllt, sodass auch in der Schule weitere Bedingungen und Organisationsveränderungen etabliert werden müssen, um Konzepten des Personalmanagements eine förderliche Grundlage zu verschaffen.

Betrachtet man die unterschiedlichen Ansätze und Konzepte des Personalmanagements, die in den letzten Jahrzehnten in Unternehmen der Wirtschaft entwickelt und praktiziert wurden, so lässt sich hier ein eindeutiger Trend feststellen, den Staehle (1991, S. 578) als den Übergang »vom *control model* zu einem *commitment model* des Personals« bezeichnet. Damit wird bereits angedeutet, dass hier ein Wandel im Verhältnis zwischen Personal und Management, zwischen den Personen, die in einem Unternehmen abhängig arbeiten, und den Personen, die ein Unternehmen führen, entstanden ist. Während historisch gesehen zu Beginn des 20. Jahrhunderts die Personalorganisationsverhältnisse vom Taylorismus bestimmt waren, das Personal folglich im Wesentlichen als Produktionsfaktor begriffen wurde, gewann schon in den 40er-Jahren das »Mitarbeitermodell« (Remer 1985) zunehmend an Bedeutung. Der arbeitende Mensch wurde als Mitarbeiter »entdeckt« und damit auch seine persönlichen Bedürfnisse nach Anerkennung und Bestätigung für seine Arbeit. Damit fanden im Personalmanagement auch zum ersten Mal die Ansprüche des Personals gegenüber der Organisation, in der und für die sie tätig waren, Berücksichtigung. Die ersten Ansätze der Organisationsentwicklung sind in dieser Zeit zu verorten. Seit den 50er-Jahren hat sich vor allem in den USA das »Social-Responsibility«-Konzept als Führungslehre in Unternehmen allmählich durchgesetzt. Das Personal könnte in einem solchen Konzept als »Mitglied« in einem offenen System betrachtet werden. Das persönliche Potenzial des Personals zur Selbstorganisation und Selbstgestaltung, die Einrichtung autonomer Arbeitsgruppen und die Übernahme von Selbstverantwortung durch das Personal sind leitende Handlungsstrategien dieses Konzeptes (vgl. Remer 1985, S. 309f.). Nun wäre es naiv und empirisch auch kaum belegbar, davon auszugehen, dass aktuell zu Beginn des 21. Jahrhunderts alle Unternehmen einem »Mitgliedsmodell« der Personalführung und des Personalmanagements folgen. Die historische Unterscheidung einzelner Ansätze dient eher der Differenzierung von Managementstrategien, denen unterschiedliche Annahmen und Erwartungen hinsichtlich ihres Personals zugrunde liegen, die vermutlich auch heute noch alle in der einen oder anderen Ausprägung in Unternehmen und Organisationen wiederzufinden sind. Eine überzeugende Übersicht in weitgehender Analogie zu den drei zuvor genannten Modellen hat Miles (1975) erstellt, die in Tabelle 1 in der Übersetzung von Anderseck dokumentiert ist.

Tab. 1: **Personalmanagement-Modelle**

	Traditionelles Modell	**Human-Relations-Modell**	**Human-Resource-Modell**
ANNAHMEN	• Die meisten Menschen empfinden Abscheu vor der Arbeit. • Lohn ist wichtiger als die Arbeit selbst. • Nur wenige können oder wollen Aufgaben übernehmen, die Kreativität, Selbstbestimmung und Selbstkontrolle erfordern.	• Menschen wollen sich als bedeutend und nützlich empfinden. • Menschen benötigen Zuneigung und Anerkennung. Dies ist im Rahmen der Arbeitsmotivation wichtiger als Geld.	• Menschen wollen zu sinnvollen Zielen beitragen, bei deren Formulierung sie mitgewirkt haben. • Die meisten Menschen könnten viel kreativere und verantwortungsvollere Aufgaben übernehmen, als es die gegenwärtige Arbeit verlangt.
MGT.-POLITIK	• Grundaufgabe des Managers ist, seine Untergebenen eng zu überwachen und zu kontrollieren. • Er soll Aufgaben in einfache, repetitive, einfach zu lernende Schritte aufteilen. • Er soll detaillierte Arbeitsabläufe und -verfahren einrichten und sie bestimmt aber fair durchsetzen.	• Grundaufgabe des Managers ist, dafür zu sorgen, dass sich jeder Arbeiter als nützlich und wichtig empfindet. • Er soll seine Mitarbeiter gut informieren, auf ihre Einwände zu seinen Plänen hören. • Er sollte seinen Mitarbeitern in Routineangelegenheiten etwas Selbstbestimmung und Selbstkontrolle erlauben.	• Grundaufgabe des Managers ist, die »unangezapften« humanen Ressourcen zu nutzen. • Er soll eine Atmosphäre schaffen, in der die Mitarbeiter bis zur Grenze ihrer Fähigkeiten mitwirken können. • Er sollte bei wichtigen Angelegenheiten zu voller Mitbestimmung ermuntern und beständig die Selbstbestimmung und Kontrolle der Untergebenen erweitern.
ERWARTUNGEN	• Menschen können die Arbeit ertragen, wenn die Bezahlung stimmt und der Boss fair ist. • Wenn die Aufgaben einfach genug sind und die Arbeiter eng kontrolliert werden, dann werden sie entsprechend den Vorgaben produzieren.	• Das Teilen der Informationen mit den Untergebenen und deren Einbindung in Routineentscheidungen wird ihre Grundbedürfnisse nach Anerkennung und Wertschätzung befriedigen. • Die Befriedigung dieser Bedürfnisse wird die Moral erhöhen und den Widerstand gegenüber formaler Autorität verringern – die Untergebenen werden »bereitwillig« kooperieren.	• Die Ausdehnung des Einflusses, der Selbstbestimmung und Selbstkontrolle der Untergebenen wird zu einer direkten Zunahme der Verfahrenseffizienz führen. • Arbeitsunzufriedenheit kann als ein »Nebenprodukt« der Untergebenen zunehmen, indem sie vollen Gebrauch von ihren Ressourcen machen.

(nach Anderseck 1999, S. 16)

Miles geht in der Darstellung dieser drei Modelle davon aus, dass jede Managementstrategie zunächst einmal bestimmte Einstellungen, Haltungen und Verhaltensweisen der überwiegenden Mehrheit der in einem Unternehmen Beschäftigten unterstellt, auf die Führung und Personalmanagement ausgerichtet sind. Die jeweilige Managementpolitik führt dann zu vermuteten Resultaten oder Erwartungen, die sich aufgrund der Managemententscheidungen einstellen.

Miles gibt aber in diesem Zusammenhang zu bedenken, »dass die meisten Manager nie versucht [haben], eine sorgfältig durchgearbeitete logische Beschreibung davon zu geben, warum sie in einer bestimmten Weise managen« (zit. nach Anderseck 1999, S. 15). Das heißt, die Erwartungen entspringen Äußerungen und Handlungen von Managern, die quasi als »Schlüsselkonzepte« auf dahinter liegende Theorien und Vorstellungen schließen lassen. Dies könnte den Schluss zulassen, dass es in keinem der skizzierten Modelle ein explizites Konzept des Personalmanagements gibt, sondern eher einzelne Strategien und Handlungsmuster, die einer mehr oder weniger reflektierten Führungsideologie entsprechen und damit isolierte und wenig aufeinander bezogene Maßnahmen der Personalentwicklung, der Personalführung oder der Personalförderung zur Folge haben.

Umso wichtiger erscheint es, beim Transfer von Ansätzen und Konzepten des Personalmanagements auf die Institution Schule davon auszugehen, dass es sich hierbei nicht um ein punktuelles, sondern um ein umfassendes und langfristig angelegtes Konzept handeln sollte (vgl. Buhren/Rolff 2002). Beispielsweise garantiert die Durchführung von Mitarbeitergesprächen, die derzeit an etlichen Schulen mit mehr oder weniger Erfolg praktiziert werden, noch keine Personalentwicklung. Denn vielfach sind die Mitarbeitergespräche schlecht vorbereitet, selten geht eine Selbstbeurteilung der Lehrperson voraus, nur hin und wieder münden sie in eine Zielvereinbarung, die häufig von der Lehrperson als aufgesetzt und unverbindlich empfunden wird, in den wenigsten Fällen bezieht sich das Gespräch auf Unterricht und meistens existiert auch kein Konzept von Unterrichtsentwicklung. So nimmt es nicht wunder, dass viele Mitarbeitergespräche wirkungslos bleiben. Ebenso wenig lässt die Möglichkeit der in einzelnen Bundesländern bereits verbreiteten Personalauswahl und -einstellung unter Mitwirkung der Schulleitung auf ein Konzept der durchdachten und auf die zukünftigen Bedürfnisse und Bedarfe der Schule zielenden Personalplanung schließen. Denn auch hier fehlt es an Erfahrungen und Kompetenzen in der Personalbedarfsanalyse und nicht zuletzt an Formen und Verfahren für Personaleinstellungsgespräche.

Die Vereinzelung von Maßnahmen ist nur zu vermeiden, wenn es ein umfassendes Konzept gibt, an dem sich der gesamte Prozess des Personalmanagements ausrichtet. Ein systematisches und umfassendes Konzept fehlt bisher für den Schulbereich. Wenn im Folgenden der Versuch unternommen wird, ein solches Konzept zu entwickeln, möchten wir uns an Hilb orientieren, der eine überzeugende Systematik für den Wirtschaftsbereich vorgelegt hat. Er nennt es »Integriertes Personal-Management« (Hilb 2001).

Hilb setzt zunächst einen Gesamtrahmen, den er Personalmanagement nennt. Personalmanagement umfasst drei von Wächter herausgearbeitete Schwerpunkte im Personalbereich. Es soll sich »strategisch ausrichten (statt nur reagierend verwaltend); es soll den Menschen als Ressource begreifen (statt nur als Kostenfaktor), und die Personalfunktion soll als primäre Managementaufgabe (statt als spezialisierte Stabsfunktion) verstanden werden« (Wächter 1991, S. 325). In den USA wird dieser Ansatz »Strategic Human Resource Management« genannt.

Hilb unterteilt vor diesem Hintergrund das Personalmanagement in vier Teilfunktionen, die systematisch aufeinander bezogen sind – Personalgewinnung, Personalbeurteilung, Personalhonorierung und Personalentwicklung –, und er richtet diese Teilfunktionen auf eine Vision aus, die das Gesamtsystem des Personalmanagements »steuert« (Hilb 2001, S. 14f.). Abbildung 1 veranschaulicht eine Adaptation dieses Konzeptes mit einigen Änderungen und Ergänzungen für das System Schule.

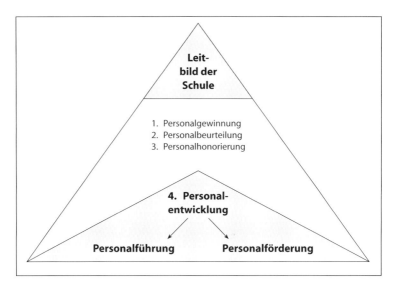

Abb. 1: System des Personalmanagements

An der Spitze des Personalmanagement-Dreiecks steht eine Vision. Unter Vision wird ein klares, plastisches Bild von der Zukunft, die man erschaffen möchte, verstanden. Für den Schulbereich ist der Begriff *Leitbild* vorzuziehen, weil er vertrauter ist und etliche Schulen bereits ein Leitbild entwickelt haben. Mit Leitbild ist der bündige Ausdruck des gemeinsamen pädagogischen zukunftsbezogenen Selbstverständnisses des gesamten Kollegiums und möglichst auch der Schüler/innen und Eltern gemeint (Philipp/Rolff 1998, S. 14f.). Personalmanagement ist dann integriert, wenn die personalpolitischen Ziele, Strategien und Instrumente aus einem ganzheitlichen Schulleitbild hergeleitet werden. Die Teilfunktion *Personalgewinnung* suggeriert Personalwerbemaßnahmen. Diese werden im Wirtschaftsbereich zunehmend durchgeführt, vor allem für Führungskräfte bis hin zum Headhunting. Im Schulbereich spricht man derzeit noch lieber von Personalrekrutierung, die auch Personaleinstellung und Personalbedarfsplanung umfasst. Allerdings ist durchaus zu erwarten, dass Schulen – wie in Einzelfällen schon heute – künftig auch um Lehrkräfte werben können oder müssen (vgl. hierzu auch den Beitrag von Kempfert in diesem Band, S. 545ff.).

Die Teilfunktion *Personalbeurteilung* ist auf den Schulbereich im Prinzip übertragbar, ebenso wie die Teilfunktion *Personalhonorierung*, wiewohl dafür im Schulbereich besondere Bedingungen gelten. Die Teilfunktion *Personalentwicklung* (PE) ist das Kernstück des Personalmanagements. Deshalb, aber auch wegen der besonderen Rolle der Schulleitung bei der PE, ist eine Unterteilung in Personalführung und Personalförderung sinnvoll. Für die strategische Führung ist die Schulbehörde, für die operative jede einzelne Schule selbst verantwortlich.

Personalmanagement im Sinne von PE wird in der einschlägigen Literatur definiert »als Inbegriff aller Maßnahmen, die der individuellen beruflichen Entwicklung der Mitarbeiter dienen und ihnen unter Beachtung ihrer persönlichen Interessen die zur optimalen Wahrnehmung ihrer jetzigen und künftigen Aufgaben erforderlichen Qualifikationen vermitteln« (Mentzel 1997, S. 15). PE ist demnach zum einen auf die einzelne Mitarbeiterin und den einzelnen Mitarbeiter mit der Zielsetzung ausgerichtet, ihn in seiner individuellen Entwicklung zu fördern. Zum anderen ist PE auf die Organisation insgesamt orientiert, deren Bedarf an qualifizierten und kompetenten Mitgliedern gedeckt werden muss. Es geht im Kern darum, die vorhandenen Fähigkeiten und Neigungen der Mitarbeiter/innen zu erkennen, zu entwickeln und »sie mit den jeweiligen Erfordernissen der Arbeitsplätze in Übereinstimmung zu bringen« (ebd.). Dies führt nicht automatisch zu einer Balance, die anzustreben ist, sondern im Gegenteil häufig zu Konflikten: Die Mitarbeiter/innen haben andere Bedürfnisse als die Organisation bzw. der Bedarf der Organisation passt nicht zu den Bedürfnissen der Mitarbeiter/innen. Es ist eine der wichtigsten Aufgaben der Personalführung, hier zu vermitteln. Mentzel leitet aus seiner Definition mehrere aufeinander aufbauende Aufgaben der PE ab:

- »Die Personalentwicklung hat unter Berücksichtigung der individuellen Erwartungen zu prüfen, welche Mitarbeiter im Hinblick auf aktuelle und künftige Veränderungen der Arbeitsplätze und Tätigkeitsinhalte der Unternehmung zu fördern sind;
- die PE hat die notwendigen Förderungs- und Bildungsangebote zu schaffen und in Abstimmung mit den Betroffenen festzulegen, welche Maßnahmen für den Einzelnen infrage kommen;
- die PE ist zuständig für die Planung, Durchführung und Kontrolle der beschlossenen Förderungs- und Bildungsmaßnahmen« (Mentzel 1997, S. 15f.).

Mit Wunder (2000, S. 32f.) kann zwischen direkter und indirekter PE unterschieden werden. Direkte PE, die Wunder auch interaktive PE nennt, vollzieht sich in unmittelbarer Interaktion von Leitungspersonen bzw. von Trainern und Mitarbeiter/innen. Beispiele dafür sind das Mitarbeitergespräch, Beratungen, Coaching und fast alle Formen des Trainings. Indirekte PE, von Wunder auch strukturelle PE genannt, ist nicht auf unmittelbare Einwirkung bzw. Beeinflussung angelegt. Sie vertraut vielmehr auf die Förderwirkung von »Settings«, die bewusst so angelegt werden, dass Lernsituationen entstehen, die in eine bestimmte Richtung wirken, wobei mit Richtung keinesfalls ein Strahl, sondern eher ein Korridor gemeint ist. Damit wird ein Großteil Selbstentwicklung intendiert.

Schließlich ist noch eine Unterscheidung bedeutsam, die aus der US-amerikanischen Literatur stammt (z.B. Joyce/Showers 1995). PE im umfassenden Sinne heißt in den USA *human resource development* (HRD). Die eher auf die einzelne Person bezogene HRD wird als *personnel development* bezeichnet, die Teile oder das Ganze des Kollegiums betreffende *staff development* genannt. Analog kann man von professioneller Entwicklung und Kollegiumsentwicklung sprechen. Professionelle Entwicklung könnte man mit Wunder auch direkte PE nennen, Kollegiumsentwicklung indirekte oder strukturelle PE.

Wenn Personalmanagement im Sinne eines integrierten Konzeptes all seiner Teilfunktionen gesehen wird, bei dem die Personalentwicklung im zuvor skizzierten Sinne einen zentralen Stellenwert innehat, dann kommt dem Leitbild einer Schule als gemeinsam geteilter Vision oder Zukunftsperspektive eine nicht zu unterschätzende handlungsleitende Strategiefunktion zu. Da es kaum möglich ist, anhand unterschiedlicher real existierender Leitbilder einzelner Schulen diese Funktion darzustellen, soll im nächsten Abschnitt die Vision einer »anderen Schule«, die sich als »lernende Schule« versteht, stellvertretend für die zentralen Überlegungen eines Leitbilds stehen (vgl. Buhren/Rolff 2002, S. 22f.).

2.2 Die »andere Schule« als Leitbild

Integriertes Personalmanagement benötigt ein Leitbild. Dies sollte kein spezielles des Personalmanagements sein, sondern das Leitbild der ganzen Schule. Denn Personalmanagement sollte sich strikt auf Schulentwicklung beziehen und diese wird inspiriert und gelenkt durch das Schulleitbild. Deshalb soll im Folgenden veranschaulicht werden, wie die Innenansicht einer Schule aussehen müsste, an der sich ein zukunftsorientiertes integriertes Personalmanagement ausrichten könnte.

2.2.1 Schülerlernen steht im Mittelpunkt

Ausgangspunkt einer »anderen Schule« ist das Lernen der Schüler/innen. Konsequenter als bisher ist die Verbesserung der Lernfortschritte der ultimative Bezugspunkt. Alles, was in der Schule geschieht, steht unter dem Vorbehalt, ob es den Lernfortschritten nutzt – und zwar denen der lernschwachen Schüler/innen genauso wie der talentierten. Dabei wird Lernen auf Wissensvermittlung bezogen, aber auch auf Verstehen und Können sowie die Entwicklung der Persönlichkeit, also auf Werte, Haltungen, soziale Kompetenzen und Charakter.

Schüler/innen lernen in der »anderen Schule«, sich selbst Lernziele zu setzen und diese konsequent zu verfolgen. Dazu gehört notwendig die kontinuierliche Überprüfung der Lernstände, für die nicht nur die Lehrpersonen zuständig sind, sondern ebenso die Schüler/innen selbst. Sie können zu diesem Zweck Lerntagebücher führen, ein Portfolio anlegen, in dem sie ihre Lernergebnisse dokumentieren, oder Checklisten zu den Kompetenz- bzw. Lernniveaus benutzen wie sie beispielsweise der Europäische Sprachenpass liefert.

Die Lerninhalte werden den Schülerinnen und Schülern von den Lehrpersonen gewissermaßen angeboten, die meisten davon sind verpflichtend. Sie können auch eigene Vorschläge zu den Inhalten einbringen. Aneignen müssen sich diese Inhalte die Schüler/innen selbst. Dazu benötigen sie Arbeits-, Präsentations- und Kommunikationstechniken. Sie lernen dadurch das Lernen des Lernens. Das beginnt systematisch in der Grundschule und wird in der Mittelstufe abgeschlossen. Praktisch kann man sich das als Methodenlernen vorstellen, also z.B. als Nutzung von Lesehilfen (Texte markieren, strukturieren, zusammenfassen), Recherchen durchführen (Bücher, Lexika, Internet), dokumentieren, visualisieren, frei vortragen, Gedächtnis schulen, paraphrasieren u.Ä. Dies ist Grundlage der Selbstlernfähigkeit, um die es letztlich geht.

Die Schüler/innen lernen auch voneinander. Stärkere Schüler/innen erklären schwächeren Sachverhalte und Lösungen. Davon haben beide etwas; denn nur wer anderen etwas zu erklären vermag, kann sicher sein, dass er es selbst verstanden hat, und erst wenn man etwas wirklich verstanden hat, kann man es auch in anderen Feldern anwenden.

Es geht um Freude am Lernen, aber auch um Anstrengungsbereitschaft. Anstrengungen wiederum lohnen und motivieren nur in authentischen Lernsituationen, die Sach- und Lebensprobleme zum Gegenstand haben.

2.2.2 Schüleraktivierender und kompetenzfördernder Unterricht

Lernen findet auch in der »anderen Schule« vor allem durch Unterricht statt. Aber der Unterricht folgt anderen Maximen. Er ist zuallererst ziel- und anwendungsorientiert. Die Ziele beruhen auf dem schuleigenen Lernplan, auf Sachproblemen und auf Schülerbedürfnissen. Es gibt strikt aufeinander aufbauende Lernsequenzen ebenso wie Freiarbeit, die nur einen Rahmen setzt und Lernangebote bereitstellt, aus denen die Schüler/innen wählen können. Deshalb gibt es in der »anderen Schule« wenig Einzelstunden mit wechselnden Fächern, sondern Doppelstunden, Blockunterricht, Epochenunterricht zu einem Thema über mehrere Wochen oder Projektunterricht unterschiedlichster Form.

Für schwache Schüler/innen werden besondere Förderpläne entwickelt und starke Schüler/innen erhalten Zusatzangebote oder zusätzliche Rollen wie die des Mentors für die Schwachen. So kann die große Spannweite hinsichtlich der Talente und der Interessen der Schüler/innen nicht nur bewältigt, sondern produktiv gemacht werden. Das verlangt von den Lehrpersonen diagnostische Fähigkeiten, die sie sich u.a. durch Fortbildungen erworben haben, vor allem hinsichtlich der Diagnose von Lernstilen und Lernständen ihrer Schüler/innen.

Der Unterricht ist eine wohlbedachte Mischung von Lehrgängen, individualisierter Schülerarbeit und kooperativem Lernen. Es gibt auch Frontalunterricht, aber der wird flexibel durch kurze Phasen von Einzel- oder Kleingruppenarbeit der Schüler/innen unterbrochen. Ein großer Teil des Unterrichts findet in Gruppen statt. Beispielsweise erarbeiten sich vier Schülergruppen die Gründe für den Ausbruch des Dreißigjährigen Krieges getrennt nach religiösen, sozialen, machtpolitischen und ökonomischen Gründen und werden so zu »Expertengruppen«. Je ein »Experte« aus jeder Gruppe geht dann in eine neue Gruppe, in der die unterschiedlichen Sichten ausgetauscht werden. Die Lehrperson sorgt im anschließenden Plenum für die Ergebnis- und Qualitätssicherung. Wenn die Arbeit in der einen oder anderen Gruppe nicht geklappt hat, wird dies anschließend aufgearbeitet. Ähnliches passiert auch im naturwissenschaftlichen Unterricht, wo z.B. vier unterschiedliche Experimente durchgeführt und in ähnlicher Weise ausgetauscht und ausgewertet werden.

2.2.3 Deprivatisierung der Lehrerrolle

Eigenständiges Lernen verändert die Lehrerrolle. Es gibt so gut wie keine Lehrperson mehr, deren Streben dahin geht, vor der Klasse zu stehen und mit ebenso geschliffenen wie belehrenden Vorträgen oder eindrucksvollen Tafelbildern, Folien oder Powerpoint-Präsentationen brillieren zu wollen. Vielmehr sehen die Lehrpersonen ihre vornehmste Aufgabe darin, die Eigenaktivität jeder einzelnen Schülerin und jedes einzelnen Schülers zu fördern und die Qualität der Lernergebnisse zu sichern. Sie verstehen sich als qualifizierte Vertreter ihres Fachs und mit gleichem Nachdruck als Experten für Lernprozesse.

Fast keine Lehrperson ist mehr allein auf ihr Fach und ihre Klasse fixiert. Um schüleraktivierendes Lernen und kompetenzförderndem Unterricht durchführen zu können, arbeiten sie mit anderen Lehrpersonen zusammen. Deshalb gehört fast jede Lehrperson zwei Teams an, dem Klassen- bzw. Jahrgangsteam und dem Fachteam. Im Klassen- und Jahrgangsteam bezieht sich die Arbeit auf jeweils dieselben Schüler/innen; die Lehrpersonen beschäftigen sich hier vor allem mit Lernprozessen und Beratung. In den Fachteams, die sich ja auf die unterschiedlichsten Schüler/innen aller Jahrgänge beziehen, stehen die Fachinhalte und deren Vermittlung im Zentrum.

Beide Teams definieren sich als »professionelle Lerngemeinschaften«. Die Lehrpersonen verstehen sich hier selbst als Lernende. Sie lernen voneinander und sie lernen von der systematischen Überprüfung ihres Unterrichts. Voneinander lernen sie z.B. durch Austausch ihrer besten Ideen, Materialien und Unterrichtssequenzen (»best practice«), durch gut vorbereitete, bestimmte Lernaspekte ins Auge fassende gegenseitige Hospitationen und durch gemeinsame Fortbildungen in der Schule wie auch außerhalb. Von ihrem Unterricht lernen sie durch Evaluation, z.B. durch ein über Fragebogen vermitteltes Schülerfeedback, durch Parallelarbeiten, die sie gemeinsam konzipieren und auswerten, oder durch ein Feedback von der hospitierenden Kollegin bzw. dem hospitierenden Kollegen. Sie legen gemeinsam die Ziele ihres Unterrichts pro Halbjahr fest und entwickeln Indikatoren und Standards, an denen man den Unterrichtserfolg messen kann.

Eine Professionalisierung der Lehrerarbeit dieser Art holt die Lehrpersonen aus der Einsamkeit ihres Klassenzimmers heraus und macht ihre Tätigkeit schulöffentlich. In den USA wird das »Deprivatisierung der Lehrerarbeit« genannt.

Professionelle Lerngemeinschaften kosten Zeit. Sie tagen mindestens einmal pro Monat. Das ist kaum zu realisieren, wenn die Lehrpersonen nach ihrer Unterrichtsverpflichtung die Schule verlassen. Die »andere Schule« ist konsequenterweise eine Ganztagsschule – auch oder gerade für Lehrpersonen.

Neue Lehrpersonen bekommen übrigens für das erste Halbjahr eine erfahrene Kollegin oder einen erfahrenen Kollegen als Mentor/in zur Seite gestellt. Das gilt nicht nur für Junglehrer/innen, sondern auch für Schulwechsler. Überhaupt gibt es Anreize, auch finanzielle, die Schule zu wechseln.

2.2.4 Ein Schulethos entsteht

Was die »andere Schule« von der heutigen am meisten unterscheidet, ist das Schulethos. Wenn heute etliche Schulen einem Bermudadreieck gleichen, in dem vieles unwiederbringlich verschwindet, was beschlossen, verabredet oder geplant wurde, so herrschen in der »anderen Schule« Zug und Verbindlichkeit. Ethos meint nicht nur ein gutes Klima, sondern ein Ensemble gemeinsam getragener pädagogischer Einstellungen und Haltungen sowie Erwartungen, die auch eingehalten werden.

»Zug« bedeutet, dass alle Lehrpersonen dezidiert an der kontinuierlichen Verbesserung der Lernerfolge der Schüler/innen arbeiten und sich an Vereinbarungen halten. Das setzt voraus, dass alle an Vereinbarungen beteiligt werden und sich der Pflicht bewusst sind, die aus dem gesellschaftlichen Bildungs- und Erziehungsauftrag herrührt. In der »anderen« Schule ist ein Leitbild der sichtbare Ausdruck des Schulethos. Dass ein solches Schulethos entsteht, liegt in erster Linie in der Verantwortung der Schulleitung.

2.2.5 Schulleiter/in als »Chef«

Die Schulleiterin oder der Schulleiter der »anderen Schule« ist für sechs Jahre gewählt und muss dann bestätigt werden. Er hat ein Vetorecht bei der Bestellung des Stellvertreters. Die Bestellung des Schulleiters reicht also nicht automatisch bis zur Pensionierung. Dafür hat er erheblich mehr Verantwortung und mehr Rechte als in der heutigen Schule. Er ist der Chef der »anderen Schule«.

Die Schulleiterin oder der Schulleiter ist für das Gesamtbudget der Schule verantwortlich und er ist für das Personalmanagement zuständig. Er hat maßgeblichen Einfluss auf die Neueinstellung von Lehrpersonen, führt Jahresgespräche mit Lehrpersonen und schließt Zielvereinbarungen, vor allem mit den Vorsitzenden der Fachteams. Er entscheidet über Beförderungen und über Prämien für besondere Leistungen einzelner Lehrpersonen. Es gibt keinen Leistungslohn, aber Prämien in Form von Entlastungsstunden oder Zusatzhonorar. Dazu führt er Beurteilungen durch, die nicht zuletzt auch auf einer Reihe von Unterrichtsbesuchen gründen.

Die Schulleitung wird mit für die Unterrichtsqualität verantwortlich gemacht. Deshalb hat sie wesentlichen Einfluss auf die Auswahl von Lehrerinnen und Lehrern. Aber soll sie auch Lehrpersonen entlassen können?

2.2.6 Ungeeignete Lehrer/innen entlassen?

Dies ist auch für die »andere Schule« ein diffiziles Problem. Dagegen spricht, dass Lehrpersonen für die Ausübung ihres schwierigen Berufs hinreichende Sicherheit des Arbeitsplatzes benötigen, eine Beurteilung ihrer Eignung besonders schwierig ist und der Beamtenstatus Entlassungen fast unmöglich macht. Dafür spricht, dass man den Beamtenstatus abschaffen kann bzw. dass es schon heute neu eingestellte Lehrkräfte meist als Angestellte, nicht selten auch mit Zeitverträgen gibt. Ferner, dass in jedem Kollegium ohnehin bekannt wird, wenn es unfähige Lehrer/innen gibt und der Einfluss der Lehrpersonen auf das Lebensschicksal der Heranwachsenden so groß ist, dass ungeeignete Lehrpersonen nicht zu verantworten sind.

In der »anderen Schule« können ungeeignete Lehrer/innen entlassen werden. Das kommt sicherlich äußerst selten vor, aber allein die Möglichkeit zur Entlassung vergrößert den »Zug« und die Bereitschaft zur Verbindlichkeit im Kollegium.

Das Verfahren ist sehr transparent. Es beruht auf einer Eignungsfeststellung. Dabei müssen zunächst die Kriterien der Eignung geklärt werden. Sie werden aus dem Leitbild und dem Verständnis von Lernen und Unterricht hergeleitet. Ferner müssen der Entscheidung mindestens zwei Unterrichtsbesuche vorausgehen, die die Schulleitung nicht allein, sondern mit dem Vorsitzenden des einschlägigen Fachteams durchführt. Nach dem ersten Unterrichtsbesuch bekommt die Lehrerin oder der Lehrer, über den z.B. zuvor Beschwerden von Schüler/innen und Eltern und/oder Daten aus Schülerleistungen, Klassenbüchern u.Ä. vorliegen, eine zweite Chance: Eine Auflage zur Fortbildung und zum Coaching durch einen Coach seiner Wahl. Natürlich finden zuvor Kritik- oder Konfliktgespräche mit der Schulleiterin bzw. dem Schulleiter oder einer anderen Leitungsperson statt. Wenn bezüglich der Unterrichtsleistungen der zweite Unterrichtsbesuch nach knapp einem Jahr keine Besserung zeigt, steht die Entlassung an. Selbstverständlich gibt es die Beschwerdemöglichkeit bei der Personalvertretung und der Schulbehörde sowie den Gang zum Arbeitsgericht.

2.2.7 Selbstständiges Kollegium

Wenn die Schulleiterin oder der Schulleiter als Chef gestärkt wird und derart weitgehende Rechte erhält, darf das Kollegium nicht geschwächt werden. In der »anderen Schule« gibt es deswegen einen Lehrerrat, der die Interessen der Lehrpersonen bündelt und vertritt. Zudem existiert eine Steuergruppe, in der fünf bis sieben Lehrpersonen sitzen, die das Spektrum des Kollegiums repräsentieren. Die Schulleiterin bzw. der Schulleiter oder eine von ihm beauftragte Leitungsperson ist dabei, aber er leitet die Steuergruppe nicht. Die Steuergruppe ist verantwortlich für die schulweiten Vorhaben der Schulentwicklung: Sie hat den Leitbildprozess organisiert, ist für die kollegiumsinternen Fortbildungsveranstaltungen zuständig und organisiert das Qualitätsmanagement, das auf interner und externer Evaluation beruht. Evaluation ist auch die Grundlage der Rechenschaftslegung.

2.2.8 Die Schule gibt sich und anderen Rechenschaft

Die »andere Schule« ist eine selbstständige Schule. Sie ist nicht völlig autonom, sie ist teilautonom in dem Sinne, dass sie ihrem Träger und der Gesellschaft gegenüber rechenschaftspflichtig ist. Die Rechenschaftslegung ist zweistufig organisiert: Zuerst und zuvörderst gibt sie sich selbst Rechenschaft. Das verlangen der Status der Selbstständigkeit und die Dynamik der Schulentwicklung. Die Pädagogik der »anderen Schule« ist eine andere Pädagogik. Sie kann nicht verordnet werden, sie kann nur aus dem Kollegium heraus erwachsen, sonst ist sie nicht echt, strahlt sie nicht auf die Schüler/innen aus und entsteht in der Schule kein Ethos. Aber niemand kann sicher sein, dass sie auch wirksam ist für das Schülerlernen. Deshalb muss die Wirksamkeit intern überprüft werden, damit Wirksamkeitsüberzeugungen bei den Lehrpersonen und der Schulleitung entstehen. Die Ergebnisse der Wirksamkeitsevaluation »gehören« den Lehrerinnen und Lehrern, die sie mit Kolleginnen und Kollegen und fallweise auch mit der Schulleitung besprechen. Wenn Schüler/innen ihre Lehrer/innen beurteilen, verlangt das Schulethos auch, dass die Ergebnisse mit den Schülerinnen und Schülern besprochen und Verbesserungsvorschläge gemeinsam beraten werden. Die »andere Schule« ist keine Familie, in der jeder jeden schützt, sondern eine professionelle Lerneinrichtung. Sie duldet keine Fassaden, sondern praktiziert eine authentische Evaluation, die offen und wirksam ist.

Eine Schule kann sich nicht ständig selbst evaluieren und sie kann ebenso wenig alles evaluieren, denn Evaluation ist aufwändig und nur ein Hilfsmittel – ein Hilfsmittel zur Verbesserung des Unterrichts, des Schulethos und vor allem des Lernens der Schüler/innen. Deshalb geht die »andere Schule« umsichtig und das heißt auch ökonomisch mit Evaluation um. Sie setzt von Schuljahr zu Schuljahr Schwerpunkte, auch Foki (foci) genannt. In einem Jahr ist der Fokus ein Fach oder eine »Domäne« wie das Lesen. Im anderen Jahr wird auf die Arbeit eines Fachteams und deren Auswirkungen auf den Unterricht fokussiert, im nächsten auf eine Jahrgangsgruppe – vornehmlich am Übergang zu einer Schulstufe – und im übernächsten steht die Evaluation des Leitbilds an. Interne Evaluation ist in erster Linie kollegiale Selbstkontrolle in wechselseitiger Unterstützung. Nicht alle Ergebnisse der internen Evaluation müssen veröffentlicht werden. Die »andere Schule« braucht einen geschützten Experimentierraum, in dem sie Risiken eingeht und etwas ausprobiert, was sich vielleicht doch nicht als wirksam und haltbar erweist.

2.2.9 Regelmäßige externe Evaluation

Die »andere Schule« ist eine öffentliche Schule. Deshalb muss es auch externe, also öffentliche Evaluation von außen geben. Diese kann und sollte auf der internen aufbauen, aber auch externe Sichten und Bezugsnormen einbeziehen. Externe Bezugsnormen können Indikatoren sein, die die Kultusministerien zusammen mit Schulvertretern erarbeiten und veröffentlichen. Diese Indikatoren bilden einen Maßstab nicht nur für die externe, sondern auch für die interne Evaluation, sodass beide Formen der Evaluation organisch aufeinander bezogen werden können. Die Indikatoren bilden auch einen Maßstab für Schulvergleiche. Externe Bezugsnormen können auch die Ergebnisse der großen Leistungsvergleichsstudien wie IGLU oder PISA sein. Die »andere Schule« nutzt beispielsweise PISA-Aufgaben, die im Internet stehen, und lässt sie vom 9. Jahrgang lösen. Das ergibt interessante Aufschlüsse über den Leistungsstand ihrer Schüler/innen und liefert den Fachkonferenzen allerlei Anstöße für die Unterrichtsentwicklung. Dabei ist die Hilfe einer externen Beraterin oder eines externen Beraters sehr nützlich. Als externe Bezugsnormen dienen auch Beispielaufgaben, die Kultusministerien für mehrere Jahrgangsgruppen veröffentlichen. An diesen kann die »andere Schule« die eigenen Vergleichsarbeiten sozusagen kalibrieren.

Die »andere Schule« ist zudem verpflichtet, alle fünf Jahre eine externe Evaluationsgruppe einzuladen, die die interne Evaluation überprüft und darüber hinaus eigene Schwerpunkte der Evaluation setzt. Die Untersuchung von Unterrichtsqualität, selbstverständlich nur auf Ausschnitte des Unterrichts fokussiert, gehört immer dazu.

Die »andere Schule« kann zwischen verschiedenen Formen der externen Evaluation wählen, weil auf diesem Gebiet noch experimentiert wird: Sie kann sich die Evaluatoren selbst aussuchen, die dann »kritische Freunde« genannt werden. Diese führen ein so genanntes Peer-Review durch. Zu den Peers können Wissenschaftler, Lehrerfortbildner oder Schulleiter/innen von anderen Schulen gehören, Elternvertreter sollten immer dabei sein, Vertreter der örtlichen Betriebe eignen sich ebenfalls als kritische Freunde. Ein zweites Modell bezieht die Schulaufsicht mit ein, die selbst Mitglied des Evaluatorenteams sein kann oder das Recht hat, die Hälfte der Evaluatoren von außen vorzugeben. Ein drittes Modell schließlich sieht ausschließlich Schulaufsichtsbeamte als externe Evaluatoren vor.

Die externen Evaluationsteams machen ihre Ergebnisse öffentlich, zumindest für Lehrerkollegien und Elternvertreter. Sie geben der Schule nach der Evaluation konkrete Empfehlungen für das Qualitätsmanagement. Aber sie schreiben der »anderen Schule« nicht vor, auf welche Weise und mit welchen Mitteln sie Abhilfe schaffen soll.

2.2.10 Die lernende Schule

Zusammenfassend beschreibt dieses Leitbild eine Schule, die aktiv und kontinuierlich Schulentwicklung betreibt. Sie ist eine lernende Schule, die strikt anstrebt, eine gute Schule zu sein. Und eine gute Schule muss man täglich neu erschaffen.

Das Leitbild muss jede einzelne Schule jeweils für sich, für die eigene Situation im jeweils besonderen Umfeld selbst bestimmen. Aber auch ein spezifisches Leitbild bliebe unverbindlich, wenn nicht die Einzelschule etliche Ideen und Projekte zur Umsetzung (»Entwicklungsschwerpunkte«) erarbeiten und nach und nach realisieren würde. Personalmanagement orientiert sich nicht nur am Leitbild allgemein, sondern konkret und speziell am Qualifizierungsbedarf, der anlässlich der Realisierung entsteht.

3. Personalmanagement und Schulentwicklung

Als integriertes Gesamtkonzept hat Personalmanagement verschiedene Aufgaben- und Steuerungsfelder, wie in Abbildung 1 (S. 461) zu sehen war. Die einzelnen Aufgabenfelder differenzieren sich in weitere Unterfunktionen, Maßnahmen oder Tätigkeitsbereiche, die direkt oder indirekt auf das Leitbild einer Schule und das daraus resultierende Schulprogramm mit seinen Arbeits- und Entwicklungsschwerpunkten ausgerichtet sind. Dies heißt im Umkehrschluss nicht, dass die meisten dieser Aufgaben- und Steuerungsfelder des Personalmanagements nicht auch ohne ein Leitbild ausgeführt werden könnten. Sie sind dann aber lose oder kaum verknüpfte Einzelmaßnahmen, die man nur bedingt als Personalmanagement bezeichnen dürfte. Wenn Personalmanagement auf Schul- und Unterrichtsentwicklung orientiert sein soll und damit der Entwicklung der einzelnen Schule dient und diese unterstützt, sollten die einzelnen Aufgabenfelder des Personalmanagements aufeinander bezogen sein. So macht es beispielsweise Sinn, wenn Personalauswahl und -einstellung mit Maßnahmen der Personalentwicklung, z.B. der Potenzialanalyse und der Personalförderung wie den professionellen Lerngemeinschaften (vgl. S. 512ff.) verbunden sind. Wenn im Folgenden die einzelnen Aufgabenfelder des Personalmanagements dargestellt werden, sollte dieser Anspruch immer im Blick behalten werden.

3.1 *Personalrekrutierung*

Personalrekrutierung oder -gewinnung besteht laut Hilb aus fünf Unterfunktionen: Personalbedarfsermittlung, Personalwerbung, Personalauswahl, Personalanstellung und Personaleinführung (Hilb 2001, S. 63). Diese haben wir um eine sechste, Personaleinsatz, ergänzt.

1. Die *Personalbedarfsermittlung* muss mit mindestens mittelfristiger Perspektive betrieben werden, also für die nächsten zwei bis drei Jahre, damit zu den Einstellungsterminen am Anfang oder in der Mitte eines Schuljahrs keine Engpässe entstehen. Heute ist es in vielen deutschen Schulen immer wieder der Fall, dass zum Einstellungstermin nicht feststeht, ob neue und welche Lehrkräfte tatsächlich kommen. Zur Personalbedarfsermittlung gehört ein Stellenplan. Dieser ist häufig gar nicht oder nur rudimentär vorhanden, vermutlich weil die Stellen in der Regel nicht bei

der Einzelschule, sondern bei der Behörde geführt werden, aber auch, weil es bei vielen Schulleitungen noch kein Bewusstsein dafür gibt, dass Personalmanagement eine originäre Aufgabe von Führung und Management ist.

Der Stellenplan wird vor allem von der Stundentafel und von dem Kontingent von Stellen bestimmt, das der Schule zur Verfügung steht. Das Kontingent hängt in der Regel von der Lehrer-Schüler-Relation ab, die von der Behörde bzw. von der Politik festgelegt wird. Bei der Bedarfsermittlung muss berücksichtigt werden, bis wann welche Stelle aus Alters- oder Schulwechselgründen frei wird und wann sie wieder besetzt werden kann. Einfluss auf den Stellenbedarf hat zudem die voraussichtliche Entwicklung der Schülerzahlen, die nicht nur von der demografischen Entwicklung abhängt, sondern auch vom Schulwahlverhalten der Eltern, der Entwicklung der Nachbarschulen und der Schul- bzw. Stadtentwicklungsplanung eines Schulträgers (z.B. durch Erschließung neuer Baugebiete, Ansiedlung neuer Betriebe oder Schließung bestehender). Der Stellenplan wird zudem von den Vorhaben des Schulprogramms bzw. den Entwicklungsschwerpunkten der Schule beeinflusst. Schließlich sind die so genannten Sonderbedarfe zu berücksichtigen, d.h. Zuschläge für Sondermaßnahmen wie z.B. Ganztagsbetreuung.

2. Die *Personalwerbung* wird in Zukunft wichtiger werden. Zum einen besteht schon in diesen Jahren für etliche Schulformen und Fächer ein Mangel an Lehrerinnen und Lehrern. Zum anderen droht der Lehrerberuf an Attraktivität zu verlieren, wofür das ziemlich geringe und in den letzten Jahren gekürzte Referendarsgehalt ebenso ein Grund sein mag wie der schleichende Verlust des Ansehens des Lehrerberufs, zu dem vermutlich auch die unbefriedigenden Ergebnisse der international vergleichenden Schülerleistungsstudie PISA beitragen.

Für den Lehrernachwuchs muss also geworben werden. Das ist vor allem Aufgabe der Behörden und der Lehrerbildungseinrichtungen, deren Reform dringend ansteht. Aber auch Einzelschulen können um Lehrer/innen werben, allerdings nur um bereits ausgebildete. Ein guter Anlass dafür sind die Stellenausschreibungen, in denen das Besondere und die Vorzüge der jeweiligen Stellen hervorgehoben und die Arbeits- sowie Entwicklungsmöglichkeiten betont werden können. Eine Stellenausschreibung sollte aber auch ein Anforderungsprofil für die künftige Bewerberin oder den künftigen Bewerber beinhalten, was sich nicht nur darin erschöpfen kann, dass eine Fachlehrerin oder ein Fachlehrer für diese oder jene Fächerkombination gesucht wird, vielmehr müssen realisierte oder geplante pädagogische und unterrichtliche Schwerpunkte beschrieben und auch Erwartungen im außerunterrichtlichen Bereich konkret formuliert werden. Bereits hier wird deutlich, wie sehr Elemente der Personalrekrutierung mit den pädagogischen Leitvorstellungen und Entwicklungszielen einer Schule verkoppelt werden müssen.

3. Auf die *Personalauswahl* erhalten die Einzelschulen zunehmend mehr Einfluss. Neu zu besetzende Stellen werden in fast allen Ländern inzwischen überwiegend durch die Schulen ausgeschrieben. Lediglich wenn es um die gleichmäßige Versorgung von sonst nicht ausreichend besetzten Schulen geht, wird die Schulaufsicht ausgleichend nach den alten Versetzungs- bzw. Einstellungsverfahren tätig.

4. Die *Personalanstellung* ergibt sich folgerichtig aus der Bewerberauswahl. Es könnte eine Probezeit vorgesehen werden, die ein halbes und im Zweifelsfall ein ganzes Jahr umfasst. Sie sollte nicht nur für Junglehrer/innen gelten, die heute schon bis zur Verbeamtung auf Probe angestellt sind, sondern für alle Neueintritte, gleich woher sie kommen und wie viel Berufserfahrung sie haben. Es kommt ja nicht nur darauf an, ob es sich um Lehrkräfte mit guten oder sehr guten Leistungsbeurteilungen handelt, sondern auch darauf, ob sie in das Kollegium passen.
5. Die *Personaleinführung* kommt heute an vielen Schulen zu kurz. Dabei ist sie für die einzelne Person wie für die Kollegiumsentwicklung von großer Wichtigkeit. Sie wird in dem Maße noch wichtiger, als sich Schulen durch Leitbilder und Schulprogramme profilieren, an denen die Neuen nicht mitgewirkt haben, mit denen sie aber leben müssen, die sie am besten sogar aktiv vertreten. Das Mentorat für Neueintretende (vgl. S. 505ff.) könnte hier eine Lösung darstellen.
6. Der *Personaleinsatz* ist neben der Personaleinführung ein nicht zu unterschätzender Faktor im Personalmanagement. Denn hier entscheidet die Schulleitung auch über Belastungsfaktoren der einzelnen Lehrkräfte. In Kenntnis von Stärken und Schwächen einer Lehrperson ist es hierbei entscheidend, sowohl die Anforderungen des Systems als auch die Bedürfnisse und Bedarfe des Einzelnen in Einklang zu bringen. Mit einem wohl geplanten und durchdachten Personaleinsatz können nicht nur institutionelle Entwicklungen befördert, sondern auch individuelle Konfliktlinien vermieden werden. Beim Personaleinsatz ist zu bedenken, dass der »Job« des Lehrers bzw. der Lehrerin nicht aus Unterrichten besteht, auch wenn dies die Berechnung der Arbeitszeit nach zu unterrichtenden Stunden manchmal suggeriert. Es sind vielfältige Aufgaben beispielsweise im Rahmen der Schulentwicklung zu leisten, die auch beim Personaleinsatz ihre Berücksichtigung finden sollten (vgl. hierzu ausführlich Bartz 2004 und den Beitrag »Schule managen – statt nur verwalten« von Buchen in diesem Band, S. 12ff.).

3.2 Personalbeurteilung

Im Sinne eines ganzheitlichen und visionsgeleiteten Personalmanagements dient die Personalbeurteilung nach Hilb erstens der Motivation der Mitarbeiter/innen »durch gezielte immaterielle und materielle Belohnung des positiven Leistungsverhaltens« und zweitens der Entwicklung der Mitarbeiter/innen durch eine »optimale Ausschöpfung der Begabungs- und Leistungsreserven [...] durch gezielte Schulung der Fähigkeiten und des Verhaltens« (Hilb 2001, S. 79f.).

Von solchen Zielsetzungen ist die gegenwärtige Praxis der Personalbeurteilung an Schulen im deutschsprachigen Raum weit entfernt. Denn die bis heute am weitesten verbreitete Form der Beurteilung im Schulwesen ist die so genannte dienstliche Beurteilung. Hierbei handelt es sich in der Regel um eine Pflichtaufgabe der staatlichen Behörden, wobei die Beurteilung auf Eignung, Befähigung und fachliche Leistung im Vordergrund zu stehen scheint. Ansätze der Personalentwicklung werden dabei zwar häufig angestrebt. Inwieweit die derzeitige Praxis der dienstlichen Beurteilung diesen Anspruch tatsächlich erfüllt, ist äußerst fraglich (vgl. Bessoth 2001).

Auch wenn die Wichtigkeit der Beurteilung für den Berufsweg und das berufliche Fortkommen der Lehrer/innen, für die Verwirklichung des Leistungsgrundsatzes sowie für die Entscheidung über wichtige personelle Maßnahmen insgesamt betont wird, erfüllt sie bisher in erster Linie formale Verpflichtungen der Länder aus dem Beamtengesetz (vgl. Bessoth 1994, S. 185). Eine dienstliche Beurteilung erfolgt in der Regel zu drei verschiedenen Zeitpunkten: Erstens vor Beendigung der Probezeit als Lehrer/in im Beamtenverhältnis auf Probe, also nach etwa zweijähriger Dienstzeit; zweitens etwa drei bis fünf Jahre nach erfolgter Anstellung; und drittens aus Anlass einer dienstlichen Beförderung, z.B. zum Oberstudienrat oder zum Schulleiter, oder einer Übertragung eines besonderen Amtes, z.B. als Fachleiter in einem Studienseminar, oder einer Beurlaubung für den Auslandsschuldienst (vgl. z.B. LBG NRW 1997, Abs. 3).

Die dienstliche Beurteilung von Lehrerinnen und Lehrern in Form einer so genannten Regelbeurteilung nach fünf oder zehn Jahren im Schuldienst, wie sie in der Vergangenheit in fast allen Bundesländern vorgesehen war, ist mittlerweile in vielen Ländern entweder völlig abgeschafft oder aus personaltechnischen Gründen von der Schulaufsicht nicht mehr leistbar.

Daraus folgt, dass die Zielsetzungen einer dienstlichen Beurteilung im Wesentlichen in der Überprüfung der »Verwendbarkeit« von Lehrerinnen und Lehrern liegen: Die Verwendung als Lehrer/in im Beamtenverhältnis, die Verwendung als Schulleitungsmitglied oder als Lehrer/in mit besonderen Aufgaben. Personalentwicklung scheint bisher eher als formaler Bezugsrahmen zu existieren und weniger als planvolles Instrument der Schulentwicklung bzw. der Weiterentwicklung des Bildungswesens. Auch die persönliche Entwicklung der Lehrperson wird in den bisherigen Zielsetzungen der dienstlichen Beurteilung nicht deutlich.

Andererseits sind anlassbezogene Personalbeurteilungen unvermeidlich, also dann, wenn es um Personalauswahl und Beförderungen geht. Wenn Personalbeurteilung in diesem Sinne im Dienste von Personalmanagement stehen soll, bedarf es allerdings einer Veränderung der bisherigen Praxis. Wie eine solche Neukonzeption der Personalbeurteilung aussehen kann, soll nachfolgend kurz skizziert werden. Ausführlicher wird hierzu im Beitrag »Personal- und Leistungsbeurteilung« von Becker/Buchen in diesem Band (S. 586ff.) Stellung genommen.

3.2.1 Veränderte Zielsetzungen der Personalbeurteilung

Personalbeurteilung im Rahmen von Personalmanagement soll in erster Linie der persönlichen, fachlichen und beruflichen Weiterentwicklung der Lehrperson dienen. Diese folgt keinem Selbstzweck, sondern sie entspricht der Verpflichtung der Schulleitung zum Qualitätsmanagement für die gesamte Schule. Das heißt, die Personalbeurteilung folgt dem Bildungs- und Erziehungsauftrag der Schule, indem sie die professionelle Qualität des Personals zum Nutzen ihrer Klientel, der Schüler/innen, und der damit zusammenhängenden Qualitätssorge für Schule und Unterricht überprüft. Zudem sollte bei den Zielsetzungen der Personalbeurteilung zwischen persönlichkeitsorientierten und leitbildorientierten – auf die ganze Schule bezogenen – Zielen unterschieden werden.

Auf der Ebene der *persönlichkeitsorientierten* Zielsetzungen sind aus meiner Sicht drei Aspekte relevant: Erstens dient Personalbeurteilung zur Einschätzung der Wirksamkeit der Unterrichtspraxis und der gesamten Lehrerleistung letztlich im Sinne von Lernerfolgen bei Schülerinnen und Schülern. Zweitens dient sie der Verbesserung der individuellen Unterrichtspraxis, indem Lehrer/innen positive und negative Rückmeldungen zu einzelnen Aspekten ihrer Unterrichtstätigkeit, ihrer Lehrerleistung und ihres Lehrerverhaltens erhalten, die sich in einer Veränderung der konkreten Unterrichtspraxis äußern können. Drittens dient sie der Weiterentwicklung professionellen Lehrerhandelns, indem die Erkenntnisse in individuelle Fortbildungspläne einfließen können. Auf der Ebene der *leitbildorientierten* Zielsetzungen liegt die Personalbeurteilung der Personalauswahl und der Weiterentwicklung der Schule zugrunde, bezogen auf ihr spezifisches Schulprogramm und die darin enthaltenen Profilierungen. Sie kann zudem als ein Instrument der Öffentlichkeitsarbeit von Schulen genutzt werden, indem sie die Leistungen der Lehrer/innen anschaulich macht und dem zunehmenden Imageverlust der Tätigkeit von Lehrerinnen und Lehrern entgegenwirkt (vgl. Bessoth 2001, S. 119). Damit ist auch verbunden, dass eine in diesem Sinne praktizierte Lehrerbeurteilung der Information einer interessierten Öffentlichkeit (Eltern, Schulbehörden etc.) hinsichtlich des Beitrags dient, den Lehrkräfte zur Bildung und Erziehung von Kindern und Jugendlichen leisten, also der vielfach eingeforderten Rechenschaftspflicht von Schule.

Eine weitere Zielsetzung der Personalbeurteilung dürfte allerdings auch in der bisher kaum praktizierten Personalfreisetzung liegen. Die Entlassung von Lehrkräften ist immer noch eine Maßnahme, die vor allem in der Lehrerschaft mit vielen Tabus verbunden ist. Auch wenn es eine Binsenweisheit ist, dass, genauso wie es gute und schlechte Köche gibt, ebenso gute und schlechte Lehrpersonen am Arbeitsplatz Schule zu finden sind, wird dieses Problem kaum offen diskutiert. Der Beamtenstatus, den die weit überwiegende Zahl der Lehrerschaft innehat, macht eine Entlassung aus dem Dienst selbst bei wiederholt nachgewiesener Mangelhaftigkeit in der Unterrichtstätigkeit zu einem beinahe aussichtslosen Unterfangen. Die Versetzung an eine andere Dienststelle ist hier schon eine der härtesten anzuwendenden Disziplinarmaßnahmen. So entstehen die in Schule wie Schulaufsicht bekannten »Wanderpokale«, nämlich für die Lehrertätigkeit nicht oder nicht mehr geeignete Lehrkräfte, die im Laufe der Jahre von einer Dienststelle zur anderen versetzt werden. Hier liegt ungeachtet der Brisanz des Themas eine Problematik, in der künftig auch die Personalbeurteilung eine stärkere Rolle spielen dürfte. Bei Neueinstellungen von Lehrkräften und der damit verbundenen Probezeit kann sie diese Funktion bereits nach dem jetzt geltenden Dienstrecht ausüben. Dies lässt aber nicht darüber hinweg täuschen, dass die dazu erforderlichen Verfahren und Methoden der Personalbeurteilung einer entsprechenden Entwicklung bedürfen, da sie weitgehend noch in den Kinderschuhen stecken.

3.2.2 Veränderte Verfahren und Methoden

In der bisherigen Praxis der Lehrerbeurteilung gehören die prinzipiellen und die spezifischen Probleme von Beurteilungen wie z.B. das Nichtvorhandensein eines eindeutigen Kriterienkatalogs (vgl. Becker/Buchen in diesem Band, S. 586ff.) immer noch zu den massivsten Kritikpunkten, wenn es um die Zuverlässigkeit, Aussagefähigkeit und Transparenz der Beurteilungen geht (vgl. Bovet/Frommer 1999, S. 66f.).

Grundsätzlich wird bei den Beurteilungskriterien nach Eignung, Befähigung und fachlicher Leistung unterschieden. Die Eignung ist hierbei der unkonkreteste Bereich. Er reicht von Persönlichkeitseigenschaften (Charakter, Lebenserfahrung) über körperliche und gesundheitliche Leistungsfähigkeit bis hin zur prognostisch einzuschätzenden Tauglichkeit der Lehrerin oder des Lehrers in Bezug auf ein funktional-abstraktes Amt (vgl. z.B. LBG NRW 1997).

Im Zusammenhang mit der Diskussion um die Leistungsfähigkeit des deutschen Schulwesens (vgl. TIMSS, PISA etc.) werden die eher vagen Kriterien der Eignung und Befähigung hinsichtlich der Lehrerbeurteilung infrage gestellt und das Leistungsprinzip sowie der Leistungsbegriff rücken mehr und mehr in den Vordergrund. So nennt beispielsweise Schulz-Vanheyden (2000) nur noch wenige Kriterien, die künftig für Lehrerbeurteilung relevant sein sollen: »die fachliche Kompetenz, das heißt die Fähigkeit zu unterrichten und zu erziehen. [...] die Fähigkeit zur Kooperation und zur Teamarbeit [...] sowie Zuverlässigkeit, psychische und physische Belastbarkeit und der Einsatz über den Unterricht hinaus« (ebd., S. 4).

Dies entspricht auch eher den in anderen Ländern praktizierten Verfahren der Lehrerbeurteilung, die vor allem den Unterricht in den Mittelpunkt des Beurteilungsinteresses stellen sowie die Leistungen, die die Lehrkraft im Hinblick auf die Förderung und Forderung ihrer Schüler/innen im fachlichen wie auch im Persönlichkeitsbereich erzielt (vgl. Peterson 1995, S. 29f.). Das bedeutet aber zugleich, dass nicht allein der Beurteilende die Kriterien festlegt, sondern die Lehrerschaft unter Berücksichtigung der spezifischen Bedingungen ihrer Schule (Einzugsgebiet, Schülerschaft, Ausstattung der Schule etc.) die Beurteilungskriterien mitbestimmt (vgl. den Beitrag »Unterricht analysieren, beurteilen, planen« von Horster in diesem Band, S. 810ff.).

Für die dienstliche Beurteilung von Lehrerinnen und Lehrern scheint diese Dimension der Leistungsbeurteilung bisher kaum relevant zu sein; denn die gängige Praxis verfolgt das eher statische Prinzip einer einmaligen Fremdbeurteilung durch die Schulaufsicht oder die Schulleitung. Diese beschränkt sich in der Hauptsache auf die Visitation einer oder maximal zweier Unterrichtsstunden und ein anschließendes »Beratungsgespräch« über diese Unterrichtsstunden. Bessoth kommentiert dieses Verfahren pointiert damit, »dass den Schaustunden des Lehrpersonals auch nur eine Beurteilungsshow der Schulverwaltung entgegengesetzt wird. Anscheinend können weder viele Beurteilte noch ein Teil der Beurteilerinnen viel Sinn in dem ganzen Handlungsfeld erkennen. Die bei den Betroffenen erkennbar und auch oft offen geäußerte Unzufriedenheit und die daraus resultierenden vielfältigen Abwehrmanöver sind auf diesem Hintergrund völlig verständlich und auch begründbar« (Bessoth 1994, S. 195f.).

Vorschläge und Anregungen zur Veränderung der Verfahren und Methoden zur Beurteilung von Lehrkräften sind nicht neu. Auf der Grundlage US-amerikanischer Untersuchungen zur »teacher evaluation« wurde bereits in den 70er-Jahren eine Abkehr von Unterrichtshospitationen als alleinigem Instrument der Evaluation gefordert (vgl. Scriven 1973; Millman 1981). Stattdessen sollen datengestützte, mehrperspektivische und formativ ausgerichtete Verfahren zur Lehrerbeurteilung eingesetzt werden, die die Lehrerin oder den Lehrer als einen aktiven Mitgestalter im Beurteilungsprozess sehen: Er selbst liefert in Form einer Selbstevaluation die Grundlage für die Beurteilung (z.B. in Form eines Portfolios). Die kritische Reflexion der Unterrichtspraxis, die Veränderung und Weiterentwicklung des professionellen Lehrerhandelns stehen im Mittelpunkt des Interesses einer »teacher evaluation«. Einmalige Unterrichtsbesuche als Grundlage einer Beurteilung bezeichnet Scriven als untauglich, entwürdigend, unethisch und schlicht unprofessionell (vgl. Scriven 1981, S. 251).

Erste Modellprojekte, die im Rahmen der zweiten Phase der Lehrerausbildung durchgeführt wurden und eine Veränderung der Beurteilungspraxis von Referendarinnen und Referendaren zum Ziel hatten, geben ausgehend von ihren Erfahrungen auch Empfehlungen für die Regelbeurteilung durch die Schulaufsicht (vgl. Bovet/Frommer 1999, S. 85f.). Die Projektgruppe schlägt ein mehrstufiges Modell vor, welches in einem ersten Schritt ein ausführliches Beratungsgespräch zwischen Lehrkraft und Beurteiler vorsieht. Hier kann die Lehrerin oder der Lehrer seine eigene Situation darstellen, Auskünfte über Rahmenbedingungen und Besonderheiten seines Unterrichtsalltags liefern und Vorschläge für zu besuchende Unterrichtsstunden einbringen. Dem Unterrichtsbesuch folgt ein ausführliches Beratungsgespräch und je nach Wunsch der Lehrkraft auch ein erweitertes Beratungsgespräch, bei dem dritte Personen hinzugezogen werden können. Nach diesem Beratungsgespräch folgt mindestens ein weiterer Unterrichtsbesuch, an den sich dann erst das Beurteilungsgespräch anschließt. Den Abschluss bildet ein schriftlicher Bericht (Gutachten), welcher der Lehrkraft vor der Verabschiedung zur eigenen Stellungnahme vorgelegt wird.

Ein ebenfalls in der Lehrerausbildung entstandenes und in der Schulleitungsfortbildung in Nordrhein-Westfalen erprobtes Modell beschreibt Horster im Beitrag »Unterricht analysieren, beurteilen, planen« in diesem Band (S. 810ff.). Ein weiteres Modell wurde für die Volksschulen im Schweizer Kanton Luzern entwickelt (vgl. EKD 1998), welches zusätzlich zu den Elementen Selbstbeurteilung und Fremdbeurteilung durch Vorgesetzte auch die kollegiale Fremdbeurteilung als weiteres Verfahren vorsieht. Sie findet in so genannten Qualitätsgruppen statt und wird als Feedbackinstrument verstanden, welches den einzelnen Lehrpersonen erlaubt, im Austausch mit Kolleginnen und Kollegen Wesentliches über Verhalten und Tun an der Schule zu erfahren. Nach der Pilotphase sind die Rückmeldungen aus den beteiligten Schulen durchweg positiv. So schreibt Imgrüth, der Leiter des Projektes: »Lehrpersonen schätzen nach eigenen Aussagen die institutionalisierte intensive Zusammenarbeit mit ihren Kolleg/innen sehr. Nach anfänglicher Skepsis gehören auch die Gespräche der Lehrpersonen mit der Schulleitung, soweit sie bereits in der Praxis umgesetzt werden, zu den Höhepunkten des Schuljahres« (Imgrüth 2001, S. 117).

3.3 Personalbesoldung

Die dritte Teilfunktion des Personalmanagements ist die Lehrerbesoldung. Sie ist in Deutschland bisher starr über die Beamtenbesoldung geregelt. Das Grundgehalt ist über die Besoldungsstufen A12 bis A16 festgelegt, Zuschläge sind gesetzlich vorgesehen als Orts- und Familienzuschlag sowie Kindergeld. Die Sozialleistungen übernimmt der Staat ganz und die Krankenversorgung etwa zur Hälfte. Zusatzleistungen darüber hinaus existieren so gut wie gar nicht, sind aber im Gespräch und teilweise schon in der parlamentarischen Diskussion. Dies betrifft auch leistungsbezogene Zusätze und – heftig umstritten – ein leistungsbezogenes Grundgehalt.

Für die Schule werden derzeit zwei verschiedene Verfahren des so genannten »Leistungslohns« diskutiert und z.T. auch schon praktiziert: Erstens soll eine Leistungsbeurteilung der entsprechenden Lehrkraft den bisher üblichen Automatismus des Aufstiegs in eine höhere Grundgehaltsstufe, der je nach Dienstalter nach zwei, drei oder vier Jahren erfolgte, beschleunigen oder verlangsamen. Das heißt, die dienstliche Beurteilung wäre im letzteren Fall insofern gehaltswirksam, als sie bei einem schlechten Urteil eine so genannte Aufstiegshemmung zur Folge haben kann. Bei sehr guter Beurteilung kann entsprechend ein schnellerer Aufstieg in die nächste Dienstaltersstufe vorgenommen werden. Zweitens können so genannte Leistungsprämien gewährt werden, die einzelnen Lehrkräften für einen bestimmten Zeitraum – aufgrund einer dienstlichen Beurteilung – eine Gehaltszulage versprechen oder eine Stundenentlastung zubilligen. Ein Gehaltsabzug oder eine Veränderung des Grundgehalts ist in den bisherigen Überlegungen (noch) nicht vorgesehen.

Nach den bisherigen Überlegungen sollen vor allem die Schulleiter/innen die Aufgabe übertragen bekommen, eine entsprechende Beurteilung ihrer Lehrkräfte vorzunehmen. Grundlage der Beurteilung soll die bereits im Zusammenhang mit der Lebenszeitverbeamtung angewendete Form des Dienstberichts oder Leistungsberichts der Schulleitung werden, der allerdings etwas stärker formalisiert werden soll. Die Auswahl der zu Beurteilenden obliegt ebenfalls der Schulleiterin oder dem Schulleiter, wenn Mitglieder seines Kollegiums zwei formale Voraussetzungen erfüllen: Sie dürfen noch nicht die Endstufe des Dienstalters erreicht haben und sie müssen sich der Zeitmitte ihrer bisherigen Dienstaltersstufe genähert haben. Allerdings darf dieses Verfahren nur für maximal zehn Prozent eines Kollegiums angewendet werden. Das heißt, wenn in einem Kollegium von 30 Lehrkräften die Hälfte die formalen Voraussetzungen erfüllen – was bei der relativen Altershomogenität der Kollegien mehr als wahrscheinlich ist – und vom Schulleiter zehn Kolleginnen und Kollegen für die dienstliche Beurteilung ausgewählt werden, können auch bei hervorragenden Leistungen von sechs Kolleginnen und Kollegen nur drei Lehrkräfte in den Genuss einer Leistungsstufenbeförderung kommen. Wie die Schulleiterin oder der Schulleiter mit diesem Problem umgehen soll, bleibt weitgehend ungelöst. Das baden-württembergische Ministerium schlägt ein Ranking unter den Leistungsbesten vor (vgl. Gehlhaar 1999, S. 149). Es ist offensichtlich, dass hier ein Verfahren entwickelt worden ist, welches für die praktische Handhabung alles andere als durchdacht ist. Es ist davon auszugehen, dass es in diesem

Bereich noch einige Bewegung geben wird, zumal die Länder anstreben, bei Regelungen künftig nicht mehr durch die Rahmengesetzgebung des Bundes gebunden zu werden.

Gleichzeitig werden viele Schulleiter/innen mit einer Aufgabe betraut, auf die sie weder ausreichend vorbereitet noch hinreichend geschult wurden. Ein zusätzliches Akzeptanzproblem aufseiten der Lehrer/innen bei einer Beurteilung durch die Schulleitung dürfte die Folge sein. Auch – oder erst recht – ohne dass ein Leistungsbericht eine Gehaltserhöhung oder eine Leistungsprämie in Form von Geld bzw. Stundenentlastung einleitet, wird die Bewertung der unterrichtlichen Arbeit durch die Schulleitung von der überwiegenden Zahl der Lehrer/innen abgelehnt. Untersuchungen zur dienstlichen Beurteilung von Lehrkräften in Bayern haben ergeben, dass nur 6 Prozent der befragten Lehrer/innen eine Beurteilung allein durch die Schulleiterin oder den Schulleiter wünschen (vgl. Rolff 1999, S. 11f.).

Dubs stellt in seinem Beitrag »Die Honorierung von Lehrkräften« (2002) eine gelungene Übersicht über die Möglichkeiten und Grenzen von »Lehrerlöhnen« vor, wie sie z.T. in einzelnen Kantonen der Schweiz erprobt werden. Auch vor dem Hintergrund dieser Darstellung und der zuvor geschilderten Probleme kann die Einführung eines Leistungslohns und die damit verbundene lohnwirksame Beurteilung in ihrer derzeit angedachten Form die Kollegien einschließlich der Schulleitung in ein mehrfaches Dilemma bringen. Dies gilt umso mehr, wenn Beurteilung nicht in ein überzeugendes, systematisch entwickeltes und glaubwürdig praktiziertes Konzept von Qualitätsmanagement und Führung eingebettet ist.

- Die Abhängigkeit von Werturteilen der Schulleiterin oder des Schulleiters steigt und wird möglicherweise opportunistisches Verhalten der Lehrer/innen gegenüber der Schulleiterin oder dem Schulleiter fördern – dies belegen auch US-amerikanische Studien (vgl. Peterson 1995, S. 61).
- Schulleiter/innen werden aufgrund ihrer z.T. geringen Kompetenz und Erfahrung in professionellen Verfahren und angemessenen methodischen Ansätzen zur Personalbeurteilung hoffnungslos überfordert sein. Denn schon für die dienstliche Beurteilung fordern nach einer Untersuchung der Akademie Dillingen über 75 Prozent der Lehrkräfte, dass ihre gesamte Arbeitsleistung unter Einbezug außerschulischer Aktivitäten berücksichtigt werden soll, eine zweifellos begründete Forderung, da Lehrertätigkeit aus mehr als nur Unterrichten bestehen muss (nur 6 Prozent würden sich mit einer Bewertung ihres Unterrichts begnügen, vgl. Akademie für Lehrerfortbildung 1995, S. 5). Die Schwierigkeit für die Schulleitungen besteht aber darin, dass sie zumeist weder über Daten aus dem Unterricht der Lehrkräfte noch aus dem außerunterrichtlichen Bereich verfügt.
- Da offensichtlich nicht ausreichend Geldmittel zur Verfügung stehen, können nicht alle guten oder hervorragenden Leistungen entsprechend honoriert werden. Eine weitere Auswahl muss getroffen werden, was einerseits zur Demotivation der nicht berücksichtigten Lehrkräfte führen könnte und andererseits das Arbeitsklima im Kollegium erheblich belasten dürfte.

Fasst man die bisherigen Überlegungen, Erfahrungen und Untersuchungen zur leistungsbezogenen Lehrerbesoldung zusammen, sollte man zunächst noch einmal den deutlichen Unterschied zwischen einem Leistungslohn, der die Grundbesoldung verändert, und den so genannten leistungsbezogenen Prämien hervorheben. Zum Leistungslohn ist derzeit zu sagen, dass diese Form der Besoldung aus den genannten Gründen und vor dem Hintergrund der eher schwierigen Erfahrungen für den Lehrerberuf noch viele ungelöste Probleme beinhaltet. Es dürfte nicht einfach sein, ein solches Verfahren gerecht und transparent zu gestalten. Allein der Zeitaufwand für Beurteilungen und die Belastungen für Schulleitungen und Kollegien weisen ein unausgewogenes Verhältnis zu einem möglichen Nutzen aus, für den zudem bisher keine hinreichende empirische Evidenz vorliegt.

Anders verhält es sich aus meiner Sicht mit der Einführung eines Prämiensystems für besondere Leistungen einzelner Lehrkräfte. Jedoch sollte hier nicht das »Normalmaß« des täglichen Unterrichts als Bewertungs- oder Beurteilungsgrundlage genommen werden, sondern tatsächlich herausragende Bemühungen, Vorhaben einzelner Lehrkräfte oder auch einer Gruppe von Lehrkräften. Zu denken wäre beispielsweise an die Entwicklung eines Evaluationskonzeptes für einzelne Bereiche der Schule, die Konzeption und Durchführung besonderer Unterrichtsprojekte oder den Aufbau und die Betreuung eines Schulnetzwerks mit verschiedenen Partnerschulen im Stadtteil bzw. Schulbezirk. Leistungsprämien in Form von finanziellen Zuwendungen oder Entlastungsstunden können das besondere Engagement und die Bereitschaft zur Übernahme spezieller, in der Regel auch zeitintensiver Aufgaben honorieren und gleichzeitig als Anreizsystem fungieren. Aufgaben, Vorhaben oder Projekte, die für eine Leistungsprämie infrage kommen, sollten der Weiterentwicklung der Schule und dem Schulprogramm dienen, also auf Kontinuität angelegt sein.

Über die Vergabe von Leistungsprämien sollte in der Schule absolute Transparenz herrschen, ebenso über die Kriterien und Verfahren. Es sollte einerseits die Möglichkeit geben, dass sich einzelne Kollegiumsmitglieder oder eine Kollegiumsgruppe mit einem entsprechenden Vorhaben für eine Leistungsprämie bewerben. Andererseits könnte die Schulleitung bzw. ein entsprechender Vergabeausschuss für bestimmte Vorhaben und Projekte Leistungsprämien ausweisen, die dann den entsprechenden Lehrkräften zugute kommen, die diese Aufgaben übernehmen.

Ein derartiges Prämiensystem wäre die Ausweitung des bisher bereits an vielen Schulen existierenden Entlastungsstundensystems, welches nach häufig nicht durchschaubaren Kriterien einzelnen Kollegiumsmitgliedern z.B. für die Betreuung von Sammlungen oder als Ausgleich für besonders viele Korrekturen ein oder zwei Entlastungsstunden im laufenden Schuljahr gewährt. Hierzu könnte das System der Leistungsprämien eine sinnvolle Ergänzung darstellen, allerdings unter mehreren Voraussetzungen:

- Die Schulen erhalten einen entsprechenden »Prämientopf«, der eine angemessene Honorierung von Arbeitsvorhaben zulässt, z.B. im Umfang von bis zu 10 Prozent des Grundgehalts oder entsprechend drei Entlastungsstunden pro Maßnahme.

- Die Vergabekriterien und Verfahren sind innerhalb der Schule transparent.
- Die Einführung eines Prämiensystems wird im Rahmen eines mehrjährigen Pilotprojektes erprobt und evaluiert. Die Evaluationsergebnisse fließen in die endgültige Form des Verfahrens ein.

Wenn Leistungsprämien wie im vorgeschlagenen Modell der Entwicklung der einzelnen Schule und der Optimierung der Unterrichtsleistungen dienen, das Schulprogramm bzw. Leitbild der Schule als Ausgangspunkt haben, könnte meines Erachtens wesentlichen und berechtigten Einwänden gegen eine leistungsbezogene Besoldung Rechnung getragen werden. Gleichzeitig besteht die Chance, wichtige im Rahmen der Qualitätsentwicklung von Schule und Unterricht anstehende Aufgaben nicht immer nur durch unbezahlte Mehrarbeit einzelner Kollegiumsmitglieder zu bewältigen, sondern hierfür einen entsprechenden Anreiz und Ausgleich zu schaffen.

Personalführung und *Personalentwicklung* könnten als primäre Aufgaben des Personalmanagements verstanden werden und sie sind sicherlich neben der Personalbeurteilung auch die schwierigsten und komplexesten. Aufgrund der Vielfältigkeit beider Aufgabenfelder wird der Personalentwicklung und der Personalführung mit den beiden folgenden Kapiteln ein eigener Schwerpunkt gegeben (Kapitel 4 und 5 dieses Beitrags). Die Personalentwicklung wird dabei in zwei Unterfunktionen aufgeteilt: In die professionelle oder auch individuelle Entwicklung der Lehrperson (Kapitel 4.1, S. 483ff.) und in die Kollegiumsentwicklung (Kapitel 4.2, S. 505ff.).

4. Personalmanagement als Personalentwicklung

Professionelle Entwicklung, die die Förderung einzelner Lehrpersonen im Auge hat, ist in Schulen ein größeres Problem und eine schwierigere Angelegenheit als in der Wirtschaft und der Verwaltung (vgl. Buhren/Rolff 2002, S. 61f.).

Die Schule ist eine ganz besondere Organisation. Sie ist zahlenmäßig die größte, aber technisch einfachste und sozial komplizierteste Einrichtung unserer Gesellschaft. Das Personal ist hoch qualifiziert und besteht fast ausschließlich aus akademisch ausgebildeten Lehrerinnen und Lehrern. Schulleiter/innen verstehen sich häufig als Kollegen, als Gleiche unter Gleichen. Sofern das der Fall ist, ergeben sich Führungsdefizite; sofern nicht, antihierarchische Effekte in großen Teilen der Lehrerschaft. Weil die Arbeit in den Klassen vergleichsweise ähnlich ist und die Ausbildung ebenfalls, herrscht in den meisten Kollegien ein Gleichheitssyndrom, wobei es sich dabei um einen Mythos handelt. Der amerikanische Schulforscher Lortie hat in den Schulen ein Egalitäts-Autonomie-Syndrom festgestellt (Lortie 1975). Dieses besagt, dass alle Lehrer/innen ohne Unterschied von Erfahrung, Interessen, Vorlieben und Können gleich behandelt werden wollen. Offene Kritik wird durch das »Kollegialitätsprinzip« vermieden. Es besteht eine Scheu, Unterschiede sichtbar werden zu lassen. Lehrpersonen, die etwas Besonderes wollen und öffentlich machen, haben es schwer, da der Versuch der Profilierung im Kollegium häufig negativ bewertet wird. Der tabuisierte Umgang mit Unterschieden in den Schulen bewirkt, dass Differenzen eher verschleiert denn als Ausgangspunkt für Diskussionen – und somit als Lernchancen – genutzt werden. Gelegenheiten, die Verständnis und Wertschätzung für unterschiedliche Positionen fördern und Widerspruch als notwendiges positives Korrektiv sichtbar machen, werden nicht gesucht. Es handelt sich dabei eindeutig um einen Mythos, weil jeder weiß, wer zu den »besseren« Lehrpersonen gehört und wer eher schwach ist und »mitgezogen« wird.

Lehrerarbeit findet traditionell unter der Bedingung individueller Autonomie statt. Lehrpersonen begreifen ihre Arbeit eher in Kategorien wie »Ich und meine Klasse« oder »Ich und mein Fach« als im Sinne von »Wir und unsere Schule« (Rolff 1993, S. 189). Teams sind nach wie vor selten. Die einzelnen Fach- oder Jahrgangsgruppen stehen lose verbunden nebeneinander, Kooperation und Zusammenarbeit der Lehrkräfte ist organisatorisch nicht gefordert. Qualität von Schule bestimmt sich deshalb eher additiv; sie besteht aus der Summe der Lehrerarbeit, aber kaum aus der »Synergie« der ganzen Schule. Autonomie der Lehrerarbeit ist im Kern Vereinzelung. Sie ist strukturelle Voraussetzung dafür, dass sich Lehrerarbeit schwer vergleichen lässt und der Gleichheitsmythos aufrechterhalten werden kann. Umgekehrt dient der »Egalitarismus dazu, die Autonomie zu schützen« (Lortie 1975, S. 195).

Krainz-Dürr (1999) konnte anhand von Fallanalysen feststellen, dass derartig gering konturierte Lehrerkollegien nicht geeignet sind, Probleme zu identifizieren und selbstständig zu lösen, da Kommunikation über berufsrelevante Fragen vorwiegend im informativen Raum stattfindet: »In der Aufgabenbeschreibung der Tätigkeit von Lehrer/innen sind keine Arbeitszeiten für Kommunikation unter Kolleg/innen vorgesehen, diese finden – wenn überhaupt – im informellen Raum statt. Das leitende Ideal ist die Kommunikation ›von Mensch zu Mensch‹. Es gibt in Schulen keine Zeiten und Räume, in denen über Dinge, die die Gesamtheit betreffen, kommuniziert werden kann. Konferenzen verlaufen meist ritualisiert und sind überdies mit Informationen über organisatorische Dinge überfrachtet. Es ist ein Merkmal der heutigen Schule, dass die offiziellen Gremien der Schulpartnerschaft zwar formal wichtige Entscheidungsträger sind, in der Realität aber wenig Bedeutung haben. So ergibt sich an den meisten Schulen die paradoxe Situation, dass offizielle Gremien existieren, die ihre formelle Potenz nicht ausschöpfen, während die restlichen Fragen in den Kollegien im informellen Raum geklärt werden. Der Nachteil dieser Vorgangsweise ist, dass auf diese Weise kaum verbindliche Entscheidungen auf einer breiten Basis getroffen werden können« (Krainz-Dürr 1999, S. 5).

Die Autonomie der Lehrerarbeit führt zu »endemischer Unsicherheit«, um einen weiteren Begriff von Lortie (1975, S. 134ff.) zu gebrauchen. Damit ist die in die Tätigkeit der Lehrer/innen eingelassene Unsicherheit über den Erfolg der eigenen Arbeit gemeint sowie die Bewertungsmaßstäbe von Schülerleistungen und der ständige Zweifel darüber, ob man »auf der Höhe der Zeit« ist.

Um das Egalitäts-Autonomie-Syndrom aufrechtzuerhalten, neigen zahlreiche Schulen dazu, eine eigene Welt der internen Kollegialität aufzubauen und sich nach außen abzuriegeln, z.T. in hermetischer Form.

Die sozialpsychologischen Analysen von Schulen lassen sich zuspitzen, indem die interne Dynamik von Lehrerkollegien auf drei Punkte gebracht wird: Es geht vor allem um Anerkennung, Macht und Bewertung.

- Bei *Anerkennung* handelt es sich im Wesentlichen um das »Gemochtwerden« von Schülerinnen und Schülern, aber auch von Kolleginnen und Kollegen. Pädagogische Arbeit besteht aus persönlichem Austausch und persönlichem Engagement wie bei kaum einer anderen Arbeit. Belohnungen materieller Art sind nicht vorgesehen und werden auch nicht als angemessen betrachtet. Es gibt nur symbolische Anerkennung; bleibt sie aus, führt das zu Kränkungen.
- *Macht* haben Lehrpersonen über Schüler/innen, aber nicht über Kolleginnen und Kollegen. Das Autonomie-Postulat drückt auch aus, dass Kolleginnen und Kollegen keine Macht übereinander haben, im Zweifel auch nicht die Schulleitung. Einfluss, sozusagen ein Enkel der Macht, wollen jedoch viele Lehrpersonen nehmen, vor allem auf die Gestaltung des Arbeitsplatzes, aber auch auf die informelle Kommunikation und auf die Maßstäbe der Bewertung.
- *Bewertung* ist in der Schule asymmetrisch angesiedelt. Sie ist nahezu einseitig: Lehrpersonen bewerten Schüler/innen permanent, aber sie selbst werden von oben oder von anderen so gut wie nie bewertet. Lehrpersonen wissen, wie schwierig die Bewertung von Schülerinnen und Schülern ist, und sie neigen eher dazu, sich der Bewertung zu entziehen, wozu u.a. der Gleichheitsmythos dient, aber auch die besonders komplexe Struktur pädagogischer Arbeit. Im Übrigen fehlen in fast allen Kollegien transparente und gemeinsam akzeptierte Kriterien für Bewertung.

Die beschriebenen Kennzeichen von Lehrerarbeit schaffen kein Klima, in dem Bewertung leicht gedeihen könnte. Wie Fallstudien zeigen, wird Bewertung vielmehr als Herausforderung verstanden, sowohl was die »hermetisch geschlossene« Schule als auch was die um Anerkennung und Macht ringenden Lehrpersonen betrifft:

- Bewertungen werden oft als Kritik an der bisherigen Arbeit empfunden, sowohl auf der Ebene der Lehrpersonen als auch auf der der ganzen Schule.
- Im Lehrerberuf fallen Anspruch und Wirklichkeit stark auseinander. Damit ist psychisch schwer fertig zu werden. Deshalb herrscht oft eine Einstellung des »Besser-nicht-Hinsehens«.
- Bewertung erfordert viel Konfliktbereitschaft, Zeit und Arbeitsaufwand.
- Bewertung kann zur Verunsicherung über das eigene Rollenverständnis führen und erscheint deshalb als Bedrohung.

Bewertung wird mit Kontrolle in Zusammenhang gebracht; Missbrauchsängste können auftreten. Aus diesen Beobachtungen folgt, dass Personalentwicklung in Schulen weniger als technischer, sondern mehr als sozialer Prozess wahrgenommen werden sollte, der nach Fähigkeiten der offenen Kommunikation, Konfliktbearbeitung und Moderation verlangt. Diese Beobachtungen zeigen auch, dass Bewertung schwierig, aber gleichzeitig unvermeidbar, sogar nötig ist, wenn Schulen aus ihrer hermetischen

Abgeschlossenheit und Lehrpersonen aus ihrer »endemischen Unsicherheit« herauskommen sollen. Dies sollte man im Bewusstsein haben, wenn man über die Verwendung von Verfahren und Instrumenten der Personalentwicklung nachdenkt, die im Folgenden zunächst auf die individuelle Personalentwicklung bezogen vorgestellt werden.

4.1 Individuelle Personalentwicklung als Stärkung professionellen Handelns

Maßnahmen, die grundsätzlich geeignet sind, zur individuellen Personalentwicklung beizutragen, können sowohl auf einzelne Kollegiumsmitglieder ausgerichtet sein als auch auf Mitglieder der Schulleitung oder den Schulleiter bzw. die Schulleiterin selbst. Die beschriebenen Verfahren stellen eine Auswahl dar, die somit keinen Anspruch auf Vollständigkeit hat. Während *Mitarbeitergespräche*, *Zielvereinbarungen* und *Potenzialanalysen* sich eher auf Lehrkräfte beziehen, ist das *Führungskräfte-Feedback* ausschließlich auf Schulleitungsmitglieder gerichtet. Die Verfahren *Job-Rotation*, *Job-Enrichment* und *Job-Enlargement* könnten hingegen für beide Gruppen relevant sein.

4.1.1 Mitarbeitergespräche

Mitarbeitergespräche sind vermutlich die am weitesten verbreiteten Formen der Personalentwicklung. Mitarbeitergespräche sind nach Breisig eine besonders geeignete Möglichkeit, die »Kopplung zwischen Person und Organisation [...] zu besprechen« (Breisig 1998, S. 50). Die Organisationen von Wirtschaft, Verwaltung und Bildung wandeln sich in diesen Jahren z.T. dramatisch, sodass sich Mitarbeiter/innen immer wieder neu darauf einstellen müssen. Umgekehrt haben Mitarbeiter/innen eigene Bedürfnisse und Ziele, die nach Verwirklichung in der Organisation drängen. Beides kann durch Mitarbeitergespräche aufeinander abgestimmt werden oder auch zu der Erkenntnis führen, dass eine Passung gerade nicht in Aussicht steht, was möglicherweise gravierende Folgen hätte.

Mitarbeitergespräche haben im Berufsalltag eine große Bedeutung. Zunehmend mehr Mitarbeiter/innen wünschen sich eine Einschätzung ihrer Arbeit, d.h. Rückmeldung, Kritik und Anerkennung. Für die Leitungspersonen sind Mitarbeitergespräche ein wichtiges Führungsmittel und eine Möglichkeit, selbst Rückmeldungen zu bekommen. Nach Boettcher (2002, S. 1f.) werden in Mitarbeitergesprächen verschiedene Komponenten der Nachsorge (Auswertung der zurückliegenden Arbeitsperiode) und Vorsorge (wechselseitiges kritisches Feedback, gemeinsame Bewertung des Entwicklungsstands der Organisation, Änderungsempfehlungen und Entwicklungswünsche) gekoppelt. Mitarbeitergespräche werden aber grundsätzlich als Beratungs- und nicht als Beurteilungsgespräche verstanden.

Der Begriff des »Mitarbeitergesprächs« ist in der Schule allerdings nicht ganz unproblematisch. Denn Lehrpersonen verstehen sich eher als Kolleginnen und Kollegen denn als Mitarbeiter/innen, zudem unterrichten sie ebenso wie die Schulleitung, sodass sie viele Überschneidungen in der beruflichen Tätigkeit zum Schulleiter als Vorgesetztem sehen. Betrachtet man jedoch die Alternativen (Mitarbeiter-Vorgesetzten-Gespräch, systematisches Planungs- und Entwicklungsgespräch etc.) so liegen auch hier Irritationen oder Unklarheiten in der Begrifflichkeit vor. Es kommt somit in erster Linie darauf an, dass sich die Beteiligten darüber im Klaren sind, was sie unter einem solchen Gespräch verstehen, und dem Mitarbeitergespräch damit eine Art Arbeitsdefinition geben. Mitarbeitergespräche sollten in der Regel jährlich stattfinden, auch wenn dies in großen Schulen schon aus arbeitstechnischen Gründen nicht immer möglich sein dürfte. Sie gehen häufig von einer Bilanz aus, bei der zunächst die Lehrkraft über ihre Arbeit und ihre Vorhaben Bilanz zieht. Dabei handelt es sich um eine Art Selbstevaluation, die wie jede Evaluation ein Stück datengestützt sein sollte. Vom Mitarbeitergespräch sind klar zu trennen:

- *Laufbahnberatungsgespräche*, die auf Wunsch der Lehrperson individuell verabredet werden, die aber auch von der Schulleitung ausgehen können;
- *Konfliktgespräche*, die selten vorherzusehen, im Falle eines Eintretens aber ohne große zeitliche Verzögerung und am besten mit allen Beteiligten geführt werden;
- *Krisengespräche*, bei denen Einzelpersonen biografischen Rat suchen; und schließlich
- formelle *Beurteilungsgespräche*, die mit Beförderungs- oder Gehaltsfragen zu tun haben und die besonders strikt von Mitarbeitergesprächen getrennt werden sollten, um eine Rollenkonfundierung so weit wie möglich zu vermeiden.

Das Mitarbeitergespräch selbst ist ein professionelles Gespräch. Es folgt den Regeln eines Beratungsgesprächs und es basiert auf den genannten vorbereiteten Notizen, wie es auch zu neuen Aufzeichnungen führt. Ein Beratungsgespräch ist das Mitarbeitergespräch, weil es um die Arbeit und die Persönlichkeit der Lehrperson geht und nicht um Einkommen und Karriere. Zudem ist es symmetrisch angelegt: Nicht nur die Führungskraft gibt der Lehrperson ein Feedback, auch die Lehrperson kann der Schulleitung für den Handlungszusammenhang bedeutsame Wahrnehmungen zurückspiegeln oder auf erhoffte, aber nicht erhaltene Unterstützung aufmerksam machen. Lehrpersonen können um Rat und Hilfe bitten, Führungskräfte können auf Defizite hinweisen, sich aber auch Orientierungswissen von der Lehrperson erbitten.

Der Lehrperson ist zu empfehlen, ein paar Tage oder Wochen vor dem Mitarbeitergespräch eine Selbsteinschätzung vorzunehmen. Diese sollte alle verfügbaren Daten nutzen, z.B. das Klassenbuch, Rückmeldungen von Schülerinnen und Schülern in jeder Form, Protokolle von Elternabenden oder Dokumente aus Fortbildungen. Die nebenstehende Checkliste enthält zahlreiche Fragen, die eine Orientierung ermöglichen. Auch wenn nicht alle davon beantwortet werden können oder müssen, erleichtert die Auseinandersetzung mit ihnen, zu einem umfassenden Selbstbild zu kommen und auf dieser Grundlage die wichtigsten Fragen herauszufiltern, die Gegenstand des Mitarbeitergesprächs werden sollen.

Checkliste für Lehrpersonen

A *Einschätzung meines professionellen Selbst*

- Worauf bin ich besonders stolz?
- Woran hatte ich besonders Spaß?
- Wie schätze ich mich ein in Bezug auf meinen Unterricht?
  (didaktische/methodische Fähigkeiten, fachliche Fähigkeiten, Schülerorientierung)
- Wie zufrieden bin ich mit den Leistungen meiner Schüler/innen?
- Wie beurteile ich mein Engagement für die Schule/die Fachkonferenz?
- Wie schätze ich meine Zuverlässigkeit ein?
  (Einhaltung von Terminen/Absprachen/Verordnungen, Pünktlichkeit)
- Worin liegen meine besonderen Stärken?
- Welches sind meine Schwächen?

B *Einschätzung des Schulklimas*

- Wie fühle ich mich momentan an der Schule/in meiner Fachschaft?
- Was ärgert/belastet/behindert/überfordert mich?
- Was bedeutet es für mich, Lehrer/in an dieser Schule zu sein?
- Was würde mir fehlen, wenn ich nicht mehr an dieser Schule wäre?

C *Einschätzung der Schulleitung und der Organisation*

- Wie beurteile ich die Schulleitung?
  (Führung, Administration, Personalpolitik, Schulentwicklung, Information, persönlicher Umgang)
- Was hat die Schulleitung besonders gut gemacht?
- Was sollte verbessert werden?
- Inwiefern hat mich die Schulleitung gefördert?
- Habe ich das Gefühl, dass meine Leistung anerkannt wird?
- Welche zusätzlichen Informationen wünsche ich mir von der Schulleitung?
- Welche Erwartungen habe ich an die Schulleitung?

D *Reflexion über die Schulentwicklung*

- Wie empfinde ich das Verhältnis von Aufwand und Ertrag?
- Worüber wird in unserer Schule zu viel/zu wenig geredet?
- Wenn ich unbeschränkt viel Geld einsetzten könnte, wofür würde ich es einsetzen?
- Welchen Beitrag habe ich zur Schulentwicklung geleistet?
- Wo sehe ich mein Potenzial in der Schulentwicklung?

E *Diskussion meiner Zielvorhaben*

- Welche Ziele setze ich mir für das kommende Jahr?
- Welche Unterstützung (z.B. Fortbildung) benötige ich dafür?
- Inwiefern profitiert die Schule von meinem Vorhaben?
- Welche längerfristigen Ziele habe ich?

(nach Kempfert 2001, S. 10f.)

Zum Inhalt des Mitarbeitergesprächs kann prinzipiell jede Frage gestellt werden. Die Schulleiterin bzw. der Schulleiter sollte sich ebenfalls auf das Mitarbeitergespräch vorbereiten. Er kann sich genauso an dieser Checkliste orientieren, aber auch andere Inhalte einbringen, die er aus seiner Sicht wichtig findet. Oexle (2001, S. 106) hat vor dem Hintergrund ihrer Erfahrungen mit Mitarbeitergesprächen aufgelistet, welche Inhalte ein Mitarbeitergespräch behandeln sollte, nicht gleichzeitig, aber doch nach und nach und von Jahr zu Jahr:

- Ziele (individuell und bezogen auf die Schule/Stufe);
- Arbeitsaufgaben, Arbeitsergebnisse und Arbeitserfolge;
- Anforderungen/Belastungen am Arbeitsplatz;
- Zusammenarbeit, Leitung, Leitungsqualität;
- Verhältnis zu anderen Abteilungen und Einrichtungen;
- die nächste Arbeitsperiode und Anforderungen für die Gesprächspartner, die sich aus neuen Aufgaben ergeben werden;
- Planung und Verabredung kommender Arbeitsaufgaben;
- der (individuelle und institutionsbezogene) Aus- und Fortbildungsbedarf;
- Evaluation der Absprachen;
- mittelfristig gewünschte Aufgaben, Funktionen oder Positionen.

Mitarbeitergespräche, die nicht dokumentiert werden, verschwinden bald aus der Erinnerung und bleiben dann wirkungslos. Die Form der Dokumentation sollte jedoch genau bedacht werden. Das Mitarbeitergespräch ist als persönliches Gespräch zwischen zwei Individuen anzusehen. »Eine schriftliche Verlaufszusammenfassung des Gesprächs durch den Vorgesetzten oder Mitarbeiter ist also weder erforderlich noch hilfreich«, folgern daraus Eikenbusch/Holtmann (1996, S. 13), schon gar nicht eine schulweite Veröffentlichung oder Benachrichtigung von Dritten. Jedoch ist zu empfehlen, dass die Beteiligten für sich Notizen machen, die ihnen die Erinnerung und vor allem die Vorbereitung des nächsten Gesprächs erheblich erleichtern. Zudem führt Verschriftlichung in der Regel auch zu mehr Klarheit und Verbindlichkeit.

Mitarbeitergespräche sind professionelle Gespräche, d.h. sie orientieren sich an bestimmten Regeln:

- das Gespräch nicht unter Zeitdruck führen (ein bis zwei Stunden vorsehen);
- zuhören und nur über Fragen steuern;
- auf nonverbale Signale achten;
- Augenkontakt halten;
- auf gleiche Gesprächsanteile achten;
- Wertschätzung zeigen;
- auch kritische Punkte ansprechen, aber nicht verletzen;
- Kritik nicht als Vorwurf, sondern als Problem formulieren;
- das Gespräch vertagen, wenn die Situation emotional zu belastend wird.

Auch der Ablauf ist nicht beliebig, sondern durch wohlbegründete, aus Erfahrung gewonnenen Merkmalen strukturiert. Ein Mitarbeitergespräch sollte demnach:

- frühzeitig, d.h. einige Wochen vorher verabredet werden,
- gut vorbereitet sein,
- an einem ruhigen und neutralen Ort stattfinden (also nicht im Dienstzimmer der Schulleitung),
- mit Fragen nach der Befindlichkeit beginnen,
- die Selbsteinschätzung der Lehrperson voranstellen und
- mit Verabredungen abschließen.

Am Ende eines Mitarbeitergesprächs sollten sich beide Teilnehmer ein Feedback geben, d.h. äußern, wie sie das Gespräch und die Atmosphäre wahrgenommen haben. Mitarbeitergespräche dieser Art sind für die meisten Lehrpersonen wie Schulleitungen neu. Neues wirkt oft bedrohlich und erzeugt Ängste. Deshalb muss die Einführung von Mitarbeitergesprächen gut vorbereitet sein und behutsam Schritt für Schritt erfolgen. Die Einführung ist ein Prozess und kein einmaliges Ereignis. Es empfiehlt sich deshalb, in der Einführungsphase die Gespräche auf freiwilliger Basis durchzuführen, den Rahmen flexibel zu halten und mit unterschiedlichen Formen zu experimentieren. Erst nach einer gemeinsamen Auswertung dieser Erprobungs- und Experimentierphase kann überzeugend über eine schulweite Praxis entschieden werden.

Ein Einstieg in Mitarbeitergespräche sollte im Vorfeld mit der Lehrervertretung und, falls vorhanden, mit der Steuer- oder sonstwie genannten Schulentwicklungsgruppe besprochen und beraten werden. Wichtig ist dabei,

- die Klärung des Zwecks und Sinns von Mitarbeitergesprächen (kein Beurteilungs-, sondern Beratungsgespräch),
- die Veröffentlichung des Prozederes,
- die Vereinbarung, keinerlei Unterlagen aus den Mitarbeitergesprächen in die Personalakte zu geben, und
- die Entwicklung eines für alle Mitarbeitergespräche geltenden Leitfadens.

Der Einstieg in Mitarbeitergespräche wird auch erleichtert, wenn zunächst auf Zielvereinbarungen verzichtet wird (vgl. dazu Oexle 2001), auch wenn sie letztlich dazugehören. Zumindest ist es nicht ratsam, mit Zielvereinbarungen zu beginnen und dann erst zu überlegen, wie sie mit Mitarbeitergesprächen verbunden werden können.

4.1.2 Zielvereinbarungen

Ein Ziel ist ein in der Zukunft liegender, angestrebter Zustand, der eindeutig beschrieben ist. Oder kurz: Ziele sind vorausgedachte Ergebnisse einer Handlung. Ziele geben die Richtung einer Handlung vor. Ziele sind die Basis der Motivation, sofern es Ziele sind, für die sich der Handelnde entschieden hat und mit denen er sich identifiziert. Ziele sollen den Bezugspunkt für Leistung, Ergebniskontrolle und Leistungsmotivation darstellen und damit die Orientierung für Leitung und Kollegium geben.

Bardens macht auf eine wichtige Unterscheidung aufmerksam, wenn er formuliert: »Ziele sind erwünschte Ergebnisse, sie dürfen nicht mit Maßnahmen verwechselt werden. Ein Ziel drückt aus, was angestrebt wird. Der Weg zur Zielerreichung, das Wie, soll weitestgehend dem Mitarbeiter oder dem Team überlassen bleiben« (Bardens 2001, S. 121).

Erst wenn begrifflich geklärt ist, was Ziele sind, lässt sich definieren, was unter Zielvereinbarungen zu verstehen ist: Zielvereinbarungen sind von Leitungskräften und Mitarbeiter/innen gemeinsam geklärte und übereinstimmend festgelegte Ziele. Sie stellen ein Arbeitsbündnis dar.

Von der Zielvereinbarung ist die Zielvorgabe strikt zu unterscheiden. Zielvorgaben sind ein Instrument der Schulpolitik und Schulbehörden, bei dem die Mitarbeiter/innen in die Festlegung der Ziele nicht mit einbezogen werden. Dies ist fraglos legitim, z.B. bei Lehrplanvorgaben, aber es ist deutlich von der Vereinbarung von Zielen zu unterscheiden.

Zielvereinbarungen werden in Wirtschaft und Verwaltung immer mehr zum wichtigen Instrument der Personalentwicklung. Die Gründe dafür sind vielfältig: In den letzten Jahrzehnten ist der Wunsch nach Selbstständigkeit und der Anspruch auf Mitwirkung zunehmend wichtiger geworden. Diese Entwicklung wird noch verstärkt durch die immer komplexer werdenden Aufgaben, die hochqualifizierte Spezialisten erfordern. Spezialisten zeichnet aber aus, dass sie über ihr Aufgabengebiet am besten Bescheid wissen und Vorgesetzte ihnen deshalb nicht die Ergebnisse ihrer Arbeit und die dorthin führenden Wege autoritär vorschreiben können. Die Vereinbarung von Zielen wird diesen Ansprüchen am ehesten gerecht.

Zielvereinbarungen gewinnen auch im Bereich der Schule an Bedeutung. Sie können der Personalförderung dienen, aber auch der Personalführung. Sie werden üblicherweise im Anschluss an ein Mitarbeitergespräch getroffen, können aber auch unabhängig davon z.B. in einem Zielvereinbarungsgespräch geschlossen werden.

4.1.2.1 Ziele präzisieren

Im Bereich der Schule können drei Kategorien von Zielen unterschieden werden:

1. *Einzelarbeitsziele*, die sich auf die täglichen Arbeitsbeziehungen und das Aufgabenverständnis von einzelnen Lehrkräften beziehen;
2. *Systemziele*, die Gruppen oder Einzelpersonen betreffen, aber auch Entwicklungsziele der gesamten Schule oder deren Teilbereiche tangieren;
3. *persönliche Entwicklungsziele*, die der individuellen Förderung der Lehrkräfte dienen. Förderung meint hier jede Verbesserung der fachlichen oder sozialen Qualifikation, durch die Mitarbeiter/innen ihre Aufgaben besser erfüllen können.

Zielvereinbarungen dienen sowohl der Entwicklung der einzelnen Lehrperson als auch auf längere Sicht der Gesamtsituation. Denn wenn sich die Professionalität der individuellen Lehrpersonen verbessert und ihre Mitwirkung bei der Schulentwicklung zunimmt, dann verbessert sich auch die Qualität der Schule.

Bezugspunkt der Zielvereinbarungen sollten immer konkrete Vorhaben sein, die sich an folgenden Kriterien orientieren:

- Sie werden in gegenseitigem Einverständnis ausgehandelt;
- sie beschränken sich auf das tatsächlich Machbare;
- sie werden nach einem vereinbarten Zeitpunkt evaluiert.

Es ist unbedingt darauf zu achten, dass die Ziele so konkret wie möglich formuliert werden und die Realisierung von der Lehrperson selbst erreicht werden kann und nicht auf Dritte verweist (also nicht: »Die Schüler/innen sollen lernen, wie ...«, sondern »Ich möchte den Schülerinnen und Schülern dazu verhelfen, dass sie dieses oder jenes erreichen«).

Die Ziele sollten mit den allgemeinen Zielvorstellungen der Schule übereinstimmen. Es ist besonders darauf zu achten, dass sich Lehrkräfte nicht zu hehre Ziele vornehmen, da dies bei Nichterfüllung zu unnötigen Frustrationen führt. Vielmehr sollten sich Lehrkräfte auf zwei Ziele pro Jahr beschränken, von denen realistischerweise angenommen werden kann, dass sie auch erfüllt werden.

Eine Orientierung zur konkreten Beschreibung der hier gemeinten Art von Zielen können die »SMART«-Regeln geben, die aus den USA stammen. Danach sollen Ziele folgendermaßen formuliert sein: Sie müssen

S spezifisch, d.h. *situations- und personenorientiert* sein;
M messbar, d.h. *überprüfbar und messbar* sein;
A attraktiv, d.h. *anziehend und herausfordernd* sein;
R realistisch, d.h. *überschaubar und inhaltlich begrenzt* sein;
T terminiert, d.h. *zeitlich festgelegt* sein.

4.1.2.2 Ziele schriftlich festhalten

Zielvereinbarungen werden üblicherweise schriftlich festgehalten. Die Schriftform zwingt zu Klarheit, dient der Erinnerung, schafft ein Stück Verbindlichkeit und erleichtert eine Evaluation. Sich auf schriftliche Vereinbarungen in diesem Feld einzulassen, ist für alle Beteiligten ungewohnt. Deshalb sollten folgende Regeln beachtet werden:

- Die schriftliche Form hat den Charakter einer Gedächtnisstütze und ist in keinem anderen Zusammenhang zu verwenden. Insbesondere dürfen Zielvereinbarungen nicht Grundlage für Gespräche über gehaltswirksame Leistungen und Beförderungen sein. Sie gelangen nicht in die Personalakte.

- Zielvereinbarungen unterliegen einer strikten Vertraulichkeit; nur auf Wunsch der Lehrperson dürfen Informationen daraus weitergegeben oder im Rahmen einer Leistungsprämie herangezogen werden.
- Die Zielvereinbarungen des vorausgegangenen Gesprächs sind jeweils Grundlage für die Auswertung in einem folgenden Gespräch. Schulleitung und Lehrperson erhalten je ein Exemplar des jeweiligen Ergebnisses; das des vorangegangenen Jahres wird vernichtet.

Schriftlich fixiert werden die gemeinsam vereinbarten Ziele, der erwünschte Grad der Zielerreichung und der Zeitpunkt der Rückkoppelung oder Evaluation. Das Musterformblatt nach Koch-Riotte 1998 (vgl. Abb. 2) zeigt einen Weg der Formalisierung einer Zielvereinbarung.

4.1.2.3 Einführung als Prozess

Die Einführung von Zielvereinbarungen ist, wie im Abschnitt zuvor schon dargelegt, ein Prozess, der mit vielen Empfindlichkeiten zu rechnen hat. Zunächst gilt es, sich in der Schule klar zu machen, was mit Zielvereinbarungen eigentlich erreicht werden soll. Es klingt zwar banal, aber dennoch scheitern viele Projekte genau an der Unklarheit des Auftrags. Es ist zu klären,

- welches der Sinn und die Formen von Zielvereinbarungen sind,
- ob den Lehrkräften allein die Entscheidung für die vereinbarten Ziele überlassen wird oder ob der Schulleitung auch ein Mitspracherecht zukommt,
- welche Folgen Zielvereinbarungen für die Gesamtorganisation haben sollen,
- ob die Schulleitung für die neue Aufgabe geschult ist und
- ob bei allen Beteiligten überhaupt genügend Zeitreserven zur Verfügung stehen.

Wenn eine Schulleitung mit Zielvereinbarungen nicht nur fördern, sondern diese Gespräche auch als Führungsinstrument einsetzen will, dann sollte sie dies offen legen und dazu stehen. Denn nichts ist unangenehmer als heimliche Zielsetzungen. Wenn aber allen Beteiligten die Spielregeln klar sind, dann ist eher davon auszugehen, dass sie sich auch daran halten.

Diese Anfangsphase ist enorm wichtig; denn alle nicht geklärten Fragen und Zielsetzungen werden im Verlauf der Zeit irgendwie und irgendwo wieder auftauchen und zu Friktionen führen. Diese dann zu beheben wird viel mehr Zeit- und Energieressourcen erfordern als der vermeintliche Zeitgewinn einer schnellen Einführung.

Die Bedeutung einer behutsamen Einführung solcher Gespräche im Kollegium wird in der Literatur übereinstimmend bestätigt. Niemand äußert sich allerdings zum Fall eines möglichen negativen Beschlusses der Lehrerkonferenz. Dann muss dieses Vorhaben zumindest aufgeschoben werden.

Eine sorgfältige Implementation ist unumgänglich. Dazu gehören Vorgespräche mit dem Lehrer- bzw. Personalrat, vor allem aber eine vorausgehende Versuchs- oder

1. **Termin:**

2. **Gesprächspartner:**

3. **Relevante Gesprächsthemen:**

   (Beide Gesprächspartner benennen Anliegen und einigen sich auf Gesprächspunkte, die im Rahmen der zur Verfügung stehenden Zeit angesprochen werden können.)

4. **Konkrete Handlungsziele für Veränderungen:**

   (Beide Gesprächspartner bemühen sich um eine Formulierung handlungsrelevanter Ziele, z.B. »Was soll/kann sich zukünftig an der Leistungsbeurteilung der Kollegin bzw. des Kollegen ändern?«)

5. **Möglichkeiten der Umsetzung:**

   (Die Gesprächspartner entwickeln gemeinsam Lösungsstrategien. Die Kollegin bzw. der Kollege entscheidet sich für die für ihn passende Lösung.)

6. **Unterstützungsmöglichkeiten und Ressourcen:**

   (Die Kollegin bzw. der Kollege kann formulieren, an welchen Punkten er Unterstützung braucht, die Schulleiterin bzw. der Schulleiter kann je nach Möglichkeiten der Schule unterschiedliche Optionen eröffnen.)

7. **Messbare Erfolgskriterien:**

   (Die Kollegin bzw. der Kollege formuliert, wann und unter welchen Bedingungen er den eingeschlagenen Weg als Erfolg ansehen würde.)

8. **Auswertungstermin:**

9. **Unterschrift und Datum der beteiligten Gesprächspartner:**

Abb. 2: Musterformblatt für Zielvereinbarungen (nach Koch-Riotte 1998)

Laborphase, die ein halbes Jahr oder auch drei Jahre dauern kann. Es ist auch zu erwägen, den Lehrkräften während dieser Phase anheim zu stellen, eine Moderatorin oder einen Moderator hinzuzuziehen.

Nach einer Evaluation der Versuchs- bzw. Laborphase kann das Kollegium über die endgültige Einführung bestimmen. Sagt es dann immer noch Nein, dann wies die Durchführung offenkundige Mängel auf. Das Kollegium entscheiden zu lassen, bevor diese Gespräche überhaupt durchgeführt wurden, ist erfahrungsleer und erscheint unsinnig. Natürlich empfiehlt sich eine autoritär angeordnete Einführung nicht, sondern ein mehrstufiges Vorgehen:

1. Diskussion und Zielklärung in der Schulleitung;
2. Diskussion und Durchführung der Zielvereinbarungen in einer Pilotphase mit kritischen und wohlmeinenden Lehrkräften, die ungeniert zu drei Frageaspekten Stellung nehmen sollten:
   – Was kann mir dieses Verfahren bringen?
   – Worin bestehen mögliche Gefahren?
   – Wie kann ich das System unterlaufen?
3. Bekanntgabe und Erläuterung in einer Lehrerkonferenz, möglichst auf der Grundlage eines schriftlichen Konzeptes der Schulleitung;
4. Bereitstellung von Fachliteratur zum Thema;
5. offizielle Einführung der Gespräche mit Freiwilligen.

Eine sukzessive Einführung hat zwar den Nachteil der längeren Implementationsdauer, bietet aber auch etliche Vorteile:

- Große Neuerungen rufen erfahrungsgemäß auch große Widerstände hervor, die bearbeitet werden können.
- »Kinderkrankheiten« können eher diagnostiziert und geheilt werden.
- Der Beweis kann erbracht werden, dass dieses System »funktioniert«, wodurch die Akzeptanz im Kollegium wächst.

4.1.2.4 Probleme und offene Fragen

Bei aller Plausibilität des dargelegten Ansatzes von Zielvereinbarungen bleiben doch etliche Probleme und offene Fragen, die im Folgenden angesichts der Forschungsdefizite zwar nicht beantwortet, aber wenigstens benannt werden können: Welche organisatorischen und zeitökonomischen Hindernisse sind in den Schulen zu überwinden? Was haben Lehrer/innen davon, wenn sie sich auf Zielvereinbarungen einlassen? Was geschieht, wenn Zielvereinbarungen aufgezwungen werden, und was, wenn sie nicht eingehalten werden?

Es besteht nur ein schmaler Grat zwischen Zielvereinbarungen und Zielverordnungen (»Zieldiktate«). Er ist nur durch strikte Professionalität einzuhalten, also durch strikte Orientierung an den Regeln von Beratungsgesprächen.

Zielvereinbarung bedeutet, dass beide Gesprächspartner – sowohl die Schulleitung als auch die Lehrperson – ihre Vorstellung von den künftigen Ergebnissen der Arbeit in das Gespräch einbringen. Am Ende des Gesprächs sollen Ziele formuliert sein, denen beide Partner zustimmen können. Der Begriff »Vereinbarung« ist dabei keine bloße Floskel, sondern absolut notwendige Voraussetzung für den Erfolg. Nur wenn die Vorstellungen der Lehrperson im Gespräch angemessen berücksichtigt werden, fühlt sie sich an das Ziel gebunden. Und nur wer sich an seine Ziele gebunden fühlt, wird sie verwirklichen. Deshalb ist es empfehlenswert, wenn Lehrpersonen vor dem Zielvereinbarungsgespräch Daten über ihre Arbeit sammeln, z.B. Schülereinschätzungen über ihren Unterricht, und sie während des Gesprächs präsentieren. Auch ist es denkbar, dass sie selbst eine Zielvereinbarung entwerfen und diese zur Verhandlungsgrundlage machen (vgl. dazu Breisig 1998).

Das heißt natürlich nicht, dass Zielvereinbarungen beliebig sind. Vielmehr bewegen sich Vorgesetzte und Mitarbeiter/innen in einem Rahmen, der von außen vorgegeben und von innen eingegrenzt ist. Für die Praktizierung von Zielvereinbarungsgesprächen könnte auch die übergroße »Führungsspanne« in Schulen ein zeitökonomisches Problem sein. In Wirtschaft und Verwaltung beträgt sie etwa 1:10, weil eine Person im Durchschnitt 10 Mitarbeiter/innen führt. In der Schule steht nicht selten eine Leiterin oder ein Leiter einem Kollegium von 100 Personen vor. Es dürfte keiner Schulleiterin und keinem Schulleiter möglich sein, 100 derartige Gespräche pro Jahr oder Doppeljahr vorzubereiten, durchzuführen und auszuwerten. Für dieses Problem sind jedoch zweierlei Lösungen in Sicht:

- Zum einen könnte die Schulleiterin oder der Schulleiter sich auf besondere Personen bzw. Personengruppen konzentrieren, wie z.B. auf
  - die Stufen- bzw. Abteilungsleiter/innen,
  - die jeweils neuen Kolleginnen und Kollegen in den ersten drei Jahren,
  - die Kolleginnen und Kollegen, die in der Aufgabenwahrnehmung erhebliche Schwierigkeiten haben, oder
  - Kolleginnen und Kollegen, die Unterstützung im Sinne von Karriere- und Laufbahnberatung haben wollen.

  Diese Auswahl muss der Personalsituation einer jeden Schule angepasst werden.
- Zum anderen könnten Zielvereinbarungsgespräche auf Stellvertreter/innen und Abteilungs- bzw. Stufenleiter/innen delegiert werden. Einer Delegation steht rechtlich nichts entgegen, wenn die Zielvereinbarungsgespräche strikt von dienstlicher Beurteilung getrennt werden und keinen Eingang in die Personalakte finden.

4.1.2.5 Werden Zielvereinbarungen eingehalten?

Am schwierigsten ist die Frage zu beantworten, was angesichts des Umstands, dass es keine Sanktionen gibt und auch nicht geben sollte, getan werden kann, um für eine Einhaltung der Zielvereinbarung zu sorgen. Dreierlei Antworten sind denkbar:

Zum Ersten sollte es eine Gesprächsauswertung und -nachbereitung geben. Jeder der beiden Gesprächspartner sollte sich fragen:

- Habe ich meine Gesprächsziele erreicht?
- Wie habe ich mich im Gespräch verhalten?
- Habe ich dem Gesprächspartner Wertschätzung gezeigt?
- Was ist mir nicht gelungen, was habe ich gut gemacht?
- Wie war das Gesprächsklima?
- Was muss ich bei weiteren Gesprächen beachten?

Zum Zweiten sollte jedes weitere Zielvereinbarungsgespräch an das vorangegangene anknüpfen. Damit wird ein Anlass geschaffen für Fragen wie:

- Konnte das vereinbarte Ziel erreicht werden und in welchem Ausmaß?
- Was waren die Gründe für eine eventuelle Nichterreichung?
- Lagen die Gründe bei der Lehrperson, bei der Schulleiterin bzw. dem Schulleiter oder anderswo?
- Gab es genug Unterstützung?
- Was lerne ich aus Problemen, die die Zielerreichung behindert haben?

Auf diese Weise kann nach und nach eine Kultur der Verbindlichkeit entstehen.

Zum Dritten ist es wichtig, dass die der Zielvereinbarung zugrunde liegende »Philosophie« expliziert wird. Innerhofer u.a. beschreiben diese »Philosophie« wie folgt: »Mit Zielen allein erreicht man noch gar nichts. Das unterschriebene Blatt Papier am Ende des Zielvereinbarungsgesprächs ist nur das Resultat dessen, was im Gespräch stattgefunden hat. Das wirklich Wichtige aber passiert während des Gesprächs« (Innerhofer u.a. 1999, S. 46). Sie gehen davon aus, dass man den Mitarbeiterinnen und Mitarbeitern nicht erst Ziele setzen muss, sondern dass diese in der Regel schon Ziele haben. Vielmehr gehe es darum, diese Ziele auch bewusst zu machen und Prioritäten zu setzen. Vor allem aber bewirke das Zielvereinbarungsgespräch ein »genaues Durchdenken der Arbeitsprozesse«. Deshalb sei es entscheidend, sich von den Aufgaben und der Person des Mitarbeiters bzw. der Mitarbeiterin ein richtiges Bild zu machen und zu versuchen, am Ende ein umfassendes und tieferes Verständnis von den Aufgaben, ihren Anforderungen, Chancen und Risiken entstehen zu lassen, und zwar sowohl auf der Seite des Mitarbeiters bzw. der Mitarbeiterin als auch aufseiten der Leitung.

Innerhofer u.a. halten es deshalb für besonders bedeutsam, »dass die Führungskraft mit dem Mitarbeiter die Prozesse im Detail bespricht, Anforderungen deutlich macht, Gefahren aufzeigt, Hilfsmaßnahmen definiert, sodass zum Schluss eine beiderseitige große Klarheit auch über den Weg zum Ziel besteht. Fairness ist hier die Folge eines umfassenden und detaillierten Verständnisses von der Schwierigkeit der Arbeit, die der Mitarbeiter vor sich hat. Es ist diese tiefere Einsicht in die Sachzusammenhänge, das Wissen um eine detaillierte Ausführung, die beim Mitarbeiter Sicherheit erzeugt, den Weg gehen zu können. Dieses tiefere Wissen um die Ausführung verbindet Führungskraft und Mitarbeiter, es bewahrt den Mitarbeiter vor ungerechter Kritik, und es gibt der Führungskraft die Zuversicht zu sehen, was der Mitarbeiter macht. Das Zielvereinbarungsgespräch muss ein kreativer Prozess sein, an dessen Ende Mitarbeiter und Führungskraft der Überzeugung sind, weiter gekommen zu sein, klarer zu sehen, zu wissen, was zu tun ist und wie. Das schriftliche Formulieren der Ziele zusammen mit der Unterschrift von Führungskraft und Mitarbeiter ist nicht mehr als der notwendige Abschluss des Prozesses, der letzte Schritt also« (Innerhofer u.a. 1999, S. 47).

4.1.3 Rückmeldung an Führungskräfte

Beim Mitarbeitergespräch und bei Zielvereinbarungen spielen die Schulleitungen eine führende Rolle. Um diese ausfüllen zu können, benötigen sie eine Rückmeldung von den Lehrpersonen, auch Feedback genannt. Denn jeder Mensch hat Lücken in der Wahrnehmung, nimmt selektiv wahr. Einen besonders eindrucksvollen Beleg dafür liefert die Lehrer-Schüler-Befragung des Ehepaares Tausch. Danach sagten Lehrpersonen am häufigsten aus, sie würden in einer durchschnittlichen Unterrichtsstunde ca. 20 Prozent der Redeanteile bestreiten und die Schüler/innen dementsprechend 80 Prozent; diese aber erklärten das Gegenteil, dass sie nämlich lediglich ca. 20 Prozent Redeanteile und die Lehrkräfte 80 Prozent haben würden (Tausch/Tausch 1970).

Abbildung 3 zeigt das populäre Johari-Fenster. Es ist nach zwei Koordinaten strukturiert, die vier Quadranten bilden. Die erste Koordinate zeigt an, was ich selbst wahrnehme bzw. nicht wahrnehme (»mir bekannt« und »mir unbekannt«), die zweite, was

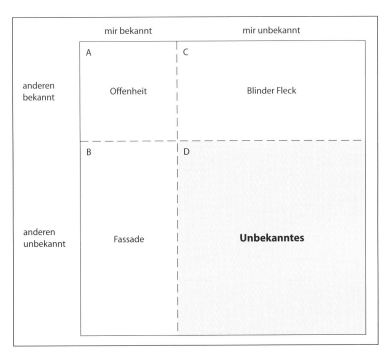

Abb. 3: Johari-Fenster

andere an mir bemerken (»anderen bekannt« und »anderen unbekannt«). Quadrant A zeigt den Bereich der Offenheit an, definiert mich als öffentliche Person. Meine Handlungen und Absichten sind sowohl mir bekannt als auch einer oder mehreren anderen Personen. Quadrant B bezeichnet einen Bereich des Handelns, der nur mir bekannt ist und anderen nicht bekannt gemacht wird. Hier handle ich als Privatperson. Ideen, Absichten oder Gefühle mache ich anderen nicht bekannt. Ich zeige eine Fassade, die insofern legitim ist, als es ein Recht auf Privatheit gibt. Quadrant C ist mein blinder Fleck. Hier ist ein Teil meines Handelns und meiner Absichten für andere erkennbar, aber für mich selbst nicht. Quadrant D schließlich umfasst alle Vorgänge und Aktivitäten, die weder von mir noch von anderen wahrgenommen werden. Hier ist das Fenster gänzlich geschlossen.

Brinkmann überträgt das Johari-Fenster auf das Führungsverhalten von Vorgesetzten und merkt an, »dass das Feld des blinden Flecks bei Managern im Verhältnis zu anderen [...] ohne Führungsverantwortung häufig überproportional groß ist. Dies hängt damit zusammen, dass sie aufgrund ihrer Position i.d.R. von ihren Mitarbeitern nicht offen kritisiert werden. Mangelnde Rückmeldung führt jedoch zu einer unrealistischen Selbsteinschätzung der eigenen Führungsfähigkeiten und der vermuteten Zufriedenheit bei den Geführten« (Brinkmann 1998, S. 25). Die wenigsten Führungsprobleme entstehen aus Böswilligkeit, sondern aus Unwissen.

Rückmeldungen an Führungskräfte geben Vorgesetzten eine reale Chance, ihren blinden Fleck aufzuhellen, und für alle Beteiligten, die Arena der Offenheit auszuweiten (vgl. dazu Abb. 4). Sie schaffen darüber hinaus ein Modell für das Einholen von

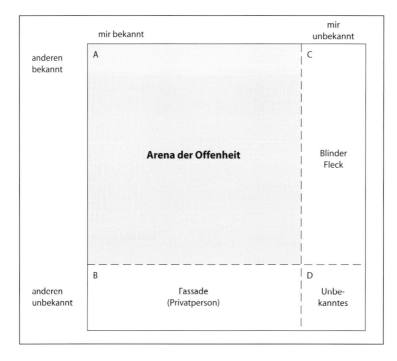

Abb. 4: Ausweitung der Offenheitsarena

Feedback, das auch Lehrpersonen ermuntern könnte, sich in ähnlicher Weise von Schülerinnen und Schülern einschätzen zu lassen. Ebenso anregend könnte es für eine Ausweitung auf die Schulaufsicht sein: Schulaufsichtsbeamte sind ebenfalls pädagogische Führungskräfte mit einem »blinden Fleck«, den die Schulleiter/innen ihres Bezirks durch Feedbackveranstaltungen verkleinern könnten.

4.1.3.1 Zur Praxis des Führungsfeedbacks

Eine Rückmeldung an die Schulleitung beginnt sinnvollerweise mit einer Selbsteinschätzung der Schulleiterin bzw. des Schulleiters. Damit wird eine Grundlage für die Schärfung der Fähigkeit zur Selbstwahrnehmung gelegt, weil die Ergebnisse der Rückmeldung von Lehrkräften mit der eigenen Einschätzung verglichen und Übereinstimmungen wie Differenzen festgestellt werden können. Außerdem können durch das Aufzeigen von Differenzen ebenso anregende wie weiterführende Gesprächsanlässe entstehen. Nach den Erfahrungen in Schleswig-Holstein schätzen sich interessanterweise etliche Schulleiter/innen selbst kritischer ein als sie vom Kollegium eingeschätzt werden.

Im zweiten Schritt wird die Einschätzung durch Lehrpersonen eingeholt. Das geschieht in der Regel anhand eines Fragebogens, was im Übrigen auch in der Wirtschaft gängige Praxis ist (Brinkmann 1998, S. 18). Die von den Lehrpersonen ausgefüllten Fragebögen werden von der Schulleiterin bzw. dem Schulleiter ausgewertet, d.h. es werden Mittelwerte der Antworten ausgerechnet und in einen leeren Fragebogen eingetragen. Hat die Schulleiterin bzw. der Schulleiter zuvor eine Selbsteinschätzung (am besten mittels desselben Fragebogens) vorgenommen, kann er die Selbst- mit der Fremdeinschätzung vergleichen und sich erste Gedanken machen. Vermutlich gibt es viele Übereinstimmungen, aber auch etliche Diskrepanzen.

Fragebögen sind dabei ein ebenso einfaches wie angemessenes Hilfsmittel für das Einholen von Rückmeldungen an Führungskräfte: Sie sind leicht zu handhaben, schnell auszuwerten, die Ergebnisse lassen sich anschaulich präsentieren und die Anonymität kann problemlos gewahrt werden. Es hängt allerdings von der Qualität der Fragebögen ab, ob sie eine angemessene und stimulierende Datenbasis für den Auswertungsworkshop liefern. Deshalb sollen im Folgenden einige Anregungen für die Inhalte von Fragebögen gegeben werden. Beispiele für Fragebögen findet man inzwischen in zahlreichen Publikationen (z.B. Kühme 2001) sowie im Internet.

Anregungen vermag der Aufbau des »Gesprächsleitfadens für Mitarbeiter-Feedback« geben, der sich bei DaimlerChrysler seit Jahren bewährt. Er unterscheidet acht Dimensionen des Führungsverhaltens, nämlich:

1. fördert Zusammenarbeit;
2. fördert Mitarbeiter/innen;
3. gibt Anerkennung;
4. informiert;

5. fördert Ideen;
6. verbessert Wirtschaftlichkeit;
7. führt wertorientiert;
8. handelt kundenorientiert;

und, nicht zu vergessen, die Öffnung des Fragebogens für weitere berichtenswerte Aussagen der Mitarbeiter/innen:

9. Sonstiges.

Kouznes und Pozner (1987) haben Führungsverhalten in den USA und Europa in einer groß angelegten Studie untersucht und vor diesem Hintergrund fünf Dimensionen für Führungsfeedback entwickelt:

1. Prozess initiieren:
   – nach günstigen Gelegenheiten suchen;
   – experimentieren und Wagnisse eingehen.
2. Gemeinsame Visionen schaffen:
   – verdeutlichen, was die Zukunft bringt;
   – andere überzeugen und als Verbündete gewinnen.
3. Andere befähigen, selbst zu handeln:
   – andere bestätigen;
   – Zusammenarbeit fördern.
4. Wege zeigen und bereiten:
   – Beispiele geben;
   – kleine Erfolge einbauen.
5. Fördern und bestätigen, auch auf der Gefühlsebene:
   – Leistungen anerkennen;
   – Erfolge feiern;
   – herzlich sein.

Wenn man sich bereits publizierter Beispielfragebögen bedient, sollte man sie möglichst als Anregung für die Zusammenstellung eines schuleigenen Fragebogens verstehen, der allerdings vieles übernehmen kann. Wenn ein Leitbild und/oder Schulprogramm vorliegt, sollten sich die Dimensionen der Leitungsfeedbacks unbedingt daran orientieren, weil sonst Schulentwicklung und Schulführung auseinander laufen könnten.

4.1.3.2 Auswertungsworkshop

Entscheidend für Personalentwicklung ist, dass die Schulleiterin bzw. der Schulleiter die Ergebnisse des Führungsfeedbacks nicht für sich behält, sondern sie mit den Fremdeinschätzern, also den Lehrpersonen bespricht. Dafür eignet sich am besten ein Auswertungsworkshop. Dazu lädt die Schulleiterin bzw. der Schulleiter einige Lehrpersonen ein, und zwar am besten in einen Sitzungsraum, der neutraler ist als sein Büro. Im Sitzungsraum werden die Ergebnisse der Selbst- und Fremdeinschätzung präsentiert und nach und nach analysiert: Welche Ergebnisse sind deckungsgleich; wo ist die Fremdeinschätzung positiver, wo ist sie negativer als die Selbsteinschätzung; welche Ergebnisse sind überraschend? Welche Beispiele können die Ergebnisse veranschaulichen, belegen oder korrigieren? In einem zweiten Schritt werden Konsequenzen besprochen und am besten auch vereinbart. Drei Konsequenzen sind denkbar:

1. Führungsleitsätze vereinbaren (und dem Kollegium mitteilen),
2. Zielvereinbarungen treffen oder
3. Maßnahmen verabreden.

Für eine intensive Analyse nebst Vereinbarung von Konsequenzen sind ca. drei Zeitstunden erforderlich. Zielvereinbarungen und Maßnahmen, die Nichtbeteiligte betreffen, können im Workshop nur angedacht, aber nicht beschlossen werden. Es ist aber auch denkbar, dass sich die Schulleiterin oder der Schulleiter einer großen Schule von seinem Stellvertreter und den Abteilungs- bzw. Stufenleitern einschätzen lässt und diese zum Workshop bittet. Dann kann er mit ihnen auch Zielvereinbarungen schließen und Maßnahmen verabreden, sofern sie nur diesen Kreis betreffen. Beispielsweise hat in einem solchen Workshop der Schulleiter eines Gymnasiums erfahren, dass er den übrigen Schulleitungsmitgliedern kaum Raum für eigene Vorschläge und Ideen ließ, weil er sie meistens sofort mit seinen Ideen und Vorschlägen überrumpelt hat. Als Maßnahme wurde verabredet, dass bei »Überrumpelungsgefahr« das aus dem Basketball bekannte Handsignal für Auszeit gegeben werden sollte, um jeder und jedem Beteiligten die Chance zu geben, erst einmal eigene Vorschläge zu machen.

Nicht zuletzt um überprüfen zu können, ob die verabredeten Führungsgrundsätze, Zielvereinbarungen oder Maßnahmen auch tatsächlich eingehalten werden, ist es sinnvoll, Rückmeldungen an Führungskräfte nebst Auswertungsworkshops ca. jedes Jahr oder alle zwei Jahre zu wiederholen.

4.1.3.3 Probleme

Nach bisherigen Erfahrungen treten vor allem beim Auswertungsworkshop Probleme auf. Gleichwohl ist die Durchführung eines solchen Workshops entscheidend für das Gelingen von Personalentwicklung. Es lohnt sich also, diesen Problemen besondere Aufmerksamkeit zu schenken. Es handelt sich um Fragen der Anonymität, der Gruppengröße und des Gesprächsklimas.

Die Frage der Anonymität wird von manchen Managementtrainern als Mutfrage behandelt: »Anonymität ist Feigheit« (Sprenger). Hier wird Mut mit Übermut verwechselt. Man übersieht offenbar, dass Führungsfeedback für nahezu alle Schulen etwas völlig Neues darstellt und vielen Schulleiterinnen, Schulleitern und Lehrpersonen zunächst als Bedrohung erscheint. Die Folge könnte sein, dass man Konflikte scheut und sich bei wirklich kritischen Aussagen zurückhält. In einer voll entwickelten Vertrauenskultur mag das anders aussehen. Aber eine Vertrauenskultur muss erst entwickelt werden. Personalentwicklung ist kein einmaliges Ereignis, sondern ein Prozess, auch ein Gewöhnungsprozess. Deshalb empfiehlt Brinkmann (1998, S. 66f.), mit der Zusicherung strikter Anonymität zu arbeiten, zumindest zu Beginn. Im Auswertungsworkshop kann es jeder Teilnehmerin und jedem Teilnehmer selbst überlassen bleiben, sich zu outen und anzugeben, was er zu dieser oder jener Frage geantwortet hat. Nach einhelliger Erfahrung wird das Gespräch im Laufe des Workshops immer offener und nach und nach outen sich die Teilnehmer/innen auch. Aber dies darf nicht erzwungen werden. Deshalb sollte Anonymität die Regel sein.

4.1.3.4 Zur Gruppengröße

Häufig wird die Frage gestellt, ob ein ganzes Lehrerkollegium am Auswertungsworkshop teilnehmen sollte oder nur eine Auswahl von Lehrpersonen. Um sie beantworten zu können, sollte man sich zunächst eine Situation vorstellen, bei der auf der einen Seite die Schulleiterin bzw. der Schulleiter sitzt und auf der anderen 50 (oder je nach Größe der Schule 20 oder gar 130) Lehrpersonen. Der Schulleiter gerät dabei – allein schon aufgrund seiner isolierten Position – allzu schnell in eine Verteidigungssituation: Der Fragebogen zeigt, dass z.B. 40 Personen ihn in einer Frage kritisch beurteilt haben, dieses wird durch einige Wortmeldungen noch bestärkt. Diese Situation erinnert an ein chinesisches Umerziehungslager der 60er-Jahre, bei dem sich eine Person gegenüber allen Mitinsassen in einer mehrstündigen Veranstaltung rechtfertigen musste, wenn sie von der Linie abwich oder sich eines anderen Vergehens schuldig gemacht hatte. Beabsichtigt war damit nichts anderes als Gehirnwäsche!

Ein solches Setting ist unzumutbar für jeden Menschen, selbstverständlich auch für Schulleiter/innen. Empfehlenswert ist ein kleineres, weniger durch Gruppendruck gekennzeichnetes Setting. Es hat sich bewährt, zum Auswertungsworkshop lediglich drei bis fünf Lehrpersonen einzuladen, diese aber überlegt auszuwählen. Die Schulleiterin oder der Schulleiter kann dies selbst tun, sollte es aber gut begründen. Oder er kann das Kollegium fragen, wer Interesse an einer Teilnahme hat; wenn sich deutlich mehr als fünf melden, können die Interessenten unter sich selbst ausmachen, wer zu dem Kreis der fünf Teilnehmer/innen gehören soll und wer nicht.

In Industrie und Verwaltung ist die Führungsspanne ohnehin viel kleiner als in der Schule, sodass das Problem der zu großen Zahl gar nicht erst auftritt.

4.1.3.5 Gesprächsklima

Auch mit einer kleinen Zahl von Teilnehmerinnen und Teilnehmern kann ein Auswertungsworkshop heikel werden, weil es unbedachte und verletzende Äußerungen gibt, die Schulleiterin bzw. der Schulleiter sich in eine Verteidigungsrolle drängen lässt oder es scheint, als sollten »alte Rechnungen« beglichen werden. Hier kann die Vereinbarung von Kommunikationsregeln heilsam sein. Dabei sollte zwischen Feedbacknehmern und Feedbackgebern unterschieden werden: Die Schulleiterin oder der Schulleiter hat das Feedback entgegengenommen, er ist der Nehmer; die Lehrpersonen haben es qua Fragebogen gegeben und sie ergänzen es durch Wortbeiträge im Workshop, sie sind die Geber. Die Vereinbarung von Regeln reicht manchmal nicht aus, weil sie (noch) nicht zur Alltagskultur der Schule gehören und häufig durchbrochen werden. Für diesen Fall liegt es nahe, einen externen Moderator oder eine allgemein anerkannte »neutrale« Person aus dem Kollegium heranzuziehen, die nicht beteiligt ist und auf die sich Leiter/in und Lehrpersonen einigen können.

Eine Moderatorin oder ein Moderator kann auch hilfreich bei der Bearbeitung der beiden zuvor genannten Probleme sein, wenn er z.B. darüber wacht, dass niemand zur Aufgabe seiner Anonymität gezwungen wird, dass nicht nur Diskrepanzen besprochen, sondern auch Übereinstimmungen festgehalten werden oder dass die Auswahl der Teilnehmer/innen transparent und an Kriterien orientiert erfolgt.

4.1.4 Potenzialanalyse und Laufbahnberatung

Zur Personalförderung gehören nicht zuletzt die Förderung unentdeckter Talente sowie die sich z.T. daran anschließende Laufbahnberatung. Die Methode der Entdeckung unentdeckter Talente wird *Potenzialanalyse* genannt (vgl. Kleinmann/Strauss 2000). Unter Potenzialanalyse versteht Hilb (2001, S. 139) »den systematischen Versuch,

- einerseits die momentan vorhandenen, allerdings noch brachliegenden Fähigkeiten (d.h. das offene Potenzial) und
- andererseits die noch nicht erkannten bzw. noch nicht ausgebildeten Fähigkeiten (d.h. das verborgene Potenzial)

durch mehrere Beurteiler im Arbeitsalltag gezielt [zu] beobachten, um gültige Voraussagen über künftiges Verhalten zu ermöglichen«. Hilb konzediert, dass die Potenzialanalyse sowohl in der Theorie als auch in der Praxis noch wenig entwickelt ist, wofür er mehrere Gründe anführt (ebd., S. 139f.):

- Die Definition von »Potenzial« ist nicht eindeutig,
- die Multidimensionalität des Potenzialbegriffs erschwert eine angemessene Erfassung und
- die Beurteiler sind ohne umfassende Schulung nicht in der Lage, das Potenzial, vor allem das verborgene, einzuschätzen.

Aufgrund dieser Schwierigkeiten empfiehlt er die Auswertung möglichst vieler Informationsquellen durch kombinierte Mehrpersonenbeurteilung, die Konzentration auf verhaltens- und nicht eigenschaftsbezogene Kriterien und die Konzentration auf wenige Kriterien. Er selbst schlägt die folgenden Kriterien vor:

1. Persönlichkeitspotenzial (Lernfähigkeit, Stressresistenz),
2. Fachpotenzial,
3. Sozialpotenzial (Interaktionsfähigkeit, »optimistischer Realismus«),
4. Führungspotenzial (Vorbildlichkeit, Ressourcenmanagement) und
5. »Helikopterfähigkeit« (d.h. Fähigkeit zum Überblick, also immer gleichzeitig im Dienste der Kunden, Mitarbeiter/innen und der Umwelt zu handeln).

Der wichtigste Ort für Potenzialanalysen ist die Schule selbst. Die bereits beschriebenen Mitarbeitergespräche sind eine gute Gelegenheit für Potenzialanalysen. Darüber hinaus finden sich im Arbeitsalltag der Schule etliche Anlässe zur gezielten Beobachtung von brachliegenden, vielleicht auch von verborgenen Fähigkeiten. Dies gilt vor allem für Schulen, in denen intensive Schulentwicklungsprozesse stattfinden. So können sich Sprecher/innen von Steuergruppen in Führungs- und Managementrollen erproben. Gleiches gilt für Leiter/innen von Fachkonferenzen und Projektgruppen. Wer sich als Mediator/in ausbilden lässt, erwirbt Fähigkeiten zur Konfliktbearbeitung und kann sie auch im Kollegium ausprobieren. Wer an der Schülerzeitung, dem Jahresbericht der Schule oder dem Redaktionsausschuss für das Leitbild mitarbeitet, zeigt oder entwickelt Redaktionsfähigkeiten, die – wie die Fähigkeit zur Konfliktbearbeitung – auch für Leitungspositionen von Belang sind.

Potenzial ist aber nicht nur für Leitungspositionen von Interesse, sondern auch für die Kollegiumsentwicklung. Für das ganze Kollegium sind auch solche Lehrkräfte höchst nützlich, die Unterrichtsmaterial und -methoden entwickeln. Es gibt Schulen, die dazu eindrucksvolle Buchproduktionen zustande bringen (z.B. die Realschule Enger, vgl. Literaturverzeichnis).

Brachliegende Fähigkeiten müssen erkannt werden, von den Lehrpersonen selbst und von der Schulleitung, die sie dann fördern kann und soll. Viel schwieriger ist die Entdeckung verborgener Fähigkeiten. Hier hilft entweder experimentelles Ausprobieren – man muss sich auf verschiedene neue Aufgaben erst einmal einlassen, um erkennen zu können, ob man Talent dafür hat – oder man besucht außerschulische Veranstaltungen zur Potenzialanalyse. Vorteile der Seminare zur Potenzialanalyse im Schulbereich sind u.a.:

- Feststellung des Entwicklungs- und Leistungspotenzials sowohl in Bezug auf die schulische Arbeit als auch auf Führungskompetenzen von Menschen vor Eintritt in ein Bewerbungsverfahren,
- Mitwirkung professioneller Moderatorinnen und Moderatoren sowie
- Rückmeldung durch mehrere fachlich versierte Personen aus verschiedenen Aufgaben- bzw. Arbeitsfeldern.

Ist die Potenzialanalyse einigermaßen abgeschlossen, folgt aus ihr konsequenterweise eine *Laufbahnberatung*. Eine Laufbahnberatung kann sich allerdings auch ohne vorherige Potenzialanalyse allein aus dem Wunsch einer Lehrperson oder auch einer Schulleiterin oder eines Schulleiters, der seine Berufsposition verändern will, ergeben. Ansprechpartner sind die Schulleitungen und ggf. die Schulaufsicht. Bei Laufbahnberatungen stehen vor allem vier Fragen zur Diskussion:

1. Fach- und/oder Führungslaufbahn?
2. Erarbeiten einer ganz neuen Qualifikation?
3. Weiterentwicklung in der jetzigen Schule oder in einer anderen?
4. Verbleiben im Lehrberuf oder neue Perspektive außerhalb der Schule?

Die ersten beiden Fragen beziehen sich auf innerschulische Laufbahnen, die dritte auf Schulwechsel und die vierte auf Berufswechsel. Innerschulische Fachlaufbahnen sind vor allem durch die Fachkonferenzen gegeben, aber auch durch Fachkoordinatorenstellen. In dem Maße, in dem die Fachkonferenzen aktiviert werden, indem sie z.B. Unterrichtsentwicklung oder -evaluation durchführen, gewinnen ihre Vorsitzenden an Bedeutung. Die Fachkonferenzvorsitzenden werden auf Zeit gewählt, die Fachkoordinatoren werden in einigen Schulformen auf Beförderungsstellen geführt.

Die Erarbeitung ganz neuer Qualifikationen wird im nächsten Abschnitt (Job-Enlargement) behandelt. Innerschulische Leitungs- und Führungskräftelaufbahnen sind durch die Stellen für das so genannte Mittelmanagement gegeben. Während »Stellvertretende Schulleiter«, »Abteilungsleiter« und »Didaktische Leiter« z.B. in der Gesamtschule in Nordrhein-Westfalen zur Schulleitung gehören, in anderen Schulformen aber ausschließlich Schulleiter/innen und Stellvertreter, zählen verschiedene andere Funktionen – in den einzelnen Ländern unterschiedlich benannt z.B. als »Bildungsgangleiter«, »Stufenleiter«, »Fachbereichskoordinatoren«, »Zweite Konrektoren«, »Stufenkoordinatoren« – zum Mittelmanagement. Unbenommen ist die Möglichkeit, dass Schulleiter/innen sich ein gewisses Mittelmanagement schaffen, indem sie innerschulische Funktionsstellen schaffen. Deren »Honorierung« (im weiteren Sinne) ist dann Angelegenheit der Leiterin oder des Leiters. An großen weiterführenden Schulen könnten die Führungslaufbahnen durch die Einrichtung von kollegialen Schulleitungen ausgeweitet werden. Kollegiale Schulleitung ist die arbeitsteilige Wahrnehmung von Schulleitungsaufgaben durch mehrere Lehrkräfte. So werden die mit der Schulleitung verbundenen Aufgaben auf mehrere Schultern verteilt und es sind – je nach individueller Kompetenz – Schwerpunktsetzungen im Sinne einer Spezialisierung möglich. In einem Hamburger Schulversuch (vgl. Daschner 2001) und in etlichen Schweizer Gymnasien werden diese Stellen auf Zeit besetzt, sodass auch eine gewisse Mobilität nicht unbedingt mit Aufstieg verbunden sein muss, sie kann auch durch Wechsel der Schule erfolgen. Schulwechsel reichert die Berufsbiografie jeder Lehrperson an und vergrößert die Erfahrungen mit Schul- und Unterrichtsentwicklung. Sie sollte deshalb erleichtert und am besten – wie seit jeher im Hochschulbereich – mit Anreizen verbunden werden. In Hamburg wird Mobilität der Lehrpersonen sogar erzwungen: Alle neu eingestellten Lehrer/innen sollen dort künftig innerhalb von zehn Jahren ihre Schule wechseln. Schulleitung und Schulaufsicht haben dabei eine beratende und die Mobilität unterstützende Aufgabe. Dabei soll vor allem darauf hingewirkt werden, dass Lehrpersonen, die sich um einen Arbeitsplatz mit einem besonderen, ihren persönlichen Stärken entsprechenden Profil bewerben, unterstützt werden. Zudem wird in Hamburg berufliche Mobilität deutlicher als bisher bei allen Beförderungen und Besetzungen von Leitungs- und Funktionsstellen ein wichtiges Auswahlkriterium sein (vgl. Daschner 2001, S. 11).

Die schwierigste Entscheidung einer Lehrperson ist allerdings, ob sie im Beruf bleiben oder sich eine Beschäftigung außerhalb der Schule suchen will. Hier ist die Beratungskompetenz von Schulleitung und Schulaufsicht allerdings sehr begrenzt, jedoch vorhanden, zumindest dann, wenn es um den Verbleib in der Schule geht.

4.1.5 Job-Rotation, Job-Enrichment und Job-Enlargement

Personalentwicklung als Förderung des »professionellen Selbst« (Bauer) kann in der Schule für jede Lehrperson auch ohne Laufbahnwechsel geschehen: durch Job-Rotation, Job-Enrichment und Job-Enlargement.

Job-Rotation bedeutet den Wechsel des Arbeitsplatzes bzw. des Arbeitsschwerpunkts. Dieser findet in den meisten Schulen ohnehin statt, er wird allerdings selten als Chance zur Personalentwicklung begriffen. Um Job-Rotation handelt es sich z.B., wenn eine Jahrgangsstufenleiterin vom Unterricht in der Oberstufe in die Unterstufe wechselt oder wenn ein Lehrer die Funktion als Klassenlehrer aufgibt und sich ganz auf seine Tätigkeit als Fachlehrer konzentriert – oder umgekehrt.

Job-Enrichment findet statt, wenn eine Lehrperson
- in einer Projektgruppe mitarbeitet;
- Leiter/in einer Projektgruppe wird;
- in einer Steuergruppe mitwirkt;
- Sprecher/in einer Steuergruppe wird;
- zur oder zum Vorsitzenden einer Fachgruppe gewählt wird;
- in der Schulkonferenz mitarbeitet;
- Vertrauenslehrer/in für Schüler/innen wird;
- an einer anderen Schule hospitiert;
- die Netzwerkarbeit zwischen Schulen koordiniert;
- die Schulzeitung oder den Jahresbericht betreut;
- Schülerpraktika organisiert und koordiniert;
- Weiterbildung für andere Lehrkräfte innerhalb oder außerhalb der eigenen Schule, vielleicht auch in der Erwachsenenbildung, betreibt;
- sich in pädagogischer Diagnostik fortbildet usw.

Job-Enrichment geht – bildlich gesprochen – in die Tiefe, Job-Enlargement in die Breite. Um *Job-Enlargement* handelt es sich, wenn eine Lehrperson
- eine Zusatzausbildung macht, z.B. als Beratungslehrer/in, Mediator/in o.Ä.;
- befristet einzelne Schulleitungsaufgaben übernimmt wie Stundenplankoordinierung, Fortbildungsplanung o.Ä.;

- ein Mentorat für Referendare oder neue Lehrer/innen übernimmt;
- mit einem Lehrauftrag an der Universität betraut wird;
- Unterrichtsmethoden und -materialien entwickelt, in entsprechenden überschulischen Gremien mitarbeitet und eventuell darüber publiziert;
- sich zum Moderator oder Schulentwicklungsberater fortbildet;
- eine Supervisoren- oder Coach-Ausbildung macht usw.

Die Beispiele zeigen auch, dass sich Job-Enrichment und Job-Enlargement nicht immer trennscharf unterscheiden lassen. Die Auflistungen sind sicher nicht vollzählig. Aber sie zeigen auch so, dass es in der Schule zahlreiche Möglichkeiten der individuellen Personalentwicklung gibt. Auch wenn zusätzliche Belastungen damit verbunden sind, ist dennoch zu erwarten, dass sie Abwechslung in den Arbeitsalltag bringen und zudem neue Laufbahnchancen erschließen.

4.2 Personalentwicklung als Kollegiumsentwicklung

Nicht nur die einzelne Lehrperson, sondern das gesamte Personal einer Schule muss sich weiterqualifizieren, wenn eine Schule im Sinne einer lernenden Organisation angestrebt wird.

Bedeutung und Wirksamkeit von Kollegiumsentwicklung sind durch eine Studie von Rosenholtz (1989) gut belegt. Sie hat festgestellt, dass berufserfahrene Lehrer/innen häufig nicht mehr Erfolg in ihren pädagogischen Bemühungen haben als berufsunerfahrene. Den Erfolg misst Rosenholtz dabei anhand von Leistungstests am Lernerfolg der Schüler/innen. Die Lernerfolge von Schülerinnen und Schülern berufserfahrener Lehrer/innen liegen z.T. unter den Erfolgen von Schülerinnen und Schülern, die von Berufsanfängern unterrichtet werden. Deshalb unterscheidet Rosenholtz auch ironisch zwischen Lehrerinnen und Lehrern, die zehnjährige Lehrerfahrung ins Spiel bringen können, und solchen, die über einjährige Erfahrung verfügen und diese zehn Mal wiederholt haben (Rosenholtz 1989, S. 82). Routine ist also im Lehrerberuf keineswegs Garantie für Qualität. Wichtig ist vielmehr professionelle Entwicklung. Entscheidend für professionelle Entwicklung sind wiederum Bedingungen, die auf der Ebene der Einzelschule und des jeweiligen Kollegiums liegen. Die im Folgenden dargestellten Maßnahmen zur Kollegiumsentwicklung stellen ebenso wie die zuvor beschriebenen Verfahren der individuellen Personalentwicklung nur eine Auswahl dar. Weitere Anregungen finden sich beispielsweise in den Beiträgen von Kempfert und Horster in diesem Band (S. 545ff. und S. 810ff.).

4.2.1 Mentorat für Neueintretende

Das Mentorat etablierte sich etwa Mitte der 80er-Jahre als eine Art »Patenschaft« zwischen jungen oder neu in eine Organisation eingetretenen Mitarbeitern und einer erfahrenen, älteren Führungskraft, dem Mentor oder der Mentorin. Dabei lassen sich informelle Mentoren, die vom Mitarbeiter organisationsintern (aus)gesucht werden, und formelle Mentoren, denen man direkt zugeordnet wird, unterscheiden (vgl. Rauen 2001, S. 69).

Mit dem Konzept des Mentorats sollte die oftmals problematische Integration von Mitarbeiterinnen und Mitarbeitern in die für sie neue Organisationskultur verbessert werden. Mentor/in und Mitarbeiter/in bauen eine Beziehung zueinander auf, innerhalb derer dem »Schützling« von einem »Paten« die formellen und informellen Normen der Organisation vermittelt werden.

Das Mentorat ist dem Coaching verwandt, aber im Unterschied zum organisationsexternen Coaching keine unabhängige Beratung. Zudem beschränken sich die im Mentorat thematisierten personenbezogenen Orientierungsprobleme auf solche, die direkt mit der Organisation zusammenhängen. Für die Bearbeitung weiterer Probleme ist der Mentor auch nicht qualifiziert.

Im Schulbereich hat das Mentorat in Bezug auf die Betreuung von Referendarinnen und Referendaren eine lange Tradition. Es beschränkte sich allerdings bisher auch darauf. Im Zuge der Reform der gesamten Lehrerausbildung, die in Deutschland ein aktuelles Thema ist, soll das Mentorat jedoch auf die Zeit nach dem Referendariat ausgeweitet werden, wenn die Lehrpersonen eine erste Anstellung finden, die in der Regel an einer anderen als der Ausbildungsschule realisiert wird. In dieser für die Junglehrer/innen neuen Schule soll eine so genannte Berufseingangsphase stattfinden. Sie soll für den Aufbau von Handlungssicherheit und den Erwerb einer tragfähigen beruflichen Identität sorgen. Zur Ausgestaltung der Berufseingangsphase schlägt die Terhart-Kommission u.a. Maßnahmen »schulnaher, kompetenzbezogener und kollegial-kooperativer Begleitung« (Terhart 2000, S. 129), also ein Mentorat vor. Die Berufseingangsphase soll drei bis fünf Jahre dauern.

Ein Mentorat für Berufsanfänger steht auch angesichts jener Widrigkeiten auf der Tagesordnung, von denen Horster berichtet: Berufsanfänger werden vielfach unbedacht (und sicherlich auch unter dem Druck aktueller Personalnot) als willkommene Verfügungsmasse betrachtet, um Löcher im Stundenplan zu stopfen. Diese Praxis von Schulleitungen führt häufig dazu, dass neue Mitglieder des Kollegiums

- »nicht einigermaßen gleichmäßig in ihren beiden Fächern und den verschiedenen Schulstufen eingesetzt werden;
- gleich zu Beginn ihrer beruflichen Laufbahn Problemklassen übernehmen müssen, die von anderen Mitgliedern des Kollegiums nicht gewünscht werden;
- unausgewogene Stundenpläne z.T. mit einer erheblichen Anzahl von Springstunden akzeptieren müssen;
- in erheblichem Maße mit Sonderaufgaben betraut werden, um sich als neue Lehrkräfte ›zu bewähren‹« (Horster 2001, S. 142).

Derartige Widrigkeiten treffen junge Lehrkräfte in einer Lebenssituation, in der sie sich in einem unbekannten Kollegium neu orientieren müssen und meistens auch noch den Wohnort wechseln. Es nimmt nicht wunder, wenn sich dabei ein Gefühl des Überfordertseins einstellt. Horster identifiziert vor allem zwei Bereiche, in denen Berufsanfänger gegenüber erfahrenen Lehrkräften besonderen Lernbedarf haben: »Einmal im Hinblick auf das spezifische Betriebswissen der Schule, an der sie ihre erste Stelle erhalten haben, und zum anderen im Hinblick auf die Entwicklung eines fachlichen Repertoires, das den Lehrplan ihrer Schulform abdeckt. In diesen Zusammenhang gehört auch der in der Regel noch fehlende Überblick über unterschiedliche Lerngruppen, um den Leistungsstand einzelner Schülerinnen und Schüler angemessen einschätzen zu können« (ebd., S. 144). Zum Betriebswissen zählt er die Vertrautheit mit Regelungen, die den Unterricht im engeren Sinne betreffen, sowie Kenntnisse über Leitung, Erziehungsgrundsätze, Schülerberatung, Qualitätsmanagement, Organisation und Verwaltung. Horster sieht vor allem die Schulleitungen in der Rolle des Mentors. Sie sollen

- Stundenentlastung gewähren (für die ersten beiden Berufsjahre),
- Kooperation fördern (»Tandembildung von berufserfahrenen und neuen Kräften in Parallelklassen«, weil auf diese Weise ein Austausch über Unterrichtsgestaltung, Beurteilung von Schülerleistungen sowie über organisatorische und erzieherische Probleme gewährt wird),
- besondere Kompetenzen nutzen (Gespräche mit Berufsanfängern führen, um deren besondere Interessen und Talente herauszufinden und diese einzusetzen) und
- den Unterrichtseinsatz strategisch planen (also die genannten Widrigkeiten vermeiden).

Einen bedeutsamen Schritt weiter geht die Hamburger Schulbehörde (BSJB 1999). Sie geht davon aus, dass nicht nur Referendarinnen, Referendare und Berufsanfänger ein Mentorat benötigen, sondern darüber hinaus auch

- Rückkehrer/innen (z.B. aus dem Erziehungsurlaub),
- Teilpendler/innen,
- Lehrer/innen aus anderen Bundesländern,
- Lehrer/innen, die durch Umsetzung an die Schule gekommen sind, sowie
- neu an der Schule arbeitendes nicht pädagogisches Personal.

Insgesamt sind das jährlich immerhin 16 Prozent der Lehrerschaft, die aus unterschiedlichen Anlässen neu in ein Schulkollegium eintreten (ebd., S. 4). Auch die Hamburger Behörde sieht die Schulleitung in einer besonderen Verantwortung für die Integration neuen Personals. Sie sollte

- Gespräche führen, die vor allem der Eindrucksbildung, Information, Hilfe und Beratung dienen;
- hospitieren, um sich frühzeitig ein Bild von der pädagogischen Persönlichkeit der bzw. des Neuen zu machen, und erkunden, wo sich Stärken zeigen, aber auch wo Beratungsbedarf erkennbar ist;

- ein Patensystem einrichten, bei dem der neuen Lehrkraft eine erfahrene Person aus dem Kollegium, vor allem Fachvertreter/innen, zur Seite gestellt werden, um Fragen zu beantworten, sie zu betreuen, zu beraten und zu informieren;
- einen Wegweiser erarbeiten (lassen), der in Stichworten alle Informationen enthält, die für die Orientierung an der Schule wichtig sind, z.B. zum Parken, zu den Aufsichten, zum Bestellbuch, zu den Konferenzen, zum Kopieren, zur Schularztstelle, zum Telefonieren usw.;
- einen Ablaufplan erstellen, der die wichtigsten Schritte der Einarbeitung und Integration enthält und transparent macht. Er sollte jeder und jedem Neuen zusammen mit dem Wegweiser ausgehändigt werden.

Die Hamburger Behörde geht beim Mentorat für Neueintretende von einem Zeitrahmen aus, der sich über ein Jahr erstreckt. Schon am ersten Tag sollen die Neueintretenden mit der Patin oder dem Paten bekannt gemacht und dem Kollegium vorgestellt werden. Nach zwei bis drei Wochen erfolgt ein längeres Gespräch mit der Schulleitung über die ersten Erfahrungen und Eindrücke, erste Rückmeldungen darüber, wie sie »ankommen«, und Angebote zu weiteren Beratungen und Hilfen. Zudem hat die Hamburger Behörde eine umfangreiche Checkliste erstellt, die in Abbildung 5 dokumentiert ist.

Mentorate für Neueintretende erleichtern nicht nur diesen selbst das Leben, sondern haben auch Vorteile für die Kollegiumsentwicklung. Denn Neueintretende zeichnen sich häufig durch eine Frische im Auftreten aus, die von der Idee eines Neuanfangs herrührt. Der Status des Neueintretenden paart sich in vielen Fällen mit der Absicht, neue Lösungswege ausprobieren und unbekannte Erfahrungen machen zu wollen. Das sorgt für Anregungen bei der Mentorin bzw. dem Mentor und vermag das ganze Kollegium zu beleben.

Außerdem wird dem Kollegium dabei bewusst, dass es selbst einen Beitrag zur Professionalisierung leisten muss, was bei den traditionellen Professionen der Ärzte oder Anwälte ohnehin eine Selbstverständlichkeit ist. Eine Profession zeichnet sich nicht zuletzt dadurch aus, dass sie sich verantwortlich für die Professionalisierung ihrer Mitglieder fühlt.

4.2.2 Lernpartnerschaften

Persönliche Entwicklung und Kollegiumsentwicklung fallen zusammen, wenn die Lehrer/innen persönliche Entwicklungspartnerschaften (vgl. Buhren/Rolff 2000; Schratz 2001b) bilden. Diese vermögen die Vereinzelung im Lehrerberuf zu verringern, das professionelle Selbst zu stärken und eine Infrastruktur für Innovationen aufzubauen.

Persönliche Entwicklungspartnerschaften (PEPs) dienen dem dialogischen Austausch und der gegenseitigen Unterstützung. Sie entstehen auf freiwilliger Basis, d.h. die Lehrpersonen finden sich nach Wunsch und Neigung zusammen. Freiwilligkeit ist unverzichtbar, wenn eine Atmosphäre der Offenheit und Wertschätzung entstehen

*Abb.5:
Checkliste zum
Mentorat für
Neueintretende
(nach BSJB
1999)*

1. **Vor Dienstantritt**
   - Kontaktaufnahme und Orientierungsgespräch mit der Schulleitung

2. **Vor Dienstantritt**
   - Vertrag geklärt?
   - Info aus der Personalabteilung erhalten?

3. **Vor Dienstantritt**
   - Informationen und Material erhalten (z.B. Zeitleiste, Wegweiser, Schlüssel)?

4. **Erster Tag**
   - Mit Patin oder Paten bekannt gemacht?
   - Im Kollegium vorgestellt?
   - Dienstantrittsmeldung erledigt?
   - Die wichtigsten Kontakte hergestellt (zu Fachkollegen, Teamkollegen ...)?
   - Informationen erhalten (Stundenplan, Vertretungen, Aufsichten ...)?

5. **Nach zwei bis drei Wochen**
   - Gespräch mit der Schulleitung über die ersten Erfahrungen und Eindrücke

6. **In Abständen**
   - Unterrichtsbesuche durch die Schulleitung
   - Gespräche mit der Schulleitung

7. **Ende des Jahres**
   - Mitarbeiter- und Vorgesetztengespräche mit der Schulleitung als Bilanz der Einarbeitungsphase

soll, die es erlaubt, auch über persönliche Nöte, Schwierigkeiten und Probleme zu sprechen. Im Mittelpunkt der Zusammenarbeit sollten jedoch Themen der Entwicklung von Unterricht und Erziehung stehen. Von jedem der beiden Partner wird Verständnis, Rat und Vertraulichkeit, aber auch ein entsprechender Zeiteinsatz erwartet. PEPs sind nur als Beziehung auf Gegenseitigkeit realisierbar, die regelmäßigen Rollentausch voraussetzt: Mal ist der eine Partner der Empfänger von Rat und Unterstützung, mal der andere. So können längerfristige Entwicklungsprozesse am Arbeitsplatz initiiert und erleichtert werden, indem Lehrer von Lehrern lernen und sich dabei gegenseitig helfen.

Entscheidend ist, dass die Partnerschaft nicht unverbindlich oder oberflächlich-freundlich bleibt. Wenn es angebracht ist, müssen sich die Partner/innen auch auf die Füße treten können, was wehtut, aber nicht verletzen sollte. Wenn die Komfortzone hin und wieder verlassen wird, weil eine Krise oder eine größere Anstrengung in Sicht ist, darf die Partnerschaft nicht umstandslos beendet werden. Eine Lernpartnerschaft bedarf deshalb einer gewissen Formalisierung und Verbindlichkeit. Am besten leistet das ein schriftlicher Vertrag, der von beiden Partnern unterschrieben wird.

Bevor es zu einem Vertrag kommt, sollte sich jeder der beiden Partner bzw. Partnerinnen allerdings erst einmal Klarheit verschaffen über die augenblickliche Situation und die Entwicklungsperspektiven. Für die *Situationsanalyse* mag die Beantwortung der folgenden Fragen hilfreich sein:

- Welches sind meine Stärken im Unterricht?
- Welches sind meine Schwächen im Unterricht?
- Welches sind meine Stärken bei der Erziehung?
- Welches sind meine Schwächen bei der Erziehung?
- Was bedrückt mich am meisten in der Schule?
- Woran habe ich am meisten Freude in der Schule?

Für die *Entwicklungsperspektiven* kann die Beantwortung der folgenden Fragen klärend wirken:

- Was möchte ich im nächsten Jahr erreichen?
- Was will ich am Unterricht ändern?
- Was will ich an der Erziehung ändern?
- Was will ich an mir selbst ändern?
- Welche Unterstützung benötige ich?
- Welche ein oder zwei Entwicklungsziele folgen daraus?
- Woran kann ich erkennen, ob ich meine Entwicklungsziele erreiche?

Wenn der Klärungsprozess wirksam sein soll, müssen die Antworten auf diese Fragen schriftlich skizziert werden. Diese Notizen macht jeder Partner bzw. jede Partnerin für sich. Darauf gründet der Entwurf eines persönlichen Entwicklungsplans.

Schratz (2001b, S. 49) hat einen plausiblen Ablaufplan für das weitere Vorgehen veröffentlicht, den wir mit einigen Modifikationen übernehmen (vgl. den Kasten auf der nächsten Seite).

4.2.3 Schattengehen

Persönliche Entwicklungspartnerschaften sind auch unter Schulleiterinnen und Schulleitern möglich, ebenso wie unter Schulaufsichtsbeamten. Sie werden vor allem in Form des so genannten Shadowing praktiziert – vornehmlich in England, woher der Begriff stammt, aber auch hin und wieder in Deutschland (eine literarische Vorlage zur Praxis in England bietet hier David Lodge und sein Buch »Saubere Arbeit«).

Work-Shadowing ist die englische Bezeichnung für Hospitationen im beruflichen Alltag. Das heißt, man folgt einer Person am Arbeitsplatz oder in ihrem beruflichen Umfeld wie ein »Schatten«. Davon abgeleitet ist das »Schattengehen«, das zum Ziel hat,

Ablauf einer »persönlichen Entwicklungspartnerschaft« (PEP)

1. Eine Lehrperson erstellt jeweils einen persönlichen Entwicklungsplan auf der Basis von vorgegebenen Fragen und Notizen oder nach eigener Vorlage in schriftlicher Form, in der die Einschätzung der gegenwärtigen Situation, die Entwicklungsperspektiven und die Schwerpunkte der Arbeit in den nächsten ein oder zwei Jahren beschrieben werden.
2. Lehrperson X sucht sich eine Partnerin bzw. einen Partner Y, der sie in ihrer Entwicklung als »kritischer Freund« begleitet (Tandem).
3. Im ersten Treffen werden die Entwürfe des Entwicklungsplans und die weitere Vorgehensweise bei der Begleitung der Entwicklungsarbeit besprochen.
4. Um eine gewisse Verbindlichkeit für die Zusammenarbeit zu schaffen, wird angestrebt, eine Art Kontrakt mit Aktionsplan und Zeitleiste für die weitere Zusammenarbeit zu erstellen.
5. Lehrperson X arbeitet in den angeführten Entwicklungsbereichen und tauscht in bestimmten Abständen ihre Erfahrungen mit Partner/in Y aus. Y versucht, als »kritischer Freund« auf Problembereiche hinzuweisen, bietet Unterstützung an und sorgt durch regelmäßige Konsultationen für konsequente Arbeit an der vorgenommenen Zielsetzung.
6. In der folgenden Phase ist Lehrperson X »kritischer Freund« und gibt Lehrperson Y Feedback.
7. Unterstützung für die Konsultationen sind Daten, die Auskunft über die Wirkung der Entwicklungsmaßnahme(n) geben sollen. Die Auswahl richtet sich nach der jeweiligen Maßnahme. Möglichkeiten dazu bieten:
   – schriftliche Aufzeichnungen (z.B. aus dem Unterricht, Protokolle, Tagebucheintragungen);
   – akustische oder audiovisuelle Aufzeichnungen (Tonband oder Video);
   – Arbeitsdokumente (Vorbereitungen, Schülerarbeiten u.Ä.);
   – Befragungsinstrumente, Interviews etc.
   Partner/in Y kann X dabei unterstützen (etwa durch die Übernahme von Beobachtungsaufgaben oder durch gezielte Interviews).
8. Wenn persönliche Entwicklungspartnerschaften zum Anliegen der ganzen Schule werden, kann z.B. im Rahmen eines pädagogischen Tages ein »Personalentwicklungstag« durchgeführt werden, bei dem die Erfahrungen der Tandems ausgetauscht, gemeinsame Erkenntnisse individuellen gegenübergestellt und weitere Vorgangsweisen besprochen werden.

blinde Flecken aufzuhellen, Erfahrungen auszutauschen und sich gegenseitig zu beraten. Dabei bittet z.B. ein Schulleiter einen Kollegen, ihn zu einem bestimmten Zeitpunkt für ein oder zwei Tage wie ein Schatten zu verfolgen, den ganzen Tag über, vom Eintritt in die Schule bis zum Verlassen der Schule, auch in den Pausen. Dieses Schattengehen durch eine Kollegin oder einen Kollegen wird allerdings erst dann ein Mittel zur Personalentwicklung, wenn bestimmte Beobachtungsfoki zu Themen abgesprochen werden, in diesem Falle das Verhältnis zum Kollegium betreffend, und der »beschattete« Schulleiter ein möglichst präzises Feedback erhält. Dieses Feedback wiederum ist Grundlage für ein Beratungsgespräch, z.B. ein Standort- und Entwicklungsgespräch.

Entscheidend für die Wirksamkeit des Schattengehens sind die Formulierung von Beobachtungsaufträgen, die schriftlich erfolgen sollte, und die Auswahl der Beobachtungsfoki. Zu den Beobachtungsfoki können Mitarbeitergespräche, Beratungen von Neueintretenden oder Coaching-Situationen gehören, aber auch Konfliktbearbeitung oder Unterrichtsbesuche. Für die Wirksamkeit ist ebenso wichtig, eine den PEPs vergleichbare Vertrauensbeziehung aufzubauen, was mit der Schulleiterin oder dem Schulleiter einer Nachbarschule vermutlich schwieriger sein dürfte als mit der Leiterin oder dem Leiter einer entfernten, zumindest nicht konkurrierenden Schule.

Ein Schattengehen lässt sich ebenso wie PEPs aus Gründen der Zumutbarkeit und Verbindlichkeit am besten auf der Grundlage von Gegenseitigkeit organisieren: Schulleiter/in X geht Schatten bei Schulleiter/in Y – und umgekehrt. Forschungen in den USA zeigen, dass Lernpartnerschaften eine der wirksamsten Formen der Personalentwicklung sind: Sie öffnen den Unterrichtsalltag für Rückmeldungen und gegenseitige Beratung und sind Grundlage für nachhaltige Entwicklung. Sie dienen dazu, neue Unterrichtsstrategien erfolgreich zu erproben und neues Wissen zu verarbeiten (vgl. dazu Joyce/Showers 1995).

Allerdings kann es Grenzen beim Shadowing geben, die nicht übersehen werden sollten und am besten bereits im Vorfeld geklärt werden müssen. Nämlich dann, wenn Dritte betroffen sind, beispielsweise bei einem Konflikt- oder Kritikgespräch, welches die Schulleiterin bzw. der Schulleiter führen muss und bei dem nun auch sein »Schatten« anwesend ist, oder wenn andere sensible Bereiche wie z.B. Datenschutzbelange tangiert werden.

4.2.4 Professionelle Lerngemeinschaften

Neuere Forschungen aus den USA (vgl. Sergiovanni 1994; Newman u.a. 1996; Louis/Leithwood 1998; Fullan 2000) geben gewichtige Hinweise dafür, dass so genannte *professional learning communities* besonders effektiv für Personalentwicklung und das Lernen der Schüler/innen zugleich sind. Sie verbinden und vereinigen wie kein anderer Ansatz das Lehrerlernen mit dem Schülerlernen bzw. Personalentwicklung mit Unterrichtsentwicklung.

Gemeinschaften sind eine Gruppe von Menschen, die durch gemeinsames Fühlen, Streben und Urteilen verbunden sind. Sie sind personenzentriert und befriedigen Bedürfnisse wie Vertrauen, Fürsorge, Anteilnahme, Besorgtheit sowie Bindung, Verpflichtung und Verbindlichkeit. *Professionalität* bedeutet qualifizierte Ausbildung und Orientierung an hohen Standards der Berufsausübung, die zumeist von einer Berufsorganisation gesichert werden, sowie Interesse an Weiterqualifikation.

Die Kombination von Professionalität und Gemeinschaft geht davon aus, dass berufliches Lernen in Zeiten turbulenten Wandels immer auch experimentelles Ausprobieren von Neuem bedeutet, deshalb mit Risiken behaftet ist, sich diskontinuierlich vollzieht und dabei gelegentlich Minikrisen unvermeidbar sind, weshalb es mit einem Kontinuität und Solidarität verbürgenden stabilen Rahmen verbunden sein sollte.

Louis/Leithwood (1998, S. 280f.) haben fünf Elemente identifiziert, durch die »school-based professional communities« bestimmt werden:

1. *Gemeinsam geteilte Normen und Werte:* Damit ist keinesfalls eine alles überdeckende Einigkeit gemeint, vielmehr eine möglichst gemeinsame Sicht auf Kinder, Lernen, Lehren und Lehrer/innen sowie eine gemeinsame Wertschätzung von zwischenmenschlicher Verbundenheit und beruflicher Verpflichtung. Andere Autoren (z.B. Fullan) sprechen in diesem Zusammenhang von Kohärenz. Ein gemeinsam erarbeitetes Schulleitbild kann Ausdruck eines solchen gemeinsamen Grundverständnisses und von Kohärenz sein.
2. *Fokus auf Schülerlernen:* Die Lehrer/innen bekennen sich zu einer kollektiven Verantwortung für das Lernen der Schüler/innen. Die Konzentration aller Handlungen und Vorhaben auf die Lernförderung von Schülerinnen und Schülern ist eine »Kerncharakteristik« von professionellen Lerngemeinschaften. Die berufsbegleitenden Diskussionen von Lehrpersonen kreisen um Lernprobleme und Lernchancen ihrer Schüler/innen. Sie reden darüber, welche ihrer Handlungen die geistige und soziale Entwicklung der Schüler/innen am besten fördern. »In einer starken professionellen Gemeinschaft wird dieser Fokus eher durch gegenseitige Verpflichtungen der Lehrpersonen gestärkt als durch Regeln. Wenn Lehrer klare und konsistente Botschaften über ihre Ziele und Methoden des Lehrens aussenden und austauschen, erhöht das die Chancen auf Lernfortschritte der Schüler« (Fullan 1999, S. 280).
3. *Deprivatisierung:* Die Unterrichtspraxis der Lehrer/innen wird nicht als Privatsache angesehen, sondern offen und schulöffentlich diskutiert. »Weil es keine einzigen und eindeutigen Formeln des Lehrens gibt, werden die Kollegen zur kritischen Quelle von Einsicht und Feedback, was das persönliche Verstehen über die eigene Praxis erhöht« (ebd., S. 281). Indem Lehrpersonen ihre berufsbedingte Unsicherheit teilen, lernen sie neue Wege kennen, über das zu reden, was sie tun, und wird Unterrichten in der öffentlichen Schule auch ein Stück öffentlicher.
4. *Zusammenarbeit/Kooperation:* In dem Maße, in dem die Schülerschaft sozial, ethnisch und kulturell heterogener wird und sich der gesellschaftliche Trend zum Individualismus durchsetzt, müssen die Lehrpersonen stärker zusammenarbeiten. Aus gelingender Kooperation können sie auch die nötige sozial-emotionale Unterstützung erhalten. Auch eine gemeinsame Planung und Curriculumentwicklung gehören zur Kooperation.
5. *Reflektierender Dialog:* Reflexion im Sinne eines Nachdenkens über das eigene Tun erhöht die Bewusstheit über das Handeln und seine Konsequenzen. Ohne Gegenspiegelung durch andere bleiben allerdings die eigenen blinden Flecken unerkannt. Deshalb ist ein stetiger professioneller Dialog mit Kolleginnen und Kollegen erforderlich, der die intellektuellen und sozialen Ansprüche sowie die Inhalte und Methoden des Lehrens und Lernens reflektiert. Dieser Dialog wird umso fruchtbarer, je mehr er sich auf Daten bezieht, sodass eine Alltagskultur der Evaluation entsteht (vgl. Schön 1983).

In den USA werden *professional learning communities* meist auf das Ganze eines Lehrerkollegiums bezogen. Dieses ist jedoch zumeist zu groß, um Überschaubarkeit und Solidarität zu gewähren. Außerdem müssen Kooperation und reflexive Dialoge organisierbar sein. Deshalb versteht man unter professionellen Lerngemeinschaften (PLGs) die an Schulen ohnehin vorhandenen oder zu schaffenden arbeitsbezogenen Gruppen von drei bis ca. zwölf Lehrerinnen und Lehrern. Die Eigenart von PLGs kann auf zwei Hauptmerkmale komprimiert werden: Sie sind zum einen strikt auf die Verbesserung von Schülerleistungen bezogen und zum anderen dezidiert auf die professionelle Entwicklung ihrer Mitglieder nach dem Motto »Lehrer als Lerner« bedacht. Die Verbesserung der Schülerleistungen als handlungsleitendes Kriterium nimmt fast rigorose Züge an. Bei fast jeder Aktion, bei jedem Vorschlag und bei jeder Entscheidung wird in erster Linie gefragt: Und was nützt das dem Lernerfolg unserer Schüler/innen? Lehrer als Lerner verstehen sich als solche, die *von*einander (»Lehrer lernen von Lehrern«) und die *mit*einander, also in einer Gemeinschaft lernen.

PLGs sind auch in den USA eine Novität; sie sind es erst recht im deutschen Sprachraum. Deshalb werfen sie im Moment noch viele Fragen auf. Vier der wichtigsten Fragen sollen im Folgenden genannt und in einem ersten Anlauf beantwortet werden.

4.2.4.1 *Welche institutionelle Basis sollen PLGs haben bzw. wie sollen sie in der Schule verankert werden?*

Zur Beantwortung dieser Frage müssen zunächst die Zielgruppen für die Arbeit in PLGs gesucht bzw. die schon vorhandenen innerschulischen Arbeitsstrukturen geklärt werden. Infrage kommen in erster Linie

- Fachgruppen,
- Klassenteams, also die drei bis fünf Lehrer/innen einer Klasse, die das Gros des Unterrichts »abdecken« (nur in Sekundarschulen möglich), oder
- komplette Jahrgangsgruppen (die dann überfachlich arbeiten).

Wichtig ist, dass die PLGs durch Schulleitungen unterstützt werden, symbolisch wie organisatorisch. Beispielsweise könnte die Schulleitung mit der Sprecherin bzw. dem Sprecher oder den Mitgliedern einer PLG Zielvereinbarungen treffen, die auch die Unterstützung regeln. Vor allem müsste die Schulleitung die stundenplantechnischen Voraussetzungen treffen und auch Entlastungen schaffen, indem sie z.B. zulässt, dass hin und wieder eine 6. oder 7. Stunde »abgehängt« wird, zu der dann die PLG tagen kann. Zur Institutionalisierung im Sinne von »Auf-Dauer-Stellung« gehört auch, dass sich die Lehrpersonen nicht verzetteln, sondern nur in einer, nicht aber in zwei oder gar drei PLGs mitarbeiten. In einem späteren reifen Stadium wird es sowohl PLGs geben, die horizontal organisiert sind, also in Klassen- oder Jahrgangsteams vor allem Unterrichtsentwicklung betreiben, als auch solche die horizontal nach Fachgruppen organi-

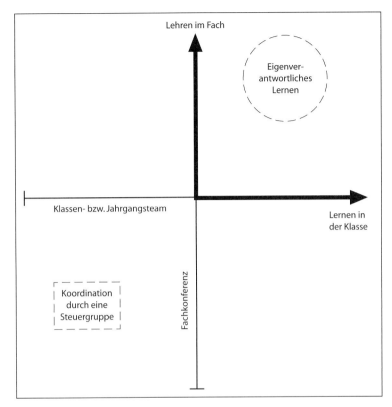

Abb. 6: Kreuz der Unterrichtsentwicklung

siert sind. In Fachkonferenzen sitzen Lehrpersonen zusammen, die »unten«, z.B. in der 5. Klasse, und »oben«, z.B. in der 10. oder 13. Klasse, unterrichten.

Die Evaluation des Projektes »Schule und Co.« hat ergeben, dass offenbar eine Kombination von Klassen- bzw. Jahrgangsteams zum einen und Fachteams zum anderen die wirksamste Konstellation für umfassende und nachhaltige Unterrichtsentwicklung darstellt (vgl. Bastian/Rolff 2001, S. 29). Es ergibt sich dann das in Abbildung 6 dargestellte »Kreuz der Unterrichtsentwicklung«, bei dem die horizontale mit der vertikalen Entwicklungsachse zusammenspielt. Das Zusammenspiel stellt allerdings eine komplizierte Koordinierungsaufgabe dar, die nur durch die Schulleitung und in großen Schulen am besten durch eine Steuergruppe bewältigt werden kann.

Die *Fachteams* bestehen aus Lehrerinnen und Lehrern eines Fachs. Sie behandeln eher fachinhaltliche und fachdidaktische Fragen und entwickeln den Unterricht (und sich selbst) in dieser Hinsicht weiter. Ihre Arbeit bezieht sich im Prinzip auf alle Schüler/innen eines Fachs. Die *Klassen- oder Jahrgangsteams* bestehen aus Lehrerinnen und Lehrern mehrerer Fächer, sie unterrichten jedoch dieselben Schüler/innen. Deshalb steht bei ihnen eher das Lernen im Mittelpunkt der Arbeit: Verbesserung der Lernmethodik, Unterstützung der Schüler/innen beim Selbstlernen, Evaluation des Unterrichts u.Ä. Jede Lehrperson könnte sich in zwei PLGs engagieren, was einen Idealzustand bezeichnet, der sicherlich kaum realisierbar ist.

4.2.4.2 Welche konkreten Aktivitäten finden in einer PLG statt?

Es liegt nahe, dass Mitglieder einer PLG sich auf Beispiele eigener gelungener Unterrichtspraxis (»best practice«) besinnen, die sie sich gegenseitig vorstellen und auf mutmaßliche Folgen für das Lernen der Schüler/innen hin überprüfen. Das bedeutet auch einen Einstieg in Unterrichtsevaluation, die im gelungenen Fall zur Dauereinrichtung wird. Zu nennen wären ferner:

- Führen und gemeinsames Auswerten von Lerntagebüchern;
- gegenseitige Vertretung im Unterricht, um eine konkrete Basis für Erfahrungsaustausch in der eigenen Schule zu finden;
- Anbahnung, Durchführung und Auswertung von Hospitationen;
- Entwicklung und Austausch von Arbeitsmitteln;
- Organisation und Auswertung von Schülerfeedback;
- Klärung und Überprüfung von Leistungsstandards;
- Austausch und Auswertung von Klassenarbeiten und Parallelarbeiten;
- Erstellen von Förderplänen;
- Erfahrungsaustausch mit Kolleginnen und Kollegen aus anderen Schulen.

Fachkonferenzen, die sich als PLG verstehen, müssen deutlich häufiger als bisher tagen; sie treffen sich bisher üblicherweise einmal zu Beginn des Schulhalbjahrs. Sie beschäftigen sich in erster Linie mit fachinhaltlichen und fachdidaktischen Themen. Sie können allerdings auch überfachliche oder allgemeindidaktische Themen bearbeiten wie z.B. Leistungsbeurteilung, Teamentwicklung, Schülerorientierung oder Handlungsorientierung. Fachkonferenzen als PLGs könnten auch Orte für fachbezogene kollegiale Beratung sein, wobei der Reihe nach einzelne Unterrichtsbeispiele beraten würden, die entweder problembeladen sind oder sich als Modell für weiterentwickelten Unterricht eignen. In dem Maße, wie sich derartige Beratungsverhältnisse verdichten, entsteht eine Beziehungsform, die als gegenseitiges Coaching verstanden werden kann.

Fachbezogene PLGs können auch gemeinsam Projekte planen und durchführen, Konzepte der reflexiven Koedukation entwickeln oder mit Unterrichtsbeurteilung durch Schüler/innen experimentieren. Die PLGs bieten die Chance, auf freiwilliger Basis Erfahrungen auszutauschen, Instrumente und Verfahren zu sammeln und weiterzuentwickeln sowie mit Varianten zu arbeiten. Selbstverständlich können PLGs dies nicht alles gleichzeitig tun. Die Konzentration auf ein oder zwei Aktivitäten ist besonders am Anfang wichtig.

4.2.4.3 Wie können PLGs ihre Professionalität erhöhen?

Joyce/Showers haben 1995 anhand der Auswertung von empirischen Untersuchungen und Erfahrungsberichten belegt, dass *peer coaching study teams* die intensivste und effektivste Form der Lehrerfortbildung und der Unterrichtsentwicklung darstellen.

Fachkonferenzen, Klassen- und Jahrgangsteams entsprechen solchen *peer coaching study teams*, wenn sie wie PLGs arbeiten. Sie stellen Selbsthilfegruppen dar, bei denen Berufskolleginnen und -kollegen (»peers«) sich gegenseitig anregen und voneinander lernen. Sie planen gemeinsam z.B. Sequenzen von Unterricht, führen ihn durch und werten die Erfahrungen und Ergebnisse gemeinsam aus. Professionalisierung geschieht auch, wenn eine Lehrkraft eine andere bittet, zu bestimmten Aspekten ihres Unterrichts einen Videofilm zu drehen, den sich beide dann gemeinsam ansehen und auswerten.

Kollegien entwickeln dabei eine gemeinsame Sprache. So ist beispielsweise »Schülerorientierung« in den meisten Kollegien ein wohl positiv besetztes, aber leeres Wort, in das jeder hineinpackt, was gerade passt. Arbeit in PLGs, vor allem die Erstellung von Arbeitsmaterialien und die Einigung auf gemeinsame Ziele, veranlasst indes alle, mit klaren Begriffen zu arbeiten und diese miteinander abzustimmen. Es geht nicht nur um die Verabschiedung von Stoffverteilungsplänen, sondern auch um das Erarbeiten und Teilen von Zielvorstellungen, Problemsichten und Normen der Zusammenarbeit. Aus Lehrerkollegien werden dann *Lernkollegien*. Dazu bedarf es allerdings etlicher Fortbildungen, die am besten gemeinsam durchgeführt werden. Gegenstände der Fortbildungen sind u.a.

- Moderationstechniken,
- Feedback- und Beratungsgespräche,
- Konfliktmanagement,
- Konstruktion von Qualitätsindikatoren,
- Selbstevaluation und
- Videodokumentation.

Hinzu kommen Fortbildungen zu fachlichen und fachdidaktischen Fragen.

- Die Fortbildung der PLGs kann einerseits extern und andererseits intern durchgeführt werden. Die PLGs können gemeinsam eine externe Fortbildungsveranstaltung besuchen, sie auswerten und versuchen, die Erfahrungen im eigenen Unterricht umzusetzen.
- PLGs könnten umgekehrt Fortbildner bzw. Trainer für eine längerfristige Begleitung in ihrer Schule gewinnen und sich für einen bestimmten Zeitraum intensiv begleiten lassen. Solche Fortbildner könnten auch selbst Unterrichtsstunden (als Beispiel) geben oder Mitglieder der PLGs in deren Unterricht coachen.
- Die PLGs müssten versuchen, eine Feedbackkultur aufzubauen, untereinander und im Verhältnis zu den Schülerinnen und Schülern. Darüber hinaus wäre eine Vernetzung mit (Fach-)Lehrpersonen anderer Schulen dem professionellen Lernen zuträglich, vor allem eine Zusammenarbeit mit PLGs anderer Schulen.
- Diskurse innerhalb der PLGs über Kriterien lernförderlichen Unterrichts, vor allem die Vereinbarung solcher Kriterien, sowie über Kriterien der Leistungsbewertung sind weitere, letztlich unverzichtbare Beiträge zur Professionalisierung.

4.2.4.4 Wie können PLGs initiiert werden?

Die Frage nach der Initiierung von PLGs muss für jede Schule gesondert beantwortet werden, weil die Antwort von den je besonderen Ausgangs- und Rahmenbindungen, aber auch von der Lernkultur jeder einzelnen Schule abhängt. Für alle Schulen kann man jedoch davon ausgehen, dass der Schulleitung dabei eine besondere Bedeutung zukommt. Die Schulleitung kann anregen, sich mit PLGs zu beschäftigen (durch SCHILF-Veranstaltungen, Besuch einschlägiger Schulen usw.), und sie kann Anlässe nutzen, die Idee der PLGs aufzunehmen. Beispielsweise könnten die Ergebnisse von innerschulischen Vergleichsarbeiten oder außerschulischen Evaluationen solche Anlässe bieten – ebenso die Ergebnisse der großflächigen Schulleistungstests wie PISA, IGLU und DESI bzw. die Vergleichstests VERA des Jahres 2004 in den Jahrgangsstufen 4 und 9, an denen sich verschiedene Bundesländer beteiligt hatten. Die Schulleitung könnte darüber hinaus Veranstaltungen inszenieren, bei denen die Lehrerschaft ihre besten Beispiele (»Schätze«) der Unterrichtsentwicklung präsentiert, untereinander diskutiert und später auch austauscht. Möglicherweise sind Initiativen aus der Lehrerschaft ohnehin wirksamer für die Initiierung von PLGs als Anregungen von der Schulleitung. Kommen entsprechende Initiativen aus dem Kollegium, wäre es Aufgabe der Schulleitung, diese zu unterstützen.

Nicht zu unterschätzen sind die Impulse, die von der Schulprogrammarbeit ausgehen. Unterrichtsentwicklung sollte einen hohen Stellenwert im Schulprogramm haben. Das lehren Erfahrungen aus der Schulentwicklung und das schreiben die Richtlinien etlicher Länder vor. PLGs könnten sich als probate Einrichtung zur Umsetzung der unterrichtsbezogenen Komponenten von Schulprogrammen erweisen.

Widerstand gegen die Etablierung von PLGs wird es in Hülle und Fülle geben. Vor allem ein vierzehntägiger oder auch monatlicher Tagungsrhythmus ist für deutsche Schulen völlig ungewohnt. Aber man kann produktiv arbeitende PLGs ohnehin nicht erzwingen. Man wird besser damit fahren, auf Freiwilligkeit zu setzen und mit den Interessierten zu beginnen. Es wäre vermutlich unprofessionell, die Energie damit zu verbrauchen, entschiedene Gegner partout überzeugen zu wollen.

Das Ideal wäre eine Schule, bei der jede Lehrerin und jeder Lehrer Mitglied zweier PLGs ist, einer horizontalen und einer vertikalen, und sich jede PLG an einer gemeinsamen Steuergruppe beteiligt. Aber ein solches Ideal ist nicht rasch zu erreichen, sondern in fünf bis zehn Jahren, und zudem ist es auch nicht das einzige Ideal: Schulen können auch ganz andere Wege gehen, z.B. institutionalisiertes Methodentraining oder Entwicklung einer Feedbackkultur im Kollegium. Wenn sich eine Schule entscheidet, mit PLGs zu arbeiten, empfiehlt es sich, klein anzufangen. Beispielsweise könnte sich eine Fachkonferenz oder eine Jahrgangsgruppe entscheiden, mit PLGs erste Erfahrungen zu sammeln. Die Unterstützung der Schulleitung ist vonnöten, aber die Entscheidung sollte strikt freiwillig sein. Es wäre sinnvoll, wenn sich alle Kolleginnen und Kollegen der Fachgruppe bzw. des Jahrgangs beteiligten. Wehren sich einige dagegen und kommt es auch nach längerer Aussprache nicht zu einem gemeinsamen Beschluss, sollte eine andere Fach- oder Jahrgangsgruppe oder auch ein Klassenteam beginnen.

In keinem Fall darf es bei PLGs um Lehrerbeurteilung durch Vorgesetzte gehen, weil dann die Offenheit des Lernklimas gefährdet wäre. Lehrerbeurteilung ist ein wichtiges Thema, aber es sollte von der Mitwirkung in PLGs strikt getrennt werden. Ein unterstützender Beschluss der Lehrerkonferenz wäre sicherlich nützlich. In jedem Fall sollte die startende PLG regelmäßig Protokolle führen, die dem Kollegium einsichtig sind. In der nächsten Runde könnten sich weitere Fächer oder Jahrgänge beteiligen oder Klassenteams bilden. Erst danach wäre die Bildung einer Steuergruppe angebracht.

Abschließend sei noch einmal daran erinnert, dass aus einem Lehrerkollegium nur dann ein Lernkollegium wird, wenn es persönliche *und* institutionelle Unterstützung gibt. Das begründet Erfahrungen aus Wirtschaft und Verwaltung und das belegen Joyce/Showers (1995) für den Schulbereich. In jedem Fall muss die Schulleitung die Entwicklung und Arbeit von PLGs symbolisch und organisatorisch unterstützen. Um Austausch zu gewährleisten, das Kollegium zu informieren, Isolierung und Auseinanderlaufen zu vermeiden, sollten mittelfristig Steuergruppen eingerichtet werden, in denen die Sprecher/innen aller PLGs und die Schulleitung vertreten sind. Über diese strukturelle Seite hinaus hat die Institutionalisierung eine kulturelle, die noch wichtiger und viel schwieriger zu etablieren ist. Damit ist eine Kultur des reflektierten Dialogs gemeint, wozu ein Klima der Unterstützung, Hilfe, Fehlertoleranz und des gegenseitigen Verständnisses gehört und bei der Konflikte nicht nur als Probleme, sondern auch als Lernchancen angesehen werden.

5. Zur Rolle von Schulleitung und Lehrerrat im Personalmanagement

Die Rolle der Schulleitung im Rahmen von Personalentwicklung ist in den vorangegangenen Kapiteln bereits implizit angesprochen worden. Beim Personalmanagement wird von der Schulleiterin bzw. dem Schulleiter in erster Linie ein neues berufliches Selbstverständnis gefordert, das Schulleitung als Beruf versteht und deren Hauptaufgabe in der Leitung und Führung der Schule sieht mit dem Ziel, die bestmögliche Aufgabenerfüllung zum Nutzen der Schüler/innen zu erreichen. In der Folge der professionellen Wahrnehmung dieser Aufgabe werden dann auch veränderte Strategien der Führung erwartet. Personalbeurteilung erfordert nicht nur ein entsprechendes Instrumentarium, sondern auch ein anderes als das überkommene Verständnis von Führung. Die weitgehend selbstständige Personaleinstellung durch die Schule und die sich daraus ergebende Notwendigkeit der Personalförderung durch die Schulleitung ist ein weiteres Aufgabenfeld, welches grundsätzlich andere und erweiterte Führungsqualitäten von der Schulleiterin oder dem Schulleiter erwartet. Darüber hinaus wird in einer selbstständiger werdenden Schule auch der Lehrerrat neue Funktionen und Aufgaben zugewiesen bekommen, die eher dem Aufgabenkomplex und Verantwortungsbereich eines Personalrats ähneln (vgl. Heldmann 2003).

Explizit wurde bisher nicht auf ein umfassendes Konzept der Personalführung einer Schule eingegangen. Angesichts der beschriebenen Aufgaben und neuen Herausforderungen für Schulleitungen und Lehrerräte ist dies jedoch dringend erforderlich.

Wir wollen dabei in erster Linie der Frage nachgehen, welchen Beitrag die Führung einer Schule zur Personalentwicklung leisten kann und muss und welches Führungsverständnis und Führungsverhalten für diese Aufgabe angemessen ist. Fragen des Schulmanagements werden in dem Beitrag »Schule managen – statt nur verwalten« von Buchen in diesem Band (S. 12ff.) behandelt.

Zunächst bedarf es einer genaueren Analyse dessen, was unter Führung verstanden werden soll (vgl. hierzu ausführlich den Beitrag »Führung« von Dubs in diesem Band, S. 102ff.). Ein Blick in die umfangreiche Literatur zum Personalmanagement macht schnell deutlich, dass Führung oder »Leadership« – wie sie im angelsächsischen Sprachraum bezeichnet wird – kein einheitliches Verständnis zugrunde liegt, sondern je nach Gesamtkonzept bzw. Führungsstrategie sehr unterschiedlich gefasst wird. Deshalb werden wir in einem weiteren Schritt aktuelle Führungskonzepte vorstellen und sie auf ihre Anwendbarkeit für die Personalführung einer Schule hin untersuchen. Dabei gehen wir davon aus, dass die Führung einer Schule in ein Konzept der Schul- und Unterrichtsentwicklung eingebunden sein und sich die Personalführung am jeweiligen Leitbild bzw. Schulprogramm und der entsprechenden strategischen Ausrichtung der einzelnen Schule orientieren sollte. In einem Exkurs werden wir zudem neueste Forschungsergebnisse zur Wirkung von Schulleitungshandeln auf die Qualitätsentwicklung von Schule referieren und dahingehend untersuchen, ob sich daraus Erkenntnisse für die Personalführung ableiten lassen (vgl. hierzu auch den Beitrag von Bonsen in diesem Band, S. 193ff.). Abschließend wollen wir die Anforderungen an ein angemessenes Verständnis von Personalführung definieren und in diesem Zusammenhang auch die Rolle des Lehrerrats im Rahmen des Personalmanagements präzisieren.

5.1 Führungsverständnis

Unter Führung wird allgemein die planende, leitende, koordinierende und kontrollierende Tätigkeit von übergeordneten Mitgliedern einer Organisation gegenüber entsprechend untergeordneten Mitgliedern verstanden. Nach Haller/Wolff bedeutet Führung »den irgendwie gearteten Versuch der Einflussnahme oder Einwirkung auf das Verhalten anderer Personen« (Haller/Wolff 2001, S. 28) in der jeweiligen Institution bzw. Organisation. Bis in die 70er-Jahre wurde vor diesem Hintergrund Führung fast ausschließlich in einem Hierarchiegefälle gesehen. Führung war gleichbedeutend mit hierarchischer oder direkter Führung, d.h. der zielgerichteten Beeinflussung und Kontrolle von Mitarbeiterinnen und Mitarbeitern zur Erfüllung von klar vorgegebenen Aufgaben in einer entsprechend vertikal ausgerichteten Organisationsstruktur. Führung offenbarte sich in dem Verhältnis zwischen direktem Vorgesetzten und Untergebenen mit einem geringen Gestaltungsspielraum des Personals in der Bearbeitung und Bewältigung der zu erbringenden Arbeitsleistung.

Erst die Veränderung der Arbeitsorganisation in Unternehmen seit den 80er-Jahren und der damit verbundene Strukturwandel des Personalmanagements (vgl. Ulich u.a. 1989) brachte ein neues Verständnis von Führung hervor, welches sich stärker an der

Tab. 2:	**Paradigmen des Wandels**	
	Rational-strukturiert	**Strategisch-systemisch**
Umfeld	• stabil • vorhersehbar	• turbulent • unvorhersehbar
Organisation	• stabil • logisch	• fließend • psychologisch
Planung	• zielbezogen, linear • langfristig	• pragmatisch, flexibel • mittelfristig
Innovation	• produktorientiert • ergebnisbezogen	• prozessorientiert • entwicklungsbezogen
Fokus	• Struktur, Funktion • Aufgaben, Rollen, Regeln	• Person, Kultur • Bedeutung, Motivation
Implementation	• ausschließlich top-down • verordnend • Druck	• top-down und bottom-up • integrierend • Überzeugung
(nach Evans 1996, S. 7)		

Gestaltung zwischenmenschlicher Beziehungen und an der aufgabenbezogenen Kooperation von Mitarbeiterinnen und Mitarbeitern im Hinblick auf die Unternehmensziele orientierte. Führung, in diesem Sinne verstanden, »hat die Aufgabe, situativ und individuell Mitarbeiter in konstruktiver Weise zu zielorientiertem Leistungsverhalten zu bewegen. Sie soll u.a. inspirieren, kommunizieren, evaluieren, abstimmen, Prioritäten setzen, anerkennen und belohnen, kritisieren und Konflikte lösen« (Becker/Buchen 2001, S. 29).

Das Führungsparadigma wandelte sich entsprechend den Veränderungen in den Unternehmungsstrukturen, die eine deutliche Abflachung der Hierarchien intendierten und die Schaffung funktionstüchtiger kleiner Einheiten zum Ziel hatten, u.a. verbunden mit der Übertragung von Entscheidungskompetenzen auf die Mitarbeiterebene. Evans (1996, S. 7) hat diese Veränderung in der Führungsphilosophie von Unternehmen und Organisationen in einer Übersicht zusammengefasst, die einzelne Aspekte des Wandels in »rational-strukturierten« Organisationen den »strategisch-systemischen« Organisationen gegenüberstellt (vgl. Tab. 2).

Betrachtet man die in der rechten Spalte aufgezählten Führungsaspekte genauer, so ergibt sich hier eine hohe Übereinstimmung mit dem von Leithwood (1992) propagierten Konzept einer »transformational leadership«, einer Führungsphilosophie, die das Individuum ebenso wie die Gruppe in ihrer jeweiligen Kompetenz zur Bearbeitung von Aufgaben und zur Bewältigung von Problemen zu stärken sucht. Führung oder »leadership« in diesem Sinne impliziert, dass auf Vertrauen und nicht auf Kontrolle gesetzt wird (vgl. Bennis 2001). Damit ist Vertrauen in die Fähigkeit von Menschen gemeint, sich flexibel neuen Herausforderungen zu stellen und gemeinsam daran zu arbeiten, diese Aufgaben zu bewältigen.

Für die Schule, die sich ständig neuen Herausforderungen und gesellschaftlichen Veränderungen stellen, dies sozusagen als Teil ihres Bildungs- und Erziehungsauftrags verstehen muss, wird Personalführung vor diesem Hintergrund neu zu definieren sein. Deshalb sollen zunächst die aktuellen Führungskonzepte für Schulen genauer untersucht werden.

5.2 Führungskonzepte für die Schule

Gewiss gab und gibt es Schulleitungen, die sich in erster Linie als Pädagoginnen und Pädagogen verstehen. Jedoch wurde den Schulleitungen bisher in der Regel ein eher administratives Führungsverständnis zugeschrieben, welches sich darin offenbart, dass die Erledigung von Verwaltungsaufgaben sowie die Bewältigung alltäglicher Routinen im Vordergrund steht, wie beispielsweise die Organisation eines personalmäßig abgesicherten Stundenplans. Demgegenüber sieht Fullan (1999, S. 127) die neue Aufgabe von pädagogischen Führungskräften vor allem darin, »nicht lineare, dynamisch-komplexe Veränderungsprozesse zu beeinflussen und zu koordinieren«.

Daraus ergeben sich aus seiner Sicht unter anderem die folgenden Aufgaben bzw. Maßnahmen (ebd.):

- eine neue Sichtweise von Kontrolle entwickeln,
- angemessene Formen der Machtausübung planen,
- Lernteams bilden, die sich selbst organisieren,
- multiple Kulturen fördern,
- Risiken eingehen,
- die Lernfähigkeiten der Gruppe verbessern und
- für genügend Erholungspausen sorgen.

Selbstverständlich tragen Führungskräfte weiterhin Verantwortung, treffen Entscheidungen und entwickeln Perspektiven. Doch sie sind zunehmend die Gestalter des Wandels in Organisationen, die »Change agents«, wie Fullan sie nennt. Sie haben die Aufgabe, lernende Organisationen aufzubauen. Senge, der anregendste Theoretiker der lernenden Organisation, hat die Rolle von Führungskräften folgendermaßen beschrieben: »In einer lernenden Organisation sind Führungskräfte Designer, Stewards und Lehrer. Sie sind verantwortlich für den Aufbau von Organisationen, deren Mitglieder ihre Fähigkeiten kontinuierlich ausweiten, um komplexe Zusammenhänge zu begreifen, ihre Vision zu klären und ihre gemeinsamen mentalen Modelle zu verbessern – das heißt, die Führungskräfte sind für das Lernen verantwortlich« (Senge 1996, S. 411).

Die drei Haupteigenschaften, die sie nach Senge dafür brauchen, liegen erstens im Design von Lernprozessen der gesamten Organisation, denn Führungskräfte in lernenden Organisationen befähigen ihre Mitarbeiter/innen dazu, produktiv mit den entscheidenden Problemen umgehen zu können, statt selbst der »Problemlöser« auf allen Ebenen zu sein. Zweitens verfolgen solche Führungskräfte eine eigene Vision und bemühen sich gleichzeitig um die Integration der Visionen und Zielvorstellungen von Mitarbeiterinnen und Mitarbeitern in ein gemeinsames Ganzes. Drittens legen sie besonderen Wert auf die Förderung des Lernens jedes Einzelnen, d.h. sie machen ihr Wissen allen zugänglich und sind offen für Herausforderungen und Verbesserungen. Sie helfen den Mitarbeiterinnen und Mitarbeitern, systemische Einsichten in die Organisation zu entwickeln und dadurch selbst Verantwortung zu übernehmen (ebd., S. 417f.).

Analog zu dieser grundlegenden Führungsphilosophie für lernende Organisationen, die 1990 unter dem Titel »Die fünfte Disziplin« in den USA erschienen ist, sind in den vergangenen Jahren eine Reihe von Führungskonzepten entstanden, die eine systemische und ganzheitliche Sichtweise von Personalführung beinhalten. *Dialogische Führung* nennen beispielsweise Haller/Wolf ihr Konzept, das im Wesentlichen darauf beruht, die dialogische Kommunikation zum Grundprinzip des Führungshandelns zu machen. »Dialogische Führung beruht auf der These, dass im Medium des Dialogs wesentliche Durchsetzungsmittel traditioneller Führungsstrategien außer Kraft gesetzt werden« (Haller/Wolff 2001, S. 8), wie z.B. die Zielvorgabe oder die Tätigkeits- und Ergebniskontrolle, ohne Führungsverantwortung abzugeben. Kennzeichnend für Dialog ist die »Verständigung gleichberechtigter Partner [...] das Eingehen auf den anderen, Akzeptanz und Anerkennung, Begegnung, Nähe: gemeinsame Suche nach Lösungen, Anerkennung des anderen als gleichwertig und gleichberechtigt« (ebd.).

Für die Praxis dialogischer Führung in der Schule schlagen die Autoren besonders geeignete Handlungsfelder vor, wie z.B. die Entwicklung eines Leitbilds, die Zusammenarbeit mit Eltern oder die Konzeption von Evaluationsformen und -verfahren. Auch die Personalführung ist in diesem Konzept ein Handlungsfeld, dem Haller/Wolf die Mitarbeitergespräche sowie die Personalbeurteilungsgespräche zuordnen (S. 19f.). In diesem Handlungsfeld wird jedoch auch deutlich, wo mögliche Grenzen der dialogischen Führung liegen; denn auch in der Schule ist eine Beurteilungssituation durch das Dienstvorgesetztenverhältnis Schulleiter/Lehrkraft geprägt, eine Konstellation, die nicht unbedingt eine gleichwertige Kommunikation fördert. Eine Chance sehen Haller/Wolff dennoch darin, dass derartige Gesprächssituationen vor allem von der Schulleiterin oder dem Schulleiter als *Lernsituation* definiert werden, um gängige Rituale der Gesprächsführung zwischen Schulleitung und Lehrkräften zu durchbrechen. Personalführung erweist sich in diesem Sinne als Lernprozess für beide Seiten, wobei für die Schulleiterin oder den Schulleiter der selbstreflexive Umgang mit eigenen Grenzen, das Eingestehen von Schwächen, Fehlern und Ängsten wichtige Elemente seiner Vorbildfunktion »auf dem Weg zur schrittweisen Realisierung dialogischer Kommunikation« (ebd., S. 18) sein sollten.

In den USA dominiert das von Burns (1978) entwickelte und von Leithwood u.a. (1999 und 2001) auf die Schule bezogene Konzept der »transformational leadership« oder *transformativen Führung*. Ausgehend von umfangreichen empirischen Studien zu Wirkungseffekten von Schulleitungshandeln auf unterschiedliche Faktoren von Schulqualität gelangten Leithwood und seine Mitarbeiter zu der Erkenntnis, dass erfolgreiche Schulen sich von weniger erfolgreichen Schulen in einem hohen Maße durch die praktizierten Führungsstile unterscheiden. In erfolgreichen Schulen sehen Schulleitungen ihre Aufgaben vor allem in drei Zielperspektiven: Erstens in der Unterstützung des Kollegiums bei der Entwicklung und Pflege einer kooperativen und professionellen Lernkultur; zweitens in der Personalentwicklung der Kollegiumsmitglieder und drittens in der Förderung gemeinschaftlicher effektiver Problemlösestrategien. Dies sind gleichermaßen die Kernbestandteile einer transformativen Führung (vgl. Leithwood 1992, S. 8f.), die sich in der Schulpraxis folgendermaßen darstellen:

Eine kooperative und professionelle Lernkultur wird durch die Schulleitung gefördert, indem sie Zeitressourcen für gemeinsame Planung und Entwicklung von Unterricht zur Verfügung stellt und Teamstrukturen u.a. durch die Delegation von Verantwortung und Entscheidungsbefugnissen unterstützt. Gleichzeitig wird die Schulleitung die Visionen und Leitvorstellungen der Schule in einen ständigen Kommunikationsprozess innerhalb des Kollegiums einbringen und sie auch selbst in der täglichen Interaktion mit Schülerinnen, Schülern und Lehrkräften leben (Vorbildfunktion). Personalentwicklung im Sinne der Entwicklung und Förderung des professionellen Selbst der einzelnen Kollegiumsmitglieder ist ein weiterer Aspekt, der von Schulleitungen dadurch befördert wird, dass sie Feedbackstrukturen innerhalb des Kollegiums etablieren und auch selbst mit einzelnen Lehrkräften über deren individuelle Zielsetzungen und Vorhaben im Gespräch bleiben – nicht in Form einer Bewertung, sondern mit dem Ziel der Unterstützung und Hilfe.

Der dritte und letzte Bereich der transformativen Führung, der die Entwicklung kollektiver Problemlösestrategien beinhaltet, wird durch Schulleitungen dadurch befördert, dass sie sich bei anstehenden Problemen mit eigenen schnellen Lösungsvorschlägen zurückhalten. Sie sind der Überzeugung, dass die Kollegiumsmitglieder als Gruppe ebenso gute oder bessere, aber in jedem Fall nachhaltigere Lösungsmöglichkeiten produzieren können als die Schulleiterin oder der Schulleiter allein, und kommunizieren diese Haltung auch immer wieder öffentlich. Das heißt, sie ermuntern zu kreativem Denken und zur Entwicklung und Erprobung von Alternativen und sie vermeiden entsprechend enggeführte Lösungsmuster.

Transformative und dialogische Führung sind zwei Beispiele für Führungskonzepte, die die Rolle und Funktion von Schulleitungen in der Personalführung angemessen auf den Begriff bringen. Die traditionelle Machtposition, die im Anordnen und Verwalten sowie in der direkten Führung liegt, verlagert sich in Richtung Gestalten und Erhalten und ist geprägt von einer Kultur des Vertrauens und der Selbststeuerung der Schule durch das Kollegium und mit ihm (vgl. Schratz 2001, S. 45). Schulleitungshandeln wird stärker auf Interaktion, Kommunikation und Kooperation bezogen als auf Kontrolle und Verwaltung. Schulleitungen werden künftig eher pädagogische Impulsgeber sein (Lohmann 1999) als Verwalter eines Betriebs, was sie allerdings auch sind.

Wenn Führung so wichtig wird, liegt die Frage nahe, wie Schulleitungshandeln überhaupt wirkt. Welche Formen von Schulleitungshandeln nachweisbare Auswirkungen auf die Schulpraxis haben – sowohl auf der Ebene der Kollegien als auch auf der Ebene des Unterrichtserfolgs.

5.3 Exkurs: Wirkungen von Schulleitungshandeln

Die früheren Forschungen über Wirkungsweisen von Schulleitungshandeln auf Schuleffektivität zeigen kein einheitliches Bild. Der Einfluss der Schulleitung auf die Effektivität von Schule und damit auch auf die Qualität des in ihr arbeitenden Personals wird zwar als Überzeugung weltweit vertreten (vgl. Hallinger u.a. 1996), lässt sich aber in den entsprechenden Forschungsergebnissen in dieser Eindeutigkeit nicht wiederfinden. Einen Hinweis liefern die OECD-Studien zur »school effectiveness« Ende der 80er-Jahre, die eine starke, positive Schulleitung als eines von insgesamt acht bedeutsamen Merkmalen guter Schulen identifizieren.

Am ehesten lassen die empirischen Befunde zum Schulleitungshandeln indirekte Wirkungen auf einzelne Faktoren der Schulqualität vermuten. So wird ein indirekter Zusammenhang zwischen einem unterrichtsbezogenen Führungshandeln und der faktischen Leseleistung von Schülerinnen und Schülern in einer Studie von Hallinger u.a. bestätigt (ebd., S. 540). Hierbei wurde das Führungshandeln über ein klares Schulleitbild vermittelt, welches sich wiederum in vielfältigen Lernmöglichkeiten für die Schüler/innen und entsprechend konkreten Leistungserwartungen der Lehrer/innen gegenüber ihren Schüler/innen äußerte. Das heißt, Führungshandeln zeigt hier vor allem durch Interaktionsprozesse mit den Lehrkräften sowie eine im Leitbild oder Schulprogramm festgelegte Organisationsstruktur der Schule entsprechende Wirkungen.

Dieser Wirkungszusammenhang bestätigt ein Führungskonzept, welches klare Visionen und Zielvorstellungen aufseiten der Schulleitung beinhaltet, die in gemeinsam mit dem Kollegium erarbeiteten Zielsetzungen und Umsetzungsstrategien münden und deren Erfüllung ebenfalls gemeinsam kontrolliert und evaluiert wird. Vereinfacht ausgedrückt: Wenn Schulleitung und Kollegium ihre Zielperspektiven gemeinsam verfolgen und die Schul- und Unterrichtsorganisation darauf entsprechend ausgerichtet ist, ergeben sich Synergieeffekte, die für die Schulqualität bzw. die zu erwartenden Schülerleistungen messbar sind.

Hinsichtlich der direkten Wirkung von Schulleitungshandeln auf Schuleffektivität und Schulentwicklung werden in einer Studie von Bonsen/v.d.Gathen/Pfeiffer (2002) erstmals interessante Befunde für den deutschsprachigen Raum berichtet (vgl. hierzu ausführlicher den Beitrag von Bonsen in diesem Band, S. 193ff.). Die Studie, in der an 30 Schulen in Nordrhein-Westfalen und dem Kanton Baselland 30 Schulleiter/innen und über 700 Lehrkräfte teilnahmen, ging vor allem der Frage nach, welche führungsbezogenen Handlungsdimensionen von Schulleitungen identifiziert werden können, die »gute« von »verbesserungsbedürftigen« Schulen unterscheiden. Sie kann dementsprechend Hinweise auf die Führungspraxis von Schulleiterinnen und Schulleitern an »guten« Schulen geben.

Ohne an dieser Stelle im Detail auf das Forschungsdesign eingehen zu können, lohnt es sich, ein Ergebnis der Studie etwas genauer zu betrachten: Jene empirisch identifizierten Handlungsdimensionen von Schulleitungen, die zum einen offensichtliche Wirkungen auf die Qualität einer Schule haben und zum anderen auf Elemente der Personalführung verweisen. Dies sind erstens die »zielbezogene Führung in der

Schule«, zweitens die »Innovationsförderung durch die Schulleitung«, drittens die »Partizipation in der Entscheidungsfindung« sowie viertens die »Organisationskompetenz« der Schulleitung.

Unter »zielbezogener Führung« wird von den Autoren der Prozess einer Verständigung über die Vision oder das Leitbild einer Schule verstanden, das sich in gemeinsam formulierten pädagogischen Zielen niederschlägt und von der Schulleitung entsprechend gefördert und unterstützt wird. Eine solchermaßen verstandene zielgerichtete Führung hat einen direkten positiven Einfluss auf die Lehrerkooperation und unterstützt die pädagogische Innovationsfreudigkeit des Kollegiums. Damit korreliert ebenfalls die Veränderungsbereitschaft und das Veränderungsbemühen der Schulleitung, also das Innovationsinteresse, das Schulleiter/innen offensichtlich an »guten« Schulen stärker artikulieren als an »verbesserungsbedürftigen« Schulen. Die Partizipation von Lehrer/innen an der Entscheidungsfindung ist ein weiterer Aspekt, der Schulleitungen an »guten« Schulen auszeichnet. Auch hier lässt sich offensichtlich ein Zusammenhang dahingehend erschließen, dass an guten Schulen Lehrkräfte stärker in Entscheidungsprozesse eingebunden werden und damit auch mehr Verantwortung übernehmen. Hier ist allerdings zu beachten, dass eine zu große, alles zur Diskussion stellende Partizipation offenbar genauso kontraproduktiv ist wie gar keine Partizipation.

Letztlich wird auch in der Organisationskompetenz von Schulleitungen ein Schlüssel für den Erfolg gesehen. So stellen die Autoren der Studie fest, dass es »für die erfolgreiche Leitung einer Schule offenbar zentral ist, zunächst die organisatorische Grundlage für einen geregelten Ablauf des Schulalltags zu schaffen. Gerade in größeren Schuleinheiten ist daher ein sinnvolles System der Delegation zu entwickeln und zu implementieren. Hierdurch kann der Schulleiter oder die Schulleiterin in Person mehr zeitlichen Freiraum für entwicklungsbezogene Tätigkeiten gewinnen« (Bonsen/v.d. Gathen/Pfeiffer 2002, S. 28).

5.4 Neue Führungsaufgaben für die Schulleitung

Schulleiter/innen vor allem an kleinen Schulen verstehen sich im Kollegium häufig noch als »Primus inter Pares«. Damit wird impliziert, dass es keine herausgehobene Leitung gibt und die einzelnen Mitglieder der Organisation relativ autonom und selbstbestimmt agieren. Dies hat gerade für die Personalführung eine nicht zu unterschätzende Bedeutung, da Schulleiter/innen vor diesem Hintergrund weder vom Kollegium als »Führungskräfte« im traditionellen Sinne wahrgenommen werden noch selbst diese Rolle bewusst und aktiv ausfüllen. Konflikte sind vorprogrammiert, wenn hierarchisches Führungshandeln als singuläres Ereignis auftritt, z.B. wenn Schulleitungen bei Beschwerden von Eltern, Schülerinnen oder Schülern gegenüber einzelnen Lehrkräften intervenieren und möglicherweise dienstrechtliche Schritte einleiten müssen oder wenn als Folge der Veränderungen durch die größeren rechtlichen und tatsächlichen Gestaltungsspielräume sowie der Zuständigkeit für Personal- und Qualitätsmanagement plötzlich oder auch allmählich ein anderes Führungsverhalten praktiziert wird.

Personalführung bezieht sich in Wirtschaft und Verwaltung auch auf die Tätigkeit am konkreten Arbeitsplatz. Viele Schulleiter/innen in Deutschland scheuen sich indes vor Unterrichtsbesuchen oder Teilnahmen z.B. an Fachkonferenzen oder Arbeitsgruppen, in denen Lehrkräfte wirken. Dabei sind Unterrichtsbesuche durch Schulleitungen in den allgemeinen Dienstordnungen klar geregelt. Das heißt, die Schulleitungen sind dazu berechtigt bzw. sogar verpflichtet,

- Unterrichtsbesuche bei jeder Lehrkraft vorzunehmen,
- in die Unterrichtsplanung der Lehrkräfte Einsicht zu nehmen und
- sich jederzeit über die schriftlichen Arbeiten der Schüler/innen zu informieren.

Wie sonst sollten sie auch die Verantwortung für die erwartete Aufgabenerfüllung ihrer Schulen gegenüber Staat, Gesellschaft, Eltern und Schüler/innen wahrnehmen, wenn sie über keine oder nur höchst unvollständige Kenntnisse der Arbeit und Arbeitsergebnisse der Lehrer/innen verfügen?

In der Praxis zählen diese Aufgaben allerdings eher zu einem vernachlässigten bzw. randständigen Bereich von Führungshandeln oder sie werden nur dann – gleichsam notgedrungen – angewendet, wenn es zu Problemen oder Konflikten gekommen ist; nicht zuletzt deshalb haben sie bereits einen negativen Beigeschmack. Wenn die Wahrnehmung derartiger »Kontrollaufgaben« durch die Schulleitung dann noch mit der geplanten leistungsbezogenen Personalbeurteilung verknüpft wird, könnte – so die Befürchtung, möglicherweise aber auch ein Rationalisierungsversuch – eine auf Unterstützung, Beratung, Förderung und gegenseitiger Achtung aufgebaute Personalführung von vornherein belastet sein. Der Einblick in die Unterrichtspraxis von Lehrkräften, der eine Grundlage für viele Ansätze der Personalförderung darstellt, würde bei einer – unprofessionellen – Vermischung von Beurteilung und Beratung und bei einem nicht erkennbaren oder nicht überzeugenden Führungskonzept mit einer schweren Hypothek belastet.

Deshalb dürfte es in der Zukunft darauf ankommen, die Einsicht in und die Information über die individuelle Unterrichtstätigkeit von Lehrkräften in ein Gesamtkonzept der Personalführung zu integrieren und sie keinesfalls als isolierte Maßnahme der Personalbeurteilung zu betrachten. Klares, offenes und respektvolles Feedback einerseits und das Angebot zur Beratung und Unterstützung andererseits statt vordergründiger Kontrolle sollte die Botschaft sein, die im Zentrum einer künftigen Personalführung liegt. Dazu bedarf es unterschiedlichster Formen der Kommunikation und Kooperation zwischen Schulleitung und Kollegium als wichtige Voraussetzungen für eine gelingende Personalführung. Lohmann (1999, S. 96f.) formuliert vor diesem Hintergrund fünf Prämissen für eine zukunftsorientierte Personalführung:

- »Schulleiter/innen haben ihre Führungsaufgabe so zu bewältigen, dass das Engagement, die Leistung und die Zufriedenheit der Mitarbeiter/innen gefördert werden.
- Schulleiter/innen haben den Arbeitsablauf in ihren Zuständigkeitsbereichen ziel- und sachgerecht zu leiten. Das bezieht sich auf den Unterrichtsablauf, die Verwaltung, die Konferenz, die Öffentlichkeitsarbeit usw.

- Schulleiter/innen erledigen all ihre Sachaufgaben selbst, die sich nicht für eine Delegation an Mitarbeiter/innen eignen. Diese Aufgaben sind möglichst zu begrenzen und werden im Schulleitungsteam durch einen Geschäftsverteilungsplan geregelt.
- Schulleiter/innen machen ihre Schulleitung zu einem Team und entwickeln und vertreten mit ihm gemeinsam Lösungskonzepte und Veränderungsstrategien. Sie entwickeln gemeinsam Verfahren der Qualitätssicherung und legen hierüber im Kollegium Rechenschaft ab.
- Schulleiter/innen binden sich mit ihrem Schulleitungsteam in das soziale Beziehungsgeflecht (Teams, Projektarbeit etc.) ein und vermeiden hierarchische Verhaltensweisen.«

Eine weitere Konkretisierung von Formen unterstützender Personalführung findet man bei Ender/Strittmatter, die insgesamt sieben Handlungsfelder der Personalentwicklung als Führungsaufgabe identifizieren (vgl. Ender/Strittmatter 2001, S. 12f.):

1. Da sein und Anteil nehmen;
2. für Räume der Unterstützung und Zusammenarbeit sorgen;
3. Coaching/Intervention in kritischen Situationen durchführen bzw. veranlassen;
4. Begleitung in biografisch kritischen Phasen;
5. für Impulse und konstruktives Feedback sorgen;
6. individuelle Weiterbildung stimulieren und zum gemeinsamen Thema machen;
7. Personalportfolio-Arbeit und Teamentwicklung.

Schulleitungen, die sich in ihren Schulleiterzimmern einschließen und ihrem Kollegium nur bei Lehrerkonferenzen gegenübertreten, müssten nach diesem Verständnis von Führung der Vergangenheit angehören. »Management by walking around« in Anlehnung an das bekannte »Management by objectives« (vgl. Odiorne 1980) war vor einigen Jahren eine sinnfällige Beschreibung für einen Führungsstil, der vor allem durch die Präsenz der Schulleitung im Schulalltag gekennzeichnet ist. Hierzu zählen Ender/Strittmatter (2001, S. 13) besonders »Haltungen der wertschätzenden Präsenz, der echten Neugier und empathischen Anteilnahme« wie z.B. spontane positive Rückmeldungen auf Leistungen oder Äußerungen von Kolleginnen und Kollegen oder auch informelle Gespräche, die sowohl beruflichen als auch privaten Charakter haben können. Deshalb sollten nach Meinung der Autoren »als Anteilnahme unternommene Begegnungen nicht mit dienstlicher Beurteilung vermischt werden« (ebd.).

Wenn Schulleitungen, wie oben im zweiten Handlungsfeld angesprochen, für Räume der Unterstützung und Zusammenarbeit sorgen, sind hier in erster Linie förderliche Arbeitsstrukturen gemeint. Dazu zählt die Förderung von Teams ebenso wie die Bereitstellung zeitlicher Freiräume. Denn nicht selten scheitert kollegiale Zusammenarbeit daran, dass gemeinsame Zeiträume für Planung und Koordination nur in den Abendstunden oder am Wochenende gefunden werden können. Unterstützung kann aber auch die Beratung von Lehrkräften beinhalten, wie sie in Handlungsfeld 3 als »Coaching« und Handlungsfeld 4 als »Begleitung in biografisch kritischen Phasen« genannt werden. Beratung kann je nach Ausgangssituation z.B. als Betreuung und Begleitung von Berufsneueinsteigern oder Wiedereinsteigern verstanden werden. Schulleitungen können hier die Funktion eines Mentors bzw. einer Mentorin übernehmen und damit zur professionellen wie auch zur persönlichen Entwicklung von jungen Lehrkräften beitragen. Aber auch der aktive Umgang mit Lehrkräften in Krisensituationen, die sich oft schon vor dem »Burnout« ankündigen, kann als Unterstützung verstanden werden. Die Schulleitung ist hier gefordert, genau abzuwägen, welche Interventionen sie beispielsweise in Form eines Coachings selbst vornehmen kann (Vorgesetzten-Coaching ist besonders schwierig und anspruchsvoll, vgl. den Beitrag von König/Söll in diesem Band, S. 1030ff.) und welche sie zur Vermeidung von Rollenkonflikten (Schulleiter/innen sind keine Therapeuten) an professionelle Stellen außerhalb der Schule weitergeben muss. Ender/Strittmatter betonen in diesem Zusammenhang sehr zu Recht besonders die Qualitätsansprüche der Schule, die es verlangen können, »Lehrpersonen in akuten Situationen der Überforderung bzw. des Ungenügens anzusprechen, allenfalls zum Schutze ihrer selbst und anderer Betroffener zu intervenieren« (ebd., S. 19) – ein Gesichtspunkt, der angesichts verbreiteter »Primus-inter-Pares-Führungstradition« eher vernachlässigt zu sein scheint.

In diesen Handlungsfeldern, die eng miteinander verknüpft sind, dürfte sicherlich eine der größten Herausforderungen für Schulleitungen liegen, da die meisten zur Bewältigung dieser Aufgaben selbst Unterstützung benötigen und ein entsprechendes Handlungsrepertoire erst einmal ausbilden müssen. Schulleiter/innen können an verschiedenen Stellen mit gutem Beispiel vorangehen, indem sie zur Entwicklung und zum Aufbau einer Feedbackkultur (Handlungsfeld 5) im Kollegium selbst als Vorbild dienen und Rückmeldungen für ihr Führungshandeln vom Kollegium einholen. Denn wenn Selbstevaluation bei der Schulleitung beginnt, ist Selbstevaluation vielleicht auch im Unterricht der Lehrkräfte als Schülerrückmeldung oder als kollegiale Hospitation nicht mehr so stark von Widerständen oder Ängsten begleitet.

In jedem Fall werden solche Vorhaben und Ansprüche nicht ohne Fortbildung und Weiterbildung im Kollegium zu realisieren sein, was auf die letzten beiden Handlungsfelder verweist. Fortbildung sollte möglichst nicht für das, sondern mit dem Kollegium geplant und gestaltet werden, wobei sowohl die individuellen als auch die gemeinsamen und systembezogenen Bedürfnisse eine Berücksichtigung finden müssen. Aber nicht nur die Bedürfnisse, sondern auch die verschiedensten Begabungen und Fähigkeiten, die vielfach im Kollegium schlummern, können für Weiterbildung genutzt werden. Hier kann es die Aufgabe von Schulleitungen sein, die »Wundertüte Kollegium« zu entdecken, wie Ender/Strittmatter (2001, S. 21) es bezeichnen. Darunter verstehen sie, dass man im Kollegium vorhandene Potenziale identifiziert bzw. diese überhaupt ans Tageslicht befördert. Vorhandene Ressourcen zu erkennen und zu nutzen bedeutet, das Potenzial einzelner Kolleginnen und Kollegen bzw. des ganzen Kollegiums produktiv zu machen und ihnen darüber hinaus Anerkennung zu zeigen.

Trotz Beachtung aller positiven Hinweise für eine ebenso sach- wie mitarbeiterorientierte Führung werden Schulleitungen auch künftig mit Paradoxien zu kämpfen haben, die möglicherweise jeder Form von Führungsstil und Führungsverhalten anhaf-

Tab. 3: Paradoxien der LEGO-Führung

Sowohl ...	als auch ...
eine gute Beziehung zu seinen Mitarbeiterinnen und Mitarbeitern aufbauen	eine angemessene Distanz wahren
als Vorbild führen	sich im Hintergrund halten
den eigenen Mitarbeiterinnen und Mitarbeitern vertrauen	darauf achten, was geschieht
tolerant sein	wissen, wie's gemacht werden sollte
die eigenen Ziele im Kopf haben	die Interessen des Gesamtunternehmens wahren
seine eigene Zeit gut planen	flexibel bleiben
offen seine Ansichten bekannt geben	andere nicht verletzen
Visionen haben	mit beiden Beinen auf dem Boden stehen
Konsens erreichen	falls notwendig, konsequent bleiben
dynamisch sein	überlegt handeln
selbstsicher sein	bescheiden sein
(nach Hilb 2001, S. 42)	

ten. Sie liegen sozusagen in der Natur der Sache. Ein anschauliches Beispiel bieten die Führungsparadoxien des dänischen Unternehmens LEGO, die als Leitlinien für die eigenen Führungskräfte entwickelt wurden (vgl. Tab. 3).

An dieser Stelle sei noch einmal betont, dass die Personalführung in Schulen denselben Tendenzen des Wandels unterliegt wie in allen anderen gesellschaftlichen Bereichen, sei es im Profit- oder Non-Profit-Bereich. Die Veränderung von Macht- und Organisationsstrukturen auf dem Weg zur lernenden Organisation wird für Führungskräfte einerseits bedeuten, dass sie in gewissem Maße der Isolation durch Macht entgehen können. Sie können die Rolle des stets einsam Entscheidungen treffenden Leiters ein Stück weit ablegen. Andererseits besteht die Gefahr, dass Führungsstrukturen und -konturen verwischen oder völlig verschwinden, wenn man meint, alle Verantwortung delegieren und alle Entscheidungen an die Gemeinschaft abgeben zu können. Es wird darauf ankommen, eine Balance zu finden und Personalführung und Personalförderung in auf die Situation und auf den konkreten Fall abgestimmter Form zu praktizieren. Damit diese Balance gelingt, wird der Lehrerrat sich neu positionieren müssen und eine deutlich erweiterte Verantwortung im Rahmen von Personalmanagement und Schulentwicklung übernehmen.

5.5 *Lehrerrat und Personalmanagement*

Bislang hatte der Lehrerrat in nahezu allen Bundesländern die Aufgabe, die Schulleiterin oder den Schulleiter in dienstlichen Angelegenheiten der Lehrer/innen (auf deren

Wunsch hin) und in Angelegenheiten der Schüler/innen zu beraten. Zumeist hat(te) er das Recht, kurzfristig von der Schulleiterin oder dem Schulleiter gehört zu werden. Da er von der Lehrerkonferenz gewählt wird, nimmt er seine Aufgaben in der Vertretung aller Lehrer/innen wahr. In welchem Umfang und mit welchem Gewicht er seine Beratungsaufgabe wahrnimmt, ist einerseits von seiner eigenen Initiative und andererseits von der Initiative der Schulleitung abhängig. Denn Beratung findet nicht nur dann statt, wenn sie der Lehrerrat der Schulleitung anbietet, sondern auch dann, wenn sie von der Schulleitung gewünscht und angefordert wird. Welche Bedeutung der Lehrerrat an der Schule hat, kann insoweit wesentlich auch von der Schulleitung beeinflusst und gestaltet werden. Dazu ist es notwendig, dass der Lehrerrat rechtzeitig über anstehende Personalmaßnahmen informiert wird, um nicht nur Aufgaben der Beratung wahrzunehmen, sondern auch in Konfliktfällen zu intervenieren und zu schlichten.

Als Vermittlungsinstanz in Konflikten kann der Lehrerrat bislang allerdings – jedenfalls überwiegend – nur auf Wunsch und Initiative einer Lehrperson oder auch einer Schülerin oder eines Schülers aktiv werden. Zu Schlichtungsaufgaben des Lehrerrats zählen neben der Vermittlung zwischen Lehrkraft und Schulleitung auch kollegiale Konflikte zwischen einzelnen Lehrpersonen, soweit diese dienstliche Angelegenheiten betreffen.

Beratung und Konfliktvermittlung, so könnte man die Aufgaben des Lehrerrats in seiner bisherigen Funktion definieren. Mit der Ausweitung seiner Rolle als Personalrat erweitert sich diese oftmals eher reaktive Funktion und der nunmehr auf vier Jahre gewählte neue Lehrerrat ist auch dazu verpflichtet, Aufgaben der Personalvertretung wahrzunehmen. In der Verordnung zum Modellversuch »Selbstständige Schule« in Nordrhein-Westfalen lautet diese Liste von Aufgaben und Kompetenzen z.B. folgendermaßen (vgl. VOSS 2002):

- Konfliktvermittlung und -schlichtung auf Wunsch betroffener Lehrpersonen oder Schüler/innen,
- Information durch die Schulleiterin bzw. den Schulleiter,
- Anträge und Initiativen,
- Beratung der Schulleiterin bzw. des Schulleiters,
- Anhörung,
- Mitwirkung,
- Mitbestimmung,
- Dienstvereinbarung und
- gemeinschaftliche Besprechung.

Auf den ersten Blick scheint sich hier kaum etwas verändert zu haben, weshalb es sich lohnt, einzelne Punkte etwas genauer zu betrachten. So besteht zunächst einmal ein Unterschied in der Informationspflicht durch die Schulleiterin bzw. den Schulleiter. Während bisher Informationen z.B. zu Personalangelegenheiten vom Lehrerrat eingefordert werden mussten, ist der Schulleiter in seiner Funktion als Dienstvorgesetzter dazu verpflichtet, dem Lehrerrat alle erforderlichen Informationen zur Verfügung zu stellen, bei denen seine Mitwirkung gesetzlich verankert ist. Dies korrespondiert mit dem zuvor beschriebenen neuen Führungsverständnis, welches Schulleiter/innen im Personalmanagement entwickeln sollten. Denn hierbei sind Kommunikation und Information zentrale Aspekte. So wäre beispielsweise die Einführung von Personalentwicklungsmaßnahmen wie Mitarbeitergesprächen oder Zielvereinbarungen oder die Einrichtung professioneller Lerngemeinschaften ohne die aktive Einbeziehung und Beteiligung des Lehrerrats zwar denkbar, jedoch weder zweckmäßig noch sinnvoll. Wenn man zudem an das gesamte Aufgabenfeld der Lehrerbeurteilung denkt, welches künftig in die Hände und Verantwortung der Schulleitung gelegt werden soll, so bieten sich auch hier wichtige Handlungsfelder des Lehrerrats an, beispielsweise bei der Entwicklung und Mitgestaltung eines Beurteilungskonzeptes mit Beurteilungsverfahren oder dem angemessenen Einsatz von Leistungsanreizen und Belohnungssystemen.

Ein entscheidender Aspekt im neuen Aufgabenspektrum des Lehrerrats scheint aber der Wechsel von der reaktiven und soziale Beziehungen pflegenden Einrichtung hin zur aktiven und auch mitgestaltenden Funktion von Schule und Unterricht. Der Lehrerrat ist im Rahmen der »selbstständigen Schule« auch zu eigenen Initiativen und Anregungen, beispielsweise was das Personalmanagement betrifft, aufgefordert. So könnte er konkrete Vorstellungen und Vorschläge zu einzelnen Feldern und Aufgaben des Personalmanagements entwickeln und diese in Abstimmung und Beratung mit der Schulleitung in die Lehrerkonferenz einbringen. Bartz (2004, S. 223ff.) schlägt vor, »über die Beteiligungsrechte des Personalrats hinausgehend den Lehrerrat bei der Planung und Vorbereitung von Lehrerkonferenzen, von Projekten, Konzepten und Regelungen zu konsultieren. Die Schulleitung könnte mit dem Lehrerrat vereinbaren,

- dass sie ihm die Tagesordnungspunkte für Konferenzen, die mit ihnen verbundenen Zwecke wie Information, Beratung oder Beschlussfassung und den für sie vorgesehenen Zeitbedarf rechtzeitig vor der Einladung mitteilt und ggf. mit ihnen berät, [...]
- dass sie mit ihm das Konzept und die Planung von Organisationsgestaltung und Projekten erörtert und sich vom Lehrerrat beraten lässt, ob die damit verbundenen Auswirkungen für das Personal vertretbar oder ggf. auch wünschenswert sind bzw. wie Konzept und Planung personalverträglicher gestaltet werden können,
- dass sie mit ihm Grundsätze zum Verfahren und zur Auswahl bei der Personalplanung und -beschaffung – z.B. bei der Einstellung, Beförderung oder Versetzung bzw. Abordnung – berät,
- dass sie Personalentwicklungsmaßnahmen wie z.B. die Einführung jährlicher Mitarbeitergespräche, das Angebot von Coaching durch die Schulleitung oder die Fortbildungsplanung vor ihrer Einführung und Umsetzung erörtert,
- dass sie mit ihm vor der Vorlage ihres Vorschlags in der Lehrerkonferenz die Grundsätze der Verteilung der Sonderaufgaben und der Festsetzung der individuellen Stundenzahl der Lehrerinnen und Lehrer erörtert und klärt, inwieweit sie aus der Sicht des Personals vertretbar und welche Änderungen ggf. erforderlich erscheinen.«

Letztlich wird es neben der Wahrnehmung der originären Rollen als Leitung einerseits und Vertretung der Mitarbeiter/innen bzw. des Personals andererseits auf eine im Sinne der Aufgabenerfüllung von Schule sinnvolle Arbeitsteilung und Koordination zwischen Schulleitung und Lehrerrat hinauslaufen, die sowohl den Interessen der Schule und ihrer Auftraggeber – Staat, Gesellschaft, Eltern, Schüler/innen, Gemeinde – als auch möglichst der Berufszufriedenheit der Beschäftigten dient.

6. Strategisches Personalmanagement

Strategisches Personalmanagement ist ein Management welches sich sowohl auf das Leitbild und das Schulprogramm einer Schule bezieht als auch auf die Bedingungen und Voraussetzungen, unter und mit denen eine Schule arbeitet. Das bedeutet konkret, sowohl die bisherigen Entwicklungsschwerpunkte zu berücksichtigen als auch die künftige Profilierung im Auge zu behalten. Es bedeutet weiterhin, die Sach- und personellen Ressourcen einer Schule genau zu kennen und das Personalmanagement darauf auszurichten – und nicht auf künftige Wünsche und Erwartungen, deren Realisierung möglicherweise gar nicht eintritt. Ferner sind die Veränderungen und Entwicklungen im schulischen Umfeld – wie beispielsweise die Schülerzahlentwicklung – zu analysieren und mit den entsprechenden Maßnahmen des Personalmanagements (z.B. Personalbedarfsplanung) in Einklang zu bringen. Vor allem heißt strategisches Personalmanagement aber, den einzelnen Menschen, die Lehrperson als Individuum und als Teil eines Kollegiums zu respektieren und nicht nur auf ihre Arbeitskraft zu reduzieren.

Denn dem Personalmanagement wird von Kritikern nicht selten vorgehalten, dass es sich auf bloße Instrumente und Verfahren beschränke. Es ziele ausschließlich auf die Produktivitätssteigerung einer Organisation ab und reduziere die Mitarbeiter/innen auf Objekte, die bestimmten Maßnahmen und Techniken ausgesetzt werden, um ihre Anstrengungsbereitschaft zu erhöhen und ihre Arbeitskraft besser ausnutzen zu können. Personalmanagement diene aus dieser Sicht letztlich nur der Leistungssteigerung der Mitarbeiter/innen.

Deshalb kann nicht oft genug betont werden, wie wichtig und unverzichtbar es ist, über die Zielsetzungen des Personalmanagements als Gesamtkonzept vor allem Klarheit und, wenn möglich, auch Einigung innerhalb eines Kollegiums zu erzielen, bevor man mit einzelnen Schritten zum Personalmanagement beginnt. »Die Menschen stärken und die Sachen klären«, so lautet der inzwischen viel zitierte Untertitel zu von Hentigs Buch »Die Schule neu denken« (1996). Dieser Satz ist ebenso einfach wie zutreffend, meint er doch, dass man Personalmanagement auch als Persönlichkeitsentwicklung begreifen muss. Die Menschen stärken, das heißt, sie in ihrer Ganzheit zu fördern und zu unterstützen; das heißt weiterhin, nicht nur ihre professionelle Seite zu betrachten – was man bei einigen Ansätzen der Personalentwicklung durchaus unterstellen könnte –, sondern auch die persönlichen Eigenschaften und Kompetenzen, die individuellen Eigenarten und Besonderheiten des Einzelnen einzubeziehen. Dies macht schon allein deshalb Sinn, weil das professionelle Selbst vom personalen Selbst erheblich beeinflusst wird. Aber auch umgekehrt wird jede Intervention, die auf das professionelle Handeln der Lehrkraft ausgerichtet ist, zwangsläufig eine Intervention auf der Ebene der Persönlichkeit mit sich bringen.

Jede Innovation bedeutet eine Veränderung des Status quo, denn sowohl das Konzept als auch die Methoden und Verfahren im Personalmanagement intendieren einen Wandel. Personalmanagement zielt insgesamt (auch) auf einen Wandel der Kommunikations- und Kooperationsformen im Kollegium und will neue Strukturen der Verlässlichkeit, der Verantwortung und der Rechenschaftslegung schaffen. Dies beinhaltet für die meisten Lehrpersonen erhebliche Veränderungen, die möglicherweise über Jahre hinweg gewachsene Grundorientierungen und Bedürfnisse tangieren.

Juhls (2001) spricht in diesem Zusammenhang von einer individuellen Komfortzone (vgl. Abb. 7): »Alle Menschen eignen sich im Laufe ihres Lebens, ihres Wachstums- und Entwicklungsprozesses eine so genannte Komfortzone an, in der sie sich bevorzugt bewegen, weil sie ihnen Sicherheit und Halt im Alltag gibt. Damit gemeint sind die – individuell sehr vielfältigen und verschiedenen – Verhaltensweisen und Reaktionsweisen, die dem Einzelnen helfen bzw. ermöglichen, im täglichen Umgang mit seinen Mitmenschen klarzukommen« (ebd., S. 18).

Das Modell zeigt, dass eine Weiterentwicklung nur entstehen kann, wenn die Individuen bereit sind, die Komfortzone zu verlassen. Doch das Verlassen der Komfortzone, das Verlassen von sicheren Wegen und eingespielten Ritualen führt in eine Risikozone und ist für viele Menschen mit Stress verbunden, manchmal sogar mit Überfor-

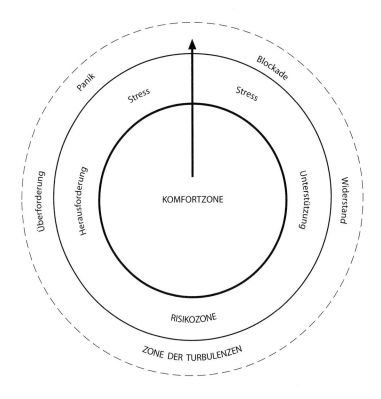

Abb. 7:
Kreis mit Komfortzone

derung. Und Überforderung ist Kennzeichen für die unangenehmste Zone, die Zone der Turbulenzen. Sozialer Wandel bedeutet unvermeidlich, sich auf neue Anforderungen einzulassen, neue Erfahrungen zuzulassen und damit eine neue Zone zu betreten, die sich deutlich gegenüber der Komfortgrenze erweitert hat. In einer solchen erweiterten Zone zu leben heißt, ein neues Gleichgewicht zu finden und die Innovation sozusagen in neue Verhaltens- und Handlungsmuster zu integrieren. Das setzt Unterstützung voraus und ein »umsichtiges Navigieren«, um nicht in die Zone der Turbulenzen zu geraten.

Da aber nicht bei allen Menschen Entwicklungsprozesse in der zuvor beschriebenen Form integriert werden können, ist bei Veränderungsprozessen auch immer mit Widerstand und Blockierern zu rechnen. Hier hat die Innovation negativen Stress hervorgerufen, man fühlt sich den Veränderungsprozessen und den möglichen neuen Anforderungen nicht gewachsen und reagiert nach innen mit Panik, nach außen mit heftigem Widerstand. Die Veränderung wird in diesem Fall als Bedrohung angesehen, die bekämpft werden muss.

Diese Wahrnehmung begründet Forschungen von Marris, der sich in einer Studie intensiv mit der Frage von »Verlust und Wandel« (Marris 1986) auseinander gesetzt hat. Er verweist in diesem Zusammenhang auf den Umstand, dass Menschen zuallererst die Bedeutung des Wandels, der Veränderung für sich selbst erkennen müssen, bevor sie ihn akzeptieren können. Denn jede Veränderung bedroht in gewisser Weise die Kompetenz des Einzelnen und seinen inneren Wunsch, erfolgreich im Handeln und wertvoll als Person zu sein (ebd., S. 10f.). Nach Marris hängt sowohl die Fähigkeit als auch die Bereitschaft, mit Veränderungen umzugehen und diese in das eigene Verhaltens- oder Handlungsrepertoire zu übernehmen, unmittelbar mit dem Impuls zusammen, Sinn zu suchen und neue Erfahrungen in bekannte Muster zu integrieren.

Personalmanagement regt zum kollegialen Dialog an, fördert damit aber auch die Auseinandersetzung über gemeinsame Ziele und Leitideen an einer Schule. Dies mag verstärkt zu Konflikten führen, da unterschiedliche pädagogische Ideen und Ideologien aufeinander stoßen. Personalmanagement fördert die Konfliktkultur in einem Kollegium, indem verstärkt auf die Arbeit in Teams gesetzt wird. Teamentwicklung ist ein Prozess, der verschiedene Phasen durchläuft und häufig von Konflikten, Auseinandersetzungen, Aushandlungsprozessen und Kompromissfindungen begleitet wird. Kompromissbereitschaft und Konfliktfähigkeit sind wesentliche Aspekte der Sozialkompetenz, die für Lehrkräfte gleichzeitig auch ein Lehrziel darstellen.

Letztlich fördert Personalmanagement die Klärung individueller und gemeinsamer Ziele, was gerade für die Schule, in der oft eine Unklarheit von Zielsetzungen vorzufinden ist, immens wichtig ist. Anders als andere Berufsgruppen leiden Lehrkräfte verstärkt unter einer fehlenden Wirksamkeitserfahrung ihrer Erfolge bzw. Interventionen (vgl. Evans 1996, S. 91f.). Misserfolge werden direkt erlebt, Erfolge werden in ihrer nachhaltigen Wirkung oft nicht gesehen, d.h. die Nachhaltigkeit des professionellen Handelns in der Schule, die positiven Wirkungen des Bildungs- und Erziehungsprozesses, liegen zeitlich gesehen oft jenseits des unmittelbaren Erfahrungshorizonts der Lehrkraft. Was aus Schülerinnen und Schülern geworden ist, welchen Anteil die Schule bzw. die einzelne Lehrkraft dabei hatte, kann als Erfolgserlebnis bzw. als Bestätigung des professionellen Handelns in der täglichen Berufspraxis von Lehrerinnen und Lehrern nur selten wahrgenommen werden. Für manche Lehrkräfte bedeutet vor allem dieser Umstand, dass sie sich mehr an den täglichen kleinen Misserfolgen aufreiben, als in einer längerfristigen Perspektive eine Bestätigung für das berufliche Handeln zu suchen. Zielvereinbarungen und die Evaluation von kurz- und mittelfristigen Zielen können hier eine entlastende Funktion für Lehrkräfte haben und der Erfolgsbestätigung dienen.

Wir wollen hier nicht den Eindruck erwecken, dass Personalmanagement ein Schlüssel zur Lösung aller Probleme in der Schule und im Kollegium bietet. Doch letztlich ist das gesamte Personal, die Mitglieder eines Kollegiums und die weiteren Mitarbeiter/innen (z.B. Sekretariatspersonen, Hausmeister, ggf. Sozialpädagogen, Psychologen, Werkstattlehrer usw.), der entscheidende Faktor für den Erfolg, den Nutzen und Gewinn der Schüler/innen.

Vor diesem Hintergrund formuliert Evans vier Aufgaben, die im Rahmen von Veränderungsprozessen vornehmlich vonseiten der Schulleitung zu erfüllen sind (ebd., S. 55f.). Die erste Aufgabe nennt er »*Vom Verlust zur Überzeugung*«. Hierbei geht es darum, die Veränderungen für die Beteiligten bedeutsam werden zu lassen und zu vermitteln, dass ein solcher Prozess Zeit braucht, auch unterschiedlich lange Zeit bei den einzelnen Mitgliedern einer Schule. Diese Zeit muss allen Lehrkräften und dem übrigen Personal zugestanden werden, argumentiert Evans, wenn man eine breite Akzeptanz für einen Veränderungsprozess erzielen will.

Die zweite Aufgabe beschreibt er als »*Bewegung von der alten zur neuen Kompetenz*«. Vor allem in dieser Phase brauchen Lehrkräfte kontinuierliche Unterstützung, denn es geht darum, neue Erfahrungen zu machen und diese in bestehende Überzeugungen zu integrieren. Je komplexer die Veränderung, umso umfassender und intensiver sollte die Unterstützung und Hilfe sein, die den Beteiligten des Veränderungsprozesses gewährt wird.

Die dritte Aufgabe liegt in der »*Bewegung von der Verwirrung zur Klarheit*«. Jede Veränderung erzeugt einen gewissen Grad an Konfusion, der dann größer wird, wenn die Ziele weiterhin unklar bleiben. Es ist aber nicht allein die Klarheit der Ziele, die relevant ist, sondern auch die Klarheit der Erwartungen, der Aufgaben, der Entscheidungsstrukturen und Verantwortlichkeiten. Klarheit ist aus Evans Sicht die Voraussetzung für die Entstehung von Sicherheit. Erst wenn ein Gefühl von Sicherheit hinsichtlich der Auswirkungen von Veränderungen entstanden ist, wird sich eine Übereinstimmung mit der Veränderung einstellen.

Die vierte Aufgabe ist möglicherweise die schwierigste in einem Veränderungsprozess. Es ist der »*Wechsel vom Konflikt zum Konsens*«. Jede Veränderung produziert auf den ersten Blick Gewinner und Verlierer. Gewinner sind diejenigen, die sich mit Begeisterung auf eine Veränderung einlassen und darin eine Bereicherung ihrer bisherigen Arbeit empfinden. Verlierer sind hingegen diejenigen, die auf lieb gewonnene Strukturen, Arbeitsabläufe oder Routinen verzichten und einem gewissen Veränderungsdruck standhalten müssen. Diese Polarität von Gewinnern und Verlierern führt unweigerlich zu Konflikten, die offen angesprochen und diskutiert werden können, wenn eine gewisse Konfliktkultur entwickelt worden ist. Konflikte werden aber meistens eher verdeckt ausgetragen und sind dann schwierig zu handhaben. Denn verdeckte Konflikte spielen sich häufig auf Nebenschauplätzen ab, die mit der eigentlichen Veränderung gar nicht in Verbindung gebracht werden. Zudem sind die Konfliktgegner manchmal nicht mehr erkennbar. Oft wird auch nicht deutlich, ob es einige wenige sind, die auf der Seite der so genannten Verlierer den Konflikt »warmhalten«, oder ob eine große Gruppe gegen die Veränderung Opposition macht.

Deshalb ist es bereits zu Beginn eines Innovationsprozesses besonders wichtig, die Position und Haltung jedes Einzelnen zur geplanten Veränderung in Erfahrung zu bringen. Denn wirkliche Veränderung ist immer persönlich, d.h. sie muss von jeder einzelnen Person getragen und verantwortet werden. Ein Wandel im Verhalten hat meistens auch einen Wandel in den Überzeugungen zur Folge. Ein annähernder Konsens in Bezug auf eine Innovation kann nur erreicht werden, wenn diese persönliche Ebene berücksichtigt wird und möglicherweise auch individuelle Lösungen im Umgang mit der Veränderung angedacht und angestrebt werden. Der Weg vom Konflikt zum Konsens beinhaltet einen sensiblen, kreativen und manchmal auch sehr zeitintensiven Umgang mit den persönlichen Interessen, Bedürfnissen und Ängsten eines jeden Einzelnen und die Beachtung seiner individuellen Komfortzone.

Personalmanagement ist in mehrfacher Hinsicht eine Herausforderung, an die Person ebenso wie an das System. Die Institution Schule unterliegt einer Vielzahl von Regeln und Verordnungen, die auch dem Personalmanagement Grenzen vorgibt, von den beamtenrechtlichen Vorgaben einmal abgesehen. Aber das System Schule kann Personalmanagement auch fördern, wenn es gelingt, im Sinne eines strategischen Vorgehens die Bedingungen und Voraussetzungen für Personalmanagement gemeinsam zu analysieren, darauf abgestimmte Verfahren und Maßnahmen zu entwickeln und den Erfolg dieser Strategien immer wieder kritisch zu hinterfragen. Hierbei spielt das Controlling des Personalmanagements eine entscheidende Rolle, auf das im abschließenden Kapitel dieses Beitrags eingegangen werden soll.

7. Controlling des Personalmanagements

7.1 Kosten- und Erfolgscontrolling

Wenn im abschließenden Kapitel dieses Beitrags die Notwendigkeit eines Controllings des Personalmanagements betont wird, so muss zunächst einmal auf die Problematik dieses Terminus technicus eingegangen werden. Denn während in betriebswirtschaftlichen Arbeitsabläufen das Controlling als Begriff wie als Verfahren weite Verbreitung gefunden hat, ist es für die Schule ebenso ungebräuchlich wie ungewohnt. Dies mag vor dem Hintergrund nachvollziehbar sein, dass in Wirtschaft und Industrie mit Controlling seit Mitte des 19. Jahrhunderts zunächst eine rein kostenbezogene Produktivitätsanalyse bezeichnet wurde. Das heißt, der Controller unternahm die finanzielle

Überwachung eines Unternehmens. Erst in den letzten Jahrzehnten hat sich der Controlling-Begriff ausgeweitet und differenziert. Er wird nunmehr eher als System zur Unterstützung der Führung von Unternehmen gesehen, im Sinne von Planung, Kontrolle und Informationsversorgung der Unternehmensleitung, als Entscheidungs- und Koordinierungshilfe in der Anpassung an Veränderungen und neue Herausforderungen. Zielführend für das Controlling ist aber wie schon zu Zeiten der industriellen Revolution die ergebnisorientierte Steuerung. Und hier liegen auch die Grenzen der Übertragbarkeit auf das System Schule.

Mag es noch möglich sein – im Sinne eines Kostencontrollings – in einzelnen Aufgabenfeldern des Personalmanagements eine Kosten-Nutzen-Analyse vorzunehmen, wird es bei der Messung des Erfolgs, des Ertrags oder des konkreten Ergebnisses von Maßnahmen und Verfahren schon deutlich komplizierter. Beim Kostencontrolling geht es um den möglichst wirtschaftlichen Umgang mit vorhandenen Ressourcen, ebenso wie um die Überprüfung von Entscheidungen, die den Einsatz von Sach- wie auch personellen Mitteln für bestimmte Maßnahmen oder Entwicklungsschwerpunkte im Personalmanagement als gerechtfertigt erscheinen lassen. So könnte man beispielsweise überprüfen, ob die Sachkosten verursachende Verpflichtung externer Referenten für eine schulinterne Fortbildung im Verhältnis zum Nutzen steht oder ob vergleichbare Kompetenzen auch im eigenen Kollegium zu finden sind – jedoch weiß man aus Erfahrung, dass der »Weise im eigenen Land« wenig zählt und somit die Akzeptanz externer Referenten als Fortbildner vielfach höher ist als die der Lehrkräfte aus dem Haus, unabhängig vom vermuteten Erfolg. Ebenso wäre eine Kostenanalyse beim Einsatz von externen Kräften für die Nachmittagsbetreuung an einer Schule vor dem Hintergrund der zahlenmäßigen Nachfrage dieser Angebote denkbar – was allerdings keine Aussagen über die Qualität dieser Angebote zulässt. Des Weiteren könnten die zeitlichen Ressourcen, die für umfangreiche Maßnahmen der Personalentwicklung (z.B. für Mitarbeitergespräche und Zielvereinbarungen) eingesetzt werden, mit den daraus resultierenden Wirkungen abgeglichen werden, womit aber schon die Grenze zum Erfolgs- oder Ergebniscontrolling überschritten wird.

Bereits mit diesen wenigen Beispielen wird deutlich, dass ein Controlling des Personalmanagements sehr schnell an seine Grenzen stößt. Während das Kostencontrolling, also die Frage nach der Effizienz in der einen oder anderen Weise noch machbar erscheint, so werden beim Erfolgscontrolling, nämlich der Frage nach der Effektivität bzw. Wirksamkeit des Personalmanagements, die Schwierigkeiten deutlich zunehmen. Bartz (2004, S. 80) sieht in diesem Zusammenhang folgende Probleme:

- »Die zu erreichenden Ergebnisse sind schwer zu operationalisieren: Woran soll gemessen werden, ob z.B. eine Fortbildung zu neuen Unterrichtsmethoden zu einer besseren Qualität und einer höheren Wirksamkeit des Unterrichts geführt hat?
- Veränderungen sind nicht eindeutig bestimmten Bildungs- oder Personalentwicklungsmaßnahmen zuzuordnen.
- Auswirkungen von Personalentwicklungsmaßnahmen treten möglicherweise erst sehr viel später auf und können durch weitere Faktoren beeinflusst werden.«

Damit sollte jedoch nicht auf jedwede Wirksamkeitsforschung oder Effektivitätsanalyse verzichtet werden. Denn dies würde einzelne Maßnahmen dem Verdacht der Beliebigkeit oder des Aktionismus aussetzen. Dennoch würden wir für einen anderen Zugang der Überprüfung von Wirkungen plädieren, der weniger output- sondern stärker prozessorientiert ist. Denn wenn Controlling eine ergebnisorientierte Steuerung (vgl. Horvath 2003) bezeichnet, wäre vor dem Hintergrund der zuvor benannten Probleme eher die zielorientierte Steuerung für die Schule vorzuziehen und diese wird im Allgemeinen mit dem Begriff der Evaluation verbunden.

7.2 Evaluation statt Controlling

Wenn man die Verfahren der internen wie externen Evaluation betrachtet und sie mit den Verfahren des Controllings vergleicht, wird man auf vielfältige Ähnlichkeiten stoßen. Auch bei der Evaluation geht es um die Informationsgewinnung, nämlich um das systematische Sammeln und Analysieren von Daten oder Informationen, um an Kriterien orientierte Bewertungsurteile zu ermöglichen, die auf begründeter Evidenz beruhen. Konkreter gefasst macht die folgende Arbeitsdefinition deutlich, was unter Evaluation zu verstehen ist. Evaluation

- ist ein systematischer Prozess,
- basiert auf vorher festgelegten Zielsetzungen,
- dient der Überprüfung und Bewertung einer durchgeführten Praxis,
- verfolgt das Ziel der Bestätigung, Verbesserung und/oder Weiterentwicklung dieser Praxis,
- erfordert gemeinsam definierte Bewertungsmaßstäbe,
- geschieht auf der Grundlage von erhobenen Daten,
- beinhaltet die Rückspiegelung dieser Daten an die Betroffenen und
- hat vereinbarte Folgen und Konsequenzen.

Gerade bei der Einführung eines Innovationsprozesses – wie ihn die Einführung von Personalmanagement sicherlich darstellt – bieten Verfahren der internen Evaluation die Möglichkeit, vielfältige Sichtweisen und Wahrnehmungen der Beteiligten einzubeziehen und Bewertungskriterien sowie Indikatoren gemeinsam zu vereinbaren (vgl. Buhren u.a. 1998). Evaluation erfüllt in einem solchen Prozess grundsätzlich vier Funktionen:

1. *Steuerungsfunktion*: Ergebnisse von Evaluationen werden zur Steuerung und Optimierung von Entwicklungsprozessen herangezogen.
2. *Stimulierungsfunktion*: Ergebnisse von Evaluationen eignen sich zur Stimulation von qualitätsorientierten Entwicklungsprozessen.
3. *Rechenschaftsfunktion*: Ergebnisse von Evaluationen dienen dazu, zu überprüfen, ob sich die Maßnahmen und eingesetzten Ressourcen rechtfertigen lassen.
4. *Außendarstellungsfunktion*: Evaluationen dienen der Öffentlichkeitsarbeit und der Erhöhung der Sichtbarkeit schulischer Leistungen.

Wenn es sich bei einer Evaluation um die Bewertung von Maßnahmen, Vorhaben und Projekten handelt, muss diese Bewertung auf der Grundlage möglichst objektivierbarer Daten oder Erkenntnisse beruhen. Damit eignen sich weitgehend alle sozialwissenschaftlichen Verfahren und Methoden der Befragung, Beobachtung und Dokumentenanalyse zur Erhebung solcher Daten. Grundlegend ist zwischen zwei Formen der Evaluation zu unterscheiden, unabhängig vom Einsatz bestimmter Befragungsinstrumente: Bei der so genannten *formativen oder integrierten Evaluation* werden bereits während einer Maßnahme oder eines Projektes Daten zum Verlauf, zu definierten Zielsetzungen oder angestrebten Ergebnissen erhoben, sodass die Evaluation einen Einfluss auf den Prozess der Maßnahme oder des Projektes nehmen und den beteiligten Personen Zwischenergebnisse liefern kann. Bei der *summativen oder additiven Evaluation* werden Daten am Ende eines Projektes oder einer Maßnahme erhoben. Die Evaluationsergebnisse liefern in diesem Fall Erkenntnisse, die über eine Weiterführung, eine grundlegende Änderung oder auch über die Beendigung einer Maßnahme oder eines Projektes entscheiden können.

Hinsichtlich der Evaluation des Personalmanagements in Schulen sind vornehmlich formative Verfahren zu empfehlen, weil sie den Entwicklungsaspekt stärker berücksichtigen. Die einzelnen Maßnahmen, die im Rahmen des Personalmanagements eingesetzt werden – seien es Mitarbeitergespräche, Mentorate für Neueinsteiger, neue Beurteilungsverfahren, professionelle Lerngemeinschaften o.Ä. –, sollten entweder direkt oder in einem zeitlich engen Zusammenhang zur durchgeführten Maßnahme evaluiert werden. Hierzu ist es notwendig, dass sich am jeweiligen Vorhaben Beteiligte zuvor entsprechende Zielsetzungen und Kriterien überlegen, an denen der Erfolg bzw. Misserfolg der Maßnahme gemessen werden kann. Denn erst vor dem Hintergrund gemeinsamer Zielvorgaben kann entschieden werden, ob Aufwand und Ertrag in einem positiven Verhältnis zueinander stehen.

Wenn wir formative Verfahren der Evaluation empfehlen, wird dies auch dem Umstand gerecht, dass viele Verfahren des Personalmanagements in der Schule noch wenig erprobt sind. Schulleitungen und Kollegiumsmitglieder werden eine längere Phase durchlaufen, in der mit unterschiedlichen Maßnahmen des Personalmanagements experimentiert wird. Gerade in einer solchen Einführungsphase ist es wichtig, sehr schnell Informationen und Rückmeldungen zum jeweiligen Verfahren oder zur jeweiligen Methode zu erhalten, um schon in einem nächsten Schritt Optimierungen vornehmen zu können. Evaluation des Personalmanagements ist auf diese Weise eingebunden in einen einfachen Reflexions-Aktions-Kreislauf (vgl. Altrichter/Buhren 1997, S. 6f.), der verhindert, dass unwirksame, zu aufwändige oder vom Kollegium weitgehend unakzeptierte Verfahren über einen längeren Zeitraum unverändert fortgeführt werden.

Wenn Evaluation als professioneller Prozess mit der Einführung von Personalmanagementmaßnahmen verbunden werden soll, sind hierfür jedoch einige Voraussetzungen nötig, über die sich insbesondere die Schulleitung, aber auch ein Kollegium bereits frühzeitig klar werden und möglichst verständigen sollte. Für die Evaluation sollte es Verantwortliche innerhalb des Kollegiums geben, die die einzelnen Schritte eines Evaluationsprozesses begleiten, vor allem die Ziel- und Kriterienklärung zu Beginn des Prozesses sowie die Datenerhebung und Datenauswertung. Für die Datenerhebung ist es meistens sinnvoll, ein unkompliziertes standardisiertes Evaluationsinstrument zu entwickeln, da dies einfacher auszuwerten ist als offene Interviews mit an der Maßnahme Beteiligten. Wir wenden uns nicht gegen qualitative Verfahren, die häufig interessante Erkenntnisse erbringen, plädieren aber dafür, sie selten und gezielt einzusetzen. Die Ergebnisse der Evaluation sollten offen im Kollegium diskutiert werden, damit sie die Grundlage für Entscheidungen über Veränderungen der eingesetzten Maßnahmen bilden können.

Die Evaluation von Maßnahmen des Personalmanagements dient in erster Linie der Qualitätsverbesserung der in der Schule eingesetzten Verfahren und Methoden. Sie kann aber auch die Akzeptanz des Personalmanagements innerhalb eines Kollegiums fördern. Wir haben oben die Freiwilligkeit der Teilnahme von Lehrkräften empfohlen, wenn es z.B. um das Sammeln von Erfahrungen und das Erproben des Instruments vor einer Implementation von Mitarbeiter- oder Jahresgesprächen und Zielvereinbarungen geht. Erfahrungsgestützte Bewertungen können die Bereitschaft im Kollegium, sich auf einen solchen Prozess einzulassen, deutlich erhöhen, auch wenn die Einführung des Instruments prinzipiell nicht verhandelbar ist.

Literaturverzeichnis

Akademie für Lehrerfortbildung (1995): Weiterentwicklung der Schulaufsicht. Akademiebericht Nr. 270. Dillingen.
Altrichter, H./Buhren, C.G. (1997): Schulen vermessen oder entwickeln? In: Journal s:e, H. 3, S. 4–13.
Anderseck, K. (1999): Grundlagen der Personalentwicklung. Studienbrief. Hagen.
Bardens, R.E. (2001): Wegweiser zu echten Zielen. In: Manager-Seminare, H. 48.
Bartz, A. (2004): Personalmanagement in Schule. Soest.
Bastian, J./Rolff, H.G. (2001): Vorabevaluation des Projektes »Schule und Co.«. Gütersloh: Bertelsmann-Stiftung.
Bauer, K.O. (2000): Teamarbeit im Kollegium. In: Pädagogik 52, H. 6, S. 8–12.
Baumert, J. u.a. (Hrsg.) (2001): PISA 2000. Ein differenzierter Blick auf die Länder der Bundesrepublik Deutschland. Neuwied.
Becker, F.G./Buchen, H. (2001): Strukturelle Führung. Ein Konzept auch für die Schule? In: Buchen, H. u.a. (Hrsg.): Personalführung und Schulentwicklung. Stuttgart, S. 26–41.
Behörde für Schule, Jugend und Berufsbildung (BSJB) (1999): Einarbeitung und Integration neuer Mitarbeiterinnen und Mitarbeiter. Hamburg.
Behörde für Schule, Jugend und Berufsbildung (BSJB) (2001): Personalentwicklung und Personalbeurteilung. Hamburg.
Bennis, W. (2001): Das Ende der Führung. In: profile, H. 1, S. 33–41.
Bessoth, R. (^{3}1994): Lehrerberatung – Lehrerbeurteilung. Neuwied.
Bessoth, R. (2001): Der Nachweis guter Arbeit. Neue Ziele und Wege in der Leistungsbeurteilung. In: Pädagogische Führung, H. 3, S. 117–122.
Boettcher, W. (2002): Mitarbeitergespräche. Materialien für die Schulleiterfortbildung. Soest.
Bonsen, M./v.d. Gathen, J./Pfeiffer, H. (2002): Wie wirkt Schulleitung? Schulleitungshandeln als Faktor für Schulqualität. In: Rolff, H.G. u.a. (Hrsg.): Jahrbuch der Schulentwicklung, Band 12. Weinheim/München.

Bovet, G./Frommer, H. (1999): Praxis Lehrerberatung – Lehrerbeurteilung. Baltmannsweiler.
Breisig, T. (1998): Personalbeurteilung, Mitarbeitergespräch, Zielvereinbarungen. Frankfurt a.M.
Brinkmann, R.D. (1998): Vorgesetzten-Feedback. Heidelberg.
BSJB *siehe* Behörde für Schule, Jugend und Berufsbildung
Buchen, H./Horster, L./Rolff, H.G. (1995ff.): Schulleitung und Schulentwicklung. Loseblattwerk. Berlin.
Buchen, H. u.a. (Hrsg.) (2001): Personalführung und Schulentwicklung. Stuttgart.
Bueler, X. (1999): Zur Leistungsbeurteilung von Lehrpersonen. In: FS&S aktuell, H. 4, S. 6f.
Buhren, C.G./Killus, D./Müller, S. (1998): Wege und Methoden der Selbstevaluation. Dortmund.
Buhren, C.G./Rolff, H.G. (2000): Personalentwicklung als Beitrag zur Schulentwicklung. In: Rolff, H.G. u.a. (Hrsg.): Jahrbuch der Schulentwicklung, Band 11. Weinheim/München.
Buhren, C.G./Rolff, H.G. (2002): Personalentwicklung in Schulen. Konzepte, Praxisbausteine, Methoden. Weinheim/Basel.
Burns, J.M. (1978): Leadership. New York.
Dalin, P. (1997): Schule auf dem Weg in das 21. Jahrhundert. Neuwied.
Daschner, P. (2001): Neue Formen von Personalmanagement – Beispiel Hamburg. In: Journal für Schulentwicklung, H. 3, S. 7–16.
Dörr, H./Borstendorfer, J. (1999): Leistungsstufen spalten die Kollegien. In: bildung & wissenschaft, H. 9, S. 8f.
Dubs, R. (1999): Personalentwicklung in Schule. Konzeptpapier für das Ministerium für Schule Nordrhein-Westfalen. Soest.
Dubs, R. (2001): Personalmanagement. Studienbrief des Zentrums für Fernstudien der Universität Kaiserslautern.
Dubs, R. (2002): Die Honorierung von Lehrkräften. In: Buchen, H./Horster, L./Rolff, H.G. (Hrsg.): Schulleitung und Schulentwicklung. Berlin, Beitrag C 5.4.
Eikenbusch, G./Holtmann, W. (1996): Systematische Planungs- und Entwicklungsgespräche. In: Buchen, H./Horster, L./Rolff, H.G. (Hrsg.): Schulleitung und Schulentwicklung. Berlin, Beitrag D 2.4.
EKD *siehe* Erziehungs- und Kulturdepartement des Kantons Luzern
Ender, B./Strittmatter, T. (2001): Personalentwicklung als Schulleitungsaufgabe. Innsbruck.
Erziehungs- und Kulturdepartement des Kantons Luzern (EKD) (1998): Beurteilung der Lehrperson. Ein Modellvorschlag. Luzern.
Evans, R. (1996): The Human Side of School Change. San Francisco.
French, W.L./Bell, C.H. (1982): Organisationsentwicklung. Bern/Stuttgart.
Fullan, M. (1999): Die Schule als lernendes Unternehmen. Stuttgart.
Fullan, M. (2000): Schulentwicklung im Jahr 2000. In: journal für schulentwicklung, H. 4, S. 48–56.
Gehlhaar, V. (1999): Leistungsstufen ab 1.1.2000 auch für Lehrerinnen und Lehrer. In: Schulverwaltung BW, H. 7–8, S. 147–149.
GEW (Hrsg.) (1999): Erziehung und Wissenschaft. Themenschwerpunkt: Personalbeurteilung. Heft 12. Frankfurt a.M.
Haller, I./Wolf, H. (2001): Dialogische Führung in der Schule – ein Konzept ohne Praxis? In: Buchen, H. u.a. (Hrsg.): Personalführung und Schulentwicklung. Stuttgart, S. 7–25.
Hallinger, P. u.a. (Hrsg.) (1996): International Handbook of Educational Leadership and Administration. New York.
Heldmann, K.U. (2003): Personalrat an Schulen. In: Buchen, H./Horster, L./Rolff, H.G. (Hrsg.): Schulleitung und Schulentwicklung. Berlin, Beitrag D 4.4.
von Hentig, H. (1996): Die Schule neu denken. Neuwied.
Hilb, M. (^{9}2001): Integriertes Personal-Management. Neuwied.
Horster, L. (2001): Die Einarbeitung neuer Lehrkräfte als Beginn der Personalentwicklung. In: Buchen, H. u.a. (Hrsg.): Personalführung und Schulentwicklung. Stuttgart, S. 140–155.
Horvath, P. (2003): Controlling. München.

Imgrüth, P. (2001): Personalförderung und -beurteilung an den Volksschulen des Kantons Luzern. In: Pädagogische Führung, H. 3, S. 114–117.
Innerhofer, C./Innerhofer, P./Lang, E. (1999): Leadership Coaching. Führen durch Analyse, Zielvereinbarung und Feedback. Neuwied.
Joyce, B./Showers, B. (1995): Student Achievement through Staff Development. New York/London.
Juhls, W. (2001): Das Leben ist ein Risiko. In: Lernende Schule, H. 16, S. 18f.
Kempfert, G. (2001): Der Widerspenstigen Zähmung. In: Lernende Schule, H. 16, S. 10–13.
Kleinmann, M./Strauss, B. (Hrsg.) (2000): Potentialfeststellung und Personalentwicklung. Göttingen.
Koch-Riotte, B. (1998): Zielvereinbarungsgespräche in der Schule. In: Buchen, H./Horster, L./Rolff, H.G. (Hrsg.): Schulleitung und Schulentwicklung. Berlin, Beitrag D 2.2.
Kouznes, J.M./Pozner, B. (1987): The Leadership Challenge. San Francisco.
Kühme, C. (2001): Lehrerinnen und Lehrer geben ihrer Schulleitung Rückmeldung. In: Lernende Schule, H. 16, S. 39–41.
Krainz-Dürr, M. (1999): Wie kommt Lernen in die Schule? Innsbruck.
Landesbeamtengesetz (LBG) für das Land Nordrhein-Westfalen. Düsseldorf 1997.
Landesinstitut für Schule und Weiterbildung (LSW) (1995): Evaluation und Schulentwicklung. Bönen/Westf.
Landesinstitut für Schule und Weiterbildung (LSW) (2001): Fortbildungsplanung. Ein Leitfaden für Moderatorinnen und Moderatoren. Bönen/Westf.
Landesregierung Schleswig-Holstein (1998): Vereinbarung zur Rückmeldung für Führungskräfte. Kiel.
LBG NRW *siehe* Landesbeamtengesetz für das Land Nordrhein-Westfalen
Leithwood, K. (1992): The Move towards Transformational Leadership. In: Educational Leadership, H. 2, S. 8–12.
Leithwood, K./Jantzl, D./Steinbach, R. (1999): Changing Leadership for Changing Times. Buckingham.
Leithwood, K./Jantzl, D./Steinbach, R. (2001): School Leadership and Teachers' Motivation. To Implement Accountability Policies. OISE Toronto.
Lodge, D. (1996): Saubere Arbeit. München.
Lohmann, A. (1999): Führungsverantwortung der Schulleitung. Handlungsstrategien für eine innere Schulentwicklung. Neuwied.
Lohmann, A. (2001): Bilanz- und Orientierungsgespräche. In: Buchen, H. u.a. (Hrsg.): Personalführung und Schulentwicklung. Stuttgart, S. 113–127.
Lortie, C. (1975): Schoolteacher. Chicago.
Louis, K.S./Leithwood, K. (1998): From Organizational Learning to Professional Learning Communities. In: Louis, K.S./Leithwood, K.: Organizational Learning in Schools. Lisse.
Marris, G. (1986): Loss and Change. London.
Mentzel, W. (^{7}1997): Unternehmenssicherung durch Personalentwicklung. Freiburg.
Miles, R.H. (1975): Macro Organisational Behaviour. Santa Monica.
Millman, J. (Hrsg.) (1981): Handbook of Teacher Evaluation. Beverly Hills.
Neuberger, O. (1991): Personalentwicklung. Stuttgart.
Newmann, F. u.a. (1996): Authentic Achievement. San Francisco.
Oexle, M. (2001): Die Einführung von Jahres- oder Mitarbeitergesprächen im Kollegium. In: Buchen, H. u.a. (Hrsg.): Personalführung und Schulentwicklung. Stuttgart, S. 98–112.
Ordiorne, G.S. (1980): Management by Objectives. München.
Peterson, K.D. (1995): Teacher Evaluation. Thousand Oaks.
Philipp, E./Rolff, H.G. (1998): Schulprogramme und Leitbilder entwickeln. Weinheim/Basel.
PISA-Konsortium Deutschland (Hrsg.) (2004): PISA 2003. Münster.
Rauen, C. (^{2}2001): Coaching. Innovative Konzepte im Vergleich. Göttingen.
Realschule Enger (Hrsg.) (2001a): Lernkompetenz I. Berlin.
Realschule Enger (Hrsg.) (2001b): Lernkompetenz II. Berlin.

Remer, A. (1985): Vom Produktionsfaktor zum Unternehmensmitglied. In: Bühler, W. u.a. (Hrsg.): Die ganzheitlich-verstehende Betrachtung der sozialen Leistungsordnung. Wien/New York.
Rolff, H.G. (1993): Wandel durch Selbstorganisation. Weinheim/München.
Rolff, H.G. (1999): Zur Methodik der Schulleitungs-Evaluation. In: Ministerin für Bildung (Hrsg.): Schulleitungs-Evaluation und Kollegiumsentwicklung. Kiel.
Rosenholtz, S.R. (1989): Teachers Workplace. New York.
Schön, D.A. (1983): The Reflective Practitioner. London.
Schratz, M. (2001a): Pädagogisches Leadership. Studienbrief des Zentrums für Fernstudien der Universität Kaiserslautern.
Schratz, M. (2001b): Persönliche Entwicklungspartnerschaften. In: Lernende Schule, H. 16, S. 48–50.
Schulz-Vanheyden, E. (2000): Noten für Lehrer? In: Schulverwaltung NRW, H. 7, S. 3–6.
Scriven, M. (1973): Handbook for Model Training Program in Qualitative Evaluation. Berkeley.
Scriven, M. (1981): Summative Teacher Evaluation. In: Millman, J. (Hrsg.): Handbook of Teacher Evaluation. Beverly Hills.
Senge, P.M. (1996): Die fünfte Disziplin. Kunst und Praxis der lernenden Organisation. Stuttgart.
Sergiovanni, T.J. (1994): Building Community in Schools. San Francisco.
Simon, R. (2001): Personalentwicklung als Gesamtaufgabe – das Beispiel Schleswig-Holstein. In: Journal s:e, H. 3, S. 49–61.
Staehle, W.H. ([6]1991): Management. München.
Tausch, R./Tausch, A.M. (1970): Erziehungspsychologie. Göttingen.
Terhart, E. (Hrsg.) (2000): Gutachten der Kommission zur Reform der Lehrerbildung. Weinheim/Basel.
Ulich, E. u.a. (1989): Arbeitsform mit Zukunft – ganzheitlich-flexibel statt arbeitsteilig. Bern.
Ministerium für Schule und Weiterbildung, Wissenschaft und Forschung des Landes Nordrhein-Westfalen (Hrsg.) (2002): VOSS (Verordnung zum Modellversuch Selbstständige Schule). Düsseldorf.
Wächter, H. ([2]1991): Vom Personalwesen zum Strategic Human Resource Management. In: Staehle, W.H./Conrad, P. (Hrsg.): Managementforschung. Berlin/New York.
Wunder, R. ([3]2000): Führung und Zusammenarbeit. Eine unternehmerische Führungslehre. Neuwied.

Guy Kempfert

Personalentwicklung in selbstständigen Schulen

1. Einleitung	545
2. Teilautonomie und Personalentwicklung	548
3. Bedarfserhebung	549
4. Einstellungsverfahren	552
5. Einführung ins Kollegium	557
6. Führung durch Zielvereinbarung: Mitarbeitergespräche	559
6.1 Personalförderung	560
6.2 Schulentwicklung	561
6.3 Feedback an die Schulleitung	561
7. Honorierungsmöglichkeiten	572
8. Institutionalisierung der Schulentwicklung	574
9. Konflikte und Konfliktgespräche	576
9.1 Ein Fall von vielen	577
9.2 Mögliche Ursachen von Widerstand	578
9.3 Was bedeutet dieses Modell für Schulen?	579
9.4 Konsequenzen für die Praxis	579
9.5 Wenn aber alles nichts nützt?	582
10. Schluss	583
Literaturverzeichnis	584

1. Einleitung

Wenn von Personalentwicklung die Rede ist, assoziiert man damit im Allgemeinen eher ein wirtschaftliches als ein schulisches Umfeld. Dies hat natürlich eine gewisse Berechtigung, da Schulen ihre Mitarbeitenden bisher nur in sehr beschränktem Maße entwickeln konnten. Da sich in letzter Zeit aber immer mehr die Erkenntnis durchsetzt, dass schulische Qualität in erster Linie von den einzelnen Schulen selbst bestimmt und gestaltet wird und dass Personalentwicklung dafür einen wesentlichen Gelingensfaktor darstellt, erhalten Schulleitungen auch vermehrt Kompetenzen in Fragen der Personalentwicklung.

Was aber verstehen wir – in bewusster Abgrenzung von der Wirtschaft – überhaupt unter schulischer Personalentwicklung? Nach unserem Verständnis von pädagogischem Qualitätsmanagement (Kempfert/Rolff 2005, S. 45ff.) besteht das Hauptziel schulischen Handelns in der Verbesserung der Unterrichtsqualität bzw. der Schülerleistungen. Und die Erreichung dieses Ziels steht und fällt mit der Qualität der Lehrpersonen – diese müssen deshalb sorgfältig ausgesucht, eingeführt, entwickelt und honoriert werden. So gesehen beinhaltet eine systematische Personalentwicklung alle Maßnahmen, die geeignet sind, die besten Lehrpersonen zu finden und dann so zu fördern, dass sie ihre Aufgaben

- im Unterricht und dessen Umfeld sowie
- in der Schulentwicklung

optimal erfüllen können. Dies ist in Schulen mitunter schwieriger als in der Wirtschaft, denn wenn man die Situation von Lehrpersonen in Schulen betrachtet, fallen folgende Charakteristika auf, die es erfordern, eine von der Wirtschaft deutlich unterschiedliche Personalentwicklung in Schulen zu betreiben:

- Lehrpersonen sind nicht hierarchiegewöhnt, sondern fühlen sich aufgrund ihrer Ausbildung und Tätigkeit als Gleiche unter Gleichen und akzeptieren die Schulleitung oft als Primus inter Pares, aber nicht als Vorgesetzten.
- Erfolgskontrolle ist kaum messbar. Es fehlen vereinbarte und auch vergleichbare Qualitätsstandards und Lehrpersonen haben immer die Möglichkeit, ihre unterschiedlichen Schüler/innen für den Misserfolg verantwortlich zu machen.
- Schulen produzieren nicht für Kunden, sondern unterrichten Jugendliche, und sie vermitteln nicht in erster Linie unmittelbar verwertbare, sprich nutzbare Produkte. Schulische Inputs sollen vielmehr Langzeiteffekte haben, die aber wiederum nicht nachweisbar sind.
- Entwicklung von Menschen und nicht der Profit steht im Zentrum und diese Entwicklung umfasst vor allem »weiche« Faktoren wie Selbst- und Sozialkompetenz, die wiederum kaum messbar sind.
- Das Klassenzimmer erscheint als Blackbox. Im Gegensatz zur Bürokultur weiß man kaum, was sich wie in den Klassenzimmern abspielt, durch welche Prozesse welche Ergebnisse erzielt werden. Unterricht findet im Allgemeinen autonom, ohne Zusammenarbeit und vor allem nicht im Auftrag eines Vorgesetzten statt und es dringt auch wenig nach außen.
- Kaum Aufstiegsmöglichkeiten: Ob sich Lehrpersonen überdurchschnittlich engagieren und hervorragende Ergebnisse mit ihren Schülerinnen und Schülern erreichen oder aber sich in der Rolle der berüchtigten Ferientechniker gefallen, hat weder auf ihre Anstellung noch ihren Lohn irgendwelche Auswirkungen.

- Kaum Sanktionen bei Misserfolg: Im Gegensatz zur Wirtschaft haben auch wiederholte Misserfolge bzw. Nichterreichen der Ziele keinerlei spürbare Konsequenzen. Wenn es einer Lehrperson kontinuierlich nicht gelingt, die Lernleistungen ihrer Schüler/innen zu steigern und die Lernziele zu erreichen, dann wird dies in aller Regel höchstens achselzuckend zur Kenntnis genommen.
- Kein Erfolgsdruck: Mangelnde Sanktionen und nicht vorhandene Konkurrenz führen u.a. dazu, dass Schulen und ihre Lehrpersonen (aber auch oft ihre Leitungen) keinerlei Erfolgsdruck ausgesetzt sind. Ihre Stellung ist ja gesichert, die Schüler/innen kommen von allein und eine feindliche Übernahme durch die Nachbarschule droht auch nicht.
- Kaum Anpassungszwang bei Veränderungen: Schulen sind selten die Vorreiter von tiefgreifenden Innovationen, sondern hinken meistens lang hinterher. Da zudem Lehrpersonen alle Reformen bisher unbeschadet überstanden haben, hat sich eine kollektive Kultur der Veränderungsresistenz stärker ausgebildet als in der Wirtschaft. Dieser Unwille zur Veränderung hat auch schulimmanente Gründe. Denn es ist ja gerade Aufgabe der Schule, die traditionellen Werte zu vermitteln, und die haben sich in manchen Fächern seit Hunderten von Jahren nicht geändert und prägen somit sicherlich das Bewusstsein von Lehrpersonen.

Diese soeben beschriebenen und zugegebenermaßen auch stereotypen Zustände haben nicht nur negative, sondern natürlich auch positive Auswirkungen: Z.B. fühlen sich alle gleich und kaum jemand akzeptiert die Führungsrolle von Schulleitungen, somit fehlen fast alle Druckmittel bei der Durchsetzung der Schulpolitik. Dadurch sind Schulleitungen verstärkt verpflichtet, ihre Politik auf der Ebene einer Vereinbarungskultur zu treffen, die viel Überzeugungsarbeit erfordert und im Idealfall nachhaltiger ist als die bis zum nächsten Bonus andauernde Motivation.

Während es an den meisten Schulen kaum eine systematische Personalentwicklung gibt, ist es das Bestreben jedes zumindest größeren Unternehmens, seine Personalpolitik von der dafür zuständigen Personalabteilung professionell betreiben zu lassen. Dies liegt natürlich an der Tatsache, dass jede Firma auch zuständig für Löhne, Versicherungen, Pensionskassen u.a.m. ist, hängt aber hauptsächlich mit einem erkannten Kosten-Nutzen-Effekt zusammen. So erfordert jede neue Mitarbeiterin und jeder neue Mitarbeiter enorme finanzielle Investitionen (Inserate, Interviews, Vertragsverhandlungen, Büroinfrastruktur, eventuelle Optionszahlungen, Einarbeitungskurse etc.), deshalb wird Wert darauf gelegt, die Mitarbeiter/innen zu halten und die Fluktuationsrate nicht über 5 Prozent steigen zu lassen.

Personalpolitik in Schulen ist hingegen in erster Linie Chefsache. Wenn sich alle Beteiligten bewusst sind, dass erfolgreiche Unterrichts- und Organisationsentwicklung nur mit dem entsprechenden Personal zu realisieren ist, dann wird auch evident, dass Schulleitungen gerade in diesem Bereich geschult werden müssen und sich im Alltag viel Zeit dafür nehmen sollten. Welche Möglichkeiten sie dabei haben, soll der vorliegende Beitrag zeigen.

2. Teilautonomie und Personalentwicklung

Was unterscheidet unsere teilautonom geleitete Schule[1] grundsätzlich von einer »normalen« Staatsschule und welche Auswirkungen hat dies auf die Personalentwicklung?

Der wesentliche Unterschied vor allem zu deutschen Schulen besteht darin, dass die Einstellung von Lehrpersonen in der ganzen Schweiz in allen Schulen und auf jeder Schulstufe durch die einzelne Schule erfolgt. Es gibt nirgendwo eine zentrale Behörde, die für die Lehrerversorgung zuständig ist. Dies hat natürlich dazu geführt, dass sich ein gesamtschweizerischer Lehrermarkt entwickelt hat. Lehrpersonen müssen sich an den einzelnen Schulen bewerben und es spielt theoretisch überhaupt keine Rolle, mit welcher Note sie ihr Examen abgeschlossen haben. Dies bedingt, dass Schulleitungen bzw. deren lokale Aufsichtsbehörden über entsprechende Einstellungskompetenzen verfügen – was natürlich nicht immer der Fall ist. Die Einstellungsverfahren variieren sowohl zwischen den Schulstufen als auch zwischen den Kantonen. Da es bis vor kurzem lediglich in den Gymnasien mit Personalkompetenzen ausgestattete Schulleitungen gab, haben Gymnasien in allen Kantonen auch als einzige Schulen eine lange Tradition der Personaleinstellungen. Die Einstellungen werden in aller Regel in Zusammenarbeit mit der für die jeweilige Schule zuständigen Schulaufsicht vorgenommen. Diese Gremien setzen sich aus Vertreterinnen und Vertretern der politischen Parteien zusammen, die diese Tätigkeit als Nebenamt ausüben und in der Regel acht bis zehn Mal pro Jahr zusammen mit der Schulleitung und eventuellen Lehrervertretern tagen. Sie üben de jure die Aufsicht über die Schulen aus, delegieren sie aber an die Schulleitungen. Im Kanton Baselland wählen diese inzwischen Schulräte genannten Gremien die unbefristet einzustellenden Lehrpersonen – allerdings laut Gesetz immer auf Vorschlag der Schulleitungen, während Lehrpersonen mit einem befristeten Vertrag von der Schulleitung allein eingestellt werden.

Ein weiterer Grundzug der gymnasialen Teilautonomie im Kanton Baselland besteht in einer relativ großen Budgetfreiheit. Wir müssen der Regierung zwar ein Budget eingeben, das vorgegebene Ausgabeposten von »öffentlichen Anlässen« über »Schulreisen« bis hin zu »Büromaterial« auflistet. Ist das Budget aber einmal vom Parlament genehmigt, können wir die Ausgaben selbst tätigen und einzelne Posten überziehen, wenn wir den Gesamtbudgetsaldo einhalten. In unserem Budget sind alle Lohnkosten sowie die für unsere Personalentwicklung wichtigen Posten »Fachschaftsausgaben« und »Weiterbildung« enthalten. Wir können Weiterbildung selbstständig durchführen, die uns dafür geeigneten Referenten selbst aussuchen und dies zu einem Zeitpunkt, der unseren Bedürfnissen entspricht.

Im Gegensatz zu deutschen Schulen gibt es in der Schweiz weder Personalvertretungen noch Frauenbeauftragte oder Elternvertretungen. Insofern kommt den Schulleitungen eine entscheidende Rolle bei der Personalentwicklung zu und deshalb müssen sie besonders in diesem Bereich auch speziell geschult werden.

---

1 Der Autor ist Schulleiter am Gymnasium Liestal im Schweizer Kanton Baselland.

Teilautonomie bzw. volle Autonomie bei der Personaleinstellung verpflichtet Lehrpersonen zu einem optimalen Selbstmarketing, bedeutet aber dasselbe auch für Schulen. Denn um eine gute Ausgangsposition für die Rekrutierung von guten Lehrpersonen zu erreichen, müssen Schulen eine permanente Imagepflege betreiben. Schließlich werden sich Lehrpersonen eher an Schulen bewerben, von denen ein guter Ruf ausgeht. Diese Imagepflege darf allerdings keine Fassadenpolitur darstellen, sondern bedeutet vielmehr, u.a. eine professionelle und nachhaltige Personalentwicklung zu betreiben. Sind die eigenen Lehrpersonen (und hoffentlich auch die Schüler/innen als Nutznießer) davon überzeugt, dass es erstrebenswert ist, an dieser Schule zu unterrichten, so spricht sich dies schnell herum.

3. Bedarfserhebung

Aufgrund der von den Behörden prognostizierten Schülerzahlen begeben sich in der Schweiz zumindest Schulleitungen der Gymnasien spätestens ab Februar eines Jahres auf die Suche nach Lehrkräften, damit alle Klassen in allen Fächern Unterricht erhalten. Im Gegensatz zu Deutschland gibt es in der Schweiz nie eine Bemerkung wie »Wegen Lehrermangels nicht unterrichtet« im Zeugnis. Jede Schülerin und jeder Schüler hat ein Recht auf die Erteilung des vollständigen Curriculums. So müssen auch nicht im Wahl- oder Freifachangebot Abstriche vorgenommen werden, um z.B. eine Deutschlehrerin oder einen Deutschlehrer einstellen zu können. Da dieses System seit Jahrzehnten gang und gäbe ist, bewerben sich Lehrkräfte aus der ganzen Schweiz – und zunehmend auch aus Deutschland – um Stellen.

Solch eine kontinuierliche Personalentwicklung setzt eine verlässliche Planung voraus. Wer über mittel- und langfristige Planungsdaten verfügt, weiß rechtzeitig, in welchen Fächern wann und wie viele Lehrpersonen gebraucht werden, und kann entsprechend handeln. Im Kanton Baselland erheben die Behörden regelmäßig den aktuellen Bestand an Schülerinnen und Schülern und prognostizieren aufgrund der erkennbaren demografischen Entwicklung die voraussichtlichen Klassenzahlen für jedes Gymnasium. Diese Angaben wiederum werden von der Schulleitungskonferenz der Gymnasien mit den für unsere spezifischen Planungen notwendigen Daten angereichert. Hinzu kommen hier die Stundentafeln, die Anzahl der Klassen jedes Gymnasiums, die Anzahl der unbefristet angestellten Lehrpersonen sowie deren Alter. Somit kann für jede Schule ziemlich genau berechnet werden, in welchen Fächern wann neue Stellen besetzt werden müssen (vgl. Tab. 1 auf S. 550). Aufgrund dieser Statistik kann jedes Gymnasium autonom Stellen ausschreiben und es ist jeder Schule überlassen, diese Stellen ihren Schulprofilen entsprechend zu gestalten. So haben wir für unsere bilinguale Abteilung englischsprachige Lehrpersonen für verschiedene Sachfächer gesucht und das Inserat u.a. auch im *Times Educational Supplement* aufgegeben (vgl. Abb. 1 auf S. 551).

Bevor also die Stelle ausgeschrieben wird, muss sorgfältig überlegt werden, welche außerfachlichen Qualifikationen für die Schule wünschenswert sind: Sollte die Englischlehrerin z.B. noch Theatererfahrungen haben oder der Physiklehrer auch bilin-

Tab. 1:	Lehrerbedarfsprognose					
Fach	Ganzer Kanton			Gymnasium Liestal 2002	Gymnasium Liestal 2005	Gymnasium Liestal 2010
	2002	2005	2010			
D	1,2	1,8	6,0	–0,6	–0,2	1,1
F/I	1,5	1,7	6,3	0,4	0,6	1,5
E	1,2	2,3	7,2	0,5	1,5	2,7
M	5,0	5,5	11,0	1,9	2,5	3,5
L/Gr	–0,4	0,5	2,0	0,1	0,2	0,3
P	–0,1	0,0	3,2	0,1	0,2	1,0
G	–0,1	0,1	4,4	–0,1	0,1	1,0

(aus Datenschutzgründen wurden die Zahlen leicht modifiziert)

Tab. 2:	Anzahl der erteilten Wochenstunden nach Fächergruppen		
Fächergruppen	Weiblich	Männlich	Summe
Angewandte Mathematik/Mathematik/Informatik	11	144	155
Biologie/Naturwissenschaften	20	124	144
Chemie/Chemie Praktikum	0	58	58
Deutsch	51	98	149
Englisch	68	51	119
Französisch	69	56	125
Geografie	0	62	62
Griechisch	3	18	21
Geschichte	29	67	96
Handarbeit	8	0	8
Hauswirtschaft	8	0	8
Italienisch	24	28	52
Klassenstunde	1	6	7
Latein	8	33	41
Musik	17	32	49
Physik/Physik Praktikum	0	59	59
Turnen/Sport	54	69	123
Wirtschaft/Recht	3	52	55
Zeichnen/Kunstbetrachtung/Werken	32	52	84
Insgesamt	406	1.009	1.415

(Quelle: Rätz, Gymnasium Liestal)

Abb. 1:
Inserat für den bilingualen Unterricht

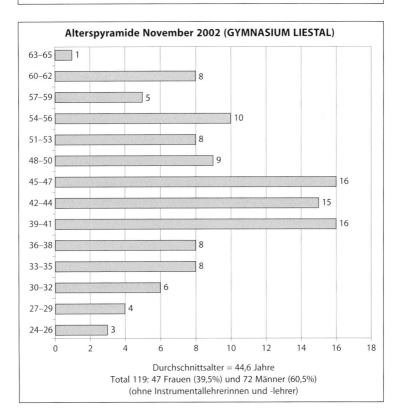

Abb. 2: Grafische Altersverteilung eines Kollegiums

gual unterrichten können? Ein wesentliches Hilfsmittel bei der gezielten Suche nach Lehrkräften stellen Personalstatistiken dar, die die Geschlechter- und Altersverteilung insgesamt sowie für jedes Fach aufzeigen (vgl. Abb. 2 und Tab. 2).

Nur so ist eine langfristige Planung sowohl in Bezug auf eine ausgewogene Verteilung der Geschlechter als auch der verschiedenen Altersgruppen möglich. Es macht z.B. keinen Sinn, im Fach X noch einen 35-Jährigen einzustellen, wenn schon von vornherein klar ist, dass dann die Hälfte der Fachschaft gleichzeitig pensioniert wird.

Es kann aber durchaus Sinn machen, einen älteren hochmotivierten und geschätzten Kollegen zu bitten, noch drei Jahre mit einem Teilpensum weiter zu unterrichten, statt sich vorzeitig pensionieren zu lassen. Denn erstens befruchtet er die Fachschaft, zweitens wird der Altersabstand zum anschließend pensionsreifen Lehrer kleiner und drittens kann dann in drei Jahren ein im Vergleich zu heute drei Jahre jüngerer Kollege eingestellt werden.

Bei ihren Untersuchungen über so genannte »gute« Schulen kommen alle Bildungsforscher zu der Erkenntnis, dass es in guten Schulen wenig Fluktuationen im Lehrkörper gibt. Dies ist auch mehr als einsichtig, zumal die Ergebnisse von Innovationen erst nach ca. vier bis fünf Jahren spürbar sind. Wenn ständig neue Lehrer/innen kommen und gehen, kann die Schulentwicklung keinen Niederschlag finden. Das wichtigste Merkmal »guter« Schulen schließlich ist ein gemeinsames Ethos über die wesentlichen an der Schule geltenden Werte. Auch dies ist nur bei einer einigermaßen konstanten Zusammensetzung des Kollegiums möglich.

4. Einstellungsverfahren

Ein professionelles Einstellungsverfahren zeichnet sich durch ein mehrschrittiges Verfahren aus. Zunächst werden die eingegangenen Bewerbungsunterlagen auf Vollständigkeit geprüft und die »Qualität« der Kandidatinnen und Kandidaten anhand von vereinbarten Kriterien geprüft. Dies kann ergänzt werden durch das Einholen von Referenzen. Anschließend wird ein wählbar erscheinender Kreis von Bewerberinnen und Bewerbern zu einem Interview eingeladen und nach einer erneuten Auswahl halten die verbliebenen Kandidatinnen und Kandidaten Probelektionen ab. Bei uns wird dieses Verfahren für jede ausgeschriebene Stelle jeweils von einem Mitglied der Schulleitung, des Schulrats sowie der betreffenden Fachgruppe geführt, die natürlich alle zuvor intensiv in dieser Form der Kandidatenauswahl geschult wurden. Im Interview sollen soziale und personale Kompetenzen, in den Probelektionen die fachlichen Kompetenzen erfragt bzw. beobachtet werden, um so ein möglichst umfassendes, facettenreiches Bild von den Kandidatinnen und Kandidaten zu erhalten.

In der Wirtschaft erfolgen Einstellungen in der Regel durch Interviews. Schulen haben gegenüber der Wirtschaft den Vorteil, dass sie zusätzlich noch eine Arbeitsprobe in Form von Probelektionen durchführen können, um so die Kandidatinnen und Kandidaten auf Herz und Nieren zu prüfen. Diese Probelektionen fallen bei der Entscheidung ungleich stärker ins Gewicht als Interviews, da die Lehrperson ja hauptsächlich unterrichtet und ihre didaktisch-methodischen Fähigkeiten sowie die Fachkompetenzen beobachtet werden konnten.

Probelektionen sagen allerdings so gut wie nichts über die Eignung der Lehrperson für die Schulentwicklung aus. Dieser Aspekt wird meistens vernachlässigt, könnte aber durch ein professionell geführtes Interview geklärt werden. Herkömmliche Interviews orientieren sich in der Regel am Curriculum Vitae der Kandidatin oder des Kandidaten. Man fragt nach Erfahrungen während der Studien- und Referendarzeit, nach fachlichen Neigungen, Hobbys, Zukunftsplänen oder pädagogischen Vorstellungen. Die Antworten der Bewerber/innen müssen sich zwangsläufig ähneln und unverbindlichen Charakter annehmen, denn jede und jeder wird die gleichen hehren pädagogischen Ziele vertreten. Alle sind engagierte Schulentwickler, betreiben immerzu Fortbildung, achten besonders auf die Qualität des Unterrichts und freuen sich auf die Teamarbeit in der neuen Schule. Die Wirklichkeit sieht dann meist ganz anders aus und die Frage ist natürlich, ob die interviewende Person dies in Interviews herausfinden kann.

Es gibt inzwischen hinreichende wissenschaftliche Untersuchungen (Jetter 2003, S. 90ff.; Weuster 2004, S. 242ff.) die belegen, dass die Eignung von Kandidaten durch so genannte strukturierte Interviews viel zuverlässiger prognostiziert werden kann als durch herkömmliche, unstrukturierte Interviews. Kerninhalt von strukturierten Interviews ist die Erfragung von Kompetenzen, die für die angestrebte Tätigkeit wünschenswert sind. Dabei werden die Kandidatinnen und Kandidaten gebeten, diese Kompetenzen anhand von konkreten, erfahrenen Beispielen zu beschreiben. Diesem Verfahren liegt die durch die Verhaltenspsychologie bestätigte Annahme zugrunde, dass das Verhalten von Menschen in der Vergangenheit Rückschlüsse auf ihr zukünftiges Verhalten zulässt. Im Alter der Lehrpersonen ist die Persönlichkeitsstruktur so weit entwickelt und auch gefestigt, dass sie in bestimmten Situationen meistens das gleiche Verhaltensmuster an den Tag legen. Somit kann der Interviewer aus einem Beispiel der Kandidatin oder des Kandidaten Schlussfolgerungen auf das wahrscheinliche Verhalten an der neuen Stelle ziehen.

Statt also zu fragen, was man denn von Teamarbeit hält, lautet die Frage in einem strukturierten Interview: »Nennen Sie mir bitte ein Beispiel für eine erfolgreiche Teamarbeit und schildern Sie Ihre Rolle dabei. Skizzieren Sie bitte auch das Resultat dieses Projekts.« Diese Frage zeigt exemplarisch die drei Dimensionen, die in strukturierten Interviews tangiert werden: Der Kontext der Handlung, die Rolle der Kandidatin bzw. des Kandidaten in dieser Situation sowie das aus der Handlung resultierende Ergebnis sollen beschrieben werden. Alle drei Dimensionen sind relevant für die anschließende Bewertung. Schließlich macht es einen Unterschied, ob eine Bewerberin oder ein Bewerber mit zwei Kollegen ein Geburtstagsfest oder mit mehreren Lehrpersonen den Prozess einer Leitbildklausur vorbereitet hat. Man mag einwenden, dass den Kandidatinnen und Kandidaten während des Interviewstresses oft kein passendes Beispiel einfällt. Erfahrungsgemäß ist dies aber nie der Fall. Wenn jemand sich aber an kein Beispiel für eine Teamarbeit erinnern kann, so hat er oder sie entweder keine oder nur schlechte Erfahrungen damit gemacht – und das ist auch eine Aussage.

Die Antworten werden stichwortartig von den Interviewern notiert und zum Schluss ausgewertet. Es ist sehr anstrengend, sich während des Interviews die wesentlichen Äußerungen zu notieren, gleichzeitig aufmerksam zuzuhören und Fragen zu stellen. Deshalb ist es einerseits unabdingbar, diese Interviews anhand eines vorgegebenen Interviewleitfadens durchzuführen, der alle wesentlichen Fragen enthält und Raum für Notizen aufweist. Andererseits sollten die Interviews nicht allein geführt werden, da sich mehrere Personen beim Schreiben und Fragen abwechseln können. Zudem wird die Verlässlichkeit der Aussage durch das Mehrohrenprinzip nachweislich erhöht.

Bevor diese Interviews aber geführt werden können, muss schulintern festgelegt werden, über welche Kompetenzen die »ideale« Lehrperson dieser Schule denn überhaupt verfügen soll. Unter Kompetenzen versteht man gemeinhin das Zusammenspiel von (u.a.) Wissen, Werten, Fähigkeiten, Fertigkeiten, Interessen und Verhaltensweisen, die nötig sind, um bestimmte Aufgaben erfolgreich zu bewältigen. Darüber hinaus charakterisieren Kompetenzen »die Fähigkeiten von Menschen, sich in offenen und unüberschaubaren, komplexen und dynamischen Situationen selbstorganisiert zurechtzufinden« (Heyse/Erpenbeck 2004, Vorwort S. xiii).

Verfügt eine Schule über ein Leitbild, können die notwendigen Kompetenzen direkt daraus abgeleitet werden. Denn das Leitbild beinhaltet das pädagogische Credo der Schulgemeinschaft und man muss sich bei jedem Leitsatz fragen, welche Voraussetzungen bzw. Kompetenzen die Lehrpersonen haben müssen, um den betreffenden Leitsatz umzusetzen. Das Leitbild zeigt auf, was ein Kollegium beabsichtigt zu tun, und daraus werden die Kompetenzen abgeleitet, die benötigt werden, um die Ziele auch zu erreichen. Steht im Leitbild z.B. der Satz: »Wir tauschen regelmäßig unsere Unterrichtserfahrungen und -materialien in Fachschaftssitzungen aus, um die Qualität unseres Unterrichts zu verbessern«, dann ist offenkundig, dass dies nur Lehrpersonen können, die über die Kompetenzen Teamorientierung und Qualitätsbewusstsein verfügen.

Verfügt eine Schule nicht über ein Leitbild, dann muss in einem gemeinsamen Klärungsprozess zwischen Schulleitung und Kollegium eine Einigung über die wünschenswerten Kompetenzen gefunden werden. Dies kann z.B. mit der Übung »Was ist ein guter Lehrer bzw. eine gute Lehrerin?« initiiert werden und sollte auf jeden Fall unter Einbezug einer externen Beraterin oder eines externen Beraters geschehen, da erfahrungsgemäß die Auffassungen über die »ideale« Lehrperson zwischen Kollegium und Schulleitung stark divergieren. Im Gymnasium Liestal ergab eine Analyse unseres Leitbilds die in Tabelle 3 aufgeführten Kompetenzen. Wir haben bewusst die didaktisch-methodischen und fachlichen Kompetenzen ausgeklammert, da diese in den Probelektionen beobachtet werden sollen, während wir uns in den Interviews auf soziale und personale Kompetenzen konzentrieren wollen. Sind die Kompetenzen geklärt, ist es zunächst notwendig, sich auf eine Prioritätenliste zu einigen, denn für die Schulentwicklung sind nicht alle Kompetenzen gleich wichtig und es ist in einem Interview auch gar nicht möglich, alle zu erfragen. Nach der Priorisierung müssen die jeweiligen Kompetenzen näher definiert und die wesentlichen Verhaltensweisen beschrieben werden, damit entsprechende Fragen formuliert werden können. Tabelle 4 auf S. 556 veranschaulicht das Ergebnis eines solchen Prozesses am Beispiel der Kompetenz »Teamorientierung«.

Nach den Interviews vergleichen und ergänzen die Interviewer ihre Notizen und werten sie nach einem vorgegebenen Schlüssel aus. Nun erfolgt eine weitere Auswahl und die besten Kandidatinnen und Kandidaten werden zu Probelektionen eingeladen, damit ihre pädagogischen Fähigkeiten geprüft werden können. Die Lektionen werden von den zuständigen Fachkonferenzleiterinnen und -leitern organisiert und anschließend fachlich und didaktisch gemeinsam mit der Schulleitung beurteilt. Diese Probelektionen

Tab. 3: **Aus dem Leitbild abgeleitete Kompetenzen**

Leitbild	Kompetenz
• Wir fördern und fordern. • Wir stellen klar definierte Leistungsanforderungen. • Wir beteiligen uns alle an der Selektion. • Es ist uns wichtig, für einen hohen Qualitätsstandard unserer Schule einzustehen.	Leistungsorientierung, Qualitätsorientierung
• Persönlichkeitsentwicklung umfasst für uns Teamfähigkeit. • Wir pflegen einen kooperativen Führungsstil. • Wir pflegen kooperative Lehr- und Lernkultur.	Teamorientierung
• Wir verfolgen gemeinsame Unterrichtsziele. • Wir bemühen uns um Toleranz und fördern die Zusammenarbeit.	Toleranz
• Bereitschaft zum offenen Gespräch	Kommunikationsfähigkeit, Konfliktbereitschaft
• Wir bilden uns kontinuierlich fort.	Lernbereitschaft
• Wir fördern die Fähigkeit, das Leben mit seinen Krisen zu bestehen. • Übermäßige Belastung beeinträchtigt die Qualität.	Belastbarkeit (Stresstoleranz beachten)
• Wir schaffen günstige Arbeitsbedingungen. • Günstige Arbeitsbedingungen setzen eine gute Organisation voraus.	Organisationsfähigkeit
• Wir sind offen für Neues.	Veränderungsbereitschaft
• Wir fühlen uns der Öffentlichkeit gegenüber verpflichtet.	Kundenorientierung
• Wir wollen nicht Spielball der gesellschaftlichen und politischen Entwicklung sein, sondern die Zukunft unserer Schule aktiv gestalten.	unternehmerisch, pro-aktiv, innovativ
• Wir diskutieren Wert- und Sinnfragen.	Überzeugungskraft

- bieten allen Kandidatinnen und Kandidaten die gleichen Chancen;
- gewährleisten, dass Aufsichtskommissionen und Schulleitungsmitglieder die gleichen Stunden beurteilen;
- zeigen, ob die Kandidatin oder der Kandidat sich in relativ kurzer Zeit Wissen aneignen und dieses auch umsetzen kann;
- zeigen, wie Kandidatinnen und Kandidaten mit Stress umgehen können.

Es ist ein Ammenmärchen zu glauben, eine Kandidatin oder ein Kandidat könne eine »Showstunde« organisieren und sei in der Schulrealität dann wieder ganz anders. Eigene Erfahrungen und wissenschaftliche Untersuchungen belegen, dass sich eine Kandidatin oder ein Kandidat vielleicht 20 Minuten »verstecken« kann, dann werden seine Stärken und Schwächen offenkundig. Zudem absolvieren alle Probandinnen und Probanden zwei Probelektionen, wodurch diese Gefahr noch weiter verringert wird.

Tab. 4:	**Interviewfragen zur Kompetenz »Teamorientierung«**
Definition	**Wesentliches Verhalten**
Sich als Teil des Ganzen sehen und aktiv als Mitglied eines Teams betätigen, um das Team im Hinblick auf die Zielerreichung voranzubringen	• Zielerreichung unterstützen • andere involvieren • Teammitglieder informieren • Teamentscheidungen mittragen
Fragen	
1. Können Sie mir ein Beispiel schildern, wo Sie im Team ein Ziel erreicht haben? Worin bestand Ihre Rolle? Was war die Aufgabe des Teams? 2. Können Sie mir ein Beispiel schildern, wo Sie erfolgreich Teamarbeit im Unterricht gefördert haben? Worin bestand Ihre Rolle? Was war die Aufgabe des Teams? Resultat? 3. Manchmal stimmen wir einer Entscheidung des Teams zu, obwohl wir persönliche Vorbehalte haben. Schildern Sie mir bitte ein Beispiel, wo Sie so etwas schon einmal erlebt haben? Was war das Resultat?	

Kontext	Verhalten/eigene Rolle	Ergebnis
....	....	....
....	....	....
....	....	....
....	....	....

In den USA gibt es sogar eine Form von Interviews, mit deren Hilfe besonders gute Lehrpersonen gefunden werden können. Der Pädagogikprofessor Haberman hat Interviewformen für so genannte *star teachers* entwickelt, also besonders gute Lehrpersonen, die anscheinend völlig unabhängig von den jeweiligen schulischen Bedingungen die Lernleistungen der Schüler/innen signifikant verbessern können. Ausgangspunkt war der Beschluss eines Distrikts, zwei anscheinend unrentable Schulen zu schließen. Mithilfe der Star-Teacher-Interviews für Ideallehrer ist es den Schulleitern aber laut Haberman (2004, S. 55f.) gelungen, beide Schulen nicht nur zu retten, sondern sie innerhalb kürzester Zeit zu führenden Schulen des Distrikts zu machen.

Solch ein Einstellungsverfahren ist offenkundig aufwändig. Betrachtet man es aber als langfristige Investition und hält sich dabei die Gesamtkosten vor Augen, so erscheint der Aufwand mehr als gerechtfertigt. Denn eine Lehrperson verdient inklusive Sozialleistungen ca. 100.000 Euro pro Jahr und wenn sie 25 Jahre an der Schule bleibt, sind dies insgesamt 2,5 Millionen Euro. Wenn die Investition einen *return on investment* bringen soll, muss besonders viel Zeit in die professionelle Auswahl gesteckt werden. Schließlich sollen die Lehrpersonen die Lernleistungen von etlichen Schülerinnen und Schülern verbessern und die Schulentwicklung nachhaltig mitgestalten. Leider aber wird vielerorts noch mehr Zeit in die Beschaffung von Overheadprojektoren investiert ...

Vielen mag dieses System unrealistisch scheinen und mit zu vielen Fragezeichen versehen sein. So könnte die Allmacht der Schulleiterin oder des Schulleiters ins Grenzenlose wachsen oder die Schulleiter/innen zur Personalpolitik gar nicht fähig sein. Es entsteht auch die Frage, ob Schulen nicht Personalräte als Gegengewicht benötigen. Zudem könnte dieses System zu einer unerwünschten Konkurrenzsituation unter den Schulen führen, wenn diese sich gegenseitig die Lehrkräfte abspenstig machen. Vielleicht würden nicht mehr Noten, sondern gute Beziehungen bei der Einstellung eine wesentliche Rolle spielen, städtische Schulen noch mehr bevorzugt werden, andere Schulen eventuell sogar Bankrott machen.

In der Tat würde eine sofortige Umstellung wohl mehr Schaden anrichten als Nutzen bringen, insofern ist auch hier eine vorsichtige und überlegte Implementation vonnöten. Möglich wären Anreize, indem innovative Schulen – z.B. mit einem Schulprogramm – als Belohnung zuerst in den Genuss einer Personalautonomie kommen. Dadurch würden zwar die Schulen belohnt, die ohnehin schon ein innovatives Kollegium haben, andere könnten dadurch aber angespornt werden. Eindrücklich warnen möchten wir hingegen vor einer Verwässerung der Personalautonomie dahingehend, dass die Kompetenz der Behörde durch eine schulinterne Bürokratie in Form eines gleichberechtigt aus Eltern, Schüler/innen, Betriebsräten, Gleichstellungsbeauftragten, Hausmeistern und Schulleitern bestückten Gremiums ersetzt wird.

5. Einführung ins Kollegium

Entschließt sich die Schulleitung, die Bewerberin oder den Bewerber einzustellen, sollte diese/r im ersten Schuljahr für jedes Fach eine erfahrene Kollegin oder einen erfahrenen Kollegen als Mentor erhalten, der ihn in die Gepflogenheiten der Schule einführt (quasi als »Sozialisationsagentur«), ihm zeigt, wo welche Formulare zu finden sind, Stundenbesuche durchführt, Klassenarbeiten bespricht und schließlich einen Bericht zu Händen der Schulleitung schreibt. Es versteht sich von selbst, dass diese Zusatzaufgabe auch in irgendeiner Form entschädigt werden muss. Nach spätestens eineinhalb Jahren sollte jede neue Lehrerin und jeder neue Lehrer aufgrund von Stundenbesuchen der Schulleiterin bzw. des Schulleiters sowie des Mentoratberichts eine klare Aussage über seine Zukunft an der Schule erhalten. Entweder muss die Lehrperson die Schule wegen nicht genügender Leistungen wieder verlassen oder aber sie kann bleiben und hat gute Chancen, bei der nächsten Stellenausschreibung einen unbefristeten Vertrag zu erhalten. So ist es möglich, jemanden über einen längeren Zeitraum ohne allzu großen Druck zu beobachten. Die Schulleitung kann dabei u.a. beobachten,

- wie der Unterricht organisiert wird,
- auf welchem Niveau er stattfindet,
- wie die Notengebung erfolgt,
- ob die Lehrperson sich in den Fachschaften und im Schulalltag engagiert,
- ob sie Disziplinprobleme mit Schülerinnen und Schülern hat,
- ob sie im Kollegium überhaupt akzeptiert wird und
- wie sie ihre administrativen Pflichten wahrnimmt.

»Nebenbei« ist dieses Mentoratssystem ein Instrument zur Förderung der eigenen Lehrkräfte, die sich mit neuen Unterrichtsmethoden und -inhalten auseinander setzen müssen und zudem eine Verantwortung für die Personalauswahl mittragen.

Es ist völlig unerheblich, wie viel Unterrichtserfahrung neu an die Schule kommende Lehrer/innen bereits haben. Alle treten eine für sie unvertraute Stelle an und haben eine ähnliche Ausgangslage. Sie

- sind aufgeregt,
- freudig gespannt,
- werden mit einer neuen Umgebung konfrontiert,
- brechen alte Gruppenstrukturen auf,
- sind unsicher, ob sie Erfolg haben,
- kennen die Erwartungen der Schulleitung nicht,
- werden mit Informationen überflutet,
- verstehen die Schulsprache (Abkürzungen) nicht und
- kennen die Schulgeschichte nicht.

Schulleitung und Kollegium wissen dies zwar, erwarten aber trotzdem, dass sie

- sich möglichst schnell und problemlos in das Kollegium einfügen,
- sich ohne Reibungsverluste in den schulischen Ablauf einfügen,
- fachlichen Anforderungen genügen,
- sich in der Schulentwicklung engagieren und
- innovativ sind.

Insofern sollte ein professionelles Mentoratskonzept sowohl erfahrene als auch weniger erfahrene Lehrpersonen einbeziehen, wenngleich die Inhalte unterschiedlich sein können. Mentorinnen und Mentoren haben dabei folgende Aufgaben:

- Einführung in das formelle und informelle Schulleben;
- Unterrichtsbesuche und deren Auswertung;
- als emotionale Anlaufstelle außerhalb der Hierarchie fungieren;
- Besprechung fachlicher Inhalte (inkl. Tests);
- Einführung in die Fachschaft;
- Unterstützung bei der Planung des Unterrichts;
- Praktikanten ermuntern, aktiv ihre Bedürfnisse und Vorschläge zu formulieren;
- Verfassen eines Abschlussberichts zu Händen der Schulleitung.

Für die Schulentwicklung sind diese Kriterien außerordentlich wichtig und jetzt ist auch erkennbar, welch wesentliches Instrument für die Weiterentwicklung der Schule eine Schulleiterin oder ein Schulleiter mit der Personalkompetenz hat. Systematische Personalentwicklung sollte allerdings auch bewusst betrieben werden und eine Schulleiterin oder ein Schulleiter muss auch den Mut haben, jemanden nicht mehr weiter zu beschäftigen, falls die oben genannten Kriterien nicht erfüllt werden. Es ist sehr schön und auch leicht, über mangelnde Personalkompetenzen theoretisch zu lamentieren. Ob allerdings alle Schulleiter/innen sie überhaupt möchten, ist mehr als fraglich.

Sobald die neuen Kolleginnen und Kollegen eingestellt sind, erfolgt die Zuteilung der Mentorate in Zusammenarbeit mit den Beauftragten für das Mentoratswesen. Bei ihnen handelt es sich um erfahrene und im Kollegium akzeptierte Lehrpersonen, die Erfahrungen in der Unterrichtsbeobachtung und selbst bereits mehrere Mentorate übernommen haben. Die neuen Mentorinnen und Mentoren sowie die mentorierten Lehrpersonen erhalten eine schriftliche Benachrichtigung, alle Mentorinnen und Mentoren sollten zuvor einen entsprechenden Kurs besucht haben.

Damit die neuen Lehrpersonen sich entfalten und dabei auch »ungestraft« Fehler begehen können, dauert das Mentorat drei Schulhalbjahre, von denen die beiden ersten ohne Qualifikation verlaufen. Erst im letzten Halbjahr erfolgt eine Selbstbeurteilung sowie eine Qualifikation durch Mentor/in sowie Schulleiter/in, wobei Letztere/r mindestens zwei Unterrichtsbesuche im letzten Halbjahr durchführt.

Von einem professionellen Mentoratssystem profitieren neue Lehrpersonen ebenso wie ihre Mentorinnen und Mentoren – und dadurch natürlich auch deren Schüler/innen. Neue Lehrpersonen erhalten Unterstützung in fachlicher, administrativer und emotionaler Hinsicht. Die Mentoren andererseits

- erhalten Anerkennung durch ihre Unterstützung,
- sehen, dass sie gebraucht werden,
- entwickeln Kollegialität,
- profitieren von den Ideen und der Energie der Mentorierten,
- reflektieren ihren eigenen Unterricht und
- tragen zur Personalentwicklung der Schule bei.

Die Schule als Ganzes profitiert ebenso, denn inzwischen ist empirisch erwiesen, dass sich durch ein Mentoratssystem die Bindung an die Organisation erhöht und mentorierte Lehrpersonen länger an der Schule bleiben. Wesentliche Voraussetzung für das nachhaltige Gelingen solch eines Mentoratskonzepts ist eine professionelle Ausbildung der Mentorinnen und Mentoren sowie Austauschmöglichkeiten der Mentorinnen und Mentoren untereinander.

6. Führung durch Zielvereinbarung: Mitarbeitergespräche

Sobald Lehrpersonen nicht mehr mentoriert werden, arbeiten sie allein mit ihren Klassen und im Extremfall erhalten sie nie mehr eine Rückmeldung über ihre Arbeit von Kolleginnen, Kollegen oder der Schulleitung. Dem können Mitarbeitergespräche entgegenwirken. In der Wirtschaft und in den Schulen Schwedens werden seit langem und auch sehr erfolgreich so genannte strukturierte Jahresgespräche zur Förderung der Mitarbeiter/innen eingesetzt. Unter diesen Gesprächen versteht man im Allgemeinen periodisch wiederkehrende Gespräche zwischen Schulleiter/in und Lehrperson, die nach bestimmten Strukturen verlaufen und deren Ergebnisse in Form von Zielvereinbarungen verbindlich festgehalten werden.

Strukturierte Jahresgespräche bieten dazu sicherlich eine Möglichkeit, sie haben allerdings auch noch ganz andere Vorteile: Schule geht alle an und muss kommunikativ gestaltet werden. Das »Haus des Lernens« kann nur gebaut werden, wenn es gelingt, eine Verständigung über gemeinsame Ziele und Werke dialogisch zu erzielen. Um diese Ziele auch zu realisieren, müssen Zielvereinbarungen getroffen werden. Strukturierte Jahresgespräche zielen somit auf »Anregung, Förderung, Unterstützung, Reflexion und Begleitung der Arbeits- und Entwicklungsprozesse der Organisation Schule und des einzelnen Mitarbeiters« (Eikenbusch 1995, S. 123). Eikenbusch spricht in diesem Zusammenhang von »Planungs- und Entwicklungsgesprächen«, was den Gegenstand gut bezeichnet. Wir benutzen der Einfachheit halber den Begriff »Jahresgespräche«.

Strukturierte Jahresgespräche haben hauptsächlich drei Funktionen. Sie sind wesentliche Bestandteile des Qualitätsmanagements hinsichtlich

1. der Personalförderung/-entwicklung der Lehrkräfte,
2. der systematischen Schulentwicklung und
3. der Feedbacks für die Schulleitung.

6.1 Personalförderung

In diesen Gesprächen soll zunächst einmal die Wertschätzung für die Arbeit der Lehrkräfte zum Ausdruck kommen, denn sie erfahren selten Unterstützung durch die Schulleitung – es sei denn in Krisensituationen. Schulleiter/innen können Lehrkräfte beraten, unterstützen und ihnen helfen, ihr Potenzial gezielt einzusetzen. Dies bedeutet natürlich nicht, dass Lehrkräfte dadurch auf subtile Art zu Mehrarbeit getrieben werden; sie sollen hingegen in ihrer fachlichen, persönlichen und schulischen Arbeit unterstützt werden. Und es ist ebenso möglich, Lehrkräfte wirkungsvoll zu entlasten, wenn sich im Gespräch Zeichen eines drohenden Burnouts zeigen. Dadurch können Lehrkräfte aus ihrer Einzelgängerrolle herausgeholt und besser für ihre persönliche wie auch gesamtschulische Arbeit motiviert werden. Schließlich sind die meisten Lehrkräfte bereit, sich für und in ihrer Schule zu engagieren, sofern sie einerseits dazu ermuntert werden und andererseits dafür auch Anerkennung erhalten. Dabei darf es keine Rolle spielen, dass Lehrkräfte sich womöglich auch für außerschulische Tätigkeiten qualifizieren. Denn erstens würden sie ansonsten unzufrieden, zweitens baut sich eine Schule damit gute Außenkontakte auf und drittens wird es auch und gerade in der Schule Zeit, den Lehrerberuf nicht immer als Endstation der Karriere bzw. als Einbahnstraße anzusehen. Schließlich haben diese Gespräche natürlich auch eine Kontrollfunktion, indem sie die Möglichkeit bieten, auf nachweisbare Versäumnisse hinzuweisen und darüber hinaus allen die Verbindlichkeit von Vereinbarungen zu signalisieren.

6.2 Schulentwicklung

Neben der individuellen Entwicklung tragen alle Lehrkräfte – bewusst oder unbewusst – zur Entwicklung ihrer Schule bei. Eine systematische Schulentwicklung erfordert das Wissen über das, was in der Schule abläuft, damit erhaltene Informationen in das System zurücktransferiert werden. In Jahresgesprächen können die Schulleiter/innen die Informationsflut kanalisieren und bündeln und mit entsprechenden Instrumenten den Schulentwicklungsprozess koordinieren.

Auf der Grundlage der erarbeiteten kollegialen Ziel- und Wertvorstellungen soll gemeinsam die Vision der guten Schule diskutiert und anschließend in ersten Schritten geplant werden. Denn es ist unabdingbar, bei Lehrkräften angesichts ihrer Autonomie das Bewusstsein für die gemeinsame Verantwortung der gesamten Schulentwicklung dialogisch zu wecken. Corporate Identity kann schließlich nicht verordnet, sondern muss gelebt werden. Es ist sicherlich nicht immer leicht, Lehrkräften den Sinn eines Engagements für die Schulentwicklung zu verdeutlichen, denn bisher kamen sie (scheinbar) auch ohne gut zurecht und die positiven Folgen sind erst nach einigen Jahren sichtbar. Hier ist die Geduld, der lange Atem der Schulleiter/innen gefordert, die sich getreu dem Grundsatz »Weniger ist mehr« auch mit kleinen (Fort-)Schritten begnügen müssen. Aber so können die »verstreuten Individualisten« auf Dauer ohne Überlastung in einen innovativen Schulentwicklungsprozess mit einbezogen werden.

6.3 Feedback an die Schulleitung

Jahresgespräche dürfen nicht zu einem einseitigen, von oben nach unten geführten Gespräch werden, da sie sonst als Befehlsempfang verstanden werden und entsprechend folgenlos bleiben. Genauso wie Lehrkräfte ein Feedback über ihre Arbeit erwarten, sollte auch die Leistung der Schulleitung bewertet werden. Für den Schulentwicklungsprozess ist es unabdingbar, dass Lehrkräfte und Schulleitung sich regelmäßig über ihre z.T. unterschiedlichen Konzeptionen und Erwartungen austauschen, damit der Prozess auch weiterhin von allen gemeinsam getragen wird.

Lehrkräfte sollen ebenso Vorschläge zur Verbesserung der Gesamtinstitution einbringen und Informationen erhalten, wodurch ihnen auch immer wieder die gemeinsame Verantwortung bewusst wird. Bei solcher Bilanzierung können blinde Flecken der Schulleitung beleuchtet und der notwendig andere Blickwinkel der Schulleitung korrigiert werden. Insofern funktioniert dieses Feedback sowohl als seismografisches Frühwarnsystem, z.B. bei übertrieben hohen und unrealistischen Erwartungen der Schulleitung, als auch als Personalentwicklung der Lehrkräfte und Schulleiter/innen.

Wenn beide Parteien kontinuierlich im Dialog sind, können Konfliktpotenziale minimiert und mögliche Vorurteile abgebaut werden. Es ist zugegebenermaßen für die Lehrkräfte nicht immer leicht, Kritik an der Schulleitung zu üben, und man darf sich nicht der Illusion hingeben, auf diese Weise würde man lückenlos und objektiv über die Stimmungslage im Kollegium informiert. Je besser allerdings das Vertrauensklima ist und je transparenter die Führungspolitik praktiziert wird, umso offener werden Feedbackgespräche auch von Lehrerseite.

6.3.1 Theoretischer Hintergrund

Führung durch Zielvereinbarung, verbunden mit einer konsequenten Überprüfung der Resultate, erhöht die Verbindlichkeit der getroffenen gemeinsamen Philosophie, stärkt die Motivation sowie die Selbstständigkeit der Mitarbeiter/innen und erhöht schließlich die Leistung (Buchen 2003; Latham/Locke 1994).

Während in der Wirtschaft die jeweilige Zielerreichung oder auch Nichterreichung oftmals über Lohnanpassungen belohnt bzw. bestraft wird, fehlt dieser Motivationsanreiz in der staatlichen Schule gänzlich. Hier muss die Motivation also eine andere sein und mit Sprenger (»Mythos Motivation«) sind wir der Meinung, dass pekuniäre Anreize ebenso wie andere extrinsische Motivationsangebote nur sehr bedingt tauglich sind, da ihre Wirkung – wenn überhaupt – nur von kurzer Dauer ist. Viel sinnvoller hingegen ist es, Mitarbeiterinnen und Mitarbeitern die Möglichkeit zur Entfaltung und anspruchsvolle Herausforderungen zu bieten und deren Erfüllung im nächsten Gespräch zu überprüfen. Vertrauen in die Leistungsbereitschaft kommt somit der Mehrheit der Betroffenen zugute, während die kleine Minderheit der Unwilligen auch mit Motivationsmanipulationen nicht zu begeistern ist. Abgesehen davon, dass man für diese Gruppe unnötig viel Energie verschleißen würde, stimuliert eine auf Vertrauen, Anspruchserwartung und Verbindlichkeit insistierende Führungspolitik zu Höchstleistungen für sich und die Institution als Ganzes. Für Schulleiter/innen bedingt dies nicht nur eine andere Gesprächs- und mitunter auch Streitkultur, sondern vor allem die Einsicht, dass sie sich unmissverständlich zu ihrer Führungsrolle bekennen, sie wahrnehmen und auch transparent machen müssen und nicht einer überholten Primus-inter-Pares-Ideologie das Wort reden.

Wenn Schulen zu lernenden Organisationen werden sollen, müssen sie vermehrt fähig sein, ihre Prozesse zu kommunizieren. Denn eine lernende Organisation muss in der Lage sein, sich selbst zu steuern, über sich nachzudenken und sich auch zu organisieren. Diese anspruchsvollen Ziele können aber nur kommunikativ realisiert werden.

6.3.2 Einführung in der Schule

Zunächst – und dies trifft für alle Neuerungen in der Schule zu – gilt es, sich in der Schulleitung klarzumachen, was mit diesem Instrument eigentlich erreicht werden soll. Es klingt zwar banal, aber dennoch scheitern viele Projekte genau an der Unklarheit des Auftrags. Es ist z.B. zu klären,

- ob den Lehrkräften allein die Entscheidung bei den Zielvorgaben überlassen wird oder ob der Schulleitung auch ein Weisungsrecht zukommt,

- welche Folgen diese Gespräche für die Gesamtorganisation haben und wie die Rückkoppelung erfolgen kann,
- ob finanzielle Mittel für Fortbildungswünsche vorhanden sind oder von der Behörde bewilligt werden und
- ob die Schulleitung für die neue Aufgabe geschult ist.

Die Ziele müssen also allen Beteiligten klar sein, entsprechende Transparenz muss geschaffen werden. Wenn nämlich eine Schulleitung führen und diese Gespräche auch als Führungsinstrument einsetzen will, dann soll sie dies auch sagen und dazu stehen. Denn nichts ist unangenehmer als heimliche Zielsetzungen. Wenn aber allen Beteiligten die Spielregeln klar sind, dann ist eher davon auszugehen, dass sie sich auch daran halten. Diese Anfangsphase ist äußerst wichtig, denn alle nicht geklärten Fragen und Zielsetzungen werden im Laufe der Zeit irgendwie und irgendwo wieder auftauchen und zu Friktionen führen. Diese dann zu beheben wird viel mehr Zeit- und Energieressourcen erfordern als der vermeintliche Zeitgewinn einer vorschnellen Einführung. Gefragt ist also hier wie überall eine »glühende Geduld« (Pablo Neruda) der Schulleitung.

Die Bedeutung einer behutsamen Einführung solcher Gespräche im Kollegium wird in der Literatur übereinstimmend bestätigt. Niemand äußert sich allerdings zum Fall eines möglichen negativen Konferenzbeschlusses. Was dann? Wir halten eine sorgfältige Implementation für unumgänglich – allerdings mit der klaren Vorgabe der Leitung, dass diese Gespräche für eine bestimmte Versuchsphase, z.B. während drei Jahren, eingeführt werden. Nach einer daran anschließenden Evaluation kann das Kollegium über die endgültige Einführung bestimmen. Sagt es dann immer noch Nein, dann wies die Durchführung offenkundige Mängel auf. Das Kollegium entscheiden zu lassen, bevor diese Gespräche überhaupt durchgeführt wurden, ist erfahrungsleer und erscheint unsinnig.

Natürlich empfiehlt sich eine autoritär angeordnete Einführung nicht, weshalb wir auch ein mehrstufiges Vorgehen empfehlen:

1. Diskussion und Zielklärung im Schulleitungsteam, das einen Rohentwurf der Strukturbeschreibung z.B. durch eine Checkliste erhält und die Gespräche unter sich durchführt;
2. Diskussion und Durchführung der Gespräche mit kritischen und wohlmeinenden Lehrkräften, die ungeniert unter drei Frageaspekten reagieren sollten:
   – Was kann mir dieses Verfahren bringen?
   – Worin bestehen mögliche Gefahren?
   – Wie kann ich das System unterlaufen?
3. Bekanntgabe und Erläuterung in einer Konferenz möglichst auf der Grundlage eines schriftlichen Konzepts der Schulleitung;
4. Bereitstellung von Fachliteratur zum Thema im Lehrerzimmer;
5. offizielle Einführung der Gespräche mit kleineren Gruppen (Fachvorständen, einzelnen Fachgruppen, Projektleiterinnen und -leitern etc.).

Eine sukzessive Einführung hat zwar den Nachteil der längeren Implementationsdauer, bietet aber auch etliche Vorteile:

- Große Neuerungen rufen erfahrungsgemäß auch große Widerstände hervor.
- »Kinderkrankheiten« können eher diagnostiziert und »geheilt« werden.
- Der Beweis kann erbracht werden, dass dieses System funktioniert, wodurch die Akzeptanz im Kollegium wächst.
- Eventuell steigen sogar das Bedürfnis und der Wunsch bei vielen Lehrkräften, diese Gespräche auch führen zu »dürfen«.

Wie bei allen Neuerungen hilft es ungemein, wenn deutlich vermittelt wird, dass das System lernfähig ist und die Schulleitung nicht beabsichtigt, alle erdenklichen Probleme nur mit diesem neuen Instrument allein zu lösen. Schließlich stellen strukturierte Jahresgespräche nur eine von (momentan) vielen Möglichkeiten der Personal- und Systementwicklung dar. Bei den Gesprächen sollten erfahrungsgemäß Themen aus folgenden Bereichen angesprochen werden:

1. Rückblick mit Selbst- und Fremdeinschätzung;
2. Einschätzung des Unterrichts;
3. Einschätzung des Schulklimas;
4. Einschätzung der Schulleitung und der Organisation;
5. Reflexion über die Schulentwicklung;
6. Diskussion über Zielvorhaben und deren Evaluation;
7. Sonstiges.

Diesen Bereichen entsprechend sollen sich sowohl Schulleiter/in als auch Lehrkraft mithilfe der unten angeführten Checklisten auf das Gespräch vorbereiten. Je nach Schwerpunkt wird ein Bereich ausführlicher, ein anderer kürzer oder eventuell gar nicht diskutiert. Die Checkliste soll nicht systematisch abgearbeitet werden, sondern dient beiden Gesprächspartnern dazu, sich Gedanken zu gleichen Themen zu machen, sich also bereits im Vorfeld aufeinander zuzubewegen und eventuell nicht bedachte Punkte »anzudenken«. Die Aufgabe der Schulleiterin bzw. des Schulleiters besteht u.a. darin, darauf zu achten, dass die fachlich-didaktischen Aspekte ausreichend besprochen werden. Denn dieser Bereich bildet nun einmal die Kernaufgabe der Lehrkräfte. Und methodisch-fachlich kompetente Lehrpersonen vermitteln Begeisterung für ihr Fach, dies trägt wesentlich zum Gelingen der guten Schule bei. Insofern müssen Schulleiter/innen hellhörig werden, wenn Lehrkräfte sich hauptsächlich in der Schulentwicklung engagieren möchten, da dies auch Anzeichen einer »Flucht« sein kann.

6.3.3 Vorbereitungsfragen für die Schulleiterin bzw. den Schulleiter

Eine Checkliste zur Strukturierung von Jahresgesprächen sollte die folgenden Elemente enthalten:

Vorbereitungs-Checkliste für die Schulleitung

1. **Rückblick**
   - Welche Eindrücke habe ich von der Kollegin bzw. dem Kollegen in Bezug auf Unterricht, Engagement, Mitarbeit in Arbeitsgruppen bzw. Fachschaft, Umgang mit Kolleginnen und Kollegen, Zuverlässigkeit und Corporate Identity gewonnen?
   - Welche Fortbildungen hat sie/er besucht?
   - Wie sahen ihre/seine Noten aus?
   - Wie viele Stunden fielen aus?
   - Was schätze ich besonders an ihr/ihm?
   - Womit habe ich bei ihr/ihm Mühe?
   - Welches war ihr/sein letztjähriges Ziel?
   - Wie wollte sie/er es evaluieren?

2. **Einschätzung des Schulklimas**
   - Was würde sich an der Schule ändern, wenn sie/er nicht da wäre?

3. **Einschätzung der Schulleitung und der Organisation**
   - Inwiefern habe ich ihr/ihm wichtige Informationen zur Schule geben können?
   - Habe ich wesentliche Informationen von ihr/ihm erhalten?
   - Bei welchen Gelegenheiten habe ich sie/ihn in Entscheidungsprozesse mit einbezogen?

4. **Reflexion über die Schulentwicklung**
   - Wo liegen ihre/seine Stärken in der Schulentwicklung?
   - In welchen Projekten könnte sie/er mitarbeiten?
   - Welche Projekte wären mit ihr/ihm erst möglich?

5. **Diskussion über Zielvorhaben und deren Evaluation**
   - Wo sehe ich Handlungsbedarf und was könnte ich ihr/ihm diesbezüglich anbieten?

6. **Sonstiges**
   - Nebentätigkeiten?
   - Was fällt mir zu ihr/ihm sonst noch ein?
   - Mit welchen Erwartungen kommt sie/er zu dem Gespräch?

Bei der Präsentation dieser Checkliste auf Fortbildungsveranstaltungen taucht immer wieder die Frage auf, ob die Schulleiterin oder der Schulleiter der Lehrkraft überhaupt ein Feedback über deren Arbeit geben soll und wenn ja, woher er denn seine Informationen beziehe. Ob er dafür sogar spezielle (Geheim-)Dossiers anlegen müsse, was ja dann wieder rechtlich problematisch sei usw. Diese Angst ist durchaus berechtigt und wie jedes Instrument können auch strukturierte Jahresgespräche missbraucht werden. Wenn sie allerdings ihren oben beschriebenen Sinn erfüllen sollen, ist Missbrauch ausgeschlossen. Zudem haben Schulleiter/innen *immer* ein Bild von der Kollegin oder dem Kollegen und es ist besser, die gegenseitigen Einschätzungen auszutauschen, damit sie notfalls auch korrigiert werden können. Dies bedeutet einen Schritt hin zu mehr Offenheit und Transparenz, auch wenn der Weg dorthin nicht immer einfach ist.

Das Feedback der Schulleiterin oder des Schulleiters muss sicherlich datengestützt sein, aber dies bedingt nicht das Anlegen von Aktennotizen. Es genügt in der Regel – stellt aber auch eine Conditio sine qua non dar – darzulegen, aufgrund welcher Beobachtungen dieses Feedback entstanden ist. Und schließlich gibt es in guten Schulen Statistiken z.B. über Notengebung oder Unterrichtsausfälle, aus denen Daten für das Gespräch gewonnen werden können. Eine weitere Möglichkeit, Daten zu erhalten, besteht darin, im Vorfeld die Kolleginnen und Kollegen in der Schulleitungsrunde kurz nach ihren Eindrücken zur Lehrperson zu fragen. Dabei erhält man oft Informationen die man aufgrund der eigenen selektiven Perzeption ausgeblendet hat.

Für die Lehrpersonen sollte es ebenfalls ausreichend Gelegenheit für die Vorbereitung geben. Auch für Lehrpersonen ist eine Checkliste nützlich:

Vorbereitungs-Checkliste für Lehrer/innen

1. **Rückblick**
   - Worauf bin ich besonders stolz?
   - Womit bin ich besonders zufrieden?
   - Was hat mich besonders gefreut?
   - Wie beurteile ich mein Engagement für Schule/Fachschaft/Schulentwicklung?
   - Wie schätze ich meine Zuverlässigkeit ein (Einhaltung von Terminen/Absprachen/Verordnungen, Pünktlichkeit etc.)?
   - Worin liegen meine besonderen Stärken?
   - Welches sind meine Schwächen?
   - Wie beurteile ich die Realisierung meiner letztjährigen Ziele?

2. **Einschätzung des Unterrichts**
   - Was bereitet mir im Unterricht am meisten Freude?
   - Was bereitet mir im Unterricht am wenigsten Freude?
   - Wie schätze ich mich in Bezug auf meinen Unterricht ein?
   - Wie zufrieden bin ich mit den Leistungen meiner Schüler/innen?
   - Wie schätzen die Schüler/innen meinen Unterricht ein?
   - Wie sieht der ideale Unterricht für mich aus?
   - Was möchte ich in meinem Unterricht einmal ausprobieren?
   - Wie möchte ich in fünf oder zehn Jahren unterrichten?
   - Wie kann ich diese Situation erreichen?

3. **Einschätzung des Schulklimas**
   - An welches Ereignis erinnere ich mich besonders gern/ungern?
   - Wie fühle ich mich momentan an der Schule/in meiner Fachgruppe (Gründe)?
   - Was bereitet mir besonders Freude?
   - Was ist besonders interessant?
   - Was ärgert/belastet/behindert/überfordert mich?
   - Was würde mir fehlen, wenn ich nicht mehr an dieser Schule wäre?

4. **Einschätzung der Schulleitung und der Organisation**
   - Was hat die Schulleitung besonders gut gemacht (Administration, Personalpolitik, Schulentwicklung, Information, persönlicher Umgang, Sonstiges)?

- Was sollte verbessert werden?
- Inwiefern hat mich die Schulleitung gefördert?
- Habe ich das Gefühl, dass meine Leistung anerkannt wird?
- Was möchte ich von der Schulleitung wissen?
- Inwiefern erleichtert/erschwert die Infrastruktur meine Arbeit?
- Was sollte an der Organisationsstruktur geändert werden?
- Wie nehme ich die Arbeit der Aufsichtsbehörden wahr?

5. **Reflexion über die Schulentwicklung**
   - Wenn ich unbeschränkt viel Geld einsetzen könnte, wofür würde ich es einsetzen?
   - Wie beurteile ich unsere Schulentwicklung?
   - Wie empfinde ich das Verhältnis von Aufwand und Ertrag?
   - Worüber wird in unserer Schule zu viel/zu wenig geredet?
   - Wo sehe ich mein Potenzial in der Schulentwicklung?
   - Welche Erkenntnisse habe ich aus meinen Evaluationen für die Schule gewonnen?

6. **Diskussion über Zielvorhaben und deren Evaluation**
   - Welche Herausforderungen reizen mich?
   - Welche Ziele setze ich mir für das kommende Jahr?
   - Welche Unterstützung (z.B. Fortbildung) benötige ich dafür?
   - Welche Schwierigkeiten könnten dabei auftauchen?
   - Inwiefern profitiert die Schule von meinem Vorhaben?
   - Wie werde ich den Erfolg meiner Ziele evaluieren?
   - Welche längerfristigen Ziele habe ich?
   - Was werde ich in zehn Jahren tun?

7. **Sonstiges**
   - Welchen Nebentätigkeiten gehe ich nach?
   - ...

6.3.4 Vorbereitung und Durchführung der Gespräche

Wenn beide Gesprächspartner sich mithilfe der Checklisten seriös auf das Gespräch vorbereitet haben, ist eine wesentliche Bedingung für das Gelingen der Kommunikation bereits erfüllt. Denn beide nehmen diesen Anlass als Chance wahr, ernsthaft über positive Entwicklungsmöglichkeiten nachzudenken. Es ist natürlich weder beabsichtigt noch überhaupt möglich, die Checkliste vollständig abzuarbeiten. Sie soll lediglich die Reflexion in den angeschnittenen Bereichen anregen und es ist der Lehrperson überlassen, welche Schwerpunkte sie im Gespräch setzen möchte. Schließlich steht die Förderung der Lehrperson im Vordergrund der Gespräche.

Es versteht sich von selbst, dass dieser Dialog in einem störungsarmen Umfeld ohne Zeitstress und nach den allseits bekannten Kommunikationsregeln stattfindet. Andernfalls ist er von vornherein zum Scheitern verurteilt. Ein gegenseitiges Feedback über den Gesprächsverlauf gehört ebenso wie die schriftliche Fixierung der Zielvereinbarung zum integralen Bestandteil strukturierter Jahresgespräche. Aufgrund der Notizen sollte die Schulleiterin oder der Schulleiter danach überlegen, Informationen – im Einverständnis mit der Lehrkraft – weiterzugeben. Es kann nämlich durchaus im Interesse einzelner Kolleginnen und Kollegen, der Fachgruppe oder sogar des Gesamtkollegiums sein, z.B. von Erfahrungen einer besuchten Fortbildung zu erfahren. Abschließend wird der Vertrag von beiden Partnern unterschrieben und jeder erhält ein Exemplar (vgl. Abb. 3).

6.3.5 Zielvereinbarungen

Führung in allen Organisationen muss sich – zumindest in der Theorie – an Zielen orientieren, denn wenn Ziele nicht klar sind, dann ist auch der Weg unklar. Und ist der Weg unbekannt, dann stochern entweder alle im Nebel und verlaufen sich oder jeder läuft dorthin, wo er sein persönliches Ziel sieht. Deshalb haben gute Schulen auch Leitbilder, die die großen pädagogischen Ziele beinhalten, im Alltag in erreichbare und messbare Ziele übersetzen und im Idealfall sogar im Schulprogramm dokumentieren.

Wenn eine Schulleitung eine zielorientierte Führung proklamiert und praktizieren will, sollte sie selbst auch klare Ziele haben und diese transparent kommunizieren. Ansonsten wirkt sie wenig glaubwürdig. Eine Schulleitung sollte zunächst ein Führungsleitbild erarbeiten, in dem sie ihre Ziele deklariert. So verdeutlicht sie den Lehrpersonen, was ihr wichtig ist und worauf sie bei der Schulführung achtet, und wird somit berechenbar. Zudem hat dies auch Vorbildcharakter und es wird allgemein sichtbar, dass zielführendes Handeln ein Teil der Schulkultur ist. Zielorientiert führen kann entweder bedeuten, zunächst einmal Ziele mit den Beteiligten auszuhandeln oder aber Ziele vorzugeben, die sich aus dem Leitbild ergeben. Aushandeln ist sicherlich Erfolg versprechender, aber mitunter darf sich eine Leitung auch nicht davor scheuen, Ziele zu deklarieren, von denen sie aufgrund ihrer Führungsverantwortung überzeugt ist, dass sie zu erreichen sind.

Nach dem Mitarbeitergespräch werden die Ziele im gegenseitigen Einverständnis ausgehandelt und die dazu notwendige Unterstützung sowie die Erfolgsmessung festgelegt. Zwei Schwierigkeiten haben sich bei diesen Vereinbarungen als besonders hartnäckig erwiesen: Zum einen verwechseln Lehrpersonen häufig Ziele mit Maßnahmen und zum anderen nehmen sie sich oft zu viele Ziele vor. Für Lehrpersonen ist oft auch nicht einsichtig, warum Ziele genannt werden und die Zielwahl auch noch begründet werden soll. Es ist doch schließlich jedem klar, warum etwas gemacht werden soll. Denn jede Lehrperson trägt schließlich ihre subjektiven Theorien mit sich herum und nimmt an, sie seien selbstevident. Hier hilft es, wenn man Lehrpersonen darauf hinweist, dass die Evaluation von Maßnahmen lediglich zeigt, ob die Maßnahme erfolgreich war, aber keinerlei Aussagen über die Zielerreichung zulässt. Maßnahmen können zwar auch evaluiert werden, aber immer nur im Hinblick auf das zu erreichende Ziel.

Natürlich gibt es hinter jedem Ziel immer noch ein Ziel und am Schluss führt alles zum Oberziel: die Lernleistungen der Schüler/innen zu verbessern. Und auch hier

1. Zielsetzungen bis zum nächsten Gespräch

   a) im Unterricht:
   _____

   b) im Rahmen der Schulentwicklung:
   _____

   c) persönliche Fortbildung:
   _____

2. Was möchte ich mit meinen Zielen erreichen?
   _____

3. Wie will ich die Ziele realisieren? (fakultativ)
   _____

4. Geschätzter Zeitaufwand pro Ziel:
   _____

5. Längerfristige Vorhaben:
   _____

6. Unterstützung durch die Schulleitung (z.B. Fortbildungsmaßnahme):
   _____

7. Woran wird der Erfolg meiner Ziele zu erkennen sein (Indikatoren)?
   _____

8. Zeitpunkt des nächsten Gesprächs:
   _____

Datum: _____

Unterschrift der Lehrperson: _____

Unterschrift der Schulleiterin/des Schulleiters: _____

Abb. 3: Kontrakt mit einer Lehrperson nach einem Jahresgespräch

könnte man noch philosophische Grundziele hinzufügen. Hier gilt es also, Augenmaß zu bewahren. Wenn eine Lehrperson z.B. das Ziel hat, das Leseverständnis ihrer Schüler/innen zu verbessern, so ist dies ein sinnvolles Ziel, das nicht noch auf eine höhere Zielstufe gehoben werden muss, indem als Ziel schlussendlich der allgemeine demokratische Grundauftrag der Schule bemüht wird. Wichtig ist, dass es sich hierbei deutlich um ein Ziel und keine Maßnahme handelt. Wie das Leseverständnis verbessert wird, ist schließlich Sache der Lehrperson.

Manchmal taucht eine weitere Schwierigkeit bei der Zieldiskussion auf, und zwar wenn Lehrpersonen keine anderen Ziele als die Erfüllung des Lehrplans angeben. Hier beißen sich Schulleitungen mitunter die Zähne aus, denn oberflächlich betrachtet hat die Lehrperson ja Recht: Wenn alle den Lehrplan erfüllen, sollte es doch eigentlich keine Probleme geben. Hinter solchen Aussagen verbirgt sich meistens nicht offen formulierter Widerstand gegen Zielvereinbarungen. Es besteht die Angst, eingespannt zu werden oder gar die Selbstständigkeit zu verlieren. Verbindlichkeit ist nun einmal nicht jedermanns Sache. Hier braucht es Geduld und oft hilft die Frage, inwiefern denn die Schüler/innen den Lehrplan erfüllen (und inwiefern nicht) und was die Lehrperson gedenke, dagegen zu tun, und warum. Und schon können Ziele vereinbart werden.

Die Anzahl der Ziele und der daraus folgenden Maßnahmen ist hingegen einfacher zu steuern. Wenn man den Betroffenen verdeutlicht, dass sie in ihrer Lehrerkarriere zwischen 20 und 35 Jahren Zeit haben, um noch viele Ziele zu erreichen und nicht alle bereits im ersten Jahr erledigt sein müssen, legt sich das Problem meist schnell.

Die Ziele werden von beiden Seiten gemeinsam formuliert, mitunter mehrfach hin und her gemailt, bis beide einverstanden sind – hier muss die Schulleitung darauf achten, dass der Aspekt Evaluation mit klaren Indikatoren versehen wird. So gab ein Kollege sich das Ziel, die Selbstständigkeit der Schüler/innen zu fördern, indem er u.a. Gruppenarbeiten optimieren wollte. Als Indikator schrieb er: »Bei der Präsentation der Gruppenarbeit kann ich beurteilen, wie gut die Aufträge erfüllt worden sind.« Es bedurfte einiger Anläufe, um dem Kollegen klar zu machen, dass diese Aussage keinen Indikator darstellt und das Ziel somit auch für die Schüler/innen nicht transparent war.

Es ist ratsam, den geschätzten Zeitaufwand pro Ziel möglichst realistisch einschätzen zu lassen, damit sich Lehrpersonen nicht zu viel (aber auch nicht zu wenig) vornehmen. Oft ist es hilfreich, wenn Lehrpersonen bei der Zielformulierung auch über die dazu notwendigen Maßnahmen sprechen, denn durch einen Vergleich von Maßnahmen und Zielen kann das Ziel genauer formuliert werden. Die Formulierung von Maßnahmen in einer Zielvereinbarung sollte aber fakultativ sein, denn entscheidend ist die Zielerreichung – auf welchem Weg auch immer.

6.3.6 Vor- und Nachteile

Die Wirkung von strukturierten Jahresgesprächen in der Schule ist wissenschaftlich noch nicht untersucht worden. Erfahrungen aus der Wirtschaft und aus anderen europäischen Schulen wie z.B. Schweden, die auf eine längere Tradition solcher Gespräche zurückschauen, zeigen allerdings die positive Bedeutung für Schulentwicklungsprozesse deutlich. Im Folgenden sollen deshalb im Überblick die wesentlichen Vor- und Nachteile dieses Führungsinstruments sowohl aus Sicht der Schulleitung wie auch aus Sicht der Lehrkräfte aufgezeigt werden. Wir streben damit keine vollständige Aufzählung an und sind uns auch bewusst, dass Vor- und Nachteile nicht überall eindeutig einer Personengruppe zuzuordnen sind. Diese Übersicht soll aber Schulen helfen, die Auswirkungen einer eventuellen Implementation rasch zu überblicken, um in einer konstruktiven Auseinandersetzung den für die einzelne Schule jeweils richtigen Weg zu gehen.

Vorteile aus Sicht der Schulleitung:
- vorhandenes Potenzial erkennen und fördern;
- echte Anerkennung und Wertschätzung zeigen;
- über die Stimmungslage im Kollegium informiert sein;
- Verbesserungsvorschläge für die Organisation Schule erhalten;
- signalisieren, dass systematische Schulentwicklung ein für alle verbindliches Ziel darstellt;
- Ziele und deren Realisierung verlangen;
- Verminderung von Krisenintervention;
- Systematisierung der Kontakte mit dem Kollegium.

Nachteile aus Sicht der Schulleitung:
- zeitaufwändig;
- Druck/Zwang zur Evaluierung.

Vorteile aus Sicht des Kollegiums:
- Anerkennung der geleisteten Arbeit;
- Einzelkämpfertum minimieren;
- Schwellenangst der Schulleitung gegenüber minimieren;
- direkter Zugang zu relevanten Informationen;
- Gerechtigkeit erhöhen, da alle Lehrkräfte die gleichen Angebote erhalten;
- Burnout vorbeugen;
- Mobbing verhindern;
- Kontakt zur Schulleitung;
- Möglichkeit, Unterstützung zu erhalten;
- ein lernförderndes Feedback zur eigenen Arbeit erhalten;
- Rückendeckung für eigene Aktivitäten;
- erhöhte Möglichkeit der eigenverantwortlichen Mitgestaltung.

Nachteile aus Sicht des Kollegiums:
- Angst, am Gängelband gehalten zu werden;
- Erfolgsdruck bzw. Erwartungsdruck durch die Schulleitung.
- Was passiert mit den Daten?

Vorteile für das Gesamtsystem:
- Einübung einer Zielvereinbarungskultur;
- Praktizierung einer Verbindlichkeitskultur;
- Einübung einer Evaluationskultur;
- Verbesserung des öffentlichen Images;
- systematische und koordinierte Arbeit an gemeinsamen Zielen;
- Stärkung der Corporate Identity;
- kostengünstige Schulentwicklungsmaßnahme;
- bewusstes Qualitätsmanagement.

Es ist sicherlich nicht überraschend, dass die aufgezeigten Vorteile die möglichen Nachteile bei weitem überwiegen. Trotzdem möchten wir vor allzu euphorischen Erwartungen an ein mögliches Wunder- bzw. Allheilmittel warnen. Mit strukturierten Jahresgesprächen kann z.B. ein in sich oder mit der Schulleitung zerstrittenes Kollegium nicht arbeiten, da solche Gespräche nicht nur zu einer positiven Kommunikationskultur führen, sondern sie in Ansätzen auch voraussetzen. Des Weiteren werden auch nicht alle Kolleginnen, Kollegen und Schulleitungen gleichsam über Nacht zu »Musterknaben« avancieren. Gleichwohl werden diese Gespräche langfristig ihre Wirkung zeigen und Einzelpersonen sowie die Institution als Ganzes weiterentwickeln, wenn sie in einem Klima des Vertrauens und der Verbindlichkeit durchgeführt werden.

Nicht alle Zielvereinbarungsgespräche verlaufen reibungslos; sie erfordern immer wieder die Rückbesinnung auf die Ziele und deren Evaluationsindikatoren. Und schließlich muss auch eine Evaluation durchgeführt werden. Zielvereinbarungen als Bestandteil des pädagogischen Qualitätsmanagements sind zwar aufwändig, aber gleichzeitig entlastend und erfolgreich. Denn Lehrpersonen werden nicht ständig kontrolliert und gegängelt, sondern können in Eigenverantwortung und mit entsprechenden Kompetenzen und Ressourcen ausgestattet die selbst gesteckten Ziele erreichen – und erfahren dadurch eine bedeutsame Bereicherung und Anerkennung ihrer Arbeit. Dass dieser Idealzustand nie völlig erreicht werden kann, wissen wir alle. Aber deshalb wieder zur von Misstrauen geprägten bürokratischen Kontrolle zurückzukehren ist unsinnig und vor allem ineffektiv – auch das wissen wir alle.

7. Honorierungsmöglichkeiten

Im Gegensatz zur Wirtschaft gibt es in Lehrerkollegien kaum Fluktuation. In aller Regel bleiben Lehrpersonen bis zur Pensionierung an der gleichen Schule, sobald sie einen unbefristeten Vertrag erhalten haben. Insofern gibt es in Schulen auch kaum mit der Wirtschaft vergleichbare Mitarbeiterbindungskonzepte. Dies ist zwar nachvollziehbar, wird aber einerseits den Lehrpersonen nicht gerecht und führt andererseits dazu, dass das bei vielen Kolleginnen und Kollegen vorhandene Potenzial brachliegt.

Lehrpersonen haben genau wie andere Arbeitnehmer das Recht auf eine adäquate Honorierung ihrer Leistung. Da Lehrpersonen ungefähr 85 Prozent ihrer Tätigkeit der

Vor- und Nachbereitung sowie der Durchführung des Unterrichts widmen und die Resultate dieser Arbeit nicht wie z.B. Theateraufführungen oder Projektleitungen spektakulär ins Auge fallen, nehmen Schulleitungen ihre Arbeiten häufig entweder nicht wahr oder als Selbstverständlichkeit hin. Trotzdem sollten Schulleitungen versuchen, die Leistungen aller Lehrpersonen wahrzunehmen und auch zu würdigen. »Würdigen« bedeutet nicht unbedingt, große Geschenke zu machen. Es genügt zu signalisieren, dass man etwas wahrgenommen hat, und seine Wertschätzung auszudrücken. Diese Wertschätzung muss natürlich auch ehrlich gemeint sein und darf nicht inflationär nach dem Gießkannenprinzip ständig und über alle gleichmäßig herabregnen. Aber für alle Menschen – auch für Schulleitungen – ist es sehr motivierend, wenn sie erkennen, dass andere Menschen ihre Arbeit überhaupt zur Kenntnis nehmen und auch anerkennen. Dies bedingt die Fähigkeit zur Empathie aufseiten der Schulleitung. Diese ist (leider) hauptsächlich bei weiblichen Führungspersonen vorhanden, muss aber genauso von männlichen praktiziert werden.

Worin kann eine Honorierung bestehen? Das einfachste und zugleich wirksamste Mittel ist ein ehrlich gemeintes Lob über die Leistung einer Lehrperson. Schulleiter/innen müssen die Augen offen halten und Gelegenheiten zu loben gibt es viele, nur konzentrieren sich Führungspersonen häufiger auf die Defiziterkennung. Neben Lob gibt es natürlich auch materielle Anerkennungen – je nach Höhe des Budgets:

- Geburtstagsgratulation (Karten, Telefonate);
- Blumenstrauß am ersten Schultag auf dem Tisch im Klassenzimmer;
- Geschenke: Bücher, Wein, Gutscheine …;
- Einladung zum Essen;
- Freistellung zur Bearbeitung von Spezialprojekten;
- Forschungsaufträge;
- Fortbildung;
- Ausbildung zur Spezialistin bzw. zum Spezialisten mit der Möglichkeit, als Multiplikator zu wirken;
- Urlaub.

Eventuell kann man es auch den Kolleginnen und Kollegen überlassen, sich aus einer bestimmten Anzahl von Honorierungsmöglichkeiten etwas auszusuchen. Dieses so genannte Cafeteria-System ist in der Wirtschaft inzwischen weit verbreitet und ermöglicht eine den persönlichen Bedürfnissen entsprechende Honorierung der Lehrperson.

Nun werden manche Schulleiter/innen einwenden, dass solch ein Honorierungsansatz die Gefahr in sich birgt, dass einzelne Kolleginnen oder Kollegen übersehen werden. Man nehme nur diejenigen wahr, die sich wohlgefällig verhielten, oder man belohne nur auffällige Kolleginnen und Kollegen, während die große Masse der »Arbeitsbienen« unbemerkt bliebe. Dadurch entstehe Ungerechtigkeit und auch ein falsches Anreizsystem. Denn Lehrpersonen könnten den Eindruck gewinnen, dass normaler guter Unterricht nicht, spektakuläre extracurriculare Aktivitäten hingegen sehr wohl belohnt würden. Diese Gefahren sind natürlich nicht auszuschließen. Doch daraus den

Schluss zu ziehen, niemandem eine Anerkennung auszusprechen, hieße, das Kind mit dem Bade auszuschütten. Es ist hingegen viel sinnvoller, einen persönlichen Paradigmenwechsel vorzunehmen und nach lobenswerten Ereignissen Ausschau zu halten. Und davon gibt es an Schulen eine ganze Menge. Um diesen Vorsatz auch wirklich in die Tat umzusetzen, können sich die Mitglieder einer Schulleitung die Arbeit teilen, indem sich jeder eine Anzahl von Kolleginnen und Kollegen vornimmt, die er im Verlauf des Jahres aufgrund eines besonderen Vorkommnisses loben möchte. Dabei ist dann aber darauf zu achten, dass das Lob dem lobenswerten Ereignis entspricht, denn nichts ist schlimmer als ein nicht ehrlich gemeintes Lob um des Lobes willen.

Menschen kann man nicht gegen ihren Willen motivieren. Erfahrungsgemäß arbeiten die meisten Lehrpersonen gern und gut – solange man ihnen ausreichend Gestaltungsfreiraum lässt und sie nicht mit unbegründeter Kritik demotiviert. Einer neuen Untersuchung zufolge schätzen Mitarbeiter/innen nicht nur Gestaltungsfreiheit, sondern entfalten ihr Potenzial auch besonders gern, wenn ihnen erfüllbare Herausforderungen gestellt werden (Schaberl 2004, S. 61f.). Nun liegt es in der Natur der Schule, dass sich die meisten Lehrpersonen ihre Herausforderungen selbst stellen. Es gibt aber auch an Schulen sehr viele Möglichkeiten, interessierten Lehrpersonen Herausforderungen zu bieten. Daneben ist es Aufgabe der Schulleitung, dafür zu sorgen, dass die allgemeine Schulentwicklung eine Herausforderung für alle Lehrpersonen bedeutet, und sie ist gut beraten, wenn diese Herausforderung direkt den Unterricht tangiert.

Im folgenden Kapitel soll eine auf einzelne Lehrpersonen abzielende, herausfordernde Job-Enrichment-Maßnahme aufgezeigt werden. Sie bietet spezielle Entfaltungsmöglichkeiten für die Lehrpersonen und schafft gleichzeitig eine Voraussetzung zur nachhaltigen Sicherung von Schulentwicklungsprozessen, die gesamtschulische Entwicklung dauerhaft zu sichern.

8. Institutionalisierung der Schulentwicklung

Dieser Begriff ist zwar im Grunde genommen ein Paradoxon, denn Entwicklung ist per definitionem nicht institutionalisierbar (und auch die mexikanische »Partei der institutionalisierten Revolution« scheiterte kläglich). Trotzdem ist dies für mich die bislang einzig Erfolg versprechende Möglichkeit, Schulentwicklungsprozesse nachhaltig in der Schulkultur zu verankern. Was kann und soll damit bewirkt werden?

Schulentwicklungsprozesse verlaufen häufig nach einem immer gleichen Schema: Das Kollegium beschließt, sich einem Entwicklungsschwerpunkt zu widmen, wählt eine Arbeitsgruppe, die den Prozess gestaltet, sich fortbildet, häufig tagt, Umfragen lanciert und auswertet, einen pädagogischen Tag organisiert – und anschließend gehen die Mitglieder wieder zum Tagesgeschäft über. Und meistens übernimmt niemand die Verantwortung für die Weiterführung geschweige denn die Evaluation des Entwicklungsschwerpunkts.

Nehmen wir an, ein Kollegium hat den Entwicklungsschwerpunkt »Lehrer-Schüler-Feedback« gewählt und nach der schulinternen Weiterbildungsklausur gehen alle

Kolleginnen und Kollegen euphorisch daran, unterschiedliche Feedbackverfahren durchzuführen. Es wird auch eine Zeit lang praktiziert – doch wer kümmert sich darum, dass dieses mit viel zeitlichem (und eventuell finanziellem) Aufwand initiierte Projekt auch noch nach zwei, drei oder gar fünf Jahren weiter besteht, dass es auf seine Wirksamkeit hin überprüft und gegebenenfalls modifiziert wird? Normalerweise überlässt man es den einzelnen Kolleginnen und Kollegen in der Annahme, dass einmal eingeführte Neuerungen aus lauter Begeisterung zu »Selbstläufern« werden. Oder aber die Schulleitung soll unausgesprochen für die Nachhaltigkeit des Projekts sorgen. Beides aber funktioniert in der Regel nicht. Zum einen gibt es immer noch kein Perpetuum mobile – schon gar nicht in der Schulentwicklung – und zum anderen haben Schulleitungen gar nicht die Kapazität, für alle neuen Entwicklungen die Nachhaltigkeit und Weiterentwicklung zu garantieren.

Es ist viel sinnvoller, solche Aufgaben an interessierte und fähige Lehrpersonen zu delegieren. Im Idealfall übernehmen zwei Lehrpersonen die Verantwortung für ein solches Projekt. Der Vorteil besteht darin, dass sie die Arbeit unter sich aufteilen und sich gegenseitig motivieren können – und wenn eine der beiden nach einer Zeit das Amt aufgibt, führt die andere Person das Projekt mit einer neuen Kollegin oder einem neuen Kollegen fort. Somit geht das Wissen nicht verloren, sondern wird weiterentwickelt. Gelingt es zudem, jedes Duo aus einer Kollegin und einem Kollegen zu bilden, ist schon beinahe ein Idealzustand erreicht. Diese Lehrpersonen haben dann die Aufgabe, zunächst ein Konzept (z.B. des Feedbackverfahrens) zu entwickeln, das mit der Schulleitung besprochen und abschließend genehmigt wird. Um eine möglichst breite Abstützung in der Schule für dieses Projekt zu erhalten, empfiehlt es sich natürlich, auch die Zustimmung vom Kollegium auf einer Gesamtkonferenz einzuholen. Diese Delegation entbindet die Schulleitung natürlich nicht von der Verantwortung – im Gegenteil. Sie hat die Aufgabe, mit den Projektverantwortlichen regelmäßig Zielvereinbarungsgespräche zu führen und die Zielerreichung wiederum zu evaluieren. Solche Zielvereinbarungen können kurz und bündig formuliert sein, wie das folgende Beispiel deutlich macht.

Zielvereinbarung mit den Verantwortlichen (X und Y) des Mentoratskonzepts

- Die neuen Mentorinnen und Mentoren sollen möglichst professionell ausgebildet sein. Deshalb werden X und Y alle neuen Mentorinnen und Mentoren aufrufen, den Mentoratskurs in ... zu besuchen.
- Laut Mentoratskonzept erfolgt im dritten Semester eine qualifizierende Beurteilung der Mentorierten durch ihre Mentorinnen bzw. Mentoren. Diese müssen durch X und Y bis zum Ende des zweiten Semesters darauf vorbereitet werden. Ins Auge gefasst wird eine zweitägige Fortbildung der Mentorinnen und Mentoren mit Z.
- Das Konzept soll nach diesem Jahr evaluiert und gegebenenfalls modifiziert werden.

Um diese Aufgaben neben ihrer unterrichtlichen Tätigkeit effektiv erledigen zu können, sollten die Lehrpersonen eine angemessene Entlastung sowie Budgetkompetenzen erhalten. Dieses System ist in vielen Bereichen anwendbar. Folgende Großprojekte werden bei uns jeweils in der oben beschriebenen Art von zwei Lehrpersonen geleitet:

- Öffentlichkeitsarbeit und Jahresbericht,
- Mentoratswesen,
- Weiterbildung,
- Hochbegabtenförderung,
- bilingualer Unterricht und
- moderne Technologien.

Dieses System der Institutionalisierung hat nach meiner Erfahrung viele positive Auswirkungen gezeigt:

- Es bietet interessierten und motivierten Lehrpersonen die Möglichkeit, verantwortungsvolle Aufgaben in eigener Kompetenz zu übernehmen und außerunterrichtliche Potenziale zu entfalten. Dadurch wird die Schulleitung und auch das Kollegium spürbar entlastet.
- Zudem ist sichergestellt, dass aufwändig initiierte Projekte nicht die Galerie anderer Schulentwicklungsruinen vergrößern und somit zu Frustrationen führen. Schließlich bleibt das Wissen im Kollegium, also im System und ist nicht allein im Kopf der Schulleiterin oder des Schulleiters vorhanden.
- Außerdem hilft es Schulleitungen bei der Erfüllung einer ihrer wesentlichen Aufgaben, nämlich dafür zu sorgen, dass der Schulentwicklungsprozess auch nach ihrem Abgang weiterläuft (Hargreaves/Fink 2004, S. 9) und nicht wie so häufig zum Erliegen kommt.

Die »eingespannten« Lehrpersonen sind zudem motivierter und fühlen sich dadurch auch der Schule mehr verbunden. Und je mehr Lehrpersonen eine positive Corporate Identity entwickeln, umso nachhaltiger werden Neuerungen auch umgesetzt. Es ist bislang nicht nachgewiesen, dass durch die vermehrte Delegation von Führungsaufgaben an Lehrpersonen eine signifikante Verbesserung der gesamtschulischen Lernleistungen der Schüler/innen erzielt wurde (Leithwood 2000). Dies ist allerdings mit diesem System auch nicht primär intendiert. Langfristig gesehen stellt dieses Konzept der Personalförderung eine wirksame Möglichkeit zur nachhaltigen Qualitätsentwicklung in einer lernenden Schule dar.

9. Konflikte und Konfliktgespräche[2]

Strukturierte Gespräche mit anschließender Zielvereinbarung sind, wie oben in Kapitel 6.3 (S. 561ff.) beschrieben, in der Regel sehr angenehm und werden von beiden Seiten als stimulierend empfunden. An Schulen gibt es aber auch Konflikte und diese müssen möglichst schnell angesprochen werden. Dies ist oft mühsam und manchmal möchte man als Schulleiter/in auch wegsehen in der Hoffnung, dass sich das Problem

---

2 Dieses Kapitel beruht auf dem Artikel »Der Widerspenstigen Zähmung« (Kempfert 2001).

von allein erledigt. Die Erfahrung aber zeigt, dass Probleme selten von allein verschwinden, sondern höchstens schlimmer werden. Deshalb ist es eine der wichtigsten Aufgaben von Schulleitungen, hier einzugreifen, denn Qualitätsentwicklung äußert sich auch darin, dass man bereit ist, tagtäglich auf die Verbindlichkeit der vereinbarten Qualitätsstandards zu achten. Und Konflikte stellen nichts anderes dar als die Verletzung ebendieser Standards. In Schulen sind es meistens Klassen oder Eltern, die sich über Lehrer/innen beschweren, oder aber Ereignisse, die die Schulleitung wahrgenommen hat.

In solchen Konfliktgesprächen gehen wir nur kurz auf die Analyse des Konflikts ein und konzentrieren uns hauptsächlich darauf herauszufinden, wie solche Störungen in Zukunft vermieden werden können. Und dies geschieht wiederum über Zielvereinbarungen und auch sie werden evaluiert.

9.1 Ein Fall von vielen

Zu Beginn eines Schuljahres beschließen Klassenlehrpersonen gemeinsam mit dem Schulleiter, eine Fortbildung zu organisieren, bei der an insgesamt vier Nachmittagen das Kommunikationsverhalten zusammen mit einem Psychologen trainiert werden soll. Dabei sollen anhand von Rollenspielen, Diskussionen und Inputs des Psychologen diverse Gesprächssituationen simuliert und die jeweiligen Reaktionen der Teilnehmenden analysiert werden. Schließlich müssen Klassenlehrpersonen mit Schülerinnen, Schülern und deren Eltern, aber auch mit ihren Kolleginnen und Kollegen in sehr unterschiedlichen Situationen kommunizieren und es erschien notwendig, einige Regeln des fairen und offenen Gesprächs kennen zu lernen, um auch situationsgerecht reagieren zu können. Schon bei der gemeinsamen Vereinbarung meldete ein Lehrer Bedenken gegen den Zeitpunkt der Fortbildung an, der in eine besonders vorbereitungsintensive Phase falle, und schlug vor, die Fortbildung zu verschieben. Da diese aber besonders im Hinblick auf die bevorstehenden Elternabende konzipiert war, blieb es sowohl beim Termin als auch beim Inhalt. Nach der ersten einführenden Sitzung erklärte der Kollege dem Schulleiter, dass er nicht weiter teilnehmen werde, da er keine Zeit habe und die Thematik ohnehin beherrsche, zumal er schon auf vielen öffentlichen Veranstaltungen gesprochen und die Fortbildung obendrein nichts mit seinem Unterricht zu tun habe. Beim nächsten Termin erschien dieser Kollege dann auch nicht, obwohl ihm verbindlich gesagt worden war, dass er sich an die für alle geltenden Abmachungen zu halten habe. Somit nahm der Konflikt seinen Lauf. Es folgte ein erstes Gespräch im Büro des Schulleiters, der dem Kollegen nochmals klarzumachen versuchte, wie wichtig die Fortbildung trotz all seiner Einwände sei. Beim nächsten Treffen erschien der Lehrer erneut nicht – die Spirale ging eine Stufe höher und landete bei der Schulaufsicht. Dort klärte die zuständige Person den Kollegen über seine Loyalitätspflicht auf und am Ende zweifelten Schulleiter und Aufsichtsperson die Arbeitstechnikfähigkeiten des Kollegen an, der es anscheinend nach 20 Unterrichtsjahren und trotz eines Teilpensums nicht schaffe, seine Stunden so vorzubereiten, dass er genügend Zeit für die Fortbildung aufwenden könne. Die Aufsichtskommission (Aufsicht in Schweizer Gymnasien) rügte daraufhin die Lehrperson, sie erhielt einen entsprechenden Vermerk in ihren Akten und musste einen ähnlichen Kurs auf eigene Rechnung in der Freizeit nachholen.

Positiv formuliert lässt sich rückblickend sagen, dass die zuständigen Instanzen auf die Störung des Lehrers sofort reagiert und auch entsprechende Sanktionen verhängt haben. Dies wurde sicherlich im Kollegium zur Kenntnis genommen und tat dort seine Wirkung – welche auch immer. Ob der Kollege allerdings durch die erzwungene Fortbildung sein Kommunikationsverhalten verbessern konnte, ist zumindest fraglich. Erschwerend kommt hinzu, dass er die Chance, solch ein Training in Zusammenarbeit mit Kolleginnen und Kollegen durchzuführen, verpasst hat. Schließlich wissen wir aus der Forschung, dass gerade die Zusammenarbeit und der Austausch innerhalb eines Kollegiums am besten dazu geeignet ist, die Qualität schulischer Arbeit zu verbessern. Ein weiteres Problem war dann der weitere Umgang zwischen dem Kollegen und dem Schulleiter sowie der Kontakt zwischen Schulleiter und dem sich teilweise solidarisierenden Fachbereich.

9.2 Mögliche Ursachen von Widerstand

Der oben geschilderte Fall stellt wohl eine typische Verhaltensweise bei Veränderungsvorhaben in Organisationen dar. Die meisten Menschen reagieren auf einen Wandel mit Angstgefühlen, denn Wandel verändert das bisherige vertraute Umfeld und birgt Unsicherheiten. Die daraus resultierenden Ängste führen zu oftmals unbewussten Abwehrmechanismen, um die bestehende Struktur zu bewahren.

Allerdings reagieren nicht alle Menschen gleich auf Veränderungen. So haben die amerikanischen Wissenschaftler Musselwhite und Ingram (2000) in ihren Untersuchungen zu *change processes* drei unterschiedliche Reaktionsverhalten in Änderungsprozessen herausgefunden, die sie drei unterschiedlichen Typen zuordnen konnten. Dabei unterscheiden sie zwischen *originator*, *pragmatist* und *conserver*. Mithilfe dieser drei Idealtypen und einem darauf basierenden Instrument kann man sehr leicht die unterschiedliche Zusammensetzung von Gruppen eruieren und entsprechende Maßnahmen vereinbaren (s.u. Kap. 9.4). Diese Typisierung bietet zudem ein sehr anschauliches Erklärungsmodell für die Frage, warum es bei Veränderungsprozessen mitunter zu kaum nachvollziehbaren Widerständen kommt:

- Die Gruppe der *originators* (Erneuerer) stellt – vereinfacht gesagt – oft bestehende Strukturen infrage, geht Risiken ein, ohne die Konsequenzen immer genau vorherzusehen, kümmert sich wenig um Details und ändert ihre Richtung mitunter auch spontan.
- Bewahrer *(conservers)* hingegen stehen Veränderungen grundsätzlich skeptisch bis ablehnend gegenüber, bevorzugen vorhersehbare Konsequenzen, arbeiten diszipliniert und organisiert und schätzen die Sicherheit und Zuverlässigkeit der bestehenden Ordnung.

- Pragmatiker *(pragmatists)* schließlich sind eher flexibel, gehen kalkulierbare Risiken ein, ohne die Beteiligten zu übergehen, sind deshalb auch sehr teamorientiert, zeigen hingegen wenig Innovationsfreude oder unternehmerisches Risiko.

Grob geschätzt findet man in Organisationen jeweils 25 Prozent Erneuerer und Bewahrer und ca. 50 Prozent Pragmatiker. Dies erklärt auch, warum der Widerstand meist nur von einer kleinen Gruppe ausgeht, die allerdings überproportional viel Energie der *change agents* absorbiert.

9.3 Was bedeutet dieses Modell für Schulen?

In Schulen wie wohl in den meisten Organisationen werden Leitungsfunktionen heutzutage zumeist mit innovativen Personen besetzt. Auch wenn sie nicht in jedem Fall dem reinen Typus des *originators* zugeordnet werden können, sondern oft in die Kategorie der *pragmatists* fallen, sehen sie sich »von Amts wegen« gefordert, Veränderungen anzugehen, entwickeln deshalb angesichts der vorhandenen Situation eine entsprechende Eigendynamik. Diese Funktionsträger sind aber nicht nur innovativ, sondern verfügen offenbar auch noch über die entsprechenden Machtmittel, diese Innovationen durchsetzen zu können, was sie deshalb in den Augen der Bewahrer doppelt suspekt erscheinen lassen muss. Umgekehrt werden die Bewahrer von den Erneuerern als ständiger Bremsklotz jeglicher lang durchdachter und für alle vorteilhafter Reformen angesehen, weshalb es schnell zu Konfrontationen kommen kann. Es ist also im Grunde ein Perzeptionsproblem, das in vielen Fällen zur Konfrontation führt, und da die Bewahrer sich machtlos hinsichtlich der Durchsetzbarkeit ihrer Interessen wähnen, torpedieren sie das Projekt auf vielfältige Weise – bis hin zum bekannten krankheitsbedingten Absentismus.

Natürlich gibt es auch andere Gründe für Verweigerungen. So gibt es persönliche Animositäten, Überlastungen, familiäre Probleme und dergleichen mehr. Doch aus langer leidgeprüfter Erfahrung im »Widerstandskampf« scheint mir das Perzeptionsproblem eine einleuchtende Erklärung darzustellen.

9.4 Konsequenzen für die Praxis

Es gibt unzählige Möglichkeiten, mit Widerstand bei Veränderungsprozessen umzugehen. In der Praxis haben sich vier Vorgehens- bzw. Verhaltensweisen bewährt, die allerdings in der Hektik des Alltags nicht immer leicht durchführbar scheinen:

1. Sich Zeit nehmen und lassen;
2. Anzahl der Veränderungen reduzieren (»Weniger ist mehr«);
3. individuelle Lösungen suchen;
4. Konfliktlösung im Team.

9.4.1 Sich Zeit nehmen und lassen

Die wichtigste Regel besteht wohl immer darin, sich und anderen Zeit zu lassen. In der Schule können wir uns auch in den meisten Fällen den Luxus erlauben, Reformprojekte langsam zu implementieren – allerdings nicht so langsam, dass die benötigte Energie dabei verpufft. Zudem sollten alle Beteiligten so früh wie möglich von anvisierten Projekten erfahren und eingeladen werden, ihre Meinungen und auch Bedenken vorzutragen. Wenn möglich sollte das zu lösende Problem sogar zunächst als öffentliche Frage den Ausgangspunkt des Wandels darstellen. So ist es viel vorteilhafter, ein Problem zu schildern und die Frage nach möglichen Verbesserungswegen zu stellen, anstatt schon die Lösung in Form eines Projekts zu präsentieren, z.B.: »An unserer Schule hat der Absentismus der Schüler/innen in den letzten zwei Jahren enorm zugenommen. Was können wir tun?«

Diese Fragestellung ist sicherlich Erfolg versprechender, als wenn die Schulleitung bereits neue Formulare zur Kontrolle bereithält oder den Klassenlehrpersonen – womöglich noch ohne Rücksprache – diesbezüglich neue Aufgaben überträgt. Eine solche Methode bedingt allerdings ein weitsichtiges Vorgehen der Schulleitung, muss dieses Vorhaben doch langfristig bekannt gegeben werden, um danach ein klassisches Veränderungsprojekt (Diagnose, Zielklärung, Maßnahmen, Evaluation) durchführen zu können. Mit einem solchen Vorgehen kann Widerstand natürlich nicht ausgeschlossen werden, aber es ist, um beim Beispiel zu bleiben, unwahrscheinlich, dass Lehrpersonen das Problem nicht als Problem akzeptieren und keine Einsicht in die Notwendigkeit einer auf Beseitigung der Missstände zielenden Veränderung zeigen. Denn durch dieses Prozedere fühlt sich niemand eingeengt, alle können ihre Ideen einbringen und wahrscheinlich wird die Lösung sogar besser und vor allem von allen getragen werden. Normalerweise wird ein solcher Fall einer Arbeitsgruppe zur weiteren Bearbeitung übergeben, die der Konferenz nach langen und intensiven Diskussionen ihren Vorschlag präsentiert und mitunter bass erstaunt ist, dass sich das Kollegium des Problems gar nicht mehr bewusst ist und den Vorschlag eventuell sogar verwirft. Um solche Frustrationen zu vermeiden, sollten Arbeitsgruppen immer wieder Zwischenergebnisse in das Kollegium tragen, sei es durch ausgewählte Kontaktpersonen (so genannte »Feedbacker«), mittels Einladungen zu öffentlichen Sitzungen, kurzer Diskussions-Tagesordnungspunkte an Konferenzen, Aushang der Protokolle oder Diskussion von Zwischenergebnissen durch so genannte *critical friends*.

9.4.2 Anzahl der Veränderungen reduzieren (»Weniger ist mehr«)

Sich Zeit lassen bei Veränderungsprozessen bedeutet auch, weniger Neuerungen einzuführen, denn oft empfinden Lehrpersonen bereits die schiere Anzahl von vermeintlichen Projekten als Bedrohung und wehren weitere Vorhaben vehement ab. Schulleitungen müssen sich – ebenso wie Lehrpersonen – immer darüber im Klaren sein, dass eine Lehrerkarriere 20–35 Jahre dauert und dass deshalb auch nicht alle Reformvorhaben im ersten Jahr realisiert werden müssen. Wir alle wissen schließlich, wie schnell ein Schuljahr mit all den obligatorischen Ereignissen vorbei sein kann, und deshalb schadet es mitunter überhaupt nicht, mit den Veränderungen ein Jahr zu warten und während dieser Zeit das zu lösende Problem punktuell anzusprechen, damit es ähnlich einem Steinwurf ins Wasser immer breitere Kreise im Kollegium zieht. Somit wissen kontinuierlich mehr Personen von dem Vorhaben, werden davon aber nicht verängstigt, weil der Realisierungszeitpunkt noch keine akute Bedrohung darstellt. Trotzdem aber wird das Vorhaben im Unterbewusstsein gespeichert und verarbeitet; somit wird der »Schock« beim offiziellen Beginn des Vorhabens und damit auch der Widerstand kleiner sein.

Wenn möglich sollte auch hier versucht werden, größere Vorhaben in kleinere Etappen zu unterteilen, denn erfahrungsgemäß verursachen kleine Veränderungen auch nur geringen Widerstand.

9.4.3 Individuelle Lösungen suchen

Eine dritte probate Methode besteht darin, nicht immer alle Personen zur gleichen Zeit zum »gleichen Glück« zwingen zu wollen. Es können und müssen eben nicht alle nach der gleichen Fasson selig werden. Auch hier liefert das Modell von Musselwhite und Ingram (2000) einen einleuchtenden Erklärungsansatz: Es gibt nicht nur in jeder Organisation die drei verschiedenen Grundtypen (und deren Differenzierungen), sie sind auch für das Funktionieren jeder Organisation unentbehrlich. Eine Schule, die ausschließlich aus *innovators* bestünde, würde zwar innerhalb kurzer Zeit mit Innovationspreisen überhäuft, es würde allerdings niemand die vielen gut gemeinten Neuerungen durchführen, zumal sie auch nach kurzer Zeit bereits wieder Makulatur wären. *Conservers* hingegen würden ununterbrochen das tun, was sie schon immer getan haben, ungeachtet aller gesellschaftlichen Veränderungen, die geradezu nach einer Veränderung im Schulleben verlangen.

Da aber alle, Eneuerer, Bewahrer und Pragmatiker, aufeinander angewiesen sind, sollte man als innovative Schulleitung doch einmal die – durchaus innovative – Entschlossenheit zeigen, mit reformunwilligen Kolleginnen und Kollegen besondere Verträge zu schließen. So haben wir mit einigen wenigen Personen Spezialverträge geschlossen, die deren besondere Verpflichtungen enthalten und sie zugleich von gewissen Leistungen befreien. Dies ist zugegebenermaßen ein heikles Verfahren, hat sich aber als sehr positiv erwiesen, da diese Lehrpersonen kein schlechtes Gewissen mehr haben müssen, wenn sie z.B. nicht mehr als Klassenlehrperson Zusatzarbeit leisten, dafür aber die Fachbibliothek betreuen. Dieses Vorgehen entlastet auch die Schulleitung, denn wir wissen ja, dass die wenigen »Störenfriede« unvergleichlich viel Zeit und Nerven kosten. Diese Zeit geht für die konstruktive Förderung derjenigen verloren, die gern gefördert werden möchten.

Dabei muss es natürlich im Ermessen der Schulleitung liegen, inwieweit sie solchen Individuallösungen zustimmt, und es sollte immer ein Weg gefunden werden, dies auch transparent zu machen. Kolleginnen und Kollegen haben in aller Regel Verständnis für ein solches Vorgehen, zumal auch sie ihre »Pappenheimer« kennen und die Kompensation für ausgleichende Gerechtigkeit sorgt.

9.4.4 Konfliktlösung im Team

Im oben (S. 577f.) genannten Fall des Kommunikationstrainings hätte die Schule wahrscheinlich keinen Schaden erlitten, wenn der Lehrer diesen Kurs im darauffolgenden Jahr absolviert hätte, wie er es gewünscht hatte, dann aber aus innerer Überzeugung. Natürlich ist man als Schulleiter/in geneigt, solche Individuallösungen abzulehnen, denn schließlich könnte ein Flächenbrand entstehen – andere Gruppenmitglieder würden das Projekt auch gern verschieben und außerdem hat man Angst vor Autoritätsverlust etc.

Es kann auch gewinnbringend sein, solche Probleme in dem entsprechenden Team zu diskutieren. Dies entlastet die Schulleiterin oder den Schulleiter und hat zudem den Vorteil, dass die Lehrperson ihre Bedenken vortragen und verteidigen muss, die anderen Gruppenmitglieder Stellung beziehen können und der Prozess somit transparent wird. Man mag jetzt einwenden, die Schulleiterin bzw. der Schulleiter schleiche sich aus der Verantwortung oder, schlimmer noch, übe Gruppendruck auf die Lehrperson aus. Mag sein. Ich habe dennoch sehr gute Erfahrung mit diesem Verfahren gemacht.

So führen bei uns die Klassenlehrpersonen der ersten Klassen Teamsitzungen durch, in denen sie sich auf verbindliche Verhaltensweisen gegenüber den Schülerinnen und Schülern u.a. in Bezug auf Disziplin oder Anforderungen einigen. Dabei gilt unsere Hausordnung als Grundlage und die legt z.B. fest, dass Schüler/innen nach dreimaliger unentschuldigter Absenz oder Verspätung mit zwei Stunden Arrest (ja, das gibt es in der Schweiz!) bestraft werden. Alle hielten sich an diese Abmachung und die Disziplinprobleme nahmen auch merklich ab. Nur ein Kollege berichtete in der ersten Evaluationsrunde, dass er die Regelung der zweistündigen Bestrafung nicht einsehe und deshalb auch nicht anwende. Bevor die Vertreter der Schulleitung ihn auf diesen Bruch der gemeinsamen Verbindlichkeit hinweisen konnten, hatten dies die anderen Klassenlehrpersonen bereits sehr überzeugend getan und diese Diskussion im Team brachte denn auch eine Verhaltensänderung des Kollegen – was natürlich auch durch ein Gespräch mit der Schulleitung möglich gewesen wäre, aber in diesem Fall fruchtbringender war.

9.5 *Wenn aber alles nichts nützt?*

Es gibt in Schulen, wie in allen anderen Organisationen, trotz Einbezug der Beteiligten, trotz genügend Zeit und auch trotz Individuallösungen immer wieder Fälle von unbelehrbaren Lehrerinnen und Lehrern, die, aus welchen Gründen auch immer, sich jeglichen gemeinsamen Veränderungsprozessen entziehen oder sogar widersetzen und keine Loyalität gegenüber der Schule zeigen. Wenn in solchen Fällen die üblichen Konfliktgespräche, Aktennotizen, Verwarnungen etc. keine Wirkung zeigen, müssen andere Verfahren zum Zuge kommen. Und hier muss bei allen Beteiligten, insbesondere wohl bei Personalvertretungen und Schulaufsicht, ein Paradigmenwechsel stattfinden. Denn es muss eine unkomplizierte Möglichkeit geschaffen werden, Personen auch aus dem Schuldienst zu entfernen und sie nicht als ungeliebten »Wanderpokal« auf die Reise durch die pädagogische Landschaft zu schicken. Denn Lehrpersonen, die ihrer Aufgabe in Unterricht und Schulentwicklung nachweislich nicht gerecht werden, schaden den Jugendlichen und es ist nicht einzusehen, warum diese Staatsdiener weiterhin ihr Gehalt beziehen sollen. Kein Unternehmen der Welt ließe sich solch ein Verhalten bieten und überall besteht Verständnis für die sich daraus ergebenden Konsequenzen. Nur in der Schule wird ein Verhalten toleriert und auch noch bezahlt, das Generationen von Kindern schadet. Würde man diesen volkswirtschaftlichen Unsinn in einer Kosten-Nutzen-Analyse ausrechnen, wären viele über dieses Ergebnis erstaunt und würden vielleicht ihre Meinung ändern. Aber leider spielt bei solchen Diskussionen Geld oder auch marktwirtschaftliches Denken in Schulen (noch) keine Rolle.

Natürlich regt sich bei diesem Gedanken sogleich der Verdacht, man wolle eine amerikanische *Hire-and-fire*-Mentalität in den Schulen einführen. Das Gegenteil aber ist der Fall. Denn Erfahrungen aus Ländern, wo z.B. Schulleitungen für die Personalpolitik zuständig sind, belegen, dass dort trotz vorhandener Möglichkeiten kaum je eine Lehrperson entlassen wird. Dies ist auch nachvollziehbar, denn die Personalentwicklung dient überall dazu, Personen so zu entwickeln, dass sie ihre Funktionen optimal ausüben können. Und wenn Menschen sich entfalten können, indem sie anspruchsvolle Ziele bzw. Aufgaben übertragen bekommen, entwickeln sie in der Regel auch die entsprechende Motivation und Energie, ihre Aufgaben bestmöglich zu erfüllen. Solch eine Personalförderung ist mit großen Investitionen an Zeit und auch Geld verbunden und es wäre töricht von jeder Schulleitung, diese Ressourcen unbedacht zu verschleudern. Denn es ist viel aufwändiger, neue Lehrpersonen aufzubauen, als bereits vorhandene zu entwickeln.

Es gibt also nirgendwo nachweisbare Nachteile für Lehrpersonen, wenn sie den reformresistenten Beamtenschutz nicht mehr haben, aber eine Fülle von nachweisbaren Nachteilen beim bestehenden System. Es ist höchste Zeit, im Interesse der Jugendlichen und auch des Images von Lehrerinnen und Lehrern intelligente und vor allem unbürokratische Lösungen zu entwickeln.

10. Schluss

Ohne eine bewusste Personalpolitik kann es keine systematische Schulentwicklung geben. Wenn die Schulleitung nicht die Kompetenz erhält, Lehrkräfte in eigener Regie anzustellen, sondern auf Entscheidungen der Behörde angewiesen ist, dann ist eine zielorientierte und längerfristig angelegte Schulentwicklung nur schwer möglich. Wenn der Grundsatz, dass die Einzelschule den Motor der Entwicklung darstellt, nicht zum Lippenbekenntnis verkommen soll, dann muss die Einstellung eines wesentlichen Teils der Lehrpersonen durch die jeweilige Schule erfolgen. Wie soll denn eine übergeordnete Behörde die Bedürfnisse der Schulen erkennen? Schließlich wird die Schulentwicklung vom Kollegium getragen; wenn aber Lehrkräfte einer Schule zugeteilt werden und sich dann für den Rest ihres Lebens allein ihrem Unterricht widmen dürfen, erfolgt Schulentwicklung wie immer: Sie wird von einigen Engagierten getragen, die irgendwann erschöpft sind und frustriert aufgeben.

Die Kompetenz zur Auswahl und Einstellung von Lehrkräften ist allerdings nur die *Voraussetzung* für die pädagogische Qualitätsentwicklung. Nach einer professionellen Einstellung mittels strukturierter Interviews und Probelektionen müssen Schulleitungen die Lehrkräfte weiterhin fördern und stützen. Dies kann z.B. durch Mitarbeitergespräche mit Zielvereinbarungen, Mentorate, spezielle Job-Enrichment-Projekte oder unterrichtsbezogene Feedbackbesuche geschehen. Der Misserfolg von Schulen hängt wesentlich vom Grad der Personalautonomie der Schulleitungen ab. Sie müssen Personalpolitik als ihr Kerngeschäft ansehen und die dafür nötigen Kompetenzen und Ausbildungen erhalten. Dies mag noch utopisch und unrealisierbar klingen, wird aber z.B. in der Schweiz und ansatzweise auch in einigen deutschen Bundesländern bereits praktiziert.

Literaturverzeichnis

Brophy, J. (2000): Teaching. Educational Practices Series, Vol. 1. Brüssel (www.ibe.unesco.org).
Buchen, H. (2003): Führungsinstrument Zielvereinbarungen. Warum Zielvereinbarungen häufig ins Leere laufen. In: Buchen, H./Horster, L./Rolff, H.G. (Hrsg.): Schulleitung und Schulentwicklung. Berlin, Beitrag D 2.15.
Buhren, C.G./Rolff, H.G. (2002): Personalentwicklung in Schulen. Weinheim/Basel.
Dubs, R. (1994): Die Führung einer Schule. Zürich.
Eikenbusch, G. (1995): Systemische Planungs- und Entwicklungsgespräche in der Schule. In: Organisationsberatung – Supervision – Clinical Management, H. 2, S. 123–139.
Fullan, M. (2003): The Moral Imperative of School Leadership. Thousand Oaks.
Glasl, F. (2004): Selbsthilfe in Konflikten. Konzepte, Übungen, Praktische Methoden. Stuttgart.
Habermann, M. (2004): Can Star Teachers Create Learning Communities? In: Educational Leadership 61, H. 2, S. 52–56.
Hargreaves, A./Fink, D. (2004): The Seven Principles of Sustainable Leadership. In: Educational Leadership 61, H. 7, S. 8–13.
Harris, A. (2003): Teacher Leadership. A New Orthodoxy? In: Davies, B./West-Burnham, J. (Hrsg.): Handbook of Educational Leadership and Management. London, S. 44–50.
Helmke, A. (2003): Unterrichtsqualität. Erfassen, Bewerten, Verbessern. Seelze.
Heyse, V./Erpenbeck, J. (2004): Kompetenztraining. 64 Informations- und Trainingsprogramme. Stuttgart.
Hofbauer, H./Winkler, B. (2004): Das Mitarbeitergespräch als Führungsinstrument. München.
Jetter, W. (2003): Effiziente Personalauswahl. Durch strukturierte Einstellungsgespräche die richtigen Mitarbeiter finden. Stuttgart.
Kempfert, G. (2001): Der Widerspenstigen Zähmung ... oder wie gehe ich mit änderungsresistenten Lehrpersonen um? In: Lernende Schule, H. 16, S. 10–13.

Kempfert, G. (2004): Gestaltungsmöglichkeiten einer teilautonomen Schule. Ein Erfahrungsbericht aus der Schweiz. In: Koch, S./Fisch, R. (Hrsg.): Schulen für die Zukunft. Neue Steuerung im Bildungswesen. Köln, S. 161–172.

Kempfert, G./Rolff, H.G. (^{3}2002): Pädagogische Qualitätsentwicklung. Weinheim/Basel.

Kempfert, G./Rolff, H.G. (2005): Qualität und Evaluation. Ein Leitfaden für Pädagogisches Qualitätsmanagement. Weinheim/Basel.

Latham, G.P./Locke, E.A. (1994): Zielsetzung als Führungsaufgabe. In: Kieser, A. u.a. (Hrsg.): Handwörterbuch der Führung. Stuttgart, S. 2222–2234.

Leithwood, K.A. (2000): Teacher Leadership. Its Nature, Development, and Impact on Schools and Students. Invited address to the Australian Council for Educational Administration, September 2000. o.O.

Leithwood, K.A./Steinbach, R. (2003): Successful Leadership for Especially Challenging Schools? In: Davies, B./West-Burnham, J. (Hrsg.): Handbook of Educational Leadership and Management. London, S. 25–43.

Mehan, H./Datnow, A./Hubbard, L. (2003): Why Educational Reforms Sustain or Fail. Lessons for Educational Leaders. In: Davies, B./West-Burnham, J. (Hrsg.): Handbook of Educational Leadership and Management. London, S. 460–477.

Musselwhite, W.C./Ingram, R.P. (2000): Change Style Indicator. Greensboro.

Neuberger, O. (1998): Das Mitarbeitergespräch. Praktische Grundlagen für erfolgreiche Führungsarbeit. Leonberg.

Schaberl, R. (2004): Motivationskillern auf der Spur. In: io new management, H. 10, S. 60–63.

Sonntag, K.H./Schmidt-Rathjens, C. (2004): Kompetenzmodelle als Erfolgsfaktoren. Ein strategie- und evidenzbasierter Ansatz der Kompetenzmodellierung. In: Personalführung, H. 10, S. 18–26.

Sprenger, R. (1991): Mythos Motivation. Frankfurt a.M.

Stoll, L./Earl, L. (2003): Making it Last. Building Capacity for Sustainability. In: Davies, B./West-Burnham, J. (Hrsg.): Handbook of Educational Leadership and Management. London, S. 491–504.

Weuster, A. (2004): Personalauswahl. Anforderungsprofil, Bewerbersuche, Vorauswahl und Vorstellungsgespräch. Wiesbaden.

Fred G. Becker / Herbert Buchen

Personal- und Leistungsbeurteilung[1]

Ungeliebt und wichtig

1.	Prolog: Warum Personalbeurteilung?	587
2.	Begriffsverständnis	590
2.1	Was ist Personalbeurteilung?	590
2.2	Was ist Leistungsbeurteilung?	591
2.3	Personalbeurteilung in der Schule	593
3.	Zentrale Aspekte von Beurteilungen	598
3.1	Funktionen	598
3.2	Verfahren	600
3.3	Beurteilungskriterien	609
4.	Beurteilungsprobleme	614
4.1	Prinzipielle Probleme der Leistungsbeurteilung	614
4.2	Welche Probleme sind mit den üblichen Verfahren verbunden?	618
5.	Bezugsgrundlagen der Personalbeurteilung	622
5.1	Allgemeines	622
5.2	Funktions- oder Stellenbeschreibung	623
5.3	Einstufung in das Gehaltsgefüge der Schule	624
5.4	Leistungsziele oder Leistungsstandards in Form von Zielvereinbarungen	624
5.5	Anforderungsprofil des Lehrerarbeitsplatzes	625
5.6	Beurteilung und Schulprogramm	626
5.7	Beurteilung und Zielvereinbarung	628
6.	Teilaspekte der Leistungsbeurteilung	629
6.1	Rechtliche Basis der Personalbeurteilung	629
6.2	Was ist unter Leistung zu verstehen?	629
6.3	Operationalisierung durch Leistungsmaßstäbe	632
6.4	Phasen des Beurteilungsvorgangs	633
7.	Fazit	643
	Literaturverzeichnis	644

---

[1] Viele Teile der hier behandelten Thematik der Beurteilung sind in Becker 2003 – auch mit Literaturverweisen – dokumentiert. Wir verzichten an den meisten Stellen darauf, diese Quellen hier näher aufzuführen.

1. Prolog: Warum Personalbeurteilung?

Nicht zuletzt die verbreitete und heftige öffentliche Diskussion über die Wirksamkeit aktueller Bildungspolitik, angestoßen durch die internationalen Leistungsvergleichsstudien, hat der seit mindestens eineinhalb Jahrzehnten währenden Diskussion neue Argumente in der Frage geliefert, ob nicht die immer noch mehr oder weniger ausgeprägten zentralen Steuerungsstrategien ein wesentlicher Einflussfaktor für die bestenfalls durchschnittlichen Leistungen deutscher Schulen sind. Die Forderungen nach massiven Qualitätsverbesserungen schulischer Arbeit treffen in den meisten Bundesländern und in deutschsprachigen Nachbarländern auf eine relativ große Anzahl vielfältiger Initiativen. Diese sollen die fragmentierten Zuständigkeiten und Verantwortlichkeiten an der eigentlichen Handlungseinheit, der einzelnen Schule, zusammenführen und dieser die notwendigen Gestaltungs- und Entscheidungskompetenzen für die von ihr zu übernehmende schulische Weiterentwicklung und die Gewährleistung der durch staatliche Rahmenvorgaben definierten Qualitätsstandards übertragen.

Eine deregulierte und dezentralisierte Schullandschaft erfordert auf der anderen Seite eine andere Schulstruktur mit professionelles Management betreibenden Schulleiterinnen und Schulleitern bzw. einer Schulleitung, die geprägt ist von einem Berufsselbstverständnis, das Schulleitung als Beruf wahrnimmt. Schulleitungen verfügen bereits jetzt oder in absehbarer Zukunft über eigene Personal- oder Sachmittelbudgets (mit gegenseitiger Deckungsfähigkeit) und sie entscheiden darüber, ob und ggf. wie diese Mittel verwendet werden. »Damit sind Schulleitungen zuständig für die Personalakquisition, die Auswahl des Personals, die Vertragsschlüsse [...]. Sie sollen einstellen, befördern, entlassen und in Ansätzen Vergütungsentscheidungen treffen« (Becker/Buchen 2001, S. 2). Dem Personalmanagement kommt somit einschließlich der in diesen Kontext gehörenden Personalbeurteilung eine entscheidende Aufgabe zu.

Beurteilungen sind weder in privatwirtschaftlichen noch in öffentlichen Organisationen ein Novum. Der Beurteilung von Mitarbeiterinnen und Mitarbeitern anhand von Eigenschaften, Verhaltensweisen, Leistungen und Potenzialen kommt in jeder Organisation – unabhängig ob Wirtschaftsunternehmen resp. Betrieb, Non-Profit-Organisation, Verwaltung oder Schule – eine große Rolle zu. Die Organisationsleitung steht daher auch eigentlich nicht vor der Frage, ob sie eine Personalbeurteilung (einführen) will oder nicht. Sie hat vielmehr eine Entscheidung darüber zu treffen, ob ein formales Personalbeurteilungssystem betrieben werden soll, welches in geregelter und kontrollierter Form einschlägige Informationen sammelt und rückkoppelt.

Basisannahme dabei ist einerseits, dass in diesen Organisationen ein Leistungsprinzip gilt, dieses als Sanktionsmechanismus zum Tragen kommt und der Leistung dadurch ein hoher Stellenwert im organisationalen Alltag zukommt. Andererseits wird auch grundsätzlich angenommen, dass die Beurteilung dieser Leistung im Bereich des Möglichen liegt. Beide Grundannahmen werden in der Regel nicht weiter hinterfragt. Sie bedürfen allerdings wegen ihres grundsätzlichen und – wie sich noch zeigen wird – problematischen Charakters einer genaueren Prüfung. Die diesbezügliche Diskussion muss sich dabei mit zwei verschiedenen Problemaspekten auseinander setzen:

- Das ist zum einen die Problematik des Verständnisses von Leistung sowie deren Forderung besonders an die Mitarbeiterinnen und Mitarbeiter via Leistungsprinzip in Organisationen. Sofern versucht wird, ein Urteil über eine Leistung zu fällen, bedarf es einer klaren Vorstellung davon, was als eine gute und eine schlechte Leistung – oder als Leistung schlechthin – gelten soll.
- Zum anderen betrifft es die Beurteilung der individuellen Leistung sowohl in ihren grundsätzlichen Problemen wie auch in den umsetzungsspezifischen Verfahrensproblemen.

In kaum einer anderen Organisation spielt Beurteilung eine so große Rolle wie in den Einrichtungen des Bildungswesens. Und speziell Schulen verwenden einen nicht unerheblichen Teil ihrer Kapazität und Anstrengungen darauf, vor allem ihre Schüler/innen vom Eintritt in die Schule bis zur Entlassung hinsichtlich ihrer Leistungen und ihres Verhaltens bewusst und auch unbewusst permanent zu beobachten und zu beurteilen. Beurteilungen sind trotz relativ vereinzelter grundsätzlicher Infragestellung und durchaus verbreiteter Kritik an den theoretischen und methodischen Ansätzen weit überwiegend im Bewusstsein der Beteiligten notwendiger und selbstverständlicher Bestandteil von Unterricht, Erziehung und Entwicklung von Schülerinnen und Schülern. Und über Schule und Ausbildung hinaus spielt Beurteilung im Berufsleben der meisten Berufe eine mehr oder weniger wichtige Rolle, sei es bei der Personalauswahl, nach der Erbringung bestimmter Leistungen im Betrieb, bei betrieblicher Weiterbildung, bei Beförderungen und Aufstieg oder bei regelmäßig und systematisch stattfindenden Leistungsbeurteilungen in der betrieblichen Praxis.

Eine auffällige Ausnahme bildet – immer noch, trotz des einen oder anderen Veränderungsversuchs – das hauptamtliche Personal in Schulen und anderen Bildungseinrichtungen. Lehrkräfte und auch Leitungspersonen erfahren in der Regel keine regelmäßige und systematische explizite Beurteilung ihrer Leistungen durch Dienstvorgesetzte. Wenn sie denn doch einmal stattfindet oder stattfand, handelt(e) es sich um die so genannte »Regelbeurteilung«, der man sich aufgrund entsprechender rechtlicher Regelungen zu unterziehen hatte bzw. hat. Sie wird als eine willkürliche, in keinem Bezug zur Aufgabe und zur konkreten Arbeitsleistung stehende, rückwärts gerichtete Formalie ohne irgendeine Bedeutung für künftige Aufgabenerfüllung und ohne Auswirkungen auf Honorierung oder Aufstieg erlebt. Darüber hinaus wird die pädagogische und fachliche Kompetenz der Beurteilenden oft grundsätzlich infrage gestellt, erst recht aber, wenn Beurteilungen über die Qualität von Leistungen aufgrund von zufälligen und punktuellen Eindrücken geschehen.

Inzwischen ist der Typus der hier beschriebenen Regelbeurteilung wegen des geschlossenen Widerstands von Lehrkräften, Verbänden und Standesorganisationen vielerorts ausgesetzt oder abgeschafft (in einzelnen Bundesländern in einem neuen Kontext aber auch reaktiviert). Die zur Begründung des Widerstands ins Feld geführten Argumente sind zweifellos nur schwer zu entkräften. Beispielhaft genannt sei die Tatsache, dass die Beurteilung, wenn überhaupt, allenfalls zwei- bis dreimal im Berufsleben einer Lehrkraft erfolgte, bei vielen niemals. Bei den praktizierten Zeitabständen war und ist kaum zu vermitteln, dass es um die Feststellung von Leistung geht oder um eine Maßnahme im Sinne von Personal(weiter)entwicklung. Weder das Beurteilungsverfahren noch die Ziele, Kriterien und Standards von Leistung, so der Vorwurf, seien offen gelegt. Die Rückgriffe auf etwaige Lehrerleistungsdaten geschähen mehr oder weniger beliebig bis willkürlich. Das konkrete pädagogische und soziale Umfeld von Schule, Lerngruppe, Schülerinnen und Schülern könne kaum auch nur annähernd realitätsnah wahrgenommen werden. Die Schulleitungen, die theoretisch am ehesten in der Lage seien, unter Berücksichtigung der ihnen bekannten Mikro- und Makrobedingungen, produktiv und annehmbar für die Lehrkräfte an einer Beurteilung mitzuwirken, spielten bestenfalls eine begrenzte und oft fragwürdige Zuliefererrolle. Die Argumente sollen an dieser Stelle nicht weiter diskutiert werden, da sie Gegenstand der weiteren Auseinandersetzung mit der Problematik sein werden.

Derweil gewinnt ein anderer Begründungszusammenhang für die Ablehnung von Leistungsbeurteilungen an Bedeutung. Unabhängig davon, dass man der Auffassung ist, pädagogische Leistungen entzögen sich weitgehend einer Messbarkeit, wird argumentiert, die Beurteilung sei lediglich eine Formalie, ohne Bezug zu einer konkreten Aufgabe in der Vergangenheit oder einer künftigen Aufgabenerfüllung und Arbeitsleistung, geschweige denn zu einer wie auch immer gearteten Honorierung oder einem Aufstieg. Wenn man Leistungsbeurteilung ernst nehmen solle als eine Maßnahme, die die bestmögliche Effizienz und Effektivität schulischer Leistungserbringung zum Ziel hat und die darüber hinaus auch noch die Akzeptanz der Beurteilten erreichen will, setze dies eine grundsätzlich andere Steuerungsphilosophie des Staates (erweiterte Selbstständigkeit und Selbstverantwortung der Schulen) voraus. Auf solch einer Basis, ergänzt durch eine neues Dienstrecht, durch Organisationsgestaltungsrechte für die einzelne Schule, einen neuen erweiterten Rechtsstatus der Schulleitung, mehr finanzielle und curriculare Gestaltungsspielräume, Leistungsanreize und nicht zuletzt durch ein verändertes Selbstverständnis aller an Schule Beteiligten, könnten die rechtlichen und tatsächlichen Voraussetzungen für eine funktionelle und professionelle Leistungsbeurteilung entstehen.

Fast zeitgleich zu dieser schon seit langem laufenden Diskussion, die vielfach immerhin zur Stornierung der dienstlichen Beurteilung geführt hat, haben inzwischen alle Bundesländer Initiativen im Sinne dieser Forderungen eingeleitet und z.T. schon umgesetzt. Dass die Anstöße in erster Linie nicht aus den Fachministerien oder der Bildungspolitik, sondern aus den Innen- und Finanzressorts stammen oder durch die aus den internationalen Leistungsvergleichsstudien rührenden Drücke ausgelöst wurden, ist zwar typisch für das deutsche Bildungssystem, letztlich aber ohne Bedeutung. Festzuhalten ist, dass die geforderten Systemvoraussetzungen überwiegend geschaffen oder in Entstehung begriffen sind und dass die Funktionalität einer relativ autonomen Schule nicht zuletzt davon abhängen wird, ob und wie die Ergebnisse der Leistungserstellung und der für sie verantwortlichen Personen erfasst, ausgewertet und beurteilt werden mit dem Ziel, positive Entwicklungen zu erkennen und zu stützen und problematische zu reduzieren und möglichst abzustellen. Eine sehr wichtige Rolle kommt dabei der Leistungsbeurteilung der Lehrkräfte und Leitungspersonen zu.

Welche Möglichkeiten bestehen nun in Organisationen, Leistungen der Mitarbeiter/innen festzustellen? Diese Fragestellung zielt auf die prinzipielle Leistungsbeurteilungsmöglichkeit. Was kann theoretisch abstrakt überhaupt als Leistung bzw. als gute Leistung bezeichnet werden? Was ist bei der Bewertung von Leistungshandlungen unbedingt zu berücksichtigen? Inwieweit lässt sich Leistung durch eine Beurteilung erfassen? Lassen sich objektive Beurteilungen durchführen? Mit diesen Fragen werden wir uns im Folgenden auseinander setzen. Es ist dabei eine eher grundsätzliche theoretische Auseinandersetzung, die aber teilweise durch privatwirtschaftliche Erfahrungen und schulische Beispiele ergänzt wird.

Unserer Meinung nach ist es sinnvoll, Leistungen zu beurteilen. Es ist auch möglich, in Organisationen ein angemessenes Verständnis über das, was als Leistung verstanden wird, zu erreichen. Es ist darüber hinaus möglich, eine so verstandene Leistung adäquat zu beurteilen. Nichtsdestoweniger vertreten wir eine kritische Einstellung zur Leistungsbeurteilung. Diese wird vor allem getragen durch die Ignoranz, das Verschweigen, die Angst, die Distanz vieler Praktiker in Betrieben wie im Schulbereich und auch vieler Forscher vor den Unzulänglichkeiten, die unabdingbar wie spezifisch mit den Beurteilungen verbunden sind. Unsere Funktion – als Wissenschaftler, als wissenschaftlicher Berater und Dozent einerseits und als Konzeptor einer Schulleitungsfortbildung und als Ausbilder in diesem Berufsfeld andererseits – ist es unter anderem, uns sehr kritisch mit der Thematik und deren Umsetzungsaktivitäten in die Praxis auseinander zu setzen; nicht um zu kritisieren, sondern um einen nüchternen, möglichst ideologiefreien und ökonomischen Einsatz des Instruments zu fördern, Kosten zu senken und den Nutzen zu erhöhen. Unter diesem Motto steht unser Beitrag: Um den weit verbreiteten optimistischen Ansichten über die Aussagekraft von betrieblichen wie in anderen Organisationen stattfindenden Leistungsbeurteilungen klarer entgegentreten zu können, wird in manchen Abschnitten eine prinzipiell skeptische, manchmal vielleicht skeptizistische Grundhaltung vertreten. Ein solches Vorgehen soll dazu dienen, nicht nur die Grenzen, sondern auch die Möglichkeiten, im Sinne des tatsächlich Machbaren zu verdeutlichen. Dies ist unser Verständnis von Praxisorientierung.

2. Begriffsverständnis

Zunächst soll der Begriff »Beurteilung« in ein allgemeines Begriffssystem eingeordnet und das Verhältnis zur Personalbeurteilung (synonym »Mitarbeiterbeurteilung«), zur Potenzial-, Bewerber- und Eignungsbeurteilung geklärt werden. Anschließend soll definiert werden, was unter Leistungsbeurteilung zu verstehen ist.

2.1 Was ist Personalbeurteilung?

Bei Beurteilung geht es generell um personale Eignungsprüfungen (vgl. Abb. 1 auf S. 592). Sie richtet sich an Organisationsmitglieder oder an Bewerber/innen um eine Stelle oder eine Funktion.

Allgemein versteht man unter *Personalbeurteilung* als Teil der Eignungsprüfung einen institutionalisierten Prozess, in dem planmäßig und formalisiert Informationen über die Leistungen und/oder Potenziale von Mitarbeiter/innen durch dazu beauftragte Mitarbeiter/innen hinsichtlich arbeitsplatzbezogener, entweder vergangenheits-, gegenwarts- oder zukunftsorientierter Kriterien gewonnen, verarbeitet und ausgewertet werden. Sie bezieht sich auf unterschiedliche Objekte (Leistungsergebnis-, Leistungsverhalten- und/oder Potenzialkriterien) und lässt sich durch verschiedene Mitarbeiter/innen durchführen.

Die Personalbeurteilung bezieht sich ausschließlich auf in der Organisation beschäftigte Personen. Sie ist als Leistungsrückmeldung und Feedback gedacht, das generell professionelles Lernen und die Weiterentwicklung der Berufspersönlichkeit fördern und unterstützen soll. Daher unterscheidet sie die Leistungsbeurteilung, bei der es um in der Vergangenheit erbrachte Leistungen geht, und die Potenzialbeurteilung, die auf das Qualifikationspotenzial bzw. auf die künftig als notwendig erachteten Qualifikationen abstellt. Die Leistungsbeurteilung erfolgt in der Regel als Ergebnis- und/oder Verhaltensbeurteilung, die Potenzialbeurteilung bezieht sich in erster Linie auf Qualifikationsprognosen (vgl. Abb. 2 auf der nächsten Seite).

Sowohl in der Theorie wie auch in der Praxis wird vielfach der Fehler gemacht, »verbal und/oder gedanklich Leistungs- und Potenzialbeurteilung nicht zu trennen. Die unterschiedlichen Funktionen, die verschiedenen Verfahren und Problemstellungen bleiben so verborgen. Meist implizieren solche Quellen die Annahme, dass man mit der Beurteilung der Leistung die besten Informationen darüber erhält, wie sich jemand künftig verhalten wird. Solche diagnoseorientierten Potenzialbeurteilungen sind [...] problembehaftet, v.a., wenn man sich nicht explizit über die Möglichkeiten und Grenzen der Methoden im Klaren ist« (Becker 2003, S. 161).

2.2 Was ist Leistungsbeurteilung?

Die bisherigen Ausführungen um den Beurteilungsbegriff finden im Folgenden Anwendung auf die Definition der Leistungsbeurteilung.

Die Grundidee der Leistungsbeurteilung besteht darin, ein tatsächlich beobacht- und beschreibbares Ist-Leistungsergebnis mit einem Soll-Leistungsergebnis zu vergleichen. Der Übereinstimmungsgrad von Ist- und Soll-Ergebnis wird dann als Indikator für die Leistung von Mitarbeiterinnen und Mitarbeitern gewertet. Sind Soll- oder Ist-Ergebnisse nicht bestimmbar oder erfassbar, so basiert eine Leistungsbeurteilung auf der Hypothese, dass Leistungsergebnisse durch Leistungsverhalten zustande kommen. Ist dieses tatsächlich beobachtbar und auch als Soll-Verhalten beschreibbar, so gründet die Leistungsbeurteilung auf dem Vergleich von Soll- und Ist-Verhalten. In jedem Falle sind die Leistungsbedingungen explizit zu beachten.

Unter Leistungsbeurteilung ist nun ein institutionalisierter Prozess zu verstehen, in dem planmäßig und formalisiert arbeitsplatzbezogene Informationen über die vergangenen Leistungen von in der Regel nachgeordneten Mitarbeiterinnen und Mitarbei-

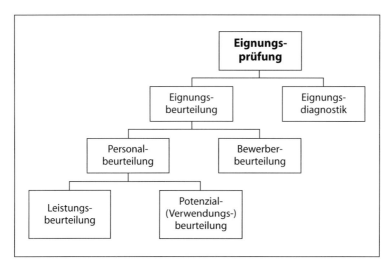

Abb. 1: Differenzierung der Eignungsprüfung (nach Wunderer 1978, S. 193)

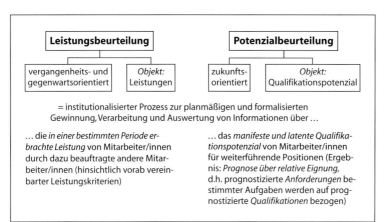

Abb. 2: Objekte der Personalbeurteilung

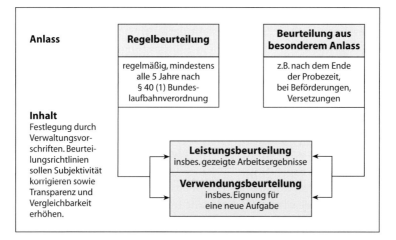

Abb. 3: Dienstliche Beurteilungen

tern durch dazu beauftragte Mitarbeiter/innen (= Beurteiler, in der Regel Vorgesetzte) auf Basis sozialer Wahrnehmungsprozesse im Arbeitsalltag gewonnen, verarbeitet und ausgewertet werden. Viele Organisationen – privatwirtschaftliche wie öffentliche – führen solche Beurteilungen über die Leistungen ihrer Mitarbeiter/innen durch (vgl. hierzu auch Abb. 3 zur Einordnung als dienstliche Beurteilung von Beamten).

Bei der Leistungsbeurteilung sind Informationen über die in einer bestimmten Periode erbrachte Leistung einer Mitarbeiterin oder eines Mitarbeiters bezüglich bestimmter Leistungskriterien regelmäßig und planmäßig zu gewinnen, zu verarbeiten und auszuwerten. Objekt sind die Mitarbeiter/innen nur in ihrer Rolle als beschäftigte Entscheidungs- und/oder Aufgabenträger. Ihr (möglicher) Beitrag zur Erreichung der Organisationsziele wird betrachtet. Die zu erwartenden wie die geltenden Leistungsbedingungen – externe und interne während der Aufgabenerfüllung – sind zu berücksichtigen. In dieser Begriffsauffassung zählt zur Leistungsbeurteilung Folgendes:

- Festlegung der Leistungsziele und -standards, des Leistungsverhaltens und/oder der zu leistenden Aufgaben eines Positionsinhabers;
- Bestimmung spezifischer Beurteilungskriterien;
- Auswahl des Beurteilungsverfahrens;
- Beobachtung des Leistungsverhaltens und/oder Feststellung der zwischenzeitlichen Leistungsergebnisse;
- Durchführung der Leistungsbewertung, d.h. a) Vergleich Soll- zu Ist-Leistung, b) Einstufung der Leistung, c) Analyse der Leistungsbedingungen und d) Auswertung aller Informationen;
- Beurteilungsgespräch und Urteilsfindung (jeweils durch Vorgesetzte/n und Mitarbeiter/in).

In der betrieblichen wie in der schulischen Praxis beschränkt sich das Verständnis zumeist auf die beiden zuletzt genannten Punkte. Dadurch werden andere wesentliche Teilaufgaben zur Feststellung von Leistungen zu sehr vernachlässigt.

2.3 Personalbeurteilung in der Schule

Personalbeurteilung in einem umfassenden Sinn dient denn auch in der Schule dazu, sich als Schulleiter/in wie auch als Lehrer/in der Angemessenheit, der Wirksamkeit und der Entwicklungsmöglichkeiten des eigenen beruflichen Handelns zu vergewissern. Sie steht auf diese Weise im Zusammenhang mit Aufgabenspektrum (von Schule und Lehrkräften), Qualitätsmanagement und Evaluation. Schulische Arbeit reduziert sich dabei nicht allein auf den Unterricht. Qualität von Unterricht und Schulleben, durch Evaluation ermittelt, hat auch immer eine personenbezogene Seite. Welche Kompetenzen beispielsweise Schüler/innen in internationalen oder nationalen Leistungsvergleichsstudien nachweisen oder welche Schulabschlüsse sie erreichen, ist neben deren individuellen Qualifikationen auch eine Folge von Schulstruktur und Organisationsgestaltung, von Unterrichtsqualität und Unterrichtsentwicklung sowie immer auch eine Folge des professionellen Handelns von Lehrkräften. Hier sind systematisch und regelmäßig ermittelte und bewertete Informationen unabdingbar für eine angemessene Entwicklung.

Inwieweit die Qualifikationen und der erreichte Schulabschluss auf die Leistungen der Schule und die Leistungen einzelner Lehrer/innen zurückzuführen sind, ist allerdings – innerhalb wie außerhalb der Schule – ein kontrovers diskutierter Gegenstand: Denn als schulisches Dienstleistungsprodukt sind sie unbedingt und vielfältig von der Mitwirkung der Schüler/innen abhängig. Die Entwicklung der Persönlichkeit, der Einstellungen und der Motivation, aber auch des fachspezifischen Wissens und Könnens ist bei den Schülerinnen und Schülern durch vielfältige außerschulische Ursachen bestimmt. Zudem ist die Einzelleistung einzelner Lehrer/innen auch eingebettet in andere »äußere« Bedingungen (Passbarkeit zur Klasse/zum Fach/zur Altersstufe; Kultur/Klima im Kollegium; Verhältnis zur Schulleitung; räumliche und sachliche Bedingungen; Elternschaft u.a.m.).

Trotz dieser vielfältigen und oft auch widersprüchlichen Einflussfaktoren muss sich die Schule mithilfe von Evaluation ihrer Unterrichts- und Erziehungsleistungen sowie personenbezogen durch Feedback und Personalbeurteilung der Qualität ihrer Leistungen und ihrer Leistungsergebnisse für jetzt und die nahe Zukunft vergewissern. Dazu bedarf es einer Personalbeurteilung, die in ein Beurteilungssystem eingebunden ist, in dem Lehrkräfte nicht nur durch Schulleiter/in bzw. Schulleitung als Vorgesetzte/n Feedback erhalten, vielmehr müssen auch die Kolleginnen, Kollegen, Schüler/innen und Eltern Rückmeldungen zu Lehrerleistungen und deren Wirksamkeit geben. Bevor die Bestandteile eines solchen Systems beschrieben werden, soll an die bereits erfolgte Definition des Begriffs Personalbeurteilung erinnert werden: *Personalbeurteilung* in diesem Sinne ist definiert als Leistungsrückmeldung und Feedback, das generell professionelles Lernen und die Weiterentwicklung der Berufspersönlichkeit fördern und unterstützen soll.

Dienstliche Beurteilung meint das rechtsförmige Verfahren, mit dem in der Regel anlassbezogen die Leistungen als Lehrer/in erfasst und schriftlich fixiert werden. Es dient als Grundlage und Legitimation von Personalentscheidungen und für die Übernahme als Beamtin, Beamter oder Angestellte/r nach Ablauf der Probezeit, bei einer Beförderung oder Übernahme einer Leitungsfunktion. Verschiedene Beurteilungsrichtungen können prinzipiell praktiziert werden (vgl. Abb. 4):

- Die *Nachgeordnetenbeurteilung* ist die typische Form der Personalbeurteilung. Vorgesetzte beurteilen die ihnen direkt unterstellten Mitarbeiter/innen. Diese Beurteilungsrichtung wird im Regelfall auch im Schulbereich praktiziert. Das bedeutet, dass Schulaufsichtsbeamte und/oder Schulleiter/innen als Dienstvorgesetzte oder Vorgesetzte eine Regelbeurteilung oder eine Anlassbeurteilung durchführen.
- Die *Kollegenbeurteilung* stellt eine spezifische Variante der Personalbeurteilung dar. Als Beurteiler fungieren die hierarchisch in etwa gleichgestellten und im gleichen organisatorischen Bereich tätigen Kolleginnen und Kollegen eines zu beurteilenden

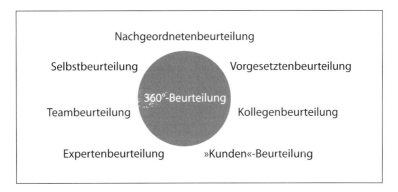

Abb. 4: Beurteilungsrichtungen

Mitarbeiters. Ziel ist es, die Kenntnisse der Kolleginnen und Kollegen zur Einschätzung der Leistung und/oder Qualifikation der Mitarbeiter/innen zu nutzen.

Eine Kollegenbeurteilung in formalisierter Form dürfte nach unserem Kenntnisstand im Schulbereich kaum irgendwo stattfinden. Allerdings kann man gelegentlich nicht formalisierte Rückmeldungen zwischen Kolleginnen und Kollegen auf freiwilliger Basis finden, wenn es darum geht, Einschätzungen zum Unterricht nach Hospitationen als kollegiales individuelles oder auch kollektives Feedback zu geben. Man wird davon ausgehen können, dass in einem solchen Fall eine besondere Vertrauenskultur das Zusammenwirken ermöglicht.

- Bei der *Vorgesetztenbeurteilung* beurteilten Mitarbeiter/innen in der Regel anhand vorgegebener Kriterien ihre unmittelbaren Vorgesetzten insbesondere bezüglich ihres Führungsverhaltens, aber z.T. auch bezüglich anderer Qualifikations- bzw. Leistungsmerkmale. Je nachdem, ob diese Informationen nur an die Vorgesetzten selbst oder die Personalabteilung weitergegeben werden bzw. die Angaben anonym sind oder nicht, erhalten die Vorgesetzten Rückkopplungsinformationen über ihr von den Mitarbeiterinnen und Mitarbeitern wahrgenommenes Verhalten und/oder die Personalabteilungen Informationen über die Qualifikationen der Vorgesetzten.

Insbesondere bei der jüngeren Generation von Schulleiterinnen und Schulleitern bzw. Mitgliedern der Schulleitung ist – öfter im Zusammenhang mit einem stimmigen Qualitätsmanagement- und Führungskonzept – die Durchführung einer Art Vorgesetztenbeurteilung anzutreffen. Auch dabei handelt es sich nicht um eine formalisierte und mit den Vorgesetzten der Schulleitung abgestimmte Beurteilung. Vielmehr steht intern verbleibendes Feedback zum Führungsverhalten, zur Managementfähigkeit, möglicherweise auch zu einzelnen fachlichen Aspekten im Mittelpunkt.

- Bei der *Selbstbeurteilung* sind die Mitarbeiter/innen bei der Beurteilung ihrer Leistung oder ihres Potenzials zugleich Objekt der Beurteilung wie auch Beurteiler/in. Man versucht durch die Einbeziehung der betroffenen Mitarbeiter/innen Entwicklungsprozesse zu fördern, die Akzeptanz der Urteile zu erhöhen sowie ein besseres Verständnis der Leistungserbringung bzw. der Qualifikation zu fördern.

Die Spielart der Selbstbeurteilung ist in der Schule z.B. anzutreffen, wo Unterrichtsnachbesprechungen auf der Basis des von Horster vorgeschlagenen Ansatzes

erfolgen (vgl. Horster in diesem Band, S. 810ff.) oder wo formalisierte Personalbeurteilungen durch die Schulleiterin oder den Schulleiter die grundsätzlich mit dem Kollegium vereinbarte Regelung beinhalten, dass die betroffenen Lehrkräfte zu allen Elementen der Beurteilung ihre eigene begründete Einschätzung einbringen.
- Bei der *Expertenbeurteilung* fungieren gesonderte interne oder externe Fachleute als Beurteiler/innen. In der Schule kommen solche Expertenbeurteilungen nicht vor, wenn man den äußerst selten auftretenden Fall einer Beurteilung durch die Schulaufsicht unberücksichtigt lässt. Hingegen können Rückmeldungen bzw. Beurteilungen durch externe Fachleute oder durch gemischt zusammengesetzte Gruppen (Laien und Fachleute) bei Evaluationen der Arbeit ganzer Schulen im Rahmen von Qualitätsmanagement vorkommen, so z.B. bei Benchmarking-Prozessen zwischen Schulen.
- Die *360°-Beurteilung* stellt die umfassendste Form der Personalbeurteilung dar. Insbesondere das Leistungsverhalten der Führungskräfte soll aus unterschiedlichen Perspektiven (Vorgesetzte, Kolleginnen und Kollegen, Mitarbeiter/innen, Kunden) eingeschätzt werden. Die systematische Interpretation dieser Bewertungsinformationen soll ein umfassendes individuelles Feedback ermöglichen.
Eine 360°-Beurteilung findet, wie im Allgemeinen auch im Unternehmensbereich, in Schulen allenfalls in sehr vereinzelten Fällen statt. Dabei wäre die Idee, das Selbst- und das Fremdverständnis von Schulleitungspersonen in einem neuen und deutlich weiteren Wirkungszusammenhang zu sehen, vermutlich geeignet, die Qualität von Leitung und Führung zu verbessern. Als Neuorientierung bei der Entwicklung eines eigenen Leitbilds von Schulleitungen könnte diese Perspektive durchaus nützlich sein.

Auf Schule angewendet stellen sich eine ganze Reihe kritischer sowohl grundsätzlicher wie auch methodisch-technischer und verfahrensbezogener Fragen. Bis heute wird man trotz allenthalben stattfindender Diskussionen über neue Steuerungsansätze makro- und mikropolitischer Art (Stichwörter: autonome Schule, Schulen in erweiterter Selbstständigkeit, selbstverantwortliche Schule, Dezentralisierung, Personalverantwortung, Budgetrechte usw.) kaum von einem bereits praktizierten Leistungsprinzip und einem Sanktionsmechanismus sprechen können. Sie bilden aber die unerlässliche Grundlage jeglicher Leistungsbeurteilung, die beanspruchen will, insbesondere von den Beurteilten, aber ebenso von den Beurteilenden ernst genommen zu werden.

Zu Recht wird erwartet, dass Beurteilung in ein überzeugendes Management- und Führungskonzept der jeweiligen Leitung eingebunden ist. Es muss sich an deutlich profilierten und akzeptierten Zielen der einzelnen Schule orientieren, an einem realistischen und erreichbaren Leitbild und einem entsprechenden Schulprogramm, das von den Beteiligten als umsetzungswert und umsetzbar wahrgenommen wird. Die durch Zielvereinbarungen oder durchaus auch durch Zielvorgaben der einzelnen Lehrkraft selbstverantwortlich übertragenen Aufgaben sollten sich an den Setzungen und Vereinbarungen des Schulprogramms orientieren und hinsichtlich der Erreichung messen lassen. Rückmeldungen, Zwischenbilanzen, informelle und formelle Feedbacks zwischen Schulleitung und Lehrer/in – in beide Richtungen – begleiten regelmäßig die Arbeit im Arbeitszeitraum. Eine Ergänzung durch regelmäßige und vertrauensvolle Austausche zwischen den Kolleginnen und Kollegen würde den Prozess sinnvoll ergänzen können. Aus der Vielfalt und der Anzahl solcher Kontakte und ihrer Auswertung können auch die für eine formalisierte Leistungsbeurteilung erforderlichen Informationen und Daten entstehen, die für die Annahme und Nutzung des (Zwischen-)Ergebnisses der beruflichen Arbeit und Weiterentwicklung Voraussetzung ist.

In einem solchen Kontext ist Beurteilung dann voraussichtlich kein isoliertes und wesensfremdes Element schulischer Arbeit, sondern ein notwendiger Mosaikstein im Zusammenspiel von individueller und kooperierender Lehrerarbeit, von kritischer Selbstanalyse und kollegialer Rückmeldung über Leistungsprozesse und -ergebnisse. Sie wird sich horizontal zwischen Fachexperten und vertikal zwischen Leitungspersonen und Fachleuten abspielen. Die unter solchen Bedingungen intern ablaufenden Prozesse vertragen und benötigen in größeren Zeitabständen die zusätzliche externe Sicht und Rückmeldung einer Schulaufsicht, die auf der Basis metaevaluativer Erkenntnisse aus einer größeren Anzahl von Schulen die lehrer- und schulindividuellen Daten gegenprüft und sie damit in den größeren Zusammenhang von Schul- und Leistungsentwicklung im Land einzuordnen vermag. Dazu allerdings muss die aktuell immer noch diffuse rechtliche Zuständigkeit für das Personalmanagement der Schule zwischen Schulleitungen und Schulaufsicht grundsätzlich zugunsten der Schulleitung bereinigt werden.

So notwendig auch die Einordnung in einen plausiblen und überzeugenden Systemzusammenhang ist, die mit einer Leistungsbeurteilung verbundenen Ziele sind in hohem Maße abhängig davon, dass die Funktionen der einzelnen Elemente (z.B. Qualität und Quantität der Daten, Art und Güte der Rückmeldungen, systematische Förderung und Weiterentwicklung des Personals, »Honorierung« und/oder »Sanktionierung« – im weiteren Sinne – von Leistung, Reversibilität von Feedback auf und zwischen den Organisationsebenen usw.), ihre Möglichkeiten und nicht zuletzt ihre Grenzen gekannt, nüchtern analysiert und möglichst professionell angewendet werden. Voraussetzung dafür ist die kritische Auseinandersetzung aller Beteiligten mit den theoretischen Grundlagen von Leistungsbeurteilung, den Erkenntnissen aus Forschung und den Erfahrungen der Praxis. Eine besonders wichtige Rolle spielt für interkollegiale Zusammenarbeit (wie für die zwischen Leitung und Lehrkraft) der Aspekt des Feedbacks. In kaum einem anderen Bereich werden mehr – und zu oft fast irreparable – Schäden angerichtet.

Sollen die negativen und demotivierenden Wirkungen der Leistungsbeurteilung in Form der dienstlichen Beurteilung wenigstens verringert werden, muss an verschiedenen Punkten angesetzt werden:

- Das Verfahren sollte transparent sein.
- Die Leistungsrückmeldungen im Zuge jeglicher – formeller oder informeller – Rückmeldungen und im Beurteilungsgespräch selbst bieten häufig Beratungsanlässe und -chancen, die genutzt werden sollten.

- Je besser die dienstliche Beurteilung in eine Beurteilungs- und Feedbackkultur eingebunden ist, die als selbstverständlich empfunden wird, desto reibungsfreier wird sie wahrgenommen. Dienstliche Beurteilung sollte für die einzelne Lehrkraft eine von einer ganzen Reihe systematischer und regelmäßiger Leistungsrückmeldungen sein. Damit verliert sie den Anschein einer punktuellen und zufälligen Aktion. Bei Anlassbeurteilungen (z.B. bei Bewerbungen um eine Beförderungsstelle) schließt sie organisch an eine Reihe vorhandener Leistungsrückmeldungen an.

3. Zentrale Aspekte von Beurteilungen

3.1 Funktionen

Die Personalbeurteilung wird zur Verfolgung unterschiedlicher Funktionen eingesetzt. Die möglichen manifesten, d.h. offiziell verfolgten personal- und führungspolitischen Funktionen wie auch die latenten, d.h. tatsächlich, aber nicht offiziell verfolgten Funktionen einer Personalbeurteilung sind in Abbildung 5 dargestellt.

Bei den manifesten Funktionen handelt es sich um solche, die »offiziell« von Systembetreibern genannt werden. Sie sind in zwei Hauptgruppen zu differenzieren:

- *Führungspolitische Funktionen* zielen auf eine effizientere strukturelle wie interaktionelle Mitarbeiterführung[2] vor allem durch die beurteilenden Vorgesetzten ab.
- *Personalpolitische Funktionen* zielen auf die Feststellung der organisationalen Leistungsfähigkeit (also des Gesamtbetriebs bzw. einer Organisationseinheit) in der Vergangenheit, die generelle Evaluierung der Wirkungen des Einsatzes personalpolitischer Maßnahmen (z.B. Einführung einer neuen Arbeitsorganisation) sowie zusätzlich auf die Begründung und Legitimation von Karriereentscheidungen und Entgeltdifferenzierungen ab.

Mögliche personalpolitische Funktionen sind unter anderem:

- Personalpolitische Maßnahmen bezüglich Personalbeschaffung, -einsatz und -entwicklung evaluieren und Änderungsmöglichkeiten sichtbar machen (Evaluierungsfunktion von Personalinstrumenten);
- Personalentscheidungen fundieren und ggf. die Legitimation von Ungleichheit bezüglich Kompetenzen, Status u.Ä. begründen;
- Entscheidungsgrundlagen für Lohn- und Gehaltsdifferenzierungen zur Schaffung eines wenigstens im Ansatz leistungsgerechteren Entgeltsystems schaffen.

---

2 *Strukturelle Führung:* Mitarbeiterführung durch die spezifische Gestaltung von Organisations-, Aufgaben- und Hierarchiestrukturen (vgl. Becker/Buchen 2001b, S. 1–16).
Interaktionelle Führung: direkte Mitarbeiterführung im Vorgesetzten-Mitarbeiter-Verhältnis (vgl. Berthel/Becker 2003, S. 10).

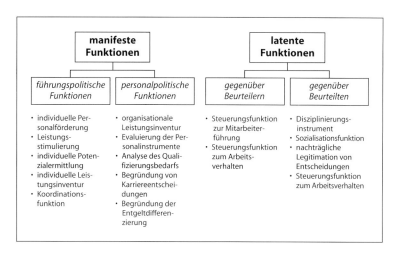

Abb. 5: Funktionen der Personalbeurteilung

- Der führungspolitischen Zielsetzung kann die Leistungsbeurteilung durch den informatorischen und motivationalen Aspekt bei der Festlegung von Leistungszielen und -verhalten, bei der Diskussion der Aufgaben und Urteile dienen.
- Dies kann durch die Leistungsstimulierungs- und Befriedigungsfunktion über die Anerkennung und Bestätigung gezeigter Leistungen, die Festlegung gemeinsamer Erwartungen und Ziele, die Stimulierung eines Leistungsverhaltens geschehen.
- Im Mittelpunkt der Orientierungsfunktion der Personalförderung stehen die individuelle Beratung und Förderung der Mitarbeiter/innen, die Beeinflussung von Motivation sowie die Lernziele für die Aus- und Weiterbildung.
- Die Koordinierungsfunktion im Rahmen der Organisationsführung betrifft die Kommunikation hinsichtlich der Festlegung der Leistungserwartungen und -ziele, der Verbesserung von Informationen und Koordination, der Kontrolle der gestellten Aufgaben, außerdem die Sichtbarmachung von Änderungsmöglichkeiten, ein Feedback und die Diskussion der Leistungsbedingungen.

Daneben bestehen *latente Funktionen*, d.h. offiziell von den Systembetreibern nicht genannte – und ihnen durchaus nicht immer bewusste – Funktionen. Sie sind auf die Verhaltensbeeinflussung sowohl der Beurteilenden als auch der zu beurteilenden Mitarbeiter/innen gerichtet. Die Beurteilenden werden in ihrem Führungsverhalten angehalten, die Mitarbeiter/innen systematisch (im Sinne vorgegebener Kriterien) zu bewerten und ein Beurteilungsgespräch zu führen. Daneben wird durch die Wahl des Beurteilungsverfahrens z.T. auch das sonstige Arbeitsverhalten inhaltlich in eine grobe Richtung gesteuert. Auf die zu beurteilenden Mitarbeiter/innen üben die eventuell mit einer Leistungsbeurteilung erwarteten Konsequenzen eine Disziplinierungsfunktion aus. Zudem kommt den normativ gesetzten Erwartungen in der Leistungsbeurteilung eine Sozialisationsfunktion zu. Latente Funktionen liegen auch darin, dass die Leistungsbeurteilung zur nachträglichen Legitimation von Entscheidungen »missbraucht« oder als Disziplinierungsinstrument benutzt wird. Diese latenten Beiträge führen mittels des Zeremoniencharakters der Leistungsbeurteilung zur Stabilisierung des organisatorischen Sozialisationsprozesses und der Macht- und Kommunikationsstrukturen.

Insofern kann es für beurteilende Schulleiter/innen aufschlussreich und wichtig sein zu prüfen, ob das von ihnen nicht hinterfragte standardisierte Instrument nicht u.U. eine unerwünschte Eigenwirkung und Dynamik erhält, die im Widerspruch zu ihrem bisherigen Führungsverhalten steht und dieses infrage stellt.

Nicht alle angegebenen Funktionen sind gleichzeitig erreichbar, wenngleich in der Praxis vielfach hiervon ausgegangen wird. Als problematisch erweist sich bei der Umsetzung von Personalbeurteilungen normalerweise die Verfolgung von mehreren Funktionen gleichzeitig. »Sofern Beurteilungsverfahren für viele Funktionen gleichzeitig vorgesehen sind, ergibt sich eine Überforderung. Sie können nicht zur Erreichung dieser diversen Zielsetzungen gleichzeitig dienen. Gerade das gleichzeitige Anstreben verschiedener Zwecke (Multifunktionalität) durch überzogene Nutzererwartungen an ein Beurteilungsinstrument führt zu dessen genereller Unwirksamkeit« (Becker 2003, S. 373; vgl. zu den Funktionen der Personalbeurteilung in der Schule Becker/Buchen 2001, S. 7f.). Soll als Wirkung der Personalbeurteilung eine Leistungsverbesserung erreicht werden, so setzt dies die Akzeptanz der Beurteilung durch die beurteilte Person voraus. Sie kann durch Akzeptanz und Wertschätzung der Lehrkraft, durch eine kontinuierliche und systematische Leistungsrückmeldung sowie durch Transparenz des Verfahrens der dienstlichen Beurteilung, der eigenen Beurteilungsrolle und der Beurteilungskriterien gefördert werden.

3.2 Verfahren

Beurteilungsverfahren sind die methodischen Hilfsmittel, mit deren Hilfe die Beobachtungen der Beurteilenden in schriftlichen und meist auf einem wertenden Kontinuum eingeordneten Aussagen ausgedrückt werden. Verschiedene Verfahrensarten werden praktiziert (vgl. Abb. 6). Auf zwei besonders prominente Verfahrensarten wird im Folgenden näher eingegangen: Das *merkmalsorientierte Einstufungsverfahren* ist trotz seiner Probleme weit verbreitet, das *zielorientierte Beurteilungsverfahren* die derzeit sinnvollste Variante.

3.2.1 Merkmalsorientierte Einstufungsverfahren

In Organisationen haben sich Einstufungsverfahren durchgesetzt. Bei diesen Verfahren sind in den Beurteilungsformularen in der Regel nach Ausprägungsgrad geordnete, verbal oder numerisch bezeichnete Kategorien bzw. Beurteilungskriterien vorgegeben. Verschiedene Ausprägungsgrade sollen die Kriterien repräsentieren. Mit ihnen sind bestimmte Vorstellungen bezüglich der Güte der Leistungen verbunden. Diese Vorstellungen sind entweder mit Ziffern, mit einfachen Eigenschaftswörtern oder mit konkreten Verhaltensbeschreibungen mehr oder weniger präzisiert. Die wahrgenommene

Abb. 6: Verfahren der Leistungsbeurteilung (ähnlich Becker 2003, S. 286)

Ausprägung der Kriterien ist mit den zu den verschiedenen Kategorien vorgestellten Ausprägungen zu vergleichen, die treffendste Kategorie ist zu wählen.

In der überwiegenden Anzahl von Organisationen werden so genannte *merkmalsorientierte (bzw. analytische) Einstufungsverfahren* der Leistungsbeurteilung eingesetzt. Sie sehen eine jährliche Beurteilung mit einem vorgegebenen Kriterienkatalog (durchschnittlich 12–15 Kriterienmerkmale) und vorgegebener Stufenzahl (durchschnittlich 7) vor. In den Beurteilungsformularen sind je Kriterium (mit oft eigenschaftsorientiertem Charakter) nach dem Ausprägungsgrad geordnete, verbal oder numerisch bezeichnete Skalenstufen zur Bewertung vorgegeben. Man verwendet dabei in der Regel grafische Beurteilungsskalen. Die Beurteilenden werden jeweils aufgefordert, einen Punkt auf einer angebotenen Skala anzuzeigen, welcher ihres Erachtens den leistungsrelevanten Eigenschaftsgrad einer Mitarbeiterin oder eines Mitarbeiters wiedergibt. Die verschiedenen Ausprägungsgrade sollen die Kriterien bzw. die Güte der Leistungen individuell ausdrücken. Die damit verbundenen Vorstellungen sind mehr oder weniger präzisiert. Die durch die Beurteilenden wahrgenommene Ausprägung der Kriterien ist mit den zu den verschiedenen Beurteilungsmerkmalen vorgegebenen Kriterien- bzw. Skalenausprägungen zu vergleichen, die treffendste Ausprägung zu wählen.

Als Beurteilungsmerkmale sind Standardkriterienkataloge über verschiedene Funktionsbereiche und -ebenen hinweg üblich (vgl. Tab. 1 auf der nächsten Seite). Bei den Kriterien handelt es sich um solche, denen ein Leistungsbezug unterstellt wird.

Tab. 1: **Beurteilungsformular einer merkmalsorientierten Leistungsbeurteilung**

Bewertungsmerkmale	Gewichtung	Bewertungsskala				
		1	2	3	4	5
I. Anwendung der Kenntnisse Darunter ist z.B. zu verstehen: Beweglichkeit des Denkens, Erkennen des Wesentlichen oder gezeigte Selbstständigkeit.	1	0	2	4	6	8
II. Arbeitseinsatz Darunter ist z.B. zu verstehen: Initiative, Ausdauer oder Zuverlässigkeit.	1	0	2	4	6	8
III. Arbeitsquantität Darunter ist z.B. zu verstehen: Intensität der Arbeitsausführung oder Umfang des erzielten Arbeitsergebnisses.	2	0	4	8	12	16
IV. Arbeitsqualität Darunter ist z.B. zu verstehen: Genauigkeit der Arbeitsausführung oder Fehlerfreiheit des Arbeitsergebnisses.	2	0	4	8	12	16
V. Zusammenarbeit und persönliche Wirksamkeit Darunter ist z.B. zu verstehen: Informationsaustausch, Zusammenarbeit, Mitarbeiter/innen anweisen oder anleiten, beurteilen oder fördern.	1	0	2	4	6	8
Bewertung 1 = entspricht selten der Erwartung 2 = entspricht i.Allg. der Erwartung 3 = entspricht voll der Erwartung 4 = liegt über der Erwartung 5 = liegt weit über der Erwartung						

Die Auswahl der Kriterien basiert zumeist auf Usancen sowie Plausibilitätsüberlegungen und nicht auf empirischen Studien arbeitsplatzspezifischer Leistungsinhalte. Die Erfahrung zeigt dabei, dass vielfältige eigenschaftsorientierte Kriterien (z.B. Initiative, Zuverlässigkeit, Flexibilität, Arbeitseinsatz, Arbeitsweise, Führungsverhalten) als Standardmerkmale ausgewählt werden. Diese Kriterien sind für die Leistungsbeurteilung ungeeignet. Die übliche Verwendung offener oder versteckter eigenschaftsorientierter Kriterien steht dabei in keinem bekannten Zusammenhang zur Leistung. Auf ihr basierende Beurteilungen übersehen zudem die Bedeutung der Arbeitssituation. Bei Routinetätigkeiten werden beispielsweise »Kreativität« und »Initiative« kaum zugelassen. Zudem wird die Vorgesetzten-Mitarbeiter-Beziehung bei der fruchtlosen Diskussion um (versteckte) Eigenschaften nicht verbessert, sondern unnötig belastet.

Die Kriterienausprägungen werden bei der letztendlichen Bewertung oft numerisch erfasst, ihrer angenommenen Bedeutung gemäß gewichtet und zu einem Leistungswert (aus dem sich eine eventuelle Leistungszulage ergibt) zusammengefasst. Die gegen diese Verfahren sprechenden Einwände werden unten (S. 621f.) diskutiert.

3.2.2 Zielorientierte Beurteilungsverfahren

Darunter sind solche Verfahren zu verstehen, die, ausgehend von den in einer bestimmten Beurteilungsperiode von Mitarbeiterinnen und Mitarbeitern zu erfüllenden positionsspezifischen Zielen, eine darauf zugeschnittene Leistungsbeurteilung durchführen. Das Verfahren ist ein ausgesprochen positions- und mitarbeiterspezifisches Beurteilungsinstrument, welches neben der unmittelbaren Mitarbeiterführung auch der verstehenden Erfassung der Person der Mitarbeiterin oder des Mitarbeiters dienen soll. Neben der individuellen, situationsspezifischen Leistungsdiagnose durch das Verfahren sollen noch Hinweise zur Entwicklung der individuellen Leistungsfähigkeit gegeben werden. Mit der Methode wird auf interindividuelle Vergleichbarkeit verzichtet, da dieser Aspekt unmöglich erreichbar ist. Stattdessen wird das Verstehen des Zustande- oder Nichtzustandekommens einer individuellen Leistung, also subjektive Beurteilungen, zum wesentlichsten Prinzip des Verfahrens erhoben.

Zielorientierte Beurteilungsverfahren sind vor allem mit dem Management-by-Objectives (MbO) verbunden, einem Führungskonzept, bei dem Vorgesetzte entweder »Nachgeordneten« Ziele vorgeben (Führung durch Zielvorgabe als autoritäre Variante) oder gemeinsam mit den »Nachgeordneten« Ziele erarbeiten (Führung durch Zielvereinbarung als kooperative Variante). Jedes zielgerichtete soziale System ist notwendigerweise arbeitsteilig aufgebaut. Mit dieser Arbeitsteilung ist eine Zielteilung verbunden. Neben der Organisations- besteht eine Zielhierarchie bzw. ein Zielsystem, wobei das Zielsystem die Basis für die Ableitung der Aufgaben darstellen sollte. Mit der Zieldefinition wird der jeweilige individuelle Verantwortungsbereich für bestimmte Ergebnisse abgesteckt und die Grundlage für die Führung der jeweiligen Organisationseinheit gelegt. Die Ziele prägen die gesamte Ausrichtung des Leistungsverhaltens.

Die zielorientierten Verfahren der Leistungsbeurteilung gehen von den erwarteten Leistungen bzw. den gestellten Zielen (als Beurteilungskriterien) sowie den diesbezüglich erreichten Ergebnissen aus. Sie verknüpfen das Element der Beurteilung mit einer Zielkomponente der Managementkonzeption. Die Leistungsbeurteilung ist in diesem Sinne zugleich Zielerreichungskontrolle im Planungssystem und rückgekoppelt mit der Ziel- und Programmplanung. Beurteilungsobjekte sind vor allem der Zielerreichungsgrad der Abteilung, einer Gruppe oder auch der einzelnen Mitarbeiter/innen sowie die Ursachen möglicher Zielabweichungen (Abweichungsanalyse).

Die Zieldefinition dient als *Basis* für die Leistungsbeurteilung. Die jeweiligen Leistungsziele sind hinsichtlich ihrer Kriterien und Standards vorab definiert. Die Beurteilung wird auch deshalb – prinzipiell – möglich, weil die jeweilige positionsbezogene Zielvereinbarung in ein organisationsweites Zielsystem eingebunden (bzw. in einem Kaskadenverfahren abgeleitet) ist. Ggf. sind Anpassungsmaßnahmen zur Zielerreichung notwendig. Die Leistungsbeurteilung drückt sich zunächst im jeweiligen Grad der Zielerreichung nach der Realisationsphase aus. Sie erfolgt durch den Vergleich der Soll- zu den Ist-Ergebnissen am Ende der jeweiligen Beurteilungsperiode. Im Rahmen des MbO-Zyklus sind vorab Zielsetzungs-, fortlaufend Feedback- und abschließend Beurteilungsgespräche regelmäßig vorgesehen.

Tab. 2: Beurteilungsformular einer zielorientierten Leistungsbeurteilung (Zielsetzungen)

Ziel Nr.	Aufgaben gemäß Stellenbeschreibung	Ziel	Randbedingungen	Maß- bzw. Bewertungsvorschriften	Informationsgrundlagen	Gewicht
Allgemeine Aufgaben						
1	Planung	Einhaltung des Budgets des unterstellten Bereichs bei Durchführung aller geplanten Aktivitäten oder bei außerordentlichen Umständen Berichterstattung sofort nach Kenntnisnahme	Keine neuen Aufgaben	Abweichung in Prozent des Budgetbetrags	Budgetberichte	6
2	Personalführung	Einhaltung von Arbeitszeiten und allgemeinen Weisungen durch direkt unterstellte Mitarbeiter/innen	Technische Voraussetzungen für korrekte Gleitzeiterfassung gegeben	Korrektheit der Gleitzeitdaten	Gleitzeitabrechnung, Reklamationen	3
3	Information und Koordination	Laufende Information des Stellvertreters, sodass dieser in der Lage ist, die Aufgaben des Stelleninhabers in dessen Abwesenheit wahrzunehmen	Mitarbeiter, der die Stellvertreterfunktion übernimmt, wird gemäß Abmachung mit Abt. X am Anfang der Periode in die Personalabteilung versetzt	Führung der Geschäfte bei Abwesenheit des Stelleninhabers	Korrespondenz, Aktennotizen usw.	8
Sachaufgaben						
4	Personalbeschaffung und -einsatz	Besetzung frei werdender Stellen innerhalb minimaler Frist, 50% innerhalb von sechs Monaten besetzt. Alle Anforderungen aus der letzten Periode bis zum Ende der Bewertungsperiode besetzt	Gleich bleibende Arbeitsmarktsituation	Schnelligkeit der Besetzung zu gewünschten Bedingungen	Personalanforderung, Stellenplan	10

Tab. 2 (Fortsetzung)

Ziel Nr.	Ziel	Randbedingungen	Maß- bzw. Bewertungsvorschriften	Informationsgrundlagen	Gewicht
Allgemeine Aufgaben					
5	Personalbeschaffung und -einsatz	Eingestellte Mitarbeiter/innen erfüllen die Anforderungen der Stelle	Anforderungen der Stellen durch die Vorgesetzten klar definiert	Zahl der Austritte in den ersten drei Monaten bzw. Zahl der Versetzungen	Rapporte, sonstige Berichte	10
6		Personalumschlag: pro Monat nicht mehr als zehn Austritte	Einhaltung der vorhandenen Führungsrichtlinien durch Vorgesetzte	Zahl der Austritte	Personalstatistik	10
7		Mit neuen Mitarbeiter/innen am ersten Tag und mindestens einmal in der Probezeit Kontakt aufgenommen		Erfassung der Probleme neuer Mitarbeiter/innen	Besuchsnotizen, Berichte	8

Als Beurteilungskriterien dienen nicht allein Ergebnisziele, sondern auch Verhaltensziele und Verhalten an sich. Beide Zielkategorien können sich je nach erwarteter und tatsächlicher Situation in ihrer Bedeutung ergänzen. Insofern bedarf es der Kombination von ergebnisziel- und verhaltenszielorientierten Verfahrenselementen, um eine möglichst umfassende Beurteilung zu gewährleisten. Problematisch ist allerdings die Festlegung der relativen Anteile der beiden Beurteilungselemente – unter Berücksichtigung der Leistungsbedingungen.

Mit der zielorientierten Leistungsbeurteilung soll nicht nur der Grad der Aufgabenerfüllung ermittelt werden. Unbefriedigend lösbar mit den herkömmlichen MbO-Bewertungsverfahren erscheint Folgendes: Zum einen ist die Analyse der Zielabweichungen (Soll-Ist-Differenz) nicht genügend systematisiert. Damit einher geht die Gefahr einer ungenügenden Ursachenerkennung. Zum anderen ist eine Vergleichbarkeit der Ergebnisse solcher Leistungsbeurteilungen aufgrund individueller Stellenaufgaben nicht möglich. Im Rahmen des MbO wird der üblichen Bewertung der Leistungsergebnisse (des Ausmaßes der Zielerreichung) daher die Bewertung des Leistungsverhaltens (des Weges der Zielerreichung) in einer so genannten Weganalyse zur Seite gestellt (vgl. Tab. 2 und 3 als Beispiel).

Tab. 3: Beurteilungsformular einer zielorientierten Leistungsbeurteilung (Bewertung der Zielerreichung)

Ziel Nr.	Ergebnis	Kommentar zur Zielerreichung (Begründung von Abweichungen)
1	Budget –10% eingehalten	Personalwerbespesen wesentlich unter geplanten Ausgaben. Begründung: Einsparung durch Reduktion der Zahl der Werbeträger, keine laufenden Serien mehr
2	Am Ende der Bewertungsperiode Einhaltung der Vorschriften durch alle Mitarbeiter/innen	Am Anfang der Periode z. T. Nichteinhaltung der Blockzeiten durch Mitarbeiter/innen. Nach Gespräch keine Abweichungen mehr
3	Kein Stellvertreter vorhanden. Platzhalterschaft gesichert	Bei Planung zu optimistisch, dass neuer Mitarbeiter rechtzeitig von der anderen Abteilung freigegeben würde. Als Ersatzlösung Platzhalterschaft durch X. Funktioniert zufriedenstellend
4	70% der frei werdenden Stellen innerhalb von sechs Monaten besetzt. 10% der Anforderungen aus der letzten Periode noch offen	Ziel angesichts der relativ guten Arbeitsmarktlage eher zu tief angesetzt (ungenügende Grundlagen bei der Zielfestlegung). Standortänderung einer Abteilung gegenüber letzter Periode hatte unbesetzte Stellen zur Folge
5	Bei drei von 85 Besetzungen Anforderungen nicht erfüllt, bei zwei davon interne Versetzungen möglich	In einem Fall Fehleinschätzung des Bewerbers, in zwei Fällen von vornherein als Versuch betrachtet
6	Zwischen 12 und 17 Austritte pro Monat	Zu wenig direkte Einflussmöglichkeiten durch Personalabteilung. Ziel zu hoch. Stelleninhaber überblickte Situation zu Beginn der Bewertungsperiode infolge kurzer Einarbeitungszeit nicht völlig. Insbesondere Problem, inwieweit Geschäftsleitung Einflussnahme der Personalabteilung unterstützt, unklar. Zielerreichung in Anbetracht der Sachlage gut
7	Nur etwa 50% der Mitarbeiter/innen am Eintrittstag gesehen. 90% während der Probezeit gesehen	Häufige Terminüberschneidungen mit anderen Verpflichtungen. Kapazität falsch eingeschätzt, insbesondere da kein Stellvertreter vorhanden

3.2.3 Verfahren in der Schule

Im Nachfolgenden konzentrieren wir uns auf die so genannte Nachgeordnetenbeurteilung. Objekt sind dabei allgemein die nachgeordneten Mitarbeiter/innen in ihrer Rolle als beschäftigte Entscheidungs- und/oder Aufgabenträger und speziell die Lehrer/innen in einem Kollegium. Ihr (möglicher) Beitrag zur Erreichung der betrieblichen bzw. schulischen Ziele wird betrachtet. Im Allgemeinen wird auch im schulischen Bereich eine eher merkmalsorientierte Beurteilung gewählt (vgl. beispielsweise Tab. 4 auf der nächsten Seite).

Dabei ist für den schulischen Bereich zu berücksichtigen, dass sich die Beurteilung bislang im Wesentlichen (immer noch) auf mögliche Funktionsstellen der engeren oder weiteren Schulleitung bezieht, weil aufgrund der überholten und für ein professionelles Qualitätsmanagement von Schule kontraproduktiv geteilten Zuständigkeit von Schulaufsicht und Schulleitung für das Personalmanagement durchaus vorhandene und für eine qualitative Weiterentwicklung der Schule nutzbare Ressourcen von Lehrkräften bestenfalls ungenügend genutzt werden. Dies betrifft den unterrichtsfachlichen wie den pädagogischen, den erwachsenendidaktischen, den organisatorischen Bereich oder besondere soziale Kompetenzen (im Einzelnen sei auf die Beiträge »Personalmanagement« von Buhren/Rolff und »Schule managen – statt nur verwalten« von Buchen in diesem Band, S. 450ff. und S. 12ff.) verwiesen).

Die in allen Bundesländern im Prinzip ähnlich angelegten Richtlinien für die dienstliche Beurteilung allein bilden keine hinreichende Basis dafür, dass die zu beurteilende Lehrkraft weiß, auf welche Leistungsbereiche sich die Beurteilung bezieht, wie die ihr zugrunde gelegten Informationen zustande kommen, welche Erwartungen an eine Unterrichtshospitation geknüpft werden, z.B. bezüglich der Art der Vorbereitung, der Gestaltung des Unterrichtsentwurfs u.Ä. Innerhalb der einzelnen Schule ist grundsätzlich und verbindlich zu klären, wie der förmliche Beurteilungsprozess im Einzelnen gestaltet ist. Dazu gehört u.a. eine Zeitstruktur, wie der zum Zeitpunkt der abschließenden Urteilsbildung festgestellte Bedarf an Verhaltensänderungen und an der Weiterentwicklung von Fähigkeiten und Berufspersönlichkeit und die Wirksamkeit dazu vereinbarter Maßnahmen in anschließenden Zielverfolgungsgesprächen überprüft wird. Die Lehrperson muss davon ausgehen können, dass die vereinbarten Maßnahmen tatsächlich in den Berufsalltag integriert und durch die ebenfalls zugesagten Unterstützungen, z.B. durch die Delegation von Kompetenzen und Verantwortung, durch Fortbildung, durch die Schaffung günstiger Arbeitsbedingungen und durch Lehrerkooperation, begleitet werden.

Zu jedem Zeitpunkt im Beurteilungsprozess und in Beurteilungsgesprächen muss klar sein, wann es sich beim Feedback zu Stärken und Schwächen der Lehrkraft um Beratung und wann es sich um die Äußerung eines Änderungsverlangens handelt. Bei einem geäußerten Änderungsverlangen ist eine Lehrkraft verpflichtet, diesem zu folgen, wenn sie nicht die damit angekündigten Konsequenzen und Sanktionen in Kauf nehmen will. Handelt es sich um eine Beratung, ist sie frei, den Rat anzunehmen oder nicht.

Tab. 4:	**Beispiel einer dienstlichen Beurteilung für Lehrer/innen**
I.	**Personalien**
	1. **Name**
	2. **Beurteilungsanlass und -grundlage** *Beurteilungsgrundlage(n)* (z.B. Leistungsbericht der Schulleitung; Stellungnahme einer fachkundigen Beraterin oder eines Lehrers seines bzw. ihres Vertrauens; Beratungsgespräche; Unterrichtsbesuch; Gespräch mit der Lehrerin/dem Lehrer; Beobachtungen bei Dienstbesprechungen, Konferenzen und ggf. Schülerprüfungen)
	3. **Aufgaben** • *Unterrichtliche Tätigkeit* • *Tätigkeiten an der Schule außerhalb des eigenen Unterrichts* (z.B. Vertreter/in der Schulleitung; Vertrauenslehrer/in, Schulverwaltungsaufgaben) • *Dienstliche Aufgaben außerhalb der Schule* (z.B. Nebentätigkeiten; Fachberater/in, Mitglied einer Kommission; auf Wunsch: Personalratsmitglied) • *Fortbildungsmaßnahmen* (z.B. Teilnehmer/in oder Organisator/in von Fortbildungsveranstaltungen) • *Zusatzqualifikationen*
II.	**Beurteilungsmerkmale**
	1. **Fachkenntnisse** (z.B. Kenntnisse in den Bereichen der Erziehungswissenschaften, Fachwissenschaften, Fachdidaktiken, in Angelegenheiten schulrechtlicher, schulfachlicher, schulorganisatorischer, ausbildungsrechtlicher und fachlicher Art sowie der Schulverwaltung)
	2. **Leistung als Lehrer/in** (z.B. Tätigkeiten des Lehrens und Erziehens, Beurteilens, Beratens, Innovierens, dabei v.a. Planung, Vorbereitung und Gestaltung des Unterrichts; Umgang mit Schüler/innen; Fähigkeiten der Unterrichtsbeurteilung; Organisationsvermögen, angemessener Medieneinsatz; Umsetzung der Lehrpläne und Richtlinien)
	3. **Dienstliches Verhalten** (z.B. Verantwortungsbewusstsein, Pflichterfüllung, Zuverlässigkeit, Kontaktfähigkeit, Kooperationsverhalten, Problemlösungsverhalten, Leistungsfähigkeit, Belastbarkeit, außerunterrichtliche schulische Tätigkeiten, Zusammenarbeit mit Kolleginnen, Kollegen und Vorgesetzten; Fähigkeit zur Konferenz- und Gesprächsleitung, zur Planung und Bewertung von Personal- und Schulentwicklungsmaßnahmen, zur Leitung von Fachkonferenzen; Darstellungs- und Argumentationsfähigkeiten im Bereich schulrechtlicher, -fachlicher, organisatorischer, ausbildungsrechtlicher, -fachlicher Fragen; Bemühungen um Fortbildung; Fähigkeiten zur Leitung einer Schule, z.B. Menschenführung, Organisationsvermögen, Initiative, Verantwortungsbewusstsein, Umgang und Zusammenarbeit mit Vorgesetzten, Kolleginnen und Kollegen, Eltern, Elternvertretern, mit dem Schulträger, ggf. Betrieben und anderen Stellen, Vertretung der Schule nach außen)
III.	**Sonstige Hinweise (mit Einverständnis der Lehrerin/des Lehrers)** (z.B. besondere Belastung durch Krankheit, schwierige familiäre/häusliche Verhältnisse)
IV.	**Mitwirkende am Beurteilungsverfahren**
V.	**Gesamturteil** (ggf. Begründung für negative Abweichung der Beurteilung gegenüber vorangegangener)
VI.	**Vorschlag zur weiteren dienstlichen Verwendung** (ggf. Begründung für Verzicht auf einen Vorschlag)

Es ist bereits darauf hingewiesen worden, dass die Leitungsperson in ihrer Beurteilungsfunktion am ehesten angenommen wird, wenn diese als selbstverständlicher und glaubwürdiger Bestandteil der Führungsverantwortung und der Führungsrolle gesehen wird. Diese Sicht wird erleichtert, wenn die Schule als eine sach-, aufgaben- und zielorientierte Organisation gestaltet und erfahren wird. »Hier kann insbesondere an kleinen Schulen problematisch sein, dass im Rahmen eines eher am Familienbild orientierten Organisationsbilds die Personalbeurteilung tabuisiert wird und dass in Beurteilungen Klarheit auch in der Kritik vermieden wird, um nicht in der Auswirkung solcher Beurteilungen den kollegial-familiären Zusammenhalt und die – eher als persönliche denn als Arbeitsbeziehung erfahrene – Beziehungsbasis von Lehrerkollegium und Schulleitung zu gefährden« (Bartz 2004, S. 51). Bartz erläutert Verfahrenstransparenz am Beispiel der Gestaltung des Beurteilungsprozesses von der Einstellung einer neuen Lehrkraft bis hin zum Ende der Probezeit und zeigt, welche Gespräche mit welchen Inhalten und zu welchen Terminen geführt werden sollten (vgl. Abb. 7 auf der nächsten Seite).

3.3 Beurteilungskriterien

So ist zunächst zu entscheiden, wie ein Beurteilungssystem aufgebaut sein soll. Dubs (2004) unterscheidet Diskrepanzevaluationen und multiple Beurteilungssysteme. Während Erstere auf die Verwendung gleich bleibender schematisierter Beurteilungsbogen abstellen, bei denen festgelegte Idealvorstellungen ins Verhältnis zu einem ermittelten Beurteilungsergebnis gesetzt werden, plädiert Dubs für multiple Systeme, die »sich an Qualitätsvorstellungen der gesamten Schule orientieren und die Lehrkräfte durch vielfältige Beurteilungsverfahren in der Ganzheit ihrer beruflichen Tätigkeit [Beiträge zur Schulentwicklung, Leistungen im Unterricht, in der Schülerbetreuung, bei der Elternarbeit, Mitwirkung bei der Gremienarbeit usw.] evaluieren«. Diskrepanzevaluationen hingegen richten sich »zu einseitig nur am Lehrerverhalten« aus (ebd., S. 162).

Wesentliches Kriterium sei, welches Ziel die Beurteilung verfolge. Bei einer individuellen Rückmeldung an Lehrkräfte bezüglich ihres konkreten Unterrichts und etwaiger Beratung für eine Fortbildung (formative Beurteilung) oder wenn es um Grundlagen für einen Lehrerleistungslohn (wie in der Schweiz versucht) gehe, könne grundsätzlich auch die Diskrepanzevaluation infrage kommen. Sobald das Thema aber Schulentwicklung oder Qualitätsverbesserung der ganzen Schule sei, sei ein multiples Bewertungssystem wirksamer (ebd.).

Was Dubs hinsichtlich der Eignung von Diskrepanzevaluationen eher zurückhaltend ausdrückt, kann durchaus kritischer gesehen werden. Grundsätzlich muss bei der Definition des aktuellen Kriteriums in erfassbare Variablen, d.h. bei der Operationalisierung des Leistungsverständnisses zunächst entschieden werden, wie viele Subkriterien für die Beurteilung berücksichtigt werden sollen. Drei Möglichkeiten stehen zur Verfügung (Becker 2003):

1. **Gespräch vor oder bei der Einstellung**
   - Bestandsaufnahme, Stärken-Schwächen Einschätzung der Lehrerin bzw. des Lehrers
   - Klärung des Bedarfs und des Interesses der Lehrerin bzw. des Lehrers an der professionellen Weiterentwicklung
   - Klärung der Unterstützung, die die Schulleitung für diese Entwicklungsperspektiven anbieten kann
   - Vereinbarung wechselseitiger Rückmeldungen zum Prozess der professionellen Weiterentwicklung der Lehrerin bzw. des Lehrers

2. **Vorgaben und Vereinbarung zum Beurteilungsprozess**
   - Bestandteile der dienstlichen Beurteilung, Terminplanung und Verfahren
   - Klärung des Auftrags und der Aufgaben der Lehrerin bzw. des Lehrers
   - Abgleich und Vereinbarung von Beurteilungskriterien und -standards
   - Vereinbarung, wie der Beurteilungsprozess als Feedback gestaltet werden kann

3. **Unterrichtsnachbesprechungen**
   - Feedback zum Unterricht durch die Schulleiterin bzw. den Schulleiter
   - Einbindung in eine Klärung des Entwicklungsstands und der weiteren Entwicklungsperspektiven
   - Verbindung mit Zielvereinbarungen, welche (Verhaltens- und Entwicklungs-)Ziele bis zum Ende der Probezeit erreicht werden sollen

4. **Das Beurteilungsgespräch**
   - Check: Stimmen die Beurteilungskriterien und -standards aus dem zweiten Gespräch noch?
   - Feedback in Orientierung an den Beurteilungskriterien und -standards unter Offenlegung von Fragen, Unsicherheiten und Unklarheiten bei der Einschätzung des Leistungsverhaltens und der Zielerreichung durch die Schulleiterin bzw. den Schulleiter
   - Abgleich der Leistungsbeurteilung zwischen Schulleiterin bzw. Schulleiter und Lehrperson
   - Klärung von Konsens und Dissens bei der Beurteilung
   - Vereinbarung von Maßnahmen für die weitere berufliche Entwicklung
   - ggf. Beratungsangebot und Vereinbarung weiterer Unterstützung durch die Schulleiterin bzw. den Schulleiter

5. **Vorlage des (Entwurfs-) Textes der dienstlichen Beurteilung**
   - Check: Stimmt der Text mit den Eindrücken der Lehrperson aus dem Beurteilungsgespräch überein?
   - Bei Dissens: Ist eine Verständigung möglich oder bleibt es bei dem Dissens? Wie soll dann mit Dissens weiter umgegangen werden?

Abb. 7: Dienstliche Beurteilung am Ende der Probezeit (Bartz 2004, S. 52)

1. *Einzelkriterium.* Die Suche nach einem Einzelkriterium, welches das Beurteilungsobjekt, z.B. den Unterricht, wie auch die Lehrerleistung repräsentiert, ist wohl hoffnungslos. Literatur und Forschung sind sich einig, dass Beurteilungsobjekte und Leistungen generell »von Natur aus multifunktional sind und daher eine angemessene Beurteilung auch multidimensionale Kriterien erfordert. Differenzen kommen aber dann zum Tragen, wenn es darum geht, die Art und Weise der Stellung dieser Kriterien zueinander zu sehen« (Becker 2003, S. 190f.). Der eine von der Forschung angebotene Weg zur Überwindung der bei den Einzelkriterien auftretenden Probleme ist die Verwendung eines
2. *Gesamtkriteriums.* Es wird »von einem einzigen sich aus verschiedenen Facetten bzw. Indikatoren zusammengesetzten Kriterium der Leistung [...] ausgegangen« (ebd.). Selbst wenn es, wie Dubs u.U. einzuräumen bereit ist, nur um ein individuelles Feedback zum Unterricht geht und nicht um das Lehrerverhalten als Bestandteil der gesamten schulischen Bemühungen um Qualitätsverbesserungen, wird man konzedieren müssen, dass Unterricht z.B. mit den Subkriterien Fachkenntnisse, fachdidaktische Kenntnisse, Planungskompetenz, Fähigkeit schriftliche Unterrichtsentwürfe zu fertigen, Strukturierung des Unterrichts, Erziehung zur selbstständigen Arbeit, sinnvoller Wechsel der Arbeitsformen, Absicherung von Resultaten, zweckmäßiger Medieneinsatz, positives Arbeitsklima, Leistungsdifferenzierung usw. nicht zu einem Gesamtwert kombiniert werden kann, weil die Subkriterien nicht einfach zu quantifizieren sind und weil es keine Möglichkeit gibt, die einzelnen Objektdimensionen zusammenzufassen und zu addieren. Die »durch Subkriterien repräsentierten Dimensionen [müssten] zur Berechnung des Gesamtwertes« gewichtet werden (ebd., S. 192). Das Ergebnis hängt dann davon ab, welches Gewicht den einzelnen Kriterien zugemessen wird. Becker fasst das Problem wie folgt zusammen: »Die Ansicht, dass letztendlich im Rahmen der Beurteilung nur ein Gesamtkriterium verwendet werden kann, sollte nicht übernommen werden. Die Schwierigkeit, die verschiedenen Kriteriendimensionen – letztendlich quantitativ – auf ein Gesamtkriterium abzuleiten, wird bei diesem Vorgehen verharmlost bzw. übersehen. Sofern man die Zusammenhänge aufhellen will, erweist sich ein Gesamtkriterium als erkenntnisvernebelnd« (ebd., S. 196).
3. *Multiple Kriterien.* Die auch von Dubs favorisierten multiplen Kriterien gehen dagegen von der Grundannahme aus, dass unterschiedliche Facetten eines Objektes wie die der individuellen Lehrerleistung »auch separat mittels verschiedener Subkriterien zu erfassen und zu beurteilen sind sowie eine Kombination meist unmöglich ist« (ebd.). Bei multiplen Kriterien handelt es sich um ein Set verschiedener Kriterien, deren Subkriterien in ihren Bewertungsergebnissen nicht einfach addiert werden. Vielmehr werden sie qualitativ in Beziehung gesetzt. Die Kriterien werden zunächst nebeneinander bewertet, verhaltensorientierte Kriterien (Identifikation mit der Schule, Zusammenarbeit mit den Kolleginnen und Kollegen, außerschulische Tätigkeiten, Klassenfahrten, Art und Weise der Erledigung bestimmter Aufgaben im Unterricht, Umgang mit Eltern) neben eher psychologischen Aspekten (Schulklima usw.) sowie neben externen Kriterien (Schwierigkeitsgrad der Klassen-

führung bei bestimmten Lerngruppen, Erreichung bestimmter fachlicher Ziele) und neben quantitativen bzw. ökonomischen Kriterien (Reduzierung der Wiederholerquote, Steigerung der Quote mit Fachoberschulreife, Reduzierung der Überweisungen in eine Sonderschule).

Mehrfachkriterien dürften am ehesten den berufs- und arbeitsplatzspezifischen Bedingungen von Pädagoginnen und Pädagogen entsprechen. Zugleich erschweren sie Leistungsvergleiche, was insbesondere die bisherige Praxis der Leistungsbeurteilungen durch die Schulaufsicht infrage stellt. Dieser scheinbare Nachteil beinhaltet jedoch den Vorteil, dass die vorgebliche Vergleichbarkeit von Leistungen inzwischen immer deutlicher hinterfragt wird und die Bereitschaft wächst, die bislang von den Beurteilenden nicht gesehenen oder in Kauf genommenen Daten- und Informationsverluste durch neue Wege der Beurteilung aufzufangen. Möglicherweise erhöhen sich damit dann auch die Chancen, Lehrerbeurteilungen für alle Beteiligten produktiv zu machen.

In ihrer Allgemeinheit wird man die vorangehenden Überlegungen vielleicht nachvollziehen können. Schwieriger wird dies, wenn allgemeinverbindlich zu klären ist, welche Kriterien eine gute Lehrkraft ausmachen. Je nach Akzentuierung einzelner Zielvorstellungen kommt man zu unterschiedlichen Beurteilungsergebnissen. Voraussetzung für den Aufbau eines Beurteilungssystems ist deshalb, die normativen Erwartungen an eine Lehrkraft zu formulieren.

Beurteilung erfolgt heute nicht mehr auf der Basis von Persönlichkeitsmerkmalen, sondern aufgrund bestimmter Verhaltensweisen von Lehrkräften, die sich hinsichtlich der Zielerreichung von Schule positiv auswirken. Weiter wird davon ausgegangen, dass, wie bereits angesprochen, über die Unterrichtsarbeit hinaus weitere Komponenten eine erfolgreiche Lehrkraft ausmachen wie z.B. Identifikation mit den Zielen und dem Konzept von Schule, Zusammenarbeit mit den Kolleginnen und Kollegen oder das gesamte Spektrum außerunterrichtlicher Tätigkeiten.

Im Anschluss an die Definition einer guten Lehrkraft sind die Kriterien festzulegen, an denen z.B. konkretes unterrichtliches Verhalten beschrieben werden kann. Dubs (2004) nennt als an solche Kriterienlisten anzulegende Anforderungen:

- Deren *Validität* (die Kriterien dafür erfassen, was erfasst werden soll). Es muss die Frage beantwortet werden, welches Ergebnis eine gute Lehrkraft erbringen muss. Drei Möglichkeiten werden genannt:
  1. *Teacher competence* (Kompetenz einer Lehrkraft), bestehend aus dem für ihre Tätigkeit erforderlichen Wissen und Können;
  2. *Teacher performance* (erbrachte Leistung einer Lehrkraft), als die »tatsächlich erbrachte Leistung im Unterricht und in der Schule, die von den Kompetenzen und der schulischen Situation abhängig ist«;
  3. *Teacher efficiency* (Wirksamkeit, d.h. Effizienz und Effektivität), durch die »die Auswirkungen der Tätigkeit [...] auf den Lernerfolg, die Motivation, das Schulklima usw. beurteilt werden. Sie hängt ab von den vorgenannten Fähigkeiten und darüber hinaus von den Reaktionen der Schüler/innen (Dubs 2004, S. 164).

Angesichts des Aufwands und des hohen Anspruchs, der mit einer sich an Effizienz und Effektivität richtenden Beurteilung verbunden wäre, findet eine Beurteilung bezüglich dieser Ziele nicht statt. Die aktuell durchgeführten und wohl auch künftig geplanten (nationalen und internationalen) Schulleistungstests decken im Wesentlichen die kognitiven Leistungen ab und vernachlässigen zwangsläufig weitere Erziehungs- und Bildungsbereiche. Außerdem werden nur die erbrachten Leistungen erfasst und die Frage, ob und ggf. in welchem Maße die Leistungserbringung effizient und effektiv geschieht, bleibt unbeantwortet. Darüber hinaus macht Dubs auf eine ganze Reihe weiterer Fragen bezüglich der Validität der Lehrerbeurteilungen aufmerksam (vgl. Dubs 2004, S. 165).

- Die *Reliabilität* muss hoch sein. Entweder müssen verschiedene Beurteilende zu einem gegebenen Zeitpunkt oder ein/e Beurteiler/in zu verschiedenen Zeitpunkten zu weitgehend gleichen Beurteilungsergebnissen kommen.
- Alle Versuche, valide Kriterien für Unterrichtsbeurteilungen zu entwickeln, sind letztlich nicht erfolgreich gewesen, es sei denn, es ging um »Techniken der Unterrichtsführung sowie einfachere Verhaltensweisen« (ebd., S. 166). Im Übrigen sei an die Kritik von Becker (s.o.) erinnert, der dafür plädiert, die testtheoretischen Gütekriterien als zwar erstrebenswerte, letztlich aber nicht erreichbare Ideale zu verstehen. Wir schließen uns deshalb dem Vorschlag von Horster an (vgl. den Beitrag »Unterricht analysieren, beurteilen, planen« in diesem Band, S. 810ff.), sich im Kollegium auf ein gemeinsames Bild von Unterricht zu verständigen, dieses mit den Richtlinien und Lehrplänen abzustimmen und davon ausgehend Kriterien und Indikatoren für die Beurteilung von Unterricht zu entwickeln und zu vereinbaren.
- Weiterhin ist zu entscheiden, wer die Lehrkräfte beurteilen soll. Diese Aufgabe können in deutschen Bundesländern in erster Linie Schulaufsichtsbeamte oder Schulleiter/innen haben. Im Zuge der Autonomiediskussion scheint sich die Veränderung zugunsten der Schulleiter/innen allmählich durchzusetzen. Allerdings sind durchaus auch weitergehende oder zusätzliche Möglichkeiten im Gespräch oder sie befinden sich – auf freiwilliger Basis – bereits in praktischer Durchführung, indem Schüler/innen, Eltern, Peergroups beteiligt werden.
- Endlich sind *Frequenz und Zeitpunkt* von Beurteilungen festzulegen. Es spricht viel dafür, im Sinne der Qualitätsentwicklung und -sicherung von Schule den Rhythmus an die Leistungsperioden von Schulen und Lerngruppen anzulehnen. Dies wären Schulhalbjahre, Schuljahre oder Schulstufenabschlüsse oder -übergänge, mit anderen Worten ein- bis zweijährige Frequenzen. Ob dies realistische Zeiträume sind, hängt in erster Linie davon ab, welche Kapazität für »Leitungszeit« Schulleiterinnen und Schulleitern zur Verfügung steht. Hier sind zweifellos Revisionen vonseiten der Bildungsverwaltung überfällig. Dies betrifft auch die Frage, ob ggf. weitere Schulleitungsmitglieder das Recht haben sollen, im Auftrag der Schulleiterin oder des Schulleiters Beurteilungen durchzuführen. Dubs weist insbesondere bei in relativ kurzen und regelmäßigen Intervallen stattfindenden Beurteilungen auf die Gefahr von Ritualisierung und Routinisierung hin, als deren Folge es leicht zu einer »Erledigungsmentalität« kommen kann (ebd., S. 167).

4. Beurteilungsprobleme

4.1 Prinzipielle Probleme der Leistungsbeurteilung

Mit der Leistungsbeurteilung sind, unabhängig vom Organisationstypus, verschiedene prinzipielle Probleme verbunden: heterogenes Leistungsverständnis, Kriterienprobleme, Objektivität und Qualifikationsprobleme (Können und Wollen).

4.1.1 Heterogenes Leistungsverständnis

Leistung und das jeweilige Verständnis einer Leistung sind ein theoretisches Konstrukt. Dieses ist nicht selbst beobachtbar und nicht direkt erfassbar, sondern nur mittels indirekt ausgewählter Indikatoren, die die Vorstellung der Beurteilenden und/oder der Systembetreiber über *die* Leistung zu konkretisieren versuchen. In den Organisationen gelten verschiedene, oft nicht kommunizierte, zumindest aber nicht ausreichend spezifizierte Verständnisse von Leistung. Was soll nun letztlich beurteilt werden und was ist gut? Dabei ist man sich in Organisationen tatsächlich nicht einig darüber, was im spezifischen Fall eine Leistung darstellt. Zu unterschiedlich sind die individuellen Leistungsverständnisse. Für den einen besteht Leistung aus Anstrengung, für den anderen aus Zielerreichung (= Erfolg). Selbst verbale Übereinstimmung führt nur in den seltensten Fällen tatsächlich zu einem hinreichend gleichen Verständnis.

4.1.2 Kriterienprobleme

Leistungen sind dabei mehrdimensionale Konstrukte, die unterschiedlich erfasst werden können und die prinzipiell wechselnde Kriterien zu ihrer Beurteilung erfordern. Leistungskonstrukte können nur mithilfe von substituierenden Kriterien und deren Soll-Ausprägungen modellhaft abgebildet werden, wobei Relevanz- und Validitätsprobleme in unbekanntem Ausmaß entstehen. Repräsentativität ist allenfalls Zufall!

Das Kriterienproblem ist eines der Schlüsselprobleme im Zusammenhang mit der Beurteilung. Man versteht darunter die Schwierigkeit, mit Beurteilungskriterien ein intendiertes Beurteilungsobjekt prinzipiell repräsentieren zu können. Lässt sich die Leistung überhaupt gänzlich durch Kriterien wiedergeben oder gar erfassen? Und wenn ja, zu welchem Teil?

Beurteilungskriterien sind solche Variablen, anhand derer die Beurteilenden ein Objekt, beispielsweise die Leistungsergebnisse und das Leistungsverhalten der Mitarbeiter/innen, erfassen und später bewerten sollen. Es handelt sich dabei um normativ und in der Regel durch die Schulaufsicht im weiteren Sinne gesetzte Variablen. Sie unterliegen einer Beurteilung und dienen als Beurteilungsmaß zum mittelbaren Vergleich beispielsweise der Leistung verschiedener Individuen (Lehrkräfte) und Gruppen (ganzer Kollegien) zueinander, zur Vergangenheit oder zu einem unabhängigen Standard.

Mit ihnen ist die Annahme verbunden, dass sie geeignet sind, das Objekt strukturgenau und inhaltlich treffend (beispielsweise den Grad der Leistung) zu erfassen.

Mit Beurteilungskriterien einhergehen als mögliche Subkriterien »Indikatoren«. Das sind solche Variablen, durch die letztendlich Informationen über das zu beurteilende Objekt bzw. über die Leistungen einer bestimmten Person vermittelt werden. Sie beziehen sich auf die Vergangenheit und Gegenwart, sind direkt oder indirekt erfassbare Variablen, deren Ausprägungen in angegebener Weise mit einem direkt nicht erfassbaren Beurteilungsobjekt bzw. -kriterium zusammenhängen.

Die Kriterien der Objekte müssen kontext-, ziel- und beurteilerorientiert spezifiziert sein, um ihren Zweck der Leistungserfassung erreichen zu können. Das bedeutet z.B., dass alle Lehrkräfte bestimmte Funktionen als ihren individuellen Beitrag zum Erreichen der Fach-, Formal- und der Schulziele zu erfüllen haben. Ihre Leistungen sind danach zu bewerten, wie gut sie die jeweilige Funktion, die genau zu analysieren ist, erfüllen. Das Ergebnis dieser Analyse des Arbeitsplatzes ermöglicht es, die Leistungskonstrukte zu definieren, aus denen sich Beurteilungskriterien generieren lassen.

Leistung ist ein Konstrukt dessen, was Entscheidungsträger wie z.B. die Bildungspolitik, ein Bundesland, ein Kultusministerium darunter verstehen. Insofern wird mit einer Leistungsbeurteilung nicht die Leistung direkt, sondern allenfalls das Konstrukt der Leistung mittelbar durch Beurteilungskriterien beurteilt. Man verwendet eine Modellvorstellung von Leistung, was eine Vereinfachung darstellt. Das so genannte »Letztkriterium« einer Leistung, das alle im Beurteilungszeitraum relevanten Facetten der Gesamtleistung einer Mitarbeiterin oder eines Mitarbeiters und darüber hinaus noch die späteren Leistungen erfassen muss, um die Güteaussagen hinsichtlich der Leistung vollständig treffen zu können, ist nicht erfassbar. Das führt dazu, dass man eine Auswahl relevanter Subkriterien entwickelt, um die Leistung ersatzweise feststellen zu können. Je nach Zielsetzung der Beurteilung sind die Subkriterien unterschiedlich geeignet. Die Beziehungen zwischen dem Letztkriterium und den aktuell verwendeten Subkriterien werden niemals eindeutig geklärt, woraus sich erklärt, dass durch die Formulierung von Beurteilungskriterien stets Informationsverluste auftreten.

4.1.3 Objektivität

Sowohl im Hinblick auf die Qualität von Personaleinsatz- und -beförderungsentscheidungen wie im Hinblick auf deren Legitimation durch eine personenunabhängige Vergleichbarkeit von Beurteilungen wird an sie der Anspruch der Objektivität gestellt. Dieser Anspruch, Lehrerbeurteilungen müssten den Gütekriterien der empirischen Sozialwissenschaften und der psychologischen Diagnostik, also *Objektivität* (intersubjektive Übereinstimmung), *Reliabilität* (weitgehend gleiches Ergebnis bei Messung an unterschiedlichen Zeitpunkten oder mit unterschiedlichen Formen der gleichen Methode) und *Validität* (genau das messen, was gemessen werden soll) entsprechen, ist nicht haltbar. Denn erbrachte Leistungen werden aufgrund von Einzelbeobachtungen eingeschätzt, wobei ständig gewichtet, interpoliert und zusammengefasst wird. Auch beobachtbares Verhalten ist immer vieldeutig; es kann keine Wahrnehmung von Verhalten ohne gleichzeitige Interpretation geben (vgl. auch Orth 1994, S. 6ff.). Die Auseinandersetzung Objektivität versus Subjektivität ist eine unbefriedigende Kontroverse – unterschiedliche Verständnisse werden verfolgt. Objektivität ist unserer Meinung nach nicht möglich, allenfalls intersubjektiv abgestimmte Urteile. »Objektivität« wird zwar – in welcher Form auch immer – angestrebt, ist aber nicht erreichbar. Die Akzeptanz der Subjektivität in Beurteilungen gilt aber als schwierig zu erreichen, insbesondere dann, wenn ein Klima des Misstrauens vorherrscht. Gerade dem vielfach diffamierten Element der Subjektivität kommt in der Beurteilung zentrale Bedeutung zu.

4.1.4 Qualifikationsprobleme

Können und Wollen sind zwei Qualifikationsdimensionen. Sie tragen mit zur Verzerrung von Beurteilungen bei.

4.1.4.1 Könnensprobleme

Zum Ersten haben viele Menschen unbewusst innewohnende Tendenzen bei der Beurteilung (Tendenz zur Mitte, Milde und/oder Strenge). Dies führt bei Beurteilenden dazu, immer alle zu beurteilenden Mitarbeiter/innen weit oben, weit unten oder um die Mitte von Beurteilungsskalen einzuordnen. Die Tendenzen sind beurteilerspezifisch schwierig festzustellen, kaum wegzutrainieren und nur ungenügend zu korrigieren. Zum Zweiten bestehen bei den Beurteilenden kaum zu korrigierende Beurteilungsfehler, wie z.B. der *Halo-Effekt* (unbewusst stärkere Beurteilung eines einzigen Merkmals, dessen Bewertung auf alle anderen Bewertungen überstrahlt) und der *Nikolaus-Effekt* (unbewusst stärkere Beurteilung der v.a. zuletzt gezeigten Leistungen). Sie lassen eine »wahre« Aussage jeweils für sich nicht zu, ohne dass man den Verzerrungseffekt kennt. Zum Dritten haben Beurteilende kaum zu verhindernde kognitive Schwierigkeiten bei der Erfassung, Bewertung, Speicherung und Erinnerung leistungsrelevanter Aspekte. Individuell ausgebildete kognitive Strukturen der Beurteilenden verhindern die leistungsadäquate Betrachtung. Von daher wäre die Annahme einer isomorphen Abbildung zwischen Beurteilungsergebnis und »sich vorgestellter Leistung« naiv.

Schulleiter/innen bilden sich bei der Personalbeurteilung ebenfalls ein generalisiertes Bild von der Lehrperson. Auch wenn sich die Beobachtungen, auf die sich der Leistungsbericht, die dienstliche Beurteilung oder die Einschätzungen und Rückmeldungen in Mitarbeitergesprächen stützen, auf die gesamte dienstliche Tätigkeit beziehen sollen, bleiben sie Einzelbeobachtungen, aus denen ein verallgemeinerndes und bewertendes Bild von Leistungsverhalten und Persönlichkeit der Lehrerin bzw. des Lehrers abgeleitet wird. Dies führt dazu, dass lediglich »zufällig ausgewählte« Ausschnitte realer Leistungen beurteilt werden. Es ist sinnlos, endlos gegen die eingeschränkte menschliche Wahrnehmungs- und Beurteilungsfähigkeit anzugehen (»Forget about training raters!«).

Auch wenn die Könnensprobleme nicht aufhebbar sind, kann die Chance, sich die eigenen Beurteilungstendenzen und -fehler, die Art der Kategorisierung und deren Immunisierung gegenüber entgegenstehenden Beobachtungen und Informationen bewusster zu werden, durch Trainingsverfahren erhöht werden. So empfiehlt sich z.B., dass sich die Schulleiterin oder der Schulleiter insbesondere dann, wenn Bilder sehr gefestigt erscheinen, gezielt um Beobachtungen und Informationen bemüht, die diesem Bild widersprechen, also die kognitive Dissonanz nicht unbewusst vermeidet, sondern bewusst sucht, dass die anderen Leitungsmitglieder ihre Eindrücke und Bilder unabhängig von der Schulleiterin bzw. dem Schulleiter selbst fixieren und dass die Bilder dann ausgetauscht, Beobachtungen und Informationen, auf die sie sich stützen, geklärt und so durch den Abgleich relativiert werden.

4.1.4.2 Wollensprobleme

Man kann sich des Weiteren fragen: Wollen die Beurteilenden überhaupt treffend beurteilen? Wollensprobleme betreffen mikropolitische Techniken sowohl der Beurteilenden wie der Beurteilten. Schulleiter/innen wollen z.B. eine Lehrerin »wegloben« oder sich bei einem anderen Lehrer »bedanken«, sie wollen verhindern, dass eine andere Person eine Beförderungsstelle an der Schule besetzt oder dass eine für die Schule wichtige Lehrerin durch den Wechsel auf eine Beförderungsstelle an eine andere Schule versetzt wird.

Zu Beurteilende verschweigen Missstände und präsentieren nur gute Ergebnisse. Die Zwecke von Individuum und Organisation divergieren: »Organisationsmitglieder erwarten von ihrer Beurteilung eine positive Würdigung ihrer Leistung und die Erreichung von Gratifikationen, die mit einer guten Beurteilung verbunden ist (z.B. Beförderung, Gehaltserhöhung). Die Organisation erwartet dagegen von den Individuen in erster Linie Offenheit für Kritik und Verbesserungsvorschläge, sodass eine Leistungssteigerung erreicht werden kann. Das Organisationsmitglied wird sich dieser Erwartung jedoch so lange und so weit entziehen, wie das Eingeständnis von Schwächen negative Konsequenzen nach sich zieht, wie etwa vorläufig keine Beförderung oder Versetzung auf eine andere, weniger anspruchsvolle Position« (Steinmann/Schreyögg 2000, S. 615). Mikropolitische Prozesse werden immer die Beurteilung begleiten und insofern die Ergebnisse verzerren.

Sind die Beurteilenden nun ein Problem? Bevor Beurteilende mit ihren Urteilen anderen im System (z.B. der Schulaufsicht) oder in der eigenen Organisation »Bilder« der zu beurteilenden Personen bzw. deren Leistungen vorlegen, haben sie diese Personen bereits unter bestimmten, im Einzelfall kaum zu rekonstruierenden situativen Bedingungen beobachtet, unbewusst in der Beobachtung Verhaltensmerkmale, Beurteilungskriterien oder gar Eigenschaften gesucht, die ihnen persönlich wichtig sind, aber oft nicht vereinbart oder offen gelegt waren. Aber sie entsprechen ihren Vorinformationen, ihren ersten Eindrücken oder gar Vorurteilen. Sie haben diese Beobachtungen in ihrem jeweiligen persönlichen Verständnis – oft völlig unbewusst – in einer Weise interpretiert, die andere Beurteilende ganz anders gesehen hätten. Sie haben auch anhand von Maßstäben bewertet, die sie mit kaum einem anderen Beurteiler tatsächlich teilen, und darüber hinaus Hypothesen über die Ursachen-Wirkungs-Relationen aufgestellt. Die Komplexität des jeweils gegebenen Personen-Situations-Ergebnis-Zusammenhangs haben sie auf eine Deutung reduziert, die ihnen selbst plausibel erscheint und die sie auf andere ihnen ähnlich erscheinende Situationen einfach übertragen. Schließlich formulieren sie die Beurteilung in ihren eigenen Worten, die von anderen Personen – ganz oder teilweise – anders gelesen und verstanden werden, und sie verbinden zudem mit der Beurteilung Absichten für die Beurteilten oder sich selbst, die ebenfalls einer validen Leistungsbeurteilung nur im Wege stehen können.

4.2 Welche Probleme sind mit den üblichen Verfahren verbunden?

Sowohl die Forschungssituation als auch die Beurteilungspraxis sind kritisch zu sehen und sie sind bisweilen in der Vergangenheit sehr kritisch eingeschätzt worden. Die Kritik bezieht sich dabei vor allem auf die Eigenschaftsorientierung der weit verbreiteten merkmalsorientierten Verfahren, die mangelnde Aussagekraft dieser Verfahren, die angestrebte Multifunktionalität und die fehlende Bereitschaft zur Veränderung. Trotzdem hat die organisationale Praxis die kritischen Stimmen relativ distanziert zur Kenntnis genommen, wie nicht zuletzt eine verhältnismäßig unbeschwerte Beurteilungshandhabung im Schulbereich beweist. Als Grundtenor der Kritik lässt sich aber festhalten, dass man sich weitgehend darüber einig ist, Leistungsbeurteilungen in Organisationen durchzuführen, dass damit aber gleichzeitig – von Schule vielleicht abgesehen – ein weit verbreitetes Unbehagen verbunden ist. Leistungsbeurteilungen werden als notwendiges Übel hingenommen, welches dann aber wenigstens systematisch durchgeführt werden soll, um größere Willkür zu vermeiden.

Es ist eine Vielzahl an spezifischen Problemen zu nennen. Nachfolgend werden die system- und verfahrensspezifischen Probleme angesprochen, die gerade bei herkömmlichen merkmalsorientierten Verfahren vorzufinden sind: Multifunktionalität, Allgemein(un)verbindlichkeit, Eigenschaftsorientierung, Normalverteilung mit ihrer erzwungenen Verteilung, Quantifizierung und Ignoranz von Leistungsbedingungen.

4.2.1 Multifunktionalität

Die fast überall intendierte Multifunktionalität der Beurteilungen ist Unsinn. Die Leistungsbeurteilung ist keine »eierlegende Wollmilchsau« (Neuberger). Man kann beispielsweise nicht erwarten, gleichzeitig Informationen zur Entgeltdifferenzierung (z.B. Aufstieg in eine höhere Besoldungsdienstaltersstufe) und zur Personalförderung zu ermitteln, zu widersprüchlich sind diese Funktionen: Eine beurteilte Mitarbeiterin oder ein beurteilter Mitarbeiter wird kaum eigene Qualifikationsmängel zugeben, wenn dadurch die höhere Besoldungsstufe infrage gestellt wird. Eine Beurteilerin oder ein Beurteiler wiederum soll Richter bei der Vergabe der Leistungszulagen sowie Personalförderer zur Verbesserung des Vorgesetzten-Mitarbeiter-Verhältnisses sein. Beide Personengruppen sind durch die beispielhaft skizzierten Rollenkonflikte in der Regel überfordert und suchen nach Lösungen, die die Ergebnisse der Leistungsbeurteilung verzerren.

4.2.2 Allgemein(un)verbindlichkeit

Durch Standardmerkmale wird die Leistungsbeurteilung unverbindlich. Sie lässt eine konkrete Beurteilung nicht zu. Die Standardmerkmalskataloge entsprechen nicht den verschiedenen Aufgaben auf unterschiedlichen Hierarchieebenen, in unterschiedlichen Funktionen und Zeiten. Sie sind starr, inflexibel und allenfalls im Einzelfall treffend. Man kann nicht unterschiedliche Mitarbeiter/innen, Positionen und Aufgabenfelder mit einem einheitlichen Instrument und mit den gleichen Merkmalen beurteilen. Die pädagogischen und unterrichtsfachlichen Fähigkeiten eines Konrektors und stellvertretenden Schulleiters und die leitungs- und führungsbezogenen Anforderungen und Kompetenzen, seine organisatorischen Qualifikationen und seine kommunikativen und sozialen Ausstattungen sind nicht ohne weiteres zu vergleichen mit der Tätigkeit und Beurteilung einer in zwei von ihr studierten Fächern eingesetzten Lehrkraft. Deren Leistungserbringung wiederum wird im Vergleich zu einer Lehrkraft, die über ihre studierten Fächer hinaus bereit ist, Unterricht in einem Fach zu erteilen, für das sie nicht ausgebildet ist, anders zu sehen sein. Der kleinste gemeinsame Nenner ist nichtssagend. Gewichtungen helfen nicht. Zudem sind die meisten Erläuterungen wenig aussagekräftig, in sich z.T. widersprüchlich und vieldeutig, sodass der individuellen Interpretationsfähigkeit viel Raum gelassen wird. Was bedeutet beispielsweise »Zuverlässigkeit«?

4.2.3 Eigenschaftsorientierung

Trotz aller treffenden Kritik werden nach wie vor viele rein eigenschaftsorientierte Merkmale direkt (z.B. Initiative, Zuverlässigkeit, Genauigkeit) und/oder indirekt (z.B. Selbstständigkeit, Zusammenarbeit) verwendet. Diese Kriterien sind für die Leistungsbeurteilung ungeeignet. Die Eigenschaftsmerkmale sollen gewollte Akzente setzen (z.B. Formung der Mitarbeiter/innen bezüglich »Anpassungsfähigkeit« statt »Zivilcourage«). Nicht immer ist die Eigenschaftsorientierung offensichtlich. Dies ist vielfach beabsichtigt, da sie zumindest nach außen und in der wissenschaftlichen Forschung weitgehend verpönt ist und von daher zumindest verbal unverfänglichere Ausdrücke (z.B. Hilfsbereitschaft, Pünktlichkeit, Arbeitsqualität) verwendet werden. Wenn man einen bewussten Einsatz dieser eigenschaftsorientierten Kriterien annimmt, so beruht die Verwendung auf einem angenommenen kausalen Zusammenhang zwischen Leistung und Eigenschaften. Ein erfolgreicher bzw. leistungsstarker Mitarbeitertyp ist dann mit einer bestimmten Konfiguration von Eigenschaften ausgestattet. Dabei ist bislang eine solche Konfiguration weder empirisch noch plausibel geprüft vorgelegt worden. Auf ihr basierende Beurteilungen übersehen zudem die Bedeutung der Arbeitssituation. Schließlich wird die Vorgesetzten-Mitarbeiter-Beziehung bei der fruchtlosen Diskussion um (versteckte) Eigenschaften nicht verbessert, sondern unnötig belastet.

4.2.4 Normalverteilung und erzwungene Verteilung

Oft wird die Leistungsbeurteilung zur Entgeltdifferenzierung eingesetzt. Erfahrungen zeigen, dass sich im Zeitablauf die Einstufungen vor allem im mittleren und im oberen Bereich der Skalen befinden, also die Leistungszulagen steigen. Dieser Effekt tritt speziell auf, wenn ein Instrument einige Jahre lang praktiziert wird. Eine Differenzierung der Mitarbeiter/innen ist immer schwerer möglich und führt zu Nivellierung der Leistungszulagen zu Ungunsten derer, die »besser« leisten. Hier wird nun vielfach die Normalverteilung mit einem bestimmten Etat verknüpft. Je nach Einstufung pro Merkmal wird eine bestimmte Punktezahl (z.B. 0–5) vergeben, die akkumuliert als Punktsumme einen bestimmten Prozentsatz des Gehalts als Zulage ergibt. Den beurteilenden Vorgesetzten wird ein Zulagenbudget zur Verfügung gestellt, dass sie nicht überschreiten dürfen. Damit verbunden ist in der Regel eine vorgegebene Verteilung der Leistungszulagen gemäß der Normalverteilung.

Dieses Vorgehen soll eine Inflation der Leistungszulagen verhindern. Eine angenommene Normalverteilung der Leistungsgüte und in deren Folge die vielfach vorgegebene Verteilung der Leistungsurteile kann schon allein vom fehlenden Vorliegen der notwendigen Bedingungen her nur Nonsens sein. Zu spezifisch sind die Aufgaben, zu klein die Gruppen, zu ausgewählt die Mitarbeiter/innen. Gruppen mit durchschnittlich hoher Leistung werden so gegenüber Gruppen mit geringer Leistung systematisch benachteiligt. Den Verfahren liegt die Erwartung einer (praktisch nie vorliegenden) Normalverteilung der Leistungen und der Urteile zugrunde, wie sie sich z.B. in der Vergabe einer bestimmten Entgeltsumme für eine Abteilung wiederfindet. Sind die Urteile einzelner Bewerter nicht normal verteilt, werden oft Korrekturverfahren eingesetzt, um die Ergebnisse »vergleichbar« zu machen. Dadurch werden unkalkulierbare Fehler in die Bewertung hineinkorrigiert und die Höhe der Leistungszulage von der hohen oder niedrigen zeit-, ort- und objektspezifischen Qualifizierung anderer Personen abhängig.

Im Zuge der allenthalben in Gang befindlichen »Autonomie-von-Schule-Bewegung« wird versucht, Elemente von Leistungsanreizen und Wettbewerb einzuführen. Die differenziertere Aufstiegsförderung oder -hemmung bei der Besoldungsstufenregelung ist ein im Prinzip begrüßenswerter erster zaghafter Ansatz, ohne dass sich im Kern der Lehrerbesoldung Entscheidendes ändert. Neben einer unmittelbaren entgeltlichen Honorierung sind aber durchaus andere Formen von »Leistungslohn« denkbar, wie z.B. Dubs sie beschreibt: mit Prämien für die ganze Schule, mit einem so genannten »Risikosystem«, bei dem zunächst zehn Prozent der Lehrergehälter zurückgehalten und erst dann ausgezahlt werden, wenn im Voraus definierte Qualitätsziele erreicht sind, oder mit Stundenentlastungen, die bei überdurchschnittlichen Belastungen oder besonderen Leistungen gewährt werden können (vgl. Dubs 2001 und 2004).

4.2.5 Quantifizierung

Die vielfach als notwendig angesehene Quantifizierung führt zu einem in der Höhe und der Art nicht bestimmbaren Informationsverlust. Folgende Probleme bestehen:

- Problem der Überpointierung;
- Problem der Verselbstständigung quantitativer Aussagen;
- quantitative Aussagen suggerieren höhere Sicherheit;
- Quantifizierung verengt den Blick für das Wesentliche;
- Quantifizierung wird zum Selbstzweck;
- Quantifizierung verursacht ein Scheuklappensyndrom;
- Subjektivität quantitativer Daten.

4.2.6 Ignoranz von Leistungsbedingungen

Leistungen sind jeweils positions- und zeitspezifisch zu formulierende Konstrukte bzw. Modelle der zuständigen bzw. beurteilenden Mitarbeiter/innen. Dies wird ignoriert, insbesondere wenn es um Mischarbeitsplätze mit unterschiedlichen Funktionen geht (wie z.B. bei Konrektor/in und Lehrer/in). Die Beurteilung ist zudem schwierig, weil in der Regel nicht eine einfache, einzelne Handlung (Einzelaktion) vorliegt, sondern eine Reihe verschiedener, miteinander verbundener, hintereinander oder gleichzeitig geordneter Teilhandlungen stattfinden (komplexe Handlung). Dies wird ebenso ignoriert.

Bei aller Kritik beinhalten Leistungsbeurteilungen durchaus – und nicht verzichtbare – Möglichkeiten. Ein arbeitsplatz- und -leistungsperiodenbezogenes Leistungsverständnis kann von fachkompetenten Beurteilenden auf der Basis spezifischer, ausgewählter Beurteilungskriterien modellhaft für die Bewertung ausgedrückt werden. Das Modell besteht aus für die konkrete Person-Umwelt-Situation (Lehrkraft, Lerngruppenteam, Schule, schulische Umwelt) ausgewählten, sich eventuell auch verändernden Subkriterien, die sich an dem aktuellen Leistungsverständnis (z.B. Mindeststandards, Kerncurriculum, durchschnittliche Ergebnisse der Vergleichsarbeiten, Bildungsstandards) orientieren. Beurteilungstrainings können dazu beitragen, den Beurteilenden mit Unterstützung der Beurteilungsinstrumente automatisch und unbewusst stattfindende kognitive Prozesse bewusst zu machen. Ein subjektives Verstehen der jeweiligen Leistung, wie Horster es in seinem Beitrag »Unterricht analysieren, beurteilen, planen« in diesem Band beschreibt (S. 810ff.), schafft einen besseren Zugang zu den Zusammenhängen.

Während es bei Leistungsbeurteilungen im Sinne von Leistungsdiagnosen für die Schule weniger mikropolitische Verzerrungen gibt, werden sie bei mit Sanktionen verbundenen Rückmeldungen wie z.B. bei der Auswahl für eine Beförderungsstelle oder für eine höhere Besoldungsstufe nicht zu vermeiden sein.

Alle zuvor beschriebenen Unzulänglichkeiten sollen kein Plädoyer für die Abschaffung von Leistungsbeurteilungen darstellen. Diese sind sinnvoll und haben wichtige Funktionen zu erfüllen (z.B. Schaffen von Datengrundlagen für Auswahlentscheidungen, Potenzialbeurteilung, Personalförderung und Motivation, Instrument der Personalförderung mittels Feedback, differenzierte Entgeltgestaltung, organisationsweite Inventur, Ermittlung von Daten für die Sanktionierung besonderer Leistungen usw.; Becker/Buchen 2001). Ziel ist, darauf aufmerksam zu machen, die beschriebenen und »kaum behebbaren Probleme ernst zu nehmen, sie zu akzeptieren sowie zu versuchen, mit geeigneteren Instrumenten das Mögliche aus dem Führungsinstrument ›Leistungsbeurteilung‹ herauszuholen. Verzerrungen sind unvermeidlich« (ebd., S. 22). Ein positiver Einsatz ist dennoch möglich, wenn man insbesondere die immer noch verwendeten eigenschafts- und merkmalsorientierten Einstufungsverfahren durch ziel- oder verhaltensorientierte Verfahren ersetzt, auf die an anderer Stelle eingegangen wird.

5. Bezugsgrundlagen der Personalbeurteilung

5.1 Allgemeines

Dass Beurteilungssysteme und Beurteilungen in der betrieblichen Praxis generell und in der schulischen Praxis im Besonderen so unbefriedigend und häufig das Arbeits- und Schulklima belastend und die Arbeitsergebnisse beeinträchtigend verlaufen, hat nicht zuletzt darin seinen Grund, dass Zuständigkeiten, Aufgaben und Ziele nicht oder nur unzureichend geregelt und beschrieben sind. Mit anderen Worten: Es mangelt an einer überzeugenden Bezugsgrundlage für die Beurteilungen. Seriöse Beurteilungen von Arbeitsergebnissen sind, wenn sie eine Chance auf Annahme haben sollen, nur denkbar, wenn z.B. in einer Schule Schulleiter/in und Lehrkraft sich von vornherein darauf verständigt haben, was wie getan werden sollte und was die erwarteten Arbeitsleistungen sein sollen. Als Bezugsgrundlagen sollten deshalb vorhanden sein:

- eine Funktions- oder Stellenbeschreibung;
- die Einstufung der Funktion in das Gehaltsgefüge der Schule (schon jetzt oder absehbar künftig);
- das Anforderungsprofil des konkreten Lehrer-»Arbeitsplatzes«;
- Leistungsziele oder Leistungsstandards für den Beurteilungszeitraum (z.B. in Form von Zielvereinbarungen);
- das Schulprogramm.

Im Folgenden konzentrieren wir uns auf die Beschreibung der sich für das Schulprogramm, die Zielvereinbarungen und das Anforderungsprofil ergebenden Erfordernisse (zur Funktions- und Stellenbeschreibung vgl. den Beitrag »Grundlagen organisatorischer Gestaltung« von Bartz in diesem Band, S. 365ff.).

5.2 Funktions- oder Stellenbeschreibung

Als allenthalben im Schulbereich versucht wurde, das rudimentär existente, aber im Prinzip nicht oder nur in Ausnahmefällen angewandte Beurteilungssystem zu reaktivieren, herrschte Verwunderung bei den Beurteilenden und ihren Auftraggebern darüber, dass es weder funktionierte noch angenommen wurde. Ein Grund unter anderen bestand darin, dass mit den Zuständigkeiten, Aufgaben und Zielen wesentliche Bezugsgrundlagen dieser Beurteilungen fehlten oder nicht eindeutig geregelt waren. »Wie kann der Vorgesetzte Arbeitsergebnisse vernünftig beurteilen, wenn er sich mit den Beurteilten nicht von vornherein genau darüber einig ist, was wie getan werden sollte und welches die erwarteten Arbeitsleistungen sind?« (Knebel 1999, S. 33).

Stellenbeschreibungen sind erst ein Thema, seit im Zuge »schulscharfer Ausschreibungen« von Lehrerstellen den ausschreibenden Schulen daran gelegen ist, nun auch eine Besetzung zu erhalten, die exakt ihren aktuellen personellen Bedürfnissen entspricht. Und was noch wichtiger ist, für die Auswahl hat nun die Schule selbst die Verantwortung zu tragen und nicht irgendeine ferne Schulaufsicht. Wie schwer sich viele Schulen tun, beweist ihre große Bereitschaft, Unterstützungsangebote von außen – aus Schulaufsicht, kommunaler Verwaltung, Lehrerfortbildung usw. – gern anzunehmen.

Wichtig für die Qualität der Beurteilungsergebnisse ist, dass die individuelle Beurteilung an den Funktionen und Anforderungen der konkreten Lehrerstelle – in der Regel in der Arbeits(platz)beschreibung enthalten – gemessen wird. Diese enthält in außerschulischen Organisationen üblicherweise die funktionale und disziplinarische Stellung einer Mitarbeiterin oder eines Mitarbeiters in der Organisation. Schule wird sich voraussichtlich darauf einstellen müssen, dass künftig vergleichbare Erfordernisse und Erwartungen an sie gestellt werden, wenn im Rahmen autonomer Schulen die hohen Ansprüche an ein professionelles Qualitätsmanagement erfüllt werden sollen. Die traditionelle und weit verbreitete monopersonale Leitungsstruktur, die letztlich fast alle disziplinarischen und auf die Vorgesetztenfunktionen zugeschnittenen personellen Entscheidungen ausschließlich der Leiterin oder dem Leiter zuordnet, wird nicht in der Lage sein, die vielfältigen Aufgaben quantitativ wie qualitativ zu bewältigen. Die Einrichtung, Umsetzung und Pflege des Beurteilungssystems wird in diesem Zusammenhang eine entscheidende Rolle spielen. Eine Arbeits(platz)beschreibung sollte Folgendes enthalten (zu Anregungen für den Bereich von Stellenausschreibungen vgl. Hoffmann/Schmidt 2003, S. 212f.):

- *Die funktionale und disziplinarische Stellung:* denkbar z.B. künftig im Zuständigkeitsbereich des ersten oder zweiten Konrektors (disziplinarisch) und der fachli-

chen Koordinatoren für z.B. eine oder mehrere Fremdsprachen und Naturwissenschaften/Mathematik (funktional);
- *die konkrete Aufgabenbeschreibung:* z.B. Erteilung des Unterrichts in bestimmten Fächern ohne/mit Anspruch auf ein bestimmtes Verhältnis der Anteile zwischen den Fächern, Klassenführung, Übernahme bestimmter außerunterrichtlicher Tätigkeiten in Verbindung mit der Fächerkombination und darüber hinaus, ggf. Übernahme von Vertretungsunterricht in Fächern ohne Lehrbefähigung, Durchführung von Klassen- und Wanderfahrten bzw. -tagen, Mitwirkung an schulinternen Projekten zur Weiterentwicklung der Schule u.Ä.;
- *die Definition der Kompetenzen und ggf. Vollmachten,* wie sie sich aus einschlägigen Rechtsvorschriften und spezifischen Regelungen der einzelnen Schule ergeben.

5.3 Einstufung in das Gehaltsgefüge der Schule

Je nach Schulform kann diese Frage schon heute relevant werden, wenn eine Schule – wie z.B. im Sekundarstufen-II-Bereich – über unterschiedlich dotierte Stellen verfügt oder wenn eine Sonderschule Therapeuten, Sozialpädagogen, technische Lehrkräfte u.Ä. beschäftigt. Darüber hinaus werden künftig zunehmend zeitlich begrenzte Anstellungsverträge für Lehrkräfte geschlossen werden.

5.4 Leistungsziele oder Leistungsstandards in Form von Zielvereinbarungen

Wirklich der Leistungsbeurteilung angemessene Verfahren müssen unabdingbar zeit-, positions- und situationsbezogen (evtl. auch individuell modifizierbar) und dementsprechend variabel sein. Warum ist dies so?

1. *Eine Leistungsbeurteilung hat funktionsspezifisch zu sein.* Je nach Zielsetzung der Beurteilung ist ein spezifisches Instrument auszuwählen. In manchen Fällen sind verschiedene Funktionen gleichzeitig erreichbar (z.B. Leistungsstimulierung, individuelle wie organisationale Leistungsinventur). Allerdings ist auf die Vereinbarkeit zu achten (Personalentwicklungs- und Entgeltfunktion schließen sich z.B. aus).
2. *Eine Leistungsbeurteilung muss positions- bzw. aufgabenbezogen sein.* Die Aufgaben und Beurteilungsmerkmale differieren dabei je nach Bereich und Position. Für jeden zu beurteilenden Mitarbeiter sind die wichtigsten Aufgaben bzw. Ziele einer Position im Gespräch von Vorgesetzten zu Mitarbeitern mit den Kriterien zur Bewertung festzulegen oder zu vereinbaren. Vielfach wissen Mitarbeiter/innen weder, was ihre Vorgesetzten von ihnen erwarten, noch woran ihre Leistungen bewertet werden. Dementsprechend verunsichert sind sie bei der Aufgabenerfüllung. Nur der konkrete Aufgabenbezug mit Angabe der tatsächlichen Beurteilungskriterien kann das Leistungsverhalten einer Mitarbeiterin oder eines Mitarbeiters steuern helfen und die Beurteilung der erwarteten Leistung hinreichend sicherstellen.

3. *Eine Leistungsbeurteilung muss situations- und zeitbezogen sein.* Die Formulierung der positionsspezifischen Aufgaben hat periodisch neu zu erfolgen. Die Aufgaben und entsprechend die Beurteilungskriterien ändern sich, da sich im Laufe der Zeit die Situation der Aufgabenerfüllung und damit die Aufgabenerfüllung selbst ändert. Es werden andere Instrumente oder andere Strukturen eingesetzt oder unterschiedliche Projekte bearbeitet.
4. *Eine Leistungsbeurteilung kann mitarbeiterbezogen sein.* Je nach Qualifikation einer Mitarbeiterin oder eines Mitarbeiters kann die Erwartung an die Aufgabenerfüllung, aber auch bereits die Auswahl der Aufgaben modifiziert werden. Ziel einer solchen Vorgehensweise wäre es, die Entwicklung der individuellen Qualifikation durch angemessene Anforderungen zu fördern. Die Personalentwicklung der Mitarbeiterin oder des Mitarbeiters stünde im Vordergrund.

Die Berücksichtigung dieser Anforderungen bedeutet eine Abkehr von zentral gestalteten und statischen Beurteilungsformularen sowie eine stärkere Einbeziehung von Beurteilenden und zu Beurteilenden in die Gestaltung wie in die Bewertung. Allerdings, die damit verbundenen Kosten (allein was den Zeitaufwand betrifft) sind höher als bei herkömmlichen Instrumenten. Ihnen steht jedoch ein wesentlich größerer Nutzen gegenüber als bislang. Aufgegeben werden muss hiermit auch das ohnehin nicht erreichbare Ziel der interindividuellen Vergleichbarkeit der Beurteilungen.

Um den Anforderungen gerecht werden zu können, bedarf es der Berücksichtigung verschiedener *Soll-Komponenten*. Die spezifizierten Leistungsaufgaben, -ziele und -verhalten gehen auf die skizzierten Anforderungen der konkret geforderten Leistung ein. Die Leistungsergebnisse betreffen erreichte bzw. nicht erreichte Ziele. Die Leistungsbedingungen beziehen explizit erwartete und reale Umweltbedingungen und Ressourcen in die Bewertung mit ein. Das Problem besteht nun darin, diese Anforderungen und Komponenten in Verfahren umzusetzen.

5.5 Anforderungsprofil des Lehrerarbeitsplatzes

Auch wenn Funktionsbeschreibungen vorhanden sind, müssen die Beurteilungsergebnisse nicht zwangsläufig besser sein. Dies ist insbesondere dann der Fall, wenn Beurteilende sich zu wenig an den Anforderungen der Stelle orientieren. Um diesem Mangel zu begegnen, verwendet man im betrieblichen Bereich öfters Stellenbeschreibungen, Zuständigkeiten und verabredete Aufgaben als Grundlage für die Beurteilung im Beurteilungsformular. Die oder der Vorgesetzte trägt dann zunächst die Funktionen oder die wichtigsten Hauptaufgaben des Beurteilungszeitraums ein, bevor er die vereinbarten Arbeitsziele und die Beurteilungsergebnisse eingibt.

Gegenstand des Anforderungsprofils sind nicht nur die Kernelemente Unterricht, Erziehen, Beraten, Lehrertätigkeit und außerunterrichtliche Aufgaben. Es können hinzukommen: Wahrnehmung von Sonderaufgaben, Leitung von Fachkonferenzen, Mitwirkung an bzw. Leitung von Projekt- und Steuergruppen. Wichtige Bezugsgrundlage für alle Aufgaben ist das jeweilige Schulprogramm einschließlich Leitbild, aus denen sich nicht zuletzt die »besonderen Erwartungen des sozialen Umfeldes oder betrieblicher Arbeitspartner« ergeben (Sassenscheidt 2004, S. 6).

Daneben lohnt es, darüber nachzudenken, ob nicht auch sonst als selbstverständlich vorhanden vorausgesetzte und nicht mehr artikulierte Anforderungen textlich aufgenommen werden sollten, nicht zuletzt mit der Absicht, gegebenenfalls z.B. durch Fortbildung oder andere geeignete Maßnahmen Nachbesserung zu erreichen. Dies kann fachwissenschaftliche, fachdidaktische, -methodische wie interaktionelle Kenntnisse und Kompetenzen sowie pädagogische Aspekte betreffen, aber durchaus auch bestimmte Defizite in grundwissenschaftlichen Bereichen, Kenntnisse der Leistungsdiagnostik oder von Evaluation und deren Methoden. Ebenso sind bestimmte Persönlichkeitsmerkmale denkbar, wie z.B. Eigeninitiative, Organisationsgeschick oder Kooperationsfähigkeit (zum Anforderungsprofil im Einzelnen vgl. den Beitrag »Personalmanagement« von Buhren/Rolff in diesem Band, S. 450ff.).

5.6 Beurteilung und Schulprogramm

Soll die Verpflichtung jeder einzelnen Schule zur Entwicklung ihres Leitbilds und ihres spezifischen Schulprogramms sinnvoll und zweckmäßig sein, dann hat sich auch die Aufgabenerfüllung insgesamt und die der Lehrkräfte daran zu orientieren. (Damit soll ausdrücklich nicht einer bestimmten Reihenfolge bei der Erarbeitung dieser beiden essenziellen Komponenten schulischer Arbeit das Wort geredet werden.)

Jegliche Zielvereinbarung und jede Aufgabenübertragung, sei es für den unterrichtlichen oder den außerunterrichtlichen Bereich, bezieht sich auf die schulischen Leitziele und auf das mehr oder weniger differenzierte Schulprogramm. Ob und inwieweit insbesondere die Forderungen und Verpflichtungen des Programms handhabbar gemacht werden können, z.B. für Unterricht oder für die Arbeit in einer fachbezogenen Arbeitsgruppe, hängt in erster Linie davon ab, wie diese in Beurteilungskriterien und Leistungsstandards umgesetzt werden können und welche Indikatoren sie für Maß und Güte einer Umsetzung bieten. Auf der anderen Seite müssten sich im Beurteilungszusammenhang auftauchende Beurteilungskriterien und Leistungsstandards auf ihre Bezüge zum Schulprogramm hinterfragen lassen (vgl. Abb. 8). Mit anderen Worten, Beurteilende und Beurteilte sind nicht frei in der Setzung oder in der Aushandlung von Beurteilungskriterien und Leistungsstandards.

Den aufgezeigten Zusammenhang mögen die folgenden zwei von Bartz (2004, S. 60f.) vorgestellten Beispiele illustrieren:

»**1. Leitsatz zu Fördern und Fordern in einem Schulprogramm**
Fordern und Fördern sind Ziel und Verpflichtung des gesamten Unterrichts. Sie haben das Ziel,
- Lernstärken zu nutzen und durch anspruchsvolle Aufgaben herauszufordern,
- Lernschwierigkeiten zu klären und ihre Aufarbeitung zu ermöglichen.

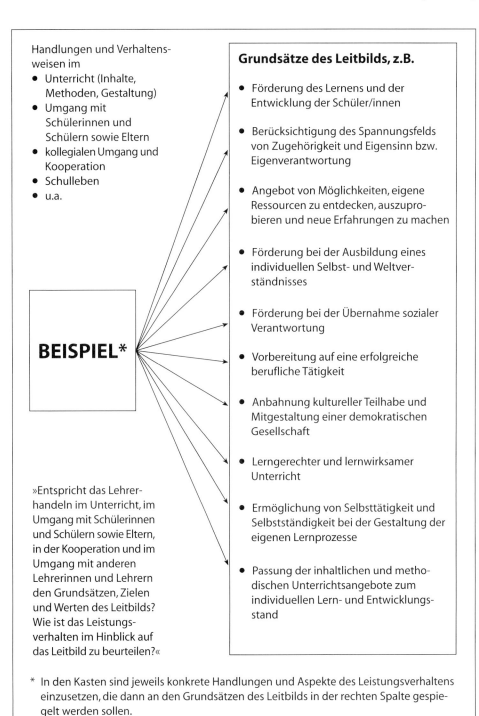

Abb. 8: Zusammenhang von Leitbild und Beurteilung des Leistungsverhaltens von Lehrerinnen und Lehrern

Leistungsindikatoren für die dienstliche Beurteilung:
- Die Lehrerin bzw. der Lehrer schätzt die Lernstände und die sich daraus ergebenden unterrichtlichen Unterstützungsbedarfe der Schülerinnen und Schüler in einer Klasse individuell ein und beschreibt sie differenziert.
- Die Lehrerin bzw. der Lehrer passt die Unterrichtsorganisation, die Aufgabenstellungen, Materialien, Methoden und Arbeitsweisen den Lernständen an.
- Die Lehrerin bzw. der Lehrer überprüft die Wirksamkeit der unterrichtlichen Angebote für die Lernunterstützung der Schülerinnen und Schüler im Hinblick auf die Aufarbeitung von Lernschwierigkeiten und im Hinblick auf die passende Anspruchshöhe.
- Die Lehrerin bzw. der Lehrer beschafft sich die für diese unterrichtlichen Unterstützungsangebote erforderlichen Kenntnisse in kollegialer Kooperation, durch Materialsichtung sowie ggf. in Zusammenarbeit mit Beratungsstellen und beschreibt entsprechende Wege und Verfahren zur Kenntniserweiterung und Materialbeschaffung.

2. Anwendung des Instruments ›Spiegeln des Handelns an den Leitbild-Grundsätzen‹
Aspekte von Unterrichtsgestaltung und Lehrerverhalten werden als Beispiel eingesetzt und im Beurteilungsgespräch an den Leitbild-Grundsätzen gespiegelt. Ob und in welchem Grad und mit welcher Güte die Leitbild-Grundsätze durch die Lehrerin bzw. den Lehrer umgesetzt erscheinen, wird in Entwicklung einer gemeinsam geteilten Realitätskonstruktion zwischen Lehrerin bzw. Lehrer und Schulleiterin bzw. Schulleiter geklärt. Ergibt sich in diesem Verständigungsprozess kein Konsens, wird der Dissens markiert. Die Schulleitungsperson macht dabei – in Wahrnehmung ihrer (Führungs-) Verantwortung für die Beurteilung – ihre Sichtweise am Schulprogramm orientiert und begründet deutlich und legt ihre Bewertung und Gewichtung dabei offen.«

5.7 Beurteilung und Zielvereinbarung

Die »Richtlinien für die dienstliche Beurteilung von Lehrkräften sowie der Leiterinnen und Leiter an öffentlichen Schulen und Studienseminaren« in Nordrhein-Westfalen – als Beispiel auch für andere Länder – unterscheiden zwischen der Beurteilung am Ende der Probezeit und der Anlassbeurteilung. Während sich die Beurteilung am Ende der Probezeit auf die im Beurteilungszeitraum gezeigten Leistungen bezieht, ist dieser Bezug bei der Anlassbeurteilung, insbesondere bei der Beurteilung vor einer Beförderung, mit einer Potenzialbeurteilung zu verknüpfen, die sich an den Anforderungen der Stelle orientieren muss (Becker/Buchen 2001, S. 17). Für die Leitung von Schule und Studienseminar sind die Anforderungen durch das Schulministerium (MSWWF 1999) ausdrücklich beschrieben worden.

Die Regelbeurteilung sollte zielorientiert durchgeführt werden. Denn bei den im Unternehmensbereich wie in der öffentlichen Verwaltung vorwiegend üblichen quantifizierenden Verfahren der Leistungsbeurteilung haben sich, wie dargestellt, vielfältige

Probleme gezeigt, die im Ergebnis dazu führten, dass die wesentliche Intention der Leistungsbeurteilung, über die Einschätzung der Mitarbeiterleistung zu orientieren und zu einer Leistungsverbesserung zu stimulieren, nicht erreicht wurde, sondern dass im Gegenteil die Verfahren häufig eher demotivierend wirkten.

Als sinnvoll und zweckmäßig im Sinne dieser Anforderungen haben sich insbesondere außerhalb des Schulbereichs entwickelte zielorientierte Beurteilungsverfahren herausgestellt. Andere Alternativen sind in aller Regel zu aufwändig, wenig leistungsbezogen oder transparent. Diese Verfahren sind nach unserer Überzeugung prinzipiell auch für den Einsatz in schulischen Organisationen geeignet und bieten darüber hinaus den Vorzug, eine Reihe der zuvor beschriebenen Probleme zu lösen (vgl. hierzu auch Tab. 2 und 3 auf S. 604ff.).

6. Teilaspekte der Leistungsbeurteilung

6.1 Rechtliche Basis der Personalbeurteilung

Artikel 33, Abs. 2 GG stellt die Basis für die Personalbeurteilung im öffentlichen Dienst der Bundesrepublik Deutschland dar. Danach sind Eignung, Befähigung und fachliche Leistung die Kriterien für den Zugang zu einem öffentlichen Amt. Im Weiteren haben die zuständigen Fachministerien der Bundesländer ihre länderspezifischen Beurteilungssysteme für Lehrer/innen im Allgemeinen durch Rechtsverordnungen oder Erlasse geregelt. Als Beispiel mag der einschlägige Erlass aus Nordrhein-Westfalen dienen, demzufolge die Schulleiter/innen und die Schulaufsicht mit der Beurteilung beauftragt sind (»Richtlinien für die dienstliche Beurteilung der Lehrkräfte sowie der Leiterinnen und Leiter an öffentlichen Schulen und Studienseminaren«, RdErl. des MSJK vom 2.1.2003, BASS 21–02 Nr. 2).

6.2 Was ist unter Leistung zu verstehen?

Die Diskussion dessen, was die Beurteilung von Leistungen ausmacht, setzt die Erörterung voraus, was unter Leistung zu verstehen ist und ob die Anwendungsbedingungen für eine solche Beurteilung gegeben sind. Dabei ist zu berücksichtigen, dass diese Diskussion bislang nahezu ausschließlich für den gewerblich-betrieblichen Bereich geführt wurde. *Leistung* gilt als das entscheidende Kriterium der Mikro-Leistungsgesellschaft *Betrieb*: Aufstieg, Entgelt und Anerkennung werden damit verbunden, beruhend auf einem geltenden Leistungsprinzip. Dieser Abschnitt beschäftigt sich nun zunächst mit der Klärung der Frage, was eigentlich Leistung ist, was ein Leistungsprinzip in der Realität fordert und was demzufolge ein Betrieb bieten müsste, um eine Leistungsgesellschaft zu sein.

Der Begriff der Leistung nimmt einen zentralen Platz im Selbstverständnis unserer Gesellschaft ein. Diese versteht sich in weiten Teilen – im positiven wie auch im negativen Sinne – als Leistungsgesellschaft. Es ist daher umso erstaunlicher, dass sich bislang keine weitgehende oder auch nur angenäherte Übereinstimmung über den sachlichen Kern von Leistung ergeben hat – und was in der Folge Orientierungskriterium der Leistungsgesellschaft ist. Die Begriffe »Leistung« und »leisten« zeichnen sich sogar durch eine übergroße Verwendungsbeliebigkeit, Bedeutungsvielfalt und Unschärfe aus. Auch in wissenschaftlichen Disziplinen (auch in der Pädagogik) wird der Begriff nicht immer bedacht und sehr heterogen verwendet. Tabelle 5 versucht, die üblichen Verständnisse mancher Disziplinen zu skizzieren:

Tab. 5:	Leistungsbegriffe in wissenschaftlichen Disziplinen
Physik	Leistung = Arbeit (Kraft x Weg) pro Zeiteinheit
Soziologie	• statischer Leistungsbegriff • dynamischer Leistungsbegriff
Pädagogik	• Leistung als Forderung an die Schüler/innen • Leistung als Tätigkeit der Schüler/innen • Leistung als das Ergebnis der Tätigkeit des Einzelnen • Leistung als Beitrag der Schule für die Gesellschaft
VWL	• Summe aller erzeugten Güter und Dienstleistungen (einer Periode) • marktpreisbezogen (Leistungsfähigkeit)
BWL	• technologisch orientiertes Verständnis • tätigkeitsorientiertes Verständnis • ergebnisorientiertes Verständnis

Der Leistungsbegriff erweist sich nicht als einheitliches Phänomen oder als eine Reihe von wenigen strukturähnlichen Phänomenen, die je nach Bereich unterschiedlich differenziert, aber sich in ihren Grundzügen soweit ähnlich sind, dass sie als einheitlich gelten können. Die jeweiligen Akzente sind unterschiedlich bedeutsam. Quintessenz verschiedener Überlegungen über die Grundsubstanz des Begriffs im Hinblick auf Beurteilungen ist, dass Leistung nur dann beurteilbar und verständlich ist, wenn vorab Leistungsanforderungen operational – wie auch immer – definiert wurden und ein offenes, pluralistisches Bewerten im Nachhinein stattfindet.

Der Begriff »Leistung« ist kein monolithisches Erkenntnisobjekt. Mit ihm werden verschiedenartige, disparate Phänomene bezeichnet. Leistung ist ein hypothetisches Konstrukt, d.h. ein nicht selbst beobachtetes Phänomen mit daher nur indirektem Bezug. Sie zeigt sich nicht unmittelbar, sondern wenn überhaupt mittels Indikatoren, die sich auf das Leistungsverhalten oder auf das Leistungsergebnis beziehen; die Beurteilung ist entsprechend eher leistungs- oder erfolgsorientiert. Die Indikatoren müssen aufgabenspezifisch konkretisiert werden. Um ein bestimmtes Leistungsverständnis zu verdeutlichen, bedarf es der Operationalisierung via solcher Hilfsgrößen. Die verwendeten Indikatoren beruhen auf selektiven Entscheidungen bzw. auf vorab erarbeiteten Hypothesen darüber, wie sich für die Beurteilenden die Leistung in der Realität inhaltlich wiedergibt. Nur wenn man sich über diese Aspekte im Klaren ist, besteht eine Chance für eine treffende Beurteilung. »Der Leistungsinhalt ist gegeben durch die Art der Aufgabe, der spezifische Leistungsbegriff [...] ist daher ein funktionsabhängiger Begriff [...]. Nur eine solche differenzierte, konkrete Bestimmung sagt tatsächlich etwas über die Leistung aus: Zum einen stellt sie eine Grundlage für die Anforderungen an die Aufgabenträger dar und zum anderen ergibt sich daraus die Beurteilung über ihre Güte« (Becker 2003, S. 83).

Eine einseitige Akzentuierung der Arbeitsanforderungen oder -ziele, auf die hin die Leistung beobachtet und nach denen sie beurteilt werden, führt zu einer statischen Auffassung des Leistungsbegriffs und in der Folge zur Überbetonung der Vollzugs- und Anpassungsleistung. »Je höher die Anpassung bzw. die Erfüllung der Rollenerwartungen [...] ist, desto höher wird die Leistung eingeschätzt. Mit einer solchen statischen Auffassung kommen jedoch [...] dynamische Aspekte zu kurz. Im statischen Verständnis ist der innovationsfeindliche Gedanke implizit. Neue Gedanken und Verhaltensweisen, initiiert durch neuartige Problemstellungen oder unkonventionelle Mitarbeiter, werden, unabhängig von ihrer Güte, in diesem Sinne nicht honoriert« (Becker 2003, S. 88). »Diese indirekte Steuerung des Leistungsverhaltens durch die Personalbeurteilung wirkt wie ein selektiver Verstärker; bestimmte Verhaltensweisen werden hervorgehoben und belohnt, andere bleiben unberücksichtigt. Im Hinblick auf allfällige neue Entwicklungen und Impulse stellt diese Selektion eine Gefahr dar, dass nämlich gerade die Verhaltensweisen zurückgedrängt werden, die für die neue geänderte Situation besonders wichtig wären« (Steinmann/Schreyögg 2000, S. 632).

Darüber hinaus ist zu beachten, dass sich Personalbeurteilung in der Regel auf individuelle Leistungen bezieht. »In den heutigen komplexen Arbeitswelten fällt es aber zunehmend schwerer, den individuellen Beitrag zur Zielerreichung zu erfassen. Zu viele Determinanten und deren Wirkungen wären zu berücksichtigen, als dass hinreichend sichere Angaben darüber möglich wären. Hinzu kommt, dass viele Arbeitstätigkeiten im Verbund, d.h. mit anderen zusammen, erbracht werden« (Becker 2003, S. 89). »In der Schule scheint es dagegen durchaus angemessen, die Wirksamkeit der erzieherischen und unterrichtlichen Leistungen individuell zuzurechnen, weil die Lehrerinnen und Lehrer ihre Leistungen vorrangig als Einzelpersonen im Unterricht wie im Umgang mit den Schülerinnen und Schülern erbringen. Dennoch wird auch hier die individuelle Zurechnung mit der Sensibilität für mitwirkende weitere Einflussfaktoren verbunden werden müssen, weil die Lern- und Entwicklungsförderung der Schülerinnen und Schüler als Auftrag und Dienstleistungsprodukt der Schule eine Koordination der individuellen Lehrertätigkeiten erfordert und gemeinsam geleistet und verantwortet werden muss« (Bartz 2004, S. 37).

Um in Organisationen, gleich welchen Typs, anwendbar zu sein, bedarf es bei der Leistungsbeurteilung der generellen Gültigkeit des Leistungsprinzips sowie der Objektivität der Leistungsbeurteilung, der Zuteilung von Sanktionen nach der Leistung, der vertikalen wie horizontalen Vergleichbarkeit von Leistungen im Zeitablauf, gleicher Startchancen, der individuellen Zurechnung von Verantwortung, der Akzeptanz des Leistungsprinzips durch die Mitarbeiter/innen, der tatsächlichen individuellen Beeinflussbarkeit relevanter Leistungsfaktoren sowie »objektiver« und kompetenter Beurteilungen. Das Vorhandensein dieser Grundvoraussetzungen ist bei der Einführung und

Durchführung von Leistungsbeurteilungen zu beachten. Die Prüfung des Modells Leistungsgesellschaft sowie des Leistungsprinzips an anderer Stelle (Becker 2003) hat bezüglich seiner Konsistenz, Funktionsfähigkeit und Realisierung zu einem negativen Ergebnis geführt. In weiten Bereichen der Gesellschaft – so auch in der Schule – hat das Leistungsprinzip gar keine oder nur eine eingeschränkte Gültigkeit. Weder gibt es ein Leistungsprinzip und erst recht nicht dessen generelle Gültigkeit, noch kann man von der Objektivität etwaig stattfindender Leistungsbeurteilungen sprechen – bestenfalls werden die gleichen Formulare verwendet –, noch kommt es zur Zuteilung positiver oder negativer Sanktionen, von ersten zaghaften Ansätzen bei der Berücksichtigung von Aufstiegshemmungen oder -förderungen bei den Dienstaltersstufen abgesehen. Da die »Startchancen« nicht erhoben werden, können sie auch nicht berücksichtigt werden. Schließlich ist es zumindest außerordentlich schwierig festzustellen, ob und gegebenenfalls inwieweit eine individuelle Beeinflussbarkeit relevanter Leistungsfaktoren durch die einzelne Lehrkraft vorliegt.

Wenn die Selbstdarstellung als Leistungsgesellschaft generell schon nicht vollends der Wirklichkeit entspricht, für den Schulbereich hatte sie nie eine Bedeutung. Auch der Hinweis auf durchaus verhängte Sanktionen trifft nicht, weil sie zumeist aus anderen leistungsfremden Gründen resultierten. Dennoch: Eine an solche Punkte anschließende Begründung gegen das Leistungsprinzip berechtigt nicht zu dem Schluss, dass das Prinzip vollkommen abgelehnt wird oder abgelehnt werden müsste. Es kann von daher auch nicht heißen, Leistung als solche abzuschaffen. Es geht vor allem darum, die negativen Begleiterscheinungen aufzudecken sowie darauf hinzuweisen, dass das Leistungsprinzip als *das* Prinzip nicht gilt. Von daher sollte auch weniger das rationale Leistungsprinzip und der ökonomische Einsatz knapper Mittel umstritten sein. Umstritten sein sollten Inhalt und Rangfolge der Festlegung der verfolgten Ziele, die konkreten Leistungskriterien, die Bedingungen und Wirkungen von Leistungsanforderungen, -ergebnissen und -sanktionen. Andernfalls ist die Beurteilung einer Leistung absolut willkürlich und zudem durch die faktischen Rahmenbedingungen nicht möglich.

6.3 Operationalisierung durch Leistungsmaßstäbe

Bei der Leistungsbeurteilung geht es, wie in Kapitel 1 dieses Beitrags dargelegt, um den Vergleich von Soll- und Ist-Verhalten. Im Schulbereich siedeln die einzelnen Bundesländer die Aufgabenbeschreibungen ihrer Lehrkräfte und deren Soll-Verhalten an verschiedenen Stellen und unterschiedlich konkret an (u.a. in Richtlinien und Lehrplänen, in Dienstordnungen, Anforderungsprofilen, Stellenausschreibungen und schulintern auf die Lehreraufgaben bezogenen Anforderungsprofilen). Die allgemeinste und zugleich umfassendste Aufgabenbeschreibung bezieht sich immer noch auf die klassischen Grundfunktionen von Lehrerwirken, auf Unterrichten, Erziehen, Beraten, Organisieren, Innovieren. Im Zuge der vielfältig und allmählich wirksam werdenden Reformansätze des öffentlichen Dienstes werden immer öfter auch Zielvereinbarungen zwischen Schulleitung und Lehrkräften getroffen. Sie bilden den mehr oder weniger geeigneten Versuch, Bezugsgrößen für einen Abgleich des Leistungsverhaltens und der Leistungsergebnisse zu formulieren.

Voraussetzung für die Durchführung eines Soll-Ist-Vergleichs ist die Beschreibung von Leistungskriterien und die Festlegung des Grades und der Güte als Leistungsstandards. Damit sollen Beurteilende in den Stand versetzt werden, die Leistung einschätzen und bewerten zu können. In Anlehnung an Bartz sollten die Leistungsstandards die folgenden Kriterien erfüllen (Bartz 2004, S. 38):

- *Beobachtbarkeit:* Formulierung nur in beobachtbaren Dimensionen.
- *Verständlichkeit:* Eindeutige Formulierung, um zu vermeiden, dass beurteilende und beurteilte Person zu unterschiedlichen Interpretationen kommen. Gegebenenfalls müssen unterschiedliche Interpretationen miteinander abgeglichen werden können.
- *Erreichbarkeit:* Die Bezugsgrößen der Leistungsstandards müssen sich auf realistische Beschreibungen der Stelle und eines erreichbaren Leistungsniveaus der Aufgaben beziehen. »Motivation und Persönlichkeitsentwicklung als Zwecke der Beurteilung werden gefährdet, wenn zu hohe Ziele gesetzt werden (Entmutigung, Frustration bei dauernder Nichterreichung). Umgekehrt stellen aber auch zu niedrige Ziele keinen Anreiz dar« (Steinmann/Schreyögg 2000, S. 627).
- *Kompetenz:* Die Kompetenzen der Stelleninhaber bei der Beschreibung der Leistungsstandards sind auszuweisen, um ersehen zu können, ob und wie selbstständig Leistungen erbracht werden.
- *Aufgabenbezug:* Die Leistungsstandards beziehen sich ausschließlich auf konkrete Arbeitsinhalte und nicht auf für die Aufgabenwahrnehmung wichtig erscheinende Persönlichkeitsmerkmale oder Eigenschaften.
- *Relevanz:* Die für die Aufgabenerfüllung relevanten Leistungen und Leistungsergebnisse müssen sich auf die Aufgabe beziehen.
- *Revidierbarkeit:* Die Leistungsstandards müssen zu Anpassungen hinsichtlich der Geltung und Ausprägung von Leistungs- und Situationsbedingungen im Beurteilungszeitraum führen können.
- *Alternativen:* Da unterschiedliche Verhaltensweisen zu gleichen Leistungsergebnissen führen können und deshalb als gleich gute Leistungen anzusehen sind, müssen alternative Kriteriensets für die Erfassung des Leistungsverhaltens vorgesehen werden.

6.4 Phasen des Beurteilungsvorgangs

Bevor es zur eigentlichen Beurteilung kommt, sind die erforderlichen Voraussetzungen zu schaffen. Dazu zählt als Grundvoraussetzung, dass konkretes Leistungsverhalten und konkrete Leistungsergebnisse beobachtet und in einer Weise festgehalten werden, die die jeweiligen Situationsbedingungen, falls sie bedeutsam sind, berücksichtigt. Nur so kann gewährleistet werden, dass die anschließende Bewertung möglichst kontextnah erfolgt.

6.4.1 Beobachten, festhalten, aber nicht bewerten

Häufig werden – vorschnell – Bewertungen abgegeben, ohne dass über einen längeren Zeitraum ausreichend abgesicherte Beobachtungen vorliegen. Beobachten ist definiert als das Gewinnen von Vorstellungen und Erkenntnissen.

Den Schwerpunkt der Beobachtungsbereiche bilden die Kernaufgaben der Lehrerin bzw. des Lehrers. Sie sind in erster Linie Gegenstand der Beobachtung. Dazu zählen vorrangig der Unterricht einschließlich seiner Ergebnisse, das Verhalten und die Ergebnisse aus der Mitwirkung an der Konferenzarbeit (Lehrer-, Fach- und Klassenkonferenzen), die Wahrnehmung von Sonderaufgaben (z.B. die Verwaltung und Gestaltung von Sammlungen, Klassenlehrerfunktion, Fachkonferenzvorsitz, Mitarbeit in Projekt- oder Steuergruppen, zeitlich begrenzte Leitungsaufgaben wie Stufenleitung, Schülerpraktikum u.Ä.) und das sonstige dienstliche Verhalten. Diese Kernaufgaben der Lehrerin bzw. des Lehrers sind die besonders »bedeutsamen Vorgänge, Entscheidungen oder Verhaltensweisen [...], auf die sich die [...] Einengung des Bewusstmachens« als Aufmerksamkeit richtet (Knebel 1999, S. 43). Das Beobachtete kann sofort angesprochen oder für eine spätere Verwendung schriftlich fixiert werden. Knebel vergleicht die Aufzeichnungen mit einem guten Krankenbericht, der zwar die beobachteten Symptome genau beschreibt, sie aber nicht deutet. Keinesfalls sollten »überflüssige« Daten aufgenommen werden, die voraussichtlich in der Hauptsache später keine Bedeutung haben. Die Frage, was überflüssig ist, dürfte einerseits einfacher zu beantworten sein, wenn bei der Beobachtung bestimmter Elemente des Kernbereichs die Kriterien und Standards für ihr Erreichen mitschwingen. Andererseits kann dieser Bezug auch zu einer vorschnellen Bewertung führen, die man eigentlich vermeiden sollte.

Auch der Zeitpunkt für Beobachtungen kann von Belang sein. Es mag schon einen Unterschied machen, ob die Schulleiterin oder der Schulleiter Unterrichtshospitationen jeweils in der 5. oder 6. Stunde durchführt, z.B. weil er bezüglich seines eigenen Stundenplans dort entsprechenden Freiraum hat. Wenn hinzu kommt, dass er anschließend auch das Rückmeldegespräch führen will, kann das schon einmal mit privaten Verpflichtungen oder mit der eingeschränkten Leistungsfähigkeit der Lehrerin oder des Lehrers am Ende des Vormittags kollidieren. Möglichst zu vermeiden wäre auch eine Beschränkung von mehreren Besuchen auf ein und dasselbe Fach oder auf dieselbe Lerngruppe, es sei denn, besondere Gründe würden dies erfordern.

Die Gewinnung von Daten und Eindrücken kann auf vielfältige Weise geschehen, durch Hospitation, Fallbesprechungen, Fachgespräche im Anschluss an bestimmte Unterrichtserfahrungen ohne Teilnahme der bzw. des Beurteilenden am Unterricht oder unabhängig von einem solchen Zusammenhang, durch förmliche Mitarbeitergespräche, Teilnahme an Konferenzen aller Art und nicht zuletzt durch regelmäßigen und systematischen Einblick in die Klassenbücher (Zensuren, Fehltage, Monita ...) und in Klassenarbeiten und vor allem durch Rückmeldungen dazu. Ein besonderer Stellenwert ist den Halbjahreszeugnissen und den Versetzungszeugnissen beizumessen. Dem Zustandekommen der Noten, den Entwicklungen von Lerngruppen, auch im Vergleich zu parallelen Gruppen, der Häufung von Noten oder der Abwesenheit von bestimmten

Noten ist Aufmerksamkeit beizumessen. Anregungen dazu können inzwischen aus der Analyse der Rückmeldungen der zentralen Leistungsvergleichstests usw. gewonnen werden. Häufig nicht gesehene oder nicht genutzte und geklärte Daten stellen neben den Leistungsergebnissen (s.o.) die Wiederholerquoten am Ende des Schuljahres dar, wenn Klassenwiederholungen z.B. bei bestimmten Lehrerinnen und Lehrern, in bestimmten Fächern oder insbesondere in einer Jahrgangsstufe auftreten.

Problematisch ist, wenn die Beurteilung der Arbeit oder das Verhalten einer Lehrkraft auf wenigen Beobachtungen oder sogar nur auf einer einzigen Beobachtung beruht. Die Wahrscheinlichkeit, dass das Urteil fragwürdig oder falsch ist, dürfte deutlich höher sein, als wenn eine Vielzahl von Beobachtungen über einen längeren Zeitraum gesammelt worden ist. Umso wichtiger sind regelmäßige und häufigere Beobachtungen, die dazu auch noch aufgezeichnet werden sollten. Sie sollten folgende Regeln beachten (Knebel 1999, S. 44):

1. Nicht deuten, sondern wertfrei aufzeichnen.
2. Die Erfordernisse der Beurteilung berücksichtigen. (Zu welchen Beurteilungsgesichtspunkten werden Angaben verlangt?)
3. Regelmäßig und fortlaufend beobachten.
4. Das Verfahren mit dem Lehrerrat bzw. dem Personalrat abstimmen.
5. Die Mitarbeiter/innen über die Beobachtungen informieren und ihnen die Aufzeichnungen zeigen.

Es ist Bartz zu folgen, wenn er feststellt, das letztlich entscheidende Kriterium dafür, ob eine Leistungsbeurteilung – nicht zuletzt im Sinne der Entwicklung einer professionellen horizontal und vertikal praktizierten Rückmeldekultur – wirksam wird, sei die Frage, ob die Beurteilung in regelmäßige und selbstverständliche Austausche über Leistungen und Leistungsprozesse eingebettet ist. Es dürfe keinen Zweifel darüber geben, dass die Sammlung von Daten nicht zum alleinigen Zweck, eine bevorstehende Beurteilung zu unterfüttern, erfolge. Schon der (begründete) Verdacht würde zu einer Diskreditierung von Feedback mit Langzeitwirkung führen (Bartz 2004, S. 40). Ein beredtes Beispiel für einen solchen Zustand ist die »strukturell gestörte Beziehung« zwischen Schulaufsicht und Lehrer/in. Da eine Schulleiterin oder ein Schulleiter bei allen Eindrücken und Informationen über eine Lehrerin oder einen Lehrer, wie sie sich in unterschiedlichen Kontakten ergeben, nicht zwischen einer Nutzung im Kontext von Arbeitszusammenhängen und der Beurteilung trennen kann, alle Eindrücke also immer auch das der Beurteilung zugrunde liegende Bild prägen, sollte darauf geachtet werden, dass umgekehrt alle Daten aus einem Beurteilungsprozess immer auch für andere Zwecke im Rahmen von Arbeits- und Beziehungsgestaltung genutzt werden. Die Beurteilungsperspektive darf nicht dazu führen, dass die Kooperation mit der Lehrerin oder dem Lehrer vom kontrollierenden Beurteilungsinteresse geprägt ist. Wenn nämlich bei Lehrkräften der Eindruck entsteht, alles, was sie tun, würde in einem Protokoll als Beurteilungsgrundlage seinen Niederschlag finden, »entsteht ein bedrückendes Kontroll-Klima. Das Vorgesetzten-Mitarbeiter-Verhältnis wird dadurch nachhaltig belastet« (Steinmann/Schreyögg 2000, S. 625).

6.4.2 Beschreiben

Wenn nicht zu irgendwelchen künftigen Zeitpunkten, zu denen eine Rückmeldung an eine Lehrkraft ansteht, der Rückgriff auf vermutlich nicht mehr sehr präsente Wahrnehmungen mit mehr oder weniger diffusen Eindrücken geschehen soll, muss die Schulleiterin oder der Schulleiter Aufzeichnungen darüber machen, was in einer bestimmten Situation beobachtet wurde. Ob Stichwörter ausreichen oder ob konkrete und detaillierte Beschreibungen erforderlich sind, ist zweifellos auch abhängig vom Verwendungszusammenhang und von der Bedeutsamkeit der Beobachtungen. Je wichtiger die Beurteilung z.B. für die berufliche Laufbahn ist, desto sorgfältiger muss der Umgang mit Daten erfolgen. Rechtlich relevante Sachverhalte (z.B. Verstöße gegen die Anzahl der Klassenarbeiten, Arbeit außerhalb des Rahmens von Richtlinien und Lehrplänen u.Ä.), Pflichtversäumnisse, disziplinarische Aspekte beinhaltende Verhaltensweisen bedürfen einer genauen Dokumentierung. Erkenntnisse aus einer Unterrichtshospitation hingegen wären möglicherweise mit einer stichwortartigen Bemerkung hinreichend genau festgehalten. Die bzw. der Beurteilende beschreibt und dokumentiert seine Beobachtungen, sammelt Daten aus der Überprüfung der Klassenbücher und Klassenarbeitshefte, stellt auf vielfache Weise Leistungsergebnisse fest, ohne die während des Beurteilungszeitraums wesentlichen Situationsbedingungen zu vernachlässigen.

Diese aus dem Auftrag und den Aufgaben von Schulleitung sich ergebende Aktivität war rechtlich lange bestritten und in den Köpfen von Lehrkräften und Leitungspersonen hält sich dieses Verbot hartnäckig. Und zweifellos ist mit der »Führung von Nebenakten« ein psychologisch sehr sensibler Aspekt von Leitungs- und Führungsverhalten angesprochen. Man wird jedoch festhalten müssen, dass die Letztverantwortlichkeit der Schulleiterin oder des Schulleiters für die Arbeit und die Ergebnisse der Schule (Qualitätsmanagement) ohne explizite begleitende, prüfende und bewertende Tätigkeit nicht wahrzunehmen ist. Andererseits wird erneut deutlich, dass erfolgreiche schulische Arbeit im Zusammenwirken aller Beteiligten entscheidend davon abhängt, ob es ein überzeugendes Leitungs- und Führungskonzept gibt, bei dessen Umsetzung sich angesichts einer entsprechenden Feedbackkultur im Kollegium denkbare Störungen auf einem relativ niedrigen Level bewegen.

6.4.3 Bewertung

Die Forderung nach einer wertfreien Beobachtung ist ebenso richtig wie in einem bestimmten Ausmaß illusorisch, weil jede Beobachtung subjektiv gefärbt ist. Man kann nur bemüht sein, die subjektiven Einflüsse möglichst gering zu halten. Dazu trägt nicht unerheblich das bereits zuvor ausgeführte Erfordernis bei, eine möglichst hinreichend große Anzahl von Daten zu sammeln, die darüber hinaus aus vielfältigen Quellen stammt. Damit soll keinesfalls für große Quantitäten plädiert werden, die für sich genommen nicht schon für eine Qualität der Informationen sorgen. Es sei verwiesen auf die Beispiele in den vorangehenden Kapiteln, in denen z.B. Hospitationen in allen Fächern der Lehrerin bzw. des Lehrers und in Lerngruppen unterschiedlicher Alters- und Klassenstufen für zweckmäßig erachtet werden. Ähnliches gilt für das gesamte Aufgaben- und Leistungsspektrum.

Üblicherweise unterscheidet man zwei Ansätze für den Bewertungs- und Beurteilungsprozess:

1. Die bzw. der Beurteilende setzt die dokumentierten Beobachtungs- und Ergebnisdaten und -informationen in Beziehung zu den Soll-Normen, die damit gleichsam einen feststehenden Bewertungsmaßstab bilden. »[...] für die Bereiche Leistung, Arbeitseinsatz und Funktionstüchtigkeit [ist] ein Bewertungsmaßstab unerlässlich« (Knebel 1999, S. 52). Das Ergebnis ist ein alle Aspekte berücksichtigendes Urteil, in das auch die spezifischen Leistungsbedingungen eingeflossen sind. Die Bewertung bezieht sich ausschließlich auf den Beurteilungszeitraum.
2. Der zweite Ansatz beinhaltet den Versuch, die Daten und Eindrücke hinter dem beobachteten Verhalten zu verstehen und zu deuten. Es wird versucht, »die eigentlichen Gründe, die Voraussetzungen, Anlagen, Einstellungen, Motive für dieses Verhalten« aufzuspüren. »Eine solche Beurteilung – die besser als Begutachtung bezeichnet würde – soll den Beurteilten [...] in seiner Gesamtheit erfassen. Mosaikartige Eigenschaftslisten oder unorganische Anhäufungen von Teilgesichtspunkten machen die Beurteilung zur toten Materialsammlung« (ebd.). Dieser zweite Aspekt entspricht den Vorstellungen, die Horster für die Durchführung von Unterrichtsnachbesprechungen in diesem Band (S. 819ff.) beschreibt.

Es liegt auf der Hand, dass eine beide Aspekte berücksichtigende Beurteilung zu Konflikten führen kann, wenn ein bestimmtes Verhalten einer Lehrkraft zwar psychologisch verständlich und nachvollziehbar, andererseits aber mit den Ansprüchen der Schule nicht vereinbar ist. Eine Vorgesetzte oder ein Vorgesetzter sollte sich stets darüber klar sein, welche Zwecke er mit einer Beurteilung verfolgt, d.h.

- ob es um pädagogische Ziele geht (Auslese, Förderung, Weiterbildung, Anerkennung und Kritik),
- ob es um betriebswirtschaftliche Ziele (richtiger Personaleinsatz, Besoldung, Zuschläge/Abschläge, Leistungserfolge) oder
- ob es um »schulbetriebspolitische« Ziele (Personalplanung, Karriereentwicklung, Beförderung, Versetzung oder Kündigung) geht (in Anlehnung an Knebel 1999, S. 54).

Ist die Entscheidungsrichtung klar, kann ein solcher Konflikt wahrscheinlich vermieden werden. Beurteilungen, die alle drei Richtungen abdecken sollen, bergen das erhebliche Risiko, dass die Beurteilten enttäuscht und die Beurteilenden frustriert sind und die Auftraggeber (möglicherweise die Schulaufsicht oder der Schulträger) nicht die gewünschten Informationen und Beurteilungen bezüglich der Verwendung bei einem der drei Aspekte erhalten. Für die Bewertung der Beobachtungen im Schulbereich bedeutet dies, dass es klar definierte konkrete schulinterne Arbeitsanforderungen und Zielvereinbarungen gibt. Sie begründen in der Regel die Bewertungsmaßstäbe. Zusammengefasst erfordert dies:

1. Die Bewertung der Leistung und der Funktionen wird durch einen Ist-Soll-Vergleich ermittelt.
2. Personenbezogene Merkmale können nur vermutet werden. Beurteilende müssen in der Lage sein, über menschliche Eigenschaften und Verhaltensweisen individuell und sorgfältig nachzudenken.
3. Die Bewertung ist abhängig vom Zweck und Ziel der Beurteilung.
4. Soll-Ist-Vergleiche werden durch Anforderungsermittlung und Zielvereinbarungen erleichtert.

6.4.4 Das Ergebnis mitteilen

Üblicherweise erfährt die oder der Beurteilte seine Beurteilung in einem so genannten Beurteilungsgespräch. Es ist vorab kritisch anzumerken, dass es sich in der Praxis nicht selten um eine Mischung verschiedener Gesprächstypen handelt (Mitarbeitergespräch, Feedback, Kritikgespräch, Jahresgespräch, Personalentwicklungsgespräch usw.), deren ursprüngliche Funktion dabei ebenso verloren geht wie die eigentliche Absicht eines Beurteilungsgesprächs, das auf der Basis von Informationen und Beobachtungen gewonnene Ergebnis einer Mitarbeiterin oder einem Mitarbeiter bekannt zu machen. Hat man sich eigens für ein Gespräch entschieden, dessen ausschließlicher Zweck die Bekanntgabe des »Urteils« ist, so kann dies auf verschiedene Weise vorbereitet werden:

- Die Schulleiterin oder der Schulleiter gibt der Lehrerin bzw. dem Lehrer den Entwurf seines Urteils vielleicht eine Woche vor dem Gespräch zur Kenntnis mit der Erwartung, es zu prüfen und in den Einzelheiten und insgesamt zum Gegenstand einer Erörterung und ggf. auch einer Veränderung zu machen.
- Schulleiter/in und Lehrkraft fertigen unabhängig voneinander einen Entwurf und konfrontieren sich damit im Beurteilungsgespräch. Ergebnis kann eine Aufnahme weiterer Daten oder eine modifizierte Sicht von Beobachtungen durch die Schulleiterin bzw. den Schulleiter sein, was sich in einer Veränderung des Urteils niederschlagen kann. Umgekehrt könnte die Lehrerin oder der Lehrer andere oder zusätzliche Sichten bestimmter Prozesse oder Leistungsdaten gewinnen, die zu einer Revision seiner Selbsteinschätzung führen.
- In beiden Fällen sollte die bzw. der Beurteilende die seiner Beurteilung zugrunde liegenden Kriterien und Leistungsstandards bekannt geben oder sie sogar zuvor mit dem Beurteilten gemeinsam entwickeln. Ein solcher Prozess kann natürlich für die Zusammenarbeit zwischen Schulleiter/in und dem gesamten Kollegium stattfinden und sich z.B. insbesondere im Anschluss an eine Leitbild- und Schulprogramm-

wicklung anbieten, wenn ein gemeinsames Qualitätsmanagementkonzept verabschiedet wird. In einem solchen Zusammenhang würde die Verständigung über das Bild einer wirksamen Lehrerin bzw. eines wirksamen Lehrers, über die künftige Arbeit mit Zielvereinbarungen und konkreten Beschreibungen von Kriterien und Standards hinsichtlich ihrer Erreichbarkeit erfolgen.

Ob ein noch so gut und professionell vorbereitetes Beurteilungsgespräch angesichts der bereits beschriebenen grundsätzlichen Bedenken (»Weichheit« der Leistungsziele, fehlende Leistungsanreize, Zuweisung individueller Anteile an Leistungsergebnissen usw.) die angestrebten Ziele zu erreichen vermag, bleibt allerdings sehr fraglich. Wenn man davon einmal absieht, dürften die Chancen auf mehr Annahme einerseits und auf eine größere Effektivität andererseits verbessert werden, wenn gewährleistet werden kann, dass in Abkehr von der bislang in Schulen geübten Praxis reine Beurteilungen regelmäßig und in sehr viel kürzeren Abständen als bisher (alle 7–20 Jahre) durchgeführt würden. Denn Beurteilungen sind grundsätzlich Momentaufnahmen mit einem logischerweise – wenn überhaupt – zeitlich sehr begrenzten Anspruch auf eine auch nur annähernde Richtigkeit. Wenn schon eine der Erwartungen an die Wirkung einer Beurteilung ein verändertes Leistungsverhalten sein soll, dann ist kaum zu erklären, warum weitere »Momentaufnahmen«, die Rückmeldung über den Erfolg oder Misserfolg geben könnten, in solch großen zeitlichen Abständen erfolgen.

Die Konsequenz aus diesen Überlegungen kann nur sein, dass Regelbeurteilungen, die zurzeit möglicherweise »ausgesetzt« sind, komplett gestrichen und durch geeignete Mittel ersetzt werden. Was die Anlassbeurteilungen betrifft, bleiben die zuvor beschriebenen Bedenken zwar erhalten. Man kann ihren Einfluss jedoch – zumindest theoretisch – verringern und zugleich die Effizienz und Wirksamkeit eines professionell gehandhabten Personalmanagementkonzepts erhöhen, wenn eine Schulleiterin oder ein Schulleiter regelmäßig Mitarbeitergespräche mit den Lehrkräften führt, innerhalb derer auch die fachliche und pädagogische Leistung und die Weiterentwicklung als Lehrer/in, die Erprobung und Förderung in neuen Funktionen von Leitung und Führung oder Schulentwicklung Gesprächsgegenstand und ggf. auch Gegenstand expliziter Verabredung und Entscheidung ist. Die gemeinsame Überprüfung von Ziel- oder Zwischenzielerreichung geht in überschaubaren und relativ kurzen Zeitabständen vonstatten. Mit anderen Worten: Auf diese Weise steht eine Vielzahl von stets aktuellen und organisch entstandenen Daten zur Verfügung, auf die im Bedarfsfall einer Anlassbeurteilung zurückgegriffen werden kann.

6.4.5 Beurteilungsgespräch

Das Beurteilungsgespräch dürfte die vielleicht wichtigste Rolle des Leistungsbeurteilungsprozesses spielen. Dies betrifft nicht in erster Linie den Kommunikationsstil, der dazu dienen soll, die Ergebnisse der Beurteilung dem Beurteilten möglichst »kommunikationstechnisch geschickt« mitzuteilen. Vielmehr geht es um die Wahrnehmung der nicht selten sehr belastenden und außerordentlich schwierigen Führungsaufgabe, die wahrzunehmen jede/r Vorgesetzte bereit und fähig sein muss. Je stimmiger sie im Verhältnis zum sonst praktizierten Führungsverhalten der oder des Vorgesetzten ist, desto annehmbarer, weil ernst zu nehmen, werden Beurteilte Gespräch und Urteil wahrnehmen können.

Für die Führung eines erfolgreichen Beurteilungsgesprächs haben sich die folgenden sechs Gesichtspunkte (Steinmann/Schreyögg 2000, S. 629) als besonders wichtig erwiesen:

1. »*Dialog:* Wenn das Beurteilungsgespräch tatsächlich auf eine Verhaltensänderung bei dem Mitarbeiter abzielen soll, muss dieser die Gelegenheit haben, sich aktiv am Gespräch zu beteiligen und nicht nur einem Vortrag zuzuhören. Der Mitarbeiter muss das sichere Gefühl haben, dass man an seinen Überlegungen interessiert ist, dass alle die Probleme, die ihn bedrücken, auch zur Sprache kommen können, dass er auch von sich aus Probleme zum Thema machen kann. Es ist deshalb von zentraler Bedeutung, dass der Mitarbeiter im Beurteilungsgespräch zum Sprechen kommt und Raum für die Darlegung seiner Vorstellungen, Wünsche und Ziele erhält.
2. *Wertschätzung:* Es hat sich als sehr wichtig erwiesen, dass auch und gerade kritische Beurteilungsgespräche auf der Basis einer grundsätzlichen Wertschätzung geführt werden. Verletzende Kritik findet nur Ablehnung und Abwehr zum Schutze der eigenen Persönlichkeit.
3. *Dosierte Kritik:* Zu viel Kritik wirkt entmutigend; es werden offene oder verdeckte Schutzmechanismen hervorgerufen, die den ganzen Feedbackprozess leer laufen lassen.
4. *Arbeitsverhalten:* Nur solche Gespräche haben sich als wirkungsvoll erwiesen, die konkret und unmittelbar am Arbeitsverhalten der Lehrperson ansetzen und nicht global an ihrer Persönlichkeit. Es geht nicht darum, generelle Persönlichkeitsdispositionen zu erörtern, sondern um konkrete Probleme bei der Arbeit. [...]
5. *Entwicklungsziele:* Es hat sich als sehr wichtig erwiesen, dass in Beurteilungsgesprächen konkrete Pläne entwickelt werden, wie eine Verbesserung erzielt werden kann. Im Vordergrund muss die zukunftsgerichtete Problemlösung stehen und nicht der rückwärts gewandte Tadel für irgendwelche Vorkommnisse oder Versäumnisse.«

Die Verantwortung für schlechte Ergebnisse muss sich die Schulleiterin bzw. der Schulleiter zurechnen lassen, wenn er in Kenntnis der Schwächen und Stärken einer Lehrperson diese – trotz anderer Lösungen – mit Aufgaben belastet, die sie nach gegenwärtigem Stand nicht zu bewältigen in der Lage ist. Ausschlaggebend für einen Einsatz muss sein, dass die Stärken einer Lehrperson für die Zwecke der Schule in ihrer weiteren Entwicklung genutzt werden können. Darüber hinaus müsste bezüglich der Schwächen geprüft werden, ob und inwieweit die Schulleitungsperson ihr Änderungsverlangen äußern und deutlich machen muss, wo eine Verhaltensänderung sowohl erforderlich als auch möglich erscheint, und wie die negativen Wirkungen von Schwächen begrenzt werden können.

6. »*Offenheit:* Beurteilte schätzen es wenig, wenn Beurteilungsgespräche nach taktischen Mustern aufgebaut werden. Besonders negativ wird die sog. Sandwich-Methode erlebt: Auf eine große lobende Einleitung folgen einige bittere ›Einlagen‹, um sie dann mit großen lobenden Trostworten abzuschließen. Ist der Aufbau durchschaut, wartet die beurteilte Person nur noch ängstlich darauf, wann der bittere Teil kommt« (ebd.).

Bartz (2004, S. 45) fasst die Struktur und die Phasen des Beurteilungsgesprächs folgendermaßen zusammen:

- »*Zielstellung*
  – Die Beurteilung und die Eindrücke und Daten, die zu ihr geführt haben, offen legen,
  – Transparenz der Beurteilung herstellen,
  – Konsens und Dissens zwischen der beurteilenden und der beurteilten Person im Bezug auf die Beurteilung klären,
  – das aus der Beurteilung sich ggf. ergebende Änderungsverlangen der Leiterin bzw. des Leiters deutlich machen,
  – die Perspektiven und Maßnahmen der weiteren Entwicklung vereinbaren.
- *Vorbereitung*
  – Inhaltlich: Klärung der Eindrücke, Daten und Informationen, die der Beurteilung zugrunde liegen, und der Beurteilungskriterien und -standards durch die Vorgesetzte bzw. den Vorgesetzten und durch die Mitarbeiterin bzw. den Mitarbeiter,
  – Rahmenbedingungen: Störungen – z.B. Telefonanrufe o.Ä. – ausschließen.
- *Orientierungsphase*
  – Es geht um die Offenlegung der Beurteilung und die Konsequenzen und Perspektiven, die sich aus ihr ergeben.
  – Wie soll das Gespräch strukturiert werden und was ist seine Zielsetzung? Was bietet die Schulleiterin bzw. der Schulleiter im Beurteilungsgespräch an? Was erwartet die Lehrperson? Wie viel Zeit steht für das Gespräch zur Verfügung?
- *Klärungsphase*
  – Konstruktiver und rekonstruktiver Abgleich der Beurteilungskriterien und der Qualitätsstandards und -indikatoren zwischen der beurteilenden und der beurteilten Person, Austausch der Einschätzungen, in welchem Maß die Mitarbeiterin bzw. der Mitarbeiter die Qualitätsstandards erreicht hat und an welchen Indikatoren sich das in seinem Arbeitsverhalten zeigte,
  – Klären von Konsens oder Dissens im Hinblick auf die Beurteilung,
  – Klärung des weiteren Beurteilungsverfahrens,
  – ggf. Änderungsverlangen als Vorgesetzte bzw. Vorgesetzter deutlich machen.
- *Veränderungs- oder Lösungsphase*
  – Sammeln von Lösungsvorschlägen, Maßnahmen, Zielen, Ideen zur Weiterentwicklung der Lehrperson auf der Grundlage der Beurteilung (z.B. Übernahme von Sonderaufgaben, Unterrichtseinsatz, Fortbildung).

- Lösungsfragen (Prozessberatung) oder Lösungsvorschläge (Expertenberatung) durch die Schulleiterin bzw. den Schulleiter, wenn die Lehrperson Beratung wünscht.
- *Abschlussphase*
  - Was ist das Ergebnis?
  - Wie geht es der Lehrperson mit dem Ergebnis/mit dem Gespräch (Kontrakt über Maßnahmen, Unterstützung, Aufgaben, Folgegespräche, Folgebeurteilungen)?«

Selbst wenn eine Schulleiterin oder ein Schulleiter den Eindruck hat, dass die Beurteilungsgespräche zufriedenstellend verlaufen, sollte er misstrauisch gegenüber seiner eigenen Wahrnehmung und vor allem gegenüber der vermuteten oder sogar erklärten Einschätzung durch die beurteilte Lehrperson sein. Für eine kritische Reflexion des Beurteilungsgesprächs bietet der folgende Fragenkatalog eine Orientierungsgrundlage, die beide Beteiligte jeweils für sich oder auch im Abgleich nutzen können:

- *Der Einstieg:*
  - Gelang es (beiden), ein offenes und akzeptierendes Klima herzustellen?
  - Herrschte Übereinstimmung über Zweck und Verlauf des Gesprächs?
  - Waren beide Seiten gut vorbereitet?
- *Während des Gesprächs:*
  - In welchem Umfang versuchte die Schulleiterin/der Schulleiter, die Lehrkraft zu verstehen?
  - Waren die Beurteilungsgrundlagen, -kriterien und -standards geklärt bzw. wurden sie am Anfang geklärt?
  - War das Feedback der Schulleiterin/des Schulleiters klar und spezifisch?
  - Lernte die Schulleiterin bzw. der Schulleiter dazu? Wurden neue Gesichtspunkte und Informationen berücksichtigt und konnte die Lehrperson ihre Vorstellungen, Gefühle und Anliegen einbringen?
  - Endete das Gespräch in gegenseitiger Übereinstimmung über Probleme und Verbesserungsansätze?
- *Ergebnisse:*
  - Motivierte das Gespräch die Lehrerin/den Lehrer?
  - Führte die Aussprache zu einem besseren Aufgaben- und Problemverständnis?
  - Verließ die Lehrperson das Gespräch mit einer klaren Vorstellung über ihre Einschätzung durch die Schulleiterin/den Schulleiter?
  - Kam die Schulleiterin bzw. der Schulleiter zu einer realistischeren und gerechteren Einschätzung der Lehrperson?
  - Lernte sie bzw. er etwas Neues über die Lehrperson?
  - Lernte die Lehrperson etwas Neues über ihre Schulleiterin/ihren Schulleiter?
  - Hat sie eine klare Vorstellung darüber, was zur Verbesserung der Leistungen zu tun ist?

Zentrale Erkenntnis und Forderung bezüglich der Rückmeldung von Leistungswahrnehmungen und Leistungsansprüchen an eine Lehrkraft muss – wie oben unter 2.2 (S. 591ff.) dargelegt – sein, dass jegliches Feedback eingebunden ist in ein überzeugendes, d.h. erkennbar plausibles und glaubwürdiges System von Beurteilung, das nach und nach selbstverständlicher Bestandteil der jeweiligen Schulkultur wird.

7. Fazit

Die einfachste und auch weit verbreitete Vorstellung von Leistungsbeurteilungen in der Literatur ist es, ein geeignetes, fast narrensicheres Verfahren zu haben, welches die Einflüsse durch Beurteilende und Beurteilte ausschaltet. Nach der Diskussion und in Kenntnis der bislang beschriebenen Probleme wäre es ein Fehler, mit einer solch statischen und blauäugigen Auffassung an die Gestaltung von Beurteilungssystemen heranzugehen.

In der Literatur, aber auch in der Praxis, wird im Allgemeinen versucht, durch die Entwicklung genauer analytischer Instrumente zur Bewertung positionsbezogener Aufgabenanforderungen, durch die Entwicklung relevanter, valider, objektiver und reliabler Verfahren oder durch Beurteilertraining die jeweilige Sicherheit des Beurteilungsverfahrens zu erhöhen. Die durch solche Maßnahmen nicht zu vermeidenden »Beurteilerfehler« versucht man noch weiter dadurch zu kontrollieren, dass die in den Beurteilenden ablaufenden kognitiven und motivationalen Prozesse auf Fehlerquellen mit dem letztendlichen Ziel ihrer Kontrollierbarkeit studiert werden. Man geht davon aus, »richtiges« Beurteilen sei eine Frage der Eliminierung subjektiver Elemente und der Anwendung der richtigen, d.h. sachlichen und fehlerfreien Verfahren. Ausgeblendet werden damit prinzipiell vorhandene Probleme der Leistungsbeurteilung sowie die subjektive Individualität mit ihren darin liegenden Möglichkeiten für die Beurteilung (insbesondere für die Interpretation).

Die Lektüre der skizzierten Unzulänglichkeiten bei der Beurteilung von Leistungen mag zwar manches Argument gegen die Leistungsbeurteilung liefern; sie rechtfertigt aber nicht die generelle Ablehnung von Leistungsbeurteilungen in Organisationen. Faktisch ist der gesamte menschliche Auffassungs- und Einschätzungsbereich in dem angesprochenen Sinne fehlerbehaftet. Wir sind permanent gezwungen, mit solchen uneindeutigen Situationen umzugehen. Ein Verzicht auf Beurteilungen wäre insofern dem Verzicht auf jegliches Tun gleichzusetzen. Beurteilungen sind aber sinnvoll und auch notwendig in Organisationen. Sie ermöglichen, sofern sie unter Berücksichtigung der Probleme durchgeführt werden, Analysen über die bisherige Leistungserbringung und geben dadurch Hinweise über notwendige Veränderungen in der Zukunft.

Die Resultate der vorangegangenen Analyse sind für manche – zunächst – desillusionierend. Haben sie doch die Möglichkeit, Leistungen endgültig und treffend beurteilen zu können, widerlegt. Ziel war es jedoch nicht, die Unbrauchbarkeit von Leistungsbeurteilungen aufzuzeigen. Grundsätzliches Erkenntnisziel war es vielmehr, deren Grenzen hervorzuheben und damit gleichzeitig deren Möglichkeiten zu begründen, um schließlich von einer realistischen Basis ausgehend zukünftig Beurteilungsverfahren gestalten und einsetzen zu können. Nur wenn man die Grenzen der Beurteilung von Leistungen in Organisationen kennt und diese bzw. das verbleibende Machbare auch bei der Umsetzung von betrieblichen Beurteilungsverfahren berücksichtigt, hat man überhaupt die Chance, tatsächlich Leistungen zu beurteilen. Die *Möglichkeiten* der Leistungsbeurteilung lassen sich wie folgt formulieren:

- Das jeweils arbeitsplatz- und periodenbezogene Leistungsverständnis kann von dazu kompetenten Beurteilenden mithilfe von spezifischen, ausgewählten Beurteilungskriterien modellhaft für die Bewertung ausgedrückt werden.
- Dieses Modell besteht aus einem Set von für die bestimmte Person-Umwelt-Situation ausgewählten, sich ggf. verändernden Subkriterien, die sich in ihren erwarteten Soll-Ausprägungen auf das jeweilige Leistungsverständnis beziehen.
- Die Beurteilungsinstrumente sind so zu gestalten, dass sie den Beurteilenden Hilfen an die Hand geben, weitgehend nachvollziehbar vorzugehen.
- Beurteilungstraining kann mit Unterstützung der Beurteilungsinstrumente helfen, automatisch stattfindende kognitive Prozesse der Beurteilenden diesen bewusst werden zu lassen.
- Das subjektive Verstehen der jeweiligen Leistung ermöglicht einen verbesserten Zugang zu den Zusammenhängen.
- Solange die Beurteilung nicht auf mögliche Sanktionen im Ergebnis ausgerichtet ist, sondern Leistungsdiagnose für die Organisation und für die Mitarbeiter/innen zum Ziel hat, sind weniger mikropolitische Verzerrungen zu erwarten.
- Im Mittelpunkt sollte vor allem stehen, die Vorgesetzten-Mitarbeiter-Beziehung durch einen zukunftsgerichteten und strukturierten Prozess zu fördern. Nicht »Nachkarten«, sondern Innovation und Wahrung des Guten steht im Vordergrund.

Literaturverzeichnis

Bartz, A. (2004): Personalbeurteilung. In: Personalmanagement in Schule. Hrsg. vom Landesinstitut für Schule. Bönen/Westf.

Becker, F.G. (^{4}2003): Grundlagen betrieblicher Leistungsbeurteilungen. Leistungsverständnis und -prinzip, Beurteilungsproblematik und Verfahrensprobleme. Stuttgart.

Becker, F.G./Buchen, H. (2001a): Objektivität von Leistungsbeurteilungen. Plädoyer für die bewusste Verzerrung von Leistungsbeurteilungen von Lehrern und Schulleitern!?! In: Buchen/Horster/Rolff 1994ff., Beitrag C 5.3.

Becker, F.G./Buchen, H. (2001b): Strukturelle Führung. Ein Konzept auch für die Schule. In: Buchen/Horster/Rolff 1994ff., Beitrag C 1.2.

Berthel, J./Becker, F.G. (2003): Personal-Management. Stuttgart.

Buchen, H./Horster, L./Rolff, H.G. (Hrsg.) (1994ff.): Schulleitung und Schulentwicklung. Erfahrungen, Konzepte, Strategien (Loseblattsammlung). Berlin.

Dubs, R. (2001): Die Honorierung von Leitungskräften. In: Buchen/Horster/Rolff 1994ff., Beitrag C 5.4.

Dubs, R. (2004): Qualitätsmanagement. In: Personalmanagement in Schule. Hrsg. vom Landesinstitut für Schule. Bönen/Westf.

Hoffmann, A./Schmidt, K.D. (2003): LEO und INES – neue Plattformen für das nordrhein-westfälische Lehrereinstellungsverfahren. In: SchulVerwaltung NRW, H. 7/8, S. 211–213.

Knebel, H. (1999): Taschenbuch Personalbeurteilung. Heidelberg.

Ministerium für Schule und Weiterbildung, Wissenschaft und Forschung des Landes Nordrhein-Westfalen (Hrsg.) (1999): Anforderungsprofile. Schulleitung, Seminarleitung, Schulaufsicht. Frechen.

MSWWF *siehe* Ministerium für Schule und Weiterbildung, Wissenschaft und Forschung

Orth, G. (1994): Beurteilung von Lehrkräften im Spannungsfeld unterschiedlicher Sichtweisen und Ansprüche. Beurteilungen müssen in ein Gesamtsystem von Personalentwicklung integriert werden. In: Buchen/Horster/Rolff 1994ff., Beitrag C 5.1.

Sassenscheidt, H. (2004): Mit dem strukturierten Einstellungsinterview Bestenauswahl erreichen. Professionelle und schulgenaue Personalauswahl. In: Buchen/Horster/Rolff 1994ff., Beitrag C 2.14.

Steinmann, H./Schreyögg, G. (^{5}2000): Management. Grundlagen der Unternehmensführung. Konzepte, Funktionen, Fallstudien. Wiesbaden.

Wunderer, R. (1978): Personalverwendungsbeurteilung (PVB). In: Personalenzyklopädie. Das Wissen über Menschen und Menschenführung in modernen Organisationen, Band III. München, S. 192–199.

Hajo Sassenscheidt

Personalauswahl schulgenau

1.	Nur die Besten sollten in den Lehrerberuf	646
2.	Schulen müssen ihr Personal selbst auswählen können	647
3.	Welche auswahldiagnostischen Verfahren passen zur Schule?	649
4.	Das strukturierte Einstellungsinterview: die Methode der Wahl	651
4.1	Das A und O der Bestenauswahl: die Anforderungsanalyse	652
4.2	Die Vorbereitung auf das Auswahlgespräch	654
4.3	Das Auswahlinstrument Dokumentenanalyse: Was lässt sich den Bewerbungsunterlagen entnehmen?	654
4.4	Wie kann das Interview zu einem wirksamen Auswahlinstrument werden?	655
4.5	Wie stellt man anforderungsbezogene Fragen?	663
4.6	Gibt es rechtlich unzulässige Fragen?	670
5.	Auswertung des Interviews	670
6.	Informationen an abgelehnte Bewerber/innen	671
Literaturverzeichnis		672

1. Nur die Besten sollten in den Lehrerberuf

Die Qualität des pädagogischen Personals an deutschen Schulen ist in die Kritik geraten:

- Internationale Vergleichsuntersuchungen attestieren Mängel bei wichtigen Kompetenzen (beispielsweise Diagnosefähigkeit oder die Fähigkeit, mit Unterschieden umzugehen).
- Schüler/innen beklagen seit längerem das geringe Interesse der Lehrer/innen an ihrem Lernerfolg und ihrer persönlichen Situation.[1]
- Frühpensionierungen und Burnout verursachen individuelle, betriebs- und volkswirtschaftliche Kosten.
- Schätzungen von Fachleuten lassen vermuten, dass bis zu 30 Prozent der Lehrkräfte an deutschen Schulen für den Beruf nicht gut geeignet sind.

---

1 Beispielsweise bei den regelmäßigen Umfragen des Dortmunder Instituts für Schulentwicklungsforschung.

Individualisierende Lehrerschelte ist in diesem Zusammenhang nicht angebracht. Für jahrzehntelange Missstände und Fehlentwicklungen in der Rekrutierung und Qualifizierung von Lehrkräften tragen Politik und Kultusbürokratie die Verantwortung. »Überlegungen zu curricularen und didaktischen Defiziten des Unterrichts [im Zusammenhang mit PISA] führen zu der Frage nach Qualifikationsdefiziten bei Lehrerinnen und Lehrern: Diese Frage ist nicht als verdeckter Vorwurf zu formulieren. Viele Lehrkräfte tun ihre Arbeit engagiert nach besten Kräften. Aber sie sind von einer Ausbildung und die Sozialisation durch eine Unterrichtskultur geprägt, die [...] ihrerseits defizitär sind« (Lange 2003, S. 198). Auch jetzt lassen die aktuellen Bemühungen um eine Reform der Lehrerbildung entscheidende Weichenstellungen in Richtung auf professionelle Bestenauswahl unter Lehramtsbewerberinnen und -bewerbern noch nicht erkennen. Man sollte allerdings die Einflussmöglichkeiten von Politik und Kultusministerien nicht überschätzen. Die seit einigen Jahren möglichen OECD-Vergleiche weisen auf wirkungsmächtige kulturelle Unterschiede hin: Von finnischen Verhältnissen – es besteht breiter gesellschaftlicher Konsens in Bildungsfragen, der Lehrerberuf hat hohes gesellschaftliches Renommee, die Besten eines Altersjahrgangs streben zur Lehrertätigkeit – sind wir noch weit entfernt.

2. Schulen müssen ihr Personal selbst auswählen können

Gleichwohl gibt es in Deutschland erfreulicherweise zunehmend Bemühungen, die Verantwortung der Einzelschule und ihrer Schulleitung für das Personalmanagement und damit auch für die Personalauswahl auszuweiten. Schulleitungen und Auswahlgremien können dabei Diagnoseverfahren nutzen, die sich seit langem in Privatwirtschaft und öffentlicher Verwaltung bewährt haben. Zunächst einige Leitgedanken zur Auswahl von Lehrkräften:

- Die Schulforschung hat gezeigt, dass Eingangsvoraussetzungen und Fähigkeiten von Lehrerinnen und Lehrern zu den zentralen Erfolgsfaktoren guter Schulen gehören. Newmann u.a. (2000) kommen bei ihren Arbeiten zum Entwicklungspotenzial von Schulen zu dem Schluss, dass dieses aus fünf Komponenten besteht (zit. nach Fullan 2000, S. 13):
  – »Fertigkeiten, Wissen und Veranlagungen von Einzelpersonen,
  – Breite der professionellen Lerngemeinschaft,
  – Kohärenz des Programms,
  – Ressourcen,
  – Rolle des/r Schulleiters/in.«
  Die Komponenten sind interdependent und nicht additiv: Gute Schulleitung, Ressourcen etc. bleiben relativ wirkungslos, wenn das Personal überwiegend unfähig ist.
- Die Schulleitung benötigt deshalb substanzielle Möglichkeiten, Personal auszuwählen, differenziert und auch materiell auf Leistungsspitzen und Versagen zu reagie-

ren und im Extremfall unfähige Lehrkräfte zu entlassen.[2] Lehrerverhalten und -erfolg sind eng mit unterrichtlichen und schulsystemischen Kontextbedingungen verwoben. Ein idealtypisches Lehrerprofil im Sinne einer homogenisierenden Erwartungsnorm wäre unrealistisch und auch nicht wünschenswert. Gleichwohl machen Studien zum Umgang mit Belastungen des Schulalltags relativ stabile Persönlichkeitsdispositionen sichtbar, die im Lehrerberuf nützlich sind und die sich im Laufe des Lebens früh feststellen lassen (Schaarschmidt 2002, S. 13; Kieschke 2000). Die Erfahrungen in der Arbeit mit Lehramtsanwärtern unterstützen die Plausibilität der Befunde (Sieland 2002). Die Forderung nach Eignungstests für Lehramtsanwärter/innen taucht deshalb in der öffentlichen Debatte über den Reformbedarf des Bildungssystems nicht zufällig auf.[3]

- Jenseits empirisch-analytischer Persönlichkeitsdiagnostik sind bei der Eignungsdiagnose von Lehrkräften nach wie vor die beiden Schlüsselkategorien Hartmut von Hentigs anregend: Kann die Lehrperson
    - »die Sachen klären« (Leidenschaft für ein Thema, ein Fach);
    - »die Menschen stärken« (Freude und Interesse daran, Heranwachsende in ihrer Entwicklung zu begleiten und zu unterstützen).

  Damit werden die zentralen Eignungsvoraussetzungen für pädagogische Tätigkeit auf den Punkt gebracht.

- Bei der Auswahl von Führungspersonal gilt die Faustformel von Personalentwicklern: 80 Prozent dessen, was die Bewerberin oder der Bewerber in der neuen Position leisten muss, ist durch sorgfältige Personalauswahl zu sichern; 20 Prozent kann durch Personalentwicklung (Fort- und Weiterbildung, Förderung am Arbeitsplatz etc.) erreicht werden. Fehler in der Personalauswahl lassen sich später kaum noch oder nur mit erheblichen Kosten korrigieren. Diese Faustformel gilt auch für die schulgenaue Auswahl von Lehrkräften.

- Es gilt ein in diesem Zusammenhang fundamentaler Hinweis der Systemtheorie: Der Beobachter hat »auf das Beobachtete sowie die dadurch ausgelösten Rückkoppelungen [...] nachhaltige[n] Einfluss« (Freimuth 2004, S. 73). Wenn aber das Wesentliche des Beobachtens, der Prozess der Wahrnehmung, eliminiert wird, »degradieren wir den Beobachter zu einer Kopiermaschine und der Begriff der Verantwortung wird erfolgreich ausgeschlossen« (Foerster 1993, zit. nach Freimuth 2004, S. 73). Damit der Respekt vor der Subjektivität von Beurteilungen nicht in unverbindliche Beliebigkeit ausartet, sind ein konsensfähiges Rationale sowie dialogische Verständigungsformen unerlässliche Bestandteile eines Auswahlverfahrens. Dann lässt sich »die Rolle des Subjekts im Prozess der Personalauswahl [...] auf kontrollierte Weise und mit Gewinn integrieren« (Rastetter 1999, S. 14).

---

2   Einzelne Bundesländer, beispielsweise Hamburg, führen neue Formen regelmäßiger Lehrerbeurteilung ein; diese können auf mittlere Sicht mit der zurzeit in Gang gekommenen Reform der Beamtenbesoldung verknüpft werden.

3   So im prognos-Gutachten *Bildung neu denken! Das Zukunftsprojekt:* »Die Zulassung von Lehramtsstudenten zum Studium folgt einem Leistungs- und Eignungstest« (vbw 2003, S. 13).

3. Welche auswahldiagnostischen Verfahren passen zur Schule?

Instrumente und Verfahren der Personalauswahl sollten folgenden Kriterien genügen:

- *Objektivität*: Der Spielraum für subjektive, im Auswertungsgespräch der Entscheider strittige und nicht konsensualisierbare Ergebnisbewertungen ist sehr gering oder bei Null.
- *Reliabilität* oder Zuverlässigkeit: Der Einfluss von Zufallsschwankungen und Tagesform der Bewerberin bzw. des Bewerbers auf das Ergebnis ist niedrig, die Diagnose bleibt längerfristig stabil und verlässlich.
- *Validität* oder prognostische Treffsicherheit: Die Eignungsaussage bewährt sich im künftigen Berufsalltag und stimmt überein mit Kriterien erfolgreichen beruflichen Handelns.
- *Ökonomie:* Die Kosten (Herstellung, Pflege, Material, Personal) des Auswahlverfahrens stehen in vernünftigem Verhältnis zum diagnostischen Ertrag.
- *Akzeptanz:* Das Verfahren passt zur Kultur von Schule und Pädagogenberuf und wird dort akzeptiert.

Die Anwendung dieser Kriterien auf die gängigen Verfahren der Personalauswahl – deren sorgfältige, den »Regeln der Kunst« entsprechende Konstruktion vorausgesetzt – kommt zu folgendem Ergebnis:

- *Intelligenztests und Fragebögen* (biografische Inventare, Persönlichkeits-Fragebögen): Sie sind meist objektiv, reliabel und valide. Allerdings sollten sie nur von geschulten Expertinnen und Experten angewandt werden, das erhöht die Kosten. Es ist zu vermuten, dass sie im schulischen Auswahlkontext derzeit keine Akzeptanz finden.
- *Assessment-Center:* Die Kandidatinnen und Kandidaten absolvieren in zwei bis drei Tagen verschiedene Übungen und Anforderungssituationen. Sie werden dabei von geschulten Beobachtern bewertet. Die Beobachtungen werden zu einer Eignungsprognose zusammengefasst. Assessment-Center sollten nicht »von der Stange gekauft«, sondern anforderungsentsprechend konstruiert werden. Das übersteigt das Budget der Einzelschule. Auch der Zeitaufwand und die Beobachterschulung verursachen Kosten. Sorgfältig konstruierte Assessment-Center sind objektiv, reliabel und erzielen attraktive Trefferquoten (Validität). Fraglich ist, ob sie zur Kultur der Schule passen.
- *Einstellungsinterview:* In den meisten Unternehmen ist das Gespräch mit der Bewerberin oder dem Bewerber nach wie vor das beliebteste und am häufigsten angewandte Auswahlverfahren. Die Vorliebe für das Interview hat mehrere Gründe:
  - Es lässt sich in unterschiedlichsten Anwendungskontexten und Auswahlsituationen einsetzen (»Multifunktionalität«);
  - es ermöglicht, bei Unklarheiten und Alternativen in der Situation selbst nachzufassen (»Flexibilität«);

– man kann ein breites Spektrum verschiedenster Aspekte und Fragen ansprechen (»Breitbandtechnik«);
– es hat als Auswahlinstrument große Akzeptanz bei Bewerberinnen und Bewerbern; gleichzeitig haben die im Gespräch gewonnenen Eindrücke eine hohe Plausibilität für den Interviewer (»Augenscheingültigkeit«).

Das Interview dürfte somit bei schulischer Personalauswahl dem Akzeptanzkriterium genügen. Auch der Aufwand erscheint kalkulier- und zumutbar.

Es ist verständlich, dass viele Personalverantwortliche wegen der beschriebenen Vorteile auf das Gespräch als »natürliche« und naheliegende Quelle von Eindrucks- und Entscheidungsbildung zurückgreifen. Auswahlgespräche finden allerdings häufig in freier Form und *unstrukturiert* statt. Untersuchungen zur diagnostischen Qualität des *unstrukturierten* Interviews als Auswahlinstrument kommen immer wieder zu ernüchternden Ergebnissen (siehe u.a. Jetter 2003, S. 85):

- *Die Mehrzahl der berücksichtigten Informationen ist irrelevant:* Häufig werden Fragen ohne Bezug zu den Anforderungssituationen der zu besetzenden Position gestellt; individuelle Interessen und Vorlieben des Interviewers oder weitschweifige Ausführungen der Bewerberin oder des Bewerbers, die mit dem eigentlichen Thema nichts zu tun haben, führen zu bedeutungslosen Informationsmengen und belasten nach dem Prinzip »Gesagt ist gesagt« die Aufnahmekapazität der Interviewer.
- *Die meisten Entscheidungen werden zu früh getroffen:* Die meisten Interviewer kommen schon in den ersten Gesprächsminuten zu einer gefühlsmäßigen Richtungsentscheidung, ob die Bewerberin oder der Bewerber »passt« oder nicht. Diese »Aus-dem-Bauch-Entscheidung« lenkt dann mehr oder weniger bewusst die weiteren Fragen und Entscheidungsabläufe. Damit besteht das Risiko eines vorschnellen und selektiven Umgangs mit Informationen, Fragen und Eindrücken.
- *Für einen großen Teil der Ergebnisse ist Sympathie verantwortlich:* Nicht selten werden Entscheidungen weniger auf der Grundlage anforderungsrelevanter Fakten, sondern aus einer gefühlsmäßigen Sympathie gegenüber der Bewerberin oder dem Bewerber gefällt.
- *Interviewer gewichten Negatives/Widersprüchliches stärker als Positives:* Der verständliche Versuch des Interviewers, Fehlentscheidungen zu vermeiden, verführt gelegentlich dazu, Informationen durch die »Negativlupe« zu betrachten. Die Folge: Auswahlrelevante Eindrücke zugunsten der Bewerberin oder des Bewerbers werden nicht angemessen gewichtet.
- *Die Interviewer reden länger als die Bewerberin bzw. der Bewerber:* Besonders wenn sich in einer Auswahlkommission mehrere Interviewer mit der Bewerberin oder dem Bewerber beschäftigen, ist die Gefahr ungleicher Redeanteile groß. Dies mindert die Möglichkeiten, in der häufig knapp bemessenen Zeit möglichst viel über eine Kandidatin oder einen Kandidaten zu erfahren.
- *Interviewer haben keine ausreichende Information über die Anforderungen:* Die Folge ist, dass Fragen gestellt werden, die keinen Bezug zu den Anforderungssituationen der ausgeschriebenen Stelle haben.

Das freie Vorstellungsgespräch genügt also den Kriterien der Objektivität, Reliabilität und prognostischen Treffsicherheit meist nicht. Anders sieht es aus bei dem Interviewtyp, der hier vorgestellt und den Schulen für schulgenaue Einstellungen empfohlen wird: dem strukturierten Einstellungsinterview.

4. Das strukturierte Einstellungsinterview: die Methode der Wahl

Die Fehlerrisiken lassen sich erheblich einschränken, wenn das Interview als *strukturiertes* Gespräch nach einem vorbereiteten Ablaufplan durchgeführt wird. Strukturierte Auswahlinterviews erzielten in empirischen Studien hohe Trefferquoten (Jetter 2003, S. 90). Sie können damit Assessment-Centern ebenbürtig sein. Der Methodenvergleich zwischen Assessment-Center und sorgfältig geplantem strukturiertem Interview zeigt, dass sie in fast allen Verfahrenselementen ähnlich sind; lediglich im diagnostischen Material bestehen Unterschiede (vgl. Tab. 1).

Die wesentlichen Elemente des strukturierten Interviews als eines auch von Laien erlernbaren Auswahlverfahrens werden nun vorgestellt.

Tab. 1: **Methodenvergleich** (☑ = vergleichbar; ☒ = unterschiedlich)

Merkmale eines Assessment-Centers		Merkmale eines strukturierten Interviews
Gründliche Analyse der künftigen Anforderungssituation	☑	Erstellen eines Anforderungsprofils
Simulation der künftigen Anforderungen durch unterschiedliche Übungen wie z.B. Postkorb, Gruppendiskussionen, Rollenspiele, Präsentationen, Fallstudien und Interviews	☒	Anforderungsbezogene Verhaltensfragen zu vergleichbaren (früheren, künftigen) Situationen mit einem Interviewleitfaden
Beobachtung der Kandidatinnen und Kandidaten anhand operational definierter Anforderungskriterien durch mehrere Linien- und Personalmanager	☑	Einsatz mehrerer Interviewer (Personal- und Fachabteilung)
Protokollierung der Verhaltensweisen, die von den Kandidatinnen und Kandidaten bei der Bewältigung der Übungen gezeigt werden	☑	Protokollierung der Bewerberaussagen im Leitfaden
Bewertung der Anforderungskriterien erst nach Abschluss aller Übungen	☑	Trennung von Interviewdurchführung und -bewertung
Verwendung von Bewertungsskalen	☑	Skalierung der Anforderungskriterien
Konsensentscheidung durch intensive Diskussion alle Beobachter	☑	Gemeinsame Konsensentscheidung
Intensive Vorbereitung und Schulung der Beobachter (Beobachterschulung)	☑	Interviewertraining
(nach Jetter 2003, S. 107f.)		

4.1 Das A und O der Bestenauswahl: die Anforderungsanalyse

Grundlage jeder treffergenauen Personalauswahl ist eine sorgfältige Anforderungsanalyse: Was genau muss auf der ausgeschriebenen Stelle getan werden? Dabei geht es nicht nur um den Fächerbedarf der Schule und den Unterricht als Kerngeschäft von Lehrertätigkeit. Zusätzlich werden außerunterrichtliche Aufgaben berücksichtigt. Sie ergeben sich beispielsweise aus dem Schulprogramm, dem Profil der Schule und besonderen Erwartungen des sozialen Umfelds oder betrieblicher Arbeitspartner. Die Schulleitung sollte die Anforderungsanalyse nicht allein durchführen, sondern die im Kollegium vorhandenen Kompetenzen mit einbeziehen. Fünf Schritte sind bei der Anforderungsanalyse zu leisten:

1. **Welche Aufgaben müssen auf der ausgeschriebenen Stelle wahrgenommen werden?**
   Es werden Tätigkeiten und Aufgaben benannt, z.B.: Die Bewerberin oder der Bewerber soll
   - in den Fächern ... binnendifferenzierend unterrichten,
   - Klassenführung in der Sek. I übernehmen,
   - durch die Arbeit am Schulprogramm den Aufbau unserer neuen Schule unterstützen und
   - aktive Elternarbeit leisten.

2. **In welchen Situationen wird die Aufgabenwahrnehmung vor allem verlangt?**
   Die Anforderungen werden sehr konkret und spezifisch beschrieben. Wegen der Vielzahl möglicher Situationen reicht es, exemplarisch einige besonders wichtige Aufgabenkontexte einzugrenzen, z.B.:
   - *Aufgabe:* In den Fächern ... binnendifferenzierend unterrichten
     Situation: Fachunterricht in leistungsheterogenen 5./6. Klassen mit hohem Anteil sozial benachteiligter Kinder
   - *Aufgabe:* Mitarbeit am Schulprogramm
     Situation: Treffen der Evaluationsgruppe alle 14 Tage nachmittags

3. **Welches Verhalten wird in den Situationen bei der Bewältigung der Aufgaben verlangt?**
   Im Prozess einer Anforderungsanalyse leistet der Austausch über erwünschtes und unerwünschtes Verhalten in der ausgeschriebenen Position die wirksamste Klärungshilfe. Konkrete Verhaltensbeschreibungen, insbesondere wenn sie aus gemeinsamen Erfahrungen und Beobachtungen resultieren, können in besonderem Maße zur Verständigung über Anforderungen beitragen. Auch hier ist es zweckmäßig, sich wegen der Fülle möglicher Verhaltensweisen auf besonders prägnante und wichtige Beispiele zu beschränken. Es hilft dabei, sich das Verhalten beispielhaft erfolgreicher und – umgekehrt – »schlechter« Positionsinhaber zu vergegenwärtigen.

Beispiele:
- *Aufgabe:* In den Fächern … binnendifferenzierend unterrichten
  Situation: Fachunterricht in leistungsheterogenen 5./6. Klassen mit hohem Anteil sozial benachteiligter Kinder
  Erwünschtes Verhalten: Kann flexibel und im Schwierigkeitsgrad an die individuellen Lernstände angepasst Fragen stellen; erkennt schnell und sicher individuelle Lernstrategien; ermutigt schwache Lerner/innen, aber fordert sie auch
  Unerwünschtes Verhalten: Differenziert nicht in seinen Leistungsanforderungen; führt Unterricht vor allem frontal als Lehrervortrag; nimmt vor allem die schnellen Lerner/innen dran
- *Aufgabe:* Mitarbeit am Schulprogramm
  Situation: Treffen der Evaluationsgruppe alle 14 Tage nachmittags
  Erwünschtes Verhalten: Bringt gute Ideen in die Diskussion; diskutiert sachlich und diszipliniert; trägt auf verschiedene Weise zu effektiver Strukturierung und Ergebnissicherung bei
  Unerwünschtes Verhalten: Monologisiert; nimmt keinen Bezug auf die Beiträge der anderen Gruppenmitglieder; versucht, seine Themen durchzusetzen

4. Zu welchen Anforderungen kann man die bisherige Analyse zusammenfassen?
Nachdem man von – noch eher allgemeinen – Aufgaben zu sehr konkreten Klärungen von Situationen und Verhaltensweisen gekommen ist, geht man im vierten Schritt wieder zur Abstraktion über: Die Ergebnisse der ersten drei Schritte werden zu Anforderungen oder Kompetenzen zusammengefasst. Am Beispiel:
- Für eine erfolgreiche Bewältigung der Aufgaben »In den Fächern … binnendifferenzierend unterrichten« und »Durch die Arbeit am Schulprogramm den Aufbau unserer neuen Schule unterstützen« sollte die Bewerberin oder der Bewerber über hohe Fach- und Methodenkompetenz sowie über Teamfähigkeit verfügen.

Begriffe wie »Fach- und Methodenkompetenz«, »Teamfähigkeit« oder auch »Belastbarkeit« haben lediglich eine Orientierungsfunktion. Sie bleiben leer und relativ nutzlos für die Personalauswahl, wenn sie nicht vorher unter Bezug auf die Aufgaben der zu besetzenden Position und durch sorgfältige Situations- und Verhaltensorientierung mit Bedeutung gefüllt wurden.

5. Welche Muss-Kriterien sind zu beachten?
Muss-Kriterien, bisweilen auch K.o.-Kriterien genannt, zeichnen sich dadurch aus, dass sie unverzichtbar, nicht kompensierbar und anhand der Bewerbungsunterlagen objektiv feststellbar sind. Muss-Kriterien können beispielsweise sein:
- mindestens … Jahre Berufserfahrung als Lehrer/in;
- keine Dienstvergehen …

4.2 Die Vorbereitung auf das Auswahlgespräch

Es wird davon ausgegangen, dass die Auswahlgespräche von einem Gremium der Schule geführt werden (z.B. Schulleitung und Personalausschuss). Folgende Fragen sollten dann in einem vorbereitenden und das Auswahlgeschehen qualifizierenden Gespräch erörtert werden:

- Was sind die Rollen der einzelnen Mitglieder im Auswahlgremium?
- Welche formalen Aspekte sind zu beachten (z.B. Schweigepflicht)?
- Was verstehen wir unter den Anforderungen an die zu besetzende Position? Was bedeutet für uns z.B. Teamfähigkeit oder Flexibilität? Dabei sollten die unterschiedlichen Zugänge der einzelnen Mitglieder des Auswahlgremiums als Chance zur Perspektivenvielfalt gesehen und genutzt werden.
- Was sind die voraussichtlichen und wesentlichen Probleme, die in der zu besetzenden Funktion zu bewältigen sind?
- Auf welche Anforderungsmerkmale sollten wir uns – aus sachlichen, aber auch aus Zeitgründen – beschränken?
- Woran glauben wir zu erkennen, dass eine Bewerberin oder ein Bewerber die Fähigkeit hat, mit diesen Problemen erfolgreich umzugehen?
- Wie wollen wir die vorliegenden Dokumente und Bewerbungsunterlagen nutzen?
- Wie bauen wir die Gespräche auf?
- Welche Situationen und Fragen halten wir für anforderungsrelevant?
- Wer übernimmt welche Fragen?
- Wie wollen wir sicherstellen, die gängigen Interviewfehler zu vermeiden?
- In welcher Form wollen wir unmittelbar nach dem Bewerbungsgespräch die Auswertung durchführen?

4.3 Das Auswahlinstrument Dokumentenanalyse: Was lässt sich den Bewerbungsunterlagen entnehmen?

Für alle schriftlichen Dokumente im Rahmen eines Auswahlverfahrens gilt:

- Sie enthalten »harte Fakten« zu einzelnen Sachverhalten;
- sie dienen der Eindrucksbildung;
- sie regen an zu Vermutungen, die durch Nachfragen zu klären sind;
- sie verleiten aber auch zu Fantasien, Vorurteilsbildung und Aktivierung von Klischeevorstellungen, indem sie schon vor dem Kontakt ein Bild der Bewerberin oder des Bewerbers entstehen lassen, das mit der Realität nicht unbedingt deckungsgleich ist;
- sie ermöglichen keine verlässlichen Vorhersagen über das künftige Verhalten einer Bewerberin oder eines Bewerbers;
- sie ersetzen kein Gespräch.

An Dokumenten liegen üblicherweise vor: das Anschreiben, die Personalakte (steht normalerweise nur der Schulleiterin bzw. dem Schulleiter zur Verfügung), der Lebenslauf und Beurteilungen. Sie sollten vor allem mit folgenden Fragen genutzt werden:

- Enthalten die Unterlagen anforderungsrelevante Hinweise und Fakten? Was wird ausgesagt zu privaten und beruflichen Situationen, in denen die Bewerberin oder der Bewerber Verhalten hat zeigen oder entwickeln können, das in der vorgesehenen Position nützlich ist?
- Enthalten die Unterlagen Hinweise auf K.o.-Kriterien, die Anlass zur Skepsis hinsichtlich der Eignung geben, z.B. disziplinarische Fakten, fehlende laufbahnrechtliche Voraussetzungen oder schlechte Beurteilungen?
- Was wird über den Entwicklungsgang der Bewerberin oder des Bewerbers deutlich?
- Welche Anregungen geben die Dokumente für Vermutungen und Hypothesen, die dann im Interview als Gesprächsanlass dienen können?

4.4 Wie kann das Interview zu einem wirksamen Auswahlinstrument werden?

Die Mängelliste sollte zeigen, was passieren *kann*. Dabei ist die Fehleranfälligkeit bei einem noch immer weit verbreiteten Interviewtypus besonders hoch: dem *freien* Vorstellungsgespräch. In dieser Form des Auswahlinterviews bleibt es den spontanen Einfällen der Gesprächsteilnehmer überlassen, welche Fragen an die Bewerberin oder den Bewerber gestellt werden. Die Fehlerrisiken lassen sich jedoch erheblich einschränken, wenn das Interview als *strukturiertes* Gespräch nach einem vorbereiteten Ablaufplan durchgeführt wird.

4.4.1 Für einen günstigen äußeren Rahmen und gute Atmosphäre sorgen

Schon der äußere Rahmen, in dem das Gespräch stattfindet, hat Einfluss auf das Gesprächsklima. Der Bewerberin oder dem Bewerber sollte das Gefühl vermittelt werden, als Gast und möglicher zukünftiger Partner empfangen zu werden und nicht etwa als »Bittsteller«. Wo immer möglich, sollten Auswahlgespräche in einem neutralen Besprechungsraum durchgeführt werden. In der Sitzordnung sollte zum Ausdruck kommen, dass ein Gespräch zwischen gleichberechtigten Partnern geführt wird. Auch das Anbieten von Getränken (Kaffee, Tee, Mineralwasser) kann dazu beitragen, die anfängliche Anspannung bei Bewerberinnen und Bewerbern zu lösen.

Gesprächsnotizen während des Bewerbungsgesprächs sind notwendige Grundlage für die Bilanz (vgl. hierzu S. 670f.). Um Irritationen für die Bewerberin oder den Bewerber zu vermeiden, empfiehlt sich folgendes Vorgehen:

- Begründen Sie kurz, warum Sie sich Notizen machen.
- Wer gerade einen Gesprächsanteil führt, sollte nicht gleichzeitig schreiben.

Wenn mehrere Bewerbungsgespräche geführt werden, sollten zwischen den einzelnen Interviews Zeitpuffer eingefügt werden, die bei Bedarf für zusätzliche Fragen, für die Nachbereitung des Gesprächs oder die Vorbereitung auf das nächste Gespräch genutzt werden können. Der Zeitabstand zwischen den Gesprächen sollte daher großzügig bemessen sein. Es ist wenig sinnvoll, mehr als drei oder höchstens vier Gespräche hintereinander zu führen, da die Aufnahmekapazität der Beurteiler begrenzt ist. Die Missachtung dieser Regel führt unweigerlich zu einem gehäuften Auftreten von Wahrnehmungs- und Beurteilungsfehlern, die das Auswahlergebnis verzerren.

4.4.2 Inhalt und Ablauf strukturieren

Vor den Gesprächen sollte der Personalausschuss einen Ablaufplan erstellen. Der Ablaufplan legt fest, in welcher Reihenfolge welche Aspekte der beruflichen und persönlichen Entwicklung, der Zielvorstellungen und der Motivation der Bewerberin oder des Bewerbers, aber auch wichtige Anforderungskomplexe (z.B. Fach- und Methodenkompetenz, Innovationsbereitschaft) angesprochen werden sollten. Mit der Erstellung des Ablaufplans werden mehrere Ziele verfolgt:

- Die Vorgabe eines thematischen Gerüsts dient der Fairness und Objektivität des Verfahrens. Es wird vermieden, dass durch zufällige Variationen im Gesprächsablauf einzelne Bewerber/innen bevorzugt oder benachteiligt werden.
- Die thematische Gliederung erhöht die Informationsausbeute. Sie stellt sicher, dass in dem zeitlich begrenzten Gespräch möglichst viele Sachverhalte zur Sprache kommen, die für die Beurteilung der Eignung von Bedeutung sind.
- Die Mitglieder des Personalausschusses können sich besser auf die Antworten der Bewerber/innen konzentrieren, wenn sie nicht gleichzeitig damit beschäftigt sind, zuzuhören und den weiteren Verlauf des Gesprächs zu planen.
- Der Vergleich zwischen den Bewerberinnen und Bewerbern fällt wesentlich leichter, wenn bestimmte Themen in allen Gesprächen behandelt bzw. bestimmte Fragen von allen Bewerberinnen und Bewerbern beantwortet wurden.

Bei der Zusammenstellung eines Ablaufplans sollte der Personalausschuss deshalb

- eine Annäherung an ein gemeinsames Verständnis von Eigenschaften wie Methodenkompetenz, Flexibilität oder Medienkompetenz herstellen;
- Themenschwerpunkte festlegen – das können sein:
  - eine Checkliste von Fragen, Hypothesen und noch fehlenden biografischen Fakten (nach Auswertung der schriftlichen Unterlagen),
  - Fragen zu den wichtigsten Anforderungsmerkmalen,
  - Fragen zur Wechselmotivation (Warum möchte die Bewerberin oder der Bewerber auf diese Stelle?),
  - Fragen zum »Stallgeruch« (Passt die Bewerberin oder der Bewerber an diese Schule?);
- vereinbaren, wer welche Themen anspricht.

Ein Ablaufplan sollte auch die sechs Phasen des Interviews berücksichtigen, die im folgenden Kasten dargestellt sind.

Die sechs Phasen des Interviews

Phase 1: Gesprächsbeginn
- »Warming up«, für gute Atmosphäre sorgen;
- Vorstellen der Interviewer;
- Organisatorisches (Dauer, Unterlagen etc.);
- Informationen zum Ablauf des Gesprächs und zum Verfahren.

Phase 2: Bewerber/in reden lassen
- zum Erzählen stimulieren;
- offene Fragen verwenden;
- nichtsprachlich verstärken.

Phase 3: Nachfassen
- offene Punkte klären (Notizen aus Phase 2);
- Checkliste aus Bewerbungsunterlagen;
- Widersprüche klären;
- interessante Punkte vertiefen (z.B. wenn die Bewerberin oder der Bewerber wichtige Anforderungssituationen angesprochen hat).

Phase 4: Anforderungsmerkmale erkunden
- Einkreisungstechnik: Situation → Verhalten → Ergebnis

Phase 5: Bewerber/in informieren
- über die Schule informieren;
- Anforderungen der Stelle;
- Fragen der Bewerberin bzw. des Bewerbers.

Phase 6: Absprachen treffen
- keine Gesprächsbewertung;
- Entscheidung nicht andeuten;
- Reste klären;
- Informationen zum weiteren Verlauf des Verfahrens.

4.4.3 Mit der »Einkreisungstechnik« anforderungsrelevante Merkmale herausarbeiten

Auch hierzu ist eine Vorabverständigung innerhalb des Personalausschusses erforderlich: An welchen Merkmalen wollen wir feststellen, ob die Bewerberin oder der Bewerber über eine anforderungsrelevante Eigenschaft verfügt? Grundlage für die Einschätzung der Eignung ist das Verhalten in der Vergangenheit. Im Interview ist man dabei auf die Selbstauskünfte (»verbale Daten«) der Bewerberin oder des Bewerbers angewiesen. Aus Untersuchungen weiß man, dass es häufig Diskrepanzen zwischen Selbstauskünften und nachprüfbaren Sachverhalten gibt. Das »hat (mindestens) zwei Gründe: Einerseits besteht die Tendenz zu einer positiven Selbstdarstellung [...], die eine bewusste und absichtliche Verzerrung der Informationen darstellt. Andererseits sind dabei auch offensichtlich unabsichtliche Effekte der Selbstwahrnehmungsverzerrung am Werk« (Hofmann 2002, S. 20). Darum sind im Auswahlinterview Fragetechniken erforderlich, mit denen die Verlässlichkeit verbaler Daten erhöht werden kann. Vor allem das ausführliche Erörtern erlebter Situationen liefert Informationen, zumindest aber Eindrücke darüber, wie sich jemand tatsächlich verhalten hat. Die Rekonstruktion früherer Verhaltensweisen führt zu einer sichereren Grundlage für eine Eignungsdiagnose als die häufig vorkommenden Fragen nach Meinungen, Absichten und Einstellungen.

Ob eine Bewerberin oder ein Bewerber also über die gewünschten Merkmale verfügt, erfährt man im Auswahlinterview am besten über das Erörtern von erlebten Situationen, in denen das betreffende Merkmal eine wichtige Anforderung darstellt. Dabei empfiehlt sich die Technik des »Einkreisens«. Sie besteht aus den drei Schritten *Situation*, *Verhalten* und *Ergebnis*.

4.4.3.1 Erster Schritt: Situation

Lassen Sie die Bewerberin oder den Bewerber Situationen finden, in denen die zu diagnostizierenden Anforderungsmerkmale eine wichtige Rolle spielen. Hilfreich ist dabei eine offene Fragenformulierung: »Beschreiben Sie eine konkrete Situation, in der Sie ...«. Würde man fragen »Fällt Ihnen eine konkrete Situation ein, in der Sie ...«, könnte es der Bewerberin oder dem Bewerber relativ leicht fallen zu antworten: «Nein, im Moment fällt mir dazu nichts ein« (Hofmann 2002, S. 36; zum Unterschied zwischen offenen und geschlossenen Fragen siehe unten S. 660f.).

4.4.3.2 Zweiter Schritt: Verhalten

Lassen Sie sich den Ablauf dieser Situationen und das Verhalten der Bewerberin oder des Bewerbers dabei ausführlich schildern. Um allgemeine (und daher meist nichts sagende) Aussagen zu verhindern, sollten Sie auf möglichst konkrete Schilderungen achten. Woran merkt man, ob man einen zufriedenstellenden Grad an Konkretisierung erreicht hat (Hofmann 2002, S. 45)? Eine Antwort ist immer dann konkret, wenn Sie ein genaues Bild davon haben, wie sich die oder der Befragte in einer speziellen Situation verhalten hat, welches sein persönlicher Beitrag oder seine subjektive Bewertung zu dieser Situation war oder ist. Sprachlich ist dies häufig an der Verwendung des Wortes »Ich« durch die Bewerberin oder den Bewerber zu erkennen. Praktisch kann man zum Erreichen konkreter Antworten folgendermaßen vorgehen:

- Man stellt die Eingangsfrage.
- Die Bewerberin oder der Bewerber antwortet.

- Man lässt die Antwort noch einmal geistig Revue passieren und überlegt dabei, ob sie Elemente enthält, von denen man noch keine deutliche Vorstellung hat. Das Kriterium dabei kann sein, ob man in der Lage wäre, das in der Antwort geschilderte Verhalten oder Erleben der Bewerberin oder des Bewerbers einer anderen Person exakt mitzuteilen.
- Man formuliert dazu Nachfragen.

Hilfreiche Formulierungen, um ein Thema zu konkretisieren, sind beispielsweise:

- Wie muss ich mir das konkret vorstellen?
- Wie sah das ganz konkret aus?
- Was war Ihr persönlicher Beitrag zu ... ?
- Wie waren die Rahmenbedingungen dabei?
- Das müssen Sie mir noch etwas genauer erklären.
- Geben Sie ein konkretes Beispiel für ...

Vier gute Gründe für das Konkretisieren im Auswahlinterview finden Sie im folgenden Kasten. Weitere Beispiele und Anregungen zum Nachfragen finden Sie unten auf S. 663ff.

Effekte des Konkretisierens

1. Bessere Verwertbarkeit der erhaltenen Informationen
Erstens dient das Konkretisieren zur besseren Beurteilung und Einordnung des Gesagten. Mit allgemeinen Antworten kann der Fragende wenig anfangen, der Informationsgewinn ist bei allgemeinen Antworten sehr gering. Die Konkretisierung steigert den Informationsgehalt der erhaltenen Antworten.

2. Personenbezogene Informationen
Zweitens kann der Befragte mit relativ allgemeinen Antworten leicht über Dinge reden, die ihn selbst nur wenig betreffen; er kann zum Beispiel über Schulpolitik, Handlungsweisen anderer Kolleginnen und Kollegen, theoretische Ansichten etc. reden. Im Vorstellungsgespräch kommt es jedoch darauf an, die Bewerberin oder den Bewerber selbst möglichst genau kennen zu lernen. Je konkreter die Antwort, desto mehr sagt sie über den Befragten aus; je unkonkreter sie ist, desto weniger Informationen liefert sie.

3. Auswirkungen auf die Beziehungsebene
Drittens wird mit dem Konkretisieren allgemeiner Antworten dem Befragten signalisiert, auf welcher Abstraktionsebene der Fragende bereit ist, das Interview zu führen. Je abstrakter das Interview geführt wird, desto weniger muss die Bewerberin oder der Bewerber von sich preisgeben. Der Grad des Konkretisierens durch den Interviewer zeigt der Bewerberin oder dem Bewerber, wie leicht (oder schwer) man sich im Gespräch »verstecken« kann.

4. Diagnostische Funktion
Viertens sagt der Antwortstil der Bewerberin oder des Bewerbers natürlich auch etwas über dessen Kommunikationsverhalten aus. Wenn er auf mehrere Fragen hin nicht zu einer Konkretisierung fähig ist, weiß der Interviewer zumindest, dass sich die befragte Person nicht oder nur sehr schwer präzise ausdrücken kann.

(nach Hofmann 2002, S. 42)

4.4.3.3 Dritter Schritt: Ergebnis

Lassen Sie sich das Ergebnis der Situation beschreiben. Auch hier sind wieder Konkretisierungshilfen nützlich, um die Verlässlichkeit der Selbstauskünfte zu erhöhen. Reflektieren Sie nach jeder besprochenen Situation, ob die Schilderung der Bewerberin oder des Bewerbers relevante und ausreichende Informationen zum intendierten Anforderungsmerkmal ergeben hat. Auch dazu ist eine Vorab-Verständigung im Personalausschuss hilfreich. Bei Auswahlgesprächen mit Lehrkräften am Ende der Ausbildung, also Menschen mit einer noch jungen Berufsbiografie, ist es manchmal schwierig, nach anforderungsrelevanten Erfahrungen in der Vergangenheit zu fragen. Ist beispielsweise für die ausgeschriebene Stelle die effektive Zusammenarbeit mit Institutionen im Stadtteil, etwa den Sozialen Diensten, von Bedeutung, kann man in der Regel keine entsprechenden Vorerfahrungen voraussetzen. In diesem Fall ist es sinnvoll, unter Bezug auf die Konkretisierungen der Anforderungsanalyse (s.o. S. 652, Schritte 2 und 3) nach vergleichbaren Anforderungssituationen in der Biografie der Bewerberin oder des Bewerbers zu suchen und sich dann mit der Einkreisungstechnik an die relevanten Erfahrungen heranzutasten. Das Prinzip einer vergangenheitsbezogenen Diagnostik sollte also auf jeden Fall beibehalten werden.

4.4.4 Interviewtechnik verbessern

Die Interviewtechnik lässt sich verbessern durch die Art zu fragen, den Gesprächsverlauf zu lenken und Beobachtungen zu verarbeiten.

- *Offene Fragen* sind nützlich, wenn man möglichst viele Informationen und Eindrücke bekommen möchte: »Bitte berichten Sie uns über die von Ihnen erwähnten Erfahrungen mit der Leitung einer Jugendgruppe im Asylantendorf« oder »Bitte erzählen Sie uns mehr über den von Ihnen erwähnten Konflikt mit dem Elternvertreter«. Offene Fragen überlassen es der Bewerberin oder dem Bewerber, worauf er das Schwergewicht legen will.
- Mit *geschlossenen Fragen* überprüft man Fakten: »Mit wie viel Stunden waren Sie damals in dem Projekt eingesetzt?« oder »Sie haben nach einigen Jahren Industrietätigkeit noch einmal Pädagogik studiert und sind in den Schuldienst gegangen. Wollten Sie gerne mit Jugendlichen arbeiten?«. Geschlossene Fragen beinhalten oftmals bereits eine Vermutung des Interviewers, die die Bewerberin bzw. der Bewerber bestätigen oder zurückweisen soll.

Zu den unterschiedlichen Wirkungen und Möglichkeiten offener und geschlossener Fragen siehe den nebenstehenden Kasten.

Offene (weite) und geschlossene (enge) Fragen

»Was erwarten Sie von Ihren Kollegen?« vs. »Arbeiten Sie gerne im Team?«

Zu häufige geschlossene Fragen können dem Gespräch den Charakter eines Verhörs geben. Dies trifft besonders dann zu, wenn der Fragende, um seine geschlossene Frage noch zu retten, ein »Warum?« nachschiebt: Die Bewerberin oder der Bewerber kann sich durch Warum-Fragen leicht zur Rechtfertigung gedrängt fühlen. Da auf geschlossene Fragen meist nur mit »Ja« oder »Nein« geantwortet wird, muss sich der Fragende ständig weitere neue Fragen ausdenken, um den Gesprächsfluss in Gang zu halten.

Bei offenen Fragen ist die Wahrscheinlichkeit höher, dass der Befragte Inhalte äußert, die mit darauf aufbauenden offenen (oder auch geschlossenen) Fragen weiter ausgeleuchtet werden können. Der Befragte wird mehr zum Nachdenken angeregt. Mit einer offenen Fragen schneidet man ein Themengebiet zunächst an. Der Befragte kann dann im ersten Schritt selbst wählen, wie intensiv und in welche Richtung er antworten will. Durch weiteres, dann auch geschlossenes Fragen kommt man zu dem eigentlich interessierenden Gesichtspunkt.

Beispiel: Auf die geschlossene Frage »Arbeiten Sie gerne im Team?« kann der Befragte sehr schnell mit »Ja« oder mit »Nein« antworten (gerade auf diese Frage wird eine Bewerberin oder ein Bewerber heutzutage natürlich immer mit »Ja« antworten). Eine Frage, die letztlich auf den gleichen Inhalt abzielt, aber dem Befragten über die reine Stellungnahme zur Teamarbeit potenziell wesentlich mehr mögliche Themenbereiche für die Antwort lässt, könnte lauten: »Welche Arbeitsbedingungen sind für Sie wichtig?« Taucht in der Antwort das Thema »Teamarbeit« nicht auf, kann mit einer weiteren – ggf. offenen Frage – nachgefasst werden (»Was erwarten Sie von Ihren Kolleginnen und Kollegen?«). Die Logik der offenen Frage ist also, dass man zu dem interessierenden Aspekt ein Themengebiet sucht, das diesen Aspekt mit beinhaltet, aber auch noch zusätzliche andere Themen zulässt.

Nachfolgend einige Beispiele, die letztendlich auf den gleichen Inhalt abzielen. Zuerst ist die spontane geschlossene (enge) Frage aufgeführt; danach als Alternative eine offenere (weite) Frage, die die jeweilige geschlossene Frage beinhaltet, aber darüber hinaus noch einige weitere Antworten der Bewerberin oder des Bewerbers zulässt:

- *geschlossen:* Welches Fach haben Sie studiert?
  offen: Was sind Ihre Interessensgebiete?
- *geschlossen:* Haben Sie sich bei uns wegen des Standortes beworben?
  offen: Wie war Ihre Bewerbungsstrategie?
- *geschlossen:* Wollten Sie in einem Team arbeiten?
  offen: Was erwarten Sie von Ihrer Tätigkeit?
- *geschlossen:* Können Sie am Ersten anfangen?
  offen: Wie flexibel sind Sie?
- *geschlossen:* Treiben Sie in Ihrer Freizeit Sport?
  offen: Wie sieht Ihre Freizeitgestaltung aus?
- *geschlossen:* Können Sie eigenverantwortlich arbeiten?
  offen: Wie arbeiten Sie am liebsten?

(nach Hofmann 2002, S. 24ff.)

- *Fragen nach Ansichten und Einstellungen* (»Was halten Sie von Klassenführung im Team?«; »Welchen Unterrichtsstil bevorzugen Sie?«) geben meist keine Informationen über anforderungsbezogenes Verhalten, sondern über Vorsätze und Ansichten. Sie sollten deshalb nur gestellt werden, wenn man einen Eindruck gewinnen will, wie überzeugend die Bewerberin oder der Bewerber ihre oder seine Meinung unter den Stressbedingungen eines Auswahlinterviews darstellen kann.
- Ähnliches gilt für *Suggestivfragen*, z.B. »Finden Sie nicht, dass viele Lehrerinnen und Lehrer den Blick für gesellschaftliche Realitäten verloren haben?«
- Zu vermeiden sind auch so genannte *Kettenfragen*, z.B. »Warum haben Sie damals dieses Projekt zum fächerübergreifenden Unterricht an Ihrer Schule angestoßen? Und wie sind Sie mit den dabei auftretenden Problemen umgegangen? Und was ist dann letztlich dabei rausgekommen?«
- Fragen sollten sich auf *konkretes, individuelles Verhalten* beziehen, also nicht: »Welche Konfliktbewältigungsstrategien bevorzugen Sie?«, sondern besser: »Was haben Sie getan, als Sie das letzte Mal einen Konflikt mit Ihrem Vorgesetzten hatten?«
- *Emotional geladene Wörter* oder Redewendungen sollten Sie vermeiden, also nicht: »Was halten Sie denn von diesem modischen Gerede über Jugendgewalt?«, sondern besser: »Das Thema Gewaltbereitschaft bei Jugendlichen wird in letzter Zeit häufiger diskutiert. Was ist Ihre Ansicht dazu?«
- Ebenso sollten keine Fragen gestellt werden, mit denen man *provozieren*, jemanden »aus der Reserve locken« will: Man will die Bewerberin oder den Bewerber unter Rechtfertigungsdruck setzen und ihm dadurch Gelegenheit verschaffen, Selbstsicherheit und Stresstoleranz unter Beweis zu stellen. Dies ist gefährlich, da der Bewerberin oder dem Bewerber signalisiert wird, dass er »auf der Hut« sein muss. Ein Gesprächspartner, den man durch provozierende Fragen in die Defensive drängt, wird vermutlich in der Folge wenig Bereitschaft zeigen, offen und wahrheitsgemäß auf die gestellten Fragen zu antworten. Es ist außerdem äußerst fraglich, ob aus der Selbstsicherheit, mit der auf provozierende Fragen reagiert wird, auf die Belastbarkeit im beruflichen Alltag geschlossen werden kann.
- Achten Sie auf einen *eindeutigen Bezugsrahmen* der Frage, also nicht: »Wie lernen Sie eigentlich?«, sondern besser: »Wie haben Sie sich auf Ihre letzte Prüfung vorbereitet?«
- Direkte *Fragen zur persönlichen Eignung* (»Können Sie gut organisieren?« oder »Sind Sie ein innovationsfreudiger Mensch?«) sind meist wenig ergiebig, da Bewerber/innen aus verständlichen Gründen dazu neigen, Antworten im Sinne der vermeintlichen Erwartungen des Fragestellers zu formulieren.
- Bei Fragen, die mit »*Warum*« oder »*Wieso*« beginnen, besteht die Gefahr, dass anstelle von Erlebnissen und konkretem Verhalten Rationalisierungen, d.h. nachträgliche Begründungen oder Umdeutungen und sozial erwünschte Meinungsbekundungen gegeben werden.
- Beliebt sind so genannte *Szenariofragen*: Man schildert der Bewerberin oder dem Bewerber eine typische Problemsituation, z.B.: »Sie führen eine 7. Klasse. In letzter Zeit häufen sich Beschwerden von Schülerinnen und Eltern über rüde und macho-

hafte Sprüche des in Ihrer Klasse tätigen Mathematiklehrers besonders gegenüber Schülerinnen. Was würden Sie unternehmen?« Szenariofragen geben Aufschluss
- über die Geistesgegenwart und die Fähigkeit einer Bewerberin oder eines Bewerbers, Antworten im Sinne der beim Fragesteller vermuteten Erwartungen geben zu können;
- über die bei der Bewerberin oder dem Bewerber in dieser Stresssituation aktuell abrufbaren Problemlösungsstrategien.

Sie sagen damit mehr aus über Reaktionsfähigkeit, Meinungen und Absichten als über das tatsächliche Verhalten in dem vorgegebenen Szenario. Gleichwohl können Szenariofragen als diagnostisch anregende Hypothesenquelle genutzt werden,
- wenn das gestellte Problem hinreichend konkret beschrieben wird und so gut nachvollziehbar ist, dass sich Bewerber/innen in die geschilderte Situation hineinversetzen können;
- wenn zusätzlich konkretisierende Fragen aus dem Repertoire der Einkreisungstechnik gestellt werden, z.B.: »Haben Sie in der Vergangenheit schon einmal mit einem vergleichbaren Problem zu tun gehabt? Wenn ja: Wie sind Sie damit umgegangen und was war das Ergebnis?«;
- wenn sich die Befragenden darüber verständigt haben, wodurch sich eine »gute« Antwort auf das Problemszenario auszeichnen sollte.

- *Lenkungstechniken* helfen, den Gesprächsverlauf zu strukturieren, beispielsweise durch
  - *Verstärken,* etwa mit nonverbalen Signalen von Zustimmung und Ermunterung oder Äußerungen wie »Das interessiert mich besonders« oder »Was Sie da erzählt haben, hat mich sehr beeindruckt«;
  - *Interpretieren*; z.B. »Verstehe ich Sie richtig, dass Sie sich damals vor allem aus dem Wunsch nach Abwechslung an die Nachbarschule haben umsetzen lassen?«;
  - *Zusammenfassen,* z.B. »Wenn ich mal zusammenfasse, dann bestanden Ihre Beiträge zur Entwicklung Ihrer Schule vor allem aus ...«;
  - *Pausen aushalten*;
  - *Konkretisierenlassen*, z.B. »Was meinen Sie damit, wenn Sie sagen, Sie hätten sich bei der Entwicklung des Schulprogramms Ihrer Schule besonders engagiert?«
- *Nonverbales Verhalten* (Mimik, Gestik, Motorik) beobachten. Dabei sollte vorrangig beobachtet und registriert, aber nicht bewertet werden. Erst in der Zusammenschau aller Ergebnisse können die Beobachtungen ihren Stellenwert erhalten.

4.5 Wie stellt man anforderungsbezogene Fragen?

Da die bereits erwähnte »Einkreisungstechnik« den Kern eines diagnostisch ergiebigen Auswahlgesprächs darstellt, erhalten Sie dazu nun in einem besonderen Abschnitt Hilfen und Anregungen.

4.5.1 Situationen herstellen

Nachfolgend finden Sie Fragenbeispiele[4] zu ausgewählten Themenschwerpunkten eines Interviews durch den Personalausschuss. Die Themenschwerpunkte beinhalten beispielhafte Dimensionen aus vorstellbaren Anforderungsprofilen. Sie können mit den Fragen die Bewerberin oder den Bewerber auffordern, Situationen zu beschreiben, in denen die zu diagnostizierenden Anforderungsmerkmale eine wichtige Rolle spielen. In dem für Auswahlgespräche üblichen Zeitrahmen wird man nur einen Teil der Fragen stellen können. Die Beispiele sollen außerdem dazu anregen, selbst geeignete Fragen zu entwickeln. Manche Fragen berücksichtigen explizit Familienarbeit als Lernort.[5] Bitte beachten Sie, dass bei manchen Punkten zusammengehörige Fragen hintereinander aufgeführt sind. Im realen Interview warten Sie, um keine Kettenfrage zu stellen, jeweils die Antwort auf eine Unterfrage ab und stellen dann die nächste Unterfrage.

Berufliche Motivation:
- Weshalb möchten Sie (an unserer Schule) Lehrer/in, Sekretärin, Hausmeister werden?
- Was können Sie richtig gut?
- Was langweilt Sie?
- Was hat Sie in Ihrem Berufsleben bisher am meisten begeistert?
- Welches sind Ihre entscheidenden Antriebskräfte?
- Welche Wertvorstellungen halten Sie in Ihrem Beruf unbedingt hoch? Bitte berichten Sie Beispiele aus Ihrem bisherigen Berufsleben, die das veranschaulichen.
- Was qualifiziert Sie als Lehrer/in, welche Stärken bringen Sie dafür mit? Berichten Sie Beispiele, die veranschaulichen, dass Ihnen so etwas liegt.
- Was macht Ihnen bei Ihrer derzeitigen Tätigkeit am meisten Spaß?
- Was sind die Gründe für Ihren bisherigen Erfolg im Beruf?
- Was gefällt/missfällt Ihnen an Ihrer jetzigen Tätigkeit?
- Was erwarten Sie von der von Ihnen angestrebten Tätigkeit?
- Wie kam Ihre Berufswahl zustande? Welche Alternativen zum gewählten Beruf haben Sie erwogen? Welche Alternativen haben Sie verworfen – und warum?
- Was macht Ihnen an Ihrer derzeitigen Arbeit die größte Freude, was ist die größte Belastung?
- Welches waren Ihre Ambitionen und langfristigen Ziele zu Beginn Ihrer Berufstätigkeit? Welches sind Ihre Ambitionen und langfristigen Ziele heute? Erklären Sie uns bitte diese Veränderungen.
- Was werden Sie in zehn Jahren machen?

---

4 Die Fragen verdanke ich E.A. Bolte (2001) und Wolfgang Jetter (²2003): Effiziente Personalauswahl, S. 261ff. (© 2003 Schäffer-Poeschel Verlag für Wirtschaft, Steuern, Recht GmbH in Stuttgart).
5 Einige Fragen wurden angeregt durch BST (2002).

- Wie sind Sie mit Ihrer Entwicklung bisher zufrieden?
- Wie haben Sie sich auf den heutigen Tag eingestellt?

Konfliktfähigkeit:
- Schildern Sie den letzten Konflikt, an dem Sie beteiligt waren.
- Wie sind Sie mit unterschiedlichen Interessen Ihrer Familienmitglieder/Ihrer Partnerin/Ihres Partners bei der Urlaubsplanung umgegangen?
- Wie würden Sie vorgehen, wenn Sie mit einem Familienmitglied über eine unangenehme oder peinliche Thematik reden wollten?
- Wann haben Sie sich zuletzt gegen eine aus Ihrer Sicht überhöhte Rechnung gewehrt?
- Haben Sie schon einmal einen Auftrag bekommen, dessen Sinn Sie nicht eingesehen haben? Wie haben Sie sich verhalten?
- Bei welcher Gelegenheit haben Sie sich zuletzt vorgedrängelt?
- Schildern Sie uns den letzten Streit, den Sie hatten.
- In welcher Situation fühlten Sie sich von Ihrem Vorgesetzten ungerecht behandelt? Was haben Sie unternommen?
- Wie haben Sie sich verhalten, als jemand Sie beschimpft hat oder unsachlich wurde?
- Welche konkreten Schritte unternehmen Sie, wenn Sie von Konflikten in ihrem familiären Umfeld hören?
- Wie haben Sie sich bei ungerechter Behandlung verhalten? (Konkrete Situation schildern lassen)
- Welche Konflikte gibt es in Ihrem Alltag, die immer wiederkehren?
- Welche Empfindungen löst ein Konflikt in Ihnen aus ?(Beispiel)
- Wo sind Sie in jüngster Zeit mit Ihrem Vorgesetzten uneinig gewesen? Schildern Sie bitte die Situation.
- Wo haben Sie sich in jüngster Zeit beschwert? (Anlass, Vorgehen, Ergebnis)
- Sind Sie schon einmal in einer »Schlichterfunktion« gewesen (zum Beispiel im Vertrauensausschuss)? Wie sind Sie vorgegangen? Was waren die Ergebnisse? Welche Rückmeldungen haben Sie bekommen? Wie schätzen Sie selber Ihre Fähigkeiten in dieser Situation ein?
- Welche häufig auftauchenden Konfliktsituationen gehören zurzeit in Ihr Aufgabenspektrum? Was tun Sie dabei konkret?
- Was in Ihrem Aufgabenbereich würden Sie am liebsten sofort ändern? Was haben Sie bisher schon unternommen? Welche Widerstände gab/gibt es?
- Wann und warum hat sich zuletzt jemand über Sie beschwert?
- Welchen Konflikten gehen Sie am liebsten aus dem Weg?

Organisationskompetenz:
- Wie planen Sie Ihren Arbeitstag/Ihre Arbeitswoche?
- Wann haben Sie das letzte Mal Organisationsfähigkeit zeigen müssen? Worum ging es dabei?

- Wie haben Sie Ihre letzte größere Reise geplant und durchgeführt?
- Üben Sie Funktionen aus (zum Beispiel in Ihrer Freizeit), wo Sie etwas organisieren müssen?
- Wie beziehen Sie bei organisatorischen Entscheidungen die Familienmitglieder ein?
- Haben Sie schon einmal einen Kongress, eine Tagung, ein Seminar, ein Sportturnier, ein Schulfest, eine Familienfeier oder ähnliche Veranstaltungen organisiert? Wie sind Sie vorgegangen?
- Haben Sie schon einmal ein Projekt durchgeführt? In welcher Rolle oder Funktion?
- Haben Sie schon einmal eine Rallye organisiert?
- Wie werten Sie einen Seminarbesuch oder eine Fortbildung aus?
- Welche schwierigen/komplexen Probleme haben Sie in letzter Zeit lösen müssen?
- Welches sind die für Sie entscheidenden Aspekte Ihrer Arbeit?
- Wie hoch ist die wöchentliche Arbeitszeit, die Sie für notwendig halten, um Ihre Arbeit zu erledigen? Und wie lange haben Sie im Schnitt in den letzten vier Wochen tatsächlich gearbeitet?
- Welche organisatorischen Aufgaben übernehmen Sie an Ihrer Schule regelmäßig, welche gelegentlich?
- Wie stellen Sie sicher, dass Ihre Erfolge keine Zufallsprodukte sind?
- Wie behalten Sie den Überblick über unerledigte Arbeiten?

Teamfähigkeit/Zusammenarbeit:
- In welchen Teams haben Sie in der letzten Zeit aktiv mitgearbeitet? Wie sah die Rollenverteilung in diesen Teams aus? Welches genau war Ihre Rolle?
- Hatten Sie in anderen Teams andere Rollen inne? Welche?
- Fallen Ihnen in verschiedensten Gruppen immer wieder dieselben Rollen zu? Welche?
- Was ist für Sie entscheidend für ein gutes Zusammenspiel innerhalb des Familienverbands?
- Wie sind Sie von Ihren Teammitgliedern gesehen worden?
- Schildern Sie eine schwierige Teamsituation, die Sie erlebt haben. Was machte diese Situation schwierig für Sie?
- Welche Rolle übernehmen Sie am liebsten im Team? Warum?
- In welchen Verbänden, Vereinen, Gruppen waren/sind Sie aktiv? Welche Rollen hatten/haben Sie dort?
- Bei welcher Gelegenheit haben Sie zuletzt in Ihrer Gruppe Ihre Meinung durchgesetzt? Wann mussten Sie zurückstecken?
- In welchem Fall haben Sie eine abweichende Position vertreten, wo die Mehrheit Ihnen widersprochen hat?
- Schildern Sie eine Situation, in der Ihnen die Zusammenarbeit mit jemand anderem schwer gefallen ist.
- Haben Sie schon einmal ein Paradebeispiel gelungener Zusammenarbeit erlebt – egal ob im Team oder bei anderer Gelegenheit?

- Schildern Sie jemanden, mit dem Sie sehr gut zusammenarbeiten konnten. Worauf führen Sie das zurück?
- Nennen Sie mir bitte ein Beispiel für eine schwierige Zusammenarbeit. Was war für Sie schwierig daran?
- Bei welcher Gelegenheit haben Sie einmal eine Verhandlung oder eine Besprechung platzen lassen? Wie kam es dazu? Wie sind Sie vorgegangen?

Innovationsbereitschaft:
- Wie bringen Sie sich selbst zum Erfolg?
- Was bedeutet es für Sie, gute Arbeit zu leisten?
- Hat sich an Ihrer Haltung gegenüber Ihrer Tätigkeit – vom ersten Tag bis heute – etwas geändert? Was?
- Manche Menschen trauen sich viel zu, manche wenig – wie ist das bei Ihnen?
- Nennen Sie ein Beispiel, das Ihre Innovationsbereitschaft zeigt.
- Wo haben Sie innerhalb Ihrer jetzigen Funktion Initiative gezeigt?
- Wann haben Sie eine Sache, die ins Stocken geraten war, wieder belebt?
- Was haben Sie im letzten Jahr konkret verändert?
- Welche Verbesserungen haben Sie in Ihrer jetzigen Funktion eingeführt?
- Bei welchen bisherigen Tätigkeiten im Kontext familiärer Aufgaben haben Sie ein hohes Maß an Einfallsreichtum bewiesen?
- Welche Schwerpunkte würden Sie gerne in Arbeitskreisen/Tagungen besprechen (unabhängig davon, ob es tatsächlich schon getan wird)?
- Welche Widerstände haben Sie erlebt, als Sie eine Innovation realisieren wollten? Um was ging es? Wie sind Sie mit dem Widerstand umgegangen?
- Wo engagieren Sie sich über Ihren eigenen Bereich hinaus – beruflich oder privat?
- Wie bilden Sie sich weiter?
- Wie haben Sie Anregungen aus der Lehrerfortbildung oder anderen Fort- und Weiterbildungen am Arbeitsplatz umgesetzt?
- Wo sind Sie Vorbild? Warum?
- Welche Themen oder Fragen beschäftigen Sie zurzeit außerhalb Ihres Berufs?
- Wenn Sie sich im Kollegenkreis umschauen: In welchem Aufgabenfeld sind Sie der/die Beste und warum?
- Welche Angelegenheit liegt Ihnen derzeit am meisten am Herzen? Warum? Was tun Sie dafür, dass die Sache sich nach Ihren Vorstellungen entwickelt?
- Welche neuen Ideen haben Sie in Ihrer bisherigen Funktion verwirklicht?
- Was haben Sie anders gemacht als Ihre Kolleginnen, Kollegen oder Vorgänger?
- Wann hat sich das letzte Mal etwas gravierend in Ihrer Funktion geändert (Inhalte, Abläufe, Struktur, Zuständigkeiten, Arbeitsmittel)? Wie haben Sie darauf reagiert?
- Wann haben Sie zuletzt eine ungewöhnliche Aktion/Maßnahme mitgemacht?
- Welches ist die beste Idee, die Sie in den letzten sechs Monaten hatten?
- Womit sind Sie an Ihrer Schule unzufrieden? Was würden Sie gerne verändern?
- Welches neue Konzept/welche neue Idee haben Sie an Ihrer Schule eingeführt – und wie?

Belastbarkeit:
- Welchen konkreten Belastungen sind Sie an Ihrem gegenwärtigen Arbeitsplatz ausgesetzt? Wie werden Sie damit fertig?
- Wann standen Sie zum letzten Mal richtig unter Druck? Um was ging es dabei? Was haben Sie getan? Was war das Ergebnis?
- Wie entspannen Sie sich nach einem anstrengenden Arbeitstag?
- Wie haben Sie es geschafft, auch unter schwierigen Bedingungen eine konstante Leistung über einen längeren Zeitraum zu erbringen?

4.5.2 Das Verhalten in Situationen genau schildern lassen

Mit den oben aufgeführten Fragen ist es möglich, Situationen entstehen zu lassen, in denen die Bewerberin oder der Bewerber möglicherweise anforderungsrelevantes Verhalten gezeigt hat. Nun ist es im nächsten Schritt wichtig, sich ihr oder sein Verhalten genau schildern zu lassen:

- Wie kam die Situation zustande?
- Wie war die Vorgeschichte?
- Wie ist die Situation genau abgelaufen?
- Womit hat es begonnen?
- Wer war beteiligt?
- Was haben Sie getan (im Unterschied zu anderen Beteiligten)?
- Schildern Sie den (oder die) anderen Beteiligten: Was war das für ein Mensch?
- Was ist *Ihr* Anteil am Zustandekommen der Situation gewesen?

4.5.3 Das Ergebnis der beschriebenen Situation schildern lassen

Antworten auf diese Fragen können Hinweise geben, welche Wirkungen die Bewerberin oder der Bewerber in der Vergangenheit mit seinem Verhalten in bestimmten Situationen erzielt hat oder genauer, wie er *meint*, dass die dargestellten Ergebnisse zustande kamen:

- Was ist dabei herausgekommen?
- Worin bestand das Ergebnis?
- Wie hat das Umfeld darauf reagiert?
- Welche Auswirkungen hat die Situation gehabt?
- Was war nach der geschilderten Situation anders als vorher?
- Was war Ihr Anteil am Ergebnis der Situation?
- Was haben Sie selbst aus der Situation gelernt?
- Was ist Ihr persönliches Fazit?
- Was würden Sie anders machen, wenn Sie in eine ähnliche Situation gerieten?

Checkliste zur Formulierung günstiger Fragen im Interview

Sieben Does and Don'ts der Kandidatenbefragung

1. **Bezieht sich die Frage auf konkretes, individuelles Verhalten?**
   - *Nicht:* »Welche Konfliktbewältigungsstrategien bevorzugen Sie?«
   - *Besser:* »Was haben Sie getan, als Sie das letzte Mal einen Konflikt mit Ihrem Vorgesetzten hatten?«

2. **Steht die Frage in einem eindeutigen Bezugsrahmen?**
   - *Nicht:* »Wie lernen Sie eigentlich?«
   - *Besser:* »Wie haben Sie sich auf Ihre letzte Prüfung vorbereitet?«

3. **Wird möglichst nur ein Aspekt angesprochen?**
   - *Nicht:* »Wie entscheiden Sie in Konfliktsituationen mit schwierigen Mitarbeitern oder Schülern?«
   - *Besser:* »Können Sie mir an einem Beispiel schildern, wie Sie eine schwierige Entscheidung getroffen haben?«
   - *Und dann:* »Beschreiben Sie mir bitte, wie Sie in dem letzten Konflikt vorgegangen sind, den Sie bewältigt haben.«
   - *Und dann:* »Können Sie mir bitte denjenigen Mitarbeiter beschreiben, der für Sie schwierig gewesen ist?«

4. **Ist die Frage nicht-suggestiv (keine eingebaute Antwort, Unterstellung, Voraussetzung)?**
   - *Nicht:* »Ihr Wechsel von A nach B war doch sicher eine Beförderung?«
   - *Besser:* »Was bedeutete der Wechsel von A nach B für Sie?«

5. **Ist die Frage neutral hinsichtlich der Bewertung durch den Interviewer?**
   - *Nicht:* »Wir sind sehr froh, dass wir endlich ein Beurteilungssystem eingeführt haben. Wie stehen Sie zu Beurteilungsverfahren?«
   - *Besser:* »Welche Erfahrungen haben Sie mit Beurteilungsverfahren gemacht? Wie bewerten Sie diese Verfahren?«

6. **Enthält die Frage keine emotional geladenen Wörter oder Redewendungen?**
   - *Nicht:* »Was halten Sie von diesem neumodischen Qualitätsmanagement-Gerede?«
   - *Besser:* »Das Thema Qualitätsmanagement für Schulen wird seit einiger Zeit diskutiert. Wie ist Ihre Ansicht dazu?«

7. **Beginnt die Frage nicht mit »Warum« oder »Wieso«?**

   Solche Fragen zielen auf Rationalisierungen, nicht auf Erfahrungen, Erlebnisse und konkretes Verhalten.

(nach E.A. Bolte 2001)

4.6 Gibt es rechtlich unzulässige Fragen?

Zur Zulässigkeit von Fragen im Auswahlinterview gibt es eine langjährig entwickelte Rechtsprechung. Sie ermöglicht Verhaltenssicherheit und betrifft verschiedene Aspekte; einige Beispiele:[6]

- *Persönliche Verhältnisse:* Fragen zu den persönlichen Verhältnissen des Arbeitnehmers sind zulässig, soweit der Arbeitgeber daran ein berechtigtes Interesse hat. Hierzu gehören Fragen noch Wohnort, Geburtsdatum, Familienstand, Zahl der Kinder. Fragen nach einer Religions- oder Parteizugehörigkeit oder der Mitgliedschaft in einer Gewerkschaft sind grundsätzlich unzulässig (Ausnahmen: Tendenzbetriebe wie Religionsgemeinschaften, Parteien oder Gewerkschaften). Unzulässig ist die Frage nach einer künftigen Eheschließung.
- *Berufliche Fähigkeiten:* Fragen zu den beruflichen Fähigkeiten, insbesondere nach Kenntnissen, Erfahrungen, dem bisherigen schulischen und beruflichen Werdegang sowie nach Zeugnis- und Prüfungsnoten dürfen uneingeschränkt gestellt werden.
- *Gesundheitszustand:* Fragen zum Gesundheitszustand sind nur zulässig, soweit an ihrer Beantwortung für die Arbeit, den Betrieb und die übrigen Arbeitnehmer ein berechtigtes Interesse besteht. Dies gilt insbesondere für Fragen nach früheren Erkrankungen. Fragen nach bestehenden Erkrankungen sind zulässig, soweit ein enger Zusammenhang mit dem einzugehenden Arbeitsverhältnis besteht. Fragen nach bevorstehenden Operationen oder beantragten Kurmaßnahmen sind zulässig.
- *Schwangerschaft:* Die Frage nach einer Schwangerschaft ist unzulässig, weil sie eine nach § 611a BGB verbotene Diskriminierung wegen des Geschlechts enthält. Die Frage nach einer Schwangerschaft ist selbst dann unzulässig, wenn eine unbefristet eingestellte Arbeitnehmerin die vereinbarte Tätigkeit während der Schwangerschaft wegen des mutterschutzrechtlichen Beschäftigungsverbots zunächst nicht ausüben kann. Nach herrschender Rechtsprechung ist das Beschäftigungshindernis in diesem Fall nur vorübergehender Natur und führt nicht zu einer dauerhaften Störung des Arbeitsverhältnisses.

5. Auswertung des Interviews

Die Auswertung muss unbedingt unmittelbar nach dem Interview erfolgen. Andernfalls kommt es zu Überlagerungen durch spätere Eindrücke aus anderen Gesprächen, Vergesseneffekten und damit insgesamt zu einer Verzerrung der Ergebnisse. Zunächst fasst jedes Mitglied des Auswahlgremiums individuell die Interviewergebnisse zusammen, und zwar noch nicht zu einer pauschalen Eignungsaussage, sondern getrennt nach den Anforderungsmerkmalen. Anschließend werden im Auswahlgremium die

---

[6] Angeregt durch die Checkliste »Bewerberfragebogen« von www.redmark.de.

Bewertungen verglichen und eine gemeinsame Einschätzung erarbeitet. Wenn mehrere Bewerber/innen interviewt wurden, geht man in folgenden Schritten vor:

1. Zunächst ist im Sinne einer »Negativauswahl« zu fragen, über welche der Bewerber/innen durch das Auswahlverfahren Informationen gewonnen werden konnten, die grundsätzlich Zweifel an ihrer Eignung begründen. Wenn dies einvernehmlich geklärt ist, sollten vor allem solche Informationen gesichert werden, die für das Rückmeldegespräch mit der abgelehnten Bewerberin oder dem abgelehnten Bewerber wichtig sind.
2. Anschließend werden die grundsätzlich geeigneten Bewerber/innen entsprechend dem Grad ihrer Eignung in eine Rangfolge gebracht. Diese »Positivwahl« sollte nicht mechanisch stattfinden, etwa nur durch rechnerische Punktevergabe, sondern sich in einer differenzierten Diskussion über alle Eindrücke und Informationen herausbilden, die im Verlaufe des Verfahrens zu den individuellen Merkmalsausprägungen gesammelt wurden.

6. Informationen an abgelehnte Bewerber/innen

Eine Ablehnung kann mehrere Gründe haben: Die Bewerberin oder der Bewerber

- ist für die anstehenden Aufgaben an dieser Schule und vermutlich auch an anderen Schulen derzeit ungeeignet;
- ist zwar fähig, aber mit seinen speziellen Kompetenzen nicht passend für das Anforderungsprofil der ausgeschriebenen Stelle;
- ist geeignet, wird aber wegen eines Überangebots an qualifizierten Mitbewerberinnen und -bewerbern nicht genommen.

Grundsätzlich hat eine abgelehnte Bewerberin oder ein abgelehnter Bewerber Anspruch auf Rückmeldung. Das Angebot zu einem Gespräch mit der oder dem Vorsitzenden des Personalausschusses ist deshalb verpflichtend. Merkpunkte für ein solches Gespräch sind:

- Vermitteln Sie die Gründe für die Ablehnung so, dass sie nachvollziehbar sind und angenommen werden können. Dazu ist es hilfreich, wenn auf konkrete situations- und verhaltensbezogene Äußerungen aus dem Bewerbungsgespräch und deren Bewertung durch den Personalausschuss Bezug genommen wird (»Sie haben zum Thema Teamarbeit gesagt, dass ... Das hat bei uns zu der Entscheidung geführt, dass ...«).
- Vermeiden Sie Aussagen, die als disqualifizierende, dauerhaft gültige Festschreibungen von Eigenschaften und Fähigkeiten verstanden werden können.
- Stellen Sie die situative Besonderheit der Auswahlentscheidung, d.h. die spezifischen Anforderungen der infrage stehenden Schule dar. Dies erleichtert es im Ein-

zelfall, die Ablehnung als situationsspezifisch und nicht als generelle Abwertung zu verarbeiten.
- Geben Sie den Stärken und Entwicklungspotenzialen der abgelehnten Bewerberin oder des abgelehnten Bewerbers angemessen Raum.
- Lassen Sie, wenn nötig und gewünscht, das Auswahlverfahren noch einmal Revue passieren und reflektieren Sie gemeinsam die Sichtweise der abgelehnten Bewerberin oder des abgelehnten Bewerbers.
- Bieten Sie unter dem Aspekt »Personalentwicklung« an, alternative Optionen und deren Realisierungsmöglichkeiten zu erörtern.
- Bieten Sie unter dem Aspekt »Beratung« so weit als möglich und nötig weitere Gespräche an.

Literaturverzeichnis

Bolte, E.A. (2001): Management Diagnostik. Unveröffentlichtes Seminarmaterial. Hamburg.
BST Potential Systeme Dr. Schiefer & Partner (2002): Abschätzung der in Familienarbeit und im Ehrenamt erworbenen Qualifikationen. Unveröffentlichter Interviewleitfaden. o.O.
von Foerster, H. (1993): KybernEthik. Berlin.
Freimuth, J. (2004): Über die Qual der Wahl. Zur Logik von Auswahlentscheidungen in Organisationen. In: Personalführung, H. 8, S. 72–79.
Fullan, M. (2000): Schulentwicklung im Jahr 2000. In: journal für schulentwicklung, H. 4, S. 13.
Hofmann, E. (2002): Einstellungsgespräche führen. Neuwied.
Jetter, W. (^{2}2003): Effiziente Personalauswahl. Durch strukturierte Einstellungsgespräche die richtigen Mitarbeiter finden. Stuttgart.
Kieschke, U. (2000): Stile arbeitsbezogenen Bewältigungsverhaltens bei Lehrern. In: Sieland, B./Rißland, B. (Hrsg.): Qualitätssicherung in der Lehrerbildung. Hamburg, S. 359–390.
Lange, H. (2003): PISA und kein Ende. Was bedeuten die Untersuchungen für die Schulverwaltung? In: Recht der Jugend und des Bildungswesens, H. 2, S. 198.
Newmann, F./King, B./Youngs, P. (2000): Professional Development that Addresses School Capacity. Lessons from Urban Elementary Schools. Paper represented at the Annual Meeting of the American Educational Research Association.
Rastetter, D. (1999): Die Qualität menschlicher Urteile in der Personalauswahl. In: Personalführung, H. 4, S. 14–23.
Schaarschmidt, U. (2002): Die Belastungssituation von Lehrerinnen und Lehrern. Ergebnisse und Schlussfolgerungen aus der Potsdamer Lehrerstudie. In: Pädagogik 54, H. 7–8, S. 8–13.
Sieland, B. (2002): Verhaltensprävention – ein unverzichtbarer Schritt. Wie können Pädagogen ihre Gesundheit und Leistungsfähigkeit fördern? In: Pädagogik 54, H. 7–8, S. 22–28.
Vereinigung der Bayerischen Wirtschaft e.V. (Hrsg.) (2003): Bildung neu denken! Das Zukunftsprojekt. Opladen.
vbw *siehe* Vereinigung der Bayerischen Wirtschaft e.V.
www.redmark.de (2003): Checkliste »Bewerberfragebogen«.

Wolfgang Böttcher

Outputsteuerung durch Bildungsstandards

1.	Ein ökonomisches Programm der Bildungsreform	674
1.1	Prinzipien der Ergebnissteuerung	675
1.2	Die »vier E« der Schulreform	677
2.	**Die Schule als Organisation?**	679
2.1	Bilder von Organisationen	679
2.2	Pädagogik gegen Organisation?	681
2.3	Die innere Ökonomie der Schule	683
3.	**Die Profession im Kontext der Organisation**	685
3.1	Die Erweiterung und Entgrenzung des Lehrerauftrags	685
3.2	Ergebnissteuerung und die Fokussierung des Lehrerauftrags	689
4.	**Bildungsstandards als Ergebniserwartungen**	691
4.1	Strategisch-normative Grundlegung	691
4.2	Die Expertise zur Entwicklung von Bildungsstandards	693
4.3	Die Standards der Kultusministerkonferenz	695
4.4	Eine denkbare Alternative: starke Standards	697
5.	**Was tun?**	705
	Literaturverzeichnis	708

Zum Ablauf der Argumentation

Der Text will einen Einstieg in die Debatte um die Steuerung der einzelnen Schule geben. Dabei sind zwei Perspektiven zu berücksichtigen: Wie steuert der Staat die Schulen und wie können sich Schulen in ihrem Innern so organisieren, dass sie »erfolgreich« sind? Beide Themen stehen in enger Verbindung und lassen sich unter der Überschrift »neue Bildungsökonomie« fassen. Die Frage der inneren Ökonomie ist zweifelsfrei ein Themenfeld, dass eine Schulleiterin oder einen Schulleiter auch auf der nicht unmittelbar praktischen Ebene interessieren sollte. Aus meiner Sicht muss eine Leitung kritisch den Kontext einordnen können, in dem ihre Schule arbeitet.

Zunächst werden die Prinzipien und die Leitideen einer neuen Bildungsökonomie im Bildungswesen erläutert. Es wird gezeigt, dass Schulen unter dieser Perspektive belegen müssen, dass sie zufrieden stellende Ergebnisse erzeugen, also das Wissen und Können der Schüler/innen in hinreichendem Maße steigern und einen Beitrag zur Reduktion von Benachteiligung aufgrund der Bildungsherkunft der Schüler/innen leisten können. Internationale Studien zeigen, dass der hier beschriebene Sachverhalt in der einen oder anderen Variante in jedem modernen Schulsystem nachzuweisen ist.

Um erfolgreich handeln zu können, bedarf es einer Vielzahl von Bedingungen. Eine Schule muss tatsächlich eine Organisation sein, ein System also, in dem koordiniert auf die Erreichung von Zielen hingearbeitet werden kann. Der vorliegende Beitrag zeigt Mängel der Schulorganisation und einige der daraus folgenden Probleme für Leitungen und Lehrer/innen. Von den möglichen Aspekten, die im Kontext der Entwicklung der Organisation Schule aufzuspüren sind, befasst er sich zentral mit der Frage, welche Rolle Bildungsstandards bei einer Qualitätsverbesserung spielen können, also Instrumente, die programmatisch darauf abzielen, die schulischen Ziele und Aufträge zu präzisieren. Leider kommt die Analyse zu dem Ergebnis, dass die vorliegenden Standards ihre Ansprüche kaum halten können. Zum Schluss soll aber nicht die »kritische Verweigerung« stehen, sondern der Versuch, auf Grundlage der erläuterten Grundannahmen einer neuen Bildungsökonomie, Ideen für die didaktische und organisatorische Entwicklung der Einzelschule zu liefern. Initiator hierfür ist die Schulleitung.

1. Ein ökonomisches Programm der Bildungsreform

Die Rede von Ergebnis- oder Outputsteuerung greift seit einigen Jahren auch im deutschsprachigen Raum um sich. Allenthalben wird von der Neuerfindung der Steuerung oder einem Paradigmenwechsel gesprochen. Die Gründe für Versuche, eine andere Art der Steuerung bzw. des Systemmanagements zu implementieren, liegen auf der Hand: Die Schulsysteme im deutschsprachigen Raum – aber auch die anderer Staaten – haben in der Vergangenheit weniger geleistet, als man angesichts des Ressourcenverbrauchs erwarten durfte. Der vorliegende Beitrag skizziert das Steuerungsparadigma, das als »neue Bildungsökonomie« bezeichnet werden kann. Das pädagogische Unwort »Ökonomie« zieht hier deshalb, weil dieser Ansatz Sparsamkeit und Wirksamkeit betont: »Es ist für alle Akteure im Bildungssektor notwendig, kostenbewusst zu werden, nach allen nur möglichen Einsparungen zu streben und sicherzustellen, dass die Ressourcen da eingesetzt werden, wo sie im größtmöglichen Lerngewinn resultieren« (OECD 1991, S. 186).[1] Damit sind zwei Orientierungsmarken einer »ökonomischen« Reform genannt: Angesichts knapper Mittel ist *Sparsamkeit* angebracht und alle pädagogischen Aktivitäten, die nicht in der Lage sind, ihre *Wirksamkeit* unter Beweis zu stellen, geraten in den Anfangsverdacht, Mittel zu verschwenden.

Mit den internationalen Leistungsvergleichen steht die Schulkritik nunmehr auch in Deutschland auf einem empirischen Fundament. Sie belegen Leistungsdefizite und die Tatsache, dass die Schule in Deutschland nichts zum Ausgleich von Benachteili-

---

1 Damit die OECD nicht unter falschen Verdacht gerät: Die OECD-Berichterstatter warnen ausdrücklich vor möglichen negativen Effekten einer »Ausgabendeckelung« und vor der Unterschätzung der Effekte von Kürzungen. Diese seien möglicherweise nicht unmittelbar sichtbar, aber dann in der Folge umso schwieriger zu reparieren. Natürlich seien bestimmte Reformen nicht ohne Geld zu machen und eine angemessene Ressourcenausstattung sei unverzichtbar.

gung aufgrund der sozialen Herkunft der Schüler/innen beiträgt. Wenn aber die öffentliche Schule nicht zeige, was sie kann, werde ihr Exodus sich allenfalls hinausschieben lassen, menetekelt Oelkers (1997).[2] Richter empfiehlt in diesem Sinne dem »pädagogischen Milieu« unter anderem, der Kritik »selbst durch Reformen entgegenzutreten« (1999, S. 94), also nicht abzuwarten, bis man *top down* reformiert wird. Wenn er bemerkt, dass es sich dabei allerdings um andere Reformen handeln müsse als die der 1960er- und 1970er-Jahre, zielt er auf einen Sachverhalt, der es rechtfertigt, von »neuer« Bildungsökonomie zu sprechen. Solche Reformen können nicht pauschal die Ressourcenseite adressieren und sie müssen Probleme der inneren Schulentwicklung ansprechen. Hiermit wäre eine Perspektivenverschiebung von der Makrosteuerung zur Mikrosteuerung von Bildung erfolgt: Die einzelne Schule, begriffen als Organisation, gerät in den Fokus der Betrachtung. Ihr kommt eine neue Verantwortung zu.[3] Hiermit kommen das Management und die »Manager« der Schule in den Blick. Im vorliegenden Kapitel werden wir uns zunächst mit einigen eher theoretischen Aspekten der »neuen Bildungsökonomie« befassen, um dann am Beispiel der Bildungsstandards Organisationswissen zur Kritik aktueller Bildungspolitik und zur praktischen Gestaltung schulischer Pädagogik anzuwenden.

1.1 Prinzipien der Ergebnissteuerung

Schulkritik, die auf unbefriedigende Effekte der unterrichtlichen Tätigkeit abzielte, wurde in Deutschland in aller Regel abgetan als unbegründete Quengelei alter konservativer Männer. Richtig ist, dass diese Kritik sich in Deutschland häufig nur auf persönliche Erinnerungen und Anekdoten stützen konnte. Es bedurfte der empirischen Fundierung durch die internationalen Leistungsstudien, um massive Reformabsichten zu erzeugen. Diese berufen sich auf Ergebnis- oder Outputsteuerung als »neues Paradigma« der Schulreform.

Das Bekenntnis zur Outputsteuerung tritt mit dem Versprechen an, die beklagte Situation zu verbessern: bessere Lernergebnisse und weniger soziale Selektivität. Da in vielen vergleichbaren Ländern auch schon vor TIMSS und PISA Daten über unzureichende Leistungen der Schule bekannt waren,[4] kann man an deren Beispiel gut sehen, wie sie das Problem lösen wollten. Die erste Reaktion bestand im Prinzip der Dezentralisierung: Autonomie, erhöhte Selbstständigkeit der Einzelschule, *site based management* oder *local management of schools* sind die Begriffe, hinter denen sich das Konzept

---

[2] »... der Auftraggeber, also der Staat und letztlich die Bürgerinnen und Bürger, die er repräsentiert, erwarten von der Schule nicht, dass die Zahl der funktionalen Analphabeten steigt, die Kulturtechniken nur noch rudimentär beherrscht oder Wissensfortschritte gar nicht mehr erzielt werden« (Oelkers 1997, S. 145).
[3] Dass damit nicht die staatlichen Ebenen der Steuerung aus der Verantwortung genommen werden, soll nur am Rande erwähnt sein.
[4] Diese Länder verfügen i.d.R. über eine Tradition systematischer, oft zentraler Leistungsmessung.

verbirgt, mehr Verantwortung für Ergebnisse auf die Einzelschule zu delegieren. Es stellte sich aber heraus, dass die Effekte allenfalls mäßig waren. Eingriffe in die Organisation allein – z.B. Budgetierung, vermehrte Rechte bei der Personalrekrutierung, Stärkung der Schulleitung – vermochten den Unterricht offenbar wenig zu beeinflussen. Die zweite Reaktion bestand darin, die Dezentralisierung durch Rezentralisierung auszutarieren: durch staatliche Aufgabendefinitionen bzw. zentrale Vorgaben mittels Bildungsstandards oder Curricula (vgl. Böttcher 2002). Mit der Idee, Aufgaben der Schule durch die Einführung von Vorgaben zu strukturieren und zu reformieren, kommen also klassische pädagogische Steuerungsinstrumente zu neuen Ehren. Ohne Vorgaben, die Leistungserwartungen formulieren, lassen sich schließlich Ergebnisse nicht bewerten. Und damit sind wir beim dritten Prinzip der »neuen Steuerung« angelangt: Die Wirkungen der schulischen Arbeit müssen offen gelegt werden, es besteht Rechenschaftspflicht.

Was heißt also Ergebnissteuerung? Grundlage ist im Kern ein simples Modell einer Organisation (hier: der Schule), das Inputs, Transformation/Prozesse und Outputs unterscheidet. Unter *Inputs* lassen sich vor allem die Ressourcen fassen, über die eine Organisation verfügt; *Prozesse* beschreiben die eigentliche Arbeit (die Produktion oder das Erstellen einer Dienstleistung); *Output* meint die Ergebnisse. Bei der Outputsteuerung fällt der Blick darauf, was die Organisation »erzeugt« oder »bewirkt«. Das ist aber nicht unabhängig von Inputs (Ressourcen wie z.B. Zeit oder Lehrmaterial) und Prozessen (z.B. Nutzung von Medien, Übersetzung von Bildungsstandards in Unterricht oder Einsatz von Lehrmethoden).

Im Modell der Ergebnissteuerung greifen die drei analytischen Dimensionen immer ineinander. Ein Beispiel: Inputinstrumente greifen zwar im Prinzip nicht direkt in die Prozessebene ein, aber sie sind sehr wohl prozessrelevant. Wenn bestimmte und erwartbare Ergebnisse nicht erreicht werden, so kann ja z.B. fehlendes Geld verantwortlich sein, das die Einführung eines erfolgreichen, aber kostspieligen Unterrichtsprogramms verhinderte. Die Verantwortung für schlechte Ergebnisqualität kann aber auch bei den Prozessen liegen. Erweist sich die pädagogisch-didaktische Prozessgestaltung einer Schule als wesentlicher Grund für unterschrittene Ergebniserwartungen, wird eine ernst zu nehmende Outputsteuerung selbstverständlich dort eingreifen. Erweisen sich mangelhafte oder fehlende Ressourcen als Grund, müsste dort interveniert werden.[5] Outputsteuerung wäre in diesem Sinne eine Steuerung der Inputs und der Prozesse über die konsequenzenhaltige Analyse von vorab definierten erwünschten Organisationsergebnissen. Zeigt es sich, dass Ressourcen und Prozesse angemessen sind, könnte es nötig werden, die Ergebnisstandards selbst einer Kritik zu unterziehen.

Abbildung 1 deutet an, dass sich hinter den Dimensionen Input, Prozess und Ergebnis weitere Subdimensionen verbergen, die auf die Komplexität des Systems verweisen. Diese Komplexität des sozialen Systems Schule droht im schlichten Modell verloren zu gehen. Man muss sich darüber im Klaren sein, dass das Modell gut dazu ge-

---

5 Aus einer empirischen Analyse könnten sich so womöglich auch klare Input- und Prozessstandards ableiten lassen.

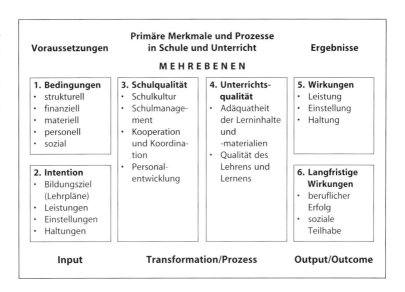

Abb. 1: Strukturelle und dynamische Dimensionen der Schule (nach Ditton 2000, S. 79)

eignet ist, Defizite bisheriger Steuerung grob zu verorten. Eine unzulässige Reduktion für andere Fragestellungen wäre aber nicht nur ein akademisches Problem, sie hätte auch erhebliche Konsequenzen für die Umsetzung der Reform und die Praxis der Schule.

Wir haben in diesem Abschnitt einige Prinzipien der »neuen Bildungsökonomie« angesprochen: Dezentralisierung (durch erhöhte Selbstständigkeit der einzelnen Organisation), Rezentralisierung (mittels staatlicher Vorgaben, die Leistungserwartungen formulieren) und Outputorientierung. Es sollte deutlich geworden sein, dass die Orientierung an Ergebnissen den komplexen Zusammenhang zwischen Ergebnissen und Ressourcen sowie Prozessen nicht negieren darf.

1.2 Die »vier E« der Schulreform

Betrachtet man die Bildungsreformen, die in den letzten 15 Jahren in vielen Staaten durchgeführt wurden und werden, so folgen sie durchaus dem Paradigma der Outputsteuerung. Wenn man dieses Konzept genauer analysiert, kommt man zu vier Leitideen, die ich griffig als die »vier E« der Schulreform bezeichne: Effektivität, Effizienz, Evidenz, Erfolgsorientierung (vgl. Böttcher 2002).

Effektivität bezieht sich auf Arbeitsergebnisse: Hat eine Organisation oder bis zu welchem Grade hat eine Organisation ein Ziel erreicht? Ein Effektivitätsvergleich stellt auf das Verhältnis unterschiedlicher Arbeitsergebnisse zueinander ab. Technisch gesprochen beschreibt der Begriff die Relation unterschiedlicher, aber vergleichbarer Outputs. Auf dieser Grundlage lässt sich also z.B. ein Vergleich von Organisationen bewerkstelligen, die gleichartige Leistungen erbringen. Effektivität sagt nichts über den Einsatz von Ressourcen aus.

Effizienz stellt Handlungsergebnisse den Kosten und Aufwänden, also dem Ressourcenverbrauch gegenüber. »Bei Effizienz (Zweckmäßigkeit) steht die Frage im Vordergrund, mit welchen Anstrengungen die Aktivität verrichtet wird. Welche Anstrengungen (Kosten, Energie) sind nötig, um das Ziel zu erreichen?« (Liket 1993, S. 127f). Effektivität vergleicht demnach Ziele und Ergebnisse (Outcomes), sie setzt Inputs und Ergebnisse ins Verhältnis.

Effizienz operiert genauer betrachtet als normative Richtschnur: In der einen Variante *soll* der Einsatz verfügbarer Ressourcen mit bestmöglicher Outputmaximierung erfolgen (Maximierungsprinzip). In der anderen Variante *soll* ein definiertes Produkt bzw. eine definierte Leistung mit möglichst niedrigem Einsatz erreicht werden (Minimierungsprinzip).[6] Effizienz, so kann man populär formulieren, heißt: Das Beste aus den zur Verfügung stehenden Mittel machen. Wenn also bessere Lerneffekte bei Schülerinnen und Schülern mit gleichen Mitteln (Geld, Zeit, Engagement etc.) erreicht werden können, ist ein solches Vorgehen effizient. Bei gleichem Lerneffekt und gleichzeitig geringerem Aufwand gilt das ebenfalls. Effizienz aber ist nicht mit Kostenreduktion gleichzusetzen. Die Suche nach Effizienz hat auch keinerlei normativen Bezug zu dem, was eine pädagogische oder eine soziale Organisation erreichen soll, also zur inhaltlichen Füllung der mit Effektivität bezeichneten Dimension: »Pursuing efficiency does not prejudge what schools should be producing« (Hanushek u.a. 1994, Einleitung S. xx).

Mit dem dritten Kriterium, *Evidenz*, ist ein Sachverhalt angesprochen, der sowohl für die Forschung als auch für eine reflektierte schulische Praxis von höchster Bedeutung ist: Pädagogische Maßnahmen müssen nachweisen – Evidenzen dafür beibringen –, dass sie ihren Zweck oder ihre Zwecke erfüllen. Fehlende empirische Erfolgskontrolle unterstützt die These von der (möglichen) Verschwendung oder wenigstens mangelnder Zieltreue von Ressourcen in pädagogisch organisierten Prozessen. Wenn es richtig ist, dass bislang Effekte pädagogischer Neuerungen eher unterstellt als untersucht wurden,[7] dann ist hiermit ein bedeutendes Defizit angesprochen, das auch pädagogisch – und nicht nur ökonomisch – negative Konsequenzen hat: Wenn tatsächlich für uneffektive Maßnahmen Geld ausgegeben wird, dann fehlt dieses Geld solchen Maßnahmen, die erfolgreich sind oder sein könnten.

Die grundlegende Implikation des Evidenzkriteriums lässt sich so skizzieren: Organisationen müssen aus ihren Erfahrungen lernen. Bildungsorganisationen verfügen bislang kaum über Instrumente, die helfen, Verbesserungen zu steuern bzw. überhaupt herauszufinden, welche pädagogischen (oder organisatorischen) Aktivitäten wirken und welche nicht. Über Verfahren der »Beweisführung« aber könnte die praktische Pädagogik neu »gemanagt« werden. Maßnahmen im pädagogischen Feld müssten dann sorgfältig evaluiert und die Ergebnisse dieser Evaluierungen publiziert werden. Reformen können über ein solches System kontrolliert und kontinuierlich erfolgen.

---

6 In beiden Fällen kommt es darauf an, keine Ressourcen zu verschwenden. Denn das käme einem nicht gewünschten Verzicht auf – mögliche – höhere Leistungen gleich.

7 Man kann hier provokativ vom alten »Hoffnungsparadigma« sprechen.

Als viertes Leitprinzip in mikroökonomischen Reformvorschlägen findet sich die Idee der »Erfolgsanreize« bzw. »Leistungsanreize«. Es ist eine gängige Vorstellung ökonomischer Steuerung von Organisationen, den Akteuren stärkere Beachtung zu schenken. Prozesse geplanten Wandels werden demnach vor allem dann eingeleitet und erfolgreich abgeschlossen, wenn es entsprechende Anreize für die relevanten Akteure gibt. Leistungsanreize oder »Incentives« sind Belohnungen oder Bestrafungen als Folge von spezifischen Handlungsergebnissen. Sie verfolgen im Wesentlichen zwei Ziele:

1. Sie sollen die Arbeit der Akteure auf das Organisationsziel oder bestimmte Organisationsziele hin ausrichten.
2. Sie sollen dafür sorgen, dass kompetente Personen in den Beruf eintreten – und in ihm gehalten werden.

Diese vier Leitideen – Effektivität, Effizienz, Evidenz und Erfolgsorientierung – beschreiben im Kern das »ökonomische Programm« der Schulreform. Die Realisierung dieser Leitideen mündet im Prinzip »intelligenter Ressourceneinsatz«. Intelligenter Ressourceneinsatz ist keine Absage an die These möglicherweise notwendiger Ressourcenzuwächse, allerdings werden Belege dafür erwartet, dass Ressourcen – Geld, Zeit, Personal – so eingesetzt werden, dass intendierte Wirkungen wenigstens wahrscheinlich sind.

2. Die Schule als Organisation?

Die Rede von der »neuen Outputorientierung« verweist auf die Defizite der Steuerung des Gesamtsystems Schule, faktisch bezieht sich der Reformansatz jedoch auf die Einzelschule: Hier muss das neue Programm umgesetzt werden. Der Ansatz der »neuen Steuerung» basiert auf der Annahme, dass die Einzelschule als Organisation beschreibbar ist. Im Folgenden befassen wir uns mit dieser Prämisse. Auf eine Skizze von Vorstellungen darüber, was Organisationen auszeichnet, folgt die Diskussion einiger Ansätze, die sich explizit mit pädagogischen Organisationen befassen. Abschließend wird zu fragen sein, ob bei Versuchen der Reorganisation von Bildung die Klärung, welcher Art soziales System die Einzelschule ist, von Bedeutung für die Prozesse und die Resultate geplanten Wandels ist.

2.1 Bilder von Organisationen

Organisationen werden als ein Spezialfall von sozialen Gebilden bzw. Kollektiven beschrieben. Was macht ein soziales System zu einer Organisation? Eine basale Definition liefert Mayntz in ihrer »klassischen« Abhandlung über bürokratische Organisationen. »Gemeinsam ist allen Organisationen erstens, dass es sich um soziale Gebilde handelt, um gegliederte Ganze mit einem angebbaren Mitgliederkreis und interner Rollendifferenzierung. Gemeinsam ist ihnen zweitens, dass sie bewusst auf spezifische Zwecke und Ziele orientiert sind. Gemeinsam ist ihnen drittens, dass sie im Hinblick auf die Verwirklichung dieser Ziele oder Zwecke zumindest der Intention nach rational gestaltet sind. In dem Maße, wie diese drei Definitionsmerkmale des Gebildecharakters, der spezifischen Zweckorientierung und des Organisiertseins erfüllt sind, kann man von einer Organisation sprechen« (Mayntz 1963, S. 36). Organisationen sind demnach durch nur drei spezifische Merkmale konstituiert. Sie sind auf Dauer angelegte soziale Gebilde, sie verfolgen (gemeinsame) Ziele und sie sind – im Prinzip – auf die Zielerfüllung hin angelegt.

In gewisser Hinsicht ist eine solche Definition »eindimensional«. Zwar schließt sie nicht aus, dass sich Organisationen in vielerlei Hinsicht (Grad der Hierarchie, Komplexität, Autorität etc.) unterscheiden lassen, aber alle Ausprägungen zeigen in eine Richtung: Sie sind auf die Zweckrationalität des Systems orientiert. Die eindimensionale Beschreibung mag für bestimmte Organisationen zu einem bestimmten Zeitpunkt ihrer Entwicklung und unter bestimmten Bedingungen ihrer Umwelt angemessen sein. Aber ein solch »mechanistisches« Modell kann komplexe Organisationen nicht umfassend beschreiben. Für moderne analytische Konstruktionen von Organisationen gilt, dass sie ihren Gegenstand als mehrdimensionales soziales System begreifen. Im Gegensatz zu älteren – simplifizierenden – Konzeptionen verstehen neuere Ansätze Organisationen als »offene Systeme«. Sie funktionieren also nicht als »Monaden«, sondern sie sind verknüpft mit ihrer Umwelt oder ihren Umwelten und mehr oder weniger abhängig von ihnen. Während Vorstellungen von Organisation zunächst vom »Maschinenmodell« geprägt waren, haben sich im Laufe der Zeit sehr unterschiedliche Bilder von Organisation entwickelt. Gareth Morgan wählt in seinem internationalen Bestseller »Images of Organization« (1997) solche alternativen Metaphern für Organisationen wie z.B. Organismus oder Gehirn.

Der Versuch, Organisationen von anderen sozialen Systemen abzugrenzen, führt in der Regel zu dimensionalen Bestimmungen, die immer wieder um die gleichen oder wenigstens doch vergleichbare Merkmale kreisen. Die Definition von Banner/Gagné (1995, S. 6) weist folgende Dimensionen der Organisation aus:

- Zielorientierung;
- identifizierbare Grenzen;
- soziale Interaktion;
- ein strukturiertes Aktivitätensystem;
- Kultur.

Nicht zufällig steht die Zielorientierung an erster Stelle. Systeme, die nicht zielorientiert sind, werden in keiner mir bekannten Quelle als Organisation bezeichnet. Allerdings werden Ziele nicht oberflächlich, »harmonistisch« oder gar statisch beschrieben. Klassisch ist z.B. die Unterscheidung von offiziellen und operativen Zielen, also solchen Zielen, die eine Organisation nach außen oder innen verkündet und solchen, die tatsächlich das »Geschäft« bestimmen. Selbstverständlich können sich Ziele im Zeitverlauf verändern oder sich erst als Ergebnisse operativen Handelns einstellen. Üblicherweise ändern sich Ziele, wenn neue wichtige Akteure in eine Organisation aufgenommen werden, wenn sich die Organisationspolitik wandelt oder wenn Umwelten der Organisation sich ändern.

Das zweite Kriterium besagt, dass Organisationen von ihren Umwelten unterscheidbar sind. Das Merkmal »soziale Interaktion« betont, dass handelnde Akteure mit je persönlichen Dispositionen eine Organisation kompilieren.[8] Die Struktur bzw. das strukturierte Aktivitätensystem lässt sich »ganz einfach definieren als die Gesamtsumme aller Mittel und Wege, die der Organisation zur Arbeitsteilung und dann zur Koordinierung der Einzelaufgaben dienen« (Mintzberg 1992, S. 17). »Kultur« verweist auf die Existenz eines geteilten Glaubens-, Werte- oder Einstellungssystems, das die Struktur und die Aktivitäten der Organisation stützt. Der Begriff verweist auf sich gegenseitig verstärkende Verhaltenserwartungen der Akteure.[9]

Es gibt keine Rezepte für die »richtige« Gestaltung einer Organisation, es ist prinzipiell unmöglich zu entscheiden, wie eine Organisation am besten »funktioniert«. Organisationen zu optimieren, bleibt dennoch ein wesentliches Ziel der Organisationswissenschaften. Es gibt demnach gewisse Charakteristika bzw. Kombinationen oder Ausprägungen von Variablen, die in bestimmten Umwelten und für bestimmte Zwecke besser zusammenpassen als andere. Für Organisationen, die in Märkten agieren, ist letztlich das Überleben Maßstab relativ erfolgreichen Agierens.

2.2 Pädagogik gegen Organisation?

Die einzelne Schule als Organisation zu analysieren und auf sie zu fokussieren, ist für Pädagogik keinesfalls selbstverständlich. Man kann nicht nur von einem komplizierten Verhältnis zwischen Organisation und Pädagogik sprechen, man kann mit Blick auf bestimmte historische Epochen durchaus »Unvereinbarkeitsbeschlüsse« seitens der Pädagogik (Terhart 1986) erkennen. Möglich, dass die Nähe der Organisationswissenschaften zur Wirtschaft Ressentiments bei Pädagoginnen und Pädagogen auslöst; möglicherweise liegt es an der Inkompatibilität der dem Individuum gegenüber relativ gleichgültigen Organisation und dem Persönlichen der pädagogischen Interaktion; vielleicht gründet dieser gewollte Antagonismus auch in einem in der Pädagogik vorherrschenden überkommenen Verständnis von Organisation als ein per se mechanistisch-bürokratisches System.

Ein interessanter Aspekt ist der, dass die Organisationsforschung gerade am Beispiel von Bildungseinrichtungen mechanistische Modelle von Organisation überwinden konnte. Zwei Beispiele mögen genügen. Prominent und wegweisend ist das Theorem des »loose coupling«, das der US-amerikanische Organisationsforscher Weick am Beispiel der Schule erläuterte (vgl. besonders Weick 1976). Anders als im rationalistischen Zweck-Mittel-Schema ist demnach ein System wie die Schule dadurch gekenn-

---

[8] Aus dieser Tatsache lässt sich auf eine hohe Komplexität von Organisationen schließen.
[9] Ihren einfachsten empirischen Indikator findet die Kultur in von Organisationsmitgliedern geäußerten Statements wie »So machen wir es hier eben«.

zeichnet, dass seine Elemente (z.B. Akteure oder Ebenen der Organisation) nur schwach miteinander verbunden sind. Dies impliziert eine hohe Eigenständigkeit der Elemente und eine geringe Wirkungsdichte zwischen den Elementen. Für Terhart stellt sich mit der Vorstellung von »lockeren Beziehungen« eine folgenreiche Veränderung ein: »Aus Organisation (›hart‹) wird Organismus (›weich‹)« (Terhart 1986, S. 212). Dieser Theorie verdankt man, so Terhart, insbesondere die Einsicht, dass die beiden Ebenen Administration und Operation nur eine »lockere Beziehung« haben. Die »tatsächliche Arbeit« findet demnach in großer Freiheit von der Schuladministration statt.[10] Die operative oder technische Ebene ist »relativ diffus bestimmt« und kann Wirkungen ihrer Arbeit nur behaupten (ebd., S. 212).

Den Höhepunkt der Kritik an rationalistischen Organisationskonzepten sieht Terhart im »garbage can model« von March und Olsen (1976, S. 69ff.). Die Grundthese ist die, dass in Organisationen nicht gewissermaßen pathologisch vom rationalistischen Ideal abgewichen wird, sondern dass Abweichung das Normale ist, geradezu konstitutiv – und konstruktiv – für Organisation. In der Konsequenz führt das in eine Richtung, die Schulen als »ebenso undurchschaubare wie unbeherrschbare soziale Einheiten« begreift (Terhart 1986, S. 216). Das führt ihn zu einer interessanten Frage: »Wie lässt sich eine solche Organisation verwalten, planen, erforschen und in ihren inneren Abläufen vielleicht doch noch in Richtung auf einen gesetzten Betriebszweck hin beeinflussen?« (ebd.). Gerade in »organisierten Anarchien« sei die Erreichung des Organisationszwecks – Unterricht, Bildung, Erziehung – vielleicht überhaupt nur möglich, vermutet Terhart. Sie seien eben einerseits nicht administrativ eingeschnürt und andererseits operierten sie auch nicht zufällig. Terhart sucht auf der Grundlage solcher Modellvorstellungen lediglich noch »Organisierbarkeitsreste« (ebd., S. 217). Die neueren Organisationsvorstellungen betonen an diesen sozialen Gebilden genau das, was – in bestimmter pädagogischer Tradition – als das Besondere von Bildung und Erziehung gesehen wird: Unplanbarkeit, Kreativität, Individualität, Spontaneität etc. Man könnte das als ein Angebot zur Versöhnung begreifen.

Mit dem skizzierten problematischen Verhältnis befassen sich auch andere Erziehungswissenschaftler. So versucht Rolff, die Schule als »besondere Organisation« zu analysieren. Als Besonderheiten versteht er z.B. »den pädagogischen Bezug«, die mangelnde Technologisierbarkeit der pädagogischen Interaktionen oder den Bildungsauftrag (Rolff 1993, S. 121ff.). Rolff sieht in diesen spezifischen Merkmalen keine Rechtfertigung dafür, die Schule nicht als Organisation zu analysieren (vgl. zur Kritik Göhlich 2001, S. 37ff.). Lediglich seine These, dass Dimensionen der schulischen Arbeit nicht hinreichend operationalisierbar oder quantifizierbar seien, führt ihn zur Ablehnung von »Saldierungen von Input und Output« und damit einer streng ökonomischen Betrachtung der Organisation Schule. Oelkers, um ein weiteres Beispiel zu nennen, begreift »Schule als komplexe, widersprüchliche, sensible und nicht selten paradoxe Organisation« (Oelkers 1995, S. 162). Diese und ähnliche Versuche, die Interpreta-

---

10 Diese Ansicht widerspricht der schulischen Bürokratiekritik, die eine Übersteuerung der Schule durch feine und das Handeln verengende Vorschriften beklagt.

tion der Schule als Organisation trotz einer Vielzahl solcher Merkmale zu retten, die andere Organisationen nicht oder deutlich weniger ausgeprägt aufweisen, führen wieder zu der Frage: Wie überhaupt ist eine solch besondere Organisation zu steuern? Oder: Wie lernt sie, sich selbst zu steuern?

Neuere Managementkonzepte gehen von der Analogie »Mensch und Organisation« aus. Erfolgreiche Organisationen zeichnen sich demnach dadurch aus, dass sie wie Individuen lernen können. Hier kommt die Metapher der »lernenden Organisation« zum Tragen. Es liegt durchaus nahe, Schulen als typische Beispiele von »lernenden Organisationen« zu begreifen (vgl. Altrichter/Posch 1999; Rolff 1993; Schratz/Steiner-Löffler 1999). Die Semantik der »lernenden Schule« ist allein schon deshalb verführerisch, weil in der Schule Schüler/innen versammelt werden, damit sie lernen. Hier arbeiten Profis, die das Lernen gelernt haben, die Fachliteratur lesen, Fortbildungsmaßnahmen besuchen und ihre Arbeit reflektieren. Dass aber eine Lernorganisation auch eine »lernende Organisation« ist, ist dennoch eher unwahrscheinlich, denn diese Idee unterstellt die Emergenz einer kollektiven Klugheit durch neue Kooperation der (lernenden) Akteure. Aber es gibt keine Anreize für den Aufbau gemeinsamen Organisationswissens und es gibt auch keine dieses unterstützende Strukturen. Die Arbeit der Lehrer/innen kennzeichnet sich zudem durch hohen Individualismus. Aus der Sicht der einzelnen Lehrerin und des einzelnen Lehrers erscheint die Schule – selbstverständlich unter Beachtung schulart-, jahrgangs- und schulfachspezifischer Varianzen – eher als ein Ort individuell-personeller Bildungsvermittlung und weniger als eine übergeordneten Zielen verpflichtete und arbeitsteilig strukturierte Gesamtorganisation[11]. Es verhält sich eher so, dass dieses Modell ein normatives Ideal beschreibt, aber nicht die schulische Wirklichkeit.

Diese Diskussion führt zur Frage, ob sich Schulen überhaupt sinnvollerweise als Organisationen betrachten lassen. Daran schließt die Frage an: Welche Konsequenzen hätte das eine oder das andere Ergebnis? Allgemeiner gefragt: Welche theoretischen und praktischen Imperative ergeben sich aus einer Entscheidung, Schulen organisationswissenschaftlich zu analysieren?

2.3 Die innere Ökonomie der Schule

Sofern ein System als ein gegliedertes Ganzes verstanden werden kann, sofern es – zweitens – bewusst auf spezifische Zwecke und Ziele orientiert ist und sofern es – drittens –, um diese Ziele oder Zwecke zu erreichen, zumindest der Intention nach rational gestaltet ist, kann man es als Organisation bezeichnen. Wenn wir Schule als Organisation verstehen wollen, dann gilt es, diese Imperative anzuerkennen. Soll der Begriff Or-

---

11 Auf einen anderen problematischen Aspekt der Metapher der »lernenden Schule« verweist Tacke, wenn sie feststellt, dass durch die Verpflichtung der Lehrer/innen auf Managementarbeit ihre Deprofessionalisierung – als Spezialisten für das Lernen – betrieben werde (Tacke 2004; vgl. auch Böttcher 2004).

ganisation mit Blick auf die Schule lediglich für »Planung, Regelung und Ordnung« (vgl. Klafki 1977, S. 11f.) stehen, dann ist Schule so sehr oder so wenig Organisation wie z.B. ein Mehrfamilienhaus. Diese Metapher beschreibt ein soziales System, das durchaus Planung, Regeln und Ordnung kennt, aber eben keine Organisation ist. Mehrfamilienhäuser haben zwar einen Hausmeister, Gruppen oder Individuen interagieren, es gibt Verträge und es gibt Grenzen dessen, was man tun darf. Im Prinzip aber ist es den einzelnen »Parteien« freigestellt, ob sie Kontakte haben, und letztlich kann man tun, was man will, sobald man in seinen »eigenen vier Wänden« ist. Und da hält man sich in aller Regel auf, wenn man im Haus ist.

Gemeinsame Ziele wird man im Mehrfamilienhaus in aller Regel nicht finden; es benötigt sie auch nicht, um stabil zu sein. Mit Blick auf die Schule ist die Wohnhausmetapher einerseits durchaus nicht unplausibel. Andererseits aber will und soll die Schule Ergebnisse produzieren, etwas bewirken: Schüler/innen sollen lernen. Wer Wirksamkeit erwartet, wird an der »Zielfrage« nicht vorbeikommen. Man muss Ziele explizit machen, will man die Effektivität einer Organisation bewerten. Und genau das ist ja der Kern der neuen Outputdebatte: Sie fragt nach den Wirkungen der Bildungseinrichtungen. Wenn dem so ist, wird das Problem der Ziele zu klären sein, auch wenn das nicht leicht sein wird.

Wollte Schulpolitik von erfolgreichen Unternehmen lernen, könnte sie erfahren, dass jene ihre Produktion profilieren und fokussieren, um das Ideal zu erreichen, besser als die Konkurrenten zu sein (vgl. Banner/Gagné 1995). Hier aber liegt eines der basalen Probleme einer Schule, die als Organisation agieren soll. Die Beschreibungen ihrer Aufgaben sind in hohem Maße unpräzise und zudem ambivalent, resultieren sie doch aus einer Vielzahl divergierender – und meist ad hoc formulierter – gesellschaftlicher Ansprüche. Solange die Schule Objekt multipler Forderungen bleibt, wird, so Oelkers, die Entwicklung zur »lernenden Organisation« verhindert: »Gefordert wird im Prinzip alles, was bestimmten Interessengruppen oder auch der allgemeinen Öffentlichkeit als sinnvoll erscheint; Institutionen können aber nur dann wirklich lernen, wenn sie von ihrer *Spezialisierung* ausgehen« (Oelkers 1995, S. 183).

Die Frage nach Zielen allerdings scheint in der Erziehungswissenschaft in allenfalls intuitiver Weise behandelt worden zu sein. Gelegentlich wird gar die Besonderheit der (Organisation) Schule mit der Behauptung begründet, schulische Ziele seien gar nicht konkret beschreibbar, was sich z.B. im Begriff Bildung manifestiere. Die Unschärfe der Zielbeschreibung scheint im erziehungswissenschaftlichen oder pädagogischen Milieu Programm zu sein. Erfolgsunsicherheit, Technologievagheit oder die Tatsache, dass im pädagogischen Prozess häufig Unerwartetes passiert, mögen Anlass geben, die Schule für eine besondere Organisation zu halten. Diese Gründe oder die Tatsache, dass schulische Aufträge einen besonderen öffentlichen Charakter haben oder in besonderem Maße auch Idealen verpflichtet sind, dürfen nicht zum Verzicht auf Präzisierung (wesentlicher) Ziele führen. Innovationsforderungen lassen sich erfolgreich mit dem Verweis auf die »Besonderheiten« abwehren. Aber diese Strategie immunisiert nicht gegen Schulkritik, sie macht geradezu anfällig, weil ohne klare Erwartungen jeder alles kritisieren kann.

Damit Schulen im Kontext eines Outputparadigmas gezielt verändert werden können, um bessere Produktionsergebnisse – bessere Leistungen und weniger soziale Auslese – zu erzeugen, ist die Definition von Zielen unverzichtbar. Die Frage, wie diese Ziele aussehen können, versuche ich im nächsten Kapitel zu beantworten. Vorher aber soll diskutiert werden, welche Effekte es hat, die Zielfrage nach alter Art zu behandeln.

3. Die Profession im Kontext der Organisation

Was sollen Lehrer/innen alles leisten? Man kann eine stetige Tendenz ausmachen, die Ansprüche an Lehrer/innen – und damit an deren Ausbildung – auszuweiten. Diese Tendenz verstärkt die Deprofessionalisierung der Lehrerschaft. Ich will zeigen, dass diese Tendenz sich im Outputmodell fortzusetzen droht. Richtig verstanden jedoch kann eine Orientierung an der »ökonomischen Bildungsreform« zur »Reprofessionalisierung« des Lehrerberufs beitragen, weil sie eine Fokussierung des Lehrerauftrags unumgänglich macht. Die folgenden Überlegungen sind unmittelbar relevant für die berufliche Situation der Lehrer/innen und die konkrete Organisation von Schulen.

3.1 Die Erweiterung und Entgrenzung des Lehrerauftrags

Unter Bildungszielen versteht man im Allgemeinen die Aufträge, die in Schulgesetzen in der Regel in den ersten Paragraphen gelistet sind. Mündigkeit, Emanzipation, Toleranz, Friedfertigkeit oder Umweltbewusstsein sind einschlägige Begriffe. Man könnte überrascht sein, dass selbst Textsorten, von denen man eine gewisse Sachlichkeit und Kühle erwartet, sich pädagogischer Lyrik bedienen. Pathetische Aufgabenformulierungen korrespondieren mit einer »Pädagogisierung der Gesellschaft«, die sich u.a. dadurch beschreiben lässt, dass gesellschaftlich erzeugte Probleme als pädagogisch bearbeitbar definiert werden: Rassismus, Drogensucht, Aggressivität oder eine unreflektierte Konsumhaltung wurden Gegenstände der Schulpädagogik. Lehrer/innen, die sich dieser Zumutung entziehen wollten, bedienten eine nunmehr als »überholt« angesehene Leitfigur. »Lehrersein heute ist eben mehr« – es besteht eine pädagogische Bearbeitungspflicht.

Bildungsauftrag und Erziehungsauftrag wurden ausgedehnt. Der streitbare Erziehungswissenschaftler Hermann Giesecke spricht in diesem Zusammenhang von der »Sozialpädagogisierung« der Schule (1996, bes. S. 267ff.). Ein wenig konzilianter formuliert: Es werden Aufgaben definiert, die fachsystematisch der sozialen Arbeit und nicht der Schulpädagogik zuzurechnen sind – sie sind für Lehrer/innen professionsfremd.

Beschreibungen der Kompetenzen, über die die normale Lehrerin und der normale Lehrer verfügen müsse, haben sich in Ideale emporgeschwungen. Als ein – freilich noch relativ gezügeltes, aber ausgesprochen einflussreiches – Beispiel mag die einschlägige Passage im Text der Bildungskommission Nordrhein-Westfalen dienen (1995,

S. 304 ff.). Erweiterte Aufgaben und veränderte Schwerpunkte der Bildungs- und Erziehungsarbeit verlangen demnach von Lehrerin und Lehrer: Fachlich-didaktische Kompetenz, methodische Kompetenz, Menschenführung, diagnostische Kompetenz, Beratungskompetenz, metakognitive Kompetenz, Medienkompetenz sowie Kooperations- und Teamfähigkeit. Die Kommission fächert diese Befähigungen noch differenziert auf, um so »Basiskomponenten [!] des beruflichen Leitbildes« zu beschreiben, die durch ein »besonderes Engagement« (ebd., S. 304) der Lehrer/innen begleitet werden müssen.

Die Entgrenzung der Schule – und damit der Aufgaben und der Ansprüche an Lehrer/innen – wurde im Rahmen der »Autonomiedebatte« noch gesteigert. Nicht, dass die Einzelschulen in Deutschland nach mittlerweile gut 15-jähriger Debatte tatsächlich deutlich erweiterte Freiheitsspielräume hätten, doch die Zumutungen, die in den Debatten deutlich wurden, fordern zumindest die prinzipielle Bereitschaft der einzelnen Lehrerin und des einzelnen Lehrers, Programme für die Schule (und nicht nur für den Unterricht) mitzugestalten, Managementaufgaben zu übernehmen oder Weiterbildungskurse zum Schulmarketing zu belegen.

Auch die Bildungskommission NRW beschreibt diese neuen Aufgabendimensionen. Lehrer/innen sollen sich demnach »nicht nur für ihre speziellen Aufgaben innerhalb der Schule einsetzen, sondern sich ihrer Schule insgesamt verpflichtet fühlen und sich für deren Gesamtentwicklung engagieren« (ebd., S. 304). Erläuternd fällt hier das magische Wort der Schule als »lernender Organisation«. Die Bildungskommission beschreibt mit dieser Metapher, wie sie sich die zukünftige Schule vorstellt. Sie nimmt damit nicht nur den Zeitgeist auf, sie kommt auch dem Befinden vieler Pädagoginnen und Pädagogen entgegen. Die Analogie der Schule als Lernorganisation ist verführerisch. Die Organisationssoziologin Veronika Tacke warnt eindringlich: »Soziologisch betrachtet, ist die Leitidee der Lernenden Organisation für die Erziehung kein ›kongeniales‹ Organisationskonzept, eher eine Art trojanisches Pferd, das im Gewande der pädagogischen Profession und ihrer Begriffe daherkommt und dabei die Folgen für die Profession übersehen lässt« (Tacke 2004, S. 39).

Für problematisch hält Tacke zunächst die Tatsache, dass die »Lernsemantik« die Kommunikation über Organisationen in besonderer Weise programmiere. Die Annahme, dass Organisationen lernfähig seien, erzeuge die Erwartung, dass diese nun auch gefälligst zu lernen haben. Für die Schule, eine Organisation, an der gelernt wird, und ihre Lehrer/innen, die ja Fachleute fürs Lernen sind, übe die Semantik des Lernens einen besonderen Zwang aus. Das Konzept des Organisationslernens aber sei nichts anderes als ein organisatorisches Managementkonzept, das im besten Fall Organisationsprobleme der Schule lösen könne, mit dem Bildungsauftrag der Lehrerprofession allerdings nichts zu tun habe. Es könne keine professionellen Probleme in der Schule lösen. »Schon das Wissen, das im Rahmen der Lehrerfortbildungen zur ›lernenden Schule‹ an Lehrer vermittelt wird, ist ersichtlich kein Fach- und kein Professionswissen, sondern Organisations- und Managementwissen.« Hier liege »eine Verwechslung von Profession und Organisation, also von Erziehungs- und Managementproblemen vor« (ebd.). Tacke kommt zu einem Schluss, der die Lehrerschaft in höchstem Maße beunruhigen sollte: »Soziologisch betrachtet, wirkt die Profession dort, wo sie das Konzept des Organisationslernens bereitwillig aufgreift, an ihrer eigenen Deprofessionalisierung mit« (ebd.).

Angesichts des inflationären Gebrauchs des Professionsbegriffs soll knapp seine idealtypische Bestimmung referiert werden (ausführlicher Hoyle 1995, S. 12; vgl. zum Folgenden auch Kurtz 2004). Als zentrales Merkmal kann die besonders anforderungsreiche Ausbildung mit entsprechend anspruchsvollen Qualifikationen – einem spezifischen Können – gelten. Ein weiteres Merkmal: Die klassischen Professionen (Ärzte, Seelsorger, Anwälte und – wenn auch mit Abstrichen – Lehrer/innen) arbeiten an den Problemen von individuellen Personen und sie lösen Probleme in Interaktionskontexten. Zwar verfügen Professionen über (standardisierbare) Fertigkeiten, Routinen sozusagen, ihre Arbeit entzieht sich jedoch einer perfekten Technisierbarkeit. Professionen kennzeichnen sich drittens auch dadurch, dass sie zentrale gesellschaftliche (und gesellschaftlich anerkannte) Funktionen (Glauben, Gerechtigkeit, Gesundheit und Erziehung) erfüllen. Nicht zuletzt deshalb ist mit der Ausbildung zum »Professional« auch eine Sozialisation in ein professionelles Wertesystem (*code of ethics*) verbunden. Knapp gesagt definiert sich eine Profession durch eine spezifische (wissens- und könnensbasierte) Form der Bearbeitung von existenziellen Problemen von Individuen (Fallbearbeitung). In der Schule meint das die in besonderen Interaktionen (Unterricht) gestaltete Vermittlung von Wissen und Können – von etwas »Brauchbarem für den Lebenslauf«, wie es allgemein bei Luhmann heißt (2002, S. 143).

In den Funktionssystemen haben sich jeweils dominierende Leitprofessionen herausgebildet; im Bildungs- und Erziehungssystem ist es die Lehrerprofession (vgl. Kurtz 2004, S. 46ff.). Neuere Wandlungen dieses idealtypischen Bildes von Profession werden z.B. durch die steigende Komplexität von Problemlagen erzeugt (dazu ausführlicher Kurtz 2000). Häufig wird eine Aufteilung der Leistung der professionellen Fallbearbeitung nötig. Eine Folge lässt sich im Bildungs- und Erziehungswesen in der – von der Schulpolitik und Schulpädagogik häufig übersehenen – Expansion anderer pädagogischer Berufe und Berufsfelder ausmachen (vgl. Rauschenbach/Schilling 2000, S. 207ff.). Obwohl sich keine neue Leitprofession entwickelt, gerät die Schule (und damit die Lehrerschaft) unter externe pädagogische Konkurrenz. Die besondere Bedeutung der Schule wird durch vorgelagerte, parallele und nachgelagerte pädagogische Institutionen relativiert. Interessanterweise führt das aber nicht zu einer systematisierten Kooperation. Die Situation ist eher durch Nicht-zur-Kenntnisnahme oder gar Konkurrenz gekennzeichnet. Die Leitprofession Lehrer reagiert also einerseits mit Ignoranz und andererseits mit der selbstverständlichen Übernahme von Aufgaben, die im Sinne des obigen – also eines soziologischen – Professionsverständnisses, »deprofessionalisieren«. Weil die Lehrerschaft gleichsam nebenbei und ohne entsprechend spezialisierte Ausbildung Aufgaben anderer pädagogischer Berufsgruppen (neuerdings auch die von Managern) übernimmt, degradiert sie diese gleichzeitig.

Es handelt sich bei dem Beschriebenen nicht um theoretische oder »nur« begriffliche, sondern es geht um ausgesprochen praktische Probleme. Es wird hier nämlich nicht die – wenn überhaupt, dann nur theoretisch durchzuhaltende – These vertreten, dass die Schule neue Anforderungen negieren solle. Gesellschaftliche Forderungen nach erweitertem Wissen und neuen Fähigkeiten schulischer Absolventen sind ebenso wenig zu ignorieren wie z.B. die sozialen Probleme, die manche Schüler/innen mit in den Unterricht bringen. Die Frage ist, ob die Profession Lehrer darauf durch Aufgabenerweiterung, Verklärung und Verunklarung reagieren soll und damit wenigstens zwei für sie negative Effekte erzeugt: Zum einen überfordert diese Situation jede einzelne Lehrerin und jeden einzelnen Lehrer. Diese Überforderung manifestiert sich nicht nur im Burnout oder in Frühpensionierungen, sondern sie führt auch bei vielen zur resignativen Minimalperformanz im Unterricht. Zum Zweiten resultiert sie in einer deutlich gesunkenen Reputation des Lehrerberufs, nicht nur deshalb, weil das Scheitern angesichts der zu schulternden Aufgaben kaum vermeidbar ist, sondern auch, weil der professionelle Kernauftrag, wie TIMSS und PISA belegen, nicht mehr zufriedenstellend erfüllt werden kann. Ist die sinkende Anerkennung für eine Profession allein schon problematisch, so wird sie deshalb besonders dramatisch, weil gleichzeitig die gesellschaftliche (und ökonomische) Bedeutung von Bildung beständig steigt und in so gut wie jeder »zukunftsorientierten« politischen Rede publikumswirksam beschworen wird.

Was ist aber die Alternative? Für die Schule wäre die Übernahme komplexerer Aufgaben kein prinzipielles Problem, wenn sie das täte, was fast alle Organisationen in der Gesellschaft tun: Sie kombinieren unterschiedliche Personaltypen entsprechend der Programmanforderungen. Für die Lehrerprofession wird dies jedoch deshalb zum Problem, weil Schulen im Unterschied zu den meisten anderen Organisationen in der Gesellschaft professionelle Monokulturen oder »monoberufliche Funktionssysteme« (Stichweh 1997) darstellen (vgl. Tacke 2004, S. 24): Die Einheit des Systems wird durch nur eine Berufsgruppe gebildet. Das hier skizzierte Problem verweist auf die mangelnde Unterscheidung zwischen Profession und Organisation. Weniger theoretisch als praktisch bringt es Brandt auf den Punkt: »Überhaupt scheint es angezeigt, zwischen dem Auftrag der Schule und dem des Lehrers eine Unterscheidung vorzunehmen« (1994, S. 54).

Kurz: Im Bildungs- und Erziehungssystem entstehen unterschiedliche und gegenüber der Lehrerprofession zunehmend an Bedeutung zulegende pädagogische Berufe als Antwort auf objektive Bedarfslagen. Diese zunehmende Heterogenität und Pluralität geht jedoch an der »Schule als Organisation« vorbei. Sie ist keine Organisation, welche die unterschiedlichen pädagogischen Leistungsrollen »inkorporieren« würde. Das Gegenteil trifft auf den Lehrerberuf zu. Die pädagogische Leitprofession will sich offenbar behaupten, indem sie andere pädagogische – oder auch psychologische, sozialpsychologische oder managerielle – (Teil-)Kompetenzen inkorporiert. Dazu gehören auch solche, die die eigentlichen Aufgaben nicht nur entgrenzen, sondern die, wie z.B. im Fall der auf Inklusion (und nicht Selektion) begründeten sozialen Arbeit, völlig konträr ansetzen.

Alles in allem: Lehrer/innen sind nicht mehr »nur« Lehrer, sie sind Mentoren, Psychologen, Sozialpädagogen, Organisationsentwickler oder Berater mit multiplen Kompetenzen. Dieses »Superstar-Modell« wurde in seinem Prinzip kaum attackiert. Wer als

Lehrer/in »nur« unterrichten will, bedient ein nicht mehr tolerables überholtes Lehrerbild. Um Missverständnissen vorzubeugen: Ich bin nicht der Meinung, dass Lehrer/innen heute ohne ein breites Repertoire an Kompetenzen unterrichten können. Der Beruf hat sich natürlich im Kontext gesellschaftlicher Entwicklungen und auch pädagogischer Fortschritte verändert. Dass Lehrer/innen mehr und anderes können müssen als allein vor der Klasse stehend Inhalte zu referieren, dürfte nicht strittig sein. Auch ein heutiger Arzt unterscheidet sich deutlich von den Ärzten der Vorgängergeneration. Aber er ersetzt nicht den Pfarrer. Und es ist unstrittig, dass er heilen soll. Ebenso unstrittig ist, dass sich die Profession intern ausdifferenziert, also spezialisiert hat.

3.2 Ergebnissteuerung und die Fokussierung des Lehrerauftrags

Die OECD hat in der Publikation »Schools and Quality« bereits vor 15 Jahren auf den Tatbestand aufmerksam gemacht, dass Schule in vielen Staaten äußerst kritisch gesehen werde (OECD 1989). Die schlechte Stimmung manifestiere sich in beständigem Klagen verschiedener gesellschaftlicher Akteure über gesunkene Standards Eine Analyse dieser Unzufriedenheit belegt, dass die Kritik diffus ist. Es wird deutlich, dass insbesondere eine völlig unspezifische gesellschaftliche Vorstellung davon, welche Ergebnisse Schule erreichen soll und kann, der kritischen Stimmung beständig neue Nahrung gibt. Diese gesellschaftliche Unklarheit über schulische Aufträge und Möglichkeiten kommt allerdings nicht von ungefähr. Auch die Arbeitsvorgaben der offiziellen Leitungsinstanzen, also Gesetzestexte, Erlasse oder Lehrpläne, seien weit von Klarheit entfernt und könnten Schule somit nicht praktisch steuern.

Der Mangel an Klarheit der offiziellen Standards der Schule sei u.a. dadurch zu erklären, dass von den Steuerungsinstanzen des Schulwesens geradezu gefordert werde, Bildungs- und Erziehungsziele eben nicht zu determinieren. Der Druck zum Verzicht auf klare Definitionen komme aus allen Richtungen: Eltern, Arbeitgeber, Gewerkschaften hätten ihre je eigenen Vorstellungen, was schließlich darauf hinauslaufe, den politisch dazu legitimierten Instanzen das Recht auf Formulierung klarer Aufgabenprofile faktisch zu entziehen. Standards sollten also besser nicht detailliert vorgeschrieben werden. Die Konsequenz sei, dass Auflistungen offizieller Ziele und Standards von zweifelhaftem Nutzen für die Steigerung der Leistungen des Systems und seiner Evaluierung seien (ebd.).

Solange die Kritik an der Leistungserbringung der Schule sich in Grenzen hält, kann es durchaus im Eigeninteresse z.B. eines Schulministeriums liegen, solche zwangsläufig in politische Zwistigkeiten führenden Präzisierungen nicht vorzunehmen. Auf der anderen Seite jedoch kann der Verzicht auf eine Debatte die Situation diffuser Schulkritik und die damit häufig verbundene »Lehrerschelte« verlängern. Die Schaffung eines konstruktiven Reformklimas werde verhindert (OECD 1989, S. 48). Positive Veränderungen entstehen aus dieser Sicht am ehesten, wenn Entscheidungen über konkrete Ziele erfolgt sind. Auf dieser Grundlage werde es möglich, positiven Wandel zu erzeugen.

Die OECD-Studie nimmt also die gesellschaftlich diffuse Kritik an der Leistungserbringung der Schule konstruktiv auf und schlägt vor, Standards zu formulieren, die Ziele der schulischen Aktivitäten präzisieren. Die Bewertung der Leistungen der Schule ist rational nur zu leisten, wenn vorab klar ist, was sie leisten soll. Eine völlig unspezifische Vorstellung davon, welche Standards Schule zu erfüllen hat, garantiert eine dauerhaft kritische Stimmung. Unklarheit des Arbeitsauftrags eröffnet keine realistische Hoffnung darauf, die Klienten oder Kunden des Schulsystems zufrieden zu stellen und die Schule zukunftsfähig zu machen.

Die deutsche Bildungspolitik hat solche Botschaften lange ignoriert. Erst die internationalen vergleichenden Schulleistungsstudien haben die deutsche Bildungspolitik aufgerüttelt. Insbesondere die Entwicklung von Bildungsstandards ist hier zu nennen. Ein Standard ist alltagssprachlich eine Richtschnur, ein Normalmaß, die Normalausführung einer Ware, eine Norm, an der andere sich auszurichten haben oder messen lassen müssen, ein bestimmtes »Niveau«, ein anerkannter Qualitätstyp, ein Muster. Mit Blick auf unseren Gegenstand ist das selbsterklärend. Die Kernidee von Bildungsstandards besagt, dass Erwartungen bezüglich der Kenntnisse und Fähigkeiten formuliert werden, die Schüler/innen erreichen sollen und somit ein »Normalmaß« für Schülerleistungen definiert ist (vgl. auch Klieme u.a. 2003, S. 13f.). Als Standard gilt auch ein Musikstück, das zum festen Bestandteil des Repertoires von Musikgruppen eines bestimmten Genres gehört. Auch diese Definition ist mit Blick auf unser Thema gar nicht unplausibel: Der Standard beschriebe demnach, was zum festen Bestandteil eines jeden Schulprogramms gehören sollte. Darüber hinaus hat natürlich sowohl jede Band weitere Stücke im Programm, wie auch jede Schule zusätzliche Inhalte vermittelt. Das Reformziel von Standards ist es, mittels inhaltlicher Richtmaße die Unterrichtspraxis so zu verändern, dass sich Schülerleistungen verbessern und das Ausmaß sozialer Selektivität reduziert wird (vgl. das folgende Kapitel 4).

Bildungsstandards sind also im Prinzip Instrumente, die das grundsätzliche Defizit für eine Steuerung der Schule und des Schulsystems beheben könnten. Sie können definieren, was Schüler/innen genau lernen sollen, was also im Erziehungs-, Bildungs- oder Qualifizierungsprozess mittels absichtsvoller, methodisch angelegter, organisierter und professionell ausgeführter pädagogischer Intervention erreicht werden soll. Organisationstheoretisch gesprochen dienen sie als Führungsgrößen: »Eine (relativ) genaue Vorstellung vom ›Produkt‹ muss durch eine Standardisierung der Produktkriterien – als Arbeitsvorgabe und insofern als Führungsgröße – generiert werden, und zwar für das Schulsystem sowie auch innerhalb des Schulsystems. Auf die Arbeitsvollzüge muss deutlich weniger steuernd eingegriffen werden, wenn eine Organisation (die Organisationseinheit oder eine Institution) die Aufgabe hat, (sinnvolle und ggf. abgestimmte) Vorgaben zu erfüllen; dann können die Operationen (Prozessebene) von den Akteuren verantwortet werden« (Böttcher/Klemm 2002, S. 172).

4. Bildungsstandards als Ergebniserwartungen

Die (mikro-)ökonomische Perspektive, die mit den »vier E« markiert ist, ist nur praktikabel anwendbar, wenn Erwartungen an Ergebnisse der schulischen Arbeit formuliert sind. Wie sollte man Effektivität und Effizienz belegen, wofür sollte man Evidenzen beibringen oder Erfolg bescheinigen, wenn nicht ein Maßstab formuliert wäre, der benennt, was eine Organisation (hier: eine Schule) bewirken soll? Wir kommen also wieder zu dem Thema zurück, das die OECD schon 1989 aufgeworfen hatte: Kann man einigermaßen präzise beschreiben, was Standards sind, die erreicht werden sollen?

Wir wollen diesen Versuch unternehmen, denn ein Verzicht käme einer Rückwärtsrolle gleich. Und so viel Konsens herrscht sowohl international wie mittlerweile auch national: Die alte Inputsteuerung muss überwunden werden. Dass es bei der Umsteuerung unterschiedliche Ansätze gibt, ist nur zu verständlich.

Das folgende Kapitel wird sich der Frage widmen, wie solche Standards aussehen könnten. Das gesamte Spektrum der aktuellen Debatten kann nicht annäherungsweise behandelt werden, einige kleinere verstreute Hinweise auf die eine oder andere Meinung müssen genügen. Zunächst werde ich einige Ideen vorstellen, die sich in einer Expertise finden, die das Bundesbildungsministerium in Auftrag gab und die gemeinsam mit der Kultusministerkonferenz (KMK) im Jahre 2003 vorgestellt wurde. Dann soll auf die Bildungsstandards eingegangen werden, welche die KMK vorgelegt hat. Schließlich wird eine Alternative beschrieben, die an Thesen anknüpft, die sich in der US-amerikanischen Debatte um Standards finden. Vorab müssen noch einige grundsätzliche Überlegungen angestellt werden: Schließlich sind mit der Einführung von bedeutenden Instrumenten auch immer »Visionen« verbunden.

4.1 Strategisch-normative Grundlegung

Zwar bedient sich die neue Schulpolitik intensiv der Sprache des Managements, aber man muss fragen, ob damit auch die (kritische) Adaption wesentlicher Orientierungen einhergeht. Es gibt Grund zum Zweifel. In einem der populären Modelle zur Umgestaltung von Organisationen (Doppler/Lauterburg 2002, insbes. S. 46f. und S. 169ff.) beschreiben die Autoren als Grundlage aller weiteren Entscheidungen die Entwicklung einer »Unternehmensvision«. Diese wird als »eine allgemein gehaltene, positive Vorstellung vom Unternehmen in der Zukunft« (ebd., S. 170) verstanden. Sie ist als eine Realutopie angelegt, die grundsätzlich erreichbar ist. Es mag erstaunen, dass ein solch »gewagter« Begriff wie Vision in vielen betriebswirtschaftlichen Konzepten einen festen Platz hat. Gerade uns Pädagoginnen und Pädagogen sollte das Mut machen, offensiv unsere pädagogischen Visionen zu vertreten. Die »Ökonomisierung« verbietet das nicht – im Gegenteil. Wie aber können Visionen mit Bildungsstandards zusammenkommen? Die Kultusministerkonferenz macht klar, dass es mit Mindest-, Regel- und Maximalstandards drei Niveauanforderungen und damit drei grundsätzliche Typen von Standards gibt (KMK 2005, S. 8f.):

- *Mindeststandards* sollen definieren, was alle Schüler/innen an Kompetenzen mindestens erreicht haben sollen. Die Kultusministerkonferenz trifft noch eine qualitative Aussage zu diesen Mindeststandards: Sie sind auf einem Niveau, dass ein Unterschreiten für die betreffenden Schüler/innen erhebliche Schwierigkeiten beim Übergang ins Berufsleben mit sich brächte.
- *Regelstandards* definieren, was »im Durchschnitt« bzw. »in der Regel« erreicht werden sollte.
- *Maximalstandards* beschreiben, was die besten Schüler/innen können sollten.

Es dürfte unmittelbar einsichtig sein, dass die Entscheidung für das eine oder andere Prinzip ohne die eine oder andere Kombination dieser Prinzipien durchaus unterschiedliche Visionen für eine Schule der Zukunft impliziert. Zwei Beispiele: Die klare Entscheidung für Mindeststandards als »erste Messlatte« für schulische Arbeit könnte angesichts der Gefährdung der jungen Menschen, die diese verfehlen, das »Unternehmen Schule« zwingen, seine pädagogische Arbeit so zu gestalten, dass tatsächlich alle Schüler/innen diesen Standard erreichen. Wenn wir daran denken, dass die Risikogruppe in Deutschland, also die Gruppe der 15-jährigen Schüler/innen, die dieses Niveau verfehlen, in der Größenordnung von 20 bis 25 Prozent anzusiedeln ist, würde die Ausrichtung an Mindeststandards die Arbeit der Schule wahrscheinlich grundlegend verändern. Regelstandards als Messlatte schulischer Arbeit hingegen entsprechen der Tradition der deutschen Schule, die sich sowohl in ihrer Didaktik als auch in der Bewertung der schulischen Leistungen der Schüler/innen an einem fiktiven Durchschnitt orientiert. Die Orientierung an einem – wie auch immer definierten – Durchschnitt toleriert die Existenz von Schülerleistungen unterhalb des Durchschnitts. Es wäre dann nur noch zu verhandeln, wie hoch der prozentuale Anteil des »Unterdurchschnittlichen« ist und wie weit der Durchschnitt unterschritten werden darf. Anders gesagt: Es kann allenfalls festgelegt werden, wie steil oder breit die Gaußsche Normalverteilung ausfallen oder wie schief sie sein darf.

Um die weitreichenden Unterschiede dieser beiden Ausrichtungen zu verstehen, muss man nicht an Schule, man kann an eine x-beliebige Organisation denken, die Produkte oder Dienstleistungen erstellt: Bei einer Entscheidung für Mindeststandards ist ein klares Richtmaß im Sinne eines Qualitätsminimums für alle Produkte bzw. Dienstleistungen definiert. Im zweiten Fall werden eher vage orientierend durchschnittliche Erwartungen an Qualität formuliert. Für mich als Kunden dürfte die erste Variante auf den ersten Blick die richtige sein. Dabei darf freilich nicht vergessen werden, dass z.B. die Qualitätsanforderungen mit dem Produkt oder der Dienstleistung selbst variieren: Z.B. kann ich es bei einem trivialen Produkt (sagen wir Heftzwecken) riskieren, ein paar Exemplare unterdurchschnittlicher Qualität zu erwerben. Das sieht anders aus, wenn ich z.B. Reifen für einen Reisebus erstehe. Es kann auch unterstellt werden, dass bestimmte Produkte oder Dienstleistungen keine verbindliche Zusage an die Mindestqualität eines Ergebnisses erlauben. So wird von einem wirksamen Medikament nicht erwartet werden können, dass alle Patienten hiermit erfolgreich behandelt werden können. Außerdem spielt natürlich die Dimension des Preises eine wichtige Rolle: Wie viel kostet es, bestimmte Qualitätsstandards zu erfüllen, und lohnen sich diese Ausgaben?

Die zweite Entscheidung bezieht sich auf die Aktivitäten, die das Verfehlen von Standards auslöst. Ich will nur zwei Möglichkeiten nennen: Ein Unternehmen kann versuchen, minderwertige Produkte oder Dienstleistungen mittels Kontrollverfahren »auszusortieren« oder ggf. sogar den Kunden diese Arbeit übernehmen lassen. Das Aufdecken einer Differenz zwischen Soll und Ist kann aber auch systematisch zu Konsequenzen für die Entwicklung von Arbeitsprozessen oder die Auswahl von Ressourcen im Sinne einer Qualitätsverbesserung führen. Dass eine Entscheidung für die eine oder andere Vorgehensweise nicht nur unterschiedliche Unternehmensvisionen charakterisiert, sondern auch Auswirkungen auf das operative Geschäft hat, dürfte nachvollziehbar sein.

Die dritte normative Entscheidung bezieht sich auf intendierte Steuerungswirkungen von Standards: Sollen sie tatsächlich einen (relativ) direkten Einfluss auf die Organisation und ihre Aktivitäten haben oder sollen sie lediglich als Orientierungen dienen und damit helfen, Handeln zu legitimieren? Hier sollte unmittelbar einleuchten, dass die jeweilige Entscheidung unterschiedliche Anforderungen an die Güte von Standards stellt. So werden »steuernde« Standards z.B. einen höheren Grad an Verbindlichkeit für die Akteure in Unternehmen haben als solche, die lediglich dazu dienen, ein »Gefühl« für eine gemeinsame Aufgabe zu erzeugen.

Wir haben also gerade drei allgemeine strategische – und durchaus normative – Entscheidungen debattiert, die ein Unternehmen treffen muss, das Ergebnisstandards nutzen will. Dass diese Entscheidungen etwas mit »Unternehmensvisionen« zu tun haben, sollte einsichtig sein. Auch die Schulpolitik wird diese Entscheidungen – wenn nicht bewusst, dann unbewusst – zu treffen haben. Wir wollen in den nächsten beiden Absätzen einen ersten Einblick in die Entwicklung der Bildungsstandards werfen. Zum Schluss dieses Kapitels werden wir die bildungspolitischen Entwicklungen vor dem Hintergrund der drei strategisch-normativen Grundentscheidungen bewerten.

4.2 Die Expertise zur Entwicklung von Bildungsstandards

Wir werden nun einen notwendigerweise selektiven Blick auf eine von Kultusministerkonferenz und der Bundesbildungsministerin präsentierte Studie zur Entwicklung von Bildungsstandards werfen (Klieme u.a. 2003). Grundsätzlich lässt sich feststellen: Bildungsstandards benennen die Kompetenzen, die Schule vermitteln muss. Reformziel ist es, mittels dieser inhaltlichen Richtmaße die Unterrichtspraxis so zu verändern, dass sich Schülerleistungen verbessern und Leistungen vergleichbar werden. Aber direkten Einfluss auf die Unterrichtspraxis wollen Standards nicht nehmen, sie schreiben keine bestimmten Unterrichtsmethoden vor. Auf Grundlage von Standards sollen Tests entwickelt werden, denn Standards, die nicht »messbar« sind, wären logischerweise für eine Outputsteuerung unbrauchbar. Nicht klar ist, ob Standards ihr volles Messpotenzial ausschöpfen sollen, nämlich sowohl Leistungen der Schüler/innen, als auch – wenigstens indirekt – Leistungen von Lehrerinnen und Lehrern sowie von sozialen Aggregaten (Klassen, Schulen, Schularten, Schulsystemen) zu evaluieren. Die Expertise trägt den Titel »Zur Entwicklung nationaler Bildungsstandards« und macht damit deutlich, dass der Staat Urheber solcher Standards sein muss und man offenbar keinen Grund sieht, Standards länderspezifisch zu entwickeln.

Bildungsstandards sind als Kompetenzmodelle angelegt und unterscheiden in explizitem Bezug zum bildungstheoretischen Rahmen von PISA fünf hierarchische Stufen. Ein weiteres Merkmal von Standards ist ihr fachlicher Bezug. Ganz ausdrücklich beziehen sie sich nicht auf die ursprünglich aus der Berufspädagogik stammenden so genannten Schlüsselqualifikationen wie methodische, personale oder soziale Kompetenzen (vgl. Klieme u.a. 2003, S. 75). Kompetenzen identifizieren also Niveaus der Lernentwicklung in »Domänen«. Beide Charakteristika – Kompetenzstufen und fachlicher Bezug – sollen kurz erläutert werden. »Die ›Domänen‹ des Wissens und Handelns, in denen sich Kompetenzen entwickeln, lassen sich [...] den Dimensionen einer modernen Allgemeinbildung vergleichen, Dimensionen, die ihren klassischen Ursprung bis heute nicht verbergen können« (ebd., S. 66). Die klassische Bildungstheorie, so heißt es weiter, habe vier grundlegende Dimensionen oder Modi der Welterfahrung angeboten, die bis heute die Grundstruktur des Lehrplans und der Fächerauswahl bestimmen: die historisch-gesellschaftliche, die mathematisch-naturwissenschaftliche, die mutter- und fremdsprachliche sowie die ästhetische Bildung (vgl. S. 67). »Kompetenztheoretisch begründete ›Bildungsstandards‹ werden [...] nicht als allgemeine Bildungsziele formuliert, sondern als bereichsspezifische Leistungserwartungen« (ebd., S. 68). Kompetenzen werden als (pädagogisch zu entwickelnde) Dispositionen verstanden, konkrete Anforderungssituationen zu bewältigen. Trotz eines starken Bezugs auf Fähigkeiten, Wissen und Fertigkeiten gehören auch »motivationale und handlungsbezogene Merkmale zum Kompetenzbegriff« (ebd., S. 72).

Am Beispiel der Mathematik wird die Stufung von Kompetenzen beschrieben (ebd., S. 76f.): Stufe I meint das Rechnen auf Grundschulniveau, auf Stufe II sind elementare Modellierungen möglich, Schüler/innen auf Stufe III können »Konzepte aus unterschiedlichen mathematischen Bereichen verknüpfen«, auf der Stufe IV gelingen umfangreiche Modellierungen auf der Basis anspruchsvoller Begriffe. Begriffliche Modellierungsleistungen auf Stufe V schließlich »umschließen häufig Begründungen und Beweise sowie das Reflektieren über den Modellierungsprozess selbst« (ebd., S. 77). Bezogen auf Lesefähigkeiten könnte man – zugegeben etwas flapsig – formulieren, dass Stufe I das Verstehen einfachster Sätze bedeutet und auf Stufe V selbst bei schwierigen Texten »zwischen den Zeilen« gelesen werden kann.

Die Autoren der Expertise halten es für wichtig, Bildungsstandards als Mindeststandards in dem Sinne zu entwickeln, dass diese verbindlich beschreiben, was von allen Schülerinnen und Schülern erreicht werden muss. Schließlich definierten solche Mindeststandards programmatisch einen nicht schichtspezifisch separierenden Kanon moderner Allgemeinbildung (ebd., S. 96). Eine solche Empfehlung schließt den Hinweis mit ein, dass diese Standards selbstverständlich als »nach oben offene« zu verstehen sind.

Bildungsstandards sollen Orientierung für die Entwicklung von Kerncurricula liefern. Ein Kerncurriculum setzt Standards für den Unterricht so um, dass sie »lehrbar« sind. Kerncurricula sind »als Komplementierung und Konkretisierung eines Systems von Bildungsstandards [...] unentbehrlich« (ebd., S. 97). Da Kerncurricula in einem obligatorischen Fächergefüge lediglich zentrale Themen und Inhalte determinieren, sind sie offen für Vertiefung und Verkoppelung mit anderen Lerngegenständen. Sie erlauben nicht nur, sie erfordern Profilbildung und weitgehende pädagogische Autonomie der Einzelschule: »In einem System deregulierter, offener und dezentraler Steuerung bilden Kerncurricula die Instanz, um lokale Entwürfe und partikulare Ambitionen an einem Modell zu prüfen, das den Anspruch an Allgemeinbildung mit sich führt, aber der Konkretisierung bedarf« (S. 98). Hiermit wird die einzelne Schule aufgefordert, bei der Auswahl der Inhalte ihres Unterrichts aktiv zu werden. Sie soll ein komplexes Modell der Allgemeinbildung konkretisieren und diese Konkretisierungen an ihm messen.

4.3 Die Standards der Kultusministerkonferenz

Obwohl die Länder sich in den letzten Jahren wenig um die Prüfung und Entwicklung von Lehrplänen bemüht hatten, konnten sie mit bemerkenswerter Geschwindigkeit gemeinsame Bildungsstandards präsentieren und ihre Einführung ist weitgehend verkündet (aktuelle Infos jeweils unter www.kmk.org/schul/home.htm). Die Experten der skizzierten Studie freilich warnen vor einem zu schnellen Tempo der Entwicklung und verbindlichen Einführung. Diese Warnung ist angezeigt. Internationale Erfahrungen belegen, dass an Standards ausgerichtete Reformen Zeit und Aushandlungen in sozialen Prozessen benötigen. Es ist schließlich keine Kleinigkeit, wenn ein System von ca. 50.000 Einzeleinrichtungen von einer Input- auf eine Outputsteuerung umgestellt werden soll. Man kann hier sicher von einem gewaltigen »Changemanagement« reden, das detaillierter Planung bedarf (vgl. Böttcher/Brohm 2004). Außerdem sind die skizzierten Kompetenzmodelle – die als Basiselement der deutschen Version der Outputprogrammatik gelten – keineswegs hinreichend erprobt und empirisch gesichert.

Anders als empfohlen basiert der Länderkompromiss zu nationalen Bildungsstandards auf dem Konzept der Regel- und nicht dem der Mindeststandards. Während Mindeststandards ein bestimmtes Lernniveau für alle Schüler/innen als verbindliches Unterrichtsziel festlegen würden, können sich Regelstandards an einem durchschnittlichen Lernniveau orientieren. Sie spiegeln eine »Glockenkurvenmentalität«, eine als natürlich angenommene Leistungsverteilung, die mehr oder weniger große Anteile der besten und der schlechtesten Schüler/innen rechts und links von einem fiktiven Leistungsdurchschnitt sieht. Die Vorstellung, dass alle Schüler/innen – freilich nach fachkundiger pädagogischer Intervention – ein gleiches, als notwendig erachtetes Niveau erreichen (können), widerspricht diesem Menschenbild offenbar. Angesichts der Tatsache, dass PISA unter 15-jährigen Jugendlichen eine Risikogruppe von fast 25 Prozent identifiziert hat, die nicht einmal oder gerade eben auf Grundschulniveau rechnen oder schreiben kann, wäre eine Entscheidung für Mindeststandards eher plausibel gewesen. Regelstandards hingegen erlauben das Scheitern an ihnen und erheben so die Selektion zu ihrem Leitprinzip. Mindeststandards hingegen, die alle Schulen, alle Lehrer/innen und alle Schüler/innen verpflichten würden, müssten konsequenterweise am Prinzip der Förderung orientiert sein.

Die selektive Wirkung von Standards wird dadurch unterstrichen, dass sie schulformspezifisch ausdifferenziert sind. Ein Blick auf Baden-Württemberg soll genügen, das Prinzip zu verdeutlichen (www.bildung-staerkt-menschen.de). Mit Stand Februar 2004 wird dort die »Bildungsplanreform 2004« vorgestellt: »Zum Schuljahr 2004/2005 werden die Bildungsstandards in folgenden Klassen verbindlich eingeführt«: Grundschule (Klassen 1 und 2), Hauptschule und Werkrealschule (Klassen 5 und 6), Realschule (Klassen 5, 6 und 7), Gymnasium (Klasse 5). Die Schüler/innen der einen Schulform werden offenbar bereits in der Klasse 5 auf andere Kompetenzen hin ausgebildet als die Schüler/innen einer anderen Schulform. Es würde sich zudem lohnen, zu prüfen, wie sich diese »Bildungsstandards« nunmehr von den alten »Bildungsplänen« unterscheiden. Allein die Tatsache, dass die Reform genau den Begriff im Titel führt, mit dem in Baden-Württemberg traditionell die Lehrpläne bezeichnet wurden, provoziert die Hypothese, dass große Unterschiede womöglich nicht aufzuspüren wären.

Exemplarisch wollen wir nun einige der Standards referieren, auf die die KMK sich geeinigt hat, um zu verstehen, was sich hinter dem anspruchsvoll auftretenden Konzept in der Praxis verbirgt. In den Bildungsstandards für das Fach Deutsch (mittlerer Schulabschluss, Beschluss der KMK vom 4.12.2003) werden Kompetenzbereiche wie folgt ausdifferenziert und erläutert (KMK 2004, S. 15ff.):

Sprechen und Zuhören:
- unterschiedliche Sprechsituationen gestalten,
- längere freie Redebeiträge leisten,
- Gesprächsregeln einhalten,
- Aufmerksamkeit für verbale und nonverbale Äußerungen [...] entwickeln,
- eigene Erlebnisse, Haltungen, Situationen szenisch darstellen.

Schreiben:
- Formulare ausfüllen,
- Grundregeln der Rechtschreibung [...] sicher beherrschen,
- Informationsquellen gezielt nutzen,
- Gegenargumente formulieren, überdenken und einbeziehen,
- Texte mithilfe von neuen Medien verfassen: z.B. E-Mails, Chatroom.

Es ist ja nicht so, dass man keine Vorstellung davon entwickeln kann, was solche Kompetenzen meinen könnten, aber diese Vorstellungen würden, wollte man sie genauer beschreiben, sicher höchst individuell ausfallen. Was sind beispielsweise Gesprächsregeln, die einzuhalten wären, und unter welchen Bedingungen? Wann kann man sagen, dass jemand hinreichend aufmerksam für nonverbale Äußerungen ist? Welches Niveau soll ein Text im Chatroom haben? Die im oben skizzierten Gutachten betonte

Orientierungsfunktion von Bildungsstandards scheint mir nicht erfüllt: Was soll ich als Lehrer/in nun tun, was wird genau von mir erwartet? Einige mitgelieferte Beispielaufgaben ersetzen nicht eine notwendige Klarheit von Standards.

Ein allgemeiner Hinweis zu Problemen der Erstellung von Standards sei erlaubt. Es liegt aus meiner Sicht nahe, Standards – als ein Kernelement der Reform – demokratisch zu entwickeln, statt hinter verschlossenen Türen die Probleme des Unterrichts lösen zu wollen. Den Lehrerinnen und Lehrern blieben bisher nur die Zuschauerrollen. Sie werden zu Hilfskräften degradiert, die umzusetzen haben, was sich andere abstrakt und um Beispiele ergänzt ausgedacht haben. In Bezug auf eine solche bildungspolitische Praxis wies Schlömerkemper darauf hin, dass es wenig nütze, »wenn Vorschläge erst im Nachhinein zur Diskussion gestellt werden«. Vorgeschriebene »Beteiligungsverfahren« würden oft erst auf der Grundlage von fast »fertigen« Vorgaben eröffnet und eigentlich seien allenfalls kleinere Korrekturen oder Vorschläge für konkrete Umsetzungen und die Anpassung an spezifische Bedingungen »vor Ort« erwünscht (Schlömerkemper 2000, S. 6). In seinen zehn Thesen zu »Konsens und Beteiligung« in der Bildungspolitik schlägt Schlömerkemper u.a. vor, die Beteiligten durch eine bundesweite Bildungskonferenz oder ein gewähltes »Bildungsparlament« in schulpolitische Entscheidungsprozesse einzubeziehen. Wie und ob solches machbar ist, ist zunächst nicht wichtig. Bedeutend aber ist, dass die Idee der Transparenz und Beteiligung politisch kaum diskutiert wird. Angesichts der Tatsache, dass es sich bei den Bildungsstandards und Curricula um wesentliche Instrumente in dem gesellschaftlich so wesentlichen Feld von Bildung und Erziehung handelt, könnte auch gefragt werden, ob solche Themen nicht dort zu diskutieren wären, wo in Demokratien wesentliche Entscheidungen getroffen werden: in den Parlamenten. Schulen haben nicht nur die Aufgabe, die Schüler/innen zu erziehen, zu bilden und zu qualifizieren, ihnen kommt auch eine entscheidende Bedeutung für die Tradierung von Wissen und Werten sowie für die Sicherung sozialer Kohäsion zu.

4.4 Eine denkbare Alternative: starke Standards

Die oben skizzierten Standards sind als Steuerungsinstrumente im Kontext eines ganz neuen Steuerungsmodells gedacht. Zu diesem Zwecke sind sie dann wenig geeignet, wenn sie den Lehrerinnen und Lehrern keine ausreichende Orientierung für ihr Handeln geben. Mein Eindruck ist, dass sie inhaltlich zu ungenau sind, um diese Funktion zu erfüllen. Sie verzichten systematisch auf methodisch-mediale Vorgaben und hoffen dennoch, Veränderungen des Unterrichts bewirken zu können. Die Gefahr besteht, dass sich solche Standards als schwach erweisen. Eine Gefahr wäre es deshalb, weil zur Outputsteuerung des Systems dann – möglicherweise sogar »unter der Hand« – andere Instrumente avancieren könnten, deren pädagogische Effekte höchst problematisch sein dürften. Irgendein wirksames neues Instrument ist schließlich unerlässlich, soll Ergebnissteuerung nicht nur das neue Etikett für ein altes Steuerungssystem sein. Warum sich die Bildungsstandards als schwach erweisen könnten, will ich zu zeigen versuchen, indem ich beschreibe, was solche Standards auszeichnet, die das Attribut »stark« verdienen.

4.4.1 Einige Kriterien für »starke« Bildungsstandards

Starke Standards würden sich an den »visionären« Grundentscheidungen (vgl. Kapitel 4.1, S. 691ff.) zu bewähren haben, aus denen sie ihre Berechtigung ableiten. Die Expertise (vgl. Kapitel 4.2, S. 693ff.) gibt hierfür Leitlinien vor, die im Übrigen innerhalb des pädagogischen Milieus (sowohl in der Erziehungswissenschaft als auch in der Lehrerschaft) wahrscheinlich nicht nur die Mehrheitsmeinung spiegeln, sondern sogar konsensfähig sein dürften. Bildungsstandards hätten demnach zunächst zu definieren, was eine moderne Grundbildung für alle auszeichnet, sie hätten eine nicht selektive, sondern eine die Schüler/innen fördernde Zielrichtung und sie würden mit dem überprüfbaren Ziel antreten, die Arbeit der Lehrkräfte zu orientieren und zur Qualitätsentwicklung der Einrichtungen beizutragen. Wenn Standards eine Grundbildung für alle beschreiben und diese auch ermöglichen sollen, wenn sie Qualität (der Ressourcen, der Prozesse und der Ergebnisse) steigern und wenn sie das System neu steuern sollen, dann müssen sie einige wichtige Merkmale aufweisen.

Standards vermitteln im Idealfall Schüler/innen, Lehrer/innen und Eltern eine klare Vorstellung davon, was Schüler/innen (in jedem Jahr) lernen sollen. *Klarheit*, das erste Qualitätsmerkmal starker Standards, verlangt, dass sie genügend detailliert und präzise formuliert sind. Vage und unklare Standards können missverstanden oder insgesamt ignoriert werden (vgl. Gandal/Vranek 2002, S. 3). Klare Standards vermeiden Jargon, wie er in Erwartungen wie die »Freude am Lesen entwickeln« oder »wortgetreu, schlussfolgernd und kritisch lesen können« zum Ausdruck kommt. Was heißt »Freude«, was meint »kritisch« und auf welche Texte beziehen sich diese Vorstellungen, auf Shakespeare-Sonette oder auf ein Kochbuch von Alfred Biolek? Solche Standards geben den Lehrerinnen und Lehrern wenig Hilfe für die Gestaltung eines besseren Unterrichts. Ihre Unklarheit führt in der schulischen Praxis zwangsläufig zu einem ungleichen Unterrichtsangebot und ungleichen Lernergebnissen.

Was unter dem Attribut »klar« zu verstehen ist, möchte ich an einem Beispiel erläutern, das die US-amerikanische Bildungsgewerkschaft AFT liefert.[12] Eine nicht adäquate Formulierung eines Standards würde z.B. im Bereich Mathematik lauten: »Schüler müssen in der Lage sein, geometrische Regeln und Verfahren in Situationen des täglichen Lebens anwenden zu können.« Was eine solche Beschreibung konkret bedeutet, bleibt offen: Sollen Schüler/innen nun in der Lage sein, die Diagonale eines Rechtecks zu berechnen oder den Radius eines Kreises, oder wird erwartet, dass sie den Satz des Pythagoras verstehen – oder all dies zusammen? Der harte Standard hingegen könnte

---

12 Die dem US-amerikanischen Gewerkschaftsbund zugehörige American Federation of Teachers (AFT) hat sich seit gut einer Dekade massiv für die Schaffung und verbindliche Anwendung »starker« Standards eingesetzt (vgl. z.B. AFT 1996).

heißen: »Der Schüler ist in der Lage, zwischen Umfang und Fläche zu unterscheiden. Er kann entscheiden, welches dieser beiden Konzepte in einer gegebenen Problemsituation angemessen ist« (vgl. AFT 1996, S. 16).

Neben der Klarheit der Inhalte kommt es auch darauf an, »Warenhauskataloge« zu vermeiden. *Knappheit* heißt das zweite Kriterium »unterrichtbarer« starker Standards: Selektion bzw. Konzentration auf die wichtigsten Inhalte. Eine nicht zu bewältigende Ansammlung von Themen (oder von zu erreichenden Kompetenzen) führt zum gleichen Resultat wie vage Standards: Es bleibt unklar, was Schüler/innen tatsächlich lernen müssen. Eine quantitative Überdosis unterminiert ein zentrales Anliegen der Standardsetzung, nämlich das Ziel, allgemeine und verbindliche Erwartungen an Lernergebnisse zu formulieren. Außerdem wird eine zweite Zielsetzung aufgegeben, nämlich die Lehrerschaft zu orientieren und ihr die Sicherheit zu geben, tatsächlich das Wichtige zu vermitteln und in der notwendigen Tiefe behandeln zu können. Standards, die zu breit und/oder zu vage formuliert sind, ermöglichen ein zu großes Ausmaß an individuellen unterrichtlichen Variationen und vermindern die Chance, dass alle Schüler/innen den Zugang zu einem gemeinsamen Stand an Wissen und Fähigkeiten haben. Knappe Standards lassen den Schüler/innen und Lehrer/innen »Luft« für die Gestaltung eigener Lerninhalte.

Starke Standards formulieren unterrichtliche Vorgaben so, dass sich aus ihnen Curricula, also kanonisierte und sequenzierte Inhalte relativ eindeutig ableiten lassen. Wenn – erstens – aus Standards sehr unterschiedliche Curricula folgen können, wäre es überflüssig, sie überhaupt vorzugeben. Und zweitens können Standards Unterricht nur dann positiv beeinflussen, wenn sie didaktisch »übersetzbar« sind. Sie müssen in diesem Sinne »*unterrichtbar*« sein.

Ein weiteres Kriterium ist, dass das Erreichen oder Nichterreichen von Standards *überprüfbar* sein muss. Standards können nur dann die Hoffnung auf Reform nicht enttäuschen, wenn sie messbar[13] sind. Standards, die Unklarheit darüber lassen, wo eine Schülerin oder ein Schüler tatsächlich steht, sind in Bezug auf die strategischen Vorgaben sinnlos. Wenn Standards nicht auf Selektion programmiert sind, sollte die Messung der »Outputs« pädagogische Antworten erzeugen. Starke Standards erleichtern zudem die interne Kontrolle der schulischen »Produktion«. Je stärker Standards sind, desto eher kann externe Kontrolle der Organisationsleistung zugunsten interner Evaluation reduziert werden.

Standards müssen, sollen sie den strategischen Visionen genügen, *anspruchsvoll* sein. Die in Standards beschriebene »Obligatorik« des Lernens muss die Relevanz der Inhalte sichern. Schulen sind ja nicht Veranstaltungen inhaltlicher Beliebigkeit, sondern sie haben die Pflicht, den jungen Menschen eine selbstbewusste soziale Partizipation zu ermöglichen und tragfähige Grundlagen fürs Weiterlernen zu vermitteln. Ihr zentrales Ziel ist es, für eine Grundbildung zu sorgen, die diese beiden Aspekte umfasst. Starke Standards beschreiben deshalb einen Kanon der Allgemeinbildung. In der

---

13 Messbarkeit ist nicht im naturwissenschaftlichen Sinne zu verstehen, aber der Begriff soll klar machen, dass es verlässlicher Methoden bedarf, Lernerfolge zu beurteilen.

Moderne sind die Wissenschaften das Fundament des zu vermittelnden allgemeinen Bildungswissens. Bildungswissen ermöglicht eine aufgeklärte Sachverständigkeit und schafft ein Bewusstsein, das sich den unmittelbaren Lebenszusammenhängen zu entziehen versteht. Wissenschaftsorientierung vermittelt nicht nur spezifisches Wissen, sondern auch die je besonderen Methoden.[14]

Wenn also Standards als Mindeststandards formuliert werden, ist damit nicht automatisch gesagt, dass diese Standards auf minimalem Niveau formuliert sein müssen, wie es die Kultusministerkonferenz zu unterstellen scheint (s.o. S. 695ff.). Sie fordern lediglich, dass alle Schüler/innen diese Standards (mindestens) erreichen müssen. Klar ist, dass diese Mindeststandards nicht »in Beton gegossen« werden. Man kann sie zunächst Plausibilitätsannahmen folgend formulieren. Sie müssen sich im pädagogischen Prozess bewähren. Sie müssen Gegenstand intensiver empirischer Forschung sein. Wichtig ist auch der Hinweis darauf, dass Mindeststandards »nach oben offen« sind. Sie definieren nicht das, was an Schulen erreicht werden darf, lediglich das, was mindestens erreicht werden soll. Insofern ärgert eine Pressemitteilung der hessischen Schulministerin, die das Konzept der Mindeststandards diffamiert, indem sie formuliert: »Ein minimales Anforderungsniveau bringt uns keinen Schritt weiter« (Pressemeldung vom 17.12.2003). Eine Grundbildung kann in einer komplexen Gesellschaft wie der unseren gar nicht anders, sie muss anspruchsvoll sein.

Schließlich müssen Standards *verbindlich* sein, verbindlich für alle Schüler/innen, alle Lehrer/innen, alle Schulen. Das Verfehlen der Vorgaben muss Konsequenzen haben. Lehrer/innen, die systematisch an Standards vorbei unterrichten, Klassen oder Schulen, die systematisch Standards nicht erreichen oder Schüler/innen, die nicht erfolgreich sind, müssen identifiziert werden.[15] Standards, die nicht ernst genommen werden, können den Unterricht nicht systematisch positiv beeinflussen.

Starke Standards weisen demnach die folgenden Merkmale auf:

»Starke« Bildungsstandards sind

- klar,
- knapp,
- in Curricula überführbar,
- überprüfbar,
- anspruchsvoll und
- verbindlich.

---

14 Wer kanonisiertes Bildungswissen auf die Stufe von »Trivial Pursuit« oder »Wer wird Millionär?« stellt, der polemisiert.

15 Damit führt eine konsequente Einführung von starken Standards dazu, dass nicht nur Schüler/innen, sondern auch Lehrer/innen und Schulen potenziell scheitern können (vgl. Böttcher/Klemm 2002, S. 177ff.). Das wäre wahrlich ein Paradigmenwechsel.

4.4.2 Wie starke Standards den Unterricht verändern

In der deutschen Debatte wurde bisher kaum darüber nachgedacht, wie Standards den Unterricht verändern müssen, wollen sie nicht einfach nur eine Variante von Lehrplänen sein, einem, wie wir wissen, wenig erfolgreichen Steuerungsinstrument. Starke Bildungsstandards sollten den pädagogischen Prozess »umkehren«, sie sind insofern »revolutionär«: Standards erfordern die Evaluation der Lehrertätigkeit und die Bereitschaft, Unterrichtskonzepte neu zu planen, wenn Standards nicht erreicht werden. Kate Jamentz (2001) erläutert diesen Ansatz.[16] Traditioneller Unterricht orientiert sich demnach an folgendem Schema:

Nach der Auswahl eines Themas aus dem Lehrplan, aus Schulbüchern oder anderen Materialien (hier z.B. das Thema »Mittelwerte und Streuungsmaße«) entscheidet sich die Lehrerin oder der Lehrer für die Auswahl bestimmter Lehrmethoden. Nach einer Anzahl von Unterrichtsstunden entwirft er einen Test bzw. eine Klausur. Nach der Durchführung der »Klassenarbeit« erfolgt eine Korrektur mit Benotung. Über die Noten und (in manchen Fällen) schriftliche Erläuterungen hinaus gibt es gelegentlich individuelle mündliche Feedbacks. Fällt die Klassenarbeit einigermaßen normal aus, sind also nicht zu viele gescheitert, wird das nächste Thema ausgewählt. Selbst wenn zu viele – mehr als etwa 30 Prozent – gescheitert sind, lässt sich der Bewertungsmaßstab so verschieben, dass im Stoff fortgefahren werden kann.

Im Falle einer Standardbasierung des Unterrichts stellt sich der Prozess wie folgt dar: Zunächst erfolgt die Auswahl eines Standards (hier z.B.: Schüler/innen können die Mittelwerte Median, Modalwert, arithmetisches Mittel und die damit verbundenen Streuungsmaße berechnen; sie können spezifizieren, warum welches Maß in gegebenen Situationen angemessen ist; sie können schriftlich klar und knapp begründen, weshalb sie in einem konkreten Fall ein bestimmtes Maß ausgewählt haben). Dann entwickelt die Lehrerin oder der Lehrer das Design für eine Überprüfung, die den Standard abbilden kann (z.B.: Die Schülerin oder der Schüler muss sich in die Rolle eines Trainers versetzen, der noch einen freien Platz in einer Bowlingmannschaft zu vergeben hat, um den sich aber zwei Kandidaten bewerben. Als Grundlage hat er Bowlingergebnisse der Kandidaten. Er muss in einem Brief seine Auswahl begründen und dabei Gegenargumente desjenigen antizipieren, den er nicht auswählt). Daraufhin erarbeitet die Lehrerin oder der Lehrer inhaltliche und methodische Angebote: Was braucht die Schülerin oder der Schüler, um den Standard zu erreichen? Zur Unterrichtsanalyse gehört die kritische Frage, ob jeder und jede die Chance hatte, das Nötige zu lernen. Nach der Prüfung erfolgt die Auswertung der Ergebnisse. Sie reflektiert auch die eigene Arbeit: Ist der Standard nicht erreicht, muss für die betroffenen Schüler/innen überlegt werden, ob Angebote wiederholt werden müssen (vielleicht hatten sie nicht ausreichend die Chance zum Üben) oder ob ein neues Unterrichtsdesign nötig sein könnte. Wenn alle den Standard erreicht haben, kann ein neuer Standard ausgewählt werden.

---

16 An dieser Stelle kann ich nur das Prinzip darstellen und nicht in die Einzelheiten gehen.

4.4.3 Kontexte für Standards

Auch starke Standards werden wenig, nichts oder nicht das Angestrebte erreichen, wenn sie als »Soloinstrumente« fungieren. Nur im »Konzert« mit anderen Instrumenten haben sie die Chance, leistungssteigernd und ungleichheitsreduzierend zu wirken. Im Folgenden werde ich die wesentlichen ergänzenden Elemente einer »konzertierten Reform« skizzieren: Autonomie, Kerncurricula, Tests, Rechenschaft, Fördersysteme und Lehrerbildung. Die Ausführungen stützen sich insbesondere auf Erkenntnisse, die sich im Kontext der US-amerikanischen »standards based reform« finden lassen (vgl. z.B. Fuhrmann 2001; Joseph 2001).

Avantgarde-Autonomie
Die Formulierung starker Standards ist international eingebunden in die deutlich erhöhte Autonomie der Einzelschulen. Es geht darum, relativ selbstständige Schulen mittels Standards auf einen Kern gemeinsamer Ziele zu orientieren und Beliebigkeit zu vermeiden sowie auf das unterrichtliche Kerngeschäft zu fokussieren (vgl. Böttcher 2002a, S. 97ff.). Die in den Standards formulierten staatlichen Erwartungen werden dadurch austariert, dass programmatisch die Wege der Zielerreichung im Kompetenzbereich der Einzelschule liegen.[17] Hohe Freiheit einer öffentlichen Einrichtung ist verantwortbar, wenn gleichzeitig zentrale Standards verbindlich sind. Die – in großer Pauschalität gesprochen – Gesellschaft hat ein Recht darauf, ihre Ansprüche zu formulieren. Die Organisation hat das Recht, diese – realistischen – Ansprüche zu kennen und sie so umzusetzen, wie sie es für richtig hält: Die pädagogische Organisation (z.B. Kooperationen von Schul- und Sozialpädagogen, andere Lernrhythmen, Einbezug Externer) bis in die didaktisch-methodisch-mediale Dimension – das operative Geschäft sozusagen – liegt in der Verantwortung der Pädagogen. Beim Ressourcenmanagement von Zeit, Personal und Geld benötigen Schulen ebenfalls keine halbherzigen Scheinbefreiungen, sondern echte Avantgarde-Autonomie, also breiteste Freiheit (vgl. Bellenberg/Böttcher/Klemm 2001, S. 163).

Kerncurricula
Standards bilden die Basis für die im Klassenzimmer verwendeten Curricula. Wenn die Standards klar und präzise sind, ist es relativ leicht, auf ihrer Grundlage Kerncurricula zu entwickeln, die verbindlich und für alle Schüler/innen identisch sind. Es ist durchaus vorstellbar, dass die einzelne Schule Autorin ihrer Kerncurricula wird.[18] Bei starken

---

17 Wie auch sonst könnte man Schulen rechenschaftspflichtig machen? Wenn eine strenge Vorgabe nicht durch hohe Freiheit auf der operativen Ebene austariert ist, haben wir es lediglich mit (einer neuen Variante) bürokratischer Top-down-Steuerung zu tun. Und diese funktioniert bekanntlich nicht.
18 Wiewohl dieses Vorgehen eher unökonomisch ist. Warum sollten die Kerncurricula nicht extern vorgegeben sein, als nationale Kerncurricula etwa? Die Einzelschule hat genug damit zu tun, die didaktisch-medial nicht restriktiven Curricula umzusetzen. Außerdem hat sie die Aufgabe, jenseits der Kerncurricula ein eigenes Profil zu entwickeln. Auch das kostet Zeit und Kraft.

Standards dürften die Kerncurricula der unterschiedlichen Schulen innerhalb einer tolerablen Bandbreite relativ einheitlich ausfallen. Mit der Unklarheit und Allgemeinheit der Standards wächst allerdings die Beliebigkeit der in schulischer Autorenschaft entstehenden Curricula. Ungleiche Kerncurricula aber wären ein großes Problem, weil starke Standards ja programmatisch für alle Schüler/innen gelten. Nur durch die Verpflichtung auf harte Standards ließe sich vermeiden, Kinder aus bildungsfernen Schichten durch verwässerte Curricula zu unterfordern und sie systematisch vom erfolgreichen Lernen anspruchsvoller Inhalte auszuschließen.

Leistungsmessung und Förderung
Eine Abstimmung von Standards mit Verfahren der Leistungsbewertung ist unverzichtbar. Man muss Klarheit darüber haben, ob die Schüler/innen die Ziele auch erreichen: »Und um das zu wissen, benötigen wir ein konsistentes Verfahren, Lernfortschritte zu messen« (Gandal/Vranek 2002, S. 1; vgl. auch AFT 1996, S. VII).[19] Leistungstests sollen wenigstens drei Leitprinzipien gehorchen: Sie müssen erstens auf die Standards bezogen, zweitens anspruchsvoll, reichhaltig sowie variantenreich und drittens in der Lage sein, mehr als nur simple Lernziele zu messen. Ein Instrument der Leistungsbemessung können Tests sein. Kritiker von Tests scheinen davon überzeugt zu sein, dass Tests lediglich am Ende eines Unterrichtsprozesses stehen können und dort als rigoroses Selektionsinstrument fungieren. Tests können, müssen aber nicht der Selektion dienen. Im Programm standardbasierter Reform sind sie ausdrücklich mit der Notwendigkeit der Förderung derjenigen verknüpft, die Standards womöglich nicht erreichen. Und selbstverständlich macht es Sinn, Tests nicht als einmalige Verfahren zum Ende eines pädagogischen Prozesses einzusetzen, die dann über Wohl oder Wehe entscheiden. Sie können helfen, Probleme zu entdecken und Anlass sein, Schüler/innen zu fördern. Sie stellen sicher, dass Lerndefizite systematisch erkannt und entsprechend behoben werden können.

Rechenschaft
Schließlich werden Standards nur dann verlässliche Wirkungen erzeugen, wenn mit ihrem Erreichen oder Verfehlen Sanktionen für Lehrer/innen und die Schulen verknüpft sind. Diese haben Rechenschaft über ihre Leistungen abzugeben. Standards verpflichten die Akteure, die bisher in einem rechenschaftsfreien Raum agiert haben. Verbindliche Standards können dazu führen, dass Schulen scheitern. Dies ist die eigentliche Revolution einer standardbasierten Reform. Lehrer/innen und Schulen werden zu belegen haben, warum es nicht möglich war, alle Schüler/innen zum Standard zu führen. Liegen gute Gründe vor, rechtfertigt das den Einsatz zusätzlicher Hilfen für diese Schulen und ihre Lehrer/innen.

---

19 Weil es bedeutend ist, dass alle Schüler/innen die Standards auch tatsächlich erreichen, sollten Testergebnisse mit Fördermaßnahmen verknüpft sein. Wenn die Standards die Fähigkeiten und das Wissen beschreiben, die als unverzichtbar für alle erachtet werden, werden den Schülerinnen und Schülern Hilfen gegeben werden müssen, diese auch zu erreichen.

Lehrerbildung
Schließlich werden Standards im Fokus der Lehrerbildung stehen müssen. Lehrer/innen lernen die Standards kennen und entwickeln Vorstellungen davon, wie sie sich umsetzen lassen. Die Kenntnis von Standards ist logischerweise eine Bedingung dafür, dass sie überhaupt Wirkung entfalten können. Ohne eine enge Ankopplung an die Lehrerbildung, insbesondere die aktuelle Lehrerfortbildung,[20] droht den Standards das Schicksal von Lehrplänen, die bekanntlich die Arbeit der Lehrer/innen nur unzureichend orientieren und erleichtern.

4.4.4 Wirkungshypothesen

Aufgrund von Erfahrungen, die in den USA mit – schwachen und starken – Standards gemacht wurden, bewerten Gandal und Vranek (2002) das Konzept einer »konzertierten« standardbasierten Reform positiv: Unter der Bedingung, dass Standards, Curricula, Tests, Rechenschaftssysteme und Lehrerbildung solide konzipiert, implementiert und miteinander verknüpft sind, können sie die Art zu lehren und zu lernen verändern. Durch Standards können verschiedene »Komponenten des Schulsystems« sinnvoll koordiniert werden. Die Curricula, die Bewertung von Leistung, Inhalte und Strukturen von Ausbildung und Fortbildung etc. verhalten sich aktuell wie autonome Elemente. Ein durch klare und gemeinsame Standards beschriebenes Curriculum mit klaren Bewertungsmaßstäben könnte zu einer Fokussierung pädagogischer Aktivitäten und einer gewissen »Programmlogik« führen: Abstimmungen bei Übergängen wären schnell möglich, Lerndefizite identifizierbar, Ausbildungsmängel durch gezielte Modelle kompensierbar, anregende didaktische Realisierungen von Standards ließen sich multimedial verbreiten – und vieles mehr. Zusammenfassend lassen sich diese wesentlichen Wirkungshypothesen formulieren: Standards

- generieren ein reicheres und anspruchsvolleres Curriculum,
- verbessern die Dialoge und die Zusammenarbeit zwischen Lehrer/innen innerhalb und zwischen Schulen,
- erleichtern den produktiven Austausch zwischen Lehrer/innen und Eltern und
- fokussieren pädagogische Aktivitäten auf die Leistungsverbesserung der Schüler/innen.

Mindeststandards definieren einen für alle Schüler/innen geltenden Kanon. Gegen diese Art der »Standardisierung« hört man im pädagogischen Milieu gelegentlich grundsätzliche Kritik. Abgesehen davon, dass gemeinsame Inhalte und Ziele nicht die Wege

---

20 Bei allen Konzepten von Schulreform, die auf die Lehrer/innen angewiesen sind, sollte die Fortbildung der aktiven Kolleginnen und Kollegen die erste Rolle spielen. Bis Veränderungen der universitären Lehrerausbildung an die Schulen gelangen und dort eine Chance bekommen, die bestehenden Kollegien zu beeinflussen, vergehen im besten Fall 5–10 Jahre.

und Mittel vorschreiben, sollten einige wesentliche Argumente nicht übersehen werden, die für einen Kanon sprechen:

- Gemeinsames Lernen in der Klasse ist nur auf dem Fundament gemeinsamer Kenntnisse möglich.
- Gesellschaftliche Partizipation bedarf eines Mindestmaßes gemeinsamer Kenntnisse.
- Weiterlernen (Stichwort: Lernen in der Lebensspanne) ist nur möglich, wenn dabei auf Voraussetzungen zurückgegriffen werden kann, über die alle Beteiligten verfügen.

Selbstverständlich bedarf es vertiefter Experimente und empirischer Überprüfung der Wirkungen starker und konzertierter Standards. Statt einer flächendeckenden Einführung der aktuellen KMK-Standards, die alle Kriterien starker Standards verfehlen, scheint es mir rationaler, Alternativen in Modellversuchen durchzuspielen. Die Effekte »schwacher« Standards hingegen werden wir wahrscheinlich als bundesweites Realexperiment erfahren.

5. Was tun?

Wie Standards konzipiert und eingesetzt werden, hängt von politischen Entscheidungen ab und von der Beantwortung der Frage, welche Gesellschaft wir wollen: Sollen Bildungsstandards den Zweck verfolgen, Qualität zu verbessern und allen Schülerinnen und Schülern das Erreichen der Standards der Grundbildung zu ermöglichen, oder sollen sie das ohnehin gut funktionierende System der Selektion noch verschärfen?

Aus meiner Sicht bedarf der in Bildungsstandards beschriebene Kernauftrag der Schule einer eindeutigen Entscheidung: Schulpolitik und ihre Steuerungsinstrumente müssten darauf ausgerichtet sein, dass Schule ihrer grundgesetzlichen Verpflichtung nachkommen kann, den ihr möglichen Beitrag zur Reduktion von Ungleichheit zu realisieren (vgl. Böttcher/Klemm 2000, S. 11f.). Eine solche Zielsetzung sollte konkret beschrieben werden und alle schulischen Aktivitäten hätten sich daran zu messen, ob sie diese Aufgabe bewältigen. Unter heutigen ökonomischen und gesellschaftlichen Bedingungen muss das humanistische Ideal einer Allgemeinbildung als »Bildung für alle« nicht mehr illusionistisch bleiben. Vielfältige und gut evaluierte Projekte zeigen, dass alle Kinder lernen und Benachteiligungen durchaus mit pädagogischen Mitteln reduziert werden können.

Der Staat würde sich allerdings erhebliche Verpflichtungen aufbürden, wollte er starke und konzertierte Standards einführen: Sie fordern systematische und empirisch geprüfte Fördermaßnahmen für diejenigen, die Gefahr laufen, die Standards zu verfehlen. Sie fordern Konzepte, die Verbindlichkeit auch für Lehrer/innen und Schulen sichern, sie fordern Hilfe für die Lehrer/innen oder Schulen, die Probleme mit der Vermittlung der Standards haben. Starke Standards bedürfen einer regelmäßigen Evaluation, denn sie müssen immer als vorläufig verstanden werden, als Versuche, eine allgemeine Grundbildung zu definieren, die auch lehrbar ist.

Schwache Standards hingegen lassen sich für den Staat relativ folgenlos implementieren. Verbessern sich die Ergebnisse in späteren Leistungsstudien, kann sich die Politik dies auf die Fahnen schreiben. Ändert sich nichts oder werden Ergebnisse gar schlechter, kann man den Schulen und den Lehrer/innen die Schuld in die Schuhe schieben. Schwache Standards haben ganz offensichtlich weniger qualitätsentwickelnde als die Politik legitimierende Funktion.

Schwache Standards setzen die Tradition der deutschen Schule fort, eher auf Selektion statt auf Förderung zu setzen, genauer: die soziale Herkunft der Schüler/innen zu belohnen oder zu bestrafen.[21] Die Selektionsmechanismen werden mit der Einführung der Standards nicht tangiert. Bildungsstandards sind nicht verbunden mit Konzepten systematischer Verbesserung des gesamten Systems aufgrund von Fehleranalysen. Diese Fehleranalyse ist ein wesentliches Merkmal eines »Controlling«, das man aus der Wirtschaft kennt. Controlling umfasst zwar auch Kontrolle, aber es geht im Kern um Qualitätsentwicklung.

Die Effekte schwacher Standards sind außerdem, dass Lehrer/innen Materialien »nach Lust und Laune« verwenden[22] oder sich, so vorhanden, in ihrem Unterricht an Tests und reinem Prüfungsstoff orientieren. Schwache Standards also führen zu dem von einigen Gegnern von Standards befürchteten »teaching to the test«[23]. Sie bedrohen die Schulentwicklung insbesondere deshalb, weil ihr Steuerungsdefizit die Implementierung eines alternativen Steuerungsinstruments geradezu erzwingt. In einem System, das den Anspruch der Outputsteuerung vertritt, kann das nur ein Kontrollinstrument sein. Standardisierte Tests sind solche Instrumente. Je schwächer die Standards, desto größer die Wahrscheinlichkeit, dass die Schule der Zukunft durch Serien externer Schülertests gesteuert wird. Die Befürchtung ist, dass eine Hypertrophie von Tests die pädagogische Arbeit in den Schulen dominiert. Diese Test-Obsession kennt man bereits aus den USA. Die Testkrankheit heißt dort »testimonia« – am besten wohl mit »Testeritis« übersetzt.

Was kann eine Schulleitung angesichts der Reformvorgaben tun? In ihren Hinweisen zur »Einführung in die Arbeit mit Bildungsstandards« heißt es in der oben (S. 693ff.) zitierten Expertise: »Die Arbeit mit Bildungsstandards an Schulen richtet sich primär auf den Fachunterricht und die dort aufzubauenden Kompetenzen. Sie umfasst didaktische Klärungen und Entscheidungen, zum Beispiel über Auswahl, Schwerpunkt-

---

21 Die Selektion erfolgt in Deutschland sehr eng entlang bestimmter Merkmale der sozialen Herkunft der Schüler/innen (vgl. Böttcher/Klemm 2000).
22 Unklare und breit interpretierbare Standards können somit nicht garantieren, dass alle Kinder mit einem Curriculum anspruchsvoller Inhalte lernen.
23 Das ist insbesondere in den Ländern eine Gefahr, in denen es so etwas wie eine »Testindustrie« gibt, die durch ihre Produkte determiniert, was gelernt wird.

setzungen und Sequenzierungen im Lehrstoff in Hinblick auf Zielbeschreibungen und Kompetenzmodelle. Sie befasst sich mit Unterrichtskonzeptionen und Unterrichtsstrategien, etwa unter der Frage, wie unterschiedliche Lernvoraussetzungen angesprochen, wie Verständnis gesichert und Routinen geübt oder eine flexible Wissensanwendung unterstützt werden kann. Zur Arbeit mit Standards gehört dann aber auch, Lernvoraussetzungen und Lernfortschritte, Stärken und Schwächen der Lerner und Lernerinnen zu erkennen bzw. zuverlässig zu diagnostizieren und geeignete Förderungsmaßnahmen zuzuordnen« (Klieme u.a. 2003, S. 114). Das Gesagte bedeutet, dass die eigentliche Arbeit bei den Lehrer/innen liegt. Es ist nicht verwerflich, wenn die Bildungspolitik solche Erwartungen an die Lehrerschaft aufnimmt. Unanständig wird es nur, wenn den Lehrerinnen und Lehrern Bildungsstandards im Kontext einer Politik vorgesetzt werden, die ihnen nicht hilft, diese anspruchsvollen Aufgaben auch zu meistern.

Aber die Kritik sollte nicht zum Verzicht auf Engagement führen, sie sollte das Mögliche nur ins rechte Licht rücken. Aus meiner Sicht kann die Schulleitung Lehrer/innen dazu anregen, für ihre Fächer gemeinsam mit den Kolleginnen und Kollegen jene Standards zu entwickeln, die einen Beitrag zu Reduktion von Ungleichheit und damit auch zur Verbesserung der durchschnittlichen Schülerleistungen erbringen könnten. Ein solches Unterfangen wird nicht das einlösen können, was nötig ist: Man wird kaum in der Lage sein, nicht nach sozialer Herkunft differenzierende Mindeststandards zu entwickeln, die die notwendige »Grundausstattung« eines jeden Menschen in einer modernen Gesellschaft beschreiben. Aber der Versuch kann helfen, sich Klarheit darüber zu verschaffen, was in jedem Fach begründet als Mindeststandard gelten muss. Solche Entscheidungen müssen sich dann in der Konkurrenz mit anderen Fächern behaupten, wobei es das Ziel ist, dass sich aus der Addition der Standards ein Kerncurriculum herausarbeiten lässt: Die Standards sollten Inhalte klar benennen und der verbindliche Kern des Unterrichts muss jeder Lehrerin und jedem Lehrer genügend Zeit für Vertiefungen oder Erweiterungen belassen.

Womöglich lassen sich auch einfachere Fragen an die Lehrer/innen stellen: Wie kann man die Probleme reduzieren, die sich dann ergeben, wenn Klassen übergeben werden? Welche Kompetenzen erwarten wir eigentlich genau von einer durchschnittlichen Schülerin oder einem durchschnittlichen Schüler? Die KMK-Standards könnten diese Debatten strukturieren helfen.

Es könnten für die gesamte Organisation Visionen, Leitbilder und Ziele herausgearbeitet werden, die darauf fokussieren, Kinder zu fördern, statt sie auszusortieren. Sicher, das lässt sich nicht konfliktfrei bewerkstelligen. Und eine politische Rückendeckung wird man kaum haben, wenn z.B. Eltern besonders guter Schüler/innen sich beschweren.

Aber eine selbstständige Schule kann Konzepte entwickeln, die die Vermittlung von Grundbildung ermöglichen, und gleichzeitig die besonders lernfähigen Schüler/innen stärken. Letztere können ganz neue Kompetenzen entwickeln, wenn sie als Tutoren für die Langsameren arbeiten. Den Besseren kann man auch in Selbstlerngruppen Möglichkeiten eröffnen. Auch spricht nichts gegen Auflösungen von Klassenverbänden. Instruktionen (Frontalunterricht) können z.b. für 80 Schüler/innen in der Aula erfolgen, ergänzt um Tutorien in kleinen Gruppen. Bestimmte pädagogische Ideen können sich erst dann entwickeln und bewähren, wenn eine Schule einen klaren Kernauftrag hat – oder ihn sich selbst gibt. Auf diesem Fundament können alle weiteren und »nach oben offenen« Standards fußen.

Aus Sicht vieler Pädagogen droht heute die feindliche Übernahme der Pädagogik durch die Ökonomie, verkleidet im Gewand einer Freiheit versprechenden Stärkung der Organisation. Eine Situation wie diese mag Gegensätze betonen. Gerade im Ausbleiben des Dialogs zwischen Pädagogik und Ökonomie und ihrer je verschiedenen Konzepte aber sehen andere einen Grund für viele der krisenhaften Erscheinungen des Bildungswesens. So argumentiert Richter, die Erziehungswissenschaft habe sich auf die Fragen der Ökonomie tatsächlich nur wenige Antworten einfallen lassen. Sie verfüge über so wenig neue Ideen, so Richter provokant, weil sich die Akteure – Wissenschaftler, Verbandsvertreter, Politiker, Lehrer – mehr auf Verteidigung verstünden (1999, S. 93) oder Problemen lediglich mit der stereotypen Forderung nach Erhöhung der Ressourcen begegneten (vgl. auch Böttcher/Weishaupt/Weiß 1997, S. 14; Weiß 1997, S. 168ff.). Ein massives Problem aber ist die Tatsache, dass vulgärökonomische Konzepte der Politik genau diese alten Reaktionen provozieren.

Literaturverzeichnis

AFT *siehe* American Federation of Teachers
Altrichter, H./Posch, P. (1999): Wege zur Schulqualität. Innsbruck.
American Evaluation Association (2002): Position Statement on High Stakes Testing in PreK-12 Education (www.eval.org/hst3.htm).
American Federation of Teachers (AFT) (1996): Setting Strong Standards. Washington D.C.
Banner, D.K./Gagné, T.E. (1995): Designing Effective Organizations. Traditional and Transformational Views. Thousand Oakes, CA u.a.
Bellenberg, G./Böttcher, W./Klemm, K. (2001): Stärkung der Einzelschule. Neues Management der Ressourcen Zeit, Geld und Personal. Kriftel/Neuwied.
Bildungskommission Nordrhein-Westfalen (Hrsg.) (1995): Zukunft der Bildung – Schule der Zukunft. Neuwied.
Böttcher, W. (2002): Kann eine ökonomische Schule auch eine pädagogische sein? Schulentwicklung zwischen Neuer Steuerung, Organisation, Leistungsevaluation und Bildung. Weinheim/München.
Böttcher, W. (2003): Besser werden durch Leistungsstandards? In: Pädagogik 55, H. 4, S. 50–52.
Böttcher, W. (2004): Neuere Entwicklungen der Bildungsreform und ihr Potenzial für den Lehrerberuf und die Lehrerbildung. In: Beckmann, U./Brandt, H./Wagner, H. (Hrsg.): Ein neues Bild vom Lehrerberuf? Pädagogische Professionalität nach PISA. Weinheim/Basel, S. 72–86.
Böttcher, W./Brohm, M. (2004): Die Methodik des Change Managements und die aktuelle Schulreform. Über das gebrochene Verhältnis von Chancen und Realität. In: Die Deutsche Schule (DDS) 96, H. 3, S. 268–278.
Böttcher, W./Klemm, K. (2000): Das Bildungswesen und die Reproduktion von herkunftsbedingter Benachteiligung. In: Frommelt, B./Klemm, K./Rösner, R. (Hrsg.): Schule am Ausgang des 20. Jahrhunderts. Weinheim/München, S. 11–43.

Böttcher, W./Klemm, K. (2002): Kann man Schule verändern? Eine Skizze gegen den Voluntarismus in der Schulreform. In: Weegen, M./Böttcher, W./Bellenberg, G./van Ackeren, I. (Hrsg.): Bildungsforschung und Politikberatung. Weinheim/München, S. 167–184.
Böttcher, W./Weishaupt, H./Weiß, M. (Hrsg.) (1997): Wege zu einer neuen Bildungsökonomie. Weinheim/München.
Brandt, H. (1994): Eine realistische Wende im Lehrerberuf? In: Verband Bildung und Erziehung (Hrsg.): Zwischen Deformation und Reform. Bonn, S. 52–55.
Ditton, H. (2000): Qualitätskontrolle und Qualitätssicherung in Schule und Unterricht. Ein Überblick zum Stand der empirischen Forschung. In: Zeitschrift für Pädagogik, 41. Beiheft, S. 73–92.
Doppler, K./Lauterburg, C. ([10]2002): Change Management. Frankfurt/NewYork.
Fuhrman, S. (Hrsg.) (2001): From the Capitol to the Classroom. Washington D.C.
Gandal, M./Vranek, J. (2002): Standards. Here Today, Here Tomorrow. In: Educational Leadership, Vol. 59, No. 1, S. 1 (www.ascd.org/readingroom/edlead/gandal.html, 5.3.2002).
Giesecke, H. (1996): Wozu ist die Schule da? Die neue Rolle von Eltern und Lehrern. Stuttgart.
Göhlich, M. (2001): System, Handeln, Lernen unterstützen. Weinheim/Basel.
Hanushek, E.A. u.a. (1994): Making Schools Work. Improving Performance and Controlling Costs. Washington D.C.
Hoyle, E. ([2]1995): Teachers as Professionals. In: Anderson, L.W. (Hrsg.): International Encyclopedia of Teaching and Teacher Education. Cambridge, S. 11–15.
Jamentz, K. (2001): The Instructional Demands of Standard-Based Reform. Washington D.C. (www.aft.org/pubs-reports/downloads/teachers/InstructionalDemands.pdf).
Joseph, L.B. (Hrsg.) (2001): Challenges and Opportunities in Standards-Based Reform. Chicago.
Klafki, W. (1977): Organisation und Interaktion in pädagogischen Feldern. Thesen und Argumentationsansätze zum Thema und zur Terminologie. In: Blankertz, H. (Hrsg.): Interaktion und Organisation in pädagogischen Feldern. Weinheim/Basel, S. 11–37.
Klieme, E. u.a. (2003): Zur Entwicklung nationaler Bildungsstandards. Eine Expertise. Frankfurt a.M.
KMK *siehe* Ständige Konferenz der Kultusminister der Länder in der Bundesrepublik Deutschland
Kurtz, T. (2000): Moderne Professionen und Gesellschaftliche Kommunikation. In: Soziale Systeme. Zeitschrift für soziologische Theorie 6, S. 169–194.
Kurtz, T. (2004) Organisation und Profession im Erziehungssystem. In: Böttcher, W./Terhart, E. (Hrsg.): Organisationstheorie in pädagogischen Feldern. Wiesbaden, S. 43–53.
Lepenies, W. (2002): Bildungspathos und Erziehungswirklichkeit. Paper zum Vortrag auf dem Kongress »McKinsey bildet«. Berlin.
Liket, T. (1993): Freiheit und Verantwortung. Gütersloh.
Loveless, T. (Hrsg.) (2001): The Great Curriculum Debate. Washington D.C.
Luhmann, N. (2002): Das Erziehungssystem der Gesellschaft. Frankfurt a.M.
March, J.G./Olsen, J.P. (1976): Ambiguity and Choice in Organizations. Bergen/Oslo/Trornso.
Mayntz, R. (1963): Soziologie der Organisation. Hamburg.
Mintzberg, H. (1992): Die Mintzberg-Struktur. Landsberg/Lech.
Morgan, G. (1997): Images of Organization. New Edition (orig. 1986). London.
OECD *siehe* Organization for Economic Co-operation and Development
Oelkers, J. (1995): Schulreform und Schulkritik. Würzburg.
Oelkers, J. (1997): Die Aufgaben der Schule und der effektive Einsatz ihrer Ressourcen. In: Böttcher, W./Weishaupt, H./Weiß, M. (Hrsg.): Wege zu einer neuen Bildungsökonomie, Weinheim/München, S. 142–160.
Organization for Economic Co-operation and Development (OECD) (1989): Schools and Quality. Paris.
Organization for Economic Co-operation and Development (OECD) (1991): Schule und Qualität. Frankfurt a.M.
Rauschenbach, T./Schilling, M. (2000): Soziale Dienste. In: Böttcher, W./Klemm, K./Rauschenbach, T. (Hrsg.) (2000): Bildung und Soziales in Zahlen. Weinheim/München, S. 207–270.

Richter, I. (1999): Die sieben Todsünden der Bildungspolitik. München.
Rolff, H.G. (1993): Wandel durch Selbstorganisation. Theoretische Grundlagen und praktische Hinweise für eine bessere Schule. Weinheim/München.
Schlömerkemper, J. (2000): Konsens und Beteiligung! Ein Plädoyer für mehr Demokratie in der Bildungspolitik. In: Die Deutsche Schule 92, H. 1, S. 6–9.
Schratz, M./Steiner-Löffler, U. (1999): Die Lernende Schule. Schulentwicklung zwischen Kundenbeziehung und pädagogischem Eros. In: Hofmann, J./Weishaupt, H./Zedler, P. (Hrsg.): Organisationsentwicklung in Schulen, in Unternehmen und im sozialen Bereich. Erfurter Studien zur Entwicklung des Bildungswesens, Band 6. Erfurt, S. 111–152.
Ständige Konferenz der Kultusminister der Länder in der Bundesrepublik Deutschland (Hrsg.) (2003): Bildungsbericht für Deutschland. Erste Befunde. Opladen.
Ständige Konferenz der Kultusminister der Länder in der Bundesrepublik Deutschland (Hrsg.) (2004): Bildungsstandards im Fach Deutsch für den Mittleren Schulabschluss. Neuwied (auch unter www.kmk.org/schul/Bildungsstandards/Deutsch_MSA_BS_04–12–03.pdf).
Ständige Konferenz der Kultusminister der Länder in der Bundesrepublik Deutschland (Hrsg.) (2005): Bildungsstandards der Kultusministerkonferenz. Erläuterungen zur Konzeption und Entwicklung. Neuwied (auch unter www.kmk.org/schul/Bildungsstandards/Argumentationspapier 308KMK.pdf).
Stichweh, R. (1997): Professions in Modern Society. In: International Review of Sociology 7, S. 95–102.
Tacke, V. (2004): Organisation im Kontext der Erziehung. In: Böttcher, W./Terhart, E. (Hrsg.): Organisationstheorie in pädagogischen Feldern. Analyse und Gestaltung. Wiesbaden, S. 19–42.
Terhart, E. (1986): Organisation und Erziehung. Neue Zugangsweisen zu einem alten Dilemma. In: Zeitschrift für Pädagogik 32, S. 205–223.
Weick, K.E. (1976): Organizations as Loosely Coupled Systems. In: Administration Science Quarterly 21, S. 1–19.
Weiß, M. (1997): Mehr Ressourcen = mehr Qualität? In: Böttcher, W./Weishaupt, H./Weiß, M. (Hrsg.): Wege zu einer neuen Bildungsökonomie. Weinheim/München, S. 161–170.
Weiß, M. (1998) Schulautonomie im Licht mikroökonomischer Bildungsforschung. In: von Weizsäcker, R.K. (Hrsg.): Deregulierung und Finanzierung des Bildungswesens. Berlin, S. 32–39.

Klaus Klemm

Neue Arbeitszeitmodelle

Zum langsamen Abschied vom Standardmodell

1. Das tradierte Standardmodell: lebenslang, vollzeitbeschäftigt, halbtags und deputatsorientiert	712
2. Lehrerarbeit unter Veränderungsdruck	712
3. Zeitliche Strukturierung der Lehrerarbeit: biografisch orientierte Varianten	715
3.1 Teilzeitbeschäftigung als Normalfall	716
3.2 Gesteigerte Flexibilität bei der Verteilung der Lehrerarbeit auf das Arbeitsleben	717
3.3 Die Perspektive: Arbeitszeitkonten	719
4. Zeitliche Strukturierung der Lehrerarbeit: arbeitsorganisatorische Varianten	719
4.1 Mehr Zeitautonomie für die Schulen	719
4.2 Mehr Zeitgerechtigkeit in den Kollegien	721
4.3 Mehr Zeittransparenz für alle Beteiligten	722
5. Am Horizont: Grundzüge eines neuen Zeitmanagements	723
5.1 Orientierung an der Jahresarbeitszeit	723
5.2 Zeitwertorientierung beim Einsatz der Lehrerarbeit	724
Literaturverzeichnis	726

Die Arbeitszeit von Lehrerinnen und Lehrern lässt sich grundsätzlich aus zwei Perspektiven betrachten: aus einer biografischen und aus einer arbeitsorganisatorischen. In der biografisch orientierten Perspektive wird gefragt, welche Zeit und damit welchen Platz Arbeit im Lebenslauf einnimmt, in der arbeitsorganisatorischen dagegen, wie die der Arbeit eingeräumte Zeit am Arbeitsplatz eingesetzt wird. In beiden Dimensionen haben sich die Standardmodelle der Lehrerarbeit ausdifferenziert: Neben den Lehrer (bzw. die Lehrerin), der zwischen dem Ende seiner Ausbildung und dem Zeitpunkt seiner Pensionierung lebenslang beschäftigter Vollzeitbeamter war und ist, sind eine Reihe anderer Lehrerbiografien getreten. Und: Neben eine am Stundendeputat orientierte Arbeitszeit, die nur von Schulform zu Schulform variierte und variiert, treten – z.T. erst in der Debatte, z.T. aber auch schon in der Realität – andere Varianten der Arbeitszeitorganisation.

Der folgende Beitrag versucht, die Ausdifferenzierung der zeitlichen Strukturierung von Lehrerarbeit nachzuzeichnen. Dazu wird in einem ersten Schritt die – was die zeitliche Seite angeht – tradierte Form der Lehrerarbeit knapp dargestellt. Daran wird sich eine analysierende Beschreibung der Ursachen, die zu einer Ausdifferenzierung geführt haben, anschließen.

> Auf der Grundlage dieser Präsentation verursachender Faktoren werden dann Varianten der »Lehrerarbeit im Lebenslauf« und die Versatzstücke der Arbeitsorganisation, die sich allmählich zu einem neuen arbeitsorganisatorischen Modell zusammenfügen, vorgestellt. Ein Blick auf die Konturen eines am Horizont aufscheinenden neuen Arbeitszeitmodells wird diesen Beitrag beschließen.

1. Das tradierte Standardmodell: lebenslang, vollzeitbeschäftigt, halbtags und deputatsorientiert

Mit Etablierung des öffentlichen Schulwesens im deutschsprachigen Raum, also etwa um die Wende vom 18. zum 19. Jahrhundert, hat sich – was die zeitliche Strukturierung von Lehrerarbeit angeht – ein Standardmodell herausgebildet. Nach Abschluss der Lehrerausbildung in Lehrerseminaren, in Pädagogischen Akademien, in Pädagogischen Hochschulen sowie in Universitäten und, sofern dies geboten war, im Referendariat der Studienseminare traten die Lehrer und später auch die Lehrerinnen in den Schuldienst ein und blieben dort bis zu ihrer Pensionierung bzw. – bei vielen Lehrerinnen – bis zu ihrer Verheiratung oder bis zur Geburt des ersten Kindes als verbeamtete Lehrer/innen in einem Beschäftigungsverhältnis, das ihre volle Arbeitskraft erforderte. Während ihrer das komplette Berufsleben ausfüllenden Lehrertätigkeit wurde die Arbeitszeit über Unterrichtsstundendeputate geregelt, also über die Zahl der Unterrichtsstunden, die wöchentlich zu erteilen waren. Diese Pflichtdeputate variierten zwischen den Schulformen (im niederen Schulwesen mussten mehr Unterrichtsstunden als im höheren unterrichtet werden), nicht aber zwischen den in den unterschiedlichen Schulformen zu unterrichtenden Fächern (unbeschadet der Unterschiede in der Arbeitsbelastung, die die einzelnen Fächer abforderten) und auch nicht im Verlauf der Lehrerbiografie (abgesehen von kleineren Deputatsreduzierungen – als Altersermäßigungen – während der Berufsjahre kurz vor der Pensionierung). Die außerhalb des eigentlichen Unterrichts zu leistende Arbeit, also insbesondere die Vor- und Nachbereitung des Unterrichts und die Korrekturen, wurde und wird nicht in der Schule, sondern am häuslichen Arbeitsplatz verrichtet; das Prinzip der Dualität der Arbeitsplätze (Schule und Lehrerwohnung) bestimmt die zeitliche Struktur der Lehrerarbeit spätestens seit Durchsetzung der Halbtagsschule gegen Ende des 19. Jahrhunderts (vgl. Lohmann 1966). Die traditionelle Lehrerarbeit war also durch lebenslange Beschäftigung, durch »volle« Stellen, durch die Dualität der Arbeitsplätze und durch die Orientierung am Unterrichtsdeputat gekennzeichnet.

2. Lehrerarbeit unter Veränderungsdruck

Im Verlauf des letzten Drittels und insbesondere der 90er-Jahre des 20. Jahrhunderts geriet dieses Standardmodell der zeitlichen Dimensionierung von Lehrerarbeit mehr und mehr unter Veränderungsdruck.

Drei Ursachen lassen sich dafür anführen:

1. In den Diskussionen um die zeitliche Belastung im Lehrerberuf wurde – nicht zuletzt durch die jüngste Arbeitszeituntersuchung in Nordrhein-Westfalen (Mummert + Partner 1999) – etwas offenkundiger, was jede Lehrerin und jeder Lehrer immer schon wusste: Schule ist mehr als Unterricht. Die nordrhein-westfälische Studie belegte (vgl. zu den folgenden Daten Tab. 1), dass in keiner Schulform des Landes die eigentliche Unterrichtszeit mehr als 40 Prozent der Lehrerarbeitszeit in Anspruch nimmt. Der entsprechende Wert schwankt bei vollzeitbeschäftigten Lehrenden zwischen 27 Prozent in den Sonderschulen und 39 Prozent in den Grund-, Haupt- und Realschulen. Auch wenn man die unmittelbar unterrichtsbezogenen Tätigkeiten wie Vor- und Nachbereitungen, Korrekturen und Prüfungen hinzuzieht, ergeben sich Anteilswerte für diese und den Unterricht selbst, die zwischen 63 Prozent an Gesamtschulen und 71 Prozent an Realschulen liegen. Die daneben noch verbleibenden Tätigkeiten beziehen sich auf Kooperation im Kollegium (z.B. in Konferenzen), auf Leitungs- und Verwaltungsaufgaben, auf Tätigkeiten im Feld der Schulentwicklung, auf die Beratung von Schülerinnen, Schülern und deren Eltern sowie – nicht zuletzt – auf die Weiterbildung der Lehrkräfte. Je mehr die Schulen angehalten wurden und werden, ihre schulindividuelle Entwicklung voranzutreiben (etwa durch Schulprogrammarbeit), je mehr sie (nicht zuletzt im Kontext der großen Leistungsstudien) gefordert sind, ihre eigene Arbeit zu evaluieren und sich mit Befunden externer Evaluation auseinander zu setzen, und je mehr ihnen Selbstständigkeit und Eigenverantwortlichkeit angedient wird, umso stärker rücken die nicht unterrichtsbezogenen Arbeitsanteile an der Lehrerarbeit in das Blickfeld. Schulentwicklung erfordert Lehrerarbeitszeit.
2. Neben dieser veränderten Wahrnehmung von Aufgaben, die Lehrer/innen zusätzlich zum eigentlichen Unterricht zu verrichten haben, stärkt die in allen Lehrerkollegien geführte Klage über die nach Schularten und insbesondere auch nach Unterrichtsfächern ungleich und daher ungerecht verteilte Arbeit die Forderungen nach

Tab. 1: **Lehrerarbeitszeit nach Aufgabenbereichen** (in Prozent)

Bereich	GS	HS	RS	Gy	IGS	BBS	So
Unterricht	39	39	39	32	31	36	37
Unterrichtsbezogene Aufgaben	27	30	32	37	32	33	29
Außerunterrichtliche Aufgaben	18	16	16	16	22	15	19
Entwicklungs- und Koordinierungsaufgaben	1	1	1	1	2	2	1
Verwaltungs- und Führungsaufgaben	9	6	6	5	6	6	8
Lehreraus-, -fort- und -weiterbildung	1	0	0	2	1	1	1
Eigene Fort- und Weiterbildung	5	8	6	8	7	7	5
Jahresarbeitszeit (in Stunden)	1.750	1.791	1.769	1.900	1.976	1.839	1.828
(nach Mummert + Partner 1999, Anlage 4.1–1)							

Arbeitszeitmodellen, die weniger ausschließlich und weniger undifferenziert an zu erteilenden Unterrichtsstunden orientiert sind. Die Annahme, dass der Arbeitsaufwand, der mit einer Unterrichtsstunde als der Leitgröße aller deutschen Regelungen zur Lehrerarbeitszeit verbunden ist, über alle Schulen und Unterrichtsfächer in etwa gleich ist, wird durch zahlreiche Studien mehr als infrage gestellt: So wies schon eine 1973 von Knight-Wegenstein durchgeführte Studie für den Zeitaufwand je Unterrichtsstunde beispielsweise im Durchschnitt der Schularten der Sekundarstufe I einschließlich der Unterrichtszeit selbst eine Spannweite von 112 Minuten für Chemie bis 67 Minuten für Sport auf (vgl. dazu auch Schmidt 1995, S. 33). Die schon herangezogene und derzeit wohl aktuellste, in Nordrhein-Westfalen im Auftrag der Landesregierung durch Mummert + Partner durchgeführte Untersuchung zur zeitlichen Belastung der Lehrer/innen bestärkt Befunde zu schulform- und fachspezifischen zeitlichen Belastungen: Diese Studie belegte eine Spannbreite der Jahresarbeitszeiten von Lehrerinnen und Lehrern, die von durchschnittlich 1.750 Zeitstunden an Grundschulen bis hin zu durchschnittlich 1.976 Zeitstunden an Gesamtschulen reicht (vgl. noch einmal Tab. 1). Der damit beobachtete Arbeitszeitunterschied entspricht nahezu der Arbeitszeit von sechs Wochen pro Jahr.

Tab. 2: Zusätzlicher Zeitaufwand je Unterrichtsstunde am Gymnasium (in Stunden)				
Schulstufe	Sekundarstufe I		Sekundarstufe II	
Fachgruppe	Vor- und Nachbereitung	Klassenarbeiten	Vor- und Nachbereitung	Klassenarbeiten
Deutsch/Literatur	0,32	0,27	0,47	0,39
Mathematik/Informatik	0,26	0,21	0,35	0,28
Naturwissenschaften	0,33	0,10	0,38	0,22
Erdkunde	0,31	0,09	0,43	0,38
Englisch	0,25	0,20	0,49	0,39
Französisch	0,26	0,18	0,42	0,30
Latein/Griechisch	0,32	0,19	0,42	k.A.
Politik/Geschichte	0,33	0,10	0,41	0,31
Philosophie	–	–	0,35	0,18
Religion	0,31	–	0,43	0,16
Musik/Chor	0,30	–	k.A.	k.A.
Kunst/Werken/Textilgestaltung	0,17	–	0,35	0,20
Sport/Spiel	0,19	–	0,29	k.A.
Pädagogik	–	–	0,30	0,31
(nach Mummert + Partner 1999, Anlage 4.2–1)			k.A. = keine Angaben	

Auch innerhalb der einzelnen Schulformen finden sich beachtliche Unterschiede. So wurde beim zeitlichen Aufwand für jede erteilte Unterrichtsstunde durch Vor- und Nachbereitung (einschließlich des Korrekturaufwands) gemessen (vgl. zu den folgenden Daten Tab. 2), dass z.B. in der Oberstufe der Gymnasien je Englischstunde 0,88 Zeitstunden, also 53 Minuten aufgewendet wurden, je Mathematikstunde 0,63 Zeitstunden, also 38 Minuten, je Philosophiestunde 0,53 Zeitstunden, also 32 Minuten und schließlich je Sportstunde mit 0,29 Zeitstunden 17 Minuten. Die größte Spannweite beim zeitlichen Aufwand je erteilter Unterrichtsstunde ergibt sich im Gymnasium zwischen Kunst, Werken und Textilgestaltung in der gymnasialen Sekundarstufe I mit 0,19 Zeitstunden, also mit 11 Minuten und dem schon erwähnten Englischunterricht (53 Minuten) in der gymnasialen Sekundarstufe II. Derartige Befunde verleihen der Diskussion um die Zeitgerechtigkeit des herrschenden Deputatsystems neue Schubkraft.

3. Schließlich trug der Teilarbeitsmarkt Schule mit seinem kontinuierlichen Wechsel von Lehrermangel und Lehrerüberschuss dazu bei, das starre Modell der zeitlichen Strukturierung von Lehrerarbeit infrage zu stellen: Um in Zeiten sinkender Schülerzahlen – in der früheren Bundesrepublik insbesondere während der 80er-Jahre und im Gebiet der neuen Bundesländer seit Mitte der 90er-Jahre und immer noch anhaltend – noch Einstellungsmöglichkeiten für neu ausgebildete Lehrer/innen offen zu halten, geriet das vorherrschende Modell des vollzeitbeschäftigten und lebenslang im Schuldienst tätigen Lehrers ins Wanken.

Die Kombination der drei Argumente, die aus den hier beschriebenen Faktoren erwachsen – Schule ist mehr als Unterricht, Lehrerarbeit ist zwischen den Schulformen und innerhalb einzelner Schulen ungerecht verteilt, auf dem Lehrerarbeitsmarkt lösen sich Überschuss- mit Mangelsituationen kontinuierlich ab – verleiht dem Entstehen neuer Ansätze hinsichtlich der Verteilung der Arbeit im Lebensverlauf und hinsichtlich arbeitsorganisatorischer Lösungen Schubkraft.

3. Zeitliche Strukturierung der Lehrerarbeit: biografisch orientierte Varianten

Der erste große Bereich, in dem sich die zeitliche Strukturierung von Lehrerarbeit zu wandeln beginnt, liegt in der Abkehr von der bis weit in die zweite Hälfte des 20. Jahrhunderts vorherrschenden »Normalbiografie« einer Lehrerin oder eines Lehrers: Neben die Vollzeit- trat die Teilzeitbeschäftigung; häufig damit verbunden variiert inzwischen die Arbeitszeit der Lehrer/innen weit stärker als in früheren Jahren mit den Jahren des Berufslebens; die Einführung von »Sabbatjahren« bietet den Lehrenden Unterbrechungszeiten ohne Arbeitsplatzrisiko; die Altersteilzeitregelungen ermöglichen einen gleitenden Übergang in den Ruhestand.

3.1 Teilzeitbeschäftigung als Normalfall

Bereits zu Beginn der 70er-Jahre – noch während der Expansionsphase im westdeutschen Bildungssystem – trat neben die beschriebene bis dahin geltende Normalbiografie der Lehrerin und des Lehrers, die lebenslang als vollzeitbeschäftigte Lehrende tätig waren, ein zweiter allmählich »normaler« Beschäftigungstyp (vgl. Klemm 1996a, S. 129ff.). Die Vertreterin dieses Typs – in der Regel, zu 90 Prozent nämlich, ist dieser Typ weiblich – tritt nach Studium und Referendariat in den Schuldienst ein und ist dort überwiegend oder auch ausschließlich bis zum Eintritt in den Ruhestand teilzeitbeschäftigt. Die in den 70er-Jahren in der damaligen Bundesrepublik geschaffenen Möglichkeiten zur Teilzeitbeschäftigung, die ursprünglich auf einige wenige Jahre des Berufslebens begrenzt und an familiäre Voraussetzungen gebunden waren, wurden im Verlauf der Zeit so weit ausgeweitet, dass Ende der 90er-Jahre 33 Prozent der an Schulen Lehrenden teilzeitbeschäftigt sind – gegenüber 20 Prozent der im öffentlichen Dienst und 18 Prozent aller abhängig Beschäftigten (vgl. Bellenberg/Krauss-Hoffmann 1998, S. 23).

Die Möglichkeiten der Teilzeitbeschäftigung, die zunächst geschaffen wurden, um in einer Phase des Lehrermangels insbesondere junge Frauen im Beruf zu halten bzw. für diesen besser einwerben zu können, wandelten parallel zu dem sich ändernden Arbeitsmarkt ihre Funktion: In dem Augenblick, in dem die Zahl der Bewerber/innen größer als die der zu besetzenden Stellen wurde, gingen einzelne Bundesländer zu »Einsteigermodellen« über, bei denen die jungen Lehrenden während ihrer ersten Berufsjahre nur mit reduziertem Wochendeputat bei entsprechend reduziertem Gehalt unterrichten konnten. Dies erhöhte zwar die Zahl der jährlichen Einstellungen, verschonte jedoch die schon länger Beschäftigten vor ökonomischen Einbußen und bürdete die finanzielle Last denen auf, die nach langen, finanziell eher knappen Ausbildungsjahren erstmalig über ein reguläres Einkommen verfügten.

In den neuen Bundesländern wurde dieser Ansatz, durch Teilzeitbeschäftigung mehr Neueinstellungen zu ermöglichen, radikalisiert. Die Politik der faktisch erzwungenen Teilzeit, die im Westen auf eine Teilgruppe unter den Berufsanfängern im Lehrerberuf beschränkt blieb, bestimmte und bestimmt auch gegenwärtig noch den östlichen »Teilarbeitsmarkt Schule«. Der drastische Geburtenrückgang und der ihm folgende nicht minder einschneidende Rückgang der Schülerzahlen führte im Gebiet der früheren DDR dazu, dass sich der Bedarfsrückgang schneller als die Reduzierung der Zahl der Lehrenden durch den Eintritt in die Rentenphase vollzog und weiter vollzieht. Die teilweise in Gesprächen zwischen den Lehrervertretungen einerseits und den Landesregierungen andererseits ausgehandelten Regelungen haben in dieser Lage zu einer Reduzierung der Wochendeputate bei entsprechender Gehaltsminderung und im Gegenzug für die – nicht beamtete – Lehrerschaft zu einer Beschäftigungsgarantie geführt (»50 Prozent plus X-Modelle«). Über den engeren Aspekt der Vermeidung einer Entlassungswelle durch Deputats- und Gehaltsreduzierungen hinausweisend ist an diesem Modell die zumindest ansatzweise erkennbare Abkehr von einer obrigkeitsstaatlichen Verordnungs- zu einer Aushandlungspolitik interessant und erwähnenswert.

3.2 Gesteigerte Flexibilität bei der Verteilung der Lehrerarbeit auf das Arbeitsleben

Die hier beschriebene Abkehr vom bzw. von der vollzeitbeschäftigten Lehrenden – sei es auf dem Wege der Freiwilligkeit, sei es auf dem des faktischen Zwangs – stellt allerdings nur ein Element der gewandelten zeitlichen Strukturierung der Lehrerarbeit im Lebenslauf dar. Es wird ergänzt durch Elemente, denen – aus der Sicht der Lehrenden – zumindest teilweise die Erhöhung ihrer persönlichen Zeitsouveränität gemeinsam ist.

3.2.1 Vorgriffsstunden

Im Kern der Ansätze, die von dem weitgehend starren Modell einer vom ersten bis zum letzten Berufsjahr gleich bleibenden Lehrverpflichtung abrücken, steht der Gedanke, dass die Belastungsfähigkeit durch den Unterricht bei den Lehrerinnen und Lehrern nicht während ihres gesamten Berufslebens gleichermaßen gegeben ist. Bei Ansätzen, die auf dieser Überlegung aufbauen, wird unterstellt, dass die Belastbarkeit in der Berufsstartphase nach dem Referendariat geringer als in der anschließenden Phase ist und dass sie in der dritten Berufsphase wieder sinkt. Das in einigen deutschen Bundesländern eingeführte verpflichtende Ansparmodell (»Vorgriffsstunden«) greift diesen Ansatz auf (vgl. Klemm 1996b, S. 23ff.): Nach einigen Berufsjahren mit dem »normalen« Stundendeputat wird die Unterrichtsverpflichtung der Lehrer/innen erhöht; nach einer längeren Berufsphase, etwa mit Vollendung des 50. Lebensjahres, endet diese Erhöhung wieder; die zusätzlich geleistete Arbeitszeit wird gutgeschrieben und kann als zusätzliche Altersermäßigung oder als Einzahlung in ein Sabbatjahr-Konto eingesetzt werden. Dieses Modell stellt einen ersten Schritt in Richtung einer der individuellen Belastbarkeit angepassteren Arbeitszeitstruktur dar. Daneben bot es – und dies erklärt seine schnelle Durchsetzung im Gebiet der alten Bundesländer – in der Phase eines real stagnierenden Bildungsbudgets die Möglichkeit, bei konstanter Stellenzahl das Unterrichtsvolumen zu erhöhen. Die »Rückzahlung« der so »geliehenen« Unterrichtsstunden muss erst zu einem Zeitpunkt erfolgen, zu dem die Schülerzahlen und damit der Unterrichtsstundenbedarf im Westen Deutschlands wieder absinken – ab etwa 2005.

3.2.2 Sabbatjahr

Flankiert wird dieser auf eine andere Rhythmisierung im Verlauf des Berufslebens zielende Ansatz durch das Angebot an Lehrer/innen, ein »Sabbatjahr« selbst anzusparen. Bei diesem Weg, der in einigen Ländern fest verankert ist, unterrichten Lehrende einige Zeit, z.B. vier Jahre, bei einem Gehalt von z.B. nur 80 Prozent volle 100 Prozent des Regeldeputats. Die auf diese Weise »angesparte« Zeit kann dann in eine, in diesem Beispiel, einjährige Beurlaubung bei Fortzahlung von weiterhin 80 Prozent der Bezüge umgesetzt werden. Auch dieses Modell bietet Lehrerinnen und Lehrern die Möglichkeit, sich durch eine längere, individuell angesetzte »Pause« – sei es auf dem Wege gezielter Weiterbildung, sei es durch bloße »Erholung« – auf die weitere Berufsarbeit vorzubereiten und dem »Burnout« entgegenzuwirken.

3.2.3 Altersteilzeit

Zu den beiden beschriebenen Ansätzen gesellt sich das Modell der Altersteilzeit. Dieses Modell bietet Lehrerinnen und Lehrern nach Erreichen einer festgesetzten Altersgrenze den Wechsel in eine Beschäftigung mit einer z.B. fünfzigprozentigen Unterrichtsverpflichtung bei einer Besoldung, die 83 Prozent des Nettogehalts eines Vollzeitbeschäftigten ausmacht. Die dabei gegenüber der Besoldung eines Vollzeitbeschäftigten frei werdenden Mittel sollen genutzt werden, um jüngere Lehrer/innen einzustellen, sodass die Minderung des Unterrichtsangebots infolge der Reduzierung der Unterrichtsverpflichtung der an diesem Modell Teilnehmenden durch den Unterricht der neu und zusätzlich eingestellten Lehrenden kompensiert wird. Dieser Ansatz ist allerdings nicht ausgabenneutral, da die über die Altersteilzeit eingesparten Besoldungsanteile nicht ausreichen, die halbe Stelle einer jungen Lehrerin oder eines jungen Lehrers zu finanzieren – auch wenn die von älteren Lehrenden erteilten Unterrichtsstunden deutlich teurer als die einer jungen Lehrerin oder eines jungen Lehrers sind (vgl. zu Einzelheiten dieses Ansatzes Klemm 1998, S. 9f.).

Ein Nebeneffekt dieses Ansatzes besteht darin, dass er geeignet ist, aufgrund der Belastungsminderung der älteren Lehrenden deren Eintritt in den Ruhestand hinauszuschieben und damit zugleich wiederum Pensionskosten einzusparen. Für diese Hypothese einer den Pensionseintritt herausschiebenden Wirkung von Deputatsminderungen sprechen empirische Befunde. Die Kienbaum-Unternehmensberatung hat bereits 1991 in ihrer »Organisationsuntersuchung im Schulbereich« für das Land Nordrhein-Westfalen (dort gab es Anfang der 90er-Jahre im Vergleich zu Baden-Württemberg deutlich höhere Altersermäßigungen) eigene Untersuchungen so zusammengefasst: »Der Vorteil einer hohen Altersermäßigung zeigt sich darin, dass die nordrhein-westfälischen Lehrer im pensionsfähigen Alter länger im Amt bleiben als z.B. ihre baden-württembergischen Kollegen, die im Schnitt einige Jahre früher von der Vorruhestandsregelung Gebrauch machen. Da die Lehrer dann für 100 Prozent Abwesenheit noch 75 Prozent ihrer Bezüge erhalten, ist der pensionierte Lehrer für das Land erheblich teurer als ein – auch mit hoher Altersermäßigung – arbeitender Lehrer« (Koetz/Jaschke 1991, Abschnitt 4.2.3.3.1). In die gleiche Richtung weisen auch ältere Studien zur Arbeitszeit der Lehrer/innen. Häbler/Kunz (1985) berichten z.B. für Bayern, dass ältere Lehrer/innen überdurchschnittlich häufig über »ständigen Stress in der Arbeit« (ebd., S. 58) klagen. In der Altersgruppe der 31- bis 35-Jährigen tun dies – folgt man ihrer Untersuchung – 7 Prozent, in der der Über-50-Jährigen dagegen 20 Prozent. Angesichts des hohen Anteils älterer Lehrer/innen in den deutschen Lehrerkollegien kommt diesem Aspekt ein wachsendes Gewicht zu.

3.3 Die Perspektive: Arbeitszeitkonten

Die bisher dargestellten vier Elemente einer Flexibilisierung der Arbeitszeit im Lebenslauf könnten – dies ist bisher kaum diskutiert und schon gar nicht konkretisiert worden – zu einem Arbeitszeitkonto-Modell zusammengeführt werden. Dabei – darin läge der nach vorne weisende Aspekt – würden die verschiedenen zeitlichen Arbeitsleistungen in ein individuelles Zeitkonto eingezahlt und je nach individuellem Bedarf und in Abstimmung mit den Notwendigkeiten der einzelnen Schule wieder »abgebucht«. Insgesamt böten diese im Instrument des Arbeitszeitkontos gebündelten Einzelansätze für Lehrer/innen eine Möglichkeit, die aus der Sicht des Staates gewünschte Flexibilisierung mit der Steigerung ihrer persönlichen Zeitsouveränität zu verbinden.

4. Zeitliche Strukturierung der Lehrerarbeit: arbeitsorganisatorische Varianten

Bei dem Versuch, arbeitsorganisatorische Varianten der zeitlichen Strukturierung von Lehrerarbeit genauer zu erkennen und systematisierend zu beschreiben, lassen sich die Elemente *Zeitautonomie*, *Zeitgerechtigkeit* und *Zeittransparenz* identifizieren – Elemente, die sich freilich einstweilen allenfalls in ihren Konturen abzeichnen.

4.1 Mehr Zeitautonomie für die Schulen

Schulen sind in Deutschland, was den Einsatz von Lehrerinnen und Lehrern angeht, wenig autonom. Die Lehrerstellen, die der einzelnen Institution zur Verfügung gestellt werden, ermitteln die Bundesländer – prinzipiell betrachtet – nach zwei unterschiedlichen Ansätzen: In einem Teil der Bundesländer orientieren sich die zuweisenden Ministerien oder Mittelinstanzen an der Schülerzahl der jeweiligen Schule und weisen ihr, gestützt auf im Haushaltsgesetz jeweils festgelegte Schüler-Lehrer-Relationen, Stellen zu. Ergänzt wird diese Zuweisung um weitere Stellen oder Stellenanteile, die aufgrund bestimmter Zuweisungskriterien (z.B. Anteile ausländischer Schüler/innen, Beteiligung an Schulversuchen u.Ä.) ermittelt werden. In einem anderen Teil der Bundesländer wird die Zahl der in den einzelnen Schulen jeweils gebildeten Klassen zum Bezugspunkt der Stellenzuweisung gewählt. Auch bei diesem Verfahren wird die je Klasse zugewiesene Stellenzahl um Sonderzuweisungen ergänzt. Beiden Ansätzen gemeinsam ist, dass die den Schulen zugewiesenen Personalstellen nicht zur weitgehend freien Verwendung im Rahmen ihres Bildungsauftrags zur Verfügung gestellt werden, sondern dass sie durch eine Fülle von Erlassen und Verordnungen beim Einsatz der ihnen verfügbaren Lehrerarbeitszeit gegängelt werden. Gegen dieses relativ unbewegliche und die einzelnen Schulen einengende Verfahren richten sich Änderungsansätze, die den Schulen mehr Autonomie bieten wollen. Diese Ansätze beziehen sich auf den Einsatz der für Lehrerarbeit verfügbaren Finanzmittel und auf den »Verbrauch« der Lehrerarbeit.

Ausgehend von der Tatsache, dass eine Unterrichtsstunde, die einzeln auf dem Arbeitsmarkt »eingekauft« wird, deutlich billiger als eine von einer beamteten Lehrerin oder einem beamteten Lehrer erteilte Stunde ist, hat z.B. das Land Nordrhein-Westfalen im Rahmen eines »Geld-statt-Stellen«-Programms Finanzmittel zur Verfügung gestellt, die den Schulen die Möglichkeit bieten, gezielt Unterrichtszeit hinzuzukaufen – einstweilen mit der Zweckbestimmung, Unterrichtsvertretungen zu sichern. Dieser Ansatz hat eine Dimension, die über den aktuell angestrebten Spareffekt weit hinausgeht. Er ließe sich dahingehend ausweiten, dass die Schulen in die Lage versetzt würden, Unterrichtszeit zu erwerben, die für die Deckung ihrer fachspezifischen Bedürfnisse und die Realisierung ihres Schulprogramms erforderlich ist. Die in Nordrhein-Westfalen den am Schulversuch »Selbstständige Schule« beteiligten Schulen eingeräumte Möglichkeit weist in diese Richtung: Diese Schulen dürfen Lehrerstellen, die ihnen zugewiesen werden, kapitalisieren und mit den dadurch verfügbaren Mitteln Unterricht »einkaufen«.

Beim Einsatz des lehrenden Personals könnten sich für die Schulen weitere Autonomiespielräume öffnen: Es sind Ansätze vorstellbar, die die hohe Regulierungsdichte und die tief gestaffelte Zweckbindung beim Verbrauch der Arbeitszeit der zugewiesenen Personalstellen lockern würden. Im Kern geht es dabei um eine – antizipiert man einmal eine spätere Ausbaustufe dieses Ansatzes – globalisierte Zuweisung von Lehrerstunden an die einzelnen Institutionen, die dann über die ihnen zur Verfügung gestellte »Lehrerzeit« nach ihren lokalen Bedürfnissen verfügen können. Bei diesem Ansatz wären die Schulen – im Rahmen gesetzter Grenzen – frei, die Arbeitszeit auf die unterschiedlichen Bereiche der bei ihnen anfallenden Tätigkeiten zu verteilen. So könnte, um ein Beispiel zu geben, die eine Schule mit Blick auf ihre spezifische Schülerschaft eher überdurchschnittlich große Klassen bilden und dies dadurch flankieren, dass die so »gesparten« Lehrerstunden in hohem Maß z.B. in Differenzierungsangebote, in individualisierende Förderung, in Entwicklungsarbeiten der Schule oder auch in feste Betreuungszeiten »investiert« würden. Eine andere Schule könnte dagegen, in Verfolgung eines eigenen pädagogischen Konzepts, besonders kleine Klassen bilden und dies durch einen weitgehenden Verzicht auf Angebote außerhalb des »normalen« Klassenverbands ermöglichen (Klemm 1994, S. 73ff.).

Der mit diesem Modell gelegentlich gekoppelte Gedanke der über die Unterrichtszeit hinausgehenden Präsenzpflicht hat eine doppelte Aktualität: Er verbindet – z.B. im Grundschulbereich in Rheinland-Pfalz – den Aspekt der verlässlichen Betreuungszeit (»voller halber Tag«) mit dem der neuen Organisierung von Lehrerarbeit. Er böte – und dies ist der zweite aktuelle Bezug – darüber hinaus eine »Opportunitätsstruktur« für eine Ausweitung der Lehrerkooperation. Die viel beachtete TIMS-Studie hat die Diskussion um diese Opportunitätsstruktur durch den Verweis darauf angeregt, dass in den Sekundarschulen Japans Lehrer/innen unterrichten, deren Wochendeputat deutlich geringer als das ihrer deutschen Kolleginnen und Kollegen ist, die aber zugleich während des gesamten Tages (von 8.00 bis 16.00 oder 17.00 Uhr) anwesend sein müssen. Durch die Verlagerung des in Deutschland häuslich erledigten Teils der Lehrerarbeit in das Schulgebäude ergeben sich für die Lehrenden Vor- und Nachbereitungsstrukturen, die unvergleichlich mehr als die in Deutschland auf Kooperation hin angelegt sind (Baumert u.a. 1997, S. 207f.). Mit Blick auf Deutschland muss allerdings darauf verwiesen werden, dass hierzulande zumindest in den Sekundarschulen die räumlichen Voraussetzungen für eine produktive außerunterrichtliche Tätigkeit in der Schule nicht gegeben sind.

4.2 Mehr Zeitgerechtigkeit in den Kollegien

Die Arbeitszeit, die Lehrer/innen zu leisten haben, orientiert sich in Deutschland – wie bereits dargestellt – an der Leitgröße »Unterrichtsstunde« und variiert mit der Schulart, in der der Unterricht erteilt wird. Diese beiden bestimmenden Orientierungen sind in den vergangenen Jahren verstärkt in die Kritik geraten, nicht nur wegen der herausgehobenen Stellung der Unterrichtsstunde, mit der implizit eine Abwertung außerunterrichtlicher Tätigkeiten verbunden ist, sondern auch wegen der bereits angesprochenen Ungerechtigkeiten bei der Arbeitsbelastung, die zwischen den Schulformen und in den einzelnen Schulen zwischen den erteilten Unterrichtsfächern stark differiert. In einer vom Dortmunder Institut für Schulentwicklungsforschung 1995 durchgeführten Befragung lehnten 31 Prozent der befragten Lehrer/innen an Grundschulen das Statement »Pflichtstunden halte ich für die gerechteste Lösung« ab; bei den Gymnasiallehrerinnen und -lehrern lag die Ablehnungsquote mit 44 Prozent am höchsten.

Tab. 3: »Pflichtstunden halte ich für die gerechteste Lösung«				
Befragte Lehrer/innen	Zustimmung	unentschieden	Ablehnung	Befragte
GS	42%	28%	31%	323
HS	40%	24%	36%	270
RS	38%	26%	36%	300
Gy	36%	20%	44%	316
IGS	34%	32%	34%	150
(Quelle: IFS-Lehrerbefragung 1995; vgl. Klemm 1996a, S. 139)				

Die den Gerechtigkeitsaspekt aufgreifende deutsche Diskussion bezog sich in ihrer Startphase während der 90er-Jahre des vergangenen Jahrhunderts auf zwei ausländische Ansätze (Klemm 1996a, S. 140ff.): einerseits auf den Ansatz der fach- und schulformspezifischen Deputatszumessung (so in Österreich, vgl. dazu auch Steiner-Löffler 1998) und andererseits auf den der individuell geführten Jahresarbeitszeitkonten (so in Dänemark – vgl. dazu auch Kracht 1993).

Ausgangspunkt des Interesses für das österreichische Modell war die auf der Grundlage der Arbeitszeitstudien immer wieder beschriebene ungleiche und daher ungerecht verteilte Arbeit. Vor diesem Hintergrund erhielt die Regelung für die österreichischen Bundeslehrer/innen mit ihrer schulform- und fachspezifischen Bemessung ein breites Interesse. Für diese Lehrer/innen wird ein Modell praktiziert, bei dem für jedes Unterrichtsfach ein Zeitfaktor vorgegeben ist. Die erteilten Unterrichtsstunden werden mit dem jeweiligen Faktor multipliziert und die so ermittelten Zeitwerte aufaddiert. Die Summe dieser Rechnung soll 20 ausmachen, da unterstellt wird, dass Lehrende für jede erteilte Stunde eine Stunde Vorbereitung benötigen und dass sie insgesamt 40 Wochenstunden arbeiten sollen (Beispiel der allgemeinbildenden Höheren Schule: 12 Unterrichtsstunden Englisch x 1,167, also 14,004; 8 Unterrichtsstunden Hauswirtschaft x 0,75, also 6,0; Gutschrift für Klassenleitung 1,105, Gesamtleistung 21,109; Mehrarbeit von 1,109 als Übertrag in das folgende Schuljahr). Dieser Ansatz reagiert auf den unbefriedigenden Tatbestand, dass die einheitliche zeitliche Bewertung aller erteilten Unterrichtsstunden tatsächliche Belastungsunterschiede nicht berücksichtigt und also in der Wahrnehmung zahlreicher Lehrender, insbesondere derer mit zwei »Korrekturfächern«, ungerecht ist. Das Problem dieses Ansatzes besteht in der Ermittlung zuverlässiger Belastungsfaktoren.

Auf die Aufwertung der außerunterrichtlichen Lehrerarbeit zielt auch der Ansatz der regelmäßigen Aufschreibung der geleisteten Arbeitszeit, den Dänemark verfolgt (vgl. Kracht 1995). Dabei wird der gesamte in und um die Schule geleistete Zeitaufwand individuell buchhalterisch erfasst – durch jede einzelne Lehrerin und jeden einzelnen Lehrer, verbunden mit einer kontinuierlichen »Gegenzeichnung« durch die Schulleitung. Die so pro Jahr geleistete Arbeitszeit soll der Arbeitszeit der übrigen abhängig Beschäftigten in Dänemark entsprechen; Unter- bzw. Überschreitungen werden im jeweiligen Folgejahr ausgeglichen. Der Buchungsaufwand, der dazu betrieben werden muss, ist nach Berichten aus Dänemark erheblich, das Modell stößt einstweilen bei den Lehrenden auf viel Ablehnung. Es scheint darüber hinaus einen ungeplanten Nebeneffekt zu haben: Außerunterrichtliche Aktivitäten, deren »Verbuchbarkeit« nicht zuverlässig geklärt ist, werden zusehends zurückgewiesen.

4.3 Mehr Zeittransparenz für alle Beteiligten

Ein konstantes Element aller öffentlichen Debatten zur Schulentwicklung und insbesondere zu Mängeln im Schulwesen ist der Verweis auf die angeblich geringe zeitliche Arbeitsbelastung der Lehrer/innen. Dieser Verweis, der eine hohe Opportunität hat und hatte, wenn es um die öffentliche Rechtfertigung von – aus Finanzschwäche geborenen – Arbeitszeiterhöhungen geht oder ging, ist deshalb oft genug erfolgreich, auf jeden Fall aber populär, weil er bei Teilen des Publikums auf Vorurteile stößt, die tief in der eigenen Schulzeit verwurzelt sind; gelegentlich findet er auch deshalb Resonanz, weil er – wie in jedem anderen Beruf auch – durch einzelne »schwarze Schafe« belegt zu sein scheint. Daneben gibt es aber einen noch tiefer sitzenden Grund für die Langlebigkeit des Vorurteils von gering ausgelasteten Lehrerinnen und Lehrern: Lehrerarbeit ist, sofern sie sich außerhalb des Unterrichts vollzieht, für das Publikum »unsichtbar«. Da, folgt man den schon herangezogenen Daten der Mummert + Partner-Studie, in keiner Schulform der Arbeitszeitverbrauch für das eigentliche Unterrichten (ohne

Vor- und Nachbereitung) die 40-Prozent-Grenze (bezogen auf die Jahresarbeitszeit insgesamt) übersteigt, fällt es dem Beobachter der Lehrerarbeit ganz offensichtlich schwer, auch die mehr als 60 Prozent Jahresarbeitszeit, die um den eigentlichen Unterricht »herum« geleistet wird, wahrzunehmen.

Ein Arbeitszeitmodell, das mehr Transparenz schaffen würde, böte auch der Politik eine geeignete Grundlage dafür, bei einzelnen schulpolitischen Vorhaben die Konsequenzen für den erforderlichen zusätzlichen Zeitaufwand bzw. für die Minderung des Zeitverbrauchs mit in den Blick zu nehmen. Es würde dem rechtlichen Anspruch entsprechen, den die Gutachter Ernst Benda und Dieter C. Umbach in ihrer rechtlichen Würdigung zur Arbeitszeit der Lehrer/innen feststellen, wenn sie schreiben: »Die beamtete Lehrkraft hat einen Rechtsanspruch auf Transparenz hinsichtlich der für sie vom Verordnungsgeber (= Dienstherr) idealtypisch vorgesehenen Einteilung ihrer Arbeitszeit« (Benda/Umbach 1998, S. 82).

5. Am Horizont: Grundzüge eines neuen Zeitmanagements

Das Lehrerarbeitszeitmodell, das in Hamburgs Schulen seit Beginn des Schuljahres 2003/2004 in Kraft ist, greift wesentliche Teile der in diesem Beitrag vorgestellten Ansätze zur arbeitsorganisatorischen Gestaltung der zeitlichen Dimension der Lehrerarbeit zumindest ansatzweise auf. Vorbereitet durch zwei Lehrerarbeitszeitkommissionen, die ihre Berichte im Sommer 1999 und im Februar 2003 vorgelegt hatten, wurde in Hamburg ein Lehrerarbeitszeitmodell eingeführt, das in wesentlichen Elementen von der bis dahin überall in Deutschland und auch in Hamburg gängigen Praxis der Regelung der Lehrerarbeitszeit abweicht. Die Grundzüge dieses Modells sollen im Folgenden skizziert werden. Sie lassen sich durch die Stichworte »Jahresarbeitszeit« und »Zeitwertorientierung« kennzeichnen.

5.1 Orientierung an der Jahresarbeitszeit

Das Hamburger Lehrerarbeitszeitmodell nimmt grundsätzlich Abschied von der Orientierung der Lehrerarbeitszeit an der wöchentlich zu erteilenden Zahl von Unterrichtsstunden. An die Stelle der Unterrichtsstunden tritt als neue Leitgröße die zu leistende Jahresarbeitszeit. Bezugspunkt für die Setzung dieser Jahresarbeitszeit ist der öffentliche Dienst. Für die dort bei einer wöchentlichen Arbeitszeit von 40 Stunden jährlich erbrachte Arbeitszeit wird ein Wert von durchschnittlich 1.770 Stunden unterstellt. Bei einer Verteilung dieser Jahresarbeitszeit auf die 38 Wochen, in denen im Verlauf eines Schuljahres Unterricht erteilt wird, ergibt sich – als Rechengröße – eine wöchentliche Arbeitszeit von 46,57 Zeitstunden je volle Lehrerstelle. Diese Konzentration der Lehrerarbeit auf die Unterrichtswochen entspricht allerdings nicht der Realität, da ein, wenn auch kleinerer Teil, der Lehrerarbeit in der unterrichtsfreien Zeit der Schulferien geleistet wird.

Die einer Schule insgesamt jährlich zur Verfügung stehende Arbeitszeit errechnet sich bei dem hier vorgestellten Verfahren aus der Multiplikation der Zahl der vollen Stellen dieser Schule mit der Jahresarbeitszeit von 1.770 Stunden; die dieser Schule wöchentlich verfügbare Arbeitszeit ergibt sich dementsprechend aus der Multiplikation der Stellenzahl mit 46,57.

5.2 Zeitwertorientierung beim Einsatz der Lehrerarbeit

Der Einsatz der je Stelle verfügbaren Lehrerarbeitszeit erfolgt auf der Grundlage einer differenzierten Systematisierung der in Schulen regelmäßig anfallenden Tätigkeiten. Diesen Tätigkeiten werden – bezogen auf jeweils eine Woche bzw. auf eine Unterrichtsstunde – Zeitwerte zugeordnet. Die Summe der Multiplikation von Einzeltätigkeiten mit ihren Zeitwerten ergibt die wöchentliche Zeitleistung für die einzelne Lehrerin oder den einzelnen Lehrer; die Summe der durch alle Lehrenden einer Einzelschule erbrachten Zeitleistungen stellt den Zeitverbrauch dieser Schule je Woche dar. In dem Maße, in dem die so ermittelte Wochenarbeitszeit der oder des einzelnen Lehrenden je Stelle 46,57 Wochenstunden überschreitet, leistet sie oder er zu viel; in dem Maße, in dem diese Zeit unterschritten wird, zu wenig Wochenarbeit – gemessen an der im öffentlichen Dienst geleisteten Jahresarbeitszeit von 1.770 Stunden.

Die Systematisierung der in den Schulen regelmäßig ausgeübten Tätigkeiten geht von vier zeitlich unterschiedlich gewichtigen Tätigkeitsgruppen aus: von *unterrichtsbezogenen Aufgaben* (U-Stunden), *funktionsbezogenen Aufgaben* (F-Stunden), *allgemeinen Aufgaben* (A-Stunden) sowie *Sonderaufgaben* (S-Stunden):

- **U-Stunden**
  In die Gruppe der *unterrichtsbezogenen Aufgaben* fällt zuallererst der erteilte Unterricht selbst. Der für jede Unterrichtsstunde angesetzte Zeitwert beträgt die Unterrichtszeit selbst, also je Unterrichtsstunde 45 Minuten; dazu kommen Zeiten für Vor- und Nachbereitung, für die Vorbereitung und Korrektur von Klassenarbeiten, für die Korrektur von Haus- und Schülerarbeiten usw. Diese Tätigkeiten werden – bezogen auf die einzelne Unterrichtsstunde – in Zeitwerten zusammengefasst, die den Zeitaufwand für die Unterrichtsstunde und die mit ihrer Erteilung verbundenen Tätigkeiten wiedergeben. Diese Zeitwerte unterscheiden sich zwischen den Schularten, den Schulstufen und z.T. zwischen Fächern bzw. Fächergruppen. So hat z.B. eine Sportstunde in der gymnasialen Oberstufe den Zeitfaktor 1,25. Dies bedeutet, dass der Lehrerin oder dem Lehrer je erteilte Sportstunde 75 Minuten »angerechnet« werden (60 x 1,25). Eine Deutschstunde in der gymnasialen Oberstufe wird dagegen mit dem Zeitfaktor 1,80 verrechnet, sodass je erteilte Deutschstunde mit 108 Minuten (60 x 1,8) gutgeschrieben werden. Dieses Verfahren will – mit dem Unterschied von immerhin 33 Minuten zwischen Sport und Deutsch in der gleichen Stufe des gleichen Schultyps – der unterschiedlichen zeitlichen Belastung der einzelnen Unterrichtsfächer gerechter begegnen.

- **F-Stunden**
  In der Gruppe der *funktionsbezogenen Aufgaben* sind all die Tätigkeiten zusammengefasst, die an die Wahrnehmung einer bestimmten Funktion gebunden sind, also z.B. Aufgaben wie die der Schulentwicklung, der Fachleitung, der außerhalb des Sportunterrichts angesiedelten Betreuung einer Schulmannschaft, der Klassenleitung usw. Auch den in dieser Gruppe zusammengefassten Tätigkeiten werden jeweils – bezogen auf die einzelne Unterrichtswoche – Zeitwerte zugeordnet. Die einer Schule für diesen Bereich zur Verfügung stehende Gesamtzeit wird von der Behörde unter Berücksichtigung schulformspezifischer Besonderheiten vorgegeben. Stolpe (2004, S. 32) gibt an, dass z.B. für Fachleitungsaufgaben in Physik an einer Hauptschule eine wöchentliche Zeitstunde angesetzt wird.
- **A-Stunden**
  In der Gruppe der *allgemeinen Aufgaben* werden die Tätigkeiten – wiederum mit Zeitwerten versehen – zusammengefasst, die von allen Lehrenden unabhängig von ihrer Unterrichtsarbeit und von den von ihnen ausgeübten Funktionen wahrzunehmen sind. Hierzu zählen Lehrer- und Fachkonferenzen, Aufsichten, Vertretungen usw.
- **S-Stunden**
  Die Gruppe der *Sondermaßnahmen* stellt eine Zusammenfassung Zeit verbrauchender Tatbestände und Tätigkeiten dar, die den drei genannten Hauptgruppen nicht zuzuordnen sind und für die Schulen personenbezogene Ressourcen zugewiesen werden. Hierzu gehören in der Regel persönliche Entlastungsstunden für Behinderungen, Teilnahme an Prüfungskommissionen, Mitwirkung in der Lehrerfortbildung usw.

Die Summe der in diesem Modell zusammengeführten Tätigkeiten mit ihren Zeitwerten führt zur wöchentlichen Zeitbelastung der Lehrenden, die Aufaddierung dieser Zeitbelastung aller Lehrenden einer Schule ergibt den wöchentlichen Zeitverbrauch dieser Schule. Stolpe (2004, S. 32) bietet für einen vollzeitbeschäftigten Lehrer an einer Hamburger Haupt- und Realschule ein Berechnungsbeispiel (vgl. Tab. 4): Diesem Lehrer werden für seine Tätigkeiten im Bereich der allgemeinen Aufgaben wöchentlich insgesamt 3,8 Zeitstunden gutgeschrieben, für die Wahrnehmung besonderer Funktionen wie der der Fachleitung in Physik erhält er insgesamt eine Gutschrift von weiteren 4,7 Stunden je Woche, die 26 wöchentlichen Unterrichtsstunden (darunter eine Klassenlehrerstunde) ergeben bei Berücksichtigung der fachspezifisch unterschiedlichen Faktoren eine Zeitgutschrift von 37,9 Stunden je Woche. Insgesamt addieren sich die Zeitwerte auf 46,4 Wochenstunden, multipliziert mit den pro Jahr 38 Unterrichtswochen ergibt dies eine Jahresarbeitszeit von 1.763,2 Zeitstunden – 6,8 Stunden weniger als die je Vollzeitstelle vorgesehenen 1.770 Stunden.

Das sich mit diesem Modell ergebende Instrument soll – bezogen auf die einzelne Lehrerin und den einzelnen Lehrer – eine gleichmäßige zeitliche Belastung aller Lehrer/innen ermöglichen, also mehr Zeitgerechtigkeit sichern; es soll zugleich nach innen und außen sichtbar machen, was zur Lehrerarbeit gehört, es soll also für Zeittranspa-

Tab. 4: Berechnungsbeispiel für einen Lehrer einer Haupt- und Realschule in Hamburg

Aufgabenbereich	Anzahl Unterrichtsstunden	Zeitfaktor	Summe in Wochenstunden
Allgemeine Aufgaben		1,8	3,8
Fachleitung Physik		1,0	1,0
Vertrauensausschuss		0,2	0,2
Klassenlehrer		3,5	3,5
F-Stunden insgesamt			**4,7**
Mathematik 5. Klasse	4	1,5	6,0
Klassenlehrerstunde	1	1,3	1,3
Wahlpflichtkurs	2	1,4	2,8
Physik 6. Klasse	2	1,4	2,8
Physik 8. Klasse RS und 9. Klasse HS	8	1,5	11,6
Deutsch 5. Klasse	4	1,6	6,4
Arbeitslehre 5. Klasse	1	1,4	1,4
Technik 5./6. Klasse	4	1,4	5,6
U-Stunden insgesamt	**26**		**37,9**
Wochenarbeitszeit			**46,4**
Jahresarbeitszeit			**1.763,2**
Differenz zu 1.770 (= Jahresarbeitszeit Soll)			6,8
(nach Stolpe 2004, S. 32)			

renz sorgen; es könnte schließlich, wenn es in den Schulen so genutzt wird, die Autonomie der Schulen beim Umgang mit der Arbeitszeit ihrer Mitarbeiter/innen stärken. Ob und inwieweit die hohen Erwartungen, die diesem Hamburger Lehrerarbeitszeitmodell von ihren Initiatoren entgegengebracht werden, durch die Erfahrungen in der Praxis gedeckt werden, bleibt abzuwarten. Der Abschlussbericht einer Unternehmensberatung, die mit der Evaluation des Modells beauftragt wurde, wird erste Erkenntnisse bieten.

Literaturverzeichnis

Baumert, J./Lehmann, R. u.a. (1997): TIMSS. Mathematisch-naturwissenschaftlicher Unterricht im internationalen Vergleich. Opladen.
Bellenberg, G./Krauss-Hoffmann, P. (1998): Lebenslänglich Lehrer? In: Arbeitsplatz Schule. Friedrich Jahresheft 1998. Seelze, S. 23–25.
Benda, E./Umbach, D.C. (1998): Die Arbeitszeit der Lehrer. Krefeld.
Häbler, H./Kunz, A. (1985): Qualität der Arbeit und Verkürzung der Arbeitszeit in Schule und Hochschule. München.

Klemm, K. (1994): Anregungen zum Umgang mit der Arbeitszeit von Lehrerinnen und Lehrern. Eine Expertise zum Zeitmanagement. In: Hessisches Kultusministerium (Hrsg.): Bildung sichern. Wiesbaden, S. 67–86.

Klemm, K. (1996a): Zeit und Lehrerarbeit. In: Rolff, H.G. u.a. (Hrsg.): Jahrbuch der Schulentwicklung, Band 9. Weinheim/München, S. 115–142.

Klemm, K. (1996b): Expertise zur Unterrichtsversorgung bei steigenden Schülerzahlen. In: Ministerium für Schule und Weiterbildung (Hrsg.): Expertisen zur Sicherung der Unterrichtsversorgung in Nordrhein-Westfalen. Düsseldorf, S. 1–64.

Klemm, K. (1998): Expertise zu den Kosten des »Modells Altersteilzeit für Beamte«. Berlin/Essen.

Knight-Wegenstein AG (Hrsg.) (1973): Die Arbeitszeit der Lehrer in der Bundesrepublik Deutschland. 2 Bände. Zürich.

Koetz, A./Jaschke, H. (1991): Organisationsuntersuchung im Schulbereich. Düsseldorf.

Kracht, H. (1993): Neue Arbeitszeitregelung für dänische Lehrer bringt Gleichstellung mit anderen Berufsgruppen. In: GEW-SH (Hrsg.): Erziehung & Wissenschaft, H. 10, S. 21–23.

Lohmann, J. (1966): Die Ganztagsschule. Weinheim.

Mummert + Partner (1999): Untersuchung zur Ermittlung, Bewertung und Bemessung der Arbeitszeit der Lehrerinnen und Lehrer im Land Nordrhein-Westfalen. Hamburg.

Schmidt, H.J. (1995): Die Arbeitszeit der Lehrer. In: Schulleitung. Ein Lernsystem. Loseblattsammlung. Neuwied, Lerneinheit 33.02.

Steiner-Löffler, U. (1998): Wieviel der Unterricht in Österreichs höheren Schulen wert ist. In: journal für schulentwicklung, H. 2, S. 63–72.

Stolpe, W. (2004): Das Hamburger Lehrerarbeitszeitmodell. In: schulmanagement, H. 2, S. 31–33.

Elmar Philipp

Teamentwicklung

1.	Einleitung	728
2.	Zwölf Erfolgskriterien der Teamentwicklung	730
3.	Team-Checks als Handwerkszeug der Teamentwicklung	732
3.1	Was sind wir für ein Team?	732
3.2	Teamdiagnose-Bogen	733
3.3	Neun Teamrollen	735
4.	Teamentwicklung und Qualitätsmanagement: professionelle Lerngemeinschaften	738
5.	Teamentwicklung und Konfliktmanagement	739
5.1	Ansprechen von Konflikten	739
5.2	Kollegiales Team-Coaching als Königsweg der Konfliktberatung im Team ...	741
6.	Teamentwicklung und Leitung	747
6.1	Phasen der Teamentwicklung und Unterstützungsangebote der Leitung	748
6.2	Führungsstil der Schulleitung und Teamentwicklung	748
	Literaturverzeichnis	750

1. Einleitung

In diesem Beitrag möchte ich aus der schillernden Vielfalt möglicher Team-*Issues* fünf Aspekte der Teamentwicklung (TE) herausgreifen, die mir für das professionelle Schulleitungshandeln wichtig erscheinen:

1. Erfolgskriterien der TE;
2. Team-Checks als Handwerkszeug der TE;
3. TE und Qualitätsmanagement: professionelle Lerngemeinschaften (PLGs);
4. TE und Konfliktmanagement;
5. TE und die Rolle der Schulleitung.[1]

---

[1] Weitere prominente Team-Themen sind über folgende Quellen erschließbar: Das Themenfeld der (vier) *Teamkulturen* hat Wilfried Schley (1998) dargestellt, Teams als *Qualitätszirkel* habe ich in einem Modell betrieblicher Arbeit beschrieben (Philipp 2000) und schließlich bleibt die für gelingende Schul- und Qualitätsentwicklung wichtige Arbeit der *Steuergruppen*, die Rolff in diesem Buch (S. 296ff.) ausführlich vorstellt.

Dass Schulen häufig Individualkulturen sind, in denen die Leseart »Mein Unterricht gehört mir« dominiert, ist oft genug beschrieben worden. Vor diesem Hintergrund könnte sich das Schulleitungshandeln am Motto von W. Bennis (1998) orientieren: »Managing people is like herding cats« – so der englische Originaltitel seines lesenswerten Buches »Menschen führen ist wie Flöhe hüten«. Nun möchte ich Schulleiterinnen und Schulleitern keineswegs empfehlen, aus ihren Lehrkräften Herdentiere zu machen, was ja die Katzenmetapher nahe legen würde. Aber dass das alte mentale Modell »Einzelkämpfertum« (»Lehren ist eine einsame Tätigkeit«) ausgedient hat bzw. haben sollte, zeigen nicht zuletzt in überzeugender Weise neuere Studien zur Schulqualität, die in der These gipfeln: »Der Einzelne bewirkt nichts« – so lapidar nämlich fasst Michael Fullan, kanadischer Nestor der internationalen Schulentwicklung, seine Übersicht zu den vorliegenden, nordamerikanischen Schulqualitätsstudien zusammen (Fullan 2000, S. 13). Vielmehr sei der zentrale Qualitätsfaktor[2] – neben der Rolle der Schulleitung, den Ressourcen und dem Schulprogramm – die Existenz von »professionellen Lerngemeinschaften«, in deren Mittelpunkt die Verbesserung des Lernens der Schüler/innen steht. Professionelle Lerngemeinschaften (PLGs) sind mithin zu verstehen als die m.E. überfällige Verbindung der schulischen Teamentwicklung (TE) mit der Qualitätsentwicklung. Wurde die Notwendigkeit schulischer TE bislang vorwiegend allgemein mit Synergieeffekten begründet, so zeigen alle neueren Untersuchungen zur Schulqualität, dass der Grad der innerschulischen TE ein ausschlaggebender Faktor zur Qualitätsentwicklung ist. In seinem Modell pädagogischen Qualitätsmanagements nennt Rolff die TE daher zu Recht eine »zentrale Entwicklungsachse« von Schulqualität (Rolff 2002, S. 40).

Diese Aussage kann nur bedeuten, dass die Unterstützung der TE in Form von Trainings, Workshops, Seminaren und pädagogischen Tagen noch mehr als bisher auf der Tagesordnung – auch und gerade von Schulleiterinnen und -leitern – stehen muss. Denn: Teamarbeit muss gelernt und immer wieder trainiert sowie durch Unterstützungsstrukturen (u.a. als Schulleitungsaufgabe) abgesichert werden. Geschieht dies nicht, kann es neben der regelrechten Verwahrlosung von Teams offensichtlich zu einer Verschlechterung der jeweiligen Schulqualität kommen.

Hinlänglich bekannt dürfte der Gruppenvorteil sein, der sich in den folgenden drei Punkten zusammenfassen lässt:

1. Die Gruppe weiß mehr.
2. Die Gruppe gleicht aus.
3. Die Gruppe regt an.

Dieser Synergieeffekt ist nun keineswegs jedem Team »in die Wiege gelegt«: Es bedarf vielmehr der »Teampflege«, damit die Vorzüge von Gruppensituationen auch praktisch werden können. Neben diesem viel zitierten Gruppenvorteil sehe ich allerdings

---

2 Der Qualitätsbegriff in dieser *State-of-the-Art*-Untersuchung ist ausgesprochen konkret und »hart«: Schulqualität wird hier gemessen in Form von Leistungen der Schüler/innen.

auch den Gruppennachteil, der darauf verweist, dass das Team nun nicht die Wundermedizin für alle (Schul-)Probleme ist. Konkret liegt der erste Gruppennachteil darin, dass Gruppenentscheidungen risikofreudiger getroffen werden als individuelle Einzelentscheidungen (»*risky shift*«). Noch gravierender scheint mir der zweite Gruppennachteil zu sein: Der Harmoniezwang in einem Team kann sehr viel subtiler wirksam sein, als wenn ich mich einer Leitungsperson unterordne – dem Gruppenzwang habe ich mich ja häufig selbstbestimmt und freiwillig unterworfen! Und es soll Gruppen geben, die dieses Diktat zur Kohäsion so weit treiben, dass sie fast den »Wärmetod« sterben. Gleichwohl bleibt festzuhalten: Will man den Gruppenvorteil umsetzen und den Gruppennachteil vermeiden, gilt es sich die Erkenntnisse der Teamforschung über erfolgreiche Gruppenarbeit zu vergegenwärtigen.

Eine letzte wichtige Vorbemerkung: Im Unterschied zur »landläufigen« Meinung und der Minderheit der Gruppenforscher, die davon ausgehen, dass nicht jede Gruppe ein Team, aber sehr wohl jedes Team eine Gruppe ist, benutze ich die beiden Begriffe synonym – und befinde mich dabei in der guten Gesellschaft prominenter Teamforscherinnen wie etwa S. Kauffeld (2001, S. 14), die die diesbezügliche Diskussion gut zusammenfasst.

2. Zwölf Erfolgskriterien der Teamentwicklung

Training und Unterstützung von Teamarbeit können die in der Bezugsliteratur vorliegenden Kriterienkataloge und Checklisten leisten, mit deren Hilfe Gruppen ihre Arbeitsstrukturen und Kooperationskultur verbessern können. In meinen schulischen Teamtrainings arbeite ich mit zwölf aus Gruppenforschung und eigenen Beratungserfahrungen gewonnenen Erfolgskriterien, an denen sich Teams orientieren können:

1. *Die Gruppe braucht einen unterstützenden Beziehungsrahmen.* Dies bedeutet, dass im Team eine konstruktive Streitkultur existiert, deren Basis wertschätzende Beziehungen zwischen den Einzelnen bilden. Hier kommt der Schulleitung eine Schlüsselrolle zu.
2. *Die Gruppe braucht ein Ziel.* Ein erfolgreiches Team hat seine Ziele und Visionen geklärt, vielleicht sogar ein stimmiges Leitbild entwickelt. Es weiß also um die Redeweise »Wenn das Ziel nicht klar ist, macht es keinen Sinn, das Tempo zu erhöhen«.
3. *Die Gruppe braucht eine klare und sinnvolle Aufgaben- und Rollenverteilung.* Diejenigen Gruppenmitglieder, die bestimmte Stärken aufweisen, sollten auch entsprechende Aufgaben übernehmen. Aus empirischen Beobachtungen von Belbin wissen wir, dass ein erfolgreiches Team neun Rollenbesetzungen aufweist (dazu unten mehr, vgl. Tab. 1 auf S. 736).
4. *Die Gruppe braucht Kommunikation und Feedback.* Das wesentliche kommunikative Handwerkszeug in erfolgreichen Teams ist angemessenes, konstruktives Feedback. Diese Rückmeldung ist das Gegenteil eines mentalen Modells, das manche Schulleiter/innen nach der Lesart »Mein Schweigen ist Lob genug« zu praktizieren

scheinen. Vielmehr orientiert sich gelungenes Feedback an den »vier K«: Es sollte *konkret*, *kurz*, *kurzfristig* und *konstruktiv* angelegt sein – wie Max Frischs Quintessenz »Wohl hält man dem anderen die Wahrheit hin, aber so, dass er hineinschlüpfen kann«.

5. *Die Gruppe braucht (wechselnde) Leitung.* In einem guten Team ist das Bewusstsein vorhanden, dass ergebnisorientiertes und zeiteffizientes Arbeiten (Sitzungs-)Leitung voraussetzt. Dies bezieht sich im Wesentlichen auf die Vorbereitung, Moderation und Auswertung von Gruppensitzungen. Diese Leitungstätigkeit setzt Sitzungsmanagement-Moderationswissen voraus, das trainiert werden muss. In diesem Sinne ist die Teamleitung immer auch ein *added value* der persönlichen Weiterqualifizierung.

6. *Die Gruppe braucht (relative) Autonomie- und Rahmensetzung.* Ein erfolgreiches Team braucht beides: sowohl Zeit und Raum, sich zu finden und zu organisieren, als auch klare Setzungen wie etwa Abgabetermine.

7. *Die Gruppe braucht Unterstützung.* Jedes Team braucht materielle Unterstützung. Dazu gehören Trainings in Moderationstechniken und Sitzungsmanagement genauso wie Entlastungsstunden. Hinzu kommt die nicht zu vernachlässigende immaterielle Unterstützung in Form von Lob und positivem Feedback – insbesondere von der Schulleitung.

8. *Die Gruppe braucht Erfolgserlebnisse.* Der Gruppe geht es nicht anders als dem Individuum: Sie braucht, um eine stabile Motivation aufrechtzuerhalten, kurzfristige Zwischenergebnisse. Dies drückt sich am besten in den »fünf S« des Erfolgsmanagements aus, mit denen ich arbeite: Es geht um *schnelle* Erfolge (in einem Schulhalbjahr); sie sollten zweitens relativ *sicher* sein und drittens *sichtbar* – pflegen Sie gerade auch in der Leitungsrolle eine Kultur der Sichtbarmachung von Teilerfolgen. Viertens hat die Gruppe selbst auch die Mittel, angestrebte Vorhaben mit Bordmitteln umzusetzen und fünftens wissen wir aus der Organisationsentwicklung, dass es immer auch um *Schwächen und Stärken* geht.

9. *Die Gruppe braucht Handlungskonsequenzen.* Die gemeinsame Formulierung von Aktionsplänen und Tätigkeitskatalogen schafft eine bessere Implementationstreue als allgemeine Absichtserklärungen. In diesem Sinne könnte auch gesagt werden: An die Stelle der »Drei-M-Methode« (»man müsste mal ...«) tritt das »WWW des Aktionsplans«: Wer? Mit wem? Bis wann?

10. *Die Gruppe braucht eine Balance zwischen Aufgaben- und Beziehungsorientierung.* In einem erfolgreichen Team ist das Wissen darüber vorhanden, dass Gruppenprozesse die Austarierung zwischen der Aufgabenerledigung und der Beziehungspflege berücksichtigen müssen (West 1994, S. 97 sowie Abb. 1 auf S. 733).

11. *Die Gruppe braucht Zeit: Phasen der Teamentwicklung.* Die Teamentwicklung unterliegt erforschten Gesetzmäßigkeiten, die sich in den vier folgenden Phasen manifestieren: Orientierung (»Testphase«), Konflikt (»Nahkampfphase«), Organisation (»Organisierungsphase«) und Integration (»Verschmelzungsphase«). Welches Leitungsverhalten in welcher Gruppenphase angemessen ist, wird weiter unten (S. 748f.) diskutiert.

12. *Die Gruppe braucht regelmäßige Team-Checks.* Das zentrale Erfolgskriterium ist – neben dem unterstützenden Beziehungsrahmen (»*supportive relationships*«) und dem konstruktiven Feedback (Feedback = »*breakfast for champions*«) – die Fähigkeit, regelmäßige Team-Checks durchzuführen. Wenn Gruppen also den viel beschworenen Synergieeffekt umsetzen wollen, brauchen sie bewusste und relativ regelmäßige »präventive Wartung« in Form von selbst organisierten und methodengestützten Team-Checks. Die metaphorische Anleihe bei der Automobilinspektion geschieht hier durchaus in voller Absicht: So wie ich meinen PKW regelmäßig warten lasse, damit er nicht liegen bleibt, sollte sich ein Team regelmäßig – in Abständen von ca. sechs bis zwölf Monaten – Zeit für einen Team-Check auf der Metaebene der Selbstreflexion nehmen, um leistungsfähig zu bleiben oder zu werden. Dabei sollte dieser Team-Check immer unter der Leitidee der Selbstdiagnose stehen, was bedeutet, dass die Teammitglieder soviel wie möglich in Eigenregie tun: Von der Fertigung (bzw. der maßgeschneiderten Adaption) des Instruments über die Auswertung von Daten bis hin zum Datenfeedback und der Erarbeitung von Aktionsplänen. Dieser selbst organisierte Team-Check dürfte stärker motivieren als die Fremddiagnose nach dem Motto »Ich weiß, was gut für euch ist«. Der Ansatz der selbst organisierten Teamdiagnose setzt allerdings Übung und Training sowie manchmal – speziell zu Beginn der TE-Aktivitäten – Hilfe von außen voraus. Diese Hilfe eines externen *facilitators* muss aber unter der Perspektive der Hilfe zur Selbsthilfe stehen. Die Ermöglichung und Organisation von Trainings- und Fortbildungsaktivitäten ist auch eine genuine Schulleitungsaufgabe.

3. Team-Checks als Handwerkszeug der Teamentwicklung

Für die Durchführung selbst organisierter Team-Checks bieten sich die folgenden drei Varianten an, die einzeln einsetzbar, aber durchaus auch als Dreischritt einer Entwicklungslogik des Teams vom einfachen zum komplizierten Vorgehen nacheinander bearbeitbar sind. Es handelt sich um die folgenden Diagnoseinstrumente:

1. Was sind wir für ein Team?
2. Teamdiagnose-Bogen
3. Neun Teamrollen

3.1 Was sind wir für ein Team?

Eine relativ einfache Methode, den Entwicklungsstand einer Gruppe gemeinsam zu ermitteln und daraus Handlungskonsequenzen zu ziehen, ist die von mir entwickelte Übung »Was sind wir für ein Team?« (vgl. Abb. 1). Sie beruht auf der oben (Kap. 2) unter 10. genannten Unterscheidung zwischen der Aufgaben- und Beziehungsorientierung im Team.

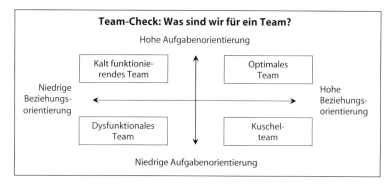

Abb. 1: Team-Check

Arbeitsauftrag: *Markieren Sie individuell in dem jeweiligen Quadranten, wie Sie Ihr Team sehen. Übertragen Sie die individuellen Einschätzungen (z.B. mit Klebepunkten) auf ein entsprechendes Flipchart-Papier. Diskutieren Sie dann die Einschätzungsunterschiede in der Gruppe und entsprechende Verbesserungsmöglichkeiten.*

3.2 Teamdiagnose-Bogen

Sicherlich herrscht kein Mangel an handhabbaren Fragebögen zur selbst organisierten Diagnose der Teamarbeit: Sowohl in der Schulentwicklungsliteratur (z.B. Philipp 2000; Schley 1998) als auch im Praxisfeld Schule gibt es mittlerweile zahlreiche Instrumente. Es scheint sogar – so meine Beobachtung – eine regelrechte Flut »grauer«, »selbst gestrickter« Kurzfragebögen und Checklisten zur Teamdiagnose zu existieren. Diese Fragebögen sind naheliegend in erster Linie entwickelt worden, um praxisnah die Teamarbeit zu verbessern, was kein Nachteil sein muss.

Das Instrument, das ich für das zurzeit hervorragendste zur Teamdiagnose halte, beruht auf dem »Kasseler Fragebogen zur Arbeit im Team« (F-A-T; vgl. Kauffeld 2001, S. 127ff.). Es hat den Vorzug, sowohl ausgesprochen praxistauglich zu sein als auch wissenschaftlichen Ansprüchen zu genügen. Ich habe in meiner Beratungstätigkeit den F-A-T, der ursprünglich 22 Items enthielt, auf 11 Aussagen gekürzt und überarbeitet, sodass der »Teamdiagnose-Bogen« nun so aussieht wie in Abbildung 2 auf der nächsten Seite dargestellt.

3.2.1 Vier Dimensionen und Ansatzpunkte der Teamentwicklung

Die elf Aussagen des Teamdiagnose-Bogens bilden die folgenden vier, für den Erfolg der Teamarbeit zentralen Dimensionen ab:

1. Zielorientierung (Item 1 bis 3),
2. Aufgabenbewältigung (Item 4 und 5),
3. Zusammenhalt (Item 6 bis 9) und
4. Verantwortungsübernahme (Item 10 und 11).

Abb. 2: Teamdiagnose-Bogen

Team-Check: Teamdiagnose-Bogen		
1. Uns sind die Ziele des Teams unklar.	☐☐☐☐☐	Die Ziele unseres Teams sind uns klar.
2. Ich identifiziere mich nicht mit den Zielen des Teams.	☐☐☐☐☐	Ich identifiziere mich mit den Zielen des Teams.
3. Unsere Ziele sind unrealistisch und unerreichbar.	☐☐☐☐☐	Unsere Ziele sind realistisch und erreichbar.
4. Die Teammitglieder wissen nicht genau, was sie zu tun haben.	☐☐☐☐☐	Die Teammitglieder kennen ihre Aufgaben.
5. Informationen werden oft zu spät ausgetauscht.	☐☐☐☐☐	Informationen werden rechtzeitig ausgetauscht.
6. Einige denken zu viel an sich selbst.	☐☐☐☐☐	Das Team steht im Mittelpunkt und nicht der Einzelne.
7. Es gibt Konkurrenz zwischen den Teammitgliedern.	☐☐☐☐☐	Konkurrenz zwischen den Teammitgliedern ist kein Thema.
8. Wir reden nicht offen und frei miteinander.	☐☐☐☐☐	Wir reden offen und frei miteinander.
9. Wir behalten wichtige Informationen für uns.	☐☐☐☐☐	Wir bringen alle wichtigen Informationen in unser Team ein.
10. Wir denken selten über Verbesserungen nach.	☐☐☐☐☐	Wir denken ständig über Verbesserungen nach.
11. Die Teammitglieder vermeiden es, Verantwortung zu übernehmen.	☐☐☐☐☐	Die Teammitglieder übernehmen Verantwortung.

Diese Dimensionen sind gleichzeitig Ansatzpunkte von TE-Maßnahmen – je nach Ausprägung der Befragungsergebnisse. Dies bedeutet, dass die Teams jeweils Maßnahmen zur Verbesserung der Zielerreichung, der Aufgabenbearbeitung, der Gruppenkohäsion und der Übernahme von Verantwortlichkeiten einleiten können.

3.2.2 Anforderungskriterien an ein Teamdiagnose-Instrument

Soll ein Fragebogen zur selbst organisierten Teamdiagnose sowohl in der Teampraxis – systemisch gesprochen – »anschlussfähig« sein als auch sozialwissenschaftlichen Kriterien entsprechen, dann sollte er die folgenden sechs Anforderungskriterien erfüllen (in Anlehnung an und Erweiterung von Kauffeld 2001, S. 113ff.):

1. *Orientierung an klassischen Gütekriterien:* Die einschlägigen »klassischen« Gütekriterien *Objektivität*, *Reliabilität* und *Validität* sollten auch für in primär (selbst-)interventiver Absicht entwickelte Teamfragebögen gelten. Daneben scheinen mir die folgenden fünf Anforderungskriterien gerade für ein Interventionsinstrument mit Handlungskonsequenzen für die weitere TE bedeutsam:
2. *Praxisrelevanz:* Dieses Kriterium bedeutet, dass die Aussagen des Fragebogens für die Teampraxis der Befragten »zutreffen«. Im oben stehenden »Teamdiagnose-Bogen« ist dies durch die vier Dimensionen gegeben. Die Praxisrelevanz kann da-

durch erhöht werden, dass die betroffenen Teammitglieder an der Entwicklung des Instruments beteiligt werden.
3. *Akzeptanz:* Naheliegend ist es für den Erfolg einer Teamdiagnose wichtig, dass das jeweilige Instrument von möglichst allen Teammitgliedern akzeptiert wird. Die Akzeptanz dürfte umso höher sein, je deutlicher die Anlässe und Ziele eines selbst organisierten Team-Checks erläutert wurden und je klarer die Praxisrelevanz (s.o.) der Fragen ausfällt.
4. *Veränderbarkeit:* Wichtig scheint auch zu sein, nur solche Fragestellungen in den Bogen aufzunehmen, mit deren Beantwortung – nach Auswertung, Feedback und Ergebnisdiskussion – später auch Veränderungen möglich sind. Wiederum scheinen die vier Dimensionen des obigen »Teamdiagnose-Bogens« (Zielorientierung, Aufgabenbewältigung, Zusammenhalt, Verantwortungsübernahme) dafür zu stehen, dass dieses Kriterium erfüllt wird, da sie allesamt in Eigenregie des jeweiligen Teams veränderbar sind.
5. *Anwendbarkeit unter Alltagsbedingungen (Selbstdiagnose):* Selbst organisierte Teamdiagnose setzt in gewissem Maß diagnostische Fähigkeiten bei den Teammitgliedern voraus, was bei Zusammenarbeit mit einer externen Trainerin oder einem externen Trainer – neben der Fragebogenentwicklung – ein Ziel der Beratung sein sollte. Diese Qualifizierung der Teammitglieder zum selbst organisierten Team-Check als Ergebnis eines professionellen Team-Coachings wäre mithin die beste Garantie zur Erfüllung dieses Kriteriums.
6. *Leichte ökonomische Einsetzbarkeit:* Die Praxisrelevanz und Akzeptanz eines Fragebogens dürften dann besonders gut ausfallen, wenn das Instrument auch zeitökonomisch einsetzbar und auswertbar ist. Der Fragebogen sollte also nicht zu umfangreich sowie relativ einfach im Team auswertbar sein – wie beim »Teamdiagnose-Bogen« gegeben.

3.3 Neun Teamrollen

Eine weitere Möglichkeit des selbst organisierten Team-Checks liegt in der Überprüfung der Rollenverteilung im Team, wozu ich das Teamrollen-Modell von Belbin (zit. in Kauffeld 2001 und Schley 1998) vorstellen möchte: Belbin und sein Forschungsteam haben durch teilnehmende Beobachtung erfolgreiche und weniger erfolgreiche Teams untersucht (vgl. ausführlicher Kauffeld 2001, S. 82ff.). Das Hauptergebnis: In den erfolgreichen Arbeitsgruppen waren insgesamt neun Rollen besetzt, die von eher strategischen und visionären Elementen bis hin zu eher »dienenden«, auf Ergebnisorientierung und Umsetzung angelegten Rollen reichen.

Dieses empirisch gewonnene Modell ist eine gute Basis, um den Teammitgliedern erstens die Möglichkeit einer Selbsteinschätzung und zweitens die Fremdeinschätzung als Feedback zu geben. In meiner Beratungstätigkeit beim Team-Coaching hat sich dieses Rollenmodell in der in Tabelle 1 auf der nächsten Seite wiedergegebenen Fassung mit den beiden Arbeitsaufträgen sehr bewährt.

Tab. 1: Rollentypen in erfolgreichen Teams

Typ		Typische Eigenschaften	Positive Qualitäten
St	Der Stratege/ die Strategin (strategist)	weitblickend, mutig, tatkräftig, ideenreich, konzeptionell	denkt über den Tellerrand hinaus, erkennt Kraftfelder in Systemen, Interesse an Erneuerung
Id	Der Ideengeber/ die Ideengeberin (plant)	individuell, ernsthaft, unorthodox, vom Herkömmlichen abweichend	innovative Begabung, Vorstellungskraft, Intellekt, Wissen, visionär
Ak	Der Aktivierer/ die Aktiviererin (ressource-investigator)	extrovertiert, enthusiastisch, neugierig, wissbegierig, kommunikativ	besitzt die Eigenschaft, Kontakt zu Personen aufzunehmen und alles Neue zu erforschen, kann Herausforderungen annehmen
Ge	Der Gestalter/ die Gestalterin (shaper)	geht aus sich heraus, dynamisch, zielorientiert, setzt sich durch	hat den Willen und die Bereitschaft, die Trägheit, Ineffektivität, Selbstgefälligkeit oder Selbsttäuschung zu bekämpfen
Mo	Der Moderator/ die Moderatorin (chairman/coordinator)	ruhig, selbstsicher, beherrscht, defensiv steuernd	besitzt die Eigenschaft, potenzielle Mitarbeiter/innen mit ihren Werten und Verdiensten ohne Vorurteile aufzunehmen, einzubinden und mit ihnen umzugehen, starke Wahrnehmung für objektive Gegebenheiten
Tw	Der Teamworker/ die Teamworkerin (teamworker)	sozial orientiert, freundlich	besitzt die Fähigkeit, auf Menschen und Situationen einzugehen und den Teamgeist zu fördern
Qu	Der Qualitätssicherer/die Qualitätssicherin (completer-finisher)	sorgfältig, gewissenhaft, fleißig, eifrig	besitzt die Eigenschaft, Dinge durchzuziehen, Perfektionismus, Liebe zum Detail
Sy	Der Systematiker/ die Systematikerin (monitor evaluator)	nüchtern, besonnen, vorsichtig, logisch	Beurteilung, Diskretion, Nüchternheit, Praxis, stabile Klarheit
Zu	Der/die Zuverlässige (company worker/implementer)	konservativ, vorsichtig, loyal, pflichtbewusst	organisieren, praktischer gesunder Menschenverstand, hart arbeitend, selbstdiszipliniert, verantwortlich

Arbeitsaufträge

1. *Selbsteinschätzung:* Bitte schätzen Sie ein, welche Rollen Ihnen am meisten liegen *(maximal drei, mit ✗ markieren).*
2. *Fremdeinschätzung:* Welche Rollen können die einzelnen Mitglieder Ihres Teams am besten wahrnehmen? *(Vorschlag: die jeweilige Paraphe einsetzen)*

Das wichtigste Ergebnis dieses Abgleichs der Selbst- und Fremdeinschätzung im Team liegt darin zu erkennen, ob die neun Rollen auch im Arbeitsteam vorhanden sind. Fehlen bestimmte Rollenbesetzungen, so ist in der Arbeitsgruppe zu fragen, wer diese Rollen am besten übernehmen kann. Ist die Gruppe relativ klein (unter neun Personen), können die Teammitglieder neben ihrer »Hauptrolle« eine weitere »Backup«-Rolle übernehmen. Der eingangs zitierte Gruppenvorteil – so könnte das Resümee dieses dritten Team-Checks lauten – ist nur dann gegeben, wenn eine ausreichende Bandbreite und Balance der Rollen im Team vorhanden sind.

3.3.1 Teamrollen und Teambildung

Auf Grundlage der Teamrollen leitet Belbin (1981, zit. in Kauffeld 2001, S. 87) fünf Prinzipien zur Bildung eines effektiven Teams ab:

1. Jedes Mitglied im Team vertritt eine funktionale Rolle (berufliches/technisches Wissen) und eine Teamrolle. Als Beispiel führt Belbin einen Chefingenieur (funktionale Rolle) an, der im Team die Rolle des Beobachters übernimmt sowie einen Marketingmanager (funktionale Rolle), der die Rolle des Informationsbeschaffers nach außen einnimmt.
2. Jedes Team braucht eine optimale Balance der funktionalen und der Teamrollen, die wiederum abhängig von den spezifischen Zielen und Aufgaben der Gruppe ist. So sind in einem Forschungs- und Entwicklungsteam andere Teamrollen gefordert als in einem Team, das die Ideen umsetzen soll.
3. Die Effektivität eines Teams ist abhängig von dem Ausmaß, in dem die Gruppenmitglieder sich selbst richtig einschätzen und an das Team anpassen, und zwar sowohl im Hinblick auf Fachwissen als auch auf die gegebenen Teamrollen.
4. Persönliche und geistige Fähigkeiten der Mitglieder prädestinieren sie für bestimmte Teamrollen und lassen sie als ungeeignet für andere erscheinen. Z.B. kann nur ein sehr kreatives Mitglied die Rolle des *plant* einnehmen; ein gewissenhaftes, zuverlässiges Mitglied mit wenig Eigeninitiative eignet sich gut für die Rolle des *completer-finisher*, aber nicht als *shaper*.
5. Ein Team kann seine Ressourcen nur dann optimal nutzen, wenn eine ausreichende Bandbreite und Balance der Teamrollen gegeben ist. Ein Team kann noch so gute Ideen haben und Maßnahmen planen, die aber nicht umgesetzt werden, wenn der *completer-finisher* fehlt, der auf Fristen und Zeitpläne hinweist, innerhalb derer das Geplante umgesetzt sein muss.

Diese »Checkliste« zur Teambildung kann auch Schulleiterinnen und Schulleitern als Orientierung dienen, wenn sie Teams zusammenstellen.

4. Teamentwicklung und Qualitätsmanagement: professionelle Lerngemeinschaften

Der bereits weiter oben zitierte M. Fullan (2000) arbeitet in seiner Übersicht heraus, dass den »professionellen Lerngemeinschaften« (PLGs) bei der schulischen Qualitätsentwicklung eine Schlüsselstellung zukommt. Die zentrale Basisvoraussetzung zur Bildung von PLGs stellt die Deprivatisierung der Lehrerrolle dar, was ein verändertes mentales Modell voraussetzt. In diesem Sinne gilt die Entwicklungsempfehlung: Von der Ich-AG, die den Lehrerberuf ja traditionell prägt, zur PLG.

Diese Deprivatisierung äußert sich im besten Fall in der Etablierung von PLGs, womit keineswegs ein neues Gremium propagiert wird; vielmehr geht es darum, die vorhandenen schulischen Fachkonferenzen, Jahrgangsteams etc. auf den Qualitätsgedanken hin zu orientieren. Systematisch gesehen bilden die PLGs die Nahtstelle zwischen Personal- und Unterrichtsentwicklung, in denen Lehrer/innen lernen, um das Lernen der Schüler/innen zu verbessern (Buhren/Rolff 2002, S. 133f.). Im Einzelnen kann die Arbeit der PLGs, die auf die professionelle Weiterentwicklung der Lehrpersonen abzielt, die folgenden Inhalte haben:

- Herausfinden von *best practice*;
- Austausch von Erfahrungen;
- Anbahnung und Auswertung von Hospitationen;
- Entwicklung und Austausch von Arbeitsmitteln;
- Organisation und Auswertung von Schülerfeedback;
- Klärung und Überprüfung der Leistungsstandards;
- Austausch von Klassenarbeiten und Parallelarbeiten;
- systematische Fort- und Weiterbildung.

Professionelle Lerngemeinschaften sind – dies schreibe ich mit Beratungserfahrung sowohl in Schulen als auch in Betrieben – das schulische Pendant zu den Qualitätszirkel-Teams in der Industrie. Daher kann diese Form der »kooperativen Selbstqualifizierung« auch als »arbeitsplatzbezogenes Lernen« (Buhren/Rolff, S. 134) bezeichnet werden. Die Erkenntnisse über den Zusammenhang zwischen den PLGs – der Teamentwicklung also – und der Verbesserung der Schülerleistungen beschreibt Fullan (2000, S. 10) sehr differenziert mit den folgenden fünf Begründungen:

1. Erstens verfolgen die Lehrer/innen in den PLGs klare Zielvorstellungen für das Lernen aller Schüler/innen.
2. Daraus folgt, dass sich diese Lehrkräfte an gemeinsamen Aktivitäten beteiligen (vgl. die o.g. Punkte), um diese Ziele auch zu erreichen.
3. Damit übernehmen die Lehrpersonen die Verantwortung für die Lernleistungen der Schüler/innen.
4. Die professionelle Kooperation der Lehrer/innen verbessert das Unterrichtsniveau, was sich seinerseits positiv auf die Schülerleistungen auswirkt.

5. Schließlich hat die Verbesserung der Zusammenarbeit in den PLGs zur Folge, dass sich die Unterstützung aus dem sozialen Umfeld der Schüler/innen (Eltern) ebenfalls positiv entwickelt. Dies wirkt sich gleichfalls positiv auf die Leistungen der Schüler/innen aus.

Mithin scheint hier ein sich selbst verstärkender Prozess als Mechanismus zu greifen: Das Empowerment der Lehrer/innen (Ziele klären, Aktivitäten verstärken) wirkt sich auf die Arbeit der Schüler/innen positiv aus, was wiederum Eltern stärker initiativ werden lässt.

5. Teamentwicklung und Konfliktmanagement

Zwei Aspekte des Umgangs mit Konflikten in der TE scheinen mir bedeutsam: Das frühzeitige Ansprechen von Konflikten (via Ich-Botschaften) und die kollegiale Konfliktberatung.

5.1 Ansprechen von Konflikten

Zur »präventiven Wartung« von Teams gehört es auch, mit möglichen Konfliktsituationen professionell umzugehen. Dabei sollten Konflikte rechtzeitig angesprochen werden, damit sie nicht unnötig eskalieren, womit ihre Bearbeitung immer mehr (Team-)Energieaufwand erfordern würde. Sie sollten also möglichst in der Frühphase des »Wir haben einen Konflikt« und nicht im fortgeschrittenen Stadium des »Der Konflikt hat uns« thematisiert werden. Geht die Konfliktbearbeitung erfolgreich, unter Beteiligung aller im Team betroffenen Personen, vonstatten, trägt dies auch zu einer Erhöhung der Teamkompetenzen bei. Dem Konfliktforscher Friedrich Glasl verdanken wir drei Entwicklungsempfehlungen, mit deren Hilfe Teamkonflikte sehr gut in Eigenregie ohne externes Coaching angegangen werden können (Glasl 1998, S. 124):

5.1.1 Einseitig Ich-Botschaften aussprechen

Dieser erste Hinweis zur selbst organisierten Konfliktregelung bedeutet, sich der sicherlich vielen Leserinnen und Lesern bekannten Feinstruktur der Ich-Botschaft zu bedienen, die in dem folgenden Dreischritt zu sehen ist:

1. Ich beschreibe meine innere und äußere Wahrnehmung,
2. ich beschreibe, was dieser Konflikt persönlich für mich bedeutet, und
3. ich schlage ein Gespräch (oder eine Lösung) vor.

Das Gegenteil von Ich-Botschaften ist die elterliche Du-Botschaft nach dem Motto: »Du machst immer, du machst nie ...« – nach einem archaischen mentalen Modell, das keine neuen Erfahrungen zulässt.

5.1.2 Unerwünschtes (»Non-Values«) aussprechen

Dieser zweite Hinweis ist eine hervorragende Möglichkeit, einen Konflikt zu deeskalieren. Indem das betroffene Teammitglied seine »Non-Values« ausspricht, gibt es der Gegenseite zu verstehen, dass es sich selbst Grenzen setzen will, es ihm mithin nicht gleichgültig ist, wohin der Konflikt sich möglicherweise bewegt (Glasl 1998, S. 124). Das Formulieren dieser unerwünschten Werte bringt fünf Vorteile mit sich:

1. Ich zeige, dass ich Schadensbegrenzung will.
2. Ich spreche mögliche Wirkungen an, die mir mein Gegenüber vielleicht durchaus als gewollt unterstellt hätte – so entkräfte ich mögliche Angstfantasien.
3. Ich zeige, dass ich mich für mein Tun und Unterlassen selbst verantwortlich fühle.
4. Ich spreche keine Schuldfragen an.
5. Schließlich kann meine Aussage meine Gegenpartei dazu einladen, vielleicht auch selbst anzudeuten, dass sie mit dem bisherigen Gang der Dinge nicht zufrieden ist.

Erreicht man zwischen den Konfliktparteien in den Gruppen einen Konsens über die »Un-Werte«, so ist dies eine hervorragende Voraussetzung, sich darüber zu verständigen, was man positiv gestalten will.

5.1.3 Beginnende Konflikte in der Gruppe frühzeitig ansprechen

Hierzu sind im Wesentlichen drei Dinge zu beachten:

1. Erstens sollte die Person, die den (möglichen) Konflikt offen ausspricht, sich der »Prolepsis«-Methode bedienen, wobei mit diesem griechischen Begriff gemeint ist, dass ein mögliches Gegenargument bereits vorweggenommen wird, z.B. so: »Sie werden vielleicht an dieser Stelle einwenden, dass ...« (Glasl 1998, S. 127). In den folgenden Aussagen wird dieser Einwand dann ernsthaft diskutiert, was bei der anderen Konfliktpartei als respektvolle Wertschätzung ankommt und somit die Bereitschaft, sich auf ein Konfliktgespräch einzulassen, erhöhen dürfte.
2. Zweitens unterscheidet Glasl zwischen dem Ansprechen, dem »Melden« von Problemen und Konflikten und der Konfliktbearbeitung: Während das Ansprechen naheliegend immer in dem jeweiligen Team passieren sollte, kann die Konfliktbearbeitung bzw. -lösung – je nach Art des Konflikts und Anzahl der in der Gruppe Beteiligten – an einem anderen Ort stattfinden; d.h. »es muss immer gut überlegt werden, wo, wie und mit wem das geschehen sollte« (ebd., S. 129).
3. Der dritte Aspekt einer frühzeitigen Auseinandersetzung mit Konflikten im Team ist eine interessante Analogie zu meinem Vorschlag, in überschaubaren, zeitlichen Abständen regelmäßige Team-Checks selbst zu organisieren: In Bezug auf den frühzeitigen und konstruktiven Umgang mit Konflikten schlägt Glasl (1998, S. 129) vor, dass eine Gruppe wenigstens einmal jährlich eine »Problem- und Konflikt-Inventur« machen sollte mit dem Ziel, eine »Konfliktfestigkeit« in der Gruppe zu erlangen.

5.2 Kollegiales Team-Coaching als Königsweg der Konfliktberatung im Team

Zunehmende Verbreitung im Schulfeld (aber nicht nur dort) findet ein Ansatz selbst organisierter Lerngruppen, die in regelmäßigen Abständen Konflikte und Probleme einzelner Mitglieder besprechen. Bei dieser kollegialen Konfliktberatung handelt es sich letztlich um eine Methode der Intervision, die unter dem Namen und identischen Aufsatztitel als »kollegiales Team-Coaching« (KTC; vgl. Rowold/Schley 1998) bekannt geworden ist. Bei der kollegialen Konfliktberatung im KTC hat sich das folgende Phasenmodell bewährt:

1. *Kontraktphase:* Konfliktauswahl und Rollenverteilung (ca. 15 Min.)
2. *Prozess der Konfliktberatung* (ca. 75 Min.)
3. *Prozessreflexion:* Wie ist es gelaufen? (ca. 15 Min.)
4. *Metareflexion:* Was ist uns/mir klar geworden? (ca. 10 Min.)

In dieser idealtypischen Vorgehensweise würde eine Beratungseinheit etwas mehr als zwei Stunden dauern. Im Detail passiert in den einzelnen Beratungsschritten Folgendes:

5.2.1 Kontraktphase (ca. 15 Minuten)

Zu Beginn des Coachingprozesses werden die möglichen zu besprechenden Konflikte vorgestellt und die Gruppe entscheidet sich für einen Konflikt, der in dieser Sitzung beraten werden soll. Zum Zweiten geht es darum, Spielregeln für die Coachingarbeit zu verabreden. Bewährt haben sich beispielsweise die folgenden Regeln:

- Ich-Aussagen machen;
- Bewertungen erst geben, wenn verlangt;
- keine Monologe halten (2-Minuten-Regel);
- Störungen haben begrenzten Vorrang;
- alles Gesagte bleibt hier im Raum;
- Humor darf sein.

Drittens gilt es in dieser Kontraktphase, die Rollenverteilung für das anschließende Coaching vorzunehmen. Prinzipiell geht es um zwei Rollen:

- Die »Hauptrolle« übernimmt naheliegend die Akteurin, deren Konflikt beraten wird.
- Die übrigen Teilnehmer/innen nehmen die Rolle des Coaches wahr.

In dem Team der Coaches gibt es dann – um den Beratungsprozess besser zu strukturieren – drei »Hilfsrollen«: Moderator/in, Schreiber/in und Prozessbeobachter/in (vgl. dazu ausführlicher Philipp/Rademacher 2002, S. 97f.).

5.2.2 Prozess der Konfliktberatung (ca. 75 Minuten)

Nach der Startphase der gemeinsamen Absprachen umfasst dieser »Kern« des Coachings im Wesentlichen die folgenden fünf Schritte:

5.2.2.1 Fallpräsentation (ca. 15 Minuten)

Die Akteurin oder der Akteur präsentiert seinen zu beratenden Konflikt. Diese Konfliktdarstellung gewinnt an Aussagekraft, wenn er sich dabei – so meine Beratungserfahrung – der Systematisierungshilfe »Anliegen« von C. Thomann bedient (vgl. Schulz von Thun 1996, S. 35ff.). Da sich diese Darstellungshilfe auch in anderen Beratungsansätzen bewährt hat – etwa in Schulz von Thuns Arbeit mit »erlebnisaktivierenden Methoden« (ebd.) –, stelle ich sie hier etwas ausführlicher vor (vgl. Abb. 3).

Im Zentrum der *Vorklärung eines Konflikt-Anliegens* steht das Schema aus Abbildung 3, das aus vier Feldern und einem Dach für die jeweilige Überschrift besteht. Im Feld oben links wird der systemische Kontext des Konflikts in dem Sinne beschrieben, dass der strukturelle Hintergrund das Anliegen in Form einer kleinen Zeichnung dargestellt wird. Mit dieser Zeichnung soll verdeutlicht werden, wie die beteiligten Menschen hierarchisch/funktional oder historisch miteinander verbunden sind. Im Feld unten links wird die konkrete Schlüsselsituation beschrieben, die den Konflikt als sol-

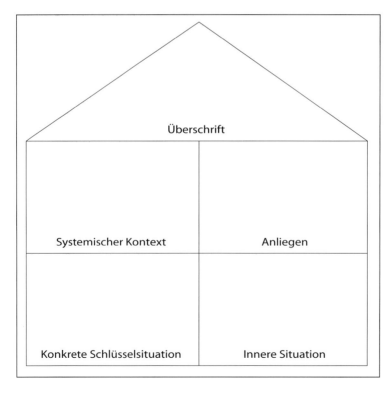

Abb. 3: Klärung eines Anliegens für das kollegiale Team-Coaching

chen bewusst machte bzw. die exemplarisch illustrieren kann, worum es bei dem Konflikt geht. Auch hier kann eine kleine bildliche Skizze hilfreich sein. Im Feld unten rechts wird die innere Situation, das Schulz-von-Thun'sche »innere Team« des Akteurs beleuchtet. »Was geht in ihm vor, wenn er sein Anliegen betrachtet oder wenn es in der Praxis davon tangiert ist? Welche Gedanken, Gefühle, innere Stimmen regen sich in ihm?« (ebd., S. 36). Die Akteurin oder der Akteur kann diese innere Situation am besten dadurch visualisieren, indem er sich selbst mit einem großen, dicken Bauch zeichnet und in dem Bauch dieses innere Team darzustellen versucht. Die Überschrift im Dach des Hauses sollte – wie von einem guten Journalisten formuliert – den Konflikt auf den berühmten Punkt bringen. Schließlich bleibt noch das Feld oben rechts, das für das genuine Anliegen reserviert ist. Die konkrete Formulierung des jeweiligen Anliegens sollte die folgenden Kriterien erfüllen:

- Es sollte als Frage formuliert sein (»Wie kann ich erreichen, dass ... ?«).
- Es sollte in der ersten Person Singular formuliert sein – denn es ist zwar leicht, aber relativ erfolglos, Veränderungsvorschläge für andere zu machen.
- Die Frage sollte eine positive Perspektive enthalten, die exemplarisch in der Frage des unten abgebildeten, dem Buch von Schulz von Thun entnommenen Praxisbeispiel zum Ausdruck kommt (vgl. Abb. 4).
- Das in der Frage formulierte Ziel sollte im Wesentlichen mit den eigenen Ressourcen und Mitteln erreichbar sein.

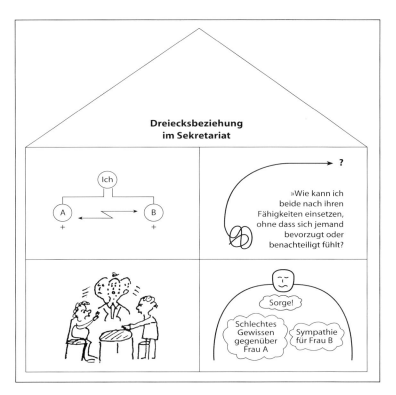

Abb. 4: Praxisbeispiel für ein ausgefülltes Anliegen

Die Arbeit mit dem Systematisierungsschema »Anliegen« dient – neben der Konfliktdarstellung gegenüber dem Team des Coaches – auch immer der Selbstklärung. Dieser nicht zu unterschätzende »Nebeneffekt« des Bewusstmachens des Konfliktgeschehens bedeutet, dass bereits die Erläuterung des Konfliktanliegens zu einer Konflikterhellung beim »Konfliktinhaber« führen kann.

Der erste Beratungsschritt im Prozess der Konfliktberatung, die Fallpräsentation, wird mit Verständnis- und anderen Nachfragen der Coaches abgeschlossen.

5.2.2.2 Konferenz der Coaches (ca. 20 Min.)

Dann beginnt die Konferenz der Coaches. In dieser wichtigen Beratungsphase hört die Akteurin bzw. der Akteur nur zu, darf sich also strikt nicht zu den Vorschlägen der Coaches äußern. Ein bewährtes Hilfsmittel, diese Regel einzuhalten, ist es nach unserer Erfahrung, wenn die Coaches immer in der dritten Person über die Akteurin oder den Akteur sprechen. Damit werden Du-Formulierungen vermieden, die diesen veranlassen könnten, sich antwortlich »einzumischen«. In der Konferenz der Coaches werden Eindrücke, Gefühle und Fantasien zu dem vorher geschilderten Konflikt gesammelt. Für diese Sammlung gelten die üblichen Brainstorming-Standards; insbesondere die verbreiteten Bewertungsmentalitäten sind hier zu zügeln.

Die schwierigste Aufgabe zum Abschluss der Coachingkonferenz besteht in der gemeinsamen (allerdings ohne Beiträge von Akteur/in oder Prozessbeobachter/in) Formulierung des »Schlüsselthemas« des Konflikts. Dieses Schlüsselthema bezieht sich auf den im bisherigen Coaching herausgearbeiteten Kern des Konflikts und gibt ihm eine Zukunftsorientierung. Das Schlüsselthema thematisiert den Konflikt hinter dem Konflikt, indem es die folgenden Merkmale erfüllen sollte:

- mit eigenen Möglichkeiten erreichbar;
- leicht merkbar;
- entwicklungsorientiert;
- leicht überfordernd und provokativ;
- ermutigend (»und er fasste sich ein Herz ...«);
- prozesshaft;
- erste Schritte formulierend;
- als deutliche Horizonterweiterung und Herausforderung;
- »Indikativ-Futur« statt »Konjunktiv«.

Das Schlüsselthema ist nicht zu verwechseln mit konkreten Lösungsvorschlägen, sondern es arbeitet in ein, zwei Sätzen das Konfliktmuster sozusagen »progressiv« heraus. Man könnte auch sagen, dass mit der Herausarbeitung des Schlüsselthemas der Lösungsraum »aufgeschlossen« wird. Dabei gilt das »Goal-backwards«-Prinzip: Wenn das Ziel klar ist, sind Lösungswege flexibel gestaltbar (vgl. Rowold/Schley 2003, S. 62). Vielleicht können einige Beispiele bei der nicht einfachen Schlüsselthema-Suche helfen:

- »Die Akteurin nimmt die Herausforderung an: Sie gestaltet die neue Schulleitungsposition aktiv aus.«
- »Der Akteur lässt sich auf den Konflikt ein und versucht, ihn progressiv anzugehen.«
- »Die Akteurin konzentriert sich auf die Zukunft und gibt ihrer Vision leuchtende Farben.«

5.2.2.3 Ideensammlung (ca. 10 Minuten)

Vor dem Hintergrund des Schlüsselthemas sammelt die Gruppe der Coaches Ideen und Vorschläge zur Konfliktlösung. Dies geschieht wiederum ohne Zutun des »Konfliktinhabers«, der aber unbedingt im Raum bleibt. In unseren Trainings mit dem KTC berichten die jeweiligen Akteure immer wieder, wie ertragreich für sie in dieser Phase die Rolle des teilnehmenden Beobachters war. Positiv wird hervorgehoben, dass die »Verfremdung« des eigenen Konflikts in der Darstellung der Coaches persönliche Konflikteinsichten ermöglicht.

5.2.2.4 Strategieentwicklung (ca. 15 Minuten)

Im vierten Schritt des KTC kommt die Akteurin bzw. der Akteur wieder »mit ins Spiel«: Jetzt geht es nämlich darum, dass er gemeinsam mit den Coaches – vor dem Hintergrund der vorher gemachten Lösungsvorschläge – *eine Konfliktlösungsstrategie entwickelt* (ca. 15 Minuten). In dieser Phase hat die Akteurin bzw. der Akteur zudem die Möglichkeit, sich sowohl zu »seinem« Schlüsselthema als auch den konkreten Vorschlägen der Coaches zu äußern und diese Ideen auch zu bewerten. Es dürfte plausibel sein, dass er nicht alles »annehmen« kann, was ihm die Coaches an Lösungsideen anbieten: Z.B. sind mit den vorgeschlagenen Lösungen schon erfolglose Versuche gemacht worden, oder aber der Akteur fühlt sich persönlich überfordert (oder anderweitig begründet nicht in der Lage), das formulierte Ideenrepertoire zu übernehmen. Allerdings ist unsere subjektive Beratererfahrung mit dem KTC relativ häufig, dass die Vorschläge der Coaches und die Vorüberlegungen der Akteurin bzw. des Akteurs nicht so weit voneinander entfernt sind, was selbstverständlich (zunächst) paradoxe Interventionsvorschläge nicht ausschließt.

5.2.2.5 Rollenspiel (ca. 15 Minuten)

Abgeschlossen wird der Prozess der Konfliktberatung – bei Bedarf – mit einem Mini-Rollenspiel. In diesem Rollenspiel spielt die Akteurin oder der Akteur mit dem »neuen«, aus der Konfliktlösungsstrategie hergeleiteten Repertoire einen Konflikt durch (oder den Konflikt, der beraten wurde, nach). Er kann sich dazu aus der Gruppe der

Coaches einen Konfliktpartner auswählen, der die entsprechende Rolle übernimmt. Ausgenommen davon bleibt naheliegend die Prozessbeobachterin oder der Prozessbeobachter, der den beiden Rollenpartnern nach dem Spiel ein direktes Feedback gibt.

5.2.3   Prozessreflexion: Wie ist es gelaufen? (ca. 15 Minuten)

Die erste Form der Prozessauswertung bezieht sich unmittelbar auf den Prozess der Konfliktberatung. Beginnen sollte die Akteurin bzw. der Akteur mit der Beantwortung der folgenden Auswertungsfragen:

- Wie zufrieden bin ich mit dem Ergebnis des Coachingprozesses?
- Wie war die Zusammenarbeit in der Coachinggruppe?
- Welche Konflikte gibt es und wie sind wir mit ihnen umgegangen?
- Wie hat die Moderatorin bzw. der Moderator moderiert?

Als letztes beantwortet die Prozessbeobachterin bzw. der Prozessbeobachter diese Fragen; zusätzlich gibt er ein Gesamtresümee seiner Beobachtungen.
   Es sei darauf verwiesen, dass Gerd Rowold und Wilfried Schley als zentrale Auswertungsfrage vorschlagen: »Wie hat sich das Schlüsselthema im Prozess der Beratung ereignet?« (Rowold/Schley 1998, S. 74). Auch ich halte diese Fragestellung für sehr wichtig, denke aber, dass sie in relativ »fortgeschrittenen«, reifen Lerngruppen eher angebracht zu sein scheint als beispielsweise in einem Einführungstraining in die Methode des KTC.

5.2.4   Metareflexion: Was ist uns/mir dabei klar geworden? (ca. 10 Minuten)

Den Abschluss des KTC bildet eine zweite Prozessreflexion auf der Metaebene des Gruppenprozesses. Dabei können die folgenden Fragestellungen eine Rolle spielen:

- Was ist uns/mir über uns als Gruppe klar geworden?
- Was über Konflikte?
- Was über Konfliktberatung und Coaching?
- Was möchten wir noch klären oder vertiefen?

Wollte man den Verlauf eines KTC resümieren, so findet hier ein systematisches Wechselspiel zwischen »Öffnen« und »Fokussieren« statt – so wie es in der zusammenfassenden Abbildung von Rowold/Schley (2003, S. 63) dargestellt wird (vgl. Abb. 5).
   Der Charme und die Stärke des KTC liegt in seiner konsequenten, aus der »Philosophie« der Organisationsentwicklung stammenden Orientierung an den vorhandenen Ressourcen der Menschen, ohne dass eine wie auch immer hervorgehobene Person eines externen Trainers, Beraters oder Supervisors beteiligt ist. Somit könnte man

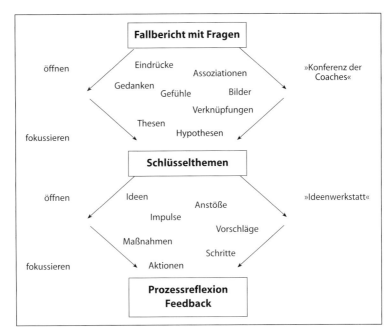

Abb. 5: Verlauf eines kollegialen Team-Coachings

auch etwas vereinfacht und somit plakativ sagen: KTC ist eine Form der Supervision ohne Supervisor, die einige Ähnlichkeiten mit der »kollegialen Fallberatung« aufweist (zur kollegialen Fallberatung vgl. den Beitrag von Mosing in diesem Band, S. 992ff.).

Vor dem Hintergrund meiner Beratungs- und Trainingserfahrungen halte ich das KTC für einen gut geeigneten Ansatz, Probleme und Konflikte systematisch zu bearbeiten. Es dürfte wahrscheinlich keine Berufsgruppe geben, für die das ressourcenorientierte Team-Coaching nicht das angemessene Konzept wäre. In besonderer Weise können Schulleiter/innen und Lehrer/innen ihre beruflichen Erfahrungen damit reflektieren. Dabei ist das KTC nicht nur »genial einfach« und relativ schnell von »normalen Menschen« praktizierbar (Rowold/Schley 1998, S. 72), sondern ein ganz hervorragender Ansatz, Potenziale in einer Lerngruppe im Sinne von *ressource persons* systematisch aufzuspüren. Da diese Personen in der Coaching-Arbeit auch ihre Teamkompetenzen erhöhen, ist das KTC naheliegend auch ein wichtiger Beitrag zur TE (zum Thema »Konfliktmanagement« vgl. auch den Beitrag von Herrmann, S. 1048ff., zum Coaching den Beitrag von König/Söll, S. 1030ff., und zur Gesprächsführung den Beitrag von Boettcher/Mosing, S. 870ff. in diesem Band.)

6. Teamentwicklung und Leitung

Abschließend möchte ich noch zwei Gesichtspunkte beleuchten, die den Einfluss des Leitungshandelns auf das Team konkretisieren: Einmal handelt es sich um Unterstützungsangebote der Leitung und zum Zweiten geht es um den Führungsstil der Leitungsperson und die Herausbildung von Teamkompetenzen.

6.1 Phasen der Teamentwicklung und Unterstützungsangebote der Leitung

Das oben bereits angesprochene, fast schon klassisch zu nennende Phasenmodell der Teamentwicklung, das auf Tuckmann (1965, zit. in Francis/Young 1989) zurückgeht, ist eine gute Orientierungshilfe für die Leitung, wenn es um Unterstützungsangebote geht. So kann man in Anlehnung an und Erweiterung von Mayrshofer/Kröger (2002, S. 70) das spezifische Teamverhalten für jede Phase beispielhaft beschreiben und phasenspezifische Empfehlungen für die Gruppenleitung formulieren. In diesem Sinne zeigt Tabelle 2 wirkungsvolle Möglichkeiten der Teamunterstützung.

6.2 Führungsstil der Schulleitung und Teamentwicklung

Ist die Leitungsperson einer Schule generell eine wichtige Schlüsselvariable von Schulentwicklung (*gate-keeper*-Funktion nach M. Fullan), so prägt das jeweilige Führungsverhalten ohne Zweifel auch die Ausgestaltung der Teamarbeit in einem Kollegium. Es dürfte naheliegend sein, dass ein autoritärer Führungsstil unvereinbar ist mit der Idee einer selbst gesteuerten Teamentwicklung. Am angemessensten für funktionierende Gruppenarbeit dürfte hingegen der demokratisch-partizipative Führungsstil sein, der

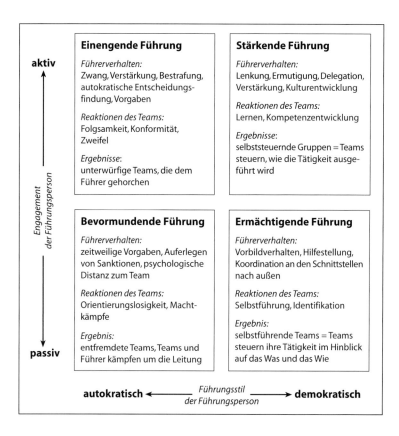

Abb. 6: Einfluss der Führungsperson auf die Teamentwicklung (nach Kriz/Nöbauer, S. 54)

Tab. 2: **Möglichkeiten der Teamunterstützung**

	Verhalten der Gruppe	**Unterstützung des Teams durch die Leitung**
Orientierung	• freundlicher, höflicher Umgangston • eher unpersönlich (z.B. Smalltalk), • abwartend • Suche nach Sicherheit und Orientierung • Euphorie, Anfangsbegeisterung • Skepsis	• Phase wichtig und ernst nehmen • Kennenlernen ermöglichen • sich Zeit nehmen zur Teambildung • Druck herausnehmen, sofort Ergebnisse erzielen zu müssen • Wünsche und Befürchtungen (Skepsis) besprechbar machen • Rahmenbedingungen und Ziel klar machen • Rollen klären • Orientierung und Struktur bieten
Konflikt	• verdeckte Konflikte • Koalitionen, Cliquenbildung • Zweifel am Sinn und Ziel • endlose, mühsame Diskussionen • innerlicher Rückzug Einzelner • unklare Macht- und Entscheidungsstrukturen • Schuldzuweisung, Personalisierung von Konflikten • Methodendiskussionen	• Konflikte transparent werden lassen • aktiv zuhören • nachfragen • Fortschrittsdruck herausnehmen • keine Lösungen • unterschiedliche Sichtweisen und Glaubenssysteme transparent machen • eigenes Konfliktverhalten reflektieren • Hilfen und Tipps zur Konfliktbearbeitung
Organisation	• Vereinbarungen und Absprachen werden getroffen • Regeln für das Team werden entwickelt • neue Verhaltensmuster werden eingeübt und ausprobiert • Team reflektiert eigene Situation • Wir-Gefühl entwickelt sich	• Aufgabe neu verabreden • Regeln vereinbaren • sich eher zurückhalten • Verantwortung an die Gruppe abgeben • Lernen ermöglichen und zulassen • Teamgefühl pflegen • Aufgabe und Gruppe immer wieder zusammenführen
Integration	• Team wird als effizient und wohltuend erlebt • entwickelt Autonomie gegenüber der »Außenwelt« • arbeitet selbst organisiert • geht mit neuen Anforderungen kreativ und flexibel um • vertrauensvolle Zusammenarbeit	• Antenne nach innen und außen, Kommunikator • Optimierung • auf das Ende zuarbeiten • zielorientiert • Projekt gezielt beenden • Gesamtpräsentation nach innen und außen • Würdigung des Erreichten • gezielte Abschlussreflexion »lernen«!

zulässt, dass Leitungsaufgaben situativ und flexibel auch von unterschiedlichen Teammitgliedern wahrgenommen werden. Selbst gesteuerte Gruppenprozesse verlangen von den Schulleiterinnen und Schulleitern ein Mehr an Konfliktfähigkeit, Flexibilität und Organisationsgeschick als andere Formen der Arbeitsorganisation.

Welchen Einfluss die Form der Führung auf die Ausprägung und Ergebnisse der Teamentwicklung hat, ist näher von Stewart u.a. (1999, zit. in Kriz/Nöbauer 2003, S. 54f.) untersucht worden. Ihre Resultate gipfeln in einem Quadrantenmodell, in dem gezeigt wird, wie sich der Führungsstil einerseits und das Engagement der Leitungsperson andererseits in unterschiedlichen Kombinationsformen auf Teams auswirken (vgl. Abb. 6 auf S. 748).

Demnach engt beispielsweise eine aktive autokratische Führungsperson die Gruppe und ihre potenziellen Selbststeuerungsfähigkeiten sehr ein; ist diese Führungsperson demgegenüber eher ein passiver Typ, lässt dies die Gruppe wahrscheinlich so lange frei agieren, bis diese mit den Vorstellungen der Leitung in Konflikt gerät. Die Entwicklungsrichtung der für die Teamarbeit optimalen Passung zwischen Stil und Engagement findet sich in dieser Vier-Felder-Tafel – wie in der »klassischen« Portfolio-Matrix der Boston-Consulting-Group – im Quadranten rechts oben: Ein aktiv ausgeübter demokratischer Führungsstil äußert sich in »stärkender Führung«, die die Teamkompetenzen fördert.

Literaturverzeichnis

Bennis, W. (1998): Menschen führen ist wie Flöhe hüten. Frankfurt/New York.
Buhren, C.G./Rolff, H.G. (2002): Personalentwicklung in Schulen. Weinheim/Basel.
Francis, D./Young, D. (^{3}1989): Mehr Erfolg im Team. Hamburg.
Fullan, M. (2000): Schulentwicklung im Jahr 2000. In: journal für schulentwicklung, H. 4, S. 4–20.
Glasl, F. (1998): Selbsthilfe in Konflikten. Stuttgart/Bern.
Kauffeld, S. (2001): Teamdiagnose. Göttingen.
Kriz, W.C./Nöbauer, B. (2003): Teamkompetenz. Konzepte, Trainingsmethoden, Praxis. Göttingen.
Mayrshofer, D./Kröger, H.A. (2002): Prozesskompetenz in der Projektarbeit. Hamburg.
Philipp, E./Rademacher, H. (2002): Konfliktmanagement im Kollegium. Weinheim/Basel.
Philipp, E. (^{3}2000): Teamentwicklung in der Schule. Ein Arbeitsbuch. Weinheim/Basel.
Rolff, H.G. (2002): Pädagogische Qualitätsentwicklung. In: Pädagogik 54, H. 2, S. 38–42.
Rowold, G./Schley, W. (1998): Kollegiales Team-Coaching. In: journal für schulentwicklung, H. 4, S. 70–78.
Rowold, G./Schley, W. (2003): Die Situation als das eigentliche Thema der KTC-Reflexion. In: journal für schulentwicklung, H. 1, S. 58–64.
Schley, W. (1998): Teamkooperation und Teamkultur in der Schule. In: Altrichter, H./Schley, W./Schratz, M. (Hrsg.): Handbuch zur Schulentwicklung. Innsbruck, S. 111–189.
Schulz von Thun, F. (1996): Praxisberatung in Gruppen. Weinheim/Basel.
West, M.A. (1994): Effective Teamwork. Exeter.

# IV. Unterrichtsentwicklung

Christoph Höfer

Unterrichtsentwicklung als Schulentwicklung[1]

1. Einleitung	752
2. Lehrer als Lerner	756
3. Unterrichtsentwicklung findet im Team statt	758
4. Entwicklung der Einzelschule: Unterrichts- und Organisationsentwicklung	758
5. Zur Notwendigkeit umfassender Qualifizierungsmaßnahmen	759
6. Unterrichtsentwicklung in der Praxis: die Schüler/innen im Mittelpunkt	761
7. Weiterentwicklung des Ursprungskonzepts	765
8. Schüler/innen als selbstständige Lerner	768
9. Lehrkräfte als selbstständige Lerner	771
10. Die vier Trainingsbausteine	773
11. Das Angebot für die Schulen	776
12. Schulstufenbezogene Trainingskonzepte	779
13. Die Organisationsformen des Trainings	780
14. Die Trainer/innen	782
15. Umsetzung in der Schule	783
16. Umsetzung im Unterricht	784
17. Schulleitung als Stütz- und Sicherungssystem	786
Literaturverzeichnis	788

1. Einleitung

Spätestens seit der Diskussion um die Nutzung der Erkenntnisse der ersten PISA-Studie zur Entwicklung des Unterrichts ist die zentrale Anforderung an jede Schule, die ihren Erziehungs- und Bildungsauftrag ernst nimmt, ihre Schüler/innen als selbstständige Lerner in den Mittelpunkt aller ihrer Anstrengungen zu stellen. Der Anspruch, den der Begriff »selbstständiger Lerner« mit sich bringt, bezieht sich auf die Ebene der Schüler/innen genauso wie auf die Ebene der Lehrer/innen. Er bezieht sich aber eben-

---

[1] Der Beitrag spiegelt im Folgenden den Entwicklungsstand des Modellversuchs »Selbstständige Schule« Ende 2004 wider. Copyright für alle Abbildungen in diesem Beitrag: © Selbstständige Schule.

so auf das Gesamtsystem der einzelnen Schule wie auf das Lernen verschiedener Schulen in einer gemeinsamen Bildungsregion.

Für die Entwicklung einer regionalen Bildungslandschaft bedeutet das, dass alle Schüler/innen der Schulen einer Region während der gesamten Zeit, in der sie unterrichtet werden, mit der Zielsetzung eines zunehmend selbstständigen Lerners gefördert werden. Um in diesem Sinne die Entwicklung von Kindern und Jugendlichen zu betreiben, sind zwei fundamentale Perspektivenwechsel notwendig:

- Erstens muss für alle am Bildungsprozess Beteiligten klar sein, dass Schüler/innen und ihre Eltern einen legitimen Anspruch an Schule stellen können, ihre Lernkompetenz systematisch zu entwickeln und zu fördern.
- Zweitens muss ein für alle Schulen erreichbares und von einem gemeinsamen Grundkonsens getragenes Konzept der Lernkompetenzentwicklung vorhanden sein. Nur dann ist der Wechsel von einer Schulstufe in die nächste, von einer Schulform in die andere und von einem Schulträger zum anderen ohne Nachteile für die wechselnde Schülerin oder den wechselnden Schüler möglich. Nur so ist die Anschlussfähigkeit von der vorschulischen Förderung zur Primarstufe, der Übergang von der Primarstufe in die Sekundarstufe I, der Übergang wiederum in die Sekundarstufe II ohne große Risiken für die einzelne Schülerin oder den einzelnen Schüler zu gewährleisten. Auch der Wechsel einer Lehrerin oder eines Lehrers zwischen Schulen einer regionalen Bildungslandschaft wird deutlich erleichtert.

Trotzdem darf ein solcher die Lernkompetenz entwickelnder Unterrichtsentwicklungsansatz kein Korsett sein, sondern ein in sich stimmiges, plausibles und »verführerisches« Angebot. Es bietet einerseits interessante Ausgangspunkte für eine gemeinsame Praxis der verschiedenen Bildungsinstitutionen, ermöglicht und erfordert andererseits aber eigene Anstrengungen zur Anpassung des Konzepts an die schulindividuellen Bedingungen und setzt die Bereitschaft und Kompetenz dazu voraus. Denn eigenständig sein heißt eigenverantwortlich planen und handeln. Diese Verantwortung für sich selbst und das eigene Lernen müssen in einer Bildungsregion selbstständiger Schulen alle Beteiligten auf ihrer jeweiligen Ebene übernehmen: die Schüler/innen, die Lehrer/innen, die Einzelschulen und der Verbund der Schulen in der Bildungsregion.

In einer steigenden Zahl von Bundesländern gibt es zurzeit mehr oder weniger umfangreiche Modellversuche, in denen Schulen die Möglichkeit gegeben wird, im Sinne eines neuen Steuerungsmodells schrittweise mehr Verantwortung für die schulische Arbeit zu übernehmen. In Nordrhein-Westfalen läuft seit 2002 der wohl bundesweit größte Modellversuch »Selbstständige Schule« mit 278 Schulen in 19 Modellregionen. Das Besondere daran ist die klare Fokussierung auf die Verbesserung der Qualität schulischer Arbeit und insbesondere des Unterrichts. Das explizit formulierte Projektziel einer Unterrichtsentwicklung soll darüber hinaus durch eine qualitätsorientierte Selbststeuerung der Einzelschule und die Entwicklung regionaler Bildungslandschaften besser erreicht werden. Das bedeutet, dass in diesem Modellversuch nicht die Selbstständigkeit an sich erprobt wird, sondern die Frage beantwortet werden soll, ob und wodurch genau die größere Selbstständigkeit der Schulen die Unterrichtsentwicklung zu fördern hilft (detaillierte Informationen zum Modellversuch finden sich unter *www.selbststaendige-schule.nrw.de*).

Dieser Beitrag nimmt auf keinen Fall für sich in Anspruch, das einzig mögliche Konzept zur Unterrichtsentwicklung darzustellen, schon gar nicht abschließend. Er hat auch nicht den Anspruch, ein vollständig entfaltetes theoretisches Konzept in seiner praktischen Umsetzung zu präsentieren. Das beschriebene Konzept der Unterrichtsentwicklung ist selbst ein Lernkonzept. Es stellt sich laufend den jeweils erwachsenden Bedarfen. Es wurde in den vergangenen fünf Jahren mit unterschiedlichen Entwicklungsständen an über 300 Schulen umgesetzt. Die konkrete Praxis dieser Schulen und deren sich in der Umsetzung ergebende Erkenntnisse helfen genauso das Konzept weiterzuentwickeln wie aktuelle Erkenntnisse aus der Forschung und bildungspolitische Entscheidungen. Ausgangspunkt für viele Detailentwicklungen war der durch beteiligte Schulen erkannte und benannte schulische Bedarf. Wie in vielen anderen Entwicklungen auch wurde und wird natürlich auch hier auf vorhandene Konzepte zurückgegriffen, deren Nutzen durch schulische Praxis bestätigt ist. Auch für diese Einschätzungen ist die Möglichkeit, einige hundert Schulen einzubeziehen, ein extrem wichtiger Faktor. Die Ursprungskonzepte werden immanent verändert und durch Kombination mit anderen Konzepten zu neuen organisch weiterentwickelt. Ob sie die angestrebte praktische Relevanz erzeugen, kann zunächst immer erst in einer kleinen Gruppe interessierter Schulen systematisch erprobt werden. Damit können vor der Weitergabe neuer Konzeptteile an alle beteiligten Schulen immer erst der schulbezogene Nutzen, aber auch die Bedingungen zum erfolgreichen Einsatz herausgearbeitet werden.

Das hier beschriebene Konzept der Unterrichtsentwicklung ist unter bestimmten Bedingungen auch als Entwicklungskonzept einer Einzelschule gedacht und in allen Schulformen vielfältig erprobt. Dabei ist es in den Details natürlich schulstufen-, teilweise auch schulformspezifisch ausgestaltet. Dem Anspruch eines Kindes, seinen Bildungsgang von der Einschulung in Klasse 1 bis zum Jahrgang 10 oder 13 konsistent am Ziel seiner Lernkompetenzentwicklung zu orientieren, kann man allerdings nur begegnen, wenn in einer Region Schulen im Sinne einer gemeinsamen Schullandschaft als Vorstufe zu einer regionalen Bildungslandschaft mit dem gleichen oder einem ähnlichen Unterrichtsentwicklungsansatz arbeiten.

Bezogen auf die Einzelschule muss ein Konzept der Unterrichtsentwicklung einige Bedingungen erfüllen: Es muss

- systematisch die gesamte Schule erreichen, also
- kontinuierlich die Lernkompetenz jeder Schülerin und jedes Schülers entwickeln, und dazu
- alle Lehrer/innen teamförmig in eigene Lern- und Arbeitsprozesse bringen.

Die folgende Darstellung der Unterrichtsentwicklung als Schulentwicklung fußt auf den Basiserfahrungen und Entwicklungsarbeiten des Modellprojekts »Schule & Co.«. Es wurde als Vorläufer zum Modell »Selbstständige Schule« von 1997 bis 2002 gemeinsam vom Bildungsministerium und der Bertelsmann Stiftung mit der Stadt Leverkusen und dem Kreis Herford in Nordrhein-Westfalen durchgeführt. Im Kreis Herford wird das Projekt seit 2002 in Kooperation zwischen Bezirksregierung Detmold und Kreis Herford mit 83 von 98 Schulen fortgesetzt und weiterentwickelt. Detaillierte Informationen zu diesem Modellversuch finden sich unter *www.schule-und-co.de*.

Darüber hinaus liegen umfangreiche Erfahrungen mit dem im Jahr 2003 begonnenen Transfer des Unterrichtsentwicklungskonzepts aus der Bildungsregion Herford in die anderen Kreise des Regierungsbezirks Detmold vor. Einbezogen sind ebenfalls die Transfererfahrungen aus Regionen der Bundesländer Niedersachsen und Brandenburg. Gerade die nach 2002 am Transfer beteiligten Schulen haben mit ihren konkreten Erfahrungen nicht nur das Konzept in seiner Anlage in der Fläche bestätigt, sondern durch ihre Rückmeldungen, Kritik und Verbesserungsvorschläge auch in der Weiterentwicklung maßgeblich beeinflusst. Es ist sicherlich nicht vermessen festzustellen, dass diese Form der Unterrichtsentwicklung eine mit Schulen gemeinsam entwickelte ist. Wichtigstes Argument dafür ist, dass jede der beteiligten Schulen über die Wahrnehmung des Angebots eigenständig und im Wissen um alle impliziten Bedingungen entschieden hat.

In vier der Modellregionen des Modells »Selbstständige Schule« arbeiten bereits 55 Schulen mit genau diesem Konzept. In vielen Schulen der anderen Modellregionen werden bereits Teile dieses oder eines ähnlichen Ansatzes genutzt, allerdings nach Eindruck vieler direkt Beteiligter eher noch unsystematisch und wenig verbindlich. Deshalb wird zurzeit intensiv am qualitativen und quantitativen Aufbau eines Qualifizierungssystems gearbeitet, das die Bedarfe aller am Modellversuch »Selbstständige Schule« in Nordrhein-Westfalen beteiligten Schulen erfüllen kann.

Grundlage dafür ist die Veröffentlichung »Lehren und Lernen für die Zukunft« (vgl. Projekt Selbstständige Schule 2004), die detailliert das Verständnis guten Unterrichts und seine Entwicklung im Projekt »Selbstständige Schule« erläutert. Damit liegt für alle Beteiligten dieses Projekts eine theoretisch abgeleitete Orientierung vor, die sich zusätzlich zu Fragen einer gelingenden Unterrichtsentwicklung auch zu den Standards einer angemessenen Qualifizierungsmaßnahme für Lehrkräfte äußert. Das Papier wurde von den für die Unterrichtsentwicklungskonzepte in »Schule & Co.« und »Selbstständige Schule« Verantwortlichen erstellt, weil eine theoriegestützte Klärung zu »gutem Unterricht« mit Blick auf einen selbstständig Lernenden bis dahin fehlte. Ausgangspunkt war ein durch zwei Schulaufsichtsbeamte der Bezirksregierung Detmold erstelltes Vorpapier.

Im Verlauf dieses Beitrags wird deutlich werden, dass so umfassende grundsätzliche Basis- und Weiterentwicklungen wohl kaum von einer einzelnen Schule betrieben werden können. Sie brauchen eine damit beauftragte Institution, wie es theoretisch ein Landesinstitut für Lehrerfortbildung sein könnte – oder wie im vorliegenden Fall eine mittelfristig zur Verfügung stehende Projektstruktur in zwei Modellprojekten, der sowohl Ressourcen zur Entwicklung als auch Möglichkeiten zur Bildung und Ausgestaltung steuernder und sichernder Strukturen zur Verfügung stehen.

2. Lehrer als Lerner

Ein Projekt, das wie »Schule & Co.« und »Selbstständige Schule« den Anspruch hat, den Kernbereich von Schule, nämlich den Unterricht, in seiner Qualität weiterzuentwickeln, muss das Lernen organisieren. Und zwar das Lernen auf allen Ebenen und für möglichst alle Beteiligten.

Dabei muss das Projekt selbst auch immer wieder lernen, wie dies am besten zu bewerkstelligen ist. Da es von Anfang an um Schulentwicklung ging, wurde bereits kurz nach dem Startschuss von »Schule & Co.« 1997 klar, dass das Ziel verbesserter Lernprozesse und Lernergebnisse bei Schülerinnen und Schülern nur zu erreichen ist, wenn es gelingt, die Lehrer/innen, die dieses Lernen verantwortlich organisieren sollen, selbst zu Lernenden zu machen. Grundthese war also: Nur Lehrer/innen, die sich dessen bewusst sind, dass sie selbst im Sinne eines kontinuierlichen Prozesses Neues lernen, die Aneignung von Neuem systematisch reflektieren müssen und dies am besten gemeinsam im Team mit anderen tun, werden den Ansprüchen an eine zeitgemäße Lehrerrolle gerecht und mit sich selbst und ihrer Arbeit zufriedener sein.

Die in der Vergangenheit in der Regel angebotenen Fortbildungen wurden häufig von Lehrerinnen und Lehrern als Einzelnen wahrgenommen. Selbst wenn sie in einer sehr guten Fortbildungsveranstaltung Neues erfahren und für sich individuell gelernt hatten, waren sie natürlich mit der Weiterentwicklung ihrer gesamten Schule vollkommen überfordert. Da sie in der Regel zur Umsetzung neuer Erkenntnisse auf aktive Mitstreiter/innen bzw. entsprechende Rahmenbedingungen angewiesen waren, die eigenen Kolleginnen und Kollegen aber an der Maßnahme nicht teilgenommen hatten und nicht mitlernen konnten, blieben sie mit ihrem Veränderungswirken praktisch allein. Häufig blieb mit dem Scheitern verbundene Frustration zurück und die abnehmende Bereitschaft, sich auf weitere Veränderungsprozesse einzulassen. Nachhaltige Veränderungen bezogen sich höchstens auf die eigene Person und den direkten, selbst verantworteten Zusammenhang, z.B. die Arbeit in der eigenen Klasse.

Wie in allen Bundesländern wurden als Konsequenz aus dieser Erfahrung auch in Nordrhein-Westfalen ganzen Kollegien oder größeren Gruppen Fortbildungen z.B. im Rahmen von SCHILF-Maßnahmen angeboten. Häufig brachten aber auch diese weitergehenden Anstrengungen keine nachhaltig tragfähigen Erfolge in der Schulentwicklung. Wenn z.B. eine Gruppe eines Kollegiums eine Fortbildung zum Thema »freie Arbeit« besucht hatte und mit viel Schwung, vielleicht sogar Euphorie, in die Schule zurückkam, scheiterten Implementationsversuche häufig sowohl an Rahmenbedingungen wie z.B. dem 45-Minuten-Rhythmus, der Unterrichtsverteilung oder dem Stundenplan, als auch an Details wie fehlenden Materialien oder Absprachen zwischen beteiligten Kolleginnen und Kollegen. Immerhin war durch diese Form der Fortbildung gewährleistet, dass es eine Chance zur dauerhaften Umsetzung gab, weil die für die Umsetzung notwendigen Lernprozesse und Erkenntnisse von der Gruppe in der Veranstaltung gemeinsam gemacht werden konnten.

Ein Beispiel aus dem außerschulischen Bereich soll helfen, die Konsequenzen nachzuvollziehen, die aus diesen Erkenntnissen für das Schulentwicklungskonzept bereits in »Schule & Co.« gezogen wurden: Wenn ein Automobilhersteller seine Produktion von Fließband- auf Gruppenproduktionsprozesse umstellen will, ist klar, dass es nicht ausreicht, das Management zu qualifizieren. Jede einzelne Mitarbeiterin und jeder einzelne Mitarbeiter erzeugt die Qualität des Produkts und der Prozesse, also muss auch jede Mitarbeiterin und jeder Mitarbeiter geschult werden, Neues im Probehandeln erfahren und einen eigenständigen Lernprozess im Team durchlaufen. Verändertes sicheres Handeln wird weder durch Gelesenes oder Gehörtes noch durch Anweisungen, Aushang oder Predigen erzeugt.

Nehmen wir einmal an, ganze Belegschaftsteile seien dafür trainiert worden, zukünftig in Gruppen zu produzieren und hätten in der Qualifizierung gelernt, diese Prozesse eigenverantwortlich zu gestalten. Wenn nach einer Woche Fortbildung diese Gruppen wieder an die gleichen Fließbänder wie vor der Woche gestellt würden, wäre die gesamte Investition in die Qualifizierungsmaßnahme umsonst gewesen. Das heißt: Wenn Veränderungsprozesse in Schulen in eine Erprobungs-, Lern- und Stabilisierphase gehen sollen, ist es notwendig, vor Beginn der Qualifizierung die Strukturen aufgebaut zu haben, die dieses Lernen ermöglichen, befördern und absichern (vgl. Abb. 1). Sozusagen am Tag nach der Qualifizierung muss es möglich sein, die Veränderungsarbeit mit Unterstützung zu beginnen. Es muss also in der Schule eine Gruppe geben, die Sorge dafür trägt, dass – in unserem Fall – die Trainings zur Unterrichtsentwicklung am Tag nach dem Training in einer vorbereiteten Arbeits- und Lernstruktur in den Alltagsunterricht umgesetzt werden können. Dazu gehört die Zusammenstellung und Organisation von Teams und die Berücksichtigung des schulorganisatorischen Rahmens genauso wie die Bereitstellung von Materialien, Lern-, Arbeits- und Gesprächszeiten. Nur wenn feste Strukturen zur Adaption von Trainings, zum Weiterlernen im Team, zur Entwicklung und Sicherung von Materialien und viele andere Details gewährleistet sind, lohnt sich die Investition in Unterrichtsentwicklungstrainings. Deshalb sind, wie in »Schule & Co.«, auch im Modell »Selbstständige Schule« die schulischen Steuergruppen mit dieser Aufgabe der Strukturbildung betraut und werden da-

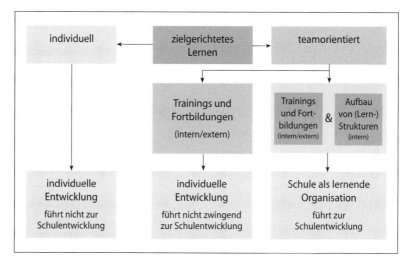

Abb. 1: Schulentwicklung als Lernprozess

für systematisch mit einem aus acht inhaltlichen Bausteinen bestehenden Qualifizierungsprogramm im Bereich Schulentwicklungsmanagement ausgebildet.

3. Unterrichtsentwicklung findet im Team statt

Die erste Erkenntnis aus dem Modellprojekt »Schule & Co.«, die auch im Projekt »Selbstständige Schule« und allen Transferschulen berücksichtigt wurde, lautet:

> *Es werden immer nur Lehrerteams in der Unterrichtsentwicklung geschult, nicht einzelne Lehrer/innen.*

Im Unterschied zu anderen möglichen Teamkonstellationen in einer Schule besteht ein Team in diesem Sinne aus den Lehrerinnen und Lehrern, die gemeinsam an der Unterrichtsentwicklung in einer Klasse bzw. in einem Jahrgang oder einem Bildungsgang arbeiten. Das bedeutet, dass diese Lehrergruppe die Unterrichtsentwicklung auf die konkrete Lerngruppe bezogen gemeinsam plant, umsetzt und reflektiert, ohne aus der Verantwortung für die Durchführung des eigenen Fachunterrichts entlassen zu sein. Es handelt sich also um eine fächerübergreifende Arbeitsstruktur, die als gemeinsames Ziel die bestmögliche Entwicklung der Lernkompetenz aller Schüler/innen der gemeinsamen Lerngruppe hat und den eigenen Fachunterricht als Anwendungsplattform einbringt.

In der Primarstufe sind dies Klassenteams, bei nur wenigen eingesetzten Lehrer/innen in einer Klasse eventuell Jahrgangsteams, in kleinen Grund- und Sonderschulen manchmal auch Doppeljahrgangsteams. Da Grund- und Sonderschulen häufig kleinere Kollegien haben, werden diesen immer nur Trainingsangebote für das ganze Kollegium gemacht, innerhalb dieser Fortbildungen arbeiten die Kolleginnen und Kollegen aber wieder in den entsprechenden Klassen- oder Jahrgangsteams. In den Sekundarschulen werden entweder ganze Kollegien geschult oder auf jeden Fall alle Teammitglieder des fünften Jahrgangs, mit dem der Unterrichtsentwicklungsprozess für die Schüler/innen zumindest beginnen muss. Schulen, die den Prozess aus guten Gründen so beginnen, erhalten die Zusage, in den Folgejahren immer wieder die neuen Lehrerteams der nächsten fünften Jahrgänge trainiert zu bekommen, sodass dann nach einigen Jahren große Teile eines Kollegiums erreicht sind. In den Berufskollegs hat sich die Arbeit mit Bildungsgangteams bewährt.

4. Entwicklung der Einzelschule: Unterrichts- und Organisationsentwicklung

Wie das Projekt »Schule & Co.« hat »Selbstständige Schule« die in der Fachdiskussion seinerzeit teilweise unmittelbar gegeneinander argumentierenden Positionen hinsichtlich des Vorrangs von Unterrichts- oder Organisationsentwicklung für das eigene

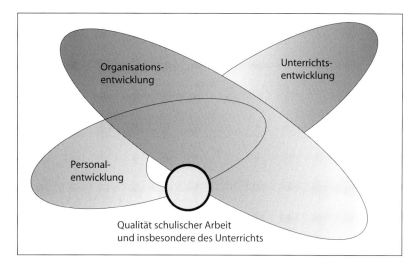

Abb. 2: Qualitätsorientierte Schulentwicklung

Schulentwicklungskonzept nutzbar gemacht, indem es sie unauflöslich miteinander verbunden hat (vgl. Abb. 2). Inzwischen ist geklärt, dass Organisationsentwicklungsanstrengungen allein nicht zwangsläufig den Unterricht weiterentwickeln. Unterrichtsentwicklung wiederum wird ohne die Weiterentwicklung der Schule als Organisation nicht nachhaltig zum Eigentum der Organisation Schule und der in ihr Arbeitenden und erreicht die Kompetenzentwicklung aller Schüler/innen einer Schule nicht sicher genug. »Selbstständige Schule« übernahm deshalb von Anfang an die in »Schule & Co.« gewonnene praktische zweite Erkenntnis:

Da nur eine konzertierte Aktion von aufeinander abgestimmten Qualifizierungsmaßnahmen Einzelschulen dauerhaft in Bewegung setzt, beginnen Trainings zur Unterrichtsentwicklung erst, wenn die Steuergruppenqualifizierung zum Schulentwicklungsmanagement einen bestimmten Stand erreicht hat.

Das Gelingen dieser dringend notwendigen inhaltlichen Abstimmung der einzelnen Qualifizierungspakete und ihre zeitliche Synchronisierung wurde und wird von den beteiligten Schulen immer wieder als besonders wichtig hervorgehoben.

5. Zur Notwendigkeit umfassender Qualifizierungsmaßnahmen

Abbildung 3 auf der nächsten Seite zeigt das in einem mehrjährigen Diskussionsprozess mit allen in Schulen handelnden Gruppen und dem entsprechenden Klärungsprozess in der regionalen Steuergruppe entwickelte Schulentwicklungskonzept des Projekts »Schule & Co.« Theoretisch folgt es der Erkenntnis, dass nur die systematische Verknüpfung der Einzelbestandteile der Trias *Unterrichtsentwicklung, Organisationsentwicklung* und *Personalentwicklung* die Einzelschule in die Lage versetzt, die eigene schulische Entwicklung auf »gesunde Beine« zu stellen. Inzwischen hat sich die Set-

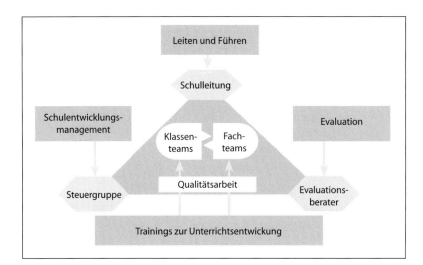

Abb. 3: Entwicklungsstrukturen an Einzelschulen

zung, dass Unterrichtsentwicklung von Beginn eines Schulentwicklungsprozesses an im Zentrum stehen muss, genauso bewährt wie die Annahme, dass Nachhaltigkeit in der Unterrichtsentwicklung nur erreicht werden kann, wenn den schulischen Akteuren gleichzeitig mit den Qualifikationen zur Unterrichtsentwicklung ebenfalls Qualifikationen zur Weiterentwicklung ihrer eigenen Organisation vermittelt werden.

Im Rahmen einer umfangreichen Selbstevaluation des Projekts »Schule & Co.« (Herrmann 2002) und einer ergänzenden externen Evaluation (Bastian/Rolff 2001) ist die Wirksamkeit dieses Ansatzes bestätigt worden. Er wurde als inzwischen voll akzeptierte sinnvolle Struktur einzelschulischer Entwicklung in allen 278 Schulen des Projekts »Selbstständige Schule« übernommen.

In der Vergangenheit wurden schon immer Veränderungsanforderungen an Schulen gestellt. Häufig waren sie allerdings mit der Illusion verbunden, dass die Fixierung dieser Anforderung z.B. in einem Erlass die Veränderung selbst absichere. Wenn aber richtig ist, dass Veränderungen und Weiterentwicklungen von den am Veränderungsort arbeitenden Menschen realisiert werden müssen, müssen diese Menschen auch die Gelegenheit haben, die Kenntnisse und Kompetenzen zu erwerben, die dafür nötig sind. Darüber hinaus muss man offensichtlich noch die besonderen Bedingungen des Arbeitsfelds Schule berücksichtigen. Haenisch (2004, S. 136) erläutert dazu: »So kommt Frey (2000) nach Analyse vorliegender Befunde zu der Feststellung, dass der Lehrerberuf einer der wenigen Berufe ist, bei dem durch die Dauer der Praxis kein Qualitätsfortschritt entsteht. Das wird damit erklärt, dass Lehrkräfte mit der Zeit Amalgame ausformen, das heißt, dass sich Verhaltensmuster bilden, die sehr resistent sind. Der gute Wille hat sich dabei als Veränderungsbemühung als wirkungslos erwiesen und allein Wissen beeinflusst das Verhalten praktisch auch nicht. Aus diesen Analysen kann gefolgert werden, dass wahrscheinlich in erheblichem Umfang systematisches Lernen und Verlernen erforderlich ist, wenn sich im Unterricht etwas verändern soll. Das wenige, das sich bisher an Befunden in dem recht neuen Forschungsgebiet ›Lernen der Lehrkräfte‹ finden lässt, scheint dies zu bestätigen. Vieles was wir über das

Lernen von Schülerinnen und Schülern wissen, scheint danach auch für Lehrkräfte zu gelten [...].« »Schule & Co.« formulierte als dritte Erkenntnis:

> *Veränderungsanforderungen an schulische Akteure sind immer dann legitim, wenn die für diese Veränderungen notwendigen Qualifikationen schon vorhanden sind oder über bestmögliche Qualifizierungsmaßnahmen zur Verfügung gestellt werden.*

Abbildung 3 verdeutlicht, dass im Zentrum der Qualitätsarbeit im Unterricht die oben in Kapitel 3 (S. 758) genauer beschriebenen Teams stehen, die mit den Fachteams kooperieren. Schulleitung, Steuergruppe und schulinterne (Selbst-)Evaluationsberater/innen sind die drei Dienstleister, die alles dafür tun müssen, dass die Teams in der Unterrichtsentwicklung optimale Unterstützung bei der Umsetzung in den Unterricht erhalten. Für alle drei Dienstleister gilt die o.g. »dritte Erkenntnis«. In der Regel benötigen sie aufeinander abgestimmte Qualifizierungsangebote, müssen Lern- und angemessene Arbeitsstrukturen entwickeln. Erst wenn diese schulinternen Systeme begonnen haben zu arbeiten, haben Qualifizierungsmaßnahmen zur Unterrichtsentwicklung eine angemessene Chance, in den Klassen im Unterrichtsalltag wirksam zu werden. Zu den genannten Qualifizierungsmaßnahmen finden sich umfangreiche Informationen auf den beiden o.g. Websites. Auf das Konzept schulinterner »Evaluationsberater/innen« wird an anderer Stelle kurz eingegangen (vgl. Kap. 16, S. 784ff.).

6. Unterrichtsentwicklung in der Praxis: die Schüler/innen im Mittelpunkt

Wie in »Lehren und Lernen für die Zukunft« (Projekt Selbstständige Schule 2004) ausgeführt, ist der Ausgangspunkt für die Suche nach »gutem Unterricht« im Projekt »Selbstständige Schule« Weinerts Leitbild einer guten Lernkultur (vgl. Weinert 2000, S. 5f.). Es beschreibt sechs fundamentale fachliche und überfachliche Bildungsziele, die auf dem Bildungs- und Erziehungsauftrag der Schule basieren. Wie Abbildung 4 auf der nächsten Seite zeigt, legt der hier beschriebene Konzeptansatz seinen Schwerpunkt auf den systematischen Erwerb von Lernkompetenz bei allen Schülerinnen und Schülern während ihres gesamten schulischen Bildungsgangs von Jahrgang 1 bis 13. Die Annahme ist, dass über diesen auf die Kompetenz zum lebenslangen Lernen zielenden Zugang die anderen Bildungsziele besser erreichbar sind.

Ziel aller Maßnahmen zur Unterrichtsentwicklung ist also die Entwicklung überfachlicher Kompetenzen bei allen Schülerinnen und Schülern, beginnend vom Jahrgang 1, auf- und ausbauend bis Jahrgang 10, weiterführend bis Jahrgang 13. Diese Zielsetzung bedeutet einen fundamentalen Perspektivwechsel weg vom Blick auf die Schülerin bzw. den Schüler in »meiner« Schulform hin zu einem Jugendlichen, der ein mehrstufiges Bildungsangebot in unserer Region durchläuft. Die Frage muss dann immer sein, was mein augenblicklicher Beitrag als Lehrer/in in meiner Schulform zur Erreichung dieser Zielsetzung bei jedem Mitglied meiner Lerngruppe ist.

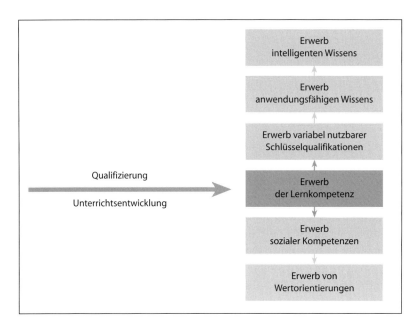

Abb. 4: Bildungsziele der Schule (nach Weinert 2000)

Verbindendes Merkmal der Ebenen »Schule«, »einzelne Lehrkraft«, »einzelner Schüler bzw. einzelne Schülerin« ist, dass auf allen drei Ebenen das Lernen, das zur Veränderung bzw. zur Entwicklung der angestrebten Kompetenzen notwendig ist, sorgfältig organisiert werden muss. Damit Lehrer/innen ihren Schülerinnen und Schülern ein authentisches Angebot zur Entwicklung von Lernkompetenz machen können, müssen sie selbst aktiv in die Lernerrolle gehen, die gemachten Erfahrungen systematisch im Team reflektieren und die angemessene Umsetzung in die alltäglichen Lernprozesse ihrer Lerngruppe eigenverantwortlich planen. Da die Lehrerteams in ihren Fortbildungsveranstaltungen selbst in die »Schülerrolle« schlüpfen und sich sämtliche Trainingsspiralen selbst erarbeitend aneignen, können sie anschließend in den gleichen Teams sowohl kompakte Grundlagentrainings für ihre Klasse durchführen als auch koordinierte Pflegemaßnahmen im eigenen Fachunterricht absprechen. Die in den Trainingsprogrammen exemplarisch von den Lehrerinnen und Lehrern durchgearbeiteten Trainingsspiralen lassen sich in der Regel, bei entsprechend verantwortlicher Adaption auf die spezifische Klasse und den Fachzusammenhang der jeweiligen Lehrkraft, direkt für die Grundlagentrainings in der Lerngruppe benutzen. Aus ihrer Verantwortung für ihre Lerngruppe können die Lehrkräfte also nie entlassen werden, sie können aber von vorhandenen exemplarischen Materialien und ihrer eigenen Erfahrung aus dem Training ausgehen. Die Trainingsspiralen orientieren sich i.d.R. an Fachthemen aus den Lehrplänen der jeweiligen Schulstufe.

Wie Abbildung 5 zeigt, orientiert sich das Konzept der Unterrichtsentwicklung in der Darstellungsform am Trainingskonzept Heinz Klipperts (vgl. Klippert 2000), in dessen Mittelpunkt schon immer die systematische Entwicklung der Lernkompetenz aller Schüler/innen durch die entsprechenden Trainings in der Klasse stand. Damit soll auch optisch deutlich gemacht werden, woher die inzwischen in wesentlichen Teilen

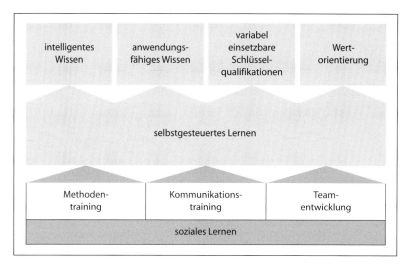

Abb. 5: Trainings zur Unterrichtsentwicklung

inhaltlich weiterentwickelte Konzeption ursprünglich kam. Im Verständnis vieler schulischer Praktiker wurde in den vergangenen Jahren Klipperts Ansatz immer wieder auf ein reines Methodentraining reduziert, obwohl er ihn selbst von Anfang an als »pädagogische Schulentwicklung« begrifflich viel umfassender angelegt hatte. Unterrichtsentwicklung im hier beschriebenen Sinne grenzt sich bewusst und deutlich vom reinen Methodentraining ab und orientiert sich an den zugegebenermaßen hohen Ansprüchen der Entwicklung einer Fähigkeit zur Selbstregulation des eigenen Lernens, wie sie im 6. Kapitel der ersten PISA-Studie ausgeführt werden (vgl. Deutsches PISA-Konsortium 2001, S. 217ff.).

Einige Hinweise zu den in den vergangenen Jahren realisierten entscheidenden Weiterentwicklungen des Grundkonzepts werden unten in Kapitel 7 (S. 765ff.) gegeben. Auf eine inhaltliche Begründung des Ursprungskonzepts wird an dieser Stelle bewusst verzichtet. Stattdessen wird lediglich darauf verwiesen, dass sich das bereits dem Ansatz in »Schule & Co.« zugrunde liegende Verständnis von Lernkompetenz aus dem »erweiterten Lernbegriff« herleitete, wie er von der Bildungskommission Nordrhein-Westfalen (1995, S. 81ff.) eingeführt wurde.

Der Aufbau, der Ausbau und die möglichst eigenständige Anwendung der Lernkompetenzen soll bei den Schülerinnen und Schülern zunächst durch Grundlagentrainings angebahnt werden, die an fachlichen Inhalten exemplarisch allgemeine methodische, kommunikative und teambezogene Teilkompetenzen entwickeln. Da klar ist, dass diese Kompetenzen bei der oder dem Lernenden nicht mit dem praktischen Kennenlernen an einem Projekttag verankert sein können, müssen sie über gut koordinierte Pflegemaßnahmen im Fachunterricht zur sicheren Routine gebracht und möglichst früh in immer größer werdendem Umfang von den Schülerinnen und Schülern eigenverantwortet zur Anwendung gebracht werden (vgl. Abb. 6 auf der nächsten Seite).

Auch bei der Planung dieser systematischen Pflegemaßnahmen in den verschiedenen Fachunterrichtsstunden des gleichen Klassenverbands sind die Lehrer/innen auf die Teamarbeit mit anderen Fachlehrerinnen und -lehrern dringend angewiesen. Ei-

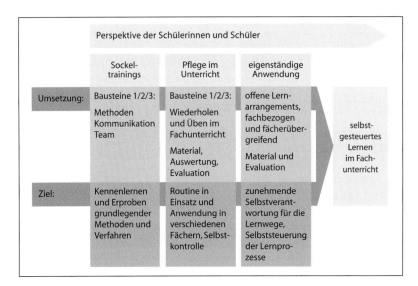

Abb. 6: Unterrichtsentwicklung, Perspektive der Schüler/innen

nerseits ist klar, dass sich Schülerkompetenzen nicht durch ein einmaliges Grundlagentraining einstellen, also systematisch gepflegt werden müssen, um Routinen zu erzeugen. Andererseits wäre die Gefahr einseitiger »Methodenhuberei« gegeben, wenn einzelne Lehrer/innen gutwillig aber unabgesprochen einzelne Arrangements »kaputtpflegen«, weil sie nicht wissen, dass alle anderen Fachlehrer/innen – weil unkoordiniert – die gleichen Pflegeschwerpunkte setzen. Die »Pflege«, d.h. der Auf- und Ausbau der in den Grundlagentrainings erworbenen Kompetenzen bedürfen deshalb immer wieder der abgestimmten Planung und des Austauschs über Erreichtes.

Spätestens bei der Planung von Pflegemaßnahmen ist jede einzelne Fachlehrerin und jeder Fachlehrer auf sich selbst und seine didaktische Grundkompetenz angewiesen. Die Fortbildungen in den drei Grundlagenbausteinen liefern zwar Anregungen, entlassen die Fachlehrerin oder den Fachlehrer hier aber genauso wenig wie bei der Planung der Grundlagentrainings aus seiner primären Verantwortung. Mit zunehmender Routine durch Pflege im Fachunterricht über entsprechende Lernspiralen sollen die Möglichkeiten zum selbstgesteuerten Lernen aller Schüler/innen deutlich gestärkt werden.

Dabei geht es auf Dauer um Lernarrangements im Alltagsunterricht, die die Selbstständigkeit der Schüler/innen phasenweise immer stärker fordern und fördern. Aber auch hochanspruchsvolle und komplexe Anforderungen wie Projektarbeit, Wochenplan- und Freiarbeit oder die Erstellung von Facharbeiten sind mögliche Anwendungsfelder. Die Erkenntnisse im Zusammenhang mit den durch die PISA-Studie ausgelösten Diskussionen zum selbstregulierten Lernen haben inzwischen besonders deutlich gemacht, dass der systematischen Reflexion der Schüler/innen zur Entwicklung von Lernstrategien und metakognitiver Kompetenzen großes Gewicht beizumessen ist. Im Gegensatz zu den zu Beginn von »Schule & Co.« Ende der 90er-Jahre angebotenen Trainings, in denen weder den Lehrerinnen und Lehrern noch den Schülerinnen und Schülern regelmäßige lernfördernde Reflexionsanlässe geboten bzw. abverlangt wur-

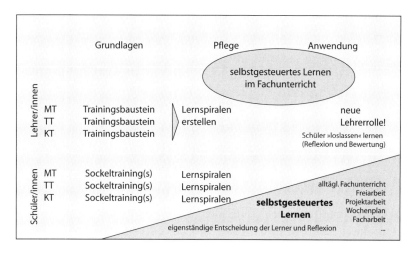

Abb. 7: Selbstgesteuertes Lernen im Fachunterricht

den, sind diese inzwischen schon länger in allen Grundlagenbausteinen eingebaut, mit jedem Trainingsbaustein in größerem Umfang. Ebenfalls sind Selbstbeobachtung und Selbsteinschätzung sowie verschiedene Feedbackverfahren fester Bestandteil der Lehrer- und damit auch der Schülertrainings. Darüber hinaus sind bereits in den drei Grundlagenbausteinen Phasen in die Trainingsspiralen eingebaut, in denen die Lernenden zunehmend mehr eigenständige Entscheidungen über die individuell zu benutzende Methode treffen (vgl. Abb. 7). Zur Bearbeitung einer Aufgabenstellung im Fachunterricht wählen sie aus der ständig wachsenden Zahl zur Routine gewordener Methoden aus, werden häufig aufgefordert, diese Wahl sich selbst gegenüber zu begründen und später die Angemessenheit der Entscheidung und den Erfolg zu reflektieren.

In der Regel übernehmen die Lehrkräfte die Verantwortung für alles, was im Klassenraum stattfindet, und sind damit verständlicherweise häufig überfordert. Damit die Verantwortung für die Entwicklung der Lernkompetenzen auch von den Schülerinnen und Schülern selbst mit übernommen werden kann, sollte in diesem Konzept zu Beginn jedes Schuljahrs zwischen den Lehrkräften, die in der Klasse unterrichten, und den Schülerinnen und Schülern gemeinsam vereinbart werden, welche Kompetenzen im Schuljahr eingeführt, gepflegt und zur Anwendung gebracht werden sollen. Nur so können Schüler/innen am Ende des Lernjahres in die Überprüfung des Erreichten mit einbezogen werden.

7. Weiterentwicklung des Ursprungskonzepts

Bereits 1999 – zur Mitte der Laufzeit des Projekts »Schule & Co.« – wurde deutlich, dass Klipperts Grundkonzept den bis dahin beteiligten Schulen echte Unterstützung bot. Gleichzeitig wurde es durch die große Zahl an Schulen aller Schulformen, die Erfahrungen in der Umsetzung sammelten, schnell möglich, die folgenden Weiterentwicklungsbedarfe teils aus schulischer Sicht, teils aber auch aus Sicht des Projekts, zu identifizieren:

- Ausarbeitung von schulstufenspezifischen Konzepten;
- Unterscheidung zwischen den drei »Grundlagenbausteinen« und dem »Anwendungsbaustein Eigenverantwortliches Lernen« (EVA);
- Baustein »Eigenverantwortliches Arbeiten« als eigener Lernprozess für Lehrkräfte;
- gezielte Arbeit an der Lehrerrolle;
- systematische Reflexion und Einbeziehen von Ansätzen der Selbstevaluation;
- Integration von neuem Wissen für Lehrer/innen, Planung von Unterricht im Team, Durchführung des Unterrichts und Reflexion der Umsetzung im Team in den fünftägigen Trainings an Grund- und Sonderschulen;
- Berücksichtigung der besonderen Möglichkeiten der Informationstechnologien.

Schon während der Ausbildung der ersten Gruppe von Unterrichtsentwicklungstrainern durch Heinz Klippert wurden ergänzende Ausbildungsanteile für ein Primarstufenkonzept und die Selbstevaluation im Unterricht realisiert. Während der gesamten Laufzeit des Projekts wurde in »Schule & Co.« systematisch an diesen früh erkannten Bedarfen inhaltlich gearbeitet und entsprechende Veränderungen bzw. teilweise ganz neue Sequenzen in das Konzept eingebaut (die konkreten Entwicklungen werden in den folgenden Abschnitten jeweils benannt und eingeordnet). Sie wurden erst als abgesichert verbindlich in das Gesamtprogramm übernommen, wenn sie in konkreten Trainings für Kollegien und in der Umsetzung auf der Lernebene der Schüler/innen auf ihre Plausibilität und Wirksamkeit hin erprobt worden waren.

Zu diesem Zeitpunkt waren bereits Reflexions- und Selbstevaluationsanteile aufeinander aufbauend in allen drei Grundlagenbausteinen eingebaut. Besonders gute und intensive Erfahrungen wurden u.a. mit Lerntagebüchern gemacht (vgl. Tolksdorf 2002). Damit wurden frühzeitig Anlässe zur Thematisierung der Lehrerrolle aufgenommen.

Parallel zu diesen Veränderungen fand eine gezielte Suche nach ergänzenden Konzeptansätzen und elaborierten Erfahrungen mit ähnlichen Programmzielen statt. Inzwischen sind Bestandteile aus den Konzepten von Kerstin Tschekan (2002) und Norm Green (vgl. Weidner 2003; Green/Green 2005) mit in das Gesamtprogramm eingebaut worden. Aspekte aus diesen Ansätzen wurden den Trainerinnen und Trainern im Rahmen der kontinuierlichen Weiterbildung gezielt in entsprechenden Seminaren theoretisch fundiert und praktisch vermittelt. Da auch für diese Beteiligtengruppe der Anspruch selbstständigen Lernens gilt, waren die Trainer/innen verpflichtet, die neuen Aspekte zunächst in ihrem eigenen Unterricht anzuwenden. Anschließend wurden sie gemeinsam vereinbart als ergänzende Standards in die Trainingsbausteine eingepasst. An dieser Stelle einige Stichworte zu den inhaltlichen Ergänzungen:

- Bloom'sche Lerntaxonomie;
- komplexe Aufgaben;
- von der kontextarmen Übung zum kontextreichen Transfer;
- multiple Intelligenzen;
- Transfertypen;

- Lernstrategien und Metakognition;
- Selbstbeobachtung und Reflexionshilfen;
- Lesestrategien.

Die konkreten Veränderungen z.B. in den Bausteinen »Methodentraining« und »Kommunikation zwischen Schülern« der Sekundar-I-Trainings sind in den konkreten Programmen erkennbar und werden hier nicht gesondert dargestellt. Entscheidende Veränderungen ergaben sich durch die Übernahme adaptierter Teile aus Norm Greens Ansatz des »Cooperative Learning« im Grundlagenbaustein »Teamentwicklung im Klassenzimmer«.

Anders als im Ursprungskonzept Klipperts war der Qualifizierungsbaustein »Eigenverantwortliches Arbeiten (EVA)« in »Schule & Co.« kein Trainingsbaustein mehr, sondern ein Anwendungsbaustein, der auch nicht mehr den anderen Trainings vorangestellt wurde, sondern vielmehr auf diesen aufbauend als vierter und letzter Baustein für Lehrer/innen stattfand. In ihn waren ebenfalls entscheidende Teile der Konzepte Tschekans und Greens eingearbeitet worden. Um die noch weitergehenden Veränderungen in »Selbstständige Schule« zu kennzeichnen, heißt dieser vierte Baustein im Lehrertraining nun »Selbstgesteuertes Lernen im Fachunterricht«. Er soll an dieser Stelle etwas genauer erläutert werden, weil daran deutlich wird, inwieweit Schüler/innen – und damit immer auch die Lehrkräfte selbst – als selbstständige Lerner in den Mittelpunkt der Anstrengungen gelangt sind.

In diesem Workshop für in den drei Grundlagenseminaren geschulte Lehrer/innen geht es darum, dass die Teilnehmer/innen im Sinne eigenständiger Lerner ihre erworbenen »Grundkompetenzen« im eigenen Team zur Anwendung bringen. Der Anwendungsbaustein ist im Sekundar-I-Training in drei voneinander durch eine unterrichtspraktische Umsetzung getrennte Trainingsphasen aufgeteilt. Im ersten Training planen die Lehrkräfte ausschließlich in Fachteams schwerpunktmäßig Lernspiralen zu den Inhalten ihrer nächsten Unterrichtssequenz. Diese Spiralen sollen die erreichten Teilkompetenzen der spezifischen Lerngruppe pflegen, aber auch systematisch eigenständige Lernentscheidungen sowie die Reflexion und Bewertung dieser Entscheidungen realisieren. Alle Lehrkräfte setzen ihre Planung im eigenen Fachunterricht um, die Erfahrungen werden im zweiten Trainingsteil teambezogen systematisch reflektiert und Optimierungsmöglichkeiten für die Weiterarbeit geklärt. Ebenfalls im zweiten Seminar werden in Fachteams offene Formen des Unterrichts konkret geplant, um sie im eigenen Unterricht bis zum dritten Seminarteil umzusetzen. In dieser Phase müssen die Lehrkräfte den Stand der Entwicklung der Methoden-, Kommunikations- und Teamkompetenzen jeder Schülerin und jedes Schülers ihrer Lerngruppe sehr genau einschätzen können. Nur dann gelingt es ihnen, das Vorhaben, das Projekt, die Wochenplan- oder Freiarbeitsphase angemessen komplex und fordernd anzulegen. Hier zeigt sich, ob sie ihren Schülerinnen und Schülern genügend Freiraum geben und wirklich vorrangig in die begleitende Rolle gehen und in ihr verbleiben können. Wenn alle Mitglieder der Lerngruppe ihre Arbeiten selbst planen, reflektierend begleiten und steuern können, kann die Lehrkraft systematisch beobachten und diagnostizieren. Nach dieser

Praxiserprobung bearbeitet der dritte Trainingsteil wiederum die konkreten Erfahrungen mit offenen Unterrichtsformen sowie explizit und systematisch die Lehrerrolle.

Der Kern der theoretischen Arbeit in diesem dreistufigen Teilprozess wird durch Impulse aus aktuellen Erkenntnissen zur Konstruktion und Organisation von Lernprozessen gegeben, die den Übergang vom eigenständigen Arbeiten zum selbstregulierten Lernen anstreben. Es wird intensiv an den Anforderungen gearbeitet, die verschiedene Transfertypen erfordern und »multiple Intelligenzen« ermöglichen. Das nach den PISA-Erkenntnissen gerade in deutschen Unterrichtsstunden besonders vernachlässigte Problem komplexer und bedeutungsvoller Aufgaben wird praktisch bearbeitet. Die nach Blooms Lerntaxonomie besonders wichtigen Stufen des Denkens, nämlich die Analyse, Synthese und Evaluation, werden am Beispiel des eigenen Fachunterrichts erarbeitet und in konkrete Unterrichtsplanung umgesetzt.

Unabhängig von diesen eher zentralen Veränderungen sind inzwischen Erkenntnisse aus dem Bereich der Förderung der Lesekompetenz auch in Form spezifischer Methoden wie z.B. dem reziproken Lehren und Lernen eingeflossen.

8. Schüler/innen als selbstständige Lerner

Anders als im Projekt »Schule & Co.«, in dem aus Heinz Klipperts »Haus des Lernens« das eigenverantwortliche Arbeiten als zentrale Zielkategorie übernommen und nicht gesondert theoretisch hergeleitet wurde, liegt nun für das Projekt »Selbstständige Schule« mit dem Papier »Lehren und Lernen für die Zukunft. Guter Unterricht in sei-

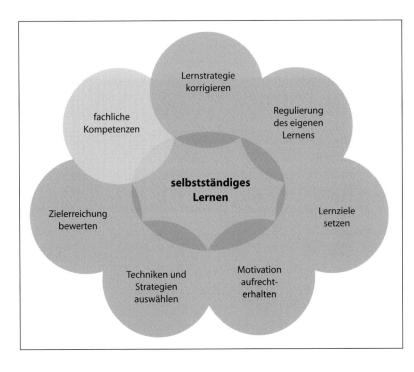

Abb. 8: Selbstständiges Lernen

ner Entwicklung im Projekt Selbstständige Schule« (Projekt Selbstständige Schule 2004) eine umfassende Definition guten Unterrichts vor. Mit einer theoretischen Grundlage wird das Leitbild einer »selbstständigen Lernerin« bzw. eines »selbstständigen Lerners« als zentrale Zielsetzung einer selbstständigen Schule entwickelt. Wie Abbildung 8 zeigt, werden damit hohe und vielfältige Ansprüche an Schüler/innen gestellt. Noch viel höhere allerdings an Lehrer/innen, die ihren Lerngruppen zum Erreichen dieser komplexen Ansprüche verhelfen sollen. Dieser selbstständig Lernende stellt Ansprüche an den Unterricht, die in den »Merkmalen guten Unterrichts« detaillierter dargestellt werden (ebd., S. 8–11). Damit werden die Anforderungen an Lehrer/innen, die sich im Rahmen eines langfristig angelegten Prozesses der Unterrichtsentwicklung realisieren lassen, klar gekennzeichnet.

Dieses Leitbild lässt sich allerdings nur verwirklichen, wenn in einer Region sichergestellt ist, dass die einzelne Schülerin und der einzelne Schüler von Jahrgang 1 bis Jahrgang 13 sowohl mit den notwendigen Kompetenzen ausgestattet wird, um den hohen Anforderungen eines selbstständigen Lernens genügen zu können, als auch regelmäßig die Möglichkeit bekommt, sich so zu verhalten. Die zunächst einmal sehr theoretisch anmutende Forderung vom »Fördern und Fordern« lässt sich am besten in einem mittelfristig angelegten und abgesicherten Arbeitskonzept einer Bildungsregion realisieren. Von der Einschulung an müssen die jeweiligen Lehrerteams in jedem Lernjahr einer Schülerin oder eines Schülers darauf achten, dass systematisch Grundlagenkompetenzen im Bereich Methoden, Kommunikation und Teamentwicklung aufgebaut, im Fachunterricht durch systematische Anforderungen im Sinne einer »Pflege« zur Routine gebracht und in immer größeren Freiräumen eigenverantwortlich angewendet werden. Selbstverständlich sind diese Anforderungen in der Primarstufe andere als in der gymnasialen Oberstufe. Sie bauen aber im Sinne eines Spiralcurriculums sowohl im Bereich der Grundlagen und der »Pflege« als auch der eigenständigen Anwendung systematisch aufeinander auf. Inzwischen wird in der Bildungsregion Herford, in der immerhin 83 von 98 Schulen aktiv am gemeinsamen Prozess beteiligt sind, bereits in der vorschulischen Sprachförderung gezielt Bezug auf das in den Schulen angebotene Konzept zur Unterrichtsentwicklung genommen und entsprechende Anteile sowohl in die Ausbildung als auch Weiterbildung der beteiligten Erzieher/innen einbezogen.

In vielen selbstständigen Schulen in Nordrhein-Westfalen werden heute Schüler/innen grundlegend trainiert und häufig ist die systematische Pflege der angelegten Kompetenzen in der Schule verbindlich abgesichert. Größere Probleme gibt es allerdings bis heute damit, Schülerinnen und Schülern systematisch Freiräume für zunehmend selbst gesteuertes Lernen zur Verfügung zu stellen. Die sichersten Entwicklungen gibt es inzwischen in den beteiligten Grundschulen. Hier wurden zwar schon länger offene Unterrichtsformen erprobt, oftmals aber für die Beteiligten nicht zufrieden stellend, weil den Schülerinnen und Schülern Kompetenzen abverlangt wurden, die sie noch gar nicht entwickelt hatten. Inzwischen werden die Schüler/innen durch die Schule selbst systematisch auf die Erfüllung dieser komplexen und hohe Ansprüche stellenden Unterrichtsformen vorbereitet. Vor allem in der Sekundarstufe I aber trauen die Lehrer/innen ihren Schülerinnen und Schülern in der Regel weniger zu als diese schaffen können. Nicht umsonst müssen Lehrkräfte in Trainings lernen, die Ampel gegen ihre zu voreiligen Interventionen auf Rot zu stellen (vgl. Ziegler 2000), da sich ihre Einstellung, dass nur sie selbst ihren Schülerinnen und Schülern beim Lernen helfen können, über lange Jahre verfestigt hat.

Damit Schüler/innen im Laufe ihrer gesamten Schulzeit immer wieder gefordert sind, sich als selbstständiger Lerner zu verhalten, bedarf es einer dreigeteilten Verantwortung:

1. Die *Schule als Gesamtsystem* muss sowohl im Fachunterricht der einzelnen Lehrkraft als auch im Unterrichtsangebot eines Jahrgangs systematisch Lernzeiten, Lernumgebungen und inhaltliche Anforderungen zum selbstgesteuerten Lernen organisieren. Z.B. kann der in der Stundentafel der Hauptschule ab Jahrgang 7 zweistündig vorgesehene Wahlpflichtunterricht grundsätzlich als von Lehrerinnen oder Lehrern begleitete Selbstlernzeit für Schüler/innen organisiert werden. Vor allem aber müssen die den Schülerinnen und Schülern gestellten Aufgaben hinreichend anspruchs-, bedeutungsvoll und komplex sein. Sie müssen regelrecht zum systematischen Planen und immer wieder auch zur Arbeit im Team zwingen. Voraussetzung ist natürlich, dass die gestellten Anforderungen dem bis dahin erreichten Kompetenzstand der Schüler/innen entsprechen. Geradezu revolutionär wäre es sicherlich, wenn Schulen Eltern, die ihr Kind an einer Sekundarstufenschule anmelden, einen Gutschein überreichen würden, den sie am Ende der Klasse 10 einlösen könnten. Der Gutschein würde den Eltern und damit den Schülerinnen und Schülern garantieren, dass – regelmäßiger Schulbesuch vorausgesetzt – die Schule dem Kind die im Schulprogramm festgelegten Kompetenzen sicher vermittelt hat. Diese Form der Selbstbindung würde die Schule einerseits zwingen, dafür Sorge zu tragen, dass eine Schülerin oder ein Schüler nicht das Glück – oder eben das Pech – hat, von einem bestimmten Lehrer unterrichtet zu werden.
2. Eine Schule, die die Lernkompetenz ihrer Schüler/innen systematisch entwickeln will, muss einen Plan zur Vermittlung als verbindlich fixieren, der für jedes Lernjahr einer Schülerin oder eines Schülers festlegt, was er am Ende dieses Lernjahres mindestens an fachlichen, aber auch überfachlichen Kompetenzen sicher beherrschen muss. Da sie sicherstellen muss, dass die Planung auch wirklich umgesetzt wird, übernehmen *alle Lehrer/innen* in der einzelnen Klasse die Verantwortung dafür, dass durch ihren jeweiligen Fachunterricht die Jahresziele auch gemeinsam erreicht werden.
3. Völlig klar muss aber auch sein, dass *jede Schülerin und jeder Schüler* ein hohes Maß an Eigenverantwortung für das eigene Lernen zu übernehmen hat. Zu Beginn eines jeden Lernjahres vereinbaren die Lehrer/innen einer Klasse gemeinsam mit allen Schülerinnen und Schülern die Kompetenzen, die am Ende des Lernjahres sicher erreicht sein sollen. Die Schülerin bzw. der Schüler hat damit die Aufgabe, im Rahmen eigener Anstrengungen seinen aktiven Teil zum Erreichen der Ziele einzubringen.

9. Lehrkräfte als selbstständige Lerner

Schüler/innen als selbstständige Lerner verlangen von Lehrerinnen und Lehrern gezielte Arbeit an ihrem Selbstverständnis und die Weiterentwicklung der traditionellen Lehrerrolle. Das Verhältnis von vorgebender, aktivierender und begleitender Rolle soll dauerhaft zugunsten der begleitenden Rolle weiterentwickelt werden. Das bedeutet, dass die Anteile lehrergesteuerten Unterrichts im Laufe einer langfristig angelegten Entwicklung deutlich zurückgenommen werden sollen zugunsten einer aktivierenden Rolle in einem Unterricht der geteilten Steuerung und vor allem einer begleitenden Rolle beim schülerverantwortlichen Lernen (Tschekan 2002). Um Missverständnissen vorzubeugen: Nichts spricht gegen einen gut vorbereiteten Lehrervortrag an der richtigen Stelle. Aber viel gegen eine Monokultur frontalen Unterrichtens. Damit sind Veränderungen im alltäglichen Lehrerverhalten angestrebt, die in der Regel an der Person und am bisherigen Selbstverständnis »kratzen«. »Wenn Lehrkräfte zur Veränderung ihres Unterrichts motiviert werden sollen, müssen sie die Erfahrung machen können, dass es ihnen etwas nützt, und sie müssen die Erwartung einer Verbesserung damit verbinden. Dafür müssen Lernumgebungen geschaffen werden, die vielfältige Gelegenheiten geben, eigene Erfahrungen in Erinnerung zu rufen sowie eigene Interessen und Probleme einzubringen, um auf diese Weise das kritische Überdenken der eigenen Position in die Wege zu leiten« (Haenisch 2004, S. 136).

Damit verändertes Handeln möglich ist, muss der Lehrer als Lernender selbst trainieren, etwas Neues und anderes zu tun. Deshalb nimmt jede Lehrerin und jeder Lehrer in den Trainings immer wieder die Schülerrolle ein, die ihm im Sinne eines Grundlagentrainings Neues zu tun abverlangt. Damit das einmalig Gelernte als Routine sicher ins eigene Repertoire übergeht, wird im Laufe der aufeinander aufbauenden Trainings jede neu erworbene Kompetenz in den nachfolgenden Trainings sinnvoll gepflegt. Denn auch für den Lehrer als Lernenden gilt: Nur wenn ich etwas selbst erprobt und sicher erlebt habe, dass es mich motiviert und weiterbringt, kann ich es Schülerinnen und Schülern authentisch vermitteln. Haenisch stützt diesen Ansatz deutlich: »Eine interessante Möglichkeit zur Selbstreflexion besteht auch darin, sich in die Schülerrolle zu versetzen. Lernen mit den Augen der Schülerinnen und Schüler zu sehen und Erfahrungen darüber zu sammeln, wie Schüler/innen behandelt werden, sensibilisiert für Schülerbedürfnisse und fördert das Verständnis dafür, warum bestimmte Lehraktivitäten bei den Schülern ankommen und warum andere nicht von Erfolg gekrönt sind« (Haenisch 2004, S. 137).

Im Rahmen der an jede Praxisphase im Training anschließenden Reflexionen müssen im Wege der Selbstreflexion und des Austauschs unter Praktikern das Verhältnis von Aufwand und Ertrag als persönlich erlebter Nutzen erkennbar sein. Damit die Veränderungen dauerhaft wirksam werden können, wird bereits im Training im Klassenteam gelernt. Nur ein Team gemeinsam lernender Lehrer/innen bietet die notwendige Sicherheit in der Umsetzung des im Training Gelernten in die alltägliche Unterrichtsarbeit, wenn man wieder »zu Hause« ist. Damit Veränderungen sich festigen können, geht es um einen länger andauernden Lernprozess, der mindestens über zwei Jahre

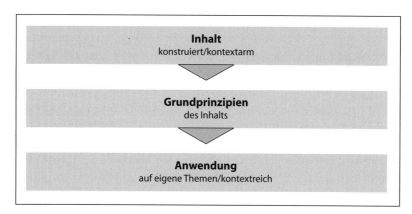

Abb. 9: Lernprinzip

läuft. Wie bei Schülerinnen und Schülern auch, wird, vom kontextarmen Beispiel in der Trainingsspirale ausgehend, ein Grundmuster abgeleitet, das die Lehrer/innen in den kontextreichen eigenverantworteten Fachunterricht übertragen können (vgl. Abb. 9). Es geht also immer um die reflektierte, eigenverantwortete Umsetzung aus dem »Labor« des Training ins »Freiland« des täglichen Fachunterrichts.

Äußerst wichtig für diesen Umsetzungsprozess ist neben der Sicherheit, die der einzelne Lerner innerhalb der Trainings erreichen muss, eine Lernstruktur in der Schule, die die Ersterfahrung aus den Trainings systematisch und langfristig absichert. Der eigene (Lehrer-)Lernprozess benötigt eine stützende Struktur in der Schule, die gemeinsame weitere Planung und individuell oder gemeinsam erzeugte Erfahrung ermöglicht, die Reflexion über mich selbst und gemeinsam mit anderen »erzwingt« und die Sicherung der Erfahrungen verbindlich macht. Über die erfolgreichsten Veränderungsprozesse berichteten Lehrer/innen, die sowohl ihren eigenen Lernprozess über Lerntagebücher und andere Formen der Selbstreflexion kontinuierlich abgesichert als auch innerhalb der Schule ein gemeinsam getragenes, verbindliches und zugleich stützendes Lernkonzept erlebt haben. Systematisches Lernen der Lehrer/innen benötigt entsprechende Formen der lernbegleitenden Selbstevaluation als Absicherung der Prozesse und der Selbstvergewisserung (zur Praxis von Selbstreflexion und Selbstevaluation sowie zum Feedback durch Schüler/innen zur Unterstützung des Lehrerlernens vgl. den Beitrag »Evaluation« von Burkard/Eikenbusch in diesem Band, S. 1292ff.).

Bereits im Projekt »Schule & Co.« haben eine ganze Reihe von Schulen unterschiedliche Formen der Absicherung gefunden, angefangen von der im Stundenplan der Sekundarschule fixierten gemeinsamen Freistunde eines Klassenteams bis hin zu vor allem in Grundschulen eingeführten wöchentlichen Arbeitszeiten an einem festgelegten Wochentag direkt nach dem Unterricht. In dieser siebten und achten Stunde der Halbtagsgrundschule werden alle vier Wochen die Lehrerkonferenzen abgehalten, an den dazwischen liegenden Terminen ist das Gesamtkollegium anwesend und arbeitet entweder in Jahrgangs-, Klassen- oder Fachteams zusammen. Teilzeitbeschäftigte haben damit die Sicherheit, dass es mit Ausnahme der Schulkonferenzen, die am Abend liegen müssen, keinerlei weitere gebundene Arbeitszeit für die Kooperation der Kolleginnen und Kollegen gibt.

Eine besondere Intensität und Dynamik erleben selbstständig lernende Lehrer/innen durch systematisch eingeführte Feedback- und Hospitationssysteme. Beteiligte Lehrer/innen berichten von besonderen Fortschritten, z.B. auch in ihrem eigenen fachlichen Lernen als bisher fachfremd eingesetzte Lehrer/innen, wenn das Hospitationskonzept mindestens über ein Halbjahr hinweg gelaufen ist. Wo Schulen diese Frage der Lehrerkooperation organisiert und abgesichert haben, fällt den beteiligten Kolleginnen und Kollegen die Ablösung von Modellen aus ihrer eigenen Sozialisation als ehemalige Schüler/innen und langjährige Lehrer/innen offensichtlich leichter. Auf der Grundlage individueller Lernprozesse wird so ein Lernen im Team möglich, beides bestimmende Merkmale einer lernenden Schule. Die hier kurz dargestellten Erfahrungen kennzeichnen einige Merkmale so genannter »professioneller Lerngemeinschaften« (zur Theorie und Praxis professioneller Lerngemeinschaften vgl. die Beiträge von Buhren/Rolff und Philipp in diesem Band, S. 450ff. und 728ff.). Sie zu organisieren ist eine besondere Anforderung an die schulische Steuergruppe.

Nur wenn es nach den in der Regel positiven Lern- und Arbeitserfahrungen der Teams in der Fortbildungsmaßnahme zu nachhaltigem Lernen bei den beteiligten Lehrkräften kommt, wird das von Haenisch (2004, S. 136) angesprochene Verlernen möglich sein. Darüber hinaus bezeichnet er die soziale Komponente beim Lernen als ganz wesentlich: »Sehr effektiv sind Tandems von Lehrkräften oder Zusammenschlüsse einzelner Lehrkräfte zu kleinen Lerngemeinschaften, die sich regelmäßig treffen und dabei gemeinsam Unterrichtseinheiten entwickeln, durchführen und auswerten« (ebd., S. 137).

Die Notwendigkeit einer solchen qualitätssichernden Lernstruktur wird darüber hinaus noch durch ein in der Vergangenheit zu beobachtendes Problem gestützt: Mit dem angestrebten Anspruch eines selbstständigen Lerners muss an der eigenen Rolle gearbeitet werden. Dazu sind aber nicht alle Lehrkräfte bereit oder ohne Begleitung in der Lage. Deshalb ist immer wieder Unterricht zu sehen, in dem die Lehrerin oder der Lehrer seine Schüler/innen zwar vielfältig Methoden anwenden lässt, sie aber immer vorgibt und für alle Lerner gleich. Er geht damit also keinen Schritt ab von seiner immer schon wahrgenommenen Alleinverantwortung für jede Minute des gesamten Lernprozesses. Der Gefahr eines nach den Lehrertrainings nur noch feiner geplanten und methodisch »aufgerüsteten« Frontalunterrichts ist wohl, wenn überhaupt, nur dadurch zu begegnen, dass man bewusst und gemeinsam kollegial daran arbeitet.

10. Die vier Trainingsbausteine

An Klipperts grundsätzlicher Gliederung seines Konzepts zur Lernkompetenzentwicklung in die grundlegenden Bausteine »Methodentraining«, »Kommunikation zwischen Schülern« und »Teamentwicklung im Klassenzimmer« wurde bis heute sowohl für die Primarstufe als auch für die Sekundarstufe festgehalten. In den Lehrertrainings werden dazu Lernarrangements als Trainingsspiralen erarbeitet, die nach verantwortlicher Anpassung an die Erfordernisse der Einzelschule, der Lerngruppe und des Fachzusam-

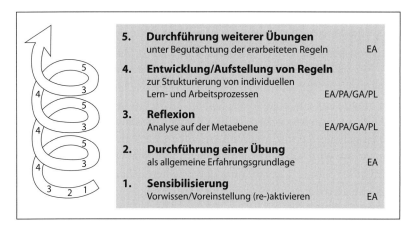

Abb. 10: Trainingsspirale zum Aufbau von Methodenkompetenz

menhangs von den trainierten Lehrerteams zur Grundlagenschulung der Schüler/innen genutzt werden können. Aufgabe des Teams ist dabei auch die Berücksichtigung der aktuell im Fachunterricht behandelten Inhalte, z.B. durch die Auswahl von Aufgaben oder Texten aus aktuellen Unterrichtssequenzen für das geplante Grundlagentraining.

Sowohl die Trainingsspiralen der Grundlagenschulung als auch die später zur »Pflege« entwickelten Lernspiralen für den alltäglichen Fachunterricht folgen einer bestimmten Systematik (vgl. Abb. 10). Dabei muss immer wieder betont werden, dass es in diesen Spiralen nie um die wahllose Aneinanderreihung einzelner Methoden geht, wie vielfach kritisch unterstellt wird. Vielmehr geht es immer um den exemplarisch erfahrbaren Nutzen der systematischen und reflektierten Anwendung von Methodenarrangements und -abfolgen, die fachliche Lerninhalte »aufschließen«. D.h. jede Lernspirale erfordert die dem jeweiligen Fachinhalt angemessene methodische und didaktische Entscheidung der einzelnen Lehrerin bzw. des einzelnen Lehrers. Fertige Rezepte für den Unterricht werden nicht gegeben.

Der Begriff »Spirale« bezieht sich auf das entsprechende methodisch vielfältige Eindringen in den Stoff. Die in den Grundlagentrainings der Sekundarstufe I vermittelten Trainingsspiralen orientieren sich in der jeweiligen Überschrift größtenteils weiterhin an den von Klippert entwickelten Trainingsspiralen (vgl. Abb. 11). Die konkreten Trainings bieten allerdings immer weiter entwickelte Ausgestaltungen und Zuschnitte in spezifischen Trainingsspiralen an. Einige Trainingsspiralen sind entsprechend den aktuellen Anforderungen komplett neu entwickelt und zusätzlich aufgenommen worden. Unter den prinzipiell gleichen Zielsetzungen der drei Grundlagenbausteine finden sich natürlich in der Primarstufe andere Trainingsinhalte (vgl. Abb. 12). Der Zuschnitt, Aufbau und die Abfolge dieser Trainingsspiralen sind Eigenentwicklungen. Sie orientieren sich nur allgemein an Klipperts Ansatz für die Sekundarstufe. In ihren Grundlagen wurden sie ursprünglich stärker und konkreter durch die Erfahrungen von Cwik/Risters (2004) beeinflusst, inzwischen aber sowohl durch die Ansätze Greens und Tschekans ergänzt sowie durch eigene Erkenntnisse sukzessive weiterentwickelt. Die Trainingsspiralen der zwei Bausteine für die gymnasiale Ober-

Abb. 11: Überblick über die Trainingsspiralen im Bereich der Sekundarschulen

Methodentraining	Teamentwicklung	Kommunikationstraining
(TS) Markieren und strukturieren	(TS) Für Gruppenarbeit sensibilisieren	(TS) Nachdenken über Kommunikation(-sängste)
(TS) Effektiver lernen und behalten	(TS) GA-Regeln anbahnen und klären	(TS) Angstfreies Sprechen und Argumentieren üben
(TS) Rasch lesen und nachschlagen	(TS) Regelgebundene GA durchführen	(TS) Miteinander reden lernen
(TS) Visualisieren und gestalten		(TS) Kleines Einmaleins der Rhetorik
(TS) Klassenarbeiten vorbereiten		
(TS) Zeitmanagement		
(TS) Sinnerfassend lesen		

Abb. 12: Überblick über die Trainingsspiralen im Grund- und Sonderschulbereich

Methodentraining	Teamentwicklung	Kommunikationstraining
(TS) Handwerkliche Grundtechniken: Schneiden	(TS) Nonverbale Kommunikation Schwerpunkt: Blickkontakt	(TS) Für Teamarbeit sensibilisieren
(TS) Effizientes Lesen	(TS) Paraverbale Kommunikation Schwerpunkt: Arbeit mit der Stimme	(TS) Gruppenprozesse reflektieren und Regeln anbahnen
(TS) Markieren	(TS) Verbale Kommunikation Freies Sprechen und aktives Zuhören	(TS) Regeln zur Teamarbeit entwickeln und einüben
(TS) Visualisieren Schwerpunkt: Heftgestaltung	(TS) Verbale Kommunikation Miteinander reden	(TS) Alternative Formen der Gruppenarbeit durchspielen

stufe wiederum sind den Anforderungen an Alter und zu erreichende Kompetenzen der Schüler/innen angepasst worden. Wie die Trainingsspiralen in der Sekundarstufe I auf den Trainings in der Primarstufe aufbauen, setzen die Spiralen des Oberstufentrainings im Sinne eines Spiralcurriculums den Kompetenzausbau den Anforderungen der Schulstufe entsprechend fort. Die Oberstufentrainings sind nur sinnvoll für Schüler/innen, die in der Sekundarstufe I trainiert wurden.

11. Das Angebot für die Schulen

Das Angebot an die interessierten Schulen z.B. in einer Bildungsregion umfasst drei Grundlagentrainings für Lehrerteams – Methodentraining, Kommunikation zwischen Schülerinnen und Schülern, Teambildung im Klassenraum – und dem Anwendungsbaustein »Selbstgesteuertes Lernen im Fachunterricht« (vgl. Abb. 13). Der Lernprozess beginnt immer mit dem Methodenbaustein. Der in der Regel zweite Baustein – egal ob Kommunikationstraining oder Teamentwicklung – nimmt die im ersten Training erlernten Methoden mit auf, fädelt sie in neue Lernarrangements ein und pflegt sie damit, sodass bei den Teilnehmer/innen Routinen entstehen. Das Training des dritten Grundlagenbereichs baut entsprechend die Kompetenzen auf dem Fundament der ersten beiden weiter aus. Jede dieser Trainingseinheiten findet im Abstand von ca. sechs Monaten in Zweieinhalb-Tage-Blöcken oder Wochentrainings mit integrierten Unterrichtserprobungen und Unterrichtshospitation statt. Die Schule nimmt in der Sekundarstufe mindestens mit den jeweiligen Teams aus dem Anfangsjahrgang oder dem gesamten Kollegium an dem ca. zwei Jahre dauernden Lernprozess teil.

Die vier Bausteine werden nur als Gesamtpaket angeboten. Wie bei einem guten Vier-Gänge-Menü kann zum Gesamtgenuss kein Gang weggelassen werden. Diese Forderung kam zu Beginn von »Schule & Co.« deutlich aus denjenigen Schulen, die zu-

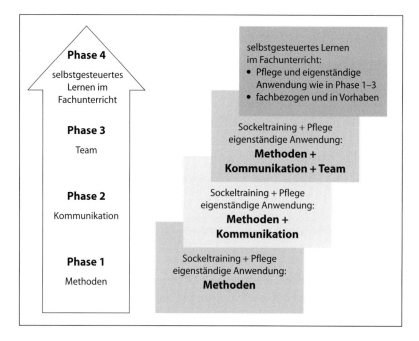

Abb. 13: Entwicklung von Phase 1 bis 4

nächst mit Einzelbausteinen bei Teilen des Kollegiums experimentiert hatten. Beteiligte äußerten eindeutig, dass sie durch die Fortbildung in nur einem oder zwei Bausteinen keinen eigenständigen und stabilen Lernprozess erlebten. Sie forderten nach einiger Zeit die restlichen Bausteine massiv ein. Genauso waren Versuche zum Scheitern verurteilt, in denen Teams aus Schulen, die in zweieinhalb Tagen in einem der Grundlagenbausteine trainiert worden waren, dem Rest des Kollegiums in einer eintägigen pädagogischen Konferenz ihre Kenntnisse weitergeben sollten. Vermutlich ist es sogar gelungen, Kenntnisse zu vermitteln, aber Kompetenzen entstehen eben auch bei Lehrerinnen und Lehrern nur durch eigenes Tun und nicht durch Zuhören und Verstehen. Daraus ergab sich die vierte Erkenntnis:

> *Nur wenn jeder einzelnen Lehrerin und jedem einzelnen Lehrer als Lerner gemeinsam mit seinen Teampartnern ein eigener authentischer und mittelfristig angelegter Lernprozess ermöglicht und zugleich abverlangt wird, wird er sich Neues wirklich auf Dauer langfristig aneignen können.*

In der Konsequenz dieser Erkenntnis muss für die beteiligten Schulen sichergestellt sein, dass neu Eingestellte oder per Versetzung Dazugekommene in den drei Grundlagenbausteinen nachqualifiziert werden, damit sie eine echte Chance haben, sich in trainierte Teams zu integrieren und an der Unterrichtsentwicklung praktisch mitarbeiten zu können. Wie in vielen anderen Konzeptdetails hat auch hier die schulische Praxis die entscheidenden Bedingungen formuliert.

Im Sinne institutionellen Lernens muss die schulische Steuergruppe die zentrale Verantwortung für Arbeits- und Implementationsprozesse übernehmen, die an die jeweiligen schulischen Bedingungen angepasst werden müssen. Die Schulen verpflichten sich, ihre Schüler/innen systematisch in den drei Grundlagenbausteinen zu trainieren und durch in den Klassenteams abgesprochene Pflegemaßnahmen die entstehenden Kompetenzen der Schüler/innen systematisch im Fachunterricht zu pflegen und zu mehr selbstgesteuertem Arbeiten zu führen.

Um sich auf einer angemessenen Grundlage als Kollegium für den Gesamtprozess einer so verstandenen Unterrichtsentwicklung entscheiden zu können, wird in interessierten Kollegien ein ganztägiger »Orientierungstag« durchgeführt. An diesem Tag lassen zwei Trainer/innen im Team das Kollegium praktisch erfahren, was die Ziele und die Inhalte des Konzepts sind. Dabei wird nicht schon im Bereich der Grundlagen trainiert, sondern die Teilnehmer/innen arbeiten u.a. eine Trainingsspirale durch, die erfahrbar macht, was mit selbstgesteuertem Lernen als langfristigem Ziel gemeint ist (vgl. Abb. 14 auf der nächsten Seite). Mit diesem Angebot einer ersten praktischen Erprobung werden eine Reihe der von Haenisch referierten Anforderungen an ein gutes Lernangebot für Lehrer/innen (vgl. oben Kap. 9, S. 771ff.) erfüllt. Erst nach diesem Tag kann eine Schule entscheiden, ob sie in den Prozess einsteigen will. Dazu ist eine Entscheidung in der Lehrerkonferenz mit einer Zweidrittelmehrheit nötig, da nur dann gewährleistet ist, dass eine die gesamte Schule erreichende Entwicklung des Unterrichts gewollt ist. Diese Entscheidung wird auch in Schulen verlangt, die über einige

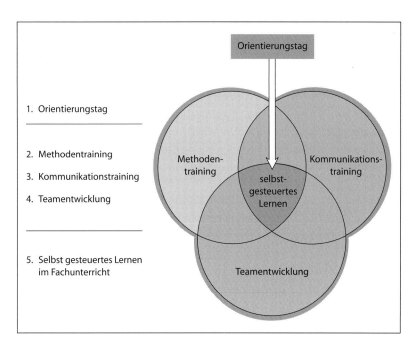

Abb. 14: Systematik der Trainings zur Unterrichtsentwicklung

Jahre hinweg immer nur das Jahrgangsteam 5 schulen lassen wollen. Gerade hier ist das hohe Quorum notwendig, damit z.B. klar ist, dass diejenigen, die nicht aktiv an den Fortbildungen teilnehmen, ihren Teil zur Unterrichtsentwicklung beitragen, indem sie etwa den Vertretungsunterricht gewährleisten. Darüber hinaus ist in diesen Schulen damit abgesichert, dass alle die Entscheidung mittragen und dass in den folgenden Jahren weitere Teams in die Unterrichtsentwicklung einsteigen, damit so nach und nach die ganze Schule erfasst wird. Auf der Grundlage des positiven Beschlusses der Lehrerkonferenz müssen die Mitglieder der Schulkonferenz gewonnen werden, was nach den bisherigen Erfahrungen kein Problem darstellt, wenn umfangreich über die Ziele informiert wurde.

Nach Abschluss der Trainings in den drei Grundlagenbausteinen und den Workshops zum selbstgesteuerten Lernen wird zwischen der Schule und dem Trainerteam ein weiterer Seminartag »Ein Jahr danach« vereinbart. An diesem Tag steht das Trainerteam der Schule einerseits zur Reflexion und Spiegelung der Weiterarbeit an Lernspiralen und Formen der Anwendung bei Schülerinnen und Schülern zur Verfügung. Andererseits erhält das Projekt auf diesem Weg Einblicke in fachliche Entwicklungen sowie Rückmeldungen zur Nachhaltigkeit der gemeinsamen Anstrengungen. Außerdem wird der Grad der Selbstverpflichtung der einzelnen Schulen erhöht. Zusätzlich kann auf regionaler Ebene die Kooperation trainierter Fachlehrer/innen zur Erarbeitung von schulfächerbezogenen Lernspiralen und zum Erfahrungsaustausch schulübergreifend organisiert werden. So kann die Lernwerkstatt auf Schulamtsebene auf Schulfächer bezogene Workshops organisieren, z.B. zu mathematischen Inhalten der Jahrgangsstufe 3, oder das Fortbildungsdezernat der Bezirksregierung ergänzende Workshops, z.B. zu biologischen Themen der gymnasialen Oberstufe, anbieten.

12. Schulstufenbezogene Trainingskonzepte

»Keimzelle« der bis heute weiterentwickelten Trainingskonzepte war das durch Heinz Klippert persönlich an die erste Ausbildungsgruppe von ausgewählten Lehrerinnen und Lehrern aller Schulformen in »Schule & Co.« vermittelte Konzept. Da bekannt war, dass seine Erfahrungen vorrangig aus der Sekundarstufe I kamen, wurde für die Grund- und Sonderschullehrer/innen von Anfang an eine weitere primarstufenbezogene Ausbildungsergänzung organisiert.

Ein Praktikerteam, das selbst einige Jahre vorher eine Ausbildung bei Heinz Klippert absolviert und inzwischen eine eigene grundschulorientierte Ausgestaltung erprobt hatte, wurde beteiligt. Schulaufsichtsbeamter Hans-Willi Risters und Grundschulrektorin Gabriele Cwik führten ca. vier Wochen nach der allgemeinen Ausbildung durch Heinz Klippert ergänzende Seminare für die Grund- und Sonderschultrainer/innen zu den Bausteinen Methodentrainig, Kommunikationstraining und Teamentwicklung durch (vgl. Cwik/Risters 2004). Alle Grund- und Sonderschultrainer/innen beteiligten sich an der Eigenentwicklung von für die Primarstufe angemessenen Lehrertrainings, sodass bereits in den ersten Trainings »im Feld« eigene Materialien benutzt wurden und sich zunehmend neue Trainingsspiralen ergaben. Aus der Gruppe der Erstausgebildeten wurden im Jahr 2000 je eine Grund- und eine Sonderschullehrerin beauftragt, auf der Basis der bis dahin gesammelten und umfangreich reflektierten und diskutierten Erfahrungen eine völlig eigenständige Trainingskonzeption für Kollegien in Grund- und Sonderschulen und ein Curriculum zur Ausbildung von Trainern zu erarbeiten. Diese Ausbildungskonzeption wurde inzwischen in verschiedenen Ausbildungsstaffeln eingesetzt und wiederum weiterentwickelt.

Das Sekundar-I-Trainingskonzept orientiert sich zwar noch an der Keimzelle, wurde aber inzwischen durch eigene Materialien ergänzt und aktualisiert und umfasst die in Kapitel 7 (S. 765ff.) genannten deutlichen Weiterentwicklungen und Ergänzungen, vor allem Reflexions- und Entscheidungsphasen der Lernenden. Das Ausbildungskonzept wurde von einer aus der Erstausbildung ausgewählten Konzeptgruppe entwickelt, beschrieben und ebenfalls in mehreren Ausbildungsstaffeln eingesetzt und weiterentwickelt. U.a. aufgrund der Anforderungen an Lehrer/innen der gymnasialen Oberstufe, die die neuen Richtlinien und Lehrpläne im Sinne fachübergreifender Kompetenzentwicklung bei Schülerinnen und Schülern stellten, wurde »Schule & Co.« gebeten, gesonderte Trainings für diese Zielgruppe zu entwickeln. Die beiden Bausteine »Wissenschaftspropädeutisches Arbeiten I + II« sind als oberstufenorientierte Ergänzung für Schüler/innen gemeint, die in der Sekundarstufe I systematisch qualifiziert worden sind. Sie werden nur Lehrerinnen und Lehrern angeboten, die an den Sekundar-I-Trainings teilgenommen haben. Die Bausteine sind ebenfalls mehrfach erprobt und weiterentwickelt.

Relativ spät im Gesamtentwicklungsprozess des Projekts »Schule & Co.« wurde erkannt, dass in den Berufskollegs das zu trainierende »Kollegium« den in einem Bildungsgang Tätigen entspricht. Darüber hinaus wurde klar, dass die an der Keimzelle bzw. den Sekundar-I-Trainings oder Oberstufentrainings orientierten Programme am einfachsten für Bildungsgänge mit vollzeitschulischer Ausbildung zu nutzen waren. Zu diesem Zeitpunkt waren die systematische Verknüpfung mit der didaktischen Jahresplanung und die angemessene Berücksichtigung langjähriger Erfahrungen mit handlungsorientiertem Unterricht und der Lernfelddidaktik nicht gut genug im Blick. Vor allem daran und an der Entwicklung von Trainingsspiralen zu berufsrelevanten Inhalten wurde in einer Entwicklungsgruppe der Bezirksregierung Detmold gearbeitet. Das Konzept wurde in Kooperation mit »Schule & Co.« entwickelt (vgl. Bezirksregierung Detmold 2003 und 2004) und wird in einer großen Zahl von Bildungsgängen an Berufskollegs umgesetzt.

Da Heinz Klippert keine Erfahrungen mit Sonderschulen hatte, wurde zu Beginn der Trainerausbildung in einem kleinen Arbeitskreis von Sonderpädagogen besonders intensiv die Frage bearbeitet, ob der Ansatz insgesamt auch in Sonderschulen wirksam werden könne. Durch die eigenen Unterrichtserfahrungen der Auszubildenden wurde die Frage zumindest für deren Fachrichtungen Lernbehinderung, Erziehungshilfe und Sprachbehinderung relativ schnell klar positiv beantwortet. Inzwischen liegen auch erste Erfahrungen mit der Umsetzung in Schulen für geistig und körperbehinderte Kinder vor. Darüber hinaus laufen Erprobungen an einer Schule für hörgeschädigte Kinder.

13. Die Organisationsformen des Trainings

Da Grund- und Sonderschulen in der Regel nur als gesamtes Kollegium trainiert werden, wurde diesen Schulformen von Anfang an die Durchführungsform des so genannten »Fünf-Tage-Trainings« angeboten (vgl. Abb. 15). Nach Rückmeldung aller Beteiligten ist diese Organisationsvariante für das selbstständige Lernen der Lehrer/innen im Team optimal, weil Teile aus Trainingsspiralen noch während der Trainingsdauer praktisch erprobt werden. An dieser Erprobung sind alle Kollegiumsmitglieder beteiligt, sie bereiten den Unterricht im Team vor und führen ihn mit Hospitationsanteilen durch. Sie reflektieren ihn systematisch im gleichen Team, bevor sie Neues durch die Trainer/innen lernen, um es dann wiederum teilweise sofort zu erproben. Auch Skeptiker werden in diesem intensiven praxisrelevanten Arbeiten häufig überzeugt, weil sie sofort feststellen können, wie relevant der Ansatz für ihre Lerngruppe und ihre eigene Lehrerarbeit ist.

Insgesamt stehen zurzeit drei Trainingsmodelle zur Verfügung:

1. Für Grund- und Sonderschulen integrative Trainings verbindlich in fünf Tagen immer mit dem gesamten Kollegium.
2. Für alle Sekundarschulen Zweieinhalb-Tage-Trainings (vgl. Abb. 16) entweder mit dem gesamten Kollegium oder für Teams z.B. aus den Jahrgängen 5 und 6 oder der Oberstufe. Dieser Trainingstyp beinhaltet das Erarbeiten der Trainingsspiralen durch die Lehrer/innen in der Schülerrolle, die systematische Reflexion dieser Er-

Abb. 15: Unterrichtsentwicklung auf der Basis des Fünf-Tage-Trainings

Training, Umsetzung und Reflexion als gemeinsamer Prozess				
1. Tag	2. Tag	3. Tag	4. Tag	5. Tag
8.00 Uhr Ganztägiges Lehrertraining (Trainingsspiralen) Vorbereitung des Unterrichts am nächsten Tag 16.00 Uhr	Durchführung von Unterricht Hospitation Reflexion und Auswertung Lehrertraining Vorbereitung des Unterrichts am nächsten Tag	Durchführung von Unterricht Hospitation Reflexion und Auswertung Lehrertraining Vorbereitung des Unterrichts am nächsten Tag	Durchführung von Unterricht Hospitation Reflexion und Auswertung Lehrertraining Vorbereitung des Unterrichts am nächsten Tag	Durchführung von Unterricht Hospitation Reflexion und Auswertung Präsentation von Ergebnissen
Voraussetzung: Betreuung der Schüler/innen muss sichergestellt werden				

Abb. 16: Unterrichtsentwicklung auf der Basis des Zweieinhalb-Tage-Trainings

	Implementation der Phasen 1/2/3				
	Lehrertraining	Lehrereinsatz	Sockeltraining	Pflege und Ausbau	eigenständige Anwendung
Klassenteam, Jahrgangsteam, Bildungsgangteam	Trainings in den Modulen 1–3: Methoden, Kommunikation, Team	Planung des Sockeltrainings in Baustein 1–3: Methoden, Kommunikation, Team Elterninformation	Material Durchführung Auswertung Evaluation Dokumentation	Pflege und Routine der eingeführten Methoden Permanenter Ausbau des Methodenrepertoires Auswertung, Evaluation und Dokumentation Entwicklung von Material	Verzahnung der verschiedenen Methoden Ausbau des selbstgesteuerten Lernens im Fachunterricht Wochenplanarbeit, Projektarbeit Auswertung, Evaluation und Dokumentation Leistungsbewertung

fahrung und den Transfer in den eigenen Unterricht. Die Planung des Unterrichts, die Reflexion seiner Durchführung und die Auswertung sind nicht in das Seminar integriert und müssen »zu Hause« in der Schule organisiert werden. Im Gegensatz zum integrativen Modell der Fünf-Tage-Trainings birgt dieses Modell die Gefahr, dass die in jeder Schule dringend nötige Verbindlichkeit zur Umsetzung auf der

Schülerebene aus dem Blick gerät. Schulische Steuergruppe und Schulleitung müssen vor dem Lehrertraining gemeinsam mit den Teams die Umsetzung in Lerngruppen vollständig durchstrukturiert geplant haben. Wenn zwischen der Lernzeit im Lehrerseminar und der Umsetzung im Unterricht zu viel Zeit vergeht, geht Dynamik verloren, das Verbleiben in der »alten« und damit »sicheren« Lehrerrolle wird mit jeder ungenutzten Woche immer wahrscheinlicher.
3. Für Berufskollegs werden nur Bildungsgangteams in der Regel im Zweieinhalb-Tage-Block geschult. In Einzelfällen werden aufgrund besonderer Bedingungen und Begründungen Mischformen erprobt.

14. Die Trainer/innen

Die Möglichkeit, das beschriebene Konzept der Unterrichtsentwicklung Schulen in einer Region anzubieten, ist entscheidend von der Qualität und Menge der für die Schulstufen zur Verfügung stehenden Trainer/innen abhängig. Diese Trainergruppe muss langfristig aufgebaut, ausgebaut und gepflegt werden. Durch eine entsprechende Aus- und Weiterbildung müssen alle Trainer/innen, die immer in Teams eingesetzt werden, in der Lage sein, die Ansprüche an das sukzessive weiterentwickelte Konzept der Unterrichtsentwicklung auf der Grundlage ihrer eigenen Unterrichtspraxis umzusetzen. Für Nordrhein-Westfalen werden diese aktuellen Ansprüche u.a. durch die Schrift »Lehren und Lernen für die Zukunft« (Projekt Selbstständige Schule 2004) definiert. Neben der Neuausbildung von Trainernachwuchs geht es in Nordrhein-Westfalen auch darum, auf der Grundlage anderer Konzepte ausgebildete Trainer/innen durch Anpassungsschulungen auf einen gemeinsamen aktuellen Stand zu bringen. Nur durch mittelfristig angelegte Qualitätsarbeit auch auf der Trainerebene können die hier benannten Konzeptmerkmale an Lehrkräfte vermittelt und zukünftige Anforderungen und Erkenntnisse systematisch einbezogen werden.

Die Institution, die die Traineraus- und -weiterbildung verantwortet und ihren Einsatz organisiert, muss selbst die Ansprüche einer (weiter-)lernenden Organisation erfüllen, damit einerseits das inhaltliche Konzept immer wieder an aktuelle grundsätzliche Herausforderungen angepasst wird, andererseits alle im Einsatz befindlichen Trainer/innen diesen aktuellen Veränderungen des Konzepts entsprechende Trainings für die Schulen durchführen. Die Institution hat also sowohl die Aufgabe der Qualitätsentwicklung als auch der Qualitätssicherung. Sie hat die Standards für eine qualitätsvolle Ausbildung von Trainerinnen und Trainern zu entwickeln und deren Einhaltung zu überprüfen. In der Regel beginnt die Qualitätsarbeit bereits mit einem an Assessments orientierten Auswahlverfahren für an der Ausbildung interessierte Lehrkräfte. Entscheidende Voraussetzung einer guten Trainerin und eines guten Trainers ist seine Bereitschaft zum kontinuierlichen eigenen Lernen in Teams. Entscheidende Bedingung aber ist die systematische und reflektierte dauerhafte Realisierung aller Trainingsinhalte im eigenen Unterricht. Nur so ist eine auf authentische eigene Erfahrungen gegründete Trainerleistung möglich. Diese reflektierte Unterrichtspraxis ist verbindlicher Bestandteil während aller Phasen der in der Regel zweijährigen Trainerausbildung und hilft die Kompetenzen auszubilden, die eine Trainerin oder ein Trainer als selbstständiger Lerner braucht.

Zweiter Schwerpunkt in der Qualitätsarbeit ist die Erarbeitung von Standards für die Inhalte der Lehrertrainings als auch für ihre Durchführung. Nur wenn die Arbeit an Standards einer Organisation oder Institution im beschriebenen Sinne als dauerhafte Aufgabe auch formal zugewiesen ist, kann sie auf Dauer auch gesichert werden. Nur so ist zu verhindern, dass einzelne Trainer/innen sich auf so individuelle Wege machen, dass gemeinsame Rahmen und Zielsetzungen aus dem Blick geraten. Nur so ist es wiederum möglich, dass über die Steuerungsmöglichkeit dieser Organisation aktuelle bildungspolitische Ziele des jeweiligen Bundeslandes und anerkannte wissenschaftliche Erkenntnisse bei der weiteren Entwicklung der Konzepte angemessen berücksichtigt und von allen aktiven Trainerteams in ihre eigene Trainingspraxis eingearbeitet werden.

15. Umsetzung in der Schule

Bereits im Projekt »Schule & Co.« wurde die Rolle einer schulischen Steuergruppe bei der innerschulischen Umsetzung der Unterrichtsentwicklung herausgearbeitet (vgl. Bastian/Rolff 2001, S. 39–44). Schon damals war klar, dass Schulleitung allein mit der längerfristig notwendigen Steuerungsleistung überfordert gewesen wäre, vor allem in Schulen ohne formelle erweiterte Schulleitung oder an Aufgaben gebundene Beförderungsstellen. Die Mitglieder einer Steuergruppe, die diese Aufgabe professionell erfüllen sollen, müssen allerdings in einem eigenen Lernprozess systematisch von entsprechenden Expertinnen und Experten in Fragen des Schulentwicklungsmanagements qualifiziert werden. Erfahrungen zu den Inhalten einer solchen am Prozess der Umsetzung der Unterrichtsentwicklung orientierten Qualifizierungsmaßnahme liegen vor (vgl. Herrmann 2000, S. 13ff.). In den letzten Jahren wurde diese Erkenntnis in Projekten zur Unterrichtsentwicklung in verschiedenen Bundesländern berücksichtigt, so auch im Modellversuch »Selbstständige Schule« in Nordrhein-Westfalen.

Aus heutiger Sicht liegen die Steuerungsaufgaben auf zwei unterschiedlichen Ebenen: Zum einen muss die Gruppe einen schulinternen Implementationsplan erstellen, der sicherstellt, dass alle Schüler/innen im Verlauf des Bildungsgangs, den diese Schule zu verantworten hat, systematische und nachhaltige Förderung ihrer Lernkompetenz erhalten. Dazu muss die Steuergruppe auf der Systemebene der Einzelschule entsprechend der gesamtschulischen Ziele vordenken, planen, organisieren, koordinieren, Sicherheit für alle Beteiligten, aber auch Verbindlichkeit, herstellen. Der Implementationsplan berücksichtigt u.a.

- welche Kompetenzen alle Schüler/innen eines Jahrgangs am Ende eines Schuljahrs erreicht haben sollen (somit sichert der Implementationsplan einen kumulativen Aufbau über die Jahrgänge ab);

- wann welche Lehrerteams qualifiziert werden;
- welche Grundlagentrainings wann in welchem Schülerjahrgang durchgeführt werden;
- wie die Pflege der angebahnten Kompetenzen im Fachunterricht organisiert ist;
- wie in jedem Jahrgang Raum, Zeit und Materialien für selbstgesteuertes Lernen im Fachunterricht und im fächerübergreifenden Unterricht organisiert werden;
- wie die erreichten Fortschritte der Schüler/innen überprüft werden;
- wie die Dokumentation der Materialien und Sicherung der Erfahrungen jährlich organisiert und systematisch weitergegeben wird.

An dieser Stelle sind die Merkmale eines mittelfristig angelegten Implementationsplans nur beispielhaft zu nennen. Wichtig ist, dass er z.B. in einer Grundschule mindestens die vier Jahrgänge im Blick hat, die jede Schülerin und jeder Schüler in der Regel in dieser Schule gefördert und gefordert wird. Gerade in großen mehrzügigen Systemen entstehen dann durchaus komplexe Darstellungsformen, wenn die schulische Steuergruppe den realen Stand der Umsetzung der Pläne in den einzelnen Jahrgängen nachhalten will. Diese Schulen haben in der Regel aufgrund der vielfältigen Anforderungen einen Jahresterminplan, in dem die terminlichen Festlegungen, die aus dem Implementationsplan erwachsen, berücksichtigt sind.

Entscheidend dafür, ob und wie viel Entwicklungsangebot in jeder Lerngruppe wirklich dauerhaft ankommt, ist die zuverlässige Arbeit der die einzelne Lerngruppe unterrichtenden Lehrerteams. Deshalb ist die kontinuierliche Qualitätsarbeit sowohl mit den Jahrgangs-, Klassen- oder Bildungsgangteams als auch mit den Fachteams der Schule die zweite wesentliche Aufgabe der Steuergruppe. Da in der Regel in unseren Schulen bisher keine stabile Teamstruktur entwickelt werden konnte, muss bereits die Phase der Teamzusammenstellung im Jahrgang professionell angegangen werden. Um hier vom Zufall und dem ausschließlichen Kriterium der persönlichen Sympathie wegzukommen, ist eine Steuergruppe in Fragen der Potenzialanalyse, Strategie und Kommunikation mit den Beteiligten stark gefordert. Nur mit Mut und Geschick wird es gelingen, jedes Mitglied eines Kollegiums »mitzunehmen«, um ihm die Chance zu geben, zum Teil eines aktiven selbstbestimmten Teams zu werden. Da die meisten Lehrkräfte in verschiedenen Jahrgängen unterrichten, werden sie auch aus arbeitsökonomischen Gründen nur dem Kernteam *eines* Jahrgangs verpflichtend zugeordnet. Eine mit den Beteiligten ausgehandelte Zusammensetzung der Teams ist eine gute Voraussetzung, aber keinesfalls Sicherheit für eine angemessene Arbeit im Team. Teambildung und Teamentwicklung sind als neu zu erschließendes Lern- und Arbeitsfeld aus gutem Grund fester Bestandteil der Qualifizierung schulischer Steuergruppen.

16. Umsetzung im Unterricht

Um aus der Systemebene der gesamten Schule steuernd in die Arbeitsebene der im Unterricht arbeitenden Teams zu wirken, hat sich an weit entwickelten Schulen das In-

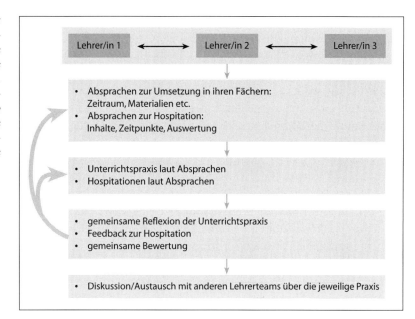

Abb. 17: Arbeitsphasen des Dreierteams einer Klasse, einer Jahrgangsstufe oder eines Bildungsgangs

strument der Zielvereinbarung zwischen Steuergruppe und jedem einzelnen Team bewährt. Nicht die Steuergruppe plant die Umsetzung in der Klasse, sondern sie sorgt dafür, dass die Teams planen. Wenn ihr diese Planungen vorliegen, kann sie wiederum für die Sicherheit bei Terminen und Materialien sowie für die zur Arbeit der Teams notwendigen Zeitressourcen Sorge tragen. Steuergruppen, die mit Zielvereinbarungen arbeiten, berichten von deutlich höherer Selbstverbindlichkeit der Lehrerteams und positiven Erfahrungen mit der Rechenschaftslegung der Teams in der mit der Steuergruppe verabredeten Form.

Zentrale Größe, um die Umsetzung in den Unterricht überprüfbar zu machen, ist der Jahresarbeitsplan des Lehrerteams für die Lerngruppe, der der Steuergruppe zur Kenntnis gegeben wird. Darin werden die synchronisierten Beiträge der einzelnen Fächer genauso fixiert wie die Vereinbarungen zur Ermittlung des Entwicklungsstands der Lerngruppe. Damit die Schüler/innen selbst ihren Anteil am Erreichen der Ziele einbringen können, sind ihnen die dafür relevanten Teile des Jahresarbeitsplans zum Schuljahresbeginn bekannt.

Damit Lehrkräfte vom Einzelkämpfer zum Teamer werden können, muss die Steuergruppe Sicherheit für eine zu entwickelnde Kooperation organisieren, sowohl im Sinne einer Zeitressource als auch einer Lernstruktur. Nur durch fest vereinbarte, sichere und kontinuierliche Zusammenarbeit der Teammitglieder kann eine Kultur des Vertrauens und der vorbehaltlosen Kooperation als Voraussetzung gemeinsamen Lernens im Team entstehen. Abbildung 17 verdeutlicht beispielhaft Lernschleifen, unter Einbeziehen regelmäßiger Hospitationen, die zu sicheren Routinen werden müssen. Auch hierbei muss die Steuergruppe helfen, Organisationsformen zu entwickeln und abzusichern, die Hospitationen ermöglichen, ohne andauernd den Stundenplan zu tangieren. Eine Lösung besteht z.B. in der Zuordnung einer weiteren Lehrkraft zu einer parallel gesteckten Fachstunde in den drei Klassen eines Jahrgangs. Die vierte Person kann in die Hospitantenrolle gehen, aber auch den Unterricht in der Klasse übernehmen. Dann hospitiert die eigentliche Fachlehrerin oder der eigentliche Fachlehrer und beobachtet gezielt die Arbeit seiner Lerngruppe nach abgesprochenen Kriterien.

Zur Arbeit an der Qualität der Umsetzung des Konzepts der Unterrichtsentwicklung sowohl auf der Systemebene Einzelschule als auch im konkreten Unterricht muss in der Schule die Kompetenz zur Selbstevaluation zur Verfügung stehen. Das im Projekt »Schule & Co.« entwickelte und auch in das Projekt »Selbstständige Schule« übernommene Konzept bietet jeder beteiligten Schule die Ausbildung von mindestens zwei schulinternen (Selbst-)Evaluationsberatern an (vgl. Herrmann/Höfer 2001). Dieses Team hat in einem eigenen Ausbildungs- und Lernprozess an drei über ca. sechs Monate verteilten Seminartagen methodische Grundlagen der Selbstevaluation gelernt. Im Schwerpunkt sind dies die Erarbeitung von Qualitätskriterien und Indikatoren sowie das »Maßschneidern« von Instrumenten. Damit sie von an Evaluationsvorhaben interessierten Lehrkräften ihrer Schule zur Beratung in Anspruch genommen werden können, durchlaufen sie selbst ein eigenverantwortetes Evaluationsvorhaben, das wiederum eine Grundlage für die Arbeit an den drei Ausbildungstagen darstellt. In der Regel sind dies natürlich Vorhaben, die die Qualität ihrer eigenen Unterrichtsarbeit im Fokus haben. Als besonders wichtig hat sich im Einsatz der inzwischen für einige Hundert Schulen ausgebildeten Evaluationsberater/innen die gesetzte Norm bestätigt, dass in Schule Arbeitende die Berater/innen zwar zur Hilfe holen können, die Schulleitung sie aber anderen nicht unangefordert schicken kann.

17. Schulleitung als Stütz- und Sicherungssystem

Im vorgestellten Konzept wird vorausgesetzt, dass die Schulleiterin bzw. der Schulleiter gesetztes und festes Mitglied der schulischen Steuergruppe ist, in der Regel ohne ihr Sprecher zu sein. Die Begründungen dafür sind vielfältig, ohne sie an dieser Stelle detailliert darzustellen. Damit wird einerseits gewährleistet, dass die Schulleiterin oder der Schulleiter durch die verpflichtende Teilnahme an der Qualifizierung seiner Steuergruppe im »Schulentwicklungsmanagement« teilnimmt und damit die gleichen Kompetenzen zur Steuerung der Unterrichtsentwicklung an seiner Schule entwickeln kann wie die anderen Mitglieder. Andererseits hat er damit die Möglichkeit, die seiner Aufgabe und Rolle entsprechenden Anteile direkt in allen Phasen der Arbeit der Steuergruppe einzubringen. Konkret bedeutet das am Beispiel der Bildung von Lehrerteams: Die Steuergruppe hat im Rahmen ihrer Entscheidungen vorbereitenden Arbeit ein Tableau für die Zuordnung von Kernteams auf Klassen-, Jahrgangs- oder Bildungsgangebene erstellt und z.T. mit den Betroffenen ausgehandelt bzw. kommuniziert. Die Schulleiterin bzw. der Schulleiter war daran in seiner Rolle als Mitglied der Steuergruppe aktiv beteiligt. Die Entscheidung, ob das Tableau so oder alternativ in die schulische Realität umgesetzt wird, trifft die Schulleiterin oder der Schulleiter allerdings unabhängig davon, weil er diese Entscheidung auch allein zu verantworten und ggf. zu begründen hat. Aus seiner klaren Führungsverantwortung für Personalentwicklungsaufgaben heraus kann er diese Entscheidung an niemanden abgeben, andererseits kann sie ihm auch nicht von anderen weg- oder abgenommen werden. Der Vorteil seiner Mitarbeit in der Steuergruppe wiederum ist, dass er damit seine formal unstrittige Rolle mithilfe der anderen Steuergruppenmitglieder inhaltlich gut unterfüttern kann.

Am gleichen Aufgabenbereich lassen sich weitere Möglichkeiten zur Absicherung von Entwicklungen verdeutlichen, die nur die Schulleiterin oder der Schulleiter hat. Wenn die Steuergruppe mit den gebildeten Teams Zielvereinbarungen geschlossen hat, hat letztendlich nur die Schulleiterin oder der Schulleiter die Möglichkeit, die zur Umsetzung notwendigen Zeitressourcen zur Verfügung zu stellen. Darüber hinaus kann auch die mit der Zielvereinbarung verbundene Rechenschaftslegung in strittigen Fällen nur von der Schulleiterin oder dem Schulleiter durchgesetzt werden. Die im »Betrieb Schule« unbedingt notwendige Verbindlichkeit entsteht immer dann sicherer, wenn die Schulleiterin oder der Schulleiter diese Aufgabe als die seine begreift und sie aktiv wahrnimmt. Dabei ist sicherlich wenig entscheidend, dass er formal der einzige ist, der zur Durchsetzung von Verabredungen berechtigt ist. Viel wichtiger ist es, dass seine Berechtigung getragen wird von fachlicher Autorität und inhaltlicher Überzeugung und Glaubwürdigkeit.

Mitglieder einer schulischen Steuergruppe müssen selbst an Trainings zur Unterrichtsentwicklung teilnehmen, um überhaupt zu wissen, was sie steuernd begleiten sollten, und den Lehrerteams gegenüber authentisch handeln zu können. Genauso wird eine Schulleiterin oder ein Schulleiter die seiner Rolle entsprechenden Aufgaben in der Unterrichtsentwicklung seiner Schule nicht angemessen ausfüllen können, wenn er nicht selbst aktiv an den Trainings teilnimmt. Solange in Deutschland Schulleiter/innen auch selbst noch Arbeitsanteile als Lehrer im Unterricht erbringen, müssen sie die gleichen Ansprüche an den von ihnen verantworteten Unterricht stellen lassen, wie sie sie an alle Lehrkräfte ihrer Schule stellen. Auch eine Schulleiterin oder ein Schulleiter arbeitet in jeder Schulform mit unterschiedlich hoher Stundenverpflichtung in einem Kernteam mit eigenen Fachunterrichtsanteilen. Er ist nicht aus dem Anspruch zu entlassen, seinen Anteil an der Gestaltung einer Kultur des selbstgesteuerten Lernens der Schüler/innen seiner Schule zu übernehmen, vielleicht sogar Modell zu sein in der Umsetzung, z.B. bei Hospitationen, Verbindlichkeit und Rechenschaftslegung. Umgekehrt hat das Verhalten einer Schulleiterin oder eines Schulleiters, der große Zeitanteile in seinem Schulleitungszimmer verbringt, während sein gesamtes Kollegium intensive Trainingserfahrungen macht, reflektiert und Unterricht in Teams plant, fatale Folgen nicht nur für seine Glaubwürdigkeit und Akzeptanz im Kollegium. In der Regel ist dieses in wenigen Ausnahmefällen real beobachtete Verhalten nur in Schulen vorgekommen, in denen auch nach entsprechend langer Entwicklungszeit weder stabile noch flächendeckende Teamentwicklungsprozesse im Kollegium festgestellt werden konnten. Damit aber war die entscheidende Grundlage für eine sichere Lernkompetenzentwicklung aller Schüler/innen dieser Schulen nicht erreicht. Diese absoluten Ausnahmen bestätigen nicht nur die Regel, sondern darüber hinaus die Bedeutung des Schulleitungshandelns auch im Bereich der Unterrichtsentwicklung.

Literaturverzeichnis

Bastian, J./Rolff, H.G. (Hrsg.) (2001): Vorabevaluation des Projektes »Schule & Co.« Gütersloh.
Bezirksregierung Detmold (Hrsg.) (2003): Unterrichtsentwicklung im Berufskolleg. Band 1: Konzept. Detmold.
Bezirksregierung Detmold (Hrsg.) (2004): Unterrichtsentwicklung im Berufskolleg. Band 2: Beispiele. Detmold.
Bildungskommission NRW (1995): Zukunft der Bildung – Schule der Zukunft. Neuwied/Kriftel/Berlin.
Cwik, G./Risters, W. (2004): Lernen lernen von Anfang an. Berlin.
Deutsches PISA-Konsortium (Hrsg.) (2001): PISA 2000. Opladen.
Frey, K. (2000): Kann man Lehrpersonen so qualifizieren, dass sie Gelerntes in die Praxis transferieren? In: Bildung und Erziehung 53, S. 247–255.
Green, N./Green, K. (2005): Kooperatives Lernen im Klassenraum und im Kollegium. Das Trainingsbuch. Seelze.
Haenisch, H. (2004): Was Lehrkräfte benötigen, um ihren Unterricht zu verändern. In: Schulverwaltung, H. 5, S. 136–138.
Herrmann, J. (2000): Evaluation der Tätigkeit schulischer Steuergruppen und des Projektmanagements. Bericht an die Projektleitung »Schule & Co.«. Gütersloh.
Herrmann, J. (2002): Unterrichtsentwicklung im Projekt »Schule & Co.«. Interne Evaluation. Gütersloh.
Herrmann, J./Höfer, C. (2001): Qualifizierungsseminare für schulische Beraterinnen und Berater für Selbstevaluation. In: journal für schulentwicklung 5, H. 1, S. 56–63.
Klippert, H. (2000): Pädagogische Schulentwicklung. Weinheim/Basel.
Projekt Selbstständige Schule (2004): Lehren und Lernen für die Zukunft. Guter Unterricht in seiner Entwicklung im Projekt »Selbstständige Schule«. Gütersloh.
Tolksdorf, R. (2002): Lernjournale an der Sonderschule für Lernbehinderte. In: Buchen, H./Horster, L./Rolff, H.G. (Hrsg.): Schulleitung und Schulentwicklung. Berlin, Beitrag E 2.11.
Tschekan, K. (2002): Guter Unterricht und der Weg dorthin. In: Buchen, H./Horster, L./Rolff, H.G. (Hrsg.): Schulleitung und Schulentwicklung. Berlin, Beitrag E 2.9.
Weidner, M. (2003): Kooperatives Lernen im Unterricht. Seelze.
Weinert, F.E. (2000): Lehren und Lernen für die Zukunft. Ansprüche an das Lernen in der Schule. Vortrag am 29.3.2000 im Pädagogischen Zentrum in Bad Kreuznach. In: Pädagogische Nachrichten Rheinland-Pfalz, H. 2, S. 5ff.
Ziegler, A. (2000): Wir dachten, die Ampel zeigt Rot! In: Pädagogik 52, Heft 7–8, S. 17–21.

Leonhard Horster / Hans-Günter Rolff

Reflektorische Unterrichtsentwicklung[1]

1.	Ausgangspunkt: Lehrer/innen als »reflektierende Praktiker«	789
2.	Unterrichtsentwicklung als Lernprozess	792
3.	Sinnhaftes Lernen ermöglichen	793
4.	Unterrichtsentwicklung als Bestandteil des Schulprogramms	796
5.	Behördliche Vorgaben und innerschulische Entwicklung	798
6.	Fünf Basisprozesse der Unterrichtsentwicklung	800
7.	Aufgaben der Schulleitung	802
7.1	Unterrichtsentwicklung initiieren	802
7.2	Arbeitsstrukturen nutzen bzw. schaffen	805
7.3	Aufbau einer Evaluations- und Reflexionskultur	805
	Literaturverzeichnis	809

Unterrichtsentwicklung umfasst die Gesamtheit der systematischen Anstrengungen, die darauf gerichtet sind, die Unterrichtspraxis im Sinne eines sinnhaften und effizienten Lernens zu optimieren, das sich im Wechsel von angeleiteter und selbstständiger Arbeit möglichst häufig auch mit offenen und authentischen Problemen auseinander setzt. Entwicklungsarbeit zur Optimierung der Unterrichtspraxis verschränkt individuelles und organisationales Lernen, betrifft gleichermaßen die pädagogischen Inhalte und die schulischen Strukturen. Sie synchronisiert zentrale behördliche Vorgaben und örtliche schulinterne Entwicklungsvorhaben. Hierbei sind Schulleitung und Kollegium gleichermaßen gefordert – und zwar als »reflektierende Praktiker«.

1. Ausgangspunkt: Lehrer/innen als »reflektierende Praktiker«

Die Idee und das Konzept des »reflektierenden Praktikers« geht auf Donald Schön (1987) zurück. Seine Ausgangsfrage lautete ganz allgemein: Wie müssen Handlung und Wissen zusammenspielen, damit professionelle Praktiker/innen die komplexen Si-

---

[1] Dieser Beitrag basiert auf dem Buch »Unterrichtsentwicklung. Grundlagen, Praxis, Steuerungsprozesse«, Horster/Rolff 2001.

tuationen beruflicher Praxis bewältigen können? Schön unterscheidet sein Modell professioneller Praxis vom »Modell technischer Rationalität«, das klare, unzweifelhafte Ziele und feststehende Arbeitsbedingungen voraussetzt. Diese Anforderungen sind nur bei einfachen und repetitiven Aufgaben gegeben. Die Mehrzahl der Situationen professioneller Praxis ist jedoch im Gegenteil komplex, ungewiss, mehrdeutig, einzigartig und von Wert- und Interessenkonflikten geprägt.

Schön hat seine Antwort auf die Frage nach der Charakteristik komplexer Handlungen aus der Analyse von Fallstudien hochqualifizierter praktischer Tätigkeit (z.B. von Architekten, Psychotherapeuten, industriellen Entwicklern usw.) gewonnen, wobei er zu folgenden Ergebnissen gekommen ist (vgl. Altrichter 2001, S. 57f.):

- *Problemdefinition*: Schön betont zunächst die Bedeutung der Problemdefinition im Expertenhandeln. Praktiker/innen wenden nicht einfach fixes Wissen zur Problemlösung an, weil komplexe Situationen gerade dadurch definiert sind, dass das »Problem« als solches gar nicht klar ist. Sie müssen das Problem gleichsam finden, definieren – und das in ökonomischer Weise zu können, macht eine der spezifischen Qualitäten des Handelns kompetenter Praktiker/innen aus.
- *Vorläufigkeit, Prozesshaftigkeit und Evaluation*: Diese erste Problemdefinition ist aber üblicherweise noch nicht der Weisheit letzter Schluss. Erfolgreiche Praktiker/innen beobachten ihre problemlösende Handlung. Sie versuchen, die Handlungserfahrungen auszuwerten, um ihre Problemdefinition weiterzuentwickeln. Dadurch eignet dem Praktikerwissen eine typische Vorläufigkeit und Prozesshaftigkeit an.
- *Local knowledge*: Gerade erfolgreiche Praktiker/innen haben nach Schöns Untersuchungen die Fähigkeit, aus ihren Handlungserfahrungen »lokales Wissen« gleichsam auszufällen. Sie bauen einen speziellen Erfahrungsschatz auf, der ihnen hilft, die Probleme ihres Berufsbereichs kompetent und situationsbezogen anzugehen. Dieses Praktikerwissen ist in seinem Kern *bereichspezifisches Wissen* oder *local knowledge* und nicht mit der Struktur der wissenschaftlichen Theorien, die für diesen Praxisbereich Aussagen liefern, identisch. Es besteht nicht allein aus generell-formalen Kompetenzen, nicht allein aus kognitiven Werkzeugen, mit denen man alle Probleme unabhängig vom Realitätsbereich lösen könnte. Es lässt sich daher auch nicht leicht oder ohne kognitive Anstrengung auf andere Bereiche übertragen. Während von der Universität kommende Neulinge oft ein gutes Wissen der jeweiligen wissenschaftlichen Disziplin haben, sind die Kategorisierungen von Praktiker/innen nicht an der Struktur der Disziplin ausgerichtet, sondern an den praktischen Anforderungen ihrer Arbeit.

Es gilt sich klarzumachen, dass Praktiker/innen, um die komplexen Situationen beruflicher Praxis qualifiziert zu meistern, über die Fähigkeit zur Reflexion *in* der Handlung (*reflection in action*) verfügen müssen – das bedeutet die Fähigkeit, auf die Spezifität der sich entwickelnden Situation und der eigenen Handlung darin reflektieren zu können, auch ohne aus dem Handlungsfluss herauszutreten. Sie tun dies mithilfe eines Repertoires von Fallbeispielen, Bildern, Analogien, Interpretationen und Handlungen, oft ohne ihre interaktiven Reflexionsergebnisse nachträglich mühelos verbalisieren zu können.

Für volle professionelle Kompetenz sind jedoch nach Schön zwei Handlungstypen notwendig: Im Zentrum steht die Kompetenz zur *Reflexion in der Handlung*. Doch ist diese in – üblicherweise nicht begleitend reflektierte – Routine eingebettet. Sie muss deshalb durch *reflection on action* (entspricht unserem alltäglichen Begriff von distanzierter, aus der Handlung heraustretender Reflexion) ergänzt werden, wenn ein größeres Problem gelöst oder das eigene Wissen im Gespräch mit Kolleginnen und Kollegen formuliert werden soll. Besonders nützlich, wenn nicht gar notwendig, ist deshalb die Sammlung von Daten *über* die Handlung, die eine objektivierte, z.T. herausfordernde Basis für die Reflexion der eigenen Routinen schaffen.

Allein deshalb ist es ein Kurzschluss anzunehmen, die in den letzten Jahren populär gewordene Verbreitung von Kenntnissen über neuere Unterrichtsmethoden stelle bereits den Königsweg zur Unterrichtsentwicklung dar. Zuweilen wird mit Blick auf systemisch orientierte Schulentwicklungskonzepte die Vermittlung neuerer Unterrichtsmethoden als der kürzere, weil einfachere und damit Erfolg versprechendere Weg gepriesen. So fordert etwa Klippert (1997, S. 13) angesichts der vorgeblich abstrakten, langwierigen und die »normale« Lehrerschaft überfordernden Organisationsentwicklung die »Reduzierung des Innovationsfeldes auf einen überschaubaren Kernbereich der Lehrertätigkeit, den Unterricht«. Hiervon verspricht er sich den Effekt, dass auch »die ›Durchschnittslehrer‹ das Gefühl bekommen: Das packen wir!« In gleichem Sinne beteuert Korte (1998, S. 15), »dass ich den einzelnen Lehrer im Blick habe, der in und mit seiner Klasse die Weichen neu stellen will.« Die Botschaft soll heißen: Langwierige Verhandlungs- und Klärungsprozesse, die das gesamte Kollegium einbeziehen, verschleißen nur die Kräfte der Lehrpersonen. Jede und jeder Einzelne kann sich auf den Weg machen, sofort, hier und jetzt; hierzu bieten ihm unterschiedlichste »Methodenmanuale« kopierfähige Vorlagen an.

Die Aneignung eines möglichst großen Repertoires von Methoden gehört sicher zu den Grundvoraussetzungen des Lehrerberufs. Eine Reduktion darauf blendet allerdings die Reflexion aus und verhindert damit eine ausgeprägte Professionalität. Wir wissen zudem aus der empirischen Schulforschung: »Gute« Schulen sind vor allem gekennzeichnet durch

- einen starken Konsens bezüglich didaktisch-methodischer Fragen;
- eine ständige Abstimmung des Unterrichts, besonders hinsichtlich curricularer Fragen;
- eine ständige gemeinsame Erörterung und Festlegung von übergreifenden Verhaltensregeln (Haenisch 1986).

Hinter diese empirisch abgesicherten Einsichten fallen Ansätze zurück, die die Praxis nicht systematisch reflektieren und weiterentwickeln.

2. Unterrichtsentwicklung als Lernprozess

Nur wer fortlaufend überprüft, wo er steht, was er erreicht hat und was nicht, kann sein Lernen selbst steuern, bleibt auf Dauer überhaupt lernfähig. Unsere eigene Praxis zu reflektieren ist nicht leicht. Es setzt den Willen voraus, offen und ehrlich zu sein, sowie eine Bereitschaft zur Selbstkritik. Die Reflexion sollte nicht auf die technische Ebene beschränkt bleiben – darauf, was funktioniert und was nicht. Diese Fragen sind wichtig, machen aber nicht alles aus. Reflexion der Praxis sollte auch nach dem Was fragen, nach den Inhalten und wie sie interpretiert werden. Lehrkräfte können ihre eigene Praxis oft nur anhand persönlicher Eindrücke im geschäftigen Klassenzimmer einschätzen. Zur Reflexion der Arbeit sind indes aussagekräftigere Daten nötig. Dazu sollte man z.B. sorgfältig ein Feedback der Schüler/innen einholen und dieses auswerten. Man kann aber auch andere Perspektiven einbeziehen, z.B. durch kollegiale Fallberatung oder gegenseitige Hospitation.

Reflexion fällt deshalb nicht leicht, weil sie Fähigkeiten und Einstellungen verlangt, die normalerweise von Lehrkräften nicht gefordert werden. Unterrichten verlangt eher nach schneller Handlung, nach Extrovertiertheit – man muss Selbstvertrauen haben und sich seiner Sache sicher sein. Reflexion verlangt demgegenüber, introvertiert zu sein, sich selbst infrage zu stellen und Unsicherheit zuzugeben. Deshalb müssen ein geschützter Raum und eine Art Ethik der Evaluation geschaffen werden. Dies ist Schulleitungsaufgabe – wir kommen am Schluss darauf zurück. Evaluation muss sich vor allem auf die Lernstände der Schüler/innen beziehen. Aber diese ist umso leichter durchzuführen, je mehr die Lehrkräfte bereit sind, sich selbst zu evaluieren bzw. evaluieren zu lassen.

Die Verbesserung von Unterrichtsqualität kann nicht einfach verfügt und auch nicht ad hoc hergestellt werden; sie ist vielmehr das Ergebnis einer Entwicklung, in der sich organisationales und individuelles Lernen verschränken und bei der die unterschiedlichen Lernbiografien der beteiligten Personen einen nicht zu vernachlässigenden Einfluss ausüben. Unterrichtsentwicklung basiert auch auf organisationalem Lernen: Die Lehrkräfte einer Schule müssen sich über ihre Vorstellungen von Unterricht verständigen, die für ihre Realisierung notwendigen Schritte vereinbaren und die Kriterien definieren, anhand derer sie den Erfolg ihrer gemeinsamen Anstrengungen messen wollen. Organisationales Lernen im Hinblick auf Unterricht hat dann erfolgreich stattgefunden, wenn es innerhalb eines Kollegiums kollektiv geteilte Vorstellungen darüber gibt, wie Unterricht sein soll, wenn die von den Lehrkräften praktizierten Formen des Unterrichts möglichst weitgehend mit den gemeinsamen Vorstellungen übereinstimmen und wenn es überdies Regularien dafür gibt, Abweichungen von den gemeinsamen Leitvorstellungen produktiv zu bearbeiten.

Konzepte, die davon ausgehen, allein schon durch die Verbreitung von *Kenntnissen* über neue oder andere Unterrichtsmethoden die unterrichtliche *Praxis* in den Schulen nachhaltig zu verändern, greifen zu kurz. Dass der angereicherte Kenntnisstand noch nicht notwendig zu einer veränderten Praxis führt, kann durch einfache Beobachtungen z.B. in der Lehrerausbildung belegt werden: In einer Gruppe von Lehramtsanwärterinnen und -anwärtern, der man eine Anzahl unterschiedlicher Unterrichtsmethoden vorstellt, werden keineswegs alle Personen alle vorgestellten Unterrichtsmethoden gleichermaßen in ihr persönliches Handlungsrepertoire übernehmen, sondern aus diesen eine individuelle Auswahl treffen. Ihre Auswahl wird bestimmt durch die jeweilige Lernbiografie. Man kann davon ausgehen, dass jede Person über ein individuelles Bild von Unterricht verfügt, dessen Grundlagen bereits in der eigenen Schulzeit gelegt worden sind. Dieses Bild von Unterricht besitzt implizit normativen Charakter und steuert die Auswahl von Methoden und die Anlage von Lernarrangements in dem Sinne, dass diejenigen Methoden und Lernarrangements bevorzugt werden, die sich in das Bild einfügen.

Beispielsweise fordert das nordrhein-westfälische Rahmenkonzept »Qualitätsentwicklung und Qualitätssicherung schulischer Arbeit« eine Form der Unterrichtsentwicklung, die individuelles und organisationales Lernen im Sinne der *Entwicklung einer Kultur der Zusammenarbeit* verbindet: »Die individuelle Entwicklung und Verbesserung der eigenen Lehrtätigkeit muss sich verbinden mit der Entwicklung von Teamarbeit und innerschulischer Kooperation. Diese konkretisiert sich in der gemeinsamen Entwicklung veränderter Unterrichtskonzepte, gegenseitigen Hospitationen, regelmäßigen wechselseitigen Rückmeldungen, gemeinsamer Unterrichtsvorbereitung und Unterrichtsreflexion, der Arbeit von Klassen- und Jahrgangsstufenteams, von Fach- und Bildungsgangkonferenzen sowie von Abteilungs- und Lehrerkonferenzen« (MSWWF, S. 19f.).

3. Sinnhaftes Lernen ermöglichen

Bei Unterrichtsentwicklung geht es fraglos um die Vermittlung von Wissen, Verstehen und Kompetenzen (vgl. dazu Horster/Rolff 2001, S. 18ff.). Das sollte für jede Form von Unterrichtsentwicklung gelten. Bei reflektorischer Unterrichtsentwicklung kommt jedoch hinzu, dass den Schülerinnen und Schülern nicht nur effizientes, sondern auch sinnhaftes Lernen ermöglicht werden soll und dies beim Planen und Entwickeln des Unterrichts durch die Lehrpersonen von vornherein mitbedacht werden muss.

In seinem Bemühen um die Weiterentwicklung des mathematisch-naturwissenschaftlichen Unterrichts hat der Schweizer Physiker und Didaktiker Labudde einen Forderungskatalog aufgestellt, aus dem an dieser Stelle fünf Forderungen vorgestellt seien, von denen wir annehmen, dass sie Wirksamkeit über den mathematisch-naturwissenschaftlichen Unterricht hinaus besitzen und zu verdeutlichen vermögen, was ein sinnhaftes und effizientes Lernen bedeuten könnte. Labudde (1998) fordert u.a.

1. die Integration des Vorverständnisses der Schüler/innen;
2. einen lebensweltlichen Bezug im systematischen Wissensaufbau;
3. die Arbeit an authentischen und offenen Problemen;
4. die Selbstverantwortung der Lernenden;
5. Kooperation, Kommunikation und Disput der Lernenden.

Er erläutert seine Forderungen folgendermaßen:

1. *Integration des Vorverständnisses:* Das Individuum findet im mathematisch-naturwissenschaftlichen Unterricht immer wieder Gelegenheit, sein individuelles Vorverständnis explizit einzubringen und zu artikulieren. Das Vorverständnis – aus dem Alltag und aus früherem Unterricht – umfasst konzeptionelles und methodologisches Wissen, die Alltagssprache, Interessen, Einstellungen und Gefühle.
2. *Lebensweltlicher Bezug im systematischen Wissensaufbau:* Der lebensweltliche Bezug ist ein wegweisendes Element für die tägliche Unterrichtsgestaltung. Naturphänomene, Alltagsvorgänge und -gegenstände bilden ein Fundament aller Curricula.
3. *Authentische, offene Probleme:* Authentische, nicht zu eng gestellte Fragen und Probleme, die Freiräume für die Lernenden lassen und die diese über weite Phasen selbstständig bearbeiten, bilden Pfeiler des mathematisch-naturwissenschaftlichen Unterrichts.
4. *Selbstverantwortung der Lernenden:* In einer von der Lehrperson vorstrukturierten Umgebung generiert das Individuum neues Wissen in zunehmender Selbstverantwortung. Es setzt sich Lernziele, reflektiert und kontrolliert Lernprozesse und Resultate. Damit erwirbt das Individuum sowohl Sach- wie auch Selbstkompetenz.
5. *Kooperation, Kommunikation und Disput der Lernenden:* Die Kooperation zwischen den Lernenden, das Austauschen von Fragen und Ideen sowie das Führen von wissenschaftlichen Streitgesprächen sind konstitutive Elemente des mathematisch-naturwissenschaftlichen Unterrichts.

In diesem von Labudde aufgestellten Katalog stellt u.E. die Forderung nach Arbeit an authentischen und offenen Problemen die zentrale – und in der alltäglichen Unterrichtspraxis wohl am schwierigsten zu realisierende – Forderung dar, die anderen Forderungen führen auf dieses Zentrum hin oder können aus ihm abgeleitet werden (vgl. Abb. 1). Diese Forderungen stellen allein genommen sicher nichts grundsätzlich Neues dar, jedes dieser Elemente kommt immer wieder einmal in der alltäglichen Unterrichtspraxis vor. Eine Herausforderung für die Lehrperson ist aber der Anspruch, diese Elemente als sich gegenseitig bedingend (darauf deuten die Pfeile in der Grafik hin) zu reflektieren und möglichst häufig und systematisch zum Prinzip des Unterrichts zu machen.

Der von Labudde ins Spiel gebrachte Begriff der »authentischen und offenen Probleme« bezeichnet eine Lernsituation, in der die Schülerin oder der Schüler mit etwas konfrontiert wird, das nicht schon sofort als Anwendungsfall einer zuvor vermittelten Lösungsstrategie erkennbar ist; stattdessen begegnet die Schülerin oder der Schüler einer offenen Situation, in der unterschiedliche Fragestellungen möglich sind, in der nach Lösungswegen gesucht werden muss und in der nicht von Anfang an feststeht, dass es *eine* richtige Lösung gibt, von der jeder erwartet, dass der Lehrer bzw. die Lehrerin sie vorab schon kennt.

»Authentische und offene« Situationen sollten zunehmend auch für das Lernen in anderen Fächern bereitgestellt werden. Hier wird man nicht ohne weiteres auf fertige

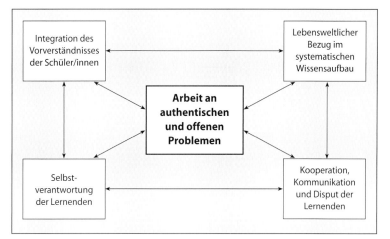

Abb. 1: Arbeit an authentischen und offenen Problemen

Konzepte zurückgreifen können, wie sie etwa von der Forschungsstelle für Schulpädagogik und Fachdidaktik des Sekundärlehramtes der Universität Bern für das Fach Mathematik entwickelt worden sind. Man kann aber deren Prinzipien auf andere fachliche Zusammenhänge übertragen, indem man etwa überlegt, wie deren Inhalte so rekontextualisiert werden können, dass die Schüler/innen in der Auseinandersetzung damit

- Überblick in komplexen Situationen gewinnen;
- situationsbezogene Fragen bzw. Vermutungen formulieren;
- nach fachlichen Mitteln und Wegen suchen, um ihre Fragen zu beantworten oder ihre Vermutungen zu stützen bzw. zu widerlegen; und
- Ergebnisse und Erkenntnisse untereinander austauschen.

Hier ist die Fantasie der Fachkonferenzen gefragt; dabei geht es darum, die vielfältigen schulischen »Als-ob-Situationen«, die Lernen vielfach auf ein vorhersehbares Ergebnis einengen, wenigstens tendenziell durch Realsituationen zu ersetzen, in denen die Schüler/innen Gelegenheit haben, sich mit Fragen auseinander zu setzen, die sie – in einem fachlichen Zusammenhang – wirklich beschäftigen.

Fassen wir die bisherigen Überlegungen zusammen, so wird deutlich, dass zur Weiterentwicklung des Unterrichts Anstrengungen in drei Richtungen unternommen werden müssen (vgl. Abb. 2 auf der nächsten Seite):

1. Lehrkräfte müssen sich neue Methoden aneignen, die selbstbestimmtes und kooperatives Lernen ermöglichen.
2. Sie müssen ihr traditionelles Methodenrepertoire angeleiteten Lernens im Sinne von mehr Interaktivität anreichern.
3. Vor allem aber muss beides verbunden werden mit einer Änderung der Inhalte von Unterricht, sodass den Schülerinnen und Schülern über die Arbeit an offenen und authentischen Problemen ein sinnhaftes und effizientes Lernen ermöglicht wird.

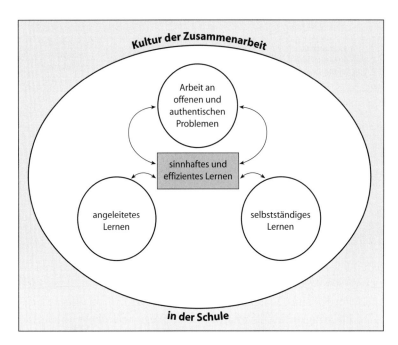

Abb. 2: Drei Schwerpunkte von Unterrichtsentwicklung für sinnhaftes und effizientes Lernen

Diese komplexe Zielsetzung wird nur auf dem Weg eines kontinuierlichen Entwicklungsprozesses zu realisieren sein, der tendenziell das gesamte Kollegium mit einschließt.

4. Unterrichtsentwicklung als Bestandteil des Schulprogramms

Zunehmend häufig klagen Schulleitungspersonen über die Vielzahl von zusätzlichen Aufgaben, die der Schule von der Behörde aufgetragen werden. In diesem Zusammenhang werden nahezu regelmäßig die Themen »Arbeit am Schulprogramm« sowie »Qualitätssicherung und Qualitätsentwicklung« genannt. Man hat den Eindruck, schon den nächsten Auftrag zu erhalten, bevor der erste richtig abgeschlossen ist. Nicht zuletzt hier stellt sich die Frage nach dem Verhältnis von Schulprogrammarbeit und Unterrichtsentwicklung. Zur Klärung dieser Frage kann Abbildung 3 beitragen; sie zeigt die Schule als pädagogische und soziale Organisation.

Die Grafik erhebt nicht den Anspruch, ein umfassendes Bild von Schule zu zeichnen, sondern stellt die für organisations- und unterrichtsbezogene Entwicklungsvorhaben relevanten Größen in ihrer gegenseitigen Einwirkung dar. Im Sinne dieses Modells wird Schule als eine pädagogische und soziale Organisation gedeutet, in der sich eine wechselseitige Entwicklung und Anpassung in sechs Dimensionen vollzieht:

1. Umfeld,
2. Ziele/Werte,
3. Struktur,
4. zwischenmenschliche Beziehungen,
5. Strategien/Methoden und
6. Unterricht.

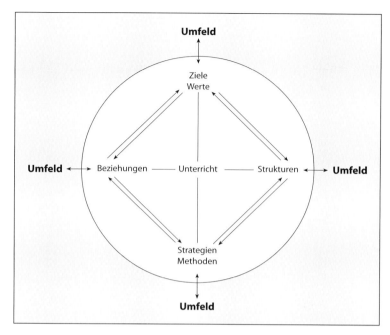

Abb. 3: Dimensionen der Schule als pädagogischer und sozialer Organisation

Dabei kann man zwischen einer schulischen Makro- und einer Mikroebene unterscheiden. Die Dimensionen »Umfeld«, »Ziele/Werte«, »Struktur«, »Beziehungen«, »Strategien/Methoden«, die die Schule insgesamt im Zusammenwirken mit der zentralen Dimension »Unterricht« auf der Makroebene charakterisieren, finden sich auf der Mikroebene innerhalb der Dimension »Unterricht« in jeder einzelnen Unterrichtsstunde wieder, ohne notwendig auf beiden Ebenen identisch zu sein.

So kann man feststellen, dass z.B. Ziele und Werte innerhalb einer Schule in mannigfaltigen Zusammenhängen eine Rolle spielen. Der einzelnen Schule als Repräsentantin einer bestimmten Schulform sind spezifische Ziele vorgegeben. Die verschiedenen Schulen dieser Schulform realisieren ihre Zielvorgaben in unterschiedlicher Weise und Akzentuierung, abhängig z.B. vom jeweiligen Umfeld und den individuellen Zielvorstellungen der an der Schule tätigen Personen. Der in der Schule erteilte Unterricht wiederum ist auf Ziele ausgerichtet, die von den jeweiligen fachlichen Vorgaben, den individuellen Zielvorstellungen der Lehrer/innen, den Zielsetzungen der einzelnen Schule und der Schulform, dem Umfeld der Schule u.a. mehr beeinflusst werden. In diesem Geflecht gegenseitiger Beeinflussung kann Schulentwicklung von verschiedenen Ebenen her starten.

Eine Schule kann auf der Makroebene beginnen und im Sinne der Arbeit am Schulprogramm über die Zielvorstellungen der Lehrer/innen nachdenken, um sich innerhalb des Kollegiums über gemeinsame pädagogische Leitvorstellungen zu verständigen. Ein solches Arbeitsvorhaben ist aber letztlich nur dann sinnvoll, wenn überlegt wird, wie sich die gemeinsamen Leitvorstellungen in der täglichen Gestaltung des Unterrichts überprüfbar realisieren lassen. Insofern werden Fragen der Unterrichtsentwicklung im Rahmen der Arbeit am Schulprogramm unabweisbar auf der Tagesordnung stehen. Umgekehrt kann eine Fachschaft damit beginnen, sich über eine inhaltliche und methodische Neugestaltung des Unterrichts zu verständigen, weil sich die Anforderungen des schulischen Umfelds an den Unterricht verändert haben. Derartige Veränderungen bleiben jedoch nicht ohne Auswirkungen auf andere innerschulische Dimensionen. Soll etwa das Fach Mathematik im Sinne einer stärkeren lebensweltlichen Orientierung verändert werden, wird man wegen der traditionellen Zuliefererfunktion des Mathematikunterrichts für die naturwissenschaftlichen Fächer mit diesen in einen Verständigungsprozess eintreten müssen, weil möglicherweise deren Erwartungen an den Mathematikunterricht tangiert werden. Als Folge wird es vielleicht zu einer Neuorientierung im mathematisch-naturwissenschaftlichen Bereich der Schule kommen, von dem auch die bisherigen innerschulischen Strukturen betroffen sein könnten. Auf jeden Fall aber wird sich das Erscheinungsbild der Schule in ihrem Umfeld verändern, wobei zu Beginn nicht unbedingt mit einer positiven Aufnahme gerechnet werden muss. Insofern wird jede Schule gut beraten sein, Unterrichtsentwicklung, die zu belangvollen Veränderungen führt, in die Arbeit am Schulprogramm einzubetten, um für hinreichend stabile Rahmenbedingungen zu sorgen, die der Innovation Bestand verleihen können.

So wird deutlich, dass sich Unterrichtsentwicklung und Arbeit am Schulprogramm als mögliche Zugänge zur Schulentwicklung gegenseitig bedingen, ohne dass eine zwingende Reihenfolge einzuhalten wäre. Dass gleichwohl in der Schulöffentlichkeit der Eindruck zweier getrennter und unterschiedlich wichtiger Aufgaben entstehen kann, hat wahrscheinlich mit der Art ihrer administrativen Umsetzung zu tun.

5. Behördliche Vorgaben und innerschulische Entwicklung

Wenn man Schul- und Unterrichtsentwicklung in der hier skizzierten Weise versteht, setzt dies ein Verständnis von Führung und Leitung voraus, das sich von der Vorstellung verabschiedet, man könne schulinterne Entwicklung im Detail und punktgenau von außen steuern.

Abbildung 4 macht deutlich, dass es bei der Entwicklung von Schule und Unterricht darum geht, zentrale Vorgaben der ministeriellen Ebene und lokale schulinterne Entwicklungen so zu synchronisieren, dass in einem kontinuierlichen Entwicklungsprozess ein zunehmender Grad der Realisierung zentraler Vorgaben unter den konkreten Bedingungen vor Ort erreicht wird. Dies setzt individuell zu füllende Spielräume in den zentralen Vorgaben voraus sowie in der einzelnen Schule das Bewusstsein, diese Spielräume als eigene Handlungsmöglichkeiten nutzen zu wollen und nicht als eine von der Behörde zu füllende Lücke anzumahnen.

Die Grafik macht auch deutlich, welche Rolle in diesem Zusammenhang der Schulaufsicht (auf der Ebene von Schulämtern und Bezirksregierungen) zukommt. Es geht weniger darum, in auf den Einzelfall bezogenen Interventionen die Umsetzung von Richtlinien, Lehrplänen und Rahmenkonzepten durchzusetzen, sondern vielmehr darum, den kontinuierlichen und zirkulär gedachten Austauschprozess zwischen zentra-

Abb. 4: Zusammenhang von zentralen Vorgaben und innerschulischer Entwicklung

len Vorgaben und schulinternen Entwicklungen zu beobachten und zu kontrollieren. In Bezug auf die einzelne Schule kann sich die Schulaufsicht dabei von folgenden Fragen leiten lassen:

- Kommt der Entwicklungsprozess in Gang?
- Bleibt der einmal begonnene Entwicklungsprozess stabil?
- Welche Faktoren wirken störend/behindernd auf den Prozess ein?
- Welche Hilfestellungen sind möglich, um Störungen und Hindernisse zu beseitigen?

Für einen Quervergleich der innerschulischen Entwicklungsvorhaben einer Region kann die Schulaufsicht Schulleiter-Dienstbesprechungen oder Bezirksdirektorenkonferenzen nutzen. Auf diesem Forum kann ein kollegialer Austausch unter den Leitungspersonen organisiert werden, der die Vergleichbarkeit der individuellen Entwicklungsvorhaben und deren Angemessenheit im Hinblick auf die zentralen Vorgaben zum Thema hat. Dabei können Fragen bearbeitet werden wie z.B.:

- Welche Entwicklungsvorhaben haben unsere Schulen vereinbart?
- Welche Arbeitsstationen haben wir jeweils durchlaufen?

- Wo stehen unsere Schulen jetzt?
- Welche Schwierigkeiten sind (wo) aufgetreten?
- Wie verhalten sich die verschiedenen schulinternen Entwicklungsvorhaben zu den zentralen Vorgaben?
- Wie kann es weitergehen?

Der Vorzug einer solchen Vorgehensweise besteht darin, dass der Abgleich der verschiedenen Schulentwicklungsvorhaben mit den zentralen Vorgaben als ein Verständigungsprozess unter den Beteiligten angelegt wird.

6. Fünf Basisprozesse in der Unterrichtsentwicklung

Die Frage, wie und in welchen Schritten Unterrichtsentwicklung praktisch realisiert werden kann, ist leitend für die Organisation der Arbeit in der einzelnen Schule vor Ort, wenn es darum geht, die relativ globalen Vorgaben von Lehrplan, Richtlinien und Rahmenkonzepten zu konkretisieren. Wir unterscheiden fünf Basisprozesse in der Unterrichtsentwicklung. Sie gelten für Vorhaben der Schulentwicklung ebenso wie für die Unterrichtsentwicklung. Dabei handelt es sich generell um

1. das Sammeln von Daten,
2. das Klären und Vereinbaren von Zielen,
3. die Überprüfung und Anpassung der zur Verfügung stehenden Mittel,
4. die Planung und Umsetzung des Entwicklungsvorhabens sowie
5. die Evaluation des Entwicklungsprozesses und seiner Ergebnisse.

Konkretisiert man diese Basisprozesse im Hinblick auf Unterrichtsentwicklung, so geht es darum,

1. im Basisprozess »Sammeln von Daten« die mentalen Modelle des Kollegiums zu erheben, um sich einen Eindruck davon verschaffen zu können, welche unterschiedlichen Bilder von Unterricht im Kollegium existieren und in der alltäglichen Praxis die pädagogische Arbeit steuern;
2. im Basisprozess »Klären und Vereinbaren von Zielen« aus den unterschiedlichen Bildern von Unterricht ein gemeinsames Bild zu entwickeln und die Indikatoren zu verabreden, an denen man die Realisierung dieses Bildes ablesen kann;
3. im Basisprozess »Überprüfen und Anpassen der zur Verfügung stehenden Mittel« das im Kollegium etablierte Methodenrepertoire zu sichten und im Hinblick auf das vereinbarte Bild von Unterricht zu erweitern sowie die Aufbereitung der fachlichen Inhalte auf ihre Passung zum vereinbarten Bild von Unterricht zu überprüfen;
4. im Basisprozess »Planung und Umsetzung des Entwicklungsvorhabens« gemeinsam Unterrichtsvorhaben zu planen und durchzuführen, die dem im Kollegium verabredeten Bild von Unterricht entsprechen und sich an den hierfür besonders tauglichen Inhalten und Methoden orientieren;

5. im Basisprozess »Evaluation des Entwicklungsprozesses und seiner Ergebnisse« die gemeinsame Arbeit an neuen Unterrichtsvorhaben und deren Ergebnisse mit dem Blick auf weitere Revisionserfordernisse zu überprüfen.

Der zuletzt genannte Aspekt lässt erkennen, dass Unterrichtsentwicklung sich nicht in einem linearen Ablauf mit einem definierten Anfangs- und Endpunkt realisiert, sondern in einem spiralähnlichen Prozess, der die schulische Praxis kontinuierlich begleitet. Das Schema in Abbildung 5 soll diesen Sachverhalt verdeutlichen.

In der Folge soll die Arbeit an den fünf Basisprozessen möglichst praxisorientiert und mit konkreten Beispielen erläutert werden. Aus systematischen Gründen beginnen wir mit dem Basisprozess »Die mentalen Modelle des Kollegiums erheben« und setzen fort mit »Ein gemeinsames Verständnis entwickeln« über »Das Methoden- und Inhaltsrepertoire überprüfen und erweitern«, »Gemeinsam Unterrichtsvorhaben planen und durchführen« bis zu »Den Unterrichtsprozess und seine Ergebnisse evaluieren«.

Diese Reihenfolge ist jedoch keineswegs zwingend für den Prozess der Unterrichtsentwicklung. Prinzipiell kann mit jedem der fünf Basisprozesse begonnen werden. So kann etwa ein Kollegium starten, indem es zunächst mit der im Rahmen der Qualitätssicherung und Qualitätsentwicklung geforderten Formulierung von Vergleichsaufgaben beginnt, um einen Quervergleich fachlicher Leistungen in einer Jahrgangsstufe zu ermöglichen. In diesem Fall bildet der Basisprozess »Den Unterrichtsprozess und seine Ergebnisse evaluieren« den Ausgangspunkt. Vielleicht hat aber auch ein Kollegium beschlossen, sich mit neuen Unterrichtsmethoden vertraut zu machen. Dies könnte den Einstieg bilden in den Basisprozess »Das Methoden- und Inhaltsrepertoire überprüfen und erweitern«.

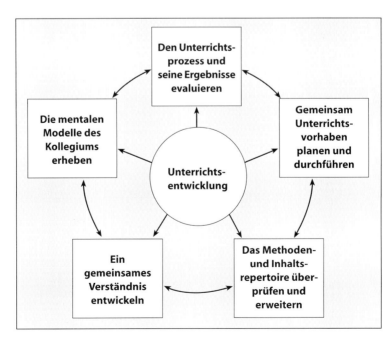

Abb. 5: Basisprozesse der Unterrichtsentwicklung

Gleich an welcher Stelle der Prozess der Unterrichtsentwicklung seinen Anfang nimmt, wird sich jedoch bei den beteiligten Lehrpersonen mit der Zeit das Bestreben einstellen, auch die anderen Basisprozesse zu durchlaufen, um eine wirksame und nachhaltige Änderung pädagogischer Praxis etablieren zu können. Zu Beginn aber sollte sich ein Kollegium mit seinen Ansprüchen an Unterrichtsentwicklung nicht überfordern. Es sollte sich unter realistischen Bedingungen erreichbare Ziele setzen und mit relativ kleinen Schritten starten. Ein Misserfolgserlebnis zu Beginn eines Entwicklungsprozesses könnte von weiteren Bemühungen abschrecken.

Die im Zusammenhang mit den fünf Basisprozessen vorgestellten Schritte und Inhalte sind so angelegt, dass sie auf verschiedenen Ebenen und in unterschiedlichen Reichweiten genutzt werden können. So ist es denkbar, dass

- sich einzelne Lehrpersonen von Methodenbeispielen anregen lassen, um ihren Unterricht individuell variantenreicher zu gestalten,
- sich zwei bis drei Lehrpersonen zu einem Hospitationszirkel zusammenschließen, um sich gegenseitig Feedback über ihren Unterricht zu geben,
- die Mitglieder der Stufenkonferenz der Klassen 5 Vereinbarungen über die Vermittlung von Lernstrategien in den unterschiedlichen Fächern dieser Jahrgangsstufe treffen,
- sich die Mitglieder einer Fachkonferenz über Inhalte ihres Faches im Sinne »authentischer und offener Probleme« verständigen oder den inhaltlichen Modernisierungsbedarf ihres schulinternen Curriculums überprüfen,
- die Mitglieder einer Bildungsgangkonferenz gemeinsam eine Unterrichtsplanung im Sinne eines fächerverbindenden Projektes vornehmen,

um dann auf dieser Erfahrungsgrundlage zu entscheiden, ob und wie sie im Prozess der Unterrichtsentwicklung weiterarbeiten wollen.

7. Aufgaben der Schulleitung

Nicht nur bei der reflektorischen, sondern bei jeder Form von Unterrichtsentwicklung hat die Schulleitung vor allem drei Aufgaben, nämlich die Unterrichtsentwicklung überhaupt erst einmal zu initiieren, dann die bestehenden Arbeitsstrukturen für die Umsetzung und Institutionalisierung zu nutzen und schließlich für eine Evaluations- und Reflexionskultur zu sorgen.

7.1 Unterrichtsentwicklung initiieren

Wir wissen aus Forschung und Erfahrung, dass Schulleitungen neue Entwicklungen oder Weiterentwicklungen nicht einfach anordnen können. Wenn sich Lehrpersonen solche Entwicklungsvorhaben nicht zu Eigen machen können oder wollen, »tauchen sie drunter hinweg« oder konstruieren sie so um, dass sie einfach in die Alltagsroutine eingebaut werden, ohne diese zu verändern. Deshalb muss sich moderne Schulleitung in erster Linie an anderen Handlungsformen orientieren, nämlich:

1. Informieren,
2. Interpretieren,
3. Interessieren,
4. Inspirieren,
5. Integrieren, aber auch
6. Intervenieren.

Diese Handlungsformen laufen darauf hinaus, Notwendigkeiten zu identifizieren, die sich aus Richtlinien und Lehrplänen sowie Schulprogrammen ergeben, und Anlässe für Unterrichtsentwicklung aufzuspüren und im Zweifel selbst zu schaffen.

1. *Information* ist auf den ersten Blick die einfachste und grundlegendste Form der Initiierung. Schulleiter/innen haben in der Regel durch ihr Beziehungsnetz sowie die Kenntnis der pädagogischen Literatur Zugang zu vielfältigen Informationen, die für die einzelnen Akteure der Unterrichtsentwicklung von Bedeutung sein können und ihnen deshalb weitergeleitet werden müssen. Dies kann geschehen, indem Artikel für die Lehrkräfte fotokopiert, Kontakte hergestellt oder aber spezifische Weiterbildungsmöglichkeiten angeboten werden. Es empfiehlt sich, die entsprechenden Lehrkräfte oder auch Fachkonferenzen von Zeit zu Zeit auf diese Angebote anzusprechen, um Rückmeldung darüber zu erhalten, ob die Informationen zu irgendwelchen Initiativen geführt haben, oder zu prüfen, ob die Angebote überhaupt hilfreich waren.
2. Informationen sind in der Regel *interpretationsbedürftig*: TIMSS-Ergebnisse müssen z.B. vor dem Hintergrund der Messinstrumente im Allgemeinen und der japanischen Lernkultur im Besonderen interpretiert werden, ebenso die Erlasse zu Aufgabenbeispielen (»Wie weit dürfen wir von den Mustern abweichen?«).
3. Solche Interpretationen können *Interesse* wecken, aber auch erlöschen lassen. Bezüglich der Weiterentwicklung von Unterricht sollte man zudem nicht unterschätzen, wie viel Interesse an Unterrichtsentwicklung im Kollegium ohnedies vorhanden ist, stellt doch Unterricht die Kernarbeit von Lehrpersonen dar. Solche Interessen hervorzulocken und ausformen zu lassen, gehört zu den wichtigsten Führungsaufgaben.
4. Dies alles vermag, insbesondere wenn es sich in einem moderativen Rahmen vollzieht, auch zu *inspirieren*. Inspirationen haben vielfältige Quellen: Sie finden sich in Wettbewerben (z.B. »Jugend forscht«), auf Messen und Kongressen, in SCHILF-Veranstaltungen, in Schülerbefragungen, auf »Tagen der offenen Tür« von Universitäten und anderswo. Aufgabe von Schulleitungen ist es, nicht nur zu inspirieren, sondern vor allem Inspirationen, die im Kollegium angelegt sind, zur Artikulation zu verhelfen.

5. Dabei wird es nicht selten vorkommen, dass bestimmte Inspirationen anderen Inspirationen entgegenstehen – aus persönlichen, fachlichen, ideologischen oder sonstigen Gründen. In diesen Fällen fällt der Schulleitung eine *Integrationsfunktion* zu, damit die Kraft der Inspiration nicht verpufft. Die Schulleitung kann integrieren, indem sie den »gemeinsamen Grund« aufzuzeigen versucht oder Kombinationsmöglichkeiten oder Rangfolgen vorschlägt, die erst das eine und dann das andere zu Geltung kommen lässt.
6. Schulleitung, die initiieren will, muss ggf. auch zur *Intervention* bereit sein. Wenn sich ein fauler Kompromiss abzeichnet, Friedhofsstimmung im Kollegium herrscht, bestimmte Vorhaben nicht realisierbar sind oder auch falsche Euphorie entstanden ist, muss Schulleitung die Komfortgrenze überschreiten, weil sonst Prozesse in die falsche Richtung laufen oder sich gar nichts bewegt. Die Schulleitung kann beispielsweise konfrontieren durch herausfordernde Berichte von anderen Schulen – noch besser durch Besuche bei anderen Schulen –, durch Auseinandersetzung mit Schülerbefragungen, durch eigens dazu anberaumte Sitzungen oder je nach Konstellation durch Konfliktgespräche, die möglicherweise besser extern moderiert werden.

Vermutlich entsteht mehr Klarheit darüber, was Initiierung von Unterrichtsentwicklung heißt, wenn einige besonders gut geeignete Anlässe aufgezählt werden:

- Auseinandersetzung mit einschlägigen Materialien wie z.B. dem nordrhein-westfälischen »Rahmenkonzept« zur Qualitätsentwicklung und -sicherung (MSWWF 1998) und der dortigen Aufgabenbeispiele;
- Arbeit am Schulprogramm, die nur dann gelingt, wenn der Unterricht als Kern von Schularbeit dabei erreicht wird;
- eine Sitzung der Fachkonferenz Mathematik über die Ergebnisse von TIMSS und die sich vielleicht daran anschließende Absicht, die TIMSS-Aufgaben in den eigenen 8. Klassen lösen zu lassen;
- Eintritt mehrerer neuer Kolleginnen und Kollegen, die nach dem Unterrichtskonzept fragen;
- Teilnahme einiger Kollegiumsmitglieder am Methodentraining nach Klippert (vgl. dazu Klippert 2005);
- eine Befragung der Schüler/innen der ganzen Schule zu Fragen des Unterrichts und eine Diskussion darüber – Ähnliches ist auch in Bezug auf Eltern denkbar;
- ein Jubiläum, das die Schule zum Anlass nimmt, sich selbst auf den Prüfstand zu stellen, ihre Arbeit zu evaluieren und die Zukunft zu planen.

Die Anlässe sind offensichtlich zahlreich und äußerst variabel. Sie verlangen allesamt nach der Schulleitung. Vorschläge, die von Lehrerinnen und Lehrern kommen und von der Schulleiterin oder dem Schulleiter aufgegriffen werden, haben häufig bessere Realisierungschancen als spezifische Vorschläge aus der Schulleitung. Das verdeutlicht auch, dass die Initiationsfunktion der Schulleitung keinesfalls paternalistisch zu verstehen ist. Es geht im Wesentlichen um das Aufgreifen von Ideen anderer oder den Anstoß im Sinne von Ermöglichen, damit Austausch organisiert und ein Rahmen für Aktivitäten des Kollegiums geschaffen wird.

7.2 Arbeitsstrukturen nutzen bzw. schaffen

Unterrichtsentwicklung ist eine ständige Aufgabe der Schule. Sie auf Dauer zu stellen, obliegt vor allem der Zuständigkeit und Verantwortung der Schulleitung. Unterrichtsentwicklung liefe Gefahr, als einmaliges Ereignis missverstanden zu werden – wie so manche SCHILF –, wenn der Dauer-, d.h. auch Prozesscharakter keine organisatorische Basis fände. An dieser Stelle wird besonders einsichtig, dass Unterrichtsentwicklung nach Organisationsentwicklung verlangt: Die vorhandenen Arbeitsstrukturen für Unterrichtsentwicklung müssen genutzt und darüber hinaus neue geschaffen werden. Beides ist eine Domäne von Organisationsentwicklung. Sie verlangt vor allem nach der Managementfunktion der Schulleitung. Diese realisiert sich im Hinblick auf Unterrichtsentwicklung u.a. in der

- Aktivierung von Fachkonferenzen;
- Orientierung von Jahrgangsteams auf Qualitätsentwicklung;
- Bildung und Stützung von Klassenteams;
- Einführung eines unterrichtsbezogenen Feedbacks;
- Erweiterung von Leitungsstrukturen unter Einbeziehung schulischer Funktionsträger;
- Arbeit mit einer Steuergruppe.

Bei allen Einzelmaßnahmen aber kommt es darauf an, dass die Schulleitung ein Gesamtkonzept im Blick behält, an dem sich auch Maßnahmen kollegiumsinterner Fortbildung orientieren und aus dem Kriterien für den Aufbau einer Evaluationskultur abgeleitet werden können. Vor allem aber muss die Schulleitung dafür sorgen, dass die Notwendigkeit der Unterrichtsentwicklung vom gesamten Kollegium verstanden, akzeptiert und angegangen wird – dazu gibt es keine Alternative.

7.3 Aufbau einer Evaluations- und Reflexionskultur

Schließlich muss die Schulleitung dafür sorgen, dass eine Kultur der Evaluation und Reflexion entsteht. Nur eine Schule, die ihre Arbeitsgrundlage und ihre Lernergebnisse fortlaufend überprüft, ihre Stärken und Schwächen analysiert und diagnostiziert, kann ihren Unterricht im Sinne einer lernenden Schule selbst weiterentwickeln. Evaluation ist die Grundlage professioneller Reflexion.

Aber Evaluation ist ein außerordentlich heikles Thema und eine hochdelikate Angelegenheit. Sie ist mit vielfältigen Widersprüchen und Ambivalenzen verbunden. Evaluation braucht Vertrauen und schafft gleichzeitig Misstrauen. Evaluation kann äußerst nützlich sein und gleichzeitig viel Ärger bringen. Evaluation schafft keine unmittelbar sichtbaren Vorteile oder Erleichterungen und wird deshalb von vielen Schulen anfangs spontan abgelehnt. Schulen muss daher Mut zur Evaluation gemacht werden.

Evaluation ist keine nebenher zu erledigende Aufgabe. Es müssen Prozesse eingeleitet, Beteiligungen geklärt und Beschlüsse über Konsequenzen herbeigeführt werden. Dies ist vor allem, aber nicht allein Schulleitungsaufgabe, nicht nur der Belastung wegen, sondern auch aufgrund der Betroffenheit von Gremien und Personen. Die Schulleitung muss die Evaluation gewährleisten und organisieren. Und sie muss dafür sorgen, dass die Evaluation so angelegt wird, dass auch unangenehme Tatsachen zutage gefördert werden, ohne dass persönliche Schuldzuweisungen und Verletzungen auftreten. Sie muss also ein Klima der Offenheit schaffen und gleichzeitig die zu erwartenden Ängste abbauen. Geschieht das nicht, werden Schulen versucht sein, eine so genannte Fassadenevaluation zu betreiben, bei der die wesentlichen Probleme und häufig auch die wirklichen Stärken der Schule nicht zur Sprache kommen.

Es gibt vermutlich kein Evaluationsverfahren, schon gar kein externes, das nicht zu »unterlaufen« wäre. Wenn Evaluation von außen »aufgesetzt« wird, wenn es keine gemeinsamen Vereinbarungen gibt, dann entstehen Fassaden. Deshalb ist Evaluation nur oder vor allem wirksam, wenn sich eine Kultur *authentischer* Evaluation entwickelt:

1. Zu einer Kultur authentischer Evaluation gehört, dass niemand an den Pranger gestellt werden darf. Wenn eine Lehrerin oder ein Lehrer sich selbst evaluieren will oder wenn die Schulleitung das möchte, muss die einzelne Person geschützt werden. Und nur wenn die betroffene Person es will, dürfen personengebundene Daten weitergegeben werden.
2. Damit ist bereits ein weiterer wichtiger Punkt, nämlich der *Datenschutz* angesprochen. Diesbezüglich führen externe und interne Evaluation derzeit zu einer gewissen Rechtsunsicherheit. Viele Fragen sind ungeklärt und die ethische Forderung wäre die nach einer Datenhoheit: Die Daten, die Personen erheben, gehören diesen Personen. Folglich gehören auch die Daten, die von den Schulen erhoben werden, den Schulen. Diese entscheiden darüber, was mit den Daten geschieht, ob sie weitergegeben werden oder nicht. Das schließt selbstverständlich nicht aus, dass auch Behörden an den Schulen Daten erheben und diese veröffentlichen dürfen.
3. Auch *Mehrperspektivität* gehört zu einer Ethik der Evaluation – sich nicht nur selbst zu bespiegeln, sondern sich auch von Schülerinnen und Schülern sowie Kolleginnen und Kollegen fremdevaluieren zu lassen. In der Schulforschung wird hierfür der Begriff der Triangulation benutzt. Triangulation meint, von mehreren Winkeln aus zu schauen, mehrere Datenquellen zu benutzen.
4. Zur Kultur authentischer Evaluation gehört, dass das Grundmuster der Kommunikation *dialogisch* ist. Dialogisch vorgehen heißt auch, die Kriterien und Indikatoren, nach denen evaluiert wird, untereinander zu klären. Gemeinsame Zielvereinbarungen müssen ausgehandelt werden, intern mit den Kolleginnen und Kollegen und – bei externer Evaluation – mit den Behörden.

Unter Evaluationskultur verstehen wir in erster Linie die Herstellung von Transparenz und Akzeptanz. Es muss eine grundsätzliche Zuverlässigkeit geben, Verfahren müssen transparent sein. Vertrauen muss durch Verfahren hergestellt werden und darf nicht nur vom Glauben an einzelne Personen abhängen. Das setzt folgende Prinzipien und Vorgehensweisen voraus:

- *Den Nutzen antizipieren,* also deutlich machen, wozu die Evaluation eigentlich dient, ob sie die Selbstreflexion der Lehrpersonen fördert und die Entwicklungsprozesse steuern hilft.
- *Einen Evaluationsausschuss bilden:* Dies sollte die Steuergruppe übernehmen. Niemand sollte allein evaluieren, schon aus Gründen der kommunikativen Validierung nicht. Evaluation darf also nicht allein durch die Schulleitung geschehen. Deren Funktion besteht vielmehr darin, einen Ausschuss zu bilden, Personenschutz zu sichern, rechtliche Fragen zu klären und für anspruchsvolle, professionelle Verfahren sowie für die Umsetzung der Ergebnisse zu sorgen.
- *Klein anfangen,* also für Unterrichtsentwicklung keine Breitbandevaluation durchführen, sondern eine Fokus- bzw. Bereichsevaluation für ein Fach oder einen Entwicklungsschwerpunkt.
- *Interne Berichte erstellen:* Erfahrungen aus anderen Ländern, z.B. Schweden, zeigen, dass Berichte nicht länger als 15 Seiten lang sein sollten, damit sie noch rezipierbar sind. Das Kollegium entscheidet mit, was von diesen Berichten nach außen geht.
- *Vorhandene Daten nutzen:* Daten müssen nicht immer neu erhoben werden. An vielen Schulen finden sich riesige »Datenfriedhöfe«, auf denen die Daten bisher nur ruhen, ohne genutzt zu werden, z.B. die so genannte Oktoberstatistik.
- *Vorhandene Instrumente übernehmen und modifizieren:* Instrumente müssen nicht immer wieder neu erfunden werden. Vorhandene Instrumente sollten aber an die eigene Situation, die eigene Fragestellung angepasst, also nicht einfach übernommen werden.
- *Feedback üben:* Entscheidend bei der Evaluation ist, dass man über die Ergebnisse spricht, dass man sie kommunikativ validiert. Diejenigen, von denen die Daten stammen, müssen ein Feedback erhalten. Das verlangt nach einer pädagogischen Grundqualifikation, die zwar trivial erscheint, aber schwierig ist und deshalb trainiert werden muss.
- *Konsequenzen aus der Evaluation ziehen,* sonst tritt ihr Nutzen nicht zutage.

Evaluation ist ein unverzichtbarer Bestandteil der Erstellung und erst recht der Verwirklichung von Unterrichtsentwicklung. Sie sollte, will sie der Schulentwicklung und der Qualitätssicherung dienen, in erster Linie *Selbstevaluation* sein. Die Initiierung von Evaluationsprozessen muss also von den Schulen selbst ausgehen. Selbstevaluation reicht allerdings nicht aus. Deshalb bedarf es auch der *externen Evaluation.* Diese darf den Schulen allerdings nicht »übergestülpt«, sondern muss mit ihnen vereinbart werden. Dies zu organisieren und auszuhandeln ist in erster Linie Aufgabe der Schulleitung. Dabei geht es nicht darum, Evaluation anzuordnen; auch nicht darum, um Vertrauen zu buhlen. Es geht darum, Akzeptanz durch transparente und dialogische Verfahren zu erzielen. Dabei sind leitende Prinzipien:

- Durch realistische Berichterstattung und authentische Analysen Fassadenevaluation vermeiden,
- schuleigene Wege gehen und
- die Erfahrungen miteinander auswerten.

Schulleitungen sind beim Aufbau einer Evaluationskultur dreifach gefordert. Sie müssen führen, managen und moderieren. Etwas locker, aber durchaus pointiert, könnte man formulieren, dass Unterrichtsentwicklung durch *Schieben, Schätzen und Schonen* stattfindet.

1. *Schieben* heißt initiieren – aber damit allein ist es nicht getan. Die Schulleitung muss darauf achten, dass Prozesse weitergehen, auch wenn es Schwierigkeiten und »Durchhänge«r gibt. Ein Know-how in Projektmanagement mag hier nützlich sein, vor allem, wenn dabei Meilensteine gesetzt und eine Selbstkontrolle des Projektteams eine Rolle spielt.
   Die Qualität von Schule ist auch daran zu erkennen, dass die Lehrpersonen zusammen daran arbeiten, gemeinsame Ziele zu entwickeln. Diese resultieren nicht nur daraus, die Visionen einzelner Lehrkräfte und Lehrergruppen unter einen Hut zu bringen; diese Visionen müssen darüber hinaus mit einer Reihe externer Ansichten über guten Unterricht, die Schulen berücksichtigen müssen, in Einklang gebracht werden.
   Gemeinsames Handeln, um etwas zustande zu bringen, bedeutet, sich gezielt vorwärts zu bewegen, Dinge anzugehen, für die eine realistische Chance auf Erfolg besteht, und zwar in einer gesunden Mischung von Veränderung und Stabilität, von Weiterentwicklung und Erhaltung. Schulleiter/innen nehmen auf diesen Gebieten eine entscheidende Rolle ein. Sie müssen der Unterrichtspraxis nahe bleiben und die Kommunikationskanäle offen halten. Schulen, die zu hierarchisch sind, betonen die Distanz zwischen Menschen und tragen nicht zur Zusammenarbeit und Arbeitsteilung bei. Schulen werden gestärkt, wenn sie neben den Lehrkräften andere Gruppen in diesen Prozess einbeziehen, vor allem die Eltern, das lokale Umfeld und die jungen Menschen selbst.
2. *Schätzen* hat einen Doppelsinn: Einmal geht es um die Fähigkeit zur Selbsteinschätzung im Sinne von Evaluation, zum anderen um eine Kultur der Würdigung anderer Personen mit ihren Eigenarten und Leistungen. Schulleitung sollte beides fördern. Erfolgreiche Schulen sind jene, die einen realistischen Blick auf die gegenwärtige Qualität des Unterrichts zu werfen und zu teilen gewillt sind. Solche Praxisreflexion betrifft sowohl einzelne Lehrpersonen (und auch die Leitung) als auch Gremien und Arbeitsstrukturen. Dass Selbsteinschätzung hin und wieder nach einer Spiegelung von außen verlangt, sei hier nur am Rande vermerkt.
   Ebenso wichtig ist der zweite Aspekt des Schätzens: Unterricht zu entwickeln, wobei Menschen Gefühle, Ideen, Probleme und Erfolge teilen und sich gerne gegensei-

tig ihre Fach- und Sachkenntnisse sowie Unterstützung anbieten, kann ein schwieriger und langsamer Prozess sein. Oft bedeutet er zuallererst, das Selbstvertrauen der Lehrkräfte durch Hervorhebung ihrer Erfolge, Vertrauen und Übertragung von Verantwortung zu stärken. Neigung zu Kritik und Beurteilung macht die Zusammenarbeit schwieriger, während Verständnis für die Lage, Gefühle und Bestrebungen der anderen hilft.
3. *Schonen* ist ein Aspekt, der häufig übersehen wird – und doch gehört er konstitutiv dazu. Es geht im Kern darum, dass die Schulleitung »kontrolliert«, dass sich keine Lehrkraft gesundheitlich übernimmt, niemand (z.B. durch Evaluation des Unterrichts) an den Pranger gestellt wird, die Arbeit untereinander so gerecht wie möglich aufgeteilt ist, nicht übermäßig viele Projekte gleichzeitig durchgeführt werden und dass sich lebendige Streitkultur strikt von Mobbing unterscheidet.

Unterrichtsentwicklung verlangt nach einer in diesem Sinne lernfähigen Schule. Es muss jeder am Prozess beteiligten Person klar sein, dass wichtige Entwicklungen nicht über Nacht passieren und nicht als Resultat isolierter Einzelveranstaltungen, und dass Probleme ein unvermeidliches und wesentliches Element jedes Entwicklungsprozesses sind. Wenn dieses allerdings akzeptiert ist, wird Unterrichtsentwicklung zur Basis innerer Schulreform.

Literaturverzeichnis

Altrichter, H. (2001): The Reflective Practitioner. In: Journal für Lehrerinnen- und Lehrerbildung, H. 2, S. 56–60.
Dalin, P./Rolff, H.G./Buchen, H. (1995): Institutioneller Schulentwicklungs-Prozess. Bönen/Westf.
Haenisch, H. (1986): Gute und schlechte Schulen im Spiegel der empirischen Schulforschung. In: Westermanns Pädagogische Beiträge, H. 7/8.
Horster, L./Rolff, H.G. (2001): Unterrichtsentwicklung. Grundlagen, Praxis, Steuerungsprozesse. Weinheim/Basel.
Klippert, H. (1997): Schule entwickeln – Unterricht neu gestalten. In: Pädagogik 49, H. 2, S. 13.
Klippert, H. (^{15}2005): Methodentraining. Übungsbausteine für den Unterricht. Weinheim/Basel.
Korte, J. (1998): Schulreform im Klassenzimmer. Weinheim/Basel.
Labudde, P. (1998): Thesen zur Steigerung der Effizienz des mathematisch-naturwissenschaftlichen Unterrichts. Veröffentlicht als Thesenpapier im Rahmen der Fachtagung des MSWWF »Sicherung und Entwicklung der Qualität des mathematisch-naturwissenschaftlichen Unterrichts an allgemeinbildenden Schulen«. 10. November 1998. Dortmund.
Ministerium für Schule und Weiterbildung, Wissenschaft und Forschung (Hrsg.) (1998): Qualität als gemeinsame Aufgabe. Rahmenkonzept »Qualitätsentwicklung und Qualitätssicherung schulischer Arbeit«. Schriftenreihe Schule in NRW, Nr. 9029. Düsseldorf.
MSWWF *siehe* Ministerium für Schule und Weiterbildung, Wissenschaft und Forschung
Schön, D.A. (1987): Educating the Reflective Practitioner. San Francisco.

Leonhard Horster

Unterricht analysieren, beurteilen, planen

1.	Unterricht analysieren	810
1.1	Der Ort der Unterrichtsanalyse	810
1.2	Deutungsmusteransatz und Modellbildung	811
1.3	Unterrichtsnachbesprechung – Vorbereitung, Durchführung, Reflexion	819
1.4	Unterrichtsnachbesprechung braucht normative Orientierung	831
2.	Unterricht beurteilen	837
2.1	Was kennzeichnet guten Unterricht?	837
2.2	Kriterien allein reichen nicht	838
3.	Unterricht planen	851
3.1	Die zentrale didaktisch-methodische Entscheidung als Kern der Unterrichtsplanung	851
3.2	Drei Arbeitsschritte zur Planung einer Unterrichtssequenz	855
3.3	Blinde Flecken identifizieren	864
	Literaturverzeichnis	866

1. Unterricht analysieren

1.1 Der Ort der Unterrichtsanalyse

Die Analyse von Unterricht manifestiert sich für die meisten Lehrer/innen in der Situation der Unterrichtsnachbesprechung.

1.1.1 Universalinstrument Unterrichtsnachbesprechung

Die Unterrichtsnachbesprechung dient vielfältigen Zwecken und wird in unterschiedlichen Kontexten eingesetzt. Sie kann von einer Lehrperson nachgefragt oder von der Behörde verordnet sein, sie kann der Vorbereitung einer Beförderung oder zur Klärung einer Beschwerde dienen, vielleicht wird sie von den Mitgliedern einer Fachgruppe fachbezogen oder von Schulleiter/innen fachunabhängig durchgeführt, die beteiligten Personen können in einem hierarchischen oder einem kollegialen Verhältnis zueinander stehen, ein Kollegium kann sich in regelmäßigem Turnus zu Unterrichtsnachbesprechungen verabreden, ebenso ist es denkbar, dass sie nur aus besonderem Anlass durchgeführt werden. Diese »Universalität« der Unterrichtsnachbesprechung sichert jedoch keineswegs ihre Akzeptanz unter den Beteiligten oder ihre Wirksamkeit im Hinblick auf den jeweiligen Zweck. Auch die positive Akzentuierung der Unterrichtsnachbesprechung im Sinne von Kollegialität und Beratung lässt eine »reine« und »unverfälschte« Wahrnehmung meist nicht zu, sondern es mischen sich häufig Elemente anderer Dimensionen wie Beurteilung und Hierarchie bei, was die Offenheit im Umgang mit der Unterrichtsnachbesprechung zumindest bei den Adressaten deutlich einschränkt und damit zugleich auch die Wirkung mindert.

1.1.2 Unterrichtsnachbesprechung – ein ungeliebtes Instrument

Traditioneller Ort der Analyse und Beurteilung von Unterricht ist die Unterrichtsnachbesprechung. Sie ist vielen Lehrerinnen und Lehrern in leidvoller Erinnerung als der Teil ihrer Ausbildung, in dem sie die persönliche Abhängigkeit von ihren Ausbilderinnen und Ausbildern am nachdrücklichsten erfahren haben. Ob eine Unterrichtsstunde positiv oder negativ bewertet wird, ist häufig als schicksalhaftes Ereignis erlebt worden, je nach den persönlichen Vorlieben und Maßstäben des jeweiligen Beurteilers. Dass zwei Beobachter der gleichen Unterrichtsstunde zu unterschiedlichen bis gegensätzlichen Einschätzungen gelangen können, ist keine seltene Erfahrung in der Berufsbiografie von Lehrerinnen und Lehrern. Dies mag mit ein Grund dafür sein, dass »fertige« Lehrpersonen mit Übernahme ihrer Planstelle dafür sorgen, dass die Klassentür hinter ihnen fest verschlossen bleibt. Was im Klassenzimmer vor sich geht, ist im Kollegium allenfalls gerüchteweise bekannt, kaum aus persönlicher Anschauung. Die meisten Lehrer/innen sind Einzelkämpfer. Es gibt keine nennenswerte Kultur der Kooperation, die sich z.B. darin realisiert, dass sich Lehrer/innen gegenseitig in ihrem Unterricht besuchen, Aufgaben und Schwierigkeiten auf der Grundlage direkter Beobachtung diskutieren und gemeinsam über Lösungsmöglichkeiten nachdenken, die sie vielleicht sogar noch gemeinsam und wechselseitig evaluieren. Diese berufsbiografisch früh erworbene Haltung ist ein wesentliches Hindernis bei der Entwicklung von Unterrichtsqualität.

1.2 Deutungsmusteransatz und Modellbildung

1.2.1 Wahrnehmung und Kommunikation als Ansatzpunkte zur Optimierung

Vor allem zwei Dimensionen haben im Zusammenhang mit Bemühungen um eine Professionalisierung der Unterrichtsnachbesprechung eine Rolle gespielt: die Dimension der Wahrnehmung und die der Kommunikation. In der Ratgeberliteratur zur Unterrichtsnachbesprechung hat man versucht, insbesondere über diese beiden Dimensionen die als unsachgemäß empfundene Subjektivität der beteiligten Personen auszuschalten (zahlreiche Versuche unterschiedlicher Autoren zur Objektivierung der Unterrichtsbeobachtung referiert Bachmair 1974).

Die Bemühungen um Professionalisierung der Unterrichtsnachbesprechung werden am deutlichsten im Zusammenhang mit Ratschlägen zu Wahrnehmungsproblemen. Um subjektiv getönte Interpretationen und Bewertungen von Unterricht auszuschließen, wurde der Beobachterin bzw. dem Beobachter empfohlen, zunächst zu beschreiben, was er wahrgenommen hat, sich hierüber u.U. auch mit anderen Beobachtern sowie der unterrichtenden Person zu verständigen, um dann auf der Basis so abgesicherter Wahrnehmungen zu einer Urteilsbildung zu kommen.

In der Praxis hat sich dann aber herausgestellt, dass der Versuch, zu einer allgemein akzeptierten Wahrnehmungsgrundlage für das Gespräch über Unterricht zu gelangen, meist nicht sehr erfolgreich ist. Ursache dafür ist, dass jede Unterrichtsstunde der Beobachterin bzw. dem Beobachter eine nahezu unbegrenzte Anzahl von Einzelwahrnehmungen bietet. Wollte man der Aufforderung folgen, zunächst alle Wahrnehmungen aufzuschreiben, käme man kaum zu einem absehbaren Ende. Faktisch stellt sich aber dieses Problem deswegen nicht, weil wir immer selektiv wahrnehmen, also aus der nahezu unbegrenzten Zahl von Eindrücken immer nur eine überschaubare Teilmenge auswählen. Dabei folgt jeder Beobachter einem Satz individueller, zumeist unbewusster Kriterien. Wahrnehmung ist also faktisch immer an eine implizite Bewertung gekoppelt. Dies ist der Grund dafür, dass zwei Beobachter, auch wenn sie sich lediglich über ihre Wahrnehmungen austauschen, prinzipiell zu sehr unterschiedlichen Eindrücken gelangen können. Es spielt also nicht so sehr die Frage eine Rolle, was man im Einzelnen an Details wahrgenommen hat, sondern welche Wichtigkeit diesen Details zugemessen wird. Als Folge dieses Sachverhalts wird dann die Urteilsbildung eben nicht auf der Grundlage aller Wahrnehmungen vollzogen, sondern auf der Grundlage der als wichtig erachteten Einzelheiten. Die Entscheidung darüber, was als wichtig zu gelten hat, wird dann meist von der ranghöheren Person getroffen.

Im Hinblick auf den Kommunikationsaspekt ist die Forderung nach *symmetrischer Kommunikation* und – im Gefolge eines professionellen Beratungsbegriffs – nach einer Haltung der Akzeptanz, der Empathie und der Kongruenz (Bachmair 1994, S. 61) erhoben worden.

In der Praxis von Vorgesetzten sowie Ausbilderinnen und Ausbildern sind die Forderungen professioneller Beratung häufig zur Vorstellung trivialisiert worden, jede Form von Unterrichtsnachbesprechung als Beratungsgespräch zu betrachten, auch wenn dies in den meisten Fällen vom Anlass und Zweck der Nachbesprechung her sachlich nicht der Fall war, und die Unterrichtsnachbesprechung in einer »irgendwie freundlichen« Atmosphäre führen zu müssen. In diesem Verständnis von Unterrichtsnachbesprechung werden problematische Aspekte des Unterrichts zwar angesprochen, bei »Gegenwehr« aber möglichst gleich wieder relativiert und damit die Verbindlichkeit kritischer Anmerkungen in der Wahrnehmung des Gesprächspartners insgesamt abgesenkt.

Die für die Dimension der Wahrnehmung und der Kommunikation genannten Schwierigkeiten resultieren u.a. daraus, dass das zugrunde liegende zweidimensionale Modell der Unterrichtsnachbesprechung andere wichtige Dimensionen ausblendet, die das Verhalten der Gesprächspartner beeinflussen, auch wenn sie nicht explizit the-

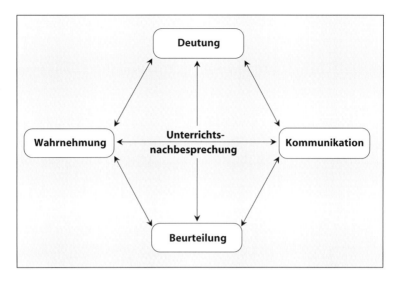

Abb. 1: Dimensionen der Unterrichtsnachbesprechung, erweitertes Modell

matisiert werden. Dies sind die Dimensionen der Deutung und der Beurteilung, um die das Modell erweitert werden sollte (vgl. Abb. 1). Von diesen Dimensionen her werden die genannten Schwierigkeiten erklärbar: Beobachten zwei Personen eine Unterrichtsstunde, ereignet sich Wahrnehmung eben nicht einfach als biologisch-physikalischer Prozess, in dem unterschiedslos Daten aufgenommen werden, sondern die von den Personen vollzogenen Beobachtungen werden vor dem Hintergrund individuell unterschiedlicher Deutungsmuster selektiert. Diese sind verantwortlich dafür, dass die eine der beobachtenden Personen eine Wahrnehmung speichert, weil sie im Kontext ihrer Deutungen als wesentlich erscheint, während die andere beobachtende Person diese Wahrnehmung innerhalb ihres Deutungsmusters als vernachlässigbar einstuft und aussondert.

Wenn sich daher die beiden beobachtenden Personen über ihre Wahrnehmungen verständigen wollen, müssen notwendig ihre individuellen Deutungsmuster als Bezugsrahmen zur Sprache gebracht werden: Nur so lässt sich entscheiden, welche Wahrnehmung belangvoll ist und welche eher vernachlässigt werden kann. Der Inhalt unserer Wahrnehmung ist immer individuell interpretierte Wirklichkeit, daher muss bei einer Verständigung über unsere Wahrnehmung immer auch die Art unserer Interpretation zur Sprache gebracht werden.

Es ist evident, dass mit unseren Deutungen Beurteilungsakte auf das Engste verknüpft sind. Bleibt daher beim Sprechen über Unterricht unaufgeklärt, innerhalb welchen Deutungsmusters ein bestimmter Aspekt der beobachteten Stunde als problematisch einzuschätzen ist – weil nämlich die Ebene unterschiedlicher Deutungsmuster gar nicht zur Sprache kommt und hierüber keine Verständigung stattfindet – gibt es auch keinen Bezugspunkt, von dem her eine verbindliche Beurteilung möglich wäre. Dann ist nahezu alles möglich und man kann die Sache so, aber eben auch anders sehen. Verräterisch ist in solchen Fällen die Sprache der beteiligten Personen: »Ich mache das immer so, wenn ich eine Karikatur einsetze«, erklärt z.B. ein Fachleiter gegenüber einem

Referendar. Und dass dieser nicht antwortet »Ich dagegen mache es aber so«, ist allenfalls im hierarchischen Gefälle zwischen beiden Personen begründet.

Den Deutungsmustern der beteiligten Personen, so wird erkennbar, kommt ein zentraler Stellenwert in der Unterrichtsnachbesprechung zu. Dabei orientieren sich unterschiedliche Personen an unterschiedlichen Deutungsmustern. Die leitende Grundannahme des hier vorgestellten Konzeptes besteht darin, dass in der Unterrichtsnachbesprechung das Deutungsmuster der Person zur Gesprächsgrundlage gemacht werden soll, die die Unterrichtsstunde gehalten hat. Dies soll in der Folge näher erläutert werden. Dabei soll geklärt werden, warum Deutungsmuster im Hinblick auf Handlungen in pädagogischen Zusammenhängen eine derart weitreichende Wirkung haben. Hierzu soll zunächst ein allgemeines Modell von Handlungen vorgestellt werden, das dann auf Handlungen in pädagogischen Kontexten bezogen wird.

Allgemein kann man sagen, dass jede Handlung wenigstens drei Strukturelemente umfasst: Eine Handlung ist darauf gerichtet, ein bestimmtes *Ziel* in einer gegebenen *Situation* mithilfe einer angemessenen *Technologie* zu realisieren. Am Beispiel eines Maurers, der eine Klinkerwand aufführen soll, kann man sich verdeutlichen, wie mittels dieser drei Strukturelemente eine eindeutige Verständigung über das berufliche Handeln und die dabei zu beachtenden Qualitätsstandards möglich ist: Angenommen, ein Maurerpolier beobachtet einen Maurer dabei, dass er seine Arbeit nachlässig ausführt. In dieser Situation wird ein kurzer Hinweis, ordentlich zu arbeiten, zu dem gewünschten Erfolg führen, wenn man unterstellt, dass der Arbeiter weder widerspenstig noch fachlich inkompetent ist. Eine »ordentliche Arbeit« liegt dann vor, wenn die aufzuführende Mauer einen bestimmten Verbund der Klinker aufweist, senkrecht steht und ein im Hinblick auf das vorgefundene Gelände und den zu errichtenden Baukörper stabiles Fundament aufweist. Die *Technologie*, mit deren Hilfe dieses Ziel (fachgerechtes Mauerwerk) in der gegebenen *Situation* (Baugrund) realisiert werden kann, besteht im Wesentlichen aus Maurerkelle, Wasserwaage und Senkblei sowie der Fähigkeit, diese Werkzeuge sachgerecht und intentionsgemäß einsetzen zu können.

Wie stellt sich eine analoge Situation in einem pädagogischen Zusammenhang dar? Eine Schulleiterin oder ein Schulleiter hospitiert im Unterricht einer Lehrperson. Weil nach seiner Auffassung in dieser Stunde einiges im Argen lag, fordert er die Lehrerin bzw. den Lehrer auf, künftig »ordentlich zu arbeiten«. An dieser Stelle endet die Analogie mit der Situation des Maurers. Die gerügte Lehrperson wird wahrscheinlich keineswegs mehr oder weniger zerknirscht Besserung geloben, sondern zumindest zurückfragen, was denn nach Auffassung der Schulleiterin bzw. des Schulleiters nicht in Ordnung gewesen sei. Wenn dieser auf den mangelnden fachlichen Anspruch der Unterrichtsstunde hinweist, wird die Lehrperson die besonderen Lernvoraussetzungen der Klasse zur Sprache bringen, die gegenwärtig keinen anspruchsvolleren Unterricht zuließen; sollte die Schulleiterin bzw. der Schulleiter die eingesetzten Unterrichtsverfahren kritisieren, könnte die Lehrperson ihre positiven Erfahrungen hiermit zur Sprache bringen usw. Insgesamt wird also im Zusammenhang mit pädagogischen Handlungen keine knappe Verständigung über die zu realisierenden Qualitätsstandards und die hierfür angemessenen Mittel möglich sein, sondern es wird eher zu einer längeren Diskussion zwischen den beteiligten Personen kommen. Hierfür gibt es zwei Gründe – der eine betrifft den Sachverhalt, nämlich die Eigentümlichkeit pädagogischer Handlungen, und der andere die Personen, die sich auf diesen Sachverhalt beziehen.

Auch pädagogisches Handeln lässt sich prinzipiell durch die drei genannten Strukturelemente *Ziele*, *Technologie* und *Situation* beschreiben; allerdings weisen diese Strukturelemente im pädagogischen Kontext eine Eigentümlichkeit auf, die sie von vielen anderen Sachzusammenhängen unterscheidet. Für pädagogische Zusammenhänge gilt, dass die Ziele interpretationsbedürftig, die Technologie uneindeutig und die Situationen überkomplex sind (vgl. Abb. 2). Schauen wir uns diese Behauptungen näher an.

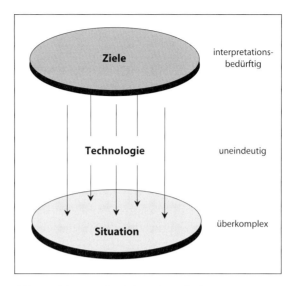

Abb. 2: Eigentümlichkeit pädagogischer Handlungen

1. *Die Situationen sind überkomplex.* Im Unterricht wirken in jeder Situation mehr Faktoren zusammen, als wir in unserer Wahrnehmung aufnehmen können; dies führt zwangsläufig zu einer selektiven Wahrnehmung und einer subjektiv bestimmten Verknüpfung der von uns aufgenommenen Eindrücke. Überdies sind die Zusammenhänge zwischen den (von uns wahrgenommenen) Faktoren nicht stabil, sondern ändern sich ständig, z.T. auch als Resultat unserer Einwirkungen. Hierfür ein einfaches Beispiel: Ein Lehrer bemerkt, dass sich zwei Schüler miteinander unterhalten; er fordert dazu auf, das Gespräch einzustellen und dem Unterricht zu folgen. Die Schüler protestieren gegen die Rüge des Lehrers, es kommt zu einem Wortwechsel zwischen dem Lehrer und den Schülern, in den sich schließlich auch andere Schüler/innen einmischen. Der Lehrer hat das Gespräch zwischen den Schülern als Unaufmerksamkeit interpretiert und versucht, durch sein Eingreifen die Unterrichtsstörung zu beenden. Vielleicht haben die Schüler aber seinen Unterricht mit großer Aufmerksamkeit verfolgt; vielleicht hatte ein Schüler Verständnisprobleme und daraufhin seinen Mitschüler um Erklärung und Unterstützung gebeten. Die Deutung der Situation als Unaufmerksamkeit wird von den Schülern als ungerechtfertigte Maßregelung durch den Lehrer zurückgewiesen. Der Lehrer, der für einen ungestörten Unterrichtsverlauf sorgen wollte, hat durch seine Intervention die Störung erst herbeigeführt und weiter verstärkt.
2. *Die Ziele sind interpretationsbedürftig.* Wahrscheinlich lässt sich kaum ein unterrichtliches Ziel aus sich heraus definieren; dies gilt selbst für auf den ersten Blick

vergleichsweise wenig komplexe Vorhaben, die sich auf eindeutige Regelwerke stützen. So wird wohl beispielsweise bezüglich der Rechtschreibung jeder dem Ziel zustimmen, dass Schüler/innen der Jahrgangsstufe 6 die deutsche Rechtschreibung in den Grundzügen beherrschen sollten. Was dies aber konkret bedeutet, welche unterrichtlichen Anstrengungen auf dieses Ziel zu richten sind, wird man unterschiedlich beantworten, je nachdem, ob man in einem Gymnasium mit einem traditionell bürgerlich geprägten Einzugsbereich unterrichtet oder in einer Hauptschule mit einem Ausländeranteil von über 60 Prozent der Schülerschaft.
3. *Die Technologie ist uneindeutig:* Was auf den ersten Blick als ein Manko erscheint, macht geradezu den Kern des professionellen Selbstverständnisses der Lehrerschaft aus. Die Rede ist hier von der Methodenfreiheit der Lehrerin und des Lehrers, die beispielsweise in Nordrhein-Westfalen Eingang in die »Allgemeine Dienstordnung für Lehrer und Lehrerinnen, Schulleiter und Schulleiterinnen« (ADO) gefunden hat:

»(1) Es gehört zum Beruf der Lehrer und Lehrerinnen, *in eigener Verantwortung und pädagogischer Freiheit* die Schüler und Schülerinnen zu erziehen, zu unterrichten, zu beraten und zu beurteilen. Dabei ist der Bildungs- und Erziehungsauftrag der Schulen nach Verfassung und Schulgesetzen zu beachten.
(2) Lehrer und Lehrerinnen sind an Vorgaben gebunden, die durch Rechts- und Verwaltungsvorschriften, Richtlinien und Lehrpläne sowie durch Konferenzbeschlüsse und Anordnungen der Schulaufsicht gesetzt sind. *Konferenzbeschlüsse dürfen die Freiheit und Verantwortung der Lehrer und Lehrerinnen bei der Gestaltung des Unterrichts und der Erziehung nicht unzumutbar einschränken.*
(3) Schulleiter und Schulleiterinnen dürfen in die Unterrichts- und Erziehungsarbeit der Lehrer und Lehrerinnen *nur im Rahmen ihrer Befugnisse im Einzelfall eingreifen*« (§4 ADO, Hervorhebungen durch den Autor).

Zusammenfassend lässt sich sagen: Handeln in pädagogischen Situationen ist immer und im Hinblick auf alle seine Strukturelemente in hohem Maße auf Deutung angewiesen; da zugleich jede Person über berufsbiografisch erworbene und individuell unterschiedliche Deutungsmuster verfügt, gibt es kein gleichsam naturwüchsig »richtiges« Verständnis einer Situation, sondern die Herausarbeitung pädagogischer Standards erfolgt in einem auf Dauer angelegten Prozess intersubjektiver Verständigung vor dem Hintergrund unterschiedlicher Deutungsmuster. Dieser Verständigungsprozess über die Grenzen des jeweiligen Deutungsmusters hinaus ist mühevoll und verlangt große Anstrengung. Der Grund dafür ist, dass die Deutungsmuster in Bezug auf die Person, deren Denken sie bestimmen, einerseits sehr mächtig und andererseits dem denkenden Subjekt in ihrer spezifischen individuellen Ausformung nicht bewusst sind. Das natürliche Bewusstsein (Alltagsbewusstsein) unterstellt die Übereinstimmung seiner Wahrnehmungen und Deutungen mit denen aller anderen Subjekte. Die Mächtigkeit der Deutungsmuster resultiert aus ihrer Leistungsfähigkeit: Sie reduzieren die Komplexität pädagogischer Situationen zu einer handhabbaren Überschaubarkeit und

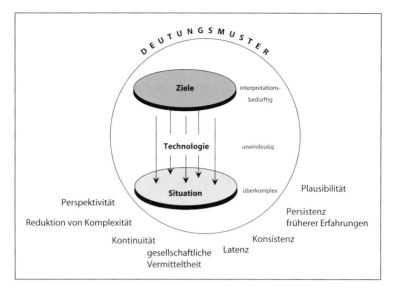

Abb. 3: Pädagogisches Handeln im Horizont individueller Deutungsmuster

verleihen der spezifischen Perspektivität unserer Wahrnehmungen Plausibilität (vgl. Abb. 3) – durch ihre innere Stimmigkeit verhelfen sie uns zu einer überdauernden Sicht der Dinge, in der unsere Erfahrungen Bestätigung finden.

1.2.2 Der Deutungsmusteransatz als didaktisches Prinzip

Hans Tietgens macht darauf aufmerksam, dass wir »im Modus der Auslegung leben« (Tietgens 1981, S. 90), dass das Lernen von Erwachsenen immer auch ein »Deutungslernen« ist. Was wir als Realität erfahren, ist immer eine interpretierte Wirklichkeit; unsere Lebenswelten und unsere Alltagstheorien bestehen aus unseren Deutungen. Vor allem Rolf Arnold hat den Begriff Deutungsmuster als didaktischen Schlüsselbegriff weiterentwickelt (Arnold 1991, S. 54ff.). Er unterscheidet zehn »Elemente« dieses Begriffs, nämlich:

1. *Perspektivität:* Individuen deuten ihre Wirklichkeit aus ihrer spezifischen Sicht mit ihrem erkenntnisleitenden Interesse.
2. *Plausibilität:* Deutungen müssen einsichtig sein und »routiniertes Handeln« ermöglichen.
3. *Latenz:* Deutungen sind nicht ständig bewusst, die Muster bilden eine Tiefenstruktur des Bewusstseins.
4. *Reduktion von Komplexität:* Um Handlungen im Alltag zu ermöglichen, muss die Unübersichtlichkeit und Kompliziertheit der Wirklichkeit reduziert werden.
5. *Kontinuität:* Deutungen sind lebensgeschichtlich entstanden und weisen eine gewisse Stabilität und Beharrungstendenz auf.
6. *Persistenz früherer Erfahrungen:* Die in der Kindheit erworbenen normativen Orientierungen haben eine starke Prägewirkung.

7. *Konsistenz:* Deutungsmuster stehen in einem inneren Zusammenhang, zumindest sind wir um ein stimmiges Weltbild bemüht.
8. *Gesellschaftliche Vermitteltheit:* Deutungsmuster haben eine soziale, kollektive Grundlage, sie sind in ein gesellschaftliches Bewusstsein eingebettet.
9. *Relative Flexibilität:* Persistenz und Flexibilität stehen in einem Spannungsverhältnis; flexibel sind Deutungsmuster meist nur innerhalb einer bestimmten »Driftzone«.
10. *Systematisch-hierarchische Ordnung:* Deutungsmuster lassen sich nach ihrer tiefenpsychologischen Verankerung hierarchisieren. Hans Thomae (1991, S. 109) spricht von »Grundüberzeugungen«, die die Basis z.B. für politische Einstellungen bilden. Zwar ist andragogischer Takt im Umgang mit Deutungsmustern geboten, aber oft sind Erwachsene mit ihren Realitätsdeutungen nicht »zufrieden«, sie sind an den Deutungen anderer oder an zusätzlichen Informationen und Erklärungen interessiert.

Subjektive Anlässe für Deutungslernen sind (Siebert 1996, S. 111ff.):

- Es besteht der Wunsch, die eigenen Deutungen durch mehr Wissen anzureichern oder »abzusichern«.
- Man empfindet die eigenen Wirklichkeitsinterpretationen als widersprüchlich, unbefriedigend oder einschränkend.
- Zu einem neuen Thema, z.B. Gentechnik, hat man noch keine begründete Meinung und möchte sich ein Urteil bilden, um handeln zu können.
- Die gewohnten Deutungsmuster erweisen sich nicht mehr als brauchbar (»viabel«) oder werden durch Bezugspersonen infrage gestellt, sodass die Bereitschaft für eine »Um-Deutung«, ein »Reframing« besteht.
- Man wechselt eine Bezugsgruppe oder das Milieu und will oder muss sich mit neuen Deutungen auseinander setzen.

1.2.3 Modellbildung als Beschreibungsmethode[1]

»Wenn es stimmt, dass wir Unterricht als einen hochkomplexen Geschehenszusammenhang ansehen und daher akzeptieren müssen, dass wir dieses Geschehen als Beobachter niemals total erfassen können, benötigen wir neue Modellierungs-Techniken, die für uns ein Höchstmaß an Komplexität abbilden können, die andererseits aber auch eine Reduktion erlauben, damit wir als reflektierende Handelnde überhaupt noch entscheidungs- und handlungsfähig sein können.

Auf der Basis der konstruktivistischen Erkenntnistheorie wird *Modellbildung* zur allgemeinen Grundlage didaktischen Planens und Handelns. Jede Form der Wahrneh-

---

[1] Kapitel zit. nach: Kösel 1993, S. 164f.

mung basiert auf der Konstruktion von Modellen, die folgende Eigenschaften besitzen: Sie sind *selektiv, perspektivisch* und *zweckorientiert.* Wir nehmen unsere Wirklichkeit gemäß unserer subjektiven Annahmen wahr, wir konstruieren daraus Modelle, und diese Modelle wiederum bestimmen die Auswahl dessen, was wir zur Wirklichkeitsbildung heranziehen. Weil wir Menschen auf Sprache angewiesen sind, gelten für uns besondere Prinzipien. [Diese sind:]

- *Das Prinzip der Nicht-Identität.* Modelle, ›Karten‹, sind nicht identisch mit den Originalen, ›Territorien‹.
- *Das Prinzip der Nicht-Vollständigkeit.* Das Modell gibt niemals alle Aspekte der Wirklichkeit wieder. Man kann nie alles erfassen und nie alles beobachten und nie alles optimal erzeugen. Deshalb kann man beim Modellieren von Unterricht nur auf eine ›sinnvolle‹ Abgrenzung achten.
- *Das Prinzip der Selbst-Reflexivität.* Jede Wirklichkeitskonstruktion ist in Bezug auf den Beobachter relativ. Lehrende und Lernende müssen deshalb ihre jeweiligen Bedingungen bei der Erzeugung von Wissen mit-konstruieren und sich gegenseitig mitteilen.«

1.3 Unterrichtsnachbesprechung – Vorbereitung, Durchführung, Reflexion

Unterrichtsnachbesprechung ist ein Feld, in dem die meisten Lehrpersonen über nur wenig eigene Praxis verfügen, erst recht, wenn es sich um Unterricht in anderen als den eigenen Fächern handelt. Erfahrungen mit der Unterrichtsnachbesprechung stammen vornehmlich aus der Zeit der eigenen Ausbildung. Auch wenn die Beziehung zu den Ausbilderinnen und Ausbildern als positiv erinnert wird, ist die Unterrichtsnachbesprechung in vielen Fällen durch ein Verhältnis der Abhängigkeit und des hierarchischen Gefälles bestimmt gewesen. Die Erfahrung mit positiven Modellen der Unterrichtsnachbesprechung ist bislang eher selten. Einprägsamer sind oft die Defizite:

- Unstrukturierte Gesprächsführung;
- punktuelle Beobachtungen;
- Besprechung isolierter Aspekte;
- Gesprächsaufbau nach der Chronologie der Unterrichtsstunde;
- fehlende Gewichtung der besprochenen Aspekte;
- Kritik und »Verbesserungsvorschläge« auf der Grundlage persönlicher Wertvorstellungen der oder des Hospitierenden;
- fehlende Berücksichtigung des von der Lehrperson gewählten didaktisch-methodischen Konzeptes;
- die Subjektivität der Beobachterin bzw. des Beobachters steht als maßstabgebende Instanz im Mittelpunkt;
- die Interessen und Standpunkte der Lehrperson werden nur selten oder wenig berücksichtigt.

Es ist nicht auszuschließen, dass einzelne dieser Defizite ihre Ursache in einem naiven Verständnis von Wahrnehmung und Lernen haben. So stellt sich die Subjektivität des Beobachters als maßgebende Instanz immer dann in den Mittelpunkt, wenn die Meinung vorherrscht, Realität sei objektiv wahrnehmbar und vor allem identisch mit dem, was ich sehe. Vor diesem Hintergrund kann der Lehr-/Lernprozess als Übermittlung von Ratschlägen aus dem Erfahrungsschatz des Beobachters an die Lehrperson gedeutet werden, die diese in ihr Repertoire von Handlungsmöglichkeiten zu übernehmen hat.

Der Deutungsmusteransatz stellt dem hier skizzierten alltagstheoretischen Verständnis der Unterrichtsnachbesprechung ein Konzept gegenüber, das die biografische Bedingtheit und Perspektivität bei den an der Unterrichtsnachbesprechung beteiligten Personen berücksichtigt. Die Forderung nach Modellbildung als Beschreibungsmethode für Unterricht zieht die Konsequenz aus dem Deutungsmusteransatz: Beobachter/in und Lehrperson müssen sich vor dem Hintergrund individuell unterschiedlicher Deutungsmuster auf ein Modell zur Beschreibung des konkret gehaltenen und beobachteten Unterrichts als Grundlage für die Unterrichtsnachbesprechung verständigen. Mit diesem Vorschlag wird ein Zugang eröffnet, der in der bisherigen Praxis von Unterrichtsnachbesprechung kaum Tradition hat, die sich folgendermaßen darstellt:

- Erinnerungen ausgebildeter Lehrkräfte an Unterrichtsnachbesprechungen durch ihre Schulleitung (z.B. am Ende der Probezeit) sind meistens blass, da zum einen die Unterrichtsnachbesprechung nach der Ausbildung in der Berufsbiografie der meisten Lehrkräfte ein vergleichsweise seltenes Ereignis ist und zum anderen viele Schulleitungspersonen das Instrument der Unterrichtsnachbesprechung sehr zurückhaltend nutzen.
- Schulleitungspersonen fühlen sich oft unsicher, wenn sie sich über Unterricht in Fächern äußern sollen, für die sie nicht ausgebildet worden sind. Sie flüchten sich nicht selten vor dieser Unsicherheit in recht globale und unverbindliche Aussagen (»Ich sehe, dass Sie unterrichten können.«) Für die Einschätzung und Beurteilung von Lehrkräften beziehen sich Schulleitungspersonen häufig auf andere Informationsquellen; oft dienen Unterrichtsbesuche nur noch dazu, das bereits gewonnene Urteil zu bekräftigen. Entsprechend werden in der Unterrichtsnachbesprechung vor allem die Aspekte herausgestellt, die den vorgängigen Erwartungen und Einschätzungen entsprechen.
- Unterrichtsbesuche und Unterrichtsnachbesprechungen, in denen offenkundige Defizite pädagogischer Arbeit thematisiert werden sollen, werden eher der Schulaufsicht zugewiesen.

Diese Ausgangslage macht es notwendig, die Unterrichtsnachbesprechung von ihrem bisherigen Status einer schulischen Ausnahmesituation mit vergleichsweise geringer Akzeptanz sowohl bei Schulleitungs- als auch bei Lehrpersonen abzulösen, sie im Rahmen des Qualitätsmanagements und der Personalentwicklung als ein taugliches Feedbackinstrument zu etablieren und sie neben ihrer bislang bevorzugten Verwendung in vornehmlich hierarchisch getönten Zusammenhängen auch zu einem Bestandteil kollegialer Praxis im schulischen Alltag zu machen. Der Weg hierzu führt über die »Modellbildung als Beschreibungsmethode für Unterricht auf der Grundlage unterschiedlicher Deutungsmuster«. Die Unterrichtsnachbesprechung im Sinne der Modellbildung verläuft über folgende Stationen:

- Die hospitierende Person ordnet in einem vorbereitenden Arbeitsschritt ihre Eindrücke von der beobachteten Unterrichtsstunde. Zunächst versucht sie für sich, das Konzept der unterrichtenden Lehrperson nachzuvollziehen und auf dieser Basis eine erste Einschätzung vorzunehmen. Auf der Grundlage entsprechender Notizen erfolgt die Unterrichtsnachbesprechung als Dreischritt von Rekonstruktion, Evaluation und Neukonstruktion.
- Mit der Lehrperson wird geklärt, ob die von ihr vorgenommene *Rekonstruktion* der Unterrichtsstunde mit den Intentionen und Planungen der Lehrperson übereinstimmt. Gegebenenfalls werden die Notizen der beobachtenden Person korrigiert bzw. ergänzt. Am Ende dieses Arbeitsschrittes verfügen beide Personen über ein annähernd gleiches Verständnis der abgelaufenen Unterrichtsstunde.
- Nun treten beide Personen in die Phase der *Evaluation* ein; die entsprechenden Notizen der beobachtenden Person dienen (neben den Wahrnehmungen der Lehrperson) hierfür als Arbeitsgrundlage. Gemeinsam wird der Unterrichtsverlauf in seinen verschiedenen Dimensionen im Hinblick auf die Bearbeitung des Unterrichtsgegenstands, das Verhalten der Lerngruppe, das Verhalten der Lehrperson, den Interaktionsprozess etc. erörtert.
- Nunmehr kann die *Neukonstruktion* als gemeinsame Überlegung von beobachtender Person und Lehrperson vorgenommen werden.

1.3.1 Rekonstruktion und Evaluation der Unterrichtsstunde aus der Beobachterperspektive

Von jeder Unterrichtsstunde existieren so viele Versionen, wie es Personen gibt, die sie beobachtet haben. Dies hat mit der schon erwähnten Eigentümlichkeit pädagogischer Zusammenhänge und der Perspektivität unserer Wahrnehmungen zu tun. Die meisten pädagogischen Zusammenhänge sind überkomplex; d.h. es sind in jedem Augenblick mehr Faktoren wirksam, als eine einzelne Person gleichzeitig wahrnehmen kann, und ihre Konstellation ist nicht stabil. Dies führt bei Beobachterinnen und Beobachtern zu selektiver Wahrnehmung. Je nach individueller Lernbiografie werden unterschiedliche Beobachter/innen sich auf unterschiedliche Elemente konzentrieren. Überdies können zwischen den verschiedenen Wahrnehmungsdaten unterschiedliche Verknüpfungen hergestellt werden, je nach den besonderen intellektuellen Stilen und individuellen Normen der beteiligten Personen. Watzlawick (1982, S. 104) nennt dies die »unterschiedliche Interpunktion von Ereignisfolgen«.

Die beobachtende Person hat im Verlauf einer Unterrichtsstunde wahrscheinlich eine Vielzahl von Aspekten unterschiedlicher Art und Tragweite notiert, die sie im Sinne ihrer individuellen Perspektivität verknüpft hat und auf die sie sich in der Unterrichtsnachbesprechung beziehen will. Um aber den im vorigen Kapitel erwähnten Defiziten einer Unterrichtsnachbesprechung vorzubeugen, kommt es darauf an, dass die beobachtende Person versucht, die Unterrichtsstunde zunächst aus der Perspektive der Lehrperson zu verstehen, um dann zu überprüfen, ob vor dem Hintergrund dieser Rekonstruktion die von ihr während der Unterrichtsstunde mehr oder weniger spontan vorgenommenen Einschätzungen und Bewertungen plausibel sind und einer kritischen Nachfrage standhalten.

Indem die während der Unterrichtsstunde von der beobachtenden Person wahrgenommenen Einzelheiten auf die Rekonstruktion des didaktisch-methodischen Konzeptes der Lehrperson bezogen werden, ergeben sich Zusammenhänge zwischen einzelnen Beobachtungen, außerdem stellt sich wahrscheinlich eine Gewichtung im Hinblick auf die verschiedenen Daten heraus. Die beobachtende Person wird so in die Lage versetzt, singuläre Beobachtungen nach übergeordneten Gesichtspunkten zusammenzufassen, um hierdurch die Grundlage für eine strukturierte Unterrichtsnachbesprechung zu schaffen. Dabei kann es sinnvoll sein, eher randständige Aspekte unberücksichtigt zu lassen, um zum Zentrum der Unterrichtsstunde vorzustoßen. Grundsätzliche Alternativen zu dem von der Lehrperson gewählten Konzept sollten erst dann zur Sprache kommen, wenn dieses Konzept im Hinblick auf die darin prinzipiell enthaltenen Möglichkeiten ausgeschöpft ist.

Die Analysen und Reflexionen in diesem Arbeitsschritt beruhen noch ausschließlich auf den Hypothesen der beobachtenden Person; die hierin zum Ausdruck kommende perspektivische Sichtweise ist ergänzungsfähig und -bedürftig. Es kommt darauf an, sich eine gewisse Distanz gegenüber eigenen spontanen Bewertungen zu erarbeiten und eine Offenheit für denkbare andere Deutungen der Unterrichtsstunde zu gewinnen. Hierdurch wird es der beobachtenden Person möglich sein, sich in der Unterrichtsnachbesprechung auf die Argumentation der Lehrperson einzulassen und deren Plausibilität zu untersuchen. Die *Rekonstruktion* einer Unterrichtsstunde orientiert sich an zwei Leitfragen:

1. *Welches Konzept liegt der Unterrichtsstunde zugrunde?*
   - *Was sind die zentralen didaktischen und/oder methodischen Entscheidungen, die die Lehrperson getroffen hat?*
   - *Welche Funktion(en) hat die Stunde im Lern- und Arbeitszusammenhang der Unterrichtsreihe (Eröffnung, Problemstellung, Planung, Problemlösung, Übung, Übertragung, Abschluss ...)?*
2. *In welchen unterrichtlichen Dimensionen hat dieses Konzept seinen Niederschlag gefunden?*
   - *In welchem Verhältnis stehen die verschiedenen unterrichtlichen Dimensionen zur zentralen didaktischen und/oder methodischen Entscheidung?*
   - *Ist es eher durch Passung oder durch Friktion bestimmt?*

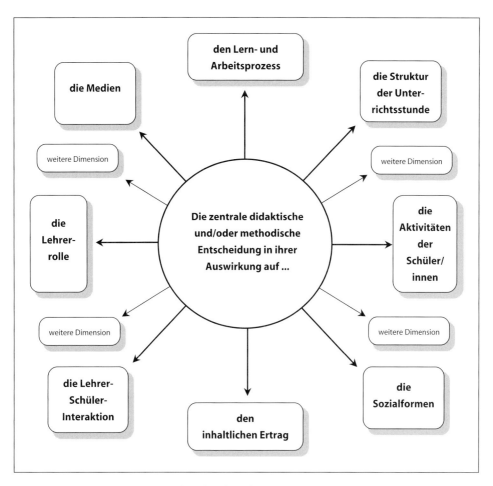

Abb. 4: Formular zur Rekonstruktion des Unterrichtskonzeptes

Diese beiden Leitfragen bilden das Prinzip für das Formular zur Rekonstruktion des Unterrichtskonzeptes in Abbildung 4. Die in diesem Formular genannten unterrichtlichen Dimensionen sind mögliche Dimensionen des Unterrichts, aber sie sind nicht die einzig denkbaren; aus diesem Grund sind Platzhalter für »weitere Dimension« eingefügt, die in Bezug auf die jeweilige Unterrichtsstunde zu konkretisieren sind. Die Orientierung an vorgegebenen Dimensionen soll allenfalls dazu dienen, sich »einzusehen« und darauf aufmerksam zu werden, was es sonst noch zu beobachten gibt. Ein Formular ohne jede inhaltliche Vorgabe (vgl. Abb. 5 auf der nächsten Seite) kann verwenden, wer schon geübter in der Beobachtung von Unterricht ist. Dieses Formular unterscheidet nur grafisch zwischen zentraler Entscheidung und unterrichtlichen Dimensionen, wobei die inhaltliche Konkretisierung in der jeweiligen Beobachtungssituation erfolgt. Hierdurch soll und kann vermieden werden, dass Aspekte, die zuvor nicht explizit im Kriterienkatalog genannt worden sind, auch nicht beobachtet werden.

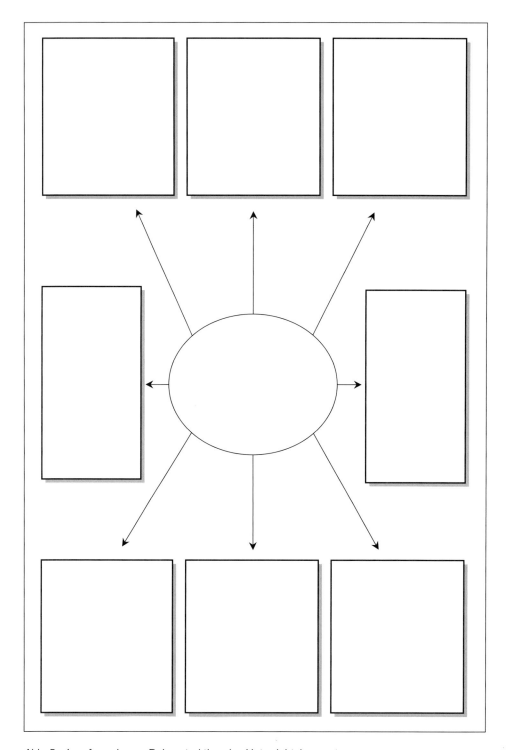

Abb. 5: *Leerformular zur Rekonstruktion des Unterrichtskonzeptes*

Die anschließende *Evaluation* geht der Frage nach, inwieweit es gelungen ist, das Unterrichtskonzept umzusetzen. Sie kann sich an folgenden Leitfragen orientieren:

1. *Welche positiven Eindrücke konnten gewonnen werden*
   – *im Hinblick auf die Bearbeitung des Unterrichtsgegenstands?*
   – *im Hinblick auf das Verhalten der Lerngruppe?*
   – *im Hinblick auf das Verhalten der Lehrperson?*
   – *im Hinblick auf den Interaktionsprozess?*
2. *Welche Schwierigkeiten konnten beobachtet werden*
   – *im Hinblick auf die Bearbeitung des Unterrichtsgegenstands?*
   – *im Hinblick auf das Verhalten der Lerngruppe?*
   – *im Hinblick auf das Verhalten der Lehrperson?*
   – *im Hinblick auf den Interaktionsprozess?*

Nahezu alle Unterrichtsnachbesprechungen thematisieren diese beiden Gruppen von Leitfragen (vielleicht auch in abgewandelter Form). Neu in dem hier vorgestellten Konzept sind die folgenden Fragen, die die Plausibilität des Zusammenhangs zwischen der zentralen didaktischen und/oder methodischen Entscheidung und den verschiedenen unterrichtlichen Dimensionen ansprechen:

3. *Gibt es einen plausiblen Zusammenhang zwischen der zentralen didaktischen und/oder methodischen Entscheidung und*
   – *den positiven Eindrücken,*
   – *den Schwierigkeiten?*
4. *Lassen sich unterrichtliche Dimensionen identifizieren, in denen die zentrale didaktische und/oder methodische Entscheidung nicht (konsequent genug) umgesetzt worden ist?*
5. *Wird die zentrale didaktische und/oder methodische Entscheidung durch den Unterrichtsverlauf insgesamt bestätigt oder muss sie (in Teilen) revidiert werden?*
6. *Gibt es neben der zentralen didaktischen und/oder methodischen Entscheidung sowie der Art ihrer Umsetzung andere Faktoren, die den Unterrichtsverlauf positiv oder negativ beeinflusst haben könnten?*

1.3.2 Neukonstruktion und Reflexion

Besonders in Ausbildungszusammenhängen werden Unterrichtsnachbesprechungen oft mit einem Statement der Person eröffnet, die die Stunde gehalten hat. Manche Ausbilder/innen nutzen diese Phase, um das selbstkritische Reflexionsvermögen der Lehrperson zu überprüfen. Außerdem bietet sich der beobachtenden Person hier die Gelegenheit festzustellen, an welchem Punkt sie mit der eigenen Kritik »einhaken« kann. Der Lehrperson, über deren Stunde gesprochen werden soll, ist dies natürlich auch bekannt. Sie sieht sich in der Zwickmühle, einerseits kritische Anmerkungen zum eigenen Unterricht zu liefern, andererseits aber den Kritikpunkt nicht zu mächtig werden zu lassen, weil davon ja letztlich die Beurteilung der eigenen Leistung abhängt. Also tut sie gut daran, der beobachtenden Person ein »Bauernopfer« anzubieten. Eröffnungen in dieser Form sind nicht mehr als hochritualisierte Rangeleien, in denen beide Gesprächspartner eine für sie günstige Ausgangslage etablieren möchten. Nur eines sind sie nicht: offene Lernsituationen.

Daher wird hier für die Umkehrung der traditionellen Eröffnungssituation plädiert: Die beobachtende Person beginnt mit einem Statement darüber, wie sie die Unterrichtsstunde wahrgenommen hat, was nach ihrer Einschätzung das didaktische und/oder methodische Zentrum der Unterrichtsstunde darstellt (vgl. die Leitfragen im vorangehenden Kapitel). Der Eröffnungssatz könnte lauten: »Ich habe diese Stunde so wahrgenommen, dass es Ihnen vor allem darum ging, die Mitglieder der Lerngruppe auf der Grundlage eines Schülerexperiments in ihrer Methodenkompetenz zu fördern. Ist das zutreffend?« Wer auf diese Weise als Beobachter/in einer Unterrichtsstunde die Nachbesprechung eröffnet, riskiert, dass sein Gegenüber ihm antwortet: »Nein, das ist nicht so. In dieser Stunde war die Förderung der Methodenkompetenz nicht das Hauptanliegen, mir ging es vielmehr darum ...« Diese Entgegnung wirft den Beobachter zunächst einmal aus der Bahn, die er sich für die Unterrichtsnachbesprechung bereitet hatte. Er ist gezwungen, seine Wahrnehmungen unter Aufgabe des bisher von ihm verfolgten Deutungsmusters neu zu sortieren und dabei dem Deutungsmuster der Lehrperson zu folgen, was möglicherweise zu einer veränderten Sichtweise auf die Stunde und zu einer anderen Einschätzung derselben führt.

Diese scheinbare »Schwächung« des Beobachters in der Unterrichtsnachbesprechung ist durchaus beabsichtigt. Die Begründung hierfür liegt in einer Erfahrung, die wahrscheinlich die meisten Personen schon einmal gemacht haben, die eine Unterrichtsstunde aus der Position des Beobachters besprochen haben. Bei der beobachtenden Person entsteht ein bestimmtes Bild von der Stunde und darüber, was deren zentrales Anliegen gewesen sei. Die einzelnen Wahrnehmungen werden diesem Bild eingepasst. Dabei bleiben möglicherweise bestimmte Einzelheiten, die sich nicht einfügen wollen, unberücksichtigt; andere, die ein Argument für die Deutung des Beobachters geben, werden in ihrer Bedeutung aufgewertet und ausgeweitet. In der Nachbesprechung werden Einwände der beobachteten Person leicht als Ausflüchte bagatellisiert. Die beobachtende Person kann ihr Deutungsmuster umso leichter durchsetzen, wenn sie sich in einer hierarchisch höheren Position befindet. In einem gewissen zeitlichen Abstand zur Gesprächssituation kann sich aber ein Effekt einstellen, der aus der Gestaltwahrnehmung als *Kippbild* bekannt ist. Hiermit ist gemeint, dass z.B. die dreidimensionale zeichnerische Wiedergabe eines Gegenstandes je nach Fixierung des Blickpunktes des Betrachters widersprüchlich gelesen werden kann: Ist die Figur (z.B. Treppe oder Würfel) in die Fläche hinein oder aus der Fläche heraus geklappt? Übertragen auf die Situation der Unterrichtsnachbesprechung bedeutet der Kippbild-Effekt, dass sich möglicherweise die Wahrnehmung und Bewertung einer Unterrichtsstunde krass verändert, vielleicht sogar in ihr Gegenteil verkehrt, wenn man den Fixpunkt verändert, unter dem man die Stunde betrachtet hat.

Wichtig für die Wirkung der Nachbesprechung ist es aber, dass diese Veränderung des Fixpunktes bzw. das Durchspielen unterschiedlicher Fixpunkte nicht erst in einem zeitlichen Abstand *nach* dem Gespräch stattfindet, sondern das Gespräch eröffnet. Dies bietet dem Beobachter der Unterrichtsstunde die Möglichkeit, gegebenenfalls die Ich-Bezogenheit seiner bisherigen Betrachtungsweise zu erkennen und eine andere Sicht auf die Unterrichtsstunde zu gewinnen. Die Eröffnungsphase einer Nachbesprechung könnte sich somit vielleicht folgendermaßen abspielen (B = beobachtende Person, L = Lehrperson):

B: »Ich habe Ihre Stunde so verstanden, dass die zentrale didaktische/methodische Entscheidung darauf gerichtet war, die Methodenkompetenz Ihrer Schülerinnen und Schüler zu fördern.«

Mit dieser Äußerung eröffnet B die Phase der Evaluation seiner Rekonstruktion, indem er ein Feedback von L zu seiner leitenden Annahme einfordert. Wird diese Annahme durch L bestätigt, kann das Gespräch auf der Grundlage des Formulars zur Rekonstruktion der Unterrichtsstunde fortgeführt werden. In dem hier angenommenen Fall lautet jedoch die Antwort:

L: »*Nein, mir ging es darum, unterschiedliche Zugänge zum Gegenstand für unterschiedliche Lerntypen zu eröffnen.*«
B: »*Geben Sie mir einen Augenblick Zeit, damit ich meine Eindrücke neu ordnen kann.*«

B hat zunächst im Blick gehabt, den Aspekt »wissenschaftspropädeutisches Vorgehen« in der Nachbesprechung hervorzuheben. Er wollte L veranlassen, die »wissenschaftsmethodische Schrittfolge« deutlicher in den Vordergrund zu stellen. Sein Rat hätte darin bestanden, das aus seiner Sicht »unterrichtsmethodische Beiwerk« zu reduzieren und statt dessen eine Konzentration auf die Schrittfolge »Problemformulierung«, »Hypothesenbildung«, »Planung, Durchführung und Ergebnissicherung des Experiments«, »Deutung des Ergebnisses«, »Verwerfen oder Bestätigen der Hypothese« zu empfehlen.

Für L war es jedoch nicht darum gegangen, die wissenschaftsmethodische Schrittfolge zum wiederholten Male zu thematisieren. Sein Stundenkonzept zielte in eine andere Richtung. Die alternativ in arbeitsteiliger Gruppenarbeit angebotenen unterrichtsmethodischen Zugänge waren kein Beiwerk. Es sollte vielmehr die Einsicht in die Möglichkeit unterschiedlicher Zugänge zu einem Gegenstand vermittelt werden; in dieser Stunde ging es daher um die Parallelisierung von Realexperiment, Computersimulation und mathematischer Lösung, nicht um wiederholtes Einschleifen eines bestimmten Weges. Damit sollten zugleich unterschiedliche Kompetenzen der Schüler/innen zu ihrem Recht kommen.

Lässt sich B auf diese Intention von L ein, muss er die ursprünglich geplante Richtung der Unterrichtsnachbesprechung ändern. Dieser Richtungswechsel in der Anlage der Nachbesprechung hat den Vorteil, dass es jetzt nicht mehr darum geht, dass B der

Unterrichtsstunde von L sein persönliches Konzept »überstülpt«, sondern dass er sich auf das Konzept von L einlässt, um gemeinsam nach Möglichkeiten der Optimierung zu suchen. Dazu erörtern sie zunächst gemeinsam die Frage, in welchem Verhältnis die verschiedenen unterrichtlichen Dimensionen der beobachteten Stunde zur zentralen didaktisch-methodischen Entscheidung stehen: Ist es eher durch *Passung* oder eher durch *Friktion* bestimmt? (Horster 2004, S. 37f.).

Das Formular in Abbildung 6 fasst die Beobachtungen aus einer Biologiestunde in der Jahrgangsstufe 7 zum Thema »Geschmackszonen der Zunge« zusammen. Hinsichtlich der Frage nach dem Verhältnis von Passung oder Friktion zwischen zentraler didaktischer/methodischer Entscheidung und den verschiedenen unterrichtlichen Dimensionen sind vier Dimensionen im Sinne von Friktionen markiert worden: »Lehrerrolle«, »Lern- und Arbeitsprozess«, »Aktivitäten der Schüler/innen« sowie die »Interaktionsmuster«. Die Friktion besteht darin, dass die Aspekte »Selbsttätigkeit« und »Entdecken« nicht oder nur partiell durch die Beobachtungen in den genannten Dimensionen eingelöst werden. Vor allem die eng steuernden Interventionen der Lehrperson sind hierfür ursächlich; sie führen zwangsläufig zu einem engschrittigen und wenig selbstbestimmten Lern- und Arbeitsprozess, in dem sich die Aktivitäten der Schüler/innen auf die Ausführung vorgegebener Aufträge beschränken und in dem die Frage-Antwort-Kette das vorherrschende Interaktionsmuster darstellt. Eine positive Abweichung stellt die Gruppenarbeitsphase dar, in der Interaktion *innerhalb* der Schülergruppen zu beobachten ist, hier haben die Schüler/innen einen gewissen Freiraum, um individuelle Erfahrungen mit den bereitgestellten Geschmacksstoffen zu machen, wenn auch nur in einem eng vorgegebenen Aufgabenrahmen. Der größte Grad der Passung zur zentralen didaktischen/methodischen Entscheidung ist in der Dimension »Medien« festzustellen: Alle bereitgestellten Medien sind grundsätzlich geeignet, einen Lern- und Arbeitsprozess im Sinne selbsttätigen und kooperativen Entdeckens zu ermöglichen.

Nunmehr können beide Gesprächspartner in die Phase der *Neukonstruktion* der Unterrichtsstunde eintreten. Sie können sich generell an den folgenden Leitfragen orientieren (Horster 2004, S. 40):

- *Welche Möglichkeiten gibt es, um das gewählte didaktisch-methodische Konzept noch konsequenter umzusetzen?*
- *Muss das gewählte didaktisch-methodische Konzept (in Teilen) revidiert werden?*
- *Welche anderen Faktoren, die den Unterrichtsverlauf beeinflusst haben, sind bei Revisionsüberlegungen zu berücksichtigen? Zu welchen Veränderungen könnte dies führen?*
- *Welche Aspekte der beobachteten Unterrichtsstunde sollten als positive Elemente auch künftig Berücksichtigung finden?*

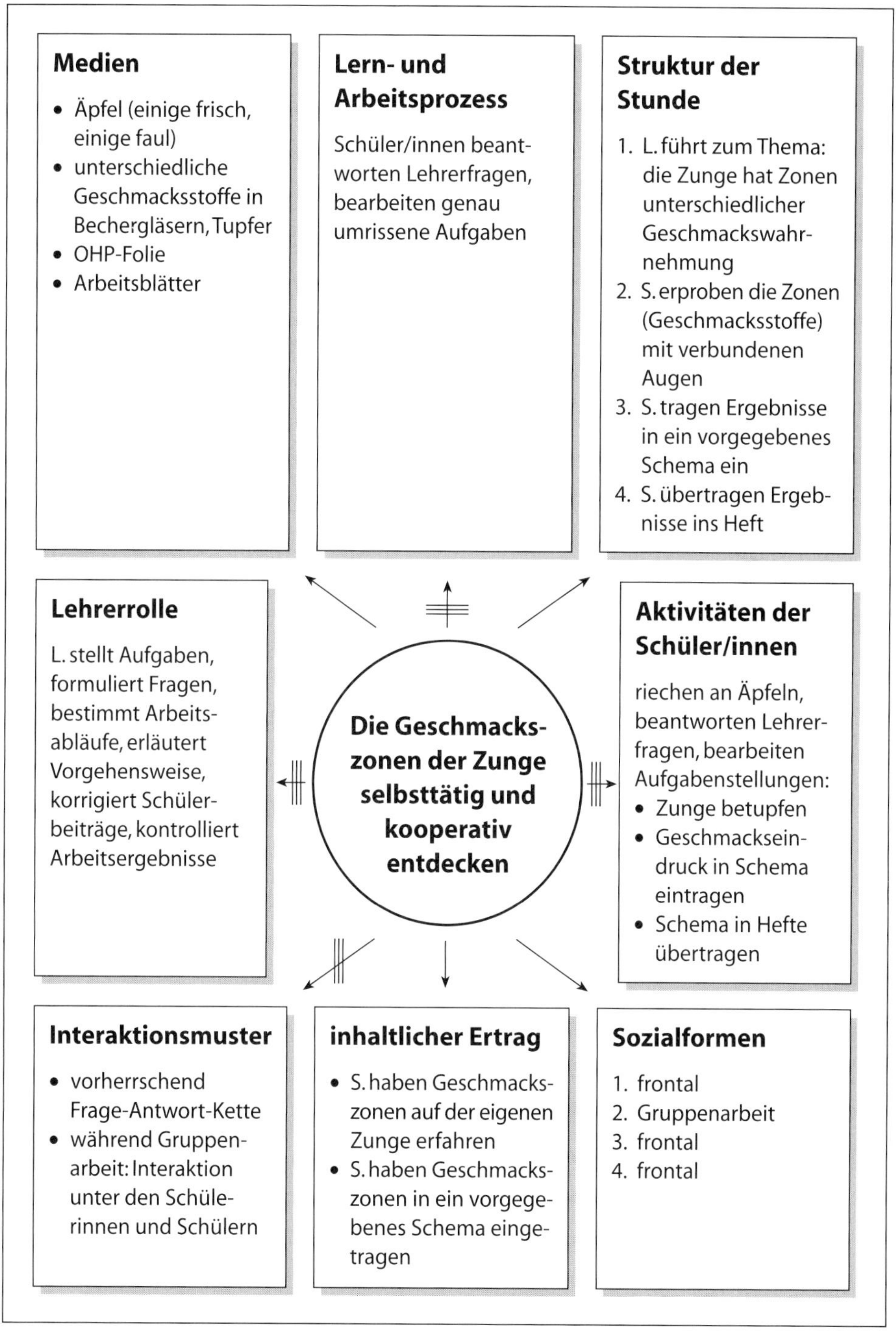

Medien

- Äpfel (einige frisch, einige faul)
- unterschiedliche Geschmacksstoffe in Bechergläsern, Tupfer
- OHP-Folie
- Arbeitsblätter

Lern- und Arbeitsprozess

Schüler/innen beantworten Lehrerfragen, bearbeiten genau umrissene Aufgaben

Struktur der Stunde

1. L. führt zum Thema: die Zunge hat Zonen unterschiedlicher Geschmackswahrnehmung
2. S. erproben die Zonen (Geschmacksstoffe) mit verbundenen Augen
3. S. tragen Ergebnisse in ein vorgegebenes Schema ein
4. S. übertragen Ergebnisse ins Heft

Lehrerrolle

L. stellt Aufgaben, formuliert Fragen, bestimmt Arbeitsabläufe, erläutert Vorgehensweise, korrigiert Schülerbeiträge, kontrolliert Arbeitsergebnisse

Die Geschmackszonen der Zunge selbsttätig und kooperativ entdecken

Aktivitäten der Schüler/innen

riechen an Äpfeln, beantworten Lehrerfragen, bearbeiten Aufgabenstellungen:
- Zunge betupfen
- Geschmackseindruck in Schema eintragen
- Schema in Hefte übertragen

Interaktionsmuster

- vorherrschend Frage-Antwort-Kette
- während Gruppenarbeit: Interaktion unter den Schülerinnen und Schülern

inhaltlicher Ertrag

- S. haben Geschmackszonen auf der eigenen Zunge erfahren
- S. haben Geschmackszonen in ein vorgegebenes Schema eingetragen

Sozialformen

1. frontal
2. Gruppenarbeit
3. frontal
4. frontal

Abb. 6: Beispiel zur Rekonstruktion einer Unterrichtsstunde

Hinsichtlich der skizzierten Unterrichtsstunde zum Thema »Geschmackszonen der Zunge«, könnte sich die Neukonstruktion an folgenden Punkten orientieren:

- Das didaktisch-methodische Konzept ist nicht revisionsbedürftig, es handelt sich um eine sinnvolle Entscheidung.
- Die bereitgestellten Medien bieten eine geeignete Grundlage zur Realisierung des Konzeptes.
- Die Phase der Gruppenarbeit hat einen gewissen Spielraum für mehr Selbsttätigkeit der Schüler/innen geboten und entsprechend auch deren Interaktion gefördert.

Zu überlegen ist, wie die Aktivitäten des Lehrers zu verändern sind, um insgesamt mehr selbstgesteuerte Aktivitäten der Schüler/innen im Sinne eines entdeckenden Lern- und Arbeitsprozesses zu ermöglichen und damit die vorhandenen positiven Ansätze des Unterrichtskonzeptes auszubauen (ebd., S. 41).

Es sollte deutlich werden, dass durch diese Art, eine Unterrichtsnachbesprechung anzulegen, gravierende Defizite vermieden werden, denn

- die besprochenen Aspekte werden im Wirkungszusammenhang und nicht isoliert betrachtet;
- die beobachtende Person stülpt der Lehrperson nicht ihre eigenen Ideen für eine gänzlich andere Unterrichtsstunde über;
- als Ausgangspunkt für denkbare Optimierungen kommen die positiven Aspekte der Stunde zur Sprache.

Eine Unterrichtsnachbesprechung sollte nach Möglichkeit mit einer *Reflexion des Gesprächsverlaufs* abschließen. Hierzu geben sich die Lehrperson und die beobachtende Person gegenseitig Feedback. Dieses sollte in Form von Ich-Botschaften formuliert werden. Das Feedback beginnt mit der Äußerung der Lehrperson, es folgt die der beobachtenden Person. Beide können sich an folgenden Leitfragen orientieren (ebd., S. 42):

Lehrperson:
- *Wie habe ich mich während der Unterrichtsnachbesprechung als Lehrperson gefühlt? Wodurch ist dieses Gefühl entstanden?*
- *Wie habe ich die beobachtende Person erlebt: als sicher, helfend, offen für meine Perspektive ... ?*
- *Was hat mir geholfen? Was hat mich gestört?*
- *Welchen Eindruck habe ich nachträglich vom Gesprächsverlauf?*
- *Welche Konsequenzen ziehe ich aus der Nachbesprechung?*

Beobachtende Person:
- *Wie habe ich mich während der Unterrichtsnachbesprechung als beobachtende Person gefühlt? Wodurch ist dieses Gefühl entstanden?*

- *Was hat mir besondere Mühe bereitet?*
- *Wie habe ich die Lehrperson erlebt: als reflexionsfähig, lernoffen, interessiert an anderen Standpunkten ... ?*
- *Welchen Eindruck habe ich nachträglich vom Gesprächsverlauf?*
- *Habe ich den Eindruck, durch die Nachbesprechung eine positive Wirkung erzielt zu haben?*

1.4 Unterrichtsnachbesprechung braucht normative Orientierung

Die Frage unterrichtlicher Qualität kann, unbeschadet der Notwendigkeit, sich in der Unterrichtsnachbesprechung auf die Existenz individueller, biografisch bedingter Deutungsmuster bei den beteiligten Personen einzulassen und diese als Ausgangspunkt des Gesprächs zu akzeptieren, nicht einfach der völligen Beliebigkeit überlassen bleiben. In diesem Zusammenhang sollen einige normative Orientierungen angeboten werden, die auch angesichts höchst unterschiedlicher Vorstellungen gleichsam als Minimalkonsens akzeptiert werden können. Diese beziehen sich sowohl auf inhaltliche als auch auf kommunikative Aspekte der Unterrichtsnachbesprechung:

1. Jede Stunde wird sich, unabhängig von fachdidaktischen Kriterien, daraufhin befragen lassen müssen, worin ihre Bildungswirksamkeit besteht, inwieweit durch sie für die Schüler/innen Sinnhaftigkeit erfahrbar wird.
2. Außerdem wird man von einer Unterrichtsstunde mindestens erwarten können, dass darin möglichst keine oder wenigstens keine schwerwiegenden »Kunstfehler« begangen werden.
3. Eine Orientierung für die Durchführung einer Unterrichtsnachbesprechung in ihren wesentlichen Dimensionen und Phasen findet sich in Kapitel 1.4.3 (S. 833ff.).

1.4.1 Der erweiterte Lernbegriff im »Haus des Lernens«[2]

»Der erweiterte Lernbegriff, der die Schule der Zukunft prägen soll, erfordert anders gestaltete Lernsituationen. Sie müssen Fachlichkeit und überfachliches Lernen, individuelle und soziale Erfahrungen, Praxisbezug und die Einbeziehung des gesellschaftlichen Umfeldes miteinander verknüpfen.

Fachliches Lernen und fachliche Kompetenz werden auch in der Schule der Zukunft ihren herausragenden Platz haben. Die Kompetenz, Lernprozesse selbst zu steuern, entwickelt sich nur im Aufbau von Wissen und Können.

Fachliches Lernen wird sich aber anders vollziehen, als es heute in der Regel noch der Fall ist: Es wird stärker auf überfachliche Zusammenhänge bezogen werden, Sinn-

---

[2] Kapitel zit. nach: Bildungskommission Nordrhein-Westfalen 1995, S. 82f.

haftigkeit und Anwendungsbezug werden erfahrbar sein müssen, wenn Lernen dauerhafte Bildungswirksamkeit haben soll. Alltagsfragen, Alltagserfahrungen und Lebensprobleme, die Schülerinnen und Schüler mitbringen, sollen die Lernsituationen in stärkerem Maße mitbestimmen, sie realitätsnäher werden lassen.

Die Lernkultur im ›Haus des Lernens‹ zeichnet sich vor allem durch die Vollständigkeit von Lernprozessen aus. Vollständige Lernprozesse umfassen mehrere Phasen oder Stufen: Aufgaben- und Problemorientierung, genaue Formulierung von Absichten und Zielen, klare Definition der Aufgaben oder Probleme, zielorientierte Bearbeitungsprozesse und Überprüfung von Lösungen.

Bruchstückhafte und isolierte Lernprozesse, wie sie heute noch weitgehend charakteristisch sind und durch die Informationsaufbereitung der Massenmedien verstärkt werden, verhalten sich zu einem reflektierten und selbstverantworteten Lernen kontraproduktiv.

Selbstgestaltetes Lernen setzt den Erwerb eines Repertoires von individuellen Fähigkeiten voraus. Als Lernkompetenzen werden sie mit Vorerfahrungen und biografischen Denkmustern verbunden und Bestandteil des Handlungsrepertoires einer Person.«

1.4.2 Kunstfehler beim Unterrichten

Das Konzept der Unterrichtsnachbesprechung auf der Grundlage des Deutungsmusteransatzes ist kein Plädoyer für die Einführung der Beliebigkeit. Neben den Aspekten, die zwischen den beteiligten Personen zu verhandeln sind, gibt es auch solche, bei denen ein schlichtes »richtig« und »falsch« zu unterscheiden ist. In Anlehnung an eine Terminologie, wie sie etwa im medizinischen Bereich eingeführt ist, soll auch hier von »Kunstfehlern« die Rede sein. Wolfgang Memmert unterscheidet die folgenden Kunstfehler beim Unterrichten:[3]

1. **Inhaltsfehler**
   – Inhaltliche Verstöße gegen das eigene Unterrichtsfach
   Beispiel: Lehrerin spricht in einem Diktat das Wort »traurig« mit einem harten »g« (wie »k«), um den Rechtschreibfehler »traurich« zu vermeiden.
   – Inhaltliche Verstöße gegen ein anderes Unterrichtsfach
   Beispiel: In einem Lesebuchtext kommt das Wort »Kriechtiere« vor. Lehrer fragt: »Wisst ihr, was man darunter versteht?« Schüler: »Ja, Schnecken und Würmer.« Lehrer: »Gut, weiter.« (Schnecken sind Weichtiere, Würmer ein eigener Tierstamm.)
2. **Organisationsfehler**
   Beispiel: Lehrerin stellt die Hausaufgabe nach dem Pausenzeichen. Als die Schüler/innen murren, rügt die Lehrerin sie wegen ihrer laxen Arbeitsmoral.

---

3 Die Aufzählung der »Kunstfehler« folgt Memmert 1997, S. 257ff., die Beispiele sind hinzugefügt.

3. **Führungsfehler**
   - Aufforderungsfehler
     Beispiel: »Seid doch mal ein bisschen spontaner!«
   - Kontrollfehler
     Beispiel: Lehrer stellt Hausaufgaben, führt aber selten Kontrollen durch oder bezieht Hausaufgaben nicht in den Unterricht ein.
   - Sanktionierungsfehler
     Beispiel: Auf Macht gegründetes Loben und Strafen – positive oder negative Sanktionierung erfolgt ohne inhaltliche Rückbindung an einen Sachverhalt.
4. **Methodenfehler**
   - Motivierungsfehler
     Beispiel: Lehrerin spielt eine Kassette mit dem Pink-Floyd-Song »We don't need no education« als Einführung in den Gebrauch von »to do«.
   - Darstellungsfehler
     Beispiel: Lehrer unterbricht eine spannende Erzählung, um den Schülerinnen und Schülern Worterklärungen zu geben.
   - Fragefehler
     Beispiel: Lehrerin verwendet Suggestiv-, Ketten-, Ergänzungs-, Definitions-, Entscheidungsfragen etc.
   - Fehler beim Einsatz von Unterrichtsmitteln
     Beispiel: Engzeilig und mit fortlaufendem Text beschriftete Overheadfolie, Vorführung zu kurzer oder zu langer Filmausschnitte etc.
   - Aufgabenfehler
     Beispiel: »Formuliert euren persönlichen Eindruck von diesem Film als zusammenhängenden Text. Ihr könnt dabei in Kleingruppen arbeiten.«

1.4.3 Unterrichtsnachbesprechungen strukturieren[4]

Diese – nach Art einer Checkliste zusammengestellten – Hinweise entstammen aus der bisherigen Zusammenarbeit mit Schulleiterinnen und Schulleitern. Dort sind sie anhand konkreter Fälle diskutiert worden; ihre Tauglichkeit muss wiederum anhand konkreter Einzelfälle geprüft werden. Es geht also nicht um Verhaltensanweisungen, die – fallunabhängig oder am fingierten Einzelbeispiel – eingeübt werden könnten oder sollten. Ein solches methodisiertes Training könnte allenfalls zu einer Anpassung einzelner eigener Verhaltensweisen an aktuelle Beraterstandards führen, nicht aber zur Entwicklung eines konsistenten wirksamen Beratungshandelns (dafür sind praxisbegleitende längerfristige Lernformen, z.B. Fallbesprechungsgruppen, notwendig). Hier geht es eher darum, die Ansprüche an sich selbst als Berater/in etwas realistischer zu gestalten und zugleich die eigenen Handlungsspielräume an einigen Stellen zu erweitern.

---

[4] Dieses Kapitel beruht auf einem unveröffentlichten Manuskript von Wolfgang Boettcher aus den Materialien zur Schulleiterfortbildung in Nordrhein-Westfalen, Soest o.J.

1. *Organisatorische Vereinbarungen*
   - Beratung als Hospitation oder lieber als Fallbesprechung?
   - Hospitation als Fortsetzung einer Fallbesprechung oder Fallbesprechung als Fortsetzung einer Hospitation?
   - Erste Gespräche unbedingt mit Lehrerinnen und Lehrern, zu denen bereits eine relativ sichere und positive Arbeitsbeziehung besteht, damit positive Mundpropaganda über die Erfahrungen mit Beratungsgesprächen und ihre Nützlichkeit entsteht.
   - Hospitationen auf Dauer möglichst kurzfristig verabreden und ausdrücklich keine gesonderten Unterrichtsplanungen verlangen, damit nicht der für die Referendarzeit typische Druck entsteht.
   - Geschützten Beratungsort (kein Durchgangszimmer) und geschützte Beratungszeit (keine Springstunde vor anschließendem weiteren Stress für die Lehrperson) verabreden.
   - Festen Zeitumfang verabreden: Lieber eine Fortsetzung des Gesprächs vereinbaren als das Ende verschleppen (Zeit ist – vor allem im Arbeitsfeld Schule – kostbar!).
2. *Zielvereinbarungen*
   - Klarheit über das Hospitationsziel schaffen (z.B. Information der Schulleitung über die Schüler/innen, über die Verhaltensbandbreite des Kollegiums, über einzelne, z.B. neue Lehrer/innen im Kollegium o.Ä.).
   - Klarheit schaffen über den Gesprächs- und Beratungsbedarf, damit nicht ein Gesprächsprozess entsteht, bei dem die Schulleiterin oder der Schulleiter der Lehrperson mit Beratungsangeboten »hinterherläuft« (z.B. bloße Hospitation, einseitige Rückmeldung über Eindrücke der Schulleitung, wechselseitiges Verdeutlichen pädagogischer Auffassungen, Offenlegen von Bewertungseindrücken angesichts anstehender Leistungsberichte, Beratungswunsch der Kollegin bzw. des Kollegen oder Beratungsangebot der Schulleitung o.Ä.).
   - Klarheit schaffen über den Bezug der einzelnen Hospitation bzw. des Beratungsgesprächs zum Gesamtkomplex der Kollegiumsfortbildung (z.B. Einbau der Hospitationen in »pädagogische Monatsthemen« wie »Körpersprache des Lehrers«, »Disziplinprobleme«, »Schüler/innen ermutigen« o.Ä.).
   - Soll die Hospitation und das evtl. Beratungsgespräch von vornherein unter einem Problemfokus stehen (Beobachtungsauftrag durch die Lehrperson) oder offen sein?
   - Ansprechen der angesichts des Stands der Arbeitsbeziehung zwischen Schulleiter/in und Lehrer/in möglichen Schwierigkeiten im Gespräch und der gemeinsamen Möglichkeiten, mit solchen Schwierigkeiten umzugehen (erwartete Schwierigkeiten anzusprechen, macht sie unwahrscheinlicher!).
3. *Eröffnungsphase des Gesprächs*
   - Zu Beginn keine »Konversation«.
   - Im Regelfall die Lehrperson nicht bitten, zu ihrem Unterricht (allgemein) Stellung zu nehmen (führt üblicherweise zu »Bauernopfer« oder »Aufrüstung«).

- Die Lehrerin bzw. den Lehrer bitten, für ihn wichtige Punkte vorzuschlagen, selber eigene wichtige Punkte anmelden.
- Die beratene Lehrperson hat vorrangig das Recht, das Ausmaß an Offenheit zu bestimmen; die Schulleiterin bzw. der Schulleiter kann sie darauf sogar hinweisen, z.B.: »Ich wünsche mir Offenheit von Ihrer Seite, aber bitte regeln Sie selber, wie offen Sie sich in dieses Gespräch einlassen.«

4. *Strukturierung des Beratungsgesprächs*
   - Nicht erst das »Positive«, dann das (eigentliche!) Negative ansprechen.
   - Positiva mindestens so ausführlich und genau belegen wie Negativa.
   - Den Übergang von eher fachinhaltlich-fachmethodischen Themen zu solchen der Berufspersönlichkeit der Lehrerin bzw. des Lehrers zunächst ansprechen und sich – jedenfalls bei ersten Gesprächen mit einer Lehrperson – vergewissern, dass diese das Problem auch wirklich ansprechen will (damit sie sich nicht im Nachhinein durch ihre Offenheit und Problemintimität ausgeliefert fühlt).
   - Wenn die Lehrperson ein therapeutisches Problem anspricht: ihr Mut machen, daran zu arbeiten, aber auf andere, externe Berater/innen verweisen.
   - Lieber ein Gespräch abbrechen (und vertagen), wenn im Moment keine hinreichende Offenheit möglich ist, als es »über die Runden« zu bringen.

5. *Interaktionen im Gespräch*
   - Problematische Aspekte im Verhalten der Lehrerin bzw. des Lehrers mit »entwaffnender Offenheit« ansprechen und sich nicht »anschleichen«.
   - Den evtl. eigenen Ärger über Verhaltensweisen/Meinungen der Lehrperson als Ich-Botschaft ansprechen (und damit selbst ein Risiko eingehen), statt ihn verkappt auszuagieren.
   - Bei zustimmenden und vor allem bei kritischen Einschätzungen unbedingt die eigene Neugier, das eigene Interesse deutlich machen, damit nicht nur der Kontrollaspekt der Beziehung Schulleiter/Lehrer vermittelt wird. Also statt »Das war gut« lieber »Mir hat gefallen, dass Sie ...« sagen und statt »Das war nicht gut« lieber »Ich wurde ganz unruhig, als Sie ...« oder »Ich fing richtig an, mich zu ärgern, als Sie ...«.
   - Deutlich machen, wo die Rückmeldungen an die Lehrperson eine ihr zur freien Verfügung gestellte Anregung sein sollen, wo sie einen Wunsch zur Veränderung enthalten und wo sie ggf. (angesichts der begrenzten Vorgesetztenbeziehung) Ansprüche auf Veränderung beinhalten.
   - Bei Ausweichversuchen der Lehrerin bzw. des Lehrers weder einfach »loslassen« noch einfach nachhaken (»Verfolgungsjagd«) – lieber das heiße Thema aus der eigenen Sicht benennen und zu vertagen vorschlagen oder das Ausweichen selbst ansprechen.
   - Die Schulleiterin bzw. der Schulleiter hat ein Recht auf kritisches Feedback an die Lehrperson; das bedeutet jedoch nicht, dass diese die Kritik auch aufgreifen bzw. sich ihr anschließen muss.
   - Wut oder Weinen ist nichts Schlimmes – jedenfalls kein Grund, als Schulleiter/in Offenheit oder Deutlichkeit in der Sache zurückzunehmen.

- Aus »Machtkämpfen« und anderen Spielen aussteigen (also nicht den Gesprächspartner zwingen, mit solchen Spielen aufzuhören).
6. *Verstehen im Beratungsgespräch*
    - Bei allgemeinen/zu verallgemeinerten Problemdarstellungen der Lehrperson um Konkretisierung anhand einer Situation bitten – z.B. der letzten, an die sie sich erinnert.
    - Bei neutralen/affektarmen Darstellungen von Situationen nach den affektiven Besetzungen dieser Situation fragen.
    - Immer wieder auch während des Beratungsgesprächs die eigene Befindlichkeit (Affekte, Unlust, Müdigkeit usw.) wahrnehmen, sie sagt etwas über die momentane Arbeitsbeziehung zur Lehrperson aus (und sie kann auch etwas über deren Probleme aussagen).
    - Sprache der Lehrperson (z.B. auffällige Bildlichkeit?), Körpersprache, Stimme, Übereinstimmung beider?
    - Lieber gleich frühe, offene und ausdrücklich als unfertig deklarierte Verstehensangebote an die Lehrperson; das ermuntert eher zur Selbsterkundung und zum Dialog mit der Schulleitung als lang zurückgehaltene, dann aber »fertige« und massiv belegte Einschätzungen (also keine »Beweise« sammeln wollen).
    - Erst einmal die Selbständerungswünsche bei der Lehrperson auffinden bzw. ihr aufzufinden helfen, statt sie mit externen normativen Ansprüchen zu konfrontieren, wie sie zu sein oder werden hätte.
7. *Schlussphase des Beratungsgesprächs*
    - Stimmungslage ansprechen:
        – Wie ist dem Schulleiter zumute, wie dem Lehrer?
        – Wie ist uns zumute, wenn wir uns in den nächsten Tagen in der Schule über den Weg laufen: verletzt, »sauer« oder …?
    - Fragen,
        – ob es Punkte aus dem Gespräch gibt, die in das Kollegium hinein veröffentlicht werden sollen;
        – welche Punkte ausdrücklich verschwiegen bleiben sollen.
    - Kurze Auswertung des Beratungsgesprächs unter Prozessgesichtspunkten; Folgerungen für ein nächstes Gespräch verabreden.
    - Fragen,
        – wo sich die Lehrperson persönliche Weiterarbeit wünscht oder vornimmt;
        – wo sie sich eine Veränderung in den Kollegiumsbeziehungen (z.B. mehr Absprachen mit den Kolleginnen und Kollegen);
        – wo sie sich eine Veränderung der organisatorischen Bedingungen an der Schule wünscht.
        – Beispiel: »Was können Sie tun und was kann Ihrer Meinung nach ich tun, damit Sie an den angesprochenen heiklen Punkten leichter/zufriedener/effektiver arbeiten können?«
    - Folgerungen aus dem inhaltlichen Verlauf ziehen – für Schulleitung, Lehrer/in und Kollegium.

- Eventuell Vereinbarung eines Folgegesprächs
  - als Fortsetzung (aufgrund Zeitmangels)?
  - als erneute Hospitation, diesmal aber mit einem bestimmten Fokus (z.B. Interaktionen bestimmter Schüler/innen, mit denen die Lehrperson besondere Probleme hat)?
  - als Folgegespräch ohne erneute Hospitation (sondern als Fallbesprechung)?
  - als kollegiales Gespräch im Rahmen schulinterner Fortbildung?

2. Unterricht beurteilen

Die Akzeptanz von Unterrichtsbeurteilungen hängt, gerade angesichts des hohen subjektiven Anteils, von der Akzeptanz der Maßstäbe ab.

2.1 Was kennzeichnet guten Unterricht?

Die Überlegungen zur Unterrichtsnachbesprechung in den vorangegangenen Kapiteln gewinnen ihre leitende Orientierung aus dem Begriff der Passung zwischen zentraler didaktisch-methodischer Entscheidung und den verschiedenen unterrichtlichen Dimensionen einer Unterrichtsstunde, orientiert sich also an einem *internen* Qualitätskriterium, das aus der Stunde selbst abgeleitet wird. Es hieße jedoch die Diskussion um die Unterrichtsqualität verkürzen, wollte man nicht zur Kenntnis nehmen, dass vielfältige *externe* Kriterien an die je einzelne Unterrichtsstunde zu ihrer Beurteilung herangetragen werden. Im Zusammenhang mit der Beobachtung und Nachbesprechung von Unterricht kommt daher der Frage nach den Kriterien für guten Unterricht ein zentraler Stellenwert zu.

Die einschlägige Literatur sowie behördliche Handreichungen z.B. zur dienstlichen Beurteilung bieten unterschiedliche Kataloge zur Beantwortung dieser Frage an. Die meisten dieser Kataloge wählen einen bestimmten Ausschnitt aus der Fülle denkbarer Kriterien vor dem Hintergrund eines bestimmten didaktischen Konzeptes aus, ohne dass dieses unbedingt explizit vorgestellt oder den Autorinnen und Autoren sogar als ein solches bewusst sein muss.

Die meisten solcher Kriterienkataloge wirken bei all ihrer Unterschiedlichkeit und Ausschnitthaftigkeit durchweg plausibel, sodass man sich die Frage stellen muss, was dem einen Katalog gegenüber den denkbaren anderen den Vorzug geben soll. Auch zeigt die Erfahrung, dass die meisten Personen, die sich professionell mit Unterricht beschäftigen, bei ausreichender Zeit zu einer vergleichbaren Aufzählung von Qualitätskriterien gelangen werden. Das Problem der Vergleichbarkeit der Maßstäbe scheint also nicht so sehr darin zu bestehen, welche Maßstäbe überhaupt zur Beurteilung von Unterricht herangezogen werden, sondern wie die einzelnen Kriterien im Gesamt der denkbaren Maßstäbe gewichtet werden. Hier gibt es individuell deutliche Unterschiede, die mit den persönlichen Wertvorstellungen und Lernbiografien der beteiligten Personen zusammenhängen.

2.2 Kriterien allein reichen nicht

Eine Grunderfahrung in der beruflichen Biografie vieler Lehrer/innen ist die Tatsache, dass verschiedene Beobachter/innen selten in ihrem Urteil über Unterricht übereinstimmen. Die Ursache hierfür sind die unterschiedlichen Bilder von Unterricht, die mit ihrer normativen Kraft – in der Regel unbewusst – die Urteilsbildung beeinflussen. Vergleichbarkeit der Beurteilung verlangt daher, die impliziten Bilder der beteiligten Personen explizit zu machen und sich über ihre Gemeinsamkeiten zu verständigen. Auf dieser Grundlage kann dann ein Katalog akzeptierter Kriterien und Indikatoren vereinbart werden.

2.2.1 Vergleichbarkeit von Beurteilungen als Problem

Unterricht ist fortdauernder Beobachtung und Beurteilung ausgesetzt: alltäglich und direkt durch Schüler/innen, damit indirekt auch durch deren Eltern, aus besonderen Anlässen durch Schulleitungs- und Schulaufsichtspersonen, vergleichsweise selten durch Kolleginnen und Kollegen. Eine Grunderfahrung in der beruflichen Biografie vieler Lehrer/innen ist die Tatsache, dass verschiedene Beobachter selten in ihrem Urteil über Unterricht übereinstimmen, wenn sie sich dabei nicht auf eine lange und vor allem gemeinsame Praxis stützen können. Dieser Befund stellt für förmliche Beobachtungs- und Beurteilungssituationen eine besondere Herausforderung dar, weil hier die Vergleichbarkeit der Beurteilungen über deren qualitätssichernde Funktion hinaus auch juristisch belangvoll ist. Schulaufsichten greifen daher in der Beurteilungssituation auf vorgegebene Kriterienkataloge zurück, die bei allen anstehenden Beurteilungsprozessen gleichermaßen angelegt werden. Das Problem mangelnder Vergleichbarkeit von Unterrichtsbeurteilungen ist damit, wie zwei Beobachtungen zeigen, jedoch keineswegs behoben:

1. Wenn verschiedene Beurteiler bei Zugrundelegung des gleichen Kriterienkatalogs eine Unterrichtsstunde beobachten, können sie zu durchaus unterschiedlichen Urteilen gelangen.
2. Wenn man berufserfahrene Lehrkräfte auffordert, Kriterien für guten Unterricht zusammenzustellen, werden unterschiedliche Gruppen, wenn man ihnen nur genügend Zeit einräumt, zu vergleichbaren Ergebnissen gelangen, auch wenn ihre Unterrichtspraxis individuell höchst unterschiedlich aussehen mag.

Man muss sich die Frage stellen: Wie ist es nur zu erklären, dass Personen, die sich an übereinstimmenden Kriterienkatalogen orientieren, zu unterschiedlichen Urteilen gelangen können; dass Personen, deren unterrichtliche Praxis sich möglicherweise erheblich unterscheidet, dennoch relativ ähnlichen Kriterienkatalogen zustimmen können? Es muss etwas geben, das in der individuellen Praxis von Lehrpersonen den Kriterien vorangeht, deren aktuelle Auswahl und Gewichtung bestimmt und damit das unterrichtliche Handeln der Lehrpersonen beeinflusst. Meine Arbeitshypothese lautet: Dieses »Etwas« sind die Bilder von Unterricht.

Die meisten Lehrpersonen haben ein bestimmtes Bild von Unterricht, auch wenn sie sich dessen nicht unbedingt bewusst sind. Im unterrichtlichen Handeln spielen diese individuellen Bilder eine wichtige Rolle, weil sich die Aufbereitung des Unterrichtsgegenstands, die Wahl der Methoden, die Art der Kommunikation mit den Schülerinnen und Schülern, die Organisation der Arbeitsabläufe, kurzum die spezifische Form der Inszenierung von Unterricht daran orientiert (vgl. Meyer 1987, S. 81f.)

Solche Bilder von Unterricht, die das jeweilige Inszenierungsmuster beeinflussen, sind u.a. in der Lernbiografie von Lehrerinnen und Lehrern begründet, aber auch die meisten anderen Menschen verfügen über ein derartiges Bild, das oftmals aus der eigenen Schulzeit herrührt und die Erwartungen an Unterricht prägt. Dabei können sich Bilder als Bestätigung selbst erfahrenen Unterrichts oder auch als Gegenbilder hierzu konstituieren. In beiden Fällen besitzen sie große normative Kraft: Sie regulieren, welche denkbaren Kriterien für guten Unterricht für die einzelne Lehrperson in ihrem praktischen Handeln besonders belangreich sind, und sie regeln die Gewichtung von Kriterien innerhalb eines prinzipiell akzeptierten Katalogs. Obwohl also verschiedene Lehrpersonen so ziemlich dem gleichen Kriterienkatalog theoretisch zustimmen, werden sie ihre unterrichtliche Praxis an unterschiedlichen Segmenten orientieren.

Will man für Vergleichbarkeit bei der Beurteilung von Unterricht sorgen, stellt sich daher die Aufgabe, die in einer Gruppe von Lehrpersonen existierenden impliziten Bilder von Unterricht explizit zu machen, um sie dadurch einer Bearbeitung und gegebenenfalls auch einer Veränderung zugänglich zu machen. Erst wenn innerhalb einer Gruppe von Lehrpersonen die eigenen Bilder von Unterricht vorgestellt und erläutert worden sind, kann man ein gemeinsames Verständnis entwickeln, das sich nicht nur auf den gleichen Kriteriensatz für guten Unterricht bezieht, sondern darüber hinaus die Kriterien in ihrem Stellenwert und inneren Zusammenhang verdeutlicht. In einem folgenden Schritt kann dann geklärt werden, welche Indikatoren für die vereinbarten Kriterien gelten sollen. Der Weg zur Vergleichbarkeit von Unterrichtsbeurteilungen führt somit über drei Stationen:

1. Sich auf ein *gemeinsames Bild* von Unterricht verständigen;
2. das gemeinsame Bild zu einem *Kriterienkatalog* ausdifferenzieren;
3. *Indikatoren* für die vereinbarten Kriterien benennen.

2.2.2 Individuelle Bilder und ein gemeinsames Bild von Unterricht

Die Metaphernübung »Unterricht sollte sein wie …« ist ein Verfahren, um die impliziten Bilder von Unterricht zutage zu fördern. Intentionen der Metaphernübung:

- Die eigenen alltagstheoretischen Vorstellungen von Unterricht explizit machen;
- auf die Verschiedenheit der Vorstellungen von Unterricht aufmerksam werden;

- die Implikationen der Bilder von Unterricht im Hinblick auf die Unterrichtsgestaltung erkennen;
- auf die Revisionsbedürftigkeit der eigenen Bilder von Unterricht aufmerksam werden;
- die eigenen Bilder von Unterricht mit einem »offiziellen« Bild von Unterricht abgleichen.

Die Arbeit orientiert sich an folgenden Aufgaben:

1. Schritt: Metaphern formulieren: »Unterricht sollte sein wie ...«
   - *Einzelarbeit: Suchen Sie bitte drei Metaphern oder Vergleiche, mit denen sich Ihrer Meinung nach am besten ausdrücken lässt, wie Unterricht sein sollte, z.B. »wie ein Ausflug in unbekannte Regionen« o.Ä. Notieren Sie bitte jede der Metaphern auf einer Karte.*
   - *Partnerarbeit: Tauschen Sie sich mit einer Partnerin oder einem Partner über Ihre Metaphern und Vergleiche aus: Was entdecke ich in den Metaphern/Vergleichen des anderen über den Unterricht? Was ist mir an meinen Metaphern/Vergleichen über den Unterricht wichtig gewesen? Liegen Ihre Metaphern/Vergleiche nahe beieinander oder betonen sie eher unterschiedliche Aspekte?*
   - *Plenum: Veröffentlichen Sie Ihre Metaphern/Vergleiche durch Aushängen der Karten im Plenum. Sortieren Sie die Karten anschließend nach Ähnlichkeit der Vorstellungen von Unterricht.*

2. Schritt: Metaphern analysieren: Konsequenzen der Bilder von Unterricht (Plenum)
   Untersuchen Sie die Bilder im Hinblick auf ihre Konsequenzen für
   - *die Rolle der Schüler/innen,*
   - *die Rolle der Lehrerin bzw. des Lehrers,*
   - *den Umgang mit Fehlern,*
   - *die Art der Kommunikation,*
   - *den Umgang mit Konflikten.*

Die in Abbildung 7 angeführten Metaphern wurden von einer Gruppe von 15 Lehrerinnen und Lehrern formuliert. Nicht jedes Mitglied der Gruppe hat sich an die Vorgabe gehalten, genau drei Metaphern oder Vergleiche aufzuschreiben. Das ist aber auch nicht erforderlich. Jeder soll mehrere Metaphern ins Spiel bringen können, weil sich möglicherweise seine Vorstellung davon, wie Unterricht sein sollte, nicht allein in einer Metapher zum Ausdruck bringen lässt. Vor diesem Hintergrund ist es natürlich akzeptabel, wenn jemand weniger Metaphern oder Vergleiche einbringt.

Sobald die Metaphern in der vorgestellten Form veröffentlicht worden sind, kann nachgefragt werden, ob die Bedeutung allen teilnehmenden Personen verständlich ist. So könnte man z.B. um Erläuterung bitten, was mit der Metapher gemeint ist, Unterricht sollte sein wie eine Spirale. Im Falle dieser Gruppe hat die Verfasserin erklärt: »Ich stelle mir vor, dass Unterricht ein Kontinuum sein sollte, dass er systematisch auf dem

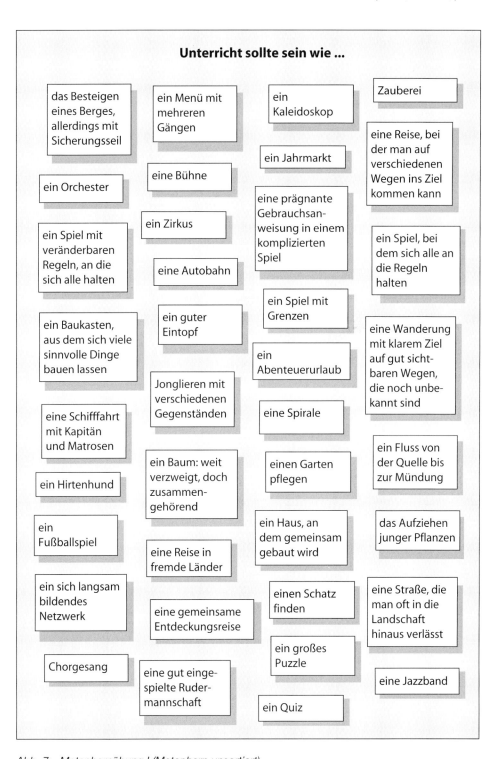

Abb. 7: Metaphernübung I (Metaphern unsortiert)

Vorangegangenen aufbaut, dass er zunehmend anspruchsvoller wird, dass er sich an immer wiederkehrenden Prinzipien orientiert.« Der Kollege, der Unterricht mit einem großen Puzzle verglichen hat, erläutert: »Unterricht besteht aus vielen kleinen Bausteinen. Wenn man sie richtig zusammenfügt, ergeben sie gemeinsam ein sinnvolles Bild.« In dieser Weise kann man fortfahren, bis es in der Gruppe keinen weiteren Bedarf nach inhaltlicher Klärung mehr gibt.

Im nächsten Schritt werden die Metaphern von den Mitgliedern der Gruppe thematisch geordnet, wie dies in Abbildung 8 vorgestellt wird. Die thematischen Zuordnungen lassen unterschiedliche Akzente und Hinsichten innerhalb der Gruppe erkennen: In manchen Metaphern wird die Vielfalt betont, z.B. in »Kaleidoskop« oder »Jahrmarkt«; in manchen der Charakter von Vorführung und Geschicklichkeit, z.B. in »Zirkus« , »Bühne« oder »Jonglieren«; in anderen die Regelhaftigkeit und das Zusammenwirken, z.B. im »Spiel, bei dem sich alle an die Regeln halten«, in anderen das Unvorhersehbare und Unerwartete, z.B. im Vergleich »einen Schatz finden«; in anderen wiederum gerade das planvolle und verantwortungsbewusste Handeln wie z.B. in »einen Garten pflegen«; andere betonen die Verzweigtheit und Verbundenheit wie z.B. in »ein sich langsam bildendes Netzwerk«; wieder anderen dagegen ist die Linearität wichtig wie z.B. in »eine Autobahn«.

Nahezu naturwüchsig führt der Sortiervorgang zu der Frage, ob in der Gruppe alle Personen die gleiche Vorstellung von Unterricht besitzen oder ob Unterschiede existieren. Zur Beantwortung dieser Frage kann man jeweils zwei Metaphern aus unterschiedlichen Zuordnungen vergleichen, ebenso kann man sich aber auch auf die Metaphern innerhalb eines thematischen Feldes konzentrieren.

Beginnen wir mit der letztgenannten Möglichkeit und betrachten die Formulierungen »ein großes Puzzle« und »ein Baukasten, aus dem sich viele sinnvolle Dinge bauen lassen«. Beiden Bildern ist die Vorstellung zahlreicher Einzelelemente gemeinsam; während sich aber beim Puzzle aus den vorgegebenen Elementen jeweils nur ein sinnvolles Bild zusammensetzen lässt, ermöglicht der Baukasten eben viele unterschiedliche Lösungen. Die Ursache liegt offensichtlich im Grad der Vorgeformtheit der unterschiedlichen Elemente.

Der Vergleich aus unterschiedlichen thematischen Zuordnungen führt ebenfalls zu interessanten Einsichten. Betrachtet man Unterricht als »eine Bühne«, dann gibt es agierende Personen und Zuschauer/innen, die im Spiel der Darsteller/innen etwas entdecken können, jedoch nicht selbst und unmittelbar daran beteiligt sind; ist der Unterricht dagegen »eine gemeinsame Entdeckungsreise«, gibt es keine Trennung von agierenden und betrachtenden Personen, alle sind gleichermaßen aktiv.

Gegen diesen Umgang mit den Metaphern und Vergleichen kann man vielleicht einwenden, dass hierdurch Bedeutungsfacetten in die Bilder hineininterpretiert werden, an die diejenigen, die diese Metaphern formuliert haben, nie gedacht haben. Der Einwand ist durchaus berechtigt und genau darin liegt die Begründung für die Arbeit mit Metaphern und Vergleichen. Die sprachlichen Bilder haben einen einigermaßen unscharf abgegrenzten Bedeutungshorizont. Die Benutzerin bzw. der Benutzer dieser Bilder will einen bestimmten Aspekt hervorheben, den er für positiv hält und der ihm

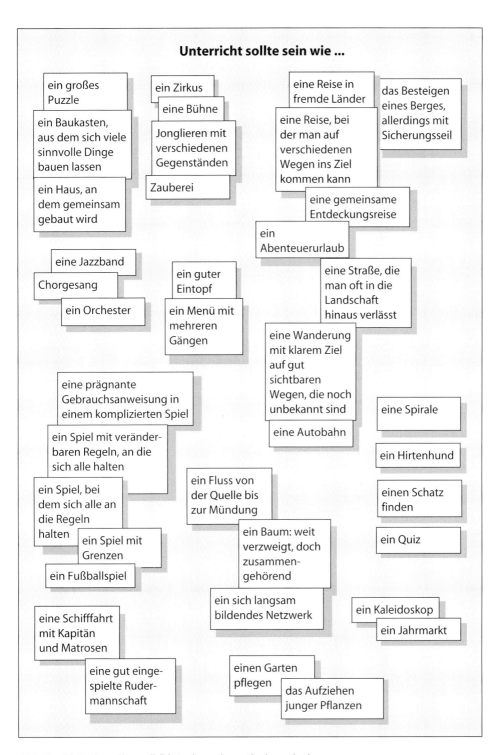

Abb. 8: Metaphernübung II (Metaphern thematisch sortiert)

besonders wichtig ist. Eine andere Person, die dieses Bild gleichsam »von außen« betrachtet, wird dabei auf möglicherweise problematische Anteile aufmerksam, die der Benutzerin bzw. dem Benutzer nicht bewusst sind: Die meisten unserer positiv besetzten Bilder enthalten einen »dunklen Hof«, der – für uns unbewusst – die »helle Seite« begleitet. Wird die Benutzerin oder der Benutzer eines solchen Bildes von außen darauf aufmerksam gemacht, kann er sich wegen der mangelnden Eindeutigkeit der Bilder ohne Gesichtsverlust von diesen problematischen Anteilen verabschieden und so eine unauffällige Korrektur seiner Vorstellung von Unterricht vornehmen.

Wenn man Unterricht z.B. mit einer Autobahn vergleicht, wird man sich vielleicht an der Vorstellung von Zielgerichtetheit und hoher Lerngeschwindigkeit orientiert haben. Das Bild von der Autobahn gibt aber auch noch andere Elemente her, die vielleicht verdeckt für den Benutzer darin enthalten sind: Autobahnen verlangen von ihren Benutzern, dass sie eine bestimmte Mindestgeschwindigkeit nicht unterschreiten; sie sind jeweils nur in einer Richtung befahrbar; eine Autobahn kann nur an vorgegebenen Stellen verlassen werden; Ruhepausen sind nur an den dafür vorgesehenen Stellen möglich; Kontaktaufnahme mit anderen Autobahnbenutzern ist während der Fahrt nur eingeschränkt möglich; oftmals ist bei Autobahnen die Sicht in das umliegende Gelände abgeschirmt; Autobahnen werden von Instanzen errichtet und gewartet, die die Benutzer/innen allenfalls als statistische Größen berücksichtigen. Überträgt man all diese Elemente auf den Unterricht, entsteht das Bild eines extrem lehrerzentrierten und fremdbestimmten Unterrichts, in dem die Bedürfnisse der Schüler/innen als lernende Subjekte kaum ihren Ort haben. »So habe ich das nicht gemeint«, kann der Benutzer des Autobahn-Bildes entgegnen und sich von diesen problematischen Anteilen verabschieden, ohne sich im Detail rechtfertigen zu müssen.

Auf diese Weise kann man verschiedene Metaphern und Vergleiche auf ihre problematischen Elemente hin überprüfen und korrigieren. Im folgenden Arbeitsschritt können die Vergleiche und Metaphern im Hinblick auf ihre Konsequenzen für verschiedene unterrichtliche Dimensionen analysiert werden.

2.2.3 Konsequenzen der Bilder von Unterricht

In Folgendem geht es darum, die »helle Seite« eines jeweiligen Bildes von ihrem »dunklen Hof« zu trennen. Man kann nun die einzelnen Metaphern und Vergleiche durchgehen und beispielsweise fragen:

- Was bedeutet es für die Rolle der Schüler/innen und für die Rolle der Lehrerin bzw. des Lehrers, wenn Unterricht als »eine Schifffahrt mit Kapitän und Matrosen« betrachtet wird oder als »eine gut eingespielte Rudermannschaft«?
- Was bedeutet es für das Verständnis von Lernen, wenn Unterricht als »Zauberei« oder »Quiz« erscheint?
- Was bedeutet es für den Stellenwert von Fehlern, wenn Unterricht mit »Abenteuerurlaub« oder »Jonglieren mit verschiedenen Gegenständen« verglichen wird?

- Was bedeutet es für die Art der Kommunikation, Unterricht als eine »Jazzband« oder als einen »Hirtenhund« zu betrachten?
- Was bedeutet es für den Umgang mit Konflikten, wenn Unterricht als »ein Orchester« oder als »ein Spiel mit veränderbaren Regeln, an die sich alle halten«, gedeutet wird?

Beim Durcharbeiten dieser Fragen wird es vielleicht zu folgenden Überlegungen kommen: In den Bildern »Schifffahrt mit Kapitän und Matrosen« und »gut eingespielte Rudermannschaft« hat für ihre jeweiligen Benutzer der Aspekt des gut eingespielten Teams im Vordergrund gestanden. Die vergleichende Analyse lässt aber auch Unterschiede erkennen: Das Team aus Kapitän und Matrosen unterscheidet sich von der gut eingespielten Rudermannschaft durch eine spezifische Verteilung und Abstufung von Kompetenzen; diesen Aspekt wird der Benutzer des Bildes wahrscheinlich als zutreffend für das Verhältnis Lehrer/Schüler akzeptieren. Dass aber das Zusammenwirken von Kapitän und Matrosen durch Befehl und Gehorsam geregelt ist, wird er wahrscheinlich ersetzen wollen durch entsprechende Elemente aus der gut eingespielten Rudermannschaft.

Sind die Bilder in diesem Sinne von den beteiligten Lehrpersonen im Hinblick auf ihre »helle Seite« ausgeschärft worden, folgt der dritte Schritt.

3. Schritt: Sich auf ein gemeinsames Bild von Unterricht verständigen (Plenum)
- *Können wir uns auf der Grundlage der von uns vorgestellten Bilder von Unterricht auf ein gemeinsames Bild verständigen?*
- *Welche der in den Bildern vorhandenen Elemente von Unterricht sollten in diesem gemeinsamen Bild auf jeden Fall enthalten sein?*
- *Gibt es Elemente, die nach unserer gemeinsamen Auffassung eher keine Berücksichtigung finden sollten?*
- *Gibt es Aspekte, über die wir uns in der Gruppe nicht einigen können?*

Die Lehrergruppe hat aus ihrem ursprünglichen Katalog die in Abbildung 9 auf der nächsten Seite vorgestellten Metaphern und Vergleiche ausgewählt, die als Resultat der vorangegangenen Überlegungen und Diskussionen ihre gemeinsame Vorstellung von Unterricht repräsentieren. Dazu geben sie folgende Erläuterungen:

- »eine Jazzband«: Jeder Mitspieler hat die Möglichkeit, zeitweise als Solist in den Vordergrund zu treten und zu führen; die Aufführung gelingt als gemeinsame Veranstaltung; die Improvisationskunst aller Beteiligten ist erforderlich.
- »ein Spiel mit veränderbaren Regeln«: Die Zusammenarbeit orientiert sich an Regeln, die Resultat eines gemeinsamen Kontraktes sind; die Regeln sind in gemeinsamer Absprache veränderbar, besitzen aber Verbindlichkeit für alle.
- »eine gemeinsame Entdeckungsreise«: Die Beteiligten folgen einem gemeinsamen Interesse; die Lehrperson kennt zwar die Methoden, um sich im unbekannten Terrain zu orientieren, weiß aber nicht vorab schon alle Antworten; Umwege und Fehler führen zu neuen Erfahrungen und Kenntnissen.

Abb. 9: Metaphernübung III (»Ein gemeinsames Bild von Unterricht«)

- »einen Schatz finden«: Die Ergebnisse sind nicht in allen Details vorherzusagen; Planung und Glück führen zusammen zum Erfolg; das Ergebnis ist für die Beteiligten bereichernd.
- »das Besteigen eines Berges«: Die Unternehmung ist mit Anstrengung der Beteiligten verbunden; sie ist zielgerichtet; wer durchhält, gelangt zu einem Punkt, der ihm einen größeren Überblick ermöglicht; hiermit geht ein Gefühl der Befriedigung einher.

Ist so in einer Lehrergruppe Einvernehmen über eine gemeinsame Vorstellung von Unterricht erzielt worden, kann es wichtig sein, sich zu vergewissern, ob das gemeinsame Verständnis auch offiziellen Anforderungen an Unterricht standhält:

4. Schritt: Metaphern vergleichen – die individuellen Bilder von Unterricht und ein »offizielles« Bild

- *Vergleichen Sie, welche Elemente Ihrer Bilder von Unterricht mit dem unten angeführten »offiziellen« Bild übereinstimmen.*
- *Gibt es Elemente in Ihren Bildern, die sich mit diesem »offiziellen« Bild nicht vereinbaren lassen?*

»Der Unterricht darf nicht ausschließlich linear erfolgen, sondern muss die Vernetzung eines Problems innerhalb des Faches, aber auch über das Fach hinaus sichtbar machen. Es wird darauf ankommen, Formen der Organisation von Lernsituationen, die sich an fachlicher Systematik orientieren, durch solche Arrangements zu ergänzen, die dialogisches und problembezogenes Lernen ermöglichen. Insbesondere sollen die Schülerinnen und Schüler in diesem Zusammenhang mit Themen und Arbeitsmethoden des fachübergreifenden und fächerverbindenden Arbeitens vertraut gemacht werden« (Nordrhein-Westfalen, Richtlinien S II, Gy, 1999).

2.2.4 Vom gemeinsamen Bild zu Kriterien und Indikatoren

Nunmehr geht es darum, das gemeinsame Bild von Unterricht zu einem Kriterienkatalog auszudifferenzieren. Dabei sollte der Bezug zur Bildebene immer wieder genutzt werden, um das jeweilige Kriterium möglichst genau zu fassen. Dies kann am Bild von der gemeinsamen Bergbesteigung exemplarisch erläutert werden: Eine Bergbesteigung ist zielgerichtet. Das Gleiche lässt sich allerdings auch von einer Autofahrt sagen. Die Bergbesteigung allerdings führt zu einem Punkt, der Überblick ins Weite ermöglicht. Denjenigen, die das Bild der Bergbesteigung gewählt haben, war dieser Aspekt besonders wichtig: Unterricht soll ein Wissen zum Ziel haben, das Überblick ermöglicht.

Inzwischen kann man gut nachvollziehen, wie sich unter dem Eindruck der Metaphernübung die Vorstellungen von einem bestimmten Kriterium innerhalb einer Gruppe präzisieren. Ohne die vorangegangene Metaphernübung hätten wahrscheinlich die Beteiligten ohne größeres Zögern der Auffassung zugestimmt, Unterricht habe der Wissenserweiterung zu dienen, jetzt besteht Einigkeit darüber, dass dem Überblickswissen der Vorzug zu geben ist. In diesem Sinne kann man nun das gemeinsame Bild von Unterricht in einen Kriterienkatalog übersetzen. Er könnte etwa so aussehen:

Unterricht sollte
- zielorientiert sein und den Beteiligten zu einem weiteren Horizont verhelfen;
- sich an gemeinsamen Interessen/Fragestellungen orientieren;
- möglichst Fragestellungen nachgehen, die den Charakter offener Probleme besitzen;
- Umwege und Fehler als Lerngelegenheiten nutzen;
- den unterschiedlichen Kompetenzen der Beteiligten Gelegenheit zur Entfaltung geben;
- die Leistungsfähigkeit der Beteiligten herausfordern;
- Interaktionen innerhalb der Lerngruppe als Instrument zu Lernfortschritten fördern;
- für Überraschendes offen sein;
- sich an Regeln orientieren, die den Bedürfnissen der Lernenden und den Erfordernissen des Lernprozesses dienen.

Wenn diese Kriterien für die Evaluation und Beurteilung von Unterricht tauglich sein sollen, kommt es jetzt darauf an, ihnen Indikatoren zuzuordnen, an denen sich konkret ablesen lässt, ob und wie weit das einzelne Kriterium im Unterricht realisiert worden ist, um hieraus Konsequenzen für die Beurteilung des Unterrichts ableiten zu können. Wie man sich das Verhältnis von Kriterium und Indikatoren vorstellen kann, soll an einem Beispiel aus dem Kriterienkatalog erläutert werden:

Beispiel 1: Indikatoren für das Kriterium »Fehler als Lerngelegenheiten nutzen«
- Zu einer Aufgabenstellung werden von den Schülerinnen und Schülern unterschiedliche Lösungsvorschläge vorgestellt;
- die Lehrperson hält sich mit eigenen Kommentaren zurück;
- die Schüler/innen haben genügend Zeit, unterschiedliche Lösungen zu diskutieren und zu überprüfen;
- ein falsches Ergebnis wird von den Mitgliedern der Lerngruppe nicht personenbezogen kommentiert;
- Lernwege werden ebenso ausführlich behandelt wie Lernergebnisse;
- die Schüler/innen werden ermutigt, unterschiedliche Lösungswege zu finden.

Die hier genannten Indikatoren beziehen sich auf den Lernprozess der Schüler/innen. Geht es dagegen um die Vereinbarung fachbezogener Kriterien z.B. für den Deutschunterricht in der Erprobungsstufe, so könnten hierauf bezogene Indikatoren folgendermaßen lauten:

Beispiel 2: Indikatoren für das Kriterium »Informationen entnehmen und zusammenfassen können«
- Die Schüler/innen gliedern den Text in Sinnabschnitte;
- sie kennzeichnen in den Sinnabschnitten leitende Begriffe durch Unterstreichen;
- sie klären unbekannte Begriffe durch Nachschlagen oder erschließen sie aus dem Kontext;
- sie geben die Aussage eines jeden Sinnabschnitts in einem Satz wieder;
- sie formulieren auf dieser Grundlage einen zusammenhängenden Text.

Gleich ob sie sich auf den Lernprozess oder auf fachliche Inhalte beziehen, bei der Benennung von Indikatoren geht es nicht um den Anspruch, vollständige Listen zusammenzustellen, sondern sich über diejenigen »Anzeiger« zu verständigen, die die Mitglieder der Gruppe im Hinblick auf das jeweilige Kriterium für belangvoll und aussagekräftig halten. Buhren und Rolff (1995, S. 12) fordern von den Indikatoren, dass sie, bezogen auf das jeweilige Kriterium, »durch Befragung, Beobachtung oder Beschreibung validiert, also bewertet werden können«. Dabei ist es durchaus denkbar, dass es zu Überschneidungen bei einzelnen Kriterien kommt, sodass man einzelne Indikatoren auch mehreren Kriterien zuordnen kann.

2.2.5 Unterrichtsbild, Kriterien und Indikatoren als Grundlage für die Beurteilung

Die Metaphernübung hat gezeigt, wie eine Gruppe von Lehrerinnen und Lehrern in einem gestuften Verfahren aus ihren individuellen Bildern von Unterricht einen Katalog gemeinsam akzeptierter Kriterien und Indikatoren für das von ihnen angestrebte Bild von Unterricht ableiten kann. Hiermit besitzt das Kollegium ein Bezugssystem für die Selbstreflexion seiner unterrichtlichen Praxis, das bei Prozessen schulinterner Unterrichtsentwicklung eingesetzt werden kann. Darüber hinaus kann dieser Katalog aber auch die Maßstäbe für die Beurteilung von Unterricht liefern. Es gibt nun eine Vorstellung davon, welchem Leitbild von Unterricht die Kriterien verpflichtet sind und welche Indikatoren für die verschiedenen Kriterien gelten sollen. Eingangs haben wir gesehen, dass Unterricht fortwährend direkt und indirekt von unterschiedlichen Instanzen beurteilt wird: von Schülerinnen und Schülern, von Eltern und Kollegiumsmitgliedern, von Schulleitung und Schulaufsicht. Sowohl bei informellen Gesprächsanlässen mit Schülerinnen und Schülern sowie der Kollegenschaft als auch bei förmlichen Überprüfungssituationen durch Schulleitung und Schulaufsicht kann der im Kollegium etablierte Zusammenhang von Unterrichtsbild, Kriterien und Indikatoren genutzt werden. Besonders für förmliche Überprüfungssituationen steht nun ein Bezugssystem bereit, das nur noch vergleichsweise geringe Interpretationsspielräume zulässt und damit die Vergleichbarkeit von Beurteilungen erhöht.

In diesem Zusammenhang kommt der Schulleitung eine doppelte Aufgabe zu. Zum einen hat sie dafür zu sorgen, dass schulinterne Klärungsprozesse von der Art, wie sie hier skizziert worden sind, überhaupt in Gang kommen und kontinuierlich fortgesetzt werden. Neue Richtlinien in den Fächern oder die Verständigung mit Nachbarschulen über Qualitätsstandards können hierfür als Anlass genutzt werden. Dabei wird man bei größeren Schulsystemen aus Gründen der Überschaubarkeit mit dieser Arbeit zunächst in Teilsystemen (z.B. einer Jahrgangsstufe oder einem Fach) beginnen.

Zum anderen hat die Schulleitung aber auch die Aufgabe, sich inhaltlich an dieser Arbeit zu beteiligen, damit nicht die Situation entsteht, dass die Bewertungsmaßstäbe der Schulleitung keinen Bezug zu dem kollegiumsintern erarbeiteten Zusammenhang von Unterrichtsbild, Kriterienkatalog und Indikatoren besitzen. Die Stelle im Prozess, in der sich die Schulleitung oder auch die oder der Vorsitzende einer Fachkonferenz am besten mit seinen Vorstellungen »einklinken« kann, ist wahrscheinlich die auf S. 846f. dargestellte Phase 4, in der es darum geht, die individuellen Bilder von Unterricht, die im Kollegium vorhanden sind, mit einem »offiziellen« Bild, z.B. dem der Richtlinien, zu konfrontieren. Auf diese Weise ist der Beitrag der Schulleitung nicht einer unter vielen anderen, sondern sorgt für die Abstimmung der internen Vereinbarungen mit externen Vorgaben.

Der zuletzt genannte Aspekt berührt auch die Frage, wie die Schulaufsicht mit ihren Beurteilungsmaßstäben ins Spiel kommen kann. Nach den vorangegangenen Überlegungen kann nun nicht davon ausgegangen werden, dass die Schulaufsicht ihre Bewertungsmaßstäbe unbeeinflusst von kollegiumsinternen Vereinbarungen durchsetzt. Vielmehr wird es im Vorfeld dienstlicher Beurteilungen erforderlich sein, dass die

Schulaufsicht einen Dialog mit dem jeweiligen Kollegium über dessen Vereinbarungen eröffnet und dabei die eigenen Positionen auf ähnliche Weise einbringt, wie dies für die Schulleitung dargestellt worden ist. Auf diese Weise kann ein Beitrag zur Minderung der von F. Becker und H. Buchen benannten »Kriterien- und Beurteilerprobleme« in Zusammenhang mit dienstlicher Beurteilung geleistet werden (vgl. Becker/Buchen 2001, S. 14ff., und in diesem Band, S. 586ff.).

2.2.6 Einen Schülerfragebogen zur Evaluation von Unterricht entwerfen

Zum Schluss soll angesprochen werden, dass die Frage nach der unterrichtlichen Qualität und damit die Frage nach dem Bild von Unterricht sowie den zugehörigen Kriterien und Indikatoren nicht nur Kollegium, Schulleitung und Schulaufsicht betrifft, sondern vor allem auch die Schüler/innen mit einbeziehen sollte, an die sich der Unterricht richtet. Dies kann z.B. durch einen Fragebogen geschehen, der auf der Grundlage des im Kollegium vereinbarten Bildes von Unterricht sowie des zugehörigen Katalogs von Kriterien und Indikatoren entwickelt wird. Hierbei kommt es darauf an, die von Lehrkräften benannten Kriterien und Indikatoren in schülergerechte Formulierungen zu übersetzen. Wie dies konkret aussehen könnte, soll am Beispiel der Indika-

Aus Fehlern lernen	Zustimmung		Ablehnung		
	5	4	3	2	1
Bei der Besprechung von Aufgaben lässt die Lehrerin/ der Lehrer regelmäßig mehrere Schüler/innen zu Wort kommen.	☐	☐	☐	☐	☐
Wenn eine Schülerin oder ein Schüler seine Lösung einer Aufgabe vorgetragen hat, kann ich oder ein anderer Schüler dazu Stellung nehmen, ohne dass sich die Lehrerin/der Lehrer einmischt.	☐	☐	☐	☐	☐
Ich habe genügend Zeit, über die Beiträge von Mitschülern nachzudenken und sie mit anderen Schülerinnen und Schülern zu diskutieren.	☐	☐	☐	☐	☐
Wenn ich eine falsche Antwort gebe, werde ich dafür von meiner Lehrerin/meinem Lehrer nicht kritisiert.	☐	☐	☐	☐	☐
Wenn ich eine falsche Antwort gebe, werde ich dafür von meinen Klassenkameradinnen und -kameraden nicht verspottet.	☐	☐	☐	☐	☐
Wenn ich zu einer Aufgabe keine Lösung finde oder eine falsche Antwort gegeben habe, arbeiten wir die Aufgabe gemeinsam in der Klasse durch.	☐	☐	☐	☐	☐
Wenn ich zu einer Aufgabe eine andere Lösung als meine Klassenkameradinnen und -kameraden gefunden habe, darf ich sie im Unterricht vorstellen.	☐	☐	☐	☐	☐
Wenn wir eine neue Aufgabe besprechen, notiert die Lehrerin/der Lehrer an der Tafel, wie man zu einer Lösung kommt.	☐	☐	☐	☐	☐
Ich bekomme von meiner Lehrerin/meinem Lehrer Pluspunkte, wenn ich den Lösungsweg für eine Aufgabe kenne, auch wenn das Ergebnis am Ende falsch ist.	☐	☐	☐	☐	☐

Abb. 10: Schülerfragebogen

toren für das Kriterium »Fehler als Lerngelegenheiten nutzen« gezeigt werden (vgl. Abb. 10). Weitere Hinweise zum Thema »Werkzeuge für eine erfolgreiche Evaluation« finden sich bei Burkard/Eikenbusch in diesem Band (S. 1292ff.).

3. Unterricht planen

Kapitel 1 dieses Beitrags (S. 810ff.) beschreibt das Konzept, wie die Unterrichtsnachbesprechung aus der zentralen didaktisch-methodischen Entscheidung, die die Lehrperson für ihre Unterrichtsstunde getroffen hat, entwickelt werden kann. Demgemäß sollte sich daher auch die *Planung* einer Unterrichtsstunde an einer zentralen didaktisch-methodischen Idee orientieren. Diese Vorstellung ist keineswegs selbstverständlich: In vielen Fällen realisiert sich Unterrichtsplanung als Aneinanderreihung einzelner inhaltlicher Schritte oder methodischer Ideen, deren Abfolge sich formal an ein fach- oder allgemeindidaktisches Artikulationsschema anlehnt, ohne dass zwischen diesen Schritten ein innerer Zusammenhang bestünde, der sich aus einem zugrunde liegenden gemeinsamen Prinzip herleitete.

Die folgenden Überlegungen zur Unterrichtsplanung thematisieren dieses Problem gleichsam als Umkehrung der Ausführungen zur Unterrichtsnachbesprechung: Es soll der Frage nachgegangen werden, wie sich Unterrichtsplanung aus einer zentralen didaktisch-methodischen Entscheidung entwickeln lässt. Dadurch werden Unterrichtsnachbesprechung und Unterrichtsplanung auf ein gemeinsames Prinzip gegründet; dies ist die Voraussetzung dafür, dass aus der Unterrichtsnachbesprechung unmittelbar Konsequenzen für die weitere Planung und damit für die Optimierung von Unterricht gezogen werden können.

Die so vorgenommene Akzentuierung beansprucht nicht, an dieser Stelle alle denkbaren Aspekte der Unterrichtsplanung vollständig abzuhandeln; hierzu liegt eine umfangreiche Literatur zahlreicher Autorinnen und Autoren vor.

3.1 Die zentrale didaktisch-methodische Entscheidung als Kern der Unterrichtsplanung

Als Beispiel sei eine Stunde im Physikunterricht der Sekundarstufe I zum Thema »Auftrieb in Flüssigkeiten« gewählt. Hilbert Meyer (1987, S. 321) skizziert den möglichen Verlauf einer Physikstunde zum Thema Auftrieb auf folgende Weise:

- »Der Lehrer hat vor Beginn der Physikstunde drei zylinderförmige Glasgefäße mit reinem Wasser, Kochsalzlösung mittlerer Konzentration und Kochsalzlösung starker Konzentration gefüllt.
- Zu Beginn der Stunde holt er drei frische Hühnereier aus der Tasche und fragt die Schüler, was wohl geschehen werde, wenn er diese drei Eier in je einen der Zylinder lege. – Die Schüler äußern sich spontan. Die Erwartung, dass etwas Besonderes passieren müsse, wird aufgebaut.

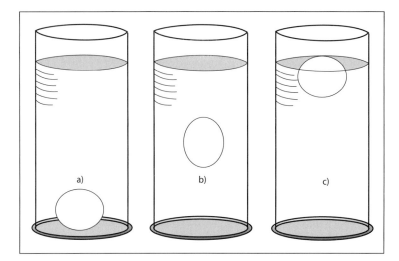

Abb. 11:
Der Auftrieb in Flüssigkeiten

- Der Lehrer legt je ein Ei in einen der drei Zylinder. Das Ei im Zylinder a) sinkt auf den Boden; das in Zylinder b) schwebt; das in c) schwimmt an der Oberfläche (vgl. Abb. 11).
- Die Schüler staunen – auch dann, wenn sie mit Ähnlichem gerechnet haben. Sie beginnen auf der Stelle, Hypothesen zur Erklärung des scheinbaren Widerspruches zu formulieren. Naheliegend, aber falsch ist die Vermutung: ›Die Eier sind präpariert!‹
- Der Lehrer fordert die Schüler auf, diese Hypothese zu überprüfen. – Sie kommen nach vorn und tauschen die drei Eier aus. – Es bleibt wie zuvor.
- Die Schüler sind gezwungen, neue Hypothesen zu formulieren. Wenn die Schüler nicht von selbst auf die Idee kommen, fordert der Lehrer sie auf, das Wasser zu untersuchen und evtl. zu schmecken.
- Die Schüler finden heraus, dass die Zylinder b) und c) mit Salz versetztes Wasser enthalten. Nun beginnt die eigentliche Denkarbeit: ›Warum führt der Zusatz von Salz dazu, dass das Ei schwimmt?‹
- Eine neue Runde der Hypothesenbildung beginnt«, in der die Vorkenntnisse der Schüler/innen über das spezifische Gewicht und den Druck in Flüssigkeiten zu ihren Beobachtungen in Beziehung gesetzt werden.

Das Thema dieser Unterrichtsstunde, der Auftrieb in Flüssigkeiten, kann grundsätzlich auf unterschiedlichen Wegen vermittelt bzw. erarbeitet werden. Denkbar sind z.B.

- ein Lehrervortrag,
- die Lektüre eines einschlägigen Textes in Einzelarbeit,
- eine Expertenbefragung,
- eine Internetrecherche,
- eine Computersimulation,
- ein Lehrer-Demonstrationsexperiment oder
- Schülerexperimente in arbeitsgleicher Gruppenarbeit.

Jede dieser prinzipiell denkbaren Entscheidungen hat Konsequenzen für die weitere Unterrichtsplanung im Detail, jede dieser Entscheidungen führt zu einem anderen Bild von Unterricht.

3.1.1 Das Lehrer-Demonstrationsexperiment als zentrale didaktisch-methodische Entscheidung

Wird der von Hilbert Meyer skizzierte Unterrichtsverlauf von der zentralen didaktisch-methodischen Entscheidung »Lehrer-Demonstrationsexperiment« her in den Blick genommen, ergibt sich im Hinblick auf den Lern- und Arbeitsprozess, die Lehrerrolle, die Aktivitäten der Schüler/innen, das vorherrschende Interaktionsmuster, die Sozialform und die Medien das in Abbildung 12 dargestellte Bild. Die Abbildung macht deutlich: Das zentrale Steuerungsinstrument der Unterrichtsstunde sind die verbalen Aktivitäten der Lehrerin oder des Lehrers, die die Schüler/innen zu einer Auseinandersetzung mit dem vorgeführten Experiment veranlassen sollen. Komplementär bestehen die Aktivitäten der Schüler/innen in verbalen Reaktionen auf die Äußerungen der Lehrerin oder des Lehrers. Dieses Grundverhältnis spiegelt sich auch in den

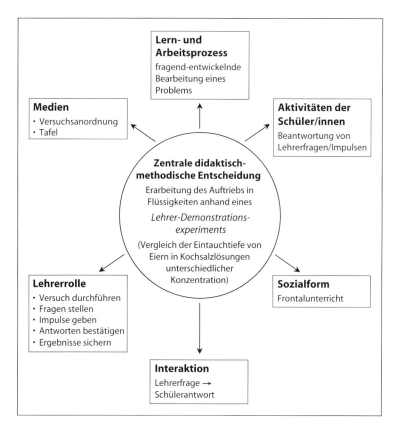

Abb. 12: Die Entscheidung für das Lehrer-Demonstrationsexperiment in ihrer Wirkung auf unterschiedliche Dimensionen des Unterrichts

Dimensionen Lern- und Arbeitsprozess, Interaktion und Sozialform. Entsprechend besteht, neben der Bereitstellung der Versuchsanordnung, die entscheidende planerische Aufgabe der Lehrerin oder des Lehrers in der Überlegung, welche Leitfragen und Impulse er formulieren muss, um die Auseinandersetzung der Lerngruppe mit dem vorgeführten Experiment so zu stimulieren, dass die von ihm angestrebte Einsicht erreicht wird. Dabei läuft die Auseinandersetzung der Schüler/innen mit der Sache vornehmlich über die Person der Lehrerin bzw. des Lehrers.

3.1.2 Das Schülerexperiment in arbeitsgleicher Gruppenarbeit als zentrale didaktisch-methodische Entscheidung

Ein deutlich anderes Bild von Unterricht mit veränderten planerischen Erfordernissen entsteht, wenn sich die planende Person statt für das Lehrer-Demonstrationsexperiment für ein Schülerexperiment in arbeitsgleicher Gruppenarbeit entscheidet (vgl. Abb. 13). Nunmehr ist das zentrale Steuerungsinstrument für den Arbeitsprozess der

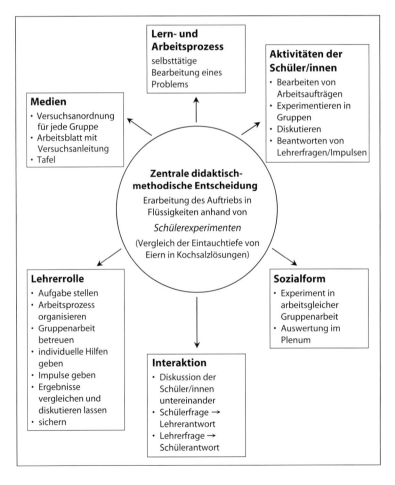

Abb. 13: Die Entscheidung für das Schülerexperiment in ihrer Wirkung auf unterschiedliche Dimensionen des Unterrichts

Schüler/innen in den Kleingruppen das Arbeitsblatt mit der Versuchsanleitung; auf dessen Gestaltung ist besondere Sorgfalt zu legen, damit der Arbeitsprozess möglichst reibungslos ablaufen kann. Einen weiteren Schwerpunkt der Vorbereitung bildet die Bereitstellung einer hinreichend großen Anzahl von Versuchsanordnungen für jede Kleingruppe; dabei muss besonders bedacht werden, auf welche Weise die unterschiedlichen Konzentrationen von Kochsalzlösungen in den drei Standzylindern erreicht werden können, ohne dass diese den Schülerinnen und Schülern vorweg bekannt sind. Schließlich ist zu überlegen, wie die Ergebnisse der einzelnen Gruppen auf sinnvolle Weise zusammengefasst werden können.

Die Entscheidung für das Schülerexperiment hat offenbar einen größeren planerischen Aufwand für die Lehrperson zur Folge. Dafür ist aber auch zu erkennen, dass die Aktivitäten der Schüler/innen breiter gestreut sind, dass sie sich nicht nur auf Kognitives beschränken, sondern auch die manuelle Geschicklichkeit herausfordern. Überdies ist der Interaktionsprozess in diesem Fall stärker in die Schülergruppen hinein verlagert. Generell wird durch dieses Unterrichtskonzept die Selbsttätigkeit der Schüler/innen in kognitiver, manueller und argumentativer Hinsicht stärker gefordert. Komplementär hierzu verlagern sich die Aktivitäten der Lehrerin oder des Lehrers stärker auf das Organisieren, Helfen, Moderieren, selbstverständlich ohne dass traditionellere Aktivitäten wie »Aufgaben und Fragen stellen«, »Ergebnisse kontrollieren« oder »Korrekturen vornehmen« gänzlich überflüssig würden.

Wollte man die beiden Unterrichtskonzepte in einem Bild fassen, könnte man das Lehrer-Demonstrationsexperiment mit einer geführten Exkursion vergleichen, bei der alle Teilnehmer/innen den gleichen Weg gehen müssen, wobei sie sich an den Anweisungen des begleitenden Führers orientieren müssen. Das Schülerexperiment in arbeitsteiliger Gruppenarbeit gleicht hingegen der Arbeit in einer Werkstatt, in der mehrere Gruppen nach einem Plan selbstständig an einem Werkstück arbeiten; von Zeit zu Zeit kommt der Meister zu ihnen, kontrolliert ihre Arbeit und gibt ihnen Unterstützung.

Die Entscheidung der Lehrperson für eines dieser Bilder hängt von den Voraussetzungen der jeweiligen Lerngruppe ab: Ist durch wiederholtes Üben eine gewisse Vertrautheit mit den zu beschreibenden Wegen (Methoden) erlangt worden, kann die »geführte Exkursion« durch die »Werkstatt« abgelöst werden.

3.2 Drei Arbeitsschritte zur Planung einer Unterrichtssequenz

Ausgangslage sei der Auftrag an eine Referendarin, im Deutschunterricht der Jahrgangsstufe 11 eine Unterrichtsreihe zum Thema »Lyrik« durchzuführen. Bei der Planung ihres Unterrichtsvorhabens stellen sich ihr eine Vielzahl von Fragen, etwa von folgender Art:

- Welche Autoren sollen ausgewählt werden? Soll man sich auf einen Autor beschränken oder besser mehrere berücksichtigen?

- Ist es sinnvoll, Gedichte zu nur einem Themenbereich auszuwählen, oder läuft man Gefahr, damit die Schüler/innen zu langweilen?
- Sollen für die Auswahl der Gedichte vor allem inhaltliche Aspekte im Vordergrund stehen oder (auch) formale Prinzipien eine Rolle spielen?
- Wird das Verständnis der Schüler/innen am ehesten gefördert, wenn man sich auf eine bestimmte Epoche konzentriert, oder sollte man besser Gedichte aus unterschiedlichen Epochen vergleichend untersuchen?
- Wie viele Unterrichtsstunden soll/darf die Reihe überhaupt umfassen?
- Wie viele Gedichte sollen/können in dieser Zeit besprochen werden?

Immer wieder und besonders bei Berufsanfängern kann man beobachten, dass für die Entscheidung derartiger Fragen oft die notwendigen Kriterien fehlen. Die Auswahl von Inhalten orientiert sich dann vornehmlich an persönlichen Vorlieben, die Planung größerer unterrichtlicher Zusammenhänge gerät so häufig zu einer Addition von Einzelstunden. Dies ist u.a. darauf zurückzuführen, dass die meisten Lehrpersonen zwar über ein Planungsmodell für eine Einzelstunde verfügen, z.B. in Form unterschiedlicher, meist fachdidaktisch ausgelegter Artikulationsschemata, nicht jedoch über vergleichbare Modelle für die Planung einer Sequenz oder einer Reihe. Die didaktische Analyse von Klafki oder die Strukturgitter von Blankertz (vgl. Jank/Meyer 1991, S. 133), die diese Funktion übernehmen könnten, haben sich offenbar als zu komplex erwiesen, als dass sie als taugliche Instrumente in der Alltagspraxis von Lehrpersonen eine wesentliche Rolle spielen könnten. Eher werden sie in herausgehobenen Überprüfungssituationen wie z.B. bei Examina oder dienstlichen Beurteilungen zur nachträglichen Legitimation vorab getroffener Entscheidungen genutzt. Auf eine weitgehende Folgenlosigkeit didaktischer Theorie für die Unterrichtsplanung weist Reinhold Miller hin; eine von ihm durchgeführte Befragung von 200 Lehrkräften führte zu dem Ergebnis: »Die meisten Lehrer wussten nicht (mehr), was man unter einer didaktischen Theorie versteht« (Miller 1993, S. 232). Vor diesem Hintergrund stellt sich die Frage, wie eigentlich Lehrer/innen die Planung von über Einzelstunden hinausgehenden unterrichtlichen Zusammenhängen lernen und wie diese Kompetenz gelehrt werden kann.

Aus der Ausbildungspraxis in der zweiten Phase der Lehrerausbildung weiß man, dass Lehramtsanwärter/innen die Planung von Unterrichtssequenzen häufig als inhaltliche Übernahme entsprechender Unterrichtskonzepte von berufserfahrenen Lehrpersonen – Fachleiterinnen und Ausbildungslehrern – erfahren. Eigene Planungen realisieren sich dann häufig in der Modifikation bereits vorgefundener Konzepte. Auf diese Weise entwickelt jede Lehrperson mit der Zeit ein persönliches Repertoire von Unterrichtseinheiten, das eng mit der persönlichen Berufsbiografie verknüpft ist. Ein solches berufsbiografisch fundiertes Wissen ist dann aber allenfalls in einem Meister-Schüler-Verhältnis übertragbar, weniger nach einem rationalen Modell lehr- und lernbar.

Wenn Berufsanfänger/innen die Planung von Unterrichtssequenzen mangels anderer Modelle als die Addition von Einzelstunden betreiben, hat dies eine Vielzahl von problematischen Folgen für das unterrichtspraktische Handeln. So fehlen häufig Kriterien zur Entscheidung der Frage,

- wie viele Unterrichtsstunden eine Unterrichtsreihe umfassen kann oder soll;
- was unbedingt innerhalb einer Unterrichtsstunde untergebracht werden muss;
- ob man es sich leisten kann, je nach Lernbedarf und -tempo der Schüler/innen einzelne Unterrichtsschritte auszudehnen oder wegzulassen.

Eine nicht selten zu beobachtende Folge besteht darin, dass Lehrpersonen z.B. unnötig auf das Erreichen eines bestimmten Stundenabschlusses drängen, weil für die nächste Unterrichtsstunde möglicherweise ein anderes Thema oder ein anderer inhaltlicher Aspekt des Themas geplant ist. Besteht dagegen eine über die Einzelstunde hinausreichende Vorstellung von der Unterrichtseinheit als einem strukturierten Lehr-/Lernprozess auf der Grundlage eines durchgängigen Prinzips, kann die Zeiteinteilung für einzelne Schritte mit dem Blick auf die Gesamtheit des Lernprozesses und der in ihm zu realisierenden Ziele elastischer wahrgenommen und der Unterrichtsverlauf flexibler den aktuellen Lernbedürfnissen der Schüler/innen angepasst werden. Für eine souverän zu handhabende Unterrichtspraxis ist also die Vorstellung vom Lehr-/Lernprozess als einer strukturierten Ganzheit über die Einzelstunde hinaus eine unabdingbare Voraussetzung.

Um Unterrichtssequenzen in diesem Sinne anlegen zu können, soll hier ein Verfahren vorgestellt werden, das die Planung in drei Arbeitsschritten entfaltet und im Hinblick auf ihre Plausibilität überprüfbar macht.

Das folgende fiktive Szenario soll diese Arbeitsschritte verdeutlichen (vgl. Horster 2004, S. 107ff.): In einer Stuhlbauerklasse der Jahrgangstufe 11 (Eingangsklasse) soll eine Sequenz zum Thema »Einen Stuhl in vier bis fünf Unterrichtsstunden bauen« durchgeführt werden. Die hierfür erforderlichen Planungsschritte werden in der Folge durchgespielt. Dieses fiktive Szenario dient dazu, die erforderlichen Planungsschritte an einem bestimmten Inhalt zu erläutern. Würde man sich dabei auf ein bestimmtes Fach beziehen, bestünde die Gefahr, dass hierdurch die Verständlichkeit eingeschränkt und die Übertragbarkeit in andere fachliche Zusammenhänge nicht recht deutlich würde. Aus diesem Grund ist ein Gegenstand gewählt, der wahrscheinlich jedem aus Alltagszusammenhängen gleichermaßen geläufig ist und damit die Analogiebildung für das eigene Fach erleichtert.

1. Schritt: Den Gegenstand mithilfe einer Mindmap entfalten

Leitfrage:
Welche Dimensionen und Aspekte sind grundsätzlich denkbar?

Zunächst geht es darum, sich darüber zu vergewissern, was an Inhalten im Zusammenhang mit dem gewählten Gegenstand grundsätzlich denkbar ist; die Klärung dieser Frage erfolgt üblicherweise als (Sach- oder didaktische) Analyse des Unterrichtsgegenstands. In der Praxis vieler Lehrkräfte, besonders ausgeprägt bei Berufsanfängern mit noch wenig entwickeltem Repertoire, führt dieser Schritt zu umfänglicher Lektüre

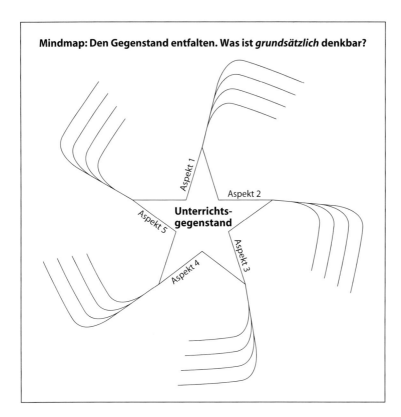

Abb. 14: Mindmap als Instrument zur Entfaltung des Unterrichtsgegenstands

von Sekundärliteratur. Dagegen ist grundsätzlich nichts einzuwenden, tatsächlich gelingt es jedoch oftmals nur in Ansätzen, die unterschiedlichen Aspekte unter einer einheitlichen Fragestellung zu versammeln; auch entsteht nicht selten die Vorstellung, sich das jeweilige Sachgebiet »vollständig« aneignen zu müssen. Die planende Lehrperson findet kein Ende ihrer Lektüre und keinen Anfang ihrer Planung. Aus dieser Schwierigkeit kann das Instrument Mindmap helfen (vgl. Abb. 14).

Der Einsatz der Mindmap ermöglicht es, Offenheit und Strukturiertheit miteinander zu verbinden. Zunächst kann man sich in einem Brainstorming die bereits verfügbaren Wissensbestände zu einem Gegenstand oder Thema vergegenwärtigen. Durch die Eintragung in das Schema werden diese nach übergeordneten Aspekten strukturiert (ohne dass eine bestimmte Anzahl von Aspekten vorgegeben sein muss), zugleich werden die noch vorhandenen Lücken im Wissensbestand sichtbar, die nun zu einer gezielten Aufarbeitung anleiten können.

Spielen wir das Vorgehen einmal anhand des fiktiven Szenarios einer Unterrichtssequenz zum Thema »Einen Stuhl bauen« durch, die in einer Klasse von angehenden »Stuhlbauern« unterrichtet werden soll. Das Brainstorming mithilfe einer Mindmap hat bei der planenden Lehrperson zu dem in Abbildung 15 dargestellten ersten Ergebnis geführt. Bei der Arbeit mit der Mindmap zum Unterrichtsgegenstand Stuhl ist der Lehrperson deutlich geworden, dass es unterschiedliche Arten von Stühlen gibt (z.B.

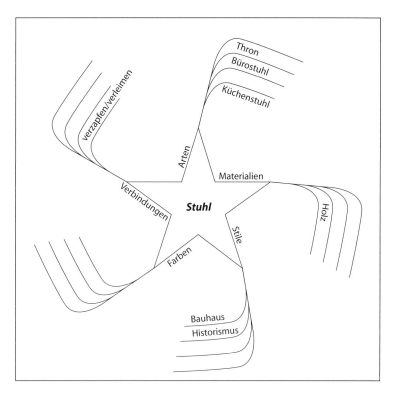

Abb. 15: Mindmap zum Unterrichtsgegenstand Stuhl

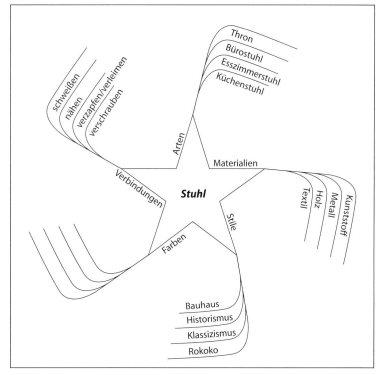

Abb. 16: Vervollständigte Mindmap zum Thema Stuhl

den Thron, den Bürostuhl, den Küchenstuhl), dass diese aus unterschiedlichen Materialien angefertigt sein können (z.B. aus Holz), dass Stühle unterschiedlichen Stilepochen zugeordnet werden können (z.B. dem Bauhaus-Stil, dem Historismus), dass Stühle selbstverständlich unterschiedliche Farben besitzen können und dass ihre Bestandteile auf unterschiedliche Weise zusammengefügt werden (z.B. durch Verzapfen und Verleimen). Die noch nicht besetzten Stellen in den Verzweigungen markieren, wo weitere Informationen erforderlich sein können, um den jeweiligen Aspekt des Gegenstands weiter zu vervollständigen. Im Falle des gewählten Beispiels wäre zu überlegen, aus welchen weiteren Materialien Stühle angefertigt werden können, welche weiteren Stilepochen als die beiden genannten existieren usw.; entsprechend kann die Mindmap nun systematisch vervollständigt werden. Wir erhalten das in Abbildung 16 gezeigte Resultat, das sicherlich noch weiter ergänzt werden kann, für unsere Überlegungen aber einen hinreichend komplexen Überblick bietet.

2. Schritt: Den Gegenstand mithilfe des Reduktionsrahmens reduzieren

Leitfrage:
Was ist unter den gegebenen Bedingungen jetzt möglich?

Der Reduktionsrahmen enthält die Bedingungen, unter denen das jeweilige Thema zu bearbeiten ist. Anhand dieser Bedingungen entscheidet sich, was von den denkbaren Aspekten des Themas aktuell tatsächlich realisiert werden kann. In jedem Fall existiert eine Zielsetzung, unter der gearbeitet werden soll; die Schüler/innen verfügen im Hinblick auf das Thema über bestimmte Lernvoraussetzungen; schließlich steht für die Arbeit ein bestimmter Zeitrahmen zur Verfügung. Daneben können weitere Bedingungen auf die Gestaltung der Unterrichtssequenz einwirken. Der Reduktionsrahmen (Abb. 17) kann als Overlay über die Mindmap gelegt werden.

Nicht alles, was grundsätzlich als Inhalt einer Unterrichtssequenz denkbar ist, ist deswegen auch schon sinnvoll. Zu fragen ist z.B.:

- Welche Ziele möchte ich/muss ich erreichen?
- Welcher Zeitraum steht mir zur Verfügung?
- Über welche Lernvoraussetzungen verfügen die Schüler/innen?
- Welche Ziele sind unter diesen Vorgaben realistisch anzustreben? ...

Die letzte Frage zeigt, dass der Kreis möglicher Bedingungen zum zweiten Mal durchlaufen wird; dies hat seine Begründung darin, dass die gegebenen Bedingungen natürlich nicht nur auf den gewählten Gegenstand, sondern auch aufeinander einwirken. Im Fall der angenommenen Stuhlbauerklasse wird das Grundmuster des Reduktionsrahmens in folgender Weise konkretisiert:

- Für die Sequenz steht ein Zeitraum von vier bis fünf Unterrichtsstunden zur Verfügung (das Pensum einer Woche);

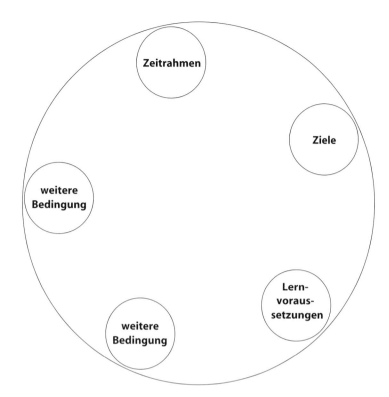

Abb. 17: Grundmuster eines Reduktionsrahmens

- die Zielvorgabe der (fiktiven) Richtlinien trägt auf, einen Stuhl zu bauen;
- bei den Schülerinnen und Schülern der Stuhlbauerklasse handelt es sich um einen Kurs der Jahrgangsstufe 11, der den Eingangskurs der Schule darstellt;
- das bedeutet, dass die Schüler/innen allenfalls über handwerkliche Grundkenntnisse verfügen, die sie sich in außerschulischen Zusammenhängen angeeignet haben.

Hieraus ergibt sich die in Abbildung 18 auf der nächsten Seite dargestellte Ausgestaltung des Reduktionsrahmens. Zum Abgleich der gegebenen Bedingungen und Möglichkeiten für die Sequenz »Einen Stuhl in vier bis fünf Doppelstunden bauen« wird der Reduktionsrahmen über die Mindmap gelegt (vgl. Abb. 19). Nun kann sich die Lehrperson die Frage stellen, welche der Inhalte unter den gegebenen Bedingungen realisiert werden können. Sie kommt zu folgendem Ergebnis:

Die Unterrichtssequenz »Einen hölzernen Küchenstuhl bauen«

1. Besuch eines Möbelhauses: unterschiedliche Arten von Stühlen und ihre Bauart erkunden, Entscheidung für den Bau eines hölzernen Küchenstuhls;
2. Anfertigen einer Skizze: Materialien, Materialbearbeitung, Materialverbindungen;
3. Bau eines hölzernen Küchenstuhls;
4. Fortsetzung und Abschluss der Arbeit am Küchenstuhl;
5. Präsentation und Besprechung unterschiedlicher Stile.

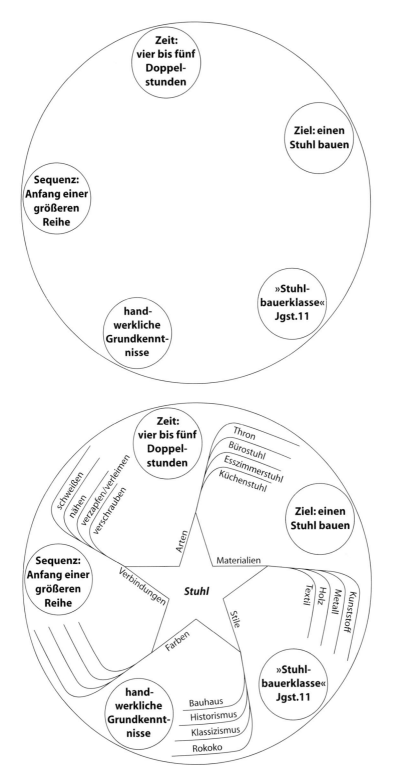

Abb. 18: Reduktionsrahmen für die Unterrichtssequenz »Einen Stuhl in vier bis fünf Doppelstunden bauen«

Abb. 19: Möglichkeiten und Bedingungen abgleichen

Hierauf folgt der

3. Schritt: Die Sequenzplanung einem »hochgestellten Laien« plausibel erläutern

Leitfrage:
Was ist das Auswahlprinzip? Worin besteht der innere Zusammenhang?

Die Figur des »hochgestellten Laien« in diesem Arbeitsschritt hat eine doppelte Funktion: Da es sich um einen Laien handelt, kann kein einschlägiges Fachwissen vorausgesetzt werden, die Darstellung muss also allgemein verständlich und damit auch nach allgemein zugänglichen Plausibilitätskriterien überprüfbar sein. Da es sich überdies um einen *hochgestellten* Laien handelt, kann der »Fachmann« ihm gegenüber kein höheres Autoritätsniveau beanspruchen, er muss vielmehr mit bohrenden Rückfragen rechnen, wenn die vorgetragene Argumentation nicht hinreichend verständlich und plausibel erscheint. Die Argumentation gegenüber einem »hochgestellten Laien« im Fall der Sequenzplanung »Einen Stuhl bauen« könnte etwa folgendermaßen lauten:

- Grundsätzlich eröffnet das Ziel »Einen Stuhl bauen« eine Vielzahl von Möglichkeiten. Denkbar sind Stühle unterschiedlicher Funktion und Repräsentativität, wie z.B. der Küchenstuhl, der Bürostuhl, der Friseurstuhl, der Babystuhl, der Esszimmerstuhl, der Thron …
- Der Vielzahl unterschiedlicher Funktionen entspricht eine ebenso große Vielzahl unterschiedlicher Materialien: Holz, Metall, Textil, Kunststoff, Elfenbein, Leder, Edelmetall, Stein usw.
- Jedes dieser Materialien verlangt nach spezifischen Formen der Bearbeitung und der Verbindung von Einzelteilen: Sägen, Hobeln, Feilen, Kleben, Behauen, Gießen, Fräsen, Bohren, Verzapfen, Leimen, Kleben, Nähen, Schweißen, Schleifen, Polieren etc.
- Sollten die Schüler/innen nur über handwerkliche Grundkenntnisse verfügen und erst am Anfang ihrer Ausbildung als Stuhlbauer stehen, wird man einen Stuhl wählen, der von seiner Funktion und seiner Verarbeitungsart her möglichst einfach ausfällt; diese Bedingungen werden am ehesten durch einen hölzernen Küchenstuhl im Bauhaus-Stil erfüllt. Man kann davon ausgehen, dass Schüler/innen, die lediglich über handwerkliche Grundkenntnisse verfügen, am ehesten mit den Erfordernissen der Holzverarbeitung vertraut sind; hier geht es um Fertigkeiten wie Sägen, Bohren, Verleimen und Schleifen. Der Bauhaus-Stil verlangt keine komplexeren Gestaltungsaufgaben wie z.B. der Historismus, der Fertigkeiten wie Drechseln und Schnitzen erfordert, sondern begnügt sich mit Formen elementarer und funktionaler Gestaltung. Man kann davon ausgehen, dass diese Aufgabe im gegebenen Zeitrahmen von vier bis fünf Doppelstunden zu bewältigen ist. Den Abschluss der Sequenz bildet die Präsentation unterschiedlicher Stilformen, die damit die Überleitung zu komplexeren Gestaltungsaufgaben leistet.

An dieser Stelle der Argumentation gegenüber dem »hochgestellten Laien« wird deutlich, dass die Mindmap auf zweifache Weise genutzt werden kann, um mögliche Inhalte für eine Unterrichtssequenz zu identifizieren. Im vorliegenden Fall ist eine *zirkuläre* Bewegung über die verschiedenen Äste hinweg beschrieben worden, um einen Zusammenhang zwischen »Küchenstuhl«, »Holz«, »Bauhaus-Stil« sowie »verzapfen und verleimen« herzustellen. Damit ist ein produktionsorientiertes Konzept gewählt worden. Es wäre aber auch eine *lineare* Bewegung über die Verzweigungen eines Astes hinweg denkbar, etwa vom »Bauhaus-Stil« über »Historismus« und »Klassizismus« zum »Rokoko« – in diesem Fall wäre eine historische Stilkunde das leitende Prinzip – oder der Vergleich von »Küchenstuhl«, »Esszimmerstuhl«, »Bürostuhl« und »Thron«; hier stünde die Untersuchung unterschiedlicher Funktionen des Stuhls im Mittelpunkt. Stilkunde und Funktionskunde könnten also im Falle unseres Beispiels neben dem produktionsorientierten Konzept zwei weitere Möglichkeiten der Sequenzbildung je nach leitender Intention darstellen.

3.3 Blinde Flecken identifizieren

Meist sind Planungsprozesse zugleich auch Prozesse von Autosuggestion und Selbstimmunisierung in dem Sinne, dass die planende Person durch die intensive Beschäftigung mit dem Gegenstand und vielleicht auch noch beflügelt von einer »zündenden Idee« mögliche Schwachstellen der eigenen Planung verdrängt. Diesem Problem soll der dritte Arbeitsschritt »Argumentation gegenüber einem hochgestellten Laien« entgegenwirken. Seine Wirkung ist aus naheliegenden Gründen dann am größten, wenn er nicht nur in Gedanken durchgeführt wird, sondern in realer Adressierung an eine andere Person, die auch tatsächlich Rückfragen stellen kann. Besonders wirksam ist der Dialog mit einer »fachfremden« Person, weil diese am ehesten in der Lage ist, durch ihren unvoreingenommenen Standpunkt »blinde Flecken« zu identifizieren, die möglicherweise auch durch unbefragte fachspezifische Routinen verursacht sein können.

Für den Fall, dass sich ein solches Vorgehen nicht realisieren lässt, gibt es einen anderen Weg, die durch den Planungsprozess herbeigeführte Gewissheit absichtsvoll zu stören. Er besteht darin, zur eigenen Planung in eine mentale Distanz zu treten und sich die Frage zu stellen:

> *Was bereitet mir, nachdem ich all diese Überlegungen angestellt habe, gegenwärtig noch Sorgen?*

Es geht dabei nicht um *sachlogische Plausibilität* der Planung, vielmehr zielt die Frage bewusst auf die *affektive Befindlichkeit* der planenden Person. Wahrscheinlich teilt jeder die Erfahrung, dass es in Planungsprozessen Stellen gibt, die mit einem gewissen Gefühl von Unbehagen verbunden sind. Dieses Gefühl wird schnell verdrängt, wenn ein anderer Aspekt affektiv als positiv erlebt wird, ohne dass die Ursache für das ungute Gefühl tatsächlich behoben wäre. Am Ende beruhigt man sich mit dem positiven Gesamteindruck.

Hier soll die Frage nach der noch bestehenden Sorge zu einer produktiven Störung der Ruhe führen. Wenn man sich erst einmal vergegenwärtigt hat, *was* einem an der eigenen Planung noch Sorgen bereitet, ist der Weg zur Klärung der Frage, *wodurch* diese Sorgen verursacht werden und *wie* sie behoben werden können, nicht mehr weit. Betrachten wir unter der Leitfrage »Was bereitet mir gegenwärtig noch Sorgen?« den bisherigen Stand der Sequenzplanung zum Thema »Einen Stuhl bauen«:

1. Besuch eines Möbelhauses: unterschiedliche Arten von Stühlen und ihre Bauart erkunden, Entscheidung für den Bau eines hölzernen Küchenstuhls;
2. Anfertigen einer Skizze: Materialien, Materialbearbeitung, Materialverbindungen;
3. Bau eines hölzernen Küchenstuhls;
4. Fortsetzung und Abschluss der Arbeit am Küchenstuhl;
5. Präsentation und Besprechung unterschiedlicher Stile.

Diese fünf Schritte erscheinen auf den ersten Blick recht plausibel. Besonders angetan war der Planer vom ersten Schritt, dem Besuch eines Möbelhauses mit dem Ziel, unterschiedliche Arten von Stühlen zu erkunden. Für diesen Schritt sprach die Überlegung, einen außerschulischen Lernort aufzusuchen, um die Fragestellung auf diese Weise mit größerer Authentizität auszustatten und so die Motivation der Stuhlbauerklasse zu erhöhen. Gerade dieser Schritt erscheint jedoch nun unter der Fragestellung nach noch bestehenden Sorgen zunehmend problematisch, Bedenken kommen auf:

- Bedeutet der Besuch eines Möbelhauses nicht einen zu großen zeitlichen Aufwand? Kann er in der regulären Unterrichtszeit durchgeführt werden oder ist hierfür ein zusätzlicher Termin am Nachmittag erforderlich?
- Wie soll man sich die Erkundung unterschiedlicher Stühle in einem Möbelhaus konkret vorstellen? Werden sich die Schüler/innen die Möbel lediglich ansehen oder ist eine weitergehende Beschäftigung denkbar? Ist es vorstellbar, dass verschiedene Stühle in ihre Einzelteile zerlegt werden?
- Wird eine eingehendere Beschäftigung mit den Stühlen im vorgestellten Sinn ohne vorherige Kontaktaufnahme mit der Geschäftsleitung möglich sein? Kann man davon ausgehen, deren Zustimmung zu erhalten?
- Welche Alternativen zu den bisherigen Überlegungen sind denkbar? Erfüllt es nicht den gleichen Zweck, im Klassenraum exemplarisch einen Küchenstuhl, einen Esszimmerstuhl und einen Bürostuhl für eine eingehendere Untersuchung einschließlich Demontage zu präsentieren? Drei Stühle der genannten Art sind leicht zu beschaffen und können auch über die Einführungsstunde hinaus noch weiter zur Verfügung stehen, etwa wenn es in der Folgestunde um die Anfertigung einer Skizze geht.

Damit ist die Entscheidung gefallen: Aufgrund dieser Überlegung wird die ursprüngliche Planung der Sequenz im Hinblick auf den ersten Schritt revidiert:

1. Präsentation unterschiedlicher Arten von Stühlen (Küchenstuhl, Esszimmerstuhl, Bürostuhl), Erkundung ihrer Bauart, evtl. durch Zerlegen, Entscheidung für den Bau eines hölzernen Küchenstuhls;
2. Anfertigen einer Skizze: Materialien, Materialbearbeitung, Materialverbindungen;
3. Bau eines hölzernen Küchenstuhls;
4. Fortsetzung und Abschluss der Arbeit am Küchenstuhl;
5. Präsentation und Besprechung unterschiedlicher Stile, Planung der weiteren Arbeit.

Während die revidierte Planung der Sequenz notiert wird, entsteht der Eindruck, dass die Mitglieder der Stuhlbauerklasse am Ende dieser Unterrichtseinheit schon eine Menge Erfahrung über den Bau von Stühlen gesammelt haben werden. Eigentlich müssten sie dann auch so weit sein, an der Planung der weiteren Arbeit mitzuwirken. In diesem Sinne wird der fünfte Arbeitsschritt ergänzt. Vielleicht stellt die Lehrperson der Stuhlbauerklasse ihre Mindmap als Planungshilfe zur Verfügung.

Literaturverzeichnis

Arnold, R. (1991): Deutungsmuster und pädagogisches Handeln in der Erwachsenenbildung. Bad Heilbrunn.
Bachmair, G. (1974): Unterrichtsanalyse. Weinheim/Basel.
Bachmair, G. u.a. (1994): Beraten will gelernt sein. Ein praktisches Lehrbuch für Anfänger und Fortgeschrittene. Weinheim.
Bäuerle, S. (Hrsg.) (1989): Der gute Lehrer. Empfehlungen für den Umgang mit Schülern, Eltern und Kollegen. Stuttgart.
Becker, F.G./Buchen, H. (2001): Objektivität von Leistungsbeurteilungen. Plädoyer für die bewusste Verzerrung von Leistungsbeurteilungen von Lehrern und Schulleitern!?! In: Buchen, H./Horster, L./Rolff, H.G.: Schulleitung und Schulentwicklung. Erfahrungen, Konzepte, Strategien. Berlin, Beitrag C 5.3.
Becker, G.E. (1993): Auswertung und Beurteilung von Unterricht. Handlungsorientierte Didaktik, Teil III. Weinheim/Basel.
Bildungskommission NRW (1995): Zukunft der Bildung, Schule der Zukunft. Denkschrift der Kommission »Zukunft der Bildung – Schule der Zukunft« beim Ministerpräsidenten des Landes Nordrhein-Westfalen. Neuwied/Kriftel/Berlin.
Brenn, H. (1989): Die Unterrichtsbeurteilung des Lehrers, eine bedeutsame Aufgabe im Hinblick auf seinen Erziehungsauftrag. In: Bäuerle, S. (Hrsg.): Der gute Lehrer. Empfehlungen für den Umgang mit Schülern, Eltern und Kollegen. Stuttgart, S. 176–200.
Buhren, C.G./Rolff, H.G. (1995): Qualitätsevaluation mit Qualitätsindikatoren. Die Entwicklung begründeter Bewertungsurteile. In: Buchen, H./Horster, L./Rolff, H.G. (Hrsg.): Schulleitung und Schulentwicklung. Berlin, Beitrag E 3.2.
Burkhard, C./Eikenbusch, G. (2000): Praxishandbuch Evaluation in der Schule. Berlin.
Horster, L./Rolff, H.G. (2000): Lernfeld Schule. Unterrichtsentwicklung. Bönen/Westf.
Horster, L./Rolff, H.G. (2001): Unterrichtsentwicklung. Grundlagen, Praxis, Steuerungsprozesse. Weinheim/Basel.

Jank, W./Meyer, H. (1991): Didaktische Modelle. Frankfurt a.M.
Kösel, E. (1993): Die Modellierung von Lernwelten. Ein Handbuch zur subjektiven Didaktik. Elztal-Dallau.
Memmert, W. (1997): Kunstfehler beim Unterrichten. In: Schwarz, B./Prange, K. (Hrsg.): Schlechte Lehrer/innen. Zu einem vernachlässigten Aspekt des Lehrberufs. Weinheim/Basel, S. 248–274.
Meyer, H. (1987): Unterrichtsmethoden. Frankfurt a.M.
Miller, R. (1993): Lehrer lernen. Ein pädagogisches Arbeitsbuch für Lehreranwärter, Referendare, Lehrer und Lehrergruppen. Weinheim/Basel.
Schwarz, B./Prange, K. (Hrsg.) (1997): Schlechte Lehrer/innen. Zu einem vernachlässigten Aspekt des Lehrberufs. Weinheim/Basel.
Siebert, H. (1996): Didaktisches Handeln in der Erwachsenenbildung. Neuwied/Kriftel/Berlin.
Tietgens, H. (1981): Die Erwachsenenbildung. München.
Thomae, H. (1991): Psychologische Anthropologie. In: Roth, L. (Hrsg.): Pädagogik. München, S. 109ff.
Watzlawick, P./Beavin, J.H./Jackson, D.D. (1982): Menschliche Kommunikation. Bern/Stuttgart/Wien.

V. Kommunikation und Beratung

Wolfgang Boettcher / Georgia Mosing

Leitungskommunikation

1. Grundlagen	870
1.1 Wer bin ich als Schulleiter/in – wer könnte ich sein?	871
1.2 Rollenwahrnehmung	874
1.3 Selbstverstehen (Innenwahrnehmung) und Selbstreflexion	876
1.4 Zum weiteren Aufbau des Beitrags	883
2. Kritikgespräch	885
2.1 Begriffliche Grundlagen	885
2.2 Strukturelle Voraussetzungen von Kritikgesprächen	891
2.3 Ein Blick auf Gesprächsbeispiele	896
2.4 Methodische Empfehlungen	905
3. Beratungsgespräch	917
3.1 Begriffliche Grundlagen	919
3.2 Strukturelle Voraussetzungen von Beratungsgesprächen	928
3.3 Ein Blick auf Gesprächsbeispiele	933
3.4 Methodische Empfehlungen	935
4. Schlichtungsgespräch	943
4.1 Begriffliche Grundlagen	943
4.2 Strukturelle Voraussetzungen von Schlichtungsgesprächen	949
4.3 Ein Blick auf Gesprächsbeispiele	952
4.4 Methodische Empfehlungen	954
5. Jahresgespräch	962
5.1 Begriffliche Grundlagen	962
5.2 Strukturelle Voraussetzungen	970
5.3 Ein Blick auf Gesprächsbeispiele	978
5.4 Methodische Empfehlungen	984
Literaturverzeichnis	991
Bildnachweis	991

1. Grundlagen

Gespräche sehen wir als zielorientierten Kooperationsprozess von zwei oder mehr Beteiligten. Wie ein Gespräch sich entwickelt (und ob es dabei – aus der Sicht der Gesprächsbeteiligten – ein gelungenes Gespräch wird), hängt von *allen* Gesprächsbeteiligten ab. Ich kann als Schulleiter/in ein Gespräch beeinflussen, indem ich meine eigenen Beiträge konsequent in meinem Sinne und so gut wie möglich gestalte. Ich kann aber nicht – für die anderen Beteiligten oder an ihnen vorbei – ein von mir erhofftes Ziel erreichen. Dies ist nicht eine Frage, wie »geschickt« und gesprächsmethodisch aufgerüstet ich dieses Gespräch führe, sondern es ist eine Folge der grundsätzlich *dialogischen Natur* von Gesprächen. Und es ist zugleich eine Frage, ob ich Gespräche nur unter strategischen Aspekten beeinflussen will oder ob ich mich darin – mit den Zielen, den Normen und den Einflussgrenzen meiner Rolle in dieser Institution – zeigen will.

Schulleitungsmitglieder – so finden wir – sollten interessiert und fähig sein, sich rollenbewusst »aufrecht« in Gesprächen zu bewegen. Dementsprechend zielt auch unser Verständnis von Gesprächsführungs-Lernen auf die (langsame) Entwicklung einer reflektierenden Gesprächseinstellung, die Rollenklarheit, interaktionelle Deutlichkeit, passende Zugewandtheit und eine rollenangemessene Aufteilung der Verantwortung für den Gesprächserfolg zwischen den Gesprächsbeteiligten ermöglicht.

Ziel ist eine konsistente Praxis der Gesprächsführung, die Schulleitungsmitgliedern eine offene Einflussnahme in einer Weise ermöglicht, die zum je eigenen Konzept von Leitung[1] passt. Um eine konsistente Gesprächseinstellung zu entwickeln, ist es vorrangig, sich damit auseinander zu setzen, wie die Leitungsrolle, der Auftrag und die Institution mit eigenen inneren Gesprächseinstellungen und -kulturen korrespondieren. Erst durch diese prozessorientierte Reflexion und immer wieder neu vorzunehmende Positionierung werde ich als Schulleiter/in in den in dieser Rolle geführten Gesprächen – wie auch als Lehrer/in von Schülerinnen und Schülern sowie in meinen anderen Rollen – gut handeln können.

1.1 Wer bin ich als Schulleiter/in – wer könnte ich sein?

Als Schulleiter/in sehe ich mich in der Spannung zwischen hierarchischen und partnerschaftlichen Komponenten meiner Rolle. Dazu ein Blick auf eine der Leitvorstellungen zu Personalentwicklung und Personalführung aus der Denkschrift »Zukunft der Bildung – Schule der Zukunft« der Bildungskommission Nordrhein-Westfalen:

> »Eine entwicklungsorientierte Personalführung setzt *klare Führungsgrundsätze* und einen entsprechenden Führungsstil voraus. Personalführung soll von einer *Grund-*

---

[1] Wir verwenden – zumal angesichts der nach wie vor strittigen Begriffe »Leitung«, »Führung« (und »Management«) – die beiden Begriffe »Leitung« und »Führung« weitgehend synonym. Wo wir im Einzelfall von »Leitung« sprechen, fokussieren wir damit vorrangig die institutionell vorgegebene *formelle Rolle*, aus der heraus Einfluss genommen werden kann; wo wir von »Führung« sprechen, fokussieren wir damit vorrangig die *Einflussnahme* auf andere Personen der eigenen Institution. Zur Leitungsrolle gehört in Schule freilich Führung als wichtige Komponente dazu (auch wenn es Leitungspersonen gibt, die Führung eher verweigern) und Führung realisiert man vorrangig aus einer entsprechenden Leitungsrolle »top-down« (auch wenn es daneben Führungshandlungen vonseiten ranggleicher oder auch rangniederer Personen gibt).

haltung des Vertrauens bestimmt sein. Sie soll von *Teamarbeit*, nicht von *Hierarchie und Weisung* gekennzeichnet sein. Persönlichkeitsentwicklung, Identifikation mit Aufgabe und Rolle, Motivation, Eigeninitiative und Zusammenarbeit der Mitarbeiterinnen und Mitarbeiter sollen gefördert werden. Ein interaktiver, kooperativer Führungsstil soll sowohl delegieren und beteiligen als auch *zu Entscheidungen führen*« (Bildungskommission NRW 1995, S. 323).

Wir kommentieren die von uns kursiv ausgezeichneten Formulierungen, weil sie uns wichtig, teilweise aber auch spannungsreich zu sein scheinen:

- *Mentale Klarheit* über die eigene Führungskonzeption im Rahmen der Rollenvorgaben zu gewinnen und entsprechende interaktionelle Deutlichkeit zu entwickeln ist eine zentrale Aufgabe von (neuen) Schulleiterinnen und Schulleitern.
- Eine *Grundhaltung des Vertrauens* kann ich als Schulleiter/in den anderen (erwachsenen) Mitgliedern unserer Schule anbieten, nicht aber von ihnen mir gegenüber verlangen; vielmehr zeige ich meine Führungsqualität gerade in meinem Umgang mit deren erlaubtem Misstrauen – das ich verstehen kann und zugleich bedaure und für nur vorläufig halte. Wenn mit Vertrauen aber gemeint ist, dass ich jeder und jedem seine Rolle und Aufgabe auch zutrauen sollte, also im Sinne angemessen geteilter Verantwortung, kann ich dieses Zutrauen auch von allen anderen Mitgliedern meiner Schule verlangen. Es könnte bedeuten, dass ich als Schulleiter/in nichts weiter tue, als einen kompetenten akzeptierenden Umgang mit unterschiedlichen Rollen in der Institution zu erwarten.
- Dass für die Kennzeichnung der Interaktionsqualität der »Plusbegriff« *Team* benutzt und dabei der strukturellen Kategorie *Hierarchie* entgegengesetzt wird, ist zwar in einem solchen für eine – wie wir finden – grundsätzlich gute bildungspolitische Konzeption »politisch werbenden« Text verständlich, aber rollentheoretisch ungenau und für einen Leitungsauftrag verwirrend: Natürlich ist die Rollenkonstellation Schulleiter/in-Lehrperson in wichtigen Segmenten hierarchisch geprägt; dies wird im gleichen Textzusammenhang deutlich, wenn die Rede vom Vorrecht der Schulleiter/innen ist, mit Lehrpersonen deren »Personaleinsatz« (ebd., S. 324) abzusprechen, mit bestimmten Lehrpersonen deren »auf die Übernahme von Leitungsfunktionen zielende Planung des beruflichen Werdegangs« zu besprechen (ebd., S. 325) und Lehrpersonen »zur Teilnahme an entsprechender Fortbildung zu verpflichten« (ebd., S. 317). Mit solchen hierarchischen, nämlich weisenden Dimensionen der eigenen komplexen Leitungsrolle mental wie interaktionell gut umzugehen, das ist das »Kunststück Schulleitung«; nicht aber das Bestreiten oder Kaschieren solcher Einfluss-, weil Machtunterschiede. Hierarchische Teilkonstellationen muss ich als Schulleiter/in – mir wie den anderen gegenüber – deutlich zeigen können, ohne dass diese gleich wie eine Bewaffnung wahrgenommen werden.
- *Weisung* ist demgegenüber eine Kategorie der interaktionellen »Oberfläche«, sie wird im Einzelfall nötig und Teil eines Instrumentariums sein, das selbstverständlich und dialogisch geschieht. Aber auch hier: Wenn ich als Schulleiter/in auf Weisung gegenüber einer Lehrerin oder einem Lehrer verzichte – obwohl ich in diesem

speziellen Punkt Weisungsrecht habe – dann ist dies eben nur eine Variante der Erscheinung von Macht (in Watzlawicks Begrifflichkeit: *metakomplementär*) und kann von mir grundsätzlich widerrufen werden. Ein Markenzeichen von Leitung wird also eher nicht sein, ob ich Weisungen tätige oder sie unterlasse, sondern wie transparent Beteiligte darüber orientiert sind, ab wann und warum ich weise.

- Rollendiagnostisch sehr genau finden wir demgegenüber das Bild »*zu Entscheidungen führen*«. Der Unterschied zu »entscheiden« markiert den springenden Punkt: Als Schulleiter/in bin ich der Garant, dass notwendige Entscheidungen von den für ein Problem Zuständigen getroffen werden, nur im Grenzfall treffe ich die Entscheidung allein, nämlich da, wo ich als Schulleiter/in in einem (noch) nicht durchgearbeiteten Dissens Entscheidungen *setze*, weil ich noch nicht zu ihnen *führen* konnte. Solche Entscheidungen sind dabei grundsätzlich »stellvertretende« Entscheidungen: Ich treffe sie stellvertretend für die eigentlich (und möglichst bald) dafür zuständigen Personen bzw. Gruppen oder Gremien unserer Schule. Mit diesem Begriff der »stellvertretenden Entscheidungen« ist u.a. gemeint:
  – Solche von mir gesetzten Entscheidungen sind vorläufig; gültig werden sie erst, wenn sie durch Entscheidungen der Zuständigen ratifiziert bzw. modifiziert worden sind.
  – Mit meiner Setzung von Entscheidungen verpflichte ich mich also zugleich darauf, noch fehlende Konsense an unserer Schule zu entwickeln. Ich gehe also in Kontakt mit denen, die bislang andere Vorstellungen hatten als ich.

Bei meinen Entscheidungsvorgaben orientiere ich mich zudem selbst an Konzeptionen überindividuellen Geltungsgrades (u.a. auch gesellschaftlicher Willenskundgaben); es geht also nicht um »einsame« Entscheidungen. Diese Einstellung können wir so skizzieren:

– Ich führe Gespräche
  – vorrangig als Berufsperson (= aus der Rolle), aber individuell konturiert;
  – orientierend und in zugewandter Konfrontation;
  – unter Verdeutlichung (= Transparenz) der meist unterschiedlichen Rollen, Aufgaben und Absichten der am Gespräch Beteiligten.
– Ich zeige dabei meine individuelle, auftragsbezogene Sicht (= Standpunkt), die – wie die der anderen auch – eine subjektive Sicht ist, die sich aber auf eine einflussreiche Rolle bezieht.
– Ich unterstütze die Beteiligungsmöglichkeiten der anderen und verweise sie auf ihre Einflussspielräume; ich freue mich über Konsens und in Dissensen nutze ich offen meine rollenspezifischen Einflussmöglichkeiten.
– In Konflikten achte ich die abweichenden Wünsche und Sichtweisen der anderen, verantworte aber nichts gegen meine Überzeugung.
– Ich gestatte den anderen Abgrenzung von mir und freue mich über wieder angebotene Annäherung.

Unsere Gesprächskonzeption orientiert sich vorrangig an Rolle und Auftrag von Leitung und an der Ermöglichung von *dialogischer Führung*. Mit dialogischer Führung ist gemeint, wie ich u.a. mittels Gesprächen die Verantwortung den Rollen entsprechend (ver)teile; nicht gemeint ist damit, dass ich als Schulleiter/in bei anderen meine »höhere« hierarchische Position durch demonstrativ weiche Interaktionsmodi »heilen« müsste; ich bin kein »Wolf im Schafspelz«, denn Schulleitungsmitglieder sind keine Wölfe.

Die Beziehungen zwischen Schulleitung und Kollegium sind weder nach dem Muster Familie noch dem von Freundschaft gut zu bewältigen, auch wenn dies von den Beteiligten oft – meist nichts ahnend – unter solchen erinnerten Erfahrungsmustern versucht wird. Nach dem Muster »Familie oder Freundschaft« wäre es unter vielen Aspekten einleuchtend, dass eine »schlechte« Klassenlehrerin oder ein »schlechter« Klassenlehrer von mir nicht mehr in dieser Rolle eingesetzt wird. Unter dem Rollenaspekt müsste ich als Schulleiter/in ihn aber gerade in dieser Funktion einsetzen, weil er Klassenleitung als Teil seiner Kompetenz können, also lernen muss. Ich kann als Schulleiter/in nicht zulassen, dass eine (bezahlte!) Lehrkraft Teile ihrer Aufgaben nicht oder schlecht wahrnimmt. Geteilte Verantwortung meint hier, dass ich ihr alle mit ihrem Defizit verbundenen Probleme wie auch deren Lösung zumute, auch die damit verbundenen Eltern-, Kollegen- oder gar Schulaufsichtskontakte. Eine solche Lehrperson zu »verstecken« würde bedeuten, dass ich mich wie ein »guter« Patriarch verhalte, alle Verantwortung an mich ziehe und unbewusst die Botschaft gebe: »Hier muss kein Erwachsener mehr lernen.«

1.2 Rollenwahrnehmung

Wir nehmen unsere berufliche Rolle unter mehreren Gesichtspunkten wahr, unserer Einschätzung nach insbesondere vor dem Hintergrund alltagsweltlicher Verhaltensweisen und im Rahmen einer Institution. Der diagnostische Ansatz der Transaktionsanalyse hilft, die gegenwärtigen Handlungsanforderungen als Schulleiter/in unter diagnostischem Rückbezug auf in unserer Biografie erworbene Verhaltensmuster zu verstehen und besser zu steuern.

1.2.1 Berufliche Rolle und alltagsweltliche Verhaltensweisen

Wir handeln zunächst grundsätzlich auf der Linie biografisch erworbener alltagsweltlicher Annahmen, wie Menschen miteinander umgehen (und umzugehen haben). Berufliche Rollen kontrastieren häufig mit solchen alltagsweltlichen Verhaltensweisen; beide Ansprüche interferieren in meiner Wahrnehmung. Ich kann lernen, solche konkurrierenden Handlungsorientierungen zu sehen, sie zu verstehen und in meinem Handeln zu unterscheiden.

Beratungsgespräche z.B. werden vor dem Hintergrund der Erfahrungen mit alltagsweltlichen Ratschlaggesprächen und ärztlichen Anamnesen (»Beratung« taucht hier als Terminus der ärztlichen Gebührenordnung auf) wahrgenommen und mental konzipiert. Bei der Fortbildung müssen innerinstitutionelle Gesprächstypen also von solchen Hintergrund-Gesprächserfahrungen abgelöst werden. *Kritikgespräche* erscheinen als strukturell organisierte Imageverletzungen, weil sie einseitig vollzogene Mängelzuschreibungen sind; verständlich ist daher

- der »Drang« des Kritik führenden Schulleitungsmitglieds, diese asymmetrische Amtshandlung zu verzögern und – zumindest im Vor- und Nachspann – Symmetrie-Display zu betreiben (beides z.B. durch Smalltalk);
- die Scheu, der anderen Person mit dieser »Verletzungsabsicht« zu begegnen, und deshalb die Neigung, die Eröffnung zu bagatellisieren, z.B.: »*Ich hab so ein Problem im Magen liegen ...*« (d.h. diese Not könnte nur verschwinden, wenn der andere das vorgeworfene Verhalten sichtbar als seines übernommen und damit mir das interaktionelle Problem abgenommen hat);
- der Versuch der kritisierten Person, mit einem Gegenvorwurf zu kontern, um durch wechselseitiges Verrechnen von Kritik die Imagebalance wieder herzustellen;
- der Versuch der Schulleiterin bzw. des Schulleiters, die durch das Kritisieren gestörte Imagebalance durch (fingierte) individuelle oder kollektive Selbstverletzung auszugleichen: »*Ich kenn das auch von mir früher als Lehrer*« oder »*Das kann uns allen mal passieren*«.

Solches Gesprächstyp-Wissen eröffnet mir bei der Reflexion meines Leitungshandelns einen anderen Blick auf die Hintergründe eines Verhaltens, mit dem ich auf der Rollenebene oft erfolglos bleibe. Es hilft daher, mich auf solche verständlichen Probleme mit Kritikgesprächen anders vorzubereiten: nicht primär durch Sinnen auf Überlistung oder »Weichmachen« der Kritisierten, sondern durch Klarheit und Transparenz hinsichtlich der eigenen Leitungsrolle in solchen Gesprächen.

1.2.2 Berufliche Rollen im institutionellen Rahmen

Für Schulleiter/innen gibt es spezifische Gesprächstypen, die neu mit dieser Rolle etabliert werden: Gerade diejenigen Gesprächstypen machen Schulleiterinnen und Schulleitern Probleme, die sie in einer anderen Rollenkonstellation vorher bereits praktiziert haben. Kritikgespräche etwa haben sie vorher zwar aus der Lehrerrolle mit Schülerinnen und Schülern geführt, nicht aber mit anderen Lehrpersonen, bzw. Kritik wurde dort in einer anderen Statuskonstellation geäußert (der Terminus *Kritikgespräch* meint ja nicht nur »Kritik äußern«, sondern ein auf diese hierarchische Beziehungskonstellation abgestimmtes Gesprächsmuster).

Zumal wenn Schulleiter/innen an der eigenen Schule ihre Rolle gewechselt haben, haben sie – in den Lehrpersonen ihres Kollegiums – lebende Zeugen einer früheren anderen Gesprächsverpflichtung (und oft auch heimliche Aufträge, den ehemaligen Kolleginnen und Kollegen Vorteile zu sichern und Nachteile zu vermeiden). Interessanterweise sind Schulleiter/innen ihrerseits wieder »Kritisierte« in Kritikgesprächen seitens der Schulaufsicht, aber – aufgrund der spezifischen »Hausmacht« der Schulleiter/innen – in einer »besonderen« Kräfteverteilung.

1.2.3 Ein Zwischenfazit

1. Gespräche gut zu führen ist keine Sache von Kniffen oder Tricks, die unabhängig von der eigenen Berufsperson wirken, sondern verlangt die Reflexion meiner selbst in Beziehung zu der Institution, zu den anderen und zu der Rollenkonstellation.
2. Als Schulleiter/in handle ich in jeweils aktuellen Situationen auf den Linien bisheriger Erfahrungen, die mir ein Füllhorn (bzw. die »Büchse der Pandora«) an Ressourcen und Fallen zur Verfügung halten.

Ein zentraler Zugang zum Selbstverstehen und für das anschließende klare Einnehmen einer (Führungs-)Rolle ist der Ansatz der Transaktionsanalyse.

1.3 Selbstverstehen (Innenwahrnehmung) und Selbstreflexion[2]

Wir werden als Kind geboren und lernen, wie man in einem spezifischen System, nämlich der Familie, unter den jeweiligen Umständen optimal (über-)lebt. Verhalten, Denken und Fühlen aus dieser Zeit sind im so genannten *Kind-Ich-Zustand* gespeichert und können teils bewusst und teils unbewusst durch uns selbst abgerufen, aber auch von anderen bzw. Situationen angesprochen werden. Es kann z.B. sein, dass ich als Erwachsene/r gegenüber einer jetzigen Situation offensichtlich unangemessen heftige Gefühle empfinde: Vermutlich hat dann diese Situation oder eine interagierende Person bei mir einen Wechsel in einen Kind-Ich-Zustand ausgelöst, aus dem heraus ich mich jetzt wie damals verhalte. Später werde ich mich vielleicht über meine eigene Reaktion ärgern (nach dem Motto: »Ich habe mich nicht wiedererkannt!«) und versuchen, diese genauer zu verstehen. Denn normalerweise reagieren wir auf das Hier und Jetzt mit einer direkten Reaktion aus dem Erwachsenen-Ich (und können z.B. unangemessene Gefühle zurückhalten bzw. entwickeln sie erst gar nicht; vgl. Abb. 1).

In dem Prozess des Erwachsenwerdens (der nie abgeschlossen ist) übernehmen wir Verhalten, Denken und Fühlen von Autoritätspersonen. Diese werden teilweise verinnerlicht, d.h. sie bleiben unbewusst. Viele von uns haben sich z.B. geschworen »Das werde ich nie so machen wie meine Mutter (bzw. mein Vater)« und hören sich später doch ähnliche oder gar gleiche Sätze zu den eigenen Kindern sagen. Diese Ich-Zustands-Beschreibungen dienen in differenzierter Weise nicht nur der Selbstreflexion, sondern ermöglichen auch ein Rollenkonzept, das berufliche Kommunikation erleichtert und verständlicher macht (vgl. Abb. 2).

---

[2] Wir beziehen uns im Weiteren insbesondere auf Stewart/Joines 2000, Kälin/Müri 2005 und Hennig/Pelz 2002.

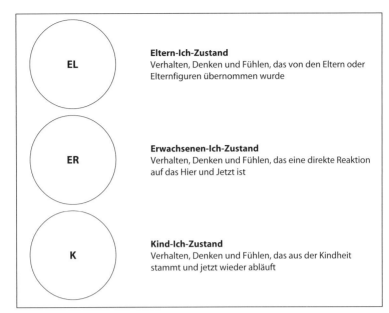

Abb. 1: Persönlichkeitsanteile nach der Transaktionsanalyse I

Eltern-Ich-Zustand
Verhalten, Denken und Fühlen, das von den Eltern oder Elternfiguren übernommen wurde

Erwachsenen-Ich-Zustand
Verhalten, Denken und Fühlen, das eine direkte Reaktion auf das Hier und Jetzt ist

Abb. 2: Persönlichkeitsanteile nach der Transaktionsanalyse II

Kind-Ich-Zustand
Verhalten, Denken und Fühlen, das aus der Kindheit stammt und jetzt wieder abläuft

Das Eltern-Ich ist differenzierbar:
- *Positiv kritischer Eltern-Ich-Anteil:* Gemeint sind elterliche führende Verhaltensweisen, die für andere orientierend und deshalb wertschätzend sind (+kEL).
- *Negativ kritischer Eltern-Ich-Anteil:* Gemeint sind elterliche führende Verhaltensweisen, die andere abwerten und desorientierend sind (–kEL).
- *Positiv fürsorglicher Eltern-Ich-Anteil:* Gemeint sind elterliche sorgende Verhaltensweisen, die das Maß der Hilfsbedürftigkeit anderer respektieren (+fEL).
- *Negativ fürsorglicher Eltern-Ich-Anteil:* Gemeint sind elterliche überversorgende Verhaltensweisen, die das Maß der Bedürftigkeit anderer eigenmächtig überschreiten (–fEL).

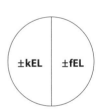

Erwachsenen-Ich:
Hier geht es um analysierendes, im Hier und Jetzt bewusstes, situationsangemessenes Problemlösungsverhalten.

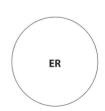

Das Kind-Ich ist differenzierbar:
- *Positiv angepasster Kind-Ich-Anteil:* Gemeint ist situationsangemessene (soziale) Anpassung. Verhaltensregeln/Konventionen sind integriert und werden konstruktiv verwendet oder abgelehnt (+aK).
- *Negativ angepasster Kind-Ich-Anteil:* Gemeint ist situationsunangemessene, destruktive Anpassung, z.B. Passivität, aber auch rebellischer Aktionismus (–aK).
- *Positiv freier Kind-Ich-Anteil:* Gemeint sind impulsive, lustbetonte Verhaltensweisen, die produktiv, kreativ oder konstruktiv sind (+fK).
- *Negativ freier Kind-Ich-Anteil:* Gemeint sind Verhaltensweisen, die zwar auch impulsiv und lustbetont, aber rücksichtslos und daher im Ergebnis destruktiv oder unproduktiv sind (–fK).

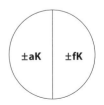

Diese vorerst nur psychologische Beschreibung wird für Leitung insofern relevant, als rollenklare Gesprächsführung nur aus Plus-Positionen der Ich-Zustände gelingt oder trainiert werden kann. Da jeder Mensch aber durch die eigene Biografie oder die Umwelt eine Menge »Einladungen« erhält, aus den Minus-Positionen seiner Ich-Zustände zu kommunizieren, kann das Resultat schnell zu einer Konflikt-Kommunikation geraten, die im Folgenden näher ausgeführt wird. Aus den Minus-Positionen ergeben sich drei Haltungen, die zu Konflikten einladen:

1. Die *Opferhaltung* aus dem negativ angepassten Kind-Ich-Zustand: eine Person, die zu diesem Zeitpunkt vorgibt oder von sich glaubt,
   – dass ihr die Kraft zur selbstständigen Problemlösung fehlt;
   – dass sich für ihr Wohlbefinden oder ihren Erfolg andere ändern müssen;
   – dass ihre eigene Bedürftigkeit Vorrang hat;
   – dass die eigene Denkfähigkeit nicht ausreicht;
   – dass andere zuständig sind.
2. Die *Retterhaltung* aus dem überversorgenden Eltern-Ich-Zustand: eine Person, die z.B. in ihrer Berufsrolle zu diesem Zeitpunkt
   – sich auf grandiose Art zutraut, anderen zu helfen (auch ohne Auftrag);
   – ohne Notwendigkeit gerne Denken und Problemlösen für andere übernimmt;
   – mehr für andere tut, als sie diese wissen lässt und (heimlich) Dankbarkeit erwartet;
   – Dinge tut, die sie eigentlich nicht tun müsste und nicht gerne tut.
3. Die *Verfolger/Ankläger-Haltung* aus dem negativ kritischen Eltern-Ich-Zustand: eine Person, die z.B. in ihrer Berufsrolle zu diesem Zeitpunkt
   – andere herabsetzt, sie verletzt und übermäßig kritisiert;
   – sich bestrafend inkonsequent und abwertend verhält;
   – in ihrem Verhalten für andere nicht einschätzbar ist.

Das Dreieck in Abbildung 3 zeigt diese destruktiven (Rollen-)Haltungen, die meist unbewusst eingenommen werden und sich gegenseitig zu Konflikten einladen. Aus jeder Position heraus kann die Kommunikation beginnen; der Konflikt entsteht, indem die kommunizierenden Parteien keine Position in Eigenverantwortung halten können, während die Rollen scheinbar selbstständig wechseln. Ein Beispiel:

Die Sekretärin (Verpflichtung, um 7.30 Uhr zu kommen) kommt häufig erst um 7.45 Uhr.
Schulleiterin: »*Frau X, Sie sind in letzter Zeit häufig zu spät. Ist etwas nicht in Ordnung?*« (Vorwegnahme eines Motivs aus der –fEL-Position)
Sekretärin: »*Ach, Sie wissen doch, mein Mann ist weg und der Kleine trödelt immer so lang, ich schaffe es einfach nicht, ihn rechtzeitig aus dem Haus zu bekommen.*« (kein eigener Lösungsvorschlag: –K!)
Schulleiterin: »*Wäre Ihnen denn geholfen, wenn Sie erst um 7.45 Uhr anfangen müssen?*« (Lösung gegen die eigenen Interessen und einseitig: –fEL)

Die Sekretärin kommuniziert aus einer Opferhaltung: Sie macht keinen Versuch, ihr Problem selbst zu lösen, stellt aber auch keine klare Anforderung. Obwohl die Schulleitung dringend eine Sekretärin braucht, die um halb acht da ist, »rettet« sie diese vor ihrer Dienstverpflichtung. Wie geht es weiter? Ab jetzt kommt die Sekretärin erst um fünf vor acht. Die Schulleiterin beginnt jetzt, die Sekretärin abzuwerten, zunächst nur innerlich: »Ich kriege schon einen Hals, wenn ich die nur sehe.« Damit ist die Schulleiterin bereits von einer Retter- in eine Täter-Position

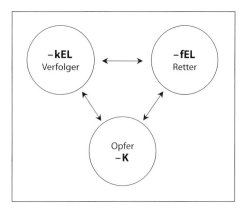

Abb. 3: Destruktive Rollenhaltungen

gewechselt, ohne es zu merken. Spricht sie jetzt die Situation neu an, kann passieren, dass die Sekretärin ihrerseits in die Verfolger-Position wechselt: »Die hat doch nur so getan, als hätte sie Verständnis. Jetzt melde ich mich krank, die wird schon noch sehen!« Am Ende werten sich beide gegenseitig ab und die Arbeitsbeziehung ist erheblich gestört. Die gleiche Situation aus Plus-Position kann folgendermaßen aussehen:

> Schulleiterin: »*Frau X, Sie sind in letzter Zeit häufig zu spät. Bitte achten Sie darauf, pünktlich zu sein.*« (aus dem +kEL)
> Sekretärin (bleibt im –K): »*Ach, Sie wissen doch, mein Mann ist weg und der Kleine trödelt immer so lang, ich schaffe es einfach nicht, ihn rechtzeitig aus dem Haus zu bekommen.*«
> Schulleiterin: »*Bitte sorgen Sie dafür, dass Sie dieses Problem schnell in den Griff bekommen. Bei Ihrem Einstellungsgespräch ging es ja gerade darum, dass wir jemand brauchen, der um 7.30 Uhr hier ist, um die Telefonate entgegenzunehmen.*«

Wenn die Sekretärin Verantwortung für ihre Situation übernimmt und ihre Bedürftigkeit kommuniziert, lautet das so:

> Sekretärin: »*Ja, es tut mir Leid, ich habe ein häusliches Problem und würde Sie bitten, ob vielleicht die Praktikantin für drei Wochen die Telefonate annehmen kann. Ich bleibe dann dafür etwas länger und in drei Wochen denke ich, könnte ich wieder pünktlich erscheinen ... Geht das?*« (+K)

Das äußere Dreieck in Abbildung 4 auf der nächsten Seite zeigt konstruktive (Rollen-)Haltungen, die sich aus Plus-Positionen der beschriebenen Ich-Zustände ableiten. Sie sind bewusst auf der Basis von Rolle und Auftrag einzunehmen; sie sind für alle Parteien wertschätzend und fördern transparente, offene und verbindliche Absprachen:

- Die *(partiell!) bedürftige Haltung* aus dem konstruktiv angepassten Kind-Ich-Zustand (+aK): eine Person, die sich in der Lage fühlt, klar anzufordern, was sie braucht, und die aus ihrer Rolle zu diesem Zeitpunkt

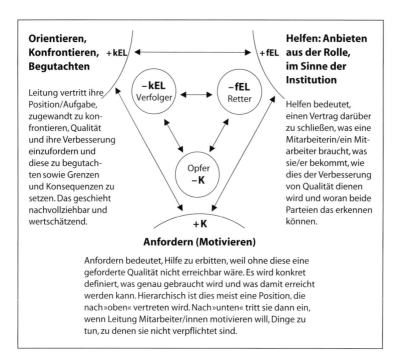

Abb. 4: Konstruktive Rollenhaltungen

- sich prinzipiell selbst zuständig für die eigene Problemlösung fühlt;
- formulieren kann, was, wie lange, wozu und warum sie etwas braucht;
- prinzipiell bereit ist, dafür etwas zu geben, und das auch anbietet.
• Die *Helferhaltung* aus dem positiv fürsorglichen Eltern-Ich-Zustand (+fEL): eine Person, die (z.B. in ihrer Berufsrolle) zu diesem Zeitpunkt
    - sich der Situation/dem Auftrag angemessen zutraut, anderen (auf deren Bitte hin!) zu helfen;
    - Denken und Problemlösen für andere auch ablehnen kann (wenn es unnötig erscheint oder die eigenen Möglichkeiten oder die eigene Rolle es nicht zulassen);
    - für andere nur tut, was sie tun mag (und dies die anderen auch wissen lässt);
    - von diesen anderen in der Regel eine Gegenleistung erwartet (und dies auch deutlich kommuniziert).
• Die *orientierende Haltung* aus dem konstruktiv kritischen Eltern-Ich-Zustand (+kEL): eine Person, die (z.B. in ihrer Berufsrolle) zu diesem Zeitpunkt
    - andere konfrontiert und dabei die Wertschätzung beibehält;
    - Vereinbartes einfordert;
    - Konsequenzen ankündigt und diese setzt, ohne die Person abzuwerten;
    - Verantwortung somit transparent und konsequent teilt;
    - von anderen Eigenverantwortung verlangt.

Aus diesen drei Positionen heraus ist ein prozessorientiertes Erarbeiten von transparenten verbindlichen Absprachen möglich, die

- Lehrpersonen zeigen, dass sie einbezogen werden;
- Eigenverantwortung verlangen und stärken;
- Rollen und Aufgaben (und damit verbundene Zeitaspekte) klären helfen;
- versteckte Anliegen und Vorstellungen ansprechbar machen;
- die Komplexität der Gesamtsituation reduzieren helfen;
- Sicherheit anbieten, weil sie für Beteiligte orientierend sind;
- eine Basis für transparente Überprüfung und prozessorientierte Veränderung bieten.

Ein Beispiel: Im Rahmen eines Rollentrainings (Kritikgespräch), in dem der Schulleiter eine nach Unterrichtsbeginn im Lehrerzimmer sitzende Lehrerin auf ihren unprofessionellen Umgang mit der Arbeitszeit der Schüler/innen anspricht, wählt er folgende Gesprächseröffnung:

Schulleiter (Herr A):	Lehrerin (Frau B):
Tag, Frau B, kann ich Sie mal nen Augenblick sprechen? [+aK: bittend, anfordernd]	
	Ja, Tag, Herr A, worum geht's denn? [ER: Sachebene]
Sie wissen, wie spät es jetzt ist? [–kEL: indirekt kritisch]	
	Moment, Sekunde – ja, zwanzig vor zehn. [ER: Sachebene]
Was machen Sie denn da gerade? [–kEL: indirekt kritisierend, weil fragendes Entwickeln ein didaktisches Mittel für Kinder ist!]	
	Ja wissen Sie, ich habe da ein äh Projekt äh in Angriff genommen äh in meiner 6. Klasse und ich bin grade noch dabei zu überlegen, wie ich das Ganze angehe. Das ist also ganz wichtig, ähm weil ich die Schüler natürlich dazu motivieren möchte, und äh das ist also nich so ganz einfach. Das is auch etwas, was ich zum allerersten Mal ausprobiere, und das bedarf natürlich also großer Vorarbeit, aber ich finde das ganz interessant und äh – ja, da überlege ich grade noch daran, äh weil es wichtig / ich möchte das gleich anfangen und äh ich muss das also für mich noch abklären vorher. [ER: lässt sich auf die indirekt kritische Botschaft nicht ein]

Womit wollten Sie anfangen?
[–kEL; s.o.]

Mit dem Projekt.
[ER; s.o.]

In der Klasse?
[–kEL; s.o.]

In der Klasse, ja.
[ER; s.o.]

Aber Sie sind ja eigentlich schon ziemlich spät dran, Sie wissen das.
[–kEL; s.o.]

Ja, och mein Gott, Herr A, Sie wissen doch, also ich mein, es gibt / die Zeiten sind immer so kurz [...]
[–aK: keine erkennbare Eigenverantwortung]

Rollenkonform würde der Schulleiter nur eine kurze Aussage aus der kritisch orientierenden Haltung (+kEL) heraus benötigen:

»Frau B, ich möchte, dass Sie jetzt direkt in Ihre Klasse gehen. Und bitte kommen Sie nach der Stunde zu mir. Ich möchte dann mit Ihnen über diese Verspätung sprechen.«

Was bewegt ihn dazu, sich stattdessen rollenschwach zu verhalten?

- Dieser Schulleiter hat seine neue Rollenidentität als Leitung (noch) nicht eingenommen. Lieber sieht er sich (noch) als Lehrer, der gelegentlich zusätzlich – auf Widerruf durch das Kollegium – »die Schulleitungsfahne trägt«. Angesichts der geringen Stundenentlastung als Schulleiter einer Grundschule und eines – in vielen kleinen Grundschulen – fehlenden Stellvertreters, mit dem er sich gemeinsam als eigene Instanz »Schulleitung« etablieren könnte, ist diese Schwäche naheliegend.
- Er hat eine doppelte Sorge vor einem Konflikt mit der Lehrerin: zum einen, dass sie ihm ihre kollegiale Nähe entziehen könnte (mit dieser Sorge etabliert er die Meinung, dass die Beziehungsebene wichtiger sei als die Sachebene); zum andern, dass er – ließe sie sich nicht freiwillig auf seine kritische Sicht ein – letztlich keine Einflussmittel hätte, sie auf einen genauen Umgang mit der Lernzeit ihrer Schüler/innen zu verpflichten. (Selbst wenn der Schulleiter – je nach Kooperation der Schulaufsicht mit ihm – keinen nachhaltigen Einfluss auf eine sich verweigernde Lehrerin hätte, ist dies kein Grund, seine Rolle als Schulleiter ihr gegenüber zu verstecken und sich »anzuschleichen«.)
- Er sieht – zumal als innerhalb dieser Schule Aufgestiegener – seine Arbeitsbeziehung noch immer als Kollegialbeziehung; fast alle Schulleiter/innen sprechen von den Lehrerinnen und Lehrern ihres Kollegiums als »ihren Kolleginnen und Kollegen«, nicht von »Lehrerinnen und Lehrern ihrer Schule«. Auf der Ebene von Schul-

leitung wären »Kolleginnen und Kollegen« aber nur die eigene Stellvertreterin, der eigene Stellvertreter oder Schulleitungsmitglieder anderer Schulen.
- Er hat das Schulleiter-Sein – auch Kritikgespräche – in der vorübergehenden Rolle als Stellvertreter »gelernt«: Als solcher hatte er aber (in den meisten Schultypen) gerade *nicht* die Rollenausstattung, die für ein Kritikgespräch notwendig ist; er hat also »kollegial kritisieren« geübt, nicht das »Führen« von Kritikgesprächen.

Nach unserer Einschätzung – und nach vielen entsprechenden Erfahrungen in Supervisionsbeziehungen – ist die Rolle einer Stellvertreterin oder eines Stellvertreters deutlich unterschieden von der einer Schulleiterin oder eines Schulleiters: Als Stellvertreter/in spüre ich – vor allem in konflikthaften Situationen – die Verlockung eines beweglichen Hin und Her zwischen Schulleitung und Kollegium, ich kann mich als »Vermittler/in« empfinden. Dabei bleibe ich allerdings ohne Position: nämlich unentschieden, ob ich zur Leitung oder zum Kollegium gehöre. Diese Haltung lädt nicht nur zu Konflikten ein (die ich damit eigentlich vermeiden will), sondern bereitet mich auch unzureichend auf die Leitungsrolle vor. Eine Schulleiterin oder ein Schulleiter müsste eine so unentschiedene Haltung der Stellvertreterin oder des Stellvertreters ansprechen und die klare Entscheidung für die Zugehörigkeit zur Schulleitung einfordern.

Je stärker inzwischen Aufgaben- und Auftragsbeschreibungen die Zuständigkeit und Verantwortung für Stellvertreter/innen festschreiben, desto sichtbarer können sich diese zur Schulleitung gehörig fühlen und damit haften sie – zumindest schulintern – unübersehbar auch für andere oder ihnen unangenehme Entscheidungen. Gleichwohl ist die Annahme, man könne von der Stellvertretung mühelos in die Schulleitung wechseln, ein gefährlicher Irrtum und deshalb kann die Entscheidung, nicht Stellvertreter/innen der gleichen Schule in das Schulleiteramt zu berufen, eine Menge Folgekonflikte vermeiden.

1.4 Zum weiteren Aufbau des Beitrags

Es folgen vier weitere Kapitel: Zunächst geht es – in den Kapiteln 2 bis 4 – um die konfliktregulierende Gesprächstypen Kritikgespräch, Beratungsgespräch und Schlichtungsgespräch, danach – in Kapitel 5 – um den konfliktvorbeugenden Gesprächstyp Jahresgespräch.

Die zentralen Gesprächsinstrumente für die Regulierung von Konflikten an meiner Schule in der Rolle als Schulleiter/in sind vorrangig *Kritikgespräche*, in geringerem Maße *Schlichtungsgespräche* und in weit geringerem Maß *Beratungsgespräche*. Schulleitungsmitglieder brauchen zwar Beratungskompetenzen, aber vorrangig, um Beratungsbedarf einschätzen und passende Beratungsformen bewerten zu können und solche Beratungsmaßnahmen dann angemessen auszulagern oder Dritte mit der Beratung zu beauftragen – nicht aber, um diese selbst zu tätigen. Regelmäßiges Beraten würde das Zeitbudget von Schulleitungsmitgliedern überfordern und sie zudem zu häufig in kontraproduktive Doppelrollen bringen, die selbst von Beratungsprofis nicht oder nur schwer zu handhaben sind. Die drei Gesprächstypen können in Konfliktzusammenhängen und im Verlauf der Konfliktbearbeitung einander stützen oder ergänzen:

- Nach dem konstruktiven Abschluss eines *Kritikgesprächs* kann ich als Schulleiter der Lehrperson anbieten, zu einem späteren Zeitpunkt ein *Beratungsgespräch* mit ihr zu führen, wenn ich das für sinnvoll halte und die Lehrperson ausdrücklich den Bedarf begründen kann.
- Nach einem *Kritikgespräch* kann es notwendig oder sinnvoll sein, mit den am Konflikt Beteiligten ein *Schlichtungsgespräch* zu führen, wenn beide ihre Beziehung nicht mehr kooperativ gestalten können oder zu können meinen. Voraussetzung ist, dass sie meine Erwartung an sachliche Kooperation kennen und eine Schlichtung angefordert haben.
- Einem *Schlichtungsgespräch* gehen möglicherweise *Kritikgespräche* mit jedem der beiden Beteiligten voraus.
- In der Sondierungsphase von *Schlichtungsgesprächen* kann ich als Schulleiter/in einer (oder jeder) der beiden Parteien ein *Beratungsgespräch* anbieten oder verlangen, Beratung anderswo in Anspruch zu nehmen, damit sich ggf. eine der Parteien selbst wieder in der Lage fühlt, den Streit mit der anderen Partei zu klären.
- In einem *Beratungsgespräch* z.B. mit einem Lehrer meiner Schule erfahre ich möglicherweise von einem Fehlverhalten dieses Lehrers, das ich im Beratungsgespräch aus meiner Schulleiterposition heraus kurz markiere, ohne in ein Kritikgespräch zu wechseln; ich werde im Nachgang zu diesem Beratungsgespräch den Lehrer ansprechen, ob er mit dem genannten Problem inzwischen klarkommt und – falls er in eigener Initiative nichts verändert – in einem *Kritikgespräch* meine Änderungsansprüche an ihn deutlich machen.

Erst in der Klarheit über die Rollenkonstellation und die Problemverteilung in den verschiedenen Gesprächstypen kann man z.B. die – von vielen Schulleitungsmitgliedern als heikel empfundene – Frage der Parteilichkeit differenzierend klären:

- Als Schulleiter/in *in einem Kritikgespräch* bin ich offen parteilich (meine zuständige »Partei« ist die Schule als Ganzes).
- Als *schlichtende Schulleiterin bzw. schlichtender Schulleiter* in einem Konflikt zwischen zwei Lehrpersonen bin ich immer auch »parteilichkeitsbereit«, je nach den zur Sprache kommenden Problemen der beiden innerhalb »meiner Schule«.
- Als *beratende Schulleiterin bzw. beratender Schulleiter* bin ich der beratungsnehmenden Person gegenüber eine eigene Instanz, und zwar unter zwei Hinsichten: Zum einen gehört es bereits zu einem professionellen Verständnis der Beraterrolle, dass der Berater zwar empathiebereit ist, sich aber nicht parteilich mit der beratungsnehmenden Person identifiziert. Zum anderen: Wenn ich als Schulleiter/in berate, zeigen sich durchaus manchmal Probleme, zu denen ich nicht nur als Berater/in, sondern – allerdings entsprechend deutlich markiert und parteilich – als Schulleiter/in Stellung beziehen werde; es kann dabei auch gut sein, dass die leiten-

de Rolle plötzlich vorrangig wird und ich die beratende zurückgeben oder delegieren muss. Als Schulleiter/in prüfe ich also aus der helfenden Position (+fEL) heraus jeweils genau, ob Ziele und Bedürfnisse der beratungssuchenden Lehrperson zu meiner Rolle passen, wo ich also mit Beratung oder Rat helfen will und wo nicht.

Kritikgespräch und Beratungsgespräch z.B. unterscheiden sich dadurch, dass bei einem Beratungsgespräch die oder der andere – der mit sich ein Problem hat – bei mir initiativ wird (und sich ändern *will*); bei einem Kritikgespräch werde ich, weil ich mit der oder dem anderen ein Problem habe, initiativ (und er *soll* sein Verhalten ändern).

Oft reagieren Schulleitungsmitglieder auf Fehlverhalten von Lehrerinnen und Lehrern spontan mit Formulierungen wie »Den müsste ich mal beraten!« Daran zeigt sich zum einen, dass unter *beraten* – vor allem auf der historischen Linie von Unterrichtsnachbesprechungen, die »Beratungsgespräche« heißen, es aber im hier definierten Sinne strukturell nicht sind – oft nur eine »Soft-Version« von *kritisieren* verstanden wird; zum anderen lässt sich daran erkennen, dass Schulleitungsmitglieder meinen, vor den zu Kritisierenden – und sicherheitshalber auch vor sich selbst – die rollenbedingte Aufgabe »Kritik ansprechen und Änderung fordern« verstecken zu müssen.

Nach diesem Trio konfliktregulierender Gespräche wird ein vierter – konfliktvorbeugender – Gesprächstyp präsentiert: das Jahresgespräch (in der terminologischen Tradition von Verwaltungen auch als »Mitarbeitergespräch« bezeichnet). Der Aufbau dieser vier gesprächstypbezogenen Kapitel ist jeweils gleich; sie sind in vier Abschnitte untergliedert:

1. Zunächst werden *begriffliche Grundlagen* zum Gesprächstyp gegeben.
2. Dann werden *strukturelle Voraussetzungen* des jeweiligen Gesprächstyps erläutert.
3. Es folgt *ein Blick auf Gesprächsbeispiele* mit empirischen Beispielen in Form von kurzen Fallgeschichten und in Form von Auszügen wörtlich verschrifteter Trainingsgespräche zu den einzelnen Gesprächstypen aus früheren Schulleiterfortbildungen. Die Fallgeschichten helfen, die institutionellen Aspekte und die Rollenbedingungen zu analysieren; die verschrifteten Rollentrainingsgespräche helfen, die Aufmerksamkeit für die Gesprächsoberfläche zu entwickeln und dahinter Unsicherheiten in der eigenen Rolle zu entdecken.
4. Schließlich folgen *methodische Empfehlungen* entlang der Phasenstruktur des jeweiligen Gesprächstyps.

2. Kritikgespräch

2.1 Begriffliche Grundlagen

Kritikgespräche sind ein eigener Gesprächstyp. Ihr Zweck ist, explizit Kritik an nicht professionellem Verhalten auszusprechen und Änderung zu verlangen. Kritikgespräche führe ich unter der Zielsetzung, dass ein Problem möglichst dort gelöst wird, wo es entstanden ist, und von denen, die es verursacht haben. Kritikgespräche enthalten deshalb konstruktive Konfrontation und Orientierung aus dem speziellen qualitätssichernden Rollenauftrag von Führung (+kEL) heraus. Kritikgespräche in der Institution Schule sind in der Regel dreiphasig. Die beiden ersten Phasen sind obligatorisch, die dritte ist fakultativ:

1. *Ausarbeitung der Kritik (Konfrontation):* Kritik äußern, Stellungnahme der kritisierten Person dazu, Klärung der »Problemhaftung« und der Folgen des Problemverhaltens, Zusammenfassung der Kritik (in Konsens oder in transparentem Dissens).
2. *Änderungsanspruch (Orientierung):* Änderungsanspruch äußern, Stellungnahme der anderen Person dazu, Zusammenfassung des Änderungsanspruchs (in Konsens oder transparentem Dissens), bei Dissens ggf. Offenlegung eventueller Konsequenzen, die ich ziehe, wenn die andere Person die beanspruchte Änderung verweigert.
3. *Evtl. Unterstützungsangebote,* falls darum gebeten wird oder falls sicher erkennbar ist, dass sie gewünscht werden (z.B. ein Beratungsgespräch).

Am Ende der dritten, ggf. der zweiten Phase muss deutlich sein, bis wann, wie weitgehend und auf welche Weise verifizierbar die andere Person die Änderungen vornehmen wird. Diese Absprachen – oder Auflagen – sind zugleich der Bezugspunkt für evtl. Folgegespräche.

Ein Kritikgespräch kann (zunächst) nur die unmittelbar vorgesetzte Person führen. Das Kritikgespräch mit einer Lehrperson ist also an meine Rolle als Schulleiter/in gebunden. Die für mich zuständige Schulaufsicht darf erst dann selbst das Kritikgespräch mit einem Kollegiumsmitglied meiner Schule führen, wenn ich keine direkte Gesprächsmöglichkeit mit dieser Lehrperson mehr sehe und die Schulaufsicht um Unterstützung bitte.

Wir grenzen den Gesprächstyp Kritikgespräch ab von kommunikativen Handlungen wie »kritisieren oder »Feedback geben«: *Kritisieren* kann ich auch als Lehrer/in, und zwar sowohl andere Kollegiumsmitglieder als auch meine Schulleiterin bzw. meinen Schulleiter. Ich kann diese Personen aber als Lehrer/in nicht zu einem Kritikgespräch einladen oder gar »bestellen«. *Feedback geben* setzt darüber hinaus voraus, dass die andere Person eine Rückmeldung von mir zu ihrem Handeln haben *will* oder zumindest meinem Feedbackangebot zustimmt.

Die Initiative zu einem Kritikgespräch liegt bei mir als Schulleiter/in. Ich kann die Teilnahme an einem Kritikgespräch verlangen – im Unterschied zu einem Beratungs- oder Schlichtungsgespräch, die ich nur vorschlagen bzw. anbieten kann. Als gesprächsführende Person spreche ich einseitig das Arbeitsverhalten der kritisierten Person an. Oft versucht diese mit einer Gegenkritik zu »kontern«. Sie versucht damit verständlicherweise, die sachliche Einlassung auf meine Kritik zu vermeiden. Würde ich darauf eingehen, würde ich die Führung des Gesprächs verlieren und wir gerieten in Gefahr, in einen Beziehungsclinch einzutreten, statt Sachverhalte zu klären. *Gesprächsführung* bedeutet also, dass ich während der Dauer des Gesprächs darüber orientiere, welche Themen in dieses Gespräch gehören und welche ausgelagert werden:

- Soweit die Gegenkritik nicht direkt etwas mit dem von mir angesprochenen Thema zu tun hat, biete ich dafür ein eigenes Gespräch zu einem später (!) zu vereinbarenden Termin an.
- Soweit diese Kritik an meinem Verhalten etwas mit dem Sachverhalt zu tun hat, wird sie einbezogen, etwa wenn es um die Haftung für das Problemverhalten geht. Sie erledigt aber nicht – im Sinne einer gegenseitigen »Kritikverrechnung« – meine Ausgangskritik; auch wenn ich meine evtl. eigenen Problemanteile an dem kritisierten Verhalten der anderen Person anspreche bzw. einsehe.

Kritikgespräche sind dyadisch strukturiert: Ich kann mehrere Personen zugleich nur dann kritisieren, wenn sie ein Team darstellen.

2.1.1 Sind Kritikgespräche delegierbar?

Stellvertreter/innen oder Abteilungsleiter/innen müssen – außer bei Abwesenheit der Schulleiterin bzw. des Schulleiters – durch Delegation zu Kritikgesprächsführung im Einzelfall beauftragt *werden* oder grundsätzlich schulöffentlich beauftragt *sein*. Abteilungsleitende in Gesamtschulen sind demgegenüber bereits durch ihre Rollenbeschreibung strukturell für die Führung von Kritikgesprächen mit Lehrpersonen ihrer Abteilung bzw. Stufe autorisiert, weil sie formell zur Schulleitung gehören. Abteilungs- bzw. Stufenleitende in anderen Schulformen gehören – als »Lehrer/innen mit besonderen Aufgaben« – zwar nicht zur Schulleitung, sie haben aber je nach den Rechtsvorschriften (ADO) spezifische Zuständigkeiten und sind daher auch zur Führung von Kritikgesprächen berechtigt. Freilich begrenzt sich diese Zuständigkeit auf Vorkommen, die primär ihre Abteilung bzw. Stufe betreffen; es handelt sich also immer nur um eine Einzelfall- und Ressortzuständigkeit.

In der Regel ist es nicht professionell, wenn ich als Schulleiter/in meine Stellvertreterin oder meinen Stellvertreter informell mit solchen Gesprächen beauftrage. Wenn ich – im begründeten und für alle Beteiligten transparenten Ausnahmefall – als Stellvertreter/in (oder Abteilungs- bzw. Stufenleiter/in) ein Kritikgespräch führe, muss ich mir sicher sein, dass ich jederzeit – auch handelnd – von meiner Schulleiterin bzw. meinem Schulleiter gestützt werde. Als Schulleiter/in muss ich wissen, wie Verantwortung rollengemäß zu teilen ist: wo ich in eigener Verantwortung zuständig bin, wen ich über mein Gespräch informieren und wann ich es delegieren muss. Beispiele:

- Meine Stellvertreterin ist für Stundenplan und Vertretungsregelungen zuständig; bei häufigen Verspätungen eines Lehrers könnte sie nur auf der Basis von Delegation durch mich ein Kritikgespräch vereinbaren und führen.
- Die Stufenleiterin 5/6 an meiner Gesamtschule ist zuständig für Lehrkräfte, deren Probleme stufengebunden sind; sie kann in dieser Zuständigkeit – z.B. bei häufiger Unpünktlichkeit eines vor allem in ihrer Stufe unterrichtenden Lehrers – selbst ein Kritikgespräch führen. Möchte ich dieses Gespräch selbst führen, tue ich das in Absprache mit ihr.

2.1.2 Kritikgespräche als eher schwierige, ungeliebte Aufgabe

Kritikgespräche sind in deutscher Schulkultur nicht selbstverständlich und nie Routine geworden. Meist werden sie nicht zum rechten Zeitpunkt geführt, sondern aufgeschoben. Wenn sie dann geführt werden, sind häufig bereits so viele Emotionen aufgestaut, dass eine Eskalation kaum mehr zu vermeiden ist. Eine solche negative Erfahrung führt beim nächsten Mal erneut zu einem Aufschub usw.

Auftrags- und Rollenklarheit und die entsprechende Verfahrenstransparenz können helfen, Kritikgespräche als selbstverständlichen Teil der Leitungskommunikation in Kollegien zu integrieren. Unter Rollenklarheit verstehen wir, dass alle Kolleginnen und Kollegen immer neu prozessorientiert daran »erinnert« werden, dass ich bestimmte Dinge mit Auftrag und Rolle versehen und nicht als Privatperson tue. Den Persönlichkeits- und Rollenanteilen zugeordnet kann das folgendermaßen aussehen: Aus der Führungsrolle heraus vernetze ich mein Erwachsenen-Ich – mit dem konfrontierenden und orientierenden Auftrag – mit dem +kEL und bei anschließenden Hilfsangeboten (z.B. Beratung) mit dem +fEL. Gleichzeitig fordere ich von Lehrkräften entsprechende Vernetzung mit Plus-Haltungen aus dem K ein.

Beispiel: Nach einer möglichen Kritikeröffnung als Schulleiter/in

> »Ich habe Sie zum Gespräch gebeten, weil Sie jetzt drei Mal Ihre Pausenaufsicht nicht wahrgenommen haben. Ehrlich gesagt, ich habe mich darüber geärgert, dass ich Sie jetzt als Schulleitung darauf hinweisen muss, dass das nicht geht.« (= Orientierung über die Sachlage, meine Rolle und wie ich sie empfinde)

könnte ich auf folgende Reaktion des Lehrers (–K)

> »Also das ist ja lächerlich, ich habe oben mit einem Kollegen ein Problem besprochen und ich hatte den ganzen Hof im Blick, es ist doch so, auch andere Kollegen schaffen es nicht immer, man muss ja jetzt ins Raucherzimmer, im Hof darf ich ja nicht ...« usw.

folgende Antwort geben (+kEL):

> »Herr X, das kann ich ja alles menschlich bestens verstehen, nur ist es Ihre Aufgabe, in der Pause dort zu sein, wenn es vereinbart ist. Da ich es mit verantworten müsste, wenn etwas passiert, erwarte ich von Ihnen, dass Sie Ihre Vorschriften kennen und einhalten.«

Und auf folgende Reaktion von ihm

> »Also so rigide hat das Ihr Vorgänger nicht gesehen, das schafft ja hier nur schlechte Stimmung!«

könnte ich wiederum so antworten:

> »Herr X, wenn das für Sie ein Problem ist, schlage ich vor, dass Sie mit den Kolleginnen und Kollegen vielleicht einen Vorschlag machen, wie die Pausenaufsicht zu regeln ist

und was geschehen müsste, damit die Stimmung besser wird. Bleiben Sie aber im gesetzlichen Rahmen, sonst kann ich das nicht akzeptieren.«

Die Schulleitung lässt sich hier nicht in Minus-Positionen einladen, sondern hält die orientierende, konfrontierende Erwachsenenebene. Wäre ich demgegenüber der »Einladung« beispielsweise gefolgt mit

»Sie könnten doch jederzeit mit Kollegen tauschen«,

hätte ich die Verantwortung für eine Lösung allein übernommen und wäre in das –fEL mit Überversorgung »abgerutscht«. Eine »passende« Antwort des Lehrers wäre dazu wiederum

»Das habe ich längst versucht, das klappt ja nie ...« usw.

Eine +K-Antwort des Lehrers gleich zu Beginn hätte so aussehen können:

»Ja, mir ist das selbst aufgefallen und es tut mir Leid. Ich habe bereits Folgendes getan: Ich habe mich mit einer Kollegin abgesprochen, die auch raucht. Wir werden uns in Zukunft vertreten, damit jeder mal in der Pause rauchen kann.«

Jemanden ohne passenden Auftrag und Rolle zu kritisieren gefährdet im gesellschaftlichen Alltag das »Image« dieser Person: Die Sorge, dabei selbst »das Gesicht zu verlieren« bzw. durch Kritik das Gesicht einer anderen Person zu »verletzen«, verlangt also erhebliche kommunikative Kompetenzen als Voraussetzung für Kritisieren und Kritikgespräche. Und zwar brauchen beide Parteien besondere Kompetenz, um einen »lebbaren« Umgang mit Kritik zu erreichen. Ohne diese Kompetenzen und ohne Rollenklarheit wird eine *kritisierte Person* versuchen, das eigene Gesicht mit vertrauten Mitteln aus dem –aK zu wahren – etwa durch Bagatellisieren oder Bestreiten des ihr vorgeworfenen Verhaltens, durch Gegenangriffe (»Konter«) auf die kritisierende Person z.B. durch Abwertung, um damit die Imagebalance wieder auszugleichen. Aber auch als *kritisierende Person* werde ich versuchen, das Gesicht des anderen zu schützen, also eine überfürsorgliche Haltung (–fEL) einzunehmen, z.B. meine Kritik indirekt einzubringen oder den Kritisierten schon präventiv zu entlasten (»Das haben Sie doch aber sicher nicht so gemeint!«).

Kritikgespräche können ohne Schutz von Rollen und Organisation als eine strukturell organisierte Gesichtsverletzung empfunden werden: Sie sprechen einseitig Verhaltensmängel der anderen Person an; es liegt daher nahe, dass sie von den Kritikbetroffenen als aggressiv, als Herrschaftsakt usw. eingestuft werden. Insofern sind interaktionelle Komplikationen erwartbar. In Trainingsgesprächen zum Kritikgespräch werden solche Komplikationen erkennbar. Im Folgenden geben wir den Beginn des Trainingsgesprächs eines Schulleiters mit einer Lehrerin anlässlich einer Schülerbeschwerde wieder. Die Lehrerin hatte vor dem Kritikgespräch wegen Krankheit gefehlt. Der Schulleiter – befangen im Beziehungsthema – möchte sich offenbar an den für ihn »heißen« Kritikpunkt im Schutz freundlicher Themen »anschleichen« – und wird prompt von der Lehrerin dabei »erwischt«:

Schulleiter:	Lehrerin:
Ja, ich wollte nochmal ganz kurz über Ihre / zunächst mal über Ihren gesundheitlichen Zustand sprechen und fragen, wie's Ihnen jetzt geht.	
	[und etwas weiter im Gespräch:] *Aber ich glaub nicht, dass das der Grund ist, <u>warum</u> Sie mich herbestellt haben.*
<u>Das ist</u>	
Das ist richtig, es ist der zweite Grund, Sie sind seit gestern wieder da und da / seit gestern wieder da und es ist sehr schön. Und ich sagte, dass ähm aus der Klasse, ich will's mal gleich benennen, eine Beschwerde gekommen ist.	

In alltagsweltlichen Gesprächen platzieren wir in der Regel »heiße« Themen nicht an den Gesprächsanfang, sondern versuchen die Beziehung durch Smalltalk oder positive Themen zu festigen. Im Kontext beruflicher Leitungskommunikation ist dies kontraproduktiv: Kritikgespräche sind hier reguläres Instrument eines professionellen Umgangs miteinander. Anfängliches »Drumherumreden« ist hier geradezu abwertend, weil die oder der Eingeladene mit einer Kritik rechnet und ich ihn damit als Nichtprofi definiere (und zudem seine Zeit »stehle«).

Einige der *methodischen Empfehlungen* in Kritikgesprächen hängen mit dieser Rücksicht auf Gesichtswahrung zusammen:

- *Eingeforderte Kritikgespräche grundsätzlich unter vier Augen anbieten,* damit die Öffentlichkeit, in der das Image der kritisierten Person beschädigt werden könnte, möglichst klein ist. Ausnahme: Direktes Ansprechen von Fehlverhalten in kollegiumsöffentlichen Situationen, z.B. wenn die Schulleiterin in einer Konferenz zu einem Lehrer sagt: »*Bitte würden Sie das Lesen jetzt einstellen*« oder »*... das Rauchen jetzt einstellen*« o.Ä. Im Sinne der geteilten Verantwortung auf »erwachsener« Rollenebene hat der Kritisierte durch sein provokantes Verhalten den Rahmen der möglichen Kritik selbst riskant gewählt. Er muss die Verantwortung für seinen möglichen Gesichtsverlust daher selbst tragen. Es handelt sich hier aber um Ad-hoc-Kritik und nicht um ein Kritikgespräch.
- Die Rollenhandlungen und deren negative Wirkungen, nicht die Person kritisieren – eine sinnvolle, aber nie ganz gelingende Trennung, weil der Wert der Person sich natürlich auch an ihren Handlungen festmacht.
- Kritik funktional begründen, damit sie auf die Rolle, den Auftrag und die Arbeitsqualität bezogen werden kann.
- Vor dem Gespräch die bestmögliche innere Zugewandtheit (wieder-)herstellen, z.B. durch Analyse des eigenen, evtl. überzogenen Ärgers – weil ich vielleicht Defizite zu lange toleriert oder »heimliche Verträge« aus der überfürsorglichen Retterposition heraus geschlossen habe.

Ein Beispiel: Ich bekomme eine Lehrkraft von einer anderen Schule zugewiesen. Die Schulaufsicht berichtet mir von konkreten Problemen, die es an der alten Schule gegeben hat. Ein »heimlicher« Retterwertrag sieht jetzt so aus: Im ersten Gespräch mit der Lehrkraft höre ich mir an, wie schlecht es dieser an der alten Schule gegangen ist, im schlimmsten Fall bedaure ich dies, im besseren sage ich nichts. Auf jeden Fall aber lege ich einen »roten Teppich« aus:

> »Ich glaube, bei uns wird es Ihnen ganz gut gehen« oder »Hier können Sie ganz neu anfangen«.

Wenn dann das gleiche Defizit auftritt, ist mein Ärger auf jeden Fall überdimensioniert, weil ich dieser Lehrkraft doch einen »Neustart« ermöglicht habe. Mir ist nicht klar, dass diese davon vielleicht nichts ahnt, sondern meine Großzügigkeit für selbstverständlich halten dürfte. Hier wäre das Kritikgespräch gefährdet, als »Zerstörungsakt durch eine mächtigere Person« wahrgenommen zu werden.

Einen transparenten Vertrag bekomme ich aus der Verknüpfung der kritischen (+kEL) mit der fürsorglichen (+fEL) Position, z.B. indem ich die Lehrkraft beim ersten Gespräch frage:

> »Was werden Sie tun, damit Ihr Problem an unserer Schule nicht erneut auftaucht?«

Im Weiteren zeige ich meine Erwartung, bereits bei ersten Problemanzeichen (die von mir auch definiert werden können) informiert zu werden, und benenne mögliche Hilfestellungen, auf die die Lehrperson zurückgreifen könnte. Mit diesem »Vertrag« werde ich, falls ich später ein Kritikgespräch führen muss, weniger Ärger empfinden, weil ich das »Problem« von Anfang an dort gelassen habe, wo es hingehört, nämlich bei der neuen Lehrkraft. Die Rollen sind jetzt im konstruktiven äußeren Dreieck positioniert und nicht im konflikträchtigen inneren (vgl. Abb. 4 auf S. 880).

2.2 Strukturelle Voraussetzungen von Kritikgesprächen

Kritikgesprächen liegen unterschiedliche komplexe Konstellationen zugrunde:

2.2.1 Konstellation A

> *Beispiel*: Ein Schulleiter – der auf die Einhaltung eines (von ihm mit betriebenen) Konferenzbeschlusses »Rauchverbot für Lehrpersonen in Gegenwart von Schülerinnen und Schülern« achtet – kriegt selbst mit, dass ein Lehrer bei der Pausenaufsicht raucht, und spricht ihn darauf an.

Der rauchende Lehrer zeigt regressives Verhalten. Er verhält sich wie ein rebellischer Schüler, der eine Regel nicht anerkennt (man kann seinen Ich-Zustand dem −aK zuordnen). In dem genannten Beispiel könnte der Schulleiter eine starke Einladung fühlen, in abwertender Weise zu reagieren (−kEL) oder nichts zu sagen und den Lehrer später (oder beim nächsten Mal) zu einem Gespräch zu bitten (–fEL). Bei rollensicherem Verhalten spricht er aus zugewandt konfrontierender Haltung (+kEL) sofort den Lehrer an, und dies darf im Tonfall durchaus ärgerlich sein.

Strukturell ist diese Konstellation einfach: Hier kennt der Schulleiter den Sachverhalt aus eigener Anschauung. Er zieht die Sicherheit, ob er ihn für kritikwürdig hält, aus der eigenen Rollenklarheit (nämlich als »Garant« für die Einhaltung dieses Beschlusses). Die Öffentlichkeit hat der rauchende Kollege selbst hergestellt und muss sie daher verantworten. Ich kann hier also direkt ein Kritikgespräch führen.

Interaktionell schwierig kann daran sein, dass ich mich als Schulleiter/in (gemäß vertrauter Schulkultur) als Opfer (–K) des Fehlverhaltens sehe und meine Interventionszuständigkeit (+kEL) damit blockiere. Obwohl ich nicht die »persönliche Kontrahentin« bzw. der »persönliche Kontrahent« des kritisierten Lehrers bin, erlebt dieser mich möglicherweise so und missachtet damit meine Schulleiteraufgabe, auf Änderung zu dringen. Diese Missachtung könnte ich wiederum (–kEL) persönlich nehmen und schon sind wir beide zunehmend in einem Clinch auf Beziehungsebene verstrickt, der mir keinen guten Stand mehr für ein Kritikgespräch bietet. Methodische Forderungen für diese Konstellation:

- *Mit minimaler Personverwicklung arbeiten,* also Dritte heraushalten, aber die eigene Rolle transparent halten: »Ich ... hier ... als Schulleiter/in ...« Zum Beispiel führe ich keine »Fußtruppen« ins Spiel (»Das sehen auch viele Ihrer Kolleginnen und Kollegen so wie ich!«), da ich meine »besondere« Rolle sofort verlieren würde; meine eigene Anschauung und Bewertung reicht aus.
- *Die Gesprächsöffentlichkeit auf das strukturell notwendige Minimum begrenzen:* Kritikgespräche sind eigentlich Vier-Augen-Gespräche – es sei denn bei den o.g. direkten Interventionen, wo sich bei angemessen geteilter Verantwortung Öffentlichkeit von mir allein nicht mehr ausschließen lässt, da ich sonst in die überversorgende Rolle rutsche.

Als Schulleiter/in setze ich Kritikgespräche grundsätzlich ohne »Sekundanten« (z.B. Stellvertreter/in) an. In Einzelfällen mit bereits gravierender Eskalation kann ich ankündigen, dass bei jedem Gespräch auch die Stellvertretung dabei ist und daher auch ein/e Lehrer/in des Vertrauens von der anderen Seite mitgebracht werden kann. Kommt die andere Seite *angekündigt* mit einer Person ihres Vertrauens, hat sie ihrerseits ein »öffentliches« Setting gewählt. Ich richte mich (freundlich) danach und bitte z.B. meine Stellvertretung, ebenso zugegen zu sein. Ich mache transparent, dass ich selbst davon ausgegangen bin, das Problem wäre unter vier Augen zu klären, aber den Wunsch der anderen Seite nach Öffentlichkeit respektiere. Kommt die andere Seite *unangekündigt* mit einer »Zeugin« oder einem »Zeugen« zum Kritikgespräch, sollte ich das Gespräch verschieben und deutlich machen, dass ich erwarte, dass die Lehrkraft eine Änderung des Gesprächssettings vorab mit mir abstimmt. Das Gespräch wird auf einen möglichst nahen Zeitpunkt verschoben, zu dem ich dann auch meine Stellvertretung bitte.

2.2.2 Konstellation B

Beispiel: Eine Lehrerin beschwert sich bei der Schulleiterin einer Sonderschule über unkollegiales Verhalten eines Lehrers, mit dem sie zusammen in einem Team arbeitet.

Gegenüber Konstellation A liegen hier komplexere und kompliziertere Dreiecksstrukturen vor:

- Ich kenne als Schulleiter/in den fraglichen Sachverhalt nicht aus eigener Anschauung, sondern nur vom Hörensagen, nämlich durch die Beschwerde der Lehrerin (habe dazu aber meistens bereits eine eigene Meinung). Was tatsächlich vorgefallen ist und wer wie weit für das Problem haftet, ist zunächst nicht sicher.
- Schon bei der Beschwerde selbst muss ich mit der Lehrerin klären, ob sie ihren Kollegen von ihrer Beschwerde in Kenntnis gesetzt hat und ob sie vorher bereits selbst versucht hat, eine kritische Auseinandersetzung mit ihm auf kollegialer Ebene zu führen. Es gehört zu meinem Auftrag, kritisches Feedback unter Kolleginnen und Kollegen zu fördern und auch einzufordern.
- Falls die Lehrerin ihren Kollegen nicht über ihre Beschwerde bei mir vorinformiert hat, verlange ich von ihr – noch während der Beschwerde selbst –, die Verantwortung für diese zu übernehmen (anonyme Beschwerden sind regressiv und lassen mir keinen Handlungsspielraum): »*Ich verstehe Ihren Ärger über den Kollegen, Sie können zwei Dinge tun: Besprechen Sie es selbst mit dem Kollegen. Wenn das nichts bessert, kommen Sie wieder zu mir. Ich führe dann ein Klärungsgespräch mit dem Kollegen, vorausgesetzt ich kann ihm gegenüber offen mit Ihrer Beschwerde umgehen.*« Sollte die Lehrerin darauf bestehen, ich dürfte ihre Beschwerde nicht offen legen, soll aber z.B. ihren Kollegen aus dem Team nehmen, werde ich nur mein Bedauern äußern, nichts tun zu können, und werde sie mit ihrer mangelnden Kompetenz konfrontieren, kritisches Feedback auf kollegialer Ebene zu geben.
- Aber auch Selbstklärung mit mir ist wichtig, da ich mich möglicherweise verführen lasse, die Lehrerin zu schützen, weil ich damit endlich einen Anlass habe, dem Lehrer einmal »die Leviten zu lesen« für Ärger, den ich schon lange auf ihn habe, mich aber nicht in eigener Sache anzusprechen getraut habe. Dann würde ich nämlich aus meiner Retterhaltung heraus die Lehrerin in ihrer Opferhaltung bestätigen (»*Ich kann niemanden kritisieren, das gibt nur schlechte Stimmung*«) und anschließend meinerseits aus der Täter-Perspektive den Lehrer zum Opfer machen: »*Über Sie haben sich Kollegen, ich möchte nicht sagen wer, beschwert.*« Zusammengenommen wären das beste Voraussetzungen für einen eskalierenden Konflikt.
- Ob also überhaupt ich es bin, der herausfinden muss, was tatsächlich vorgefallen ist und wer (Mit-)Verursacher ist, hängt von den jeweiligen Rollenkonstellationen ab. Hier ist die Verführung besonders groß, überversorgend zu handeln, indem ich ohne Auftragsklärung tätig werde.
- Wenn ich mich für klärungs- und kritikgesprächszuständig halte, steht mit dem Lehrer zunächst ein *Klärungsgespräch* an. Innerhalb dieses Klärungsgesprächs

könnte ich – sofern ich diesen Gesprächswechsel metakommunikativ verdeutliche – unmittelbar in ein *Kritikgespräch* überleiten, sobald aus meiner Sicht ein kritikwürdiger Sachverhalt klar erkennbar ist. Ich fordere in der Regel diesen Lehrer auf, seinerseits mit seiner Kollegin professionell auf der Sachebene in Kontakt zu gehen und mit ihr Lösungsmöglichkeiten für ihr gemeinsames Problem zu suchen. Manchmal werde ich – nach diesem Klärungsgespräch mit dem Lehrer – erst ein Klärungsgespräch mit der Lehrerin führen, wenn ich den Eindruck gewinne, dass sie auch oder gar vorrangig für das Problem verantwortlich ist.

- Möglicherweise sehen die beiden sich nicht in der Lage, diesen Kontakt miteinander herzustellen; dann erst kann ich ein Dreiergespräch – das dann Schlichtungsanteile haben kann – vorschlagen. Meine Leitungsaufgabe ist dabei, den Sach- und Qualitätsfokus in den Vordergrund zu bringen und evtl. darüber zu orientieren, dass gute Arbeitsqualität die wichtigste Voraussetzung ist, eine gute Beziehung (wieder-)herzustellen. Als Schulleitung muss ich dann aber deutlich Stellung beziehen können, was hier »gute Arbeit« bedeutet. Wenn die beiden Lehrpersonen weder untereinander noch mit mir in einem Schlichtungsgespräch das Problem lösen, kündige ich beiden jeweils Kritikgespräche an; deren Thema wäre dann ein doppeltes: zum einen das Problem, das der Beschwerde zugrunde lag, zum andern ihre geringe Kompetenz bzw. Bereitschaft, sich um kollegiale, kooperative Lösungsmöglichkeiten zu kümmern.
- Mögliche Anschlussgespräche mit dem einen (und/oder der anderen) können auch *Beratungsgespräche* sein; ich kann – wenn z.B. bei der Lehrerin berufliche Schwierigkeiten deutlich werden – ein Beratungsgespräch anbieten (natürlich nicht verlangen).

Wenn mir Schüler/innen Beschwerden mitteilen, kann ich ihnen – je nach Umständen – zusichern, ihre Namen aus der folgenden Klärung herauszuhalten. Wenn sich demgegenüber Lehrpersonen – als Profis dieses Systems – oder Eltern – als eigenverantwortliche Erwachsene – bei mir beschweren, behalte ich mir vor, sie als Beschwerdequelle zu nennen. Sonst erhielte ich von ihnen »Geheimaufträge«, die ich auch dann nicht mehr aus meinem (Leitungs-)Kopf verbannen kann, wenn ich ihr Beschwerdeansinnen zurückweisen würde. Daher muss ich meinen Umgang mit solchen Beschwerden im System transparent vermitteln bzw. in Konferenzen ansprechen.

2.2.3 Konstellation C

Beispiel: Die Schulleiterin erhält vom Klassenlehrer den Hinweis, dass sich eine Lehrerin – laut Aussage von Eltern – gegenüber einigen Schülerinnen und Schülern in ihrer Englischklasse öfters entwertend äußere.

Hier liegt eine Mehrecksstruktur vor: Der Konflikt wird mir vom Klassenlehrer mitgeteilt, dessen Eigeninteressen ich nicht gleich erkennen kann: Was Schüler/innen gegenüber ihren Eltern, die Eltern gegenüber dem Klassenlehrer und dieser gegenüber mir als Schulleiter/in behauptet und weshalb, ist eine komplizierte Kette von Erzählungen, in denen die jeweiligen Erzähler/innen vermutlich eigene Motive und Rollenunklarheiten mit unterbringen. Als Schulleiter/in habe ich es hier bereits mit einer relativ umfänglichen Öffentlichkeit zu tun (die es beispielsweise auch erfahren muss, wenn der Konflikt beigelegt ist). Daher gelten für diese komplexe Konstellation weitere methodische Forderungen:

- Ich muss Klarheit gewinnen, mit welchen – offensichtlichen und evtl. auch heimlichen – Zwecken der Beschwerdeführer sich an mich wendet (erst recht, wenn es nicht der Klassenlehrer, sondern eine andere Lehrperson wäre). Mögliche Fragestellungen:
  - Wie oft haben sich Eltern beschwert? Wie viele Eltern?
  - Wie oft hat die Lehrerin (oder hat sie überhaupt) bereits von der Elternbeschwerde erfahren?
  - Wer hat was bisher unternommen? Welche Lösungsversuche gab es bisher?
  - Hat der Klassenlehrer seine (kritischen) Eindrücke an seine Kollegin zurückgemeldet? Mit welchem Ergebnis?
  - Was genau erwartet der Klassenlehrer jetzt von mir und wozu?

  Hat er seinerseits noch keine Gespräche mit der Lehrerin geführt oder noch keine Lösungen versucht, muss er mit einem entsprechenden Auftrag zurückgeschickt werden – er kann jetzt nicht mehr so tun, als hätte er mir nur eine »hilfreiche Information« zugesteckt.
- Wenn hierbei deutlich wird, dass wirklich die Schulleitung eingreifen muss, muss bei den anstehenden Klärungen grundsätzlich auf den Instanzenweg geachtet werden: Ich spreche erst mit der Lehrerin, dann erst mit Schülerinnen und Schülern (auch wenn ich sicher bin, dass die Lehrerin den Konflikt maßgeblich verursacht hat). Und ich gebe erst der Lehrerin den Auftrag bzw. die Möglichkeit, selbst mit den Schülerinnen und Schülern (und dann evtl. mit den Eltern) den Konflikt zu klären. Ich verlange für diesen Fall von ihr, dass sie mir berichtet, ob und wie die Klärung gelungen ist. Und ich muss den Klassenlehrer in seiner Rolle als Klassenlehrer beteiligen bzw. informieren (lassen).
- Ich kündige – hier z.B. gegenüber der Lehrerin – offen an, was meine nächsten Schritte sind, in diesem Fall z.B. mein Gespräch mit Schülerinnen und Schülern. Ich brauche, wenn ich rollenangemessen handle, keine Geheimpolitik zu machen; die Konfliktbeteiligten sollen vielmehr grundsätzlich erfahren, wer jeweils an dem Konflikt bzw. seiner Klärung beteiligt wird. Entsteht bei mir das Bild, die Lehrerin verursacht häufiger diesen Konflikttyp, kann ich auch entsprechende Kontrollen (z.B. Unterrichtsbesuche) als angemessene Konsequenz ankündigen.
- Ich muss die beteiligte Konfliktöffentlichkeit über alle klärenden Absprachen oder problemlösenden Schritte informieren und ich muss die Beteiligten miteinander in Kontakt bringen (lassen), z.B. kann ich mit der Lehrerin absprechen, ihrerseits den Klassenlehrer von der Konfliktklärung zu unterrichten.

Es liegt nahe, dass ich als Schulleiter/in, um ganz sicher zu sein, »was an den Vorwürfen dran ist«, bei weiteren Personen, z.B. anderen Schülerinnen und Schülern, Elternvertretern, Lehrpersonen, recherchiere, was denn das Problem und seine Geschichte ist, bevor ich mit der Lehrerin selbst spreche. Diese kommunikative »Umzingelung« wäre konflikteskalierend: Sie etabliert Geheimnisse in der Schule, die den direkten Kontakt mit der Lehrerin erschweren (und ich müsste mit all diesen Personen zumindest nach der Klärung des Konflikts ansprechen, wie der Stand gerade ist). Daher erinnern wir nochmals an den Grundsatz:

> *Die Leitungsrolle verlangt, Klärungen herzustellen, eigene Wahrnehmungen kompetent einzubeziehen und dabei Transparenz zu ermöglichen.*

Diese Rolle ist aber kein Richteramt, bei dem ich nur etwas sagen darf, wenn alles bewiesen ist. Die Verantwortung zu teilen heißt hier: Der Klassenlehrer muss Verantwortung für seine Beschwerde (und seine Überzeugung von ihrer Notwendigkeit) übernehmen und dazu stehen – ich bin als Schulleiter/in niemals ein/e heimliche/r Verbündete/r von ihm. Die Lehrerin muss evtl. die Verantwortung dafür tragen, dass Schüler/innen sie als abwertend *wahrnehmen* (es geht selten darum, was jemand tatsächlich getan oder gesagt bzw. nicht getan oder gesagt hat). Die Eltern müssen ihre Beschwerde beim Klassenlehrer verantworten: Auch der Klassenlehrer ist niemals ein heimlicher Verbündeter von ihnen. Und im besten Fall lernen auch die Schüler/innen, ihre Gefühle und Wahrnehmungen zu verantworten und sich zu vertreten. Als Leitung muss ich die interaktionelle Kompetenz des Ansprechens von Problemen und Personen öffentlich modellieren können. Sollte sich herausstellen, dass die Lehrerin nur geringen Anteil an dem Konflikt hat, braucht mir dies nicht peinlich zu sein, es sei denn, ich hätte sie innerlich bereits vorab verurteilt.

2.3 Ein Blick auf Gesprächsbeispiele

Kritikgespräche sind schwierige Gespräche, die Rollengenauigkeit und klare Führung verlangen. Im Folgenden zeigen wir an Ausschnitten von Trainingsgesprächen (aus Gesprächsführungs-Trainings mit Schulleitungsmitgliedern), in welche typischen Fallen ich eingeladen werde und wie ich sie vermeiden kann. Diese Beispiele sollen den Blick für interaktionelle Details schärfen und damit die Chance erhöhen, solche Gespräche gut aus der eigenen Rollenposition heraus zu führen.

2.3.1 Vorbereitung

Ich muss darauf achten, die Verantwortung mit den jeweils Beteiligten rollenangemessen zu teilen, bevor ich Konfliktlösungen aus einer »überversorgenden« Haltung an mich ziehe (das würde Kolleginnen und Kollegen wiederum einladen, ihrerseits passiv oder regressiv zu reagieren): Sind die Instanzen sinnvoll eingehalten? Sind alle Instanzen ausgeschöpft oder muss erst an die Zuständigkeit anderer Instanzen erinnert werden?

Im folgenden Gespräch hat sich der Klassensprecher direkt beim Schulleiter über das Verhalten einer Lehrerin beschwert. Der Schulleiter hat sich einladen lassen, das Problem ohne Klärung zu übernehmen (statt erst die richtige Verteilung einer Lösungssuche anzustreben). Mögliche Gründe, in eine solche »Falle« zu gehen: Ich weiß bereits von den Defiziten der Lehrerin und bin prinzipiell mit dem Klassensprecher einig, ich kenne den Klassensprecher gut und vertraue ihm oder ich habe schon eine Menge solcher Beschwerden bekommen (aber bisher nie etwas unternommen) etc. Nachdem der Schulleiter zu Beginn des Kritikgesprächs das ihm vom Klassensprecher zugetragene angebliche Fehlverhalten der Lehrerin anspricht, reagiert die Lehrerin folgendermaßen:

»Also ich kann gut verstehn, dass Sie jetzt äh Interesse ham, das zu klären, aber ich bin doch befremdet darüber, dass Sie keinen aus der Klasse, wenn die direkt zu Ihnen gehn, äh zu mir schicken und einfach mit mir zu klären. Es ist kein Schüler zu mir gekommen und hat mit mir gesprochen und das befremdet mich doch sehr, dass Sie sich den Schuh jetzt ganz anziehn und äh jetzt hier der ähm der Mann, mit dem das zu klären ist / ich denke, das muss auf nem andern Tablett ablaufen.«

Wir können hier gut sehen, dass die Wahrscheinlichkeit groß ist, dass ich es als Schulleiter/in schwer haben werde, in diesem Gespräch die Führung zu behalten: Wir sprechen nämlich jetzt nicht mehr über den Beschwerdeinhalt (= mein Thema), sondern eher über das Beschwerdeverfahren (= ihr Thema). Die Lehrerin hat eine unmittelbare Gegenkritik und es wird für mich schwer sein, das ursprüngliche Thema trotzdem zu halten, beispielsweise so:

»Sie haben Recht, das hätte ich machen sollen. Ich werde also auf jeden Fall dem Schüler sagen, er soll das erst mit Ihnen klären. Wenn Sie jetzt aber schon hier sind, möchte ich Sie gerne einladen, mir Ihre Version zu erzählen, damit ich Ihre Sicht kenne, für den Fall, dass mich der Schüler erneut anspricht. Sind Sie einverstanden?«

2.3.2 Terminvereinbarung

In der Terminvereinbarung – sofern sie nicht schriftlich geschieht – informiere ich zwar die Lehrperson mit einem Stichwort, worum es gehen wird, insistiere aber darauf, dass wir nicht direkt in ein inhaltliches »Vorgeplänkel« geraten. In dem folgenden Auszug lässt sich die Schulleiterin immer wieder in die Sache selbst verwickeln (z.B. Z. 18f. und 37) und kämpft sich dann wieder heraus (z.B. Z. 21ff. und 39ff.):

Schulleiterin:	**Lehrer:**

1	*Also mir wär's sehr wichtig mit Ihnen darü-*	
2	*ber zu sprechen __ und vielleicht könnte*	*Ja*
3	*man gucken, wann käm es Ihnen aus?*	
4	*Denn sonst sitzen wir unter* <u>Zeitdruck. Ich</u>	*Ach so, ja (...)*
5	*guck schon, weil ich ja gleich gehn muss.*	
6		*Ach so, ja, wir könn das morgen früh ma-*
7		*chen. Ich hab morgen eine freie Stunde, da*
8		*/ ich glaub, da kommen zwar auch Eltern,*
9		*aber das dauert ja sicherlich nicht Dreivier-*
10		*telstunde.*
11	*Ja, ich möcht mich* <u>schon äh</u> */ dass wir ne*	*Ja. Da könn wa*
12	*Drei*<u>viertelstunde / eben dass</u> *wir Zeit ha-*	*Ach so, ja. Ja doch?*
13	*ben.*	
14		*Aber ich find das eigentlich kein Problem,*
15		*wenn ich doch meinen Unterricht beendet*
16		*hab, und die Kinder können ja nach Hause*
17		*gehn.*
18	<u>*Also ich find es zunächst*</u> *ein Problem, dass*	*(...) von mir*
19	*die Kin*<u>der</u> *vorzeitig entlassen werden.*	*Ja*
20		*Hm. Ich mach das ja auch nich immer, nich*
21	<u>*Äh ich denke,*</u> *wir sollten vielleicht morgen*	<u>*normalerweise.*</u>
22	*ausführlich darüber reden. Ich muss / __*	*Hm*
23	*wenn Sie damit einverstanden sind, treffen*	
24	*wir uns morgen um acht Uhr* <u>*bei mir*</u>. *Ja,*	<u>*Um acht Uhr schon?*</u>
25	*Sie sachten, Sie haben ne Freistunde.*	
26		*Ja. Ja gut. Acht Uhr, ja.*
27	*Ich kann Ihnen auch anbieten,* <u>*ich*</u> *hab in*	*Nein*
28	*der dritten Stunde / da haben Sie allerdings*	
29	*Unterricht, oder in der sechsten.*	
30		*Nein, wir können das um acht Uhr schon*
31		*machen, ne, abba ich ich seh da jetzt nich*
32		*so das Problem, ich mein, wir können da*
33		*gerne drüber sprechen, nich, abba ich / ich*
34		*weiß nich, warum das so schlimm is, wenn*
35		*die Kinder mal früher nach Hause gehen,*
36		*die freun sich darauf.*
37	*Also ich denke, wenn* <u>*Sie sich*</u>	<u>*Darum war's*</u> *wahrscheinlich auch laut, ne,*
38		*das sachten Sie ja, wär so laut gewesen,*
39	<u>*Ich denke,*</u> *wir sprechen da morgen drüber.*	*die ham sich so* <u>*gefreut, ne*</u>?
40	*Dann äh ham wir einfach etwas mehr Zeit.*	*Hm*

Hinweise zu Besonderheiten der Verschriftlichung:

- Gleichzeitig gesprochene Äußerungsteile sind unterstrichen.
- Wort- oder Satzabbruch ist durch einen Schrägstrich markiert.
- Unverständliche Äußerungsteile werden mit »(...)« markiert.

Führungsschwächen im Gespräch wirken sich sofort einladend aus:

- Z. 2f. »und vielleicht könnte man gucken, wann käm es Ihnen aus?«, statt gleich zu fragen: »*Können Sie morgen in der ersten Stunde? Ich hab gesehen, da haben Sie frei.*«
- In Z. 21 geht die Schulleiterin wieder auf ihre eigene Linie, aber besser wäre: »*Ich würde das gerne morgen mit Ihnen besprechen!*«
- Auf das »Um acht Uhr schon?« in Z. 24 muss ich nicht antworten, sondern kann eine fragende Pause einlegen. Dann würde ich sehr wahrscheinlich hören, dass der Lehrer einverstanden ist, wenn auch ungern. Aus der Retterrolle heraus hört die Schulleiterin das gar nicht, sondern reagiert nur auf die Stimmung und bietet sofort einen weiteren Termin an. Die Sachebene (aus dem Erwachsenen-Ich heraus) lautet Terminfindung: Ich biete Termine an und brauche auf andere Angebote wie etwa Inhalte oder Signale schlechter Stimmung nicht einzugehen; all das würde mich einladen, die Orientierung darüber, was jetzt ansteht, abzugeben. Ich lade damit unbewusst sozusagen in einen Machtkampf ein.
- Der Lehrer reagiert auf das »Überangebot« an Terminen (Z. 27ff.) sofort mit dem (weitergehenden) Versuch, den Inhalt vorwegzunehmen. Das tut er nicht bewusst oder gar bösartig, sondern weil er sich nicht orientiert zu fühlen braucht darüber, was gerade ansteht und wer die Terminabsprache »führt«.
- Z. 39f. müsste lauten: »*Ich möchte morgen mit Ihnen darüber sprechen. Wir haben jetzt morgen acht Uhr ausgemacht, dann haben wir eine Dreiviertelstunde Zeit.*« Und hier folgt eine klare Verabschiedung, z.B. durch Aufstehen, Türe öffnen o.Ä. Durch die Ich-Botschaft und die Zusammenfassung bleibe ich durchgängig orientierend und in der Leitungsrolle. Wenn ich das Gespräch führe, sollte dies als Botschaft eines »beruflichen Ich« gestaltet sein, damit ich der oder dem anderen nicht grundlos (und damit übergriffig) Verantwortung wegnehme: Ob »wir« nämlich morgen darüber sprechen, hängt genau genommen auch davon ab, ob der Lehrer auch kommt.

Ein weiteres Beispiel: Wie gehe ich mit der Ankündigung eines Lehrers um, er wolle eine »Person seines Vertrauens« mitbringen? Die Schulleiterin macht hier ihre Priorität deutlich, versucht ihm aber nicht auszureden, jemanden vom Lehrerrat mitzubringen:

»*Selbstverständlich können Sie gerne jemanden äh vom Lehrerrat mitbringen, ich würde es eigentlich lieber äh als Gespräch mit Ihnen führn, äh aber von mir aus gern.*«

Stimmiger wäre wohl, das erste »gerne« wegzulassen und statt des »lieber« zu sagen »*Ich hätte Ihnen vorgeschlagen, es erst unter vier Augen zu versuchen, aber wenn Sie das möchten, bringen Sie jemanden Ihres Vertrauens mit. Die Stellvertreterin wird dann auch dabei sein*« – oder statt des zweiten »gern«: »*Aber für mich ist das o.k. Sie wissen, dass dann auch meine Stellvertreterin dabei sein wird?*«

Grundsätzlich würden wir hier – konträr zur praktizierten Schulkultur – Folgendes zu bedenken geben:

- Auf der *Sach- und Erwachsenenebene* muss es Teil der Rollenkompetenz von Lehrerinnen und Lehrern sein, Kritik zu äußern und entgegenzunehmen, d.h. der Umgang mit Kritik, Kontrolle und Bewertung gehört auf allen Ebenen zu den Aufgaben, für die Lehrer/innen bezahlt werden und für die daher auch Kompetenzen von ihnen erwartet werden können. Eine Person seines Vertrauens mit einer diffusen Begründung (»zur Stützung« o.Ä.) in ein Kritikgespräch mitnehmen zu können, kann demgegenüber als Einladung verstanden werden, nicht nur regressiv mit Kritik umgehen zu dürfen, sondern diese auch vorrangig auf der Beziehungsebene statt auf der Sachebene zu behandeln. Das erschwert Kritikgespräche, die Arbeitsqualität zum Thema haben sollen, erheblich und es ist nicht verwunderlich, dass sie ungern und häufig auch mit wenig Erfolg geführt werden. Schulleiter/innen haben es unter diesen Umständen schwer, ein orientierendes und konfrontierendes Gespräch zu führen, wenn sie bereits mit der Forderung nach einer Begründung für das Mitbringen der oder des »Vertrauten« Gefahr laufen, eine wie auch immer geartete Beziehung zu »stören« (die von der Lehrperson nicht einmal transparent benannt werden kann). Sie müssen sozusagen schon vorab akzeptieren, dass – krass ausgedrückt – nicht die Lehrerin oder der Lehrer (in seiner Rolle und Aufgabe) zum Gespräch kommt, sondern ein »ängstliches Kind«, das noch nicht einmal begründen muss, warum es mir gegenüber diese Gefühle hat. Genau genommen wäre dies selbst schon Anlass für Kritik an einem klaren Rollenverhalten. Hier verdreht die vorherrschende Schulkultur die Tatsache, dass gute Arbeitsqualität auch gute (Arbeits-)Beziehungen schafft, zu der falschen These, dass erst die »Beziehung« stimmen muss, bevor man gute Arbeit anzubieten braucht.
- Auf der *Sachebene* stellt sich das noch anders dar: Der Lehrer erklärt, er könne meiner Einladung nur im Beisein eines Vertrauten folgen. Ich muss als Schulleiter/in eigentlich vorher – spätestens zu Beginn des Gesprächs – von dem Lehrer eine transparente Erklärung erwarten, warum und in welcher Rolle der Lehrer des Vertrauens mitkommt.
    - Wenn dieser »vermitteln« soll: Warum meint der Lehrer, ist das nötig? Ich muss z.B. einer solchen *vermittelnden* Rolle nicht zustimmen, wenn mir der Grund nicht einleuchtet.
    - Wenn er für den Lehrer sprechen soll: Warum kann dieser es nicht selbst?

    Wenn ich das nicht klären will oder kann, werde ich auf jeden Fall auf der Sachebene ein offizielles Setting herstellen: Auf der Erwachsenenebene ist dies ein Setting mit »Gesprächszeugen« und ich könnte zu meiner Entlastung (auf der Sachebene) ein anderes Schulleitungsmitglied bitten, dabei zu sein; die Verantwortung für diesen »Ebenenwechsel« würde ich bei dem Lehrer lassen; gleichzeitig definiere ich dann die Rollen der beiden Mitanwesenden als parteiliche Zeugen (und/oder mögliche spätere Feedbackgeber), die sich aber aus dem Gespräch heraushalten müssen. Als Schulleiter/in erleichtert mir dieser Settingwechsel die Gesprächsführung auf der Rollenebene erheblich, weil ich es nicht als meine Aufgabe sehen muss, herauszufinden, warum ein Lehrer des Vertrauens nötig ist oder warum wer im Gespräch das Wort ergreift.

2.3.3 Eröffnungsphase

Die Eröffnung des Kritikgesprächs ist folgenreich: Solange ich mir innerlich ein Kritikgespräch in seiner Asymmetrie nicht erlaube, versuche ich diese einseitig zu kompensieren – z.B. durch verzögernden Smalltalk, besonders rücksichtsvolle Formulierungen oder Verharmlosung meiner Gesprächsabsicht. Damit aber schwäche ich meine Rolle und werte zugleich mein Gegenüber ab, weil ich ihm damit von vornherein unterstelle, mit der Rollenasymmetrie nicht umgehen zu können. Gesprächseinleitungen, die die Führung abgeben, sind häufig: In dem oben auf Seite 890 kommentierten Beispiel übernimmt die Lehrerin die Führung, indem sie ihren Schulleiter »coacht«:

»*Aber ich glaub nicht, dass das der Grund ist, warum Sie mich herbestellt haben.*«

Ein weiteres Beispiel ist die folgende Einleitung eines Schulleiters:

»*Ja, Herr X, is schön, dass Sie noch äh Zeit haben nach der fünften Stunde; ich hatte Sie ja heute Morgen gebeten, mal noch bei mir vorbeizukommen, denn ich hab da so was im Magen liegen und ich muss'n Problembereich ma ansprechen.*«

- Auffällig ist die Formulierung »is schön, dass ...«; sie entspräche Dankbarkeit oder Freude über ein Entgegenkommen des Lehrers. Diese Formulierung und auch die Formulierung »ich hatte Sie ... gebeten« entsprächen einem *freiwilligen* Angebot des Lehrers, nicht aber entsprechen sie der *Verpflichtung* zur Teilnahme an einem Kritikgespräch, d.h. auch hier wird vorrangig die Beziehungsebene bedient.
- Mit dem »mal noch bei mir vorbeizukommen« bietet der Schulleiter eine bagatellisierende Formulierung für den Status des Kritikgesprächs an: »mal« betont die relativ geringe Wichtigkeit, ebenso »vorbeikommen« (gewissermaßen »auf einen Sprung reinschauen«). Möchte der Schulleiter den Lehrer beruhigen – oder möchte er sich dadurch vor einem befürchteten Affekt des Lehrers schützen?
- »... ich hab da so was im Magen liegen« verdeutlicht noch einmal gut die Startsituation: Zunächst habe *ich* als Schulleiter ein interaktionelles Problem, wie ich den Lehrer dazu bringe, das *Sachproblem* als *seines* zu übernehmen.
- Interessant auch das Modalverb »ich muss« – distanziert er sich von seiner eigenen Schulleiterrolle (um die Haftung für diesen Imageangriff, den jedes Kritikgespräch bedeutet, auf seine Rolle zu schieben)? Wenn ich als Schulleiter/in anfange, die Beziehungsebene zu bedienen, habe ich es wesentlich schwerer, anschließend die Sachebene wieder ins Spiel zu bringen.

Im nächsten Beispiel beruft sich die Schulleiterin auf eine Vereinbarung innerhalb des Kollegiums, die es erlaubt habe, einander kritische Rückmeldungen zu geben. Sie nimmt sich also nicht das Recht auf ein Kritikgespräch aus ihrer Rolle als Schulleiterin heraus. Dadurch verschwindet sie in dem Gespräch als *Schulleiterin*, und ob sie den Lehrer als *Kollegin* für eine Änderung seines Verhaltens gewinnen kann, ist mehr als zweifelhaft. Der Sachverhalt: Der Lehrer hört öfters früher mit dem Unterricht auf; auch jetzt sitzt er bereits vor dem Pausenklingeln im Lehrerzimmer.

> »Herr X, Sie sitzen hier äh im Lehrerzimmer, ich hab grad geguckt, Sie hatten ja heut früh Unterricht und es war auch sehr laut. Ähm ich sprech Sie an, wir hatten ja äh abgemacht so in der letzten Konferenz, äh dass wir solche Dinge uns direkt sagen, und möchte jetzt das eigentlich als Anlass nehmen, äh ja darüber / ich ne / mit Ihnen zu sprechen.«

Aus der Leitungsrolle und dem Erwachsenen-Ich heraus könnte das so lauten:

> »Herr X, Sie handeln gerade gegen Ihre Unterrichts- und Aufsichtspflichten, bitte gehen Sie in Ihre Klasse zurück. Ich finde es ärgerlich, dass ich Sie darauf aufmerksam machen muss. Bitte kommen Sie nachher zu einem Gespräch zu mir.«

2.3.4 Den kritischen Sachverhalt ansprechen

Ähnlich wie beim obigen Beispiel und aus Gründen der oben beschriebenen leitungsschwächenden Schulkultur meinen viele Schulleitungsmitglieder, ihre Leitungsrolle verstecken zu müssen, um überhaupt Kritik üben zu dürfen. In dem Rollentraining, aus dem der folgende Auszug stammt, nähert sich der Schulleiter z.B. dem Lehrer zunächst in der »Verkleidung« als Kollege, der sich vom Lärm in der Nachbarklasse gestört fühlt (und wird später von dem Lehrer selbst mit der Nachfrage »gestellt«, in welcher Rolle er diese Kritik denn äußere). Der Sachverhalt ist der gleiche – ein Lehrer hört häufig früher mit seinem Unterricht auf; der Schulleiter spricht den kritisierten Sachverhalt so an:

> »Äh ich bin mir nich so ganz sicher, ob das ne glückliche Lösung is, dass Sie das so ja ganz spontan eben individuell mit der 7a gelöst haben ...«

Als Schulleiter ist er vermutlich ganz sicher, dass es ein grober Verfahrensübergriff des Lehrers ist, Unterrichtszeit-Änderungen selbst vorzunehmen, statt das Problem der Schulleitung gegenüber anzusprechen. Eine rollenangemessenere Formulierung wäre z.B.:

> »Dass Sie die Unterrichtszeiten in Ihrer Klasse individuell ändern, ist nicht o.k. Das können Sie nur über die Schulleitung versuchen.«

Diese Kritik bliebe auch dann angemessen, wenn die individuell vorgenommene Zeitänderung in der Sache für alle Beteiligten störungslos geblieben wäre. Hier geht es zunächst um das inkorrekte Verfahren, erst dann um mögliche Lösungsvorschläge innerhalb eines korrekten Verfahrens.

Ein weiteres Beispiel: Lehrpersonen können – zumal solange sie meine Leitungsrolle zu leugnen versuchen – Kritikäußerung als öffentliche Imageschädigung erleben, ohne in dieser Einstellung auf Rollenebene dazulernen zu müssen, was sich z.B. in den folgenden Äußerungen eines Lehres zeigt:

- »Das würde / stellt mich nämlich in so ne Ecke nach dem Motto, ich bin unzuverlässig, was Konferenzen angeht.«
- »Also, was ich jetzt nicht gut finde ist, dass ich jetzt in dieses / in diese / in diese Position gerate, ich würde Konferenzen da schwänzen.«
- »Das find ich schon'n bisschen merkwürdig, jetz so / so / so am Pranger zu stehn.«

Der Lehrer formuliert die Imageschädigung in den beiden ersten Äußerungen analog zu einer Lehrer-Schüler-Beziehung (er fühlt sich also als Schüler), in der dritten mit dem Bild einer öffentlichen Szene. Der Schulleiter lässt sich – als der, dem vom Lehrer diese Imageverletzung zugeschrieben wird – offenbar unter Druck setzen:

»Sie stehn hier nich am Pranger, äh deshalb se/ machen wir das hier äh in meinem Raum. Und wir beiden unterhalten uns darüber. Ich hab da auch mit keinem andern drüber gesprochen, dass ich da'n Problem mit habe.«

Eine Alternative für den Schulleiter wäre hier z.B.:

»Was werden Sie unternehmen, damit Sie in Zukunft in den Konferenzen präsent sind, sodass dieser Eindruck erst gar nicht entstehen kann?«

Hier würde der Schulleiter die Verantwortung für das Bild »am Pranger stehen« (oder »schwänzen«) gar nicht erst annehmen, sondern direkt beim Lehrer als Verursacher stehen lassen. Stattdessen bliebe er bei seinem Kritikthema: Der möglicherweise entstandene und von ihm geschilderte Eindruck muss von ihm selbst verantwortet werden, da ich ihn als Folge seines unprofessionellen Verhaltens, Konferenzen fern zu bleiben, sehe. Der Schulleiter im Trainingsgespräch dagegen akzeptiert den Vorwurf sofort als alleiniges Schulleitungsproblem, indem er den Lehrer mit dem Verweis auf die schützenden Bedingungen des Kritikgesprächs beschwichtigt. Die semantische Herabstufung des Kritikgesprächs durch »unterhalten« auf ein informelles Gespräch erscheint als logische Folge und lässt die Rollen und Aufgaben beider verschwinden. Spätestens jetzt kann nur mehr auf Beziehung gesetzt werden.

2.3.5 Den Änderungsanspruch herausarbeiten

Auch die Formulierung des Änderungsanspruchs ist für viele Schulleiter/innen unter den genannten Voraussetzungen offenbar schwierig; sie sind in der Sorge, als autoritär wahrgenommen zu werden, und wollen diese Möglichkeit bereits vorweg ausschließen. Präventiv den anderen vor seinen Gefühlen retten zu wollen, lädt automatisch in Konfliktspiralen der Drama-Kommunikation ein. Der Schulleiter unternimmt im folgenden Gesprächsbeispiel an zwei verschiedenen Stellen den Versuch, seinen Änderungsanspruch gegenüber dem Lehrer »sozialverträglich« zu formulieren:

»[Hüsteln] *Grundsätzlich wär ich Ihnen eigentlich dankbar, wenn Sie erkannt hätten, da is'n Problem für meine Schüler und das müssten wir eigentlich auch vonner Schulseite aus lösen.*«

Diese erste Änderungsanspruchsformulierung ist in ihrer vielfachen Selbstrücknahme besonders auffällig:

- »Grundsätzlich« – also nicht notwendigerweise in jedem (z.B. diesem konkreten) Fall?
- »wär ich Ihnen eigentlich dankbar, wenn«: Und wenn ich der Aufforderung des Schulleiters nicht folge, ist das dann auch akzeptiert (nur dass ich in diesem Fall eben keine Dankbarkeit des Schulleiters erhalte)?
- »Sie erkannt hätten«: Reicht mir also die Erkenntnis des Lehrers (und braucht er also in diesem oder ähnlichen Fällen keine Handlungsfolgerungen zu ziehen)?
- »das müssten wir eigentlich auch« – also doch nicht unbedingt?

Und gegen Ende des Kritikgesprächs:

»*Ich wär Ihnen dankbar, wenn Sie jetzt mal in den nächsten zwei Wochen versuchen könnten, den normalen Rhythmus, den die andern auch alle haben, einzuhalten.*«

Auch diese verhaltensbezogene Anspruchsformulierung ist zweifach zurückgenommen:

- Mit »ich wär Ihnen dankbar, wenn« wählt der Schulleiter erneut den Modus der Bitte (auf deren Erfüllung er mit Dank zu reagieren hätte); vermutlich rechnet er damit, dass vor dem Hintergrund seiner Rolle als Schulleiter die »Bitte« vom Lehrer als Aufforderung bzw. Verlangen hochgerechnet wird – er gibt damit die Entscheidung, ob er leiten darf oder nicht, an den Lehrer ab.
- »Sie ... versuchen könnten«: Reicht dem Schulleiter der gute Wille des Lehrers? Und was täte er, wenn der Lehrer ihm nach ein paar Tagen mitteilt, es habe halt nicht geklappt?

Eine Alternative (weiterhin freundlich!):

»*Bevor wir das Gespräch beenden, möchte ich gerne von Ihnen wissen, wie Sie die nächsten zwei Wochen für einen normalen Rhythmus sorgen werden.*«

Wenn die Lehrperson sich nicht glatt auf mein Änderungsverlangen einlässt, komme ich nicht umhin, klare Forderungen zu stellen und evtl. auch Konsequenzen anzugeben, falls sich die Lehrperson nicht an meine Auflagen hält. Im folgenden Beispiel tut der Schulleiter das zwar:

> »und dass ich es auch äh von Ihnen erwarte, dass Sie demnächst kontinuierlich und vor allen Dingen pünktlich auch an den äh Konferenzen teilnehmen. Sie / Sie / Sie ham den Plan vorliegen und ich bitte Sie einfach darum, äh mich nicht wieder in diese Situation bringen zu müssen, äh Sie dann äh zu einem Gespräch zu laden, wobei wir äh dann / «

Ab »und ich bitte Sie einfach darum« weicht er dann aber aus in eine Bittsteller-Rolle. Steht dahinter die Erfahrung, dass man Lehrer/innen am ehesten über ein Helferrollen-Angebot einfängt? Interessanterweise endet diese Äußerung (bevor der Schulleiter vom Lehrer unterbrochen wird) mit der Andeutung einer Drohung: »wobei wir äh dann /«.

2.3.6 Am Gesprächsende

In fast allen rollengespielten Kritikgesprächen bedanken sich am Ende des Gesprächs die jeweiligen Schulleiter-Spielenden. Warum? Weil es für sie glimpflich verlaufen ist? Weil es ein Zeitgeschenk der jeweiligen Lehrperson an sie war und sie eigentlich keinen Anspruch darauf hatten? An sich brockt die Lehrperson ihnen ja eine Mehrarbeit ein. Ein gutes Ende eines Kritikgesprächs wäre:

- Die Zusicherung einholen, dass und wie der Lehrer das Problem behandeln wird;
- die Terminierung eines weiteren Gesprächs, in dem die Ergebnisse der Veränderung überprüfbar werden; oder
- das Feststellen eines eventuellen Dissenses und der damit verbundenen Konsequenzen.

Verabschiedungsrituale auf der Sachebene wären dann: »*Ich wünsche Ihnen ein gutes Gelingen*«, »*Wenn Sie Unterstützung brauchen, sprechen Sie mich bitte an*« oder »*Ich empfehle Ihnen, das Ganze noch einmal zu überdenken, vielleicht finden Sie noch eine Lösung*« (z.B. bei Dissens).

2.4 Methodische Empfehlungen

2.4.1 Empfehlungen zur Gesprächsplanung

Ein zentraler Teil der – grundsätzlichen wie aktuellen – Vorbereitung auf Gespräche liegt in der genauen Klärung meiner Rolle, meiner Ziele, der Situation und meiner Ressourcen für das anstehende Gespräch:

1. *Rollen- und Auftragsklärung:* »*Was darf ich bzw. was sollte ich von meiner Rolle als Schulleiter/in her tun?*« In welcher beruflichen Zuständigkeit habe ich mit dem Problem zu tun? Differenziere ich zwischen Anspruch, dringendem Appell und Wunsch an die Lehrpersonen und ihre Veränderung, in realistischer Einschätzung des mit meiner Rolle (und meiner Person) gegebenen Einflusses?
2. *Zielentscheidung:* »*Was (davon) will oder werde ich tun?*« Will ich eine klare Vorstellung von meiner Schule, ihrem Entwicklungsbedarf und meiner Rolle dabei gewinnen und erarbeite ich diese klare Vorstellung auch? Ein Ziel bestimmen bedeutet den Entwurf einer Langzeit- und einer Kurzzeit-Perspektive; z.B. ist das Ziel »Wer den Ärger verursacht, soll auch damit beschäftigt werden« kleiner und realistischer als das Ziel »Wer den Ärger verursacht, den muss ich ändern«.
3. *Situations- und Systemanalyse:*
    – »*Welche Bedeutung messen ich und andere dem Problem bei?*« Welche Problemdefinitionen gibt es bereits? Wem dienen sie? Wie viel Veränderung ist möglich und notwendig? (Wenn ich z.B. Zeitunglesen in der Konferenz nicht direkt anspreche, welche Folgen hat das für andere Kollegen, für mein Selbst- und Fremdbild als Leitung, etc.?) Was davon passt bzw. ist wichtig in der gegenwärtigen Lage meiner Schule und ihrer Personen und für mich als Leitfigur?
    – »*In welcher Arbeitsbeziehungs-Geschichte stehe ich mit dieser Lehrperson? Gibt es wiederholte Inkompetenzprobleme oder ist es ein erstmaliges Geschehen?*« Entsprechend kann ich situations-, rollen- und zielbezogen eine angemessen konfrontative Gangart wählen. Wenn ich mich für Rücksichtnahme entscheide, sollte ich diese immer in der Sache transparent machen (warum, wofür, wie lange?).
4. *Ressourcenprüfung:* »*Was davon traue ich mich bzw. traue ich mir im Augenblick interaktionell zu? Welche innere Rollenklarheit kann mir dabei helfen?*« Welche der nötigen Interventionen traue ich mir im gegenwärtigen Augenblick zu und welche nicht? Auch hier ist wichtig, dass ich unterscheiden lerne zwischen rollenangemessenen Rücksichtnahmen auf andere und einer nur vermeintlichen Schonung des anderen, die eigentlich nur mir selbst eine in meinen Augen unangenehme Intervention erspart. Ich darf auf mich und meine Sorgen um mich Rücksicht nehmen, ich brauche es mir gegenüber nicht zu verheimlichen.

2.4.2 Problemdefinition

Ein erster Blick bezieht sich auf die Struktur des kritikwürdigen Sachverhalts; insbesondere auf die Frage, wer der Beteiligten zu welchem Zeitpunkt welches Problem hat:

- Wer sieht ein Problem? Könnte er selbst zur Änderung beitragen?
- Wer verursacht (angeblich) welches Problem?
- Wer ist in welchem Ausmaß von diesem Problem betroffen? Ist die Betroffenheit allen Beteiligten klar?
- Wer ist dabei initiativ geworden? Mit welchem Ziel?

- Wer hat Änderungsansprüche bzw. -wünsche? Hat er oder sie diese Änderungsansprüche allen Betroffenen schon vermittelt?
- Welche positiven Folgen (für wen) hätte die Änderung dieses Problems?
- Wer sollte dafür was (wie) tun?

Der zweite Blick betrifft die Definitionsmacht von Leitung: Wie sehe *ich* das Problem, wie möchte *ich* es aus der Leitungsrolle definieren und wie hätte *ich* die obigen Fragen beantwortet?

1. *Rollenklärung:* »*Was darf bzw. was sollte ich als Schulleitungsmitglied tun?*«
    – Wer außer/statt mir ist – unter welchen Rollenaspekten – zuständig (Delegation und Instanzenweg)?
    – Wem gehört das Problem? Wie kommt das Problem wieder dorthin, wo es hingehört? Von wem erwarte ich einen Lösungsvorschlag?
2. *Zielentscheidung:* »*Was genau will ich in einem ersten Schritt erreichen?*« Z.B. könnte ein erstes Ziel einfach sein, dass ich das Problem rollenklar angesprochen haben will. Das Ziel sollte niemals sein, dass andere etwas »einsehen« oder sich gar gleich ändern.
3. *Antizipation:* »*Was passt bzw. ist wichtig in der gegenwärtigen Lage dieser Schule?*« Was hat/hätte welche Modellwirkung? Welche Folgen muss ich bedenken und evtl. zulassen (weil sie zur Veränderungsdynamik gehören)?
4. *Ressourcenprüfung:* »*Was traue ich mich bzw. traue ich mir im Augenblick interaktionell zu?*« Wie hilft mir dabei Bewusstheit über meine Rolle und meinen Auftrag? Brauche ich Supervision im Vorfeld?

2.4.3 Empfehlungen für die Planungsphase

Auf ein Kritikgespräch verzichten?

Wenn ich bei einer einzelnen Lehrperson damit rechne, dass sie sich – angesichts ihres bisherigen sichtbaren Verhaltens – nicht auf meine Änderungsansprüche einlassen, sondern offen weigern wird, etwas an ihrer Professionalität zu tun: Erspare ich mir dann lieber von vornherein die Konfrontation? Grundsätzlich halten wir es für die Aufgabe von Leitung, inkompetentes Verhalten von Lehrerinnen und Lehrern anzusprechen und damit zu erschweren. Wenn ich Konfrontationen vermeide, gebe ich eine konträre Botschaft: Inkompetentes Verhalten wird erleichtert, insbesondere wenn sich eine Person hartnäckig der Qualitätsverbesserung verweigert. Ich kann folgende Gesichtspunkte bedenken:

- Ich muss berechtigte Sorge vor einer »Ansteckung« (Demotivierung) anderer engagierter Kollegiumsmitglieder haben.
- Andere Lehrkräfte, mich und mein Leitungsverhalten beobachtend, könnten ein Nichthandeln als Leitungsschwäche auslegen – aber auch ein Handeln als Härte. Ich kann mich also nicht danach richten, was die Mitglieder meines Kollegiums von

mir denken. Wohl aber muss mir bewusst sein, wo ich modellhaft – in Vorbildfunktion – meine Leitungsaufgaben transparent wahrnehme oder etwa vermeide.
- Meine Unentschiedenheit könnte zu viel Energie und Aufmerksamkeit an das Verhalten dieser Lehrperson binden, sodass ich auch um meiner Psychohygiene willen diese ansprechen sollte.
- Ich muss bedenken, dass ich – auf dem Weg zu einer Bitte an die Schulaufsicht um Versetzung dieser Lehrperson – ihr nachweislich die Chance (und dem Verfahren einen notwendigen Zwischenschritt) geben muss, das Problem im eigenen Hause zu lösen. Als Leitung nichts zu tun kann diese Lehrperson (zu Recht) in der Meinung stärken, alles wäre »kompetent«, was sie tut.

Ich kann in einem solchen Kritikgespräch (dem freilich auch ein Klärungsgespräch vorausgehen sollte) der Lehrperson ggf. offen sagen, dass ich sie ab jetzt für ihre Probleme zuständig mache, wenn sie nichts verändert. Z.B. habe ich auch das Recht, wenn sie sich offen allen Ansprüchen von meiner Seite verweigert, sie mit ihrem Problem im Kollegium (und z.B. auch gegenüber sich beschwerenden Eltern) als Problemträger zu nennen und sie immer aufs Neue zu Lösungen zu verpflichten. So könnte ich das Teilziel erreichen, dass der Ärger für mich Energie sparend zur Routine und für die Lehrperson zur Mehrarbeit wird. Daran könnte ich erkennen, dass ich die Verantwortung für das Problem jetzt angemessen geteilt habe.

Kritikgespräch oder Kritisieren?

Gab es mindestens eine hinreichend deutliche informelle Ansprache auf das heikle Verhalten und ist insofern das Kritikgespräch hinreichend einleuchtend für die kritisierte Person? Und umgekehrt: Ist das Kritikgespräch viel zu spät platziert, sodass es mit einer inzwischen in mir gesammelten Liste von Einwänden und Vorwürfen und auch Kränkungsgefühlen überlastet ist?

Nur wenn ich solche internen Unsicherheiten mit mir geklärt habe, greifen meine mentalen Vorbereitungen auf das Gespräch selber; sonst würden diese konzeptionellen Unklarheiten auf die Ebene der Formulierungen als interaktionelle Undeutlichkeiten durchschlagen. Wenn ich ein Kritikgespräch zu lange nicht geführt habe und deshalb vielleicht stark mit Emotionen besetzt bin, sollte ich mir eine Sitzung Supervision zur Vorbereitung und Rollenklärung gönnen.

Initiative

Die Leitungsrolle verlangt – auch modellhaft für die Kolleginnen und Kollegen – vorsorglich aktiv ins Gespräch zu gehen, statt es erst als Rechtfertigung auf Initiativen und Zeitpunktentscheidungen anderer (mit-)zumachen.

Zeitpunkt

Die grundsätzliche Empfehlung ist, Kritikgespräche so frühzeitig zu führen, dass ich gegenüber der anderen Person noch genügend Achtung, Anerkennung und Nähe habe, die ich als innere Gesprächsbrücke für ein gutes Gespräch brauche, um auf der Sachebene zu bleiben. Konflikt- und Kritikgespräche kann ich nur gut führen, wenn ich der anderen Person grundsätzlich Veränderung zutraue und sie nicht innerlich abwerte. Wenn ich sie zu lange vor meiner Kritik »gerettet« habe und sie mir dies nicht mit freiwilligen Änderungen dankt (sondern sich weiterhin kritikwürdig verhält), liegt es nahe, dass ich in die Verfolgerrolle rutsche und entwertend kommuniziere. Wenn ich in mir also bereits starke Abwertungsgefühle oder Zorn spüre, muss ich mich immer fragen, wie lange ich diese Person schon »gerettet« habe, ohne dass sie davon wissen kann. In diesem Zustand kann ich ohne eine ausführliche innere Rollenklärung kein Kritikgespräch führen.

Delegation

Die Problembearbeitung möglichst an die problemnahsten »Profis« delegieren: bei Lehrer-Schüler-Problemen an die Lehrerin bzw. den Lehrer, bei Lehrer-Lehrer-Schüler-Problemen an die Klassenlehrerin bzw. den Klassenlehrer. Wenn Schüler/innen betroffen sind, wird die Problembearbeitung also nicht oder nur mit Anleitung an diese Schüler/innen delegiert, weil sie als Nicht-Erwachsene und unterrichtlich »Abhängige« nicht für die Problembearbeitung zuständig sind.

Transparenz

Transparenz bedeutet immer, dass alle Beteiligten über den gesamten Prozess zu jedem Zeitpunkt orientiert sind und zur Übernahme von Eigenverantwortung verpflichtet werden.

Öffentlichkeit

Öffentlichkeit nur so groß werden lassen, wie funktional, d.h. zur Bearbeitung des Problems unbedingt nötig. Je größer die Öffentlichkeit, desto aufwändiger auch die Information dieser Öffentlichkeit nach Abschluss des Problems bzw. der Problembearbeitung. Dies hat drei methodische Folgerungen:

1. Bei Recherchen mit möglichst wenigen zur Sache Befragten auskommen.
2. Nur Rollenbetroffenen von der Angelegenheit erzählen.
3. Kritikgespräche sind in der Regel Vier-Augen-Gespräche, also nehme ich in Kritikgespräche als Schulleiter/in niemand Zweites mit – außer die Lehrperson bringt eine Kollegin oder einen Kollegen ihres Vertrauens mit, dann stelle ich das Personengleichgewicht her, indem ein weiteres Mitglied der Schulleitung dabei sein – aber nur zuhören und nicht mitsprechen – wird.

Instanzen

Bei der Planung der Klärungsgespräche die angemessene Reihenfolge der Gesprächspartner beachten.

2.4.4 Empfehlungen für die Verabredung zum Kritikgespräch

Einladungsform

Im Regelfall mündlich; sollte es üblich sein, durch schriftliche Nachrichten Lehrkräfte zu Schulleitergesprächen einzuladen, geht dies natürlich auch.

Thema mitteilen?

Das Thema immer als Stichwort mitteilen, nicht erst, wenn die Lehrperson nachfragt, worum es denn gehe. Die Lehrperson hat ein Recht darauf, den Gesprächszweck (hier: Beschwerdeklärungs- bzw. Kritikgespräch) zu erfahren und auch den Schweregrad, damit sie sich selbst innerlich auf das Gespräch einstellen kann. Eine solche Angabe von Gesprächszweck und Gegenstand der Kritik verlangt im Termingespräch genaue Führung (um die inhaltliche Diskussion außen vor zu halten); sie ist damit zwar anstrengender, entlastet aber das eigentliche Kritikgespräch.

Dauer der Terminvereinbarung

Ein weitergehendes Ansprechen, z.B. des Beschwerdeinhalts, zugewandt verweigern, und zwar nicht aus einer Retterposition heraus – mit vermeintlicher Rücksichtnahme auf die Lehrperson –, sondern mit offener Rücksichtnahme auf sich selbst: »Ich brauche hinreichende Ruhe und Zeit für das Gespräch.« Bei der Terminvereinbarung auf Kürze insistieren, auch wenn die andere Person mich in die sachliche Auseinandersetzung hineinziehen will. Diese aktive Begrenzung der Terminvereinbarung auf die Mitteilung des Gesprächszwecks und des Themas fällt auch deshalb nicht leicht, weil wir in alltäglichen Gesprächen gewohnt sind, erst dann das Gespräch zu beenden, wenn auch die andere Person sichtbar der baldigen Beendigung zugestimmt hat; ich muss also notfalls ohne dieses Einverständnis der anderen Person das Gespräch beenden.

Frist

Man kann die Lehrperson relativ kurz (z.B. am gleichen Morgen) vor dem geplanten Gesprächstermin einladen, sodass sie sich (und die Schüler/innen im Unterricht bis zu dem Gespräch) nicht unnötig lange verunsichert.

2.4.5 Empfehlungen für das Führen eines Kritikgesprächs

2.4.5.1 Ort und Rahmen

Setting

Kritikgespräche gehören in den Schulleiterraum; dort – wie alle Gespräche – an den Besprechungstisch, nicht an den Schreibtisch; Sitzordnung wie bei allen Gesprächen über Eck, nicht frontal gegenüber.

»Service«

Den bei Gesprächen üblichen Service anbieten. Wenn ich als Schulleiter/in in allen Gesprächen Kaffee o.Ä. anbiete, tue ich es auch in Kritikgesprächen; wenn ich keinen Kaffee anzubieten pflege, tue ich es auch nicht in diesen Gesprächen – sonst suggeriert der besondere Service die anschließende besondere »Gefahr«, der Kaffee wird als »Henkersmahlzeit« gesehen.

2.4.5.2 Gesprächseröffnung

Warming-up

Kein Smalltalk, weil er die »Fallhöhe« bzw. den Temperatursturz des Gesprächskerns erhöhen würde, weil er meine Sorge vor dem Gespräch als größer erscheinen und damit die fantasierte Schärfe des Kritiksachverhalts als höher erscheinen lassen könnte und weil er Kritikgespräche als etwas Besonderes, nicht Erlaubtes, zu Vermeidendes zeigen könnte (Retterpositionen laden bekanntlich zu Opferpositionen ein!). Ich kann meine Zugewandtheit auch in der freundlich-sachlichen Art zeigen, in der ich direkt das verabredete kritische Thema anspreche.

Themenreihenfolge

Bei mehreren Kritikpunkten Platzierung des »heißesten« am Anfang, nicht wie zunächst spontan in fast allen Trainingsgesprächen gewählt am Ende (Prinzip Schiebewurst), denn das Ende eines Gesprächs soll möglichst konsenshaltig gestaltet werden, weil die Endstimmung in die Zeit bis zum nächsten Gespräch wirkt. Aus dem gleichen Grund auch eine metakommunikative Thematisierung von Konsens und Dissens am Ende des Gesprächs, sodass wenigstens auf Metaebene Konsens entsteht – wir sehen übereinstimmend, wo zwischen uns noch Dissens ist, sodass wir in der Zukunft gut darauf achten können. Ich benenne möglichst nur eine Begebenheit, in der das Problem auftaucht, und lasse der oder dem anderen dann Zeit, zu Wort zu kommen. Es macht wenig Sinn, eine ganze Liste von Vorkommnissen aufzuzählen – dies würde nur bedeuten, dass ich dieses Gespräch viel zu spät führe. Weitere Beispiele (aber auch dann nicht alle!) nur ins Spiel bringen, wenn keinerlei Einsicht entsteht.

Gesprächssorgen thematisieren

Wenn ich vor einem Gespräch Sorgen habe, mich aber entschlossen habe, es dennoch zu führen, ist es in der Regel konstruktiver, solche Sorgen in der Eröffnungsphase anzusprechen, als sie der anderen Person vorzuenthalten: »Ich habe ein bisschen Sorge vor diesem Gespräch, weil ich in der letzten Zeit öfters schwierige und dissente Themen mit Ihnen besprochen habe. Trotzdem scheint es mir nötig aus folgenden Gründen … Wie geht es Ihnen mit unseren Dissensen?« Solche Thematisierungen erlauben beiden, im Gesprächsverlauf kritische Augenblicke miteinander zu haben; sie sind zugleich eine Plattform, um in solchen kritischen Augenblicken innezuhalten und einen neuen Weg zu suchen; sie enthalten zudem ein Stück Anerkennung der anderen Person als erwachsener Person und zeigen – bei aller (oder gerade in ihrer) Direktheit – ein Stück rollenangemessener »Fürsorge«.

2.4.5.3 Gesprächskern

Das Problem ansprechen

Das Problem in »entwaffnender Offenheit« bzw. Direktheit ansprechen. Kein fragend-entwickelndes oder »entdecken lassendes« Verfahren (aus dem –fEL); solche Verfahren sind allenfalls für Unterricht mit Kindern angemessen und laden unbewusst in Regression ein (–aK).

Zugewandt konfrontieren

Den Änderungsanspruch als »Zu-Mutung« formulieren:
- fordernd: »Ich achte Ihre biografisch schwierige Situation, aber ich erwarte, dass Sie an dieser Situation etwas verändern«;
- Veränderungsbereitschaft erwartend: »Wie und bis wann denken Sie, dass Sie eine Lösung gefunden haben?«;
- auf Unterstützungsoptionen verweisend: »Wenn Sie dabei eine Unterstützung brauchen können, sagen Sie mir Bescheid; dann können wir gerne darüber reden, was möglich ist.«

Funktionale vor formalen Begründungen

- Funktionale Begründungen rahmen die formalen ein: »Ihre Präsenz (und die der Kolleginnen und Kollegen) von Anfang bis Ende der Lehrerkonferenzen stellt sicher, dass alle Lehrpersonen den gleichen Informationsstand haben. Insofern ist die Teilnahme an Lehrerkonferenzen auch als hochrangige Dienstpflicht verankert.«
- Eine persönliche Bedeutung – wenn sie für mich als Schulleiter/in besteht – gehört in den Begründungszusammenhang durchaus hinein: »Für mich ist es auch ein Zeichen von Abwertung meiner Person und der von Kolleginnen und Kollegen, wenn Sie – außer im vorab mit mir geklärten Sonderfall – nach eigener Priorität mal mehr, mal weniger spät teilnehmen. Und ich möchte die inzwischen an unserer Schule etablierte Genauigkeit im Umgang mit solchen zentralen Kooperationsinstanzen auch nicht durch Ihre Sonderregelung gefährdet haben.« Hier sind drei miteinander zusammenhängende Gründe genannt.

Vorwurf-Rechtfertigungs-Schema

Warum-Nachfragen zu dem gerade kritisierten Sachverhalt (»Warum haben Sie denn ... gemacht?«) eröffnen in der Regel ein Vorwurf-Rechtfertigungs-Muster, nicht ein »Mehr-vom-Problem-Verstehen«-Muster. Geeignete so genannte W-Fragen sind:

- »Was möchten Sie dazu sagen?«
- »Wie verstehen Sie die Situation?«
- »Wie könnten Sie das ändern?«

Formulierungsprobleme

Nicht mit »ja, aber« anschließen, weil es Zeichen einer widerwilligen Kooperation ist, bei der man innerlich immer schon bei der Zubereitung des eigenen Widerspruchs ist (= Pseudo-Eingehen auf die andere Person und ihren Beitrag). Führung im Gespräch bedeutet auch, dass ich manche Einwürfe schlicht ignoriere und *meinem* roten Faden folge. Mit »Ja, aber« gebe ich diesbezüglich auch eine Doppelmeldung.

Wahrnehmung

Eigene innere Reaktionen (insbesondere Affekte) wahrnehmen, ohne ihnen gleich im Handeln zu folgen. Ich kann mich entscheiden, z.B. meinen Ärger später anzusprechen und in einer »zu-mutbaren« kommunikativen Form.

Empathie

Die Probleme auch mit den Augen der anderen Person sehen können, ohne die eigenen Augen gleich zu schließen. Wichtig ist, den Automatismus zu unterbrechen, dass ich – wenn ich Empathie für den anderen habe – auch gleich etwas für ihn tun muss! Es ist durchaus möglich, voller Verständnis für das Problem der oder des andern zu sein und ihm dennoch die komplette Lösung zu überlassen.

Zuhören und Pausen

- Deutliche Pausen entstehen lassen, sodass mein Gegenüber Zeit zum Denken bekommt; Pausen und Stille aushalten.
- Diagnostisches Zuhören (= versteckte Zusammenhänge heraushören), auch auf »schwache Signale« hören lernen.

Gegenkritik

- Direkt intervenieren, wenn eine von mir kritisierte Lehrperson im Gegenzug *mich* zu kritisieren anfängt, sei es in ähnlicher, sei es in anderer Sache. Diese Lehrperson darf mir gerne ihre Kritik mitteilen, ich finde das wichtig und werde schauen, wo sie mir berechtigt erscheint und wo ich daher in meinen Handlungen Folgen ziehe; diese Kritik gehört aber nicht in das jetzige Gespräch. Die Lehrperson kann gerne nach Abschluss dieses Gesprächs einen Termin mit mir vereinbaren, in dem ich mir dann Zeit nehme, ihre Kritik zu hören.
- Ich brauche die Konterversuche dieser Lehrperson dabei nicht zu bekämpfen, sondern ich lasse mich lediglich nicht auf sie ein.

Dissens im »Tatbestand«

Wenn die von mir angesprochene Lehrperson den von mir vorgehaltenen Tatbestand (z.B. Äußerungen gegenüber Schülerinnen und Schülern, die diese und ihre Eltern – und ich – für entwertend, also nicht vertretbar halten) anders bewertet als ich und daher keinen Grund für Kritik sieht, erreichen wir – jedenfalls in diesem Gespräch – vermutlich keinen Konsens; ich brauche jetzt nicht weiter um diesen Konsens zu kämpfen. Es sind hier vier Varianten im Umgang mit Dissensen denkbar:

1. Ich bin durch die Sicht der oder des anderen hinreichend überzeugt, dass dessen Bewertung angemessen ist, und verzichte daher unmittelbar auf Änderung seines Verhaltens in Richtung meiner Sicht. Damit endet zugleich der Typus Kritikgespräch.
2. Ich werde nachdenklich durch die Darlegungen der oder des anderen, ob meine Sicht ganz angemessen ist; ich kündige an, darüber weiter nachzudenken, ggf. mit der oder dem anderen und evtl. noch weiteren Kollegiumsmitgliedern. Ich rechne mit einer Neupositionierung und räume daher der oder dem anderen bis auf weiteres ein, weiter seinem Verhalten zu folgen: »Ich will selber noch mal nachdenken, ob ich Ihre Sicht verstehen und teilen kann, bitte lassen Sie sich die Sache auch noch einmal durch den Kopf gehen; ich werde Sie sicher in den nächsten Tagen noch einmal darauf ansprechen.«
3. Wie 2., ich verlange aber von der oder dem anderen, bis zu einer sichtbaren Umorientierung sein Verhalten nach den von mir vertretenen Maßstäben zu richten.
4. Ich sehe keinen Grund, meine Position zu überdenken, verlange von der oder dem anderen eine Problemlösung und kündige an, diese (mit ihm gemeinsam) innerhalb einer vereinbarten Zeit zu begutachten: »Ich habe Ihnen meine Sichtweise zum Thema Abwertung von Schülerinnen und Schülern erläutert. Sie sind anderer Meinung. Dennoch erwarte ich von Ihnen, dass Sie so handeln, dass die ständigen Beschwerden der Eltern aufhören. Ich würde Sie sonst das nächste Mal gegenüber Schulaufsicht und Eltern nicht mehr stützen ...«

Im Falle von 4. und 3. wird mein Veränderungsverlangen durch den Dissens der oder des anderen also nicht storniert; im Fall von 2. storniere *ich* meine Entscheidung, ob ich von dem anderen Änderung verlange; im Falle von 1. breche ich das Kritikgespräch ab (und in diesem Fall macht es Sinn, mich bei der oder dem anderen für das Gespräch und den für mich darin zugänglichen Erkenntnisgewinn zu bedanken!).

Änderungsverlangen

Den Anspruchsstatus meines Änderungsverlangens überdeutlich machen: Ist es ein erlassmäßig gestützter Anspruch, ein dringender Appell von mir oder eine Bitte an die andere Person aufgrund eines konzeptionellen oder pädagogischen Wunsches von mir? Ein Änderungsverlangen kann im Einzelfall auch eine Problemverschiebung sein. Z.B. wird ein Lehrer häufig von Eltern, Schülerinnen und Schülern verdächtigt, während des Unterrichts Alkohol zu trinken. Der Lehrer bestreitet dies: Wenn er nach Alkohol rieche, dann nur, weil er Medizin nehme; wenn er den Unterricht verlasse, um etwas zu trinken, dann nur, damit die Kinder das Medizinfläschchen nicht sähen. Das Änderungsverlangen der Schulleiterin kann so aussehen: »Ich erwarte, dass Sie Ihre Medizineinnahme so regeln, dass kein Alkoholismus-Verdacht mehr aufkommt. Was schlagen Sie vor?«

Keine »Fußtruppen«

Wenn ich als Schulleiter/in ein Verhalten einer Lehrperson aus meiner eigenen Anschauung kenne, dann brauche ich keine dritten Personen zu bemühen (z.B. Lehrer/innen, denen das Verhalten der kritisierten Lehrperson ebenfalls unangenehm aufgefallen ist). Den interaktionellen Druck der kritisierten Lehrperson – der aus ihrer Sicht verständlich ist – muss meine Rolle gut aushalten, ich lenke ihn nicht auf abwesende Beschwerdeführer um. Je begrenzter die Zahl der in die Auseinandersetzung verwickelten Personen, desto leichter die Regulierung und desto geringer der Aufwand, nach der Konfliktklärung alle zu informieren.

Affekt

Die kritisierte Person darf sich aufregen; ich nehme ihren Affekt zur Gänze als ihren momentanen »Selbst-Ausdruck«, nicht als (mich drückenden) Appell an mich, meine Kritik abzuschwächen oder auf Änderungsansprüche zu verzichten. Ich darf mich auf die Sachebene konzentrieren (wenn eine Lehrperson etwas ändert, geht es mich nichts an, ob sie dies murrend oder fröhlich tut!), allerdings darf ich bei einer Überpräsenz von Gefühlen diese ebenfalls kritisch ansprechen, z.B.:

»[…] mir ist aufgefallen, dass Sie jedes Mal, wenn es um Kritik geht, in Tränen ausbrechen. Sie haben damit schon mehrere Gespräche erschwert. Ich halte es für professionell, auch bei Kritik auf der Sachebene bleiben zu können, und das erwarte ich auch von Ihnen […]. Ich habe Sie mehrfach auffordern müssen, in Ihre Klasse zu gehen, während Sie noch im Lehrerzimmer saßen, um Ihren Unterricht vorzubereiten, der längst begonnen hatte. Und ich möchte mit Ihnen hier darüber sprechen, wie Sie das ändern. Dass Ihnen das negative Gefühle bereitet, wenn Sie das nicht schaffen, kann ich verstehen, aber das ist hier nicht das vorrangige Thema.«

Gesprächskrisen

Wenn ich momentan keine Ressourcen mehr in mir sehe, das Gespräch gut weiterzuführen, brauche ich es nicht »tapfer« durchzustehen, sondern habe eine Reihe von Möglichkeiten:

- *Ich spreche den Zustand aus meiner Sicht an* und biete an – und lade auch die andere Person dazu ein –, nochmals einen Neustart im laufenden Gespräch zu versuchen. Aus Sackgassen kann ich also im Gesprächsverlauf selbst offen herausgehen: »Ich glaube, wir sind vom Thema abgekommen, ich würde gerne noch einmal darauf zurückkommen, welche Ideen Sie haben, das ändern zu können.«

- *Ich schlage eine »Auszeit« vor:* »Ich erlebe die augenblickliche Gesprächssituation als schwierig und möchte das Gespräch jetzt unterbrechen und erst morgen fortsetzen. Ich will Ihnen auch sagen, was für mich im Augenblick schwierig ist: ... Wie geht es Ihnen damit?« Durch diesen Vorschlag kann das Gespräch noch einmal in guter Weise in Gang kommen, sodass ich keine Auszeit mehr brauche.
- *Ich nehme mir eine »Auszeit«*, z.B. »Mir geht es jetzt so: Mir ist das Problem wichtig und wichtig ist mir, mit Ihnen gut in dieser Sache sprechen zu können. Ich möchte daher im Augenblick erst einmal stoppen, möchte für mich ein bisschen darüber nachdenken können und werde mich morgen [heute Nachmittag ...] wieder an Sie wenden.«

2.4.5.4 Gesprächsende

Absprachen

Verbindliche Absprachen immer mit einem Zeitaspekt versehen. Ich setze also einen Termin fest, an dem gemeinsam Erfolge oder Misserfolge ausgewertet werden und auch über Konsequenzen entschieden wird. Oder: Bitte um einen Bericht; freilich muss ich mir diesen Termin notieren und auf Einlösung überprüfen; bei Nichteinlösung nochmals ein Gespräch.

Konfliktbeziehung »schließen«

Sofern mein Kritikgespräch auf die Beschwerde einer oder eines Dritten zurückgeht, die Gesprächspartnerin bzw. den Gesprächspartner ermuntern, mit solchen Dritten selbst wieder in Kontakt zu gehen; ggf. Schlichtungsgespräch anbieten.

Vergewisserung des Verständnisses in der Sache[3]

In allen schwierigen Gesprächen am Ende eine gesprächsverlaufsbezogene Evaluation machen, z.B.: »Ich fasse noch mal kurz zusammen: Ich bekomme von Ihnen ... in zwei Wochen ... Kann ich mich darauf verlassen?« Wichtig ist, dass ich klare Antworten (»Ja«, »Nein«, »In Ordnung« o.Ä.) erwarte und abwarte, Zustimmung also nicht einfach voraussetze. Ohne solche deutlichen Antworten habe ich Absprachen nur mit mir selbst. Viele Schulleitungsmitglieder haben in Rollentrainings zu wenig Zeit für klare Zustimmung oder Ablehnung gelassen.

Entwarnung

Die Öffentlichkeit (= Beteiligte und Informierte) genau davon in Kenntnis setzen, dass der Konflikt bearbeitet ist. Beteiligte erfahren dabei von dem Ergebnis der Bearbeitung, die restliche Öffentlichkeit erfährt nur, *dass* die Bearbeitung abgeschlossen ist.

---

3 Vgl. hierzu auch das oben (S. 911) unter »Themenreihenfolge« Gesagte.

3. Beratungsgespräch

In ihrer Denkschrift »Zukunft der Bildung – Schule der Zukunft« fordert die Bildungskommission Nordrhein-Westfalen:

> »Es sind alle Prozesse zu unterstützen, die Vereinzelung abbauen und Kooperation, Teamarbeit, kollegiale Beratung und gegenseitige Hospitation begünstigen. Die Bildung von Supervisionsgruppen in den Schulen bzw. von Lehrerinnen und Lehrern verschiedener Schulen soll gefördert werden« (Bildungskommission NRW 1995, S. 316).

Das zeigt die inzwischen auch für den Bereich Schule erkannte und erprobte Relevanz professioneller Beratungsformen. Zugleich ist damit klar, dass Schulleitungsmitglieder Erfahrungen mit solchen Beratungsformen erwerben und das Betriebswissen haben müssen, wem sie – auf Anfrage oder in eigener Initiative – welchen Beratungsmodus empfehlen. Sie sollten außerdem selbst Modell in der Nutzung solcher Beratungsformen in der Kollegiumsöffentlichkeit sein.

Für Schulleitungsmitglieder ist Beratung – und daher auch eine Mindestschulung – unter vier Gesichtspunkten bedeutsam:

1. *Als Beratungsnehmende:* Schulleitungsmitglieder sollen – in Kenntnis der Wirkungsweise und Bearbeitungstiefe von Beratung – entscheiden können, in welchen eigenen Problem-, Konflikt- und Krisensituationen sie für sich selbst Beratung brauchen. Schulleitung ist in der institutionell vorgegebenen Komplexität der Rollen und Beziehungen zu Schüler/innen, Eltern, Lehrer/innen, Schulleitungsmitgliedern, Schulaufsicht und regionaler Öffentlichkeit ein oft überforderndes Geschäft, bei dem es aus unserer Sicht nötig ist – für einzelne kritische Phasen sowie für eine gelegentliche »berufliche Selbstinspektion« – externe Beratung in Anspruch zu nehmen.
Vor allem für Schulleitungsanfänger enthält die Rolle – insbesondere in ihren Dimensionen von Nähe und Distanz, Macht, Ohnmacht und Konkurrenz – zahlreiche interaktionelle Fallen: Probleme der Zugehörigkeit z.B. von stellvertretenden Schulleiter/innen zwischen Leitung und Kollegium; Probleme des offenen Umgangs mit der »mächtigeren« Rolle im pädagogischen Milieu Schule; Probleme des Fürsorge-Patts zwischen Schüler/innen (die vom gesellschaftlichen Auftrag der Schule her Anspruch auf Fürsorge haben) und Lehrer/innen (die von der sozialen Nähe/Gemeinschaft her Ansprüche auf Schutz vor Schüler/innen und Eltern stellen); dazu kommen z.B. auch spezifische Probleme, wenn Lehrer/innen in der eigenen Schule Funktionsstellen, insbesondere Schulleitungsstellen erhalten (Dankbarkeits- und Machtverzichtsansprüche) oder wenn sich in der Schulleitung die Balance hinsichtlich der Geschlechts- und/oder Alterskonstellation oder durch neue Mitglieder mit einem anderen Konzept von Leitung ändert. In einer in ihrem Selbstverständnis so stark auf Rücksicht, Fürsorge und Menschlichkeit festgelegten Institution wie der Schule ist – zumindest in Deutschland – ein offenes Ansprechen

solcher »konflikthaften« Themen weitgehend tabuisiert. Der Zugang zum Verständnis dieser Problemdimensionen ist oft ein großer Teil beraterischer Arbeit und die Voraussetzung für Schulleiter/innen, all ihre Handlungsspielräume ausschöpfen zu können.

2. *Als Beratungsgebende:* Schulleitungsmitglieder sind sinnvollerweise Berater/innen von Schulleitungsmitgliedern anderer Schulen. Sie sind zudem mögliche Berater/innen von Mitgliedern ihrer eigenen Schule; mit der Einschränkung durch die Funktionskopplung von Leitung und Beratung müssen sie dabei sorgsam umgehen lernen. Sie werden dabei auf Beratungsanfragen antworten und können ihrerseits initiativ werden und Beratung anbieten, sind dabei aber auf freiwilliges Einverständnis der Beratungsnehmenden angewiesen.
Eigene Klarheit in der Doppelrolle als Berater/in und Schulleiter/in verlangt gegenüber den Beratungsnehmenden eine entsprechende dauerhafte Transparenz im Umgang mit diesem Instrument – z.B. auch in Form eines Verzichts auf ein nicht erwünschtes Beratungsgespräch.

3. *Als Beratungsvermittelnde:* Auch wenn Schulleitungsmitglieder – etwa als Folgerung aus dieser beratungseinschränkenden Funktionskopplung – in vielen Situationen selbst nicht Berater/innen sind, haben sie eine wichtige Rolle bei der Entwicklung der Beratungspraxis ihrer Schule:
   – Sie sollen in der Lage sein, Beratungsbedarf zu diagnostizieren (und ggf. Beratung vorzuschlagen).
   – Sie sollen Empfehlungen zur Beratung – hinsichtlich Konzepten wie auch Beratungsanbietenden in der Region – aussprechen können.
   – Sie entscheiden mit darüber, ob Beratung strukturell in der Schule verankert wird und ob an ihrer Schule so etwas wie eine »Beratungskultur« entsteht; z.B. können sie Beratung für Lehrer/innen durch andere – interne wie externe – Berater/innen blockieren, zulassen, empfehlen oder gar organisieren helfen. Dies setzt voraus, dass sie – an ihrer eigenen Berufsperson – gute Erfahrung mit Beratung gemacht haben.
   – Sie müssen Beratung zielorientiert beauftragen und evaluieren können, unter dem Gesichtspunkt »Welche Beratung nützt der gewünschten Qualitätsverbesserung und welche dient nur vage einer ebenso vagen ›Persönlichkeitsentwicklung‹?«. Wenn Beratung für eine Lehrerin oder einen Lehrer meiner Schule aus Mitteln der Schule bezahlt wird, muss ich dies in einem Dreieckskontrakt mit der Lehrperson und dem von ihr gewählten Berater regeln: Welche Kompetenz soll die Lehrperson nach der von der Schule bezahlten Beratung entwickelt haben? Woran ist das erkennbar? Was gibt sie der Schule evtl. dafür zurück?

4. *Zur Schulung ihrer Institutions-, Konflikt- und Beziehungs-Diagnosefähigkeiten:* Erfahrung mit Beratungsgesprächen – als Beratungsnehmer/in oder als Berater/in – schult über die kompetente Nutzung dieses Gesprächstyps hinaus auch das professionelle Gesprächsverhalten insgesamt: Schulleitungsmitglieder erwerben ein genaueres System- und Rollenverständnis gegenüber Problempräsentationen anderer. Sie lernen, sowohl offen liegende wie versteckte Informationen und Wünsche

zu hören, sie lernen das von der oder dem anderen Gehörte vor dem Hintergrund eigener Systemkenntnisse zu »vermessen«, sie lernen die interaktionelle Rollendynamik zu verstehen, mit der das jeweilige Problem von der jeweiligen Person präsentiert wird, und sie lernen die eigenen spontanen (gefühlsmäßigen) Reaktionen auf das Erzählte wahrzunehmen und ggf. zu kontrollieren oder der Rolle unterzuordnen.

Beratungsgespräche sind – in der Sicht zahlreicher Schulleitungsmitglieder – der »begehrteste« Gesprächstyp aus den zahlreichen ihren Berufsalltag bestimmenden Gesprächstypen. Beratung ist für sie manchmal ein vermeintlich »weiches« Leitungsmittel, das ihre dahinter stehenden Machtansprüche zu verbergen erlaubt: Schulleitungsmitglieder versuchen häufig – folgt man ihren Selbstaussagen –, andere Mitglieder ihrer Schule in der Hoffnung zu »beraten«, ein Kritikgespräch vermeiden oder »heimlich« unterbringen zu können.

Leitung »im pädagogisch passenden Gewande« bewegt sich aber in *abwertenden* Positionen des inneren Dreiecks (vgl. Abb. 4 auf S. 880); abwertend, weil sie stillschweigend voraussetzt, andere hätten nicht die Kompetenz, meine Kritik zu verkraften. Sie ist daher immer eine Einladung (aus dem –fEL), einer ganze Gruppe (das Kollegium) zu regressivem Verhalten (–aK: »Wir fühlen uns nicht zuständig für unsere Probleme«). Genau das werfen dann anschließend viele Schulleiter/innen ihren Lehrer/innen vor (= –kEL), ohne zu merken, dass sie selbst es sind, die solches Verhalten mit ihrer Überfür- und Übervorsorglichkeit verstärken oder gar erst herbeiführen. Eine Klärung des Verständnisses von Beratung im Kontext Schule ist daher notwendig.

3.1 Begriffliche Grundlagen

Der Terminus »Beratungsgespräch« ist vieldeutig und daher ein Auslöser für zahlreiche Missverständnisse oder Pseudo-Einverständnisse. Wir sehen drei Verwendungsweisen dieses Terminus im Kontext Schule:

1. In einer *engeren Bedeutungsauslegung* ist ein Beratungsgespräch ein eigener professioneller Gesprächstyp, in dem eine Beratungsnehmerin oder ein Beratungsnehmer mithilfe der besonderen Kompetenz und diagnostischen Unterstützung einer Beraterin oder eines Beraters eigene berufliche Beziehungs- oder Arbeitsprobleme durcharbeitet. »Beraten« kann auch eine Phase im Rahmen anderer Gesprächstypen (z.B. Kritikgespräch oder Schlichtungsgespräch) sein. Die oder der Beratungsnehmende geht ein solches Beratungsgespräch bzw. eine solche Beratungsphase freiwillig ein. In der Regel hat er es auch initiiert; als Berater/in kann ich zwar ein Beratungsgespräch oder eine Beratungsphase (z.B. im Kontext eines Kritikgesprächs) anbieten, nicht aber verlangen und schon gar nicht durchsetzen.
2. In einer *weiteren Bedeutungsauslegung* – und dies ist der häufigere Sprachgebrauch – entspricht »Beratungsgespräch« dem »Ratschlaggespräch«. Es ist dann ein freiwil-

liges Ratschlagersuchen zu einem geschilderten Problem, auf das die oder der Ratschlaggebende – ohne wie in einem Beratungsgespräch dieses Problem näher zu hinterfragen und auf weitere, der oder dem Ratnehmenden noch verborgene Implikationen zu achten – Ratschläge gibt, über deren Passung und Befolgung dann die oder der Ratnehmende allein befindet.
– *Ratschlaggeben* ist häufig eine Komponente in Kritikgesprächen (und anderen Gesprächen, die sich auf vorliegende oder erwartete Handlungsprobleme beziehen); Ratschläge werden dort manchmal auch ohne vorhergehendes Ratschlagersuchen angeboten, mit dem impliziten Anspruch, dass die andere Person sie sich anhören muss. Wenn diese Ratschläge auch befolgt werden müssen, werden sie zu Handlungsanweisungen.
– *Sich (miteinander) beraten* oder *miteinander beratschlagen* ist eine gewissermaßen multiple Version von Ratschlaggespräch.
3. In der Praxis der Referendarausbildung ist »Beratungsgespräch« eine terminologische Variante zu »Unterrichtsnachbesprechung«. Dies ist zunächst nur eine gesprächsorganisatorische Bezeichnung (Gegenstand ist der hospitierte Unterricht); mehrere Funktionen sind dabei möglich und kommen oft als Gemengelage vor: Feedback, Kritik, Ratschläge, Beurteilung usw., eher selten Beratung im engeren Sinn. Der Terminus »Beratungsgespräch« wird auch für das in der Allgemeinen Dienstordnung angesprochene Prüfungsgespräch im Kontext der Großen Dienstlichen Beurteilung verwendet, das sich teilweise auf den vorher hospitierten Unterricht bezieht.

Insofern ist ein begrifflich genauer und deutlicher Umgang mit den Termini für solche unterschiedlichen Gesprächstypen ratsam.

3.1.1 Zu einem Beratungskonzept professioneller Ausrichtung

Beratung nach dem Konzept der Supervision erfolgt fallzentriert, nicht selbsterfahrungszentriert. Fälle sind dabei aktuelle Konflikte und Unsicherheiten von Lehrerinnen und Lehrern im Umgang mit der eigenen Berufsrolle, d.h. also Probleme in der Arbeitsbeziehung zu Schülerinnen, Schülern und ihren Eltern, zu Kolleginnen und Kollegen, zu Schulleitung und Schulaufsicht sowie Unbehagen gegenüber der eigenen alltäglichen Lehrertätigkeit und Fragen zu eigener Kompetenz. Dieses Beratungskonzept unterscheidet sich von *therapeutischer Beratung*:

- Berufspersonbezogene Beratung fokussiert ausschließlich berufsrollenrelevante und systemische Aspekte der Rollenperson z.B. eines Lehrers; biografische Hintergründe dieser Berufspersönlichkeit des Lehrers werden nicht bearbeitet. Analoge Beziehungsschwierigkeiten des Lehrers in nicht beruflichen Feldern – Probleme in Partner-, Freundes- und Öffentlichkeitsbeziehungen – werden nicht abgefragt.

- Berufsbezogene Beratung bearbeitet ausdrücklich auch die institutionellen Bedingungen beruflichen Handelns, also das System und seine Kultur, in dem die persönliche Arbeit stattfindet. Dies dient der realistischen Einschätzung der jeweils eigenen Rolle mit allen Möglichkeiten und Einschränkungen und schützt dadurch insbesondere vor überfordernden Selbst- und Allmachtsansprüchen.
- Als hierarchisch höherrangige Berater/in oder Berater (z.B. als Schulleiter/in) rangniedrigere Beratungssuchende (z.B. eine Lehrperson) zu beraten ist in berufsbezogener Beratung bei professioneller Handhabung begrenzt möglich; während therapeutische Arbeit grundsätzliche Getrenntheit auf Rollen- wie Beziehungsebene verlangt.

Die Beraterin oder der Berater unterstützt die anfragende Person bei der Reflexion beruflicher Probleme und der Suche nach neuen Lösungsansätzen; Schwerpunkt des Beratungsgesprächs ist ein mehrschichtiges Verstehen des von der oder dem Beratungssuchenden erzählten Problems im Zusammenspiel von Institution (z.B. Rollen, Normen, Institutionsgeschichte), Gruppe (und Gruppenprozessen) und eigener Berufsperson (und ihrer Berufsbiografie).

Ziel der Beratung ist es, die eigenen beruflichen Probleme besser zu verstehen und dabei sowohl institutionelle Bedingungen wie auch eigene Anteile an diesen Problemen herauszufinden, um eigene Lösungen im Sinne besserer Arbeitsqualität zu entwickeln. Eine solche größere Klarheit im eigenen Berufsfeld zielt also zugleich auf größere berufliche Wirksamkeit und auf größere Berufszufriedenheit.

Beratungsgespräche haben zwei Instanzen: die beratungsnehmende und die beratungsgebende Instanz. Die Beratungsnehmenden können auch mehr als eine Person sein (z.B. ein Lehrerteam oder die gesamte Schulleitung) und auch die Beraterinstanz kann mehr als eine Person umfassen: In einer Fallbesprechungs- bzw. Supervisionsgruppe wird das Problem eines Mitglieds von der Beraterin bzw. dem Berater *und* den restlichen Mitgliedern als Ko-Beratenden beraten.

3.1.2 Externe oder interne Beratung?

Interne Berater/innen, auch sofern sie professionell ausgebildet sind, weisen blinde Flecken gegenüber der eigenen institutionellen Kultur und Tradition auf. So wichtig interne Beratung in Schule ist, läuft sie dennoch Gefahr, die Schulkultur gerade da zu bestätigen, wo sie ihre Neigungen zu Regression und Verweigerung von Eigenverantwortung in Rolle und Arbeit auslebt. Nicht selten haben wir von gut ausgebildeten internen Beraterinnen und Beratern die gleichen »Klagen« über Überlastung, schreckliche Schüler/innen und Schulleiter/innen gehört wie von Lehrerinnen und Lehrern.

Je höher ich in der schulischen Hierarchie arbeite, desto wichtiger wird bei berufsrelevanter Reflexion die *externe* Beratung, die mir den Blick über den Tellerrand einer sich selbst überversorgenden Institution mit allen entsprechenden Wirkungen ermöglicht. Gerade als Leitung muss ich mir diesen Blick von außen auf mich selbst und die Institution leisten, um neue Impulse setzen zu können.

3.1.3 Beratungsgespräch und Ratschlaggespräch

»Ratschlaggeben« und »Beraten« sind zwei Gesprächsaufgaben mit jeweils unterschiedlichen Gesprächsrollen und Gesprächsverläufen; beides sind in beruflichen Kontexten sinnvolle Gesprächstypen mit jeweils unterschiedlicher Indikation:

- *Beratung* ist angesagt bei gravierenden punktuellen oder regelmäßigen Überforderungen in der Gestaltung der eigenen beruflichen Rolle und ihrer Arbeitsbeziehungen; hier ist mit der Notwendigkeit eines erweiterten Verstehens institutioneller und eigener berufsbiografischer Implikationen zu rechnen, das durch bloßes Ratschlaggeben nicht erreichbar ist.
- *Ratschläge* sind – als Praxisanleitung – nützlich bei methodischen bzw. fachdidaktischen Dimensionen beruflicher Schwierigkeiten.
- Zwischen Ratschlägen und einem dritten Gesprächstyp – *Instruktion* – sind die Übergänge oft fließend; Instruktion meint dabei, jemanden systematisch mit Informationen zu versorgen, mit denen man Arbeitsabläufe besser bewältigen kann.

Ob Beratung oder Ratschlag angesagt ist, ist eine Frage der Indikation: Wenn eine Schulleiterin z.B. einen Lehrer, in dessen Klasse regelmäßig eine für alle Beteiligten unzumutbare Unruhe herrscht, auf Änderungsmöglichkeiten anspricht, dann liegt die Orientierung an der Norm »Mehr Ruhe« nahe sowie ein entsprechender Ratschlag »Sie müssen etwas mehr führen«. Solche Ratschläge, auch wenn sie von konkreten Handlungsvorschlägen begleitet sind, greifen in der Regel aber nicht, solange dieser Lehrer nicht seine eigene Grundeinstellung zur Lehrertätigkeit infrage stellt und sich neu orientiert. Die Arbeit in der berufspersonbezogenen Beratung mit dem Lehrer läge also gerade darin, sein unterrichtliches Verhalten mit seinen noch unklaren berufsbiografischen Voraussetzungen in Verbindung zu bringen. Dies braucht Ruhe und Zeit; an Beratungsverläufen fällt Schulleitungs- wie Lehrpersonen bald diese »künstliche Verzögerung« des Verstehensprozesses auf: Ratschläge werden, wenn überhaupt, erst sehr spät entwickelt, dann oft bereits durch die Beratenen selbst, weil sie erst dann entscheiden können, welche Handlungsschritte zu ihren berufspersönlichen Voraussetzungen passen (sonst werden sie – wie ein Implantat – bald wieder abgestoßen). Beratung läuft damit nicht primär über Handlungsempfehlungen (Ratschläge), sondern über »Hilfe zur Selbsthilfe«, d.h. eine mittelfristige Umorganisation von Wahrnehmungen, Meinungen und Handlungsmustern der oder des Beratenen durch ihn selbst im Medium der Ermutigung und Konfrontation durch die Beraterin oder den Berater (»zugewandte Konfrontation«).

Angesichts der Vertrautheit mit Beratungsgesprächen im Sinne von Ratschlaggesprächen fällt es vielen Schulleitungsmitgliedern zunächst schwer, zwischen den beiden Gesprächstypen *Ratschlaggespräch* und *Beratung* (im engeren Sinne) zu trennen. In der Gegenüberstellung der – vergleichsweise klaren und einfachen – Phasenstruktur von Ratschlaggesprächen wird der typenbedingte Unterschied vielleicht leichter deutlich:

- In *Ratschlaggesprächen* übernimmt die Ratgeberin bzw. der Ratgeber die Definition des »Problems« von der oder dem Ratsuchenden ohne weiteres.
- Im Unterschied zu Ratschlaggesprächen nimmt in professionellen *Beratungsgesprächen* die Beraterin oder der Berater nicht nur das von der oder dem Beratungsnehmenden präsentierte Problem auf, sondern analysiert schwerpunktmäßig auch das »Problem hinter dem Problem«, um mit ihm zusammen Lösungsressourcen »freizulegen«. Dadurch ändert sich die Sicht, was das eigentliche Problem ist, über längere Zeit, manchmal während des ganzen Beratungsgesprächs. Ratschläge (die ja eine bereits »fixierte« Problemdefinition voraussetzen) sind daher lange Zeit nicht möglich; die Lösung besteht bei Beratung vielmehr darin, die eigene Verstrickung in einen noch nicht vollständig verstandenen Problemzusammenhang zu verstehen. Das Angebot von Ratschlägen ist dabei eine fakultative Komponente.

In *Ratschlaggesprächen* sind Aufgabe und Arbeitsteilung klar geregelt: Die Ratgeberin bzw. der Ratgeber bietet auf der Basis eigener Feldkompetenzen der oder dem Ratsuchenden Ratschläge an, von denen diese/r schließlich wenigstens einen als nützlich annehmen »muss«. Entsprechend klar ist auch die Phasenstruktur solcher Ratschlaggespräche:

Phasen des Gesprächskerns in Ratschlaggesprächen

1. **Problempräsentation und Anliegensformulierung** durch die bzw. den Ratsuchenden
2. **Sicherung des Problemverstehens** durch die Ratgeberin/den Ratgeber (in der Regel durch Rückfragen, Zusatzfragen)
3a **Entwicklung von Lösungsangeboten** durch die Ratgeberin/den Ratgeber
3b **Übernahme von Lösungsangeboten** durch die bzw. den Ratsuchenden
   - ggf. mehrere Durchgänge von 3a und 3b
   - ggf. Erweiterung des einfachen Nacheinanders von Lösungsangebot und Lösungsübernahme zu
     – Kritik der bzw. des Ratsuchenden am Lösungsangebot der Ratgeberin/des Ratgebers und Rückverweis an diesen,
     – Plausibilisierung des alten Lösungsangebots durch die Ratgeberin/den Ratgeber oder
     – Entwicklung veränderter oder neuer Lösungsangebote durch die Ratgeberin/den Ratgeber, von denen dann schließlich eines übernommen werden »muss«.
4. **Sättigungssignal**« (»o.k., danke«) vonseiten der bzw. des Ratsuchenden **und Danksagung**

Auch in *Beratungsgesprächen* sind Aufgabe und Arbeitsteilung klar geregelt: Eine Beraterin oder ein Berater unterstützt auf der Basis seiner Beratungskompetenz die beratungssuchende Person. Sein Repertoire ist die Mitteilung von Wahrnehmungen und Verstehenshypothesen sowie das Anbieten von Perspektivenwechsel und Systemanalysen. Ziel ist dabei, dass die beratungsnehmende Person sich selbst im Dickicht des Problems klarer sehen und wieder lösungsaktiv werden kann.

Gemessen an der einfachen Struktur von Ratschlaggesprächen ist die Phasenstruktur von Beratungsgesprächen komplexer und offener: Wenn die oder der Ratsuchende seine Arbeit gut macht, ist in Ratschlaggesprächen die Problempräsentation mit Phase 1 (ein für alle Mal) abgeschlossen; in Beratungsgesprächen dagegen wird während der Reflexion das anfangs erkennbare Problem durch Zusatzerzählungen weiter exploriert und kann sich so durch immer neue Hypothesen »ent-wickeln«, bis Verstehens- und Lösungsansätze in Sicht sind.

Während in Ratschlaggesprächen eine klare Abfolge von Problempräsentation (Phase 1), Problemverstehen (Phase 2) und Lösungsentwicklung (Phase 3) die Regel ist, verschränken sich bei Beratungsgesprächen diese Phasen miteinander. Dies kann gar nicht anders sein, weil die wachsende Klarsicht der oder des Beratungsnehmenden, worin letztlich sein Problem besteht, ihm neue Zusammenhänge begreiflich macht, deren Erzählung wiederum in die weitere Beratung einfließt usw. Dieses schrittweise »Hochkommen« von zunächst nicht erzählten Ereigniskomponenten ist nicht etwa Folge eines präsentations*in*kompetenten Beratungsnehmers, sondern ein Indikator für das schrittweise Vorwärtskommen beider im Verstehensprozess. Weitere Unterscheidungsmerkmale:

- Während in Ratschlaggesprächen Ratschläge angeboten werden *müssen*, weil in ihnen das Gespräch erst seinen Zweck erreicht, *können* in Beratungsgesprächen zwar Ratschläge angeboten werden, sie haben aber – zumal wenn sie relativ früh im Gesprächsverlauf platziert werden – oft nur diagnostische Zwecke und sind nicht zur Handlungsbefolgung gedacht.
- Während in Ratschlaggesprächen eine klare Arbeitsteilung vorliegt, nach der die oder der Ratsuchende ganz für die Problempräsentation, die Ratgeberin bzw. der Ratgeber ganz für das Anbieten von Ratschlägen zuständig ist (und damit auch für deren Qualität haftet), ist für Beratungsgespräche gerade die kooperative Entwicklung von Verstehen und Finden von Lösungsansätzen typisch.
- Während in Ratschlaggesprächen Lösungen »befolgungsbereite Handlungsempfehlungen« sind, kann man bei Beratungsgesprächen unter *Lösung* eher verstehen, dass sich die beratene Person aus den Verstrickungen des Problems *löst*. Welche Handlungsschritte sie für sich daraus ableitet, entscheidet sie. Diese Entscheidungen können noch im Beratungsgespräch entwickelt werden, es ist aber oft so, dass die Beratungsnehmenden diese Handlungsentscheidungen – durch die Beratung wieder beweglich und ideenreicher geworden – für sich selbst zu Hause treffen können.

3.1.4 Beratungsgespräch und Unterrichtsnachbesprechung

Dass im institutionellen Kontext von Schule der Terminus »Beratungsgespräch« oft als gleichbedeutend mit »Unterrichtsnachbesprechung« verwendet wird, liegt zum einen sicherlich in der Nichtunterscheidung der Gesprächsmuster *Ratschlaggespräch* und *Be-*

ratungsgespräch; zum anderen liegt hier auch ein willkommenes Mittel vor, die Beurteilungsfunktion, die Unterrichtsnachbesprechungen oft haben, »pädagogisch« zu verschleiern – auch wenn den Beteiligten diese Schleier bewusst sind und es gerade *nicht* lernförderlich und professionalisierend wirkt, diese Beurteilungsfunktion stillschweigend zu dulden, statt sie professionell voreinander offen zu legen.

Dabei kann man streng genommen »Unterrichtsnachbesprechung« nicht in der gleichen Weise wie »Beratungsgespräch« als einen Gesprächs*typ* einstufen, weil Unterrichtsnachbesprechung zunächst nur eine gesprächs*organisatorische* Bezeichnung ist – ein Gespräch im Anschluss an eine Unterrichtshospitation. Unterrichtshospitationen selbst sind in Schule und Lehrerausbildung ein Standardinstrument mit verschiedenen Zwecksetzungen; solche Zwecke sind – in der Rollenperspektive von Schulleiterin bzw. Schulleiter:

- Ich möchte als Schulleiter/in – zumal bei neu an die Schule gekommenen Lehrerinnen und Lehrern – auch einmal ihre Art, mit Schülerinnen und Schülern zu arbeiten, kennen lernen, z.B. um einschätzen zu können, wie groß das Spektrum von Unterrichtskonzeptionen ist, das Schüler/innen ein und derselben Klasse integrieren müssen. Also könnte ich mich am Ende der Hospitation bedanken und gehen *(keine Unterrichtsnachbesprechung)*.
- Ich möchte – ebenfalls bei einer neuen Lehrkraft – deren Unterrichtspraxis und ihre dahinter stehenden Annahmen über Unterricht und Lehrerverhalten näher kennen lernen und der neuen Lehrkraft auch meine Art, über Unterricht zu denken, zugänglich machen. Also könnte ich ein Gespräch über den miterlebten Unterricht verabreden, in dem wir beide einander mitteilen, wie wir mit Unterricht – in Planung und Durchführung – umgehen, wo wir Ähnlichkeiten, wo Unterschiede sehen, sodass wir z.B. in Konferenzen leichter die Argumentationen der bzw. des jeweils anderen verstehen können. Und ich könnte daraufhin anbieten, dass die Kollegin oder der Kollege auch bei mir hospitiert (»*Offenlegungsgespräch*«).
- Ich kann der Lehrkraft – z.B. auch im Hinblick auf einen später anstehenden Leistungsbericht – anbieten, ihr als zunächst einseitige Rückmeldung all das an Auffälligkeiten, an Plus- und Minus-Anmerkungen zu sagen, was mir eingefallen ist *(kritisches Feedback)*; die Lehrkraft kann dann entscheiden, ob sie lediglich sagt »Danke, ich werde sehen, was ich damit anfange« oder ob sie einen dieser Punkte für eine direkt anschließende Gesprächsphase (oder für ein separates Folgegespräch) vereinbaren möchte, das dann Erörterungs-, »Streit-« oder Beratungscharakter haben könnte.
- Denkbar ist auch eine Hospitation mit der Vereinbarung, unterrichtliche Ratschläge bzw. »Tipps« anzubieten, die die Lehrkraft sich anhören kann und mit denen sie umgehen kann, wie es ihr sinnvoll scheint *(Ratschlaggespräch)*. Möglich ist dabei auch die umgekehrte Zielrichtung: Ich erhalte im Anschluss an die Hospitation von der Lehrkraft Ratschläge, wie durch eine veränderte Organisation der Schule einzelne der bei ihr aufgetretenen Probleme vielleicht leichter bewältigt werden können.

- Wenn in absehbarer Zeit ein Leistungsbericht ansteht, könnte ich anbieten, der Lehrkraft nach der Hospitation meine Bewertungseindrücke und deren Hintergründe darzulegen, sodass sie mir die Möglichkeit geben kann, durch nähere Information über den Unterrichtskontext und durch Erörterung bzw. »Streiten« über Bewertungsprozeduren zu einer angemesseneren Sichtweise zu kommen. Überzeugt sie mich, ist es gut, ansonsten insistiere ich auf meiner Bewertung (*Bewertungsgespräch*).
- Ich möchte mir – unter Gesichtspunkten von Personalmanagement – ein Bild von den spezifischen unterrichtlichen Ressourcen von (einigen oder allen) Lehrer/innen meines Kollegiums machen, um sie gezielter im Unterricht einsetzen zu können und ggf. durch Fortbildungsangebote bei ihrer Weiterqualifizierung zu unterstützen.

Unterrichtsnachbesprechungen sind also nicht per se »Beratungsgespräche«, sondern sie können – phasenweise – als Beratungsgespräch definiert werden, wenn z.B. der Lehrer aus den Rückmeldungen des Schulleiters einen Punkt aufgreifen möchte, um dabei mehr von den aufgetretenen Problemen und seinem eigenen Problemanteil zu verstehen. Der Schulleiter kann also nicht mit dem festen Entschluss in die Nachbespre-

---

Zwecke von Hospitationen durch die Schulleitung
(mit oder ohne Unterrichtsnachbesprechung)

1. Orientierende Funktion
Die Schulleitung nutzt Hospitationen (und Unterrichtsnachbesprechungen) zum Kennenlernen
  - neuer Lehrer/innen (inkl. Lehramtsanwärter/innen),
  - aller Lehrer/innen (inkl. Lehramtsanwärter/innen, als neue Schulleitung).

Die Schulleitung nutzt Hospitationen als Ausgangsbasis oder als Zusatzinformation für ein von einer Lehrkraft erbetenes Beratungsgespräch.

2. Evaluative Funktion
Die Schulleitung nutzt Hospitationen (und Unterrichtsnachbesprechungen) als Bezugspunkt und Kontrollerfahrung für Qualitätsmanagementabsichten.

3. Bewertende Funktion
Die Schulleitung nutzt Hospitationen und Unterrichtsnachbesprechungen als Basis für die Bewertung der Unterrichtskompetenz einer Lehrkraft
  - im Rahmen einer dienstlichen Beurteilung,
  - in eigener Zuständigkeit (z.B. Lehrer/innen zur Anstellung) oder
  - zur Erstellung eines Leistungsberichts zur Unterstützung der Schulaufsicht,
  - zur »Langzeitbeobachtung« von Lehramtsanwärter/innen unter der Perspektive einer späteren Benotung (Teilnote im Rahmen der »zusammenfassenden Beurteilung«; Schulleiter/in, stellvertretende Schulleiter/in oder beauftragte Lehrer/in).

4. Intervenierende Funktion
Die Schulleitung nutzt Hospitationen (und Unterrichtsnachbesprechungen), um sich bei Beschwerden ein Bild über den Unterricht der betroffenen Lehrkraft zu machen.

chung gehen, den Lehrer zu beraten, sondern nur mit dem Entschluss, dem Lehrer Beratung *anzubieten*; ob es zu Beratung kommt, entscheidet der Lehrer. Umso wichtiger ist daher, die Lehrkraft im Vorfeld von Hospitation und Nachbesprechung deutlich über den Zweck der Hospitation und einer evtl. Nachbesprechung zu orientieren (vgl. den Kasten auf der vorigen Seite) und entsprechende Vereinbarungen zu treffen.

Auch die grundsätzliche Struktur von Hospitationen wirkt sich – im Kontext von Bewertung – beratungseinschränkend aus: Die Nachbesprechung startet in der Konkurrenz der Sichtweisen auf den hospitierten Unterricht: Wenn die Lehrperson nicht von sich aus selbstkritische Punkte anmerkt, muss sie mit den fremdkritischen Kommentaren der Schulleiterin bzw. des Schulleiters rechnen.

Andere Beratungsgesprächsformen – insbesondere die Fallbesprechung – betonen ausdrücklich das Recht der Lehrperson, *ihre* Problemsicht und *ihren* Beratungsbedarf dem Gespräch zugrunde zu legen. »Fallbesprechung« meint dabei ein Gesprächsmuster, bei dem – in der Regel im Gruppenmodus – Beratung an die Bearbeitung jeweils eines »Falls« gebunden ist, d.h. an die Bearbeitung eines benannten Konflikts, einer Krise oder einer Unsicherheit in der Arbeitsbeziehung zu Schüler/innen, Eltern, Kolleginnen, Kollegen, Schulleitungsmitgliedern oder Schulaufsicht. Professionell gehandhabt entspricht Fallbesprechung dem Ansatz der Supervision; der Terminus »Fallbesprechung« hat aber – im Unterschied zum Terminus »Supervision« – keinen grundsätzlichen Professionalitätsanspruch (zu Funktion und Konzeption von Fallbesprechungsgruppen vgl. den Beitrag von Mosing in diesem Band, S. 992ff.).

3.1.5 Beratung und Coaching

Man kann Coaching – bei *wohlwollender* Begriffsauslegung – als methodisch erweiterte Version von professioneller Beratung (Supervision) definieren:

- erweitert um Ratschlaggespräche (z.B. bei der Vorbereitung einer Konferenz);
- erweitert um – ggf. intervenierende – Hospitation (z.B. bei der Leitung einer Konferenz);
- erweitert um Training (z.B. bei der Vorbereitung eines Kritikgesprächs);
- erweitert um therapeutische Settings, wenn persönliche Probleme vom Coachee in den Vordergrund gerückt würden.

Man kann Coaching – bei *kritischem* Blick auf Begriff und Praxis – unter einigen Aspekten von professioneller Beratung abgrenzen:

- *Unter Konzeptaspekten:* Ein Coach verschreibt sich – von der Herkunft der Arbeitsform und des Terminus her – parteilich den Zielen des Coachingnehmers oder des Auftraggebers und ist zuständig für das Finden von Wegen für dieses Ziel; ein Berater ist eher kritischer Begleiter, der auch die *Ziele* des Beratungsnehmers und seiner Institution in die kritische Reflexion mit einbezieht.

- *Unter Ressourcenaspekten:* Coaching setzt größere spezifische Feldkompetenzen des Beraters voraus als Beratung.
- *Unter Imageaspekten:* Coaching lässt – durch seine terminologische Herkunft aus dem Bereich Leistungssport – den Coachingnehmer als »Hochleister« erscheinen; »Coach« ist für imageempfindliche Leitungsmitglieder der weniger bedrohliche Terminus.
- *Unter Marktaspekten:* »Coach« ist (bislang) keine Markenbezeichnung, die eine spezifische und im Mindestumfang festgelegte Ausbildung bzw. Können verlangt.
- *Unter Verantwortungsaspekten:* Ein Coach übernimmt eine kontraktierte Verantwortung für die Leistung seines Coachees, die eine Schulleitung gerade nicht übernehmen sollte, sofern sie die Eigenverantwortung der Lehrkräfte stärken will.

Wir berücksichtigen Coaching im Folgenden nicht weiter, insofern wir es als zu wenig differenzierte Kombipackung aus verschiedensten Gesprächstypen mit entsprechend unterschiedlichsten Zielen und Methoden sehen. Wir wollen diese Gesprächsfunktionen und entsprechenden Gesprächstypen gerade ausdifferenzieren und mit ihren jeweiligen spezifischen Indikationen für Schulleitungsmitglieder transparent machen. Für Schulleitungsmitglieder ist Coaching – in seiner konzeptionellen Beliebigkeit wie seiner quantitativen Unbegrenztheit – nicht gut handhabbar: Ich leite als Schulleiter/in den Personalentwicklungsprozess, ich bin aber nicht zugleich – als Coach – der für alle individuell zuständige Person-Entwickler; das wäre rollenbezogen unangemessen und vom Arbeitsumfang her völlig überfordernd.

Für die Institution Schule, die sich seit einigen Jahren langsam auf eine klarere und rollengenauere Trennung zwischen Beratung, Ratschlag, Kritik, Feedback usw. einlässt, empfinden wir das derzeit heftige Werben für Coaching in der Schule eher als verwirrend denn als Gewinn eines neuen Entwicklungsinstruments. Wichtiger ist, Schulleitungsmitglieder immer wieder darauf hinzuweisen, dass Beratung von Mitgliedern der eigenen Schule – und erst recht ein Instrumentenmix wie Coaching – *nicht* zu ihren Standardaufgaben gehört, sondern – unter Aspekten von Arbeitszeitentlastung und aus Gründen der Rollenpassung – weitgehend delegiert werden sollte.

3.2 Strukturelle Voraussetzungen von Beratungsgesprächen

3.2.1 Initiative

Die Beraterin bzw. der Berater kann – z.B. als Schulleiter/in im Rahmen eines Kritikgesprächs – Beratung empfehlen und sich als Berater/in anbieten. Die Beraterin bzw. der Berater kann aber kein Beratungsgespräch fordern oder gar anordnen.

3.2.2 Auftrag

Die oder der Beratungssuchende beauftragt die Beraterin bzw. den Berater und kann diesen Auftrag – grundsätzlich jederzeit – beenden.

3.2.3 Gesprächsleitung

Die Beraterin bzw. der Berater ist – sobald und solange der Beratungsauftrag der oder des Beratungssuchenden vorliegt – Leiter/in des Beratungsgesprächs.

3.2.4 Freiwilligkeit

Die Beraterin bzw. der Berater handelt im Auftrag einer oder eines Beratungssuchenden; Beratung kann also grundsätzlich nur freiwillig auf dessen Wunsch hin stattfinden, vorher kann sie lediglich angeboten werden. Solche Angebote können z.B. im Rahmen eines Kritikgesprächs von der Schulleiterin gemacht werden, nachdem sie z.B. einem Lehrer Unterrichtsprobleme rückgemeldet und eine Änderung dieser Mängel gefordert hat: »Wenn Sie mit mir in Ruhe über diese Probleme reden wollen, tue ich das gerne; ich kann auch gut akzeptieren, wenn Sie lieber mit anderen Personen darüber sprechen und nicht mit mir als Ihrer Schulleiterin; entscheiden Sie es bitte und geben Sie mir Bescheid, wenn Sie mein Angebot nutzen wollen.« Formulierungen wie »Den muss ich mal dringend beraten!«, die von Schulleiterinnen und Schulleitern oft zu hören sind, wenn sie sich über Probleme eines Lehrers ärgern, meinen mit »beraten« offenbar eine (weiche) Form von Kritik bzw. Sanktion.

Beraten wie auch Ratschlaggeben sind Angebote, die auf Freiwilligkeit angewiesen sind: Unerbetene Ratschläge wirken aufdringlich, unerbetene beraterische Diagnosen sind ein »diagnostischer Übergriff«. Als Schulleiter/in sollte ich zudem genau überlegen, ob ich genügend Zeitressourcen habe, Beratung anzubieten (statt sie nur zu empfehlen), und prüfen, ob ich nicht heimliche – unerreichbare – Ziele damit verbinde (z.B. andere zu ändern).

3.2.5 Die Beratungsbeziehung

Offenheit und Deutlichkeit im Beratungsgespräch fällt dann leichter, wenn Berater/in wie auch beratene Person ihre Arbeitsbeziehung grundsätzlich jederzeit beenden könnten. Bei der Beratung durch freiberufliche Professionelle ist dies der Fall; in einer Schule – als »geschlossener Gesellschaft« – nicht. Schulleiter/in und beratene/r Lehrer/in begegnen sich täglich im Raum der Schule, sind auf Kooperation zumindest in den schulischen Gremien weiter angewiesen und wissen dies. Zudem teilen sie die Sorge, dass sich durch Beratungsgespräche – wenn sie an einer Schule erstmals etabliert werden – die bislang (evtl. mühsam) hergestellte Rollenbalance zwischen ihnen verändert. Dies gilt insbesondere für die Fälle, wo zwischen Schulleiter/in und zu beratender Lehrkraft besonders freundschaftliche oder distanzierte Arbeitsbeziehungen bestehen, sodass es schwierig erscheint, die für ein Beratungsgespräch angemessene Balance aus Distanz und Nähe herzustellen.

3.2.6 Wer kann Berater/in sein?

Schulleiter/innen, Lehrer/innen, Schüler/innen und Eltern können Beratungssuchende sein. Schulleiter/innen oder Lehrer/innen können Berater/innen sein. Die Beraterrolle (und auch die Beratungsnehmerrolle) sind also unabhängig von der Schulleitungsrolle und nicht an Statusunterschiede oder Statusgleichheit gebunden (Schulleiter/innen können sich prinzipiell auch von Lehrer/innen beraten lassen; Lehrer/innen können einander beraten). Allerdings halten wir es nicht für ratsam, sich als Schulleiter/in von einer Lehrkraft des eigenen Kollegiums beraten zu lassen, da unter verschiedenen Gesichtspunkten (Konkurrenz, Anerkennung, heimliche Leitung etc.) die Wirkungen auf die Restgruppe und die eigene Rolle schwer in den Griff zu bekommen sind.

3.2.7 Welche Beratungsfälle sind »Chefsache«?

- Für *Kritikgespräche* bin ich als Schulleiter/in die zuständige Instanz (und nur unter spezifischen Bedingungen sind Kritikgespräche delegierbar).
- Für *Schlichtungsgespräche* bin ich als Schulleiter/in nur dann zuständig, wenn alle konfliktnäheren Instanzen (Lehrer/in, Klassenlehrer/in oder Abteilungsleiter/in) nicht klar kommen sollten – dann übernehme ich als Schulleiter/in die Konfliktregelung, muss aber darüber hinaus mittelfristig für die Entwicklung der Schlichtungskompetenz von Abteilungsleitenden, Klassenlehrer/innen usw. bis hin zur Schüler-Streitschlichtung sorgen.
- Dafür, dass ich Lehrkräften meiner Schule *Beratungsgespräche* anbiete, gibt es für mich in meiner Rolle als Schulleiter/in fast keinen *notwendigen* Anlass – außer dass ich in der Sondierungsphase eines Schlichtungsgesprächs, wenn ich ein solches Gespräch übernommen habe, ggf. Beratungsphasen einbaue bzw. ganze Beratungsgespräche anschließe. Wenn ich beispielsweise in der Sondierungsphase eines geplanten Schlichtungsgesprächs zwischen einem Lehrer und den Eltern eines seiner Schüler diesen Lehrer durch beraterische Klärungshilfe dazu anrege, dass er *selber* den Konflikt bereinigt, habe ich das Schlichtungsgespräch gespart (und damit gewissermaßen nur meinen Zeitaufwand vom Schlichtungs- auf das Beratungsgespräch verschoben). Insofern lohnen hier Beratungsanstrengungen.

Beraten können andere Personen – bei entsprechender Professionalität – genauso gut wie ich oder, wenn sie Externe sind, sogar rollenmäßig müheloser. Angesichts meiner ohnehin knappen Zeitressourcen verweise ich also auf Beratungsressourcen anderer und delegiere Beratung, so oft ich nur kann. Soweit ich im Einzelfall Beratung gebe, richte ich sie auf meine speziellen Zuständigkeitsbereiche: auf die Qualitätsentwicklung der Kolleginnen und Kollegen untereinander unter meiner Leitung und auf die Regulierung von Konflikten zwischen innerer Schule und äußerer Schule (Eltern, regionale Öffentlichkeit usw.). Wenn ich zu solchen Konfliktregulierungen durch einzelne Beratungsangebote beitrage, tue ich dies – und sage es auch – im Interesse an professionellem Umgang der Rollen-Erwachsenen miteinander. Demgegenüber bin ich als Berater/in *nicht* direkt zuständig für die Entwicklung der unterrichtlichen Kompetenzen im Kollegium; dafür sind die Lehrer/innen untereinander – mit Unterstützung externer Fortbilder/innen – zuständig. Ich bin als Leiter/in an diesem Qualifizierungsprozess beteiligt, nicht als verspätete Ausbilderin bzw. verspäteter Ausbilder.

Wenn ich – im Einzelfall – z.B. als Schulleiterin einem Lehrer meiner Schule Beratung zu Lehrer-Lehrer-Konflikten gebe, muss ich mir selbst klar werden und vor dem Beratungsgespräch mit dem Lehrer klarstellen, wozu ich ihm dieses Beratungsgespräch anbiete und welchen Ausgleich ich dafür von ihm erwarte, der mir ja nicht – wie einem externen Berater – Honorar zahlt. Sonst entstehen in mir Ansprüche an ihn (oder er fantasiert diese bei mir), ich wolle von ihm Dankbarkeitsverpflichtungen, wolle für eine »tolle Beraterin« gehalten werden, wolle Mutterersatz spielen usw. Damit nicht solche »psychischen Honorare« ins Spiel kommen, verlange ich z.B. von ihm – als seine Gegenleistung – die Rückmeldung, ob und wie er die Anregungen, die er in unserem Beratungsgespräch mit meiner Hilfe gewonnen hat, in seinem Arbeitskontext umgesetzt hat. Dies bedeutet nicht, dass ich von ihm eine Garantie verlange, dass sich mein Gesprächsmehraufwand »amortisieren« wird, aber es stellt immerhin eine sichtbare Kooperationsleistung auf der gemeinsamen Linie schulischer Qualitätsentwicklung dar.

3.2.8 Als wer berate ich?

Wenn ich als Schulleiter z.B. eine neue Lehrerin in ihrem Unterricht hospitiere und ihr – im Einzelfall – auf ihren Wunsch hin zu Problemen mit Schülerinnen und Schülern, die sie selbst sieht, Beratung anbiete: In welcher *inneren Rolle* berate ich dann?

1. *In der Rolle des »befreundeten Kollegen«:* Das würde mich unter Druck setzen, eine kritische Sicht der Unterrichtspraxis der Lehrerin zurückzuhalten und stattdessen lieber z.B. über die Schwierigkeit zu reden, heutige Schüler/innen zu unterrichten (–fEL).
2. *In der Rolle eines älteren, erfahreneren Kollegen:* Dann wird die Beratung wahrscheinlich zu einem Ratschlaggeben, bei dem der Prozess des Problemdefinierens und Problemverstehens abgekürzt oder übersprungen wird zugunsten methodischer Tipps (–fEL).
3. *In der Rolle eines Ausbilders,* der die (vermeintlichen) Mängel der Referendarausbildung nachbessern will? Dann werde ich vermutlich aktiv einige wichtige Mängel an der Unterrichtspraxis des Lehrers aufdecken und auf dessen Fehlereinsicht warten, die ich dann mit Ratschlägen »belohne« (–kEL).
4. *Aus der Sicht eines Beurteilers:* Dann werde ich dazu neigen, flächendeckend Mängel am Unterricht festzustellen und deren Nachweisbarkeit gegen die Rechtfertigungsversuche des Lehrers durchzuhalten (–kEL).
5. *In der Rolle eines »neutralen« Beraters:* Dann werde ich möglicherweise enttäuscht sein über die mangelnde Offenheit des Lehrers, dem ich doch »nur Gutes« will (–fEL).

Alle fünf Rollen würden die Verantwortung des Lehrers für seine Unterrichtsqualität leugnen und darüber hinaus meine Rolle als Begutachter/in definieren. Es könnte also hier nur so sein, dass vorher kontraktiert wird, dass ich nicht als harmloser »Gast« in der Klasse bin, sondern zur Qualitätssicherung (+kEL). Erst aus dem daraus entstehenden kritischen Feedback oder Kritikgespräch kann sich ein Beratungsbedarf und eine entsprechende Vereinbarung ergeben, dass ich in die Beraterrolle einlade oder eingeladen werde.

3.2.9 Die Beraterrolle halten

Wenn z.B. eine Schulleiterin den Schulleiter einer anderen Schule in einem Problem berät, das – nach dessen Einschätzung – durch einen seiner Lehrer verursacht wird, dann betrachtet die Schulleiterin das Interaktionssystem Schulleiter/Lehrer zusammen mit dem Schulleiter als Beraterin, damit das Verhalten des Schulleiters in diesem Interaktionssystem für ihn selbst verständlich und damit veränderbar wird. Die Beraterin arbeitet in Empathie mit dem Schulleiter, aber ohne (innere) Parteilichkeit. Die Beraterin ist dabei auf drei Weisen gefährdet, »aus der Rolle zu fallen«:

1. *Sie identifiziert sich mit dem Schulleiter* und wird dadurch zur Ko-Schulleiterin; damit verschwindet die beratende Schulleiterin als Beratungsinstanz und rutscht in das problemhaltige Subsystem: Beide betrachten zusammen – als *Schulleitungsduo* – den Kontrahenten als ihr gemeinsames Sorgenkind bzw. beide »kämpfen« gegen ihn. Die Beratung verschiebt sich zu bloßem Mitgefühl und Problembestätigung (»Da hast du es aber wirklich schwer!«) und hört insofern auf, Beratung zu sein.
2. *Die Beraterin identifiziert sich mit dem Lehrer* gegen den Schulleiter und verdoppelt damit dessen Kontrahenten. Die Beratungsbeziehung ist dadurch meist so gestört, dass sie nicht weitergeführt werden kann.
3. Die Beraterin lädt den Schulleiter dazu ein (bzw. lässt es zu), dass dieser die Beratungsnehmerrolle verlässt und als Ko-Berater mit der Beraterin zusammen kritisch auf den Lehrer schaut: Beide betrachten als *Beratungsduo* den Kontrahenten des Schulleiters als eine abwesende, angeblich problematische Einzelperson; dann gibt es keinen »Fall« mehr, denn Beratung Abwesender gibt es nicht.

In den beiden ersten Fällen verliert die Beraterin ihrer Rolle – es gibt in dem Beratungsgespräch keine Beraterin mehr. Im dritten Fall hat der Beratungsnehmer seine Rolle aufgegeben oder gar nicht erst eingenommen. Komplikationen liegen also darin, in der jeweiligen Rolle zu bleiben, d.h. als Berater/in zwar Empathie, nicht aber Parteilichkeit mit (oder gar gegen) die oder den Beratungsnehmende/n zu entwickeln. Als beratende Schulleiterin oder beratender Schulleiter darf ich mich also immer nur kurzfristig und probeweise mit der oder dem Beratungssuchenden und seiner Perspektive identifizieren (das ist verstehensfördernd), muss dann aber wieder in die Autonomie bzw. Distanz meiner Rolle zurückgehen.

Diese Rolle als Berater/in einzunehmen und konsistent zu halten (ohne die Fähigkeit zu Empathie und zu »diagnostischer Identifikation« mit *allen* Fallfiguren einzubüßen) ist generell nicht leicht. Dies liegt z.B. auch daran, dass Problemerzählungen im Alltag vor allem auf Anteilnahme, Tröstung und Rückenstärkung zielen. Die Zuhörenden bieten dies in der Regel aus einer (vorübergehend) parteilichen Haltung – *für die* oder den Erzählende/n und *gegen* dessen Kontrahenten – an. Insofern erscheint die – zwar empathische, doch unparteiliche – Autonomie als Berater/in anspruchsvoller und konfrontativer für den Beratungsnehmenden, weil sie per se von ihm verlangt, dass er Beratung um seiner Veränderung willen sucht, nicht nur um »Trost« zu finden oder Lasten loszuwerden. Für Schulleitungsmitglieder gibt es zusätzliche interaktionelle Gefährdungen dieser konsistenten Beraterrolle:

- Wenn ich als Schulleitungsmitglied ein anderes Schulleitungsmitglied berate, verführt mich der für Schule typische Anspruch der Kollegialität (und das Wissen, dass ich die gleichen Probleme habe bzw. haben könnte) leicht dazu, die heikle Asymmetrie meiner Beraterrolle (und damit die Beraterrolle insgesamt) zu verlassen und demonstrativ Gleichheit anzubieten – z.B. von eigenen Problemen ähnlicher Art zu erzählen. Dies erschwert eine gute Beratung, die eine konstante Balance aus Nähe und Distanz braucht.
- Ich teile als Berater/in das für Schule typische Werte- und Normensystem (»Kultur«) und habe damit auch eine Reihe ähnlich »heißer« tabuisierter Themen. Wenn die beratungsnehmende Person einen Fall anspricht, in dem solche Tabus eine Rolle spielen könnten, weiche ich, z.B. indem ich aus der Beraterrolle herausgehe (»Da kann man nichts machen, wie wir ja wissen«), einer aufdeckenden oder aufklärenden Beratung bereitwillig aus – meist ohne dies wahrzunehmen.

3.3 Ein Blick auf Gesprächsbeispiele

Aus der Fallerzählung eines Schulleiters zu Problemen mit einer aus seiner Sicht problematischen Lehrerin; beraten wird er von einem anderen Schulleiter:

Beratungsnehmer:	**Beratender Schulleiter:**
1 *Sie hat also 22 Stunden / äh es hat sich im*	
2 *Laufe der Zeit auch so eingebürgert, dass*	
3 *sie also nie zur ersten Stunde oder jeden-*	
4 *falls wenig zur ersten Stund/ Anspruch er-*	
5 *hebt, nie zur ersten Stunde kommen zu*	
6 *müssen, also in meinem Stundenplan be-*	
7 *rücksichtigt zu bekommen, äh zur zweiten*	
8 *oder zur dritten.*	
9	*Dafür ein bisschen eher zu gehen viel-*
10	*leicht? [lacht]*
11 *Ja, fast, ne. Also das war zum Beispiel so*	
12 *ne Alternative, wenn d/ die fünfte Stunde*	
13 *um war, hatte noch nicht geschellt, dann*	
14 *sah man die Kinder schon draußen äh zur*	
15 *Bushaltestelle laufen und so weiter. [Räus-*	
16 *pern]*	

Der Berater bietet in seiner ersten Äußerung Solidarisierung mit dem Beratungsnehmer gegen dessen Kontrahentin an; er verspürt hier vermutlich die gleichen Affekte wie dieser – Ärger und Wut. Statt am Ende der Fallerzählung diese Affekte des Beratungsnehmers anzusprechen und als nachvollziehbar zu stützen, verlässt er seine Beraterrolle zugunsten einer Ko-Schulleiterrolle. Dass er damit das Verhalten des Beratungsnehmers beeinflusst, zeigt dessen Folgeäußerung (Z. 9f.): Er greift nochmals eine kurz zuvor abstrakt dargestellte Thematik auf (»sie macht oft eher Schluss«), nun aber in einer szenischen, drastischeren Form, als wolle er die Solidarisierung damit ausbauen. Danach erst kommt er zu dem Erzählteil, in dem auch seine eigenen Verhaltensweisen sichtbar werden.

Der Berater könnte sich Gedanken machen, wer den Anspruch der Lehrerin »gefördert« hat: »es hat sich ... so eingebürgert« (Z. 1f.) kaschiert ein überfürsorgliches Leitungsverhalten. Der Schulleiter könnte heimliche Erwartungen an Gegenleistungen gehabt haben, die er nicht bekam. Die Lehrerin wiederum meinte mittlerweile, dass ihr ein bestimmter Stundenplan zustehe usw. Solche konfrontativen diagnostischen Möglichkeiten gehen dem Berater durch seine »Solidarisierung« aber verloren.

Aus der Schlussphase eines anderen Beratungsgesprächs, in dem ein Sonderschulleiter von einem anderen Schulleiter der gleichen Schulform beraten wird; Problemausgangspunkt waren Kooperationsstörungen mit einem Grundschulleiter der Region bezüglich von Sonderschulaufnahmeverfahren:

Beratungsnehmer:	Beratender Schulleiter:
	Die Grundschulen sind ja nicht der Meinung.
Ja	*Die Lehrer, die Klassenlehrer sind der <u>Meinung</u> und da besteht eine Diskrepanz und das wär beispielsweise auch Ansatzpunkte für ein Gespräch mit dem entsprechenden Schulleiter.*
Ja, ja. Nur das Problem ist jetzt halt, äh	
<u>Ja, ja</u>	*Darf ich <u>noch mal</u> weitermachen? Die Sachlage »vier Jahre ein Kind im ersten Schuljahr« ist ein Anknüpfungspunkt, der genau das Gegenteilige dessen beweist, was der Schulleiter sagt.*
<u>Nur dass</u>	*Du hast so viel Munition in <u>der Hand</u>, die du ihm um die Ohren hauen kannst und wo du nachfragen kannst.*

Für den Berater geht es also um »Aufrüstung« des Beratungsnehmers. Und seine ganzen Bemühungen richten sich nun darauf, diesem alles mögliche Kriegsgerät aufzubürden. Der Beratungsnehmer – der dauernd insistiert, nicht kämpfen zu können und auch nicht mehr kämpfen zu wollen – steht, um im Bilde zu bleiben, mutlos und mit schwachen Knien da und kann die vielen ihm vom Berater aufgedrückten Waffen kaum schleppen. Sein abwehrendes »nur dass« bleibt vom Berater ungehört.

Die Problematik dieses Gesprächsverlaufs liegt zum einen am spezifischen Problemtyp: Das Ohnmachtsgefühl des Beratungsnehmers ist offenbar für den Berater nicht bearbeitbar, weil es ihn an eigene Ohnmachtserfahrungen als Sonderschulleiter erinnert und/oder weil es die Sicht der eigenen Schulleiterrolle bedroht (»Als Sonderschulleiter muss man tapfer gegen das entwertende Unverständnis vieler Grundschulleiter/innen kämpfen«). Daher kämpft er – gewissermaßen stellvertretend für den Beratungsnehmer – gegen dessen abwesenden Kontrahenten und zugleich will er damit für den Beratungsnehmer ein Modell liefern, das diesen »aufrüstet«. Erst wenn der beratende Schulleiter innerlich zwischen den Problemen des Beratungsnehmers und seinen eigenen trennen lernt und wenn er akzeptiert, dass Beratung vorrangig Klärungen erarbeitet, nicht aber den Beratungsnehmer auf einen bestimmten handelnden Umgang mit den Problemen verpflichten darf, kann er die Ressourcen von Beratung nutzen.

3.4 Methodische Empfehlungen

Beraten lernen ist sicher keine Sache, die sich durch die Lektüre von methodischen Empfehlungen angemessen realisieren lässt; es braucht vielmehr eine Reihe eigener Erfahrungen als Beratungsnehmer/in sowie Fort- oder gar Ausbildungen. Dennoch stellen wir hier – entlang den erwartbaren Phasen eines Beratungsgesprächs – einige Hinweise zusammen, die bei der Selbststeuerung helfen können (weitere methodische Hinweise sowie kommentierte Beispiele in Boettcher 2004).

3.4.1 Fallerzählungen und der Umgang damit

Schulleitungsmitglieder haben als Berater/in Sorge, sich durch subjektive Problempräsentationen von Beratungssuchenden selbst auf unsicheren Boden zu begeben. Dies ist nur allzu gut verständlich, wenn man an folgende beiden Zusammenhänge denkt:

- Zum einen: Der – in der eigenen Lehrerausbildungszeit fest einsozialisierte – Beratungsrahmen *Unterrichtsnachbesprechung* ging von dem vergleichsweise festen Boden einer Hospitation des Unterrichts aus, auf den sich die nachfolgende »Beratung« bezog: Als »Berater/in« konnte ich mir ein eigenes Bild des Problemfelds machen, das mir half, bereits die ersten Selbstkommentare der hospitierten Lehrkraft daraufhin zu vermessen, wie bei ihr Problemsensibilität und Offenheit entwickelt sind. Auf diese eigene Sicht der Dinge konnte ich mich verlassen, wenn die Lehrkraft keine selbstkritische Sicht ihres Unterrichts und ihrer eigenen Problemanteile anbot; dann konnte ich – auf der Basis meiner eigenen Bewertung des bei ihm gesehenen Unterrichts – meine eigene kritische Sicht gegen seine Abwehr durchkämpfen (auch wenn dies beraterisch gesehen grundsätzlich Pyrrhussiege waren). Vor dem Hintergrund dieser Tradition von »Beratung« erscheint es als Sicherheitsverlust, wenn man nun als Berater/in lediglich eine subjektive Darstellung eines – zunächst nur der anderen Person vertrauten – Problems erhält: Wird man als Berater/in deren Sicht aufsitzen, evtl. sogar ohne dies zu merken? Wird man »über den Tisch gezogen« werden? Es fehlt also an Routine, mit Wirklichkeitserzählungen – ohne eigene Erkundungen dieser Wirklichkeit – auszukommen.

- Zum anderen: Es gehört zu den Standardaufgaben von Schulleitungsmitgliedern, in Konfliktsituationen Entscheidungen zu treffen, wer von den Konfliktbeteiligten welche Haftung für diesen Konflikt zu übernehmen hat; natürlich versucht man dabei zunächst selbst ein Bild von der Sache zu bekommen, zumal in den Fällen, wo streitende Parteien eine unterschiedliche Sicht der Lage haben oder zumindest gegenüber der Schulleitung präsentieren. Man begibt sich vorsorglich *nicht* auf den Boden der subjektiven Sicht einer anderen Person, erst recht nicht einer der streitenden Parteien. Vor diesem Hintergrund erscheint es geradezu mutwillig, sich als Berater/in nur auf die subjektive Sicht einer Beratungsnehmerin oder eines Beratungsnehmers zu stützen.

Diese Sorge wird für Schulleitungsmitglieder erst dann auflösbar, wenn ihnen deutlich wird, dass sie in diesen beiden Arbeitszusammenhängen einer ganz anderen Zielsetzung folgen als in Beratungsgesprächen:

- Bei *Unterrichtsnachbesprechungen* geht es klassischerweise um Mängel*behauptungen* im Kontext von Beurteilungen, die gerechtfertigt werden müssen, wenn die beurteilte Person kein Einverständnis anbietet. Bei Beratung geht es demgegenüber um Mängel*erlebnisse* der beratungsnehmenden Person, für deren besseres Verstehen ich Unterstützung anbiete. Wenn die beratungsnehmende Person ihr Einverständnis mit meiner Beratung aufkündigt, ist ohnehin Beratung zu Ende; und deshalb haben in der Beratung auch nur – und zwar für die beratungsnehmende Person spürbar – *zugewandte* Hypothesen einen Nutzen, weil sie als »diagnostischer Gegenwind«, aber nicht als Angriff verstehbar sind.
- Bei *Haftungsentscheidungen* gegenüber streitenden Parteien geht es um den Schutz der eigenen Neutralität als Schlichter/in, indem man sich selbstständig ein Bild von der Sachlage macht, von dem aus die Haftung für den Konflikt und daher auch die zumutbaren Anteile der meist auch unangenehmen Entscheidung gerecht verteilbar sind. Bei Beratung geht es demgegenüber nie um Schlichtung und grundsätzlich nicht um ein neutrales Zwischen-den-Fronten-Stehen. Ich mache mir als Berater/in ein Bild von einem erzählten Bild der Sachlage, um der beratungsnehmenden Person zu einem besseren Umgang mit sich und dem Problem zu helfen; dabei bin ich als beratende Schulleiterin bzw. beratender Schulleiter nicht neutral, aber auch nicht parteilich. Auch die im Fall als Kontrahent/in bezeichnete Person könnte ja als Beratungssuchende zu mir als Schulleiter/in kommen und würde in der gleichen Weise von mir beratende Unterstützung erhalten können; evtl. würde ich – im Hinblick auf meine Funktion als Schulleitungsmitglied – beiden vorschlagen, auch einmal zu dritt zu sprechen; dies wäre aber ein neues Setting mit neuem Kontrakt (und der könnte auf Beratung oder aber auf Schlichtung lauten).

Wir empfehlen folgende Sicht:

- Beratungsausgangspunkt sind (selbstverständlich subjektive) Problemdarstellungen – so genannte *Fallerzählungen* – einer Beratungsnehmerin oder eines Beratungsnehmers. Probleme sind dabei aktuelle oder andauernde Konflikte, Krisen, Unzufriedenheiten und Unklarheiten im eigenen Berufsfeld; es handelt sich also um problematische berufliche Beziehungen zu anderen (und sich selbst) oder zur Arbeitshaltung an sich; insofern sind in den Fällen meist ein oder mehrere Kontrahenten thematisiert bzw. erkennbar.
- Fallerzählungen geben explizite und implizite Hinweise auf das »eigentliche« Problem, d.h. noch verborgene Problemzusammenhänge. Solche Hinweise sind Schwerpunkte für die Entwicklung eines erweiternden und vertiefenden Fallverständnisses.
- Fallerzählungen enthalten auch Wünsche und Steuerungsversuche der Beratungsnehmerin oder des Beratungsnehmers, z.B. bestimmte Aufträge bzw. die Begrenzung des *Beratungs*auftrags auf *Ratschläge*. Als Berater/in nehme ich solche Wünsche wertschätzend wahr; ich folge ihnen nicht unbedingt, muss aber transparent vermitteln können, warum.
- Fallerzählungen präsentieren die Beratungsnehmerin oder den Beratungsnehmer als eine »gute, kompetente« Person. Ich nehme seine dahinter stehenden Sorgen und Selbstinfragestellungen wahr und sollte in der Lage sein, ihm eine empathische Entlastung in der Beratung anzubieten, damit er sein Problem und sich selbst in diesem Problem freier reflektieren kann.
- Auch wenn sich die Beratungsnehmerin oder der Beratungsnehmer von mir Handlungsvorschläge wünscht, wie er den Kontrahenten »ändern« kann, ist aus Sicht von Beratung – und dies spreche ich evtl. immer wieder an – er selbst diejenige Person, die sich oder etwas ändern muss. Nur eigene Änderungen können entlasten und ziehen – im besten Fall – Änderungen des Systems nach sich.
- Beratung zielt nicht (vorrangig) auf Handlungsvorschläge, Tipps oder Strategien, mit denen ich die »Rat-Losigkeit« der Beratungsnehmerin oder des Beratungsnehmers »beseitigen« würde (so wie der Arzt einem Patienten sein Leiden »wegmachen« soll); Ziele sind vielmehr die Thematisierung der Ratlosigkeit – ihrer Bedeutung, ihrer Affektlage, ihrer inneren wie äußeren Auswirkung – und ein erweitertes Verstehen der Beziehungsverwicklungen, die der beratungsnehmenden Person in dieser Lage offenbar Klarsicht, Kraft oder Mut nehmen, selbst geeignete Verhaltensweisen zu finden.

3.4.2 Die Probleme verstehen

Wenn Schulleitungsmitglieder Beratung üben, so fällt das zähe Festhalten am Verfahren auf, mehr von der Sache wissen zu wollen: Fragen nach mehr Details, Recherchen, manchmal auch Kreuzverhör. Hinter diesem Festhalten stecken offenbar wichtige Vorannahmen über die Beraterrolle; erst wenn über das Irrtümliche dieser Vorannahmen mehrfach reflektiert wird, lassen sich die Teilnehmenden versuchsweise auf andere Verfahren der Fallbearbeitung ein. Solche Vorannahmen können – über die oben (Kapitel 2.4.1, S. 905f.) gemachten Überlegungen zum Absicherungsbedarf gegenüber der subjektiven Darstellung der Beratungsnehmenden hinaus – folgende sein:

- Solange ich als Berater/in – zumindest unterschwellig – die Produktion von Ratschlägen als meine Hauptaufgabe ansehe, brauche ich natürlich viele Informationen über das Problem und seinen Kontext, um über die Passung meiner Ratschläge entscheiden und für sie haften zu können.
- Ich übernehme möglicherweise aus dem medizinischen Modell von Diagnose eine spezifische Arbeitsteilung: Verstehen als ausschließliches Geschäft der Beraterin oder des Beraters; die beratungsnehmende Person steht mir nur als »Informationslieferant« zur Verfügung. Ich übernehme eine dann übliche Phasenabfolge: Erst wenn ich als Ratgeber/in für mich den Problemverstehensprozess abgeschlossen habe, kann ich die beratungssuchende Person am Nachvollzug meiner Sicht ihres Problems beteiligen – dem entspräche auch ein alltagsweltliches Erklärungsmodell: »Ich will mir das erst mal selber klar machen, dann kann ich es dir auch erklären.«
- Zudem bin ich gewohnt, mich zur Ausübung meiner Leitungsfunktion sehr schnell in halb vertraute Problemzusammenhänge einzuarbeiten, um möglichst risikoarm Entscheidungen treffen zu können. Dies tue ich oft durch systematisches Erfragen.

Aufgrund dieser unterschwelligen heiklen Orientierungen mache ich mir als Berater/in großen Druck, möglichst schnell einen Zustand von Klarheit zu erreichen, um die Beraterrolle überhaupt erst richtig wahrnehmen zu können. Beraten wird auf diese Weise ein anstrengendes Geschäft, bei dem ich als Berater/in vor allem um mein eigenes Image als kompetenter Berater besorgt bin. Wir empfehlen folgende Sicht:

- Mein Beitrag zur Beratung besteht darin, dass ich mich als Berater/in mit dem, was ich im Beratungsprozess spontan und/oder aufgrund meiner bisherigen Erfahrungen an Ideen, Einsichten usw. produziere, der beratungsnehmenden Person als Reflexionsrahmen für ihre Probleme zur Verfügung stelle. Meine Beratungskompetenz ist insofern in erster Linie eine besondere *Verfahrens*fähigkeit, keine besondere Verfügung über (Wissens- oder Rat-)*Produkte*. Ich verstehe mich gewissermaßen als ein Resonanzboden für die Beratungsnehmerin bzw. den Beratungsnehmer.
- Da die Beratungsnehmerin oder der Beratungsnehmer sein Problem besser verstehen will, fange ich am besten frühestmöglich an, ihm in seinem Verstehensprozess zu helfen. Daher sind alle Interventionen meinerseits, die nur *mein* Problemverstehen weiterbringen (z.B. Recherchen usw.), kontraproduktiv.
- Indem ich der Beratungsnehmerin bzw. dem Beratungsnehmer z.B. rückmelde, was mich stutzig macht, was mir auffällt, was vielleicht widersprüchlich ist, und indem ich laut »brüte«, was ich hartnäckig nicht verstehe (und welche Gefühle ich damit verbinde usw.), rege ich ihn möglicherweise an, mehr von dem Problem zu verstehen – vielleicht sogar, bevor ich bereits viel davon verstehe.

- Wenn mir im Verlauf der Fallbearbeitung vorher Verstandenes plötzlich wieder unklar wird, ist dies momentan vielleicht ärgerlich; es ist aber wahrscheinlich ein gutes Zeichen dafür, dass jetzt wichtigere Problemdimensionen ans Licht kommen, die die bisherige Sachlage noch ganz anders akzentuieren.

3.4.3 Die Beratungsbeziehung gestalten

- *Die Konstellation reflektieren:* Was bedeutet es, wenn zum jetzigen Zeitpunkt diese Person – in dieser Rolle – mit diesem Fall ausgerechnet zu mir kommt? Will sie mich z.B. als Verbündete/n? Als Tröster/in? Als »Rächer/in« für die ihr zugefügte »Schande«? In *professioneller* Beratung sucht man sich eine Beraterin oder einen Berater aufgrund von Kompetenzzuschreibung (und die Distanz und die Unvertrautheit wird als zur Methode gehörig in Kauf genommen); bei *alltagsweltlicher* Beratung sucht man für ein Beratungsgespräch eine vertraute Person aus (und die für Verstehen notwendige Distanzierungsbewegung und den notwendigen Näheverlust empfinde ich dann als irritierend und schmerzlich).
Aus welchen dieser Motive wählt die oder der Beratungssuchende mich aus? Als Schulleiter/in muss ich, sollte es sich um eine Lehrkraft meiner Schule handeln, genau prüfen, ob nicht heimliche Ziele mit der Beratung verbunden werden. Ich kann das nur durch eine deutliche Absprache klären, was wir – in welchen Rollen – wie lange tun werden.
- Fallerzählungen können immer auch »Einladungen« der Beratungsnehmerin oder des Beratungsnehmers an mich enthalten, mich mit ihm zu identifizieren (gegen andere Problembeteiligte des Falls); Fallerzählungen können mich auch zur Identifikation mit einer oder einem Fallbeteiligten *gegen* die beratungsnehmende Person verführen. Ich brauche meine Identifikationsfähigkeit (zunächst vor allem für die Beratungsnehmerin oder den Beratungsnehmer, später auch für andere Fallbeteiligte) ebenso wie meine Autonomie.
- Welche »Verpflichtungen« übernehme ich gegenüber der beratungsnehmenden Person (z.B. ihr ohne Rücksicht auf meine Leitungsrolle »beizustehen«, Tabus nicht anzusprechen)? Und welche Verpflichtungen erwarte ich heimlich dafür von ihr (z.B. das Problem auch so zu sehen wie ich, meine Ratschläge auch auszuprobieren, Dankbarkeit)?
- Wer bin ich für die Beratungsnehmerin oder den Beratungsnehmer – in eigener Sicht und in bei ihm vermuteter Sicht:
    – Staatsanwalt (der seine Verfehlungen unerbittlich feststellt)?
    – Privatdetektiv (der in seinem Auftrag in seinem Berufsleben rumschnüffelt und alles Auffällige meldet; der Beratungssuchende als Auftraggeber entscheidet dann, was er damit anfängt)?
    – zulassende »Mutter« (die endlich einmal Verständnis für die Mühen und Mängel hat, ohne auf Schuldigkeit oder gar Kompetenz zu insistieren)?
    – Beichtvater (die Sünden erlassen, sie aber vorher als Sünden kategorisieren)?

- Was ist eigentlich mein »psychisches Honorar« für die – kostenlose – Beratungsarbeit:
  - Genuss des Rollenvorsprungs als Leiter/in des Beratungsgesprächs und des damit gegebenen Einflusses?
  - Freude und/oder Stolz über eine gelungene Beratung, z.B. die offensichtlichen Verstehenszugewinne bzw. Engagiertheit der Beratungsnehmerin bzw. des Beratungsnehmers (»Aha-Erlebnisse« und Tränen)?
  - Gewinn an sozialer Nähe (Beraten als »soziales Anschleichen« an eine an sich eher kontaktscheue andere Person)?
  - Gewinn an sozialer Distanz (im Gefolge der Rollenunterschiede)?
- Die Zweierbeziehung »Berater/in–Beratungsnehmer/in« ist latent oft eine Dreier- und Mehrfachbeziehung:
  - Wenn sich z.B. ein Lehrer über eine Kollegin beklagt: Halte ich innerlich zu ihm oder zu ihr? Spüre ich, dass von ihm eine solche Parteilichkeit zumindest gefordert wird?
  - Wenn mich eine Beratungssuchende oder ein Beratungssuchender an eine frühere (angenehme oder unangenehme) Figur erinnert, ist diese geschichtliche Figur der heimliche Dritte im Bunde.
  - Wenn ich Sorge habe, was das Kollegium über meine Beratung mit z.B. diesem Lehrer sagen oder denken würde, ist diese »Kontrollöffentlichkeit« – obwohl nur fiktiv – eine einflussreiche dritte Kraft.
- Problematisch kann sein, wenn ich mich als Berater/in innerlich von der beratungsnehmenden Person distanziere, z.B. weil ich das Gefühl habe, sie enthält mir wichtige Zusammenhänge vor, bagatellisiert oder rückt nicht mit ihren tatsächlichen Gefühlen heraus o.Ä. Mein Ärger darüber, dass die Beratungsnehmerin oder der Beratungsnehmer *mir* dadurch die Beratungsarbeit erschwert, ist verständlich, ist aber *selbst* erst die eigentliche Erschwerung. Möglich ist dann, diesen Verlauf innerlich umzuwerten: Es ist offenbar für die Beratungsnehmerin bzw. den Beratungsnehmer jetzt noch zu früh, also Geduld haben oder andere Zugänge suchen oder »zugewandt konfrontieren«. Und schließlich: Als Berater/in soll *ich* der beratungsnehmenden Person helfen, nicht sie mir.
- »Mit-Leiden« gefährdet meine Beweglichkeit als Berater/in zwischen Nähe und Distanzierung gegenüber der beratungsnehmenden und den fallinternen Personen.
- Was tue ich als Berater/in, wenn ich das Gefühl habe, die Beratungsnehmerin oder der Beratungsnehmer will eigentlich gar nicht Beratung, sondern lediglich eine Bestätigung seiner Sichtweise bzw. schon bekannter Ratschläge? Hinter diesem Gefühl kann meine Sorge stecken, mich auch als »gute« (= sichtbar erfolgreiche) Beraterin bzw. Berater zu profilieren. Wichtig ist, dass die Beratungsnehmerin oder der Beratungsnehmer über den Tiefgang und das Tempo der Bearbeitung bzw. Sichtänderung entscheiden darf; ich als Berater/in darf mich und meine Rolle schützen, indem ich z.B. die bei der beratungsnehmenden Person vermutete oder gespürte Sorge und Abwehr behutsam anspreche bzw. im Extremfall auch von mir her für eine Beendigung der Beratungsbeziehung plädiere.

- Wenn ich mich als Berater/in z.B. darüber ärgere, wie aus meiner Sicht die Beratungsnehmerin einen Problembeteiligten in ihrer Fallerzählung diffamiert, dann darf ich mich ruhig ärgern und dies wahrnehmen, muss aber diesen Affekt auch diagnostisch »übersetzen«, z.B. in die Frage (an mich selbst): Welche Angst hat die Beratungsnehmerin offenbar davor, dass eigene Schwächen bei der Beratung »herauskommen« könnten? Und dies kann mir als Berater/in helfen, ihr gegenüber einfühlsamer zu werden, also gerade nicht kälter und härter. Nicht meine Affekte und Parteilichkeiten selbst beeinträchtigen meine Fähigkeit zum guten Beraten, sondern erst meine Unfähigkeit, sie konstruktiv zu nutzen bzw. zu »bändigen«. Aus einer Doppelrolle Berater/Schulleiter kann ich dagegen zugewandt konfrontieren, z.B.: »*Wenn Sie jetzt hauptsächlich soviel Ärgerliches über Kollege X erzählen, sollten wir vielleicht die Beratung unterbrechen und klären, ob Sie nicht eigentlich eine Intervention von mir als Schulleiterin anstreben?*«
- Wenn ich mich als Berater/in als zu sehr in den Fall verwickelt (z.B. aggressiv, hilflos oder resigniert) erlebe, sollte ich lieber offen eine Auszeit nehmen, als tapfer weiter durchzuhalten, z.B.: »*Ich merke, ich bin selber sehr verfangen in diesen Fall, ich möchte hier gerne erst einmal Halt machen und für mich in Ruhe nachdenken. Ich komme morgen wieder auf Sie zu.*«

3.4.4 Entwicklung von Beratungsbereitschaft im Kollegium

Lehrer/innen (ebenso wie Schulleiter/innen) müssen nicht nur die Rolle der Beraterin bzw. des Beraters entwickeln, sie müssen zunächst auch erst einmal die Rolle der bzw. des Beratungsnehmenden übernehmen lernen.

Das für Beratung typische Ineinander von Behutsamkeit und Deutlichkeit, von Zuwendung und Konfrontation ist den meisten Lehrerinnen und Lehrern nur in den beiden isolierten Polen vertraut: als Anspruch auf (bedingungslose!) »Solidarität« und Tröstung beim (gemeinsamen) Klagen über Schüler/innen, Umstände usw. einerseits und als etabliertes Muster von Kritik als Angriffs-Verteidigungs-Spiel. Selbst der Umgang mit verletzender Kritik scheint weniger bedrohlich zu sein als sich gegenüber einer Beraterin oder einem Berater zu öffnen. Zu lernen, sich zu öffnen, ohne sich auszuliefern, braucht Zeit und schützende Bedingungen.

Sicher hilft dabei, erste Beratungen als Schulleiter/in nur mit solchen Lehrerinnen und Lehrern zu planen, die in ihrer Rolle und im Kollegium hinreichend sicher sind und zu denen ich als Schulleiter/in eine misstrauensarme Beziehung habe. Beratungsgespräche haben hier eine besonders große Chance auf Erfolg und diese positive Sicht von Beratungsgesprächen ist es, die über Mundpropaganda auch andere Lehrer/innen etwas bereiter machen kann, sich auf Beratung einzulassen.

Für erste Beratungsgespräche eignen sich Fallbesprechungen eher als Unterrichtsnachbesprechungen, weil damit die Trennung von Beratung und Beurteilung deutlicher gezeigt wird.

3.4.5 Beratung und kollegiale Öffentlichkeit

Die Mehrzahl der dazu befragten Lehrer/innen wünscht Beurteilungsgespräche – etwa Unterrichtsnachbesprechungen bei Revisionen – in der Dyade, also unter Ausschluss der Kollegiumsöffentlichkeit. Offenbar empfinden sie den öffentlichen Umgang mit Fehlern, Vorwürfen und Verbesserungsvorschlägen als unangenehm oder beschämend und sind – aus Zeiten eigener Kindheit – eher gewohnt, ihn unter vier Augen durchzustehen.

Andererseits wünschen Lehrer/innen, die sich außerhalb des Kollegiums eine Beratungsmöglichkeit suchen, mehrheitlich eine Gruppenform, z.B. eine Supervisionsgruppe. Offenbar suchen diese Lehrer/innen eine Art vorübergehendes »Ersatzkollegium«, in dem unterstützende, aber auch kritische Offenheit möglich ist, die sie in ihrem Stammkollegium nicht vorfinden (und noch nicht etablieren helfen konnten).

Solche Befunde machen darauf aufmerksam, wie wichtig es ist, Beratung in der eigenen Schule allmählich aus der Tabuzone in die kollegiale Öffentlichkeit zu führen. Dabei ist es wichtig, zunächst möglichst eindeutig beurteilungsferne Beratungssituationen (und damit auch beurteilungsferne Rollen!) zu wählen und zugleich behutsame Formen der Öffnung zu probieren, z.B.

- über Beratungsprozesse und -ergebnisse in Absprache mit der beratenen Lehrkraft im Kollegium zu sprechen;
- Fallbesprechungen als Element von Fortbildungsveranstaltungen einzuführen;
- in der Kollegiumsöffentlichkeit – z.B. auf pädagogischen Konferenzen – transparente Vereinbarungen für Hospitationen unter bestimmten thematischen Fokussen treffen, als eine Art Auftrag zu gemeinsamer empirischer Forschung.

3.4.6 Zur Rolle externer Beratungsangebote für das Kollegium

Für jedes System ist es sinnvoll und notwendig, sich in Abständen mit der Außensicht externer Berater/innen auseinander zu setzen, um sich angesichts heutiger Komplexität einer ständigen Weiterentwicklung durch den Blick »über den Tellerrand« zu verpflichten.

Die vorübergehende Heranziehung von externen Beraterinnen und Beratern kann unter bestimmten Bedingungen hilfreich und nötig sein, zum einen, um kollegiumsinterne (auch beraterische) Qualifizierungsprozesse in Gang zu setzen, zum andern, wenn Probleme zur Beratung anstehen, in die die Schulleitung selbst oder so große Teile des Gesamtkollegiums verwickelt sind, dass – im Sinne eines systemischen Ansatzes – nur durch eine Beraterin oder einen Berater außerhalb des Kollegiums Verstehens- und Änderungsprozesse (in der Qualität von Organisationsentwicklungen) ausgelöst werden können.

Dass Externe leichter als Mitglieder des Systems Schule Beratungsprozesse in Gang setzen können, liegt zum einen daran, dass sie in der Regel qualifiziertere professionelle Berater/innen sind. Mindestens ebenso wichtig ist, dass sie nicht verdächtigt werden, mit ihrem Beratungsangebot Partei ergreifen bzw. im Kollegium dauerhaften Einfluss gewinnen zu wollen (freilich können auch hier Fantasien entstehen, warum sich der Schulleiter ausgerechnet *diese* Beraterin oder *diesen* Berater »geholt« hat); entsprechend weniger misstrauisch und mit weniger Vorbehalten behaftet ist das Kollegium. Zudem ist die Wahrnehmung und das Ansprechen heikler Problemzusammenhänge durch Externe leichter möglich als durch ein Mitglied des Systems selbst und man kann sie – wenn sie »zu weit gehen« – auch wieder loswerden. Eine externe professionelle Beraterin oder ein externer professioneller Berater wird darüber hinaus aufgrund seiner Fachautorität durch eine relativ kurze Zusammenarbeit einen gemeinsamen Bezugspunkt zu wichtigen Themen für die Schule schaffen, eine »Plattform«, die auch nach seinem Weggang eine kollegiumsöffentliche Besprechung und Beratung bislang tabuisierter Probleme ermöglicht.

Soweit z.B. Fallbesprechungsgruppen – durch eine externe Beraterin oder einen externen Berater geleitet – an einer Schule eingerichtet werden, ist es wichtig, einen Vertrag zu schließen, ab wann die Gruppe in der Lage ist, sich kollegial und rollenkompetent – sachbezogen – selbst zu beraten und ggf. nur noch gelegentlich bei nicht selbst lösbaren Problemen die externe Beratung zu einzelnen Sitzungen zu holen.

4. Schlichtungsgespräch

4.1 Begriffliche Grundlagen

Die Teilnahme an einem Schlichtungsgespräch kann ich – wie beim Beratungsgespräch – nicht verlangen: Als Schlichter/in werde ich erst auf Bitte (einer) der streitenden Parteien aktiv. Ich kann zwar den zerstrittenen Parteien selbst ein Schlichtungsgespräch vorschlagen, diesen Vorschlag müssen dann aber beide Parteien ausdrücklich in einen Auftrag an mich umdefinieren.

Schlichtungsgespräche haben eine triadische Struktur: Beide Parteien sind mit mir als Drittem im Gespräch beteiligt. Denkbar sind auch Konflikte mit mehr als zwei Parteien (z.B. streiten drei Lehrer/innen einer Klasse ergebnislos um eine für alle geltende Sitzordnung in dieser Klasse).

In einem Schlichtungsgespräch bemüht sich die schlichtende Person, einen Streit bzw. Konflikt zwischen zwei (oder mehr) Parteien in deren Auftrag (als Schulleiter/in aber zugleich auch im Sinne besserer Arbeitsqualität) gütlich zu regeln. Schlichtungsgespräche sind eines der gesellschaftlich etablierten Verfahren zur Konfliktlösung:

- Zum einen ist Schlichtung ein juristisch definiertes Verfahren der außer- bzw. vorgerichtlichen Regelung von Konflikten. Schlichtung ist hier eine Instanz, die man durchlaufen muss, um in bestimmten – leichteren – Streitfällen überhaupt den Zugang zu einer gerichtlichen Entscheidung zu erhalten. Eine solche Schiedsgerichtsbarkeit ist in Deutschland im 19. Jahrhundert (zum ersten Mal 1827 in Preußen)

eingerichtet worden. Ihr institutioneller Zweck liegt in der Reduktion der Überlastung der Gerichte; ihr gesellschaftlicher Sinn liegt in der Förderung von Selbstregulierungsprozessen in der Gesellschaft.
- Zum anderen gibt es Schlichtungsverfahren – teilweise unter dem Terminus der »Mediation«[4] –, die freiwillige Varianten von Schlichtung darstellen. In einzelnen Institutionen sind formelle Schlichtungsverfahren entwickelt worden, z.B. die so genannte Güteverhandlung im Kraftfahrzeugwesen.

Schlichtung – überwiegend unter dem Terminus »Streitschlichtung« – ist inzwischen auch in vielen Schulen ein wichtiges Element in der Qualifizierung von Schülerinnen und Schülern und in der praktischen Entwicklung einer Kommunikationskultur an der Schule, die von »Frieden« und sozial verträglichen Konfliktlösungen geprägt sein soll.

Wenn sich im gesellschaftlichen Alltag Streitparteien auf Schlichtungsgespräche nicht einlassen wollen, »droht« ihnen ein formelles – entsprechend teures, öffentliches und langwieriges – Rechtsstreitverfahren. Das Pendant zu diesem formellen Druck, sich auf Schlichtung einzulassen, ist in der Schule:

- die Erwartung (*Appell*) an die generelle Friedensbereitschaft als ein inner- wie außerschulisch etabliertes Prinzip sowie die Erwartung an die pädagogische Kompetenz von Lehrerinnen und Lehrern, Modell zu sein für gütliche Einigungsverfahren, die ja auch unter Schülerinnen und Schülern etabliert werden sollen;
- die Notwendigkeit einer kollegiumsöffentlichen oder formellen Klärung, wenn das *Angebot*, den Konflikt eigenverantwortlich (und damit imageschonender) zu lösen, nicht genützt wird;
- das »*Ultimatum*« der Schulleiterin bzw. des Schulleiters, mit separaten Kritikgesprächen bei den beteiligten Parteien (mit möglichen Konsequenzen) zu intervenieren, wenn aus Schulleitungssicht durch diesen Konflikt ein erheblicher Unfrieden oder Schaden zu befürchten ist.

Dieser letzte Punkt ist für meine Gesprächsvorbereitung als Schulleiter/in wichtig: Wenn z.B. zwei Lehrer kein Schlichtungsgespräch wünschen und sich auf entsprechende Angebote von mir als Schulleiter/in nicht einlassen, kann ich – wenn der Konflikt die Arbeitsfähigkeit oder -qualität dieser oder anderer Lehrpersonen aus meiner Sicht beeinträchtigt – von den beiden *verlangen*, dass sie ihren Konflikt wie auch immer innerhalb einer bestimmten Terminvorgabe von mir regeln; ich kann (und muss) eine Auflage ankündigen für den Fall, dass die erwartbare Lösung nicht eintritt oder sie sich

---

4 »Mediation« ist ansonsten nur eine aus dem angelsächsischen Raum reimportierte fremdsprachliche Dublette zu »Schlichtung«. Da meistens keine saubere Begriffsfestlegung – ggf. in Abgrenzung zu vorhandenen Termini – vorgenommen wird, scheint es manchen etwas gegenüber Schlichtung Neues und Besonderes zu sein.

nicht ernsthaft darum bemühen. Als Schulleiter/in beziehe ich dann ausschließlich eine kritisch konfrontierende Haltung und orientiere über den Auftrag und mögliche Folgen, falls die Arbeitsfähigkeit nicht wieder hergestellt wird.

4.1.1 Wirksamkeit von Schlichtung in der Institution Schule

Die Wirksamkeit von Schlichtungsgesprächen hängt sehr stark von der Art ab, wie ich die Rolle als Schulleiter/in *und* Schlichter/in einnehmen (und eventuell verbinden) kann, und von einer kompetenten Gesprächsführung. Im Bereich der Schiedsgerichtsbarkeit beispielsweise – wo die Schiedsleute nicht nachhaltig geschult werden – lag die Zahl der »Rückfälle« von schlichtungsbeteiligten »Gegnern« bei Beziehungskonflikten, z.B. Nachbarschaftsstreit, bei über 50 Prozent. Dies ist nicht verwunderlich: Wenn zwei streitende Parteien Schlichtung bemühen, dann ist der Streit in der Regel schon längere Zeit und ohne Erfolg von ihnen selbst bearbeitet worden; sie schätzen ihre Möglichkeiten der Streitregelung gering ein. Und – und dies ist das Problematischste: Wer initiativ wird und eine Schlichterin oder einen Schlichter anruft, sieht sich meist selbst als Geschädigten und den anderen als Täter und verlangt dementsprechend dessen angemessene »Bestrafung« und für sich selbst Wiedergutmachung. Auf diese Weise wird durch die bloße Initiative einer der Parteien der Streit in Rollen und feste Erwartungen vorstrukturiert, was eine Schlichtung – die auf Kontakt, wechselseitige Empathie oder gar mittelfristige »Versöhnung« aus ist – erschwert.

Die Zahl der Rückfälle hängt zum anderen aber auch mit diesem weit überhöhten Ziel selbst zusammen: Wenn ich als Schlichter/in ein solches Ziel erreichen will, kann ich nur aus einer –fEL-Position daran glauben. Ich würde mich dann in Wahrheit nicht als Schlichter/in anbieten, sondern – heimlich – als Retter/in. Und es ist nicht verwunderlich, wenn mich die streitenden Parteien (wie Kinder) an meinem Ziel scheitern lassen, weil sie auf diese Weise keinerlei Verantwortung für das Ergebnis übernehmen. Als Ziel von Schlichtung würden wir daher eine »Wiederannäherung« beider Parteien insofern definieren, als diese sich bereit erklären, ihre unterschiedlichen ursächlichen Beteiligungen offen zu legen und sich auf Teillösungen bzw. Kompromisse einzulassen. Ich lade gewissermaßen als Schlichter/in aus der +kEL und +fEL die beiden Parteien mittels geeigneter Verfahren ein, sich wieder in ein eigenverantwortliches Rollen-Ich zu begeben. Das bedeutet auch, dass für jede individuelle Schlichtung ein Ziel auf kleinstem gemeinsamen Nenner *vorher* ausgehandelt werden muss.

Aus Sicht der Partei, die mich als Schlichter/in anspricht, bin ich strukturell bereits als auf ihrer Seite stehend definiert. Und diese initiative Partei wäre empört, wenn ich »den Spieß umdrehte« und im Gefolge von Sondierungsgesprächen plötzlich bei ihr selbst die Hauptaftung sähe. Aber auch die beschuldigte Partei, die von mir – ohne ihren Willen – in die Konfliktklärung »geholt« wird, sieht in mir ggf. eine Gegenpartei.

Insofern tue ich als Schulleiter/in gut daran, Konflikte aktiv wahrzunehmen und im Interesse meiner Schule initiativ zu werden: Ich spreche solche Streitlagen initiativ an – mit dem Anspruch, dass die Beteiligten sie so weit regeln, dass sie wieder arbeitsfähig werden, und ggf. mit dem Vorschlag, dass sie sich jemand Drittes (evtl. auch mich selbst) zur Unterstützung holen.

4.1.2 Schulleitungsmitglieder in der Rolle der Schlichterin bzw. des Schlichters

Die Rolle der Schlichterin bzw. des Schlichters ist im Bereich der außergerichtlichen Konfliktregelung klar: Schlichter/innen sind nur für die Regeln des Settings verantwortlich. Sie sind nicht Friedensstifter in eigenem, sondern im Parteienauftrag; ihre Gefahr, sich in den Konflikt parteilich zu verwickeln, ist relativ gering, weil sie in der Regel die streitenden Parteien nicht persönlich kennen. Verpflichtung auf Neutralität bzw. Unparteilichkeit sind für sie strukturell möglich.

Schulleitungsmitglieder als Schlichter/innen bewegen sich in einer erheblich komplexeren Rollenstruktur: Als *Leiter/in des Schlichtungsgesprächs* bin ich allparteilich, d.h. ich habe (und entwickle) Verstehen für jede der streitenden Parteien, ohne mich an eine von ihnen auszuliefern. Als *Leiter/in meiner Schule* bin ich dabei aber grundsätzlich eine eigene – dritte – Partei, die ich sichtbar vertrete: Ich vertrete den größeren Interessenszusammenhang »Arbeitsqualität an meiner Schule«.

Aufgrund dieser Loyalität gegenüber der von mir geleiteten Schule vertrete ich eine Instanz, die auch über Professionalität und Nichtprofessionalität von einzelnen Beteiligten befindet: Ich bilde mir im Verlauf des Schlichtungsprozesses eine eigene Meinung von dem angesprochenen Verhalten einer Lehrperson bzw. auch eines evtl. beteiligten Schülers oder seiner Eltern. Wenn ich als Schulleiter/in das Verhalten einer Lehrperson unprofessionell finde, spreche ich dies in der Vorbereitung – der Sondierungsphase – ihr gegenüber unter vier Augen an; dies ist dann ein Kritikgespräch, dessen Ziel es ist, dass die Lehrperson selbst ein klares Bild des eigenen strittigen Handelns gewinnt und daraufhin ggf. selbst eine Einigung mit der Schülerin, dem Schüler oder seinen Eltern in Gang setzt. Ich erwarte aber auch sichtbar (für alle orientierend) ein bestimmtes Entgegenkommen (Verhalten) der Lehrperson im Schlichtungsgespräch selbst und gewinne darüber einen zusätzlichen Einblick in die Gesprächskompetenzen dieser Lehrperson, ohne jedoch evtl. Kompetenzmängel dort zu einem »öffentlichen« Kritikgespräch auszubauen.

Gegenüber der Schülerin oder dem Schüler bin ich – nach der zunächst zuständigen Lehrperson bzw. der Klassenlehrerin oder dem Klassenlehrer – zuständig für ein Kritikgespräch. Gegenüber den Eltern bin ich zwar berechtigt und verpflichtet, ihnen meine Einschätzung ihrer bisherigen Konfliktbeteiligung als Feedback offen zu legen: Ich kann meine Erwartungen an ihr Verhalten formulieren und die Folgen für ihr Kind verdeutlichen, falls sie *keine* konstruktive Haltung bezögen; ich kann aber von ihnen kompetentes Handeln rechtlich gesehen nicht *verlangen*.

In Privatschulen gibt es demgegenüber die Möglichkeit, Schüler- wie auch Elternkooperation mit Schule und Schulleitung explizit vertraglich zu regeln, hier sind tatsächlich »Vereinbarungen« im strengen Sinne vor der Entscheidung über Schulbesuch bzw. Schüleraufnahme möglich. Wenn Eltern dort gegen Kontraktbedingungen verstoßen – z.B. wenn sie bereits vor dem ernsthaften Versuch, Probleme mit der Schule zu klären, in der Region schlecht über die Schule reden –, kann ich auf den Kontrakt bezogen kontraktwidriges Verhalten vorwerfen und Änderung verlangen.

Als Schulleiter/in bin ich eine eigene Partei. In dieser Parteilichkeit verlange ich, dass eine Einigung in absehbarer Zeit erfolgt und dass sie verträglich mit meinen Normvorstellungen für diese Schule ist. Sonst drohe ich – als Leiter/in je einzelner Kritikgespräche – mit offener Parteilichkeit und steige damit aus der Schlichtung aus.

4.1.3 Wer kann Schlichter/in sein?

Schlichtungsgespräche sind bei Statusgleichheit (z.B. eine Lehrerin als Schlichterin bei einem Streit zwischen zwei anderen Lehrerinnen) oder mit Statusgefälle (z.B. Schulleiter als Schlichter für zwei Lehrer) oder bei Statusneutralität (z.B. eine externe Person) möglich. Wenn eine Schulleiterin oder ein Schulleiter selbst eine der streitenden Parteien darstellt, kann als Schlichter/in nur eine ranggleiche Person (z.B. Schulleiter/in einer benachbarten Schule) oder ein Mitglied der Schulaufsicht fungieren, also weder ein anderes Mitglied der gleichen Schulleitung noch etwa der Lehrerrat.

Relativ häufig lassen sich Schulleiter/innen in Konfliktsituationen, von denen sie sich überfordert fühlen, auf Schlichtungsangebote durch Rangniedere ein. Z.B. bot bei einem massiven Konflikt zwischen einer Schulleiterin und ihrem Kollegium ihr Stellvertreter Schlichtung zwischen beiden »Parteien« an; dadurch hielt dieser Stellvertreter – der sich selbst vergeblich auf ihre Schulleiterstelle beworben hatte – seine überlegene Position in der Schule aufrecht, die gerade die zentrale Ursache für den Konflikt der Schulleiterin mit dem Kollegium war – ein Teufelskreis, der von ihr durch Selbstreflexion allein kaum mehr zu lösen war.

Hinter dieser Empfehlung, als Schulleiter/in grundsätzlich *nicht* ein rangniederes Mitglied der eigenen Schule – z.B. meinen Stellvertreter oder ein Lehrerratsmitglied – als Schlichter/in zu wählen, steht folgende Begründung: Mein Bedarf nach Schlichtung, also nach vermittelnder Hilfe einer dritten Person, hat mit einem vorübergehenden aK-Status zu tun; und zwar kann es eine konstruktive – also in der +aK-Position geäußerte – oder eine nicht konstruktive – also in der –aK-Position geäußerte – Bedürftigkeit sein und mir zudem von einer Schlichterin oder einem Schlichter aus +fE oder –fE gewährt werden. Wenn ich mir als Schulleiter/in meines eigenen inneren Status nicht sicher bin und wenn ich zudem nicht sicher bin, dass die Schlichterin oder der Schlichter aus +fE heraus arbeitet, dann lasse ich lieber eine Ranghöhere oder eine Externe diese Rolle übernehmen, weil ich einem Ranghöheren gegenüber ein »Geleiteter« sein darf bzw. einem Externen gegenüber nicht rollenverwickelbar innerhalb der Schule bin.

Das Problem steckt also darin, dass Schlichter-Sein mit fE-Status verbunden ist, und der ist grundsätzlich heikel, wenn ihn die oder der Falsche einnimmt! Schlichtung brauchen ist also – als vorübergehender Verlust einer Problemlösefähigkeit – ein vorübergehender Wechsel in den K-Status. Wenn ich als Schulleiter/in eine Schlichtung (z.B. mit Lehrer/in oder Stellvertreter/in) brauche, gehe ich immer in eine +aK-Position; ich brauche dabei eine ranghöhere Person im Rücken. Ich muss also Stützung »anfordern«, und zwar unbedingt nach oben (d.h. zur Schulaufsicht). Es ist Teil von Leitungskompetenz (die freilich selten genutzt wird), rechtzeitig Unterstützung von oben anzufordern und sich damit zu entlasten. Wenn ich im Streit Unterstützung nicht von der Schulaufsicht, sondern vom Kollegium anfordern würde, könnte das bedeuten, dass ich selbst höheren Instanzen nicht traue – weshalb sollte das Kollegium dann mir im Streitfall trauen?

4.1.4 Wie sind Schlichtungsgespräche aufgebaut?

Zu Beginn des Schlichtungsgesprächs geht es um ein Aushandeln des Ziels und der Bedingungen. Es wird eine Gesprächsplattform für das weitere Vorgehen errichtet: Was wollen wir erreichen, in welchen Rollen sind wir hier, was tun wir hier wie lange, welche Kooperationsbereitschaft bringt jede Person mit? Ich lade gewissermaßen alle in Plus-Positionen ein, also in Verantwortung und erwachsene Rollen. Wenn diese Plattform nicht gelingt, kann ich das Schlichtungsgespräch beenden: Ich weigere mich, allein Verantwortung tragen zu sollen für ein positives Ergebnis.

Im Kern des Schlichtungsgesprächs geht es dann in einer *ersten Phase* um die Entwicklung einer gemeinsamen Sicht des Konflikts: Beide Streitparteien bringen ihre Sicht des Konflikts vor; unter meiner Leitung als Schlichter/in versuchen sie, die unterschiedlichen Sichtweisen des Konflikts und seiner Verursachung auf eine gemeinsame (dritte) Sichtweise zu bringen.

Bei Schlichtungsgesprächen bin ich – im Unterschied zu einem Kritikgespräch – auf eine gemeinsame Sicht des strittigen Sachverhalts beider Parteien angewiesen und kann diese daher einfordern:

> *»Wenn Sie keine einverständliche Sicht des Sachverhalts entwickeln, können wir hier nicht dazu übergehen, Möglichkeiten einer Änderung Ihrer Zusammenarbeit zu finden. Ich würde dann das Gespräch hier beenden und von Ihnen als Schulleiter/in bestimmte Änderungen verlangen.«*

Sobald ich also als Schulleiter/in merke, dass die Verantwortung für »Erfolg« bei mir allein bleibt, wechsle ich sichtbar aus der Schlichter- wieder in eine (weisende) Schulleiterrolle. Nur wenn die erste Phase gelingt, gehe ich in die zweite über.

In der *zweiten Phase* geht es um das Finden einer Einigung: Die Schlichterin oder der Schlichter fördert die Parteien, Einigungsmöglichkeiten zu erarbeiten und bietet dazu Hilfen an, die schließlich zu einem von beiden Streitparteien ratifizierten Vorschlag führen.

Vor einem Schlichtungsgespräch klärt die Schlichterin oder der Schlichter in *Sondierungsgesprächen* mit jeder der Parteien die inhaltlichen wie interaktionellen Voraussetzungen, die am Gesprächsbeginn für alle offen gelegt und vereinbart werden müssen. Die Sondierungsphase ist insofern ein doppelt relevantes Instrument im Ablauf von Schlichtung: Zum einen sind die Sondierungsgespräche mit jeder der am Konflikt beteiligten Parteien der Ort für die Klärung der eigenen Beteiligung (und der Entwicklung entsprechender Konfliktbeilegungs-Angebote); sie sind zudem der Ort, wo ich – durch beratende oder durch Kritikgespräche – eine oder beide Parteien evtl. dafür gewinnen kann, den Konflikt in eigener Initiative zu regeln.

Jedes von den am Konflikt direkt Beteiligten selbst gelöste Problem erspart mir Gesprächsarbeit und ist zugleich ein Modell für die selbstverantwortliche Bearbeitung von Konflikten in meiner Schule. Insofern ist eine erfolgreich an die Konfliktbeteiligten zurückverwiesene Schlichtung immer der bessere, qualitätssichernde Weg.

4.2 Strukturelle Voraussetzungen von Schlichtungsgesprächen

Zwei häufige Konstellationen in Schlichtungsgesprächen lassen sich unterscheiden:

Konstellation A: Beide Parteien gehören zum »Stammpersonal«, sind gewissermaßen Mitglieder der »inneren« Schule. Wenn es dabei z.B. um zwei Lehrkräfte als streitende Parteien geht (vgl. Abbildung), kann ich als Schulleiter/in damit rechnen, dass sie eher *nicht* an Eskalation interessiert sind, weil sie beruflich keine oder wenig Alternativen haben und miteinander und vor allem mit mir als Schulleiter/in weiterleben müssen. Beide sind erwachsene Personen mit klaren Rollenansprüchen; ich kann ihnen daher Konflikt und Konfliktbearbeitung zumuten. Beide sind zudem schulische Profis; ich kann von ihnen daher diejenige Mindestkooperation miteinander (und mit mir) einfordern, die für professionelles Arbeiten innerhalb einer Schule notwendig ist.

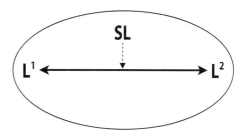

Diese – für Konfliktbewältigung relativ günstigen – Voraussetzungen gelten auch für zwei Varianten dieser Konstellation A, die sich aber von der o.g. Variante durch Rollen- und Rangunterschiede zwischen den beiden Parteien unterscheiden:

1. *Der Konflikt besteht zwischen einem anderen Mitglied der Schulleitung und einer Lehrkraft.* Als Schulleiter/in bin ich parteilichkeitsgefährdet, insofern mir – normale Kooperation innerhalb der Schulleitung unterstellt – der Schulleitungskollege (z.B. die Stellvertreterin) rollenmäßig näher liegt als eine Lehrerin oder ein Lehrer.
2. *Der Konflikt besteht zwischen einer Lehrkraft und z.B. der Sekretärin.* Als Schulleiter/in gerate ich hier leicht in einen Zwiespalt, da die Sekretärin für meine Arbeitsfähigkeit möglicherweise – unter Service- wie Klimaaspekt – wichtiger als jede einzelne Lehrkraft ist, hinsichtlich des Sachverhalts aber möglicherweise ein größeres Verständnis für die Lehrperson besteht.

Konstellation B: Eine der Parteien (nämlich S/E) gehört zur »äußeren« Schule. In diesem Schaubild sind drei Varianten unterschieden:

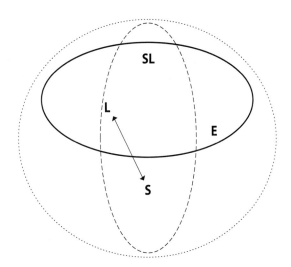

1. Die z.B. minderjährige Schülerin wird von ihren Eltern im Schlichtungsgespräch vertreten (durchgezogene Linie).
2. Der volljährige Schüler vertritt sich selbst (gestrichelte Linie).
3. Schüler/in *und* Eltern nehmen an dem Gespräch teil (gepunktete Linie).

Schlichtungsgespräche in dieser Konstellation B sind unter mehreren Hinsichten komplexer und schwieriger zu leiten als Gespräche in Konstellation A:

- In einem solchen komplexen System gibt es viele Informationen und Vorgeschichten, die meist nicht alle den jeweils anderen Beteiligten offen zugänglich sind.
- Durch den evtl. Einbezug der Klassenlehrerin bzw. des Klassenlehrers wird diese Systemkomplexität noch erweitert; es sind entsprechende Instanzenwege zu berücksichtigen: Zunächst sollte die betroffene Lehrerin oder der betroffene Lehrer die Möglichkeit haben, eine auf rangniederer Ebene getroffene gütliche Einigung zu suchen. In nächster Instanz sollte die Klassenlehrerin oder der Klassenlehrer versuchen, den Konflikt lösen zu helfen. Erst wenn beide Instanzen erfolglos handeln, bin ich als Schulleiter/in zuständig, eine Lösung in Gang zu setzen.
- Dazu kommt: Wenn es um einen Eltern-Lehrer-Konflikt geht, kann ich als Schulleiter/in nicht ohne weiteres mit der Bereitschaft der Eltern zu einer gütlichen Regelung rechnen; sie drohen manchmal – und machen diese Drohung dann im Einzelfall auch wahr –, die Schule zu wechseln, manchmal mit erheblichem öffentlichen Eklat. Als Schulleiter/in habe ich – je nach der regionalen Schulkonkurrenz und je nach aktueller Zunahme oder Abnahme meiner Schülerzahl – Sorge vor dieser Drohung und muss mich erst einmal davon lösen, um (wieder) Rollenklarheit zu gewinnen.

Schließlich gibt es bei dieser Konstellation unterschiedliche Parteilichkeitserwartungen bzw. innere, nicht transparente Parteilichkeitsangebote (hier aus »Schulleiterperspektive« beschrieben):

- Die Lehrerin oder der Lehrer erwartet von mir als Schulleiter/in Parteilichkeit für seine Seite: Die oft lange gemeinsame Arbeit an dieser Schule, die stillschweigend geltende Fürsorgeverpflichtung zwischen Lehrkräften und Schulleitungsmitgliedern, die gemeinsame Verantwortung für (und der gelegentliche Zusammenhalt »gegen«) Schüler/innen schaffen manchmal eine (falsche) Beziehungsverpflichtung, die so gegenüber Schüler/innen und erst recht gegenüber deren Eltern meist nicht entwickelt ist.

- Als Schulleiter/in habe ich zwar – als ehemalige Lehrerin, ehemaliger Lehrer oder als noch Unterrichtende/r – zu Schüler/innen eine pädagogische Beziehung und Beziehungsverpflichtung und als Leiter/in der Schule als gesamter Organisation sehe ich zwar die Schüler/innen abstrakt als die Klientel, für die meine Schule zuständig ist; aber beide In-Bezug-Setzungen sind in der Regel weniger dauerhaft (Schüler/innen wechseln häufiger als Lehrer/innen) und in Handlungssituationen weniger präsent als die Kollegialitätsbeziehung. Dazu kommt, dass Schüler/innen mir nur in meiner Teilrolle »Lehrer/in« als individuelle Personen beziehungspräsent sind und dass sie gemessen an der Langzeitkooperation mit den anderen Lehrpersonen – drastisch formuliert – nur »Durchgangspersonen« sind.
- Gegenüber Eltern schließlich fehlt auch die den Schülerinnen und Schülern gegenüber wirksame pädagogische Beziehung. Zwar sind Eltern (oft in konfliktschaffenden Zusammenhängen) als Einflussnehmer entsprechend ihrem gewachsenen formellen Einfluss präsent, und für rationales Kalkül sind Eltern – zumal in Zeiten von regionaler Schulkonkurrenz – die »Lieferanten« für unsere Schüler/innen und daher »lebensnotwendig«. Dennoch werden sie von vielen Schulleitungsmitgliedern (zumindest spontan) als »Außenstehende« definiert (so z.B. auch in dem Gesprächsbeispiel im folgenden Kapitel).

Die grundsätzliche Schwierigkeit in *beiden* Konstellationen besteht darin, dass ich als Schulleiter/in an dem Schlichtungsergebnis in doppelter Weise interessiert bin: Ich will, *dass* sich die Parteien einigen (damit sie in meiner Schule wieder ihrer Arbeit kompetent nachgehen können), und ich will, dass sie ein Schlichtungsergebnis finden, das zu meiner Auffassung (und ohnehin zu den formellen Vorgaben) einer guten Lehrertätigkeit passt. Dies ist eine *strukturelle* Doppelrolle; ich kann sie auch durch »geschickte« Gesprächsführung nicht auflösen, ich kann sie nur für mich und andere bewusst halten, d.h. sie zu Gesprächsbeginn orientierend ansprechen.

Dazu kommt, dass ich beide – oder bei Konstellation B zumindest eine der Parteien – gut kenne und hinsichtlich der Haftung für den verhandelten Konflikt zu einer spezifischen eigenen Sicht der Haftungsverteilung (bzw. der »Schuld«) neige. Dies ist eine *interaktionelle* Verführbarkeit, die ich durch aufmerksamen, klaren Umgang auf Rollenebenen kompensieren kann.

Angesichts dieser komplexen Rollenstruktur in Schule bedürfen Schlichtungsgespräche einer mentalen Vorbereitung und vorbereitender Gespräche mit den Parteien: Ob und wann ein Schlichtungsgespräch angesagt ist, ist die Frage einer genauen Rollenklärung und Aufgabenverteilung vorab.

4.3 Ein Blick auf Gesprächsbeispiele

Die Eröffnung aus einem der durchgeführten Rollentrainings: Der Schulleiter gegenüber der Lehrerin (Frau A) und einem Schülervater (Herr B); Anlass war, dass Frau A zu Herrn Bs Sohn »Du faule Sau« gesagt haben soll:

```
 1   »Ja, guten Tag, Frau A, freut mich, dass Sie hier äh anwesend sind. Auch guten Tag,
 2   Herr B. Sehr schön, dass wir uns jetzt einmal treffen. Sie wissen, ich hab das bei der
 3   Einladung schon gesagt, weshalb wir einmal unter sechs Augen miteinander sprechen
 4   sollten, vielleicht auch sprechen müssen. Und äh Sie werden verstehen, dass ich als
 5   Schulleiter ein großes Int'resse daran habe, dass Missverständnisse ausgeräumt wer-
 6   den, dass vielleicht auch das, was so schon im Gespräch ist, dass das ausgeräumt wird
 7   und vielleicht auch richtig gestellt wird. Äh es ist so, dass äh Herr B mich angerufen hat,
 8   er hat auch schon andere Gespräche geführt, und äh gesagt hat, wir müssten eigentlich
 9   einmal miteinander reden, und ich finde, Herr B sollte vielleicht mal eben kurz aus seiner
10   Sicht die Dinge noch mal darstellen.«
```

Mit dieser Eröffnung gibt der Schulleiter eigentlich seine Rolle ab: Es »freut« ihn, dass die Lehrerin hier ist (Z. 1) und dass man sich »einmal« trifft (Z. 2). Er erinnert dann zwar daran, dass er eingeladen hat, aber die Formulierung »wir einmal [...] miteinander sprechen sollten« (Z. 3f.) verschleiert, wer warum hier ist. Dazu gehört auch, dass der Schulleiter sein »großes Int'resse« (Z. 5) nicht primär auf die Wiederherstellung einer guten Kooperation zwischen Schülervater und Lehrerin richtet, sondern offenbar zusätzliche (externe?) Problembeteiligte – vielleicht aus den Vorgesprächen – kennt (»das, was so schon im Gespräch ist«, Z. 6), die die Schule und ihren guten Ruf betreffen und zu denen er als Schulleiter in *eigener* Sache (nicht in der Schlichterrolle) Stellung beziehen müsste. Es bleibt unklar, ob sich die Klassifikation »Missverständnisse« (Z. 5) auf die vom Vater der Lehrerin vorgeworfene Äußerung »Du faule Sau« bezieht; wenn das der Fall ist, wirkt er mit dieser Formulierung aber bagatellisierend. Da der Schulleiter weder Leitungs- noch Schlichtungsrolle sichtbar einnimmt und Herrn B das Wort zuteilt (Z. 9f.), ohne alle orientiert zu haben, worum es hier in welchen Rollen gehen wird, kann Herr B sich eingeladen fühlen, die Leitung dieser Sitzung zu übernehmen. Somit hätte der Schulleiter dem Vater unabsichtlich eine Anklageplattform geboten, auf der er sich dann als Schulleiter mit dem Vater gegen die Lehrerin oder umgekehrt mit der Lehrerin gegen den Vater verbünden müsste. In beiden Fällen hätte er nicht nur seine Rolle verspielt, sondern auch noch dazu beigetragen, dass der Konflikt eskaliert.

Eine Gesprächseröffnung, in der der Schulleiter deutlich seine führende und orientierende Rolle sichert, könnte so lauten:

> »Ich begrüße Sie zu dem vereinbarten Schlichtungsgespräch. Es geht jetzt um Folgendes: ... In den Vorgesprächen habe ich mit Ihnen vereinbart, dass ... Ist das noch so?« [Beide fragen und beider Antwort abwarten!]

Der Schulleiter könnte auch fokussieren:

> »Ich habe in getrennten Gesprächen mit Ihnen vereinbart, dass Sie mit meiner Hilfe [= Schlichterrolle] *eine Übereinkunft finden wollen, wie Sie beide zukünftig mit diesem Vorfall umgehen können: Sie als Lehrerin und Sie als Vater eines Schülers in dieser Klasse ...«*

Gesprächseröffnungen sollen *funktional* und dabei so knapp wie möglich sein.

Ein zweites Beispiel zeigt bei der Eröffnung, dass es keine genügende Vorklärung gegeben hat, um überhaupt eine Schlichterrolle einzunehmen. Der Schulleiter überfordert sich selbst, da er sich die direkte Klärung mit allen Beteiligten zutraut. Er gerät dadurch in eine »Retterrolle«, die bereits bei den einleitenden Worten entgleitet. Anwesend sind der Schulleiter, die Schülermutter (Frau C), ihr Sohn Sven sowie der Lehrer (Herr D):

```
1   »Tja, hm Sie haben sich ja schon begrüßt, ich denke, wir sollten ohne Umschweife zur
2   Sache kommen. Frau C, Sie waren ja mit Ihrem Mann vor einer Woche schon mal bei mir,
3   um Klage zu führen über Vorkommnisse im Unterricht von Herrn D, beziehungsweise um
4   das Verhalten von Herrn D gegenüber ihrem Sohn Sven. Ihr Mann is heute nicht dabei,
5   aber Sven ist hier. Ich habe anschließend nach dem Besuch äh mit Herrn D gesprochen,
6   ihn über Ihre Beschwerden informiert und habe ihm auch gesagt, dass Sie eigentlich
7   nicht bereit seien, mit Herrn D allein zu sprechen, sondern dass Sie gefordert haben, nur
8   in meinem Beisein mit ihm zu sprechen. Herr D hat das akzeptiert und so denke ich, dass
9   wir, auch wenn es schon im Vorfeld offenbar Anlass zu Beschwerden gegeben hat, ähm
10  wir vielleicht doch zu einem einvernehmlichen Gespräch kommen. Zunächst wär es viel-
11  leicht wichtig, ähm dass Sie, Frau C, oder Sven, Sie auch, äh noch mal darstellen, was
12  für Sie Grund der Beschwerde ist, damit Herr D noch mal Gelegenheit hat, dazu Stellung
13  zu nehmen.«
```

Entsprechend der »Forderung« der Schülermutter ist der Schulleiter also »dabei« (Z. 7f.). Er hat sich von ihr seine Rolle als die eines neutralen Gesprächsrahmens zuweisen lassen. Die Formulierung »nur im Beisein« wird in der Regel für Rechtsbeistände verwendet (»nur im Beisein meines Anwalts«). Durch diese Rollenzuweisung der Mutter verliert der Schulleiter seine Schlichter- und damit Gesprächsleiterrolle, die er professionell einnehmen müsste.

Als Schlichter/in und Schulleiter/in überprüfe ich und lege damit offen, ob – zu Beginn des Schlichtungsgesprächs – beide Parteien noch auf dem Wissensstand unserer letzten (Vor-)Gespräche sind bzw. ob – am *Ende* des Schlichtungsgesprächs – beide Streitparteien den getroffenen Verabredungen eigenverantwortlich beitreten können. Je nach Umständen evaluiere ich auch, wie breit und wie tief damit aus Sicht der beiden Parteien der Konflikt bis jetzt bearbeitet ist, definiere mit beiden zusammen den gelungenen Fortschritt und honoriere ausdrücklich die Kooperationsbeiträge beider Parteien. Ich betone außerdem, dass diese anschließend ja nun wieder in *direktem* Kontakt miteinander zukünftige ggf. weitergehende Bearbeitungsschritte dieses Konflikts und künftige Konfliktfälle regeln können sollten (Teilung der Verantwortung).

4.4 Methodische Empfehlungen

Die folgenden methodischen Empfehlungen sind entlang der Phasen eines Schlichtungsgesprächs geordnet:

1. **Schlichtungsauftrag** durch eine und dann beide Parteien
2. **Sondierungsgespräche:** mindestens einmal mit jeder Partei, ggf. mit Kritikgesprächs- bzw. Beratungsphasen
3. **Terminvereinbarung:** mündlich, ggf. schriftlich
4. **Schlichtungsgespräch**
4a **Kommunikatives Vorfeld:** Begrüßung, Regelung der Sitzordnung
4b **Thematisches Vorfeld:** Zweck, meine Schlichterrolle und Gesprächsregeln ansprechen; einiges aus den Ergebnissen der Vorgespräche offen legen
4c **Gesprächskern**
   • **Phase I:** Entwicklung einer gemeinsamen Version des Vorfalls bzw. des Konflikts
     – Darstellung aus der Sicht von Konfliktpartei A
     – Darstellung aus der Sicht von Konfliktpartei B
     – Bearbeitung der Differenzen mithilfe der Schlichterin/des Schlichters
     – Formulierung der konsenten Version durch die Schlichterin/den Schlichter
   • **Phase II:** Entwicklung kooperativer Handlungsangebote von A und B
     – Offenlegen und Bearbeiten der wechselseitigen Ansprüche/Wünsche von A und B
     – Formulierung der Handlungsangebote durch die Schlichterin/den Schlichter
4d **Thematisches Nachfeld:** Sicherung der Realisierung der Handlungsangebote
   • Verabredung von Terminen/Verfahren der Einlösung des Handlungsangebots beider
   • honorierender Rückblick auf die geleistete Gesprächsarbeit
4e **Kommunikatives Nachfeld:** Verabschiedung der Parteien untereinander und durch die Schlichterin/den Schlichter
5. **Sicherungsgespräche:** mindestens einmal mit jeder Partei

4.4.1 Empfehlungen zur Planungsphase

4.4.1.1 Schlichtungsgespräch wählen?

Entscheidung für ein Schlichtungsverfahren nur bei klarer Indikation, dass dieser Weg Erfolg haben kann. Ggf. lieber Sondierungsgespräche mit den einzelnen Parteien oder je einseitige Kritikgespräche, deren zentraler Kritikpunkt nicht (nur bzw. vorrangig) das zwischen den beiden Parteien strittige kritikwürdige Verhalten ist, sondern (auch) beider mangelnde Kompetenz bzw. Bereitschaft, miteinander wieder in Kooperation zu gehen.

Ich kann Konflikte schlichten, ohne Schlichtungsgespräche zu führen, nämlich mit Mitteln der so genannten »Flugzeugdiplomatie«, im Wechsel von je dyadischen Sondierungsgesprächen. Zwei Möglichkeiten stehen dabei offen:

- Ich kann dabei in einer Weise sondieren, die beraterische Wirkung hat und die beiden Parteien zum Direktkontakt miteinander befähigt, sodass sie miteinander – ohne weitere Hilfe von mir – ihren Konflikt lösen.
- Ich kann durch solche Sondierungsgespräche auch eine Sichtweise und eine gütliche Regelung (die aber immer eine rollenangemessene sein muss!) erarbeiten, die beide Parteien annehmen, ohne dass sie miteinander Gespräche geführt haben. Ich kann dabei auch Bote von wechselseitigen Entschuldigungen und Entlastungen sein. Freilich ist auch dann als symbolischer Abschluss des Verfahrens ein wenigstens kurzer Direktkontakt zwischen den beiden Parteien wichtig (z.B. eine kurze Entschuldigung der Lehrkraft gegenüber der Schülerin bzw. dem Schüler und/oder ein Telefonat der Lehrkraft mit den Eltern, in dem sie sich für bestimmte Handlungen gegenüber deren Kind in einer Weise entschuldigt, die ihr Image nicht schädigt, sie eher als souverän zeigt).

Diese Klärungsform ist vor allem bei Lehrer-Eltern-(Schüler)-Konflikten möglich, weil hier – notfalls durch Lehrerumbesetzungen (aber Gefahr, dass Eltern an der Schule zu mächtig werden!) – die Kontakte Lehrer-Eltern nur auf Zeit bestehen. Wenn es sich dagegen um Lehrer-Lehrer-Konflikte handelt, ist eine Konfliktklärung, die nicht letztlich im direkten Kontakt zwischen den beiden Parteien vollzogen und zumindest ratifiziert wird, unbefriedigend: Da die beiden Lehrer/innen in der Regel lange Zeit miteinander an meiner Schule arbeiten und sich unausweichlich regelmäßig in Kooperationszusammenhängen – zumindest in Konferenzen – sehen, wirken indirekte Klärungen meist nur aufschiebend; zudem möchte ich von Lehrerinnen und Lehrern – auch als Zeichen ihrer Professionalität und hinsichtlich ihrer Funktion als Modell für Heranwachsende – diese »erwachsene« Form von Konfliktlösung fordern. Indirekte Klärungen würden hier in Regression einladen und letztlich den Konflikt fördern. Das Schlichtungsgespräch mit mir (oder mit anderen als Schlichter/in infrage kommenden Personen, z.B. einem von beiden Parteien gebetenen Kollegen, evtl. einem Lehrerratsmitglied) ist für dieses letztlich selbstständige Konfliktbearbeiten eine vorbereitende Unterstützung.

4.4.1.2 Analyse der Auftragslage

Die Bedingungen der jeweiligen Auftragskonstellation einschätzen:

- Auftrag nur von A: Stimmt B zu? Wie?
- Auftrag nur von B: Stimmt A zu? Wie?
- Auftragsvorschlag von mir selbst: Stimmen A und B zu? Wie?
- Möglicherweise werden sich A und B gegen mich zusammenschließen (z.B. »mauern«).

Ich kann als Schulleiter/in von mir aus ein Schlichtungsgespräch vorschlagen, z.B. bei einem stabilen Konflikt zwischen zwei Lehrpersonen; freilich muss dieses Angebot von beiden ratifiziert werden. Hier bedürfen Sondierungs- und evtl. Kritikgespräche besonderer Aufmerksamkeit, damit nicht die beiden Kontrahenten eine neue Gemeinsamkeit finden, indem sie mich als Schlichter/in scheitern lassen. Dies wäre eine klassische Einladung in eine Opferhaltung: Wenn die Schulleitung (Retter) uns nicht helfen kann, brauchen wir (Opfer) auch nichts mehr zu tun.

Wenn ich als Schulleiter/in Schlichtung vorschlage, muss ich zuallererst verdeutlichen, welche Kompetenz oder Qualität ich damit (aus dieser Rolle) – für die Schule – (wieder-)hergestellt haben will, und dann klären, ob die Parteien meine Schlichtung unter »meinen« Bedingungen akzeptieren. Stattdessen bedingungslos Empathie mit beiden Streitparteien anzubieten, würde mich hoffnungslos in eine überfordernde Retterrolle bringen.

4.4.1.3 Vorbereitende Fragen an die eigene Rolle

- Brauche ich für den Fall bestimmte Kompetenzen (z.B. Kenntnis von Rechtsvorschriften)?
- Habe ich selbst Erfolgsdruck? Was bedeutet dieser Druck? Kann ich ihn auflösen? Oder ihn weitergeben (wo er vielleicht gebraucht würde)?
- Wie gründlich muss dieser Konfliktfall in meiner Sicht bearbeitet werden?
- Verfolge ich evtl. eigene »heimliche« Ziele oder Absichten mit diesem Fall? Habe ich Ärger auf A oder B, den ich im Schlichtergewand glaube, erlaubt ausagieren zu können?

4.4.1.4 Beteiligte

Sofern ein Konflikt zwischen Eltern und einem Lehrerteam (z.B. in einer Sonderschule) besteht, nur die Teamsprecherin bzw. den Teamsprecher zum Gespräch bitten, damit den Eltern gegenüber keine »Übermacht« entsteht.

4.4.2 Empfehlungen zu den Sondierungsgesprächen

Schlichter/innen scheitern vor allem in Phase I (vgl. den Kasten auf S. 954), weil diese die Leitungsrolle überfordert und die beiden anderen Rollen unterfordert: Die Konfliktparteien glauben, in dieser Phase erneut gegeneinander kämpfen zu dürfen, und ich bin dann als Schlichter/in oft die oder der Einzige, der an einer Konfliktlösung interessiert ist. Wir empfehlen daher unbedingt, die Sondierungsgespräche möglichst so professionell zu führen, dass die beiden Konfliktparteien bereits *vor* Beginn des Schlichtungsgesprächs ihre Konfliktbeteiligung einsehen und ihre Lösungsverantwortung wieder übernehmen. Im günstigsten Fall kann ich dann das Schlichtungsgespräch bereits mit Phase II beginnen. In dieser zweiten Phase ist die Doppelrolle Schlichter/Schulleiter weit leichter zu vermitteln und transparent zu halten, weil sie schon auf einem lösungsfokussierenden Ziel der beiden Konfliktparteien basiert, an dessen Vereinbarung ich lediglich erinnern und das ich weiterführen muss.

Sondierungsgespräche werden – ggf. in mehrfachem Umlauf – mit der beschwerdeführenden Person, dann mit der Gegenpartei geführt, dann evtl. nochmals mit der beschwerdeführenden Person (falls die Gegenpartei Gegenvorwürfe und Gegenansprüche hat). Nur in solchen Sondierungsgesprächen kann ich helfen, Affekte und Gesprächsbereitschaft auf beiden Seiten zu klären und realistische gegenseitige Ansprüche zu entwickeln, weil dabei nicht gleich der jeweilige Kontrahent erregt und gesprächsverschärfend einsteigt. Und in solchen Sondierungsgesprächen kann ich – durch eingebaute Kritik wie auch evtl. Beratungsphasen – die für eine Konfliktreduzierung notwendigen Voraussetzungen erreichen.

Vorschnelles Einladen der Streitparteien an meinen Schlichtungstisch riskiert ein Scheitern und damit einen doppelten Rückschlag (in diesem einzelnen Fall wie auch in der Einigungskultur der Schule). Nicht allen Sondierungsgesprächen muss ein Schlichtungsgespräch folgen, aber kein Schlichtungsgespräch sollte stattfinden ohne gründliche Sondierungsphase. Mit jeder der Parteien sollte mindestens ein Sondierungsgespräch geführt werden:

- Erkunden ihrer Sicht des Konflikts und Konfrontieren mit meiner Sicht als Schulleiter/in;
- Absprache einvernehmlicher realistischer Zielsetzungen des Schlichtungsgesprächs;
- Angebote einfordern, welchen Beitrag (Selbstkritik, Entgegenkommen usw.) die Parteien für das Gelingen anbieten;
- von beiden Parteien erwarten und sie dazu anregen, über eigene Anteile am Konflikt nachzudenken;
- bei erheblichem Eigenanteil einer der Parteien am Konflikt: ein klar konturiertes Kritikgespräch als Phase in diese Sondierungsgespräche einbauen oder als separates Gespräch führen;
- bei erheblicher affektiver Verwicklung und momentan geringer Kooperationsfähigkeit (einer) der Parteien: Beratungsgespräch als Phase in diesen Sondierungsgesprächen anbieten oder verlangen, dass diese Person ihre Rollenkompetenz wiederherstellt, z.B. indem sie bei Dritten Beratung in Anspruch nimmt.

Sofern eine Lehrperson einer Schülerin oder einem Schüler gegenüber etwas eindeutig Unangemessenes getan hat, kläre ich in den Sondierungsgesprächen, ob sie selbst bereit ist, früh im Gesprächsverlauf dieses nicht professionelle Verhalten anzusprechen und sich dafür zu entschuldigen, und mache davon z.B. meine Bereitschaft zur Schlichtung abhängig. Umso wichtiger ist es von daher nochmals, die Lehrkraft in den Sondierungsgesprächen auf eine solche Verantwortungsübernahme hinzuweisen und sie –

wenn möglich – dafür zu gewinnen, ihrerseits den Konflikt mit den Schülerinnen, Schülern oder Eltern zu regeln. Solche Deregulierungen von mir können die Lehrkraft in ihrer Souveränität und Eigenverantwortung wieder installieren helfen.

4.4.3 Empfehlungen zum Schlichtungsgespräch

4.4.3.1 *Gestaltung des Settings: Sitzordnung*

Schulleiter/innen wählen in Trainingsrollenspielen fast immer eine Sitzordnung, bei der sie – an einem rechteckigen Tisch – die beiden streitenden Parteien (z.B. einen Lehrer und eine Schülerin) einander gegenüber und sich dazwischen setzen. Das ist *raumsymbolisch* naheliegend (weil es der Mittlerrolle entspricht), aber *gesprächsdynamisch* fatal: Zum

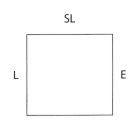

einen »heizen« sich die Kontrahenten in dieser Vis-à-vis-Sitzordnung wechselseitig an, zum anderen habe ich als Schulleiter/in – gerade in »heißen« Phasen – die beiden nicht im Blickkontakt mit mir; dadurch verliere ich eines meiner Steuerungsmittel.

Diese – in Ratgebern immer wieder angeführte – aggressionssteigernde Wirkung der frontalen Sitzordnung lässt sich interaktionstheoretisch erläutern: In der Vis-à-vis-Sitzordnung ist das »unauffällige« Blickverhalten das Geradeaus- und damit das *Anblicken* der oder des anderen. Wer – z.B. während des eigenen Formulierens – aus dem Blickkontakt gehen will, muss daher aus dieser Standardblickrichtung herausgehen, zur Seite oder nach oben oder unten blicken. In der vorerst gespannten bzw. »feindlichen« Beziehung der beiden Parteien zueinander wird dieses auffällige Blickverhalten des jeweils anderen nun aber oft unter dem Gesichtspunkt »Ausweichen« interpretiert und erscheint damit als Nachgeben, als Niederlage-Indikator. Um diese Interpretation zu verhindern, verharren die beiden – evtl. entgegen ihrem Entlastungswunsch – im gegenseitigen Anblicken; sie verfallen dann – auch in ihrem Ärger über diese belastende Situation – leicht in ein Drohstarren; dieser Zustand verschärft die latente Feindlichkeit. Eine solche Dynamik ist für Schlichtungsgespräche aber kontraindiziert.

Wir empfehlen daher, die beiden Parteien der schlichtenden Schulleiterin bzw. dem schlichtenden Schulleiter gegenüber in Art eines Dreiecks zu platzieren; das ist bei einem runden oder sechseckigen Tisch leichter, aber auch bei einem viereckigen Tisch möglich. Diese Sitzordnung ist auch rollenunterstützend für die Leitung:

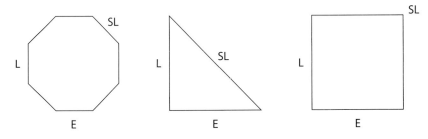

4.4.3.2 Kommunikatives Vorfeld (Begrüßung usw.)

- Begrenzte Dauer anpeilen, aber für Spielraum sorgen.
- Wenn eine Partei früher erscheint: Keinesfalls schon über den Schlichtungsfall sprechen.
- Reihenfolge der Begrüßung unabhängig von Alter, Geschlecht oder Status: Erst die initiative Partei, dann die andere Partei vorstellen (diese Reihenfolge auch mit diesen Rollen begründen: »Ich begrüße Sie, Frau A – Sie haben dieses Schlichtungsgespräch angeregt; ich begrüße Sie, Herr B – Sie haben sich auf dieses Gespräch eingelassen.« Oder aber entsprechend den Vorgesprächen: »Sie haben sich beide auf dieses Schlichtungsgespräch eingelassen und mit dem Ziel X einverstanden erklärt.«) Ich begrüße die Lehrperson – auch wenn ich sie an diesem Tag schon gesehen oder begrüßt habe – ausdrücklich zu diesem Gespräch noch einmal; dies ist eines der Symbole, dass ich als Schlichter *beiden* Parteien gegenüberstehe.
- Alternative Reihenfolge, wenn eine der Parteien nicht zum Stammpersonal gehört (z.B. Eltern): Erst die »Halbgäste«, dann die Lehrperson.

4.4.3.3 Thematisches Vorfeld (»Plattform schaffen«)

- Ich informiere beide Parteien über meine Rolle und wie ich sie einzunehmen gedenke, die Struktur dieses Gesprächs und seine Aufgabe und aktualisiere ihr Einverständnis. Darüber hinaus verpflichte ich beide Parteien auf ihre eigenen Rollen und Verantwortlichkeiten für das folgende Gespräch.
- Ich bin auf erwartbare und verständliche Empörung der Gegenseite bei den natürlich immer perspektivengebundenen Problemdarlegungen der jeweils anderen Seite vorbereitet und setze daher verbindliche Interaktionsregeln fest; ich kündige z.B. an, dass ich mit meiner Leitungsrolle zum Schutz des Erfolgs dieses Gesprächs »streng« umgehen werde, etwa indem ich mir das Recht auf ein »Stopp!« nehmen werde, wenn die Parteien sich aus meiner Leitung heraus und in Clinch miteinander begeben.
- Ziele und Themen für die Bearbeitung deutlich setzen, jeweils Einverständnis einholen; die Ziele sollten – z.B. als erste Etappen – niedrig ansetzen, damit die Beteiligten das Gespräch als erfolgreich wahrnehmen können und Mut für weitere Gespräche bzw. eigene direkte Klärungsversuche entwickeln.
- Realistische Ziele verdeutlichen, z.B. als realisierbare Reichweite von »Kooperation« die Kooperation auf der *Sach*ebene (d.h. miteinander arbeiten können, auch wenn man sich nicht unbedingt mag) oder als realisierbares Ausmaß von »Akzeptanz« die wechselseitige Akzeptanz in der *beruflichen Rolle*.

4.4.3.4 Phase I (Entwicklung einer gemeinsamen Sicht des Konflikts)

- Der Konflikt wird nacheinander durch beide Parteien dargestellt (Vorvereinbarung: kurz und auf der Sachebene), die beschwerdeführende Partei sollte beginnen.

- Alternative: Die Schlichterin bzw. der Schlichter trägt den Fall (aufgrund der in den Sondierungsgesprächen erworbenen Kenntnisse) vor und bittet beide Parteien nur noch darum, diese Darstellung ggf. zu korrigieren bzw. zu ergänzen. Wenn ich als Schlichter/in vortrage, achte ich besonders darauf, die Sachebene nicht zu verlassen und unnötigen Konfliktverschärfungen keinen Raum zu geben, z.B. indem ich auf Emotionen nicht eingehe.
- Bei der Formulierung der gemeinsamen Sicht möglichst eigene, neue Formulierungen aus Schlichter- oder Schulleiterrolle verwenden.
- Auch schon bei kleinen Annäherungen zwischen den Parteien das bereits Erreichte durch Zusammenfassungen festhalten.
- Die beiden Parteien schrittweise zur Bestätigung solcher Annäherungen auffordern, um Fortschritte in der Entwicklung einer gemeinsamen Konfliktsicht zu erzielen.

4.4.3.5 Phase II (Entwicklung einer einverständlichen Konfliktlösung)

- Mit der Frage, was eine Partei von der anderen als Konfliktlösungsbeitrag erwartet, immer die Frage verbinden, was sie selbst beitragen wird.
- Jedes Entgegenkommen einer Partei aufgreifen und anerkennen.
- Wenn eine der Parteien der Sache nach »verliert«, darauf achten, dass die »gewinnende« Partei dies nicht zur Imageverletzung missbraucht.
- Gesichtspunkt der Nachhaltigkeit einer Lösungsidee berücksichtigen (und auch gegenüber den Parteien ansprechen).

4.4.3.6 Interaktionelle Empfehlungen für den Gesprächsverlauf insgesamt

- Als Schlichter/in sorge ich dafür, dass die beiden streitenden Parteien sich grundsätzlich auf *meinem* »Gesprächsboden« aufhalten. Solange sie sich auf meinem Boden aufhalten, unterstütze ich sie dabei, möglichst direkt *miteinander* zu sprechen; sobald sie *aufeinander* »losgehen«, binde ich sie sternförmig an mich.
  - Kontakt zwischen den Parteien zulassen und fördern, wenn er lösungsorientiert ist (= Gewöhnung an den Normalfall direkter Konfliktlösung);
  - von den Parteien nicht gesehene »dritte« Wege – z.B. bislang ungenutzte Handlungsspielräume – ansprechen;
  - bei Regelübertretungen sofort intervenieren.
- Wenn ich denke, dass eine – noch so kleine – Etappe der Verständigung zwischen den Parteien erreicht ist oder sein könnte, formuliere ich diese Etappe verdeutlichend und vergewissere mich, ob beide Parteien dies ebenfalls als ein Stück Vorwärtskommen sehen können und voreinander »öffentlich« bestätigen. Jeder kleinste kommunikative Fortschritt der zerstrittenen Parteien sollte von mir vergrößernd festgehalten und begrüßt werden; jede – noch oder wieder entstehende – Streithandlung sollte als verständlich akzeptiert werden, ohne ihr weiter Raum zu geben.

- Grundsätzlich für Langsamkeit des Gesprächs sorgen, auch durch eigene Interventionen mit probeweisen Zusammenfassungen des Gesprächsstands, die ich anschließend beiden Parteien nacheinander zur evtl. Zustimmung vorlege (*»In meiner Sicht haben Sie jetzt in einem Punkt eine mögliche Übereinkunft erzielt: ... Frau A, entspricht das auch Ihrer Wahrnehmung? ... Herr B, sehen Sie das auch so wie ich? ...«*).
- Wenn ich als Schulleiter/in z.B. einer Lehrkraft empfehle, ein bei ihr liegendes Fehlverhalten gegenüber Eltern selbst anzusprechen, erwarte ich, dass sie das ohne Bagatellisierung tut. Solch »ungeschminktes« (d.h. – im Bild bleibend – mein Gesicht unverstellt zeigendes) Zugeben eigener Fehler ist nicht, wie befürchtet, ein Gesichtsverlust, sondern wird meistens als Zeichen von Souveränität anerkannt.
- Achtung: Nicht eine der Parteien (= die, mit der man sich innerlich solidarisiert) aus der Verhandlung heraushalten und für sie sprechen! Auch das würde mich in eine Retterrolle bringen, die mir langfristig Probleme – meist auch mit der oder dem »Geretteten« selbst – einhandelt.
- Wenn ich als Schlichter/in Sorge habe, Überblick und Leitung zu verlieren: Auszeit nehmen.
  – Transparent gekennzeichnet als kurze Kaffeepause zum Nachdenken, das ich für mich brauche und das evtl. auch den anderen nützt;
  – als Vertagung des Gesprächs, wenn dieses nicht konstruktiv verläuft und ich evtl. nochmals Sondierungsgespräche zwischenschalten möchte.
- Als Schlichter/in muss ich vor allem kommunikative Verdeutlichungen vornehmen. Wenn man sich an dem – in Fortbildungen verbreiteten – Schaubild der vier »kommunikativen Ebenen« orientiert:
1. Gedacht ist nicht gesagt,
2. gesagt ist nicht gehört,
3. gehört ist nicht verstanden,
4. verstanden ist nicht einverstanden,

dann wären folgende Äußerungen Beispiele solcher unterstützenden verdeutlichenden Interventionen:
1. »Frau A, ich glaube aus Ihren Äußerungen folgendes Angebot an Herrn B herauszuhören: ... Wäre dies Ihr Angebot an ihn?« (Ebene 1)
2. »Herr B, haben Sie Frau As Angebot verstanden?« (Ebene 2)
3. »Frau A, können Sie anerkennen/hören, wie weit Herr B Ihnen entgegenkommen will?« (Ebene 3)
4. Etappenweise den Stand der Entwicklung von Konsens und Dissens verdeutlichen, ohne tendenziöse Beschönigung; so entsteht zumindest auf Metaebene Konsens (Ebene 4): A und B stellen voreinander und vor mir als Schulleiter/in klar, wo sie bereits Übereinstimmung haben und wo sie noch divergente Positionen innehaben – und welche Folgen das haben kann oder wird.

4.4.3.7 Thematisches Nachfeld (Perspektive: sich vom Konfliktfeld lösen)

- Rückwirkend nochmals evtl. »heiße« Gesprächsphasen als verständlich und »normal« akzeptieren und auf den relativen Verständigungsfortschritt verweisen (auf der Sachebene darf man »heiß« streiten, aber keine »Hitze« mit auf die Beziehungsebene nehmen!).
- Die Erwartung aussprechen, dass die beiden Parteien sich jetzt (wieder) zutrauen, miteinander weitere Verständigung herzustellen, und hören, ob sie dieser Aussage aktiv zustimmen.
- Möglichkeit einer Nachbesprechung mit *beiden* Parteien anbieten (ihnen solche Gespräche einzeln anzubieten, würde den Konflikt wieder aufladen).
- Ein kurzes »Sicherungsgespräch« ca. zwei Wochen nach dem Schlichtungsgespräch ankündigen.
- Für die Mitarbeit danken.
- Keine Nachkommentare gegenüber einer der Parteien (d.h. beide Parteien gleichzeitig aus dem Raum hinauskomplimentieren).

4.4.4 Empfehlungen zu den Sicherungsgesprächen

Zu der vereinbarten Zeit einen kurzen Bericht von beiden Parteien verlangen, ob sie in dem Konflikt weitergekommen sind.

5. Jahresgespräch

5.1 Begriffliche Grundlagen

Jahresgespräche (in der Terminologie von Verwaltungen und Behörden »Mitarbeitergespräche«[5]) finden zwischen der oder dem unmittelbar Vorgesetzten und den einzelnen Mitarbeiterinnen und Mitarbeitern statt; als Schulleiter/in führt meine unmittelbare Vorgesetzte bzw. mein unmittelbar Vorgesetzter (Schulaufsichtsperson) auch mit mir solche Jahresgespräche und es gibt einzelne Schulen, in denen auch Klassenlehrer/innen mit jeder und jedem ihrer Schüler/innen einmal pro Jahr solche Jahresgespräche führen.

---

5 Im Innenministerium von Nordrhein-Westfalen und anderen Behörden sowie in der oberen Schulaufsicht werden solche Jahresgespräche in der Regel als »Mitarbeitergespräche« bezeichnet. Wir folgen diesem Terminus an dieser Stelle nicht und wählen auch keine Bezeichnung, die wie bei den bisher angesprochenen Gesprächstypen Kritik-, Beratungs- und Schlichtungsgespräch – den leitenden Gesprächs*zweck* erkennbar macht, sondern wir wählen den Terminus »Jahresgespräch«, der den Rhythmus und die zeitliche Verlässlichkeit dieser Gespräche betont.

Jahresgespräche verdeutlichen – als regelmäßige Gespräche zwischen Schulleiter/in und jeder einzelnen Lehrkraft – die Beteiligung aller an der Verantwortung für die Arbeit in ihrer Schule. Diese Gespräche finden ausdrücklich als Einzelgespräche statt. Gespräche mit Lehrerteams oder anderen für die schulische Arbeit wichtigen Gruppen finden zusätzlich statt, weder fallen sie damit weg noch ersetzen Team- und Gruppengespräche die Jahresgespräche.

So wie Schulleiter/innen gegenüber ihren Schulaufsichtspersonen manchmal wünschen, dass diese mit der *ganzen* Schulleitung statt nur mit ihnen als Leiter/in sprechen, so legen auch Lehrer/innen manchmal nahe, solche Gespräche mit *Lehrerteams* zu führen – in beiden Fällen unter Berufung auf gemeinsame Verantwortung für Schule bzw. Unterricht. Solche Wünsche können auch Schutzbedürfnis oder Sorge gegenüber diesem noch unvertrauten Gesprächstyp zeigen. In Teamgesprächen wird jedoch die einzelne Person in ihrer Bandbreite nicht genügend deutlich und evtl. Probleme der einzelnen Personen mit diesem Team sind nicht gut ansprechbar. Darüber hinaus ist Sorge und Schutzbedürfnis einzelner Lehrer/innen zwar verständlich, aber Schulleitung muss dieses Schutzbedürfnis nicht grundsätzlich bedienen. Gerade um alte, auf Beziehungsebene einsozialisierte regressive Retter-Opfer-Kulturen zu verändern, kann die Schulleiterin bzw. der Schulleiter seinen Lehrerinnen und Lehrern durchaus zumuten, eigene Sorgen selbstständig auf Rollenebene kompetent zu vertreten.

Jahresgespräche können mehr Kontinuität in die Entwicklung der einzelnen Personen und der Schule insgesamt bringen. In Jahresgesprächen werden verschiedene Komponenten gekoppelt – Nachsorge (Auswertung der zurückliegenden Arbeitsperiode) und Vorsorge, wechselseitiges kritisches Feedback und gemeinsame Bewertung des Entwicklungsstands der Schule, Änderungsempfehlungen und Entwicklungswünsche usw. –, die den Geltungsbereich der jeweils eigenen Zuständigkeit von Lehrkraft wie von Schulleiter/in deutlich machen. Diese Gespräche sind an die Rollenkonstellation gebunden; die Rollenunterschiede werden angemessen verdeutlicht:

- Wenn eine Lehrkraft – im Rahmen der ersten zentralen Komponente von Jahresgesprächen (vgl. S. 987ff.) – auf ihren Gesamtarbeitsplatz Schule (mit ihren unterschiedlichen Rollen in Unterricht, Gremienarbeit usw.) blickt und kritisch an ihren Absichten und den Erfordernissen der Schule misst, dann gebe ich als Schulleiter/in mein kritisches Feedback dazu. Sie reflektiert ihre zurückliegende Arbeit unter meinen Augen. Und ich reflektiere dann natürlich *nicht* auch als Schulleiter/in unter ihren kritischen Augen meinen Gesamtarbeitsplatz.
- Auch unser »gemeinsamer« Blick auf unsere Zusammenarbeit in dem zurückliegenden Zeitraum und unser wechselseitiges kritisches Feedback behält den Gesichtspunkt unterschiedlicher Verantwortlichkeiten als Fokus und erlaubt entsprechend verschiedene Perspektiven bis hin zu dissenten Sichtweisen.
- Ebenso wird es mit evtl. Wünschen einer Lehrerin oder eines Lehrers im Hinblick auf Förderung und besondere Funktionen bzw. Funktionsstellen sein: Es sind seine *Wünsche* an die Schulleitung und es sind aufseiten der Schulleitung *Angebote* an die Lehrerin oder den Lehrer.

Schulleiter/innen müssen selbst wissen und ihre Lehrkräfte deutlich darüber orientieren, dass Jahresgespräche Feedbackphasen von Leitungsseite gegenüber der Lehrkraft enthalten; sie sind jedoch keine Beurteilungsgespräche. In ihnen kann ich als Schulleiter/in der Lehrkraft Änderungs- und Entwicklungswünsche nennen; sie sind jedoch keine Kritikgespräche. Und zwar deshalb, weil das Feedback (im Unterschied zu Beurteilungsgesprächen) und die Offenlegung von Änderungswünschen (im Unterschied zu Kritikgesprächen bei Fehlverhalten einer Lehrperson) *reversibel*, d.h. auch vonseiten der Lehrperson gegenüber dem Schulleitungsmitglied vorgesehen sind.

Für die einzelnen Lehrer/innen einer Schule enthält ein solches Jahresgespräch die Auflage, sich einmal im Jahr selbst einem »Kompetenzcheck« zu unterziehen. Solche Checks sind – wie das Jahresgespräch auch – breitbandig und systematisch angelegt; und auch wenn in einzelnen Teilbereichen Probleme entdeckt werden, geht der Check systematisch weiter und wird nicht zugunsten einer direkten »Besserung« in *einem* Teilbereich abgebrochen.

Jahresgespräche sind eine Art »Rechenschaftslegung«, die die Lehrenden – angesichts ihrer pädagogischen Teilautonomie – der Schule als Ganzer (vertreten durch mich als Schulleiter/in) schulden. Bezugs*basis* solcher Gespräche, insbesondere ihrer wertenden und planenden Komponenten, sind gremiengetragene Vereinbarungen und rechtliche Vorgaben (die ich als Schulleiter/in repräsentiere). Vor allem das Schulprogramm – Ziele und Konzeption dieser spezifischen Schule – sind dabei ranghohe Vereinbarungen. Bezugs*punkt* von Jahresgesprächen ist das jeweils letzte Gespräch dieser Art. Zu diesem Zweck soll über Vereinbarungen im Rahmen solcher Gespräche (nicht über Feedback- und evtl. beziehungsklärende Phasen) eine gemeinsame Protokollnotiz gemacht werden.

Solche Unterlagen können, sofern eine ausdrückliche Einwilligung der entsprechenden Lehrkraft vorliegt, für den Fall eines Schulleiterwechsels evtl. als Unterlage zur Vorinformation der neuen Schulleiterin oder des neuen Schulleiters genutzt werden. Gespräche zwischen einer neuen Schulleiterin bzw. einem neuen Schulleiter und den Mitgliedern des Kollegiums sind gewissermaßen die »Nullrunde« von Jahresgesprächen; in ihnen liegen zwar Vorerfahrungen beider an der jeweils eigenen (bisherigen) Schule vor, aber noch keine Erfahrungen *miteinander*, auf die sich das Gespräch in seinen evaluativen Phasen beziehen könnte. Solche Erstgespräche sind Orientierungsgespräche, die für die anstehende Kooperation besonders wichtig sind.

An dieser Stelle werden nicht auch die Jahresgespräche mit Sekretärinnen usw. angesprochen; nicht, weil sie nicht wichtig oder nicht angemessen wären, sondern weil sie interaktionell leichter fallen angesichts der eindeutigeren Rollenkonstellation.

5.1.1 Gesprächsnutzen und -ziele

Jahresgespräche sind »Auszeit für Grundsätzliches« (Nagel u.a. 1999, S. 13); sie sind nicht eine Alternative zu den »Anlassgesprächen« (Kritik-, Schlichtungs- und Beratungsgespräch), sondern deren systematische Ergänzung.

»Themenstellungen, die zwar ›wichtig‹, aber nicht ›dringlich‹ sind [...] kommen im zeitlich immer gedrängteren operativen Alltag zwangsläufig zu kurz, und dies nicht nur aus Zeitgründen. Denn solche grundsätzlicheren Fragen sind mit den alltäglichen Gesprächsformen, die auf aktuelle Problemlösungen ausgerichtet sind, gar nicht zu bearbeiten. [...] Die Führungskräfte gehen gemeinsam mit ihren Mitarbeitern gleichsam ›von Zeit zu Zeit vom Spielfeld auf die Tribüne, um auf das laufende gemeinsame Spiel zu schauen‹ « (ebd., S. 47f./49).

Jahresgespräche sorgen dafür, dass die Schulleiterin oder der Schulleiter nicht nur in naheliegender Selektivität mit vertrauten, geschätzten und kontaktaktiven Lehrenden und deren Sichtweisen Austausch hat, sondern mit allen Lehrerinnen und Lehrern. Dahinter steht die – vermutlich realistische – Einschätzung, dass ich als Schulleiter/in ohne solche Regelgespräche nur bzw. vorrangig diejenigen Lehrpersonen anspreche (und damit wahrnehme), die Funktionsstellen haben, an Projekten beteiligt sind oder erhebliche Probleme machen; die anderen Lehrenden – die genauso viele Schüler/innen beeinflussen und die mindestens so folgenreich die schulische Praxis definieren – sehe ich dabei zu wenig; dafür sind regelmäßige Jahresgespräche ein Korrektiv.

Jahresgespräche sorgen zudem dafür, dass ausführliche Erstgespräche der Schulleiterin oder des Schulleiters mit z.B. einem neuen Lehrer nicht erst anlässlich formell vorgeschriebener Gespräche – z.B. dienstlicher Beurteilungen – mit der üblichen Bewertungsauflage erfolgen. Und ich habe mit solchen Gesprächen, die ich mit allen Lehrpersonen meiner Schule führen muss, zugleich die Chance auf einen geregelten Kontakt mit für mich problematischen Lehrpersonen. Zugleich sollen Jahresgespräche mit ihrer vorgegebenen Themenstruktur für eine systematische einheitliche Themenbreite sorgen, die mir als Schulleiter/in ein komplexeres Gesamtbild meiner Schule vermitteln kann als anlassgebundene oder freiwillige Gespräche mit Einzelnen zu eingegrenzten Themen.

Ich habe damit auch die Gelegenheit, als Schulleiter/in die bei vielen auf Beziehungsebene etablierten »Stillhalteabkommen«, »Erbhöfe«, »Tabus« usw. unter relativ geschützten, nämlich neutralen Umständen wieder in die gemeinsame Verständigung und auf die Sachebene zu bringen.

»Solche Grundmuster des Umgangs miteinander [= eingespielte Selbstverständlichkeiten] [...] ermöglichen die Absicherung des eigenen Autonomiespielraums, den man sich im Laufe der Zeit geschaffen hat. Mit dem Jahresgespräch handelt man sich das Risiko ein, dass dieser Spielraum zur Disposition gestellt wird. ›Ich weiß zwar, dass wir vieles unter den Tisch kehren, aber wir haben uns einen modus vivendi geschaffen, wo jeder sicher sein kann, dass der andere ihn in Ruhe lässt.‹ [...] In einer solchen Organisation scheint die ›Kunst‹, Auseinandersetzung zu vermeiden und unausgesprochene ›Nichtangriffspakte‹ zu schließen, perfektioniert zu sein« (Nagel u.a., S. 69).

Jahresgespräche geben die Chance, als Schulleiter/in kritische Einschätzungen und Kritik bei Lehrerinnen und Lehrern nicht nur oder erst im Krisenfall zu entdecken, sondern in »Friedenszeiten«, sodass man entsprechend tragfähige Arbeitsbeziehungen für Zeiten des Konflikts entwickeln kann. Jahresgespräche gelten insofern auch als »Frühwarnsystem« (wobei die Neigung zur Wahl von Metaphern militärischer Herkunft für das Reden über Schule nicht nur Zufall ist).

Bei der Einführung von Jahresgesprächen haben Kollegien die Sorge – oder demonstrieren sie zumindest –, es handle sich um neue Formen von Kontrolle und Bewertung. Für uns gehören »Sorgen« dieser Art zu den – legitimen – Versuchen von Gruppen, Leitung aus der »Opferrolle« manipulativ in eine Retterposition (Alleinverantwortlichkeit!) einzuladen. Natürlich entwickle ich als Schulleiter/in meine Bilder von den Lehrenden meines Kollegiums in Jahresgesprächen weiter und dabei auch meine eigene Bewertung von ihnen als Berufspersonen. Jede Art von Kontakt hat Folgen für die wechselseitigen Bilder, genauso auch ein Nichtkontakt, nur dass ich in diesem Fall meine *indirekt* gewonnenen Bilder (Einschätzungen Dritter, eigene Vorurteile, Gerüchte und Fantasien) nutze, statt diese Bilder durch eine dichte, authentische Erfahrung ggf. zu korrigieren. Sowohl Schulleitung als auch Lehrende müssen transparent mit ihren Bildern umgehen lernen. Das »Risiko«, einander näher kennen zu lernen, ist Teil eines Qualitätsvertrags in einer Institution, also nicht vermeidbar; umso wichtiger ist meine Verpflichtung als Schulleiter/in in solchen Gesprächen, dass ich kritische Einschätzungen über die andere Person dieser offen lege und – in dem Gespräch selbst oder in angebotenen Folgegesprächen – einen ebenso offenen Umgang mit Dissensen und deren Bearbeitung anbiete.

Jahresgespräche enthalten solche – wechselseitigen – kritischen Feedbacks, ohne dass sie in Kritikgespräche übergeleitet werden: Innerhalb eines Jahresgesprächs folgt also kein Änderungsverlangen, wie es für Kritikgespräche typisch ist. Wohl kann ich in einem Gespräch ankündigen, dass ich – zunächst als Klärungsangebot und noch nicht als Kritikgespräch – auf »heiße« Punkte zurückkommen werde, die für uns in dem Jahresgespräch deutlich wurden. Entsprechend hartnäckig sind die Nachfragen der Schulleiter/innen nach Art und Status von Protokollen. Zunächst ein Blick auf die Position von Nagel u.a. (1999, S. 136):

> »Liegt ein neues Gesprächsprotokoll vor, ist das vorangegangene in Anwesenheit beider Gesprächspartner zu vernichten; das Gleiche gilt für den Fall, dass der Vorgesetzte/die Vorgesetzte oder die Position des Mitarbeiters/der Mitarbeiterin wechselt. Die praktische Relevanz des Protokolls ist demnach an das Weiterbestehen der Vorgesetzten-Mitarbeiter-Beziehung der beiden Gesprächspartner gebunden.«

Wir gehen davon aus, dass lediglich ein Ergebnisprotokoll, nicht ein Verlaufsprotokoll angefertigt wird. Als Schulleiter/in mache ich mir Notizen mit Anregungen, die ich aus dem Gespräch für mich ziehe und über die ich nachdenken möchte; dass ich das tue, lege ich der Lehrperson – bzw. dem Kollegium bei der Erläuterung dieses Gesprächstyps in der Konferenz – offen. Wir empfehlen Schulleitungen, Lehrpersonen vorzuschlagen, ihre Selbstbindungen handschriftlich zu notieren; direkt nach dem Gesprächsende mache ich von diesem Ergebnisprotokoll eine Kopie für mich und gebe der Lehrperson das Original zurück. Welche der von der Lehrperson angesprochenen Daten in welcher Form für welchen Nutzungszusammenhang (Konferenz o.Ä.) evtl. veröffentlicht werden dürfen, muss jeweils abgesprochen werden.

Eine andere Fantasie von Kollegiumsmitgliedern ist, dass es bei Jahresgesprächen nur um die Entdeckung von Ressourcen gehe, also um ein »Ausbeutungsvorspiel« angesichts der wachsenden Aufgaben einer Schule bei gleichzeitig sinkender Personalausstattung. Deshalb halte ich als Schulleiter/in mein Interesse transparent, dass ich in solchen Gesprächen selbstverständlich – vor allem mit mir wenig vertrauten Personen – neue Stärken oder Ressourcen einer Lehrerin entdecken will. Dies ist in jedem Fall ein Gewinn für unsere Schule und sollte als »normale« Qualitätssicherung etabliert werden.

In unserer Einschätzung ist der Kern dieser Gespräche das jährlich fällige – teilweise wechselseitige – Qualitätssicherungs-Update; Jahresgespräche dienen damit der Entwicklung konstruktiver Arbeitsbeziehungen, selbstverständlich dem Kontrollauftrag- und Übersichtswissen von Schulleitung ebenso wie der transparenten Orientierung von Lehrpersonen: Verantwortung wird geteilt, Ziele werden geklärt und die Arbeitsbeziehung entsprechend weiter entwickelt.

Dabei sind Zielfestlegungen – mit ihrer rollen- und situationsangemessenen Balance aus den Komponenten »Ziel-Selbstbindung« und »Zielvorgabe« – immer dann angebracht, wenn ich als Schulleiter/in mit einer (neuen) Lehrkraft oder einem anderen Schulleitungsmitglied erstmals Aufgabenzuschnitte festlege, neue Funktionen beauftrage oder vorhandene Funktionen neu konturiere, d.h. wenn Verantwortung neu verteilt werden muss.

Im Hinblick auf das innerschulisch übliche Jahresgespräch plädieren wir demgegenüber dafür, nicht formell auf »Zielvereinbarungen« zu drängen oder zu insistieren und schon gar nicht bei Zieldissensen die eigenen Vorstellungen durchzukämpfen. Dies wären Anschlussgespräche, bei hartnäckigen Dissensen zu mir zentralen Zieldimensionen auch als Kritikgespräche möglich. Wir empfehlen hier vielmehr, über Ziele zu sprechen, Zielkonsens oder Zieldissens zu benennen und dabei alle angebotenen Selbstbindungen einer Lehrperson wie auch Selbstbindungsangebote von mir als Schulleiter/in (wenn ich einer Lehrerin, einem Lehrer oder einem Projekt Unterstützung zusage) in das Protokoll aufzunehmen. Hinter diesem Plädoyer stehen zwei Überlegungszusammenhänge:

- Zum einen ist eine sichtbar orientierende Leitungsbeziehung zwischen Schulleiter/in und einzelner Lehrperson wichtig (als Komplement zu der Arbeit über Delegation und über Gremien, die die Schulleiterin bzw. den Schulleiter deutlich in seiner leitenden Rolle zeigen). Für die prozessorientierte Präsenz dieser Rolle ist in Jahresgesprächen die Zieldefinition oder sogar Klärung voreinander wichtiger als eine Zielvorgabe. Denn für Vorgaben habe ich als Schulleiter/in andere Gesprächsrahmen, u.a. auch den Raum von Konferenzen, und für die individuellen Abweichungen sind Kritikgespräche ein fest vorgesehenes Regelungsinstrument für die Schulleitung.

- Zum anderen ist Konzept und Terminus der »Zielvereinbarung« ein heikles Konstrukt: Der klassische Terminus »Zielvereinbarungsgespräch« behauptet eine spezifische Qualität solcher Gespräche, nämlich »Vereinbarung«, die in hierarchiegeprägten Arbeitsbeziehungen nicht erreichbar ist, daher auch nicht terminologisch »versprochen« werden sollte.

Ich spreche als Schulleiter/in meinen Wunsch an, dass die Lehrperson für sich ein Ziel entscheidet; damit wird die hierarchische Rolle nicht außer Kraft, aber außer Geltung gesetzt (sie bleibt interaktionell in Kraft, insofern der von mir als Schulleiter/in geäußerte Wunsch natürlich einen höheren Status hat als ein Wunsch jedes anderen Mitglieds der Schule). Wenn eine Lehrperson eine Selbstbindung anbietet, dann wäre das gemeinsame Festhalten und das Operationalisieren hinsichtlich Weg, Mittel und Zeit eine »Zielvereinbarung« echter Art; und die kontrollierende Begleitung durch mich als Schulleiter/in wiederum ein hierarchieintegrierter Akt. Es geht also um verbindliche (Ziel-)Absprachen auf »erwachsenen« Rollenebenen, die lediglich die weitere Zusammenarbeit bezüglich Transparenz und Qualität steuern. Beide Parteien können diese Absprachen weiteren Gesprächen zugrunde legen, sie aber dort auch ändern, erweitern oder gar beenden. Aufschlussreich sind auch die Formulierungen des Innenministeriums Nordrhein-Westfalen (1994; Hervorhebungen durch die Autoren dieses Beitrags):

> »Ziele sollen nicht einseitig vorgegeben, sondern in einem offenen *partnerschaftlichen* Gespräch vereinbart werden. Darin legen die Beteiligten dar, auf welchen Erwägungen ihre Zielvorstellungen beruhen. Vorgesetzte geben Mitarbeiterinnen und Mitarbeitern Gelegenheit, ihre Ideen, Erfahrungen und Kenntnisse einzubringen und entsprechende Ziele *vorzuschlagen*« (ebd., S. 9).

und

> »Über einen Vorschlag wird *möglichst* gemeinsam von allen Beteiligten entschieden. Vorgesetzte treffen Entscheidungen nur dann selbst, wenn ein Konsens nicht erzielt werden kann« (ebd., S. 11).

Da die Mitarbeiter/innen diese asymmetrische Struktur kennen, werden sie vermutlich auf ein Insistieren im Dissens verzichten. Aufrichtiger wäre also ein Terminus wie »verbindliche Zielabsprache« – für diese Absprache gibt es dann nämlich beide in obigem Doppelzitat angesprochenen Modi: den der *Selbstbindung* und den der *Vorgabe* und als dritten Modus den einer tatsächlichen *Vereinbarung* eines Ziels in einem für Verhandlungen offenen Zielkorridor.

Für die Schulleiter/innen sind Jahresgespräche insofern ein notwendiges und rollenangemessenes Führungsinstrument: Ich *brauche* als Schulleiter/in Jahresgespräche und die darin zugänglichen (wechselseitigen) Informationen und Klärungsprozesse, um in meiner Rolle gut arbeiten zu können; ich *erwarte* darüber hinaus, dass auch die Lehrer/innen meiner Schule diese Gespräche mit mir für die Reflexion und Entwicklung ihrer Arbeit akzeptieren und qualifiziert nutzen. Daher mache ich diese Gespräche nicht von anderen »Meinungen« oder »Sorgen« Lehrender abhängig.

Analoge Gespräche sollen zwischen Schulaufsicht und Schulleiter/in stattfinden. Das könnte für Lehrkräfte zusätzlich deutlich machen, dass Jahresgespräche selbstverständlich sind: ein mit Delegation und Teilautonomie gegebenes Gesprächsinstrument zur Regulierung von Zusammenarbeit und Arbeitsqualität.

5.1.2 Gesprächsinhalte

In Jahresgesprächen lassen sich sehr gut *individuelle* Perspektiven (z.B. mich als Schulleiter/in einmal näher mitkriegen, mir Bitten und Kritik vortragen u.Ä.) und *systemische* Perspektiven verbinden (z.B. als Schulleiter/in den Entwicklungsstand im Kollegium und die Ressourcen der einzelnen Lehrenden mitkriegen, um überhaupt die Entwicklung der Schule informiert mitbetreiben und mitentwerfen zu können). Ein Blick auf die Einschätzung solcher Gespräche durch die Bildungskommission Nordrhein-Westfalen (1995):

- »In regelmäßigen Jahresgesprächen zwischen der Schulleitung und den einzelnen Mitarbeiterinnen und Mitarbeitern sollen der Personaleinsatz besprochen, Ziele vereinbart und die Aufgabenerledigung erörtert werden« (ebd., S. 324).
- »Jahresgespräche sollen auch die Funktion haben, der Schulleitung Rückmeldung zum eigenen Führungsverhalten zu verschaffen, und es ihr erleichtern, die Schulwirklichkeit aus der Sicht der Mitarbeiterinnen und Mitarbeiter zu sehen« (ebd., S. 325).
- »Mit interessierten und geeigneten Lehrerinnen und Lehrern soll eine auf die Übernahme von Leitungsfunktionen zielende Planung des beruflichen Werdegangs erfolgen« (ebd., S. 325).

Hier zeigen sich drei Themenkomponenten, die früher in je einzelnen Gesprächen angesprochen wurden: Zielvereinbarungen, Reflexion der wechselseitigen Zusammenarbeit und persönliche Entwicklungsziele/Fördermaßnahmen. Themenstruktur solcher Jahresgespräche ist

- der Blick zurück auf das letzte Jahr: Teilarbeitsplätze Unterricht, Elternarbeit, Schulleben; Abgleich der Zielsetzungen des letzten Jahresgesprächs; Thematisieren evtl. Differenzen;
- der entsprechende Blick zurück auf die Kooperation mit Kolleginnen, Kollegen und der Schulleitung;
- neue Zielvorstellungen: Welche eigene Entwicklung braucht eine Lehrperson dafür und welche Unterstützung möchte sie anfordern?

Die Fragebögen, die ich als Schulleiter/in bei meiner Vorbereitung auf das Jahresgespräch verwende, und der Fragebogen für die Lehrenden meiner Schule sollten auf diese Art schulöffentlich einschätzbar sein. Schließlich sehen wir als hauptsächliches Instrument hierarchischer dialogischer Führung das angemessene Teilen von Verantwortung und Transparenz. Es gibt für mich als Schulleiter/in deshalb an diesem neuen Gesprächsinstrument »nichts zu verbergen«.

5.2 Strukturelle Voraussetzungen

5.2.1 Jahresgespräche in großen Schulsystemen

Jahresgespräche sollen zwischen einer Berufsperson und ihrer bzw. ihrem unmittelbaren Vorgesetzten erfolgen. Der »Standardfall« in der Schule ist daher, dass Jahresgespräche zwischen Schulleiter/in und jeder und jedem Lehrenden stattfinden. In kleinen Schulsystemen ist das realisierbar.

Geht man davon aus, dass solche Gespräche (mindestens) einmal im Jahr stattfinden, dass jedes Gespräch inklusive Vor- und Nachbereitung ca. zwei Stunden dauert und dass Schulleiter/innen durchschnittlich eines dieser Gespräche pro Woche in ihren Zeitplan einbauen und auch mental verkraften können, dann stellt sich schnell die Frage nach der Grenze eines solchen Konzepts für mittlere und große Kollegien.

Die Konzeption von Jahresgesprächen ist historisch in Institutionstypen entwickelt worden, in denen die so genannte Leitungsspanne, d.h. die Zahl der einer Vorgesetztenperson zugeordneten Mitarbeiter/innen, in der Regel nicht höher als 15 ist. Schulen haben – von kleinen Grundschulen und einigen Sonderschulen abgesehen – durchweg höhere Leitungsspannen. Welche Möglichkeiten der Entlastung von Schulleiterinnen und Schulleitern großer Schulen sind vorstellbar? Zunächst Konzepte, die *ohne Delegation* arbeiten, also die Schulleiterin oder der Schulleiter alle Jahresgespräche selber führt:

- *Ich spreche als Schulleiter/in mit allen Lehrerinnen und Lehrern* und muss entsprechend viele andere Aufgaben delegieren, kürzen oder streichen. Freilich habe ich wenig gewonnen, wenn ich nach einer ersten Runde von Jahresgesprächen erschöpft aufgebe. Und als Modell für die Mitglieder meiner Schule bin ich fragwürdig, wenn ich mich regelmäßig überfordere – es geht nicht um den Nachweis von Tapferkeit, sondern um machbare Qualität von Schulleitung. Bei einer Kollegiumsgröße von mehr als 30 Personen wird diese Konzeption schwierig, jenseits von 40 Lehrpersonen unmöglich.
- *Ich reduziere die Häufigkeit der Jahresgespräche* (z.B. auf eineinhalb oder zwei Jahre). Ob dann aber noch eine Linie in diese Gespräche kommt, ob der Reflexions- und der Planungszeitraum noch überschaubar ist, muss bezweifelt werden, zumal unter der Zielperspektive der Jahreszyklus – als der für die Institution Schule zentrale – nicht auch der Zyklus für Jahresgespräche ist.
- *Ich reduziere die Gesprächsdauer*, z.B. von 90 auf 60 Minuten. Da ich zugleich nicht auch die Vor- und Nachbereitungszeit verkürzen kann und andererseits den Druck

auf dieses Gespräch erhöhe, gefährde ich – für relativ wenig Zeitgewinn – die Themenbreite, Gründlichkeit und Ruhe solcher Gespräche.

- *Ich spreche nur mit Funktionsträgern meiner Schule* und habe dabei Spielraum für meine Definition, wer zu dieser Gruppe gehören soll, sodass ich eine für mich machbare »Leitungsspanne« festlegen kann. Diese Möglichkeit kann Sinn machen, denn die Funktionsträger sind im Regelfall folgenreicher für die *Entwicklung der ganzen Schule* als die anderen Lehrpersonen, insofern ist es gut, besonders mit ihnen in gutem Kontakt zu stehen und sie bei der Weiterentwicklung ihrer Kompetenzen und Ideen zu »provozieren« und zu stützen. Freilich könnte dies als eine Herabstufung der anderen Lehrenden meiner Schule wahrgenommen werden, die als Expertinnen und Experten für Unterricht relevant sind für die *Entwicklung einzelner Klassen.* Einer solchen – latenten – Bedeutung müsste ich schulöffentlich vorbeugen; ich könnte z.B für diese Lehrenden im Sinne der Eigenverantwortlichkeit die Möglichkeit zu Jahresgesprächen anbieten, wenn sie sie selbsttätig anfordern.
- Denkbar ist auch die gegenläufige Argumentation: *Ich spreche als Schulleiter nur mit Nicht-Funktionsträgern,* denn mit den Funktionsträgern bin ich ohnehin im vorrangigen Kontakt. Freilich spare ich quantitativ bei diesem Konzept relativ wenig Zeit ein und ein zusätzlicher Einwand ist naheliegend: Habe ich mit allen Funktionsträgern über die vielen anlassbezogen fokussierten (Kurz-)Kontakte hinaus wirklich eine hinreichend themenbreite und bearbeitungstiefe Arbeitsbeziehung im Schulalltag?
- *Ich spreche nur mit neuen Lehrerinnen und Lehrern* und eröffne mit ihnen eine Jahresgesprächsserie. Dies ermöglicht zwar einen langsamen Einstieg in Jahresgespräche, es entstünde aber allmählich eine Zwei-Klassen-Gesellschaft innerhalb des Kollegiums.
- *Ich spreche nur mit den mir wenig vertrauten und/oder problematischen Lehrpersonen.* Auf diese Weise trete ich zwar mit denjenigen Lehrerinnen und Lehrern in näheren Kontakt, mit denen ich zu wenig oder eine durch Konflikte belastete Arbeitsbeziehung habe. Aber kollegiumsöffentlich würden Jahresgespräche damit zu heimlichen Kritikgesprächen umdefiniert.

Da all diese Möglichkeiten – unterschiedlich große – Schwierigkeiten enthalten, stellt sich die Frage der Beteiligung weiterer Mitglieder der Schulleitung – die freilich zunächst das Problem der Mehrarbeit und damit die Suche nach entsprechenden Entlastungen nur auf die Schulleitungsgruppe als Ganze verschiebt. Drei Möglichkeiten stehen dabei zur Verfügung:

1. *Insbesondere für mittlere Kollegien in Schulformen mit wenig etablierter Abteilungsstruktur: Schulleiter/innen und Stellvertreter/innen verteilen diese Gespräche unter sich.* Dies setzt eine hinreichend entwickelte Kooperation zwischen beiden voraus (die freilich auch für andere Aufgaben unerlässlich ist) und ein klar vereinbartes Verfahren zum regelmäßigen Austausch über die Ergebnisse solcher Gespräche und daraus zu ziehende Folgerungen. Dieser Austausch darf natürlich nicht die vorher

ersparte Zeit wieder aufzehren. Die Zuordnung der Lehrpersonen zu Schulleiter/in bzw. Stellvertreter/in kann von der Schulleitung geregelt werden – z.B. unter dem Gesichtspunkt, mit welcher Lehrkraft ich als Schulleiter/in durch ein solches Gespräch gerne einmal näher in Kontakt und Austausch kommen möchte. Denkbar sind auch statistische Aufteilungen (nach dem Alphabet) oder Aufteilung nach Jahrgangsstufen bzw. Abteilungen.
2. *Für große Kollegien, zumal mit etablierter Abteilungsleitungsstruktur: auch die Mitglieder der erweiterten Schulleitung werden an diesen Gesprächen beteiligt.* Dies vermehrt den Anspruch an eine gute Kooperation innerhalb der erweiterten Schulleitung. Es verschärft das bereits für Möglichkeit 1 bestehende Problem, dass nicht alle Mitglieder der erweiterten Schulleitung gleiche Zuständigkeit für alle Fragen haben. Z.B. können Fragen, die mit der Übernahme von Funktionen (und damit perspektivisch von Funktionsstellen) zusammenhängen, aber auch Feedback zum Verhalten der Schulleiterin bzw. des Schulleiters selbst nicht ohne weiteres im Gespräch mit einer Abteilungsleiterin oder einem Abteilungsleiter angesprochen werden; schon gar nicht kann diese/r verbindliche Auskünfte oder Zusagen machen. Das heißt, bei einer solchen Gesprächsarbeitsteilung müssen vermutlich einige der Themen abgetrennt und für (kürzere) Zusatzgespräche mit der Schulleiterin oder dem Schulleiter selbst reserviert werden. Dies erhöht wiederum Komplexität und Zeitaufwand. Die Zuordnung kann auch hier nach den oben genannten Gesichtspunkten vorgenommen werden; dazu kommt ein naheliegendes viertes Kriterium: Lehrer/innen, die intensiv in einer der Stufen (u.a. auch als Klassenlehrer/in) arbeiten, sollten, wenn es nicht besondere Gründe für eine andere Zuordnung gibt, der entsprechenden Abteilungsleiterin bzw. dem Abteilungsleiter zugeordnet werden – freilich ist dieser Stufenbezug in Gesamtschulen und Gymnasien historisch variabel und die Jahresgespräche leben gerade von der Stabilität dieses Austauschs.
3. *Angesichts dieser Zuordnungsfragen ist als weiteres, für große Kollegien und vor allem berufliche Schulen mit gut geregelter Abteilungsstruktur evtl. klareres Modell denkbar:* Als Schulleiter/in führe ich ausschließlich mit den Funktionsstelleninhabenden der Schule Jahresgespräche durch, die Abteilungsleitenden mit den schwerpunktmäßig in ihrer Abteilung arbeitenden Lehrenden (dabei würde meine Stellvertreterin bzw. mein Stellvertreter nicht beteiligt). Dafür spricht die überschaubare Zahl dieser Funktionsträger/innen und auch die Überlegung, dass ich als Schulleiter/in diese Personen, deren Haupt- oder zumindest großer Teilarbeitsplatz die Schule insgesamt (und nicht nur die einzelne Klasse) ist, entsprechend gut kenne und zudem auf entwickelte Kooperation mit ihnen besonderen Wert legen muss. Lehrkräfte, deren Hauptarbeitsplatz oder gar ausschließlicher Arbeitsplatz der Unterricht ist, sind dagegen fachlich, pädagogisch und beziehungsmäßig mindestens ebenso gut bei den entsprechenden Abteilungsleitenden aufgehoben.

Bei jeder dieser Varianten muss ich als Schulleiter/in das von mir gewählte Delegationsverfahren förmlich und bindend schulöffentlich etablieren. Die betreffenden Funktionsträger führen Jahresgespräche in meinem Namen und Auftrag.

Diese strukturellen Überlegungen machen nochmals einigen Rollenklärungsbedarf für Schulleitungsmitglieder deutlich: Solche neuen Gesprächspflichten können Schulleiter/innen (bzw. Schulleitungsmitglieder) nicht einfach noch auf ihre sonstigen Aufgaben »draufpacken«. Diese neue Aufgabe provoziert eine gründliche Reflexion und vermutlich Revision der eigenen Prioritätensetzung und der Zeitbudgetierung. Konkret: Wenn ich mich als Schulleiter/in entscheide, mit allen 35 Mitgliedern meines Kollegiums einmal im Jahr Jahresgespräche zu führen, wie spare ich diese ca. zwei Zeitstunden pro Woche ein?

- Delegiere ich Aufgaben an die Stellvertreterin bzw. den Stellvertreter oder einzelne Lehrkräfte oder Lehrerteams? Welche und an wen? Und wie wird deren Mehrbelastung durch solche Delegationen dann ausgeglichen?
- Reorganisiere ich einige meiner Arbeitsabläufe, sodass ich Zeit gewinnen kann? Welche könnten das sein?
- Kläre ich Prioritäten auch mit der nächsthöheren Instanz, der Schulaufsicht, indem ich aufhöre, mir immer neue Aufgaben »draufpacken« zu lassen, und aus meiner Sicht »Unsinniges« zurückweise oder sichtbar hintansetze?

Der Aufwand für die Durchführung von Jahresgesprächen wird meist anhand der Implementationsphase diskutiert. Natürlich gibt es vor der ersten Runde von Jahresgesprächen besonders hohen Aufwand, auch für die Klärung in Konferenzen und die Einzelgespräche im Nachgang der Konferenzüberlegungen zu Zweck und Vorgehen von Jahresgesprächen. Wenn dieser Gesprächstyp dann etabliert ist, ist der zeitliche – und der mentale – Aufwand deutlich geringer geworden.

Es kann auch gut sein, dass ein Teil dieses Mehraufwands à la longue dadurch ausgeglichen wird, dass einige der bislang anfallenden Anlassgespräche – Kritikgespräche, Kontaktgespräche, Kontrollgespräche usw. – unnötig werden, weil durch die stärkere »Vorsorgearbeit« der Aufwand für »Reparaturen« geringer wird. Dennoch muss – zumal angesichts der Ausweitung der Rollenzuständigkeit von Schulleiterinnen und Schulleitern – die Frage nach einer angemessenen Arbeitszeitbelastung und das heißt nach einer evtl. Änderung derzeit üblicher Entlastungsumfänge neu beantwortet werden. Und bei Delegationsverfahren verschiebt sich mein Be- und Entlastungsproblem teilweise auch auf die weiteren Mitglieder meiner Schulleitung: Wie entlasten sich diese an den Jahresgesprächen beteiligten weiteren Schulleitungsmitglieder? Das sind Fragen nach interner Arbeitsstrukturierung und der Mindest-Personalbedingungen, die zumindest bei der *verbindlichen* Einführung dieses Gesprächstyps mit geklärt sein müssen.

Bei gemeinsamen Überlegungen mit Schulleitungsmitgliedern zur jeweiligen Zuordnung der Lehrenden spielt oft auch der (heimliche) Wunsch eine Rolle, als Schulleiter/in könne ich durch geeignete Zuordnungskriterien oder durch Wählbarkeit die Gespräche mit für mich problematischen Lehrpersonen vermeiden. Aber wenn ich dadurch ein Modell dafür abgäbe, unangenehme Aufträge zu vermeiden, hätte ich mir als Schulleiter/in langfristig einen schlechten Dienst erwiesen. Wir denken deshalb: Jahresgespräche – in der ganzen Bandbreite, also auch mit dem wechselseitigen kritischen Feedback – sind gerade eine Möglichkeit, mit Lehrpersonen einen regelmäßigen professionellen Kontakt zu etablieren, zu denen eine solche selbstverständliche Arbeitsbeziehungsebene bisher fehlte. Ob ich diesen Lehrenden in der Implementationsphase erlaube, vorerst ein Gespräch mit mir zurückzustellen, ist eine andere Sache; hier geht es darum, dass ich es mir rollenmäßig erlaube und interaktionell zumute, meine Leitungszuständigkeit auch in schwierigen Beziehungskonstellationen offen zu beanspruchen und Kooperation nicht von gegenseitiger Zuneigung abhängig zu machen. Schließlich ist es vor allem gute Arbeits*qualität*, die gute Arbeits*beziehungen* ermöglicht, und für beides liegt die Verantwortung niemals allein bei der Schulleiterin oder dem Schulleiter.

Die Aufteilung solcher Gespräche zwischen Schulleiter/in und Stellvertreter/in berührt immer die heikle Frage, wie beide ihre Kooperation gestalten:

- Möglicherweise will meine Stellvertreterin bzw. mein Stellvertreter gar nicht an solchen Jahresgesprächen beteiligt werden. Das kann unterschiedliche Gründe haben: Liegt sein Zögern daran, dass ich als Schulleiter/in ihn ansonsten wenig bei Leitungsaufgaben beteilige, sodass er hier fantasiert, ich wolle eine unangenehme Teilaufgabe an ihn loswerden? Oder liegt es daran, dass die Stellvertreterin bzw. der Stellvertreter solche Gespräche nicht übernehmen will, weil sie seine besondere informelle Nähe zum Kollegium gefährden würden? In beiden Fällen ist dies ein Anlass für Schulleiter/in wie Stellvertreter/in, ihre Kooperationsvorstellungen, Kompetenz- und Loyalitätserwartungen mit sich und miteinander zu klären.
- Möglicherweise will ich auch als Schulleiter/in einzelne Mitglieder der erweiterten Schulleitung derzeit nicht an solchen Gesprächen beteiligen, weil ich bei ihnen zurzeit (noch) keine hinreichenden kommunikativen Ressourcen sehe oder in unserer Zusammenarbeit zu viel Informationsverlust oder -verzerrung erwarten würde, wenn wir uns über die untereinander aufgeteilten Jahresgespräche austauschen würden.
- Dazu kommt die Sorge, dass jedes an diesen Jahresgesprächen beteiligte Schulleitungsmitglied – wenn es sich erfolgreich auf eine Leitungsstelle an einer anderen Schule bewirbt – die entsprechenden Personenkenntnisse »mitnimmt«, sodass sie mir nicht mehr zur Verfügung stehen; denn die Protokolle sollten ausdrücklich *nicht* weiter verwendet werden dürfen, jedenfalls nicht ohne Einverständnis bzw. Rücksprache mit der betreffenden Lehrperson. Wenn demgegenüber ich als Schulleiter/in selbst an eine andere Schule (oder in die Schulaufsicht) gehe, muss meine Nachfolgerin oder mein Nachfolger ohnehin solche Jahresgespräche in der Nullversion von »Orientierungsgesprächen« mit allen Kollegiumsmitgliedern führen.

Solche Komplikationen bei mir bzw. meiner Stellvertreterin oder meinem Stellvertreter müssen vor einer Beteiligung bearbeitet werden. Diese Bearbeitung wäre aber auch im Hinblick auf die restliche Zusammenarbeit sicherlich qualitätssteigernd.

5.2.2 Implementation von Jahresgesprächen

Vergleichsweise einfach ist die Einführung von Jahresgesprächen, wenn ich als *neuer* Schulleiter an eine Schule komme: Ich möchte nach und nach alle Lehrkräfte meiner neuen Schule kennen lernen und mit ihnen Zusammenarbeit kontraktieren, d.h. verbindlich absprechen. Analog ist die Einführung da gut möglich, wo einzelne neue Lehrpersonen an meine Schule kommen. Wenn ich mit einer Lehrperson ein erstes Gespräch geführt habe, führe ich mit ihr regelmäßig (mindestens einmal im Jahr) solche Gespräche weiter.

In beiden Fällen gibt es im ersten dieser Gespräche keine gemeinsame Evaluation mit der Lehrperson: Wenn ich neue Schulleiterin oder neuer Schulleiter bin, kann nur sie allein über ihre Arbeitspraxis an dieser – für mich noch neuen – Schule sprechen. Wenn es eine neue Lehrerin oder ein neuer Lehrer an meiner Schule ist, kann er nur über seine Erfahrungen an seiner bisherigen Schule sprechen (und Wünsche/Folgerungen daraus für die neue, nämlich meine Schule).

Schwieriger – und zudem sorgenbesetzt – ist die Einführung von Jahresgesprächen, wenn ich bereits längere Zeit als Schulleiter/in an meiner Schule bin, also erkennbar ein neues Instrument etablieren will.

5.2.2.1 *Zum einen haben die Lehrer/innen Sorge*

»Sorge« bedeutet meist Vorbehalte auf der Beziehungsebene und Vermeidung der Sachebene. Jahresgespräche – so wird öfters argumentiert – setzten entwickeltes Vertrauen voraus; insofern könne man sie nur mit *vertrauten* Lehrpersonen führen (und mit denen seien sie nun wiederum angesichts der Vertrautheit gerade nicht notwendig). Würden wir anfangen, den Begriff »vertraut« zu definieren, wäre schnell klar, dass wir damit die Sachebene ebenso wenig wie eine Weiterqualifizierung auf Rollenebene berühren könnten.

Wir denken dagegen, Schulleiter/innen dürften fähig sein, in einer offenen, zugewandten und rollengenauen Art solche »gefährlichen« Gespräche mit noch wenig bekannten Lehrpersonen zu führen. Dadurch würden sie auf der Sachebene Vertrauen in die Arbeitsbeziehung entwickeln helfen. Sonst wäre eine der Funktionen des Jahresgesprächs ja gerade nicht realisierbar, nämlich sich ein möglichst genaues Bild von der Arbeit einer (evtl. noch neuen) Lehrkraft und von ihrem Blick auf die Arbeit, ihre Bedingungen und Ziele zu machen. Schulleiter/innen müssen sich zunehmend darauf besinnen, ihre eigene Rolle als Stütze zu nutzen und weniger als »Bewaffnung«, die man nicht zeigen sollte. Nur so können sie zukünftig »Sorgen« des Kollegiums zwar wahrnehmen, es aber dennoch beharrlich auf die Sachebene einladen.

Erste Erfahrungen zeigen, dass die offene Ankündigung, dass ich solche Gespräche einführen möchte, in kleinen – und eher »leitungsarmen« – Schulen, vor allem Grund- und Sonderschulen, als bedrohlich empfunden und gerne abgewehrt wird, wenn die Schulleitung dies zulässt: Solche Gespräche seien unnötig formell, man sehe sich doch ohnehin oft genug und teile sich informell alles Wichtige mit. In großen Schulen werden solche Gespräche demgegenüber oft als Zuwendung, als Intensivierung der Arbeitsbeziehung empfunden und überwiegend begrüßt: Endlich nehme sich die Schulleiterin bzw. der Schulleiter einmal Zeit, in Ruhe mit einem zu reden.

5.2.2.2 Sorgen gibt es auch aufseiten der Schulleitung

Eine Sorge von mir als Schulleiter/in ist, dass Jahresgespräche das von mir mühsam errungene Vertrauen wieder gefährden würden. Wichtig wäre angesichts solcher Sorgen meine Selbstklärung: Worin genau besteht dieses »Vertrauen« (vielleicht im Verzicht auf Kontrolle oder andere »deutliche« Leitungshandlungen)? Warum – aufgrund welcher inneren Sicht meiner Schulleiterrolle – fühle ich mich auf das Vertrauen der Lehrer/innen angewiesen? Und habe ich mir dieses offenbar wenig belastbare Vertrauen bislang nur erschlichen (vielleicht eben durch den genannten Verzicht auf sichtbares Leiten)?

Dem setzen wir entgegen: Ich praktiziere den Lehrerinnen und Lehrern gegenüber Vertrauen (gemeint ist dann: Ich vertraue auf gute Arbeitsergebnisse von ihnen bzw. erwarte sie) und erwarte, dass auch mir als Schulleiter entsprechend Rollenkompetenz zugetraut (oder aber das Gegenteil auf Sachebene vorgetragen) wird.

Insofern sind keine Standardempfehlungen zur Implementation möglich. Ich muss die spezifischen Implementationsbedingungen an meiner Schule – einschließlich meiner eigenen Vorbehalte gegenüber solchen Jahresgesprächen – sehr genau analysieren, bevor ich mich für ein bestimmtes Konzept und einen Zeitpunkt des Umgangs mit solchen Gesprächen und ihrer Einführung entschließe. Hier dennoch eine Standardvariante zum Vorgehen, nämlich als Schulleiter/in in einer Konferenz offen die eigene Absicht anzukündigen, Jahresgespräche einzuführen. Dazu einige Empfehlungen im Kasten auf der nächsten Seite.

Für die Wahl der Reihenfolge der Gesprächspartner gibt es mehrere Modelle, die bereits oben erläutert wurden: Wirklich wesentlich ist, dass ich alle darüber informiere, warum und wie lange ich mit der Auswahl so umgehe. Wir würden immer empfehlen, dem Kollegium zusätzlich anzubieten, dass Lehrende sich auch selbst für ein Jahresgespräch anmelden können.

Es würde zu Rollenunklarheiten führen, wenn ich versuche, die ohnehin zu führenden Gespräche mit Lehrerinnen und Lehrern im Rahmen der Erstellung eines Leistungsberichts als Jahresgespräche auszugeben. Damit unterstütze ich gerade unangebrachte Fantasien von Lehrenden, es handle sich hier um ein verkapptes Beurteilungs- und Kontrollinstrument.

Ich kann – wenn ich mir Arbeit ersparen will – auch in einer ersten Runde der Jahresgespräche sagen, dass ich diese Gespräche auf freiwilliger Basis mache; d.h. einzelne Lehrer/innen dürfen solche Gespräche ablehnen. Zwei Perspektiven könnte ich dabei verfolgen: Entweder gebe ich vorab bekannt, dass ich erst nach der (auch kollegiumsöffentlichen) Auswertung der Erfahrungen mit dieser ersten Runde entscheiden werde,

Jahresgespräche implementieren

Vor der Konferenz:
- Was will ich als Schulleiter/in mit Jahresgesprächen?
- Sofern delegiert werden soll: Wie denken die zu beteiligenden anderen Mitglieder der Schulleitung? Was muss ich noch mit ihnen klären?

In der Konferenz:
- Ich stelle als Schulleiter/in Jahresgespräche als für mich sinnvolles Gesprächsinstrument dar, das ich – unabhängig von der Einschätzung solcher Gespräche durch die Lehrer/innen – nutzen werde; ich lade die Lehrer/innen ein, dass ihr Feedback, wie sinnvoll solche Gespräche für sie waren, Teil des Austauschs sein wird.
- Erläuterung des Gesprächskonzepts, seiner Zwecke, seiner Themen, der Verabredungsformen.
- Bereits jetzt stelle ich diesen Gesprächstyp als etwas dar, das zwar neu ist, aber ein reguläres Gesprächsinstrument an dieser Schule sein wird. Sollten zu viele Kolleginnen und Kollegen »Sorgen« ansprechen, kann ich Verständnis zeigen, aber ich stelle daraufhin nicht das neue Instrument Jahresgespräch zur Disposition. Ich biete evtl. eine zusätzliche *eigene* Konferenz an, falls die jetzige zur Klärung nicht ausreicht.
- Evaluation ankündigen: Austausch über die ersten Erfahrungen mit diesem Gesprächstyp für eine *Folgekonferenz* anbieten, wenn er (dann) mehrheitlich gewünscht wird. Ansonsten nach einem bestimmten Zeitraum einen Bericht von mir über meine Erfahrungen in der Konferenz ankündigen.

Nach der Konferenz:
- Erste Gesprächstermine mit Lehrerinnen und Lehrern vereinbaren, die weder besonders vertraut noch besonders widerständig sind; ggf. Gespräche mit (relativ) neuen Lehrerinnen und Lehrern suchen.

ob ich zukünftig solche Gespräche mit *allen* Lehrpersonen führen werde. Oder ich rechne damit, dass sich alle Lehrer/innen selbst auf Dauer in solche Gespräche einlassen, schon um nicht als kooperationsunwillig dazustehen. Aber was tue ich, wenn diese Automatik nicht greift? Kündige ich dann plötzlich an, ich werde nun doch insistieren? Und hätte ich mich dann nicht als eine Schulleiterin bzw. ein Schulleiter gezeigt, dessen Ankündigungen (hier der grundsätzlichen Freiwilligkeit von Jahresgesprächen) man nicht trauen kann? Ich müsste also bei einem solchen Angebot »mein Kollegium« sehr gut kennen und müsste ihm auch den Preis nennen, nämlich dass Lehrende, die das Jahresgespräch nicht wahrnehmen, sich möglicherweise mehr Gespräche anderer Art einhandeln und dies auch selbst zu verantworten hätten.

Zwei weitere Versionen der Implementierung liegen – wenn ich mir als Schulleiter/in das Recht auf Jahresgespräche nicht selbst zugestehe und daher Sorgen vor der Reaktion der Lehrenden habe – zwar nahe, sind unserer Einschätzung aber heikel:

- Zum einen könnte man versuchen, Jahresgespräche um die wertenden Komponenten reduziert einzuführen, also z.B. ohne kritisches Feedback der Schulleiterin bzw. des Schulleiters gegenüber der Arbeitspraxis der Lehrperson. Wir denken, dies ist ein unmissverständliches Signal der Schulleiterin bzw. des Schulleiters, dass bei ihm die einzelnen Lehrenden entscheiden dürfen, was ihnen gegenüber Leitung bedeuten und umfassen soll. Zudem verschiebt dieses Vorgehen nur das Problem auf das jeweils nächste Gespräch.

- Zum anderen könnte man versuchen, in Anlassgesprächen – Planungsgesprächen, Beratungsgesprächen, Kritikgesprächen usw. – »unauffällig« die Thematik auf die für Jahresgespräche typische Themenbreite und Themenstruktur hin zu öffnen. Gerade dieses »Anschleichen« würde mich aber zum »Retter« stilisieren, der präventiv das angeblich »Gefährliche« von Jahresgesprächen mildert. Damit bestätige ich die Wahrnehmung der Lehrkraft und lade sie in ein Opferdenken ein. Da diese zusätzlichen Themen vom jeweiligen Anlassgespräch nicht »gedeckt« sind, bin ich als Schulleiter/in also auf das jederzeit widerrufbare Einverständnis der einzelnen Lehrperson angewiesen (heimliche Dankbarkeit), solche Themen ins Spiel zu bringen. Es kann aber gerade *nicht* mein Ziel sein, Jahresgespräche mit »heimlichen« Verträgen zu beginnen, in denen ich anschließend leicht zum »Verfolger« der Kolleginnen und Kollegen werde, die diesen Vertrag nicht ratifizieren. Jahresgespräche erfüllen ihren Zweck nur als kollegiumsöffentlich etabliertes Leitungsinstrument. Daher werden sie unabhängig von dem individuellen Misstrauen der jeweiligen Lehrperson geführt; die Gespräche sind Teil der Leitungsaufgabe und als solche können sie den jeweiligen Gesprächspartnern nicht erst zur Genehmigung vorgelegt werden.

Insofern sehen wir Anlassgespräche eher als Rahmen, in dem ich evtl. anspreche, dass ich diese Lehrperson gerne einmal mit mehr Zeit und entsprechend offenem Themenraum näher in ihrer Sicht, ihren Plänen, ihren kritischen Ideen sich und mir und der Schule gegenüber kennen lernen würde. Jahresgespräche könnten sich also an solche Anlassgespräche anschließen.

5.3 Ein Blick auf Gesprächsbeispiele

Die Eröffnungsphase eines Jahresgespräch-Rollentrainings:

Herr A (Schulleiter):	Herr B (Lehrer):
1	[klopft] *A, kann ich rein, eintreten?*
2 *Ja natürlich, komm bitte. Du, setz dich*	
3 *doch schon mal hin, ich hab Kaffee hinge-*	
4 *stellt. Ähm bin sofort da.*	
5	*Ja. Danke.*
6 *Ja äh / B, is ja'n bisschen ungewöhnlich,*	
7 *ähm dass wir uns unter so einem formalen*	
8 *Rahmen hier äh treffen. Aber ich hatte ja dir*	
9 *vor zwei Wochen schon gesagt, äh ich*	
10 *möchte ganz gerne diese Jahresgespräche*	

```
11   mit allen Kolleginnen und Kollegen führen
12   ähm und äh bin dir sehr dankbar, dass du
13   bereit gewesen bist, äh dich für dieses ers-
14   te Gespräch zur Verfügung zu stellen, weil
15   wir ja nach zwei drei Gesprächen dem Kol-
16   legium auch Rückmeldung geben wollen,
17   damit ein paar Ängste genommen werden,
18   wie diese Gespräche ablaufen. Und äh i/ i/
19   ich habe diese Gespräche vorstrukturiert,
20   ich habe allen Kolleginnen und Kollegen äh
21   so Themenkomplexe gegeben, ähm die wir
22   hier besprechen wollen. Und äh m/ möchte
23   dich jetzt a/ eigentlich bitten, äh auch an-
24   hand dieses äh vorgegebenen Bogens ein-
25   mal anzufangen, um ähm ja deine Position,
26   deine professionelle Position hier in der
27   Schule und deine Aufgaben zu beschrei-
28   ben. Es wird der Punkt sein, der bei allen
29   Kolleginnen und Kollegen so an der ersten
30   Stelle steht.
```

Der Schulleiter stärkt sich hier überhaupt nicht über das klare Einnehmen seiner Rolle. Er gibt sich lieber als der – verbündete – Freund: Dass der Schulleiter dem Lehrer dankt, dass dieser sich als Erster auf diesen neuen Gesprächstyp einlässt (Z. 12–14), ist weder für die Etablierung des neuen Gesprächstyps noch für die Arbeitsbeziehung angemessen; auf Rollenebene könnte er sagen: »Ich finde das sehr professionell, dass du dich als Erster einlässt!« Heikel ist auch die Formulierung »zur Verfügung stellen« (Z. 14), weil sie suggeriert, dass der Lehrer mit diesem Gespräch für sich selbst keine sinnvollen Erfahrungen machen könne, sondern nur dem Zweck eines anderen – hier des Schulleiters – dient. Und zum anderen wird erneut ein strategisches Argument etabliert: dass dieses Gespräch den Zweck hat, »dem Kollegium [...] Rückmeldung« zu geben, »damit ein paar Ängste genommen werden« (Z. 15–17). Damit wird als sicher festgestellt, dass dieses Gespräch gut geht, sonst würde ein späteres Feedback ja eher Ängste vermehren als sie zu nehmen. Indem dieses strategische Interesse am Erfolg als ein gemeinsames formuliert wird (»weil *wir* ... Rückmeldung geben *wollen*«, Z. 14–16), bietet der Schulleiter dem Lehrer ein Erfolgsbündnis an; damit beteiligt er den Lehrer also an der Festlegung der Konditionen, unter denen das Gespräch von beiden geführt wird. Die jeweilige Verantwortung wird nicht nur nicht geteilt, sondern die Hauptverantwortung wird dem Lehrer zugeschoben, denn die Ängste der Kolleginnen und Kollegen hängen ja jetzt offensichtlich von seiner Beurteilung des Gesprächsverlaufs ab. Durch das »wir« wird er dann auch entsprechend auf Leitungsebene gehoben. In der Folge zeigt sich, dass sich wahrscheinlich beide in einer wechselseitigen Retterrolle befinden. Das heißt, sie steigen beide in einen konfliktfördernden Rahmen ein. Sie fühlen sich ohne Rollen und bewegen sich nur mehr auf der Beziehungsebene.

Während der Schulleiter die Passagen von Zeile 6 bis 18 – von dem für gesprochene Sprache typischen »äh« abgesehen – flüssig formuliert, wird seine Formulierung ab Zeile 18 spürbar zögerlicher: der dreimalige Ansatz »i/ i/ ich«, als er die Strukturvorgabe anspricht, und die massive Zögerlichkeit in Zeile 22ff., wo er den Lehrer auffordert, sich an diese einheitlichen Vorgaben jetzt auch zu halten; der zweifache Ansatz »m/ möchte« (Z. 22), die Selbstkorrektur vom »a/« (»an sich«?) zum »eigentlich« (Z. 23), dieses »eigentlich« selbst (Will er nun oder will er nicht?) und das zumutende »äh auch« (Z. 23) – er mutet dem befreundeten Lehrer zu, unter gleichen Konditionen dieses Gespräch zu führen wie andere, nicht befreundete Lehrer auch und in Zeile 28–30 betont er diese »Gleichheit vor dem Gesetz« noch einmal explizit. Auf dieser Ebene, auf der der Schulleiter den Lehrer eben präventiv vor seiner Forderung gleichzeitig zu »retten« sucht, nimmt dieser das Angebot, sich als Opfer zu fühlen, im Folgenden denn auch sofort auf, indem er vorrangig die für einen befreundeten Lehrer kränkende Herabstufung zu »einem unter vielen« sieht; die Rollen- bzw. Sachebene gerät dabei völlig aus dem Blick:

31	*Aber A, das ist doch nicht dein Ernst. Seit*
32	*zwanzig Jahren arbeiten wir zusammen,*
33	*tauschen uns zu allen Gelegenheiten über*
34	*Schule aus. Ich glaube, wir haben auch,*
35	*was unseren Beruf angeht, überhaupt keine*
36	*Geheimnisse. Ich konnt das gut nachvoll-*
37	*ziehen, dass natürlich ich keine R/ Sonder-*
38	*rolle im Kollegium einnehmen sollte, aber*
39	*nun ist die Tür verschlossen und wir haben*
40	*uns hier / ich hab mir die Aspekte natürlich*
41	*auch durchgelesen. Ich denke mir, ohne*
42	*jedes Gespräch könntest du seitenweise*
43	*meine Grundhaltung niederschreiben. Und*
44	*können wir denn die t/ eine Stunde, die wir*
45	*nun hier zusammen verbringen müssen, um*
46	*das Gesicht zu wahren, nicht anders ver-*
47	*bringen als mit diesem formalen Kram?*

Der Lehrer ist aus dieser Opferrolle heraus nur bereit zu einem strategischen Geschäft unter Gleichrangigen (»die *wir* nun hier *zusammen* verbringen *müssen*, um das Gesicht zu wahren«, Z. 44–46), wozu der Schulleiter ihn ja auch ungewollt eingeladen hat. Und er wechselt bereits bedrohlich in die Täterrolle, wenn er das Jahresgespräch selbst in Zeile 47 als »formalen Kram« abwertet. Der Einstieg zu möglicher Eskalation ist bereits gegeben: Es wäre denkbar, dass die beiden »Freunde« jetzt anfangen, sich gegenseitig Vorwürfe zu machen.

Die Terminabsprache aus einem weiteren Jahresgesprächstraining:

Herr A (Schulleiter):	Herr B (Lehrer):
1 Guten Morgen, Herr B.	
2	Guten Morgen.
3 Herr B, Sie wissen, dass wir verabredet	
4 sind. Sie hatten sich ja zu dem Termin in	
5 einer Woche eingetragen. Ähm wir sehen	
6 uns dann?	
7	Ja, ich denk daran. Ich hab mich da einge-
8	tragen, damit ich's hinter mich bringen kann.
9 Ich denke, Sie werden es zu dem Termin	
10 hinter sich bringen. Und vielleicht fühlen	
11 Sie sich nach dem Gespräch wohler als	
12 vor dem Gespräch. [holt Luft] Bis in der	
13 nächs/ bis zur nächsten Woche.	

Der Lehrer definiert das Jahresgespräch als eine lästige Last; der Schulleiter übernimmt diese Definition und verstärkt noch den Aspekt »Wohlfühlen« statt der professionellen Funktion solcher Jahresgespräche. Das geschieht durch den »Übergriff« in Zeile 10 bis 12: Eine Voraussage, wie der andere sich fühlen wird, geschieht immer aus Überfürsorglichkeit (mir selbst oder anderen gegenüber); dass ich damit den anderen abwerte – er kann offenbar selbst nicht einschätzen, wie er sich fühlen wird –, beabsichtige ich natürlich nicht und ich ahne auch nicht, dass ich (–fEL) damit einlade, mir dann auch die »Schuld« bzw. Verantwortung für den Gesprächs(miss)erfolg zu geben (–aK). Was ich später wohl wahrnehmen werde, ist, dass ich wütend auf diesen Lehrer bin (–kEL), weil er unkooperativ erscheint.

Die Eröffnungsphase aus dem Jahresgespräch dieser beiden Gesprächspartner (gleichzeitig gesprochene Äußerungsteile sind unterstrichen):

Herr A (Schulleiter):	Herr B (Lehrer):
1 [es klopft] Ja, bitte.	
2	Guten Morgen. Wir hatten uns ja für das
3	Gespräch vereinbart.
4 Guten Morgen, Herr B. Nehmen Sie doch	
5 bitte Platz. Wie fühlen Sie sich denn im Mo-	Danke.
6 ment?	
7	Ja, also ich m/ muss sagen, ich fühle mich
8	unwohl oder ich erwarte eigentlich äh ir-
9	gendwas, weiß nicht, was Sie damit vorha-
10	ben, mit diesem Gespräch. Und Sie haben
11	das ja vor der Konferenz erklärt, aber im
12	Grunde genommen is es ja doch äh äh
13	wahrscheinlich eine versteckte Kontrolle,
14	wenn Se ehrlich sind. Und zudem ist es ei-

15	ne zusätzliche Belastung. Aber ich äh
16	will nicht gleich damit anfangen, sondern
17	Sie wollten ja Ihre Absichten kundtun.
18 *Also in der Konferenz haben wir sicherlich*	
19 *darüber gesprochen. Ich halte es schon für*	
20 *unverzichtbar, aus der Sicht jedes einzelnen*	
21 *Kollegen zu erfahren, wie er sich hier in un-*	
22 *serer Schule fühlt, wie er sich einbringen*	
23 *kann, ob er sich angemessen eingesetzt*	
24 *fühlt. Und all diese Informationen werden*	
25 *mir helfen, meine Schulleitungsfunktion*	
26 *besser auszufüllen. Ich denke, meine einge-*	
27 *schränkten subjektiven Wahrnehmungen al-*	
28 *leine würden nicht hinreichend sein. Ich*	
29 *kann Ihnen versichern, dass ich im Augen-*	
30 *blick mich auch nicht besonders wohl fühle.*	
31 *Sie wissen ja, dass wir in der Erprobungs-*	
32 *phase sind. Und ich würde mich bemühen,*	
33 *nach Kräften, dass in einer vernünftigen,*	
34 *konstruktiven Atmosphäre dieses Gespräch*	
35 *vor/ durchgeführt wird.*	
36	Nun bestärkt das ja meine Bedenken, die
37	ich habe, ne? Und Sie haben gesagt, dass
38	Sie sich nicht wohl fühlen. Ich frage mich,
39	warum so was überhaupt statt / sicherlich
40	könn/ stattfindet, sicherlich können Sie
41	auch nichts dazu. Das ist wahrscheinlich ir-
42	gendeine Vorgabe der Schulaufsicht und
43	Sie müssen das durchziehen. Ich habe
44	auch gehört, dass Sie in der Schulleiterfort-
45	bildung waren; das ist / wird irgendwie so
46	was Neues sein, was / das gemacht werden
47	muss. Aber ich finde, es ist eine fürchterli-
48	che zusätzliche Belastung. Wir haben ja
49	schon so viele Belastungen in der letzten
50	Zeit. Und – größere Klassen, mehr Stunden
51	– nun müssen wir auch noch am Nachmit-
52	tag antreten und müssen über Dinge reden,
53	die doch eigentlich selbstverständlich sind.
54	Ich bin schon seit dreißig Jahren an dieser
55	Schule, ne? Ich mache schon meine Arbeit
56	schon unter Ihrem Vorgänger. Und äh äh ei-
57	gentlich funktioniert das alles. Ich hab eine
58	richtige Routine entwickelt, das funktioniert
59	also ganz prima. Ich wüsste gar nicht, was
60	es da noch zu klären gibt.
61 *Das ist vielleicht Ihre Wahrnehmung, dass*	
62 *alles wunderbar läuft. Allerdings versteh ich*	
63 *dann nicht, inwieweit dann auch das Kolle-*	
64 *gium an vielen Stellen Unzufriedenheit sig-*	

65	nalisiert, sei es äh mit organisatorischen Vo-
66	raussetzungen, sei es äh die Zusammenar-
67	beit in den einzelnen Fachgruppen betref-
68	fend und andere Dinge. Ich denke schon,
69	dass jedes System zu optimieren ist in sei-
70	ner Arbeit. Und darum möchte ich mich be-
71	mühen. Und mir ist es ganz wichtig, dass
72	wir in einem ruhigen Gespräch einmal uns
73	austauschen über die Sichtweise auf unse-
74	re Schule, so wie Sie sie gerade angesehen
75	haben. Das wird gleich noch breiten Raum
76	in unserem Gespräch haben, wie Sie unse-
77	re Schule wahrnehmen, sehen. Das ist mir
78	wichtig zu erfahren. Auf der anderen Seite
79	haben Sie mich sicherlich nur in exponier-
80	ten Situationen bisher kennen gelernt. Ich
81	bedaure auch, dass wir bisher noch kein
82	längeres Gespräch geführt haben. Und es
83	wäre mir auch wichtig, dass Sie meine
84	Sichtweisen auf die Schule, auf Ihre Per-
85	son, auf Ihre Lehrerleistungen erfahren wür-
86	den. Und ich denke, das ist zunächst einmal
87	Ertrag genug. Und vielleicht sollten wir ein-
88	fach in das Gespräch eintreten und uns vor-
89	nehmen, am Ende des Gesprächs noch mal
90	über den Ertrag nachzudenken. Ich bin ei-
91	gentlich ganz guter Hoffnung, dass Sie
92	dann Ihre Haltung revidiert haben werden.
93	*Gut. Sie sind der Schulleiter, dann machen*
94	*wir das auch so.*

Es ist sehr unwahrscheinlich, dass sich die Hoffnung des Schulleiters erfüllt, denn das Gespräch erschöpft sich ausschließlich im vorne angeführten inneren Dreieck (vgl. Abb. 4 auf S. 880). Der Schulleiter bleibt weitestgehend in der Retterrolle (also allein verantwortlich) und der Lehrer fühlt sich in der (destruktiv jammernden) Opferrolle offenbar ganz wohl. Vorübergehend einigen sie sich auf eine mögliche gemeinsame Opferrolle: unter dem Druck der Fortbildung bzw. der Schulaufsicht (Z. 41–47).

Nach der Äußerung Zeile 56ff. könnte der Schulleiter endlich seine Rolle einnehmen und z.B. sagen: »Dann nehme ich jetzt die Gelegenheit wahr. Würden Sie mir bitte darüber mehr erzählen: Wie machen Sie das, dass Sie so routiniert arbeiten? Das ist etwas von dem, was mich interessiert und was ich sonst in meiner Rolle zu wenig mitkriege.« Stattdessen bleibt der Schulleiter in seinen »rettenden« Erklärungen, als müsste er den Lehrer überzeugen, den Gesprächssinn zu verstehen. Auf Rollenebene muss der Lehrer den Gesprächszweck aber lediglich *akzeptieren* und dieser muss vom Schulleiter in der Konferenz so transparent erläutert worden sein, dass der Lehrer ihn hätte verstehen *können*. Rollenangemessen müsste dem Schulleiter Akzeptanz genügen und die kann er einfordern.

Die Eröffnungsphase aus einem dritten Jahresgesprächstraining (gleichzeitig gesprochene Äußerungsteile sind unterstrichen):

Herr A (Schulleiter):	**Herr B (Lehrer):**
Ja, da würd ich doch sagen, wir fangen doch einfach mal an, Herr B. Wie sehen Sie äh sich und Ihre Arbeit denn hier äh in der Schule?	
	Also es geht mir gar nicht mal so sehr um meine Arbeit [...]. Da komm ich klar damit / äh könnt ich Ihnen tausend Sachen erzählen. Sie haben ja auch'n paar Arbeitshefte von mir ja auch schon hm angeschaut. Und n/ da gibt's also auch nichts, es gab nie etwas. Mich stören ganz andere Dinge hier an der Schule. A/ Ähm m/ wenn ich in ne Klasse geh und da Probleme hätte, da würd ich
Es	*schon von mir aus dran arbeiten, __ möglicherweise auch zu Ihnen kommen. Aber äh es ist etwas anderes hier, es ist das Klima,*
Hm	*<u>was</u> mir hier nicht gefällt, ähm und zwar äh ist das t/ diese Schmidt-Geschichte da – ich muss / entschuldigen Sie, wenn ich da noch mal wieder drauf zurückkomm, aber / ist ein eklatantes Beispiel dafür, wie äh schnell Leute eingeschnappt sind, äh wenn man mal irgendetwas macht, äh was sie selber nicht ganz durchschaut haben.*

Hier wäre es für den Schulleiter möglich, das Gespräch wieder auf den Lehrer zu fokussieren und es damit zugleich im Sinne von Eigenverantwortung dieser Lehrperson zu lenken. Eine klassische Frage wäre etwa »Was haben Sie sich denn vorgestellt, wie hier eine gute Lösung aussehen könnte?« oder »Mit wem könnten Sie sprechen, mit wem könnten Sie sich da zusammentun?« oder »Wie könnten Sie selbst beitragen, was würden Sie selbst an sich ändern wollen?«

5.4 Methodische Empfehlungen

Die folgenden methodischen Empfehlungen werden entlang einer groben Phaseneinteilung geordnet; wir gehen von einer Gesprächsdauer von 60 bis 90 Minuten aus (dazu kommen mindestens 30 Minuten für die Vor- und Nachbereitung).

5.4.1 Gesprächsvorbereitung

Konzeptionelle Klarheit

Wie das obige Gesprächsbeispiel zeigt, unbedingt *vor* dem Jahresgespräch konzeptionelle Unklarheiten und Dissense in mir selber klären. Bilder entwickeln (eventuell in Supervision), wie ich die eigene Leitungsrolle einnehme und zukünftig einnehmen will.

Auswahl der Lehrer/innen

Nicht mit befreundeten Lehrkräften anfangen (natürlich auch nicht mit »gegnerischen«), sondern lieber mit möglichst neutralen, der »durchschnittlichen« Lehrkraft.

Jahresgespräch nicht als Kritikgespräch

Nicht das Jahresgespräch heimlich als »halbharten« Rahmen für ein Kritikgespräch benutzen, zu dem ich mich bislang nicht getraut habe; im Gegenteil: Lieber aktuelle Ärgernisse *vorher* in Kritikgesprächen abarbeiten, damit ich den spezifischen Mehrzweck von Jahresgesprächen gut nutzen kann und gerade *nicht* übermäßig negatives Feedback einzubringen brauche (eher positives).

Terminwahl

Nach Möglichkeit einen Nachmittagstermin anbieten: Ich habe es als Schulleiter/in dann leichter, ungestörte 90 Minuten zur Verfügung zu stellen, und die Lehrkraft braucht sich nicht kurzfristig zwischen Unterricht und Jahresgespräch umzustellen. Dass ich einen Zusatztermin (der der Sache dient) zumute, ist übrigens selbstverständlicher Teil von Leitungshandeln. Und das Akzeptieren oder Protestieren einer Lehrkraft gegenüber solchen Zusatzterminen hängt nur von deren Rollenkompetenz ab, die ich dadurch besser einschätzen lerne. Der Abstand zwischen Gesprächsvereinbarung und Jahresgespräch sollte ca. 14 Tage betragen.

5.4.2 Verabredung zum Jahresgespräch

Zeitpunkt

Terminvereinbarung ca. 14 Tage vor dem Gesprächstermin.

Konzeptionelle Klarheit

- Sofern die Terminvereinbarung durch Selbsteintrag in eine Terminliste erfolgt, auf dieser Terminliste schriftlich auf z.B. folgende Regelung verpflichten: Ich gehe davon aus, dass eine Lehrkraft evtl. Probleme mit dem Jahresgespräch *vor* dem Gesprächstermin mit mir zu klären sucht. (Ich selbst lade dazu nicht ein, da ich kein

Problem habe.) Sollte eine Lehrkraft trotz Konferenz weiter an »Problemen« festhalten, biete ich ihr an, dass sie *nach* dem Jahresgespräch noch einmal einen Termin ausmachen kann, sofern sie es dann noch für nötig hält, dass sie aber vorerst das Gespräch akzeptieren muss.
- Sofern live: Die Lehrperson mündlich in entsprechender Weise »verpflichten«, Probleme mit dem Jahresgespräch ggf. direkt jetzt bei der Terminvereinbarung klären.

Vorbereitung

Beide Seiten ausdrücklich auf die Vorbereitung des Jahresgesprächs anhand der – in der Konferenz ausgegebenen – »Checkliste« (Standard-Tagesordnung) verpflichten.

Beziehungssorgen

Bei durch Freundschaft oder »Feindschaft« belasteten Beziehungen evtl. eigene Sorgen gegenüber dem Gespräch ansprechen (aus der Rolle heraus) und die Haftung für ein gutes Gespräch in die Hände beider legen (»Ich werde auf den Gesprächsverlauf achten und lade Sie ein, dies auch zu tun.«). Wir empfehlen bei erheblichen Beziehungsstörungen mit einer Lehrkraft unbedingt vorher Supervision in Anspruch zu nehmen. Ziel müsste sein: »Wie lade ich diese Lehrkraft konsequent in ihre Rolle und auf die Sachebene ein?«; Ziel darf keinesfalls sein: »Wie stelle ich wieder eine gute Beziehung her?« Dann wäre ich als Schulleiter/in nämlich wieder der allein verantwortliche Retter (–fEL), die entsprechende Lehrkraft könnte sich auf der Opferposition ausruhen und als überforderter Täter würde ich sie später abwerten und meiden (was ihr weiteres »Ausruhen« nicht wirklich erschweren würde).

5.4.3 Jahresgespräch

5.4.3.1 Gesprächsort

Als ein an die Leitungsrolle gebundenes Gespräch ist der Arbeitsort des Vorgesetzten angemessen.

5.4.3.2 Vor dem Jahresgespräch

Für geschützte Zeit sorgen und für sich selbst 15 Minuten Vorbereitungszeit unmittelbar vor dem Jahresgespräch einplanen.

5.4.3.3 Gesprächseröffnung

Sitzordnung

Am »Gesprächstisch«, die übliche abgewinkelte Sitzordnung, nicht vis-à-vis.

»Service«

Nur der übliche Service (Kaffee, Rauchen usw.).

Warming-up

Wir empfehlen, kein eigenständiges Warming-up zu machen, sondern direkt mit dem Gespräch selbst zu beginnen: Ich brauche, um meine Zugewandtheit zu zeigen, keine eigenen Äußerungen (Smalltalk), sondern ich kann Zugewandtheit in der Art, wie ich meine Funktion wahrnehme, mit zeigen (z.B. durch die Stimme, durch die Körpersprache, durch den »Mut«, direkt mit dem »heißen« Thema zu starten usw.).

Tagesordnung

Standard-Tagesordnung aus dem Vorbereitungsbogen als Themenbasis, maximal ein oder zwei Themen-Ergänzungen einbauen. Die Standard-Tagesordnung (ggf. mit Ergänzungen) sollte sichtbar auf dem Tisch liegen, sodass beide zeitverantwortlich das Gespräch mitsteuern können.

Zeiteinteilung

Nochmals kurz an den Zeitrahmen (max. 90 Minuten) erinnern. Blick auf die für beide wichtigen Besprechungspunkte und gute Einteilung der dafür zur Verfügung stehenden Zeit.

Gesprächszwecke ansprechen?

Nein – wenn ich von den Lehrerinnen und Lehrern verlangt habe, spätestens in der Terminvorbesprechung evtl. gesprächstypbezogene Sorgen mit mir zu klären, und wenn wir uns beide mithilfe des Vorbereitungsbogens auf dieses Gespräch vorbereitet haben, gibt es keinen guten Grund mehr, nochmals die Gesprächszwecke zu erläutern.

5.4.3.4 Gesprächskern I: Rückblick

Arbeitsreflexion

In dieser Phase geht es zum einen um
- Rückblick des Lehrers auf seine Arbeit (auf allen Teilarbeitsplätzen) seit dem letzten Gespräch und auf die eigenen Anteile an evtl. Gelingen oder Nichtgelingen;
- Verständigung über die Gründe für (auffälliges) Gelingen/Nichtgelingen;
- Feedback der Schulleiterin bzw. des Schulleiters zu diesem Rückblick.

Beziehungsreflexion

In dieser Phase geht es zum anderen um den Rückblick beider auf die gemeinsame Arbeitsbeziehung und Kooperationspraxis in der zurückliegenden Zeit. Mit »Beziehungsreflexion« ist – wir betonen es vorsorglich noch einmal – die *Arbeitsbeziehung* gemeint, nicht Aspekte der Freundschaftlichkeit oder Antipathie. Nur soweit ich mit einer Lehrerin oder einem Lehrer eine – ehemals oder immer noch – freundschaftliche Beziehung im privaten Rahmen habe und dies die berufliche Zusammenarbeit erschwert oder die zukünftige Arbeit erschweren könnte, ist dies ein Thema für das Jahresgespräch. Der Fokus wäre dann, wie die Trennung von Freundschaft und Rolle gut genug gelingen kann.

Gesprächstemperatur

Es geht nicht darum, einander »irgendwie menschlich« näher zu kommen, sondern um das Interesse an der anderen Berufsperson, die ihre Funktion professionell, aber mehr oder weniger qualifiziert wahrnimmt; diese Balance aus Person- und Aufgabenorientierung muss schrittweise entwickelt werden. Weder ausweichendes Reden über allgemeine Bedingungen des eigenen – kritisierten – Arbeitsverhaltens (z.B. »Die Schüler heutzutage!«) ist sinnvoll noch das blanke Anteilnehmen an Befindlichkeiten der oder des anderen.

Direktheit

Kritisches behutsam und deutlich ansprechen; also weder »drucksen« noch »ruppig« sein. Ein sprachtechnischer Hinweis: Wenn eine Lehrerin oder ein Lehrer von Arbeitsproblemen berichtet, nicht mit Formulierungen des Typs »Warum haben Sie ... getan?« nachfragen; solche Formulierungen gelten als Vorwurf und rufen damit Rechtfertigungsreaktionen wach. Lieber Formulierungen wählen wie »Haben Sie eine Idee, was alles zu diesem Problem beigetragen hat?« und ebenso »Haben Sie eine Idee, wie Sie das zukünftig verbessern (bzw. vermeiden) wollen?«

Verbindlichkeit

Solche Gespräche dürfen nie (z.B. mit unvertrauten Lehrerinnen oder Lehrern) nur sachlich-oberflächlich und nie (z.B. mit befreundeten Lehrerinnen oder Lehrern) nur »menschlich« sein; sie müssen immer auch »riskante« Dimensionen der beruflichen Tätigkeit ansprechen.

Nicht kämpfen

Als Schulleiter/in nicht gegen abweichende Sichtweisen oder abweichende Praxis der Lehrkraft (innerlich oder erkennbar) zu Felde ziehen, sondern der anderen Person Raum geben, damit sie sich zeigen kann; ihre Sicht und ihre Handlungsweise besser verstehen lernen, die divergente eigene Sicht – deutlich erkennbar – daneben stellen.

Da es sich nicht um ein Kritikgespräch (innerhalb des Jahresgesprächs) handelt, brauche ich nicht die Sorge zu haben, ich müsste die Anerkennung meiner Position durch die oder den anderen erkämpfen. In diesem Gesprächstyp geht es um Erkennen – und begrenzt um Verstehen – von Dissensen; daher kann ich diese ansprechen, damit die oder der andere und ich voreinander unsere Dissense kennen und – mithilfe anderer, späterer Gespräche – bearbeiten können. Ziel ist ja u.a., mich selbst in Schulleitungshaltungen deutlich zu zeigen und damit über Hintergründe meines Rollenhandelns zu orientieren.

Ein solches »späteres« Gespräch (das ich der Lehrperson gegenüber im Jahresgespräch avisiert habe) kann dann ausführlicher einen dort deutlich gewordenen, aber nicht hinreichend geklärten Dissenspunkt bearbeiten. Ein solches Gespräch ist in der Regel zunächst eine argumentative Auseinandersetzung; wenn mir die jetzt deutlicher erläuterten Hintergründe der Lehrperson für ihren Dissens nicht einleuchten, der Dissens aber in meiner Sicht ein Essential der Konzeption unserer Schule tangiert, kann ich Änderung verlangen. Möglicherweise nehme ich mir eine Bedenkzeit und erst das Folgegespräch ist dann ein Kritikgespräch, in dem ich auf Änderung verpflichte.

Die Lehrperson im Fokus halten

Schwierig kann in diesem Kernbereich sein, die Lehrperson selbst im Fokus zu halten; für eine Lehrerin oder einen Lehrer liegt es nahe – zumal wenn es um kritische Ereignisse der eigenen Arbeit im vergangenen Zeitraum geht –, andere Lehrpersonen (oder Dritte) in den Fokus zu bringen und deren Haftung (und daher deren Änderungsbedarf) ausführlich zum Thema zu machen. Diese Fokusverschiebung kann ich als Schulleiter/in verstehen – ich nehme sie der Lehrperson nicht übel –, ich mache sie aber nicht mit und fokussiere immer wieder die anwesende Lehrperson: »Und welchen Beitrag zum Umgang mit diesem Problem können Sie sich für sich selbst vorstellen?« Ich *führe* also das Gespräch nach meinem – vorher angekündigten – roten Faden.

Bearbeitung bei Dissensen

Die Grenzziehung zwischen einer notwendigen Markierung von Dissens bzw. Kritik durch mich als Schulleiter/in und der Ausarbeitung z.B. eines ausgewachsenen Kritikgesprächs ist nicht immer einfach: Wie viel Bearbeitung ist innerhalb eines Jahresgesprächs sinnvoll und möglich, ohne die Zeit und die Stimmung für das Jahresgesprächstypische zu gefährden? Wo kann man ein Problem schnell klären und wo hört man lieber erst einmal zu und lernt die andere Person mit ihren – vielleicht für mich schwierigen – Sichtweisen kennen und verstehen, ohne sich gleich in Positionskämpfe zu verwickeln? Ich kann ja im Nachgang zu solchen Gesprächen auf die gleiche Person zukommen, um einen im Jahresgespräch aufgetauchten, mir wichtigen Dissenspunkt zu besprechen (und dies wäre noch nicht notwendiger-, aber möglicherweise gleich ein Kritikgespräch).

Im Gesprächstyp bleiben

Ähnlich gilt für beratungsnahe Phasen im Jahresgespräch: Wenn sich eine Lehrperson auf eine offene und weitgehende Selbstreflexion einlässt, kann ich ihr meine Achtung vor dieser Bereitschaft aussprechen und ggf. anbieten, zu einem anderen Zeitpunkt weiter an solchen Verstehensversuchen zu arbeiten; aber ich gehe hier nur zeitlich begrenzt auf diese Verstehensversuche ein, weil die Klärung der anderen noch offenen Themen Vorrang hat.

5.4.3.5 Gesprächskern II: Änderungs- und Entwicklungsbedarf

Ermutigung

Nicht nur den Veränderungsbedarf fokussieren, sondern auch das betonen, was professionell war: »Was war bzw. ist gut so und wo ist Veränderung nötig oder wünschenswert?«

Änderungsdimensionen

Im Gespräch die verschiedenen Änderungsrichtungen voneinander getrennt halten:

- Änderungen der Arbeitszuteilung/Arbeitsverteilung;
- Änderungen organisatorischer Bedingungen;
- Mehr Information, um die eigene Arbeit gut tun zu können;
- Kommunikationsprozesse (in der Schule) ändern/verbessern;
- Änderungen in der Kooperation mit den anderen Lehrpersonen;
- Änderungen in der Kooperation mit der Schulleitung.

Darauf achten, dass ich nicht Offenheit/Kooperativität der oder des anderen mit leichtfertigen Unterstützungszusagen honoriere, sodass ich – nach einer Runde von Gesprächen – auf einem »Sack« voll aufwändiger Zusagen sitze, die ich weder vollständig noch schnell genug erfüllen kann. Ich brauche Entgegenkommen von Lehrerinnen und Lehrern nicht immer gleich »zu bezahlen«. Umgekehrt muss ich aus der Leitungsrolle heraus durchaus kontraktieren, was ich bzw. die Schule für meine Unterstützung an funktionalen Gegenleistungen »bekommt«.

Entwicklungsdimensionen

Im Gespräch die unterschiedlichen Entwicklungs-Aspekte voneinander getrennt halten:

- Welche Kompetenzen möchte ich (weiter-)entwickeln?
- Fortbildungsbedarf dazu?
- Interesse an der Übernahme von spezifischen Aufgaben/Verantwortungen?
- »Karrierewünsche«?

Gemeinsamer Blick auf die ganze Schule

Am Ende des Gesprächskerns den Blick nochmals auf die Lehrperson und die (ganze) Schule lenken:

- Wo steht unsere Schule jetzt, und welche Entwicklung braucht sie?
- Neue Projekte für unsere Schule und die mögliche Rolle der Lehrperson darin?
- Wie geht es der Lehrperson an dieser Schule (Frage auch nach ihrer »Einbindung« in die Schule)? Woran liegt das? Möchte sie etwas ändern (»ändern«, nicht »geändert haben«)?

5.4.3.6 Gesprächsbeendigung

Resümee

Vergewisserung über die getroffenen Absprachen und Selbstbindungen.

Protokoll

Ggf. noch Protokollnotizen zu diesen Absprachen und Selbstbindungen ergänzen.

Informationsfreigaben

Ggf. ansprechen, welche Informationen und Einschätzungen der Lehrperson von der Schulleiterin bzw. dem Schulleiter in anderen schulischen Zusammenhängen offen genutzt werden dürfen (z.B. in Konferenzen).

Gesprächsevaluation

Blick zurück auf den Gesprächsverlauf und Vorschläge zur Verbesserung dieses »Instruments«.

Literaturverzeichnis

Bildungskommission Nordrhein-Westfalen (1995): Zukunft der Bildung – Schule der Zukunft. Denkschrift der Kommission »Zukunft der Bildung – Schule der Zukunft« beim Ministerpräsidenten des Landes Nordrhein-Westfalen. Neuwied u.a.
Boettcher, W. (2004a): Beraten lernen. Bönen/Westf.
Boettcher, W. (2004b): Gesprächsführung. Bönen/Westf.
Hennig, G./Pelz, G. (2002): Transaktionsanalyse. Lehrbuch für Therapie und Beratung. Paderborn.
Kälin, K./Müri, P. (2005): Sich und andere führen. Thun.
Lumma, K. (2006): Die Teamfibel. Hamburg.
Nagel, R./Oswald, W./Wimmer, O. (1999): Das Mitarbeitergespräch als Führungsinstrument. Stuttgart.
Innenministerium des Landes Nordrhein-Westfalen (Hrsg.) (1994): Grundsätze für Zusammenarbeit und Führung. Düsseldorf.
Schulz von Thun, F. (1981/1989/1998): Miteinander reden. 3 Bde. Reinbek bei Hamburg.
Stewart, I./Joines, V. (2000): Die Transaktionsanalyse. Freiburg.

Bildnachweis

Abb. 4 (S. 880) erstmals veröffentlicht in: Mosing, G. (2005): Führen und Verantwortung teilen. In: Bartz, A. u.a. (Hrsg.): PraxisWissen SchulLeitung. München: Wolters Kluwer Deutschland, Beitrag 10.31, S. 4.

Georgia Mosing

Kollegiale Fallberatung

1.	Vorwort	993
2.	Ausgangsüberlegungen	994
2.1	Was macht das Besondere dieser Fallberatung aus?	994
2.2	Autonomie des Lernens	994
2.3	Die professionelle externe Anleitung	995
3.	Perspektiven und Ziele	996
4.	Teilnahmekriterien	998
5.	Entscheidungshilfen für Struktur und Zusammensetzung	1000
6.	Methode	1003
6.1	Abgrenzung zu therapeutischen Verfahren	1004
6.2	Was ist ein »Fall«?	1005
6.3	Reflexives, systemorientiertes Denken als Beratungsgrundlage	1005
7.	Ablaufschema für Fallberatungsgruppen	1007
8.	Feedback zur Fallerzählung	1011
8.1	Fallerzählung	1011
8.2	Umgang der Gruppe mit der Fallerzählung und Rückmelderunde	1011
8.3	Die Arbeit der fallerzählenden Person mit den Angeboten der ersten Rückmelderunde	1018
8.4	Zweite und weitere Rückmelderunden	1021
8.5	Hilfestellungen für Introspektion und mögliche Schwierigkeiten	1021
8.6	Schwierigkeiten mit Empathie	1022
8.7	Beendigung der Fallbearbeitung	1022
9.	Gestaltung der Endphase	1023
10.	Übergang von fremd- zu selbstgeleiteter Arbeit	1026
10.1	Übergangshilfen	1026
10.2	Kontrakte im Rahmen der Fallbesprechung	1026
10.3	Zur Selbstleitung der Fallberatungsgruppe	1027
11.	Methodische Reserven	1028
	Literaturverzeichnis	1029

1. Vorwort

Dieser Text greift auf eine über zehnjährige Erfahrung mit Schulleitungsfortbildungen zu Themen wie Beratung, Gesprächsführung und Supervision zurück.[1] Das Konzept zur kollegialen Fallberatung habe ich als Referentin und Supervisorin im Rahmen der Schulleiterfortbildung des Landesinstituts für Schule in Soest (Nordrhein-Westfalen) entwickelt. Die kollegialen Gruppen wurden mit dem Anspruch eingeführt, Gesprächs- und Handlungskompetenzen in Leitung und Beratung über die einzelnen Fortbildungen hinaus zu trainieren und zu reflektieren.[2] In einem dreischrittigen Verfahren sollte eine möglichst dauerhafte Peergruppe von Leitungsmitgliedern entstehen, die letztlich in der Lage sind, sich kompetent auf einem hohen Reflexionsniveau gegenseitig zu beraten und auszutauschen.

1. *Schritt:* Schulleitungsmitglieder unterschiedlicher Systeme nehmen an einer ein- bis zweitägigen Fortbildung teil, die Grundlagen professioneller Beratung vorstellt.
2. *Schritt:* In anschließenden Kleingruppen mit bis zu sieben Teilnehmerinnen und Teilnehmern wird professionelle Beratung mithilfe entsprechender Leitung und konkreter Fälle erfahren und gleichzeitig trainiert, und zwar über mindestens sieben dreistündige Sitzungen in Abständen von vier bis sechs Wochen.
3. *Schritt:* Die Gruppe ist so weit, dass sie in kollegiale Selbstleitung übergeht, sich ca. alle sechs bis acht Wochen trifft und zeitweise entscheidet, professionelle Externe (z.B. Supervisorinnen und Supervisoren, die nicht der eigenen Schulkultur verhaftet sind) einzuladen. Auf diese Weise wird gesichert, dass die Gruppe trotz guter persönlicher Kontakte eine professionelle Ebene halten wird und sich kontinuierlich weiterentwickelt.

Um mittelbar einen direkten Bezug zu dialogischer Leitung und Rollen angemessener Teilung von Verantwortung in Schule selbst zu erzielen, fordert das Konzept von den Leitungsmitgliedern einen hohen professionellen Standard ein.

Die folgenden Erläuterungen wenden sich vor allem an Leitungsmitglieder von Schule und Seminar, deren Vorgesetzte und an potenzielle Leiter/innen der Fallberatung selbst. Sie können darüber hinaus auch anderen, vor allem in Schule leitenden Personen, also auch Lehrerinnen und Lehrern, als Modell dienen.[3]

---

1 Dieser Beitrag beruht auf dem Artikel »Kollegiale Fallberatung in Schulen« (Mosing-Boettcher 2000), erschienen im Loseblattwerk »Schulleitung und Schulentwicklung«, Berlin: Raabe Fachverlag für Bildungsmanagement.
2 Ich beziehe mich im Weiteren auf mein dafür entwickeltes Arbeitspapier »Die Fallberatung in der Schulleitungsfortbildung« (Mosing 2004).
3 Für Lehrer/innen müssten neue Modalitäten entwickelt werden, da es für das kollegiale Schulklima ungünstig ist, wenn Lehrer/innen der gleichen Schule eine Kleingruppe bilden würden. Solche Gruppen könnten höchstens zeitlimitiert, mit der Schulleitung vereinbart themenzentriert sowie ergebnisorientiert stattfinden.

2. Ausgangsüberlegungen

2.1 Was macht das Besondere dieser Fallberatung aus?

Es gibt Fortbildungen für Schulleitungen, aber kein »Rollenkollegium«, in dem die eigene Praxis und das neu Gelernte reflektiert, trainiert und abgeglichen werden können. Das berücksichtigt die Vernetzung von zwei verschiedenen Ebenen des erwachsenen Lernens: »Einerseits besteht eine voll entwickelte, erwachsene Persönlichkeit, die in gewisser Weise frei über ihre Verstandesfähigkeiten, Wahrnehmungsmöglichkeiten und Gedächtnisleistungen verfügt« (Brocher 1982, S. 19). Ob dieses Wissen aber auch integriert oder nur formal aufgenommen wird, ist andererseits – vor allem bei größeren Schwierigkeiten – von Vorgängen auf der jeweiligen Gefühlsebene abhängig. Nicht integriertes Wissen steht dann in tatsächlichen Alltagssituationen nicht operativ zur Verfügung. Es empfiehlt sich daher, professionell geleitete Fallberatungsgruppen als festen Baustein mit dem Ziel einzurichten, in Fortbildungen gesammeltes Wissen einzelner Schulleitungen so zu integrieren, dass es – immer öfter – spontan situationsadäquat anwendbar wird.

Gemeint ist damit Folgendes: Eine kleine Gruppe einzelner Rollenträger trifft sich regelmäßig, um professionell alle Aspekte des eigenen Leitungsverhaltens vor Ort – in der jeweils eigenen Schule – zu reflektieren und entsprechende Kompetenzen zu trainieren. Die berufliche Beziehungsgestaltung am Arbeitsplatz und die dort auftretenden Probleme sollen besser verstanden und die Handlungsebenen dadurch insgesamt beweglicher und konstruktiver gestaltet werden. Die Mitglieder der Gruppe übernehmen dabei Beratungsfunktionen für die einzeln vorgestellten Fälle aus dem konkreten Schulalltag, werden dafür aber vorab professionell geschult. Durch die professionelle Leitung entstehen zusätzliche Lernschwerpunkte:

- Achtsamkeit lernen bezüglich möglicher verbaler Abwertung bisher in Schule vorhandenen Beratungs- und Gesprächsinventars;
- Eröffnen bzw. Trainieren neuer Möglichkeiten, die in Beratungs- und in vielen anderen komplexen Situationen den eigenen Handlungsspielraum erweitern (z.B. Schulung der Innenwahrnehmung als verfügbare Ressource);
- besseres Verstehen von Rollenbeziehungen in der Schule und klares Gestalten der eigenen (Doppel-)Rolle (z.B. neue Rahmensetzung für die üblichen Tür- und Angelgespräche durch Kontraktierung von Zeit und Ort auch für scheinbar kurze Gespräche).

2.2 Autonomie des Lernens

Im Vergleich zu exemplarischen anderen Fortbildungen für Schulleitung stellen Fallberatungsgruppen so etwas wie »Außenstellen« für praxis- und rollenzentrierte Selbstentwicklung dar. Eine kollegiale Fallberatungsgruppe, die sich aus Leitungspersonen unterschiedlicher Schulsysteme zusammensetzt, sollte daher ein relativ autonomer Lernort sein. Dieser kann selbst organisiert sein mit oder ohne Unterstützung der Institution Schule. Angesichts des Zeit- und Energieaufwands wäre es wünschenswert, die Arbeit in der Fallberatungsgruppe als eine angemessene professionelle Herausforderung zu sehen und eine entsprechende Unterstützung bzw. Anerkennung im System zu etablieren. Das würde dann der Vorgesetztenseite ein Anforderungsprofil, aber keine inhaltlichen Kontrollansprüche ermöglichen. Wenn die professionelle Leitung von der Institution bezahlt wird, muss ein so genannter Dreiecksvertrag geschlossen werden. Damit ist gemeint, dass zahlende Institution (z.B. Schulaufsicht), professionelle Leitung und Teilnehmende (z.B. Schulleiter/innen) miteinander überprüfbare Anforderungen oder Ziele vereinbaren, wobei die Bearbeitungswege vertraulich bleiben, also der Autonomie der Gruppe unterliegen. Berufsrelevante Entwicklungen an der Schnittstelle zwischen Rolle und Person verlangen die Einlassung auf eine durchaus konfrontative Infragestellung bisheriger Verhaltensmuster und Selbstbildnisse. Eine solche Bereitschaft, sich Veränderungsprozessen zu stellen, kann nur im Schutz eines relativ autonomen Rahmens und professioneller Leitung wachsen. Es handelt sich somit auch um einen Lernort »außerhalb«, der sichern soll, dass nötigen Veränderungsprozessen *Verstehensprozesse* vorausgehen können. Die dort investierte Zeit ist insofern gut angelegt, als sie die häufig rückwärts gewandte Reparaturzeit bei zu schnell eingeführter Veränderung reduzieren könnte.

2.3 Die professionelle externe Anleitung

Die konkrete Professionalisierung entsteht durch eine Fortbildung »Beratungsgesprächs-Training« und durch das anschließende Angebot, Verhalten, Emotionen, Normen, Ziele und Werte in Bezug auf die eigene Leitung ebenso wie auf die geleitete Schule wertfrei und geschützt reflektieren zu können. Ziel ist dabei, rollenklare Leitungskommunikation in der Kleingruppe zu trainieren und für die großen Systeme zu sichern. Um das zu gewährleisten, ist dieses Konzept von Fallberatung leitungsorientiert. Abgesehen von der vorangehenden Fortbildung wird Leitung auf drei Ebenen eingenommen:

1. *Auf der Handlungsebene:* Sie sorgt für das Setting, also für das Einhalten der Rahmenbedingungen, sie steuert die Abläufe und strukturiert das Training.
2. *Auf der (Meta-)Reflexionsebene:* Sie tritt zurück, lädt die Teilnehmenden zur Beratung ein, fordert zur Inspektion auf und hilft v.a., das bisherige Beratungsinventar zu erweitern.
3. *Auf der professionellen Beratungsebene:* Sie stellt ihre eigenen analytischen und systemischen Beratungskompetenzen dem jeweiligen Fall, aber auch den Vorgängen in der Gruppe zur Verfügung.

Für diese professionelle Ebene gibt es zwei Möglichkeiten:

1. einen ausgebildeten externen Supervisor bzw. Supervisorin (DGSv), der/die eine Arbeitserfahrung von mindestens zwei Jahren mitbringt, oder
2. einen schulintern, z.B. im Rahmen der Schulleitungsfortbildung ausgebildeten »Fallberater« bzw. »Fallberaterin«, der/die dafür Sorge trägt, sich selbst ausreichend mit externer Kontrollsupervision zu versorgen.

Beide müssen in der Lage sein, nicht nur selbst Fälle zu beraten, sondern der Gruppe auch ein Modell der kollegialen Beratung zu vermitteln, das (beratende) Gesprächsführung trainiert. Sie sollen also die Gruppe in die Lage versetzen, sich auch allein weiter zu treffen und dabei professionell zu bleiben.

Erst der professionelle Blick *externer* Berater/innen ermöglicht systemübergreifende Sichtweisen und verringert das Ausmaß »blinder Flecken«, denn die Kenntnis und Reflexion eigener Interaktion – als öffentliche oder private Person – hat Grenzen: Manches unserer Verhaltens- und Reaktionsweisen bleibt uns verborgen. Wir haben den berühmten »blinden Fleck«, den andere zwar sehen, aber meist nicht ansprechen; oder das Unbewusste kommt ins Spiel, dann nehmen weder wir noch andere wahr, was – oder warum etwas – gerade der Fall ist (vgl. Luft 1983). Wenn also Vorgänge in einem System wirksam werden, die wir nicht verstehen, weil sie unbewusst bleiben, oder wenn es darum geht, blinde Flecken bei anderen so anzusprechen, dass konstruktive Erkenntnis möglich ist, können in der Regel nur professionelle Interventionen von außen helfen. Interventionen geschulter Beratung erweitern die Grenzen dessen, was der Bearbeitung normalerweise – aus dem Unbewussten – zugänglich ist, hellen blinde Flecken auf und vergrößern somit unsere Handlungsspielräume.

Eines der am häufigsten auftretenden Probleme von Schulkultur scheint mir die Überbetonung der Beziehungsebene gegenüber der Rollenebene zu sein und die starke Vermischung von Beruf und Privatem. Vor allem hier ist interne Beratung natürlicherweise begrenzt, da sie selbst Teile dieser Kultur pflegt. Sie ist daher häufig gefährdet, zu schnell gleichfalls auf der persönlichen Ebene (z.B. biografisch oder gar therapeutisch) statt auf der systemischen Ebene und rollenbezogen zu beraten. So könnte sie ohne externe Kontrollsupervision Probleme eher festigend als verändernd begleiten. Externe Beratung ist dagegen nicht in der gleichen Kultur sozialisiert und hat entsprechend einen freieren Blick auf eingeschliffene »kulturspezifische« Problemlagen zwischen Beziehungs- und Rollenebenen ebenso wie auf deren systemische Zusammenhänge.

3. Perspektiven und Ziele

Die Fallberatungsgruppe wird, wie oben angemerkt, ein Modell für Umgangsformen im Leitungsteam des eigenen Systems und trainiert dialogische Leitung in unterschiedlichen Dimensionen. Dabei handelt es sich häufig um Kompetenzen, deren Entwicklung im Leitungsteam der eigenen Schule – je nach Besetzung und historischer Entwicklung – schwer fallen und dennoch als Teil von Führung nötig sind. Zusammenfassend lassen sich folgende Ziele und Perspektiven benennen:

- *Ein »regionales Kollegium« gleicher Rollen:* Die Fallberatungsgruppe bietet eine Peergruppe, die bei der Orientierung und Entwicklung angemessener Rollenvorstellungen helfen kann. Sie stützt das »Aushalten« angemessener Distanz im Umgang mit früheren Kolleginnen und Kollegen in der eigenen Schule und das kompetente Ausloten und Einnehmen der (neuen) Leitungsrolle.
- *Support:* In der Fallberatungsgruppe, sofern sie professionell einen Beratungsmodus etabliert, entwickeln die Mitglieder eine realistische berufliche Offenheit, die Modellerfahrung für Kooperationsformen in der eigenen Schule werden kann. Sie bietet Unterstützung bei aktuellen Konflikten und Krisen – sie hilft also in beruflichen Problemlagen, die von Einzelnen oft (noch) nicht aus eigener Kraft zu bewältigen sind.
- *Praxisbegleitende Professionalisierung von dialogischer Führung:* Die regelmäßige Bearbeitung eigener Fälle und der Fälle anderer erweitert die Fähigkeiten für Konfliktmanagement und (Beratungs-)Gesprächsführung. Im Schutz der Fallberatungsgruppe kann zudem leichter die Dimension der individuellen Problemverwicklung – und ihre berufsbiografischen Hintergründe – diagnostisch fokussiert werden, wie es in größeren Fortbildungsrahmen kaum möglich wäre. Die Leitung von Schulen und Seminaren verlangt mehr denn je nach der Fähigkeit, Konflikte zu managen und/oder sie auch auszuhalten. Die heutigen Lehr-Lern-Orte beinhalten schwierige und teilweise einander widersprechende Zielsetzungen. Sie sind ein Mehr-Ebenen-System mit vielen Personen in mehrfachen und unterschiedlichen Rollen. Sie sind außerdem als Institutionen mit einer tradierten »Kultur« (Normen und Werte) behaftet, die oft den von außen gesetzten Hierarchierahmen abwehren soll und dazu häufig Energie absorbiert, die eigentlich für kompetente Ergebnisse auf Sach- und Rollenebene gebraucht würde. In diesem fortwährenden Durchgangszustand zwischen Geschichte und Veränderungsansprüchen wird analytisches Verstehen, systemisches Handeln und damit auch Konfliktmanagement zu den Grundaufgaben dialogischer Führung zählen. Diese Entwicklung eigener Kompetenzen für analytisches Verstehen und systemisches Handeln wird, professionelle Leitung vorausgesetzt, durch die Vielzahl der Fälle aus gleichen Rollen intensiv gefördert.

Zu den erreichbaren Qualifikationen gehören eine operative Routine im Umgang mit der

- Bereitschaft, Konflikte als Normalfall in einer komplexen und unter hohem Zieldruck arbeitenden Organisation anzusehen und nicht als defekten Zustand der Schule oder der eigenen Leitungskompetenz;
- Fähigkeit zur Wahrnehmung von Konflikten und Konfliktansätzen im eigenen System (Schule bzw. Seminar) ebenso wie mit der Fähigkeit zur Diagnose von Konflikten, und zwar als

- Verstehen der Rollenstruktur im System,
- Verstehen der »Kultur« des Systems,
- Verstehen der Geschichte der Institution und ihrer Mitglieder,
- Verstehen der Dynamiken dieser Ebenen untereinander,
- Verstehen der eigenen bewussten – und von Teilen der unbewussten – Leitungskonzeption;
- Fähigkeit, eine klare Indikation zu entwickeln für das, was man selbst und was andere zur Konfliktklärung und -lösung tun sollten;
- Fähigkeit, in mentaler Klarheit und interaktioneller Deutlichkeit entsprechend zu intervenieren.

Die genannten Schwerpunkte führen die Teilnehmenden – durch regelmäßige Erfahrung in der beratungsnehmenden wie beratungsgebenden Rolle sowie professionelle Verständnishilfen – allmählich zur Weiterentwicklung und Festigung eigener expliziter Beratungshaltungen. Die damit verbundene Fähigkeit rollenbezogener Introspektion verstärkt und integriert entsprechende interaktionelle Kompetenzen, die über alltagsweltliches Ratschlaggeben weit hinausgehen. Darunter verstehe ich z.B.:

- Setzen und Halten von rollenangemessenen Gesprächsrahmen;
- Kontraktieren;
- transparente Ausdrucksweisen;
- Ich-Botschaften;
- Umgang mit Sach- und Beziehungsebenen etc.

Eine Fallberatung ersetzt dabei nicht entsprechende Fortbildungen, trainiert aber den immer selbst-verständlicheren und selbst-bewussteren Umgang mit den dort gelernten Methoden. Die besondere Arbeitsweise ermöglicht das, indem sie auf die eigenen individuellen Ressourcen und nicht auf aktuelle Handlungsansprüche oder Zeitdruck setzt. So kann über einzelne problematische Konstellationen wertschätzend, anregend und genau nachgedacht werden. Erhellt wird sowohl die »Problem-Grammatik«, ihre Geschichte und die eigene Verwicklung bzw. Beteiligung. Durch die Falldichte und Feldähnlichkeit werden die Sichtweisen auf »Fälle« und der Umgang mit diesen so erweitert, dass sich oft Rat- und Lösungsvorschläge erübrigen, weil (wieder) auf eigene, nicht mehr blockierte Ressourcen zurückgegriffen werden kann.

4. Teilnahmekriterien

Für die Mitglieder einer Fallberatungsgruppe, insbesondere diejenigen mit einem ähnlich großen Leitungsteam, entsteht zwischen dem Fallberatungskollegium hier und dem Leitungskollegium »zu Hause« eine konstruktive Spannung. Damit diese nicht zur Konkurrenz wird, sollten den einzelnen Mitgliedern die Gründe der Teilnahme bewusst sein; ich zähle hier noch einige wesentliche auf:

- Für Leitende, die an ihrer Schule bzw. ihrem Seminar relativ allein sind (z.B. eine Grundschulleitung ohne Stellvertretung), ist die Fallberatungsgruppe ein Kollegium zur ständigen beruflichen, aufgabenbezogenen Selbstreflexion. Dieses schützt sie auch vor der naheliegenden Versuchung, sich unter Verzicht auf Teile der Leitungsrolle in das Lehrerkollegium zu integrieren. Die Differenzierung des Kollegialitätsverständnisses ist eine wichtige Stütze für die umfassende Positionierung in einer Leitungsrolle: Die Fallberatungsgruppe besteht nur aus Rollenkolleginnen und -kollegen und durch ihre Zusammenarbeit kann sich der Begriff »Kollegin« bzw. »Kollege« als zu unscharf erweisen und nunmehr zum Fach- oder Rollenkollegen mit jeweils unterschiedlichen (Kollegialitäts-)Ansprüchen ausdifferenziert werden.
- Für Leitungsmitglieder mit einer gegenwärtig nicht gut funktionierenden Rolle im eigenen Haus kann das Fallberatungskollegium die Außeninstanz werden. Hier ist es möglich, durch Fremdwahrnehmung und Durcharbeitung der eigenen Praxis – in sich und daher auch zu den anderen – neue Wege auch der Rollenidentität zu finden und zu entwickeln.
- Für Leitungsmitglieder mit einer aus ihrer Sicht gegenwärtig gut funktionierenden Leitung scheint die Fallberatungsgruppe am wenigsten dringlich bzw. sinnvoll zu sein. Hier ist also genaue Klärung nötig, was die Mitarbeit in einem solchen regionalen Kollegium bedeuten kann:
  - Sie öffnet, auch wenn die eigene Leitungspraxis gut funktioniert, die Sicht auf andere Leitungsvarianten, die zur eigenen und schulischen Innovation anregen können; insbesondere eine Schulformmischung in der Gruppe macht unter diesem Gesichtspunkt Sinn, um über den eigenen Tellerrand zu schauen.
  - Sie kann Konfliktprävention sein, indem frühzeitig gesehen wird, wo sich Krisen andeuten bzw. die eigene Zufriedenheit kippen könnte.
- Eventuell gewinnt man auf die eigene Leitungszufriedenheit einen kritischeren, prozessorientierten Blick, weil die Maßstäbe für Zufriedenheit sich schließlich ständig verschieben: »Die Eigendynamik gesellschaftlicher Ausdifferenzierung schafft einen historisch neuen Orientierungsbedarf (sowohl für Individuen wie für soziale Systeme). Sie schafft qualitativ ganz neue Steuerungsprobleme, denn die eigene Funktionserfüllung und damit das eigene ›Überleben‹ wird zusehends davon abhängig, dass es dem jeweiligen System rechtzeitig gelingt, die Veränderungen in seiner relevanten Umwelt und die Rückwirkungen derselben auf sich selbst realitätsgerecht zu reflektieren [...]. Mit diesen gesellschaftlichen Entwicklungen ist die Lernfähigkeit, das Selbstentwicklungspotenzial von sozialen Systemen gegenwärtig in besonderer Weise angesprochen. Dieses Potenzial ist [...] abhängig von den einem System [...] zur Verfügung stehenden Reflexionsmöglichkeiten. Die Nachfrage nach dementsprechenden Reflexionsleistungen (insbesondere nach gezielten Gelegenheiten, über sich in Bezug zur jeweiligen Umwelt nachdenken zu können) ist deshalb unübersehbar gestiegen« (Wimmer 1988, S. 269).

Die Mitglieder haben für die kollegiale Zusammenarbeit in einer solchen Gruppe zwei Hintergrunderfahrungen:

1. Den Umgang als Ex-Lehrer/in oder -Fachleiter/in im jeweilgen Kollegium: Dieser Umgang hatte zwar eine wichtige entlastende Funktion (z.B. Gespräche mit anderen Lehrer/innen bzw. Fachleiter/innen über konflikthafte oder enttäuschende Unterrichts- bzw. Studienseminarsituationen) und zugleich eine beziehungsstabilisierende Funktion angesichts des »Wir sind alle aufeinander angewiesen« in einer »geschlossenen« Gemeinschaft. Diese Schulkultur ist aber leider kein auf Deutlichkeit und Lernprovokation angelegter Kooperationsprozess, wie er spätestens für die Entwicklung der eigenen Leitungsrolle als Voraussetzung nötig wäre.
2. Den Umgang mit den anderen Leitungsmitgliedern im Leitungskollegium an der eigenen Schule bzw. dem eigenen Studienseminar: Auch diese Gruppe führt in der Regel die kollegiale Tradition weiter (durch ihre enge Zusammenarbeit und ihr scheinbar ausweglos Aufeinander-angewiesen-Sein), als heikel oder gar explosiv empfundene Themen möglichst lange zu vermeiden, um sie letztendlich dann in ungeübter, alle überfordernde Weise anzugehen.

5. Entscheidungshilfen für Struktur und Zusammensetzung

Unter der eben beschriebenen Zielperspektive liste ich hier eine Reihe von Entscheidungsgesichtspunkten – und Empfehlungen – auf, unter denen die Bildung und der Start der Fallberatungsgruppen geschehen sollte:

1. **Zeitpunkt der Gruppenbildung.** Jede Schulleiterin und jeder Schulleiter sollte sich zu Beginn seiner Tätigkeit dieser professionellen Entwicklungsmöglichkeit bedienen, indem er sich einer möglichst regional nahen Gruppe anschließt, von Vorgesetzten eine solche anfordert oder diese selbst gründet. Bei vielen Bezirksregierungen können ausgebildete »Fallberater/innen« angefragt werden. Es wäre wünschenswert, dass bestehende Gruppen den Bezirksregierungen bekannt sind und Teilnehmer/innen vermittelt werden können, und teilweise ist das bereits so.

2. **Regionalität.** Die Wichtigkeit dieses Gesichtspunkts wird umso deutlicher, je länger die Fallberatungsgruppe zusammenarbeitet oder -arbeiten will. Auch wenn anfangs, eventuell in der Euphorie der ersten Runden, lange Anfahrtszeiten wenig ernst genommen werden, zeigt die Erfahrung, dass dies nicht zuträglich ist. Die regelmäßige lange Fahrt führt entweder zu unregelmäßiger Teilnahme (= der langsame Tod der Gruppe) oder zu Selbstüberforderung der Einzelnen (= der langsame Tod der Personen). Mit den Kräften realistisch hauszuhalten ist nicht Bequemlichkeit, sondern Stärke – und daher letztlich auch Thema der Fallberatungsgruppe. Anfahrtszeiten sollten nicht mehr als eine Stunde betragen.

3. **Schulform.** Realistisch ist eine schulformgemischte Zusammensetzung; sie hat – unter der Zielsetzung »aufgabenbezogener Selbstreflexion« – folgende Gewinnseiten:

- dass die Schulformen füreinander durchlässiger werden, die oft vorhandenen »Standesunterschiede« sich aufweichen, weil sie konkret und direkt mehr voneinander erfahren können;
- dass in der Region (angesichts der Regionalität der Fallberatungsgruppen) mehr Kontakte und Netze zwischen den Schulformen entstehen, die für die – notwendige oder zumindest wünschenswerte – Kooperation nützlich sind;
- dass eventuell konkurrierende Leitungen gleicher Schulformen in einer ansonsten heterogenen Gruppe einfacher in Kontakt treten.

Gewinn und Verlust liegen also auf unterschiedlichen Ebenen, sie können nicht einfach verrechnet werden. Die Empfehlung, die Fallberatungsgruppen nach Schulformen zu mischen, ist daher eine vorrangig schulpolitische Entscheidung.

4. **Leitungsfunktion.** Meine Empfehlung lautet klar auf Leitungsfunktions-Mischung: Sie erlaubt für die einzelnen Mitglieder die Auseinandersetzung mit den jeweils anderen Leitungsfunktionen, eine Auseinandersetzung, die in der eigenen Schule bzw. dem eigenen Seminar vielleicht als zu brisant vermieden oder kaschiert wird oder entmutigt aufgegeben worden ist. In der Fallberatungsgruppe kann man also das jeweils komplementäre Rollenverständnis – z.B. den Einflussausbreitungswunsch einer Stellvertreterin oder eines Stellvertreters – ohne den Druck miterleben, den – an der eigenen Schule bzw. dem eigenen Seminar – ein solcher Ausbreitungswunsch machen würde oder schon macht; man kann auf diese Weise einige Schritte weit »trainieren«, auch »zu Hause« wieder in Kontakt und Rollenklärung zu gehen. Absolut auszuschließen ist aber, dass zwei Funktionsträger *einer* Schule oder *eines* Seminars an derselben Gruppe teilnehmen. Dies würde die Gruppe arbeitsunfähig machen, da diese niemals direkte Klärung zwischen zwei Rollenträgern leisten kann. Auch »sich gut verstehende« Leitungsmitglieder *einer* Schule gehören nicht in die gleiche Gruppe (vgl. unten unter 7.), da damit die Beziehungsebene vor der Rollenebene favorisiert würde, was ohnehin ein belastendes Fakt in Schulkulturen ausmacht.

5. **Geschlecht.** Eine Geschlechtermischung ist ebenfalls sinnvoll. Angesichts der grundsätzlichen Bedeutung von Geschlechterkonstellationen braucht die Gruppe den »gemischtgeschlechtlichen Resonanzkörper« für ihre Beratung entsprechender Problemfälle, sodass die unterschiedlichen Stellungnahmen der Gruppenmitglieder fallinterne Probleme spiegeln und verdeutlichen können. Das ist nicht leicht und untermauert die schulformgemischte Variante, da es beispielsweise wahrscheinlich ist, in einer reinen »Grundschulleiter-Gruppe« nur Frauen vorzufinden.

6. **Sympathie.** Hierzu ist eine kontroverse Einschätzung möglich: Die Mitglieder sollen – unter vergleichsweise leichteren Bedingungen wie anfängliche professionelle Leitung, geringere Interaktionsdichte, geringere reale Abhängigkeit voneinander usw. – die Bearbeitung von Krisen und Konflikten und die Entwicklung einer aufgabenbezogenen Nähe und Distanz lernen. Man sollte also eine Fallberatungsgrup-

pe, die ohnehin vielfache Ziele und Wirkungen hat, nicht auch noch mit zu umfangreichen gruppendynamischen Ansprüchen überfrachten. Insbesondere für die internen Leiter/innen ebenso wie die kollegiale Weiterarbeit wäre es eine Selbstüberforderung, Sympathie nicht als Kriterium gelten zu lassen. Es wäre sonst – einmal mehr – ein Modell für unklugen Umgang mit den begrenzten eigenen Kompetenz- und Energieressourcen.

7. **Keine Kleinteams.** Mehrere Leitungsmitglieder einer Schule bzw. eines Seminars sollten an unterschiedlichen Fallberatungsgruppen teilnehmen. Gründe für diese Empfehlung:
   – Zwei oder mehrere Leitungsmitglieder eines Systems bilden in der Fallberatungsgruppe ein eigenes (Teil-)Team: Spricht eines dieser Teammitglieder einen Fall an, in den das jeweils andere Mitglied verwickelt ist, entsteht eine kompliziertere Dynamik in der aktuellen Fallarbeit, die die Gruppenressourcen mit Sicherheit überfordert. Auch professionelle Leitung würde eine solche Mischung aus den genannten Gründen nicht zulassen. Bei Überforderung sinkt die Bereitschaft zu reflektieren und steigt die Neigung zu vermeiden.
   – Je nach den Innenbeziehungen zwischen diesen Mitgliedern kann es einem Mitglied unnötig schwer fallen, die eigenen Fallprobleme offen anzusprechen.
   – Gelegentlich sind Mitglieder ausdrücklich daran interessiert, ein anderes Mitglied der Leitung in den gleichen Kurs – und in die gleiche Fallberatungsgruppe – mit hineinzunehmen. Manchmal handelt es sich dabei um ein als problematisch empfundenes anderes Mitglied der eigenen Leitung, das von der Gruppe »einsichtig« gemacht werden soll, weil man sich selbst keinen Einfluss (mehr) zutraut – auch dies wäre eine erschwerende Arbeitsgrundlage in der Gruppe. Manchmal handelt es sich umgekehrt um ein »Lieblingsmitglied« der eigenen Leitung; dies hat dann oft problematische Folgen für die Situation in dem Leitungsteam »zu Hause«: Solche Duo-Situationen laden ein, sich gegen die restlichen Leitungsmitglieder abzukapseln oder sich ihnen – in abgestimmter Duo-Strategie – nur noch instrumentell zu nähern.

8. **Anzahl der Mitglieder und Sitzungen.** Die Größe der Fallberatungsgruppe kann zwischen fünf und sieben Mitgliedern liegen. Weniger könnte – wenn in einer Sitzung ein Mitglied fehlt – bereits an die Grenze des Gruppenberatungsmodus führen (von vier Teilnehmenden bringt eine Person den Fall ein, eine weitere ist eventuell als – sich beraterisch zurückhaltende – Leitungsperson tätig, zwei blieben dann für die Gruppenberatung übrig). Mehr Teilnehmende erschweren die Arbeit angesichts der dann kaum noch integrierbaren Komplexität der individuellen Sichtweisen auf den Fall; dies dehnt die Beratungszeit für einen einzelnen Fall aus. Mehr Personen erschweren zudem die Suche nach möglichen Sitzungsterminen.

Die Mitglieder sollten sich mit einer professionellen Leitung auf sechs bis sieben Sitzungen – der Zahl der Mitglieder entsprechend – verpflichten (Abstand: 4–6 Wochen). Danach kann die Gruppe sich entscheiden, eine gleiche Anzahl Sitzungen selbstgeleitet zu kontraktieren. Wenn die Gruppe darüber hinaus noch weiter bestehen will, wird es sinnvoll, ein Zeitintervall von zwei Monaten zu vereinbaren (ca. 5–6 Sitzungen pro Jahr) und eine externe Supervisorin oder einen externen Supervisor für zwei bis drei Sitzungen einzuladen. Dies deshalb, damit gesichert ist, dass neue Sichtweisen entstehen können, – die Gruppe ohne externes Mitreflektieren könnte sonst Gefahr laufen, lediglich der Selbstbestätigung, also dem »Verharren« statt dem »Entwickeln«, zu dienen.

6. Methode

Die Arbeitsweise wird im Folgenden für professionelle Leitung ebenso wie für Teilnehmende beschrieben, die sich hier orientieren wollen, was und wie in möglichst großem Umfang geübt bzw. angeleitet werden sollte.

Nochmals sei darauf hingewiesen, dass es sich nicht um eine aus der breiten Methodenvielfalt bevorzugte Beratungsmethode handelt, sondern um das Lernen und Üben wichtiger Grundlagen von Beratung im schulischen Kontext und damit unabdingbar verbunden das analytische Verstehen desselben und der damit verbundenen systemischen Interventionsmöglichkeiten.[4] Die von mir vorgeschlagene Methode ist

- *ressourcenorientiert:* Schulleitungen beraten immer schon, ohne dass dies einem bewussten Konzept verpflichtet wäre. Meist besteht es aus kompetentem Nach- und Ausfragen, Bewertungen aus dem bekannten Schulkontext und bewährten entsprechenden Ratschlägen. Diese Art zu beraten wird hier[5] auf ihre Wirkung hin untersucht und dient anschließend als Basis für neue gedankliche Ressourcen.
- *irritierend:* Bisherige Methoden werden teilweise infrage gestellt und »Erfolgsmuster« irritiert. Durch die Forderung, den Versuch zu unternehmen, das bisher Bewährte beiseite zu lassen und nur damit zu arbeiten, was als Beratungsinventar neu auftaucht, wird die Gruppe in einen Stand von »Nichtkönnen« versetzt, der schnell die eigenen Perfektionsansprüche von Schulleiterinnen und Schulleitern konfrontiert. Professionelle Leitung ist hier unbedingt nötig, damit die Einladung zu neuen Beratungsmethoden
    - die alten nicht als »falsch« konnotiert und
    - Hilfe anbietet, wie neues Beratungswissen mithilfe der Gruppe erworben werden kann.

Beratungsmuster wie Ausfragen, Bewerten und Ratschlagen werden jetzt nur mehr als Basis genutzt, um ihre Hintergründe und Wege auszuleuchten und diese selbst als zusätzliches Beratungsinventar zu erschließen.

---

4 Ich beziehe mich im Wesentlichen auf das Konzept »Beraten lernen« von Wolfgang Boettcher (2004).
5 Kollegiale Beratungskonzepte begnügen sich in der Regel mit diesen Ressourcen und geben ihnen nur eine Struktur von außen.

- *wertschätzend:* Mit dieser Methode ist die Erfahrung verbunden, dass Wertschätzung ein unverzichtbarer Teil von Gesprächsführung ist. Indem die Gruppe erfahren kann, wie verletzend konkrete Ratschläge, das pure Nachfragen oder Bewertungen in ihrer Wirkung sein können, entwickelt sich zunehmend eine Sensibilität, wann solches Beratungsinventar angemessen ist und wann nicht.

Professionelle Leitung muss deshalb – modellhaft für Schulleitung – Neues einfordern können, ohne bisherige Muster abzuwerten, und inhaltlich über systemisch-analytische Beratungskompetenzen verfügen. Sie kann eine Gruppe leiten und beraten und zudem beides didaktisch transparent vermitteln.

6.1 Abgrenzung zu therapeutischen Verfahren

Die Abgrenzung supervisorischer berufsrollenorientierter von therapeutischen persönlichkeitsorientierten Beratungsverfahren ist immer ein heiß diskutiertes Thema. In dieser Diskussion wird das letzte Wort nie gesprochen sein, aber sie wird sich hoffentlich zum Schutz der Klientel immer fortsetzen. Trotzdem möchte ich auf einige Kriterien (ohne Vollständigkeitsanspruch) hinweisen, wie eine achtsame Handhabung sicherstellen kann, dass das Verfahren nicht in ein therapeutisches abgleitet:

- So wie Persönlichkeit und Rolle nicht glatt voneinander zu trennen sind, gibt es sicher Schnittstellen zwischen beiden Beratungsverfahren.
- Wenn das Thema der Gruppe »berufliche Aufgaben und rollenbezogene Selbstreflexion« lautet, bedeutet das für ein supervisorisches Verfahren Folgendes: Schwerpunkt und Ausgangspunkt der Beratung muss die berufliche Rolle und Identität im institutionellen Rahmen sein.
- Es kann nur da sinnvoll sein, die persönliche Identitäts- und Familiengeschichte selektiv einzubeziehen, wo der unmittelbare Bezug zur Berufsperson für alle Beteiligten evident ist. Außerdem darf ein solcher Exkurs nicht dazu führen, dass die Privatsphäre Einzelner innerhalb der Gruppe ungeschützt geöffnet würde. Es werden also die systemische Gruppendynamik, die Bedeutung und Geschichte des institutionellen Rahmens, die Art und Weise der Rollenbesetzung ebenso wie die Kommunikationsformen einen weit größeren Raum für die Reflexion einnehmen als persönliche Verhaltensweisen und ihre Ursachen.
- In therapeutischen Verfahren steht umgekehrt die persönliche Gesamtgeschichte ebenso wie die Privatperson im Zentrum, während die aktuelle berufliche Spiegelung der jeweiligen Problematik nur einen peripheren Raum einnehmen würde.
- Eine Grenze lässt sich im Auge behalten durch die Schwerpunktsetzung und die ständige Bezogenheit auf den jeweils vorgestellten beruflichen Fokus. Die Settingleitung muss also immer darauf achten, dass in der Gruppe nicht plötzlich die Person oder die persönliche Rollengeschichte ohne konkreten Fallbezug zur Debatte steht. Es sollte auch nie erst die persönliche und dann die berufliche Identität angesprochen werden.

6.2 Was ist ein »Fall«?

Ein zu besprechender Fall ist immer im beruflichen Feld angesiedelt: Es kann dabei um jedes Thema gehen, das aus Sicht einer Schulleitung neue »Beleuchtung« braucht. Zu einem Fall wird es aber erst durch das konkrete Feld, in dem das Thema eingebettet ist. Eine Falldarstellung wird also von einem denkbaren (antizipierbaren) oder schon aufgetretenen Problem im beruflichen Kontext handeln. Es könnten Konflikte oder Schwierigkeiten im Umgang mit dem Hausmeister ebenso wie mit der Schulaufsicht, mit Kolleginnen und Kollegen, Eltern, Schülerinnen und Schülern oder innerhalb der Leitung selbst etc. sein, aber auch so genannte »Dauerbrenner«, wo man oft längst entschieden hat, mit ihnen zu leben. Da es nicht nur um individuelle Rollenprobleme geht, sondern die Gruppe sich auch auf Reflexion von Leitungshandeln insgesamt verpflichtet hat, ist dies an aktuell aufgetretenen oder befürchteten, noch in der Zukunft liegenden Schwierigkeiten oder Konflikten ebenso wie an kleinen – oft typischen – Problemen möglich. Das zu betonen und zu erinnern ist häufig notwendig, denn oft herrscht oder entsteht in Gruppen die Meinung, nur große dramatische Probleme wären ein »Fall«. Schulleitungen können aber auch neue Vorhaben, Projekte, Ideen in dieser Runde vorstellen und sich entsprechendes Feedback holen. Auch dies wäre ein »Fall«, sofern er konkret genug angelegt wird.

6.3 Reflexives, systemorientiertes Denken als Beratungsgrundlage

Ich schlage für kollegiale Gruppen vor, unter professioneller Anleitung die klassischen Beratungselemente in Schulkultur für mindestens sechs Sitzungen wegzulassen, nachdem sie dies in einer entsprechenden Fortbildung trainiert haben. Das heißt, die Mitglieder beraten einander wie in einer Balint-Gruppe.[6] Dennoch dürfen sie nicht beliebig verbal »zuschlagen«. Sie versuchen vielmehr, ohne Hilfsmittel wie Ausfragen, Bewertungen aller Art und Ratschläge auszukommen. Es sind also nur im ersten Schritt freie Assoziationen gefragt und im zweiten soll gelernt werden, wie eigene Wahrnehmung in eine wertschätzende Intervention umgewandelt werden kann.

Anders als in vielen Anleitungen zur kollegialen Fallberatung schlage ich damit eine Arbeitsweise vor, die ausdrücklich nicht vorrangig praxisanleitend – im Sinne von Ratschlaggeben – vorgeht, sondern *beraten lernend* und sich darüber hinaus ressourcen- und verstehensorientiert im Spannungsfeld zwischen Person, Rolle und System bewegt. Das hat mehrere Gründe:

- Zum Alltag von Leitungsmitgliedern gehört fast immer ein enormer Zeit- und Leistungsdruck: Es erscheint selbstverständlich, schnelle und gute Lösungen angesichts

---

[6] *Balint-Gruppe:* ein 1957 von Michael Balint (ungarische Schule der Psychoanalyse) ursprünglich für Ärztinnen und Ärzte entwickeltes Modell der Supervision. Die Teilnehmenden assoziieren frei zur Fallerzählung, Leitende müssen aber in der Lage sein, so genannte Übertragungen oder Spiegelphänomene zu erkennen und zu deuten.

von Problemen oder Konflikten zu finden. In der Schule – und nicht nur hier – wachsen aber auch Konflikte proportional zur fehlenden Zeit, an ihnen und über sie nachdenken zu können. So besteht die Gefahr, dass unter Zeit- und Lösungsdruck allmählich eine atemlose »Reparaturmentalität« entsteht, die mehr neue Probleme schafft, als alte dauerhaft zu lösen. Wenn »Nach-Denken« und »Vor-Denken« nicht ausgewogen sind, bedeutet dies u.a., dass visionäre Planung zu kurz kommt, die ein fester Bestandteil von Führungsaufgabe sein sollte. Die Bereitschaft von engagierten Leitungsmitgliedern, sich chronisch zu überfordern oder überlasten zu lassen, wird oft maximal durch das System und seine Sparmaßnahmen gefördert. Der »achtsame Umgang mit sich selbst«,[7] vor allem ein achtsamer Umgang mit Rolle und Auftrag, wird ein wichtiger Fokus reflexiver Arbeit, was ein analytisches und systemisches Verständnis der eigenen Rahmenbedingungen impliziert. Nur professionelle externe Hilfe vermittelt eine solche Reflexionsfähigkeit des eigenen Selbstverständnisses in Rolle und Person.

- Vor allem deshalb scheint es wichtig, dass eine Fallberatungsgruppe ein Ort werden kann, an dem wertschätzend und ohne zusätzlichen Zeit- oder Leistungsdruck reflektiert werden kann. Dort wird also eine Form des Nachdenkens etabliert, die den Teilnehmenden ermöglicht, eigene Ressourcen (wieder) zu entdecken und zu verstärken. Die methodische Unterscheidung des Reflexionsortes Fallberatungsgruppe von dem alltäglichen Berufsort Schule bzw. Seminar beugt der Gefahr vor, dass die Konflikte von dort – ebenso wie die meist privatisierende Kultur als Auslöser – sich in der neuen Gruppe wiederholen, statt sich der Analyse anzubieten. Die Fallberatungsgruppen würden dann nämlich – je nach Außendruck – entweder zur Pflichtübung oder sie würden sich auflösen.

- Damit eine Gruppe bestehen und für die einzelne teilnehmende Person auch das geforderte berufsrelevante Training gewährleisten kann, muss die Atmosphäre von Wohlwollen, gegenseitiger Anerkennung und Wertschätzung geprägt sein. Genau diese aber würde gar nicht erst entstehen, wenn eine falleinbringende Person methodisch erst »ausgefragt« und anschließend mit Rat- und Lösungsvorschlägen bedacht würde. Das wäre im besten Falle dann sinnvoll, wenn es um reine Praxisanleitung gehen sollte, aber nicht um Praxisreflexion. Da alle Mitglieder einer Lei-

---

7   Aus dem Abschlussbericht der Sachverständigenkommission »Lehrerausbildung« der gemeinsamen Kommission für die Studienreform im Land Nordrhein-Westfalen (1996, S. 11): »Die personalen Kompetenzen äußern sich nicht nur darin, dass Lehrerinnen und Lehrer sich ihrer Rolle als Identifikations- bzw. Bezugsperson bewusst sind und diese reflektiert wahrnehmen bzw. verantwortungsvoll ausgestalten, sondern auch in der Fähigkeit, kompetent mit den eigenen Kräften hauszuhalten und den Umständen entsprechend im Interesse der Kinder und Jugendlichen für ihr eigenes Wohlergehen zu sorgen. Der achtsame Umgang mit sich selbst geht einher mit der Entwicklung der Fähigkeit, Anteil an der Pflege des Schulklimas zu nehmen, Motivation und Autonomie im pädagogischen und didaktischen Handeln aufrechtzuerhalten, Ausbrennen und Disengagement zu vermeiden sowie die eigenen Lebenserfahrungen in Leben und Unterricht einzubringen. Erst auf diese Weise wird produktiv, dass Lehrerinnen und Lehrer das Curriculum sind und in diesem Sinne dafür einstehen, die Sachen zu klären und die Person zu stärken.«

tungsgruppe in der Regel schon ein hohes Maß an eigener (Konfliktlösungs-)Kompetenz mitbringen, erscheint es berufsrelevanter, gemeinsam die Ursachen, den Weg, der zum Problem führte, die eigene Beteiligung am Problem und seiner Entstehung und das Umfeld, das das Problem stabilisiert, zu erkunden. Darüber hinaus können die zur Verfügung stehenden eigenen Ressourcen und die des Systems ausgelotet werden, bevor sich Ratschläge anbieten. Dies ermöglicht, gleichzeitig eine kompetente Sensibilität in Gesprächsführung und Beratung auszubilden. Es ist für die Teilnehmenden solcher Gruppen immer wieder erfahrbar, dass eine solche Reflexion letztlich mehr hilft, eine erweiterte Sicht auf das jeweilige Problem zu erlangen und damit eigene Ressourcen für die jeweils angemessene Lösung freizusetzen, während gleichzeitig die Gesprächs- und Beratungskompetenz aller trainiert wird.

- Die beschriebene Form des Reflektierens anhand der Resonanzen bzw. Assoziationen »besonderer Anderer« – nämlich von Kolleginnen und Kollegen mit ähnlicher Felderfahrung und ähnlichen Rollen – bringt den Vorteil, dass das empfindliche Gleichgewicht zwischen Ratsuchenden und Beratenden durch das geteilte »Risiko« gewahrt bleibt: Eine beratende Person, die keine Ratschläge erteilt und möglichst keine Fragen stellt, sondern stattdessen ihre Assoziationen, Gefühle und Gedanken offen zum Nachdenken anbietet, zeigt sich damit in einem ähnlichen Grad von Unsicherheit, da sie ebenso »falsch« liegen könnte wie die ratsuchende Person, die schon allein durch die Fallvorstellung (»Ich zeige mich mit eigenen Schwierigkeiten«) eine Verunsicherung riskiert – die dann hoffentlich produktiv ist. Hinzu kommt, dass Teilnehmende durch dieses Verfahren die Differenzierung zwischen Selbst- und Fremdwahrnehmung trainieren können. Dies wiederum ist nicht nur eine wichtige Voraussetzung für kompetentes Beraten, sondern auch für ebensolches Leiten. Einerseits lernen die falleinbringenden Personen, dass ihre innere Wahrnehmung des Problems der äußeren – nämlich der der Gruppe – nicht immer entspricht, und lernen somit, andere Sichtweisen zu integrieren. Andererseits lernt die Gruppe schnell, dass sie, wenn sie die Fälle sofort zu lösen versucht, den Schritt der Selbstwahrnehmung, der inneren Resonanz überspringt und damit das eigentlich Diagnostische hilfreicher Beratung – nämlich die Dynamik an der Schnittstelle zwischen Selbst- und Fremdwahrnehmung – außer Acht lässt.

7. Ablaufschema für Fallberatungsgruppen

1. **Organisatorische Voraussetzungen.** Die Gruppe trifft sich anfangs im Abstand von vier bis sechs Wochen für jeweils drei Zeitstunden (plus informelle Zeit vor und nach der Arbeitseinheit). Der Treffpunkt sollte möglichst ein Arbeitsplatzort (z.B. in einer Schule), also nicht zu privat sein. Im Anschluss an die professionellen Sitzungen sollte jede Sitzung von einem anderen Mitglied geleitet werden und jeweils dieses sorgt für räumliche Ungestörtheit und für Getränke, die vor und nach der Fallbearbeitung (also auch in der Pause) zur Verfügung stehen.

2. **Ankommen.** Für Ankommen, Getränke und informelle Kontakte wird ca. eine Viertelstunde vor Beginn der jeweilige Raum zur Verfügung gestellt.[8] Man kann vereinbaren, dass der Zeitpunkt der Fallarbeit festliegt, aber die Mitglieder – je nach Lust auf informellen Austausch und nach individuellem Zeitdruck – entsprechend vor diesem fixen Zeitpunkt ankommen dürfen. Diese Vereinbarung soll das Problem vermeiden, den Beginn der formellen Fallarbeit nach hinten zu verschieben, wenn einzelne Mitglieder erst relativ spät ankommen und auch noch ihre Viertelstunde Vorlauf haben wollten. Im Notfall muss die Leitung an den Zeitkontrakt erinnern und seine Einhaltung einfordern.

3. **Eröffnung.** Die Leitung markiert explizit – eventuell mit einer in der Gruppe oder für sie etablierten Routineformel – den Beginn der formellen Arbeit:

   > *»Es ist jetzt ... Uhr; darf ich Sie/euch bitten, Ihre/eure Aufmerksamkeit jetzt auf unsere Arbeit zu lenken?«*

   Sie kann auch – besonders wenn die Gruppe sich die ersten Male trifft – nochmals an die gegenseitige Wertschätzung von Ratsuchenden wie Ratgebenden erinnern, mithilfe des folgenden Bildes: In der Mitte der Gruppe sei der Platz, in den die Gruppenmitglieder ihre Beratungsangebote legen, und die ratsuchende Person nimmt nur auf, woran sie jetzt anhand der Gruppe weiterdenken will. Manche Gruppen haben sich einen fiktiven oder echten Obst- oder Blumenkorb in die Mitte gestellt, um diese als »Medium« zu markieren.

4. **Zentrieren auf die Arbeit.** Die einzelnen Gruppenmitglieder teilen kurz (!) mit, wie ihre heutige Befindlichkeit ist. Das dient lediglich dazu, dass die Aufmerksamkeit sich anschließend leichter und ungestört auf die gemeinsame Arbeit zentriert: Niemand sollte darüber nachdenken müssen, warum Person X sich heute so wenig beteiligt oder traurig aussieht. Ohne die *Befindlichkeitsrunde* wäre nicht einschätzbar, ob dies mit dem gerade erzählten Fall zu tun hat, mit dem schlechten Wetter oder mit Privatangelegenheiten. Wenn Person X aber zu Beginn sagen konnte, dass sie »schlecht drauf« ist (z.B. Mutter liegt im Krankenhaus ...), sind alle Teilnehmer/innen orientiert und können sich anschließend auf die erzählten Fälle konzentrieren.

5. **Raum für fallbezogene Rückschau.**

   > *»Wer möchte von einem vergangenen Fall berichten, wo es lösungsorientierte Veränderungen gegeben hat? Welche Lösungen sind nach der Reflexion entstanden?«*

   Da die Methode ungewohnt ist, ist manchmal die Neugier groß, zu erfahren, ob tatsächlich ohne Ratschläge neue Lösungen entstehen können. Für die positive Moti-

---

8 Professionelle Leitung sollte aus naheliegender Abstinenzhaltung ausdrücklich nicht oder nur selten dabei sein!

vation der Gruppe ist es daher wichtig, dass Platz haben kann, was sich eventuell nach einer Fallberatung an individuellen Änderungsmöglichkeiten für die beratungsnehmende Person aufgetan hat. Diese *fallbezogene Rückschau* ist ein wichtiges Angebot, um vorhandene Ressourcen zu benennen und zu verstärken. Deshalb ist bei konstruktiven Lösungen auch danach zu fragen, *wie* sie zustande kamen. Welche Fähigkeiten, Interventionen und Ressourcen geholfen haben, kann auf einer Flipchart festgehalten werden. Als Aufwärmphase ist es sehr hilfreich für die Gruppe, sich mit ihren positiven Ressourcen zu beschäftigen, um sich dann leichter auch auf Defizite einzulassen. Diese Phase sollte zeitlich begrenzt sein (höchstens 20 Minuten) und kann auch wegfallen, wenn sich kein Mitglied meldet. Falls dieses Angebot also einmal nicht genutzt wird – zum nächsten Schritt übergehen!

Wenn jemand von einem früheren Fall und seiner weiteren Entwicklung berichtet, ist darauf zu achten, dass ein solcher Bericht von der Gruppe nicht wie ein Fall behandelt wird – der Focus liegt nur auf dem Sammeln der Ressourcen (»Was hat geholfen?«)! Wenn die erzählende Person ihrerseits vielleicht eine zweite Bearbeitungsrunde wünscht, kann sie den Fall schließlich – eigenverantwortlich! – erneut zur Beratung anmelden. Grundsätzlich gilt: Fälle dürfen immer mehrfach eingebracht werden, denn Personen und Probleme entwickeln sich weiter und angemessene Lösungen verlangen eine angemessene Zeit.

6. Fälle sammeln, Auswahl und Reihenfolge entscheiden.

   »Wer hat heute einen Fall mitgebracht?«

Auch wenn sehr schnell zwei Fälle angemeldet werden, kann in Ruhe auf eventuell weitere Fallanmeldungen gewartet werden. Vor allem anfangs sind Teilnehmende oft unnötig rücksichtsvoll und verzichten auf die Anmeldung eigener Fälle, wenn bereits die vorgesehene Zahl von zwei Fällen pro Sitzung erreicht ist. Ziel aber ist, dass sie – nachdem alle Fallwünsche vorliegen – miteinander Prioritäten setzen, auch im Sinne eines oben beschriebenen Trainings für die Herkunftsschule (z.B. »Wie vertrete ich mich selbst bzw. meine Bedürfnisse?«). In den ersten Sitzungen mit professioneller Leitung sollte daher vorsorglich diese problematische Rücksichtnahme und damit die Art, wie Personen »Raum einnehmen«, angesprochen werden.

Bei mehr als zwei Fällen steht eine Verhandlung über die Auswahl an. Darüber wird nicht von den Zuhörenden bzw. Beratenden und nicht von der Leitungsperson für sie entschieden. Nicht die Interessenslage der Gruppe hat Vorrang, sondern die der möglichen Falleinbringenden. Das verdeutlicht nochmals die beraterische Aufgabenstellung: Der eingebrachte Fall ist der Angelpunkt der Prozessgestaltung, er ist also nicht nur fortbildungsdidaktisches »Material«, um die Gruppenmehrheit in Arbeit zu verwickeln, sondern entspricht der beraterischen Realität. Denn dort suchen sich Berater/innen die eingebrachten Fälle – und damit die Falleinbringenden – auch nicht vorher aus. Daher kommt der Inhalt der Fälle vorab auch nicht

zur Sprache. Auswahlgesichtspunkte zwischen denen, die einen Fall anmelden möchten, können stattdessen sein:
- Wie aktuell ist der Fall? Ist es ein Dauerbrenner, der auch in der Folgesitzung bearbeitet werden könnte?
- Bei mehreren aktuellen Fällen: Wie dringlich ist der Fall, z.B. weil Entscheidungsgespräche vor der nächsten Fallberatungssitzung stattfinden bzw. stattfinden müssen?
- Wie dringlich ist ein Fall, insofern er mich affektiv besetzt hält und mir die Wahrnehmung meiner vielen (anderen) Aufgaben erschwert?

Natürlich kann Dringlichkeit oder Wichtigkeit nie formell verglichen werden und es gibt Gruppenmitglieder, die dazu neigen, die Dringlichkeit ihrer Fälle zu bagatellisieren, sei es aus einer Bereitschaft zur Selbstzurücknahme, die ihrerseits bereits Teil des Problems sein könnte, sei es aus geheimer Sorge vor überraschenden Wendungen der Beratung, die sie vielleicht mit »dunklen Seiten« ihrer Berufsperson konfrontieren könnte. Beide Gründe beinhalten Lern- und Trainingspotenzial, das nur professionelle Leitung aufgreifen kann und wird. Eine Möglichkeit ist hier, die »Dauerbrenner« zu notieren; wenn es beim nächsten Mal keinen brandheißen Fall gibt, haben »Zurückgetretene« Vorrang.

Für die Reihenfolge braucht es keine formellen Kriterien; hier kann die Lust anzufangen als Entscheidungsgesichtspunkt reichen, aber auch Gesichtspunkte der Affektbesetztheit, die ein Mitglied sonst in der Koberatungsrolle blockieren würden. Damit die Reihenfolge nicht zu einer indirekten Wichtigkeitsfolge wird, ist freilich die zur Verfügung stehende Zeit gleichmäßig aufzuteilen.

7. **Rollendifferenzierung.** Für den Fall, dass eine Gruppe mehr als sechs Mitglieder hat, kann überlegt werden, dass je Fall entschieden wird, wer für diese Bearbeitungsrunde in eine lernende Beobachtungs-Außenposition geht, was auch räumlich in der Sitzordnung erkennbar werden sollte. Die Aufgabe besteht darin, nach der Beratungsrunde ein kurzes Feedback über Leitung und Gruppenprozess zu geben (als Ich-Botschaft!). Diese beobachtende Person darf sich auch Notizen machen, allerdings nicht zum Fallinhalt, sondern nur zum Prozessgeschehen selbst. Ihr Fokus ist: Was spiegelt sich von dem Fall innerhalb der Gruppe wider? Welche Stimmungen herrscht bei den Beratenden vor? Was wurde vielleicht nicht angesprochen (tabuisiert)? Gab es unterschiedliche Reaktionen von den anwesenden unterschiedlichen Geschlechtern oder Rollen?

Die beobachtende Person darf sich nicht beratend beteiligen. Nach der Beratungsrunde aber ist es umgekehrt: Die beobachtende Person tauscht ihre Wahrnehmung mit der Leitung aus, der Rest der Gruppe hört nur zu. Oft fällt es Beobachtenden recht schwer, sich nicht beraterisch zu beteiligen, aber das Beobachten beinhaltet einen wichtigen Lerneffekt für die eigene Beratungsarbeit: Die wiederholte Erfahrung, wie sich die Wahrnehmung durch den Grad der eigenen Beteiligung verändert.

8. Feedback zur Fallerzählung

8.1 Fallerzählung

Die falleinbringende Person erzählt ihren Fall, ohne unterbrochen zu werden, so lange, bis sie selbst signalisiert, fertig zu sein. Sie kann vorher gebeten werden, ihren Fall während des Erzählens oder unmittelbar anschließend auf Flipchart zu skizzieren.

Manchmal dauern Fallerzählungen drei Minuten, meistens aber 15 Minuten und auch länger. Da Fallerzählungen meist so lang sind, wird immer wieder gefragt, warum man nicht mitschreiben oder sich Notizen machen dürfe. Dies würde zu sehr an Beurteilung erinnern und erschwert beiden Seiten, ohne Ablenkung offen zu reflektieren. Die Atmosphäre in der Gruppe würde möglicherweise eher einem Gerichtsverfahren ähneln, z.B.: »Doch, das hast du so gesagt, ich hab's mitgeschrieben ...« statt: »Ich hab das so verstanden ...«

8.2 Umgang der Gruppe mit der Fallerzählung und Rückmelderunde

Die Gruppe trainiert jetzt, einerseits ihre freien Assoziationen und Resonanzen wahrzunehmen und andererseits diese auf wertschätzende Weise zur Verfügung zu stellen (vgl. Boettcher 2004). Weitestgehend wird dies durch Verzicht auf die genannten bewährten Muster trainiert, allerdings mit zusätzlicher professioneller Hilfe, wie ebendiese Muster der beratenden Person helfen können, ihre Innenwahrnehmung zu schulen, um diese dann diagnostisch einzusetzen.

Gerade die Phase nach der Fallerzählung bedeutet für viele Fallberatungsgruppen-Mitglieder einen ungewohnten und provokativen Verzicht auf die in bisherigen – privaten wie beruflichen – Ratschlag-, Kritik- und Schlichtungsgesprächen fest sozialisierten Aktivitätsmuster des Recherchierens, Systematisierens, Bewertens und Lösungssuchens. Stattdessen wird ein Sich-Einlassen auf langsamere, versuchsweise, vorrangig verstehens- und nicht handlungszentrierte Reflexionen verlangt.

Professionelle Leitung schafft hier ein Klima, in dem alle versuchen können, nicht auf diese klassischen Muster zurückzugreifen, und bleibt gleichzeitig für diese Muster offen, wenn sie dennoch auftauchen: Wenn eine beratende Person ihren Ratschlag (bzw. ihre Frage oder Bewertung) schließlich für bedeutungsvoll hält, kann die ganze Gruppe lernen, wie sich gerade die Gedanken, die zu dem Ratschlag führten, das eigentliche Beratungsmaterial hervorbringen können. Die Leitung kann also

- einzelne Rückmeldungen helfend unterbrechen, wenn Teilnehmende über typisch schulische Ratschläge, Beurteilungen oder reines Ausfragen nicht hinwegkommen. Es sollten dann – gemeinsam – neue wertschätzende Beratungsangebote entstehen, indem z.B. der Weg, der zu einem Ratschlag führte, mehr Gewicht erhält als der Ratschlag selbst;
- rückgemeldete Themen zusammenfassen, die Stimmung der Gruppe verdeutlichen oder auf ausgeblendete Positionen hinweisen;

- darauf achten, dass die fallerzählende Person nicht alle Teilnehmenden mit Antworten bedient, sondern vielmehr von allen Angeboten nur das aufgreift, was sie zu Reflexion und weiterem Explorieren des Falles anregt;
- die Gruppe erneut auffordern, eine weitere Runde zu beraten, sobald die fallgebende Person ihre neue Exploration beendet hat. Dies kann drei bis vier »Runden« dauern, bis der Fall ausgiebig von mehreren Perspektiven beleuchtet ist und der Handlungsrahmen erweitert erscheint.

Wie neue Beratungsangebote in dieser Phase des *diagnostischen Zuhörens* und der *ersten Reaktion* auf die Fallerzählung entstehen und welche Themen dabei auftauchen, möchte ich ansatzweise an Beispielen vorstellen (vgl. auch zu solchen beratungsmethodischen Überlegungen und Empfehlungen Boettcher 2004):

8.2.1 Diagnostisches Zuhören und Selbstwahrnehmung

Die Beratenden hören – möglichst entspannt – unter einem doppelten Fokus zu:

1. *auf sich selbst als »Resonanzkörper«:* In der beratenden Rolle nehme ich mir die Zeit wahrzunehmen, was die Fall*erzählung* bei mir auslöst. Sich als Resonanzkörper zur Verfügung zu stellen bedeutet, auf die eigene Befindlichkeit und Assoziationen in Bezug auf die Fallerzählung introspektiv zu achten.
2. *auf den erzählten und skizzierten Fall:* Ich setze diese Befindlichkeiten reflexiv in Beziehung zu den erzählten Fallinhalten und zu dem, was ich selbst über die Institution Schule und die erzählende Person weiß. Es gibt dabei immer einen oder mehrere Schwerpunkte, wo meine Energie sich in besonderer Weise bindet.

Dass eigene Resonanzen (Bilder, Gefühle, Fantasien usw.) zurückgemeldet werden, kann den erheblichen Vorteil haben, dass das – vermeintliche – Risiko, sich als fehlerhaft zu zeigen, nicht nur beim Ratsuchenden liegt, sondern gleichgewichtig verteilt wird, indem auch die Beratenden »in aller Unsicherheit« ihre Gedanken zum Fall zur Verfügung stellen.

Beispiel
Ein Schulleiter erzählt, dass seine Stellvertreterin am Wochenende in der Schule Freunde zum Frühstück bewirtet (!) hat, weil diese ihr beim Umzug geholfen hatten ... zu Hause hätte sie noch keinen Platz gehabt ... die Schulleitung war nicht darüber informiert, sondern hörte vom Hausmeister davon ...

Eine Rückmeldung aus der Beratung im oben genannten Sinn wäre: »Ich habe mir eben vorgestellt, dass ich *in so einer Situation* ziemlich sauer werden könnte ... andererseits habe ich dich aber so ruhig und sachlich erzählen hören ...« (= neutrale Bestandsaufnahme, was in mir während der Erzählung vorgegangen ist); eine Rückmeldung in

»altbewährter« Weise wäre dagegen: »*Warum* bist du eigentlich nicht stinksauer?« Statt innere Überlegungen zur Verfügung zu stellen, kommt hier eine direkte Frage. Sie läuft aber eher Gefahr, als Vorschrift »richtiger« Gefühle verstanden zu werden, als die erste Rückmeldung – obwohl beide das gleiche Thema anschneiden. Die zweite Rückmeldung kann die erzählende Person aber unter den Druck geraten lassen, sich dafür rechtfertigen zu müssen warum sie nicht sauer ist oder war. Spätestens dann ist die Atmosphäre des Nachdenkens aber beendet. Eine *Ich-Botschaft* lässt Raum und ist ein Angebot, dass die »Klientin« oder der »Klient« nehmen oder liegen lassen kann. Die *Du-Botschaft* dagegen kommt sozusagen »übergriffig«, also zu direkt beim anderen an, sie kann in der Regel nicht übergangen, sondern muss aktiv zurückgewiesen werden. Du-Botschaften überschreiten meist eine natürliche Grenze beim Gegenüber und erzeugen daher Abwehr. In Abwehr lässt sich aber schlecht nachdenken.

Resonanzen auf der Gefühlsebene und ihre Rückmeldung – wie Müdigkeit, Erschlagenheitsgefühle, Ärger, Komik, Aufgeregtheit – kann die beratende Person introspektiv mit den Fakten verbinden, die sie hört. Die entstehenden Deutungen und Vermutungen, aber auch ihre »Wege« werden wieder in der »Mitte« der Gruppe angeboten. *Innenwahrnehmung* für die Berater/innen wären z.B.:

- Mit wem aus dieser Fallerzählung habe ich mich beim Zuhören identifiziert? Kann ich Gründe dafür finden?
- Wer von den in der Fallerzählung vorkommenden Personen könnte oder müsste eigentlich Gefühle wie ich haben oder sie bei anderen produzieren? Ist dieses Gefühl in der Fallerzählung angesprochen oder fehlt es?

Zu obigem Beispiel: »Ich konnte sehr mit dir fühlen, ich hätte das unerhört gefunden ...« oder »Ich fand das ganz schön dreist von der Stellvertretung ... aber ich bin ja auch in dieser Rolle an meiner Schule ... und deshalb habe ich vielleicht eher entschuldigende Gründe gesucht, so etwa, dass sie die Schule eben auch als ihr Zuhause empfindet ...« (In der Gruppe wurde an dieser Stelle z.B. gelacht und es öffnete sich das Thema für Differenzierung beruflicher und privater Rollen.) Das Ergebnis solcher *innerer Überlegungen*, nämlich »Was ergibt die Konfrontation meiner Gefühlslage hier mit der erzählten Situation dort?«, kann also meine erste beraterische Rückmeldung auf die Fallerzählung werden.

Beispiel
Eine Leiterin erzählt in einem ruhigen, sachlichen, eher mitfühlenden Ton, dass der stellvertretende Leiter ständig versäumt, seinen Aufgaben nachzugehen. Er verfolgt stattdessen für ihn wichtige politische Tätigkeiten außerhalb der Schule.

Als Berater/in bemerke ich nun z.B. bei mir selbst deutliche Ärgergefühle auf diese mir unbekannte Person. Ich nehme wahr, dass ich mich zum einen offensichtlich mit der Leitungsrolle identifiziert habe und zum anderen, dass dieses Gefühl im Kontrast zu dem verständnisvollen Ton der Fallerzählerin steht. Eine mögliche Rückmeldung wäre daher: »Ich als Leiter/in würde mich maßlos über ihn ärgern und mir fällt auf, dass du in einem eher verständnisvollen Ton erzählst ...«

Weitergehende Vermutungen: Was an der Personenkonstellation im Fall könnte die Fallerzählerin daran hindern, ihren Ärger zu zeigen? Zum einen ist es eine Frau-Mann-Konstellation, die sozial wenig trainiert ist, nämlich die Frau als hierarchisch übergeordnet, der Mann in der untergeordneten Position. Eine mögliche Deutung wäre, dass sie sich durch verständnisvolle Haltung gewissermaßen unbewusst dafür entschuldigt, über ihm zu stehen und dafür »heimlich« – und unausgesprochen – seine Kooperation erwartet bzw. erhofft. Das wäre z.B. eine Frage, die das Nachdenken im Fall anregt und nicht nur meine Informationsdefizite deckt, also nicht *aus*fragt: »Könnte es sein, dass du hoffst, ihn zu Kooperation zu verpflichten, indem du dich verständnisvoll zeigst?« Ohne Frage ginge es auch: »Ich als Leiter/in würde mich maßlos über ihn ärgern, aber mir fällt auf, dass du in einem eher verständnisvollen Ton erzählst ... ich habe mir überlegt, dass es vielleicht nicht einfach ist, einem Mann gegenüber eine einfordernde Rolle einzunehmen ... die verständnisvolle Rolle ist Frauen vielleicht vertrauter ... hier unter uns erlebe ich das auch als Stärke von dir ...«

Angenommen, es stellt sich beim gemeinsamen Nachdenken noch heraus, dass es sich um einen schon älteren Stellvertreter handelt, der sich sogar auch auf die Leitungsstelle beworben hatte, und die Beratungsnehmerin ist noch relativ jung. Dann kann ich zur Verdeutlichung meiner Sicht – und als solche auch explizit gekennzeichnet – auch in die Rolle ihres Gegenspielers, des Stellvertreters gehen und aus dieser Perspektive z.B. sagen: »Ich versuche einmal, in die Identifikation mit dem Stellvertreter zu gehen und stelle fest, ich bin gar nicht bereit, dieses ›Mädchen‹ in der Rolle der Leiterin zu akzeptieren, und habe auch schon so meine Methoden, sie zu unterlaufen ... sie macht es mir ja auch nicht schwer, irgendwie hat sie immer Verständnis ...«

Die Identifikation mit einzelnen Personen aus dem Fall ist ein wichtiges beraterisches Instrument, dessen Einsatz aber immer deutlich gekennzeichnet sein muss. Ratsuchende müssen immer die beratende Person und ihre jeweilige Identifikation mühelos auseinander halten können. Das Lernen eines bewussteren Umgangs mit Identifikation schult die Selbstwahrnehmung und die souveräne Anwendung von Ich-Botschaften.

8.2.2 Resonanzen der Beratungsgebenden auf der Sachebene

Manchmal übersehe oder übergehe ich meine Gefühlsebene, weil ich angesichts der Fallerzählung an einem für mich unverständlichen, vielleicht sogar »simplen« Sachproblem hängen bleibe:

- Warum macht eine Schulleiterin den Stundenplan selbst, das delegiert man doch normalerweise?
- Warum glaubt er denn, als Leiter jederzeit ansprechbar sein zu müssen, und hält die Tür jederzeit für alle offen – das kann doch nicht funktionieren!?

Das wären typische Situationen, in denen die beratende Person, einen guten und scheinbar leicht auszuführenden Ratschlag geben möchte. Unter dem Gesichtspunkt von Wertschätzung wird aber die Annahme zugrunde gelegt, dass die beratungsnehmende Person über genügend Kompetenzen verfügt, um selbst auf meine – so einfach scheinende – Lösung zu kommen. Wenn sie diese Lösung aber nicht verfügbar hat, ist es weit wahrscheinlicher, dass etwas in ihrer Institution oder ihrer Person (oder beidem) genau dies verhindert – und dieses »etwas« wird zum Fokus der Beratung und nicht die Lösungen anderer. Schulleiter/innen lernen, dass ein zu schnell gegebener Lösungsvorschlag meist nur zu ausführlichen Erklärungen – warum diese Lösung längst bekannt, schon versucht aber eben hier aus besonderen Gründen nicht möglich ist oder war usw. – und Rechtfertigungen führt. Für die Berater/innen können solche Erklärungen ebenso frustrierend werden wie die erzählende Person das Vertrauen verlieren kann, eigene Lösungen finden zu dürfen. Der Beratungsvertrag zwischen Rollengleichen ist hilfreicher definiert durch den Auftrag, in einem ersten Schritt gemeinsam zu entdecken, was gute eigene Lösungen im jeweiligen System *hindern* und was sie *fördern* könnte.

Im oben angedeuteten Fall könnte ich vielleicht auf die – evtl. noch nicht erzählte – Institutionsgeschichte hin fantasieren: Eine Tür immer offen zu halten ist sicherlich eine extreme Haltung, vielleicht ist dies nur eine Reaktion auf eine vorgefundene Kultur? Gab es an dieser Schule schon einmal die andere extreme Haltung, bevor die beratungsnehmende Person die Leitung übernahm, möglicherweise eine Leitungsperson, die die Tür immer geschlossen hatte? Mögliche Intervention: »Mich beschäftigt deine offene Tür und die Frage, wie sich die vorige Leiterin oder der vorige Leiter in dieser Sache verhalten hat ... meine Fantasie: Sie oder er hat es genau umgekehrt gemacht ... ich stelle mir beides sehr anstrengend vor ...« Ich stelle also nicht nur die Frage, sondern lege meine ungesicherte Vermutung dazu!

Im Weiteren könnte ich dann die Sorge vermuten, dass jede auch noch so geringe Abgrenzung in diesem Kollegium die beratungsnehmende Person in den Geruch bringen könnte, wie die alte – vielleicht ungeliebte – Leiterin bzw. der alte Leiter zu sein, dass die beratungsnehmende Person deshalb meint, im anderen Extrem verharren zu müssen: »Ich stelle mir vor, dass man in diesem Kollegium auf gar keinen Fall so sein darf wie die alte Leiterin oder der alte Leiter ... ich glaube, ich würde mich ziemlich eingeschränkt fühlen, wenn ich dort neu hinkäme ...«

Für die Entwicklung ihrer Vermutungen stehen den Beratenden – zusätzlich zu dem berichteten aktuellen Konflikt und seiner Geschichte auch die individuelle Art der Fallerzählung und die sich in der Regel anschließenden *Explorationen* zur Verfügung: Wie zeigt sich die beratungsnehmende Person mir? Wie nehme ich sie wahr in ihrer Selbstpräsentation und Beziehungsgestaltung mir gegenüber? Solche Wahrnehmungen zugewandt (!) rückzumelden, ist ein Lernfokus für sich. Die Leitung muss dieses zugewandte Konfrontieren selbst anwenden, immer wieder dazu ermutigen und der Gruppe Zeit geben. In solchen Situationen darf der Fall zurück- und das Üben in den Vordergrund treten. Der Fall wird – vorübergehend – nur Mittel zum Zweck (vgl. Boettcher 2004).

Beispiel
Ein körperlich großer und »Raum einnehmender« Leiter erzählt ein Problem mit seiner Stellvertreterin; dabei erklärt er, wie ausgesprochen gut und demokratisch »er« die Zusammenarbeit gestaltet, dass sich diese Stellvertreterin aber dennoch häufig nicht an die Absprachen hält.

Zwei Dinge fallen dabei auf: Zum einen hat er, ohne es zu merken, einen »militärischen« und lauten Tonfall (der seinem demokratischen »guten Willen« nicht gerecht wird); zum andern verwundert sein »er« (statt eines erwartbaren »wir«), wo er von dem demokratischen Leitungsstil spricht. Ich kann also als beratungsgebende Person die *Hier-jetzt-Situation* (er »schreit« uns als die Beratenden an, statt mit uns zu sprechen, ohne dass ihm dies bewusst ist) ansprechen und sie probehalber auf die von ihm geschilderte *Dort-dann-Situation* übertragen. Das ist immer auch konfrontativ und ich muss mich vergewissern, dass ich zugewandt genug bleibe: »Du erzählst mir hier einen für dich sehr ärgerlichen Sachverhalt, den ich an sich gut nachvollziehen kann; andererseits ist dein Tonfall dabei so laut, dass ich mich angeschrien fühle, obwohl ich weiß, dass du uns nur einen Fall erzählst. Ich weiß nicht, ob dir bewusst ist, wie laut deine Stimme ist ... wenn ich mich mit deiner Stellvertreterin identifiziere, fühle ich mich als Frau schnell unterlegen angesichts einer solchen Stimme und ich glaube, ich würde dann vielleicht nicht mehr auf die demokratischen Inhalte des Gesagten reagieren können ...« oder: »Wenn ich mit dir nicht so vertraut wäre oder dich gut kennen würde, könnte es mir auch passieren, dass ich aus dem Kontakt gehe, weil ich denken würde, du schreist mich an – und nicht ›Der hat aber ne laute Stimme‹ ...«

Die Beratenden teilen also nacheinander – in beliebiger Reihenfolge – ihre Einfälle, Eindrücke mit. Diese Angebote der Beratenden werden

- möglichst zugewandt,
- sehr transparent (also nicht in Andeutungen, z.B. »Ich hab da eine Idee, aber die gehört nicht hierher ...«)
- und vollständig (also nicht »Ich hab da noch einen weiteren Gedanken, aber den sag ich später ...« – so etwas bindet die Fantasie der beratungsnehmenden Person, die sie jetzt dringender für ihre Selbstverstehensarbeit bräuchte)
- in der Form einer Ich-Botschaft (also nicht »Du machst mich mit deiner Fallerzählung richtig niedergeschlagen«, sondern »Ich reagiere auf deine Fallerzählung richtig niedergeschlagen«)
- in der »Mitte« der Gruppe deponiert.

Für die ratsuchende Person entsteht so ein Tableau mit differenzierten, teils divergenten, teils konvergenten Eindrücken und Hinsichten, die ausreichend Reflexionsanregungen enthalten und aus denen sie eine Auswahl treffen kann, um den Fall weiter zu explorieren.

Im Gegensatz zu anderen methodischen Ansätzen sind *Rückfragen* an die fallbringende Person nicht zugelassen. Diese würde so in Arbeit für die Beraterin bzw. den Berater verwickelt statt umgekehrt: Die Beratenden sollten der fallerzählenden Person zur Verfügung stehen, die ihrerseits ihren Fall allen als Lernmaterial zur Verfügung stellt! So wird gesichert, dass die Erzählerin oder der Erzähler wirklich bei sich und seinem Nachdenken bleiben kann. Bei Rückfragen würde schnell ein unübersichtliches Frage- und Antwortspiel entstehen und das sich entwickelnde Tableau reflektierender Aufmerksamkeit wäre gestört.

Anfangs werden solche *Informationsfragen* gestellt, weil man das Risiko vermeiden will, dass die während der Fallerzählung entstandenen eigenen Eindrücke für die erzählende Person vielleicht nicht relevant genug sein könnten. Erst die zunehmende Erfahrung in der Gruppe lehrt, dass es immer eine Resonanz gibt, die auch relevant ist, und dass das Training der beiden Lernschritte

1. Introspektion und (Selbst-)Wahrnehmung und
2. ihre selektive und zugewandte Rückmeldung

eine unmittelbare Transferwirkung auf den Schulalltag verspricht. Darüber hinaus geht es darum, sich von einer wohl sehr verbreiteten Schulleitungshaltung, nämlich immer die Person sein zu müssen, die möglichst auf Anhieb Lösungen findet, zu verabschieden. Auch in der Fallberatung wird auf Eigenverantwortung gesetzt, indem »nur« verlangt wird, Nachdenken, Gefühle und Assoziationen bereitzustellen.

In der professionellen Phase sollte besonders die *Introspektion*, ihre *wertschätzende Rückmeldung* und die – schwierige – *Unterscheidung zwischen Informationsfragen und Fragen, die zum Nachdenken anregen* (nur diese sind zugelassen), trainiert werden.

Wie schon oben erwähnt dienen Informations- oder Rückfragen nur dazu, nicht offen gelegte Hypothesen aufseiten der Beraterin oder des Beraters zu sichern und den Blick auf den Fall heimlich und (vorerst) einseitig zu erweitern. Er würde also nicht im Sinne der erzählenden Person exploriert, sondern im Sinne der beratenden! Das wiederum führt meist zu einem Lösungsvor- oder Ratschlag, dessen Werdegang der falleinbringenden Person jedoch unbekannt bleibt. Diese kann sich kritisiert oder gar entmündigt fühlen wie in vielen Arzt-Patient-Beratungen.

Auf das Beispiel von der offenen Tür angewandt: Statt zu fragen »Was war denn die Leiterin bzw. der Leiter vor dir für ein Leitungstyp?« teile ich lieber die Hypothese bzw. Fantasie, also den Weg mit, der mich zu dieser Frage geführt hat: »Mich beschäftigt gerade, was wohl deine Vorgängerin oder dein Vorgänger für ein Leitungstyp war. Meine Fantasie dabei: Sie oder er war sehr streng und so willst du keinesfalls auch sein …« Auf diese Weise kann die beratungsnehmende Person mit der Hypothese bereits selbst verstehend arbeiten, während sie ansonsten nur »brav« antwortet, ohne zu wissen, worauf die fragende Person hinauswill.

Erst recht sind *inquisitorische Fragen* wie »Hast du denn überhaupt schon mal … probiert?!« oder *Suggestivfragen* wie »Du willst als Leitung doch sicherlich …« oder »Wo ist denn das Problem?« untersagt, aber auf Wunsch auf ihre Wirkung hin zu überprüfen. Vielleicht müssen gerade Leitungsmitglieder (wieder) lernen, dass sie als Beratende

- nicht vorschnell Ratschläge und Lösungen anbieten,
- Verhaltensweisen nicht bewerten,
- Kolleginnen und Kollegen nicht normativ auf bestimmte Handlungen verpflichten oder belehren sollten und
- diese auch nicht in der Tradition »fragend-entwickelnden Unterrichts« unauffällig zu steuern versuchen.

Fragen, die zum Nachdenken anregen, dienen nie ausschließlich einseitiger Informationsvergrößerung, sondern sind immer ein Reflexionsangebot für die falleinbringende Person. Es sind z.B. Fragen wie

- »Woran würden Sie merken, dass Ihr Konflikt beendet wäre?«
- »Welche ist Ihrer Meinung nach Ihre wichtigste Fähigkeit, auf die Sie in Konflikten zurückgreifen könnten?«
- »Was müssten Sie tun, um den Konflikt zu verschärfen?«
- »Was würde Herr X denn erzählen, wenn er hier säße?« etc.

Die Beratenden machen pro Runde nicht mehr als eine Rückmeldung, setzen also selektiv Prioritäten ihrer Innenwahrnehmung. Sie beziehen sich dabei außerdem nicht auf Rückmeldungen anderer Gruppenmitglieder, damit jede – ähnliche wie verschiedene – Rückmeldung ein Angebot für sich bleibt. In-Bezug-Setzen einzelner Rückmeldungen zueinander ist Vorrecht der beratungsnehmenden Person und der (professionellen) Leitung!

8.3 Die Arbeit der fallerzählenden Person mit den Angeboten der ersten Rückmelderunde

Die falleinbringende Person nimmt sich aus diesem Rückmeldungsangebot, was ihr zum gegenwärtigen Zeitpunkt nützlich scheint, was Anregungen oder Aufschluss zu bieten scheint; sie gibt damit zugleich einen deutlichen Hinweis, in welche Richtung sie weiterdenken möchte. Die anderen Rückmeldeangebote lässt sie einfach in der »Mitte« liegen. Ausdrücklich muss die Leitung anfangs oft darauf hinweisen, dass die fallerzählende Person aus dieser »Mitte« nur nimmt, was sie zum Weiterdenken anregt oder ihre eigenen Ressourcen im Augenblick fördert! Sie darf nicht jedes einzelne Beratungsangebot kommentieren (»Also, das ist es nicht, weil ...«, »Das nützt mir aber nichts, weil ...« oder »Deine Vermutung ist übrigens falsch ...«). Damit würde die erzählende Person plötzlich die Beratung beurteilen und dass das kein wertschätzender Umgang mit Beratung ist, will erst gelernt sein. Es würde die Berater/innen in ihrer Arbeit entmutigen, wenn die Reflexionsangebote in »richtig« und »falsch« eingeteilt würden.

    Dies fällt vielen Leitungsmitgliedern anfangs schwer. Wie schon oben beschrieben geht es darum, eine Entscheidung nicht rechtfertigen zu müssen. Die fallgebende Person verantwortet lediglich ihr eigenes Nachdenken, nicht das der anderen. Das ist so kontraktiert und sie darf sich daran halten. Es geht darum, sich nicht unangemessen auf der *Beziehungsebene* für die Gefühle anderer zuständig zu fühlen (»Wenn ich deinen Beitrag jetzt nicht nutze, muss ich dir wenigstens erklären, warum. Sonst könntest du dich schlecht fühlen ...«) obwohl die *Sachebene* (Tausch von Fall gegen Beratungsangebote) für die Beteiligten klar ausgehandelt wurde. Der Transfer auf die eigene Institution erscheint mir evident, da auch dort Schulleiter/innen häufig meinen, eine Menge unnötiger Gespräche führen zu müssen, die deshalb kontraproduktiv sind, weil sie Kolleginnen und Kollegen überversorgend einladen, wenig(er) eigenverantwortlich zu handeln.

Für diese Grundtendenz, aus der Leitungsposition heraus überfürsorglich zu handeln, sei hier noch ein Fallbeispiel genannt:

Beispiel
Eine Schulleiterin wird von einem Lehrer, dessen gesundheitliches Problem allen bekannt ist, folgendermaßen über einen Kurantrag informiert: Er hätte mit den Ämtern bereits alles geklärt, alles wäre genehmigt, er würde eine sechswöchige Kur fünf Wochen vor den Sommerferien beginnen und im Herbst wieder zur Verfügung stehen. Die Schulleiterin bräuchte nur mehr zu unterschreiben. Diese war völlig verblüfft, weil sie von einem Kurantrag bisher nichts gewusst hatte, und sagte spontan, das könne sie nicht vertreten, denn nach ihrem Wissen könnten mindestens vier Wochen in den Ferien liegen. Der Lehrer hatte aber ihr Einverständnis stillschweigend vorausgesetzt und bereits alles organisiert. Die Schulleitung fühlte sich überrumpelt und unter Druck gesetzt und verweigerte – rollenangemessen (sie hat nicht nur den Einzelnen, sondern alle im Blick) – letztlich die Unterschrift.
Nun passierte Folgendes: Der Lehrer ging ins Lehrerzimmer und »brach dort förmlich zusammen« darüber, wie herzlos und hart seine Schulleiterin war. Und er fand – natürlich – in einer Gruppe von Kolleginnen und Kollegen Unterstützung, die ihn bemitleideten und nicht mit Kritik an der Schulleiterin sparten. Diese hatte nun das »Gefühl« von sich aus den Lehrer oder dessen Freund/Kollegen erneut zu einem Gespräch einladen zu müssen, da sie einer »Spaltung« des Kollegiums vorbeugen wollte.

Im Fallberatungsgespräch wurden mithilfe der Leitung viele Ratschläge, die »in der Luft« lagen, vermieden. Vielmehr wurden mithilfe von Identifikationsversuchen alle Rollen bezüglich des Themas untersucht: Wer hat welche Verantwortung? Und: Befindet sich das Problem auch dort, wo es hingehört? Für Schulleitungen ist meist neu, dass nicht gleich zur Debatte steht, *wie* ein Problem gelöst werden muss, sondern *wer* es lösen muss und *wie* es (wieder) zu der problemverursachenden Person zurückkommt, die dann für die Lösung vorrangig zuständig wird.

Als die Fallerzählerin nach der ersten Rückmelderunde versuchte, allen Anregungen aller Berater/innen »gerecht zu werden«, wurde sie von der Leitung mit Hinweis auf das vereinbarte Verfahren gestoppt und gleichzeitig darauf hingewiesen, dass die Haltung der Überversorgung, die hier auftaucht vielleicht auch für den Fall relevant sein könnte. Die Berater/innen wurden aufgefordert, dieses Thema mit in die nächste Rückmelderunde aufzunehmen: »Bitte stellen Sie sich vor, Sie hätten den Auftrag, ausdrücklich überfürsorglich zu handeln. Was genau würden Sie dann tun?« (Diese Fragestellung hilft schnell zu erkennen, was man lieber lassen sollte und sorgt gleichzeitig für eine humorvolle Stimmung ...)

Die Analyse der Situation ergibt entsprechend, dass die Schulleitung aus ihrer Rolle heraus das Kuranliegen in dieser Form nicht genehmigen konnte, das Problem von dem Lehrer durch unüberprüfte Annahmen selbst produziert worden war und daher von ihm zu lösen wäre. Darüber hinaus wäre es wahrscheinlich ein Übergriff der Schulleitung, sich einzumischen, nur weil dieser seine beginnende momentane Lösungsstrategie (holt sich Mitgefühl bei Kolleginnen und Kollegen und schimpft auf die Schulleitung) nicht gefällt. In der nächsten Sitzung berichtete die Schulleiterin Folgendes:

Nachdem sie das Problem nicht mehr als ihres betrachtet hatte, hatte sie der Freund/Kollege des Lehrers um ein Gespräch gebeten, in dem er schnell auf das Thema kam: Ob sie wisse, wie schlecht es dem Kollegen gehe. Sie antwortete etwa so: Sie wüsste das sehr wohl, sie hätte auch wahrgenommen, wie sorgsam er und andere Kolleginnen und Kollegen sich um ihn gekümmert hätten, und würde dieses Engagement der Kolleginnen und Kollegen schätzen. Sie selbst könnte in diesem Fall nichts tun, da es ihr aus der Schulleitungsrolle mit Gesamtverantwortung heraus – trotz Mitgefühl – nicht möglich wäre, ad hoc eine Kur zu genehmigen. Bei neuem Kurantrag des Lehrers würde sie aber keine Probleme sehen, wenn er diesmal rechtzeitig käme, um die Voraussetzungen abzusprechen ...

Damit hatte sie sich aus der Leitungsrolle und mit ihrer »Definitionsmacht« neu positioniert. Dabei hat sie systemisch Folgendes anwenden können: Der Lehrer bekommt nicht die anfangs von ihr fantasierte »Macht«, das Kollegium zu spalten, sondern ihre öffentliche Definition lautet jetzt: »Einzelne Kolleginnen und Kollegen übernehmen eigenverantwortlich die Stützungsfunktion für einen augenblicklich schwächeren Kollegen.« Der helfende Kollege wird somit statt eines Helfers für den Lehrer *gegen* die Schulleitung ein Helfer *im Sinne* der Schulleitung. Die Schulleitung hat hier also begonnen, die Verantwortung rollenangemessen zu teilen: Sie hat lediglich ihre Rollenmöglichkeiten transparent und zugewandt kommuniziert. Sie ist für Gespräche offen, muss diese aber nicht initiieren, wenn das Problem nicht bei ihr liegt.

Die Leitung der Fallberatungsgruppe hilft immer wieder, vertraute Überverantwortungs-Standards, die in der Interaktion der Gruppe selbst auftreten, zu überwinden und daran zu lernen. Sie erinnert also immer zu Beginn der Runde an das Bild der »Mitte« und wie die Rollen von Beratenden und Ratsuchenden angelegt sind: Alle legen etwas in diese Mitte, die fallerzählende Person nimmt nur einiges davon heraus und muss nicht begründen, warum sie etwas liegen lässt. Das Nichtaufgreifen einer Rückmeldung heißt lediglich, dass die fallerzählende Person jetzt gerade über etwas anderes (laut) nachdenkt.

8.4 Zweite und weitere Rückmelderunden

Die zweiphasige Gliederung in Rückmelderunde der Beratenden und die Arbeit einer fallerzählenden Person mit deren Angeboten bleibt auch in der weiteren Arbeit gültig. Insbesondere für die Leitung ist es wichtig, darauf zu achten, dass die Beratung ein verstehenszentrierter Prozess bleibt, der von einem ebenso eigenverantwortlichen wie wertschätzenden Nachdenken über den Fall geprägt wird.

Für das Nacheinander der ersten, zweiten und weiteren Bearbeitungsrunden mache ich keine beratungstechnischen Vorgaben. Die Darstellung des Falls durch die falleinbringende Person wird etappenweise vollständiger, differenzierter, Hintergründe werden deutlicher, die Sichtweisen reichhaltiger und zunehmend kommen mehr Betrachtungsebenen – schulhistorische, berufsbiografische, rollenanalytische usw. – ins Spiel. Einzelne Sichtweisen werden intensiver aufgenommen und dann manchmal wieder zugunsten anderer, jetzt weiterführender aufgegeben.

Ende einer Runde: Die Bearbeitung kommt nicht in dem Sinn zu einem Ende, dass schließlich das Problem in seinen Dimensionen vollständig analysiert ist oder gar fertige Handlungsvorschläge ausgearbeitet sind, sondern so, dass die erzählende Person wieder genügend Verstehenszugänge zu ihrem Problem gefunden, sich in ihrer affektiven Verwicklung wieder etwas gelöst und mehr Zuversicht hat, weitere Entscheidungen vor Ort zu treffen.

8.5 Hilfestellungen für Introspektion und mögliche Schwierigkeiten

Als Anregung hier nochmals hilfreiche Gedankengänge, die das Verständnis eigener Resonanzen erleichtern (vgl. Boettcher 2004):

- Wo könnten die beratungsnehmende Person oder andere Personen aus dem Fall (heimliche/unbewusste) Gewinne aus ihrem Verhalten haben?
- Wie ist die Macht vor Ort verteilt – formell und informell? Wie transparent sind die Machtverhältnisse, Rollen und Netzwerke?
- Was wird im geschilderten Konflikt vermieden? Wozu?
- Wer hat welche Befürchtungen?
- Welche offenen oder versteckten Wertvorstellungen der beratungsnehmenden Person zeigen sich am erzählten Problem?
- Wie hoch sind ihre Ansprüche an sich selbst, welchen »Ideal«vorstellungen hängt sie nach?
- Welche (ggf. zu hohe) Erwartungshaltung an sich selbst steckt hinter der Sichtweise der beratungsnehmenden Person (Umgang mit sich selbst)?
- Welche Ressourcen und Kompetenzen der beratungsnehmenden Person werden sichtbar? Sind sie ihr bewusst?
- Wer mutet wem was zu in der Konfliktkonstellation?
- Wie würden Dritte und Vierte der beteiligten Institution den Konflikt wahrnehmen?

- Was an dem Konflikt könnte »typisch« für die beratungsnehmende Person sein?
- Welche unhinterfragten Hypothesen stehen hinter den Konflikthaltungen (z.B. »Siegen ist oft das Schlimmste«)?
- Welche eigenen Lebenshaltungen, Selbstbilder bzw. Normen werden möglicherweise im geschilderten Konflikt unbewusst transportiert (z.B. »Ich muss bzw. möchte es allen recht machen«, »Frauen sollten immer freundlich sein«, »Ich bin ein edler Ritter [= Retter]«)?
- Wo gibt es aufschlussreiche Differenzen zwischen dem Erzählten und der gefertigten Skizze? Was könnten sie bedeuten?

Nicht die Fragen selbst, sondern die eigenen angestellten Überlegungen oder vermuteten Antworten werden in der Beratung angeboten.

8.6 Schwierigkeiten mit Empathie

Selbstverständlich setzen die Rückmeldungen da an, wo sich die Energie der Beratenden befindet. Dennoch ist es bedeutsam, dass in der ersten Runde möglichst die Rückmeldungen Vorrang bekommen, die empathisch aus der Identifikation mit der fallerzählenden Person kommen. Wenn also Teilnehmende erkennen, dass sie sich mit »Gegenspieler/innen« in der Erzählung identifiziert haben, sollten sie sich nicht als Erste zu Wort melden! Denn Vorrang hat hier die Empathie, da die erste Runde in besonderer Weise der Beziehungsgestaltung innerhalb der Beratungssituation dient. Außerdem ist die falleinbringende Person in der Regel mit Kritik ihres Verhaltens in diesem Problem – durch Selbstkritik und vielleicht auch Kritik anderer – bereits reichlich versorgt. Wenn die eigene Energie einer Beraterin oder eines Beraters stark in der kritischen Identifikation bleibt, kann sie einfach empathische Vorredner/innen abwarten und spricht erst dann – zugewandt in der Haltung und konfrontativ in der Sache – diese Gegenidentifikation an. Sie kann dann davon ausgehen, dass ihre Art, sie anzusprechen, und die Rückmeldungen anderer aus der Gruppe Empathie genug zeigen: »Ich hab sehr mit deinem Kontrahenten mitgefühlt und weniger mit dir, weil ich auch Stellvertreter/in bin wie er ... darf ich dir das direkt sagen? Wenn ich Stellvertreter/in in dieser Situation wäre, würde ich dich vielleicht verdächtigen, mich entmachten zu wollen ...«

8.7 Beendigung der Fallbearbeitung

Es sollten möglichst nicht mehr als drei – maximal vier – Runden gemacht werden (Ausnahmen zugelassen). Die Fallbearbeitung kann unter mehreren Gesichtspunkten beendet werden:

- Die *beratungsnehmende Person* möchte die Arbeit beenden: Dieser Wunsch muss akzeptiert werden, weil die Gruppe nicht ohne den Arbeitsauftrag der beratungsnehmenden Person arbeiten kann. Die Leitung darf – wenn aus ihrer Sicht dieser Beendigungswunsch auffällig (z.B. auffällig abrupt) ist – die beratungsnehmende Personen bitten, zu ihrer Entscheidung, gerade jetzt aufhören zu wollen, etwas zu sagen.

- Die *Leitungsperson* schlägt der beratungsnehmenden Person und den Beratenden vor, die Arbeit an diesem Fall allmählich zu beenden. Sie erläutert ihren Grund (z.B. dass sie die vereinbarte Zeitdauer gleich überschreiten werden oder dass sie den Eindruck hat, dass die Gruppe diagnostisch ermüdet); sie holt das Einverständnis der anderen ein.
- Einzelne *Beratende* können ebenfalls aus ihrer Rolle aussteigen, wenn sie erschöpft sind oder ihnen in einer Runde nichts einfällt; sie können aber auch wieder einsteigen. Im Unterschied zur fallerzählenden Person müssen sie aber transparent in ihrer Begründung sein! Denn auch hier gilt, dass die Aufmerksamkeit der fallerzählenden Person frei auf das Nachdenken am Fall zentriert bleiben soll. Ohne Transparenz wäre ein Ausstieg einer Beraterin oder eines Beraters hier eine Störung.

9. Gestaltung der Endphase

1. **Kurze Prozessreflexion (nur auf ausdrückliche Nachfrage).** Nach dem Ende des zweiten Falls ist regulär die Möglichkeit für eine Prozessreflexion anhand beider Fallberatungen vorgesehen. Die Mitglieder der Gruppe können aber auch direkt nach dem ersten Fall eine kurze (!) Prozessreflexion vorschlagen, in der sie Auffälligkeiten des Beratungs*verlaufs* aus ihrer Sicht anmerken und dazu Fragen stellen können. Der Wunsch Einzelner nach Prozessreflexion kann von der Leitung durchaus auch zurückgewiesen oder verschoben werden (z.B. zugunsten eines wartenden Falles)!

2. **Pause zwischen zwei Fallbearbeitungen.** Wenn die Fallbearbeitung beendet ist, wird eine Pause von 5 bis maximal 15 Minuten eingelegt. In dieser Pause darf ausdrücklich nicht mehr über den Fall geredet werden. Auch am Ende der Sitzung und außerhalb der Sitzung gilt die *Vertraulichkeitsregel*. D.h. die falleinbringende Person kann zwar von sich aus einzelne Mitglieder der Gruppe im Nachgang zur Fallbearbeitung ansprechen, z.B. auf Ratschläge, darf aber nicht von anderen weiterhin auf den Fall angesprochen werden (vgl. Fußnote 11 auf S. 1026).

3. **Fallarbeit am zweiten Fall.** Ein zweiter Fall kann – nach gleichen Gesichtspunkten wie oben dargestellt – bearbeitet werden.

4. **Prozessreflexion.** Nach dem Abschluss des zweiten Falls ist Raum für eine – begrenzte – methodische Reflexion der beiden Fallberatungsprozesse; sofern unmittelbar nach der ersten Fallbearbeitung eine kurze Prozessreflexion stattfand, kann sie hier noch fortgesetzt werden. In der Regel ist der zweite Fall als der unmittelbar

vorausgehende noch deutlicher in Erinnerung; möglicherweise wird aber gerade der innere Abstand zum ersten Fall genutzt, an dem sich der Beratungsprozess leichter rekonstruieren lässt.

Dass erst nach Abschluss beider Fallbearbeitungen die reguläre Prozessreflexion stattfindet, hat vor allem auch den Grund, für den zweiten Fall genügend Bearbeitungszeit freizuhalten. So kann man am Ende der Sitzung – je nach Länge der beiden Fallbearbeitungen, die oft zwischen einer und eineinviertel Stunden dauern – 5 bis 25 Minuten lang den Beratungsprozess betrachten, sich daran typische Verläufe, methodische Probleme und gelungene methodische Schritte klarmachen und ggf. methodische Folgerungen für die Weiterarbeit in der Gruppe vereinbaren. Dabei kann es auch um methodische Fragen wie die folgenden gehen:

- *Was ist, wenn ich selbst von einem Fall innerlich »betroffen« bin?* Möglich ist, sich innerlich zu fragen: Wo kommt das Gefühl der Betroffenheit her? Gibt es im Fall selbst ähnliche Betroffenheit? Die gefundenen Vermutungen stelle ich zur Verfügung. Gelingt mir das nicht, hat es mit mir selbst zu tun und ich kann mit der Koberatung aussetzen, wobei ich den Grund abstrakt bekannt gebe.
- *Was ist, wenn die Gruppe »aus dem Ruder« läuft?* Die jeweilige Leitungsperson hat jederzeit das Recht, die Fallarbeit zu unterbrechen und die Metaebene anzusteuern.
- *Was ist, wenn ich Personen aus der Fallerzählung persönlich kenne?* Ich muss mir verdeutlichen, dass ich in der Fallberatung – insbesondere durch die falleinbringende Person – nur Wahrnehmungen, nicht Wahrheiten über die mir bekannte Person höre. Wenn ich trotzdem zu große Sorgen um meine innere Beziehung zu dieser fallinternen Person habe, könnte ich auf meine Rolle als Koberaterin bzw. Koberater verzichten; im »schlimmsten Fall« könnte ich vorübergehend aus dem Raum gehen. Wichtig ist in jedem Fall, dass ich – auch und gerade in solchen Fällen – die Schweigepflicht wahre. Grundsätzlich gilt die Empfehlung, in Fallerzählungen ohne Namen, d.h. nur mit den Rollenbezeichnungen auszukommen.

5. **Ratschlagphase.** Diese Phase ist nur für die schon in Selbstleitung übergegangene Gruppe eine mögliche Zusatzphase. In den professionell angeleiteten Sitzungen wird sie ausdrücklich zugunsten der neuen Lerninhalte gestrichen, da sechs Termine denkbar wenig sind! Auch wenn sich die Art des Ratschlaggebens durch die hinzugelernte Sprachsensibilisierung erfahrungsgemäß mit verändert, ist es doch etwas, was alle Mitglieder bereits können und was im Rahmen des neuen Lernsettings außen vor bleiben darf.

Wenn aber in der bereits autonom arbeitenden Gruppe im Einverständnis mit der fallerzählenden Person die Fallbearbeitung abgeschlossen ist, kann die jeweilige Leitung fragen, ob »besonderes Interesse« der fallerzählenden Person besteht, von Mitgliedern der Gruppe Ratschläge zu ihrem Fall zu hören. Die Formulierung »*besonderes* Interesse« in ihrer Anfrage soll sicherstellen, dass die fallerzählende Person nicht aus Höflichkeit zustimmt, eigentlich aber »gesättigt« bzw. mit der inneren

Weiterbearbeitung des eigenen Falls absorbiert ist. Außerdem wird damit daran erinnert, dass in guter Beratung Ratschläge nicht das Wichtigste sind. In keinem Fall dürfen zu den evtl. gegebenen Ratschlägen Kommentare abgegeben werden – weder von der beratungsnehmenden Person noch von einem anderen Mitglied der Gruppe. Zwei interaktionelle Varianten sind für diese Ratschlagrunde denkbar (ich plädiere dabei für die erste):

1. Die beratungsnehmende Person fragt einzelne Mitglieder der Gruppe nach deren Ratschlag; sie macht dabei kurz deutlich, weshalb sie von gerade diesen Mitgliedern einen Ratschlag erfragt. Sie sagt ausdrücklich nichts darüber, weshalb sie nicht auch die anderen fragt – es geht nicht um Rechtfertigungen.
2. Die beratungsnehmende Person erklärt ihr Interesse an Ratschlägen aus der Gruppe und die einzelnen Gruppenmitglieder entscheiden selbst, ob sie der beratungsnehmenden Person noch einen Ratschlag geben wollen.

Der »interaktionelle Druck« ist jeweils anders verteilt: Bei Version 1 müssen die nicht gefragten Mitglieder mit möglichen Kränkungsgefühlen umgehen und die gefragten Mitglieder müssen entscheiden, ob sie überhaupt einen Ratschlag zu geben haben und jetzt geben wollen. Das halte ich für zumutbar, denn die Entlastung sollte bei der jeweiligen fallerzählenden Person liegen. Bei Version 2 müsste diese nämlich damit umgehen, dass ihr Mitglieder einen Rat anbieten, von denen sie – aus welchen Gründen auch immer – keinen Rat wünscht, und zusätzlich wären es vielleicht zu viele, die sie nicht begrenzen könnte.

6. **Vereinbarungen zur Folgesitzung.** Nach dem Ende der beiden Fallbearbeitungen wird die Leitung evtl. die »Gastgeberin« oder den »Gastgeber« der nächsten Sitzung der Fallberatungsgruppe bestimmen. Allerdings empfehle ich sehr, alle Sitzungen für ein Schuljahr (oder mindestens für das Halbjahr) mit Ort und Leitung bereits im Voraus festzulegen, da die Erfahrung zeigt, dass es ohnehin nicht leicht ist, eine Gruppe mit sechs Personen auf einen Nenner zu bringen.

7. **Informelle Nachphase.** Genauso wichtig wie die Markierung des Übergangs von informeller Vorphase zur Arbeitsphase ist die Markierung des Übergangs zur informellen Nachphase. Arbeit ist nur ein Teil des Lebens: Es ist möglich, dass die Gruppe vereinbart, noch eine informelle »Genussphase« anzuschließen, und etwas essen oder trinken geht. Zugleich werden damit die verschiedenen Rollen aus der Arbeitsphase – Leitung, Fallerzähler/innen, Berater/innen – wieder zugunsten der gleichrangigen Beziehung zwischen den Mitgliedern aufgelöst.[9]

Da Leitungsmitglieder aber – hoffentlich – auch ihr Privatleben schützen, wird eine gemeinsame informelle Phase nicht immer möglich sein und sollte deshalb vorsorglich bei Zeit- und Terminplanung bereits mitbedacht werden.

---

[9] Auch hier noch einmal zur Erinnerung: Die professionellen Anleiter/innen der Gruppen gehören zu diesen informellen Teilen nicht dazu! Auch hier greifen die generellen beraterischen Abstinenzregeln.

10. Übergang von fremd- zu selbstgeleiteter Arbeit

10.1 Übergangshilfen

Die Gruppen sollten die Leiterin bzw. den Leiter über die geleiteten Sitzungen hinaus für zwei weitere Sitzungen zu Arbeitsstilevaluationen heranziehen; sinnvoll ist eine erste Evaluationssitzung nach drei selbstgeleiteten Sitzungen, eine weitere nach Bedarf. Diese Vereinbarung macht für die Gruppe deutlich, dass ihre Weiterarbeit einen professionellen Anspruch aufrechterhält. Der Übergang in die Selbstleitung kann unterstützt werden durch eine Sitzung, in der sich die Gruppe – noch in Gegenwart der Leiterin bzw. des Leiters – mit einem schriftlichen Kontrakt auf eine bestimmte Arbeitsweise für die Folgezeit festlegt. Diese schriftliche Kontraktierung ist nach meiner Einschätzung eine unterstützende Symbolik für die Gruppe.

10.2 Kontrakte im Rahmen der Fallbesprechung

Unter Kontrakt ist das Zustandekommen eines Arbeitsbündnisses zu verstehen, dass die Energien der Beteiligten auf ein gemeinsam definiertes Ziel ausrichtet. Es dient damit vor allem der Sicherung des Arbeitsrahmens. Die Fallberatungsgruppe kontraktiert ein Verfahren mit der bestellten professionellen Leitung und anschließend untereinander für die selbstständigen Treffen. Sie vergewissert sich darüber hinaus, ob alle den Sinn des Verfahrens nachvollziehen, bevor sie ihm zustimmen. Der Kontrakt umfasst folgende Schwerpunkte:

1. Die Schulleiter/innen unterschiedlicher Systeme bilden eine tragfähige kollegiale Gruppe (Peergruppe).
2. Die Gruppenmitglieder erklären sich einverstanden, zeitlich komprimiert (ein ganzer oder zwei halbe Tage) mit einer ausgewählten professionellen Leitung Grundlagen von Beratung kennen zu lernen.[10]
3. Sie verpflichten sich darauf, mit professioneller Leitung mindestens sechs weitere Sitzungen à drei Zeitstunden diese kollegiale Methode zu trainieren und anschließend für die Selbstleitung einen neuen Kontrakt zu formulieren.
4. Die Mitglieder verpflichten sich, eigene Fälle für Reflexion und Training zur Verfügung zu stellen.
5. Die Mitglieder vereinbaren Vertraulichkeit[11] und wertschätzende Sprachführung[12] und definieren, was darunter zu verstehen ist.

---

10 Nach dem besonders auf Schule zugeschnittenen Konzept von Wolfgang Boettcher (2004).
11 Die Vertraulichkeitsregel umfasst die Weitergabe von Namen und Fallinhalten. Das ist den meisten Teilnehmerinnen und Teilnehmern bekannt. Außerdem bedeutet sie, dass jeder zur Verfügung gestellte Fall mit Beratungsende an die fallgebende Person zurückgegeben wird und diese anschließend von niemandem mehr auf die erzählte Problematik angesprochen werden darf. Es

6. Kennenlernen externer Supervision: Darüber hinaus kann die Gruppe vereinbaren, sich über einige Sitzungen von einer Supervisor/in begleiten zu lassen, um die eigene Kompetenz weiterzuentwickeln.

10.3 Zur Selbstleitung der Fallberatungsgruppe

Wenn die Fallberatungsgruppe mit eigener Leitung arbeitet, entscheidet sie den Leitungszustand neu, indem ab jetzt die Leitungsfunktion als eine kollektiv zu leistende Aufgabe bei allen Mitgliedern der Gruppe liegt. Für jede einzelne Sitzung sollte ein Mitglied für die Leitungsaufgabe bestimmt werden, das sich vorrangig auf die Einhaltung des Kontraktes und des Arbeitsrahmens konzentriert. Im Unterschied zu einer professionellen Leitung, die beides können muss, darf – und soll – sich die jetzt leitende Schulleitungsperson beraterisch zurückhalten, da sonst die Leitungsaufgabe zu komplex werden könnte. Sie begrenzt sich auf die Leitungsfunktion, d.h. sie interveniert grundsätzlich nur auf der Metaebene, stützt z.B. die Beratungsnormen, spricht Engpässe des Beratungsprozesses an, reguliert die Zeit usw. Sie kann aber auch zusätzlich beraten, wenn es ihr wichtig erscheint. Fokus ihrer Aufmerksamkeit ist aber das Setting.

Die Übernahme der Leitungsfunktion durch dieses Mitglied soll v.a. die anderen in ihrer Beratungsfunktion entlasten. Wie oft und in welchen Situationen das leitende Mitglied interveniert, welche Beobachtungen und Einschätzungen es in der Prozessreflexionsphase anspricht, probiert es auf der Suche nach einem Leitungsstil aus, der zur Arbeitsform Beratungsgruppe und zu seinem eigenen Leitungsstil passt. Die jeweils Leitenden werden also unterschiedlich – und auch unterschiedlich kompetent – diese Aufgabe wahrnehmen. Dies kann zu Spannungen – bei der jeweiligen Leitungsperson wie bei den anderen – führen. Die Gruppe sollte daher vorsehen, dass auch das »Leitenlernen« Ziel der Arbeit ist und dass die Gruppe – entweder am Ende jeder Sitzung oder nach jeweils drei Sitzungen – die unterschiedlichen Versuche, diese Leitungsaufgabe gut zu bewältigen, reflektiert. Wenn das nicht ausreicht oder zu heikel erscheint, kann das Thema für eine Supervision aufgehoben werden, um alle zu entlasten.

Die Gruppe sollte die Leitungsfunktion in der letzten Sitzung mit der professionellen Leitung grundsätzlich gleich oft (pro Sitzung eine »neue« Leitung) und nacheinander auf jedes Mitglied delegieren. Das entlastet erfahrungsgemäß die einzelnen Mitglieder von Sorgen um die eigene Leitungseignung und von verdeckten Rivalitäten; es macht außerdem klar, dass Leitenlernen zur Aufgabe aller Mitglieder gehören soll.

---

wäre ein Übergriff, den Fall in den Pausen oder bei der Rückfahrt noch einmal anzusprechen. Das ist den meisten Teilnehmerinnen und Teilnehmern unbekannt. Deshalb sollte genauer erläutert werden, dass niemand gerne einen Fall erzählt, wenn er anschließend in Klein- wie Großgruppe von den Kolleginnen und Kollegen jederzeit darauf angesprochen werden darf. Die fallgebende Person hat ihrerseits allerdings die Möglichkeit, hinterher gezielt einzelne Gruppenmitglieder anzusprechen, um zusätzliche Sachinformationen zu erfragen.

12 Wertschätzende Sprachführung bezieht sich bereits auf das methodische Vorgehen.

11. Methodische Reserven

Bei längerer Laufzeit einer Fallberatungsgruppe kann es vorkommen, dass in einer Sitzung kein Fall angemeldet wird. Die Gruppe kann verabreden, in solchen Sitzungen statt an aktuellen Fällen in einer systematischen Weise die Arbeitsplätze der Mitglieder zu erkunden. Einige Anregungen für solche systematischen Erkundungen:

- *Welche potenziellen Konfliktfelder sehe ich an meiner Schule? Wo sind sie personen- und wo sind sie strukturerzeugt? Gibt es im Vorfeld sinnvolle Maßnahmen für mich? Wenn ja: Welche?* Alle Mitglieder denken erst für sich nach (auf Wunsch mit Notizen), ein Mitglied stellt seine Überlegungen dann vor und die Gruppe arbeitet damit wie mit einem eingebrachten Fall.
- *Wie trenne ich Privat- und Berufsleben? Worüber rede ich beim Abendessen zu Hause? Was erzähle ich wem in der Schule und was sicher nicht?* Fünf Minuten still darüber nachdenken (auf Wunsch mit Notizen), anschließend reihum erzählen. Dabei erzählt jedes Mitglied nur über die eigene Praxis und lässt die Erzählungen der Vorgänger/innen unkommentiert. Die Berichte werden auch abschließend nicht diskutiert. So haben alle die Freiheit, für sich über die Modelle der anderen Mitglieder nachzudenken.
- *Was von meinen Vorstellungen als »Leitungsfrau« bzw. »Leitungsmann« habe ich bis jetzt verwirklichen können? Was möchte ich noch erreichen? Wie müsste ich handeln, um dieses Ziel sicher nicht zu erreichen? Wie müsste ich handeln, um es sicher zu erreichen, und welche Unterstützung von mir und anderen wäre dabei hilfreich?* Die Mitglieder denken für sich nach (mit Notizen), anschließend wird reihum berichtet, einzelne Berichte können dann Ausgangspunkt für Fallbearbeitung werden.
- *Welche Normen (vor allem für das Zusammenleben unter den Lehrenden) gibt es an meiner Schule? Welche sind den Mitgliedern der Schule bzw. des Seminars bewusst, welche nicht? Was davon würde eine neue Lehrperson an meiner Schule bzw. meinem Seminar erfahren, was müsste sie selber erst merken?* Berichte reihum.
- *Mein morgendlicher Schul- bzw. Seminaranfang: Welche Gefühle (welches Gefühls-Nacheinander) habe ich auf dem Weg zur Schule bzw. zum Seminar? Wo gehe ich nach der Ankunft zuerst hin, wohin dann? Was tue ich in den ersten fünf Minuten?* Berichte reihum. Einzelne Berichte können dann Ausgangspunkt für Fallbearbeitung werden.
- *Welche Themen wiederholen sich in unserer Runde hartnäckig und lösen bei allen ähnliche Schwierigkeiten aus? Was ließe sich daraus ableiten bzw. lernen?*

Wenn sich aus einem der ausgewählten Themen ein Fall ergibt – was leicht vorkommen kann –, muss die Leitung dafür sorgen, dass erst zu dem alten Setting zurückgekehrt wird, bevor dieser Fall und die erzählende Person plötzlich »wild« beraten werden!

Literaturverzeichnis

Antons, K./Amann, A./Clausen, G. (^{2}2001): Gruppenprozesse verstehen. Wiesbaden.
Boettcher, W. (2004): Beraten lernen. Bönen/Westf.
Brocher, T. (^{16}1982): Gruppendynamik und Erwachsenenbildung. Braunschweig.
Luft, J. (^{3}1993): Einführung in die Gruppendynamik. Frankfurt a.M.
Mosing, G. (2004): Die Fallberatung in der Schulleitungsfortbildung. In: Bartz, A./Mosing, G./Herrmann, D./Landesinstitut für Schule (Hrsg.): Fortbildungsdidaktik und Fortbildungsmethodik, Schulleitungsfortbildung NRW Band 1. Bönen/Westf., Kapitel 4.
Mosing-Boettcher, G. (2000): Kollegiale Fallberatung in Schulen. Reflexion und Erweiterung der eigenen Beratungskompetenz. In: Buchen, H./Horster, L./Rolff, H.G. (Hrsg.): Schulleitung und Schulentwicklung. Berlin u.a., Beitrag D 3.5.
Sachverständigenkommission »Lehrerausbildung« der gemeinsamen Kommission für die Studienreform im Land Nordrhein-Westfalen (1996): Abschlussbericht vom 17.1.1996, S. 11ff. (Kapitel »Eine professionelle Perspektive auf die Berufstätigkeit«).
Wimmer, R. (1988): Das Herstellen einer tragfähigen Arbeitsbeziehung zwischen Berater- und Klientensystem. Ein Grundproblem systemischer Organisationsberatung. In: Zeitschrift für systemische Therapie 6, H. 4, S. 267–278.

Eckard König / Florian Söll

Coaching

1. Was ist Coaching? 1030
2. Phasen des Coachingprozesses 1033
2.1 Orientierungsphase 1034
2.2 Klärungsphase 1037
2.3 Veränderungsphase 1039
2.4 Abschlussphase 1042
3. Coaching durch die Schulleitung 1043
4. Implementierung von Coaching in der Schule 1045
Literaturverzeichnis 1047

1. Was ist Coaching?

Coaching hat seit Anfang der 1990er-Jahre immer mehr an Bedeutung gewonnen. Es ist in zahlreichen Unternehmen als Coaching von Führungskräften, Projektleitern und Fachexperten inzwischen selbstverständliche Ergänzung beruflichen Handelns. Es gibt mittlerweile zahllose Coaching-Qualifizierungen, Coaching wird in zahlreichen Unternehmen oder Unternehmensbereichen ausdrücklich »implementiert« und die in den letzten Jahren zum Thema Coaching erschienene Literatur ist nicht mehr überschaubar.

Hintergrund für diese gestiegene Bedeutung von Coaching ist die Erfahrung, dass Führungskräfte, aber auch Projektleiter/innen oder Fachexperten in zunehmend komplexeren Situationen individuelle Unterstützung benötigen. Damit hat Coaching teilweise klassische Trainingsmaßnahmen abgelöst: Während es in einem Training darum geht, den Teilnehmerinnen und Teilnehmern Kompetenzen zu vermitteln, wobei die besonderen Probleme einzelner Teilnehmer/innen grundsätzlich eher am Rande stehen, ist Coaching unmittelbar auf die Fragen und Probleme des Einzelnen bezogen. Coaching dient dazu, einen »Coachee« oder Klienten bei der Bewältigung beruflicher Aufgaben zu unterstützen.

Ganz allgemein lässt sich Coaching definieren als *professionelle berufsbezogene Beratung*: Coaching ist »eine professionelle Form der Managementberatung« (Schreyögg 2003, S. 7), ist »Beratung von Führungskräften, Experten, Mitarbeitern bei der Erreichung von Zielen im beruflichen Bereich« (König/Volmer 2003, S. 11). Im Einzelnen ist Coaching dabei durch folgende Merkmale gekennzeichnet:

1. **Gegenstand des Coaching sind berufliche Themen.** Bezogen auf Schule zählen dazu:
   – Fachliche Themen wie z.B. die Planung eines Unterrichtsprojektes, die Unterstützung bei der Erarbeitung von Unterrichtseinheiten, die Entwicklung und Umsetzung des Schulprogramms, Probleme im Umgang mit einer schwierigen Schülerin oder einem schwierigen Schüler usw.
   – Themen, die die Positionierung im sozialen Umfeld, im Kollegium, gegenüber der Schulleitung, der Schulaufsicht, möglicherweise auch in Bezug auf Eltern betreffen. Stets geht es darum, sich in dem jeweiligen sozialen System zu »positionieren«: sei es im Kollegium, sei es als Schulleiter/in bei Konflikten mit einer Lehrerin oder einem Lehrer usw.
   – Schließlich können Themen des Coaching auch die Person des Coachee betreffen: Eine Kollegin fühlt sich durch den Alltagsstress überlastet, einem anderen Kollegen fehlt Selbstvertrauen usw.

   Damit ist der Bezug auf berufliche Themen die Abgrenzung gegenüber anderen Formen der Beratung wie persönliche Beratung, Paarberatung, Erziehungsberatung usw. Sicher ist die Grenze nicht scharf zu ziehen: Im Coaching können auch private Probleme thematisiert werden – z.B. Familienprobleme, die Einfluss auf die Arbeitssituation haben. Aber das Kriterium ist der Bezug auf berufliche Fragestellungen.

2. **Coaching ist Beratung in dem Sinne, dass ein Coach einen Coachee bei der Lösung von Problemen unterstützt, ohne ihm die Entscheidung abzunehmen.** Ein Coach nimmt einem Klienten die Entscheidung nicht ab, sondern unterstützt ihn, selbst sein Problem zu lösen: »Beratung ist Unterstützung des Ratsuchenden bei Entscheidungen, ohne die Entscheidung für ihn zu treffen« (König/Volmer 2005, S. 158). Das bedeutet im Einzelnen:
   – Coaching bzw. allgemeine Beratung ist durch die *Unterscheidung zwischen Berater/in (Coach) und Klient/in (Coachee)* gekennzeichnet: Der Coachee hat ein Problem. Dabei ist »Problem« hier nicht im alltäglich negativen Sinn zu verstehen, sondern wie es die Problemlösungspsychologie formuliert: Ein Problem liegt immer dann vor, wenn jemand einen bestimmten Zustand herbeiführen möchte, aber Unklarheit bezüglich der Wege besteht. Ein Problem in diesem Sinne kann ebenso sein, dass eine gute Lehrerin oder ein guter Lehrer sein Projekt noch besser durchführen möchte.
   – Beratung setzt die *Autonomie* des Ratsuchenden voraus: Wenn ich jemanden dabei unterstütze, ein Problem zu lösen, ohne ihm die Entscheidung abzunehmen, so setzt das voraus, dass ich den Ratsuchenden grundsätzlich für kompetent und fähig halte, die Entscheidung selbst zu treffen. Coaching setzt somit Autonomie des Klienten voraus. Übrigens ist das ein Punkt, der in der Praxis nicht unbedingt leicht fällt.

3. **Coaching kann in Form von Prozess- und Expertenberatung geschehen.**
   - *Prozessberatung* bedeutet, dass der Coach den Verlauf des Problemlösungsprozesses des Coachees unterstützt, ohne inhaltliche Hinweise zu geben: Der Coach kann z.B. geeignete Fragen stellen, die den Coachee anregen, seine Situation klarer zu sehen und selbst neue Lösungen zu finden.
   - *Expertenberatung* bedeutet, dass der Coach auf der Basis seiner Fachkompetenz und seiner Erfahrung Anregungen gibt.

   In der Tradition von Betriebswirtschaftslehre war Beratung in der Regel ausschließliche Expertenberatung. Beratung in der Tradition von Psychologie war (und ist häufig noch heute) ausschließlich Prozessberatung. Beide Positionen sind jedoch einseitig: In der Regel will ein Coachee auch Anregungen – aber zugleich dürfen diese Anregungen nicht Anweisungen werden. Auf Schule bezogen: Coaching im Sinne von Expertenberatung bietet z.B. für eine erfahrene Schulleiterin oder einen erfahrenen Schulleiter die Möglichkeit, sein Wissen und seine Erfahrung weiterzugeben: »Ich habe z.B. gute Erfahrungen mit folgendem Vorgehen gemacht ...«. Aber die Entscheidung bleibt bei der Lehrerin oder dem Lehrer: Nur er kennt die Situation, er kennt seine Klasse, er kennt sich, und damit kann nur er abschätzen, was von den Anregungen passt oder nicht. Coaching ist grundsätzlich Prozess- *und* Expertenberatung – aber als Beratung grundsätzlich so, dass die Autonomie des Coachee gewahrt bleibt: Er entscheidet, wie weit er die Anregungen aufgreift, wo er sie abwandelt oder möglicherweise verwirft.

   Dabei können je nach der Situation die Anteile von Prozess- und Expertenberatung unterschiedlich verteilt sein: Wenn es z.B. um Fragen der Karriere und damit der persönlichen Lebensplanung geht, wird Prozessberatung im Mittelpunkt stehen: den Coachee zu unterstützen, sich selbst über seine Situation, seine Ziele klarer zu werden. Wenn es andererseits darum geht, den Projektauftrag für ein Projekt zu formulieren, wird Expertenberatung größeres Gewicht bekommen: Eine Schulleiterin oder ein Schulleiter kann als Experte sein Wissen und seine Anregungen einbringen und Hinweise geben, was in einem Projektauftrag enthalten sein muss.

4. **Coaching ist professionelles Handeln.** Professionalität ist dabei gekennzeichnet durch:
   - ein bestimmtes Wissen (z.B. Fachwissen einer erfahrenen Schulleiterin oder eines erfahrenen Schulleiters, auch Fachwissen über Projektmanagement usw.);
   - Methodenkompetenz;
   - schließlich auch eine bestimmte »Professionsethik«, d.h. bestimmte Grundeinstellungen.

   Das heißt im Einzelnen:
   - Coaching im Sinne von Expertenberatung erfordert *Fachwissen*: Wie man ein bestimmtes Unterrichtsthema bearbeiten kann, wie ein Projektauftrag zu formulieren ist, wie man mit schwierigen Schülerinnen und Schülern umgeht.
   - Coaching erfordert aber auch *methodische Kompetenz*: die Fähigkeit, ein Ziel genau zu definieren, genau zuzuhören, die »richtigen« Fragen zu stellen, Anregun-

gen zu geben, ohne sie überzustülpen, die Fähigkeit, das, was der Coachee andeutet, auf den Punkt zu bringen. Um solche professionelle Kompetenz zu erwerben, bedarf es des Trainings (etwa im Rahmen einer Ausbildung) und des ständigen Übens.
– Schließlich ist Coaching Sache der *Einstellung* und damit an *Werte* gebunden: den anderen als autonome und kompetente Person zu akzeptieren, dem ich keine Anweisungen zu geben brauche, den ich aber sehr wohl unterstützen kann.

Coaching ist eine Möglichkeit, die Arbeit einer Schule produktiv auszugestalten und neue Entwicklungen in Gang zu setzen, die in einer Schule vorhandenen Kompetenzen zu nutzen und zugleich die Entwicklung des Einzelnen und des Kollegiums zu fördern (vgl. König/Söll 2005). Coaching ist schließlich Bestandteil einer Coachingkultur, die weniger auf Defizite und Anweisungen setzt, sondern auf Verantwortlichkeit eines jeden.

2. Phasen des Coachingprozesses

Wenn Beratung Unterstützung des oder der Klienten bei der Lösung von Problemen ist, dann liegt es nahe, das Vorgehen im Problemlösungsprozess als Grundlage für die Strukturierung des Beratungsprozesses zu übernehmen. Im Sinne der Problemlösungspsychologie ist ein Problem grundsätzlich durch drei Faktoren gekennzeichnet (vgl. z.B. Hussy 1998):

1. ein *Ziel*, das erreicht werden soll;
2. eine *Ausgangssituation*;
3. eine Menge von *Operationen*, d.h. die Schritte, die von der Ist-Situation zum Ziel führen.

Schwierigkeiten bei der Problemlösung können dabei auf unterschiedlichen Ebenen liegen:

- Das Ziel ist unklar. Damit hat man letztlich keine Orientierung, in welche Richtung man gehen soll. Häufig landet man da, wo man auf keinen Fall hinwollte.
- Die Ist-Situation ist unklar, d.h. man weiß nicht, wo genau die Probleme liegen bzw. was möglicherweise schon erreicht ist.
- Die Wege zur Erreichung des Ziels sind unklar.
- Es fehlt ein Handlungsplan, der die einzelnen Schritte zur Zielerreichung festlegt.

Daraus ergibt sich eine Gliederung des Problemlösungsprozesses in vier Schritte:

1. Festlegung des Ziels;
2. Klärung der Ist-Situation;
3. Sammlung von Lösungen zur Erreichung des Ziels;
4. Festlegung des Handlungsplans, der konkreten Schritte zur Erreichung des Ziels.

Eben diese Gliederung des Problemlösungsprozesses wird auch der Strukturierung des Beratungsprozesses zugrunde gelegt (ausführlicher vgl. König/Volmer 2003, S. 26ff.; dies. 2000, S. 56ff.). Daraus ergeben sich folgende Phasen des Beratungsprozesses:

1. Orientierungsphase;
2. Klärungs- oder Diagnosephase;
3. Lösungs- oder Veränderungsphase;
4. Abschlussphase.

Diese Phasen sind im Folgenden dargestellt.

2.1 Orientierungsphase

Die Orientierungsphase hat zwei Aufgaben:

1. die Definition der Situation als Coaching;
2. Festlegung von Thema, Ziel und Vorgehen im Beratungsprozess.

2.1.1 Definition der Situation

Der Soziologe Erving Goffman (1977, S. 18ff.) geht von der These aus, dass wir im Alltag Situationen mithilfe bestimmter sozialer Regeln »als etwas« definieren, um in diesen Situationen erfolgreich handeln zu können. So ist eine Fortbildung durch bestimmte Regeln »als Fortbildung definiert«: Es gibt eine Leiterin oder einen Leiter, der bestimmte Inhalte vermittelt, Teilnehmer/innen, die in der Fortbildung etwas lernen usw. Entsprechend ist ein Kritikgespräch, ein Beurteilungsgespräch, ein Verkaufsgespräch usw. durch bestimmte Regeln definiert. Entsprechendes gilt für Coaching: Eine Situation als Coaching definieren bedeutet, dass allen Beteiligten klar sein muss,

- dass ein Coachee bei der Lösung eines Problems unterstützt wird;
- dass der Coach den Coachee unterstützt, aber keine Anweisungen oder Kritik gibt.

Insbesondere dann, wenn ein Vorgesetzter die Rolle des Coachs übernimmt, ist eine solche Definition der Situation nicht selbstverständlich. Eine Kollegin oder ein Kollege, der erfährt, dass sein Schulleiter ihn coachen möchte, wird zunächst möglicherweise befürchten, dass er unter der Hand kritisiert wird, dass ihm neue Arbeit zugeschoben wird usw. Hier ist eine klare Definition der Situation erforderlich, was Coaching eigentlich bedeutet. Im Einzelnen heißt das:

1. **Sich als Coach auf Coaching einstellen.** Orientierung beginnt beim Coach selbst: Er oder sie muss sich aus dem Tagesgeschäft lösen, sich auf den Gesprächspartner einstellen, sich darüber klar werden, dass es im Coaching nicht darum geht, eigene Ideen zu verkaufen, sondern dass Coaching Unterstützung bedeutet: Der Coachee muss seine eigene Lösung finden und selbst entscheiden.

2. **Die räumliche Umgebung vorbereiten.** Ein Coach, der hinter seinem Schreibtisch sitzt, vom Telefon unterbrochen wird, sendet negative Beziehungsbotschaften, die das Coaching belasten. Es gilt:
   - einen ungestörten Raum wählen;
   - Störungen vermeiden;
   - Coach und Coachee sollten sich nicht direkt gegenüber, sondern ungefähr in einem Winkel von 90° zueinander sitzen. Dies ist die klassische Position für Beratungsgespräche: Sie ermöglicht Coach und Coachee, jederzeit Blickkontakt aufzunehmen, ohne dass sich beide konfrontieren.

3. **Den Kontakt zum Coachee aufbauen.** Jeder weiß aus Alltagserfahrung, wie entscheidend der Kontakt zum Gesprächspartner ist: Wenn es gelingt, einen »Draht« zum anderen zu finden, ist damit ein entscheidender Schritt für das Gespräch getan. Es macht Sinn, sich für den Aufbau des Kontaktes bewusst Zeit zu nehmen: Wo wählen Sie als Coach Ihren Platz? Wo kann sich der Coachee hinsetzen? Sind Nähe, Distanz und Körperrichtung passend oder sollte hier noch etwas verändert werden? Manchmal kann es hilfreich sein, mit etwas Smalltalk zu beginnen: Wie waren die letzten Tage für den Coachee, wie geht es der Familie? ... Wichtig ist, diese Phase des Kontaktaufbaus nicht als »Technik« zu verstehen. Entscheidend ist die dahinter stehende Einstellung. Von daher bedeutet »Kontakt aufbauen« eher, sich seiner eigenen Einstellung als Coach bewusst und zugleich für die Situation sensibel werden: Ist der Kontakt da? Bin ich mir als Coach meiner Rolle bewusst?

2.1.2 Festlegung von Thema, Ziel und Vorgehen

Auf der *Inhaltsebene* geht es in der Orientierungsphase darum, Thema, Ziel und Vorgehen des Beratungsgesprächs festzulegen:

1. **Festlegung der Themen für das Coachinggespräch.** Themen können sich aus Vereinbarungen früherer Gespräche ergeben. So kann sich z.B. an eine Zielvereinbarung über ein Projekt ein Coachinggespräch anschließen: Was kann die betreffende Kollegin bzw. der betreffende Kollege tun, um das Projekt erfolgreich durchzuführen? Oder es können Themen aufgetreten sein, die der Coachee von sich aus einbringt. Zur Hinführung können folgende Fragen dienen:
   - Welches Thema steht an?
   - Was möchten Sie bearbeiten?

2. **Festlegung des Ziels für das Coachinggespräch.** In vielen Fällen wird sich nach der Festlegung des Themas eine erste Phase anschließen, in der der Coachee seine Situation schildert. Dann macht es Sinn, zunächst etwas Zeit zu lassen. Aber in dieser ersten Schilderung bleibt noch offen, wofür genau der Coachee Unterstützung benötigt. D.h. es muss das Ziel geklärt werden:

- Was soll Ziel des heutigen Coachings sein?
- Was möchten Sie als Ergebnis nach Abschluss dieses Gesprächs mitnehmen?

Gerade die letzte Frage ist hilfreich: Sie bewegt den Gesprächspartner, sich über das Ziel klar zu werden: Will er Anregungen für das weitere Vorgehen oder hat er bereits einen Plan, den er mit jemand anderem nochmals durchsprechen möchte?

3. **Orientierung über die zeitlichen Rahmenbedingungen.** Für die Gespräche ist der zur Verfügung stehende Zeitrahmen transparent zu machen: Die Information, dass eine Stunde zur Verfügung steht, wird unbewusst gespeichert und führt in der Regel dazu, dass der Coachee von sich aus überlegt, was er in dieser Stunde bearbeiten möchte, und sich dann eher auf das Wesentliche beschränkt.

4. **Orientierung über das Vorgehen.** Hierbei geht es darum, sich die Struktur des Coachinggesprächs zu überlegen:
   - Liegt das Schwergewicht auf Prozess- oder Expertenberatung?
   - In welchen Schritten oder mit welchen Methoden soll das Thema bearbeitet werden?

   Man kann den Coachee fragen, ob er dazu bestimmte Vorstellungen hat: »Möchten Sie dafür Anregungen von mir?« Oder der Coach kann ein bestimmtes Vorgehen vorschlagen: »Ich schlage Ihnen vor, dass Sie zunächst die Situation schildern, dass wir dann Möglichkeiten sammeln und Sie abschließend entscheiden, was davon brauchbar ist.«

5. **Orientierung über die Rolle anderer Beteiligter.** In einer Reihe von Situationen können mehrere Personen beim Coachingprozess beteiligt sein. Die Rolle dieser Personen muss zu Beginn geklärt werden: Ist z.B. der stellvertretende Schulleiter beteiligt oder ist er im Wesentlichen Zuhörer? Wann sollte eine Expertin oder ein Experte gefragt werden?

6. **Kontrakte als Abschluss der Orientierungsphase.** Ergebnis der Orientierungsphase müssen explizite Kontrakte sein:
   - Einvernehmen über die Definition der Situation als Coaching – Coach und Coachee lassen sich auf den Coachingprozess ein;
   - Kontrakt über das Thema;
   - Kontrakt über Rahmenbedingungen;
   - Kontrakt über die Rolle von Experten und anderer Beteiligter.

   Entscheidend ist, dass diese Kontrakte eindeutig sind und alle Beteiligten sich tatsächlich darauf einlassen. D.h. der Coachee muss eindeutig zustimmen: Kann er sich darauf einlassen, von der Schulleiterin oder dem Schulleiter zu diesem Thema gecoacht zu werden? Schließlich muss das Vorgehen auch für den Coach stimmig sein. Kann er in Bezug auf diese Kollegin/diesen Kollegen und dieses Thema die Rolle des Coaches übernehmen? Ist er wirklich »neutral« in dem Sinne, dass er dem Coachee die Entscheidung überlassen kann? Oder ist es doch so, dass er im Grunde seine Idee durchsetzen und die Kollegin oder den Kollegen überzeugen möchte? Wohlgemerkt: Selbstverständlich ist es auch Aufgabe einer Schulleiterin oder eines Schulleiters, Kolleginnen und Kollegen zu überzeugen, aber das ist nicht die Rolle des Coachs.

2.2 Klärungsphase

Ziel der Klärungsphase ist es, eine gegebene Situation oder ein Problem genauer darzustellen. Die Klärungsphase ist Grundlage für jede Problemlösung: Erst wenn der Coachee sich über die gegenwärtige Situation im Klaren ist, wenn er weiß, was erreicht ist und was nicht, welche Faktoren zur Situation geführt haben und was zu erwartende Konsequenzen sind, hat er eine hinreichende Chance, neue Lösungsmöglichkeiten zu finden. Die Klärungsphase kann in drei unterschiedliche Richtungen zielen:

- *Klärung der gegenwärtigen Situation:* Was ist der gegenwärtige Zustand, was ist erreicht, wo liegen Probleme?
- *Klärung der Vergangenheit:* Was hat zu der gegenwärtigen Situation geführt?
- *Klärung wahrscheinlicher oder möglicher Konsequenzen*, die sich aus dieser Situation ergeben werden.

In den meisten Fällen liegt das Schwergewicht der Klärungsphase auf Prozessberatung: Der Coachee wird dabei unterstützt, sich selbst über seine Situation klar zu werden. Das bedeutet zugleich, dass es nicht Aufgabe der Klärungsphase ist, den Coach möglichst genau über die Situation zu informieren. Insbesondere für unerfahrene Coachs liegt hier eine Schwierigkeit: Man versucht als Coach, das Problem zu verstehen, fragt nach, möchte Informationen. Doch damit verändert sich unter der Hand die Definition der Situation: Der Coachee bemüht sich, dem Coach die Situation zu erklären und wird häufig gerade dadurch daran gehindert, sich selbst gedanklich auf die Situation zu konzentrieren. Erklärung der Situation für den Coach und Klärung der Situation durch den Coachee für sich selbst sind zwei deutlich unterschiedliche Vorgehensweisen. Aufgabe des Coachs ist es nicht, die Situation zu verstehen, sondern den Coachee bei der Auseinandersetzung mit dem Problem zu unterstützen. Insbesondere am Anfang der Klärungsphase ist es sinnvoll, dem Coachee Zeit zu geben: Er muss sich gedanklich in die Situation hineinversetzen. In späteren Phasen ist es sinnvoll, genauer nachzufragen. Daraus ergeben sich folgende Vorgehensweisen:

1. **Freie Erzählphase.** In dieser Phase aktualisiert der Coachee durch die Darstellung sein verfügbares Wissen. Aufgabe des Coachs ist es dabei, dem Coachee Zeit zu geben und zuzuhören. Hilfreich sind Aufmerksamkeitsreaktionen wie nicken, »hm« usw. – aber nur dann, wenn sie die tatsächliche Einstellung des Coachs widerspiegeln. Daneben gilt, sorgfältig zuzuhören, denn in dieser Phase gibt der Coachee häufig wichtige Hinweise, die später bearbeitet werden können:

- Welche Themen werden angesprochen, welche nicht?
- Gibt es Themen, die im Hintergrund anklingen und möglicherweise für den Problemlösungsprozess von Belang sind? So wäre es z.B. denkbar, dass im Hintergrund des offiziellen Themas »Zusammenarbeit« das Thema »Selbstvertrauen« anklingt, bei dem möglicherweise die Problemursache liegt.
- Was sagt die Körpersprache des Klienten? Zeigt er Betroffenheit? Ist er entspannt? Gibt es Widersprüche zwischen dem Inhalt und seiner Körpersprache? Erzählt er von einer Situation als einer bewältigten? Bleibt er dabei verkrampft?

Diese freie Erzählphase ruft das Wissen über die Situation ab, das für den Coachee selbst verfügbar ist. Aber Ziel ist es, den Coachee zu unterstützen, sich selbst über die Situation klar zu werden. Dafür bieten sich unterschiedliche Möglichkeiten: fokussieren, »getilgte« Erfahrungen klären, paraphrasieren und aktives Zuhören.

2. **Fokussieren.** Eine erste Möglichkeit besteht darin, den Coachee eine ganz konkrete Situation schildern zu lassen: »Vielleicht können Sie ein Beispiel dafür geben, wo die Zusammenarbeit nicht geklappt hat.« Eine konkrete Schilderung trägt dazu bei, sich die Situation genauer zu vergegenwärtigen, und stellt damit bestimmte Merkmale deutlich heraus. Für den Coach gilt dabei, darauf zu achten, dass die Situation tatsächlich konkret dargestellt wird und der Coachee nicht im Allgemeinen bleibt. Manchmal benötigt der Coachee Zeit, sich an eine konkrete Situation zu erinnern, manchmal ist es hilfreich, die Vergegenwärtigung der Situation durch konkrete Fragen zu unterstützen:
   - Wer war an dieser Situation beteiligt?
   - Wie war das Umfeld?
   - Was taten die beteiligten Personen?
   - Was ging dem Gesprächspartner dabei durch den Kopf?
   - Wie haben Sie die Situation empfunden?

3. **Klärung »getilgter« Erfahrungen.** Hierbei handelt es sich um ein Verfahren, das ursprünglich aus der Tradition des Neurolinguistischen Programmierens stammt (z.B. Mohl 2000, S. 81ff.). Dahinter steht die Erfahrung, dass Personen in ihren Äußerungen immer nur einen Teil ihrer konkreten Erfahrungen explizieren, andere Erfahrungen aber weglassen, oder, wie man hier formuliert, »tilgen«. Zur Verdeutlichung ein Beispiel: Ein Lehrer beklagt sich »Die Kollegen ziehen nicht richtig mit«. Dahinter stehen konkrete Erfahrungen, die er gemacht hat. Sie sind aber in dieser Äußerung »getilgt«, d.h. nur angedeutet, aber nicht expliziert. Für eine Lösung ist es jedoch wichtig, dass die dahinter stehenden Probleme genauer beschrieben sind:
   - Welche Kolleginnen oder Kollegen ziehen nicht richtig mit?
   - Was tun die Kolleginnen und Kollegen, wenn sie nicht richtig mitziehen?
   - Was bedeutet »mitziehen«?
   - Wie gehen Sie damit um?

Selbstverständlich wird man nicht alle Fragen hintereinander stellen. Und selbstverständlich wird man auch nicht jede getilgte Information nachfragen – dann würde im Endeffekt jedes Gespräch unmöglich. In der Regel ist es stattdessen zweckmäßig, sich einen (wichtigen) Themenbereich genauer herauszugreifen.

4. **Paraphrasieren und Strukturieren.** Während der Coach bei den zuvor genannten Möglichkeiten nachfragt, versucht er hier, die Inhalte zusammenzufassen, zu präzisieren oder zu strukturieren: »Ich höre heraus, dass es Ihnen vor allem darum geht, Ihre Kolleginnen und Kollegen mehr in die Verantwortung zu nehmen.« Die Gefahr bei diesem Vorgehen besteht darin, dass damit eine Interpretation von außen aufgesetzt wird, die möglicherweise nicht für den Coachee passt. Paraphrasieren und Strukturieren sollten immer als Fragen formuliert werden, sodass der Coachee die Möglichkeit erhält, seine eigene Sichtweise zu überdenken und zu präzisieren.

5. **Widerspiegeln von Gefühlen.** Eine ähnliche Form ist das in der Tradition der so genannten Klientenzentrierten Gesprächsführung entwickelte Widerspiegeln von Empfindungen, das »aktive Zuhören« (z.B. Gordon 1989, S. 63ff.). Grundgedanke ist, dass hinter einzelnen Äußerungen stets Empfindungen stehen, die in vielen Fällen nicht explizit sind. Klärung der Situation kann dann heißen, sich über diese Empfindungen klar zu werden. Für den Coach ergeben sich dabei zwei Schritte:
   – Genau zuhören: Welches Gefühl steht hinter dieser Äußerung?
   – Dieses Gefühl verbalisieren.
   Wenn eine Lehrerin zum Beispiel sagt, manche Kollegen sollten sich mehr engagieren, dann kann hinter dieser Äußerung Ärger über die eigenen Kolleginnen und Kollegen stehen. Dieses Gefühl kann dann durch den Coach verbalisiert werden: »Sie ärgern sich, dass Sie keine Unterstützung von Ihren Kolleginnen und Kollegen kriegen.«

Das Schwergewicht der Klärungsphase, das wurde schon gesagt, liegt in der Prozessberatung: Der Gesprächspartner wird durch Aufmerksamkeitsreaktionen, fokussieren, erfragen getilgter Informationen, paraphrasieren und aktives Zuhören darin unterstützt, sich selbst über die Situation klar zu werden. Trotzdem kann auch hier Expertenberatung sinnvoll sein, z.B. kommentiert der Coach die Situation aus seiner Sicht: »Meines Erachtens liegt das Problem weniger in der Zusammenarbeit, sondern darin, dass jeder von Ihnen nur noch das Negative in dieser Situation sieht«. Eine solche Kommentierung von außen kann hilfreich sein – aber sie darf nicht zum Überstülpen werden: Es ist eine mögliche andere Sichtweise, die den Coachee anstößt, weiter über die Situation nachzudenken.

2.3 Veränderungsphase

Zielsetzung der Veränderungsphase ist es, neue Lösungsmöglichkeiten zu finden. Dabei bieten sich Prozess- und Expertenberatung gleichermaßen als unterschiedliche Lösungen an.

1. **Sammlung von Lösungsmöglichkeiten im Rahmen von Expertenberatung.** Es gibt zahlreiche Situationen, in denen Expertenberatung ein hilfreiches Verfahren darstellt: Eine erfahrene Schulleiterin oder ein erfahrener Schulleiter nennt aus seiner Sicht verschiedene Möglichkeiten oder er erzählt, wie er in dieser Situation vorgehen würde. Der Vorteil solcher Expertenberatung in der Veränderungsphase liegt zum einen darin, dass der Coachee unmittelbar Anregungen erhält, zum anderen darin, dass eine Schulleiterin oder ein Schulleiter sein Wissen weitergeben kann. Expertenberatung wird auch in vielen Situationen erwartet: Eine jüngere Kollegin möchte wissen, wie die Schulleiterin in einer Konfliktsituation mit Eltern vorgehen würde – es wäre misslich, würde die Schulleiterin hier keine Anregungen geben. Wichtig ist jedoch, dass diese Anregungen keine Anweisungen werden, sondern nur Lösungsmöglichkeiten aufzeigen – letztlich kann nur die Kollegin oder der Kollege entscheiden, was zu dieser Situation und auch zu seiner Persönlichkeit passt. Aufgabe des Coach ist es, dem Coachee diese Freiheit zu garantieren. Das fällt nicht ganz leicht, wenn Expertinnen oder Experten mit ihren Ideen gleichsam verheiratet sind und den Coachee davon zu überzeugen suchen.

2. **Sammlung von Lösungsmöglichkeiten auf der Basis von Prozessberatung.** Die zweite Möglichkeit besteht darin, dass der Coachee unterstützt wird, selbst neue Lösungen zu finden. Dahinter steht die Erfahrung, dass jede Person über eine Fülle impliziten Wissens verfügt: Sie hat ähnliche Situationen möglicherweise schon bewältigt, sie besitzt die Kreativität, neue Ideen zu entwickeln. Prozessberatung unterstützt diesen Prozess. Dabei kann die Entwicklung neuer Ideen wieder durch offene Fragen, wie sie insbesondere in der Tradition der so genannten Kurzzeittherapie formuliert wurden (vgl. z.B. Walter/Peller 1994) unterstützt werden:

Fragen in Richtung Vergangenheit
Fragen in Richtung Vergangenheit zielen auf die Nutzung des Wissens, das für den Coachee bei der Bewältigung ähnlicher vergangener Situationen erfolgreich war oder nicht. Dafür lassen sich unterschiedliche Fragen formulieren:
– Was haben Sie bislang versucht, um das Problem zu lösen?
– Erinnern Sie sich an eine ähnliche Situation, die Sie erfolgreich bewältigt haben? Wie sind Sie dabei vorgegangen?
– Was hat Ihnen in der Vergangenheit in ähnlichen Situationen geholfen?
– Gab es Situationen, in denen das Problem nicht auftrat? Was war da anders?

Die erste Frage (»Was haben Sie bislang versucht, um das Problem zu lösen?«) zielt darauf, ungeeignete Lösungen auszuscheiden: Wenn der Gesprächspartner Probleme anspricht, dann haben diese Probleme in der Regel schon eine Geschichte vergeblicher Lösungsversuche – er hat verschiedene Versuche gemacht, aber keinen Erfolg gehabt. Die Identifizierung bisheriger Lösungsversuche hat damit die Funktion, den Rahmen möglicher Lösungen einzuschränken: Um eine bessere Lösung zu finden, muss man in eine andere Richtung denken. Die übrigen Fragen zielen auf die erfolgreiche Bewältigung ähnlicher Situationen in der Vergangenheit: Wenn sich der Coachee darüber klar wird, dass er eine ähnliche Situation schon einmal bewältigt hat, kann er daraus Anregungen für die gegenwärtige Situation finden.

Fragen in Richtung Gegenwart
Diese Fragen zielen direkt auf Lösungsmöglichkeiten für die gegenwärtige Situation:
– Was haben Sie jetzt für Möglichkeiten?
– Was können Sie jetzt tun?
– Was wäre in dieser Situation ein erster Schritt?
– Was können Sie tun, um das Problem zu vergrößern?

Die so genannte *Verschlimmerungsfrage* (»Was können Sie tun, um das Problem zu vergrößern?«) eröffnet manchmal Lösungsmöglichkeiten aus einer völlig neuen Perspektive: Wenn deutlich wird, was man tun kann, um das Problem zu vergrößern, lassen sich durch Umkehrung sofort Möglichkeiten finden, das Problem zu verringern.

Fragen in Richtung Zukunft
Die klassische Frage hierzu ist die ebenfalls aus der Kurzzeittherapie stammende *Wunderfrage*: »Stellen Sie sich vor, es ist ein Wunder geschehen und über Nacht hat sich Ihr Problem gelöst: Was ist dann anders? Was machen Sie anders?« Der Vorteil dieser Wunderfrage liegt darin, dass hier die Aufmerksamkeit von dem Problem weg in Richtung möglicher Lösungen gelenkt wird.

3. **Brainstorming als Kombination von Prozess- und Expertenberatung.** Entsprechend dem klassischen Vorgehen des Brainstormings geht es hier darum, unterschiedliche Ideen zu sammeln, ohne sie zu bewerten. Die Sammlung von Lösungsmöglichkeiten ist im Rahmen von Experten- und Prozessberatung möglich: Der Coach oder andere Expertinnen und Experten können Möglichkeiten nennen (Expertenberatung) oder der Coachee wird im Rahmen von Prozessberatung dabei unterstützt, selbst neue Möglichkeiten zu entwickeln. Die Gefahr beim Brainstorming besteht darin, dass verschiedene Lösungsmöglichkeiten zu schnell bewertet und kritisiert werden: »Das habe ich schon versucht«. Von daher gilt, hier die klassischen Brainstorming-Regeln zu beachten:
   – Lösungen erst sammeln, aber nicht bewerten;
   – Lösungen visualisieren (auf Flipchart, Karten usw.).

4. **Bewertung von Alternativen.** Ergebnis der Brainstormingphase ist in der Regel eine (nach Möglichkeit visualisierte) Liste von Handlungsmöglichkeiten für die betreffende Situation. Diese Möglichkeiten werden nun bewertet: Wo bieten sich Chancen, wo treten Risiken auf? Grundsätzlich ist die Bewertung der Möglichkeit nicht von außen, sondern nur aus Sicht des Systems, d.h. durch den Coachee oder durch das gecoachte Team möglich: Nur der Coachee kennt die Situation und kann die Reaktion anderer Betroffener einschätzen. Vor allem aber kennt er sich und

weiß, welches Vorgehen für ihn passt. Andererseits aber kann eine Schulleiterin oder ein Schulleiter (oder ein anderer Experte) als Coach aufgrund der eigenen Erfahrung sehr wohl Chancen und Risiken verschiedener Lösungsmöglichkeiten nennen. Es ist sinnvoll, das mit einfließen zu lassen, aber entscheidend ist, dass die Lösungsphase mit Prozessberatung abschließt: Der Coachee entscheidet, was aus seiner Sicht passend ist. Dabei kann es häufig vorkommen, dass die Liste von Möglichkeiten noch erweitert und modifiziert wird.

2.4 Abschlussphase

Coachingprozesse brauchen einen eindeutigen Abschluss: Das Ergebnis muss festgehalten werden, es sind nächste Maßnahmen zu planen und mögliche Vereinbarungen zu treffen. Das bedeutet im Einzelnen für die Abschlussphase:

1. **Festmachen des Ergebnisses.** Die Bewertung der Lösungsmöglichkeiten führt zu einem Ergebnis: Mit welchen Anregungen kann der Coachee etwas anfangen, was ist brauchbar? Dabei gibt es grundsätzlich zwei unterschiedliche Ausgänge:
   – Eine erste Möglichkeit besteht darin, dass der Coachee für sich eine Lösung findet. Es mag sein, dass ihm die Situation klarer geworden ist und sich daraus neue Handlungsmöglichkeiten ergeben; möglich ist auch, dass er sich in seinem Vorgehen bestätigt sieht. Es mag sein, dass er die Anregung der Expertin oder des Experten nutzen wird oder sich aus verschiedenen Anregungen die für ihn passende Lösung entwickelt.
   – Auch wenn keine Lösung gefunden wird, ist das als Ergebnis zu formulieren: »Und wenn Sie wissen, dass es für diese Situation keine Lösung gibt, was bedeutet das für Sie?« Auch diese Situation ist ein Ergebnis: Wenn der Coachee weiß, dass er keine Möglichkeit hat, eine Kollegin oder einen Kollegen zur Mitarbeit im Projekt zu bewegen, dann ist es hilfreich, eben das zu wissen. Zumindest braucht er nicht mehr Zeit und Energie in Appelle an die betreffende Kollegin oder den betreffenden Kollegen zu investieren. In dieser Situation wird in der Abschlussphase ein neues Thema Gegenstand der Prozessberatung: Wie geht der Coachee damit um, dass er ein bestimmtes Problem nicht lösen oder ein bestimmtes Ziel nicht erreichen kann? Wie kann er sich auf diese Situation einstellen?

2. **Entwicklung eines Handlungsplans für die nächsten Schritte.** Hier geht es um konkrete Handlungspläne für die weiteren Aktionen:
   – Wie genau werden Sie vorgehen?
   – Was ist der erste Schritt?
   – Was sind die nächsten Schritte?
   Möglicherweise ist bei einer eindeutigen, positiven Antwort dann überhaupt keine weitere Diskussion notwendig. Andererseits kann der Coach auch Vorschläge zum

konkreten Vorgehen machen: »Ich würde Ihnen vorschlagen, zunächst ein Einzelgespräch zu führen.« Oder er weist auf mögliche Schwierigkeiten und Probleme hin: »Nach meiner Erfahrung besteht die Gefahr darin, dass ...« Dabei gilt das Gleiche wie für Expertenberatung in anderen Phasen: Der Coach kann als Expertin oder Experte nur Hinweise und Anregungen geben, d.h. Expertenberatung muss stets durch Prozessberatung abgesichert sein: »Ist das für Sie plausibel?« Letztlich entscheidet der Coachee, wie er vorgeht.

3. **Vereinbarung von Aufgaben.** Festlegung der nächsten Schritte kann auch heißen, dass der Coach dem Coachee bestimmte Aufgaben vorschlägt, z.B. das Gespräch vorzubereiten, eine bestimmte Vorgehensweise zu üben, sich einen Plan zu machen oder über das Gesagte bis zum nächsten Gespräch nochmals nachzudenken. Den Abschluss bilden dann Kontrakte zwischen Coachee und Coach
   – über bestimmte Materialien wie z.B. Checklisten, die der Coach dem Coachee zur Verfügung stellt;
   – über Termine;
   – über mögliche weitere Unterstützung, die der Coach veranlasst;
   – über einen nächsten Coachingtermin, bei dem der Coachee über die Ergebnisse seiner Aktivitäten berichtet.

Dieses Grundschema des Coachingprozesses hält sich in den unterschiedlichen Coaching-Situationen durch. Allerdings ist Coaching nicht auf die hier genannten Verfahren beschränkt, sondern kann durch zahlreiche andere Methoden erweitert werden (vgl. u.a. König/Volmer 2003; Rauen 2004). Möglichkeiten sind hier u.a.:
– Die Nutzung so genannter analoger Verfahren wie z.B. Symbole oder Bilder;
– Methoden zur Klärung sozialer Systeme wie die Visualisierung dieser Systeme;
– Einsatz von gezielten Diagnosephasen wie Beobachtung oder Interview im Coaching;
– Coaching mehrerer Personen z.B. bei Konflikten;
– Coaching mit einem hohen Anteil von Expertenberatung wie z.B. Coaching bei Strategieentwicklung, bei Projektmanagement, bei Prozessmanagement von Besprechungen, beim Zeitmanagement.

Aber jedes Mal bleibt die Grundstruktur die gleiche: Es ist die Situation als Coaching zu definieren und das Ziel festzulegen, es ist die Situation zu klären, es sind neue Lösungen zu entwickeln und es ist das Ergebnis festzumachen und ein Handlungsplan für die nächsten Schritte zu formulieren.

3. Coaching durch die Schulleitung

Coaching geht von der Vorstellung aus, dass der Coach »neutral« ist in Bezug auf die Lösung, die der Coachee wählt. Das mag für einen externen Coach, der von außen in eine Organisation kommt, verhältnismäßig einfach sein. Es ist aber schwierig, wenn z.B. die Schulleiterin oder der Schulleiter die Rolle des Coachs übernimmt.

Eine Schulleiterin oder ein Schulleiter ist eben kein von außen kommender neutraler Berater, sondern hat Führungsverantwortung: Eine Schulleiterin oder ein Schulleiter hat die Gesamtverantwortung für die Schule, ist weisungsberechtigter Vorgesetzter und muss als solcher mit Lehrkräften Zielvereinbarungen treffen, Position beziehen, Forderungen erheben, Kritik vorbringen und Beurteilungsgespräche führen. Daneben hat er bestimmte Ideen zur Gestaltung des Unterrichts, zur Gestaltung der Schule usw. Auch hier ist er nicht neutral. Und schließlich ist er als Teil des sozialen Systems Schule auch nicht neutral in Bezug auf die Lehrer/innen der Schule: Er hat sich über einen Kollegen geärgert oder über den Erfolg einer anderen Kollegin gefreut. In all diesen Situationen ist er nicht Coach und kann auch nicht Coach sein.

Aber eine Führungskraft hat grundsätzlich zwei unterschiedliche Aufgaben: Sie ist Entscheider und sie ist Coach. Als Entscheider muss eine Schulleiterin oder ein Schulleiter Forderungen erheben und hat Position zu beziehen. Als Entscheider ist eine Schulleiterin oder ein Schulleiter mehr als ein Moderator des Kollegiums oder ein besserer Verwaltungsangestellter, der irgendwelche Statistiken bearbeiten muss. Als Entscheider ist er auch manchmal unbequem und kann es nicht allen recht machen.

Zugleich ist es aber auch Aufgabe einer Führungskraft, Mitarbeiter/innen zu unterstützen, bzw. Aufgabe der Schulleitung, Lehrer/innen an ihrer Schule zu unterstützen: bei fachlichen Themen, bei Schwierigkeiten untereinander, mit Schüler/innen oder mit Eltern. In dieser Rolle ist die Schulleiterin oder der Schulleiter Coach. Denn was eine Lehrerin oder ein Lehrer in dieser Rolle benötigt, sind nicht Vorwürfe, Anweisung oder Kritik, sondern die Möglichkeit, mit einem anderen die Situation durchzusprechen und bei der Entwicklung neuer Lösungen unterstützt zu werden.

Als Coach ist die Schulleiterin oder der Schulleiter sowohl Prozess- als auch Expertenberater: Prozessberater, der zuhört, Verständnis zeigt, nachfragt; Expertenberater, der auf der Basis seines Wissens und seiner Erfahrung Anregungen und Hinweise gibt – ohne dies dem Coachee überzustülpen. Coaching durch die Schulleiterin oder den Schulleiter ist damit an zwei Voraussetzungen geknüpft:

- Aufseiten des Coachee Vertrauen in den Coach: Ein Lehrer wird sich nur dann durch die Schulleiterin oder den Schulleiter coachen lassen, wenn er vertraut, wenn er sicher ist, dass das Coachinggespräch wirklich Unterstützung ist und nicht unter der Hand zu Vorwürfen oder Überredung wird. Solches Vertrauen ist sicher nicht immer vorhanden, es muss aufgebaut werden.
- Aufseiten des Coachs sind die Voraussetzungen Akzeptanz des Coachee (man kann nicht jemanden coachen, den man ablehnt) und Offenheit für die Entscheidung des Coachees: Der Schulleiter kann eine Lehrerin oder einen Lehrer zu einem Thema nur coachen, wenn er ihm dafür die Entscheidung zugesteht. Er kann ihn z.B. bei der Planung eines Projektes unterstützen, aber die Lehrerin oder der Lehrer entscheidet, wie er vorgeht. Der Schulleiter kann ihn aber z.B. nicht bei einem Konflikt mit Eltern coachen, wenn er hier Gespräche mit den Eltern für unbedingt erforderlich hält oder sich darüber ärgert, dass die betreffende Kollegin oder der betreffende Kollege nicht schon längst ein Gespräch mit den Eltern geführt hat.

Coaching durch die Schulleiterin oder den Schulleiter ist damit immer nur für solche Themen möglich, bei denen die Entscheidung in der Kompetenz des Coachee, d.h. der betreffenden Lehrerin oder des betreffenden Lehrers liegt. Daraus ergeben sich zwei unterschiedliche Situationen, in denen ein Vorgesetzter einen Mitarbeiter bzw. ein Schulleiter einen Kollegen der eigenen Schule coachen kann:

- Eine erste Möglichkeit besteht darin, das Coachinggespräch deutlich von sonstigen Gesprächen zu trennen: Eine Kollegin weiß nicht, ob sie sich als Seminarleiterin bewerben soll. Hier kann es hilfreich sein, im Rahmen eines Coachinggesprächs mit dem Schulleiter Vor- und Nachteile durchzugehen. Hier ist dann der Coach sowohl als Experte als auch als Prozessberater gefordert: Als Experte, der mögliche Schwierigkeiten bei der Rolle des Seminarleiters nennt; als Prozessberater, der die betreffende Kollegin darin unterstützt, sich selbst über mögliche Befürchtungen und ihre eigentlichen Ziele klar zu werden.
- Eine andere Möglichkeit besteht darin, in andere Gespräche Coachingphasen einzubinden: Im Rahmen eines Zielvereinbarungsgesprächs werden Ziele vereinbart – hier ist die Schulleiterin oder der Schulleiter Entscheider, der als solcher Position zu beziehen hat. Bei der Frage, wie der betreffende Kollege diese Ziele erreichen kann, kann der Schulleiter sehr wohl aus der Rolle des Coachs heraus den betreffenden Kollegen unterstützen, ihm Anregungen geben, mit ihm zusammen Möglichkeiten erarbeiten. Er kann die Rolle des Coachs übernehmen, wenn der betreffende Kollege ihn als Coach akzeptiert, wenn er umgekehrt den Kollegen als Coachee akzeptiert (und nicht von vornherein der Meinung ist, dass der betreffende Kollege im Grunde unfähig ist) und wenn schließlich die Entscheidung über das Vorgehen in der Kompetenz des Kollegen bleibt. Ein solches Gespräch verläuft gleichsam in zwei Phasen: in einer ersten Phase als Zielvereinbarungsgespräch, in dem Lehrer/in und Schulleiter/in zustimmen müssen, in der zweiten Phase als Coachinggespräch. Wichtig ist, den Übergang für sich und für den Gesprächspartner transparent zu machen: »Wenn Sie mögen, können wir Möglichkeiten für Sie sammeln, wie Sie diese Ziele am besten erreichen können.«

Entscheidend ist jeweils, sich als Führungskraft über die jeweilige Rolle klar zu sein: Bin ich in dieser Situation Entscheider, der Position zu beziehen hat – oder bin ich Coach, der eine Lehrerin oder einen Lehrer darin unterstützt, selbst die richtige Entscheidung zu treffen? Entscheidend ist ferner, dass dem Gesprächspartner die jeweilige Rolle der Führungskraft klar ist – Unklarheit über die jeweilige Rolle und damit über die Definition der Situation führt zu Verunsicherung und Abwehr.

4. Implementierung von Coaching in der Schule

Coaching erfordert eine bestimmte Coachingkultur, in der die Bereitschaft besteht, mit anderen über eigene Probleme und Schwierigkeiten zu reden, in der auch akzeptiert ist, dass man sich von anderen Unterstützung holt, in der insgesamt Coaching akzeptiert ist und nicht als eine Art Psychotherapie für die, die anders nicht zurecht kommen, abgewertet wird. Eine solche Coachingkultur ist an Schulen in vielen Fällen zunächst nicht vorhanden:

- Es fällt vielen Lehrerinnen und Lehrern schwer, einzugestehen, dass sie möglicherweise Probleme in ihrer Klasse haben.
- Es fällt vielen Lehrerinnen und Lehrern schwer, mit anderen über ihre Probleme zu reden.
- Es fällt ihnen schwer, in der Schulleiterin oder dem Schulleiter den »Coach« zu sehen.
- Und es fällt schließlich auch vielen Schulleiterinnen und Schulleitern schwer, die Rolle des Coachs zu übernehmen.

Das bedeutet, dass Coaching in einer Schule in der Regel nicht einfachhin gestartet werden kann, sondern implementiert werden muss: Einführung von Coaching in einer Schule bedeutet die Veränderung eines komplexen sozialen Systems, die Veränderung der Schulkultur. Im Einzelnen sind dafür folgende Schritte erforderlich:

- Implementierung einer Coachingkultur erfordert zunächst *Coachingkompetenz*. Coaching, das wurde eingangs gesagt, ist professionelles Handeln, das man lernen muss. Es ist sehr schwer, Coaching allein aufgrund eines Textes zu lernen. Aber es gibt mittlerweile zahlreiche qualifizierte Coaching-Ausbildungen, in denen nicht nur Methoden des Coachings (wie z.B. die Strukturierung des Coachinggesprächs) gelernt werden, sondern die auch die Möglichkeit bieten, sich die Grundeinstellung des Coachings, d.h. das Akzeptieren der Autonomie des anderen, bewusst zu machen und zu üben. Wie im Einzelnen Coaching-Kompetenz vermittelt wird, mag von Fall zu Fall unterschiedlich sein: Es kann im Rahmen einer allgemeinen Fortbildung, im Rahmen einer speziellen Fortbildung für die Schule oder auch als »Training on the job« eines Einzelnen erfolgen.
- Implementierung einer Coachingkultur erfordert *Transparenz aufseiten des Coachs*: Er muss sich seiner Rolle als Coach bewusst sein, er muss sich als Schulleiter/in bewusst sein, ob er jetzt Coach ist oder Entscheider. Coaching erfordert damit immer auch Rollenklärung des Coachs – sei es im Rahmen eigener Supervision (im Sinne eines Coaching des Coachs), sei es im Rahmen eigener Fortbildungen.
- Implementierung einer Coachingkultur erfordert *Transparenz innerhalb des sozialen Systems Schule*: dass Coaching eine akzeptierte und gewollte Möglichkeit darstellt, erfolgreicher zu werden; dass Coaching nicht als Zeichen von Schwäche eines Einzelnen gesehen wird, sondern letztlich als wichtiger Erfolgsfaktor der Schule. Dieses Bewusstsein zu schaffen, ist nicht leicht und erfordert zahlreiche Gespräche.

Implementierung von Coaching ist insgesamt ein komplexer Prozess der Veränderung eines sozialen Systems. Es ist damit nicht etwas, was nebenher läuft, sondern was z.B. im Rahmen von Schulentwicklung explizit zu planen, durchzuführen und zu evaluieren ist. Dabei liegen die Schwierigkeiten weniger auf der methodischen Ebene als auf der Ebene des sozialen Systems: Widerstände gegen Coaching abzubauen, den jeweiligen Kolleginnen und Kollegen deutlich zu machen, dass Coaching nicht eine Abwertung ihrer bisherigen Arbeit ist (vgl. Söll 2002, S. 198ff.), woran Schulentwicklungsprozesse häufig leiden, und für Coaching Akzeptanz aufzubauen. Es ist hilfreich, einen solchen Prozess etwa mithilfe von »Implementierungsberatung« (Luchte 2005, S. 185ff.) zu unterstützen, z.B. in regelmäßigen Abständen zu erheben, welche Faktoren im sozialen System Schule die Implementierung von Coaching unterstützen bzw. ihr entgegenstehen, und gleichzeitig Anregungen und Hilfestellung für die nächsten Schritte zu geben.

Literaturverzeichnis

Goffman, E. (1977): Rahmen-Analyse. Frankfurt a.M.
Gordon, T. ([17]1989): Lehrer-Schüler-Konferenz. München.
Hussy, W. ([2]1998): Denken und Problemlösen. Stuttgart.
König, E./Söll, F. (2005): Schulentwicklung als systemische Strategieentwicklung der Schule. In: König, E./Volmer, G.: Systemisch denken und handeln. Weinheim/Basel, S. 201–211.
König, E./Volmer, G. ([7]2000): Systemische Organisationsberatung. Weinheim/Basel.
König, E./Volmer, G. ([2]2003): Systemisches Coaching. Weinheim/Basel.
König, E./Volmer, G. (2005): Systemisch denken und handeln. Weinheim/Basel.
Luchte, K. (2005): Implementierung pädagogischer Konzepte in sozialen Systemen. Ein systemtheoretischer Beratungsansatz. Weinheim/Basel.
Mohl, A. ([7]2000): Der Zauberlehrling. Paderborn.
Rauen, C. (Hrsg.) (2004): Coaching-Tools. Bonn.
Schreyögg, A. ([6]2003): Coaching. Frankfurt a.M.
Söll, F. (2002): Was denken Lehrer/innen über Schulentwicklung? Weinheim/Basel.
Walter, J.L./Peller, J.E. ([2]1995): Lösungs-orientierte Kurztherapie. Dortmund.

Dorothea Herrmann

Konflikte managen

1. **Grundlagen: Verständnis und Zielsetzung von Konfliktmanagement** 1049
1.1 Modelle menschlichen Konfliktverhaltens 1049
1.2 Lernziel Konfliktmanagement 1050
1.3 Konflikte handhaben in der Rolle der Schulleitung 1051
1.4 Grenzen der Konfliktlösung 1053
1.5 Externe Hilfe in der Konfliktbewältigung 1054

2. **Konflikteskalation** 1056
2.1 Die Dramaturgie der Konfliktbildung: Phasen der Konflikteskalation 1056
2.2 Interventionen entlang der Konflikteskalation 1059

3. **Wege zur Lösung von Konflikten** 1060
3.1 Konfliktlösung durch Interessenausgleich 1060
3.2 Konfliktlösung über Rechtspositionen 1060
3.3 Konfliktlösung über Machtpositionen 1060
3.4 Kultur der Konfliktvermeidung 1062

4. **Der individuelle Umgang mit Konflikten** 1063
4.1 Strategien der Konfliktbewältigung 1063
4.2 Kritik entgegennehmen 1066

5. **Grundlegende Dimensionen menschlichen Verhaltens in Gruppen** 1067
5.1 Das Modell 1067
5.2 Analysebild eines Schulleitungsteams 1068
5.3 Interventionsebenen bei Konflikten in Gruppen 1070

6. **Gespräche zur Konfliktklärung und Konfliktlösung** 1071
6.1 Vorbereitung auf Konfliktklärungsgespräche 1071
6.2 Hinweise zur Gesprächsführung 1073
6.3 Der Einstieg in ein Konfliktklärungsgespräch 1077
6.4 Interessen und Absichten: Quelle für Lösungsideen 1077

7. **Moderation: Hilfe zur Konfliktklärung und Konfliktlösung** 1078
7.1 Neutralität? 1078
7.2 Der Ablauf einer Konfliktmoderation 1080
7.3 Erforderliche besondere Gesprächskompetenzen 1084
7.4 Grenzen der Konfliktmoderation und Alternativen 1085
7.5 Wirkungen der Konfliktmoderation 1086

8. **Sieben Maximen für das Leben mit Konflikten** 1086

Literaturverzeichnis 1087

Wo immer Menschen zusammen arbeiten, treffen unterschiedliche Interessen, Positionen, Haltungen, Bedürfnisse und Anliegen aufeinander. Ein Konflikt entsteht erst, wenn zu den widersprüchlichen Interessen ein Einigungszwang hinzutritt – sei es aus freien Stücken oder aus äußerem Druck – und/oder eine der beteiligten Personen sich durch die Konfliktpartnerin bzw. den Konfliktpartner in der Realisierung des eigenen Handlungswunsches beeinträchtigt fühlt.[1] Konflikte sind in den meisten Fällen vorübergehende Erscheinungen im gemeinsamen Arbeitsprozess, sie entstehen und werden geklärt, meist unspektakulär. Konflikte sind auch wesentlicher Bestandteil von Veränderungsprozessen. Eine konfliktfreie Schule ist undenkbar. Wenn nun von Konflikten die Rede ist, mit denen »umgegangen« werden muss, die »gemanagt« oder »bewältigt« werden müssen, so handelt es sich in der Regel um länger andauernde und bereits eskalierte Konflikte, die neben dem sachlichen auch einen bedeutsamen emotionalen Anteil bergen. Solche Konflikte schaden, denn sie binden Energie, erschweren die gemeinsame Arbeit oder machen sie sogar unmöglich, und sie verursachen oft menschliches Leid.

1. Grundlagen: Verständnis und Zielsetzung von Konfliktmanagement

1.1 Modelle menschlichen Konfliktverhaltens

Wie Menschen sich in einem Konflikt verhalten, beeinflusst das sachliche Ergebnis genauso wie die emotionalen Folgen. Wenn es in einem Konflikt eindeutig Gewinner/innen und Verlierer/innen gibt, bahnt dies bereits eine Fortsetzung an, egal ob mit demselben oder einem anderen Thema: Die emotionale Kränkung, die empfunde Abwertung aufseiten der Verliererin bzw. des Verlierers verlangt nach Ausgleich, »Rache«, Wiedergutmachung. In einem Bild ausgedrückt: Es werden »Rabattmarken« geklebt, die zu einem späteren Zeitpunkt wieder eingetauscht werden.

Wenn Konflikte keine Verlierer/innen zurücklassen, sondern beide Beteiligte als »Gewinner/in« aus dieser Situation herauskommen sollen (vgl. Abb. 1 auf der nächsten Seite), muss für eine Konfliktklärung viel Energie eingesetzt werden. Dies allerdings lohnt sich, weil nur so Konflikte wirklich beendet werden können. Außerdem sind die oft unbeachteten Kosten einer Nichtklärung gegenzurechnen: Zeitverzögerungen bei Arbeitsabläufen, nur »zweitbeste« Lösungen, aus Misstrauen entstehende Mehrarbeit, Demotivation, emotionale Beeinträchtigungen indirekt Beteiligter (Schüler/innen, Eltern, »Konfliktbeobachter/innen« z.B. innerhalb eines Kollegiums) usw.

Damit es kein Missverständnis gibt: Der Begriff »Konfliktpartner/in« soll weder harmonisieren noch beschwichtigen. Gerade gut gelungene Konfliktlösungen zeichnen sich durch klare Auseinandersetzungen zwischen zwei Parteien aus, die ihre Unterschiedlichkeit nicht verwischen. Der Begriff »Partner/in« betont jedoch, dass gute Konfliktlösung immer nur *mit* der anderen Person gelingt. Bei aller empfundenen Unterschiedlichkeit, zeitweise durch die Brille der anderen Person zu schauen und deren Interessen nachzuvollziehen ist Voraussetzung für Konfliktlösung. Sie entsteht in ei-

---

[1] Diese Begriffsklärung orientiert sich an den Definitionen von Pesendorfer (1995, S. 167) und Glasl (1992, S. 14f.).

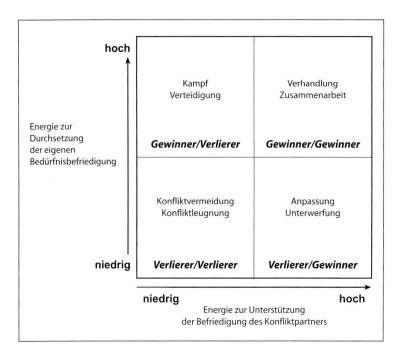

Abb. 1: Modelle menschlichen Konfliktverhaltens (nach Doppler/Lauterburg 2002, S. 418)

nem Dreieck aus den Interessen der einen Seite, den Interessen der anderen Seite und dem gemeinsam gefundenen Weg, der möglichst viele der Interessen *beider* Seiten zum Tragen bringt.

Ein guter Umgang mit Konflikten, der versucht, beiden Seiten in einem Konflikt gerecht zu werden, erzielt positive Wirkungen auf zwei Ebenen: Auf der Ergebnisebene wird eine möglichst optimale Lösung für den konkreten, konfliktbeladenen Sachverhalt gefunden. Auch auf der Prozessebene ergibt sich ein Gewinn, denn durch die konkrete Konfliktlösungsarbeit ergibt sich für die beiden Konfliktpartner/innen wieder eine Perspektive für die weitere Zusammenarbeit. Diese langfristige Wirkung erstreckt sich auch auf nächste Konflikte: Die positive Erfahrung aus einer früheren Konfliktlösung lässt beide eher konstruktiv an einen neuen Konflikt herangehen. Und nicht zuletzt hat eine solche konstruktive Konfliktklärung Ausstrahlung in das umgebende soziale System.

1.2 Lernziel Konfliktmanagement

Konflikte sind umso schwieriger zu handhaben, je länger sie bereits andauern: Sie haben sich verhärtet, Verhaltensweisen und Gewohnheiten haben sich um den Konflikt herum etabliert, der ursprüngliche Konflikt hat vielleicht schon andere Kooperationsbereiche »angesteckt«. Deshalb muss eine der wichtigsten Kompetenzen im Umgang mit Konflikten sein, diese frühzeitig zu erkennen, anzusprechen und ggf. alle Beteiligten schnell an einen Tisch zu holen.

Aber genau da hapert es oft. Das Ansprechen von Interessengegensätzen und sich daraus anbahnenden Konfliktpotenzialen wird gern hinausgeschoben: Man will die einmal erreichte Harmonie nicht stören, vielleicht »geht es ja auch so«, man will kein Störenfried sein, die Bearbeitung von Konflikten »hält den Betrieb auf«, viele Konfliktbearbeitungsgespräche enden erfahrungsgemäß fruchtlos usw. Und so stabilisiert sich eine Kultur der Konfliktvermeidung – mit intermittierenden heftigen Konfliktausbrüchen und/oder Tabuzonen.

Wie sich Menschen in Konflikten verhalten, ist gelernt – und kann darum auch wieder verlernt oder anders gelernt werden. Als Führungskräfte können Schulleiter/innen Verhaltensmuster in Konfliktsituationen prägen und entscheidend dazu beitragen, die Kultur des Umgangs mit Konflikten zu verändern.

> »Dabei gilt auch im Management die Binsenweisheit: Prophylaxe ist besser als Therapie. Die Fähigkeit,
> – Konflikte rechtzeitig zu erkennen,
> – Konflikte offen und unbefangen anzusprechen,
> – Konflikte als direkt Beteiligter konstruktiv auszutragen,
> – Konflikte als nicht direkt Beteiligter regeln zu helfen,
> gehört bei Menschen, die in Organisationen Verantwortung tragen, zu den ganz großen Tugenden« (Doppler/Lauterburg 2002, S. 427).

Vordringliches Lernziel für Schulleiter/innen im Feld Konfliktmanagement ist also nicht, mit besonders schwierigen Konfliktkonstellationen kunstvoll umzugehen, sondern Konflikte früh zu erkennen und durch aktives Herangehen zu verhindern, dass sie »heranreifen« und zu verhärteten Konfliktstrukturen führen. Wichtiges Ziel im Lernfeld »Konfliktmanagement« ist aber auch, Lösungsaufschub zu lernen, d.h. zu lernen, auf rasche Lösungen zu verzichten. Das ist gerade für tatkräftige Schulleiter/innen eine Herausforderung, die gewohnt sind, rasch zu entscheiden und zu handeln (und dies im Alltag ja auch oft tun müssen). Aber: Jeder vorschnelle und fehlgeschlagene Lösungsansatz geht aufs »Rabattmarkenkonto«.

Es geht also nicht immer um Konfliktlösung. Deshalb ist auch als Oberbegriff das allgemeinere »Konfliktmanagement« gewählt. Der Begriff verdeutlicht, dass es um eine bewusste Auswahl aus einem breiten Spektrum von Handlungsmöglichkeiten auf der Basis einer Situationsanalyse sowie der Reflexion von Intentionen, gewünschten und möglicherweise unerwünschten systemischen Auswirkungen und Ressourcen geht.

1.3 Konflikte handhaben in der Rolle der Schulleitung

Zwei grundsätzliche Konstellationen sind zu betrachten:

1. Die Schulleitung ist eine der beteiligten Konfliktparteien.
2. Die Schulleitung ist nicht unmittelbar beteiligt und moderiert zwischen zwei Konfliktpartner/innen.

In beiden Fällen muss die Rolle der Schulleitung gut reflektiert werden. Betrachten wir zunächst den *ersten Fall*. Zur Schulleitungsrolle gehört immer die Hierarchie – und die wird sich auswirken, auch wenn die Konfliktsituation in einem bestimmten Fall zunächst unabhängig davon zu sein scheint.

Beispiel
Eine Schulleiterin unterrichtet als Fachlehrerin in einer Klasse und es bahnt sich ein Konflikt mit dem Klassenlehrer über die Art bestimmter pädagogischer Maßnahmen in dieser Klasse an.

In diesem Fall kann kein Kritikgespräch aus der Rolle der Schulleitung heraus geführt werden.[2] Als selbst – auch emotional – beteiligte Person kann die Schulleiterin allerdings dafür sorgen, dass in dieser Situation sorgsam, wertschätzend und mit genügend Zeit sehr früh ein Gespräch geführt wird, in dem die verschiedenen Positionen, Interessen und Beweggründe offen gelegt, in ihren Wirkungen betrachtet und neue Lösungsansätze entwickelt werden, mit denen dann hoffentlich beide »Kollegen« leben können. Nötig ist also ein Entgegenkommen der Schulleiterin – nicht in der Übernahme der Position des Kollegen, sondern in der sorgsamen Gestaltung des Gesprächsprozesses.

Unabhängig davon bestehen beim Klassenlehrer ggf. Sorgen, die aus der Hierarchie resultieren: Was passiert, wenn ich der Schulleiterin widerspreche? Wird sie irgendwann Macht einsetzen nach dem Motto »Und bist du nicht willig ...«? Habe ich negative Folgen bei der nächsten Beurteilung zu befürchten? Diese Sorgen können minimiert werden, wenn die Schulleiterin ihr eigenes Verhalten in dieser Situation und später gut reflektiert und kontrolliert. In diese konkrete Konfliktsituation spielt also immer hinein, wie die Schulleiterin ansonsten ihre Rolle und ihre Leitungsfunktion ausfüllt.

Voraussetzung für ein Konfliktklärungsgespräch ist deshalb immer die Reflexion seitens der Schulleiterin (bzw. des Schulleiters): Handelt es sich bei dem konkreten Verhalten, bei der konkreten Position des Klassenlehrers um das Überschreiten eines pädagogischen Rahmens, der mich als Schulleiterin auf den Plan ruft – und führe ich deshalb ein Kritikgespräch aus der Rolle als Schulleiterin? Oder handelt es sich bei dem konkreten Verhalten um eine denkbare pädagogische Variante, die allerdings meinen Auffassungen als Lehrerin widerspricht – und führe ich deshalb ein Klärungsgespräch aus der Rolle als Kollegin mit dem Ziel, um der Klarheit gegenüber den Schülerinnen und Schülern willen zu einem gemeinsamen Vorgehen zu kommen?

Der *zweite Fall* – die Schulleitung moderiert zwischen anderen Menschen in einem Konflikt, an dem sie selbst nicht beteiligt ist – scheint leichter zu handhaben. Aber auch hier ist die Schulleitung oft nicht völlig neutral und tut gut daran, sich das klar zu machen: Ihre Parteilichkeit ergibt sich häufig aus der Verpflichtung gegenüber der Schule, dem Schulprogramm, aus der Zielvorstellung, dass z.B. zwischen Kolleginnen und Kol-

---

[2] Zur Definition der verschiedenen Gesprächstypen vgl. den Beitrag »Leitungskommunikation« von Boettcher/Mosing in diesem Band, S. 870ff.

legen, die in denselben Klassen unterrichten, gemeinsame pädagogische Leitlinien praktiziert werden usw. Auch die Nähe zu Personen bleibt nicht ohne Einfluss (wenn z.B. ein Mitglied des Schulleitungsteams mit einer Lehrerin, einem Lehrer oder schulexternen Personen in Konflikt gerät). Und last, not least stecken dienstliche Verpflichtungen einen Handlungskorridor, der besser transparent gemacht wird, bevor der Verdacht auftaucht, es handle sich um persönliche Vorlieben, die mithilfe der hierarchischen Position durchgesetzt werden sollen.

Unabhängig davon, ob es eine tatsächliche Parteilichkeit seitens der Schulleiterin oder des Schulleiters gibt, spielen häufig die vermuteten Parteilichkeiten eine wichtige Rolle. So fühlen sich Eltern oft in der unterlegenen Position, weil sie »sicher« sind, dass die Schulleitung zu »ihrer« Lehrerin oder »ihrem« Lehrer hält. Deshalb kann es besonders wichtig sein, zu Beginn eines Konfliktklärungsgesprächs wie auch einer Konfliktmoderation die eigene Rolle klar zu beschreiben, aus der man zu diesem Zeitpunkt agiert, Parteilichkeiten zu benennen, also die eigenen (Rollen-)Interessen und ihre Legitimation für alle transparent zu machen, und zu vermuteten Parteilichkeiten offen Stellung zu beziehen.

1.4 Grenzen der Konfliktlösung

Nicht alle Konflikte lassen sich lösen. Konfliktlösung ist auf die Bereitschaft zum veränderten Handeln angewiesen – und Menschen haben im Normalfall nur die Macht, sich selbst zu verändern; nicht die Macht, Änderungen bei anderen zu erzwingen. Die eigene Veränderung kann allerdings die Chance deutlich erhöhen, dass andere auch ihr Handeln verändern – nicht mehr, aber auch nicht weniger. Unterschiedliche Positionen, Haltungen, Interessen gehören zur menschlichen Vielfalt dazu. Entscheidend zur Beurteilung, ob eine Konfliktlösung tatsächlich nötig ist, ist die Frage: Entsteht ein (bedeutender) Schaden, wenn der Konflikt nicht gelöst wird?

Die Existenz von Konflikten, die Nichtlösbarkeit eines jeden Konflikts zu akzeptieren und Widersprüche auszuhalten, gehören zum Lernprogramm »Umgang mit Konflikten« dazu. Damit soll keinesfalls einer Konfliktscheu, Passivität oder Achselzucken gegenüber Konflikten Vorschub geleistet werden. Die Akzeptanz von Konflikten kann eher der Endpunkt eines Klärungsprozesses sein und darf nicht dazu dienen, Gespräche und Konfliktlösungsversuche von vornherein für unsinnig zu erklären. Nur wenn Interessen wirklich geklärt sind, wenn gut überprüft wurde, ob der Schaden aufgrund des Konfliktes aushaltbar und verantwortbar ist, wenn beide Seiten die grundsätzliche Andersartigkeit anerkennen und diese nicht mehr in jeder Interaktion gegenseitig abwerten, kann man mit einem solchen Konflikt leben, ohne dass er zur permanenten Lunte wird.

Ob unbedingt eine Konfliktlösung im beruflichen Kontext gefunden werden muss oder ob es bei einer Klärung der unterschiedlichen Positionen und Interessen bleiben kann, hängt auch von der verlangten Intensität der Zusammenarbeit ab. Bevor allerdings achselzuckend die Nichtlösbarkeit eines Konfliktes konstatiert wird, ist eine

Selbstbesinnung sinnvoll. Nicht selten gehen wir Menschen mit der offenen Absicht »Konfliktklärung« in ein Gespräch – und mit der heimlichen Absicht, die andere Seite von der eigenen »guten« und »richtigen« Position zu überzeugen. »Konfliktgespräche werden fast immer in der Hoffnung begonnen: ›Wenn die Gegenseite meine Argumente hört und sie versteht, dann wird sie sich meiner Meinung anschließen, und die Sache ist geklärt.‹ [...] Hinter der Aufforderung ›Lass uns das ausdiskutieren‹ steckt fast immer die egoistische Annahme, die Gegenseite würde – sobald sie uns versteht – ihren Standpunkt zugunsten des unseren aufgeben« (Nuber 1998). Konfliktklärung setzt voraus, eher so ins Gespräch zu gehen: »Ich habe meine Position. Aber vielleicht steckt hinter der meines Kontrahenten ja auch was Sinnvolles. Mal sehen, was er zu sagen hat. Wenn es mir einleuchtet, gebe ich nach.« Schwierig? Ja.

Es gibt im schulischen Kontext wie auch in anderen beruflichen Feldern allerdings auch Konflikte, deren Nichtlösung nicht akzeptiert werden kann. Diese gilt es, aus der Rolle als Schulleiter/in heraus deutlich zu benennen und entsprechende Forderungen zu erheben, ggf. auch deutliche Konsequenzen anzukündigen – immer dann, wenn ein nicht akzeptabler Schaden durch den Weiterbestand des Konfliktes beobachtet oder sicher vorhergesehen werden kann.

1.5 Externe Hilfe in der Konfliktbewältigung

Grenzen der Konfliktlösung ergeben sich auch, wenn angesichts besonders verhärteter, evtl. schon weite Teile des Kollegiums umfassender Konfliktkonstellationen die eigenen »Bordmittel« nicht mehr ausreichen oder wenn eine Schulleiterin oder ein Schulleiter selbst zu sehr in die Konfliktkonstellation verwoben ist. In diesen Fällen kann es sinnvoll sein, eine kompetente externe Person als Konfliktmoderator/in hinzuzuziehen. Dies zu tun, ist keine Niederlage, sondern Zeichen für souveränes und kompetentes, die eigenen Grenzen bewusst berücksichtigendes Handeln als Führungskraft.

Diese Person muss nicht unbedingt in Konfliktmoderation ausgebildet sein. Wichtig ist aber, dass sie über Gesprächsführungskompetenzen verfügt, genügend unparteiisch ist und von allen am Konflikt Beteiligten in dieser Rolle als Konfliktmoderator/in akzeptiert wird. Damit sie in dieser schwierigen sozialen Situation als »Führungskraft« anerkannt wird, muss sie vom Status und Alter her möglichst der statushöchsten in den Konflikt verwickelten Person entsprechen oder höherrangig sein.[3] Diese Aspekte spielen eine nicht unwesentliche Rolle; auch wenn sie mitunter als »Äußerlichkeit« abgetan werden.

Einen Dritten hinzuzuziehen, muss gar kein herausragendes Ereignis in besonders dramatischen Fällen sein. Dort, wo Schulen gut zusammenarbeiten, können Schulleiter/innen sich in schwierigen Konfliktkonstellationen, z.B. innerhalb des eigenen

---

3   Das bedeutet nicht, dass diese Person aus der schulinternen Hierarchie kommen muss. Der »Dienstgrad« spielt eine geringere Rolle, wenn diese Person aus einer schulfremden Hierarchie kommt. Soziale Anerkennung ist dann wichtiger.

Schulleitungsteams, gegenseitig um Moderationshilfe bitten. Eine solche Funktion könnte z.B. auch – gute sonstige Kooperation und Akzeptanz vorausgesetzt – eine Psychologin aus dem schulpsychologischen Dienst übernehmen. In besonders schwierigen, verhärteten Fällen sollte allerdings eine externe Fachkraft mit Weiterbildung in Konfliktmoderation oder Mediation hinzugezogen werden. Das lohnt sich trotz der hierdurch verursachten Kosten; die langfristigen Kosten eines Konflikts sind unendlich höher. Als Kriterien für das Hinzuziehen externer Beratung können die »klassischen« Merkmale eskalierter Konflikte gelten (vgl. unten Kapitel 2):

- Konfliktparteien meiden den Kontakt;
- alle Sachfragen werden emotional überlagert;
- es zählt nur noch das »Lager«;
- Hilfsheere werden auf beiden Seiten organisiert;
- Öffentlichkeit wird einbezogen, evtl. finden schon juristische Auseinandersetzungen statt;
- es ist schon Schaden (Leiden) bei Kolleginnen und Kollegen, Schülerinnen und Schülern und/oder Eltern eingetreten.

Das letztlich wichtigste Kriterium ist aber: Traue ich mir als Schulleiter/in zu, den Konflikt selbst zu managen? Wenn diese Frage mit Nein beantwortet wird, spielt die »objektive« Schwere des Konfliktes oder seine professionelle Eskalationsstufenzuordnung nicht die entscheidende Rolle. Wer sich dann Hilfe organisiert, kann stolz auf sich sein und darauf, sich nicht selbst überschätzt zu haben.

Eine der wichtigsten Hilfestellungen im Alltag als Schulleiter/in ist die kollegiale Fallberatung (vgl. den Beitrag von Mosing in diesem Band, S. 992ff.). Hier geht es nicht um »Ratschläge« und gute Tipps (»Wenn ich du wäre, würde ich ...«), sondern um semiprofessionelle Klärungshilfe für verzwickte Situationen, in die jemand emotional verstrickt und in denen er oder sie deshalb nicht mehr angemessen und flexibel handlungsfähig ist. Eine solche Gruppe oder ggf. eine Kollegin oder ein Kollege aus dieser Gruppe kann eine Schulleitungsperson im Verlauf einer Konfliktklärung begleiten (z.B. durch gemeinsame Vor- und Nachbereitung zentraler Gespräche im Konfliktlösungsprozess oder durch kurzfristige telefonische Entlastungen) und daraus kann Hilfe auf Gegenseitigkeit erwachsen. In der Rolle als »einsame Spitze« braucht eine Führungskraft unbedingt solche externe Peer-Unterstützung.

Eine zweite Möglichkeit stellt die professionelle Supervision dar (bei Führungskräften hat sich der Begriff »Coaching« eingebürgert). Sie hilft ebenfalls, sich über sich selbst, die eigenen Motive, den Situationskontext klar zu werden und Handlungsmöglichkeiten zu erarbeiten. Wer mit der einen oder anderen Art von Unterstützung Konflikte gut bearbeitet und gelöst hat – gleich, ob als unmittelbar Beteiligte/r oder als Moderator/in –, dessen Konfliktlösungsrepertoire wird sich erweitern und allmählich zum routinierten und sicher benutzten Handwerkszeug werden.

2. Konflikteskalation

2.1 Die Dramaturgie der Konfliktbildung: Phasen der Konflikteskalation

Es gibt unterschiedlich differenzierte Modelle zur Darstellung der Eskalation in Konflikten. Für den Alltag als Schulleiter/in und Schulleitungsmitglied hat sich das vierstufige Modell von Doppler/Lauterburg (2002, S. 414ff.) bewährt. Ein unkontrollierter Konflikt verläuft danach typischerweise in vier klar voneinander zu unterscheidenden Phasen, die im Folgenden zunächst allgemein charakterisiert werden (zusammengefasst nach Doppler/Lauterburg 2002, S. 414ff.). Anschließend werden die Eskalationsstufen dann in einem Beispiel veranschaulicht.

2.1.1 Die Diskussion

Auch wenn sich später kaum jemand daran erinnert – Konflikte beginnen mit einer Sachfrage. Sie war Anlass für unterschiedliche Positionen, oft zunächst in einem partnerschaftlichen Dialog. Meist ist der Streitgegenstand ganz alltäglicher Natur. Wird ein Konflikt auf dieser Stufe gelöst, geht es weiter im Alltag. Manche Konflikte, die von weiteren Interessen geprägt oder von lang zurückliegenden »Rabattmarken« gefüttert sind, entwickeln jedoch eine Eskalationsdynamik.

2.1.2 Die Überlagerung

Im Verlauf der Diskussion entsteht eine kritische Situation, wenn Argumente der einen Seite von der anderen nicht mehr akzeptiert werden. Stattdessen wird Eigennutz, Taktik und schließlich Unaufrichtigkeit unterstellt. Man wechselt zur moralischen Ebene und wird auch emotional. Die Sachfrage wird nun überlagert durch Beziehungs-, Wert- und Personenfragen. Diese emotionale Aufladung lässt das ursprüngliche Streitthema mehr und mehr in den Hintergrund treten. Die emotionalen Themen können betreffen (nach: Lotmar/Tondeur 1991, S. 167):

- *Besitzkämpfe* um Raum (»Revier«), Geld und andere Güter oder um Personen (Eifersucht): Wer erhält das Einzelzimmer? Wer kann ohne Termin zur Schulleiterin bzw. zum Schulleiter? Wer muss warten? Wessen Projekt wird dem Förderverein der Schule ans Herz gelegt, wessen nicht? ...
- *Verteidigung* von Statusansprüchen und Rollenwünschen: Wer darf die attraktive, öffentlichkeitswirksame Sonderaufgabe übernehmen? Wer darf an welcher Tagung oder Fortbildung teilnehmen? ...
- *Wunsch nach Zugehörigkeit,* Angenommensein oder Belohnung, Vermeiden von Ausgestoßensein: Wer erhält das abgelegenste Zimmer, wer das gleich neben dem Sekretariat? Wer darf einen Leistungskurs übernehmen? ...

- *Ablehnung* von andersartigen Zielen, Werten und Normen, von Ideen und Personen: Darf Andersartigkeit sein – in der Kleidung, in Meinungen? ...
- *Widerstand gegen Veränderungen* oder Ablösung von Autoritäten: Wer fühlt sich wodurch verunsichert? ...

All diese Motive sind nicht immer voneinander zu trennen, sondern greifen oft ineinander: Letztlich geht es immer um die eigene Identität, Integrität und das Selbstwertgefühl.

2.1.3 Die Eskalation

Wenn sich nun die eine Seite von der anderen nicht ernst genommen oder abgewertet fühlt, gilt dies als Signal zum Gegenangriff – aus Wut und Empörung und zum »inneren Kontenausgleich«. Die Kommunikation wird abgebrochen, man sucht Verbündete im Umfeld.

Der Konflikt gerät in die heiße Phase und eskaliert symmetrisch: Es gibt ein hohes, affektiv aufgeladenes und damit energiereiches Engagement auf beiden Seiten; das Geschehen steht nicht mehr unter rationaler Kontrolle; beide Seiten nehmen nur noch selektiv wahr – also das, was dem eigenen Vor-Urteil entspricht. Damit steht endgültig nicht mehr die Sachfrage im Mittelpunkt, sondern nur das wahrgenommene aktuelle Verhalten der anderen Seite. So erhält sich der Kampf fortwährend selbst am Leben.

2.1.4 Die Verhärtung

Früher oder später kühlt der Kampf ab – weil eine Seite gewonnen hat, weil eine Hierarchiestufe höher ein »salomonisches« Urteil gefällt wurde, das oft nur scheinbar Gerechtigkeit schafft, oder weil eine Pattsituation ein vorübergehendes Gleichgewicht herstellt – wobei der Konflikt chronifiziert und von jetzt ab »kalter Krieg« herrscht. Die Aufrechterhaltung dieses Zustands, besonders die mangelnde Kommunikation und Kooperation zwischen den Konfliktparteien, kostet unendlich viel Zeit, Geld und Nerven. Außerdem kann der Konflikt immer wieder aufbrechen: Mit dem Gefühl erlittenen Unrechts wird ein »Rabattmarkenheft« gefüllt und bei passender Gelegenheit eingelöst.

Das Beispiel auf der folgenden Seite ist fiktiv, insofern es sich nicht genau so zugetragen hat – es ist andererseits völlig realistisch, weil es sich so ähnlich schon oft zugetragen hat ... Bei diesem Fallbeispiel liegt es nahe, sich abzugrenzen: »An Frau K.s Stelle hätte ich das Thema nie ins Team eingebracht, dann wäre die Situation auch nicht so verfahren« – das würde sich Frau K. vermutlich inzwischen sogar selbst so sagen. Dieses Beispiel ist jedoch ziemlich realitätsnah: Nicht selten entstehen verfahrene Situationen – auch einer guten Führungskraft unterläuft so etwas – aus Stress oder weil be-

Beispiel für einen eskalierten Konflikt

Diskussion

Frau K., neue Schulleiterin an der Gesamtschule einer Kreisstadt (Fächer: Spanisch, Deutsch), weiß, dass ihr Stellvertreter Herr S. (Fächer: Mathematik, Geschichte) Mitbewerber war, und hat sich deshalb vorgenommen, das Verhältnis zu ihm besonders zu pflegen, sachbetont und freundlich. Das gelingt zunächst gut. Nach einem halben Jahr bahnt sich ein Konflikt an: Frau K. bespricht mit Herrn S., dass sie in Kürze zunächst dem Schulleitungsteam, dann der Schulkonferenz vorschlagen will, sich den Titel »Europaschule« zu geben und das Schulprogramm entsprechend daran auszurichten.

Herr S. ist skeptisch und rät Frau K. eher ab: Die Schüler- und vor allem die Elternschaft des Landkreises sei dafür wohl nicht zu gewinnen, das möge in der Großstadt, wo Frau K. vorher lebte, vielleicht anders gewesen sein. Sprachen seien überdies nicht sehr üppig besetzt, der Stundenplan sei auch so schon schwierig zu gestalten. Er plädiere eher für eine naturwissenschaftliche Schwerpunktsetzung. Überdies sei zu bedenken, dass die Schule unter dem früheren Schulleiter bereits einen grandiosen Schiffbruch mit einem ehrgeizigen, ähnlich fremdartigen Schulprojekt (Kunst) erlitten habe.

Emotionale Überlagerung

Im Verlauf des Gesprächs gewinnt Frau K. den Eindruck, dass Herr S. nur auf diesen Moment gewartet habe, um sich zu profilieren und ihr Steine in den Weg zu legen. Er hatte schon mehrfach Anmerkungen gemacht, dass sie ja »Zugereiste« sei. Sie wirft ihm vor, sein persönliches Lieblingsfach Mathematik zum Schulprofil erheben zu wollen. Herr S. ist der festen Überzeugung, dass es gut ist, Frau K. zu bremsen. Sie überrollt sonst mit ihren Ideen die gewachsene Kultur an dieser Schule. Und was die Schüler/innen hier brauchen, weiß er nach 20 Jahren an dieser Schule mit Sicherheit besser. Wenn er vor einem Jahr ...

Eskalation

Frau K. kann und will sich nicht auf diese Weise ausbremsen lassen. Sie bricht das Gespräch mit Herrn S. ab und setzt das Thema »Europaschule« auf die nächste Sitzung der Schulleitung. Herr S. nutzt die Tage bis dahin, mit dem Abteilungsleiter der Mittelstufe und der Oberstufenleiterin neue Ideen zur Koordination der naturwissenschaftlichen Fächer zu entwickeln. Die Schulleitungssitzung wird ein Fiasko. Aus der Debatte zur Europaschule wird schnell ein Kampf zwischen Schulleiterin und Stellvertreter, die wechselweise versuchen, die übrigen Schulleitungsmitglieder auf ihre Seite zu ziehen. »Unsensible Profilsucht«, »konservative Gesinnung« und schärfere Zuweisungen greifen Raum. Beide wenden sich später an die Schulaufsicht, die an beide appelliert, gut zusammenzuarbeiten.

Verhärtung

Das Thema »Europaschule« ist damit erst einmal gestorben – das Thema »Naturwissenschaften« allerdings auch. Die gesamte Schulleitung hat Angst vor der demnächst anstehenden Fortschreibung des Schulprogramms. Schulleiterin und Stellvertreter pflegen nur noch Minimalumgang. Die Zwischentür zwischen ihren Büros wurde von einer Seite demonstrativ abgeschlossen, von der anderen Seite mit einem Regal verstellt. So weit wie möglich wird schriftlich kommuniziert ...

stimmte Bedingungen anfangs nicht so wichtig erschienen. Bei aller Betonung der Konfliktprophylaxe gehört zu Konfliktmanagement-Kompetenzen auch die Kunst, aus einer verfahrenen Situation gut wieder herauszunavigieren.

2.2 Interventionen entlang der Konflikteskalation

Die Stufe 2 (Emotionale Überlagerung) verdient besonderes Augenmerk. Hier ist eine Intervention zur Konfliktlösung oft noch gut möglich, wenn nämlich die emotionale Überlagerung wahrgenommen und berücksichtigt, ggf. auch offen angesprochen oder bearbeitet wird. Eine Intervention in den Phasen 3 (Eskalation) und 4 (Verhärtung) ist bedeutend schwieriger: In der angeheizten Stimmung der Phase 3 sind die Beteiligten erst einmal nicht bereit, über emotionale Aspekte und die damit verbundenen Verletzungen und Kränkungen zu reden, da jede persönliche Öffnung der anderen Seite ja wieder Material zur Schlacht liefert. Hier hilft oft nur geduldiges Moderieren, mit dem beide Seiten erst einmal wieder Vertrauen in einen Lösungsprozess gewinnen. Dies gelingt oft nur in sehr kleinen Schritten gegenseitigen Entgegenkommens.

In Phase 4 sind die Emotionen und Verletzungen bereits »in den Keller« verfrachtet – natürlich ohne wirklich verschwunden zu sein. Auch hier ist Geduld vonnöten, um allmählich zu den wichtigen Aspekten der Phase 2 zurückzukehren, sie wieder anzurühren und auf dieser Grundlage zu einer echten Konfliktlösung zu kommen. Je nachdem, wie gravierend die Verletzungen waren, müssen alle Beteiligten akzeptieren, dass auch bei einem nun gefundenen gemeinsamen Weg nicht plötzlich »alles wieder gut ist« und manche – empfindliche – Narbe von jetzt an zur gemeinsamen Geschichte dazugehört.

Auf Phase 2 zurückzukehren oder mit den Themen der Phase 2 zu arbeiten muss gerade in berufsbezogenen Gruppen nicht immer explizit geschehen, d.h. die emotionale Seite muss nicht unbedingt zum ausdrücklichen Thema im Gespräch mit Einzelnen oder mit Teams gemacht werden. Trotzdem lässt sich damit arbeiten. Als Schulleiter/in kann ich mir z.B. darüber klar werden, welchen Verlust eine organisatorisch-strukturelle Veränderung für eine Kollegin oder einen Kollegen darstellt. Damit kann man behutsam umgehen und nach einem Ausgleich suchen – nicht im Sinne eines Trostpflästerchens, sondern in einem wertschätzenden Sinn: Gibt es ein Feld, das der Kollegin oder dem Kollegen einen echten Ausgleich geben könnte, weil er dort mit seinen Talenten wirklich gut zum Zuge käme?

In anderen Situationen kann es dagegen sehr hilfreich sein und eine Konflikteskalation verhindern, wenn die Schulleitung den emotionalen Anteil einer Sachentscheidung thematisiert: »Ich weiß, was es für Sie bedeutet, dieses Fach nicht mehr in der Oberstufe unterrichten zu können, wenn wir zu dieser spezifischen Profilbildung kommen.« So drückt sie Wertschätzung aus, selbst wenn die Situation nicht zu verändern ist – und sollte dann aber möglichst dafür sorgen, dass dieselbe Kollegin oder derselbe Kollege bei der nächsten Entscheidung nicht wieder zu den »Verlustträgern« gehört.

3. Wege zur Lösung von Konflikten

Interessen von Einzelnen und von Gruppen, der rechtliche Rahmen sowie Hierarchie und Macht spielen bei der Konfliktlösung eine wichtige Rolle. Darauf basierend können drei Wege zur Konfliktlösung unterschieden werden. Diese werden hier kurz beschrieben (nach Ury/Brett/Goldberg 1996) und hinsichtlich ihrer wesentlichen Vor- und Nachteile betrachtet, wobei folgende Kriterien herangezogen werden:

- Transaktionskosten der Konfliktlösung: Aufwand, Zeit, ggf. finanzielle Kosten, nervliche Belastungen, verpasste Gelegenheiten (Was kann während der Zeit der Konfliktlösung nicht geschehen?);
- Zufriedenheit mit den Ergebnissen (auch über die Fairness des Verfahrens);
- Auswirkungen auf die Beziehung (langfristig);
- Wahrscheinlichkeit, dass der Konflikte neu aufflammt.

3.1 Konfliktlösung durch Interessenausgleich

Viele Verhandlungen und Schlichtungen basieren auf dem Ausgleich von Interessen – im besten Fall entsteht ein fairer Tauschhandel. Hierbei kann es auch notwendig sein, Gefühle von Ärger, Enttäuschung usw. zu artikulieren, um dadurch Feindseligkeit abzubauen und den Boden für das Aushandeln von Interessen zu bereiten. Konfliktlösung über Interessenausgleich stellt also zugleich eine Personalentwicklungsmaßnahme auf mehreren Ebenen dar: Individuelle Kompetenzen werden erweitert, Team- bzw. Gruppenkompetenzen ebenfalls und letztlich ändert sich bei konsequenter Anwendung dieses Weges auch die Organisationskultur (vgl. Tab. 1).

3.2 Konfliktlösung über Rechtspositionen

Hierbei entscheiden unabhängige, objektive oder breit anerkannte und faire Regularien (zusammengefasst als »Recht«) über die Konfliktlösung. Manche sind in Gesetzen, Normen und Erlassen festgelegt, manche stellen eher Übereinkünfte dar und sind damit leider nicht immer eindeutig. In letzterem Falle wird oft eine Schiedsperson herangezogen, deren »Richterspruch« man sich dann beugt. Zu diesen »Rechtspositionen« gehören auch Instrumente wie die Schwacke-Liste für den Verkauf von Gebrauchtwagen, der Mietspiegel, Honorarrahmenrichtlinien, Empfehlungen etc. – mit unterschiedlicher Verbindlichkeit (vgl. Tab. 2).

3.3 Konfliktlösung über Machtpositionen

Diese Art Konfliktlösung wird nicht selten in hierarchisch strukturierten Organisationen gewählt: Wer vom anderen am wenigsten abhängig ist, also über Alternativen zur Bedürfnisbefriedigung verfügt, setzt sich durch. Machtverhältnisse sind jedoch überra-

Tab. 1:	**Konfliktlösung durch Interessenausgleich**
Vorteile	**Nachteile**
• Effektiver Konfliktlösungsweg, da auch versteckte, dahinterliegende Konflikte aufgedeckt werden können. • Die Beteiligten sind in der Regel mit diesem Weg besonders zufrieden. • Die Beziehungen bessern sich (zumindest gegenüber der »heißen« Konfliktphase). • Die Wahrscheinlichkeit für ein Wiederaufflammen von Konflikten ist reduziert. • Die Konfliktlösungskompetenzen der Beteiligten steigen – ebenso die Zuversicht, bei einem anderen Konfliktthema ebenfalls zu einer guten Lösung zu kommen.	• Interessen auszugleichen, braucht viel Zeit (vor allem, wenn die Beteiligten darin noch ungeübt sind).

Tab. 2:	**Konfliktlösung über Rechtspositionen**
Vorteile	**Nachteile**
• Einer fairen Entscheidung und einer außerhalb von Personen liegenden »Messlatte« beugt man sich lieber als einer Drohung oder »der Macht« eines anderen. • Ermöglicht Gesichtswahrung (man beugt sich lieber einem Gesetz oder einer Verordnung, als vor einer Kollegin oder einem Kollegen klein beizugeben). • Kostengünstiger als eine an Macht orientierte Lösung. • Gibt sinnvollen Handlungsrahmen vor. • Notwendig, um überhaupt eine Partei an den Verhandlungstisch zu zwingen. • Notwendig bei sehr weit auseinander liegenden Interessen – Herstellen einer gemeinsamen Plattform. • Bringt für ähnlich gelagerte Fälle größere Verbindlichkeit. • Eigene Nachteile werden akzeptiert, wenn diese in ähnlichen Fällen auch für andere gelten.	• Ein Kampf ist nicht ausgeschlossen, z.B. um die dritte Partei (die Schulleitung) zu überzeugen. • Recht wird nicht immer als Gerechtigkeit erlebt: Ganze Berufsstände leben von der Wiederaufnahme eines rechtlich geregelten Konfliktes … • Der »Verlierer« ist u.U. unzufrieden und geht in die Revision.

Tab. 3:	**Konfliktlösung über Machtpositionen**
Vorteile	**Nachteile**
• Kann helfen, Grenzen abzustecken. • Notwendig, wenn Gefahr in Verzug ist. • In beiden Fällen zügig auf die beiden anderen Konfliktlösungsebenen einschwenken, sonst drohen die Nachteile gravierend zu werden.	• Sehr teuer. • Drohungen reichen nicht, ab und zu müssen Taten folgen. • Wenn die schwächere Partei nicht gehorcht, werden u.U. aufwändige Kontrollen nötig. • Schließt u.U. Zerstörung ein. • Neue Verletzungen, Wut, Misstrauen und Vergeltungswünsche als Folge.

schenderweise oft nicht so eindeutig wie – vor allem von Mächtigen – gedacht, sodass einer Konfliktlösung durch Machtmittel mitunter gravierende Machtkämpfe vorausgehen oder auch nachfolgen (vgl. Tab. 3).

Auch wenn insgesamt der Weg über die Interessen zu bevorzugen ist, ist es weder möglich noch erstrebenswert, *alle* Konflikte durch einen Interessenausgleich beilegen zu wollen. Sinnvoll ist ein Pyramidenaufbau: Die meisten Konflikte über Interessenausgleich, einige über Rechtspositionen, sehr wenige über Macht lösen.

3.4 Kultur der Konfliktvermeidung

Um das Austragen von Konflikten zu vermeiden, kann man sich auch durch äußere oder innere Kapitulation oder Flucht entziehen. Unter Mitgliedern eines gemeinsamen Arbeitsfeldes stellen diese Wege jedoch nur kurzfristige Scheinlösungen dar.

Auf einen Konflikt nicht zu reagieren wird oft als Konfliktvermeidung bezeichnet. Sie birgt zwei Seiten – zum einen eine positive und deeskalierende: Man muss nicht über jedes Stöckchen springen, das einem hingehalten wird. Man kann auch mal großzügig über eine unglückliche Formulierung oder ein Versehen hinwegschauen, ohne dass dies gleich ein Kneifen bedeutet. Man kann auch selbstbewusst heikle Themen vermeiden, wenn diese für eine Zusammenarbeit nicht zentral sind, kein wirklicher Einigungsdruck herrscht und man nur unnötig an empfindliche Stellen anderer Beteiligter rühren würde. All diese Verhaltensweisen gehören zu den konstruktiven »Schmiermitteln« von Kooperations- und anderen Beziehungen.

Andererseits hat Konfliktvermeidung natürlich negative Konsequenzen, vor allem wenn sie kontinuierlich praktiziert wird: Man kehrt Konflikte unter den Teppich, allmählich wird die Beule immer dicker, alle tun so, als sähen sie den Berg nicht – bis man schließlich darüber stolpert und übel auf die Nase fällt. Solches Vermeidungsverhalten ist oft von typischen Redewendungen begleitet, die insofern ein heimliches Regelwerk zur Konfliktvermeidung darstellen, als damit indirekt ein Tabu auferlegt wird, den Konflikt oder den Interessenunterschied offen anzusprechen. Hier einige Beispiele (aus Lotmar/Tondeur 1991, S. 167ff.):

- »*Hast du heute einen schlechten Tag erwischt?*« – Anzeichen von Konflikten, welcher Art auch immer, werden möglichst lange ignoriert oder umgedeutet.
- »*Bei uns wird prinzipiell nicht geflucht*« – Negative Gefühlsäußerungen gelten als unanständig und als Verstoß gegen die Gruppennorm.
- »*Ich mag sie einfach nicht!*« – Konfliktparteien verschleiern ihre Beweggründe und Interessen und verstecken sie hinter »rein menschlicher« Antipathie.
- »*Wir wollen ja schließlich alle das Gleiche*« – Unterschiede der Einzelinteressen und der individuellen Erfahrungen werden durch Beschwören eines Gesamtinteresses zugedeckt.
- »*Nein, Spannungen gibt es bei uns nicht*« – Nach außen wird eine scheinbare Eintracht zur Schau getragen, die dem Innenklima einer Organisation oder Gruppe nicht entspricht.
- »*Er ist eben ein Querulant, Störer, Besserwisser ...*« – Anpassung und Nachgiebigkeit werden belohnt, während rebellisches Verhalten oder nur schon kritische Fragen übel vermerkt werden.

- »*Was ein Konflikt ist und wie er zu entscheiden ist, entscheide ich*« – Auf Anzeichen eines Konfliktes reagiert die »Chefin« oder der »Chef« sofort mit einem Machtwort.

Fallen die obigen Äußerungen mal in einer Einzelsituation, ist das meist unproblematisch. Treten diese Aussagen aber mit Regelmäßigkeit auf, ist Aufmerksamkeit geboten – und Mut, die hinter diesen Sprüchen liegenden Interessengegensätze und Konflikte beharrlich auf den Tisch zu legen. Das zu tun ist besondere Verantwortung der Schulleitung, kann aber natürlich auch von jeder »normalen« Kollegin und jedem »normalen« Kollegen praktiziert werden ...

4. Der individuelle Umgang mit Konflikten

4.1 Strategien der Konfliktbewältigung

Es gibt drei Grundtypen von Verhaltensweisen in Konflikten: Kampf, Flucht und selbstsicheres Verhalten. Zu jedem Typ gehört ein Verhaltensrepertoire, begleitet von inneren Reaktionen und Einstellungen – Verhalten, Gedanken und Gefühle spielen hier eng ineinander. Es ist nicht so, dass jeder Mensch genau einem Konfliktbewältigungstyp zuzuordnen ist. Die meisten Menschen beherrschen grundsätzlich alle diese Muster. In Stresssituationen kommt es jedoch oft zu einer Verengung des Repertoires. Manchmal entstehen auch »Kipp-Phänomene«, z.B. wenn sich nach einer langen Phase von Vermeidungsverhalten die aufgestaute Aggression in einem »Ausbruch« entlädt. Oder auch umgekehrt: Jemand ist aggressiv gegen alle, bis ein Mächtigerer kommt – und dann knickt er ein und vermeidet jegliche Auseinandersetzung.

Wichtig ist, die eigenen Neigungen und deren Fallen zu kennen. Sie hängen oft mit vorgelebten Modellen zusammen oder damit, wofür man als Kind, Jugendliche/r und in der frühen Berufsbiografie belohnt wurde. Es gilt ggf. zu lernen, bewusst das eigene Repertoire zu erweitern.

Natürlich stellt selbstsicheres Verhalten in Konfliktsituationen gerade im beruflichen Kontext das zu bevorzugende Repertoire dar, aber auch dort kann es wie sonst im Leben durchaus einzelne Situationen geben, in denen ein kämpferisches Verhalten oder aber das sofortige Räumen des Konfliktfeldes – im wörtlichen wie im übertragenen Sinn – absolut angesagt und sinnvoll ist. Die folgende Charakterisierung dieser Muster ist Billen/Schepp-Winter (1993) entnommen.

4.1.1 Kampf und aggressives Verhalten

Folgende Verhaltensweisen gehören in dieses Repertoire:
- andere körperlich bedrohen, schlecht machen, beschimpfen;
- direkte und indirekte Beschuldigungen und Vorwürfe;
- spitze Bemerkungen;

- herumkommandieren und tyrannisieren;
- lächerlich machen;
- rebellieren und trotzen;
- sich rächen;
- andere ausnutzen.

Indirekt aggressives Verhalten:
- manipulieren;
- hinter dem Rücken tratschen, intrigieren, lügen;
- Bündnisse gegen andere schließen;
- arrogant, zynisch und abweisend sein.

Dazugehörige Gefühle und Körperreaktionen:
- Wut, Hass, Zorn, Ärger, Feindseligkeit, Anspannung;
- laute, heftige Stimme;
- ausladende Körperbewegungen;
- schneidende, kalte Blicke.

Dazugehörige Einstellungen:
- »Dir werde ich es zeigen. Mit mir kannst du so nicht umgehen.«
- »Ich habe Recht und du liegst falsch.«
- »Das ist unfair und gemein, wie du dich verhältst.«
- »Du hast etwas gegen mich.«
- »Ich bin wichtiger, besser ... als du.«
- »Mir ist egal, wie es dir geht.«

Folgen dieses Verhaltens:
- möglicher kurzfristiger Erfolg bei der Durchsetzung der eigenen Interessen;
- langfristig jedoch meist emotionale Ablehnung durch die anderen, wenn keine Klärung erfolgt;
- zunehmende Isolierung.

4.1.2 Flucht und Vermeidung

Folgende Verhaltensweisen gehören in dieses Repertoire:
- sich zurückziehen, das Feld räumen, eigene Ansichten nicht ausdrücken, eigene Rechte nicht wahrnehmen;
- Gleichgültigkeit;
- Empfindungen verbergen, lügen;
- sich anpassen, unterwerfen und fügen;
- die eigene Identität aufgeben;
- einschmeicheln und um die Gunst anderer buhlen;

- Klärungen hinausschieben;
- sich verleugnen lassen;
- in Alkohol, Tabletten oder übermäßiges Essen flüchten.

Dazugehörige Gefühle und Körperreaktionen:
- Depression, Angst, Unsicherheit;
- die Stimme wird leise und unsicher oder es verschlägt ganz und gar die Stimme;
- »kopflos« werden;
- sich »klein« machen; die Körperhaltung wird geduckt und verhalten;
- Blickkontakt wird vermieden.

Dazugehörige Einstellungen:
- »Ich darf mich nicht wehren, sonst werde ich nicht mehr gemocht.«
- »Ich muss es jedem recht machen.«
- »Ich habe das nicht nötig. Mit solchen Kleinigkeiten gebe ich mich gar nicht ab.«
- »Ich bin unwichtig und minderwertig. Die anderen sind wichtiger.«
- »Ich habe kein Recht auf eigene Wünsche und Ansichten.«
- »Ich bin dafür verantwortlich, wie es anderen geht. Ich bin schuld, wenn es anderen schlecht geht.«

Folgen dieses Verhaltens:
- kurzfristig kann Angst abgebaut werden, langfristig bleiben Probleme ungeklärt;
- Depressionen und Ohnmachtsgefühle;
- psychosomatische Beschwerden;
- Verlernen oder Nichterlernen von Konfliktlösungsstrategien;
- von anderen ausgenutzt werden;
- wenig Offenheit und Nähe zu anderen;
- möglicherweise auch Ablehnung durch andere, da dieses Verhalten auch als arrogant und »kalt« interpretiert werden kann.

4.1.3 Selbstsicheres Verhalten

Folgende Verhaltensweisen gehören in dieses Repertoire:
- eigene Wünsche, Meinungen, Erwartungen und Gefühle erkennen und entscheiden, ob man sie äußern und durchsetzen will;
- sich der eigenen Rolle und dem sozialen Spielraum gemäß verhalten;
- nach Meinungen und Gefühlen anderer fragen und diese berücksichtigen;
- das Gegenüber als Person akzeptieren.

Dazugehörige Gefühle und Körperreaktionen:
- Ruhe oder leichte Anspannung und Erregung;
- Konzentration.

Dazugehörige Einstellungen:
- »Ich habe ein Recht darauf, meine Wünsche, Erwartungen, Meinungen und Gefühle zu haben.«
- »Ich kann entscheiden, ob ich sie äußere.«
- »Andere haben das Recht, ihre Meinung zu sagen.«
- »Ich kann es ertragen, wenn andere nicht mit mir übereinstimmen.«

Folgen dieses Verhaltens:
- das Gefühl, die Kontrolle zu haben;
- ernst genommen und respektiert werden, während auch andere das Gefühl haben, geachtet zu werden.

Einem Konflikt aus dem Weg zu gehen kann auch Zeichen von Selbstsicherheit sein: wenn ich mich aus freien Stücken dazu entscheide und mit mir im Reinen bin. Ob man aus Selbstsicherheit verzichtet oder sich über sein eigenes Wollen hinweggemogelt hat, merkt man selbst recht gut, wenn man sich ehrlich beobachtet. Körperliches Unbehagen (Kloß im Bauch, »nagendes« Gefühl, langes Kreisen der Gedanken rund um die auslösende Situation ...) weist auf Vermeiden hin – bei Verzicht aus Selbstsicherheit fehlen solche langwierigen »Restgefühle«. Abschließend sei die Rolle emotionaler Äußerungen bei aggressiv-wütendem und bei selbstsicherem Verhalten noch einmal differenziert: Aggressives Verhalten beinhaltet feindliche Äußerungen wie Vorwürfe, Beschuldigungen, Anklagen etc., die das Ziel verfolgen, andere zu verletzen oder niederzumachen. Davon ist der unmittelbare und direkte Ausdruck von Gefühlen wie Wut oder Ärger zu unterscheiden, wo es darum geht, die eigene Empörung, Verletzung oder Kränkung mitzuteilen (vgl. unten S. 1073). Selbstsicheres Verhalten beinhaltet die angemessene Äußerung solcher Gefühle. Der direkte Ausdruck von Verärgerung – ohne Vorwürfe und Schuldzuweisungen – schafft kurzfristig Spannungsreduktion und ermöglicht langfristig eine Klärung des Konflikts.

4.2 Kritik entgegennehmen

Viele Menschen fühlen sich bei Kritik schnell als Person abgewertet und infrage gestellt. Um sich zu schützen, benutzen sie häufig zwei gleichermaßen unproduktive Reaktionsweisen:

1. Sie nehmen, um weiteren Angriffen zuvorzukommen, bereitwillig alle Schuld auf sich.
2. Sie handeln nach der Devise »Angriff ist die beste Verteidigung«.

In beiden Fällen verschließen sie sich gegen mögliche nützliche Anregungen und Beziehungsangebote, die in der Kritik verborgen sein können. Folgende Vorschläge ermöglichen, beides zu integrieren: sich selbst zu schützen, aber auch das Produktive der Kritik nutzen zu können.

Vereinbarungen zum Rahmen treffen
Niemand ist gezwungen, sich jede Art von Kritik von jeder Person an jedem Ort und zu jeder beliebigen Zeit anzuhören. Zu klären ist: Bin ich überhaupt die richtige Adresse für die Kritik? Will ich hier und jetzt darüber sprechen? Welchen Zeitpunkt, welchen Rahmen halte ich ggf. für geeigneter? Entsprechend lassen sich dann mit der Kritikerin bzw. dem Kritiker Vereinbarungen für ein Gespräch zur geäußerten Kritik treffen.

Kritik anhören
Es ist sinnvoll, sich die Kritik zunächst anzuhören, ohne das Gegenüber zu unterbrechen oder sogleich Stellung zu beziehen. Auch Gefühlsäußerungen zuzulassen kann die folgende Konfliktlösung erleichtern.

Den Inhalt der Kritik mit eigenen Worten wiedergeben
Damit vermittelt man der Kritikerin bzw. dem Kritiker, ihn als Person mit seinem Anliegen ernst zu nehmen, und sichert zugleich die Verständigungsgrundlage für die Konfliktlösung. Eigene – insbesondere abwertende oder interpretierende – Kommentare gehören hier nicht hin.

Anerkennenswerte Inhalte oder Aspekte benennen
Welche Aspekte sind neu, welche sind hilfreich? Welche können gut akzeptiert werden? In jedem Fall sollte darauf verzichtet werden, dem anderen seine Gefühle auszureden.

Eigenes Verhalten transparent machen
Das eigene Verhalten kann nachvollziehbar gemacht werden, ohne sich jedoch zu rechtfertigen. Kritik, die unberechtigt oder unangemessen erscheint, kann auch zurückgewiesen werden.

Absprachen treffen und Bilanz ziehen
Dies gilt insbesondere im Hinblick auf die akzeptierten Kritikpunkte. Dabei ist zu klären, was mein Gegenüber konkret von mir erwartet, ob ich das auch will und es in meiner Macht liegt und welche Spielräume zur Verfügung stehen. Am Schluss kann transparent festgehalten werden, über welche Punkte (noch) kein Einvernehmen hergestellt werden konnte.

5. Grundlegende Dimensionen menschlichen Verhaltens in Gruppen

5.1 Das Modell

Beim Lösen von Aufgaben und Problemen agieren Menschen in einer Gruppe in unterschiedlicher Weise. Alexander Redlich (1997) hat diese Verhaltensweisen auf vier Dimensionen angeordnet (vgl. Abb. 2 auf der nächsten Seite). Dabei geht es um grundsätzlich positiv zu bewertende Unterschiede und Gegensätze. Gruppen brauchen je-

Abb. 2: Verhaltensdimensionen in Gruppen (nach Redlich 1997, S. 113ff.)

weils beide Säulen, sie stellen sozusagen »Geschwistertugenden« dar, die für eine gute und ertragreiche Kooperation gebraucht werden. Fatal wird es, wenn die Pole ins Extrem abwandern oder Teams (oder deren Leiter/innen) explizit oder implizit nur einen Pol wertschätzen und den anderen abwerten. Abbildung 2 zeigt die Dimensionen mit den jeweiligen »Geschwistertugenden« und deren jeweils ins Extrem abgedrifteten, negativen Spielarten.

Diese Vielfalt menschlichen Verhaltens, Erlebens und Bewertens lässt sich mithilfe einer Strukturierung durch die Dimensionen *Problemwahrnehmung, Beziehungsgestaltung, Gefühlsausdruck* und *Aktivität* auch in einem Feld visuell darstellen (vgl. Abb. 3). Hier können Gruppenmitglieder gemäß ihrer bevorzugten Handlungsweisen platziert werden – als individuelle Reflexion des Teamleiters bzw. der Teamleiterin – oder auch als gemeinsame Reflexionsbasis in einem Team (vgl. Abb. 4).

5.2 Analysebild eines Schulleitungsteams

So kann die Ähnlichkeit oder Unähnlichkeit der Zuordnungen Anlass zu Gesprächen sein; dieses Teambild kann dem Bild expliziter oder impliziter Werte gegenübergestellt werden (»Welche Verhaltensweisen werden in unserem Team gefordert/toleriert/verboten?«); Einzelne können ihre Beziehungen gegenüber den anderen Gruppenmitgliedern daran reflektieren (z.B. Schulleiter/innen gegenüber den Mitgliedern des Schulleitungsteams):

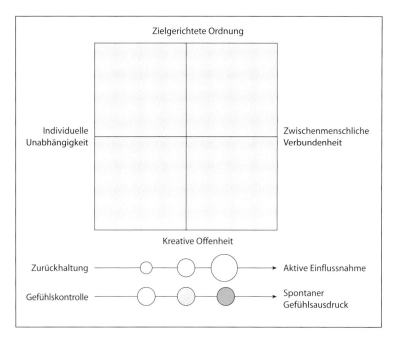

Abb. 3: Die Landkarte für Verhaltensdimensionen im Team (nach Redlich 1997, S. 131)

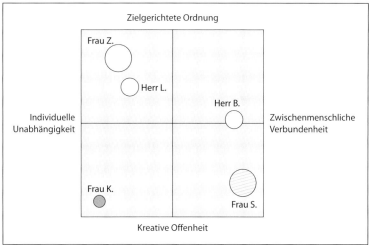

Abb. 4: Beispiel eines Schulleitungsteams

- Was wird aus der Zeichnung deutlich? Wo ergeben sich Untergruppen, wo »Einsame«, wo Antagonisten? Ergibt sich daraus ein zwar anstrengendes, aber durchaus interessantes, bereicherndes Spannungsfeld – oder ergeben sich zu große, belastende Differenzen?
- Liegt die Unterschiedlichkeit der Teammitglieder noch im Bereich der »Geschwistertugenden« oder schon im Bereich der abgedrifteten Extreme? Welche Konsequenzen lassen sich daraus ziehen?
- Sind Zusammenhänge zu häufig auftretenden Konflikten erkennbar?

- Interessant ist häufig auch, das Idealbild des Teams oder das der Leitung als »neues Teammitglied« dazuzuzeichnen, am besten in einer anderen Farbe. Das spiegelt die offenen oder impliziten Werte wider – die der Teammitglieder oder die der Schulleitung. Ergeben sich Übereinstimmungen oder Unterschiede zum ersten Bild?
- Je nachdem, wo die Schulleiterin bzw. der Schulleiter selbst »angesiedelt« ist: Wie ist der Kontakt zu den weiter entfernten Teammitgliedern? Bringen Schulleiterin bzw. Schulleiter denjenigen mit andersartigen Verhaltensweisen Wertschätzung entgegen? Spüren diese die Wertschätzung? Wird die Schulleiterin bzw. der Schulleiter von den anderen wertgeschätzt? Könnte es an der Unterschiedlichkeit der Verhaltens- und Erlebensweisen liegen, wenn gegenseitige Wertschätzung schwer fällt?
- Was können alle Teammitglieder bewusst tun, um den Nutzen in den andersartigen »Geschwistertugenden« zu sehen?

Auf diese Weise lassen sich Konfliktpotenziale in einem Team entdecken – und Ideen entwickeln, wie man besser und weniger abwertend mit Unterschiedlichkeit im Team umgehen könnte.

Dieses Bild ist ein Modell wie eine Landkarte: Es reduziert die Komplexität der Realität, um der Orientierung zu dienen – es beansprucht nicht, die Realität zu sein.

5.3 Interventionsebenen bei Konflikten in Gruppen

Das in Tabelle 4 dargestellte Modell (nach Langmaack/Braune-Krickau 1993, S. 87) unterscheidet verschiedene Ebenen der Intervention und gibt Empfehlungen, in welchen Fällen welche Interventionsebene sinnvoll ist. Unter Interventionen sind Handlungen zu verstehen, die bewusst zur Beeinflussung der Arbeit, zur Förderung des Lernens oder der Veränderung Einzelner und einer Gruppe sowie zur Verbesserung der Interaktionen in einer Gruppe unternommen werden. Es sind keine Manipulationen, die ein bestimmtes Ergebnis zu erzielen versuchen, sondern stellen eher gezielte Impulse dar, die Veränderung anregen.

Bei der Bearbeitung von Problemen in Gruppen oder auch bei der Bearbeitung von auftretenden Konflikten ist es sinnvoll, die möglichen unterschiedlichen Interventionsebenen bewusst anzusteuern. Grundregel ist, jeweils auf den niedrigstmöglichen Interventionsebenen zu arbeiten, weil dies als weniger bedrohlich erlebt wird und die Akzeptanz erhöht.

Beispiel: Konflikte bei der Informationsübermittlung zwischen Sekretariat und Lehrerzimmer sind in der Regel über Absprachen und äußere materielle Hilfsmittel (z.B. Infotafel) gut zu lösen. Dass dabei auch noch individuelle Bedingungen eine Rolle spielen, muss gar nicht unbedingt zur Sprache kommen. Fragen des angemessenen Umgangs mit sexistischer Gewalt in der Sekundarstufe I wiederum lassen sich kaum befriedigend lösen, wenn nicht auch Aspekte der Ebene IV zum Ausdruck kommen. Hier stellt sich allerdings die Frage nach dem geeigneten geschützten Kontext, der eine solche personennahe Auseinandersetzung ermöglicht.

Tab. 4:	Interventionsebenen in Konfliktsituationen	
I	Arbeitsorganisation	Äußere Arbeitsbedingungen, Arbeitsumfeld wie Arbeitszeiten, Räume, Materialien
II	Rollendefinition	Stellenbeschreibung, Arbeitsaufträge und -absprachen, Arbeitsteilung und -zuordnung, organisatorische Einbindung, Kompetenz und Verantwortung, Status, erforderliche Fähigkeiten und Fertigkeiten
III	Erlerntes Rollenverhalten	Wiederkehrende Verhaltensmuster in einem bestimmten Umfeld oder Übernahme bestimmter Rollen in bestimmten sozialen Einheiten: Wortführer/in, Schweiger/in, Außenseiter/in, Oppositionsführer/in usw.
IV	Individuelles Norm- und Wertsystem	Persönliche Ziele, Überzeugungen, Menschenbilder, (Vor-)Urteile, Einstellungen, Maximen, Lebensregeln
V	Persönlichkeitsprofil	Prägende Charakteristika einer Person, die ihre Individualität oder Einzigartigkeit kennzeichnen (z.B. extrovertiert, introvertiert, depressiv, ängstlich usw.)

Wird es aus Schulleitungssicht nötig, mit einer einzelnen Kollegin oder einem einzelnen Kollegen Aspekte der Ebenen IV und V anzusprechen, weil z.B. der Umgang mit Schülerinnen und Schülern davon geprägt ist, ist eher das Gespräch unter vier Augen zu wählen statt im Jahrgangsstufenteam oder gar in einer Konferenz. Sonst ist die Gefahr zu groß, dass die Kollegin bzw. der Kollege sich bloßgestellt fühlt und vor allem Energie darauf verwendet, sich zu verteidigen und das Gesicht zu wahren. Beobachtet eine Schulleitungsperson andererseits, dass verschiedene Lehrer/innen aus einem Jahrgangsstufenteam immer häufiger über Schülerverhalten hinweggehen, das aus ihrer Sicht zu ahnden gewesen wäre, ist eine Anmeldung dieses Punktes für das nächste Team sinnvoll (»Ich möchte gern in Ihre nächste Teamsitzung kommen, um … zu besprechen«) – aber nicht als Kommentar in der Gesamt-Lehrerkonferenz.

Gerade bei größeren Konferenzen gilt: Möglichst nur auf den niedrigsten Ebenen I (Arbeitsorganisation), II (Rollendefinition) und III (erlerntes Rollenverhalten) intervenieren. Deshalb sind klare Absprachen zum Verlauf, zu Gepflogenheiten u.Ä. besonders wichtig, um darauf rekurrieren zu können. Die Ebenen IV und V gehören in geschützte Räume.

6. Gespräche zur Konfliktklärung und Konfliktlösung

6.1 Vorbereitung auf Konfliktklärungsgespräche

Gespräche zur Konfliktklärung sind in der Regel nicht fruchtbar, wenn sie aus dem Stand heraus geführt werden – zumindest, wenn die Konflikte schon die Stufe 1 (Diskussion) verlassen haben. Distanz gegenüber der Situation und Selbstdistanz sind hilfreiche Voraussetzungen zur Konfliktklärung.

Eine innere Vorbereitung ist sinnvoll. Das braucht nicht immer unendlich viel Zeit, aber schon ein wenig – und eine gewisse innere Ruhe. Hierdurch bedingter Zeitverlust ist nicht wirklich zu fürchten: Vorbereitete Konfliktgespräche enden in der Regel produktiver und brauchen seltener eine Fortsetzung. Anhand folgender Fragen lässt sich ein bevorstehendes Konfliktgespräch überdenken:

Schritt 1: Situation klären
- Was genau ist vorgefallen, was ich als Konflikt zwischen mir und X erlebe?
- Was war wirklich wahrzunehmen, was ist schon meine Interpretation?
- Welche Wirkungen hat dieser Konflikt (bei mir, bei der anderen Person, bei Dritten, in sozialen Systemen)?
- Wer ist (inzwischen) einbezogen in den Konflikt?
- Meine Gefühle: Bin ich gekränkt, verunsichert, verärgert, enttäuscht ...?

Schritt 2: Ziel klären
- Halte ich ein klärendes Gespräch über die konflikthafte Situation für nötig?
- Für wen ist die Klärung wichtig: für mich, für meine Konfliktpartnerin bzw. Konfliktpartner, für Dritte?
- Mit wem muss ich ein klärendes Gespräch führen? Ggf. bei mehreren: in welcher Reihenfolge?
- Was ist mein Ziel dabei? Ziel möglichst klein und konkret, kein Rundumschlag.

Schritt 3: Abklären der organisatorischen und institutionellen Rahmenbedingungen
- Gibt es einen Zusammenhang zwischen dem Konflikt und Strukturen der Schule bzw. der dienstlichen Hierarchie (z.B. ungeklärte Kompetenzen oder Präzedenzfälle; schleichende, organisatorisch noch nicht nachvollzogene Veränderungen)?
- Welchen Spielraum gab und gibt es bezüglich der betreffenden Situation für mich und meine Konfliktpartnerin bzw. Konfliktpartner?
- Welchen Einfluss hat meine Rolle als Schulleiter/in (gehabt)?
- Wer ist tatsächlich zuständig und verantwortlich?

Schritt 4: Durch die Brille der anderen Person schauen
- Wie sieht das Problem vermutlich aus der Sicht der Konfliktpartnerin bzw. des Konfliktpartners aus?
- Wie würde es mir an seiner Stelle gehen?
- Was hat die andere Person möglicherweise bewogen, so zu handeln, wie sie gehandelt hat?
- Welche Befürchtungen hatte sie vielleicht?
- Welchen Nutzen hätte sie davon, wenn der Konflikt in meinem Sinne gelöst würde?

Schritt 5: Konkrete Gesprächsvorbereitung
- Entscheide ich mich nach der Reflexion bis hierher immer noch, das Gespräch zu führen: Will ich es der anderen Person zumuten? Mute und traue ich es mir selbst zu? Jetzt?
- Wenn ja: Was will ich erreichen? (Hat sich das Ziel vielleicht verändert?)

- Mit welchen Wirkungen und welchen Nebenwirkungen muss ich rechnen?
- An welchen Punkten will ich mich und meine Position offen halten für Veränderungen (z.B. für Vorschläge der Konfliktpartnerin/des Konfliktpartners)?
- Wo wäre ein günstiger Ort, wann wäre ein günstiger Zeitpunkt?
- Welcher Rahmen wäre für uns beide gut?
- Wie will ich das Gespräch eröffnen?
- Wie benenne ich den Konflikt und dessen Kern präzise und für die andere Person verständlich?
- Wie will ich mit meiner Rolle als Schulleiter/in umgehen?

6.2 Hinweise zur Gesprächsführung

Ein Gespräch zur Konfliktklärung stellt bei allen Beteiligten immer eine gespannte Situation dar: Mit welcher Kritik muss ich mich auseinander setzen? Wie kann ich meine Vorstellungen und Erwartungen zur Sprache bringen? Kommen sie an, werden sie akzeptiert? usw. In solchen Situationen kommt es besonders auf eine klare Kommunikation an (vgl. den Beitrag von Boettcher/Mosing in diesem Band, S. 870ff.).

6.2.1 Vollständig kommunizieren

In einem Konfliktklärungsgespräch ist es wichtig, die Botschaften, die man senden will, möglichst eindeutig kundzutun und wenig »Einladungen« zu Mehrdeutigkeit und Missverständnissen zu formulieren. Das bedeutet, nicht mit Andeutungen und »Zwischen-den-Zeilen«-Gesprochenem zu arbeiten. Wer in einem Konflikt zuhört, hat alle Antennen auf Empfang und ist gewappnet zur Verteidigung – Missverständnisse kosten unnötig Kraft und heizen vielleicht sogar den Konflikt noch an. Auch Ironie ist hier nicht angebracht, sie kann in einer solch sensibilisierten Situation schnell verletzend wirken. Sie hat ihren Platz in entspannteren Zeiten. Formulieren Sie stattdessen

- was geschehen ist, was den Konflikt ausgelöst hat (beschreibend);
- wie Sie die andere Person in dieser Situation erlebt haben;
- welche Wirkung das auf Sie oder ggf. andere hatte;
- welche Bedeutung das für Sie hatte;
- wie Sie das empfunden haben;
- welche Erwartungen Sie für die Zukunft haben usw.

Diese Fragen beziehen sich auf die »vier Seiten einer Nachricht«[4]: Sachaussage, Selbstkundgabe, Beziehungsaussage, Appell (vgl. Abb. 5 auf der nächsten Seite). Alle vier Seiten explizit anzusprechen und nicht nur indirekt anklingen zu lassen, ist hilfreich – und das ist mit »vollständiger« Kommunikation gemeint.

---

[4] Das Modell stammt von F. Schulz von Thun (1981/1989), der den vier Seiten auch passende Farben zuordnet.

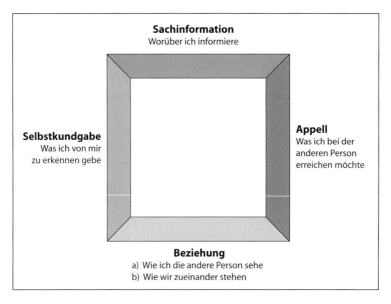

Abb. 5:
Vier Seiten einer Nachricht
(nach Schulz von Thun, 1981)

Die genannte Liste ist nicht so gedacht, alles hintereinander »wegzuspulen«. Zu Beginn lässt sich am besten beschreiben, was geschehen ist und welche negativen Wirkungen das aus Ihrer Sicht hatte. Wenn dann auch die Konfliktpartnerin bzw. der Konfliktpartner die eigene Sicht kundgetan hat, lässt sich anschließend im Dialog feststellen, wo eine gemeinsame und wo eine unterschiedliche Sicht besteht, und dann sind Schlussfolgerungen möglich, in die wiederum die eigenen Erwartungen offen ausgesprochen einfließen. Wichtig ist, die eigene Wahrnehmung, das eigene Empfinden und die eigenen Wünsche für die Zukunft vor dem Gespräch geklärt zu haben, um sie ausdrücken zu können (vgl. oben Kap. 6.1, S. 1071f.).

Ein Anwendungsbeispiel
Frau Marquardt, Schulleiterin, eröffnet morgens den anderen Schulleitungsmitgliedern: »Ach ja, fast hätte ich's vergessen: Die Schulleitungsbesprechung heute Mittag fällt aus. Ich muss zum Empfang beim Oberbürgermeister. Sorry.«

So könnten die ausgesprochenen und unausgesprochenen Botschaften auf den vier Seiten lauten *(und so könnten sie »gehört« werden)*:

- Sachebene: »Die Schulleitungsbesprechung heute Mittag findet nicht statt.«
- Selbstkundgabe: »Ich bin stolz darauf, zum Empfang eingeladen zu sein.« *(»Kommt sich wohl wichtig vor. Für wen hält sie sich denn eigentlich?«)*
- Beziehungsebene: »Der Bürgermeister ist wichtiger als ihr.« *(»Uns lässt sie permanent hängen. Mit uns kann sie's ja machen. Wir müssen immer die Flexiblen sein.«)*
- Appell: »Seid verständnisvoll. Macht einen Sondertermin.« *(»Wir müssen schon wieder unseren Kalender umbauen.«)*

Konfliktstoff genug – für einen Sofortausbruch genauso wie für »Rabattmarken«.

Eine alternative, »vollständige« Äußerung der Schulleiterin hätte z.B. folgende Formulierungen enthalten können: »Die Leitungsteambesprechung heute Mittag fällt aus. Ich muss zum Empfang beim Oberbürgermeister. Ich sage ganz offen, dass mir das auch wichtig ist, unsere Schule dort zu vertreten. Für euch ist das sicher blöd, dass ihr erst so spät von mir informiert werdet, das tut mir auch Leid. Aber durch ein Versehen habe ich selbst die Einladung erst gestern erhalten. Lasst uns schauen, ob wir morgen Zeit haben, die wichtigsten Punkte zu besprechen.« Zu viele Sätze für eine einfache Mitteilung? Anders betrachtet: 20 Sekunden zusätzlich für Konfliktprophylaxe – eine lohnenswerte Investition.

Menschen, die häufig in konflikt- und spannungsreichen Situationen agieren oder in Konflikten zwischen anderen moderieren, müssen die unterschiedlichen Botschaften schnell identifizieren und mit eindeutigen, klaren Antworten reagieren können. Das Aussprechen der sonst oft verborgenen oder nur angedeuteten »unteren« Ebenen (Selbstoffenbarung, Beziehung, Appell) ist ein wichtiges Hilfsmittel, zu einem direkteren Miteinander zu gelangen. Wenn die ausgesprochenen Vermutungen nicht stimmen oder nicht so gemeint waren, lässt sich das seitens der Senderin richtig stellen – oder es wird nachvollziehbar, aufgrund welcher »heimlichen Beziehungsbotschaft« die Empfängerin so empfindlich reagierte. Mit dem gezielten, offenen Ansprechen der vier Seiten gelingt es oft, einen Konflikt sachlich zu lösen oder ihn zu verhindern.

Diese Fähigkeit, vollständig zu kommunizieren, d.h. explizit auf allen vier Ebenen, gehört daher zu den Basiskompetenzen der Gesprächsführung. Diese Fähigkeit bezieht sich auf die sprechende Person, die die relevanten Botschaften auf allen vier Ebenen explizit ausspricht, damit es keine versteckten Vermutungen gibt (vgl. das Beispiel oben), genauso wie auf die hörende Person, die durch Nachfragen dafür sorgen kann, dass mitschwingende Botschaften geklärt werden: *»Habe ich Sie richtig verstanden, dass ... ?«*, *»Das hörte sich eben so an, als ob Sie auch sagen wollten ... Stimmt das?«*

6.2.2 Ich-Botschaften

Gerade wenn heikle Punkte angesprochen werden, sind diese für Konfliktpartner/innen viel leichter zu akzeptieren, wenn sie als Ich-Botschaften (= Selbstaussage im Modell »Vier Seiten«) und nicht als implizite Sie-Botschaften (= Beziehungsaussage im Modell »Vier Seiten«) formuliert werden.

> **Ein Beispiel**
> *In einer stadtweiten Konferenz von Schulleitungen trägt eine Schulleiterin einen wichtigen, aber umstrittenen Vorschlag vor. Ihr begleitender Stellvertreter schaltet sich nicht in die Diskussion ein, als sie im Kreuzfeuer steht, sondern holt sich bei einem besonders heftigen Debattenbeitrag eine Tasse Kaffee.*

Dass die Schulleiterin nach dieser Konferenz mit dem Stellvertreter unter vier Augen spricht, ist klar. Dass sie ihm deutlich sagen wird, wie sie die Situation einschätzt, auch.

Wenn sie sagt: »Sie haben mich total hängen lassen und denen regelrecht ausgeliefert«, erntet sie vermutlich viel mehr Abwehr und Verteidigung als wenn sie sagt: »Sie haben sich nicht zu Wort gemeldet und eingeschaltet, als die mich ins Kreuzfeuer genommen haben. Ich hab mich da absolut allein gelassen gefühlt.« Auch wenn die Vehemenz in der Stimme der Schulleiterin die gleiche ist – und das kann sie auch sein angesichts ihres Ärgers und ihrer Enttäuschung –, enthält die zweite Äußerung im Gegensatz zur ersten keine unterstellte Absicht – und das erleichtert dem Stellvertreter, sich damit auseinander zu setzen. Auch in der zweiten Beispiel-Formulierung kommt eine Aussage über die andere Person vor. Diese beschreibt jedoch lediglich mit neutralen Worten das offen gezeigte Verhalten. Die Unterscheidung von Sie-Botschaften und Ich-Botschaften ist wichtig bei der Beschreibung innerer Prozesse und der Charakterisierung einer Person, ihrer Absichten, Fähigkeiten, Gefühle etc.

6.2.3 Umgang mit sprachlichen Fouls

Es liegt an der angespannten Situation: Alle sind etwas dünnhäutig, wenn Konflikte geklärt werden. Die negative Erfahrung des Konfliktes, der Frust, der Stress – all das sorgt dafür, dass gemäß dem Motto »Angriff ist die beste Verteidigung« bei den meisten Menschen einige Waffen in Form sprachlicher Fouls bereitgehalten werden. Diese Waffen »in den Schrank zu sperren«, gelingt umso leichter, je klarer man selbst kommuniziert und auch aus den eigenen Gefühlen keinen Hehl macht, sondern diese ebenso klar ausspricht (vgl. oben S. 1073).

Nicht ausgesprochene Gefühle sind es nämlich, die sich heimlich doch noch einen Weg bahnen: In einer ironischen Bemerkung, einer halblaut gemurmelten Andeutung, einem abwertenden Begriff – ein bisschen Nachtreten eben … Wenn eine Konfliktpartnerin oder ein Konfliktpartner es nicht ganz lassen kann, das eine oder andere sprachliche Foul zu platzieren, erfolgt die Reaktion am besten abgestuft:[5]

- gelassene nonverbale Missbilligung;
- kurze sprachliche Zurückweisung (»Stop! Bleib fair!«), dann weiter in der Sache;
- Zurückweisung mit kurzer, aber eindringlicher Erläuterung (»Solche Anmerkungen vergiften das Klima, das hilft nicht, wir wollen schließlich den Konflikt lösen und nicht verschärfen«);
- die *gelbe Karte*: Gespräch deutlich unterbrechen und ankündigen, es beim nächsten Foul abzubrechen;
- die *rote Karte*: Gespräch abbrechen und vertagen.

Wer früh aufmerksam und ruhig, ohne Gegenanklage solche Fouls zurückweist, braucht höchstwahrscheinlich die »höheren« Stufen nicht mehr. Notwendig ist natürlich, auch selbst absolut fair zu bleiben …

---

5 Vgl. dazu Redlich (1997, S. 180 ff.), der diese Stufen für eine Konfliktmoderation beschreibt.

6.3 Der Einstieg in ein Konfliktklärungsgespräch

Folgender Dreischritt hat sich sowohl in persönlicher als auch in schriftlicher Kommunikation zum Einstieg in eine Konfliktklärung bewährt:

1. Beobachtung formulieren – beschreiben, nicht werten;
2. Wirkung beschreiben (auf mich, gegebenenfalls auf andere);
3. um Stellungnahme bitten.

Beispiel einer Teamleiterin für ein Schulentwicklungsprojekt an einem Berufskolleg, die einen Kollegen anspricht:

1. »Mir ist aufgefallen, dass du nicht mehr regelmäßig zu unseren Teamtreffen kommst und auch deine Beiträge immer knapper ausfallen.
2. Das hinterlässt bei mir den Eindruck, als ob du auf etwas ärgerlich wärst oder als ob dir die Arbeit im Projektteam lästig wäre.
3. Wie sieht es aus deiner Sicht tatsächlich aus?«

Immer:
- konkret bleiben;
- kein »Gang durchs Museum« – also nicht: »Was ich dir übrigens auch immer schon mal sagen wollte ...«;
- keine Absichten unterstellen – also nicht »Du ignorierst mich und meine Arbeit«, sondern »Du hast meine letzten Mails nicht beantwortet«;
- abwertende Begriffe in der Beschreibung durch wertschätzende, neutrale ersetzen, ohne die Kritik zu verschleiern – also nicht »Das Zeug, das du mir als Attachment geschickt hast, kann ich überhaupt nicht brauchen«, sondern »Die Unterlagen, die du mir gegeben hast, sind für meine Zusammenfassung nicht nutzbar; es fehlen wesentliche Informationen, die du mir laut Absprache zur Verfügung stellen solltest«.

6.4 Interessen und Absichten: Quelle für Lösungsideen

Während die erste Phase eines Konfliktklärungsgesprächs davon geprägt ist, die Konfliktauslöser und die negativen Wirkungen auf die Beteiligten herauszuarbeiten sowie Wahrnehmungen und Einschätzungen abzugleichen, steht im zweiten Teil die Lösungssuche im Mittelpunkt. Kein leichter Akt, sind doch in der Regel die Interessensunterschiede nicht einfach verschwunden, die zu den sehr unterschiedlichen Positionen geführt haben.

Fatal wäre es jetzt, lediglich weiterhin die meist bekannten Positionen zu wiederholen und um einen Kompromiss zu feilschen, der maximal auf halber Strecke liegt. Viel produktiver ist es, sich den Interessen, Absichten und Zielen zuzuwenden, die zu diesen unterschiedlichen Positionierungen und Verhaltensweisen geführt haben. Hier gibt es manchmal überraschende Übereinstimmungen. Und selbst wenn nicht: Ganz oft liegt der Konflikt ja auch nicht in den Zielen, sondern in dem konkreten Weg, den jemand beschritten hat, dieses Ziel zu erreichen – von dem ich finde, dass dieser Weg nicht der geeignete ist oder unerwünschte Nebenwirkungen birgt. Aus dem Austausch über Ziele und Interessen lassen sich hieraus oft neue, gemeinsame Wege ableiten.

Eine oft gestellte Frage in Konfliktklärungsgesprächen sollte deshalb sein: »Was hat dich bewogen, so zu handeln?« Und dann von sich zu erzählen, was einen selbst bewegt oder bewogen hat, sich anders zu entscheiden. Interessen zu fokussieren und nicht Positionen, ist oft der Schlüssel, einen festgefahrenen Konflikt wieder »flüssig« und flexibel zu bekommen.

7. Die Moderation von Konflikten: Hilfe zur Konfliktklärung und Konfliktlösung

Konflikte, deren Lösung zwar unter den unmittelbar Beteiligten ins Stocken geraten ist, die aber noch nicht allzu verhärtet sind, lassen sich mithilfe einer Moderatorin oder eines Moderators lösen. Dabei geht es um Hilfe zur Selbsthilfe. Aufgabe der Moderation ist es, für einen guten Gesprächsverlauf zu sorgen und die eigenen Ressourcen der Konfliktpartner/innen zu fördern. Ziele der Moderation sind also:

- die verschiedenen Sichtweisen und Erlebnisqualitäten zum Ausdruck bringen zu lassen, Funktionen und Rollen zu klären, vergangene Abläufe transparent zu machen und zukünftige zu vereinbaren;
- den meist in eine Sackgasse geratenen Kommunikationsfluss zwischen den Konfliktpartner/innen zu fördern (evtl. erst wieder in Gang zu bringen);
- die Konfliktpartner/innen zu ermutigen, eigene Lösungsmuster und Bewältigungsstrategien zu entwickeln.

Den Anstoß dazu gibt in der Regel die Person, die sich benachteiligt oder unterlegen fühlt – sie wendet sich an eine dritte Person, z.B. die Schulleiterin, mit der Bitte, in den Konflikt einzugreifen. Eine Konfliktmoderation kann aber auch einen anderen Anfang nehmen: Eine Schulleiterin oder ein Schulleiter beobachtet einen nicht gelösten Konflikt und bewertet ihn so, dass dieser Zustand Schaden anrichtet – und entscheidet, die Beteiligten zu einer Konfliktklärung und -lösung an einen Tisch zu holen.

7.1 Neutralität?

In der Regel vermittelt eine Konfliktmoderatorin oder ein Konfliktmoderator zwischen zwei Konfliktparteien. Damit entsteht ein soziales Dreieck, eine Beziehungskonstellation, die schon im normalen Alltag immer schwierig zu handhaben ist (»Zwei gegen einen«, »Der Freund meines Feindes kann nicht mein Freund sein« usw.). Bereits die Einstiegssituation ist also hoch sensibel. Egal wie neutral die Bitte um Hilfe formuliert ist: Subjektiv geht es der konfliktmeldenden Person immer darum, Hilfe und Unterstützung für die eigene Person und Position zu bekommen. Im Klartext: Die Schulleitung soll bewegt werden, sich auf eine Seite zu stellen – nämlich ihre. Eine Moderatorin oder ein Moderator muss diese schwierige Situation gut ausbalancieren. Das heißt: Zu beiden Parteien gilt es, eine konstruktive und unterstützende Beziehung aufzubauen, ohne in eine Koalition einzutreten, denn das wäre das Ende der konstruktiven und unterstützenden Beziehung zur jeweils anderen Konfliktpartei.

Der Begriff »Neutralität« greift hier zu kurz, suggeriert er doch, dass man »außen vor« bleiben könne. Auch wer in einem Konflikt nicht unmittelbar beteiligt ist, ist keineswegs neutral und tut gut daran, sich das klar zu machen: Schulleiter/innen haben Interessen (z.B. Ziele der Schulentwicklung), sind geprägt von eigenen Einstellungen (z.B. bestimmten pädagogischen Überzeugungen) oder haben eine unterschiedliche Beziehungsgeschichte zu den Konfliktparteien. Vor einer Konfliktmoderation gilt es, sich diese Verknüpfungen mit den handelnden Personen und den unmittelbaren wie mittelbaren Konfliktthemen zu vergegenwärtigen und zu entscheiden, wie man im Rahmen der Konfliktmoderation damit umgehen will. Die meisten Aspekte verlieren ihren Einfluss, wenn man sie für sich geklärt hat und feststellt, dass sie in diesem Kontext keine entscheidende Bedeutung haben. Einige Aspekte können die Rolle als Schulleiter/in oder Dienstvorgesetzte/r berühren, sie werden dann besser offen eingebracht. Dies gilt z.B., wenn rechtliche Vorgaben, Beschlüsse der Schulkonferenz oder Grundsätze der Schulentwicklung berührt sind und eine mögliche Konfliktlösung nicht mehr völlig frei zu entwickeln ist, sondern nur im gegebenen Rahmen – dann ist es Aufgabe einer Konfliktmoderatorin oder eines Konfliktmoderators, auf diesen Lösungskorridor hinzuweisen.

Sollten ausnahmsweise persönliche Beziehungen die »Gleichabständigkeit« zu beiden Konfliktparteien gefährden – und sei es auch nur aus Sicht einer der Parteien –, so ist zu überlegen, ob eine andere Person (z.B. die Stellvertreterin bzw. der Stellvertreter) eine geeignetere Person für eine Konfliktmoderation ist. Deshalb ist es oft besonders hilfreich, zu Beginn einer Konfliktmoderation die eigene Rolle als Moderator/in klar zu beschreiben, Parteilichkeiten oder vermutete Parteilichkeiten zu benennen und die eigenen Interessen deutlich zu machen.

Eine bessere Richtschnur als »Neutralität« stellt für moderierendes Handeln der Begriff »Allparteilichkeit« dar. Er beschreibt eine Haltung und Überzeugung, die sich im Laufe der Moderation auf vielfältige Weise ausdrücken kann, nämlich: »Ich bin überzeugt, dass jede der handelnden Personen gute Gründe hat. Ich möchte keinen Gewinner-Verlierer-Ausgang herbeiführen, sondern eine Konfliktlösung, die beiden Seiten gerecht wird. Dazu werde ich immer wieder abwechselnd durch die Brillen beider Beteiligten schauen und beide dabei unterstützen, ihre Interessen einzubringen. In diesem Perspektivwechsel bin ich engagiert für alle Beteiligten, die unmittelbaren wie auch die mittelbar vom Konflikt Betroffenen, die nicht mit am Tisch sitzen.« Mit einer solchen Haltung lässt sich die Starre fördernde Konfliktlogik des »Entweder/Oder« und des »Richtig/Falsch« durch ein »Zugleich« ersetzen, mit dem die Konfliktparteien immer wieder eingeladen werden, ebenfalls die unterschiedlichen Blickwinkel einzunehmen.

Kleiner Trost zum Schluss: Selbst externe Konfliktmoderatorinnen und -moderatoren sind keinesfalls immer neutral und völlig unparteiisch: Sie wollen zufriedene Kunden hinterlassen, um weiterempfohlen zu werden oder Anschlussaufträge zu erhalten, sie haben auch eigene Meinungen z.b. über Pädagogik, sie haben vielleicht schon konkrete Vorerfahrungen mit einzelnen Konfliktbeteiligten oder Inhaber derselben Rollen. Professionalität besteht darin, mit diesen Gegebenheiten sorgsam und reflektiert umzugehen und ggf. Einflussfaktoren offen zu legen.

7.2 Der Ablauf einer Konfliktmoderation

Eine Konfliktmoderation vollzieht sich in mehreren Schritten, die im Folgenden als exemplarische Handlungsanleitung beschrieben werden. Zugrunde gelegt wird ein Konflikt zwischen zwei Lehrer/innen, die Sie als Schulleiter/in zur Konfliktmoderation hinzuziehen.

Schritt 1: Basis für die gemeinsame Konfliktklärung schaffen

Das Problem wird an Sie als Schulleiter/in herangetragen – in einer Zweierkonstellation. Zwei wichtige Dinge sind in dieser Situation zu leisten:

1. Sich nicht den Ball der Lösungsfindung zuspielen lassen. Hierzu gehört auch abzuklären, ob die Beteiligten wirklich schon alle eigenen Möglichkeiten ausgeschöpft haben.
2. Für »Gleichabständigkeit« sorgen und einen Draht zu beiden Konfliktparteien herstellen. Das bedeutet: Wenn Person A Sie angesprochen hat: »So geht es nicht mehr weiter, jetzt müssen Sie eingreifen« und Sie ihr vorgeschlagen haben, die Lösung in einem gemeinsamen Gespräch zu finden, müssen Sie zunächst unbedingt – zumindest kurz – mit Person B Kontakt aufnehmen, ihr kurz von dem Vorgang berichten (nicht inhaltlich alles wiedergeben, das bleibt für den »runden Tisch« und außerdem Aufgabe von A) und ebenfalls ihr Einverständnis einholen, eine gemeinsame Konfliktklärung mit Ihrer Unterstützung zu suchen. Wenn Person A dies zuvor schon von sich aus Person B gegenüber angekündigt hat, umso besser – trotzdem sollten Sie auf einen kurzen Kontakt mit B vor dem Dreiergespräch nicht verzichten.

Warum ist das so wichtig? Oben ist die sensible Dreieckssituation geschildert worden. Gingen Sie nach der »Problemmeldung« sofort in das Dreiergespräch, so sähe sich Konfliktpartei B der Situation gegenüber: »A hat schon mit der Schulleitung gesprochen.« Damit stehen Sie unter dem Verdacht, sich die Schilderung von A zu Eigen gemacht zu haben – egal, ob Sie es getan haben oder nicht. Deshalb ist es notwendig, einen eigenen Draht zu B aufzubauen. Manchmal müssen Sie in diesem Gespräch auch mit der Empörung umgehen, weil bei B das Gefühl aufkommt, A habe ihn »verpfiffen«

oder »angeschwärzt«. Machen Sie am besten kurz und ruhig deutlich, dass Sie es für einen absolut normalen Weg halten, in einem Konflikt Unterstützung zu holen, und dass Sie beide gern darin unterstützen, einen Weg zu finden, mit dem beide gut leben können.

Ziel dieser Phase ist es also, die Beteiligten zu motivieren, sich gemeinsam mit Ihnen an einen Tisch zu setzen. Es kann notwendig sein, Bedingungen zur Aussprache zu vereinbaren, besonders, wenn es schlechte Vorerfahrungen mit Konfliktlösungsversuchen gegeben hat. Dann sind Einzelgespräche sinnvoll. Hier kann kurz das weitere Vorgehen abgesprochen werden – vielleicht auch ausführlicher, wenn die Beteiligten aufgrund der Vorgeschichte nicht mehr viel Hoffnung auf eine Klärung hegen. Aber: Diese Vorgespräche dienen nicht der inhaltlichen Bearbeitung des Konflikts!

Die folgenden Schritte finden nun zu dritt statt:

Schritt 2: Das Problem auf den Tisch legen

Nach einer kurzen Einleitung, in der Sie

- Ihre Rolle als Moderator/in noch einmal darlegen (»*Ich bin Klärungshelfer/in, nicht Schiedsrichterin*«),
- Interessen deutlich machen (»*Als Schulleiter/in habe ich dafür zu sorgen, dass ...*«),
- kurz den Ablauf rekapitulieren (»*Vor drei Tagen hat mich Frau A angesprochen, ..., wir, Herr B, haben ja vorgestern kurz ..., und nun bin ich froh, dass wir so schnell einen gemeinsamen Termin gefunden haben ...*«) und
- das Ziel formulieren (»*Sie beide haben gesagt, dass Sie allein nicht weiterkommen – ich möchte Sie nun dabei unterstützen ...*«).

Sorgen Sie dafür, dass die verschiedenen Standpunkte, Erlebnisweisen etc. dargelegt werden – nicht von Ihnen, sondern von den Beteiligten. Ihre Rolle ist es, die Art und Weise der Darstellung anzuleiten: möglichst mit Ich-Formulierungen, ohne Schuldzuweisungen und vermutete Absichten.

Gerade in dieser ersten Gesprächsphase wird Ihre Fairness und Allparteilichkeit auf die Probe gestellt – seien Sie sehr gerecht und kündigen Sie es am besten an: »*Ich schlage vor, dass zunächst Sie, Frau A, schildern, wie Sie den Konflikt sehen, und dass dann Sie, Herr B, schildern, wie das Ganze aus Ihrem Blickwinkel ausschaut.*« Mit Fragen können Sie steuern, dass Frau A sich nicht in zu vielen Details verliert. Am besten schließen Sie diesen ersten Schritt mit einer Paraphrase (vgl. unten S. 1084) ab: »*Habe ich Sie richtig verstanden, Frau A, dass für Sie der wichtigste Konfliktpunkt war, dass ...?*« Damit erreichen Sie zwei Ziele: Frau A kann prüfen, ob ihr Anliegen angekommen ist – und wenn dies der Fall ist, wird sie zufrieden sein und kann dann der anderen Person zuhören. Herr B wiederum bekommt durch Ihre »Übersetzungshilfe« mit, was für Frau A der zentrale Punkt ist – oft ging das vorher in einer Vielzahl von konflikthaften Interaktionen unter.

Nachdem Sie Frau A mit dieser Paraphrase »verabschiedet« haben, wenden Sie sich Herrn B zu: »*Wie haben Sie diesen Ablauf, diese Situation ... wahrgenommen?*« Wichtig: Auch mit Herrn B arbeiten Sie über Fragen und Paraphrasen heraus, was für ihn der zentrale Knackpunkt war oder worin genau die Kränkung bestand. Wenn er die Paraphrase bestätigt hat (oft mit »Ja, genau«), dann haben Sie den ersten wichtigen Schritt geleistet: Beide Sichtweisen sind auf dem Tisch, vielleicht noch nicht vollständig, aber bereit zur weiteren Bearbeitung. Und zugleich waren Sie Modell: Sie haben gezeigt, wie wichtig Zuhören ist, dass Verstehen der erste Schritt der Konfliktklärung ist, und Sie haben Fairness und Gerechtigkeit praktiziert.

In dieser Phase fällt es den Konfliktparteien nicht selten schwer, in Ruhe zuzuhören. Erleichtern Sie es ihnen, indem Sie der sprechenden Konfliktpartei keine Unterstellungen, verletzenden Ironien und andere sprachliche Fouls durchgehen lassen und indem Sie die unterbrechende Person daran erinnern, dass Sie gleich mit derselben Ruhe ihr zuhören werden.

Fassen Sie nach diesen ersten beiden Teilschritten zusammen, was daraus als Problem deutlich geworden ist. Manchmal stellt sich hier heraus, dass das Problem ein anderes ist als beim ersten Problemanzeigegespräch, als eher noch Äußerlichkeiten genannt wurden. Manchmal ist es schon nach dieser ersten Runde möglich, Gemeinsamkeiten in der Problemsicht zu formulieren – zum Erstaunen der Beteiligten: »*Bei aller Unterschiedlichkeit Ihrer Problemsicht wird für mich deutlich, dass Sie beide vor allem stört, dass ... und dass Ihnen beiden vor allem an ... gelegen ist.*«

Oft sind noch Vertiefungen der Situationsanalyse notwendig. Gerade zu Beginn sollten diese immer noch über Sie laufen, wenn die Atmosphäre sehr angeheizt ist. Schalten Sie sich immer dazwischen, wenn Sie Fouls mitbekommen und »übersetzen« Sie so oft wie nötig angebliche Sachaussagen in Verhaltensbeschreibungen, Ich-Botschaften oder Frageformulierungen. (Beispiel: »Und da hat er mich völlig links liegen lassen!« Übersetzungsangebot: »*Heißt das, er ist auf Ihre Beschwerde überhaupt nicht eingegangen? Und Sie waren empört, weil Sie sich damit abgekanzelt fühlten – stimmt das?*«) Lösen Sie Ironie auf – sie ist bei guter Beziehung das kommunikative Salz in der Suppe, in eskalierten Konflikten jedoch eine Quelle für erneute Verletzungen.

Regen Sie allmählich an, dass sich die Konfliktparteien aufeinander beziehen: »*Als Frau A gerade berichtete ... was ging Ihnen da durch den Kopf?*«, »*Herr B hat gerade geschildert, wie er diese typische Konfliktsituation erlebt hat – wie haben Sie das erlebt?*« Je mehr sich die Konfliktparteien einander zuwenden, aufeinander eingehen, sich vertiefend befragen, desto mehr können Sie sich zurückziehen. Seien Sie aber auf der Hut und sofort bereit, sich wieder als Übersetzungshelfer/in einzuschalten, wenn angerührte Verletzungen wieder zu Vorwürfen u.ä. führen.

Es gibt Konfliktmoderationen, die mit dieser Phase beendet sind: Weil nämlich der Austausch über die unterschiedlichen Sicht- und Erlebnisweisen bereits eine Situation so verändert, dass beide Beteiligten sagen »Jetzt, wo ich weiß, was dich so gekränkt hat ... mir war ja gar nicht klar, dass ... jetzt finden wir schon einen Weg«. Häufig aber werden Sie auch noch gebraucht, wenn es um die konkreten Schlussfolgerungen für die Zukunft geht.

Schritt 3: Lösungsalternativen suchen und Entscheidungen treffen

Beteiligen Sie alle daran – und suchen Sie möglichst breit, zunächst ohne Bewertung. Wünsche müssen erst deutlich werden, bevor man sie realistisch überprüfen kann. Wege zur Generierung von Lösungsalternativen:

- *»Kuchen vergrößern«:* Den Verhandlungsinhalt erweitern, z.B. nicht nur über eine Klassenleitungsübernahme sprechen, sondern auch über die sonstige Unterrichtsverteilung.
- *Zugeständnisse machen:* Freigiebig sein, wo es der anderen Person wichtig ist, ggf. teilweise entgegenkommen – aber immer auf eine Gegengabe achten.
- *Kompensation erbitten:* Eigenes Entgegenkommen mit einem Wunsch verbinden: »Wenn ich dir an diesem Punkt entgegenkomme, erwarte ich von dir andererseits ...«
- *Sich gegenseitig unterstützen:* »Du hilfst mir hier, ich dir da.«
- *Prioritäten setzen:* Wichtige Konfliktthemen von weniger wichtigen trennen. »Was ist jetzt wirklich wichtig? Was ist mir, was der anderen Person besonders wichtig? Wo können wir mit einem Konflikt noch eine Weile leben – ohne ihn zu verleugnen?«
- *Brücken bauen:* Gemeinsame übergeordnete Ziele betonen und von da aus nach Lösungen suchen, die die Interessen beider aufgreifen.

Wenn dann eine Reihe von Möglichkeiten auf dem Tisch liegen, bewerten Sie sie danach, ob Nutzen und Lasten bzw. »Kosten« gleichmäßig verteilt sind. Sortieren Sie alle Lösungen aus, die doch nur wieder Gewinner-Verlierer-Situationen reproduzieren. Manchmal hilft auch das Prinzip »Einer teilt – einer wählt« (z.B. bei Arbeitsaufteilungen). Bewerten Sie die verbleibenden Lösungen dann auch noch nach ihrer Realisierbarkeit und ihrer Verträglichkeit mit dem (sozialen) Kontext. Denken Sie daran, dass gute Konfliktlösungen nicht immer alle glücklich und zufrieden machen, sondern manchmal auch eine Distanzierung im Alltag, z.B. zwischen allzu unterschiedlichen Temperamenten, ein guter Weg sein kann.

Schritt 4: Konkrete Umsetzungsplanung (inkl. Kontrolle)

Verabreden Sie mit den Beteiligten, wann bzw. ab wann die gefundene Lösung umgesetzt werden soll, welche flankierenden Maßnahmen u.U. noch notwendig sind und wann und wie Sie den Erfolg überprüfen wollen. Und tun Sie das auch und gerade dann, wenn es gut läuft.

Wenn Sie aus der unterschiedlichen Länge der Darstellung der einzelnen Moderationsphasen den Eindruck gewinnen, dass der Anfang am schwierigsten ist, dann haben Sie damit Recht.

7.3 Erforderliche besondere Gesprächskompetenzen

7.3.1 Aktiv zuhören und paraphrasieren

Methoden des aktiven Zuhörens verbessern die Qualität von Gesprächen, besonders in Beratungs-, Verhandlungs- und Konfliktgesprächen. Als Konfliktmoderator/in nutzen Sie diese Methoden besonders intensiv, wenn Sie Übersetzungshilfe zwischen den Konfliktparteien leisten. Ziel ist es, die Gedanken und Beweggründe der jeweils anderen Person zu verstehen und nachzuvollziehen (nicht: sie »richtig« zu finden). Auf dieser Grundlage helfen Sie, ein gemeinsames Problemverständnis herzustellen und damit eine gemeinsame Lösungssuche und -verabredung zwischen den Konfliktpartnerinnen bzw. Konfliktpartnern zu ermöglichen.

Neben Signalen, die ungeteilte Aufmerksamkeit und die Bereitschaft ausdrücken, zuzuhören und gut zu verstehen (Blickkontakt, zugewandte Körperhaltung; leichtes Kopfnicken, Äußerungen wie »Ja«, »Hm«, »Ah ja« etc.) ist vor allem das Paraphrasieren ein wichtiges Hilfsmittel der Verständigung gerade in der Anfangsphase einer Moderation, wenn es um das gegenseitige Erkunden der Konfliktwahrnehmung geht (vgl. dazu auch die Beispielformulierungen oben in Schritt 2, S. 1081ff.).

Eine Paraphrase gibt die Aussagen des Sprechers bzw. der Sprecherin mit eigenen Worten wieder, um zu ermitteln, ob man seine Aussagen wirklich verstanden hat. Paraphrasieren kann wiederholend, umschreibend oder zusammenfassend erfolgen, entweder in Aussageform (»*Sie meinen ...*«) oder in Frageform (»*Verstehe ich Sie richtig ...?*«). Wer dabei Vermutungen ausspricht, kennzeichnet sie am besten als solche (»*Es hört sich so an, als wenn Sie ...*«).

Wichtig ist, nicht die ganze Aussage echoartig zu wiederholen, sondern den Gehalt, den Kern der Aussage aufzugreifen. Was ist der zentrale Gedanke, was ist das wesentliche Gefühl, die wesentliche Empfindung, die ausgedrückt wird? Eine Paraphrase oder die Verbalisierung einer Emotion darf nicht urteilend und interpretierend sein. Eine Stimmführung, die eher fragend und erahnend als diagnostizierend und feststellend klingt, vermeidet das. Eigene, weiterführende Gedanken oder Interpretationen gehören nicht in die Paraphrase.

7.3.2 Strukturieren

Neben den Methoden des aktiven Zuhörens und Paraphrasierens sind in einer Konfliktmoderation vor allem strukturierende und Orientierung gebende Interventionen notwendig. Struktur und Orientierung ist nämlich das, was den unmittelbar am Konflikt Beteiligten in ihrer emotionalen Aufgewühltheit oft verloren geht. Strukturierungen eines Konfliktgesprächs sind wichtig

- zu Beginn und am Ende des Gesprächs;
- wenn Sie von einem Schritt zum nächsten gehen;

- wenn das Ziel, das Thema oder der eingeschlagene Weg unklar oder strittig ist;
- wenn die Konfliktpartner/innen auf unterschiedliche Themen Bezug nehmen.

Das heißt: Diese Strukturierungen öffnen das Gespräch oder einzelne Gesprächsabschnitte (Themen vorgeben, zu Kommentaren und Schilderungen auffordern) und schließen das Gespräch oder Gesprächsabschnitte (Themen beenden, ausklammern, zusammenfassen). Folgende Strukturierungsmethoden haben sich als hilfreich erwiesen, oft in Kombination:

- *Gesprächsbeiträge zusammenfassen:* »Wenn ich die Beiträge richtig verstanden habe, sprechen Sie sich beide dafür aus ...«
- *Den Diskussionsprozess beobachten, beschreiben und ggf. deuten:* »Meinen Sie damit, dass ...?«, »Ich habe den Eindruck, dass wir zwischen Problembeschreibung und Lösungsansätzen hin- und herspringen.«
- *Vorschläge zum weiteren Vorgehen in der Diskussion machen:* »Nachdem jetzt das Problem aus Ihrer beider Sicht ausführlich beschrieben ist, schlage ich vor, dass Sie beide nun formulieren, wie Sie sich den Ablauf in Zukunft vorstellen können.«
- *Rückmeldung einfordern, sich rückversichern*: »Sind Sie mit dieser Vorgehensweise einverstanden?«, »Habe ich damit alle Lösungsalternativen erfasst?«, »Gibt es noch Gesprächsbedarf zu ...?«

Mit dieser Strukturierung übernimmt eine Konfliktmoderatorin oder ein Konfliktmoderator eine wichtige Führungsfunktion. Sinnvoll ist aber auch, diese Strukturierungen immer wieder mit den beteiligten Konfliktpartnerinnen bzw. -partnern rückzukoppeln und abzustimmen, indem man sich vergewissert, dass der Strukturierungsvorschlag verstanden wurde und die anderen einverstanden sind, so vorzugehen. Das kooperative Problemlösen wird so durch die gemeinsame Gestaltung des Gesprächsprozesses unterstützt.

7.3.3 Sprachliche Fouls unterbinden

Hier aufmerksam zu sein, ist für Konfliktmoderatorinnen und -moderatoren besonders in der ersten Phase geboten. (Erneute) Verletzungen zu vermeiden ist wichtiger, als dass jemand ungefiltert seine Emotionen und Gedanken auskippt. Zur Intervention steht das abgestufte Repertoire zur Verfügung, das schon oben unter 6.2.3 (S. 1076) beschrieben wurde.

7.4 Grenzen der Konfliktmoderation und Alternativen

Wo für einmalige, umgrenzte Konfliktkonstellationen (z.B. mit Praktikantinnen und Praktikanten) eine schnelle Lösung gefunden werden muss oder wo keine Zeit oder

Bereitschaft zu einer gemeinsamen Lösungssuche gegeben ist, kann ein Schlichtungsverfahren angebrachter sein als eine Moderation. Die Schlichterin oder der Schlichter hört beide Parteien an und formuliert danach einen eigenen Vorschlag, den beide Parteien – hoffentlich – annehmen. Nachteil: Die eigene Konfliktlösungskompetenz der Beteiligten wird so nicht unbedingt gestärkt.

Es gibt außerdem Situationen, in denen eine Konfliktmoderation durch eine Schulleiterin oder einen Schulleiter überhaupt an ihre Grenzen stößt: Wenn angesichts besonders schwieriger, evtl. schon weite Teile des Kollegiums umfassender Konfliktkonstellationen die eigenen »Bordmittel« nicht mehr ausreichen oder wenn die Schulleitung selbst zu sehr in die Konfliktkonstellation verwoben ist. In diesen Fällen kann es sinnvoll sein, eine kompetente externe Konfliktmoderatorin bzw. einen Konfliktmoderator hinzuzuziehen (z.B. eine spezialisierte Supervisorin oder einen Mediator). Dies zu tun, ist keine Niederlage, sondern Zeichen für souveränes und kompetentes, bewusst die eigenen Grenzen berücksichtigendes Handeln als Führungskraft.

Wenn Konflikte schon so eskaliert und verhärtet sind, dass keinerlei Bereitschaft mehr zur Konfliktklärung und -lösung erkennbar ist, wenn beide Seiten »Truppen« organisieren, evtl. auch die Öffentlichkeit einbeziehen und Schaden bei anderen Menschen zumindest billigend in Kauf genommen wird, dann sind andere Konfliktmanagement-Formen gefragt: Interventionen durch Machteingriffe, die die dienstvorgesetzte Behörde vorzunehmen oder zu initiieren hat.

7.5 Wirkungen der Konfliktmoderation

Eine Konfliktmoderation, die versucht, beiden Seiten in einem Konflikt gerecht zu werden, erzielt positive Wirkungen auf zwei Ebenen: Auf der Ergebnisebene wird eine möglichst optimale Lösung für den konkreten, konfliktbeladenen Sachverhalt gefunden. Auch auf der zweiten, der Prozessebene, ergibt sich ein Gewinn, denn durch die konkrete Konfliktlösungsarbeit entsteht für die beiden Konfliktpartner/innen wieder eine Perspektive für die weitere Zusammenarbeit.

Konfliktmoderation bedeutet, für das Wie der Konfliktlösung zu sorgen, nicht für das inhaltliche Ergebnis. Den Erfolg, selbst eine Lösung gefunden zu haben, verbuchen die Konfliktparteien. Dies wirkt auch langfristig: Die positive Erfahrung aus einer früheren Konfliktlösung lässt beide eher konstruktiv an den neuen Konflikt herangehen. Konstruktive, beherzte, allparteiliche Konfliktmoderation durch die Schulleitung ermöglicht Modell-Lernen und befördert damit die Konfliktklärungskultur der Schule.

8. Sieben Maximen für das Leben mit Konflikten

Die folgenden Lebensregeln hat Bernd Pesendorfer 1983 (zit. aus ders. 1995, S. 177) zusammengestellt – sie verdichten vieles, was zuvor in diesem Text über Konfliktmanagement beschrieben wurde:

1. »Suche Widersprüche zu meiden, wenn es geht. Wenn es aber guten Gewissens nicht geht, nimm den Widerspruch an und mach dich mit deinem Kontrahenten auf den Weg nach einer neuen gemeinsamen Wahrheit.
2. Wenn du von jemandem etwas willst, frag ihn, was du für ihn tun kannst. Wenn jemand etwas von dir will, lass ihn etwas für dich tun. Genauigkeit im Tausch stiftet brauchbare Bündnisse.
3. Sorge dafür, dass du bei dir zu Hause bist, so kannst du drinnen Gastfreundschaft geben und draußen annehmen. Das macht dir den Fremden, den Feind zum Freund, der bei den Seinen ein Wort für dich einlegen kann wie du bei den Deinen für ihn.
4. Verzichte auf die Sehnsucht nach einem paradiesischen Frieden. Es gibt ihn nicht. An deinem Konfliktverhalten sieht man, ob du einen Frieden willst, der Gegensätzen Raum gibt.
5. Wer erfahren hat, wie wir das bisschen gegenseitiger Verträglichkeit ständig und mühsam erkämpfen müssen – gegen all die eigene und fremde Gewalt –, der ist dankbar für jeden Tag, den er in Frieden und anerkannt als freie Person in einer Gemeinschaft lebt.
6. Wer weiß, was er an sich und den anderen hat, der wird in unvermeidlichen Konflikten niemandem unnötig Schmerz zufügen.
7. Stell dich zur Verfügung, wenn andere unterstützende Beratung brauchen. Man wird dir beratend beistehen, wenn du dich in Konflikte verstrickt hast und keinen Ausgang siehst.«

Literaturverzeichnis

Billen, B./Schepp-Winter, E. (1993): So bewältige ich als Frau Konflikte im Beruf. Strategien zur Lösung und Verarbeitung von Konflikten. Mannheim.
Doppler, K./Lauterburg, C. (2002): Change Management. Den Unternehmenswandel gestalten. Frankfurt a.M., S. 413–431 (Kap. 12 »Konfliktmanagement«).
Glasl, F. (^{3}1992): Konfliktmanagement. Bern/Stuttgart.
Langmaack, B./Braune-Krickau, M. (^{4}1993): Wie die Gruppe laufen lernt. Weinheim/Basel.
Lotmar, P./Tondeur, E. (^{2}1991): Führen in sozialen Organisationen. Ein Buch zum Nachdenken und Handeln. Bern.
Nuber, U. (1998): Gut, dass wir nicht darüber geredet haben. In: Psychologie heute, H. 1, S. 22–27.
Pesendorfer, B. (1995): Konflikt-Management als angewandte Dialektik. In: Voß, B. (Hrsg.): Kommunikations- und Verhaltenstrainings. Göttingen, S. 164–183.
Redlich, A. (1997): Konflikt-Moderation. Handlungsstrategien für alle, die mit Gruppen arbeiten. Hamburg.
Schulz von Thun, F. (1981): Miteinander reden. Band 1: Störungen und Klärungen. Reinbek bei Hamburg.
Schulz von Thun, F. (1989): Miteinander reden. Band 2: Stile, Werte und Persönlichkeitsentwicklung. Reinbek bei Hamburg.
Thomann, C. (1998): Klärungshilfe. Konflikte im Beruf. Reinbek bei Hamburg.
Ury, W./Brett, J./Goldberg, S. (1996): Konfliktmanagement. Wirksame Strategien für den sachgerechten Interessenausgleich. München.

Karl-Klaus Pullig

Konferenzen[1]

System, Kultur, Methoden

1. Das Konferenzsystem der Schule 1089
1.1 Gesunder Konferenzorganismus 1092
1.2 Empfehlungen zur Gestaltung des Konferenzsystems 1094

2. Die Konferenzkultur der Schule 1095
2.1 Traditionelle und jüngere Konferenzrituale 1095
2.2 Drei Ebenen der Organisations- bzw. Konferenzkultur 1095
2.3 Situationsgemäße Konferenzleitungsstile 1096
2.4 Empfehlungen zum Konferenzleitungsstil 1103

3. Konferenzmethoden 1103
3.1 Konferenzphasenkonzept 1103
3.2 Empfehlungen zum Konferenzphasenkonzept 1107
3.3 Beispiele für Methoden in einzelnen Konferenzphasen 1107
3.4 Beispiele alternativer Konferenzmethoden und Konferenzkonzepte 1113

Literaturverzeichnis 1116

Um eine gewisse Übersichtlichkeit und Orientierung bei der Betrachtung und Gestaltung des Konferenzgeschehens in Schulen zu gewinnen, möchte ich Konferenzen von drei Ebenen aus betrachten (vgl. Abb. 1): Auf der *obersten, allgemeinen Ebene* wird ein Blick auf die Gesamtheit aller Konferenzen einer Organisation bzw. Schule geworfen. Daraus soll z.B. eine Antwort auf die Frage gewonnen werden, wie das Gesamtkonferenzsystem einer Schule zu gestalten ist, damit es den Leitungsaufgaben gerecht werden kann. Die *mittlere Betrachtungsebene* hat *eine* Konferenz im Auge (z.B. eine bestimmte Lehrerkonferenz oder eine Jahrgangsstufenkonferenz). Damit verbundene Fragen sind z.B., nach welchen Gesichtspunkten die Tagesordnung zusammengestellt wird, und wie die Konferenz methodisch, inhaltlich und technisch-organisatorisch sinnvoll gestaltet werden kann. Die *unterste Betrachtungsebene* konzentriert den Blick noch gezielter auf einen Tagesordnungspunkt (TOP) innerhalb einer Konferenz: Was kann im Vorhinein getan werden und wie ist die Konferenz anzuleiten, dass der TOP zu einem guten Ergebnis gebracht wird? Einige inhaltliche Stichpunkte zu den drei Betrachtungsebenen sind in Abbildung 2 zusammengefasst.

---

1 Teile dieses Beitrags wurden bereits unter dem Titel »Das Konferenzsystem, die Konferenzleitung und die Konferenzmethoden effektiv gestalten« (Pullig 2005) veröffentlicht, erschienen im Loseblattwerk »PraxisWissen SchulLeitung«, München: Wolters Kluwer Deutschland.

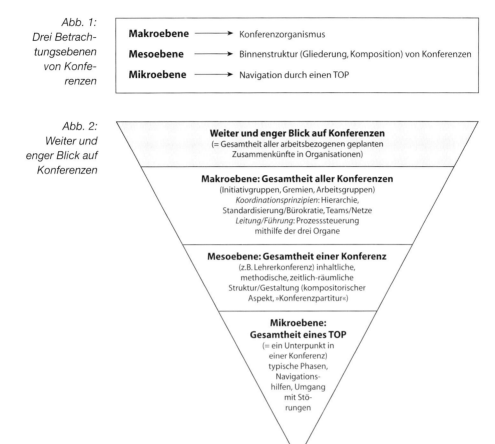

Abb. 1: Drei Betrachtungsebenen von Konferenzen

Abb. 2: Weiter und enger Blick auf Konferenzen

Bei Kapitel 1 »Das Konferenzsystem der Schule« und Kapitel 2 »Die Konferenzkultur der Schule« wird die oberste Betrachtungsebene (Makroebene) eingenommen. Kapitel 3 »Konferenzmethoden« bewegt sich auf der mittleren Meso- und unteren Mikro-Betrachtungsebene.

1. Das Konferenzsystem der Schule

Je größer die Schule ist und je mehr Autonomie sie bekommt, desto vielfältiger, umfangreicher und gestaltungsbedürftiger sind die Prozesse und Institutionen, die man für eine erfolgreiche Schulführung braucht. Neben gesetzlich geregelten Konferenzen für Schulen in staatlicher Trägerschaft gibt es an fast jeder Schule mindestens einige, oft eine große Anzahl verschiedener zusätzlicher Konferenzen, (Dienst-)Besprechungen, Sitzungen, Kommissionen, Projektgruppen, Steuergruppen, Arbeitsgruppen etc. Die Abbildungen 3 und 4 geben Beispiele von Konferenzjahresplänen einer Grundschule und eines Gymnasiums.

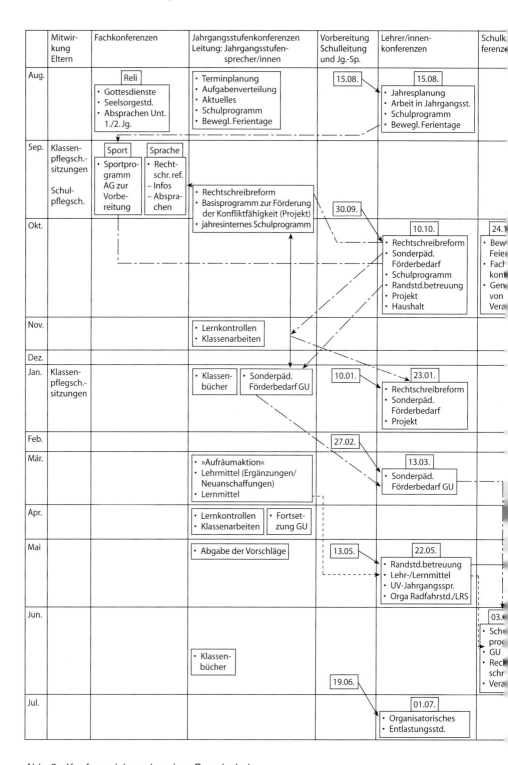

Abb. 3: Konferenzjahresplan einer Grundschule

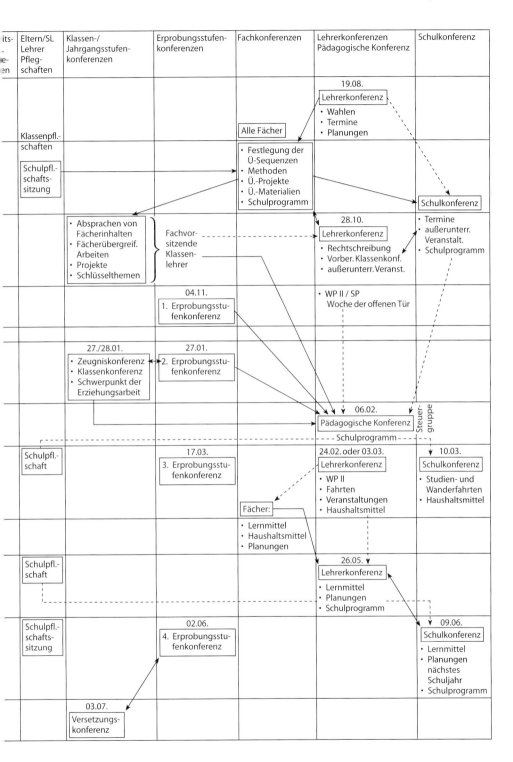

Abb. 4: Konferenzjahresplan eines Gymnasiums

Der Begriff Konferenz (von lat. *conferre* – zusammentragen) wird hier im weiteren Sinne gebraucht:

> Mit »Konferenz« sind alle im Zusammenhang mit Leitungs- oder Koordinationsaufgaben der Organisation Schule sich ereignenden Zusammenkünfte von mindestens drei Personen gemeint.

Konferenzsystem bezeichnet dann das Zusammenwirken bzw. das Beziehungsgeflecht der unterschiedlichen Konferenzen. Die Konferenzsysteme werden von der Schulleitung und dem Kollegium mehr oder weniger unterschiedlich gestaltet, selbst innerhalb derselben Schulform: Die Anzahl und der Zeitumfang der Konferenzen pro Jahr, der Anteil der sich in freiwilligen Arbeitsgruppen engagierenden Kolleginnen und Kollegen, der Leitungsstil und die Länge der Entscheidungswege, die ein bestimmtes Thema durch die verschiedenen Gremien, Gruppen etc. nimmt, können sehr verschieden sein.

Es kann sehr aufschlussreich sein, einmal zurückzuverfolgen, durch welche Konferenzen, Arbeitsgruppen und Gremien ein bestimmter Tagesordnungspunkt oder ein wichtiges Thema, z.B. »Schulentwicklungsplan« oder »Einrichtung eines Selbstlernzentrums« etc. gewandert ist, von wem, wie lange er jeweils mit welchen sachlichen und emotionalen Ergebnissen behandelt wurde, bis er schließlich als einigermaßen abgeschlossen galt. Es ergeben sich daraus regelrechte »Themen-Lebensläufe«, die einen ersten Einblick in die Konferenzstruktur einer Organisation erlauben.

Die Frage stellt sich, ob ein Konferenzsystem »besser« (effektiver im Sinne von Zielerreichungsgrad) ist als ein anderes. Mit anderen Worten: Kann man allgemeine Empfehlungen zu einem »angemessenen« bzw. »effektiven« Konferenzsystem machen?

1.1 Gesunder Konferenzorganismus

Klagen über mangelnde Aktivität und Konsequenzlosigkeit von Konferenzen in der Schule sind sowohl aus der Perspektive der Lehrkräfte als auch der Schulleitungen alltäglich (Pullig 2004a). Die Klagen beziehen sich z.B. auf die zu langen Entscheidungswege, auf die ausbleibende Realisierung von Beschlüssen, auf die sachliche Überforderung von Gremien, auf mangelndes Engagement[2], unprofessionelle Leitung, störendes Verhalten von Konferenzteilnehmerinnen und -teilnehmern etc. Man kann dies zunächst als Krankheitssymptome zur Kenntnis nehmen und nach bestimmten Voraussetzungen für einen gesunden »Konferenzorganismus« suchen.

Ein interessanter und hilfreicher Ansatz ist die auf Rudolf Steiner zurückgehende Beschreibung eines gesunden sozialen Organismus (Sozialwissenschaftliche For-

---

2 Gemäß einer repräsentativen Erhebung des Gallup-Instituts im Jahre 2003 bei Arbeitnehmern über 18 Jahren in Deutschland hatten nur 12 Prozent eine hohe emotionale Bindung an ihre Organisation und engagierten sich stark; 88 Prozent hatten geringe oder gar keine emotionale Bindung (The Gallup Organization 2003).

schungsgesellschaft 1993). Die Grundgedanken und Prinzipien sollen auf das Konferenzsystem in Schulen angewendet werden, um das Konzept eines gesunden Konferenzorganismus zu entwickeln.

Eine »gesunde« Organisation hat – in Analogie zum gesunden lebenden Organismus – drei verschiedene (Konferenz-)Organe. In allen Organisationen, natürlich auch in Schulen, müssen unterschiedliche und z.T. widerstrebende, zumeist in einem gewissen Spannungsverhältnis stehende Interessen, Wünsche und Ziele aufeinander abgestimmt werden. Schematisch zusammengefasst handelt es sich um

1. das Streben nach *Effektivität* bzw. das Hervorbringen sinnvoller (Dienst-)Leistungen,
2. das Bedürfnis nach fairem *Interessenausgleich* zwischen Organisationsmitgliedern und
3. das Bedürfnis der einzelnen Organisationsmitglieder, ihre *individuellen Fähigkeiten* und Ideen zu verwirklichen.

Für diese Grundtendenzen (Effektivität, Interessenausgleich und individuelle Fähigkeitsentfaltung) in jeder Organisation sind entsprechende Konferenzorgane zu schaffen. Sie bedürfen jeweils unterschiedlicher Steuerungs- und Leitungsprinzipien und sie sind sinnvoll aufeinander abzustimmen:

Tab. 1: Drei Konferenztypen im sozialen Organismus			
Subsystem	**Prinzip**	**Konferenztyp**	**Beispiel**
Initiativen, Innovationen	Individualität, Freiheit	**Initiative**	Freiwillige Initiative von zwei Lehrkräften, z.B. »Schulgarten«
Rechtsbeziehungen in der Schule	Fairness, Demokratie	**Gremium**	Lehrer-/Schulkonferenzen
Leistungsbeziehungen in der Schule	Klientennutzen, Effektivität	**Arbeitsgruppe**	Von der Schulleitung bzw. Lehrerkonferenz beauftragte Arbeitsgruppe »Einrichtung eines Selbstlernzentrums«

1. Dem Ziel nach Effektivität entspricht das Organ *Arbeitsgruppe*. Sie soll eine bestimmte Aufgabe im Rahmen der Schule in angemessener Zeit bewältigen. Innerhalb von Arbeitsgruppen kommt es primär darauf an, so zu kooperieren und zu führen, dass der Kunden-Klienten-Nutzen möglichst hoch ist und/oder dass der vorgegebene bzw. fest umrissene Auftrag in ökonomischer Weise erreicht wird. Wir haben es hier mit dem Leistungssubsystem der Organisation zu tun.
2. Dem Bedürfnis nach Interessenausgleich und Machtbalance innerhalb der Organisation entspricht das *Gremium*. Hier kommt es auf sozialen Ausgleich, auf faire Behandlung der Organisationsmitglieder an. Entsprechend sind solche Gremien nach Interessen- und Einflussgruppen zu besetzen und nach rechtlichen Prinzipien zu leiten.

3. Dem Bedürfnis, die individuellen Impulse, Ideen und besonderen Begabungen auszuleben, entsprechen freie Einzel- oder Gruppeninitiativen. *Initiativen* entstehen typischerweise aus freiem individuellem Engagement, oft auch als Gegenimpuls gegen Etabliertes. Sie brauchen Freiheitsspielräume auch hinsichtlich der Schulführung.

1.2 Empfehlungen zur Gestaltung des Konferenzsystems

- Die Schulleitung sollte klar zwischen diesen drei Konferenztypen, deren Prinzipien und Kernfunktionen unterscheiden. Zum Beispiel kann man von einem Gremium wie der Lehrerkonferenz nicht erwarten, dass es sowohl Initiativen entwickelt als auch zwischen Interessen und Sichtweisen ausgleicht und zusätzlich noch die Funktion einer Arbeitsgruppe übernehmen soll. Andererseits erfordert ein Gremium strengere rechtliche Rahmen- bzw. Geschäftsordnungen als eine Arbeitsgruppe, ganz zu schweigen von der informell sich organisierenden Initiativgruppe.
- Fragen Sie sich, ob an Ihrer Schule ein angemessenes quantitatives und qualitatives Verhältnis zwischen den Konferenztypen Initiative, Gremium und Arbeitsgruppe besteht. Gibt es z.B. genug Initiativen?
- Steuern Sie die drei Konferenztypen unterschiedlich und spezifisch: Initiativgruppen brauchen Freiheitsräume; aber es gilt auch, den richtigen Entwicklungszeitpunkt abzuwarten, ab dem eine Initiative in den Gremien weiterbehandelt und in Arbeitsgruppen ausgearbeitet werden kann. Zu frühes Eingreifen der Schulleitung kann z.B. Initiativen lähmen, zu spätes ebenfalls zu unerwünschten Wirkungen führen. Arbeitsgruppen benötigen insbesondere klare Ziel- und Rahmenvorgaben. Für Gremien sind demokratisch legitimierte Entscheidungsprozesse charakteristisch.
- Entwickeln Sie Verständnis für die Frage, welches Organ (Arbeitsgruppe, Gremium, Initiative) der jeweils richtige Ort für die Behandlung eines TOPs ist bzw. mit welcher Zielsetzung und wie lange bestimmte Themen durch die verschiedenen Konferenztypen wandern sollten.
- Grenzen Sie die Zuständigkeiten der Konferenzorgane deutlich voneinander ab. Gremienmitglieder sollten sich z.B. davor hüten, die Vorschläge und Ausarbeitungen der Arbeitsgruppen zum Anlass zu nehmen, noch einmal von vorne anzufangen, sich in die Details der Arbeit einzumischen und den komplizierten Entscheidungsprozess der Arbeitsgruppe noch einmal wiederholen zu wollen.
- Bilden Sie Ihre Konferenzorgane sorgfältig. Wenn das Gremium selbst die Arbeitsgruppe sorgfältig ausgewählt hatte und das Ziel und die Rahmenbedingungen klar genug mit dem Gremium vorher abgestimmt waren, können die Vorschläge der Arbeitsgruppen vom entscheidenden Gremium nach relativ kurzer Erläuterung akzeptiert werden.

2. Die Konferenzkultur der Schule

2.1 Traditionelle und jüngere Konferenzrituale

Das Konferenzgeschehen ist normalerweise durch eine Fülle von Traditionen, teilweise mit Ritualcharakter geprägt:

- Sitzt man an Tischen oder im Stuhlkreis, in U-Form, am runden oder rechteckigen Tisch …?
- Werden die Beiträge der Teilnehmer/innen durch Handzeichen, Metaplankarten, Reihumabfrage … koordiniert?
- Wer übernimmt die Gesprächsleitung: die Schulleiterin bzw. der Schulleiter, ein Schulleitungsmitglied im Wechsel, das Schulleitungsteam gemeinsam, delegierte Kolleginnen und Kollegen …?
- Welche Methoden sind zulässig oder tabu? Darf man auch mal spontan durcheinander reden, oder geht es immer schön der Reihe nach?
- Sind Flipcharts und Stellwände aufgestellt?
- Arbeitet man mit Laptop und Beamer?
- Gibt es einen Wechsel zwischen Plenums- und Gruppenarbeit etc.?
- Welche Ausdrucksformen gelten als normal? Immer sachlich bleiben; kontrollierte Gefühlsausdrücke zulassen; hart in der Sache, weich im Umgangston …?
- Wer schreibt das Protokoll? Immer dieselbe Person oder diejenige, die sich am wenigsten wehren kann; alle Konferenzteilnehmer/innen abwechselnd …?
- Wie werden Beschlüsse herbeigeführt? Per Mehrheitsentscheid, nach dem Konsensprinzip …?

Typisch für jüngere Konferenzrituale scheint mir u.a. zu sein:

- Die Konferenzteilnehmer/innen werden stärker in die Prozesse einbezogen; Kleingruppenarbeit wechselt mit Plenumsarbeit ab.
- Es werden unterstützende visuelle Hilfsmittel (Flipcharts, Plakate, Kärtchen, Beamer) eingesetzt.
- Die Leitung hat öfter moderierenden und den Diskurs regelnden Charakter und ist weniger vorgebend und durchsetzend.
- Man orientiert sich an sozialpsychologisch fundierten Kommunikationskonzepten, insbesondere um Konflikte und Störungen in den Konferenzen zu handhaben (z.B. das so genannte Vier-Ohren-Konzept nach Schulz von Thun 1990; Gewaltfreie Kommunikation nach Rosenberg 2001; Dynamic Facilitation nach Rough 1997, vgl. hierzu Kap. 3.4.1 auf S. 1114).

2.2 Drei Ebenen der Organisations- bzw. Konferenzkultur

Die geschilderten beobachtbaren Konferenzrituale sind äußerer Ausdruck der Konferenzkultur, die im Zusammenhang mit der Gesamtorganisationskultur zu betrachten und zu gestalten ist. Gemäß der Drei-Ebenen-Betrachtung von Organisationskulturen (Schein 1995), die in Theorie und Praxis breite Anerkennung gefunden hat, gehören diese äußerlich beobachtbaren Phänomene zur Oberflächenebene bzw. zu den *Artefakten* der Konferenzkultur. Unter dieser Oberfläche liegt die zweite Ebene der bekundeten *Werte und Normen*, die mit den äußeren Erscheinungen (Artefakten), in unserem speziellen Falle also mit dem Leitungs-, Koordinations- und Konferenzgeschehen in der Schule, in Verbindung gebracht werden.

Warum ist das Konferenzwesen an Ihrer Schule so, wie es ist; welche Wertungen, Urteile, Überzeugungen, Gewichtungen werden damit verbunden? Ist es z.B. wichtig, dass Abstimmungen nach demokratischen Regeln erfolgen; hält man Teamarbeit tendenziell für nützlich oder ineffektiv; werden Status- und Machtunterschiede eher abgelehnt; wie wichtig sind wohltuende soziale Beziehungen im Vergleich zu zeitlichen, ökonomischen und sachlichen Effektivitätsgesichtspunkten etc.?

Auf der tiefsten Ebene bestimmen *Grundüberzeugungen* bzw. *Prämissen* die Konferenzkultur einer Organisation. Sie werden in der Regel kaum hinterfragt und sind auch wenig im Bewusstsein der Organisationsmitglieder. Dennoch kann es vielleicht manchmal sinnvoll sein, zu diesen Grundüberzeugungen vorzudringen, um die Konferenzgeschehnisse besser zu verstehen und tiefgreifende Veränderungen anzugehen. In dem hier zu behandelnden Zusammenhang der Konferenzkultur von Schulen könnten z.B. Grundüberzeugungen im Hinblick auf folgende Fragen von Interesse sein:

- Welche Aufgabe hat Schule heute in der Gesellschaft und im Verhältnis zu den Familien und den anderen Einfluss nehmenden Institutionen?
- Wie ist eine Schule heute zu führen?
- Sind die Kolleginnen und Kollegen veränderungsfähig und -willig? Etc.

2.3 Situationsgemäße Konferenzleitungsstile

Aus dem Bisherigen ergibt sich, dass die Angemessenheit von Leitungsstrukturen und Führungshandlungen im Zusammenhang mit der Organisationskultur bzw. Schulkultur beurteilt werden muss. Dennoch kann man keinen durchgängigen, einheitlichen Konferenzleitungsstil in einer mehr oder weniger deutlich ausgeprägten Schulkultur erwarten oder empfehlen. Die jüngere Führungsforschung empfiehlt mehrheitlich situativ angepasstes Führungshandeln, das – je nach Situation – sowohl teamorientiert-partizipative als auch direktive Handlungen beinhalten kann.

Stellvertretend für solche situativen Führungskonzepte sei das auf Vroom (1981) zurückgehende kurz skizziert, weil es u.a. anregende Hinweise auf einen situationsgemäßen Konferenzleitungsstil gibt. Das Modell empfiehlt den Führungsverantwortlichen, die Mitarbeiter/innen in unterschiedlichem Ausmaß an den Entscheidungen zu beteiligen. Das Ausmaß der Beteiligung (Partizipation) wird von der Führungssituation bestimmt. Es werden fünf Partizipationsgrade unterschieden, die die bzw. der Vorgesetzte den Mitarbeiterinnen und Mitarbeitern einräumen kann:

1. *Autoritär I:* Die oder der Vorgesetzte löst das Problem bzw. trifft die Entscheidung selbst, und zwar aufgrund der gerade vorhandenen Informationen.
2. *Autoritär II:* Die oder der Vorgesetzte löst das Problem bzw. trifft die Entscheidung selbst, nachdem er Mitarbeiter/innen zur Beschaffung der nötigen Informationen eingesetzt hat. Diesen wurde oder wird nicht mitgeteilt, wozu die Informationen nötig sind bzw. welches Problem bearbeitet wird, welche Entscheidung zu treffen ist. Ihre Rolle beschränkt sich eindeutig auf die Beschaffung spezifischer, gefragter Informationen; sie nehmen weder an der Problemdefinition noch an der Erarbeitung und Bewertung von Lösungsalternativen teil.
3. *Konsultativ I:* Die oder der Vorgesetzte löst das Problem bzw. trifft die Entscheidung, nachdem er die Ideen und Vorschläge der Mitarbeiter/innen in *Einzelgesprächen* eingeholt hat. Die Entscheidung kann deren Einfluss widerspiegeln oder auch nicht.
4. *Konsultativ II:* Die oder der Vorgesetzte löst das Problem bzw. trifft die Entscheidung, nachdem er die Ideen und Vorschläge der Mitarbeiter/innen in einem *Gruppengespräch* eingeholt hat. Die Entscheidung kann deren Einfluss widerspiegeln oder auch nicht.
5. *Gruppenentscheidung:* Die oder der Vorgesetzte teilt das Problem mit den Mitarbeiterinnen und Mitarbeitern als Gruppe, die Lösungsalternativen entwickelt, bewertet und versucht, sich auf eine Lösung zu einigen. Die bzw. der Vorgesetzte trägt seine eigenen Ideen und Informationen bei, versucht aber nicht, die Gruppe von »seiner« Lösung zu überzeugen, sondern fungiert eher als Diskussionsleiter, der Ordnung in das Gespräch bringt, dafür sorgt, dass die Diskussion problemkonzentriert bleibt und dass tatsächlich das Wesentliche besprochen wird. Sie bzw. er ist bereit, jede Lösung zu akzeptieren und durchzuführen, die von der gesamten Gruppe unterstützt wird.

Alle diese Partizipationsgrade – also von der autoritären Alleinentscheidung bis hin zur demokratischen Gruppenentscheidung – können dabei »empfehlenswert« oder »optimal« im Sinne des Modells sein. Es kommt eben auf die Situation an.

Das Modell beschreibt dann im Einzelnen, in welchen Situationen welcher Partizipationsgrad vorzuziehen sei, und begründet auch warum. Ich will hier lediglich die Kategorien nennen, mit denen die Autorinnen und Autoren die Situation kennzeichnen bzw. »operationalisieren«. Evtl. könnten sie eine Anregung in Situationen sein, in denen Sie unsicher sind, in welcher Form und in welchem Ausmaß eine Mitwirkung bzw. Mitentscheidung Ihrer Konferenzteilnehmer/innen bei dem jeweiligen Tagesordnungspunkt oder Thema angemessen ist (vgl. den Kasten auf der nächsten Seite).

Knapp zusammengefasst heißt das nach dem Ansatz von Vroom: Das Ausmaß von Mitentscheidung bzw. der zu präferierende Konferenzleitungsstil hängen im Wesentlichen davon ab, über welche Informationen Leiter/innen und Mitarbeiter/innen (Konferenzteilnehmer/innen) verfügen, mit welcher (Nicht-)Akzeptanz der Mitarbeiter/innen zu rechnen ist und wie stark sie sich mit den übergeordneten Zielen der Schule identifizieren.

> **Kategorien zur Kennzeichnung der Situation,**
> um den richtigen Partizipationsgrad zu bestimmen
>
> - Habe ich genügend Informationen, um eine hochwertige Entscheidung zu treffen?
> - Ist das Problem strukturiert? Das heißt, gibt es klare Zielbeschreibungen, Maßstäbe und Lösungswege?
> - Ist die Akzeptanz der Entscheidung durch die Mitarbeiter/innen entscheidend für die effektive Ausführung?
> - Ist es wahrscheinlich, dass eine von mir allein getroffene Entscheidung von den Mitarbeiterinnen und Mitarbeitern akzeptiert wird?
> - Teilen die Mitarbeiter/innen die Organisationsziele, die durch eine Lösung dieses Problems erreicht werden soll?
> - Werden die von den einzelnen Mitarbeiterinnen und Mitarbeitern bevorzugten Lösungen vermutlich zu Konflikten führen?
> - Haben die Mitarbeiter/innen genügend Informationen, um eine qualitativ hochwertige Entscheidung zu treffen?
>
> (nach Vroom 1981, S. 186)

Typisch für heutige Leitungsfunktionen, auch für diejenige der Schulleitung, scheint mir zu sein, dass sie einerseits weiterhin mit Entscheidungs- und Sanktionsmacht gegenüber den Mitarbeiterinnen und Mitarbeitern (und Konferenzteilnehmer/innen) ausgestattet sind. In dieser Hinsicht ist die Leiterin oder der Leiter eben »Vorgesetzte/r« und für das Ergebnis verantwortlich oder zumindest »hauptverantwortlich«.

Andererseits werden aber möglichst hierarchiefreie Teamarbeit, Identifikation und Verantwortungsbereitschaft möglichst aller Mitarbeiter/innen angestrebt. Die Leitungsperson solle z.B. »Coach« oder »Teamkoordinator/in« sein und die Mitarbeiterin, den Mitarbeiter oder das Team dabei unterstützen, selbst die richtigen Entscheidungen zu treffen, Verantwortung zu übernehmen und Initiativen zu entwickeln.

Selbstverständlich lassen sich viele Merkmale oder Dimensionen für Konferenzsituationen in Schulen heranziehen. Ich will hier nur ein in der Konferenzpraxis der Schulen besonders wichtiges Situationsmerkmal herausheben, das durch folgende Frage umschrieben werden kann:

> *Kann und will die Konferenzleitung bei dem anstehenden Thema bzw. TOP der Konferenz neutral und allparteilich sein oder muss und will sie auf ein bereits feststehendes oder eng umrissenes Ergebnis bei dem anstehenden TOP hinsteuern?*

In dem einen Extrem ist das zu erreichende Ergebnis entweder durch übergeordnete Instanzen schon weitgehend vorgegeben oder die Konferenzleitung arbeitet aus eigener Einsicht und Gestaltungsbefugnis auf »ihre« Problemlösung hin. Der sich daraus ergebende Konferenzleitungsstil sei *Inhaltslenkung* genannt. Im anderen Extrem kann bzw. will die Konferenzleitung hinsichtlich der Problemlösung bzw. des Ergebnisses bei dem anstehenden TOP neutral und allparteilich sein. Dieser Situation entspricht der Konferenzleitungsstil *Prozesslenkung* (vgl. Tab. 2).

Tab. 2: **Die beiden idealtypischen Konferenzleitungsstile für Schulleitungen**	
Situation der Konferenzleitung bei einem Konferenz-TOP	**Konferenzleitungsstil**
Die Konferenzleitung will oder muss auf ein bestimmtes, festgelegtes Ergebnis bei dem TOP hinarbeiten (Ergebnisqualität).	Inhaltslenkung
Die Konferenzleitung ist nicht auf ein bestimmtes Ergebnis bei dem TOP festgelegt, sondern kann und will jedes Ergebnis, das in einem fairen und effektiven Prozess erreicht wird, akzeptieren (Prozessqualität).	Prozesslenkung

In der Praxis gibt es natürlich zwischen den Grundformen der Inhaltslenkung und Prozesslenkung fließende Übergänge, wie Abbildung 5 auf der nächsten Seite zeigt: Je weiter nach rechts die Felder liegen, desto mehr Aufgaben und Mitwirkungsmöglichkeiten haben die Konferenzteilnehmer/innen. Der linke Pol der Abbildung entspricht extremer Inhaltslenkung: Die Konferenzteilnehmer/innen haben keine aktive Mitwirkungsmöglichkeit, sie werden von der Konferenzleitung lediglich informiert. Dieser Extremfall sollte in der Praxis selten vorkommen, da er dem eigentlichen Sinn von Konferenzen nicht gerecht wird. Je weiter man auf der Abbildung nach rechts geht, desto mehr Mitwirkungsmöglichkeiten räumt die Konferenzleitung den übrigen Konferenzteilnehmerinnen und -teilnehmern ein. Die Grenze zur Prozesslenkung wird erst dann überschritten, wenn die Konferenzleitung sich bei einem TOP klar für inhaltliche Neutralität entschieden hat und diese Neutralität im Konferenzverlauf auch konsequent aufrechterhalten kann und will. Das bedeutet u.a., dass die meist vorhandenen eigenen Sympathien bzw. Antipathien für bestimmte Lösungsrichtungen entdeckt und strikt kontrolliert werden und die Leitungsenergie ausschließlich dem fairen und Erfolg versprechenden Konferenzprozess gewidmet wird.

In der Schulpraxis sind relativ häufig Konferenzleitungsstile zu erwarten, die den mittleren Feldern der Abbildung entsprechen. Hier können Irritationen und Konflikte vermieden werden, wenn der Konferenzleitung selbst sowie den Konferenzteilnehmerinnen und -teilnehmern von Anfang an hinreichend und übereinstimmend klar ist, welcher Handlungsspielraum bei dem anstehenden TOP den Teilnehmenden von der Konferenzleitung eingeräumt wird. Heißt der TOP z.B. »Leistungsprämien«, dann sollten alle Konferenzteilnehmer/innen wissen, in welchen Punkten die Konferenzleitung in ihrer Funktion als Schulleitung festgelegt ist und was sie von den Teilnehmenden erwartet:

- Stellungnahmen zu einem Vorschlag der Schulleitung;
- kleinere Abänderungen und Ergänzungen zu diesem Vorschlag;
- eigene Lösungsalternativen zu einem Prämiensystem o.a.?

Kurzum, alle Konferenzteilnehmer/innen müssen wissen, mit welchem Ziel der TOP jetzt in dieser Konferenz behandelt wird und wie die Aufgaben und Kompetenzen bei diesem TOP auf die Konferenzleitung und die übrigen Teilnehmenden verteilt sind.

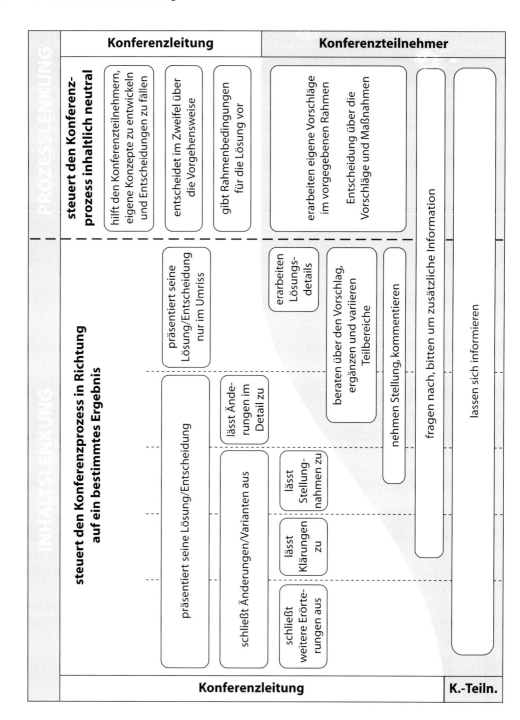

Abb. 5: Aufgabenzuordnungen bei Konferenzleitungsstilen

Die Kästen auf dieser und der Folgeseite charakterisieren stichwortartig typische Stilelemente bei der Inhaltslenkung und der Prozesslenkung. Einige dieser Stichworte werden unten in Kapitel 3 (S. 1103ff.) näher erläutert.

Die inhaltslenkende Konferenzleitung

1. Sorgfältige Vorabklärungen, um gewolltes (Abstimmungs-)Ergebnis zu ermöglichen;
2. Sinn, Aufgabe, Kompetenzen dieser Konferenz vorab klären (z.B. Werbung um Verständnis und Akzeptanz, Beratung über Ausführungsdetails, Gewinnung einer Mehrheit für den eigenen Vorschlag etc.);
3. werben um/begeistern für die eigene Sache durch entsprechende Darstellungen, Argumentationen, Präsentationen;
4. eigene Position klarstellen; positive und negative Folgen verdeutlichen.

- *Zu Punkt 1:* Selbstverständlich wird sich eine Konferenzleitung, wenn sie das Kollegium z.B. beim TOP »Vertretungsplan« für einen bestimmten Vorschlag gewinnen will, schon vorab um eine mehrheitliche Akzeptanz bemühen: Sie wird z.B. vorher Gespräche mit Kolleginnen und Kollegen führen, von denen sie Widerstand erwartet, sie wird bestimmte Kolleginnen und Kollegen in die Beratung mit einbeziehen etc.
- *Punkt 2* wurde bereits im Zusammenhang mit Abbildung 5 erläutert (s.o. S. 1099).
- *Zu den Punkten 3 und 4:* In der Konferenzpraxis beobachte ich oft, dass die Konferenzleitung zwar ein bestimmtes, inhaltlich relativ fest umrissenes Ergebnis (Konzept, Lösung, Entscheidung) bei einem TOP anstrebt, dies aber nicht offen vertritt, sondern den Eindruck zu vermitteln versucht, neutral zu sein, und über »diplomatische«, mehr oder weniger versteckte Interventionen auf das eigene favorisierte Ergebnis hinsteuert. Zum Beispiel werden – absichtlich oder sogar unabsichtlich – Wortbeiträge oppositioneller Teilnehmer/innen übersehen, gewünschte Redebeiträge positiv kommentiert etc. Von dieser Taktik rate ich dringend ab: Gerade Lehrer/innen durchschauen diese »Diplomatie« sehr schnell und die Konferenzleitung macht sich unglaubwürdig. Eine der negativen Folgen ist, dass die wirklich neutral-allparteiliche Konferenzleitungsrolle in Zukunft kaum noch übernommen werden kann.

Insbesondere bei umstrittenen, mit viel emotionaler Energie geladenen TOPs ist es oft sehr schwierig, den Prozess zu steuern und gleichzeitig für die eigene Sache zu werben oder gar zu kämpfen. Die Konferenzleitung sollte deshalb vorher Möglichkeiten prüfen, wie sie Entlastung und Unterstützung gewinnen kann. Zum Beispiel kann die Konferenzleitung vorübergehend die Leitung an die Stellvertretung abgeben; eine andere Person oder Untergruppe, eine »Expertin« oder ein »Experte« etc. könnten im Auftrag oder im Namen der Konferenzleitung, wobei dies offen gelegt werden müsste, den Lösungs- bzw. Entscheidungsvorschlag präsentieren und begründen.

Der prozesslenkende Konferenzleitungsstil wird von manchen Schulleiterinnen und Schulleitern als in der Praxis wenig anwendbar eingeschätzt, da er mit der Stellung

> **Die prozesslenkende Konferenzleitung**
>
> 1. *Aktive Konferenz-Prozessgestaltung auf der Grundlage von Leitungs-Know-how und von Positionsmacht:*
>   - phasenspezifische strukturelle Hilfsmittel und Interventionen anbieten (z.B. Problemdefinitions-, Bildgestaltungs- und Bewertungstechniken, Zusammenfassungen, Visualisierungen etc.);
>   - Regeln überwachen (Verfahrenskompetenz);
>   - gruppendynamisch orientierte Intervention (z.B. auf der Grundlage der Gruppenpsychologie oder der Literatur zur Konflikthandhabung).
> 2. *Neutralität und Allparteilichkeit hinsichtlich der Sachinhalte und des Konferenzergebnisses:*
>   - keine Sachbeiträge;
>   - keine Wertungen;
>   - Kontrolle der eigenen Sympathien und Antipathien;
>   - emotionale Gelassenheit.

der bzw. des verantwortlichen Dienstvorgesetzten nicht in Einklang zu bringen sei. Außerdem assoziieren sie mit diesem Konferenzleitungsstil manchmal Weichheit und Führungsschwäche. Wie bei der Erläuterung zu Abbildung 5 schon ausgeführt, gibt es natürlich viele TOPs, die im Sinne des inhaltslenkenden Konferenzleitungsstils zu leiten sind, welche eher der Rolle der bzw. des Dienstvorgesetzten entspricht. In den meisten Fällen lässt sich aber eine Prozesslenkung realisieren, wenn vorher der Rahmen deutlich von der Leitung beschrieben und von den Konferenzteilnehmerinnen und -teilnehmern akzeptiert wurde, innerhalb dessen dann die Konferenzleitung neutral-allparteilich den Konferenzprozess aktiv unterstützt.

Wenn es z.B. um das Thema »Implementierung eines Streitschlichtungsprogramms« geht, dann könnte u.U. in einem ersten inhaltslenkenden Schritt die Konferenzleitung die grundsätzliche Zustimmung des Kollegiums für ein solches Programm anstreben und im zweiten Schritt prozesslenkend einen Konzeptumriss gemeinsam mit den Konferenzteilnehmerinnen und -teilnehmern erarbeiten. Denkbar wäre aber auch, zuerst prozesslenkend Konzeptbausteine bzw. Lösungsvarianten für ein Streitschlichterprogramm zu gewinnen und in einer weiteren Konferenz inhaltslenkend für ein bestimmtes von einer Arbeitsgruppe ausgearbeitetes Konzept zu werben.

Die Prozesslenkung als Konferenzleitungsstil unterscheidet sich dadurch von der Moderation, dass die Schulleitung in der Rolle der Konferenzleitung als Vorgesetzte/r durch Sanktionsmacht, auch Positionsmacht genannt, ausgestattet ist, während die Moderation diese Positionsmacht typischerweise nicht besitzt. Es macht schon einen – wenn auch nur sublim sich auswirkenden – Unterschied, ob ein »Hierarch« oder ein Geichgestellter ohne Sanktionsmacht die Konferenz leitet, auch wenn in beiden Fällen Allparteilichkeit gewahrt wird. Die Prozesslenkung gestaltet den Konferenzprozess also auf der Grundlage von Positionsmacht. In konfliktären Konferenzsituationen kann diese Tatsache sehr bedeutsam werden, weil die Konferenzleitung nachdrücklicher als eine Moderatorin oder ein Moderator die Prozessgestaltung bestimmen und vorgeben kann. Während die Moderation auch über die Vorgehensweise und den Konferenzprozess selbst erst Einverständnis herstellen muss, kann die Prozesslenkung – notfalls und im Konfliktfall – über die Prozessgestaltung bestimmen und sie vorgeben.

Allerdings kann dies in den durch Gesetze und Verordnungen geregelten Konferenzen, wie z.B. den Lehrerkonferenzen, durch Geschäftsordnungsanträge stark eingeschränkt oder sogar verhindert werden. Insofern ist die Prozesslenkung genauso wie die Moderation auf die Zustimmung oder zumindest Duldung alternativer, nicht nur auf Mehrheitsbeschlüssen basierender Prozeduren angewiesen. Auf die phasenspezifischen Interventionen wird unten in Kapitel 3 näher eingegangen.

2.4 Empfehlungen zum Konferenzleitungsstil

- Werden Sie sich in der Rolle der Konferenzleitung bei jedem TOP schon bei der Konferenzvorbereitung klar darüber, welcher Konferenzleitungsstil der angemessene ist, d.h. in welchem Rahmen Sie die Partizipation der Konferenzteilnehmer/innen zulassen und wünschen.
- Machen Sie als Konferenzleitung den Konferenzteilnehmern spätestens zu Beginn des entsprechenden TOPs klar, welche Mitwirkungs- und Gestaltungsmöglichkeiten diese haben und wo Sie selbst als Konferenzleitung festgelegt sind.
- Kommunizieren Sie bezüglich Ihrer Festlegungen und Partizipationsangebote offen. Taktieren ist in der Regel erfolglos und destruktiv.

3. Konferenzmethoden

3.1 Konferenzphasenkonzept

Weit verbreitet und akzeptiert sind in der Konferenzliteratur und Konferenzpraxis verschiedene Phasenschemata, die eine bessere Orientierung in komplexen Entscheidungsprozessen und gezielte nützliche Interventionen seitens der Konferenzleitung ermöglichen. Obwohl auch ganz andere Vorgehensweisen praktiziert und veröffentlicht werden und unter bestimmten Voraussetzungen »erfolgreich« zu sein scheinen, wie z.B. das Konzept des *Dynamic Facilitation*, das ich unten (S. 1114) kurz charakterisieren will, empfehle ich das in der Praxis vielfach bewährte Konferenzphasenschema, das in Tabelle 3 auf der nächsten Seite dargestellt ist. Dieses Schema hilft, typische Probleme in Konferenzen zu vermeiden oder zumindest zu mildern, wie z.B.

- Unklarheit und Verwirrung über die Ziele und die erreichten Zwischenergebnisse;
- unfruchtbare Wiederholungen fixierter Standpunkte;
- relativ wenig konstruktive Lösungsbeiträge im Vergleich zu vielen kritisch-wertenden Beiträgen;
- die damit zusammenhängenden emotionalen Belastungen und Reaktionen (Ärger, Spannungen, Unzufriedenheit etc.).

Tab. 3:	**Konferenzphasen**	
1. Verfahrensfragen/Regularien		
2. Situationsbeschreibung		
3. Eingrenzung und Zielpräzisierung		
4. Bildgestaltung		
5. Bewertung		
6. Entscheidung		
7. Realisierung:	a)	Aktionsplan
	b)	Sicherungsplan

Um gleich einem möglichen Missverständnis vorzubeugen: Das Schema behauptet nicht, dass bei jedem Tagesordnungspunkt einer Konferenz diese Phasen nacheinander durchlaufen werden. Es ist durchaus zulässig und realistisch, in eine Phase, die man bereits verlassen hatte, wieder zurückzugehen, wenn sich dies als notwendig erweist. Beispielsweise kommt es oft vor, dass man bereits in der Phase der Bildgestaltung oder Bewertung ist und dann erst deutlich wird, dass die Ausgangssituation nicht ausreichend beschrieben oder die Zielpräzisierung für die anstehende Konferenz unzweckmäßig war. Dann führt die Konferenzleitung eben wieder zur Situationsbeschreibung oder zu einer neuen Zielpräzisierung zurück, etwa mit den Formulierungen »Der Beitrag von X macht deutlich, dass uns noch Informationen zur Ausgangssituation fehlen, ich bitte deshalb Y, uns die zusätzlichen Informationen noch zu geben« (Rückführung in die Phase der Situationsbeschreibung) oder »Wir sollten uns in der verbleibenden halben Stunde auf folgende Fragestellung eingrenzen ...« (erneute Zielpräzisierung). Es ist auch nicht notwendig, alle Konferenzphasen zu durchlaufen. Lediglich die Eingrenzung und Zielpräzisierung (Phase 3) muss bei jedem Tagesordnungspunkt sorgfältig geklärt sein.

1. In Phase 1 »*Verfahrensfragen/Regularien*« wird z.B. geklärt, wer die Gesprächs- bzw. Konferenzleitung bei der heutigen Sitzung übernimmt, welche Punkte auf der Tagesordnung stehen, wer Protokoll führt, ob es Änderungswünsche zum Protokoll der vergangenen Konferenz gibt etc.

Die Phasen 2 bis 7 beziehen sich auf *jeden* TOP der Konferenz.

2. Die Phase 2 »*Situationsbeschreibung*« ist dadurch charakterisiert, dass der Kontext des TOPs geschildert und die notwendigen Grundinformationen gegeben werden. Damit soll ein gemeinsames Grundverständnis der Teilnehmer/innen über die Ausgangslage für die weitere Behandlung des TOPs erreicht werden. Die Situationsbeschreibung kann manchmal sehr umfangreich sein und bei neuen und komplexen Themen Stunden in Anspruch nehmen, oft genügen kurze Einführungen von wenigen Minuten oder man kann ganz darauf verzichten, weil die Ausgangslage allen bekannt erscheint.

3. Die dritte Phase »*Zielpräzisierung*« ist im Unterschied zu allen anderen Phasen bei *jedem* TOP anzugehen. Unabhängig von dem Entwicklungsstand des TOPs ist immer zu klären, was man sich »für heute« und »in der verbleibenden Zeit« bei einem TOP vornehmen will, welches Ziel oder Zwischenergebnis man anstrebt. Auch die Vereinbarung »Wir wollen heute einfach nur mal relativ ungeordnet und ohne Wertungen die verschiedenen Meinungen sammeln« kann eine Zielpräzisierung sein, die z.B. Versuche ausschließt, zu kritisieren und zu Entscheidungen kommen zu wollen.
4. Die vierte Phase wird *Bildgestaltung* genannt. Bilder gewinnen nur allmählich in einem mehr oder weniger vorgegebenen Rahmen aus zunächst vagen Umrissen heraus deutliche Konturen und werden schließlich zum erkennbaren Gestaltungsentwurf. Bilder sind mehr als bloße Vor- oder Nachteilsaufzählungen, Brainstorminglisten und Kärtchencluster an der Stellwand. Bilder sind sinnvolle Ganzheiten, sie haben einen Vorder- und Hintergrund, sie sind farbig und es kann viele Bilder zu einem bestimmten Motiv geben. In diesem Sinne steht »Bildgestaltung« für Konferenzphasen, in denen man gemeinsam nach Lösungskonzepten, nach neuen Entwürfen sucht.
5. In der fünften, der *Bewertungsphase* geht es darum, vorhandene Entwürfe, Varianten, Vorschläge und Konzepte zu bewerten.
6. In der sechsten, der *Entscheidungsphase,* wird auf eine bestimmte Art und Weise die Entscheidung für eine Lösungsalternative bzw. Maßnahme herbeigeführt. Infrage kommen hier einerseits verschiedene Abstimmungsverfahren – ein- und mehrstufige, einfache und qualifizierte Mehrheiten, geheim, öffentlich etc. – andererseits verschiedene Konsensverfahren. In den Schulen in staatlicher Trägerschaft sind Abstimmungsverfahren teilweise rechtlich bindend vorgegeben, in anderen Schulkulturen, z.B. den Waldorfschulen, werden in der Regel Konsensverfahren praktiziert.
7. In der siebten, der *Realisierungsphase,* geht es um die Verwirklichung der Entscheidungen. Es ist zu klären, wer was bis wann zu tun hat (Aktionsplan) und was man jetzt schon unternehmen sollte, damit vorhersehbare oder erfahrungsgemäß eintretende Hindernisse die Verwirklichung der Entscheidung nicht gefährden (Sicherungsplan).

Insbesondere der Konferenzleitung, aber auch allen Konferenzteilnehmerinnen und -teilnehmern dient dieses Phasenschema als Orientierungshilfe. Die Konferenzleitung »navigiert« die Konferenz bewusst und gezielt in die verschiedenen Phasen hinein und, wenn es angemessen erscheint, wieder hinaus in eine andere Konferenzphase. Das geschieht in der Regel ganz unauffällig, indem die Konferenzleitung einfache »*Prozessfragen*« stellt oder leicht verständliche Vorschläge macht. Beispiele für solche Prozessfragen und Formulierungen zeigt Tabelle 4 auf der nächsten Seite.

Darüber hinaus sollte sich die Konferenzleitung im Laufe der Zeit weitere Methoden und Hilfsmittel aneignen, die sich in den verschiedenen Konferenzphasen als nützlich und zielführend erwiesen haben. Eine Auswahl solcher Methoden ist ebenfalls in Tabelle 4 angegeben, einige sind unten in Kapitel 3.3 genauer dargestellt.

Tab. 4: **Typische Konferenzphasen und dafür geeignete Prozessfragen und Methoden**

Konferenzphasen	Prozessfragen/Formulierungen der Konferenzleitung (Auswahl)	Methoden/Hilfsmittel (Auswahl)
betrifft gesamte Konferenz		
1. Verfahrensfragen (Regularien, Festlegung der Tagesordnung bzw. der Vorgehensweise)	• Haben alle das Protokoll erhalten? • Wurde fristgemäß eingeladen? • Ist die Beschlussfähigkeit gegeben? • Wer führt Protokoll? • Genehmigung des Protokolls der vorangegangenen Konferenz • Befugnisse, Aufgaben dieses Gremiums? • Gibt es Ergänzungen zur Tagesordnung (TO)? • In welcher Reihenfolge, mit welchem geschätzten Zeitbedarf sollen die TOPs behandelt werden? • Wie wichtig und/oder dringlich sind die Themen bzw. Punkte? • Ist damit die TO so genehmigt? • Ich möchte heute so verfahren: …	Satzung, Geschäftsordnung, Gesetzestexte, »Checklisten«
betreffen einen TOP		
2. Situationsbeschreibung (Ausgangssituation)	• Der TOP hat folgenden Hintergrund: … • Der Punkt ist deshalb auf die TO gekommen, weil … • Der TOP ist in folgendem Zusammenhang zu sehen: … • Wer hat noch Hintergrundinformationen zu diesem TOP?	Situationsanalyse, Problemlandkarte, Mindmapping
3. Eingrenzung und Zielpräzisierung	• Worum geht es uns heute in der zur Verfügung stehenden Zeit bei diesem TOP genau (z.B. nur gegenseitige Information, Beschluss, Ursachenanalyse o.a.)? • Was wollen wir in der heute zur Verfügung stehenden Zeit erreichen? • Was ist mit diesem Punkt bzw. Thema beabsichtigt? • Wie lautet unsere genaue Fragestellung für diese Sitzung/Konferenz?	Problemneudefinition, Formulierung des TOPs in einem Fragesatz, Zielfindungstechnik
4. Bildgestaltung (Suchphase)	• Gibt es (weitere) Vorschläge, Ideen für die Lösung unseres Problems? • Wir wollen jetzt/in der nächsten Viertelstunde/heute Entwürfe (Lösungsansätze …) sammeln.	Brainstorming, »Brainwriting«-Varianten, morphologische Methode
5. Bewertung (Kritik, Urteil, Abwägung)	• Welche Beurteilungsmaßstäbe (Kriterien) legen wir an? • Wie gut/schlecht erfüllen die Konzepte und Vorschläge unsere Ziele? • Welche Vor- und Nachteile sind zu berücksichtigen? • Was meinen Sie zu den vorliegenden Vorschlägen? • Welche Hoffnungen/Befürchtungen verbinden Sie mit den Entwürfen (Varianten, Lösungen, Maßnahmen)?	Zielfindungstechnik, Entscheidungsmatrix (Nutzwerttabelle), Prioritätenverteilung durch Klebepunkte, Nominalgruppentechnik, Anhörung
6. Entscheidung (Beschluss)	• Unsere Entscheidung heißt also … Ist das korrekt? • Folgende Anträge/Varianten etc. stehen nun zur Abstimmung an: … • Gibt es Zustimmung/eine Mehrheit für folgende Lösung/Entscheidung?	Mehrheitsbeschluss, Konsensbeschluss, Drittparteiverfahren
7. Realisierung: a) Aktionsplan b) Sicherungsplan	• Wer macht/veranlasst was? Bis wann? • Was geschieht bei Abweichungen von unserem Beschluss? • Wie wahrscheinlich ist es, dass bestimmte Störereignisse unsere Entscheidung gefährden? • Was können wir jetzt schon dagegen tun?	Analyse potenzieller Probleme

3.2 Empfehlungen zum Konferenzphasenkonzept

- Versuchen Sie, sich jeweils klar darüber zu werden, in welcher Phase Sie stehen und in welche Phase Sie die Konferenz mit welchen geeigneten Interventionen weiterführen wollen.
- Stellen Sie eine klare gemeinsame Zielpräzisierung sicher. Alle Teilnehmer/innen sollten eine weitgehend übereinstimmende Antwort auf die Frage »Worum geht es heute bei diesem Tagesordnungspunkt?« oder »Welches (Zwischen-)Ergebnis streben wir zum Tagesordnungspunkt X in dieser Sitzung an?« geben können.
- Sorgen Sie für eine ausreichende Bildgestaltung, indem eine Zeit lang Kritik und Bewertungen zurückgestellt werden, sodass Entwürfe und vorläufige Konzepte nicht angegriffen, sondern aufgegriffen werden.
- Trennen Sie konsequent und erkennbar die Bildgestaltungsphase von der Bewertungsphase.

3.3 Beispiele für Methoden in einzelnen Konferenzphasen

Im Zusammenhang mit den Themen »Gruppen leiten«, »Moderation«, »Teamentwicklung«, »Konfliktbearbeitung« und »Präsentation« wird eine große Anzahl von Methoden, Instrumenten und Konzepten in der Fachliteratur beschrieben und in der Praxis angewendet (vgl. die entsprechenden Beiträge von Herrmann, Philipp, Mosing, Boettcher/Mosing in diesem Band; LFS 1995; einige Methoden sind auch in Pullig 2004b dargestellt). Hier sollen nur einige praktisch bewährte Methoden exemplarisch im Zusammenhang mit den Konferenzphasen dargestellt werden.

3.3.1 Ideenbaum (Mindmapping) in der Ausgangssituationsbeschreibung

Mit dieser auf einem neurologischen Modell basierenden einfachen Technik sammelt und strukturiert man in vorläufig-flexibler Weise verschiedene Konferenzbeiträge in einer Phase, in der ein komplexes, d.h. noch wenig durchschautes, aus vielen Facetten bestehendes Thema behandelt wird.

Steht z.B. das Thema »Disziplin an unserer Schule« ohne nähere Eingrenzung auf der Tagesordnung, dann sind ganz unterschiedliche Sichtweisen und Beiträge zu diesem Thema zu erwarten. Eine Möglichkeit sehe ich darin, dass die Konferenzleitung eine Zeit lang das Gespräch relativ frei und spontan laufen lässt, sich dabei aber eine persönliche Mindmapping-Struktur aufzeichnet, die sie zu gegebener Zeit, vielleicht nach zehn Minuten, als Zwischenergebnis vorträgt, um zur nächsten Phase der Zielpräzisierung überzuleiten.

Anfangs mag die Leitung nur eine verbale Darstellung wagen, etwa mit den Worten: »Ihre Beiträge beziehen sich bisher auf drei Hauptgesichtspunkte: erstens Disziplin in den Pausen, zweitens Disziplin im Unterricht und drittens Disziplin auf Klassenfahr-

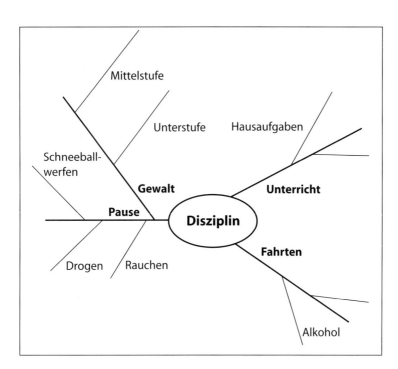

*Abb. 6:
Ideenbaum
(Mindmapping)*

ten ...« (vgl. Abb. 6). Oder: »Eine Gruppe von Beiträgen bezog sich auf Disziplinfragen der Lehrer/innen, eine andere auf die Disziplin der Eltern, eine dritte auf diejenige der Schüler/innen und eine vierte auf die Disziplin der Anlieger ...«

Bei etwas mehr Erfahrung kann die Skizze auch gleich auf eine Folie gezeichnet werden, die dann von der Konferenzleitung aufgelegt wird und von den Teilnehmerinnen und Teilnehmern ergänzt werden kann. Eine andere Möglichkeit, die etwas Übung erfordert, ist, die Beiträge gleich für alle sichtbar auf einem großen Papier oder, bei entsprechender Computer-Software, über den Beamer in eine Mindmap-Struktur zu bringen.

Die einzelnen Schritte beim Ideenbaum:
1. Das Thema in die Mitte schreiben;
2. Hauptgesichtspunkte dazu stichwortartig auf den »Ästen« anbringen;
3. untergeordnete Gesichtspunkte als Zweige;
4. zusammengehörende Gesichtspunkte z.B. farblich oder anders grafisch kennzeichnen (nach Kellner 1995, S. 83).

3.3.2 Problemneudefinition bei der Zielpräzisierung

Die jeweilige Fragestellung bei einem Thema gibt bekanntlich die Richtung an, in der Lösungen gesucht werden. Mit der einfachen Technik der Problemneudefinition, die man auch als Bildgestaltungstechnik anwenden kann, werden gezielt unterschiedliche Fragestellungen zu einem Thema gesucht. Anschließend wählt man eine bestimmte Fragestellung oder eine Fragerichtung als Zielpräzisierung aus.

Damit der Blick auf künftige Lösungen und nicht auf vergangene Probleme und Schwächen gelenkt wird, wird empfohlen, die Problemneudefinition mit der Frage »Wie können wir erreichen, dass …?« einzuleiten, wobei dieser Satz durch die Konferenzteilnehmer/innen auf Zuruf, per Kärtchen o.Ä. ergänzt wird. Zum Thema »Vertretungsunterricht« könnten etwa folgende Formulierungen genannt werden:

»Wie können wir erreichen, dass …
- der Vertretungsunterricht gerechter auf die Kolleginnen und Kollegen verteilt wird?«
- weniger Vertretungsunterricht zu leisten ist?«
- die Inhalte der Vertretungsstunden qualitativen Mindeststandards genügen?«
- etc.

Zum oben genannten Thema »Disziplin an unserer Schule« könnten die Fragesätze z.B. lauten:

»Wie können wir erreichen, dass …
- die Schulordnung eingehalten wird?«
- die Eltern ihre Erziehungsarbeit weniger auf die Schule bzw. Lehrer/innen abwälzen?«
- die Aufsicht in den Pausen besser funktioniert?«
- die Schüler/innen pfleglicher mit dem Inventar umgehen?«
- etc.

3.3.3 Brainwriting-Varianten in der Bildgestaltungsphase

Während beim allgemein bekannten Brainstorming in der Regel die verbal oder per Kartenabfrage geäußerten Beiträge der Teilnehmer/innen zu einem vorher ausführlich geschilderten Problem bzw. Thema unzensiert gesammelt und visualisiert werden, schreiben oder zeichnen die Konferenzteilnehmer/innen beim Brainwriting (auch Schriftkonzept oder Bildgestaltungsmethode genannt) ihre Ideen auf, ohne verbal zu kommunizieren. Zwei in der Praxis erprobte Vorgehensweisen sind in den beiden Kästen auf den nächsten Seiten vorgestellt. Meist macht diese Vorgehensweise den Konferenzteilnehmerinnen und -teilnehmern Freude und sie empfinden die dabei eintretende relative Stille als angenehm.

Das unter »Brainwriting II« geschilderte Verfahren kombiniert verschiedene Methoden und umfasst neben der eigentlichen Bildgestaltungsphase auch die Phasen Zielpräzisierung und Bewertung.

Brainwriting I

- Drei bis max. (!) fünf Teilnehmer/innen sitzen um einen Tisch.
- Einen großen Bogen Papier (mindestens DIN A3 bzw. Flipchart-Format) in gleiche Felder für die Teilnehmer/innen einteilen. In der Mitte ein Feld für das gemeinsame Thema und das Ergebnis freilassen.

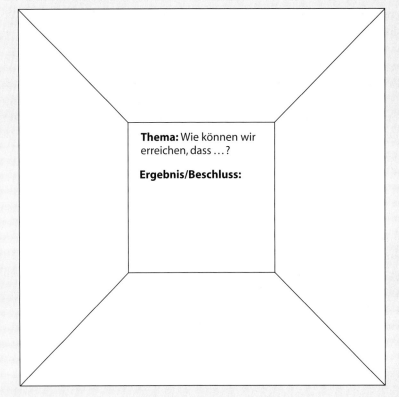

Thema: Wie können wir erreichen, dass …?

Ergebnis/Beschluss:

- Nach der Einigung auf das Thema und dem Eintragen des Themas im Mittelfeld schreiben die Teilnehmer/innen Lösungsansätze in »ihr« Feld.
- Blatt drehen und Lösungsansätze weiterentwickeln.
- Beratung in der Gruppe über die Ergebnisse, Entwicklung eines gemeinsamen Vorschlags.
- Ergebnis/Beschluss im Mittelfeld festhalten.

3.3.4 Nominalgruppentechnik in der Bewertungsphase

Während in den Phasen der Bildgestaltung oft eine gelöste, gute Stimmung zu beobachten ist, herrscht in Bewertungsphasen, in denen kritisiert, ausgesondert und beurteilt werden muss, nicht selten eine angespannte und erregte Stimmung. Schon aus diesem Grunde ist es wichtig, Bildgestaltungsphasen bewusst und frei von störenden Bewertungen zu realisieren.

Brainwriting II (nach Pullig)

1. Schritt: Einigung auf das Thema
Eventuell durch Ideennetz (Mindmapping) oder Problemlandkarte systematisieren. Schriftliche Formulierung in einem positiven, anregenden Fragesatz, z.B.: »*Wie kommen wir zu einer möglichst ›friedlichen Pause‹?*«, »*Wie erreichen wir, dass die individuellen Fortbildungswünsche optimal auf das Schulprogramm und die Finanzressourcen abgestimmt werden?*«

2. Schritt: Untergruppen von fünf bis sieben Personen bilden
z.B. bewusst heterogene oder homogene Untergruppen

3. Schritt: Lösungsideen niederschreiben
Jede Teilnehmerin und jeder Teilnehmer schreibt auf ein leeres DIN-A4-Blatt einen (oder zwei, dann ist das Blatt senkrecht in zwei Hälften zu teilen) Lösungsansätze (gut leserlich, stichwortartig, evtl. mit Skizzen). Beispiel:

Thema: Wie kommen wir zu einer möglichst »friedlichen Pause«?	*Namenskürzel*
Lösungsansatz 1: ...	Bn
...	...

4. Schritt: Lösungsideen weiterentwickeln
Nach einigen Minuten (z.B. durch einen Moderator angegeben) das Blatt an den rechten Nachbarn bzw. die rechte Nachbarin weitergeben; das erhaltene Blatt lesen und die dort skizzierte Lösung bzw. Lösungen *weiterentwickeln* und als Anstoß für eigene neue Ideen *aufgreifen* (nicht angreifen). Dieses Vorgehen so lange wiederholen, bis jede Teilnehmerin und jeder Teilnehmer wieder sein ursprüngliches Blatt in den Händen hat.

5. Schritt: Auswertung
Variante 1: Jede Teilnehmerin und jeder Teilnehmer macht einen umfassenden Vorschlag (Konzept, Bild) unter Berücksichtigung bzw. auf der Grundlage der Anregungen seines Blattes. Die Untergruppen einigen sich auf je einen gemeinsamen Vorschlag. Präsentation der Untergruppenvorschläge im Plenum und Entscheidung für ein gemeinsames Konzept.
Oder: Jede Untergruppe bestimmt eine Delegierte bzw. einen Delegierten. Die Delegierten erarbeiten unter Berücksichtigung der bisherigen Konzepte einen gemeinsamen Vorschlag, der präsentiert und über den noch einmal beraten und entschieden werden kann.

Variante 2: Die Blätter werden ohne vorherige Präsentation von einer Kommission ausgewertet; über die daraus entwickelten Alternativkonzepte kann in einer nächsten Konferenz beraten und entschieden werden.

Die so genannte Nominalgruppentechnik berücksichtigt insbesondere das zusätzliche Problem, dass Abhängigkeiten, Machtungleichgewichte und Gruppendruck Bewertungs- und Entscheidungsprozesse in unerwünschter Weise beeinflussen können. Im Wesentlichen wechseln in diesem Verfahren Phasen individueller Arbeit mit der Arbeit in der (Konferenz-)Gruppe bzw. den Gruppen ab. Die beiden Kästen auf der nächsten Seite zeigen je eine mögliche Vorgehensweise bei kleineren und größeren Konferenzen.

> **Nominalgruppentechnik bei kleineren Konferenzen**
>
> 1. Jede/r für sich: mein Lösungsvorschlag (evtl. mehrere als Prioritätenliste)
> 2. Darstellung der individuellen Lösungsvorschläge
> 3. Klärungen, Stellungnahmen, Diskussionen (ohne Einigungszwang)
> 4. Individuelle Anpassung, Überarbeitung der zur Wahl gestellten Lösungsvorschläge
> 5. Geheime Abstimmung, Bewertung (z.B. individuelle Prioritätenliste)
>
> (ähnlich z.B. Weinert 1998, S. 393f.; Robbins 2001, S. 295)

> **Nominalgruppentechnik bei größeren Konferenzen**
>
> 1. Situationsanalyse/Zielpräzisierung — *Plenum*
> 2. Lösungskonzepte — *Untergruppen (Interessengruppen)*
> 3. a) Präsentation — *Plenum*
>   b) Wirbelgruppen — *Wirbelgruppen*
> 4. Überarbeitung der Lösungskonzepte — *Untergruppen (Interessengruppen)*
> 5. Präsentation — *Plenum*
> (6. Evtl. Bündelung ähnlicher Varianten — *Plenum/Ausschuss*)
> 7. Individuelle geheime Abstimmung — *Plenum*
>   – Rangordnung
>   – Prioritätenliste
>   – Auswahl eines Vorschlags

Zuerst werden Lösungsvorschläge im Plenum, in Untergruppen oder individuell erarbeitet (Bildgestaltung) und anschließend im Plenum oder in »Wirbelgruppen« präsentiert und erläutert. So genannte Wirbelgruppen setzen sich aus je einer Vertreterin oder einem Vertreter der (Unter-)Interessengruppen zusammen, damit man sich über die jeweiligen Lösungskonzepte gegenseitig informieren und austauschen kann. Nach dem gegenseitigen Austausch überarbeiten die einzelnen Konferenzteilnehmer/innen (in kleinen Konferenzen) oder Teilnehmergruppen (in großen Konferenzen) ihre Lösungsvorschläge, indem sie die Anregungen und Kritik einarbeiten. Ähnliche Varianten kann man zusammenfassen, um die Zahl der Lösungsalternativen evtl. zu reduzieren. Zuletzt erfolgt eine abschließende Bewertung, z.B. mithilfe einer Prioritätenliste, oder eine Mehrheitsentscheidung, die über eine individuelle und geheime Abstimmung herbeigeführt wird.

3.3.5 Analyse potenzieller Probleme in der Realisierungsphase

Die Analyse potenzieller Probleme untersucht vorausschauend, mit welcher Wahrscheinlichkeit und mit welchen Auswirkungen bzw. Tragweiten schon heute mit bestimmten Hindernissen bei der Realisierung einer Entscheidung zu rechnen ist – und mit welchen Maßnahmen diesen Hindernissen begegnet werden kann. Dann lässt sich

Tab. 5: Analyse potenzieller Probleme (Sicherungs-/Kontrollplan)

Thema	Präsentation des neuen Ausbildungskonzeptes vor Mitgliedern der Geschäftsleitung (GL)			
Realisierungsschritte	• GL-Mitglieder einladen, um Antworten bitten • Präsentationsmaterial (Tageslichtprojektor, Beamer etc.) bereitstellen • Schriftliches Infomaterial vorbereiten • Vorstellen des Konzeptes • Diskussion des Konzeptes • Weitere Vorgehensweise klären			
Was könnte schief gehen?	W*	T*	Vorbeugende oder Eventualmaßnahme	
• GL-Mitglieder können Termin nicht wahrnehmen	5	10	• Mindestens drei Monate vorher einladen (vorbeugende Maßnahme); Ersatztermin bereitstellen (Eventualmaßnahme)	
• GL antwortet nicht	6	7	• Erinnerung zwei Tage vor Präsentation etc.	

* W = *Wahrscheinlichkeit (z.B. hoch, mittel, niedrig/von 0 bis 100%/von 1 bis 10)*
  T = *Tragweite (Auswirkung, drohender Verlust; z.B. hoch, mittel, niedrig)*

ein Sicherungs-/Kontrollplan erstellen, wie z.B. in Tabelle 5 dargestellt, der auf zwei Ausgangsfragen beruht:

- Was könnte bei der Umsetzung des Konferenzbeschlusses mit welcher Wahrscheinlichkeit und mit welchen Auswirkungen schief gehen?
- Welche vorbeugenden Maßnahmen könnten jetzt schon sinnvoll sein, diesen potenziellen Problemen zu begegnen?

3.4 Beispiele alternativer Konferenzmethoden und Konferenzkonzepte

Konferenzleitung auf der Grundlage des hier dargestellten Phasenkonzeptes hat sich vielfach praktisch bewährt. Die Orientierung an Konferenzphasen macht das Konferenzgeschehen für alle Konferenzteilnehmer/innen durchschaubarer und damit bewusster gestaltbar. Da keine starre Phasenabfolge empfohlen wird, bleibt die Vorgehensweise flexibel. Dennoch sind, insbesondere in speziellen Konferenzsituationen, auch ganz andere Vorgehensweisen Erfolg versprechend. Auf dem Gebiet der Konferenzkultur gibt es eben keine feststehenden Naturgesetze, sondern es werden immer neue Formen fantasievoll ausprobiert, bewähren sich eine Zeit lang und werden wieder durch andere ersetzt.

Im Folgenden greife ich zwei Beispiele heraus. Das erste, *Dynamic Facilitation*, wird in Kleingruppen angewendet und verzichtet bewusst auf die übliche logisch-systematische Schrittfolge. Das zweite Beispiel, die *Open-Space-Konferenz*, eignet sich für Großkonferenzen, bei denen das Engagement möglichst vieler Organisationsmitglieder für eine die gesamte Organisation übergreifende Fragestellung notwendig ist.

3.4.1 »Dynamic Facilitation« für kleine Konferenzen

Bei der Dynamic-Facilitation-Methode, die auf Jim Rough (1997) zurückgeht, verzichtet der so genannte Dynamic-Facilitation-Moderator (bzw. die Moderatorin) bewusst auf einen systematischen Entscheidungsprozess. Vielmehr ermutigt er zu einem freien Gespräch und ordnet alle Beiträge, ohne auf eine bestimmte Reihenfolge oder Ordnung zu bestehen, jeweils einer von vier großen Themenlisten zu. Die Konferenzteilnehmer/innen scharen sich also um diese vier Listen (Plakate, Flipcharts, etc.) mit den Überschriften »Probleme«, »Lösungen«, »Befürchtungen« und »Informationen«.

1. Auf der Liste *Probleme* sammelt die Moderatorin bzw. der Moderator alle von den Teilnehmerinnen und Teilnehmern genannten – auch die unlösbar erscheinenden – Probleme im Zusammenhang mit dem Thema.
2. Auf der Liste *Lösungen* werden alle Lösungsaspekte, wann immer sie genannt werden und unabhängig davon, zu welchem der genannten Probleme sie passen, aufgeschrieben.
3. Die dritte Liste enthält die *Befürchtungen* und alles, was gegen Lösungen eingewendet wird. Falls die Moderatorin bzw. der Moderator emotionale Spannungen merkt, fragt er z.B.: »Was ist Ihre Befürchtung?«
4. Die Liste der *Informationen* enthält alle anderen Daten, gleich ob sie wahr oder falsch sind.

Die zahlreichen Aufzeichnungen auf den vier Listen werden nicht einzeln angesehen, die Lösungen auch nicht etwa den Befürchtungen gegenübergestellt, sondern die ganze Vorgehensweise dient als »Reinigungsprozess«, an dessen Ende eine offensichtliche Lösung ohne formale Entscheidung wie eine reife Frucht herausfallen kann (www.all-in-one-spirit.de). Die Methode eignet sich unter folgenden Voraussetzungen (Atlee 2000):

- Alle Teilnehmer/innen sind mit wirklichem Engagement bei der Fragestellung.
- Es handelt sich um eine über längere Zeit zusammenarbeitende feste Gruppe.
- Es steht hinreichend Zeit zur Verfügung, z.B. mehrere mehrstündige Sitzungen.

3.4.2 »Open Space Technology« in Großgruppen

Bei einer Open-Space-Konferenz z.B. zum Thema »Schulentwicklung« kommen ca. 150 Teilnehmer/innen in der mit Teppichen ausgelegten und mit den für eine solche Konferenz notwendigen Stellwänden, Stuhlkreisen, etc. ausgestatteten Turnhalle an einem Wochenende zusammen: Lehrer/innen, Schulleitung, Eltern- und Schülervertreter/innen. Die Teilnehmer/innen sitzen in großen konzentrischen Stuhlkreisen. In der Mitte des Kreises liegen DIN-A3-Papierbögen und Filzstifte. Außerhalb des Kreises sind Stellwände für die bereits zu Anfang notwendigen und die später entstehenden Informationen aufgestellt (vgl. Abb. 8). Zum Ablauf:

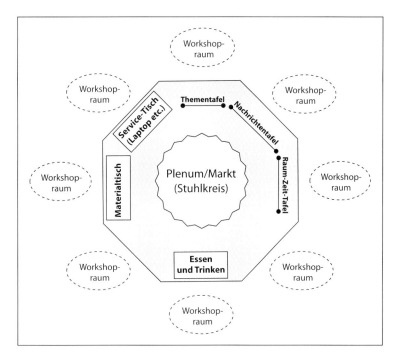

Abb. 8: Open-Space-Konferenz

- Die Konferenz wird von der Moderatorin bzw. dem Moderator eröffnet, indem Ziel und Leitthema der Open-Space-Konferenz und die – wenigen – Spielregeln erläutert werden. Grundidee ist, dass die Teilnehmer/innen das Geschehen weitgehend selbst gestalten und verantworten.
- Jede Teilnehmerin und jeder Teilnehmer, der zu dem Leitthema eine ihn persönlich interessierende Fragestellung bearbeiten möchte, tritt in die Mitte des Stuhlkreises und schreibt seine Fragestellung bzw. sein Thema mit Filzstift auf ein DIN-A3-Papier, liest das Geschriebene allen übrigen Teilnehmenden vor und tritt wieder in den Kreis zurück. Das Thema wird an der Themenwand angeheftet. Auf diese Weise werden, je nach Zeitrahmen der Open-Space-Konferenz, der meist ein bis zwei Tage umfasst, und je nach Teilnehmerzahl eine genügend große Anzahl von Themen gesammelt.
- Im dritten Schritt ordnen sich die Teilnehmer/innen in freier Wahl den Themen zu und es bilden sich, sofern es genügend Interessenten für ein Thema gibt, parallele Workshops. Die Themensteller/innen moderieren in der Regel ihren Workshop selbst. Die Teilnehmer/innen sind nicht nur völlig frei in der Wahl des Workshops, es ist ihnen auch ausdrücklich erlaubt, zu anderen Workshops zu wechseln, wann immer sie wollen, oder auch sich keinem der Workshops anzuschließen.
- In allen Workshops werden Ergebnisprotokolle angefertigt und an der Nachrichtentafel veröffentlicht. Am Ende der Open-Space-Konferenz steht oft eine Prioritätenliste für weiter zu verfolgende Themen und Projekte sowie Vereinbarungen über die weitere Vorgehensweise.

In der Regel werden die eigentlichen Open-Space-Konferenzen von vorbereitenden und nachbereitenden Konferenzen in Steuer- oder ähnlichen Gruppen flankiert. Die Open-Space-Konferenz kann vor allem Begeisterung und verstärktes Engagement vieler Organisationsmitglieder für neue Projekte und Aktivitäten im Zusammenhang mit komplexen und konfliktären Leitthemen wecken.

Literaturverzeichnis

Atlee, T. (2000): How to Make a Decision without Making a Decision. In: Communities magazine, Winter 2000 (www.co-intelligence.org/I-decisionmakingwithout.html, 6.10.2005).
Dalar International Consultancy (2002): Das Genuine Contact™ Program. Arbeiten mit Open Space Technology. Handbuch. o.O.
Kellner, H. (1995): Konferenzen, Sitzungen, Workshops effizient gestalten. München/Wien.
Landesinstitut für Schule und Weiterbildung/Verlag für Schule und Weiterbildung (1995): Methodensammlung. Anregungen und Beispiel für die Moderation. Soest/Bönen.
LFS *siehe* Landesinstitut für Schule und Weiterbildung
Pullig, K.K. (2004a): Konferenzkultur. In: Pädagogik 56, H. 7–8, S. 64–68.
Pullig, K.K. (2004b): Konferenzleitung in Schulen. Lehrerfortbildung in NRW, Band 14. Soest/Bönen.
Pullig, K.K. (2005): Das Konferenzsystem, die Konferenzleitung und die Konferenzmethoden effektiv gestalten. In: Bartz, A. u.a. (Hrsg.): PraxisWissen SchulLeitung. München, Beitrag 82.11.
Robbins, S. (2001): Organisation der Unternehmung. München.
Rosenberg, M.B. (2001): Gewaltfreie Kommunikation. Paderborn.
Rough, J. (1997): Dynamic Facilitation and the Magic of Self-Organizing Change. In: The Journal of Quality and Participation. June (www.tobe.net/papers/Facilitn.html, 6.10.2005).
Schein, E.H. (1995): Unternehmenskultur. Frankfurt a.M.
Schulz v. Thun, F. (1990): Miteinander reden, Band 1: Störungen und Klärungen. Reinbek bei Hamburg.
Sozialwissenschaftliche Forschungsgesellschaft (1993): Bibliographie zum »Sozialen Organismus«. Stuttgart.
The Gallup Organization (2003): Das Engagement am Arbeitsplatz in Deutschland sinkt weiter (www.presseportal.de/story.htx?nr=494849&firmaid=9766, 6.10.2005).
Vroom, V.H. (1981): Führungsentscheidungen in Organisationen. In: Die Betriebswirtschaft 41, S. 186.
Weinert, A.B. (^{4}1998): Organisationspsychologie. Weinheim/Basel.
www.all-in-one-spirit.de/pdf/DynFac.pdf (6.10.2005).

Holger Mittelstädt

Interne und externe Öffentlichkeitsarbeit

1.	Was schulische Öffentlichkeitsarbeit ist	1118
1.1	Was ist Öffentlichkeitsarbeit?	1118
1.2	Merkmale der Öffentlichkeitsarbeit	1120
1.3	Warum brauchen Schulen Öffentlichkeitsarbeit?	1121
2.	Bezugsgruppen der Öffentlichkeitsarbeit	1122
2.1	Wer macht Öffentlichkeitsarbeit?	1122
2.2	Für wen wird Öffentlichkeitsarbeit gemacht?	1128
3.	Instrumente der schulischen Öffentlichkeitsarbeit	1132
3.1	Instrumente geringer Reichweite	1133
3.2	Instrumente mittlerer Reichweite	1138
3.3	Instrumente großer Reichweite	1143
4.	Konzeption	1148
4.1	Recherche und Situationsanalyse	1148
4.2	Strategie	1160
4.3	Maßnahmeplanung	1162
4.4	Evaluation	1167
5.	Corporate Identity und Corporate Design	1169
5.1	Einheit nach innen und außen	1169
5.2	Corporate Identity	1169
5.3	Corporate Design	1170
5.4	Imagebroschüre	1179
5.5	Kurzporträt, Flyer und Sammelmappe	1180
5.6	Präsenz in Publikationen zum öffentlichen Leben	1182
5.7	Präsenz im Internet (Homepage)	1182
5.8	Werbung und Einladung	1183
6.	Medienarbeit	1191
6.1	Medienverteiler	1193
6.2	Pressemitteilung	1195
6.3	Pressegespräch	1198
6.4	Pressekonferenz	1199
6.5	Pressemappe	1199
6.6	Pressefoto	1201
6.7	Zeitungs-, Rundfunk- und Fernsehinterview	1202
Literaturverzeichnis		1202

1. Was schulische Öffentlichkeitsarbeit ist

In der Schule ist zum 100-jährigen Bestehen ein großes Schulfest geplant. Viele Klassen und Arbeitsgemeinschaften bereiten sich schon seit Monaten darauf vor. Räume werden geschmückt, das Gebäude wird gemeinsam gereinigt. Reden werden geschrieben, im Schularchiv wird recherchiert, sodass eine Chronik geschrieben werden kann. Musikalische und satirische Beiträge über das Schulleben werden einstudiert, prominente und weniger prominente Ehemalige werden eingeladen. Die Schulleitung nimmt Kontakt zu den örtlichen und überregionalen Medien auf, die großes Interesse zeigen. Das Fest wird ein voller Erfolg. Auch das Medienecho nach Abschluss der Veranstaltung kann sich sehen lassen. Lokale Zeitungen berichten mit ausführlichen Artikeln und Fotos, das Landesstudio der öffentlich-rechtlichen Rundfunkanstalt sendet ein Feature, sogar der kleine private Fernsehsender vor Ort berichtet in seinem Stadtmagazin. Die Beteiligten und viele Gäste haben den Tag noch lange positiv im Gedächtnis. Das ist Öffentlichkeitsarbeit.

Eine Mutter kommt zufällig am Schulgebäude vorbei. Sie hört am Lärm, dass gerade Pause sein muss. Also entscheidet sie sich spontan, ihrem Sprössling eine kurze Nachricht zu überbringen. Sie betritt die Schule und versucht, ihren Sohn in diesem für Fremde so unübersichtlichen Haus zu finden. In der Eingangshalle sieht sie sich (erfolglos) nach Hinweisschildern zu Klassenräumen oder einem Raumplan um. Schließlich entscheidet sie sich, den Verwaltungstrakt aufzusuchen und dort nach ihrem Jungen zu forschen. Unschlüssig und sich suchend umsehend steht sie auf dem langen, kahlen Flur. Ein Lehrer nach dem anderen kommt aus dem Unterricht, geht wortlos an ihr vorüber und betritt das Lehrerzimmer. Das ist Öffentlichkeitsarbeit.

Ein Lehrer bietet für Schüler/innen ab Klasse 9 eine »Arbeitsgemeinschaft Werbeagentur« an. Mit einer großen renommierten Agentur wird Kontakt aufgenommen. Gegenseitige Besuche finden statt. Die Grafiker der Agentur bieten der Schulagentur kostenlos ihre Beratungstätigkeit an. Die Schulagentur gibt sich einen Namen, entwickelt ein eigenes Logo und startet mit der kreativen Arbeit. Zunächst wird das Corporate Design der eigenen Schule und das von Nachbarschulen unter die Lupe genommen und beurteilt. Anschließend wird das eigene Corporate Design überarbeitet, ein neues Logo entwickelt, Briefpapier, Stempel, Visitenkarten, eine neue Homepage, T-Shirts und weitere Merchandising-Artikel entworfen. Richtlinien zum einheitlichen Auftritt der Schule nach außen werden in einem einfachen, klaren und übersichtlichen Design-Manual festgehalten. Danach geht es zur Schulleitung. Das neue Layout wird präsentiert und von der Schulkonferenz beschlossen. Das ist Öffentlichkeitsarbeit.

1.1 Was ist Öffentlichkeitsarbeit?

Wenn heute von Öffentlichkeitsarbeit gesprochen wird, egal ob in schulischem oder anderem Kontext, so ist immer die interne und externe Kommunikation gemeint. Ihnen fällt beim Schlagwort »Öffentlichkeitsarbeit« die Pressearbeit ein, vielleicht denken Sie auch noch an den letzten Tag der offenen Tür an Ihrer Schule. Dass Öffentlichkeitsarbeit jedoch viel mehr ist, habe ich an den oben angeführten drei Beispielen aufgezeigt und möchte ich Ihnen im Verlauf dieses Beitrags darlegen. Öffentlichkeitsarbeit ist aufwändig, personal- und zeitintensiv. Öffentlichkeitsarbeit braucht einen langen Atem, Geduld und eine klare Linie. Wenn Sie das investieren wollen, dann werden Sie nicht nur Erfolge in Ihrer Öffentlichkeitsarbeit sehen, dann werden Sie auch merken, dass Öffentlichkeitsarbeit viel Spaß machen kann.

In der Literatur finden sich nach Zählungen von Wissenschaftlern über 2.000 unterschiedliche Definitionen mit weiteren 500 Ergänzungen für den Begriff Öffentlichkeitsarbeit. Der englische Begriff *Public Relations* (PR; wörtlich: »Beziehungen zur Öffentlichkeit unterhalten«) wird in der praktischen Anwendung zumeist synonym für den Begriff Öffentlichkeitsarbeit verwendet. Die heute am meisten angeführte Definition stammt von den beiden Amerikanern James Gruning und Todd Hunt. Sie lautet (Gruning/Hunt 1984, S. 6):

Öffentlichkeitsarbeit ist das Management von Kommunikation von Organisationen mit deren Bezugsgruppen.

Albert Oeckl, einer der führenden deutschen PR-Fachleute der letzten vierzig Jahre, findet für den Begriff Öffentlichkeitsarbeit eine weitergehende Erklärung, die auch schon viel über den Charakter der Öffentlichkeitsarbeit ausdrückt (Oeckl 1964):

Öffentlichkeitsarbeit ist das bewusste, geplante und dauernde Bemühen, gegenseitiges Verständnis und Vertrauen in der Öffentlichkeit aufzubauen und zu pflegen. Das Wort Öffentlichkeitsarbeit als die geeignetste deutsche Wortbildung für Public Relations drückt ein Dreifaches aus:
- *Arbeit in der Öffentlichkeit,*
- *Arbeit für die Öffentlichkeit,*
- *Arbeit mit der Öffentlichkeit.*

Und mit dem Begriff Öffentlichkeitsarbeit ist keineswegs nur die Medienarbeit gemeint. Sie ist wohl das Kerngeschäft der Öffentlichkeitsarbeit, aber längst nicht alles. Jede Schule betreibt Öffentlichkeitsarbeit, ob sie nun will oder nicht.

Keine Öffentlichkeitsarbeit gibt es nicht. Jede Elternversammlung, jeder offizielle Aushang, jede Sitzung in der Schule, jede Ausstellung, jedes Schulkonzert, jedes Plakat, jeder Brief an die Eltern ist Öffentlichkeitsarbeit. Nun stellt sich nur die Frage, ob eine Schule ihre Öffentlichkeitsarbeit dem puren Zufall und dem Engagement vieler Einzelner überlässt oder ob sie dieses wirkungsvolle Managementinstrument selbst in die Hand nimmt, gezielt und geplant und damit effektiv einsetzt. Im Rahmen der Forderung nach immer mehr Wettbewerb und Autonomie kommen Schulen in Zukunft nicht mehr darum herum, Öffentlichkeitsarbeit für sich selbst zu betreiben.

»Public Relations begin at home« – Öffentlichkeitsarbeit beginnt zu Hause!

1.2 Merkmale der Öffentlichkeitsarbeit

Öffentlichkeitsarbeit ist nicht neutral, ganz im Gegenteil. Sie muss immer die Vorgaben der Schulleitung vertreten. Sie soll ja dazu beitragen, dass die Ziele, die sich eine Schule in ihrem Schulprogramm gesetzt hat, auch kommuniziert und dann verwirklicht werden. Öffentlichkeitsarbeit gewährleistet auch, dass Kommunikation nicht nur in eine Richtung stattfindet. Sie beschränkt sich nicht nur darauf, Erlasse und Mitteilungen der Schulleitung zu verbreiten und bekannt zu machen. Vielmehr geht es darum, dass Kommunikation in zwei Richtungen stattfindet.

Ein Beispiel aus dem Straßenverkehr ist hier treffend: Immer mehr Einbahnstraßen dürfen, wenn sie entsprechend gekennzeichnet sind, von Radfahrern auch in der entgegengesetzten Richtung befahren werden. So ist das mit der Öffentlichkeitsarbeit in der Schule auch. Natürlich findet sie vorrangig von der Schulleitung aus statt. Aber Öffentlichkeitsarbeit muss auch gewährleisten, dass ein Rückfluss besteht. Dieser ist wichtig, damit die Schulleitung weiß, wie die Meinungen und Erwartungen der jeweiligen Bezugsgruppe sind. Auch muss die Schulleitung darüber Rückmeldungen erhalten, welche Botschaften wie aufgenommen wurden, welche Nachrichten nicht angekommen sind und wo neue Wege in der Kommunikation gegangen werden müssen.

Schulische Öffentlichkeitsarbeit sollte vor allem, wie jede andere PR auch, folgende sieben Merkmale besitzen:

1. Öffentlichkeitsarbeit muss *systematisch und kontinuierlich geplant* und damit nicht dem Zufall überlassen werden. Es genügt nicht, bei jeder größeren Aktion an der Schule eine Pressemitteilung an die Medien zu schicken. Das ist ein falsches Verständnis von PR. Es muss bekannt sein, was mit welcher Aktion erreicht werden soll.
2. Es ist immer *besser zu agieren als zu reagieren*. Wer nur reagiert, gerät schnell in den Verdacht, sich bloß rechtfertigen zu müssen. Die Öffentlichkeitsarbeit darf nicht erst beginnen, wenn das erste (oder letzte) Problem auftaucht.
3. Die geplante Kommunikation muss so stattfinden, dass sie *für alle Bezugsgruppen nachvollziehbar* ist.
4. Jede Aussage und jede Zahl, die kommuniziert wird, muss *sachlich richtig* sein. Öffentlichkeitsarbeit ist nicht die Verbreitung von Gerüchten. Die verbreiten sich in der Schule ganz von allein. Fakten müssen korrekt und vor allem auch überprüfbar sein.
5. Wer Öffentlichkeitsarbeit betreibt, muss *glaubwürdig* sein. Er muss Sympathie und Vertrauen in den Bezugsgruppen und bei seinen Ansprechpartnern gewinnen. Probleme müssen offen angegangen werden und dürfen nicht unter den Tisch gekehrt werden. Nur so ist Öffentlichkeitsarbeit erfolgreich.
6. Das Vorgehen in der Öffentlichkeitsarbeit muss inhaltlich zwischen allen Beteiligten *abgestimmt* sein. Sie funktioniert nicht, wenn ein Schulleitungsteam untereinander zerstritten ist oder wenn ein Konrektor ständig gegen die Direktorin kämpft.

7. Die Öffentlichkeitsarbeit muss *langfristig geplant und kontinuierlich durchgeführt* werden. Nur so kann verhindert werden, dass Aktionen zu spät angegangen werden. Öffentlichkeitsarbeit verliert auch an Glaubwürdigkeit, wenn nur im Bedarfsfall mit den Bezugsgruppen kommuniziert wird. Die langfristige Arbeit ist deshalb wichtig, weil sich gegenseitiges Vertrauen nur allmählich aufbaut. Gerade dieses ist für die schulische Öffentlichkeitsarbeit, wenn sie erfolgreich sein soll, erforderlich.

1.3 Warum brauchen Schulen Öffentlichkeitsarbeit?

In Seminaren zum Thema »Schule und Öffentlichkeitsarbeit« wird als Hauptgrund für Öffentlichkeitsarbeit immer wieder die Verbesserung des schulischen Images angeführt. Dieser Grund kommt nicht von ungefähr. Das Image der deutschen Schule ist ein denkbar schlechtes. Nicht umsonst wird die Liste der Bundesländer länger, die Imagekampagnen für ihre Lehrerschaft in den Medien schalten.

Glaubwürdigkeit ist für schulische Öffentlichkeitsarbeit geradezu konstituierend. Nur das kann kommuniziert werden, was auch tatsächlich wahr ist. Die Schule kann ihr Image bei den Bezugsgruppen nur verändern, wenn das bisherige nicht der Realität entspricht. Die Veränderung des eigenen Images ist nur einer von vielen Gründen, warum Schulen mehr und mehr damit beginnen, die eigene Öffentlichkeitsarbeit zu planen und zu steuern. Weitere Gründe sind:

- Schulen entwickeln sich zu immer stärker werdenden, autonomen Einrichtungen in einer gesamtgesellschaftlichen Verantwortung. Diese Eigenständigkeit von Schulen bringt der einzelnen Schule zahlreiche Vorteile, aber auch Verpflichtungen. Am Anfang von Eigenständigkeit steht die Entwicklung und Umsetzung schuleigener Schwerpunkte in Organisation und Pädagogik. Diese Entwicklung verlangt nach neuen, vor allem effektiven Formen der Kommunikation nach innen und nach außen. Somit wird Öffentlichkeitsarbeit für Schulen zur Pflichtaufgabe.
- Indem sich Schulen zu »Zielgruppenschulen« entwickeln und für ihre pädagogische Arbeit eigene Schwerpunkte setzen, entsteht der Bedarf, darüber zu informieren. Schulen haben hier eine Bringschuld. Längst ist es nicht mehr selbstverständlich und möglich, dass sich Eltern von allein auf dem bildungspolitisch neuesten Stand halten. Öffentlichkeitsarbeit dient also potenziellen neuen Schüler/innen und deren Eltern zur Information und Orientierung über die Schule und ihre Besonderheiten. Gerade in Zeiten zunehmender Individualisierung ist dieses Angebot zur Orientierung besonders wichtig. Und das nicht nur in der Großstadt. Auch in eher ländlich geprägten Gegenden macht sich die »neue Mobilität« bemerkbar: Gibt es im Dorf kein passendes Angebot, so fährt man eben ins nächste.
- Das Image von Schule kann durch aktive und zielgerichtete Öffentlichkeitsarbeit positiv beeinflusst werden. Zu oft kommt es vor, dass das Image einer Schule leider nicht mit der Realität oder mit dem gewünschten Image übereinstimmt. Öffentlichkeitsarbeit ist hier eines der ersten Werkzeuge, um Veränderungen herbeizufüh-

ren. Images entstehen schnell, manchmal zu schnell, und erstarren nie. Oft reicht ein einziges Gerücht, um zu einem Image zu kommen. Baut sich das Image einer Schule jedoch langsam und kontinuierlich durch gute Öffentlichkeitsarbeit auf, so wird es umso stabiler, ehrlicher und schwerer wandelbar.
- Öffentlichkeitsarbeit schafft Sympathie und Zutrauen. Wenn Schulen ehrlich über sich selbst berichten und sich sowohl zu den Schwächen als auch zu den Stärken ihrer eigenen Arbeit bekennen, bekommen sie ein freundlicheres Gesicht. Sie erwecken den Eindruck von Ehrlichkeit und einem gesunden Maß an realistischer Selbsteinschätzung. Nicht nur über das Gute wird berichtet, auch Probleme und Defizite können mit der Öffentlichkeit kommuniziert werden.
- In Zeiten der finanziell zunehmend eingeschränkten Unterstützung der Bildung in Deutschland ist die dauerhafte Erschließung außerschulischer Finanzquellen von elementarer Bedeutung. Eine Schule, die durch ein positives Image in der Bevölkerung, bei Bezugsgruppen und bei Wirtschaftsunternehmen auffällt, wird es leichter haben, Partner für Sponsoring-Aktionen o.Ä. zu finden.
- Die Öffentlichkeitsarbeit kann der Schule helfen, sich besser in das schulische Umfeld vor Ort zu integrieren. So kann die Zusammenarbeit mit vor- und nachgeordneten Bildungseinrichtungen, mit Nachbarschulen, mit Vereinen, Musikschulen, Volkshochschulen und Einrichtungen der Jugendhilfe intensiviert werden.
- Öffentlichkeitsarbeit eröffnet Schülerinnen und Schülern nach dem Abschluss der schulischen Ausbildung bessere Chancen. Kann eine Schülerin oder ein Schüler bei der Suche nach einer Lehrstelle in Zeugnissen und Bewerbung darauf verweisen, auf dieser oder jener Schule gewesen zu sein, die einen guten Namen hat, so sind seine Chancen für die erfolgreiche Lehrstellensuche bei angesehenen Unternehmen bestimmt besser.
- Öffentlichkeitsarbeit hat immer auch einen Selbstzweck. Sie motiviert zu effektiver pädagogischer Arbeit. Ist Öffentlichkeitsarbeit erfolgreich und spüren die Schüler/innen, dass sich ihre Arbeit gelohnt hat, sind sie am ehesten motiviert, sich weiter in dieser Arbeit zu engagieren. Betreiben Schüler/innen Öffentlichkeitsarbeit, so lernen sie: Ich übernehme Verantwortung für das, was ich kommuniziere, ausstelle und mitteile. Ich kann für meine Darstellung Bestätigung erhalten. Ich muss aber auch Kritik ertragen, sie reflektieren, annehmen oder widerlegen. Ich kann mit Öffentlichkeitsarbeit Einfluss ausüben. Merken Lehrer/innen, dass ihr Unterricht erfolgreich ist, sind sie motiviert, in dieser Richtung weiterzuarbeiten.

2. Bezugsgruppen der Öffentlichkeitsarbeit

2.1 Wer macht Öffentlichkeitsarbeit?

Die Organisation und Durchführung von Öffentlichkeitsarbeit kann an Schulen in den seltensten Fällen von einer Person allein bewältigt werden. Nur in ganz kleinen Schulen ist es vielleicht so, dass diese Aufgabe von der Schulleiterin oder dem Schulleiter allein verantwortet wird. Nach meiner Erfahrung bietet sich folgende Organisationsform an: Die Öffentlichkeitsarbeit teilt sich auf drei »Organe« auf – die Schulleitung, die oder den Beauftragten für Öffentlichkeitsarbeit (oder »PR-Verantwortlichen« oder »PR-Berater/in«) und einen Arbeitskreis Öffentlichkeitsarbeit (AÖA), der aus verschiedenen Personen zusammengesetzt ist und sich regelmäßig trifft. Die Schulleiterin oder der Schulleiter hat (natürlich) die Gesamtverantwortung für die schulische Öffentlichkeitsarbeit. Er gibt die »Marschrichtung« vor, er trifft die Entscheidungen und segnet sie ab. Dabei hat er folgende, die interne Öffentlichkeitsarbeit betreffende Aufgaben:

- Gesamtkonzeption der internen Öffentlichkeitsarbeit;
- Informationsweitergabe an die oder den PR-Verantwortlichen und den AÖA;
- Aufrechterhaltung des Informationsflusses;
- Konzeption der PR-Instrumente zur internen Öffentlichkeitsarbeit (welche Instrumente sollen wie genutzt werden?).

Externe Öffentlichkeitsarbeit verlangt von der Schulleitung folgende Unterstützung:

- Freigabe von Medienmitteilungen, deren Inhalte eventuell der Rücksprache bedürfen;
- Beantwortung von Medienanfragen bei brisanten oder die Leitung betreffenden Themen;
- Wahrnehmung von repräsentativen Terminen (Preisverleihung, externe Informationsveranstaltungen etc.).

Die oder der Beauftragte für Öffentlichkeitsarbeit bündelt alle Aufgaben, behält den Überblick und ist erster Ansprechpartner. An großen Schulen, die von einem Schulleitungsteam geführt werden, kann diese Person selbst Mitglied dieses Teams sein. Ihr obliegen vor allem folgende Tätigkeiten:

- Leitung und Einberufung des AÖA;
- selbstständige Verfassung sämtlicher Medienmitteilungen, ggf. nach Rücksprache mit der Schulleitung;
- Einrichtung, Weiterentwicklung und Pflege verschiedener Medienverteiler;
- persönlicher Kontakt zu den Vertretern der Medien, der Pressestellen bei Unternehmen und den städtischen oder staatlichen Einrichtungen;
- Beantwortung von Rückfragen durch die Medien, Organisation von Interviews, Informationsbeschaffung für die Medien (abgesehen von »brisanten« Themen);
- Organisation und leitende Durchführung von Veranstaltungen mit öffentlichkeitswirksamem Charakter wie z.B. Tag der offenen Tür, Event, Preisverleihung, Siegerehrung, Wettbewerb, Pressekonferenz, Presserundgang, Pressegespräch;
- Betreuung von »Persönlichkeiten« (Politiker/innen, Personen der Zeitgeschichte, Prominente etc.) bei Schulbesuchen;
- Evaluation und Dokumentation aller Bereiche schulischer Öffentlichkeitsarbeit;

- Betreuung und Organisation des Schul-Merchandising – dazu zählt auch die Organisation des Vertriebs (z.B. bei Schulfesten und sonstigen Veranstaltungen);
- eigene Fortbildung.

Der Arbeitskreis Öffentlichkeitsarbeit – er kann auch PR-Team genannt werden – ist eine Koordinationsstelle, damit besonders in großen Schulen, die Arbeitsteilung besser gelingt. Zu ihm gehören

- eine Person aus der Schulleitung;
- die oder der Beauftragte für Öffentlichkeitsarbeit;
- ein Verantwortlicher für die Homepage;
- ein Verantwortlicher für die Schülerzeitung;
- ein Verantwortlicher für das Jahrbuch/die Jahreschronik;
- ein Verantwortlicher aus dem Förderverein;
- ein Mitglied der AG Werbeagentur (falls vorhanden);
- ggf. Elternvertreter/in und Schülervertreter/in;
- ggf. Eltern und ehemalige Schüler/innen aus entsprechenden Berufsgruppen (insbesondere Grafik, Druck, Journalismus).

Im AÖA werden alle wichtigen Entscheidungen getroffen, anfallende Aufgaben koordiniert und Arbeitsaufträge delegiert. Zu den Aufgaben im Einzelnen zählt:

- Installation des AÖA;
- Entscheidungen über das Corporate Design an der Schule;
- Einhaltung des Corporate Design;
- Koordination von Inhalten, insbesondere bei Schülerzeitung, Jahrbuch, Newsletter und Internet und deren Erscheinungsterminen;
- gemeinsame Schulung durch die oder den PR-Beauftragten;
- Terminabsprachen, Terminweitergaben;
- Absprachen über Anschaffungen;
- Aufgabenverteilungen bei Veranstaltungen;
- Weitergabe von Informationsmaterial und Organisation von Informationsmaterial (wer macht wann bei welchem Ereignis Fotos, wer schreibt den Bericht, wer ist für den Videomitschnitt verantwortlich etc.).

Gerade die Einrichtung eines AÖA ist für die Öffentlichkeitsarbeit besonders wichtig. An größeren Schulen laufen ansonsten zu viele Dingen nebenher, die durch bessere Koordination vereinfacht werden könnten. Die gesamte Organisation der Öffentlichkeitsarbeit an der einzelnen Schule ist in Abbildung 1 dargestellt.

Personelle Voraussetzungen des Beauftragten für Öffentlichkeitsarbeit

Idealerweise übernimmt den Posten des Beauftragten für Öffentlichkeitsarbeit eine Person, die sich freiwillig dazu bereit erklärt. Abhängig von der Größe der Schule und den geplanten Projekten sollte sie zwei bis vier Schulstunden Ermäßigung pro Woche

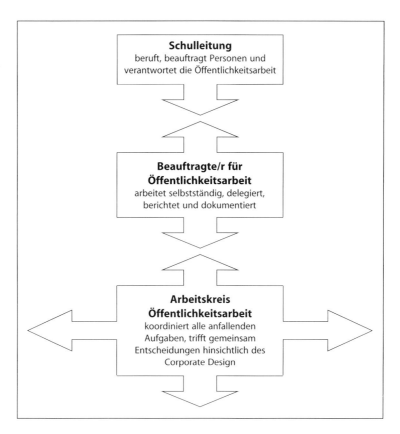

Abb. 1: Organisation der Öffentlichkeitsarbeit

erhalten. An vielen Schulen wird es unrealistisch sein, eine so große Ermäßigung für diese Stelle zu erteilen. Leider sind wir in der Schulentwicklung heute noch nicht so weit, dass bereits Funktionsstellen für die Öffentlichkeitsarbeit vergeben werden. Die Ermäßigungsstunden können auch nicht wirklich den zeitlichen Aufwand kompensieren, sie sind eine Möglichkeit der Anerkennung für diese zeitintensive Arbeit.

Welche Fähigkeiten und welche Vorbildung sollte diese Person am besten mitbringen? Grundsätzliche Voraussetzungen, die in der Wirtschaft an PR-Profis gestellt werden, sind (nach Rota 1994):

- ein hohes Maß an Allgemeinbildung;
- theoretische Sach- und kommunikative Fachkompetenz;
- gute Kontaktfähigkeit, Management- und Sprachvermögen;
- Ausdrucksfähigkeit und guter Schreibstil;
- Interesse an den Medien;
- Erfahrungen als freier Mitarbeiter, Reporter, Journalist oder Hospitant einer Zeitung, Zeitschrift oder eines anderen Mediums;
- (zumindest) englische Sprachkenntnisse;
- positives persönliches Erscheinungsbild.

Hinzu kommen als schulspezifische Voraussetzungen:

- Zwischen Schulleitung und PR-Verantwortlichem muss die »Chemie« stimmen. Dies ist zwar keine Eigenschaft, sollte aber ebenfalls Voraussetzung für die Beauftragung sein.
- Die sichere Fähigkeit im Umgang mit den modernen Medien gilt als selbstverständliche Voraussetzung.
- Hinzu kommt als unbedingtes Muss ein gesteigertes Interesse am Fortgang der Schulentwicklung.

Vor Beginn der konstruktiven Öffentlichkeitsarbeit sollten mit der Schulaufsicht nötige Absprachen getroffen werden. Die Notwendigkeit der schulischen PR ist noch nicht überall, besonders auch bei Schulträgern, erkannt worden. Wo nötig, sollte angeboten werden, in kritischen Situationen die Öffentlichkeitsarbeit zu koordinieren. Selbstverständlich ist – es sollte dennoch bei solchen Absprachen erwähnt werden –, dass die Pressestellen von Schulträger und Schulaufsicht in die eigenen Verteiler mit aufgenommen und bei Medien-Aussendungen berücksichtigt werden.

Zu Äußerungen gegenüber der Presse sollten Strategien mit dem Kollegium abgesprochen werden. Durch Äußerungen wie »Unser Schulleiter hat uns verboten, darüber zu sprechen« entsteht in der Öffentlichkeit ein negatives Bild. Positive Meinungsäußerungen des Kollegiums sollten zugelassen werden. In schwierigen Situationen sollte es die Presse immer an den Beauftragten für Öffentlichkeitsarbeit oder die Schulleitung verweisen.

Die oder der Beauftragte für Öffentlichkeitsarbeit spielt im schulischen Leben eine Sonderrolle. Er sollte über alle wichtigen Dinge an der Schule informiert sein. Wichtig ist auch die Mitgliedschaft in der Schulkonferenz. Sollte dies nicht möglich sein, so wäre zu überlegen, ob nicht ein Gaststatus (ohne Stimm- und Rederecht) für diese Person eingerichtet werden kann.

Alle an der Schule Beschäftigten sollten in die Tätigkeit des Beauftragten Vertrauen haben. Sie sollten ihn in jeder Weise unterstützen. Die gesamte Öffentlichkeitsarbeit muss von der Schulleitung getragen werden. Gibt es über die eigentliche Notwendigkeit der Öffentlichkeitsarbeit Differenzen, müssen diese ausgeräumt werden, sonst wird die Presse- und Medienarbeit nicht den gewünschten Erfolg bringen und immer wieder Ausgangspunkt für Auseinandersetzungen sein. Kommt es später zu Meinungsverschiedenheiten über das Wie der Öffentlichkeitsarbeit, sollten auch diese schnell und offen angesprochen und beseitigt werden. Denn es wäre nur zum Schaden für die Schule und für deren Image in der Bevölkerung, wenn Unstimmigkeiten zu Konflikten führen und publik würden. Das Kollegium kann den Beauftragten für Öffentlichkeitsarbeit auf vielfältige Weise unterstützen:

- Hinweise auf wichtige Veranstaltungen und Termine;
- gemeinsame Planung von medienwirksamen Veranstaltungen;
- Unterstützung bei besonderen Aktionen;

- aufmerksames Studieren der Tages- und Fachpresse;
- Ausschneiden oder Kopieren interessanter Zeitungsartikel;
- Hinweise auf aktuelle Fachliteratur.

Offenheit im eigenen Kollegium ist sehr wichtig. Gleichzeitig einen guten Draht zur Schulleitung und zum Kollegium zu haben, ist aber manchmal nicht ganz so einfach. Schulen haben in der Regel eine hierarchisch gegliederte Struktur.

Natürlich kann der »Öffentlichkeitsarbeiter« weder über allen anderen thronen noch das letzte Glied in der Kette sein. Sein Platz ist in der Mitte. Er sollte, wenn möglich, Mitglied der Schulkonferenz sein und guten Kontakt zu Eltern und zu Schülerinnen und Schülern haben. In den Verteilerlisten für die Protokolle der einzelnen Gremien (auch in denen des Finanzausschusses) muss sein Name stehen. Weil der Beauftragte für Öffentlichkeitsarbeit zu allen gleichermaßen guten Kontakt haben sollte und alle in seine oder ihre Arbeit voll und ganz vertrauen sollten, hat er es oft auch nicht leicht:

- Ein Beauftragter für Öffentlichkeitsarbeit muss für jeden ein offenes Ohr haben. Und er wird nicht immer nur Positives zu hören bekommen. Natürlich freuen sich alle, wenn in der Zeitung eine wohlwollende Ankündigung für ein Konzert mit dem Foto des Schulchores abgedruckt ist. Wenn aber nur ein Zweizeiler über ein Musikprojekt im Lokalblatt zu finden ist, ist die Enttäuschung häufig spürbar.
- Die oder der Beauftragte für Öffentlichkeitsarbeit kann bei innerschulischen Konflikten leicht zwischen die Fronten geraten. Häufig werden die Probleme von verschiedenen Seiten und damit aus verschiedenen Perspektiven an ihn herangetragen. In solchen Fällen ist es sinnvoll, Neutralität zu wahren. Sonst kann man schnell einen ganzen »Flügel« von Kolleginnen, Kollegen oder Eltern gegen sich aufbringen und effektive Presse- und Medienarbeit wird erschwert oder gar unmöglich.

Die oder der Beauftragte für Öffentlichkeitsarbeit muss selbst immer gut informiert sein. Alle Einrichtungen im Umfeld der Schule, die aktive Öffentlichkeitsarbeit betreiben, arbeiten mit Presse- oder Medienverteilern. Es ist sehr hilfreich, in die entsprechenden Verteiler zu kommen, um so immer gut informiert zu sein. Wichtige Institutionen in der Umgebung der Schule können sein:

- andere Schulen und Bildungseinrichtungen (Hochschulen, Fachhochschulen, Volkshochschule etc.);
- Freizeiteinrichtungen;
- Vereine;
- Verwaltungen und Behörden;
- kulturelle Einrichtungen;
- Kirchen und Religionsgemeinschaften;
- Unternehmen;
- Medieneinrichtungen.

Ganz wichtig ist es, über die Bildungspolitik der Kommune, des eigenen Bundeslandes und der Bundesregierung informiert zu sein. Auch hier gilt: Es ist hilfreich, in offizielle Verteiler aufgenommen zu werden. Viele Institutionen bieten auch das kostenlose Abonnement von E-Mail-Newslettern an. Die Pressemitteilungen der Ministerien können zumeist auch über diesen Weg bezogen werden. Meistens haben Schulträger und Schulaufsicht eigene Referenten für die Presse- und Medienarbeit.

Auf den regelmäßigen Dienstversammlungen der Schulleiter/innen werden die aktuellen Informationen aus Schulentwicklung und Schulpolitik ausgetauscht und mitgeteilt. Nach Schulleiterdienstversammlungen sollte bei Bedarf ein Dienstgespräch zwischen Schulleiter/in und der oder dem Beauftragten für Öffentlichkeitsarbeit stattfinden, in dessen Verlauf Informationen zu aktuellen Sachverhalten und Neuerungen weitergegeben werden.

Die Schule kann zur Unterstützung einige Fachzeitschriften abonnieren. Hier finden sich immer Kapitel oder Rubriken zur aktuellen Bildungspolitik. Auch im Amtsblatt des Kultusministeriums stehen oft interessante Neuigkeiten. Die Zeitschriften der unterschiedlichen Lehrerverbände und Gewerkschaften geben ebenfalls eine Vielzahl wichtiger Informationen zu bestimmten Bereichen der Bildungspolitik.

Die Mitgliedschaft in einem der PR-Verbände kann bei der Arbeit eine Hilfe sein. In Deutschland sind das:

- die Deutsche Public Relations Gesellschaft (www.dprg.de);
- die Gesellschaft für innerbetriebliche Kommunikation (www.inkom-online.de);
- der Kommunikationsverband (www.kommunikationsverband.de).

Die Verbände geben auch regelmäßig E-Mail-Newsletter heraus, die kostenlos abonniert werden können.

2.2 Für wen wird Öffentlichkeitsarbeit gemacht?

Überlegen Sie sich, für wen die schulische Öffentlichkeitsarbeit wichtig ist (vgl. Tab. 1). Was sind dabei ihre vorrangigen Ziele?

2.2.1 Interne Öffentlichkeitsarbeit

Die innerschulische Kommunikation ist der erste Ansatzpunkt der Öffentlichkeitsarbeit. Hierbei geht es natürlich vorrangig um die Kommunikation zwischen der Schulleitung und dem Kollegium. Der mangelhafte Informationsfluss ist einer der häufigsten Gründe für Unzufriedenheit innerhalb eines Kollegiums. Die Ziele der internen Kommunikation sind vor allem:

- Information über Termine, personelle Veränderungen, Veranstaltungen;
- Mitteilung von Beschlüssen und Vorhaben;

Tab. 1: Welche Ziele verfolgt die Öffentlichkeitsarbeit?	Wichtig	Unwichtig
Aufbau eines positiven Images der Schule		
Erhalt des positiven Images der Schule		
Verbesserung des Informationsflusses zum Kollegium		
Verbesserung des Informationsflusses zu Schüler/innen und Eltern		
Motivation des Kollegiums		
Motivation der Schülerschaft		
Gute Bedingungen für neue Kolleginnen und Kollegen schaffen		
Bessere Möglichkeiten im finanziellen Bereich der Schule erwirken		
Bekanntheitsgrad der Schule erhöhen		
Unterrichtliche und außerunterrichtliche Angebote bekannt machen		
Das Image eines bestimmten schulischen Angebotes verbessern		
Das Image eines bestimmten schulischen Angebotes erhalten		
Beziehungspflege zur Gesellschaft		
Beziehungspflege zu Schulträger oder Schulaufsicht		
Beziehungspflege zur Politik		
Beziehungspflege zu potenziellen neuen Schüler/innen		
Beziehungspflege zu Ehemaligen		
Beziehungspflege zu Sponsoren und Finanzierern		

- Vorbereitung von Entscheidungen;
- Verständnis für Beschlüsse erwirken;
- Motivation und Engagement;
- Installation eines Wir-Gefühls.

Bevor mit der externen Öffentlichkeitsarbeit begonnen werden kann, sollte genau überlegt werden, wie die interne Kommunikation funktioniert, wo es Schwachstellen gibt und wo dringend Veränderungen vorgenommen werden müssen.

Das Problem von nicht funktionierender Kommunikation zwischen Schulleitung und Kollegium ist immer ein beidseitiges. Aufseiten der Schulleitung muss immer wieder neu die Entscheidung getroffen werden, welche Information für wen wichtig ist. Denn zu viel Information für alle ist nicht immer hilfreich. Oft genügt es auch, bestimmte Informationen nur an einen sehr begrenzten Empfängerkreis weiterzugeben, den diese dann auch wirklich betreffen.

Aufseiten des Kollegiums hat die Informationsweitergabe vor allem mit dem »Sich-informieren-Wollen« zu tun. Der hinlänglich bekannte Ausspruch »Mir hat niemand etwas gesagt« oder »In meinem Fach lag dieses Schreiben nicht« zeigt oft auch einfach nur die Unfähigkeit Einzelner, etwas wahrnehmen zu wollen. Gut, wenn man dann nachweisen kann, dass die Information allen zugänglich war.

Welche internen PR-Instrumente gibt es und werden sie bereits erfolgreich genutzt?

2.2.2 Externe Öffentlichkeitsarbeit

Die externe Öffentlichkeitsarbeit kennt eine Reihe unterschiedlicher Bezugsgruppen. Jede Bezugsgruppe muss mit anderen Instrumenten angesprochen werden. Deswegen ist die interne Öffentlichkeitsarbeit mit ihren wenigen Bezugsgruppen (Kollegium, Schüler/innen, sonstiges Personal) der externen Öffentlichkeitsarbeit auch vorgelagert. Die internen Gruppen lassen sich viel leichter und mit wesentlich weniger Aufwand erreichen. Sie dienen gleichzeitig als Multiplikatoren.

Die externen Bezugsgruppen sind nicht nur mit unterschiedlichen Instrumenten zu erreichen, es werden für jede Bezugsgruppe auch unterschiedliche Zielvorgaben definiert. Ist es Ziel der Kommunikation mit der Elternschaft, mehr Mitarbeit in der Schule zu erreichen, so kann vielleicht das Ziel in der Schulnachbarschaft sein, Toleranz für abendliche Veranstaltungen zu erzeugen. Die lokalen Medien sollen vielleicht vorrangig über Innovationen im naturwissenschaftlichen Unterricht der Schule berichten, Wirtschaftsunternehmen sollen für den Neubau der Bühnentechnik in der Schulaula gewonnen werden. Die Schulaufsicht soll die Notwendigkeit des Erhalts der Schule erkennen, in potenziellen neuen Schülerinnen und Schülern soll Vertrauen geweckt werden. Jedes Mal sollen andere Ziele erreicht werden, jedes Mal müssen andere Botschaften kommuniziert werden, jedes Mal kommen unterschiedliche PR-Instrumente zum Einsatz.

2.2.3 Allgemeine Presse- und Medienarbeit

Das Kerngeschäft der Öffentlichkeitsarbeit ist von jeher die Medienarbeit, die Zusammenarbeit mit den Printmedien, Zeitungen, Zeitschriften und anderen periodischen Publikationen sowie den elektronischen Medien, dem Rundfunk, Fernsehen und den Online-Medien. Die allgemeine Presse- und Medienarbeit ist das Hauptinstrument, um die Bezugsgruppen der Massengesellschaft zu erreichen. Die Presse- und Medienarbeit zu beherrschen bedeutet nicht viel mehr, als ein Handwerkszeug zu erlernen und anzuwenden. Sie ist mehr die Pflicht als die Kür in der Öffentlichkeitsarbeit.

Es geht in erster Linie darum, sich speziell für den eigenen Bedarf an der Schule einen Medienverteiler zusammenzustellen. Dieser Verteiler wird nach und nach wachsen. Er muss wie eine Pflanze gepflegt und natürlich ständig aktualisiert werden. Wichtig ist es, in diesem Medienverteiler nicht nur Adressen von Redaktionen und Medien zu sammeln, sondern darüber hinaus auch die Namen von einzelnen Redakteuren und deren Spezialgebieten. Außerdem müssen im Verteiler die Vorlieben der Einzelnen festgehalten werden. Natürlich sind hier nicht die persönlichen Vorlieben gemeint, sondern vielmehr die Fragen, ob der Redakteur die Meldung lieber als Fax, E-Mail oder Brief erhält, welches Format Bilder und Grafiken haben sollen etc.

Darüber hinaus geht es in der Presse- und Medienarbeit darum, persönlichen Kontakt zu Medienleuten zu bekommen, zu pflegen und zu halten. Denn auch dieser Bereich der Öffentlichkeitsarbeit soll niemals eine Einbahnstraße ohne Gegenverkehr sein. Entwickelt sich zwischen der Schule und der Zeitungsredaktion ein gutes Verhältnis, so wird es irgendwann nicht mehr immer nur die Schule sein, die einen Artikel platzieren möchte. Die Redaktion selbst wird bei Bildungsthemen auf die Schule zukommen, zu der sie schon eine gute Beziehung pflegt. In regelmäßigem Abstand berichten die großen deutschen Magazine mit Titelstorys über Bildungsthemen. Dabei werden immer wieder eine Hand voll Schulen genannt und immer wieder die gleichen. Vielleicht wird es Zeit, diese Schulen an der Spitze der Medienwelt einmal abzulösen ...

2.2.4 Krisenmanagement

Zu den zehn Todsünden der Öffentlichkeitsarbeit zählt unter anderem: »Mit den Medien nur im Notfall kommunizieren – die Presse wird dann kaum in der Lage sein, im Krisenfall oder bei einer anderen plötzlichen Aktualität objektiv zu berichten. Wie soll sie auch innerhalb weniger Stunden imstande sein, Zusammenhänge zu erläutern und ausgewogen zu analysieren?« (Pfeffer/Reinecke 2000, S. 72).

Krisen kann es in einer Schule immer geben, auch wenn sie sich keiner wünscht. Das Typische an einer Krise ist, dass man vorher nicht mit ihr rechnen kann und dass man deswegen auch davon ausgeht, dass eine Krise einen selbst nicht treffen kann. Trotz dieser Annahme muss man sich dazu überwinden, für etwaige Krisensituationen in der Schule Vorüberlegungen anzustellen und Notfallpläne aufzustellen, die dann im Bedarfsfall nur aus der Schublade im Amtszimmer gezogen werden müssen.

Bei welchen Krisen muss eine Schule handeln? Sicher kommt es hier auf den Einzelfall an – Gewalttätigkeiten auf dem Schulhof, der Skandal um eine Lehrerin oder einen Lehrer, ein Unfall im Chemieunterricht oder ein plötzlicher Wechsel in der Schulleitung können der Grund sein. Aber auch der Busunfall während einer Klassenfahrt, ein Einbruch, ausgeführt von eigenen Schülerinnen und Schülern oder ein Brand.

Die Krisen-PR spaltet sich dabei in zwei Bereiche auf. Zum einen muss in der präventiven Öffentlichkeitsarbeit dafür gesorgt werden, dass bereits Kontakte zu Medien bestehen, die im Krisenfall relevant sind. Außerdem muss in der präventiven Öffentlichkeitsarbeit darauf geachtet werden, dass nicht Krisen gerade durch Nicht-Kommunikation entstehen. Wer nach dem Motto »Das kriegen wir selber in den Griff, so, dass es niemand merkt« handelt, der verrechnet sich leider oft. Denn gerade die Informationen, die nicht nach draußen dringen sollen, verbreiten sich am schnellsten. Die reaktive Öffentlichkeitsarbeit hingegen kommt erst im Ernstfall zum Einsatz. Ein »Notfallplan« sollte dafür sorgen, dass

- wichtige Leute erreichbar sind (z.B. Elternsprecher/in, Notdienste, Vertrauenslehrer/in ...);
- klar ist, wer was sagt und wer lieber schweigt;
- geregelt ist, welche Medien und welche Ansprechpartner informiert werden, bevor sie selbst nachfragen (z.B. Schulaufsicht);
- immer aktuelle Informationsmaterialien der Schule bereitliegen.

Es kann vorkommen, dass sich Krisen bereits in einem Anfangsstadium abzeichnen. In diesen Situationen sollte man nicht zögern zu handeln, was die aktive und geplante Kommunikation mit Bezugsgruppen betrifft. Gerne schiebt man diese Aufgabe im Ernstfall in der Hoffnung vor sich her, sie würde sich irgendwann von selbst erledigen. Das Gegenteil ist zumeist der Fall: Je länger gewartet wird, desto größer wird das Kommunikationsproblem.

2.2.5 Issues-Management

Gehört die allgemeine Presse- und Medienarbeit zur Pflicht der Öffentlichkeitsarbeit, so zählt das Issues-Management eher zur Kür. Dabei geht es darum, Themen innerhalb einer Bezugsgruppe selbst zu platzieren und mit dem eigenen Schulnamen positiv in Verbindung zu bringen.

Z.B. werden in Berlin seit einiger Zeit einige Schulen mit Genlabors für den Einsatz im Biologieunterricht ausgestattet. Diese Schulen haben die Möglichkeit, das Thema Genforschung im pädagogischen Kontext ganz neu zu beleuchten und damit den Namen ihrer Schule ins Gespräch zu bringen, das Thema positiv zu belegen. Ein anderes Beispiel: In den vergangenen Jahren haben es Schulen geschafft, sich mit ihren reformpädagogischen Ansätzen bekannt zu machen. Viele Schulen haben ähnliche Ansätze entwickelt, aber nur wenige haben sich damit wirklich bekannt gemacht und profitieren heute davon in vielfältiger Hinsicht: Engagierte Lehrer/innen drängen an diese Schulen, sie können sich vor Schülerinnen und Schülern nicht retten und werden von universitärer Seite durch Praktikanten ebenso wie durch wissenschaftliche Studien unterstützt, ganz zu schweigen von den Referendarinnen und Referendaren, deren Existenz nicht nur eine Mehrbelastung bedeutet.

Zugegeben, eine Schule muss groß genug sein und sollte bereits einen »Namen« haben, nur dann wird sie auch die Möglichkeit, die Infrastruktur und die finanziellen Mittel haben, sich mit neuen Themen ins Gespräch zu bringen.

3. Instrumente der schulischen Öffentlichkeitsarbeit

An dieser Stelle sollen einige Instrumente der schulischen Öffentlichkeitsarbeit genannt werden. Die Auflistung lässt sich sicher ergänzen, sie soll lediglich eine Anregung darstellen. Man könnte hier eine Kategorisierung nach internen und externen Instrumenten vornehmen. Manche der Instrumente erreichen jedoch die internen und externen Bezugsgruppen. So erscheint mir eine Auflistung nach geringer, mittlerer und großer Reichweite sinnvoller. Natürlich sind auch hier die Grenzen fließend. Die Reichweite bezieht sich hier sowohl auf die geografische als auch auf die inhaltliche Entfernung zur Schule. Auch die im Kapitel Medienarbeit (S. 1191ff.) genannten Instrumente wie Pressemitteilung, Pressegespräch usw. sind natürlich Instrumente der Öffentlichkeitsarbeit.

3.1 Instruments geringer Reichweite

3.1.1 Ausstellung

Leere weiße Gänge und kahle trostlose Treppenhäuser, eine verödete Eingangshalle – eine Schule hat viele Kommunikationsflächen, die genutzt werden können. Nicht nur der Fachbereich Kunst sollte hier aktiv werden. Jede Schule hat mehr zu bieten:

- Ausstellungen sollten nie länger als etwa zwei Wochen hängen bzw. stattfinden. Dann werden sie langweilig, niemand sieht sie sich mehr an.
- Am Anfang des Schuljahres kann ein Plan gemacht werden, welcher Fachbereich in welchem Monat für die Ausgestaltung der Wände im Verwaltungstrakt zuständig ist. Hier können dann Schülerarbeiten zu Referatthemen hängen, Fotos der letzten Exkursion, technische Zeichnungen von chemischen Elementen usw.
- Für große Schulen: Der Schulfotograf macht von allen Kolleginnen und Kollegen Aufnahmen, diese werden, schön und einheitlich gestaltet, mit Namen und Fächerkombinationen versehen, ausgestellt.
- Für kleine Schulen oder Lehrerzimmer: Lehrer/innen bringen ein Foto von sich mit, auf dem sie bei einer Lieblingsbeschäftigung zu sehen sind, die nichts mit Schule zu tun hat.
- Für kleine Schulen: Von allen Schülerinnen und Schülern wird in der Eingangshalle ein Foto aufgehängt, zusammen ergibt sich daraus ein großer Baum mit vielen Ästen.
- Ausstellungen, die in der Schule gut aufgenommen wurden, können auch in der nächsten Einkaufspassage oder im Rathaus gezeigt werden, sie können sogar bei einem Wettbewerb einen Preis gewinnen.
- Mit gelungenen Ausstellungen kann auch an regionalen und überregionalen Messen teilgenommen werden. Hier werden ganz andere und neue Bezugsgruppen erreicht.
- Offizielle Ausstellungen der Schule sollten (z.B. bei Bildbeschriftungen und Überschriften) das Corporate Design der Schule berücksichtigen. So kann dieses auch bekannter gemacht werden.

3.1.2 Kurzinfo

Das Kurzinfo oder der Eildienst (auch »Express-Info« oder »Interna« sind gängige Namen) informiert das Kollegium der Schule regelmäßig über die neusten Nachrichten. Ein DIN-A5-Blatt mit gleich bleibendem Kopf, jedes Mal auf ein andersfarbiges Papier kopiert, teilt dem Kollegium alles Wissenswerte mit. An großen Schulen wird es vielleicht monatlich oder sogar zweiwöchentlich erscheinen, kleinere Schulen brauchen es vielleicht gar nicht.

Wie soll das Kurzinfo an das Kollegium kommen? Da gibt es zwei Möglichkeiten. Die sichere: Jede Kollegin und jeder Kollege bekommt es in sein Fach gelegt. Dann ist zwar sicher, dass jeder es erhält, unsicher jedoch, ob jeder es findet und liest. Die zweite Möglichkeit: Am Kopierer, an der Kaffeemaschine, am Vertretungsplan, am schwarzen Brett, im Schulbüro, auf der Lehrertoilette und beim Hausmeister (auch noch an weiteren hoch frequentierten Stellen) stehen kleine Kästchen, aus denen man sich das Kurzinfo entnehmen kann.

Inhaltlich könnten hier wichtige Termine stehen, personelle Nachrichten (z.B. die Geburtstage der nächsten zwei Wochen) und Hinweise auf zu treffende Entscheidungen. Das Kurzinfo könnte auch gleichzeitig als offizielle Einladung zu Sitzungen schulischer Gremien fungieren. Natürlich sollte bei der Gestaltung dieser Publikation das Corporate Design der Schule zur Anwendung kommen. Bezugsgruppe ist hier immer nur das Kollegium der Schule.

3.1.3 Flipchart

Das Flipchart (wörtlich: Abreißblock) bietet die Möglichkeit, Mitteilungen und Informationen so zu platzieren, dass jeder, der das Lehrerzimmer (bzw. die Eingangshalle oder das Schulbüro) betritt, sie wahrnimmt. Am günstigsten ist ein Ort, auf den der Blick automatisch fällt, wenn das Lehrerzimmer betreten wird. Von vornherein sollte genau geklärt sein, wer das Flipchart benutzen darf und welche Funktion es erfüllen soll.

- Steht das Flipchart im Lehrerzimmer, so könnten hier tagesaktuelle Meldungen der Schulleitung stehen (u.a. der Vertretungsplan) – so ist es »*offiziell*«.
- Es kann auch dazu dienen, dass organisatorische Absprachen unter Kolleginnen und Kollegen erleichtert werden (z.B. »Klasse 3b heute auf Wandertag«, »Wo ist der Schlüssel zum Videoschrank?« oder »Heute nach der 6. Stunde Umtrunk in der Teeküche«) – so ist es »*halboffiziell*«.
- Die dritte Möglichkeit besteht in der Nutzung als allgemeines Mitteilungsbrett für alle im Kollegium (»Wer geht heute mit ins Kino?«); es sollte dann aber nicht ein für alle sofort wahrnehmbarer Platz dafür »vergeben« werden – so ist es *informell*.

Die Anschaffung eines Flipcharts ist heute – im Vergleich zum Nutzen – ein relativ geringer Kostenfaktor.

3.1.4 Eingangsbereich der Schule

»Der erste Eindruck bekommt keine zweite Chance!« So oder so ähnlich soll es angeblich Johann Wolfgang von Goethe gesagt haben. Dieser Satz gilt insbesondere für den Eingangsbereich einer jeden Schule. Beim Besuch einer Nachbarschule fällt einem auf, was man in der eigenen Schule vor Betriebsblindheit schon lange nicht mehr wahrnimmt.

Für Fremde, die zum ersten Mal die Schule betreten, ist der Eingangsbereich, die Eingangshalle, das Foyer so etwas wie die Visitenkarte der ganzen Schule. Hier bekommt die Besucherin oder der Besucher den ersten Eindruck, aus dem er oft auf alles Weitere schließt. Man sollte einmal mit den Augen eines Fremden die Eingangshalle der eigenen Schule betreten und sich fragen:

- Würde ich mein Kind auf eine Schule schicken, die eine solche Eingangshalle hat? Wirkt sie einladend oder abstoßend?
- Wenn ich mich nicht auskennen würde, fände ich dann problemlos den Weg zum Schulbüro und Schulleiter, zur Toilette, zur Aula, zum Hausmeister?
- Kann ich bereits in der Eingangshalle erkennen, welche Schwerpunkte die Schule setzt und worauf es ihr ankommt?
- Ist die Eingangshalle eher steril (d.h. man merkt gar nicht, dass man sich in einer Schule befindet) oder verwohnt (d.h. ein Sammelsurium von Grünpflanzen, die der Hausmeister nicht mehr in seiner Wohnung haben wollte, dekoriert mit Schülerbildern längst vergangener Tage und veralteten Notfallplänen einschließlich Sirenenerklärung)?
- Hat die Eingangshalle vielleicht sogar Charakter oder Charme?
- Halten sich Schüler/innen hier gerne auf und fühlen sie sich hier wohl? Oder wird die Eingangshalle als Aufenthaltsort gemieden? Ist gar der Aufenthalt hier verboten?
- Hat man das Gefühl, dass die Schüler/innen, die den Eingangsbereich durchqueren, hier gerne zur Schule gehen?

3.1.5 Hinweisschild

Eine Schule sollte so beschildert sein, dass sich ein Fremder ohne Probleme im Gebäude orientieren kann. Besonders wichtig ist das, wenn hin und wieder Medienvertreter die Schule aufsuchen. Dann erspart man es sich, jedes Mal Schüler/innen am Schuleingang zu positionieren, die dann die Gäste an den richtigen Ort bringen. Leicht zu finden sein sollten

- das Schulbüro,
- die Aula/Mediothek,
- die Toiletten und
- das Amtszimmer der Schulleitung.

3.1.6 Intranet

Es gibt tatsächlich schon Schulen, in denen wichtige Mitteilungen der Schulleitung per E-Mail an alle Lehrer/innen versendet werden. Diese können die Informationen, so sie nicht selbst einen Computer haben, an allen schulischen Rechnern abrufen. So kann sich die Schulleitung sicher sein, dass jeder die Information erhalten (wenn vielleicht auch nicht gelesen oder beachtet) hat.

3.1.7 Konferenzen und Sitzungen

Jede Konferenz ist Öffentlichkeitsarbeit, meistens sogar interne und externe. Denn die meisten Gremien der Schule werden natürlich auch von Elternvertretern besucht. Deswegen sollten Sitzungen immer gut geplant und durchgeführt werden.

Zur Vorbereitung:

- Ein Zeitplan mit Terminen macht alle Sitzungen des kommenden Schuljahres bekannt.
- Schwerpunktthemen sollten langfristig benannt werden.
- Es sollte nicht erst »auf den letzten Drücker« eingeladen werden.
- Komplexe Vorgänge und Beschlüsse sollten durch frühzeitig verbreitete Informationen vorbereitet werden. Auf Tischvorlagen muss in diesem Zusammenhang verzichtet werden.
- Die Dauer der Konferenzen muss vorher bekannt sein. So können sich alle mit weiteren Terminen darauf einstellen.

Zur Durchführung:

- Die Tagesordnung sollte unter Einhaltung der Zeitplanung abgearbeitet werden. Notfalls muss der letzte Punkt vertagt werden. Diese Drohung hilft meistens.
- Es kann ratsam sein, den Tagesordnungspunkt »Verschiedenes« als erstes zu bearbeiten.
- Kampfabstimmungen sollten vermieden werden, stattdessen sollten schwierige Entscheidungen zurück an die Ausschüsse verwiesen werden.

Zur Nachbereitung:

- Die Protokolle müssen wenige Tage nach der Sitzung für alle einsehbar ausliegen.
- Beschlüsse sollten darin mit senkrechten Strichen markiert werden, um schnell auffindbar zu sein.
- Im Anhang zum Protokoll sollte immer eine Index-Liste angefertigt werden, die die Namen verzeichnet, die auf der Sitzung eine Aufgabe zugeteilt bekommen haben (mit Angabe des Protokoll-Punktes).
- Auf die Tagesordnung der nächsten Sitzung gehört die Kontrolle der vorangegangenen Sitzungsbeschlüsse: Was wurde erledigt, was nicht? Welche Punkte wurden falsch eingeschätzt? Wo müssen eventuell Beschlüsse überdacht werden?

3.1.8 Mitarbeitergespräch

Jede Weitergabe von Information, auch die zwischen zwei Personen, ist Öffentlichkeitsarbeit. Mitarbeitergespräche bieten ein gutes Instrument der internen Kommunikation.[1] Die Diskussion darüber ist in vollem Gange, für die Öffentlichkeitsarbeit jedoch überwiegen in jedem Fall die Vorteile dieses Managementinstruments. Im jährlich durchgeführten, geplanten und vorbereiteten Mitarbeitergespräch (Vier-Augen-Gespräch) zwischen Schulleitung und Lehrkraft sollte zunächst in einem Rückblick das vergangene Jahr ausgewertet, dann die aktuelle Situation beurteilt und schließlich der Blick auf die Planungen für die Zukunft gerichtet werden. Am Ende des Gesprächs stehen die gemeinsamen, schriftlich festgehaltenen Zielvereinbarungen für die Zukunft. Natürlich sind diese im nächsten Gespräch der Ausgangspunkt.

3.1.9 Planungsgespräch

Zwischen der Schulleitung und der oder dem Beauftragten für Öffentlichkeitsarbeit sollten regelmäßig, etwa alle zwei Wochen, Planungsgespräche zur Koordination der Öffentlichkeitsarbeit stattfinden. Anstehende Termine und Pressemitteilungen werden besprochen, die vergangenen Aktionen beurteilt. Nach meiner Erfahrung reichen dafür etwa 30 Minuten aus.

3.1.10 Schwarzes Brett und buntes Brett

Das schwarze Brett ist einer der meistfrequentierten Plätze in der Schule. Das sollte für die interne Öffentlichkeitsarbeit genutzt werden. Oft genug befindet sich aber das schwarze Brett in einem bemitleidenswerten Zustand. Dann sind auch die wichtigen Informationen beim besten Willen nicht mehr wahrzunehmen. Nach einer aktuellen Umfrage der PGPA Werbeagentur ist das schwarze Brett mit 87,1 Prozent eines der meistgenutzten internen Kommunikationsinstrumente, dicht gefolgt von der Mitarbeiterzeitung mit 85,7 Prozent. Für die Pflege des schwarzen Bretts kann helfen:

- Das schwarze Brett sollte nach verschiedenen Gesichtspunkten wie z.B. »Vertretungsplan«, »Aktuelle Neuigkeit«, »In der nächsten Woche«, »Unsere Schule in der Presse« und »Langfristige Termine« strukturiert werden.
- Der Vertretungsplan am schwarzen Brett gewährleistet, dass jede Kollegin und jeder Kollege mindestens einmal am Tag am schwarzen Brett steht.
- Nicht jede beliebige Kollegin und jeder beliebige Kollege sollte seine Informationen aushängen. Nur offizielle Informationen sollten sich hier befinden.
- Hängen Informationen länger als zehn Tage, entsteht schnell der Eindruck »Da steht eh nichts Neues!«
- Das schwarze Brett sollte ansprechend und klar gestaltet sein (z.B. verschiedene Farben für unterschiedliche Bereiche). Dabei muss das Corporate Design der Schule berücksichtigt werden.

---

[1] Einen guten Einstieg in das Thema Gesprächsführung bieten Riecke-Baulecke/Müller 1999.

- Das schwarze Brett sollte nicht mit zu vielen Aushängen überfrachtet werden.
- Bei jedem Blatt muss überlegt werden, ob es wirklich ausgehängt werden braucht. Gibt es noch andere Möglichkeiten der Verbreitung?

Als Gegenstück (und Ventil) kann ein »buntes Brett« eingerichtet werden. Hier darf jede Kollegin und jeder Kollege das aufhängen, was er will.

3.1.11 Vertretungsplan

Der Vertretungsplan wird am häufigsten aufgesucht. Hier können wichtige Informationen, die jeden schnell erreichen sollen, platziert werden. Manchmal ergeben sich im Laufe des Tages Veränderungen im Vertretungsplan. Ist dieser auf weißem Papier gedruckt, wird die Veränderung, die dazugehängt wird, auf rotem Papier ausgedruckt, die zweite Veränderung dann auf gelbem usw. Befinden sich farbige Zettel am Vertretungsplan, erkennt jeder sofort von weitem, dass da etwas Neues stehen muss.

3.2 Instrumente mittlerer Reichweite

3.2.1 Event

Der Begriff »Event« wird meist verwendet, wenn etwas Ungewöhnliches und Erinnerungswürdiges ausgedrückt werden soll. Das Besondere am Event ist das Außergewöhnliche, das nicht alltäglich ist. Der Unterschied zu einer normalen Veranstaltung besteht darin, dass ein Event ein außergewöhnliches, interaktives und planmäßig erzeugtes Ereignis ist, das auf ein Thema fokussiert ist. Es wird als einzigartig erlebt und sorgt noch lange danach für Gesprächsstoff. Darüber hinaus vermittelt es ein Gemeinschaftserlebnis und ein Zusammengehörigkeitsgefühl, es überwindet Klassen-, Schicht- und Milieugrenzen, spricht also keine homogene Zielgruppe an. Außerdem verbindet das Event unterschiedliche kulturelle und ästhetische Ausdrucksformen zu einem Ganzen (z.B. Musik, Sport, Theater, Tanz, Gesang, Kunst ...). Es bietet subjektive Freiheit während des Veranstaltungsablaufs und ermöglicht ein »Sich-gehen-lassen-Können«.

Natürlich bedeutet die Organisation eines Events einen erheblichen Aufwand in der Vorbereitung und Durchführung, aber der Einsatz lohnt sich, denn bei erfolgreicher Veranstaltung lässt sich das Schulklima positiv beeinflussen:

- Der Zusammenhalt zwischen Schüler/innen und Lehrer/innen verbessert sich.
- Das Miteinander stärkt das »Wir-Gefühl« in der Schule.
- Neue Vertrauensverhältnisse entstehen.
- Das Selbstbewusstsein und die Motivation erhöhen sich.
- Die Identifikation mit der Schule steigt.
- Nach außen kann Leistungs- und Wandlungsfähigkeit kommuniziert werden.

Für die Öffentlichkeitsarbeit bedeutet ein Event:

- Das Event erhöht den Bekanntheitsgrad der Schule.
- Es trägt zur Profilierung und Abgrenzung bei.
- Die Möglichkeit besteht, mit Politik, Sponsoren, Förderern in Kontakt zu treten und für die Belange der Schule zu werben.
- Es ist für Schüler/innen nach Abgang von der Schule wichtig (z.B. bei der Arbeitsplatzsuche).

Bei der Entwicklung eines Events muss als Erstes der Anlass festgelegt werden. Soll eine einmalige Veranstaltung (z.B. zu einem Schuljubiläum) oder eine regelmäßige Veranstaltung ins Leben gerufen werden? Ist sie an ein größeres Rahmenprogramm (z.B. im städtischen Kontext) angebunden oder davon völlig losgelöst geplant? Soll das Event eher einen Mitmach- oder einen Erlebnischarakter haben? Am einfachsten ist ein Event zu organisieren, wenn man zunächst eine zentrale Veranstaltung plant und dann dazu ein Rahmenprogramm organisiert.

3.2.2 Flagge

Jeder Fußballverein hat seine eigene Fahne, jedes Unternehmen, das etwas auf sich hält, beflaggt seine Gebäude mit großen Fahnen, auf denen das Firmenlogo prangt. Bei Messen stehen vor den Toren zu den Hallen Fahnenmast an Fahnenmast … Das Verhältnis zur Flagge verändert sich langsam, alte Erinnerungen geraten in Vergessenheit. Der Sinn der Fahne ist heute nicht mehr »Aufmarsch und Appell«, sondern vielmehr die Identifikation mit der eigenen Schule und deren Erkennungszeichen. Die Schulfarbe, das Schullogo, der »Leitgedanke« aus dem Schulprogramm – das alles kann sich auf einer Flagge wiederfinden.

In jedem Fall sollte über die Fahne einer Schule ein Beschluss in den Schulgremien herbeigeführt werden, wobei davon auszugehen ist, dass es eine längere Diskussionen darüber gibt. Auch sollte in diesem Zusammenhang gleich geklärt werden, zu welchen Anlässen die Fahne gehisst wird und von wem – denn ob der Hausmeister diese Aufgabe übernimmt, ist zumindest fraglich. Es eignen sich besondere Festtage, Tage der Zeugnisvergabe, Tage der offenen Tür usw.

Die Herstellung einer Fahne nach eigenen Vorstellungen ist heute keine große Investition mehr, das Aufstellen des Fahnenmastes auch nicht. Lediglich bei staatlichen Schulen gibt es eine Hürde: Sie sind öffentliche Gebäude, für die es eine Beflaggungsordnung geben kann. Deswegen darf auch nicht der offizielle Fahnenmast für die eigene Flagge benutzt werden. Vielleicht besteht die Möglichkeit, an einer anderen Stelle, z.B. auf dem Schulhof, den eigenen Mast aufzustellen. Auf jeden Fall sollte die Genehmigung des Schulträgers eingeholt werden.

3.2.3 Förderverein

Jede Schule sollte ihren Förderverein haben. Der Förderverein ermöglicht die Finanzierung von Vorhaben, die durch staatliche Stellen nicht finanziert werden können. Darüber hinaus ermöglicht der Förderverein, sobald er als gemeinnützig anerkannt ist, die Erstellung von steuerlich abzugsfähigen Spendenbescheinigungen.

3.2.4 Handzettel

Wenn nach den Vorgaben des Corporate Designs der Schule Geschäftspapiere gedruckt werden, sollten in diesem Zuge gleich noch Blanko-Handzettel, auf denen sich nur das Schullogo und der Schulname befinden, mitgedruckt werden. Der finanzielle Mehraufwand ist nicht sehr groß. Die Blanko-Handzettel können dann je nach Bedarf per Kopierer mit aktuellen Inhalten bedruckt werden. Vergrößert kann der DIN-A5-Handzettel auch als Plakat verwendet werden.

3.2.5 Infostand

Auf regionalen Bildungsmessen, lokalen Veranstaltungen der Stadt oder der Kommune, aber auch bei schuleigenen Veranstaltungen, die einen öffentlichkeitswirksamen Charakter haben, sollte ein Infostand der Schule stehen. Hier können sich Interessierte über die Angebote der Schule informieren, hier kann aber auch die CD des letzten Konzerts verkauft werden, hier gibt es Schul-T-Shirts, Tassen und die letzten Ausgaben des Jahrbuchs. Ausschnitte aus aktuellen Ausstellungen sind hier ebenso zu finden wie die Vorschau auf geplante Veranstaltungen und Projekte. Dieser Infostand wird am besten durch ein fest eingerichtetes Team aus Schüler/innen und einer Lehrkraft betreut.

3.2.6 Jahrbuch

Das Jahrbuch ist der Geschäftsbericht der Schule. Für Unternehmen ist dies eines der wichtigsten Medien. Im Bereich der Schule hat die Bedeutung des Jahrbuchs in den letzten zwanzig Jahren stark zugenommen. Im Gegensatz zum Geschäftsbericht, dessen Wirkung vor allem auf externe Kunden abzielt, hat das Jahrbuch eher für die interne Bezugsgruppe »Schüler/innen« und deren Eltern eine Bedeutung. Es dient zur Information der Eltern über die im letzten Schuljahr stattgefundenen Aktionen. Schüler/innen freuen sich über die Bilder all ihrer Mitschüler/innen. Fällt ein Jahrbuch umfangreich aus, könnte es folgende Rubriken enthalten:

- Vorwort und allgemeiner Rückblick der Schulleitung;
- Abbildungen aller Klassen;
- Bilder aller Arbeitsgemeinschaften mit dem jeweiligen »Geschäftsbericht«;

- Rückblick auf alle schulischen Veranstaltungen;
- Nennung aller errungenen Siege und gewonnenen Preise;
- Vorstellung neuer Kolleginnen und Kollegen und Verabschiedungen;
- Nennung und Ehrung der Abgänger;
- Besonderheiten im vergangenen Schuljahr;
- Medienspiegel;
- aktuelle Daten;
- Ausblick auf das neue Schuljahr;
- Jahresbericht des Fördervereins (dieser spart damit eine zusätzliche Publikation).

Die Terminierung des Jahrbuchs ist nicht ganz einfach. Da es jeweils das abgelaufene Schuljahr betrifft, sollte es möglichst zügig nach den Sommerferien erstellt werden, um dann, bei guter Planung, noch vor Weihnachten erscheinen zu können. Trotz des Rückblicks auf das vergangene Schuljahr sollten dann aber auch die neuen Schüler/innen begrüßt werden.

3.2.7 Kalender

Jahreskalender, gestaltet vom Fachbereich Kunst, sind ein schönes Geschenk zu Weihnachten. Der Absatz ist garantiert. Sie können auch einen Überblick über die stattgefundenen Aktivitäten geben oder einfach nur das Ergebnis eines Fotowettbewerbs sein. Der Druck von Kalendern lohnt sich ab einer Auflage von etwa 1.000 Stück. Eine Alternative zum Kalender mit zwölf Monatsblättern ist der Übersichtskalender in DIN-A1, auf dem bereits alle Ferien und schon feststehende langfristige Termine verzeichnet sind. Um den eigentlichen Kalenderteil herum können Bilder aus dem Schulalltag drapiert sein.

3.2.8 Kollegiumszeitung, Elternbrief, Schulzeitung

Nach meiner Erfahrung hat es sich als erfolgreich erwiesen, vierteljährlich eine kleine Informationszeitung herauszugeben, die an Eltern, Schüler/innen und Lehrer/innen gerichtet ist. Gerade große Schulen, an denen sonst oft Informationen untergehen, haben so die Möglichkeit, die wichtigsten Bezugsgruppen auf einmal zu erreichen. Ein auf DIN-A5 gefaltetes, beidseitig bedrucktes Blatt, nach den Design-Richtlinien der Schule gestaltet, reicht oft schon aus. In dieser Publikation hat auch mal ein Bericht über eine Exkursion oder Klassenfahrt Platz. Eine Rubrik »Die aktuelle Pressemitteilung« könnte es hier auch geben, selbstverständlich finden sich Hinweise auf bevorstehende Termine. Ist eine größere Veranstaltung geplant, kann sich in der Publikation ein Anmeldeabschnitt befinden.

Eine empirische Studie zum Thema Mitarbeiterzeitung ergab, dass die wichtigsten Ziele bei der Herausgabe dieser Publikation die Transparenz der Unternehmensleitung (83,3 Prozent), das Vermitteln eines »Wir-Gefühls« (77,0 Prozent) und eine Steigerung der Motivation (67,7 Prozent) sind. Besteht eine Ehemaligenarbeit, kann diese Informationszeitung dazu dienen, den Kontakt zu halten. Auch der Förderverein verbreitet die Schulzeitung gerne über seinen Verteiler.

Die meisten Bundesländer unterscheiden im Übrigen zwischen der Schülerzeitung als Drucksache und in Verantwortung der Schülerschaft und der Schulzeitung als offiziellem Organ der Schulleitung. Der Bundesverband Jugendpresse e.V. hat auf seiner Homepage (www.jugendpresse.de) eine Übersicht der rechtlichen Vorschriften angelegt. Die Schülerzeitung kann also als Instrument der schulischen Öffentlichkeitsarbeit nur sehr bedingt eingesetzt werden, da sie zumeist, was ja auch so sein soll, ohne Einfluss der Schulleitung erscheint. Natürlich bilden bspw. die Schülerzeitungen an Grundschulen eine Ausnahme, da hier die Redaktionen praktisch immer von Lehrerinnen und Lehrern betreut werden. Wer sich näher mit dem Thema Schülerzeitung beschäftigen möchte, dem sei das vom gleichen Autor verfasste Arbeitsmaterial zu diesem Thema empfohlen (Mittelstädt 2002c).

Schulzeitung oder Elternbrief sollten auch per E-Mail an Interessierte geschickt werden, die diese über die Homepage der Schule als Newsletter abonniert haben.

3.2.9 Nachbarschaftsbrief oder -zeitung

Es sollte nicht die Aufgabe der Schule sein, eine Nachbarschaftszeitung herauszugeben. Jedoch sind die Macher von solchen Zeitungen bestimmt dankbar, wenn sie hin und wieder Material von Schulen geliefert bekommen. Das können natürlich Hinweise auf aktuelle Veranstaltungen sein, aber auch sonstige Nachrichten über Entwicklungen an der Schule.

3.2.10 Tag der offenen Tür

Der Tag der offenen Tür ist eine der besten Möglichkeiten, mit den externen Bezugsgruppen in Kontakt zu kommen. Wichtig ist, potenziellen Interessierten nicht nur ein totes Gebäude vorzuführen. Sicher, immer wieder hört man, dass für die Schulwahl auch der Zustand der Klassenräume und der Grad der Sauberkeit bzw. Verschmutzung in der Schule ausschlaggebend war. Trotzdem sollte eine lebendige Schule vorgeführt werden. Da gibt es natürlich den Vortrag über die Struktur der Schule, die Ziele des Schulprogramms und wichtige Zahlen (Schüler-Lehrer-Verhältnis, Stundenausfall, Klassenfrequenz etc.). Dieser kann aber bestimmt durch einige Musikstücke von einzelnen Schülerinnen und Schülern oder durch den Auftritt der Schul-Bigband aufgelockert werden. An Oberschulen hat es sich als gut erwiesen, Schulführungen von älteren Schülerinnen und Schülern durchführen zu lassen. Das muss natürlich vorher geübt werden. Während die Gruppen durch die Schule geführt werden, kommen sie immer wieder an Stationen, wo einzelne Fachbereiche kleine Vorführungen darbieten: Mal ist das Schauunterricht, mal ein Musikstück zum Mitklatschen, mal ein kleiner Sketch in der neuen Fremdsprache ...

Soll ein Tag der offenen Tür neu an der Schule etabliert werden, so können bei einem gemeinsamen Brainstorming in der Lehrerkonferenz viele Ideen gesammelt werden. Wichtig: Ist der Tag der offenen Tür an einem Samstag und opfern die Kolleginnen und Kollegen dafür ihre Freizeit, ist es ein kleiner Dank und eine kleine Anerkennung, sich nach getaner Arbeit noch einmal zu einem Sektumtrunk und Häppchen im Lehrerzimmer zu treffen.

3.3 Instrumente großer Reichweite

Alle Instrumente der Medienarbeit (vgl. Kapitel 6 auf S. 1191ff.) gehören in diesen Bereich. Darüber hinaus kommen noch folgende in Betracht:

3.3.1 CD-ROM der Schule

Das Internet wird für potenzielle neue Schüler/innen mehr und mehr zur Informationsquelle über die Schule. Deswegen sollte die schuleigene Homepage immer topaktuell sein. Internet-Browser gehören heute zu den Standardinstallationen bei Computern. Deshalb bietet es sich an, die Homepage als Schulpräsentation auf CD-ROM zu brennen und Interessierten weiterzugeben. Die Kosten sind relativ gering und der Herstellungsaufwand hält sich in Grenzen. Anders als bei Imagebroschüren, die zusätzlich hohe Druckkosten haben, besteht hier der Vorteil, dass die Daten leichter zu aktualisieren sind. Und auch für die Homepage bieten sich mit der CD-ROM noch mehr Möglichkeiten: Durch geringere Ladezeiten kann sie z.B. mit umfangreicherem Bildmaterial ausgestattet sein. So könnte sich der Betrachter auf einen virtuellen Schulrundgang begeben. Dankbare Abnehmer sind neben interessierten Eltern auch Journalisten und Redakteure, die mehr Informationen über die Schule haben wollen. Auch als kleines Dankeschön an außerschulische Gäste (z.B. Besucher aus anderen Ländern) kann die CD-ROM mit einem ansprechend gestalteten Cover weitergegeben werden.

Natürlich – einfacher ist es, die Adresse der eigenen Homepage weiterzugeben. Doch die Inflationsrate an Internetadressen wird immer schneller steigen. Wo man sich auch umsieht – Internetadressen. Da ist es wirklich manchmal einfacher, eine CD-ROM in den Rechner zu schieben, als einen kleinen Zettel zu finden, auf dem man sich in aller Eile die Internetadresse notiert hatte. Weit verbreitet ist auch noch die Annahme, man könne sich die Adresse bis zu Hause schon merken. Meist hat man dann zu Hause sogar vergessen, dass man nach dieser bestimmten Homepage schauen wollte ...

3.3.2 Geschäftspapiere

Zu den Geschäftspapieren zählen Briefpapier, Visitenkarte, Empfehlungskarte, Briefumschläge, Zeugnisse etc. Sie alle müssen einheitlich nach dem Corporate Design der Schule gestaltet werden. Nur dann erfüllen sie ihren Zweck, im Rahmen der Öffentlichkeitsarbeit für die schulische Corporate Identity zu sorgen. Auch Vertreter der Medien nehmen schulische Mitteilungen so besser wahr.

Das Logo hat hier eine Schlüsselrolle. Es muss Aufmerksamkeit wecken (Signalfunktion), es sollte dem Betrachter möglichst lange in Erinnerung bleiben, es soll informieren (das Logo sagt schon sehr viel über das Schulprogramm) und es muss künstlerischen Wert haben (man soll es sich ja nicht merken, weil es schlecht gemacht ist); es sollte darüber hinaus eine möglichst breite und variationsreiche Anwendung ermöglichen.

3.3.3 Homepage

Die Homepage der eigenen Schule sollte auf keinen Fall unterschätzt werden. Gerade Eltern, die sich über Schulen für ihre Kinder informieren wollen, sehen immer öfter zuerst im Internet, ob Schulen dort vertreten sind. Die Homepage vermittelt den Eltern *den* ersten Eindruck von der Schule. Deshalb sollte sie vor allem deren Bedürfnissen gerecht werden. Hans-Günter Rolff, Gründer und ehemaliger Leiter des Instituts für Schulentwicklungsforschung in Dortmund, hat Kriterien entwickelt, die Eltern bei der Suche nach der richtigen Schule helfen könnten. Ausgehend von diesen Kriterien sollte sich auf der Startseite der Schul-Homepage ein unübersehbarer Link mit dem Titel »Infos für Eltern neuer Schüler/innen« o.Ä. befinden. Diese zwölf Fragen sind zu beantworten:

1. Fördert die Schule die Lern- und Anstrengungsbereitschaft der Schüler/innen, z.B. durch Rechenolympiaden, Aufsatzwettbewerbe usw.?
2. Unternimmt die Schule etwas, damit Schüler/innen eigenverantwortlich lernen, z.B. durch Selbstkontrolle oder Projektarbeit?
3. Werden Schüler/innen zur Qualität des Unterrichts befragt?
4. Wie viel Unterricht fällt aus?
5. Sammelt die Schule Daten z.B. über Anmeldezahlen, Wiederholer, Abbrecherquote, Kurswahlen, Notendurchschnitte – und nutzt sie sie zur Verbesserung der Unterrichtsqualität?
6. Befragt die Schule ihre »Kunden«, also Eltern, Absolventen und Firmen, nach der Qualität der Schülerkenntnisse?
7. Werden Talente und Neigungen gefördert?
8. Versucht die Schule, Lernrückstände von Schülerinnen und Schülern abzubauen? Entwickelt sie Förderstrategien im Umgang mit schwachen Schülerinnen und Schülern?
9. Gibt es systematische Fortbildung für die Lehrer/innen?
10. Überprüfen die Lehrer/innen ihre Arbeit und tauschen sie sich über gute Unterrichtsbeispiele aus?
11. Setzt sich die Schule klare Ziele?
12. Gibt es einen regelmäßigen Erfahrungsaustausch mit Eltern über Unterrichtsqualität und Lernfortschritte?

Es wird immer wieder gesagt und trotzdem ist es das Problem von sehr vielen Homepages: die Aktualität. Eine Homepage der Schule, die nicht wöchentlich aktualisiert wird, birgt keinen Anreiz, regelmäßig besucht zu werden. Als Instrument der schulischen Kommunikation ist sie dann wertlos. Am besten wird eine Arbeitsgemeinschaft eingerichtet, die unter Leitung einer Lehrerin oder eines Lehrers wöchentlich an der Homepage arbeitet. Hilfreich ist, wenn die Homepage bei den Lehrerfächern ein eigenes Fach bekommt, in dem für die Homepage relevante Informationen auf Papier, Diskette oder CD-ROM abgelegt werden können.

Bei der Einrichtung einer Schul-Homepage sind bei der Verwendung von Fotos die Persönlichkeitsrechte der Abgebildeten zu beachten. Klassenfotos, gerade bei Grundschülerinnen und -schülern, sollten in jedem Fall nur mit schriftlicher Einwilligung der Eltern gezeigt werden.

3.3.4 Image- und Infobroschüre

An der Schule interessierte Eltern neuer Schüler/innen, Medienvertreter, Wirtschaftsunternehmen, Politiker/innen – sie alle sind die Zielgruppe, die mit einer Imagebroschüre der Schule erreicht werden können. Mehr und mehr Schulen haben sich in den letzten Jahren eine eigene Schulbroschüre zugelegt, mit manchmal beeindruckendem Ergebnis; hier und dort schreckt die Broschüre durch ihre Unprofessionalität jedoch aber auch ab. Egal ob schwarz-weiß, ob kopiert oder farbig gedruckt, das Konzept für die Broschüre sollte sich immer an den folgenden Punkten orientieren:

- Die Grundzüge der Schule, Ausschnitte aus dem Schulprogramm, feststehende Angebote und wichtige historische Entwicklungen sind hier nachzulesen.
- Aktuelle Zahlen, Angebote, Termine etc. werden in einem eingelegten (kopierten) Blatt mitgeteilt, dass leicht und regelmäßig aktualisiert werden kann und im gleichen Layout wie die Broschüre selbst gestaltet ist.
- Hilfreich ist es, sich von einem Grafiker (vielleicht aus der Elternschaft) oder begabten Kunstlehrer bei der Gestaltung unterstützen zu lassen.
- Darüber hinaus kann sich eine Schule ein Kurzporträt anlegen, auf dem auf einer Seite (z.B. mit dem schuleigenen Briefkopf) das Wesentliche über die Schule zusammengefasst ist. Dieses Kurzporträt kann z.B. Pressemitteilungen beigelegt werden, muss aber regelmäßig aktualisiert werden (etwa zweimal im Jahr).

Es besteht auch die Möglichkeit, einen DIN-A4-Folder etwas aufwändiger gestalten und herstellen zu lassen, der mit Bildern und kurzen Texten über die Schule versehen ist. Dieser dient dann selbst als Mappe, die weitergehende Informationsblätter aufnehmen kann, sei es zur Pressekonferenz, zur Einschulung oder zum Besuch einer ausländischen Schulklasse.

3.3.5 Leserbrief

Die Rubrik »Leserbriefe« gehört in den Zeitungen zu den meistgelesenen Seiten. Deswegen sollte dieses Instrument der Öffentlichkeitsarbeit nicht unterschätzt oder sogar missachtet werden. In den großen überregionalen Magazinen wird man es schwer haben, einen Leserbrief zu platzieren. Aber gerade die Tageszeitungen haben viel Platz für die Meinung ihrer Leser/innen. Die eigene Schule sollte im Leserbrief ins Gespräch gebracht werden, ohne dass dieses gleich nach Werbung klingt. Soll ein Leserbrief veröffentlicht werden, muss er möglichst folgende Kriterien erfüllen:

- Er sollte kurz sein, sodass der Redakteur nicht mehr zum Rotstift greifen muss.
- Das Thema, um das es geht, sollte nicht umschweifig angegangen werden. Prägnante, witzige, sarkastische und ironische Formulierungen haben Vorrang.
- Der Leserbrief sollte sich auf einen aktuellen Artikel beziehen, zwei Wochen warten ist zu lange.
- Beleidigungen und Allgemeinplätze sind verboten.
- Angebrachte Kritik muss begründet werden.

3.3.6 Newsletter

Den Elternbrief oder die Schulzeitung sollte man auch per E-Mail an Interessierte versenden. Dazu kann auf der Homepage die Möglichkeit gegeben werden, sich in ein Empfängerverzeichnis einzutragen. Auch der Printversion kann ein Anmelde-Coupon für das Newsletter-Abo beigefügt werden.

3.3.7 Plakat

Das Plakat ist eigentlich eines der klassischen Instrumente der Werbung. Aber auch in der Öffentlichkeitsarbeit kann es eingesetzt werden. Auch hier gilt: Die Gestaltung muss auf das Corporate Design der Schule abgestimmt sein. So kann dem Corporate Design Bedeutung verschafft werden, so kann der Weg zu einer Corporate Identity begangen werden.

Wenn das Briefpapier und andere Geschäftspapiere gestaltet und gedruckt werden, können in diesem Zusammenhang auch gleich Banko-Plakate in DIN-A3 gedruckt werden. Sie ähneln dem Briefpapier, auf ihnen erscheint das Schullogo und der Name der Schule – der aktuelle Anlass des Plakats wird mithilfe des Kopierers einfach eingedruckt. Bei Bedarf stellen Kopiergeschäfte davon dann Plakate bis DIN-A0 her. Wenn man möchte, kann man dann sogar Bauplanen o.Ä. in sehr großen Formaten anfertigen lassen. Auch das Mieten von schulnahen Plakatwänden kann bei geeignetem Anlass (z.B. wegen eines Schuljubiläums) in Betracht gezogen werden. Bestimmt lassen sich Unternehmen darauf ein, einer Schule eine Plakatwand aus Imagegründen günstiger oder kostenlos zu überlassen.

3.3.8 Radio- und Fernsehbeitrag

Die Medienmitteilung oder Pressemappe, die an die Printmedien gesendet wird, kann genauso auch an Radio- und Fernsehsender geschickt werden. Natürlich macht es keinen Sinn, jede Mitteilung den elektronischen Medien zukommen zu lassen. Die Nachricht, das Thema oder die Information muss ein auditives oder visuelles Element besitzen. Ein Radiosender wird nur mit O-Tönen aus einer Schule berichten, wenn das Ereignis es hergibt. Die Einweihung eines Computerraumes ist bestimmt nicht der richtige Anlass, wird jedoch am Goethe-Gymnasium in einem Marathonlesen der ganze »Faust« gelesen, dann ist das schon etwas anderes. Vor allem die kleinen privaten und lokalen Sender werden Interesse zeigen, diese bevorzugen nämlich einen lokalen Blickwinkel; die großen (auch öffentlich-rechtlichen) werden schwerlich in die Schule zu bekommen sein.

In jedem Sender gibt es je nach Anlass unterschiedliche Ansprechpartner. In welcher Sendung soll eine Meldung gebracht werden? Ist sie etwas für die normale Nachrichtensendung oder eher für das Morgenmagazin oder für die Talkshow geeignet? Hilfreich ist es, der Medienmitteilung einen kleinen Pressespiegel früherer Publikationen über die Schule beizulegen; so kann der Empfänger einschätzen, wie bedeutend ein etwaiger Bericht über die Schule sein kann. Außerdem kann darauf hingewiesen werden, welche besonderen Situationen während des Anlasses sich für Bild- oder Tonaufnahmen eigenen. So wird dem Produzenten die Entscheidung, in die Schule zu kommen, leichter gemacht.

3.3.9 Wettbewerb und Award

Es gibt genug Wettbewerbe. In großen Werbeagenturen werden extra Mitarbeiter/innen nur dafür abgestellt, Gestaltungswettbewerbe mit eigenen Beiträgen zu beliefern. Und auch in Schulen nehmen die Wettbewerbe immer mehr zu. Was es aber nur ganz selten gibt: einen eigenen, regional ausgeschriebenen Wettbewerb. Z.B. hat die Benjamin-Franklin-Realschule eine eigene Bigband, die gar nicht mal so schlecht ist. Und einige der umliegenden Schulen haben auch Bigbands. Was liegt also näher, als eine Bigband-Night zu organisieren und andere Schulen dazu einzuladen? Ein regionales Unternehmen stiftet einen ansehnlichen Preis und eine (unabhängige!) Kommission verleiht diesen am Ende des Abends. Daraus lassen sich problemlos drei oder mehr Pressemeldungen machen: die erste, wenn der Wettbewerb ausgeschrieben wird; die zweite als Einladung zur Veranstaltung (das lokale Fernsehen ist willkommen); die dritte nach der Verleihung mit der Mitteilung des Gewinners. Natürlich heißt der verliehene Preis »Benjamin-Franklin-Bigband-Award«.

Soll selbst ein Wettbewerb ausgeschrieben werden, so kommt es also nur auf kreative Ideen an.

4. Konzeption

Es geht in der Öffentlichkeitsarbeit um mehr als nur darum, ein paar gute Ideen zu entwickeln und diese dann umzusetzen. Wie schon oben beschrieben braucht Öffentlichkeitsarbeit Konzepte. Sie ist nicht bloß das zusammenhanglose Aneinanderreihen von Aktionen, Pressemitteilungen und Anschlägen am schwarzen Brett. Wird Öffentlichkeitsarbeit so betrieben, wird der Aktionismus bald nachlassen und die Aktivitäten verlaufen im Sande. Öffentlichkeitsarbeit braucht einen langen Atem, konzentriertes Engagement und vor allem: ein Konzept. Dieses ist nötig, um von vornherein zu verhindern, dass sowohl finanzielle wie auch personelle Ressourcen vergeudet werden. Weiterhin deshalb, damit plötzlich auftretende Risiken so weit als möglich minimiert werden können und die gewählten PR-Instrumente so effektiv wie möglich eingesetzt werden. Der Konzeptionsprozess ist dabei immer ähnlich.

Mittelständische und große Wirtschaftsunternehmen können es sich leisten, die Public Relations in die Hand eines externen PR-Beraters zu legen. Die Öffentlichkeitsarbeit in der Schule wird in den allermeisten Fällen von einer schulinternen Person verantwortet. Das hat Vor- und Nachteile. Zu den Vorteilen zählt vor allem, dass weniger finanzielle Ressourcen nötig sind. Ein weiterer Vorteil ist, dass die beauftragte Person die Schule, alle Vorgänge in der Schule und etwaige Problematiken gut kennt. Ein entscheidender Nachteil ist aber, dass die internen Beauftragten leicht betriebsblind werden können und ihnen dann der Blick für neue kreative Ideen und Möglichkeiten fehlt. Besonders im ersten Bereich der Konzeption, der Recherche oder dem Briefing macht sich dieser Umstand bemerkbar. Abbildung 2 zeigt den gesamten Konzeptionsprozess im Überblick.

4.1 Recherche und Situationsanalyse

Bei der Recherche oder dem Briefing geht es darum, die Ausgangssituation der Schule in der jeweils aktuellen Situation so genau wie möglich zu erfassen. Sie ist die Grundlage für alle weiteren Schritte im Konzept und bedarf großer Offenheit. Den Rechercheprozess schließt eine genaue schriftliche Zusammenfassung aller zusammengetragenen Ergebnisse ab.

Die oder der Verantwortliche für Öffentlichkeitsarbeit muss in diesem Prozess von allen Beteiligten sehr viel Offenheit erwarten können. Schließlich geht es ja darum, aufgrund der Recherche Probleme anzugehen und zu beheben. Aufseiten des Konzeptioners muss erwartet werden können, dass er Probleme wahrnehmen und erkennen kann. Ebenso muss er die Fähigkeit besitzen, Situationen und Ereignisse zu hinterfragen und Informationen zu erfassen. Vorrangig müssen natürlich die für die Situation relevanten und von den Gremien der Schule verabschiedeten Inhalte des Schulprogramms erfasst werden. Auch nicht festgeschriebene Ziele und Planungen (z.B. die erhoffte Entwicklung der Schülerzahlen) sind festzuhalten. Hier wird die Managementfunktion der Schulleitung deutlich.

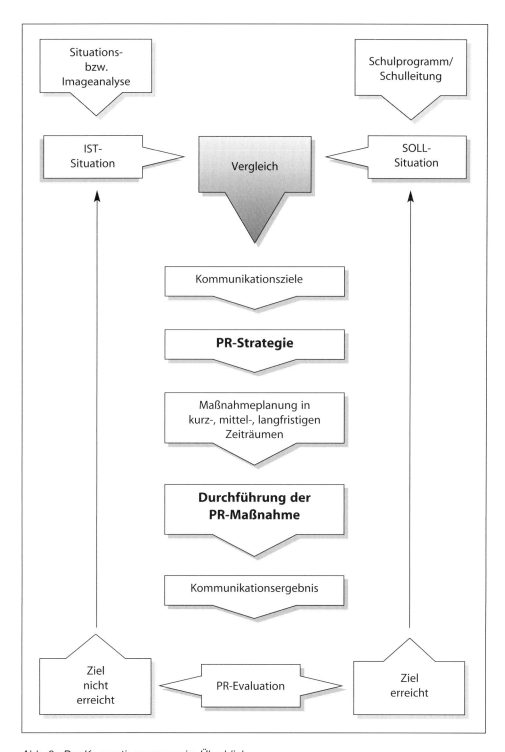

Abb. 2: Der Konzeptionsprozess im Überblick

Zur Recherche gehören folgende für Schulen relevante Bereiche (vgl. Tab. 2):

- Daten der Schule;
- Konkurrenzsituation, Marktposition;
- das Image der Schule;
- Kommunikationsmittel;
- Medienarbeit;
- Corporate Design;
- interne Kommunikation;
- Finanzierung.

Nachfolgend soll auf diese Bereiche näher eingegangen werden mit dem Ziel, eine umfangreiche (Maximal-)Recherche zu skizzieren.

Tab. 2: **Ausführliche Situationsanalyse**

	ja	teilweise	nein
Daten der Schule			
Gibt es eine vollständige und ausführliche Schulchronik?			
Gibt es ein Schulprogramm?			
Sind die Ziele der gemeinsamen Arbeit festgehalten?			
Ist die Öffentlichkeitsarbeit Teil eines Schulprogramms?			
Wird die Struktur des Kollegiums beobachtet (Alter, Qualifikation etc.)?			
Werden regelmäßig Fortbildungen besucht?			
Gibt es eine Zusammenarbeit mit Universitäten/wissenschaftlichen Einrichtungen?			
Position im schulischen Umfeld			
Wird eine eigene Schulstatistik geführt und beobachtet?			
Gibt es eine inhaltliche Abgrenzung zu »Konkurrenzschulen«?			
Ergänzen sich Nachbarschulen?			
Haben sich Schülerzahlen in den letzten fünf Jahren positiv entwickelt?			
Haben sich Lehrerzahlen in den letzten fünf Jahren positiv entwickelt?			
Gibt es ein Schulprogramm?			
Gibt es ein Jahresprogramm?			
Sind die Erwartungen der Bezugsgruppen (Eltern, Lehrer/innen, Schüler/innen) bekannt?			
Verlassen Schüler/innen häufig vorzeitig die Schule?			
Image der Schule			
Wurde das Fremdimage bereits erkundet?			
Ist das Selbstimage bekannt, liegen hier gesicherte Erkenntnisse vor?			
Sind Ansatzpunkte für eine Veränderung des Images erkennbar?			

Tab. 2: **Ausführliche Situationsanalyse** (Fortsetzung)	ja	teilweise	nein
Kommunikationsmittel			
Gibt es ein schwarzes Brett?			
Gibt es einen Elternbrief?			
Wird das Jahresprogramm veröffentlicht?			
Gibt es jährlich ein Jahrbuch, das die Schulchronik fortschreibt?			
Funktioniert die Internetarbeit?			
Finden Tage der offenen Tür regelmäßig statt?			
Gibt es andere Events?			
Findet man die Schule in Telefonbüchern, Veranstaltungskalendern etc.?			
Medienarbeit			
Wird regelmäßig über die Schule berichtet?			
Gibt es Medien, die nie berichten?			
Gibt es bereits einen Medienverteiler?			
Sind bestimmte regionale Medien von besonderem Intreresse?			
Gibt es bereits Kooperationen mit anderen Pressestellen (z.B. Schulaufsicht)?			
Gibt es Medienkooperationen (»Zeitung in der Schule« o.Ä.)?			
Corporate Design			
Hat die Schule bereits ein funktionierendes, gutes Corporate Design?			
Halten sich alle an das Corporate Design?			
Gibt es einen Schulnamen?			
Gibt es ein Schullogo?			
Ist das Schullogo zufriedenstellend?			
Taucht das Corporate Design im Schulleben auf?			
Erfüllt das Corporate Design seinen Zweck und dient zur Wiedererkennung?			
Können sich alle mit dem Corporate Design identifizieren, auch Schüler/innen?			
Gibt es bereits Merchandise-Artikel?			
Interne Kommunikation			
Funktioniert der Informationsfluss?			
Können sich Kolleginnen und Kollegen über Missstände äußern?			
Gibt es bereits Mitarbeitergespräche?			
Finanzierung			
Gibt es für die Öffentlichkeitsarbeit ein Budget?			
Kann die Schule über ihre Finanzen verfügen?			
Gibt es Unterstützung durch einen Förderverein?			
Gibt es andere Unterstützer (Elternspende, Sponsoren etc.)?			

In die Situationsanalyse gehört die Sammlung der *Daten der Schule*. Das sind:

- Wie hat sich die Schule (historisch gesehen) entwickelt?
- Hat die Schule ein Schulprogramm? Gibt es darüber hinaus vonseiten der Schulleitung Ziele, die nicht festgeschrieben sind?[2]
- Wie sieht die Organisationsstruktur der Schule und der Schulleitung aus? Sind die Kompetenzen genau geklärt? Wer ist für was verantwortlich, gerade im Bereich Öffentlichkeitsarbeit?
- Gibt es einen Förderverein, einen Ehemaligenverein oder (bei Privatschulen) einen Trägerverein, der ein Wort mitzureden hat und bei bestimmten Themen Entscheidungskompetenz besitzt (z.B. beim Thema Corporate Design)?
- Wie sieht die Zusammensetzung des Kollegiums aus? Wie ist der Altersdurchschnitt? Gibt es besondere Interessengruppen? Besteht die Mitgliedschaft in Verbänden oder Gewerkschaften?
- Bildet sich das Kollegium regelmäßig fort? Wer geht zu Fortbildungen? Werden die Themen nach privaten oder schulischen Interessen gewählt? Werden Kolleginnen und Kollegen zur Teilnahme an Fortbildungen delegiert?
- Wird die schulische Arbeit durch außerschulische Gruppen unterstützt? Hat die Schule Kontakt zu wissenschaftlichen Einrichtungen, Volkshochschulen, Vereinen?
- Wird die Ehemaligenarbeit gesteuert durchgeführt? Von wem?
- Werden Eltern in ihren jeweiligen Berufen für die Mitarbeit an der Schule gewonnen? Wer kann mithelfen?[3]

Neben der allgemeinen Erfassung der Daten der Schule sollte in einer umfassenden Recherche analysiert werden, wie die *Konkurrenzsituation* der eigenen Schule aussieht (»Marktposition«):

- Welche Schulen gibt es im unmittelbaren Umfeld der eigenen Schule?
- Welche Angebote machen diese Schulen?
- Wo machen Nachbarschulen ähnliche Angebote (Konkurrenzsituation)?
- Wo ergänzen sich die Angebote der Schulen ideal?
- Wie sieht die Entwicklung der Schülerzahlen in den letzten fünf Jahren aus (eventuell auch Verhältnis Jungen/Mädchen)?
- Wie haben sich die Lehrerzahlen entwickelt?
- Wie sehen entsprechende Entwicklungen an Nachbarschulen und im gesamten Umfeld aus?[4]

---

2 Ein Schulprofil hat jede Schule, ob mit oder ohne Schulprogramm. Das Schulprofil beschreibt das Schulangebot mit Unterrichtsangeboten, Arbeitsgemeinschaften etc. Ein Schulprofil wird im Gegensatz zum Schulprogramm meist nicht schriftlich festgehalten, kann aber auch Teil eines solchen sein.

3 Für die Öffentlichkeitsarbeit sind besonders diese Berufsfelder von Bedeutung: Werbung, PR und Grafikdesign, Druck und Papier, Journalismus/Zeitung, Politik.

- Wie kommt das schulische Angebot zustande? Gibt es ein Schulprogramm, werden Arbeitsgemeinschaften nach Wünschen der Lehrer/innen oder nach dem Bedarf der Schüler/innen angeboten?
- Gibt es ein Jahresprogramm? Wie sehen die Jahresprogramme der letzten drei Jahre aus?
- Welche Erwartungen haben Eltern, Schüler/innen, Lehrer/innen an die Schule?
- Warum verlassen Schüler/innen vorzeitig die Schule?
- Welche Informationsabläufe gibt es für die einzelnen Bezugsgruppen?

Die Analyse des eigenen und des fremden *Images* gehört mit in den ersten Schritt der Konzeption, die Recherche. Das Image ist das Bild, welches eine externe Bezugsgruppe, z.B. die Schulaufsicht, ein Unternehmen oder die in der unmittelbaren Umgebung wohnenden Menschen von der Schule haben, das so genannte Fremdbild. Hingegen bezeichnet man das eigene Bild der Schule, das Schüler/innen, Kollegien und Mitarbeiter/innen haben, als Selbstbild. *Ziel der Öffentlichkeitsarbeit ist es, das Fremd- und das Selbstbild einander anzunähern.* Dafür ist es konstituierend, etwas über das Fremdbild herauszufinden. Natürlich muss auch das Selbstbild erforscht werden, das ist jedoch wesentlich einfacher.

Welche externen Bezugsgruppen sind für die Konzeption im Moment wichtig? Sind es die direkten Nachbarn der Schule, weil immer wieder von Beschwerden wegen Lärmbelästigungen zu hören ist? Sind es die Eltern potenzieller neuer Schüler/innen, weil die eigene Schule bei weiter gleich bleibendem Rückgang der Schülerzahlen sonst in spätestens vier Jahren schließen muss? Sind es vielleicht die kleinen Unternehmen am Ort, weil es von Jahr zu Jahr schwieriger wird, Praktikumsplätze für die Schüler/innen zu finden? Ist es die örtliche Presse, die immer über die Aktivitäten der Nachbarschule berichtet, nie aber über die der eigenen? Oder ist es etwa die Schulaufsicht, die seit Jahren keine jungen Lehrer/innen mehr an die Schule schickt?

Was ist mit den Menschen, die die Schule nicht oder nicht so gut kennen? Was ist mit denen, die Informationen nur aus dritter Hand haben? Wie sieht es mit den Menschen in der Stadt, der Umgebung aus, die die eigene Schule nur vom Hörensagen kennen? Diese Mitmenschen müssen sich aus Halbwahrheiten und Gerüchten selbst ein Bild der Schule basteln.

Der erste Schritt zur Erforschung des Fremdimages ist das *Interview*. Hierbei sollte sowohl an die Leute von der Straße, z.B. die Besucher/innen bei einer Informationsveranstaltung, als auch an die Schulaufsicht und den Schulträger gedacht werden. Darüber hinaus ist es unerlässlich, auch mit sichereren Methoden Ergebnisse über das eigene Image zu erzielen. Natürlich wird es nicht möglich sein, namhafte Meinungsforschungsinstitute mit repräsentativen Umfragen zu betrauen. Das können sich nur wirklich große Unternehmen, Parteien und Verbände leisten. Trotzdem sollte die Recherche nach dem Image professionell angegangen werden. Hilfreich und leicht auszu-

---

4 Hierzu nur so viel: Die Schülerzahlen der 6- bis 17-Jährigen werden sich bis 2050 nahezu halbieren.

werten sind Befragungen mithilfe von *Polaritätenprofilen* (vgl. Tab. 3). Die Polaritätenprofile sollten sich um die Kernthemen der Schule drehen, z.B. Ausstattung, Pädagogik, Organisation. Beim Anlegen solcher Profile sollte darauf geachtet werden, dass nicht immer die positiven Eigenschaften auf der gleichen Seite stehen.

Tab. 3: Polaritätenprofile

Schulische Angebote/Fächer							
	3	2	1	0	1	2	3	
vielfältig								eintönig
langweilig								spannend
praktisch								theoretisch
lebensfern								lebensnah
kompetent								inkompetent
antiquiert								modern

Verwaltung und Organisation							
	3	2	1	0	1	2	3	
zuverlässig								unzuverlässig
unfreundlich								freundlich
schnell								langsam
bürokratisch								flexibel
kompetent								inkompetent
konservativ								innovativ

Räumlichkeiten und Ausstattung							
	3	2	1	0	1	2	3	
veraltet								modern
sauber								schmutzig
schlecht								gut
ansprechend								unmodern
dunkel								hell
motivierend								abschreckend

Polaritätenprofile blanko							
	3	2	1	0	1	2	3	

Diese Polaritätenprofile sollen nun den relevanten Bezugsgruppen vorgelegt werden. Eine Aussagekraft erreichen diese Ergebnisse natürlich erst dann, wenn die befragte Gruppe eine entsprechende Größe im Verhältnis zur Gesamtgruppe hat. Differenzen zwischen den Ergebnissen beim Selbst- und Fremdbild geben Ansatzpunkte für die Arbeit an der Corporate Identity. Mithilfe von Polaritätenprofilen hat man die Möglichkeit, viele Details eines bestimmten Bereiches ganz genau abzufragen. Eine andere Möglichkeit besteht darin, Bereiche die von Interesse sind nach Zensuren bewerten zu lassen(vgl. Abb. 3 auf der nächsten Seite).

Die Ergründung des Images ist unerlässlich für die eigene Weiterarbeit. Sie ist der schwierigste Bereich der ganzen Arbeit, weil hier oft Ergebnisse zutage treten, die von den Beteiligten nicht gern gesehen werden wollen. Auch besteht die Sorge, dass Ergebnisse von Image-Umfragen in Schulgremien behandelt werden müssen, wodurch sie Publicity erlangen und so ein eventuell negatives Bild noch verschlechtern. Dem ist entgegenzuhalten, dass Schulen, die bereits ein schlechtes Image haben, nichts mehr gegen dessen Verbreitung tun können. Meistens ist es bereits in der Bezugsgruppe bekannt. Außerdem ist zu bedenken, dass Öffentlichkeitsarbeit nur dann funktionieren kann, wenn sie offen und ehrlich betrieben wird. Wenn man an seinem schlechten Image etwas verändern möchte, muss man sich erst einmal dazu bekennen. Sonst machen alle Anstrengungen für eine Veränderung keinen Sinn.

4.1.1 Welche Eigenschaften haben Images im Allgemeinen?

Je mehr Informationen bekannt sind, desto breiter und zuverlässiger kann sich ein Image formen. Liegen nur wenige Informationen über die Schule vor, bildet sich ein schlichtes, oft zu stark vereinfachtes Bild. Vielfältige Informationen lassen dagegen ein vielgestaltiges Vorstellungsbild mit zahlreichen Facetten entstehen.

- *Images entstehen schnell:* Anfangs reicht eine neue Information aus, damit sich die Vorstellung von einer Schule ändert: Galt eine Schule wegen der zahlreichen Sport-Arbeitsgemeinschaften als sportbetont, ändert sich das sofort, wenn bekannt wird, dass in einem Jahrgang aus Mangel an Schülerinnen und Schülern kein Leistungskurs Sport zustande kommt.
- *Images verfestigen sich langsam:* Images werden in der Sozialpsychologie den Einstellungen, also den Grund- und Werthaltungen zugeordnet. Je langsamer diese sich aufbauen, desto stabiler und schwerer wandelbar sind sie. Aber:
- *Images erstarren nicht:* Auch wenn Images lange brauchen, um stabil zu werden, sind sie nie starr. Galt eine Schule jahrelang als vertrauenswürdig und offen, kann sich dies schlagartig ändern, wenn z.B. das Gerücht die Runde macht, die Lehrer/innen würden es mit dem Lehrplan oder den Stundenzeiten nicht so genau nehmen.
- *Images wirken selektiv:* Ergebnisse der Image-Forschung zeigen ein weiteres wichtiges Phänomen. Schafft es eine Schule, Eigenschaften, die für bestimmte Bezugsgruppen wichtig sind, wirkungsvoll zu profilieren, treten für diese Bezugsgruppen

0. Alter _____   Geschlecht _____

1. Kennen Sie die Goethe-Oberschule?
   - ☐ ja, von innen
   - ☐ ja, nur von außen
   - ☐ vom Hörensagen
   - ☐ nein

2. Welche Gymnasien in der Nähe kennen Sie noch?
   _____
   _____

3. Welchen Eindruck macht die Goethe-Schule auf Sie insgesamt?

sehr gut	gut	mittelmäßig	erträglich	schlecht	sehr schlecht

4. Welchen Eindruck haben Sie von den Schülerinnen und Schülern?

sehr gut	gut	mittelmäßig	erträglich	schlecht	sehr schlecht

5. Welchen Eindruck haben Sie von den Lehrerinnen und Lehrern?

sehr gut	gut	mittelmäßig	erträglich	schlecht	sehr schlecht

6. Wie sind, nach Ihrem Eindruck, die schulischen Angebote?

sehr gut	gut	mittelmäßig	erträglich	schlecht	sehr schlecht

7. Was für einen Ruf hat nach Ihrer Meinung die Schule?

sehr gut	gut	mittelmäßig	erträglich	schlecht	sehr schlecht

8. Auf welches Gymnasium würden Sie heute Ihr Kind schicken und warum?
   _____
   _____

Danke fürs Mitmachen!

Abb. 3: Image-Fragebogen

weniger günstig beurteilte Dimensionen in ihrer Bedeutung zurück: Ist für Eltern wichtig, dass eine Schule zu sozialem Verhalten erzieht, nehmen sie ein angestaubtes Image in Kauf. Und: Bezugsgruppen neigen dazu, die für sie in einer zentralen Eigenschaft positiv gesehene Schule auch in anderen Eigenschaften günstig zu beurteilen.

Öffentlichkeitsarbeit kann Images gestalten und so das Erscheinungsbild der Schule in der Öffentlichkeit beeinflussen. Aber: *Zur Beeinflussung des Images gehören Corporate Communications, Corporate Design und Corporate Behavior.* Corporate Behavior als das Verhalten aller am Schulprozess Beteiligten, Corporate Communications als die interne und externe Kommunikation (Öffentlichkeitsarbeit) und Corporate Design als Schulgestaltung brauchen eigene Konzepte, die auf die Schulgrundsätze abgestimmt und so miteinander verbunden sind.

Images dienen als Ersatz von Wissen und ermöglichen Orientierung: Kein Mensch kann heute mehr alles wissen, was um ihn herum passiert. Images leiten, indem sie die unterschiedlichen Aspekte eines Gegenstands verringern: Eine Schülerin oder ein Schüler kann nicht alle Schulen gründlich kennen, die für ihn interessant sind. Hat er aber eine gewisse Vorstellung, kann er entscheiden, ob er sich bewirbt oder nicht.

Vorstellungsbilder beeinflussen Wahrnehmung und Verhalten der Bezugsgruppen: Ein positives Image führt eher dazu, dass sich die Bezugspersonen der Schule gegenüber positiv verhalten – z.B. durch einen Eintritt in selbige. Ein schlechtes Image führt eher dazu, dass sich die Bezugsgruppen negativ verhalten – z.B. durch Ignoranz, Proteste oder Boykott.

Die Schule versucht daher, ein günstiges Image zu vermitteln. Ist sie innovativ und fortschrittlich, gilt aber in den Augen wichtiger Bezugsgruppen als traditionell und altmodisch, kann Öffentlichkeitsarbeit versuchen, das Bild zu berichten: Eine Broschüre informiert über innovative Entwicklungen; ein Tag der offenen Tür stellt hochmoderne Klassenräume oder neuartige bzw. innovative Unterrichtsmethoden vor; die Schulleiterin oder der Schulleiter erörtert mit Journalisten, wie er die Zukunft seiner Schule meistern will. Eine Voraussetzung für das Vermitteln eines Schulimages ist, dass die Verantwortlichen wissen – und möglichst auch formuliert haben –, wie sie sich selbst sehen und wie sie von ihren Kolleginnen und Kollegen und externen Bezugsgruppen gesehen werden wollen.

Beim Entwickeln eines Selbstbildes haben übrigens kleinere und mittlere Schulen die besseren Startchancen: Sie kennen ihre Stärken genau und können sie auf den Punkt bringen – im Gegensatz zu großen Schulen und Schulzentren, die oft in vielen Bereichen Schwerpunkte haben und deren Kollegium nur schwer eine gemeinsame Identität findet.

4.1.2 Worte und Taten müssen übereinstimmen (Corporate Behavior)

Dies ist die entscheidende Voraussetzung für die Glaubwürdigkeit eines Vorstellungsbildes. Handelt eine Schule anders, als sie sich den Anschein geben will, wird sie unglaubwürdig. Wer also ständig beteuert, dass er schülerorientiert ist, aber seine Schüler/innen unfreundlich behandelt, ist nicht überzeugend. Wer Verantwortlichkeit in neuen Medien propagiert, sollte auch danach handeln.

Öffentlichkeitsarbeit zu konzeptionieren bedeutet auch, sich konstruktiv mit dem eigenen Schulprogramm auseinander zu setzen. Wir entwickeln ein Leitbild, d.h. kurzfristige, mittelfristige und langfristige Ziele unserer pädagogischen Arbeit, deren Erreichen regelmäßig überprüft wird. Und diese Arbeit am eigenen Schulprogramm bedeutet natürlich auch, dass

- Einfluss auf das Verhalten aller am Schulprozess Beteiligten genommen wird (Corporate Behavior);
- die interne und externe Kommunikation erfolgreich gesteuert wird; hier sollte es kein Zufälle geben (Corporate Communications);
- die Bildungseinrichtung ein einheitliches Gesamtauftreten hat (Corporate Design).

Deswegen brauchen Schulen heute in ihrer Arbeit am Schulprogramm den Corporate-Identity-Prozess als Hilfestellung und Unterstützung in der erfolgreichen Arbeit. Jeder Teilbereich der Corporate Identity braucht innerhalb des gesamten Corporate-Identity-Prozesses sein eigenes Teilkonzept.

Weiterhin müssen in der Recherchephase der Konzeptionierung die *Kommunikationsmittel*, die eine Schule besitzt, erfasst und beurteilt werden.

- Welche Kommunikationsmittel gibt es bereits?
- Gibt es, außer dem schwarzen Brett, ein periodisches Informationsmedium für das Kollegium?
- Gibt es einen Elternbrief oder Schulmitteilungen für Eltern, Schüler/innen und Lehrer/innen?
- Wird ein Jahresprogramm veröffentlicht, in dem alle wichtigen Termine festgehalten sind?
- Gibt es einen Freundesbrief, eine Zeitung des Fördervereins?
- Wird regelmäßig ein Jahrbuch herausgegeben, dass die Schulchronik fortschreibt?
- Wie sieht der Internetauftritt der Schule aus? Gibt es Probleme mit der Aktualität, werden Persönlichkeitsrechte von Schüler/innen oder Lehrer/innen berührt (z.B. bei Abbildungen oder im Schüler-Chat)?

Welche *Kommunikationsmaßnahmen* wurden bisher öffentlichkeitswirksam durchgeführt?

- Findet regelmäßig ein Tag der offenen Tür statt? Wird dieser auch ausgewertet?
- Gibt es andere regelmäßige Events, wie z.B. einen Weihnachtsbasar, ein Sommer-Rockkonzert oder einen Beauty-Day[5]?

---

5 *Beauty-Day:* Die ganze Schule wird von Schüler/innen, Eltern, Lehrer/innen gemeinsam gereinigt. Das macht Spaß, schafft Zusammengehörigkeitsgefühl und Verantwortung. Außerdem sind die ersten beiden Stunden am letzten Schultag vor den Sommerferien sinnvoll genutzt.

Wie sieht die *Präsenz in anderen Medien* aus?

- Ist der Eintrag im örtlichen Telefonbuch korrekt und auffindbar?
- Wie sieht es mit dem Eintrag in privaten Branchenbüchern aus?
- Wird der Veranstaltungskalender in anderen Medien publiziert, z.B. im Veranstaltungskalender der Stadt, in Stadtmagazinen etc.?

Auch die bisherige *Medienarbeit* der Schule sollte in der Recherche für ein neues Konzept genau angeschaut und bewertet werden. Die Presseberichte der letzten zwei bis drei Jahre sollten Auskunft über folgende Fragen geben:

- Welche Medien haben über unsere Schule berichtet?
- Welche Redakteure haben die Artikel geschrieben?
- Wann wurde mit Foto berichtet?
- In welchen Ressorts sind Berichte über unsere Schule erschienen?
- Welche Genres wurden gewählt? Handelt es sich vorwiegend um schlichte Nachrichten oder wurden auch Reportagen, Porträts und Essays geschrieben?
- Welche Medien haben trotz der Bemühung um eine gute Zusammenarbeit nie etwas gebracht?

Darüber hinaus gilt es zu bedenken:

- Hat die Schule einen Medienverteiler oder sogar verschiedene Medienverteiler, die gepflegt und aktualisiert werden?
- Gibt es bestimmte Medien, die im lokalen Bereich für die Schule von Interesse sind (z.B. Stadtteilzeitungen, Anzeigenblätter, Lokalredaktionen)?
- Gibt es regionale und überregionale Medien, die von Interesse sind? Sollten bestimmte Fachzeitschriften mit in den Blick genommen werden (z.B. die Zeitschriften der Gewerkschaften und Verbände, pädagogische Zeitschriften)?
- Gibt es bereits eine Zusammenarbeit oder Kooperation mit anderen für die eigene Öffentlichkeitsarbeit wichtigen Stellen bei Schulaufsicht und Schulträger (ganz wichtig: deren Pressestellen)?
- Gibt es bereits Medienkooperationen zwischen Schule und Zeitung wie z.B. »Zeitung in der Schule« o.Ä.?

Die *interne Kommunikation* sollte in der Situationsanalyse unbedingt genau betrachtet werden:

- Welche Kommunikationsformen gibt es im Kollegium, zwischen dem Kollegium und der Schulleitung?
- Funktioniert der Informationsfluss (vgl. Dröge 1999)? Wo gibt es Probleme?
- Welche Instrumente wurden bisher eingesetzt? Wie sieht das schwarze Brett aus, sind die Fächer der Kolleginnen und Kollegen überfüllt … ?

- Hat das Kollegium die Möglichkeit, sich über Missstände zu äußern?
- Gibt es Mitarbeitergespräche, die die Möglichkeit bieten, sich über Erwartungen, Planungen, Wünsche etc. auszutauschen?
- Wie sieht es mit den informellen Kommunikationskanälen aus? Gibt es im Kollegium Meinungsführer?

Auf welche *Finanzen* kann eine Schule für die Konzeption und Durchführung ihrer Öffentlichkeitsarbeit zurückgreifen?

- Gab es bisher einen Finanzrahmen, der nicht überschritten wurde?
- Besteht überhaupt die Möglichkeit, Finanzen zur Verfügung zu stellen?
- Hat die Schule bereits die Möglichkeit, über Finanzen selbst zu verfügen?
- Wie sieht die finanzielle Unterstützung durch den Förderverein aus?
- Gibt es andere Einnahmequellen (Elternspende, Sponsoren etc.)?
- Wo besteht die Möglichkeit, über andere Töpfe abzurechnen (Verbrauchsmaterialien z.B. über Sachmittel)?

Die Situationsanalyse, hier in aller Ausführlichkeit dargestellt, gibt ein sehr präzises Bild über den aktuellen Zustand. Anhand dieser Zusammenstellung kann genau beschrieben werden, wo Stärken und Schwächen der Schule liegen. Die Ist-Situation als solche wird definiert.

Als weiteres Ergebnis der bisherigen Recherche und der eigenen Vorgaben aus der Schulleitung muss die Soll-Situation beschrieben werden. Diese muss zeigen, welche bisherigen Stärken weiter gepflegt und ausgebaut werden müssen. Sie sollte aber genauso auch vorgeben, wie die erkannten Probleme angegangen werden. Dabei geht es nie um blinden Aktionismus, der alles auf einmal und am besten sofort verändern möchte. Vielmehr sollte überlegt werden, welches die vorrangig zu behandelnden Probleme sind.

4.2 Strategie

Julius Cäsar wird folgende Erklärung zum Begriff Strategie nachgesagt (nach Pfeffer/Reinecke 2000, S. 87):

Strategie beinhaltet
- *saubere Planung,*
- *Vorsicht und Festhalten an bewährten Grundsätzen,*
- *aber auch bei veränderten Situationen raschen Entschluss und dessen schnelle Durchführung,*
- *Qualität vor Quantität,*
- *nichts dem Zufall überlassen.*

Die strategische Planung der Öffentlichkeitsarbeit beruht auf den Vorgaben, die sich aus der Ist- und der Soll-Situation ergeben. Alle Maßnahmen, die sich daraus ergeben, müssen auf ein Ziel ausgerichtet sein, das mit der Strategie definiert wird: Das Kommunikationsziel. Dieses sollte definiert werden, indem geklärt wird,

- mit welchen PR-Instrumenten das Ziel erreicht werden kann;
- welcher zeitliche Rahmen dazu notwendig ist;
- welche personellen Ressourcen zur Verfügung stehen;
- wie die finanzielle Situation aussieht;
- welche Priorität das Erreichen des Kommunikationszieles hat.

Um das Kommunikationsziel zu erreichen müssen die Bezugsgruppen definiert werden. Welche Bezugsgruppen müssen angesprochen werden, um das Ziel zu erreichen, und welche Bezugsgruppen sind eher zu vernachlässigen? Welche Bezugsgruppe erhält welche Botschaft? Die Botschaften, die eine Schule vermittelt, können durchaus unterschiedlich ausfallen. Nur widersprechen dürfen sie sich natürlich nicht.

Z.B. möchte sich eine Schule (altsprachliches Gymnasium), weil sie am Grenzbereich zwischen zwei sozial sehr unterschiedlichen Wohngebieten liegt, eher dem einen zuwenden und von dem anderen abwenden. Im Laufe der vergangenen Jahre veränderte sich die Situation immer mehr: Während früher die Schüler/innen fast ausschließlich aus der gehobenen Wohngegend mit Einfamilienhäusern kamen, kommen inzwischen fast nur noch Schüler/innen aus der auf der anderen Seite liegenden Hochhaussiedlung (in beiden Wohngegenden ist der Ausländeranteil sehr gering). In der Zeit der Veränderung bemerkte die Schulleitung auch: Der Durchschnitt der Abiturnoten ließ deutlich nach. Die Gründe hierfür liegen für die Schulleitung auf der Hand. Nun soll etwas verändert werden. Das Kommunikationsziel als solches lautet: »Wir haben einen hohen Bildungsstandard«. Nun soll es unterschiedlich kommuniziert werden und damit eine Veränderung in der Zusammensetzung der Schule über einen langen Zeitraum herbeigeführt werden. Je nach Bezugsgruppe wird auf dem Kommunikationsziel basierend eine andere Botschaft formuliert. Einmal könnte sie lauten: »Das Gymnasium legt in Zukunft mehr Wert auf die altsprachliche Bildung und ist offen für verschiedene Nationalitäten.« Ein anders Mal vielleicht: »Die Vorbereitung auf die Akademiker-Laufbahn ist eines der wichtigen Ziele des Gymnasiums.«

Die Summe aller Botschaften für einzelne Bezugsgruppen ist die *Positionierung* der Schule. Die Positionierung legt die gewünschte Position der Schule auf inhaltlicher Ebene in den Köpfen der Bezugsgruppe fest. Die Strategie besteht aus den in Abbildung 4 auf der nächsten Seite dargestellten Elementen.

Zwischen den Zielen, die sich eine Schule setzt, und den Zielen, die durch die Öffentlichkeitsarbeit erreicht werden sollen, kann man deutlich unterscheiden. Die Ziele der Öffentlichkeitsarbeit dienen immer nur dem Erreichen der Schulziele (vgl. Tab. 4 auf S. 1163). Das klassische PR-Ziel »Aufbau eines positiven Schulimages« hat als Gegenstück bei den Schulzielen etwa die »Bewahrung der kontinuierlich erfolgreichen Bildungsarbeit« oder die »Steigerung der Schülerzahlen«.

```
┌─────────────────────────────────────────────────────────┐
│              Strategische Zielsetzung                    │
│  Definition des Kommunikationsziels auf der Basis von    │
│  Stärken und Schwächen, von Ist- und Soll-Situation      │
│  unter Berücksichtigung des Schulprogramms.              │
└─────────────────────────────────────────────────────────┘
                            ▼
┌─────────────────────────────────────────────────────────┐
│            Bestimmung der Bezugsgruppen                  │
│  Das Kommunikationsziel bestimmt die Bezugsgruppe.       │
│  Diese nicht zu definieren bedeutet, nicht erfolgreich   │
│  Öffentlichkeitsarbeit machen zu können.                 │
│                Je genauer, desto besser!                 │
└─────────────────────────────────────────────────────────┘
                            ▼
┌─────────────────────────────────────────────────────────┐
│                      Botschaften                         │
│  Jede Bezugsgruppe braucht eine andere Botschaft, denn   │
│  Botschaften transportieren Kommunikationsinhalte. Sie   │
│  dürfen sich nicht gegenseitig widersprechen.            │
└─────────────────────────────────────────────────────────┘
                            ▼
┌─────────────────────────────────────────────────────────┐
│                    Positionierung                        │
│  Die Positionierung legt fest, welche Inhalte in den     │
│  Bezugsgruppen gefestigt werden sollen. Sie gibt die     │
│  Stellung der Schule »am Markt« an.                      │
└─────────────────────────────────────────────────────────┘
```

Abb. 4: Die Elemente der Strategie

4.3 Maßnahmeplanung

Nun wird es konkret: Wenn feststeht, was wir sagen wollen und wem wir es sagen wollen, kann die Planung von Maßnahmen erfolgen. Gewichten Sie dabei, wie wichtig Ihnen die einzelnen Bezugsgruppen der Schule sind (vgl. Tab. 5 auf S. 1164). Haben Sie festgelegt, wie Sie die einzelnen Bezugsgruppen gewichten, sollte im nächsten Schritt festgelegt werden, bei welchen Bezugsgruppen welches Ziel der Öffentlichkeitsarbeit erreicht werden sollte (vgl. Tab. 6 auf S. 1165). Blicken Sie auch noch einmal auf die Tabelle »Schulziele und Ziele der Öffentlichkeitsarbeit« (Tab. 4), um sich in Erinnerung zu rufen, welche Schulziele Sie erreichen wollen und welche Ziele der Öffentlichkeitsarbeit dazu hilfreich sind.

Grundsätzlich werden die PR-Instrumente nach denen für die direkte Kommunikation und die indirekte Kommunikation unterschieden. Weiterhin wird unterschieden, welche Instrumente interne Bezugsgruppen ansprechen, welche speziell Medien

Tab. 4: Schulziele und Ziele der Öffentlichkeitsarbeit

Bitte markieren Sie, welche Schulziele Sie mit welchen Zielen der Öffentlichkeitsarbeit erreichen können oder wollen.

Schulziele	Ziele der Öffentlichkeitsarbeit																
	Aufbau eines positiven Images der Schule	Erhalt des positiven Images der Schule	Verbesserung des Informationsflusses zum Kollegium	Verbesserung des Informationsflusses zu Schüler/innen und Eltern	Motivation des Kollegiums	Motivation der Schülerschaft	Gute Bedingungen für neue, qualifizierte Kolleginnen und Kollegen schaffen	Bessere Möglichkeiten im finanziellen Bereich der Schule erwirken	Bekanntheitsgrad der Schule erhöhen	Unterrichtliche und außerunterrichtliche Angebote bekannt machen	Das Image eines bestimmten schulischen Angebots verbessern	Das Image eines bestimmten schulischen Angebots erhalten	Beziehungspflege zur Gesellschaft	Beziehungspflege zu Schulträger oder Schulaufsicht	Beziehungspflege zur Politik	Beziehungspflege zu potenziellen neuen Schülerinnen und Schülern	Beziehungspflege zu Ehemaligen	Beziehungspflege zu Sponsoren und Finanzierern

Tab. 5: Gewichtung von Bezugsgruppen			
Bezugsgruppe	wichtig	weniger wichtig	un- wichtig
Kollegium			
Schulleitung			
Schülerschaft			
Elternschaft			
Büropersonal			
Reinigungspersonal, Hausmeister			
Förderverein			
Schulaufsicht			
Schulträger			
Politiker/innen			
Potenzielle neue Schüler/innen			
Nachbarschaft der Schule			
Unternehmen, Vereine			
Vor- und nachgeordnete Bildungseinrichtungen			
Wissenschaftliche Einrichtungen			
Verbände und Gewerkschaften			
Personalrat			
Ehemalige			
Lokale und regionale Medien			
Überregionale Medien			
Fachpresse			

und Journalisten ansprechen und welche besonders externe Bezugsgruppen erreichen. Einen Ausschnitt an möglichen Instrumenten zeigt Tabelle 7 auf S. 1166 – die Listen ließen sich selbstverständlich noch erweitern.

Wie wird nun die Maßnahme konkret geplant? Fünf Schritte sind dabei zu unternehmen:

1. Zuerst sollte noch einmal klar formuliert werden, welches Thema genau kommuniziert werden soll. Wie lautet die Botschaft, die vermittelt werden soll?
2. Anschließend muss man sich überlegen, innerhalb welchen Zeitraumes die Maßnahme stattfinden soll. Handelt es sich um einen kurz-, einen mittel- oder einen langfristigen Zeitraum?
3. Wen genau soll die Maßnahme ansprechen? Welche Medien sollen berichten, welche Multiplikatoren sollen erreicht werden, welche Bezugsgruppen müssen informiert werden?

Tab. 6: Das Verhältnis von Bezugsgruppen zu Öffentlichkeitsarbeits-Zielen

Bitte markieren Sie, welche Bezugsgruppen Sie ansprechen müssen, um Ihre Ziele in der Öffentlichkeitsarbeit zu erreichen. Die Nennung mehrerer Bezugsgruppen pro Ziel ist möglich.

Bezugsgruppe	Ziele der Öffentlichkeitsarbeit																
	Aufbau eines positiven Images der Schule	Erhalt des positiven Images der Schule	Verbesserung des Informationsflusses zum Kollegium	Verbesserung des Informationsflusses zu Schüler/innen und Eltern	Motivation des Kollegiums	Motivation der Schülerschaft	Gute Bedingungen für neue, qualifizierte Kolleginnen und Kollegen schaffen	Bessere Möglichkeiten im finanziellen Bereich der Schule erwirken	Bekanntheitsgrad der Schule erhöhen	Unterrichtliche und außerunterrichtliche Angebote bekannt machen	Das Image eines bestimmten schulischen Angebots verbessern	Das Image eines bestimmten schulischen Angebots erhalten	Beziehungspflege zur Gesellschaft	Beziehungspflege zu Schulträger oder Schulaufsicht	Beziehungspflege zur Politik	Beziehungspflege zu potenziellen neuen Schülerinnen und Schülern	Beziehungspflege zu Ehemaligen	Beziehungspflege zu Sponsoren und Finanzierern
Kollegium																		
Schulleitung																		
Schülerschaft																		
Elternschaft																		
Büropersonal																		
Reinigungspersonal, Hausmeister																		
Förderverein																		
Schulaufsicht																		
Schulträger																		
Politiker/innen																		
Potenzielle neue Schüler/innen																		
Nachbarschaft der Schule																		
Unternehmen, Vereine																		
Vor-/nachgeordn. Bildungseinrichtungen																		
Wissenschaftliche Einrichtungen																		
Verbände und Gewerkschaften																		
Personalrat																		
Ehemalige																		
Lokale und regionale Medien																		
Überregionale Medien																		
Fachpresse																		

Tab. 7: Instrumente direkter und indirekter Kommunikation

Instrumente direkter Kommunikation		
Interne Bezugsgruppenansprache	**Medien und Journalisten**	**Externe Bezugsgruppenansprache**
Gespräche	Gespräche	Gespräche
Ausstellungen	Pressegespräch	Gesprächskreise
Kollegiumsausflug	Hintergrundgespräch	Diskussionsgruppen
Kollegiumsfeier	Redaktionsbesuch	Workshops
Lehrerkonferenz	Pressekonferenz	Seminare
Gremienkonferenz	Symposium	Podiumsdiskussionen
Kollegiumsgruppen (Chor)	Podiumsdiskussion	Schulführungen
	Fachtagung	Tag der offenen Tür
	Schulführung	Ausstellungen
Instrumente indirekter Kommunikation		
Interne Bezugsgruppenansprache	**Medien und Journalisten**	**Externe Bezugsgruppenansprache**
schwarzes Brett	Leserbrief	Ereignisse
offene Briefe	Pressemitteilung	Info-Veranstaltungen
Gruppeninformation	Pressemappe	Anzeigen
Flugblätter	Pressestammtisch	Schulbroschüre
Schulzeitung	Journalistenpreis	Kurzinfo
Kummerkasten	Internet-Homepage	Jahrbuch
Internet-Homepage	Internet-Foren	Vereinszeitschrift
Internet-Foren		Internet-Homepage
Umlauf		Internet-Foren

4. Ist das genau umrissen, stellt sich die Frage, welche Maßnahmen konkret ergriffen werden sollen. Hier ist der Griff in die große Kiste der PR-Instrumente angesagt.
5. Welches Kommunikationsziel wollen wir mit der Maßnahme erreichen? Was soll die erhoffte Wirkung der Aktion sein?

In der konkreten Planung eines Vorhabens müssen viele verschiedene Einzelelemente Berücksichtigung finden. Es ist sinnvoll, hier genau zu planen und alles im Blick zu haben. Dazu ist es hilfreich, sich Checklisten anzulegen (vgl. Tab. 8). Am Beginn jeden Schuljahres sollte darüber hinaus eine Übersicht zu den zu erwartenden Ereignissen angefertigt werden. Überraschungen und unvorhergesehene Ereignisse gibt es dann im Verlauf des Schuljahres sowieso noch.

Tab. 8:	Die Maßnahmeplanung
Vorhaben:	
Was sagen wir? Welche Themen und Botschaften sollen kommuniziert werden?	
Wann? Ist an kurz-, mittel- oder langfristige Zeiträume gedacht?	
Wem? Welche Bezugsgruppen und Multiplikatoren sollen erreicht werden?	
Wie? Welche Maßnahmen, welche PR-Instrumente sollen zum Einsatz kommen?	
Mit welchem Ziel? Was ist die angestrebte/erhoffte Wirkung?	

4.4 Evaluation

Am Ende jeder durchgeführten Aktion muss natürlich die Evaluation stehen. Sie dient dazu, die neue Ist-Situation mit der vorgegebenen Soll-Situation zu vergleichen. Sind die Ziele erreicht, wird der Blick nach vorne gewendet und die nächsten Schritte geplant. Sind die vorgegebenen Ziele nicht erreicht worden, muss überlegt werden, an welchen Details das gelegen haben könnte. Dabei sind folgende Fragen zu stellen:

Quantitative Bewertung:
- Wie war die Medienresonanz? Wurde berichtet?
- Wann wurde berichtet (im Voraus, im Nachhinein)?
- Von wem wurde berichtet?
- Wie viel wurde berichtet (inkl. Fotos, Grafiken etc.)?

- Wie waren die Besucherzahlen (z.B. beim Konzert, der Podiumsdiskussion, dem Tag der offenen Tür)?
- Wie viele Rückmeldungen gab es beim ausgeschriebenen Wettbewerb?
- Wie viele Antwortpostkarten wurden beim Preisrätsel ausgefüllt?
- ...

Qualitative Bewertung:
- Was wurde von den Medien berichtet?
- Welche Genres wurden gewählt?
- Wie ist berichtet worden?
- Warum wurde berichtet?
- Warum wurde (von bestimmten Medien?) nicht berichtet? Liegen die Gründe auf der Hand?
- Wie war inhaltlich die Beteiligung an der Podiumsdiskussion oder am ausgeschriebenen Wettbewerb?

Bewertung auf Grundlage der vorher bestimmten Kommunikationsziele:
- Sind Berichte in den Medien erschienen, deren Nutzer für die Schule relevant sind?
- Haben die gewünschten Bezugsgruppen die Veranstaltung besucht oder an dem Wettbewerb teilgenommen?
- Wurden die Kommunikationsbotschaften richtig übermittelt, verstanden und aufgenommen?
- Wurde das Kommunikationsziel erreicht?

Das Sammeln von Zeitungsausschnitten kann in den meisten Fällen selbst erledigt werden. Nur bei ganz großen Aktionen, bei denen man davon ausgehen kann, dass auch in der überregionalen Presse berichtet wird, sollte man einen Ausschnittsdienst (auch bekannt als Clipping Service) oder eine Medienbeobachtungsagentur einschalten. Diese Unternehmen werten Tag für Tag die Presse für ihre Kunden aus. Meistens muss neben einem Sockelbetrag ein weiterer Betrag je gefundenem Ausschnitt gezahlt werden. Gesucht wird nach bestimmten Suchwörtern, Schlüsselbegriffen oder Namen. Die bekanntesten Medienbeobachtungsdienste sind:

- www.argus-media.de;
- www.metropolpress.de;
- www.ausschnitt.de;
- www.media-control.de.

Ein kostenloses Angebot zur Medienbeobachtung bieten www.paperball.de und news.google.de, allerdings werden hier nur die zusätzlich zur gedruckten Zeitung (auch) online erscheinende Zeitungen ausgewertet.

Am Ende der Evaluation steht die Neubewertung der Situation.

5. Corporate Identity und Corporate Design

5.1 Einheit nach innen und außen

Wie ist die Stimmung an Ihrer Schule? Wie ist die Stimmung im Kollegium? Es wäre erstaunlich, wenn es in der Lehrerschaft nicht unterschiedliche Kleingruppen verschiedener Interessengebiete gäbe. Auch die Vorstellungen von Unterricht und Erziehung können ein Kollegium spalten. Und nicht zuletzt wirken unterschiedliche Generationen bestimmend. Das ist normal und in großen Kollegien natürlich besonders ausgeprägt. Aber wie wird innerhalb der Kleingruppen über andere gesprochen? Werden die anderen mit ihren Einstellungen und ihrer Meinung akzeptiert oder wird vorwiegend negativ über sie geredet? Findet ein offener Dialog zwischen den Gruppen statt? Findet über die Differenzen ein Austausch statt?

Also, wie ist die Stimmung im Kollegium? »Wir sind sehr zufrieden« oder »Es könnte besser sein, aber auch schlimmer« oder aber »Die Stimmung im Kollegium ist miserabel«? Keine Frage – das ideale Kollegium gibt es wahrscheinlich nicht. Und das wäre wohl auch ziemlich langweilig. Schließlich ist jeder Mensch ein Individuum mit seinen eigenen Fähigkeiten, Gewohnheiten und Macken. Und die Fähigkeit, seine eigene Meinung zu vertreten, sich mit anderen über unterschiedliche Standpunkte auszutauschen und über Differenzen zu diskutieren, ist eine große Gabe und sollte von jeder Lehrerin und jedem Lehrer erwartet werden können.

5.2 Corporate Identity

Das Ziel der so genannten Corporate Identity ist es, der Schule eine unverwechselbare Identität zu geben. Corporate Identity ist in erster Linie ein Gefühl, ein »Wir-Gefühl«. Wir identifizieren uns mit unserer Schule, wir fühlen uns hier wohl und arbeiten gern hier. Wir kooperieren mit den Kolleginnen und Kollegen, wir haben ein gemeinsames Ziel, hinter dem jeder steht. Das gemeinsame Ziel und der Weg dorthin wird durch ein Schulprogramm beschrieben, das natürlich Veränderungsprozessen unterliegt. Der Kurs auf das Ziel muss hin und wieder korrigiert werden, ja sogar die Zielformulierung kann sich im Laufe der Zeit verändern, muss erweitert und ergänzt werden. Hat eine Schule z.B. im Schulprogramm als pädagogisches Ziel festgelegt, die Schüler/innen zu einem eigenverantwortlichen Umgang mit den neuen Medien zu erziehen, muss sie immer wieder die Veränderungen in den Medien mit einbeziehen und vielleicht den Kurs anpassen. Hat sich eine Schule im Schulprogramm festgelegt und stehen alle Lehrer/innen hinter diesem Ziel, so ist man sich einig. Das bedeutet jedoch nicht, dass im Unterricht nur noch Einheitsbrei verabreicht wird. Die pädagogische Selbstständigkeit des Einzelnen bleibt erhalten. Jeder unterrichtet nach seinen Fähigkeiten, seinen eigenen Methoden und Vorstellungen. Und jeder vermittelt Unterrichtsinhalte seiner Klasse entsprechend und angemessen. Jedoch bleibt das gemeinsame Ziel immer im Blick. Kurz gesagt: Vielfalt in Einheit.

Wenn eine Schule eine Corporate Identity besitzt, so bedeutet das auch: Das, was wir sagen, das tun wir auch. Das Reden stimmt mit dem Handeln überein. Öffentlichkeitsarbeit für Schulen ist immer Arbeit nach innen und nach außen. Sie wirkt in die Schule, in das Kollegium, die Schüler- und Elternschaft hinein. Das bedeutet, dass Öffentlichkeitsarbeit den Weg zu einem gemeinsamen Ziel unterstützen kann; sie kann Einheit schaffen und Gemeinsamkeiten stärken. Sie *kann* (muss aber nicht), wenn man das wirklich will!

Doch Vorsicht: Der Bumerang kann auch zurückfliegen und einen selbst treffen. Eitelkeit und Geltungsbedürfnis Einzelner sind nicht hilfreich und können gefährlich werden. Stehen immer wieder dieselben Personen mit ihren tollen Projekten in der Zeitung, entsteht schnell Neid. Es sei denn, man erkennt und kann deutlich machen, dass wirklich *ein* gemeinsames Ziel verfolgt wird.

Öffentlichkeitsarbeit wirkt aber auch nach außen. Sie kann eine Schule in der Öffentlichkeit bekannter machen. Sie kann Einfluss auf das Verhältnis zu Schulbehörden haben, sie kann Wege ebnen und helfen, Kontakte zu Wirtschaftsunternehmen aufzubauen. Sie kann helfen, Sponsoren kennen zu lernen. Schließlich geht es zunächst darum, dass sich das Image der anderen – das so genannte Fremdbild – und das Bild, das wir von der Schule haben, einander annähern und beides verbessert wird.

Im Rahmen von Corporate Identity wird gern auch vom Bild des gesamten Menschen gesprochen. Körper, Geist und Seele gehören zusammen, ergänzen und brauchen einander. Im übertragenen Sinne bedeutet das:

- Der *Körper* ist die Schule, das Äußerliche. Dazu gehören neben allen Verwaltungsabläufen und Organisationsstrukturen auch die Ausstattung der Schule, die Farbe der Wände, die Türschilder, die Gestaltung des Schulhofs usw.
- Der *Geist* ist das Schulprogramm, die individuelle Ausrichtung der Schule, die festgeschriebenen Ziele und die fortgeschriebenen Entwicklungen.
- Die *Seele* einer Schule ist die Stimmung im Kollegium, die Stimmung in der Schülerschaft und die Stimmung in der Elternschaft. Die Seele ist auch das Verhältnis zwischen Schulleiter/in und Lehrer/innen, das Verhältnis zwischen Lehrer/innen und Schüler/innen. Ist die Schule Teil des echten Lebens der hier ein- und ausgehenden Menschen oder bloß lästige Unterbrechung eines Lebens, das sich eigentlich ganz woanders abspielt?

Ziel von Corporate Identity sollte es also sein, den Organismus Schule zu einem funktionierenden Wesen zu machen.

5.3 Corporate Design

Corporate Identity und Corporate Design gehören zusammen. Das Corporate Design ist praktisch die äußere Hülle der Corporate Identity. Das Corporate Design einer Schule unterstützt die Identifikation mit der eigenen Schule. Es wirkt wie die Corporate Identity nach innen und nach außen. Es umfasst alle Elemente eines einheitlichen

Abb. 5:
Beispiele für ein einheitliches CD (Mappe, Flyer, Visitenkarte

visuellen Erscheinungsbildes einer Organisation. Zum Corporate Design gehören Firmensignet und -schrift, Hausfarbe, Design-Richtlinien für Drucksachen, Werbemittel usw. (vgl. Abb. 5; weiterführende Informationen hierzu bei Lange/Ohmann 1997).

Eine kleine Zwischenbemerkung: Wenn Sie Öffentlichkeitsarbeit gestalten und der Schule ein Corporate Design verschaffen wollen, führt kein Weg am Computer vorbei. Bei den folgenden Ausführungen gehe ich davon aus, dass Sie bereits Erfahrungen im Umgang mit der gängigen Software besitzen. Manche Aspekte werden nur angeschnitten. Sie ausführlicher zu behandeln, sei der weiterführenden Fachliteratur überlassen.

Corporate Design funktioniert ganz einfach, obwohl es von allen ein Höchstmaß an Disziplin erfordert. Nicht umsonst haben Unternehmen oft ein dickes Handbuch oder einen Aktenordner in jeder Abteilung, wo jede Mitarbeiterin und jeder Mitarbeiter nachlesen kann, wie ein Corporate Design anzuwenden ist. Für die einzelne Schule muss es kein hundertseitiger Erlass sein, aber einige nützliche Hinweise zum Corporate Design für alle sind angebracht. Zwei bis drei Seiten oder eine kleine, ansprechend gestaltete Mappe reichen schon. Natürlich kann sich ein Corporate Design im Laufe der Zeit verändern. In diesen Fällen sollten auch die Anweisungen fortgeschrieben werden. Sie sollten für alle Kolleginnen und Kollegen, das Schulbüro und die Elternvertreter/innen vervielfältigt werden, damit auch sie sich daran orientieren bzw. sich danach richten können.

Versuchen Sie, Ihre Kolleginnen und Kollegen von Ihren Ideen zu überzeugen. Eine einheitliche Gestaltung hilft Schüler/innen, Eltern und Lehrer/innen, sich mit der Schule zu identifizieren. Es hilft der »Welt da draußen«, die Schule zu erkennen. Es hilft, Publikationen der Schule wieder zu erkennen. Und nicht zuletzt hilft es natürlich dem Redakteur, eine Meldung zuzuordnen und einzuordnen. Das ist eine der Schlüsselrollen des Corporate Designs.

Das einheitliche Auftreten ist keine Gleichmacherei. Individualität zeigt sich beim Corporate Design jedoch nicht in Äußerlichkeiten und in der Erscheinung, sondern in den Inhalten. Nach außen wird – wie man so schön sagt – »eine einheitliche Linie gefahren«. Das Corporate Design einer Schule beinhaltet vieles:

- Name der Schule;
- Schullogo;
- Namenszug;
- Schulschrift;
- Schulfarben;
- Drucksachen;
- Merchandise-Artikel;
- Ausgestaltung des Gebäudes (Beschriftungen, Wände ...);
- Architektur.

5.3.1 Name der Schule

Der Name der Schule kann schon ein Teil des Schulprogramms sein. Das ist jedoch meist nicht mehr als ein glücklicher Zufall. Oft genug hat der Name – weil viel älter als das Schulprogramm – mit diesem nichts zu tun. Häufig werden lokale Persönlichkeiten mit dem Namen einer Schule geehrt. Geografische Gegebenheiten spielen ebenfalls eine Rolle (z.B. »Schule am Park« oder »Steinberg-Schule«). Manchmal steht der Name sogar im Widerspruch zum Programm der Schule: Da gibt es die altsprachlich ausgerichtete Friedrich-Engels-Schule oder das kunstbetonte Johann-Sebastian-Bach-Gymnasium.

Eine Namensänderung für eine Schule zu bewirken, ist ein langwieriges Verfahren. Schön also, wenn ein Schulname und ein Schulprogramm in dieselbe Richtung tendieren. Sie können sich freuen, wenn Sie eine Winnefeld-Schule finden, die tatsächlich nach reformpädagogischen Ansätzen arbeitet. Wenn die Möglichkeit besteht, Einfluss auf die Namensgebung Ihrer Schule zu nehmen, beispielsweise wegen eines Neubaus oder einer Neugründung oder Umbenennung, sollten Sie diese nutzen.

5.3.2 Schullogo (Bildmarke)

Das Schullogo ist wahrscheinlich der Schlüssel zu einem erfolgreichen Corporate Design. Nichts darf so einfach in seiner Wirkung und gleichzeitig so ausgeklügelt in seiner Konzeption sein wie das Schullogo. Eines der größten kommerziellen deutschen Dienstleistungsunternehmen schreibt in seinem Corporate Design-Handbuch dazu: »Corporate Design schafft Zusammenhalt – vorausgesetzt, es wird von allen bewusst eingehalten. Da XY kein Produkt ›zum Anfassen‹ herstellt, das in der Öffentlichkeit bekannt ist, muss das Logo zum Markenzeichen für Dienstleistungen werden.«

Das Logo einer Schule muss so viel wie möglich ausdrücken und einprägsam sein. Das Entwerfen eines Logos gehört zu den schwierigsten und heikelsten Aufgaben überhaupt im Rahmen der Entwicklung eines Corporate Designs. Wenn Sie oder einer Ihrer Kolleginnen oder Kollegen an der Schule grafisch begabt sind, versuchen Sie, gemeinsam ein Logo zu erarbeiten. Vielleicht gibt es in der Elternschaft der Schule aber auch einen erfahrenen Grafiker, der Ihnen behilflich sein kann. Oder aber Sie beauftragen eine Agentur damit, für Sie zu arbeiten. Das ist zwar die kostspieligste Möglichkeit, aber manchmal auch die beste. Denken Sie daran, dass viel von Ihrem Auftreten als Schule abhängt.

Hier einige Anregungen: Im Schullogo kann z.B. die markante Silhouette des Schulgebäudes auftauchen oder das Konterfei des Namenspatrons der Schule. Ist die Schule nach einem Künstler benannt, kann ein Ausschnitt aus einem seiner Werke im Schullogo erscheinen. Gut haben es da das Joan-Miró-Gymnasium und die Astrid-Lindgren-Grundschule. Das Urheberrecht an Bildern sollte jedoch in jedem Fall beachtet werden. Auch die Initialen des Schulnamens eignen sich vielleicht zur Gestaltung des Logos.

Wenn Sie mehrere Entwürfe für Schullogos im Kollegium vorlegen, kommt es wahrscheinlich zu einer längeren Diskussion mit dem Ergebnis, dass alles eine Frage des Geschmacks ist (vgl. Abb. 6). Wie schätzen Sie Ihr Kollegium ein? Wenn Sie sich zwischen mehreren Entwürfen nicht entscheiden können, sollten Sie eine ausführliche Diskussion suchen, denn sie kann manchmal auch fruchtbar sein. Ansonsten stellen Sie am besten in der Gesamtkonferenz selbstbewusst den Entwurf Ihrer Wahl vor, der nach einer Aussprache über die Details auch noch verändert und variiert werden kann.

Ist das Logo einfarbig gestaltet, so haben Sie bei der Reproduktion in Drucksachen und auf anderen Produkten keinerlei Probleme. Verwenden Sie im Schullogo Graustufen oder Farbverläufe, dann achten Sie darauf, dass der Raster das Kopieren des Logos erlaubt, ohne dass es zu Qualitätseinbußen kommt. Mit farbigen Logos werden Sie immer Schwierigkeiten haben. Die Wiedergabe in den Originalfarben ist äußerst schwie-

Abb. 6: Beispiele für Schullogos

rig. Entscheidender aber ist, dass ein farbiges Schullogo erheblich höhere Folgekosten verursacht als ein schwarz-weißes. Druckkosten für Briefköpfe, Plakate, Visitenkarten usw. steigen enorm. Entscheiden Sie sich dennoch für ein farbiges Logo, sollten Sie auf jeden Fall parallel dazu eine wirkungsvolle Schwarz-Weiß-Version entwickeln, die Sie beispielsweise auf Ihrem Faxpapier verwenden können. Denn Faxe sind in der Regel nicht farbig.

5.3.3 Namenszug (Wortmarke)

Der Namenszug (oder Wortmarke) einer Schule und das Schullogo gehören zusammen, müssen aufeinander abgestimmt sein und zueinander passen. Zur Festlegung auf einen Namenszug gehört die Auswahl einer Schriftart, die Anordnung und die Größe der Buchstaben sowie die Farbe bzw. die Graustufen des Erscheinungsbildes. Ein und derselbe Namenszug kann bei der Verwendung verschiedener, ausdrucksstarker Schriften eine sehr unterschiedliche Wirkung entfalten. Abbildung 7 zeigt einige Beispiele. Welche Assoziationen wecken unterschiedliche Darstellungen eines Namens? Von streng und geradlinig, über leicht angestaubt oder avantgardistisch bis hin zu verspielt ist vieles möglich. Jede Schrift unterstützt ein bestimmtes Image.

Schullogo und Namenszug einer Schule müssen aufeinander abgestimmt sein. Dasselbe gilt natürlich auch für die anderen Bereiche des Corporate Designs. Da jedoch das Logo und der Name der Schule praktisch immer gemeinsam auftauchen, ist das gute Zusammenspiel zwischen diesen beiden Elementen besonders wichtig. Logo (Bildmarke) und Namenszug (Wortmarke) in einer Einheit bilden die Wort-Bild-Marke (vgl. Abb. 8).

5.3.4 Typografie

Die Auswahl einer Schulschrift für den gesamten Schriftverkehr der Schule halte ich ebenfalls für sehr wichtig. Sie unterstützt das einheitliche Auftreten einer Schule. Schrift kann in ihrer Wirkung höchst unterschiedlich sein. Das haben wir schon bei den Namenszügen gesehen. Ohne eine komplexe Einführung in die Typografie geben zu wollen, seien an dieser Stelle einige Hinweise für diejenigen gestattet, die sich mit diesem Thema noch nicht beschäftigt haben. Wir betrachten nur Obergruppen von Schriften, nämlich Druckschriften mit und ohne Serifen. Serifen sind die kleinen »Füßchen« und »Häkchen« an den einzelnen Buchstaben.

Bei PC-Textverarbeitungsprogrammen ist als Standard-Serifenschrift i.d.R. »Times New Roman« voreingestellt, als serifenlose Schrift »Arial«. Die »Times« – benannt nach ihrem ersten Erscheinungsort, der Londoner Zeitung »Times« – zählt sicher zu den konservativeren Schriften; auch »Palatino« und »Garamond« werden häufig verwendet. Zu den serifenlosen Schriften, also den Schriften ohne Füßchen und Häkchen, gehören »Helvetica«, »Univers« und »Arial« (vgl. Abb. 9).

Abb. 7: Beispiele für den Namenszug

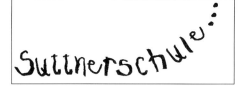

Abb. 8: Beispiel für eine Wort-Bild-Marke

Abbildung 9: Beispiele für Schriftarten

Times New Roman: Dies ist ein Blindtext. Ein Blindtext hat keinen Sinn und Inhalt. Er soll nur einen Eindruck vermitteln. Eigentlich lohnt es sich gar nicht, den Blindtext überhaupt zu lesen. Aber urteilen Sie selbst!
Palatino: Dies ist ein Blindtext. Ein Blindtext hat keinen Sinn und Inhalt. Er soll nur einen Eindruck vermitteln. Eigentlich lohnt es sich gar nicht, den Blindtext überhaupt zu lesen. Aber urteilen Sie selbst!
Garamond: Dies ist ein Blindtext. Ein Blindtext hat keinen Sinn und Inhalt. Er soll nur einen Eindruck vermitteln. Eigentlich lohnt es sich gar nicht, den Blindtext überhaupt zu lesen. Aber urteilen Sie selbst!
Helvetica: Dies ist ein Blindtext. Ein Blindtext hat keinen Sinn und Inhalt. Er soll nur einen Eindruck vermitteln. Eigentlich lohnt es sich gar nicht, den Blindtext überhaupt zu lesen. Aber urteilen Sie selbst!
Univers: Dies ist ein Blindtext. Ein Blindtext hat keinen Sinn und Inhalt. Er soll nur einen Eindruck vermitteln. Eigentlich lohnt es sich nicht, den Blindtext überhaupt zu lesen. Urteilen Sie selbst!
Arial: Dies ist ein Blindtext. Ein Blindtext hat keinen Sinn und Inhalt. Er soll nur einen Eindruck vermitteln. Eigentlich lohnt es sich gar nicht, den Blindtext überhaupt zu lesen. Aber urteilen Sie selbst!

Wählen Sie für Ihre Schule eine Schrift aus, die zur Schule passt. In Publikumszeitschriften und Zeitungen findet man zumeist Schriften mit Serifen, in Fachbüchern und -zeitschriften hingegen werden meist serifenlose Schriften verwendet.

Serifenschriften sind besser zu lesen als serifenlose Schriften. Bei Untersuchungen wurde festgestellt, dass im Schnitt 250 bis 350 Wörter pro Minute gelesen werden. Bei Serifenschriften sind es etwa noch einmal sieben bis zehn Wörter mehr.[6] Wenn Sie planen, mit Ihrer Schule auch online zu gehen, dann beachten Sie bei der Wahl der Schrift bitte, dass sie auf der eigenen Homepage gut zu lesen ist.

Achten Sie darauf, dass nach der Einführung des Corporate Designs nur noch die ausgewählte Schrift in der Korrespondenz verwendet wird. Schön wäre es natürlich, wenn Sie auch die Elternvertreter/innen davon überzeugen könnten, sich in ihrer Korrespondenz dem Corporate Design der Schule anzuschließen.

Legen Sie bei dieser Gelegenheit auch gleich fest, in welcher Schriftgröße diese Schrift Verwendung finden soll. Für schriftliche Korrespondenz ist eine Größe – in der Fachsprache als Schriftgrad bezeichnet – von 10 bis 12 pt (pt = Punkt Didot = 0,3759 mm) üblich. Vermeiden Sie tunlichst die Verwendung verschiedener Schriftfamilien und die Benutzung verschiedener Größen innerhalb eines Kontextes. Hervorhebungen im Text werden heutzutage üblicherweise durch *kursive* oder **fette** Schreibweise kenntlich gemacht. (Zu viele Hervorhebungen machen einen Text übrigens schwer lesbar. Verschiedene Hervorhebungen innerhalb eines Textes sind verboten.) Rein kursiv geschriebene Mengentexte reduzieren das Lesetempo um bis zu 16 Wörter pro Minute. Es ist nicht mehr üblich, Textstellen durch S p e r r u n g , KAPITÄLCHEN oder sogar Unterstreichungen zu betonen. Ebenso ungünstig ist es, ganze Absätze hervorzuheben.

5.3.5 Schulfarbe

Hat Ihre Schule eine bestimmte, festgelegte Schulfarbe? Ich meine nicht den Außenanstrich des Gebäudes oder den der Klassenzimmertüren. Ich kenne Schulen, die sich auf einen bestimmten Farbton oder zwei Farben festgelegt haben und diese als ihre Schulfarben in Drucksachen, Transparenten, Publikationen usw. verwenden. Hier sollten Sie bei einem eventuell geplanten Auftritt im Internet bedenken, dass die Farbe sich auf dem Bildschirm gut darstellen lassen muss.

Der Berliner »Tagesspiegel« unterzog sich vor einigen Jahren einem Relaunch, d.h. er wurde umgestaltet und bekam ein neues Gesicht. Von der Schmuckfarbe Gelb wurde zu einem dunklen Rot gewechselt. Im Internetbericht über den Relaunch war dann jedoch zu lesen, dass die dort dargestellte Farbe nicht der in der Zeitung verwendeten entsprach. Hier hatte man sich keine Gedanken über die vielseitige Verwendung der Farbe gemacht.

---

6   Weitere Informationen zum Thema Typologie sind zu finden bei Sauthoff/Wendt/Willberg 1996.

5.3.6 Drucksachen

Die Drucksachen spielen eine Schlüsselrolle im Corporate Design der Schule. Zu ihnen zählen Briefpapier, Visitenkarten, Fax-Briefkopf, Pressemappen, Schulzeitung, Zeugnisformulare, Kurzbrief-Formulare, Stundenpläne, Adressaufkleber, Veröffentlichungen (Berichte). Diese und weitere Drucksachen werden von Außenstehenden wahrgenommen. Hier macht sich das Corporate Design am deutlichsten bemerkbar, hier muss es am konsequentesten angewendet werden. »Ein Corporate Design, das nur nach Lust und Laune eingesetzt wird und persönlicher Interpretation überlassen bleibt, verliert seine Wirkung. Und damit verliert das Unternehmen ein entscheidendes Mittel zur kraftvollen Positionierung und zur Stärkung des inneren Zusammenhaltes« (noch einmal zitiert aus dem Corporate-Design-Ordner eines großen deutschen Dienstleistungsunternehmens).

Bei der Neugestaltung des Briefkopfs der Schule müssen natürlich einige Vorgaben beachtet werden. Zum einen gibt es Standardmaße (DIN 5008) für die Anordnung des Adressfeldes, der Faltmarkierungen und der Informationszeile (Datum, Zeichen etc.). Obwohl unterschiedliche Varianten vorgegeben sind, haben sich einige Maße durchgesetzt:

Tab. 9:	Standardmaße für die Gestaltung des Briefkopfs	
Heftrand	Breite	20 mm
Adressfenster	Größe	90 mm x 45 mm
	Abstand von oben	50 mm
	Abstand vom Rand	20 mm
Faltmarke	Abstand von oben	105 mm

Zum anderen kommt es vor, dass der Schulträger oder die Schulaufsicht bestimmte Vorgaben zur Gestaltung des Briefkopfs machen. Meist muss der Name des Schulträgers und das entsprechende Logo an einer bestimmten Stelle erscheinen. Ein umgestalteter Briefkopf muss u.U. genehmigt werden. Leider sind hier die Freiheiten in der Gestaltung oft nicht sehr groß.

Für die gesamte Entwicklung der Drucksachen ist es ratsam, eine professionelle Agentur in Anspruch zu nehmen (wie bereits erwähnt). Vielleicht gibt es in der Elternschaft Kontakte zu entsprechenden Firmen, die gegen Spendenquittung solche Arbeiten übernehmen würden.

Einen Briefkopf am Computer zu gestalten und ihn so aufzubereiten, dass er mit dem geschriebenen Brief gleichzeitig ausgedruckt wird, ist eine angenehme Sache. Es birgt jedoch auch einige Gefahren: Enthält der Briefkopf eine Grafik, die mit jedem geschriebenen Dokument abgespeichert wird, kann Ihre Festplatte sehr schnell randvoll sein. Außerdem ist nicht gewährleistet, dass die Anordnung von Grafik, Namenszug etc. so bleibt, wie sie von Ihnen entworfen wurde. Eine Grafik kann schnell versehentlich angeklickt und verschoben werden. Und schon ist das Corporate Design dahin. In der Praxis empfiehlt es sich, fertig ausgedrucktes oder von einer Druckerei gedrucktes Brief- und Faxpapier bereitzulegen, auf dem dann die Korrespondenz erfolgen kann.

Zum Entwurf eines Briefpapiers gehören übrigens immer zwei Seiten. Auf der ersten Seite findet man alle Angaben wie Namenszug, Logo, Adresse, Datum, Bezugszeile und Bankverbindung. Die zweite Seite wird immer dann benutzt, wenn ein Dokument nicht nur einseitig ist, sondern Folgeseiten hat. Auf ihr findet sich meist nur noch das Logo der Schule o.Ä. – Seitenränder, Faltmarkierungen usw. sind natürlich identisch.

5.3.7 Merchandising

Bekanntlich sind Schulen Non-Profit-Organisationen. Sie sollen und können keinen Gewinn erwirtschaften. Doch das Merchandising (zu deutsch »verkaufsfördernde Maßnahme«) wird auch in der Schule eine immer größere Rolle spielen. Merchandising bezeichnet immer den Verkauf von Artikeln, die das Produkt »begleiten«.

Sie kennen das sicher: Da kommt ein neuer Film aus Hollywood in die deutschen Kinos und die Filmmusik können Sie schon drei Wochen vorher kaufen. Dann gibt es T-Shirts und Tassen mit dem Logo oder den Stars des Films, bald erscheinen auch bedruckte Stifte, Taschen, Anhänger usw. Hier hat das Merchandising immer eine doppelte Funktion. Natürlich ist es für den Film äußerst kostengünstig, auf diese Weise Werbung für das eigene Produkt zu machen. Aber nur aus Werbegründen allein würde wohl kaum jemand in der Filmbranche Merchandise-Artikel vertreiben. Natürlich ist beim Merchandising auch immer ein ansehnlicher Gewinn zu erwirtschaften.

In der Schule muss das Merchandising allerdings etwas anders aussehen. Wenn es als Teilbereich des Corporate Designs und damit der Corporate Identity gesehen wird, steht die Identifikation über den Merchandise-Artikel mit der Schule im Vordergrund. Kennen Sie die Bookshops in amerikanischen Colleges und Highschools? Dann wissen Sie, was ich meine. Hier können die Schüler/innen, Studentinnen und Studenten alles erwerben, was sie für den Unterrichtsalltag brauchen. Neben Schreibwarenartikeln und Fachbüchern finden sich hier aber auch Kleidung und Artikel des täglichen Gebrauchs. Natürlich ist alles bedruckt mit dem Logo oder dem Namen der Schule. Wenn Sie so ein solches Geschäft betreten, werden Sie schnell feststellen können, welche Farbe diese Schule »trägt«. Merchandise-Artikel, die in der Schule zum Selbstkostenpreis verkauft werden könnten, sind z.B. (die Liste ließe sich fortsetzen):

- Tassen;
- Baseballkappen;
- Bleistifte und Kugelschreiber;
- Briefpapier, Notizblöcke, Mappen, Ordner;
- Zahnbürsten;
- T-Shirts;
- Regenjacken;
- Radiergummis;
- Mousepads;
- Thermoskannen usw.

Firmen, die Werbeartikel vertreiben und diese auch nach Ihren Wünschen bedrucken lassen, gibt es inzwischen viele. Sie beliefern auch Schulen. Nur eines muss bedacht werden: Oft lohnt sich die Anfertigung von mit eigenen Motiven bedruckten Artikeln erst ab einer bestimmten Stückzahl. Für kleinere Schulen ist dies meist schwierig. Allerdings gibt es Anbieter, die einfarbig bedruckte T-Shirts bei einer Auflage von 50 Stück schon zu sehr günstigen Konditionen liefern können.

Die Identifikation mit der eigenen Schule kann mit den Merchandise-Artikeln verstärkt werden. Wenn viele das gleiche T-Shirt tragen, entsteht ein Zusammengehörigkeitsgefühl, das sagen will: »Wir sind stolz auf unsere Schule und schämen uns nicht, der Öffentlichkeit zu zeigen, wo wir lernen.« In England z.B. gibt es bis heute die Schuluniformen und auch in Deutschland werden immer wieder Überlegungen in diese Richtung angestellt. Erstaunlich ist, dass Umfragen ergeben haben, dass Schüler/innen dem Thema gegenüber sehr aufgeschlossen sind, obwohl sie dann ja Uniform tragen müssten.

5.3.8 Gestaltung der Gebäude

Auch die Ausgestaltung der Gebäude ist ein Bereich des Corporate Designs. Dazu zählt die Gestaltung und Beschriftung des Schuleingangs genauso wie die der Türschilder. Betrachten Sie einmal den Haupteingang Ihres Schulgebäudes mit den Augen eines Fremden. Er ist so etwas wie die Visitenkarte des ganzen Hauses. Der erste Eindruck, den eine Besucherin oder ein Besucher des Gebäudes, eine neue Schülerin oder ein neuer Schüler bekommt, kann oft entscheidend sein. Auch Hinweisschilder, Informationstafeln und Wegweiser innerhalb des Schulgebäudes sollten im Rahmen des Corporate Designs aufeinander abgestimmt sein.

Die Architektur eines Schulgebäudes ist selten zu beeinflussen. Gute Beispiele für eine der Corporate Identity angepasste Architektur sind zumeist die Waldorfschulen. Sie gestalten die Gebäude entsprechend ihrer Philosophie oder Religion. Nur wenn umfangreiche Umbauarbeiten oder tatsächlich ein kompletter Schulneubau anstehen, kann sich das Programm einer Schule auch in der Architektur widerspiegeln. Manchmal muss es das sogar. Wenn sich eine Schule auf die Fahnen schreibt, körperbehinderte Rollstuhlfahrer zu integrieren, müssen natürlich die räumlichen Gegebenheiten dafür geschaffen werden. Ein gutes Beispiel für eine an das Schulprogramm angepasste Architektur bietet z.B. auch die Bielefelder Laborschule.

5.4 Imagebroschüre

Eine Imagebroschüre stellt Ihre Schule ausführlich dar. Sie kann je nach Größe der Schule drei bis zehn Seiten umfassen, sollte im Format nicht größer als DIN-A5 sein und in ihren Gestaltungsmerkmalen dem Corporate Design der Schule entsprechen. Sie dient der ausführlichen Information über die Schule. Dialoggruppe sind die Familien von neuen Schülerinnen und Schülern, alle anderweitig Interessierten sowie potenzielle Partner aus der Wirtschaft (z.B. beim Sponsoring).

Inhaltlich könnte eine Imagebroschüre folgendermaßen aufgebaut sein: Nach einem kurzen Vorwort der Schulleitung folgt eine ausführliche Darstellung der Besonderheiten und der Schwerpunkte der Schule (Schulprogramm). Als Schlaglichter können sich weitere Informationen über Arbeitsgemeinschaften, Studienfahrten und Kursangebote anschließen. Auch Schülermeinungen sollten ihren Platz haben. Ein Abriss über die Geschichte der Schule kann ebenfalls sehr interessant und informativ sein. Natürlich dürfen Adresse, Telefonnummer und eventuell Ansprechpartner nicht fehlen.

Die Imagebroschüre sollte farbig gestaltet und bebildert sein. Am besten lässt man sich von einem Grafiker helfen. Da die Herstellung einer solchen Publikation relativ kostenintensiv ist, kann wohl kaum mit jedem Schuljahr eine Aktualisierung erfolgen. Hohe Druckauflagen helfen sparen, weil dann der Preis pro Exemplar sinkt. Es ist finanziell kaum ein Unterschied, ob von ein und derselben Druckvorlage 5.000 oder 8.000 Exemplare hergestellt werden.

Ein Problem ist, dass Daten wie z.B. Schüler- und Lehrerzahlen sowie Termine von Schulfesten und Ankündigungen von Aktionen und Projektwochen etc. oft schnell veralten. Deswegen sollten sie keine Aufnahme in die Imagebroschüre finden. Man kann der Broschüre stattdessen jeweils ein aktuelles Ergänzungsblatt beilegen, auf dem die für das betreffende Schuljahr wichtigen Zahlen, Daten, Angebote und Termine festgehalten sind. Natürlich sollten auch auf diesem Blatt (im selben Format wie die Broschüre) die Gestaltungsrichtlinien des Corporate Design eingehalten werden.

Jede Drucksache, die Ihre Schule verlässt, muss in tadellosem Deutsch und ohne Rechtschreibfehler verfasst sein. Lassen Sie die Texte vor Drucklegung von mehreren Personen lesen. Von einer Schule wird erwartet, dass sie den Schülerinnen und Schülern die deutsche Sprache beibringt – was macht es da für einen Eindruck, wenn eine offizielle Publikation der Schule Rechtschreib- und Grammatikfehler enthält?

5.5 Kurzporträt, Flyer und Sammelmappe

Das *Kurzporträt* Ihrer Schule sollten Sie immer bereithalten. Es ist die Imagebroschüre in Kurzform, nicht so ausführlich und in der Herstellung weniger aufwändig. Es ist ein sehr nützliches Hilfsmittel für die Pressearbeit und sollte Pressemitteilungen und -mappen immer beigelegt werden. Das Kurzporträt sollte nicht länger als eine DIN-A4-Seite sein und die wesentlichen Informationen über die Schule enthalten: Name der Schulleitung, einige prägnante zusammenfassende Sätze aus dem Schulprogramm und der Geschichte der Schule sowie alle aktuellen Zahlen (Schüler- und Klassenzahl, Lehrerzahl, aktuelle Angebote, Aktionen und Projektwochen). Aus dem Kurzporträt muss erkennbar sein, wie die Aufgabenbereiche in der Schule verteilt sind: Wer ist Ansprechpartner für Fragen der Schulorganisation, wer für Fragen der Öffentlichkeitsarbeit usw.? Besonders wichtig sind Name und Telefonnummer des Pressebeauftragten.

Dieses Informationsblatt sollte mit relativ geringem Aufwand hergestellt werden, denn es muss, damit es immer aktuell ist, mindestens zweimal im Jahr auf den neuesten Stand gebracht werden. Nichts ist schlimmer als überholte Informationen. Die Aktualisierung ist dank der Technik heute kein großes Problem mehr. Einmal im Rechner gespeichert, müssen auf dem Infoblatt nur noch veraltete Zahlen ausgetauscht werden. Doch Vorsicht: Überprüfen Sie jedes aktualisierte Dokument peinlich genau auf Fehler. Sonst passen Sie vielleicht die Zahl der Schüler/innen an, nicht aber das Datum der Erstellung – Sie wissen, dass die Zahlen stimmen, die Leserin oder der Leser aber denkt, sie wären bereits ein Jahr alt. Auch kann es schnell geschehen, dass bei einer Aktualisierung versehentlich Zahlen an der falschen Stelle eingetragen werden und z.B. die Anzahl der Lehrer/innen in der Spalte für die Schüler/innen steht. Das führt zu Verwirrung und das Problem ist: Rechtschreibfehler kann man leicht erkennen, falsche Zahlen nicht. Auch hier gilt: Vier Augen sehen mehr als zwei. Journalisten und Zeitungsredaktionen sammeln diese Kurzporträts gern in ihren Archiven, um im Bedarfsfall schnell die nötigen Informationen bereitzuhaben. Natürlich ist es immer gut, wenn das aktuelle Kurzporträt vorliegt.

Eine gängige Alternative zum Kurzporträt ist der *Flyer* über die Schule (vgl. Abb. 10). Er fasst wesentliche Informationen zur Schule zusammen und kann durch ein kleines Einlegeblatt jährlich aktualisiert werden (siehe Werbung und Einladung). Eine *Sammelmappe* (vgl. Abb. 11), in hoher Auflage gedruckt, ermöglicht in der Schule einen vielfältigen Einsatz, z.B. zur Übergabe von Abschlusszeugnissen und Urkunden, zur Weitergabe von Presseinformationen oder allgemeinen Mitteilungen der Schule.

Abb. 10: Titelseite eines Flyers

Abb. 11: Beispiel für eine Sammelmappe

5.6 Präsenz in Publikationen zum öffentlichen Leben

Suchen Sie Ihre Schule doch einmal in aktuellen Telefonbüchern. Finden Sie auf Anhieb die richtige Adresse und Telefonnummer? Sollte dies nicht der Fall sein, dringen Sie auf eine Korrektur zum nächstmöglichen Zeitpunkt.

Ihre Schule wird mit ihrer Adresse wahrscheinlich nicht nur im offiziellen Telefonbuch der Deutschen Telekom stehen. Private Branchenbücher etwa, die in größeren Städten erscheinen, verzeichnen auch Bildungseinrichtungen. In kleineren Städten und Kommunen gibt es Branchenadressbücher, die meist kostenlos verteilt werden und sich durch Inserate von ortsansässigen Firmen finanzieren. Wenn es in Ihrem Ort ein solches Branchenadressbuch gibt, dann versuchen Sie, mit dem herausgebenden Verlag in Kontakt zu kommen. Sprechen Sie die Möglichkeit eines Inserats Ihrer Schule an. Meistens sind einfache Adressinserate kostenlos, Inserate mit Grafik, in Farbe oder in größerem Format hingegen kostenpflichtig. Machen Sie Ihrem Gegenüber klar, dass Sie selbst kein kostenpflichtiges Inserat schalten können, aber trotzdem an einer Anzeige interessiert sind. Für den Verlag kann es aus Imagegründen interessant sein, einer öffentlichen Einrichtung besondere Konditionen einzuräumen.

Telefon-CD-ROMs sind weit verbreitet. Findet sich Ihre Schule auf diesen CD-ROMs wieder?

5.7 Präsenz im Internet (Homepage)

Das Problem vieler Homepages, nicht nur der von Schulen, ist die mangelnde Aktualität. Nach Umfragen ist die Homepage nach dem persönlichen Kontakt die zweitwichtigste Informationsquelle über die Schule. Mit dem Zugang zum Internet und der Vernetzung der Schule werden zwei Ziele verfolgt:

- Zum einen bietet das Internet Informationsmöglichkeiten für Schüler/innen und Lehrer/innen zu bestimmten Unterrichtsinhalten. Es erlaubt die Kommunikation mit Gleichgesinnten.
- Zum anderen kann sich eine Schule mit ihren Angeboten selbst im Internet präsentieren und damit Öffentlichkeitsarbeit betreiben. Auf der Homepage können Interessierte sich über Daten und Fakten der Schule informieren, aber auch an bestimmten Aktivitäten teilnehmen, wie z.B. an einem Mathematikwettbewerb oder einem historischen Quiz.

Insofern tragen Homepage und Online-Aktivitäten mit zur Bildung der Corporate Identity bei. Natürlich gilt auch hier: Alle Auftritte im Internet sollten nach den Vorgaben des Corporate Design gestaltet sein.

Bevor Sie selbst eine Homepage für Ihre Schule entwickeln, sollten Sie sich die »Konkurrenz« anschauen. Notieren Sie doch einmal bei einem Ihrer Spaziergänge durch das Internet, was Ihnen an anderen Internetseiten gefällt und was Sie stört. Dann werden Sie erfolgreicher an die Planung Ihrer eigenen Seiten gehen können. Beachten Sie: Niemand wartet gern lange tatenlos vor einem Bildschirm, setzen Sie Grafiken und Fotos also sparsam und effektvoll ein. Fassen Sie sich kurz – längere Texte kann sich der interessierte Besucher auf seinen PC herunterladen.

Ihre Internetadresse gehört natürlich auf den Briefkopf der Schule, auf die Visitenkarte und auf jedes Plakat, dass für Schulveranstaltungen wirbt. Selbstverständlich darf sie auch auf Pressemitteilungen und in Ihrer Imagebroschüre nicht fehlen.

Wenn Sie die Online-Präsenz für Ihre Schule planen, dann machen Sie sich bitte von vornherein eines klar: Sie brauchen Zeit. Es geht nämlich nicht nur um das einmalige Einrichten einer Homepage. Da müssen dann Veränderungen vorgenommen, E-Mails gelesen und beantwortet und Informationen ständig aktualisiert werden. Veraltete Homepages sind einfach langweilig. Vielleicht rufen Sie eine Arbeitsgemeinschaft zum Thema Internet ins Leben? Dann können Sie gemeinsam mit Ihren Schülerinnen und Schülern die Informationen auf der Homepage der Schule sogar wöchentlich aktualisieren.

Als besonders hilfreich haben sich so genannte Content-Management-Systeme (CMS) erwiesen. Mithilfe dieses Systems wird die Verwaltung einer Homepage selbst für ungeübte Laien zum Kinderspiel. So kann dann von jedem beliebigen Computer (mit Internetzugang) die Homepage nach Eingabe eines Passwortes aktualisiert werden. Ein besonders praktikables CMS ist z.B. Innolino (www.innolino.de).

5.8 Werbung und Einladung

Die Grenze zwischen Werbung und Öffentlichkeitsarbeit ist immer fließend. Die Öffentlichkeitsarbeit geht eigentlich davon aus, nur das zu kommunizieren, was tatsächlich da ist. Tatsache ist jedoch, dass sich die Öffentlichkeitsarbeit natürlich zahlreicher Methoden der Werbung bedient. Besonders in der Planung öffentlichkeitswirksamer Veranstaltungen ist die Werbung notwendig.

5.8.1 Welche Formen der Werbung es gibt

Zunächst einmal muss festgestellt werden, dass jede Veranstaltung ihre eigene Form der Werbung braucht. Jede Veranstaltung ist anders. Bei jeder nicht periodisch stattfindenden Veranstaltung muss der sehr denkintensive Prozess einsetzen, zu überlegen, wie die Zielgruppe am besten zu erreichen ist. Periodisch stattfindende Veranstaltungen können aufgrund der Erfahrungen mit vorhergehenden Veranstaltungen mit den gleichen Werbemaßnahmen (wenn alles gut funktioniert hat) oder mit ganz neuen Aktionen (wenn die Resonanz beim letzten Mal zu gering war) beworben werden. Aber Werbemaßnahmen nutzen sich auch ab. Wird jedes Jahr das gleiche Plakatmotiv für die Einladung zum Sommerball verwendet und lediglich das Datum ausgetauscht, entsteht bald das Image einer verstaubten Veranstaltung. Andererseits – war die Veranstaltung im vergangenen Jahr überaus erfolgreich, so vermittelt das Plakat: Wir knüpfen an den gelungenen Abend vom letzten Jahr an.

Wie man sieht, braucht jede Veranstaltung ihre eigene Werbung und selten kann verallgemeinert werden. Es gibt einige gängige schulrelevante Werbemittel, die im Folgenden kurz beschrieben werden sollen. Werbung funktioniert seit jeher, wenn sie nach der in der Werbebranche hinlänglich bekannten AIDA-Formel konzipiert ist und die Zielgruppen anspricht:

Tab. 10: **Die AIDA-Formel**

A	Attention – Aufmerksamkeit	Die Werbung muss der Zielgruppe auffallen, sie muss einmalig sein, darf von der Zielgruppe nicht übersehen und nicht verwechselt werden.
I	Interest – Interesse	Die Werbung muss anschließend Interesse beim Betrachter oder Hörer (Radio) wecken. Er muss sich näher mit der Thematik der Werbung beschäftigen wollen.
D	Desire – Verlangen	Bei der Zielgruppe muss die Werbung den Wusch erzeugen, das beworbenen Produkt oder die übermittelte Botschaft für sich in Anspruch nehmen zu wollen.
A	Action – Aktion	Am Schluss soll die eigene Aktion, in diesem Fall die Reaktion auf die Werbung, stehen. Die Zielgruppe soll motiviert werden, nun selbst im Sinne der Werbung aktiv zu werden.

5.8.2 Werbung in Printmedien

In den seltensten Fällen wird es Schulen möglich sein, in Printmedien Anzeigen zu schalten. Besonders die öffentlichen Schulen haben hier zu wenig Finanzmittel. Schulen in freier Trägerschaft werben jedoch immer wieder einmal mit Anzeigen in den verschiedensten Printmedien für Schulveranstaltungen (meist Informationsveranstaltungen) oder schalten auf der Suche nach neuen Lehrkräften Anzeigen im Stellenmarkt.

Die Tageszeitungen erreichen mit ihren großen Auflagen tagtäglich sehr viele Menschen. Anzeigen im Lokalteil der Zeitung sind deswegen oft sehr teuer. Da es der Werbebranche und damit auch den Anzeigenabteilungen der Tageszeitungen mal besser und mal schlechter geht, ist vielleicht manchmal ein guter Preis auszuhandeln. Schließlich muss der Zeitung klar gemacht werden, dass öffentliche Schulen ohnehin kein Geld haben und dass die Zeitung durch die Werbung einer Schule auch einen gewissen Imagegewinn hat.

Die Gestaltung einer Werbeanzeige sollte man im Idealfall einer Werbeagentur anvertrauen. Oft bestehen an einer Schule nicht einmal dafür die finanziellen Möglichkeiten. Man kann sich helfen, indem man sich unter der Elternschaft umhört und entweder Werbegestalter, Grafiker o.Ä. unter ihnen findet oder zumindest den Kontakt zu solchen vermittelt bekommen kann. Die Schule z.B., an der ich tätig bin, hat eine Arbeitsgemeinschaft Werbeagentur, die unentgeltlich von renommierten Werbeagenturen beraten wird. Eventuell gibt es aber auch in der nächsten größeren Stadt eine Kunsthochschule, die einen bei der Gestaltung unterstützt.

Die Schaltung von Werbeanzeigen in Zeitschriften, die wöchentlich oder monatlich erscheinen und auf hochwertigerem Papier als Zeitungen gedruckt werden, ist ebenso teuer. Wenn sie als Fachzeitschriften für eine bestimmte Zielgruppe erscheinen, die erreicht werden soll, ist eine Schaltung eventuell trotzdem sinnvoll und ratsam. Besondere Beachtung verdienen die kostenlosen Verteilzeitungen (Anzeigenblätter), die sich ausschließlich aus dem Verkauf von Anzeigen finanzieren. Sie sind sehr stark auf lokale Anzeigen und Berichterstattung ausgerichtet und erreichen durch ihre flächendeckende Verteilung in einem bestimmten lokalen Umfeld viele Menschen, die die Schule erreichen möchte. Die Anzeigenpreise sind so gestaltet, dass sie auch für kleine und mittlere Handwerksbetriebe finanzierbar sind. Auch Schulen können es sich hier hin und wieder leisten, eine Werbeanzeige zu schalten.

Die Anzeige muss, um die Aufmerksamkeit der Leser/innen zu erreichen, auffallen. Deshalb muss überlegt werden:

- Was soll mit der Anzeige bei den Leserinnen und Lesern erreicht werden?
- In welchen Printmedien muss eine Anzeige geschaltet werden, um von der ausgewählten Zielgruppe gelesen zu werden?
- Welche Botschaft, welche Information soll die Zielgruppe erreichen?
- Zu welchem Zeitpunkt muss die Anzeige geschaltet werden, um die Zielgruppe zu erreichen?
- Wie oft muss die Anzeige erscheinen, um nachhaltig wirkungsvoll zu sein?
- Welche Mechanismen können eingebaut werden, um die Wirkung der Anzeige zu untersuchen (z.B. Telefon-Hotline, Antwort-Coupon oder Abschnitt zum Zurückfaxen, Gewinnspiel etc.)?

5.8.3 Werbung mit Plakaten

Die gängigste Form der Werbung ist immer noch die Werbung mit Plakaten. Diese werden oft in der Schule, an Türen, Durchgängen, Wänden und an den schwarzen Brettern ausgehängt. Aber auch hier muss natürlich gefragt werden:

- Wer soll erreicht werden?
- Nehmen Schüler/innen, Kolleginnen und Kollegen die Plakate überhaupt noch war?
- Wo müssen Plakate (in der Schule) aufgehängt werden?
- Wo müssen Plakate (im Umfeld der Schule) aufgehängt werden?
- Werden auch andere Schulen bei der Werbung bedacht?
- In welchen kommunalen Einrichtungen (z.B. Kindergärten, Verwaltung etc.) soll mit Plakaten geworben werden?
- Wo können sonst noch Plakate ausgehängt werden (Kirchen, Unternehmen, Krankenhäuser, Altenheime, Sozialstationen, andere soziale Einrichtungen etc.)?

5.8.4 Werbung mit Handzetteln oder Flyern

Der Flyer – die neudeutsche Bezeichnung des Flugblatts – hat als Werbemittel in den letzten Jahren stark an Bedeutung gewonnen. Es handelt sich in der Regel um ein zweimal gefalztes DIN-A4-Blatt. Dabei unterscheidet man den Leporellofalz und den Wickelfalz (vgl. Abb. 12). Beim Leporellofalz können alle drei Seiten die gleiche Breite haben (99 mm), beim Wickelfalz hingegen muss darauf geachtet werden, dass die einzuklappende Seite kürzer ist als die beiden anderen Seiten, damit sich der Flyer gut falzen lässt. Bewährt haben sich die Maße 100 mm, 100 mm und 97 mm (das entspricht der Breite eines DIN-A4-Blattes).

Ein generelles Problem beim Konzipieren und Gestalten von Flyern ist die Verteilung der Inhalte auf den unterschiedlichen Flächen, da eine Leserichtung nicht eindeutig vorgegeben ist. Beim Wickelfalz ist folgende Textanordnung möglich:

- Titelseite (rechte Außenseite): Thema, Ort, Datum etc.;
- eingeklappte (linke) Außenseite: Adresse, Anreise, Straßenkarte;
- drei Innenseiten: nähere Informationen;
- mittlere Außenseite: Hintergrundinfos, Allgemeines.

Flyer von einer Druckerei herstellen zu lassen (beidseitig vierfarbig), kostet heute bei einer Auflage von 1.000 Stück einen durchaus finanzierbaren Betrag. Bei höheren Auflagen werden die 1.000er-Preise natürlich erheblich günstiger. Hinzu kommen noch die Entwurfskosten für den Grafiker. Einfache Handzettel im DIN-A5- oder DIN-A6-Format sind wesentlich günstiger und einfacher herzustellen. Meist reicht es aus, eine gute Kopiervorlage zu erstellen und diese zu kopieren. Aber auch Handzettel müssen sich aufgrund der Zettelflut durch ein ansprechendes Design positiv aus der Menge hervorheben.

Handzettel und Flyer werden überall dort ausgelegt oder verteilt, wo man damit rechnen kann, die Zielgruppe zu erreichen. Sie können auch mit persönlichen Briefen oder Einladungskarten verschickt werden. Die große Streuung von Handzetteln und Flyern bewirkt, dass oft auch Personen die Information bekommen, die nicht zur Ziel-

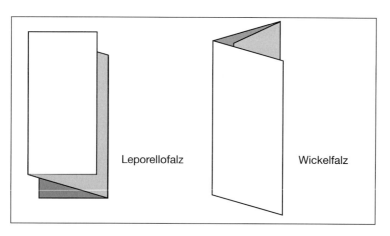

Abb. 12: Der Flyer

Leporellofalz Wickelfalz

gruppe gehören und sich deshalb auch nicht angesprochen fühlen. Deswegen kann man auch nur sehr schwer von der Auflage der Handzettel auf die erfolgreich erreichte Zielgruppe schließen. Im Marketing werden nicht selten Prozentsätze von weit unter 10 Prozent angesetzt!

5.8.5 Werbung durch personalisierte Einladungsschreiben oder -karten

In der Werbewelt spricht man von der Direktwerbung oder vom Direct Mailing. Gemeint ist die Massenversendung von persönlich adressierten und personalisierten Briefen oder Einladungen.

Damit das Direct Mailing erfolgreich ist, muss die verwendete Adressdatenbank sorgfältig gepflegt werden. Im Schulbereich werden Massenaussendungen in dieser Form kaum vorkommen, da die Pflege und der Kauf von Adressen sehr aufwändig und auch teuer ist. Was aber immer wieder vorkommt: Die Mitglieder des Fördervereins werden zu einer Jahresvollversammlung eingeladen. Oder die ehemaligen Kolleginnen und Kollegen bekommen regelmäßig zu Weihnachten eine Grußkarte mit der Einladung zum Weihnachtskonzert.

Bei diesen Aussendungen spielt in der Werbebranche, um erfolgreich zu sein, vor allem die persönliche Ansprache des Empängers eine Rolle. Unpersönliche Schreiben, als Werbung sofort geoutet, landen im Papierkorb. Genauso ist das oft bei Briefen, deren Absender für den Empfänger entweder unbekannt ist oder der den Empfänger nicht interessiert. Um den direkten Weg in die Papiertonne zu vermeiden, benutzen Massenmailings eine oder mehrere der folgenden Komponenten:

- personifiziertes Anschreiben;
- Prospekt oder Flyer;
- Anmeldeformular;
- bereits adressierter Rückumschlag;
- Newsletter;
- Pressespiegel (das wirkt seriös!).

Versendet eine Schule personalisierte Einladungen, so werden diese meist positiver, weil nicht als Werbung erwartet, aufgenommen. Dies ist ein Unterschied zu anderen, »echten« Werbeschreiben.

Der Briefumschlag ist oft wichtiger als der Inhalt. Deswegen sollte diesem besondere Aufmerksamkeit geschenkt werden. Denn wirkt dieser auf den Empfänger schlecht, wird er kaum die Post öffnen. Zu einem gut gestalteten Briefumschlag gehört:

- Das Papier sollte dem Inhalt entsprechend ausgewählt sein (Einladungen zu ganz besonderen Veranstaltungen wie zur Verabschiedung der Schulleiterin oder des Schulleiters sollten in einem angemessenen Briefumschlag überbracht werden).
- Je nach Gelegenheit bietet es sich an, die Empfänger-Adresse mit einer ausdrucksvollen Handschrift schreiben zu lassen.

- Der Stempel des Absenders sollte lesbar sein.
- Die Briefmarke muss nicht nur gerade kleben, es können auch besonders dekorative Sondermarken gewählt werden.

Für Schulen lohnt es sich, neutrale Grußkarten in größeren Auflagen drucken zu lassen. Die Außenseiten sind lediglich mit dem Schullogo (vorne) und der Schuladresse (hinten) bedruckt, die Innenseiten sind leer. Nun können, je nach Anlass, Einladungskarten im gleichen Format eingelegt werden. Besonders schön wirken diese, wenn sie auf einem guten weißen oder transparenten Papier gedruckt werden. Eventuell können Briefkarten innen sogar individuell mit dem Tintenstrahldrucker oder Laserdrucker bedruckt werden.

5.8.6 Werbung in Fernsehen und Rundfunk

Fernseh- oder Rundfunkwerbung wird eine Schule in den seltensten Fällen machen können. Zum einen ist die Sendezeit bei privaten und öffentlich-rechtlichen Sendern sehr teuer, zum anderen haben Schulen oft nicht die technischen Möglichkeiten, anspruchsvolle und effektive Werbespots zu produzieren. In den »offenen Sendern«, den stark regionalisierten privaten Fernsehstationen, kann man vielleicht einmal die Chance haben, im Rahmen einer Sponsoring-Vereinbarung Sendeminuten zur Verfügung gestellt zu bekommen.

5.8.7 Online-Werbung

Es liegt auf der Hand: Heutzutage ist das Internet die Informationsquelle Nummer eins. Deshalb sollte natürlich jede Schulveranstaltung auf der Homepage der Schule angekündigt werden. Am besten ist es, auf der Startseite in einer Rubrik »Ankündigungen« die Veranstaltungshinweise »anzuteasern« (die ersten Sätze des Textes zur Veranstaltungswerbung werden angezeigt und beim Klick auf den Link in einem neuen Fenster fortgesetzt). Die Homepage bietet dem Nutzer die Möglichkeit, sich genau so viel Information zur Veranstaltung zu holen, wie er braucht. Interessiert ihn nur die Anfangszeit, dann sollte er diese schnell finden. Je weiter in die Hierarchie eingedrungen wird, umso mehr Informationen erhält man: Veranstaltungsablauf, Beteiligte, Programm, Rahmenprogramm, Bilder von Proben, Plakat- und Anzeigenmotive, Hinweise und Links zu Sponsoren usw.

5.8.8 Wie Werbung gestaltet wird

Für die Gestaltung von Werbung (hier Plakat und Anzeige) sollte als Erstes der alte Grundsatz »Weniger ist mehr« in Erinnerung gerufen werden. Man kann es gar nicht oft genug sagen. Der Computer bietet heute jedem, der halbwegs damit zurechtkommt, eine Vielzahl von unterschiedlichen Gestaltungsmöglichkeiten. Darüber hinaus kann man sich aus einer Fülle von Cliparts, Grafiken und Fotos bedienen. Sammlungen von (mehr oder weniger) anspruchsvollen Zeichensätzen (Fonts) machen die gestalterische Vielfalt komplett. Deswegen – und weil es genug abschreckende Beispiele von schlecht gestalteten Schulplakaten und -anzeigen gibt – muss der Hinweis »Weniger ist mehr« immer wieder angebracht werden.

Nur wenn für die Gestaltung von Werbung nach einheitlichen Richtlinien vorgegangen wird, kann eine Geschlossenheit und ein hoher Wiedererkennungswert erreicht werden. Zu diesen Richtlinien gehört

- die Festlegung von einer oder einer geringen Anzahl von »Hausfarben«;
- die Auswahl oder Gestaltung eines Logos (der Schule oder für die spezielle Veranstaltung);
- die Verwendung der Hausschrift oder -schriften (als Hausschriften können eine Schrift für die Fließtexte und eine für Headlines ausgewählt werden – mehr nicht! Unterschiedliche Schriftschnitte wie fett, kursiv oder Kapitälchen sollten vermieden werden);
- die Festlegung auf Gestaltungsraster (z.B. Logo immer oben rechts, Größe 1/16 der Seite).

Das Plakat muss, wie die Anzeige, einen Eye-Catcher haben. Es muss ein einheitliches Gestaltungsraster haben, auf Anhieb ansprechend wirken und einprägsam sein. Die Unterschiede zwischen einer Anzeige und einem Plakat sind aber bedeutend:

- Das Plakat muss, da es immer nur kurz betrachtet wird, viel einfacher strukturiert sein.
- Es muss einen sehr hohen Wiedererkennungswert haben.
- Lange Texte findet man auf Plakaten so gut wie nie.
- Die Botschaften sind leicht und eindeutig formuliert.
- Das Plakat muss in Erinnerung bleiben.
- Das Plakat sollte eine kleine, lustige oder kuriose Geschichte erzählen.
- Die Botschaft des Plakats muss verstanden werden, auch wenn es nur im Vorbeifahren wahrgenommen wird.

Bestandteile des Plakats sind:

- Claim (oder Slogan);
- Foto;
- Logo und Schulname;
- Copytext (erläuternder Text, meist am Fuß des Plakats).

Die Anzeige hingegen kann mit mehr erläuterndem Text ausgestattet sein. Hier hat der Betrachter die Möglichkeit, diese näher zu betrachten und nachzulesen. Abbildung 13 zeigt zwei Beispiele einer Schule, die für ihre altsprachliche Ausrichtung wirbt, einmal

Abb. 13: Vergleich Anzeige/Plakat

die Zeitungsannonce, daneben das Plakat. Beide Entwürfe sind im Original farbig gestaltet und Teile einer Serie mit fünf Motiven. Sie sind in der Arbeitsgemeinschaft Werbeagentur einer Schule entstanden, die sich (kostenlos) von hochkarätigen Werbeagenturen beraten lässt.

5.8.9 Wie Werbung getextet wird

Werbeagenturen haben für den vielleicht schwierigsten Teil der Werbung gut bezahlte Fachleute: die Texter. Sprachgefühl und Kenntnisse der deutsche Grammatik und Rechtschreibung gehören genauso zu deren Fähigkeiten wie Kreativität, Einfallsreichtum und Humor. Selten sind Texter studierte Germanisten. In der Schule, so sollte man meinen, müsste jede Kollegin und jeder Kollege mit Texten gut zurechtkommen. Trotzdem lehrt die Erfahrung, dass es bessere und schlechtere Redner und Schreiber gibt. Wer sich in Konferenzen als guter Redner und nicht als Vielredner einen Namen macht, der ist auch dazu geeignet, Texte für die Veranstaltungswerbung und Einladungen zu formulieren.

Am Anfang steht die Klärung der Kernaussage: Was soll in der Werbung genau ausgesagt werden? Ist diese am Anfang nicht klar definiert, so wird sie auch durch die Werbung nicht transportiert werden können. Fehlt die Kernaussage, wird es schwierig, weitere gute Texte und Slogans und passende Motive für Fotos zu finden. Die Kernaussage kann emotional formuliert werden. Dann fordert sie die Betrachterin oder den Betrachter dazu auf, Stellung zu beziehen, sie nimmt ihn mit, er fühlt sich gut aufgehoben oder zumindest verstanden. Im besten Fall kann er mit der Werbung nichts anfangen, weil er nicht zur Zielgruppe gehört (z.B. »*Einsteigen, losfahren, wohlfühlen*« bei Nicht-Autofahrern). Ist die Kernaussage eher sachlich formuliert, dann soll sie durch ihren Inhalt überzeugen und Fakten mitteilen. Die Betrachterin oder der Betrachter soll ihr glauben, weil es um Tatsachen geht (z.B. »*Keiner seiner Klasse ist sparsamer*«).

Eine weitere wichtige Überlegung vor Gestaltung der Werbung ist, welche Tonalität bei der Betrachterin oder dem Betrachter getroffen werden soll: Ist die Schule weltoffen, wertkonservativ oder wandlungsfähig? Auch diese Festlegung muss am Anfang stehen.

Der Claim ist die Reduzierung des gesamten Schulprogramms auf wenige Worte, auf einen Satz (»*Bildung mit Qualität*«). Jedes Unternehmen hat seinen Claim, er ist neben dem Namen das wichtigste Erkennungszeichen. Viele Claims sind in den Sprachgebrauch eingegangen, auch wenn sie von den Unternehmen schon lange nicht mehr verwendet werden (z.B. »*Es gibt viel zu tun – packen wir's an!*«, »*... die tun was*«, »*Nicht immer, aber immer öfter*«). Der Claim muss ein Versprechen glaubhaft vermitteln und ohne viele weitere Worte sich selbst erklären. Er muss leicht, eingängig und verständlich sein.

Der weitere Text in der Werbung muss ebenso einfach und verständlich sein. Er muss sich durch Bilder und Grafiken gut visualisieren lassen. Denn der Erfolg hängt letztlich nicht nur von einem guten Werbetext ab, sondern davon, wie gut Textaussage und Visualisierung miteinander korrespondieren. Natürlich wird das Bild als Erstes wahrgenommen. Aber erst die Lektüre wird das Ziel des Plakats erreichen.

Erfahrungsgemäß ist es einfacher, gemeinsam am Text zu arbeiten als allein. Es lohnt sich immer wieder, Textentwürfe in verschiedenen Stadien anderen zu zeigen und sie zum Mitdenken aufzufordern. Manchmal ist das aber auch gar nicht nötig und die Ideen kommen von ganz allein.

Ist eine Plakat oder eine Anzeige fertig gestaltet, sollte man das fertige Produkt in jedem Fall einer bisher in den Entstehungsprozess nicht involvierten Person mit der Bitte um Kommentare zeigen (»Hausfrauentest«). So bekommt man eine Antwort zu der Frage, ob Aussage, Motiv, Text und Claim überhaupt verstanden werden.

6. Medienarbeit

Wo liegt eigentlich die Grenze zwischen Öffentlichkeitsarbeit und Werbung? Wo liegen die jeweiligen Vor- und Nachteile? Einige grundlegende Unterschiede sollen hier genannt werden:

- Der offensichtlichste Unterschied zwischen den beiden Wirtschaftsinstrumenten ist, dass für Werbung große Summen Geld gezahlt werden müssen, Öffentlichkeitsarbeit hingegen ist zumeist wesentlich kostengünstiger, oft sogar fast kostenlos (jedoch nie umsonst!). Während in der Werbebranche große Summen für das Schalten einer Anzeige aufgebracht werden müssen, kann man mit einer guten Pressemitteilung die Zeitung dazu bewegen, über die Schule zu berichten, und das ganz ohne finanziellen Aufwand. Ganz kostenlos ist die Öffentlichkeitsarbeit natürlich trotzdem nicht. Vor allem Kosten für Verbrauchsmaterialien, Telefon, Porto, Kopien fallen an. Hinzu kommen die Mittel für die Grundausstattung Personal, die dann an anderen Stellen im Schulbetrieb fehlen.

- Ein weiterer wesentlicher Unterschied zwischen Werbung und Öffentlichkeitsarbeit: Wird Werbung für eine Schule gemacht, so hat man immer genau unter Kontrolle, welcher Form diese Werbung ist, welche Reichweite sie hat und welche Zielgruppe mit welcher Nachricht versorgt werden soll. In der Öffentlichkeitsarbeit hingegen hat man fast keine Kontrolle darüber, ob und wann etwas über einen in der Zeitung geschrieben oder im Radio gesendet wird und vor allem, *was* über die eigene Schule berichtet wird. Denn Medien sind unabhängig, es besteht im redaktionellen Teil der Medien nie die Verpflichtung, Informationen zu übernehmen. Die Redaktionen können von schulischen PR-Mitarbeitern lediglich regelmäßig und ausführlich mit Informationen versorgt werden. Wann was gebracht wird, bleibt den Medien selbst überlassen.

Anzeigen mit einem besonderen Anliegen hingegen können, je nach Bedarf, immer wieder geschaltet werden. Einen Radio- oder einen Fernsehspot sendet ein Unternehmen, wenn es dazu finanziell in der Lage ist, so lange, bis es sein Marketingziel erreicht hat. Eine PR-Kampagne zu einem bestimmten Thema läuft nur ein einziges Mal. Natürlich gibt es Ausnahmen. Das Mitteilen eines Veranstaltungshinweises zur gleichen Art von Veranstaltung, die sich periodisch wiederholt, erfolgt natürlich immer wieder (z.B. zum Weihnachtskonzert). Ansonsten muss man ein bestimmtes Anliegen, das immer wieder über die Medien kommuniziert werden soll, jedes Mal von einer anderen Seite angehen, jedes Mal muss ein anderer Aspekt beleuchtet werden, jedes Mal muss etwas anderes als neu und berichtenswert hervorgehoben werden.

- Betriebswirtschaftlich gesehen dienen Öffentlichkeitsarbeit und Werbung beide als Kommunikationsinstrumente der Absatzförderung. Jedoch soll Werbung auf Absatzmärkten Handlungen auslösen. Öffentlichkeitsarbeit hingegen will nicht auf Absatzmärkten etwas bewirken, sondern auf Meinungsmärkten Haltungen auslösen oder verändern.
- Nicht immer ist das, was in einer Zeitung geschrieben wird, wahr. Trotzdem ist der Leser einer Zeitschrift oder Zeitung einer Werbeanzeige gegenüber skeptischer, als einem Artikel im redaktionellen Bereich des Mediums. Die Glaubwürdigkeit einer Nachricht oder Mitteilung ist also um ein Vielfaches höher, wenn sie, von einem Redakteur bearbeitet und recherchiert, über diesen Weg an die Bezugsgruppe gelangt. Eine positive Aussage über eine Schule klingt aus dem Mund eines (unabhängigen) Journalisten ganz anders als durch eine Werbeanzeige.

6.1 Medienverteiler

Soll eine Presse- oder Medienmitteilung verschickt werden, so muss vorher genau überlegt werden, wer diese erhalten soll. Hier ist natürlich die Entscheidung zuerst über die Medien zu treffen, anschließend die Frage, welches Ressort und welcher Redakteur die Mitteilung erhalten soll. Ist die Meldung für die Lokalredaktion, das Feuilleton oder den Sportteil interessant? Können eventuell alle drei Ressorts daraus eine Meldung machen?

Alle Kontakte zu Medien müssen in einer Datenbank erfasst sein. Für einfache Medienverteiler reicht oft die Datenbankverwaltung eines Office-Programms. Schon damit lassen sich die Kontakte nach bestimmten Kriterien sortieren und auswählen. Hilfreich ist, wenn man sich darüber hinaus eine Datenbank mit Karteikarten anlegt, die man immer griffbereit hat, falls einmal schnell ein Kontakt hergestellt werden soll (vgl. Abb. 14 auf der nächsten Seite). Zur Erstellung dieser Karteikarten können einfach die in der Datenbank erfassten Kontakte auf Karton im entsprechenden Format ausgedruckt werden. In dieser Mediendatenbank sollte festgehalten werden:

- Name/Anschrift des Mediums;
- Art des Mediums;
- Name/Anschrift des Redakteurs;
- Ressort/Fachgebiet;
- Bisherige Kontakte;
- Bemerkungen;
- Sonstiges.

Bei der Aufstellung einer Datenbank dürfen natürlich die *Pressestellen der staatlichen Stellen* nicht vergessen werden. Auch sie bekommen regelmäßig alle Pressemitteilungen und versenden diese über ihre eigenen Verteiler. *Anzeigenblätter* werden kostenlos und flächendeckend verteilt und, entgegen allen Annahmen, viel gelesen. Nach einer aktuellen Studie lesen immerhin 15 Prozent der bis 29-Jährigen Anzeigenblätter regelmäßig. Gerade bei diesen besteht oft ein Informationsvakuum. Hier hat man gute Chancen, einen Artikel unterzubringen. Also dürfen auch diese auf keinen Fall bei der Zusammenstellung der Datenbank vergessen werden. In den meisten großen Städten gibt es Regionalbüros der *Nachrichtenagenturen* (siehe z.B. unter www.dpa.de, www.ddp.de). Auch diese gehören in die Mediendatei.

Wichtig ist, dass man sich in der PR-Arbeit immer auf dem Laufenden hält. Die Medienbranche ist eine sehr kurzlebige Branche, in der schnell viele Veränderungen geschehen. Deswegen muss der Medienverteiler fortwährend aktualisiert werden. Soll mit der Medienarbeit erst begonnen werden und bestehen noch keine Kontakte zu Medien, kann man sich bei den entsprechenden Redakteuren auch einmal persönlich vorstellen. So verbinden diese mit dem Namen ein Gesicht. Lässt man gleich noch eine Schulbroschüre in der Redaktion zurück, ist die Chance noch größer, dass man in Erinnerung bleibt. Wird dann eine Medienmitteilung verschickt, ist es hilfreich, einige

Name des Mediums:	
Art:	**Ressort:**
○ Regionale Tageszeitung	○ Politik
○ Überregionale Tageszeitung	○ Lokales
○ Wochenzeitung	○ Veranstaltungen
○ Anzeigenblatt	○ Kultur/Feuilleton
○ Publikumszeitschrift	○ Bildung
○ Presseagentur	○ Schule
○ Fachpresse	○ Ausbildung
○ Pressestelle	○ Forschung
○ Hörfunk	○ Vermischtes
○ Fernsehen	○ Bundesländer
○ Sonstiges	○ Sonstiges

Ansprechpartner	
Anrede (1 = Frau, 2 = Herr, 3 = ohne):	
Titel:	Funktion:
Name:	Vorname:
Straße, Nr.:	
Postfach:	PLZ Postfach:
PLZ:	Ort:
Vorwahl:	Durchwahl:
Fax-Vorwahl:	Fax-Durchwahl:
Mobil-Vorwahl:	Mobil:
E-Mail:	
Erfassung:	Letzte Aktualisierung:
Bemerkungen:	
Veröffentlichungen:	
Eingesandte Materialien:	
Kontakte:	
Sonstiges:	

Abb. 14: Medienkartei

Tage später noch einmal vorsichtig nachzuhören, ob alles angekommen ist und ob vielleicht noch Fragen offen geblieben sind. Dabei erlebt man immer wieder, dass sich Redakteure (noch) nicht mit der Meldung beschäftigt haben. Auf keinen Fall sollte man aufdringlich oder ungehalten werden, das verringert eher die Chance auf eine Veröffentlichung, als dass es sie erhöht. Im Idealfall entwickelt sich mit der Zeit ein so gutes Verhältnis zu Redaktionen, dass daraus ein Geben und Nehmen wird. Dann wendet sich nicht mehr nur die Schule an die Zeitung, wenn sie ein Anliegen hat, sondern es funktioniert auch andersherum. Redakteure, die Bildungsthemen zu bearbeiten haben, wenden sich dann an Schulen, weil sie sie schon kennen.

6.2 Pressemitteilung

Die Pressemitteilung ist das am häufigsten eingesetzte Instrument der Medienarbeit. Sie ersetzt das persönliche Gespräch mit der Zeitung oder dem Medium. Sie hat weder Gestik noch Mimik zur Verfügung, um Sympathie zu wecken. Aber sie ist die Verbindung, die Schnittstelle zwischen Schule und Außenwelt, sozusagen die Visitenkarte der Schule. Damit eine Meldung auch wirklich ankommt, verstanden und dann auch gedruckt wird, müssen formale und inhaltliche Kriterien unbedingt eingehalten werden (vgl. auch Tab. 11):

- Die Pressemitteilung muss, das ist selbstverständlich, unbedingt sauber und fehlerfrei auf einwandfreiem Papier geschrieben sein.
- Wenn sie korrekt ankommen soll, sollte das Papier in jedem Fall nur *einseitig beschrieben oder bedruckt* werden.

Tab. 11: **Checkliste Formalien der Medienmitteilung**	ja	nein
einwandfreies Papier		
einseitig bedruckt, eine Seite lang		
lose Blätter zusammengeheftet		
Briefkopf mit Schullogo und vollständiger Adresse (inkl. Telefonnummer/Fax)		
auffälliger Schriftzug »Pressemitteilung« o.Ä.		
aktuelles Datum		
aussagekräftige Überschrift		
Meldungstext durchgängig zweizeilig		
auf der rechten Seite ein ca. 6 cm breiter Rand		
unter dem Text Verfassername und Telefonnummer für Rückfragen		
Anschläge bzw. Zeilen nennen		
ggf. die freundliche Bitte um die Zusendung eines Belegexemplars		
ggf. notwendige Sperrfrist		

- Eine Pressemitteilung ist *maximal eine Seite lang*. Nähere Informationen muss sich der zuständige Redakteur selbst beschaffen können. Besteht eine Aussendung aus mehreren Blättern, heftet man diese am besten fest zusammen (also nicht mit einer Büroklammer). Ansonsten ist die Gefahr, dass Teile der Sendung im Sekretariat oder auf dem Schreibtisch des Redakteurs verloren gehen, zu groß.
- Wenn das *Corporate Design* der Schule konsequent angewendet wird, erkennt eine Redaktion Mitteilungen aus der Schule bald auf den ersten Blick, wird sie einordnen und verarbeiten können.
- Der *Briefkopf* muss die vollständige Adresse, die Telefon- und Faxnummer sowie die E-Mail-Adresse erhalten. Außerdem trägt der Briefkopf den gut sichtbaren und auffälligen Schriftzug »Pressemitteilung« (o.Ä.).
- Das aktuelle *Datum* der Pressemitteilung darf auf keinen Fall fehlen.
- Es folgt die *Überschrift*. Hier handelt es sich nicht um eine Überschrift, die vom Redakteur übernommen wird, sondern lediglich um eine präzise und knappe Formulierung des Themas bzw. des Inhalts. Was ein Redakteur daraus macht, ist seine Sache. Die Überschrift muss hervorgehoben sein, am besten in größeren Lettern (etwa 16 bis 20 Punkt) und, wenn nötig, in fetter Schreibweise.
- Der eigentliche *Meldungstext* folgt nach etwa zwei Leerzeilen. Hier hat der Redakteur die Möglichkeit, seine eigene Überschrift einzufügen. Der Text muss unbedingt mit eineinhalbzeiligem oder, besser noch, zweizeiligem Zeilenabstand geschrieben werden. Der Redakteur kann so relativ leicht Änderungen vornehmen.
- Außerdem muss die Meldung einen *Rand* von etwa zwei bis drei Zentimetern auf der linken Seite und einen breiten Korrekturrand von etwa sechs Zentimetern auf der rechten Seite haben. Dieser Korrekturrand ist unabdingbar. Auch er ermöglicht dem Redakteur, Textveränderungen an Ort und Stelle vorzunehmen.
- Am *Ende des Textes* steht immer der Name des Verfassers und die Telefonnummer, unter der er zu erreichen ist. Auch wenn diese identisch mit der Telefonnummer im Briefkopf ist, gehört sie noch einmal unter die Meldung.
- Ganz unten auf der Seite kann der Hinweis stehen: »Bitte senden Sie uns bei Veröffentlichung ein Belegexemplar« oder »Wenn Sie mit dieser Nachricht etwas anfangen können, freuen wir uns über einen Beleg«. Nicht viele Medien versenden Belegexemplare. Gerade Tageszeitungen wären dadurch völlig überlastet. Bei Fachartikeln in Fachblättern besteht aber hin und wieder die Möglichkeit, ein Belegexemplar zu erhalten.

Inhaltlich unterscheidet sich die Pressemitteilung erheblich vom Schulaufsatz. Grundsätzlich soll die Pressemitteilung aktuell, neu, verständlich und wahr sein. Erfüllt sie diese vier Kriterien, so ist sie schon einen Schritt weiter in Richtung Veröffentlichung. Vollständig ist sie, wenn der Text die sechs W-Fragen beantwortet:

1. *Wer* tut etwas, hat etwas getan oder wird etwas tun?
2. *Was* hat diese Person getan oder will sie tun?
3. *Wann* fand das Ereignis statt oder wird es stattfinden?
4. *Wo* fand das Ereignis statt oder wird es stattfinden?

5. *Wem* galt oder gilt das Ereignis (bzw. wer ist an dieser Tat beteiligt oder deren »Opfer« bzw. zugunsten welcher Bezugsgruppe fand das Ereignis statt oder wird es stattfinden)?
6. *Warum* wurde oder wird die Aktion durchgeführt?

Der Aufbau der Pressemitteilung ist immer gleich:
- Das Wichtigste steht am Anfang. Die Zusammenfassung steht daher in einem Zeitungsartikel bereits im ersten Absatz. Die Hauptaussagen werden als Erstes genannt, sie müssen leicht verständlich geschrieben sein.
- Es folgen erläuternde Informationen.
- Anschließend werden die Details berichtet. Hier kann z.B. die Vorgeschichte wiedergegeben werden.
- Das Unwichtigste der Meldung steht am Schluss.

Zum Inhalt:
- Besonders genau muss darauf geachtet werden, dass so einfach und verständlich wie möglich geschrieben wird. Weitgehend sollte auf Nebensätze verzichtet werden.
- Ein Gedanke pro Satz, besser noch pro Absatz reicht. So besteht beim späteren Kürzen nicht die Gefahr, dass zusammenhanglose Worthäufungen entstehen.
- Es sollte immer im Aktiv geschrieben werden, von bereits vergangenen Veranstaltungen wird immer in der einfachen Vergangenheit berichtet.
- Benutzen Sie lieber Verben bzw. Adjektive als Substantive. Diese wirken aktiver. Der Text wirkt lebendiger und spannender. Er lässt sich auch leichter lesen.
- Die eigentliche Reihenfolge im Satzbau ist Subjekt–Prädikat–Objekt. Wenn Sie in Presse- und Medienmitteilungen die Reihenfolge umstellen, gewinnt der Text an Lebendigkeit und Spannung. Das Objekt steht im Mittelpunkt. Besonders bei Berichten vergangener Ereignisse eignet sich dieses Vorgehen.
- Wenn Sie Leistungen, Veranstaltungen oder Aktionen Ihrer Schule beschreiben, verzichten Sie auf Superlative. Ihre Meldung soll glaubwürdig und neutral klingen. Wenn Sie wie in der Werbung Superlative einsetzen, dann können Sie an Glaubwürdigkeit einbüßen. Man wird skeptisch und beginnt, Fragen zu stellen. Besonders ehrgeizige Köpfe könnten sogar versuchen, das Gegenteil zu beweisen.
- Sehr lange oder zusammengesetzte Wörter sollten Sie möglichst vermeiden. Sie beeinträchtigen den Lesefluss.
- Fremdwörter sollten Sie nur verwenden, wenn diese gebräuchlich sind. Abkürzungen müssen beim ersten Mal ausgeschrieben werden.
- Verwenden Sie ein bis zwei Zitate in Ihrer Meldung. Das macht sie lebendiger. Hiermit kann der Redakteur etwas anfangen. Er kann dann ohne großen Aufwand aus der Mitteilung eine lebendige Meldung machen.

Achten Sie bei Pressemitteilungen darauf, dass die Leserin oder der Leser Ihre Informationen mühelos aufnehmen kann. Die inhaltlichen Kriterien sind in Tabelle 12 dargestellt, die Verständlichkeit Ihrer Texte können Sie anhand von Tabelle 13 überprüfen.

Tab. 12: **Checkliste Medienmitteilung inhaltlich**	ja	nein
aktuell/neu/verständlich/wahr		
Wer/was/wann/wo/wem/warum?		
Aufbau: Hauptaussage, Erläuterungen, Details, Vorgeschichte		
aktive Sätze		
Verben und Adjektive		
Objekt vorne im Satz		
keine Übertreibungen		
keine langen Sätze (Nebensätze)		
keine Fremdwörter		
nur gängige Abkürzungen verwendet		
Wurden Zitate verwendet?		
Entspricht alles der Wahrheit?		
frei von Rechtschreibfehlern		

Tab. 13: **Verständlichkeit von Texten**				
	Wörter pro Satz	aktive Verben	abstrakte Substantive	Personen
sehr leicht verständlich	bis 13	6 und weniger	2 und weniger	bis 4
leicht verständlich	14–18	7–8	3–5	5–8
verständlich	19–25	9–12	6–9	9–15
schwer verständlich	26–30	13–14	10–11	16–20
sehr schwer verständlich	31 und mehr	15 und mehr	12 und mehr	21 und mehr

6.3 Pressegespräch

Ein Pressegespräch durchzuführen bietet sich immer dann an, wenn den Medien Sachverhalte mitzuteilen sind, die sich aus emotionalen oder fachlichen Gründen per Pressemitteilung nur sehr schwer vermitteln lassen. Das Pressegespräch ist die »Minimalform« der Pressekonferenz. Hierzu werden die Medienvertreter in lockerer Atmosphäre, versorgt mit Kaffee und Gebäck, im Amtszimmer der Schulleitung über das aktuelle Thema informiert. Das Pressegespräch bietet immer die gute Möglichkeit, Medienvertreter persönlich kennen zu lernen. In manchen Schulsituationen bietet es sich sogar an, regelmäßig ein Pressefrühstück zu installieren.

6.4 Pressekonferenz

Eine Pressekonferenz ist immer eine schwierige Sache und auch bei professionell durchgeführten Pressekonferenzen erlebt man selten, dass alles klappt und funktioniert. Eine Pressekonferenz wird nur dann durchgeführt, wenn der Anlass dies auch hergibt. Ist damit zu rechnen, dass Vertreter verschiedener Zeitungen, Radio- und Fernsehsender erscheinen würden, ist eine Pressekonferenz eventuell angebracht. Anlässe für eine schulische Pressekonferenz könnte die Einweihung eines Neubaus, der Besuch eines ranghohen Politikers oder eine kritische Situation an der Schule (z.B. Gewalt etc.) sein. Die wichtigsten Stationen einer Pressekonferenz sind:

Vorbereitung
- Die Medien werden mit Antwortkarte eingeladen;
- Inhalte werden mit den Referentinnen und Referenten besprochen;
- die Räumlichkeiten werden vorbereitet (Bestuhlung etc.);
- Pressemappen müssen erstellt werden.

Durchführung der Pressekonferenz
- Begrüßung der eintreffenden Medienvertreter/innen;
- Eröffnung der Pressekonferenz;
- kurze Einführung;
- Vorträge der Referentinnen und Referenten;
- Fragen und Moderation;
- informeller Teil (Imbiss, Gespräche, Rundgang, etc.).

Nachbereitung
- Zusammenstellung einer Pressemitteilung;
- Versenden von Material an nicht erschienene Medienvertreter;
- Medienbeobachtung.

Tabelle 14 auf der nächsten Seite zeigt eine Checkliste zur Planung, Durchführung und Nachbereitung einer Pressekonferenz.

6.5 Pressemappe

Eine Pressemappe sollte immer dann zusammengestellt werden, wenn zu erwarten ist, dass zu einem besonderen Anlass Medienvertreter die Schule besuchen (z.B. bei Pressekonferenzen) oder wenn der Besuch einer Redaktion geplant ist. Die Pressemappe für Pressekonferenzen sollte je nach Anlass folgende Dinge enthalten:

- Schulporträt;
- Fotos und Vitae der Referenten;
- inhaltliche Zusammenfassungen der Vorträge;
- weiteres Bildmaterial und Grafiken.

Tab. 14: **Checkliste Pressekonferenz**

Planung	**verantwortlich**	**bis**	**OK**
Thema planen			
Zeit, Ort, Raum festlegen und reservieren			
Hausmeister informieren (!)			
Redner/innen ansprechen und Themen mitteilen			
Presseverteiler zusammenstellen			
Einladungen schreiben			
Wegbeschreibung anfertigen			
Rücksendekarte anfertigen			
Aussendung gegenlesen lassen			
Aussendung kopieren, zusammenstellen und versenden			
Redebeiträge anfordern/Zusammenfassungen schreiben			
Vitae der Redner/innen anfertigen			
Materialien für die Pressemappe gegenlesen lassen			
Fotos besorgen			
Imbiss planen			
Pressemappen besorgen			
Material für Pressemappen zusammenstellen und vervielfältigen			
Hinweisschilder erstellen			
Anwesenheitsliste anfertigen			
Namensschilder der Referentinnen und Referenten anfertigen			
Papier und Schreibgeräte besorgen			
Hilfskräfte suchen (für Service etc.)			
evtl. Medien ausleihen, sich damit vertraut machen			
Ein Tag davor	**verantwortlich**	**bis**	**OK**
Räume herrichten			
Funktionstüchtigkeit aller Medien überprüfen			
Imbiss abchecken			
Absprachen mit den Rednerinnen und Rednern			
Durchführung	**verantwortlich**	**bis**	**OK**
Hinweisschilder im Haus aufstellen			
evtl. Transport der Referentinnen und Referenten			
Materialien bereithalten			
Medien noch einmal überprüfen			
Anweisungen zum Imbiss			
Räume, Bestuhlung etc. überprüfen			
Anwesenheitsliste zum Eintragen auslegen			
Begrüßung der Gäste			
Pressekonferenz aufzeichnen			
Eröffnung der Pressekonferenz			
Leitung der Diskussion bzw. der Befragung			
Einladung zum Imbiss			

Tab. 14: **Checkliste Pressekonferenz** (Fortsetzung)			
Danach	verantwortlich	bis	OK
Gespräche mit unbekannten Medienvertreterinnen und -vertretern			
Kontakte knüpfen			
Nachbereitung	verantwortlich	bis	OK
Versand an nicht erschienene Pressevertreter			
Formulierung einer Pressemitteilung unter Verwendung von Zitaten			
Medienbeobachtung			
Zusammenstellung des Medienspiegels			
Auswertung der gesamten Aktion			

6.6 Pressefoto

Berichte mit Fotos finden größere Beachtung als solche ohne Fotos. Jedem Öffentlichkeitsarbeiter ist eine kurze Meldung mit Bild lieber als ein langer Bericht ohne Bild. Wenn Fotos an die Presse gesendet werden sollen oder Fotomaterial für Pressekonferenzen vorbereiten wird, muss Folgendes beachtet werden:

- Das gängige Format für Bildmaterial ist 13 x 18 Zentimeter. Hochglanzabzüge wirken professioneller als matte. Inzwischen verwenden auch viele Tageszeitungen farbiges Bildmaterial. Schwarz-Weiß-Bilder sind nur noch sehr selten erforderlich.
- Die Bilder müssen in jeder Hinsicht professionell gemacht sein. Sowohl die Ausleuchtung als auch die Schärfe müssen 100-prozentig stimmen.
- Das Motiv sollte nicht statisch oder gestellt wirken. Kein Porträt – lieber ein Bild, das eine Geschichte erzählt. Das Bild soll die Leserin oder den Leser der Zeitung auf Anhieb ansprechen.
- Auf der Rückseite der Fotos muss ein Zettel angebracht sein, der folgende Informationen enthält:
  - Titel und Datum des Bildes (Wer ist zu sehen?);
  - Name des Fotografen;
  - Kontakttelefonnummer;
  - »Abdruck honorarfrei – Beleg erbeten«.
- Wenn zwei oder drei Motive geschickt werden, so erleichtert das dem Redakteur die Entscheidung.
- Viele Medien verwenden heute bereits elektronisch abgespeichertes Bildmaterial. Fotos von Diskette oder CD-ROM können verarbeitet werden. In den meisten Fällen wird Papiermaterial jedoch ohne Vorbehalte genommen. Welche Vorlieben eine Zeitung oder ein anderes Medium diesbezüglich hat, muss im Einzelfall geklärt werden. Das Dateiformat (meist jpg) und die Auflösung der Bilder ist wichtig. Digitale Bilder, erstellt mit einfachen Webcams (Auflösung 72 oder 96 dpi) reichen den Medien nicht aus, die mindestens 300 dpi benötigen.

- Neben Bildern werden von Zeitungen auch gern aussagekräftige Grafiken verwendet. Ist ein konkreter Sachverhalt durch eine Grafik gut zu veranschaulichen, sollte er dergestalt aufbereitet werden.

6.7 Zeitungs-, Rundfunk- und Fernsehinterview

Journalisten führen aus zwei Gründen Interviews: Entweder dient das Interview der Informationsbeschaffung oder es soll als solches abgedruckt werden. Um ein Interview erfolgreich zu bestreiten, sollte die oder der Interviewte einige Punkte bedenken:

- In der Vorbereitung muss geklärt werden, welches Ziel für die Schule erreicht werden soll. Welche Botschaft ist der Kerngedanke des Gesprächs?
- In den Antworten sollten von Anfang an die Kernaussagen der Schule zu dem Thema formuliert werden. Als Interviewte/r darf man nicht erwarten, dass der Journalist irgendwann schon auf das Thema kommen wird. Denn schneller als man denkt, ist das Interview vorbei und das für die Schule Entscheidende nicht gesagt.
- Das Medium des Journalisten sollte vorher genau kennen gelernt werden. Bei Rundfunk- und Fernsehinterviews ist auch die Frage zu klären, ob live gesendet wird und wie viel Zeit zur Verfügung steht.
- Bei der Vorbereitung sollte man sich genau überlegen, welche Fragen der Redakteur stellen könnte – und sich dazu die passenden Antworten zurechtlegen. Man sollte auch auf ungewöhnliche Fragen vorbereitet sein.
- Es ist wichtig, als interviewter Schulfachmann bei dem Thema zu bleiben, in dem man sicher ist. Denn nur dann kann man auch glaubwürdig Auskunft geben.
- Bei Radio- und Fernsehinterviews sollte man sich den Namen des Interviewers einprägen, um ihn während des Gespräches auch mit diesem Namen ansprechen zu können. Das schafft eine vertrauliche Atmosphäre.
- Zu viele Fachausdrücke sollten vermieden werden. Eine klare und einfache Sprache ist wichtig. Auch der Bildungslaie muss das Thema, um das es geht, gut nachvollziehen können.

Literaturverzeichnis

Birkenbihl, V. (1999): Kommunikationstraining. Zwischenmenschliche Beziehungen erfolgreich gestalten. Frankfurt a.M.
Burkard, C./Eikenbusch, G. (2000): Praxishandbuch Evaluation in der Schule. Berlin.
Dröge, J. (1999): Informationsfluss. Lebensader der Schulen. In: schulmanagement 30, H. 1, S. 15–19.
Eikenbusch, G. (1998): Praxishandbuch Schulentwicklung. Berlin.
Ferber, J. (2000): 30 Minuten für erfolgreiche Presse- und Öffentlichkeitsarbeit. Offenbach.
Fittkau, B. (1980): Kommunizieren lernen (und umlernen). Braunschweig.
Gruning, J./Hunt, T. (1984): Managing Public Relations. New York/Chicago.
Herbst, D. (1997): Public Relations. Berlin.

Krenz, A. (1998): Handbuch Öffentlichkeitsarbeit. Professionelle Selbstdarstellung für Kindergarten, Kindertagesstätte und Hort. Freiburg/Basel/Wien.
Lange, R./Ohmann, M. (1997): Fachlexikon Öffentlichkeitsarbeit. Frankfurt a.M.
Lindner, W. (1994): Taschenbuch Pressearbeit. Der Umgang mit Journalisten und Redaktionen. Heidelberg.
Luthe, D. (1994): Öffentlichkeitsarbeit für Nonprofit-Organisationen. Eine Arbeitshilfe. Augsburg.
Maro, F. (1999): Mitarbeiter sind so verletzlich. Düsseldorf.
Meissner, M. (1995): Zeitungsgestaltung. Typografie, Satz und Druck, Layout und Umbruch. München/Leipzig.
Mittelstädt, H. (2000a): Brauchen Schulen gute PR? In: Neues Deutschland, 14./15. Oktober, S. 19.
Mittelstädt, H. (2000b): Praxishandbuch Öffentlichkeitsarbeit von Schulen. Berlin.
Mittelstädt, H. (2001a): 42.000 neue PR-Kunden? Schulen brauchen Öffentlichkeitsarbeit. In: PR-Guide 6.
Mittelstädt, H. (2001b): Corporate Identity. Identitätsprozesse in Schulen managen. In: Buchen, H./Horster, L./Rolff, H.G. (Hrsg.): Schulleitung und Schulentwicklung. Berlin, Beitrag B 4.13.
Mittelstädt, H. (2001c): Schule und Öffentlichkeitsarbeit. Profilbildung als Chance. In: blz. Zeitschrift für die Mitglieder der GEW Berlin. 55. Jg., H. 11, S. 24f.
Mittelstädt, H. (2001d): Schulische Öffentlichkeitsarbeit. Methoden und Instrumente der Kommunikation. München.
Mittelstädt, H. (2001e): Tue Gutes und rede darüber! Öffentlichkeitsarbeit und Schulprogramm. In: Lernwelten 3, H. 3, S. 152–155.
Mittelstädt, H. (2002a): Medienarbeit als Kern der schulischen PR, Grundlagen der internen und externen Kommunikation. In: schulmanagement 33, H. 2, S. 30–33.
Mittelstädt, H. (2002b): Öffentlichkeitsarbeit an Schulen. Die interne und externe Kommunikation der Schule planen und steuern. In: Buchen, H./Horster, L./Rolff, H.G. (Hrsg.): Schulleitung und Schulentwicklung. Berlin, Beitrag K 5.1.
Mittelstädt, H. (2002c): Unsere Schülerzeitung. Vom Artikel zur Schlussredaktion. Mülheim a.d. Ruhr.
Mittelstädt, H. (2003): Schulveranstaltungen. Planung, Durchführung, Auswertung. München.
Mittelstädt, H. (2004): Organisationshilfen für den Schulalltag. Checklisten, Tabellen und Briefvorlagen auf Papier und CD. Mülheim a.d. Ruhr.
Oeckl, A. (1964): Handbuch der Public Relations. Hamburg.
Pfeffer, G.A./Reinecke, W. (2000): PR Check-up. Arbeitshandbuch Öffentlichkeitsarbeit. Checklisten für die Praxis. Essen.
Pukke, A.S./Goblirsch, H. (1996): Der gute Draht zu den Medien. Strategien und Tipps für erfolgreiche Öffentlichkeitsarbeit. Frankfurt a.M.
Regenthal, G. (1999): Corporate Identity in Schulen. Neuwied.
Riecke-Baulecke, T./Müller, H.W. (1999): Schulmanagement. Leitideen und praktische Hilfen. Braunschweig.
Rota, F.P. (1994): PR- und Medienarbeit in Unternehmen. München.
Sauthoff, D./Wendt, G./Willberg, H.P. (1996): Schriften erkennen. Eine Typologie der Satzschriften für Studenten, Grafiker, Setzer, Kunsterzieher und alle PC-User. Mainz.
Wolf, K.P. (1994): Öffentlichkeitsarbeit. Handbuch für Betrieb und Gewerkschaft. Köln.
Yaverbaum, E. (2002): PR für Dummies. Bonn.

VI. Qualitätsmanagement

Rolf Dubs

Qualitätsmanagement

Grundbegriffe und Systematik

1. Grundlegung 1207
   1.1 Qualitätsmanagement und Evaluation: Begriffsvielfalt 1207
   1.2 Begriffe dieses Beitrags 1208
   1.3 Funktionen des Qualitätsmanagements 1211
   1.4 Die Probleme des Qualitätsmanagements 1212

2. Wissenschaftliche Fragen zum Qualitätsbegriff im Bildungswesen 1212
   2.1 Normativität des Qualitätsverständnisses 1212
   2.2 Definition der Qualität 1212
   2.3 Die formale Systematisierung des Qualitätsbegriffs 1213
   2.4 Der schulpraktische Umgang mit dem Begriff »Schulqualität« 1217
   2.5 Zusammenfassung: Konsequenzen für das Qualitätsmanagement
       an Schulen 1228

3. Die Zielvorstellungen für das Qualitätsmanagement an Schulen 1230
   3.1 Übersicht 1230
   3.2 Das Qualitätsmanagement-Verständnis 1231
   3.3 Ausgewählte Modelle extern konzipierten Qualitätsmanagements 1232
   3.4 Beurteilung 1240

4. Die staatlichen Rahmenbedingungen: die Qualitätsmanagement-
   Konzeption eines staatlichen Hoheitsgebiets 1243
   4.1 Die Notwendigkeit klarer Rahmenbedingungen 1243
   4.2 Ein Beispiel einer umfassenden Qualitätsmanagement-Konzeption ... 1244
   4.3 Eine machbare, einfachere Qualitätsmanagement-Konzeption 1245

5. Das intern konzipierte Qualitätsmanagement 1246
   5.1 Konzeptionelle Grundlagen 1246
   5.2 Erstmalige Erarbeitung und spätere Anpassung bei Bedarf
       (Aufbauphase, erster Arbeitsprozess) 1248
   5.3 Das Vorgehen beim Aufbau des Qualitätsmanagement-Konzeptes
       für die eigene Schule 1251
   5.4 Die regelmäßige Beurteilung einzelner Schulbereiche
       (Betriebsphase, zweiter Arbeitsprozess) 1255

6. Metaevaluation 1259

7. Das extern konzipierte Qualitätsmanagement 1263
   7.1 Konzeptionelle Grundlagen 1263

7.2 Die Abstimmung zwischen extern und intern konzipiertem
Qualitätsmanagement 1264
7.3 Qualitätsstandards, Indikatoren und Benchmarks 1266

8. Nachwort 1267

Literaturverzeichnis 1268

1. Grundlegung

1.1 Qualitätsmanagement und Evaluation: Begriffsvielfalt

Qualitätsmanagement und Evaluation an Schulen sind in den letzten zehn Jahren zu einer umfassenden Modeerscheinung geworden, die es nahezu unmöglich macht, alle Strömungen, Begriffe und Modelle auch nur annähernd nachzuzeichnen. Wie bei jeder Modeerscheinung, die meist einer guten Absicht entspringt, versuchen staatliche und halbstaatliche Institutionen, private Beratungsgruppen und Einzelpersonen, sich mit eigenen Modellen und Begriffen zu profilieren. Dabei entstehen oft programmatische Ansätze, die meist recht zielorientiert sind, denen aber häufig die theoretische Basis und die empirische Bestätigung fehlt. Aufgrund von Erfahrungsberichten über die Modelle und aufkommenden Reflexionen darüber beginnen sich die unterschiedlichen Auffassungen mit der Zeit etwas anzugleichen. Bis aber Ergebnisse empirischer Forschungsarbeiten vorliegen, welche nicht nur Einstellungen und Meinungen, sondern Tatsachen über die Wirksamkeit vorlegen, wird noch viel Zeit verstreichen. So ist die Forschung heute noch weit davon entfernt, belegen zu können, dass die vielen Mittel, die in Modellversuchen zum Qualitätsmanagement eingesetzt wurden, tatsächlich auch zu Qualitätsverbesserungen, vor allem im Unterricht der einzelnen Schulen, geführt haben (Euler 2005).

Überlegungen zur Evaluation finden ihren Ursprung in den siebziger Jahren des letzten Jahrhunderts (vgl. beispielsweise Rossi/Freeman 1989). Damals begann man mit großen gesellschaftlichen und staatlichen Reformprojekten, auch mit Schulreformmaßnahmen, für deren Wirksamkeit man sich mehr und mehr interessierte. Deshalb versuchte man mit *Evaluationen* den Nutzen und die Effektivität solcher Projekte systematisch zu erfassen, nicht nur um eine Erfolgskontrolle zu haben, sondern auch um Steuerungsinstrumente zu finden, mit denen die Reformprojektgestaltung verbessert werden konnte. Verstärkende Tendenzen für die Evaluation brachte anfangs der neunziger Jahre das New Public Management (Dubs 2001), dessen Absicht es war, die Staatstätigkeit wirksamer zu gestalten, wozu Evaluationen nötig waren und sind, um tatsächliche Wirksamkeitssteigerungen nachzuweisen. Etwa zur gleichen Zeit begann sich auch die Wirtschaft unter dem Druck des Wettbewerbs für wirksamkeitssteigernde Maßnahmen mit besonderem Akzent auf Gewinnverbesserung dank rationellerer Produktions- und Arbeitsabläufe sowie systematischer Kundenorientierung für Qualitätsfragen zu interessieren und es wurden Modelle des *Total Quality Managements*

(TQM) entwickelt, welche zum Ziel haben, die Qualität einer Unternehmung in umfassender Weise festzustellen und notfalls zu verbessern (Seghezzi 2002). Bald fand dann die Idee des TQM auch Eingang in die Schule mit der grundlegenden programmatischen Arbeit von Murgatroyd/Morgan (1993). Ab jenem Zeitpunkt begannen sich dann die Begriffe Evaluation und Qualitätsmanagement zu vermischen. Im deutschsprachigen Gebiet versuchte Stockmann (2002) eine Unterscheidung herauszuarbeiten: Evaluation und Qualitätsmanagement dienen beide dem Ziel der Verbesserung von Qualität, der Steigerung der Effizienz und Effektivität von Maßnahmen und Prozessen sowie der Optimierung des Ressourceneinsatzes. Methodisch übernimmt jedoch die Evaluation im Wesentlichen die Methoden und Verfahren der empirischen sozialwissenschaftlichen Forschung, während das Qualitätsmanagement eher den Methoden der Betriebswirtschaftslehre folgt. Bei der Evaluation werden – nach Stockmann – die Betroffenen stärker mit einbezogen, während das Qualitätsmanagement eher einem »Top-down«-Ansatz folgt, bei dem stark normbezogen gearbeitet wird. Schließlich haben die Evaluation und das Qualitätsmanagement eine unterschiedliche Reichweite. Die Evaluation dient im Gegensatz zum Qualitätsmanagement weniger bestimmten Zielgruppen (z.B. Kunden, Schüler/innen), sondern erfasst die Wirkungen stärker in einem gesamtgesellschaftlichen Kontext. Es will scheinen, dass sich diese Unterscheidung stark an den wirtschaftlichen Gegebenheiten orientiert. In diesem Beitrag wird eine Begriffsbildung verwendet, die den spezifischen Bedürfnissen der Schule Rechnung tragen möchte.

1.2 Begriffe dieses Beitrags

Alle an der Schule Interessierten wollen »gute« Schulen oder »Schulen von hoher Qualität«. Dies nicht nur in Bezug auf die Lernwirksamkeit (Effizienz und Effektivität)[1], sondern auch im Hinblick auf den optimalen Einsatz der finanziellen Mittel. Diese Ziele setzen eine Überwachung der Zielerreichung durch die einzelnen Schulen und durch die Schulbehörden voraus. Diese Überwachung wird heute als *Controlling* bezeichnet, das jedoch nicht mit Kontrolle verwechselt werden darf.

> *Controlling heißt: Ein Organ überprüft, ob gesetzte Ziele erreicht und ob im Falle der Nichterreichung die notwendigen Maßnahmen ergriffen werden. Es überprüft aber nicht, wie die Ziele erreicht werden und greift auch nicht aktiv in das Geschehen ein, solange die Ziele erreicht werden und bei Nichterreichen die überwachte Institution selbst Maßnahmen ergreift.*

---

1 Die Ausdrücke Effizienz und Effektivität werden sehr verschiedenartig definiert. In diesem Beitrag wird von folgender Umschreibung ausgegangen:
   – Die Schule oder eine Lehrkraft ist *effizient*, wenn die im Lehrplan gesetzten Ziele mit den Schülerinnen und Schülern während der Schulzeit erreicht werden.
   – Die Schule oder eine Lehrkraft ist *effektiv*, wenn sich die Lernenden in den von der Schule angesprochenen Bereichen im späteren Leben und in der späteren Berufstätigkeit bewähren.

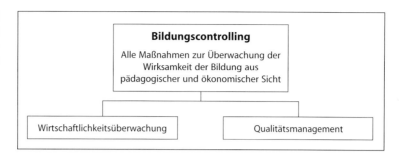

Abb. 1: Gliederung des Bildungscontrollings

Deshalb wird auch von Bildungscontrolling gesprochen (so beispielsweise Seeber/Krekel/van Buer 2000). Dieser Schrift wird die in Abbildung 1 wiedergegebene Gliederung zugrunde gelegt (vgl. dazu Krohner/Timmermann 1997 und Altrichter/Posch 1997).

Mit der Wirtschaftlichkeitsüberwachung soll sichergestellt werden, dass eine hohe Lernwirksamkeit der Schulen mit einem optimalen Einsatz von finanziellen Mitteln erreicht wird.

Die wichtige Frage der Wirtschaftlichkeitsüberwachung von Schulen wird in Europa noch kaum beachtet, obwohl angesichts knapper werdender Staatsfinanzen der Zusammenhang zwischen der Lernwirksamkeit von Schulen und dem Einsatz finanzieller Mittel mehr Aufmerksamkeit verdienen würde (vgl. die Übersicht bei Burtless 1996).

Das Qualitätsmanagement an Schulen umfasst systematisch eingesetzte Verfahren, mit denen ihre Qualität erfasst, verbessert und gesichert wird. Sein Ziel ist also die Qualitätserfassung, die Qualitätsentwicklung und die Qualitätssicherung.

In dieser Arbeit wird nur von Qualitätsmanagement und Qualitätsentwicklung gesprochen. Das Qualitätsmanagement darf nicht zufällig durchgeführt werden, sondern es ist für einen längeren Zeitraum systematisch auszugestalten, indem das zuständige staatliche Organ (Schulbehörde, Schulaufsicht) festlegt, wie es die Qualität systematisch erfassen und verbessern will. Dazu ist eine Qualitätsmanagement-Konzeption zu entwickeln.

Die Qualitätsmanagement-Konzeption stellt dar, wie das Qualitätsmanagement eines Landes oder eines Schulbezirkes (eines staatlichen Hoheitsgebiets) ausgestaltet ist.

Beim Aufbau einer Qualitätsmanagement-Konzeption kann von den in Abbildung 2 (siehe nächste Seite) dargestellten Grundformen ausgegangen werden.

Beim intern konzipierten Qualitätsmanagement entwickelt jede Schule oder eine Gruppe von Schulen ihr eigenes Qualitätsmanagement-Konzept im Rahmen der staatlich vorgegebenen Qualitätsmanagement-Konzeption.

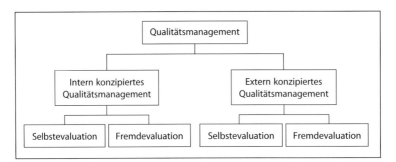

Abb. 2:
Grundformen
des Qualitätsmanagements

> *Beim extern konzipierten Qualitätsmanagement entwickeln Dritte (Schulaufsicht, Schulbehörden, Wissenschaft) im Rahmen der Qualitätsmanagement-Konzeption das Qualitätsmanagement.*

Vom Qualitätsmanagement zu unterscheiden ist die Evaluation.

> *Evaluation heißt: Durchführung des Qualitätsmanagements. Sie kann erst erfolgen, wenn ein Qualitätsmanagement-Konzept vorliegt. Führen die Schulangehörigen die Evaluation in ihrer Schule selbst durch, so liegt eine Selbstevaluation vor. Wird sie Dritten übertragen, so handelt es sich um eine Fremdevaluation.*

Diese Grundformen machen deutlich, dass sehr unterschiedliche Qualitätsmanagement-Konzeptionen denkbar sind. So kann sich eine Schulbehörde für ein intern konzipiertes Qualitätsmanagement mit Selbstevaluation entscheiden. In diesem Fall übernimmt die Lehrerschaft der Schule alle Aufgaben des Qualitätsmanagements. Denkbar ist auch, dass sich eine Schulbehörde für ein externes Qualitätsmanagement mit Fremdevaluation entscheidet. Hier beauftragt sie die Schulaufsicht oder ein wissenschaftliches Institut mit der Konzeption des Systems und der Evaluation. In diesem Sinn zählen große Projekte wie PISA oder TIMSS zum extern konzipierten Qualitätsmanagement. Immer häufiger werden *multiple Qualitätsmanagement-Konzeptionen* entwickelt, d.h. die Konzeption umfasst mehrere Formen. Oft wird ein intern konzipiertes Qualitätsmanagement mit Selbstevaluation mit einem extern konzipierten Qualitätsmanagement mit Fremdevaluation kombiniert.

Die praktische Erfahrung lehrt, dass ein ausschließlich intern konzipiertes Qualitätsmanagement mit Selbstevaluation nicht genügt, weil die Ermüdungserscheinungen der Lehrkräfte sehr hoch sind, die gewählten Methoden der Selbstevaluation oft ungeeignet sind oder unzweckmäßig angewandt werden oder unwesentliche Schulbereiche evaluiert werden. Darauf wird mit der Metaevaluation reagiert.

> *Metaevaluation heißt: Dritte (Schulaufsicht, Schulbehörden, Wissenschaft) überprüfen, ob das intern konzipierte Qualitätsmanagement zweckmäßig ist, die Selbstevaluation korrekt durchgeführt wurde und im Fall von ermittelten Qualitätsmängeln geeignete Schulentwicklungsmaßnahmen umgesetzt wurden.*

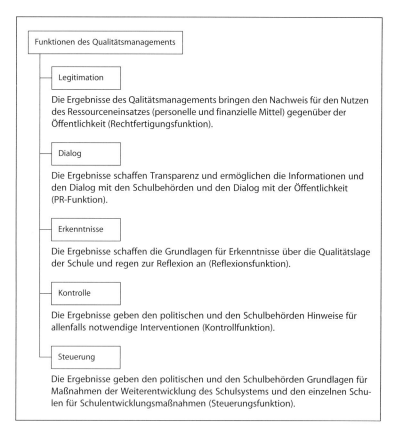

Abb. 3: Funktionen des Qualitätsmanagements

1.3 Funktionen des Qualitätsmanagements

Abbildung 3 zeigt alle möglichen Funktionen des Qualitätsmanagements (vgl. Fasshauer/Basel 2005; Nevo 1995). Von besonderer Bedeutung ist die Reflexionsfunktion, denn es lässt sich beobachten, wie in der Schulpraxis Daten erhoben und allenfalls transparent gemacht werden. Hingegen fehlt es vielerorts an einer sorgfältigen Reflexion: Warum werden gerade diese oder jene Daten erhoben? Sind diese Daten wirklich relevant? Wie sind die Daten im Gesamtzusammenhang der Schule zu interpretieren? usw. Ohne Reflexion degeneriert das Qualitätsmanagement zu einer *Fassadenevaluation* (Rolff 1998), d.h. es wird irgendetwas evaluiert, ohne dass genau überlegt wurde, warum gerade das betreffende Kriterium im Hinblick auf welches pädagogische Ziel evaluiert wurde. Deshalb müssen bei jeder Maßnahme des Qualitätsmanagements alle schulischen Zielsetzungen und die darauf ausgerichteten Handlungen kritisch überprüft werden, um zu verhindern, dass das Qualitätsmanagement einer inhaltlichen Beliebigkeit anheim fällt (Ackermann o.J.). Es lassen sich im Schulalltag immer mehr Beispiele von Evaluationen finden, die zu guten Ergebnissen führen und glauben machen, die Schule erreiche gute Qualitätsstandards. Tatsächlich werden aber unreflektiert unwesentliche Qualitätsmerkmale erfasst.

1.4 Die Probleme des Qualitätsmanagements

Bei der Umsetzung einer Qualitätsmanagement-Konzeption werden – wahrscheinlich aufgrund von Ermüdungserscheinungen – wesentliche konzeptionelle Fragen oft schematisch und recht oberflächlich angegangen. Deshalb seien im Folgenden die wichtigsten Probleme aufgeworfen, die in diesem Beitrag abgehandelt werden.

- Was ist eine *qualitativ* gute Schule? Aus wissenschaftlicher Sicht ist der Qualitätsbegriff noch immer ungeklärt.
- Welchem *Hauptziel* dient das Qualitätsmanagement? Steht die Qualitätsentwicklung der einzelnen Schule im Vordergrund oder ist das Qualitätsmanagement im Wesentlichen eine Grundlage für die Anerkennung (Akkreditierung von Schulen)?
- Wie sieht eine *Qualitätsmanagement-Konzeption* für ein staatliches Hoheitsgebiet aus? Wer hat welche Aufgaben und wer trägt welche Verantwortungen?
- Welche *Systeme* stehen heute zur Verfügung? Sind umfassende TQM-Systeme oder ein Schritt-um-Schritt-Verfahren vorteilhafter?
- Wie soll eine Schule *vorgehen*, wenn sie ein Qualitätsmanagement aufbauen will?

2. Wissenschaftliche Fragen zum Qualitätsbegriff im Bildungswesen

2.1 Normativität des Qualitätsverständnisses

In abstrakter Form lässt sich die Qualität einer Schule, eines Schulsystems oder einer Klasse leicht umschreiben: *Die Qualität ist bestimmt durch den Grad der Zielerreichung, der angestrebt wird.* Maßgeblich für die Qualitätsbestimmung sind demzufolge pädagogische Zielsetzungen, die nicht objektiv bestimmbar, sondern Gegenstand politischer Aushandlungsprozesse von am Bildungswesen Interessierten (Anspruchsgruppen) und damit zu weiten Teilen normativ bestimmt sind, d.h. Wertvorstellungen aller an der Bildung interessierten Gruppierungen prägen den Aushandlungsprozess, der mit einem Konsensentscheid seinen Abschluss findet.

Deshalb lässt sich die Qualität im Bildungswesen nicht objektiv oder allgemeingültig definieren. Sie ist relativ, weil sie immer nur das Ergebnis einer Bewertung der Beschaffenheit eines Objektes (Schulsystem, Schule, Klasse) ist (Heid 2000), wobei die Beschaffenheit des Objektes durch – weitgehend normative im Konsens aller Interessierten gefundene – Zielsetzungen geprägt ist.

2.2 Definition der Qualität

Da die Zielsetzungen, welche die Qualität bestimmen, immer das Ergebnis eines politischen Aushandlungsprozesses sind, ist die Qualität ein Konstrukt, das nicht einmalig oder statisch, sondern als ein über den Zeitverlauf veränderliches Phänomen zu sehen ist (Waibel 2003). Mit den Veränderungen des Umfelds und den Ansprüchen der am Bildungswesen Interessierten sowie deren individueller Wahrnehmungsfähigkeit verändern sich auch die Qualitätsansprüche. Deshalb lässt sich die Qualität im Bildungswesen in ganz allgemeiner Form wie folgt umschreiben:

> *Qualität meint die bewertete Beschaffenheit eines Bildungssystems, einer Schule oder einer Klasse, gemessen an den in einem politischen Aushandlungsprozess gefundenen Ansprüchen und Zielvorstellungen aller am Bildungswesen interessierten Gruppierungen und Personen (Anspruchsgruppen).*

Weil die Ansprüche der am Bildungswesen Interessierten und die Ergebnisse des Aushandlungsprozesses viele verschiedenartige Aspekte struktureller, inhaltlicher und personenbezogener Art umfassen, die je nach Situation (normative Vorstellungen, gesellschaftliche Entwicklungen, Lebensansprüche) und im Zeitverlauf sehr unterschiedlich gewichtet werden, ist es unmöglich, verbindliche Qualitätskriterien festzulegen und eine einheitliche Qualitätskonzeption, die lange währende Gültigkeit hat, zu entwerfen. Hingegen lässt sich die Qualitätsbetrachtung formal systematisieren.

2.3 Die formale Systematisierung des Qualitätsbegriffs

Die konkreten Zielsetzungen für das Bildungswesen werden von verschiedenen Anspruchsgruppen für die verschiedenen Ebenen (Schulsystem, einzelne Schule, einzelne Klasse) entwickelt und vorgegeben. Deshalb muss erstens die Qualitätsbeurteilung eine *Mehrebenenbetrachtung* (mehrebenenanalytischer Ansatz) sein, indem Qualitätsaspekte für (a) ein ganzes Schulsystem, (b) einzelne Schulstufen oder -typen, (c) einzelne Schulhäuser oder (d) einzelne Klassen betrachtet werden können. Die die Qualität bestimmenden Zielsetzungen für diese vier Ebenen sind voneinander abhängig und beeinflussen sich gegenseitig. Daher sollten in einem Konzept zur Bewertung der Schulqualität eines Bildungssystems alle vier Ebenen betrachtet werden, da unterrichtliche, schulische und bildungssystemische Faktoren wechselseitig verschränkt sind und gemeinsam zu den Lernerfolgen der einzelnen Schüler/innen beitragen (Fend 1998).

Zweitens sind die *Bedingungen und Prozesse* im Bildungsbereich zu betrachten, indem zu untersuchen ist, wie gut die Eingangsbedingungen (Input) in Ergebnisse (Outputs und Outcomes) transformiert werden. Bei der Outputorientierung (Effizienz) geht es – allgemein gesprochen – um die Frage, wie gut die in den Lehrplänen vorgesehenen Lernziele erreicht werden, und bei der Outcomeorientierung (Effektivität) interessiert, wie sich die Lernenden in fortführenden Ausbildungsgängen sowie später bei der Berufstätigkeit und/oder der Lebensbewältigung bewähren. Dazu wird der wissenschaftlichen Qualitätsbetrachtung ein *erweitertes Input-Prozess-Output-Modell* zugrunde gelegt, das der Logik des schulischen Produktions- bzw. Wertschöpfungsprozesses entspricht (siehe Abb. 4 auf der nächsten Seite; vgl. Waibel 2003).

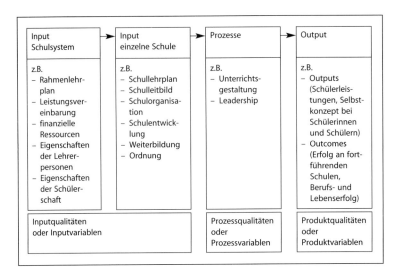

Abb. 4:
Input-Prozess-Output-Modell

Die Qualität eines Schulsystems, einer Schule oder einer Klasse wird also durch Inputqualitäten (Inputvariablen, z.B. Eigenschaften der Lehrkraft), durch Prozessqualitäten (Prozessvariablen, z.B. Unterrichtsgestaltung) und durch Produktqualitäten (Produktvariablen, Outputs und Outcomes) bestimmt. Deshalb lassen sich Input-, Prozess- und Produktqualitäten erfassen, um etwas über die Qualität einer Schule auszusagen. Aussagekräftiger als solche einzelnen Variablen sind jedoch Beziehungen zwischen den einzelnen Qualitätsfaktoren (z.B. welchen Einfluss die Ausbildung der Lehrkräfte auf den Lernerfolg der Schüler/innen hat [Input-Output-Beziehung] oder welche Wirkung die Unterrichtsgestaltung auf den Lernerfolg der Lernenden an einer weiterführenden Schule hat [Prozess-Outcome-Beziehung]). Viele Qualitätsuntersuchungen ermitteln Prozess-Output-Beziehungen. Besonders in Zeiten des Sparens wären aber auch Untersuchungen über die Qualitätszusammenhänge von finanziellen Ressourcen und Outputs (Input-Output-Beziehungen) interessant (vgl. dazu eine Zusammenstellung von Erkenntnissen bei Dubs 2004a). Dieses erweiterte Input-Prozess-Output-Modell ist ein wertvoller Ansatz. Es ist aber mit vier Problemen belastet:

1. Im Schulalltag ist die Definition der Outputqualitäten schwierig, weil die Lehrpläne häufig unpräzise sind und über die wichtigen affektiven, sozialen und voluntativen Lernbereiche sowie über Erziehungsabsichten kaum etwas aussagen. Daher müssen bei Qualitätsuntersuchungen die Outputqualitäten anhand der wenig bestimmten Lehrpläne genauer definiert werden, was im kognitiven Lernbereich etwas leichter zu bewerkstelligen ist als in den übrigen Lernbereichen, bei denen die Operationalisierung schwierig ist.
2. Die Erfassung der Outcomequalitäten ist noch anspruchsvoller, weil mit großem Zeitabstand auf die ehemaligen Schüler/innen zurückzugreifen ist, was einen hohen Arbeitsaufwand ergibt, ganz abgesehen von der Definition und Ermittlung des Berufs- und Lebenserfolgs.

3. Lineare Beziehungen zwischen Qualitätsfaktoren (z.B. die Auswirkungen der einer Schule zur Verfügung stehenden finanziellen Mittel auf den Lernerfolg [Input-Output-Beziehung]) können zu Fehlschlüssen führen, weil sich die Komplexität des schulischen Geschehens nur in Ausnahmefällen linear erklären lässt.
4. Und schließlich stellt sich die Frage, welche Faktoren für Qualitätsbeurteilungen relevant sind, oder konkreter ausgedrückt, welche Faktoren überhaupt erfasst werden sollen. So wird beispielsweise immer wieder behauptet, die Prozessqualität Schulklima sei für die Outputqualität kognitiver Lernerfolge der Schüler/innen besonders bedeutsam. Tatsächlich ist aber ihr Einfluss verhältnismäßig gering.

Damit erweiterte Input-Prozess-Output-Modelle bei Qualitätsuntersuchungen wissenschaftlichen Ansprüchen genügen, müssen die folgenden Voraussetzungen erfüllt sein:

- Wissenschaftliche Schulqualitäts-Untersuchungen dürfen sich nicht auf wenige Qualitätsfaktoren beschränken, sondern sie müssen viele Beziehungen zwischen den Input-Prozess-Output/Outcome-Faktoren aufdecken. Insbesondere die in den Vereinigten Staaten übliche fast ausschließliche Ausrichtung auf die Produktqualität »kognitive Schulleistung« greift zu kurz, weil die Schule einen umfassenderen als nur einen auf das kognitive Lernen ausgerichteten Bildungs- und Erziehungsauftrag hat.
- Die Erfassung von Prozessqualitäten ist wichtig, weil nur eine Analyse von Prozessqualitäten innerhalb einer Schule begründbare Aussagen über Zusammenhänge und Wechselwirkungen einzelner Einflussfaktoren zulässt. Umgekehrt dürfen sich Qualitätsuntersuchungen nicht nur auf Prozessqualitäten beschränken, denn sie allein geben nicht mit genügender Sicherheit Auskunft über die Produktqualitäten, welche immer das bedeutsamste Ziel aller schulischen Anstrengungen bleiben müssen.
- Besonders wichtig ist es, auch die Inputqualitäten zu erfassen, weil sie von den Schulen häufig unbeeinflussbare Rückwirkungen auf die Outputqualitäten haben. Schlecht ausgebildete Lehrkräfte beispielsweise beeinflussen den Lernerfolg der Schüler/innen maßgeblich. Anders ausgedrückt lassen sich mit der Erfassung von Inputqualitäten Einflüsse neutralisieren, die nicht durch die Schule selbst verursacht sind.
- Obschon die Produktqualitäten die nachhaltigsten Aussagen über die Schulqualität ermöglichen, dürfen die Prozessqualitäten nicht vernachlässigt werden. Gute Ergebnisse in gewissen Prozessqualitäten lassen positive Auswirkungen auf die Produktqualitäten erwarten. Absolut sicher ist aber diese positive Beziehung nie. Nicht jede als positiv wahrgenommene Prozessqualität führt mit Sicherheit zu einer positiven Produktqualität. So kann sich beispielsweise eine Schule einer bestimmten Unterrichtskultur verschreiben, die zu einem guten Schulklima führt, aber im Hinblick auf die zu erbringenden Lernleistungen keinen oder nur einen unwesentlich positiven Einfluss hat.

Mit dem erweiterten Input-Prozess-Output-Modell wurde immer wieder versucht, ein Globalkonstrukt »Schulqualität« zu entwickeln, um die Qualität eines Schulsystems, einer Schule oder einer Klasse umfassend ermitteln zu können. Inzwischen wurde erkannt, dass es auch wissenschaftlich nie möglich sein wird, alle Variablen mit ihren vielen Wechselbeziehungen zu erfassen. Deshalb wird heute das Globalkonstrukt »Schulqualität« infrage gestellt (Scheerens/Bosker 1997), zumal die empirische Forschung verschiedene Gründe ermittelt hat, die gegen allgemeine, weitgehend einheitliche sowie über die Zeitdauer stabile Effekte einzelner Schulen sprechen. Im Einzelnen sind es die folgenden Erkenntnisse (Ditton 2000; Scheerens/Bosker 1997; vgl. auch Waibel 2003):

- Die Konstanz der Wirkungen einer Schule über Fächer bzw. Lernbereiche hinweg ist nur bedingt vorhanden und darf nicht als gegeben vorausgesetzt werden.
- Bezüglich der Stabilität oder Konstanz schulischer Wirkungen über die Zeit finden sich große Unterschiede. Die Stabilität schulischer Leistungen fällt insbesondere dann deutlich geringer aus, wenn die Voraussetzungen der Lernenden berücksichtigt werden.
- Es ergeben sich auch differenzielle Effekte von Schulen hinsichtlich der Wirkungen für verschiedene Gruppen von Schülerinnen und Schülern bezüglich sozialer Herkunft, Geschlecht, ethischer Herkunft usw.

Deshalb bleiben Globalklassifikationen in gute und weniger gute Schulen wenig aussagekräftig. Differenzierte Schulprofile für einzelne Schulen über Fächer und über die Zeit geben genauere Hinweise auf die Qualität. Zudem zeigt sich immer deutlicher, dass die zentralen Einflussfaktoren stärker von der Unterrichtsebene und nicht der Schulebene ausgehen (Ditton 2000; Fend 2000).

Diese Erkenntnisse führen Steffens/Bargel (1993, S. 13f.) zu einer wesentlichen Aussage: »Man kann die Qualitätsmerkmale nicht von außen herantragen, sondern man muss von innen heraus verstehen, welche Probleme sich in der Schule kontextspezifisch stellen. [...] Es gibt verschiedene Profile von Schulen, die jedesmal eine eigene Qualität bedeuten.« Deshalb vertritt auch Thonhauser (1996) die Auffassung, dass es nie einen einheitlichen Qualitätsbegriff geben wird, den man von irgendwoher verbindlich vorgeben kann. Betrachtet man außerdem die vielen Einflussfaktoren (Input- und Prozessqualitäten), so geben Posch und Altrichter (1997, S. 130) die wohl beste Umschreibung von Schulqualität:

> »*Qualität* muss in Form einer Reihe von Qualitäten definiert werden. Dabei muss man sich bewusst sein, dass eine Institution im Hinblick auf einen Faktor hohe Qualität aufweisen kann, während sie in Bezug auf einen anderen Faktor von niedriger Qualität sein kann. Man kann nicht mehr erreichen, als jene Kriterien, die jeder Stakeholder bei seinen Qualitätseinschätzungen benutzt, so klar als möglich zu definieren und diese – zueinander in Wettbewerb stehenden – Sichtweisen zu berücksichtigen, wenn Qualitätsbeurteilungen vorgenommen werden.«

2.4 Der schulpraktische Umgang mit dem Begriff »Schulqualität«

2.4.1 Ansatz

Trotz dieser Grenzen versucht die Wissenschaft weiterhin, Beziehungen zwischen Input-, Prozess- und Outputvariablen zu ermitteln. Dabei richtet sie ihr Interesse vor allem auf die Wechselwirkung von als wichtig erkannten Input- und Prozessqualitäten (oder Variablen) im Verhältnis zu Outputqualitäten (Variablen), indem sie fragt, welche Input- und Prozessvariablen in welchen Ausprägungen und Kombinationen am wirksamsten zur Produktqualität (meistens Output, weil er leichter zu erfassen ist) beitragen. Allerdings muss diese Produktqualität angesichts ihres stark normativ geprägten Charakters immer wieder definiert werden. Dazu stehen drei Möglichkeiten zur Verfügung:

1. Die Qualität der Schule ist gut, wenn die Lernziele des Lehrplans erreicht sind, also die Effizienz groß ist. Sehr viele empirische Untersuchungen gehen von dieser Qualitätsdefinition aus, weil die vornehmlich kognitiven Lehrplanvorgaben mit Schulleistungstests relativ leicht zu erfassen sind. Dieser Ansatz wird von vielen Lehrkräften angefochten, weil – wie oben angedeutet – die Lehrpläne meistens zu einseitig kognitiv ausgerichtet sind. Dieser Einwand hat eine gewisse Berechtigung; allerdings ist immer wieder zu betonen, dass die kognitive Förderung der Schüler/innen die wichtigste Aufgabe der Schule ist.
2. Denkbar ist es, bestimmte Produktqualitäten zu definieren, die in Ergänzung zur kognitiven Schulleistung als bedeutsam erachtet werden, wie Sozialkompetenzen (Euler/Reemtsma-Theis 1999), die mit besonderen Tests erhoben werden, oder Ordnung und Gewaltlosigkeit im Schulhaus und im Schulhof, die im Zählverfahren durch Beobachtung ermittelt werden können.
3. Systematischer lassen sich Schulqualitäten aus dem Leitbild der Schule ableiten, was allerdings voraussetzt, dass es nicht nur Allgemeinheiten beinhaltet, sondern konkret zum Ausdruck bringt, welche Erziehungs- und Bildungsziele die Schule erreichen will.

Diese Idealvorstellung der Wechselwirkung von Input- und Prozessvariablen mit ihren Auswirkungen auf die Produktqualität soll mit zwei Beispielen illustriert werden: Aus empirischen Untersuchungen weiß man, dass eine gute Leadership einer Schulleiterin oder eines Schulleiters mit klaren Visionen (Prozessvariable) mit einer bescheidenen Schulausstattung (Inputvariable) zu einer höheren Zufriedenheit der Schüler/innen (Outputvariable) führt als umgekehrt (Bolster 1989). Oder: In Schulen mit einem schlechten Schulklima (Prozessvariable) verschlechtert sich die Unterrichtsführung auch der guten Lehrkräfte (Prozessvariable) und als Folge davon die Schulleistungen der Schüler/innen (Produktvariable).

Solche Qualitätsuntersuchungen sind wissenschaftlich bedeutsam, in der schulischen Alltagspraxis aber kaum durchführbar. Deshalb stellt sich die Frage, wie für die alltägliche Qualitätsarbeit an Schulen Input- und Prozessqualitäten gefunden werden könnten, die einigermaßen verlässliche Aussagen über die Wirkungen auf Produktqualitäten zulassen. Die Antworten sind in empirischen Studien im Bereich guter Schulen und guten Unterrichts zu suchen, indem folgendermaßen vorgegangen werden kann: Man überlegt sich, welche Outputqualität man erfassen möchte. Dann sucht man in empirischen Studien nach Input- oder Prozessqualitäten, welche nachweislich einen positiven Einfluss auf die Outputqualität haben. Findet man in der eigenen Schule bei diesen Input- und Prozessqualitäten gute Werte, so darf man annehmen, dass auch die Outputqualität gut ist, selbst wenn man sie angesichts des Arbeitsaufwands nicht ermittelt hat. Dies sei wiederum an zwei Beispielen verdeutlicht:

Eine Schule beschäftigt sich mit Ordnungs- und Disziplinfragen und ihre Lehrerschaft entwickelt eine Schulordnung. Nun möchte sie wissen, ob sich dadurch die Schülerleistungen verbessern. Die Forschung hat den Zusammenhang zwischen einer geordneten Schule mit vernünftigen und begründbaren Verhaltensregeln sowie Schülerleistungen bestätigt. Wenn deshalb erfasst wird, wie sich die Verhaltensregeln auswirken (z.B. weniger Raufereien auf dem Pausenplatz, weniger Schwänzen), so darf eine Verbesserung der Schulleistungen vermutet werden. Man begnügt sich also mit dem Erfassen einer Inputvariablen und schließt auf die Produktqualität. Oder: Eine Schule entscheidet sich, die Unterrichtsqualität zu erheben. In diesem Fall erstellt sie einen Beurteilungsbogen zur Erfassung des Lehrerverhaltens, in welchem aus der Forschung solche Prozessvariablen aufgenommen werden, von denen nachgewiesen ist, dass sie zu besseren Lernerfolgen (Produktqualität) führen. Dieses Vorgehen vereinfacht die Qualitätsarbeit, weil nicht Produktqualitäten erfasst werden müssen. Zu beachten ist jedoch, dass die Erstellung solcher Beurteilungsbogen eine anspruchsvolle Aufgabe ist. Viele Beispiele, die ohne Bezug zu den theoretischen Grundlagen erstellt werden, können zu Fehlbeurteilungen führen (vgl. die Anleitung zur Erstellung von Beurteilungsbogen bei Dubs 2005).

Um das Bewusstsein für Qualitätsmerkmale der »guten« Schule und den »guten« Unterricht zu stärken, werden in den folgenden beiden Abschnitten die Erkenntnisse aus der empirischen Forschung zusammengefasst. Es sei aber nicht verschwiegen, dass sich diese Erkenntnisse vornehmlich auf die Produktqualität kognitive Lernleistungen beziehen.

2.4.2 Die »gute« Schule

Aus einer Vielzahl von Einzeluntersuchungen lassen sich folgende Merkmale (Produktqualitäten) »guter« Schulen ermitteln (Aurin 1991; Steffens/Barget 1993; Gray/Wilcox 1995; Altrichter/Posch 1997; Fend 1998; Mayer/Mullens u.a. 2000):

- eine klare Konzeption der Schule mit pädagogischen Leitideen (Schulen mit einem eigenen Profil, das zu einer eigenen Schulkultur führt);
- hohe Identifikation der Lehrpersonen mit ihrer Schule (hohes Schulethos);

- hohe Lernerwartungen an die Schüler/innen aufgrund einer klaren Leistungsorientierung der Schule;
- pädagogisches Engagement der Lehrkräfte und eine zielstrebige Führung des Unterrichts;
- gute Zusammenarbeit der Lehrkräfte mit einem Schwergewicht auf der Schulentwicklung und zielgerichtete Selbstevaluation;
- Sicherung von Mindestbedingungen von Disziplin und Ordnung in der Schule;
- Führungsqualitäten der Schulleitung (gute Leadership);
- arbeitsorganisatorisches Funktionieren der Schule;
- positive Beziehungen zwischen der Schule, den Familien und der Gemeinde;
- Klima des gegenseitigen Vertrauens;
- fachlich und pädagogisch gut ausgebildete Lehrkräfte mit Unterrichtserfahrung.

Diese zusammengefassten Ergebnisse aus der Schuleffektivitätsforschung, die nach Variablen (Kriterien) von »guten« und »schlechten« Schulen suchen, sind etwas enttäuschend, weil statt der gesuchten »harten« Inputkriterien eher »weiche« Inputqualitäten gefunden wurden, d.h. Kriterien die eher »atmosphärischen« Charakter haben und wesentlich durch die Kultur und das Klima an einer Schule geprägt werden. Altrichter/Posch (1997) vertreten deshalb die Ansicht, dass das Ethos einer Schule, ein Konglomerat von auf den ersten Blick eher schwammig erscheinenden Prozessvariablen, mit der »guten« Schule in einem engeren Zusammenhang steht als manche eindeutige Inputfaktoren (wie beispielsweise Umfang der verfügbaren finanziellen Ressourcen, die Klassengröße), die besonders leicht zu ermitteln sind und bildungspolitische Entscheidungen zur Verbesserung der Qualität einer Schule einfach machen. Weil also die Effizienz und die Effektivität der Schule nur sehr bedingt auf Input- und einfache Prozessvariablen zurückgeführt werden können, hat die Schuleffektivitätsforschung in den letzten Jahren eher an Bedeutung verloren (Ditton 2000). An ihre Stelle tritt die Schulentwicklungsforschung, bei welcher gefragt wird, wie das qualitätsorientierte Ethos einer Schule entwickelt werden kann (vgl. dazu auch Waibel 2003). Dies gelingt umso eher, je bessere Rahmenbedingungen den einzelnen Schulen innerhalb eines Bildungssystems vorgegeben werden, innerhalb derer die Lehrerschaft ihre Schule selbst entwickeln kann. Zu diesen Rahmenbedingungen gehören klare Lehrplanvorgaben, klare Vorgaben über die Leistungsanforderungen (im Sinne eines erweiterten Leistungsbegriffs, d.h. neben kognitiven werden auch affektive, soziale, psychomotorische und voluntative Leistungen verlangt) sowie kontinuierliche, auf den Lehrplan ausgerichtete Lernerfolgskontrollen (vgl. auch Fend 2000).

Den Einfluss der Rahmenbedingungen eines Bildungssystems konnte in einer Längsschnittuntersuchung auch Bishop (1996) nachweisen. Er verglich die Schulleistungen von Volksschülerinnen und -schülern in den Fächern Lesen, Mathematik und Naturwissenschaften für die Länder USA, England, Frankreich und Holland. Während das Leistungsniveau zu Beginn der Volksschule in allen vier Ländern etwa gleich war, zeigten die Lernenden in England, Frankreich und Holland zu Beginn der Sekundarstufe I gegenüber jenen der USA deutliche Leistungsvorteile in der Mathematik und in den Naturwissenschaften. Maßgebend für die besseren Leistungen war die Bedeutung, die den Lernleistungen beigemessen wurde, die Qualität der Lehrkräfte sowie die intellektuelle Herausforderung der Schüler/innen aufgrund der Prüfungsanforderungen. Verallgemeinert ausgedrückt zeigte sich, dass herausfordernde Lehrpläne und anspruchsvolle externe Prüfungen einen starken positiven Einfluss auf die Schulleistungen haben.

Diese wenigen Hinweise machen zwei Dinge sichtbar: Erstens haben die Rahmenbedingungen eines nationalen Bildungssystems (Lehrplan, Prüfungssystem) einen größeren Einfluss auf den Lernerfolg, als man längere Zeit annahm. Aber zweitens können reine Momentaufnahmen mithilfe von einfachen, leicht zu erfassenden Input- und Prozessvariablen rasch zu falschen Schlussfolgerungen führen. Maßgeblich sind – abgesehen von gewissen Rahmenbedingungen als Inputqualitäten – viele eher »weiche« Prozessvariablen, welche durch Schulentwicklungsmaßnahmen von Schule zu Schule sehr unterschiedlich beeinflusst werden. Deshalb sollte vor allem das intern konzipierte Qualitätsmanagement weniger auf Momentaufnahmen als auf Längsschnittanalysen (dynamisches Qualitätsmanagement) ausgerichtet werden, mit dem nicht nur Ist-Zustände von Produktqualitäten erfasst, sondern auch die Qualitätsverbesserungen bei den Input- und Prozessvariablen ermittelt werden, um zusätzlich Erkenntnisse über die Wirkung von Schulentwicklungsmaßnahmen im Hinblick auf die Produktqualitäten gewinnen zu können.

2.4.3 Ausgewählte empirische Erkenntnisse zum »guten« Unterricht

2.4.3.1 Gesamtzusammenhänge

Während langer Zeit hat man den »guten« Unterricht zu eng nur im Zusammenhang mit dem Verhalten der Lehrkräfte betrachtet (vgl. die auch heute noch bedeutsamen Arbeiten von Dunkin/Biddle 1974). Heute interessiert man sich in Ergänzung dazu auch für die unterrichtlichen Rahmenbedingungen und die längerfristigen Entwicklungsprozesse. Fend (1998, S. 57) fordert deshalb richtigerweise, »dass die situativen und inhaltlichen Rahmenbedingungen geschaffen werden, die es ermöglichen, dass möglichst viele Schüler zu einem bestmöglichen Verständnis und zu einem bestmöglichen Niveau der Entwicklung ihrer Fähigkeiten gelangen. Schule ist danach ein optimierter Entwicklungskontext, in dem Erwachsene und Heranwachsende ›ko-konstruktiv‹ an Wachstums- und Entfaltungsprozessen engagiert sind«. Entscheidend ist nun die Frage, wodurch sich dieser optimale Entwicklungskontext auszeichnet, oder anders ausgedrückt, welche Variablen die Güte der »ko-konstruktiven Wachstums- und Entfaltungsprozesse« im Unterricht prägen und damit die Qualität aller Lehr-Lern-Prozesse im Unterricht bestimmen (vgl. auch Waibel 2003).

In einer sorgfältigen Metaanalyse (Verfahren zur Zusammenfassung vieler Einzeluntersuchungen mit statistischer Überprüfung der Signifikanz der insgesamt ermittelten Werte) haben Wang, Haertel und Walberg (1993) die wirksamsten Variablen (Bedingungen) im Entwicklungskontext zusammengestellt. Sie lassen sich folgendermaßen zusammenfassen:

Charakteristiken der Lernenden:
- Metakognitive Fähigkeiten (2)[2]
- Kognitive Fähigkeiten (3)
- Soziale Fähigkeiten und Verhaltensmerkmale (6)
- Motivationale und affektive Gegebenheiten (7)

Erzieherische Umweltbedingungen im Elternhaus und in der Lebensumwelt:
- Häusliche Umwelt und Unterstützung durch Eltern (auch Aufgabenhilfe) (4)
- Einfluss bezüglich intellektueller Ansprüche durch die Kameradschaftsgruppen (8)

Unterrichtspraxis:
- Strategien zur Aktivierung aller Schüler/innen im Unterricht (1)
- Soziale Beziehungen zwischen Lehrkräften und Lernenden (gegenseitig positives Verhalten und gegenseitige Wertschätzung) (5)
- Zeitlicher Umfang des Unterrichts (für das Lernen eingesetzte Zeit) (9)
- Klima im Klassenzimmer (11)
- Zielgerichteter und gut organisierter Unterricht (12)
- Gute Lehrer-Schüler-Interaktion im intellektuellen Lernbereich (14)
- Überwachung (Überprüfung des Lernerfolgs) (15)

Gegebenheiten in der Schule:
- Schulethos und Schulpolitik, Schulkultur (10)

Lehrplangestaltung und -umsetzung:
- Aufgaben des Unterrichts, Lehr- und Lernmaterial, Vorwissen und dessen Organisation (13)

Diese Aufzählung zeigt, dass die wichtigsten Einflüsse für den Lernerfolg durch Charakteristiken der Schüler/innen sowie den familiären und außerschulischen Kontext (Inputvariablen) geprägt werden und der Lehrer-Schüler-Interaktion im Unterricht (Lehr-Lern-Prozesse, Prozessvariable), die maßgeblich durch das Lehrerverhalten bestimmt ist, große Bedeutung zukommt. Dies präzisiert Fend (1998, S. 374) eindrücklich: »Die Qualität eines Bildungswesens materialisiert sich letztlich in den konkreten Lehr-Lern-Prozessen einer Schulklasse. [...] Die Qualität der Lehr-Lern-Prozesse ergibt sich weder aus strukturellen Vorgaben allein noch ausschließlich aus den persönlichen Haltungen und Qualitäten der Lehrer. Beide Faktoren wirken ineinander. Damit ist die Frage nach der Qualität eines Bildungswesens auch eine Frage nach der Interaktion von Struktur und Person im sozialen System des Bildungswesens.« Anders ausgedrückt hängt die Qualität einer Lehrkraft im Hinblick auf den Unterrichtserfolg nicht allein vom konkreten Lehrerverhalten, sondern auch von den Rahmenbedingungen, den Lehrplänen und dem Lernmaterial, der Schulkultur usw. ab. Dies erklärt auch, weshalb es an manchen Schulen einfacher ist, eine gute Lehrkraft zu sein als an anderen (Posch/Altrichter 1997). Deshalb ist bei allen Qualitätsbeurteilungen von Lehrkräften

---

[2] Die Zahlen in Klammern geben die Rangfolge der Bedeutung der einzelnen Variablen an.

und Unterricht zu beachten, was Fend (1998, S. 335) treffend festhält: »Die pädagogische Psychologie neigt dazu, bei der Analyse des Lehrerverhaltens den gesamten strukturellen Hintergrund seiner Vorherbestimmung durch die Makroebene des Bildungswesens zu vernachlässigen und lediglich die situativen und personalen Aspekte des Lehrerhandelns zu beachten. Die hier vorgelegten Analysen verweisen dagegen auf ein komplexes Wechselspiel zwischen strukturellen Vorgaben und individuellem Lehrerverhalten.«

Diese Erkenntnisse machen deutlich, dass bei der Beurteilung der Qualität von Lehrkräften und Unterricht eine auschließliche Orientierung an Prozessqualitäten des Lehrerverhaltens oder der Unterrichtsgestaltung zu Beurteilungsfehlern führen kann, da die Einflüsse der Inputvariablen unberücksichtigt bleiben. Diese Feststellung ist besonders bedeutsam, wenn Lehrer- und Unterrichtsbeurteilungen an verschiedenen Schulen (z.B. in einem Schulbezirk) verglichen werden oder wenn ein Leistungslohnsystem für Lehrkräfte, das nur auf einer Lehrerbeurteilung beruht, eingeführt wird.

Im Schulalltag ist es jedoch kaum möglich, das Lehrerverhalten und/oder die Unterrichtsgestaltung (Prozessvariablen) in Verbindung mit Inputvariablen zu erfassen, um verlässliche Aussagen für die Produktqualitäten zu erhalten. Deshalb wird man sich meistens mit der Aufnahme von Prozessvariablen begnügen müssen, um darauf aufbauend und auf der Basis von empirischen Forschungsergebnissen auf die Produktqualität zu schließen. Um es an einem eindeutigen Beispiel zu verdeutlichen: Die Fähigkeit einer Lehrperson, ihren Schülerinnen und Schülern ein gutes Feedback zu geben (sie angemessen zu verstärken), hat positive Auswirkungen auf den Lernerfolg (vgl. die ausführliche Darstellung bei Dunkin/Biddle 1974). Deshalb darf man also annehmen, dass eine Lehrkraft, welche die Verstärkermechanismen (Prozessqualität) gezielt einsetzt, in ihrem Unterricht eine größere Produktqualität erreicht.

Seit drei Jahrzehnten bemühen sich die Lehrerverhaltens- und die Unterrichtsforschung um die Ermittlung von entsprechenden Prozessqualitäten. Oft wird dabei auch von Kriterien oder von Indikatoren »guten« Unterrichts gesprochen.

2.4.3.2 Kriterien des »guten« Unterrichts (Prozessqualitäten)

Die Forschungsergebnisse zur Frage des »guten« Unterrichts sind eindeutiger und übereinstimmender als diejenigen zur »guten« Schule. Trotzdem dürfen bei den folgenden Ausführungen zwei Einschränkungen nicht übersehen werden: Erstens orientieren sich die meisten Untersuchungen am Ziel der kognitiven Lernleistungen. Andere Zielvorstellungen (z.B. dass die Schule vornehmlich Betreuungsaufgaben übernehmen, musisch-künstlerische Fähigkeiten fördern muss u.Ä.) erforderten andere Kriterien. Zweitens sind – wie im vorausgegangenen Abschnitt angesprochen – die unterschiedlichen Inputqualitäten zu beachten. Zwar haben die im Folgenden angeführten Kriterien (Variablen, Prozessqualitäten) aufgrund vieler empirischer Studien eine generell hohe Gültigkeit, aber sie brauchen nicht für jede Schulumgebung, für jede Schule und für jede Lehrperson in absoluter Weise zuzutreffen.

Die Tabellen 1 bis 6 stellen Kriterien zum »guten« Unterricht zusammen (Doyle 1986; Good/Brophy 1986; Dubs 1995; Weinert/Helmke 1996; Shuell 1996; Hogan/Pressley 1997; Brophy 1998; Waxman/Walberg 1999; Haenisch 1999; Brophy 2000; Walberg/Paik 2000; Hattie/Clinton 2001; Oser/Baeriswyl 2001; Waibel 2003). Berücksichtigt sind nur Kriterien, welche

- empirisch genügend abgesichert sind (man darf sie als allgemein gültige Trendaussage akzeptieren);
- beobachtbar und beurteilbar sind, also die konkreten Leistungen einer Lehrperson (*teacher performance*) konkret erfassbar machen;
- unterrichtsrelevant sind (Kriterien wie Ethos der einzelnen Lehrperson, Identifikation mit der Schule, außerunterrichtliche Tätigkeiten usw. sind nicht berücksichtigt); und
- durch die Lehrkraft beeinflussbar sind bzw. ihre Lehrtätigkeit charakterisieren.

Gegliedert sind diese Kriterien nach didaktischen, motivationalen, lehr-/lern-theoretischen, methodischen und Verhaltensgesichtspunkten sowie Kriterien der Führung von Klassen.

Die in Tabelle 1–6 auf den folgenden Seiten angeführten Kriterien mit den dazugehörigen Indikatoren stellen also Prozessvariablen dar, welche einigermaßen gültige Aussagen über einen qualitativ guten Unterricht zulassen, sofern man sich auf erbrachte Lernleistungen ausrichtet. Deshalb sind diese Kriterien und Indikatoren (Prozesse) für die Ermittlung der Qualität des Unterrichts im Hinblick auf Lernleistungen (Produkte) geeignet, d.h. es kann eine Prozess-Produkt-Beziehung angenommen werden. Allerdings stellt sich bei der praktischen Ermittlung dieser Qualität mittels Beobachtungs- und Beurteilungsbogen ein weiteres Problem: Weil nicht genügend genau bekannt ist, welchen Beitrag die einzelnen Indikatoren zum gesamten Erfolg einer Lehrkraft beitragen, ist es schwierig, zu bestimmen, welche Indikatoren bei der Durchführung einer Qualitätsermittlung tatsächlich erfasst werden sollen (der gesamte Katalog ist ohnehin nicht erfassbar). Zwar gibt es viele Versuche, Gewichtungen zu konstruieren, die tendenziell zu ähnlichen Ergebnissen führen. So zeigt sich immer wieder, dass das Feedback (Verstärkung) und das direkte Lehrerverhalten einen sehr starken Einfluss auf den Lernerfolg der Schüler/innen haben, während etwa Versuche zur Individualisierung des Unterrichts wenig Wirkung zeitigen (vgl. beispielsweise Hattie/Clinton 2001). Deshalb bleibt die Entwicklung von Beurteilungsbogen über den Unterricht weiterhin ein schwieriges Unterfangen, welches nie zu absolut gültigen Ergebnissen über die Qualität des Unterrichts führt. Entwickelt man solche Bogen zur Verbesserung des Unterrichts und des Lehrerverhaltens, so erfüllen sie ihren Zweck problemlos. Setzt man sie aber als einziges Instrument für die Beurteilung von Lehrkräften im Zusammenhang mit Wahlen, Beförderungen oder Leistungslöhnen ein, so wird es problematisch.

Tab. 1: Didaktische Kriterien des »guten« Unterrichts

Kriterien	Indikatoren
Bedeutsame und anspruchsvolle Lernziele	• Die Lernziele sprechen im Zeitverlauf alle Lernbereiche (kognitiv, affektiv, sozial, voluntativ, psychomotorisch) an. • Die Lernziele sind unter Berücksichtigung der Lernvoraussetzungen bei den Schülerinnen und Schülern anspruchsvoll. • Die Lernziele sind für die Lernenden bedeutsam und langfristig orientiert. • Die Lernziele sind verständlich.
Aufbau von Wissensstrukturen (zusammenhängende Netzwerke)	• Das Wissen (deklaratives Wissen) wird zusammenhängend organisiert (Aufbau von Wissensstrukturen statt Addition von zusammenhanglosem Wissen).
Anwendung von Wissen	• Wissen wird zielgerichtet angewendet, mit dem Ziel, Kompetenzen erleben zu lassen und Erfolgserlebnisse zu ermöglichen. • Zur Förderung der Generalisierungs- und Transferfähigkeiten findet ein intensives Üben zur Automatisierung von Grundfertigkeiten und zum Anwenden des Wissens in wechselnden Kontexten (Anwendungsbezügen) statt.
Systematisch geplanter und strukturierter Unterrichtsaufbau	• Der Unterrichtsaufbau ist kontinuierlich lernzielorientiert. • Er ist in für die Lernenden spürbarer Weise gegliedert (strukturiert), der »rote Faden« ist erkennbar. • Der Unterricht baut systematisch auf dem Vorwissen auf. • Die Lehrperson bemüht sich um die Herstellung der Zusammenhänge zwischen den vielen Wissenselementen und Strukturen. Ihr Bemühen um die Herstellung von Querverbindungen und die Unterstützung mit Orientierungshilfen ist erkennbar.

Tab. 2: Motivationale Kriterien des »guten« Unterichts

Kriterien	Indikatoren
Sinngebung für das Lernen	• Den Lernenden wird die Bedeutung und der Sinn der Lerngegenstände deutlich gemacht. Es wird erklärt, warum etwas zu lernen ist.

Gehaltvolle Lernumgebungen	• Die Lernumgebungen (Einteilung von Lernprozessen, Problem- und Aufgabenstellung) sind
	  – herausfordernd (problemhaltige Situationen, die auf dem Vorwissen aufbauen sowie zum Denken und Lernen anregen);
	  – anschaulich sowie auf den Erfahrungshorizont und das Vorstellungsvermögen der Lernenden ausgerichtet;
	  – elevant (im Hinblick auf die Lernziele bedeutsam);
	  – sinnstiftend (auch für die Lernenden bedeutsam).
	• Die Lernumgebungen sind bedeutsam, d.h. es wird von realen, anspruchsvollen Lernsituationen mit vielfältigem Material (Informationen, Daten usw.) ausgegangen und weitgehend auf die didaktische Reduktion (vom Einfachen zum Komplexen, vom Lebensnahen zum Abstrakten) verzichtet.

Tab. 3: **Lehr-/lerntheoretische Kriterien des »guten« Unterrichts**

Kriterien	Indikatoren
Förderung von anspruchsvollem (analytischem, kritischem und kreativem) Denken und Arbeiten	• Die Lehrperson regt fortwährend zu problemlösungs-, zielerreichungs- und transferorientierten Denk- und Lernprozessen auf einem angemessenen Anspruchsniveau an. • Sie bemüht sich, in allen Lernvorhaben in integrierter Weise Arbeitstechniken, Lerntechniken und Lernstrategien sowie Denkfertigkeiten und Denkstrategien (prozedurales Wissen) sichtbar zu machen, zu erarbeiten sowie die Lernenden in der eigenständigen Anwendung dieser Techniken und Strategien zu stärken.
Ausbalancierte, situative Gestaltung der Lernprozesse	• Die Gestaltung der Lernprozesse besteht – bedingt durch das jeweils unterschiedliche Vorwissen, die verschiedenartigen Schul- und Lebenserfahrungen sowie die unterschiedlichen Leistungsfähigkeiten – aus einem optimalen, situativ geprägten Mix von – aufnehmendem (rezeptiven) und selbst erarbeitetem (konstruktivem) Lernen; – fachorientiertem (systematischem) und themen- oder anwendungsorientiertem (situiertem) Lernen; – fremd- und selbstgesteuertem Lernen.
Ausbalancierte, aktive Steuerung des Lernens durch die Lehrkraft	• Die Steuerung der Lernprozesse besteht – bedingt durch die verschiedenartigen Lernerfahrungen – aus einem optimalen, situativ geprägten Mix von – stark gesteuertem (direktem) Lehrerverhalten (im Anfängerunterricht und mit schwächeren Lernenden), – zurückhaltend gestaltender Steuerung (indirektes Lehrerverhalten) und – Lernberatung bei selbstreguliertem Lernen der Schüler/innen. • Jedes Lernen bedarf einer Steuerung durch die Lehrperson. Entscheidend ist es, den optimalen Mix zwischen diesen drei Grundformen des Lehrerverhaltens zu bestimmen.
Förderung des selbstgesteuerten (selbstregulierten) Lernens	• Die Lehrperson leitet gezielt zum selbstgesteuerten Lernen an und schafft im Zeitverlauf zunehmend mehr Freiräume dazu. • Sie bietet beim selbstregulierten Lernen Lernberatung an (Scaffolding = keine Lösungen, sondern Hilfestellungen zur Fortführung der selbstständigen Arbeit), um Ineffizienzen und Misserfolge mit der Selbsttätigkeit zu vermeiden.
Metakognition	• Die Lehrperson unterstützt die Lernenden bei der Reflexion über ihr eigenes Lernen. Sie hilft ihnen, ihre Lern- und Denkprozesse zu beschreiben und zu analysieren sowie ihr Lernen zu planen und zu überwachen.

Tab. 4: **Methodische Kriterien des »guten« Unterrichts**

Kriterien	Indikatoren
Ausbalancierte Methodenvielfalt	• Im Unterricht werden je nach Zielsetzungen und Voraussetzungen bei den Lernenden sowie den jeweiligen Rahmenbedingungen unterschiedliche Methoden (Lehr- und Lernformen) eingesetzt. • Für den Lernerfolg entscheidend ist nicht eine bestimmte Methode, sondern ob bei jeder Methode die Lernenden in der geeigneten Form aktiviert werden (sogar ein Lehrervortrag kann durch gezielt eingebaute Fragen und Aufgaben wirksam sein, wenn es darum geht, in wenig Unterrichtszeit viel Orientierungswissen zu vermitteln).
Medien und Hilfsmittel	• Der Medieneinsatz (E-Learning, Videoclips usw.) ist wirksam, wenn er unmittelbar auf die Lernziele ausgerichtet ist, synchron erfolgt (keine Multimedia-Schau), im Umfang angemessen bleibt und die Erkenntnisse ausgewertet werden. • Eine zielgerichtete Visualisierung (vor allem während des Unterrichtsverlaufs entwickelte Darstellungen am Overheadprojektor oder an der Wandtafel, aber keine »Folienorgie«) erhöht die Lernwirksamkeit. • Die unterrichtliche Arbeit mit Dokumenten, Modellen, Versuchen, Simulationen usw. erhöht den Lernerfolg, sofern der Einsatz zielgerichtet erfolgt und eine Auswertung von Erkenntnissen stattfindet.
Aufbau der einzelnen Lektionen	• Der Aufbau der Lektion muss für die Lernenden deutlich werden: – Die Problemstellung, die dem Lerngegenstand zugrunde liegt, muss allen Lernenden bewusst sein. – Die Lernenden sollten erkennen, warum ein Lerngegenstand bearbeitet wird und welches Ziel sie erreichen sollten. – Bei der Erarbeitung des Lerngegenstands soll das Verstehen im Vordergrund stehen. – Die Lernfortschritte müssen durch Üben verfestigt werden. – Das neu Gelernte soll in die Gesamtstruktur und -zusammenhänge eingebaut werden.
Hausaufgaben	• Es sollten vielgestaltige Hausaufgaben erteilt werden und sie müssen auf die Lernziele abgestimmt sein. • Hausaufgaben sollten beurteilt und besprochen werden (diagnostischer Zweck). • Hausaufgaben sollen bereits während der Lektion eingeleitet werden, damit die Lernenden verstehen, was sie zu erbringen haben und bei Schwierigkeiten erste Hilfestellungen erhalten.

Tab. 5: Kriterien des »guten Unterrichts« – Lehrerverhalten

Kriterien	Indikatoren

Enthusiasmus und Motivationskraft sowie hohe Sach- und Leistungsorientierung	• Die Lehrpersonen zeigen eine spürbare Begeisterung für ihren Fachbereich.
	• Sie orientieren sich an hohen fachlichen Standards (hohe, aber erfüllbare Anforderungen aufgrund klarer Ziele).
	• Sie stärken die Motivation der Lernenden, indem sie
	  – häufig und möglichst alle Lernenden aktivieren;
	  – positive Erfolgserwartungen an die Lernenden haben;
	  – den Schülerinnen und Schülern Gelegenheiten für Lernerfolge schaffen und Erfolgserlebnisse zu vermitteln helfen;
	  – das Selbstvertrauen der Schüler/innen stärken.

Positive emotionale Steuerung	• Das Unterrichtsklima ist angstfrei.
	• Es besteht eine hohe Fehlertoleranz (Fehler werden für Lernprozesse als bedeutsam betrachtet).
	• Die Lehrperson setzt zur Steuerung des Unterrichts und der Klasse positive Mittel ein:
	  – Ermutigung und Verstärkung (Anerkennung);
	  – Eingehen auf Lern- und andere Probleme;
	  – gezielte Unterstützung bei Lernschwierigkeiten;
	  – Interesse an den Lernerfolgen der Schüler/innen.
	• Sie fördert positive Gefühle (Sympathie, Vergnügen) und vermeidet negative Gefühle (Angst, Neid, Ärger).

Hohe affektive Qualität der Lehrer-Schüler-Beziehung	• Die Lehrperson fördert mit ihrem Verhalten den Aufbau einer Kooperations- und Vertrauenskultur, in der respekt- und verantwortungsvoll miteinander umgegangen wird.
	• Die Interaktion zwischen Lehrenden und Lernenden ist seitens der Lehrperson durch folgende Merkmale charakterisiert:
	  – Reversibilität des Verhaltens;
	  – Empathie und Rücksichtnahme;
	  – Echtheit;
	  – Berechenbarkeit;
	  – Geduld;
	  – Wertschätzung und emotionale Wärme.

Techniken des unterrichtlichen Verhaltens von Lehrkräften	• Die Lehrperson nutzt die Unterrichtszeit konsequent für die Arbeit am Lerngegenstand (*time on task*) bei gleichzeitiger Orientierung an den Schülerinnen und Schülern durch
	  – knappe Übergänge und Vermeidung von Unterbrechungen;
	  – ein optimales (nicht maximales) Unterrichtstempo, das Zeit für ein individuelles Reflektieren und Verarbeiten lässt;
	  – eine angemessene Langsamkeitstoleranz.
	• Fähigkeit zur Aktivierung der Lernenden mit guter Frage- und Impulstechnik sowie Gewandtheit im Scaffolding (lernunterstützende Fähigkeiten durch gute Denkgerüste).
	• Feedbacktechniken (Verstärkung)
	• Klare, prägnante und strukturierte Ausdrucksweise und verständliche Sprache

Tab. 5: Kriterien des »guten Unterrichts« – Lehrerverhalten (Fortsetzung)	
Kriterien	Indikatoren
Techniken des unterrichtlichen Verhaltens von Lehrkräften	• Fähigkeit zur Fokussierung (Zurückführung der Lerndialoge in eine Struktur, Zwischenzusammenfassungen); • Fähigkeit, bei Lernproblemen mit unterschiedlichen Unterrichtsansätzen die Erarbeitung der Lerninhalte zu wiederholen; • Fähigkeit, die Lernenden bei Motivationsschwächen und Ermüdungserscheinungen zum zielstrebigen Lernen zurückzuführen (hoher Antrieb durch eindeutige Aufgabenorientierung); • Fähigkeit, zweckmäßige Lernkontrollen (Klausuren, Tests, Prüfungen) zur Lernsteuerung und Diagnose zeitgerecht durchzuführen; • Fähigkeit zur Diagnose von Lernschwierigkeiten und zu individueller Hilfe.

Tab. 6: Kriterien des »guten Unterrichts« – Führung der Klasse	
Kriterien	Indikatoren
Effiziente, aufgabenorientierte und störungsvorbeugende Klassenführung	• Die Lehrperson zeigt eine aktive Kontrolle der unterrichtlichen Situation mit dem Ziel einer angemessenen Disziplin. • Sie gibt der Klasse begründete Verhaltensregeln, die sie durchsetzt. • Sie verfügt über Problemlösestrategien, die sie bei Problemen mit Schülerinnen und Schülern oder der Klasse unmittelbar einsetzt. • Sie ist wohlwollend, aber konsequent und setzt sich durch.

2.5 Zusammenfassung: Konsequenzen für das Qualitätsmanagement an Schulen

Diese Analyse der wissenschaftlichen Grundlagen führt zu den folgenden Anforderungen an das Qualitätsmanagement an Schulen:

- Weil die Schulqualität wissenschaftlich nicht eindeutig bestimmbar ist, eignen sich schematische Qualitätsmodelle mit repetiver Anwendung nicht. Entscheidend ist, dass bei jedem Vorhaben zum Qualitätsmanagement zuerst definiert wird, was unter der zu erfassenden Qualität zu verstehen ist und wie sich diese Qualität aus pädagogischer Sicht rechtfertigen lässt. Die Reflexion über die erwünschte Qualität muss immer am Anfang der Überlegungen zum Qualitätsmanagement stehen (Reflexionsfunktion).
- Anzustreben sind Mehrebenenanalysen, weil Strukturmerkmale der höheren Ebene (z.B. Gegebenheiten eines Schulsystems) Einflüsse auf die Merkmalsausprägungen und ihre Varianzen auf der unteren Ebene (z.B. einer einzelnen Schule oder einzelner Schulklassen) haben und Wechselbeziehungen bestehen. Um es an einem

Beispiel zu zeigen: Das Schulklima als intervenierende Variable wird von den einzelnen Schülerinnen und Schülern wahrgenommen (individuelle Klimawahrnehmung). Je nach diesen Wahrnehmungen und dem Geschehen in den einzelnen Klassen entwickeln sich unterschiedliche Formen des Klassenklimas. Diese wiederum beeinflussen das Klima der ganzen Schule. Erst aufgrund einer Mehrebenenanalyse des Klimas lassen sich die Wirkungen abschätzen, die von den einzelnen Ebenen ausgehen. Und nur auf dieser Grundlage lässt sich ermitteln, was auf welcher Ebene zu tun ist, wenn das Schulklima verbessert werden soll (zur Vertiefung Saldern 1986).

- Qualitätsuntersuchungen dürfen sich nicht auf einige wenige Qualitäten (Variablen, Kriterien) beschränken. Insbesondere die einseitige Orientierung an der Produktqualität »kognitive Schulleistung« greift zu kurz. Zu beachten sind Produkt-, Prozess- und Inputqualitäten. Ebenso falsch ist aber der heutige Trend, nur noch Prozessqualitäten zu erfassen. Sie allein garantieren die Produktqualitäten nicht in jedem Fall. Schulleistungen in einem erweiterten Verständnis zu erbringen bleibt die Hauptaufgabe der Schule. Deshalb sind auch sie zu evaluieren.
- Die Erfassung der Prozessqualitäten ist bedeutsam, weil nur eine Analyse von Prozessen innerhalb einer Schule zu Aussagen über Zusammenhänge und Wechselwirkungen einzelner Einflussfaktoren führt. Deshalb ist der Ansatz von Altrichter/Radnitzky/Specht (1994) zutreffend: Er vergleicht das Qualitätsmanagement mit der Tätigkeit eines Fotografen, der sich auf die Suche nach Motiven für die »gute« Schule begibt, ohne aber inhaltlich von Anfang an genau festgelegt zu sein. Wesentlich ist aber, dass sich diese Suche nach Zusammenhängen und Wechselwirkungen immer wieder an den Produktqualitäten orientiert und nicht zum administrativen Selbstzweck wird (Rechtfertigung, man tue etwas für die Qualität).
- Besonders wichtig ist der Einbezug der Inputvariablen. Die in der Praxis erhobene Kritik, Qualitätsuntersuchungen seien häufig unzuverlässig, weil Unterschiede bei den Inputvariablen nicht berücksichtigt werden, ist richtig. Qualitätsstudien müssen möglichst viele Inputvariablen erfassen, damit alle Einflüsse, die nicht durch die Schule selbst gegeben sind, neutralisiert werden.
- Von den Inputvariablen darf nicht direkt auf die Produktqualitäten geschlossen werden, weil Wechselwirkungen mit intervenierenden Prozessvariablen bestehen. So gibt es – wie schon angedeutet – deutliche Hinweise darauf, dass eine gute Leadership der Schulleiterin oder des Schulleiters mit klaren Visionen auch bei einer bescheidenen Schulausstattung zu einer größeren Zufriedenheit der Lernenden führt als im umgekehrten Fall (Bolster 1989). Solche komplexeren Beziehungen müssen in Zukunft genauer erforscht werden, um verlässliche Aussagen über die Inputqualität machen zu können.
- Die Schulqualität muss in dynamischer Form verstanden werden. Deshalb reichen ausschließlich statische und punktuelle Erhebungen nicht mehr aus. Nur Längsschnittuntersuchungen zeigen auf, wie Schulen zu »guten« Schulen werden, warum sie es bleiben oder nicht bleiben und was zu tun ist, um im konkreten Fall Qualitätsverbesserungen zustande zu bringen (vgl. auch Thonhauser 1996).

Ziel dieses Abschnittes war es, auf die Komplexität des schulischen Qualitätsbegriffs aufmerksam zu machen, um vor vorschnellen, oberflächlichen Aktivitäten zu warnen. Unbedachtes Vorgehen bringt nicht nur keine Wirkungen und wertet die Bemühungen um die Qualitätsverbesserung von Schulen ab, sondern es kann auch zu Fehlurteilen führen (z.B. nicht gerechtfertigte Kritik an Lehrkräften infolge einer oberflächlichen Evaluation).

Angesichts der Komplexität stellt sich deshalb die Frage, ob es für die einzelnen Schulen überhaupt möglich ist, ein intern konzipiertes Qualitätsmanagement aufzubauen. Ebenso kritisch ist die Frage, ob umfassende TQM-Systeme überhaupt aussagekräftig sind. Die Antwort auf diese Frage hängt von den Zielvorstellungen ab, die mit dem Qualitätsmanagement angestrebt werden.

3. Die Zielvorstellungen für das Qualitätsmanagement an Schulen

3.1 Übersicht

Viele Meinungsverschiedenheiten über die Form des »richtigen« Qualitätsmanagements ließen sich beseitigen, wenn in jedem Fall die Zielvorstellungen für das Qualitätsmanagement eindeutig definiert würden. Abbildung 5 versucht, eine mögliche Gliederung darzustellen.

Das Qualitätsmanagement kann erstens als Berechtigungs- und Anerkennungsverfahren verstanden werden, indem eine spezialisierte Organisation die gute Qualität einer Schule zu einem bestimmten Zweck bestätigt. Bei der *Akkreditierung* geht es um die Bestätigung der Qualität der Schule durch eine Organisation (Agentur) mit dem Ziel der Anerkennung der Schule für bestimmte Zwecke (z.B. bedingungsloser Übertritt von einer Schule zur anderen, prüfungsfreier Übertritt von einer Schulstufe auf

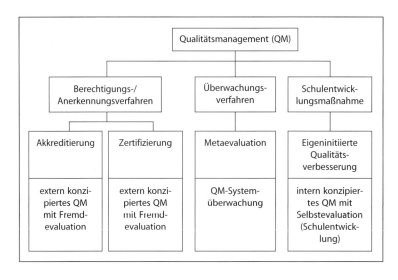

Abb. 5: Zielvorstellungen für das Qualitätsmanagement

die andere). Die Akkreditierung kann eine Programm-Akkreditierung (Überprüfung der Qualität des Unterrichts) oder eine System-Akkreditierung (Überprüfung der institutionellen Bedingungen) sein. Die Evaluation erfolgt nach bestimmten Verfahren (z.B. Peer-Review, vgl. S. 1264) und aufgrund von Akkreditierungsstandards, welche meistens Prozesskriterien zur Stärkung eines intern konzipierten Qualitätsmanagements sind. Vorderhand wird die Akkreditierung vor allem im Hochschulbereich verwendet (vgl. in Deutschland den Beschluss der Kultusministerkonferenz vom 15. Oktober 2004).

Das Qualitätsmanagement kann zweitens zu einer *Zertifizierung* führen, d.h. eine staatliche Stelle oder eine Organisation bestätigt aufgrund eines Audits durch spezialisierte Fachleute, dass eine Schule einen hohen Qualitätsstandard erreicht hat. Mit der Möglichkeit der Zertifizierung sollen die Schulen angeregt werden, qualitätsfördernde Maßnahmen zu ergreifen, deren Ergebnisse nach innen und nach außen mit einem Zertifikat bekannt gemacht werden (beispielsweise in der Schweiz für die berufsbildenden Schulen, vgl. Bundesamt für Berufsbildung und Technologie 2004).

Mit der *Metaevaluation* überprüft eine staatliche Behörde (Schulbehörde oder Schulaufsicht), ob die einzelnen Schulen über ein zweckmäßiges intern konzipiertes Qualitätsmanagement verfügen und es zielgerichtet handhaben (vgl. Kapitel 4 in diesem Beitrag, S. 1243ff.).

Schließlich kann das Qualitätsmanagement auch als *schulinterne Maßnahme* zur Verbesserung der Qualität im umfassenden Sinn oder zur Überprüfung der Wirksamkeit von Schulinnovationen gesehen werden. Die *Initiative* für ein solches intern konzipiertes Qualitätsmanagement mit Selbstevaluation geht von der einzelnen Schule aus (vgl. Kapitel 5 in diesem Beitrag, S. 1246ff.) und dient meistens als Grundlage für die Schulentwicklung.

3.2 Das Qualitätsmanagement-Verständnis

Nicht nur bestehen unterschiedliche Zielvorstellungen zum Qualitätsmanagement, sondern es lassen sich auch Unterschiede des *Qualitätsmanagement-Verständnisses* feststellen, was z.T. auf die unterschiedlichen Zielvorstellungen zurückzuführen ist:

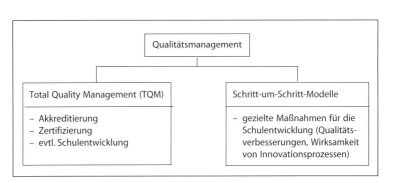

Abb. 6: Qualitätsmanagement-Verständnis

Mit dem *Total Quality Management* (TQM) sollen in einem Durchgang möglichst viele Input-, Prozess- und Produktqualitäten erhoben werden. Deshalb ist es ein prozessorientiertes System, das die Qualität aller Bereiche einer Schule (Gegebenheiten der schulischen Umwelt, Strategien, Strukturen, Prozesse und Innovation) erfasst. Festgestellt werden soll, ob einerseits alle Lehr-Lern-Prozesse zu guten Lernleistungen der Schüler/innen führen und ob andererseits auch alle internen administrativen Prozesse wirksam ablaufen. Erreichen möchte man eine hohe »Kundenzufriedenheit« bei allen Anspruchsgruppen der Schule (Schülerschaft, Lehrerschaft, administratives Personal, Eltern). Die TQM-Arbeit ist nie abgeschlossen. Erwartet wird eine fortdauernde TQM-Kultur, die von der gesamten Lehrerschaft getragen wird und zu ständigen Neuerungen führt. Eine wichtige Arbeitsgrundlage stellt das *Qualitätshandbuch* dar, das entweder von einer Organisation vorgegeben oder von der Schule selbst erstellt wird. Es beschreibt alle Input-, Prozess- und Outputqualitäten in einer systematischen Form und beinhaltet genaue Prozessbeschreibungen mit entsprechenden Checklisten und Formularen sowie Verfahrensanweisungen. Werden solche Systeme angewandt, so handelt es sich um ein extern konzipiertes Qualitätsmanagement mit Selbst- oder Fremdevaluation, das häufig als Grundlage für die Akkreditierung und Zertifizierung dient.

Die *Schritt-um-Schritt-Modelle* sind pragmatischer. Die einzelnen Schulen planen in ihrem eigenen *Qualitätsmanagement-Konzept* (vgl. Abb. 12 auf S. 1253), welche Schulbereiche sie in einem Zeitraum von etwa fünf Jahren bezüglich Qualität überprüfen wollen und welche Schulentwicklungsmaßnahmen sie aufgrund der Ergebnisse einleiten müssen. Deshalb handelt es sich bei diesem Modell um ein intern konzipiertes Qualitätsmanagement mit Selbstevaluation.

Weil viele Schulen die Arbeit der Entwicklung von eigenen Qualitätsmanagement-Konzepten nicht übernehmen wollen, gibt es inzwischen viele Mischmodelle: Wissenschaftliche Institute haben Instrumente entworfen, mit welchen sich in verkürzter Form eines TQM eine Gesamtqualität mittels einer Selbstevaluation erfassen lässt. Diesen Weg wählte Melzer (1996), der ein Instrument (Lehrer- und Schülerfragebogen) zur Erhebung der Schulqualität entwickelt hat. Einzelne Schulen nehmen ein bestehendes TQM-Modell als Qualitätsmanagement-Konzept, wenden es aber nicht umfassend an, sondern wählen nur einzelne Qualitätsfaktoren daraus aus.

3.3 Ausgewählte Modelle extern konzipierten Qualitätsmanagements

3.3.1 Übersicht

Es würde zu weit führen, hier alle Modelle vorstellen zu wollen. Wie vielfältig die Ansätze sind, zeigt der Abschlussbericht zum BLK-Verbundmodellversuch »Qualitätsentwicklung in der Berufsschule (Quabs)« (Tenberg 2003), auf den hier ausdrücklich verwiesen sei. In Tabelle 7 sind zur Übersicht vier gängige und in den Schulen oft eingesetzte Modelle des extern konzipierten Qualitätsmanagements dargestellt (Seitz/Capaul 2005, S. 551–554).

Tab. 7:	Modelle des extern konzipierten Qualitätsmanagements	
	ISO-Modell 9000	**EFQM-Modell**
Umschreibung	International Organization for Standardization	European Foundation for Quality Management
Qualitätsverständnis	Erfasst vor allem die Organisationsstruktur und Prozesse.	Will ein umfassendes Qualitätsverständnis im Sinne des Total Quality Managements (TQM) entwickeln. Basiert vor allem auf Selbstevaluation.
Schwerpunkte	ISO 9000 ist eine Normenreihe mit 20 Elementen. Es geht darum, schriftlich zu dokumentieren, wie die Schule mit den 20 Elementen umgeht (Qualitätshandbuch). Mit der Zertifizierung wird die Erfüllung der Normenstandards nachgewiesen.	Das EFQM umfasst neun Bereiche, vier davon betreffen Produkte (Mitarbeiterzufriedenheit, Kundenzufriedenheit, gesellschaftliche Verantwortung, Ergebnisse), fünf betreffen Voraussetzungen (Führung, Mitarbeiterorientierung, Politik und Strategie, Ressourcen, Prozess). Diesen neun Bereichen werden 33 Beurteilungskriterien zugeordnet. Die einzelnen Kriterien können in einer Selbstevaluation bewertet werden.
Ist die Qualität für Lehrkräfte lohnwirksam?	Möglich.	Möglich.
Qualitätsstandards	ISO-Normenstandards.	Richtwerte der European Foundation for Quality Management für die einzelnen Beurteilungskriterien.
Zertifizierung	Durch eine Zertifizierungsgesellschaft. Nach der Zertifizierung folgen regelmäßige Überprüfungen.	European Quality Award (EQA). Diese externe Bewertung ist freiwillig und dient als Ansporn. EQA hat eher den Charakter eines Labels.
Herkunft/Verwendungsmöglichkeiten für die Schulen	1987 für die Industrie festgelegte Richtlinien. Hilfsmittel, um die gesamtschulischen Management- und Verwaltungsprozesse zu analysieren, zu dokumentieren, zu standardisieren und damit transparent zu machen. Nur bedingter Nutzen für den Unterricht, hierfür sind ergänzende Instrumente erforderlich.	Gründung 1989, um europäische Unternehmen zu unterstützen, Qualität zur entscheidenden Strategie zur Erzielung globaler Wettbewerbsvorteile zu machen. Der Einsatz in Schulen verlangt nach einer sinnvollen Adaption und Konkretisierung.
Interne (Selbst-) und/oder externe (Fremd-) Evaluation?	Selbstevaluation ist nach der Zertifizierung abgeschlossen. Danach erfolgen regelmäßige Audits. Der Fokus liegt somit auf der Fremdevaluation.	Die Institution entscheidet frei, ob sie nur intern evaluieren oder ob sie sich auch einer externen Evaluation stellen will.
Vertiefende Literatur	Hügli 1998	Arbeitsgruppe Steiermark 1995

Tab. 7: **Modelle des extern konzipierten Qualitätsmanagements** (Fortsetzung)

	FQS-Modell	Q2E-Modell
Umschreibung	Formatives Qualitätsevaluationssystem	Qualität durch Evaluation und Entwicklung
Qualitätsverständnis	Schulentwicklung durch Selbstevaluation in Richtung einer guten Schule.	Schulqualität kann im Wechselspiel von Evaluation und Entwicklung gewonnen werden. Das Konzept orientiert sich am TQM-Verständnis.
Schwerpunkte	Umfassendes Evaluations- und Qualitätsentwicklungskonzept, das die Selbstevaluation der einzelnen Schule mit den Kontrollaufgaben der vorgesetzten Behörde verbindet.	Die Qualitätsmerkmale einer guten Schule werden in die Bereiche Input-, Prozess- und Output/Outcomequalitäten gegliedert. Das Konzept umfasst folgende vier Eckpunkte: feedbackgestütztes Lernen, datengestützte Schulevaluation, Steuerung der Qualitätsprozesse durch die Schulleitung und externe Schulevaluation.
Ist die Qualität für Lehrkräfte lohnwirksam?	Ausdrücklich nein, es ist bewusst als Gegenkonzept zu den Konzepten mit Lohnwirksamkeit gedacht.	Nein, wäre aber möglich.
Qualitätsstandards	Qualitätskriterien und Standards werden in der Schule selbst bestimmt und festgelegt.	Qualitätskriterien und Standards werden im Rahmen eines Pilotprojektes an Schulen entwickelt und in einem so genannten Basisinstrument zusammengestellt.
Zertifizierung	Möglich	Die Q2E-Zertifizierung ist möglich für Schulen und Bildungsinstitutionen, die ihr schulinternes Qualitätsmanagement im Rahmen der vier Komponenten aufgebaut und dokumentiert haben. Die Schule kann sich von einer akkreditierten Stelle zertifizieren lassen.
Herkunft/Verwendungsmöglichkeiten für die Schulen	1994 vom Verband Schweizerischer Lehrerinnen und Lehrer entwickelt. Für sämtliche Schulstufen geeignet. FQS setzt eine teilautonome geleitete Schule voraus.	Die Nordwestschweizerische Erziehungsdirektorenkonferenz (NW EDK) hat dieses System im Rahmen eines Projektes 1996 bis 2002 für Berufsschulen und Gymnasien entwickelt.
Interne (Selbst-) und/oder externe (Fremd-) Evaluation?	Vorrang der Selbstevaluation. Die Schule hat eine Rechenschaftspflicht gegenüber externen Aufsichtsbehörden. Diese Behörde unterstützt die Metaevaluation (Evaluation der Evaluation).	Mit verschiedenen Formen evaluiert sich die Schule zuerst selbst. Danach lässt sie ihr Qualitätsmanagement sowie Teile der Schul- und Unterrichtsqualität extern überprüfen (Fremdevaluation).
Vertiefende Literatur	Strittmatter 1997	Steiner/Landwehr 2003

3.3.2 Die ISO-Qualitätsnormen

Seit Mitte der 1980er-Jahre bemüht sich die Wirtschaft zunehmend um ein umfassendes Qualitätsmanagement (Total Quality Management) zur Verbesserung der Qualität aller unternehmerischen Prozesse sowie von Produkten und Dienstleistungen einer Unternehmung. Deshalb entstanden einerseits auf internationaler Ebene Richtlinien für die Beurteilung von Qualitätssystemen. Bedeutsam wurden die Normenreihen der »International Organization for Standardization« mit ihren Normenreihen ISO 9000, ISO 9004 usw., die primär auf Prozesse ausgerichtet sind, also überprüfen, wie Organisationen ihre Aufgaben erfüllen. Zu diesem Zweck werden Standards spezifiziert, welche die Anforderungen an die Gestaltung der Prozesse definieren, damit deren Qualität überprüfbar wird. Mit der Zeit hat sich eine Praxis entwickelt, in der Überprüfungen (Audits) durch speziell ausgebildete Auditoren und Organisationen vorgenommen werden, die ermächtigt sind, Gütesiegel – ISO-Zertifikate – zu erteilen.

Das ISO-Modell 9000 etabliert im Wesentlichen Minimalanforderungen an die Qualität, weshalb es auch als »Gut-genug-Modell« bezeichnet wird: Es stellt Schemata und Maßnahmenkataloge zur Verfügung, auf deren Grundlage Organisationen ihr Qualitätsmanagement verbessern und zertifizieren lassen können. Das ISO-Modell 9004 ist hingegen ein umfassendes Rahmenkonzept, das den Organisationen helfen soll, ihr eigenes, maßgeschneidertes Qualitätsmanagement-System für ein fortwährendes Streben nach Exzellenz (»Immer-besser-Modell«) in sämtlichen Belangen einzusetzen. Dieses System lässt sich für Schulen wie folgt charakterisieren (Altrichter/Posch 1997, S. 63/72–78):

- Evaluiert werden nicht Produkte (Ergebnisse von Erziehungs- und Bildungsprozessen), sondern das Schwergewicht liegt auf der Kontrolle von Metaprozessen der Qualitätsevaluation, von denen angenommen wird, dass sie die Qualität der Erziehungs- und Bildungsergebnisse sicherstellen.
- Das System soll die Wünsche und Erwartungen der Kunden und Partner der Schule erfüllen.
- Die Evaluation wird durch eine externe Zertifizierungsinstitution durchgeführt, die sich als unabhängige Stellvertreterin des Kunden der Schule versteht.
- Die Beurteilungskriterien werden erklärt und veröffentlicht. Zu diesem Zweck erarbeitet die Zertifizierungsinstitution ein Qualitätshandbuch, in welchem die Qualitätsvorstellungen der Schule präzisiert werden. Im Weiteren werden Verfahrensweisen bestimmt, die festlegen, wie Handlungsabläufe an der Schule zu erfolgen haben. Schließlich werden Handbücher entwickelt, die den Lehrkräften und der Schule zeigen, wie die Schule zu gestalten ist.
- Mit diesen Hilfsmitteln werden die Organisation der Schule und die Arbeit innerhalb der Schule genau strukturiert, die Zielrichtung und die Qualität der Schule grundsätzlich überdacht und die Verbindung von Schulentwicklung, Evaluation und Lehrerfortbildung hergestellt.

- Das Qualitätshandbuch enthält die Qualitätsmanagement-Elemente, d.h. Gesichtspunkte, die evaluiert werden. Beispiele dafür sind u.a.:
  - Verantwortung der obersten Leitung: Ist die Verantwortung der Leitung für die Qualitätspolitik festgelegt?
  - Qualitätsmanagement-System: Gibt es ein Gesamtverfahren für das Qualitätsmanagement an der Schule?
  - Designlenkung: Wie wird der Entwicklungsprozess für neue Bildungskonzeptionen innerhalb der Schule gelenkt?

3.3.3 Das EFQM-Modell

Das EFQM-Modell spricht neun Qualitätsfaktoren (Kriterien) an (vgl. Abb. 7). Vier davon betreffen Resultate (Produkte) und fünf die Methoden und Vorgehensweisen (Prozesse), die zu diesen Resultaten befähigen sollen. Wenn auch mit Unterschieden von Land zu Land umfasst der EFQM-Prozess die folgenden vier Schritte:

1. *Ausarbeitung eines Self-Assessment-Dokuments:* Eine Person oder eine Projektgruppe der Schule wird mit dem Entwurf einer schriftlichen Grundlage für die Selbstbewertung beauftragt. Diese Grundlage (oft als Qualitätshandbuch bezeichnet) muss den Bedingungen zu den einzelnen Kategorien, die von der EFQM in einer Broschüre vorgegeben sind, entsprechen.
2. *Interner Selbstbeurteilungs-Prozess* (Self-Assessment-Prozess): In der Schule wird ein internes Beurteilungsteam (Assessoren-Team) bestellt (6–8 Personen), welches für die Beurteilung anhand der schriftlichen Grundlage geschult wird. Dann bearbeitet jedes Mitglied des Assessoren-Teams die einzelnen Kategorien des Modells und bewertet sie. Werden für einzelne Kategorien infolge schlechter Qualität niedrige Prozentsätze vergeben, müssen Vorschläge für Verbesserungsmaßnahmen eingebracht werden.

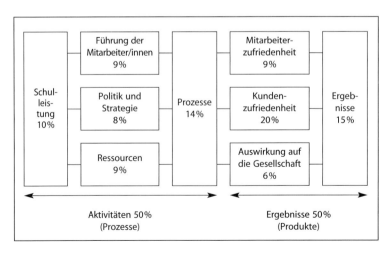

Abb. 7: Das EFQM-Modell (die Prozentzahlen deuten das relative Gewicht der Kategorien an)

3. *Konsensmeeting:* Nach Abschluss des Assessment-Prozesses diskutieren die Mitglieder des Assessment-Teams ihre Ergebnisse und bilden den Mittelwert der einzelnen Beurteilungen. Übersteigt die Bewertungsdifferenz 20 Prozent, so findet eine weitere Diskussion statt.
4. *Teilnahme am European Quality Award:* Die Dokumentation dieses Self-Assessment-Prozesses kann frühestens nach drei Jahren bei der EFQM eingereicht werden. Sie gibt die erreichten Prozentwerte ohne Namensnennung bekannt, damit die anderen am Qualitätsmanagement beteiligten und am Award interessierten Schulen die Werte vergleichen können, um für die eigene Qualität Schlüsse zu ziehen. Außerdem erstellt die EFQM einen Feedbackreport, in welchem die Stärken und Schwächen dargestellt werden und eine endgültige Bewertung vorgenommen wird.

Seit einiger Zeit wird im Bildungsbereich nicht mehr mit Prozentsätzen, sondern mit Indikatoren in jeweils »fünf Reifestadien« gearbeitet. Außerdem dürfen die Schulen die EFQM-Vorgaben durch maximal 25 Prozent eigene Elemente innerhalb der neun Kategorien ergänzen. Neuerdings entscheiden sich einzelne Schulen auch dafür, das EFQM-Modell dem Qualitätsmanagement als Rahmenmodell zugrunde zu legen und sich vertieft phasenweise nur mit einem Kriterium auseinander zu setzen, also statt der im Modell vorgesehenen Breitband- eine Fokusevaluation vorzusehen.

Tabelle 8 zeigt ein Beispiel aus einem Handbuch des Self-Assessments (Kriterium 3: Politik und Strategie – Entwicklung, Überprüfung und Aktualisierung). Zusammenfassend gesagt soll mit dieser Evaluation (Self-Assessment) die Qualität der Schulentwicklung festgestellt werden. Diese Qualitätsüberprüfung ist sinnvoll, denn einerseits ist in Schulen mit Gestaltungsfreiräumen die Schulentwicklung bedeutsam und andererseits ist empirisch bestätigt, dass Schulentwicklungsmaßnahmen – sofern sie ernsthaft durchgeführt werden – zu besseren Produktqualitäten (bessere Schülerleistung, besseres Schulklima) führen.

Tab. 8:	Ausschnitt aus einem Handbuch
Kriterium 3: **Teilbereich 3a:**	**Politik und Strategie der Schule** **Politik und Strategie werden entwickelt, überprüft und aktualisiert (Schulentwicklung)**
Anwendung (ganze Schule)	1. Die Schule verfügt über ein Leitbild (Schulprogramm). 2. Das Leitbild (Schulprogramm) wird periodisch auf seine Relevanz und Wirksamkeit hin überprüft und allenfalls aktualisiert. 3. Bei der Entwicklung und Überarbeitung des Leitbilds (Schulprogramms) wird systematisch vorgegangen (Vorgehensmethodik). 4. Alle an der Schule interessierten Personengruppen und Interessenkreise sind systematisch in die Arbeit einbezogen. 5. Es liegt ein realistischer Maßnahmenplan vor, der umgesetzt wird.
Basis (Dokumente)	Schulgesetzgebung Leistungsauftrag Globalbudget Literatur aus der Zukunftsforschung

3.3.4 Das FQS-Modell

Mitte der 1990er-Jahre hatten verschiedene Erziehungsdirektionen in der Schweiz (den deutschen Kultusministerien vergleichbar) die Absicht, Lehrerqualifikationssysteme – z.T. in Verbindung mit Leistungslöhnen für Lehrkräfte – einzuführen. Der Kanton Baselland entwickelte im Sinne eines Kompromisses ein »Formatives Qualifikationssystem (FQS)«. Da auch dieser Ansatz vom Lehrerinnen- und Lehrerverein bekämpft wurde, entschied sich die Regierung für die Einführung eines »Fördernden Qualitätsevaluationssystems (FQS)«, wie es von Strittmatter (1997) entworfen wurde und das durch folgende Merkmale charakterisiert ist: Es handelt sich um ein System der Selbstevaluation, das in der Verantwortung der einzelnen Schule liegt, welche von außen vorgegebene und selbstdefinierte Qualitätsansprüche selbst überprüft, mit dem Ziel, die Schule zu optimieren. Von außen wird nur überwacht, ob die Schule dies auch wirklich tut und dabei geeignete Verfahren und Instrumente einsetzt. Ihren Schwerpunkt setzt diese Konzeption vornehmlich auf Prozessvariablen und ihr Ziel ist in erster Linie die langfristig orientierte Schulentwicklung. Daneben ist auch eine Berichterstattung an die Schulbehörden vorgesehen. Weil bald erkannt wurde, dass viele Lehrkräfte bei der Entwicklung von Instrumenten der Qualitätserfassung überfordert waren, wurden »Werkzeugkästen« (Instrumenten-Kits) entworfen, um die Schulen zu unterstützen.

In der hier verwendeten Terminologie entschied sich die Regierung also für ein intern konzipiertes Qualitätsmanagement mit einer Selbstevaluation, das durch eine Metaanalyse durch die Schulbehörden ergänzt wird. Beabsichtigt war, die Eigeninitiative der Lehrkräfte zu fördern, indem auf zwingende Vorgaben zur Durchführung des Qualitätsmanagements verzichtet wurde.

Eine nach einer zweijährigen Versuchsphase durchgeführte Befragung (Strittmatter 1997, S. 6.13–6.50) erbrachte durchweg gute Ergebnisse: Die einzelnen Schulen haben sich ohne Einführung rasch in diese Form des Qualitätsmanagements eingearbeitet und es wurden vielfältige Formen der Evaluation gefunden. Entscheidend war indessen die Errichtung einer Steuergruppe (Projektgruppe) in der Schule. Schwierigkeiten ergaben sich aber bei der Verständigung über die Qualitätsnormen, die jeweils der Evaluationsarbeit zugrunde gelegt werden mussten. Unbefriedigend waren die Beziehungen zu den Schulbehörden und zur Schulaufsicht, welche die Metaevaluation z.T. mit wenig Verständnis und Kompetenz wahrgenommen haben. Leider wurden aber keine Wirksamkeitsuntersuchungen durchgeführt. Positive Wirkungen wurden aber bezüglich Kommunikation und Teamqualität festgestellt.

3.3.5 Das Q2E-Modell

Die Konzeption der Nordwestschweizerischen Erziehungsdirektorenkonferenz (Steiner/Landwehr 2003) geht von drei Voraussetzungen aus:

- Qualität heißt: die selbst festgelegten Qualitätsansprüche (das nach außen kommunizierte »Qualitätsversprechen«) nachweisbar erfüllen.

- Qualität heißt: die Prozesse und Produkte schrittweise und fortwährend optimieren. Das Qualitätsinteresse ist weniger auf ein fehlerfreies Produkt gerichtet als vielmehr auf den Prozess, der zu fehlerfreien Produkten führt (ebd., S. 7).[3]
- Qualität heißt: durch die Erfüllung der Kundenerwartungen eine hohe Kundenzufriedenheit[4] schaffen.

Das Q2E-Modell beruht auf sechs Komponenten:

1. Jede Schule legt ein *Qualitätsleitbild*[5] fest, welches als Grundlage für das Qualitätsmanagement dient. Es bestimmt die Qualitäten (Werte, Normen, Standards), nach denen sich die Schule selbst evaluiert bzw. evaluieren lässt.
2. Weil der Unterricht für die einzelnen Lehrpersonen das eigentliche Kerngeschäft darstellt, muss das Qualitätsmanagement in erster Linie den Unterricht erreichen und zur Verbesserung der individuellen Unterrichtspraxis beitragen. Deshalb sind das *Individualfeedback* und die *persönliche Qualitätsentwicklung* von größter Bedeutung.
3. Daneben muss auch die Institution Schule als Ganzes regelmäßig überprüft und weiterentwickelt werden. Dies soll in der Form von Fokusevaluationen (einzelne Schulbereiche) und von Breitbandevaluationen (gesamte Schule) mittels *Selbstevaluation* erfolgen. Mit der Selbstevaluation sollen die Eigenverantwortung des Lehrkörpers einer Schule, die gemeinsame Arbeit als Lehrerteam und die Schulentwicklung gefördert werden.
4. Der gesamte Qualitätsprozess ist durch die Schulleitung zu steuern. Die praktischen Aufgaben (Entwicklung von Instrumenten, Durchführung aller Evaluationsarbeiten) überträgt sie einer Projektsteuergruppe.

---

3 Diese theoretisch gute Zielsetzung ist jedoch mit Vorsicht aufzunehmen, denn sie setzt voraus, dass man weiß, welche Prozessqualitäten zu welchen Produktqualitäten führen. Zu oft lässt sich im Schulalltag beobachten, dass Prozessqualitäten irgendwelcher Art erhoben werden, von denen man nicht wirklich weiß, welche Bedeutung sie für die Produktqualitäten haben. Deshalb sollte man sich bei der Festlegung der Prozessqualitäten für das Qualitätsmanagement soweit als möglich auf die empirische Forschung (vgl. Kapitel 2 in diesem Beitrag) stützen und die Reflexion über den pädagogischen Sinn der Prozessqualitäten nicht vernachlässigen.

4 Angesichts der Sorge vieler Lehrkräfte, mit den Bemühungen um eine moderne und wirksame Führung der Schule (Leadership; Dubs 2005) würde die Gedankenwelt der Wirtschaft in unüberlegter Weise in die Schule hineingetragen, sollte man keine typischen Begriffe der Wirtschaft in die Schule übernehmen, weil so nur neue Missverständnisse entstehen. Wir unterrichten doch Schüler/innen und nicht Kunden und wir sprechen mit Eltern und nicht mit Kunden.

5 Zur Formulierung des Qualitätsleitbildes wird ein »Q2E-Basisinstrument zur Schulqualität« mit fünf Qualitätsbereichen und 15 Qualitätsdimensionen vorgelegt. Positiv ist dabei, dass klare begriffliche Voraussetzungen geschaffen werden. Zu fragen ist aber, warum wieder eine neue Bezeichnung eingeführt wird, nachdem viele Schulen bereits ein Leitbild und/oder ein Schulprogramm eingeführt haben. Die fortwährende Schaffung von neuen Begriffen für ähnliche oder gleiche Inhalte verwirrt die Lehrkräfte und führt zu Verunsicherungen, was die Kritik an schulischen Innovationen verschärft.

5. Die Selbstevaluation ist durch eine *externe Evaluation* zu ergänzen. Diese externe Evaluation bezieht sich auf das schuleigene Qualitätsmanagement (Metaevaluation) sowie auf einen oder zwei Aspekte der Schul- und Unterrichtsqualität (Primärevaluation der Schul- und Unterrichtsprozesse). Dazu werden Evaluationsteams von drei bis vier Personen eingesetzt, die sich aus Evaluationsspezialisten und Peers (Mitglieder von Schulleitungen oder Mitglieder von Qualitätsgruppen von anderen Schulen) zusammensetzen.
6. Schließlich ist eine *Q2E-Zertifizierung* für Schulen vorgesehen, welche ihr schulinternes Qualitätsmanagement im Rahmen der Komponenten 1–4 umfassend aufgebaut und dokumentiert haben. Die Zertifizierung baut auf dem Bericht der externen Schulevaluation auf. In diesem Bericht muss bestätigt sein, dass die Schule mehrheitlich die vorgegebenen Standards des Qualitätsmanagements erreicht hat. Sind diese Voraussetzungen erfüllt, kann sich die Schule bei einer akkreditierten Zertifizierungsstelle anmelden. Diese überprüft das Qualitätsmanagement, erstellt einen Bericht, auf dessen Grundlage die Akkreditierung der Schule vorgenommen wird.

3.4 Beurteilung

Leider fehlen bislang sowohl in Europa als auch in den Vereinigten Staaten verlässliche Untersuchungen, welche nachweisen, dass sich dank des Qualitätsmanagements die Produktqualität der Schule verbessert hat. Hingegen gibt es Fallstudien und Befragungsergebnisse, die einen Eindruck von den Auswirkungen geben. Solche Berichte sind jedoch mit einer gewissen Vorsicht aufzunehmen, weil Schulen und ihre Schulleitungspersonen, die sich für Versuche als Pioniere zur Verfügung stellen, zur Rechtfertigung ihrer Arbeit eher gute Beurteilungen abgeben.

Eine umfassende Analyse der Zertifizierung der schweizerischen Berufsschulen mit ISO und EFQM (Bundesamt für Berufsbildung und Technologie 2004) führt knapp zusammengefasst zu folgenden Erkenntnissen:

- Die standardisierten Qualitätsvariablen haben das Bewusstsein für das Qualitätsmanagement geschärft.
- Viele administrative Prozesse sind der Lehrerschaft in ihrer Bedeutung bewusst geworden und es lassen sich deutliche Verbesserungen dieser Prozesse feststellen. Über die Auswirkungen auf die Lernprozesse und den Lernerfolg lässt sich aber nichts aussagen.
- Es wird über ein stärkeres Bemühen um die Fortentwicklung der Strategie und/oder des Leitbilds der Schule und über die Qualitätsdefinition berichtet.
- Stärken und Schwächen der Schulen werden bewusster wahrgenommen und auf erkannte Mängel wird schneller reagiert.
- Dank des Handbuchs finden neue Lehrkräfte den Zugang zur Schule besser.

Der Bericht über die »Qualitätsentwicklung in der Berufsschule (Quabs)« (Tenberg 2003) fasst ähnlich positive Erkenntnisse zusammen, allerdings ist er etwas kritischer. Er erwähnt die folgenden Probleme:

- ISO und EFQM müssen als Systeme noch stärker auf die Schule ausgerichtet werden. Je stärker der Bezug zum wirtschaftlichen Grundmodell hergestellt wird, desto mehr lehnen die Lehrkräfte die Modelle ab.
- Schulentwicklungsmaßnahmen aufgrund der Ergebnisse aus den Modellen ISO und EFQM machen noch an vielen Schulen Probleme.
- Ohne klare Vorstellungen über die Organisation und den Ablauf des Qualitätsmanagements treten bei der Lehrerschaft Unsicherheiten auf.
- Besonders interessant war das Ergebnis einer Lehrerbefragung, in der 359 Lehrkräfte aus Schulversuchen gefragt wurden, welche Qualitätsmanagement-Ziele an ihrer Schule umgesetzt werden sollen. 205 Lehrkräfte sprachen das Leitbild der Schule an, 175 die interne Kommunikation, 64 Austausch von Unterrichtsmaterialien, acht Verbesserung der internen Kooperation (Tenberg 2003). Dies zeigt, dass mit den beiden Systemen das Wichtigste, die Qualität des Unterrichts, vernachlässigt wird.
- Bemängelt wird im »Quabs«-Modellversuch ganz allgemein die ungenügende Unterstützung der Schulen durch Spezialistinnen und Spezialisten. Offensichtlich fehlen vielen Lehrkräften die Kompetenzen für die Qualitätsarbeit in den Schulen.
- Schließlich möchten viele Lehrkräfte das Qualitätsmanagement mit einem Anreizsystem verbinden (Qualitätspreise, Veröffentlichung von guten Qualitätsergebnissen).

Positiv berichten auch Spichiger-Carlsson/Martinovits-Wiesendanger (2001, S. 3) über die Erfolge mit der ISO-Zertifizierung: »Per Saldo kann jedenfalls davon ausgegangen werden, dass aufgrund des hohen Glaubens an die Zukunft des ISO-QMS (v.a. unter den Entscheidungsträgern) auch im Sinne einer ›Self fullfilling prophecy‹ ein langfristiges Weiterbestehen der ISO-QMS sehr wahrscheinlich ist. Bei Non-ISO-QMS sinkt der Glaube an die Zukunft der gewählten Systeme hingegen; er ist im Jahre 2000 schon deutlich kleiner gewesen als noch 1999.« Diese Folgerung mag etwas optimistisch sein. Einerseits haben viele Schulen mit anderen als stark strukturierten Systemen anfänglich mangels guter Einführung und Erfahrung viele Fehler gemacht, sodass die Lehrkräfte entmutigt wurden. Und andererseits machen sich jetzt auch mit TQM-Systemen Ermüdungserscheinungen bemerkbar, insbesondere nachdem die hohen Erwartungen an Qualitätsverbesserungen vor allem im unterrichtlichen Bereich nicht spürbar werden.

Der Verfasser ist jedoch persönlich nicht davon überzeugt, dass schulische TQM-Systeme zu nachhaltigen Verbesserungen der für die Schule wichtigsten Produktqualität »Lernleistungen der Schüler/innen in einem erweiterten, vielseitigen Verständnis«, führen. In die gleiche Richtung gehen Fallstudien von Altrichter/Posch (1997), die an den von ihnen untersuchten Schulen mit TQM keine namhaften pädagogischen Verbesserungen feststellten.

- Vor allem die Frage nach der Qualität des Lehrens und des Lernens (Produktqualität) wird zu wenig reflektiert. Die TQM-Systeme orientieren sich zu stark an Prozessqualitäten und erbringen damit hauptsächlich nur Einsichten in organisatorische und administrative Prozessqualitäten.
- Handbücher und Leitfäden für das TQM tragen eine Tendenz zu Schematismus und Routine in sich. Und mit ihrer Standardisierung wirken sie in Richtung einer Simplifizierung, was im Schulbereich häufig oberflächliche Erkenntnisse bringt, gar wenn gleichzeitig zu viele Qualitätsvariablen erhoben werden. Nimmt man dann zugleich und ohne Kenntnis der Wechselwirkungen eine unterschiedliche Gewichtung der einzelnen Variablen vor, so entsteht eine Gesamtbeurteilung, die alles andere als aussagekräftig ist. Hier besteht ein wesentlicher Unterschied zum Qualitätsmanagement der Wirtschaft, wo die einzelnen Qualitäten und die Einflüsse der Wechselwirkungen viel leichter erfassbar sind. Deshalb warnt sogar Seghezzi (2004) vor zu umfassenden Handbüchern.
- Oft wird im Hinblick auf Zertifizierungen zu viel Gewicht auf Dokumentationen gelegt, was bürokratische und formalistische Tendenzen verstärkt, die wenig zur Qualitätsverbesserung beitragen (Posch/Altrichter 1997). Das TQM erfasst in einem Durchgang zu viele Qualitäten. Daher fällt es vielen Schulen schwer, aus den Ergebnissen sinnvolle Schulentwicklungsaufgaben abzuleiten. Deshalb verfügen heute viele Schulen über umfassende Datensätze und Statistiken, die wohl interessant sind, oft aber wirkungslos bleiben, weil sie nicht zielstrebig verwendet werden.
- Schließlich dürfen mögliche Ermüdungserscheinungen der Schulleitungen und der Lehrkräfte nicht übersehen werden. Vor allem wenn Lehrkräfte nicht erkennen können, dass Maßnahmen des Qualitätsmanagements in wichtigen Schulbereichen zu spürbaren Qualitätsverbesserungen führen, verlieren sie ihr Interesse an der Zusatzarbeit mit dem Qualitätsmanagement. Deshalb bringen Qualitätserhebungen in zweckmäßig ausgewählten einzelnen Schulbereichen und – im Fall von ungünstigen Ergebnissen – darauf abgestimmte Schulentwicklungsmaßnahmen mehr.
- Skeptisch zu beurteilen ist auch die Zertifizierung. Sie mag dort gerechtfertigt sein, wo ein Wettbewerb besteht, weil sich einzelne Schulen dank eines Zertifikats über ihre Qualität profilieren können. Bei Staatsschulen ist dies weniger dringend, weil sie durch die Schulaufsicht überwacht werden. Zudem besteht die Gefahr, dass die Rahmenbedingungen für die Zertifizierung zu einer zusätzlichen Detaillierung der Qualitätsvorgaben und zu Reglementierungen führen, die dem Sinn des Qualitätsmanagements an Schulen widersprechen: Statt über die erwünschte Qualität ihrer Schule zu reflektieren sowie Wege und Mittel zu deren Erreichung zu entwickeln, beschäftigen sich die Lehrkräfte mit dem »Abhaken« von vorgegebenen Schemata, die wohl geeignet sein können, die Schulorganisation oder Arbeitsabläufe zu verbessern, aber zur Unterrichtsqualität reichlich wenig beitragen.

Es sei aber deutlich darauf hingewiesen, dass Wissenschaftler, die sich vornehmlich mit dem Qualitätsmanagement in der Wirtschaft beschäftigen, und insbesondere Auditoren die hier vertretene Auffassung in keiner Weise teilen.

4. Die staatlichen Rahmenbedingungen: die Qualitätsmanagement-Konzeption eines staatlichen Hoheitsgebiets

4.1 Die Notwendigkeit klarer Rahmenbedingungen

Leider zeigen sich heute an vielen Schulen beim Aufbau des Qualitätsmanagements arbeitshemmende Unsicherheiten in verschiedener Hinsicht: Es ist unklar, welche Aufgaben der Schule zufallen, welche Auswirkungen das Qualitätsmanagement auf die Rolle und die Aufgaben der Schulaufsicht hat, wem welche Kompetenzen zustehen und wie immer wieder neue Formen der Qualitätsarbeiten (Vergleichsarbeiten, Bildungsstandards, PISA) in die Bemühungen um eine bessere Schulqualität einzuordnen sind. Langfristig und nachhaltig wirksam kann das Qualitätsmanagement nur sein, wenn die Schulbehörden eines Hoheitsgebiets klare Rahmenbedingungen für das Qualitätsmanagement an allen Schulen setzen, also eine *Qualitätsmanagement-Konzeption* festlegen. Im Folgenden sind die Themenbereiche aufgezählt, welche eine solche staatliche Rahmenordnung zu berücksichtigen hat.

- *Welches Ziel soll/welche Ziele sollen mit dem Qualitätsmanagement erreicht werden?* Verbesserung des Unterrichts, Wirksamkeitssteigerung der einzelnen Schule, Qualitätsvergleiche verschiedener Schulen, Qualitätserfassung eines ganzen Schulsystems, Erkenntnisse zur Steuerung und Entwicklung des Schulsystems, Erfassen der Wirksamkeit von Schulinnovationen (eine Zielsetzung oder eine sinnvolle Kombination verschiedener Zielsetzungen?).
- Welche Grundformen des Qualitätsmanagements oder Kombinationen davon (vgl. Abb. 2 auf S. 1210) sind zur Erreichung des oder der Ziele am wirksamsten? Welches ist also die beste Qualitätsmanagement-Konzeption in einem Hoheitsgebiet?
- *Stimmt die gewählte Qualitätsmanagement-Konzeption mit der Struktur des Schulsystems überein?* Ein zentral geführtes Schulsystem erfordert eine andere Konzeption als ein System mit teilautonomen Schulen (Schulen mit Gestaltungsfreiräumen).
- Sind die Zuständigkeiten (Weisungsbefugnisse, Entwicklung der Konzeption, Durchführung, Maßnahmen) klar geregelt, damit es nicht zu Doppelspurigkeiten und Überschneidungen kommt?
- *Stehen die Aufgaben der Schulaufsicht in Übereinstimmung mit der Qualitätsmanagement-Konzeption?* Probleme entstehen meistens, wenn eine Qualitätsmanagement-Konzeption eingeführt wird und die Aufgaben der Schulaufsicht unverändert belassen werden.
- Macht es einen Sinn, das Qualitätsmanagement mit einem Akkreditierungssystem oder einer Zertifizierung zu verbinden? Lässt sich begründen, welchen Beitrag eine Akkreditierung zur konkreten Qualitätsverbesserung leistet?
- Ist die Qualitätsmanagement-Konzeption in der Schulwirklichkeit vom Zeit- und Arbeitsaufwand her verkraftbar, ohne dass andere Aufgaben in Schule und Unterricht vernachlässigt werden?

● Ist die Lehrerschaft frühzeitig über die Qualitätsmanagement-Konzeption informiert und wurden rechtzeitig Weiterbildungsmaßnahmen angeboten? Viele gute Absichten mit dem Qualitätsmanagement ließen sich im Schulalltag nicht umsetzen, weil der Lehrerschaft die fachlichen Voraussetzungen fehlten und als Folge davon Umsetzungs- und Anwendungsfehler gemacht wurden, die demotivierten.

4.2 Ein Beispiel einer umfassenden Qualitätsmanagement-Konzeption

Eine umfassende Qualitätsmanagement-Konzeption hat die Bildungsdirektion des schweizerischen Kantons Zürich (einem deutschen Kultusministerium vergleichbar) vorgesehen. Sie umfasst, wie Abbildung 8 zeigt, mehrere Verfahren.

Bezogen auf die in diesem Beitrag verwendete Terminologie (vgl. Abb. 2, S. 1210) sind also folgende Formen des Qualitätsmanagements vorgesehen: Zunächst evaluiert sich jede Lehrperson selbst und in jeder Schule evaluieren die Lehrkräfte gemeinsam einzelne Schulbereiche (intern konzipiertes Qualitätsmanagement mit Selbstevaluation). Die Lehrerqualifikation obliegt der Schulbehörde (im Kanton Zürich eine Laienbehörde), der Beurteilungsbogen wird zentral vorgegeben (extern konzipiertes Qualitätsmanagement mit Fremdevaluation). Im Weiteren führt eine neu einzurichtende Schulaufsicht eine Evaluation durch (extern konzipiertes Qualitätsmanagement mit Fremdevaluation). Und schließlich beauftragt die Bildungsdirektion wissenschaftliche Institute mit der Qualitätsüberprüfung von Teilen oder des ganzen Bildungssystems, um Erkenntnisse für die Gestaltung und Steuerung des Bildungssystems zu gewinnen (extern konzipiertes Qualitätsmanagement mit Fremdevaluation).

Diese Konzeption ist multipel, d.h. verschiedene Beurteiler überprüfen unterschiedliche Aspekte der Qualität einer Schule. Sie erscheint aber für die Schulwirklichkeit als zu umfassend. Wenn die verschiedenen Formen der Überprüfung zeitlich nicht sehr stark gestaffelt werden, dürften die Lehrkräfte bald einmal zeitlich und sachlich überfordert sein. Die Folge davon sind baldige Ermüdungserscheinungen, welche alle Qualitätsbemühungen zunichte machen. Sehr umstritten ist die Lehrerbeurteilung durch Behördenmitglieder. In einer Schule mit Gestaltungsfreiräumen sollte die Leh-

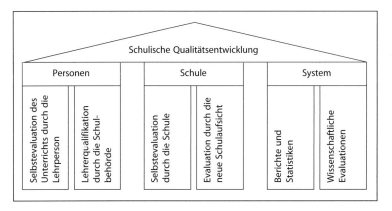

Abb. 8:
Umfassende Konzeption des Qualitätsmanagements

rerbeurteilung der Schulleitung, also der operativ verantwortlichen Instanz, übertragen und damit ein Teil des intern konzipierten Qualitätsmanagements sein. Insgesamt ist diese Qualitätsmanagement-Konzeption theoretisch ansprechend, für den Schulalltag aber zu anspruchsvoll und zu zeitaufwändig. Deshalb ist sie immer noch nicht mit allen Teilen umgesetzt worden.

4.3 Eine machbare, einfachere Qualitätsmanagement-Konzeption

Die Schulbehörden eines Hoheitsgebiets sollten sich auf eine Qualitätsmanagement-Konzeption festlegen, welche einerseits die Schulen vom Arbeitsaufwand her nicht überfordert und andererseits auf alle anderen Bereiche und Aktivitäten in der Bildungspolitik (Übereinstimmung mit der gewählten Form der Teilautonomie, den Aufgaben und Kompetenzen der Schulleitung sowie den Aufgaben und Kompetenzen der Schulaufsicht) abgestimmt ist. Viele Qualitätsmanagement-Maßnahmen haben sich nicht durchgesetzt oder sind noch wenig wirksam geworden, weil die mangelnde Abstimmung für die Schule nicht nur zusätzliche Probleme gebracht hat, sondern allen Kritikern Argumente gegen das Qualitätsmanagement lieferte.

Im Folgenden wird eine Qualitätsmanagement-Konzeption vorgestellt, die nicht allzu zeitaufwändig und genügend flexibel ist. Sie beruht auf der Annahme eines dezentralen Schulsystems mit teilautonomen geleiteten Schulen, die aufgrund von staatlichen Zielvorgaben (im besten Fall von Leistungsaufträgen oder Leistungsvereinbarungen) ein Leitbild und/oder ein Schulprogramm[6] entwickeln, stets Schulentwicklungsarbeiten beschreiben, die sich z.T. am Qualitätsmanagement orientieren und bereit sind, Selbstverantwortung zu übernehmen.

1. *Jede Schule entwickelt ein schuleigenes, intern konzipiertes Qualitätsmanagement.* Entsprechend den Gestaltungsfreiräumen soll die einzelne Schule ihr intern konzipiertes Qualitätsmanagement in Selbstverantwortung weitgehend selbstständig und ohne viele materielle staatliche Vorschriften entwickeln und umsetzen können.
2. *Die Schulaufsicht führt regelmäßig eine systematische Metaevaluation durch.* Die Erfahrung lehrt, dass die Ermüdungserscheinungen im Qualitätsmanagement sehr groß sind und oft auch eine Tendenz zu wenig sinnvollen, formalistischen Evalua-

---

6 Leitbild und Schulprogramm werden sehr unterschiedlich definiert. Posch (2001) wählt folgende Definitionen: In einem *Leitbild* werden grundlegende Werthaltungen der Schule, ihre »Philosophie«, festgehalten. Es handelt sich um kurze, einprägsame Formulierungen, die der Öffentlichkeit einen ersten Eindruck von den zentralen Zielvorstellungen und Prinzipien vermitteln sollen, an denen sich die schulische Arbeit und das Zusammenleben in der Schule orientieren. *Schulprogramme* sind Instrumente der Schulentwicklung und dienen dazu, in jeder Schule eine Dynamik kontinuierlicher Weiterentwicklung und Qualitätsverbesserung aufrechtzuerhalten und zu fördern. Schulprogramme sind die Antwort der Schule auf die wachsende Nachfrage in der Gesellschaft nach kontinuierlicher Entwicklung und Evaluation in fünf großen Bereichen: Unterricht, Schulklima, Schulmanagement, Außenbeziehungen und Personalentwicklung.

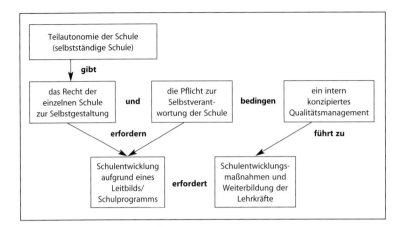

Abb. 9: Qualitätsmanagement und Schulentwicklung im Gesamtzusammenhang

tionen, die ein möglichst gutes Ergebnis erbringen, besteht. Deshalb bedarf es einer Überwachung durch eine außerhalb der Schule stehende Instanz.

3. *Die Behörden ordnen je nach Bedarf ein extern konzipiertes Qualitätsmanagement an*, welches ihnen Grundlagen über grundsätzliche Aspekte der Qualität des gesamten Schulsystems gibt. Diese Form des Qualitätsmanagements dient den Behörden als Grundlage für die Weiterentwicklung des Schulsystems. Im weitesten Sinn gehören deshalb Studien wie PISA und TIMSS zum extern konzipierten Qualitätsmanagement.

Der Gesamtzusammenhang dieser Qualitätsmanagement-Konzeption ist in Abbildung 9 dargestellt.

5. Das intern konzipierte Qualitätsmanagement

5.1 Konzeptionelle Grundlagen

Teilautonome Schulen verfügen über mehr Gestaltungsfreiheiten, um sich ein eigenes Profil zu geben (Dubs 2005). Diese Möglichkeit zur Selbstgestaltung darf aber nicht zufällig und intuitiv erfolgen, sondern die Lehrerschaft einer jeden Schule muss sich systematisch und auf eigene Initiative hin um die stete Weiterentwicklung und Qualitätsverbesserung der eigenen Schule bemühen. Anders ausgedrückt macht die Gestaltungsfreiheit nur Sinn, wenn sie die Selbstverantwortung für die Schulentwicklung und das Qualitätsmanagement wahrnimmt. Deshalb sollte jede Schule ihr eigenes, *intern konzipiertes Qualitätsmanagement mit Selbstevaluation* erarbeiten. Beim Aufbau des intern konzipierten Qualitätsmanagements sollten die folgenden fünf Gesichtspunkte beachtet werden:

- *Vorbereitung der Lehrkräfte:* Mit dem Qualitätsmanagement soll nicht unvermittelt begonnen werden. Weil viele Lehrkräfte Qualitätsmaßnahmen kritisch gegenüber-

stehen, müssen sie sorgfältig eingeführt werden. Zu vermeiden sind dabei Bezüge (Modelle, Begriffe) zur Wirtschaft, stattdessen ist deutlich zu machen, dass Qualitätsmanagement in den Schulen etwas anderes ist als in der Wirtschaft: Es ist eine Chance, die eigenen Leistungen und Erfolge der Schulentwicklungsarbeiten nachzuweisen, und nicht ein Instrument kleinlicher Überwachung und Kontrolle.
- *Definieren der Ziele des intern konzipierten Qualitätsmanagements und Festlegen der Organisation:* Vor Beginn der Arbeiten muss für alle Lehrkräfte klar erkennbar sein, welche Ziele mit dem Qualitätsmanagement an der eigenen Schule erreicht werden sollen, wie zu deren Verwirklichung vorgegangen wird, wer welche Aufgaben und Verantwortungen übernimmt und wie groß der zu erwartende Arbeitsaufwand etwa sein wird.
- *Eindeutige und einheitliche Begriffe:* Vor Beginn der Arbeit muss sichergestellt sein, dass alle Lehrkräfte mit den gleichen Begriffen vertraut sind. Angesichts der vielen Begriffe in den verschiedenen Schriften zum Qualitätsmanagement entstehen immer wieder hemmende Kommunikationsprobleme und Missverständnisse, wenn sich die einzelne Schule nicht auf ein einheitliches Begriffsgefüge festlegt.
- *Transparenz:* Alle Vorbereitungen und Arbeiten müssen in voller Transparenz erfolgen. Andernfalls begegnen viele Lehrkräfte dem Qualitätsmanagement mit einem ständigen Misstrauen, was die Bereitschaft zur Mitarbeit – erst recht wenn sie erzwungen wird – schmälert.
- *Vorliegen eines Qualitätsmanagement-Konzeptes für die Schule:* Aufgrund der staatlichen Rahmenvorgaben (Qualitätsmanagement-Konzeption) sowie der eigenen Ziele (Schulleitbild/Schulprogramm) und Ideen muss die Schule ihr eigenes Qualitätsmanagement-Konzept für das intern konzipierte Qualitätsmanagement entwerfen.

Das Qualitätsmanagement-Konzept stellt dar, wie eine einzelne Schule ihr intern konzipiertes Qualitätsmanagement für einen längeren Zeitraum gestalten will.

Umstritten ist die Frage, ob die einzelnen Schulen ein bestehendes formelles System übernehmen (z.B. ISO, EFQM) oder ob sie ihr eigenes Konzept entwickeln sollen. Seghezzi (2004) neigt zur Auffassung, sie sollten ein bestehendes formelles System als Grundlegung übernehmen, es aber an die schuleigenen Vorstellungen anpassen, damit die Lehrkräfte ihre eigenen Ideen über die »gute« Schule einbringen können. Hier wird die Auffassung vertreten, jede Schule sollte ihr eigenes Konzept entwerfen, um nicht und entgegen allen guten Vorsätzen einem Formalismus eines bestehenden Systems zum Opfer zu fallen. Eine unmittelbare Ausrichtung auf die eigenen Bedürfnisse erscheint – trotz des höheren Entwicklungs- und Zeitaufwands – vorteilhafter zu sein. Allerdings gibt es auch gute Gründe dafür, die einzelnen Schulen selbst entscheiden zu lassen, welches System sie wählen wollen, denn aufgrund der Erfahrung lässt sich vermuten, dass nicht ein vorgeschriebenes System, sondern dasjenige, das sich die Lehrkräfte wünschen, die besten Wirkungen bringt. Falsch ist es, die einzelnen Schulen zuerst wählen zu lassen und später im Zusammenhang mit einer Rahmenordnung ein

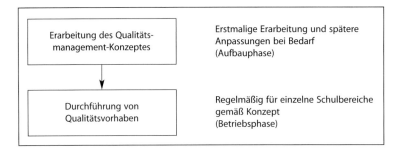

Abb. 10: Zwei Arbeitsprozesse zur Verwirklichung eines intern konzipierten Qualitätsmanagements

bestimmtes System vorzuschreiben. Auch ein solches Verhalten verunsichert Lehrpersonen und verstärkt die Widerstände.

Ein intern konzipiertes Qualitätsmanagement erfordert *zwei unterschiedliche Arbeitsprozesse*: Einerseits ist das Qualitätsmanagement-Konzept zu erarbeiten und bei Bedarf an veränderte Verhältnisse anzupassen (Aufbauphase) und andererseits sind möglichst regelmäßig einzelne Qualitätsvorhaben durchzuziehen (vgl. Abb. 10). Diese beiden Arbeitsschritte sind sowohl bei der Übernahme eines formalen Systems als auch bei der Entwicklung eines schuleigenen Qualitätsmanagement-Konzeptes zu durchlaufen. Im Folgenden wird die Entwicklung eines eigenen Qualitätsmanagement-Konzeptes dargestellt.

5.2 Erstmalige Erarbeitung und spätere Anpassung bei Bedarf (Aufbauphase, erster Arbeitsprozess)

Der Arbeitsablauf zur erstmaligen Erarbeitung und zur späteren Anpassung wird maßgeblich durch die Führungskultur an einer Schule bestimmt. An Schulen mit stark lenkenden Schulleitungen leisten diese die wesentlichen Vorarbeiten, informieren die Lehrerschaft, treffen aber die organisatorischen Entscheidungen über den Arbeitsablauf weitgehend selbst. Stärker mitwirkungsorientierte Schulleitungen delegieren die Aufgabe an eine »Projektgruppe Qualitätsmanagement« (oft auch als Steuergruppe bezeichnet). Möglich sind vier Vorgehensweisen:

1. Die Schulleitung übernimmt alle Aufgaben des Qualitätsmanagements: Organisation, Entwurf des Konzeptes, Durchführung.
2. Die Schulleitung entwickelt zusammen mit der gesamten Lehrerschaft im Sinne des organisationalen Lernens[7] (vgl. beispielsweise Dubs 2005) das Konzept und lässt es in einer gemeinsamen Arbeit durch die gesamte Lehrerschaft durchführen.

---

7 Organisationales Lernen heißt: Der Lehrkörper versteht sich als Lerngruppe und erarbeitet im Sinne eines Lernprozesses das Qualitätsmanagement Konzept auf einer Arbeitstagung oder auf Sitzungen. Damit ein gemeinsamer Lernprozess entstehen kann, bereiten sich die einzelnen Lehrpersonen anhand von Literatur (und allenfalls mit einer schulinternen Weiterbildung) auf die Aufgabe vor, damit sie mit ihrem Vorwissen gemeinsam Neues erarbeiten können.

Abb. 11: Vorgehensweise in der Aufbauphase eines intern konzipierten Qualitätsmanagements

3. Die Schulleitung setzt eine schulinterne Projektgruppe ein (vgl. zur Vertiefung Dubs 2005), welche das Konzept entwirft und alle Aufgaben des Qualitätsmanagements durchführt.
4. Die Schulleitung beauftragt eine außenstehende Expertin oder einen außenstehenden Experten, der das Konzept entwirft oder die Lehrerschaft beim Entwurf des Konzeptes anleitet sowie die Durchführungsarbeiten unterstützt.

Aufgrund der Erfahrungen empfiehlt sich das in Abbildung 11 dargestellte Vorgehen, das im Wesentlichen der Variante 3 entspricht.

1. *Anstoß:* Ausgangspunkt des Qualitätsmanagements ist der Anstoß. Er sollte von der Schulleitung kommen. Denkbar ist aber auch, dass Lehrkräfte, Eltern oder die Schulaufsicht die Maßnahme vorschlagen. In jedem Fall muss die Schulleitung die ersten Arbeiten in Angriff nehmen und die Gegebenheiten analysieren (vor allem die Rechtsvorschriften, die staatliche Rahmenordnung sowie die Weisungen der Schulbehörden und der Schulaufsicht). Dadurch lassen sich viele Missverständnisse und spätere Schwierigkeiten vermeiden. Diese Analyse ist nicht nur für die Schulen, sondern auch für die Zusammenarbeit mit der Schulaufsicht wichtig. Es lässt sich nämlich immer wieder beobachten, wie sie Schwierigkeiten im Umgang von Innovationen hat und manchmal deren Anwendung behindert.
2. *Information:* Angesichts vieler Widerstände gegen das Qualitätsmanagement kommt dieser ersten Information größte Bedeutung zu. Gegenstand der Information muss es sein, die Lehrkräfte über die Absichten zu orientieren und zunächst un-

verbindlich abzutasten, welche Vorgehensweise von den Lehrkräften bevorzugt wird. In dieser Phase ist es besonders wichtig, dass auf die Befindlichkeit der Lehrkräfte Rücksicht genommen wird.

Die Entscheidung ist auf die Kultur der Schule auszurichten. Empfehlenswert ist die Lösung mit einem Projektmanagement (s.o., Variante 3). In diesem Fall wird eine Projektgruppe, die aus einer Vertretung der Schulleitung, Lehrkräften und allenfalls Vertretungen der Eltern und der Schülerschaft besteht, eingesetzt. Diese Projektgruppe entwirft das Qualitätsmanagement-Konzept und sie könnte – bei einem entsprechenden Auftrag – alle Maßnahmen des Qualitätsmanagements durchführen und leiten. Erfolgreich ist diese Vorgehensweise aber nur, wenn alle Mitglieder der Projektgruppe die Techniken des Projektmanagements beherrschen.

Die Schulleitung sollte diese Aufgabe nicht übernehmen, weil sie zeitlich überfordert wäre und die Gefahr bestünde, dass der Gedanke der gemeinsamen Schulentwicklung im Schulhaus nicht zum Tragen kommt, sondern die Schulleitung verfügt. Dies wäre u.U. anders zu beurteilen, wenn nach Vorstellung aller vier Vorgehensweisen die Beteiligten aus nachvollziehbaren Gründen der Auffassung wären, dass die Schulleitung den Konzeptentwurf entwickeln sollte, über dessen Veränderung, Annahme und Umsetzung in die Praxis die Betroffenen und Beteiligten dann entscheiden. Falls in dieser Weise verfahren würde, geschähe die Fortsetzung der Arbeit entsprechend der Variante 3. Das Für und Wider bliebe allerdings sorgfältig abzuwägen.

Kritisch ist die Vorgehensweise des organisationalen Lernens mit der gesamten Lehrerschaft. Erfahrungsgemäß sind die Ermüdungserscheinungen groß. Zudem fehlt bei dieser Lösung eine klare Führung des Qualitätsmanagements bei der praktischen Durchführung und Verwirklichung der Verbesserungsmaßnahmen. Auch der Einbezug von außenstehenden Expertinnen oder Experten ist nicht unbedingt zu empfehlen. Es besteht immer wieder die Gefahr, dass Verantwortungen verwischt werden. Außerdem sollte der sich in vielen Schulen abzeichnenden dauernden Abwertung des Lehrerberufs mit immer mehr Beratern in allen Schulbereichen Einhalt geboten werden. Die Lehrkräfte sind die Fachleute für Erziehung und Bildung und sind so fortzubilden, dass sie ihre Aufgaben allein erfüllen können.

3. *Entscheidung über die Vorgehensweise:* Aufgrund der Informationen und nach Abwägen der Vor- und Nachteile der vier Varianten des Vorgehens trifft die Lehrerkonferenz die endgültige Entscheidung über die Vorgehensweise. Empfehlenswert ist Variante 3.

4. *Erarbeitung des Qualitätsmanagement-Konzeptes:* Mit der Entscheidung über die gewählte Vorgehensweise ist festgelegt, wer die Arbeiten der Konzeptentwicklung zu leisten hat. Während dieser Arbeit ist wichtig, dass die Verantwortlichen von der Schulleitung immer wieder ein Feedback erhalten und bei einer länger dauernden Arbeit die Lehrerkonferenz periodisch informiert wird. Den Abschluss dieser Arbeit bildet der Antrag an die Lehrerkonferenz.

5. *Endgültige Entscheidung:* Schließlich trifft die Lehrerkonferenz die endgültige Entscheidung über das Qualitätsmanagement-Konzept der Schule.

5.3 Das Vorgehen beim Aufbau des Qualitätsmanagement-Konzeptes für die eigene Schule

Wenn die Verantwortlichen (im Idealfall die Projektgruppe Qualitätsmanagement) das Qualitätsmanagement-Konzept für das intern konzipierte Qualitätsmanagement ihrer Schule aufbauen, so müssen sie sich mit sechs Fragen beschäftigen (vgl. auch Strittmatter 1997):

1. **Welche Schulbereiche sollen evaluiert werden?**
Die Auswahl der Schulbereiche kann nach folgenden Gesichtspunkten erfolgen:

- staatliche Vorschriften (z.B. Parallelarbeiten);
- Überprüfung der Wirksamkeit von Schulentwicklungsarbeiten (z.B. hat eine Schule Maßnahmen zu mehr Ordnung und Sorgfalt im Schulhaus entwickelt, jetzt will sie die Wirksamkeit überprüfen);
- Überwindung von Schwachstellen (z.B. wird das Beurteilungs- und Klausurensystem kritisiert, deshalb wird der Zustand erhoben, um Schulentwicklungsmaßnahmen durchzuführen);
- Reaktion auf Kritik (z.B. kritisieren Eltern, Lehrkräfte nähmen sich der Lernenden zu wenig an, deshalb wird das Caring der Lehrkräfte überprüft; vgl. Dubs 2002);
- Evaluation eines konkreten Schulprojektes.

Im Hinblick auf Schulentwicklungsarbeiten, die sich im Interesse des Nutzens des Qualitätsmanagements an die einzelnen Evaluationen anschließen müssen, ist es besser, einen Schulbereich nach dem anderen (Schritt-um-Schritt-Verfahren oder Fokusevaluation) und nicht mehrere Bereiche gleichzeitig zu erfassen, um die Lehrkräfte nicht zu überfordern.

Die Bestimmung der für die Qualitätsbeurteilung auszuwählenden Bereiche lässt sich nicht in allgemeiner Weise festlegen (es sei denn, man basiert auf einem TQM-Modell). Deshalb ist anhand der oben erwähnten Gesichtspunkte zu entscheiden, welche Bereiche man auswählen will. Eine mögliche Systematik für die Auswahl von Schulbereichen gibt Tabelle 9 auf der nächsten Seite als Ideensammlung wieder.

Zusammenfassend sind bei der Auswahl der Schulbereiche für das intern konzipierte Qualitätsmanagement die folgenden Anforderungen zu betrachten:

- Sie müssen schulrelevant und geeignet sein, die Schulqualität zu verbessern.
- Die Qualität muss eindeutig definierbar und erfassbar sein, um Grundsatzdebatten zu vermeiden.
- Beeinflussungs- und Manipulationsmöglichkeiten müssen unmöglich sein.
- Die Reihung ist so vorzunehmen, dass nicht mit solchen Schulbereichen begonnen wird, die bei Lehrkräften Ängste auslösen und die Abwehrmentalität verstärken. Deshalb sollte nie mit einer Beurteilung der Lehrpersonen durch die Lernenden begonnen werden, obschon sie aussagekräftig ist (Peterson 1995), weil sie zu viele Ängste auslöst und anfänglich das Qualitätsmanagement gefährden könnte.

Tab. 9: Mögliche Systematik für die Auswahl von Schulbereichen

Schulbereich	Teilbereiche
Kultur, Ziele der Schule	Qualität des Leitbilds, Innovationskraft der Schule, Wahrnehmung der Verantwortung nach außen, Kontakte nach außen, Ordnung und Disziplin in der Schule, Sorge um die Schülerschaft, Schule als Element des gesellschaftlichen Lebens in der Region, Schulklima
Unterricht	Qualität des Lehrplans, der Unterrichtsführung und der Leistungsergebnisse; Belastungssituation der Lehrkräfte; Zufriedenheit im Unterricht
Führung der Schule	Qualität der Leadership der Schulleitung, Zufriedenheit mit der Führung
Schulleben	Qualität der Schülerbetreuung, Interaktionen in der Schule, außerunterrichtliche Aktivitäten der Schule, Förderungsprogramme
Organisation der Schule	Qualität der Organisation und der Arbeitsabläufe in der Schule, Zufriedenheit mit der Organisation
Ressourcen	Qualität des Ressourceneinsatzes

2. **Welche Qualität soll dem betreffenden Schulbereich zugrunde gelegt werden (im Sinne einer generellen Definition umschrieben)?**
Weil es keine wissenschaftlich definierbare Schulqualität gibt, ist bei jedem Qualitätsvorhaben neu zu überlegen, welche Qualität der Arbeit zugrunde zu legen ist. Wesentlich ist, dass sich die Schule an ihren eigenen Qualitäten, wie sie sich durch staatliche Vorschriften, durch das eigene Leitbild und das eigene Schulprogramm sowie die eigene Schulkultur ergeben, orientiert und sich weniger auf bestehende Normen in Qualitätshandbüchern oder auf allgemeine Checklisten ausrichtet. Längerfristig sollen Input-, Prozess- und Outputqualitäten definiert und erfasst werden. Immer müssen Qualitäten ermittelt werden, welche nur die Lehrkräfte, und solche, welche die ganze Schule erfassen.

3. **Welche Erhebungsverfahren sollen bei welchen Personen eingesetzt werden?**
- Beispiele für Erhebungsverfahren: Fragebogen, Interviews, Dokumentenanalysen ...
- Beispiele für Personengruppen: Lehrkräfte, Schulleitung, Eltern, Lernende, Lehrbetriebe, weiterführende Schulen.

4. **Sollen selbst entwickelte Erhebungsverfahren oder fertig entwickelte Instrumente für die Datenerhebung eingesetzt werden?**
Wenn die Projektgruppe eigene Instrumente entwickelt, wird ein größeres Bewusstsein für die Reflexion der erwünschten Qualität der eigenen Schule geschaffen. Die Übernahme von bestehenden Instrumenten verleitet eher zum Schematismus. In Anfangsphasen kann aber die Anwendung bestehender Instrumente vorteilhaft sein, weil unmittelbar mit den Evaluationsarbeiten begonnen werden kann und Ergebnisse rasch vorliegen, was das Vertrauen in den Nutzen des Qualitätsmanagements stärkt.

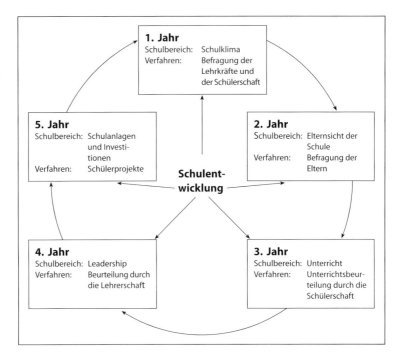

Abb. 12: Beispiel eines Qualitätsmanagement-Konzeptes

5. **Sind die Evaluation des gewählten Schulbereichs, die definierte Qualität sowie die ausgewählten Instrumente sinnvoll und führen sie zu pädagogisch reflektierten Konsequenzen?** Es darf keine Evaluation um der Evaluation willen stattfinden.

6. **Welche Maßnahmen (Schulentwicklung und Weiterbildung) sind vorzusehen, wenn die Qualitätsergebnisse nicht genügen?**
Das Qualitätsmanagement-Konzept einer Schule sollte auf eine *multiple Evaluation* ausgerichtet werden (gelegentlich wird auch von der *360°-Feedbackmethode* gesprochen), d.h. im Laufe der Zeit sollten verschiedene Schulbereiche durch verschiedene Personenkreise mit unterschiedlichen Erhebungsverfahren evaluiert werden. Abbildung 12 zeigt ein praktisches Beispiel eines Qualitätsmanagement-Konzeptes.[8]

---

[8] Inzwischen liegen mit diesem Konzept erste praktische Erfahrungen vor. Die Erfassung des Schulklimas machte keine Probleme. Die Ergebnisse verwiesen aber auf Mängel im Schulklima, welche zu einer Lehrerfortbildung führten. Deshalb wünschten sich die Lehrkräfte nach einem Jahr eine weitere Schülerbefragung, die bessere Ergebnisse erbrachte. Hingegen fühlte sich der Lehrkörper mit der gemäß Konzept vorgesehenen Ermittlung der Elternsicht der Schule überfordert, sodass sie um ein Jahr hinausgeschoben wurde. Frühzeitig begann die Projektgruppe mit der Entwicklung eines Unterrichtsbeurteilungsbogens, die aber mangels Sachkompetenz nicht gelang, sodass ein bestehender Bogen übernommen wurde. Insgesamt ergaben sich an dieser Schule also drei Probleme: Erstens wurde der Zeitaufwand unterschätzt; zweitens zeigte sich, dass nach Maßnahmen und einer Weiterbildung der Wunsch nach einer Fortschrittskontrolle bestand; und drittens hätte die Projektgruppe besser auf ihre Aufgabe vorbereitet werden sollen.

Aufgrund des Qualitätsmanagement-Konzeptes können die Einzelheiten festgelegt werden:

- die Definition der erwünschten Qualität;
- die Methoden und Instrumente, die eingesetzt werden, um die Qualität zu erfassen;
- Maßnahmen der Schulentwicklung, die ergriffen werden, wenn die Ergebnisse der Qualitätsverfassung ungenügend sind; sowie
- die Rechtfertigung der vorgesehenen Qualitätserfassung.

Dieser letzte Punkt soll zur Reflektion anregen, um Fassadenevaluationen zu vermeiden. Tabelle 10 zeigt die vorgesehene Umsetzung des Qualitätsmanagement-Konzeptes aus Abbildung 12.

Tab. 10:	Technische Überlegungen zur Durchführung des Qualitätsmanagements			
Schulbereich	**Erwünschte Qualität**	**Methode/ Instrument**	**Schulentwicklung**	**Rechtfertigung**
Schulklima	Qualitätswerte, die über den wissenschaftlich ermittelten Normwerten liegen	Klima-Instrument (Bessoth u.a. 1997), durch Lehrerschaft und Schülerschaft bearbeitet	im Falle schlechter Ergebnisse einen Maßnahmenplan durch eine Projektgruppe entwickeln	Das Schulklima hat für den Zustand und die Entwicklungsmöglichkeiten der Schule große Bedeutung.
Urteil über die Schule aus der Sicht der Eltern	gutes Urteil der Eltern	Fragebogen an die Eltern (Eigenentwicklung oder Dubs 2004a, S. 206), durch Eltern beantwortet	im Falle schlechter Ergebnisse Arbeitstagung der Lehrerschaft	Die Kritik einzelner Eltern soll systematisch erfasst werden, damit die Schule die Sicht aller Eltern kennt.
Unterricht	hochstehender Unterricht aufgrund der gewählten Beurteilung	Eigenentwicklung eines Beurteilungsbogens, durch Schüler/innen ausgefüllt	Lehrerfortbildung über Unterrichtsfragen	Die Unterrichtsqualität ist für eine gute Schule zentral.
Leadership	hohe Werte im Beurteilungsbogen	Beurteilungsbogen (Dubs 2004a, S. 233), durch Lehrerschaft ausgefüllt	Workshop der Schulleitung	Die Schulleitung wünscht sich eine Beurteilung ihrer Arbeit.
Schulanlagen und Investition	gutes Schülerurteil	Projektarbeit ausgewählter Klassen im Deutschunterricht über »Unsere Schulanlagen und -einrichtungen«	Investitionsanträge an Behörden, schulinterne Verbesserungsmaßnahmen	Die Ergebnisse sollen die Behörde auf den Zustand der Schulanlagen aufmerksam machen.

Die hier vorgeschlagene Darstellung eines Qualitätsmanagement-Konzeptes mit den dazugehörigen technischen Überlegungen hat mehrere Vorteile:

- Zwei einfache Darstellungen genügen, um ohne weitere Beschreibungen sofort zu zeigen, was beabsichtigt ist. Auf diese Weise entsteht kein »Papierkrieg«.
- Die Darstellung sichert in einfacher Weise Transparenz und ist sofort verständlich, sodass keine Kommunikationsprobleme entstehen.
- Mit der Rechtfertigungsspalte wird gezeigt, dass das Konzept reflektiert ist.

5.4 Die regelmäßige Beurteilung einzelner Schulbereiche (Betriebsphase, zweiter Arbeitsprozess)

Aufgrund des Qualitätsmanagement-Konzeptes lassen sich zum jeweils gegebenen Zeitpunkt die einzelnen Qualitätsvorhaben planen und durchführen. Idealerweise werden alle Arbeiten durch die Projektgruppe Qualitätsmanagement ausgeführt, die für eine Periode von drei Jahren (Erfahrungswert) eingesetzt oder für jedes Vorhaben neu zusammengestellt wird. Abbildung 13 zeigt einen möglichen Ablauf der Überprüfung eines Schulbereichs (Fokusevaluation in der Betriebsphase). Auch bei diesem Ablauf ist entscheidend, dass die Lehrerschaft regelmäßig orientiert wird, um die Transparenz sicherzustellen.

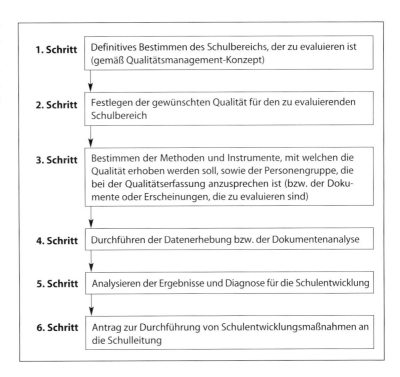

Abb. 13: Modell des Evaluationsablaufs (die einzelnen Ablaufschritte)

Bei den einzelnen Schritten des Arbeitsablaufs sind die folgenden Aspekte zu beachten:

1. Schritt: Definitives Bestimmen des zu evaluierenden Schulbereichs
Das Qualitätsmanagement-Konzept sollte so verlässlich sein, dass zu einem gegebenen Zeitpunkt derjenige Schulbereich evaluiert wird, der im Konzept vorgesehen ist. Trotzdem ist zu überlegen, ob die Planung noch zutreffend ist oder ob aus Dringlichkeitsgründen ein anderer Schulbereich überprüft werden soll.

2. Schritt: Festlegen der gewünschten Qualität
In der Tabelle der technischen Überlegungen zur Durchführung des Qualitätsmanagements (Tab. 10 auf S. 1254) ist grundsätzlich bestimmt, wie die zu überprüfende Qualität definiert wird. In diesem Schritt geht es nun darum, diese erste grobe Qualitätsdefinition genau zu erfassen (zu operationalisieren), damit die Qualität überprüft werden kann. Angesichts der Schwierigkeiten mit dem schulischen Qualitätsbegriff bereitet es in der Schulpraxis oft Mühe, die genauen Qualitätsziele festzulegen. Leider gibt es keine allgemein gültige Vorgehensweise, sondern es ist auf die jeweils konkrete Situation abzustellen. Abbildung 14 versucht aufzuzeigen, welche Gesichtspunkte bei der Ermittlung der Qualitätsziele zu beachten sind.

Dies sei an einem Beispiel verdeutlicht: Eine Schule will den Schulbereich »Ordnung und Disziplin an unserer Schule« evaluieren. Das Leitbild gibt eine klare Zielvorgabe: »Wir wollen eine Schule, in welcher die Menschen respektiert werden, der Unterricht jederzeit geordnet durchgeführt wird, alle Einrichtungen sorgfältig behandelt werden und keine Formen – auch von subtiler – Gewalt vorkommen.« Daraus lässt sich eine Produktqualität »Störungsfreies Schulleben, gepflegte Schulanlagen und gegenseitiger Respekt« ableiten. Diese Qualität entspricht auch den Vorstellungen über die Schulkultur. Die wissenschaftliche Literatur sowie viele empirische Untersuchungen (vgl. beispielsweise Emmer/Evertson/Anderson 1986; Charles 1991) verweisen auf die Bedeutung von Regeln für die Schüler/innen im Hinblick auf Ordnung und Disziplin. Deshalb könnte auch die Prozessqualität »Die Regeln zu Ordnung und Disziplin« erfasst werden, wie sie das Schuldokument »Hausordnung« vorgibt.

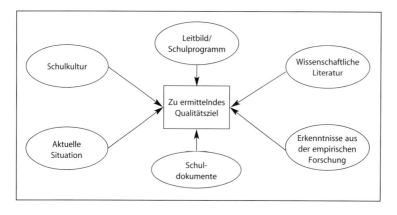

Abb. 14: Zu beachtende Gesichtspunkte bei der Ermittlung der Qualitätsziele

Die Bestimmung der Qualitätsziele kann und soll nicht zu einem schematischen Mechanismus, sondern pädagogisch reflektiert im weitesten Sinn als Beitrag zur Schulentwicklung verstanden werden.

3. Schritt: Bestimmen der Methoden und Instrumente sowie der Personengruppen für die Evaluation

Sind die Qualitätsziele festgelegt, so kann mit der Aufnahme des Ist-Zustandes begonnen werden. Dazu ist über die anzuwendenden Erhebungsmethoden, die Erhebungsinstrumente und die in die Evaluation einzubeziehenden Personengruppen zu entscheiden. Dieser Entscheid hängt von folgenden Faktoren ab:

- Zeit für die Entwicklung der Erhebungsinstrumente und der Ist-Aufnahme;
- Zielsetzung des Qualitätsmanagements;
- Genauigkeit der zu erfassenden Aussagen und Daten; sowie
- Zweck dieses Aspektes des Qualitätsmanagements.

Auch hier gilt wieder, dass selbst entwickelte Instrumente wirksamer sind als fertig übernommene, weil die Erarbeitung der Instrumente selbst einen wesentlichen Beitrag zur Schulentwicklung darstellt (zu den einzelnen Instrumenten vgl. den Beitrag »Evaluation« von Burkard/Eikenbusch in diesem Band, S. 1292ff.).

4. Schritt: Durchführen der Datenerhebung bzw. der Dokumentenanalyse

Im Schulalltag lässt sich immer wieder beobachten, dass die Datenerhebung bzw. die Dokumentenanalyse Mühe bereiten, weil die Ermüdungserscheinungen in diesem Schritt bei den Lehrkräften besonders groß sind (Gleichgültigkeit gegenüber dem Qualitätsmanagement, Nichteinhalten der Termine, Verzögerungen infolge Unklarheiten). Deshalb sollten folgende Gesichtspunkte beachtet werden:

- Die für das Qualitätsmanagement Verantwortlichen müssen die Lehrkräfte frühzeitig orientieren über
  – den Bereich, der evaluiert wird (mit Begründung);
  – die Qualitätsziele, welche vorgesehen werden;
  – die Instrumente, die eingesetzt werden;
  – die Verwendung der Ergebnisse sowie die Form der Berichterstattung;
  – den Zeitplan;
  – mögliche Maßnahmen im Falle des Erkennens ungenügender Qualitäten.
- Der Lehrerschaft muss geläufig sein, wer welche Kompetenzen hat und Forderungen durchsetzen darf.
- Der Zeitplan ist so zu gestalten, dass die Evaluationsarbeit nicht in Zeiten hoher Belastung für die Lehrkräfte (z.B. Prüfungszeit) fällt.
- Der Lehrerschaft ist bekannt zu geben, wie groß der mutmaßliche Zeitaufwand sein wird.

Für die Projektgruppe Qualitätsmanagement sind folgende Aspekte wesentlich:

- Vor der Bearbeitung der Instrumente ist zu überlegen, wie die Ergebnisse ausgewertet, dargestellt und veröffentlicht werden sollen. Sehr häufig werden Mängel bei den Instrumenten erst bei der Auswertung entdeckt. Dies gilt es zu vermeiden.
- Vor der Orientierung der Lehrkräfte muss die Projektgruppe wissen, welche Form der Information über die Ergebnisse sie wählen will: Individuelles Feedback an die einzelne Lehrperson, mündliche Orientierung im Lehrerkonvent oder schriftliche Auswertung der Erkenntnisse in einem Bericht an alle Lehrkräfte. Bei der Rückmeldung von Ergebnissen, die Schlussfolgerungen über die individuelle Leistung einer Lehrperson zulassen, kann das Feedback vielerorts (z.B. in Nordrhein-Westfalen) aus rechtlichen Gründen und unter Führungsgesichtspunkten nur durch die Schulleitung erfolgen. Darüber hinaus ist im Vorfeld schon zu bedenken, ob bei einer entsprechenden Konstellation eine Projektgruppe die geeignete Organisationsform darstellt (wenn z.B. eine von allen Lehrkräften getragene Vertrauenskultur fehlt).
- Vor der Orientierung der Lehrkräfte muss die Projektgruppe Qualitätsmanagement wissen, wie die Erkenntnisse in die Schulentwicklung eingebracht werden können, damit das Qualitätsmanagement rasch zu spürbaren Wirkungen führt.

5. Schritt: Analysieren der Ergebnisse und Diagnose für die Schulentwicklung

Der fünfte Schritt ist eine Phase des Suchens, Aufdeckens und Erkennens von Ursachen. Zu finden sind Ursachen und Wechselwirkungen, anhand derer sich »gute« und »schlechte« Qualitäten erklären lassen sowie darauf aufbauende Maßnahmen.

Diese Analyse und Diagnose führt zu den Ergebnissen des Qualitätsmanagements, über die zu berichten ist. Der Bericht muss knapp, einfach und übersichtlich gestaltet werden und darf nicht in eine Papierflut ausarten, weil zu viele Informationen die Wirksamkeit der Erkenntnisse reduziert (Liket 1993, S. 250; zur Abfassung von Evaluationsberichten vgl. Dubs 2004a). Der – mündliche oder schriftliche – Evaluationsbericht sollte über folgende Aspekte Aussagen machen:

- angestrebte Ziele und erwünschte Qualitäten im evaluierten Schulbereich;
- Grad der Zielerreichung und Stand der Qualität;
- Aufzählung der ermittelten Stärken und Schwächen mit Erklärung der Ursachen- und Begründungszusammenhänge;
- Maßnahmen zur Qualitätsverbesserung mit Aktions- und Zeitpunkt;
- Erkenntnisse zu neuen Aspekten des Qualitätsmanagements;
- Anhang: Datenauswertung.

6. Schritt: Antrag zur Durchführung von Schulentwicklungsmaßnahmen

Es kann nicht genug betont werden, dass das Qualitätsmanagement an Schulen nur zu Verbesserungen führt, wenn aufgrund der Ergebnisse systematische Maßnahmen im Rahmen der Schulentwicklung und der Weiterbildung durchgeführt werden. Deshalb müssen die Verantwortlichen des Qualitätsmanagements bei der Schulleitung immer konkrete Maßnahmen beantragen. Denkbar sind die folgenden Möglichkeiten:

- *Organisationales Lernen:* Ein Qualitätsproblem ist schwerwiegend und betrifft die ganze Schule. In einer solchen Situation besteht ein Handlungsbedarf für die ganze Schule mit allen Lehrkräften, sodass sich eine Entwicklungsarbeit im Sinne des organisationalen Lernens rechtfertigt. Die Erfahrung lehrt aber, dass Lehrkräfte systematisch in das organisationale Lernen einzuführen sind. Andernfalls bleibt es wirkungslos.
- *Einsetzen einer Projektgruppe:* Wenn aus Gründen der zeitlichen Belastung der Lehrkräfte das organisationale Lernen mit dem gesamten Lehrkörper nicht infrage kommt, so empfiehlt sich der Einsatz einer Projektgruppe. Sie erarbeitet eine Lösung, die anschließend von der gesamten Lehrerschaft diskutiert und verwirklicht wird.
- *Bearbeitung durch die Schulleitung:* Gewisse Qualitätsmängel, die für die Lehrerschaft wohl bedeutsam sind, sie aber wenig interessieren, werden mit Vorteil von der Schulleitung bearbeitet und verwirklicht oder dem Lehrerkonvent zur Beratung und zur Entscheidung vorgelegt.
- *Schulinterne Lehrerfortbildung:* Zeigt sich, dass Qualitätsmängel mit ungenügender Innovationskraft der Schule im Zusammenhang stehen, so ist eine schulinterne Lehrerfortbildung vorzusehen.

Grundsätzlich gilt: Qualitätsmanagement, Schulentwicklung und Lehrerfortbildung sind als Ganzheit zu sehen.

6. Metaevaluation

Noch immer strittig ist die Frage, ob ein intern konzipiertes Qualitätsmanagement mit Selbstevaluation für ein nachhaltig wirksames Qualitätsmanagement ausreicht oder ob sich eine ergänzende Fremdevaluation aufdrängt. Vertreter der Auffassung »Vertrauen ist gut, Kontrolle ist besser« schlagen ein Nebeneinander von Selbst- und Fremdevaluation vor (Burkard 1997; Liket 1993). Diejenigen, die sich vom Prinzip »Kontrolle ist gut, Vertrauen ist besser« leiten lassen, meinen, die Selbstevaluation genüge (früher Strittmatter 1997; Winkler 2001). Strittmatter (1997, S. 46f.) argumentierte, »dass es nicht gelingen kann, die Schulen zu einer ehrlichen und ›harten‹ Selbstevaluation zu bewegen, wenn eine ebenso ›harte‹ Fremdevaluation durch die Aufsicht angesagt wird. Der an vielen Beispielen belegbare Effekt ist, dass die Lehrerinnen und Schulen sich wie Schülerinnen im Examen verhalten: Was will wohl die andere Seite hören? Wie schneiden wir gut ab? Wie erklären wir ›Fehler‹ so, dass sie sich als Missverständnisse, entschuldbare bzw. von anderen verursachte Probleme oder methodische Mängel der Evaluation selbst deuten lassen?«

Diese Argumentation hat etwas für sich. Sie trägt aber weder der politischen noch der schulischen Wirklichkeit genügend Rechnung. Die politischen und die Schulbehörden sind gegenüber der Öffentlichkeit verantwortlich. Deshalb muss ihnen das Recht einer Fremdevaluation zugestanden werden. Aus schulischer Sicht sind die Ermüdungserscheinungen der Lehrkräfte bei außercurricularen Aufgaben zu beachten. Ohne eine zweckmäßige Fremdevaluation könnte die Selbstevaluation bald vernachlässigt werden, der Routine und vielleicht sogar einer gewissen Betriebsblindheit verfallen und damit wirkungslos werden.

Deshalb wird hier die Auffassung vertreten, dass in jedem System sei das intern konzipierte Qualitätsmanagement mit Selbstevaluation durch eine Fremdevaluation zu ergänzen ist. Ein geeigneter Ansatz dafür ist die *Metaevaluation* durch die Schulbehörde oder die Schulaufsicht, deren Aufgabe es ist, das intern konzipierte Qualitätsmanagement einer Schule auf die Zweckmäßigkeit hin zu überprüfen und die Selbstevaluation mit den darauf aufbauenden Schulentwicklungsmaßnahmen zu überwachen. Damit übernehmen diese Organe eine Controllingaufgabe, d.h. eine Überwachungsaufgabe, die feststellenden und korrigierenden Charakter hat, der Schule aber die Gestaltungsfreiheit so lange belässt, wie sie ihre Ziele erreicht.

Idealerweise wird die Metaevaluation der Schulaufsicht übertragen, deren Aufgaben und Kompetenzen sich aber wesentlich verändern (vgl. Dubs 2003). Im Rahmen des Qualitätsmanagements hat die Schulaufsicht folgende Aufgaben:

- Sie führt die Metaevaluation über das intern konzipierte Qualitätsmanagement durch und hat ein Weisungsrecht (neue Zielvorgaben) an die Schulleitung, wenn sie Mängel feststellt.
- Sie kann externe Evaluationsaufträge an Schulen erteilen (z.B. Evaluation eines Schulprojektes, Zusammenführen von Schulen zu einer gemeinsamen Evaluation eines Schulbereichs, Parallelarbeiten usw.).
- Die Schulleitung kann eine Beratung durch die Schulaufsicht in Fragen des Qualitätsmanagements anfordern.

Die Übertragung der Metaevaluation auf die Schulaufsicht hat mehrere Vorteile:

- Mittels einer Metaevaluation lassen sich Bemühungen einer Schule um Qualitätsverbesserungen gut erkennen.
- Die Schulaufsicht beschäftigt sich nicht mehr systemwidrig mit operativen Aufgaben der Schule, sondern sie übernimmt ein strategisch orientiertes Controlling, dessen Wirksamkeit noch erhöht werden kann, wenn die Metaevaluation und das extern konzipierte Qualitätsmanagement mit Fremdevaluation gut aufeinander abgestimmt sind.
- Die Aufgabe der Metaevaluation ist auch bei einer Aufsicht über viele Schulen zeitlich verkraftbar. Dieser Vorteil ist angesichts der Überlastung der Schulaufsicht durch viele administrative, organisatorische und juristische Aufgaben besonders wichtig, denn es zeichnet sich immer deutlicher ab, dass sie pädagogische Aufgaben gar nicht mehr wirklich wahrnehmen kann.
- Eine sorgfältig durchgeführte Metaevaluation gibt der Schulaufsicht einen guten Einblick in den Gesamtzustand einer Schule und eine gute Basis für Feedbackgespräche mit der Schulleitung.

Insgesamt ist diese Lösung systemkonform mit der teilautonomen geleiteten Schule. Die Schulaufsicht arbeitet mit der Schulleiterin oder dem Schulleiter zusammen und beschäftigt sich nicht mehr mit den einzelnen Lehrpersonen (was sie faktisch aus Zeitgründen schon lange nicht mehr tut). Die Führung und Betreuung ist in der geleiteten Schule eine wichtige Aufgabe der Schulleiterin oder des Schulleiters, denn diese sollten über die Kompetenzen für den Umgang mit den Lehrpersonen verfügen, wenn sie die Verantwortung für die Schule haben. Die Schulaufsicht ist auch am besten geeignet, in ihrem Aufsichtsbereich extern konzipierte Qualitätsmanagement-Maßnahmen wie Vergleichsarbeiten anzuordnen.

Immer noch umstritten ist, ob die Schulaufsicht nur ein *Controlling* durchführen *oder* auch *Beratungsaufgaben* übernehmen soll. Strittmatter (1997) verweist auf mögliche Loyalitätskonflikte. Wenn Schulaufsichtspersonen Schulleitungen und Lehrkräfte im Qualitätsmanagement beraten und unterstützen, könnten sie befangen werden und ihre Kontrollfunktion nicht mehr richtig wahrnehmen. Ein solcher Konflikt ist nicht in jedem Fall auszuschließen. Er lässt sich aber vermeiden, wenn die Schulaufsicht die Beratung ausschließlich auf den Ergebnissen der Metaevaluation aufbaut und nicht über weitere, breite Einwirkungsmöglichkeiten in die Schule verfügt.

Angesichts der sehr unterschiedlichen Qualitäten des Qualitätsmanagements an Schweizer Schulen hat Strittmatter (2001) mit einer Arbeitsgruppe eine Kriterienliste für die Durchführung der Metaevaluation entworfen (vgl. den folgenden Kasten). Diese Mindeststandards sind von der Schweizerischen Konferenz der kantonalen Erziehungsdirektoren (der deutschen Kultusministerkonferenz vergleichbar) als Empfehlung verabschiedet worden.

Mindeststandards für die Selbstevaluation von Schulen

1. *Die Selbstevaluation ist systematisch geplant und in die Schulentwicklung eingebunden.*
   - 1.1 Die Selbstevaluation umfasst:
     - individuelle Selbstevaluation (Aspekte der Aufgabenerfüllung der Personen);
     - schulbezogene Selbstevaluation (Aspekte der Aufgabenerfüllung der Schule bzw. von Angehörigen);
     - Überprüfung der Selbstevaluation (Metaevaluation).
   - 1.2 Die Schule hat ein breit abgestütztes Evaluationskonzept mit einer mittelfristigen Planung der Evaluations- und Entwicklungsvorhaben. Die Interessen an der Evaluation, deren Zwecke und Ziele sind geklärt und die wichtigsten Begriffe definiert.
   - 1.3 Die Bezüge zur Personal- und Schulentwicklung und zur Rechenschaft und Aufsicht sind ausgehandelt und klar definiert.
   - 1.4 Die Schule verfügt über die für das Evaluationskonzept bzw. die einzelnen Vorhaben erforderlichen Zuständigkeiten und Mittel (Qualifikationen, Zeit, Finanzen).
   - 1.5 Es sind Regeln für den Prozess der Selbstevaluation formuliert, namentlich für den Umgang mit sensiblen Personendaten.
   - 1.6 Die Selbstevaluation ist organisatorisch verankert; die Zuständigkeiten und Verantwortlichkeiten sind festgelegt. Die Beteiligten und Betroffenen sind informiert; das Informationskonzept ist transparent.

Mindeststandards für die Selbstevaluation von Schulen (Fortsetzung)

2. *Die Selbstevaluation untersucht bedeutsame Themen.*

2.1 Die Wahl der Evaluationsthemen wird begründet. Sie ist eine Konsequenz aus laufenden oder geplanten Entwicklungen bzw. aus dem Schulleitbild; sie berücksichtigt Interessen der Schulpartner bzw. die Ansprüche der Schulaufsicht.

2.2 Die Selbstevaluation praktiziert einen angemessenen Wechsel von umfassender Sicht (»Breitband-Erhebungen«) und fokussierter Evaluation einzelner Aspekte.

2.3 Gesamthaft muss eine Lehrperson und die Schule über evaluationsgestütztes Qualitätswissen in mindestens folgenden Bereichen verfügen:
- Lernergebnisse (z.B. Erreichen der Lernziele, Nachhaltigkeit und Übertragbarkeit des Gelernten, Fördererfolge bei Lernenden mit besonderen Ansprüchen);
- Unterricht (z.B. Sinngebung, Zielklarheit, funktionaler Einsatz von Arbeitsformen, produktive Verbindung der Lernorte, Umgang mit Heterogenität, Lernkontrollen);
- Beziehungen (z.B. Wertschätzung, Feedbackkultur, geklärte Rollen, Wahrnehmung von Führung, Informationspolitik);
- Struktur und Ressourcen (z.B. Zeit- und Lerngruppeneinteilung, Kooperationsformen, Raumnutzung, Funktionalität der Ausrüstung, ressourcenorientierter Personaleinsatz, Weiterbildungspolitik).

2.4 Die Periodizität, in der alle diese Bereiche bearbeitet sein müssen, ist so gewählt bzw. vorgegeben, dass den Ansprüchen sowohl der Rechenschaft wie auch der nachhaltigen Entwicklungsarbeit Rechnung getragen werden kann.

3. *Die Selbstevaluation bemüht sich um hohe Aussagekraft der Befunde.*

3.1 Unter den Beteiligten herrscht eine Haltung des Wissenwollens und des konstruktiven Dialogs über Zustände, deren Deutung und deren Optimierung.

3.2 Zu den untersuchten Themen sind Erfolgskriterien/Indikatoren oder präzise Fragen formuliert.

3.3 Die Schule bzw. die Lehrkräfte bemühen sich um eine hohe Aussagekraft der Befunde, insbesondere durch
- Einbezug verschiedener und auch externer Beurteilender;
- Verbindung verschiedener Evaluationsverfahren (Methoden/Instrumente);
- Wiederholungen.

3.4 Die Wahl und Handhabung der Verfahren ist der jeweiligen Fragestellung und den jeweiligen Teilnehmenden angepasst. Es wird auf eine ökonomische Anlage der Evaluationsvorhaben geachtet.

4. *Es erfolgt eine zweckmäßige Berichterstattung.*

4.1 Erkenntnisse werden weitergeleitet, und zwar so, dass sie der Erfüllung der schulischen Aufgabe am Ort, der Entwicklung von Einzelpersonen und der Entwicklung des betreffenden Schulsystems dienen.

4.2 Es wird intern und extern über den Vollzug der Selbstevaluation und dabei gewonnene Verfahrenserkenntnisse berichtet.

5. *Die Befunde werden konsequent umgesetzt.*

5.1 Die Befunde der Selbstevaluation werden in Maßnahmen umgesetzt, die dem Erhalt und der Weiterentwicklung der Qualität sowie der Behebung von Mängeln dienen.

5.2 Die Wirkungen der Maßnahmen werden dokumentiert und nachgeprüft.

7. Das extern konzipierte Qualitätsmanagement

7.1 Konzeptionelle Grundlagen

Noch immer sind viele Lehrpersonen gegenüber allen externen Maßnahmen der systematischen Überwachung der Schulqualität und damit – in der Terminologie dieses Beitrages – des extern konzipierten Qualitätsmanagements kritisch eingestellt. Dafür sind mehrere Gründe verantwortlich. Zunächst fühlen sie sich ob der vielen Maßnahmen wie TIMSS, PISA, Cockpit, Stellwerk usw. überfordert und empfinden sie z.T. als Störung des Unterrichts. Dann machen ihnen die vielen Forderungen aus der Öffentlichkeit, die auf populären und unzuverlässigen Dateninterpretationen beruhen, zu schaffen. Und schließlich stellen sie – mit einem gewissen Recht – alle Rangierungen (Rankings) von Schulen und Klassen infrage, weil sie in vielen Fällen oberflächlich und unzuverlässig sind.

Hier wird die Auffassung vertreten, dass ein gezielter und pädagogisch begründbarer Einsatz des extern konzipierten Qualitätsmanagements notwendig ist. Zu begründen ist dies folgendermaßen:

- Erstens sind die Schulbehörden und die Schulaufsicht der Öffentlichkeit über die Qualität der Schulen rechenschaftspflichtig. Deshalb bedürfen sie auch Daten über die Qualität der Schulen, die nicht dem intern konzipierten Qualitätsmanagement entnommen werden können.
- Zweitens kann ein Schulsystem nur gesteuert und entwickelt werden, wenn Fremdevaluationen durchgeführt werden.

Entscheidend ist jedoch, dass keine Routineevaluationen ohne klare Ziele erfolgen (so machen beispielsweise Rankings, die in der Öffentlichkeit so beliebt sind, in den meisten Fällen keinen pädagogischen Sinn) und jede Maßnahme der externen Evaluation pädagogisch begründbar ist. Deshalb ist es sinnvoll, von den im Folgenden dargestellten Formen und Zielen des extern konzipierten Qualitätsmanagements auszugehen.

1. Extern konzipiertes Qualitätsmanagement mit Selbstevaluation
Die Schulbehörde oder die Schulaufsicht bestimmen, welcher Schulbereich zu evaluieren ist und beauftragen die Schulen mit der Ausführung, wobei sie die Methoden und Instrumente, die zu verwenden sind, entweder selbst festlegen oder es den Schulen überlassen, wie sie es tun wollen. Typische Beispiele dafür sind:

- Die Schulbehörden oder die Schulaufsicht versuchen Schulen zusammenzuführen, um gleiche Schulbereiche zu evaluieren. Dabei können sie die Methoden oder Instrumente vorgeben oder sie durch die Schulen erarbeiten lassen. Die Schulen führen aber die Evaluation selbst durch. Ziel dieser Maßnahme ist die *Systembeeinflussung* (die Schulbehörden ergreifen aufgrund der Erkenntnisse in einzelnen Schulen Maßnahmen) oder sie dient einem einfachen *Systemvergleich* (die einzelnen Schulen erkennen ihren Zustand im Vergleich zu anderen Schulen).

- Die Schulbehörden oder die Schulaufsicht bestimmen für alle Schulen in ihrem Hoheitsbereich, dass bestimmte Schulbereiche zu evaluieren sind, und geben die Methoden und Instrumente vor. Die Schulen führen aber die Evaluation selbst durch. Ziel dieser Maßnahme ist zunächst die *Rechenschaftsablegung* (Berichterstattung über den Zustand aller Schulen im Hoheitsgebiet gegenüber den Oberbehörden und der Öffentlichkeit). Oder die Erkenntnisse dienen der *Systemsteuerung* (die Ergebnisse werden zu systematischen Verbesserungsmaßnahmen verwendet). Ein gutes Beispiel dafür sind Schulinnovationen. Mittels eines extern konzipierten Qualitätsmanagements mit Selbstevaluation, die aus Kostengründen vorteilhaft ist, lässt sich überprüfen, wie die Neuerung an den einzelnen Schulen Eingang gefunden hat (vgl. dazu den Ansatz mit den Instrumenten von Hall/Hord 2001).

2. Extern konzipiertes Qualitätsmanagement mit Fremdevaluation
Dritte (Schulbehörden, Schulaufsicht, wissenschaftliche Institutionen) entwerfen das extern konzipierte Qualitätsmanagement und führen die Evaluation selbst durch. In diesem Fall kann das Ziel des Qualitätsmanagements der *Systemvergleich* (z.B. TIMSS oder PISA), die *Systemsteuerung* (z.B. Überprüfung des Erfüllungsgrads von Bildungsstandards an allen Schulen in einem Hoheitsgebiet mit allenfalls direkten Eingriffen in schwächeren Schulen) oder die *Systemgestaltung* (ungenügende Ergebnisse führen zu einer Umgestaltung im ganzen Schulsystem, z.B. Umgestaltung der Lehrplanstruktur) sein.

3. Peer-Review
Diese Form des Qualitätsmanagements ist eine Kombination von Selbst- und Fremdevaluation. Sie wird meistens zu Gesamtbeurteilungen einer Schule eingesetzt und hat insbesondere *Anregungsfunktion* zu umfassenden und längere Zeit beanspruchenden Verbesserungsmaßnahmen (*Systembeeinflussung*). Die Schulen nehmen aufgrund genauer Vorgaben der Peers (Beurteilende mit Erfahrungen an und mit Schulen des entsprechenden Typus) eine Selbstevaluation vor, die sie in einem Selbstbeurteilungsbericht niederlegen. Dieser Bericht wird von Peers mittels einer Vor-Ort-Begehung mit den Lehrkräften der Schule besprochen und überprüft. Die Ergebnisse werden in einem schriftlichen Peer-Bericht zusammengefasst und mit Anregungen versehen der Schule zur Bearbeitung übergeben.

7.2 Die Abstimmung zwischen extern und intern konzipiertem Qualitätsmanagement

Angesichts der gegenwärtig vielen Initiativen im Zusammenhang mit Qualitätsmanagement müssen die Schulbehörden beim Aufbau der gesamten Qualitätsmanagement-Konzeption für ihr Hoheitsgebiet beachten, dass den einzelnen Schulen nicht zu viele Evaluationsaufträge erteilt werden, weil jede sachliche und zeitliche Überforderung zu oberflächlicher Qualitätsarbeit verleitet, die demotivierend wirkt. Konkret sollten folgende Fehler vermieden werden:

- Die Schulbehörden legen in ihrer Konzeption ein Schwergewicht auf das intern konzipierte Qualitätsmanagement mit Selbstevaluation. Über die Schulaufsicht werden aber laufend neue Aufträge zur Selbstevaluation erteilt (z.B. gemeinsame Evaluationen in wenigen Schulen zur Systembeeinflussung). Sie stören oft die Umsetzung des eigenen Qualitätsmanagement-Konzeptes und führen zu ziellosen Aktivitäten, bei denen die Auftragserfüllung wichtiger wird als Maßnahmen zur Schulentwicklung.
- Die Schulbehörden folgen zu unvermittelt neuen wissenschaftlichen Tendenzen, die zu aufwändigen Maßnahmen führen, sodass die Zeit für die Fortführung angefangener und geplanter Qualitätsarbeiten fehlt. Dadurch gehen die Kontinuität des Qualitätsmanagements einer Schule und damit ein guter Teil seiner Wirksamkeit verloren. Beeinflusst durch die Idee von Leistungsstandards wird gegenwärtig über die Entwicklung von Kernlehrplänen diskutiert, deren Wirksamkeit über Lernstandserhebungen überprüft werden soll. So wertvoll diese Maßnahme auch ist, sie bringt zusätzliche Aufgaben für die Lehrkräfte an den einzelnen Schulen, die wahrscheinlich zu einer Vernachlässigung des intern konzipierten Qualitätsmanagements mit Selbstevaluation führen. Die Folge davon ist, dass die Lehrkräfte die einzelnen Aufgaben in Erwartung von sich immer rascher folgenden Neuerungen nicht mehr ernst nehmen.
- Das extern konzipierte Qualitätsmanagement sollte weniger die Rechenschaftsablegung zum Ziel haben, sondern vor allem der Systemsteuerung und Systemgestaltung dienen. Vorsicht ist mit dem Systemvergleich geboten. Insbesondere sollte auf Ranglisten (Rankings) von Schulen verzichtet werden, weil sie in den meisten Fällen infolge der unterschiedlichen Bedingungen der einzelnen Schulen (z.B. soziokulturelle Umwelt der Schule, interkulturelle Unterschiede in den einzelnen Schulen, unterschiedliche Verhältnisse in den der evaluierten Schule vorangehenden Ausbildungen usw.) nur ganz grobe Gültigkeit haben und eine Neutralisierung aller dieser Einflussfaktoren eine äußerst anspruchsvolle wissenschaftliche Aufgabe ist. Zudem führen Rankings in der Öffentlichkeit oft zu falschen Reaktionen gegenüber einzelnen Schulen und ihren Lehrkräften, was die negative Einstellung vieler Lehrkräfte gegenüber dem Qualitätsmanagement verstärkt.

Im Interesse des Nutzens des Qualitätsmanagements müssen deshalb das intern und das extern konzipierte Qualitätsmanagement gut aufeinander abgestimmt werden. Dabei sollten die folgenden Gesichtspunkte beachtet werden:

- Idealerweise sollten extern konzipierte Qualitätsmanagement-Vorhaben erst in Auftrag gegeben werden, wenn die Lehrerschaft dank eines funktionstüchtigen internen Qualitätsmanagements mit Selbstevaluation ganz allgemein das Vertrauen in den Nutzen von Qualitätsmanagement gewonnen hat.
- Auch das extern konzipierte Qualitätsmanagement darf nicht zu einem Ritual verkommen, d.h. es sollen nicht permanent gleiche Qualitäten überprüft werden. Dies ist häufig dann der Fall, wenn aus politischen Gründen der Rechenschaftspflicht zu

viel Bedeutung beigemessen wird. Das extern konzipierte Qualitätsmanagement sollte sich immer an aktuellen bildungs- und schulpolitisch relevanten Problemen orientieren.
- Das extern konzipierte Qualitätsmanagement ist auf Qualitäten auszurichten, die für das ganze Schulsystem und nicht für einzelne Schulen relevant sind (Systembeeinflussung, Systemsteuerung und Systemgestaltung).
- Zu vermeiden sind Evaluationsmaßnahmen, die zu Doppelspurigkeiten führen.
- Mit der Anordnung von extern konzipierten Maßnahmen muss die verantwortliche Schulbehörde immer eine Maßnahmenplanung für den Fall unbefriedigender Ergebnisse vorsehen und die dazu notwendigen Ressourcen bereitstellen.

7.3 Qualitätsstandards, Indikatoren und Benchmarks

Heute wird immer mehr gefordert, dass die Input-, Prozess- und Produktqualitäten nicht nur qualitativ, sondern auch quantitativ erfasst werden, um die Rechenschaftsablegung zu objektivieren sowie den Systemvergleich und die Systemsteuerung anhand von Daten präziser vornehmen zu können. Zu diesem Zweck wird immer wieder versucht, mit Qualitätsindikatoren die einzelnen Qualitäten zu erfassen und mit Qualitätsstandards erwünschte Qualitäten objektiv vorzugeben.

> Die Qualitätsindikatoren definieren die Variablen und Kriterien, mit deren Hilfe die Qualität erfasst wird.

> Die Qualitätsstandards umschreiben die Voraussetzungen, die erfüllt sein müssen, damit die Qualität im erfassten Schulbereich als genügend bezeichnet werden kann.

Um die Wirksamkeit der Systemsteuerung zu erhöhen, wird zudem vorgeschlagen, ein Benchmarking einzuführen.

> Benchmarks sind Indikatoren, welche die Bestleistung (allenfalls auch Mittelwerte), die sich aus einem Vergleich mit anderen Schulen ergeben, zur Zielvorgabe machen. Bei einem erweiterten Verständnis wird auch von Benchmarking gesprochen. Es definiert im Vergleich mit anderen Schulen die erwünschte Bestleistung, analysiert die eigene Leistung, identifiziert Leistungsdefizite und beseitigt eigene Schwachstellen.

Neuerdings werden in Europa in Anlehnung an Entwicklungen in den Vereinigten Staaten Ideen der »Standard-Based-Reform« aufgenommen. Gegenwärtig werden in den deutschsprachigen Ländern Bildungsstandards entwickelt, welche den Schulen verbindlich vorgegeben werden und deren Erreichung regelmäßig überprüft wird. Davon wird eine Qualitätsverbesserung der Schule erwartet (Klieme 2003; Dubs 2004b).

Indikatoren, Benchmarks und Standards stellen nichts anderes als eine Form des extern konzipierten Qualitätsmanagements mit quantitativ erfassbaren Qualitäten dar.

Bislang ist es aber noch nicht gelungen, ein umfassendes Indikatorensystem aufzubauen, da es, um auch pädagogisch wertvoll zu sein, viele Indikatoren umfassen müsste, bei welchen die Frage der Umschreibung der Schulqualität erneut und grundsätzlich zu diskutieren wären. Indikatoren für viele einzelne Qualitäten liegen inzwischen vor (vgl. die Zusammenstellung bei Dubs 2004a). Viele von ihnen tragen aber infolge der Unbestimmtheit des Qualitätsbegriffs die Gefahr von Fehlsteuerungen in sich. In dieser Hinsicht sind die Bildungsstandards für die pädagogische Überprüfung und Steuerung der Schulen Erfolg versprechender, sofern es gelingt, gute Bildungsstandards zu erarbeiten.

8. Nachwort

Das Qualitätsmanagement ist für Schulsysteme und Schulen ein wertvolles, aber anspruchsvolles Führungsinstrument. Mit diesem Beitrag wurde versucht aufzuzeigen, dass die konzeptionellen Voraussetzungen dazu theoretisch gegeben sind. Ob sich aber das Qualitätsmanagement an Schulen nachhaltig durchsetzt, hängt von verschiedenen Voraussetzungen ab:

- Im Interesse der Zielstrebigkeit und der Vermeidung von Doppelspurigkeiten müssen sich die Schulbehörden für eine in ihrem Hoheitsgebiet verbindliche Qualitätsmanagement-Konzeption entscheiden und neue Evaluationsmaßnahmen immer wieder in diese Konzeption integrieren. Andernfalls entstehen in der Lehrerschaft Verunsicherungen.
- Extern konzipierte und intern konzipierte Qualitätsmanagement-Maßnahmen müssen aufeinander abgestimmt werden. Andernfalls kommt es zu einer Überforderung der Lehrerschaft.
- Ohne vertiefte Ausbildung der Lehrpersonen lässt sich ein gutes Qualitätsmanagement nicht nachhaltig durchsetzen, denn Unverständnis und Durchführungsmängel führen zu Misserfolgen und demotivieren.
- Routine, Schematismus und Fassadenevaluationen tragen zur Gleichgültigkeit und Ermüdungserscheinungen beim Qualitätsmanagement bei. Deshalb kommt der Reflexion über sinnvolle Qualitätsmanagement-Maßnahmen große Bedeutung zu.
- Mit Akkreditierungen und Zertifizierungen ist Vorsicht geboten. Sie tragen die Gefahr der Bürokratisierung und des Schematismus in sich, weil umfassende Qualitätsbeurteilungen in der Schule äußerst komplex sind und Wiederholungen bald einmal routinemäßig erfolgen. Allerdings sei die motivierende Wirkung sowie der Einfluss auf ausgewählte Schulprozesse nicht infrage gestellt. Diese Wirkung lässt sich aber auch einfacher erzielen.
- Schulen und Lehrerschaft sind der jungen Generation verpflichtet. Deshalb dürfen sie die Pflege der Qualität nicht vernachlässigen, selbst wenn zusätzliche außercurriculare Arbeit entsteht.

Literaturverzeichnis

Ackermann, H. (o.J.): Möglichkeiten und Grenzen einer Evaluation von Schule und Unterricht. Bamberg.

Altrichter, H./Posch, P. (1997): Möglichkeiten und Grenzen der Qualitätsevaluation und Qualitätsentwicklung im Schulwesen. Innsbruck.

Altrichter, H./Radnitzky, E./Specht, W. (1994): Innenansichten guter Schulen. Portraits von Schulen in Entwicklung. Wien.

Arbeitsgruppe Steiermark (1995): EFQM in der Schule. Graz: Landesschulrat für Steiermark.

Aurin, K. (Hrsg.) (^{2}1991): Gute Schulen – worauf beruht ihre Wirksamkeit? Bad Heilbrunn.

Bessoth, R. u.a. (1997): Organisations-Klima-Instrument für Schweizer Schulen. Ein Leitfaden für Schulentwicklung mit Fragebogen und Windows-Diskette. Aarau.

Bishop, J.H. (1996): Signaling, Incentives and School Organization in France, the Netherlands, Britain and the United States. In: National Research Council (Hrsg.): Improving America's Schools. The Role of Incentives. Washington, S. 111–145.

Bolster, S.J. (1989): Vision. Communicating it to the Staff. Paper presented at the Annual Meeting of the AERA. San Francisco.

Brophy, J. (1998): Motivate Students to Learn. Boston.

Brophy, J. (2000): Teaching. Genf.

Bundesamt für Berufsbildung und Technologie (BBT) (Hrsg.) (2004): Nationaler Rapport. Zertifizierung von berufsbildenden Schulen. Bern.

Burkard, C. (1997): Externe Evaluation. Rückenwind oder Motivationskiller? In: Pädagogik 49, H. 5, S. 10–14.

Burtless, G. (Hrsg.) (1996): Does Money Matter? The Effect of School Resources on Student Achievement and Adult Success. Washington.

Charles, C.M. (^{4}1991): Building Classroom Discipline. White Plains, NY.

Ditton, H. (2000). Qualitätskontrolle und Qualitätssicherung in Schule und Unterricht. Zeitschrift für Pädagogik, 41. Beiheft, S. 73–92.

Doyle, W. (^{3}1986): Classroom Organization and Management. In: Wittrock, M.C. (Hrsg.): Handbook of Research on Teaching. New York, S. 392–431.

Dubs, R. (1995): Lehrerverhalten. Ein Beitrag zur Interaktion von Lehrenden und Lernenden. Zürich.

Dubs, R. (2001): New Public Management im Schulwesen. Eine kritische Erfahrungsanalyse. In: Thom, N./Zaugg, R.J. (Hrsg.): Excellence durch Personal- und Organisationskompetenz. Bern, S. 419–440.

Dubs, R. (2002): Caring. Schüler gezielt unterstützen – Chancengleichheit fördern. In: Buchen, H./Horster, L./Rolff, H.G. (Hrsg.): Schulleitung und Schulentwicklung. Berlin, Beitrag D 7.8, S. 1–17.

Dubs, R. (2003): Eine neue Form der Schulaufsicht. Im Spannungsfeld zwischen Beratung und Kontrolle. In: Buchen, H./Horster, L./Rolff, H.G. (Hrsg.): Schulleitung und Schulentwicklung. Berlin, Beitrag H 2.2, S. 1–18.

Dubs, R. (2004a): Qualitätsmanagement in Schulen. Bönen/Westf.

Dubs, R. (2004b): Bildungsstandards – ein erfolgversprechender Paradigmawechsel? Ein Umsetzungsversuch als Diskussionsgrundlage im Fach Volkswirtschaftslehre. In: Wosnitza, M./Frey, A./Jäger, R.S. (Hrsg.): Lernprozess, Lernumgebung und Lerndiagnostik. Wissenschaftliche Beiträge zum Lernen im 21. Jahrhundert. Landau, S. 38–55.

Dubs, R. (^{2}2005): Die Führung einer Schule. Leadership und Management. Zürich.

Dunkin, M.J./Biddle, B.J. (1974): The Study of Teaching. New York.

Emmer, E./Evertson, C./Anderson, L. (1986): Effective Classroom Management at the Beginning of the School Year. In: Elementary School Journal 80, S. 219–231.

Euler, D. (2006): Von der Klage zur Anklage. Schulentwicklung zwischen Erwartung und Ernüchterung (in Vorbereitung).

Euler, D./Reemtsma-Theis, M. (1999): Sozialkompetenzen? Über die Klärung einer didaktischen Zielkategorie. In: ZBW 95, H. 2, S. 168–198.
Fasshauer, U./Basel, S. (2005): Qualitätsoptimierung oder Bewertungsritual? Evaluation im Spannungsfeld von Forschung, Qualitätsmanagement und Organisationsentwicklung. Berufsbildung 91/92, S. 31–35.
Fend, H. (1998): Qualität im Bildungswesen. Schulforschung zu Systembedingungen, Schulprofilen und Lehrerleistung. Weinheim/München.
Fend, H. (2000): Qualität und Qualitätssicherung im Bildungswesen. Wohlfahrtsstaatliche Modelle und Marktmodelle. In: Zeitschrift für Pädagogik, 41. Beiheft, S. 55–72.
Fuhrman, S.H. (1999): The New Accountability (CPRE Policy Brief). Philadelphia.
Good, T./Brophy, J. (^{3}1986): School Effects. In: Wittrock, M.C. (Hrsg.): Handbook of Research on Teaching. New York, S. 570–602.
Gray, J./Wilcox, B. (1995): »Good School, Bad School«. Evaluating Performance and Encouraging Improvement. Philadelphia.
Haenisch, H. (1999): Merkmale erfolgreichen Unterrichts. Forschungsbefunde als Grundlage für die Weiterentwicklung von Unterrichtsqualität. Bönen/Westf.
Hall, G./Hord, S. (2001): Implementing Change. Patterns, Principles and Potholes. Boston.
Hattie, J./Clinton, J. (2001): The Assessment of Teachers. In: Teaching Evaluation 12, H. 3, S. 293–300.
Heid, H. (2000): Qualität. Überlegungen zur Begründung einer pädagogischen Beurteilungskategorie. In: Zeitschrift für Pädagogik, 41. Beiheft, S. 41–51.
Hogan, K./Pressley, M. (1997): Scaffolding Student Learning. International Approaches and Issues. Cambridge.
Hügli, E. (1998): Die ISO-Normen für Schulen. Aarau.
Klieme, E. (2003): Zur Entwicklung nationaler Bildungsstandards. Eine Expertise. Frankfurt a.M.
Krohner, S./Timmermann, D. (1997): Qualitätssicherung durch Qualitätsmanagement. Bielefeld (vervielfältigt).
Liket, T. (1993): Freiheit und Verantwortung. Das niederländische Modell des Bildungswesens. Gütersloh.
Mayer, D.P./Mullens, J.E./Moore, M.T./Ralph, J. (2000): Monitoring School Quality. An Indicators Report. Washington.
Melzer, W. (1996): Entwicklung von Schulqualität. Dresden.
Murgatroyd, S./Morgan, C. (1993): Total Quality Management and the School. Philadelphia.
Murnane, R.J. (1996): Staffing the Nation's Schools with Skilled Teachers. In: National Research Council (Hrsg.): Improving America's Schools. The Role of Incentives. Washington, S. 241–258.
Nevo, D. (1995): School-Based Evaluation. A Dialogue for School Improvement. Oxford.
Oser, F.K./Baeriswyl, F.J. (^{4}2001): Choreographies of Teaching. Bridging Instruction to Learning. In: Handbook of Research on Teaching. Washington, S. 1031–1065.
Peterson, K.D. (1995): Teacher Evaluation. A Comprehensive Guide to New Directions and Practices. Thousand Oaks.
Posch, P. (2001): Schulprogramme. Die Chance für Schulen, sich etwas Gutes zu tun. In: Handbuch für die Entwicklung ökologischer Schulprogramme. ÖKOLOG-Projekt des Bundesministeriums für Bildung, Wissenschaft und Kunst. Wien.
Posch, P./Altrichter, H. (1997): Evaluation und Entwicklung von Schulqualität. Dimensionen, Modelle und strategische Vorschläge. In: Altrichter, H./Posch, P. (Hrsg.): Möglichkeiten und Grenzen der Qualitätsevaluation und Qualitätsentwicklung im Schulwesen. Innsbruck, S. 1–155.
Rolff, H.G. (1998): Evaluation und Schulentwicklung. In: Tillmann, K.J./Wicher, B. (Hrsg.): Schulinterne Evaluation an Reformschulen. Bielefeld, S. 134–143.
Rossi, P.H./Freeman, H.E. (^{4}1989): Evaluation. A Systematic Approach. Newbury Park.
Saldern, M. (1986): Mehrfachebenenanalysen. Weinheim.
Scheerens, J./Bosker, R. (1997): The Foundations of Educational Effectiveness. Oxford.

Seeber, S./Krekel, E.M./van Buer, J. (Hrsg.) (2000): Bildungscontrolling. Ansätze und kritische Diskussionen zur Effizienzsteigerung von Bildungsarbeit. Frankfurt a.M.
Seghezzi, H.D. (^{2}2002): Integriertes Qualitätsmanagement. Das St. Galler Konzept. München.
Seghezzi, H.D. (2004): Lehren aus dem Zertifizierungsprojekt der schweizerischen Berufsschulen. In: Bundesamt für Berufsbildung und Technologie: Nationaler Rapport. Zertifizierung von berufsbildenden Schulen. Bern, S. 41–43.
Seitz, H./Capaul, R. (2005): Schulführung und Schulentwicklung. Theoretische Grundlagen und Empfehlungen für die Praxis. Bern.
Shuell, T. (1996): Teaching and Learning in the Classroom Context. In: Berliner, C.D./Calfee, R.C. (Hrsg.): Handbook of Educational Psychology. New York, S. 726–764.
Specht, W. (2001): Daten, Indikatoren und Benchmarks als Steuerungsinformationen. In: Erziehung und Unterricht 151, S. 7–8/735–757.
Spichiger-Carlsson, P./Martinovits-Wiesendanger, E. (2001): Positive Auswirkungen von QMS. Kurzfassung. Bern.
Staatsinstitut für Schulpädagogik und Bildungsforschung München (Hrsg.) (2003): Qualitätsentwicklung in der Berufsschule (Quabs). München.
Steffens, U./Bargel, T. (1993): Erkundungen zur Qualität von Schulen. Neuwied.
Steiner, P./Landwehr, N. (2003): Das Q2E-Modell – Schritte zur Schulqualität. Aspekte eines ganzheitlichen Qualitätsmanagements an Schulen. Bern.
Stockmann, H. (2002): Qualitätsmanagement und Evaluation. Konkurrierende oder ergänzende Konzepte? In: Zeitschrift für Evaluation, H. 2, S. 209–243.
Strittmatter, A. (1997): Qualitätsentwicklung durch Selbstevaluation. Erkenntnisse aus dem Pilotprojekt Baselland 1995–97. Binningen.
Strittmatter, A. (2001): Selbstevaluation von Schulen. Bern: Schweizerische Konferenz der kantonalen Erziehungsdirektoren (Beschluss vom 30. November 2001).
Tenberg, R. (2003): Wissenschaftliche Begleitung durch den Lehrstuhl der Technischen Universität München. In: Staatsinstitut für Schulpädagogik und Bildungsforschung (Hrsg.): Abschlussbericht zum BLK-Verbundmodellversuch. München, S. 56–130.
Thonhauser, J. (1996): Neuere Zugänge der Forschung zur Erfassung von Schulqualität. In: Specht, W./Thonhauser, J. (Hrsg.): Schulqualität. Entwicklungen, Befunde, Perspektiven. Innsbruck, S. 394–425.
Waibel, R. (2003): Markt oder Staat im Bildungswesen? Genereller Systemvergleich und spezifisches Wettbewerbskonzept für die gymnasiale Ebene. St. Gallen.
Walberg, H.J./Paik, S.J. (2000): Effective Educational Practices. Genf.
Wang, M.C./Haertel, G.D./Walberg, H.J. (1993): Toward a Knowledge Base for School Learning. In: Review of Educational Research 63, S. 249–294.
Waxman, H.C./Walberg, H. (1999): New Directions for Teaching. Practice and Research. Berkeley, CA.
Weinert, F./Helmke, A. (1996): Der gute Lehrer. Person, Funktion oder Fiktion? In: Zeitschrift für Pädagogik, 31. Beiheft, S. 223–233.
Winkler, S. (2001): Und es geht doch! Zwei Beispiele, wie Selbstevaluation als Maßnahme zur Qualitätssicherung sinnvoll sein und gelingen kann. In: Erziehung und Unterricht 151, H. 7/8, S. 828–838.

Adolf Bartz

Controlling

1. Die Ziele und die Mittel klären 1271
1.1 Die Ziele klären und die Mittel prüfen (Beispiel Leseförderung) 1272
1.2 Die Ziele über die Mittel klären (Beispiel Streitschlichtung) 1273
1.3 Controlling in der Schule 1274

2. Controlling als Überprüfung der Effektivität und Effizienz 1278
2.1 Das Erfolgscontrolling (Effektivität) 1278
2.2 Das Kostencontrolling (Effizienz) 1280

3. Controlling als Diagnose und Therapie 1282
3.1 Die Anamnese 1282
3.2 Die Diagnose 1283
3.3 Die Therapie 1285
3.4 Verbindung von Anamnese, Diagnose und Therapie 1286

4. Controlling im Rahmen von strategischem Management 1287
4.1 Die Diagnose 1288
4.2 Optionen entwickeln 1289
4.3 Auswahl und Bewertung 1289
4.4 Die strategischen Ziele festlegen 1290
4.5 Die Umsetzung 1290
4.6 Steuern und Prüfen 1290

Literaturverzeichnis 1291

1. Die Ziele und die Mittel klären

Wenn eine Schule die Qualität, Wirksamkeit und Effizienz ihrer pädagogischen Arbeit weiterentwickeln und verbessern will, hat sie grundsätzlich zwei Möglichkeiten:

1. Sie klärt die Ziele, die sie neu oder besser als bisher erreichen möchte, und prüft dann, welche Mittel geeignet sind, um diese Ziele zu erreichen. Dieser Weg setzt einen Prozess der Verständigung und Vereinbarung der Ziele voraus, während die Mittel auf der Grundlage der vereinbarten Ziele generiert werden.
2. Sie plant Maßnahmen oder Vorhaben, mit denen die Schule weiterentwickelt werden soll. Ob sie zu einer Verbesserung der Qualität und Wirksamkeit der pädagogischen Arbeit beitragen, lässt sich hier nur dann überprüfen, wenn die Ziele und die angestrebten Wirkungen geklärt werden, die mit den Vorhaben oder Maßnahmen erreicht werden sollen. Dieser Weg heißt also, die Ziele über die Mittel zu klären.

In beiden Fällen ist es erforderlich, die Mittel daraufhin zu überprüfen, ob sie für das Erreichen der Ziele geeignet sind, und die Ziele daraufhin zu überprüfen, ob sie – in der Konkurrenz mit anderen Zielen – eine wirksame Verbesserung der Qualität schulischer Arbeit mit sich bringen.

1.1 Die Ziele klären und die Mittel prüfen (Beispiel Leseförderung)

Eine Schule der Sekundarstufe I[1] vereinbart als Ziel, die Lesekompetenz ihrer Schüler/innen so zu verbessern, dass am Ende der Sekundarstufe I nicht mehr als 5 Prozent unter oder auf der PISA-Kompetenzstufe I liegen, mindestens 70 Prozent die Kompetenzstufe III und mindestens 20 Prozent die Kompetenzstufe V erreichen. Mit einem diagnostischen Lesetest in der Jahrgangsstufe 10 wird zunächst der Ist-Zustand erfasst. Dabei zeigt sich, dass die Leseleistungen der Schüler/innen deutlich unter den angestrebten Zielwerten liegen.

Auf dieser Grundlage erfolgt nun die Maßnahmeplanung: Die Fachkonferenz Deutsch wird beauftragt, Möglichkeiten wirksamer Leseförderung und geeignete Aufgabenstellungen zu erkunden sowie Materialien für die Leseförderung zusammenzustellen.

- In einer kollegiumsinternen Fortbildung zum Thema »Leseförderung als Aufgabe aller Fächer« verständigen sich die Fachgruppen auf der Grundlage der Vorschläge aus der Fachkonferenz Deutsch darauf, wie sie die Verbesserung der Lesekompetenz in ihrem jeweiligen Fach berücksichtigen können. Sie klären dabei zugleich, welche Konsequenzen dieses Ziel für die Gestaltung des Fachunterrichts und der fachlichen Aufgabenstellungen hat, und arbeiten diese Klärung in den schulinternen Lehrplan ihres Faches ein.
- In den Jahrgangsstufen 5 und 6 wird aus Stundenanteilen der Fächer Deutsch und Gesellschaftslehre ein Leselehrgang mit zwei Wochenstunden je Klasse eingerichtet, mit dem grundlegende Lesekompetenzen (Wahrnehmung, Erfassen von Textarten wie linearen und nichtlinearen Texten, Informationsentnahme aus Texten und Deutung, Beurteilung und Stellungnahme zu Texten) vermittelt werden sollen. Zusätzlich steht für eine Lerngruppe je Jahrgang 5 und 6 eine Doppelstunde für die Förderung der Schüler/innen zur Verfügung, die zu Beginn der Jahrgangsstufe 5 eine ausgeprägte Leseschwäche aufweisen. Das Material für diesen Leselehrgang und die zusätzliche Leseförderung stellt die Fachkonferenz Deutsch zusammen.

---

[1] Ich setze voraus, dass es sich um eine Schule handelt, die – wie im Modellvorhaben »Selbstständige Schule« in Nordrhein-Westfalen – von Rechts- und Verwaltungsvorschriften z.B. zur Art und Gestaltung der Leistungsüberprüfung und -bewertung abweichen und deshalb beschließen kann, dass diagnostische Tests an die Stelle einer Klassenarbeit treten oder dass insgesamt die Klassenarbeiten als Instrument der Leistungsüberprüfung durch diagnostisch ergiebigere (und ggf. weniger zeitaufwändige) Formen der Leistungsüberprüfung ersetzt werden.

Zusammen mit der Maßnahmeplanung wird zugleich festgelegt, wie die Wirksamkeit der Maßnahmen überprüft werden soll: Eine fachübergreifende Arbeitsgruppe wird beauftragt, Aufgaben für eine Überprüfung der am Ende der Jahrgangsstufe 10 erreichten Kompetenzstufen zu entwickeln und auf dieser Grundlage Aufgabenmuster für jahrgangsbezogene diagnostische Tests zusammenzustellen, mit denen die Ausgangslage zu Beginn der Jahrgangsstufe 5 und die Verbesserung der Lesekompetenzen in den Klassen 5 bis 9 überprüft werden kann.

Die Arbeitsgruppe soll zudem ein Evaluationsdesign entwickeln, um die Wirksamkeit und die Ergebnisse des Leselehrgangs in den Jahrgangsstufen 5 und 6 zu überprüfen. Dabei soll es insbesondere um eine Klärung der Frage gehen, ob der gesonderte Leselehrgang weitergeführt wird oder ob alternativ seine Integration in den Deutschunterricht oder auch die Integration des Lesetrainings in den Unterricht aller Fächer vorgesehen und erprobt werden soll. Die zusätzliche Leseförderung für die leseschwachen Schüler/innen in den Jahrgangsstufen 5 und 6 soll daraufhin überprüft werden, ob die relative Verbesserung der Lesekompetenz signifikant höher ist als die Verbesserung bei den Schülerinnen und Schülern, die nur am Leselehrgang teilgenommen haben.

Zu Beginn eines jeden Schuljahres soll in allen Jahrgängen der Stand der Lesekompetenzen erhoben und überprüft werden, ob und ggf. in welchem Maß eine Verbesserung der Lesekompetenz erreicht worden ist. Dabei geht es um eine Klärung, ob die Mittel für das Erreichen des angestrebten Ziels geeignet sind, denn der Zielzustand kann sinnvoll erst nach Ablauf von sechs Jahren mit dem Ist-Stand abgeglichen werden, wenn der erste Jahrgang, der in der Jahrgangsstufe 5 am Leselehrgang und der zusätzlichen Leseförderung teilgenommen hat, das Ende der Jahrgangsstufe 10 erreicht hat.

Die Schulkonferenz beschließt, nach zwei Jahren auf der Grundlage der Evaluationsergebnisse darüber zu entscheiden, ob der Leselehrgang und die zusätzliche Leseförderung fortgesetzt und auf Dauer gestellt und die dafür erforderlichen Stunden weiterhin für dieses Ziel oder für andere Förderziele zur Verfügung gestellt werden sollen. Sie erwartet zu diesem Zeitpunkt zudem einen knappen Bericht darüber, ob und ggf. in welchem Maß sich die Lesekompetenzen verbessert haben und ob das Maß dieser Verbesserung im Zielkorridor liegt. Sie wird auf dieser Grundlage nach zwei Jahren ggf. über Maßnahmen zur Nachsteuerung beraten und entscheiden, falls sich andeutet, dass das Ziel nicht aussichtsreich erreicht werden kann.

1.2 Die Ziele über die Mittel klären (Beispiel Streitschlichtung)

Eine Lehrerin an einer Schule der Sekundarstufen I und II, die an einer entsprechenden Fortbildung teilgenommen hat, initiiert die Einführung von Streitschlichtung. Sie möchte dafür Schüler/innen der Jahrgänge 10 und 11 auswählen, die bereit sind, als Streitschlichter/innen – zunächst in den Jahrgangsstufen 5 und 6 – tätig zu werden und sich in einer zweistündigen Arbeitsgemeinschaft an einem Nachmittag für diese Aufgabe qualifizieren zu lassen. Die Lehrerin stellt an die Schulkonferenz den Antrag, eine entsprechende Arbeitsgemeinschaft einzurichten und dafür zwei Lehrerwochenpflichtstunden zur Verfügung zu stellen.

Die Schulkonferenz findet das Vorhaben sinnvoll, hält es aber für erforderlich, dass der Bedarf an Streitschlichtung geklärt und konkrete Ziele benannt werden, die mit der Einrichtung der Streitschlichtung erreicht werden sollen. Sie beauftragt deshalb eine Arbeitsgruppe unter Leitung der antragstellenden Lehrerin, durch eine Schülerbefragung und Interviews mit den Klassensprecherinnen und -sprechern der Jahrgangsstufen 5 und 6 zu erkunden, inwieweit Gewalt (als physische und psychische Gewalt, etwa durch Mobbing, Bedrohung oder Erpressung) ein Problem darstellt, inwieweit sich Konflikte belastend auswirken und in welcher Weise und in welchem Maß die Klassen und die einzelnen Schüler/innen über Konfliktlösungskompetenz verfügen. Auf der Grundlage der Evaluationsergebnisse soll die Arbeitsgruppe konkrete Ziele formulieren und klären, ob und wie diese Ziele durch die Einrichtung von Streitschlichtung erreicht werden können und wie die Streitschlichtung mit anderen Möglichkeiten, z.B. der Aufarbeitung von Konflikten und Konfliktlösungstraining in Klassenlehrerstunden, verbunden werden kann.

Nachdem die Ergebnisse der Evaluation vorliegen und aus der Sicht der Schulkonferenz den Bedarf an Streitschlichtung deutlich machen, beschließt sie die Einführung an der Schule und legt dabei zugleich fest, dass in den beiden Jahrgangsstufen 5 und 6 nach einem und nach zwei Jahren überprüft wird, ob sich die Zahl der Gewaltakte verringert hat und eine größere Zufriedenheit der Schüler/innen beim Umgang mit und der Lösung von Konflikten deutlich wird. Die Schulkonferenz sieht vor, nach Ablauf von zwei Jahren darüber zu beraten und zu entscheiden, ob die Streitschlichtung auf Dauer eingeführt werden soll und ob – wenn ja – das Konzept der Streitschlichtung ggf. revidiert wird.

1.3 Controlling in der Schule

In den beiden Beispielfällen zeigen die Schulen, was Controlling bedeutet: Controlling soll Informationen zur Verfügung stellen, ob und inwieweit Maßnahmen und Vorhaben geeignet sind, angestrebte Ziele zu erreichen, und ob definierte Ziele durch zugeordnete Mittel effektiv (wirksam und zweckmäßig) und effizient (ökonomisch und mit einer günstigen Relation von Aufwand und Wirkung) erreicht werden. Dieser Soll-Ist-Abgleich setzt eine Evaluation des Ist-Zustands als Ausgangslage und des Ist-Zustands nach einer festgelegten oder vereinbarten Frist voraus, nach deren Ablauf erwartet wird, dass eine Annäherung an den Zielzustand und schließlich der Zielzustand erreicht worden sind. Um einen solchen Abgleich zu ermöglichen, muss der Zielzustand konkret und überprüfbar anhand von Indikatoren beschrieben werden: Woran zeigt sich, dass der angestrebte Zielzustand erreicht ist bzw. in welchem Grad er erreicht ist? Denn nur dann können mögliche Abweichungen als Anlass für Korrekturmaßnahmen erfasst werden. Controlling ist nicht eine bloße Erledigungskontrolle, vielmehr soll es durch Rückmeldung von Informationen helfen, Vorhaben und Entwicklungsprozesse während des Verlaufs und nicht erst am Ende zu steuern. Die Aufgaben des Controllings sind:

- Ermitteln des Informationsbedarfs für die Steuerung von Entwicklungsprozessen und die Überprüfung der Zielerreichung;
- Ermittlung aussagefähiger Leistungsmaßstäbe als Soll-Größen;
- Durchführung und Interpretation des Soll-Ist-Vergleichs;
- Feststellung des Entscheidungs- und Handlungsbedarfs;
- Aufzeigen von alternativen Lösungsmöglichkeiten.

Controlling stellt auf diese Weise einen Regelkreis dar, indem die Soll-Daten aus der Planung mit den Ist-Daten abgeglichen werden. Aus dem Abgleich ergibt sich dann eine Maßnahmeplanung (vgl. Abb. 1).

Controlling ist in diesem Sinne eine permanente Aufgabe, um zu gewährleisten, dass die schulischen Arbeitsprozesse zielführend wirken. Die Instrumente des Controllings sind Verfahren zur Generierung von Zielen und zur Beschreibung von Zielzuständen, die Evaluation zur Überprüfung erreichter Ist-Zustände, der Soll-Ist-Abgleich und die Maßnahmeplanung (vgl. Abb. 2 auf der nächsten Seite). Unter der Voraussetzung, dass die Soll-Werte als Zielzustände überprüfbar beschrieben sind und die Ist-Werte durch Evaluation erfasst werden, stellen sich die Struktur und der Ablauf von Controlling als Abgleich von Soll- und Ist-Werten – auf einzelne Maßnahmen oder auf das Schulprogramm insgesamt bezogen – wie in Abbildung 3 (vgl. nächste Seite) dar.

Was für die Ebene der einzelnen Schule gilt, gilt mehr noch für die Ebene des Schulministeriums und für die Aufträge, die es den Schulen erteilt. Eine sinn- und qualitätsorientierte Steuerung geht in der Regel davon aus, dass der Auftraggeber Ziele oder einen Zielkorridor festlegt und mit dem Auftragnehmer vereinbart, wie er diese Ziele

Abb. 1: Der Controlling-Regelkreis (nach Horvarth & Partner 1996, S. 5)

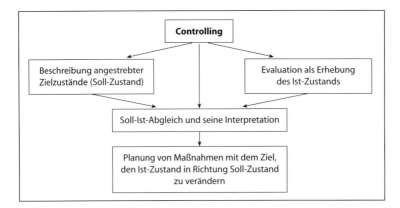

Abb. 2: Instrumente des Controlling

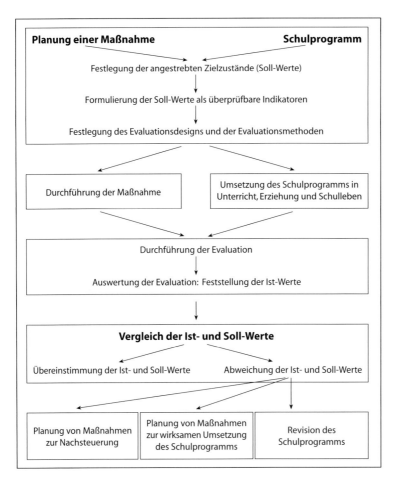

Abb. 3: Struktur und Ablauf von Controlling

erreichen will und welche Bedingungen und welche Unterstützung erforderlich sind, um die Ziele realistisch erreichen zu können. Im Kontrakt wird zugleich festgelegt, in welchen Zeitabständen und wie die Zielerreichung überprüft wird und welche wechselseitigen Informationspflichten bestehen, wenn sich Bedingungen ändern oder die Zielerreichung gefährdet erscheint. Eine solche Steuerung durch anspruchsvolle, realistische und überprüfbare Ziele hat zwei Funktionen:

1. Sie dient einer klaren Teilung der Verantwortung zwischen dem Auftraggeber (im Schulbereich also dem Schulministerium) und dem Auftragnehmer (den Schulen, die durch die Schulleiterin oder den Schulleiter vertreten werden).
2. Sie dient einer Orientierung auf Sinn und Qualität, die durch die Ziele beschrieben und erläutert werden.

In diesem Sinne könnte ein Schulministerium z.B. die Schulen auf das Ziel verpflichten, die Zahl der Klassenwiederholungen zu reduzieren und eine entsprechende Verbesserung der Schülerleistungen zu erreichen. Eine solche Verpflichtung wird aber wirkungslos bleiben, wenn sie nur vorgegeben und nicht – im Dialog von Schulaufsicht und Schule – vereinbart wird. Bei einer solchen Vereinbarung muss die Schulaufsicht zugleich die Rolle des Entscheiders wie die Rolle des Unterstützers wahrnehmen:

- Als Entscheider stellt sie Anforderungen und Ansprüche, bezieht klar Position und sorgt dadurch für Verbindlichkeit.
- Als Unterstützer hilft sie der Schule dabei, für sich selbst Wege zur Lösung ihrer Probleme zu finden, und vermittelt die dafür erforderliche Beratung, Fortbildung und die (personellen) Ressourcen.

Die Schulen als Auftragnehmer wiederum müssen deutlich machen, was sie – bezogen auf das Ziel – brauchen, in welchem Maß sie unter den gegebenen Bedingungen das Ziel erreichen können und was sie als Gegenleistung für Unterstützung erbringen wollen und können.

Diese Zielvereinbarung schließt die Absprache zur Zielverfolgung und damit einen Kontrakt für die Weiterführung des ziel-, sinn- und qualitätsorientierten Dialogs zwischen Schule und Schulaufsicht mit ein. Wirksam wird eine solche Zielvereinbarung nur sein, wenn die Ziele zugleich anspruchsvoll und realistisch sind. Für den Anspruch zu sorgen, ist vorrangig Sache des Auftraggebers, für Realismus zu sorgen, ist vorrangig Sache des Auftragnehmers. Werden dessen Bedenken und dessen spezifisches und detailliertes Organisationswissen nicht ernst genommen und die Rückmeldungen aus den Schulen, dass die Ziele nicht wie vorgegeben erreicht werden können, ignoriert, dann besteht die Gefahr, dass das Controlling unterlaufen wird und bei der Zielerreichung die Qualität auf der Strecke bleibt.[2]

---

[2] W. Neef (2004) sieht darin den Grund für erhebliche technische Produktmängel bei deutschen Großunternehmen: »Eingeklemmt zwischen den technischen Schwierigkeiten und diesem Druck [durch einen immer engeren Zeit- und Kostenrahmen] reagieren [...] die Ingenieure mit Unterlaufungsstrategien und zunehmend mit Gleichgültigkeit. Es werden Qualitätsmängel in Kauf genommen – man sorgt lediglich dafür, dass die Verantwortung für Fehler nicht bei einem selbst hängen bleibt.«

Wird dagegen durch die Vorgabe von Mitteln gesteuert, wird dem Auftragnehmer die Möglichkeit genommen, die aus seiner Sicht geeigneten Mittel für die Zielerreichung auszuwählen und einzusetzen. Problematisch ist vor allem, dass der Auftragnehmer statt auf Sinn und Qualität eher darauf orientiert wird, die Erledigung nachzuweisen. Ob sie zielführend ist und welche Wirkungen sie hat, erscheint dann eher zweitrangig.

Dennoch kann auch die Steuerung über Mittel zu einer Sinn- und Qualitätsorientierung beitragen, wenn sie nämlich dazu veranlasst, über die Mittel die Ziele zu klären. Setzt man Mittel in diesem Sinne ein, dann erfordert dies aber, die mit dem Mittel angestrebten Qualitätsziele explizit zu machen und im Soll-Ist-Abgleich zu überprüfen, ob das Mittel zu den angestrebten Wirkungen führt oder ob sich unerwünschte Folge- und Nebenwirkungen ergeben. Die Steuerung über Mittel muss deshalb mit der Angabe des angestrebten Zielzustands und mit einer Evaluation verbunden sein, ob und in welchem Maß das Mittel für die Zielerreichung geeignet ist.

Dass die Schulministerien in der Regel eher über die Vorgabe von Mitteln statt über die Vorgabe von Zielen steuern, ist in der Verwaltungskultur begründet, die das Handeln von Behörden auch dann noch prägt, wenn sie sich für eine ergebnis- und qualitätsorientierte Steuerung aussprechen. Dies dürfte vor allem darauf zurückzuführen sein, dass der Vollzug im Hinblick auf Mittel einfacher und eindeutiger zu überprüfen ist, während die Klärung, ob und in welchem Maß Ziele erreicht sind und warum sie ggf. nicht angemessen erreicht sind, vieldeutiger und interpretationsoffener ist. Aber genau hier liegen die Grenzen der Steuerung über die Vorgabe von Mitteln: Sie kann die Erledigung, sie kann aber nicht Sinn und Qualität erzwingen. Und wenn sie vorrangig auf punktuelle Vollzugsmeldungen und nicht auf die Prozesse im Abgleich mit erwarteten Ergebnissen orientiert, ist sie für eine sinn- und qualitätsorientierte Steuerung ungeeignet.

2. Controlling als Überprüfung der Effektivität und Effizienz

Controlling bezieht sich auf den Erfolg von Maßnahmen, Abläufen und Strukturen, d.h. auf die Effektivität (»Tun wir die richtigen Dinge?«, »Sind unsere Vorhaben und Maßnahmen geeignet, um den angestrebten Zielzustand zu erreichen?«) und auf die Kosten, d.h. auf die Effizienz (»Tun wir die Dinge richtig?«, »Stehen Aufwand und Nutzen in einem vertretbaren Verhältnis?«).

2.1 Das Erfolgscontrolling (Effektivität)

Den Erfolg und die Wirksamkeit pädagogischer Arbeit zu messen, erscheint aus mehreren Gründen schwierig:

- Die zu erreichenden Ergebnisse sind schwer zu operationalisieren.
- Die Leistungsergebnisse der Schüler/innen, ihr späterer beruflicher Erfolg und ihre Teilhabe am politischen und kulturellen Leben sind nicht eindeutig bestimmten

Bildungs- und Erziehungsmaßnahmen zuzuordnen. Inwieweit der Unterricht, inwieweit die Schule als sozialer Lebensraum und inwieweit eher außerschulische Einflüsse dazu beigetragen haben, lässt sich nicht eindeutig klären.
- Auswirkungen des schulischen Unterrichts und der schulischen Erziehung treten möglicherweise erst sehr viel später auf und können durch weitere Faktoren beeinflusst werden.

Aber: Nur der Versuch, den Erfolg schulischer Bildung und Erziehung zu überprüfen, sichert die pädagogische Arbeit gegenüber dem Vorwurf der Beliebigkeit ab. Hierbei gibt es unterschiedliche Ansatzpunkte für ein Erfolgscontrolling:

- Überprüfung des Lernerfolgs einer Maßnahme, z.B.: Was haben die Schüler/innen in einem Leselehrgang in den Jahrgangsstufen 5 und 6 gelernt? Dies kann z.B. durch einen lesediagnostischen Test erfasst werden.
- Überprüfung des Transfers, z.B.: Was wenden die Schüler/innen nach diesem Leselehrgang tatsächlich an? Dies kann z.B. durch Beobachtung im Unterricht aller Fächer, durch eine Schülerbefragung zu ihrem Leseverhalten oder durch ein Transfergespräch der Lehrerin oder des Lehrers mit der Schülerin oder dem Schüler etwa ein halbes Jahr nach Abschluss des Leselehrgangs erkundet werden. Die Beobachtungen, Befragungen und Gespräche müssen sich an den Kriterien für die Wirksamkeit und den Erfolg des Leselehrgangs orientieren, über die sich die Lehrer/innen der Fachkonferenz Deutsch und der Jahrgangsstufenteams verständigt haben.
- Überprüfung anhand von Kriterien, z.B.: Inwieweit trägt der Leselehrgang dazu bei, dass die Schüler/innen explizite oder implizite, durch Kombination von Textstellen zu erschließende Informationen aus Texten entnehmen können? Inwieweit trägt die Qualifizierung für die Streitschlichtung dazu bei, dass die Schüler/innen Schlichtungsgespräche strukturiert und rollenklar wahrnehmen können?

Für das Controlling von Wirksamkeit und Erfolg stehen unterschiedliche Vorgehensweisen zur Verfügung:

Schriftliche Befragung
Beispiel dafür ist etwa eine schriftliche Befragung der Schüler/innen während oder am Ende des Leselehrgangs, was für ihr Lernen nützlich war und welche Verbesserung ihrer Leseleistungen sie selbst feststellen. Darüber hinaus können schriftliche Befragungen auch einige Wochen oder Monate nach dem Leselehrgang eingesetzt werden, um die Transferwirksamkeit anhand von Kriterien zu überprüfen.

Offene Interviews
Möglichkeiten hierzu sind:
- Abschlussrunde am Ende einer Trainingseinheit im Leselehrgang:
  – Was hast du gelernt?
  – Was nimmst du dir vor, anzuwenden?

- Interviews mit Schülerinnen und Schülern im Anschluss an den Leselehrgang. Mögliche Fragen sind etwa:
    - Was konntest du aus dem Lesetraining umsetzen?
    - Wo traten bei der Umsetzung Probleme auf?
    - Was würdest du zur Verbesserung des Leselehrgangs vorschlagen?
- Entsprechend kann man auch die Lehrer/innen aller Fächer im Jahrgang befragen:
    - In welchen Bereichen beobachten Sie eine Verbesserung der Lesefähigkeit?
    - Wo und bei welchen Schülerinnen und Schülern treten weiterhin Leseschwierigkeiten auf?
    - Was schlagen Sie zur Verbesserung des Leselehrgangs vor?

Transfergespräche
Die Deutsch- oder die Klassenlehrer/innen können vor dem Hintergrund ihrer Erfahrungen mit den Schülerinnen und Schülern in einem solchen Gespräch überprüfen, inwieweit die im Lesetraining vermittelten Methoden im Unterricht der anderen Fächer angewandt werden.

Überprüfung im Blick auf Indikatoren
Die Formulierung von Indikatoren setzt eine Klärung voraus, wann eine Maßnahme als erfolgreich betrachtet wird. Bereits bei der Maßnahmeplanung sollte ausdrücklich die Frage thematisiert werden, woran sich die Wirksamkeit und der Erfolg der Maßnahme zeigen und wie sie gemessen und überprüft werden können. Die Indikatoren beschreiben dann Zielzustände und ermöglichen im Abgleich mit dem Ist-Zustand, ob eine Maßnahme geeignet war, die angestrebten Ziele zu erreichen.

2.2 Das Kostencontrolling (Effizienz)

Auch für den Unterricht gilt das Gebot der Wirtschaftlichkeit: Vorhandene Ressourcen sind so wirtschaftlich wie möglich einzusetzen. Das setzt voraus, dass die Kosten, die z.B. für einen Leselehrgang entstehen (Lehrerwochenstunden, Materialien für das Lesetraining), in der Planung eingeschätzt werden. Je genauer die Gesamtkosten für Unterrichtsmaßnahmen (z.B. für Förderkurse) erfasst sind, desto besser lässt sich prüfen, ob nicht andere Maßnahmen (z.B. Leseförderung in einer Beratungsstelle für Lese-Rechtschreib-Förderung) bei gleicher Wirksamkeit kostengünstiger sind. Dies setzt voraus, den Nutzen für die an der Leseförderung teilnehmenden Schüler/innen so zu erfassen, dass ein Kosten-Nutzen-Abgleich möglich ist. Hier wird in der Regel nur auf der Grundlage von Plausibilität beurteilt werden können, ob der Lernerfolg angesichts der vorhandenen und immer knappen Ressourcen in einem vertretbaren Verhältnis zum Aufwand steht oder ob das Kosten-Nutzen-Verhältnis bei alternativen Maßnahmen (wie z.B. der Leseförderung im Rahmen eines binnendifferenzierten Unterrichts) günstiger wäre. Zudem ist beim Kostencontrolling immer auch zu prüfen, ob es konkurrierende Ansprüche (z.B. Rechtschreibförderung oder Förderung bei Dyskalkulie) gibt und bei welchen Maßnahmen eine höhere Wirksamkeit und damit auch ein besseres Verhältnis von Aufwand und Nutzen zu erreichen ist. In vergleichbarer Weise ließe sich etwa unter dem Aspekt der Wirtschaftlichkeit prüfen, ob die Kosten, die das Sitzenbleiben verursacht, nicht sinnvoller als personelle und finanzielle Ressourcen für eine zusätzliche Förderung lernschwacher Schüler/innen bei Verzicht auf das Sitzenbleiben eingesetzt würden.

Das Kostencontrolling ist in vergleichbarer Weise auf die Verwendung der Haushaltsmittel für Beschaffungen (Bartz 2004, S. 111ff.) anzuwenden. Dabei geht es zum einen um eine Prioritätensetzung: Welche Ziele haben – z.B. auf der Grundlage des Schulprogramms – Vorrang und welche Beschaffungen sind für die Zielerreichung vorrangig erforderlich? Zugleich muss dann nach der Beschaffung die Nutzung überprüft werden: Entspricht sie der Erwartung und führt sie zu dem erwarteten Nutzen? Wenn nein: Wie kann die Nutzung verbessert werden?

Dies sei am Beispiel der Rechtschreibförderung durch den Einsatz von EDV-Programmen veranschaulicht: Wenn die Beschaffung eines solchen Programms zugleich pädagogisch verantwortbar wie im Hinblick auf Ressourceneinsatz und -nutzung effizient erfolgen soll, müssen vor einer Beschaffung z.B. folgende Fragen geklärt werden:

- Welche Materialien zur Rechtschreibförderung sind an der Schule bereits vorhanden? Welchen spezifischen zusätzlichen Nutzen bringt die Beschaffung eines EDV-Programms? Welche Vorteile bietet das ausgewählte Programm im Vergleich zu anderen Angeboten?
- In welchen Lerngruppen, Fächern und Förderkursen kann das EDV-Programm eingesetzt werden? Wie hoch ist die Zahl der Schüler/innen, die das EDV-Programm nutzen werden? Mit welcher Häufigkeit werden sie das Programm nutzen?
- Wie dringend erscheint der (LRS-Förder-)Bedarf? Welchen Rang nimmt die LRS-Förderung im Rahmen der pädagogischen Ziele und des Schulprogramms ein? Welche Prioritätensetzung ergibt sich daraus im Hinblick auf konkurrierende andere Ziele und die Ressourcen, die erforderlich sind, um sie zu erreichen?
- Wie wird im Fall der Beschaffung die Nutzung durch die Lehrer/innen gewährleistet und überprüft?
- Welche qualifikatorischen und organisatorischen Unterstützungsmaßnahmen sind erforderlich (z.B. Einführung in die Nutzung der EDV und des Programms, Fortbildung zur LRS-Förderung, Möglichkeit der Nutzung der Informatikräume oder Beschaffung von Computern für jeden Klassenraum)?
- Wie werden die mit der Beschaffung verbundenen pädagogischen Ziele so ausgewiesen, dass ihre Erreichung auch überprüfbar erscheint? In welcher Weise wird eine Evaluation nicht nur im Hinblick auf die Häufigkeit der Nutzung, sondern auch im Hinblick auf die erwarteten und angestrebten Förderwirkungen bei den Schülerinnen und Schülern vorgesehen?

Auch wenn es im Schulbereich schwierig ist, die Wirksamkeit und den Nutzen von Maßnahmen und Investitionen zu messen, muss sich die Schule um ein Kostencontrolling bemühen. Denn nur dann, wenn sie überzeugend nachweisen kann, dass Ressourcen mit hoher Wirksamkeit eingesetzt werden und dass die Ressourcen für das eingesetzt werden, was einen besonders hohen Nutzen bewirkt, wird sie sich gegenüber konkurrierenden Ansprüchen an staatliche Finanzierung behaupten und durchsetzen können.

3. Controlling als Diagnose und Therapie

Das wesentliche Instrument des Controlling ist die Abweichungsanalyse: Leistungsmaßstäbe werden als Soll-Werte überprüfbar festgelegt und mit dem Ist-Zustand abgeglichen, der durch Evaluationsmethoden erschlossen werden kann. Dabei kann es um konkrete Maßnahmen gehen:

- Hat der Leselehrgang in den Jahrgangsstufen 5 und 6 zu einer Lesekompetenz und einem Leseverhalten geführt, die den von den Lehrerinnen und Lehrern definierten Zielen und beabsichtigten Wirkungen entsprechen?
- Haben Lern- und Förderempfehlungen zu dem angestrebten Ergebnis geführt, die Zahl der Sitzenbleiber aufgrund der Förderung und Leistungsverbesserung versetzungsgefährdeter Schüler/innen zu reduzieren?

Es kann aber auch um die schulische Arbeit insgesamt gehen, wobei sich die Soll-Werte aus vereinbarten oder vorgegebenen Leistungsstandards, insbesondere aus dem Schulprogramm, ergeben.

- Zeigen die Schüler/innen in den diagnostischen Lesetests Leistungen, die den Leistungsstandards der Kompetenzstufe III oder besser entsprechen?
- Äußern die Schüler/innen, dass sie nach Einführung der Streitschlichtung an der Schule nicht unter psychischer Gewalt leiden?

Die Abweichungsanalyse besteht aus den drei Schritten *Anamnese, Diagnose* und *Therapie* (Horvarth & Partner 1999, S. 11).

3.1 Die Anamnese

Die Anamnese prüft Abweichungen zwischen dem Soll- und dem Ist-Zustand daraufhin, ob sie in einem vertretbaren Rahmen bleiben oder ob eine Nachsteuerung erforderlich wird. »Wie Sie Abweichungen definieren, hängt nicht zuletzt von der Aussagekraft des damit dargestellten Bezugs zwischen Soll-Größe und Ist-Größe im Hinblick auf einen ›außerordentlichen‹, d.h. ›nicht normalen‹ steuerungsrelevanten Sachverhalt ab. Abweichungen müssen so definiert sein, dass sie die wesentlichen Wirkungszusammenhänge, Einflussfaktoren und Steuerungsmöglichkeiten widerspiegeln« (Horvarth

& Partner 1999, S. 14). So lässt sich z.B. die Wirksamkeit von Lern- und Förderempfehlungen daran überprüfen, ob und in welchem Maß die Zahl der Sitzenbleiber reduziert wird. Ist das nicht oder kaum der Fall, sind die Ursachen zu prüfen, z.B. anhand der folgenden Fragen:

- Weist die diagnostische Kompetenz der Lehrkräfte Mängel auf?
- Waren die Gestaltung und Vermittlung der Lern- und Förderempfehlungen nicht als Grundlage für die Förderung und die Motivation, sie wahrzunehmen, geeignet?
- Konnte die Schule die passende und erforderliche Förderung nicht anbieten oder vermitteln?
- Waren den Schülerinnen und Schülern die Lern- und Förderempfehlungen gleichgültig? Waren sie nicht zur erforderlichen Änderung ihrer Einstellung und ihres Arbeitsverhaltens bereit und in der Lage?

3.2 Die Diagnose

Die Diagnose überprüft mögliche Ursache-Wirkungs-Zusammenhänge daraufhin, ob sie für die festgestellten Abweichungen relevant sind, wobei zwischen kontrollierbaren und unkontrollierbaren Abweichungsursachen unterschieden werden muss. Kontrollierbar sind all die Ursachen, die in der Verantwortung der Schule liegen. Sie können in Planungsfehlern oder Ausführungsfehlern begründet sein.

»*Planungsfehler* liegen vor, wenn es bei der Festlegung der Soll-Werte in der Planung zu vermeidbaren Fehleinschätzungen kommt, etwa weil nicht alle zur Verfügung stehenden Informationen genutzt, Situationen fehlerhaft eingeschätzt oder unzureichende Planungsmethoden eingesetzt werden. Bei Planungsfehlern findet sich der Grund für die Abweichung also im Bereich der Soll-Werte« (Horvarth & Partner 1999, S. 16). Beispiele für Planungsfehler:

- Ein Bundesland führt bei allen Kindern im Alter von 5 Jahren Sprachstandserhebungen durch. Die Kinder, die die definierten Mindeststandards nicht erfüllen, sollen dann gezielt Förderunterricht erhalten. Für diesen Förderunterricht stehen Haushaltsmittel zur Verfügung, die den Förderunterricht von 10 Prozent der Kinder abdecken. Im Ergebnis zeigt sich, dass 30 Prozent der Kinder die Mindeststandards nicht erfüllen. Es handelt sich um einen Planungsfehler, weil die Planung mehr als 10 Prozent der Kinder unter dem Mindeststandard nicht berücksichtigt hat.
- Eine Schule der Sekundarstufe I hat sich zum Ziel gesetzt, die Anmeldezahlen zu erhöhen. Sie will dieses Ziel erreichen, indem sie die Eltern von Kindern im 4. Schuljahr verstärkt anspricht, Unterrichtshospitationen ermöglicht und Gespräche mit den Klassenlehrerinnen und -lehrern der 4. Klassen der abgebenden Grundschulen führt. Trotz dieser Maßnahmen erreicht sie ihr Ziel nicht, weil sie nicht berücksich-

tigt hat, dass die Zahl der Schüler/innen im 4. Schuljahr insgesamt deutlich unter den Zahlen aus den Vorjahren liegt. Hier hätte das Planziel z.B. prozentual formuliert werden müssen, um überprüfen zu können, ob die Maßnahmen erfolgreich waren.

Ausführungsfehler liegen vor, wenn zwar realistisch geplant, die unterrichtlichen und erzieherischen Maßnahmen aber nicht geeignet sind, um die Planungsziele zu erreichen. »Ausführungsfehler weisen auf Effektivitäts- oder Effizienzdefizite [...] hin. Ineffektives Handeln [...] liegt vor, wenn Maßnahmen ergriffen werden, die ungeeignet zur Erreichung der gesetzten Ziele sind (›die falschen Dinge tun‹). Ineffizientes Handeln bedeutet, dass Maßnahmen fehlerhaft [...] ausgeführt werden (›die Dinge falsch tun‹)« (Horvarth & Partner 1999, S. 17). Beispiele für Ausführungsfehler:

- Eine Schule hat in den Jahrgangsstufen 5 und 6 einen Leselehrgang eingerichtet und als Ziel definiert, dass 90 Prozent der Schüler/innen bei einem diagnostischen Lesetest in der Lage sind, 75 Prozent der Fragen zu expliziten und impliziten Textinformationen richtig zu beantworten. Bei der Überprüfung, warum dieses Ziel in einer Klasse nicht erreicht worden ist, stellt sich heraus, dass der Lehrer ausschließlich mit den Methoden »Lautes Vorlesen von Texten« und »Wahrnehmungstraining« gearbeitet hat.
- Eine Schule hat sich zum Ziel gesetzt, durch die Einführung von Streitschlichtung die Zahl der Gewaltakte an der Schule zu senken. Bei der Überprüfung der Ursachen, warum dieses Ziel nicht erreicht wird, stellt sich heraus, dass für die Streitschlichter/innen kein ruhiger Raum für ungestörte Schlichtungsgespräche zur Verfügung stand.

»*Unkontrollierbare Abweichungsursachen* sind auf das Eintreten unvorhersehbarer Ereignisse oder Entwicklungen zurückzuführen. Diese können sowohl [...] interner [...] wie auch externer Natur sein [...]. Allerdings ist nicht jedes externe Ereignis als Abweichungsursache unkontrollierbar. Ließ sich der Eintritt des Ereignisses vorhersehen und wurde trotzdem nicht berücksichtigt, handelt es sich um einen (kontrollierbaren) Planungsfehler« (Horvarth & Partner 1999, S. 17). Beispiele für unkontrollierbare Abweichungsursachen:

- Eine Grundschullehrerin hat sich als einzige Lehrerin an ihrer Schule für Englisch ab dem 3. Schuljahr qualifiziert. Als ihr Mann kurzfristig aus beruflichen Gründen an einen anderen Wohnort ziehen muss, wird dem Versetzungsantrag der Lehrerin stattgegeben. Für das Fach Englisch steht nun keine qualifizierte Lehrkraft zur Verfügung.
- Eine Realschule richtet in der Jahrgangsstufe 5 einen Förderkurs für rechtschreibschwache Schüler/innen ein. Der Förderlehrer erkrankt und fällt für zwei Monate aus. Eine Vertretung ist nicht möglich, weil sonst zu viel Klassenunterricht ausfallen würde. Die Verbesserung der Rechtschreibleistungen wird nicht im angestrebten Maß erreicht.

3.3 Die Therapie

Die Therapie hat zum Ziel, den Abweichungen durch geeignete Maßnahmen wirksam zu begegnen. Dabei geht es um

- eine Planrevision, indem die Ziele an die Realität angepasst werden;
- Maßnahmen, wie die Ziele durch die Verbesserung der Ausführung erreicht werden können; oder
- Maßnahmen, die geeignet sind, die Auswirkungen unkontrollierbarer Veränderungen zu neutralisieren.

Auf einzelne Personen bezogen sind das Kritikgespräch und das Zielvereinbarungsgespräch geeignete Maßnahmen:

- Sind Ausführungsfehler, z.B. ungeeignete Methoden zur Leseförderung, Ursachen für die Abweichung zwischen Soll- und Ist-Zustand, geht es darum, im Kritikgespräch das entsprechende Änderungsverlangen klar zu äußern.
- Müssen Planungsfehler korrigiert werden oder haben sich Bedingungen verändert, so können im Zielvereinbarungsgespräch die Ziele geklärt und ihre Revision vereinbart oder Maßnahmen abgesprochen werden, um die Ziele trotz veränderter Bedingungen zu erreichen.

Um das Controlling als eine Art Frühwarnsystem zu nutzen, sollte die Schulleitung über die Überprüfung der Zielerreichung hinaus vielfältige Anlässe nutzen, um sich zu vergewissern, ob die Schule und ob einzelne Lehrer/innen (noch) auf dem richtigen Weg sind, so z.B.

- Schüler- oder Elternbeschwerden über den Unterricht oder das Verhalten einer Lehrperson;
- Aufgabenstellungen in Klassenarbeiten (entsprechen sie den Anforderungen im Fach und in der Jahrgangsstufe?);
- die Ergebnisse von Vergleichsarbeiten und Lernstandserhebungen (gibt es deutliche Abweichungen der Lernstände in Parallelklassen und im Vergleich zu anderen Schulen mit vergleichbaren Bedingungen?);
- problematische Notenbilder bei Klassenarbeiten und Zeugnissen;
- die Entwicklung der Anmeldezahlen;
- die von den Schülerinnen und Schülern erreichten Schulabschlüsse;
- die Abmeldungen einzelner Schüler/innen, die nicht eines Ortswechsels wegen erfolgen;
- Konflikte im Kollegium oder zwischen Schulleitung und Lehrkräften;
- die Krankheitsrate;
- die Zahl der Versetzungsanträge an andere Schulen.

3.4 Verbindung von Anamnese, Diagnose und Therapie

Wie die Anamnese, die Diagnose und die Therapie in einer Folge von Planungs- und Arbeitsschritten verbunden werden können, soll im Folgenden am Beispiel der Förderung der Lesekompetenz an einer Schule erläutert werden:

Controlling im Hinblick auf die Entwicklung der Lesekompetenz
1. *Beschreiben Sie das Ziel*, z.B.: Die Lesekompetenz der Schüler/innen soll deutlich verbessert werden.
2. *Planen Sie Ihre Vorgehensweise. Benennen Sie Teilziele und Einzelaufgaben.*
3. *Klären Sie die relevanten Begriffe:* Unter Lesekompetenz sollen die Fähigkeit zur Entnahme expliziter und impliziter Informationen aus linearen und nichtlinearen Texten und die Fähigkeit zur argumentierenden Stellungnahme zu den Themen und Thesen eines Textes verstanden werden. Die Kompetenzstufen werden entsprechend der PISA-Untersuchung definiert.
4. *Drücken Sie den Begriff zahlenmäßig aus:* Am Ende der Sekundarstufe I sollen nicht mehr als 5 Prozent der Schüler/innen unter oder auf der PISA-Kompetenzstufe I liegen, mindestens 70 Prozent die Kompetenzstufe III und mindestens 20 Prozent die Kompetenzstufe V erreicht haben.
5. *Erheben Sie den Ist-Stand und gleichen Sie ihn mit dem Zielzustand ab.*
6. *Bilden Sie bei der Analyse des Ist-Stands differenzierte Quoten*, z.B. Aufschlüsselung der Schüler/innen nach Klassenzugehörigkeit, Geschlecht, Alter, Notendurchschnitt in allen Fächern, Migranten und Gebrauchssprache in der Familie, soziale Bedingungen der Familie.
7. *Analysieren Sie einzelne Faktoren und klären Sie, inwieweit sie beeinflussbar oder nicht beeinflussbar sind.*
8. *Klären Sie die Vor- und Nachteile im Vergleich zu konkurrierenden Ansprüchen*, z.B. wenn die Schule neben der Förderung der Lesekompetenz auch den Förderunterricht in anderen Fächern oder verstärkten Klassenunterricht zu einem ihrer Schwerpunkte machen könnte. Wägen Sie die positiven und negativen Folgen für die Schule ab.
9. *Planen Sie Maßnahmen*, z.B. die Einrichtung eines Leselehrgangs in den Jahrgangsstufen 5 und 6 (Leseförderung für leseschwache Schüler/innen in Kooperation mit einer Beratungsstelle für Lese-Rechtschreib-Schwäche) und/oder die Erstellung von Materialien für das Lesetraining im Unterricht aller Fächer durch die Fachkonferenz Deutsch.
10. *Überprüfen Sie nach einem oder zwei Jahren*, ob die Förderung der Lesekompetenz zu Ergebnissen geführt hat, die im Zielkorridor liegen, und steuern Sie ggf. durch eine Revision der eingeführten Maßnahmen und/oder durch neue Maßnahmen nach.

4. Controlling im Rahmen von strategischem Management

Im Rahmen eines strategischen Managements beschränkt sich das Controlling nicht nur auf die Überprüfung, ob der Ist-Zustand dem Soll-Zustand entspricht, sondern schließt die Überprüfung der Ziele – auf der Ebene des Schulsystems und der einzelnen Schulen – mit ein, z.B.:

- Passen die Ziele noch zu den Ansprüchen und Erwartungen der Stakeholder, d.h. der Personen, Gruppen und Institutionen, die von den Leistungen der Schule betroffen sind und Erwartungen und Ansprüche an sie stellen? Wenn sich z.B. die Arbeitsabläufe in Unternehmen und Behörden so verändern, dass mehr Eigenverantwortung und Selbstständigkeit gefordert sind, hat dies Auswirkungen auf die Kompetenzen, die Schüler/innen am Ende der Jahrgangsstufe 10 erreicht haben sollen, und damit auf die Ziele der Schule.
- Passen die Ziele noch zu den Voraussetzungen und den Lebensbedingungen der Schüler/innen? Wenn z.B. erwartbar ist, dass bei der demografischen Entwicklung in der Bundesrepublik mehr Kinder aus sozial schwierigen und bildungsbenachteiligten Familien kommen, wird die Schule ihre Ziele stärker erzieherisch orientieren müssen und günstige Lern- und Bildungsvoraussetzungen weniger von den (Herkunfts-)Familien erwarten, sondern als schulische Zielsetzung selbst schaffen müssen.

Controlling geht im Rahmen eines strategischen Managements über den Soll-Ist-Abgleich bei gegebenen Zielen und unter gegebenen Bedingungen hinaus und wird zu einem Verfahren, mit dem die Schulen und das Schulsystem ihre Zukunftsentwürfe daraufhin überprüfen können, ob sie geeignet sind, die Chancen künftiger Veränderungen ihres Umfelds zu nutzen und zukünftigen Risiken vorgreifend zu begegnen. Denn wenn die Schule ihre Zukunftsfähigkeit und damit ihr langfristiges Überleben sichern will, muss sie sich immer wieder vergewissern, ob ihre Art der Leistungserstellung, ihre Ziele und ihre Mittel und Maßnahmen nicht nur für die Bewältigung gegenwärtiger, sondern auch zukünftiger Herausforderungen, Chancen und Bedrohungen geeignet sind. Die Sicherheit, die das laufende Geschäft bietet, muss deshalb immer wieder organisationsintern irritiert und infrage gestellt werden; dabei lernt die Organisation zugleich den Umgang mit Unsicherheit.

Veränderungen in der Umwelt einer Schule und des Schulsystems werden, selbst wenn sie für das Überleben von großer Bedeutung sind, nur dann relevant, wenn sie wahrgenommen werden. Je stärker die Schule und das Schulsystem sich von ihrer Vergangenheit her definieren, je erfolgreicher sie sich in der Vergangenheit erlebt haben und je stärker sie die Veränderung erfolgreich erlebter Strukturen und Routinen tabuisieren, desto größer ist die Gefahr, dass sie wichtige Umweltveränderungen nicht wahrnehmen und auch dann auf ihrer bisherigen Erfolgsspur bleiben, wenn diese nicht mehr zukunftsfähig ist. Denn welche Umweltveränderungen als relevant wahrgenommen werden, hängt von den mentalen Bildern ab, die sich das Schulsystem und die einzelnen Schulen sowie die an ihnen beteiligten Personen von sich selbst machen. Diese Bilder sind wie die menschliche Wahrnehmung in hohem Maß veränderungsresistent; die Wahrnehmung erfolgt in der Weise selektiv, dass vorrangig das, was die Bilder bestätigt, als relevant eingeschätzt wird, während das, was nicht zu den Bildern passt und was zu einer Veränderung der mentalen Bilder zwingt, nicht wahrgenommen oder nicht als relevant wahrgenommen wird.

So kann z.B. ein Gymnasium, dessen Profil sich am Typ des traditionellen humanistischen Gymnasiums orientiert und das deshalb u.a. Latein ab Klasse 5 anbietet, einen Einbruch der Anmeldezahlen erleben, wenn es übersieht, dass ihre bildungsbürgerlich orientierte Elternklientel veränderte Erwartungen an ein aktives Schulleben, an Projektunterricht u.Ä. entwickelt, denen die Schule nicht entspricht. Auf das Schulsystem bezogen kann das Festhalten an der Drei- oder Viergliedrigkeit oder am Sitzenbleiben dazu führen, dass die Leistungspotenziale der Schüler/innen nicht optimal genutzt und gefördert werden und dass die Leistungsergebnisse nicht den Erwartungen und Ansprüchen der Abnehmer wie Unternehmen oder öffentlicher Verwaltung entsprechen. Denn in einem solchen Schulsystem können sich die Lehrer/innen dem Zwang zur Auseinandersetzung mit Lern- und Verhaltensschwierigkeiten entziehen, indem sie Schüler/innen in eine andere Schulform oder eine andere (untere) Klasse verweisen, statt sie individuell zu fördern.

Um die für die Schule relevanten Umweltveränderungen zu erfassen, ist eine Art Frühwarnsystem erforderlich, das dafür sorgt, gerade auch auf die Informationen aus der Umwelt zu achten, die den eigenen mentalen Bildern widersprechen. Deshalb ist es eine zentrale Führungsaufgabe, die Wahrnehmungsfähigkeit in der Schule zu stärken und insbesondere auf Wahrnehmungen zu achten, die das bisherige Image und die bisherigen Arbeitsweisen infrage stellen und irritieren. Die Verarbeitung solcher Wahrnehmungen in der Schule ist nicht im Rahmen des operativen Geschäfts zu leisten, sondern erfordert ein strategisches Management. Dies braucht Zeit. Deshalb sollte sich die Schule periodische Auszeiten zur Überprüfung und Nachjustierung der strategischen Orientierungspunkte erlauben – z.B. an pädagogischen Tagen oder bei der Vorbereitung eines neuen Schuljahrs in der letzten Woche der Sommerferien – , um auch dann auf Kurs bleiben zu können, »wenn überraschende Ereignisse und unvorhergesehene Entwicklungen die Rahmenbedingungen gründlich verändert haben« (Nagel/Wimmer 2002, S. 77).

Die inhaltlichen Schritte des strategischen Managementprozesses sind die Diagnose, die Entwicklung von Optionen, die Auswahl und Bewertung, die Festlegung der strategischen Ziele, die Umsetzung und deren Steuerung und Überprüfung.

4.1 Die Diagnose

Die eigenen Modelle hinterfragen
»Wer tragfähige Strategien entwickeln will, beginnt am besten zunächst damit, die eigenen mentalen Modelle zu identifizieren und zu hinterfragen. Von welchen Überzeu-

gungen lässt man sich eigentlich leiten? Wie ist man gerade zu dieser Einschätzung gekommen? Unter welchen [...] Rahmenbedingungen haben sich diese Annahmen herausgebildet? Gelten diese Bedingungen noch oder haben sie sich verändert?« (Nagel/Wimmer 2002, S. 113)

Sich ein Bild von der aktuellen und künftigen Umwelt der Organisation verschaffen
Bei diesem Schritt geht es darum, die wichtigsten Chancen und Bedrohungen der Schule zu entdecken und Zukunftsszenarien zu entwerfen, die aus heutiger Sicht mit einiger Plausibilität Wirklichkeit werden können.

Die Innenschau und die Einschätzung der eigenen Stärken und Schwächen
Grundlage der Stärken-Schwächen-Betrachtung ist die Evaluation des Ist-Zustands. Um ihre Ergebnisse interpretieren und als Stärken und Schwächen bewerten zu können, müssen sie auf die zuvor herausgearbeiteten Chancen und Risiken bezogen werden. An diesen sind nicht nur die Mittel, sondern auch die Ziele zu überprüfen: Entspricht der von uns angestrebte Soll-Zustand noch den Chancen und Risiken, wie sie sich aus plausiblen Zukunftsszenarien ergeben?

Zum Abschluss der Diagnose sollten die wichtigsten Chancen und Bedrohungen geklärt und ein gemeinsames Bild von den vorhandenen Ressourcen und Beschränkungen entwickelt sein. Dabei sollte zugleich deutlich werden, was es heißt, nicht zu handeln und in den zurzeit eingefahrenen Bahnen der Leistungserbringung zu verharren.

4.2 Optionen entwickeln

Die gemeinsamen Grundannahmen, die in der ersten Phase erarbeitet wurden, liefern den Stoff, um in einem kreativen Akt mögliche Zukunftsentwürfe als Soll-Zustände zu entwickeln, die sich vom Status quo deutlich unterscheiden.

4.3 Auswahl und Bewertung

Die Auswahl und Bewertung der Optionen kann sich an folgenden strategischen Leitfragen orientieren:

- Welche Optionen basieren auf unseren Kernkompetenzen oder ermöglichen uns die Entwicklung künftiger Kernkompetenzen?
- Welche Optionen berücksichtigen am besten die von allen erkannten Chancen und Risiken?
- Welche Option mobilisiert die meiste zukunftsweisende Energie?

Wenn es gelingt, die ausgewählte Option als Vorstellung des angestrebten Zielzustands der Schule in der Schulgemeinde (Lehrpersonen, Schüler/innen und Eltern) zu vergemeinschaften, kann die Energie für erforderliche Transformationsprozesse über einen längeren Zeitraum mobilisiert werden. Denn dafür reicht nicht aus, dass es ein von allen akzeptiertes Verständnis über die aktuellen oder künftig zu erwartenden Probleme und über das Bedrohungspotenzial gibt, das in einer Fortführung der bisherigen Erfolgsmuster steckt. »Dazu bedarf es [...] einer verlockenden Aussicht, welche die Entwicklung in eine bestimmte Richtung zieht. Diese attraktive Zukunftsperspektive muss real erreichbar erscheinen und es muss sich lohnen, dafür alle Kräfte zu mobilisieren und gelegentlich auch Opfer zu bringen. Zwischen diesen beiden Polen, der problematischen Ausgangslage und der verlockenden Zukunft, entsteht ein Spannungsbogen, mit dessen Hilfe eingefahrene Bahnen verlassen und neue Chancen erkannt und ergriffen werden« (Nagel/Wimmer 2002, S. 301).

4.4 Die strategischen Ziele festlegen

Die strategischen Ziele stecken einen Orientierungsrahmen für die Schulentwicklung ab. »Dieser Schritt zeigt der Organisation, welche Kompetenzen sie in Vorwegnahme der Zukunft bereits heute entwickeln muss [...] und welche Entwicklungsprioritäten sie heute bereits verfolgen sollte, um [... in der Zukunft] erfolgreich bestehen zu können« (Nagel/Wimmer 2002, S. 120).

4.5 Die Umsetzung

Bei diesem Schritt geht es nicht nur um die Planung von Maßnahmen, sondern vor allem um die Überprüfung, ob die pädagogische Arbeit, ihre Strukturen und ihre Ergebnisse, aber auch die Rechts- und Verwaltungsvorschriften mit den strategischen Entwicklungszielen des Schulsystems und der Einzelschule korrespondieren oder ob grundlegende Veränderungen erforderlich sind. Erst dann macht es Sinn, zu entscheiden und zu planen, wie die strategisch erwünschten Kursänderungen in das operative Geschäft umgesetzt werden können.

4.6 Steuern und prüfen

Abweichungen auf dem Weg zur zukünftigen Identität müssen so früh wie möglich erkannt werden. Das Steuerungssystem muss deshalb über Kriterien verfügen, mit denen überprüft werden kann, ob die angestoßenen Aktivitäten tatsächlich die gewünschten Effekte erzielen. »Auf der Grundlage dieses strategischen Soll-Ist-Vergleichs lassen sich weitere Schlüsse ziehen, die – falls erforderlich – zu Korrekturen einzelner Maßnahmen oder zur Intensivierung bestimmter Aktivitäten führen. Letztlich geht es bei all diesen Anpassungsversuchen darum, die Lernfähigkeit [... der Schule und des Schulsystems] schon im Vorfeld zu verbessern, noch bevor unerwünschte Entwicklungen eingetreten sind« (Nagel/Wimmer 2002, S. 122).

Literaturverzeichnis

Bartz, A. (2004): Organisationsgestaltung von Schule. Hrsg. vom Landesinstitut für Schule. Schulleitungsfortbildung NRW, Band 3. Bönen/Westf.
Horvarth & Partner (1999): Neues Verwaltungsmanagement, C 6.8. Düsseldorf.
Nagel, R./Wimmer, R. (2002): Systemische Strategieentwicklung. Modelle und Instrumente für Berater und Entscheider. Stuttgart: Klett-Cotta.
Neef, W. (2004): Das »System Banane« setzt sich durch. In: taz, 3.7.2004, S. 8.

Christoph Burkard / Gerhard Eikenbusch

Evaluation

Ein Leitfaden

1.	Einleitung	1292
2.	Anforderungen an Evaluation	1294
2.1	Was kennzeichnet eine Evaluation?	1295
2.2	Evaluation als Teil eines umfassenden Systems der Qualitätsentwicklung und Qualitätssicherung	1296
2.3	Drei Funktionen und drei Ebenen der Evaluation	1300
2.4	Externe Evaluation	1304
3.	Wie gestaltet man eine gute Evaluation?	1309
3.1	Was soll mit der Evaluation erreicht werden? Die Ziele einer Evaluation klären	1310
3.2	Wie gehen wir vor? Ablauf und Spielregeln festlegen	1311
3.3	Welche Fragen sollen gestellt werden? Die Auswahl einer geeigneten Evaluationsmethode	1312
3.4	Wie gehen wir vor? Daten sammeln und aufbereiten	1313
3.5	Was tun mit den Daten? Datenfeedback gestalten und Konsequenzen ziehen	1315
4.	Evaluation in der Schul- und Unterrichtsentwicklung	1317
4.1	Das Schulprogramm evaluieren: Schulleben und Unterricht	1318
4.2	Schülerfeedback zu Kernbereichen der Schularbeit	1324
4.3	Evaluation von Unterricht	1330
5.	Ausblick: Herausforderungen beim Umgang mit den Ergebnissen von zentralen Lernstandserhebungen	1338
	Literaturverzeichnis	1340

1. Einleitung

In allen wichtigen Bereichen in der gegenwärtigen Diskussion über Schulentwicklung und Schulreform spielt Evaluation eine zentrale Rolle. Erweiterte Selbstverantwortung der einzelnen Schulen, Schulprogrammarbeit, Qualitätsentwicklung und Standardsicherung sind ohne Evaluation nicht denkbar. In den vergangenen Jahren sind Ansätze und Methoden der Evaluation in Deutschland bereits ausführlich entwickelt und vielfach auch erprobt worden. Inzwischen ist sie in vielen Bundesländern verbindlicher

Teil der Arbeit in der Schule und durch Gesetze oder Verordnungen auch verankert (beispielsweise in Bremen, Hamburg, Hessen, Nordrhein-Westfalen, Niedersachsen).

Standen zu Beginn der Auseinandersetzung mit Evaluation (Ende der 1990er-Jahre) noch konzeptionelle und bildungspolitische Fragen im Vordergrund, so rückt in den letzten Jahren immer stärker die Praxis von Evaluation ins Zentrum – hier geht es vor allem um die Frage, wie Evaluation in der Schule zur alltäglichen Praxis werden kann:

- Wie kann man Evaluation in der Klasse und in Schulen praktisch durchführen?
- Welche Voraussetzungen müssen erfüllt sein, damit Evaluation gelingen kann?
- Wie kann man mit den Ergebnissen von Evaluation umgehen? Wie kann man erreichen, dass Evaluation auch positive Wirkungen in der Schule hat?
- Und nicht zuletzt: Welche Ziele lassen sich mit Evaluation erreichen? Wie kann Evaluation die Ziele für die Arbeit in der Schule umsetzen helfen?

Die Tatsache, dass Evaluation als wichtiger Teil von Schul- und Lehrerarbeit akzeptiert ist, bedeutet aber noch nicht, dass Lehrkräfte und Schulen damit auch evaluieren *können*. Die meisten Lehrkräfte und Schulen halten sich nicht für Evaluationsprofis und gehen z.T. sehr zögerlich, übervorsichtig oder manchmal auch zu gutgläubig an Evaluation heran. Obwohl sie tagtäglich selbst im Unterricht evaluieren, indem sie beispielsweise Schülerleistungen analysieren und bewerten, und obwohl sie bereits viele Evaluationsverfahren kennen, betrachten sie Evaluation als ein von ihrem Alltag losgelöstes Element der Schulentwicklung, das mit neuen Anforderungen und Herausforderungen verbunden ist.

In zahlreichen Fortbildungsveranstaltungen und Beratungsprozessen konnten wir drei typische Reaktionen feststellen:

1. Lehrkräfte und Schulen begeben sich mit wahrer Begeisterung in Evaluationsprozesse. Sie experimentieren und leiten kleine Untersuchungen oder auch umfassende Evaluationen der Schularbeit oder der Leistungsergebnisse in ihrer Schule ein. Dabei geraten sie aber häufig in schwierige Situationen. Sie müssen feststellen, dass Evaluation nichts ist, das aus dem Stand heraus gelingt. Auch dann nicht, wenn man versucht, es anderen einfach nachzumachen. Evaluation ist mehr als eine kopierbare Technik oder ein schnell zu erlernendes Verfahren, das nach einem vorgegebenen Fahrplan abläuft. Sie erfordert fundierte Kenntnisse über die Planung, Durchführung und Auswertung von Evaluationsprozessen. Mit deren Hilfe können Erfahrungen, die die Lehrkräfte bisher in ihrem Unterrichtsalltag gesammelt haben – sei es durch Reflexionsgespräche mit den Schülerinnen und Schülern oder durch eine systematische Auswertung des Unterrichts –, genutzt, vertieft und systematisiert werden.
2. Einige Lehrkräfte, eine Gruppe oder ein Fachbereich in einer Schule wollen die Möglichkeiten einer Evaluation nutzen, während der Rest des Kollegiums sich nicht an diesen Aktivitäten beteiligt, sie aber toleriert. Dieses auf den ersten Blick ver-

nünftige Vorgehen führt mit hoher Wahrscheinlichkeit zu nicht vorhergesehenen Folgen: Je mehr Ergebnisse und Erkenntnisse die Gruppe durch ihre Evaluationsarbeit gewonnen hat, desto größer werden die Möglichkeiten und desto stärker wird der Druck, dass die Evaluation sich – gewollt oder ungewollt – auf den gesamten Schulalltag auswirkt. Der Umgang mit begrenzten Evaluationsprozessen in der Schule setzt mehr voraus als nur Daten oder Informationen, seien diese auch noch so umfangreich. Gefragt sind hier geeignete Verfahren: Rückmeldungen müssen verarbeitet werden, die »restliche« Schule muss einbezogen werden, Evaluation muss in die Arbeitskultur der Schule eingebunden werden.

3. Häufig zeigen Lehrkräfte und Schulen gegenüber Evaluation eine deutliche Zurückhaltung. Sie verharren desinteressiert, führen nur das (verordnete) Minimalprogramm durch oder verweigern sich sogar. In den meisten Fällen ist diese Reaktion durch Befürchtungen begründet, die darauf zurückgehen, dass für Lehrkräfte und Schule nicht erkenn- und berechenbar ist, wie Evaluation ihre eigene Arbeit beeinflussen kann und ob sie für die eigene Arbeit nützlich sein wird. In solchen Fällen zeigt sich eines deutlich: Man kann Evaluation zwar anordnen – aber man kann nicht erzwingen, dass sie funktioniert und wirksam ist. Es ist wenig hilfreich, diese Zurückhaltung als Widerstand zu interpretieren, den es zu bearbeiten gilt. Hilfreicher ist es, diesen Lehrkräften und Schulen offen und nachvollziehbar die möglichen Folgen und insbesondere den Nutzen von Evaluation zu vermitteln. Im Idealfall sollten sie die Chance bekommen, dies in der Praxis zu erfahren. Denn die Vermittlung ist nur z.T. über Konzepte und Informationen möglich. Wirkungsvoller sind hier Erfahrungsberichte, Experimente und Selbstlern-Materialien.

In allen drei Fällen kommt der Schulleitung eine besondere Bedeutung zu (zur Rolle von Schulleitung in Schulentwicklungsprozessen vgl. ausführlich Dubs 2004). Entscheidend ist, wie Schulleitung sich zur Evaluation verhält, welche Anstöße sie gibt und insbesondere wie sie Evaluation in der Schule verankert und wirksam werden lässt.

Dieser Leitfaden soll Schulleitungen Hilfestellungen geben, Evaluationsprozesse in der Schule zu initiieren und zu begleiten, Entscheidungen über Evaluationsprozesse zu fundieren und Lehrkräften Orientierungen zu vermitteln und Rückmeldungen zu Evaluationsprozessen zu geben. Schließlich soll er Anregungen und Material für Fortbildungen, Projekte und Informationsveranstaltungen bieten.

2. Anforderungen an Evaluation

Bevor wir konkrete Hilfen für die Planung und Gestaltung von Evaluationsprozessen anbieten, sollen zunächst einige Grundorientierungen vorgestellt werden. Wir beschränken uns dabei auf Aspekte, die für die Gestaltung von Evaluation ausschlaggebend sind. Vertiefende Informationen zur Konzeption von Evaluation und ihrer Einbindung in ein systematisches Qualitätsmanagement enthält der Beitrag von Rolf Dubs in diesem Band (S. 1206ff.).

2.1 Was kennzeichnet eine Evaluation?

Spätestens zu Beginn der 1970er-Jahre spielt »Evaluation« als ein wissenschaftlicher Fachterminus in der Erziehungswissenschaft und Curriculumforschung eine wichtige Rolle (vgl. hierzu Wulf 1972). Es geht dabei – allgemein gesprochen – um und die »systematische Untersuchung des Wertes und Nutzens eines Gegenstands« (Joint Committee 1994, S. 3, Übers. d.V.). Nach einer Flaute, in der Evaluation in Wissenschaft und Forschung eher ein Schattendasein führt, erscheint der Begriff ab Anfang der 1990er-Jahre dann immer häufiger in der Bildungspolitik und in Konzepten zur Schul- und Unterrichtsentwicklung. Es geht in diesem Zusammenhang vorwiegend um die Bewertung der Qualität von Bildungsangeboten und Arbeitsabläufen im Unterricht, in der Schule und im Bildungssystem.

Menschen bewerten im (Berufs-)Alltag fortwährend den Erfolg und Ertrag von Dingen, Angeboten oder Arbeitsergebnissen. Insofern ist das Anliegen, das mit Evaluation verbunden ist, nichts eigentlich Neues oder Ungewöhnliches. Vielmehr ist die bewertende und vergleichende Betrachtung von Sachverhalten eine notwendige Voraussetzung, um anstehende Entscheidungen zu treffen, zwischen Alternativen wählen zu können oder die Effektivität einer Sache abschätzen zu können. Dies gilt beispielsweise für die Wahl zwischen Produkten oder Dienstleistungen in gleicher Weise wie für strategische und politische Entscheidungen oder die professionelle Planung, Entwicklung und Suche nach Problemlösungen.

Im Unterschied zum Bewerten im Alltag ist Evaluation jedoch ein systematischer und zielgerichteter Aus- und Bewertungsprozess. Evaluation wird geplant und beinhaltet die Sammlung und Analyse von Daten und Informationen über die schulische Arbeit. Nicht jedes Auswertungsgespräch, nicht jede Aufstellung einer Statistik ist deshalb bereits Evaluation. Exemplarisch für das aktuelle Verständnis von Evaluation kann die Begriffsbestimmung des Schulministeriums in Nordrhein-Westfalen gelten: Evalua-

---

Was kennzeichnet eine »systematische« Evaluation?

1. *Evaluation hat systematisch ausgewählte Ziele und verfolgt vorab festgelegte Fragestellungen.*
2. *Evaluation beruht auf einer Datengrundlage:* Grundlage einer Evaluation ist die systematische Sammlung neuer bzw. die Auswertung bereits vorhandener Informationen und Daten über die zu untersuchenden Gegenstandsbereiche.
3. *Evaluation führt zu Analysen und Bewertungen:* Eine (noch so gute) Datensammlung wird erst durch eine Analyse und einer darauf beruhenden Bewertung zu einer Evaluation.
4. *Die Bewertungen müssen sich an formulierten Kriterien orientieren:* Sollen wertende Aussagen mittels der Analyse der Daten getroffen werden, sind Kriterien und Standards notwendig. Diese können beispielsweise den Richtlinien und Lehrplänen oder dem Schulprogramm entnommen werden.
5. *Evaluation soll zur Überprüfung und Veränderung der Praxis führen:* Sie dient der Verbesserung der aktuellen Situation. Dafür stellt sie Informationen und Hinweise zur Verfügung, die als Reflexions-, Planungs- und Entscheidungshilfen genutzt werden können.

tion »hat das Ziel, zu gesicherten Beschreibungen zu kommen, Bewertungen nach klaren Kriterien durchzuführen und Entscheidungen über die Weiterentwicklung dieser Arbeit zu treffen. Sie ist damit zusammen mit dem Schulprogramm ein zentrales Instrument von Schulentwicklung und damit der Qualitätsentwicklung und Qualitätssicherung« (MSWWF 1998b, S. 19). Damit wird deutlich: Evaluation muss bestimmten Anforderungen genügen.

2.2 Evaluation als Teil eines umfassenden Systems der Qualitätsentwicklung und Qualitätssicherung

In Deutschland hat sich ein breiter Konsens herausgebildet, dass Evaluation bei der Qualitätsentwicklung und Qualitätssicherung der schulischen Arbeit auf verschiedenen Ebenen eine wichtige Bedeutung zukommt. Evaluation ist in diesem Sinne Teil eines umfassenden Systems der Qualitätsentwicklung und Qualitätssicherung. Nicht zuletzt infolge der Ergebnisse der internationalen und nationalen Schulleistungsstudien wie TIMSS, PISA oder IGLU haben in Deutschland die Kultusministerkonferenz und viele Landesregierungen damit begonnen, die Maßnahmen zur Qualitäts- und Standardsicherung systematisch weiterzuentwickeln und aufeinander zu beziehen. Orientierung bieten dabei internationale Erfahrungen. Wichtige Eckpunkte eines solchen umfassenden Qualitätssicherungssystems sind (vgl. Abb. 1):

1. erweiterte Selbstständigkeit und ergebnisorientierte Steuerung;
2. Schulprogramm und Evaluation;
3. Bildungsstandards und Kerncurricula;
4. zentrale Lernstandserhebungen bzw. schulübergreifende Leistungstests;
5. Schulinspektion und Schulaufsichtsreform;
6. zielgerichtete Professionalisierung und Unterstützung.

2.2.1 Erweiterte Selbstständigkeit und ergebnisorientierte Steuerung

Im Zentrum der Maßnahmen zur Qualitätsentwicklung und Qualitätssicherung steht die Idee der erweiterten Selbstständigkeit der einzelnen Schule. Handlungsleitend bei der Konzeption entsprechender Initiativen zur Qualitätssicherung ist die Orientierung an der einzelnen Schule als pädagogischer Handlungseinheit (Fend), die für die Qualität der schulischen Arbeit und ihrer Ergebnisse die entscheidende Verantwortung trägt. Schulen erhalten mehr curriculare und pädagogische Freiräume, während parallel dazu Verwaltungsabläufe dezentralisiert und Verantwortung direkt auf die einzelne Schule übertragen wird. Die Gewährleistung eines Schulsystems, das Schüler/innen zu Lernergebnissen führt, die internationalen Standards entsprechen, und das möglichst weitgehender Chancengerechtigkeit verpflichtet ist, bleibt dennoch weiterhin ein staatlicher Auftrag. Zentrale (staatliche) Vorgaben und Kontrollen zur Steuerung und Qua-

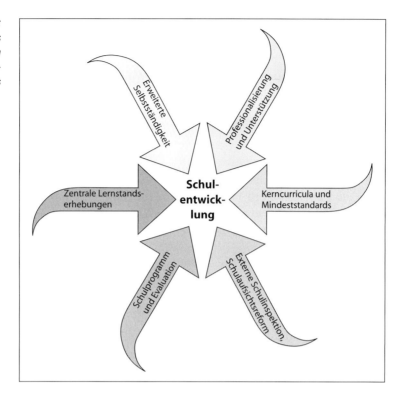

Abb. 1: Eckpunkte eines umfassenden Qualitätssicherungsmodells

litätssicherung des Schulwesens insgesamt sind unabdingbar. Parallel zu den Initiativen zur erweiterten Selbstständigkeit ist jedoch eine Veränderung der staatlichen Steuerung erforderlich. In der Vergangenheit sollte die Qualität der schulischen Arbeit vorrangig über zentrale Vorgaben von Lernzielen, Lerninhalten und der Ausgestaltung von Lernprozessen erreicht werden (»Inputsteuerung«). Gemeinsamer Nenner der bildungspolitischen Anstrengungen zur Verbesserung der Schulqualität ist in Deutschland, dass viel stärker als bisher die tatsächlich erreichten Lernergebnisse in den Blick genommen und zum Maßstab erfolgreicher schulischer Arbeit werden sollen (»Outputorientierung«). Dies gilt sowohl für die Ebene des Bildungssystems insgesamt als auch für die Arbeit in den Schulen. Nur mithilfe aussagekräftiger Informationen über den Erfolg schulischer Arbeit lässt sich – so die Annahme – unser Bildungssystem, d.h. die Qualität der Schulen nachhaltig verbessern und weiterentwickeln.

2.2.2 Schulprogramm und interne Evaluation

Die Selbstverantwortung der einzelnen Schule verbindet sich dabei immer mit der Aufgabe der systematischen Schulentwicklung sowie der regelmäßigen Rechenschaftslegung über die eigene Arbeit. Das gesamte System der Qualitätsentwicklung und Qualitätssicherung ist in eine aktive Schulentwicklung eingeordnet. Schulentwicklung als die reflektierte und zielgerichtete Gestaltung des ständigen Wandels einer Schule und ihrer Arbeit muss sich an der Verwirklichung der grundlegenden Ziele des Bildungswesens und ihrer Konkretisierung in der einzelnen Schule ausrichten. Damit bedeutet Schulentwicklung vor allem Entwicklung und Sicherung der Qualität schulischer Arbeit. Zentrale Instrumente sind dabei das Schulprogramm und die interne Evaluation.

Das Schulprogramm, das die verbindlichen staatlichen Vorgaben aufnimmt, integriert die Unterrichts- und Erziehungsarbeit einer Schule in einem zusammenfassenden Konzept der pädagogischen Zielvorstellung einer Schule und bestimmt Perspektiven der Weiterentwicklung schulischer Arbeit. Es dient somit der Konkretisierung der verbindlichen staatlichen Vorgaben und Freiräume im Hinblick auf die spezifischen Bedingungen vor Ort sowie der schulinternen Steuerung der Umsetzung dieser Ziele in Arbeits- und Handlungsplänen (vgl. MSWWF 1999, S. 18ff.). Interne Evaluation ist ein wesentlicher Teil von Schulprogrammarbeit. Sie dient der laufenden Beobachtung und Auswertung der Arbeitsprozesse der Schule, um kontinuierlich Informationen und Erkenntnisse über die weitere Gestaltung der Arbeit zu erhalten. Im Rahmen der internen Evaluation überprüfen die Schulen die erreichten Ergebnisse und vergewissern sich, inwieweit die vorgegebenen und im Schulprogramm vereinbarten Ziele erreicht wurden (vgl. MSWWF 1999, S. 10).

2.2.3 Bildungsstandards und Kerncurricula

Ein in vielen Ländern aktuell propagiertes Instrument einer veränderten staatlichen Steuerung sind Kerncurricula und Mindeststandards. Im Sinne klarer Zielvorgaben dienen sie Schulen zur Orientierung darüber, was die für alle verbindlichen Standards sind. Sehr viel konkreter, als dies in vielen deutschen Richtlinien und Lehrplänen bisher der Fall war, wird veranschaulicht, welche Leistungen und Kompetenzen von den Schülerinnen und Schülern in bestimmten Jahrgangsstufen erreicht werden sollen (Klieme u.a. 2003, S. 19ff.). Der Weg, diese Ziele zu erreichen, kann von Schulen weitgehend selbst gewählt werden. Die vorgegebenen Bildungsstandards sollen dabei garantieren, dass sich Schulen dennoch nicht zu sehr unterscheiden und dass die Vergleichbarkeit von Abschlüssen gewährleistet bleibt. Deshalb werden diese Standards auch als Kriterienrahmen für Evaluation und Qualitätssicherung der schulischen Arbeit herangezogen.

Die Kultusministerkonferenz hat im Dezember 2003 entsprechende Standards für den mittleren Schulabschluss nach Klasse 10 für die Fächer Deutsch, Mathematik und erste Fremdsprache (Englisch bzw. Französisch) verabschiedet. Standards für die Naturwissenschaften (Physik, Biologie, Chemie – ebenfalls für den mittleren Schulabschluss) sowie für den Hauptschulabschluss nach Klasse 9 (Deutsch, Mathematik und erste Fremdsprache) und für die Grundschule nach Klasse 4 (Deutsch, Mathematik) sind Ende des Jahres 2004 verabschiedet worden (Sekretariat der KMK 2004). Das Erreichen der Bildungsstandards soll im Rahmen von repräsentativen Leistungsvergleichen überprüft werden, an denen sich alle Länder beteiligen. Dazu haben die Länder gemeinsam das Institut zur Qualitätsentwicklung im Bildungswesen (IQB) an der Humboldt-Universität zu Berlin gegründet. Es berät und unterstützt die Länder bei der Umsetzung der Bildungsstandards und bei der Entwicklung eigener Maßnahmen zur Standardüberprüfung.

Alle Bundesländer haben sich verpflichtet, die von der Kultusministerkonferenz verabschiedeten Standards anzuwenden. Das bedeutet, dass sich die Unterrichtsvorgaben, die in den Lehrplänen formuliert werden, künftig an den Bildungsstandards orientieren müssen. Einige Länder haben deshalb auf der Grundlage der KMK-Bildungsstandards für den mittleren Schulabschluss so genannte Kernlehrpläne entwickelt (z.B. MSJK 2004). Sie zeigen durch Zwischenstufen, wie man die Standards erreichen kann, und beschreiben neben einem Abschlussprofil für das Ende der Sekundarstufe I die Anforderungen, die am Ende ausgewiesener Klassenstufen erreicht sein müssen.

2.2.4 Lernstandserhebungen und zentrale Prüfungen

Die Aufarbeitung der Ergebnisse der internationalen Vergleichsstudien wie PISA und IGLU und die vergleichende Analyse dort erfolgreicher Schulsysteme (z.B. Döbert u.a. 2003) haben gezeigt, dass die Sicherung einer hohen Qualität neben einer erweiterten Selbstständigkeit auch klarer Orientierungen über die erwarteten Ziele (Standardsetzung) bedarf. Nötig ist auch eine regelmäßige Überprüfung der erreichten Lernergebnisse (Standardüberprüfung). Beide Elemente – Standardsetzung und Standardüberprüfung – helfen den Schulen, ihre pädagogische Arbeit und den Unterricht einzuschätzen und gezielt weiterzuentwickeln bzw. zu verbessern. In nahezu allen erfolgreichen PISA-Ländern gibt es z.T. sehr differenzierte Formen zentraler Lernstandserhebungen und die dafür notwendige (z.T. aufwändige) Infrastruktur. Entsprechende Verfahren werden dabei in aller Regel nicht nur zur Bewertung der individuellen Kompetenzen und Leistungen von Schülerinnen und Schülern genutzt, sondern dienen auch zur Qualitätssicherung der Arbeit der Schulen. Der schulübergreifende Vergleich mit nationalen Durchschnitten oder mit Schulen vergleichbarer Ausgangslage soll Lehrkräften die Möglichkeit zur Standortbestimmung bieten und gegebenenfalls auf eigene Defizite und Handlungsbedarf aufmerksam machen.

Im Interesse einer verstärkten Standard- und Ergebnisorientierung der schulischen Arbeit wurde auch in Deutschland in vielen Bundesländern mit der Entwicklung von zentralen Lernstandserhebungen bzw. Vergleichsarbeiten begonnen. Während Standards die erwarteten Lernergebnisse vorgeben, überprüfen zentrale landesweite Lernstandserhebungen systematisch, ob und in welchem Umfang die Standards von den Schülerinnen und Schülern erreicht wurden. Ein wesentliches Ziel dieser Überprüfung ist, dass die Schulen anhand der Ergebnisse von Lernstandserhebungen eine Standortbestimmung vornehmen können: Aufgrund des Vergleichs mit den aus einer Stichprobe ermittelten Durchschnittsergebnissen können die Schulen feststellen, wo sie in Bezug auf die Leistungen ihrer Schüler/innen stehen.

2.3 Drei Funktionen und drei Ebenen der Evaluation

Evaluation als Werkzeug einer systematischen Qualitätsentwicklung und Qualitätssicherung kann, wenn auch in unterschiedlichem Ausmaß, jeweils drei grundlegende Funktionen wahrnehmen:

1. *Planung, Steuerung und Beteiligung für Schulentwicklung.* Diese Funktion betont den Werkzeugcharakter von Evaluation. Daten und Informationen werden bei Beteiligten/Betroffenen gesammelt, um ihre Sichtweise einzuholen, Entscheidungen treffen zu können und gesichertes Wissen über die Effektivität und die Effizienz von eingesetzten Verfahren oder von Konzepten zu erhalten. Deutlich wird hier die enge Verknüpfung zwischen Evaluation und Arbeitsplanung.
2. *Selbstvergewisserung, Forschung, Erkenntnisgewinn.* Mit Evaluation soll das Wissen über die eigene Situation erweitert, sollen neue Einsichten gewonnen werden, um Handlungssicherheit und Orientierung zu erhalten. Dahinter steckt die Vorstellung, dass jemand, der mehr über die Wirkungen des eigenen Handelns weiß, Situationen und Probleme besser verstehen und somit gezielter und wirkungsvoller handeln kann.
3. *Rechenschaftslegung.* Evaluation untersucht und bewertet die Qualität von erreichten Ergebnissen und von Arbeitsprozessen. Durch Evaluation kann man sich selbst und anderen Rechenschaft über die eigenen Leistungen geben und die Einhaltung eigener oder fremder Standards sowie die Zielerreichung überprüfen.

Diese drei Funktionen können zwar jeweils für sich gesehen werden, in der Praxis sind sie jedoch häufig miteinander verbunden oder werden gleichzeitig angestrebt, auch wenn eine Evaluation ihren einen Schwerpunkt meist in einem der Felder hat.

Evaluation dient nicht nur unterschiedlichen Zielen, sondern kann auch auf verschiedenen Ebenen der schulischen Arbeit eingesetzt werden (vgl. Tab. 1 auf S. 1303f.). Typischerweise lassen sich drei dieser Ebenen unterscheiden:

1. die Ebene der Gestaltung von Lehr- und Lernprozessen durch einzelne Lehrkräfte mit ihren Klassen;
2. die gemeinschaftlich verantwortete Arbeit innerhalb der Schule, also beispielsweise der Aufgabenbereich einer Abteilung oder Fachkonferenz, eines Jahrgangsteams oder der gesamten Schule bei der Schul- und Unterrichtsentwicklung;
3. und schließlich die bildungspolitische Steuerung des Schulsystems insgesamt.

2.3.1 Evaluation in der Klasse

Unterrichten und Erziehen erfordern wie jede pädagogische Arbeit einen ständigen Reflexions- und Rückkopplungsprozess, um adäquate Handlungsformen für die Problemlagen des pädagogischen Alltags zu finden. Heiner (1988, S. 17) nennt in diesem

Zusammenhang drei Grundfragen, die pädagogisches Problemlöseverhalten kennzeichnen:

- Weiß ich genug?
- Urteile ich richtig?
- Sind meine Begründungen richtig?

Selbstreflexion ist in diesem Verständnis konstitutiver und kontinuierlicher Bestandteil professioneller pädagogischer Arbeit und im Grunde Teil der – wie es Ekholm (1995, S. 121ff.) formuliert – »Arbeitskultur« von Schule. Ein Großteil dieser Reflexion geschieht im unmittelbaren Arbeitszusammenhang von Lehrerinnen und Lehrern beim Entwickeln von Handlungsstrategien mit einer Klasse, bei Unterstützungsangeboten für einzelne Schüler/innen oder bei Entscheidungen über methodische Vorgehensweisen im Unterricht.

Evaluation auf der Ebene der Klasse ist ein diagnostisches Instrument, mit dem es möglich ist, mehr Informationen über den eigenen Unterricht und die Voraussetzungen der eigenen Klasse zu bekommen. Sie bietet eine zuverlässige Basis für pädagogische Entscheidungen bei der Arbeit mit den Schülerinnen und Schülern und für die gezielte Förderung.

Mögliche Leitfragen für eine Evaluation auf der Ebene der einzelnen Klasse
- Wie erfolgreich bin ich in meinem Unterricht?
- Wo liegen die Stärken und die Schwächen der Schüler/innen? In welchen Bereichen besteht ein besonderer Förderungsbedarf?
- Was haben die Schüler/innen ihrer Meinung nach gelernt und wie zufrieden sind sie mit dem Unterricht?
- Wo stehen die Schüler/innen meiner Klasse im Vergleich zu anderen? Welche Gründe kann es dafür geben?
- Muss ich Arbeitsformen, Unterrichtsstil, Methoden, Medien, Themen oder Inhalte ändern?
- Werden die Unterrichtsinhalte so strukturiert und präsentiert, dass sie von den Schülerinnen und Schülern gut aufgenommen und verarbeitet werden können?
- Entsprechen die Anforderungen, die ich stelle, den Standards und Kompetenzerwartungen der Lehrpläne?

2.3.2 Evaluation in der Schule

Erweiterte Selbstständigkeit und Gestaltungsfreiheit erfordern von den einzelnen Schulen ein erhöhtes Maß an Gestaltungskompetenz und Problemlösefähigkeit. Jede Schule steht vor der Aufgabe, staatliche Rahmenvorgaben auszufüllen und Strategien und Konzepte zu entwickeln, die der je spezifischen Situation angemessen sind. Qualitätsentwicklung und Qualitätssicherung sind Aufgaben, die von einer Schule kontinuierlich geleistet werden müssen. Im Bild der »lernenden Schule« (Bildungskommission

1995), die sich immer wieder vergewissert, wo sie mit ihrer Arbeit steht und welche Korrekturen und Maßnahmen notwendig sind, um den Schülerinnen und Schülern eine gute und ertragreiche Ausbildung und Erziehung zu bieten, spiegeln sich diese Anforderungen. Evaluation ist Teil einer systematischen Schulentwicklung und soll verlässliche Informationen und Daten zur Verfügung stellen, die dem Kollegium und der Schulleitung die Möglichkeit geben, Veränderungsnotwendigkeiten zu erkennen, Bewährtes festzuhalten und die Qualitätsentwicklung und Qualitätssicherung zu unterstützen. Evaluation bietet Grundlagen für die Entwicklung der ganzen Schule und ermöglicht schulweite Zielklärung und -vereinbarung. Sie kann helfen, die Zielerreichung zu kontrollieren, und gegebenenfalls neue Aufgaben zu formulieren.

Mögliche Leitfragen für eine Evaluation auf der Ebene der Schule

- Sind unsere Konzepte und Angebote angemessen?
- Erreichen wir unsere selbst gesetzten Ziele?
- Wo haben wir besonders erfolgreiche Arbeitsansätze?
- Wo besteht Veränderungsbedarf?
- Wie setzen wir staatliche Rahmenvorgaben um?
- Wie wirken sich unsere Erziehungs- und Unterrichtsstile auf die Schüler/innen aus?
- Wie werden besondere Lern-, Förder- und Beratungsangebote von den Schülerinnen und Schülern genutzt und bewertet?

2.3.3 Evaluation im Bildungssystem

Im Zusammenhang der bildungspolitischen Initiativen für eine erweiterte Gestaltungsfreiheit von Schulen gewinnt Evaluation auch auf der Ebene des Bildungssystems Relevanz. Wenn Schulen mehr Selbstständigkeit erhalten, staatliche Vorgaben also abgebaut werden, übernehmen sie in höherem Maße als bisher Verantwortung für die Qualität ihrer Arbeit und ihrer Ergebnisse. Damit stellt sich die Frage, wie die Qualität der einzelnen Schulen und ihrer Ergebnisse überprüft und vergleichbare Standards garantiert werden können. Evaluation ist auf dieser Ebene notwendig, um den Nutzen und die Wirkungen pädagogischer Maßnahmen und von Reformen zu erkennen sowie um Informationen über die Qualität und den Leistungsstand der Schulen zu erhalten.

Mögliche Leitfragen für eine Evaluation auf der Ebene des Schulsystems

- Welche Wirkungen haben Erlasse, Gesetze und Richtlinien?
- Entsprechen die Lehrpläne den Anforderungen?
- Welche Ergebnisse erreichen die Schüler/innen im Vergleich zu denen anderer Länder oder Staaten?
- Wo gibt es in einzelnen Schulen modellhafte Konzepte?
- Gibt es einzelne Schulen, die die erwarteten Standards nicht erreichen?
- Wie ist die Qualität unseres Bildungssystems?
- Wie kann Chancengerechtigkeit verwirklicht werden?

Tab. 1: Funktionen und Ebenen – eine Orientierung			
Ziel / **Ebene**	Planung, Steuerung und Beteiligung für Schulentwicklung	Selbstvergewisserung, Forschung, Professionalisierung, Erkenntnisgewinn	Rechenschaftslegung
Einzelne Klasse	Ideen/Entscheidungshilfen für Planung und Gestaltung des Unterrichts und Erziehungsangebote erhalten, Sichtweisen einholen	Lehr- und Lernprozesse in der Klasse besser verstehen und weiterentwickeln	Selbstkontrolle, Orientierung über die Qualität der eigenen Arbeitsergebnisse schaffen, Qualitätsdiskussion in der Klasse
	↓	↓	↓
Zum Beispiel ...	Auswertung von Rückmeldungen zum Unterricht (Klassenarbeiten, Diskussionen, Umfragen), diagnostische Materialien, Lernstandserhebungen, Untersuchung und Vereinbarung von Erziehungsvorstellungen	Den eigenen Unterricht erforschen (Beobachtung und Dokumentation von Unterrichtsprozessen oder Klassensituationen, Fallanalysen, Schüler-Feedback)	Vereinbarung und Überprüfung von Standards (Vergleichsarbeiten und Lernstandserhebungen)
Ganze Schule bzw. Teilbereiche	Ideen und Entscheidungshilfen erhalten für Schulprogrammarbeit, Beteiligung, Kooperation, Arbeitsplanung sowie Qualitätsentwicklung und -sicherung	Die Möglichkeit schaffen, Voraussetzungen und Strukturen der Schule besser zu verstehen, kollegiale Verständigung über erzieherisches Handeln und gemeinsame Arbeitsprozesse anregen	Selbstkontrolle sowie Qualitätsentwicklung und -sicherung der schulischen Arbeitsergebnisse gewährleisten und nach außen darstellen und vertreten
	↓	↓	↓
Zum Beispiel ...	Beobachtung/Auswertung der Erfahrungen und Arbeitsergebnisse von Schulprojekten, Analyse von Schwerpunkten des Schulprogramms, Kollegiumsbefragung zum Einstieg in die Schulprogrammarbeit; Elternbefragung, Erhebung des Fortbildungsbedarfs	Auswertung von Unterrichtsergebnissen, -prozessen und -leistungen (durch Befragung der Schülerschaft, Dokumentenanalyse, Beobachtung), gemeinsame Analyse bzw. Feedback	Vergleichsarbeiten und Lernstandserhebungen, Absolventenbefragung zum Ertrag der an der Schule erworbenen Kompetenzen und Fähigkeiten, Schülerbefragung zu ausgewählten Schwerpunkten des Schulprogramms

(Fortsetzung der Tabelle auf der nächsten Seite)

Tab. 1:	Funktionen und Ebenen – eine Orientierung (Fortsetzung)		
Ziel Ebene	Planung, Steuerung und Beteiligung für Schulentwicklung	Selbstvergewisserung, Forschung, Professionalisierung, Erkenntnisgewinn	Rechenschaftslegung
Gesamtsystem Bildungspolitik	Informationen über Leistungsfähigkeit und Ergebnisse zur bildungspolitischen Steuerung des Schulsystems erhalten, Informationen bzw. Grundlagen für Entscheidungs- und Gestaltungsprozesse schaffen	Analyse und Auseinandersetzung über Wirkungen von bildungspolitischen Regelungen, Strategien und Konzepten erhalten	Chancengerechtigkeit bzw. schulübergreifende Vergleichbarkeit von Abschlüssen garantieren, Standardsicherung schulischer Arbeit
	↓	↓	↓
Zum Beispiel ...	Nachkorrektur von Abituraufgaben, landesweite Auswertung von Ergebnissen der Lernstandserhebungen und der Schulinspektion	Begleitforschung zur Umsetzung von Lehrplänen, Erlassen, Auswertung von Modellversuchen	Bildungsberichterstattung, Beteiligung an Ländervergleichen der Schülerleistungen, zentrale Abschlussprüfungen

2.4 Externe Evaluation

Externer Evaluation wird in der aktuellen Diskussion um Qualitätsentwicklung und Qualitätssicherung eine Doppelfunktion zugeschrieben. Zum einen ist ihr Ziel, Ergebnisse der internen Evaluation einer Außenbewertung zu unterziehen und Schulen aus externer Sicht Rückmeldungen über die Qualität ihrer Arbeit zu geben. Zum anderen dient sie dazu, schulübergreifend die Vergleichbarkeit der schulischen Arbeit und ihrer Ergebnisse zu sichern. In der Regel gilt eine Evaluation als intern, wenn sie vom Kollegium einer Schule vorbereitet, durchgeführt und verantwortet wird. Extern ist eine Evaluation, wenn an der Planung und Durchführung Personen beteiligt sind, die nicht dem unmittelbaren Schulkollegium angehören.

Arbeitsdefinitionen zur internen und externen Evaluation

- *Interne Evaluation* oder *Selbstevaluation* bedeutet, dass die zentrale Verantwortung für die Gestaltung und Durchführung einer Evaluation bei der einzelnen Schule liegt und von Personen durchgeführt wird, die in der Schule arbeiten.
- *Externe Evaluation* oder *Fremdevaluation* bedeutet, dass die zentrale Verantwortung für die Gestaltung und Durchführung einer Evaluation außerhalb der einzelnen Schule liegt und sie von Personen durchgeführt wird, die nicht in der Schule arbeiten. Externe Evaluation kann der Schule von außen auferlegt werden (z.B. Inspektion) oder von der Schule selbst in Auftrag gegeben werden (z.B. Peer-Review).

(nach MSWWF 1999, S. 11)

Externe Evaluation von Schule kann – auch aus Sicht der Schüler/innen, der Lehrkräfte und der Schulleitung – ein positiver Beitrag zur Schulentwicklung sein! Rückmeldungen über die eigene Arbeit und die Entwicklung können Sicherheit geben, die professionelle Auseinandersetzung mit der Arbeit stützen, die Weiterarbeit anregen und rechtzeitig auf Gefahren aufmerksam machen. Als Schule und als Kollegium auf Rückmeldung von außen zu verzichten bedeutet letztendlich Selbstgenügsamkeit und ist insofern unprofessionell. Im günstigsten Fall hat dies den Stillstand der Entwicklung zur Folge, im schlimmsten Fall eine Verschlechterung der Arbeit. Wenn auf der anderen Seite von außen (z.B. Schulaufsicht oder Eltern) auf externe Evaluation verzichtet wird, kann dies die Schule in falscher Sicherheit wiegen und zu einer Schwächung der Schulentwicklung führen. Externe Evaluation ist also auch im Interesse der Schule selbst. Allerdings ist das Thema für Schulen und Lehrer/innen äußerst sensibel: Externe Evaluation rührt immer – wie natürlich auch die interne Evaluation – an die pädagogische Gestaltungsfreiheit der Lehrerin bzw. des Lehrers. Sie kann dazu beitragen, diese Freiheit verantwortungsvoll wahrzunehmen und sie zu erweitern, sie kann aber auch dazu führen, dass die Freiheit beschnitten wird.

Die gegenwärtig in Deutschland diskutierten Vorstellungen zur Gestaltung externer Evaluation orientieren sich an Verfahren, wie sie in einigen europäischen Staaten (beispielsweise England, Niederlande, Belgien, Frankreich, Schweden) bereits Praxis sind. Dabei zeichnen sich zwei Grundformen externer Evaluation von Schulen ab: die so genannte *überregionale Lernerfolgsmessung* – dabei werden Leistungen und Kompetenzen von Schülerinnen und Schülern schulübergreifend und -vergleichend durch Tests gemessen. Und die *Visitations- bzw. Inspektionsverfahren*, anhand derer ausgewählte Aspekte oder die schulische Arbeit insgesamt durch externe Teams (Aufsicht oder »kritische Freunde«) evaluiert wird.

2.4.1 Zentrale Lernstandserhebungen und Vergleichsarbeiten

Lernerfolgsüberprüfungen sind für Schulen wahrlich nichts Neues. Klassenarbeiten vorzubereiten und zu korrigieren gehört zum Lehreralltag. Dabei werden nicht nur Beurteilungen bzw. Zensuren erteilt, sondern den Schülerinnen und Schülern wird auch eine Vielzahl von Hinweisen zu ihren erreichten Lernständen, zu Stärken und Defiziten in fachlichen Bereichen oder auch zu Übungsmöglichkeiten rückgemeldet. Wie viele wissenschaftlichen Studien – zuletzt beispielsweise IGLU (vgl. Bos u.a. 2004, S. 204ff.) – zeigen, sind Zensuren schulübergreifend kaum vergleichbar. Schon gar nicht lassen sich auf der Basis der traditionellen schulischen Leistungsbewertung mit eng an den gerade erteilten Unterricht gebundenen Aufgaben verlässliche Aussagen über die tatsächlich erreichten Kompetenzen in bestimmten Teilbereichen eines Faches treffen.

Im Interesse einer stärkeren Ergebnisorientierung der schulischen Arbeit wurden deshalb in vielen Bundesländern in den vergangenen Jahren als neue Form der Lernerfolgsüberprüfung so genannte Vergleichs- oder Parallelarbeiten eingeführt. Sie werden in ausgewählten Klassenstufen und Fächern (meist Deutsch, Mathematik und

Englisch) in den parallelen Klassen einer Schule oder in Schulen derselben Schulform in einer Region übereinstimmend geschrieben (vgl. Orth 2002, S. 224ff.). Die Schüler/innen bekommen dabei für ihre Leistungen nach wie vor eine Note, die in die Gesamtbeurteilung einfließt. Im Unterschied zu traditionellen Klassenarbeiten werden bei Vergleichsarbeiten aber die Aufgaben entweder landesweit zentral gestellt oder – wie z.B. in Nordrhein-Westfalen – von den betroffenen Lehrkräften einer Schule klassenübergreifend entwickelt (vgl. MSWWF 1998b). Trotz unterschiedlicher Verfahrensregelungen in einzelnen Bundesländern stimmen die Ziele überein: Vergleichsarbeiten sollen dazu dienen, fachliche Standards und Anforderungen zwischen den Lehrkräften zu klären, eine abgestimmte Praxis der Leistungsbewertung zu fördern und eine Grundlage für gezielte Förderangebote und Maßnahmen der Unterrichtsentwicklung zu erhalten (ebd.).

Um Begrenzungen der traditionellen Vergleichs- bzw. Parallelarbeiten zu überwinden, werden in einigen Bundesländern die Vergleichsarbeiten durch so genannte zentrale Lernstandserhebungen abgelöst. Ein Beispiel hierfür ist vor allem das Projekt VERA (VERgleichsArbeiten; vgl. Helmke/Hosenfeld 2003) in Klassenstufe 4, in das sieben Bundesländer involviert sind. Im Projekt VERA werden Aufgabensets eingesetzt, die unter Orientierung an Gütekriterien von Schultests konstruiert werden: Die Aufgaben werden unter Berücksichtigung fachlicher Anliegen und unter der Maßgabe weitgehender Standardisierung entwickelt und systematisch auf ihre teststatistische Eignung hin vorerprobt. Es wird angestrebt, dass die Aufgaben einer Testdimension (z.B. Leseverständnis in Deutsch) auf einer gemeinsamen Skala liegen und jeweils empirisch bestimmbaren Kompetenzstufen zugeordnet werden können. Gruppen von Schülerinnen und Schülern können dann aufgrund ihrer Testergebnisse einer inhaltlich definierten Kompetenzstufe zugeordnet werden.

Für die pädagogische Arbeit in deutschen Schulen bedeutet dies weitgehend Neuland. Tests hatten in Schulen bislang ihren Stellenwert bei der lernpsychologischen Diagnose oder bei der Feststellung von sonderpädagogischem Förderbedarf; als Instrument zur vergleichenden Lernerfolgsüberprüfung von Schülerinnen und Schülern, Klassen und Jahrgangsstufen sind sie fremd.

Zwar wurden in der jüngeren Vergangenheit in Deutschland eine Reihe von Schulleistungsuntersuchungen wie beispielsweise PISA, IGLU und TIMSS oder die Hamburger Lernausgangslagenuntersuchung (LAU) mit auf Vergleiche hin angelegten Konzepten durchgeführt – aber daran waren entweder nur kleine Stichproben von Schulen beteiligt oder die Erhebungen beschränkten sich auf ein zeitlich begrenztes wissenschaftliches Projekt. Außerdem ging es nicht darum, den einzelnen Schulen Informationen über den Leistungsstand ihrer Schüler/innen für die Schul- und Unterrichtsentwicklung zur Verfügung zu stellen (vgl. z.B. Weinert 2001). Das aber ist ein wichtiges Ziel der zentralen Lernstandserhebungen, wie sie z.B. in Nordrhein-Westfalen (MSJK 2004) oder Thüringen (Nachtigall/Kröhne 2004) bereits eingeführt und in einigen weiteren Bundesländern derzeit vorbereitet werden. Ihre Ergebnisse sollen den Schulen Informationen über die von den Schülerinnen und Schülern erreichten Lernergebnisse auf zwei Ebenen bieten:

1. Ergebnisse über erreichte Lernstände der eigenen Schüler/innen im Vergleich zu landesweiten Referenzwerten;
2. Ergebnisse im Hinblick auf Kompetenzerwartungen der Lehrpläne bzw. Standards der Kultusministerkonferenz.

Zentrale Lernstandserhebungen sind somit in erster Linie Instrumente einer ergebnisorientierten Unterrichtsentwicklung. Daneben sollen sie auch ein Mittel für die Steuerung des Systems und ggf. in begrenztem Umfang auch für die Rechenschaftslegung nach außen sein.

2.4.2 Schulinspektion

Visitations- oder Inspektionsverfahren werden in vielen Staaten zusätzlich zu Leistungstests eingesetzt. Sie zielen darauf ab, Informationen zur Leistungsfähigkeit und Qualität einzelner Schulen zu erhalten. Um dies zu erreichen werden Schulen in mehr oder weniger regelmäßigen Abständen durch staatliche oder staatlich beauftragte Kommissionen extern evaluiert (Landwehr 2003). Auch in Deutschland wurde in einigen Bundesländern damit begonnen, entsprechende Inspektionsverfahren aufzubauen (vgl. z.B. MFBWK 2004; Staatsinstitut 2004).

Bei der Organisation und Gestaltung dieser Schulinspektion gibt es eine große Variationsbreite, was die Rolle und Stellung der externen Evaluatorinnen und Evaluatoren angeht. Teilweise wurden unabhängige Evaluationsbehörden eingerichtet, teilweise wird die externe Evaluation durch die unmittelbar zuständigen Aufsichtsbehörden durchgeführt. Dennoch verläuft die Schulinspektion in der Regel nach einem vergleichbaren Muster:

Die Gestaltung und Durchführung der Inspektion erfolgt durch staatliche bzw. staatlich ernannte Schulinspektoren. Jede Schule wird regelmäßig (alle zwei bis vier Jahre) von einem Inspektionsteam, dem teilweise auch so genannte Laien (sachkundige Bürger oder Eltern) angehören, extern evaluiert. Diese Evaluation besteht aus einer vorbereitenden Phase, in der Daten und Dokumente der Schule (in der Regel auch Ergebnisse zentraler Leistungsüberprüfungen) ausgewertet und analysiert sowie Gespräche mit den Schulleitungen geführt werden. In manchen Ländern werden Schulen in dieser Phase auch aufgefordert, interne Evaluationen und Selbstbewertungen durchzuführen. Bei einem mehrtägigen Schulbesuch erheben die externen Evaluatorinnen und Evaluatoren in der Regel weitere Daten durch Gespräche mit Kollegiumsvertretern, Eltern, Schülerinnen und Schülern und teilweise bei Unterrichtsbesuchen. Gegenstand der Untersuchungen sind entwder die gesamte Organisation (bei der so genannten *full inspection*) oder themenbezogene Teilbereiche. Die Ergebnisse der Evaluation werden von den Evaluatorinnen und Evaluatoren in mündlichen und schriftlichen Berichten zusammengefasst und mit der Schule diskutiert. In den meisten europäischen Nachbarländern erfolgt darüber hinaus eine Veröffentlichung der Ergebnisse zumindest gegenüber den Eltern, Schülerinnen und Schülern. Die Schulen sind danach aufgefordert, aus den Ergebnissen Konsequenzen zu ziehen und konkrete Arbeitsvorhaben zu formulieren. Zumindest bei den Schulen, bei denen erhebliche Schwierigkeiten festgestellt wurden, kommt es in relativ geringem zeitlichen Abstand zu erneuten Schulbesuchen durch die Inspektoren (*follow-up evaluation*). Idealtypisch kann der Ablauf einer Inspektion folgendermaßen beschrieben werden:

> **Ablauf einer Schulinspektion (Beispiel Niederlande)**
> 1. Gespräch mit der Schulleitung
> 2. Gespräche mit Funktionsstelleninhabern
> 3. Gespräche mit Kollegiumsvertretern, Schüler/innen und Eltern
> 4. Unterrichtshospitationen
> 5. Auswertung von Akten und Statistiken
> 6. Sammeln zusätzlicher Informationen und Absicherung erster Ergebnisse
> 7. Mündlicher Bericht der wichtigsten Ergebnisse an die Schule
> 8. Ca. sechs Wochen später: schriftlicher (öffentlicher) Bericht an den Schulträger und die Schule
>   – Beschreibung der Schule anhand von 14 Standards (Befunde und Bewertungen)
>   – Schlussfolgerungen und Empfehlungen
>
> *(nach Weerts 2001, S. 36–43)*

Die Grundfunktionen der Schulinspektion lassen sich zusammenfassend folgendermaßen beschreiben:

- *Externe Evaluation als »Korrektiv und Spiegel« der schulinternen Qualitätsentwicklung, mit dem Ziel, Schul- und Unterrichtsentwicklung zu stimulieren:* Externe Evaluation soll »blinde Flecken« in der Schularbeit aufdecken, Entwicklungsmöglichkeiten aufzeigen und eine externe Einschätzung der Schulqualität geben, damit die Schulen daraus Konsequenzen ziehen und ihre Arbeit weiterentwickeln können.
- *Externe Evaluation als Instrument der »Standardüberprüfung« mit dem Ziel, die Einhaltung allgemein definierter Qualitätsstandards durch die einzelnen Schulen in der Fläche zu überprüfen bzw. zu kontrollieren:* Im Interesse der schulübergreifenden Vergleichbarkeit dient externe Evaluation dazu, die Qualität der Arbeit einer einzelnen Schule zu bewerten und ggf. vorhandene Missstände zu benennen.
- *Externe Evaluation als Instrument der »öffentlichen Rechenschaftslegung« der einzelnen Schule über die verantwortungsvolle Wahrnehmung von Gestaltungsspielräumen:* Im Rahmen von externer Evaluation sollen Schulen zu einer bewussten Wahrnehmung ihrer Selbstverantwortung angehalten werden und nachvollziehbar über die Ausgestaltung von Freiräumen und die erreichten Ergebnisse berichten.
- *Inspektion als Instrument des »Systemmonitorings« mit dem Ziel, eine systematische, flächendeckende Bestandsaufnahme der Qualität schulischer Arbeit zu erhalten:* Externe Evaluationen dienen – in Verbindung mit weiteren Maßnahmen – der Gewinnung von zusätzlichen Daten für die Bildungsberichterstattung und für Steuerungswissen für Politik und Bildungsadministration.

3. Wie gestaltet man eine gute Evaluation?

Evaluationen sind immer Teil komplexer Arbeits- und Kommunikationsprozesse, sie bauen auf der Tradition und den Rahmenbedingungen einer Schule auf und sie unterliegen selbst Entwicklungs- und Veränderungsprozessen. Deshalb sind Evaluationen nicht in allen Details vorausplanbar, sie sind auch nicht risikolos. Das macht sie schwierig – es ist aber auch eine Voraussetzung für ihren Erfolg. Es gibt nicht *die* Evaluation, die für alle Schulen und für jede Situation passt. Wie Evaluation gestaltet werden muss, hängt davon ab, welche Ziele eine Schule damit verfolgt, auf welchen Ebenen der Schule sie durchgeführt wird und welche Inhalte im Mittelpunkt stehen. Evaluation muss deshalb auf die jeweilige Situation der Schule oder der Klasse, auf die dort gegebenen Interessen und Vorerfahrungen zugeschnitten werden. Dennoch, ganz von vorn beginnen und das Rad selbst erfinden – das muss selbstverständlich nicht sein. Wenn auch keine Patentrezepte, so lassen sich doch Erfahrungen und Empfehlungen bündeln, die wir anhand des typischen Ablaufs einer Evaluation darstellen wollen.

Wer erfolgreiche Evaluationen gestalten will, sollte sich aus unserer Sicht zunächst an Grundschritten orientieren, die sich bei der Vorbereitung und Gestaltung von Maßnahmen zur schulinternen Evaluation bewährt haben. Notwendig sind dafür Antworten auf die im folgenden Planungsraster formulierten Grundfragen:

Tab. 2:	Planungsraster für die Gestaltung einer Evaluation	
1.	Was sind die Ziele und Fragestellungen der Evaluation?	
2.	Welche Spielregeln und Normen sollen bei der Durchführung gelten?	
3.	Welche Methoden und Verfahren sollen eingesetzt werden?	
4.	Wann und wie soll die Durchführung erfolgen?	
5.	Wie erfolgt die Auswertung und Analyse von Ergebnissen?	
6.	Wie sollen Konsequenzen aus den Ergebnissen gezogen werden?	

Diese Fragen orientieren sich am »idealtypischen« Ablauf einer Evaluation, der durch sechs Schritte gekennzeichnet ist:

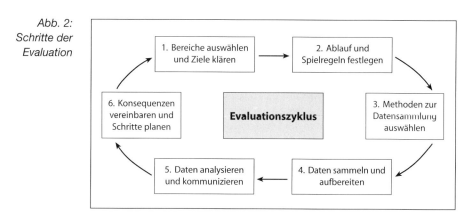

Abb. 2: Schritte der Evaluation

3.1 Was soll mit der Evaluation erreicht werden? Die Ziele einer Evaluation klären

Von fertigen Evaluationsinstrumenten wie beispielsweise Fragebögen kann eine erhebliche Faszination ausgehen: »Das sollten wir bei uns auch einmal machen.« So wichtig solche Instrumente als Orientierungshilfe sind, sie bergen die Gefahr der vorschnellen Übernahme für die eigene Schule. Von größerer Bedeutung als die Frage der konkreten Gestaltung der Datensammlung ist für den Erfolg einer Evaluation unseren Erfahrungen nach die gemeinsame Beantwortung der Fragen:

- Warum wollen wir eine Evaluation durchführen?
- Was soll damit erreicht werden?
- Was sind die Ziele und die wichtigsten Gegenstandsbereiche?

Ist dies nicht geklärt, kann eine schöne und umfangreiche Datensammlung leicht im Sande verlaufen und wirkungslos bleiben. Evaluation steht immer im Dienste einer Sache, beispielsweise der Verbesserung des Unterrichts, der Weiterentwicklung des Schulprogramms oder der Bilanzierung und Auswertung von besonderen Maßnahmen. Sie darf nicht zum Selbstzweck werden. Je präziser diese Fragen im Vorfeld einer Evaluation beantwortet werden, desto größer ist erfahrungsgemäß die Bereitschaft zur Mitarbeit und desto leichter fällt die methodische Gestaltung bzw. die Auswahl eines geeigneten Evaluationsinstruments.

Wie man Ziele und Fragestellungen für eine Evaluation finden kann

Beispiel: Eigene Fragestellungen für Schülerrückmeldungen finden (Brainstorming)

1. Denken Sie an die Situation mit Ihrer Klasse im letzten Schulhalbjahr und vervollständigen Sie die folgenden Sätze:
   - Ich weiß nicht, warum ...
   - Ich bin verblüfft darüber, dass ...
   - Ich habe mich immer wieder geärgert über ...
   - Ich habe mich besonders gefreut über ...
   - Ich möchte gerne verändern, dass ...
   - Ich bin mir unsicher über ...
2. Was wollen Sie zu den von Ihnen genannten Bereichen von Ihren Schülerinnen und Schülern wissen?
3. Wählen Sie einen Bereich für das Schülerfeedback aus, der den folgenden Kriterien entspricht:
   a) Handlungsspielraum: Kann ich in dieser Sache wirklich etwas tun? Habe ich Handlungs- und Einflussmöglichkeiten oder bin ich hier von anderen Personen abhängig?
   b) Bedeutsamkeit: Wie wichtig ist die Sache für mich und meine Klasse? Betrifft der Bereich wichtige pädagogische und erzieherische Fragen?
   c) Bearbeitbarkeit: Schaffe ich es, hier etwas zu verändern? Ist in einem überschaubaren Zeitraum mit Erfolgen zu rechnen?
   d) Verträglichkeit: Wie gut passt das Vorhaben zu den Unterrichtszielen und der Situation der Klasse?

3.2 Wie gehen wir vor? Ablauf und Spielregeln festlegen

Damit schulische Evaluationsprozesse gelingen können, sind klare Absprachen über den Ablauf eine wichtige Voraussetzung. Es sollte allen bekannt sein, wer für welche Schritte innerhalb der Schule die Verantwortung übernimmt, wer ggf. mit welchem Auftrag das Vorhaben von außen unterstützt und wer in welcher Form Ergebnisse erhält oder an deren Interpretation beteiligt wird. Über die Klärung von Arbeitsaufgaben und Zuständigkeiten von Gremien oder Arbeitsgruppen hinaus spielen Vereinbarungen über Durchführungsnormen eine wichtige Rolle.

Vielfach hat es sich bewährt, entsprechende Absprachen zum Ablauf der Evaluation in Form von »Spielregeln« zu formulieren und diese ggf. auch schriftlich festzuhalten. Natürlich sollte man solche Vereinbarungen nicht überformalisieren, aber sie helfen, das Vorhaben zu strukturieren und Transparenz bei allen Beteiligten herzustellen. Spielregeln können sich beispielsweise auf die Aufgaben von Vorbereitungsgruppen, die Ziele und Absichten der Befragung, den Datenschutz und die Gestaltung der Diskussion von Ergebnissen beziehen. Selbstverständlich ist dieses Vorgehen keine Garantie für das Gelingen einer Evaluation. Die Verabredung von Verfahrensregeln trägt jedoch dazu bei, Ziele und Absichten einer Evaluation zu klären und den Beteiligten transparent zu machen, was auf sie zukommen wird.

Beispiel: Spielregeln für die Durchführung einer Kollegiumsbefragung

- Die Befragung dient dazu, Maßnahmen zur Unterrichtsentwicklung im nächsten Schuljahr zu vereinbaren.
- Im Anschluss an die Befragung wird jedes Jahrgangsteam für die eigene Stufe ein Vorhaben oder Projekt vereinbaren, das im Laufe des Schuljahrs bearbeitet wird.
- Zur Vorbereitung der Befragung wählt die Konferenz eine Arbeitsgruppe. Die Schulleiterin bzw. der Schulleiter ist in der Gruppe vertreten.
- Der Fragebogen wird vorab dem Kollegium vorgestellt. Jede/r kann Veränderungsvorschläge einbringen.
- Befragt werden alle Mitglieder des Kollegiums.
- Es werden nur Fragen gestellt, die keine Rückschlüsse auf einzelne Personen zulassen.
- Zur Auswertung der Befragung wird eine pädagogische Konferenz durchgeführt, die ebenfalls von der Arbeitsgruppe vorbereitet wird.
- Die Ergebnisse der Befragung werden nicht nach außen weitergegeben.

Erfahrungsgemäß ist in Schulen die Frage, wie mit Daten und Ergebnissen umgegangen wird und wer Zugang zu diesen erhält, besonders sensibel. Der »Evaluationsknigge« veranschaulicht beispielhaft einige wesentliche Prinzipien, die beim Umgang mit Daten beachtet werden sollten:

- Evaluiere nur das, was in deinem Verantwortungsbereich liegt.
- Evaluiere nur das, was du auch verändern kannst.
- Erhebe personenbezogene Daten nie ohne Einverständnis der Betroffenen. Keiner darf »an den Pranger gestellt« werden!

- Vereinbare mit allen Beteiligten die Spielregeln zum Ablauf (Ziele, Bewertungskriterien, Umgang mit Daten).
- Gib Personen, von denen du Daten erhalten hast, immer eine Rückmeldung über die Ergebnisse.
- Gib ohne Zustimmung der Beteiligten keine Daten an Dritte weiter.
- Ziehe Konsequenzen aus den Ergebnissen.

3.3 Welche Fragen sollen gestellt werden? Die Auswahl einer geeigneten Evaluationsmethode

Die Auswahl eines geeigneten Evaluationsinstruments muss sich daran orientieren, was mit den Ergebnissen in der eigenen Schule erreicht werden soll. Sie müssen Antworten auf Fragen geben, die an der eigenen Schule tatsächlich von Bedeutung sind. Bereits vorliegende Evaluationsinstrumente oder Beispiele aus anderen Schulen lassen sich deshalb nicht immer eins zu eins übertragen und unmittelbar in der eigenen Schule einsetzen. Vielfach ist es notwendig, Verfahren auf die eigenen Bedürfnisse und Voraussetzungen hin zuzuschneiden oder zumindest zu überarbeiten. Die Erfahrung zeigt, dass es dabei meistens weniger das Problem ist, geeignete Fragen zu finden, als sich auf das für die Schule Wichtigste zu beschränken. »Keep it small and simple«, eine alte Erkenntnis der Schul- und Organisationsentwicklung (Schmuck), gilt auch und gerade für die Gestaltung von Evaluation. Zu groß ist sonst die Gefahr, einen Berg von Ergebnissen zu produzieren, den man sinnvoll gar nicht mehr bearbeiten kann.

> **Beispiel: Auswahl von geeigneten Fragen in einer Vorbereitungsgruppe**
>
> - *1. Arbeitsschritt*: Zusammenstellen möglicher Fragen aus vorhandenen Beispielfragebögen. Diese werden für jedes Mitglied der Arbeitsgruppe kopiert.
> - *2. Arbeitsschritt*: Jedes Mitglied der Arbeitsgruppe schneidet die fünf (sieben, zehn) Fragen aus, die aus seiner Sicht für die geplante Befragung an der eigenen Schule die wichtigsten sind.
> - *3. Arbeitsschritt*: Zusammenstellen und Vergleich der ausgewählten Fragen: Welche tauchen mehrfach auf? Welche behandeln ähnliche Aspekte? Welche hängen nicht miteinander zusammen?
> - *4. Arbeitsschritt*: Festlegen eines Fragebogenentwurfs, der ggf. im Kollegium noch einmal zur Diskussion gestellt wird.

Die Wahl einer geeigneten Methode für eine Evaluation hängt nicht nur von sachlichen Kriterien ab, sie wird auch oft durch Rahmenbedingungen und das Klima bestimmt, in dem sie erfolgen soll. Die beste, kreativste und präziseste Methode für eine Evaluation führt nicht weiter, wenn sie bei den Beteiligten auf Widerstand stößt oder schon abgenutzt ist. Die Prüfliste (vgl. den Kasten auf der nächsten Seite oben) macht deutlich, welche Kriterien bei der Auswahl der Methode bedacht werden sollten.

Prüfliste zur Auswahl von Methoden für eine Evaluation

- ☐ Macht die Methode neugierig und regt an?
- ☐ Ist der notwendige Aufwand zu leisten?
- ☐ Liefert die Methode schnell und anschaulich Ergebnisse zu den vereinbarten Fragestellungen?
- ☐ Ist das Verfahren praktikabel und praxisverträglich?
- ☐ Entspricht die Methode der Kultur unserer Klasse und Schule?
- ☐ Ist das Verfahren einfach zu verstehen und von den Beteiligten leicht anzuwenden?

3.4 Wie gehen wir vor? Daten sammeln und aufbereiten

In vielen Fällen werden im Rahmen von Evaluationen Fragebögen eingesetzt. Die Nationale Schwedische Bildungsbehörde fasst anschaulich einige Regeln zusammen, die bei der Gestaltung eines Fragebogens helfen können (Skolverket 1995, S. 29f., Übersetzung d.V.):

- Vor der Durchführung einer umfangreicheren Fragebogenevaluation muss (in einer kleinen Erprobung) überprüft werden, ob man die Fragen überhaupt stellen kann, ob die Fragen-/Antwortalternativen funktionieren und ob die Fragen so verstanden werden, wie man es beabsichtigt hat.
- Eine Frage soll für diejenigen verständlich sein, die sie beantworten sollen.
- Eine Frage soll Antwort auf das geben, worauf man eine Antwort haben will.
- Eine Frage soll *spezifisch* auf einen umrissenen Bereich gerichtet sein (also nicht »Finden Sie die Goethe-Schule gut?«, sondern »Wie finden Sie das außerunterrichtliche Angebot im 7. Jahrgang?«).
- Eine Frage soll nur nach einer Sache fragen (also nicht »Sind die Lehrer/innen kompetent *und* freundlich?«).
- Eine Frage soll sich auf einen klaren Zeitraum und auf eine definierte Zielgruppe beziehen (»Wie war der Zusammenhalt *zwischen Jungen und Mädchen* im *letzten Monat* in eurer Klasse?«).
- Eine Frage soll nicht hypothetisch sein (also nicht »Finden Sie Elternmitarbeit sinnvoll?«, sondern »Werden Sie im nächsten halben Jahr aktiv in der Elternpflegschaft mitarbeiten?«).
- Die Anordnung der Fragen sollte sich von allgemeinen Fragen zu speziellen Fragen gliedern.
- Fragen sollten so kurz wie möglich gestellt werden.
- Suggestivfragen sollten vermieden werden (also nicht »Finden Sie es auch richtig, dass Lehrkräfte ...«, sondern »Wie finden Sie es, wenn Lehrkräfte ...«).
- Antwortalternativen sollten klar voneinander abgegrenzt sein.
- Alle denkbaren Antwortalternativen sollten erfasst werden können (etwa durch eine Rubrik »Kann ich nicht beantworten/weiß nicht«, »Kann mich nicht erinnern« oder durch die Information, dass Fragen ausgelassen werden können).

Erfahrungsgemäß erhält man bei Umfragen die höchsten Rücklaufquoten, wenn man für das Ausfüllen der Fragebögen Zeitanteile bei Gelegenheiten einplant, bei denen die betroffenen Personengruppen reguläre Zusammenkünfte haben. Für eine Kollegiumsbefragung eignet sich hierfür eine gemeinsame Konferenz oder Dienstbesprechung. Eine Schülerbefragung kann günstig klassenweise in Unterrichtsstunden durchgeführt werden. In diesen Situationen besteht die Möglichkeit, den Befragten noch einmal den Zusammenhang und die Ziele der Befragung zu erläutern oder möglicherweise notwendige Hinweise für das Ausfüllen des Fragebogens zu geben. Die Bereitschaft, einen Fragebogen auszufüllen, ist höher, wenn für die Befragten die Möglichkeit zu direkten Rückfragen besteht, als wenn Informationen lediglich schriftlich gegeben werden.

Werden Fragebögen ausgegeben und ein Termin für den Rücklauf vereinbart, hat dies zwar den Vorteil, dass die Befragten mehr Zeit zur Formulierung von Antworten zur Verfügung haben, gleichzeitig steigt jedoch das Risiko, dass der Fragebogen oder der Termin vergessen wird und der Rücklauf entsprechend geringer ausfällt. Entscheidet man sich dennoch dafür, die Fragebögen auszugeben, beispielsweise weil die Befragten keine gemeinsamen Treffen oder Sitzungen haben (z.B. Elternbefragung), ist es wichtig, dem Fragebogen ein Anschreiben beizufügen. Dies sollte kenntlich machen:

- Wer führt die Befragung durch?
- Was sind Ziele der Befragung?
- Wer erhält die Daten?
- Wie wird Datenschutz gewährleistet?
- Wie werden die Befragten über die Ergebnisse informiert?
- Bis wann soll der Fragebogen auf welchem Weg zurückgesandt werden?

Damit die Durchführung einer Evaluation gelingt, sollte man sehr genau darauf achten, dass günstige Rahmenbedingungen dafür bestehen.

Was man bei der Durchführung einer Evaluation beachten sollte

- *Zeitpunk richtig wählen:* Schülerbefragungen beispielsweise nicht direkt nach der Klassenarbeit, Kollegiumsbefragung nicht am letzten Schultag vor den Ferien, nicht als »Lückenfüller« zwischen vermeintlich Wichtigerem durchführen.
- *Klima in der Schule berücksichtigen:* Nicht zum ersten Mal mit Evaluation beginnen, wenn beispielsweise ein offener Konflikt aktuell ist.
- *Kein Methodenperfektionismus:* Gute Methoden sind wichtig, aber allein noch keine Garantie für einen erfolgreichen Prozess.
- *Bereitschaft der Beteiligten erkunden:* Evaluation nur dann durchführen, wenn zu erwarten ist, dass die Sache ernst genommen wird.
- *Schlanke Verfahren wählen:* Evaluation darf nicht zu aufwändig sein, die eingesetzten Verfahren müssen von den Beteiligten leicht bewältigt werden können.

Eine Evaluation nützt nur, wenn ihre Ergebnisse möglichst rasch zur Verfügung stehen. Die Aktualität von Daten kann schnell überholt sein und wer möchte sich dann noch ausführlich mit Ergebnissen beschäftigen? »Endlos-Evaluationen« sollten also unter allen Umständen vermieden werden. Schon bei der Anlage der Befragung ist deshalb auch die technische Seite der Datenaufbereitung zu bedenken: Lohnt es sich, einen Computer einzusetzen? Wie können die Ergebnisse so dargestellt und anschaulich gemacht werden, dass sie von allen Beteiligten schnell nachzuvollziehen sind?

Die technische Auswertung einer Befragung und die Aufbereitung von Ergebnissen ist immer mit »Fleißarbeit« verbunden. Bei der Auszählung quantitativer Befragungen kann selbstverständlich ein Computer hilfreiche Dienste leisten. Allerdings lohnt sich der Aufwand, um entsprechende Software-Programme an die eigenen Bedürfnisse anzupassen, erfahrungsgemäß erst bei einer größeren Anzahl von Befragten (Faustregel: ab ca. 100 Personen lohnt sich der Computer). Bei wenigen befragten Personen oder sehr kurzen Fragebögen ist es meistens einfacher, bei der Auszählung auf herkömmliche Techniken wie Strichlisten zurückzugreifen.

Bei der Aufbereitung der Ergebnisse sollte man im Blick haben, dass die Analyse und Interpretation von Schaubildern und Tabellen gewisse Erfahrungen im »Lesen« dieser Darstellungsformen erfordert. Darüber hinaus muss damit gerechnet werden, dass bei Einzelnen generelle Berührungsängste gegenüber statistischen Verfahren vorkommen. Die Bedeutung von Lesehilfen für die Analysephase und die zielgruppenbezogene Darstellung von Ergebnissen darf deshalb nicht unterschätzt werden.

3.5 Was tun mit den Daten? Datenfeedback gestalten und Konsequenzen ziehen

Ergebnisse einer Befragung sind nicht die Daten, sondern die Konsequenzen, die im Anschluss für die weitere Arbeitsplanung gezogen werden. Eine wichtige Voraussetzung dafür ist erfahrungsgemäß die intensive Diskussion und Analyse der Ergebnisse mit den Beteiligten. Dem so genannten Datenfeedback kommt deshalb ein hoher Stellenwert zu. Durch die Spiegelung der eigenen Position in der Sicht anderer Kolleginnen und Kollegen, möglicherweise auch von Eltern oder Externen, werden unterschiedliche Interpretationen sichtbar. Die eigene Perspektive kann hinterfragt oder bestätigt werden. Es lohnt sich, dafür genügend Zeit aufzuwenden und diesen Arbeitsschritt ebenfalls gut vorzubereiten. Das Datenfeedback dient zwei Zielen: Zum einen sollen gemeinsame Interpretationen der Daten und Ergebnisse gefunden und zum anderen Konsequenzen und weitere Handlungsschritte vereinbart werden. Für den Rückmeldeprozess hat sich ein Vorgehen in vier Schritten bewährt:

Schritt 1: Rückblick der Vorbereitungsgruppe
Was waren die Ziele der Evaluation? Wie ist die Evaluation abgelaufen? Welche Daten liegen nun vor?

Schritt 2: Präsentation der Daten, Strukturierung und Analyse
Die Daten werden zunächst präsentiert, es wird erläutert, wie sie ausgewertet und nach welchen Kategorien sie zusammengestellt wurden. Alle Beteiligten sollten dann Gele-

genheit erhalten, sich mit den Daten unmittelbar auseinander zu setzen. Als Orientierungs- und Strukturierungshilfe können dabei Leitfragen zur Datenanalyse hilfreich sein.

- Welche drei Ergebnisse überraschen am meisten?
- Wo sind die niedrigsten/höchsten Werte?
- Welche Aussagen kommen oft/selten vor?
- Wo sind inhaltliche Schwerpunkte zu erkennen?
- Wo gibt es die größten/kleinsten Abweichungen zu Referenzwerten oder zwischen den Antworten unterschiedlicher befragter Gruppen?
- Welche Ergebnisse sind unklar? Wo müsste weiter nachgefragt werden?
- Was sind die zentralen Aussagen der Evaluation (drei bis zehn Thesen)?

Schritt 3: Bewertung der Ergebnisse
Der Trennung von Auswertung/Analyse und der darauf aufbauenden Bewertung wird häufig nicht genügend Aufmerksamkeit geschenkt, zu schnell werden Analyse- und Bewertungsschritte miteinander vermischt. Wenn man zunächst die Datengrundlage klärt, die zentralen Aussagen und Ergebnisse herausarbeitet und diese erst danach bewertet und einschätzt, kann man vorschnelle Werturteile vermeiden. Hilfreich für die Bewertung von Daten können die folgenden Leitfragen sein:

- Welches Ergebnis freut mich besonders?
- Welches Ergebnis ärgert mich?
- Welches Ergebnis bereitet mir am meisten Sorgen?
- Welche Ergebnisse bestätigen unsere Praxis?
- Wo besteht Handlungsbedarf?

Schritt 4: Konsequenzen ziehen und Handlungsplanung
Abschließend ist es notwendig, die Bewertungen im Hinblick darauf zu sichten, wie wichtig sie für die kommende Arbeit sind und ob sie sich auf Bereiche beziehen, in denen Veränderungsmöglichkeiten bestehen:

Tab. 3: Was folgt aus der Befragung ... (Beispiel für ein Arbeitsblatt)	
... für mich und meinen Unterricht?	
... für unseren Jahrgang?	
... für unsere Fachkonferenz?	
... für die gesamte Schule?	
... für die Schulleitung?	
... für die Schüler/innen?	
... für andere?	

Die Übersicht in Tabelle 4 kann als zusammenfassende Arbeitshilfe den Prozess der Planung und Durchführung einer Befragung unterstützen. Sie stellt den notwendigen Handlungsschritten wichtige Reflexionsfragen gegenüber.

Tab. 4:	Planung und Durchführung einer Befragung
Arbeitsschritte	**Wichtige Leitfragen**
1. Schritt: Klären der Ziele der Befragung	• Warum wird die Befragung durchgeführt? • Was soll mit den Ergebnissen angefangen werden? • Zu welchen Bereichen benötigen wir Informationen? • Wen müssen wir befragen?
2. Schritt: Spielregeln für den Ablauf festlegen	• Wer erhält Einblick in die Daten und wird an der Auswertung beteiligt? • Wie wird garantiert, dass keine einzelnen Personen gegen ihren Willen identifiziert werden können? • Wer ist für was verantwortlich?
3. Schritt: Methoden auswählen	• Welche Beispiele gibt es in Handreichungen oder von anderen Schulen? • Was wollen wir davon übernehmen? • Welchen Umfang soll die Evaluation erhalten?
4. Schritt: Durchführung der Evaluation	• Wann ist ein geeigneter Zeitpunkt für die Evaluation? • Wer muss über den Ablauf der Evaluation informiert werden? • Welche Materialien sind notwendig?
5. Schritt: Auswertung und Aufbereitung der Ergebnisse	• Wer sorgt für die Auswertung? • Ist ggf. technische Unterstützung (Computersoftware) notwendig? • Wie können die Ergebnisse verständlich und anschaulich dargestellt werden?
6. Schritt: Datenfeedback: kommunikative Analyse der Ergebnisse und Konsequenzen vereinbaren	• Was bedeuten die Daten für die Situation unserer Schule? • Wo zeigt sich Handlungsbedarf? • Was nehmen wir uns konkret vor? • Wer übernimmt welche anschließenden Aufgaben?

4. Evaluation in der Schul- und Unterrichtsentwicklung

Während einzelne Lehrkräfte, Eltern und Schüler/innen in der Regel eher die Evaluation auf Unterrichtsebene im Blick haben, müssen Schulleitungen sowohl die Schul- wie auch die Unterrichtsebene bei Evaluation im Blick behalten – und dies aus mehreren Gründen:

• Gerade aus Sicht von Schulleitung ist es wichtig, dass in wesentlichen Bereichen der Schule evaluiert wird, dass bedeutende Bereiche nicht – bewusst oder unbewusst – ausgeblendet werden. Wesentlich für das Gelingen von Schulentwicklung ist, dass

die Beteiligten auch ein umfassendes und begründetes Gesamtbild von der Schule entwickeln und Entwicklungsbedarf und -möglichkeiten feststellen können.
- Evaluationen in Einzelbereichen der Schule haben – gewollt oder implizit – immer auch Wirkungen auf das gesamte System der einzelnen Schule. Es ist nicht möglich, die Wirkung einer Evaluation nur auf eine Klasse oder eine kleine Gruppe zu beschränken. Informationen über Anlage, Durchführung und Ergebnisse von Evaluationen in Einzelbereichen führen zu Nachfragen und ggf. Kontroversen. Schulleitung hat hier die Aufgabe, bei den einzelnen Evaluationen immer auch das Gesamt der Schule im Blick zu behalten und auf Querverbindungen, Zusammenhänge und Gemeinsamkeiten zu achten.
- Eine ausschließliche Konzentration auf entweder Evaluation auf Schulebene oder Evaluation des (Einzel-)Unterrichts würde einen einseitigen und verkürzten Blick auf die vermeintliche Schulrealität zur Folge haben. Die Kontrastierung von Detail- und Gesamtbild hilft, Ergebnisse zu relativieren bzw. zu pointieren und Lösungsansätze zu finden, die auch in der Schule verankert werden können.

Im folgenden Abschnitt werden Evaluationsansätze und -verfahren für zentrale Felder von Schule und Unterricht dargestellt. Um der besseren Übersichtlichkeit willen stellen wir sie nacheinander dar – wenngleich sie im Schulalltag in der Regel parallel bzw. aufeinander bezogen oder miteinander verknüpft durchgeführt werden.

4.1 Das Schulprogramm evaluieren: Schulleben und Unterricht

Evaluation kann bei Schulprogrammarbeit dazu beitragen »sich zu vergewissern, inwieweit die im Schulprogramm vereinbarten Entwicklungsziele erreicht wurden, ob die im Arbeitsplan verankerten Arbeitsvorhaben tatsächlich umgesetzt wurden, die dabei gewählten Wege wirksam waren und wo Bedarf für eine Fortschreibung des Schulprogramms besteht« (MSWWF 1999, S. 19). Evaluation ist somit durchgehendes Element der Schulprogrammarbeit. Sie ist bereits beim Einstieg in Schulprogrammarbeit wichtig, wenn es darum geht, zu klären, was der aktuelle Stand der Arbeit ist, was bisher geleistet wurde und wo Schwerpunkte gesetzt werden sollen. Sie dient der laufenden Beobachtung und Auswertung des Arbeitsprozesses, um kontinuierlich Informationen und Erkenntnisse über die weitere Gestaltung der Arbeit zu erhalten. Und schließlich dient Evaluation dazu, sich der erreichten Ergebnisse in unterschiedlichen Arbeitsfeldern zu vergewissern, zu überprüfen, inwieweit die im Schulprogramm vereinbarten Ziele erreicht wurden, und über den Stand der Schulprogrammarbeit Rechenschaft abzulegen. Wie Evaluation der Schulprogrammarbeit konkret gestaltet werden kann, hängt vom jeweiligen Schulprogramm ab. Wenn die Schule ein auf ihre Situation hin zugeschnittenes Programm und eine entsprechende Arbeitsplanung entwickeln soll, kann Evaluation nicht an jeder Schule gleich erfolgen. Die gewählten Verfahren und Methoden müssen sich vielmehr an den jeweiligen Inhalten, Bausteinen und Schwerpunkten des einzelnen Schulprogramms orientieren.

Für die Schulpraxis empfiehlt es sich, bei der Evaluation des Schulprogramms klein anzufangen, Erfahrungen mit Evaluation zu sammeln und sich dann den nächsten Schritt vorzunehmen. Bei überschaubaren Vorhaben sind die Erfolgsaussichten größer, die Beteiligten werden nicht überfordert und Daten und Ergebnisse stehen für den weiteren Arbeitsprozess relativ schnell zur Verfügung. Vorsicht ist durchaus geboten bei bereits »fertigen«, oft nicht auf die Bedürfnisse der einzelnen Schule zugeschnittenen Globalinstrumenten für Evaluation, die zu allen Bereichen des Schullebens und des Unterrichts Informationen liefern wollen. Oft liefern sie dabei Informationen zu Fragen, die die Schule bis dahin gar nicht stellen wollte, und oft führen sie auch zu »Datenfriedhöfen«, deren Interpretation und Auswertung von Schulen nicht bewältigt werden kann. Schulleitungen fällt hier die Aufgabe zu, bei der Auswahl von Evaluationsansätzen und Bereichen immer wieder darauf zu achten, dass die Evaluation auch Wirkung haben kann: Sind die Bereiche, die evaluiert werden sollen, von Rahmenbedingungen und Ressourcen her überhaupt beeinflussbar? Kann Evaluation wirklich zu Handlungen (auch im Sinne von Bestätigung und Bekräftigung) führen?

Ein erster Schritt ist also, zu klären, was im Fokus der Evaluation stehen soll, d.h.: Welcher Aspekt der Schulprogrammarbeit ist für unsere Arbeit so wichtig, dass er einer systematischen Reflexion unterzogen werden soll? Etwas zugespitzt formuliert können dies die vier in Tabelle 5 auf der nächste Seite dargestellten Aspekte sein.

Die folgenden Beispiele zeigen, wie Evaluation der Schulprogrammarbeit unter unterschiedlichen Schwerpunkten erfolgen kann:

4.1.1 Wie weit sind wir mit der Umsetzung des Schulprogramms gekommen? Bilanzkonferenz zur Schulprogrammarbeit

Eine Möglichkeit, sich darüber zu vergewissern, wie weit man mit der Schulprogrammarbeit gekommen ist und an welchen Stellen man »nachbessern« muss, sind so genannte Bilanzkonferenzen. Sie können in Form eines pädagogischen Tages gestaltet werden, im Rahmen dessen die Umsetzung und Realisierung bestimmter Schulprogrammbestandteile in den einzelnen Jahrgängen und Klassen reflektiert wird. Das Raster in Tabelle 6 (nächste Seite) zeigt exemplarisch, welche Leitfragen einer Bilanzkonferenz zugrunde gelegt werden können.

4.1.2 Trifft unser Schulprogramm den Unterricht? Umsetzung von Leitideen des Schulprogramms im Unterricht evaluieren

Viele Schulprogramme enthalten Leitbilder, Aussagen zum pädagogischen Grundkonsens oder Grundsätze der Bildungs- und Erziehungsarbeit an der Schule. Mit Formulierungen wie beispielsweise »Wir fördern das eigenständige Lernen unserer Schülerinnen und Schüler« oder »Die Unterrichtsarbeit wird geleitet durch eine projektorientierte Unterrichtsgestaltung« verpflichten sich Kollegien auf Prinzipien, die ihre ge-

Tab. 5: Was steht im Fokus der Evaluation?

Fokus der Evaluation	Typische Evaluationsfragen	Beispiele für Evaluationsvorhaben
1. Vorliegendes Schulprogramm (Textform)	• Sind Darstellung und Aufbau des Schulprogramms klar und verständlich? • Stehen die Schwerpunkte in einem inhaltlichen Zusammenhang? • Inwieweit sind gemeinsame Grundlagen der Erziehung erkennbar? • Wird der Unterricht ausreichend berücksichtigt?	• Dialoggespräche mit der Schulaufsicht • Feedback von Kolleginnen und Kollegen anderer Schulen
2. Entwicklungs- bzw. Umsetzungsprozess des Schulprogramms	• Inwieweit wurde die Arbeitsplanung des Schulprogramms umgesetzt? • Haben sich die gewählten Arbeitsstrukturen bewährt? • Wurden Schüler/innen und Eltern angemessen beteiligt?	• Bilanzkonferenz
3. Umsetzung vereinbarter gemeinsamer Erziehungsziele	• Welche Konsequenzen haben die Aussagen zum pädagogischen Grundkonsens im Unterrichtsalltag? • Wie werden Aussagen des Leitbilds auf der Ebene der Fächer konkretisiert?	• Verfahren »Unterricht an Schulprogrammaussagen spiegeln«
4. Ergebnisse von einzelnen Bausteinen oder Projekten des Schulprogramms	• Welche Ergebnisse konnten erreicht werden? • Soll die Maßnahme weitergeführt/verändert werden?	• Schülerbefragung zu einem ausgewählten Schwerpunkt des Schulprogramms

Tab. 6: Frageraster für eine Bilanzkonferenz zum Schulprogramm

Arbeitsfelder des Schulprogramms:	Ziele *Beispiele: Was wollten wir erreichen?*	Maßnahmen *Was haben wir in diesem Bereich umgesetzt?*	Ergebnisse *Was haben wir erreicht? Woran können wir das erkennen?*	Handlungsbedarf *Welche Probleme traten auf?*	Arbeitsplanung *Was müssen wir im nächsten Schuljahr tun?*
Ganztagsbetreuung					
Berufswahlprojektwoche					
Informatikunterricht					
Projektpaket zur Gewaltprävention					

»Unterricht an Schulprogrammaussagen spiegeln«

1. Wählen Sie wichtige Leitideen des Schulprogramms Ihrer Schule aus.
2. Klären Sie, was geeignete Einheiten Ihrer Schule sind, in denen gemeinsam über die Umsetzung der Ziele des Schulprogramms im Unterricht reflektiert werden soll (Jahrgangsteams, Fachkonferenzen, Abteilungen).
3. Formulieren Sie in diesen Teams bezogen auf die Leitideen des Schulprogramms in einem Raster Leitfragen (vgl. z.B. Abb. 3 auf der nächsten Seite), die Sie an die eigene Arbeit im Unterricht stellen wollen.
4. Das Raster wird gemeinsam im Team ausgefüllt und ausgewertet: Welche Leitgedanken wurden bereits gut umgesetzt? Wo zeichnen sich Schwerpunkte und Stärken ab? Wo besteht Handlungsbedarf?
5. Vereinbaren Sie auf dieser Grundlage gemeinsame Schwerpunkte für die weitere fachliche Arbeit.
6. In einer zweiten Phase sollte diese Planung mit den Absichten der anderen Fächer oder Jahrgänge abgeglichen und für die gesamte Schule koordiniert werden.

(LSW 1998, S. 25)

meinsame Arbeit in besonderer Weise kennzeichnen sollen. Das Verfahren »Unterricht an Schulprogrammaussagen spiegeln« (vgl. LSW 1998) ist eine Methode, mit der ein Kollegium prüfen kann, inwieweit fachliche und erzieherische Zielsetzungen des Schulprogramms tatsächlich Eingang in die unterrichtliche Arbeit der Fächer erhalten haben (vgl. den Kasten oben und Abb. 3 auf der nächsten Seite).

4.1.3 Wurden die Ziele unseres Schulprogramms erreicht? Schülerbefragung zur Umsetzung von ausgewählten Schwerpunkten des Schulprogramms

Die Evaluation von einzelnen Bausteinen oder besonderen Projekten des Schulprogramms kann mittels einer Abschlussbefragung der Schüler/innen erfolgen. Sie muss sich möglichst eng auf die Ziele beziehen, die man sich in dem jeweiligen Arbeitsbereich vorgenommen hat und die bereits im Schulprogramm festgehalten wurden. Soll die Umsetzung dieser Ziele evaluiert werden, braucht man Kriterien und Indikatoren, anhand derer man feststellen kann, ob die Maßnahme tatsächlich gelungen oder vielleicht auch noch nicht gelungen ist: Woran genau wollen wir festmachen, dass wir unsere Ziele tatsächlich erreicht haben? Woran erkennen wir, ob wir in einem Bereich »gut« oder »weniger gut« sind? Je konkreter solche Indikatoren formuliert werden, desto einfacher ist es erfahrungsgemäß, geeignete Evaluationsinstrumente wie beispielsweise einen Fragebogen zu entwickeln.

2.1 Welche differenzierten Arrangements/Lernsituationen haben wir für unseren Unterricht eingeplant, damit die Schüler/innen selbst Ziele setzen, eigene Lernwege verfolgen und Probleme lösen konnten?
- Robin Hood: Brief an die Tourist Information in Nottingham mit der Bitte um Material zu Nottingham und Sherwood Forest
- Gestalten eines Lehrbuchtextes als kleines Hörspiel auf Tonband
- Bereitstellen einfacher Lektüren unterschiedlichen Schwierigkeitsgrades und Themen zur selbständigen Bearbeitung
- Bereitstellen von differenziertem Übungsmaterial zu bestimmten Schwerpunkten für selbständiges Arbeiten
- Rätsel ....

2.2 Bei welchen Gelegenheiten haben wir Alltagserfahrungen der Schülerinnen und Schüler in den Vordergrund fachlichen Lernens gestellt?
- Lehrbuch orientiert sich an der Erlebniswelt und den Interessen der Kinder; aufgrund der noch nicht sehr weit entwickelten Sprachkenntnisse können Kinder nur vorstrukturiert und gelenkt, d.h. in geringem Umfang über eigene Erfahrungen sprechen

2.3 Welche Möglichkeiten hatten in unserem Fach die Schüler/innen gemeinsam zu lernen, sich über Lernergebnisse auszutauschen und über ihre Lernerfahrungen zu reflektieren?
- regelmäßige Partner- bzw. Kleingruppenarbeit in verschiedenen Unterrichtsphasen
- Erstellen von Vokabelbögen von Schülern für Schüler
- gegenseitige Kontrolle, gemeinsames Üben
- Partnerdiktate
- Austausch über Lernerfahrungen mit verschiedenen Methoden: wie lerne ich Vokabeln? wie übe ich mit meinem Partner?

2.4 Welche Möglichkeiten geben wir Schülerinnen und Schülern von ihnen selbst mitgebrachtes authentisches Material (Postkarten, Briefmarken, Broschüren, ...) aus englischsprachigen Ländern zum Englischunterricht sinnvoll zu nutzen?
- Anleitung des Lehrers/der Lehrerin zum selbständigen Erschließen, Einordnen und Umgang mit dem Material

Abb. 3: Unterricht an Schulprogrammaussagen spiegeln – Beispiel für das Fach Englisch, Jahrgang 6, Leitidee: Eigenständiges Lernen fördern (LSW 1998, S. 25)

Der Wandfragebogen: Schülerbefragung zu einem Baustein des Schulprogramms

1. Eine Arbeitsgruppe entwickelt einen Fragebogen im Umfang von etwa 10 bis 15 Fragen.
2. In allen betroffenen Klassen führen die Klassenlehrer/innen die Schülerbefragung durch. Alle Schüler/innen füllen den Fragebogen zunächst individuell aus. Gleichzeitig wird der Bogen vergrößert auf einem Plakat an die Wand des Klassenraums gehängt.
3. Die ausgefüllten Bögen werden eingesammelt.
4. Jede Schülerin und jeder Schüler zieht aus dem Stapel einen Fragebogen (zur Wahrung der Anonymität!) und überträgt mit einem Filzschreiber die Ergebnisse des von ihr/ihm gezogenen Fragebogens in das Muster auf dem Wandplakat.
5. Das Ergebnis steht nun sofort als Ausgangspunkt für die anschließende Auswertung und Diskussion innerhalb der Klasse anschaulich zur Verfügung.
6. In einer Konferenz der beteiligten Lehrkräfte (Jahrgangskonferenz) werden die Plakate aus den einzelnen Klassen ausgehängt. Die Lehrkräfte führen eine gemeinsame Analyse der Ergebnisse durch.

Wenn ich lerne, ...	fast nie	manchmal	oft	fast immer
1. überlege ich mir zuerst, was genau ich lernen muss.				
2. versuche ich, neuen Stoff mit Dingen zu verbinden, die ich in anderen Fächern gelernt habe.				
3. zwinge ich mich zu prüfen, ob ich das Gelernte auch behalten habe.				
4. versuche ich, den Stoff besser zu verstehen, indem ich Verbindungen zu Dingen herstelle, die ich schon kenne.				
5. überlege ich, inwiefern die Informationen im wirklichen Leben nützlich sein könnten.				
6. versuche ich herauszufinden, was ich noch nicht richtig verstanden habe.				
7. passe ich genau auf, dass ich das Wichtigste behalte.				
8. überlege ich, wie der Stoff mit dem zusammenhängt, was ich schon gelernt habe.				
9. und etwas nicht verstehe, suche ich nach zusätzlicher Information, um das Problem zu klären.				

Abb. 4: Beispiel für einen Wandfragebogen zum Thema Lernstrategien (Jahrgang 9; unter Verwendung von Fragestellungen aus dem internationalen Fragebogen für Schüler/innen der PISA-Studie 2000)

4.2 Schülerfeedback zu Kernbereichen der Schularbeit

Der Wandfragebogen zu den Lernstrategien (Abb. 4) verweist bereits auf ein Feld, das für Evaluation in den letzten Jahren zunehmend wichtiger und ernster genommen wird: die systematische Erhebung und Auseinandersetzung mit Sichtweisen von Schülerinnen und Schülern über Schule und Unterricht – das Schülerfeedback. Für ein Schülerfeedback spricht nicht nur, dass es aus dem Selbstverständnis von Schule und Erziehung heraus eine Selbstverständlichkeit und ein Wesensmerkmal demokratischer Schule ist, Schüler/innen an Schulentwicklung aktiv zu beteiligen. Darüber hinaus spricht für das Schülerfeedback, dass es für Lehrkräfte, Schule und vor allem auch für die Schüler/innen selbst sehr nützlich ist. Schülerfeedback schafft mehr Klarheit und Selbstvertrauen für die Arbeit im Unterricht, es führt die Schüler/innen und Lehrkräfte dazu, sich für ihre Lernaktivitäten selbst Ziele zu setzen und zu prüfen, ob sie die Voraussetzungen zu deren Erreichung haben. Bei allen Beteiligten wird die Realitätswahrnehmung geschärft; sie können versuchen, auf Unterrichtsabläufe Einfluss zu nehmen, z.B. durch Eingrenzung oder Gliederung der Arbeitsaufgaben, durch Entscheidungen für bestimmte Arbeitsformen oder durch Setzung eines Zeitrahmens und Zeiteinteilung. Schulentwicklung und Unterrichtsentwicklung können nur mit aktiver Einbindung der Schüler/innen gelingen.

> **Schülerfeedback als Teil der Schulentwicklung mit Schülerinnen und Schülern ...**
> - gehört zum professionellen Handeln der Lehrkräfte.
> - nutzt Kraft, Wissen und Erfahrungen der Schüler/innen.
> - ist unentbehrlich für erfolgreiche Lernprozesse.
> - ist ein Muss für eine gute Arbeitskultur.
> - ist eine Bedingung für eine demokratische Schule.

Darüber, was genau unter »Schülerfeedback« zu verstehen ist, bestehen unterschiedliche Meinungen und z.T. auch Missverständnisse. Wir verstehen darunter ausdrücklich *nicht*, dass Schüler/innen den Lehrkräften bloß Zensuren geben oder nur ihre Meinung sagen dürfen – wobei es dann den Lehrkräften überlassen bliebe, Konsequenzen daraus zu ziehen –, hier würde es sich um eine Form von Schülerbewertung handeln. Schülerfeedback ist aus unserer Sicht (vgl. Burkard/Eikenbusch/Ekholm 2003, S. 36ff.) erheblich mehr:

- ein systematischer Lerndialog,
- der gezielt und geplant durchgeführt wird,
- zwischen Schüler/innen und Lehrkräften
- über Informationen, Wahrnehmungen, Verhalten, Ergebnisse und Erfahrungen im Unterricht bzw. in der Schule.

Schülerfeedback zielt auf das Nachdenken über das eigene Lernen und die Arbeit in der Schule und soll die Analyse der eigenen Praxis fördern und bewerten helfen. In der

Konsequenz soll dies dazu führen, die eigene Lernumgebung und die Gestaltung der Lernprozesse zu überdenken sowie eigene weitere Lernziele und Ansätze für die weiteren Arbeitsprozesse zu formulieren.

Wenn Schülerfeedback auf die Verbesserung von Arbeit und Arbeitsbedingungen in der Schule zielt, soll es sich auf die Bereiche konzentrieren, die dafür besonders relevant sind und die in der Schule auch beeinflusst oder gestaltet werden können. Vor dem Hintergrund der Ergebnisse der Schul- und Unterrichtsforschung (vgl. Brophy 2002 u.a.) können dies die in Tabelle 7 angeführten Bereiche sein:

Tab. 7:	Kernbereiche und Untersuchungsperspektiven des Schülerfeedbacks
Unterrichtsklima	Vertrauen, produktive Arbeitsruhe, pädagogisches Engagement der Lehrkräfte, Äußerung klarer Erwartungen, Rücksichtnahme ...
Arbeitskultur	Verantwortung für eigenes Lernen, Unterstützung von kooperativer Arbeitskultur und Problemlösungen, Möglichkeit aus Fehlern zu lernen, effektive Nutzung der Lern-/Unterrichtszeit, individuelle Unterstützung ...
Unterrichtsinhalte	Angemessenheit/Schwierigkeitsgrad, Bedeutung der Lerninhalte und -ziele, Zusammenhang der Inhalte, Gelerntes in »Echtsituationen« benutzen, Sinn stiftende Kontexte bieten, stimmiges Gesamtkonzept der Unterrichtsziele und -zwecke ...
Normen	Einigkeit über hohe Erwartungen, klare Regeln, formulierte Ziele, Leistungsorientierung der Schule; Einhalten von Vereinbarungen, Betonung kooperativen Lernens ...
Ergebnisse/ Wirkungen	kontrollierte Beobachtung und Begleitung der Lernfortschritte der Schüler/innen, regelmäßige Überprüfung der Lernergebnisse und Leistungen sowie deren Dokumentation (auch Hausaufgaben) ...
Lernen	förderndes Lernen, gründliches schrittweises Lernen, angemessene Lernumgebung, Übungsmöglichkeiten, Betonung von Lernen als Zentrum von Unterricht, Übertragbarkeit von Lernstrategien, Trennung von Lern- und Leistungssituationen ...
Arbeitsformen/ Methoden	Ausbalancierung der einzelnen Grundformen, Lernen in Teams und Gruppen, Variabilität der Arbeitsformen, Methodenbewusstsein bei Schüler/innen, variationsreiches Üben und Wiederholen, Zeit zum Lernen, Fragen zielen auf längere strukturierte Beschäftigung ...
Interaktion	Mischung von Interaktion mit Einzelnen, Gruppen und Klasse; gemeinsame Planung und Umsetzung von Unterrichtsvorhaben, Intensität der Interaktion ...
Selbstwirksamkeit	aus eigener Anstrengung arbeiten, bei Schwierigkeiten durchhalten, schwierige Situationen angehen, Übertragung gelernter Lösungen auf neue Probleme ...
pädagogischer Bezug	pädagogischer Takt, Verbindlichkeit der Sprache im Unterricht, Achtung des Kindes, Bewusstheit der Bedeutung von Lehrer-Schüler-Beziehung ...
(nach Burkard/Eikenbusch/Ekholm 2003, S. 45ff.)	

In jedem dieser Kernbereiche kann ein Schülerfeedback durchaus Unterschiedliches leisten, je nach der Untersuchungsperspektive, die man gewählt hat. So können Schülerfeedbacks beispielsweise einfache Formen der Bestandsaufnahme darstellen (Was geschah im Bereich ... ?), sie können aber auch Vergleiche vornehmen (Welche Unterschiede gibt es ... ?), Prozesse reflektieren (Wie verliefen die Arbeitsprozesse bei ... ?) oder auch Transfer und Konsequenzen planen (Welche Folgen hatte ... bei anderen Aufgaben? Welche Konsequenzen sind zu ziehen?). Bei einem Schülerfeedback sollte die Perspektive vorab deutlich geklärt und auch den Schülerinnen und Schülern vermittelt werden, damit ihnen klar ist, was sie leisten sollen und welche Bedeutung ihre Aussagen haben werden.

Oft bitten Lehrkräfte um Schülerfeedback, ohne sich dessen selbst immer bewusst zu sein und ohne es systematisch anzulegen. Die ungeduldige Frage »Was ist denn heute eigentlich mit euch los?« könnte ein Einstieg in ein Schülerfeedback sein, ebenso wie die Auswertung von Schülerheften oder Schülerbriefen aus einem »Kummerkasten«. Auch die klassische Unterrichtsrückschau (»Wie haben wir heute in welchen Schritten mit welchem Ergebnis gelernt?«) kann ein guter Einstieg in ein Schülerfeedback sein. Oft fällt es Lehrkräften aber schwer, diese Verfahren systematisch einzusetzen und so auszuwerten, dass man mit den Schülerinnen und Schülern in einen Dialog kommt. Die folgenden Verfahren sind von ihrer Grundstruktur her so angelegt, dass sie dies erleichtern bzw. implizit herstellen.

4.2.1 Eine Bestandsaufnahme von Unterricht – das andere Stundenprotokoll

Hier werden jeweils zwei Schüler/innen – nach einer Einführung in das Verfahren – zu Beobachtern des Unterrichts gemacht. Sie sollen die ganze Unterrichtsstunde nach einem vorgegebenen Raster (vgl. Abb. 5) auswerten und der Lehrkraft und der Klasse die Ergebnisse berichten.

4.2.2 Lernkontexte erforschen und verbessern

Wenn man Schüler/innen fragt, wann und unter welchen Bedingungen sie am besten lernen können, stellt sich heraus, dass sie sehr genaue Beobachter und oft auch »Spezialisten« für Unterricht sind. Kaum ein Lehrer hat die Gelegenheit, so viele andere Lehrer/innen in unterschiedlichsten Situationen im Unterricht zu sehen wie Schüler/innen. Es macht deshalb Sinn, sie zu fragen, wie sie den Unterricht wahrnehmen und welche Unterrichtsformen bzw. -inhalte sie (mehr) möchten. Man kann dies mithilfe der folgenden drei Impulsfragen versuchen:

- *Nenne bitte aus deinem Unterricht jeweils drei Dinge, die du gern machst.* (Mögliche Antworten: mit Freunden arbeiten, etwas erforschen, etwas sammeln/ordnen ...)
- *Nenne bitte aus deinem Unterricht jeweils drei Dinge, die du gerne häufiger machen würdest.* (Mögliche Antworten: Partnerarbeit, malen, Rollenspiele, Vorlesen ...)

Stundenprotokoll: Was passiert im Unterricht?	
1. Mache einen Strich ...	
a) für jede Minute, in der etwas gemacht wird, das nicht direkt mit dem Lernen zu tun hat (Organisation, Listen, Disziplin ...).	
b) für jedes Mal, wenn die Lehrerin/der Lehrer jemanden zum Lernen auffordert.	
c) für jede Frage deiner Lehrerin/deines Lehrers.	
d) für jede Antwort, die von deiner Lehrerin/deinem Lehrer als richtig gelobt wird.	
2. Schreibe in Stichworten in diese Liste, was in den jeweiligen Zeitabschnitten in der Klasse passierte. (Welche Aufgaben/Arbeitsschritte erledigten Schüler/innen und Lehrer/in?)	
1.–10. Minute	
11.–20. Minute	
21.–30. Minute	
31.–40. Minute	
41.–45. Minute	
3. Was kam am häufigsten in der Stunde vor?	

Abb. 5: Stundenprotokoll (nach Burkard/Eikenbusch/Ekholm 2003, S. 74)

- *Nenne bitte aus deinem Unterricht jeweils drei Dinge, die du nicht so oft machen möchtest.* (Mögliche Antworten: Hausaufgaben, Arbeitsblätter ausfüllen, Wiederholung von Bekanntem ...)

Die Antworten bieten Gelegenheit zur Auseinandersetzung: Was hindert eigentlich mich als Lehrkraft oder die Klasse daran, das umzusetzen, was Schüler/innen gern tun würden? In mehreren Klassen durchgeführt, bieten die Antworten der Schüler/innen auf diese Impulsfragen eine gute Unterlage für die Weiterarbeit am Schulprogramm.

4.2.3 Fragebögen für Schülerfeedbacks

Wenn Fragebögen gemeinsam mit Schülerinnen und Schülern – oder zumindest schülerbezogen – entwickelt werden, sind sie ein ausgezeichnetes Mittel, um die Sichtweisen und Meinungen der Schüler/innen zu erheben. Damit die Antworten aber seriös und verwertbar sind, kommt es bei einem Einsatz von Fragebögen bei Schülerfeedbacks entscheidend darauf an, den Umfang und die Bereiche des Fragebogens zu begrenzen, um die Komplexität der Aufgabe angemessen zu halten, und für seriöse Durchführungsbedingungen zu sorgen. In vielen Fällen wird auch die Fähigkeit der

Frau/Herr ...	immer	oft	ab und zu	selten	nie
• gibt gerechte Noten.					
• achtet darauf, dass alle Schüler/innen die Regeln einhalten.					
• beantwortet meine Fragen.					
• bestimmt, was wir im Unterricht machen.					
• betont, dass es mehrere richtige Lösungswege gibt.					
• bringt uns Methoden bei, wie wir lernen können.					
• erklärt uns (genau), wie wir die Aufgabe lösen müssen.					
• ermahnt Schüler/innen vor der Klasse.					
• fasst am Ende der Stunde zusammen.					
• geht gleich zur nächsten Schülerin/zum nächsten Schüler über, wenn ich nicht antworte.					
• gibt Hinweise, wenn man etwas besonders beachten muss.					
• gibt uns Themen zur Auswahl.					
• hilft mir, wenn ich sie/ihn frage.					
• informiert uns, was in den nächsten Wochen im Unterricht bearbeitet wird.					
• kann mich für ein Thema begeistern.					
• lässt uns diskutieren, wie wir Aufgaben lösen können.					
• lässt uns in Gruppenarbeit arbeiten.					
• lobt Schüler/innen vor der Klasse.					
• sieht meine Aufgaben nach.					
• sorgt dafür, dass wir Schüler/innen uns im Unterricht helfen.					
• spricht die ganze Zeit im Unterricht.					
• verwendet unterschiedliche Methoden.					
• zeigt, wie nützlich das Fach im Alltag sein kann.					
...					

Abb. 6: Fragebogen für Schülerfeedback

Schüler/innen überschätzt, Fragenbogen-Items zu beantworten – so fällt es beispielsweise Grundschülerinnen und -schülern häufig schwer, zwischen »fast immer« und »immer« als Antwort zu unterscheiden.

Fragebögen bei Schülerfeedback sind vor allem dann sinnvoll, wenn sie von Beginn an dialogisch angelegt sind. Hier spielt besonders die Auswertung und die Diskussion über die Ergebnisse eine große Rolle. Zwischen der Abgabe der Fragebögen und der

Auswertung sollten in der Regel nicht mehr als 48 Stunden liegen, damit die Schüler/innen sich noch mit ihren Angaben identifizieren können. Als besonders geeignet hat sich die Form des Wandfragebogens erwiesen (s.o. S. 1323f.), bei dem die Schüler/innen zuerst den Fragebogen für sich auf einem Blatt beantworten und dann die Einzelergebnisse anonymisiert auf eine Wandzeitung übertragen. Es ist so durchaus möglich, einen Fragebogen mit ca. 15 Fragen in einer Stunde auszufüllen und auf Klassenebene auszuwerten. Für die Diskussion der Ergebnisse und insbesondere die Ableitung von Konsequenzen für die Praxis sollte man als Richtwert wenigstens 10 bis 15 Minuten pro Frage veranschlagen. Das heißt, Schülerfragebögen sollten möglichst knapp angelegt sein und Bereiche fokussieren, in denen Konsequenzen schnell abgeleitet werden können.

Der Feedback-Fragebogen (Abb. 6) enthält eine Auswahl von Fragen, die sich im Rahmen von Schülerfeedbacks bewährt haben.

4.2.4 Sich inhaltlich mit Qualitätskriterien für »guten Unterricht« auseinander setzen: das Table-Set

Es gibt viele unterschiedliche Erwartungen und Vorstellungen darüber, was gute Schulen und erfolgreichen Unterricht ausmacht. Sich die eigenen Qualitätsmaßstäbe bewusst zu machen bzw. sie immer wieder zu überprüfen, ist für Schüler/innen ein wichtiger Lern- und Erkenntnisprozess, für Lehrkräfte gehört es zum Standard professioneller pädagogischer Arbeit.

Die folgende Übung (Burkard/Eikenbusch/Ekholm 2003, S. 89) bietet einen Einstieg, um mit Schülerinnen und Schülern über deren Vorstellungen eines guten und erfolgreichen Unterrichts ins Gespräch zu kommen.

> **Übung**
> *Die Klasse teilt sich in Vierergruppen. Jede Gruppe erhält ein so genanntes Table-Set auf einem Plakatbogen (vgl. Abb. 7 auf der nächsten Seite). Zunächst schreibt jede und jeder in Einzelarbeit (ca. 10–15 Minuten) alle Aspekte in seine Ecke des Plakats, die für ihn guten Unterricht ausmachen. Danach bekommt jede Gruppe den Auftrag, sich auf die sechs bis acht Bereiche zu einigen, die aus gemeinsamer Sicht der Gruppe die wichtigsten sind. Diese werden dann mit Filzschreiber im Kasten in der Mitte des Table-Sets eingetragen.*

Als nächster Arbeitsschritt werden die Plakate im Klassenraum ausgestellt. Jede Gruppe erhält den Auftrag herauszufinden, welche Übereinstimmungen und Unterschiede es zwischen dem eigenen Ergebnis und dem der anderen Gruppen gibt. Man kann nun die Bereiche, die in der Mehrzahl der Gruppen genannt wurden, zusammentragen und diese den sechs bis acht wichtigsten Merkmalen eines guten Unterrichts aus Sicht der Lehrkraft gegenüberstellen. Möglich ist auch, mit diesem Verfahren zuvor im Kollegium gemeinsame Kennzeichen guten Unterrichts zusammenzutragen und diese den

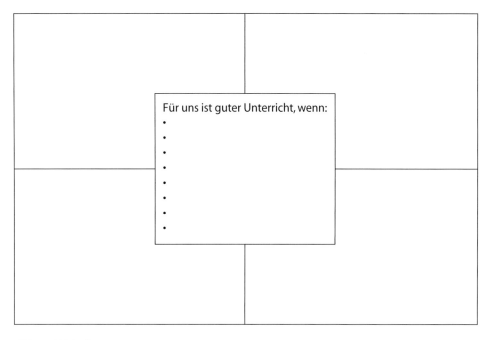

Abb. 7: Table-Set

Positionen der Schüler/innen gegenüberzustellen. Für die weitere gemeinsame Arbeit sind folgende Fragestellungen sinnvoll:

- Wo gibt es Unterschiede und Gemeinsamkeiten zwischen den Positionen der Lehrkräfte und denen der Schüler/innen?
- Auf welche Merkmale können wir uns gemeinsam einigen?
- Wie können wir in unserer Klasse überprüfen, ob diese Merkmale des Unterrichts zutreffen?

4.3 Evaluation von Unterricht

Das Table-Set-Verfahren bietet bereits einen einfachen und sachorientierten Einstieg in die Evaluation der Qualität von Unterricht. Allerdings ist es noch recht offen angelegt, es lässt sich nicht von vornherein festlegen, welcher Bereich des Unterrichts genau in den Blick genommen werden soll und ob im entsprechenden Bereich überhaupt eine Bereitschaft oder Möglichkeit zur Veränderung besteht. Will man sich auf die Evaluation von Unterricht konzentrieren, ist es oft schon vor der eigentlichen Evaluation wichtig, sich darüber klar zu werden, welche Qualitätsdimension bzw. welches Feld des Unterrichts überhaupt untersucht werden soll. Von besonderem Interesse sind vor allem die folgenden Dimensionen:

- *Voraussetzungen des Unterrichts* (z.B. Arbeitsbedingungen im Klassenraum und/oder zu Hause, Ausstattung mit Lehr- und Lernmitteln, Planungen der Fachkonferenz, rechtliche Rahmenbedingungen, Anwendungsmöglichkeiten und Übungsmöglichkeiten für Gelerntes ...);
- *Arbeits- und Lernprozesse* (z.B. Angemessenheit der Aufgaben, Schwierigkeitsgrad der Inhalte und Aufgaben, Nutzung der Lernzeit, Klarheit und Verständlichkeit, Beobachtung von Lernfortschritten, individuelle Unterstützung ...);
- *kurzfristige Wirkungen* (z.B. nachgewiesene Leistungen, erreichte Lernkompetenzen der Schüler/innen, Zufriedenheit der Beteiligten, kurzfristig erfolgreiche Anwendung des Gelernten ...);
- *langfristige Wirkungen* (z.B. Verknüpfung alten Wissens mit neuen Inhalten, eigene Initiative der Schüler/innen, Berufs- oder Schulerfolg der Schüler/innen, Interesse für das Fach ...).

Bei Evaluationen im (Fach-)Unterricht wird häufig argumentiert, man könne Bereiche wie beispielsweise Schülerleistungen nur untersuchen, wenn für sie allgemein verbindliche Ansprüche und Anforderungen oder klare Kriterien und Standards definiert seien. Diese Position ist weder sinnvoll noch praktikabel: Nicht alles, was man untersuchen oder messen kann, ist für die Qualität des Fachunterrichts relevant. Auf der anderen Seite lassen sich für zentrale Bereiche des Fachunterrichts nur schwer praktikable Indikatoren bzw. Kriterien entwickeln. Dieser Sachverhalt ist wichtig, wenn es darum geht, aus Evaluation von Unterricht Schlussfolgerungen und Konsequenzen abzuleiten. Evaluationen von Unterricht erfassen in der Regel nur einen kleinen Teil des komplexen Unterrichtsgeschehens und der durch Unterricht erzielten Leistungen bzw. Veränderungen. Daraus generalisierende Schlussfolgerungen über die Qualität des Unterrichts oder die Leistung von Lehrkräften, Schülerinnen oder Schülern abzuleiten ist deshalb problematisch. Ebenso problematisch wäre es, mithilfe eines einzelnen Evaluationsinstruments versuchen zu wollen, den gesamten Unterricht in einem Fach abdecken zu wollen.

Evaluationsergebnisse von Unterricht bedürfen durchweg einer gemeinsamen Betrachtung und Bewertung von Lerngruppe und Lehrkraft, sie benötigen eine kommunikative Validierung. Die folgenden Verfahren setzen eine solche gemeinsame Betrachtung von Ergebnissen und möglichen Schlussfolgerungen grundsätzlich voraus. Weiterhin sind sie so angelegt, dass Evaluation von Unterricht nicht die Qualität einfach zu messen behauptet, sondern dass die Durchführung des Evaluationsvorhabens selbst Teil eines Bemühens um mehr Qualität wird. Evaluation von Unterricht stellt damit nicht das Maß von Qualität einfach nur fest, sondern sie ist ein Element der Qualitätsarbeit.

Die aktuelle Diskussion über Evaluation im Rahmen von Schulentwicklung lässt häufig übersehen, dass eigentlich schon seit langem im Unterricht systematisch und umfassend Informationen gesammelt werden, die für eine Evaluation sinnvoll nutzbar wären. Dazu gehören alle Dokumentationen von Unterricht und Schülerleistungen (Klassenbücher, Lernpläne, Klassenarbeiten ...) und alle Dokumentationen der pädagogischen Arbeit in einer Klasse oder der Schule (Protokolle, Schulprogramme). In diesen Dokumenten lässt sich bereits sehr viel über die Qualität von Unterricht erfahren. Folgendes Verfahren kann das Bewusstsein schärfen, solche Informationen besser zu beachten:

4.3.1 Dokumentieren und analysieren

Dokumentieren Sie für sich oder eine Gruppe bei Konferenzen, Elternsprechtagen oder Stammtischen alle (auch die eigenen) Aussagen über Schülerleistungen und Qualität in einem bestimmten Fach und werten Sie die Ergebnisse danach in der Fachgruppe aus:

Tab. 8: Aussagen über Schülerleistungen und Qualität (Auswertungsmatrix)			
Zu welcher Gelegenheit wurde die Aussage getroffen?	Auf welche Qualitätsdimension bezieht sich die Äußerung?	Welche Tendenz hat die Äußerung?	Wie wird die Äußerung begründet/belegt?

4.3.2 Lerninventur für Schüler/innen

Mit kaum etwas wird von Schülerinnen und Schülern fahrlässiger umgegangen als mit ihren eigenen Arbeitsprodukten. Ist die Hausaufgabe vorgezeigt, hat man die Note dafür bekommen, kann man sie vergessen. Hier setzt das Verfahren der Lerninventur ein: Schüler/innen werden dazu angehalten, viertel- oder halbjährlich einen Review ihrer eigenen Arbeit durchzuführen. Sie werten dazu sämtliche Hefte, Materialien und Arbeitsblätter aus: Welche Themen haben wir im Unterricht bearbeitet? Wie war mein eigener Lernerfolg (Skala von 1 bis 5)? Wie war mein Interesse an diesem Thema? Was muss ich in den nächsten Monaten lernen? Die Inventur kann in einer Matrix oder in einem zusammenhängenden Bericht erfolgen.

Geht es um die Erforschung genau umrissener Aspekte oder um die Erhebung von Informationen oder Eindrücken zu spezifischen Fragestellungen, kann die Auswertung von bereits vorhandenen Informationen zu umständlich oder zu zeitaufwändig sein. Hier sind eigene, neue Evaluationsvorhaben erforderlich. Ein relativ schnelles und hinreichend differenzierendes Verfahren ist die

4.3.3 Klassenbefragung

Jede Schülerin und jeder Schüler erhält drei verschiedenfarbige DIN-A5-Karten:

- Was ist das Wichtigste, das du in den letzten ... Wochen im ...unterricht gelernt hast? Warum ist das so?
- Wo sind im Fach ... deine besonderen Stärken? Warum ist das so?
- Was ist das Wichtigste, das du in den nächsten ... Wochen im ...unterricht tun musst?

Die Karten werden mit dickem Filzstift ausgefüllt und danach an drei Stellwänden geordnet aufgehängt. Dass die Schüler/innen die Karten auswerten, ist der zweite Schritt dieser Evaluation von Unterricht. Im dritten Schritt werden Erklärungen und Eindrücke zu den Antworten auf die drei Fragen gesammelt:

- Was ist besonders überraschend?
- Was ist wichtig?
- Was ist hilfreich?

Die Ergebnisse werden auf Wandzeitungen zusammengefasst, um dann in einem vierten Schritt mit der Lehrkraft für jede der drei Wandzeitungen eine (!) Konsequenz für die weitere Arbeit abzuleiten. Die erste Konsequenz wird aus den vergangenen Unterrichtsprozessen gezogen, die zweite aus der aktuellen Selbsteinschätzung, die dritte aus den Erwartungen an die zukünftige Arbeit. Damit ist ein idealtypischer Dreischritt bei der Evaluation von Unterricht erreicht: Rückblick – aktuelle Bestandsaufnahme – Einschätzung des Bedarfs.

In höheren Klassen werden die drei Fragen (und ihre Begründung) häufig als zu undifferenziert empfunden (obwohl hier schon sehr detaillierte Ergebnisse erreicht werden können). Man kann dann den in Abbildung 8 auf der nächsten Seite gezeigten aufwändigeren Fragebogen einsetzen.

Die Lehrkraft wertet den Fragebogen bis zur nächsten Unterrichtsstunde (spätestens innerhalb einer Woche) aus. Jede Schülerin und jeder Schüler erhält eine Kopie der Datenauswertung. Personenbezogene Aussagen über andere – Mitschüler/innen, Kolleginnen oder Kollegen – sind nicht darin enthalten. Anhand der o.g. Leitfragen arbeiten Schüler/innen und Lehrer/innen gemeinsam Sichtweisen und Konsequenzen heraus: Wo wird unsere Arbeit in der Klasse bestätigt? Wo sind Veränderungen erforderlich? Was wäre die wichtigste nächste Veränderung?

1a. Wie waren deine Erwartungen an den _____unterricht zu Halbjahresbeginn?

☐ sehr positiv   ☐ ziemlich positiv   ☐ teils/teils   ☐ ziemlich negativ   ☐ sehr negativ

1b. Wie schätzt du den _____unterricht jetzt am Ende des Halbjahres ein?

☐ sehr positiv   ☐ ziemlich positiv   ☐ teils/teils   ☐ ziemlich negativ   ☐ sehr negativ

Welche Gründe siehst du dafür, dass deine Erwartungen erfüllt/nicht erfüllt wurden?
_____

2. Wenn du den _____unterricht mit einer Schulnote benoten solltest: Welche Note würdest du ihm geben?
_____

3. Kreuze an: Ich habe im _____unterricht gezeigt, was ich kann.

| 5 | 4 | 3 | 2 | 1 | 0 |

←――――――――――――――――――――→

immer   nie

Die Gründe dafür: _____
_____

4. Ich fand am/im _____unterricht gut: _____
_____

5. Ich möchte folgende Anregungen für die weitere Unterrichtsarbeit geben: _____
_____

6. Wäre über den _____unterricht ein Film gedreht worden, welchen Titel hättest du ihm gegeben?
_____

Abb. 8: Fragebogen für höhere Klassen

4.3.4 Fragebogen: Aus Lernerfahrungen die Konsequenzen ziehen

Eine Erweiterung kann Evaluation von Unterricht erfahren, wenn man in mehreren Fächern das gleiche Instrument einsetzt und untersucht, ob bestimmte Stärken oder Schwächen generell oder nur in bestimmten Bereichen oder Fächern auftauchen. So kann man die Schüler/innen bitten, in mehreren Fächern den in Abbildung 9 gezeigten Fragebogen zu beantworten und dann vergleichend auszuwerten:

Ich als Lernende/r

Denke darüber nach, wie du in den einzelnen Fächern lernst. Vervollständige dann die folgenden Sätze.

	im _____unterricht	im _____unterricht
Ich lerne langsam, wenn ...		
Ich lerne schnell, wenn ...		
Ich finde Lernen leicht, wenn ...		
In Gruppen lerne ich ...		
Aus Büchern lerne ich ...		
Ich lerne gut von/durch ...		
Ich lerne gern, wenn ...		

Abb. 9: Vergleichsfragebogen für mehrere Fächer

Bevor die Schüler/innen den Fragebogen abgeben, werten sie ihn für sich aus und notieren in ihr Heft: »Die drei wichtigsten Aussagen über mein Lernen: ...« Dann wird der Fragebogen in der Klasse ausgewertet. Dies kann in Kleingruppen/Teams erfolgen, auf einer Wandzeitung oder durch die Lehrkraft. Nach der zusammenfassenden Darstellung der Antworten kann die Lerngruppe analysieren: Wie lernen die Schüler/innen der Klasse? Welche Lernformen sind besonders beliebt oder erfolgreich? Welche Gemeinsamkeiten und Unterschiede bezüglich des Lernens gibt es? Welche der erfolgreichen Lernformen werden im Unterricht schon genutzt? Welche könnten noch mehr genutzt werden? Wie? Welche Wirkung hätte das?

Aus dieser Analyse kann eine Handlungsplanung erfolgen, die durch folgendes Szenario fokussiert werden kann: »In den nächsten Wochen haben wir leider nur die Möglichkeit, eine einzige Veränderung beim Lernen in die Praxis umzusetzen. Was wäre die Veränderung beim Lernen, die den besten Erfolg (für ...) haben würde? Die Vorschläge werden aufgelistet und in einem ersten Schritt geprüft: Was würde passieren, wenn der Vorschlag umgesetzt würde? Was wäre ein Erfolg, wenn er umgesetzt würde? In einem zweiten Schritt können dann nur die Vorschläge gepunktet werden, für die es konkrete Umsetzungsvorstellungen und Erfolgskriterien gibt. Abschließend notiert jede Schülerin und jeder Schüler in sein Heft: Welche Auswirkungen wird der gewählte Vorschlag auf mein Lernen (die drei wichtigsten Aussagen ...) haben? Was muss ich tun, damit die Auswirkungen (nicht) erfolgen?

4.3.5 Lernstandsanalyse und -kontrakte

Mit dieser besonderen Form der Evaluation von Unterricht erfolgt zuerst auf der Ebene der einzelnen Schülerin bzw. des einzelnen Schülers jeweils eine Bestandsaufnahme des Lernstandes und der Lernerfahrungen. Schüler/innen erhalten hier Aufgaben bzw. Tests, die sie selbst korrigieren. Hier können Elemente aus Lernstandserhebungen o.Ä. verwendet werden. Entscheidend ist, dass die Schüler/innen bei diesem ersten Schritt selbst einen Eindruck davon bekommen können, was sie leisten können und wo sie noch Schwächen haben.

Im zweiten Schritt bekommen die Schüler/innen Aufgaben und Tests, die die Lehrkraft korrigiert. Die Auswertung erfolgt wiederum durch die Schüler/innen:

- Was kann ich bereits?
- Was muss ich noch üben?
- Was werde ich als Erstes üben?

Dieser Schritt der selbstständigen Auswertung korrigierter Aufgaben soll der Schülerin bzw. dem Schüler helfen, den eigenen Lernbedarf genauer zu erkennen und die eigenen Stärken gesicherter in den Blick zu nehmen. Im nächsten Schritt vereinbaren Schüler/in und Lehrkraft, was sie leisten wollen, um Zielsetzungen zu erreichen. Schließlich legt man fest, wie das Erreichen der Zielsetzung geprüft wird (vgl. Abb. 10).

Schüler/in

Ich möchte arbeiten an

_____

_____

damit ich Folgendes lerne:

_____

Ich benötige Hilfe/Unterstützung bei:

_____

_____

Ich werde meine Lernergebnisse wie folgt belegen/nachweisen:

_____

_____

weil

_____

In folgender Unterrichtsstunde bin ich bereit, meine Lernergebnisse zu belegen bzw. nachzuweisen:

_____

Lehrer/in

Ich werde folgende Hilfen/Unterstützung geben:

_____

_____

Ich werde am _____ die Lernergebnisse genau ansehen und eine Rückmeldung dazu geben. Ich stehe zur Lernberatung zur Verfügung.

_____   _____
Unterschrift Schüler/in   Unterschrift Lehrer/in

Abb. 10: Lernkontrakt

Es liegt in der Verantwortung der Schülerin bzw. des Schülers, seine Arbeit bzw. Gruppenarbeiten in einem Ordner zu sammeln. So können andere Personen, z.B. Lehrer/innen, die Arbeiten der Schüler/innen evaluieren. Den Abschluss dieser Arbeit mit Lernkontrakten bildet ein Abschlusstest oder eine Klassenarbeit.

Lernkontrakte sind beiderseitige Vereinbarungen – sie betonen die Verantwortung der Lehrenden *und* Lernenden und legen Aufgaben und Erfolgskriterien fest. Natürlich wird man nicht für jeden Inhalt und jede Unterrichtsreihe solche Kontrakte schließen können. Die exemplarische Durchführung solcher Kontrakte bei wichtigen Unterrichtsvorhaben hilft beiden Seiten aber, das Lernen zu lernen und zu lehren.

5. Ausblick: Herausforderungen beim Umgang mit den Ergebnissen von zentralen Lernstandserhebungen

Bereits zu Beginn (vgl. Kapitel 2.2, S. 1296ff.) haben wir auf die Bedeutung von zentralen Lernstandserhebungen im Rahmen eines umfassenden Systems der Qualitätsentwicklung und Qualitätssicherung hingewiesen. Die fachlichen Lernergebnisse der Schüler/innen sind selbstverständlich nicht das einzige Kriterium, an dem die Qualität einer Schule festgemacht werden kann, sie sind aber ein sehr entscheidendes. Evaluation muss deshalb die von den Schülerinnen und Schülern erreichten Leistungen zentral in den Blick nehmen. Der Umgang mit den Ergebnissen zentraler Lernstandserhebungen im Rahmen der internen und externen Evaluation wird deshalb in Zukunft eine immer größere Rolle für die Praxis der Schulevaluation spielen müssen.

Zum gegenwärtigen Zeitpunkt werden in den Bundesländern die Systeme zur Durchführung zentraler Lernstandserhebungen und Fachleistungstests noch aufgebaut und erprobt. Ihre inhaltliche Gestaltung, ihre Aussagekraft und die Formen, wie die Ergebnisse für Schulen, Eltern sowie für die Schüler/innen aufbereitet werden, sind noch vielfältig und nicht abschließend festgelegt. Standardverfahren und -methoden zum Umgang mit den Ergebnissen der Lernstandserhebungen liegen deshalb (noch) nicht vor. Als unstrittig kann jedoch gelten, dass diese Instrumente nur dann die erhoffte Wirkung entfalten können, wenn die Ergebnisse der Lernstandserhebungen von den Fachlehrkräften intensiv für die pädagogische Arbeit genutzt werden. Dieser Prozess lässt sich im Anschluss an Helmke (2004) idealtypisch in vier Phasen gliedern (vgl. Kasten). Entscheidend für den erfolgreichen Umgang mit Lernstandserhebungen ist somit ihre Einbindung in einen systematischen Prozess der Schul- und Unterrichtsentwicklung. Der Ablauf und die Verantwortlichkeiten bei der Durchführung von Lernstandserhebungen lassen sich folgendermaßen beschreiben (Quelle: Landesinstitut für Schule, www.standardsicherung.nrw.de):

1. Grundinformation in den Schulen (Schulleitung, Schulkoordinator/in);
2. Vergewisserung über Ausrichtung und Leistungsfähigkeit des jeweiligen Erhebungsinstruments in Verbindung mit Vergewisserung über schuleigene Fragestellung und Erkenntnisinteressen (Fachlehrkräfte, Fachkonferenzen);

Vier Phasen im Umgang mit den Ergebnissen von Lernstandserhebungen

1. **Rezeption**
   - Technische Aufbereitung der Ergebnisse der Lernstandserhebungen;
   - Verstehen und Nachvollziehen der statistischen Ergebnisdarstellungen;
   - inhaltliche Ergebnisprofile (Stärken/Schwächen) von Lerngruppen beschreiben;
   - Unterschiede zwischen parallelen Klassen und zu landesweiten Referenzwerten beschreiben.

2. **Reflexion**
   - Suche nach Erklärungen für Stärken und Schwächen;
   - ggf. zusätzliche Informationen erheben;
   - Einordnung der Ergebnisse in die Schul- und Unterrichtsentwicklung (Entsprechen die Ergebnisse den erwarteten Sachverhalten? Welche »überraschenden« Abweichungen sind erkennbar?).

3. **Aktion**
   - Sicherung eines Mindestniveaus fachlicher Kompetenzen;
   - gezielte Förderung der Schüler/innen;
   - Verbesserung von Unterrichtsqualität und Klassenführung;
   - Maßnahmen der Unterrichtsentwicklung und zur Schulprogrammarbeit.

4. **Evaluation = Prüfung,**
   - ob die ergriffenen Maßnahmen gewirkt haben,
   - wem sie genutzt haben und
   - ob die Wirkung nachhaltig ist.

3. Durchführung der Lernstandserhebung (Fachlehrkräfte);
4. Auswertung der Arbeiten auf der Basis vorgegebener Handreichungen und Korrekturhinweise, Eingabe in eine Datenmaske – Ermittlung des Ergebnisses für die einzelnen Schüler/innen, Ermittlung des Ergebnisses für die Lerngruppe (Fachgruppe);
5. Analyse der Ergebnisse für die Schule – Parallelklassenvergleiche, Lösungsprofile, Fehleranalysen (Fachlehrer/innen, Fachkonferenzen);
6. Besprechung der Ergebnisse mit den Schülerinnen und Schülern (Fachlehrkräfte);
7. Analyse der Klassen- und Schulergebnisse unter Berücksichtigung der landesweiten Referenzwerte (aus Zentralstichprobe; Fachkonferenzen, Schulleitungen, »Steuergruppen«);
8. Entwicklung und Vereinbarung von Konsequenzen für die einzelne Lerngruppe und die Schule (Fachlehrkräfte, Fachkonferenzen, Schulleitung, Lehrerkonferenzen);
9. Innerschulische Berichterstattung (Schulleitung);
10. Berichterstattung an die Schulaufsicht über Ergebnisse und Konsequenzen der Schule (Schulleitung).

Zur erfolgreichen Gestaltung dieses Prozesses können Schulen auf ihren Erfahrungen mit interner Evaluation zurückgreifen. Aus unserer Sicht stellen sich beim Umgang mit den Ergebnissen von Lernstandserhebungen allerdings einige Herausforderungen in besonderer Weise:

- *Ergebnisse sachgerecht analysieren,* Know-how im Umgang mit Daten entwickeln: Testaufgaben fachlich einordnen können, Ziele der Aufgaben erkennen, Aussagekraft von Leistungstests und ihre Grenzen kennen, statistische Kennwerte sachgerecht interpretieren können ...
- *Ergebnisse diagnostisch nutzen:* Ursachen von Stärken und Schwächen analysieren, fachliche Kompetenzmodelle kennen und anwenden, Lernstandserhebungen auf individueller und Gruppenebene auswerten können ...
- *Ergebnisse für Konsequenzen nutzen:* Konsequenzen auf der Ebene der Klassen und der ganzen Schule ziehen, Ergebnisse in Bezug setzen zu schulischen Rahmenbedingungen, Ergebnisse für das schulische Qualitätsmanagement nutzen, Fachgruppen und Fachlehrkräfte zur Entwicklung von Konsequenzen fortbilden, Konsequenzen auf Ebene der Schulleitung ziehen und ggf. einfordern ...
- *Ergebnisse transparent machen:* Ergebnisse schulintern und extern kommunizieren, Voraussetzungen schaffen für einen angemessenen Umgang mit den Ergebnissen innerhalb des Kollegiums und gegenüber Schülerinnen, Schülern und Eltern, unsachliche Konkurrenz vermeiden ...

Diese Herausforderungen liegen zum einen auf einer eher inhaltlichen und fachlichen Ebene, bei der es um Kenntnisse und systematische Verarbeitung von Ergebnissen geht. Gleichzeitig stellen sich beim Umgang mit Lernstandserhebungen auch deutliche Anforderungen an die Gestaltung von Evaluation als sozialem Prozess auf der Klassen- und Schulebene wie auch gegenüber außerschulischen Partnern. Denn – im besten Falle – fühlen sich Lehrkräfte, Schüler/innen und Schule verantwortlich für die Ergebnisse, die bei der Lernstandserhebung erreicht wurden: Sie weisen sie nicht bloß zurück, verfallen in gegenseitige Schuldzuweisungen oder ruhen sich einfach auf ihnen aus, sondern sie nehmen sie als Anstoß für die weitere Arbeit. Die Ergebnisse von Lernstandserhebungen sind dann eben keine »summative« Beschreibung dessen, was Schüler/innen können oder nicht, sondern sie sind ein eher »formatives« Element datengestützter Unterrichtsentwicklung.

Literaturverzeichnis

Altrichter, H./Messner, E./Posch, P. (2004): Schulen evaluieren sich selbst. Velber.
Altrichter, H./Posch, P. (1990): Lehrer erforschen ihren Unterricht. Bad Heilbrunn.
Bastian, J./Combe, A./Langer, R. (2003): Feedback-Methoden. Weinheim/Basel.
Bildungskommission NRW (1995): Zukunft der Bildung – Schule der Zukunft. Denkschrift. Neuwied.
Bos, W. u.a. (Hrsg.) (2004): IGLU. Einige Länder der Bundesrepublik im nationalen und internationalen Vergleich. Münster/New York/München/Berlin.

Brophy, J. (2002): Gelingensbedingungen von Lernprozessen. Arbeitsmaterial im Rahmen der Lehrerfortbildungsmaßnahme »Schulprogramm und Evaluation«. Soest: Landesinstitut für Schule (Orig.: Teaching. Genf: International Bureau of Education, Educational practices series).

Buhren, C.G./Killus, D./Müller, S. (1998): Selbstevaluation von Schule – und wie Lehrerinnen und Lehrer sie sehen. In: Rolff, H.G. u.a. (Hrsg.): Jahrbuch der Schulentwicklung, Band 10. Weinheim/München, S. 235–270.

Burkard, C./Eikenbusch, G. (1999): Praxishandbuch Evaluation. Berlin.

Burkard, C./Eikenbusch, G./Ekholm, M. (2003): Starke Schüler – gute Schulen. Wege zu einer neuen Arbeitskultur im Unterricht. Berlin.

Burkard, C./Orth, G. (2004): Standardsetzung und Standardüberprüfung in Nordrhein-Westfalen. In: Schulverwaltung NRW, H. 3, S. 68–71 und H. 4, S. 100–104.

Deutsches PISA-Konsortium (Hrsg.) (2001): PISA 2000. Opladen.

Döbert, H. u.a. (2003): Vertiefender Vergleich der Schulsysteme ausgewählter PISA-Teilnehmerstaaten. Frankfurt a.M.

Dubs, R. (2004): Qualitätsmanagement in Schule. Hrsg. vom Landesinstitut für Schule. Bönen/Westf.

Eikenbusch, G. (1998): Praxishandbuch Schulentwicklung. Berlin.

Eikenbusch, G. (2001): Qualität im Deutschunterricht. Berlin.

Eikenbusch, G./Leuders, T. (Hrsg.) (2004): Lehrer-Kursbuch Statistik. Alles über Daten und Zahlen im Schulalltag. Berlin.

Ekholm, M. (1995): Evaluation als Bestandteil der Arbeitskultur von Schule. In: Landesinstitut für Schule (Hrsg.): Schulentwicklung und Qualitätssicherung in Schweden. Bönen/Westf., S. 121–129.

Heiner, M. (1988): Selbstevaluation in der sozialen Arbeit. Freiburg.

Helmke, A. (2003): Unterrichtsqualität erfassen – bewerten – verbessern. Seelze.

Helmke, A. (2004): Von der Evaluation zur Innovation. Pädagogische Nutzbarmachung von Vergleichsarbeiten in der Grundschule. In: Das Seminar, H. 2, S. 90–112.

Helmke, A./Hosenfeld, I. (2003): Vergleichsarbeiten (VERA). Eine Standortbestimmung zur Sicherung schulischer Kompetenzen. In: Schulverwaltung NRW, H. 4, S. 107–110 und H. 5, S. 143–145.

Joint Committee on Standards for Educational Evaluation (1994): The Program Evaluation Standards. London.

Klieme, E. u.a. (2003): Zur Entwicklung nationaler Bildungsstandards. Frankfurt a.M.

Landesinstitut für Schule und Weiterbildung (LSW) (1998): Unterricht spiegeln. Werkstattheft zur schulinternen Kooperation. Bönen/Westf.

Landwehr, N./Steiner, P. (2003): Q2E – Qualität durch Evaluation und Entwicklung. 5 Broschüren im Schuber. Bern.

LSW *siehe* Landesinstitut für Schule und Weiterbildung

MFBWK *siehe* Ministerium für Bildung, Wissenschaft und Kultur

Ministerium für Bildung, Wissenschaft und Kultur des Landes Schleswig-Holstein (MFBWK) (2004): Externe Evaluation im Team – EVIT. Qualitätshandbuch für die Arbeit an Schulen in Schleswig-Holstein. Kiel.

Ministerium für Schule, Jugend und Kinder des Landes Nordrhein-Westfalen (MSJK) (2004): Kernlehrpläne für die Sekundarstufe I. 5 Hefte. Frechen.

Ministerium für Schule und Weiterbildung, Wissenschaft und Forschung (MSWWF) (1998a): Aufgabenbeispiele Klasse 10. 3 Hefte. Frechen.

Ministerium für Schule und Weiterbildung, Wissenschaft und Forschung des Landes Nordrhein-Westfalen (MSWWF) (1998b): Qualität als gemeinsame Aufgabe. Rahmenkonzept. Frechen.

Ministerium für Schule und Weiterbildung, Wissenschaft und Forschung des Landes Nordrhein-Westfalen (MSWWF) (1998c): Schulprogramm. Eine Handreichung. Frechen.

Ministerium für Schule und Weiterbildung, Wissenschaft und Forschung des Landes Nordrhein-Westfalen (MSWWF) (1999): Evaluation. Eine Handreichung. Frechen.

MSJK *siehe* Ministerium für Schule, Jugend und Kinder

MSWWF *siehe* Ministerium für Schule und Weiterbildung, Wissenschaft und Forschung

Nachtigall, C./Kröhne, U. (2004): Thüringer Kompetenztests 2004. Landesbericht. Jena.

Orth, G. (2002): Vergleichsarbeiten. In: Rolff, H.-G./Schmidt, H.J. (Hrsg.): Brennpunkt Schulleitung und Schulaufsicht. Neuwied, S. 203–223.

Rolff, H.G. (2001): Schulentwicklung konkret: Steuergruppe, Bestandsaufnahme, Evaluation. Velber.

Sekretariat der KMK (Hrsg.) (2004): Beschlüsse der Kultusministerkonferenz. Bildungsstandards für den Mittleren Schulabschluss. Beschluss vom 4.12.2004. 3 Hefte. München.

Skolverket (1995): Att Göra Attitydunersökningar. Stockholm.

Staatsinstitut für Schulqualität und Bildungsforschung, Qualitätsagentur (2004): Evaluation in Bayern. München.

Weerts, F. (2001): Externe Evaluation durch die niederländische Schulaufsicht. In: Niedersächsisches Landesinstitut (Hrsg.): Externe Evaluation. Hildesheim: nli-Drucksache (http://nibis.ni.schule.de/~spe/service/downloadmat/extevaluation.pdf).

Weinert, F.E. (Hrsg.) (2001): Leistungsmessungen in Schulen. Weinheim/Basel.

Wulf, C. (1972): Evaluation. München.

Rainer Peek

Dateninduzierte Schulentwicklung

1. Schulqualität: Kriterien und Modelle im Kontext der Zielsetzung »ergebnisorientierte Schul- und Unterrichtsentwicklung« 1343
2. Konzepte der Schulentwicklung: Schulreform als Entwicklung der Einzelschule 1345
3. Bildungscontrolling und Schulentwicklung: perspektivische Erweiterungen 1349
4. Standards im Kontext eines extern konzipierten Qualitätsmanagements 1350
5. Schulleistungsstudien und Vergleichsarbeiten als Motor für Schulentwicklung 1352

Literaturverzeichnis 1362

Dieser Beitrag referiert den Begründungszusammenhang für die aktuelle Form einer dateninduzierten und testbasierten Schulentwicklung, zeigt Verfahren zur Umsetzung auf und reflektiert Erfahrungen, die dazu in Deutschland bislang gemacht wurden.

1. Schulqualität: Kriterien und Modelle im Kontext der Zielsetzung »ergebnisorientierte Schul- und Unterrichtsentwicklung«

Die Befunde von PISA 2000 (vgl. Deutsches PISA-Konsortium 2001), PISA 2003 (vgl. PISA-Konsortium Deutschland 2004) und erneut von PISA 2006 (vgl. PISA-Konsortium Deutschland 2007) haben in der Diskussion um Qualitätssicherung und Qualitätsentwicklung im Bildungssystem den Fokus auf die Effekte von Schule und Unterricht hinsichtlich des Kompetenzerwerbs von Kindern und Jugendlichen gelenkt. Bundesweit ist von der empirischen Wende in der Bildungspolitik die Rede, verbunden mit einer zunehmenden Orientierung auf den Ertrag – den »Output« – der Schule.

Diese Sicht auf Schule und Unterricht ist – über die enge Anbindung an die PISA-Befunde hinaus – insgesamt geprägt durch eine breite (fach-)öffentliche und bildungspolitische Rezeption internationaler, nationaler und bundeslandbezogener Schulleistungsstudien (vgl. Übersichten zu den Studien bei Peek 2005; van Ackeren/Goy/Schwippert 2008) und die damit verbundene Auseinandersetzung um Faktoren »guter« Schule.

Ausgehend von Ergebnissen der empirischen Schulleistungsforschung, die im angloamerikanischen Raum eine längere Tradition hat und dort auf weiter zurückreichenden Erfahrungen mit Leistungsvergleichen basiert, entwickelte sich in Europa – insbesondere in Großbritannien, im skandinavischen Raum und in den Niederlanden – in den 1980er-Jahren die sogenannte School-Effectiveness-Forschung (vgl. u.a. Scheerens/Bosker 2005; Creemers/Scheerens 1989). Aus vielfältigen Vergleichsuntersuchungen, die im Laufe der Zeit nicht nur Schülerleistungen miteinander verglichen, sondern auch weitere innerschulische Bedingungen sowie Einschätzungen durch Lehrer/innen, Eltern und Schüler/innen bezüglich ihrer jeweiligen Schule mit einbezogen, wurden zunehmend anspruchsvoll und differenziert Merkmale »guter« Schulen herausgearbeitet, die über die Kriteriumsvariable Leistung auch mögliche Prädiktorvariablen in den Blick nehmen (vgl. dazu Wenzel 2004, S. 392ff.). Hierzu gehören z.B. Leistungsorientierung der Schule, pädagogisches Engagement der Lehrkräfte, Führungsqualitäten von Leitungs- und Lehrpersonen einer Schule, Klima des Vertrauens, Lehrerkooperation, Einbeziehung der Eltern etc. (vgl. hierzu als Überblick zum Diskussionsstand zu Beginn der 1990erJahre Steffens/Bargel 1993 sowie später Peek/Neumann 2003; Ditton 2007).

Mit der Rezeption von Ergebnissen zur Schuleffektivität mit dem Fokus auf Fachleistungen von Schüler/innen, aber auch durch Studien zu Klassen- und Schulvergleichen aus dem deutschsprachigen Raum ging in der schulpädagogischen und bildungspolitischen Diskussion der Bundesrepublik ein bedeutsamer Wandel einher. Fend (1986) sah die internationalen Ergebnisse der Schuleffektivitätsforschung sowie die Ergebnisse der bundesdeutschen Schulvergleichsforschung als Bestätigung bzw. Ermutigung dafür an, die einzelne Schule als »pädagogische Handlungseinheit« zu betrachten. Dies sei gerade vor dem Hintergrund der deutschen Befunde nahegelegt, da die Unterschiede zwischen Schulen des gleichen Schultyps größer waren als die Unterschiede zwischen den Mittelwerten der verschiedenen in den Vergleich einbezogenen Schulformen. Es gibt also in jeder Schulform – so ein Fazit seiner Ergebnisse – gute und schlechte Schulen. Diese nachweislichen einzelschulischen Differenzen wurden bald als Beleg für die Gestaltbarkeit der Einzelschule durch die innerschulischen Akteure interpretiert. Sie legten die Annahme nahe, dass jede Schule innerhalb der gesetzlichen Rahmenbedingungen und trotz der damit erzeugten allgemeinen Tiefenstruktur ihr Alltagsleben und damit ihre spezifische Kultur durch die Art und Weise bestimmt bzw. bestimmen kann, wie sie – genauer gesagt das Kollegium in Kooperation untereinander und mit anderen Akteuren – die Aufgaben der Unterrichtung, Beurteilung, Erziehung und Bildung bewältigt und gestaltet. Es kommt also wesentlich darauf an, so Mortimore (1997) in einer Bilanz der School-Effectiveness-Forschung, wie die einzelne Schule mit ihrem »Input«, mit dem, was ihr an Ressourcen gegeben ist, umgeht, diese einsetzt und nutzt.

Als paradigmatisch für die Diskussion um eine Modellierung von Schulqualität, die infolge der Rezeption der internationalen School-Effectiveness-Forschung als Input-Prozess-Output-Outcome-Modell konzipiert ist, gilt das Qualitätsentwicklungsmodell für Schulen von Ditton (2000). Die Ausdifferenzierung erfolgt wesentlich über ein Verständnis von institutioneller Qualität, Institutionsentwicklung und Personalentwicklung. In seinem Modell differenziert Ditton die Entscheidungs- und Handlungsfelder der Einzelschule bzw. die Folgen von Ressourcenallokation und alltäglicher Leistungserstellung in den Funktionsfeldern der Einzelschule analytisch in sechs Bereiche. Dabei markiert er die Qualität der Lehr-Lern-Situation als »Kerngeschäft« (proximale Faktoren; vgl. Abb. 1 auf der nächsten Seite). Die sechs Bereiche sind durch drei übergreifende einzelschulische Steuerungsstrategien verknüpft. Diese sind:

1. *Identifizierung von Standards:* Im Sinne einer möglichst operationalisierten Zieldefinition markieren sie die Entwicklungsperspektiven der einzelnen Schule. Dabei sind nicht nur curriculare Aspekte angesprochen. Stattdessen bezieht sich die Identifizierung und normative Definition von Standards auf alle Bereiche der institutionellen und individuellen Leistungserstellung und damit auf das explizite und auch implizite Zielsystem der Einzelschule. Festgelegt wird es in der Regel wesentlich durch das Leitbild und das Schulprogramm der Einzelschule (vgl. dazu z.B. Holtappels 2002; van Buer/Köller 2007).
2. *Rechenschaftslegung:* Sie beinhaltet insbesondere die sogenannte pädagogische Rechenschaftslegung auf der Institutions- und Interaktionsebene.
3. *Evaluationszentrierte Kontrolle:* Hier geht es um die Grob- und Feinsteuerung der einzelschulischen Ressourcen zur Sicherung der z.B. durch Leitbild bzw. Schulprogramm definierten Zielerreichung.

Als Zwischenfazit kann hier festgehalten werden: Die Schulqualitätsdebatte folgt mehr und mehr Befunden der empirischen Bildungsforschung sowie der Schul- und Unterrichtsforschung – bei einer Fokussierung auf schülerbezogene Leistungsvariablen. Dabei wird einerseits zunehmend die Inputorientierung (das Schulbudget ist die wesentliche Grundlage) durch eine Outputorientierung (die einzelne Schule erhält von den Schulbehörden Zielvorgaben sowie ein Globalbudget, und der Erfolg wird an der Zielerreichung gemessen) abgelöst. Andererseits verlagert sich die Steuerungsphilosophie von einem zentral geführten zu einem geleiteten Schulsystem mit teilautonomen Schulen (Schulen in eigener Verantwortung, Schulen mit erweiterter Eigenständigkeit, selbstständige Schule).

2. Konzepte der Schulentwicklung: Schulreform als Entwicklung der Einzelschule

Als zentrale Größe in der Argumentation gilt, dass eine »Optimierung des Ertrags« bzw. die »Zielerreichung« – gemeint sind damit im Sinne des oben skizzierten Qualitätsmodells nach Ditton (2000) bezogen auf den »Output« vor allem möglichst hohe fachliche und überfachliche Leistungen sowie gesellschaftlich erwünschte Werthaltungen und Einstellungen der Schüler/innen – am besten in weitgehend selbstständigen Schulen stattfindet, die sich unter den je spezifischen lokalen Bedingungen entwi-

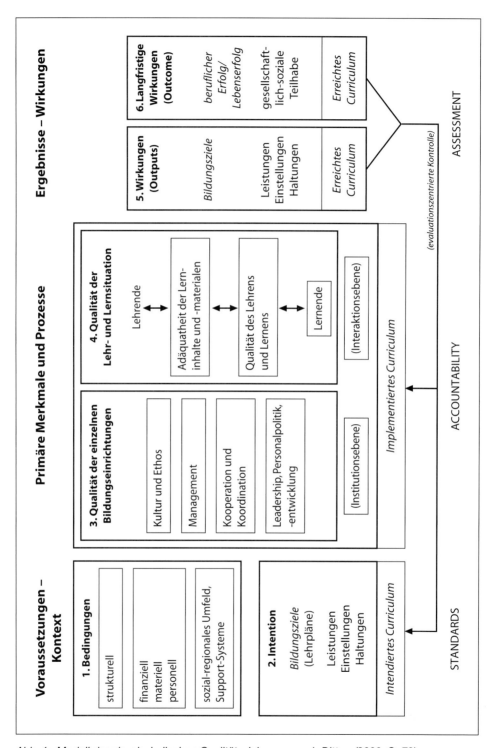

Abb. 1: Modell der einzelschulischen Qualitätssicherung nach Ditton (2000, S. 79)

ckeln können. Die Diskussion geht dabei vor allem um das Verhältnis zwischen pädagogischer Freiheit und staatlicher Verantwortung, das sich wiederum in der Klärung des Autonomiegrades für die einzelne Schule bestimmt. In einem staatlichen Schulwesen kann nach Dubs (1997) den einzelnen Schulen nur eine Teilautonomie verliehen werden, die im Interesse klarer Voraussetzungen rechtlich eindeutig zu umschreiben ist. Die neuen Schulgesetze der Bundesländer nehmen diese Gedanken und Strategien auf (vgl. z.B. das Schulgesetz für das Land Nordrhein-Westfalen vom 15. Februar 2005).

Vergegenwärtigt man sich die Schulentwicklungsbemühungen der vergangenen dreißig Jahre (vgl. dazu u.a. Steffens 2007), so kann man eine Reihe von Schritten auf dem Weg zu diesem neuen Verständnis innerschulischer Entwicklung sowie wachsende Erkenntnisse über deren Möglichkeiten, Probleme und Grenzen ausmachen. Während in den 1960er-Jahren das Konzept der schulstrukturellen Reformen dominierte, ist in historischer Perspektive ein entscheidender Wendepunkt der Schulentwicklung in den 1980er-Jahren auszumachen. Gerade aufgrund der Ergebnisse der vergleichenden Untersuchungen zwischen dreigliedrigem Schulsystem und Gesamtschulen wurde deutlich, dass Schulreform nicht durch die Vervielfachung eines schulischen Standardtyps – der Gesamtschule, des Gymnasiums – zum Ziel gelangen könne. Fend (1986) hat in Auseinandersetzung mit den Ergebnissen der schulvergleichenden Untersuchungen für diesen Perspektivenwechsel die entscheidende Formel geprägt: Die Einzelschule müsse unter Nutzung ihres Gestaltungsspielraums zur »pädagogischen Handlungseinheit« werden. Eine solche Sichtweise macht schulstrukturelle Veränderungen keineswegs überflüssig. Aber jede Schulform kann ihre Möglichkeit erst durch eine bewusste innere Ausgestaltung von Schule erreichen.

Der in diesem Konzept steckende Kerngedanke war: Die Einzelschule muss »instand gesetzt« werden, innerhalb ihrer jeweiligen Vorgaben ihre Lern- und Arbeitsbedingungen aktiv zu gestalten. Schulqualität könne nämlich nicht von oben oder allein durch die Schulstruktur verordnet, sondern sie müsse von den Lehrer/innen im Rahmen der Gestaltungsspielräume von Schule gemeinsam erarbeitet werden.

Im weiteren Verlauf erfuhr die aufkeimende einzelschulische Entwicklungsstrategie zwei einschneidende Veränderungen. Ab Mitte der 1990er-Jahre setzte in den meisten Ländern der Bundesrepublik das Bemühen ein, die vielfältige einzelschulische Reformarbeit von staatlicher Seite sowohl zu unterstützen als auch zu bündeln und zu kontrollieren. Dies geschah aus den Motiven, eine allzu große Streubreite einzelschulischer Entwicklungen zu verhindern und die Reformimpulse auf alle Regelschulen auszubreiten. Als Mittel für die staatliche Steuerung wurde insbesondere auf Verfahren der Organisationsentwicklung zurückgegriffen. Daraus entsprang die Idee der schulinternen Lehrerfortbildung (SCHILF) ebenso wie die verpflichtend gemachte Schulprogrammarbeit. Damit wurde der Gedanke der »lernenden Schule« weiter ausgebaut (vgl. dazu auch Bastian 1998; Rolff 1997).

Eine zweite folgenreiche Veränderung erfuhren die Schulszene und die vorherrschenden Vorstellungen von Schulentwicklung schließlich aufgrund des »TIMSS-Schocks« von 1997. Dieser Wandel bestimmt bis heute die Diskussion; PISA wurde zum Symbol für diese Entwicklung. Die nun dominierende Tendenz lässt sich für viele

Schulen als Übergang von der Entwicklung schulischer Lernkultur im Sinne einer pluralen einzelschulischen Programmarbeit zur systematischen Qualitätsentwicklung beschreiben. In den Mittelpunkt dieses Bemühens tritt nun der in der früheren Reformphase oft vernachlässigte Fachunterricht, vor allem in den sprachlichen und mathematisch-naturwissenschaftlichen Fächern.

Die Literatur zu Konzepten der Schulentwicklung ist – über das in diesem kurzen historischen Abriss Skizzierte hinaus – insgesamt mehr als reichhaltig (als Beispiele vgl. die Dortmunder Jahrbücher zur Schulentwicklung, z.B. Holtappels u.a. 2004; Bos u.a. 2006), wobei hier unter Berücksichtigung dieser Diskussion in Anlehnung an Dubs (2005b, S. 10) unter Schulentwicklung Folgendes verstanden wird: Ziel von Schulentwicklung ist es, mittels einer regelmäßigen Analyse einer Schule und gezielten Innovationen einen angestrebten neuen Zustand in dieser Schule zu erreichen. Schulentwicklung ist also ein langer, kontinuierlicher, dynamischer und planmäßiger Analyse-, Problemlöse-, Innovations- und Lernprozess, der von der Lehrerschaft einer Schule getragen wird. Deshalb wird auch von der Potenzialentwicklung einer Schule gesprochen, d.h. die Lehrpersonen schaffen langfristig günstige Voraussetzungen, damit die Schule die von der Bildungspolitik vorgegebenen und im Rahmen der Autonomie selbst entwickelten Ziele effizient erreicht. Die Schulentwicklung umfasst die Organisationsentwicklung, die Lehrplan- und Unterrichtsentwicklung sowie die Personalentwicklung (vgl. dazu auch Rolff 1999; 2007).

Angesichts der in allen Bundesländern erkennbaren Strategie, die Eigenverantwortlichkeit der Einzelschule zu erhöhen (vgl. dazu Avenarius u.a. 2004), stellt sich die Steuerung dieses Verantwortungsbereichs zwar auch weiterhin als ein Aspekt der systemischen Ebene im Bildungsbereich dar, jedoch verlagert sie sich zunehmend in den Entscheidungs- und Handlungskontext der einzelnen Bildungsinstitution.

Hier stellt sich die Frage, ob ein solches Konzept der geleiteten Schule mit Schulentwicklung gegenüber einem zentralistisch geführten Schulsystem wirklich zu qualitativ besseren Schulen führt. Leider finden sich bislang weder in Europa noch in den Vereinigten Staaten umfassende empirische Studien, welche die qualitative Überlegenheit dieses Konzeptes hinreichend belegen. Allerdings liegen in Europa zitierfähige Studien (vgl. z.B. Altrichter/Radnitzky/Specht 1994; Landesinstitut Soest 1995) und vergleichende Untersuchungen (vgl. z.B. Kotthoff 2003) vor, welche auf Qualitätsverbesserungen von Schulen mit Schulentwicklung hinweisen. In den USA liegen empirische Untersuchungen zu Teilbereichen der Schulentwicklung in teilautonomen Schulen vor, aus denen bedingt auf das Ganze geschlossen werden darf. Viele dieser Untersuchungen (vgl. die Zusammenfassung bei Dubs 1999) deuten auf die Vorzüge eines dezentralen Schulsystems mit teilautonomen Schulen (*school-based management*) hin. Allerdings darf hierbei auch nicht übersehen werden: Wenn sich eine Schule auf freiwilliger Basis für eine empirische Untersuchung zur Verfügung stellt – das ist in diesem Forschungsfeld bislang die Regel bei der Rekrutierung von Schulen für wissenschaftliche Begleitungen gewesen –, so zeichnen sich ihre Lehrkräfte bekanntermaßen durch die Bereitschaft aus, ihre Schule auf eigene Initiative hin weiterzuentwickeln (zu innovieren) und bilden damit eine positive Vorauswahl.

3. Bildungscontrolling und Schulentwicklung: perspektivische Erweiterungen

Konzeptionell gilt – ausgehend von der These, dass die genannten Richtgrößen für Schulentwicklung keine einseitigen Maßnahmen zulassen, sondern ein Mischsystem von Selbst- und Fremdsteuerung erfordern, in dessen Zentrum eine lern- und handlungsfähige Einzelschule stehen muss: Die Schulbehörden setzen einen klaren Ordnungsrahmen (vgl. dazu ausführlich Dubs 2002). Für die Schulen bedeutet dies, geleitete Schulen mit klaren Führungskompetenzen für die Schulleitung im Rahmen einer definierten Teilautonomie zu sein, damit sie ihre Freiheitsgrade im finanziellen, organisatorischen und unterrichtlichen Bereich kennen. Im Weiteren müssen die Schulen zur Schulentwicklung verpflichtet werden, damit jede Schule innovativer und qualitativ besser wird. Die größere Autonomie ruft nach mehr Verantwortung der einzelnen Schule, sodass jede Schule ihr intern konzipiertes Qualitätsmanagement mit Selbstevaluation verwirklichen muss, um zu erkennen, ob die Schulentwicklungsmaßnahmen tatsächlich zu Qualitätsverbesserungen führen.

Schulentwicklung und daran gekoppelte Schulinnovationen machen nur Sinn, wenn sie zur Qualitätsverbesserung der Schule führen. Deshalb müssen die Qualitäten regelmäßig erfasst werden. Als Grundthese gilt: Bildungscontrolling einerseits und pädagogisch geprägte Schulentwicklung mittels Standarddefinition, Rechenschaftslegung und evaluationszentrierter Steuerung andererseits sind ineinander integrierbar.

Während ein *intern* konzipiertes Qualitätsmanagement mit Selbstevaluation durch die Lehrkräfte und Fremdevaluation durch Dritte oder die Schulaufsicht der Schulentwicklung in den einzelnen Schulen dient, bezweckt das extern konzipierte Qualitätsmanagement – analog durchführbar mit Selbst- oder Fremdevaluation – die Rechenschaftslegung (der Qualitätszustand der Schule wird festgestellt), die Systembeeinflussung (die Entwicklung der Schule soll aufgrund der Erkenntnisse aus dem Qualitätsmanagement beeinflusst werden), die Systemsteuerung (es werden Maßnahmen zur umfassenden Gestaltung des Schulsystems ergriffen) sowie den Systemvergleich (die Qualität von Schulen und Schulsystemen wird zu Vergleichszwecken erhoben; vgl. Artelt 2007; Peek 2007).

4. Standards im Kontext eines extern konzipierten Qualitätsmanagements

Klar scheint, dass aus der empirischen Schulqualitätsforschung nicht direkt gehaltvolle schultheoretische Konsequenzen gezogen werden konnten. Dennoch wurden die großen Unterschiede in der Leistungsfähigkeit von Schulen belegt (dies insbesondere auch für Schulen derselben Schulform, die unter ähnlichen Rahmenbedingungen arbeiten; vgl. z.B. Lehmann/Peek 1997; Arnold 1999; Bonsen/Bos/Gröhlich 2007), und es wurde ein wichtiger Impuls zur Erarbeitung und Erprobung einzelschulbezogener, ganzheitlicher Entwicklungsansätze gegeben.

Die Einzelschule sollte nicht mehr nur – so die Forderung aus der Schulqualitäts- und Schulvergleichsforschung – analytisch als »pädagogische Handlungseinheit« betrachtet und untersucht werden, sondern Schulqualität sollte – so die schulpädagogische, aber zunehmend auch schulpolitische Wendung – durch neue Formen der Fortbildung, administratives Führungshandeln sowie Ansätze schulischer Organisations- und Schulkulturentwicklung angestrebt und verwirklicht werden. Die Einzelschule sollte zur Basis der Schulentwicklung bzw. zum »Motor der Schulentwicklung« (Dalin/Rolff 1990) werden.

In der aktuell geführten Diskussion um Schulentwicklung, die im Kontext von schulischer Selbstständigkeit in staatlicher Verantwortung primär ergebnisorientierte (Fach-)Unterrichtsentwicklung meint (vgl. z.B. Orth 2005b), nehmen die beiden Kenngrößen *Standardsetzung* und *Standardüberprüfung* den zentralen Stellenwert ein. Eine dominante Rolle spielt hier die Expertise »Zur Entwicklung nationaler Bildungsstandards« von Klieme u.a. (2003), in der – ausgehend von den PISA-2000-Ergebnissen – die Forderung nach Bildungsstandards bzw. zentralen Bildungszielen und nach Ausarbeitung von Verfahren gestellt wird, mit denen die Einhaltung angemessen überprüft werden kann (vgl. zur Debatte um die Implementation von Bildungsstandards auch Dubs 2005a; Heid 2005; Oelkers/Reusser 2008). Als Kernaussagen der Expertise gelten:

- Bildungsstandards legen fest, welche Kompetenzen die Schüler/innen bis zu einer bestimmten Jahrgangsstufe mindestens erworben haben sollen. Es werden zentrale Bildungsziele verbindlich definiert.
- Festlegung von schulformübergreifenden Mindestkompetenzen, damit vor allem die unterdurchschnittlichen Schülerleistungen verbessert werden und allen Schüler/innen ausnahmslos die gleichen Chancen für weitere Bildungsbeteiligung eröffnet werden.
- Prüfbare Kompetenzstandards sollen Voraussetzungen für eine stärker individuell ausgerichtete Förderung der Schüler/innen in allen Schulformen und auf allen Stufen des Schulsystems schaffen.
- Bildungsstandards lassen den Schulen einen stärkeren Freiraum für die innerschulische Lernplanung, die nicht mehr detailliert in Lehrplänen festgeschrieben werden muss.
- Mit Bezug auf die Bildungsstandards kann überprüft werden, ob die angestrebten Kompetenzen tatsächlich erworben wurden. Es lässt sich feststellen, inwieweit das Bildungssystem seinen Auftrag erfüllt hat (Bildungsmonitoring).

Die Entwicklung nationaler Bildungsstandards und deren Normierung am Institut für Qualitätsentwicklung im Bildungswesen (IQB) an der Humboldt-Universität zu Berlin (vgl. Köller 2007) bzw. die Entwicklung von Kerncurricula als bundeslandspezifische Operationalisierungen von Kompetenzerwartungen in den sich neu gründenden Qualitätsagenturen und darauf bezogene standardisierte Testverfahren, die in Schulleistungsstudien bzw. zentralen Lernstandserhebungen/Vergleichsarbeiten eingesetzt werden, nehmen die Empfehlungen der Expertise im Grundsatz auf.

Als problematisch wird in diesem Zusammenhang eingeschätzt, dass zurzeit noch zum Teil unabgestimmt in einigen Bundesländern eigene Standards entwickelt werden, bei denen nicht eindeutig ist, wie sie zu den KMK-Standards »passen«, und insbesondere, dass die Funktion der Standards in wesentlichen Bereichen unklar bleibt: Entgegen den Forderungen der wissenschaftlichen Expertise werden sie zurzeit als Regel-, nicht als Mindeststandards formuliert; sie werden teilweise schulformspezifisch ausgearbeitet und in Teilen entgegen ihrer Zielsetzung der Qualitätsentwicklung als Prüfungs- und Kontrollinstrumente konzipiert, ohne in ein umfassendes Konzept der ergebnisorientierten Schul- und Unterrichtsentwicklung eingepasst zu sein (vgl. dazu z.B. GEW 2003; Böttcher 2005; Oelkers/Reusser 2008).

Die Mittel zur Qualitätssicherung sind nach Oelkers (2003; 2005) international eindeutig, nämlich Zielsteuerung, Entwicklung von Standards und regelmäßige interne sowie externe Evaluation. Die amerikanische Historikerin Ravitch (1995) hat einen allgemeinen Vorschlag dargelegt, was unter »Standards« im Blick auf schulische Curricula begrifflich verstanden werden sollte. Sie unterscheidet drei Merkmale oder Dimensionen, nämlich Festlegung der

- Gehalte (*content standards*),
- Leistungsniveaus (*performance standards*) und
- Ressourcen, von denen die Möglichkeiten des Lernens bestimmt werden (*opportunity-to-learn standards*),

wobei die Standarddiskussion in der Bundesrepublik – mit der Perspektive, empirisch nachweisbare *performance standards* zu entwickeln – vor allem im Bereich der *content standards* geführt wird, wie sie aktuell als Kompetenzerwartungen in den KMK-Bildungsstandards für den Mittleren Schulabschluss oder den Hauptschulabschluss in den Fächern Deutsch, Mathematik und Erste Fremdsprache (Englisch/Französisch) sowie in den KMK-Bildungsstandards für die Primarstufe in den Fächern Deutsch und Mathematik und in den darauf bezogenen Kernlehrplänen der Bundesländer formuliert sind (vgl. z.B. Hofmann-Göttig/Eschmann/Daumen 2005).

Generell wird infolge der einzelschulübergreifenden Standardsetzung die Frage des Testens als Standardüberprüfung zu einer Schlüsselfrage des Systems. Amerikanische Erfahrungen zeigen, dass der Zusammenhang zwischen Standardisierung und Testing nicht unproblematisch ist (vgl. z.B. Orfield/Kornhaber 2001; Schirp 2006). Rigide Testprogramme können die Ungleichheit verstärken und die ohnehin gegebene Benachteiligung bestimmter Gruppen erhöhen; gute Testprogramme müssen aufwendig entwickelt werden, und der Aufwand macht nach Ansicht der einbezogenen Schulen nur Sinn, wenn er – über die Unterstützung einzelschulischer Entwicklungsmaßnahmen hinaus – auch bei den politischen Entscheidungsprozessen zur Verbesserung der Rahmenbedingungen genutzt wird.

5. Schulleistungsstudien und Vergleichsarbeiten als Motor für Schulentwicklung

In Deutschland hat sich – wie oben bereits ausgeführt – infolge der internationalen Vergleichsstudien TIMSS (vgl. Baumert u.a. 1997; Baumert/Bos/Lehmann 2000a; 2000b), PISA (vgl. Deutsches PISA-Konsortium 2001; PISA-Konsortium Deutschland 2004; 2007) und IGLU/PIRLS (Bos u.a. 2003; 2004; 2007) seit Mitte der 1990er-Jahre eine »empirische Wende« vollzogen. Kern dieses Wandels ist die – international seit Jahrzehnten geltende – Auffassung, dass die Qualität eines Bildungssystems über seinen Ertrag anhand der empirisch feststellbaren Wirkungen beurteilt werden sollte. Diese als Output- oder Ergebniskontrolle bezeichnete Vorstellung zeigt sich in zahlreicher werdenden Evaluationsstudien zum fachlichen Leistungsstand von Schüler/innen. Prominente Beispiele sind die Länderprojekte LAU in Hamburg (LernAusgangslagen-Untersuchung; vgl. Lehmann/Peek 1997; Lehmann/Gänsfuß/Peek 1999; Lehmann u.a. 2001, 2004; Trautwein u.a. 2007), QuaSUM in Brandenburg (Qualitätsuntersuchung an Schulen zum Unterricht in Mathematik; vgl. Lehmann u.a. 2000) oder MARKUS (Mathematik-Gesamterhebung Rheinland-Pfalz; vgl. Helmke/Jäger 2002) sowie das im Auftrag der Kultusministerkonferenz durchgeführte Projekt DESI (Deutsch Englisch Schülerleistungen International; vgl. Klieme/Beck 2007; Klieme u.a. 2008), bei denen es in erster Linie darum geht, mehr (Bildungs-)Systemwissen für planerisches Handeln zu erhalten (Systemmonitoring; vgl. Bos/Postlethwaite 2001; Bos/Schwippert 2002).

Daneben führen aktuell nahezu alle Bundesländer zentrale Vergleichsarbeiten bzw. Lernstandserhebungen durch, die stärker darauf abzielen, Lehrer/innen zu unterstützen, die Leistungen ihrer Schüler/innen an Kriterien und Standards zu messen, eine schulübergreifende Standortbestimmung vornehmen zu können und Ansatzpunkte für die Weiterentwicklung ihres Unterrichts zu liefern. Leitend ist der Grundgedanke einer Professionalisierung des fachlichen Diskurses innerhalb von Schulen zu mehr ergebnisorientierter Schul- und Unterrichtsentwicklung.

Während es inzwischen großen Konsens über die Notwendigkeit einer empirischen Bestandsaufnahme und Rechenschaftslegung gibt, tritt die Frage der Nutzung der ermittelten Leistungsdaten für die Schul- und Unterrichtsentwicklung vor Ort erst allmählich in den Fokus theoretischer Überlegungen und praktischer Strategien (vgl. Rolff 2002; Hosenfeld/Groß Ophoff 2007). Was wissen wir bisher darüber, inwieweit externe Evaluationsdaten über fachliche Leistungen in den Schulen in dem gemeinten Sinn genutzt werden?[1] Hier lohnt zunächst ein Blick auf solche Studien, die sich systematisch damit auseinandergesetzt haben, wie Schulen mit schul- und klassenbezogenen Ergeb-

---

1 Die Frage, in welcher Weise die Schulministerien der Bundesländer die Ergebnisse der vergleichenden Schulleistungsstudien rezipieren und in welcher Weise sie darauf handelnd reagieren, bleibt hier unberücksichtigt (vgl. dazu Dedering/Kneuper/Tillmann 2003, die im Projekt MISTEL [Ministerielle Steuerung und Leistungsvergleichsstudien] dieser Fragestellung im Kontext von PISA in ausgewählten Bundesländern nachgehen).

nisrückmeldungen im Kontext der groß angelegten Leistungsstudien IGLU (vgl. Schwippert 2004), LAU (vgl. Klug/Reh 2000), MARKUS (vgl. Schrader/Helmke 2004), PISA (vgl. Watermann/Stanat 2004) und QuaSUM (vgl. Peek 2004b) umgegangen sind.

Übergreifend gilt nach den Befunden dieser Studien, dass die erfolgreiche Rezeption und Umsetzung von Evaluationsergebnissen von einer Vielzahl von Bedingungen abhängt. Herauszuheben sind dabei Voraussetzungen in der Gestaltung der Rückmeldungen, Vorwissen, Einstellungen, Motivation und Handlungskompetenz der Lehrkräfte in den Schulen und schließlich Unterstützungsleistungen aufseiten der eine Schule begleitenden Institutionen (insbesondere Schulaufsicht und Fortbildungseinrichtungen). Die Kernergebnisse der Rezeptionsstudien konzentrieren sich auf folgende Punkte (vgl. Peek 2004a; Kohler/Schrader 2004):

- Die Schülerleistungen werden in der Regel als schul- oder klassenweise aggregierte Werte oder als Verteilungen innerhalb der Klasse wiedergegeben, wobei die Gesamtwerte zum Teil durch differenzierte Leistungsprofile ergänzt werden. Die Darstellung der Werte wird dabei in der Regel so gewählt, dass der Standort einer Klasse im Rahmen einer größeren Gruppe von Klassen erkennbar wird. Durchgesetzt hat sich die Strategie, wonach im Sinne der Fairness ebenfalls Vergleiche mit Klassen mit ähnlichen Kontextbedingungen angeboten werden. Zusätzlich zu dieser vergleichenden Information (soziale Bezugsnorm) werden Auskünfte darüber gegeben, was die Schüler/innen schon können bzw. noch nicht können (kriteriale Bezugsnorm). Die Ergebnisrückmeldungen werden – bei aller Neugierde und aller Spannung gegenüber den (fairen) empirischen Vergleichswerten – von Lehrer/innen deutlich eher dann als Ansatzpunkt für die Reflexion über geleistete Arbeit und Handlungsnotwendigkeiten angenommen, wenn zusätzlich und möglichst dominierend kriteriale Vergleichsmaße angeboten werden.
- Die in den Rezeptionsstudien zu PISA und Co. aufwendig gestalteten Auswertungs- bzw. Interpretationsanleitungen und ausführlichen Glossare setzen ein Grundverständnis von empirischer Sozialforschung voraus, das in der Lehrerschaft ganz offensichtlich (noch) nicht durchgängig vorhanden ist. Es ist zweifelhaft, inwiefern die angesprochenen Lehrkräfte aufgrund fehlender methodischer und statistischer Grundkenntnisse die schriftlichen Rückmeldeformate angemessen rezipieren. Insbesondere gilt das für eine mögliche Unter- oder Überschätzung von Differenzen zwischen dem eigenen Klassenwert und zentralen Vergleichswerten.
- Die Verantwortung für den Umgang mit den Ergebnissen ist bei allen bislang angesprochenen Studien in die Verantwortung der Schulen gelegt, wobei besonders qualifizierte Moderatorinnen und Moderatoren für Leistungsuntersuchungen und die Schulaufsicht als Berater hinzugezogen werden konnten. Die Schulen haben dieses Unterstützungsangebot bei den großen Leistungstests kaum bis gar nicht angenommen. Es ist zu vermuten, dass hier Fragen des Vertrauensschutzes und der zugebilligten Kompetenz bei der Beurteilung der externen Evaluationsdaten über die eigene Schule eine entscheidende Rolle spielen, ob Schulen auf Beraterteams zurückgreifen.

- Die Reaktionen der unmittelbar beteiligten Lehrkräfte, deren Klassen in die Studien einbezogen waren, pendeln zwischen Interesse und Abwehr. Neugierde und die grundsätzliche Bereitschaft zur vergleichenden Auseinandersetzung mit den Lernergebnissen der eigenen Schüler/innen sind durchweg hoch. Dagegen steht allerdings auch: In der aktuellen Schullandschaft, in der Lernen weniger als kumulativer Prozess gesehen wird, der sich über Jahre hinweg zu erreichenden Kompetenzen aufbaut, sondern eher als etwas, das unmittelbar auf den gerade erteilten Unterricht einer bestimmten Lehrkraft bezogen wird, erscheint ein produktiver Umgang mit externen Evaluationsergebnissen problematisch. Ein schulöffentlicher Umgang mit Klassenergebnissen ist dann schwierig und führt zu Abwehrreaktionen bei den betroffenen Lehrkräften, wenn eine Analyse in doppelter Hinsicht »Privatsache« bleibt: Privatsache, indem sich die beteiligte Lehrkraft allein mit den Ergebnissen der eigenen Klasse beschäftigt; Privatsache auch, indem die Ergebnisse allein den gerade unterrichtenden Kolleginnen und Kollegen zugeschrieben werden.

Deutlicher als Schulleistungsstudien wie PISA oder QuaSUM zielen Lernstandserhebungen/Vergleichsarbeiten in ihrem Konzept darauf, mittels empirischer Daten zu erreichten bzw. erreichbaren Leistungen von Schüler/innen innerhalb von Schulen dateninduziert Schul- und Unterrichtsentwicklung zu fördern. Lernstandserhebungen beziehen sich wie die Schulleistungsstudien auf umfassendere Lern- bzw. Kompetenzentwicklungen (bisher erreichte Fertigkeiten, Fähigkeiten, Kenntnisse) und nicht wie Klassenarbeiten auf das unmittelbar vorangegangene Unterrichtsgeschehen. Damit steht die Überprüfung kumulativen, systematisch vernetzten Lernens, wie es in der Expertise »Zur Entwicklung nationaler Bildungsstandards« (vgl. Klieme u.a. 2003, S. 17ff.) gefordert wird, im Mittelpunkt.

Vergleichsarbeiten mit jeweils allen Schüler/innen in den Klassenstufen 3 und 8 haben in einigen Bundesländern Tradition. So hat z.B. Rheinland-Pfalz im Jahr 2003 das Projekt VERA (Vergleichsarbeiten in der Grundschule) mit den Fächern Deutsch und Mathematik gestartet; an dem Vorhaben haben sich eine Reihe weiterer Länder beteiligt. In der Sekundarstufe I erfolgen z.B. in Nordrhein-Westfalen seit 2004 Vergleichsarbeiten unter der Bezeichnung Lernstandserhebungen in den Fächern Deutsch, Englisch und Mathematik. Hier werden unter Beteiligung erfahrener Lehrkräfte Aufgaben entworfen und Tests nach psychometrischen Verfahren zusammengestellt, die dann landesweit normiert werden. Die Vergleichsarbeitsprojekte werden zunehmend länderübergreifend ausgelegt. So liegt die Federführung bei den Vergleichsarbeiten in der Jahrgangsstufe 8 ab dem Schuljahr 2008/2009 beim Institut zur Qualitätsentwicklung im Bildungswesen (IQB) und VERA 3 wird im größeren Länderverbund von der Universität Landau koordiniert.

Die Vergleichsarbeiten werden zentral gestellt, in den Schulen nach einheitlichen Vorgaben von Lehrkräften administriert und ausgewertet, und die Ergebnisse werden internetbasiert eingegeben. Die Daten werden dann zentral aufbereitet und den Schulen mit landesweiten bzw. länderübergreifenden Vergleichswerten (auch unter Berücksichtigung schulischer Kontextbedingungen adjustiert) und auf der Folie der in den

Bildungsstandards/Kernlehrplänen formulierten Kompetenzerwartungen kommentiert rückgemeldet. Primärer Adressat sind die Lehrkräfte und die Fachkonferenzen der beteiligten Schulen. Sie sind aufgefordert, mit den externen Evaluationsdaten einen professionellen Diskurs über erreichte und erreichbare Standards zu führen und empiriegestützt kompetenzorientierte Unterrichtsentwicklung zu forcieren. Über die für Klassen/Kurse, Jahrgangsstufen und Schulformen erhobenen Befunde hinaus liegen mit den Vergleichsarbeiten auch Ergebnisse für einzelne Schüler/innen vor, an die Förderkonzepte gekoppelt werden können.

Die Argumentation der Lernstandserhebungen bzw. Vergleichsarbeiten (vgl. Bonsen/Büchter/Peek 2006; Peek/Dobbelstein 2003, 2006b; Orth 2005a) folgt weitgehend diesen Überlegungen:

- Zunehmend selbstständig werdende Schulen brauchen klare Orientierungen darüber, was von ihnen erwartet wird. Dies sollen Bildungsstandards und Kernlehrpläne leisten, die eindeutiger als traditionelle Lehrpläne ausweisen, über welche Kompetenzen Schüler/innen zu bestimmten Zeitpunkten ihres Bildungsganges verfügen sollen.
- Im Interesse einer qualitätsorientierten Selbststeuerung müssen Schulen ihre Arbeit überprüfen. Über diese Selbstevaluation hinaus geben regelmäßige zentrale Lernstandserhebungen den Schulen differenzierte Rückmeldung darüber, inwieweit Standards tatsächlich erreicht wurden.
- Lernstandserhebungen zeigen, welche Stärken und Schwächen Schüler/innen bezogen auf fachliche Anforderungen der Lehrpläne haben und wie die Lernergebnisse im Vergleich zu anderen Schulen der eigenen Schulform einzuschätzen sind.
- Lehrer/innen wie auch die Fachkonferenzen können sich auf der Grundlage solcher Daten mit den Ergebnissen ihres Unterrichts auseinandersetzen und gezielt Strategien für die Unterrichtsgestaltung entwickeln.

Zentrale Lernstandserhebungen bzw. Vergleichsarbeiten sollen Lehrer/innen helfen, die Leistungen ihrer Schüler/innen an Kriterien und Standards zu messen und eine schulübergreifende Standortbestimmung vorzunehmen. Ihre Ergebnisse zeigen für ausgewählte fachliche Schwerpunkte, in welchen Bereichen Lerngruppen leistungsstark sind und wo sich Förderbedarf ergibt. Sie gelten damit als eine wichtige Grundlage für die Weiterentwicklung des Unterrichts. Zentrale Lernstandserhebungen bzw. Vergleichsarbeiten konzentrieren sich eher auf Klassenstufen am Ende der Schulformen; hier ergeben sich Potenziale, die Klassen- bzw. Kursergebnisse als Konsequenz der unterrichtlichen Arbeit in der Schule insgesamt zu begreifen und zu diskutieren.

Schulen administrieren die Tests nach standardisierten Durchführungsanleitungen selbst, sie werten die Schülerarbeiten nach vorgegebenen Auswertungsanleitungen aus, geben die Daten via Internet in Eingabemasken ein und rufen ihre Ergebnisse und die von Vergleichsgruppen dort ab.

Nachhaltigkeit aus den Rückmeldeverfahren zeichnet sich weniger auf der Ebene der einzelnen Lehrkräfte als auf der Ebene der Fachgremien ab. Aus den Erfahrungen der Rezeptionsstudie zu QuaSUM (vgl. Peek 2004b) und vor dem Hintergrund der vorliegenden Befunde zu Gelingensbedingungen bei Schulentwicklungsprozessen (vgl. Rolff 2001) sind die Fachkonferenzen und Fachgruppen an den Schulen zum primären Adressatenkreis der Ergebnisse aus zentralen Lernstandserhebungen geworden – in der Überzeugung, dass an einer Schule zuallererst aus diesen Gremien heraus datenbasierte Unterrichtsentwicklung in den Fächern erfolgen kann. In diesem Sinne ist Nachhaltigkeit für die Schul- und Unterrichtsentwicklung aus Feedback-Strategien auch insbesondere in den Schulen zu erwarten, in denen kooperative Arbeitsformen bereits etabliert sind.

Der Vorteil von Lernstandserhebungen liegt – so das Konzept – in der Ermöglichung eines »erweiterten Blicks« auf das Leistungsprofil der Schülerschaft der eigenen Schule mit curriculumorientierten (kriteriale Bezugsnorm) und bezugsgruppenorientierten (soziale Bezugsnorm) Vergleichsmöglichkeiten, die im Schulalltag normalerweise nicht zur Verfügung stehen. Hosenfeld (2005) betont in seiner Rezeption der Forschungslage zu schulischen Strategien im Umgang mit Leistungsdaten – insbesondere im Kontext von VERA (vgl. Helmke/Hosenfeld 2005) –, dass der erste Schritt der pädagogischen Nutzung eine möglichst umfassende und systematische Analyse der förderlichen und hinderlichen Bedingungen sein sollte, um potenzielle Ursachen für das erzielte Ergebnis zu ermitteln. Die Logik des Vorgehens orientiert sich im Idealfall an einem wissenschaftlichen Vorgehen: Im Anschluss an die Eingrenzung möglicher Ursachen geht es darum, Verbesserungsmaßnahmen zu planen, durchzuführen und schließlich auf ihre Wirksamkeit hin zu untersuchen. Dieser Schritt ist leichter, wenn er gemeinsam vollzogen wird, weil so das Wissen und die Erfahrungen einer Gruppe (Fachgruppe, Kollegium) genutzt werden können. Hinweise, in welchen Bereichen eine vertiefte Beschäftigung besonders gewinnbringend sein dürfte, können seiner Einschätzung nach auch aus dem Vergleich der eigenen, noch vor der Durchführung möglichst konkret formulierten Erwartungen mit den tatsächlichen Ergebnissen gewonnen werden.

Auf dieser Grundlage stellen sich für die einzelne Fachlehrkraft wie auch für die Fachgruppe bzw. die Fachkonferenz einer Schule Fragen wie die folgenden, die Grundlage für gezielte unterrichtliche Schwerpunktsetzungen sein können (vgl. dazu die Vorlage für nordrhein-westfälische Schulen im Rahmen der Lernstandserhebungen, z.B. in Achilles u.a. 2007; Peek/Dobbelstein 2006a; Dobbelstein/Peek 2008):

1. **Individuelle Auswertung auf der Ebene der Fachlehrkräfte**
   - Welche Ergebnisse sind auffällig, unerwartet oder erklärungsbedürftig?
   - Sind die Schwierigkeiten offensichtlich grundsätzlicher Natur oder auf einen bestimmten Bereich oder Aufgabentypus bezogen?
   - Gibt es Hinweise auf mangelnde Anstrengungsbereitschaft, mangelndes Instruktionsverständnis oder mangelnde Testschläue der Schüler/innen?
   - Handelt es sich bei den Fehlerschwerpunkten um zufällige oder systematische Fehler?
   - In welchem Verhältnis stehen die Ergebnisse zu Zeugnisnoten, Parallelarbeiten und/oder Klassenarbeiten?

- Sind die getesteten Teilleistungsbereiche und Kompetenzen im Unterricht angemessen geschult worden?
- Gibt es bestimmte »Dimensionen« (bei Schreibaufgaben) mit besonders auffälligen Ergebnissen? Wie lassen sie sich deuten?
- Welche Konsequenzen müssen in der Fachgruppe, welche in der Konferenz besprochen werden?

2. **Auswertung auf der Ebene einer Fachgruppe (Lehrkräfte der Jahrgangsstufe)**
   - Austausch der Erfahrungen bei der Vorbereitung, Durchführung und Auswertung der Lernstandserhebungen.
   - Sichtung der Ergebnisse der Klassen: Zeigen sich ähnliche Muster in allen Klassen? Liegen die Ergebnisse im Bereich der eigenen Erwartungen?
   - Auffälligkeiten: Gibt es spezielle »Ausreißer«? Welche möglichen Ursachen lassen sich benennen? Wie können diese Bedingungen (kurzfristig, mittelfristig) geändert werden? Wer muss dafür angesprochen werden?
   - Erste Beschreibung möglicher Ursachen für Defizite im Hinblick auf inhaltliche und methodische Vernetzung des schulinternen Lehrplans mit den Vorgaben des Kernlehrplans.
   - Erste Beschreibung möglicher Ursachen für Defizite im Hinblick auf eine mögliche inhaltliche Ferne des Lehrwerks zur »Philosophie« des Kernlehrplans.
   - Erarbeitung einer Ergebnisvorlage für die Fachkonferenz.

3. **Auswertung auf der Ebene der Fachkonferenz**
   - Welche Aufgaben schauen wir uns genauer an (Auffälligkeiten, erwartungswidrige Ergebnisse, Extremwerte, Parallelklassenvergleich, Jahrgangsstufenvergleich, Referenzwerte)?
   - Welche Auffälligkeiten bestehen bei den Kompetenzniveaus (Bezugsgruppenvergleiche, genauere Betrachtung der inhaltlichen Dimensionen der einzelnen Kompetenzniveaus, erwartungswidrige Ergebnisse einzelner Schüler/innen)?
   - Wie erklären wir uns bestimmte Ergebnisse? Zum Beispiel durch Rahmenbedingungen (z.B. Nutzungsmöglichkeiten von PCs), Sprach-/Lesekompetenz (Vergleich z.B. mit Ergebnissen im Lesen), Materialien (Schulbuch etc.), Schüler-/Gruppenzusammensetzung (Geschlecht, Migranten …), Lehrerwechsel, Stoffverteilung in den vorangehenden Schuljahren, Zusammenhang zwischen Fachleistung und Lernmotivation, Kommunikationsstrukturen in der Fachgruppe, Unterrichtsausfall oder »Verstärkungsunterricht«.
   - Welche Konsequenzen ergeben sich für die geprüfte Jahrgangsstufe und/oder das Fach in den vorausgehenden Jahrgangsstufen? Zum Beispiel Kernlehrpläne stärker in den Blick nehmen, veränderte Aufgabenkultur, erweiterte Methodenvielfalt, Schüler-/Gruppenzusammensetzung (Gruppengröße in den Grundkursen), Stärkung des Teamgedankens (fachbezogen), Fördermaßnahmen für einzelne Schüler(-gruppen).

Mit der Verpflichtung der Schulen, in den schulischen Gremien, insbesondere in der Schulkonferenz, über die Ergebnisse, Ursachenerklärungen und Konsequenzen zu berichten, wird ein Impuls gegeben, dass der Auswertungsprozess an den Schulen nicht nur bei oberflächlicher Betrachtung und einfacher Erklärung verbleibt, sondern mit der notwendigen Ernsthaftigkeit umgesetzt wird. Dem schulischen Verarbeitungsprozess nachgelagert ist die Berichterstattung an die Schulaufsicht, in der die Schule ihre Aufarbeitung entsprechend einem vorgegebenen Berichtsraster darlegen muss. Damit eröffnet sich die Chance für die Schulaufsicht, Einsicht in die spezifischen Situationen an den Schulen zu gewinnen, ggf. auch kritisch nachzufragen und im Sinne einer allgemeineren Auswertung auch Schulen mit besonderem Unterstützungsbedarf zu identifizieren.

Es gibt keinen Automatismus positiver Effekte. Sicher ist: Inwieweit Lernstandserhebungen bzw. Vergleichsarbeiten positive Impulse in die Schulen bringen und dazu beitragen, fachdidaktische und pädagogische Zielperspektiven weiterzuentwickeln, hängt – das zeigen die Evaluationsbefunde in der Grundschule und in der Sekundarstufe I (vgl. Bonsen/Büchter/Peek 2006; Kühle/Peek 2007; Groß Ophoff/Hosenfeld/Koch 2007) – entscheidend von der Qualität der Testaufgaben, von der Auseinandersetzung und Akzeptanz von Lernstandserhebungen in den Kollegien und insbesondere vom Umgang mit den Ergebnissen sowohl in den Schulen als auch aufseiten der Bildungspolitik ab. Schulen müssen mit den Aufgaben etwas anfangen können (Anknüpfung an schulische Aufgabenkultur und Unterrichtspraxis). Aufgaben dürfen die Philosophie und die fachdidaktischen Anliegen eines Faches nicht konterkarieren (sie dürfen nicht zu bloßen Übungsformaten des Unterrichts werden). Lehrkräfte brauchen gute Auswertungs- und Beurteilungshinweise (typische Fehlermuster, Beurteilungskriterien, Schwierigkeitsgrade und Teilanforderungen etc.; vgl. dazu Burkard/Peek 2004). Es muss gelingen, Lernstandserhebungen bzw. Vergleichsarbeiten so zu etablieren, dass sie zu einem Anliegen von Schulen werden und sich ihr Potenzial für Schul- und Unterrichtsentwicklung entfalten kann.

Viele Fragen dazu, wie Schulen mit extern erhobenen Evaluationsdaten aus Lernstandserhebungen bzw. Vergleichsarbeiten über die Leistungsstände ihrer Schüler/innen umgehen, sind derzeit noch offen. Erste Rezeptionsstudien lassen aber jetzt schon erkennen, dass der Themenkreis »externe Evaluation« selbstverständlicher Teil der Lehrerausbildung und auch der Schulung von Schulleitungen werden muss. Die Einbettung externer Evaluationen in lokale Schulentwicklungsprozesse wird mittel- und langfristig vermutlich nur dann gelingen, wenn Lehrkräfte kompetent mit den Ergebnissen von Leistungsstudien und zentralen Vergleichsarbeiten umgehen können, d.h. wenn sie sowohl ihre Potenziale nutzen als auch ihre Grenzen erkennen können.

Das bundesweite Netzwerk »EMSE«, das seit 2004 zweimal im Jahr die Fachleute der Ministerien bzw. Landesinstitute aller Bundesländer zum Themenzusammenhang der empirisch orientierten Schulentwicklung versammelt, hat in einem Positionspapier Anforderungen an Lernstandserhebungen/Vergleichsarbeiten formuliert (EMSE-Netzwerk 2008). Die Anforderungen decken sich mit den Evaluationsbefunden zu den Lernstandserhebungen in Nordrhein-Westfalen aus den Jahren 2004 und 2005 (vgl. dazu Bonsen/Büchter/Peek 2006; Kühle/Peek 2007; Peek/Dobbelstein 2006a):

- *Akzeptanz:* Die Lehrkräfte müssen die Tests – eng orientiert an standardisierenden Durchführungsanleitungen – selbst durchführen und auf der Grundlage von Auswertungsanleitungen auswerten. Damit ist es unerlässlich, dass sie dieses Instrument ernst nehmen und als für ihre schulische Arbeit sinnvoll und nützlich erachten. Die nötige Akzeptanz kann allerdings nur erreicht werden, wenn das Testkonzept und die Testaufgaben nicht jeweils erreichte fachdidaktische Diskussionsstände konterkarieren. So wird in der Lehrerschaft sehr kritisch darauf geachtet, inwieweit die Tests und die Aufbereitung der Ergebnisse kompatibel sind zu den »Fachphilosophien« der Fachdidaktik und der Unterrichtspraxis. Dass beides nicht unbedingt deckungsgleich ist, erschwert die Konsensbildung zusätzlich.

  Neue Instrumente müssen ihre Nützlichkeit erst erweisen, sodass über einige Jahre hinweg Erfahrungen mit Lernstandserhebungen an den Schulen gemacht werden müssen. Dabei gilt es, die Testkonzepte, Rückmeldeformate und fachlichen Kommentierungen so weiterzuentwickeln, dass Schulen möglichst arbeitsökonomisch und effektiv damit arbeiten können. Darüber hinaus bedarf es der intensiven Diskussionen mit der Fachöffentlichkeit über Testaufgaben und Testkonzepte.

  Ein entscheidender Beitrag zur Erhöhung der Akzeptanz liegt im Angebot »fairer Vergleiche«, d.h. der Rückmeldung von Vergleichswerten aus Schulen, die unter ähnlichen Bedingungen arbeiten wie die eigene Schule (vgl. Peek 2006; Bonsen u.a. 2008). Dieses Angebot wird einerseits als fairer betrachtet, als wenn lediglich die Schulform die Orientierungswerte bietet. Die Ergebnisse werden andererseits für die eigene Arbeit durchaus ernster genommen, da Erklärungsmuster, die bloß auf bessere Ausgangsbedingungen der anderen Schulen verweisen, hier nicht greifen.

- *Kompetenzen und Praktikabilität:* In engem Zusammenhang mit der Akzeptanz steht die Frage, wie praktikabel Lernstandserhebungen im Berufs- und Schulalltag sind. Die Tests müssen von den Lehrer/innen in der Regel selbst administriert und ausgewertet, die Ergebnisdaten aller Schüler/innen in eine Datenbank eingegeben und die Ergebnisse, fachlichen Kommentierungen und sämtliche Erläuterungen von einem Server heruntergeladen werden. Damit stellen sich Anforderungen an die Medienkompetenz, die für viele neu sind.

  Von entscheidender Bedeutung ist, dass Rückmeldeformate nicht in ihrer Komplexität überfordern, sondern ohne große Einarbeitung die für Schulen interessanten Informationen erschließen lassen. Auch hier muss weiter Erfahrung gesammelt werden. Wenn z.B. in Nordrhein-Westfalen im ersten Durchgang der Lernstandserhebungen 2004 alle Parallelklassenergebnisse mit Konfidenzintervallen in eine Grafik projiziert wurden, wundert es nicht, dass aus den Schulen eher kritische Hinweise kamen. Werden hingegen nur dann Vergleichswerte eingeblendet, wenn sie statistisch signifikant abweichen, erhöht dies die Transparenz, und den Fachkonferenzen werden unmittelbar Anknüpfungspunkte für ihre Beratungen aufgezeigt.

  Datengestützte Schul- und Unterrichtsentwicklung erfordert bei aller Sorgfalt, die Datenrückmeldung schul- und lehrernah anzubieten, ein gewisses Grundverständnis empirisch orientierter Verfahren und Begriffe (Lösungsquoten, statistische Signifikanz, Potenziale und Grenzen von Testaufgaben versus Lernaufgaben etc.). Dies muss über begleitende Materialien sowie über Angebote im Internet und in der Lehrerfortbildung aufgebaut werden, sodass die Kollegien zunehmend souveräner mit diesen Verfahren umzugehen lernen.

Schließlich wird immer wieder kritisch zu prüfen sein, ob aus der Perspektive der Lehrkräfte Aufwand und Ertrag in eine Balance gebracht sind. Hier ergibt sich ein Dilemma: Kompetenzniveau-Skalierungen benötigen eine hinreichend große Itemzahl, sodass der Auswertungs- und Dateneingabeaufwand für die Lehrkräfte nur auf Kosten der Breite des Faches, also durch die Ausblendung bestimmter Bereiche des Faches, verringert werden kann. Vor diesem Hintergrund müssen in Lernstandserhebungen fachliche Schwerpunkte gesetzt werden. Eine zu starke Reduzierung auf nur einen Bereich in einem Testjahr (z.B. nur Leseverstehen oder nur Schreiben in Englisch) ist aus fachlicher Sicht jedoch kaum akzeptabel, da von einem solchen Test falsche Signale in das Fach ausgingen und der fachliche Ertrag bei der Auswertung zu gering ausfallen würde.

- *Dignität der Daten:* Lernstandserhebungen sind ein Instrument, mit dem die Schulen selbstverantwortlich umgehen müssen. Die Lehrkräfte führen den Test durch, werten ihn aus und geben die Daten ein. Dies führt sicherlich vor Ort an der einen oder anderen Stelle zu Unregelmäßigkeiten bei der Testdurchführung (Hilfestellungen, Tipps, Abschreiben …) und auch bei der Auswertung in Einzelfällen zu »wohlwollenden« oder strengeren Zuordnungen zu Lösungsstufen. Bei der Interpretation der Daten müssen Schulen dies berücksichtigen; die Daten geben wichtige Hinweise, sie sind allerdings nicht so belastbar wie Daten von Schulleistungsvergleichsstudien, die mit externer Testdurchführung und externen Ratern arbeiten. Lernstandserhebungen sind ein Evaluationsinstrument, das seine Potenziale nur dann wirklich entfalten kann, wenn es auch ernsthaft eingesetzt wird. Andernfalls entsteht den Lehrer/innen relativ viel Aufwand für einen kaum mehr brauchbaren Ertrag. Damit schließt diese Dimension wieder unmittelbar an die Akzeptanz, die das Instrument zur Unterstützung der schulischen Arbeit gewinnt, an.

  Daneben gilt: Durch gewissenhafte Entwicklungs- und Pilotierungsarbeiten der Tests und durch ein angemessenes System zur Qualitätssicherung selbst (Zweitcodierung von Testheften, wissenschaftlich fundierte Testkonstruktion und Auswertungsstrategien) muss sichergestellt werden, dass die Daten insgesamt tragfähig und belastbar sind.

- *Kooperation und Organisation:* Adressaten der Lernstandserhebungen sind nicht primär die einzelnen Fachlehrkräfte, sondern die Fachgruppen und Fachkonferenzen. Sie sollen die Ergebnisse ihrer Schule interpretieren, Ursachen benennen und Konsequenzen für die Unterrichtsentwicklung ziehen. Dies erfordert eine fachliche Kommunikations- und Kooperationskultur an den Schulen, die sich realistisch gesehen an vielen Schulen erst entwickeln muss.

  Die Fachkonferenzen sind in der Regel überfordert, wenn sie mit dem gesamten Material konfrontiert werden. Hier ist die zielgerichtete Vorbereitung der Sitzungen

(Auswahl der zu besprechenden Aspekte/Aufgaben, Ausdruck der fachlichen Aufgabenkommentare und der Kompetenzniveaubeschreibungen etc.) eine Schlüsselvariable für eine gelingende fachliche Arbeit.

Leistungs- und Einstellungsvergleiche in wissenschaftlichen Studien wie PISA und Co. und insbesondere jahrgangsstufen- sowie klassenbezogene Rückmeldungen aus Lernstandserhebungen/Vergleichsarbeiten erlauben Schulen eine allgemeine Standortbestimmung, eine vergleichende Orientierung an Durchschnittswerten für ihre Schulform bzw. an statistisch erwarteten Werten für ihre Jahrgangsstufen sowie für Klassen oder Kurse. Sie liefern jedoch nur begrenzt Aufschluss über mögliche schulische Ursachenzusammenhänge und erst recht keine Konzepte zur Beseitigung eventuell erkannter Defizite. Nach diesem Verständnis ist dateninduzierte Schulentwicklung als unterstützendes Moment im Prozess der Qualitätsverbesserung von Einzelschulen zu sehen. Konzeptionell dienen die Rückmeldungen in Verbindung mit fachlichen Kommentierungen der Tests und mit übergreifenden Berichtergebnissen als extern erhobener Auslöser für schulinterne Reflexionen und Handlungsschritte im Zusammenhang von Rechenschaftslegung und Qualitätsentwicklung.

Schulleitungen nehmen in der Diskussion eine Schlüsselposition ein. Als Anforderung gilt, dass sie – neben den Verantwortlichen im Rahmen der Fachkonferenzen –

- das Konzept von Standardsetzung im Sinne der Bildungsstandards bzw. der Kernlehrpläne kennen und in das Kollegium vermitteln können,
- in ihrer Schule den Zusammenhang von Bildungsstandards, Schulleistungsstudien, Lernstandserhebungen/Vergleichsarbeiten und schulischem Qualitätsmanagement transparent machen können und
- Möglichkeiten und Grenzen der pädagogischen Nutzung von Lernstandserhebungen bzw. Vergleichsarbeiten kennen und deren Potenziale in den Schulalltag einspeisen.

In dem Maße, in dem auf der Grundlage transparenter und fairer Vergleiche ein Beitrag zu einer ehrlichen und angemessenen Bilanzierung von Schülerleistungen geleistet wird, werden Schulen dies für eine ergebnisorientierte Schul- und Unterrichtsentwicklung nutzen.

Literaturverzeichnis

Achilles, H./Kliemann, S./Kusnierek, F.J./Peek, R./Pallack, A.(2007): Umgang mit den Materialien der Lernstandserhebungen. In: Ministerium für Schule und Weiterbildung des Landes Nordrhein-Westfalen (Hrsg.): Lernstandserhebungen Mathematik in Nordrhein-Westfalen. Impulse zum Umgang mit zentralen Tests. Stuttgart, S. 47–90.
Ackeren, I. van/Goy, M./Schwippert, K. (2008): Ein halbes Jahrhundert internationale Schulleistungsstudien. Eine systematische Übersicht. In: Tertium Comparationis 14, H. 1, S. 77–107.
Altrichter, H./Radnitzky, E./Specht, W. (1994): Innenansichten guter Schulen. Wien.

Arnold, K.H. (1999): Fairneß bei Schulsystemvergleichen. Diagnostische Kompetenzen von Schulleistungsstudien für die unterrichtliche Leistungsbewertung und binnenschulische Evaluation. Münster.

Artelt, C. (2007): Externe Evaluation und einzelschulische Entwicklung – ein zukunftsreiches Entwicklungsverhältnis? In: Buer, J. van/Wagner, C. (Hrsg.): Qualität von Schule. Ein kritisches Handbuch. Frankfurt a.M., S. 131–140.

Avenarius, H./Döbert, H./Isermann, K./Kimmig, T./Seeber, S./Schmitz, M./Zieper, N. (2004): Wissenschaftliche Begleitung des »Modellvorhabens eigenverantwortliche Schule (MeS)« im Land Berlin. Bericht über die Ausgangserhebung. Berlin/Frankfurt a.M.: Deutsches Institut für Internationale Pädagogische Forschung (DIPF).

Bastian, J. (Hrsg.) (1998): Pädagogische Schulentwicklung, Schulprogramm und Evaluation. Hamburg.

Baumert, J./Bos, W./Lehmann, R.H. (Hrsg.) (2000a): Mathematische und physikalische Kompetenzen am Ende der gymnasialen Oberstufe. Opladen.

Baumert, J./Bos, W./Lehmann, R.H. (Hrsg.) (2000b): TIMSS/III. Dritte Internationale Mathematik- und Naturwissenschaftsstudie. Mathematische und naturwissenschaftliche Bildung am Ende der Schullaufbahn. Band I: Mathematische und naturwissenschaftliche Grundbildung am Ende der Pflichtschulzeit. Opladen.

Baumert, J./Lehmann, R./Lehrke, M./Schmitz, B./Clausen, M./Hosenfeld, I./Köller, O./Neubrand, J. (1997): TIMSS. Mathematisch-naturwissenschaftlicher Unterricht im internationalen Vergleich. Deskriptive Befunde. Opladen.

Bonsen, M./Bos, W./Gröhlich, C. (2007): Die Relevanz von Kontextmerkmalen bei der Evaluation der Effektivität von Schulen. In: Zeitschrift für Evaluation, H. 1, S. 165–174.

Bonsen, M./Bos, W./Gröhlich, C./Wendt, H. (2008): Bildungsrelevante Ressourcen im Elternhaus. Indikatoren der sozialen Komposition der Schülerschaften an Dortmunder Schulen. In: Stadt Dortmund. Der Oberbürgermeister (Hrsg.): Erster kommunaler Bildungsbericht für die Schulstadt Dortmund. Schulentwicklung in Dortmund. Münster, S. 125–149.

Bonsen, M./Büchter, A./Peek, R. (2006): Datengestützte Schul- und Unterrichtsentwicklung. Bewertungen der Lernstandserhebungen in NRW durch Lehrerinnen und Lehrer In: Bos, W./Holtappels H.G./Pfeiffer, H./Rolff, H.G./Schulz-Zander, R. (Hrsg.): Jahrbuch der Schulentwicklung, Band 14. Daten, Beispiele und Perspektiven. Weinheim/München, S. 125–148.

Bos, W./Holtappels H.G./Pfeiffer, H./Rolff, H.G./Schulz-Zander, R. (Hrsg.) (2006): Jahrbuch der Schulentwicklung, Band 14. Daten, Beispiele und Perspektiven. Weinheim/München.

Bos, W./Hornberg, S./Arnold, K.H./Faust, G./Fried, L./Lankes, E.M., Schwippert, K./Valtin, R. (Hrsg.) (2007): IGLU 2006. Lesekompetenzen von Grundschulkindern in Deutschland im internationalen Vergleich. Münster.

Bos, W./Lankes, E.M./Prenzel, M./Schwippert, K./Valtin, R./Walther, G. (2003): Erste Ergebnisse aus IGLU. Schülerleistungen am Ende der vierten Jahrgangsstufe im internationalen Vergleich. Münster.

Bos, W./Lankes, E.M./Prenzel, M./Schwippert, K./Valtin, R./Walther, G. (2004): Einige Länder der Bundesrepublik Deutschland im nationalen und internationalen Vergleich. Münster.

Bos, W./Postlethwaite T.N. (2001): Internationale Schulleistungsforschung. Ihre Entwicklungen und Folgen für die deutsche Bildungslandschaft. In: Weinert, F.E. (Hrsg.): Leistungsmessungen in Schulen. Weinheim und Basel, S. 251–267.

Bos, W./Schwippert, K. (2002): TIMSS, PISA, IGLU & Co. Vom Sinn und Unsinn internationaler Schulleistungsuntersuchungen. In: Bildung und Erziehung 55, H. 1, S. 5–23.

Böttcher, W. (2005): Soziale Auslese und Bildungsreform. In: Aus Politik und Zeitgeschichte. Beilage zur Wochenzeitung »Das Parlament«, 12/2005, S. 7–13.

Brügelmann, H. (2005): Schule verstehen und gestalten. Perspektiven der Forschung auf Probleme von Erziehung und Unterricht. Lengwil.

Buer, J. van/Köller, M. (2007): Schulprogramm als zentrales Steuerungsinstrument für die Qualitätsentwicklung von Schule und Unterricht. In: Buer, J. van/Wagner, C. (Hrsg.): Qualität von Schule. Ein kritisches Handbuch. Frankfurt a.M., S. 103–129.

Burkard, C./Peek, R. (2004): Anforderungen an zentrale Lernstandserhebungen. Ein Werkstattbericht aus Nordrhein-Westfalen. In: Pädagogik 56 (2004), H. 6, S. 25–29.

Creemers, B./Scheerens, J. (1989): Developments in School Effectiveness Research. In: International Journal of Educational Research 13 (1989), S. 685–825.

Dalin, P./Rolff, H.G. (1990): Institutionelles Schulentwicklungs-Programm. Bönen/Westf.

Dedering, K./Kneuper, D./Tillmann, K.J. (2003): Was fangen »Steuerleute« in Schulministerien mit Leistungsvergleichsstudien an? In: Zeitschrift für Pädagogik 49, 47. Beiheft, S. 156–175.

Deutsches PISA-Konsortium (Hrsg.) (2001): PISA 2000. Basiskompetenzen von Schülerinnen und Schülern im internationalen Vergleich. Opladen.

Ditton, H. (2000): Qualitätskontrolle und Qualitätssicherung in Schule und Unterricht. In: Zeitschrift für Pädagogik H. 41 (Beiheft), S. 73–92.

Ditton, H. (2007): Schulqualität – Modelle zwischen Konstruktion, empirischen Befunden und Implementierung. In: Buer, J. van/Wagner, C. (Hrsg.): Qualität von Schule. Ein kritisches Handbuch. Frankfurt a.M., S. 83–92.

Dobbelstein, P./Peek, R. (2005): Von der Bestandsaufnahme zur Förderung. Diagnostische Potenziale von Lernstandserhebungen und die Verbindung zur gezielten Förderung von Schülerinnen und Schülern. In: Forum Schule. Magazin für Lehrerinnen und Lehrer, H. 1, S. 24f.

Dobbelstein, P./Peek, R. (2008): Diagnostisches Potenzial von Lernstandserhebungen. In: Kliemann, S. (Hrsg.): Diagnostizieren und Fördern in der Sekundarstufe I. Schülerkompetenzen erkennen, unterstützen und ausbauen. Berlin, S. 46–56.

Dobbelstein, P./Peek, R./Schmalor, H. (2004): An Ergebnissen orientieren. Ein Paradigma für alle Fächer und Lernbereiche. In: Forum Schule. Magazin für Lehrerinnen und Lehrer, H. 1, S. 18–26.

Dubs, R. (1997): New Public Management. Eine zukunftsweisende Reformstrategie für die Bildungsverwaltung. In: Lehmann, R. u.a. (Hrsg.): Erweiterte Autonomie für Schule. Bildungscontrolling und Evaluation. 2. Abschlussband zur gleichnamigen Sommerakademie vom 31. August bis 6. September 1997 in Nyíregyháza (Ungarn). Berlin/Nyíregyháza. S. 49–59.

Dubs, R. (1999): Teilautonomie an Schulen. Annahmen – Begriffe – Probleme – Perspektiven. Paderborn: Paderborner Universitätsreden 70.

Dubs, R. (2002): Schulische Rahmenbedingungen für die Schulentwicklung an teilautonomen Schulen. In: Fortmüller, R. (Hrsg.): Komplexe Methoden. Neue Medien. Wien, S. 133–148.

Dubs, R. (2005a): Bildungsstandards im Gesamtzusammenhang. Materialien zum Weiterbildungsseminar »Bildungsstandards. Probleme und Konsequenzen für Schulbehörden, Schulen und Lehrkräfte« (25. Februar 2005) der Universität St. Gallen. St. Gallen.

Dubs, R. (2005b): Innovationen, Schulentwicklung und Qualitätsmanagement – eine ganzheitliche Sicht. In: Senatsverwaltung für Bildung, Jugend und Sport Berlin, Referat ID, in Zusammenarbeit mit der Friedrich-Ebert Stiftung (Hrsg.): Innovationen lohnen sich. Fachtagung in der Friedrich-Ebert-Stiftung Berlin, 19. August 2004. Berlin, S. 9–20.

EMSE-Netzwerk (2008): Zentrale standardisierte Lernstandserhebungen. Positionspapier des Netzwerks »Empiriegestützte Schulentwicklung (EMSE)«. In: Die Deutsche Schule. Zeitschrift für Erziehungswissenschaft, Bildungspolitik und pädagogische Praxis 100, H. 3, S. 380–384.

Fend, H. (1982): Gesamtschule im Vergleich. Weinheim.

Fend, H. (1986): »Gute Schulen – schlechte Schulen«. Die einzelne Schule als pädagogische Handlungseinheit. In: Die Deutsche Schule 78. Jg., H. 3, S. 275–293.

Gewerkschaft Erziehung und Wissenschaft (GEW) (2003): Nationale Bildungsstandards – Wundermittel oder Teufelszeug? Funktionen, Hintergründe und Positionen der GEW. Frankfurt.

Groß Ophoff, J./Hosenfeld, I./Koch, U. (2007): Formen der Ergebnisrezeption und damit verbundene Schul- und Unterrichtsentwicklung. In: Hosenfeld, I./Groß Ophoff, J. (Hrsg.): Nutzung und Nutzen von Evaluationsstudien in Schule und Unterricht. Empirische Pädagogik 21(4), Themenheft. Landau, S. 411–427.

Heid, H. (2005): Standardisierung wünschenswerter Lernoutputs – welche Risiken sind damit verbunden? Materialien zum Weiterbildungsseminar »Bildungsstandards. Probleme und Konsequenzen für Schulbehörden, Schulen und Lehrkräfte« (25. Februar 2005) der Universität St. Gallen. St. Gallen.

Helmke, A. (2003): Unterrichtsqualität. Erfassen, Bewerten, Verbessern. Seelze/Velber.

Helmke, A./Hosenfeld, I. (2005): VERA 2004. Erste Ergebnisse der Ländervergleichs. Landau (www.uni-landau.de/vera/downloads/Laenderkurzbericht.pdf).

Helmke, A./Jäger, R.S. (Hrsg.) (2002): Das Projekt MARKUS. Mathematik-Gesamterhebung Rheinland-Pfalz. Kompetenzen, Unterrichtsmerkmale, Schulkontext. Landau.

Hofmann-Göttig, J./Eschmann, W./Daumen, C. (2005): Und sie bewegt sich doch ... Vom Umgang mit den Ergebnissen externer Evaluation aus Sicht von Bildungspolitik und Schulaufsicht. In: Becker, G./Bremerich-Vos, A./Demmer, M./Maag-Merki, K./Priebe, B./Schwippert, K./Stäubel, L./Tillmann, K.J. (Hrsg.): Standards. Unterrichten zwischen Kompetenzen, zentralen Prüfungen und Vergleichsarbeiten. Friedrich Jahresheft, S. 32–36.

Holtappels, H.G. (2002): Schulprogramm als Schulentwicklungsinstrument? Einführung in die Beitragsgruppe Schulprogramme. In: Rolff, H.G./Holtappels, H.G./Klemm, K./Pfeiffer, H./Schulz-Zander, R. (Hrsg.): Jahrbuch der Schulentwicklung, Bd. 12. Weinheim/München, S. 199–208.

Holtappels, H.G./Klemm, K./Pfeiffer, H./Rolff, H.G./Schulz-Zander, R. (Hrsg.) (2004): Jahrbuch der Schulentwicklung, Bd. 13. Weinheim/München.

Hosenfeld, I. (2005): Rezeption – Reflexion – Aktion. Wie lassen sich Lernstandserhebungen und Vergleichsarbeiten pädagogisch nutzen? In: Becker, G./Bremerich-Vos, A./Demmer, M./Maag Merki, K./Priebe, B./Schwippert, K./Stäubel, L./Tillmann, K.J. (Hrsg.): Standards. Unterrichten zwischen Kompetenzen, zentralen Prüfungen und Vergleichsarbeiten. Friedrich Jahresheft, S. 112–114.

Hosenfeld, I./Groß Ophoff, J. (Hrsg.) (2007): Nutzung und Nutzen von Evaluationsstudien in Schule und Unterricht. Empirische Pädagogik 21(4), Themenheft. Landau.

Klieme, E./Avenarius, H./Blum, W./Döbrich, P./Gruber, H./Prenzel, M./Reiss, K./Riquarts, K./Rost, J./Tenorth, H.E./Vollmer, H. (2003): Zur Entwicklung nationaler Bildungsstandards. Eine Expertise. Frankfurt a.M.: Deutsches Institut für Internationale Pädagogische Forschung.

Klieme, E./Baumert, J./Schwippert, K. (2003): Schulbezogene Evaluation und Schulleistungsvergleiche. Eine Studie im Anschluss an TIMSS. In: Rolff, H.G./Bos, W./Klemm, K./Pfeiffer, H./Schulz-Zander, R. (Hrsg.): Jahrbuch der Schulentwicklung, Bd. 11. Weinheim, München, S. 387–419.

Klieme, E./Beck, B. (Hrsg.) (2007): Sprachliche Kompetenzen. Konzepte und Messung. DESI-Studie (Deutsch Englisch Schülerleistungen International). Weinheim/Basel.

Klieme, E./Eichler, W./Helmke, A./Lehmann, R.H./Nold, G./ Rolff, H.G./Schröder, K./Thomé, G./Willenberg, H. (Hrsg.) (2008): Unterricht und Kompetenzerwerb in Deutsch und Englisch. Ergebnisse der DESI-Studie. Weinheim/Basel.

Klug, C./Reh, S. (2000): Was fangen die Schulen mit den Ergebnissen an? In: Pädagogik 52, H. 12, S. 16–21.

Kohler, B./Schrader, F.W. (2004): Ergebnisrückmeldung und Rezeption. Von der externen Evaluation zur Entwicklung von Schule und Unterricht. In Kohler, B./Schrader, K.F. (Hrsg.): Ergebnisrückmeldung und Rezeption. Von der externen Evaluation zur Entwicklung von Schule und Unterricht. Empirische Pädagogik 18, Themenheft. Landau, S. 3–17.

Köller, O. (2007): Standards und Qualitätssicherung zur Outputsteuerung im System und in den Einzelinstitutionen. In: Buer, J. van/Wagner, C. (Hrsg.): Qualität von Schule. Ein kritisches Handbuch. Frankfurt a.M., S. 93–102.

Kotthoff, H.G. (2003): Bessere Schulen durch Evaluation? Internationale Erfahrungen. Münster.

Kühle, B./Peek, R. (2007): Lernstandserhebungen in Nordrhein-Westfalen. Evaluationsbefunde zur Rezeption und zum Umgang mit Ergebnisrückmeldungen in Schulen. In: Hosenfeld, I./Groß Ophoff, J. (Hrsg.): Nutzung und Nutzen von Evaluationsstudien in Schule und Unterricht. Empirische Pädagogik 21(4), Themenheft. Landau, S. 428–447.

Landesinstitut für Schule und Weiterbildung, Soest (Hrsg.) (1995): Evaluation und Schulentwicklung. Bönen/Westf.

Lehmann, R.H./Gänsfuß, R./Peek, R. (1999): Aspekte der Lernausgangslage und der Lernentwicklung von Schülerinnen und Schülern an Hamburger Schulen – Klassenstufe 7. Bericht über die Untersuchung im September 1998. Hrsg. von der Behörde für Bildung und Sport. Hamburg.

Lehmann, R.H./Hunger, S./Ivanov, S./Gänsfuß, R. (2004): LAU 11. Aspekte der Lernausgangslage und der Lernentwicklung. Ergebnisse einer längsschnittlichen Untersuchung in Hamburg. Hrsg. von der Behörde für Bildung und Sport. Hamburg.

Lehmann, R.H./Peek, R. (1997): Aspekte der Lernausgangslage von Schülerinnen und Schülern der fünften Klassen an Hamburger Schulen. Bericht über die Untersuchung im September 1996. Hrsg. von der Behörde für Bildung und Sport. Hamburg.

Lehmann, R.H./Peek, R./Gänsfuß, R./Husfeldt, V. (2001): Aspekte der Lernausgangslage und Lernentwicklung – Klassenstufe 9. Ergebnisse einer längsschnittlichen Untersuchung in Hamburg. Hrsg. von der Behörde für Bildung und Sport. Hamburg.

Lehmann, R.H./Peek, R./Gänsfuß, R./Lutkat, S./Mücke, S./Barth, I. (2000): QuaSUM – Qualitätsuntersuchung an Schulen zum Unterricht in Mathematik. Ergebnisse einer repräsentativen Untersuchung im Land Brandenburg. Schulforschung in Brandenburg, H. 1. Potsdam.

Mortimore, P. (1997): Auf der Suche nach neuen Ressourcen. Die Forschung zur Wirksamkeit von Schule. In: Böttcher, W./Weishaupt, H./Weiß, M. (Hrsg.): Wege zu einer neuen Bildungsökonomie. Weinheim/München, S. 61–71.

Oelkers, J. (2003): Wie man Schule entwickelt. Eine bildungspolitische Analyse nach PISA. Weinheim/Basel.

Oelkers, J. (2005): Von Zielen zu Standards. Ein Fortschritt? In: Becker, G./Bremerich-Vos, A./Demmer, M./Maag Merki, K./Priebe, B./Schwippert, K./Stäubel, L./Tillmann, K.J. (Hrsg.): Standards. Unterrichten zwischen Kompetenzen, zentralen Prüfungen und Vergleichsarbeiten. Friedrich Jahresheft, S. 18–19.

Oelkers, J./Reusser, K. (2008): Expertise »Qualität entwickeln – Standards sichern – mit Differenz umgehen«. Herausgegeben vom Bundesministerium für Bildung und Forschung (BMBF). Bildungsforschung, B. 27. Bonn/Berlin.

Orfield, G./Kornhaber, M.L. (Hrsg.) (2001): Raising Standards or Raising Barriers? Inequality and High-Stakes Testing in Public Education. New York.

Orth, G. (2005a): Bilanz und Ausblick. Lernstandserhebungen in Klasse 9 in NRW. In: Schulmagazin 5–10, H. 10, S. 5–8.

Orth, G. (2005b): Eine Chance für die Qualität schulischer Arbeit. Standards und zentrale Leistungsüberprüfungen. In: Becker, G./Bremerich-Vos, A./Demmer, M./Maag Merki, K./Priebe, B./Schwippert, K./Stäubel, L./Tillmann, K.J. (Hrsg.): Standards. Unterrichten zwischen Kompetenzen, zentralen Prüfungen und Vergleichsarbeiten. Friedrich Jahresheft, S. 63–65.

Peek, R. (1997): Zur Bedeutung von externer Evaluation für die Schulentwicklung. Das Beispiel Hamburg. In: Lehmann, R.H./Venter, G./Buer, J. van/Seeber, S./Peek, R. (Hrsg.): Erweiterte Autonomie für Schule. Bildungscontrolling und Evaluation. 2. Abschlußband zur gleichnamigen Sommerakademie vom 31. August bis 6. September 1997 in Nyíregyháza (Ungarn). Berlin/Nyíregyháza. S. 117–128.

Peek, R. (2004a): Akademische Wunschvorstellung oder pädagogisches Potenzial? Vergleichsarbeiten als Motor für eine ergebnisorientierte Unterrichtsentwicklung. In: Forum Schule. Magazin für Lehrerinnen und Lehrer, H. 2, S. 10–11.

Peek, R. (2004b): Qualitätsuntersuchung an Schulen zum Unterricht in Mathematik (QuaSUM). Klassenbezogene Ergebnisrückmeldungen und ihre Rezeption in Brandenburger Schulen. In: Kohler, B./Schrader, K.F. (Hrsg.): Ergebnisrückmeldung und Rezeption. Von der externen Evaluation zur Entwicklung von Schule und Unterricht. Empirische Pädagogik 18, Themenheft. Landau, S. 82–114.

Peek, R. (2005): Standardsetzung und Standardüberprüfung. Internationale und nationale Schulleistungsstudien im Bereich der allgemein bildenden Schulen, ihr Bezug zur Standarddiskussion und mögliche Perspektiven für den berufsbildenden Bereich. In: Buer, J. van/Zlatkin-Troitschanskaia, O. (Hrsg.): Adaptivität und Stabilität der Berufsausbildung. Theoretische und empirische Untersuchungen zur Berliner Berufsbildungslandschaft. Frankfurt a.M, S. 331–342.

Peek, R. (2006): FAIRgleiche. Wie unterschiedliche Rahmenbedingungen von Schulen bei Leistungsvergleichen und Ressourcenzuteilungen berücksichtigt werden können. In: Forum Schule. Magazin für Lehrerinnen und Lehrer, H. 2, S. 10–12.

Peek, R. (2007): Interne Evaluation und einzelschulische Entwicklung. Spagat zwischen Mindeststandards und Machbarem. In: Buer, J. van/Wagner, C. (Hrsg.): Qualität von Schule. Ein kritisches Handbuch, Frankfurt a.M., S. 141–149.

Peek, R./Dobbelstein, P. (2003): Mehr als Wiegen und Messen. Zentrale Lernstandserhebungen in Nordrhein-Westfalen. In: Forum Schule. Magazin für Lehrerinnen und Lehrer, H. 2, S. 14–18.

Peek, R./Dobbelstein, P. (2006a): Benchmarks als Input für Schulentwicklung. Das Beispiel der Zentralen Lernstandserhebungen in NRW. In: Schneewind, J./Kuper, H. (Hrsg.): Rückmeldung und Rezeption von Forschungsergebnissen. Zur Verwendung wissenschaftlichen Wissens im Bildungssystem. Münster.

Peek, R./Dobbelstein, P. (2006b): Zielsetzung. Ergebnisorientierte Schul- und Unterrichtsentwicklung. Potenziale und Grenzen der nordrhein-westfälischen Lernstandserhebungen. In: Böttcher, W./Holtappels, H.G./Brohm, M. (Hrsg.): Evaluation im Bildungswesen. Weinheim/München.

Peek, R./Neumann, A. (2003): Schulische und unterrichtliche Prozessvariablen in internationalen Schulleistungsstudien. In: Auernheimer, G. (Hrsg.): PISA. Schieflagen im Bildungssystem. Die Benachteiligung der Migrantenkinder. Opladen, S. 139–159.

PISA-Konsortium Deutschland (Hrsg.) (2004): PISA 2003. Der Bildungsstand der Jugendlichen in Deutschland. Ergebnisse des zweiten internationalen Vergleichs. Münster.

PISA-Konsortium Deutschland (Hrsg.) (2007): PISA 2006. Die Ergebnisse der dritten internationalen Vergleichsstudie. Münster.

Ravitch, S. (1995): National Standards in American Education. A citizen's guide. Washington, D.C.

Rolff, H.G. (1997): Schulprogramm und externe Evaluation oder Qualitätssicherung durch externe Evaluation? In: Pädagogische Führung 8, H. 3, S. 124–127.

Rolff, H.G. (1999): Schulentwicklung in der Auseinandersetzung. In: Pädagogik 51, H. 4, S. 37–41.

Rolff, H.G. (2001). Was bringt die vergleichende Messung von Schulleistungen für die pädagogische Arbeit in Schulen? In. Weinert, F.E. (Hrsg.): Leistungsmessungen in Schulen. Weinheim/Basel, S. 337–352.

Rolff, H.G. (2002). Rückmeldung und Nutzung der Ergebnisse von großflächigen Leistungsuntersuchungen. In: Rolff, H.G./Holtappels, H.G./Klemm, K./Pfeiffer, H./Schulz-Zander, R. (Hrsg.): Jahrbuch der Schulentwicklung, Bd. 12. Weinheim/München, S. 75–98.

Rolff, H.G. (2007): Studien zu einer Theorie der Schulentwicklung. Weinheim/Basel.

Scheerens, J./Bosker, R. (2005): The Foundations of Educational Effectiveness. Oxford.

Schirp, H. (2006): »Like the Fishermen in the Maelstrom!?« Central Quantitative Performance Tests and Qualitative School Development in the USA. In: Dobbelstein, P./Neidhardt T. (Hrsg.): Schools for Quality – What Data-Based Approaches Can Contribute. CIDREE/DVO Yearbook, B. 6. Brüssel, S. 167–180.

Schrader, F.W./Helmke, A. (2004): Von der Evaluation zur Innovation? Die Rezeptionsstudie WALZER. Ergebnisse der Lehrerbefragung. In: Kohler, B./Schrader, K.F. (Hrsg.): Ergebnisrückmeldung und Rezeption. Von der externen Evaluation zur Entwicklung von Schule und Unterricht. Empirische Pädagogik 18, Themenheft. Landau, S. 140–161.

Schwippert, K. (2004): Leistungsrückmeldungen an Grundschulen im Rahmen der Internationalen Grundschul-Lese-Untersuchung (IGLU). In: Kohler, B./Schrader, K.F. (Hrsg.): Ergebnisrückmeldung und Rezeption. Von der externen Evaluation zur Entwicklung von Schule und Unterricht. Empirische Pädagogik 18, Themenheft. Landau, S. 62–81.

Steffens, U. (2007): Schulqualitätsdiskussion in Deutschland. Ihre Entwicklung im Überblick. In: Buer, J. van/Wagner, C. (Hrsg.): Qualität von Schule. Ein kritisches Handbuch. Frankfurt a.M., S. 21–51.

Steffens, U./Bargel, T. (1993): Erkundungen zur Qualität von Schule. Neuwied.
Trautwein, U./Köller, O./Lehmann, R./Lüdtke, O. (Hrsg.) (2007): Schulleistungen von Abiturienten. Regionale, schulformbezogene und soziale Disparitäten. Münster.
Watermann, R./Stanat, P. (2004): Schulrückmeldungen in PISA 2000. Sozialnorm- und kriteriumsorientierte Rückmeldeverfahren. In: Kohler, B./Schrader, K.F. (Hrsg.): Ergebnisrückmeldung und Rezeption. Von der externen Evaluation zur Entwicklung von Schule und Unterricht. Empirische Pädagogik 18, Themenheft. Landau, S. 40–61.
Wenzel, H. (2004): Studien zur Organisations- und Schulkulturentwicklung. In: Helsper, W./Böhme, J. (Hrsg.): Handbuch der Schulforschung. Wiesbaden, S. 391–415.

Norbert Maritzen

Schulinspektion und Schulaufsicht

1. Einleitung 1368
2. Ziele und politische Rahmenbedingungen der Implementierung
   von Inspektionsverfahren 1369
3. Schulinspektion – von Schulaufsicht zu Evaluation 1371
4. Institutionalisierungsmodelle und ihre Konsequenzen 1373
5. Rechtliche Rahmensetzungen für die Schulinspektion 1374
6. Ansprüche an Inspektionsverfahren im Kontext eines umfassenden
   Bildungsmonitorings 1375
6.1 Schulinspektion als Teil des Monitorings 1375
6.2 Arbeitsfelder des Bildungsmonitorings 1377
6.3 Allgemeine Kennzeichen der Inspektionsverfahren 1378
6.4 Evidenzbasierung und wissenschaftliche Standards der Schulinspektion 1379
7. Schulinspektion und schulinternes Qualitätsmanagement 1383
7.1 Orientierung durch Qualitätsrahmen 1384
7.2 Funktion von Qualitätsrahmen für Schulinspektionen 1385
7.3 Verfahrensschritte des schulinternen Qualitätsmanagements 1387
8. Schulische Arbeitsschritte im Kontext der Schulinspektion 1388

Literaturverzeichnis 1391

1. Einleitung

Die Einrichtung von Schulinspektionen hat seit wenigen Jahren einen bevorzugten Platz auf der Reformagenda der Schulministerien in den deutschsprachigen Ländern. Die Entwicklungen sind noch im Fluss. Bestandsaufnahmen über Entwicklungsstände, die Überblickswissen und Orientierung vermitteln, bedürften eigentlich kontinuierlich der Aktualisierung; Ergebnisse empirischer Begleitforschung oder – was methodisch bisher kaum zu bewältigen ist – empirischer Wirksamkeitsforschung liegen bisher hierzulande nicht vor (vgl. für die aktuellen Entwicklungen insbesondere Bos u.a. 2006 und 2007; Kotthoff/Böttcher 2007; Maritzen 2006, 2007 und 2008). Die Diskussion wird bestimmt durch eher programmatische Verlautbarungen der politisch verantwortlichen Administrationen oder durch Projektberichte der für die Implementierung zuständigen Akteure (exemplarisch Höhmann u.a. 2007; Müller/ Dedering/Bos 2008), sodass insgesamt festzustellen ist: Mit erheblichem finanziellen Aufwand werden zurzeit Steuerungsstrukturen des Schulwesens umgebaut, zugleich fehlen weitgehend empirisch gesättigte Wirksamkeitsannahmen und hinreichend komplexe prozedurale Vorkehrungen zur Erfassung der Wirkungen, Nebenwirkungen und Folgen. Die Not mit dem Überkommenen muss groß sein, jedenfalls größer als die Angst vor dem Risiko des Neuen.

Eine scheinbar breite Entwicklungskonvergenz in den deutschsprachigen Ländern im Bereich der Schulinspektion täuscht gleichwohl über deutliche Unterschiede der jeweiligen Konzepte hinweg. Zugleich bleiben die Aufgabenschwerpunkte der Schulaufsicht und ihre Schnittstelle zur Schulinspektion nur unzureichend konturiert. Im Folgenden soll deshalb der Versuch unternommen werden, einige übergreifende Grundmuster der Entwicklung zu skizzieren. Dabei geht es zunächst um die Herausarbeitung einiger durchgängiger Fragestellungen oder Problemlagen. Insbesondere interessieren die mehr oder weniger ausgewiesenen Bezüge der Einführung von Inspektionen zu strategischen Vorhaben des Systemumbaus im Bildungswesen, die zurzeit verstärkt von der Governance-Forschung untersucht werden (Altrichter/Brüsemeister/Wissinger 2007; Kussau/Brüsemeister 2007; Heinrich 2007). Von besonderem Interesse für eine Einschätzung der aktuellen Situation sind in diesem Beitrag

- die jeweils ausgewiesenen Ziele und politischen Rahmenbedingungen der Implementierung von Inspektionsverfahren (Kapitel 2);
- die Veränderung der Systemsteuerung: von Schulaufsicht zu Evaluation (Kapitel 3);
- die Frage der Institutionalisierung von Inspektionsverfahren (Kapitel 4);
- die rechtliche Rahmung der neuen Steuerungsinstrumente (Kapitel 5);
- die Ansprüche an Inspektionsverfahren im Kontext eines umfassenden Bildungsmonitorings (Kapitel 6).

Darüber hinaus sind mit Blick auf die Aufgaben von Schulleitungen und Schulen praktische Fragen von Interesse, insbesondere

- der Zusammenhang von Schulinspektion und schulinternem Qualitätsmanagement (Kapitel 7) und schließlich
- die Arbeitsschritte, die im Zuge von Schulinspektionen insbesondere von Schulleitungen geleistet werden müssen (Kapitel 8).

2. Ziele und politische Rahmenbedingungen der Implementierung von Inspektionsverfahren

Sichtet man die offiziellen Verlautbarungen der Ministerien oder Schulverwaltungen, fällt eine gewisse »Unterbestimmtheit« auf. Die mit der Einführung von Schulinspektionen verbundenen Zielsetzungen bedürfen entweder keiner besonderen Nennung oder sie changieren zwischen allgemeinen Hinweisen auf die gestiegene Ergebnisverantwortung und Rechenschaftspflicht der Einzelschule einerseits und Verweisen auf abstrakte Funktionen andererseits. Solche Verweise offenbaren eine Vielfalt von Funktionszuweisungen. Inspektionen haben

- Spiegel- oder Feedbackfunktion aus externer Sicht;
- Qualitätssicherungsfunktion im Rahmen staatlicher Gewährleistungsverantwortung;
- Unterstützungsfunktion insbesondere für Schulleitungen und Lehrkräfte an einzelnen Schulen;
- Impuls- oder Katalysatorfunktion für die Schul- und Unterrichtsentwicklung;
- Erkenntnisfunktion hinsichtlich der Wirkungen schulischer Arbeit.

Dieser Funktionenmix kann als deutlicher Hinweis darauf gewertet werden, dass hinsichtlich der mit der Schulinspektion verbundenen Zielsetzungen gegenwärtig noch erhebliche Unsicherheiten bestehen. Es scheint noch schwerzufallen, Ziele, Funktionen und Leistungen der Schulinspektion differenziert zu beschreiben, begrifflich gegeneinander abzusetzen und im Konzert weiterer Maßnahmen unter anderem auch gegenüber der Schulaufsicht zu spezifizieren.

Diese »Unschärfe« hängt vermutlich auch mit einer gewissen »Unterbestimmtheit« zusammen, die in den politisch-administrativen Kontextbedingungen festzustellen ist. Diese sind einerseits durch bestimmte wiederkehrende Grundmuster gekennzeichnet. Einen wesentlichen Bezugspunkt von Inspektionsverfahren bilden – in variierender Begrifflichkeit – Konzepte der erweiterten Verantwortung der Einzelschule. Vor diesem Hintergrund organisieren Länder, die die Schulinspektion einführen, Systematik und Verfahren von Schulaufsicht und Qualitätssicherung so um, dass der Schulinspektion eine besondere Aufgabe im Kontext der bereits etablierten Qualitätssicherungsmaßnahmen zukommen soll. Schulinspektion bedeutet Blick in oder auf Einzelschulen auf der Grundlage einer Zusammenschau vorhandener, intern und/oder extern gewonnener Daten. In der Regel dient ein verbindlicher Qualitätsrahmen, d.h. ein System von Qualitätsbereichen und Qualitätsindikatoren, als Referenz- oder Orientierungsrahmen für die interne Evaluation und die Schulinspektion. Inspektionen erfolgen auf der Grundlage von Verfahren mit wiederkehrenden Standardelementen, die meist in öffentlich zugänglichen Handbüchern niedergelegt sind.

Trotz scheinbar konvergenter Entwicklungen sind je nach Land jedoch deutliche Unterschiede in den Kontexten ihrer Implementierung vorzufinden. Diese Unterschiede betreffen

- den Stand der Implementierung systematischer Schulentwicklungsverfahren (Schulprogramm und interne Evaluation obligatorisch/nicht obligatorisch) und zentraler Testverfahren der Lernstandserhebung und Ergebnisrückmeldung;
- den Stand und die Nutzung des routinehaften Monitorings von Schulqualitätsdaten (rudimentäre bis systematische Verfügbarkeit von Schulqualitätsdaten auf allen Systemebenen);

- damit verbunden die Art, Herkunft, Dichte, Qualität und Tiefe des »Datenkranzes«, der den Inspektionen für die zu inspizierende Einzelschule vorab oder ex-post zur Verfügung steht;
- die Rekrutierung und Zusammensetzung der Inspektionsteams (mit/ohne Beteiligung von Schulaufsicht, Peers, Eltern, Vertretern von Betrieben etc.);
- die Schnittstelle zur jeweils für die inspizierte Schule zuständigen Schulaufsicht (ins Inspektionsverfahren selbst involviert/nicht involviert);
- den Grad der Institutionalisierung der Inspektion (von temporären Netzwerken, in denen Kommissionen mit wechselnden Zusammensetzungen gebildet werden, bis zu ausgebauten Geschäftsstellen bzw. Inspektoraten);
- schließlich den Grad der Verbindlichkeit der Verfahren, die variieren kann von einem für die Einzelschule fakultativen Angebotscharakter bis hin zu obligatorischen »Zwangsveranstaltungen« in behördlicher Verantwortung.

3. Schulinspektion – von Schulaufsicht zu Evaluation

Man kann die Einführung von Schulinspektionen als Antwort auf eine Krise der Schulaufsicht interpretieren. In den Ländern der Bundesrepublik Deutschland und darüber hinaus ist seit deutlich mehr als einem Jahrzehnt immer lautstärker Kritik an der klassischen Schulaufsicht geübt worden (vgl. insbesondere die Arbeiten von Rosenbusch 1994 und 1997; Burkard/Rolff 1994; Rosenbusch u.a. 1995 und 1997; Schratz 1996). Wenn auf diesen Umstand hingewiesen werden muss, ist weniger das Rechtsgut »Schulaufsicht« gemeint, wie es im Grundgesetz der Bundesrepublik Deutschland und – darauf aufbauend – in den Verfassungen der Bundesländer fixiert ist, sondern der institutionelle Organisationsrahmen, in dem das Rechtsgut »Aufsicht« praktisch ausgeübt wird, d.h. die unterschiedlichen Aufsichtsebenen der Schulverwaltungen und Ministerien.

Die Krise legt, wenn sie ernsthaft analysiert wird, die Schlussfolgerung nahe, dass *erstens* schulaufsichtliches Handeln in entscheidenden Qualitätsfragen von »durchschlagender Wirkungslosigkeit« (so der Schriftsteller Max Frisch über den Klassiker Bert Brecht) gekennzeichnet ist und *zweitens* die Dimension der inhaltlichen Qualitätssicherung von Unterricht und Schule offensichtlich nicht ausreichend in den Horizont der Schulaufsicht rückt. Im operativen Tagesgeschäft gefangen, gelingt es der Schulaufsicht kaum, den qualitativen Kern des Schulgeschehens, d.h. Unterricht, Erziehung und Schulleben, so in den Blick zu nehmen, dass davon beeinflussende Wirkung ausgehen kann. Soll der Blick doch darauf gerichtet werden, verschließen sich Schulen in der Regel. Wie anders ist zu erklären, dass der »PISA-Schock« die Schulaufsicht offensichtlich weitgehend unvorbereitet getroffen hat?

Bildungspolitik und Schulverwaltungen reagieren auf diese Problemlage in unterschiedlicher Weise:

- Sie verschlanken, besser gesagt reduzieren die mehrstufigen Aufsichtsebenen, indem sie die untere oder mittlere Ebene der klassischerweise dreistufig organisierten

Aufsicht einfach kappen. Dies geht einher mit Deregulierungsmaßnahmen, indem der nächst unteren Ebene (vor allem den Schulleitungen) Aufgaben übertragen werden, die bisher beanspruchtes Terrain der oberen Hierarchien ausmachten.
- Sie gehen daran, die aufsichtlichen Instrumentarien zu modernisieren: Schülerleistungsuntersuchungen, Schulprogramm, Evaluation, Berichtswesen, Controlling, Kontraktmanagement oder Beratung bereichern das Interventions- und Steuerungsrepertoire, ohne dass allerdings stringent genug geklärt wird, wo diese Instrumentarien funktional stimmig im Gesamtsystem zu verorten sind.
- In den seltensten Fällen kommt es zu einer institutionellen Trennung von Beratungs-, Aufsichts- und Evaluationsfunktionen, d.h. zum Versuch, in Fragen der Qualitätssicherung von zentralistischer Vorgabenregulierung und Eingriffsverwaltung hin zu einem Steuerungsmodell zu wechseln, das einen Regelkreis von kontraktuellen Rahmensetzungen in dezentralen, beteiligungsorientierten Verfahren einerseits und ziel- und ergebnisorientierter Evaluation andererseits miteinander verbindet.

Damit sind nur einige Stichworte der aktuellen Modernisierungsdebatte (vgl. exemplarisch Brüsemeister/Eubel 2003) genannt, die insgesamt dadurch gekennzeichnet ist, dass es an grundsätzlichen Vorstellungen und schlüssigen Begründungen dafür mangelt, wie Schulentwicklung in Zukunft überhaupt gesteuert werden soll. Es bleibt weiterhin ein Desiderat, die strategischen »Vorzeichen« zu bestimmen, die das strukturelle »Reengineering« der Schulaufsicht oder die Einführung neuer Instrumentarien zu orientieren und systemisch zu integrieren vermögen.

Allgemein lässt sich konstatieren: Aktuelle Programme der Systemreform, auch unter dem Schlagwort Schulautonomie rubrifiziert, tendieren unterschiedlich weit, manche auch nur rhetorisch dahin,

- in Fragen der Qualitätsentwicklung und -sicherung unter dem Stichwort Qualitätsmanagement auf eine Professionalisierung und Stärkung derjenigen zu setzen, die in der Schule die pädagogische Arbeit gestalten und verantworten müssen, d.h. Lehrer/innen und insbesondere Schulleitungen;
- die Professionellen in den Schulen gegenüber den direkten schulischen Anspruchsgruppen (Eltern, Schüler/innen, Betriebe) verstärkt rechenschaftspflichtig zu machen und Letztere systematischer und konsequenter auch in Qualitätsfragen zu beteiligen;
- zentrale Vorgaben nicht zu dicht zu gestalten zugunsten stärkerer und wirksamerer Überprüfung der Einhaltung von Ergebnis- und Verfahrensstandards, der Überprüfung der Effizienz und Effektivität von Prozessen und Strukturen (z.B. Schulinspektionen);
- notwendige übergreifende Evaluationsmaßnahmen als Systemmonitoring so auszugestalten, dass die Verfahren komplementär und nicht konkurrierend zu dezentralen Evaluationen angelegt sind, d.h. zum Beispiel, die einzelnen Schulen zu Ergebnisevaluationen und zum Abgleich mit übergreifend gewonnenen Daten und Standards zu verpflichten;

- systematischer zentral gewonnene aggregierte Daten über Stärken und Schwächen des Gesamtsystems, über neu auftretende Probleme und Bedürfnisse, über die Wirksamkeit bestimmter Reformmaßnahmen, über schulrelevante gesellschaftliche Entwicklungen und über Entwicklungen allgemeiner Standarderreichungen in die zentralen Entscheidungsprozesse einzuspeisen und in den Schulbereich insgesamt rückzukoppeln (Bildungsberichterstattung).

Schulinspektion ist – anders als Schulaufsicht – als spezifische Form externer Evaluation zu verstehen und gewinnt ihre aktuelle Bedeutung aufgrund der hier angedeuteten Verschiebungen im Gesamtsystem der Steuerung des Schulwesens.

4. Institutionalisierungsmodelle und ihre Konsequenzen

Zurzeit werden Schulinspektionsverfahren in vier idealtypisch zu verstehenden Modellvarianten implementiert:

- *Netzwerkmodell:* fallbezogene Kooperation von systeminternen Evaluatoren, die im Hauptamt andere Funktionen im Schulsystem haben (z.B. als Schulleitungsmitglied, Lehrerausbilder, Schulaufsicht) → Staat oder Schulträger als Auftraggeber;
- *Expertenmodell:* fallbezogene Kooperation von systemexternen Evaluatoren, die auf Werkvertragsbasis direkt beauftragt werden oder indirekt über Auftragsvergabe an wissenschaftliche Institute, die als Auftragnehmer fungieren → Staat oder Schulträger als Auftraggeber;
- *Inspektoratsmodell:* fester Stamm von hauptamtlichen Inspektoren in einer eigenen staatlichen Einrichtung, in der Regel aus dem Organisationsverband der Schulbehörde ausgegliedert → Staat als Auftraggeber;
- *Zertifizierungsmodell:* Qualitätscheck und -bescheinigung durch eine »Agentur« (wissenschaftliches Institut, Verein, Konsortium) durch zertifizierte Evaluatoren bzw. Auditoren → Schule als Auftraggeber, ggf. Anerkennung durch Schulträger oder Staat.

Die strategische Entscheidung für bestimmte Modellvarianten hat immer Folgen für den Grad der Institutionalisierung der Inspektion, für Möglichkeiten und Grenzen der Professionalisierung des Personals, für Rollen und Verfügungsrechte der beteiligten Akteure, für die Steuerung des Inspektionsverfahrens oder die Verbindlichkeit von Folgen. Ob die Schulinspektion überhaupt eine Institutionalisierung im Sinne der Ansiedlung der Aufgabe in einer Einrichtung erfährt, wird gegenwärtig unterschiedlich beantwortet; ebenso die Frage, welchen Status die Organisationseinheit mit welchem Freiheits- bzw. Abhängigkeitsgrad hat.

Die gegenwärtig in Deutschland in der Erprobung stehenden Inspektionsmodelle zeichnen sich eher durch konservative Lösungen aus, d.h. sie belassen Inspektionen im Verantwortungsbereich des Schulministeriums. Unterschiedlich weit gehen sie in der

Frage der Institutionalisierung: Entweder wird Schulinspektion als neues, gleichsam professionelleres Verfahren einer Schulaufsicht konzipiert, die zwar zu neuen kooperativen Vernetzungen mit anderen Akteuren kommt, als solche aber in ihrer Zuständigkeit (Fach-, Dienst- und Rechtsaufsicht mit Kontroll- und Beratungsaspekten) nahezu unverändert bleibt (z.B. Schleswig-Holstein). In anderen Fällen kommt es zu neuen institutionellen »Kernen«, die organisatorisch und personell getrennt von der Aufsicht agieren (z.B. Brandenburg, Hamburg, Hessen, Niedersachsen), obwohl sich ihr Personal zum Teil aus der Schulaufsicht rekrutiert oder die Anbindung der neuen Institutionen an ministerielle Aufsichtsabteilungen erfolgt. Die Gründe für solche Lösungen sind vielschichtig. Je nach Kontext geben zwei nachvollziehbare, aber sachfremde Strategien in der Gestaltungsfrage den Ausschlag:

- zum einen der Versuch einer Modernisierung der unter verstärktem Legitimationszwang und operativem Druck stehenden Schulaufsicht mit den Mitteln der Inspektion;
- zum anderen die »Versorgung« von freigesetztem Aufsichtspersonal mit neuen Aufgaben in Inspektoratseinrichtungen.

5. Rechtliche Rahmensetzungen für die Schulinspektion

Wichtig für die Institutionalisierung sind Entscheidungen zur rechtlichen Rahmung des Inspektionsverfahrens, da mit rechtlichen Normen zentrale Handlungs- und Wirkungsbedingungen festgelegt werden. Die Länder verfahren in dieser Hinsicht sehr unterschiedlich unter Nutzung verschiedenster rechtlicher Ordnungsmittel (Gesetze, Erlasse, Verordnungen, Verfügungen, Dienstanweisungen).

Zu den im Kontext der Schulinspektion zu klärenden Rechtsfragen sind mindestens folgende Aspekte als relevant zu erachten:

- Kodifizierung des Auftrags der Schulinspektion im Schul- bzw. Schulverwaltungsgesetz oder in amtlichen Erlassen und Rechtsverordnungen;
- Absicherung des verbindlichen oder zwingend nötigen Umgangs mit Inspektionsberichten auf Gesetzes- oder Erlassebene bzw. in Dienstanweisungen;
- Umgang mit schul- und personenbezogenen Daten, ggf. Änderungsbedarf bei einschlägigen datenschutzrechtlichen Bestimmungen (Datenverarbeitung zu Zwecken der Evaluation);
- Berücksichtigung des Zusammenhangs mit modifizierten rechtlichen Bestimmungen für die stärkere Eigenständigkeit der Schule;
- Berücksichtigung des Zusammenhangs mit rechtlichen Bestimmungen für Schulen in freier Trägerschaft;
- ggf. Errichtungsgesetze im Falle der Gründung eines eigenständigen Inspektorats, z.B. als Anstalt öffentlichen Rechts.

Zu einer gesetzlichen Absicherung des Auftrags der Schulinspektion scheint die Auffassung zu überwiegen, dass die Schulinspektion mit ihrem Kernauftrag, wenn überhaupt, eher aus symbolischen Gründen im Schul- oder Schulverwaltungsgesetz genannt werden sollte, um der Einrichtung ein besonderes Gewicht zu verleihen. Dabei wird Wert darauf gelegt, dass die Schulinspektion in der Ausübung ihrer Tätigkeit weisungsungebunden ist und anders als die Schulaufsicht gegenüber den Schulen kein Weisungsrecht hat. Rechtlich wird die Schulinspektion als Organ der staatlichen Gewährleistungsverantwortung (»Aufsicht« im weiteren Sinne) konzipiert, die gesetzlich hinreichend geregelt ist (zu den rechtlichen Aspekten von Qualitätskonzepten und Schulinspektionen siehe kritisch insbesondere Avenarius 2006). Wichtig scheint aus rechtlicher Sicht insbesondere, durch prozedurale Regelungen in den Schulgesetzen sicherzustellen, dass der Umgang mit Berichten der Schulinspektion ein hohes Maß an Verbindlichkeit erhält. Dies gilt für einzelne Schulberichte ebenso wie für den meist vorgesehenen Jahresbericht.

Sehr grundsätzlich sind schließlich die Implikationen einer rechtlichen Absicherung der Qualitätsrahmen (manchmal auch Orientierungsrahmen oder Referenzrahmen genannt), die in der Regel konzeptioneller Bezugspunkt für Urteile der Inspektionen sind. Qualitätsrahmen konkretisieren das Verständnis von Schul- und Unterrichtsqualität, also den Gegenstand von Inspektion, durch Angabe von Qualitätsbereichen, Qualitätsmerkmalen und Indikatoren. Hier sind mögliche Implikationen für das Verständnis von Aufsicht bisher kaum geprüft. Wenn in solchen Qualitätsrahmen bestimmte Merkmalbereiche und dort Ausprägungsgrade von Schulqualität normativ verbindlich gemacht werden, kann man von einem Schritt hin zu einem operationalisierten Aufsichtsverständnis sprechen. Dies hat möglicherweise restriktiv wirkende Konsequenzen

- für eine aufsichtliche Interventionspflicht bei Unterschreiten dieser operationalisierten Mindestnormen;
- für Ansprüche von Dritten (z.B. Eltern) auf Auskunft über das Erreichen dieser Normen;
- schließlich für die eben erst zaghaft erweiterten Handlungsspielräume von Schulen, die sich leicht über normativ ausgelegte Prozessstandards wieder verengen lassen.

6. Ansprüche an Inspektionsverfahren im Kontext eines umfassenden Bildungsmonitorings

6.1 Schulinspektion als Teil des Monitorings

Die steuerungsrelevanten Aufgaben im Bereich der Qualitätsentwicklung und Standardsicherung haben sich in den letzten Jahren zum Teil erheblich verändert, neue Aufgaben sind hinzugekommen bzw. werden hinzukommen. Hinsichtlich ihrer funktionalen Unterscheidung sind »alte« und »neue« Aufgaben zwar auf die Paradigmen der Input- versus Outputsteuerung bezogen. Gleichwohl ist diese Unterscheidung nicht hinreichend, um die wahrzunehmenden Aufgaben inhaltlich zu gruppieren und Schlussfolgerungen für deren institutionelle Verankerung zu ziehen. Die in diesem Feld virulenten Aufgaben werden seit einiger Zeit unter dem Begriff Bildungsmonitoring zusammengefasst (vgl. Fitz-Gibbon 1996; Avenarius u.a. 2003; Scheerens/Glas/Thomas 2003; Hendriks 2004; Konsortium Bildungsberichterstattung 2005). Das Bildungsmonitoring ist durch drei wesentliche Grundfunktionen gekennzeichnet:

- *Akkreditierung/Zertifizierung:* Hiermit sind nicht im engeren Sinne Verfahrensmodelle der Qualitätsüberprüfung mit diesem Namen (z.B. nach ISO-Norm) gemeint, sondern im weiteren Sinne *alle* Verfahren der offiziellen Qualitätsbescheinigung anhand vorgegebener, formal festgelegter Normen, und zwar auf individueller Ebene (z.B. zentrale Prüfungen) oder auf Organisationsebene (z.B. externe Evaluation von Schulen, Inspektion u.a.).
- *Rechenschaftslegung:* Bildungsmonitoring hat wesentlich zum Ziel, den Zugang zu qualitätsrelevanten Informationen nach transparenten Regeln zu öffnen, und zwar auf der Ebene der Einzelinstitutionen ebenso wie auf Systemebene.
- *Diagnostik für systemisches Lernen:* Bildungsmonitoring hat diagnostische Informationen mit Gebrauchswert für unterschiedliche Systemebenen zu liefern, d.h. dass Produkte des Monitorings unter der Frage zu erstellen sind: Was leistet das Produkt zur Optimierung von »Zuständen«?

Bildungsmonitoring ist die systematische und auf Dauer angelegte Beschaffung und Aufbereitung von Informationen über ein Bildungssystem und dessen Umfeld. Absicht ist eine Verbesserung der Planung und Steuerung durch

- Beobachtung des Systems (Schulwesen, Einzelschule, Kontexte);
- Deskription, Vergleiche und Analysen;
- Untersuchung von Spezialfragen;
- Bestimmung von Handlungsbedarf;
- Feedback der Erkenntnisse.

Dies geschieht auf der Grundlage von »Daten«, die gewonnen werden aus verschiedenen amtlichen und nicht amtlichen Statistiken, einem auf Dauer gestellten und gepflegten System von Indikatoren, Maßnahmen der Qualitäts- und Standardsicherung und Forschungsdokumentationen. Bildungsmonitoring dient als Grundlage für

- evidenzbasierte Bildungsplanung und bildungspolitische Entscheide;
- wissensbasierte Planungsentscheide einzelner Institutionen des Bildungssystems;
- die Rechenschaftslegung und die öffentliche Diskussion.

Bildungsmonitoring steht grundsätzlich im Spannungsfeld zwischen der Bereitstellung von Steuerungswissen für Institutionen einerseits (Prinzip der Verantwortung) und der Gewährleistung öffentlicher Zugänglichkeit zu Informationen andererseits (Prinzip der Transparenz). Die beiden Prinzipien können durchaus miteinander in Konflikt geraten. Für einzelne Schulen wie für Ministerien gilt: Nicht alles, was gewusst werden kann, sollte zugleich auch öffentlich werden. In Inspektionsverfahren wird, da sie auf jede der drei oben genannten Funktionen bezogen sind, immer auch dieses Spannungsverhältnis ausgetragen.

6.2 Arbeitsfelder des Bildungsmonitorings

Man kann Bildungsmonitoring in Anlehnung an nationale und internationale Konzepte zum Oberbegriff für verschiedene Arbeitsfelder machen, die konzeptionell eng zusammengehören und sich als »Paket« systemisch klar von anderen Arbeitsfeldern unterscheiden. Dabei wird deutlich, dass externe Evaluation und ihr Spezialfall Schulinspektion Teil dieses umfassender zu verstehenden Monitoringsystems sind. Zu einem System des Bildungsmonitorings gehören nach gegenwärtigem Diskussionsstand folgende Arbeitsfelder als ein Set aufeinander bezogener und wechselseitig abhängiger Größen:

- Setzung, Pflege, Weiterentwicklung von Prozessstandards (z.B. Qualitätsrahmen) und Ergebnisstandards (z.B. Bildungsstandards der Kultusministerkonferenz);
- Assessments zur Überprüfung der Standarderreichung;
- zentrale Prüfungen;
- Entwicklung von Indikatoren zu Input-, Prozess-, Output- und Kontextvariablen des Bildungssystems;
- Datenverarbeitung zu Zwecken der strategischen Bildungsstatistik;
- externe Evaluation von Bildungseinrichtungen durch Inspektionen;
- fokussierte summative Systemevaluationen und Analysen;
- system- und einrichtungsbezogene Bildungsberichterstattung (»Bildungsbericht«, »Schulporträts«);
- Akkreditierung/Zertifizierung von statistischen Datenerhebungen, externen Evaluationen und wissenschaftlichen Vorhaben »dritter Instanzen« im Bildungsbereich.

Bildungsmonitoring unter einer systemischen Perspektive einzuführen und zu gestalten bedeutet,

- dass die Verfahren nicht singulär, etwa für die Bewertung spezifischer Maßnahmen und Programme, eingesetzt werden, sondern dass sie als Bestandteil des Steuerungssystems institutionell eingeführt und laufend genutzt werden;
- dass Evaluation und Information Entwicklungs- und Lernprozesse in Gang setzt und am Leben hält, die dem Prinzip des feedbackgesteuerten Lernens genügen;
- dass verschiedene Arten der empirischen Erhebung (Testeinsätze, amtliche Daten u.a.m.), die je spezifischen Zwecken dienen, dennoch gemeinsam betrachtet und Synergien genutzt werden;

- dass schließlich zur Systematisierung und Interpretation von Befunden ein theoretisches Rahmenmodell verwendet wird, das Input-, Prozess- und Output-Elemente zueinander in Beziehung setzt (vgl. Scheerens/Glas/Thomas 2003, S. 15).

Das Konzept des Bildungsmonitorings folgt in diesem Sinne (vgl. Klieme u.a. 2005) dem Modell empiriegestützter Schul- und Systementwicklung. Entscheidend für das Modell ist, dass Ergebnis- und Prozessqualität gleichermaßen zum Gegenstand des Feedbacks gemacht werden. Insbesondere sollen möglichst alle wichtigen Prozessfaktoren abgedeckt werden, die gemäß den Ergebnissen der Schulwirkungsforschung für erfolgreiche Schulen kennzeichnend sind. Ein zentrales Argument für die Berücksichtigung von Ergebnis- und Prozessaspekten ergibt sich aus der Frage, wie Qualitätsentwicklung realisiert werden soll. Eine bloße Feststellung von Lernergebnissen mag für die Rechenschaftslegung nach außen oder (in einem noch stärker deregulierten System) für eine Akkreditierung von Institutionen genügen. Eine Schule als »lernende Organisation« muss aber auch wissen, an welchen Prozessfaktoren sie ansetzen kann, um ihre Ergebnisse zu sichern bzw. zu verbessern. Evaluation ohne Prozessanalyse bedient bestenfalls legitimatorische Zwecke und Kontrollwünsche, ermöglicht jedoch keine Weiterentwicklung. Hier kommt der Schulinspektion eine besondere Funktion zu.

6.3 Allgemeine Kennzeichen der Inspektionsverfahren

Aktuell erprobte oder praktizierte Inspektionsverfahren weisen eine überall wiederkehrende Grundstruktur auf. Man könnte gewissermaßen von einer weithin geteilten Vorstellung zur Choreografie der Inspektion sprechen. Als Kopiervorlage für Verfahrensvorstellungen haben vermutlich die Inspektionshandbücher der Länder gedient, in denen Inspektionen seit Längerem institutionalisiert sind. Folgende Verfahrenselemente sind anzutreffen:

- Auswahl der Schulen und Ankündigung der Inspektion in transparenten Verfahren;
- Festlegung von Inspektionsteams;
- Aufbereitung und Zusammenschau interner und externer »Daten« für den zu inspizierenden Schulstandort;
- vorgängige Datenanalyse in der Inspektionseinrichtung und im Inspektionsteam;
- Kontaktaufnahme, Information, Festlegung der Inspektionsschwerpunkte, Verfahrensabsprachen;
- Schulbesuch mit Gesprächen (Schulleitung, Personal, Vertreter/innen der schulischen Mitwirkungsgremien), Unterrichtsbeobachtungen und Schulbegehung;
- Rückkopplungsverfahren (Ersteindruck, Berichtsentwurf, Stellungnahme der Schule, Endbericht);
- Berichterstattung in festgelegten Formaten an die Schule, an die Schulaufsicht und ggf. an die Öffentlichkeit.

Abbildung 1 (vgl. nächste Seite) konkretisiert diese Verfahrenselemente der Inspektion und ordnet sie in einen idealtypisch gemeinten zeitlichen Ablaufplan ein. Ferner wird exemplarisch angedeutet, welcher praktischer Arbeitsmittel und Materialien es bedarf, um Inspektionen effizient zu organisieren.

Die oben genannten Verfahrenselemente werden in den Ländern zurzeit durchaus unterschiedlich variiert. Auffällig ist der herausgehobene Stellenwert des Schulbesuchs und dort der Unterrichtshospitation. An dieses Element knüpfen sich offensichtlich – führt man sich den Verfahrensaufwand vor Augen – besondere Erwartungen, als sei es der Königsweg der Erkenntnisgewinnung. Umgekehrt ist es auch das Element, das als Gegenstand angstbesetzter Abwehrfantasien den Charakter der Gesamtveranstaltung leicht ins Zirzensische verkehrt. Nun kann man insbesondere die Unterrichtshospitation, wie immer sie konkret durchgeführt wird, als Ausdruck der Tatsache werten, dass Unterricht als Kern des Schulgeschehens prominent im Verfahren »abgebildet« werden muss, gleichsam als Referenzerweis gegenüber dem pädagogischen Geschäft. Eine andere Deutung könnte aber auch auf eine verborgene Kehrseite des Verfahrens aufmerksam machen: In einem System, in dem institutionalisiert generiertes, aufgehobenes und rückgekoppeltes Wissen über Unterrichtsergebnisse rar ist, stellt die Unterrichts(be)schau im Rahmen von Inspektionen einen notwendigen, aber eben nicht mehr als einen Notnagel der Wissensgenerierung dar. Vielleicht ist die Eile, mit der Schulinspektionen eingeführt werden, überhaupt ein Symptom für das Erschrecken der »Steuerleute« über die chronische Wissensarmut zu Bedingungen und Effekten des »Kerngeschäfts« im Schulwesen.

6.4 Evidenzbasierung und wissenschaftliche Standards der Schulinspektion

Als Teil des oben skizzierten Bildungsmonitorings hat sich Schulinspektion Anforderungen an Datenunterfütterung und an Verfahren zu stellen, die sich deutlich von administrativ geprägten Vorgaben unterscheiden, die etwa für Verfahren der Schulaufsicht gelten. Die Devise muss lauten: vom Augenschein zur Empirie, vom Vor-Gewussten zum Nachgewiesenen, vom Bescheidwissen zum Draufschauen, von kasuistischen Vorgehensweisen zu standardisierten Prozessen. Dies ist auf operativer Ebene zunächst auch eine Frage der Verfügbarkeit, Generierbarkeit und Nutzbarkeit von inspektionsrelevanten Daten und Informationen. Angedeutet seien hier keineswegs triviale Aspekte wie beispielsweise

- Zusammenführung von Daten aus Beständen unterschiedlicher Datenhalter (diverse Akteure bzw. Zuständigkeiten in Schulen, bei Schulträgern, in Ministerien);
- Qualität der Daten und Performanz der Datenflüsse z.B. von der Schule zum Schulträger;
- Zugriffsrechte und Datenschutz;
- Organisation eines arbeitsteiligen und dezentralen Daten- und Wissensmanagements;

	ca. 8 Wochen vor der Inspektion	ca. 5 Wochen vor der Inspektion	ca. 2–3 Wochen vor der Inspektion
Schulinspektion	schriftliche Information über die Inspektion der Einzelschule	Analyse und Auswertung sämtlicher Informationen zur Schule	• Festlegung der schulspezifischen Inspektionsstrategie • Konkretisierung des Ablaufplans des Schulbesuchs, insbesondere Auswahl des zu beobachtenden Unterrichts und der Gespräche
	Vorstellungskonferenz: • Vorstellung des Teams • Info über Konzept, Instrumente, Kriterien, Ablauf • Info über Aufgaben von Schulleitung und Personal • Info zu Kooperationserwartungen		
			Vorbereitung des organisatorischen Ablaufs des Schulbesuchs
Schule	• Schulportfolio • Aktualisierung des Datenbestands zu allgemeinen Schuldaten und Kennziffern der Dimension »Wirkungen und Ergebnisse«		
	Absprachen in der Schule über Aufgabenverteilung	Befragungen (sofern nicht bereits von der Schule vorgenommen): • Schulleitung und Personal (online) • Schüler/innen (online) • Eltern/Betriebe (Papier)	
	• Lieferung von Datenergänzungen zum Schulportfolio • Vorlage ggf. weiterer Dokumente • Vorlage schulspezifischer Inspektionswünsche		
Instrumente und Arbeitsmittel	Musterbrief		
	• Handbuch Schulinspektion • Flyer für alle schulischen Adressaten • PPT-Präsentation • Leitfaden für Schulleitungen		
	• webbasierte elektronische Datenmaske • Internetplattform zur Bereitstellung von Dokumenten • Hinweise zu erforderlichen Informationen bei schulspezifischen Inspektionswünschen	• Online Befragungsprogramm • adressaten- und schulartspezifische Fragebögen • Leitfaden zur Durchführung von Befragungen • Auswertungs- und Datenfeedback-Service	
		• Leitfaden für Auswertungsroutinen • Template für Auswertungsbericht	Infoschreiben an Schulleitung: • Zeitplan • zu besuchende Unterrichtsstunden • konkrete Gesprächs- und Interviewwünsche • Organisationshilfen für Schulleitung

	Inspektion der Einzelschule (zwei bis drei Tage)		ca. eine Woche nach der Inspektion	ca. 3 Wochen nach der Inspektion	danach
Schulinspektion	Schulrundgang	• Gespräche/ Interviews • Abschlussbesprechung	Vorstellung eines vorläufigen Berichts	Erstellung des Abschlussberichts und Versand an Schule und Schulaufsicht	Datenerfassung und Auswertung der Durchführungsevaluation
	Unterrichtsbeobachtung				
	Datenerfassung, Validitäts- und Reliabilitätsprüfungen, Gewichtung, Datenbewertung, Ad-hoc-Auswertung im Team				
Schule	Begleitung durch Schulleitung und Hausmeister (ggf. weiteres Personal)	Teilnahme von Schulleitung, Personal, Eltern, Schüler/innen, Vertretern von Betrieben	ggf. Stellungnahme der Schule	Evaluation zur Durchführung der Inspektion	• Beratung des Berichts in den schulischen Gremien • Zielklärungsgespräch mit der Schulaufsicht, Ziel- und Leistungsvereinbarung
	Routinebetrieb				
Instrumente und Arbeitsmittel	• Beobachtungsbögen • elektronische Datenerfassung und -auswertung	• Leitfaden zu Funktion und Ablauf • Beobachtungsbögen • elektronische Datenerfassung und -auswertung	• standardisiertes Berichtsformat • Formatvorschlag für die Schulstellungnahme • Leitfaden für die Vorstellung des Berichtsentwurfs	• standardisiertes Berichtsformat • Schulanschreiben • Evaluationsbogen	• Leitfaden für Zielklärungsgespräche • Raster als Muster für eine Ziel- und Leistungsvereinbarung • Raster für Evaluationsbericht
	• Gesprächs- bzw. Interviewleitfäden • elektronische Datenerfassung und -auswertung				
	Rhythmisierungsalternativen für den Ablauf; formalisierte Routinen für die Erfassung, Gewichtung und Bewertung von Daten; Auswertungsbogen für die Bewertung				

Abb. 1: Exemplarischer Ablaufplan einer Schulinspektion

- technische Infrastrukturen der Vernetzung von Daten und zur Organisation von Datenflüssen inkl. Such-, Auswertungs- und Berichtsfunktionalitäten;
- praktikable Instrumentarien für Datenerhebungen (webbasiert);
- verwendungsgerechte Aufbereitung von Daten für die Inspektion;
- Verfügbarkeit von Referenzwerten für Schulqualitätsdaten.

Festzustellen ist, dass die Voraussetzungen hinsichtlich der genannten Aspekte des Datenmanagements in den Ländern, die Schulinspektionen einführen, höchst unterschiedlich sind. Nicht selten wird den Schulen vor Inspektionen eine äußerst kritisch zu beurteilende Bringschuld für Informationen und Daten aufgebürdet, gelegentlich auch für solche, die in den Schulbehörden bereits mehrfach vorhanden sind.

Eine große qualitative Bandbreite zeichnet auch die empirische Fundierung des Inspektionsvorgehens aus. Wichtig zu wissen ist, dass mit den Verfahren alle Probleme, Klippen und Tücken vermacht sind, die man aus der empirischen Sozialforschung hinlänglich kennt. Man mag einwenden, dass Anforderungen an Zuverlässigkeit oder Objektivität der Verfahren nicht neu sind, also prinzipiell auch für Verfahren der Schulaufsicht gelten. Gleichwohl tritt die Schulinspektion mit dem Anspruch an, herkömmliches Aufsichtshandeln zur Qualitätssicherung professionell zu überbieten; insofern steht sie hinsichtlich des Geltungsanspruchs ihrer Verfahren und Urteile unter ungleich schärferem Legitimationsdruck.

Dies gilt insbesondere für ein Kernstück der Inspektionsverfahren, die Begutachtung von Unterrichtsqualität durch Unterrichtshospitationen. Hier ist die Kontrolle der Messungen hinsichtlich ihrer Objektivität, Reliabilität und Validität von besonderer Bedeutung, um Fehlerquellen bei der Bewertung von Unterrichtsqualität an Einzelschulen auf ein vertretbares Maß zu reduzieren (zum Folgenden siehe Pietsch/Tosana 2008). Eine besondere Herausforderung in diesem Zusammenhang stellt die Tatsache dar, dass sich die Einsichtnahmen in Unterricht nur auf einen stichprobenartigen Zeitpunkt im Schuljahr konzentrieren und darüber hinaus die Stichprobengrößen, in denen Unterrichtssequenzen eingesehen werden können, prozess- und ressourcenbedingt eher klein sind, was das Risiko hoher Stichprobenfehler birgt. Stichprobenbedingte Messfehlerprobleme sind im Verfahren insofern kritisch abzuschätzen, als aufgrund einer Auswahl von Unterrichtssegmenten auf die Unterrichtsqualität einer Schule geschlossen werden soll.

Bisher ist in diesen Fragen das adäquate methodische Repertoire zum Umgang mit solchen Rahmenbedingungen erst in Ansätzen ausgearbeitet. Wie Beobachtungskriterien operationalisiert sein müssen, welche Voraussetzungen durch Beobachtertraining oder Kalibrierung von Ratings durch Doppelbeobachtung geschaffen werden müssen, welche Anforderungen an eine Zufallsstichprobe von Unterrichtssegmenten aus der Menge aller an den Inspektionstagen erteilten Unterrichtsstunden zu stellen sind, wie die Zufallszuordnung der Beurteiler zu den Unterrichtssegmenten zu erfolgen hat, wie man Unterrichtseinschätzungen aggregiert und die Validität von Beobachtungen auch im Hinblick auf Beobachterstrenge oder -milde überprüft, dies sind Fragen, die dringend beantwortet werden müssen, und zwar nicht nur aus innerwissenschaftlichen Gründen, sondern zur Legitimation der Verfahren und damit zusammenhängender praktischer Entscheidungen. Sicherung der Verfahrensqualität ist zentrale Voraussetzung z.B. für

- Gewichtungen der Einzelbeurteilungen und Bestimmung von Normwerten für Beurteilungen;
- die Definition von Cut-off-Werten, d.h. von Sanktionsschwellen, für deren Unterschreitung Konsequenzen festgelegt werden;
- die Gewährleistung zwischenschulischer Vergleichbarkeit der Verfahren und Berichterstattung;
- die Nachvollziehbarkeit und Überprüfbarkeit der Urteile;
- Transparenz, Fairness, Revidierbarkeit von Urteilen;
- das Vertrauen der involvierten Akteure und die »Autorität« der Inspektion.

Anders als in manchen sozialwissenschaftlichen Forschungsprojekten ist die Beantwortung solcher Fragen also keine erkenntnistheoretische Übung, sondern unmittelbar praxisrelevant. Schulinspektionen sind als komplex strukturierte soziale Veranstaltungen zu begreifen, mit unter Umständen einschneidenden Folgen oder Nebenwirkungen für Individuen. Eine kritische Analyse des Inspektionsinstrumentariums muss deshalb von Beginn an Aufgabe der Schulinspektion selbst sein.

7. Schulinspektion und schulinternes Qualitätsmanagement

Für Schulen sind Schulinspektionen wichtige, aber seltene Ereignisse. In der Regel finden Inspektionen in mehrjährigen Intervallen statt. Ist eine Inspektion einmal »überstanden«, ist die Chance oder das Risiko der Folgenlosigkeit nicht gering zu veranschlagen, sofern nicht eine Reihe von schulinternen und -externen Vorkehrungen getroffen wird. Die wichtigste, aber auch schwierigste Aufgabe besteht darin, Schulinspektionen nicht nur als störende Intervention, die sie immer auch ist, zu verarbeiten, sondern das Inspektionsverfahren in einen systematischen Qualitätsentwicklungsprozess zu integrieren. Schlüsselaspekte dabei sind folgende:

- Die beste Vorbereitung auf die Schulinspektion ist, viel über Bedingungen, Prozesse und Ergebnisse der schulischen Arbeit zu wissen und nachweisen zu können.
- Interne Transparenz und Verbindlichkeit der Qualitätssicherungsverfahren sind gute Voraussetzungen für externe Inspektionen.
- Je ausgebauter das schulinterne Qualitätsmanagement, umso geringer ist die »Eindringtiefe« der Inspektion.
- Entscheidend ist der Umgang mit der »Gretchenfrage«: Was wissen wir konkret über gelingenden oder misslingenden Unterricht? Können bzw. wollen wir entsprechende Erkenntnisse in der Schule überhaupt lokalisieren?

Der Umgang mit diesen Schlüsselfragen wird durch konsistente Qualitätsvorstellungen und professionelle Verfahren des Qualitätsmanagements deutlich erleichtert.

7.1 Orientierung durch Qualitätsrahmen

Die öffentliche Aufmerksamkeit für die Qualität von Schulsystemen, aber auch für die Arbeit einzelner Schulen hat sich deutlich gewandelt. Mehr als früher wird von Schulbehörden und Schulen Auskunft über Erfolg und Misserfolg der Aktivitäten im jeweiligen Verantwortungsbereich erwartet; Politik, Öffentlichkeit, Steuerzahler und Partner vor Ort formulieren Ansprüche an Transparenz und Rechenschaftslegung.

Der Stellenwert, den Konzepte und Instrumente der Qualitätsentwicklung in schulfremden Bereichen, sei es in Betrieben oder in anderen Politikbereichen wie dem Gesundheitswesen erlangt haben, wirft in der interessierten Öffentlichkeit die Frage auf, weshalb Schulen nicht auch in systematischer Form ihre Qualität auf den Prüfstand stellen, daraus Entwicklungsaktivitäten ableiten und in geeigneter Form Bericht nach innen und außen erstatten. Vor dem Hintergrund umfassender und ganzheitlicher Ansätze zum Qualitätsmanagement in betrieblichen und institutionellen Umfeldern erscheinen die schulischen Maßnahmen dem externen Betrachter noch rudimentär und zersplittert; die Forderung nach Systematisierung und methodischer Absicherung ist nachvollziehbar.

Tatsache ist, dass Schulen wie Schulbehörden auch in Deutschland in Fragen der Qualitätsentwicklung mittlerweile einen Professionalisierungsschub gemacht haben. Dies betrifft die Organisation der Entwicklungsprozesse, aber auch die Ermittlung von Entwicklungsergebnissen. Planungen werden mit der Frage nach der Wirksamkeitserwartung konfrontiert, Ziele mit der Frage nach dem Nachweis der Zielerreichung. Die Instrumente müssen weder neu erfunden noch importiert werden. Was aussteht, ist ein breiter Konsens über den allgemeinen Einsatz von Qualitätsmanagement und ein verbindliches Qualitätsverständnis, wie dies in außerschulischen Handlungsfeldern und in Schulsystemen außerhalb Deutschlands bereits der Fall ist.

So groß das öffentliche Interesse an guter Schule ist, so widersprüchlich sind nicht selten die Vorstellungen von Lehrkräften und Schulleitungen, Kindern, Jugendlichen und Eltern, Behörden und Betrieben. Kriterien für die Qualität von Schule und Unterricht zu definieren, die sowohl den besonderen Arbeits- und Lernbedingungen vor Ort als auch den gesellschaftlichen Anforderungen entsprechen, fällt nicht leicht. Bei der Entwicklung von Qualitätskonzepten, häufig auch Orientierungsrahmen oder Referenzrahmen »Schulqualität« genannt, wird daher in der Regel von wenigen Grundannahmen ausgegangen:

- Schulqualität bezieht sich auf schulische Prozesse einerseits und auf Ergebnisse von Bildung und Erziehung andererseits.
- Qualitätsentwicklung ist eine Führungsaufgabe. Der Schulleitung kommt die Gewährleistungs- und Steuerungsverantwortung zu.
- Schulqualität muss anhand transparenter Kriterien nachgewiesen werden.
- Schulqualität hat strukturelle und personelle Aspekte.
- Schulqualität muss vor Ort konkretisiert werden. Über die Erwartungen an schulische Qualität muss seitens der Partner von Schule Verständigung erzielt werden.

Die zurzeit existierenden Qualitätsrahmen weisen in inhaltlicher Hinsicht eine hohe Übereinstimmung auf (vgl. dazu die Übersicht bei Kramis 2006, S. 141). Der Blick über den Zaun zeigt, dass es über Merkmale von guter Schule und Kriterien für ihren Nachweis weniger Kontroversen gibt als auf den ersten Blick vermutet. Ein Qualitätskonzept stellt sich allerdings meist auch dem Anspruch, mehr zu sein als eine Liste (oder gar Checkliste) von Merkmalen guter Schule. Es systematisiert Schulqualität inhaltlich und bringt verschiedene Dimensionen in einen Gesamtzusammenhang.

In allen aktuellen Qualitätsrahmen werden Aspekte von Schulqualität systematisch kategorisiert und in mehren Stufen operationalisiert. In bisweilen unterschiedlicher Terminologie geht es darum,

- auf einer ersten Ebene grundlegende »Qualitäts*dimensionen*« zu unterscheiden,
- in diesen Dimensionen zentrale »Qualitäts*bereiche*« zu bestimmen,
- für diese Bereiche wesentliche »Qualitäts*merkmale*« auszuweisen,
- diese anhand von Qualitäts*indikatoren* auf einer mittleren Abstraktionsebene zu konkretisieren und
- in manchen Konzepten auch beispielhaft anzudeuten, mit welchen Mitteln die herausgearbeiteten Qualitätsmerkmale im Schulalltag »dingfest« gemacht werden können.

7.2 Funktion von Qualitätsrahmen für Schulinspektionen

Umfassende Qualitätsrahmen dienen nun zuförderst der Orientierung und Ausrichtung der schulinternen Qualitätsentwicklung. Warum sind sie nun auch im Kontext externer Evaluation oder der Schulinspektion von Bedeutung? Mindestens drei Gründe lassen sich hier nennen:

- Mit der Durchführung von externen Evaluationen sind immer Datenfeedbacks (z.B. schul- und klassenbezogene Ergebnisse von Schulleistungstests oder Inspektionsberichte) verbunden. Eine von vielen weiteren innerschulischen Nutzungsvoraussetzungen für Datenfeedbacks ist die Klärung der Frage, in welchen Prozessstrukturen auf Unterrichts- ebenso wie auf Organisationsebene zentrale Befunde externer Evaluationen bearbeitet werden müssen oder – anders formuliert – wo Maßnahmen der Schul- und Unterrichtsentwicklung als Konsequenz externer Evaluationen ansetzen müssen. Umfassende Qualitätskonzepte können dabei helfen, solche Konsequenzen miteinander in Beziehung zu bringen und systematisch zu verorten.
- Der Prozess der innerschulischen Aneignung und Implementierung eines Qualitätskonzepts wird in der Regel auch durch die zuständige Schulaufsicht begleitet. Konsultationen insbesondere zwischen Schulaufsicht und Schulleitung münden immer häufiger in Ziel- und Leistungsvereinbarungen, die vor dem Hintergrund einer schulspezifischen Bestandsaufnahme vorrangige Ziele verbindlich auf Zeit

festlegen. Für Wirkungen und Ergebnisse als Aspekten der Schulqualität geht es auch darum, unter Bezug auf schulstatistische Quellen und Resultate von Qualitätssicherungsmaßnahmen, wie Lernstandserhebungen, zentrale Prüfungen und Schulleistungsstudien, Kriterien für nachweisbare Qualitätssteigerungen zu finden.

- Sollen im Zuge der externen Evaluation der Einzelschule durch Schulinspektion Aspekte der Qualität in den Blick genommen werden, so bedarf es eines Referenzrahmens, der die systematische Auswahl solcher Aspekte steuert. Schulen müssen wissen, welche Bereiche der Schule inspiziert und nach welchen Kriterien diese Bereiche beurteilt werden, dass die Schulinspektion Auswahl und Beurteilung der Bereiche begründen kann, dass Mindesterwartungen an Schulqualität festgelegt werden, damit alle schulischen Akteure wissen, welchen Anspruch man verbindlich an die Schule stellen kann. Das beschriebene Erfordernis gilt prinzipiell unabhängig von der Einführung einer Schulinspektion. Gleichwohl ist mit ihrer Einführung in besonderer Weise die Notwendigkeit verbunden, differenziert und begründet Aufschluss über die Qualität der Einzelschule zu gewinnen und vor allem gegenüber allen schulischen Akteuren Transparenz über den inneren Zustand herzustellen.

Um einen Qualitätsrahmen für Schulinspektionen zu nutzen, sind weitere Schritte vorzusehen, insbesondere

- die Auswahl und Konkretisierung der zu inspizierenden Bereiche, da auch die Schulinspektion nicht alle Qualitätsbereiche in den Blick nehmen kann;
- die Festlegung von obligatorischen Bereichen, die in allen Schulen Gegenstand der Inspektion sein werden, und damit auch die Eröffnung von wahlfreien Bereichen der Inspektion;
- die Gewichtung der Einzelbereiche und Merkmale;
- die bereichsbezogene Festlegung von Mindesterwartungen;
- die Operationalisierung der Indikatoren in den ausgewählten Bereichen einschließlich der Bestimmung des Ausprägungsgrades der Indikatoren.

Mit umfassenden Qualitätsrahmen sollen in der Regel Entwicklungsschritte für die umfassende und systematische Schulentwicklung orientiert und systematisiert werden. Die Implementierung solcher Konzepte ist keine weitere Maßnahme zur Qualitätsentwicklung, die bisherige Maßnahmen der Schulentwicklung ersetzt oder entbehrlich macht. Sie soll vielmehr dazu beitragen, laufende Maßnahmen in einem Gesamtkontext zu verorten. Selbstverantwortliche Schulen übernehmen in einem vorgegebenen Rahmen Verantwortung für die Qualitätsentwicklung und die Qualitätssicherung der Arbeit vor Ort. Hierbei wird zunehmend auf die Prinzipien, Verfahren und »Handwerkzeuge« (Instrumente) des Qualitätsmanagements zurückgegriffen, wofür mittlerweile eine Reihe von Anbietern »Pakete« mit webbasierten Verfahren, Instrumentarien, Leitfäden und Materialien zur Verfügung stellen (vgl. exemplarisch Burkard/Eikenbusch 2000; Stern u.a. 2008; Ripper/Schenk 2006; Landwehr/Steiner 2003).

6.3 Verfahrensschritte des schulinternen Qualitätsmanagements

Systematisches Qualitätsmanagement ist der Königsweg der Implementierung von extern vorgegebenen Qualitätskonzepten. Sie kann einen förderlichen Beitrag für die Schulentwicklung leisten. Das systematische Vorgehen gibt Orientierung, die Vorgaben der zugrunde liegenden Kriterienkataloge schaffen eine gemeinsame Sprache und der ganzheitliche Anspruch fordert und fördert Kooperation. Die Entwicklung der Schule und das Lernen der Organisation werden zur gemeinsamen Aufgabe.

Die Entscheidung für den Aufbau und den Zeitpunkt des Beginns systematischer Qualitätsentwicklung wird meist von der Schulleitung in Abstimmung mit den schulischen Gremien getroffen. In der gemeinsamen Auseinandersetzung mit dem umfassenden Qualitätskonzept und seinen Implikationen für die Schule beginnt bereits der interne Prozess des Qualitätsmanagements.

Die Steuerung des Qualitätsmanagements gehört in den Aufgabenbereich der Schulleitung. Sie muss über entsprechendes Fachwissen zu Qualitäts- und Projektmanagement verfügen und in der Lage sein, die operativen Rahmenbedingungen für eine kooperative Qualitätsentwicklung zu schaffen. Bei der Erfüllung dieser Aufgaben kann ergänzende Qualifizierung und externe Unterstützung im Sinne einer Prozessbegleitung erforderlich und hilfreich sein.

Qualitätskonzepte wären missverstanden, wollte man sie in der Aneignung einfach mit Blick auf die eigene Schule »abhaken«. Vielmehr geht es darum,

- in einer Bestandsaufnahme zu klären, in welchen Bereichen des Qualitätsrahmens die Schule schon wesentliche Ziele erreicht hat und welche Schwerpunkte aktuell und in naher Zukunft dringlich erscheinen;
- festzustellen, wie sich laufende Aktivitäten, z.B. im Rahmen der Schulprogrammentwicklung, der schulinternen Evaluierung oder der Arbeit mit curricularen Vorgaben in die Umsetzung des Qualitätsrahmens einordnen;
- Zielklärungsprozesse in laufenden Vorhaben und Leitbilddiskussionen an den Merkmalen und Indikatoren des Qualitätsrahmens zu schärfen;
- Bereiche zu markieren, die bisher vernachlässigt wurden, und Vereinbarungen darüber zu treffen, in welchem zeitlichen Rahmen und mit welcher Priorität diese angegangen werden sollen;
- zu klären, welche Instrumente der Qualitätsentwicklung und der Evaluation für die als prioritär eingeschätzten Handlungsfelder geeignet sind;
- zu prüfen, in welcher Form Ergebnis- und Prozessqualitäten und der Stand der Qualitätsentwicklung dokumentiert sind bzw. künftig dokumentiert werden sollen;
- die Perspektive von Schüler/innen, Eltern oder Betrieben zu Qualitätsfragen einzuholen;
- festzustellen, welcher Qualifizierungs- und Unterstützungsbedarf sich für die Umsetzung des Qualitätsrahmens ergibt.

Zusammenfassend lässt sich sagen: Je ausgestalteter das schulinterne Qualitätsmanagement entwickelt ist, umso günstiger sind die Voraussetzungen für eine zielführende Nutzung von Verfahren und Ergebnissen der Schulinspektion. Anders ausgedrückt: Je gründlicher die interne Evaluation in Orientierung an einem Qualitätsrahmen durchgeführt wird, umso weniger invasiv muss die Schulinspektion sein. Schulinspektion wird z.B. im Hinblick auf die Anforderungen an Daten, auf die Auswahl von Gegenständen ihrer Evaluation oder auf die Art der Berichterstattung sehr genau in Rechnung zu stellen haben, inwieweit die einzelne Schule bereits ein internes Qualitätsmanagement eingeführt hat. Wenn dieses weit gediehen ist, verfügt die Schule über ein Wissen über sich selbst, das in die Verfahren der Schulinspektion eingebracht werden kann.

8. Schulische Arbeitsschritte im Kontext der Schulinspektion

Im vorangegangenen Kapitel wurde der Zusammenhang zwischen dem schulinternen Qualitätsmanagement und der Schulinspektion dargestellt. Abschließend soll nun auf die praktischen Anforderungen eingegangen werden, die sich im unmittelbaren zeitlichen Kontext von Schulinspektionen für die Schule stellen (siehe auch Abbildung 1 auf S. 1380f.). Konkret muss die Frage beantwortet werden:

- Was muss seitens der Schule praktisch gewährleistet werden?
- Wie geht man mit Inspektionsberichten und Inspektionsergebnissen um?

Inspektionen von Einzelschulen erfolgen in vielen Einzelschritten, die in der Regel insgesamt einen Zeitraum von bis zu drei Monaten einnehmen können. Bereits im Vorfeld des Kernstücks der Inspektion, dem meist mehrtägigen Schulbesuch, kommen Aufgaben auf die Schule zu. Als nützlich haben sich Checklisten erwiesen, die der Schulleitung dabei helfen, die Inspektion angemessen vorzubereiten (vgl. Abb. 2). Neben den Informations- und praktischen Organisationsaufgaben, die in Kooperation mit dem Inspektionsteam möglichst reibungslos bewältigt werden müssen, ist vor allem ein strategischer Aspekt entscheidend dafür, inwieweit Schulinspektion als Entwicklungsimpuls wirken kann: die eindeutige, geklärte, nach innen sichtbar gemachte positive Grundhaltung der Schulleitung zum Verfahren und zu den Akteuren der Schulinspektion. Die Schulleitung muss nach innen und außen deutlich machen, dass ein umfassendes externes Feedback zu Aspekten der Schulqualität für die Weiterentwicklung der Schule nützlich ist, auch und gerade dann, wenn mit den professionellen Evaluationsverfahren der Schulinspektoren Schwachstellen und blinde Flecken sichtbar werden.

Sobald Inspektionsergebnisse in Berichtsform, manchmal auch in Form umfangreicher Aufbereitung aller Einzeldaten auf CD-ROM vorliegen, bedarf es eines klugen Umgangs mit den Informationen, damit ihr Anregungs- oder im positiven Sinne Irritationspotenzial nicht verschenkt wird (vgl. Dubs 2008). Es hängt aber auch von Qualität und Format der Inspektionsberichte ab, ob sie genutzt werden können. Mindestens folgenden allgemeinen Anforderungen sollten Inspektionsberichte genügen:

Checkliste für die Schulleitung zur Durchführung der Schulinspektion

1. **Information der Schulöffentlichkeit**

   ❏ zu Beginn allgemein (über bevorstehende Inspektion), ggf. mithilfe der Merkblätter
   ❏ während des Inspektionsprozesses
   ❏ Einladung zur Ergebnispräsentation

2. **Dokumente zum Stichtag einreichen**
   (alle in digitaler Form)

   ❏ Raum- und Gebäudeplan
   ❏ Schulprogramm
   ❏ Stundenplan (digital)
   ❏ Vorerhebungsbogen
   ❏ Ziel- und Leistungsvereinbarung mit der zuständigen Schulaufsicht (aktuell)

3. **Schriftliche Befragungen** (online)

   ❏ organisatorische Vorbereitung der Befragung
   ❏ Vorinformation der Befragungsgruppen
   ❏ Verteilung der Zugangsdaten (bei Online-Befragung)
   ❏ Durchführung der Online-Befragungen (bis zum Stichtag)

4. **Vorbereitung des Schulbesuchs**
   4a) *Schulbegehung*

   ❏ Information/Einladung des Hausmeisters
   ❏ Planung der Route für Gebäude und Außengelände

   4b) *(Delegation der) Auswahl der Teilnehmer/innen der verschiedenen Interviews*

   ❏ Lehrkräfte (inkl. Personalrat, Steuergruppe/Fachleitungen, pädagogische Mitarbeiter/innen)
   ❏ Schüler/innen
   ❏ Eltern
   ❏ technisches und Verwaltungspersonal

   4c) *Einladung und Information der Teilnehmer/innen der verschiedenen Interviews (inkl. Zeit und Ort)*

   ❏ Lehrkräfte (inkl. Personalrat, Steuergruppe/Fachleitung, pädagogische Mitarbeiter/innen)
   ❏ Schüler/innen
   ❏ Eltern
   ❏ technisches und Verwaltungspersonal
   ❏ Wirtschaftsvertreter im Schulvorstand (bei beruflichen Schulen)

   4d) *Information der Lehrkräfte (und Schüler/innen) über Unterrichtsbesuche*

   ❏ Verfahren
   ❏ 2–3 Stühle je Raum für Inspektor/in
   ❏ Information bei Raumverlegungen
   ❏ keine schriftlichen Prüfungen oder Rückgabe von Arbeiten/Tests

5. **Bereitstellung** (während des Besuchs)

   ❏ Raum für das Team der Schulinspektion (Inspektionsbüro)
   ❏ Schlüssel für diesen Raum, Klassenzimmer und Lehrertoilette
   ❏ Flipchart (im Inspektionsbüro)
   ❏ Vorlage der von den Inspektoren eingeforderten Dokumente zur Einsicht im Inspektionsbüro (z.B. Fortbildungsplan, Stoffverteilungspläne)
   ❏ Raum für Interviews (für bis zu 15 Personen)
   ❏ Namensschilder oder -karten für die Teilnehmenden am Interview
   ❏ aktueller Vertretungsplan (am jeweiligen Inspektionstag)

Abb. 2: Checkliste für die Schulleitung

- knapper Umfang, klare Aufbaustruktur;
- Strukturierung der Befunde entlang der Bereiche und Kriterien des zugrunde liegenden Qualitätsrahmens;
- nüchterne Beschreibungen, knappe Begründungen in engem Bezug zu den Daten;
- Trennung von Deskription, Begründung und Wertung;
- Triangulation bei der Datenaufbereitung, d.h. Mehrperspektivität der Diagnose;
- konsequente Beschränkung auf Bereiche, für die im Inspektionsverfahren Evidenz gewonnen wurde;
- Konsistenz zwischen Daten und damit korrespondierenden Textteilen;
- Offenlegung der Kriterien für Urteile;
- Verständlichkeit in Text und Grafik;
- Wertschätzung und zugleich unmissverständliche Deutlichkeit;
- Zusammenfassungen mit Kernaussagen zu Stärken und Schwächen.

Das Verfahren, in dem der Inspektionsbericht schulintern ausgewertet und diskutiert wird, muss von der Schulleitung festgelegt werden. In der Regel sehen rechtliche Regelungen auch vor, dass die Inspektionsergebnisse in geeigneter Weise allen schulischen Gremien (Schulkonferenz, Lehrerkonferenz, Schüler- und Elternrat) bekannt gemacht werden. Dies sollte im Schulleitungsteam in Kooperation mit einer Steuerungsgruppe vorbereitet werden, indem

- der Inspektionsbericht systematisch analysiert und mit Blick auf zentrale Kernaussagen ausgewertet wird;
- eine Stärken-Schwächen-Bilanz, sofern der Bericht sie nicht explizit enthält, herausgearbeitet und kommentiert wird;
- Vorschläge für prioritäre Maßnahmen im Umgang mit den Befunden der Inspektion entwickelt werden;
- eine Präsentation mit Ergebnissen, Kommentierungen und Maßnahmevorschlägen für die Diskussion in den Gremien erstellt wird.

In vielen Ländern erhält die für die Schule zuständige Schulaufsicht ebenfalls den Inspektionsbericht und wertet diesen vor dem Hintergrund der eigenen Kenntnis der Schule und ihres Systemwissens aus. Idealerweise kommen Schule und Schulaufsicht in einem geregelten Verfahren zu einem Austausch darüber, wie in der Schule mit den Inspektionsergebnissen umgegangen werden soll und was die Schule in der Folge konkret plant. In nicht wenigen Ländern gehen diese Verabredungen formal in ohnehin abzuschließende Ziel- oder sogar Ziel- und Leistungsvereinbarungen zwischen Schulaufsicht und Schulleitung ein. Solche Vereinbarungen legen zeitlich befristet und verbindlich problemspezifische Entwicklungsziele, dazugehörende Maßnahmeschwerpunkte und Zielerreichungskriterien, ggf. auch erforderliche Budgets und Unterstützungs- und Beratungserfordernisse fest. Erst die systematische Einbindung von Inspektionserkenntnissen in ein verbindliches System der »Nachsorge« und der Steuerung von Folgeaktivitäten schafft Voraussetzungen, dass Schulinspektion ernst genommen wird und nicht zu einer ritualisierten Berichtsübung verkommt.

Literaturverzeichnis

Altrichter, H./Brüsemeister, T./Wissinger, J. (Hrsg.) (2007): Educational Governance. Handlungskoordination und Steuerung im Bildungssystem. Wiesbaden.

Avenarius, H. (2006): »Standard-Konzepte« und »Qualitätsrahmen« für eigenständige Schulen – ein Widerspruch? Vortrag bei der Jahrestagung der GFPF am 23. März 2006 in der Reinhardswaldschule bei Kassel. Frankfurt (DIPF-Vortragsmanuskript).

Avenarius, H./Ditton, H./Döbert, H./Klemm, K./Klieme, E./Rürüp, M./Tenorth, H.E./Weishaupt, H./Weiß, M. (2003): Bildungsberichterstattung für Deutschland. Konzeption. Frankfurt (DIPF-Manuskript).

Bos, W./Holtappels, H.G./Rösner, E. (2006): Schulinspektion in den deutschen Bundesländern – eine Baustellenbesichtigung. In: Bos, W./Holtappels, H.G./Rolff, H.G./Schulz-Zander, R. (Hrsg): Jahrbuch der Schulentwicklung, Band 14. Daten, Beispiele und Perspektiven. Weinheim/München, S. 81–123.

Bos, W./Dedering, K./Holtappels, H.G./Müller, S./Rösner, E. (2007): Schulinspektion in Deutschland. Eine kritische Bestandsaufnahme. In: van Buer, J./Wagner, C. (Hrsg.): Qualität von Schule. Entwicklungen zwischen erweiterter Selbständigkeit, definierten Bildungsstandards und strikter Ergebniskontrolle. Ein kritisches Handbuch. Frankfurt.

Brüsemeister, T./Eubel, K.D. (2003): Zur Modernisierung der Schule. Leitideen – Konzepte – Akteure. Ein Überblick. Bielefeld.

Burkard, C./Rolff, H.G. (1994): Steuerleute auf neuem Kurs? Funktionen und Perspektiven der Schulaufsicht für die Schulentwicklung. In: Rolff, H.G. u.a. (Hrsg.): Jahrbuch der Schulentwicklung, Bd. 8. Weinheim/München, S. 205–266.

Burkard, C./Eikenbusch, G. (2000): Praxishandbuch Evaluation in der Schule. Berlin.

Dubs, R (2008): Umgang mit Erkenntnissen und Daten aus Schulinspektion und anderen externen Evaluationen. Aktionen zur Qualitätsverbesserungen und zu Innovationen. In: Buchen, H./Rolff, H.G. (Hrsg.): Schulleitung und Schulentwicklung. Berlin, Teil E 5.6.

Fitz-Gibbon, C.T. (1996): Monitoring Education. Indicators, Quality and Effectiveness. London.

Heinrich, M. (2007): Governance in der Schulentwicklung. Von der Autonomie zur evaluationsbasierten Steuerung. Wiesbaden.

Hendriks, M.A. (2004): Benchmarking the Quality of Education. In: European Educational Research Journal 3, H. 1.

Höhmann, K./von Ilsemann, C./Kirchhoff, D./Seydel, O. (2007): »Qualität« als Rahmen der Schulentwicklung. Verfahren und Philosophie der Qualitätsentwicklung des Bremer Schulwesens. In: Die Deutsche Schule 99, H. 3, S. 303–315.

Klieme, E./Steinert, B./Ciompa, R./Gerecht, M. (2005): Auf dem Weg zu einem integrierten System der Qualitätssicherung für Schulen. In: Avenarius, H./ Klemm, K./ Klieme, E./ Roitsch, J. (Hrsg.): Bildung gestalten – erforschen – erlesen. Neuwied, S. 68–91.

Konsortium Bildungsberichterstattung (2005): Gesamtkonzeption der Bildungsberichterstattung. Frankfurt (DIPF-Manuskript).

Kotthoff, H.G./Böttcher, W. (2007): Schulinspektion. Evaluation, Rechenschaftslegung und Qualitätsentwicklung. Münster.

Kramis, J. (2006): Externe Schulevaluation im Kanton Luzern als Teil eines ganzheitlichen Qualitätsmanagements. In: Böttcher, W./Holtappels, H.G./Brohm, M. (Hrsg.): Evaluation im Bildungswesen. Eine Einführung in Grundlagen und Praxisbeispiele. Weinheim/München, S. 137–152.

Kussau, J./Brüsemeister, T. (2007): Governance, Schule und Politik. Zwischen Antagonismus und Kooperation. Wiesbaden.

Landwehr, N./Steiner, P. (2003): Q2E. Qualität durch Evaluation und Entwicklung. Bern.

Maritzen, N. (1999): Schulaufsicht – auf dem Weg von der Regulation zum Vertrag? Risiken und Chancen von Vertragsmodellen in der Schulentwicklung. In: Beucke-Galm, M./Fatzer, G./Rutrecht, R. (Hrsg.): Schulentwicklung als Organisationsentwicklung. Köln, S. 125–140.

Maritzen, N. (2006): Schulinspektion in Deutschland –zwischen Aufsicht und Draufsicht. In: Buchen, H./Rolff, H.G. (Hrsg.): Schulleitung und Schulentwicklung. Berlin, Teil H 2.2.

Maritzen, N. (2007): Schulinspektion – ein neues Element der Systemsteuerung. In: journal für schulentwicklung 11, H. 3, S. 6–14.

Maritzen, N. (2008): Schulinspektionen – zur Transformation von Governance-Strukturen im Schulwesen. In: Die Deutsche Schule 100, H. 1, S. 85–96.

Müller, S./Dedering, K./Bos, W. (Hrsg.) (2008): Jahrbuch Schulische Qualitätsanalyse in NRW. Konzepte, erste Erfahrungen und Perspektiven. Köln.

Pietsch, M./Tosana, S. (2008): Beurteilereffekte bei der Messung von Unterrichtsqualität. Die Generalisierbarkeitstheorie und das Multifacetten-Rasch-Modell als Methoden der Qualitätssicherung in der externen Evaluation von Schulen.

Ripper, J./Schenk, T. (2006): Der Leitfaden zur Einführung, Durchführung und Dokumentation von Qualitätsmanagementkonzepten an der Schule. Stuttgart (www.qzs.de).

Rosenbusch, H.S. (1994): Lehrer und Schulräte. Ein strukturell gestörtes Verhältnis. Berichte und organisationspädagogische Alternativen zur traditionellen Schulaufsicht. Bad Heilbrunn.

Rosenbusch, H.S. (1997): Organisationspädagogische Perspektiven für: eine Reform der Schulorganisation. In: SchulVerwaltung. Zeitschrift für Schulleitung und Schulaufsicht. Ausgabe Bayern, H. 10, S. 329–334.

Rosenbusch, H.S./Wissinger, J. (Hrsg.) (1995): Schule und Schulaufsicht – Wege zur Reform. Braunschweig.

Rosenbusch, H.S./Schlemmer, E. (1997): Die Rolle der Schulaufsicht bei der Pädagogischen Entwicklung von Einzelschulen. In: schul-management 28, H. 6, S. 9–17.

Scheerens, J./Glas, C./Thomas, S.M. (2003): Educational Evaluation, Assessment and Monitoring. A Systematic Approach. Lisse.

Schratz, M. (1996): Die Rolle der Schulaufsicht in der autonomen Schulentwicklung. Innsbruck/Wien.

Stern, C./Ebel, C./Vaccaro, E./Vorndran, O. (32008): Bessere Qualität in allen Schulen. Praxisleitfaden zur Einführung des Selbstevaluationsinstruments SEIS in Schulen. Gütersloh.

Anhang

Verzeichnis der Autorinnen und Autoren

Adolf Bartz ist Schulleiter eines Gymnasiums in Aachen.

Fred G. Becker, Prof. Dr., ist Inhaber des Lehrstuhls für Betriebswirtschaftslehre, insbesondere Organisation, Personal und Unternehmungsführung, an der Universität Bielefeld (www.profdrfredgbecker.de/index.html).

Wolfgang Boettcher, Prof. Dr., ist Professor am Germanistischen Institut der Ruhr-Universität Bochum und arbeitet als Supervisor (http://homepage.ruhr-uni-bochum.de/Wolfgang.Boettcher).

Martin Bonsen, Dr. habil., Vertretungsprofessur am Lehrstuhl für empirische Bildungsforschung der Bergischen Universität Wuppertal (www.ifs-dortmund.de/bonsen.html).

Wolfgang Böttcher, Prof. Dr., ist Universitätsprofessor für das Fach Erziehungswissenschaft an der Westfälischen Wilhelms-Universität Münster (http://egora.uni-muenster.de/ew/boettcher.shtml).

Herbert Buchen, Dr., war Referatsleiter im ehemaligen NRW-Landesinstitut für Schule in Soest.

Claus G. Buhren, Prof. Dr., ist Professor für Schulsport und Schulentwicklung an der Deutschen Sporthochschule Köln (www.dshs-koeln.de/schulsport/index.htm).

Christoph Burkard, Dr., ist Referatsleiter im Stab Bildungsforschung und Grundlagen der Standardentwicklung und -überprüfung des Ministeriums für Schule und Weiterbildung Nordrhein-Westfalen.

Rolf Dubs, Prof. Dres. h.c., ist emeritierter Professor für Wirtschaftspädagogik und ehemaliger Rektor der Universität St. Gallen (www.alexandria.unisg.ch/persons/person/D/Rolf_Dubs).

Gerhard Eikenbusch, Dr., ist Leiter der Deutschen Schule Stockholm.

Dorothea Herrmann, Dipl.-Psych., ist freiberuflich tätig und Gesellschafterin von synexa-consult, Essen (www.synexa-consult.com).

Christoph Höfer ist Leitender Regierungsschuldirektor am Dezernat für Haupt- und Realschulen der Bezirksregierung Detmold.

Leonhard Horster, OStD., ist Leiter des Studienseminars Bocholt.

Guy Kempfert war Schulleiter an einem Schweizer Gymnasium. Heute ist er in einem internationalen Konzern für die Konzeption und Koordination der Weiterbildung verantwortlich und führt Fortbildungen zur Schulentwicklung durch.

Klaus Klemm, Prof. Dr., ist emeritierter Professor für Bildungswissenschaften an der Universität Duisburg-Essen (www.uni-due.de/f-e/ou-germ.php?OID=5865).

Eckard König, Prof. Dr., ist Professor am Institut für Erziehungswissenschaft der Universität Paderborn, Arbeitsbereich Erwachsenenbildung/Organisationsberatung (http://groups.uni-paderborn.de/erwachsenenbildung/original/MAProfil_EK.htm).

Katja Luchte, Dr. habil., ist Privatdozentin am Institut für Erziehungswissenschaft der Universität Paderborn (http://groups.uni-paderborn.de/erwachsenenbildung/original/MA-Profil_KL.htm).

Norbert Maritzen ist Direktor des Instituts für Bildungsmonitoring Hamburg (www.bildungsmonitoring.hamburg.de).

Holger Mittelstädt ist Schulleiter in Brandenburg sowie ausgebildeter Evaluationsberater (www.schule-und-pr.de).

Georgia Mosing, Dr., ist freiberuflich als Supervisorin, Coach und Psychotherapeutin in Aachen tätig (www.mosing.de).

Rainer Peek, Prof. Dr., ist Professor für Erziehungswissenschaft mit dem Schwerpunkt Schulforschung an der Universität Köln (www.hf.uni-koeln.de/31881).

Elmar Philipp, Dr., ist Diplom-Pädagoge und freiberuflicher Trainer, Berater und Fortbildner mit den Schwerpunkten Schulentwicklung, Schulleitung und Steuergruppencoaching.

Karl-Klaus Pullig, Prof. Dr., ist emeritierter Professor der Betriebswirtschaftslehre mit Schwerpunkt Personalentwicklung/Organisationsentwicklung an der Universität Paderborn (http://pbfb5www.uni-paderborn.de/www/fb5/WiWi-Web.nsf/id/emeriti_pullig).

Hans-Günter Rolff, Prof. Dr., ist emeritierter Professor am Institut für Schulentwicklungsforschung der Universität Dortmund, Vorsitzender des Akademierats der Dortmunder Akademie für Pädagogische Führungskräfte und wissenschaftlicher Leiter des Fernstudiengangs Schulmanagement der Universität Kaiserslautern (www.ifs-dortmund.de/rolff.html).

Hajo Sassenscheidt, Dr., ist Referatsleiter Personalentwicklung am Landesinstitut für Lehrerbildung und Schulentwicklung Hamburg (www.li-hamburg.de).

Florian Söll, Dr., ist Lehrer im Hochschuldienst am Institut für Erziehungswissenschaft der Universität Paderborn (http://groups.uni-paderborn.de/soell).

Sachregister

360°-Beurteilung   596
360°-Feedbackmethode   1253

Ablaufdiagramm   260, 261, 262, 275, 397
Ablaufprogramm   396
Ablaufregelungen   369
Abschlussphase eines Projektes   441
Abweichungsanalyse   1282
Adaption *siehe* Anpassung
Ad-hoc-Kritik   890
Adressaufkleber   1177
Adressinserat   1182
Akkomodation   234, 235
Akkreditierung   1230
aktives Zuhören   1084
Akzeptanz   649
Allgemeinbildung   699
Allianz   148, 149, 152, 170
Allparteilichkeit   1079
Alltagstheorie   817, 820, 839
Altersteilzeit   718
Anamnese   1282
Änderungsanspruch   903
Änderungsverlangen   914
Anforderungsanalyse   652
Anforderungsmerkmale   654
Anforderungsprofil   625
Anforderungsprofil für Leitungs- und
    Führungskräfte   26
Anforderungsprofil Schulleitung   25, 38
Anlassbeurteilung   594, 598, 628, 639
Anpassung (Adaption)   234, 235, 237, 238, 239,
    241, 246, 250, 251
Ansatz, situativer   120, 122
Anschaffungen *siehe* Beschaffungen
Anzeige   1185
Anzeigenblätter   1185
Arbeitsgruppe   349, 370, 1093
Arbeitsmethodik, persönliche   72
Arbeitsorganisation   328
Arbeitspakete   430, 435
Arbeitsplanung der Schule   386
Arbeits- und Beziehungsstrukturen   369
Arbeits- und Projektgruppen   370
Arbeitszeitkonten   719

Architektur   1179
Assessment-Center   649
Assignment-Control   70
Assimilation   234, 235
Aufgaben   388, 414
Aufgaben, Koordination   383
Aufgaben der Schulleitung   116
Aufgaben von Schule   382
Aufgabenbeschreibung   393
Aufladung, emotionale   1056
Auftrag von Schule   382
Auftraggeber eines Projektes   424
Augenscheingültigkeit   650
Ausbildung von Führungskräften   58
Auslese, soziale   685
Ausschreibung, schulscharfe   623
Ausstellung   1133
Autonomie   702
Autonomie der Lehrerarbeit   481
Autonomie des Coachee   1031
Autonomie im Unterricht   157
Autonomiedebatte   686
Autopoiesis   236
Award   1147

Balanced Scorecard   135
Basisprozess   260
Beauftragte/r für Öffentlichkeitsarbeit   1124
Bedarfserhebung   549
Befragung   1317
Begleitung, wissenschaftliche   445
Benachteiligung, soziale   675
Benchmarking   1266
Benchmarks   1266
Beraten   885
Beratung   919, 922, 923, 935
– externe   921, 942
– interne   921
Beratungsgespräch   874, 885, 917, 919
– methodische Empfehlungen   935
– Phasen   924
Beratungsmuster   1003
Berufsauffassung von Lehrkräften   23
Beschaffungen   1281
Beschwerde   893, 894, 897

Bestenauswahl 647
Betriebswissen 366, 409
Beurteilung
– dienstliche 589, 593, 594, 597, 607
– Funktionen 598
Beurteilungsgespräch 593, 638, 639
Beurteilungskriterium 593
Beurteilungsprobleme 614
Beurteilungsverfahren 593
Beurteilungsverfahren, zielorientiertes 600, 603
Bewerbungsunterlagen 654
Beziehungsebene 996, 1001, 1019
Beziehungspflege 75
Beziehungs- und Arbeitsstrukturen 369
Bilanzkonferenz 1319, 1320
Bildmarke 1172
Bildungs- und Erziehungsauftrag 382
Bildungsberichterstattung 1308, 1373
Bildungscontrolling 1209, 1349
Bildungscontrolling und Schulentwicklung 1349
Bildungskommission NRW 13, 23
Bildungslandschaft, regionale 394
Bildungsmonitoring 1350, 1351, 1375, 1376, 1377
Bildungsökonomie, neue 674, 675, 677
Bildungsorganisation 678
Bildungsplanreform 696
Bildungspolitik 697, 707
Bildungsreform 677
Bildungsreform, ökonomische 685
Bildungsstandards 144, 359, 676, 689, 690, 691, 693, 695, 705, 1298, 1350
– Messbarkeit 699
– nationale 1350
– starke 698, 701
– Typen 691
– Ziel 698
Bildungsstandards als Kompetenzmodelle 694
Bildungsstandards und Demokratie 697
Bildungsstandards und Unterricht 701
blinder Fleck 996, 1308
Brainwriting 1109
Branchen(adress)buch 1182
Brett, buntes 1137
Brett, schwarzes 1137
Briefing 1148
Briefkopf 1177
Briefpapier 1177
Budgetierung 76
– inputorientierte 78
– outputorientierte 78

Burnout 688
Bürokratie 414

Cafeteria-System 573
CD-ROM der Schule 1143
change agent 206, 522
Changemanagement 34, 37, 40, 49, 53, 54, 695
CI *siehe* Corporate Identity
Claim 1189, 1191
Coaching 443, 927, 1055
Coaching, Implementierung 1045
Coaching durch die Schulleitung 1043
Coachingkultur 1046
Coachingprozess 444
Coachingprozess, Phasen 1033
Content-Management-System 1183
Controlling 706, 1208, 1261, 1271
– Aufgaben 1275
– Ausführungsfehler 1284, 1285
– Definition 1274
– Instrumente 1275, 1276
– Planungsfehler 1283, 1285
Controlling als Frühwarnsystem 1285
Controlling des Personalmanagements 537
Controlling-Regelkreis 1275
Copytext 1189
Corporate Behavior 1157
Corporate Communications 1157
Corporate Design 1170
Corporate Identity (CI) 1158, 1169
critical friend 1305
Curriculum 676, 699, 704

Daten, verbale 657
Daten der Schule 1152
Datenanalyse 380, 1316
Datenfeedback 1315, 1385
Datensammlung 1310
Delegation 129, 887, 909
Denken
– lineares 256
– systemisches 256
Deprivatisierung 465, 513, 738
Deprofessionalisierung 685, 687
Deutungsmuster 238, 243, 251, 253, 254, 291, 813, 814, 816, 817, 821, 826
Deutungsmusteransatz 243, 811, 817, 820, 832
Diagnose 1283, 1288
diagnostisches Zuhören 1012
dienstliche Beurteilung 589, 593, 594, 597, 607
Dienstversammlung 1128
Dienstweg 139

direct mailing 1187
Direktwerbung 1187
Dissens, transparenter 911
distributed leadership 162
Dokumentenanalyse 380, 654, 1257
Dreiecksvertrag 995
Drucksachen 1177
Du-Botschaft 1013
Dynamic Facilitation 1113, 1114

education leadership 162
Effektivität 677, 684, 1208, 1213, 1274, 1278
Effizienz 678, 1208, 1213, 1274, 1278, 1280
EFQM-Modell 1233, 1236
Eigenschaftsorientierung 618
Eignungsprüfung 590
Eingangsbereich einer Schule 1134
Einheit 1169
Einkreisungstechnik 657
Einladung 1183
Einladungskarte 1187
Einladungsschreiben 1187
Einsatzsteuerung *siehe* Assignment-Control
Einstellungsinterview 552, 649
– Auswertung 670
– strukturiertes 651
Einstellungsverfahren 552
Einstufungsverfahren, merkmalsorientiertes 600
Einzelkämpfermodell 412
Elternbrief 1141
Elternhaus 159
E-Mail 1183
Empathie 1022
Entscheidung 399
– didaktisch-methodische 822, 825, 828, 851
– stellvertretende 873
Entscheidungsverfahren 396
Entwicklungsorientierung 188
Entwicklungspartnerschaft, persönliche 508
Entwicklungsphasen *siehe* Phasen der Entwicklung
Entwicklungsprozess 280
Entwicklungsziele, persönliche 133
Erfolgscontrolling 1278
– Lernerfolg 1279
– Transfer 1279
Erfolgskontrolle 678
Ergenis 678
Ergebniserwartung 676, 691
Ergebnisqualität 676
Ergebnisstandards 676
Ergebnissteuerung 674, 675, 676, 689, 697

Erscheinungsbild einer Schule 1171
Erziehungsauftrag 382
Erziehungsziele 689
Eskalation 1057
Eskalationsstufen eines Konflikts 1056
European Quality Award 1237
Evaluation 260, 678, 694, 699, 701, 706, 790, 801, 805, 806, 807, 825, 1167, 1207, 1210, 1255, 1275, 1292, 1295
– Auswertung 1315
– authentische 806
– externe 359, 469, 807, 1304, 1373, 1386
– Fokus 1320
– Fragen 1310, 1312, 1313
– Handlungsplanung 1316
– Indikatoren 1321
– interne 359, 1297
– Kriterien 1321
– multiple 1253
– Ziele 1310
Evaluation und Unterrichtsentwicklung 807
Evaluationsbericht 1258
Evaluationsdaten, Umgang mit 1353, 1354, 1356, 1358
Evaluationsinstrument 1310, 1312, 1321
Evaluationskultur 805, 806, 807
Evaluationsmethode 1312, 1313
Evaluationsstudien 1353
Event 1138
Evidenzkriterium 678
Expertenberatung 443, 1032
Expertenbeurteilung 596
Eye-Catcher 1189

Fachkompetenz 27
Fachzeitschriften 1185
Fahne 1139
Fallberatung
– Ablauf 1007
– kollegiale 747, 1055
– Lernschritte 1017
Fallberatungsgruppe 994, 997, 999, 1006
– Bildung 1000
– Selbstleitung 1027
Fallbesprechung 927
Fallbesprechung, Rückfragen 1016, 1017
Fallerzählung 935, 937
Familienmodell 413
Fassadenevaluation 806, 1211, 1254
Fax-Briefkopf 1177
Feedback 730, 731, 732
Feedback an die Schulleitung 561
Feedback-Fragebogen 1329

Feedbackkultur 158
Fernsehbeitrag 1147
Fernsehen 1188
Fernsehinterview 1202
Finanzautonomie 112
Finanzen 1160
first-order changes 213
Flagge 1139
Fleck, blinder 921, 996, 1308
Flipchart 1134
Flugzeugdiplomatie 954
Flussdiagramm 398
Flyer 1186
Förderung 703, 705, 706, 707
Förderverein 1140
Fortbildung von Führungskräften, Kritik 96
Foto 1189
Foul, sprachliches 1076
FQS-Modell 1234, 1238
Frage
– geschlossene 660
– offene 660
Fragebogen 1310, 1313, 1327, 1328, 1334, 1335
Fremdbild 1153
Fremdwahrnehmung 1007
Freund, kritischer 1305
Frühpensionierung 688
Frühwarnsystem 1285, 1288
Führung 103, 398
– charismatische 151
– dialogische 408, 523, 873, 997
– direkte 103, 126
– Grundsätze 84, 127, 141
– indirekte 103
– laterale 29
– mikropolitische Aspekte 221
– pädagogische 156
– partizipativ-situative 154
– situationsabhängige 223
– symbolische 222
– systemische 95
– transformative 523
– unterrichtsbezogene 201, 212
– zielbezogene 206
– zielgerichtete 196
– zielorientierte 132, 204
Führung als Leitkategorie 25, 26
Führung durch Zielsetzung 132
Führung durch Zielvereinbarung 132, 559, 562
Führung von unten nach oben 30
Führungsfeedback 495, 497, 561
Führungsforschung, klassische 218

Führungsfunktion 109
Führungsgrundsätze 84, 127, 141
Führungskompetenz 27
Führungskonzept 95, 97, 114, 522
Führungskonzept, situatives 1096
Führungskräfte
– Aus- und Weiterbildung 58
– Kritik an der Fortbildung 96
Führungskunst 161
Führungsstil 104, 748, 750
– dialogischer 183, 184
– partizipativ-situativer 128
– paternalistischer 183
Führungsstilforschung 223
Führungsstilkonzepte 181
Führungstheorien 116, 118, 120
Führungstheorien, systemische 95
Führungsverhalten 104
Führungsverständnis 520
full inspection 1307
Funktionendiagramm 391

Gemeinde 159
Gesamtsystemsteuerung 310
Gesamtsystemstrategien 301
Geschäftspapiere 1143
Geschäftsverteilungsplan 389
Gespräch
– Beratungsgespräch 874, 885, 917, 919
– Beurteilungsgespräch 593, 638, 639
– Jahresgespräch 885, 962
– Konfliktklärungsgespräch 1071, 1077
– Kritikgespräch 875, 885, 1285
– Meilensteingespräch 437
– Mitarbeitergespräch 483, 559, 885, 962, 1136
– Planungsgespräch 1137
– Pressegespräch 1198
– Ratschlaggespräch 919, 922
– Schlichtungsgespräch 943
– Sicherungsgespräch 962
– Sondierungsgespräch 948, 955, 957
– Transfergespräch 1279, 1280
– Zielvereinbarungsgespräch 1285
Gesprächsführung 871, 886
Gesprächsmodell 1073
Gleichgewicht 234, 235, 244, 248, 250
– Störung 235, 239, 240
– Wiederherstellung 235, 239, 241
Grauzone 155, 402
Gremium 1093
Grundbildung 699, 705, 706, 707
Gruppeninteraktion 278

Gruppenvorteil   729, 737
Grußkarte   1188

Halo-Effekt   616
Hamburger Lehrerarbeitszeitmodell   723
Handeln, pädagogisches   814, 816
Handzettel   1140, 1186
Hausfrauentest   1191
Haushalt   371
Haushalt und Schulprogramm   393
Haushaltsführung   393
Haushaltskontrolle   393, 394
heimlicher Vertrag   891
Hierarchie   872
Hinweisschild   1135, 1179
Homepage   1144, 1182
Honorar, psychisches   931, 940
Honorierung, Cafeteria-System   573
Honorierungsmöglichkeiten   572
Hospitation   785
Hospitationskonzept   773

Ich-Botschaft   1013, 1016, 1075
Ideenbaum   1107
IGLU   1299
Image   1153, 1155
Imagebalance   875, 889
Imagebroschüre   1145, 1179
Imageschädigung   903
Implementationsforschung   298
Implementationsplan   783
Implementationsprozess   298
Implementationstreue   300
Implementierung von Coaching   1045
Incentives   679
Indikator   630, 839, 848, 849, 1274, 1280
Information   137
Information und Kommunikation   408
Informationstafel   1179
Infostand   1140
Inhaltslenkung   1098, 1099
Initiative   1094
Innenwahrnehmung   994, 1011, 1013
Innolino   1183
Innovation, spontane   305
Innovationsbereitschaft   196
Innovationsoffenheit   204
Innovationsziele   133
Input   1213
Input-Prozess-Output-Modell   1214, 1216
Inputqualitäten   1214
Inputsteuerung   1297
Inserat   1182

Inspektion *siehe* Schulinspektion
Inspektionsbericht   1388
Inspektionsverfahren   1373, 1378
Institutional Development Process   39
Institutioneller Schulentwicklungs-Prozess (ISP)   39
Institutionelles Schulentwicklungs-Programm   307
instructional leadership   212
Instruktion   922
Interaktion   250, 251, 253, 277, 278, 828
Interaktionsspielraum   277
Interaktionssystem   277, 278, 414
Interessenausgleich   1060
Internet   1182
Internetadresse   1183
Intervention bei Konflikten   1070
Interview   649, 1202
Interview, strukturiertes   553
Interviewtechnik   660
Intranet   1135
Introspektion   992, 1017, 1021
ISO-Modell 9000   1233, 1235
ISO-Modell 9004   1235
ISO-Qualitätsnormen   1235
ISP *siehe* Institutioneller Schulentwicklungs-Prozess
Issues-Management   1132
Ist-Zustand   380, 1289

Jahrbuch   1140
Jahresarbeitsplan   785
Jahresarbeitszeit   723
Jahresgespräch   885, 962
– Einführung   966, 973, 975
– Eröffnung   984
– Implementierung   975
– Inhalt   969
– methodische Empfehlungen   984, 986
– Protokoll   964, 966, 967, 974
– strukturiertes   559, 570
– Terminvereinbarung   985
– Vorbehalte   966, 967, 975
– Vorbereitung   985
– Ziele   967
Job-Design   68
Job-Enlargement   504
Job-Enrichment   504

Kalender   1141
Kernaussage   1190
Kerncurriculum   695, 702, 707, 1298

Kernlehrplan   1299
KGSt *siehe* Kommunale Gemeinschaftsstelle
Klassenteam   772
KMK *siehe* Kultusministerkonferenz
Koalition   148, 149, 152, 170
K.o.-Kriterium   653, 655
Kollegenbeurteilung   594
Kollegiale Fallberatung   747, 1055
Kollegiales Team-Coaching (KTC)   741
Kollegialitätsverständnis   999
Kollegiumsbefragung   1311, 1314
Kollegiumsentwicklung   505
Kollegiumszeitung   1141
Kommunale Gemeinschaftsstelle (KGSt)   13
Kommunikation   236, 238, 278, 408, 811
Kommunikation, interne   1159
Kommunikation und Information   408
Kommunikation zwischen Schulleitungsmitgliedern   369
Kommunikationskompetenz   27
Kommunikationsmittel   1158
kommunikative Validierung   1331
Kompetenz   554
– Arten   27
– konzeptionelle   27
– pädagogische   27
Kompetenzen
Kompetenzen, Stufung   694
Kompetenzen von Lehrer/innen   685
Kompetenzstufen   1306
Konferenz   64, 1092, 1136
Konferenzjahresplan   1089
Konferenzkultur   1095
Konferenzleitung
– inhaltslenkende   1098, 1099, 1101
– prozesslenkende   1098, 1099, 1102
Konferenzleitungsstil   1096, 1097, 1103
Konferenzmethoden   1103, 1107
Konferenzmethoden, alternative   1113
Konferenzorgan   1093
Konferenzorganismus   1092, 1093
Konferenzphasen   1103, 1104
– Bewertung   1105, 1110
– Bildgestaltung   1105, 1109, 1110
– Realisierung   1105, 1112
– Situationsbeschreibung   1104, 1107
– Zielpräzisierung   1105, 1108
Konferenzritual   1095
Konferenzsystem   1089, 1092, 1094
Konflikt   278, 997, 1006, 1021
Konflikt, Intervention   1070
Konfliktbearbeitung   884
Konfliktbewältigung   1063

Konflikteskalation   1056, 1057
Konfliktklärungsgespräch   1071, 1077
– Struktur   1084
– Vorbereitung   1071
Konfliktlösung   1060, 1077, 1083
– Grenzen   1053
– Interessenausgleich   1060
– Transaktionskosten   1060
Konfliktlösung im Team   582
Konfliktmanagement   739, 1049, 1051
Konfliktmoderation   1078, 1080, 1086
Konfliktmoderator/in   1054
Konfliktpartner/in   1049
Konfliktverhalten   1049
Konfliktvermeidung   1051, 1062
Konfrontation, zugewandte   922
Konkretisierung   658
Konkurrenzsituation   1152
Konstruktion, soziale   278
Kontingenz-Ansätze   223
Kontingenzmodell   120, 122
Kontrakt   1026
Kontrolle   131
Koppelungsprobleme   310
Kostencontrolling   1280
Kosten-Nutzen-Abgleich   1280
Kraft
– administrative   146
– human-soziale   147
– pädagogische   147
– politisch-moralische   148
– symbolische   150
Kräftefeldanalyse   190
Krisenmanagement   1131
Kriterienkatalog   823, 837, 838, 839, 847, 848
Kritik   900, 1066
Kritikgespräch   875, 885, 1285
– Delegation   887
– Durchführung   910
– Eröffnungsphase   901
– Gesprächsende   905
– methodische Empfehlungen   890, 892, 905
– Phasen   886
– Planung   905, 907
– Terminvereinbarung   897, 910
– Vorbereitung   896
kritischer Freund   1305
KTC *siehe* Kollegiales Team-Coaching
Kultur   103, 144
Kultusministerkonferenz (KMK)   691, 693, 695
Kunstfehler beim Unterrichten   832
Kurzbrief-Formular   1177

Kurzinfo   1133
Kurzporträt   1180

Laufbahnberatung   502
Leadership   106
– transaktionale   126, 127
– transformationale   126, 143
Leadership-Forschung   162
Leadership-Konzept   125
Lehrerarbeitszeitmodell, Hamburger   723
Lehrerberuf, Reputation   688
Lehrerbildung   704
Lehrerfortbildung, Förderung   196
Lehrer/in
– Autonomie   481
– Kompetenzen   685
– Mitwirkungsbereitschaft   169
– neu an der Schule   366
Lehrer/in als Einzelkämpfer   412
Lehrer/in als Führungsperson   162
Lehrer/in als Lerner   756, 771, 777
Lehrer/innen
– Berufsauffassung   23
– Partizipation   207
Lehrerrat   530
Lehrerrolle   465, 771
Lehrerschelte   689
Lehrplanautonomie   112
Lehrpläne   694, 701, 704
Leistung   615, 629
Leistungsanreize   679
Leistungsauftrag   112
Leistungsbeurteilung   82, 587, 591
– Intention   629
– Möglichkeiten   644
Leistungslohn   477, 479
Leistungsmessung   703
Leistungsprämie   477, 479
Leistungsprinzip   587, 629, 632
Leistungstest   1296
Leistungsvereinbarung   112
Leitbild   330, 334, 383, 384, 461, 463
Leitbild Lehrerberuf   686
Leitbild und Kompetenz   554
Leitidee, pädagogische   290
Leitorientierung   320
Leitprofession   687, 688
Leitungskompetenz   27
Leitungsspanne   970
Leitungsstrukturen   57
Lenkungstechniken   663
Leporellofalz   1186
Lernarena   238

Lernen   233, 235, 239, 243
– individuelles   793
– organisationales   53, 165, 230, 232, 233, 239, 241, 242, 260, 275, 792, 793, 1248, 1259
– personales   241
– selbstgesteuertes   767
– sinnhaftes   793, 795
– Steuerbarkeit   242
lernende Schule   1347
lernende Systeme   44
Lerner, selbstständiger   768, 771
Lernerfolgsmessung, überregionale   1305
Lernergebnisse   675
Lernfähigkeit   357
Lerngemeinschaft, professionelle   512, 729, 738
Lerninventur   1332
Lernkompetenz   753, 761, 762, 765, 770
Lernkontrakt   1336, 1337
Lernkultur   319
Lernpartnerschaft   508
Lernspirale   774
Lernstandsanalyse   1336
Lernstandserhebungen   1352, 1354, 1356, 1358, 1361
Lernstandserhebungen, zentrale   1296, 1299, 1305, 1306, 1338
Lesekompetenz   1286
Leserbrief   1146
Liste offener Punkte   433
Logo   1189

Macht   104, 247, 873, 1060
Macht-Einfluss-Ansatz   118, 121
Mailing   1187
Makrosteuerung   675
Management
– Aufgaben *siehe* Managementaufgaben
– Aus- und Weiterbildung   95
– entwicklungsorientiertes   188
– Funktionsansatz   33
– generelles   38
– Grundsätze   60, 84
– Instrumente   64
– Lernbarkeit   57, 58
– Missverständnisse   28
– Sachaufgaben   38
– Schlüsselaufgaben   54
– schulkonformes   21
– strategisches   1287, 1288
– Typen   35
– Werkzeuge   60, 64
Management als Beruf   60

Management als Leitkategorie 25, 26
Management by Objectives (MbO) 603
Managementaufgaben 54, 60
– Entscheiden 55, 62
– Kontrollieren 63
– Organisieren 62
– Selbstentwicklung fördern 55, 63
– Ziele 61
Managementbegriff
– Definitionen 33
– schulischer 31
Managementforschung, klassische 218
Managementkompetenz 27
Managementkonzept 95, 97, 683
Managementstrategie 460
Maßnahmeplanung 1162, 1272, 1275, 1280
Maximalstandards 692
MbO *siehe* Management by Objectives
Mediation 944, 1055
Medienarbeit 1130, 1159
Medienverteiler 1193
Meilensteingespräch 437
Mentorat 505
Mentoratssystem 558
Mentor/in 557
Merchandise-Artikel 1178
Merchandising 1178
Metaevaluation 1210, 1259
Metaphernübung 839, 849
Mikropolitik, schulische 208, 221
Mikrosteuerung 675
Mindeststandards 692, 695, 696, 700, 1298
Mindmap 857, 864
Mindmapping 1107
Minimodell 264
Mitarbeiterbeurteilung 590
Mitarbeiterführung 55, 104
Mitarbeitergespräch 483, 559, 885, 962, 1136
Mitarbeitergespräch, Inhalt 486
Mittel und Ziele 275, 1271, 1272, 1273
Mittelmanagement 34, 503
Mitwirkungsbereitschaft, Förderung 169
Mitwirkungsstruktur 149
Modellbildung 818, 820, 821
Modellierung 259
Modellprojekt 754, 758, 759, 761
Modellversuch 753, 755
Moderation 1102
Monitoring 1375
Müllabfuhr, systematische 83
Muss-Kriterium 653
Mythos 151

Nachgeordnetenbeurteilung 594
Name der Schule 1172
Namenszug 1174
Negativauswahl 671
Netzwerk
– kommunales 394
– regionales 394
Netzwerk einer Schule 373
Neue Bildungsökonomie 674, 675, 677
Neuere Systemtheorie (NST) 34, 43
Neues Steuerungsmodell (NSM) 13
Neutralität 1078
New Public Management (NPM) 13
Newsletter 1146
Nikolaus-Effekt 616
Nominalgruppentechnik 1110
Normalverteilung 620
NPM *siehe* New Public Management
NSM *siehe* Neues Steuerungsmodell
NST *siehe* Neuere Systemtheorie
Objektivität 615, 649
OE *siehe* Organisationsentwicklung
Öffentlichkeitsarbeit 75, 1118
– externe 1130
– interne 1128
Ökonomie 649
Ökonomie, innere 683
Ökonomie und Pädagogik 708
Ökonomisierung 691
Online-Werbung 1188
Open-Space-Konferenz 1113, 1114
Opferhaltung 878, 956
Organisation 237, 243, 244, 245, 246, 248, 250, 251, 277, 678, 679, 692
– autopoietische 236
– herkömmliches Verständnis 243, 246, 249
– lernende 317, 683, 684, 686
– zellulare 412
– Ziele 244
Organisation und Pädagogik 681
Organisation und Profession 685
Organisationen als lernende Systeme 44
Organisationsanalyse 378
Organisationsautonomie 112
Organisationsbilder 412
Organisationsentwicklung (OE) 40, 230, 258, 302, 303, 746
– Basisprozesse 260
– Definition 42
– Grenzen 51
– Kritik 44, 48, 231
– pädagogische 302
Organisationsentwicklung im Schulbereich 302

Organisationsentwicklung und Phasenorientierung 307
Organisationsentwicklung und Prozessorientierung 307
Organisationsentwicklung und Unterrichtsentwicklung 758, 805
Organisationsergebnisse 676
Organisationsforschung, neuere 243, 277
Organisationsgestaltung 374
Organisationskompetenz 27
Organisationskultur 1096
Organisationslernen 319
Organisationsstruktur 57, 277, 404
Organisationsziele 382
Organismus
Organismus, sozialer 1092
Organismus und Umwelt 234, 235, 239
Orientierung am Ganzen 86
Orientierung an Resultaten 85
Orientierung an Stärken 89
Output 1213
Outputorientierung 679, 1297, 1343, 1345
Outputparadigma 685
Outputsteuerung 674, 677, 693, 695, 697, 706

Pädagogik und Ökonomie 708
Pädagogik und Organisation 681
pädagogischer Tag 1288, 1319
Paraphrase 1081, 1084
Paraphrasieren 1084
Parteilichkeit 884, 1052
Partizipation 332, 399
Partizipation des Kollegiums 328
Partizipation von Lehrer/innen 207
Peer-Review 1264
PEP *siehe* Persönliche Entwicklungspartnerschaft
Personalautonomie 112
Personalbesoldung 477
Personalbeurteilung 472, 590, 591, 593, 594
– rechtliche Basis 629
– Verfahren und Methoden 475
– Ziele 473
Personale Systemtheorie 420
Personaleinsatz 55, 56
Personalentwicklung 56, 480
– Aufgaben 462
– individuelle 483
– Planung 549, 551
Personalentwicklung als Kollegiumsentwicklung 505
Personalentwicklung und Unterrichtsentwicklung 738
Personalführung 104, 519, 527

Personalmanagement 450, 451, 587
– Aufgabenfelder 470
– Controlling 537
– Definition 451
– Evaluation 539
– Gründe 454
– integriertes 463
– Konzepte 458
– strategisches 533
– Teilfunktionen 461
– Vorbehalte 456
Personalmanagement und Lehrerrat 530
Personalrekrutierung 470
Persönliche Entwicklungspartnerschaft (PEP) 508
Persönlichkeitsansatz 119, 121
Persönlichkeitsmerkmal 612
Phasen der Entwicklung
– Gleichgewichtsphasen 47
– Konvergenzphasen 46, 49, 50, 52
– Umsturzphasen 46, 49, 52
Phasen der Teamentwicklung 731, 748
Phasen des Coachingprozesses 1033
Phasen einer Konferenz *siehe* Konferenzphasen
Phasen eines Projektes *siehe* Projektphasen
PISA 453, 675, 688, 694, 695, 1210, 1246, 1299, 1343
Plakat 1146, 1185, 1189
Planungsgespräch 1137
PLG *siehe* Professionelle Lerngemeinschaft
Polaritätenprofile 1154
Positionsmacht 1102
Potenzialanalyse 501
Potenzialbeurteilung 591
Praktiker, reflektierender 789
Präsenzpflicht 720
Pressearbeit 1130
Pressefoto 1201
Pressegespräch 1198
Pressekonferenz 1199
Pressemappe 1177, 1199
Pressemitteilung 1195
Primus inter Pares 106, 207, 456, 526
Printmedien 1184
Probelektionen 554
Probleme, authentische und offene 794, 795
Problemlösungskompetenz 398
Problemlösungsprozess 1033
Problemlösungsschritte 398
Produktqualitäten 1214
Profession 686, 687
Profession und Organisation 685
Professionalität 791

Professionelle Lerngemeinschaft (PLG) 512, 729, 738
Professionsbegriff 687
Professionsverständnis 687
Profilbildung 154
Programmplanung 310
Projekt 419
Projektauftrag 424
Projektcoaching 443
Projektdurchführung 435
Projektgruppe 349
Projektleiter/in 424
Projektmanagement 163
Projektorganisation 163
Projektphasen 424
Projektplanung 430
Projektsitzung 436
Projektteam 427, 433, 438
Projektziele 426
Prozessberatung 443, 1032
Prozessebene 420
Prozessfragen 1105
Prozesslenkung 1098, 1099, 1102
Prozessmodell 264
Prozessplanung 260, 275, 309
Prozessqualitäten 1214
Prozessreflexion 1023
Prüfungen, zentrale 1299
PR-Verbände 1128
psychisches Honorar 931, 940

Q2E-Modell 1234, 1238
Q2E-Zertifizierung 1240
Qualitätsstandard 814
Qualität 705, 1213, 1216
– Bewertung 1295
– Definition 1212
Qualitätsentwicklung 698, 738, 1296
Qualitätsentwicklung und Teamentwicklung 729
Qualitätsentwicklungsmodell 1344
Qualitätsindikatoren 1266
Qualitätskriterien 374
Qualitätsleitbild 1239
Qualitätsmanagement 593, 729, 1207, 1209, 1294, 1350
– Aufbauphase 1248, 1249
– Betriebsphase 1248, 1255
– extern konzipiertes 1210, 1263, 1349
– intern konzipiertes 1209, 1246, 1349
– pädagogisches 546
– schulinternes 1383, 1387
Qualitätsmanagement-Konzept 1247, 1251, 1253

Qualitätsmanagement-Konzeption 1209, 1243
Qualitätsrahmen 1375, 1384, 1385, 1386
Qualitätssicherung 190, 1296
Qualitätsstandards 693, 814, 1266
Qualitätsverständnis, Normativität 1212

Radiobeitrag 1147
Rahmen
– personaler 216
– politischer 217
– struktureller 216
– symbolischer 217
Rahmen-Ansatz 215
Ratschlaggespräch 919, 922
Rechenschaft 702, 703
Rechenschaftsablegung 787, 1264, 1265, 1300
Rechenschaftspflicht 468, 676
Recherche 1148
Referenzwert 1307
reflection in action 790
reflection on action 791
reflektierender Praktiker 789
Reflexion der Praxis 791, 792
Reflexion in der Handlung 790
Reflexionskultur 805
Reform 695, 706
Reform, standardbasierte 703, 704
Regelbeurteilung 588, 594, 639
Regeln
– informelle 406, 407
– organisatorische 404
Regelstandards 692, 695, 696
Reliabilität 613, 615, 649
Reprofessionalisierung 685
Ressourcen 370, 388, 393
Ressourcenzuteilung 158
Resultatorientierung 85
Retterhaltung 878, 891
Risikogruppe 692, 695
Ritual 150
Rollenklarheit 888
Rollenkollegium 994, 999
Rollenkompetenz 900
Routine 404
Routinisierung 74
Rückkopplung 237, 238
Rückkopplungsprozess 257
Rundfunk 1188
Rundfunkinterview 1202

Sabbatjahr 717
Sachebene 1014
Sanktionen 131

Schattengehen 510
Schlichtung 1086
Schlichtungsgespräch 943
– Eröffnung 952, 953
– methodische Empfehlungen 954
– Phasen 948, 954
– Planung 954
– Sitzordnung 958
Schlüsselwerte 160
school-based management 1348
Schriftlichkeit 66
Schriftverkehr 66, 73
Schritt-um-Schritt Modell 1232
Schulaufsicht 283, 286, 290, 1260, 1277, 1305, 1368
Schulautonomie 675
Schulcurricula 359
Schule & Co., Modellprojekt 754, 758, 759, 761
Schule
– andere 463
– Aufgaben 382
– Auftrag 382
– basisdemokratische 107, 111
– fragmentierte 279
– geleitete 107, 111, 113
– gute 1218
– Leistungserbringung 689, 690
– lernende 316, 469, 1347
– Netzwerk 373
– Rechenschaftspflicht 468
– teilautonome geleitete 107, 112
– teilautonome teamgeleitete 107
– verwaltete 106
– Ziele und Werte 383
Schule als Expertenorganisation 58
Schule als Organisation 247, 277, 675, 676, 679, 684, 688
Schule als soziale Organisation 215, 305
Schuleffektivitätsforschung 195, 197, 1344
Schulentwicklung 23, 37, 113, 143, 156, 282, 283, 297, 713, 1246, 1345, 1348
– Begriff 297
– datenbasierte 358
– Diagnose 1258
– Institutionalisierung 574
– Maßnahmen 1231
– Ordnungsstufen 316
– Probleme 350
– Quellen 298
– Schwerpunkt Unterrichtsentwicklung 315
– Ziele 316
Schulentwicklungsmaßnahmen 1231

Schülerbefragung 1314
Schülerbewertung 1324
Schülerfeedback 1324, 1325, 1327, 1328
Schülerfragebogen 850
Schülerleistung 692, 693
Schülervoraussetzungen 372
Schülerzeitung 1142
Schulethos 108, 466
Schulfarbe 1176
Schulforschung
– qualitative 213
– quantitative 210
Schulinspektion 374, 1296, 1305, 1307
Schulkonzept 321
Schulkultur 154, 900, 996, 997
Schulleistungsforschung, empirische 1344
Schulleistungsstudien 1352
Schulleiter/in
– Aufgaben 116
– neu an der Schule 368, 964, 975
Schulleiter/in als Coach 1043
Schulleitung 587, 786
– Anforderungsprofil 25, 38
– Aufgaben 286
– erfolgreiche 204, 210
– kollegiale 503
– Leitkategorien 25, 26
– Rolle 347
– Steuerungsverhalten 286
– Wirksamkeit 525
Schulleitungshandeln
– direkte Effekte 199
– indirekte Effekte 200
Schulleitungsrolle 187, 192
Schulmanagement 37
Schulpädagogik 685
Schulpolitik 691, 693, 705
Schulprofil 108, 321, 386
Schulprogramm 283, 284, 320, 373, 383, 385, 392, 393, 626, 729, 1296, 1297, 1318, 1319, 1384
Schulprogramm, Inhalte 323
Schulprogramm und Unterrichtsentwicklung 796, 797, 798
Schulprogrammarbeit 1318
Schulprogrammgruppe 323
Schulqualität 729, 1216, 1217
Schulqualitätsforschung 195
Schulreform 677, 1345
– Effektivität 677, 679
– Effizienz 677, 678, 679
– Erfolgsorientierung 677, 679
– Evidenz 677, 678
schulscharfe Ausschreibung 623

Schulschrift 1174, 1189
Schulträger 395
Schulzeitung 1141, 1177
schwarzes Brett 1137
second-order changes 213
Sekretär/in 75
Selbstbeurteilung 595
Selbstbild 1153
Selbstevaluation 786
Selbstorganisation 310
Selbstständige Schule, Modellversuch 753, 755
Selbstständigkeit, erweiterte 1296
Selbstwahrnehmung 1007, 1012
Selektion 688, 705, 706
Selektivität, soziale 675
Self-Assessment-Dokument 1236
Shadowing 510
Sicherungsgespräch 962
Situation, komplexe 790
Situationsanalyse 1148
Sitzordnung 958
Sitzung 1136
Soll-Ist-Abgleich 1274, 1275
Soll-Zustand 378, 1289
Sonderaufgaben 390
Sondierungsgespräch 948, 955, 957
Sondierungsgespräch, Empfehlungen 956
soziale Auslese 685
soziale Benachteiligung 675
soziale Konstruktion 278
soziale Selektivität 675
Sozialpädagogisierung 685
spontane Innovation 305
Staat als Dienstleistungsunternehmen 14
Stabilität 232, 233, 235, 244, 250, 251
Stakeholder 1287
Stakeholder-System 429, 434, 441
Standard, Definition 690
Standards *siehe* Bildungsstandards
– schwache 706
– starke 697, 705
– Steuerungswirkung 693
Standardsetzung 1350
Standardüberprüfung 1299, 1350
Standardziele 133
Stellen und Ressourcen 388
Stellenausschreibung, schulscharfe 623
Stellenbeschreibung 389, 622, 623
Stellenbesetzung 90
Stellenbildung 90
Stellengestaltung 68
Stellvertretung 139

Steuergruppe 318, 339, 348, 428, 757, 783, 784, 786, 787
Steuergruppe, Wirksamkeit 343
Steuergruppe und Kollegium 344
Steuergruppe und Schulleitung 344
Steuergruppenqualifizierung 759
Steuerung 1275
Steuerung, ergebnisorientierte 1296
Steuerung durch Mittel 1278
Steuerung durch Regeln 407
Steuerung durch Ziele 1277
Steuerungsmodell, neues 697
Steuerungsproblem 95
Steuerungssystem 1290
Stimmung 1169
Strategie 103, 144, 1160
Strategien des Wandels 246, 249, 254
– Machtstrategien 247, 253, 254
– personenorientiert-interaktionistische Strategien 249, 253, 254
– rational-empirische Strategien 247, 253, 254
Streitschlichtung 1273, 1279, 1284
strukturiertes Einstellungsinterview 651
Struktur 103
Stundenprotokoll 1326, 1327
Suggestivfragen 662
Supervision 747, 1055
Supervisor/in 993, 996
systematische Müllabfuhr 83
System
– autopoietisches 236
– lernendes 239
– ökologisches 237
– physikalisches 238
– psychisches 233, 235, 255
– soziales 232, 233, 235, 236, 238, 253, 254, 255
– Steuerbarkeit 237, 238
System und Umgebung 239, 245, 251
System und Umwelt 232, 241
Systembeeinflussung 1263
Systembegriff 236
Systemebene 420
Systementwicklung 233
systemisches Denken 256
Systemsteuerung 1264
Systemtheorie 43
Systemtheorie, personale 420
Systemvergleich 1263
Szenariofragen 662

Tag, pädagogischer 291, 1288, 1319
Tag der offenen Tür 1142

Tageszeitung 1184
teacher leadership 162
Team 758
Teambildung 737
Team-Check 732
Team-Coaching, kollegiales 741
Teamdiagnose 732, 733, 734
Teamdiagnose-Bogen 733
Teamentwicklung 438, 730, 748
Teamentwicklung, Phasen 731, 748
Teamentwicklung und Qualitätsentwicklung 729
Teamorientierung 554
Teamrolle 732, 735, 737
Teilautonomie 1347
Teilzeitbeschäftigung 716
Telefonbuch, Telefon-CD-ROM 1182
Terminvereinbarung 897, 910, 985
Tests 702, 703, 706, 1306
Tests zur Schulentwicklung 359
Tests zur Schulevaluation 359
Textaussage 1191
Therapie 1285
TIMSS 675, 688, 1210, 1246
Total Quality Management (TQM) 1207, 1208, 1232
TQM *siehe* Total Quality Management
Trainer/in 782
Trainingsspirale 773
Transfergespräch 1279, 1280
Transformationsmanagement 46
Triangulation 806
Türschild 1179
Typografie 1174

Überverantwortung 1019, 1020
Überversorgung 889, 919, 981
Umfeld einer Schule 372
Umgebung eines Systems 241
Umwelt und Organismus 234, 235, 239
Umwelt und System 232, 233, 236, 238, 241
Umweltveränderung 233, 1287
Unterricht
– Analyse 810
– Beschreibung 812
– Bestandsaufnahme 1326
– Beurteilung 811, 812, 813, 837, 838, 839, 848, 849
– guter 1220
– Kunstfehler 832
Unterrichtsanalyse 810
Unterrichtsentwicklung 754, 760, 792, 793, 1308

– Basisprozesse 800
– datenbasierte 1356
– reflektorische 793, 802
– Ziel 761
Unterrichtsentwicklung und Evaluation 807
Unterrichtsentwicklung und Organisationsentwicklung 758, 760, 805
Unterrichtsentwicklung und Personalentwicklung 738
Unterrichtsentwicklung und Schulentwicklung 313
Unterrichtsentwicklung und Schulprogramm 796, 797, 798
Unterrichtsentwicklung und Vergleichsarbeiten 1355
Unterrichtshospitation 1379, 1382
Unterrichtsnachbesprechung 810, 811, 812, 819, 820, 821, 831, 832, 851, 885, 924
– Abschluss 830
– Eröffnung 825
– Leitfragen 825
– Schritte 821
– Struktur 833
Unterrichtsplanung 851
Unterrichtsqualität 792, 811, 831, 837, 850
Unterrichtsstundendeputate 712
Unterrichtsverteilung 369, 383, 391
Unterrichtszeit 713, 724

Validierung, kommunikative 1331
Validität 612, 615, 649
VERA 1306
Veränderungsenergie 1289
Veränderungsstrategie 38
Verantwortung 60, 94
Verantwortungsorientierung 94
Verbindlichkeit 705
Verfolgerhaltung 878
Vergleichsarbeiten 1299, 1352, 1353, 1355, 1358, 1361
Vergleichsarbeiten und Unterrichtsentwicklung 1355
Verhaltensansatz 119, 121
Verhärtung 1057
Verteilzeitung 1185
Vertrag, heimlicher 891
Vertrauen 872
Vertrauensorientierung 92
Vertretungsplan 1138
Verwaltungsbehörde 414
Verwaltungskompetenz 27
Verwaltungskultur 1278
Verwaltungsmanagement 14

Verwaltungsreform 12
Vision 152, 154, 691, 692, 693, 699, 707
Visitenkarte 1177
Visualisierung 1191
Vorgesetztenbeurteilung 595
Vorgriffsstunden 717

Wahrnehmung 811, 812, 819, 820, 821, 826
Wandel
– organisationaler 232, 246, 250, 252, 253, 254, 259
– schulischer 282, 283
– Strategien 246
Wandelphasen 232, 235
Wandfragebogen 1323
Wandlungsprozesse 232
Wegweiser 1179
Weisung 872
Weiterbildung von Führungskräften 58
Werbeanzeige 1184
Werbeformen 1183
Werbetext 1191
Werbung 1183
Werbung, Gestaltung 1188
Werte 383
Werthaltung 160
Wertschätzung 1006, 1008
Wettbewerb 1147
W-Fragen 1196
Wickelfalz 1186
Widerstand 578
Widerstand gegen Entwicklung 254, 255, 258
Widerstand gegen Wandel 304

Wirbelgruppe 1112
Wirkungsabschätzung 381
Wirkungsmodelle 198
Wirtschaftlichkeitsüberwachung 1209
Wissenskonstruktion 410
Wissensmanagement 409
Work-Shadowing 510
Wort-Bild-Marke 1174
Wortmarke 1174

Zeitautonomie 719
Zeitgerechtigkeit 715, 721, 725
Zeitschriften 1185
Zeitsouveränität 719
Zeittransparenz 722, 726
Zeitungsinterview 1202
Zeitwertorientierung 724
zentrale Lernstandserhebungen 1296, 1299, 1305, 1306, 1338
zentrale Prüfungen 1299
Zertifizierung 1231
Zeugnisformular 1177
Zielbeschreibung 684
Ziele, schulische 383
Ziele und Mittel 275, 1271, 1272, 1273
Zielvereinbarung 487, 490, 559, 568, 624, 784, 787, 968, 1275, 1277, 1390
Zielvereinbarungsgespräch 1285
Zone der Akzeptanz 155
Zone der Sensibilität 155
zugewandte Konfrontation 922
Zuhören, aktives 1084
Zuhören, diagnostisches 1012
Zukunftsperspektive 1290